Herzog
Geldwäschegesetz

Geldwäschegesetz (GwG)

Herausgegeben von

Prof. Dr. Felix Herzog
Professor an der Universität Bremen

und

Dr. Olaf Achtelik
Rechtsanwalt Berlin

Bearbeitet von den Herausgebern und

Dr. Julia Figura　　**Dr. Steffen Barreto da Rosa**
Senatsrätin Bremen

Prof. Dr. Mohamad El-Ghazi
Universitätsprofessor an der Universität Trier

4. Auflage 2020

Zitiervorschlag:
Bearbeiter in Herzog GwG § 1 Rn. 1

www.beck.de

ISBN 978 3 406 74552 2

© 2020 Verlag C. H. Beck oHG
Wilhelmstraße 9, 80801 München

Druck und Bindung: Beltz Bad Langensalza GmbH
Am Fliegerhorst 8, 99947 Bad Langensalza

Satz: Jung Crossmedia Publishing GmbH
Gewerbestraße 17, 35633 Lahnau

Gedruckt auf säurefreiem, alterungsbeständigem Papier
(hergestellt aus chlorfrei gebleichtem Zellstoff)

Vorwort zur 4. Auflage

Obwohl die letzte Auflage dieses Kommentars erst in 2018 erschienen ist, haben sich seitdem die europarechtlichen Grundlagen und ihre Umsetzung ins nationale Recht weiter umfangreich verändert.

In dieser Auflage waren die bedeutenden Veränderungen des GwG durch die 5. EU-Geldwäscherichtlinie und ihre Umsetzung durch das Gesetz zur Umsetzung der Änderungsrichtlinie zur Vierten EU-Geldwäscherichtlinie vom 12. Dezember 2019 zu kommentieren. Es geht dabei um die Erweiterung des Kreises der Verpflichteten nach dem Geldwäschegesetz (etwa in den Bereichen des Kunsthandels und der Kryptowährungen); um Anstrengungen mehr Transparenz in Bezug auf wirtschaftlich Berechtigte herzustellen; die Erhöhung der Nutzungspflichten, Erweiterung der Zugangsrechte und internationale Vernetzung des Transparenzregisters; und die Verschärfung der Sorgfaltspflichten für Geschäftsbeziehungen mit Bezug zu Hochrisikodrittländern sowie beim Einsatz virtueller Währungen.

Neben diesen großen Regelungsfeldern waren noch eine Reihe von Änderungen insbesondere in GwG und KWG zu berücksichtigen. Auch auf europäischer Ebene getroffene Vorgaben und Leitlinien, so etwa der Europäischen Bankaufsichtsbehörde EBA, nehmen immer größeren Raum ein.

Der Kommentar spiegelt den Stand der Gesetzgebung von April 2020 wider.

Die Herausgeber möchten sich an dieser Stelle noch einmal ganz herzlich bei Frau Dr. Silke Warius und Prof. Dr. Cornelius Nestler als Bearbeitern der 1. und 2. Auflage bedanken, die für die Bearbeitung der 3. Auflage aus beruflichen und persönlichen Gründen nicht mehr zur Verfügung stehen konnten. Die neue Bearbeiterin der 3. Auflage Dr. Julia Figura und die neuen Bearbeiter Dr. Steffen Barreto da Rosa und Professor Dr. Mohamad El-Ghazi haben den Elan aus der 3. Auflage noch gesteigert und unter hohen beruflichen Belastungen den Kommentar in der 4. Auflage auf die Höhe der Zeit gebracht.

Olaf Achtelik *Felix Herzog*

Inhaltsübersicht

Vorwort zur 4. Auflage	V
Inhaltsverzeichnis	XI
Abkürzungsverzeichnis	XXXV

Einleitung 1

Gesetz über das Aufspüren von Gewinnen aus schweren Straftaten (Geldwäschegesetz – GwG) 73

Abschnitt 1. Begriffsbestimmungen und Verpflichtete

§ 1	Begriffsbestimmungen (Figura)	73
§ 2	Verpflichtete, Verordnungsermächtigung (Figura)	124
§ 3	Wirtschaftlich Berechtigter (Figura)	204

Abschnitt 2. Risikomanagement

§ 4	Risikomanagement (Herzog)	219
§ 5	Risikoanalyse (Herzog)	223
§ 6	Interne Sicherungsmaßnahmen (Herzog)	230
§ 7	Geldwäschebeauftragter (Herzog)	244
§ 8	Aufzeichnungs- und Aufbewahrungspflicht (Herzog)	252
§ 9	Gruppenweite Pflichten (Achtelik)	260

Abschnitt 3. Sorgfaltspflichten in Bezug auf Kunden

§ 10	Allgemeine Sorgfaltspflichten (Figura)	276
§ 11	Identifizierung (Figura)	340
§ 11a	Verarbeitung personenbezogener Daten durch Verpflichtete (Herzog)	365
§ 12	Identitätsüberprüfung, Verordnungsermächtigung (Figura)	366
§ 13	Verfahren zur Identitätsüberprüfung, Verordnungsermächtigung (Figura)	376
§ 14	Vereinfachte Sorgfaltspflichten, Verordnungsermächtigung (Figura)	379
§ 15	Verstärkte Sorgfaltspflichten, Verordnungsermächtigung (Achtelik)	388
§ 16	Besondere Vorschriften für das Glücksspiel im Internet (Achtelik)	435
§ 17	Ausführung der Sorgfaltspflichten durch Dritte, vertragliche Auslagerung (Achtelik)	445

Abschnitt 4. Transparenzregister

§ 18	Einrichtung des Transparenzregisters und registerführende Stelle (Figura)	462
§ 19	Angaben zum wirtschaftlich Berechtigten (Figura)	469
§ 20	Transparenzpflichten im Hinblick auf bestimmte Vereinigungen (Figura)	476

Inhaltsübersicht

§ 21	Transparenzpflichten im Hinblick auf bestimmte Rechtsgestaltungen (Figura)	493
§ 22	Zugängliche Dokumente und Datenübermittlung an das Transparenzregister, Verordnungsermächtigung (Figura)	499
§ 23	Einsichtnahme in das Transparenzregister, Verordnungsermächtigung (Figura)	505
§ 23a	Meldung von Unstimmigkeiten an die registerführende Stelle (Figura)	515
§ 24	Gebühren und Auslagen, Verordnungsermächtigung (Figura)	519
§ 25	Übertragung der Führung des Transparenzregisters, Verordnungsermächtigung (Figura)	522
§ 26	Europäisches System der Registervernetzung, Verordnungsermächtigung (Figura)	528
§ 26a	Abruf durch die Zentralstelle für Finanztransaktionsuntersuchungen und die Strafverfolgungsbehörden (Figura)	532

Vorbemerkungen zu Abschnitt 5 – Zentralstelle für Finanztransaktionsuntersuchungen (Barreto da Rosa) 534

Abschnitt 5. Zentralstelle für Finanztransaktionsuntersuchungen

§ 27	Zentrale Meldestelle (Barreto da Rosa)	549
§ 28	Aufgaben, Aufsicht und Zusammenarbeit (Barreto da Rosa)	552
§ 29	Verarbeitung personenbezogener Daten durch die Zentralstelle für Finanztransaktionsuntersuchungen (Barreto da Rosa)	566
§ 30	Entgegennahme und Analyse von Meldungen (Barreto da Rosa)	574
§ 31	Auskunftsrecht gegenüber inländischen öffentlichen Stellen, Datenzugriffsrecht (Barreto da Rosa)	587
§ 32	Datenübermittlungsverpflichtung an inländische öffentliche Stellen (Barreto da Rosa)	607
§ 33	Datenaustausch mit Mitgliedstaaten der Europäischen Union (Barreto da Rosa)	625
§ 34	Informationsersuchen im Rahmen der internationalen Zusammenarbeit (Barreto da Rosa)	640
§ 35	Datenübermittlung im Rahmen der internationalen Zusammenarbeit (Barreto da Rosa)	642
§ 36	Automatisierter Datenabgleich im europäischen Verbund (Barreto da Rosa)	653
§ 37	Berichtigung, Einschränkung der Verarbeitung und Löschung personenbezogener Daten aus automatisierter Verarbeitung und bei Speicherung in automatisierten Dateien (Barreto da Rosa)	655
§ 38	Berichtigung, Einschränkung der Verarbeitung und Vernichtung personenbezogener Daten, die weder automatisiert verarbeitet werden noch in einer automatisierten Datei gespeichert sind (Barreto da Rosa)	664
§ 39	Errichtungsanordnung (Barreto da Rosa)	667
§ 40	Sofortmaßnahmen (Barreto da Rosa)	670
§ 41	Rückmeldung an den meldenden Verpflichteten (Barreto da Rosa)	682
§ 42	Benachrichtigung von inländischen öffentlichen Stellen an die Zentralstelle für Finanztransaktionsuntersuchungen (Barreto da Rosa)	690

Inhaltsübersicht

Vorbemerkung zu Abschnitt 6 – Pflichten im Zusammenhang mit
Meldungen von Sachverhalten (Barreto da Rosa) 698

Abschnitt 6. Pflichten im Zusammenhang mit Meldungen von Sachverhalten

§ 43	Meldepflicht von Verpflichteten, Verordnungsermächtigung (Barreto da Rosa)	707
§ 44	Meldepflicht von Aufsichtsbehörden (Barreto da Rosa)	752
§ 45	Form der Meldung, Ausführung durch Dritte, Registrierungspflicht, Verordnungsermächtigung (Barreto da Rosa)	755
§ 46	Durchführung von Transaktionen (Barreto da Rosa)	764
§ 47	Verbot der Informationsweitergabe, Verordnungsermächtigung (Barreto da Rosa)	773
§ 48	Freistellung von der Verantwortlichkeit (Barreto da Rosa)	786
§ 49	Informationszugang und Schutz der meldenden Beschäftigten (Barreto da Rosa)	792

Abschnitt 7. Aufsicht, Zusammenarbeit, Bußgeldvorschriften, Datenschutz

§ 50	Zuständige Aufsichtsbehörde (Achtelik)	803
§ 51	Aufsicht (Achtelik)	809
§ 51a	Verarbeitung personenbezogener Daten durch Aufsichtsbehörden (Achtelik)	824
§ 52	Mitwirkungspflichten (Achtelik)	827
§ 53	Hinweise auf Verstöße (Herzog)	832
§ 54	Verschwiegenheitspflicht (Herzog)	836
§ 55	Zusammenarbeit mit anderen Behörden (Barreto da Rosa)	839
§ 56	Bußgeldvorschriften (Barreto da Rosa)	854
§ 57	Bekanntmachung von bestandskräftigen Maßnahmen und von unanfechtbaren Bußgeldentscheidungen (Herzog)	911
§ 58	(weggefallen) (Herzog)	915
§ 59	Übergangsregelung (Herzog)	915

Gesetz über das Kreditwesen (Kreditwesengesetz – KWG) 919

§ 6a	KWG – Besondere Aufgaben (Achtelik)	919
§ 24c	KWG – Automatisierter Abruf von Kontoinformationen (Achtelik)	942
§ 25g	KWG – Einhaltung der besonderen organisatorischen Pflichten im bargeldlosen Zahlungsverkehr (Achtelik)	961
§ 25h	KWG – Interne Sicherungsmaßnahmen (Achtelik)	994
§ 25i	KWG – Allgemeine Sorgfaltspflichten in Bezug auf E-Geld (Achtelik)	1025
§ 25j	KWG – Zeitpunkt der Identitätsüberprüfung (Achtelik)	1033
§ 25k	KWG – Verstärkte Sorgfaltspflichten (Achtelik)	1035
§ 25l	KWG – Geldwäscherechtliche Pflichten für Finanzholding-Gesellschaften (Achtelik)	1039
§ 25m	KWG – Verbotene Geschäfte (Achtelik)	1040

Geldwäscherechtliche Pflichten im Zahlungsdiensteaufsichtsgesetz (ZAG) (Achtelik) 1045

Inhaltsübersicht

Strafgesetzbuch 1059
§ 89c Terrorismusfinanzierung (El-Ghazi) 1059
§ 261 StGB – Geldwäsche; Verschleierung unrechtsmäßig erlangter Vermögenswerte (Nestler/El-Ghazi) 1081

Sachregister 1159

Inhaltsverzeichnis

	S.
Vorwort zur 4. Auflage	V
Inhaltsübersicht	VII
Abkürzungsverzeichnis	XXXV

Einleitung

	Rn.
I. Geldwäsche – Begriffe, Modelle, Erscheinungsformen und Normen	1
1. Verwendung des Begriffs im allgemeinen Sprachgebrauch	1
2. Begriff der Geldwäsche in der Kriminologie	3
3. Modelle der Geldwäsche	5
a) Überblick der Modelle	6
b) Das herrschende Drei-Phasen-Modell	7
4. Erscheinungsformen der Geldwäsche – ausgewählte Beispiele	12
a) Fingierte Firmen und Geschäfte	12
b) Nutzung von „gatekeeper"-Berufsgruppen	19
c) „Offshore"-Finanzplätze	24
d) Informelle Geldtransfersysteme (Hawala uÄ)	27
e) Intransparente geschäftliche Organisationsformen	38
f) Schnittmengen von Geldwäsche und Steuerkriminalität	43
g) Immobilien, Kunst und Luxusgüter	45
h) Versicherungspolicen und Finanzmarktprodukte	52
i) Weitere Erscheinungsformen der Geldwäsche – insbesondere im virtuellen Bereich	54
5. Typologien verdächtiger Transaktionen	58
6. Konzepte der Geldwäschebekämpfung im internationalen Kontext	60
a) Vereinte Nationen	61
b) Gruppe der Sieben (G-7) bzw. der Acht (G-8)	62
c) Financial Action Task Force on Money Laundering (FATF)	63
d) Baseler Ausschuss für Bankenaufsicht (BCBS)	75
e) Europarat	76
f) Europäische Gemeinschaft	80
7. Die strafrechtliche Dimension – der Geldwäschetatbestand des § 261 StGB	99
II. Gesellschaftliche und ökonomische Gefahren von profitorientierter Kriminalität und „schmutzigem" Geld	106
1. Erkenntnisse über die Strukturen profitorientierter Kriminalität – „Mafia"	106
2. Investitionsverhalten	109
3. Volkswirtschaftliche Auswirkungen	110
4. Paradoxon: Der Boom der AML-Industrie	111
III. Geldwäsche als Kriminalität der Mächtigen; politisch exponierte Personen	112
1. Kleptokratien	112
2. Korruption	115
3. Politisch exponierte Personen (PEP)	121
IV. Bekämpfung der Terrorismusfinanzierung	129
1. Politischer Kontext 9/11	129

Inhalt Inhaltsverzeichnis

Rn.
2. Terrorismus – Probleme der Begriffsdefinition und Zuordnung von Phänomenen 133
3. Volumen und Erscheinungsformen der Terrorismusfinanzierung 136
4. „Kosten" von terroristischen Aktivitäten 140
5. Praxis und rechtliche Problematik der Bekämpfung der Terrorismusfinanzierung durch Listings 142
V. Die Entwicklung der Geldwäschebekämpfung vom rule based zum risk based approach 151
VI. Geldwäschebekämpfung als Teil einer expandierenden Sicherheitsarchitektur 160

Gesetz über das Aufspüren von Gewinnen aus schweren Straftaten (Geldwäschegesetz – GwG)

Abschnitt 1. Begriffsbestimmungen und Verpflichtete

§ 1 Begriffsbestimmungen

I. Allgemeines 1
II. Begriff der Geldwäsche (Abs. 1) 7
III. Terrorismusfinanzierung (Abs. 2) 10
   1. Taten nach §§ 129a, 129b StGB und nach den Art. 3, 5–10 und 12 Richtlinie (EU) 2017/541 des Europäischen Parlaments und des Rates vom 15.3.2017 12
   2. Begehung einer Tat nach § 89c StGB (Terrorismusfinanzierung) 15
   3. Anstiftung oder Beihilfe zu einer Tat nach Nummer 1 oder 2 19
IV. Identifizieren (Abs. 3) 20
V. Geschäftsbeziehung (Abs. 4) 26
   1. Gewerbliche oder berufliche Aktivitäten der Verpflichteten 27
   2. Auf eine gewisse Dauer angelegt 28
   3. Verhältnis zu § 154 Abs. 2 AO 30
VI. Transaktion (Abs. 5) 34
VII. Trust (Abs. 6) 39
VIII. Vermögensgegenstand (Abs. 7) 42
IX. Glücksspiele im Internet (Abs. 8) 44
X. Güterhändler (Abs. 9) 49
XI. Hochwertige Güter (Abs. 10) 52
XII. Immobilienmakler (Abs. 11) 54
XIII. Politisch exponierte Personen (Abs. 12) 57
XIV. Familienmitglied (Abs. 13) 59
XV. Bekanntermaßen nahestehende Person (Abs. 14) 61
XVI. Mitglied der Führungsebene (Abs. 15) 62
XVII. Gruppe (Abs. 16) 63
XVIII. Drittstaat (Abs. 17) 65
XIX. E-Geld (Abs. 18) 66
XX. Aufsichtsbehörde (Abs. 19) 73
XXI. Zuverlässigkeit eines Mitarbeiters (Abs. 20) 74
XXII. Korrespondenzbeziehung (Abs. 21) 76
XXIII. Bank-Mantelgesellschaft (Abs. 22) 78
XXIV. Kunstvermittler und Kunstlagerhalter (Abs. 23) 79
XXV. Finanzunternehmen (Abs. 24) 81
XXVI. Mutterunternehmen (Abs. 25) 88

Inhaltsverzeichnis **Inhalt**

Rn.

§ 2 Verpflichtete, Verordnungsermächtigung

- I. Allgemeines 1
- II. Kreditinstitute (Abs. 1 Nr. 1) 3
  1. Begriff der Kreditinstitute im Sinne des GwG 3
  2. Kreditinstitute im Sinne von § 1 Abs. 1 KWG 10
     a) Einlagengeschäft (§ 1 Abs. 1 S. 2 Nr. 1 KWG) 14
     b) Pfandbriefgeschäft (§ 1 Abs. 1 S. 2 Nr. 1a KWG) 15
     c) Kreditgeschäft (§ 1 Abs. 1 S. 2 Nr. 2 KWG) 16
     d) Diskontgeschäft (§ 1 Abs. 1 S. 2 Nr. 3 KWG) 17
     e) Finanzkommissionsgeschäft (§ 1 Abs. 1 S. 2 Nr. 4 KWG) 18
     f) Depotgeschäft (§ 1 Abs. 1 S. 2 Nr. 5 KWG) 19
     g) Tätigkeit als Zentralverwahrer (§ 1 Abs. 1 S. 2 Nr. 6 KWG) 20
     h) Revolvinggeschäft (§ 1 Abs. 1 S. 2 Nr. 7 KWG) 21
     i) Garantiegeschäft (§ 1 Abs. 1 S. 2 Nr. 8 KWG) 22
     j) Scheck- und Wechseleinzugsgeschäft, Reisescheckgeschäft (§ 1 Abs. 1 S. 2 Nr. 9 KWG) 23
     k) Emissionsgeschäft (§ 1 Abs. 1 S. 2 Nr. 10 KWG) 24
     l) Tätigkeit als zentrale Gegenpartei im Sinne von § 1 Abs. 31 KWG (§ 1 Abs. 1 S. 2 Nr. 12 KWG) 25
- III. Finanzdienstleistungsinstitute (Abs. 1 Nr. 2) 26
  1. Begriff der Finanzdienstleistungsinstitute im Sinne des GwG 26
  2. Finanzdienstleistungsinstitute im Sinne von § 1 Abs. 1a KWG 28
     a) Anlagevermittlung (§ 1 Abs. 1a S. 2 Nr. 1 KWG) 33
     b) Anlageberatung (§ 1 Abs. 1a S. 2 Nr. 1a KWG) 34
     c) Betrieb eines multilateralen Handelssystems (§ 1 Abs. 1a S. 2 Nr. 1b KWG) und Betrieb eines organisierten Handelssystems (§ 1 Abs. 1a S. 2 Nr. 1d KWG) 37
     d) Platzierungsgeschäft (§ 1 Abs. 1a S. 2 Nr. 1c KWG) 39
     e) Abschlussvermittlung (§ 1 Abs. 1a S. 2 Nr. 2 KWG) 40
     f) Finanzportfolioverwaltung (§ 1 Abs. 1a S. 2 Nr. 3 KWG) 41
     g) Eigenhandel (§ 1 Abs. 1a S. 2 Nr. 4 KWG) 42
     h) Drittstaateneinlagenvermittlung (§ 1 Abs. 1a S. 2 Nr. 5 KWG) .. 43
     i) Finanztransfergeschäft (§ 1 Abs. 1a S. 2 Nr. 6 KWG aF) und Kryptoverwahrgeschäft (§ 1 Abs. 1a S. 2 Nr. 6 KWG nF) 44
     j) Sortengeschäft (§ 1 Abs. 1a S. 2 Nr. 7 KWG) 48
     k) Ausgabe und Verwaltung von Kreditkarten und Reisechecks (§ 1 Abs. 1a S. 2 Nr. 8 KWG aF) 49
     l) Factoring (§ 1 Abs. 1a S. 2 Nr. 9 KWG) 50
     m) Finanzierungsleasing (§ 1 Abs. 1a S. 2 Nr. 10 KWG) 57
     n) Anlageverwaltung (§ 1 Abs. 1a S. 2 Nr. 11 KWG) 64
     o) Eingeschränktes Verwahrgeschäft (§ 1 Abs. 1a S. 2 Nr. 12 KWG) . 68
- IV. Zahlungsinstitute und E-Geld-Institute nach § 1 Abs. 3 des Zahlungsdiensteaufsichtsgesetzes (Abs. 1 Nr. 3) 69
  1. Institutsbegriff iSd § 1 Abs. 3 ZAG 69
  2. Zahlungsinstitute iSv § 1 Abs. 1 S. 1 Nr. 1 ZAG 72
     a) Ein- und Auszahlungsgeschäft (§ 1 Abs. 1 S. 2 Nr. 1 und 2 ZAG) .. 74
     b) Zahlungsgeschäft ohne Kreditgewährung (§ 1 Abs. 1 S. 2 Nr. 3 ZAG) 76
     c) Zahlungsgeschäft mit Kreditgewährung (§ 1 Abs. 1 S. 2 Nr. 4 ZAG) .. 82
     d) Akquisitionsgeschäft (§ 1 Abs. 1 S. 2 Nr. 5 ZAG) 83
     e) Finanztransfergeschäft (§ 1 Abs. 1 S. 2 Nr. 6 ZAG) 87

Inhalt

Inhaltsverzeichnis

Rn.

f) Zahlungsauslöse- und Kontoinformationsdienste (§ 1 Abs. 1 S. 2 Nr. 7 und 8 ZAG)	92
3. E-Geld-Institute iSv § 1 Abs. 1 S. 1 Nr. 2 iVm Abs. 2 S. 1 Nr. 1 ZAG	94
V. Agenten und E-Geld-Agenten iSd § 1 Abs. 9 und § 1 Abs. 10 ZAG (Abs. 1 Nr. 4)	96
VI. Selbstständige Gewerbetreibende (Abs. 1 Nr. 5)	102
VII. Finanzunternehmen (Abs. 1 Nr. 6)	110
1. Begriff	110
2. Geschäftsaktivitäten	111
VIII. Versicherungsunternehmen (Abs. 1 Nr. 7)	119
1. Fallgestaltungen	120
2. Produkte	122
3. Anwendungsbereich	126
4. §§ 52 ff. VAG	130
IX. Versicherungsvermittler (Abs. 1 Nr. 8)	133
X. (Kapital-)verwaltungsgesellschaften (Abs. 1 Nr. 9)	140
XI. Rechtsanwälte, Kammerrechtsbeistände, Patentanwälte sowie Notare (Abs. 1 Nr. 10)	144
XII. Nicht verkammerte Rechtsbeistände und registrierte Personen iSv § 10 RDG (Abs. 1 Nr. 11)	156
XIII. Wirtschaftsprüfer, vereidigte Buchprüfer, Steuerberater, Steuerbevollmächtigte und Dienstleister in Steuerangelegenheiten (Abs. 1 Nr. 12)	162
XIV. Dienstleister für Gesellschaften und Treuhandvermögen und Treuhänder (Abs. 1 Nr. 13)	168
XV. Immobilienmakler (Abs. 1 Nr. 14)	171
XVI. Veranstalter und Vermittler von Glücksspiel (Abs. 1 Nr. 15)	175
XVII. Güterhändler, Kunstvermittler und Kunstlagerhalter (Abs. 1 Nr. 16)	182
XVIII. Verordnungsermächtigung (Abs. 2)	186
XIX. Versteigerungen der öffentlichen Hand (Abs. 3 und 4)	188

§ 3 Wirtschaftlich Berechtigter

I. Begriff (Abs. 1)	1
II. Juristische Personen und sonstige Gesellschaften (Abs. 2)	5
1. Allgemeines	5
2. Fallkonstellationen	7
a) Eigentümergleiche Stellung bzw. Kontrolle	7
b) Kontrollbegriff und Vermutungsregel bei Gesellschaften, jur. Personen und Personenmehrheiten	8
III. Rechtsfähige Stiftungen und weitere Rechtsgestaltungen (Abs. 3)	15
1. Allgemeines	15
2. Fallkonstellationen	17
IV. Handeln auf Veranlassung (Abs. 4)	23

Abschnitt 2. Risikomanagement

§ 4 Risikomanagement

I. Allgemeines/Novellierung von Abs. 4 und 5	1
II. Risikomanagement (§ 4 Abs. 1 GwG, § 4 Abs. 2 GwG)	3
1. Wirksamkeit des Risikomanagements	4
2. Angemessenheit des Risikomanagements	8
III. Verantwortlichkeit der Leitungsebene, Abs. 3	9

Inhalt

Rn.

§ 5 Risikoanalyse

- I. Allgemeines ... 1
- II. Ermittlung und Bewertung von Risiken (§ 5 Abs. 1 GwG) ... 6
  1. Risikofaktoren (§ 5 Abs. 1 S. 2 GwG) ... 8
  2. Berücksichtigung der Informationen aus der nationalen Risikoanalyse (§ 5 Abs. 1 S. 2 GwG) ... 13
  3. Aufbau und Umfang der Risikoanalyse (§ 5 Abs. 1 S. 3 GwG) ... 14
- III. Pflichten in Bezug auf die Risikoanalyse ... 15
  1. Dokumentationspflicht (§ 5 Abs. 2 Nr. 1 GwG) ... 16
     a) Anwendungsbereich ... 17
     b) Umfang der Dokumentationspflicht ... 18
  2. Überprüfung und Aktualisierung (§ 5 Abs. 2 Nr. 2 GwG) ... 19
- IV. Befreiung von der Dokumentationspflicht (§ 5 Abs. 4 GwG) ... 20

§ 6 Interne Sicherungsmaßnahmen

- I. Allgemeines (Abs. 1) ... 1
- II. Interne Sicherungsmaßnahmen (Abs. 2) ... 3
  1. Ausarbeitung interner Grundsätze, Verfahren und Kontrollen (Abs. 2 Nr. 1) ... 4
  2. Geldwäschebeauftragter nach § 7 GwG (Abs. 2 Nr. 2) ... 6
  3. Gruppenweite Verfahren nach § 9 (Abs. 2 Nr. 3) ... 8
  4. Verhinderung des Missbrauchs neuer Technologien (Abs. 2 Nr. 4) ... 9
  5. Zuverlässigkeitsprüfung (Abs. 2 Nr. 5) ... 11
  6. Unterrichtungpflicht (Abs. 2 Nr. 6) ... 13
  7. Unabhängige Prüfung (Abs. 2 Nr. 7) ... 18
- III. Besondere Anforderungen an Glücksspielbetriebe und -Vermittler (Abs. 4) ... 19
- IV. Vertraulichkeit der Identität bei Meldung von Verdachtsfällen (Abs. 5) ... 21
- V. Vorkehrungen zur Auskunftserteilung (Abs. 6) ... 22
- VI. Durchführung durch einen Dritten (Abs. 7) ... 24
- VII. Ermächtigung der Aufsichtsbehörde im Einzelfall (Abs. 8 und 9) ... 28

§ 7 Geldwäschebeauftragter

- I. Allgemeines ... 1
- II. Befreiung von der Pflicht zur Bestellung eines Geldwäschebeauftragten (Abs. 2) ... 7
- III. Ermächtigung der Aufsichtsbehörden (Abs. 3) ... 9
- IV. Bestellung und Entpflichtung (Abs. 4) ... 10
- V. Pflichten, Kompetenzen und Ausstattung des Geldwäschebeauftragten (Abs. 5) ... 13
- VI. Umgang mit Daten und Informationen (Abs. 6) ... 20
- VII. Der Geldwäschebeauftragte als Arbeitnehmer (Abs. 7) ... 21

§ 8 Aufzeichnungs- und Aufbewahrungspflicht

- I. Allgemeines ... 1
  1. Umfang der Novellierung ... 1
  2. Ratio der Aufbewahrungspflicht ... 2
  3. Anwendungsbereich ... 4
  4. Umfang der Aufzeichnungspflicht ... 5
- II. Art der Aufzeichnung von Identitätsnachweisen des Vertragspartners, für diesen auftretender Personen oder wirtschaftlich Berechtigter (Abs. 2) ... 10

Inhalt

	Rn.
III. Digitale Speicherung (Abs. 3)	13
IV. Aufbewahrungsfrist und Vernichtung (Abs. 4)	18
V. Vorlage bei einer öffentlichen Stelle (Abs. 5)	20

§ 9 Gruppenweite Pflichten

I. Allgemeines	1
II. Verpflichtete	4
III. Gruppenweite Pflichten (Abs. 1)	5
IV. Gruppenweite Pflichten bei Unternehmen in anderen EU-Staaten (Abs. 2)	11
V. Gruppenweite Pflichten bei Unternehmen in Drittstaaten (Abs. 3)	12
VI. Umsetzung gruppenweiter Pflichten durch gruppenangehörige Verpflichtete (Abs. 4, 5)	15
VII. Bußgeldvorschriften	16

Abschnitt 3. Sorgfaltspflichten in Bezug auf Kunden

§ 10 Allgemeine Sorgfaltspflichten

I. Allgemeines	1
II. Allgemeine Sorgfaltspflichten (Abs. 1)	5
1. Identifizierung des Vertragspartners (Abs. 1 Nr. 1)	7
2. Identifizierung des wirtschaftlich Berechtigten (Abs. 1 Nr. 2)	13
a) Abklärung bei natürlichen Personen	17
b) Abklärung bei juristischen Personen und Personengesellschaften	19
3. Ermittlung des Geschäftszweckes (Abs. 1 Nr. 3)	21
4. Feststellung der politisch exponierten Person (Abs. 1 Nr. 4)	26
5. Überwachung der Geschäftsbeziehung (Abs. 1 Nr. 5)	29
III. Risikoorientierte Bestimmung des Maßnahmenumfangs (Abs. 2)	38
1. Risikofaktoren nach Anlage 1 und 2 des Geldwäschegesetzes	42
2. Risikoeinstufung und Kernsorgfaltspflichten	52
3. Errichtung interner Kontrollen	54
4. Darlegungspflicht (§ 10 Abs. 2 S. 4 GwG)	57
IV. Pflichtauslösende Ereignisse (Abs. 3)	58
1. Begründung einer Geschäftsbeziehung (Abs. 3 Nr. 1)	59
2. Transaktionen außerhalb einer dauerhaften Geschäftsbeziehung (Abs. 3 Nr. 2)	63
a) Sorgfaltspflichten auslösende Geschäftsvorfälle	69
b) Verdacht auf Smurfing	88
3. Verdacht der Geldwäsche oder Terrorismusfinanzierung (Abs. 3 Nr. 3)	92
4. Zweifel über Identitätsangaben (Abs. 3 Nr. 4)	100
V. Erfüllung der allgemeinen Sorgfaltspflichten (Abs. 3a)	103
VI. Erbringung von Zahlungsdiensten (Abs. 4)	105
VII. Identifizierungspflicht der Veranstalter und Vermittler von Glücksspielen (Abs. 5)	108
VIII. Von Immobilienmaklern zu erfüllende Sorgfaltspflichten (Abs. 6)	112
IX. Von Güterhändlernund Kunstvermittler und Kunstlagerhalter zu erfüllende Sorgfaltspflichten (Abs. 6a)	115
X. Ausgabe von E-Geld (Abs. 7)	121
XI. Mitteilungspflicht der Versicherungsvermittler (Abs. 8)	124
XII. Beendigungsverpflichtung (Abs. 9)	129

Inhalt

§ 11 Identifizierung

Rn.

- I. Allgemeines 1
- II. Zeitpunkt der Identifizierung (§ 11 Abs. 1 GwG iVm § 25j KWG, § 54 VAG) ... 3
- III. Maklervertrag (Abs. 2) 8
- IV. Absehen von Identifizierung (Abs. 3) 10
- V. Erhebung von Angaben zur Identifizierung (Abs. 4) 17
- VI. Identifizierung des wirtschaftlich Berechtigten (Abs. 5) 18
  1. Feststellung und Verifizierung der Identität 21
  2. Sonderfälle 28
- VII. Identifizierung bei Erwerbsvorgang nach § 1 des Grunderwerbsteuergesetzes (Abs. 5a) 42
- VIII. Mitwirkungspflicht des Vertragspartners (Abs. 6) 43
- IX. Mitwirkungspflicht von Verwalter von Trusts und anderen Rechtsgestaltungen nach § 21 GwG (Abs. 7) 49

§ 11a Verarbeitung personenbezogener Daten durch Verpflichtete

§ 12 Identitätsüberprüfung, Verordnungsermächtigung

- I. Identitätsüberprüfung bei natürlichen Personen (Abs. 1) 1
- II. Identitätsüberprüfung bei juristischen Personen (Abs. 2) ... 17
- III. Verordnungsermächtigung (Abs. 3) 21

§ 13 Verfahren zur Identitätsüberprüfung, Verordnungsermächtigung

- I. Allgemeines 1
- II. Verfahren (Abs. 1) 2
- III. Verordnungsermächtigung (Abs. 2) 4

§ 14 Vereinfachte Sorgfaltspflichten, Verordnungsermächtigung

- I. Allgemeines 1
- II. Vereinfachte Sorgfaltspflichten (Abs. 1) 5
- III. Reduzierung von Sorgfaltspflichten (Abs. 2) 8
- IV. Erfüllbarkeit vereinfachter Sorgfaltspflichten (Abs. 3) 11
- V. Verordnungsermächtigung (Abs. 4) 12
- VI. Verordnung (EU) 2015/8472 – Geldtransferverordnung (Abs. 5) 13

§ 15 Verstärkte Sorgfaltspflichten, Verordnungsermächtigung

- I. Allgemeines 1
- II. Übergreifende Regelungen zu verstärkten Sorgfaltspflichten (Abs. 1, 2, 9 und 10) 3
- III. Politisch exponierte Personen 7
  1. Hintergründe der Regelung 8
  2. Erfasster Personenkreis 9
  3. Die verstärkten Sorgfaltspflichten 17
     a) Zustimmung zur Begründung der Geschäftsbeziehung ... 18
     b) Bestimmung der Herkunft von Vermögenswerten 21
     c) Verstärkte kontinuierliche Überwachung der Geschäftsbeziehung ... 24
  4. Bewertung der Regelungen zu politisch exponierten Personen 27
- IV. Hochrisiko-Drittstaaten 31
- V. Hochrisiko-Transaktionen 33

XVII

Inhalt

	Rn.
VI. Korrespondenzbeziehungen	35
VII. Sonstige Fälle höheren Risikos (Abs. 8)	45
VIII. Videoidentifizierungsverfahren	47
IX. Bußgeldvorschriften	48

§ 16 Besondere Vorschriften für das Glücksspiel im Internet

I. Allgemeines	1
II. Verpflichtete der Norm; Sorgfaltspflichten	6
III. Spielerkonto, Zahlungsströme, Identifizierung	7
IV. Bußgeldvorschriften	13

§ 17 Ausführung der Sorgfaltspflichten durch Dritte, vertragliche Auslagerung

I. Allgemeines	1
II. Kreis der kraft Gesetzes zuverlässigen Dritten (Abs. 1)	5
III. Drittstaaten mit hohem Risiko (Abs. 2)	9
IV. Voraussetzung des Rückgriffs auf Dritte (Abs. 3, 3a)	10
V. Erfüllungsfiktion (Abs. 4)	16
VI. Übertragung auf andere geeignete Personen und Unternehmen (Abs. 5)	18
VII. Beeinträchtigungen (Abs. 6)	23
VIII. Zuverlässigkeit der Personen oder der Unternehmen (Abs. 7)	24
IX. Vereinbarung nach Absatz 5 mit deutschen Botschaften, Auslandshandelskammern oder Konsulaten (Abs. 8)	26
X. § 25b KWG (Abs. 9)	28

Abschnitt 4. Transparenzregister

§ 18 Einrichtung des Transparenzregisters und registerführende Stelle

I. Allgemeines	1
II. Einrichtung eines Transparenzregisters (Abs. 1)	4
III. Hoheitliche Aufgabe des Bundes (Abs. 2)	5
IV. Aufklärungsmöglichkeiten der registerführenden Stelle (Abs. 3)	6
V. Übermittlung von Unterlagen (Abs. 3a)	7
VI. Ausdruck von Daten (Abs. 4)	8
VII. Informationssicherheitskonzept (Abs. 5)	10
VIII. Verordnungsermächtigung (Abs. 6)	11

§ 19 Angaben zum wirtschaftlich Berechtigten

I. Angaben zum wirtschaftlich Berechtigten (Abs. 1)	1
II. Verweis auf § 3 GwG (Abs. 2)	3
III. Angaben zu Art und Umfang des wirtschaftlichen Interesses (Abs. 3)	7

§ 20 Transparenzpflichten im Hinblick auf bestimmte Vereinigungen

I. Juristische Personen des Privatrechts und eingetragene Personengesellschaften (Abs. 1)	1
1. Erfasste Vereinigungen und Rechtsgestaltung	4
2. Angaben zum wirtschaftlich Berechtigten und zu Art und Umfang des wirtschaftlichen Interesses	6
II. Kenntniserlangung von Änderungen (Abs. 1a)	9

Inhaltsverzeichnis **Inhalt**

	Rn.
III. Anderweitige Dokumente und Registereintragungen (Abs. 2)	10
1. Handelsregister (§ 8 HGB)	14
2. Partnerschaftsregister (§ 5 Partnerschaftsgesellschaftsgesetz)	17
3. Genossenschaftsregister (§ 10 Genossenschaftsgesetz)	18
4. Vereinsregister (§ 55 BGB)	20
5. Unternehmensregister (§ 8b Abs. 2 HGB)	22
IV. Mitteilung von Änderungen (Abs. 3 und 4)	24
V. Auskunftsersuchen der Anteilseigner einer Vereinigung (Abs. 3a)	28
VI. Mitteilungspflicht der Anteilseigner einer Vereinigung (Abs. 3b)	29
VII. Befugnisse der Zentralstelle für Finanztransaktionsuntersuchungen und der Aufsichtsbehörden (Abs. 5)	30

§ 21 Transparenzpflichten im Hinblick auf bestimmte Rechtsgestaltungen

I. Verwalter von Trusts (Trustees) mit Wohnsitz oder Sitz in Deutschland (Abs. 1)	1
II. Mitteilungen an die registerführende Stelle (Abs. 1 a und 1 b)	5
III. Treuhänder mit Wohnsitz oder Sitz in Deutschland (Abs. 2)	8
IV. Befugnisse der Zentralstelle für Finanztransaktionsuntersuchungen und der Aufsichtsbehörden (Abs. 3)	11
V. Verordnungsermächtigung (Abs. 4)	12

§ 22 Zugängliche Dokumente und Datenübermittlung an das Transparenzregister, Verordnungsermächtigung

I. Zugängliche Dokumente (Abs. 1)	1
II. Übermittlung der Indexdaten (Abs. 2)	4
III. Verordnungsermächtigung (Abs. 3)	5
IV. Verordnungsermächtigung (Abs. 4)	8

§ 23 Einsichtnahme in das Transparenzregister, Verordnungsermächtigung

I. Einsichtnahme (Abs. 1)	1
II. Beschränkung auf Antrag (Abs. 2)	7
III. Online-Registrierung und Protokollierung (Abs. 3)	11
IV. Suchfunktion (Abs. 4)	13
V. Verordnungsermächtigung (Abs. 5)	15
VI. Antrag auf Auskunft (Abs. 6)	16

§ 23a Meldung von Unstimmigkeiten an die registerführende Stelle

I. Meldung von Unstimmigkeiten (Abs. 1 und 2)	1
II. Prüfpflicht der registerführenden Stelle (Abs. 3)	4
III. Weitergabe der Unstimmigkeitsmeldung (Abs. 4)	5
IV. Information des Erstatters der Unstimmigkeitsmeldung (Abs. 5)	6
V. Vermerk auf dem Registerauszug (Abs. 6)	7

§ 24 Gebühren und Auslagen, Verordnungsermächtigung

I. Gebühren und Auslagen (Abs. 1, 2 und 2a)	1
II. Verordnungsermächtigung (Abs. 3)	5

Inhalt

Inhaltsverzeichnis

Rn.

§ 25 Übertragung der Führung des Transparenzregisters, Verordnungsermächtigung

I. Verordnungsermächtigung für die Beleihung (Abs. 1) 1
II. Voraussetzung der Beleihung (Abs. 2) 4
III. Dauer der Beleihung (Abs. 3) 6
IV. Führung des kleinen Bundessiegels (Abs. 4) 8
V. Gebührenerhebung (Abs. 5) 10
VI. Fach- und Rechtsaufsicht (Abs. 6) 13
VII. Anderweitige Übertragung der Zuständigkeit (Abs. 7) 16

§ 26 Europäisches System der Registervernetzung, Verordnungsermächtigung

I. Europäisches System der Registervernetzung (Abs. 1) 1
II. Vernetzung mit Registern anderer Mitgliedstaaten der Europäischen Union (Abs. 2) 3
III. Löschung von Daten (Abs. 3) 4
IV. Verordnungsermächtigung (Abs. 4) 5

§ 26a Abruf durch die Zentralstelle für Finanztransaktionsuntersuchungen und die Strafverfolgungsbehörden

I. Übermittlung an die Zentralstelle für Finanztransaktionsuntersuchungen .. 1
II. Sicherstellung von Datenschutz und Datensicherheit 2

Vorbemerkungen zu Abschnitt 5 – Zentralstelle für Finanztransaktionsuntersuchungen

I. Historie 1
II. Verlagerung der FIU vom BKA zur Generalzolldirektion durch das Gesetz zur Umsetzung der 4. EU-Geldwäscherichtlinie 4
III. Kritik 7
  1. Ressortverlagerung und Ausgestaltung als administrative Behörde 7
  2. Personalausstattung 10
  3. Bearbeitungsrückstände 14
  4. Bearbeitungsdauer 17
  5. Fehlende Dateizugriffe 19
  6. Filterfunktion 22
  7. Kritik an der Arbeitsqualität 25
  8. Ergänzende Anmerkungen 26
  9. Fazit 28
IV. Europäische Entwicklungen 31

Abschnitt 5. Zentralstelle für Finanztransaktionsuntersuchungen

§ 27 Zentrale Meldestelle

I. Allgemeines 1
II. Die Zentralstelle für Finanztransaktionsuntersuchungen als zentrale Meldestelle (Abs. 1) 5
III. Eigenständigkeit und Unabhängigkeit der Zentralstelle für Finanztransaktionsuntersuchungen (Abs. 2) 6

Inhaltsverzeichnis **Inhalt**

Rn.

§ 28 Aufgaben, Aufsicht und Zusammenarbeit

I. Allgemeines	1
II. Aufgaben der Zentralstelle für Finanztransaktionsuntersuchungen (Abs. 1)	2
Nr. 1: Entgegennahme und Sammlung von Meldungen nach diesem Gesetz	3
Nr. 2: Durchführung von operativen Analysen einschließlich der Bewertung von Meldungen und sonstigen Informationen,	4
Nr. 3: Informationsaustausch und die Koordinierung mit inländischen Aufsichtsbehörden	7
Nr. 4: Zusammenarbeit und Informationsaustausch mit zentralen Meldestellen anderer Staaten	10
Nr. 5: Untersagung von Transaktionen und Anordnung von sonstigen Sofortmaßnahmen	11
Nr. 6: Übermittlung der sie betreffenden Ergebnisse der operativen Analyse nach Nummer 2 und zusätzlicher relevanter Informationen an die zuständigen inländischen öffentlichen Stellen	12
Nr. 7: Rückmeldung an den Verpflichteten, der eine Meldung nach § 43 Abs. 1 abgegeben hat	14
Nr. 8: Durchführung von strategischen Analysen und Erstellung von Berichten aufgrund dieser Analysen	15
Nr. 9: Austausch mit den Verpflichteten sowie mit den inländischen Aufsichtsbehörden und für die Aufklärung, Verhinderung oder Verfolgung der Geldwäsche und der Terrorismusfinanzierung zuständigen inländischen öffentlichen Stellen insbesondere über entsprechende Typologien und Methoden	18
Nr. 10: Erstellung von Statistiken zu den in Artikel 44 Abs. 2 der Richtlinie (EU) 2015/849 genannten Zahlen und Angaben	19
Nr. 11: Veröffentlichung eines Jahresberichts über die erfolgten operativen Analysen	20
Nr. 12: Teilnahme an Treffen nationaler und internationaler Arbeitsgruppen	21
Nr. 13: Wahrnehmung weiterer übertragener Aufgaben	22
III. Aufsicht über die Zentralstelle für Finanztransaktionsuntersuchungen (Abs. 2)	23
IV. Zusammenarbeit mit den zuständigen inländischen Behörden (Abs. 3)	24
V. Information der für das Besteuerungsverfahren oder den Schutz der sozialen Sicherungssysteme zuständigen Behörden (Abs. 4)	27

§ 29 Verarbeitung personenbezogener Daten durch die Zentralstelle für Finanztransaktionsuntersuchungen

I. Vorbemerkungen	1
II. Verarbeitung personenbezogener Daten (Abs. 1)	10
III. Datenabgleich (Abs. 2)	21
IV. Verarbeitung zu Fortbildungszwecken oder zu statistischen Zwecken (Abs. 3)	22

§ 30 Entgegennahme und Analyse von Meldungen

I. Allgemeines	1
II. Entgegennahme und Verarbeitung von Meldungen (Abs. 1)	3
III. Operative Analyse von Meldungen (Abs. 2)	10
IV. Einholung von Informationen von Verpflichteten (Abs. 3)	17

Inhalt

Inhaltsverzeichnis

Rn.

§ 31 Auskunftsrecht gegenüber inländischen öffentlichen Stellen, Datenzugriffsrecht

- I. Allgemeines 1
- II. Datenerhebung bei inländischen öffentlichen Stellen (Abs. 1) 3
- III. Pflicht der angefragten Stellen zur unverzüglichen Beantwortung (Abs. 2) .. 5
- IV. Automatisierte Datenübermittlung (Abs. 3) 6
- V. Automatisierter Abgleich mit Daten im polizeilichen Informationsverbund (Abs. 4) 12
  1. Allgemeines 12
  2. Abgleich mit Daten, die im polizeilichen Informationsverbund gespeichert sind (S. 1) 14
  3. Differenzierung hinsichtlich der betroffenen Daten („Mischmodell") (S. 2–5) 16
  4. Einrichtung eines weitergehenden automatisierten Abrufverfahrens (S. 7) 19
- VI. Automatisierte Auskunft aus dem Zentralen Staatsanwaltschaftlichen Verfahrensregister (Abs. 4a) 20
  1. Allgemeines 20
  2. Automatisierte Abfrage unter Angabe spezifischer Parameter (S. 1) 20d
  3. Automatisierter Abruf der Daten im Trefferfall (S. 2) 20e
  4. Verwendungsbeschränkung (S. 3) 20f
- VII. Auskunftspflicht der Finanzbehörden (Abs. 5) 21
- VIII. Kontoabrufverfahren nach § 24c KWG (Abs. 6) 24
- IX. Datenabruf bei Meldebehörden (Abs. 7) 29

§ 32 Datenübermittlungsverpflichtung an inländische öffentliche Stellen

- I. Allgemeines 1
- II. Datenübermittlung an das Bundesamt für Verfassungsschutz (Abs. 1) 6
- III. Datenübermittlung an die Strafverfolgungsbehörden, den Bundesnachrichtendienst und das Bundesamt für Verfassungsschutz bei Verdacht auf Geldwäsche, Terrorismusfinanzierung oder eine sonstige Straftat (Abs. 2) .. 10
- IV. Datenübermittlung an inländische Behörden in sonstige Fällen (Abs. 3) .. 18
  1. Datenübermittlung auf Ersuchen der Strafverfolgungsbehörden, des Bundesamts für Verfassungsschutz, des Bundesnachrichtendienstes oder des Militärischen Abschirmdienstes (S. 1) 18
  2. Datenübermittlung zum Zwecke der Durchführung eines Besteuerungsverfahrens, für Verfahren zum Schutz der sozialen Sicherungssysteme und für die Aufgabenwahrnehmung der Aufsichtsbehörden (S. 2) 21
- V. Automatisierter Datenabruf der Strafverfolgungsbehörden und des Bundesamts für Verfassungsschutz (Abs. 4) 26
- VI. Unterbleiben der Datenübermittlung (Abs. 5) 29
- VII. Datenübermittlung der Strafverfolgungsbehörde an die zuständige Finanzbehörde bei Einleitung eines Strafverfahrens (Abs. 6) 33
- VIII. Verwendungsbeschränkung, Zweckänderung (Abs. 7) 38

§ 33 Datenaustausch mit Mitgliedstaaten der Europäischen Union

- I. Allgemeines 1
- II. Grundsätze der zwischen den EU-Mitgliedstaaten zu gewährleistenden Zusammenarbeit (Abs. 1) 5
- III. Datenübermittlung im internationalen Bereich (Abs. 2) 13

Inhaltsverzeichnis **Inhalt**

Rn.
IV. Auskunftsersuchen an zentrale Meldestellen anderer Staaten zu in Deutschland tätigen Verpflichteten (Abs. 3) 15
V. Ablehnung eingehender Ersuchen anderer zentraler Meldestellen eines EU-Mitgliedstaates (Abs. 4) 16
VI. Verwendungs- und Weiterleitungsbeschränkungen bei der Beantwortung ausländischer Auskunftsersuchen (Abs. 5) 23
VII. Benennung einer zentralen Kontaktstelle (Abs. 6) 27

§ 34 Informationsersuchen im Rahmen der internationalen Zusammenarbeit

§ 35 Datenübermittlung im Rahmen der internationalen Zusammenarbeit

I. Allgemeines 1
II. Weiterleitung von Verdachtsmeldungen an zentrale Meldestellen anderer Staaten (Abs. 1) 3
III. Beantwortung von Ersuchen ausländischer zentraler Meldestellen (Abs. 2) 5
IV. Anforderungen an eingehende Ersuchen (Abs. 3) 11
V. Sonstige Datenübermittlungen an ausländische zentrale Meldestellen (Abs. 4) 17
VI. Datenschutzrechtliche Prüfpflicht (Abs. 5) 19
VII. Verwertungsbeschränkungen (Abs. 6) 20
VIII. Hinderungsgründe für die Datenübermittlung (Abs. 7) 21
IX. Regelbeispiele für ein Unterbleiben der Datenübermittlung (Abs. 8) 26
X. Darlegung der Ablehnungsgründe (Abs. 9) 29
XI. Dokumentation und Aufbewahrung (Abs. 10) 33

§ 36 Automatisierter Datenabgleich im europäischen Verbund

§ 37 Berichtigung, Einschränkung der Verarbeitung und Löschung personenbezogener Daten aus automatisierter Verarbeitung und bei Speicherung in automatisierten Dateien

I. Allgemeines 1
II. Berichtigung unrichtig gespeicherter personenbezogener Daten (Abs. 1) .. 3
III. Löschung gespeicherter personenbezogener Daten (Abs. 2) 8
IV. Einschränkung der Verarbeitung der gespeicherten personenbezogenen Daten (Abs. 3) 11
V. Prüffristen bei der Datenaussonderung (Abs. 4 und 5) 18
VI. Datenschutzrechtliche Prüfung bei der Datenübermittlung (Abs. 6) 20
VII. Verfahren bei übermittelten unrichtigen, zu löschenden oder in der Verarbeitung einzuschränkenden personenbezogenen Daten (Abs. 7) 24

§ 38 Berichtigung, Einschränkung der Verarbeitung und Vernichtung personenbezogener Daten, die weder automatisiert verarbeitet werden noch in einer automatisierten Datei gespeichert sind

I. Allgemeines 1
II. Dokumentationspflicht bei Feststellung unrichtiger Daten (Abs. 1) 3
III. Einschränkung der Verarbeitung personenbezogener Daten (Abs. 2) 4
IV. Pflicht zur Vernichtung von Unterlagen (Abs. 3 und 4) 6
V. Abgabe an das zuständige Archiv bei bleibendem Wert der Unterlagen (Abs. 5) 8

XXIII

Inhalt

Inhaltsverzeichnis

	Rn.
VI. Verfahren bei übermittelten unrichtigen, zu löschenden oder in der Verarbeitung einzuschränkenden personenbezogenen Daten (Abs. 6)	9

§ 39 Errichtungsanordnung

I. Allgemeines	1
II. Pflicht zum Erlass von Errichtungsanordnungen; Zustimmungs- und Anhörungspflichten (Abs. 1)	3
III. Vorgaben für den Inhalt der Errichtungsanordnungen (Abs. 2)	5
IV. Kompetenz der Generalzolldirektion zur Sofortanordnung in eilbedürftigen Fällen (Abs. 3)	7
V. Turnusmäßige Prüfpflichten (Abs. 4)	8

§ 40 Sofortmaßnahmen

I. Allgemeines	1
II. Befugnis zur Anordnung von Sofortmaßnahmen (Abs. 1)	6
III. Sofortmaßnahmen aufgrund des Ersuchens einer zentralen Meldestelle eines anderen Staates (Abs. 2)	12
IV. Aufhebung von Sofortmaßnahmen (Abs. 3)	17
V. Dauer von Sofortmaßnahmen (Abs. 4)	21
VI. Freigabe von Vermögensgegenständen auf Antrag (Abs. 5)	25
VII. Rechtsmittel gegen Sofortmaßnahmen (Abs. 6)	30

§ 41 Rückmeldung an den meldenden Verpflichteten

I. Allgemeines	1
II. Eingangsbestätigung (Abs. 1)	5
III. Rückmeldung zur Relevanz der Meldung (Abs. 2)	8
1. Vorbemerkungen	8
2. Rückmeldungen zur Relevanz der Meldung (S. 1)	11
3. Verwertungsbeschränkung und Löschverpflichtung (S. 2 und 3)	15

§ 42 Benachrichtigung von inländischen öffentlichen Stellen an die Zentralstelle für Finanztransaktionsuntersuchungen

I. Allgemeines	1
II. Rückmeldepflicht der Staatsanwaltschaft in Strafverfahren (Abs. 1)	5
III. Rückmeldepflicht sonstiger inländischer öffentlicher Stellen (Abs. 2)	13

Vorbemerkung zu Abschnitt 6 – Pflichten im Zusammenhang mit Meldungen von Sachverhalten

I. Allgemeines	1
II. Zur Wirksamkeit des Verdachtsmeldewesens	7
1. Vorbemerkung	7
2. FIU-Statistik	9
3. Strafverfolgungsstatistik	13
4. Fazit	16

Inhaltsverzeichnis **Inhalt**

Rn.

Abschnitt 6. Pflichten im Zusammenhang mit Meldungen von Sachverhalten

§ 43 Meldepflicht von Verpflichteten, Verordnungsermächtigung

I. Vorbemerkungen	1
1. Historie	1
2. Rechtsnatur von Meldungen nach §§ 43, 44	5
3. Verhältnis zu Strafanzeigen und anderen Anzeige-/Meldepflichten	9
II. Meldepflichten (Abs. 1)	14
1. Allgemeines	14
2. „Liegen Tatsachen vor, die darauf hindeuten, dass"	16
a) Der Verdachtsgrad	16
b) Verdachtsschöpfung	26
3. Die einzelnen Meldepflichten	32
a) Verdacht auf Geldwäsche (Abs. 1 Nr. 1)	32
b) Verdacht auf Terrorismusfinanzierung (Abs. 1 Nr. 2)	40
c) Verstoß gegen Offenlegungspflicht (Abs. 1 Nr. 3)	48
4. Unabhängigkeit vom Wert des betroffenen Vermögensgegenstandes oder der Transaktionshöhe	53
5. Unverzüglichkeit der Verdachtsmeldung	54
6. Adressat der Verdachtsmeldung	57
III. Sonderregelungen bei Rechtsberatung oder Prozessvertretung (Abs. 2)	62
1. Vorbemerkung	62
2. Befreiung von der Meldepflicht bei Rechtsberatung oder Prozessvertretung (Abs. 2 S. 1)	67
3. Rückausnahme 1: Missbrauch der Rechtsberatung oder Prozessvertretung für Zwecke der Geldwäsche, der Terrorismusfinanzierung oder einer anderen Straftat (Abs. 2 S. 2 Alt. 1)	71
4. Rückausnahme 2: Fall des Abs. 6 – durch Rechtsverordnung bestimmte meldepflichtige Sachverhalte bei Erwerbsvorgängen nach § 1 GrErwStG (Abs. 2 S. 2 Alt. 2)	77a
IV. Meldepflicht für internationale Verpflichtete (Abs. 3)	78
V. Verhältnis der Meldung zur Selbstanzeige nach § 261 Abs. 9 StGB (Abs. 4)	79
VI. Bestimmung typisierter Transaktionen durch die Zentralstelle für Finanztransaktionsuntersuchungen (Abs. 5)	82
VII. Verordnungsermächtigung (Abs. 6)	83

§ 44 Meldepflicht von Aufsichtsbehörden

I. Allgemeines	1
II. Meldepflicht der Aufsichtsbehörden (Abs. 1)	5
III. Meldepflicht der für die Überwachung der Aktien-, Devisen- und Finanzderivatemärkte zuständigen Behörden (Abs. 2)	8

§ 45 Form der Meldung, Ausführung durch Dritte, Registrierungspflicht, Verordnungsermächtigung

I. Allgemeines	1
II. Pflicht zur elektronischen Meldung und Ausnahmen im Störungsfall (Abs. 1 S. 1 und 3)	6
III. Registrierungspflicht (Abs. 1 S. 2)	10
IV. Geltung auch für Meldungen nach § 44 (Abs. 1 S. 4)	12

Inhalt

	Rn.
V. Ausnahmegenehmigung der Zentralstelle für Finanztransaktionsuntersuchungen bei unbilliger Härte (Abs. 2)	14
VI. Pflicht zur Verwendung des amtlichen Vordrucks bei Übermittlung auf dem Postweg (Abs. 3)	17
VII. Möglichkeit der Ausführung durch Dritte (Abs. 4)	18
VIII. Ermächtigung zum Erlass von Rechtsverordnungen (Abs. 5)	19

§ 46 Durchführung von Transaktionen

I. Allgemeines	1
II. Anhaltepflicht („Fristfallregelung") (Abs. 1)	3
1. Allgemeines	3
2. Durchführung der Transaktion bei Zustimmung der FIU oder der Staatsanwaltschaft	7
3. Durchführung der Transaktion nach Fristablauf	9
III. Ausnahmeregelung („Eilfallregelung") (Abs. 2)	13

§ 47 Verbot der Informationsweitergabe, Verordnungsermächtigung

I. Allgemeines	1
II. Verbot der Informationsweitergabe (Abs. 1)	3
III. Ausnahmen vom Verbot der Informationsweitergabe (Abs. 2)	12
1. Übermittlung an staatliche Stellen (S. 1 Nr. 1)	14
2. Übermittlung zwischen Verpflichteten nach § 2 Abs. 1 Nr. 1–3 und 6–8, die derselben Gruppe angehören (S. 1 Nr. 2)	16
3. Übermittlung zwischen Verpflichteten nach § 2 Abs. 1 Nr. 1–3 und 6–8 und ihren nachgeordneten Gruppenunternehmen in Drittstaaten (S. 1 Nr. 3)	18
4. Übermittlung zwischen Verpflichteten nach § 2 Abs. 1 Nr. 10–12 (S. 1 Nr. 4)	20
5. Übermittlung zwischen Verpflichteten nach § 2 Abs. 1 Nr. 1–3, 6, 7, 9, 10 und 12 in Fällen, die sich auf denselben Vertragspartner und dieselbe Transaktion beziehen (S. 1 Nr. 5)	23
6. Verwendungsvorbehalt (S. 2)	25
IV. Verschwiegenheitsverpflichtung für andere staatliche Stellen (Abs. 3)	26
V. Sonderregelung für rechts- und wirtschaftsberatende Berufe (Abs. 4)	29
VI. Sonderregelung für Verpflichtete nach § 2 Abs. 1 Nr. 1–9 (Abs. 5)	32
VII. Rechtsverordnungsermächtigung (Abs. 6)	36

§ 48 Freistellung von der Verantwortlichkeit

I. Allgemeines	1
II. Freistellung von der Verantwortlichkeit für den Meldenden bzw. Anzeigenden (Abs. 1)	5
III. Geltung für unternehmensinterne Meldungen und Auskunftsverlangen der Zentralstelle für Finanztransaktionsuntersuchungen (Abs. 2)	11

§ 49 Informationszugang und Schutz der meldenden Beschäftigten

I. Allgemeines	1
II. Auskunft an den Betroffenen bei noch laufender operativer Analyse (Abs. 1)	12
III. Auskunft an den Betroffenen nach abgeschlossener operativer Analyse, wenn von einer Weiterleitung an Strafverfolgungsbehörden abgesehen wurde (Abs. 2)	18

Inhaltsverzeichnis **Inhalt**

Rn.
IV. Auskunft an den Betroffenen nach abgeschlossener operativer Analyse, wenn der Sachverhalt an die Strafverfolgungsbehörden weitergeleitet wurde (Abs. 3) 23
V. Schutz von Personen, die in einem Beschäftigungsverhältnis zum Verpflichteten stehen (Abs. 4) 25
VI. Recht der Beschwerde (Abs. 5) 28

Abschnitt 7. Aufsicht, Zusammenarbeit, Bußgeldvorschriften, Datenschutz

§ 50 Zuständige Aufsichtsbehörde

I. Allgemeines 1
II. Die zuständigen Behörden 3

§ 51 Aufsicht

I. Allgemeines 1
II. Ausübung der Aufsicht (Abs. 1) 3
III. Maßnahmen und Anordnungen (Abs. 2) 4
IV. Durchführung von Prüfungen (Abs. 3) 5
V. Kostenerhebung (Abs. 4) 7
VI. Untersagung der Geschäfts- oder Berufsausübung (Abs. 5) 8
VII. Abhilfezuständigkeit in Eilfällen (Abs. 5a) 9
VIII. Spezielle Zuständigkeit für Verpflichtete nach § 2 Abs. 1 Nr. 13 GwG (Abs. 5b) 10
IX. Sonderzuständigkeit (Abs. 6) 11
X. Zusätzliche Auskunftsmöglichkeiten im Kontext des Glücksspiels (Abs. 7) .. 12
XI. Auslegungs- und Anwendungshinweise (Abs. 8) 13
XII. Dokumentationspflichten der Aufsichtsbehörden (Abs. 9) 14
XIII. Unterrichtungspflichten (Abs. 10) 17
XIV. Bußgeldvorschriften 18

§ 51a Verarbeitung personenbezogener Daten durch Aufsichtsbehörden

I. Allgemeines 1
II. Verarbeitung personenbezogener Daten 2

§ 52 Mitwirkungspflichten

I. Allgemeines 1
II. Auskünfte und Prüfungen durch die zuständigen Behörden (Abs. 1–3, 6) 3
III. Auskunftsverweigerungsrechte (Abs. 4, 5) 5
IV. Bußgeldvorschriften 7

§ 53 Hinweise auf Verstöße

I. Allgemeines 1
II. System zur Annahme von Hinweisen potenzieller oder tatsächlicher Verstöße (Abs. 1 und Abs. 2) 2
III. Umgang mit personenbezogenen Daten des Betroffenen und des Hinweisgebers (Abs. 2–4) 4
IV. Benachteiligungsschutz für den Hinweisgeber (Abs. 5) 7
V. Beschwerdeverfahren für den Hinweisgeber (Abs. 5a) 8

XXVII

Inhalt

Inhaltsverzeichnis

	Rn.
VI. Ausschluss der Einschränkung von Rechten der Hinweisgeber (Abs. 6)	9
VII. Keine Beschränkung von Verfahrensrechten Betroffener (Abs. 7)	10

§ 54 Verschwiegenheitspflicht

I. Allgemeines	1
II. Befugnis zum Offenbaren oder für eine Verwertung von dienstlich erlangten Tatsachen (§ 54 Abs. 3)	3
III. Weitergabe von Tatsachen (§ 54 Abs. 4)	10

§ 55 Zusammenarbeit mit anderen Behörden

I. Allgemeines	1
II. Grundsatz der umfassenden Zusammenarbeit (Abs. 1)	3
III. Übermittlung der Daten aus der Gewerbeanzeige an die zuständigen Aufsichtsbehörden (Abs. 2)	5
IV. Übermittlung der Daten aus der FinVermV und der VersVermV an die zuständigen Aufsichtsbehörden (Abs. 3)	8
V. Weitergehende Befugnisse der Aufsichtsbehörden zur Datenverarbeitung (Abs. 4)	12
VI. Koordination von Maßnahmen in grenzüberschreitenden Fällen (Abs. 5)	13
VII. Datenübermittlung an Europäische Aufsichtsbehörden über Finanzinstitute (Abs. 6)	14
VIII. Beschränkungen des Informationsaustauschs mit Aufsichtsbehörden anderer EU-Mitgliedstaaten (Abs. 7)	20
IX. Kooperationsvereinbarungen mit Aufsichtsbehörden von Drittstaaten (Abs. 8)	25

§ 56 Bußgeldvorschriften

I. Allgemeines	1
1. Hintergründe und Historie	1
2. Grundzüge des Ordnungswidrigkeitenrechts	2
a) Rechtsnatur von Ordnungswidrigkeiten und Unterschiede zum Strafrecht	2
b) Normadressaten von § 56	5
c) Objektiver Tatbestand	7
d) Subjektiver Tatbestand	8
e) Vorwerfbarkeit	11
f) Verjährung	12
3. Ordnungswidrigkeitenverfahren nach dem GwG in der Praxis	14
4. Strafbarkeit bei Verstößen gegen GwG-Pflichten	18
II. Ordnungswidrigkeitenkatalog für vorsätzliche oder leichtfertige Pflichtenverstöße (Abs. 1)	19
1. Vorbemerkungen	19
2. Die Bußgeldtatbestände (Nr. 1–73)	20
III. Ordnungswidrigkeitenkatalog für vorsätzliche oder fahrlässige Pflichtenverstöße (Abs. 2)	96
1. Vorbemerkungen	96
2. Die Bußgeldtatbestände (Nr. 1–7)	98
3. Bußgeldrahmen bei Ordnungswidrigkeiten nach Abs. 2	105
IV. Bußgeldrahmen bei vorsätzlich oder leichtfertig begangenen schwerwiegenden, wiederholten oder systematischen Verstößen (Abs. 3)	106

Inhaltsverzeichnis **Inhalt**

	Rn.
1. Vorbemerkungen	106
2. Bußgeldrahmen gegenüber Verpflichteten aus dem Nicht-Finanzsektor (S. 1 und 2)	107
3. Bußgeldrahmen gegenüber Verpflichteten aus dem Finanzsektor (S. 3–5)	111
V. Bemessung der Geldbuße	114
VI. Gesamtumsatz (Abs. 4)	120
VII. Zuständige Verwaltungsbehörden (Abs. 5)	123
VIII. Datenübermittlung der Verwaltungsbehörde an die Aufsichtsbehörde (Abs. 6)	126
IX. Überprüfung im Hinblick auf einschlägige Verurteilung (Abs. 7)	129
X. Information der zuständigen Europäischen Aufsichtsbehörde (Abs. 8)	130

§ 57 Bekanntmachung von bestandskräftigen Maßnahmen und von unanfechtbaren Bußgeldentscheidungen

I. Allgemeines	1
II. Aufschiebung der Bekanntmachung (§ 57 Abs. 2 und Abs. 3)	7
III. Löschung der Daten (§ 57 Abs. 4)	8

§ 58 (weggefallen)

§ 59 Übergangsregelung

Gesetz über das Kreditwesen (Kreditwesengesetz – KWG)

§ 6a KWG – Besondere Aufgaben

I. Allgemeines	1
II. Voraussetzungen der Anordnungsbefugnis	3
III. Rechtsmittel	7
IV. Abgrenzung zum AWG und GwG	8
V. Exkurs: Finanzsanktionen	9

§ 24c KWG – Automatisierter Abruf von Kontoinformationen

I. Allgemeines	1
II. Verpflichtete zur Vorhaltung der Konto-Abrufdatei	3
III. Inhalt der Konto-Abrufdatei	5
IV. Abrufberechtigte	18
V. Datenschutzaspekte	26
VI. Kostentragung	28
VII. Rechtsverordnungsermächtigung	29
VIII. Sanktionen	30

§ 25g KWG – Einhaltung der besonderen organisatorischen Pflichten im bargeldlosen Zahlungsverkehr

I. Allgemeines	1
II. Geldtransferverordnung (Abs. 1 Nr. 1)	4
1. Gegenstand, Geltungsbereich und Begriffsbestimmungen (Art. 1–3)	5
2. Die Pflichten des Zahlungsdienstleisters des Auftraggebers (Art. 4–6)	8
3. Die Pflichten des Zahlungsdienstleisters des Begünstigten (Art. 7–9)	11

Inhalt

	Rn.
4. Pflichten zwischengeschalteter Zahlungsdienstleister (Art. 10 und 13)	15
5. Informationen, Datenschutz und Aufbewahrung von Aufzeichnungen (Art. 14–16)	16
6. Sanktionen, Überwachung und Ausnahmeregelungen (Art. 17 ff.)	19
III. Verordnung über grenzüberschreitende Zahlungen (Abs. 1 Nr. 2)	22
IV. Verordnung zur Festlegung der technischen Vorschriften und der Geschäftsanforderungen für Überweisungen und Lastschriften in EUR (Abs. 1 Nr. 3)	23
V. Verordnung über Interbankenentgelte für kartengebundene Zahlungsvorgänge (Abs. 1 Nr. 4)	24
VI. Einrichtung von Verfahren und Kontrollsystemen (Abs. 2)	25
VII. Anordnungsbefugnis der BaFin (Abs. 3)	26

§ 25h KWG – Interne Sicherungsmaßnahmen

I. Allgemeines	1
II. Anforderungen an ein angemessenes Risikomanagement und Sicherungsmaßnahmen (Abs. 1)	6
III. Datenverarbeitungssysteme (Abs. 2)	11
IV. Untersuchung, Dokumentation, Informationsaustausch (Abs. 3)	19
V. Auslagerung interner Sicherungsmaßnahmen (Abs. 4)	23
VI. Anordnungsbefugnis der BaFin (Abs. 5)	25
VII. Einrichtung einer zentralen Stelle (Abs. 7)	26

§ 25i KWG – Allgemeine Sorgfaltspflichten in Bezug auf E-Geld

I. Allgemeines	1
II. Adressaten der Regelung	4
III. Sorgfaltspflichten bei der Ausgabe von E-Geld (Abs. 1)	5
IV. Absehen von Sorgfaltspflichten (Abs. 2)	6
V. Verpflichtung zur Führung von E-Geld-Inhaber-Dateisystem (Abs. 3)	7
VI. Zahlungen mit in Drittstaaten ausgestellten anonymen Guthabenkarten (Abs. 3a)	8
VII. Anordnungskompetenz der BaFin (Abs. 4)	9

§ 25j KWG – Zeitpunkt der Identitätsüberprüfung

I. Allgemeines	1
II. Vereinfachung der Identifizierung	2

§ 25k KWG – Verstärkte Sorgfaltspflichten

I. Allgemeines	1
II. Sortengeschäft (Abs. 1)	3
III. Sorgfaltspflichten für Institute, die Factoring betreiben (Abs. 2)	6

§ 25l KWG – Geldwäscherechtliche Pflichten für Finanzholding-Gesellschaften

I. Allgemeines	1
II. Pflichten für Finanzholdinggesellschaften	2

§ 25m KWG – Verbotene Geschäfte

	Rn.
I. Allgemeines	1
II. Verbot von Geschäftsbeziehungen mit Bank-Mantelgesellschaften (Nr. 1)	2
III. Verbot von Durchlaufkonten (Nr. 2)	3

Geldwäscherechtliche Pflichten im Zahlungsdiensteaufsichtsgesetz (ZAG)

I. Allgemeines	1
II. Geldwäscherechtlich bedeutsame Regelungen im ZAG	4
1. Erlaubniserteilung	5
2. Versagung der Erlaubnis	6
3. Anteilseignerkontrolle	7
4. Abberufung des Geschäftsleiters	8
5. Prüfung durch Abschlussprüfer	9
6. Geldwäscherechtliche Pflichten für Agenten	10
7. Besondere organisatorische Pflichten sowie Sicherungsmaßnahmen gegen Geldwäsche und Terrorismusfinanzierung	12
8. Zweigniederlassungen aus dem EWR	16
9. Zugang zu Zahlungskontodiensten	18
10. Bußgeldvorschriften	19

Strafgesetzbuch

§ 89c Terrorismusfinanzierung

I. Zweck und Normgenese	1
II. Rechtsgut und Deliktsnatur	9
III. Verfassungsrechtliche und strafrechtstheoretische Bedenken	11
IV. Tatbestände, Abs. 1 und 2	15
1. Objektiver Tatbestand, Abs. 1 und 2	17
a) Vermögenswerte	18
b) Sammeln	20
c) Entgegennehmen	23
d) Zur Verfügung stellen	24
2. Subjektiver Tatbestand, Abs. 1 und Abs. 2	28
a) Vorsatz bezüglich der eigenen Tathandlung	29
b) Dolus directus hinsichtlich einer Katalogtat nach Abs. 1 Nr. 1–8	30
c) Vorsatz bezüglich der *Verwendung* zur Begehung einer Katalogtat	34
d) Terrorismusbezug der vorgestellten Katalogtat, Abs. 1 S. 2	38
V. Geltung für Auslandstaten, Abs. 3	44
1. Allgemeines	44
2. Europäisches Territorialitätsprinzip, Abs. 3 S. 1	46
3. Einschränkung für Taten außerhalb der EU, Abs. 3 S. 2	47
VI. Verfolgungsermächtigung, Abs. 4	49
VII. Rechtsfolgen	52
1. Regelstrafrahmen, Milderung und Absehen von Strafe nach Abs. 5	52
2. Minder schwerer Fall, Abs. 5	53
3. Tätige Reue	55
VIII. Konkurrenz	58

Inhalt

§ 261 StGB – Geldwäsche; Verschleierung unrechtsmäßig erlangter Vermögenswerte

Rn.

- I. Entstehungsgeschichte ... 1
- II. Rechtsnatur und Struktur des § 261 StGB – Überblick über die Regelung ... 5
- III. Kriminalpolitische Ziele und Rechtsgut ... 11
    1. Kriminalpolitische Ziele ... 11
    2. Kriminalpolitischer Erfolg ... 15
    3. Scheitern des kriminalpolitischen Programms ... 17
    4. Konsequenzen für die Auslegung ... 19
    5. Rechtsgut ... 21
        - a) Staatliche Rechtspflege und Ermittlungsinteresse der Strafverfolgungsbehörden ... 23
        - b) Rechtsgüter der Vortaten ... 24
        - c) Legaler Wirtschafts- und Finanzkreislauf und Volkswirtschaft ... 25
        - d) Innere Sicherheit ... 26
        - e) Pluralistische Rechtsgutsbestimmungen ... 27
        - f) Rechtsprechung, Auslegung und Ergebnis ... 28
- IV. Die tatbestandlichen Voraussetzungen des § 261 StGB im Einzelnen ... 34
    1. Gegenstand ... 34
    2. Vortaten ... 35
        - a) Generelle Anforderungen an die Vortat ... 36
        - b) Vortatenkatalog im Einzelnen ... 40
        - c) Auslandstaten ... 51
    3. „Herrühren" aus der Vortat ... 52
        - a) Unmittelbar aus der Tat herrührende Gegenstände ... 62
        - b) Tatmittel ... 64
        - c) Mittelbar auf die Tat zurückzuführende Gegenstände ... 66
        - d) Auswirkungen der Vermischung sauberer und schmutziger Vermögenswerte ... 73
        - e) Spezialregelung des § 261 Abs. 1 S. 3 StGB: Geldwäscheobjekte aus Steuerstraftaten ... 79
        - f) Nachweis des „Herrührens" aus einer Katalogtat ... 88
    4. Tathandlungen ... 90
        - a) Verschleierungstatbestand, Abs. 1 S. 1 Alt. 1 ... 91
        - b) Vereitelungstatbestand, Abs. 1 S. 1 Alt. 2 ... 92
        - c) Isolierungstatbestand, Abs. 2 ... 97
        - d) Kontrollierte Transaktionen ... 115
        - e) Geldwäsche durch Unterlassen ... 116
    5. Strafloser Vorerwerb ... 120
    6. Subjektiver Tatbestand ... 125
        - a) Vorsatz gem. Abs. 1 und Abs. 2 ... 126
        - b) Leichtfertigkeit, Abs. 5 ... 128
        - c) Auswirkungen auf gefährdete Berufsgruppen ... 132
    7. Versuch, Abs. 3 ... 141
- V. Rechtsfolgen ... 143
    1. Strafrahmen und Strafzumessung ... 143
    2. Einziehung von Tatobjekten (Beziehungsgegenstände), Abs. 7 ... 145
- VI. Strafausschließungsgrund bei Vortatbeteiligung, Abs. 9 S. 2 und 3 ... 146
    1. Grundgedanke und Entwicklung ... 146
    2. Tatidentität von Geldwäsche und Vortaten (insbes. bei BtMG-Delikten und der Steuerhinterziehung) ... 147

Inhalt

	Rn.
3. Alleinige Strafbarkeit der Vortat im Ausland	148
4. Erwiesensein der Vortat	149
5. Einschränkung durch Abs. 9 S. 3	150
VII. Selbstanzeige	152
VIII. Konkurrenzen	158
IX. § 262 StGB, Führungsaufsicht	160

Sachregister . . . . S. 1159

Abkürzungsverzeichnis

aaO	am angegebenen Ort
ABl.	Amtsblatt
Abs.	Absatz
AEAO	Anwendungserlass zur Abgabenordnung
AEUV	Vertrag über die Arbeitsweise der Europäischen Union
aF	alte Fassung
AG	Amtsgericht
AGB	Allgemeine Geschäftsbedingungen
AIF	Alternative Investmentfonds
AktG	Aktiengesetz
ALG II	Arbeitslosengeld II
Alt.	Alternative
AltZertG	Altersvorsorgeverträge-Zertifizierungsgesetz
AMLTF	Anti Money Laundering Task Force
Anm.	Anmerkung
AnSVG	Anlegerschutzverbesserungsgesetz
Anwbl.	Anwaltsblatt
AnwK-StGB	Anwaltkommentar StGB
AO	Abgabenordnung
AO-E	Entwurf für eine Abgabenordnung
arg. ex	argumentum ex
Art.	Artikel
AsylVfG	Asylverfahrensgesetz
AuA	Auslegungs- und Anwendungshinweise der Deutschen Kreditwirtschaft
AufenthG	Aufenthaltsgesetz
AufenthV	Aufenthaltsverordnung
Aufl.	Auflage
Ausg.	Ausgabe
AZR	Ausländerzentralregister
AWG	Außenwirtschaftsgesetz
Az.	Aktenzeichen
BAFA	Bundesamt für Wirtschaft und Ausfuhrkontrolle
BaFin	Bundesanstalt für Finanzdienstleistungsaufsicht
BAföG	Bundesausbildungsförderungsgesetz
BAKred	Bundesaufsichtsamt für das Kreditwesen
BArchG	Bundesarchivgesetz
BauGB	Baugesetzbuch
BAV	Bundesaufsichtsamt für das Versicherungswesen
BayPAG	Bayerisches Polizeiaufgabengesetz
BB	Betriebsberater
BCBS	Basel Committee on Banking Supervision
Bd.	Band
BDK	Bund Deutscher Kriminalbeamter
BDSG	Bundesdatenschutzgesetz
BDZ	Deutsche Zoll- und Finanzgewerkschaft
BeckOK StGB	Beck'scher Onlinekommentar StGB

Abkürzungen

Begr.	Begründung
BegrRegE	Begründung des Regierungsentwurfes
BetrVG	Betriebsverfassungsgesetz
BeurkG	Beurkundungsgesetz
BewG	Bewertungsgesetz
BfDI	Bundesbeauftragter für den Datenschutz und die Informationsfreiheit
BFH	Bundesfinanzhof
BFM	Bundesverband Factoring für den Mittelstand
BfV	Bundesamt für Verfassungsschutz
BGB	Bürgerliches Gesetzbuch
BGBl.	Bundesgesetzblatt
BGH	Bundesgerichtshof
BGHSt	Entscheidungen des Bundesgerichtshof in Strafsachen
BIS	Bank for International Settlements
bish.	bisheriger
BK	Bundeskriminalamt (Österreich)
BKA	Bundeskriminalamt
BKAG	Bundeskriminalamtsgesetz
BKR	Zeitschrift für Bank- und Kapitalmarktrecht
BMF	Bundesministerium der Finanzen
BMG	Bundesmeldegesetz
BMI	Bundesministerium des Innern
BMPE	Black Market Peso Exchange
BMJ	Bundesministerium der Justiz
BMWi	Bundesministerium für Wirtschaft und Energie
BND	Bundesnachrichtendienst
BNDG	Gesetz über den Bundesnachrichtendienst
BnotO	Bundesnotarordnung
BörsG	Börsengesetz
BP	Bankpraktiker
BPolG	Gesetz über die Bundespolizei
BremPolG	Bremisches Polizeigesetz
BRAK	Bundesrechtsanwaltskammer
BRAK-Mitt.	Mitteilungen der Bundesrechtsanwaltskammer (Zeitschrift)
BRAO	Bundesrechtsanwaltsordnung
BR	Bundesrat
BRD	Bundesrepublik Deutschland
BR-Drs.	Bundesratsdrucksache
BReg	Bundesregierung
BStBl.	Bundessteuerblatt
bspw.	beispielsweise
BT	Besonderer Teil
BT-Drs.	Bundestagsdrucksache
BtMG	Betäubungsmittelgesetz
BuB	Bankrecht und Bankpraxis
BuStra	Bußgeld- und Strafsachenstelle
BVerfG	Bundesverfassungsgericht
BVerfGE	Entscheidungen des Bundesverfassungsgerichts
BVerfSchG	Bundesverfassungsschutzgesetz
BVerwG	Bundesverwaltungsgericht
BZRG	Gesetz über das Zentralregister und das Erziehungsregister
BZSt	Bundeszentralamt für Steuern
bzw.	beziehungsweise

Abkürzungen

ca.	circa
CBR	Cross-Border-Reports
CCZ	Corporate Compliance Zeitschrift
CDD	Customer Due Diligence
CEBS	Committee of European Banking Supervisors
CEIOPS	Committee of European Insurance and Occupational Pensions Supervisors
CESR	Committee of European Securities Regulators
CICAD	Comisión Interamericana para el Control del Abuso de Drogas
CPD	Conto pro diverse
CPMI	Committee on Payments and Market Infrastructures
CRD IV	Capital Requirements Directive IV
CRR	Capital Requirements Regulation
CTITF	Counter-Terrorism Implementation Task Force
CTR	Currency Transaction Report
DAV	Deutscher Anwaltsverein
DB	Der Betrieb (Zeitschrift)
DepotG	Gesetz über die Verwahrung und Anschaffung von Wertpapieren (Depotgesetz)
ders.	derselbe
DFR	Richtlinie 2006/70/EG der Kommission vom 1. August 2006 mit Durchführungsbestimmungen für die Richtlinie 2005/60/EG
DFV	Deutscher Factoring Verband
Die Bank	Zeitschrift für Bankpolitik und Praxis
dies.	dieselbe/dieselben
dh	das heißt
Diss.	Dissertation
DK	Die Deutsche Kreditwirtschaft
DNotZ	Deutsche Notar-Zeitschrift
DRiZ	Deutsche Richterzeitung
DSAnpUG-EU	Gesetz zur Anpassung des Datenschutzrechts an die Verordnung (EU) 2016/679 und zur Umsetzung der Richtlinie (EU) 2016/680
DS-GVO	Datenschutz-Grundverordnung, ABl. L 119 vom 4.5.2016, S. 1; L 314 vom 22.11.2016, S. 72
DStR	Deutsches Steuerrecht
EBA	European Banking Authority
E.B.I.F.	European Banking & Insurance Fair
ECOWAS	Economic Community Of West African States
Ed.	Edition
EDV	Elektronische Datenverarbeitung
EFSF	European Financial Stability Facility
eG	eingetragene Genossenschaft
EG	Europäische Gemeinschaft
EGBA	European Gaming and Betting Association
2. EGeldRLUG	Gesetz zur Umsetzung der Zweiten E-Geld-Richtlinie
EGMR	Europäischer Gerichtshof für Menschenrechte
EGV	Vertrag zur Gründung der Europäischen Gemeinschaft
eIDAS-Verordnung	Verordnung (EU) Nr. 910/2014 über elektronische Identifizierung und Vertrauensdienste für elektronische Transaktionen im Binnenmarkt und zur Aufhebung der Richtlinie 1999/93/EG
EIOPA	European Insurance and Occupational Pensions Authority

Abkürzungen

EMIR	European Market Infrastructure Regulation
EMRK	Europäische Menschenrechtskonvention
Erster GlüÄndStV	Gesetz zum Ersten Staatsvertrag zur Änderung des Staatsvertrages zum Glücksspielwesen in Deutschland (Erster Glücksspieländerungsstaatsvertrag – Erster GlüÄndStV)
ESAs	European Supervisory Authorities
ESMA	European Securities and Markets Authority
EStG	Einkommensteuergesetz
etc	et cetera
EU	Europäische Union
EuG	Gericht erster Instanz der Europäischen Gemeinschaft
EuGH	Europäischer Gerichtshof
EUR	Euro
EuRAG	Gesetz über die Tätigkeit europäischer Rechtsanwälte in Deutschland
EUV	Vertrag über die Europäische Union
EuZW	Europäische Zeitschrift für Wirtschaftsrecht
eV	eingetragener Verein
eVA	elektronische Verdachtsanzeige
EWG	Europäische Wirtschaftsgemeinschaft
EWR	Europäischer Wirtschaftsraum
EWS	Europäisches Wirtschafts- & Steuerrecht
f./ff.	folgende Seite bzw. Seiten
FATF	Financial Action Task Force on Money Laundering
FAZ	Frankfurter Allgemeine Zeitung
FinCEN	Financial Crimes Enforcement Network
FinDAG	Gesetz über die Bundesanstalt für Finanzdienstleistungsaufsicht
FinDAGKostV	Verordnung über die Erhebung von Gebühren und die Umlegung von Kosten nach dem Finanzdienstleistungsaufsichtsgesetz
FIU	Financial Intelligence Unit
FKAG	Finanzkonglomerate-Aufsichtsgesetz
FKS	Finanzkontrolle Schwarzarbeit
FLF	Finanzierung, Leasing, Factoring (Zeitschrift)
FMFG	Finanzmarktförderungsgesetz
Fn.	Fußnote
FR	Finanzrundschau
FreizügG/EU	Gesetz über die allgemeine Freizügigkeit von Unionsbürgern
FRSB	FATF Regional Style Body
FS	Festschrift
FVG	Finanzverwaltungsgesetz
GA	Goltdammer's Archiv für Strafrecht
GASP	Gemeinsame Außen- und Sicherheitspolitik
GbR	Gesellschaft des bürgerlichen Rechts
GdP	Gewerkschaft der Polizei
GeldtransferVO	Geldtransferverordnung
GFG	Gemeinsame Finanzermittlungsgruppe Polizei/Zoll
GG	Grundgesetz
gem.	gemäß
GewStDV	Gewerbesteuerdurchführungsverordnung
GmbH	Gesellschaft mit beschränkter Haftung
GmbHG	Gesetz betreffend die Gesellschaften mit beschränkter Haftung
GmbHR	GmbH-Rundschau

Abkürzungen

GewAufspG	Gewinnaufspürungsgesetz
GewO	Gewerbeordnung
GewStDV	Gewerbesteuer-Durchführungsverordnung
ggf.	gegebenenfalls
GLRE	Gaming Law Review and Economics
GlüStV	Glücksspielstaatsvertrag
G. v.	Gesetz vom
GVG	Gerichtsverfassungsgesetz
GwB	Geldwäschebeauftragter
GwBekErgG	Geldwäschebekämpfungsergänzungsgesetz
GwG	Geldwäschegesetz
GwGErgG	Gesetz zur Ergänzung des Geldwäschegesetzes
GWPräOptG/ GwOptG	Gesetz zur Optimierung der Geldwäscheprävention
GwG-RefE	GwG in der Fassung des Referentenentwurfs des Bundesministeriums der Finanzen vom 24.11.2016
GZ	Geschäftszeichen
GZD	Generalzolldirektion
HGB	Handelsgesetzbuch
HiB	Heute im Bundestag
hM	herrschende Meinung
HRRS	Online-Zeitschrift für Höchstrichterliche Rechtsprechung im Strafrecht
Hrsg.	Herausgeber
Hs.	Halbsatz
ICRG	International Country Risk Guide
ICTY	International Criminal Tribunal for the former Yugoslavia
IKS	Internes Kontrollsystem
inkl.	inklusive
insbes.	insbesondere
InvG	Investmentgesetz
idR	in der Regel
IdW	Institut der Wirtschaftsprüfer
iVm	in Verbindung mit
iSv	im Sinne von
IRdW	Institut für Recht der Wirtschaft
IWF	Internationaler Währungsfonds
iwS	im weiteren Sinne
JA	Juristische Arbeitsblätter
JC	Joint Committee of the European Supervisory Authorities
JGI	Journal of Gambling Issues
JMLC	Journal of Money Laundering Control
JR	Juristische Rundschau
JStG	Jahressteuergesetz
jurisPR-BKR	JurisPR Bank- und Kapitalmarktreport
JuS	Juristische Schulung
JZ	Juristenzeitung
KAGB	Kapitalanlagegesetzbuch
Kap.	Kapitel

Abkürzungen

KfZ	Kraftfahrzeug
KfW	Kreditanstalt für Wiederaufbau
KG	Kommanditgesellschaft
KJ	Kritische Justiz
KK-StPO	Karlsruher Kommentar zur Strafprozessordnung und zum Gerichtsverfassungsgesetz mit Einführungsgesetz
Kriminalistik	Unabhängige Zeitschrift für die kriminalistische Wissenschaft und Praxis
KritV	Kritische Vierteljahresschrift für Gesetzgebung und Rechtswissenschaft
KStG	Körperschaftssteuergesetz
KWG	Gesetz über das Kreditwesen
KYC	Know Your Customer
LG	Landgericht
lit.	litera
LKA	Landeskriminalamt
LKRZ	Zeitschrift für Landes- und Kommunalrecht Hessen, Rheinland-Pfalz, Saarland
LK-StGB	Leipziger Kommentar zum Strafgesetzbuch
LR-StPO	Löwe-Rosenberg, Großkommentar zur Strafprozessordnung
Ls.	Leitsatz
lt.	laut
LTO	Legal Tribune Online
MAD	Amt für den Militärischen Abschirmdienst
MADG	Gesetz über den militärischen Abschirmdienst
MaH	Mindestanforderungen an das Betreiben von Handelsgeschäften der Kreditinstitute
MaIR	Mindestanforderungen an die Ausgestaltung der internen Revision der Kreditinstitute
MaK	Mindestanforderungen an das Kreditgeschäft der Kreditinstitute
mAnm	mit Anmerkung
MaRisk	Mindestanforderungen an das Risikomanagement
MaRisk VA	Mindestanforderungen an das Risikomanagement für Versicherungen
MCC	Merchant Category Code
MDR	Monatsschrift für Deutsches Recht
MiFID	Finanzmarktrichtlinie
MschKrim	Monatsschrift für Kriminologie und Strafrechtsreform
mwN	mit weiteren Nachweisen
MoMiG	Gesetz zur Modernisierung des GmbH-Rechts und zur Bekämpfung von Missbräuchen
MOG	Gesetz zur Durchführung der Gemeinsamen Marktorganisation
MONUC	United Nations Organization Mission in the Democratic Republic of the Congo
Mrd.	Milliarde(n)
MüKoAktG	Münchener Kommentar zum Aktiengesetz
MüKo StGB	Münchner Kommentar zum Strafgesetzbuch
NCCT	Non-cooperative Countries and Territories
Nds.SOG	Niedersächsisches Gesetz über die öffentliche Sicherheit und Ordnung
nF	neue Fassung
NJ	Neue Justiz

Abkürzungsverzeichnis # Abkürzungen

NJW	Neue Juristische Wochenschrift
NK	Nomos Kommentar zum Strafgesetzbuch
NPNM	Neue Produkte Neue Märkte
Nr.	Nummer
Nr.	Nummern
NStZ	Neue Zeitschrift für Strafrecht
NStZ-RR	Neue Zeitschrift für Strafrecht-Rechtssprechungsreport
NVwZ	Neue Zeitschrift für Verwaltungsrecht
NZG	Neue Zeitschrift für Gesellschaftsrecht
NZM	Neue Zeitschrift für Miet- und Wohnungsrecht
NZWiSt	Neue Zeitschrift für Wirtschafts- und Steuerstrafrecht
NZZ	Neue Zürcher Zeitung
OAS	Organization of American States
OECD	Organisation for Economic Co-Operation and Development
OFAC	Office of Foreign Assets Control
OGAW	Organismus für gemeinsame Anlagen in Wertpapieren
OK	Organisierte Kriminalität
OLG	Oberlandesgericht
OrgKG	Gesetz zur Bekämpfung des illegalen Rauschgifthandels und anderer Erscheinungsformen organisierter Kriminalität
OWi	Ordnungswidrigkeit
OWiG	Gesetz über Ordnungswidrigkeiten
PassG	Passgesetz
PAuswGuaÄndG	Gesetz über Personalausweise und den elektronischen Identitätsnachweis sowie zur Änderung weiterer Vorschriften
PEP	Politically Exposed Persons
PersAuswG	Gesetz über Personalausweise
PfandBG	Pfandbriefgesetz
PJZS	Polizeiliche und Justizielle Zusammenarbeit in Strafsachen
PLO	Palestine Liberation Organisation
PrüfbV	Verordnung über die Prüfung der Jahresabschlüsse und Zwischenabschlüsse der Kreditinstitute und Finanzdienstleistungsinstitute und über die Prüfung nach § 12 Abs. 1 S. 3 des Gesetzes über Kapitalanlagegesellschaften sowie die darüber zu erstellenden Berichte
PwC	Pricewaterhouse Coopers
QES	Qualifizierte elektronische Signatur
RBerG	Rechtsberatungsgesetz
RDG	Gesetz über außergerichtliche Rechtsdienstleistungen
RegBegr.	Regierungsbegründung
RegE	Regierungsentwurf
RFHE	Sammlung der Entscheidungen und Gutachten des Reichsfinanzhofs
Rn.	Randnummer
Rspr.	Rechtsprechung
S.	Seite(n), Satz
s. ber.	siehe bereits
s. ber. fr. Vl.	siehe bereits frühere Verlautbarung
SK-StGB	Systematischer Kommentar zum Strafgesetzbuch

Abkürzungen

SK-StPO	Systematischer Kommentar zur Strafprozessordnung und zum Gerichtsverfassungsgesetz
sog.	so genannter
SolvV	Solvabilitätsverordnung
SSW-StGB	Satzger/Schmitt/Widmaier (Hrsg.), Strafgesetzbuch
st.	ständige
st. bish. Verw.pr.	ständige bisherige Verwaltungspraxis
StBerG	Steuerberatergesetz
StGB	Strafgesetzbuch
StPO	Strafprozessordnung
str.	streitig, strittig
StraFo	Strafverteidiger Forum
StrEG	Gesetz über die Entschädigung von Strafverfolgungsmaßnahmen
StV	Strafverteidiger
StVG	Straßenverkehrsgesetz
SÜG	Gesetz über die Voraussetzungen und das Verfahren von Sicherheitsüberprüfungen des Bundes
TI	Transparency International
TKG	Telekommunikationsgesetz
TLN	TIME Law News
TMG	Telemediengesetz
Tz.	Textziffer
TzBfG	Gesetz über Teilzeitarbeit und befristete Arbeitsverträge
ua	und andere, unter anderem
uÄ	und Ähnliches
UK	United Kingdom
UN	United Nations
unveröff.	unveröffentlicht
Urt. v.	Urteil vom
uU	unter Umständen
v.	vom, von
va	vor allem
VAG	Gesetz über die Beaufsichtigung von Versicherungsunternehmen
VAT	Value Added Tax (Umsatzsteuer)
VerBAV	Veröffentlichungen des Bundesaufsichtsamtes für das Versicherungswesen
VermAnlG	Vermögensanlagegesetz
VermBG	Vermögensbildungsgesetz
Verw.pr.	Verwaltungspraxis
VG	Verwaltungsgericht
VGH	Verwaltungsgerichtshof
vgl.	vergleiche
VN	Vereinte Nationen
VO	Verordnung
VÖB	Bundesverband Öffentlicher Banken Deutschlands
VuR	Verbraucher und Recht
VVG	Gesetz über den Versicherungsvertrag
VwVfG	Verwaltungsverfahrensgesetz

Abkürzungen

WEG	Gesetz über das Wohnungseigentum und das Dauerwohnrecht
wistra	Zeitschrift für Wirtschafts- und Steuerstrafrecht
WKÖ	Wirtschaftskammer Österreich
WM	Wertpapiermitteilungen
WpHG	Gesetz über den Wertpapierhandel
Wpg	Die Wirtschaftsprüfung
WP	Wirtschaftsprüfer
WPK Magazin	Wirtschaftsprüferkammer Magazin
WPO	Gesetz über eine Berufsordnung der Wirtschaftsprüfer
WpPG	Gesetz über die Erstellung, Billigung und Veröffentlichung des Prospekts, der beim öffentlichen Angebot von Wertpapieren oder bei der Zulassung von Wertpapieren zum Handel an einem organisierten Markt zu veröffentlichen ist
WpÜG	Wertpapiererwerbs- und Übernahmegesetz
ZAG	Zahlungsdiensteaufsichtsgesetz
zB	zum Beispiel
ZBB	Zeitschrift für Bankrecht und Bankwirtschaft
ZDUG	Gesetz zur Umsetzung der aufsichtsrechtlichen Vorschriften der Zahlungsdiensterichtlinie
ZEuS	Zeitschrift für europarechtliche Studien
Ziff.	Ziffer
ZInsO	Zeitschrift für das gesamte Insolvenzrecht
ZIP	Zeitschrift für Wirtschaftsrecht
ZJS	Zeitschrift für das Juristische Studium
ZKA	Zentraler Kreditausschuss
ZKAmt	Zollkriminalamt
ZKredW	Zeitschrift für das gesamte Kreditwesen
ZollVG	Zollverwaltungsgesetz
ZPO	Zivilprozessordnung
ZPO-E	Entwurf einer Zivilprozessordnung
ZRP	Zeitschrift für Rechtspolitik
ZStW	Zeitschrift für die gesamte Strafrechtswissenschaft
zT	zum Teil
ZUM	Zeitschrift für Urheber- und Medienrecht
zust.	zustimmend
5. Geldwäsche-Richtlinie	Vorschlag für eine Richtlinie des europäischen Parlaments und des Rates zur Änderung der Richtlinie (EU) 2015/849 zur Verhinderung der Nutzung des Finanzsystems zum Zwecke der Geldwäsche und der Terrorismusfinanzierung und zur Änderung der Richtlini 2009/101/EG

Einleitung

Literatur: *Achtelik/Mohn,* Die Reform der europäischen Finanzaufsichtsstruktur: Auswirkungen auf die Europäischen Aufsichtsbehörden im Banken- und Kapitalmarktbereich, WM 2019, 2339 ff.; *Ackermann,* Geldwäsche – Money Laundering, 1992; *Arzt,* Geldwäscherei – eine neue Masche zwischen Hehlerei, Strafvereitelung und Begünstigung, NStZ 1990, 1 ff.; *Arzt,* Das missglückte Gesetz am Beispiel der Geldwäschegesetzgebung, in: *Diederichsen/Dreier* (Hrsg.), Das missglückte Gesetz, 1997; *Bannenberg/Schaupensteiner,* Korruption in Deutschland, 3. Aufl., 2007; *Bergles/Eul,* „Rasterfahndung" zur Geldwäschebekämpfung – ein Konflikt mit dem Datenschutz?, BKR 2002, 556 ff.; *Bergmann (Hrsg.),* Geldwäsche, 2019; *Biersteker/Eckert* (Hrsg.), Countering the Financing of Terrorism, 2007; *Biersteker/Eckert* (Hrsg.), Strenghtening Target Sanctions through Fair and Clear Proceedings, Watson Institute 2006; *Böhm,* Anlasslose Datensammlungen und die Mitarbeit Privater bei der Strafverfolgung – der neue Trend in der europäischen Verbrechensbekämpfung, KritV 2012, 82 ff.; Bundesbeauftragte für den Datenschutz und die Informationsfreiheit, 24. Tätigkeitsbericht zum Datenschutz für die Jahre 2011 und 2012; *Dahm,* Banken im Spannungsfeld zwischen Staat und Kunden – Der Versuch einer Standortbestimmung am Beispiel der Weitergabe von Daten an staatliche Stellen, WM 1996, 1285 ff.; *Dahm/Hamacher,* Geldwäschebekämpfung und strafrechtliche Verfahrensgarantien, wistra 1995, 206 ff.; *Diergarten,* Der Geldwäscheverdacht, 2007; *Diergarten/Barreto da Rosa,* Praxiswissen Geldwäscheprävention, 2015; *Diergarten/Fraulob,* Geldwäsche (Kommentar), 2019; *Europol,* Lagebericht der Europäischen Union über die Organisierte Kriminalität, 2004; *Falcone,* Mafia intern, 1993; *Fassbender,* Targeted Sanctions and Due Process – A Challenge to the Architecture of European Union Governance, 2006; *Ferentzy/Turner,* Gambling and organized crime – A review oft he literature, JGI Nr. 23, 2009, 111 ff.; *Findeisen,* Der Präventionsgedanke im Geldwäschegesetz, wistra 1997, 121 ff.; *ders.,* Underground Banking in Deutschland, WM 2003, 2125 ff.; *Frank,* Die Bekämpfung der Geldwäsche in den USA, 2002; *Fromm,* Finanzermittlungen – ein Herzstück der OK-Bekämpfung; Kriminalistik 1998, 463 ff.; *Fülbier/Aepfelbach/Langweg,* Kommentar zum Geldwäschegesetz, 2006; *Fülbier,* Bankangestellte im Dienst der Ermittlungsbehörden, WM 1990, 2025 ff.; *Graber,* Geldwäscherei, 1990; *Hartmann,* Internationale Finanzströme und Geldwäsche, KJ 2007, 2 ff.; *Griebel,* Der Makler als „Hilfssheriff" im Kampf gegen Geldwäsche und Terrorismusfinanzierung – Das neue „Geldwäschepräventions-Optimierungsgesetz", NZM 2012, 481 ff.; *Gusy,* Sicherheitsgesetzgebung, KritV 2012, 247 ff.; *Harnischmacher,* Internationale Geldwäsche, Kriminalistik 2002, 655 ff.; *Herzog/Christmann,* Geldwäsche und Bekämpfungsgesetzgebung, WM 2003, 6 ff.; *Herzog/Mülhausen,* Geldwäschebekämpfung und Gewinnabschöpfung, 2006; *Herzog/Hoch,* Politisch exponierte Personen unter Beobachtung – Konsequenzen aus der 3. EU-Geldwäscherichtlinie und damit verbundene Fragen des Datenschutzes, WM 2007, 1997 ff.; *Herzog/Hoch,* Bitcoins und Geldwäsche: Bestandsaufnahme strafrechtlicher Fallgestaltungen und regulatorischer Ansätze, Strafverteidiger 2019, 412 ff.; *Herzog/Warius,* Das Finanzsystem Hawala im Verdacht der Geldwäsche – Die verborgenen Wege des Geldes, Impulse 1/2006, 34 ff.; *Herzog,* Das Bankgeheimnis – eine Schranke staatlicher und staatlich veranlasster Ermittlungen?, Schriftenreihe der Bankrechtlichen Vereinigung, Band 22, 2004, 47 ff.; *Herzog,* Der Banker als Fahnder, WM 1996, 1753 ff.; *Herzog,* Geldwäschebekämpfung – quo vadis?, WM 1999, 1905 ff.; *Herzog,* Die Spuren des schmutzigen Geldes, FS Kohlmann, 2003, 427 ff.; *Hetzer,* Tatort Finanzmarkt, 2003; *Hetzer,* Bekämpfung der organisierten Kriminalität durch Unterbindung der Geldwäsche, wistra 1993, 286 ff.; *Hetzer,* Systemgrenzen der Geldwäschebekämpfung, ZRP 1999, 245 ff.; *Hetzer,* Geldwäsche und Terrorismus, ZRP 2002, 407 ff.; *Höche,* Neue gesetzliche Regelungen zur Bekämpfung des Terrorismus und der Geldwäsche, Die Bank 2002, 196 ff.; *ders.,* Der Entwurf einer Dritten EU-Richtlinie zur Verhinderung der Nutzung des Finanzsystems zu Zwecken der Geldwäsche und der Finanzierung des Terrorismus, WM 2005, 8 ff.; *Höreth,* Die Be-

Einleitung

kämpfung der Geldwäsche, 1996; *Jae-myong Koh,* Suppressing Terrorist Financing and Money Laundering, 2006; *Jahn,* Verschärfte Finanzkontrollen nach Terroranschlägen, ZRP 2002, 109 ff.; *Kaleck,* Terrorismuslisten: Definitionsmacht und politische Gewalt der Exekutive, KJ Heft 1 2011, 63 ff.; *Kasiske,* BVerfG erklärt Antiterrordatei für teilweise verfassungswidrig. NJW-Spezial 2013, 312 f.; *Kaufmann,* Die Bedeutung der Einbeziehung von Bankmitarbeitern in die strafrechtliche Bekämpfung der Geldwäsche, 2001; *Kilchling,* Die Praxis der Gewinnabschöpfung in Europa, 2002; *Kirchhof,* Bankgeheimnis und Geldwäsche aus verfassungsrechtlicher Sicht, Schriftenreihe der Bankrechtlichen Vereinigung, Band 22, 2004, 79 ff.; *Kiser,* Financing Terror: An Analysis and Simulation for Affecting Al Qaedás Financial Infrastructure, 2005; *Körner/Dach,* Geldwäsche: ein Leitfaden zum geltenden Recht, 1994; *Leutheusser-Schnarrenberger,* Vorratsdatenspeicherung – ein vorprogrammiertes Verfassungsproblem, ZRP 2007, 1 ff.; *MacMullan/Rege,* Online crime and internet gambling, JGI Nr. 24 2010, 54 ff.; *Meyer,* Lost in Complexity – Gedanken zum Rechtsschutz gegen Smart Sanctions in der EU, ZeuS 2007, 1; *Napoleoni,* Die Ökonomie des Terrors, 2004; National Commission on Terrorist Attacks upon the United States, Commission Report 2004; *Obermayer/Obermaier,* Panama Papers, 2016; *Oswald,* Die Maßnahmen zur Bekämpfung der Geldwäsche – eine kriminologisch-empirische Untersuchung, wistra 1997, 328 ff.; *Pieth/Eigen,* Korruption im internationalen Geschäftsverkehr, 1999; *Pieth,* Financing Terrorism, 2002; *ders.,* Die Bekämpfung der Geldwäscherei – Modelfall Schweiz?, 1992; President's Commission on Organized Crime, The Cash Connection: Organized Crime, Financial Institutions and Money Laundering, 1985; *Raue/Roegele,* Kunstvolle Geldwäsche? Neuregelungen zur Geldwäschebekämpfung im Kunstsektor, ZRP 2019, 196 ff.; *Remmers,* Die Entwicklung der Gesetzgebung zur Geldwäsche, 1998; *Richards,* Transnational Criminal Organizations, Cybercrime and Money Laundering, 1998; *Schmid/Arzt,* Kommentar Einziehung, organisiertes Verbrechen, Geldwäscherei, 2007; *Schneider/Dreer/Riegler,* Geldwäsche – Studie über Formen, Akteure, Größenordnungen, 2006; *Smettan,* Bereicherung in Abhängigkeit von Gewinnen, Risiken, Strafen und Moral, 1992; *ders.,* Kosten, Nutzen und Risiko des Straftäters, MschrKrim 1992, 19 ff.; *Sotiriadis,* Die Entwicklung der Gesetzgebung über Gewinnabschöpfung und Geldwäsche, 2009; *Spoerr/Roberts,* Die Umsetzung der Vierten Geldwäscherichtlinie, WM 2017, 1142 ff.; *Steuer,* Die Bekämpfung der Geldwäsche als gesellschaftspolitische Herausforderung, WM 1994, 78 ff.; *Stolpe,* Geldwäsche und die Mafia, Kriminalistik 2000, 99 ff.; *Suendorf,* Geldwäsche: eine kriminologische Untersuchung, 1999; *Teixeira,* Die Strafbarkeit der Selbstgeldwäsche, NStZ 2018, 634 ff.; *Tuominen,* A common authority for EU AML/CTF supervision is needed, The EUROFI Magazine, Helsinki 2019, S. 106 f.; *Uibileisen,* Die verfassungsrechtlichen Grenzen der Inpflichtnahme Privater: dargestellt am Beispiel des Kontenresearches gem. § 25a Abs. 1 Nr. 6 KWG, 2006; *von Alemann,* Dimensionen politischer Korruption, 2005; *Zentes/Glaab,* Regulatorische Auswirkungen des Vorschlags der 4. EU-Geldwäscherichtlinie, BB 2013, 707 ff.; *Zentes/Glaab,* GwG, 2020 (im Erscheinen)

Übersicht

	Rn.
I. Geldwäsche – Begriffe, Modelle, Erscheinungsformen und Normen	1
1. Verwendung des Begriffs im allgemeinen Sprachgebrauch	1
2. Begriff der Geldwäsche in der Kriminologie	3
3. Modelle der Geldwäsche	5
a) Überblick der Modelle	6
b) Das herrschende Drei-Phasen-Modell	7
4. Erscheinungsformen der Geldwäsche – ausgewählte Beispiele	12
a) Fingierte Firmen und Geschäfte	12
b) Nutzung von „gatekeeper"-Berufsgruppen	19
c) „Offshore"-Finanzplätze	24
d) Informelle Geldtransfersysteme (Hawala uÄ)	27
e) Intransparente geschäftliche Organisationsformen	38
f) Schnittmengen von Geldwäsche und Steuerkriminalität	43

Einleitung

Rn.
g) Immobilien, Kunst und Luxusgüter 45
h) Versicherungspolicen und Finanzmarktprodukte 52
i) Weitere Erscheinungsformen der Geldwäsche – insbesondere im virtuellen Bereich 54
5. Typologien verdächtiger Transaktionen 58
6. Konzepte der Geldwäschebekämpfung im internationalen Kontext 60
   a) Vereinte Nationen 61
   b) Gruppe der Sieben (G-7) bzw. der Acht (G-8) 62
   c) Financial Action Task Force on Money Laundering (FATF) . . 63
   d) Baseler Ausschuss für Bankenaufsicht (BCBS) 75
   e) Europarat 76
   f) Europäische Gemeinschaft 80
7. Die strafrechtliche Dimension – der Geldwäschetatbestand des § 261 StGB 99
II. Gesellschaftliche und ökonomische Gefahren von profitorientierter Kriminalität und „schmutzigem" Geld 106
1. Erkenntnisse über die Strukturen profitorientierter Kriminalität – „Mafia" 106
2. Investitionsverhalten 109
3. Volkswirtschaftliche Auswirkungen 110
4. Paradoxon: Der Boom der AML-Industrie 111
III. Geldwäsche als Kriminalität der Mächtigen; politisch exponierte Personen 112
1. Kleptokratien 112
2. Korruption 115
3. Politisch exponierte Personen (PEP) 121
IV. Bekämpfung der Terrorismusfinanzierung 129
1. Politischer Kontext 9/11 129
2. Terrorismus – Probleme der Begriffsdefinition und Zuordnung von Phänomenen 133
3. Volumen und Erscheinungsformen der Terrorismusfinanzierung . 136
4. „Kosten" von terroristischen Aktivitäten 140
5. Praxis und rechtliche Problematik der Bekämpfung der Terrorismusfinanzierung durch Listings 142
V. Die Entwicklung der Geldwäschebekämpfung vom rule based zum risk based approach 151
VI. Geldwäschebekämpfung als Teil einer expandierenden Sicherheitsarchitektur 160

I. Geldwäsche – Begriffe, Modelle, Erscheinungsformen und Normen

1. Verwendung des Begriffs im allgemeinen Sprachgebrauch

Ein Blick in den aktuellen Duden vermittelt als Definition der Geldwäsche „das **1** Umwandeln von Geldern illegaler Herkunft (insbesondere aus Raub, Erpressung, Drogen-, Waffen- und Frauenhandel) in offiziell registrierte Zahlungsmittel". Interessant und bezeichnend für den **schillernden Charakter des Begriffs** ist freilich, dass weiterhin ein Bezug zur deutschen Parteispendenaffäre der 80er Jahre her-

Einleitung

gestellt und auf „das Weiterleiten unbeschränkt steuerbegünstigter Spendengelder an eine Institution, besonders an eine politische Partei, für deren Spenden nur eine teilweise Steuervergünstigung besteht" Bezug genommen wird. Überhaupt stellt man im allgemeinen Sprachgebrauch sehr häufig unscharfe Verwendungen des Begriffs im **Zusammenhang mit „schmutzigem Geld"** fest, so dass etwa auch Einnahmen von „Schwarzgeld", Korruption oder der Abfluss von Geld ins Ausland aus Gründen der Steuerflucht umgangssprachlich als Geldwäsche bezeichnet werden (vgl. *Vogt* in Herzog/Mülhausen Geldwäschebekämpfung-HdB § 2 Rn. 1).

2   Etymologisch geht der Begriff der Geldwäsche wohl auf **Strukturen und Methoden der Organisierten Kriminalität in den USA** in den 20er und 30er Jahren des vergangenen Jahrhunderts zurück. Dort wurden kriminelle Profite in Waschsalons, sog. Laundromats, investiert, was einerseits ein profitables legales Gewerbe eröffnete, andererseits die weitere Verschleierung krimineller Profite ermöglichte, weil diese Betriebe (ähnlich wie zB später die Automatenspielsalons in Las Vegas) große Bargeldumsätze ohne Quittung, Ware oder nachhaltige Leistung erwirtschafteten und sich somit hervorragend für Umsatzlegenden und die Vermischung von bemakeltem mit sauberem Geld eigneten (vgl. *Gallarotti* Von Geldwäschern und Archäologen, NZZ v. 18.12.2006, 14 mit Verweis auf *Schneider/Dreer/Riegler* Geldwäsche – Studie über Formen, Akteure, Größenordnungen, 2006). Vor dem Hintergrund dieser Vorgehensweise und in sehr anschaulicher Weise wurde die Methode in der Folge in der amerikanischen Sprache mit dem Begriff „money laundering" bezeichnet. Obwohl davon auszugehen ist, dass ähnliche Methoden der Verschleierung krimineller Profite auch im deutschsprachigen Raum etwa im Zusammenhang mit dem sog. Rotlichtmilieu, dem Waffen- und Drogenhandel bereits seit vielen Jahrzehnten (zB schon im Schwarzmarktmilieu der Nachkriegszeit) anzutreffen gewesen sind, war der Begriff der Geldwäsche bis in die 80er Jahre des 20. Jahrhunderts im deutschsprachigen Raum unbekannt (vgl. *Ackermann* in Schmidt/Arzt § 5 Rn. 5).

2. Begriff der Geldwäsche in der Kriminologie

3   Das Phänomen der Geldwäsche wird in der Kriminologie allgemein wie folgt beschrieben: Geldwäsche ist ein Vorgang, der darauf abzielt, die Spuren illegaler, dh aus Straftaten stammender, Vermögensgegenstände zu verschleiern oder zu verwischen, um diese zu einem späteren Zeitpunkt wieder als scheinbar legales Vermögen im regulären Geschäftsverkehr zu verwenden (vgl. *Vogt* in Herzog/Mülhausen Geldwäschebekämpfung-HdB § 1 Rn. 2). Dies entspricht auch der kriminalpolitischen Leitdefinition von Geldwäsche in den USA: „Money laundering is the process by which one conceals the existence, illegal source, or illegal application of income, and then disguises that income to make it appear legitimate." (President's. Commission on Organized Crime, p.VII.). Dieser Definition liegt die Annahme zu Grunde, dass für viele Kriminalitätsformen und insbesondere für die Organisierte Kriminalität das Profitstreben ein wesentlicher Motor ist, und dass es folglich für die Kriminalitätsbekämpfung darauf ankommt, die Botschaft *crime doesn't pay* präventiv umzusetzen. Um diese Profite erwirtschaften, genießen und reinvestieren zu können, müssen einerseits die Strafverfolgungsorgane daran gehindert werden, den Tätern aufgrund des illegal erlangten Vermögens auf die Spur zu kommen und ihnen diese Profite zu nehmen, andererseits geht es darum, die schmutzigen Quellen des Vermögens bei Investitionen zu verbergen und sauberes Geld zum Aufbau einer legalen Branche des Geschäfts zur Verfügung zu haben. Die Vermischung von legalem und

Einleitung

illegalem Vermögen – und speziell das Einschleusen der illegalen Profite in den legalen Finanz- und Wirtschaftskreislauf – werden als die eigentlich gefährdenden Faktoren der Geldwäsche eingestuft. Drogenhandel, schwere Fälle der Wirtschaftskriminalität, aber auch Schleusung, Prostitution, illegales Glücksspiel, internationaler Waffenhandel, Korruption und andere Kriminalitätsformen stellen die Betätigungsfelder dar, in denen die illegalen Einkünfte erwirtschaftet werden (*Vogt* in Herzog/Mülhausen Geldwäschebekämpfung-HdB § 1 Rn. 2); Immobilien, Gastronomie, Einzel- und Großhandel (va im Export/Import-Bereich) usw sind dann legale Branchen, in denen sich das schmutzige Geld und die legalen Geldflüsse vermischen. Dabei erlebt vor allen Dingen die Investition von schmutzigem Geld in den Immobiliensektor gegenwärtig einen Boom (dazu dann → Rn. 45 ff.).

Obwohl die kriminologischen Thesen über den Zusammenhang zwischen Kriminalität und Gewinnstreben schon auf den ersten Blick der Erfahrung zu entsprechen scheinen, sind **empirische kriminologische Forschungen** in diesem Bereich eher rar. Relevant ist eine Studie des Max-Planck-Instituts über die Verknüpfungen zwischen Gewinnen und Strafen (*Smettan* Kriminelle Bereicherung in Abhängigkeit von Gewinnen, Risiken, Strafen und Moral, 1992; im Hinblick auf Glücksspiele, physisch oder im Internet, und die Zusammenhänge zwischen organisierter Kriminalität, Geldwäsche und Gewinnen vgl. ferner *MacMullan/Rege* Online crime and internet gambling, JGI Nr. 24 2010, 54 ff.; *Ferentzy/Turner* Gambling and organized crime – A review of the literature, JGI Nr. 23, 2009, 111 ff.). Die Studie des Max-Planck-Instituts untersuchte die Frage, wie die Androhung gewinnabschöpfender Maßnahmen oder die Entziehung krimineller Gewinne auf die Entscheidung potenzieller Straftäter einwirken. Verglichen wurde das Entscheidungsverhalten einerseits von Wirtschaftsstraftätern und andererseits von straffreien Vergleichspersonen. Als Messinstrument wurde ein Fragebogen verwendet, der hypothetische Entscheidungssituationen enthielt und von den Probanden beantwortet wurde (vgl. *Smettan* MschrKrim 1992, 19 ff.). Diese Untersuchung hat insofern aufschlussreiche Ergebnisse hervorgebracht, als dass die generelle Relevanz des erwarteten kriminellen Gewinns als eines kriminogenen Faktors bestätigt wurde. Interessant sind die weiteren Differenzierungen dieses Ergebnisses: Einerseits zeigt sich, dass die Erwartung einer kriminellen Bereicherung eine Rolle bei der Straftatbegehung spielt, andererseits aber nicht bei allen Personen die gleiche Neigung zu Straftaten hervorruft. Bei Personen, bei denen die Delikte mit hohen „moralischen Kosten" verbunden sind, ist die Variable „krimineller Gewinn" weniger relevant. Je höher die moralische Vorwerfbarkeit der Handlung von der jeweiligen Person eingeschätzt wird, desto geringer wird der Gewinn eine Rolle bei einer kriminellen Entscheidung spielen (*Smettan* MschrKrim 1992, 19 ff.). Im Anschluss daran wurde die Tatbereitschaft bei steigenden Kosten untersucht. Die Untersuchung zeigte, dass die Androhung Gewinn entziehender Maßnahmen, die von der Täterseite als zusätzliche Kosten wahrgenommen werden, die Tatbereitschaft nur bei bedeutsamen Beträgen beeinflusst. Nur wenn die Gewinnerwartung hoch ist, lassen sich die Täter von der Gewinnabschöpfung beeinflussen. Sollte der Gewinn dagegen gering ausfallen, scheinen gewinnabschöpfende Maßnahmen keinen bedeutsamen Einfluss auf die Tatbereitschaft zu haben. Anzumerken bleibt allerdings, dass sich diese Studie lediglich auf verurteilte und potenzielle Wirtschaftsstraftäter bezieht.

Einleitung

3. Modelle der Geldwäsche

5   Geldwäsche ist ein komplexer Prozess, in dem zunächst nur der Ausgangspunkt – der Anfall von Vermögenswerten im Rahmen krimineller Aktivitäten – und der Zielpunkt – die Verfügbarkeit von nicht mehr bemakelten Vermögenswerten – beschrieben werden können. Damit sind zwar *Input* und *Output* bekannt, der dazwischen liegende Prozess findet jedoch in einer Art *black box* statt. Modelle der Geldwäsche verfolgen den Zweck, einen Zugang zur Analyse dieser *black box* oder jedenfalls zur genaueren Untersuchung des Prozesses zu eröffnen (vgl. dazu auch FATF, Professional Money Laundering, Juli 2018).

6   **a) Überblick der Modelle.** Die wesentlichen Modelle tragen Bezeichnungen wie **(dreigliedriges) Phasenmodell, Kreislauf- und Zyklusmodell** sowie **Zielmodell.** Sämtliche dieser Modelle sind dabei (teils unter Einbeziehung von Visualisierungen) bemüht, den komplexen Vorgang des Geldwäscheprozesses in verschiedene Stadien zu untergliedern, um einzelne Vorgänge der Geldwäsche besser erkennen und in der Zuordnung vergleichen zu können (vgl. zur ausführlichen Darstellung der jeweiligen Modelle: *Graber* S. 56 sowie *Körner/Dach* S. 13 (Zweigliedriges Phasenmodell); *Höreth* S. 10 ff. (Phasenmodell und Kreislaufmodell); *Ackermann* S. 12 (Zielmodell)). Im Hinblick auf alle diese Modelle lässt sich zunächst festhalten, dass Geldwäsche als eine Art „Recycling" (aus schmutzigem mache sauberes Geld) erscheint; durchgesetzt hat sich international letztlich das sog. Drei-Phasen-Modell, weil es mit der Phase 2 („layering" – dazu gleich → Rn. 10) einen systematischen Zugang zu den bewusst verwirrenden Aktivitäten eröffnet, die sich zwischen der Einspeisung von schmutzigem Geld (bzw. anderen Vermögenswerten) in Finanzkreisläufe und der Entnahme des gewaschenen Geldes abspielen.

7   **b) Das herrschende Drei-Phasen-Modell.** Dieses Modell wurde ursprünglich von der US-Zollbehörde vor dem Hintergrund von Erfahrungen aus der Bekämpfung des Drogenhandels entwickelt und sodann von der FATF als das wesentliche Modell für die Systematisierung der Empfehlungen übernommen (vgl. *Pieth* Einführung, Bekämpfung der Geldwäscherei. Modellfall Schweiz?, S. 13); es unterscheidet die Stufen der Platzierung („placement"), des Verwirrspiels („layering") und der Integration („integration") im Geldwäscheprozess.

8   **aa) „Placement" – Platzierung des Geldes.** In einer ersten Phase, die das größte Entdeckungsrisiko und damit auch die beste Zugriffsmöglichkeit aufweist, werden aus kriminellen Aktivitäten (Vortaten) stammende Gelder (oder andere Vermögenswerte), in der Regel unter Ausnutzung der Einzahlungswege von Kreditinstituten oder durch sonstige Unternehmen, in den legalen Finanzkreislauf eingebracht. In dem klassischen Modell war dies die Phase, in der das (schmutzige) Straßengeld aus dem Drogenhandel, der illegalen Prostitution, aus Schleuseraktivitäten, dem illegalen Glückspiel, Schutzgelderpressungen usw in Buchgeld umgewandelt und damit bereits unauffälliger und besser transferierbar wurde. Große Mengen in Bargeld (noch dazu in sog. kleinen Scheinen) erregen schnell Verdacht, sie sind schlecht übertragbar und bergen ein hohes Risiko, gestohlen zu werden oder sonst abhanden zu kommen. Sie stellten darüber hinaus zB im Bereich des Straßendrogenhandels ein beträchtliches logistisches Tarnungs- und Transportproblem für die Drogenkartelle dar. Das amerikanische Department of Justice hat beispielsweise errechnet, dass 1 Million US-Dollar in 5-Dollarnoten 440 Pound, 1 Million Dollar in 10-Dollarnoten 220 Pound, 1 Million Dollar in 20-Dollar-

Einleitung

noten 110 Pound und 1 Million Dollar in 100-Dollarnoten 22 Pound wiegen (*Richards* S. 48). Folglich geht es darum, dieses Geld bei Banken, Wechselstuben oder Finanztransferdienstleistern möglichst schnell und unauffällig unterzubringen. Eine der banalsten Techniken hierfür ist das sog. *Smurfing,* also eine so kleine Stückelung der Einzahlungen und gestreute Verteilung der Einzahlungen auf eine Vielzahl von Konten, dass sich Auffälligkeiten nur durch eine gezielte Analyse des Einzahlungsverhaltens bei Kenntnis der arbeitsteiligen Zusammenhänge zwischen verschiedenen Einzahlern erkennen lassen (vgl. *Vogt* in Herzog/Mülhausen Geldwäschebekämpfung-HdB § 2 Rn. 1 ff.).

Da diese Methode den Ermittlungsbehörden jedoch hinlänglich bekannt ist und in der Geldwäschebekämpfung mittlerweile *tools* für Monitoring und Research zur Verfügung stehen, um im Verdachtsfall diese Methode zu erkennen, haben sich im Laufe der Zeit unzählige Varianten für die Platzierung entwickelt: So werden als Einzahlungslegenden zB (in der Tradition der *laundromats*) Einnahmen aus der Automatenaufstellung, aus dem Betrieb von Spielhallen, eines Pizzeria- oder Imbissbetriebes, eines Kfz- oder Juweliergeschäfts oder Gelder aus einem Spielbankenbesuch generiert. Für die Platzierung können auch gefälschte Rechnungen, Erklärungen, Verträge ua eingesetzt werden, um einen geschäftlichen Grund vorzuspiegeln. Soweit es in der Platzierungsphase um größere, zT schon als Buchgeld eingehende Summen, wie zB im Waffenhandel oder in der Korruption, geht, müssen umfangreichere Legenden – zB unter Einbeziehung von komplexen und verflochtenen Scheinfirmen und -geschäften (→ Rn. 12) – für die Geldflüsse entwickelt werden. 9

bb) „Layering" – Verwirrspiel. In der zweiten Phase des *layering* erfolgt eine Verschleierung der Herkunft der Gelder durch komplexe Finanztransaktionen. Durch eine Reihe von hintereinander geschalteten Transaktions- und/oder Handlungsketten, häufig unter Nutzung verschiedener (Offshore-) Finanzplätze (nach Schätzungen wird bei ca. 75% des Drogenhandels für Geldgeschäfte auf Offshore-Finanzzentren zurückgegriffen; vgl. *United Nations* Office for Drug Control and Crime Prevention, Financial Havens, Banking Secrecy and Money Laundering, 1998, S. 5–11 und 35–46), wird angestrebt, zügig die Quelle der Vermögenswerte zu verbergen und im Weiteren die Papierspur (sog. „paper trail") des schmutzigen Geldes schwer nachvollziehbar zu gestalten. An den Transaktionen dieser Phase kann auffällig sein, dass auch hohe Transaktionskosten in Kauf genommen werden, denn im Vordergrund steht dabei nicht die gewinnbringende Geldanlage, sondern die Verwischung von Spuren und die Verwirrung möglicher Ermittlungen. Je komplexer die Transaktionsketten sind, desto aufwendiger ist schließlich auch der Aufbau einer gerichtsfesten Beweiskette für Geldwäsche durch die Strafverfolgungsbehörden (vgl. *Vogt* in Herzog/Mülhausen Geldwäschebekämpfung-HdB § 2 Rn. 3). 10

cc) „Integration" – Einschleusung in den legalen Finanzkreislauf. In der dritten Phase der Integration fließen die Gelder regelmäßig wieder an den Organisator der Geldwäsche zurück und können nun in legale Geschäfte und die Vermögensbildung investiert werden, da deren ursprüngliche illegale Herkunft nahezu unkenntlich gemacht worden ist und kaum mehr zu rekonstruieren ist. Typische Beispiele für die Einschleusung in den legalen Finanzkreislauf sind der Erwerb von Geschäftsbeteiligungen, Investitionen auf dem Aktienmarkt oder der Kauf von hochwertigen Immobilien. Der Realitätsgehalt des Drei-Phasen-Modells ist in dem ersten großen europäischen Geldwäschefall, der 1993 in Luxemburg vor Gericht 11

Einleitung

entschieden wurde, bestätigt worden. Ein kolumbianischer Wirtschaftsfachmann wurde von einem südamerikanischen Drogenkartell mit der Wäsche der Drogengelder beauftragt. Im Zuge der Ermittlungsmaßnahmen wurde ein von ihm erstelltes Computerdokument namens „Programa del Fasa" (Phasenprogramm) sichergestellt. Das Dokument beschreibt prozesshaft die jeweiligen Schritte der Verschleierung und Tarnung unter Zugrundelegung des jeweils zunehmend verringerten Risikos bei fortschreitender Verwischung der Papierspur (vgl. *Suendorf* S. 154 f.).

4. Erscheinungsformen der Geldwäsche – ausgewählte Beispiele

12 a) **Fingierte Firmen und Geschäfte.** Häufig werden im Bereich der Geldwäsche Unternehmen genutzt, die formal existieren und nach der Außenansicht auch üblichen Geschäften nachgehen. Die **Inszenierung eines Firmengeschehens** kann so weit gehen, dass der Schein durch einen gewissen Personalbestand, einen Fuhrpark, Niederlassungen uÄ hergestellt wird. Bei näherer Betrachtung zeigt sich dann freilich, dass nur vordergründig wirtschaftliche Tätigkeiten ausgeübt werden, die auch nicht den Umfang erreichen, der die Transaktionen und Einkünfte des Unternehmens plausibel erklären würde (vgl. *Heim* Kriminalistik 2002, 600). Eine weitere denkbare Konstruktion sind sog. **Briefkastenfirmen,** die lediglich als „Adresse" existieren, über keinerlei Personal verfügen und nicht einmal zu Tarnungszwecken einer wirtschaftlichen Betätigung nachgehen. Beide Typen der fingierten Firmen dienen dem Zweck, eine Legende für Transaktionen entwickeln zu können bzw. die Spuren von illegal erworbenem Geld durch die tatsächliche Vermischung mit legalen Einnahmen bzw. durch entsprechende buchhalterische Manipulationen zu verwischen. Die Existenz solcher Verschleierungsfirmen – nicht nur für Methoden der Geldwäsche, sondern auch im Rahmen der Steuerflucht – ist als ein wichtiger Hintergrund für die Regelungen zur Firmentransparenz (wirtschaftlicher Berechtigter, § 3 GwG; Transparenzregister, §§ 18 ff. GwG) im GwG anzusehen (vgl. dazu auch FATF, Best Practices on Beneficial Ownership for Legal Persons, 24.10.2019).

13 Aus den Typologie-Berichten der FATF können für die Aktivitäten solcher fingierter Firmen und ihrer fingierten Geschäfte die folgenden Beispiele entnommen werden: Ein geradezu klassisches Schema besteht darin, verschiedene **Handelsfirmen mit allen möglichen Import-Export-Geschäften** von Heimtextilien über Lebensmittel bis hin zur Unterhaltungselektronik zu gründen, in deren Namen Konten zu eröffnen und Geld zwischen diesen Firmen hin und her zu schieben mit der Begründung, es handele sich stets um Zahlungen vor dem Hintergrund von Importen und Exporten (Typologies Report 1995–1996, B. 65). Solche Konstrukte lassen sich oftmals daran erkennen, dass die Größe der transferierten Summen zur Größe der Firma und zu den gehandelten Waren in einem Missverhältnis steht, die angebotenen Nachweise, um die Transaktion nachvollziehen zu können, unzureichend sind, der Kontoinhaber erst kurz zuvor Inhaber der Firma geworden ist usw. Im Zuge der Professionalisierung von Geldwäsche sind diese Konstruktionen jedoch häufig sehr komplex angelegt, nicht mehr sofort zu durchschauen (Typologies Report 1995–1996, B. 66) und werden häufig auch unter der Geltung von Transparenzregelungen eher durch leaks als durch gezielte Ermittlungen aufzudecken sein.

14 Wie bei der Unterscheidung von inszenierter Firma und Briefkastenfirma besteht auch hier die Möglichkeit, Geschäfte zu fingieren und dadurch Geld zu waschen, dass **gefälschte Verträge** über Güter geschlossen werden, die überhaupt

Einleitung

nicht existieren. Wenn dann Geld transferiert wird und die Herkunft des Geldes von der Bank erfragt wird, wird ein Vertrag, der nicht mit Waren „hinterlegt" ist, als Rechtfertigung vorgelegt (Typologies Report 1996–1997, B. 58).

Eine weitere verbreitete Methode fingierter Geschäfte besteht darin, dass ein **Vertrag über eine Ware oder Dienstleistung zu einem weit überhöhten Preis** in kollusivem Zusammenwirken zwischen Käufer und Verkäufer abgeschlossen wird. Der Käufer transferiert mit Hinweis auf den teuren Kauf eine große Summe schmutziges Geld an den Verkäufer (Typologies Report 1999–2000, II. 52). Der Verkäufer erhält dann „sauberes" Geld. Manchmal werden solche manipulierten Verträge unter dem Deckmantel von Firmen abgeschlossen, deren wirtschaftlich Berechtigte identisch sind: Bei dem Käufer und dem Verkäufer handelt es sich also um dieselbe Person.

Ein relativ neues Phänomen stellen seit einigen Jahrzehnten die sog. **„company** 15 **formation agents"** dar. Diese bieten ihren Kunden den Service an, für sie (insbes. im Offshore-Bereich) sog. shell-companies zu errichten, über die dann allerlei Transfers laufen können. Eine große öffentliche Aufmerksamkeit haben diese Strukturen durch die sog. Panama-Papers erlangt (*Obermayer/Obermaier*, Panama Papers). Hauptsächlich werden hierfür gegründet: Import/Export-Firmen; Investmentfirmen, Holdings etc. Die *formation agents* übernehmen als Dienstleister auch sämtliche Verwaltungsaufgaben dieser Firmen, wie etwa die Einrichtung der Firmenkonten und die Handelsregistereintragungen im jeweiligen Land (Typologies Report 1999–2000, II. 40–43). Selbst bei Geldwäscheverdacht ist es dann häufig sehr schwierig, den eigentlichen Inhaber der Firma zu ermitteln, weil für die Gründung solcher Firmen oftmals Länder ausgewählt werden, in denen die jeweiligen Verhältnisse schwer aufklärbar sind und die auch nicht kooperativ sind, da sie durch diese Firmen Steuergelder erhalten (Typologies Report 1999–2000, II. 45).

Alle diese Möglichkeiten werden in den FATF-Typologien als **Geldwäsche mit** 16 **einem handelsbasierten Ansatz** (FATF, Trade based money laundering, Juni 2006; sowie daran anknüpfend die Regionalorganisation der FATF im asiatisch-pazifischen Raum APG, Typology Report on Trade Based Money Laundering, Juli 2012) beschrieben. Hierunter werden Prozesse verstanden, bei denen illegale Vermögenswerte im Rahmen von Handelstransaktionen verschleiert werden sollen. Dies kann durch falsche Angabe von Preisen, Falschangaben von Quantität und Qualität oder in Verbindung mit anderen Geldwäschetechniken geschehen Die grundlegenden Techniken für handelsbasierte Geldwäsche sind: Ausstellen von zu niedrigen oder zu hohen Rechnungen für Güter und Dienstleistungen, das mehrfache Abrechnen von Gütern und Dienstleistungen, *over*- und *under-shipment* und die Falschbeschreibung von Gütern.

Das **Ausstellen von zu niedrigen oder zu hohen Rechnungen** für Güter 17 und Dienstleistungen ist eine auch aus dem Zusammenhang der Steuerverkürzung altbekannte Methode. Das Kernelement dieser Methode besteht darin, dass der Preis von Gütern oder Dienstleistungen bewusst falsch angegeben wird. Beispiel: Firma A liefert eine Million Teile, die in Wirklichkeit je 2 USD wert sind, stellt der Empfängerfirma B jedoch eine Rechnung über eine Million Teile zum Preis von je 1 USD aus. Firma B überweist dann 1 Mio. USD an die Firma A; die Teile verkauft Firma B auf dem offenen Markt dann für 2 Mio. und parkt die „gewonnene" Million auf ein Konto, von dem nach den Anweisungen von Firma A verfügt werden soll. Das System funktioniert auch genau umgekehrt. Die Firma A liefert eine Million Teile, die einen wirklichen Wert von 2 USD haben, stellt der Empfängerfirma B jedoch eine Rechnung über 1 Mio. Teile zum Preis von 3 USD aus. Firma B zahlt

Einleitung

dann 3 Mio. USD an A (FATF, Trade based money laundering, Juni 2006, S. 4 aE). Wichtig für den Erfolg dieser Methode ist es, dass die beiden Firmen in unterschiedlichen Ländern operieren und deswegen fast niemals von derselben staatlichen Instanz oder in einer konzertierten Aktion kontrolliert werden.

18 Durch das **mehrfache Abrechnen von Gütern und Dienstleistungen** können verschiedene Finanztransaktionen mit dem gleichen Vorgang der Realwirtschaft „hinterlegt" werden, was die Kosten reduziert und überdies auch Manipulationen im Bereich der Steuern und Zölle ermöglicht. (FATF, Trade based money laundering, S. 5 aE)

Eine ähnliche Methode ist das **over- and under-shipment**; hier wird die Quantität von Gütern falsch angegeben. Es ergeben sich dabei die gleichen Effekte wie bei der Falschangabe von Preisen (FATF, Trade based money laundering, S. 6 oben u. Bsp.).

Schließlich können derartige Effekte auch erzielt werden, wenn **Güter falsch beschrieben** werden, zB statt dem angegebenen Gold wird geringwertigeres Silber verkauft (FATF, Trade based money laundering, S. 7). Zu weiteren Beispielen aus dem Erfahrungsschatz der FATF siehe Trade based money laundering, S. 9–20.

Sehr häufig werden im Rahmen von handelsbasierter Geldwäsche sog. Strohleute eingesetzt; dabei kann es sich sowohl um Personen handeln, die wissentlich an der Geldwäschehandlung beteiligt sind, als auch um solche, die ahnungslos missbraucht werden. Als Strohleute können zB von Dritten abhängige Personen eingesetzt werden, Minderjährige, Familienmitglieder ua (mit Bsp. dazu *Vogt* in Herzog/Mülhausen Geldwäschebekämpfung-HdB § 2 Rn. 12).

Als „Red Flags" oder Warnindikatoren werden im Typologiebericht der APG zur handelsbasierten Geldwäsche vom Juli 2012 (vgl. im Detail APG, Typology Report on Trade Based Money Laundering, S. 33 ff.) zudem ua folgende Aspekte genannt: Verwendung von Akkreditiven ist nicht im Einklang mit normalen Geschäftsaktivitäten des Kunden; von Kunden gewünschte Zahlungsmethoden sind mit Risiken der Transaktion nicht konsistent; das Geschäft beinhaltet Bareingänge von dritten Parteien, die keine hinreichende Verbindung zur Transaktion haben; im Rahmen der Transaktion werden ohne hinreichende Begründung wiederholt Akkreditive geändert oder erweitert; Verwendung ungewöhnlicher Zahlungsmethoden oder Sicherheiten (Bargeld, übertragbare Handelspapiere, Reiseschecks); die Ware wird aus einem im Hinblick auf Geldwäsche „Hochrisikoland" geliefert oder wird – ohne erkennbaren Grund – durch solche Länder geleitet; Vorhandensein von Freihandelszonen (vgl. dazu auch den Bericht der FATF, Money Laundering vulnerabilities of Free Trade Zones, v. März 2010) und Sonderwirtschaftsgebieten; umständliche Waren- oder Finanztransaktionswege; wesentliche Diskrepanzen zwischen der Beschreibung, Quantität, Qualität von Waren im Vergleich zu Rechnungen oder Konnossements bzw. zwischen Wert auf Rechnungen und aktuellem Marktwert; Warenlieferung oder Warentyp sind inkonsistent mit den üblichen Kapazitäten oder dem üblichen Geschäft des Im-/Exporteurs; die Transaktion erfolgt unter Einbeziehung von Stroh- oder Briefkastenfirmen; eine hohe Anzahl von Firmen ist in das Geschäft einbezogen.

19 **b) Nutzung von „gatekeeper"-Berufsgruppen.** Obwohl das Klischee des „Mafia"-Anwalts auf die überwältigende Mehrheit dieser Berufsgruppe nicht zutrifft und auch in dem Bereich der Finanzwirtschaft überwiegend ein hohes Berufsethos und jedenfalls ein Risikobewusstsein anzutreffen sind, die von der Beteiligung an Geschäften mit schmutzigem Geld fernhalten, macht die FATF seit vielen Jahren

Einleitung

auf die besondere Rolle aufmerksam, die von Anwälten, Notaren und anderen Rechts- und Finanzexperten aufgrund ihres gesellschaftlichen Ansehens (das ihre wirklichen Aktivitäten verschleiern kann) und ihres speziellen Fachwissens in Geldwäscheaktivitäten eingenommen werden kann. Die vermutlich erhöhte Inanspruchnahme der Dienste von Finanz- und Rechtsexperten könnte auch mit der Schaffung eines dichten Netzes von Geldwäschebekämpfungsmaßnahmen im Bankensektor zusammenhängen, die das Entdeckungsrisiko von Geldwäsche in diesem Bereich steigert und somit zu einer Verlagerung von Geldwäschehandlungen auf andere Wirtschaftsgebiete zwingt (BT-Drs. 14/8739, 12; empirische Daten zu diesem Komplex *Kilchling/Lukas* Gefährdung von Rechtsanwälten, Steuerberatern, Notaren und Wirtschaftsprüfern durch Geldwäsche). An dieser Stelle sollen Erscheinungsformen, so wie sie in den FATF-Typologiepapieren zu finden sind, dargestellt werden.

Als klassisches (und angesichts des hohen Entdeckungsrisikos erstaunlicher Weise immer noch anzutreffendes) Muster der Geldwäsche mithilfe von „gatekeepern" gilt, dass Rechtsanwälte in eigenem Namen Konten eröffnen, diese jedoch in Wirklichkeit für eine fremde Person vorgesehen sind – also als **Strohmänner** tätig werden (Typologies Report 1995–1996, B. 14). Solche Erscheinungsformen fallen insbesondere dann auf, wenn viel mehr Kontobewegungen stattfinden, als für diese Berufsgruppe normalerweise üblich ist. Jedenfalls in den 90er Jahren des vergangenen Jahrhunderts scheint dies ein Phänomen gewesen zu sein, das sehr häufig in Osteuropa anzutreffen war. 20

Als typisch wird auch die **Einbeziehung von Anwälten in Immobilienkäufe mit Geldwäschebezug** über alle möglichen Arten von Kontogestaltungen (eigene, in fremdem Namen, Treuhandkonten) und Vertragsgestaltungen bezeichnet (Typologies Report 1997–1998, B. 43; Case No. 7); auch sollen Anwälte oftmals benutzt werden, um Geld in Länder zu transferieren, in denen die Standards der Geldwäschebekämpfung unterentwickelt sind (Typologies Report 1997–1998, B. 46). Allgemein zur Beteiligung von Anwälten und Wirtschaftsprüfern ohne konkrete Beispiele: Typologies Report 2000–2001, II.32; Typologies Report 2001–2002, II.73; zu konkreten Beispielen siehe Typologies Report 2000–2001, II.37, Example 7–11. 21

Notare können in der Weise in Geldwäscheaktivitäten einbezogen werden, dass sie fingierte Verträge über tatsächlich nicht existierende (Grundstücks-)Transaktionen beurkunden, die dann als Grundlage für eine Geldverschiebung herhalten können (Typologies Report 1997–1998, B. 49; vgl. auch Typologies Report 1997–1998, Case No. 1) 22

Allgemein hat sich im Zuge der Professionalisierung von Geldwäsche das Problem verschärft, dass sich Geldwäscher spezialisierte Personen, in der Regel Rechts- oder Finanzexperten suchen, die ihnen bei ihren Aktionen helfen (Typologies Report 2003–2004, 86). Neben Vermögensverwaltern, Anlageberatern usw, sollen insbesondere Anwälte, Notare und Wirtschaftsprüfer von Anwerbeversuchen betroffen sein. Freilich kann hier die Abgrenzung zu Dienstleistungen, die in den Bereich der professionellen Adäquanz (vgl. *Hassemer* WM-Sonderbeil. 3/1995, 3ff.) fallen, außerordentlich schwierig sein. Dies betrifft beispielsweise den rechtlichen Rat, an welchem Ort am besten Offshore-Unternehmen gegründet werden können, soweit dies mit einer Auskunft über die dortigen Standards der Geldwäschebekämpfung verbunden ist. Weiterhin sind Fälle schwierig zu beurteilen, wenn ein gatekeeper als Mittelsmann auftritt und dadurch den Geschäften einen seriösen Anstrich gibt, oder auch die Eröffnung und Verwaltung von Trust-Konten durch einen 23

Einleitung

gatekeeper (Typologies Report 2003–2004, 88f.; Cases 17–20). Im Juni 2013 hat die FATF zudem einen weiteren Bericht „Money Laundering and Terrorist Financing Vulnerabilities of Legal Professionals" vorgelegt, in welchem ua folgende Methoden im Kontext von Geldwäsche und Terrorismusfinanzierung beobachtet wurden: Missbrauch von Kundenkonten, Immobilienverkauf, Errichtung und Management von Trusts und Unternehmen, bestimmte Rechtsstreitigkeiten sowie Errichtung und Betreuung von Stiftungen. Spezielle Typologien und Warnhinweise (red flags) finden sich in dem Bericht auf den S. 34 ff. und 77 ff. Eine Aktualisierung erfolgte insbesondere durch die FATF-Guidance for a Risk-Based Approach Guidance for Legal Professionals vom Juni 2019.

24   c) „Offshore"-Finanzplätze. Trotz der im Zusammenhang mit der Finanzkrise erneut und verschärft vorangetriebenen Bemühungen, sichere Häfen für schmutziges Geld, für Geldwäscheaktivitäten und Steuerhinterziehung auszutrocknen, lässt sich nach wie vor nicht die große Bedeutung leugnen, die bestimmten Finanzplätzen und dort möglichen Geschäfts- und Unternehmensgestaltungen für die Phase des Layering (Phase 2) der Geldwäsche zukommt. Der Begriff „Offshore" ist nicht allgemeingültig definiert. In Wikipedia lässt sich folgende Definition finden: „Standorte, die sich durch niedrige Steuern, ein hohes Maß an Vertraulichkeit und eine minimale Finanzmarktaufsicht und -regulierung auszeichnen". In der kriminalistischen Literatur werden die folgenden Kennzeichen für Offshore-Finanzplätze genannt:
- keine ausgeprägten Kontrollmechanismen bezüglich des Kapitalverkehrs, freier Devisenverkehr:
- ausgeprägtes Bankgeheimnis;
- keine oder minimale aufsichtsrechtlichen Maßnahmen
- keine oder nur minimale Buchführungspflichten für Banken oder Gesellschaften
- keine oder nur eingeschränkte Zulassung von Rechtshilfe
- professionelle Serviceleistungen, wie unproblematische Eröffnung von Offshore-Firmen (vgl. *Harnischmacher* Kriminalistik 2002, 655f.; *Stolpe* Kriminalistik 2000, 99 ff.).

25   Nach dem jeweiligen Zutreffen von einzelnen oder mehreren dieser Kriterien wurden und werden als Beispiele für Offshore-Finanzplätze noch immer Länder und Territorien wie Andorra, Isle of Man, die Kanalinseln, bestimmte Kantone der Schweiz, Liechtenstein, Luxemburg, Malta, Monaco, Zypern, Dubai, Bahrain, Mauritius, Niederländische Antillen, Cayman Islands, Antigua, Barbados, Bahamas, Nauru, Singapur, Panama, aber auch Bundesstaaten wie Delaware oder Montana in den USA genannt (vgl. *Vogt* in Herzog/Mülhausen Geldwäschebekämpfung-HdB § 2 Rn. 22). Allerdings ist insbesondere im Zusammenhang mit der zunehmend politisch forcierten Debatte um die Abschaffung von Steueroasen und der Behandlung des Themas auf dem G8-Gipfel am 17. und 18.6.2013 in Nordirland Bewegung in die Diskussion um Offshore-Finanzplätze gekommen (vgl. zB im Hinblick auf die britischen Territorien und Überseegebiete: süddeutsche.de, Cameron fordert britische Steueroasen zur Kooperation auf, http://www.sueddeutsche.de/politik/nach-offshore-leaks-cameron-ruft-ueberseegebiete-zum-kampf-gegen-steuer hinterziehung-auf-1.1676145, Stand: 20.9.2017; vgl. ferner https://www.gov.uk/government/topical-events/g8-2013, Stand: 20.9.2017).

Nach den genannten Kriterien bedarf es einerseits keiner besonderen Erläuterung, dass derartige Bedingungen an Finanzplätzen verbunden mit der Möglichkeit dort Briefkastenfirmen zu installieren und intransparente Gesellschaften zu grün-

Einleitung

den, die Verschleierung von schmutzigem Geld in besonderer Weise begünstigen. Wie die öffentliche Debatte um Offshore-Niederlassungen etwa von deutschen Landesbanken gezeigt hat, ist es jedoch andererseits durchaus üblich und nicht prima facie als „kriminell" verdächtig, im Rahmen des legalen Geschäfts offshore tätig zu sein und dort Gesellschaften zu gründen.

Trotz dieser schwierigen Lage der Bewertung einzelner Fallkonstellationen und vielfältiger wirtschaftlicher Interessen an der Existenz und dem weiteren Erhalt von Offshore-Finanzplätzen sollte man zur Kenntnis nehmen, dass deren enorme Bedeutung für die Geldwäsche nicht zu bestreiten ist. Schon in den 90er Jahren konnte die FATF über beachtliche Geldbewegungen von Nordamerika und Europa zu diesen Plätzen berichten (Typologies Report 1995–1996, B. 57; Typologies Report 1996–1997, B. 45). Durch eine große Anzahl von Transaktionen über und an diesen Finanzplätzen (bei denen zudem Mittelsmänner oder Strohfirmen benutzt werden), kann dann letztlich der Nachweis, dass es sich ursprünglich um schmutziges Geld gehandelt hat, nicht mehr erbracht werden (vgl. Typologies Report 1998–1999, II.20). Fallbeispiele für die Nutzung von Offshore-Finanzplätzen finden sich in Typologies Report 1998–1999, Case No. 7 und Typologies Report 1999–2000, Case No. 3. 26

d) Informelle Geldtransfersysteme (Hawala uÄ). Im Zusammenhang mit den Ermittlungen im Gefolge des 11.9.2001 und den daraus abgeleiteten Präventionsstrategien sind auch informelle Geldtransfersysteme, wie sie in Asien, Lateinamerika und dem Orient traditionell anzutreffen sind, in den Verdacht geraten, neben dem „Überweisungsverkehr" der organisierten Kriminalität auch für die Finanzierung von terroristischen Infrastrukturen und Anschlägen genutzt zu werden. Die in diesem Zusammenhang verwendete Terminologie ist nicht unproblematisch, weil sie diese Geldtransfersysteme von vornherein in ein kriminelles Dunkelfeld stellt – etwa wenn von „Schattenbankensystemen" oder „Underground Banking" gesprochen wird (*Findeisen* WM 2000, 2125 ff.). 27

Neutraler könnte man von „Netzwerken" für den internationalen Geldtransfer außerhalb des regulierten Marktes von Banken- und Finanztransferdienstleistern sprechen. Nicht nur Kreditinstituten kommt nämlich im nationalen und internationalen Zahlungsverkehr ein wichtiger Platz zu. Außerhalb des regulierten Bereichs gibt es eine Reihe von Anbietern, die für Kunden den Auslandstransfer von Geldern – neben dem lizenzierten und beaufsichtigten Finanzsystem – durchführen, ohne hierfür eine Erlaubnis zu besitzen. Das wohl gebräuchlichste dieser Transfersysteme ist das **Hawala-Finanzsystem.** Hawala wird wegen seiner Einbindung in kulturell-religiöse Traditionen insbesondere von Muslimen als effektives und vertrauenswürdiges Verfahren zum Transfer von Geld angesehen und ist mittlerweile auf der ganzen Welt verbreitet; nach Expertenschätzungen wird Hawala von ca. 300 Millionen Kunden benutzt und bewegt jährlich ca. 200 Mrd. US-Dollar. 28

Hawaladare sind im Allgemeinen Händler oder Inhaber kleinerer Geschäfte wie Reisebüros, Juweliere, Lebensmittelläden und Altwarenhändler, die die Hawala-Aktivitäten neben dem normalen Geschäftsablauf betreiben. Der Hawaladar nimmt dann per Telefon, Chat oder E-Mail Kontakt mit einem anderen Hawaladar am Bestimmungsort auf und bittet ihn, dass dem Empfänger eine entsprechende Summe abzüglich eines geringen Prozentsatzes Gebühren in der Landeswährung ausgezahlt wird. Da nach diesem System Gelder auch in umgekehrter Richtung transferiert werden, müssen nur die Differenzen ausgeglichen werden. Das Geld wechselt materiell nicht den Ort. Transaktionen über das Hawala System sind aufgrund dieser 29

Einleitung

Abwicklungsmethode extrem schnell, kosten gewöhnlich erheblich weniger als Überweisungen über Banken und funktionieren auch in Ländern mit schlecht funktionierenden oder unzuverlässigen Bankensystemen. Das Hawala Finanzsystem ist in den meisten Ländern der Welt illegal. Da in der Regel keine Aufzeichnungen über die Transaktionen gefertigt werden, somit keine „Papierspur" des Geldes zurückgelassen wird, und da es keine Berührungspunkte zu oder gar Einbindungen in irgendwelche nationalen oder internationalen Finanzaufsichtsinstitutionen gibt, wird Hawala als eine permanente Quelle von Gefahren wie Drogen- und Waffenhandelsgeldtransfer sowie Geldwäsche angesehen. Nicht zuletzt aufgrund der besonderen Strukturen des Systems wird häufig vermutet, dass die Geldflüsse über die sog. alternativen Überweisungssysteme einen großen Anteil an den Strömen des schmutzigen Geldes in der Welt ausmachen. Wegen seiner kulturellen Wurzeln im Orient und im Islam wurde zudem seit den Anschlägen vom 11. 9. 2001 gemutmaßt, dass islamistische Terroristen sich das System zu Nutze machen. So bezeichnete das amerikanische TIME Magazine Hawala als „ein für Terroristen geschaffenes Banksystem".

30 Bei unvoreingenommener Betrachtung ist das Hawala Finanzsystem historisch gesehen eines der sichersten Systeme, um Geld zu transferieren, und erfüllt wichtige ökonomische Funktionen im Handel auf den arabischen, vorderasiatischen und indischen Märkten, zumal in vielen entlegenen Teilen der Welt keine ausreichende Bankeninfrastruktur existiert. Begründete Vermutungen gehen dahin, dass die Zahl der illegalen Nutznießer des Hawala Systems gemessen an den Millionen Normalbenutzern zu vernachlässigen sein dürfte und sich nicht wesentlich von dem Anteil der missbräuchlichen Transaktionen im regulierten Finanzdienstleistungsgeschäft unterscheidet.

31 Es drängt sich damit die Frage auf, ob die gegenwärtigen weltpolitischen Spannungen und die kulturellen, sprachlichen, ethnischen und religiösen Zugangsbarrieren von Hawala dazu geführt haben, dass die Debatten zu emotionalisiert und deswegen ausschließlich mit der Zielrichtung von Verboten und Verfolgung geführt werden. Gegen einen rein repressiven Ansatz der Kontrolle wird in der arabischen Welt, auf dem indischen Subkontinent, aber auch in Großbritannien zunehmend auf ein Konzept der Kontrolle durch Integration gesetzt (vgl. ausführlich und grundlegend zu dem ganzen Problemkreis die Untersuchung von *Warius* Das Finanzsystem Hawala in Deutschland, 2009).

32 In Deutschland sind Hawala und ähnliche Strukturen für den Finanztransfer (va von Migranten) von und nach Ländern wie Iran, Indien, Pakistan, Vereinigte Arabische Emirate, Sri Lanka, Russland, Vietnam, Nordirak, Libanon, Somalia, Türkei, Albanien und in den Kosovo bekannt geworden (*Findeisen* WM 2000, 2125 ff.). Diese Aktivitäten waren früher als Finanzdienstleistungen im Sinne des Kreditwesengesetzes (KWG) zu qualifizieren und bedurften folglich einer **Erlaubnis gemäß § 32 Abs. 1 KWG;** da diese naturgemäß nicht eingeholt wurde, wurden von der BaFin in der Folgezeit in einer steigenden Zahl von Fällen **Verfahren wegen des unerlaubten Betreibens des Finanztransfer- und/oder Sortengeschäfts** eingeleitet (*Warius* Das Finanzsystem Hawala in Deutschland, 2009). Allerdings ist zu beachten, dass zwischenzeitlich mit der Überführung des Tatbestandes des Finanztransfergeschäfts von § 1 Abs. 1a S. 2 Nr. 6 KWG in § 1 Abs. 1 S. 2 Nr. 6 ZAG die bisher im Wesentlichen allein auf Zwecken der Geldwäscheprävention gestützte Aufsicht des Finanztransfergeschäfts auf andere Aspekte im Lichte eines vereinheitlichten Binnenmarktes für Zahlungsgeschäfte ausgedehnt wurde (RegBegr. BT-Drs. 16/11613, 35).

Einleitung

International schenkt die FATF in ihren Typologiepapieren den informellen 33
Geldtransfersystemen große Aufmerksamkeit und breiten Raum: So wird die Vermutung geäußert, dass in Indien 50% der Wirtschaft dieses System benutzen, obschon es illegal ist (Typologies Report 1999–2000, II.24); wegen der engen kolonial bedingten Wirtschaftsbeziehungen spielt Hawala eine wichtige Rolle im Geldtransfer zwischen Großbritannien und Indien (vgl. Typologies Report 2004–2005, Chapter 1, S. 6f.). Einen starken Anhaltspunkt dafür, dass informelle Geldtransfersysteme die **"Bankverbindung" von Arbeitsmigranten** rund um den Globus bilden, bietet der Umstand, dass beachtliche Geldströme in eher kleinen Tranchen ("Geld nach Hause schicken") von USA/Kanada nach Lateinamerika und Asien, von Zentraleuropa nach Osteuropa und Nordafrika, und vom arabischen Golf nach Asien festgestellt werden können (Typologies Report 2004–2005, Chapter 1, S. 12). Freilich sind diese Transaktionen nur schwierig zu erfassen, weil keine Belege oder nur codierte Belege existieren. Auch die FAFT sieht zunehmend Möglichkeiten und den Trend zu einer **"soften" Regulierung auf der Basis der Registrierung von Hawaladaren** (vgl. Typologies Report 2004–2005, Chapter 1, S. 13f. und die Übersichten in Typologies Report 2004–2005, Chapter 1, S. 38f.).

Die FATF betont aber auch immer wieder die kriminellen Verstrickungen der- 34
artiger Geldtransfersysteme; so zB mit Blick auf den sog. **Black Market Peso Exchange (BMPE).** Dieses System kommt aus Lateinamerika und wurde entwickelt, um sowohl Handel als auch Schmuggel zwischen Nord- und Südamerika zu ermöglichen. Das System steht einerseits in enger Verbindung mit dem Drogenhandel und wird andererseits von Migranten verwendet, um Geld in ihr Heimatland zu schicken: den Anfang bildet ein Vermögenswert in US-Dollar, der aus illegalen Drogengeschäften in den USA stammt. Der Dealer in den USA muss mit diesem erlangten Geld seinen Zulieferer in Kolumbien bezahlen und den hierfür erforderlichen Transfer in einer Weise abwickeln, die nicht das Aufsehen der Behörden erregt (Typologies Report 1999–2000, II.19). Hierfür bedient er sich eines "Broker", der die US-Dollar in seine Wechselstube hinein nimmt, und nun mit einer Partnerwechselstube in Kolumbien nach Art von Hawala kooperiert, so dass der Drogenlieferer von dieser sein Geld in einheimischer Währung bekommt, ohne dass es physikalisch bewegt wurde; die schmutzigen Gelder des Drogenhandels vermischen sich in diesem System mit großen Summen, die aus der Entlohnung von Hausangestellten, Erntehelfern oder Prostituierten nach Hause gesendet werden (Typologies Report 1999–2000, II.20–22; genauer zur Funktionsweise der einzelnen Schritte beim BMPE vgl. Trade based money laundering, Punkt 5, S. 7f.; zu weiteren Fällen auch Typologies Report 1999–2000, Case No. 1, Case No. 5).

In Fällen, in denen ein besonderer Verschleierungsbedarf für die Wege des 35
schmutzigen Geldes besteht, lassen sich auf sehr aufwendige Weise auch regulierte und informelle Finanzdienstleistungen miteinander verknüpfen; so berichtet die FATF von einem Fall (Typologies Report 2001–2002, II.73, Example 20), in dem zunächst das schmutzige Geld über 70 Konten hinweg transferiert wurde, bevor es durch informelle Transferwege, die über 50 Überweisungsagenturen umfassten (von denen nur registriert waren), an die Zielpersonen floss.

Wie bereits eingangs erwähnt, steht Hawala auch bei der FATF im Verdacht, zur 36
Terrorismusfinanzierung bzw. zur Transferierung von Vermögenswerten von Terroristen genutzt zu werden (Typologies Report 2001–2002, II.15 und insbes. Example 6; Typologies Report 2002–2003, Chapter 1.23–25; FATF Terrorist Financing Typologies Report, S. 23). Hierbei wird insbesondere herausgestellt, dass Verknüpfungen zwischen verdächtigen Wohltätigkeitsorganisationen und infor-

Einleitung

mellen Geldtransfersystemen bestehen können (vgl. zu den Verbindungen von derartigen Organisationen und Terrorismusfinanzierung Typologies Report 2003–2004, I.29–56).

37 Die FATF hat sich schließlich in dem Bericht „Money Laundering through Money Remittance and Currency Exchange Providers" vom Juni 2010 sowie der „Guidance for a Risk-Based Approach for Money or Value Transfer Services" vom Februar 2016 noch einmal den Risiken aus Finanztransfer und Sortengeschäften, einschließlich der verschiedenen Hawala-Systeme, angenommen und festgestellt, dass beide Sektoren wissentlich wie unwissentlich in alle Phasen der Geldwäsche und auch der Terrorismusfinanzierung unter Einschluss von Kunden, als auch Agenten wie Eigentümern involviert waren (vgl. zu Typologien iE den vorgenannten Bericht, dort S. 21 ff., und zu risikoorientierten Hinweisen für Anbieter, Aufseher und den Bankensektor die Guidance S. 18 ff.).

38 **e) Intransparente geschäftliche Organisationsformen.** Im Zusammenhang mit der Nutzung intransparenter geschäftlicher Organisationsformen für die Geldwäsche werden immer wieder an erster Stelle Trusts und Organisationsformen wie Stiftungen als Vehikel der Aktivitäten genannt. Derartige Organisationsformen sind legal und nicht per se fragwürdig, jedoch eignen sie sich durch ihre entpersonalisierten und anonymisierten Strukturen außergewöhnlich gut, um inkriminierte Gelder in einer Art black box zu verbergen und die letztlich wirtschaftlich berechtigten Personen „verschwinden" zu lassen.

39 Unter **Trust** versteht man ein Rechtsverhältnis, bei dem der Treugeber seine Vermögenswerte einem Verwalter (Treuhänder) zugunsten eines Dritten (Begünstigten) oder zu einem bestimmten Zweck überträgt („anvertraut"). Damit wird der Treuhänder zum rechtmäßigen Eigentümer des Vermögens, der Begünstigte zum wirtschaftlich Berechtigten. Trusts sind häufig durch fehlende Transparenz gekennzeichnet; je nach Art und Ort der Errichtung eines Trusts muss zB nicht die Identität des Begünstigten angegeben werden (Settlement Trust) oder es wird nur der Treuhänder benannt, ohne dass die Identität des Treugebers oder des Begünstigten feststeht (Declaration Trust). Schließlich gibt es Länder, in denen die Identität der Beteiligten oder der Zweck des Trusts überhaupt nicht zu dokumentieren ist (vgl. *Vogt* in Herzog/Mülhausen Geldwäschebekämpfung-HdB § 2 Rn. 25 ff.).

40 Auch **Stiftungen** stellen eine Organisationsform dar, die je nach Ort der Errichtung und der Regulation der Stiftungsaufsicht eine hochgradige Anonymisierung der beteiligten und wirtschaftlich berechtigten Personen ermöglicht. Hierbei sind in den letzten Jahren etwa in Europa die Stiftungen nach liechtensteinischem Recht in einen besonders kritischen Ruf geraten (vgl. *Diefenbacher* in Pieth/Eigen S. 158 ff.). Wie jede andere Stiftung gilt die Liechtensteiner Stiftung als eine eigene juristische Person, der Vermögen zu einem bestimmten Zweck übertragen werden kann. Im Unterschied zu deutschem oder schweizerischem Recht kann die Stiftung in Liechtenstein jedoch jederzeit aufgelöst werden, der Stifter darf sich selbst begünstigen und kann als alleiniges Entscheidungsorgan eingesetzt werden. Eine Kontrolle durch Dritte kann dadurch vermieden werden und der Stifter ist bei derartigen Ausgestaltungen frei in der Vermögensverfügung (*Vogt* in Herzog/Mülhausen Geldwäschebekämpfung-HdB § 2 Rn. 29). Um die Papierspur von Geld oder Vermögenswerten zum wirtschaftlich Berechtigten zu verwischen, kann der Stiftungsauftrag einem Strohmann (einem Treuhänder und/oder Anwalt) übertragen werden, so dass der Name nicht in Erscheinung tritt (vgl. *Vogt* in Herzog/Mülhausen Geldwäschebekämpfung-HdB § 2 Rn. 30). Trusts, Stiftungen und Treuhänder

Einleitung

können derart zu einem Netz miteinander verknüpft werden und in eine beträchtliche Zahl von Untergesellschaften ausdifferenziert werden, dass zu guter Letzt weder die Transaktionen noch der wirtschaftlich Berechtigte oder Begünstigte nachvollziehbar sind.

In den **Typologie-Papieren der FATF** findet sich reichhaltiges Material zu 41 derartigen Konstruktionen: Über die Einbeziehung von Trusts in Geldwäscheaktivitäten vgl. Typologies Report 2000–2001, II.20ff.; erschwerende Umstände kommen hinzu, wenn Trusts keiner Registrierungspflicht unterliegen und kein zentrales Register existiert, so dass eine Aufklärung nahezu unmöglich ist (zu näheren Einzelheiten vgl. Typologies Report 2000–2001, II.25–29; zu möglichen Gegenmaßnahmen wie einer Registrierungspflicht vgl. Typologies Report 2000–2001, II.30). In dem Papier *Misuse of corporate vehicles, including trust and company service providers* aus dem Jahr 2006 legt die FAFT dar, in welchem Umfang und mit welcher Professionalität der Missbrauch von solchen Gesellschaften betrieben wird (konkrete Bsp. finden sich in der Übersicht dieses Papiers, S. 30–56). Auf diesem Papier aufbauend hat die FATF zudem im Oktober 2010 einen Bericht „Money Laundering Using Trust and Company Service Providers" vorgelegt, der ua verschiedene Fallstudien beinhaltet in denen Trust und Company Service Providers wissentlich oder unwissentlich in Geldwäsche-Handlungen verwickelt waren (wegen der insoweit ausgemachten Anfälligkeiten für Geldwäsche vgl. dort S. 46ff.). Dieser wurde im Juni 2019 von der FATF aktualisiert.

Für die Schaffung von stärkerer Transparenz hat sich zuletzt auch nachdrücklich 42 der **G8-Gipfel** in Nordirland am 17. und 18.6.2013 ausgesprochen und einen Aktionsplan mit Grundsätzen zur Verhinderung des Missbrauchs von Unternehmen und sonstigen Rechtsträgern vorgelegt, die im Einklang mit grundlegenden FATF-Prinzipien stehen. Unternehmen müssen danach ihre Eigentümer bzw. wirtschaftlich Berechtigten kennen, die zudem in zentralen Registern zu erfassen sind, auf die zB FIUs und Steuerbehörden Zugriff besitzen. Auch Treuhänder (trustees) von Trusts müssen danach die wirtschaftlich Berechtigten kennen. Zudem sind weitere Anstrengungen zu unternehmen, um dem Missbrauch von Shareholder-Strukturen (zB Inhaberaktien) zu begegnen. Wegen Einzelheiten vgl. https://www.gov.uk/go vernment/uploads/system/uploads/attachment_data/file/207644/Common_ Principles.pdf, Stand: 30.6.2013. Ausführlich hierzu auch die Kommentierung durch *Figura* → § 3 Rn. 1ff.

f) Schnittmengen von Geldwäsche und Steuerkriminalität. Die Nutzung 43 intransparenter geschäftlicher Organisationsformen an Offshore-Finanzplätzen verweist auf eine Schnittmenge von Geldwäsche und Steuerkriminalität. Steuerhinterziehungsmodelle und Geldwäschemodelle ähneln sich oft sehr in den genutzten Finanzplätzen und den für die Verschleierung genutzten Vehikeln. Die mit dem Angebot solcher Finanzplätze, steuerliche Vorteile zu sichern, verbundenen Zusagen über Vertraulichkeit locken naturgemäß nicht nur flüchtiges Schwarzgeld, sondern auch schmutziges Geld an. Freilich ist auch auf einen entscheidenden Unterschied zwischen „normaler" Steuerhinterziehung und Geldwäsche an Offshore-Finanzplätzen hinzuweisen: Während für die Steuerhinterziehung das Geld häufig lediglich an ein Offshore-Finanzzentrum transferiert wird, um vor dem heimischen Finanzamt sicher zu sein, spielt für die Geldwäsche häufig die Drehscheibenfunktion eine wesentliche Rolle, weil für die Verschleierung mehrere Transaktionen durch verschiedene Offshore-Finanzzentren bevorzugt werden (Typologies Report 1998–1999, II.21).

Einleitung

44 Eine weitere Berührungsfläche zwischen Steuerdelikten und Geldwäsche stellen Steuerkarusselle dar; sie sind nicht nur „Steuersparmodelle", sondern auch eine beliebte Geldwäschemethode, die insbesondere durch die Manipulation von Rechnungen geschieht (Typologies Report 2000–2001, II.58). Hierbei wird, wie bereits (unter 4.1. → Rn. 12 ff.) dargestellt, bei einer Ware der Preis zu niedrig angegeben, so dass auch weniger Steuern für die Ware bezahlt werden müssen; daran lässt sich dann eine ganze Kette von Transaktionen knüpfen, durch die weitere illegale Steuerprofite erwirtschaftet werden (Laundering the Proceeds of VAT Carousel Fraud, S. 4; zur genauen Funktionsweise s. Laundering the Proceeds of VAT Carousel Fraud, S. 4 ff., dort figure 1, 2). Der einfachste Weg eines „Steuersparmodells" besteht jedoch schlicht darin, Steuern nicht zu entrichten. Auch dieses Geld muss dann gewaschen werden, um es letztlich einem besteuernden Zugriff des Staates zu entziehen (Laundering the Proceeds of VAT Carousel Fraud, S. 21).

45 **g) Immobilien, Kunst und Luxusgüter.** Immobilientransaktionen können auf allen Ebenen des Geldwäscheprozesses zum Einsatz kommen: Der Kauf von Immobilien gilt als eine klassische placement-Strategie. So berichtet die FATF, dass in Lateinamerika kriminelle Erträge direkt in den Bau von Luxushotels gesteckt werden, soweit kein Aufwand erforderlich erscheint, um die Quelle des investierten Geldes zu verschleiern (Typologies Report 1995–1996, B. 57). Solche Investitionen werden weiterhin aus der früheren Sowjetunion gemeldet, wobei am häufigsten in Objekte an der französischen oder spanischen Küste investiert wird. Das hierfür erforderliche Kapital wird zuvor über Offshore-Zentren gewaschen (Typologies Report 1998–1999, II.75). Es bietet sich im Hinblick auf die Weiterführung von Geldwäscheaktivitäten geradezu an, insbesondere in solche Immobilien zu investieren, wo später ein großer Umsatz von Bargeld stattfindet, wie zB Casinos, Hotels oder Restaurants (Money Laundering & Terrorist Financing through the real estate sector, Punkt 64).

46 Eine Kette von Immobilienkäufen und -verkäufen kann aber auch zum Zweck des Verwirrspiels (layering) genutzt werden und gleichzeitig noch Steuervorteile abwerfen, etwa dann, wenn eine Reihenfolge von Käufen und Verkäufen der Immobilie fingiert wird, wobei die Immobilie zu einem immer höheren Preis verkauft wird (Money Laundering & Terrorist Financing through the real estate sector, Punkt 38–39).

47 Schließlich steht der Immobilienerwerb häufig am Ende eines Geldwäscheprozesses (integration). Geradezu sprichwörtlich gilt die skyline von Miami/Florida als das Monument der erfolgreichen Integration von lateinamerikanischem Drogengeld und eine Umfrage unter italienischen Experten in den Jahren 1996–1999 ergab, dass mafiöse Organisationen in Italien Teile ihrer finanziellen Ressourcen in die Bereiche der Tourismusindustrie, insbesondere in das Hotelgewerbe, die Gastronomie und in Feriendörfer investierten (*Stolpe* Kriminalistik 2000, 99 ff.). Ähnliche Einschätzungen werden für die russische „Mafia" formuliert. Freilich räumen die Sicherheitsbehörden ein, dass es außerordentlich schwierig ist, zu beurteilen, in welchem Ausmaß tatsächlich kriminelle Strukturen oder völlig legale Geschäfte hinter den zum Teil intensiven Aufkäufen von Immobilien stehen (vgl. *Vogt* in Herzog/Mülhausen Geldwäschebekämpfung-HdB § 2 Rn. 36 mit Beispielen).

48 Auch die früher beim Bundeskriminalamt angesiedelte Financial Intelligence Unit (FIU) hatte sich im Jahr 2011 mit einer Fachstudie zur „Geldwäsche im Immobiliensektor in Deutschland" befasst. Ziel der Studie war neben einer Analyse des Immobiliensektors, das Potenzial einer möglichen Geldwäschegefährdung zu

Einleitung

erkennen und einen konkreten Maßnahmenkatalog zur Verbesserung der Geldwäscheprävention zu erarbeiten. Die Studie kam zu dem Ergebnis, dass es in der Immobilienbranche noch an einer hinreichenden Sensibilität für den Themenkomplex Geldwäsche mangelt. Unter anderem zur Verbesserung der festgestellten Defizite enthält die Studie auch einen mehrseitigen Katalog von Warnhinweisen und Anhaltspunkten für Geldwäsche im Immobilienbereich unter Einbeziehung von Finanzierungsaspekten, beteiligten Personen, Kauf, Verkauf und Vermietung. Zu den Pflichten des Immobilienmaklers im Geldwäschebereich vgl. auch *Griebel* NZM 2012, 481 ff.

Eine neue Dynamik kann man neuerdings im Zusammenhang mit der Bekämpfung der sog. Clankriminalität feststellen. Erst im letzten Jahr hat die Berliner Staatsanwaltschaft 77 Immobilien, die Mitgliedern einer arabischen Großfamilie zugerechnet werden, beschlagnahmt. Wie sich einer Untersuchung von Transparency International Deutschland aus dem vergangenen Jahr entnehmen lässt, ist dies jedoch nur die Spitze des Eisbergs bei der Investition von kriminellen Profiten in Immobiliengeschäfte.

Ähnliches – wie für den Immobilienbereich – wird für plausible Vermutungen **49** gelten, dass der **Boom des Kunst- und Antiquitätenmarktes** in den letzten Jahrzehnten mit entsprechenden Transaktionen auf den Ebenen placement, layering und integration in Verbindung gebracht werden kann. Geldwäscheaktivitäten verlagern sich angesichts der starken Regulierung der Finanzmärkte auf solche Märkte, deren Akteure in der Compliance nicht gut aufgestellt sind und deren Strukturen intransparente Bargeldgeschäfte ermöglichen. Hinzu kommen diverse Möglichkeiten der Preismanipulation und Überfakturierung sowie zuweilen Anonymisierungen von Käufern und Verkäufern. Alles dies lässt die Vizepräsidentin des Strafgerichts Basel-Landschaft *Monika Roth* in einem Interview zu dem Urteil kommen: „Geldwäsche im Kunsthandel ist einfach" (Handelszeitung v. 12.5.2015). Kritisch gegenüber einem solchen „Generalverdacht", *Raue/Roegele* ZRP 2019, 196.

Für Geldwäsche-Aktivitäten, bei denen **Gold, Diamanten, Luxusuhren und** **50** **Schmuck** beteiligt sind, liegen in den Typologie-Reports der FATF-Fallschilderungen vor und haben erst jüngst durch das internationale *Cedor*-Verfahren Bestätigung gefunden: **Gold** bietet sich deshalb für Geldwäsche an, weil es weltweit als Zahlungsmittel anerkannt wird, keinen allzu großen Wertrisiken unterliegt und Anonymität gewährleistet (Typologies Report 1997–1998, II.35–36). In der einfachsten und klassischen Typologie wird Gold mit schmutzigem Geld gekauft, dann in ein anderes Land exportiert und dort verkauft (Typologies Report 1998–1999, II.35). Solche Vorgehensweisen wurden oftmals in Spanien und Italien bemerkt. Gold kann aber auch an dem einen Ort zu Schmuck verarbeitet und dann andernorts verkauft werden. Natürlich besteht auch die Möglichkeit, dass das Gold selbst die Frucht einer illegalen Aktivität darstellt und gewaschen werden muss (Typologies Report 2002–2003, Chapter 2.45, 46 und Examples 15, 16). Weiterhin haben sich hochwertige Uhren (bspw. der Marke *Rolex*) als stabiles Zahlungsmittel und Vehikel des Geldtransfers erwiesen. Schließlich ist es auch eine Typologie, dass Goldverkäufe nur fingiert und mit falschen Rechnungen belegt werden, um dann wiederum eine Rechtfertigung für Geldtransaktionen zu haben (Typologies Report 2002–2003, Chapter 2.47, Examples 17, 18).

Eine weitere Geldwäschemöglichkeit bildet der **Diamantenmarkt**. Diamanten **51** haben gegenüber Gold den zusätzlichen Vorteil, dass sie einen hohen Wert in einer deutlich kompakteren Form verkörpern und weltweit noch einfacher verkauft werden können, insbesondere in Regionen, wo Rohdiamanten gewonnen werden, zB

Einleitung

in Südafrika, Westafrika, Australien, Kanada, Ostrussland. Die Methoden sind dieselben wie beim Gold, nämlich dass mit dem schmutzigen Geld Diamanten angekauft werden, Diamanten zu Schmuck weiter verarbeitet werden bzw. die Diamanten selbst die illegalen Vermögenswerte darstellen, die gewaschen werden sollen. (Typologies Report 2002–2003, Chapter 2.50, Example 19). Es bestehen auch begründete Anhaltspunkte, dass Diamanten zur Finanzierung von Bürgerkriegen und Terrorismus (sog. Blood Diamonds) benutzt werden (Typologies Report 2002–2003, Chapter 2.51, Examples 21, 22; vgl. auch Entscheidung des IStGH zu Charles Taylor v. April/Mai 2012).

52 **h) Versicherungspolicen und Finanzmarktprodukte.** Nach dem Erkenntnisstand der deutschen Sicherheitsbehörden ist es zwar potenziell möglich, Geldwäsche mit **Versicherungspolicen** – insbesondere im Zusammenhang mit Lebensversicherungen und Rentenversicherungen – zu betreiben, die geringe Zahl der Verdachtsanzeigen aus dieser Branche spricht aber eher dafür, dass es sich in Deutschland um eine ungebräuchliche Methode handelt (vgl. *Voigt* in Herzog/Mülhausen Geldwäschebekämpfung-HdB § 2 Rn. 38f.). International ist die Geldwäsche mittels Versicherungspolicen dagegen nach Einschätzung der FATF ein weitverbreitetes und ernst zu nehmendes Problem: Ein neuer Trend bestehe darin, dass diese Versicherungspolicen nicht mehr gekauft werden, um kurzfristig Geld zu waschen, sondern dass schmutziges Geld etwa in Lebensversicherungen langfristig angelegt werde, so dass die Auffälligkeit zum Auszahlungszeitpunkt sehr verringert wird (Typologies Report 1997–1998, II.5; Typologies Report 1997–1998, II.29). Als Indikator für ein solchen Typ der Geldwäsche gilt es, wenn Versicherungspolicen zu einem Betrag gekauft werden, der nicht dem Einkommen des Käufers entspricht und die Versicherungsprämien aus dem Ausland bezahlt werden (Typologies Report 1995–1996, B. 33.); weiterhin, wenn der Begünstigte der Police durch eine Person ersetzt werden soll, die in keiner erkennbaren Verbindung zum bisherigen Inhaber steht (Typologies Report 1995–1996, B. 34.). Ein kurzfristigeres Schema bei Lebensversicherungen besteht darin, dass diese abgeschlossen und dann vorzeitig gekündigt werden, so dass das eingezahlte Geld nun sauber an den Geldwäscher zurückfließt (Typologies Report 1998–1999, B. 49). Lebensversicherungen haben eine ähnliche Anfälligkeit für Geldwäsche wie der sogleich darzustellende Wertpapiersektor. Sie werden beispielsweise in einigen Regionen als gleichartiges Investment betrachtet. Weiter besteht die Parallele, dass Policen oftmals über Versicherungsmakler erworben werden, die ähnlich wie Wertpapiermakler häufig nicht ausreichend in Geldwäschebekämpfung geschult sind (Typologies Report 2001–2002, II.59, Examples 23, 24; Typologies Report 2003–2004, III.60). Eine risikobasierte Guidance hat die FATF für den Lebensversicherungssektor im Oktober 2018 veröffentlicht und dort Gestaltung und Implementierung des risikobasierten Ansatzes ausgeführt (FATF, Risk-based Approach Guidance for the Life Insurance Sector).

53 Dass **Wertpapiere und andere Finanzmarktprodukte** zu Zwecken der Geldwäsche genutzt werden können, versteht sich nach dem Prozess der Geldwäsche eigentlich von selbst. So können schmutzige Gelder bei Aktiengeschäften investiert (placement) und mit legalen Beständen vermischt werden (layering). Aufgrund der Komplexität und der nicht unbedingt transparenten Regeln des Marktes sollen Derivate hierfür besonders geeignet sein (vgl. *Hafner* Im Schatten der Derivate). Wegen der Größe des Wertpapiermarktes in einigen Finanzzentren wird auch die Auffassung vertreten, dass gerade solche Märkte Ziel der Geldwäsche in großem Stil seien (vgl. *Hetzer* Tatort Finanzmarkt). Vieles bewegt sich hier aber im

Einleitung

Bereich der Spekulation und die deutschen Sicherheitsbehörden sind in der Lagebeurteilung eher vorsichtig (vgl. *Vogt* in Herzog/Mülhausen Geldwäschebekämpfung-HdB § 2 Rn. 40). Die FATF sieht dagegen den Wertpapierhandel als hochgradig geldwäscheanfällig an: Dies sei schon deshalb der Fall, weil Brokerfirmen naturgemäß international gegliedert sind und es deshalb nicht weiter auffällig ist, wenn Zahlungen über mehrere Länder hinweg erfolgen. Zweitens kann im Wertpapierbereich in kürzester Zeit sowohl Kauf als auch Verkauf stattfinden. Drittens herrscht in diesem Bereich ein großer Verdrängungswettbewerb, so dass die Firmen die Quelle der von ihren Kunden investierten Gelder oftmals ignorieren. Und zuletzt können in einigen Ländern Wertpapierdepots von Strohmännern oder treuhänderisch geführt werden, so dass die wahre Identität der Inhaber geheim gehalten werden kann (Typologies Report 1995–1996, B. 39; vgl. zur Risikoanfälligkeit des Wertpapier- und Derivatebereichs weiterhin Typologies Report 1998–1999, B. 51–53; Typologies Report 2002–2003, Chapter 2.30, 31 und Typologies Report 2002–2003, Chapter 2.40). Zu einem Beispiel, wie Geld auf dem Derivatenmarkt gewaschen werden kann vgl. Typologies Report 1998–1999, Case No. 9. Zwar dürften in einzelnen Wertpapierbereichen Transaktionen nur von zugelassenen Brokern getätigt werden, denen es strikt verboten ist, Bargeld für Transaktionen anzunehmen. Doch komme es auch vor, dass die Broker, obschon sie damit gegen alle Regeln verstoßen, Bargeld für Transaktionen annehmen, so dass auch in diesen Fällen der Wertpapierbereich schon für das Placement interessant wird (Typologies Report 2002–2003, Chapter 2.33., 34, Examples 7f.). Schließlich geht die FATF davon aus, dass auch die Manipulation von Aktienmärkten eine Typologie der Geldwäsche ist: Der Geldwäscher kauft mit schmutzigem Geld Aktien eines Unternehmens, die kaum etwas wert sind. Mit Hilfe von bestochenen Börsenbrokern wird die Aktie in Fachmagazinen etc als lohnenswerte Investition hochgejubelt, so dass viele Personen diese Aktien kaufen. Damit steigt auch der Kurs der Aktie. Wenn die Aktie einen gewissen Höchststand erreicht hat, verkauft der Geldwäscher seine Aktien und hat damit die Stufe des Layering abgeschlossen. (Typologies Report 2002–2003, Chapter 2.38, Example 11). In ihrem Bericht „Money Laundering and Terrorist Financing in the Securities Sector" vom Oktober 2009 hat sich die FATF auch noch einmal gesondert der Risiken der Geldwäsche und der Finanzierung des Terrorismus im Wertpapierbereich (zB im Hinblick auf Intermediäre, Produkte, Zahlungsmethoden, Kunden) angenommen und festgestellt, dass anders als in anderen Bereichen hier das Risiko weniger in der Platzierung des Geldes (placement) als vielmehr in den Phasen der Verschleierung der Herkunft (layering) bzw. der Einschleusung in den legalen Finanzkreislauf (integration) liegt. Typische wertpapierbezogene Geldwäschefälle enthalten häufig eine Reihe von Transaktionen, die nicht mit dem Profil des Investors in Einklang stehen und nicht geeignet sind eine Rendite zu generieren. Der Bericht wurde im Oktober 2018 aktualisiert.

i) Weitere Erscheinungsformen der Geldwäsche – insbesondere im virtuellen Bereich. Viel beschworen im Bereich der Geldwäschebekämpfung werden die Gefahren der Märkte im Internet, des e-commerce und des e-money, der Bitcoins, der virtuellen Spielcasinos uÄ (vgl. *Vogt* in Herzog/Mülhausen Geldwäschebekämpfung-HdB § 2 Rn. 41 ff.). Die **Gefahren neuer Zahlungsmethoden** wie prepaid cards, mobiler Zahlungen mit Handy, Zahlungen über Internet-Zahlungsdienstleister, „digitale" Edelmetalle hat die FATF in einem ausführlichen Bericht „On new payment methods" vom Oktober 2006 erörtert und im Bericht 54

Einleitung

„Money Laundering Using New Payment Methods" vom Oktober 2010 vor dem Hintergrund des stark gestiegenen Einsatzes der Zahlungsmethoden fortgesetzt (zu Red Flag-Indikatoren bzw. Anhalts- oder Warnhinweisen auf Basis von 33 analysierten Fällen vgl. dort S. 46 ff.). Damit in Zusammenhang steht auch der Bericht der FATF zu „Money Laundering & Terrorist Financing Vulnerabilities of Commercial Websites and Internet Payment Systems" vom Juni 2008 sowie die Veröffentlichung vom Juni 2013 „Guidance for a Risk-Based Approach to Prepaid Cards, Mobile Payments and Internet-Based Payment Services". Das **Online-Banking** wird generell als ein Problem hinsichtlich der Abweichung zwischen identifiziertem Kontoinhaber und Anonymität des Verfügenden angesehen (Typologies Report 1998–1999, II.31; Typologies Report 1999–2000, II.4, 5; zu vorgeschlagenen Gegenmaßnahmen vgl. Typologies Report 1999–2000, II.13). Neben physischen Kasinos und Glücksspielen (vgl. FATF, FATF Report on Vulnerabilities of Casinos and Gaming Sector, März 2009) werden auch **Internet-Casinos** zunehmend für die Geldwäsche benutzt (Typologies Report 2000–2001, II.16, Example 1–3, II.59).

55 Eine besondere Aufmerksamkeit hinsichtlich von Methoden der Geldwäsche im Zeitalter der Digitalisierung kommt Bitcoin-Transaktionen zu. Hierzu bedarf es zunächst einer kurzen Einführung in die Funktionsweise virtueller Währungssysteme wie Bitcoin (*Herzog/Hoch* Strafverteidiger 2019, 412 f. mwN):

Bei Bitcoins handelt es sich im Gegensatz zu klassischen Währungen um ein dezentral organisiertes auf dem Austausch von kryptographischen Schlüsseln (deshalb auch der Begriff „Kryptowährung") basierendes Zahlungssystem. Die für die Durchführung von Transaktionen erforderlichen Paare aus asymmetrischen öffentlichen und privaten Schlüsseln werden von den Nutzern selbst generiert. Zugriff auf die Bitcoins hat derjenige, der Kenntnis vom jeweiligen privaten Schlüssel hat. In seiner Funktionsweise ist das System an dieser Stelle am ehesten vergleichbar mit etablierten Verschlüsselungsmethoden für E-Mails, die auf dem OpenPGP-Standard basieren. Auch im Bitcoin-System ist die öffentliche Adresse die für jedermann sichtbare Empfangsadresse, während der private Schlüssel hier wie dort dazu dient, die Transaktion (respektive Nachricht) lesbar zu machen.

Der Nutzer speichert die transaktionsbezogenen Schlüsselpaare in einem sog. Wallet, das – seinerseits zum Schutz gegen unberechtigten Zugriff verschlüsselt – es ihm ermöglicht, auf die Bitcoins für weitere Transaktionen zuzugreifen. Unterschieden wird hier zwischen (1) „hardware wallets", die eine offline-Verwahrung der Schlüssel auf einem Datenträger ermöglichen (zB USB-Stick), (2) „software wallets", Computerprogramme, die auf einem PC oder Smartphone die privaten Schlüssel sicher speichern, (3) „hosted/custodial" wallets, bei denen die – auch privaten – Schlüssel durch einen Anbieter im Internet gleichsam treuhänderisch verwahrt werden, (4) „hybrid wallets" die bis auf die Tatsache, dass die Anbieter keinen Zugriff auf die privaten Schlüssel haben, dem Modell (3) entsprechen und schließlich (5) „multi-signature wallets", die zur Authorisierung einer Transaktion mehrere private Schlüssel verlangen. Das technische Rückgrat des Bitcoin-Ecosystems bildet die sog. Blockchain. Es handelt sich hierbei um ein öffentlich einsehbares und für alle Nutzer verfügbares Transaktionsregister, in dem alle jemals getätigten Bitcoin-Transaktionen abgebildet sind. Es wird, da Bitcoin-Transaktionen nur möglich sind, wenn der Nutzer online ist, kontinuierlich und in Echtzeit fortgeschrieben, ohne dass dies durch den Nutzer beeinflusst werden könnte. Auf diese Weise kann auch, was bei Vorläuferprojekten von Bitcoin nicht möglich war, ein sog. double-spending, mithin die mehrfache Verwendung eines Bitcoins bzw. einer Transaktion wirksam unterbunden werden, da im Blockchain für jede Transaktion

Einleitung

ein Eintrag mit einem servergebundenen Zeitstempel erstellt wird. Jeder Nutzer kann beliebig viele Schlüsselpaare (sog. Adressen) erstellen. Gleiches gilt für die Wallets, die weder nutzergebunden noch zahlenmäßig limitiert sind.

Die Verwaltung des Bitcoin-Systems erfolgt durch sog. Bitcoin-Mining, dh die Zurverfügungstellung von Rechenkapazität durch einzelne Nutzer, die dafür durch die Ausschüttung neuer Bitcoins belohnt werden.

Der wesentliche Unterschied zwischen Bitcoin als virtueller Währung und dem lediglich elektronischen Transfer einer klassischen, von einer Zentralbank ausgegebenen Währung, liegt darin, dass sämtliche Transaktionen in einem dezentralen Peer-to-Peer-Netzwerk, also unmittelbar zwischen den Nutzern, erfolgen. Dies führt nicht nur zu der oben skizzierten Anonymisierung bzw. Pseudonomysierung, sondern hat auch zur Folge, dass das Netzwerk weitestgehend immun gegen technische Beschränkungen oder Hacker-Angriffe ist. Einschränkend ist allerdings darauf hinzuweisen, dass das Bitcoin-System zum reibungslosen Funktionieren auf eine Infrastruktur angewiesen ist, die neben den Anbietern von digitalen Wallets zwingend auf eine signifikante Anzahl von Nutzern, die Rechenleistung für das Mining zur Verfügung stellen, zurückgreifen können muss.

Neben den dezentralen Kryptowährungen, deren Funktionsweise oben am Beispiel von Bitcoin dargestellt worden ist, existieren sog. zentralisierte Kryptowährungen (centralized virtual currencies). Diese werden in erster Linie als alternative Zahlungsnetzwerke benutzt (zu nennen sind hier zB der russische Dienstleister WebMoney oder die in Panama ansässige Plattform Perfect Money). **56**

Diverse Anbieter von Online-Spielen haben ebenfalls zentralisierte Kryptowährungen entwickelt. Von besonderer Relevanz unter dem Gesichtspunkt der Geldwäscheprävention ist die Tatsache, dass zwischen den hier skizzierten Systemen und den dezentralisierten Kryptowährungen fast durchweg eine Intraoperabilität gewährleistet ist, so dass beispielsweise auf Gaming-Seiten auch mit Bitcoins bezahlt bzw. ein Umtausch in die dort verwendete zentralisierte Währungseinheit erfolgen kann.Nach Nach Erkenntnissen der neueren Geldwäscheforschung ist anzunehmen, dass diese Möglichkeit von Cyberkriminellen umfangreich genutzt wird, um Zahlungsströme zu verschleiern. Auch die FATF hat im Kontext von Bitcoin, Stablecoin und virtuellen Assets verschiedene Stellungnahmen abgegeben (vgl. zB Money laundering risks from „stablecoins" and other emerging assets v. 18.10.2019, Public Statement on Virtual Assets and Related Providers v. 21.6.2019 und Public Statement – Mitigating Risks from Virtual Assets v. 22.2.2019).

Daneben hat sich die FATF mit einigen Sonderfällen der Geldwäsche befasst, so insbesondere im Bereich des **illegalen Tabakhandels** (FATF, Report Illicit Tobacco Trade, Juni 2012), der **organisierten Piraterie** und der Entführung mit Lösegeldforderungen (FATF, FATF Report Organised Maritime Piracy and Related Kidnapping for Ransom, Juli 2011), des **Menschenhandels** (FATF, Report Money Laundering Risks Arising from Trafficking of Human Beings and Smuggling of Migrants, Juli 2011), des **Fußballsektors** (FATF, Report Money Laundering through the Football Sector, Juli 2009) und der **Proliferationsfinanzierung** (FATF, Report Typologies Report on Proliferation Financing, Juni 2008). **57**

5. Typologien verdächtiger Transaktionen

Für den Kreis der in die Geldwäschebekämpfung einbezogenen Verpflichteten aus dem Finanzdienstleistungssektor ebenso wie für die international wie national mit der Verfolgung von Geldwäsche betrauten Organe und Institutionen steht eine **58**

Einleitung

Reihe von sog. Typologie-Papieren, Typologies Reports, Fallauswertungen uÄ zur Verfügung. Trotz mancher Bedenken, die unter dem Gesichtspunkt der Rasterung gegenüber Methoden des Monitoring und des Research vorgebracht werden können, stellen solche Typologien wichtige Arbeitshilfen für die Entdeckung von Geldwäscheaktivitäten dar. Ua ist hierfür aus den „Gründerjahren" der Geldwäschebekämpfung das Geldwäsche-Typologiepapier des BAKred (Stand: 1.10.1998; veröffentlicht als BAKred-Rundschreiben Nr. 19/98 v. 2.11.1998) zu nennen; hierin wurden unter Berücksichtigung internationaler Erfahrungen der FATF und der Kenntnisse des Bundesaufsichtsamtes Anhaltspunkte für das Vorliegen einer Geldwäsche festgehalten. Es sollte die Institute ua dabei unterstützen, die Mitarbeiter im Schulungswesen für bekannt gewordene Typologien zu sensibilisieren und (EDV-gestützte) Systeme zur Sichtbarmachung geldwäscherelevanter Sachverhalte zu erstellen (BAKred, Jahresbericht 1998, S. 92). Seit ihrer Gründung veröffentlichte die FIU Deutschland – Zentralstelle für Verdachtsanzeigen – beim BKA in ihren Newsletters und Jahresberichten Geldwäschetypologien und Fallberichte. Die gerade dargestellten Beispiele für Erscheinungsformen der Geldwäsche sind im Wesentlichen den vielfältigen und regelmäßig aktualisierten FATF-Typologiepapieren entnommen (vgl. bereits → Rn. 12ff.), die jederzeit über die Internetseite der FATF (www.fatf-gafi.org) abgerufen werden können.

59 Die Verpflichteten des Geldwäschegesetzes sollten bedenken, dass die in Typologien geschilderten Transaktionen bei unzähligen Geschäftsvorfällen vorkommen können, ohne dass der Hintergrund die Wäsche von schmutzigem Geld wäre. Sie zeichnen sich lediglich dadurch aus, dass sie *auch* bei Geldwäsche auftreten können, sind aber keine zwingenden Indikatoren für Geldwäsche (vgl. *Mülhausen* in Herzog/Mülhausen Geldwäschebekämpfung-HdB § 42 Rn. 30).

6. Konzepte der Geldwäschebekämpfung im internationalen Kontext

60 Wie bereits einleitend ausgeführt, ist der Begriff der Geldwäsche erstmals im Zusammenhang mit der Entwicklung der Organisierten Kriminalität in den 20er und 30er Jahren des vergangenen Jahrhunderts in Erscheinung getreten; als normativer Begriff ist er deutlich jüngeren Datums. Der internationale Experte *Mark Pieth* (*Pieth* in Herzog/Mülhausen Geldwäschebekämpfung-HdB § 3 Rn. 1) hat hierzu 2006 ausgeführt, dass ein Begriff, der „noch vor 15 Jahren auch unter Fachleuten des Finanzsektors weitgehend ein Fremdwort war, heute den Berufsalltag der Branche prägt und für ein ganzes Gebäude von Normen steht". Es erscheint insofern durchaus berechtigt, von einer „überraschenden Karriere" (*Pieth* in Herzog/Mülhausen Geldwäschebekämpfung-HdB § 3 Rn. 1) und einer „kopernikanischen Wende in der Strafverfolgungspolitik" (*Jekewitz* in Herzog/Mülhausen Geldwäschebekämpfung-HdB § 8 Rn. 1) zu sprechen. Erstmals findet sich im Jahre 1986 in den USA im Money Laundering Control Act als Teil der Bekämpfung des illegalen Drogenhandels ein expliziter eigener Tatbestand der Geldwäsche (*Frank* S. 99 ff.); dies war der Startpunkt zu einer rasanten internationalen Entwicklung.

61 **a) Vereinte Nationen.** Die Vereinten Nationen gelten als internationaler Wegbereiter der Bekämpfung der Geldwäsche. Auch dort war der Ausgangspunkt die Bekämpfung des internationalen Drogenhandels; auf einer Konferenz der UN zur Bekämpfung des Drogenhandels in Wien wurde am 19.12.1988 das Übereinkommen der Vereinten Nationen gegen den unerlaubten Verkehr mit Suchtstoffen und

Einleitung

psychotropen Stoffen, die sog. **Wiener Drogenkonvention,** verabschiedet. Sie baute auf den Konventionen der Vereinten Nationen über Suchtstoffe von 1961 (BGBl. 1977 II S. 112) und über psychotrope Stoffe von 1971 (BGBl. 1976 II S. 1477) auf und zielte wie diese in erster Linie auf die Drogenkontrolle durch Beschränkung ihres Verkehrs und ihrer Verwendung auf medizinische und wissenschaftliche Zwecke. Hinzu kam erstmals die Verpflichtung zur Verhinderung der Geldwäsche aus dem illegalen Drogenhandel, zur Abschöpfung der in diesem Bereich erzielten Gewinne durch Einziehung und Verfall und zu einer entsprechenden internationalen Kooperation [Art. 3, 4, 5 und 7 der Wiener Konvention, BGBl. 1993 II S. 1136] (ausführlich und krit. hierzu *Pieth* in Herzog/Mülhausen Geldwäschebekämpfung-HdB § 4 Rn. 1 ff.).

b) Gruppe der Sieben (G-7) bzw. der Acht (G-8). Eine weitere politische 62 Schrittmacherfunktion im Bereich der Bekämpfung der Organisierten Kriminalität und der Geldwäsche kam ab Mitte der 80er Jahre der Gruppe der 7 (G-7-Staaten) und hierunter insbesondere den USA, Großbritannien und Frankreich zu. Die Gruppe der 7 bildet zwar nur ein informelles Abstimmungsforum, doch entfalten ihre Beschlüsse eine *politische* **Bindungswirkung** und werden regelmäßig durch abgestimmte Initiativen in andere internationale Gremien eingebracht. Mit den politischen Anliegen der Bekämpfung des Drogenhandels (USA), der Kontrolle von Offshore-Finanzplätzen (Frankreich) und der Bekämpfung der Organisierten Kriminalität (Großbritannien) im Hintergrund einigten sich die Staats- und Regierungschefs der G-7-Staaten im Juli 1989 in Paris darauf, die Ansätze der Wiener Konvention aufzunehmen und dadurch voran zu bringen, dass eine hochkarätige ad hoc-Expertengruppe Empfehlungen zur Bekämpfung der Geldwäsche auf allen Bereichen schmutzigen Geldes erarbeiten sollte – die Financial Action Task Force on Money Laundering (FATF) wurde ins Leben gerufen (ausführlich hierzu *Pieth* in Herzog/Mülhausen Geldwäschebekämpfung-HdB § 4 Rn. 8 ff.). Zwischenzeitlich lieferte die G 8/G 7 immer wieder, zB auf ihrem Gipfel am 17. und 18.6.2013 in Nordirland, Impulse zur Verhinderung von Geldwäsche und Terrorismusfinanzierung (vgl. https://www.gov.uk/government/organisations/prime-ministers-office-10-downing-street/series/g8-communique-and-documents, Stand: 20.9.2017).

c) Financial Action Task Force on Money Laundering (FATF). Dieses 63 zwischenstaatliche Gremium, das keine internationale Organisation im traditionellen Sinne darstellt (die Aufgaben und Zuständigkeiten der FATF werden nicht von einem Gründungsabkommen bzw. von einer ähnlichen, völkerrechtlichen Vereinbarung geregelt), beruhte auf der Idee der führenden Wirtschaftsmächte, ihre Bemühungen gegen die Ausnutzung des internationalen Finanzverkehrs zu kriminellen Zwecken **international zu koordinieren** und ihre Standpunkte hierzu auf den internationalen Finanzmärkten informell-regulatorisch durchzusetzen. Im Anfangsstadium der FAFT waren nur die G-7 Staaten, weitere acht Industrieländer und die Europäische Kommission Mitglieder dieser Initiative. Diese war allerdings auf eine ständige Erweiterung angelegt; denn nur dadurch konnte eine Verfestigung des politischen Einflusses und eine internationale Durchsetzung der informellen Regulation der Standards bei der Geldwäschebekämpfung erreicht werden. Dementsprechend ist eine erste Erweiterungswelle in der Zeit zwischen 1991 und 1992 zu verzeichnen, während der die Anzahl der Mitgliedsstaaten und Organisationen von 16 auf 28 aufgestockt wurde. Bereits 1993 wurden die weiteren OECD-Mitgliedstaaten nebst dem Gulf Cooperation Council und Singapur in die FATF auf-

Einleitung

genommen. Nebst weiteren Aufnahmen in der Folge (zB Argentinien oder Russland) bildete die FATF regionale „Satelliten" nach dem Muster der Mutterorganisation, insbesondere im karibischen Raum, in Südostasien, in Südamerika, in Afrika und nun auch im arabischen Raum (eine aktuelle Liste der Mitglieder und beobachtenden Organisationen kann im Internet unter http://www.fatf-gafi.org/about/membersandobservers/eingesehen werden). Schließlich, in loser Kooperation mit der FATF, aber prinzipiell selbstständig, wurden im Rahmen anderer Organisationen, so zB in der OAS (CICAD) und der UNO Modellgesetze ausgearbeitet, die den selbstständigen Nachvollzug des Standards durch weitere Staaten erleichtern sollten. Insofern kann man davon sprechen, dass die FATF zum weltweiten Standardsetter für die Geldwäschebekämpfung aufgestiegen ist, ohne jemals dafür formell von den Weltgemeinschaft mandatiert worden zu sein (ausführlich hierzu *Pieth* in Herzog/Mülhausen Geldwäschebekämpfung-HdB § 4 Rn. 8 ff.). Das Sekretariat der FATF ist in Paris bei der OECD angesiedelt, ohne jedoch organisatorisch gesehen ein Teil der OECD zu sein (*Pieth* in Herzog/Mülhausen Geldwäschebekämpfung-HdB § 4 Rn. 13).

64 Die **Aufgaben der FATF** erstrecken sich im Wesentlichen auf folgende Bereiche: a) die Bestandsaufnahme und Erforschung von Prozessen und Methoden von Geldwäsche. In diesem Rahmen werden Geldwäschetypologien erstellt, die den Finanzinstituten bei der Abwicklung von Transaktionen Hinweise auf Geldwäschegeschäfte geben, b) die Analyse von Maßnahmen gegen Geldwäsche und die Formulierung von internationalen Standards, c) die Entwicklung von Empfehlungen für eine effektive Geldwäschebekämpfung und Bekämpfung der Terrorismusfinanzierung, d) die zeitnahe Reaktion auf neu entstehende Bedrohungen, wie die Prolieferationsfinanzierung. Weniger als ein Jahr nach seiner Gründung hatte dieses Gremium einen ausführlichen Bericht veröffentlicht (April 1990) und 40 Empfehlungen der Arbeitsgruppe zur Bekämpfung der Geldwäsche formuliert (zur Entstehung und Entwicklung ausführlich *Pieth* in Herzog/Mülhausen Geldwäschebekämpfung-HdB § 4 Rn. 8 ff.; die eigene Dokumentation der Entstehung und Entwicklung der Empfehlungen findet sich auf der *Homepage* www.fatf-gafi.org). Die 40 Empfehlungen der FATF wurden mehrfach überarbeitet (insbes. 1996 und 2003) und durch verschiedene Sonderempfehlungen insbesondere in Zusammenhang mit der Terrorismusfinanzierung ergänzt. Im Jahr 2012 erfolgte sodann eine vollständige Neufassung der FATF-Empfehlungen. Diese berücksichtigte ua die Erweiterung des FATF Mandates für den Bereich der Verhinderung der Proliferationsfinanzierung, nahm eine Verschmelzung der Sonderempfehlungen mit den 40 Empfehlungen vor und ließ wesentliche Erkenntnisse aus den Länderprüfungen einfließen (FATF, The FATF Recommendations, Februar 2012, s. http://www.fatf-gafi.org/publications/fatfrecommendations/documents/fatf-recommendations.html). Seither hat es regelmäßig Updates zu diesen Empfehlungen gegeben. Zuletzt wurden die 40 Empfehlungen im Juni 2019 aktualisiert, http://www.fatf-gafi.org/publications/fatfrecommendations/?hf=10&b=0&s=desc(fatf_releasedate).

65 Diese **Empfehlungen der FATF vom Februar 2012** (idF v. Juni 2019) sind in sieben Abschnitte untergliedert. Der erste Abschnitt (Empfehlungen 1–2) befasst sich mit den Politiken der Verhinderung von Geldwäsche und Terrorismusfinanzierung und deren Koordination. Nach diesen Empfehlungen sind die Staaten aufgefordert, unter Anwendung des **risikobasierten Ansatzes** Analysen zur Identifizierung, Bewertung und dem Verständnis der jeweiligen landesspezifischen Risiken der Geldwäsche und Terrorismusfinanzierung durchzuführen und derartige Analysen auch Verpflichteten aus dem Finanz- wie dem Nicht-Finanzsektor aufzugeben.

Einleitung

Im Hinblick auf die Durchführung der Analyse hat die FATF im Februar 2013 dabei zur Ausfüllung der Empfehlung einen Orientierungsrahmen vorgegeben (FATF, Guidance National Money Laundering and Terrorist Financing Risk Assessment, Februar 2013, welcher den Leitfaden zum risikobasierten Ansatz zur Bekämpfung von Geldwäsche und Terrorismusfinanzierung der FATF aus dem Jahr 2007 ergänzt). Die zuständigen Behörden (zB Bankenaufsicht, FIU) haben bei der Verhinderung von Geldwäsche und Terrorismusfinanzierung danach auf effektive Weise zusammenzuarbeiten.

Der zweite Abschnitt der Empfehlungen vom Februar 2012 (Empfehlungen 3–4) befasst sich mit der Geldwäsche und der **Einziehung von Geldern.** Die Staaten werden aufgefordert, die Geldwäsche zu kriminalisieren (iRd einschlägigen Konventionen von Wien und Palermo) sowie effektive Maßnahmen zur Sicherstellung und zur endgültigen Abschöpfung von kriminellen Erträgen zu schaffen. **66**

Im dritten Teil der Empfehlungen der FATF vom Februar 2012 (Empfehlungen 5–8) werden die Themenbereiche **Terrorismusfinanzierung und Proliferation** adressiert. Darin werden die Staaten aufgefordert, die Finanzierung des Terrorismus auf Basis der Terrorismusfinanzierungs-Konvention zu kriminalisieren. Dies umfasst nicht nur die Finanzierung des Terrorismus selbst, sondern auch der terroristischen Organisationen. Darüber hinaus müssen die Staaten im Bereich der Finanzsanktionen mit Bezug zu Terrorismus und Terrorismusfinanzierung einerseits und der Proliferation andererseits ein gezieltes Finanzsanktionsregime in Übereinstimmung mit den Vorgaben bzw. Resolutionen des Sicherheitsrates der Vereinten Nationen implementieren. Staaten müssen ferner im Hinblick auf gemeinnützige bzw. non-profit-Vereinigungen besondere Maßnahmen gegen deren Missbrauch zum Zwecke der Terrorismusfinanzierung ergreifen. Zur Konkretisierung von Empfehlung 7 im Hinblick auf die Proliferation bezüglich Massenvernichtungswaffen und deren Finanzierung hat die FATF im Juni 2013 Richtlinien unter dem Titel „Implementation of Financial Provisions of United Nations Security Council Resolutions to Counter the Proliferation of Weapons of Mass Destruction" vorgelegt, die verschiedene diesbezügliche Papiere der FATF aus den Jahren 2007 und 2008 weiterentwickeln. Ferner hat die FATF, ebenfalls im Juni 2013, ein weiteres Papier zu Empfehlung 8, dh der Gefährdung durch den Missbrauch von non-profit-Vereinigungen, veröffentlicht (FATF, Best Practices: Combating the Abuse of Non-Profit Organisations (Recommendation 8), Juni 2013). **67**

Der vierte Teil der Empfehlungen der FATF vom Februar 2012 behandelt die einzelnen **Präventionsmaßnahmen** (Empfehlungen 9–23). Dazu zählt grundlegend zunächst die Klarstellung, dass das Bankgeheimnis die Umsetzung der Empfehlungen der FATF nicht behindern darf. Umfangreiche Anforderungen bestehen sowohl für den Finanz- als auch den Nichtfinanzsektor zudem im Hinblick auf die allgemeinen Kundensorgfaltspflichten (Customer Due Diligence) sowie die Identifizierung, die laufende Überwachung der Geschäftsbeziehung und die Aufzeichnung und Aufbewahrung aller einschlägigen Unterlagen. Für spezielle, risikoreichere Geschäfte und Aktivitäten werden zusätzliche Sorgfaltspflichten auferlegt. Dazu zählen namentlich politisch exponierte Personen, das Korrespondenzbankgeschäft, Dienstleistungen in Zusammenhang mit dem Transfer von Geld und Werten, Risiken in Zusammenhang mit neuen Technologien, der Geldtransfer sowie Geschäftsbeziehungen mit Hochrisikoländern. Zu den Pflichten gehört zudem die Abgabe von Verdachtsmeldungen. **68**

Im fünften Teil der FATF-Empfehlungen vom Februar 2012 (Empfehlungen 24–25) sind spezielle Vorgaben für die Transparenz und die Feststellung der **wirt-** **69**

Einleitung

schaftlich Berechtigten von juristischen Personen und anderen rechtlichen Konstruktionen enthalten.

70 Der sechste Teil der Empfehlungen der FATF vom Februar 2012 (Empfehlungen 26–35) behandelt **Rechte und Kompetenzen der zuständigen Behörden** und andere institutionelle Maßnahmen. Dazu gehört zunächst die ausreichende Regulierung und Beaufsichtigung von Unternehmen des Finanzsektors als auch des Nichtfinanzsektors einschließlich der Ausstattung der diesbezüglich zuständigen Behörden mit hinreichenden Befugnissen. Ferner ist die Einrichtung einer Financial Intelligence Unit (FIU) erforderlich. Strafverfolgungsbehörden sind mit allen notwendigen Rechten und Kompetenzen auszustatten (zB auch im Hinblick auf Beschlagnahme von Geldern). Die Staaten haben zudem umfassende Statistiken über alle relevanten Angelegenheiten in Zusammenhang mit einer effektiven Geldwäschebekämpfung zu führen (zB Verdachtsmeldungen, Anklagen, Verurteilungen). Den zur Meldung Verpflichteten aus dem Finanz- wie Nichtfinanzsektor ist ein Feedback über ihre Meldungen zu geben. Schließlich ist eine ausreichende Reihe von Sanktionsmöglichkeiten bei Verstößen gegen die Empfehlungen vorzusehen, die strafrechtlicher wie zivil- oder verwaltungsrechtlicher Art sein können und nicht nur die Unternehmen als solche, sondern auch deren Geschäftsführung und das „Senior Management" erfassen müssen.

71 Der siebte und letzte Teil der Empfehlungen der FATF vom Februar 2012 (Empfehlungen 36–40) betrifft Fragen der **internationalen Zusammenarbeit** im Hinblick auf die gegenseitige Rechtshilfe in Zusammenhang mit Geldwäsche, insbesondere in Zusammenhang mit dem Einfrieren und der Einziehung von Geldern und Gegenständen, sowie der Auslieferung von Verdächtigen in Zusammenhang mit Geldwäsche und Terrorismusfinanzierung.

72 Zur Durchsetzung der Empfehlungen und zur Überprüfung der Umsetzung bedient sich die FATF ausgefeilter Implementationsmethoden, die dem Konzept der informellen Regulation folgen: zunächst ist jeder Mitgliedstaat verpflichtet, durch das Ausfüllen eines detaillierten Bewertungsfragebogens jährlich eine Selbst-Evaluation vorzunehmen („self-evaluation procedure"); auch als Hilfestellung dafür hat die FATF im Februar 2013 mit den „FATF Guidance National Money Laundering and Terrorist Financing Risk Assessment" einen Orientierungsrahmen vorgegeben; wichtiger ist jedoch die gegenseitige Evaluation, bei der turnusmäßig ein Land einer Vor-Ort-Überprüfung unterzogen wird („mutual evaluation procedure"). Aufgrund dieser Überprüfung wird für jedes Land ein Bericht veröffentlicht, der die rechtlichen und faktischen Schwächen seines Systems zur Geldwäschebekämpfung aufzeigt (vgl. *Pieth* in Herzog/Mülhausen Geldwäschebekämpfung-HdB § 5 Rn. 2). Neben diesem Implementionsmodus nach dem „Prinzip des gegenseitigen Gruppendrucks" hat die FATF ab 1998 den Rahmen seiner Mitglieder überschritten und begonnen, die Empfehlungen auch gegenüber Nichtmitgliedern durchzusetzen. Dazu identifiziert die FATF sog. Nicht-kooperative Territorien und Länder und setzt diese auf eine schwarze Liste, was zur Konsequenz hat, dass alle Transaktionen mit diesen Ländern als verdächtig eingestuft und einem besonderen Regime unterworfen werden müssen (vgl. *Pieth* Herzog/Mülhausen § 5 Rn. 5ff.). Ohne eine rechtliche Verbindlichkeit zu besitzen, bilden die Empfehlungen der FATF und die daran geknüpften Prozesse somit ein Medium wirtschaftlichen und vor allem politischen Drucks gegen die Staaten, die sie nicht oder nur ungenügend umsetzen.

73 Das Mandat der FATF war ursprünglich zeitlich begrenzt. Aufgrund des breiten politischen Konsenses und der Systematisierung der internationalen Bemühungen, die sie erreicht hat, wurde sie im Jahre 2004 ermächtigt, ihre Aufgaben bis Ende

Einleitung

2012 fortzuführen. Zwischenzeitlich wurde eine weitere Verlängerung des Mandats bis ins Jahr 2020 beschlossen (FATF, Financial Action Task Force Mandate 2012–2020, April 2012). Am 12.4.2019 wurde auf einer Konferenz der Finanzminister der FATF-Mitgliedsstaaten in Washington schließlich ein *open ended-mandate* beschlossen.

Es ist nicht übertrieben, die FATF mit ihren Empfehlungen als das Herz und *den* 74 Motor der internationalen Entwicklung der Geldwäschebekämpfung zu betrachten. Trotz der fehlenden rechtlichen Verbindlichkeit hat dieses Gremium in den letzten Jahren die jeweilige nationale Gesetzgebung (wie auch in diesem Kommentar zum GwG immer wieder deutlich werden wird) im Bereich der Geldwäsche entscheidend vorangetrieben und beeinflusst.

d) Baseler Ausschuss für Bankenaufsicht (BCBS). Der BCBS (die ur- 75 sprüngliche Bezeichnung des Baseler Ausschusses für Bankenaufsicht lautete „Committee on Banking Regulations and Supervisory Practices") ist ein Gremium der Bankaufsichtsbehörden, das von den Zentralbankgouverneuren der G-10-Länder anlässlich der Septembertagung des Rates der Gouverneure der Bank für Internationalen Zahlungsausgleich (BIS) 1974 gegründet wurde und das sich schwerpunktmäßig mit bankaufsichtsrechtlichen Fragestellungen befasst. Bevor sich der BCBS selbst dem Thema der Bekämpfung der Geldwäsche und der Sorgfaltspflichten der Banken bei Feststellung der Kundenidentität annahm, wurde auf Initiative der Bank für Internationalen Zahlungsausgleich am 12.12.1988 zunächst die **Baseler Grundsatzerklärung** „zur Verhütung des Missbrauchs des Bankensystems für die Geldwäsche" verabschiedet, deren Adressat die Kreditwirtschaft war (vgl. *Fülbier* in Fülbier/Aepfelbach/Langweg Einleitung Rn. 24). Der wesentliche Inhalt der Erklärung bestand darin, grundlegende Maßnahmen der Bekämpfung der Geldwäsche zusammenzustellen, insbesondere den Kreditinstituten die Identifizierung der Kunden aufzugeben und bei verdächtigen Geschäften mit den zuständigen Behörden zusammenzuarbeiten bzw. ein solches Geschäft abzulehnen. Die Kreditinstitute wurden zudem dazu aufgefordert, ihre Geschäfte im Einklang mit hohen ethischen Standards zu führen (www.bis.org/publ/bcbsc137.pdf, Stand: 20.9.2017). Diese Überlegungen wurden im September 1997 vom BCBS in seinem Papier **„Grundsätze für eine wirksame Bankenaufsicht"** aufgegriffen, das sodann in 2006 und 2012 überarbeitet wurde. Die Grundsätze stellen die Mindestanforderungen an eine effektive Bankenaufsicht dar. Im Hinblick auf die Bekämpfung von Geldwäsche kommt dabei Grundsatz 29 der Grundsätze in der Fassung vom September 2012 eine besondere Bedeutung zu. Danach müssen die Aufsichtsinstanzen darauf achten, dass die Banken über angemessene Geschäftsgrundsätze und Verfahrensweisen einschließlich strenger Vorschriften für die Feststellung der Kundenidentität verfügen, die hohe ethische Standards und Berufsstandsregeln im Finanzsektor fördern und verhindern, dass die Bank – mit oder ohne Vorsatz – für das Begehen strafbarer Handlungen genutzt wird (http://www.bis.org/publ/bcbs230_de.pdf, Stand: 20.9.2017). Ein umfassendes und wegweisendes Regelungswerk über die „Sorgfaltspflicht der Banken bei der Feststellung der Kundenidentität" erschien im Oktober 2001 (http://www.bis.org/publ/bcbs85g.pdf, Stand: 20.9.2017). Eine weitere Ergänzung des Konzepts Know Your Customer (KYC) erfolgte im Oktober 2004 durch das Papier „Consolidated KYC Risk Management" (www.bis.org/publ/bcbs110.htm, Stand: 20.9.2017). Nach dem Papier des BCBS vom Mai 2009, welches sich mit Sorgfaltspflichten und Fragen der Transparenz sog. cover payment messages mit Bezug zu grenzüberschreitenden Geldtransfers befasste, hat der BCBS

Einleitung

im Januar 2014 (revidierte Fassung Juni 2017) allgemeine Leitlinien „Sound Management of risks related to money laundering and financing of terrorism" vorgelegt (http://www.bis.org/bcbs/publ/d405.pdf, Stand: 20.9.2017). Diese Leitlinien knüpfen an die Vorgängerpapiere an und berücksichtigen dabei die überarbeiteten Empfehlungen der FATF vom Februar 2012, wobei besonderes Gewicht auf den Kundenannahmeprozess, die Abgabe von Verdachtsmeldungen, die laufende Beobachtung der Geschäftsbeziehung und gruppenweite bzw. grenzüberschreitende Präventionsmaßnahmen gelegt wird.

76 e) **Europarat.** Das Thema der Geldwäschebekämpfung entfaltete Ende der 80er Jahre des vergangenen Jahrhunderts eine derartige politische Dynamik, dass „innerhalb kürzester Zeit von den G-7 fast sämtliche wichtigen internationalen Organisationen in rascher Folge in diese Koalition hineinkooptiert" wurden (*Pieth* in Herzog/Mülhausen Geldwäschebekämpfung-HdB § 3 Rn. 3). Das zunächst an den Vorgaben des Wiener UN-Abkommens anknüpfende **Übereinkommen Nr. 141 des Europarats** über Geldwäsche sowie Ermittlung, Beschlagnahme und Einziehung von Erträgen aus Straftaten vom 8.11.1990 (BGBl. 1998 II S. 519) erstreckte seinen Anwendungsbereich auf alle Formen schwerer Kriminalität. Es enthält eine Verpflichtung der Unterzeichnerstaaten, Vorschriften für eine angemessene Gewinnabschöpfung samt vorläufigen Sicherstellungsmaßnahmen zu schaffen sowie die Geldwäsche unter Strafe zu stellen (Art. 6). Die Umschreibung der Geldwäschehandlungen entspricht derjenigen der Wiener Drogenkonvention: Unter Geldwäsche wird das Umwandeln und das Übertragen von inkriminierten Vermögensgegenständen subsumiert, sowie ihr Erwerb, Besitz oder ihre Verwendung. Die subjektiven Anforderungen sind jedoch im Vergleich zur Wiener Drogenkonvention abgesenkt. Durch die Formulierung „als Straftaten sind jene Handlungen zu umschreiben, wenn der Täter annehmen musste, dass es sich bei dem Vermögensgegenstand um einen Ertrag handelte" (Art. 6 Abs. 3 a), wird auch die fahrlässige Geldwäsche als strafbedürftige Handlung eingeordnet.

77 Jede Vertragspartei soll all diejenigen Regelungen schaffen, welche ihr ermöglichen, alle kriminellen Erträge oder deren Wert einzuziehen (Art. 2) und entsprechende Ermittlungen zu den einzuziehenden Vermögensgegenständen zu führen (Art. 3). In diesem Rahmen sollen die Gerichte in der Lage sein, Bank-, Finanz- oder Geschäftsunterlagen in Beschlag zu nehmen (Art. 4). Somit wird der Finanzsektor bei den Bemühungen der Strafverfolgungsbehörden in das gesamte Verfahren der Gewinnaufspürung einbezogen. Abgesehen von einer Kann-Vorschrift, die mögliche Ermittlungsmethoden aufzählt (Überwachung von Bankkonten, Observation usw) werden jedoch in ein detaillierten Vorgaben zu Verpflichtungen von Kreditinstituten aufgeführt. Darüber hinaus soll die Anwendung solcher Ermittlungsmethoden nicht am Bankgeheimnis scheitern.

78 Kernstück dieses Abkommens (Art. 7 ff.) bildet die internationale Zusammenarbeit; zum Zwecke der Ermittlung und Abschöpfung von kriminellen Erträgen sollen die Unterzeichnerstaaten für die Intensivierung der Zusammenarbeit Sorge tragen. Sie sind ferner verpflichtet, Rechtsverfahren einzurichten und alle sonstigen erforderlichen Maßnahmen zu treffen, um Ersuchen anderer Staaten in Bezug auf Einziehung oder Unterstützung bei den Ermittlungen von kriminellen Erträgen zu entsprechen. Zur Effektivierung dieses Vorgehens wird auch der Austausch von Informationen in Bezug auf getroffene Maßnahmen vorgeschlagen (Art. 31).

79 Das Europaratsübereinkommen richtet sich nicht ausschließlich an Mitgliedstaaten des Europarates, sondern ist für die Ratifizierung von Seiten dritter Staaten of-

Einleitung

fen. Zusammenfassend liegt dieser internationalen Initiative ein vielseitiger Ansatz zugrunde. Während die Kriminalisierung der Geldwäsche und die Schaffung von gewinnabschöpfenden Maßnahmen Verpflichtungen materiell-rechtlicher Art darstellen, liegt der Schwerpunkt dieses Abkommen auf den Modalitäten eines Systems internationaler Zusammenarbeit, das dem Bedürfnis nach grenzüberschreitender Gewinnabschöpfung Rechnung tragen kann. Diese Konvention wurde allerdings bereits durch eine neue Konvention ersetzt (Council of Europe Convention on Laundering, Search, Seizure and Confiscation of the Proceeds from Crime and on the Financing from Terrorism v. 16.5.2005; abrufbar unter https://rm.coe.int/168008371f, Stand 20.9.2017). Anlass für eine neue Konvention auf der Ebene des Europarats war das „neue Bewusstsein" über die Gefahren der Terrorismusfinanzierung sowie die vermutlichen Ähnlichkeiten zwischen Geldwäsche und Terrorismusfinanzierung. Diese Konvention, die am 1.5.2008 in Kraft getreten ist, deckt die Kontrolle sowie die Prävention der Geldwäsche und der Finanzierung des Terrorismus ab und ermöglicht einen schnellen Zugang zu Finanzdaten oder Informationen über Vermögenswerte krimineller Organisationen und terroristischen Gruppierungen. Den Schwerpunkt dieses Regelwerks bildet die Aufspürung und Ermittlung von kriminellen Erträgen. Zuletzt hatte der Ausschuss für den Kampf gegen Geldwäsche und Terrorismusfinanzierung des Europarates (Moneyval) Mitte Juni 2013 größere Anstrengungen im Kampf gegen die Geldwäsche, ua die Anlage noch gründlicherer Kundenprofile, gefordert, um Risikofaktoren ihrer Spareinlagen in Erfahrung zu bringen.

f) Europäische Gemeinschaft. Nicht verwundern kann es angesichts der 80 maßgeblichen Akteure, dass die G-7-Initiative zur Geldwäschebekämpfung auch einen raschen Niederschlag in der Politik und in den Regelungsanstrengungen der Europäischen Gemeinschaft fand. In der Schlusserklärung des Europäischen Rates von Tampere am 15./16.10.1999 wurde als Zwischenbilanz der gleich zu schildernden Bemühungen der Europäischen Union die hohe politische Priorität dieses Themas betont (Schlussfolgerung 51: „Geldwäsche ist das Herzstück der Organisierten Kriminalität. Wo auch immer sie vorkommt, sollte sie ausgemerzt werden", Erklärung unter www.europarl.europa.eu/summits/tam_de.htm, Stand: 20.9.2017).

Ausgangspunkt der Entwicklung ist die **Richtlinie 91/308/EWG des Rates** 81 **vom 10.6.1991 zur Verhinderung der Nutzung des Finanzsystems zum Zwecke der Geldwäsche** („**1. EG-Anti-Geldwäscherichtlinie**"; ABl. 1991 L 166, 77). Sie wurde bis 1995 von allen EU-Mitgliedstaaten in nationales Recht umgesetzt. Kern der Richtlinie ist die Kriminalisierung der Geldwäsche durch Aufnahme eines Straftatbestandes der Geldwäsche in die Strafgesetzbücher der Mitgliedstaaten und die Verpflichtung der Mitgliedstaaten, ihren Kredit- und Finanzinstituten bestimmte Pflichten (etwa zur Identitätskontrolle und zur Unterrichtung bei bestimmten Transaktionen oder Verdachtsmomenten) aufzuerlegen. Mit der Richtlinie wurde ein großer Teil der 40 Empfehlungen der FATF in den Rang von verbindlichen Rechtsvorschriften erhoben. Zentraler Adressat der 1. EG-Anti-Geldwäscherichtlinie sind die Kredit- und Finanzinstitute, denen (insoweit in enger Verzahnung mit entsprechenden Vorgaben des Basler Ausschusses) aufgegeben wird, die Identität ihrer Kunden festzustellen, Belege aufzubewahren und besondere Fortbildungsprogramme zur Bekämpfung der Geldwäsche durchzuführen. Ferner wurde mit dieser Richtlinie die Pflicht eingeführt, das Bankgeheimnis in berechtigten Fällen aufzuheben und verdächtige Finanztransaktionen zu melden. Die Institute wurden dazu angehalten, im Rahmen ihrer rechtlichen Verpflichtungen

Einleitung

für Geldwäsche anfällige Stellen ihres Tätigkeitsbereichs zu ermitteln und entsprechende Prioritäten für ihre Maßnahmen zur Bekämpfung der Geldwäsche festzulegen (*Teichmann/Achsnich* in Herzog/Mülhausen Geldwäschebekämpfung-HdB § 29 Rn. 8).

82 Die 1. EG-Anti-Geldwäscherichtlinie wurde durch die **Änderungsrichtlinie 2001/97/EG des Europäischen Parlaments und des Rates vom 4.12.2001** („**2. EG-Anti-Geldwäscherichtlinie**"; ABl. 2002 L 344, 76) in wesentlichen Teilen modifiziert. Die Änderungen betrafen vor allem den Umfang der erfassten kriminellen Tätigkeiten (nunmehr alle Formen der Organisierten Kriminalität sowie zahlreiche weitere schwere Straftaten), eine mit Blick auf den 11.9.2001 verstärkte Beachtung der Terrorismusfinanzierung und eine Ausdehnung der als mit Geldwäscherisiken behaftet eingestuften Berufe. Zu den Berufsgruppen, die nunmehr auch der Verpflichtung zur Identifizierung und Meldung des Verdachts auf Geldwäsche unterliegen, zählen Wirtschaftsprüfer, externe Buchprüfer und Steuerberater, Immobilienmakler, Rechtsanwälte, Rechtsbeistände, die Mitglied einer Rechtsanwaltskammer sind, Patentanwälte und Notare, Personen, die mit hochwertigen Gütern handeln und Angestellte von Spielkasinos. Die 2. EG-Anti-Geldwäscherichtlinie sah ferner vor, dass die Mitgliedstaaten die Begriffsbestimmung für schwere Straftaten so abändern, dass sie im Einklang mit der in der Gemeinsamen Maßnahme 98/699/JI vom 3.12.1998 betreffend Geldwäsche, die Ermittlung, das Einfrieren, die Beschlagnahme und die Einziehung von Tatwerkzeugen und Erträgen aus Straftaten enthaltenen Begriffsbestimmung für schwere Straftaten steht. Darüber hinaus sah die Richtlinie entsprechende Rückmeldungen und den Austausch von mit Geldwäsche im Zusammenhang stehenden Informationen zwischen dem öffentlichen und dem privaten Sektor vor. Die Mitgliedstaaten hatten dafür Sorge zu tragen, dass die von der Richtlinie betroffenen Institute und Personen Zugang zu aktuellen Informationen der Behörden über Geldwäschepraktiken und zur Erkennung verdächtiger Transaktionen erhalten.

83 Die Richtlinie sollte bis 15.6.2003 jeweils in nationales Recht umgesetzt sein. Deutschland ist dieser Verpflichtung mit der Novellierung des ursprünglichen Textes des GwG durch das **Gesetz zur Verbesserung der Bekämpfung der Geldwäsche und der Bekämpfung der Finanzierung des Terrorismus vom 14.8.2002** (**Geldwäschebekämpfungsgesetz**; BGBl. 2002 I S. 3105) nachgekommen.

84 Bereits im Juni 2004 hatte die Europäische Kommission dann den Entwurf einer 3. EU-Anti-Geldwäscherichtlinie vorgelegt. Nach entsprechenden Beratungen mit dem europäischen Parlament und einigen nicht unerheblichen Änderungen des ursprünglichen Entwurfs wurde die Richtlinie am 25.11.2005 veröffentlicht und trat am 15.12.2005 als **Richtlinie 2005/60/EG des Europäischen Parlaments und des Rates zur Verhinderung der Nutzung des Finanzsystems zum Zwecke der Geldwäsche und der Terrorismusfinanzierung** in Kraft („**3. EU-Anti-Geldwäscherichtlinie**"; ABl. 2005 L 309, 15). Die 3. EU-Anti-Geldwäscherichtlinie setzte einen entscheidenden Impuls für die Ausrichtung von Sorgfaltspflichten und Maßnahmen am sog. *risk based approach*, so dass einige Kernelemente der Richtlinie an dieser Stelle detaillierter dargestellt werden sollen.

85 Zunächst ist in diesem Zusammenhang darauf hinzuweisen, dass die EU-Kommission wegen der tiefgreifenden Änderungen beschlossen hatte, eine vollständig neu gefasste Richtlinie vorzuschlagen. Die 3. EU-Anti-Geldwäscherichtlinie hob daher die bestehende Richtlinie 91/308/EWG von 1991 in ihrer geänderten Fassung von 2001 auf und ersetzte diese. Dies erschien der Kommission aus mehreren

Einleitung

Gründen als notwendig: Bis dahin definierte die Richtlinie als Geldwäsche das Verschleiern von Erlösen aus einer kriminellen Tätigkeit, die wiederum als Beteiligung an einer „schweren Straftat" beschrieben wurde. Durch die 3. EU-Anti-Geldwäscherichtlinie erfolgte eine Präzisierung dieser Begriffsbestimmung. Weiterhin hatte die FATF im Jahre 2003 ihre 40 Empfehlungen zur Bekämpfung der Geldwäsche aktualisiert. Im Anschluss an die Ereignisse des 11.9.2001 war das Mandat der FATF auch auf die Bekämpfung der **Terrorismusfinanzierung** ausgedehnt worden. Die in diesem Zusammenhang verabschiedeten Sonderempfehlungen waren in die neue Geldwäscherichtlinie zu integrieren. Die 3. EU-Anti-Geldwäscherichtlinie sollte damit also die Bekämpfung der Geldwäsche und der Finanzierung des Terrorismus „unter einem Dach" regeln. Prämisse war dabei, dass ohne eine Regulierung auf Gemeinschaftsebene die Geldgeber des Terrorismus, genau wie die Geldwäscher, es versuchen würden, die Vorteile der Freiheit des Kapitalverkehrs und des freien Marktes zu missbrauchen, um ihren kriminellen Tätigkeiten leichter nachgehen zu können (s. Erwägungsgrund 3 der RL). Zu diesem Zweck wurde Terrorismusfinanzierung als „die Bereitstellung oder Sammlung finanzieller Mittel, gleichviel auf welche Weise, unmittelbar oder mittelbar, mit der Absicht oder in Kenntnis dessen, dass sie ganz oder teilweise zu terroristischen Straftaten verwendet werden" definiert.

Vorrangiges Ziel der Richtlinie war jedoch eine umfassende **Novellierung des** 86 **Pflichtenkatalogs** für die Finanzdienstleister und anderen verpflichteten Branchen und Berufsgruppen. Ein entsprechendes Novellierungsbedürfnis ging nicht auf eine originäre Initiative des europäischen Richtliniengebers zurück. Genau wie bei den vorangegangenen nahm auch die 3. EU-Anti-Geldwäscherichtlinie auf die entsprechenden Vorgaben der FATF Bezug. In Anlehnung an die FATF-Vorgaben wurde ein neuer sog. **risikoorientierter Ansatz** initiiert („risk-based approach"). Dieser Ansatz sollte den bisher in der Geldwäschebekämpfung anzutreffenden regelbasierten Ansatz ablösen, dessen Verpflichtungen vorrangig in der Einhaltung von formalisierten Identifizierungspflichten und detaillierten Maßnahmenkatalogen bestand. Abgesehen von den internen Organisationsmaßnahmen kannten diese Verpflichtungen keine Differenzierung nach Kunden- und Transaktionskategorien oder nach der Struktur und den Tätigkeitsfeldern der pflichtigen Institute. Genau dies sollte durch den risikoorientierten Ansatz geändert werden. Diesem Ansatz lag die plausible Annahme zugrunde, dass nicht jeder Kunde, jede Transaktion oder jedes Finanzprodukt in gleichem Maße geldwäschegefährlich bzw. -gefährdet ist. Unter kontinuierlicher Berücksichtigung von neuen Trends und Typologien der Geldwäsche sollten nach der jeweiligen Risikosituation modifizierte Verpflichtungen für die Adressaten gelten.

Weiterhin wurde der **Adressatenkreis der verpflichteten Berufszweige** er- 87 weitert. Die Bestimmungen der Richtlinie gelten demgemäß auch für a) Dienstleister für Trusts, b) Versicherungsvermittler und c) alle natürlichen oder juristischen Personen, die mit Gütern handeln, wenn sie Vermögenswerte in Höhe von mindestens 15.000 EUR in bar entgegennehmen (Art. 2). Bei diesen Adressaten wurde das Risiko, zu Geldwäschezwecken missbraucht zu werden, als besonders hoch eingeschätzt.

Im Sinne der Risikoorientierung wurden auch die **Sorgfaltspflichten ("cu-** 88 **stomer due diligence measures")** neu normiert. Die 3. EU-Anti-Geldwäscherichtlinie gestattet dem Ansatz entsprechend und im Sinne eines gezielten Einsatzes von Ressourcen einerseits Erleichterungen in den Sorgfaltspflichten, wenn die in Frage stehenden Finanztransaktionen nur ein geringes Geldwäscherisiko in sich

Einleitung

bergen (Art. 11). In begrenztem Umfang sind auch Ausnahmen von diesen Pflichten vorgesehen (zB für bestimmte börsennotierte Gesellschaften). Andererseits gelten bei erhöhtem Risiko der Geldwäsche oder Terrorismusfinanzierung verstärkte Sorgfaltspflichten (Art. 13 ff.). Exemplarisch wurden drei Konstellationen angeführt, bei denen unwiderlegbar von einem erhöhten Risiko auszugehen ist und dementsprechend besondere Maßnahmen zu ergreifen sind. Die erste betrifft Transaktionen, bei denen der Kunde bzw. der Vertragspartner nicht physisch anwesend ist. Das verstärkte Risiko ergibt sich hier aus der Schwierigkeit einer sicheren Identitätsfeststellung. Eine andere Fallgruppe, die ein erhöhtes Risiko darstellt, umfasst Geschäftsbeziehungen mit Korrespondenzbanken oder Bankmantelgesellschaften („shell banks"). Da die ersteren Institute möglicherweise keiner ausreichenden Aufsicht unterliegen und die letzteren keine physische Präsenz aufweisen und somit keiner regulierten Finanzaufsicht angeschlossen sind, könnten sie zu Geldwäschezwecken leicht missbraucht werden.

89 Ein erhöhtes Risiko wird schließlich auch bei **Geschäftsbeziehungen mit sog. „politisch exponierten Personen"** („politically exposed persons", kurz: **PEPs**) diagnostiziert (ausführlich dazu *Achtelik* → § 15 Rn. 7). Die 3. EU-Anti-Geldwäscherichtlinie ordnete diese Eigenschaft denjenigen natürlichen Personen zu, die herausragende öffentliche Ämter ausüben oder ausgeübt haben, sowie deren unmittelbaren Familienmitgliedern oder ihnen bekanntermaßen nahe stehenden Personen. Die für diese verstärkten Sorgfaltspflichten galten allerdings in der 3. EU-Anti-Geldwäscherichtlinie nur für PEPs, die in einem anderen Mitgliedstaat oder in einem Drittland ansässig sind. Die Beweggründe für die verstärkte Überwachung solcher Personen beziehen sich auf ihre Korruptionsanfälligkeit; denn Personen, die öffentliche Ämter bekleiden, vor allem in Ländern, in denen die Korruption weit verbreitet ist, würden dazu neigen, veruntreute Vermögenswerte oder Bestechungsgelder in ausländische Kreditinstitute zu transferieren. Zudem sei der Reputationsschaden des verwickelten Instituts besonders hoch, wenn solche Fälle bekannt würden (vgl. Erwägungsgrund 25 der RL).

90 Den zweiten Eckpfeiler der 3. EU-Anti-Geldwäscherichtlinie stellt eine Reihe von Regelungen dar, die **verbesserte Transparenz- und Integritätsstandards** schaffen. Zunächst wurden neue Regeln für die Identifizierung aufgestellt: sie sollte nicht durch die bloße Aufzeichnung der Identitätsangaben erfolgen; vielmehr sollte eine qualifizierte Identitätsfeststellung angestrebt werden, in deren Rahmen die Verpflichteten je nach Risikokategorien Informationen über die Art und den Zweck der Geschäftsbeziehung einholen und diese kontinuierlich überwachen müssen (Art. 8). Zum Zweck der Transparenz erhalten ferner die Normen über den wirtschaftlichen Eigentümer eine hervorgehobene Stellung (ausführlich dazu *Figura* in § 11). Wirtschaftliche Eigentümer sind nach der 3. EU-Anti-Geldwäscherichtlinie diejenigen natürlichen Personen, die direkt oder indirekt 25 Prozent Anteile bzw. Stimm- oder Kontrollrechte an juristischen Personen oder Stiftungen, Trusts oder ähnliche Rechtsvereinbarungen ausüben. Durch diese Rechtsfigur sollte sichergestellt werden, dass sich die Institute einen Überblick über Einzelpersonen oder Begünstigte von Rechtspersonen und Rechtsvereinbarungen sowie über ihre Kontrollstruktur verschaffen. Die Richtlinie sah somit die Feststellung und Überprüfung des wirtschaftlichen Eigentümers vor, ließ jedoch offen, wie diese Anforderung zu erfüllen ist.

91 Schließlich wurde durch die 3. EU-Anti-Geldwäscherichtlinie versucht, bestehende **Regelungslücken zu schließen,** die für die Verpflichteten das Risiko der Geldwäsche und der Terrorismusfinanzierung erhöhen. Somit wurde ausdrück-

Einleitung

lich die Führung anonymer Konten verboten (was freilich in Deutschland wegen § 154 Abs. 2 AO ohnehin nicht möglich war) (Art. 6). Weiter wurden die Staaten aufgefordert, die Mitarbeiter der Verpflichteten vor Anfeindungen, die mit Geldwäscheverdachtsmeldungen verbunden sind, effektiv zu schützen (Art. 27). Ferner wurde auch die Möglichkeit der Verpflichteten geregelt, zur Erfüllung der Identifizierungspflichten auf Dritte zurückzugreifen (Art. 14 ff.), was für die gesamte Geldwäschebekämpfung eine entscheidende Erleichterung darstellte. Schließlich wurde auch die Einrichtung von Systemen seitens der verpflichteten Institute festgeschrieben, die es ihnen ermöglichen, auf Anfrage nationaler Stellen rasch Informationen über Konten und Kundenbeziehungen weiterzuleiten (die Einrichtung solcher Systeme wurde in Deutschland bereits zuvor durch das automatisierte Kontenabrufverfahren nach § 24c KWG vollzogen) (Art. 32).

Im Übrigen wurden die Vorschriften über die Meldepflicht und die FIU **92** (Art. 20 ff.), über die Aufbewahrungspflichten (Art. 30 ff.), die internen Präventionsmaßnahmen (Art. 34) und die Aufsichtsbehörde (Art. 36) und über die Sanktionen (Art. 39) zum größten Teil beibehalten. Neu an der 3. EU-Anti-Geldwäscherichtlinie war allerdings auch die Ermächtigung der Kommission, Durchführungsmaßnahmen zu erlassen zB zur Festlegung technischer Kriterien für die Beurteilung der Frage, ob ein geringes oder hohes Risiko der Geldwäsche besteht (Art. 40). Diese Ermächtigung hat die Kommission sodann bereits durch Richtlinie 2006/70/EG vom 4.8.2006 (ABl. 2006 L 214, 29 ff.) hinsichtlich der Begriffsbestimmungen von PEPs und der Festlegung der technischen Kriterien für vereinfachte Sorgfaltspflichten sowie für die Befreiung in Fällen, in denen nur gelegentlich oder in sehr eingeschränktem Umfang Finanzgeschäfte getätigt werden, genutzt.

Am 5.2.2013 hatte die EU-Kommission sodann Vorschläge für eine **4. EU-** **93** **Anti-Geldwäscherichtlinie** vorgelegt. Die Vorschläge, die, wie bereits die Vorgängerrichtlinien, den aktuellen Stand der Empfehlungen der FATF aufgreifen, sollten dabei zu einer noch zielgenaueren Anwendung des risikobasierten Ansatzes beitragen. Im Rahmen der 4. EU-Anti-Geldwäscherichtlinie sollte dabei zudem die eben erwähnte Richtlinie 2006/70/EG wieder aufgehoben bzw. in die 4. EU-Anti-Geldwäscherichtlinie integriert werden und somit die Verständlichkeit des rechtlichen Rahmens erhöht werden. Neben Änderungen an der EU-Anti-Geldwäscherichtlinie soll mit einem weiteren Vorschlag der EU-Kommission vom 5.2.2013 auch die sog. Geldtransferverordnung (VO (EG) Nr. 1781/2006 ABl. 2006 L 345, 1 ff.) einer Überarbeitung unterzogen werden.

Mit der 4. EU-Geldwäscherichtlinie strebte die EU-Kommission eine **Reihe** **94** **bedeutender Änderungen** an. Im Hinblick auf eine Ausweitung des Anwendungsbereichs der Richtlinie zählten dazu eine Herabsetzung der Schwelle für Personen, die gewerblich mit hochwertigen Gütern handeln, bei Barzahlungen von 15.000 EUR auf 7.500 EUR und eine Einbeziehung von Anbietern von Glücksspieldiensten (und nicht nur wie bisher von Kasinos). Im Rahmen der allgemeinen Anforderungen des risikobasierten Ansatzes sollten nunmehr – entsprechend der Logik und den Anforderungen der FATF – auch die Mitgliedstaaten dazu verpflichtet werden, die für sie bestehenden Risiken zu ermitteln, zu analysieren und zu bewerten; gleiches gilt auch für Verpflichteten der Richtlinie. Auch bei den vereinfachten wie verstärkten Sorgfaltspflichten sollten Neujustierungen vorgenommen werden. Dazu zählten mit Bezug auf vereinfachte Sorgfaltspflichten strengere Pflichten und die Einschränkung von vereinfachenden Tatbeständen und mit Bezug auf die strengeren Sorgfaltspflichten unterliegenden politisch exponierten Personen die Ausdehnung der Vorgaben auch auf Personen, die im Inland wichtige öffent-

Einleitung

liche Ämter bekleiden oder für internationale Organisationen tätig sind. Angaben zu wirtschaftlich Berechtigten sollten ferner klarer und zugänglicher gemacht werden. Insbesondere sollten juristische Personen zum Vorhalten der wirtschaftlich Berechtigten verpflichtet und zur Auskunft gegenüber Verpflichteten und zuständigen Behörden verpflichtet werden. Darüber hinaus sollten Bestimmungen zur Gleichwertigkeit von Drittländern im Hinblick auf Vorgaben zur Verhinderung von Geldwäsche und Terrorismusfinanzierung entfallen, um die Sorgfaltspflichten noch stärker am Risiko auszurichten. Vorgaben zu verwaltungsrechtlichen Sanktionen sollen weiter harmonisiert werden; zu diesem Zweck sollte in die 4. EU-Anti-Geldwäscherichtlinie ein expliziter Katalog von Sanktionen aufgenommen werden. Für eine Reihe von Aufgaben und Vorgaben wurden in den Vorschlägen der EU-Kommission für eine 4. EU-Anti-Geldwäscherichtlinie schließlich Arbeiten der Europäischen Aufsichtsbehörden EBA, ESMA und EIOPA vorgesehen. Diese reichten von der Bewertung von Risiken der Geldwäsche und Terrorismusfinanzierung in der EU bis zur Vorlage technischer Regulierungsstandards für interne Kontrollen der Verpflichteten oder Sorgfaltspflichten.

95 Am 26.6.2017 ist daran anknüpfend das Geldwäscherichtlinien-Umsetzungsgesetz in Kraft getreten, das eine erhebliche Erweiterung und Umstellung des GwG enthält. Dieses geht zurück auf die 4. Geldwäscherichtlinie der EU aus dem Frühjahr 2015 (ABl. 2015 L 141, 73)

Die Mitgliedstaaten sollen durch die Umsetzung der 4. EU-Geldwäsche-Richtlinie veranlasst werden, im nationalen Recht weitere wirksame, verhältnismäßige und abschreckende verwaltungsrechtliche Maßnahmen gegen Geldwäsche und Terrorismusfinanzierung und Maßnahmen für Pflichtverstöße vorzusehen. Die Richtlinie entwickelt die Maßnahmen für schwere, wiederholte oder systematische Verstöße gegen die Anforderungen an die Sorgfaltspflichten gegenüber Kunden fort. Weitere Regelungen betreffen die Aufbewahrung von Aufzeichnungen und Belegen, die Meldung von verdächtigen Transaktionen und die internen Kontrollen der Verpflichteten.

Nach der 4. Geldwäscherichtlinie ist die Verpflichtung zum Vorhalten präziser und aktueller Daten zum wirtschaftlichen Eigentümer eine wichtige Voraussetzung für das Aufspüren von Straftätern, die ihre Identität ansonsten hinter einer Gesellschaftsstruktur verbergen könnten. Zusätzlich zu den grundlegenden Informationen, wie Name und Anschrift der Gesellschaft, Nachweis der Gründung und des rechtlichen Eigentums, sollten die Mitgliedstaaten deshalb dafür sorgen, dass in ihrem Staatsgebiet gemäß dem nationalen Recht eingetragene Unternehmen, auch angemessene, präzise und aktuelle Angaben zu ihrem wirtschaftlichen Eigentümer beschaffen und vorhalten müssen. Im Interesse größerer Transparenz zwecks Bekämpfung des Missbrauchs von juristischen Personen sollen die Mitgliedstaaten weiterhin sicherstellen, dass die Informationen über den wirtschaftlichen Eigentümer unter vollständiger Einhaltung des Unionsrechts in einem Zentralregister außerhalb der Gesellschaft gespeichert werden. Die Mitgliedstaaten können hierfür eine zentrale Datenbank, in der Informationen über wirtschaftliche Eigentümer gespeichert werden, das Handelsregister oder ein anderes Zentralregister verwenden. Insofern scheint die Zurverfügungstellung der personenbezogenen Daten in dieser Form grundsätzlich zur Zweckerreichung geeignet. Die entsprechende gesetzliche Grundlage wurde mit den §§ 17 ff. GwG geschaffen (dazu ausführlich die Kommentierung von *Figura* zu §§ 17 ff. GwG).

Auch wurden die Vorschriften über die Verhängung von Bußgeldern im Rahmen der Reform überarbeitet. Bußgelder sollen bereits bei einfacher Fahrlässigkeit

Einleitung

und nicht mehr – wie bisher – bei Leichtfertigkeit eingreifen. Viele der neu eingeführten Pflichten sind nun bußgeldbewehrt. Beispielsweise ist der Verstoß gegen die Pflicht zur Einholung und Aufbewahrung von Auskünften aus dem Transparenzregister, zur Aktualisierung und Mitteilung an das Transparenzregister bußgeldbewehrt (§ 56 Abs. 1 Nr. 56 GwG). Zugleich wurden die Bußgeldrahmen für Verstöße gegen geldwäscherechtliche Verpflichtungen – einschließlich Verstößen gegen die Pflichten mit Blick auf das Transparenzregister – angehoben. Im Falle von schwerwiegenden, wiederholten oder systematischen Verstößen soll das Bußgeld bis zu 1 Mio. EUR, bei Kreditinstituten bis zu 5 Mio. EUR, betragen und die Möglichkeit zu umsatzbezogenen Geldbußen bestehen (§ 56 Abs. 2 GwG). Bußgeldentscheidungen sollen zudem künftig von den Aufsichtsbehörden auf ihrer Internetseite veröffentlicht (sog. naming and shaming) und an die europäischen Behörden übermittelt werden, § 57 GwG. Die Regelungstechnik sieht eine Internetveröffentlichung als Regelfall vor, mit einer aufgeschobenen oder anonymisierten Veröffentlichung als Ausnahme. Aus verfassungsrechtlichen Gründen dürften gegen dieses gesetzestechnischen Regel- und Ausnahmeverhältnis Bedenken bestehen.

Weiterhin wird der risikobasierte Ansatz verstärkt verfolgt. Dies kommt insbesondere dadurch zum Ausdruck, dass in den §§ 4–9 GwG das Risikomanagement nunmehr verankert ist. Im Rahmen der Stärkung der Risikoorientierung erfolgt zudem eine Erstreckung der Pflicht zum geldwäscherechtlichen Risikomanagement auf alle Verpflichteten. Dies birgt die Gefahr, dass höchst unterschiedliche Lebenssachverhalte über einen Kamm geschoren werden. Das Risikomanagement umfasst die Pflicht zur Erstellung einer Risikoanalyse sowie zur Schaffung von sog. internen Sicherungsmaßnahmen (dazu *Spoerr/Roberts* WM 2017, 1142 ff.).

Die Risikoanalyse wurde in dieser Form bzw. an dieser Stelle neu verankert. Diese stellt eine starke Erweiterung der Aufgaben insbesondere für Verpflichtete des Nicht-Finanzsektors dar. Darin enthalten ist auch die neue Pflicht zur Weitergabe der Risikoanalyse an die zuständige Aufsichtsbehörde (§ 4 Abs. 2 Nr. 3 GwG) sowie die Vorgabe zur gruppenweiten Erstellung (§ 4 Abs. 3 GwG). Die internen Sicherungsmaßnahmen gelten nunmehr gleichermaßen für alle Verpflichteten nach § 5 GwG und wurden vollständig neu gefasst. Erstmals eingeführt wurde die Pflicht zur Überwachung der Funktionsfähigkeit der internen Sicherungsmaßnahmen (§ 5 Abs. 1 GwG). Hierdurch wurde die zuvor in § 25 h Abs. 1 KWG-alt enthaltene Vorgabe für Institute zur Durchführung von Kontrollen zu internen Sicherungsmaßnahmen spezifiziert und auf die Prüfung der Wirksamkeit von Maßnahmen erweitert. Institute müssen die bereits implementierten Kontrollmaßnahmen gemäß der neuen Pflicht zur Überwachung der Funktionsfähigkeit überprüfen und anpassen. In § 5 Abs. 2 GwG sind Regelbeispiele für interne Sicherungsmaßnahmen enthalten. Mithin ist die Aufzählung nicht abschließend und durch die Verpflichteten angemessen zu ändern bzw. zu ergänzen. Eine Erweiterung für Verpflichtete des Glücksspielsektors enthält § 5 Abs. 4 GwG, wonach zusätzlich angemessene Datenverarbeitungssysteme mit bestimmten Funktionalitäten betrieben werden müssen. Diese Vorgabe soll der Transparenz der Zahlungsströme dienen. Neu eingeführt wurde durch § 5 Abs. 5 GwG die Pflicht zur Schaffung eines unternehmensinternen Whistleblowing-Verfahrens, wonach ein spezieller, unabhängiger und anonymer Kanal zu schaffen ist, über den Mitarbeiter und Personen in vergleichbaren Positionen Verstöße gegen geldwäscherechtliche Vorschriften melden können. Überdies wird das Outsourcing von internen Sicherungsmaßnahmen erleichtert und bedarf nunmehr nicht mehr der Zustimmung der BaFin, vielmehr genügt die vorherige Anzeige (vgl. § 5 Abs. 7 GwG).

Einleitung

Wesentliche Änderungen und Neuerungen des GwG bestehen weiterhin in der Erweiterung des Verpflichtetenkreises auf sämtliche Veranstalter und Vermittler von Glückspielen, sowie Güterhändler, die Barzahlungen in Höhe von 10.000 EUR oder mehr tätigen oder entgegennehmen.

Eine grundlegende Veränderung der Implementierung des Gesetzes besteht darin, dass die Zentralstelle für Finanztransaktionsuntersuchungen an die Stelle der vormaligen Zentralstelle für Verdachtsmeldungen beim BKA (und damit im Zuständigkeitsbereich des BMI) tritt und in die Generalzolldirektion (und damit die Zuständigkeit des BMF) überführt wird.

Der risikobasierte Ansatz wird durch individuelle Risikoprüfungen von Geschäftsbeziehungen und Transaktionen verstärkt und präzisiert. Die Identifizierungsvorschriften werden vollständig neustrukturiert, ohne diese jedoch grundlegend zu ändern.

Kaum war die 4. EU-Geldwäscherichtlinie nach langen Verhandlungen Realität und in das nationale Recht umgesetzt worden, da kündigten sich von Seiten der Europäischen Union weitere so umfangreiche Änderungen an, dass bereits von der 5. EU-Geldwäscherichtlinie gesprochen wurde. Daran wird deutlich, dass sich die europäische Geldwäschebekämpfung in hohem Tempo weiterentwickelt und dabei in vielen Bereichen die Pflichtigen ebenso wie die zur Umsetzung verpflichteten Staaten überrollt.

96 Bereits bevor die 4. EU-Geldwäscherichtlinie am 24.6.2017 in nationales Recht umgesetzt war, hatte die Europäische Kommission eine 5. EU-Geldwäscherichtlinie vorgeschlagen. Politische Ursachen für diesen raschen Änderungsbedarf lagen in islamistischen Terroranschlägen von Paris und Brüssel und den damit ins Zentrum rückenden Fragen der Terrorismusfinanzierung sowie in dem Panama Papers-Skandal.

Die **Richtlinie (EU) 2018/843 des Europäischen Parlaments und des Rates zur Änderung der Richtlinie (EU) 2015/849 zur Verhinderung der Nutzung des Finanzsystems zum Zwecke der Geldwäsche und der Terrorismusfinanzierung und zur Änderung der Richtlinien 2009/138/EG und 2013/36/EU (5. EU-Geldwäscherichtlinie)** ist am 30.5.2018 in Kraft getreten.

Die Bundesregierung hat am 31.7.2019 einen Gesetzesentwurf zur Umsetzung der RL (EU) 2018/843 veröffentlicht. Mit einigen Änderungen durch den Finanzausschuss des Bundestages versehen, wurde der Gesetzesentwurf am 14.11.2019 vom Bundestag verabschiedet (BT-Drs. 19/15196). Die Zustimmung des Bundesrates erfolgte am 29.11.2019 (BR-Drs. 598/19).

Die Umsetzung in nationales Recht umfasste zahlreiche Änderungen des GwG und daneben auch diverse Änderungen an den Finanzsektor betreffenden Gesetzen wie dem KWG und dem ZAG.

Ausgehend von einem zentralen politischen Anlass zu der eiligen Änderung der 4. EU-Geldwäscherichtlinie – der Bekämpfung des Terrorismus und seiner Finanzierung – wurde von einem erheblichen Beitrag virtueller Währungen wie zB Bitcoin, Ethereum und Tether zur Terrorismusfinanzierung ausgegangen und ein neues Feld der Bekämpfung von Geldwäsche und Terrorismusfinanzierung eröffnet. Dementsprechend wurde der Kreis der Verpflichteten iSv § 2 GwG und somit der Anwendungsbereich des GwG um virtuelle Wechselkursplattformen und Wallet-Provider erweitert.

Neu hinzugekommen zum Kreis der Verpflichteten sind nunmehr auch Mietmakler, Freeports sowie Kunsthandelsakteure (sowohl Kunstvermittler als auch Kunstlagerhändler), soweit der Wert der Transaktionen über 10.000 EUR liegt.

Einleitung

Verstärkte Sorgfaltspflichten zur Minderung des Risikos gelten seit dem 1.1.2020 für die Verpflichteten in Bezug auf Länder mit hohem Risiko. Dies äußert sich in einer verbindlichen Liste mit Mindestanforderungen für Vertragspartner aus Hochrisikoländern. Die Verpflichteten sind danach zur Einholung zusätzlicher Informationen über den Kunden und den wirtschaftlichen Eigentümer verpflichtet. Hinzu kommt, dass auch Informationen über den wirtschaftlichen Eigentümer, die in Aussicht stehende Geschäftsbeziehung, die Herkunft der Gelder und die Gründe für die geplanten Transaktionen eingeholt werden müssen. Abschließend muss die Geschäftsleitung vor Anknüpfung einer derartigen Geschäftsbeziehung zustimmen und die Geschäftsbeziehung als solche unter erhöhter Überwachung stehen. Zusätzlich sind Verpflichtete seither verpflichtet, weitere risikomindernde Maßnahmen, wie einschlägige Meldemechanismen einzuführen. Daneben können zusätzliche Maßnahmen von der zuständigen Aufsichtsbehörde angeordnet werden.

Auf verschärfte Maßnahmen müssen sich ebenfalls Händler von Edelmetallen einstellen. Für diese gilt nun, dass sie bereits bei Bargeldtransaktionen ab 2.000 EUR über ein wirksames Risikomanagement verfügen müssen.

Für Personen mit PEP-Status sollte von der Kommission eine EU-weite Liste mit Ämtern und Funktionen erstellt werden, die bei der Abklärung des PEP-Status bei Vertragspartnern und wirtschaftlich Berechtigten zu berücksichtigen sein wird. Ziel dieser Liste ist die Erleichterung der EU-weiten Rechtsanwendung im Hinblick auf die PEPs.

Weiteres Ziel der 5. EU-Geldwäscherichtlinie war eine vermehrte Transparenz in Bezug auf wirtschaftliche Eigentümer aufgrund des Panama Papers-Skandal. Der Grundstein hierfür wurde bereits mit der 4. EU-Geldwäscherichtlinie gelegt, deren Maßnahmen mit der 5. EU-Geldwäscherichtlinie weiter konkretisiert werden sollten. Die Konkretisierung erfolgte in der Form, dass festgelegt wurde, was registriert wird, wo die Registrierung erfolgen muss, wer Zugang zu den registrierten Informationen erhalten soll und wie die nationalen Register auf europäischer Ebene miteinander vernetzt werden sollen. Soweit Verpflichtete nach Einsichtnahme feststellen sollten, dass Unstimmigkeiten zwischen den Registerangaben über den wirtschaftlich berechtigten fehlen, müssen sie eine entsprechende Unstimmigkeitsmeldung an den Bundesanzeiger Verlag abgeben.

Alle diese Änderungen sind in der vorliegenden Auflage zu berücksichtigen und werden in den Kommentierungen der jeweiligen Vorschriften eingehend gewürdigt.

Obwohl die durch die 5. EU-Geldwäscherichtlinie notwendigen Änderungen erst bis zum Januar 2020 in den Mitgliedstaaten umzusetzen waren, stehen mit der **6. EU-Geldwäscherichtlinie 2018/1673 vom 23.10.2018 (= Geldwäschestrafrechtsrichtlinie)** weitere Änderungen ins Haus. Dabei geht es um eine weitere Verschärfung der strafrechtlichen Bekämpfung der Geldwäsche. Die 6. EU-Geldwäscherichtlinie ist bis zum 3.12.2020 in nationales Recht umzusetzen.

Vor allem der Straftatbestand „Geldwäsche" erfährt durch die Geldwäschestrafrechtsrichtlinie maßgebliche Änderungen. So soll Geldwäsche EU-weit mit einer Freiheitsstrafe von mindestens vier Jahren geahndet werden. Bisher bewegt sich der Strafrahmen in Deutschland zwischen drei Monaten und fünf Jahren. Damit kann der deutsche Strafrahmen grundsätzlich voraussichtlich bestehen bleiben. Es steht dem Gesetzgeber jedoch frei, die Strafandrohung weiter zu verschärfen.

Auch wird der Katalog der Vortaten in den Mitgliedsstaaten angeglichen und die Strafbarkeit insgesamt ausgeweitet. Künftig sollen in allen Mitgliedstaaten juristische Personen als taugliche Täter erfasst werden. Weiterhin sollen erweiterte Sank-

Einleitung

tionsmöglichkeiten gegenüber den juristischen Personen angeordnet werden, die bis hin zur gerichtlich angeordneten Auflösung eines Unternehmens reichen.

In prozessrechtlicher Hinsicht werden Zuständigkeiten bei grenzüberschreitenden Fällen einheitlich geregelt. Besonderes Augenmerk wurde hier darauf gelegt, dass die Tat auch in nur einem Mitgliedsstaat verfolgt werden soll oder alternativ über Eurojust.

98 Neben den verschiedenen EU-Geldwäscherichtlinien und einer ggf. noch erfolgenden Überführung in eine unmittelbar in den Mitgliedstaaten anwendbaren Verordnung (vgl. dazu European Commission Communication on an Action Plan for a comprehensive Union policy on preventing money laundering and terrorist financing C (2020) 2800 final, 7.5.2020, S. 5 ff.) ist ein Prozess der Bündelung von Kompetenzen auf europäischer Ebene zu verzeichnen. Dieser Prozess hat verschiedene Dimensionen. So wurden im Rahmen der Reform der Europäischen Finanzaufsichtsbehörden (VO (EU) 2019/2175, ABl. 2019 L 334, 1) die Kompetenzen zur Verhinderung und Bekämpfung der Geldwäsche und Terrorismusfinanzierung der drei Aufsichtsbehörden EBA, ESMA und EIOPA bei der Bankenaufsichtsbehörde EBA gebündelt. Als Begründung wurde angeführt, dass der Bankensektor die stärksten diesbezüglichen Risiken beinhaltet. In diesem Zusammenhang wurden der EBA eine Reihe konkreter Kompetenzen übertragen, zB mit Blick auf Informationsbeschaffung, Bewertung von Risiken, Befugnissen gegenüber nationalen Behörden (vgl. im Einzelnen *Achtelik/Mohn* WM 2019, 2339 (2343) sowie EBA, Anti-money laundering and countering the financing of terrorism: Factsheet on the EBA's new role). Daneben reißen auch Diskussion um die Errichtung einer eigenständigen europäischen Behörde zur Verhinderung und Bekämpfung der Geldwäsche und Terrorismusbekämpfung nicht ab. Insbesondere die Europäische Kommission und einzelne Mitgliedstaaten, aber auch andere Beteiligte streben eine Übertragung der Aufsichtskompetenzen im Bereich der Geldwäsche und Terrorismusbekämpfung auf eine Europäische Behörde bzw. Ebene an (vgl. Europäischer Rat, Nr. 20; Europäische Kommission, S. 81; *Tuominen* The EUROFI Magazine 2019, 106 f.). Zudem beschäftigt sich auch die Europäische Zentralbank in ihrer Funktion als Aufsichtsbehörde vermehrt mit den Themen Geldwäsche und Terrorismusfinanzierung. Erwägungsgrund (28) der SSM-Verordnung schreibt zwar eindeutig fest, dass die Bekämpfung des Missbrauchs des Finanzsystems für Geldwäsche und Terrorismusfinanzierung der EZB nicht als Aufsichtsaufgabe übertragen wurde, sondern die Zuständigkeit dafür bei der nationalen Behörde verbleibt. Dennoch vertritt die EZB-Bankenaufsicht immer stärker vermeintliche Zuständigkeiten. Die Bekämpfung der Geldwäsche spielt für die EZB-Bankenaufsicht in der Praxis etwa im Rahmen der Beurteilung bei der Erteilung von Zulassungen von Kreditinstituten, beim Erwerb von bedeutenden Beteiligungen an beaufsichtigten Instituten, der Prüfung der Eignung bzw. Zuverlässigkeit von Mitgliedern der Geschäftsführung und im Rahmen der SREP-Bewertungen der Institute eine Rolle. Darüber hinaus hat die EZB-Bankenaufsicht die Einrichtung einer Koordinierungsfunktion im Bereich der Geldwäschebekämpfung vorgenommen, womit eine zentrale Schnittstelle für den Informationsaustausch zwischen ihr und nationalen Behörden errichtet wurde.

7. Die strafrechtliche Dimension – der Geldwäschetatbestand des § 261 StGB

99 Erkenntnisse über das Verhaltensmuster „Geldwäsche" liegen spätestens seit den „goldenen Zeiten" der Organisierten Kriminalität zu Zeiten der Prohibition in den

Einleitung

USA vor (*Landesco,* Organized Crime in Chicago, 1929); Straftatbestände, die speziell auf die Geldwäschebekämpfung zugeschnitten sind, sind dagegen erst in den letzten drei Jahrzehnten vor dem Hintergrund der gerade geschilderten kriminalpolitischen Initiativen eingeführt worden. Den Anfang machten hierbei die USA mit dem „Money Laundering Control Act" als einem Bestandteil eines „Anti Drug Abuse Act" aus dem Jahr 1986 (vgl. *Frank* S. 99 ff.). In der Folge verbreitete sich dieser Ansatz international ausgehend von Wiener Drogenkonvention der UN zunächst für die Strafbarkeit der Wäsche von Drogengeldern, mit der Konvention des Europarates dehnte sich der Anwendungsbereich auf das Waschen von schmutzigem Geld aus jeglicher Schwerstkriminalität aus und mit den gerade dargestellten Geldwäscherichtlinien der Europäischen Gemeinschaften ist die Pflicht zur Kriminalisierung von Geldwäschehandlungen im Zusammenhang mit schwerer Kriminalität zu bindendem europäischen Gemeinschaftsrecht geworden.

Vor dem Hintergrund der internationalen Vorgaben und in einer Zeit, in der **100** das Phänomen der Organisierten Kriminalität und die Meldungen über ihre steigenden Gewinne zunehmend in den Blickpunkt des öffentlichen Interesses gerieten, hat der deutsche Gesetzgeber im Jahr 1992 den Straftatbestand der Geldwäsche mit dem „Gesetz zur Bekämpfung des illegalen Rauschgifthandels und anderer Erscheinungsformen der Organisierten Kriminalität" (OrgKG) (BGBl. 1992 I S. 1302; vgl. zu der Entstehung der Vorschrift und den zugrunde liegenden internationalen Vorgaben *Remmers* Die Entwicklung der Gesetzgebung zur Geldwäsche; und jetzt mit enormer Gründlichkeit *Sotiriadis* Die Entwicklung der Gesetzgebung über Gewinnabschöpfung und Geldwäsche) in den § 261 des StGB aufgenommen. Der Kommentar enthält eine ausführliche Bearbeitung dieser Norm unter besonderer Berücksichtigung ihrer kritischen Aspekte (s. *El Ghazi* → § 261 Rn. 1 ff.), so dass hier ein kurzer Überblick über die Struktur der Regelung genügen kann.

Der Geldwäschetatbestand des § 261 StGB ist als ein sog. **Anschlussdelikt** aus- **101** gestaltet, knüpft also an eine andere rechtswidrige Tat an, aus der die Gegenstände der Geldwäsche stammen müssen. Taugliche **Tatobjekte** einer Geldwäsche sind gemäß § 261 Abs. 1 S. 1 StGB alle Gegenstände, die aus einer in Abs. 1 S. 2 aufgeführten, rechtswidrigen Tat **herrühren**. Der **Vortatenkatalog** des § 261 Abs. 1 S. 2 StGB ist extrem weit, denn er erfasst nicht nur die dort genannten ausgewählten Vergehen, sondern auch alle Verbrechenstatbestände, dh alle mit einer Mindeststrafe von einem Jahr bedrohten Delikte, und über die Einbeziehung der Organisationsdelikte auch alle diejenigen Taten, die kriminellen Vereinigungen begangen werden. Nach Abs. 8 stellen auch **Auslandstaten,** die den in § 261 Abs. 2 S. 1 StGB genannten Taten entsprechen und im Ausland mit Strafe bedroht sind, taugliche Vortaten einer Geldwäsche dar.

Die **Tathandlungen** sind in § 261 Abs. 1 S. 1 und Abs. 2 StGB definiert. § 261 **102** Abs. 1 S. 1 StGB erfasst mit dem **„Verschleierungstatbestand"** und dem **„Vereitelungs- und Gefährdungstatbestand"** zunächst diejenigen Verhaltensweisen, die gerade darauf abzielen, den behördlichen Zugriff auf die Sache zu erschweren oder die staatliche Maßnahmen tatsächlich vereiteln oder gefährden. Außer diesen „typischen" Geldwäschehandlungen hat der Gesetzgeber in § 261 Abs. 2 StGB jedoch auch das bloße **Verschaffen, Verwahren** oder **Verwenden** geldwäschetauglicher Gegenstände sanktioniert und die Strafbarkeit so auf Handlungen des täglichen Lebens ausgedehnt. Um aber zu vermeiden, dass der allgemeine Wirtschaftsverkehr durch diesen extrem weit gefassten Tatbestand zu sehr beeinträchtigt wird, sieht § 261 Abs. 6 StGB **Straffreiheit** einer Tat iSd § 261 Abs. 2 StGB vor, wenn ein Dritter das Geldwäscheobjekt zuvor erlangt hat, ohne hierdurch eine Straftat zu begehen.

Einleitung

103 Grundsätzlich ist auf der subjektiven Tatseite für eine Geldwäschehandlung zumindest bedingter Vorsatz erforderlich; freilich verlangt § 261 Abs. 5 StGB hinsichtlich der Herkunft des Tatobjekts aus einer tauglichen Vortat lediglich **Leichtfertigkeit,** also eine gesteigerte Form der Fahrlässigkeit (wohingegen die Tathandlung selbst vorsätzlich erfolgen muss), wodurch auch pflichtvergessene Verhaltensweisen der Adressaten des Geldwäschegesetzes, die ohne positive Kenntnis von der Bemakelung der Vermögenswerte vorgenommen werden, als Geldwäsche strafbar sein können.

104 Die **Rechtsfolgen** einer Geldwäsche sind grundsätzlich den § 261 Abs. 1 S. 1 StGB (Strafandrohung für die vorsätzliche Geldwäsche) und § 261 Abs. 5 StGB (Strafandrohung für die leichtfertige Geldwäsche) zu entnehmen. Darüber hinaus sieht Abs. 4 für besonders schwere Fälle einen **erhöhten Strafrahmen** vor und nennt als Regelbeispiele die gewerbs- oder bandenmäßige Begehung.

105 Als weitere Rechtsfolge einer Geldwäsche kommt gem. § 261 Abs. 7 S. 1 StGB die **Einziehung** der Gegenstände, auf die sich die Geldwäsche bezieht, in Betracht; nach S. 2 findet außerdem die Regelung des § 74a StGB Anwendung, wonach unter Umständen auch solche Gegenstände eingezogen werden können, die einem Tatunbeteiligten gehören oder zustehen. Schließlich kann gem. §§ 261 Abs. 7 S. 3 iVm 73d StGB im Falle der gewerbsmäßigen Geldwäsche oder der bandenmäßigen Geldwäsche auch der **erweiterte Verfall** angeordnet werden. Schließlich ergibt sich aus § 261 Abs. 3 StGB, dass auch die **versuchte Geldwäsche** strafbar ist.

Im Zuge der Umsetzung der Geldwäschestrafrechtsrichtlinie (→ Rn. 94) sind umfangreiche Änderungen des § 261 zu erwarten (s. *El Ghazi* → § 261 Rn. 2a–f)

II. Gesellschaftliche und ökonomische Gefahren von profitorientierter Kriminalität und „schmutzigem" Geld

1. Erkenntnisse über die Strukturen profitorientierter Kriminalität – „Mafia"

106 Generell lassen sich folgende Strukturen der Erwirtschaftung von kriminellen Profiten beschreiben: Gegenstand der entsprechenden Geschäfte sind regelmäßig solche Konsumgüter und Dienstleistungen, für die es viele Kunden gibt, die aber vom Staat durch hohe Steuern und Regulationen sehr verteuert werden oder sogar verboten und mit strafrechtlichen Sanktionen belegt sind. Dies kann in besonderer Weise an den Entwicklungen der Organisierten Kriminalität in den USA während der Alkoholprohibition studiert werden (*Kerner* in Kleines Kriminologisches Wörterbuch, 4. Aufl., S. 238), gilt heute für den Handel mit Drogen (aber auch mit (geschmuggeltem) Alkohol und Zigaretten); ein weiterer Bereich ist die (Zwangs-)Prostitution mit dem damit verbundenen Menschenhandel und den Ausstrahlungen in die Sexindustrie insgesamt; als klassischer Bereich ist weiterhin das illegale Glücksspiel und die Manipulation von Glücksspielen und Wetten anzusehen (vgl. dazu und zur Verbindung zur organisierten Kriminalität *McMullan/Rege* JGI Nr. 24 2010, 54 ff. sowie *Ferentzy/Turner* JGI Nr. 23 2009, 111 ff.); andere Bereiche sind etwa Kreditwucher und die Gewährung von „Schutz" für Gastronomen. Betrieben werden diese Branchen durch Organisationen sehr unterschiedlicher Größe, häufig mit ethnischer Anbindung und internationalen Verbindungen, die sich durch eine totalitäre Struktur und einen rigiden Verhaltenskodex auszeichnen. Die zum Teil gruppenübergreifende Führungsebene dieser Organisationen ist als eine Art subkultureller Regierung anzusehen, die wirtschafts- und machtpolitische Entscheidungen trifft, „Kriege" erklärt und den Verhaltenskodex durchsetzt. Bei der Mafia sind es regionale Familien, die an die Stelle des „Staates" treten und eine hierarchische Struktur etablieren, die der feudalen Lehenspyramide entspricht (vgl. *Gude-Hohensinner* Die Genoveses: Genese und Evolution einer kriminellen New Yorker Vereinigung, 1998; *Hess* Mafia, 1988). Würde man diese Organisationsstruktur mit einem Wirtschaftsunternehmen vergleichen wollen, dann wäre der *Capo* einer mafiotischen Organisation der Vorstandsvorsitzende, *Sotocapo* und *Consigliere* könnten als Vorstandsmitglieder für die Bereiche Personal und Recht und die *Capodecini* als die Manager für einzelne Unternehmensbereiche beschrieben werden.

Tiefgreifende Veränderungen im Geschäft der Erwirtschaftung krimineller Profite sind wie in anderen Bereichen der Ökonomie auch durch die Globalisierung eingetreten. Hierbei gilt der Zusammenbruch des Ostblocks als ein entscheidender Faktor. Der weltweite Handel mit Menschen, Drogen, Rohstoffen, Falschgeld und Waffen wird von den Strafverfolgungsbehörden heute schwerpunktmäßig in dieser Region verortet. Sprichwörtlich ist in diesem Zusammenhang die „Russenmafia", die als eine Anknüpfung an korrupte Strukturen aus Zeiten der Sowjetunion betrachtet wird und folglich einen wesentlichen Teil ihres „Startkapitals" aus kriminellen Aktivitäten während der postkommunistischen Privatisierungswelle gezogen haben soll (vgl. die Fallbeispiele bei *Vogt* in Herzog/Mülhausen Geldwäschebekämpfung-HdB § 2 Rn. 18f.). **107**

Was den Umfang der erwirtschafteten kriminellen Profite anbelangt, folgt aus der Natur der Sache, dass sich die Vorgänge wesentlich im Dunkelfeld abspielen, keine seriösen Hochrechnungen ausgehend vom Hellfeld der aufgespürten kriminellen Profite möglich und insofern die kursierenden Zahlen als Schätzungen anzusehen sind, die häufig mit kriminalpolitischen Kampagnen verbunden werden und so einen Faktor der Stimmungsmache beinhalten können (vgl. zu dem Problem *Van Duyne* Geldwäscherei. Nebulöse Umfangschätzungen, Kriminologisches Bulletin 1994 (1), 28ff.). Die folgenden Zahlen sind demgemäß nur Anhaltspunkte und mit Vorsicht zu betrachten: so ging der Internationale Währungsfond (IWF) in einer Schätzung davon aus, dass zwischen zwei und fünf Prozent des globalen Welt-Bruttoinlandprodukts der Geldwäsche unterzogen werden (IMF Working Paper 96/55, S. 3f.); dies entspricht nach einer Hochrechnung aus dem Jahre 2003 einem Betrag zwischen 700 Mrd. und 1.500 Mrd. USD (*Schott* Reference Guide to Anti-Money Laundering, The World Bank 2003, I.6). Die vorgenannten Zahlen wurden auch noch einmal in einem Arbeitspapier des IWF im April 2007 wiederholt (IMF Working Paper 07/81, S. 7). Eine italienische Studie gibt die Höhe der von den traditionellen Mafia-Organisationen erwirtschafteten illegalen Einnahmen für den Zeitraum von 1999 bis 2003 mit 43 Mrd. EUR an (EURISPES-Studie des Instituto di Studi Polici Economici e Sociali, 2004); das BKA hat in seinem Bundeslagebild Organisierte Kriminalität 2018 festgestellte kriminelle Erträge von 675 Mio. EUR ausgewiesen (abrufbar unter https://www.bka.de/DE/AktuelleInformationen/ StatistikenLagebilder/Lagebilder/OrganisierteKriminalitaet/organisiertekrimina litaet_node.html Stand 20.4.2020). **108**

2. Investitionsverhalten

Auch das Investitionsverhalten profitorientierter Kriminalität kann nur mit großer Vorsicht beurteilt werden, weil am Ende des Geldwäscheprozesses ja gerade „sauberes" Geld steht, dessen Papierspur zu schmutzigen Geschäften nicht mehr **109**

Einleitung

nachvollziehbar ist. Einer Untersuchung des BKA zum Investitionsverhalten im Rahmen des OK-Lagebildes 2002 (www.bka.de/lageberichte/ok/2002kf/lage bild_ok_2002_kurzlage.pdf, Stand 20.4.2020) lässt sich jedenfalls so viel entnehmen: Auf der sog. „Ausführungsebene" innerhalb krimineller Organisationen, also von den Drogenstraßenhändlern, Fahrern, „Beschützern" uÄ Chargen werden die illegal erzielten Einnahmen überwiegend für einen aufwendigen Lebensstil eingesetzt – ebenso für das illegale Glücksspiel oder den Erwerb von Betäubungsmitteln. Je höher die illegalen Gewinne liegen, desto aufwendiger ist der damit finanzierte Lebensstil, zB in Form von hochwertigen Kfz, Segeljachten, Reisen ua. Längerfristige Geldanlagen sind insbesondere auf der Führungsebene der OK festzustellen – favorisiert wird hierbei der Erwerb von Immobilien. Angelegtes Vermögen wird häufig ins Ausland verschoben, gerne auch in Offshore-Finanzplätze. Ein außerordentlich wichtiger Aspekt ist jedoch, dass mehr als die Hälfte der untersuchten Gruppierungen die Profite zum Aufbau eines legalen Standbeins nutzte und in Unternehmen investierte, zB in den Bereichen der Gastronomie, in der Unterhaltungsbranche, im Kfz-Bereich, in Bauunternehmen, Immobilien- und Finanzierungsgesellschaften sowie private Sicherheitsdienste. Damit entstehen beachtliche Gefahren für die legale Wirtschaft, nicht nur durch Wettbewerbsverzerrungen, sondern auch durch Korruptionsvorgänge (die etwa für die „legale" Baubranche der Mafia in Italien geradezu sprichwörtlich sind) und auf höherer Ebene durch Verquickungen von wirtschaftlicher und politischer Macht.

3. Volkswirtschaftliche Auswirkungen

110 Die volkswirtschaftlichen Auswirkungen von Geldwäsche sind auf drei Ebenen zu verorten; einerseits auf der Ebene der Reputation von Finanzmärkten (die sich freilich auch auf der Ebene der Realwirtschaft insofern auswirkt, als „verschmutzte" Finanzmärkte auf eine abschüssige Bahn geraten und der Zufluss von seriösen Investitionen in die Volkswirtschaft des betroffenen Landes negativ beeinflusst wird); andererseits auf der Makroebene der Stabilität der Wirtschaftssysteme der betroffenen Volkswirtschaften; und schließlich auf der Mikroebene von negativen Veränderungen der Wettbewerbssituation in bestimmten Branchen. In dem Reference Guide der Weltbank (*Schott* Reference Guide to Anti-Money Laundering, The World Bank 2003, I.6, II-1 ff.) werden ua als besondere Risiken herausgestellt, dass die Überflutung eines Marktes durch schmutzige Gelder insgesamt ein Klima der Korruption auf allen administrativen, wirtschaftlichen, politischen und sogar juridischen Entscheidungsebenen fördere; dass es zu erheblichen Marktverschiebungen kommen könne, da eine rasche und mit hohem Investitionskapital ausgestattete Expansion von Unternehmen mit illegalem Hintergrund zu Wettbewerbsvorteilen gegenüber den alteingesessenen legalen Unternehmen führe; und dass sich (etwa in den postkommunistischen Staaten) gezeigt habe, dass bei Privatisierungsprozessen auch große, für die Infrastruktur bedeutsame Unternehmen unter den Einfluss von kriminellen Organisationen geraten können, die seriöse private Bieter in der Kapitalkraft übertrumpfen können. Die Reputationsrisiken für Finanzdienstleister und die damit verbundenen realen wirtschaftlichen Folgen liegen auf der Hand und haben immer wieder das Basler Komitee beschäftigt: der Finanzmarkt ist äußerst sensibel für schlechte Nachrichten – wird gegen eine Bank ein aufsichtsrechtliches oder gar strafrechtliches Ermittlungsverfahren wegen des Verdachts der Geldwäsche eingeleitet, so kann dies etwa zum Abzug von Geldern großer institutioneller Anleger und zu Schwierigkeiten der Kreditbeschaffung führen, und hat im schlimmsten

Falle den Zusammenbruch des Finanzinstituts zur Folge (ausführlich zu den ökonomischen Folgen der Geldwäsche *Schneider/Dreer/Riegler* S. 137 ff.).

4. Paradoxon: Der Boom der AML-Industrie

Eine interessante, eine eigene Untersuchung werte Facette der wirtschaftlichen Auswirkungen der Geldwäsche soll hier nur kurz angesprochen werden: In der kritischen Kriminologie wird seit geraumer Zeit ein Trend zur Privatisierung von Strafverfolgung und Sozialkontrolle festgestellt und von „crime control industry" gesprochen (Begriff geprägt von *Christie* Crime Control as Industry, 2000). Dies lässt sich zunächst gut als Beschreibung eines expandierenden und sich differenzierenden Marktes an Beratungsunternehmen und Softwareentwicklern auf dem Terrain der Aufspürung schmutzigen Geldes aufnehmen, die eine beachtliche Zahl von Arbeitsplätzen schaffen und ansehnliche Umsätze erwirtschaften. Darin ist jedoch zugleich eine Kritik daran enthalten, dass staatliche Aufgaben mit hoher Eingriffsintensität in die Privatsphäre und Grundrechte der betroffenen Personen auf Private übertragen werden (vgl. hierzu *Herzog* WM 1996, 1753 ff.). Dabei ist weiterhin zu konstatieren, dass die vom Geldwäschegesetz zu derartigen außerordentlich personal- und kostenintensiven Vorkehrungen und Aufgaben Verpflichteten die Kosten für diese Tätigkeit im Auftrag und Dienst des Staates selber tragen müssen. Der Bundesrat hatte hierzu vor einiger Zeit in den Empfehlungen der Fachausschüsse zur Novellierung des Geldwäschegesetzes festgestellt, dass nach einem Gutachten des Instituts der deutschen Wirtschaft Köln vom 12. 12. 2006 die Bürokratiekosten in der deutschen Kreditwirtschaft für die Bekämpfung der Geldwäsche und der Terrorismusfinanzierung bereits 775 Mio. EUR jährlich betragen (in BR-Drs. 161/1/08). Dies dürfte seither beachtlich zugenommen haben. Nach einer Expertenschätzung sollen sich die Kosten weltweit auf mehr als 5 Milliarden USD belaufen (*Schneider/Dreer/Riegler* S. 139). Die Kosten für die Verhinderung von Geldwäsche- und Terrorismusfinanzierung (zB Monitoring, Personal) steigen – gerade bei international und in den USA tätigen Instituten – auch deshalb, da einzelne Behörden geradezu drakonische Strafen für Verstöße gegen vorgeschriebene Pflichten verhängen (vgl. IMF Working Paper WP/07/81, S. 8). Diese Kostenabwälzung auf die Verpflichteten ist grundsätzlich kritisch zu bewerten. Allerdings ist zu berücksichtigen, dass das BVerfG in seiner Entscheidung über die Ausgestaltung der Vorratsdatenspeicherung im Bereich der Telekommunikation vom 2. 3. 2010 (1 BvR 256/08, 1 BvR 263/08, 1 BvR 586/08, BVerfGE 125, 260ff.) in Zusammenhang mit der Inpflichtnahme von Privatrechtssubjekten und den damit anfallenden Kosten festgestellt hat, dass *„Speicherungs- und Übermittlungspflichten legitimieren sich auch hinsichtlich des Eingriffs in die Berufsfreiheit aus der Zielsetzung einer Effektivierung der Strafverfolgung, der Gefahrenabwehr und der Aufgaben der Geheimdienste ... Eine weniger eingreifende Regelung, die ebenso effektiv und für die öffentliche Hand kostengünstig ist, ist nicht ersichtlich ... Eine Übermittlung aller Verbindungsdaten an den Staat, damit dieser die Speicherung selbst vornimmt, scheidet schon wegen der damit verbundenen Risiken sowohl für den Schutz der Telekommunikationsgeheimnisses als auch für die Sicherheit und Vollständigkeit der Daten aus. Auch entfällt die Erforderlichkeit bei Beeinträchtigungen der Berufstätigkeit durch die Auferlegung von Kostenlasten beziehungsweise kostenträchtigen Pflichten nicht schon deshalb, weil eine Finanzierung der betreffenden Aufgabe aus Steuermitteln für die Betroffenen ein milderes Mittel wäre (vgl. BVerfGE 81, 156, 193 f.; 109, 64, 86) ... aa) Die Speicherungspflicht überschreitet die Grenze der Zulässigkeit nicht durch den technischen Aufwand, den sie den Diensteanbietern abverlangt. Da sich die betreffenden Diensteanbieter*

Einleitung

auf dem Telekommunikationsmarkt bewegen, müssen sie ohnehin ein hohes Maß an Technikbeherrschung im Bereich der Telekommunikationsdatenerfassung, -speicherung und -verarbeitung aufweisen. Über diese Fähigkeiten müssen auch kleine Unternehmen in diesem Sektor verfügen. Überdies wird jedenfalls ein Großteil der nach § 113a TKG zu speichernden Daten ohnehin von den betreffenden Telekommunikationsunternehmen vorübergehend für eigene Zwecke gespeichert. Anspruchsvolle organisatorische Anforderungen zur Gewährleistung von Datensicherheit entstehen nicht erst aus der Speicherungspflicht des § 113a TKG, sondern unabhängig davon schon aus dem Gegenstand der von den betreffenden Unternehmen angebotenen Dienste. Insoweit ist die Auferlegung der spezifischen Pflichten gemäß § 113a TKG in technisch-organisatorischer Hinsicht nicht unverhältnismäßig. bb) Unverhältnismäßig ist die Speicherungspflicht auch nicht in Bezug auf die finanziellen Lasten, die den Unternehmen durch die Speicherungspflicht nach § 113a TKG und die hieran knüpfenden Folgeverpflichtungen wie die Gewährleistung von Datensicherheit erwachsen. Unzumutbar ist dieses insbesondere nicht deshalb, weil dadurch private Unternehmen unzulässig mit Staatsaufgaben betraut würden. Eine kategoriale Trennung von „Staatsaufgaben" und „privaten Aufgaben" mit der Folge der grundsätzlichen Unzulässigkeit einer Indienstnahme für Gemeinwohlzwecke von Privaten auf deren Kosten lässt sich der Verfassung nicht entnehmen. Vielmehr hat der Gesetzgeber einen weiten Gestaltungsspielraum, welche Pflichten zur Sicherstellung von Gemeinwohlbelangen er Privaten im Rahmen ihrer Berufstätigkeit auferlegt (vgl. BVerfGE 109, 64, 85). Grundsätzlich kann er Lasten und Maßnahmen zur Wahrung von Gemeinwohlbelangen, die als Folge kommerzieller Aktivitäten regelungsbedürftig sind, den entsprechenden Marktakteuren auferlegen, um die damit verbundenen Kosten auf diese Weise in den Markt und den Marktpreis zu integrieren. Dabei ist der Gesetzgeber nicht darauf beschränkt, Private nur dann in Dienst zu nehmen, wenn ihre berufliche Tätigkeit unmittelbar Gefahren auslösen kann oder sie hinsichtlich dieser Gefahren unmittelbar ein Verschulden trifft. Vielmehr reicht insoweit eine hinreichende Sach- und Verantwortungsnähe zwischen der beruflichen Tätigkeit und der auferlegten Verpflichtung (vgl. BVerfGE 95, 173, 187). Danach bestehen gegen die den Speicherungspflichtigen erwachsenden Kostenlasten keine grundsätzlichen Bedenken. Der Gesetzgeber verlagert auf diese Weise die mit der Speicherung verbundenen Kosten entsprechend der Privatisierung des Telekommunikationssektors insgesamt in den Markt ... Die den Unternehmen auferlegten Pflichten stehen in engem Zusammenhang mit den von ihnen erbrachten Dienstleistungen und können als solche nur von ihnen selbst erbracht werden. Auch werden hierbei nicht einzelnen Diensteanbietern einzelfallbezogen Sonderopfer auferlegt, sondern in allgemeiner Form die Rahmenbedingungen für die Erbringung von Telekommunikationsdiensten ausgestaltet. Es ist damit verfassungsrechtlich nicht zu beanstanden, wenn die Unternehmen hierfür dann auch die anfallenden Kosten grundsätzlich zu tragen haben. Allein die gemeinwohlbezogene Zielsetzung gebietet es nicht, hierfür einen Kostenersatz vorzusehen (vgl. BVerfGE 30, 292, 311). Ein Gesetz, das die Berufsausübung in der Weise regelt, dass es Privaten bei der Ausübung ihres Berufs Pflichten auferlegt und dabei regelmäßig eine Vielzahl von Personen betrifft, ist nicht bereits dann unverhältnismäßig, wenn es einzelne Betroffene unzumutbar belastet, sondern erst dann, wenn es bei einer größeren Betroffenengruppe das Übermaßverbot verletzt (vgl. BVerfGE 30, 292, 316). Dass die Kostenlasten in dieser Weise erdrosselnde Wirkungen haben, ist weder substantiiert vorgebracht noch erkennbar.". Würde man diese Grundsätze auf die Regelungen und Pflichten zur Verhinderung von Geldwäsche und Terrorismusfinanzierung übertragen, würde sich sicherlich im Hinblick auf Betrauung der Privatwirtschaft mit diesen Aufgaben und der Übernahme der Kosten die Frage stellen, welcher Spielraum für eine andere Bewertung verbliebe, jedenfalls unter der unterstellten Prämisse, dass die Verpflichteten die Pflichten zur Verhinderung von Geldwäsche und Terrorismusfinanzierung auch aus eigenem Schutz und eigenen Reputations-

Einleitung

interessen durchführen (vgl. ua zum Urt. des BVerfG – und auch krit. zu Inpflichtnahme Privater – *Böhm* KritV 2012, 82 (99 f.)).

III. Geldwäsche als Kriminalität der Mächtigen; politisch exponierte Personen

1. Kleptokratien

In ihrem Global Corruption Report 2004, dort S. 13, (http://www.transparency.org/research/gcr/gcr_political_corruption) hat Transparency International die folgenden „Top Ten" von Staatsführern dokumentiert, die sich in ihrer Regierungszeit auf Kosten ihres Landes bereichert haben; die genannten Zahlen beruhen auf Finanzermittlungen und daraus hoch gerechneten Schätzungen; danach wurden die folgenden Vermögenswerte der persönlichen Bereicherung zugeführt: 112

1. Mohamed Suharto, Präsident von Indonesien 1967–98, 15–35 Mrd. USD
2. Ferdinand Marcos, Präsident der Philippinen 1972–86, 5–10 Mrd. USD
3. Mobutu Sese Seko, Präsident von Zaire 1965–97, 5 Mrd. USD
4. Sani Abacha, Präsident von Nigeria 1993–98, 2–5 Mrd. USD
5. Slobodan Milosevic, Präsident von Jugoslawien/Serbien 1989–2000, 1 Mrd. USD
6. Jean-Claude Duvalier, Präsident von Haiti, 1971–86, 300–800 Mio. USD
7. Alberto Fujimori, Präsident von Peru, 1990–2000, 600 Mio. USD
8. Pavlo Lazarenko, Premierminister der Ukraine 1996–97, 114–200 Mio. USD
9. Arnoldo Alemán, Präsident von Nicaragua 1997–2002, 100 Mio. USD
10. Joseph Estrada, Präsident der Philippinen 1998–2001, 78–80 Mio. USD

Gegenüber diesen Zahlen nehmen sich die Vorgänge um den ehemaligen chilenischen Diktator *Pinochet* und sein von der amerikanischen *Riggs Bank* gesteuertes Netz von Privatkonten mit einem Guthaben von einigen Millionen Dollar in ihrer finanziellen Dimension geradezu bescheiden aus, auch wenn ihre politische Brisanz außerordentlich hoch ist (vgl. dazu die Feststellungen des Committee on Governmental Affairs des US-Senats, http://www.hsgac.senate.gov/subcommittees/investigations/media/levin-coleman-staff-report-discloses-web-of-secret-accounts-used-by-pinochet, Stand: 20.4.2020). 113

Generell lässt sich Kleptokratie als eine (in der Regel totalitäre, aber auch unter den Bedingungen einer schwachen Demokratie, geringer zivilgesellschaftlichen Kontrollbedingungen und einer fehlenden freien Presse mögliche) Herrschaftsform beschreiben, in der das Regierungsamt nicht zum Wohle des Volkes ausgeübt, sondern für die persönliche Bereicherung instrumentalisiert wird. Derartige Strukturen können sich auch in Verquickung mit dem Drogenhandel und der Organisierten Kriminalität entwickeln, wie Beispiele aus Lateinamerika (vgl. dazu *Ambos* Die Drogenkontrolle und ihre Probleme in Kolumbien, Perú und Bolivien, 1993) und aus den Nachfolgestaaten der Sowjetunion zeigen; die Erlangung der Möglichkeit der Ausplünderung von Bodenschätzen spielt eine zentrale Rolle in Bürgerkriegen auf dem afrikanischen Kontinent; aber auch auf dem europäischen Kontinent werden solche Vorgänge vermutet (vgl. etwa den Artikel „Die Kleptokraten putschen" über die Lage in Rumänien, FAZ v. 23.4.2007, http://www.faz.net/aktuell/politik/leitartikel-die-kleptokraten-putschen-1433308.html, Stand: 20.4.2020). 114

Völlig zu Recht hat deswegen der G-8-Gipfel von St. Petersburg 2006 den Kampf gegen Kleptokraten ganz oben auf die Agenda einer gerechten und stabilen

Einleitung

Weltordnung gesetzt: „We underscore our commitment to prosecute acts of corruption and to preventing corrupt holders of public office from gaining access to the fruits of their cleptocratic activities in our financial systems" (Dokument v. 16.7.2006).

2. Korruption

115 In dem gerade zitierten Dokument wird ein enger Zusammenhang zwischen Kleptokratien und Korruption hergestellt. Dieser Zusammenhang besteht in verschiedenen Hinsichten: so kann die Erlangung der Herrschaftsposition, die dann kleptokratische Aktivitäten ermöglicht, durch den Einsatz von Geldmitteln zur Beeinflussung von Wahlkampagnen, ja sogar durch den Kauf von Wähler- oder Abgeordnetenstimmen erreicht werden; anzutreffen ist auch das Phänomen, dass in Kleptokratien neben den normalen Steuern illegale Steuern an den Präsidenten abgeführt werden müssen; es kann ein generelles System des Kaufes von Genehmigungen, Entscheidungen oder überhaupt der politischen Gunst für wirtschaftliche Aktivitäten etabliert werden. Alle die in diesen Zusammenhängen anfallenden Gelder sind dann wiederum Gegenstand von Geldwäscheaktivitäten, um ihre Quellen zu verschleiern.

116 Das Phänomen der politischen Korruption ist außerordentlich vielschichtig und kann deswegen hier nur in Grundzügen dargestellt werden (ausführlich zum Stand der internationalen Forschung *von Alemann* Dimensionen politischer Korruption, 2005). Als Arbeitsdefinition für den vorliegenden Zusammenhang bietet sich der dem Bundeslagebild Korruption des BKA zugrunde gelegte Begriff an. Danach ist Korruption zu definieren als *„Missbrauch eines öffentlichen Amtes, einer Funktion in der Wirtschaft oder eines politischen Mandats zugunsten eines Anderen, auf dessen Veranlassung oder Eigeninitiative, zur Erlangung eines Vorteils für sich oder einen Dritten, mit Eintritt oder in Erwartung des Eintritts eines Schadens oder Nachteils für die Allgemeinheit (in amtlicher oder politischer Funktion) oder für ein Unternehmen (betreffend Täter als Funktionsträger in der Wirtschaft)"* (vgl. BKA, Bundeslagebericht Korruption 2011, S. 5).

117 In diesem weit angelegten Begriffsfeld werden dann kriminologischen Erscheinungsformen nach dem Umfang der Finanzströme und der Qualität der erkauften Entscheidungen, weiterhin nach der Entscheidungsebene und schließlich nach dem Tatzusammenhang differenziert; so unterscheidet man *petty* und *grand*, *low level* und *top level* sowie *situative* und *strukturelle* Korruption (vgl. *Bannenberg/Schaupensteiner* S. 24 f.). Im Rahmen der Geldwäschebekämpfung verdient weniger die petty, low level oder situative Korruption, die häufig aus Alltagssituationen wie der „Beschleunigung" der Bearbeitung eines Antrages auf Baugenehmigung spontan entsteht, Aufmerksamkeit, als die Korruption als Kriminalität der Mächtigen. Bei der strukturellen top level Korruption handelt es sich um planmäßige, systematische und organisierte Akte, die für eine unbestimmte Zeitdauer angelegt und auf hoher politischer und gesellschaftlicher Ebene, also bei Eliten eines Landes, angesiedelt sind (vgl. *Pieth/Eigen* in Pieth/Eigen S. 2 f.). In dieser Form trifft Korruption mit Kleptokratie zusammen.

118 Auf dieser Ebene lassen sich dann weitere Differenzierungen vornehmen: eine erste Kategorie bilden Fälle der Bestechung bzw. Bestechlichkeit oder aber auch der drohende Verweis auf die Machtverhältnisse im Sinne der Erpressung von Zahlungen für Entscheidungen; eine zweite Kategorie lässt sich den Delikten der Unterschlagung bzw. Veruntreuung öffentlicher Mittel zuordnen und stellt sich phänomenologisch als der sprichwörtliche „Griff in die (Staats-)Kasse" oder als die

Einleitung

„Umleitung" von öffentlichen Geldern auf eigene private Konten dar; in eine dritte Kategorie fallen schließlich die Käuflichkeit von Ämtern und die Bevorzugung von mit der Macht liierten Unternehmen (häufig von Familienmitgliedern) bei der Vergabe öffentlicher Aufträge (ausführlich hierzu *Korff* in Handbuch der Wirtschaftsethik, 1999, Bd. 4, S. 312 ff.). Neben der Alltagsweisheit das „Macht korrumpiert" und folglich die Mächtigen zur Korruption neigen, werden die Ursachen von Korruption in der Regel über einen Mehrebenenansatz rekonstruiert. Unterschieden werden eine individuelle Ebene, eine institutionelle Ebene und eine gesamtgesellschaftliche Ebene (vgl. *von Alemann* S. 34 ff.): auf **individueller Ebene** sollen die Ursachen in der „Gier" einzelner mit dem Ziel der Steigerung des Lebensstandards zu finden sein, die durch fehlende Vorbildfunktionen von Führungskräften der Politik und Verwaltung weiter angestachelt werden könne. Eine solche Gier kann sich dann Bahn brechen, wenn auf **Ebene der Institutionen** keine Aufsicht über die Entscheidungen der betreffenden Person (mehr) stattfindet oder sich Macht- und Entscheidungsbefugnisse auf einzelne Personen konzentrieren. Zur **gesamtgesellschaftlichen Ursachenebene** werden Werteverfall, Legitimationskrisen und soziale, wirtschaftliche und politische Umwälzungen sowie fehlende Rechtsstaatlichkeit und Demokratie gezählt (vgl. The World Bank, Anticorruption in Transaction, 3 – Who Is Succeeding and Why?, 2006).

Die **Auswirkungen politischer Korruption** lassen sich in gewisser Weise spiegelbildlich zu deren Ursachen skizzieren. Was die ökonomischen Dimensionen der Korruption anbelangt, herrscht hinsichtlich deren quantitativen Umfangs Unsicherheit, die auf der Heimlichkeit des Korruptionsvorgangs und dem häufig fehlenden konkreten Korruptionsopfer beruht. Bei aller gebotenen Vorsicht im Umgang mit Schätzungen, belaufen sich laut Transparency International die weltweit jährlich mit Korruption fließenden Beträge auf ein Volumen von 50–80 Mrd. USD. Dieser Geldfluss rührt einerseits häufig aus illegalen Aktivitäten her und verursachte andererseits auf der Empfängerseite zum Zwecke der Verschleierung ihrer Korrumpierbarkeit wieder einen beachtlichen Zufluss zu den Mechanismen der Geldwäsche. Auf der Ebene der Systemstabilität und Legitimität von politischer Macht führt politische Korruption durch die Wahrnehmung der Menschen, dass Entscheidungen, nicht mehr sachlich und am Allgemeinwohl orientiert sind, sondern nur durch Bestechungszahlungen erwirkt werden, zur Schädigung (rechts)staatlicher und demokratischer Strukturen, zur Staatsverdrossenheit und zum Autoritätsverfall staatlicher Entscheidungen und Organe. Politische und wirtschaftliche Macht fallen bei großer Korruption häufig in den Händen weniger Personen zusammen und führen zur Personalisierung von Herrschaftsstrukturen (*Korff* in Handbuch der Wirtschaftsethik, 1999, Bd. 4, S. 323). Korrupte Strukturen und Strukturen der organisierten Kriminalität wachsen zusammen (*Korff* in Handbuch der Wirtschaftsethik, 1999, Bd. 4, S. 320), so dass ein Typus des mafiotischen Politikers entsteht. Da diese Vorgänge in ganz besonderer Weise die „armen" Länder treffen, wird durch Korruption die soziale und wirtschaftliche Entwicklung behindert, es werden Fehlinvestitionen getätigt, Ressourcen verschleudert und somit die Armut der Menschen in Entwicklungs- und Transformationsländern weiter verschärft (vgl. *Frisch* in Pieth/Eigen S. 93). Vor diesem Hintergrund kommt der Geldwäschebekämpfung und daraus abzuleitenden Strategien der Gewinnabschöpfung und Wiedererlangung geplünderten Volksvermögens auch eine wichtige Aufgabe für das Anliegen einer globalen ökonomischen Gerechtigkeit zu.

Zwischenzeitlich hat sich auch die **FATF in drei Berichten bzw. Leitlinien aus den Jahren 2011, 2012 und 2013** mit den Zusammenhängen zwischen Kor-

Einleitung

ruption und Geldwäsche befasst (FAFF, Guidance: Politically Exposed Persons (Recommendation 12 and 22) Juni 2013; FATF, Specific Risk Factors in Laundering the Proceeds of Corruption, Juni 2012 sowie FATF, Laundering the Proceeds of Corruption, Juli 2011). Der Bericht aus dem Jahr 2011 stellte fest, dass die korruptionsbezogene Geldwäsche in vielen Bereichen dieselben Züge trägt wie die Geldwäsche aus anderen kriminellen Vortaten. So werden zB Unternehmen und Trusts, Gatekeeper, Strohmänner, ausländische Banken oder Banken in den sog. Offshore-Ländern in die Geldwäsche einbezogen. Allerdings besitzen insbesondere im Bereich der *grand corruption* die insoweit politisch exponierten Personen (PEP) einige Vorteile gegenüber anderen Geldwäschern. So kontrollieren sie häufig den Staat, seine Behörden und seine Banken. Nachteilig wirkt sich hingegen ihr Bekanntheitsgrad aus. Der zweite Bericht der FATF aus dem Jahr 2012 geht hingegen eher der Frage nach, welche Korrelationen zwischen bestimmten Risikofaktoren und Korruption bestehen und soll den Verpflichteten Hilfestellungen geben, ob bestimmte Geschäftsbeziehungen oder Produkte ein besonderes Risiko bilden. Naturgemäß bilden dabei Geschäftsbeziehungen mit politisch exponierten Personen, insbesondere auf höherer Ebene, die Grundlage für ein erhöhtes Risiko, wobei Korruptionsfälle häufig erst nach deren Ausscheiden aus dem Amt offenkundig werden. Auch wenn Korruption in jeder Branche möglich ist und zu Tage tritt, gibt es nach dem Bericht der FATF ein erhöhtes Risiko insbesondere in der Rohstoffindustrie, dem öffentlichen Auftragswesen, dort insbesondere in der Rüstungsindustrie, im Gesundheitswesen, großen Infrastrukturprojekten und Privatisierungen. Auch geografische Risiken bzw. Länderrisiken sind zu berücksichtigen. Im Bereich der risikoreichen Produkte und Transaktionen wurden im Bericht kaum Besonderheiten festgestellt. Die Anfälligkeiten reichen von den Produktpaletten des „Privat Banking" über die des „Retail Banking" und den Überweisungs- und Zahlungsverkehr einschließlich Korrespondenzbanken bis hin zu Bartransaktionen. Die Guidance der FATF aus dem Juni 2013 hat hingegen konkrete Hilfen bei der Feststellung der Eigenschaft einer politisch exponierten Person sowie bei der Ausgestaltung der verstärkten Sorgfaltspflichten zum Gegenstand.

3. Politisch exponierte Personen (PEP)

121 Bereits in der vorstehenden → Rn. 120 wurde im Rahmen der Skizzierung der Arbeiten der FATF der Begriff der politisch exponierten Person eingeführt. Vor diesem Hintergrund besteht einiger Anlass dafür, die Ausplünderung von Volkswirtschaften und die Bestechlichkeit von politischen Entscheidungsträgern als bedeutende Vortaten der Geldwäsche und als ernste Bedrohungen für die Gerechtigkeit und Stabilität der gesellschaftlichen Ordnung anzusehen. Verschiedene Institutionen und Standardsetzer (zB BCBS, FATF) sowie der Richtliniengeber der 3. EU-Anti-Geldwäscherichtlinie hatten dies zum Anlass genommen, in die Geldwäschebekämpfung ein Regime der **Kontrolle der finanziellen Aktivitäten von sog. politically exposed persons**, dh politisch exponierten Personen aufzunehmen, dass durch die Einstufung dieses Personenkreises in die eine verstärkte Sorgfaltspflicht auslösende hoch riskante Geschäftsbeziehungen umgesetzt worden ist. So sehr auch die dahinter stehende politische Agenda zu begrüßen ist, weist dieses Regime zugleich doch einige äußerst problematische Aspekte auf, die hier zugleich beispielhaft für die gesamte Problematik des risikobasierten Ansatzes und die Expansion der Instrumente der Geldwäschebekämpfung auf neue Bereiche diskutiert werden sollen (vgl. dazu auch *Herzog/Hoch* WM 2007, 1997 ff.).

Einleitung

Kleptokratie und politische Korruption sind, wie bereits oben dargelegt, für das 122 gesellschaftliche Selbstverständnis und die demokratische Kultur verheerend; dies reicht von einer zunehmenden Nichtbeteiligung an Wahlen, die dann populistische extreme Kräfte nach vorne bringen kann, über einen **Vertrauensverlust in staatliche Institutionen,** der zur Bildung von Schatteninstitutionen führt, bis hin zur bürgerkriegsnahen Instabilität einer Gesellschaft. Gewiss sind in Europa derart gravierende Phänomene nicht oder nur selten in ihrer vollen Ausprägung anzutreffen, aber nicht nur in den Beitrittsländern Osteuropas und des Balkans, sondern auch in Kernländern der EU wird die politische Landschaft immer einmal wieder durch Korruptionsaffären erschüttert. Vor diesem Hintergrund ist es durchaus verständlich, dass das Instrumentarium der Geldwäschebekämpfung als ein Instrument der Prävention und Aufspürung von Korruption entdeckt worden ist.

In Empfehlung 6 der FATF im Rahmen der **40 Recommendations on Mo-** 123 **ney Laundering aus dem Jahr 2003** wurde Kreditinstituten insbesondere gegenüber ausländischen politisch exponierten Personen eine Erweiterung der normalen Kundensorgfaltsmaßnahmen aufgegeben. Danach sollen Kreditinstitute (1.) über geeignete Risiko-Managementsysteme verfügen, um bestimmen zu können, ob ein Kunde eine politisch exponierte Person ist (Identifikation); (2.) vor der Begründung neuer entsprechender Beziehungen die Einwilligung des höheren Managements einholen (Gegenkontrolle); (3.) geeignete Maßnahmen ergreifen, um die Quelle für Wohlstand und Vermögen festzustellen (Research) und (4.) eine verstärkte, fortlaufende Kontrolle der Geschäftsbeziehungen durchführen (On-going Monitoring). Im Glossar der 40 Recommendations findet sich als (5.) Definition von „Politisch exponierten Personen" die folgende Aufzählung: „Individuen, welche eine prominente öffentliche Funktion in einem anderen Land innehaben, zB Staats- oder Regierungsoberhäupter, hohe Politiker, hohe Regierungs-, Justiz oder Militärbeamte, hochrangige Führungskräfte staatlicher Institutionen oder Repräsentanten wichtiger politischer Parteien." Weiter heißt es dann in einer Art „Clanklausel": „Geschäftsbeziehungen mit Familienmitgliedern oder engen Angehörigen von politisch exponierten Personen bedingen Reputationsrisiken ähnlich denen von politisch exponierten Personen selbst". Während die erweiterten Kundensorgfaltspflichten in den **Empfehlungen der FATF vom Februar 2012** nahezu unverändert blieben, rückten dabei nunmehr aber auch ausdrücklich inländische PEP und wirtschaftlich Berechtigte ins Blickfeld, für deren Erkennung angemessene Maßnahmen ergriffen werden und die – bei erhöhtem Risiko – ebenfalls den verstärkten Sorgfaltspflichten zu unterwerfen sind. Anders als Vorgängernormen unterscheidet die Definition politisch exponierter Personen in § 1 Abs. 12 GwG mittlerweile und aufgrund der europäischen Vorgaben der 4. EU-Geldwäscherichtlinie nicht mehr danach, ob die politisch exponierte Person ihr Amt in In- oder Ausland ausübt. Vielmehr beziehen sich die Definition und das daran geknüpfte höhere Risiko sowie die verstärkten Sorgfaltspflichten unterschiedslos auf alle politisch exponierten Personen. Durch das Gesetz zur Umsetzung der Änderungsrichtlinie zur Vierten EU-Geldwäscherichtlinie blieben die Vorschriften zu verstärkten Sorgfaltspflichten für den hier in Rede stehenden Personenkreis inhaltlich unverändert (vgl. auch RegBegr. zu § 15 Abs. 3 Nr. 1 und Abs. 4 GwG, BT-Drs. 19/13827). Lediglich im Hinblick auf die Definition der politisch exponierten Personen und die EU-weite Erstellung von Funktionsträgerlisten (vgl. § 1 Abs. 12 GwG) wurden Vorgaben zu politisch exponierten Personen modifiziert.

Die Identifikation von PEP im Kundenbestand ist kein leichtes Unterfangen und 124 kann, will man sich nicht nur auf die Angaben des Kunden verlassen, nur unter dem

Einleitung

Einsatz dynamischer Datenbanken gelingen, die freilich mit einer Vielzahl von Problemen konfrontiert sind. So weisen die Stammdatensätze kaum Anhaltspunkte für den Status eines Kunden in der politischen Welt auf. Zwar können bei Einhaltung der **Know Your Costumer-Regeln** weitere Informationen hinzukommen, aber angesichts der Dynamik und Intransparenz der politischen Landschaft in manchen Ländern kann sich der Status eines Kunden rasch verändern oder kaum zu erkennen sein. Die Einbeziehung von Familienmitgliedern und nahen Angehörigen wirft delikate Fragen nach der Erkennbarkeit dieses Status in weit verzweigten Familienstrukturen, bei undurchsichtigen Strukturen des Liebeslebens oder bei politischen Seilschaften und Netzwerken auf. Darauf wird bei der Definition von PEP zurück zu kommen sein. Die Definition von PEP reagiert auf lange und bedrückende Erfahrungen darüber, welche Intensität die Ausplünderung von Volkswirtschaften und welchen Umfang Korruptionsgeflechte annehmen können. Natürlich – dies drückt schon der Begriff des Nepotismus aus – ist es typisch für manche politische Kulturen, dass die ganze weit verzweigte Verwandtschaft mit Posten im politischen System versorgt wird, um ihr Einnahmequellen aus der Korruption zu verschaffen. Es spricht auch einige Erfahrung – nicht nur über die Verhältnisse am französischen Königshof – dafür, dass Politiker in ein parafamiliäres Liebesleben mit einem gewissen Erpressungspotenzial und dubiosen finanziellen Zuwendungen verwickelt sein können. Nicht zuletzt lassen sich mafiotische Strukturen, Seilschaften und kriminelle Netzwerke in der Politik finden. Alles dies ist unbestreitbar, aber der darauf reagierende Begriff ist ebenso umfassend wie unbestimmt und stellt die Praxis vor schwierige Auslegungs- und Anwendungsprobleme. Wie bereits ausgeführt, wird die **Feststellung der PEP-Identität** – soweit der Kunde nicht prominent ist, sich nicht offenbart oder der Kundenberater aus eigener Kenntnis davon weiß – nur auf der Basis eines Abgleichs mit Datenbanken gelingen können. Diese Datenbanken werden naturgemäß nur solche Personen enthalten können, die irgendwann einmal in irgendeinem Zusammenhang als PEP öffentlich in Erscheinung getreten sind. Es ist weit verbreitete Praxis und hat gut nachvollziehbare Gründe, dass PEP ihre Familienangehörigen und erst recht ihre Intimbeziehungen gegenüber der Öffentlichkeit abschirmen. Es ist auch nicht ersichtlich, dass es einem Bankkunden obliegt, Auskunft darüber zu geben, wie sein Familienstammbaum aussieht oder welche Intimbeziehungen er pflegt. Soweit die betreffende Person in einer gleichgeschlechtlichen Partnerschaft lebt, kann sie dies aus guten Gründen nach wie vor bestehender gesellschaftlicher Vorbehalte gegenüber homosexuellen Beziehungen verschweigen wollen. Soweit die Kreditinstitute auf Datenbanken (zB world-check, s. https://risk.thomsonreuters.com/en/products/world-check-know-your-customer.html) zurückgreifen, die auf der Basis der Auswertung von im Internet frei verfügbaren Quellen Personenprofile und Vernetzungsprofile zusammenstellen, bestehen nicht zu unterschätzende Haftungsrisiken im Falle eines *false positive,* einer ungeprüften Übernahme der PEP-Klassifikation und daraus gezogenen Konsequenzen wie etwa der Aufkündigung einer Geschäftsbeziehung.

125   Hier tauchen also alle die bereits angesprochenen Probleme wieder auf: Das **Identifikationsproblem** wird durch die Formulierung „*angemessene risikobasierte Verfahren"* weniger präzisiert als ins Vage verlagert. Während der Begriff „Angemessenheit" im Sinne einer Verhältnismäßigkeit der eingesetzten Mittel auf die klassischen verfassungsrechtlichen Prüfungsebenen der Geeignetheit, Erforderlichkeit und Verhältnismäßigkeit im engeren Sinne verweisen und insofern eine Begrenzung des Eingriffs in die informationelle Selbstbestimmung bedeuten könnte, verlagert der Begriff des „Risikos" den Anlass von Identifikationsanstrengungen vom

Einleitung

Verdacht auf eine Anscheinsgefahr. Ungeklärt bleibt auch, wieweit zurück die Research-Tätigkeit über die Herkunft des Vermögens reichen soll. Wenn es um das in den Geschäftsbeziehungen eingesetzte Vermögen, also etwa um einen PEP-Kunden geht, der ein großes Vermögen verwalten lassen möchte, drängt es sich auf, nach Verbindungen zwischen diesem großen Vermögen und der politischen Tätigkeit zu suchen, soweit keine unternehmerische Tätigkeit oder Erbschaft aus der Vergangenheit bekannt ist. Angesichts des diffusen Bedrohungspotenzials der Korruption und der Vielzahl der denkbaren Wege korruptiver Zuwendungen wird es schon technisch außerordentlich schwierig sein, entsprechend intelligente Software zu entwickeln, um nicht in einer Datenflut zu ersticken. Die automatisch generierten Daten werden gegebenenfalls persönlichen Abklärungen zu unterziehen sein, die delikate Fragen und ein weites Eindringen in die Privatsphäre erforderlich machen können.

Der Kontext des PEP-Regimes gibt auch die Gelegenheit, kurz auf die grundsätzliche Frage einzugehen, wie sich die Geldwäschebekämpfung und die Inpflichtnahme der Finanzwirtschaft für Monitoring und „verstärkte fortlaufende Überwachung der Geschäftsbeziehung", zu dem das Grundrecht auf informationelle Selbstbestimmung verhalten (ausführlich dazu *Herzog* WM 1996, 1753 ff. sowie der Beitrag von *Rüpke* in Herzog/Mülhausen Geldwäschebekämpfung-HdB §§ 53–55), das vom Bundesverfassungsgericht grundlegend im Volkszählungsurteil (BVerfGE 65, 1 ff.) aus dem allgemeinen Persönlichkeitsrecht aus Art. 2 Abs. 1 iVm Art. 1 Abs. 1 GG hergeleitet worden ist. In seiner Beziehung zum allgemeinen Persönlichkeitsrecht sichert dieses Recht *„jedem einzelnen einen autonomen Bereich privater Lebensgestaltung, in dem er seine Individualität entwickeln und wahren kann"* (BVerfGE 79, 236 (258)). Zur Wahrung der Individualität gehört es, dem einzelnen ein Selbstbestimmungsrecht **„über die Preisgabe und Verwendung persönlicher Daten"** zu gewährleisten (BVerfGE, 65, 1 (43)). Folglich umfasst das Recht *„die Befugnis des einzelnen, grundsätzlich selbst zu entscheiden, wann und innerhalb welcher Grenzen persönliche Lebenssachverhalte offenbart werden".*

126

Weiter heißt es im Volkszählungsurteil (BVerfGE 65, 1 ff.): *„Freie Entfaltung der Persönlichkeit setzt unter den modernen Bedingungen der Datenverarbeitung den Schutz des Einzelnen gegen unbegrenzte Erhebung, Speicherung, Verwendung und Weitergabe seiner persönlichen Daten voraus".* Nunmehr ist zu fragen, ob auch ein verfassungsrechtlicher relevanter Eingriff in das **Recht auf informationelle Selbstbestimmung** vorliegt, wenn der Status, eine politisch exponierte Person, ein Familienangehöriger dieser Person oder eine nahe stehende Person zu sein, dazu führt, dass weitere Ermittlungen zu den damit verbundenen finanziellen Aktivitäten angestellt werden, Maßnahmen ergriffen werden müssen, um die Herkunft des Vermögens zu bestimmen, und die Geschäftsbeziehung einer verstärkten fortlaufenden Überwachung zu unterziehen ist. An dem Eingriffscharakter können keinerlei Zweifel bestehen, denn auf diese Weise entsteht ein tief angelegtes Profil der finanziellen Seite des Lebens einer entsprechenden Person, das auf der Grundlage weiterer Verknüpfungen und Verarbeitungen nicht nur für die interne Geschäftsbeziehung der politisch exponierten Person mit seinem Kreditinstitut folgenreich sein kann – etwa in der Gestalt, dass das Institut die Geschäftsbeziehung kündigt, um einen Reputationsschaden zu verhindern-, sondern in dem Kontext des Regelungsziels der Korruptionsbekämpfung auch gravierende Folgen im Außenverhältnis haben kann. Unter dieser Voraussetzung betrachtet nimmt der Eingriff zwar seinen Ausgang von im zivilrechtlich geprägten Verhältnis Bank – Kunde anfallenden Daten, ist aber auf eine öffentlich-rechtliche Inpflichtnahme der Banken gestützt und soll

Einleitung

der hoheitlichen Aufgabe des Schutzes von Gemeinwohlinteressen und gegebenenfalls auch der Strafverfolgung dienen. Dies wirkt sich als eine sektorale Transformation der Rechtsbeziehung Bank – Kunde aus: werden die im Privatrechtsverhältnis anfallenden Daten in staatlichem Auftrag erfasst, analysiert und für Zwecke der Strafverfolgung vorgehalten bzw. weitergegeben, dann verwandelt sich in diesem Umgang mit den Daten das Verhältnis Bank – Kunde in ein öffentlich-rechtliches. Somit stellt sich nicht mehr die Frage nach einer mittelbaren Geltung der Grundrechte für die Privatrechtsverhältnisse oder einer unmittelbaren Geltung der Grundrechte, sondern das Recht auf informationelle Selbstbestimmung kann hier klassisch als Abwehrrecht verstanden werden. Nun sind Eingriffe in das Grundrecht auf informationelle Selbstbestimmung nicht schlechterdings unzulässig, sie sind sogar in vielerlei Hinsichten erforderlich, um die Sicherheit und Ordnung eines Gemeinwesens aufrechterhalten zu können; indes bedürfen sie der Rechtfertigung durch überwiegende Allgemeininteressen und einer hinreichend bestimmten gesetzlichen Grundlage, aus der sich Voraussetzungen und Umfang der Beschränkungen ergeben. Das in Frage kommende überwiegende Allgemeininteresse ist eindeutig bestimmbar. Schon ein kurzer Blick in das Strafgesetzbuch zeigt durch die § 331 (Vorteilsannahme) und § 332 (Bestechlichkeit) StGB, dass die Sauberkeit und Lauterkeit öffentlicher Amtsträger und Richter als ein exponiertes Allgemeininteresse gilt, dessen Verletzung mit erheblichen Strafen bedroht ist.

127 Anders verhält es sich natürlich, wenn der Anfangsverdacht einer Vorteilsannahme oder Bestechlichkeit gegenüber einer politisch exponierten Person besteht. In diesem Zusammenhang versteht es sich von selbst, dass es zu den Ermittlungsmaßnahmen lege artis auf der Grundlage der entsprechenden Regelungen der Strafprozessordnung gehört, die Bankgeschäfte und die „Quellen des Wohlstands" des Beschuldigten abzuklären. Dies bedeutet jedoch nicht, dass die ganze Gruppe politisch exponierter Personen und ihres nahen familiären und sozialen Umfelds von vornherein Verfahren der rasterfahndungsmäßigen **Verdachtsgewinnung** unterworfen werden könnte. Es bestehen insoweit Zusammenhänge zu der Diskussion um Forderungen nach dem „gläsernen Abgeordneten", die sich anhand der Organklage von neun Abgeordneten des Deutschen Bundestages gegen Art. 44a Abs. 1 Abgeordnetengesetz nachzeichnen lassen. Die Abgeordneten hatten sich in ihren Anträgen unter anderem gegen die Pflicht zur Anzeige und Veröffentlichung von Tätigkeiten neben dem Mandat und Offenlegung von Einkünften gewandt. In der 4:4 Entscheidung (die Anträge blieben damit gemäß § 15 Abs. 4 S. 3 BVerfGG erfolglos) des Bundesverfassungsgerichts vom 4.7.2007 (BVerfGE 118, 277 – 2 BvE 1/06) heißt es in dem Votum der Richter Hassemer, Di Fabio, Mellinghoff und Landau, welche die Transparenzregelungen in der derzeitigen Form für unvereinbar mit dem Grundgesetz halten, dass die Forderung nach absoluter Transparenz „*dort eher Hilflosigkeit zeigt, wo es an den bewährten Sicherungen einer rechtsstaatlichen Demokratie fehlt*" und weiter wird ausgeführt, dass „*das rechtsstaatliche System des Grundgesetzes kein jakobinisches Schwert benötigt und erlaubt, mit dem man die Hülle privater und gewerblicher Abwehrrechte durchschlagen könnte, um die „wahren" Verhältnisse offen zu legen*". Mag auch dem Mandatsträger ein gewisses Maß an Sonderopferbereitschaft abverlangt werden, darf dies dennoch nicht zu einer Totaltransparenz führen, die das Schutzanliegen des Abgeordneten gänzlich negierte.

128 Der Begriff und die Grenze der absoluten Transparenz ist bereits in der Entscheidung des Bundesverfassungsgerichts zur Privatsphäre von Angehörigen der monegassischen Fürstenfamilie inhaltlich entwickelt worden. Danach verliert „*wer, ob gewollt oder ungewollt, zur Person des öffentlichen Lebens geworden ist, nicht sein Anrecht auf*

Einleitung

eine Privatsphäre, die den Blicken der Öffentlichkeit entzogen bleibt. Das gilt auch für demokratisch gewählte Amtsträger, die zwar für ihre Amtsführung öffentlich rechenschaftspflichtig sind und sich in diesem Umfang öffentliche Aufmerksamkeit gefallen lassen müssen, nicht aber für ihr Privatleben, sofern dieses die Amtsführung nicht berührt" (BVerfGE 101, 361 (383)). Diese Feststellung verdient Beifall und gilt in besonderem Maße für diejenige Kategorie der PEP, die lediglich über ihre enge persönliche respektive familiäre Beziehung zu der zB qua öffentlichem Amte exponierten Person in den Anwendungsbereich der 3. EU-Anti-Geldwäscherichtlinie fallen. Sie sind weder zwangsläufig selbst Personen des öffentlichen Lebens noch greift bei ihnen die Argumentation, dass sich eine Rechenschaftspflicht zwanglos aus dem bekleideten Amte ergebe. Hat es die durch solche Zufälligkeiten in das Raster der PEP-Recherche gelangte Person in keiner Weise zu verantworten, dass sie diesem Beobachtungsregime unterworfen wird, folgt hieraus, dass für diese Personengruppe besonders strenge rechtsstaatliche Maßstäbe angelegt werden müssen, um ihre Grundrechtspositionen zu schonen. Die Thematik wirft schließlich die noch grundsätzlichere Frage auf, wie sich die Geldwäschebekämpfung als Teil einer expandierenden staatlichen Sicherheitsarchitektur zu den Freiheitsrechten der Bürger verhält (zu Recht krit. auch Bundesbeauftragte für den Datenschutz und die Informationsfreiheit, 24. Tätigkeitsbericht, S. 113).

IV. Bekämpfung der Terrorismusfinanzierung

1. Politischer Kontext 9/11

Ganz oben auf der politischen Agenda stehen spätestens seit dem 9/11-Anschlag auf das World Trade Center in New York die Einbeziehung der Finanzindustrie in die Verfolgung der Geldspuren des Terrorismus und die Bekämpfung der Finanzierung des Terrorismus durch das „Einfrieren" von Geldern *(asset freezing)*, die im Verdacht stehen, der Terrorismusfinanzierung zu dienen (vgl. umfassend zu **Entwicklung der Terrorismusfinanzierung** und den Gegenmaßnahmen, *Jae-myong Koh* Supressing Terrorist Financing and Money Laundering). In der Sprache der US-Administration ist diese Strategie als der „first shot" im „war against terrorism" zu betrachten: *„The President fired the first shot in the war on terrorism several weeks ago when he ordered accounts of suspected terrorist blocked in the United States and spurred the entire world to act with unprecedented speed and cooperation to disrupt the financial underpinnings of terrorism"* (Erklärung des Secretary of Treasury *Paul O'Neill* on Terrorist Asset Blocking Order v. 12.10.2001 unter http://avalon.law.yale.edu/sept11/treas_001.asp, Stand: 20.4.2020). Grundlage dieser Strategie bildet Präsident George W. Bushs „Executive Order on Terrorist Financing" No. 13224 vom 23.9.2001 (http://www.presidency.ucsb.edu/ws/index.php?pid=61505, Stand: 20.4.2020). Diese Anordnung ist nicht nur als der „first shot", sondern zugleich als der Startschuss zu einer Fülle von Empfehlungen und Regelungen auf internationaler und europäischer Ebene zu betrachten. Bereits 1999 ist im Zuge der Intensivierung der Arbeit der Vereinten Nationen auf dem Gebiet der Terrorismusbekämpfung eine Konvention zur Bekämpfung der Terrorismusfinanzierung (United Nations International Convention for the Suppression of the Financing of Terrorism v. 9.12.1999) erarbeitet worden, die im April 2002 in Kraft getreten ist (https://www.un.org/law/cod/finterr.htm Stand: 20.4.2020).

Im Zusammenhang mit diesem Konventionsprozess wurden weitere wichtige **UN-Sicherheitsratsresolutionen zur Bekämpfung der Terrorismusfinanzie-**

Einleitung

rung verabschiedet: So verpflichtet die Resolution Nr. 1267 vom 15.10.1999 dazu, alle Vermögensgegenstände, die im Besitz von Personen oder Organisationen im Umfeld von Osama bin Laden, Al Qaida und den Taliban stehen, einzufrieren. Hierzu wurde das Komitee der Resolution 1267 (auch Al-Qaida and Taliban Sanctions Committee) des Sicherheitsrats der Vereinten Nationen etabliert (s. dazu https://en.wikipedia.org/wiki/United_Nations_Security_Council_Resolution_1267, Stand: 31.7.2020) das für die Implementation der Bestimmungen der Resolution zuständig ist. Nach dieser Resolution unterlagen die auf den Listen eingetragenen Personen oder Körperschaften (Al Qaida, Osama bin Laden, Taliban and persons „associated" to these) drei Arten von Sanktionen: a) Einfrieren von Konten bzw. von Vermögensgegenständen (assets freeze), b) Reiseverbote (travel ban) und c) Waffenembargos. Mit einer weiteren Sicherheitsratsresolution vom 25.9.2001 (Nr. 1373) unter dem Eindruck des 9/11-Anschlages wurden dann alle Staaten verpflichtet, Gelder und Vermögenswerte, die der Terrorismusfinanzierung dienen, einzufrieren. Durch diese Resolution wurde eine weitere Arbeitsgruppe, das sog. Counter Terrorism Committee eingerichtet (http://www.un.org/sc/ctc/, Stand: 31.7.2020), welche die Einhaltung dieser Sanktionen sowie die Gesamtkoordinierung der Terrorismusbekämpfung auf internationaler Ebene zur Aufgabe hat. Anknüpfend an die Resolution erstellte die EU eine Liste (dazu sogleich unter 3. → Rn. 147), die jene Personen, Vereinigungen und Körperschaften nennt, deren Gelder, Vermögenswerte und wirtschaftliche Ressourcen in allen EU-Mitgliedstaaten eingefroren werden müssen. Während diese Liste praktisch auf den entsprechenden Inhalt der Resolutionen der Vereinten Nationen zurückgeht, wird auf EU-Ebene noch eine eigenständige, „europäische" Liste geführt (mehr dazu: *Meyer/Macke* HRRS 12/2007, 445).

131 Parallel zu diesen Entwicklungen wurden im Rahmen der FATF die sog. Special Recommendations on Terrorist Financing erarbeitet und bereits am 31.10.2001 veröffentlicht und sind zwischenzeitlich in den Empfehlungen der **FATF** vom Februar 2012, dort insbesondere den Empfehlungen 5ff., aufgegangen. Aber auch auf europäischer Ebene wurde diese Thematik aufgegriffen, unter anderem durch den Europarat, der eine neue Konvention über Geldwäsche, Terrorismusfinanzierung sowie Ermittlung, Beschlagnahme und Einziehung von Erträgen aus Straftaten zur Unterzeichnung aufgelegt hat (Konvention v. 16.5.2005, am 1.5.2008 in Kraft getreten).

132 Insgesamt wirft diese rasante Entwicklung eine Reihe von Fragen auf; diese Fragen betreffen die Verquickung der Felder und Begriffe Geldwäsche und Terrorismusfinanzierung, den Begriff des Terrorismus selbst und die Zuordnung von Institutionen und Personen als maßgebend, die Effektivität dieses Ansatzes für die Terrorismusbekämpfung und die Beeinträchtigung von Rechten betroffener Personen durch diese Strategie. Für die Regulierung und die Regelanwendung durch die Verpflichteten folgen daraus ganz konkrete Probleme, die in der Kommentierung zu § 89c StGB angesprochen werden, siehe dazu *El Ghazi* zu § 89c. Hier soll es zunächst um rechtspolitische und -theoretische Grundlagen gehen.

2. Terrorismus – Probleme der Begriffsdefinition und Zuordnung von Phänomenen

133 Der **Begriff des Terrorismus** bezeichnet ein hoch komplexes politisches Phänomen, das in sehr verschiedenen Erscheinungsformen anzutreffen ist und mit sehr unterschiedlichen Ideologien unterlegt wird. Daraus resultiert, dass die wissenschaftliche und politische Diskussion bislang keine einhellig akzeptierte Definition

Einleitung

des Begriffs hervorgebracht hat. Vielmehr werden die wissenschaftliche Fachdiskussion und die politische Einordnung häufig dadurch schwierig und kontrovers, dass Terrorismus zugleich ein politischer Kampfbegriff ist. Semantisch ist der Begriff eindeutig negativ konnotiert, so dass diejenigen, die als „Terrorismus" geächtete Handlungen begehen, die Einordnung unter den Begriff weit von sich weisen und sich in aller Regel als Kämpfer für die Freiheit, gegen das Unrecht und für eine gerechte Sache verstehen. Legendär ist insoweit die Ansprache von *Yassir Arafat* vor der Generalversammlung der Vereinten Nationen im Jahre 1974, in der er vor dem Hintergrund des Anschlages auf die Olympischen Spiele und einer Folge von Flugzeugentführungen und Attentaten durch palästinensische Organisationen ua folgende Ausführungen machte: „The difference between the revolutionary and the terrorist lies in the reason for which each fights. For whoever stands by a just cause and fights for the freedom and liberation of his land from the invaders, the settlers and the colonialists cannot possibly be called terrorist" (Offizielles UN-Protokoll der Rede unter https://en.wikisource.org/wiki/Yasser_Arafat%27s_1974_UN_General_Assembly_speech, Stand: 20.4.2017). Die Anerkennung der PLO als legitimer Vertreterin der Interessen des palästinensischen Volkes und der Umstand, dass Yassir Arafat 20 Jahre später 1994 sogar der Friedensnobelpreis verliehen wurde, zeugen von der Kontextabhängigkeit bzw. von einer starken Relativierung der Zuordnung einer Organisation oder Person zu dem Begriffsfeld „Terrorismus".

Vor diesem Hintergrund wird in der Kriminologie zunehmend ein phänomenologischer Begriff der Terrorismus favorisiert, der das charakteristische Moment der Gewaltausübung mit willkürlichen Opfern in den Mittelpunkt stellt: Terrorismus ist danach *erstens* eine Reihe von **vorsätzlichen Akten direkter physischer Gewalt**, die *zweitens* **punktuell** und **unvorhersehbar** sind, *drittens* aber **systematisch** mit der Absicht psychischer Wirkung auf weit mehr Personen als nur die unmittelbar getroffenen Opfer, *viertens* im Rahmen einer Gruppe mit **politischen Zielen** durchgeführt werden und *fünftens* den Gegner zu einer **Reaktion** provozieren sollen, die jene politischen Ziele, die man direkt nicht erreichen kann, indirekt fördert (*Hess* Kriminologisches Journal 2002, 84ff.). Dieselbe Generalversammlung der Vereinten Nationen, vor der im Jahre 1974 Yassir Arafat den Terrorismusvorwurf an „Freiheitskämpfer" scharf zurückweisen konnte, hat dann im Jahre 1995 eine Verurteilung von allen Akten terroristischer Gewalt als „criminal and unjustifiable, wherever and by whomever committed" verabschiedet und diese Akte als „criminal acts intended or calculated to provoke a state of terror in the general public, a group of persons or particular persons for political purposes" bezeichnet (General Assemby A/RES/49/60 v. 17.2.1995, unter https://www.ilsa.org/Jessup/Jessup08/basicmats/ga4960.pdf, Stand: 20.4.2020). 134

Die **UN-Konvention zur Bekämpfung der Terrorismusfinanzierung** 1999 enthält in Art. 2 als Beschreibung des Gegenstandsbereichs die Finanzierung von solchen Akten, „that are intended to cause death or serious bodily injury to a civilian, or to any other person not taking an active part in the hostilities in a situation of armed conflict, when the purpose of such act, by its nature and context, is to intimidate a population or to compel a government or an international organization to do or abstain from doing any act.". Vor diesem Hintergrund könnte man Terrorismusfinanzierung als Bereitstellung von Mitteln für die Vorbereitung und Durchführung solchermaßen definierter Akte bezeichnen. Indes zeigt ein Blick auf die Phänomene, dass die Dinge nicht so einfach liegen, da auch hier eine enorme Kontextabhängigkeit festzustellen ist. Umstritten sind zB Spenden an islamische Wohlfahrtsorganisationen, die sowohl den militärischen wie den humanitären Aktivitä- 135

Einleitung

ten der Hamas im Gaza-Streifen zufließen, die finanzielle Unterstützung von Widerstandsgruppen im Kaukasus durch westliche Institutionen oder die Einschätzung der Aktivitäten von Bürgerkriegsparteien früher auf dem Balkan oder heute in Afrika.

3. Volumen und Erscheinungsformen der Terrorismusfinanzierung

136 Jenseits dieser Schwierigkeiten der Zuordnung stellt sich weiterhin die Frage, um welche Größenordnungen und um welche Phänomene es geht, wenn über Terrorismusfinanzierung gesprochen wird. Wegen des konspirativen Charakters von terroristischen Organisationen und angesichts der gerade diskutierten Schwierigkeiten, wer dazu gezählt wird, kursieren hierzu weit auseinander liegende Schätzungen. Die für die öffentliche Meinung einflussreiche Journalistin *Loretta Napoleoni* hat in ihrem Standardwerk „Die Ökonomie des Terrors" (2004) das Volumen beispielsweise auf fünf Prozent des globalen Bruttoinlandsproduktes geschätzt – was auf dem Stand des globalen BIP 2007 der unglaublichen Summe von ca. 2,6 Billionen USD entsprechen würde. Der Wirtschaftswissenschaftler *Friedrich Schneider* hat 2004 das Jahresbudget aller „arabisch/islamistischen Extremisten/Terrororganisationen" (ein Begriff der einmal mehr die Zuordnungsprobleme offenbart) auf 263–293 Mio. USD und das Jahresbudget von Al-Qaida auf 30–50 Mio. USD „berechnet" (*Schneider/Dreer/Riegler* S. 155f.). In dem Staff Report Terrorist Financing der *9/11-Commission* des US-Kongresses finden sich schließlich sehr nüchterne Feststellungen zum angeblichen Reichtum *Osama Bin Ladens* und der Al-Qaida, die darauf hinauslaufen, dass von einem Jahresbudget von ca. 10–20 Mio. USD auszugehen ist und sich die Beschaffung dieser Gelder als sehr schwieriges Unterfangen darstellt (https://www.9-11commission.gov/staff_statements/911_TerrFin_Monograph.pdf, Stand: 31.7.2020). Über die **Quellen der Finanzierung** von Al-Quaida heißt es weiter in diesem Report: „Contrary to popular myth, Usama Bin Ladin does not support al Qaeda through a personal fortune or a network of businesses. Rather, al Qaeda financial facilitators raise money from witting and unwitting donors, mosques and sympathetic imams, and nongovernmental organizations such as charities" (dort S. 17ff.).

137 Generell sind aus der kriminalistischen Erfahrung über die Finanzierung von terroristischen Akten neben den finanziellen Mitteln der Akteure selbst und Zuwendungen Dritter durchaus auffälligere und risikoreichere Muster wie die Erhebung von „Revolutionssteuer" als Form der Schutzgelderpressung (zB früher die ETA in Spanien und die IRA in Nordirland), Beschaffungskriminalität in Gestalt von Entführungen und Lösegelderpressungen (zB früher die FARC in Kolumbien), „Schutz" für den Drogenanbau und -handel (Lateinamerika und Naher Osten) oder aber auch bewaffnete Banküberfälle (zB RAF in Deutschland) bekannt. Neben kriminellen Aktivitäten werden Spenden aber auch legale Geschäfte als Quellen der Finanzierung des Terrorismus ausgemacht (vgl. *Jae-myong Koh* S. 19ff.). Es drängt sich somit der Eindruck auf, dass die jeweils eingesetzten Mittel zur Terrorismusfinanzierung mit einer Vielzahl von Faktoren, wie der Struktur der jeweiligen Organisation, deren konkreten Zielen sowie der lokalen Unterstützung, zusammenhängen und nicht von einer strukturierten „Ökonomie des Terrors" ausgegangen werden kann.

138 Aus jüngerer Zeit lassen sich folgende Erkenntnisse zur Terrorismusfinanzierung berichten:

Einleitung

Eine Zusammenfassung der bisherigen Erkenntnisse und daraus abgeleiteten Forderungen für eine erfolgreiche Bekämpfung der Finanzierung des Terrorismus findet sich im FATF-Report für die G20 Staaten aus dem Jahre 2015 (Terrorist Financing FATF Report to G20 leaders, November 2015). Wie die FATF berichtet, findet man mittlerweile fast überall auf der Welt Tatbestände, die die Finanzierung des Terrorismus unter Strafe stellen. Auffällig ist, dass auf der anderen Seite nur sehr wenige Verurteilungen wegen Terrorismusfinanzierung festzustellen sind. Zum Zeitpunkt der Untersuchung 2015 hatten mittlerweile auch 27 Länder einen Tatbestand eingeführt, der die Finanzierung von Reisen zu Zwecken terroristischer Taten oder terroristischer Ausbildung unter Strafe stellt. Dies entspricht der Forderung in der UN-Sicherheitsratsresolution 2178 (2014). Freilich ist auch in diesem Bereich ein gewaltiges Implementierungsdefizit festzustellen.

Targeted financial sanctions als ein Mittel der Bekämpfung der Finanzierung des Terrorismus sind in vielen Ländern der Erde von Gesetzes wegen vorgesehen, sie werden jedoch nach der Lagebeurteilung der FATF fast nie angewendet und wenn sie dann doch angewendet werden, ist das Verfahren der Umsetzung deutlich zu langsam.

Im FATF-Report Emerging Terrorist Financing Risk (Oktober 2015) wird als Ziel von Maßnahmen gegen die Terrorismusfinanzierung die Austrocknung der finanziellen Ressourcen mit dem Ziel, langfristig die Aktivitäten zu unterbinden, formuliert. Freilich seien die Quellen der Finanzierung des Terrorismus außerordentlich vielfältig und erweiterten sich stetig. So könne man beispielsweise beim IS als eine wesentliche Finanzierungsquelle die Ausbeutung von Bodenschätzen in den besetzten Gebieten feststellen (FATF-Report Emerging Terrorist Financing Risk, Oktober 2015, S. 39 ff.), ähnliche Phänomene seien auch in Afrika und Südamerika zu beobachten.

Im Bereich des islamistischen Terrorismus kann man nach wie vor und in sehr unterschiedlichem Gewand die Verquickung von Wohlfahrtsorganisationen und deren Sammlungen mit der Finanzierung des Terrorismus beobachten (FATF Emerging Terrorist Financing Risk 2015, S. 14 ff.; ausführlich dazu FATF Risk of Terrorist Abuse in Non-Profit Organisations, Juni 2014). Auch nutzten terroristische Organisationen viele der Möglichkeiten zum fundraising, die sich über soziale Medien eröffnen. Die FATF spricht sogar davon, dass es eine Art von crowdfunding terroristischer Aktivitäten gibt (FATF Emerging Terrorist Financing Risk 2015, S. 30 ff.).

Andere Bereiche haben sich über die Jahre der Beobachtung durch die FATF als nicht bedeutsam für die Finanzierung des Terrorismus erwiesen: so ist die Herstellung und Verwendung von Falschgeld eine Randerscheinung (FATF Money laundering und terrorist financing related to counterfeiting of currancy, Juni 2013), es sind keine Fälle der Geldwäsche durch Immobilien für terroristische Zwecke bekannt (FATF Money Laundering & Terrorist Finanzing through the Real Estate Seator, Juni 2007). Die Rolle des Hawala-Banking für die finanziellen Transaktionen des Terrorismus ist offenbar lange überbewertet worden (FATF The Role of Hawala-Banking, Oktober 2013).

Demgegenüber spielen nach wie vor Geldtransferdienstleister wie Western-Union und neue Möglichkeiten des Geldtransfers im Onlinebereich eine große Rolle (FATF Money Laundering through Money Remittance and Currancy Exchange Providors, Juni 2010). Gleiches gilt für den Einsatz von Prepaid Cards. Hierbei können durch gestohlene Identitäten und unter den Bedingungen eines non-face-to-face-Geschäfts Quellen und Zielpersonen von Finanztransaktionen fast

Einleitung

vollständig verschleiert werden (FATF Money Laundering & Terrorist Financing through the Real Estate Sector, Juni 2007).

Finden Transaktionen im normalen Bankenbereich statt, werden häufig Familienmitglieder, Firmenmantel oder Wohlfahrtsorganisationen zur Tarnung der wirklichen Zusammenhänge genutzt.

Auch der ganz normale Bargeldschmuggel über die Grenzen spielt weiterhin eine große Rolle für die Geldflüsse terroristischer Organisationen. Dieser Schmuggel lässt sich logistisch noch viel bequemer (große Werte in kleiner, gut versteckbarer Größe) beispielsweise über die Verwendung von Diamanten als Wertträger organisieren. Wie im FATF-Report über Diamantenhandel aus dem Jahre 2013 berichtet wird, prädestinieren die Charakteristika des Diamantenhandels geradezu dessen Nutzung in kriminellen und terroristischen Finanzierungsaktivitäten (FATF Money Laundering and Terrorist Financing through Trade in Diamonds, Oktober 2013).

Eine völlig neue Qualität hat die Terrorismusfinanzierung durch das Auftreten der Terrororganisation IS erhalten (FATF Financing of the Terrorist Organisation Islamic State in Iraq and the Levant (ISIL), Februar 2015). Dadurch, dass der sog. Islamische Staat Territorien besetzt hielt und dadurch Zugriff auf die dort vorfindlichen Ressourcen, Personen und Banken hatte, glich die Finanzierung des IS einer Art Ausplünderungsstrategie, wie man sie auch aus anderen kriegerischen Zusammenhängen kennt. Die Ausplünderung von Öl- und Gasvorkommen der Region durch den IS ist hinreichend bekannt und dokumentiert; daran hängt eine ganze Struktur von Schmugglern, Zwischenhändlern und Endabnehmern, die nach den ganzen Umständen im Bilde gewesen sein müssen, dass ihre Zahlungen den Terror des IS finanzierten. Daneben hat der IS in den von ihm besetzten Gebieten die vorhandenen Bargeld- und Goldbestände in Banken ausgeplündert und „besteuerte" die nach wie vor möglichen Abhebungen durch ortsansässige Personen mit pauschalisierten Prozentsätzen. Ebenso wurden in den besetzten Gebieten Bauern beim Verkauf ihrer landwirtschaftlichen Produkte pauschal „besteuert". Ähnliche Mechanismen der „Besteuerung" finden sich für das Handwerk und Industriebetriebe in der Region. Weiterhin handelt der IS mit Menschen (vor allen Dingen Frauen) und verfolgte eine Kidnapping-Strategie mit dem Ziel, hohe Lösegelder zu erzielen.

Es gibt weiterhin erhebliche Anhaltspunkte dafür, dass auch Gelder aus arabischen Wohlfahrtsorganisationen sowie einzelner Spenderpersönlichkeiten aus dem arabischen Raum in den Haushalt des IS eingingen. Was crowdfunding anbelangt, ist der IS in den modernen Kommunikationsnetzwerken außerordentlich aktiv.

Die territorialen Aktivitäten der sog. Islamischen Staates waren sehr kostenintensiv. Dagegen sind nach den Erkenntnissen der FATF die Kosten für die Durchführung von terroristischen Operationen im Sinne von Anschlägen (in Europa) relativ gering. Für seine territorialen Aktivitäten musste der IS große Summen von Geld aufwenden, um eine entsprechende Infrastruktur aufrecht zu halten, um das terroristische Training von einer großen Zahl von Menschen zu finanzieren, um Fahrzeuge, Waffen und Sprengstoff zu erwerben und internationale Reisekosten zu finanzieren.

Die FATF spricht insofern von einem „cash-intensive business", weil beispielsweise der Sold der IS-Kämpfer bar ausgezahlt werden muss und auch die Ausrüstung nicht gegen Rechnung und Bezahlung durch Überweisung erworben werden kann. Vor diesem Hintergrund spielen für die finanziellen Aktivitäten des IS Geldkuriere eine hervorgehobene Rolle.

Einleitung

Was Öl und Erdgas für den IS sind, ist nach den Erkenntnissen der FATF (FATF Financial flows linked to the productions and trafficking of Afghan opiates, Juni 2014) der Mohnanbau und Opiumhandel für die Taliban in Afghanistan/Pakistan. Ca. ein Drittel des Haushalts der Taliban wird nach Erkenntnissen der FATF aus dieser Quelle finanziert.

Bei den finanziellen Aktivitäten und Transaktionen des Terrorismus lässt sich zT eine überraschende internationale Zusammenarbeit und eine Verquickung von terroristischen Gruppierungen und organisierter Kriminalität feststellen. So weist die FATF darauf hin, dass die Wege des Opiums nach Europa von den Taliban ihren Ausgang nehmen und sodann über kriminelle Gruppierungen, Kurdengebiete und die PKK verlaufen, ehe sie in Europa unter die Kontrolle der organisierten Kriminalität gelangen. Auch in Westafrika (FATF Terrorist Financing in West Africa, Oktober 2013) konnte eine Zusammenarbeit zwischen terroristischen Gruppen und Gruppen der organisierten Kriminalität festgestellt werden, die sich zB an der Einbeziehung der Hisbollah in den kriminellen Gebrauchtwagenhandel nach Westafrika zeigt. Beim Kokainhandel gab es Anzeichen dafür, dass unter dem Schutz der FARC hergestelltes kolumbianisches Kokain zunächst nach Westafrika verschifft und dann unter Protektion durch islamistische Organisation auf den Weg nach Europa gebracht wurde.

Wie weit die Fundraising-Methoden des Terrorismus in den Alltag hinein reichen können, belegt ein Fall aus dem FATF-Report über Terrorismusfinanzierung in Westafrika. Es gibt Erkenntnisse darüber, dass die Organisation Boko Haram die überall anzutreffenden Kinderbettler einsetzt, um weitere Quellen ihrer Finanzierung zu erschließen (FATF Terrorist Financing in West Africa, Oktober 2013, S. 21).

Damit bestätigt sich die These des FATF-Reports über Terrorist Financing aus dem Februar 2008, dass sich die große Bandbreite von terroristischen Gruppen und ihren Aktivitäten in einer schier unerschöpflichen Breite von Methoden der Terrorismusfinanzierung reflektiert.

Aus den europäischen Anschlägen der letzten Jahre weiß man, dass das self-funding hinzu kommt. Häufig handelt es sich bei den Tätern dieser Anschläge um polizeibekannte Kleinkriminelle, die zuvor beispielsweise durch Straßenhandel mit Drogen, Diebstähle, Betrügereien mit Kreditkarten und Schecks sowie auf Internethandelsplattformen aufgefallen waren.

Insgesamt drängt sich bei einer Bewertung aller dieser Erkenntnisse über die Finanzierung des Terrorismus auf, dass es zwar einerseits verwandte Methoden von Finanztransaktionen bei der Geldwäsche und der Terrorismusfinanzierung gibt, andererseits aber die Bereiche weit auseinander liegen. Die typischen finanzmarktbezogenen Instrumente wie Monitoring, Know Your Customer (KYC) und Red-Flagging von Transaktionen und Kunden scheinen in diesem Gebiet keine so bedeutenden und wirksamen Instrumente der Prävention zu sein.

Große Finanzströme des Terrorismus fließen am Finanzsystem vorbei und sind so mit den üblichen AML-Instrumenten nicht aufspürbar; oder die Aufspürung von Flüssen, die doch durch das offizielle Finanzsystem verlaufen, gestaltet sich wegen der elaborierten konspirativen Fähigkeiten heutiger terroristischer Organisationen als außerordentlich schwierig.

Wenn man das klassische Beispiel der 9/11-Täter betrachtet, bestätigt sich die These, dass es vielleicht gelingen kann, im Wege der Finanzautopsie im Nachhinein eine Anschlagfinanzierung zu identifizieren und ihr nachzuspüren, dass es aber sehr schwer ist, durch Finanzermittlungen präventive Erfolge zu erzielen.

Einleitung

4. „Kosten" von terroristischen Aktivitäten

140 Erkenntnisse über die Kosten jüngerer islamistischer terroristischer Anschläge führen zu der makabren Feststellung, dass derartige Anschläge immer billiger werden und so häufig ohne den Transfer von „Fördergeldern" von den ausführenden Zellen und Einzeltätern selber finanziert werden können. Selbst der Anschlag des 9/11 ist in Relation zu der umfangreichen Logistik und den verheerenden Folgen mit Kosten von 400–500 Tausend USD (nach den Ermittlungen der 9/11 Commission, S. 3 → Rn. 130) noch in einem low cost-Segment zu verorten, die Anschläge in Madrid 2004 und London 2005 wurden von den Attentätern selbst finanziert und haben nach offiziellen Ermittlungen Kosten in Höhe von ca. 54.000 EUR (Madrid) bzw. ca. 12.000 EUR (London) verursacht (House of Commons, Report über die Anschläge von London, abrufbar unter http://www.official-documents.gov.uk/document/hc0506/hc10/1087/1087.pdf, Stand: 20.4.2020; für den Anschlag in Madrid s. Boletin Oficial de las Cortes Generales, Congreso de los Diputados, VIII Legislatura, Serie D: General, 13.7.2005, Numero 24). Die neue Methode, Menschen durch gestohlene oder gemietete Kraftfahrzeuge in den Tod zu reißen, liegt noch unter diesen Kosten. Nach der gegenwärtigen Einschätzung der Gefährdungslage sind Anschläge häufig von „homegrown" Attentätern zu erwarten, also Personen, die in den betroffenen europäischen Ländern aufgewachsen sind und völlig unauffällig ihrem Leben nachgehen, die keine **finanziellen Zuwendungen** aus dem Ausland für die Logistik ihrer Anschläge erhalten, die aus dem Internet Anleitung für eine „preiswerte" Durchführung von Anschlägen beziehen und dafür ihre eigenen finanziellen Ressourcen einsetzen. Auch vor diesem Hintergrund ist vor übertriebenen Hoffnungen auf eine hohe präventive Reichweite der Bekämpfung der Terrorismusfinanzierung zu warnen.

141 Wie die Ermittlungen der 9/11 Commission zu Tage gefördert haben, erbringen die üblichen Methoden und Raster der Transaktionsanalyse keiner signifikanten Indikatoren für die Pläne der beteiligten Personen, soweit sie sich in den üblichen Mustern der Benutzung von Finanzdienstleistungen bewegen. Hierdurch wird der fundamentale Unterschied der Geldwäsche gegenüber der Finanzierung des Terrorismus deutlich und die Übertragung der Mechanismen der Geldwäschebekämpfung ist mit vielen Fragezeichen zu versehen:

Konventionelle Geldwäscher verwandeln das „schmutzige Geld" aus illegalen Aktivitäten in sauberes Geld, um es in legalen Aktivitäten zu investieren; terroristische Organisationen erlangen dagegen ihr Geld weitgehend aus legalen Quellen und setzen es dann für ihre Aktivitäten ein. Aus diesem Grund sind Finanzermittlungen auf dem Gebiet der Terrorismusbekämpfung überwiegend erst post factum erfolgreich, wenn mit einer Methode, die das FBI „financial autopsy" nennt, die Vernetzungen, Aufenthaltsorte, Einkäufe usw der an Anschlägen beteiligten Personen rekonstruiert werden. So konnte beispielsweise *nach* dem 11.9. über Zahlungsbelege und Kontounterlagen relativ schnell und umfangreich ermittelt werden, wann und wo sich die beteiligten Personen aufgehalten, wie sie Autos gemietet, Flugstunden absolviert oder Unterrichtsvideos erworben hatten. Man wird also die von *Mark Pieth* geäußerte Befürchtung teilen müssen, *„dass im Bereich der finanziellen Bekämpfung des Terrorismus eigentlich kaum viel mehr als der Abgleich der Personenlisten der UN, der USA usw. mit dem Kundenstamm bleiben werden – zumal die Transaktionen, um die es hier geht, schon von der Größenordnung her leicht in der Masse der Alltagsgeschäfte verborgen werden können"* (*Pieth* in Herzog/Mülhausen Geldwäschebekämpfung-HdB

Einleitung

§ 7 Rn. 2). Freilich bringt diese Methode des Listings eine Fülle von tatsächlichen und rechtlichen Problemen mit sich.

5. Praxis und rechtliche Problematik der Bekämpfung der Terrorismusfinanzierung durch Listings

Relevant für die Bekämpfung der Terrorismusfinanzierung ist vor allem das durch die Resolution des UN-Sicherheitsrates Nr. 1267 vom 15.10.1999 eingesetzte sog. **1267-Komitee** (auch Al Qaida Sanctions Committee genannt), das durch die Sicherheitsratsresolution Nr. 2368 vom 20.7.2017 um die Zuständigkeit für den sog. Islamischen Staat und assoziierte Organisationen und Personen erweitert wurde (http://www.un.org/en/ga/search/view_doc.asp?symbol=S/RES/2368(2017)). Dieses Komitee zeichnet nicht nur für die umfangreichsten und rechtlich relevantesten Listen verantwortlich, sondern arbeitet auf einer regelmäßigen und systematischen Basis und zwar nicht begrenzt auf der Basis eines regionalen Konflikts, sondern unter einer globalen Perspektive. Die Internetseite dieser vom Weltsicherheitsrat etablierten Institution auf Ebene der Vereinten Nationen gibt ausführlich über die Zusammensetzung, Arbeitsweise und die Verfahrensregeln Auskunft (https://www.un.org/securitycouncil/sanctions/1267, Stand: 20.4.2020). 142

Mitglieder dieses Komitees sind die jeweiligen Mitglieder des Sicherheitsrats der Vereinten Nationen. Wichtig ist, dass alle Entscheidungen einstimmig getroffen werden. Das 1267-Komitee ist vor allem für die **Erstellung, Implementierung und Aktualisierung von Listen** zuständig, auf die Personen oder Körperschaften eingetragen werden, die zu Al Qaida, den Taliban oder „Islamischem Staat" gehören oder mit ihnen „assoziiert" sind („associated to these"). 143

Das „Listing-Verfahren" wird in der Regel von den Mitgliedstaaten initiiert: ein Staat, der eine Eintragung wünscht, muss einen entsprechenden Antrag stellen. Die Kriterien bzw. die Voraussetzungen, die vorliegen müssen, um einen solchen Antrag zu stellen, sind in den Richtlinien („Guidelines") des Al Qaida Sanctions Committee enthalten. 144

Wird von einem Mitgliedstaat ein Antrag zur Eintragung auf die Liste gestellt, wird dieser Antrag allen Mitgliedstaaten mitgeteilt. Alle Staaten sind während dieses Verfahrens aufgefordert, jegliche Hinweise, die zur Entscheidung hilfreich wären, vorzulegen. Das Al Qaida Sanctions bzw. 1267-Komitee prüft Listing-Anträge innerhalb von höchstens zehn Arbeitstagen. Hat ein Listing-Antrag Erfolg, wird eine entsprechende Neueintragung in der Liste vorgenommen. 145

Angesichts der weitreichenden Folgen, die ein Listing für die betroffene Person oder Organisation hat (vgl. dazu *Kaleck* KJ 2011, 63ff.), gibt es eine anhaltende Diskussion über diese Vorgehensweise, die sich letztlich in Entscheidungen des EuGH niedergeschlagen hat. 146

Der Ablauf des Listing- wie des De-Listing-Verfahrens befremden aus der Sicht eines an die Rechtsschutzgarantien der Ordnung des Grundgesetzes gewohnten Juristen in beträchtlichem Maße, da es für den Betroffenen in der Folge um massive **Grundrechtsbeeinträchtigungen** geht (vgl. dazu auch *Kaleck* KJ 2011, 63ff.). So liegt es auf der Hand, dass die Sanktion des Einfrierens von Geldern in bestimmten Situationen und angesichts der zeitlich offenen Natur dieser Sanktion (sie ist nicht zeitlich befristet) ruinös sein kann. Es stellen sich in diesem Zusammenhang komplizierte (völker-) rechtliche Fragen, wie zB nach der Justiziabilität von Resolutionen des VN-Sicherheitsrates.

Einleitung

147 Werden die von den VN gelisteten Personen im Rahmen einer die Mitgliedstaaten unmittelbar bindenden EU-Verordnung in das europäische Regime für die Bekämpfung der Finanzierung des Terrorismus einbezogen, ist offenkundig an **Rechtsschutz vor den europäischen Gerichten** zu denken (erfolgt eine Listung bzw. Finanzsanktion ausschließlich auf Grundlage europäischen Rechts unabhängig von den VN, besteht die Rechtsschutzmöglichkeit einschließlich eines geregelten Verwaltungsverfahrens für ein De-Listing ohnehin, vgl. dazu *Müller-Feyen/Müller-Feyen* in LNSSW KWG § 6a Rn. 13f. mwN). Zu einer gerichtlichen Entscheidung verschiedener Fragen in Zusammenhang mit dem „Listing" konnte es deswegen kommen, weil die an Resolution Nr. 1267 anknüpfende und diese bekräftigende Sicherheitsratsresolution Nr. 1390 (2002) vom 28.1.2002 durch die Verordnung (EG) Nr. 881/2002 des Rates vom 27.5.2002 (ABl. 2002 L 139, 9) umgesetzt worden ist. In der Folge unternahmen mehrere gelistete Personen und Organisationen den Versuch, die umsetzende Verordnung direkt vor Gerichten der Europäischen Gemeinschaft anzugreifen. Beim Europäischen Gerichtshof wurden Klagen der Organisation des Modjahedine Peuple D'Iran (OMPI) am 26.7.2002 und des PKK-Führers Osman Öcalan eingereicht (Zusammenfassungen der Klagen sind im Abl. der europäischen Gemeinschaften v. 28.9.2002 sowie v. 12.10.2002 veröffentlicht). Diese **Nichtigkeitsklagen** stützten sich auf §§ 230 und 231 EGV (nunmehr Art. 263 f. AEUV). Danach können natürliche und juristische Personen gegen diverse europäische Institutionen Klage erheben, wenn *„gegen die an sie ergangenen Entscheidungen sowie gegen diejenigen Entscheidungen (...), die, obwohl sie als Verordnung oder als eine an eine andere Person gerichtete Entscheidung ergangen sind, unmittelbar und individuell betreffen"*. Die Rechtsverletzungen sind nach der Auffassung der Kläger darin zu sehen, dass durch die Aufführung auf den Listen die Organisation als terroristisch abgestempelt wird. Gerügt wird auch die Verletzung des Rechts auf Verteidigung, weil die Kläger vorher in keiner Weise angehört worden sind. Hilfsweise wird die Verletzung höherrangigen Rechts gerügt, nämlich das Recht auf Widerstand gegen Tyrannei und Unterdrückung. Zur Untermauerung dieses Arguments werden VN-Resolutionen und Beschlüsse internationaler Institutionen genannt, die ein Recht auf Widerstand bejahen. Dadurch wird auch an dieser Stelle das schon oben angesprochene Problem deutlich, dass die Bekämpfung der Terrorismusfinanzierung eine gesicherte Definition des Terrorismus voraussetzt.

148 Auch weitere Personen, die auf den EU-Terroristenlisten aufgeführt wurden, so dass ihr Vermögen eingefroren wurde, hatten zwischenzeitlich Klage vor dem Europäischen Gerichtshof Erster Instanz (EuG) gegen die Rechtmäßigkeit der entsprechenden EG-Verordnungen wegen Verletzung ihrer Grundrechte erhoben. Die Einzelheiten der jeweiligen Verfahrensgangs können hier nicht dargestellt werden. Jedenfalls ist es in der Berufungsinstanz, dazu gekommen, dass der EuGH mit seiner Entscheidung vom 3.9.2008 (ABl. 2008 C 285, 2) die Verordnung Nr. 881/2002/EG für nichtig erklärt hat. Der EuGH stellt in dieser Entscheidung zunächst fest, dass die Gemeinschaftsgerichte für die Prüfung der materiellen Rechtmäßigkeit zuständig seien, obwohl die Verordnung ihre Wurzel in einer (injustitiablen) Resolution des VN-Sicherheitsrats hat. Der EuGH führt hierzu aus, dass die Kontrolle der Gültigkeit einer jeden Handlung der Gemeinschaft im Hinblick auf die Grundrechte durch den EuGH als Ausdruck einer Verfassungsgarantie in einer Rechtsgemeinschaft zu betrachten ist, einer Garantie, die sich aus dem EG-Vertrag als autonomem Rechtssystem ergibt und durch ein völkerrechtliches Abkommen nicht beeinträchtigt werden kann. Auf diese Weise bezieht sich die Prüfung der materiellen Rechtmäßigkeit auf den Gemeinschaftsakt und nicht auf das

Einleitung

völkerrechtliche Übereinkommen. Bei der tatsächlichen Prüfung der Rechtmäßigkeit der Verordnung kommt der EuGH zu dem Schluss, dass angesichts der konkreten Umstände, unter denen die Namen der Rechtsmittelführer in die Liste der vom Einfrieren von Geldern betroffenen Personen und Organisationen aufgenommen worden sind, die Verteidigungsrechte der Rechtsmittelführer, insbesondere der Anspruch auf rechtliches Gehör, sowie das Recht auf **effektive gerichtliche Kontrolle** offenkundig nicht gewahrt worden sind. Denn die Effektivität der gerichtlichen Kontrolle, so das Gericht, setzt voraus, dass die Gemeinschaftsbehörde (hier: der Rat) der betroffenen Person oder Organisation die Gründe, auf denen die spezielle Maßnahme beruht, möglichst zu dem Zeitpunkt mitteilen muss, als diese Maßnahme vollzogen wird und wenn dies nicht möglich ist, zum schnellstmöglichen Zeitpunkt. Nur auf diese Weise wird für die Betroffenen eine Wahrnehmung ihres Rechts auf gerichtlichen Rechtsschutz ermöglicht. Die Nichtigkeit der Verordnung ergibt sich somit daraus, dass dieser Gemeinschaftsakt kein Verfahren für die Mitteilung der Umstände, die die Aufnahme der Betroffenen auf die Liste rechtfertigt, vorsieht. Den Rechtsmittelführern wurden zu keinem Zeitpunkt die ihnen zur Last gelegten Umstände mitgeteilt. Diese Verletzung der Verteidigungsrechte führt neben dem Verstoß gegen den Anspruch auf rechtliches Gehör auch zu einem Verstoß gegen das Recht auf gerichtlichen Rechtsschutz, da sie ihre Rechte auch vor dem Gemeinschaftsrichter nicht zufriedenstellend verteidigen konnten. Außerdem stellt der EuGH eine ungerechtfertigte Beschränkung der Eigentumsrechte der Betroffenen durch das Einfrieren von ihren Geldern fest. Die durch die Verordnung verfolgten Ziele könnten Einschränkungen des Eigentumsrechts von Betroffenen rechtfertigen. Der EuGH führt jedoch aus, dass die betreffende Verordnung erlassen worden ist, ohne den Betroffenen irgendeine Garantie zu geben, dass sie ihre Anliegen den zuständigen Stellen vortragen können, obwohl eine solche Garantie im Hinblick auf die umfassende Geltung und effektive Dauer der gegen sie verhängten Maßnahmen des Einfrierens erforderlich ist, um die Achtung des Rechts auf Eigentum sicherzustellen.

Dieser Entscheidung des EuGH kommt nicht nur für das Rechtsgebiet dieses Kommentars, sondern für die Rechtsentwicklung des europäischen und internationalen Rechts insgesamt ein besonderes Gewicht zu. Nicht nur wird auf europarechtlicher Ebene die **Selbstständigkeit der Europäischen Rechtsordnung** gegenüber anderen völkerrechtlichen Rechtsordnungen hervorgehoben; vielmehr wird hinsichtlich des problematischen Charakters der europäischen Terroristenlisten die fehlende Möglichkeit der Wahrnehmung von Verteidigungsrechten gerügt. Auf diese Weise wird der europäische Normgeber mittelbar gezwungen, konkretere Regel zu erstellen, die in der nahen Zukunft die rechtsstaatlichen Defizite dieser Praxis lindern könnten – was nach dem hier vertretenen Standpunkt erforderlich ist.

Anstatt jedoch die plausiblen Beanstandungen des EuGH zum Anlass zu nehmen, das gesamte Listing-Verfahren zu überdenken bzw. umzugestalten, hat die Kommission eine Verordnung erlassen, in der betont wird, dass um dem Urteil des Gerichtshofs nachzukommen, den Beschwerdeführern die Zusammenfassung der Gründe für deren Eintragung in die Listen übermittelt wurde und ihnen Gelegenheit gegeben wurde, zu diesen Gründen Stellung zu nehmen: in Rückgriff auf den präventiven Charakter des Einfrierens von Geldern und aufgrund der Tatsache, dass die Beschwerdeführer immer noch auf der entsprechenden Liste der Vereinten Nationen stehen, sieht die Verordnung deren erneute Eintragung in die EU-Liste vor (VO Nr. 1190/2008 der Kommission v. 28.11.2008). Dieser weitere Versuch ins-

Einleitung

besondere Herrn Kadi in die Verordnung aufzunehmen, wurde mit Urteil des EuGH vom 30.9.2010 (T-85/09, BeckRS 2010, 54122) wegen Missachtung dessen Verteidigungsrechte durch die EU-Kommission und einer Verletzung seiner Eigentumsrechte durch die Dauer des Einfrierens seiner Vermögenswerte erneut zurückgewiesen. Seine Rechtsprechung hat der EuGH in der Zwischenzeit, wie etwa in der Entscheidung Hassan/Ayadi (Urt. v. 3.12.2009 – C-399/06 P und C-403/06 P, BeckRS 2010, 90224), aufrechterhalten.

V. Die Entwicklung der Geldwäschebekämpfung vom rule based zum risk based approach

151 Das Geldwäscherecht in Deutschland blickt nicht auf eine lange Geschichte zurück, sondern ist ein junges Rechtsgebiet (s. dazu sehr ausführlich *Sotiriadis* Die Entwicklung der Gesetzgebung über Gewinnabschöpfung und Geldwäsche). Seine Anfänge in den 90er Jahren sind eng mit der Figur der organisierten Kriminalität verbunden. Durch die **Schaffung des Straftatbestands der Geldwäsche** (§ 261 StGB) durch das Gesetz gegen die Organisierte Kriminalität setzte eine interessante Entwicklung mit verschiedenen normsetzenden Akteuren und mit vielen Adressaten ein. Der Geldwäschetatbestand wollte ursprünglich Tathandlungen erfassen, die durch die bereits existierenden strafrechtlichen Anschlusstatbestände der Hehlerei, der Begünstigung und der Strafvereitelung nicht abgedeckt wurden. Der neue Tatbestand wurde somit darin begründet, dass die typischen Geldwäschehandlungen einen Moment darstellten, in dem kriminell erlangte Gewinne sichtbar würden. Somit sollten durch diese Norm gleichzeitig mehrere Ziele verfolgt werden: Zum einen könnten die Strafverfolgungsbehörden durch Aufdeckung solcher Handlungen den Ursprung illegaler Erlöse zurückverfolgen. Dadurch sollte ein Einblick in die Funktionsweisen der organisierten Kriminalität gewonnen werden. Gleichzeitig wurde durch die Inkriminierung der Handlungen, die dem Täter die Weiterverwertung seiner Gewinne ermöglichen, seine Isolierung angestrebt, indem die aus der Vortat herrührenden Gegenstände verkehrsunfähig gemacht werden würden. Schließlich würde durch das Verschleiern der kriminellen Herkunft auch der Zugriff der Strafverfolgungsorgane auf die kriminellen Gewinne erschwert, wenn nicht vereitelt. Dieser Straftatbestand könnte diesbezüglich Abhilfe leisten und somit eine umfassende Gewinnabschöpfung versprechen.

152 Bereits am Anfang war jedoch der Tatbestand mit vielen dogmatischen Problemen behaftet (sehr ausführlich dazu die Kommentierung von *El Ghazi* → § 261 Rn. 1 ff.). Welches Rechtsgut geschützt wird, bleibt genauso wenig geklärt, wie die Frage nach dem Tatobjekt. Der Gebrauch der Begrifflichkeit des „Herrührens" zur Konkretisierung des Tatobjekts scheint mehr Probleme zu schaffen, als er zu lösen vermag. Nicht weniger kompliziert ist auch die Umschreibung der Tathandlungen, die sich oft überschneiden und zu einer sehr weiten Strafbarkeit führen. In Verbindung mit der Strafbarkeit der leichtfertigen Geldwäsche schließt das strafrechtliche Unrecht oft sozial übliche Tätigkeiten ein. Eine gewisse Ausuferung der Strafbarkeit lässt sich am Beispiel der Strafbarkeit von Bankmitarbeitern, die Transaktionen mit Geldwäschern tätigen, demonstrieren. Ähnliches gilt für die Strafbarkeit von Strafverteidigern bei Annahme eines bemakelten Verteidigerhonorars. Ob letztendlich durch diesen Tatbestand die weit gesteckten präventiven Ziele erreicht werden können, wird in Zweifel gezogen.

Einleitung

Einen nicht zu übersehenden Faktor zum weiteren Ausbau des Rechts der Geld- 153
wäschebekämpfung stellen allerdings die internationalen Entwicklungen dar. Mit
der Zeit stößt man auf eine immer intensivere Beschäftigung von **internationalen
Akteuren** mit der Thematik der kriminellen Gewinne und vorrangig mit der Bekämpfung der Geldwäsche. Folge dieser Beschäftigung ist eine Reihe von internationalen Übereinkommen unterschiedlicher Rechtsverbindlichkeit und mit jeweils
unterschiedlichen Schwerpunkten. Während sich das Übereinkommen der Vereinten Nationen gegen den unerlaubten Verkehr mit Suchtstoffen auf die Geldwäschebekämpfung hinsichtlich Drogengelder konzentrierte, fokussierte das darauf
folgende Europaratsabkommen die Schaffung von Normen zur internationalen
Rechtshilfe. Zeitgleich wurde die Financial Action Task Force (FATF) als ein Organ
intergouvernementaler Zusammenarbeit gegründet. Diese Organisation hat die
weitere Entwicklung der Geldwäschebekämpfung durch verschiedene, teils sehr
originelle Strategien, in entscheidendem Maße vorangetrieben. Schließlich beansprucht auch die **Europäische Union** Befugnisse im Bereich Geldwäsche, vor
allem was die Zusammenarbeit mit Akteuren der privaten Wirtschaft angeht. Im
Laufe der Entwicklung wird der internationale Faktor eine immer wichtigere Rolle
spielen und die nationale Gesetzgebung zu einem erheblichen Teil bestimmen. Somit ist es nicht übertrieben, von der Geldwäschegesetzgebung als einer globalisierten Gesetzgebung zu reden; darunter wird eine Art der Normsetzung verstanden,
in der Initiativen von inter- oder supranationalen Organen mit teils fraglicher demokratischer Legitimation (zB FATF) die normativen Maßstäbe für den nationalen
Gesetzgeber vorschreiben.

Das Ziel der Einbeziehung von Wirtschaftssubjekten als Verpflichtete in die 154
Geldwäschebekämpfung dominiert die weitere Entwicklung dieses Rechtsbereichs.
Die gesetzliche Grundlage für die Erreichung dieses Ziels schafft das **Geldwäschegesetz**. Dieses Gesetzeswerk sieht umfangreiche Identifizierungs-, Aufzeichnungs-
und Verdachtsanzeige- sowie organisatorische Pflichten für die betroffenen Kredit-
und Finanzinstitute sowie andere Verpflichtete vor. Demnach scheint die Geldwäschebekämpfung nur durch die Inpflichtnahme der Wirtschaft als eines für die
Geldwäschebegehung nötigen Intermediärs möglich zu sein.

Nachdem die Grundlagen der Geldwäschebekämpfung durch den Geldwäsche- 155
tatbestand und das Geldwäschegesetz geschaffen wurden, ist ein andauerndes gesetzgeberisches Bestreben nach einer Ergänzung der entsprechenden Vorschriften
zu verzeichnen. Durch eine Serie von Gesetzen und Entwürfen wurde die **Erweiterung des Vortatenkatalogs** und somit eine effektivere Verfolgbarkeit von Geldwäsche angestrebt. Das Verbrechensbekämpfungsgesetz erweitert diesen Katalog,
obwohl seine Priorität auf der Erweiterung anderer Ermittlungsbefugnisse liegt.
Das Gesetz zur Verbesserung der Bekämpfung der Organisierten Kriminalität sieht
eine Reihe von Änderungen vor, die neben der Erweiterung des Vortatenkatalogs,
auch die Ausdehnung strafrechtlicher Ermittlungsmaßnahmen beim Geldwäscheverdacht zum Gegenstand haben. Durch das Schwarzgeldbekämpfungsgesetz vom
28.4.2011 (BGBl. I S. 676 ff.) wurde der Vortatenkatalog der § 261 StGB erweitert
und die Möglichkeit der strafbefreienden Selbstanzeige im Steuerrecht eingeschränkt. Es schließen sich in der Entwicklungsgeschichte des Tatbestandes viele
weitere Änderungen an, vgl. *El Ghazi* → § 261 Rn. 1 ff. Hinzu kommen die Novellierungen des GwG, vor allem bezüglich der zeitlichen Vorverlegung der Weitergabe von Informationen an Finanzbehörden sowie im Hinblick auf die Verwendung dieser Informationen für die Verfolgung von Steuerstraftaten und zu
Besteuerungszwecken. Auf diese Weise ist über die Jahre ein Informationsverbund

Einleitung

zwischen den Strafverfolgungs- und den Finanzbehörden entstanden. Ausgehend von einem Gesetz, das die Aufdeckung von Strukturen organisierter Kriminalität in das Zentrum der Bemühungen gestellt hatte, hat sich die Geldwäschebekämpfung zu einem kriminalstrategischen Bekämpfungsansatz für vielfältige Phänomene entwickelt, während sich die Sanktionierung eines klar umrissenen Unrechts immer mehr verflüchtigt.

156 Das nächste Stadium in der Entwicklung der Geldwäschebekämpfung erfasste neue Ziele. Durch das sog. Vierte Finanzmarktförderungsgesetz wurden neue **gewerbeaufsichtsrechtliche Maßnahmen zum Zwecke der Geldwäschebekämpfung** eingeführt. Während bisher das Novellierungsbedürfnis sowohl die repressive (den Geldwäschetatbestand) als auch die präventive (das GwG) Seite des Geldwäscherechts betraf, wird nunmehr verstärkt auf die präventive Seite abgestellt. Ausgangspunkt ist die Überlegung, dass die herkömmliche Geldwäscheprävention den technischen und strukturellen Wandel im Finanzsektor durch den Einsatz neuer Informationstechnologien nicht berücksichtigt. Durch eine Reihe von Maßnahmen, wie das **automatisierte Kontenabrufverfahren** (§ 24c KWG), das Konten-Screening bzw. Monitoring (seinerzeit in § 25a Abs. 1 Nr. 4 KWG geregelt, vgl. nunmehr § 25g Abs. 2 KWG) und die Mitteilungspflicht der Finanzbehörden zur Bekämpfung der Geldwäsche (§ 31b AO) findet ein qualitativer Sprung innerhalb der Geldwäschebekämpfung statt. Dieser bezieht sich einerseits auf ihr Ziel, eine sog. „situative Prävention", die im Sinne eines proaktiven Handelns nicht an Individuen, sondern an risikoträchtige Situationen anknüpft. Der qualitative Sprung erstreckt sich allerdings auch auf die Mittel zur Erreichung dieses Ziels: die neuen Instrumente liefern den Strafverfolgungsbehörden unkompliziert eine Fülle von Informationen und multiplizieren somit ihre Ermittlungsansätze. Gleichzeitig darf man skeptisch sein, ob dadurch ein entsprechender Effizienzgewinn hinsichtlich der Geldwäschebekämpfung registriert werden kann. Der Bezug zur Gewinnabschöpfung der organisierten Kriminalität wird jedenfalls immer schwächer.

157 Die beschriebenen Entwicklungen, insbesondere der Umstellung eines regelbasierten auf risikobasierten Ansatz, stellen Zwischenschritte in der Weiterentwicklung der Vorgaben und Pflichten des Anti-Geldwäscheregimes dar. Die oben bereits beschriebenen überarbeiteten Empfehlungen der FATF vom Februar 2012 und die **4. EU-Anti-Geldwäscherichtlinie** sollen zu einer weiteren Verfeinerung des risikobasierten Ansatzes führen.

158 Betrachtet man die bisherige Karriere des Geldwäscherechts mit einem kritischen Blick und versucht man daraus Tendenzen aufzuzeigen, fällt einem auf, dass der **strafrechtliche Geldwäschetatbestand immer mehr in den Hintergrund gerät.** Während eine Reihe von Ermittlungsbefugnissen den staatlichen Strafanspruch in Bezug auf Geldwäschehandlungen realisieren soll, erlangt ihre Anwendung in der Praxis eine nur marginale Bedeutung. Gleichzeitig zeigt sich am Beispiel der Geldwäschebekämpfung eine bedenkliche Einbeziehung von Privaten in die Strafverfolgung: durch die Verpflichtungen der Individuen nach dem GwG, vor allem durch Monitoringerfordernisse und Verdachtsmeldungen, werden den Strafverfolgungsbehörden Informationen geliefert, die letztendlich nicht ausschließlich die Ahndung von Geldwäschetaten, sondern die Aufdeckung anderer Taten bezwecken oder sogar völlig fremde Zwecke, wie zB die Besteuerung verfolgen. Dementsprechend schreitet auch die Vernetzung zwischen den verschiedenen involvierten Behörden voran. Dies zeigt sich auch an der Verlagerung der FIU vom BKA in den Zuständigkeitsbereich der BMF; ausführlich dazu *Barreto da Rosa* → Vor §§ 27ff. Rn. 2ff.

Einleitung

Die Inpflichtnahme von Privaten hat sich im Laufe dieser Entwicklung immer mehr ausgeweitet. Sie umfasst einen immer weiter ausgedehnten Kreis von Verpflichteten und schreibt immer weitergehende Verpflichtungen vor; sie schafft einen enormen Aufwand für die Betroffenen sowie für die Strafverfolgungsbehörden selbst, wobei es zweifelhaft bleibt, ob dieser Aufwand den erklärten gesetzgeberischen Zielen entsprechen kann. Das Geldwäscherecht gerät somit graduell zu einem unübersichtlichen und bürokratisierten risikobasierten Aufsichtsrecht. Dieses Aufsichtsrecht ist jedoch nicht nur bürokratisch, sondern auch in hohem Maße symbolisch. Es enthält eine Reihe von Regelungen, deren Einhaltung die Bewältigung der Geldwäsche objektiv nicht voranbringen kann. Es dient zu einem nicht unerheblichen Teil als Beweis einer politischen Betätigung und zugleich einer Misstrauenserklärung an die selbstregulatorischen Kräfte der Finanzmärkte. Ob der **risikobasierte Ansatz in der Geldwäschebekämpfung** eine Effektivierung durch Flexibilisierung erbringen wird, bleibt weiterhin abzuwarten (auch wenn mittlerweile die Risikobasierung wieder so detaillierte Vorgaben enthält, dass dies fast schon wieder an ein regelbasiertes System erinnert). Das Absehen von der Schaffung konkreter Regeln macht die Kontrolle der Pflichterfüllung auch schwieriger. Eines steht jedoch fest: die Verschleierung der kriminellen Herkunft von Vermögensgegenständen und ihre Legalisierung weisen eine enorme Vielgestaltigkeit auf; das Phänomen der Geldwäsche hat einen ubiquitären Charakter. Vor diesen Hintergründen ist eine lückenlose Erfassung dieser Methoden und Handlungen entweder durch den Geldwäschetatbestand oder durch noch so detaillierte aufsichtsrechtliche Maßnahmen gar nicht realisierbar. Es sollten insofern nicht übermäßige oder gar falsche Erwartungen geweckt werden. Vielleicht wäre es ratsamer, Möglichkeiten einer **vernünftigen Einschränkung des Geldwäschetatbestands in Erwägung zu ziehen**. Ein übersichtlicher Geldwäschetatbestand, der an konkrete schwere Straftaten anknüpfen würde, mit einem leicht zu erkennenden Anwendungsbereich und somit mit einem allgemein akzeptierten typisierten Unrecht ist sinnvoller als eine ausufernde Norm, die das strafwürdige Unrecht immer mehr verunklart und mehr verspricht, als sie tatsächlich bewirken kann. Eine Rationalisierung des Geldwäschebekämpfungsrechts und eine höhere Effektivität der Praxis wären jedenfalls möglich, wenn die Rechtsgestaltung auf diesem Gebiet von überbetonten Sicherheitsinteressen auf den Gebieten der organisierten Kriminalität, des Terrorismus und der Korruption abgekoppelt würden.

VI. Geldwäschebekämpfung als Teil einer expandierenden Sicherheitsarchitektur

Die **Säulen einer bürgerlichen Verfassung** sind die Freiheit – in ihrem essenziellen Gehalt der Abwesenheit von Zwang –, das Recht, diese Freiheit im Besitz zu entfalten, und dies in einem geschützten Raum der Privatheit tun zu können (grundlegend für dieses Konzept *John Locke* Zwei Abhandlungen über die Regierung, II §§ 6 ff.). Paradigmatisch steht dafür das Fourth Amendment der U.S.-Verfassung:

„*The right of the people to be secure in their persons, houses, papers, and effects against unreasonable searches and seizures, shall not be violated*".

Einleitung

161 Die ruhigen bürgerlichen Zeiten, in denen sich sogar die „Obrigkeit" zu einem unverbrüchlichen Bankgeheimnis bekannte, sind jedoch schon lange vorbei. Nur der Illustration halber sei hier kurz das Reglement der „Königlichen Giro- und Lehn-Banco" Friedrichs des Großen aus dem Jahre 1765 zitiert (nach *Sichtermann/ Feuerborn/Kirchherr/Terdenge* Bankgeheimnis und Bankauskunft, S. 75):

„Wir verbieten bey Unserer Königlichen Ungnade allen und jeden, nachzuforschen, wie viel ein anderer auf sein Folium zugute habe, auch soll niemand von denen Bancoschreibern sich unterstehen, solches zu offenbaren, weder durch Worte, Zeichen oder Schrift, bey Verlust ihrer Bedienungen und bey denen Strafen, die meyneidige zu erwarten haben. Zu dem Ende sollen sie bey Antretung ihres Amtes besonders schwören, dass sie alle die Geschäfte, die sie als Bedienstete der Banco unter Händen haben werden, als das größte Geheimnis mit in der Grube nehmen werden".

Die Freiheit ist nach dem schönen Wort von Montesquieu „das Recht, alles tun zu dürfen, was die Gesetze erlauben" (*Montesquieu* Vom Geist der Gesetze, Bd. I, Elftes Buch, Drittes Kapitel). Der Staat hat diese Freiheit zu achten und bis zum Beweis des Gegenteils von der Gesetzestreue seiner Bürger auszugehen. In die Freiheitsräume darf nur bei dem begründeten Verdacht eingegriffen werden, dass dort eine Verletzung von Gesetzen stattgefunden hat, stattfindet oder unmittelbar bevorsteht. Bürgerinnen und Bürger dürfen nicht als potenzielle Gesetzesbrecher behandelt und einer engmaschigen Kontrolle ihres (Finanz-) Verhaltens unterworfen werden. Und es muss ein rechtlich geregeltes Verfahren zur Kontrolle von Eingriffen geben. Ist der gesetzlich geregelte Grund für einen Eingriff gegeben, werden die durch die Freiheitsrechte gezogenen Grenzen nicht völlig niedergerissen und die Grundrechte nicht außer Kraft gesetzt. Der Staat darf nicht ziel- und uferlos gegen seine Bürger vorgehen, sondern ist auch bei der Verfolgung des Ziels der Sicherheit durch das Prinzip der Verhältnismäßigkeit gebunden. Das Prinzip der Verhältnismäßigkeit fordert eine geeignete, erforderliche und angemessene Vorgehensweise.

162 Vor dem Hintergrund dieser selbstverständlichen und fundamentalen Prinzipien eines liberalen Rechtsstaats, die übertragen auf das hier zu kommentierende Rechtsgebiet bedeuten, dass bei der Verfolgung der Geldwäsche, Korruption und Terrorismusfinanzierung nach ausgewogenen Lösungen zu suchen ist, die auf einer problemsensiblen Abwägung zwischen Verfolgungsinteressen des Staates und der grundrechtliche geschützten Privatsphäre der Bürgerinnen und Bürger beruhen, befremdet der kriegerische Ton und die Architektur des Gesamtregelungsbereichs zuweilen sehr. So heißt es etwa in der Abschlusserklärung der Sondersitzung des Europäischen Rates in Tampere über die Schaffung eines Raums der Freiheit, der Sicherheit und des Rechts in der Europäischen Union zur Geldwäsche: „Wo auch immer sie vorkommt, sollte sie ausgemerzt werden." (Abschlusserklärung v. 16.10.1999, Ziff. 51, abrufbar unter www.europarl.europa.eu/summits/tam_de. htm). Immerhin wird dann noch darauf hingewiesen, dass dies „unter gebührender Beachtung der Datenschutzvorschriften" geschehen solle (Abschlusserklärung v. 16.10.1999, Ziff. 54).

163 Natürlich muss sich unsere Gesellschaft vor den Einflüssen der Kapitalkraft des Organisierten Verbrechens und vor dem Missbrauch von Finanztransaktion zur Vorbereitung und Durchführung terroristischer Aktivitäten schützen. Kleptokraten und korrupte Politiker sind eine Bedrohung der Gerechtigkeit und Stabilität von Gesellschaften und können ganze Völker und Volkswirtschaften ins Verderben stürzen. Man muss sich aber davor hüten, Bedrohungen zu dramatisieren und weitläufige Szenarien sachlich zu trennender Bereiche von der Steuerflucht über Wirt-

Einleitung

schaftskriminalität und Organisierte Kriminalität bis hin zur Terrorismusfinanzierung aufzubauen, die letztlich nur noch von dem Grundsatz beherrscht werden, dass der Zweck, wirtschaftlichen Schaden und gesellschaftliches Unheil abzuwenden, alle Mittel einer **präventiven Gefahrenkontrolle** und dafür als notwendig erachteter Informationsbeschaffung heiligt. Lückenlose Kontrolle ist praktisch ohnehin unmöglich und führt zu kaum mehr beherrschbaren und auswertbaren Datenmengen, schafft dabei aber zugleich ein rechtsstaatlich bedenkliches Klima, in dem Bürgerrechte in Gefahr geraten, weil das Verhalten der Bürger bei der Inanspruchnahme von Finanzdienstleistungen insgesamt in den Vorhof des Verdachts gedrängt zu werden droht.

Es gilt festzuhalten: Der Verkehr mit Geld ist nicht per se eine verdächtige Situation, nur weil es schmutziges Geld gibt und von Finanzdienstleistungsunternehmen geht nicht per se eine Art von Betriebsgefahr aus, weil dort auch schmutzige Gelder fließen können. An den Geldverkehr kann man auch nicht nach dem Motto einer Beweislastumkehr „Wer Geld hat, muss stets den Nachweis seiner lauteren Quellen führen können" herangehen. Dies gilt jedenfalls dann, wenn man an den substanziellen rechtsstaatlich-liberalen Prinzipien des Verhältnisses von Staat und Bürgern und der Begrenzungen des Zugriffs des Staates auf seine Bürger festhält. **164**

Wie die folgende Kommentierung zeigen wird, wohnt den Instrumenten der Geldwäscheverhinderung mit den Teilbereichen Korruptionsverhinderung und Verhinderung der Finanzierung des Terrorismus bei einer Gesamtschau eine Tendenz inne, zu einer immer mehr Bereiche erfassenden, ja als flächendeckend zu bezeichnenden Sammlung und Auswertung von Daten zu geraten (vgl. *Herzog/Christmann* WM 2003, 6 ff.). Das Bundesverfassungsgericht hat in seiner Entscheidung über den Antrag auf Erlass einer einstweiligen Verfügung in dem Verfahren der Verfassungsbeschwerde gegen das **Gesetz zur Neuregelung der Telekommunikationsüberwachung und anderer verdeckter Ermittlungsmaßnahmen sowie zur Umsetzung der Richtlinie 2006/24/EG** (v. 21.12.2007, BGBl. I S. 3198) zu solchen Verhältnissen der Überwachung angemerkt: **165**

> *„Die sechs Monate andauernde Möglichkeit des Zugriffs auf sämtliche durch eine Inanspruchnahme von Telekommunikationsdiensten entstandenen Verkehrsdaten bedeutet eine erhebliche Gefährdung des in Art. 10 Abs. 1 GG verankerten Persönlichkeitsschutzes. Dass ein umfassender Datenbestand einen konkreten Anlass bevorratet wird, prägt auch das Gewicht der dadurch ermöglichten Verkehrsdatenabrufe. Von der Datenbevorratung ist annähernd jeder Bürger bei jeder Nutzung von Telekommunikationsanlagen betroffen, so dass eine Vielzahl von sensiblen Informationen über praktisch jedermann für staatliche Zugriffe verfügbar ist. Damit besteht für alle am Telekommunikationsverkehr Beteiligten das Risiko, dass im Rahmen konkreter behördlicher Ermittlungen über einen längeren Zeitraum hinweg Verkehrsdaten abgerufen werden. Dieses Risiko konkretisiert sich im einzelnen Abruf, weist jedoch angesichts der flächendeckenden Erfassung des Telekommunikationsverhaltens der Bevölkerung weit über den Einzelfall hinaus und droht, die Unbefangenheit des Kommunikationsaustauschs und das Vertrauen in den Schutz der Unzugänglichkeit der Telekommunikationsanlagen insgesamt zu erschüttern"*

(BVerfG Beschl. v. 11.3.2008 – 1 BvR 256/08 Rn. 155, BeckRS 2008, 33389, abrufbar unter www.bverfg.de/entscheidungen/rs20080311_1bvr025608.html, Stand: 20.9.2017).

Ähnliches gilt für das Verhältnis der Kunden zu der Finanzwirtschaft, wenn Banken und andere Finanzdienstleister zunehmend dazu verpflichtet werden, Finanzdaten und Transaktionen ihrer Kunden zum Zwecke einer allgemeinen Kriminali-

Einleitung

täts- und/oder Terrorismusbekämpfung oder einer Gefahrenabwehr auf dem Finanzmarkt systematisch zu rastern. Darin ist auch die Gefahr angelegt, dass – nach einer schönen Formulierung – die Banken letztlich wie eine „zugunsten des Staates eingerichtete Buchführung" (vgl. *Streck/Mack* BB 1995, 2137 (2138)) für eine Vielzahl staatlicher Zwecke unterschiedlichster Provenienz genutzt werden können.

166 Die Ausweitung der Möglichkeiten für **staatliche Informationszugriffe auf Finanzdaten** ist mit seinen zahlreichen Regelungsorten im Polizeirecht, Strafverfahrensrecht, im Recht der Nachrichtendienste, im Steuer- und Wirtschaftsverwaltungsrecht und aufgrund einer kafkaesken Verweisungstechnik nur noch schwer überschaubar. Ob sich in diesem Geflecht aus Zuständigkeiten und Befugnissen Wege der Erlangung von Informationen über die finanzielle Privatsphäre von Bürgerinnen und Bürgern noch rekonstruieren, geschweige dann effektiv kontrollieren lassen werden, erscheint fraglich.

167 Die in der internationalen Diskussion – insbesondere von den USA – unter dem schönen Begriff „fishing expeditions" angestrebte Optimierung der Bekämpfung der Terrorismusfinanzierung liefe auf ein EDV-Monitoring des gesamten Finanzverkehrs hinaus (Vgl. *Winer* Globalization, Terrorist Finance and Global Conflict: Time for a White List?, in *Pieth* Financing Terrorism, S. 5 ff.). Man wird sich dies wie **modernen Fischfang** mit großen Netzen vorstellen müssen. Eine große Zahl von unbemakelten Finanztransaktionen und unverdächtigen Personen wird in die Netze geraten, weiteren Informationsverarbeitungsvorgängen unterzogen und dann irgendwann als irrelevanter Fang für die Bekämpfung der Geldwäsche und Terrorfinanzierung wieder im Meer landen. Beachtlich sind insoweit auch die Ausführungen des BVerfG zur sog. Anti-Terrordatei (BVerfG Urt. v. 24.4.2013 – 1 BvR 1215/07, BeckRS 2013, 49916):

> *„Straftaten mit dem Gepräge des Terrorismus, wie sie das Antiterrordateigesetz zum Bezugspunkt hat, richten sich gegen die Grundpfeiler der verfassungsrechtlichen Ordnung und das Gemeinwesen als Ganzes. Es ist Gebot unserer verfassungsrechtlichen Ordnung, solche Angriffe nicht als Krieg oder als Ausnahmezustand aufzufassen, der von der Beachtung rechtsstaatlicher Anforderungen dispensiert, sondern sie als Straftaten mit den Mitteln des Rechtsstaats zu bekämpfen."* (abrufbar unter https://www.bundesverfassungsgericht.de/SharedDocs/Entscheidungen/DE/2013/04/rs20130424_1bvr121 507.html, Stand: 20.9.2017).

Gesetz über das Aufspüren von Gewinnen aus schweren Straftaten (Geldwäschegesetz – GwG)

Vom 23. Juni 2017 (BGBl. I S. 1822)
zuletzt geändert durch Art. 269 der Verordnung vom 19. Juni 2020
(BGBl. I S. 1328)

Abschnitt 1. Begriffsbestimmungen und Verpflichtete

§ 1 Begriffsbestimmungen

(1) Geldwäsche im Sinne dieses Gesetzes ist eine Straftat nach § 261 des Strafgesetzbuchs.

(2) Terrorismusfinanzierung im Sinne dieses Gesetzes ist
1. die Bereitstellung oder Sammlung von Vermögensgegenständen mit dem Wissen oder in der Absicht, dass diese Vermögensgegenstände ganz oder teilweise dazu verwendet werden oder verwendet werden sollen, eine oder mehrere der folgenden Straftaten zu begehen:
   a) eine Tat nach § 129a des Strafgesetzbuchs, auch in Verbindung mit § 129b des Strafgesetzbuchs, oder
   b) eine andere der in den Artikeln 3, 5 bis 10 und 12 der Richtlinie (EU) 2017/541 des Europäischen Parlaments und des Rates vom 15. März 2017 zur Terrorismusbekämpfung und zur Ersetzung des Rahmenbeschlusses 2002/475/JI des Rates und zur Änderung des Beschlusses 2005/671/JI des Rates (ABl. L 88 vom 31.3.2017, S. 6) umschriebenen Straftaten,
2. die Begehung einer Tat nach § 89c des Strafgesetzbuchs oder
3. die Anstiftung oder Beihilfe zu einer Tat nach Nummer 1 oder 2.

(3) Identifizierung im Sinne dieses Gesetzes besteht aus
1. der Feststellung der Identität durch Erheben von Angaben und
2. der Überprüfung der Identität.

(4) Geschäftsbeziehung im Sinne dieses Gesetzes ist jede Beziehung, die unmittelbar in Verbindung mit den gewerblichen oder beruflichen Aktivitäten der Verpflichteten steht und bei der beim Zustandekommen des Kontakts davon ausgegangen wird, dass sie von gewisser Dauer sein wird.

(5) Transaktion im Sinne dieses Gesetzes ist oder sind eine oder, soweit zwischen ihnen eine Verbindung zu bestehen scheint, mehrere Handlungen, die eine Geldbewegung oder eine sonstige Vermögensverschiebung bezweckt oder bezwecken oder bewirkt oder bewirken. Bei Vermittlungstätigkeiten von Verpflichteten nach § 2 Absatz 1 Nummer 14 und 16 gilt als Transaktion im Sinne dieses Gesetzes das vermittelte Rechtsgeschäft.

§ 1 Abschnitt 1. Begriffsbestimmungen und Verpflichtete

(6) Trust im Sinne dieses Gesetzes ist eine Rechtgestaltung, die als Trust errichtet wurde, wenn das für die Errichtung anwendbare Recht das Rechtsinstitut des Trusts vorsieht. Sieht das für die Errichtung anwendbare Recht ein Rechtsinstitut vor, das dem Trust nachgebildet ist, so gelten auch Rechtsgestaltungen, die unter Verwendung dieses Rechtsinstituts errichtet wurden, als Trust.

(7) Vermögensgegenstand im Sinne dieses Gesetzes ist
1. jeder Vermögenswert, ob körperlich oder nichtkörperlich, beweglich oder unbeweglich, materiell oder immateriell, sowie
2. Rechtstitel und Urkunden in jeder Form, einschließlich der elektronischen und digitalen Form, die das Eigentumsrecht oder sonstige Rechte an Vermögenswerten nach Nummer 1 verbriefen.

(8) Glücksspiel im Sinne dieses Gesetzes ist jedes Spiel, bei dem ein Spieler für den Erwerb einer Gewinnchance ein Entgelt entrichtet und der Eintritt von Gewinn oder Verlust ganz oder überwiegend vom Zufall abhängt.

(9) Güterhändler im Sinne dieses Gesetzes ist, wer gewerblich Güter veräußert, unabhängig davon, in wessen Namen oder auf wessen Rechnung.

(10) Hochwertige Güter im Sinne dieses Gesetzes sind Gegenstände,
1. die sich aufgrund ihrer Beschaffenheit, ihres Verkehrswertes oder ihres bestimmungsgemäßen Gebrauchs von Gebrauchsgegenständen des Alltags abheben oder
2. die aufgrund ihres Preises keine Alltagsanschaffung darstellen.

Zu ihnen gehören insbesondere
1. Edelmetalle wie Gold, Silber und Platin,
2. Edelsteine,
3. Schmuck und Uhren,
4. Kunstgegenstände und Antiquitäten,
5. Kraftfahrzeuge, Schiffe und Motorboote sowie Luftfahrzeuge.

(11) Immobilienmakler im Sinne dieses Gesetzes ist, wer gewerblich den Abschluss von Kauf-, Pacht- oder Mietverträgen über Grundstücke, grundstücksgleiche Rechte, gewerbliche Räume oder Wohnräume vermittelt.

(12) Politisch exponierte Person im Sinne dieses Gesetzes ist jede Person, die ein hochrangiges wichtiges öffentliches Amt auf internationaler, europäischer oder nationaler Ebene ausübt oder ausgeübt hat oder ein öffentliches Amt unterhalb der nationalen Ebene, dessen politische Bedeutung vergleichbar ist, ausübt oder ausgeübt hat. Zu den politisch exponierten Personen gehören insbesondere
1. Personen, die folgende Funktionen innehaben:
   a) Staatschefs, Regierungschefs, Minister, Mitglieder der Europäischen Kommission, stellvertretende Minister und Staatssekretäre,
   b) Parlamentsabgeordnete und Mitglieder vergleichbarer Gesetzgebungsorgane,
   c) Mitglieder der Führungsgremien politischer Parteien,
   d) Mitglieder von obersten Gerichtshöfen, Verfassungsgerichtshöfen oder sonstigen hohen Gerichten, gegen deren Entscheidungen im Regelfall kein Rechtsmittel mehr eingelegt werden kann,

Begriffsbestimmungen §1

   e) Mitglieder der Leitungsorgane von Rechnungshöfen,
   f) Mitglieder der Leitungsorgane von Zentralbanken,
   g) Botschafter, Geschäftsträger und Verteidigungsattachés,
   h) Mitglieder der Verwaltungs-, Leitungs- und Aufsichtsorgane staatseigener Unternehmen,
   i) Direktoren, stellvertretende Direktoren, Mitglieder des Leitungsorgans oder sonstige Leiter mit vergleichbarer Funktion in einer zwischenstaatlichen internationalen oder europäischen Organisation;
2. Personen, die Ämter innehaben, welche in der nach Artikel 1 Nummer 13 der Richtlinie (EU) 2018/843 des Europäischen Parlaments und des Rates vom 30. Mai 2018 zur Änderung der Richtlinie (EU) 2015/849 zur Verhinderung der Nutzung des Finanzsystems zum Zwecke der Geldwäsche und der Terrorismusfinanzierung und zur Änderung der Richtlinien 2009/138/EG und 2013/36/EU (ABl. L 156 vom 19.6.2018, S. 43) von der Europäischen Kommission veröffentlichten Liste enthalten sind.

Das Bundesministerium der Finanzen erstellt, aktualisiert und übermittelt der Europäischen Kommission eine Liste gemäß Artikel 1 Nummer 13 der Richtlinie (EU) 2018/843. Organisationen nach Satz 2 Nummer 1 Buchstabe i mit Sitz in Deutschland übermitteln dem Bundesministerium der Finanzen hierfür jährlich zum Jahresende eine Liste mit wichtigen öffentlichen Ämtern nach dieser Vorschrift.

(13) Familienmitglied im Sinne dieses Gesetzes ist ein naher Angehöriger einer politisch exponierten Person, insbesondere
1. der Ehepartner oder eingetragene Lebenspartner,
2. ein Kind und dessen Ehepartner oder eingetragener Lebenspartner sowie
3. jeder Elternteil.

(14) Bekanntermaßen nahestehende Person im Sinne dieses Gesetzes ist eine natürliche Person, bei der der Verpflichtete Grund zu der Annahme haben muss, dass diese Person
1. gemeinsam mit einer politisch exponierten Person
   a) wirtschaftlich Berechtigter einer Vereinigung nach § 20 Absatz 1 ist oder
   b) wirtschaftlich Berechtigter einer Rechtsgestaltung nach § 21 ist,
2. zu einer politisch exponierten Person sonstige enge Geschäftsbeziehungen unterhält oder
3. alleiniger wirtschaftlich Berechtigter
   a) einer Vereinigung nach § 20 Absatz 1 ist oder
   b) einer Rechtsgestaltung nach § 21 ist,
bei der der Verpflichtete Grund zu der Annahme haben muss, dass die Errichtung faktisch zugunsten einer politisch exponierten Person erfolgte.

(15) Mitglied der Führungsebene im Sinne dieses Gesetzes ist eine Führungskraft oder ein leitender Mitarbeiter eines Verpflichteten mit ausreichendem Wissen über die Risiken, denen der Verpflichtete in Bezug auf Geldwäsche und Terrorismusfinanzierung ausgesetzt ist, und mit der Befugnis, insoweit Entscheidungen zu treffen. Ein Mitglied der Führungsebene muss nicht zugleich ein Mitglied der Leitungsebene sein.

Figura

§ 1 Abschnitt 1. Begriffsbestimmungen und Verpflichtete

(16) Gruppe im Sinne dieses Gesetzes ist ein Zusammenschluss von Unternehmen, der besteht aus
1. einem Mutterunternehmen,
2. den Tochterunternehmen des Mutterunternehmens,
3. den Unternehmen, an denen das Mutterunternehmen oder seine Tochterunternehmen eine Beteiligung halten, und
4. Unternehmen, die untereinander verbunden sind durch eine Beziehung im Sinne des Artikels 22 Absatz 1 der Richtlinie 2013/34/EU des Europäischen Parlaments und des Rates vom 26. Juni 2013 über den Jahresabschluss, den konsolidierten Abschluss und damit verbundene Berichte von Unternehmen bestimmter Rechtsformen und zur Änderung der Richtlinie 2006/43/EG des Europäischen Parlaments und des Rates und zur Aufhebung der Richtlinien 78/660/EWG und 83/349/EWG des Rates (ABl. L 182 vom 29.6.2013, S. 19).

(17) Drittstaat im Sinne dieses Gesetzes ist ein Staat,
1. der nicht Mitgliedstaat der Europäischen Union ist und
2. der nicht Vertragsstaat des Abkommens über den Europäischen Wirtschaftsraum ist.

(18) E-Geld im Sinne dieses Gesetzes ist E-Geld nach § 1 Absatz 2 Satz 3 und 4 des Zahlungsdiensteaufsichtsgesetzes.

(19) Aufsichtsbehörde im Sinne dieses Gesetzes ist die zuständige Aufsichtsbehörde nach § 50.

(20) Die Zuverlässigkeit eines Mitarbeiters im Sinne dieses Gesetzes liegt vor, wenn der Mitarbeiter die Gewähr dafür bietet, dass er
1. die in diesem Gesetz geregelten Pflichten, sonstige geldwächerechtliche Pflichten und die beim Verpflichteten eingeführten Strategien, Kontrollen und Verfahren zur Verhinderung von Geldwäsche und von Terrorismusfinanzierung sorgfältig beachtet,
2. Tatsachen nach § 43 Absatz 1 dem Vorgesetzten oder dem Geldwäschebeauftragten, sofern ein Geldwäschebeauftragter bestellt ist, meldet und
3. sich weder aktiv noch passiv an zweifelhaften Transaktionen oder Geschäftsbeziehungen beteiligt.

(21) Korrespondenzbeziehung im Sinne dieses Gesetzes ist eine Geschäftsbeziehung, in deren Rahmen folgende Leistungen erbracht werden:
1. Bankdienstleistungen, wie die Unterhaltung eines Kontokorrent- oder eines anderen Zahlungskontos und die Erbringung damit verbundener Leistungen wie die Verwaltung von Barmitteln, die Durchführung von internationalen Geldtransfers oder Devisengeschäften und die Vornahme von Scheckverrechnungen, durch Verpflichtete nach § 2 Absatz 1 Nummer 1 (Korrespondenten) für CRR-Kreditinstitute oder für Unternehmen in einem Drittstaat, die Tätigkeiten ausüben, die denen solcher Kreditinstitute gleichwertig sind (Respondenten), oder
2. andere Leistungen als Bankdienstleistungen, soweit diese anderen Leistungen nach den jeweiligen gesetzlichen Vorschriften durch Verpflichtete nach § 2 Absatz 1 Nummer 1 bis 3 und 6 bis 9 (Korrespondenten) erbracht werden dürfen
   a) für andere CRR-Kreditinstitute oder Finanzinstitute im Sinne des Artikels 3 Nummer 2 der Richtlinie (EU) 2015/849 oder

§ 1 Begriffsbestimmungen

b) für Unternehmen oder Personen in einem Drittstaat, die Tätigkeiten ausüben, die denen solcher Kreditinstitute oder Finanzinstitute gleichwertig sind (Respondenten).

(22) Bank-Mantelgesellschaft im Sinne dieses Gesetzes ist
1. ein CRR-Kreditinstitut oder ein Finanzinstitut nach Artikel 3 Nummer 2 der Richtlinie (EU) 2015/849 oder
2. ein Unternehmen,
   a) das Tätigkeiten ausübt, die denen eines solchen Kreditinstituts oder Finanzinstituts gleichwertig sind, und das in einem Land in ein Handelsregister oder ein vergleichbares Register eingetragen ist, in dem die tatsächliche Leitung und Verwaltung nicht erfolgen, und
   b) das keiner regulierten Gruppe von Kredit- oder Finanzinstituten angeschlossen ist.

(23) Kunstvermittler im Sinne dieses Gesetzes ist, wer gewerblich den Abschluss von Kaufverträgen über Kunstgegenstände vermittelt, auch als Auktionator oder Galerist. Kunstlagerhalter im Sinne dieses Gesetzes ist, wer gewerblich Kunstgegenstände lagert. Unerheblich ist, in wessen Namen oder auf wessen Rechnung die Tätigkeit nach Satz 1 oder 2 erfolgt.

(24) Finanzunternehmen im Sinne dieses Gesetzes ist ein Unternehmen, dessen Haupttätigkeit darin besteht,
1. Beteiligungen zu erwerben, zu halten oder zu veräußern,
2. Geldforderungen mit Finanzierungsfunktion entgeltlich zu erwerben,
3. mit Finanzinstrumenten auf eigene Rechnung zu handeln,
4. Finanzanlagenvermittler nach § 34f Absatz 1 Satz 1 der Gewerbeordnung und Honorar-Finanzanlagenberater nach § 34h Absatz 1 Satz 1 der Gewerbeordnung zu sein, es sei denn, die Vermittlung oder Beratung bezieht sich ausschließlich auf Anlagen, die von Verpflichteten nach diesem Gesetz vertrieben oder emittiert werden,
5. Unternehmen über die Kapitalstruktur, die industrielle Strategie und die damit verbundenen Fragen zu beraten sowie bei Zusammenschlüssen und Übernahmen von Unternehmen diese Unternehmen zu beraten und ihnen Dienstleistungen anzubieten oder
6. Darlehen zwischen Kreditinstituten zu vermitteln (Geldmaklergeschäfte).

Holdinggesellschaften, die ausschließlich Beteiligungen an Unternehmen außerhalb des Kreditinstituts-, Finanzinstituts- und Versicherungssektors halten und die nicht über die mit der Verwaltung des Beteiligungsbesitzes verbundenen Aufgaben hinaus unternehmerisch tätig sind, sind keine Finanzunternehmen im Sinne dieses Gesetzes.

(25) Mutterunternehmen im Sinne dieses Gesetzes ist ein Unternehmen, dem mindestens ein anderes Unternehmen nach Absatz 16 Nummer 2 bis 4 nachgeordnet ist, und dem kein anderes Unternehmen übergeordnet ist.

Literatur: *Bader,* Das Gesetz zur Verfolgung der Vorbereitung von schweren staatsgefährdenden Gewalttaten, NJW 2009, 2853 ff.; BaFin, Merkblatt – Hinweise zu dem Gesetz über die Beaufsichtigung von Zahlungsdiensten vom 22.12.2011; Beck'scher Onlinekommentar StGB, 2020 zitiert: *Bearbeiter* in BeckOK StGB; Bergmann, Geldwäsche – Materiellrechtliche und prozessuale Überlegungen, 2019 zitiert: *Bearbeiter* in Bergmann, Geldwäsche; BMF, Monatsbericht 08/2002, Bekämpfung und Verhinderung der Geldwäsche und der Finanzströme des Terrorismus; BMF, Schreiben vom 15.7.1998, BStBl. 1998 I, S. 630; *Boos/Fischer/Schulte-Mattler*, Kommentar zu KWG und Ausführungsvorschriften, Band 1, 5. Aufl. 2016; Bundeskriminalamt, Fachstudie der Financial Intelligence Unit (FIU) „Geldwäsche im Immobiliensektor in Deutschland", 2011; Bundeskriminalamt, Zentralstelle für Verdachtsanzeigen – FIU Deutschland, Jahresberichte 2002 ff.; Deutsche Kreditwirtschaft, Auslegungs- und Anwendungshinweise zur Verhinderung von Geldwäsche, Terrorismusfinanzierung und „sonstigen strafbaren Handlungen" vom 1.2.2014, zitiert: DK, Auslegungs- und Anwendungshinweise 2014; *Diergarten/Barreto da Rosa*, Praxiswissen Geldwäscheprävention, 2. Auf. 2020, zitiert: *Bearbeiter* in Diergarten/Barreto da Rosa Praxiswissen Geldwäscheprävention; *Ennuschat/Wank/Winkler*, Kommentar zur Gewerbeordnung, 9. Auflage 2020, zitiert: *Bearbeiter* in Ennuschat/Wank/Winkler GewO; *Escher*, Bankrechtsfragen des elektronischen Geldes im Internet, WM 1997, 1173 ff.; FATF Recommandations – International Standards on combating money laundering and the financing of terrorism & proliferation, 2012; FATF, Report on Vulnerabilities of Casino and Gaming Sector, 2009; FATF, Sonderempfehlungen gegen die Finanzierung von Terroristen vom 31.10.2001 in Consbruch/Fischer, Nr. 11.77 a; FATF Typologies Report 2000–2001; *Findeisen*, Geldwäschebekämpfung im Zeitalter des Electronic Banking, Kriminalistik 1998, 107 ff.;; *Fülbier/Aepfelbach/Langweg*, Geldwäschegesetz, 5. Aufl. 2006, zitiert: *Bearbeiter* in Fülbier/Aepfelbach/Langweg GwG; *Gehrmann/Wengenroth*, Geldwäscherechtliche Pflichten für Güterhändler am Beispiel von Immobilienunternehmern, BB 2019, S. 1035 ff.; *Griebel*, Der Makler als „Hilfssheriff" im Kampf gegen Geldwäsche und Terrorismusfinanzierung – Das neue „Geldwäscheprävention-Optimierungsgesetz", NZM 2012, 481 ff.; *Große-Wilde*, Verpflichtungen der Rechtsanwälte und Steuerberater nach dem Geldwäschegesetz, KammerForum der Rechtsanwaltskammer Köln 2002, S. 333 ff.; *Hellner/Steuer*, Bankrecht und Bankpraxis, Band 3, 2017, zitiert: *Bearbeiter* in BuB; *Herzog/Mülhausen*, Geldwäschebekämpfung und Gewinnabschöpfung, Handbuch der straf- und wirtschaftsrechtlichen Regelungen, 2006, zitiert: *Bearbeiter* in Herzog/Mülhausen; *Höche*, Bekämpfung von Geldwäsche und Terrorfinanzierung, 2003; *Höche*, Der Entwurf einer dritten EU-Richtlinie zur Verhinderung der Nutzung des Finanzsystems zu Zwecken der Geldwäsche und der Finanzierung des Terrorismus, WM 2005, S. 8 ff.; *Hoyer/Klos*, Regelungen zur Bekämpfung der Geldwäsche und ihre Anwendung in der Praxis, 2. Aufl. 1998; juris Lexikon Steuerrecht, 2020, zitiert: *Bearbeiter*, juris Lexikon Steuerrecht; *Kilian/Heussen*, Computerrechts-Handbuch, Stand 32. Lieferung, August 2013; *Klein*, Abgabenordnung – einschließlich Steuerstrafrecht, 14. Aufl. 2018, zitiert: *Bearbeiter* in Klein AO; *Kühn/v. Wedelstädt*, Abgabenordnung und Finanzgerichtsordnung, Kommentar, 22. Aufl. 2018, zitiert: *Bearbeiter* in Kühn/v. Wedelstädt AO; *Kümpel*, Rechtliche Aspekte des elektronischen Netzgeldes (Cybergeld), WM 1998, 365 ff.; *Lackner/Kühl*, Kommentar zum Strafgesetzbuch, 29. Auflage, 2018, zitiert: *Bearbeiter* in Lackner/Kühl StGB; *Levi*, Money Laundering Risks and E-Gaming: A European Overview and Assessment, 2009; Münchener Kommentar zum StGB, Bd. 3 und 4, 3. Aufl. 2017, zitiert: *Bearbeiter* in MüKoStGB; *Pfeiffer*, Die Geldkarte – Ein Problemaufriß, NJW 1997, 1036 ff.; *Reeckmann*, Glücksspiel im Fokus des neuen Geldwäschegesetzes: Wer ist verpflichtet, was muss er tun?, ZfWG 2018, S. 15 ff.; *Rock/Kaiser*, Kontrolle der Finanzströme – Ein effektives Instrument zur Durchsetzung des deutschen Glücksspielrechts?, S. 1 ff.; *Schiemann*, Der US-amerikanische Trust als Testamentsersatzgeschäft und Instrument der Nachlassplanung, Diss. 2003; *Schönke/Schröder*, StGB, Kommentar, 30. Aufl. 2019; *Schwennicke/Auerbach*, Kreditwesengesetz Kommentar, 3. Aufl. 2016, zitiert: *Bearbeiter* in Schwennicke/Auerbach KWG; *Sieber*, Entwurf eines Gesetzes zur Verfolgung der Vorbereitung von schweren staatsgefährdenden Gewalttaten, NStZ 2009, 353 ff.; *Suendorf*, Geldwäsche. Eine kriminologische Untersuchung, 2001; *Wassermeyer*, Die Besteuerung ausländischer Familienstiftungen und Trusts aus deutscher Sicht, FR 2015, 149 ff.

Begriffsbestimmungen **§ 1**

Übersicht

	Rn.
I. Allgemeines	1
II. Begriff der Geldwäsche (Abs. 1)	7
III. Terrorismusfinanzierung (Abs. 2)	10
1. Taten nach §§ 129a, 129b StGB und nach den Art. 3, 5–10 und 12 Richtlinie (EU) 2017/541 des Europäischen Parlaments und des Rates vom 15.3.2017	12
2. Begehung einer Tat nach § 89c StGB (Terrorismusfinanzierung)	15
3. Anstiftung oder Beihilfe zu einer Tat nach Nummer 1 oder 2	19
IV. Identifizieren (Abs. 3)	20
V. Geschäftsbeziehung (Abs. 4)	26
1. Gewerbliche oder berufliche Aktivitäten der Verpflichteten	27
2. Auf eine gewisse Dauer angelegt	28
3. Verhältnis zu § 154 Abs. 2 AO	30
VI. Transaktion (Abs. 5)	34
VII. Trust (Abs. 6)	39
VIII. Vermögensgegenstand (Abs. 7)	42
IX. Glücksspiele im Internet (Abs. 8)	44
X. Güterhändler (Abs. 9)	49
XI. Hochwertige Güter (Abs. 10)	52
XII. Immobilienmakler (Abs. 11)	54
XIII. Politisch exponierte Personen (Abs. 12)	57
XIV. Familienmitglied (Abs. 13)	59
XV. Bekanntermaßen nahestehende Person (Abs. 14)	61
XVI. Mitglied der Führungsebene (Abs. 15)	62
XVII. Gruppe (Abs. 16)	63
XVIII. Drittstaat (Abs. 17)	65
XIX. E-Geld (Abs. 18)	66
XX. Aufsichtsbehörde (Abs. 19)	73
XXI. Zuverlässigkeit eines Mitarbeiters (Abs. 20)	74
XXII. Korrespondenzbeziehung (Abs. 21)	76
XXIII. Bank-Mantelgesellschaft (Abs. 22)	78
XXIV. Kunstvermittler und Kunstlagerhalter (Abs. 23)	79
XXV. Finanzunternehmen (Abs. 24)	81
XXVI. Mutterunternehmen (Abs. 25)	88

I. Allgemeines

§ 1 GwG enthält Legaldefinitionen der wesentlichen Begriffe des Geldwäsche- 1 gesetzes. Bereits vor Inkrafttreten des GwBekErgG waren in § 1 GwG aF einige Begriffsbestimmungen von zentraler Bedeutung für das GwG enthalten, an die in zahlreichen GwG-Vorschriften angeknüpft wurde. Darüber hinaus enthielt § 1 Abs. 7 GwG aF eine Verordnungsermächtigung, nach der das Bundesministerium der Finanzen berechtigt war, im Einvernehmen mit dem Bundesministerium des Innern, dem Bundesministerium der Justiz und dem Bundesministerium für Wirtschaft und Technologie durch Rechtsverordnung Konkretisierungen der Definitionen des Geldwäschegesetzes zu erlassen. Bis zur Neufassung des Gesetzes (Geldwäschegesetz v. 23.6.2017, BGBl. I S. 1822) wurden durch den Gesetzgeber nicht alle Aspekte zu den im GwG enthaltenen Begrifflichkeiten und Definitionen festgelegt. Technische Entwicklungen und fortschreitende Erkenntnisse bei der Be-

Figura

kämpfung der Geldwäsche oder der Terrorismusfinanzierung hätten ggf. eine weitere Konkretisierung erforderlich machen können. Die Verordnungsermächtigung beschränkte sich insbesondere auf die Konkretisierung technischer Aspekte der in § 1 enthaltenen Begriffsbestimmungen des wirtschaftlichen Eigentümers und der Geschäftsbeziehung. Von der Verordnungsermächtigung wurde bis zur Neufassung des Gesetzes im Jahr 2017 kein Gebrauch gemacht.

Das Geldwäschegesetz vom 23.6.2017 (BGBl. I S. 1822) setzte die 4. Geldwäscherichtlinie (EU) 2015/849 des Europäischen Parlaments und des Rates um, die zu einer Aufhebung der 3. EU-Anti Geldwäscherichtlinie führte, und transformiert diese in nationales Recht. Hierdurch wurden die Grundlagen für die nationale Gesetzgebung zur Bekämpfung der Geldwäsche und der Terrorismusfinanzierung an die im Jahr 2012 überarbeiteten Empfehlungen der FATF ausgerichtet (zum Einfluss der FATF auf die deutsche Geldwäschegesetzgebung s. *Blaue* in Bergmann Geldwäsche, S. 9ff.). § 1 erfährt hierdurch eine starke Ausweitung von Begriffsbestimmungen; eine Verordnungsermächtigung enthält das Gesetz in § 1 GwG daher nicht mehr und wird so anwenderfreundlicher.

Mit der Richtlinie (EU) 2018/843 des Europäischen Parlaments und des Rates vom 30.5.2018 zur Änderung der 4. Geldwäscherichtlinie (EU) 2015/849 des Europäischen Parlaments und des Rates (im Folgenden: 5. Geldwäscherichtlinie) werden nunmehr „gezielt Themen, die im Nachgang zu den terroristischen Anschlägen von Paris und Brüssel sowie dem Bekanntwerden der sogenannten „Panama Papers" in den Fokus der Aufmerksamkeit gerieten" adressiert (BT-Drs. 19/13827, 1). Die 5. Geldwäscherichtlinie erweitert insbesondere den geldwäscherechtlichen Kreis der Verpflichteten und konkretisiert den Personenkreis der „politisch exponierten Personen" (BT-Drs. 19/13827, 1).

2   Die 4. Geldwäscherichtlinie (EU) 2015/849 des Europäischen Parlaments und des Rates zielte unter anderem darauf ab, die Angaben zum wirtschaftlich Berechtigten klarer und zugänglicher zu machen. So sind juristische Personen künftig zur Vorhaltung von Daten zu dem/den wirtschaftlich Berechtigten verpflichtet. In Bezug auf Rechtsgestaltungen müssen künftig die Treuhänder, wenn sie Kunde werden, eine Erklärung zu ihrem Status abgeben. Hinsichtlich der Gleichwertigkeit von Drittlandsystemen sieht die Richtlinie dagegen die Streichung der Bestimmungen zur positiven „Gleichwertigkeit" vor. Muss nach den Bestimmungen der 3. EU-Anti-Geldwäscherichtlinie bislang entschieden werden, ob Drittländer über Systeme zur Geldwäschebekämpfung bzw. Terrorismusfinanzierung verfügen, die den in der EU bestehenden Systemen „gleichwertig" sind, sollen die Sorgfaltspflichten künftig stärker nach dem Risiko ausgerichtet werden, da die Inanspruchnahme von Ausnahmeregelungen aufgrund rein geografischer Faktoren an Bedeutung verliert (vgl. Vorschlag für eine RL des europäischen Parlaments und des Rates zur Verhinderung der Nutzung des Finanzsystems zum Zwecke der Geldwäsche und der Terrorismusfinanzierung v. 5.2.2013, 2013/0025 (COD), S. 12). Die bisherige Gesetzesfassung enthielt bereits Definition zur Durchführung der Identifizierung und dem Begriff der Terrorismusfinanzierung. Ziel der damaligen Änderungen war es im Geldwäschegesetz (aF), sowie durch die Änderungen des Kreditwesengesetzes und des Versicherungsaufsichtsgesetzes, die zur Geldwäschebekämpfung entwickelten Instrumente ebenfalls auf die Bekämpfung der Terrorismusfinanzierung zu erstrecken; dem wurde mit der in Absatz 2 des bislang geltenden GwG neu aufgenommenen Begriffsbestimmung der Terrorismusfinanzierung Rechnung getragen. Die Begriffsbestimmung der Geschäftsbeziehung war bereits in der bislang geltenden Gesetzesfassung enthalten; sie diente der Umsetzung des Artikels 3 Nr. 9 der 3. EU-

Begriffsbestimmungen **§ 1**

Anti-Geldwäscherichtlinie. Gleiches gilt für den Begriff der Transaktion (ursprünglich Finanztransaktion). Regelungsgegenstand der präventiv wirkenden Maßnahmen des Geldwäschegesetzes sind neben einzelnen Geschäftsbeziehungen insbesondere Transaktionen.

Die Legaldefinition des wirtschaftlich Berechtigten (§ 1 Abs. 6 GwG aF) wurde aus § 1 GwG herausgelöst und ist nun in § 3 GwG enthalten. Sie orientiert sich weiterhin eng an der FATF-Definition und entspricht damit weitgehend § 1 Abs. 6 GwG aF (BT-Drs. 18/11555, 108). 3

Mit Art. 3 Nr. 6 der 3. EU-Anti-Geldwäscherichtlinie vom 26.10.2005 wurde der Begriff des zuvor bereits in § 8 GwG aF geregelten wirtschaftlich Berechtigten grundlegend neu definiert. Hiernach war „wirtschaftlicher Eigentümer" nunmehr nicht nur die natürliche Person, unter deren Kontrolle der Kunde steht oder in deren Auftrag eine Tätigkeit durchgeführt wurde. Als „wirtschaftlicher Eigentümer" war nun ebenfalls anzusehen, wer 25% oder mehr Anteile bzw. Stimm- oder Kontrollrechte an juristischen Personen, Stiftungen, Trusts oder Rechtsvereinbarungen ausübt. Die deutschen Gesetze sahen bislang keine entsprechenden Mitteilungs- oder Veröffentlichungspflichten vor: Die an Unternehmen und nicht an natürliche Personen gerichteten Mitteilungspflichten gem. §§ 20, 21 AktG setzen zwar ebenfalls ab einem Anteilsbesitz ab 25% ein, Mitteilungs- und Veröffentlichungspflichten gem. §§ 21, 25 und 26 WpHG und § 29 WpÜG wenden sich jedoch lediglich an börsennotierte Unternehmen, die gem. Art. 3 Nr. 6a) i) der Richtlinie vom Anwendungsbereich ausgenommen sind (vgl. *Höche* WM 2005, 8 ff.). Mit der Neufassung von § 16 GmbHG durch das MoMiG (Gesetz zur Modernisierung des GmbH-Rechts und zur Bekämpfung von Missbräuchen v. 23.10.2008; BGBl. I S. 2026 f.) sollte mehr Transparenz über die Anteilseignerstrukturen der GmbH geschaffen und Geldwäsche verhindert werden (vgl. BegrRegE MoMiG, BT-Drs. 16/6140, 89 f.). Die erweiterten Transparenzanforderungen entsprachen den Empfehlungen der FATF, die mit der 3. EU-Anti-Geldwäscherichtlinie umgesetzt worden sind (vgl. Art. 7, 8, 13 Abs. 6 der 3. EU-Anti-Geldwäscherichtlinie). Die Regelung des § 16 GmbHG lehnte sich an § 67 Abs. 2 AktG an. Nach dem Vorbild des Aktienregisters galt danach künftig nur derjenige als Gesellschafter, der in die Gesellschafterliste eingetragen war. Die größere Transparenz der Struktur der Anteilseigner vereinfacht die Nachvollziehung der hinter der Gesellschaft stehenden wirtschaftlich Berechtigten (BT-Drs. 16/6140, 89 f.; zu den Bestimmungen zur Gesellschafterliste vgl. bereits das Handelsrechtsreformgesetz v. 22.6.1998; BGBl. I S. 1474 ff.).

Durch Art. 1 des GwGErgG vom 18.2.2013 wurde § 1 Abs. 5 GwG aF mit der Folge der Aufnahme einer Legaldefinition zu den sog. Glücksspielen im Internet neu gefasst. Die Ergänzung stand im Kontext mit der Erweiterung des GwG um den neu eingefügten Abschnitt 2a (§§ 9a–9d aF) betreffend die Vorschriften für das Glücksspiel im Internet (s. auch Bericht des Finanzausschusses v. 1.12.2011 zu dem Gesetzesentwurf der Bundesregierung (BT-Drs. 17/6804) zum GwOptG-E (BT-Drs. 17/8043, 13). Sie geht zurück auf das Auslaufen des Staatsvertrags zum Glücksspielwesen in Deutschland aus dem Jahr 2007, den Erwägungsgrund 14 der 3. EU-Anti-Geldwäscherichtlinie, wonach diese auch für die Tätigkeiten der dieser Richtlinie unterliegenden Institute und Personen gelten soll, die über das Internet ausgeübt werden (BT-Drs. 17/17045, 2), sowie den Bericht der Europäischen Kommission an das Europäische Parlament und den Rat über die Anwendung der Richtlinie 2005/60/EG vom 11.4.2012, worin die Aufnahme einer umfassenderen Definition des Begriffs „Glücksspiel" und die Ausweitung des Geltungsbereichs 4

Figura

§ 1 Abschnitt 1. Begriffsbestimmungen und Verpflichtete

der Richtlinie über die derzeit Verpflichteten hinaus auf über das Internet oder über andere elektronische Plattformen oder Medien angebotenen Glücksspiele generell befürwortet wird (BT-Drs. 17/10745, 2). Die nunmehr in § 1 Abs. 8 GwG enthaltene Definition von Glücksspiel erfährt eine Erweiterung und wird an den Kreis der Verpflichteten nach § 2 Abs. 1 Nr. 15 GwG angepasst. Bereits durch das GwOptG vom 22.12.2011 neu in das GwG eingefügt wurden die damals längst überfällige Legaldefinition des gleichwertigen Drittstaates, die nunmehr in § 1 Abs. 17 GwG (§ 1 Abs. 6a aF) enthalten ist.

5   Neu in den Definitionskatalog aufgenommen wurden im Zuge der 4. Geldwäscherichtlinie (EU) 2015/849 des Europäischen Parlaments und des Rates die Begriffe „Trust" (§ 1 Abs. 6 GwG) und „Vermögensgegenstand" (§ 1 Abs. 7 GwG). Insbesondere § 1 Abs. 7 GwG diente der Umsetzung von Art. 3 Nr. 3 der 4. Geldwäscherichtlinie (EU) 2015/849 des Europäischen Parlaments und des Rates. Darüber hinaus wurde in § 1 Abs. 9 GwG erstmals eine Definition des Güterhändlers zur Verfügung gestellt. Hierdurch wird Art. 2 Abs. 1 Nr. 3 lit. d der 4. Geldwäscherichtlinie (EU) 2015/849 des Europäischen Parlaments und des Rates Folge geleistet. Die Begrifflichkeit umfasst auch sog. Auktionatoren, die für eine Provision fremde Güter anbieten und damit in eigenem Namen, aber auf fremde Rechnung agieren. Bereits in § 9 Abs. 4 S. 3 GwG aF enthalten, war die Begriffsbestimmung der hochwertigen Güter; sie wurde aus gesetzessystematischen Gründen aus § 9 GwG aF herausgelöst und in § 1 Abs. 10 GwG neu verortet. Immobilienmakler (§ 1 Abs. 11 GwG) waren bereits in § 2 Abs. 1 Nr. 10 GwG aF als Verpflichtete aufgeführt und vervollständigten in § 1 Abs. 11 GwG den Definitionskatalog. § 1 Abs. 12 GwG normiert den Terminus der Politisch exponierten Person und setzt auf diese Weise Art. 3 Nr. 9 der 4. Geldwäscherichtlinie (EU) 2015/849 des Europäischen Parlaments und des Rates um. Die Aufzählung stimmt überwiegend mit den in Art. 2 Abs. 1 der Durchführungsrichtlinie für die Dritte Geldwäscherichtlinie (RL 2006/70/EG der Kommission v. 1.8.2006 mit Durchführungsbestimmungen für die RL 2005/60/EG des Europäischen Parlaments und des Rates) genannten Personen überein, auf die bereits § 6 Abs. 2 Nr. 1 GwG aF Bezug nimmt. Die in § 1 Abs. 13, 14 und 15 GwG genannten Personenkonstellationen (Familienmitglied, nahestehende Person, Mitglied der Führungsebene) setzen weitere in Art. 3 Nr. 10ff. der 4. Geldwäscherichtlinie (EU) 2015/849 des Europäischen Parlaments und des Rates enthaltene Anforderungen um, die bereits zum Teil in der Richtlinie 2006/70/EG der Kommission vom 1.8.2006 mit Durchführungsbestimmungen für die Richtlinie 2005/60/EG des Europäischen Parlaments und des Rates entsprechen. Neu aufgenommen wurde im Zuge der 4. Geldwäscherichtlinie (EU) 2015/849 des Europäischen Parlaments und des Rates in § 1 Abs. 16 sowie Abs. 21 GwG die Definition einer Gruppe und der Korrespondenzbankbeziehung. Zum Zwecke der Klarstellung und im Sinne der Vereinheitlichung wurde in § 1 Abs. 18 GwG darüber hinaus eine Begriffsbestimmung zum sog. E-Geld eingearbeitet; inhaltlich weist der Begriff dadurch die dieselbe inhaltliche Bedeutung wie der Begriff des „E-Geldes" im Zahlungsdiensteaufsichtsgesetz auf und setzt gleichzeitig Art. 3 Nr. 16 der 4. Geldwäscherichtlinie (EU) 2015/849 des Europäischen Parlaments und des Rates um. Der Begriff der Zuverlässigkeit eines Mitarbeiters war bisher in § 9 Abs. 2 Nr. 4 GwG aF aufzufinden und wurde damit unverändert aus dem GwG aF in § 1 Abs. 20 GwG überführt. Abschließend definiert § 1 Abs. 22 GwG die Bank-Mantelgesellschaft („shell bank") und ist dabei weitestgehend identisch mit § 25m Nr. 1 KWG, der auf Art. 3 Nr. 10 der auf Richtlinie 2005/60/EG zurückgeht und folglich durch die 4. Geldwäscherichtlinie (EU) 2015/849 des Europäischen Parlaments und des Rates übernommen wird.

Begriffsbestimmungen **§ 1**

Am 5.7.2016 erging zunächst ein Vorschlag für eine Richtlinie des europäischen 6
Parlaments und des Rates zur Änderung der Richtlinie (EU) 2015/849 zur Verhinderung der Nutzung des Finanzsystems zum Zwecke der Geldwäsche und der Terrorismusfinanzierung und zur Änderung der Richtlinie 2009/101/EG. Die Richtlinie (EU) 2018/843 des Europäischen Parlaments und des Rates vom 30.5.2018 sieht eine Änderung der Richtlinie (EU) 2015/849 zur Verhinderung der Nutzung des Finanzsystems zum Zwecke der Geldwäsche und der Terrorismusfinanzierung und zur Änderung der Richtlinien 2009/138/EG und 2013/36/EU vor (im Folgenden: 5. Geldwäscherichtlinie; ABl. 2018 L 156, 43). Die Richtlinie war bis zum 10.1.2020 von den Mitgliedstaaten umzusetzen. Sie ändert die Richtlinie (EU) 2015/849 des Europäischen Parlaments und des Rates vom 20.5.2015 zur Verhinderung der Nutzung des Finanzsystems zum Zwecke der Geldwäsche und der Terrorismusfinanzierung, zur Änderung der Verordnung (EU) Nr. 648/2012 des Europäischen Parlaments und des Rates und zur Aufhebung der Richtlinie 2005/60/EG des Europäischen Parlaments und des Rates und der Richtlinie 2006/70/EG der Kommission (im Folgenden: 4. Geldwäscherichtlinie (EU) 2015/849 des Europäischen Parlaments und des Rates). Die 4. Geldwäscherichtlinie (EU) 2015/849 des Europäischen Parlaments und des Rates und die 5. Geldwäscherichtlinie geben eine Mindestharmonisierung vor, dh im Rahmen der nationalen Umsetzung können auch strengere Regelungen eingeführt werden (BT-Drs. 19/13827, 48).

Die Richtlinie formuliert eine Vielzahl weiterer Maßnahmen, „die darauf abzielen, die Bekämpfung der Terrorismusfinanzierung zu verbessern und die Transparenz von finanziellen Transaktionen und Unternehmen innerhalb des präventiven Rechtsrahmens der Union zu stärken". Im Schwerpunkt sollen hierdurch die Überwachung verdächtiger Transaktionen im Zusammenhang mit Ländern mit hohem Risiko (sog. „high risk third countries") weiter verbessert und Transaktionen mit virtuellen Währungen stärker kontrolliert werden. Darüber hinaus zielen die vorgeschlagenen Maßnahmen auf die Minimierung von Risiken im Zusammenhang mit anonymen Zahlungsinstrumenten auf Guthabenbasis ab. Die Maßnahmen der 5. Geldwäscherichtlinie basieren insbesondere auf den Erfahrungswerten der Mitgliedsstaaten, die durch die Umsetzung der 4. Geldwäscherichtlinie (EU) 2015/849 des Europäischen Parlaments und des Rates gewonnen wurden. Ziel ist es daher auch, die Befugnisse der nationalen zentralen Meldestellen zu erweitern und den Zugang zu Informationen über die wirtschaftlichen Eigentümer zu optimieren; der jeweilige wirtschaftliche Eigentümer einer Gesellschaft oder sonstiger Rechtsgestaltungen soll keinerlei Möglichkeit erhalten, eine Verschleierung der Identität herbeizuführen.

Im Bereich der Legaldefinitionen führt die 5. Geldwäscherichtlinie zu folgenden Änderungen:

Der Begriff der „Transaktion" (§ 1 Abs. 5 GwG) wird präzisiert; hierdurch soll auch eine Erweiterung der unter das GwG fallenden Vermittlungsgeschäfte Rechnung getragen werden (vgl. Art. 2 Abs. 1 Nr. 3 Buchst. d, i und j der 5. Geldwäscherichtlinie). Darüber hinaus wird der Begriff des Finanzunternehmens in § 1 Abs. 24 GwG neu ausgeprägt und löst sich hierdurch vom KWG-Begriff des Finanzunternehmens. Ferner wird die Begrifflichkeit des „E-Geldes" weiter differenziert und es wird – zur Erfassung aller Verwendungsformen von virtuellen Währungen – durch entsprechenden Verweis ins KWG eine weiten Definition des Kryptowertes aufgenommen. Hierunter ist „eine digitale Darstellung eines Werts, die von keiner Zentralbank oder öffentlichen Stelle emittiert wurde oder garantiert wird und nicht zwangsläufig an eine gesetzlich festgelegte Währung angebunden ist und die nicht

Figura 83

den gesetzlichen Status einer Währung oder von Geld besitzt, aber von natürlichen oder juristischen Personen als Tauschmittel akzeptiert wird und die auf elektronischem Wege übertragen, gespeichert und gehandelt werden kann" zu verstehen (vgl. Art. 3 Abs. 18 der 5. Geldwäscherichtlinie). Da der Umtausch virtueller Währungen derzeit auf EU-Ebene bzw. auf Ebene der einzelnen Mitgliedstaaten nicht überwacht wird, werden – zwecks Minimierung der damit im Zusammenhang stehenden Geldwäscherisiken – Anbieter solcher Dienste in den Kreis der Verpflichteten aufgenommen. Als Verpflichteter sind sie zukünftig somit auch verantwortlich dafür, Präventivmaßnahmen durchzuführen und verdächtige Transaktionen zu melden mit dem Ziel, Risiken im Zusammenhang mit Prepaid-Karten und virtuellen Währungen zu bekämpfen. Auch im Bereich des „Nichtfinanzsektors" kommt es zu einer Erweiterung des Kreises der geldwäscherechtlich verpflichteten Unternehmen (dies betrifft Mietmakler und Kunstsektorverpflichtete), die zu Änderungen bzw. gesetzlichen Anpassungen in § 1 Abs. 11 und 23 GwG führen. Schließlich sieht § 1 Abs. 12 GwG zukünftig vor, dass jeder Mitgliedstaat eine Liste erstellt, in der die genauen Funktionen angegeben sind, die gemäß den nationalen Rechts- und Verwaltungsvorschriften als „wichtige öffentliche Ämter" anzusehen sind. Die Liste wird der Kommission übermittelt und können veröffentlicht werden. Gleiches gilt für jede akkreditierte internationale Organisation; auch diese haben eine Liste der wichtigen öffentlichen Ämter zu erstellen und im weiteren Verlauf zu aktualisieren.

Art. 12 der 4. Geldwäscherichtlinie (EU) 2015/849 des Europäischen Parlaments und des Rates gestattete den Mitgliedstaaten bislang, bestimmte Sorgfaltspflichten bei E-Geld-Transaktionen nicht anwenden zu müssen. Da mittlerweile Risiken im Hinblick auf eine etwaige Terrorismusfinanzierung durch die Nutzung sog. (aufladbarer oder nicht aufladbarer) Guthabenkarten – für die keine Sorgfaltspflichten gelten – erkannt wurden, enthält die 5. Geldwäscherichtlinie Vorgaben, wonach
– die Schwellenwerte für nicht aufladbare Zahlungsinstrumente auf Guthabenbasis, auf die Maßnahmen der Sorgfaltspflicht anzuwenden sind, von 250 EUR auf 150 EUR zu senken und
– für die Online-Nutzung von Guthabenkarten die Befreiung von den Sorgfaltspflichten zu streichen
sind.
Insgesamt werden hierdurch die Anforderungen an die Überprüfung der Kunden erweitert.

II. Begriff der Geldwäsche (Abs. 1)

7   Abs. 1 definiert den Begriff der Geldwäsche und nimmt Bezug auf § 261 StGB. Eine explizite Begriffsbestimmung enthielt das Geldwäschegesetz bislang nicht, sodass die Normierung insbesondere klarstellenden Charakter hat. Eine Änderung der Rechtspraxis wird hierdurch nicht herbeigeführt, da die Begrifflichkeit auch schon bisher als Bezugnahme auf § 261 StGB angesehen wurde. § 261 StGB stellt als Straftatbestand den Umgang mit illegalem Vermögen unter Strafe ohne jedoch den Begriff der „Geldwäsche" legal zu definieren. Die Aufnahme des Tatbestands der Geldwäsche in das StGB erfolgt durch das Gesetz zur Bekämpfung des illegalen Rauschgifthandels ua Erscheinungsformen der Organisierten Kriminalität (OrgKG) v. 15.7.1992 (BGBl. I S. 1302). Der Gesetzgeber folgte damit den Vorgaben der Ersten Geldwäscherichtlinie 91/308/EWG v. 10.6.1991 (ABl. 1991 L 199, 77) und

Begriffsbestimmungen **§ 1**

setzte diese durch Schaffung eines Straftatbestandes um (so *Ruhmannseder* in BeckOK StGB § 261 Rn. 1, 2). Ziel des Gesetzgebers war es, die Grenze zwischen illegalem und legalem Wirtschaftskreislauf zu bestimmen und das Einschleusen von bemakelten Vermögensgegenständen (insbes. aus der Organisierten Kriminalität) in den legalen Finanz- und Wirtschaftskreislauf zu bekämpfen (BT-Drs. 12/989, 26).

Der Begriff „Geldwäsche" umfasst den Prozess der Verschleierung von illegalen 8 Vermögenswerten hinsichtlich des Vorhandenseins, der Herkunft oder ihrer Bestimmung, mit dem Ziel sie als rechtmäßige Einkünfte zu deklarieren (*Ruhmannseder* in BeckOK StGB § 261 Rn. 5). Darüber hinaus ist unter Geldwäsche, die „Einschleusung von Vermögensgegenständen aus Organisierter Kriminalität in den legalen Finanz- und Wirtschaftskreislauf zum Zweck der Tarnung" zu verstehen, „der Wert soll erhalten, zugleich aber dem Zugriff der Strafverfolgungsbehörden entzogen werden" (BT-Drs. 11/7663, 24; 12/989, 26). § 261 StGB ist damit als ein Anschlussdelikt ausgestaltet, da zwangsläufig eine rechtswidrige Tat iSv § 11 Abs. 1 Nr. 5 StGB vorliegen muss, aus der die Gegenstände der Geldwäsche herrühren. In § 261 Abs. 1 und 2 StGB werden drei Tatbestandsvarianten normiert:

Der sog. Verschleierungstatbestand (§ 261 Abs. 1 Alt. 1 und 2 StGB) und der sog. Vereitelungs- und Gefährdungstatbestand (§ 261 Abs. 1 Alt. 3 ff. StGB) erfassen Verhaltensweisen, deren Ziel es ist, staatliche Maßnahmen zu erschweren und zu vereiteln bzw. den Zugriff der Behörde zu unterbinden.

§ 261 Abs. 2 StGB regelt den sog. Isolierungstatbestand, wonach neben den zuvor genannten Geldwäschehandlungen auch das bloße Verschaffen, Verwahren oder Verwenden bemakelter Gegenstände sanktioniert wird.

Nach dem herrschenden Drei-Phasen-Modell (*Herzog* → Einl. Rn. 7) lässt sich 9 der Prozess der Geldwäsche lässt sich in drei Phasen gliedern. In der ersten Phase werden aus kriminellen Aktivitäten (Vortaten) stammende Gelder (oder andere Vermögenswerte), in der Regel unter Ausnutzung der Einzahlungswege von Kreditinstituten oder durch sonstige Unternehmen, in den legalen Finanzkreislauf eingebracht (sog. „Placement"). Eine der banalsten Techniken hierfür ist das sog. Smurfing, also eine so kleine Stückelung der Einzahlungen und gestreute Verteilung der Einzahlungen auf eine Vielzahl von Konten, dass sich Auffälligkeiten nur durch eine gezielte Analyse des Einzahlungsverhaltens bei Kenntnis der arbeitsteiligen Zusammenhänge zwischen verschiedenen Einzahlern erkennen lassen (sog. „Smurfing"). In diesem Stadium sind insbesondere Kfz- oder Juweliergeschäfte, der Besuch von Spielbanken, die Einzahlung auf Bankkonten nützlich, um eine Platzierung herbeizuführen. Die zweite Phase des Geldwäscheprozesses umfasst die Verschleierung der Herkunft der Vermögenswerte (sog. „Layering"). In diesem Stadium werden insbesondere komplexe Finanztransaktionen genutzt. Durch eine Reihe von hintereinander geschalteten Transaktions- und/oder Handlungsketten, wird angestrebt, zügig die Quelle der Vermögenswerte zu verbergen und im Weiteren die Papierspur (sog. „paper trail") des schmutzigen Geldes schwer nachvollziehbar zu gestalten. Hierbei kommen insbesondere Scheingeschäfte, Auslandstransaktionen unter Nutzung von Offshore-Banken, Scheingesellschaften und Strohmännern zum Einsatz. In der dritten Phase (sog. „Integration") fließen die Gelder regelmäßig wieder an den Organisator der Geldwäsche zurück und können nun in legale Geschäfte und die Vermögensbildung investiert werden, da deren ursprüngliche illegale Herkunft nahezu unkenntlich gemacht worden und kaum mehr zu rekonstruieren ist. Typische Beispiele für die Einschleusung in den legalen Finanzkreislauf sind der Erwerb von Geschäftsbeteiligungen, Investitionen auf dem Aktienmarkt oder der Kauf von hochwertigen Immobilien.

Figura

III. Terrorismusfinanzierung (Abs. 2)

10 Mit der 3. EU-Anti-Geldwäscherichtlinie sollten „Lücken im Maßnahmenkatalog gegen Geldwäsche (Risk Management und Customer Due Diligence Standards im unbaren internationalen Zahlungsverkehr, Maßnahmen zur Verfolgung des Underground-Banking und der Regulierung des Finanztransfergeschäfts) geschlossen [... und] der Bekämpfung der Finanzierung des Terrorismus gedient werden" (BMF, Monatsbericht 08/2002, Bekämpfung und Verhinderung der Geldwäsche und der Finanzströme des Terrorismus, S. 57). Entscheidend ist dabei die Ausdehnung des Anwendungsbereichs der Richtlinie auf die Bekämpfung der Terrorismusfinanzierung. Seit den Vorfällen des 11.9.2001 werden Maßnahmen zur Bekämpfung der Geldwäsche verstärkt mit Maßnahmen zur Bekämpfung und Verhinderung der Finanzierung des Terrorismus verknüpft. Ebenso wie im Bereich der Organisierten Kriminalität (OK) sollen terroristischen Gruppierungen die finanziellen Grundlagen entzogen werden, um sie nachhaltig zu schwächen. Die Problematik, die Kontrolle legalen Vermögens als Unterfall der Geldwäsche einzuordnen, hat das europäische Parlament zwar erkannt und gegenüber der ursprünglichen Formulierung im Richtlinienentwurf entsprechende Änderungen vorgenommen. Dennoch erstreckt sich die Kontrolle nicht mehr nur auf durch Straftaten erworbenes „schmutziges" Geld, sondern auch auf rechtmäßig erworbenes Vermögen, sobald es sich dem Verdacht ausgesetzt sieht, dem Terrorismus zu dienen. Verdächtig ist gem. Art. 1 Abs. 1, 4 der Richtlinie auch derjenige, der finanzielle Mittel bereitstellt, die ganz oder teilweise in der Zukunft zu terroristischen Straftaten verwendet werden könnten. Durch § 1 Abs. 2 GwG aF wurde erstmals eine für den Anwendungsbereich des Geldwäschegesetzes geltende Definition der Terrorismusfinanzierung eingeführt. In Übereinstimmung mit den internationalen Standards und Forderungen der Financial Action Task Force on Money Laundering (FATF) wurden damit die zur Bekämpfung der Geldwäsche geschaffenen gesetzlichen Regelungen in noch stärkerem Umfang auch für die Bekämpfung der Terrorismusfinanzierung genutzt. Die Anzeigepflicht in Terrorismusfinanzierungsverdachtsfällen wurde dem Grunde nach auf alle dem Geldwäschegesetz unterliegenden Unternehmen und Personen ausgedehnt; die nach § 9 GwG aF von den Verpflichteten vorzuhaltenden unternehmensinternen Sicherungsmaßnahmen erstreckten sich so vollständig auf den Bereich der Terrorismusfinanzierung. Bereits mit Inkrafttreten des Geldwäschebekämpfungsgesetzes vom 8.8.2002 (Gesetz zur Verbesserung der Bekämpfung der Geldwäsche und der Bekämpfung der Finanzierung des Terrorismus BGBl. I S. 3105) wurde die Identifizierungspflicht in Verdachtsfällen nicht nur bei Vorliegen eines Verdachts auf Geldwäsche, sondern auch bei Verdacht der Finanzierung einer terroristischen Vereinigung gem. §§ 129a, 129b StGB ausgelöst. Mit dieser Erweiterung wurde den Vorgaben der FATF (FATF, Sonderempfehlungen gegen die Finanzierung von Terroristen v. 31.10.2001 in Consbruch/Fischer, Nr. 11.77a.) hin zu einer Ausweitung der Pflicht zur Erstattung von Verdachtsanzeigen auf den Bereich der Terrorismusfinanzierung entsprochen (BegrRegE Geldwäschebekämpfungsgesetz, BT-Drs. 14/8739, 14).

11 Terrorismusfinanzierung im Sinne dieses Gesetzes wurde im Zuge der 4. Geldwäscherichtlinie (EU) 2015/849 des Europäischen Parlaments und des Rates in Abs. 2 legaldefiniert als die Bereitstellung oder Sammlung von Vermögensgegenständen mit dem Wissen oder in der Absicht, dass diese Vermögensgegenstände ganz oder teilweise dazu verwendet werden oder verwendet werden sollen, eine (oder mehrere) Tat(en) nach § 129a StGB, auch in Verbindung mit § 129b StGB,

Begriffsbestimmungen **§ 1**

oder eine andere der Straftaten, die in den Art. 1–3 des Rahmenbeschlusses 2002/475/JI des Rates vom 13.6.2002 zur Terrorismusbekämpfung (ABl. 2002 L 164, 3), zuletzt geändert durch den Rahmenbeschluss 2008/919/JI des Rates vom 28.11.2008 (ABl. 2008 L 330, 21), umschrieben sind, zu begehen (Abs. 2 Nr. 1). Durch die 5. Geldwäscherichtlinie wird die Bezugnahme auf den bisher geltenden Rahmenbeschluss „eine andere der Straftaten, die in den Art. 1 bis 3 des Rahmenbeschlusses 2002/475/JI des Rates vom 13. Juni 2002 zur Terrorismusbekämpfung (ABl. 2002 L 164, 3), zuletzt geändert durch den Rahmenbeschluss 2008/919/JI des Rates vom 28. November 2008 (ABl. 2008 L 330, 21), umschrieben sind" gestrichen und durch den Nachfolgerechtsakt „eine andere der in den Art. 3, 5 bis 10 und 12 der Richtlinie (EU) 2017/541 des Europäischen Parlaments und des Rates vom 15. März 2017 zur Terrorismusbekämpfung und zur Ersetzung des Beschlusses 2005/671/JI des Rates (ABl. 2017 L 88, 6) umschriebenen Straftaten" ersetzt.

Die Definition des Begriffs der Terrorismusfinanzierung wurde durch die Neufassung im Zuge der 4. Geldwäscherichtlinie (EU) 2015/849 des Europäischen Parlaments und des Rates weitestgehend übernommen und nur partiell angepasst: In § 1 Abs. 2 Nr. 1 GwG aF wurde bislang die Begrifflichkeit „finanzielle Mittel" verwandt; dieser wurde durch den Terminus „Vermögensgegenstand" ersetzt, der wiederum in § 1 Abs. 7 GwG legal definiert wird. Das Gesetz wird durch diesen Austausch sprachlich vereinheitlicht und verwendet die gleiche Begrifflichkeit, wie das Strafgesetzbuch in § 89c StGB. Zum anderen enthielt § 1 Abs. 2 Nr. 1 GwG bislang keine eindeutige subjektive Komponente, da nur auf eine Kenntnisnahme abgestellt wurde. In der nunmehr geltenden Fassung werden beide Formen des direkten Vorsatzes – Wissen oder in Absicht – genannt. Die Regelung entspricht so den Vorgaben der 4. Geldwäscherichtlinie (EU) 2015/849 des Europäischen Parlaments und des Rates. Als Terrorismusfinanzierung iSd GwG gilt gemäß § 1 Abs. 2 Nr. 2 GwG ebenfalls die Begehung der Terrorismusfinanzierung nach § 89c StGB; der Verweis auf § 89a Abs. 1 StGB wurde durch die Neufassung gestrichen. § 89c Abs. 1 StGB normiert die Strafbarkeit des Sammelns, der Entgegennahme und des zur Verfügung Stellens von Vermögenswerten mit dem Wissen oder in der Absicht, dass diese von einer anderen Person zur Begehung der in den Nummern 1–8 aufgezählten Straftatbestände verwendet werden sollen. Die Regelung des § 89c StGB stellt die Finanzierung terroristischer Straftaten allgemein unter Strafe. Mit Art. 1 GVVG-Änderungsgesetz (GVVG-ÄndG) vom 12.6.2015 (BGBl. I S. 926) wurde auf Empfehlung der FATF an die Bundesrepublik Deutschland die Strafbarkeit der Finanzierung terroristischer Straftaten in einer neuen Norm (§ 89c StGB) zusammengeführt und erweiterte zugleich die Strafbarkeit, indem die Finanzierung terroristischer Straftaten allgemein unter Strafe gestellt wird. Zugleich wird die Mindeststrafbarkeit erhöht und auf die bisherige Erheblichkeitsschwelle (§ 89a Abs. 2 Nr. 4 StGB aF) verzichtet.

1. Taten nach §§ 129a, 129b StGB und nach den Art. 3, 5–10 und 12 Richtlinie (EU) 2017/541 des Europäischen Parlaments und des Rates vom 15.3.2017

Vom Begriff der Terrorismusfinanzierung erfasst werden sowohl die Bereitstellung als auch die Sammlung finanzieller Mittel, wenn dies in Kenntnis dessen geschieht, dass sie dazu verwendet werden, eine der im Rahmenbeschlusses umschrie- **12** benen Straftaten zu begehen oder zu einer solchen Tat anzustiften oder Beihilfe zu leisten (RegE GwBekErgG, BT-Drs. 16/9038, 29). Hinzu kommen die bereits im bisherigen Geldwäschegesetz aufgeführten Fälle der §§ 129a, 129b StGB betreffend die Finanzierung des Terrorismus im Inland und im Ausland. Laut FIU basiert die Finanzierung terroristischer Vereinigungen derzeit auf drei Haupteinnahmequellen (BKA, Zentralstelle für Verdachtsanzeigen, FIU Deutschland, Jahresbericht 2002, S. 23): Sammeln von Spendengeldern im Umfeld von islamischen Vereinen bzw. Stiftungen; Unterstützungszahlungen durch terrorismusverdächtige Staaten; Begehung (allgemein-) krimineller Delikte. Als weitere wesentliche Indikatoren werden genannt die Herkunfts- und Zielregion einer Transaktion und die Staatsangehörigkeit bzw. Herkunft der beteiligten Personen (BKA, Zentralstelle für Verdachtsanzeigen, FIU Deutschland, Jahresbericht 2003, S. 32). Allgemein stellt sich die Erkenntnislage in Bezug auf Terrorismusfinanzierung nach wie vor als unbefriedigend dar (so auch *Mülhausen* in Herzog/Mülhausen Geldwäschebekämpfung-HdB § 42 Rn. 32).

13 §§ 129a, 129b StGB betreffen die Bildung terroristischer Vereinigungen im In- und Ausland. §§ 129a Abs. 2, Abs. 3 StGB wurden durch das Gesetz zur Umsetzung des Rahmenbeschlusses des Rates vom 13.6.2002 zur Terrorismusbekämpfung vom 22.12.2003 (BGBl. I S. 2836) entsprechend den Vorgaben des Rahmenbeschlusses neu gefasst, bzw. neu eingefügt. § 129a StGB richtet sich gegen kriminelle Organisationen mit schwerkrimineller Zwecksetzung; bereits die Organisationsdelikte des Gründens und der Mitgliedschaft sind Verbrechen iSv § 12 Abs. 1 StGB (*Heger* in Lackner/Kühl StGB § 129a Rn. 2). Katalogtaten nach § 129a Abs. 1 StGB sind Mord, Totschlag, Völkermord, Verbrechen gegen die Menschlichkeit, Kriegsverbrechen, sowie Straftaten gegen die persönliche Freiheit in den Fällen der §§ 239a, 239b StGB. Zu den weiteren Katalogtaten des § 129a Abs. 2, 3 StGB vgl. etwa *Schäfer* in MüKoStGB § 129a Rn. 43 ff.

14 In der 4. Geldwäscherichtlinie (EU) 2015/849 des Europäischen Parlaments und des Rates sind gemeinsame Regeln zur Verhinderung der Nutzung des Finanzsystems der Union zum Zwecke der Geldwäsche und der Terrorismusfinanzierung niedergelegt. Über diesen präventiven Ansatz hinaus sollte die Terrorismusfinanzierung in den Mitgliedstaaten unter Strafe gestellt werden. Die Einstufung als Straftatbestand sollte im Hinblick auf die Zerschlagung der Unterstützungsstrukturen, die die Begehung terroristischer Straftaten erleichtern, nicht nur für die Finanzierung terroristischer Handlungen, sondern auch für die Finanzierung einer terroristischen Vereinigung sowie sonstige Straftaten im Zusammenhang mit terroristischen Aktivitäten, zum Beispiel die Anwerbung und Ausbildung oder Reisen für terroristische Zwecke, gelten.

Die Richtlinie (EU) 2017/541 des Europäischen Parlaments und des Rates vom 15.3.2017 normiert Mindestvorschriften für die Definition von Straftatbeständen und die Festlegung von Sanktionen auf dem Gebiet von terroristischen Straftaten, Straftaten im Zusammenhang mit einer terroristischen Vereinigung und Straftaten im Zusammenhang mit terroristischen Aktivitäten sowie Maßnahmen zum Schutz, zur Unterstützung und zur Hilfe der Opfer des Terrorismus. In den Art. 3, 5–10 und 12 Richtlinie (EU) 2017/541 des Europäischen Parlaments und des Rates vom 15.3.2017 werden terroristische Straftaten und Straftaten im Zusammenhang mit einer terroristischen Vereinigung bzw. mit terroristischen Aktivitäten definiert. Ziel der Richtlinie ist es, die Definition solcher Straftatbestände in allen Mitgliedstaaten weiter anzugleichen, damit auch Verhaltensweisen, die insbesondere im Zusammenhang mit ausländischen terroristischen Kämpfern und der Terrorismusfi-

Begriffsbestimmungen **§ 1**

nanzierung stehen, zielgerichtet erfasst werden. Eine Strafbarkeit ist auch dann gegeben, wenn die Tat über das Internet, einschließlich der sozialen Medien, begangen wird. Die Richtlinie enthält eine erschöpfende Auflistung von schweren Straftaten, wie beispielsweise Angriffe auf das Leben einer Person, die als vorsätzliche Handlungen für eine Einstufung als terroristische Straftaten infrage kommen, sofern und soweit sie mit einem konkreten terroristischen Ziel begangen werden, oder durch Drohung, solche vorsätzlichen Handlungen zu begehen (vgl. zu den Katalogtaten iE Art. 3, 5–10 und 12 der RL). Sie ersetzt den Rahmenbeschluss 2002/475/JI des Rates vom 13.6.2002 zur Terrorismusbekämpfung (ABl. 2002 L 164, 3). Die aufgeführten Straftaten müssen mit dem Vorsatz begangen werden, die Bevölkerung zu bedrohen und die politischen, wirtschaftlichen oder gesellschaftlichen Strukturen dieses Landes ernsthaft zu schädigen oder zu zerstören (Mord, Körperverletzung, Geiselnahme, Erpressung, Herstellung von Waffen, Anschläge, die Androhung, die vorgenannten Straftaten zu begehen usw). Der vorsätzliche Charakter einer Handlung oder Unterlassung kann dabei aus den objektiven Tatumständen geschlossen werden. Unerheblich ist, ob die Straftaten von einer Einzelperson oder einer Vereinigung (juristische Person) begangen werden. Der Begriff der „terroristische Vereinigung" wird durch Art. 2 Nr. 3 der Richtlinie als einen auf längere Dauer angelegten organisierten Zusammenschluss von mehr als zwei Personen, die zusammenwirken, um terroristische Straftaten zu begehen definiert; der Begriff „organisierter Zusammenschluss" bezeichnet einen Zusammenschluss, der nicht nur zufällig zur unmittelbaren Begehung einer strafbaren Handlung gebildet wird und der nicht notwendigerweise förmlich festgelegte Rollen für seine Mitglieder, eine kontinuierliche Zusammensetzung oder eine ausgeprägte Struktur hat (vgl. hierzu auch *Lenckner/Sternberg-Lieben* in Schönke/Schröder StGB § 129a Rn. 2; *Schäfer* in MüKoStGB § 129a Rn. 27 ff.; zur Abgrenzung einer kriminellen von einer terroristischen Vereinigung s. weitere Hinweise in *Heger* in Lackner/Kühl StGB § 129a Rn. 2). Daneben sind Anstiftung, Beihilfe, Mittäterschaft sowie der Versuch zur Begehung einer terroristischen Straftat strafbar. Juristische Personen können strafrechtlich zur Verantwortung gezogen werden, wenn erwiesen ist, dass die natürliche Person die Befugnis zur Vertretung der juristischen Person oder eine Kontrollbefugnis innerhalb der juristischen Person innehat.

Die im Rahmenbeschluss aufgeführten Straftaten betreffen neben terroristischen Straftaten im engeren Sinne im Wesentlichen Straftaten im Zusammenhang mit einer terroristischen Vereinigung, sowie Straftaten im Zusammenhang mit terroristischen Aktivitäten (vgl. zu den Katalogtaten iE Art. 1–3 des Rahmenbeschlusses).

2. Begehung einer Tat nach § 89 c StGB (Terrorismusfinanzierung)

Mit dem Gesetz zur Änderung der Verfolgung der Vorbereitung von schweren **15** staatsgefährdenden Gewalttaten (GVVG-Änderungsgesetz – GVVG-ÄndG) wurde § 89c in das Strafgesetzbuch aufgenommen (BGBl. I S. 926, in Kraft getreten am 20.6.2015). Durch die Aufnahme wurde die Forderung der FATF „die Strafbarkeit der Finanzierung terroristischer Straftaten in einer Norm mit einem einheitlichen Strafrahmen" zusammenzufassen, umgesetzt (BT-Drs. 18/4279, 2). Ziel war es, die Finanzierung terroristischer Straftaten allgemein unter Strafe zu stellen (BT-Drs. 18/4279, 11). Terrorismus geht in zunehmendem Maße von international operierenden Netzwerken aus, die in mehreren Ländern Stützpunkte unterhalten und die zum Teil massive logistische und finanzielle Unterstützung erfahren. Der Tatbestand der Terrorismusfinanzierung nach § 89c StGB wurde durch das am 26.6.2017 in Kraft getretene Gesetz über das Aufspüren von Gewinnen aus schweren Straftaten (Geldwäschegesetz – GwG, BGBl. 2017 I S. 1822) neu in das GwG eingefügt.

§ 89c StGB („Terrorismusfinanzierung") gleicht in seiner Struktur § 129a StGB („Bildung einer terroristischen Vereinigung"), unterwirft jedoch auch solche Tathandlungen der zusätzlichen Tatbestandsvoraussetzung „der Einschüchterung der Bevölkerung in erheblicher Weise" (BT-Drs. 18/4279, 11).

16 Der in § 89c Abs. 1 S. 1 Nr. 1–8 StGB enthaltene Katalog bezieht sich auf solche Straftaten, die einen möglichen Zusammenhang zum Terrorismus darstellen könnten. In den Fällen des § 89c Abs. 1 S. 1 Nr. 1–7 StGB findet die Norm nur dann Anwendung, „wenn die dort bezeichnete Tat dazu bestimmt ist, die Bevölkerung auf erhebliche Weise einzuschüchtern, eine Behörde oder eine internationale Organisation rechtswidrig mit Gewalt oder Drohung mit Gewalt zu nötigen oder die politischen, verfassungsrechtlichen, wirtschaftlichen oder sozialen Grundstrukturen eines Staates oder einer internationalen Organisation zu beseitigen oder erheblich zu beeinträchtigen, und durch die Art ihrer Begehung oder ihre Auswirkungen einen Staat oder eine internationale Organisation erheblich schädigen kann." (§ 89c Abs. 1 S. 2 StGB). Zu Bejahen wäre eine Gefahr der erheblichen Schädigung eines Staats oder einer internationalen Organisation immer dann, wenn sie „durch die Art der Begehung zB bei einer besonders öffentlichkeitswirksamen Aktion oder demonstrativer Grausamkeit und in ihren Auswirkungen bei Massenpanik, Anheizen innerstaatlicher Gewalttätigkeit oder des Schadensumfangs" geprägt wird (*v. Heintschel-Heinegg* in BeckOK StGB § 89c Rn. 2).

Die Tathandlung des § 89c Abs. 1 StGB verlangt das Sammeln, Entgegennehmen oder das Zur-Verfügung-Stellen von Vermögenswerten. Unter Sammeln sind „alle Tätigkeiten, die auf ein planmäßiges, konstantes Entgegennehmen oder Einfordern von Vermögenswerten gerichtet sind" zu verstehen (*v. Heintschel-Heinegg* in BeckOK StGB § 89c Rn. 5 mit weiteren Verweisen). Hiervon soll auch das bloße „An-Sammeln" iSv Sparen erfasst sein (vgl. dazu *Sieber* NStZ 2009, 353 (360)). Das Entgegennehmen ist als „annehmen" oder auch „in Empfang nehmen" zu interpretieren (*v. Heintschel-Heinegg* in BeckOK StGB § 89c Rn. 6). Der Begriff des Zur-Verfügung-Stellen umfasst „das zweckgerichtete (auch mittelbare) an einen Dritten, insbes. durch das Verschaffen des Gewahrsams, aber auch Überweisungen" (*v. Heintschel-Heinegg* in BeckOK StGB § 89c Rn. 7). Ein Vermögenswert kann neben Geld jeder körperlich oder nichtkörperlich, beweglich oder unbeweglich, materieller oder immaterieller geldwerter Gegenstand sein; beispielhaft sind in diesem Zusammenhang insbesondere auch Sprengstoff und Waffen zu benennen. Gemäß § 89c Abs. 5 StGB verringert sich der Strafrahmen, wenn die Vermögenswerte bei einer Tat nach § 89c Abs. 1 oder 2 StGB als geringwertig anzusehen sind.

Nach § 89c Abs. 2 StGB wird derjenige bestraft, der unter der Voraussetzung des § 89c Abs. 1 S. 2 StGB Vermögenswerte sammelt, entgegennimmt oder zur Verfügung stellt, um selbst eine der in § 89c Abs. 1 S. 1 StGB genannten Straftaten zu begehen.

Die Abs. 1 und 2 gelten gemäß § 89c Abs. 3 S. 1 StGB auch dann wenn die Tat im Ausland begangen wird.

17 Um den subjektiven Tatbestand des § 89c StGB zu erfüllen, muss der Täter in den Fällen des § 89c Abs. 1 S. 1 und Abs. 3 StGB zumindest wissen oder in der Absicht handeln, dass die Tathandlung von der anderen Person zur Begehung einer Straftat nach § 89c Abs. 1 S. 1 Nr. 1–8 StGB verwendet werden soll (*v. Heintschel-*

Begriffsbestimmungen **§ 1**

Heinegg in BeckOK StGB § 89c Rn. 12). Der Fall des § 89c Abs. 2 StGB setzt voraus, dass der Täter in der Absicht handelt, eine der in § 89c Abs. 1 S. 1 StGB normierten Straftaten als eigene Tat zu begehen.

Mit den ebenfalls durch das Gesetz zur Verfolgung der Vorbereitung von schweren staatsgefährdenden Gewalttaten (GVVG, BGBl. 2009 I S. 2437) neu in das StGB eingefügten § 89b und § 91 werden ferner die Aufnahme und das Unterhalten von Beziehungen zu einer terroristischen Vereinigung unter Strafe gestellt, wenn der Täter in der Absicht handelt, sich in der Begehung einer schweren staatsgefährdenden Gewalttat ausbilden zu lassen (§ 89b Abs. 1 StGB), sowie die Anleitung zur Begehung einer schweren staatsgefährdenden Gewalttat anpreist oder zugänglich macht (§ 91 StGB). Dies gilt auch für denjenigen, der sich eine solche Schrift verschafft, um eine schwere staatsgefährdende Gewalttat zu begehen, § 91 Abs. 1 Nr. 2 StGB (zu den neu eingefügten §§ 89a, 89b und 91 StGB s. *Bader* NJW 2009, 2853 ff.). **18**

3. Anstiftung oder Beihilfe zu einer Tat nach Nummer 1 oder 2

Die strafrechtliche Teilnahme umfasst die Begehungsformen der Anstiftung (§ 26 StGB) und der Beihilfe (§ 27 StGB). § 1 Abs. 2 Nr. 3 GwG regelt die Anstiftung oder Beihilfe zu einer Tat nach § 1 Abs. 2 Nr. 1 oder 2 GwG. Teilnahme (Anstiftung und Beihilfe) an einer in den § 1 Abs. 2 GwG normierten Tat stellte auch bislang schon einen eigenen Fall der Terrorismusfinanzierung dar. Die Regelung wurde im Zuge der Neufassung in das Geldwäschegesetz eingefügt und dient der Klarstellung; die Ergänzung führt somit zu keiner Erweiterung des Begriffs. **19**

IV. Identifizieren (Abs. 3)

§ 1 Abs. 3 GwG definiert das Identifizieren im Sinne des Geldwäschegesetzes, welches zum einen aus der Feststellung der Identität durch Erheben von Angaben und zum anderen aus der Überprüfung der Identität des Vertragspartners und ggf. des wirtschaftlich Berechtigten besteht. Mit dieser Aufteilung folgt Abs. 3 dem Ansatz der 3. EU-Anti-Geldwäscherichtlinie, der mit der in Art. 8 Abs. 1a enthaltenen Formulierung ebenfalls eine Zweiteilung des Identifizierungsvorganges enthält. Hiernach umfassen Sorgfaltspflichten gegenüber der zu identifizierenden Person „die Feststellung der Identität des Kunden und Überprüfung der Kundenidentität auf der Grundlage von Dokumenten, Daten oder Informationen, die von einer glaubwürdigen und unabhängigen Quelle stammen". Durch das im Zuge der 4. Geldwäscherichtlinie (EU) 2015/849 des Europäischen Parlaments und des Rates neu gefasste Geldwäschegesetz kam es zu keiner Ergänzung der Definition. Abs. 3 entspricht § 1 Abs. 1 GwG aF und wurde lediglich neu verortet. Die Identifizierungspflicht in Deutschland, heute in § 154 Abs. 2 AO normiert, geht zurück auf die Reichsabgabenordnung von 1913. Wer ein Konto führt, Wertsachen verwahrt oder als Pfand nimmt oder ein Schließfach überlässt, hat sich zuvor Gewissheit über die Person und Anschrift des Verfügungsberechtigten zu verschaffen und die entsprechenden Angaben in geeigneter Form, bei Konten auf dem Konto, festzuhalten, § 154 Abs. 2 AO. Hierneben haben die Kreditinstitute sicherzustellen, dass jederzeit Auskunft darüber gegeben werden kann, über welche Konten oder Schließfächer eine Person verfügungsberechtigt ist. Im Zuge der 5. Geldwäscherichtlinie kommt es zu einer Angleichung des Identifizierungsverfahren des § 154 **20**

§ 1 Abschnitt 1. Begriffsbestimmungen und Verpflichtete

Abs. 2 AO an die Vorschriften des Geldwäschegesetzes. Ein Kreditinstitut erfüllt mit der Identifizierung des Kontoinhabers, anderer Verfügungsberechtigter und des wirtschaftlich Berechtigten nach den Vorschriften des Geldwäschegesetzes nunmehr zugleich auch die Identifizierungspflichten nach § 154 Abs. 2 AO (BT-Drs. 19/13827, 115). § 154 Abs. 2 AO verweist auf die entsprechenden Vorschriften des GwG (§ 11 Abs. 4 und 6, § 12 Abs. 1 und 2, § 12 Abs. 3 und § 13 Abs. 1 und 2 GwG einschließlich der hierzu ergangenen Rechtsverordnung). Unberührt von der Neuregelung bleiben die abgabenrechtlichen Verpflichtungen der Kreditinstitute zur Erhebung der Anschrift des wirtschaftlich Berechtigten und der steuerlichen Ordnungsmerkmale nach § 154 Abs. 2a S. 1 AO (so BT-Drs. 19/13827, 115). Die Vereinheitlichung des Verfahrens soll zu einer Entlastung bei den Kreditinstituten führen.

21   § 1 Abs. 3 GwG unterscheidet zwischen der Feststellung der Identität der zu identifizierenden Person einerseits und der sich anschließenden Überprüfung der Identität andererseits. Bis zum Inkrafttreten des GwBekErgG enthielt der Begriff des Identifizierens nach § 1 Abs. 5 GwG aF mit der Formulierung „Identifizieren [...] ist das Feststellen des Namens aufgrund eines gültigen Personalausweises oder Reisepasses [...]" noch beide Elemente. Die Anforderungen sind erfüllt, wenn beide Kernelemente des Identifizierens im Legitimationsvorgang enthalten sind. Dabei ist grundsätzlich zunächst in einem ersten Schritt die Identität der zu identifizierenden Person festzustellen. Die Feststellung beruht auf der Aussage des Kunden und ist durch den Verpflichteten – in der Regel mittels Befragung – zu erheben. An die Feststellung der Identität schließt sich die Überprüfung der Identität an, in deren Rahmen die Verifizierung/Glaubhaftmachung der Aussage der zu identifizierenden Person anhand eines Beweisdokumentes erfolgt.

22   Die Identifizierung ist Teil der allgemeinen Sorgfaltspflichten des Verpflichteten (§ 10 Abs. 1 Nr. 1 GwG). Sie hat gemäß § 11 Abs. 1 GwG vor Begründung der Geschäftsbeziehung oder vor Durchführung der Transaktion zu erfolgen und umfasst neben dem wirtschaftlich Berechtigten auch die für diese auftretende Person. Darüber hinaus ist die Identifizierung bei Transaktionen notwendig, die außerhalb der Geschäftsbeziehung durchgeführt werden und einen Wert von 15.000 EUR oder mehr bzw. einen Geldtransfer iSv Art. 3 Nr. 9 der GeldtransferVO (VO (EU) 2015/847) mit einem Betrag von 1.000 EUR oder mehr darstellt (§ 10 Abs. 3 Nr. 2 GwG). § 10 Abs. 3 Nr. 2a) GwG entspricht grundsätzlich der bisherigen Normierung in § 3 Abs. 2 Nr. 2 S. 2 GwG aF, verweist allerdings auf die neu gefasste Geldtransferverordnung über die Übermittlung von Angaben bei Geldtransfer, die an die Stelle der aufgehobenen Verordnung (EU) Nr. 1781/2006 getreten ist. Nach der neuen GeldtransferVO ist bei einem Geldtransfer in ein Drittland künftig der Umfang der Datenermittlung von der Transfersumme abhängig: Das heißt, bei einem Geldtransfer bis zu 1.000 EUR genügt grundsätzlich die Angabe der Namen und Zahlungskonten des Auftraggebers und des Begünstigten (§ 6 Abs. 2 GeldtransferVO) und die Angaben zum Auftraggeber müssen generell nicht auf ihre Richtigkeit überprüft werden. Bei Transfers über 1.000 EUR muss dagegen die Übermittlung des kompletten Datensatz erfolgen. Besondere Vorgaben zur Identitätsprüfung und bzgl. des Identifikationszeitpunkts bestehen bei Immobilienmaklern (§ 11 Abs. 2 GwG). Sie sind verpflichtet, die Vertragsparteien des Kaufgegenstandes, gegebenenfalls für diese auftretenden Personen und den wirtschaftlich Berechtigten zu identifizieren, sobald der Vertragspartner des Maklers ein ernsthaftes Interesse an der Durchführung des Immobilienkaufvertrages äußert und die Kaufvertragsparteien hinreichend bestimmt sind. Sind für beide Vertragsparteien des Kaufgegen-

Begriffsbestimmungen **§ 1**

standes Immobilienmakler tätig, so muss jeder dieser Verpflichteten nur die Vertragspartei identifizieren, für die er handelt.

Eine Ausnahme von der Pflicht, die Identifizierung vorab durchzuführen, wird 23
durch § 11 Abs. 1 S. 2 GwG eröffnet. Hiernach kann auch noch während der Begründung der Geschäftsbeziehung – in diesem Fall allerdings unverzüglich – die Identifizierung abgeschlossen werden, wenn die Zurückstellung erforderlich ist, um den normalen Geschäftsablauf nicht zu unterbrechen und wenn ein lediglich geringes Geldwäsche-/Terrorismusfinanzierungsrisiko besteht (vgl. hierzu bereits Art. 9 Abs. 2 3. EU-Anti-Geldwäsche-Richtlinie; zu den Änderungen vgl. BR-Drs. 598/19, 10). Die Überprüfung, nicht jedoch die Feststellung der Identität, ist damit unter den Voraussetzungen des § 11 Abs. 1 S. 2 GwG auch noch während der Etablierung der Geschäftsbeziehung zulässig. Von der Identifizierung an sich kann abgesehen werden, wenn der Verpflichtete die zu identifizierende Person bereits bei früherer Gelegenheit identifiziert und die dabei erhoben Angaben aufgezeichnet hat (§ 11 Abs. 3 S. 1 GwG). Hat der Verpflichtete allerdings Zweifel, ob die bei der früheren Identifizierung erhobenen Angaben weiterhin zutreffen sind, muss er erneut eine Identifizierung durchführen.

Die **5. Geldwäscherichtlinie** formuliert für Bestandskunden die Erfüllung weiterer Sorgfaltspflichten; durch Änderung des Art. 14 Abs. 5 der 4. Geldwäscherichtlinie (EU) 2015/849 des Europäischen Parlaments und des Rates bestimmt die 5. Geldwäsche-Richtlinie zukünftig, „dass die Verpflichteten ihre Sorgfaltspflichten gegenüber Kunden nicht nur auf alle neuen Kunden, sondern zu geeigneter Zeit auch auf die bestehende Kundschaft auf risikobasierter Grundlage" ausweiten. Ändern sich bspw. die Umstände bei einem Kunden maßgeblich oder ist der Verpflichtete gehalten, den Kunden im Laufe des betreffenden Kalenderjahres zu kontaktieren, um etwaige Informationen über den oder die wirtschaftlichen Eigentümer abzufragen, bedarf es nunmehr auch einer Überprüfung bereits bekannter Kunden (§ 10 Abs. 3a Nr. 1 und 2 GwG).

Für Institute und Versicherungsunternehmen gelten des Weiteren die in § 25j 24
KWG und § 54 Abs. 2 VAG enthaltenen Sonderregelungen zum Zeitpunkt der Identifizierung. Abweichend von § 11 Abs. 1 GwG kann die Überprüfung der Identität des Vertragspartners, einer für diesen auftretenden Person und des wirtschaftlich Berechtigten auch unverzüglich nach der Eröffnung eines Kontos oder Depots abgeschlossen werden. In diesem Fall muss sichergestellt sein, dass vor Abschluss der Überprüfung der Identität keine Gelder von dem Konto oder dem Depot abverfügt werden können (§ 25j KWG). Für den Fall einer Rückzahlung eingegangener Gelder dürfen diese nur an den Einzahler ausgezahlt werden. Entsprechendes gilt nach § 54 Abs. 2 VAG, wonach die Überprüfung der Identität eines vom Versicherungsnehmer abweichenden Bezugsberechtigten und gegebenenfalls die Identität von dessen wirtschaftlich Berechtigten auch nach Begründung der Geschäftsbeziehung abgeschlossen werden kann. Sie muss jedoch spätestens zu dem Zeitpunkt, zu dem die Auszahlung vorgenommen wird oder der Bezugsberechtigte seine Rechte aus dem Versicherungsvertrag in Anspruch zu nehmen beabsichtigt, abgeschlossen sein. § 54 VAG geht insofern über § 10 Abs. 1 Nr. 1 und 2 GwG hinaus, enthält aber auch Sonderregelungen zu § 11 Abs. 1 GwG (so BT-Drs. 18/11555, 215).

Die Art und Weise der Identifizierung und anschließenden Überprüfung der 25
Identität ist seit der Neufassung des Geldwäschegesetzes nicht mehr in der Definition nach § 1 Abs. 3 GwG enthalten, sondern wird in §§ 10, 11 GwG geregelt; für die Durchführung der Identifizierung beim wirtschaftlich Berechtigten im Sinne von § 3 GwG enthält § 11 Abs. 5 Sonderbestimmungen. In bestimmten Fällen sind

Figura

§ 1 Abschnitt 1. Begriffsbestimmungen und Verpflichtete

Erleichterungen vorgesehen (vereinfachte Sorgfaltspflichten nach § 14 GwG), sowie im Falle von erhöhten Risiken bezüglich der Geldwäsche oder Terrorismusfinanzierung die Einhaltung verstärkter Sorgfaltspflichten (§ 15 GwG). Die sich aus § 154 Abs. 2 AO folgende steuerrechtliche Verpflichtung, sich Gewissheit über die Person und die Anschrift des Verfügungsberechtigten über ein Konto zu verschaffen, bleibt von den Pflichten aus dem GwG grundsätzlich unberührt (BT-Drs. 16/9038, 35; vgl. auch DK, Auslegungs- und Anwendungshinweise 2014, Tz. 47ff.). Hiernach müssen der Vor- und Zuname, das Geburtsdatum, der im Ausweis oder Reisepass angegebene Wohnort und die ständige Anschrift des Verfügungsberechtigten iSv § 154 Abs. 2 AO festgehalten werden. Verfügungsberechtigter iSv § 154 Abs. 2 AO ist grundsätzlich der Gläubiger der Forderung, also regelmäßig der Inhaber des Kontos oder Schließfachs. Ggf. sind auch der Kontobevollmächtigte und der gesetzliche Vertreter Verfügungsberechtigte iSd § 154 Abs. 2 AO. In bestimmten Fällen kann durch den AO-Anwendungserlass zu § 154 Abs. 2d AO auf die Erfassung der gesetzlichen Vertreter oder Kontobevollmächtigten verzichtet werden (vgl. Anwendungserlass zu § 154 AO v. 15.7.1998 (BStBl. I S. 630) idF v. 27.9.2019, dort Rn. 11). Dies gilt insbesondere für die analog auf Auslandssachverhalte anzuwendenden Ausnahmeregelungen gem. Nr. 7i–k der AEAO zu § 154 AO für juristische Personen (DK, Auslegungs- und Anwendungshinweise 2014, Tz. 48).

V. Geschäftsbeziehung (Abs. 4)

26 § 1 Abs. 4 GwG definiert den grundlegenden Begriff der Geschäftsbeziehung als jede Beziehung, die unmittelbar in Verbindung mit den gewerblichen oder beruflichen Aktivitäten der Verpflichteten steht und bei der beim Zustandekommen des Kontakts davon ausgegangen wird, dass sie von gewisser Dauer sein wird. Eine Geschäftsbeziehung muss in der Regel eine gewisse Langfristigkeit aufweisen und geht über die einzelne Transaktion hinaus. Die Definition stellt ferner klar, dass auch gewerbliche sowie freiberufliche Tätigkeiten von der beruflichen Beziehung erfasst sind.

Die Begriffsdefinition war zuvor in § 1 Abs. 3 GwG verortet und diente der Umsetzung von Art. 3 Nr. 9 der 3. EU-Anti-Geldwäscherichtlinie. Im Zuge der Neuformulierung wurde Art. 3 Nr. 13 der 4. Geldwäscherichtlinie (EU) 2015/849 des Europäischen Parlaments und des Rates Folge geleistet, wobei diese zu keinen inhaltlichen Änderungen führte, sondern § 1 Abs. 3 GwG aF vielmehr insoweit entspricht (BT-Drs. 18/11555, 102).

1. Gewerbliche oder berufliche Aktivitäten der Verpflichteten

27 Erforderlich ist das Vorliegen einer geschäftsspezifischen Leistung des Verpflichteten. Vertragliche Beziehungen, die keinen Bezug zu den geschäftstypischen Aufgaben oder Leistungen des Verpflichteten aufweisen oder die allein der Aufrechterhaltung des Geschäftsbetriebs dienen, unterfallen nicht dem Begriff der Geschäftsbeziehung (RegE GwBekErgG, BT-Drs. 16/9038, 29, so auch DK, Auslegungs- und Anwendungshinweise 2014, Tz. 8). Nicht von dem Anwendungsbereich erfasst ist ferner das gesamte Beschaffungswesen der Verpflichteten.

Keine finanzbranchenspezifischen Geschäftsbeziehungen, bzw. Geschäftsbeziehungen, die nicht im Zusammenhang mit typischen Bank- und Finanzaktivitäten der Verpflichteten stehen (BaFin, unveröff. Ergebnisprotokoll über das Gespräch

Figura

Begriffsbestimmungen **§ 1**

mit Vertretern des ZKA im Hause der BaFin am 29.3.2004), sind zB Verträge mit Gebäudereinigungsunternehmen, Pachtverträge mit Kantinenbetreibern und andere Dauerschuldverhältnisse, die etwa die Wartung des Fuhrparks oder Verträge im Zusammenhang mit der Büro- und Geschäftsausstattung betreffen (weitere Bsp. bei DK, Auslegungs- und Anwendungshinweise 2014, Tz. 8).

2. Auf eine gewisse Dauer angelegt

Beim Zustandekommen des geschäftlichen Kontakts muss davon ausgegangen 28 werden, dass die Geschäftsbeziehung von gewisser Dauer sein wird. Dies ist unproblematisch gegeben beim Eröffnen einer Kontoverbindung etwa bei einem Kreditinstitut, beim Verwahren von Wertsachen, bzw. beim Überlassen eines Schließfaches (Fallgestaltungen gem. § 154 Abs. 2 AO); dauerhafte Beratungstätigkeiten, sowie Buchhaltungs- oder Steuerberatungsmandate werden hiervon ebenfalls erfasst. Strittig hingegen ist dies im Rahmen von Einzelberatungstätigkeiten zB von Rechtsanwälten. Soweit sie nicht in regelmäßigen Abständen stattfinden, dürften diese ausgenommen sein (*Große-Wilde* S. 333). Hier kommt es im Zweifel auf die typisierende Betrachtung im Einzelfall an, ob sich etwa aus der anwaltlichen Erstberatung ohne Folgetätigkeit oder der Erstellung eines Gutachtens ein weiterführendes Mandat ergibt. Die Dauerhaftigkeit einer Geschäftsbeziehung kann nicht allein an dem auslösenden einzelnen Geschäftsvorfall gemessen werden, Bewertungsgrundlage muss vielmehr die für einen bestimmten Zeitraum zwischen Berufsträger und Mandant eingegangene Geschäftsbeziehung sein (*Teichmann/Achsnich* in Herzog/Mülhausen Geldwäschebekämpfung-HdB § 31 Rn. 6; zur Frage der Begr. einer Geschäftsbeziehung bei Maklervertragsverhältnissen vgl. *Griebel* NZM 2012, 481 (484)). Bei der Durchführung der in § 2 Abs. 1 Nr. 7 und 9 GwG aufgeführten Kataloggeschäfte kann regelmäßig vom Vorliegen einer auf Dauer angelegten Geschäftsbeziehung iSv § 1 Abs. 3 GwG ausgegangen werden (BT-Drs. 16/9038, 34). Erfolgt etwa im Rahmen des Erwerbsvorganges bei einer Immobilie eine Betreuung über einen längeren Zeitraum und umfasst diese von der Vorbereitung und dem Abschluss des Kaufvertrages über die Eintragung einer Vormerkung bis hin zur Eigentumsumschreibung im Grundbuch mehrere Tätigkeiten, kann grundsätzlich auch ein einzelner Geschäftsvorfall eine auf Dauer angelegte Geschäftsbeziehung begründen (Bsp. bei *Teichmann/Achsnich* in Herzog/Mülhausen Geldwäschebekämpfung-HdB § 31 Rn. 6).

Keine auf Dauer angelegte Geschäftsbeziehung liegt hingegen beim klassischen 29 Einmalgeschäft vor, so bei Reisescheck- oder Sortengeschäften von Touristen am Schalter, bei Bareinzahlungen von Nichtkunden auf Konten Dritter, bei der Abwicklung des Finanztransfergeschäftes für Gelegenheitskunden oder der Abwicklung des klassischen Tafelgeschäftes. Anders zu bewerten ist dies, wenn in den Vertrag eines Kreditinstitutes mit einem Kunden die Allgemeinen Geschäftsbedingungen (AGB) einbezogen werden. Diese gelten grundsätzlich für die gesamte Geschäftsbeziehung zwischen dem Kunden und dem Kreditinstitut (Muster der Allgemeinen Geschäftsbedingungen (AGB) der privaten Banken, Fassung Juli 2018, Ziff. 1 Abs. 1); dabei ist die Geschäftsbeziehung zwischen dem Kunden und Institut von einem besonderen Vertrauensverhältnis geprägt (Allgemeine Geschäftsbedingungen der Sparkassen, Fassung September 2019, Nr. 1 Abs. 1). In diesen Fällen ist davon auszugehen, dass die vertragliche Einbeziehung der AGB immer auch eine auf Dauer angelegte Geschäftsbeziehung zum Ziel hat (*Mülhausen* in Herzog/Mülhausen Geldwäschebekämpfung-HdB § 41 Rn. 4). Gehen die Beteiligten beim Zustandekommen des geschäftlichen Kontakts davon aus, dass eine auf Dauer angelegte Geschäftsbeziehung zustande kommen soll, erledigt sich dann jedoch die Geschäftsbeziehung nach einem Geschäft, ändert dies grundsätzlich nichts an der Bewertung als eines auf eine gewisse Dauer angelegten Kontakts. Entscheidend für die Einordnung ist nicht die ex-post Betrachtung, sondern die Bewertung im Zeitpunkt des erstmaligen Zustandekommens des geschäftlichen Kontakts zwischen den Parteien. Die Anwendbarkeit des GwG hindert dies nicht.

3. Verhältnis zu § 154 Abs. 2 AO

30 Aufgrund der in § 154 Abs. 2 AO normierten Identifizierungspflicht enthielt das GwG bis zum Jahr 2002 keine Bestimmungen zur Identifizierung bei der Konto- oder Depoteröffnung. Adressat des § 154 Abs. 2 AO ist der Kontoführer. Hiernach hat, wer ein Konto führt, Wertsachen verwahrt oder als Pfand nimmt oder ein Schließfach überlässt, sich zuvor Gewissheit über die Person und Anschrift des Verfügungsberechtigten zu verschaffen und die entsprechenden Angaben in geeigneter Form, bei Konten auf dem Konto, festzuhalten. Wie in § 154 Abs. 1 AO sind von dieser Regelung nicht nur Kreditinstitute betroffen. § 154 Abs. 2 AO begründet Pflichten im geschäftlichen Verkehr auch für Nichtbanken, sowie für Privatpersonen untereinander, soweit diese in laufende Geschäftsbeziehungen zueinander treten und den jeweiligen Stand buch- und rechnungsmäßig festhalten (BMF BStBl. I 1998 S. 630; *Kuhfus* in Kühn/v. Wedelstädt AO § 154 Rn. 5; vgl. RFHE 24, 203). Im Zuge der **5. Geldwäscherichtlinie** kommt es zu einer Angleichung des Identifizierungsverfahren des § 154 Abs. 2 AO an die Vorschriften des Geldwäschegesetzes. Ein Kreditinstitut erfüllt mit der Identifizierung des Kontoinhabers, anderer Verfügungsberechtigter und des wirtschaftlich Berechtigten nach den Vorschriften des Geldwäschegesetzes nunmehr zugleich auch die Identifizierungspflichten nach § 154 Abs. 2 AO (BT-Drs. 19/13827, 115). § 154 Abs. 2 AO verweist auf die entsprechenden Vorschriften des GwG (§ 11 Abs. 4 und 6, § 12 Abs. 1 und 2, § 12 Abs. 3 und § 13 Abs. 1 und 2 GwG einschließlich der hierzu ergangenen Rechtsverordnung). Unberührt von der Neuregelung bleiben die abgabenrechtlichen Verpflichtungen der Kreditinstitute zur Erhebung der Anschrift des wirtschaftlich Berechtigten und der steuerlichen Ordnungsmerkmale nach § 154 Abs. 2a S. 1 AO (so BT-Drs. 19/13827, 115). Die Vereinheitlichung des Verfahrens soll zu einer Entlastung bei den Kreditinstituten führen.

31 Vom Begriff der „auf Dauer angelegten Geschäftsbeziehung" umfasst werden ebenfalls die in § 154 Abs. 2 AO aufgeführten Fallgestaltungen. Im Gegensatz zur früheren Fassung des § 2 Abs. 1 GwG aF ist der Begriff der Geschäftsbeziehung seit der vorhergehenden Gesetzesfassung gesetzlich definiert; eines Verweises auf die Vorschrift des § 154 Abs. 2 AO bedarf es nicht mehr. Der Begriff der Geschäftsbeziehung reicht über die in § 154 Abs. 2 AO genannten Fallgestaltungen hinaus, insbesondere ist jetzt gesetzlich geregelt, in welchen über § 154 Abs. 2 AO hinausreichenden Fällen eine auf Dauer angelegte Geschäftsbeziehung angenommen werden kann. Relevant ist dies vor allem für die in § 2 GwG genannten Berufsgruppen, die bei Ausübung ihrer beruflichen Tätigkeit ebenfalls den allgemeinen Sorgfaltspflichten nach § 10 Abs. 1 GwG unterliegen.

32 Die Legitimationspflicht des § 154 Abs. 2 AO umfasst den Kontoinhaber und ggf. die Verfügungsberechtigten (Verfügungsberechtigte sind der Kontoinhaber, der gesetzliche Vertreter und jede zur Verfügung berechtigte Person, hM; *Kuhfus* in Kühn/v. Wedelstädt AO § 154 Rn. 5 mwN), wobei die Legitimation vor allem

Begriffsbestimmungen **§ 1**

durch die Vorlage amtlicher Ausweispapiere zu erfolgen hat. In der Regel sind wenigstens der vollständige Name, das Geburtsdatum und der Wohnsitz des Verfügungsberechtigten festzuhalten. Welche Daten weiterhin festzuhalten sind und in welcher Form dies zu geschehen hat, konkretisiert der AEAO zu § 154 Nr. 7 und 8 (vgl. Anwendungserlass zu § 154 AO vom 15.7.1998 (BStBl. I S. 630) idF v. 27.9.2019, dort Rn. 11). Ein Verstoß gegen § 154 Abs. 2 AO stellt eine Ordnungswidrigkeit dar (*Brockmeyer* in Klein AO § 154 Rn. 29 mit Verw. auf die Änderungen durch das StUmgBG v. 23.6.2017).

Zum Zwecke eines einheitlichen Auslegungsstandards für Identifizierungen 33 nach dem Geldwäschegesetz sind für Verfügungsberechtigte aufgrund des in § 154 Abs. 2 S. 2 AO enthaltenen Verweises die Regelungen des § 11 Abs. 4 und 6, § 12 Abs. 1 und 2, § 13 Abs. 1 GwG sowie die zu § 12 Abs. 3 und § 13 Abs. 2 GwG ergangene Rechtsverordnung anzuwenden. Für wirtschaftlich Berechtigte gilt gemäß § 154 Abs. 2 S. 2 AO § 13 Abs. 1 GwG sowie die zu § 13 Abs. 2 GwG ergangene Rechtsverordnung entsprechend. Das heißt, wer ein Konto führt, Wertsachen verwahrt oder als Pfand nimmt oder ein Schließfach überlässt, hat sich zuvor Gewissheit über die Person und Anschrift des Verfügungsberechtigten zu verschaffen und die entsprechenden Angaben in geeigneter Form, bei Konten auf dem Konto, festzuhalten. Ist der Verfügungsberechtigte eine natürliche Person, ist insbesondere § 11 Abs. 4 Nr. 1 GwG entsprechend anzuwenden. Für die in § 154 Abs. 2 AO aufgeführten Sachverhalte wie Konto- und Depotführung, Verwahrung oder Empfang von Wertsachen und die Überlassung von Schließfächern sind neben den Vorgaben des § 154 Abs. 2 AO nebst konkretisierenden Hinweisen des AEAO auch die Identifizierung und die Erhebung bestimmter Angaben nach dem GwG maßgeblich sind. Hiermit korrespondiert § 24c KWG, wonach ein Kreditinstitut eine Datei zu führen hat, in der unverzüglich Daten wie die Kontonummer, das der Verpflichtung zur Legitimationsprüfung nach § 154 Abs. 2 S. 1 der Abgabenordnung unterliegt, sowie Daten des Depots oder eines Schließfachs sowie der Tag der Eröffnung und der Tag der Beendigung oder Auflösung, gespeichert werden. Aufgrund unterschiedlicher Zielrichtungen der AO bzw. des AEAO zum GwG dürften Erleichterungen nach AEAO jedoch weiterhin anwendbar bleiben (zur früheren Rechtslage vgl. *Höche* Bekämpfung von Geldwäsche und Terrorfinanzierung, S. 15; *Langweg* in Fülbier/Aepfelbach/Langweg GwG § 2 Rn. 20, die einen Vorrang der Vorgaben von AO/AEAO annehmen). Dies gilt jedenfalls für die analog auf Auslandssachverhalte anzuwendenden Ausnahmeregelungen gem. Nr. 7i–k der AEAO zu § 154 AO für juristische Personen (DK, Auslegungs- und Anwendungshinweise 2014, Tz. 48).

VI. Transaktion (Abs. 5)

Der in § 1 Abs. 5 GwG definierte Begriff der Transaktion ist bewusst weit aus- 34 gestaltet und erfasst sämtliche auf Vermögensverschiebungen gerichtete Aktivitäten von Wirtschaftssubjekten (RegE GwBekErgG, BT-Drs. 16/9038, 29). Nach der ursprünglich in § 1 Abs. 4 GwG normierten Definition der Transaktion war diese allgemein jede Handlung eines Wirtschaftssubjektes, die eine Geldbewegung oder eine sonstige Vermögensverschiebung bezweckt oder bewirkt (DK, Auslegungs- und Anwendungshinweise 2014, Tz. 9). Im Zuge der 4. Geldwäscherichtlinie (EU) 2015/849 des Europäischen Parlaments und des Rates ist die Begrifflichkeit der „Transaktion" in § 1 Abs. 5 GwG als eine oder, soweit zwischen ihnen eine Verbindung zu bestehen scheint, mehrere Handlungen, die eine Geldbewegung oder eine sonstige Vermögensverschiebung bezwecken oder bewirken. Von dieser Definition erfasst sind nicht nur die Annahme und Abgabe von Bargeld oder gleichgestellten Zahlungsmitteln, Wertpapieren iSv § 1 Abs. 1 DepotG und Edelmetallen, sondern auch Vertragsabschlüsse und sonstige Bankgeschäfte wie Überweisungen oder die Rückführung eines Kredits oder ein sachenrechtlicher Eigentumswechsel (BT-Drs. 16/9038, 30). Ferner vom Transaktionsbegriff umfasst sind reine Buchtransaktionen, soweit diese im Einzelfall als gelegentliche Transaktionen außerhalb einer bestehenden Geschäftsbeziehung zu betrachten sind. Der bis zum Inkrafttreten des GwBekErgG in § 1 Abs. 6 GwG aF enthaltene Begriff der Finanztransaktion hat damit eine erneute Ausweitung erfahren. Vom Transaktionsbegriff soll durch die Neufassung auch die Aufteilung einer Bartransaktion in mehrere kleine Transaktionen umfasst sein (BT-Drs. 18/11555, 102). Der Versuch, durch sog. „Smurfing" oder „Structuring" die Kundensorgfaltspflichten zu umgehen, soll durch Aufnahme der Formulierung „soweit zwischen ihnen eine Verbindung zu bestehen scheint" verhindert werden; die Klarstellung knüpft dabei an die Regelung des § 3 Abs. 2 Nr. 2 GwG aF an und setzt den in Art. 11 Buchstabe b ii oder d der 4. Geldwäscherichtlinie (EU) 2015/849 des Europäischen Parlaments und des Rates enthalten Hinweis um. Ziel ist es, bei dem Versuch der Umgehung von Sorgfaltspflichten, die sich an bestimmten Schwellenwerten orientieren, auf den inneren Zusammenhang der künstlich aufgeteilten Transaktion abstellen zu können. Beispiele für Bartransaktionen im Bankgeschäft sind Barein- und Barauszahlungen, das Geldwechselgeschäft, sowie E-Geldgeschäft. Die Sorgfaltspflichten bei Bartransaktionen erstrecken sich auch auf elektronisches Geld, Sortenankauf und Sortenverkauf, Edelmetallgeschäfte, Reisescheckankauf und -verkauf, Coupongeschäfte, Wertpapier-Tafelgeschäfte und die Wertpapiereinlieferung.

35 Wertpapiere iSv § 1 Abs. 1 DepotG sind Aktien, Kuxe, Zwischenscheine, Zins-, Gewinnanteil- und Erneuerungsscheine, auf den Inhaber lautende oder durch Indossament übertragbare Schuldverschreibungen, sowie andere vertretbare Wertpapiere. Die Sorgfaltspflichten nach § 10 Abs. 1 GwG werden ausgelöst durch die Annahme und die Abgabe, Einlösung und Tausch von Wertpapieren iSv § 1 Abs. 1 DepotG, wobei unter Tausch nicht nur die rein technische Erneuerung und Ersetzung von Wertpapieren zu verstehen ist, sondern ebenfalls Einlösung und Tausch von Coupons und Zwischenscheinen (so bislang zu § 2 GwG aF *Langweg* in Fülbier/Aepfelbach/Langweg GwG § 2 Rn. 107). Für die Berechnung des Schwellenwertes bei Wertpapiertransaktionen ist der Gegenwert des Wertpapiers maßgeblich. Stückzinsen sind zu berücksichtigen, da das Wertpapier den Zinsanspruch verkörpert; im Rahmen des Geschäftes anfallende Gebühren und Provisionen, die von den Kreditinstituten bei der Annahme und Abgabe erhoben werden, bleiben bei der Berechnung außen vor (st. bisherige Verwaltungspraxis der BaFin, s. berichtigt frühere Verlautbarung BAKred, Verlautbarung v. 30.3.1998, Nr. 13 Abs. 3). Werden Wertpapiere in ein Depot eingeliefert, sind die bis zu diesem Zeitpunkt aufgelaufenen Stückzinsen dagegen nicht zu berücksichtigen, vgl. § 11 und 12 BewG, wonach bei börsennotierten Wertpapieren der Kurswert und bei den anderen Wertpapieren der Nennwert maßgeblich ist. Werden effektive Stücke gegen Bargeld verrechnet, wirkt sich die Realisierung der aufgelaufenen Stückzinsen werterhöhend aus. Berechnet ein Institut im Einzelfall bei der Annahme von Wertpapieren Entgelte, sind diese wertmindernd zu berücksichtigen (st. bisherige Verwaltungspraxis der BaFin, s. berichtigt frühere Verlautbarung BAKred, Verlautbarung v. 30.3.1998).

Begriffsbestimmungen § 1

Keine Transaktion iSv § 1 Abs. 5 GwG liegt dagegen vor, wenn ein Kunde Wertpapiere in seinem Schließfach deponiert; es liegt weder eine erkennbare Annahme der Wertpapiere als Form der Gewahrsamsbegründung vor, noch geschieht die Deponierung im Schließfach mit dem Ziel der Vermögensverschiebung. Ebenso wenig liegt eine Transaktion im Sinne des GwG bei der Einlieferung von Verwahrstücken vor; ggf. besteht jedoch die Pflicht zur Legitimation nach § 154 Abs. 2 AO. Ebenfalls liegt keine Transaktion bei Geldtransfers (Zahlscheingeschäfte) unter 1.000 EUR, kontenungebundenem Sortengeschäft bei Werten unter 2.500 EUR, der Vereinnahmung/Verwertung von Kreditsicherheiten oder dem Anbieten einmaliger Dienstleistungen ohne Transaktionscharakter vor (vgl. hierzu bereits DK, Auslegungs- und Anwendungshinweise 2014, Tz. 9). 36

Durch die **5. Geldwäscherichtlinie** wird § 1 Abs. 5 GwG durch einen S. 2 ergänzt. Durch die Ergänzung wird bestimmt, dass bei Vermittlungsgeschäften nach § 2 Abs. 1 Nr. 14 und 16 GwG – also bei Immobilienmaklern und Güterhändlern – sich der Begriff der Transaktion auf das vermittelte Geschäft und nicht das Vermittlungsgeschäft bezieht. Immobilienmakler waren bereits nach bisheriger Rechtslage dazu verpflichtet, die Identifizierung der Vertragsparteien des Kaufvertrages – wenn diese, ernsthaftes Interesse an der Durchführung des Immobilienkaufvertrages zeigen – durchzuführen (§ 11 Abs. 2 GwG). Der Immobilienkaufvertrag war folglich die geldwäscherechtlich maßgebliche Transaktion. Diese Bezugnahme des Transaktionsbegriffs soll durch die Ergänzung des S. 2 in § 1 Abs. 5 GwG zukünftig auch für das zu vermittelnde Geschäft nach § 2 Abs. 1 Nr. 16 GwG (Kunstvermittler und Güterhändler) gelten, soweit diese als Vermittler tätig werden. Der Umstand, dass für Transaktionen dieser Verpflichteten nach § 4 Abs. 4 und 5 und nach § 10 Abs. 6 und 6a GwG einzelne Pflichten erst bei Erreichen der Schwellenbeträge greifen, lässt das Regelungsbedürfnis entstehen. Zugleich setzt die Ergänzung die Vorgaben des Art. 2 Abs. 1 Nr. 3 lit. d, i und j der 5. Geldwäscherichtlinie um. 37

Von Bedeutung ist der Begriff der Transaktion nicht nur für die Identifizierung im Verdachtsfall (§ 10 Abs. 3 GwG) und die Meldeverpflichtung, sondern auch im Rahmen der allgemeinen Identifizierungspflicht nach § 11 GwG, wonach allgemeine Sorgfaltspflichten auch im Falle der Durchführung einer außerhalb einer bestehenden Geschäftsbeziehung anfallenden Transaktion im Wert von 15.000 EUR oder mehr bzw. eines Geldtransfers iSv Art. 3 Nr. 9 der GeldtransferVO mit einem Betrag von 1.000 EUR oder mehr zu erfüllen sind. Soweit es sich um Geschäfte mit Gelegenheitskunden handelt, umfasst diese Verpflichtung folglich nicht nur die Annahme, sondern auch die Abgabe von Bargeld in entsprechender Höhe. Weiterer Ansatzpunkt der Präventivmaßnahmen des GwG ist die Bewegung von Buchgeld oder elektronischem Geld. Wurde der Verdachtsgrund „Barzahlung" mit 4.429 Fällen von den im Jahr 2005 in Deutschland gem. GwG abgegebenen Verdachtsmeldungen noch am häufigsten genannt (FIU Deutschland, Jahresbericht 2005, S. 18), sind Bartransaktionen mittlerweile als rückläufig zu bezeichnen. Moderne Zahlungs- und Kommunikationsmedien erleichtern die Verschleierung inkriminierter Vermögenswerte durch die zunehmende Anonymität im nationalen und internationalen Zahlungsverkehr (*Fülbier* in Fülbier/Aepfelbach/Langweg GwG § 1 Rn. 95). Die Erscheinungsformen der Geldwäsche sind vielschichtig, im Zahlungsverkehrsbereich etwa bei der Unterbringung von Bargeldbeständen, der Inanspruchnahme bankspezifischer Finanzdienstleistungen zur Verteilung, wie etwa einer (durch Bürgschaft abgesicherten) Kreditaufnahme, im Anlage- und Wertpapierbereich (*Suendorf* S. 192ff.) oder durch Hilfe bei der Integration, etwa durch das Ausstellen von Schecks, Wechseln oder der Durchführung von Darlehenstransaktionen (*Hoyer/* 38

Figura

§ 1   Abschnitt 1. Begriffsbestimmungen und Verpflichtete

Klos S. 27). Neben Clean Payments, nicht dokumentären Zahlungen in das Ausland, werden auch geldwäscherelevante Zahlungen beobachtet, die mit einem Inkasso- oder Akkreditivgeschäft verbunden sind (vgl. *Vogt* in Herzog/Mülhausen Geldwäschebekämpfung-HdB § 2 Rn. 21 ff.; *Hoyer/Klos* S. 18). Zu den Besonderheiten sog. „Kryptowährungen" siehe *Herzog/Achtelik* → Einleitung Rn. 55 ff. sowie *Figura* → § 2 Rn. 44 ff.

VII. Trust (Abs. 6)

39   Die Definition des Trusts wurde im Hinblick auf die Regelungen zum Transparenzregister (§§ 18 ff. GwG) aufgenommen. Über das Transparenzregister sollen bestimmte Angaben zu wirtschaftlich Berechtigten bestimmter Rechtsformen erfasst und dokumentiert werden. Der Trust bzw. Rechtsformen, die in ihrer Struktur einem Trust ähneln, sollen neben juristischen Personen des Privatrechts und eingetragenen Personengesellschaften zu den Rechtsgestaltungen zählen, über die das Register Daten sammelt und ggf. Auskunft erteilt. Ziel ist es, undurchsichtige Gesellschaftsstrukturen, die zu Zwecken der Geldwäsche und der Terrorismusfinanzierung errichtet werden, aufzudecken. Ein Trust ist nach der Definition demnach eine Rechtgestaltung, die als Trust errichtet wurde, wenn das für die Errichtung anwendbare Recht das Rechtsinstitut des Trusts vorsieht. Sieht das für die Errichtung anwendbare Recht ein Rechtsinstitut vor, das dem Trust nachgebildet ist, so gelten auch Rechtsgestaltungen, die unter Verwendung dieses Rechtsinstituts errichtet wurden, als Trust. Eine Aufzählung konkreter Kriterien und Strukturen eines Trusts beinhaltet die Definition nicht.

40   Die Rechtsform des Trusts ist insbesondere aus dem englischen Rechtssystem bzw. in durch anglo-amerikanisches Recht geprägten Staaten bekannt und wird oftmals als Instrument im Rahmen der Erbfolge eingesetzt (*Schiemann* S. 11). Die Errichtung eines Trusts nach deutschen Rechtsvorschriften ist nicht möglich, da diese Rechtsform in Deutschland nicht existent ist (BT-Drs. 18/11555, 131 mit Verweis auf das Haager Übereinkommen über das auf Trusts anzuwendende Recht und über ihre Anerkennung v. 1.7.1985, das Deutschland nicht unterzeichnete).

Ein Trust kann Strukturen aufweisen, die der rechtlichen Ausgestaltung einer ausländischen Familienstiftung stark ähnelt (*Wassermeyer* FR 2015, 149 ff.). Er ist allerdings nicht mit dem auf Drittschutz bedachten deutschen (Sachen-)Recht vereinbar (BT-Drs. 18/11555, 131). Aufgrund der vergleichbaren Strukturen erlangt der Trust insbesondere im deutschen Steuerrecht an Bedeutung und wird in dieser Rechtsmaterie grundsätzlich einer Familienstiftung gleichgestellt. Die Vorschrift des § 15 AStG beinhaltet in diesem Zusammenhang Regelungen zur Steuerpflicht von Stiftern, Bezugsberechtigten und Anfallsberechtigten und zielt auf die Vermeidung von Steuergestaltungen ab. Familienstiftungen sind gemäß § 15 Abs. 2 AStG Stiftungen, bei denen der Stifter, seine Angehörigen und deren Abkömmlinge zu mehr als der Hälfte bezugsberechtigt oder anfallsberechtigt sind. Eine Definition des Trusts beinhaltet das Gesetz über die Besteuerung bei Auslandsbeziehungen nicht. § 15 Abs. 4 AStG bestimmt hinsichtlich der Besteuerung von Stiftung allerdings, dass sonstige Zweckvermögen, Vermögensmassen und rechtsfähige oder nichtrechtsfähige Personenvereinigungen diesen gleichgestellt sind. Ob das jeweilige Rechtsgebilde einer Stiftung entspricht, wird im Steuerrecht anhand eines Typenvergleichs festgelegt (so *Fischer* juris Lexikon Steuerrecht, Familienstiftungen, Rn. 7). Trusts aus dem anglo-amerikanischen Rechtskreis zählen damit zu den

Begriffsbestimmungen § 1

gleichgestellten Zweckvermögen, wenn der Gründer des Trusts (sog. „settlor") hinsichtlich seiner Verfügungsmacht und seines Einflusses Beschränkungen ausgesetzt ist (vgl. BFH BStBl. II 1994 S. 727). Das heißt, im Zuge der Gründung des Trusts wird ihm die Verfügungsbefugnis über das Vermögen entzogen und ihm verbleibt lediglich eine „prägende Rolle". Handelt der Settlor unbeschränkt bei der Verfügung über das Vermögen des Trusts, ist er als Treuhänder anzusehen mit der Folge der Anwendung des § 39 AO.

Trusts bzw. ähnliche Vereinigungen üben oftmals wie Gesellschaften gewerbliche oder unternehmensartige Tätigkeiten aus. Die Errichtung eines Trusts kann allerdings auch anderen Zwecken dienen wie bspw. dem Erhalt eines Familienvermögens einhergehend mit der Bestimmung zur Verwendung der Vermögenswerte (bspw. für mildtätige oder gemeinnützige Zwecke). Trusts dieser Art weisen dann keinen unternehmensartigen Charakter auf und sollten daher auch anderen Regelungen zum Schutze der Privatsphäre unterliegen; hieraus folgt auch, dass die grundlegenden Informationen über die wirtschaftlichen Eigentümer solcher Rechtsgebilde nur Personen oder Organisationen zugänglich gemacht werden dürfen, die ein berechtigtes Interesse nachweisen können (vgl. hierzu Erwägungsgrund 34 und 35 der 5. Geldwäsche-Richtlinie).

Bereits die 4. Geldwäscherichtlinie (EU) 2015/849 des Europäischen Parlaments und des Rates bestimmt in Art. 31 die Pflicht der Mitgliedstaaten, „auf nationaler Ebene zentralisierte Register der wirtschaftlichen Eigentümer von Trusts einzurichten, mit denen steuerliche Folgen verbunden sind". Die **5. Geldwäscherichtlinie** präzisiert diesen Ansatz nun in der Form, dass die Mitgliedstaaten bis zum 10.1.2020 Register zu den wirtschaftlichen Eigentümern für Gesellschaften und andere juristische Personen und bis zum 10.3.2020 für Trusts und ähnliche Rechtsvereinbarungen einrichten sollen. Ferner ist eine Vernetzung dieser Register bis zum 10.3.2021 über die zentrale Europäische Plattform angedacht. Die Mitgliedstaaten sollen daher bis zum 10.9.2020 zentrale automatische Mechanismen einrichten, die die Ermittlung von Inhabern von Bank- und Zahlungskonten sowie von Inhabern von Schließfächern ermöglichen.

Aufgrund der Vorgaben der 5. Geldwäscherichtlinie bestimmt § 11 Abs. 5 GwG zukünftig, dass der Verpflichtete ausreichende Informationen über den wirtschaftlich Berechtigten eines Trusts (oder einer anderen Rechtsgestaltung nach § 21 GwG) einzuholen hat, um zum Zeitpunkt der Ausführung der Transaktion oder der Ausübung seiner Rechte die Identität des wirtschaftlich Berechtigten feststellen zu können. Verwalter von Trusts und anderen Rechtsgestaltungen nach § 21 haben dem Verpflichteten gemäß § 11 Abs. 7 GwG ihren Status offenzulegen und ihm die Angaben nach § 21 Abs. 1 und 2 GwG unverzüglich zu übermitteln, wenn sie in dieser Position eine Geschäftsbeziehung aufnehmen oder eine Transaktion oberhalb der in § 10 Abs. 3 S. 1 Nr. 2, Abs. 5 oder Abs. 6a GwG genannten Schwellenbeträge durchführen. Korrespondierend hierzu wird die Pflicht, Angaben zum wirtschaftlich Berechtigten eines Trusts durch den Trustee an das Transparenzregister zu liefern, ausgedehnt (BT-Drs. 19/13827, 88 mit Verweis auf Art. 1 Nr. 16 5. Geldwäscherichtlinie). Die Pflicht Angaben zu liefern, gilt auch für Trustees mit Wohnsitz oder Sitz außerhalb der EU, wenn Sie eine Geschäftsbeziehung in Deutschland aufnehmen oder Immobilien erwerben.

Figura

VIII. Vermögensgegenstand (Abs. 7)

42 § 1 Abs. 7 GwG definiert den Vermögensgegenstand und orientiert sich hierbei an der Begriffsbestimmung des Art. 3 Nr. 3 der 4. Geldwäscherichtlinie (EU) 2015/849 des Europäischen Parlaments und des Rates. Ein Vermögensgegenstand ist demnach jeder Vermögenswert, ob körperlich oder nichtkörperlich, beweglich oder unbeweglich, materiell oder immateriell, sowie Rechtstitel und Urkunden in jeder Form, einschließlich der elektronischen und digitalen Form, der das Eigentumsrecht oder sonstige Rechte an Vermögenswerten verbrieft. Die Definition ist damit weit gefasst und schließt alle denkbaren Gegenstände der Geldwäsche oder der Terrorismusfinanzierung ein.

43 Der Begriff des Vermögensgegenstands ist auch in anderen Rechtsgebieten aufzufinden: So verwendet bspw. das HGB diesen Terminus ohne ihn dabei legal zu definieren, mit der Folge, dass es inhaltlich weitestgehend mit dem Begriff Wirtschaftsgut im Steuerrecht übereinstimmt. Darüber hinaus fand die Begrifflichkeit in § 261 StGB Verwendung: Dem ursprünglichen Gesetzentwurf konnte noch der Begriff des „Vermögensgegenstands" entnommen werden; dieser wurde dann jedoch aus Gründen der Vereinheitlichung von StGB und StPO durch den Begriff „Gegenstand" ersetzt, ohne dass damit eine inhaltliche Änderung verbunden war (*Neuheuser* in MüKoStGB § 261 Rn. 31). Maßgeblich ist hierbei der Gegenstandsbegriff nach dem BGB (vgl. § 90 BGB).

Gegenstand einer Geldwäsche kann nicht nur Geld, sondern jeder andere Vermögenswert (wie bspw. neben beweglichen und unbeweglichen Sachen auch Rechte) sein (so *Ruhmannseder* in BeckOK StGB § 261 Rn. 8 mit Verw. auf BT-Drs. 12/6853, 28). Der Begriff „Gegenstand" iSd § 261 StGB ist weit gefasst und beinhaltet alle Rechtsobjekte, die einen Vermögenswert haben (*Ruhmannseder* in BeckOK StGB § 261 Rn. 8 mit Verw. auf *Lackner/Kühl* StGB § 261 Rn. 3; BT-Drs. 12/989, 27). Beispielhaft sind insbesondere Bargeld, Buchgeld in inländischer und ausländischer Währung, Forderungen, Wertpapiere, Edelmetalle, Edelsteine, Grundstücke sowie Rechte an ihnen, Beteiligungen an Gesellschaften sowie Anteile an Gesellschaftsvermögen zu nennen (Aufzählung entnommen aus *Ruhmannseder* in BeckOK StGB § 261 Rn. 8). Darüber hinaus werden auch Falschgeld oder Betäubungsmittel von dem Begriff erfasst (*Ruhmannseder* in BeckOK StGB § 261 Rn. 8; *Neuheuser* in MüKoStGB § 261 Rn. 31). Strittig ist, ob Positionen ohne Rechtsqualität – wie bspw. nichtige Forderungen – einzubeziehen sind (vgl. hierzu *Nestler* in Herzog/Mülhausen Geldwäschebekämpfung-HdB § 17 Rn. 2; *Kühl* in Lackner/Kühl StGB § 261 Rn. 3; aA *Hecker* in Schönke/Schröder StGB § 261 Rn. 4).

IX. Glücksspiele im Internet (Abs. 8)

44 Die Vorschrift wurde ursprünglich durch das GwGErgG vom 18.2.2013 eingefügt (vgl. BT-Drs. 17/10745, 10f.). Sie betraf in Abgrenzung der bereits vom GwG erfassten Verpflichtetengruppe der terrestrischen Spielbanken (§ 2 Abs. 1 Nr. 11 GwG aF) die Einbeziehung des Glücksspielsektors im Internet durch eine entsprechende Erweiterung des Verpflichtetenkreises in § 2 Abs. 1 Nr. 12 GwG aF und enthielt seit dem in § 1 Abs. 5 GwG aF eine gesetzliche Definition des Begriffs der „Glücksspiele im Internet". Die dieser Regelung vorhergehende Fassung des § 1 Abs. 5 GwG, die die Gleichstellung von Bargeld mit elektronischem Geld betraf,

Begriffsbestimmungen § 1

wurde mit Inkrafttreten des GwGErgG ersatzlos gestrichen. Die Anpassungen gehen zurück auf den Erwägungsgrund 14 der 3. EU-Anti-Geldwäscherichtlinie, wonach diese auch für die Tätigkeiten der dieser Richtlinie unterliegenden Institute und Personen gelten soll, die über das Internet ausgeübt werden (BT-Drs. 17/17045, 2) und den Bericht der Europäischen Kommission an das Europäische Parlament und den Rat über die Anwendung der Richtlinie 2005/60/EG vom 11.4.2012, worin die Aufnahme einer umfassenderen Definition des Begriffs „Glücksspiel" und die Ausweitung des Geltungsbereichs der Richtlinie über die derzeit Verpflichteten hinaus auf über das Internet oder über andere elektronische Plattformen oder Medien angebotenen Glücksspiele generell befürwortet wird (BT-Drs. 17/10745, 2). Hintergrund für die Einbeziehung der Glücksspiele im Internet in das Geldwäschegesetz waren das Auslaufen des Staatsvertrags zum Glücksspielwesen in Deutschland aus dem Jahr 2007 und die in die Zuständigkeit der Länder fallenden Neuregelungen. War in Deutschland das innerhalb elektronischer Informations- und Kommunikationsdienste veranstaltete oder vermittelte Glücksspiel bislang verboten, wurden mit Auslaufen des Glücksspielstaatsvertrages der Länder Regelungen für legales Glücksspiel im Internet geschaffen (vgl. Schleswig-Holstein: Gesetz zur Neuordnung des Glücksspiels (Glücksspielgesetz) v. 20.10.2011 (GVOBl. SchlH S. 280), Erster Staatsvertrag zur Änderung des Staatsvertrages zum Glücksspielwesen in Deutschland (Erster Glücksspieländerungsstaatsvertrag – Erster GlüÄndStV) v. 15.12.2011).

Die Definition des Glücksspiels im Internet ist nunmehr durch die Neufassung 45 des Geldwäschegesetzes in § 1 Abs. 8 GwG geregelt. Glücksspiel iSd § 1 Abs. 8 GwG ist jedes Spiel, bei dem ein Spieler für den Erwerb einer Gewinnchance ein Entgelt entrichtet und der Eintritt von Gewinn oder Verlust ganz oder überwiegend vom Zufall abhängt. Dies umfasst nach der Gesetzesbegründung auch Spiele, die eine gewisse Geschicklichkeit des Spielers voraussetzen oder bei welchen der Spieler Entscheidungsmöglichkeiten eingeräumt bekommt; auch Wetten gegen Entgelt auf den Eintritt oder Ausgang eines zukünftigen Ereignisses wie Pferdewetten, Fußball- und sämtliche sonstige Sportwetten, Hütchenspiele, Poker und weitere Formen von Glücksspielen, bei denen man mit oder ohne Geschicklichkeit gewinnen oder verlieren kann, unterfallen dem Glücksspielbegriff (BT-Drs. 18/11555, 102f.).

Die damalige Neuformulierung erweiterte den Begriff des Glücksspiels aufgrund der Vorgaben der 4. Geldwäscherichtlinie (EU) 2015/849 des Europäischen Parlaments und des Rates: Nach der Dritten Geldwäscherichtlinie waren aus dem Glücksspielbereich bisher nur Spielbanken und Online-Glücksspiele geldwäscherechtlich Verpflichtete. Nunmehr sollte der Glücksspielbereich in seiner Gänze erfasst werden (vgl. hierzu auch Erwägungsgrundes 38 und Art. 3 Nr. 14 der 4. Geldwäscherichtlinie (EU) 2015/849 des Europäischen Parlaments und des Rates). Ausnahmen von dieser Ausweitung sind entsprechend Art. 2 Abs. 2 der Vierten Geldwäscherichtlinie aufgrund einer angemessenen Risikobewertung zulässig; ausgeschlossen von dieser Ausnahmemöglichkeit sind Spielbanken (so Gesetzesbegr. BT-Drs. 18/11555, 102f.).

Die Forderung des Bundesrats eine Harmonisierung der Definition mit § 3 Abs. 1 S. 1 GlüStV herbeizuführen, wurde durch den Gesetzgeber nicht umgesetzt, da es sich bei dem GlüStV um einen intraföderalen Staatsvertrag handelt und nicht um eine bundesrechtliche Norm (BT-Drs. 18/11928, 2 und 32 sowie BT-Drs. 19/13827, 126). Obgleich mittlerweile hierzu eine umfangreiche Rechtsprechung existiert, die den Begriff des Glücksspiels differenziert betrachtet und eine im Detail schwierige Abgrenzung zum bloßen Gewinnspiel vornimmt, wurden Auslegungsschwierigkeiten in diesem Zusammenhang verneint (BT-Drs. 18/11928, 32). Ins-

Figura

46 Mit der äußerst weit formulierten Definition soll sichergestellt werden, dass sämtliche Ausführungsformen des Glücksspiels erfasst werden: Durch den Spielablauf, die Form der Teilnahme, der Ausführungsort und durch die zeitlichen Umstände besteht die Möglichkeit die Ausgestaltung des Glücksspiels zu verändern. Der Ablauf kann durch eine sofortige Entscheidung, aber auch durch zusätzliche weitere Etappen oder Zwischenschritte, gegebenenfalls mit weiteren Entscheidungsmöglichkeiten oder Zufallsmomenten, zeitlich differieren. Der Spieler selbst kann persönlich anwesend sein oder per Telefon, online oder durch anderweitige Kommunikationsmedien dazu geschaltet werden. Auch eine individuelle Anfrage des Spielers ist in diesem Zusammenhang möglich. Insbesondere bei Glücksspielangeboten im Internet werden nicht nur die typischen Fälle des über das Internet angebotenen Glücksspiels erfasst, sondern auch andere Glücksspielformen, die nicht die körperliche Anwesenheit des Spielers erfordern. Hierzu zählen insbesondere klassische Kasinospiele, Poker, Sportwetten und Lotterien, soweit sie über das Internet oder andere elektronische Plattformen oder Medien angeboten werden (vgl. hierzu bereits BT-Drs. 17/10745, 14; vgl. hierzu auch *Reeckmann* ZfWG 2018, 15 (16)). Auch die Begriffsdefinition des § 1 Abs. 5 GwG aF sah bereits vor, dass Glücksspiele im Internet solche Glücksspiele sind, die mittels Telemedien iSd § 1 Abs. 1 S. 1 des Telemediengesetzes veranstaltet oder vermittelt werden. Als Telemedien iSv § 1 Abs. 1 S. 1 TMG gelten wiederum alle elektronischen Informations- und Kommunikationsdienste, soweit sie nicht Telekommunikationsdienste nach § 3 Nr. 24 des Telekommunikationsgesetzes, die ganz in der Übertragung von Signalen über Telekommunikationsnetze bestehen, telekommunikationsgestützte Dienste nach § 3 Nr. 25 des Telekommunikationsgesetzes oder Rundfunk nach § 2 des Rundfunkstaatsvertrages sind.

47 Da das Glücksspiel im Internet typischerweise ohne persönlichen Kontakt zwischen den Vertragsparteien erfolgt, ergeben sich nach Ansicht des Gesetzgebers erhöhte Risiken in Bezug auf die Identifizierung des Spielers sowie die für den Spielbetrieb notwendigen Finanzströme (so bereits BT-Drs. 17/10745, 10 f.; sowie *Levi* Money Laundering Risks and E-Gaming: A European Overview and Assessment, 2009), denen durch die Ergreifung angemessener Maßnahmen zur Verhinderung von Geldwäsche und Terrorismusfinanzierung entgegengewirkt werden soll, vgl. insoweit auch den neu in das Geldwäschegesetz eingefügten § 2 Abs. 1 Nr. 15 GwG, der sich an alle Anbieter und Vermittler von Glücksspielen richtet.

48 Bereits bei der Konzeption der bisherigen Fassung des Geldwäschegesetzes bestand Klarheit darüber, dass dem Onlineglücksspielsektor eine immense wirtschaftliche Bedeutung zugesprochen werden muss. Neben physischen Kasinos und Glücksspielen (vgl. FATF, Report on Vulnerabilities of Casinos and Gaming Sector, März 2009) werden auch Internet-Casinos zunehmend für die Geldwäsche benutzt (Typologies Report 2000–2001, II.16, Example 1–3, II.59). Im Jahr 2008 wurden die Einnahmen der Onlineglücksspielanbieter innerhalb der Europäischen Union auf mehr als 6 Mrd. EUR geschätzt (Grünbuch der Europäischen Kommission „Online-Glücksspiele im Binnenmarkt" v. 24.3.2011, S. 3, 8). Da viele Anbieter bisher illegal operierten, wird jedoch vermutet, dass die tatsächlichen Einnahmen weit höher liegen (BT-Drs. 17/10745, 2; Grünbuch der Europäischen Kommission „Online-Glücksspiele im Binnenmarkt" v. 24.3.2011, S. 4; *Rock/Kaiser* Kontrolle der Finanzströme – Ein effektives Instrument zur Durchsetzung des deutschen Glücksspielrechts?, S. 1).

Begriffsbestimmungen §1

X. Güterhändler (Abs. 9)

Der Kreis der Verpflichteten wurde durch die 4. Geldwäscherichtlinie (EU) 49
2015/849 des Europäischen Parlaments und des Rates erweitert. Um die mit hohen
Barzahlungen verbundenen Risiken bezüglich Geldwäsche und Terrorismusfinanzierung zu reduzieren, sollen Güterhändler vom Geldwäschegesetz erfasst werden,
wenn sie Barzahlungen in Höhe von 10.000 EUR oder mehr tätigen oder entgegennehmen. Das Geldwäschegesetz enthielt bis dahin keine Definition des Güterhändlers. Die zunächst in § 1 Abs. 9 GwG aufgenommene Definition stufte als
Güterhändler jede Person, die gewerblich Güter veräußert, als Güterhändler anzusehen unabhängig davon, in wessen Namen oder auf wessen Rechnung sie handelt,
ein. Die Begriffsbestimmung setzte damit Art. 2 Abs. 1 Nr. 3 lit. d der 4. Geldwäscherichtlinie (EU) 2015/849 des Europäischen Parlaments und des Rates um.
Im Zuge der Implementierung der **5. Geldwäscherichtlinie** wurde die Definition
angepasst, um durch den geänderten Wortlaut klarzustellen, dass unter den Begriff
sowohl natürlich als auch juristische Personen zu subsumieren sind (BT-Drs.
19/13827, 67). Die (neue) Definition ist damit in Ihrem Wortlaut weit gefasst, mit
der Folge, dass jede (natürliche oder juristische) Person, die gewerblich mit Gütern
handelt, als Güterhändler anzusehen ist (zur Ausprägung des gewerblichen Handels
vgl. *Gehrmann/Wengenroth* BB 2019, 1035 (1036)). Hierzu zählen zukünftig auch
Kunstvermittler und Kunstlagerhalter, da diese in den Kreis der Verpflichteten aufgenommen wurden (vgl. § 2 Abs. 1 Nr. 16 GwG); die Begriffe Kunstvermittler und
Kunstlagerhalter werden in § 1 Abs. 23 GwG legal definiert.

Gemäß der Gesetzesbegründung sind Güter wiederum als alle beweglichen und
nicht beweglichen Sachen, unabhängig von ihrem Aggregatzustand, die einen wirtschaftlichen Wert haben und deshalb Gegenstand einer Transaktion sein können, zu
definieren (vgl. hierzu BT-Drs. 18/11555, 103). Im deutschen Recht gibt es keinen
einheitlich (definierten) Begriff für „Güter"; so regelt ua § 2 Abs. 13 AWG, das hierunter Waren, Software und Technologie fallen. Technologie umfasst auch Unterlagen zur Fertigung von Waren oder von Teilen dieser Waren. Die Definition des
Wortes „Güter" wurde – trotz Forderung des Bundesrates in seiner Stellungnahme
vom 12.4.2017 (Stellungnahme des Bundesrates BT-Drs. 18/11928, 2) – nicht in
die Neufassung des Geldwäschegesetzes aufgenommen. Im Interesse der Normenklarheit wäre die Aufnahme wünschenswert gewesen, insbesondere um zukünftigen
Auslegungsschwierigkeiten zu vermeiden, die ausweislich der unterschiedlichen
rechtlichen Definitionsansätze aufkommen können. Hochwertige Güter werden
hingegen in § 1 Abs. 10 GwG legal definiert. Die Begrifflichkeit umfasst Gegenstände, die sich aufgrund ihrer Beschaffenheit, ihres Verkehrswertes oder ihres bestimmungsgemäßen Gebrauchs von Gebrauchsgegenständen des Alltags abheben
oder die aufgrund ihres Preises keine Alltagsanschaffung darstellen. Zu ihnen gehören insbesondere Edelmetalle wie Gold, Silber und Platin, Edelsteine, Schmuck und
Uhren, Kunstgegenstände und Antiquitäten, Kraftfahrzeuge, Schiffe und Motorboote sowie Luftfahrzeuge (zur Abgrenzung von Edelmetallen (§ 1 Abs. 10 Satz 2
Nr. 1 GwG) Schmuck (§ 1 Abs. 10 Satz 2 Nr. 3 GwG) siehe *Barreto da Rosa* in Diergarten/Barreto da Rosa Praxiswissen Geldwäscheprävention, Kap. 1 A III 4b).

Kunstgegenstände sind alle Gegenstände, die in Nr. 53 der Anlage 2 zu § 12
Abs. 2 Nr. 1 und 2 UStG aufgeführt sind. Erfasst sind hiernach unter anderem Gemälde, Zeichnungen, Originalstiche und Originalerzeugnisse der Bildhauerkunst.
Antiquitäten werden, soweit es sich nicht zugleich um Kunstgegenstände handelt,

nicht erfasst. Auf Kunstlagerhalter erstrecken sich die Vorgaben des GwG, soweit die Lagerung in einer sogenannten Freizone im Sinne der Art. 243 ff. Unionszollkodex (UZK) erfolgt. Freizonen in diesem Sinne sind auf deutschem Gebiet derzeit die Freihäfen Bremerhaven und Cuxhaven (vgl. hierzu BT-Drs. 19/13827, 72).

50 Die Tätigkeit eines Güterhändlers umfasst nach der Gesetzesbegründung neben dem Eigenhandel (eine Person veräußert eigene Güter in eigenem Namen) auch das Kommissionsgeschäfte (in eigenem Namen auf fremde Rechnung) und das Vermittlergeschäfte (in fremdem Namen auf fremde Rechnung); miteinbezogen werden insbesondere auch Auktionatoren, die für eine Provision fremde Güter anbieten und damit in eigenem Namen, aber auf fremde Rechnung agieren (so im Wortlaut BT-Drs. 18/11555, 103). Der Handel muss gewerblich betrieben werden (hierzu ausführlich *Gehrmann/Wengenroth* BB 2019, 1035 (1036)). Ein klarstellender Hinweis, dass auch rechtsfähige Personengesellschaften (wie bspw. eine OHG oder eine KG) als Güterhändler fungieren können, wurde nicht normiert (vgl. hierzu Stellungnahme des Bundesrates BT-Drs. 18/11928, 2).

51 Güterhändler sind gemäß § 4 Abs. 5 GwG verpflichtet, ein Risikomanagement einzuführen, wenn sie Barzahlungen über mindestens 10.000 EUR tätigen oder entgegennehmen. Hierdurch wird sichergestellt, dass nicht jeder Güterhändler – unabhängig von seiner Geschäftsgröße oder seinem Geschäftsbetrieb – zur Führung eines Risikomanagements verpflichtet ist. Bei Transaktionen über hochwertige Güter iSd § 1 Abs. 10 S. 2 Nr. 1 GwG (Edelmetallhandel) müssen sie bereits bei Barzahlungen über mindestens 2.000 EUR – die sie selbst oder durch Dritte tätigen oder entgegennehmen – über ein wirksames Risikomanagement verfügen. Grund für die Absenkung des Schwellenbetrags sind die Erkenntnisse der nationalen Risikoanalyse, wonach im Bereich des Goldhandels ein starker Bargeldverkehr knapp unterhalb der gegenwärtigen Schwelle für Identifizierungspflichten von 10.000 EUR stattfindet. Diese Umgehungsmöglichkeit soll eingedämmt werden.

Besonderheiten ergeben sich ferner in Bezug auf § 10 GwG: § 10 Abs. 6a GwG regelt für Güterhändler die Anwendung der allgemeinen Sorgfaltspflichten in Abweichung zu § 10 Abs. 3 GwG. Der Erfüllung der allgemeinen Sorgfaltspflichten durch Güterhändlern nach § 2 Abs. 1 Nr. 16 GwG bedarf es hiernach in den folgenden Fällen:
– bei Transaktionen im Wert von mindestens 10.000 EUR über Kunstgegenstände,
– bei Transaktionen über hochwertige Güter nach § 1 Abs. 10 S. 2 Nr. 1 GwG, bei welchen sie Barzahlungen über mindestens 2.000 EUR selbst oder durch Dritte tätigen oder entgegennehmen
– bei Transaktionen über sonstige Güter, bei welchen sie Barzahlungen über mindestens 10.000 EUR selbst oder durch Dritte tätigen oder entgegennehmen
– als Kunstvermittler und Kunstlagerhalter bei Transaktionen im Wert von mindestens 10.000 EUR.

Die Aufspaltung der Güterhändler in verschiedene Berufsgruppen war aufgrund der jeweils unterschiedlicher Schwellenbeträge notwendig. Die allgemeinen Sorgfaltspflichten sind aber auch weiterhin transaktionsbezogen zu erfüllen („soweit" die jeweiligen Verpflichteten entsprechende Transaktionen durchführen bzw. Barzahlungen tätigen oder entgegennehmen; so BT-Drs. 19/13827, 78). Ferner ist zu beachten, dass Verpflichtete nach § 2 Abs. 1 Nr. 9 GwG gemäß § 7 Abs. 1 S. 1 GwG einen Geldwäschebeauftragten auf Führungsebene sowie einen Stellvertreter zu bestellen haben.

XI. Hochwertige Güter (Abs. 10)

Der Begriff „Hochwertige Güter" war bislang in § 9 Abs. 4 S. 3 GwG aF legal definiert. Hochwertige Güter sind hiernach Gegenstände, die sich auf Grund ihrer Beschaffenheit, ihres Verkehrswertes oder ihres bestimmungsgemäßen Gebrauchs von Gebrauchsgegenständen des Alltags abheben oder auf Grund ihres Preises keine Alltagsanschaffung darstellen. Hierzu zählen in der Regel Edelmetalle wie Gold, Silber und Platin, Edelsteine, Schmuck und Uhren, Kunstgegenstände und Antiquitäten, Kraftfahrzeuge, Schiffe und Motorboote sowie Luftfahrzeuge. Die bislang bestehende Definition entspricht im Wortlaut der bisherigen Fassung und wurde folglich nur aus systematischen Gründen neu verortet. § 1 Abs. 10 GwG enthält eine beispielhafte Auflistung an hochwertigen Gütern; diese Aufzählung ist allerdings nicht als abschließend anzusehen (so BT-Drs. 18/11555, 103; in der Gesetzesbegr. wird daher darauf verwiesen, dass bspw. auch Kupfer sowie seltene Erden als hochwertige Güter eingestuft werden können; (zur Abgrenzung von Edelmetallen (§ 1 Abs. 10 Satz 2 Nr. 1 GwG) Schmuck (§ 1 Abs. 10 Satz 2 Nr. 3 GwG) siehe *Barreto da Rosa* in Diergarten/Barreto da Rosa Praxiswissen Geldwäscheprävention, Kap. 1 A III 4b). 52

Die Begriffsbestimmung ist von grundlegender Bedeutung für die Bestellung des Geldwäschebeauftragten; gemäß § 7 Abs. 3 S. 1 iVm § 2 Abs. 1 Nr. 16 GwG kann die Aufsichtsbehörde anordnen, dass Verpflichtete einen Geldwäschebeauftragten zu bestellen haben, wenn sie dies für angemessen erachtet. Bei Verpflichteten nach § 2 Abs. 1 Nr. 16 erfolgt die Anordnung stets, wenn die Haupttätigkeit des Verpflichteten im Handel mit hochwertigen Gütern besteht. Das heißt, für Personen, die gewerblich mit Gütern handeln, erfolgt die Anordnung der Bestellung eines Geldwäschebeauftragten stets, wenn deren Haupttätigkeit im Handel mit hochwertigen Gütern liegt. 53

Beachtlich ist ferner, dass für den Handel mit hochwertigen Gütern der Schwellenwert gemäß § 10 Abs. 6a Nr. 1 lit. b GwG risikoangemessen bei 2.000 EUR liegt. Alle Verpflichteten, die im Edelmetallhandel einschlägige Transaktionen oberhalb dieses Schwellenwertes durchführen, haben die entsprechenden Sorgfaltspflichten einzuhalten (vgl. hierzu § 10 Abs. 6a GwG). Sie sind bei Durchführung dieser Geschäfte Güterhändler iSd § 1 Abs. 9 GwG (BT-Drs. 19/13827, 78).

XII. Immobilienmakler (Abs. 11)

Immobilienmakler wurden ursprünglich nur als Verpflichtete in § 2 Abs. 1 Nr. 10 GwG aF aufgeführt. Die Aufnahme in den Kreis der Verpflichteten geht zurück auf die Änderungsrichtlinie 2001/97/EG des Europäischen Parlaments und des Rates vom 4.12.2001 („2. EG-Anti-Geldwäscherichtlinie"; ABl. 2002 L 344, S. 76). Darüber hinaus ist sie auf die Erkenntnis zurückzuführen, nach der es in der Immobilienbranche trotz der Vermittlung von oftmals erheblichen Vermögenswerten noch an einer hinreichenden Sensibilität für den Themenkomplex Geldwäsche mangelt (vgl. hierzu Fachstudie des Bundeskriminalamts, Financial Intelligence Unit (FIU) zur „Geldwäsche im Immobiliensektor in Deutschland"). Die Verpflichtetenstellung des Immobilienmaklers bleibt auch durch die Neufassung erhalten (§ 2 Abs. 1 Nr. 14 GwG) und wird durch die Aufnahme einer Definition in § 1 Abs. 11 GwG ergänzt. Hiernach ist ein Immobilienmakler, wer gewerblich den Abschluss von Kauf-, Pacht- oder Mietverträgen über Grundstücke, grundstücksgleiche Rechte, gewerbliche 54

§ 1 Abschnitt 1. Begriffsbestimmungen und Verpflichtete

Räume oder Wohnräume vermittelt (zur Anpassung des Begriffs vgl. zuletzt BT-Drs. 19/13827, 67f.). Unbeachtlich ist, in wessen Namen und auf wessen Rechnung der Immobilienmakler tätig wird. Ferner umfasst die Definition sowohl natürliche als auch juristische Personen wie auch rechtsfähige Personengesellschaften.

55 Zur Vermittlung einer Immobilie wird ein Maklervertrag mit dem Anbieter und/oder dem Nachfrager geschlossen. Ein Maklervertrag kann schriftlich, mündlich oder durch schlüssiges Verhalten abgeschlossen werden. Dabei werden Immobilienmakler regelmäßig entweder als Vermittlungsmakler (Vermittlung des Abschlusses von Verträgen über Grundstücke/Immobilien, grundstücksgleiche Rechte, vermietete Wohnräume und gewerbliche Räume) oder als Nachweismakler (Nachweis der Gelegenheit zum Abschluss) tätig. Der Begriff umfasst damit nicht nur Tätigkeiten in Bezug auf den Erwerb bzw. die Veräußerung von Immobilien, sondern (zukünftig) auch diejenigen Makler, die gewerblich Rechtsgeschäfte zur Vermietung oder Verpachtung von Immobilien vermitteln (sog. Mietmakler: vgl. hierzu BT-Drs. 19/13827, 49, 67 – gemäß dem Erwägungsgrund 8 der 4. Geldwäscherichtlinie (EU) 2015/849 des Europäischen Parlaments und des Rates war der Mietmakler bis dato nicht unter den geldwäscherechtlichen Immobilienmaklerbegriff zu subsumieren). Mit anderen Worten sind Mietmakler durch die Umsetzung der 5. Geldwäscherichtlinie zukünftig nach § 2 Abs. 1 Nr. 14 geldwäscherechtlich Verpflichtete. Die Verpflichtetenstellung des Immobilienmaklers greift unabhängig davon, ob der Immobilienmakler auf Käufer- oder Verkäuferseite bzw. Mieter- oder Vermieterseite tätig wird. Dem Vorschlag des Bundesrates, die Definition an die Begriffsbestimmung des § 34c GewO anzugleichen, wurde nicht entsprochen (BT-Drs. 18/11928, 3 und 32) und wird auch im Zuge der Umsetzung der 5. Geldwäscherichtlinie nicht gefolgt. Durch die Anpassung wären die Vorschriften des Geldwäschegesetzes auch für den sogenannten „Nachweismaklers" zur Anwendung gekommen, würden damit aber nicht mehr den Empfehlungen (recommendations) der Financial Action Task Force (FATF-Empfehlung 22 (b)) entsprechen. Nach der Empfehlung der FATF soll nur der Immobilienmakler als Verpflichteter anzusehen sein, der auch in den Kauf-/Verkaufsprozess involviert ist. Die Tätigkeit des Nachweismaklers umfasst jedoch nur die Benennung potenzieller Vertragspartner unabhängig davon, ob es später auch tatsächlich zu einem Vertragsschluss kommt.

56 Bei Immobilienmaklern ist der in § 11 Abs. 2 GwG neu geregelter Identifikationszeitpunkt beachtlich. Hiernach haben Immobilienmakler ihren eigenen Vertragspartner und den weiteren Vertragspartner der vermakelten Immobilie abweichend von § 11 Abs. 1 GwG dann entsprechend der Vorschriften der §§ 10, 11 GwG zu identifizieren, wenn ein ernsthaftes Interesse an der Durchführung des Kaufvertrags besteht. Nach der Gesetzesbegründung ist spätestens dann von einem ernsthaften Kaufinteresse auszugehen, wenn eine der Kaufvertragsparteien von der anderen Kaufvertragspartei (ggf. über Dritte) den Kaufvertrag erhalten hat, denn zu diesem Zeitpunkt hat sich der Wille zum Abschluss des Kaufvertrags hinsichtlich der Parteien ausreichend stark manifestiert (BT-Drs. 18/11555, 118). Zur Umsetzung des Schwellenbetrages nach Art. 2 Abs. 1 Nr. 3 lit. d der 5. Geldwäscherichtlinie vgl. § 4 Abs. 4 und § 10 Abs. 6 GwG.

Ferner wurde in § 43 Abs. 1 Nr. 1 GwG das Maklergeschäft neu eingefügt, mit der Folge, dass der Immobilienmakler als Verpflichteter solche Sachverhalte – unabhängig vom Wert des betroffenen Vermögensgegenstandes oder der Transaktionshöhe – unverzüglich der Zentralstelle für Finanztransaktionsuntersuchungen zu melden hat, wenn es Hinweise gibt, wonach der Vermögensgegenstand aus einer strafbaren Handlung stammt, die eine Vortat der Geldwäsche darstellen könnte.

XIII. Politisch exponierte Personen (Abs. 12)

Einer der zentralen Punkte der 4. **Geldwäscherichtlinie (EU) 2015/849** des Europäischen Parlaments und des Rates war die Einführung verstärkter Sorgfaltspflichten für Inländische politisch exponierte Personen (PePs) mit der Folge, dass für Inländische PePs die gleichen Sorgfaltspflichten wie für ausländische PePs gelten sollen. Die Definition in § 1 Abs. 12 GwG setzte Art. 3 Nr. 9 der 4. Geldwäscherichtlinie (EU) 2015/849 des Europäischen Parlaments und des Rates um und differenziert nicht mehr nach der Ausübung des öffentlichen Amtes im Inland oder Ausland bzw. ob die Person im Inland gewählte Abgeordnete des Europäischen Parlaments sind. Gemäß § 1 Abs. 12 S. 1 GwG ist als politisch exponierte Personen jede Person, die ein hochrangiges wichtiges öffentliches Amt auf internationaler, europäischer oder nationaler Ebene ausübt oder ausgeübt hat oder ein öffentliches Amt unterhalb der nationalen Ebene, dessen politische Bedeutung vergleichbar ist, ausübt oder ausgeübt hat, anzusehen. S. 2 wird im Zuge der Umsetzung des Art. 1 Nr. 13 der **5. Geldwäscherichtlinie** neugefasst mit der Folge, dass zu den politisch exponierten Personen Staatschefs, Regierungschefs, Minister, Mitglieder der Europäischen Kommission, stellvertretende Minister und Staatssekretäre, Parlamentsabgeordnete und Mitglieder vergleichbarer Gesetzgebungsorgane, Mitglieder der Führungsgremien politischer Parteien, Mitglieder von obersten Gerichtshöfen, Verfassungsgerichtshöfen oder sonstigen hohen Gerichten, gegen deren Entscheidungen im Regelfall kein Rechtsmittel mehr eingelegt werden kann, Mitglieder der Leitungsorgane von Rechnungshöfen, Mitglieder der Leitungsorgane von Zentralbanken, Botschafter, Geschäftsträger und Verteidigungsattachés, Mitglieder der Verwaltungs-, Leitungs- und Aufsichtsorgane staatseigener Unternehmen, Direktoren, stellvertretende Direktoren, Mitglieder des Leitungsorgans oder sonstige Leiter mit vergleichbarer Funktion in einer zwischenstaatlichen internationalen oder europäischen Organisation zählen. Ferner sind auch Personen als politisch exponierten anzusehen, die Ämter innehaben, welche in einer von der Europäischen Kommission veröffentlichten Liste enthalten sind. Jeder Mitgliedstaat hat der EU-Kommission eine Liste mit genauen Funktionen zur Verfügung zu stellen, die gemäß den nationalen Rechts- und Verwaltungsvorschriften als wichtige Ämter im Sinne von Art. 3 Nr. 9 der 4. Geldwäscherichtlinie (EU) 2015/849 des Europäischen Parlaments und des Rates gelten. Die gemeinsame Liste wird von der EU-Kommission veröffentlicht mit dem Ziel, die Rechtsanwendung zu erleichtern, indem festgelegt wird, welche Funktionen nach den jeweiligen Rechts- und Verwaltungsvorschriften eines Mitgliedstaates den Status als politisch exponierte Person begründen. Auch die im Inland ansässigen akkreditierten internationalen und europäischen Organisationen sollen in die Liste aufgenommen werden. Diese sind daher verpflichtet, dem Bundesministerium der Finanzen alle wichtigen öffentlichen Ämter mitzuteilen bzw. zukünftig regelmäßig zu aktualisieren, damit das Bundesministerium die Weiterleitung an die EU-Kommission veranlassen kann.

In Bezug auf das öffentliche Amt, das die politisch exponierte Person ausübt, ist beachtlich, dass dieses Amt unterhalb der nationalen Ebene eine politische Bedeutung aufweisen muss, die mit der Bedeutung der öffentlichen Ämter auf internationaler, europäischer oder nationaler Ebene vergleichbar ist (so BT-Drs. 18/11555, 104). Nicht erfasst werden grundsätzlich kommunale Funktionen. In Bezug auf regionale Funktionen können solche nur dann von Relevanz sein, wenn sie föderale Strukturen aufweisen (BT-Drs. 18/11555, 104). Als wichtige öffentliche Ämter, werden im

XIV. Familienmitglied (Abs. 13)

59 In § 1 Abs. 13 GwG wurde die Begriffsbestimmung des Familienmitglieds eingearbeitet und führt damit zu einer Umsetzung des Art. 3 Nr. 10 der 4. Geldwäscherichtlinie (EU) 2015/849 des Europäischen Parlaments und des Rates, der wiederum im Wesentlichen Art. 2 Abs. 2 der Durchführungsrichtlinie für die Dritte Geldwäscherichtlinie (RL 2006/70/EG der Kommission v. 1.8.2006 mit Durchführungsbestimmungen für die RL 2005/60/EG des Europäischen Parlaments und des Rates) entspricht. Die 3. EU-Anti-Geldwäscherichtlinie stufte Geschäftsbeziehungen zu politisch exponierten Personen als risikoreicher ein und überträgt dieses Risiko auch auf deren unmittelbaren Familienmitgliedern. Familienmitglied im Sinne dieses Gesetzes ist ein naher Angehöriger einer politisch exponierten Person, insbesondere der Ehepartner oder eingetragene Lebenspartner, ein Kind und dessen Ehepartner oder eingetragener Lebenspartner sowie jeder Elternteil. Was wiederum den Status eines Angehörigen ausmacht und inwieweit dieser an die Rechtsinstitute des Zivilrechts (bspw. Verlobung, Ehe, Verwandtschaft) anknüpft, kann nur mittelbar aus den in § 1 Abs. 13 Nr. 1–3 GwG genannten Personen (wie bspw. Ehepartner) abgeleitet werden. Es ist davon auszugehen, dass die Definition insgesamt weit auszulegen ist und nicht als abschließender Katalog verstanden werden soll. Eine Übereinstimmung zu den in § 15 AO und den § 20 Abs. 5 VwVfG und § 16 Abs. 5 SGB X existierenden Vorschriften zum Angehörigenbegriff weist die Definition des Geldwäschegesetzes nicht auf. Alle drei der zuvor genannten Vorschriften nehmen Bezug auf die bürgerlich-rechtlichen Wirksamkeitsvoraussetzungen (insbes. Formvorschriften) und erkennen damit die Rechtslage nach dem Bürgerlichen Gesetzbuch an (so *Göttker* juris Lexikon Steuerrecht, Angehörige, AO § 15 Rn. 3). Ob der Gesetzgeber durch den Oberbegriff des „Familienmitglieds" und der gewählten Definition bewusst eine abweichende Bezeichnung und Regelung getroffen hat, ist der Gesetzesbegründung nicht zu entnehmen; eine analoge Anwendung des § 15 AO im Falle von Auslegungsschwierigkeiten dürfte allerdings aufgrund der unterschiedlichen Regelungszwecke ausgeschlossen sein.

60 Relevanz hat die Einstufung als Familienmitglied für das Wahren der Sorgfaltspflichten gemäß § 10 bzw. § 15 GwG: Zu den allgemeinen Sorgfaltspflichten zählt die Feststellung nach § 10 Abs. 1 Nr. 4 GwG bzw. § 15 Abs. 3 Nr. 1 a) GwG, ob es sich bei dem Vertragspartner oder dem wirtschaftlich Berechtigten um eine politisch exponierte Person bzw. um ein Familienmitglied handelt. Wird dies bejaht, darf der Verpflichteter die Transaktion oder Geschäftsbeziehung nur dann durchführen bzw. begründen, wenn dabei die verstärkten Sorgfaltspflichten des § 15 GwG erfüllt werden. Darüber hinaus wurde in § 55 VAG eine über § 15 GwG hinausgehende verstärkte Sorgfaltspflicht für die hiernach verpflichteten Unternehmen aufgenommen; im Falle einer Auszahlung im Versicherungsfall an ein Familienmitglied einer politisch exponierten Person haben diese ein Mitglied der Führungsebene vorab zu informieren, die gesamte Geschäftsbeziehung zu dem Versicherungsnehmer einer verstärkten Überprüfung zu unterziehen und zu prüfen, ob die Voraussetzungen für eine Meldung nach dem Geldwäschegesetz gegeben sind.

Begriffsbestimmungen **§ 1**

Soweit die Anforderungen des § 10 Abs. 1 Nr. 4 GwG nicht erfüllt werden, kann dies bei vorsätzlichem oder leichtfertigem Handeln die Bußgeldvorschrift nach § 56 Abs. 1 Nr. 19 GwG auslösen.

XV. Bekanntermaßen nahestehende Person (Abs. 14)

Bekanntermaßen nahestehende Person im Sinne dieses Gesetzes ist jede Person, 61 bei der der Verpflichtete Grund zu der Annahme hat, dass eine wirtschaftliche Beziehung zu einer politisch exponierten Person besteht oder zu dieser sonstige enge Geschäftsbeziehungen (iSd § 1 Abs. 4 GwG) unterhalten werden. Zu den bekanntermaßen nahestehenden Personen zählen insbesondere natürliche Person, die bekanntermaßen gemeinsam mit einer politisch exponierten Person eine Vereinigung nach § 20 Abs. 1 GwG oder eine Rechtsgestaltung nach § 21 GwG unterhält oder alleiniger wirtschaftlicher Berechtigter einer solchen ist, bei der der Verpflichtete Grund zu Annahme haben muss, dass die Errichtung faktisch zu Gunsten einer politisch exponierten Person erfolgt. Durch die Aufnahme der Definition wird Art. 3 Nr. 11 der 4. Geldwäscherichtlinie (EU) 2015/849 des Europäischen Parlaments und des Rates umgesetzt, der wiederum Art. 2 Abs. 3 der Durchführungsrichtlinie für die Dritte Geldwäscherichtlinie (RL 2006/70/EG der Kommission v. 1.8.2006 mit Durchführungsbestimmungen für die RL 2005/60/EG des Europäischen Parlaments und des Rates) entspricht.

Die Einstufung als bekanntermaßen nahestehende Person löst ebenfalls die bereits unter → Rn. 59f. dargestellten Folgen aus. Da die Definition anders als bei § 1 Abs. 13 GwG nicht auf die familiäre Beziehung, wie bspw. ein Verwandtschaftsverhältnis, abstellen kann, könnte die Einstufung als bekanntermaßen nahestehende Person in der Praxis zu Schwierigkeiten in Bezug auf die Identifikationen und den daran anschließenden Nachweis des „Nahestehens" führen.

XVI. Mitglied der Führungsebene (Abs. 15)

Im Zuge der Neufassung des Geldwäschegesetzes durch die Umsetzung der 62 4. Geldwäscherichtlinie (EU) 2015/849 des Europäischen Parlaments und des Rates wurde insbesondere im Bereich der Erfüllung verstärkter Sorgfaltspflichten (§ 15 Abs. 3 und Abs. 4 GwG) festgelegt, dass bestimmte Entscheidungen (bspw. über die Begründung oder Fortführung einer Geschäftsbeziehungen) nur durch ein Mitglied der Führungsebene getroffen werden dürfen. Ein Mitglied der Führungsebene ist nach der in § 1 Abs. 15 GwG neu aufgenommenen Definition eine Führungskraft oder ein leitender Mitarbeiter eines Verpflichteten mit ausreichendem Wissen über die Risiken, denen der Verpflichtete in Bezug auf Geldwäsche und Terrorismusfinanzierung ausgesetzt ist, und mit der Befugnis, insoweit Entscheidungen zu treffen. Durch die Aufnahme der Begriffsdefinition wird Art. 3 Nr. 12 der 4. Geldwäscherichtlinie (EU) 2015/849 des Europäischen Parlaments und des Rates umgesetzt. Wird die Einschaltung eines Mitglieds der Führungsebene unterlassen, kann dies Bußgeldtatbestände gemäß § 56 Abs. 1 Nr. 37 und Nr. 42 GwG auslösen. Darüber hinaus sieht § 43 Abs. 3 GwG das Mitglied der Führungsebene als Meldepflichtigen an, soweit es einem Verpflichteten angehört, der über eine Niederlassung in Deutschland verfügt und der zu meldende Sachverhalt im Zusammenhang mit einer Tätigkeit der deutschen Niederlassung steht. Eine weitere be-

Figura

griffliche Anknüpfung normiert § 55 VAG für den Fall, dass es sich im Versicherungsfall bei einem vom Vertragspartner abweichenden Bezugsberechtigten um eine politisch exponierte Person, deren Familienangehörigen oder um eine ihr bekanntermaßen nahestehende Person im Sinne von § 1 Abs. 12–14 des Geldwäschegesetzes handelt und an eine dieser Personen eine Auszahlung geleistet werden soll. Auch hier ist vor Auszahlung ein Mitglied der Führungsebene zu informieren. Zur vollständigen Umsetzung von Art. 3 Nr. 12 der 4. Geldwäscherichtlinie (EU) 2015/849 des Europäischen Parlaments und des Rates wurde ein zweiter Satz in § 1 Abs. 15 GwG angefügt, der bestimmt, dass ein Mitglied der Führungsebene nicht zugleich ein Mitglied der Leitungsebene sein muss. Die Ergänzung ist als Klarstellung zu werten.

XVII. Gruppe (Abs. 16)

63 Die Begriffsbestimmung der Gruppe wurde neu in § 1 Abs. 16 GwG aufgenommen und diente der Umsetzung des Art. 3 Nr. 15 der 4. Geldwäscherichtlinie (EU) 2015/849 des Europäischen Parlaments und des Rates. Aufgrund der gewählten Definition, wonach eine Gruppe im Sinne dieses Gesetzes ein Zusammenschluss von Unternehmen, der aus einem Mutterunternehmen, den Tochterunternehmen des Mutterunternehmens, den Unternehmen, an denen das Mutterunternehmen oder seine Tochterunternehmen eine Beteiligung halten, und Unternehmen, die untereinander verbunden sind durch eine Beziehung iSd Art. 22 Abs. 1 der Richtlinie 2013/34/EU des Europäischen Parlaments und des Rates vom 26.6.2013 über den Jahresabschluss, den konsolidierten Abschluss und damit verbundene Berichte von Unternehmen bestimmter Rechtsformen und zur Änderung der Richtlinie 2006/43/EG des Europäischen Parlaments und des Rates und zur Aufhebung der Richtlinien 78/660/EWG und 83/349/EWG des Rates (ABl. 2013 L 182, 19) besteht, weicht die Vorschrift von der bislang verwendeten Begriffsbildung der Gruppe in den geldwäscherechtlichen Vorschriften ab. Soweit dort noch von Zweigstellen und Zweigniederlassungen die Rede war, sind diese nunmehr nach der Gesetzesbegründung als unselbstständige Einheiten als Bestandteile des Mutterunternehmens anzusehen (BT-Drs. 18/11555, 104). Um als Gruppe angesehen zu werden, muss das Mutterunternehmen einen beherrschenden Einfluss auf die Tochterunternehmen und die Unternehmen, an denen es eine Beteiligung hält, innehaben. Im Falle einer Mehrheitsbeteiligung ist diese Voraussetzung wohl als erfüllt anzusehen. Der in der Definition enthaltene Verweis auf die Richtlinie 2013/34/EU soll auch die Einbeziehung der durch Konsolidierung bestehenden horizontalen Verbindung neben einem Zusammenschluss durch vertikale Beteiligungen sicherstellen.

Dem Vorschlag des Bundesrates rechtlich selbstständige Betreiber von Wettvertriebsstätten für Sportwetten und Pferdewetten geldwäscherechtlich in die Definition des gruppenangehörigen Unternehmens des Veranstalters im Sinne von § 1 Abs. 16 GwG aufzunehmen und auf diese Weise Veranstalter von Sport- sowie Pferdewetten für das rechtskonforme Handeln der für sie tätigen Vermittler stärker in die Pflicht zu nehmen, folgte der Gesetzgeber nicht (BT-Drs. 18/11928, 3f. und 32f.).

64 Soweit die Zugehörigkeit zu einer Gruppe bejaht wurde, haben Verpflichtete, die Mutterunternehmen einer Gruppe sind, gruppenweit einheitliche Sicherungsmaßnahmen und Verfahren zu schaffen sowie deren Umsetzung sicherzustellen (§ 9

Begriffsbestimmungen **§ 1**

GwG). Ziel ist es, für eine Vielzahl an grenzüberschreitenden Transaktionen einheitlichen Standards zur Verhinderung von Geldwäsche und Terrorismusfinanzierung zu schaffen. Es bestehen daher besondere Vorgaben für gruppenangehörige Unternehmen in EU-Mitgliedstaaten und Drittstaaten. Das heißt, Mutterunternehmen haben sicherzustellen, dass gruppenangehörige Unternehmen sich in EU-Mitgliedstaaten an den dort geltenden Rechtsvorschriften zur Umsetzung der 4. Geldwäscherichtlinie (EU) 2015/849 des Europäischen Parlaments und des Rates orientieren (vgl. hierzu BT-Drs. 18/11555, 89). Der Begriff der Gruppe entfaltet demnach in Bezug auf die Regelung des § 9 GwG (Gruppenweite Einhaltung von Pflichten) eine besondere Relevanz: Damit sämtliche Risiken einer Gruppe berücksichtigt werden, bedarf es einer Risikoanalyse gemäß § 5 Abs. 3 GwG, die alle gruppenangehörigen Zweigstellen und Unternehmen einbezieht, soweit sie jeweils geldwäscherechtlichen Pflichten unterliegen. Dem Mutterunternehmen obliegt damit die Verpflichtung, die erforderlichen Maßnahmen für alle gruppenangehörigen und geldwäscherechtlichen Verpflichtungen unterliegenden Unternehmen durchzuführen, auf die es aufgrund Mehrheitsbeteiligung Einfluss nehmen kann (so Gesetzesbegr. zu § 9 Abs. 1 GwG, BT-Drs. 18/11555, 115).

XVIII. Drittstaat (Abs. 17)

Die Begriffsbestimmung wurde ursprünglich durch Art. 1 des GwOptG v. **65** 22.12.2011 neu in das Geldwäschegesetz (§ 1 Abs. 6a GwG aF) eingefügt und enthielt eine Definition für den gleichwertigen Drittstaat. Nach der nunmehr in § 1 Abs. 17 GwG enthaltenen Legaldefinition wird nur noch der Drittstaat definiert; dieser ist als ein Staat, der nicht Mitgliedstaat der Europäischen Union und der nicht Vertragsstaat des Abkommens über den Europäischen Wirtschaftsraum ist, anzusehen. Die Definition entspricht nach der Gesetzesbegründung nunmehr dem in anderen Finanzaufsichtsgesetzen aufgestellten Grundsatz, wonach Drittstaaten andere Staaten als die Mitgliedsstaaten der Europäischen Union oder Vertragsstaaten des Abkommens über den Europäischen Wirtschaftsraums sind (so BT-Drs. 18/11555, 104).

XIX. E-Geld (Abs. 18)

Durch die Neufassung des Geldwäschegesetzes (4. Geldwäscherichtlinie (EU) **66** 2015/849 des Europäischen Parlaments und des Rates) wurde auch eine Definition des Begriffs E-Geld aufgenommen, der der Definition des § 1a Abs. 3 ZAG aF entsprach. Die Aufnahme der Definition besaß klarstellenden Charakter und setzte Art. 3 Nr. 16 der 4. Geldwäscherichtlinie (EU) 2015/849 des Europäischen Parlaments und des Rates um. Aufgrund der Novellierung des Zahlungsdiensteaufsichtsgesetzes im Jahre 2017 (Zahlungsdiensteaufsichtsgesetz v. 17.7.2017 (BGBl. I S. 2446), zuletzt geändert durch Art. 4 des Gesetzes vom 12.12.2019 (BGBl. I S. 2602)) aktualisiert die 5. Geldwäscherichtlinie den gesetzlichen Verweis. Die Definition des Begriffs E-Geld ist nunmehr § 1 Abs. 2 S. 3 und 4 ZAG zu entnehmen. E-Geld ist jeder elektronisch, darunter auch magnetisch, gespeicherte monetäre Wert in Form einer Forderung an den Emittenten, der gegen Zahlung eines Geldbetrags ausgestellt wird, um damit Zahlungsvorgänge iSd § 675f Abs. 4 S. 1 BGB durchzuführen, und der auch von anderen natürlichen oder juristischen Personen

Figura

§ 1 Abschnitt 1. Begriffsbestimmungen und Verpflichtete

als dem Emittenten angenommen wird. Die Definition § 1 Abs. 2 S. 3 ZAG entspricht damit der Definition des § 1a Abs. 3 ZAG aF. Beachtlich ist nur, dass sie auf Zahlungsvorgänge iSd § 675f Abs. 4 S. 1 BGB und nicht wie bisher auf § 675f Abs. 3 S. 1 BGB verweist. Darüber hinaus wird in § 1 Abs. 18 GwG nunmehr auch definiert, was nicht als E-Geld anzusehen ist, um den Vorgaben des Art. 3 Nr. 16 der 5. Geldwäscherichtlinie Rechnung zu tragen. Kein E-Geld ist folglich ein monetärer Wert, der 1. auf Instrumenten iSd § 2 Abs. 1 Nr. 10 ZAG gespeichert ist oder 2. der nur für Zahlungsvorgänge nach § 2 Abs. 1 Nr. 11 ZAG eingesetzt wird.

Die identische Formulierung des Begriffs im Geldwäsche- und im Zahlungsdiensteaufsichtsgesetz ist zu begrüßen, da Auslegungsprobleme vermieden werden. Dem Begriff des E-Geldes unterfallen damit alle von einem Zahlungsdienstleister gegen Vorauszahlung bereitgestellten geldwerten Einheiten, die für Zahlungen verwendet werden können (BT-Drs. 17/3023, 68). Voraussetzung ist, dass es sich um gespeicherte Zahlungseinheiten handelt, die eine Forderung gegen die ausgebende Stelle begründen (BaFin, Merkblatt – Hinweise zu dem Gesetz über die Beaufsichtigung von Zahlungsdiensten v. 22.12.2011, Rn. 4b.). Die Art der Bereitstellung und Speicherung ist dabei unerheblich (*Schwennicke* in Schwennicke/Auerbach ZAG § 1a Rn. 15). Die gespeicherten Zahlungseinheiten müssen des Weiteren durch Rechnerdialog oder Abruf der Daten von einem Datenträger übertragen und gegen Vorauszahlung bereitgestellt werden, wobei die Bereitstellung als Begründung einer Forderung gegen die ausgebende Stelle durch Übertragung der elektronischen Zahlungseinheit auf denjenigen, der sie zu Bezahlungszwecken einsetzen möchte, zu verstehen ist (*Schwennicke* in Schwennicke/Auerbach ZAG § 1a Rn. 19). Schließlich müssen die Zahlungseinheiten von Dritten anstelle der gesetzlichen Zahlungsmittel des Bar- und Buchgeldes als Zahlungsmittel akzeptiert werden; dabei darf der Emittent des E-Geldes nicht mit dem Akzeptanten identisch sein (*Schwennicke* in Schwennicke/Auerbach ZAG § 1a Rn. 23).

67 Während die im Rahmen des Internet-Bankings über Kreditinstitute veranlassten Transaktionen regelmäßig kontengebunden ablaufen und eine rückverfolgbare Papierspur hinterlassen (*Vogt* in Herzog/Mülhausen Geldwäschebekämpfung-HdB § 2 Rn. 41), wird das Missbrauchspotenzial beim Einsatz neuer Zahlungsmittel wie beim E-Geld, vorausbezahlten Zahlungseinheiten, die anstelle von Bargeld oder Buchgeld verwendet werden können, bzw. der elektronischen Geldbörse als ungleich höher erachtet (zum Einsatz moderner Zahlungs- und Kommunikationsmedien FATF, Report on New Payment Methods). Von dem Oberbegriff des elektronischen Geldes werden sowohl hardwaregestützte Geldbörsensysteme (Geldkarte) als auch softwaregestützte Netzgeldsysteme umfasst. Beim Netzgeld bzw. softwaregestützten E-Geld können Werteinheiten, die elektronisch auf der Festplatte des PC gespeichert werden, über das Internet oder beispielsweise als Anhang einer Email schnell und mit minimalem Entdeckungsrisiko versendet werden. Der Zahlungsvorgang findet in der Regel anonym statt, beispielsweise durch direkte Übertragung vom Speicher des Zahlenden auf den Speicher des Zahlungsempfängers so bereits (*Findeisen* Kriminalistik 2/98, 107 (114).

68 Die rechtliche Einordnung von E-Geld ist umstritten. Bei der Geldkarte wird teilweise angenommen, es handele sich um eine wertpapierähnliche Urkunde ohne Wertpapiercharakter (*Neumann* in Kilian/Heussen ComputerR-HdB Rn. 110/92) oder ein Bargeldsurrogat, das eine Sache darstelle (*Pfeiffer* NJW 1997, 1036 (1037)), während eine weitere Ansicht von einem Verfahren sui generis ausgeht (*Neumann* in Kilian/Heussen ComputerR-HdB Rn. 110/92 mit Verw. auf *Werner* in BuB 6/1756). Ähnlich umstritten ist die Rechtsnatur von Netzgeld; teilweise wird hierin

Begriffsbestimmungen §1

ein Forderungskauf durch den Karteninhaber vom kartenemittierenden Institut mit Zahlungsversprechen gesehen (*Neumann* in Kilian/Heussen ComputerR-HdB Rn. 110/72 sowie *Schäfer* in Boos/Fischer/Schulte-Mattler KWG Einf. Rn. 95, und dort KWG § 1 Rn. 120), teils eine auftragsrechtliche Weisung nach §§ 665 ff. BGB an die Bank zur Einlösung von Bargeld in Buchgeld (ua *Kümpel* WM 1998, 365), teils eine digitalisierte Inhaberschuldverschreibung analog §§ 793 ff. BGB (vgl. *Escher* WM 1997, 1173 (1180)). E-Geld kann während der Gültigkeitsdauer unter den in §§ 23 b und 23 c ZAG geregelten Voraussetzungen zurückgetauscht werden.

Nicht dem Begriff des E-Geldes iSd ZAG unterfallen ein monetärer Wert, der **69** auf Instrumenten iSd § 2 Abs. 1 Nr. 10 ZAG gespeichert ist oder der nur für Zahlungsvorgänge nach § 2 Abs. 1 Nr. 11 ZAG eingesetzt wird. Dienste, die auf Zahlungsinstrumenten beruhen, die für den Erwerb von Waren oder Dienstleistungen in den Geschäftsräumen des Emittenten oder innerhalb eines begrenzten Netzes von Dienstleistern im Rahmen einer Geschäftsvereinbarung mit einem professionellen Emittenten eingesetzt werden können, sind nicht als Zahlungsdienste anzusehen (§ 2 Abs. 1 Nr. 10 lit. a ZAG; zB Kunden- oder Tankkarten). Gleiches gilt, wenn diese Dienste für den Erwerb eines sehr begrenzten Waren- oder Dienstleistungsspektrums eingesetzt werden können oder beschränkt sind auf den Einsatz im Inland und auf Ersuchen eines Unternehmens oder einer öffentlichen Stelle für bestimmte soziale oder steuerliche Zwecke (§ 2 Abs. 1 Nr. 10 lit. b und c ZAG). Zahlungsvorgänge, die von einem Anbieter elektronischer Kommunikationsnetze oder -dienste zusätzlich zu elektronischen Kommunikationsdiensten für einen Teilnehmer des Netzes oder Dienstes bereitgestellt werden, unterfallen auch nicht dem Begriff des E-Geldes, wenn sie im Zusammenhang mit dem Erwerb von digitalen Inhalten und Sprachdiensten stehen und auf der entsprechenden Rechnung abgerechnet werden, oder von einem elektronischen Gerät aus oder über dieses ausgeführt und auf der entsprechenden Rechnung im Rahmen einer gemeinnützigen Tätigkeit oder für den Erwerb von Tickets abgerechnet werden (§ 2 Abs. 1 Nr. 11 lit. a und b ZAG). Mit anderen Worten liegt kein E-Geld iSd ZAG bei sog. digitalen Übertragungen in Form von Zahlungsvorgängen vor, die mittels E-Geld getätigt werden und die ausschließlich zur Bezahlung von Leistungen dienen, die über ein Telekommunikations-, Digital- oder IT-Gerät abgewickelt werden (zB der Erwerb von Klingeltönen oder Musik über ein Mobiltelefon; *Schwennicke* in Schwennicke/Auerbach ZAG § 1 a Rn. 33 mwN). Beachtlich ist hierbei, dass gemäß § 2 Abs. 1 Nr. 11 ZAG der Wert einer Einzelzahlung 50 Euro und der kumulative Wert der Zahlungsvorgänge eines einzelnen Teilnehmers monatlich 300 Euro nicht überschreitet darf. Zur Einordnung sog. Bitcoins siehe Urteil des KG Berlin v. 25.9.2018, Az. 161 Ss 28/18.

Erforderlich sind der Rücktausch bzw. der Vertrieb von E-Geld eines Kredit- **70** instituts iSd § 1 Abs. 2 S. 3 ZAG. Dem Begriff des Vertriebes von E-Geld unterfallen der Verkauf oder Wiederverkauf von E-Geld-Produkten an das Publikum, die Bereitstellung eines Vertriebskanals für E-Geld an Kunden, die Einlösung von E-Geld auf Bitten des Kunden bzw. die Aufladung von E-Geld-Produkten für Kunden sowie die Entgegennahme von Bargeld im Zusammenhang mit dem Verkauf oder Wiederverkauf von E-Geld-Produkten (BT-Drs. 17/3023, 41; *Schwennicke* in Schwennicke/Auerbach ZAG § 1 a Rn. 41 mwN).

Art. 12 der 4. Geldwäscherichtlinie (EU) 2015/849 des Europäischen Parlaments und des Rates gestattete den Mitgliedstaaten bislang, bestimmte Sorgfaltspflichten bei E-Geld-Transaktionen nicht anwenden zu müssen. Da mittlerweile Risiken im Hinblick auf eine etwaige Terrorismusfinanzierung durch die Nutzung sog. (auflad-

barer oder nicht aufladbarer) Guthabenkarten – für die keine Sorgfaltspflichten gelten – erkannt wurden, enthält die **5. Geldwäscheichtlinie** in Art. 12 Abs. 1 Vorgaben, wonach
- die Schwellenwerte für nicht aufladbare Zahlungsinstrumente auf Guthabenbasis, auf die Maßnahmen der Sorgfaltspflicht anzuwenden sind, von 250 EUR auf 150 EUR zu senken und
- für die Online-Nutzung von Guthabenkarten die Befreiung von den Sorgfaltspflichten zu streichen

sind.

Darüber hinaus bestimmt die 5. Geldwäscherichtlinie, dass zukünftig eine Anwendung der Sorgfaltspflichten bei Online-Zahlung, bei Rücktausch – in Bargeld – oder bei Barabhebung des monetären Wertes des E-Geldes, wenn der rückgetauschte Betrag 50 EUR übersteigt, zu erfolgen hat. Die Maßnahmen führen damit im Ergebnis zu niedrigeren Schwellenwerten für Transaktionen mit bestimmten Zahlungsinstrumenten auf Guthabenbasis. Im Rahmen des Gleichlaufs mit bereits bestehenden Regelungen und Schwellenwerten, die auf einer entsprechenden Risikobewertung beruhen, wird der Schwellenbetrag auf 20 EUR pro Transaktion festgesetzt (BT-Drs. 19/13827, 110f.). Eine Feststellung und Überprüfung der Identität des Karteninhabers muss also nur dann gemäß der 5. Geldwäscherichtlinie erfolgen, wenn der vorgeschlagene Schwellenwert überschritten oder eine – aufladbare oder nicht aufladbare – Karte für den Online-Einkauf verwendet wird. Umtausch-Plattformen für virtuelle Währungen und Anbieter elektronischer Geldbörsen müssen damit den Sorgfaltspflichten nachkommen und Kundenkontrollen durchführen, um die Anonymität solcher Umtauschgeschäfte aufzuheben.

71 E-Geld-Institute sind gemäß § 1 Abs. 2 Nr. 1 ZAG Unternehmen, die das E-Geld-Geschäft betreiben, ohne E-Geld-Emittenten im Sinne der Nr. 2–4 zu sein. Das Vorliegen eines gewerbsmäßigen Betreibens des E-Geld-Geschäfts oder das Betreiben der Geschäfte in einem Umfang, der das Vorliegen eines in kaufmännischer Weise eingerichteten Geschäftsbetriebes sind dagegen nicht erforderlich (BT-Drs. 17/3023, 64; s. auch *Schwennicke* in Schwennicke/Auerbach ZAG § 1a Rn. 11). Unter E-Geld-Geschäft ist gemäß § 1 Abs. 2 S. 2 ZAG die Ausgabe von E-Geld zu verstehen; ein E-Geld-Agent im Sinne des Zahlungsdiensteaufsichtsgesetzes ist jede natürliche oder juristische Person, die als selbstständiger Gewerbetreibender im Namen eines E-Geld-Instituts beim Vertrieb und Rücktausch von E-Geld tätig ist (§ 1 Abs. 10 ZAG).

72 § 25i KWG normiert – basierende auf den zuvor dargestellten Begrifflichkeiten – allgemeine Sorgfaltspflichten für Kreditinstitute in Bezug auf E-Geld. So haben diese gemäß § 25i Abs. 1 KWG bei der Ausgabe von E-Geld die Pflichten nach § 10 Abs. 1 GwG zu erfüllen, auch wenn die Schwellenwerte nach § 10 Abs. 3 Nr. 2 GwG nicht erreicht werden. Bei E-Geld werden die Verpflichteten, allerdings auch von der Anwendung bestimmter Sorgfaltspflichten befreit, wenn bestimmte risikomindernde Parameter vorliegen, wie beispielsweise die des § 25i Abs. 2 KWG.

XX. Aufsichtsbehörde (Abs. 19)

73 Abs. 19 definiert den Begriff der Aufsichtsbehörde als die nach § 50 GwG zuständige Aufsichtsbehörde. Aufgrund der häufigen Verwendung des Begriffs im Geldwäschegesetz wurde eine Aufnahme in den Definitionskatalog für erforderlich gehalten. Für die unterschiedlichen Verpflichteten nach § 2 Abs. 1 GwG werden auch durch die Neufassung unterschiedliche Aufsichtsbehörden auf Bundes- bzw.

Begriffsbestimmungen **§ 1**

Landesebene zuständig sein. Die Vorschrift des § 50 GwG benennt die zuständigen Aufsichtsbehörden und entspricht inhaltlich weitestgehend § 16 Abs. 2 GwG aF. Die Aufsichtsbehörden sind zukünftig ebenfalls verpflichtet, ihre Vorgehensweise an einen risikobasierten Ansatz anzupassen (so BT-Drs. 18/11555, 88). Gemäß diesem risikobasierten Ansatz, den die 4. Geldwäscherichtlinie (EU) 2015/849 des Europäischen Parlaments und des Rates verfolgt, sind ua die Europäischen Aufsichtsbehörden dazu verpflichtet, alle zwei Jahre eine Stellungnahme zu den Risiken der Geldwäsche und Terrorismusfinanzierung für den Finanzsektor zu erstellen. Für Deutschland hat das Bundesministerium der Finanzen für 2018/19 eine Risikoanalyse erstellt.

XXI. Zuverlässigkeit eines Mitarbeiters (Abs. 20)

Der durch die 4. Geldwäscherichtlinie (EU) 2015/849 des Europäischen Parlaments und des Rates in das Gesetz aufgenommene § 1 Abs. 20 GwG definiert den Begriff der Zuverlässigkeit. Die Definition geht zurück auf § 9 Abs. 2 Nr. 4 GwG aF. Die Zuverlässigkeit eines Mitarbeiters liegt vor, wenn der Mitarbeiter die Gewähr dafür bietet, dass er die in diesem Gesetz geregelten Pflichten, sonstige geldwäscherechtliche Pflichten und die beim Verpflichteten eingeführten Strategien, Kontrollen und Verfahren zur Verhinderung von Geldwäsche und von Terrorismusfinanzierung sorgfältig beachtet, Tatsachen nach § 43 Abs. 1 GwG dem Vorgesetzten oder dem Geldwäschebeauftragten, sofern ein Geldwäschebeauftragter bestellt ist, meldet und sich weder aktiv noch passiv an zweifelhaften Transaktionen oder Geschäftsbeziehungen beteiligt. 74

Eine Überprüfung der Zuverlässigkeit der Beschäftigten hat regelmäßig bei Begründung eines Dienst- oder Arbeitsverhältnisses zu erfolgen (BT-Drs. 17/6804, 34). Gemäß § 6 Abs. 2 Nr. 5 GwG sind darüber hinaus weitere interne Sicherungsmaßnahmen durchzuführen, um die Zuverlässigkeit des Mitarbeiters zu kontrollieren. Bei der Kontrolle der Zuverlässigkeit der Beschäftigten haben die Verpflichteten hinsichtlich der Kontrolldichte und der eingesetzten Kontrollinstrumente aus Gründen der Verhältnismäßigkeit und unter Berücksichtigung des risikoorientierten Ansatzes einen Beurteilungsspielraum, dem ebenfalls die Entscheidung über Art und Umfang von zusätzlichen, neben der obligatorischen Kontrolle bei Begründung des Dienst- und Arbeitsverhältnisses durchzuführenden Kontrollen zu unterwerfen ist (BT-Drs. 16/9038, 43). Die praktische Anwendung ist gegenüber den zuständigen Behörden im Einzelfall plausibel darzulegen (BT-Drs. 17/6804, 34). Art und Umfang der Kontrollhandlungen sollten grundsätzlich in risikoorientierter Abhängigkeit von Position und Tätigkeitsfeld des neuen Mitarbeiters festgelegt werden. Bei Begründung von Arbeitsverhältnissen kann eine Zuverlässigkeitsprüfung etwa durch Heranziehung polizeilicher Führungszeugnisse, von Schufa-Auskünften, des Lebenslaufes, sowie von Zeugnissen und Referenzen erfolgen. Die Plausibilität der Bewerberangaben sollte anhand der eingereichten Unterlagen überprüft werden können.

Der sich an den gleich lautenden, unbestimmten Rechtsbegriff im Gewerberecht anlehnende Begriff der Zuverlässigkeit iSd GwG (BT-Drs. 12/2704, 20; BT-Drs. 17/6804, 34; DK, Auslegungs- und Anwendungshinweise 2014, Tz. 86b) stellt in erster Linie auf die Person des Beschäftigten und lediglich sekundär auf dessen Funktion und Aufgaben ab. Er ist grundsätzlich gerichtlich überprüfbar (*Bearbeiter* in Ennuschat/Wank/Winkler GewO § 35 Rn. 27). 75

Figura

XXII. Korrespondenzbeziehung (Abs. 21)

76 Nach den Vorgaben der 4. Geldwäscherichtlinie (EU) 2015/849 des Europäischen Parlaments und des Rates haben Verpflichteten zukünftig bei grenzüberschreitenden Korrespondenzbeziehungen verstärkte Sorgfaltspflichten (§ 15 GwG) zu beachten. Die Neufassung sieht ua vor, dass die Aufnahme solcher Geschäftsbeziehungen sowie Informationen über das Geldwäschebekämpfungssystem des Korrespondenten durch die Führungsebene zu genehmigen ist. Insoweit wurde die bislang für Kreditinstitute und Finanzdienstleistungsinstitute geltende Regelung vom Kreditwesengesetz (§ 25j KWG aF) in das neu gefasste Geldwäschegesetz überführt und erweitert. Zeitgleich mit der neuen Verortung wurde auch eine Definition des Begriffs Korrespondenzbeziehung in § 1 Abs. 21 GwG aufgenommen. Die Ergänzung setzt Art. 3 Nr. 8 der 4. Geldwäscherichtlinie (EU) 2015/849 des Europäischen Parlaments und des Rates um. § 25k KWG wurde entsprechend neugestaltet und enthält nunmehr lediglich die bereits im bisherigen § 25k Abs. 3 und 4 KWG aF enthaltenen Regelungen, die im Wesentlichen unverändert fortbestehen.

77 Anders als nach der bisherigen Rechtslage (vgl. Art. 13 Abs. 3 der RL 2005/60/EG) und dem darauf aufbauenden bisherigen nationalen Verständnis (vgl. etwa die frühere Vorschrift des § 25k KWG) fallen nunmehr nicht nur Geschäftsbeziehungen, die der Erbringung von Bankdienstleistungen durch Verpflichtete nach § 2 Abs. 1 Nr. 1 GwG (Korrespondenten) für eine andere Bank (Respondent) unter diesen Begriff, sondern auch Geschäftsbeziehungen durch und für andere Finanzinstitute im Sinne von Art. 3 Nr. 2 der 4. Geldwäscherichtlinie (EU) 2015/849 des Europäischen Parlaments und des Rates, die der Erbringung von anderen als Bankdienstleistungen dienen, soweit diese den Finanzinstituten nach den für sie geltenden gesetzlichen Bestimmungen erlaubt sind (so Gesetzesbegr. BT-Drs. 18/11555, 105). Zu den Finanzinstituten im vorgenannten Sinne zählen in Deutschland die Verpflichteten nach § 2 Abs. 1 Nr. 2–3 und 6–9 GwG. Zu den Bankdienstleistungen, die durch ein Kreditinstitut als Korrespondent für einen Respondent erbracht werden, gehören unter anderem das Führen eines Kontokorrent-, Sammel- oder eines anderen Bezugskontos und die Erbringung damit verbundener Leistungen wie die Verwaltung von Barmitteln, internationalen Geldtransfers, Scheckverrechnung oder Devisengeschäfte (so Gesetzesbegr. BT-Drs. 18/11555, 105). Die in Art. 3 Nr. 8 Buchstabe a der 4. Geldwäscherichtlinie (EU) 2015/849 des Europäischen Parlaments und des Rates ebenfalls genannten Dienstleistungen im Zusammenhang mit Durchlaufkonten haben in Deutschland keine Relevanz, weil diese Art von Konten in Deutschland verboten sind (vgl. § 25m KWG). Zu den anderen Dienstleistungen, die von Finanzinstituten im Rahmen einer Korrespondenzbeziehung erbracht werden können, zählen – soweit gesetzlich erlaubt – Wertpapiergeschäfte oder Geldtransfers.

XXIII. Bank-Mantelgesellschaft (Abs. 22)

78 Unter einer Bank-Mantelgesellschaft, auch als „Briefkastenbank" bezeichnet, wurde bislang ein Kreditinstitut oder ein eine gleichwertige Tätigkeiten ausübendes Institut gefasst, das in einem Land bzw. Territorium gegründet wurde, in dem es nicht physisch präsent ist, so dass keine echte Leitung und Verwaltung stattfindet, und das keiner regulierten Finanzgruppe angeschlossen ist (vgl. dazu *Mülhausen* in

Begriffsbestimmungen **§ 1**

Herzog/Mülhausen Geldwäschebekämpfung-HdB § 41 Rn. 251). Geschäftsbeziehungen mit derartigen Bank-Mantelgesellschaften werden aufgrund fehlender physischer Präsenz und den damit verbundenen Schwierigkeiten einer angemessenen Beaufsichtigung als risikoreich eingestuft (*Auerbach/Spieß* in Schwennicke/Auerbach KWG § 25h Rn. 2). Besonders hervorzuheben ist auch, dass nicht nur Korrespondenzbankbeziehungen, sondern jede Art von Geschäftsbeziehungen mit Bank-Mantelgesellschaften untersagt sind (§ 25m Nr. 1 KWG). Die neu in das Geldwäschegesetz aufgenommene Definition einer Bank-Mantelgesellschaft („shell bank") entspricht fast wörtlich der bisherigen, durch Art. 3 Nr. 10 der Richtlinie 2005/60/EG vorgegebenen und in § 25m Nr. 1 KWG umgesetzten Rechtslage, an der Art. 3 Nr. 17 der 4. Geldwäscherichtlinie (EU) 2015/849 des Europäischen Parlaments und des Rates festhält.

Bank-Mantelgesellschaft ist gemäß § 1 Abs. 22 GwG ein CRR-Kreditinstitut oder ein Finanzinstitut nach Art. 3 Nr. 2 der Richtlinie (EU) 2015/849 oder ein Unternehmen, das Tätigkeiten ausübt, die denen eines solchen Kreditinstituts oder Finanzinstituts gleichwertig sind, und das in einem Land in ein Handelsregister oder ein vergleichbares Register eingetragen ist, in dem die tatsächliche Leitung und Verwaltung nicht erfolgen, und das keiner regulierten Gruppe von Kredit- oder Finanzinstituten angeschlossen ist. Die Definition umfasst damit nicht mehr nur Kreditinstitute oder Unternehmen mit gleichwertigen Tätigkeiten, sondern auch Finanzinstitute und entsprechende Unternehmen, wobei dabei primär solche in einem Drittstaat gemeint sind (BT-Drs. 18/11555, 105). Regulierte Tochtergesellschaften eines beaufsichtigten Instituts oder Unternehmens sind nicht als Bank-Mantelgesellschaften zu qualifizieren (BT-Drs. 18/11555, 105). In Bezug auf den Gründungsort der Bank-Mantelgesellschaft ist der Ort der Eintragung in ein Handelsregister (oder vergleichbares Register) maßgeblich.

XXIV. Kunstvermittler und Kunstlagerhalter (Abs. 23)

Durch die Umsetzung der 5. Geldwäscherichtlinie wird in § 1 Abs. 23 GwG 79 eine Definition für Kunstvermittler und Kunstlagerhalter aufgenommen. Kunstvermittler ist, wer gewerblich den Abschluss von Kaufverträgen über Kunstgegenstände vermittelt, auch als Auktionator oder Galerist. Als Kunstlagerhalter gilt, wer gewerblich Kunstgegenstände lagert. Unerheblich ist, in wessen Namen oder auf wessen Rechnung die Tätigkeit erfolgt. Der Begriff des Lagerhalters entspricht dem des § 467 Abs. 1 HGB; der Lagerhalter unterliegt den Regelungen des Geldwäschegesetzes jedoch nur, soweit die Lagerung in Zollfreigebieten erfolgt (vgl. Art. 1 Nr. 1 lit. c der 5. Geldwäscherichtlinie). Der Begriff des Kunstvermittlers schließt insbesondere Kunstgalerien und Auktionshäuser mit ein (vgl. Art. 2 Abs. 1 Nr. 3 der 5. Geldwäscherichtline). Bereits nach bisheriger Rechtslage waren unter den Begriff des Güterhandels Kommissionsgeschäfte (Handeln in eigenem Namen auf fremde Rechnung) und Vermittlungstätigkeiten (Handeln in fremdem Namen auf fremde Rechnung) zu subsumieren (vgl. BT-Drs. 18/11555, 103). Allerdings ist die Abgrenzung von Güterhandel und Kunstvermittlung nunmehr Blick auf die jeweils unterschiedlichen Schwellenbeträge bedeutsam (vgl. § 4 Abs. 5 und § 10 Abs. 6a GwG).

Kunstgegenstände sind alle Gegenstände, die in Nr. 53 der Anlage 2 zu § 12 Abs. 2 Nr. 1 und 2 UStG aufgeführt sind. Erfasst sind hiernach unter anderem Gemälde, Zeichnungen, Originalstiche und Originalerzeugnisse der Bildhauerkunst.

Figura

Antiquitäten werden, soweit es sich nicht zugleich um Kunstgegenstände handelt, nicht erfasst. Auf Kunstlagerhalter erstrecken sich die Vorgaben des GwG, soweit die Lagerung in einer sogenannten Freizone im Sinne der Art. 243 ff. Unionszollkodex (UZK) erfolgt. Freizonen in diesem Sinne sind auf deutschem Gebiet derzeit die Freihäfen Bremerhaven und Cuxhaven (vgl. hierzu BT-Drs. 19/13827, 72).

80 Einhergehend mit der Aufnahme von Definition wird der Kreis der Verpflichteten (§ 2 GwG) im Nichtfinanzsektor erweitert; künftig werden hier neben Mietmaklern auch Kunstvermittler und Kunstlagerer einbezogen. Personen, die mit Kunstwerken handeln, waren bereits nach bisheriger Rechtslage als Güterhändler gemäß § 2 Abs. 1 Nr. 16 GwG geldwäscherechtlich verpflichtet. Für die im Kunstsektor Verpflichteten gilt nach der **5. Geldwäscherichtlinie**, dass diese nur verpflichtet sind, sofern sich der Wert einer Transaktion oder einer Reihe verbundener Transaktionen auf 10.000 EUR oder mehr beläuft. Die allgemeinen Sorgfaltspflichten sind damit weiterhin transaktionsbezogen zu erfüllen („soweit" die jeweiligen Verpflichteten entsprechende Transaktionen durchführen bzw. Barzahlungen tätigen oder entgegennehmen). Darüber hinaus ist beachtlich, dass einzelne Pflichten gemäß den Vorgaben des GwG nur dann greifen, soweit einzelne Geschäfte den jeweiligen Schwellenbetrag überschreiten (vgl. hierzu die in § 4 Abs. 4 und 5 sowie § 10 Abs. 6 und 6a GwG genannten Schwellenbeträge). Die Pflicht eine Verdachtsmeldung abzugeben besteht hingegen für alle Verpflichteten unabhängig vom Transaktionswert des jeweiligen Geschäfts, also auch bei geringwertigen Transaktionen, die auf Geldwäsche oder Terrorismusfinanzierung hindeuten.

XXV. Finanzunternehmen (Abs. 24)

81 Die Umsetzung der 5. Geldwäscherichtlinie wird zum Anlass genommen den Begriff des Finanzunternehmens in § 1 Abs. 24 GwG neu zu definieren. Er wird hierdurch vom KWG-Begriff des Finanzunternehmens losgelöst und eigenständig ausgeprägt. Grund hierfür ist die Erkenntnis, dass sich die Definition des Finanzunternehmens nach § 1 Abs. 3 KWG als nicht zweckdienlich erwiesen hat; geldwäscherechtliche Belange fanden im Rahmen der banken- und wertpapierrechtlichen Vorgaben des KWG keine angemessene Berücksichtigung. Beachtlich ist auch, dass Unternehmen, die vormals über die Norm des § 1 Abs. 3 KWG als Finanzunternehmen geldwäscherechtlich verpflichtet waren, inzwischen als Finanzdienstleistungsinstitute nach § 2 Abs. 1 Nr. 2 GwG den Vorgaben des Geldwäschegesetzes unterliegen (vgl. hierzu BT-Drs. 19/13827, 68). Der Begriff des Finanzinstitutes wird durch Art. 3 Nr. 2 lit. a der 4. Geldwäscherichtlinie (EU) 2015/849 des Europäischen Parlaments und des Rates als „ein anderes Unternehmen als ein Kreditinstitut, das eine oder mehrere der in Anhang I Nummern 2 bis 12, 14 und 15 der Richtlinie 2013/36/EU des Europäischen Parlaments und des Rates aufgeführten Tätigkeiten ausübt, einschließlich der Tätigkeiten von Wechselstuben (bureaux de change)" definiert. Kreditinstitute sind nach der Richtlinie definitionsgemäß keine Finanzinstitute. Für die Einordnung als Verpflichteter iSd § 2 GwG gilt also: Finanzunternehmen – nach der Definition des § 1 Abs. 24 GwG – sind Verpflichtete gemäß § 2 Abs. 1 Nr. 6 GwG. Nach § 2 Abs. 1 Nr. 6 GwG sind diejenigen Unternehmen nicht verpflichtet, die bereits nach § 2 Abs. 1 Nr. 1–5, 7, 9, 10, 12 oder 13 GwG geldwäscherechtlich, beispielsweise aufgrund ihrer Eigenschaft als Finanzdienstleistungsinstitut, verpflichtet sind.

Begriffsbestimmungen **§ 1**

Als Finanzunternehmen ist gemäß der Definition des § 1 Abs. 24 GwG ein Unternehmen einzustufen, dessen Haupttätigkeit darin besteht, **82**
1. Beteiligungen zu erwerben, zu halten oder zu veräußern,
2. Geldforderungen mit Finanzierungsfunktion entgeltlich zu erwerben,
3. mit Finanzinstrumenten auf eigene Rechnung zu handeln,
4. Finanzanlagenvermittler nach § 34f Abs. 1 S. 1 der Gewerbeordnung und Honorar-Finanzanlagenberater nach § 34h Abs. 1 S. 1 der Gewerbeordnung zu sein, es sei denn, die Vermittlung oder Beratung bezieht sich ausschließlich auf Anlagen, die von Verpflichteten nach diesem Gesetz vertrieben oder emittiert werden,
5. Unternehmen über die Kapitalstruktur, die industrielle Strategie und die damit verbundenen Fragen zu beraten sowie bei Zusammenschlüssen und Übernahmen von Unternehmen diese Unternehmen zu beraten und ihnen Dienstleistungen anzubieten oder
6. Darlehen zwischen Kreditinstituten zu vermitteln (Geldmaklergeschäfte).

§ 1 Abs. 24 S. 1 Nr. 1 GwG regelt den Beteiligungserwerb. Hiervon ausgenommen ist aufgrund der Regelung des § 1 Abs. 24 S. 2 GwG der Bereich der Holdinggesellschaften, die nicht unter Begriff des Finanzunternehmens zu fassen sind. Hierzu zählen solche Holdinggesellschaften, die ausschließlich Beteiligungen an Unternehmen außerhalb des Kreditinstituts-, Finanzinstituts- und Versicherungssektors halten und nicht über die mit der Verwaltung des Beteiligungsbesitzes verbundenen Aufgaben hinaus unternehmerisch tätig sind (vgl. hierzu BT-Drs. 19/13827, 69). Als unschädlich gilt, wenn die Beteiligungen an Unternehmen des Kreditinstituts-, Finanzinstituts- und Versicherungssektor ohne wesentlichen Umfang (dh max. 5 Prozent) sowie operative Tätigkeiten von völlig untergeordneter Bedeutung sind (vgl. hierzu auch die Ausführungen zum Begriff der „reinen Industrieholding" im RdSchr. 19/99 der BaFin v. 23.12.1999, der für die Definition antizipiert werden kann und den weiteren Hinweis in der BT-Drs. 19/13827, 69). Da Holdinggesellschaften regelmäßig kein eigenes operatives Geschäft aufweisen, unterliegen nicht den Vorgaben der 5. Geldwäscherichtlinie. Die Pflicht zur Identifizierung nach § 10 Abs. 1 Nr. 1 GwG im Rahmen der allgemeinen Sorgfaltspflichten wären auf die dort eigenen Tochtergesellschaften beschränkt.

In § 1 Abs. 24 S. 1 Nr. 2 GwG wird der Forderungserwerb näher bestimmt. Dieser umfasst den entgeltlichen Erwerb von Geldforderungen mit Finanzierungsfunktion und damit zusammenhängenden Tätigkeiten; Inkassotätigkeiten werden daher regelmäßig nicht von der Definition umfasst. Die Begriffsdefinition entspricht den Vorgaben der FATF sowie Art. 2 Abs. 1 Nr. 2 der 4. Geldwäscherichtlinie (EU) 2015/849 des Europäischen Parlaments und des Rates. **83**

Unternehmen, die entgeltlich Geldforderungen erwerben, sind Finanzinstitute iSd Art. 2 Abs. 1 Nr. 2 iVm Nr. 2 des Anhangs I der Richtlinie 2013/36/EU des Europäischen Parlaments und des Rates vom 26.6.2013 (Capital Requirement Directive – „CRD IV"). Hiervon umfasst sind insbesondere Tätigkeiten im Bereich der Forfaitierung und des Factorings. Unter Factoring ist gemäß § 1 Abs. 1a S. 2 Nr. 9 KWG der laufende Ankauf von Forderungen auf der Grundlage von Rahmenverträgen mit oder ohne Rückgriff zu verstehen. Vielfach handelt es sich um Finanzdienstleistungsinstitute, die nach § 1 Abs. 1a S. 2 Nr. 9 KWG der Erlaubnispflicht nach dem KWG und nach § 2 Abs. 1 Nr. 2 den Vorgaben des GwG unterliegen. Eine gesonderte Regelung in § 1 Abs. 24 S. 1 Nr. 2 GwG ist erforderlich, um sicherzustellen, dass über den engen Factoring-Begriff des § 1 Abs. 1a S. 2 Nr. 9 KWG hinausgehende Tätigkeiten abgedeckt und so die Vorgaben der 5. Geldwäscherichtlinie und der FATF vollständig umgesetzt werden (so BT-Drs. 19/13827, 69). Ins-

Figura

§ 1   Abschnitt 1. Begriffsbestimmungen und Verpflichtete

besondere sog. Verbriefungstransaktionen und Fälle des Fälligkeitsfactorings sind hiervon betroffen.

84   Die Definition in § 1 Abs. 24 S. 1 Nr. 3 GwG bestimmt, das als Finanzunternehmen ein Unternehmen einzustufen ist, dessen Haupttätigkeit darin besteht, mit Finanzinstrumenten auf eigene Rechnung zu handeln; hierdurch werden die Vorgaben nach Nr. 7a des FATF-Glossary und nach Anhang I Nr. 7a–e der CRD IV-Richtlinie umgesetzt. Was unter den Begriff des „Finanzinstruments" fällt, lässt die Regelung offen. Eine Definition könnte jedoch aus § 1 Abs. 11 KWG abgeleitet werden, wonach unter „Finanzinstrumente" ua Aktien und andere Anteile an in- oder ausländischen juristischen Personen, Personengesellschaften und sonstigen Unternehmen, soweit sie Aktien vergleichbar sind, sowie Hinterlegungsscheine, Vermögensanlagen iSd § 1 Abs. 2 des Vermögensanlagengesetzes, Schuldtitel, insbesondere Genussscheine, Inhaberschuldverschreibungen, Orderschuldverschreibungen und diesen Schuldtiteln vergleichbare Rechte, Hinterlegungsscheine, sonstige Rechte, die zum Erwerb oder zur Veräußerung von Rechten nach den Nr. 1 und 3 berechtigen oder zu einer Barzahlung führen, Anteile an Investmentvermögen, Geldmarktinstrumente, Devisen oder Rechnungseinheiten, Derivate sowie Emissionszertifikate zu fassen sind.

85   Zu den Finanzanlagevermittlern nach § 1 Abs. 24 S. 1 Nr. 4 GwG zählen, Finanzanlagenvermittler nach § 34f GewO sowie Honorar-Finanzanlagenberater nach § 34h GewO. Finanzanlagenvermittler nach § 34f GewO ist, wer im Umfang der Bereichsausnahme des § 2 Abs. 6 S. 1 Nr. 8 KWG gewerbsmäßig zu Anteilen oder Aktien an inländischen offenen Investmentvermögen, offenen EU-Investmentvermögen oder ausländischen offenen Investmentvermögen, die nach dem Kapitalanlagegesetzbuch vertrieben werden dürfen, Anteilen oder Aktien an inländischen geschlossenen Investmentvermögen, geschlossenen EU-Investmentvermögen oder ausländischen geschlossenen Investmentvermögen, die nach dem Kapitalanlagegesetzbuch vertrieben werden dürfen, Vermögensanlagen iSd § 1 Abs. 2 Vermögensanlagengesetzes, Anlagevermittlung iSd § 1 Abs. 1a Nr. 1 KWG oder Anlageberatung iSd § 1 Abs. 1a Nr. 1a KWG erbringt. Als Honorar-Finanzanlagenberater nach § 34h GewO wird im Umfang der Bereichsausnahme des § 2 Abs. 6 S. 1 Nr. 8 KWG gewerbsmäßig zu Finanzanlagen iSd § 34f Abs. 1 Nr. 1, 2 oder 3 eine Anlageberatung iSd § 1 Abs. 1a Nr. 1a KWG erbracht, ohne von einem Produktgeber eine Zuwendung zu erhalten oder von ihm in anderer Weise abhängig zu sein.

Erbringen die Finanzanlagenvermittler und Honorar-Finanzanlagenberater ausschließlich Tätigkeiten in Bezug auf Anlagen, die von geldwäscherechtlich Verpflichteten emittiert oder vertrieben werden, fallen sie nicht unter die Definition, da diese Verpflichteten die Beachtung geldwäscherechtlicher Vorgaben gewährleisten müssen. Durch die Ausnahmeregelung soll eine Doppelverpflichtung von Anbieter und Vermittler eines Produktes vermieden werden (so BT-Drs. 19/13827, 69). Weist eine Handelsplattform nicht die für eine Kapitalverwaltungsgesellschaft erforderliche Struktur auf, orientiert sich die Verpflichteteneigenschaft an § 1 Abs. 24 S. 1 Nr. 4 GwG.

86   Besteht die Haupttätigkeit eines Unternehmens darin, Unternehmen über die Kapitalstruktur, die industrielle Strategie und die damit verbundenen Fragen zu beraten sowie bei Zusammenschlüssen und Übernahmen von Unternehmen diese Unternehmen zu beraten und ihnen Dienstleistungen anzubieten, ist dieses Unternehmen als Finanzunternehmen nach § 1 Abs. 24 S. 1 Nr. 5 GwG einzustufen. Durch die Definition der Begrifflichkeit wird Anhang I Nr. 9 (Liste der Tätigkeiten, für die ge-

… Begriffsbestimmungen … § 1

genseitige Anerkennung gilt) der EU-Richtlinie 2013/36/EU vom 26.6.2013 über den Zugang zur Tätigkeit von Kreditinstituten und die Beaufsichtigung von Kreditinstituten und Wertpapierfirmen, zur Änderung der Richtlinie 2002/87/EG und zur Aufhebung der Richtlinien 2006/48/EG und 2006/49/EG (CRD IV-Richtlinie) umgesetzt.

Als Finanzunternehmen ist gemäß der Definition des § 1 Abs. 24 Nr. 6 GwG ein Unternehmen einzustufen, dessen Haupttätigkeit darin besteht, Darlehen zwischen Kreditinstituten – hierzu zählen auch Geldmaklergeschäfte – zu vermitteln. Durch die Definition der Begrifflichkeit wird Anhang I Nr. 10 (Liste der Tätigkeiten, für die gegenseitige Anerkennung gilt) der EU-Richtlinie 2013/36/EU vom 26.6.2013 über den Zugang zur Tätigkeit von Kreditinstituten und die Beaufsichtigung von Kreditinstituten und Wertpapierfirmen, zur Änderung der Richtlinie 2002/87/EG und zur Aufhebung der Richtlinien 2006/48/EG und 2006/49/EG (CRD IV-Richtlinie) umgesetzt.

XXVI. Mutterunternehmen (Abs. 25)

Im Zuge der Umsetzung der **5. Geldwäscherichtlinie** wird in § 1 Abs. 25 GwG eine Definition für Mutterunternehmen aufgenommen. Ein Mutterunternehmen ist ein Unternehmen, dem mindestens ein anderes Unternehmen nach § 1 Abs. 16 Nr. 2–4 nachgeordnet ist, und dem kein anderes Unternehmen übergeordnet ist. Durch die Definition, was unter einem Mutterunternehmen im Sinne von § 1 Abs. 16 Nr. 1 GwG zu verstehen ist, wird insbesondere klargestellt, dass es innerhalb einer Gruppe nur ein Mutterunternehmen geben kann. Die Definition ist insbesondere für die Neuregelung in § 9 Abs. 4 GwG von Bedeutung. Die in den Abs. 1–3 des § 9 GwG enthaltenen Pflichten gelten für ein verpflichtetes Mutterunternehmen einer Gruppe, während die Abs. 4 und 5 des § 9 sich an gruppenangehörige Verpflichtete richten, die gruppenweite Pflichten umzusetzen haben. Unter bestimmten Voraussetzungen können allerdings die nur für Mutterunternehmen geltenden Pflichten gemäß § 9 Abs. 1–3 GwG auch für bestimmte nachgeordnete gruppenangehörige Unternehmen entsprechende Anwendung finden. § 9 Abs. 4 GwG überträgt daher Verpflichteten, die gruppenangehörige Unternehmen nach § 1 Abs. 16 Nr. 2–4 GwG sind und denen mindestens ein anderes Unternehmen nach § 1 Abs. 16 Nr. 2–4 GwG nachgeordnet ist, das ihrem beherrschenden Einfluss unterliegt, die gleichen Gruppenpflichten wie dem Mutterunternehmen gemäß § 9 Abs. 1 GwG. Dies allerdings nur, wenn das Mutterunternehmen weder nach § 9 Abs. 1 GwG noch nach dem Recht des Staates, in dem sie ansässig sind, gruppenweite Maßnahmen ergreifen muss (vgl. hierzu BT-Drs. 19/13827, 77). Gemäß § 9 Abs. 5 GwG können gegenüber gruppenangehörigen Unternehmen Aufsichtsmaßnahmen ergriffen werden, wenn Pflichten unbeachtet bleiben, die eigentlich dem Mutterunternehmen aufzuerlegen wären. Gleiches gilt nach § 9 Abs. 5 S. 2 GwG für solche gruppenangehörige Verpflichtete, deren Mutterunternehmen nicht Verpflichtete nach dem GwG ist. Hier werden diese verpflichtet, die für sie geltenden gruppenweiten Pflichten (zB Gruppenpflichten eines ausländischen Mutterunternehmens) umzusetzen (so vgl. hierzu BT-Drs. 19/13827, 77).

Figura

§ 2 Verpflichtete, Verordnungsermächtigung

(1) Verpflichtete im Sinne dieses Gesetzes sind, soweit sie in Ausübung ihres Gewerbes oder Berufs handeln,
1. Kreditinstitute nach § 1 Absatz 1 des Kreditwesengesetzes, mit Ausnahme der in § 2 Absatz 1 Nummer 3 bis 8 des Kreditwesengesetzes genannten Unternehmen, und im Inland gelegene Zweigstellen und Zweigniederlassungen von Kreditinstituten mit Sitz im Ausland,
2. Finanzdienstleistungsinstitute nach § 1 Absatz 1a des Kreditwesengesetzes, mit Ausnahme der in § 2 Absatz 6 Satz 1 Nummer 3 bis 10 und 12 und Absatz 10 des Kreditwesengesetzes genannten Unternehmen, und im Inland gelegene Zweigstellen und Zweigniederlassungen von Finanzdienstleistungsinstituten mit Sitz im Ausland,
3. Zahlungsinstitute und E-Geld-Institute nach § 1 Absatz 3 des Zahlungsdiensteaufsichtsgesetzes und im Inland gelegene Zweigstellen und Zweigniederlassungen von vergleichbaren Instituten mit Sitz im Ausland,
4. Agenten nach § 1 Absatz 9 des Zahlungsdiensteaufsichtsgesetzes und E-Geld-Agenten nach § 1 Absatz 10 des Zahlungsdiensteaufsichtsgesetzes sowie diejenigen Zahlungsinstitute und E-Geld-Institute mit Sitz in einem anderen Vertragsstaat des Abkommens über den Europäischen Wirtschaftsraum, die im Inland über Agenten nach § 1 Absatz 9 des Zahlungsdiensteaufsichtsgesetzes oder über E-Geld-Agenten nach § 1 Absatz 10 des Zahlungsdiensteaufsichtsgesetzes niedergelassen sind,
5. selbständige Gewerbetreibende, die E-Geld eines Kreditinstituts nach § 1 Absatz 2 Satz 1 Nummer 2 des Zahlungsdiensteaufsichtsgesetzes vertreiben oder rücktauschen,
6. Finanzunternehmen sowie im Inland gelegene Zweigstellen und Zweigniederlassungen von Finanzunternehmen mit Sitz im Ausland, soweit sie nicht bereits von den Nummern 1 bis 5, 7, 9, 10, 12 oder 13 erfasst sind,
7. Versicherungsunternehmen nach Artikel 13 Nummer 1 der Richtlinie 2009/138/EG des Europäischen Parlaments und des Rates vom 25. November 2009 betreffend die Aufnahme und Ausübung der Versicherungs- und der Rückversicherungstätigkeit (Solvabilität II) (ABl. L 335 vom 17.12.2009, S. 1) und im Inland gelegene Niederlassungen solcher Unternehmen mit Sitz im Ausland, soweit sie jeweils
    a) Lebensversicherungstätigkeiten, die unter diese Richtlinie fallen, anbieten,
    b) Unfallversicherungen mit Prämienrückgewähr anbieten,
    c) Darlehen im Sinne von § 1 Absatz 1 Satz 2 Nummer 2 des Kreditwesengesetzes vergeben oder
    d) Kapitalisierungsprodukte anbieten,
8. Versicherungsvermittler nach § 59 des Versicherungsvertragsgesetzes, soweit sie die unter Nummer 7 fallenden Tätigkeiten, Geschäfte, Produkte oder Dienstleistungen vermitteln, mit Ausnahme der gemäß § 34d Absatz 6 oder 7 Nummer 1 der Gewerbeordnung tätigen Versicherungsvermittler, und im Inland gelegene Niederlassungen entsprechender Versicherungsvermittler mit Sitz im Ausland,

9. Kapitalverwaltungsgesellschaften nach § 17 Absatz 1 des Kapitalanlagegesetzbuchs, im Inland gelegene Zweigniederlassungen von EU-Verwaltungsgesellschaften und ausländischen AIF-Verwaltungsgesellschaften sowie ausländische AIF-Verwaltungsgesellschaften, für die die Bundesrepublik Deutschland Referenzmitgliedstaat ist und die der Aufsicht der Bundesanstalt für Finanzdienstleistungsaufsicht gemäß § 57 Absatz 1 Satz 3 des Kapitalanlagegesetzbuchs unterliegen,
10. Rechtsanwälte, Kammerrechtsbeistände, Patentanwälte sowie Notare, soweit sie
    a) für den Mandanten an der Planung oder Durchführung von folgenden Geschäften mitwirken:
        aa) Kauf und Verkauf von Immobilien oder Gewerbebetrieben,
        bb) Verwaltung von Geld, Wertpapieren oder sonstigen Vermögenswerten,
        cc) Eröffnung oder Verwaltung von Bank-, Spar- oder Wertpapierkonten,
        dd) Beschaffung der zur Gründung, zum Betrieb oder zur Verwaltung von Gesellschaften erforderlichen Mittel,
        ee) Gründung, Betrieb oder Verwaltung von Treuhandgesellschaften, Gesellschaften oder ähnlichen Strukturen,
    b) im Namen und auf Rechnung des Mandanten Finanz- oder Immobilientransaktionen durchführen,
    c) den Mandanten im Hinblick auf dessen Kapitalstruktur, dessen industrielle Strategie oder damit verbundene Fragen beraten,
    d) Beratung oder Dienstleistungen im Zusammenhang mit Zusammenschlüssen oder Übernahmen erbringen oder
    e) geschäftsmäßig Hilfeleistung in Steuersachen erbringen,
11. Rechtsbeistände, die nicht Mitglied einer Rechtsanwaltskammer sind, und registrierte Personen nach § 10 des Rechtsdienstleistungsgesetzes, soweit sie Tätigkeiten nach Nummer 10 Buchstabe a bis d erbringen, ausgenommen die Erbringung von Inkassodienstleistungen im Sinne des § 2 Absatz 2 Satz 1 des Rechtsdienstleistungsgesetzes,
12. Wirtschaftsprüfer, vereidigte Buchprüfer, Steuerberater, Steuerbevollmächtigte und die in § 4 Nummer 11 des Steuerberatungsgesetzes genannten Vereine,
13. Dienstleister für Gesellschaften und für Treuhandvermögen oder Treuhänder, die nicht den unter den Nummern 10 bis 12 genannten Berufen angehören, wenn sie für Dritte eine der folgenden Dienstleistungen erbringen:
    a) Gründung einer juristischen Person oder Personengesellschaft,
    b) Ausübung der Leitungs- oder Geschäftsführungsfunktion einer juristischen Person oder einer Personengesellschaft, Ausübung der Funktion eines Gesellschafters einer Personengesellschaft oder Ausübung einer vergleichbaren Funktion,
    c) Bereitstellung eines Sitzes, einer Geschäfts-, Verwaltungs- oder Postadresse und anderer damit zusammenhängender Dienstleistungen für eine juristische Person, für eine Personengesellschaft oder für eine Rechtsgestaltung nach § 3 Absatz 3,
    d) Ausübung der Funktion eines Treuhänders für eine Rechtsgestaltung nach § 3 Absatz 3,

§ 2   Abschnitt 1. Begriffsbestimmungen und Verpflichtete

e) Ausübung der Funktion eines nominellen Anteilseigners für eine andere Person, bei der es sich nicht um eine auf einem organisierten Markt notierte Gesellschaft nach § 2 Absatz 11 des Wertpapierhandelsgesetzes handelt, die den Gemeinschaftsrecht entsprechenden Transparenzanforderungen im Hinblick auf Stimmrechtsanteile oder gleichwertigen internationalen Standards unterliegt,

f) Schaffung der Möglichkeit für eine andere Person, die in den Buchstaben b, d und e genannten Funktionen auszuüben,

14. Immobilienmakler,
15. Veranstalter und Vermittler von Glücksspielen, soweit es sich nicht handelt um
    a) Betreiber von Geldspielgeräten nach § 33c der Gewerbeordnung,
    b) Vereine, die das Unternehmen eines Totalisatoren nach § 1 des Rennwett- und Lotteriegesetzes betreiben,
    c) Lotterien, die nicht im Internet veranstaltet werden und für die die Veranstalter und Vermittler über eine staatliche Erlaubnis der in Deutschland jeweils zuständigen Behörde verfügen,
    d) Soziallotterien und
16. Güterhändler, Kunstvermittler und Kunstlagerhalter, soweit die Lagerhaltung in Zollfreigebieten erfolgt.

(2) Das Bundesministerium der Finanzen kann durch Rechtsverordnung ohne Zustimmung des Bundesrates Verpflichtete gemäß Absatz 1 Nummer 1 bis 9 und 16, die Finanztätigkeiten, die keinen Finanztransfer im Sinne von § 1 Absatz 1 Satz 2 Nummer 6 des Zahlungsdiensteaufsichtsgesetzes darstellen, nur gelegentlich oder in sehr begrenztem Umfang ausüben und bei denen ein geringes Risiko der Geldwäsche oder der Terrorismusfinanzierung besteht, vom Anwendungsbereich dieses Gesetzes ausnehmen, wenn

1. die Finanztätigkeit auf einzelne Transaktionen beschränkt ist, die in absoluter Hinsicht je Kunde und einzelne Transaktion den Betrag von 1 000 Euro nicht überschreitet,
2. der Umsatz der Finanztätigkeit insgesamt nicht über 5 Prozent des jährlichen Gesamtumsatzes der betroffenen Verpflichteten hinausgeht,
3. die Finanztätigkeit lediglich eine mit der ausgeübten Haupttätigkeit zusammenhängende Nebentätigkeit darstellt und
4. die Finanztätigkeit nur für Kunden der Haupttätigkeit und nicht für die allgemeine Öffentlichkeit erbracht wird.

In diesem Fall hat es die Europäische Kommission zeitnah zu unterrichten.

(3) Für Gerichte, die öffentliche Versteigerungen durchführen, gelten im Rahmen der Zwangsversteigerung von Grundstücken, von im Schiffsregister eingetragenen Schiffen, von Schiffsbauwerken, die im Schiffsbauregister eingetragen sind oder in dieses Register eingetragen werden können, und Luftfahrzeugen im Wege der Zwangsvollstreckung die in den Abschnitten 3, 5 und 6 genannten Identifizierungs- und Meldepflichten sowie die Pflicht zur Zusammenarbeit mit der Zentralstelle für Finanztransaktionsuntersuchungen entsprechend, soweit Transaktionen mit Barzahlungen über mindestens 10 000 Euro getätigt werden. Die Identifizierung des Erstehers soll unmittelbar nach Erteilung des Zuschlags erfolgen, spä-

testens jedoch bei Einzahlung des Bargebots; dabei ist bei natürlichen Personen die Erhebung des Geburtsorts und der Staatsangehörigkeit sowie bei Personengesellschaften und juristischen Personen die Erhebung der Namen sämtlicher Mitglieder des Vertretungsorgans oder sämtlicher gesetzlicher Vertreter nicht erforderlich.

(4) Für Behörden sowie Körperschaften und Anstalten des öffentlichen Rechts, die öffentliche Versteigerungen durchführen, gelten die in den Abschnitten 3, 5 und 6 genannten Identifizierungs- und Meldepflichten sowie die Pflicht zur Zusammenarbeit mit der Zentralstelle für Finanztransaktionsuntersuchungen entsprechend, soweit Transaktionen mit Barzahlungen über mindestens 10 000 Euro getätigt werden. Satz 1 gilt nicht, soweit im Rahmen der Zwangsvollstreckung gepfändete Gegenstände verwertet werden. Die Identifizierung des Erstehers soll bei Zuschlag erfolgen, spätestens jedoch bei Einzahlung des Bargebots. Nach Satz 1 verpflichtete Behörden sowie Körperschaften und Anstalten des öffentlichen Rechts können bei der Erfüllung ihrer Pflichten nach Satz 1 auf Dritte zurückgreifen.

Literatur: BaFin/Deutsche Bundesbank, Gemeinsames Informationsblatt zum Tatbestand der Anlageberatung vom 12.11.2007, Stand: Februar 2019; BaFin, Merkblatt – Hinweise für Registergerichte zu Bank-, Versicherungs- und Finanzdienstleistungsgeschäften vom 17.4.2008, zuletzt geändert am 31.10.2012; BaFin, Merkblatt – Hinweise zum Tatbestand des § 1 Abs. 1 Satz 2 Nr. 7 KWG („Darlehensrückkaufgeschäft") vom 11.1.2009; BaFin, Merkblatt – Hinweise zum Tatbestand des Diskontgeschäfts vom 6.1.2009; BaFin, Merkblatt – Hinweise zum Tatbestand des Einlagengeschäfts vom 11.3.2014; BaFin, Merkblatt – Hinweise zum Tatbestand des Emissionsgeschäfts vom 7.1.2009, zuletzt geändert am 24.7.2013; BaFin, Merkblatt – Hinweise zum Tatbestand des Factoring vom 5.1.2009; BaFin, Merkblatt zum neuen Tatbestand des Platzierungsgeschäfts vom 10.12.2009, zuletzt geändert am 25.7.2013; BaFin, Merkblatt – Hinweise zum Tatbestand des Scheck- und Wechseleinzugsgeschäfts und des Reisescheckgeschäftes vom 6.1.2010; BaFin, Merkblatt – Hinweise zum Tatbestand der Tätigkeit als zentrale Gegenpartei vom 12.8.2013, zuletzt geändert am 19.9.2013; BaFin, Merkblatt – Hinweise zum Anwendungsbereich des Gesetzes über die Beaufsichtigung von Zahlungsdiensten (Zahlungsdiensteaufsichtsgesetz – ZAG) vom 22.12.2011, zuletzt geändert am 29.11.2017; BaFin, Merkblatt über die Erteilung einer Erlaubnis zum Betreiben von Bankgeschäften gemäß § 32 Abs. 1 KWG vom 9.6.2008, zuletzt geändert am 3.9.2012; BaFin, Merkblatt – Hinweise zum Tatbestand des eingeschränkten Verwahrgeschäfts vom 17.7.2013;Schreiben des BAKred vom 6.5.1977, I 5-173–212/76; BAKred, Verlautbarung vom 30.12.1997 über Maßnahmen der Finanzdienstleistungsinstitute zur Bekämpfung und Verhinderung der Geldwäsche (I 5 – E 102); Bergmann, Geldwäsche – Materiellrechtliche und prozessuale Überlegungen, 2019 zitiert: *Bearbeiter* in Bergmann, Geldwäsche); BMF, Erste Nationale Risikoanalyse, Bekämpfung von Geldwäsche und Terrorismusfinanzierung, 2018/2019; *Beukelmann,* Virtuelle Währungen, NJW-Spezial 2019, S. 184; *Boos/Fischer/Schulte-Mattler,* KWG, Kommentar zu KWG und Ausführungsvorschriften, Band 1, 5. Aufl. München, 2016, zitiert: *Bearbeiter* in Boos/Fischer/Schulte-Mattler, KWG; Bundeskriminalamt, Zentralstelle für Verdachtsanzeigen – FIU Deutschland, Jahresberichte 2002ff.; Bundesnotarkammer, Anwendungsempfehlungen zum Geldwäschegesetz 2017, Stand März 2018; Bundessteuerberaterkammer, Anwendungshinweise der Bundessteuerberaterkammer zum Geldwäschegesetz vom 21. April 2009; Casper/Terlau, ZAG, Das Aufsichtsrecht des Zahlungsverkehrs und des E-Geldes, Kommentar, 2. Auflage 2020 zitiert: *Bearbeiter* in Casper/Terlau ZAG; *Einsele,* Bank- und Kapitalmarktrecht, 4. Aufl. 2018; Erns/Kohlhaas, Strafrechtliche Nebengesetze, 228. Ergänzungslieferung, Januar 2020, zitiert: *Bearbeiter* in: Erbs/Kohlhaas, KWG; *Escher,* Bankrechtsfragen des elektronischen Geldes im Internet, WM 1997, 1173ff.; FATF, Report on Money Laundering Typologies

Figura

§ 2 Abschnitt 1. Begriffsbestimmungen und Verpflichtete

2003–2004, Paris, 26. Februar 2004; *Fett/Bentele,* Der E-Geld-Intermediär im Visier der Aufsicht – Das Gesetz zur Umsetzung der Zweiten E-Geld-Richtlinie und seine Auswirkungen auf E-Geld-Agenten, BKR 2011, 403 ff.; *Findeisen,* „Underground Banking" in Deutschland – Schnittstelle zwischen illegalen „Remittance Services" iSv § 1 Abs. 1a Nr. 6 KWG und dem legalen Bankgeschäft, WM 2000, 2125 ff.; *Findeisen,* Geldwäschebekämpfung im Zeitalter des Electronic Banking, Kriminalistik 1998, 107 ff.; *Fromberger/Haffke/Zimmermann,* Kryptowerte und Geldwäsche, Eine Analyse der 5. Geldwäscherichtlinie sowie des Gesetzesentwurfs der Bundesregierung, BKR 2019, S. 377 ff.; *Fülbier/Aepfelbach/Langweg,* Geldwäschegesetz, 5. Aufl. 2006, zitiert: *Bearbeiter* in Fülbier/Aepfelbach/Langweg GwG; *Griebel,* Der Makler als „Hilfssheriff" im Kampf gegen Geldwäsche und Gewinnabschöpfung – Das neue „Geldwäschepräventions-Optimierungsgesetz", NZM 2012, 481 ff.; *Große-Wilde,* Geldwäschegesetz – Neue Verpflichtungen für Rechtsanwälte und andere Freiberufler, MDR 2002, 1288 ff.; *Große-Wilde,* Verpflichtungen der Rechtsanwälte und Steuerberater nach dem Geldwäschegesetz, KammerForum der Rechtsanwaltskammer Köln 2002, S. 333 ff.; *Herzog/Mülhausen,* Geldwäschebekämpfung und Gewinnabschöpfung, Handbuch der straf- und wirtschaftsrechtlichen Regelungen, 2006, zitiert: *Bearbeiter* in Herzog/Mülhausen; *Herzog/Hoch,* Bitcoins und Geldwäsche: Bestandsaufnahme strafrechtlicher Fallgestaltungen und regulatorische Ansätze, StV 2019, S. 412 ff.; *Höche/Rößler,* Das Gesetz zur Optimierung der Geldwäscheprävention und die Kreditwirtschaft, WM 2012, 1505 ff.; *Horn* WM 2002, Sonderbeilage 2; *Hoyer/Klos,* Regelungen zur Bekämpfung der Geldwäsche und ihre Anwendung in der Praxis, 2. Aufl. 1998; International Criminal Law Research Unit of FAU (ICLU), Handlungsempfehlungen: Prävention von Straftaten mit Bitcoins und Alt-Coins, 2017; *Klöhn/Parhofer,* Bitcoins sind keine Rechnungseinheiten – ein Paukenschlag und seine Folgen, ZIP 2018, S. 2093 ff.; *Kümpel,* Rechtliche Aspekte des elektronischen Netzgeldes (Cybergeld), WM 1998, 365 ff.; *Lehnert/Hackmann,* Die unerkannte Gefahr der Geldwäsche bei Zwangsversteigerungen, Kriminalistik 2019, S. 302; *Martinek/Stoffels/Wimmer-Leonhardt,* Leasinghandbuch, 2. Aufl. 2008; *Oelkers,* Der Begriff des „Eigenhandels für andere" im KWG, WM 2001, 340 ff.; *Palandt,* Bürgerliches Gesetzbuch, 79. Aufl. 2020, zitiert: *Bearbeiter* in Palandt; *Pfeiffer,* Die Geldkarte – ein Problemaufriß, NJW 1997, 1036 ff.; *Schwennicke/Auerbach,* Kreditwesengesetz Kommentar, 3. Aufl. 2016, zitiert: *Bearbeiter* in Schwennicke/Auerbach, KWG; *Suendorf,* Geldwäsche. Eine kriminologische Untersuchung, 2001; *Warius,* Das Hawala Finanzsystem in Deutschland – ein Fall für die Bekämpfung von Geldwäsche und Terrorismusfinanzierung?, 2009; Wirtschaftsprüferkammer, Auslegungs- und Anwendungshinweise der Wirtschaftsprüferkammer zum Geldwäschegesetz, Juni 2019.

Übersicht

	Rn.
I. Allgemeines	1
II. Kreditinstitute (Abs. 1 Nr. 1)	3
1. Begriff der Kreditinstitute im Sinne des GwG	3
2. Kreditinstitute im Sinne von § 1 Abs. 1 KWG	10
a) Einlagengeschäft (§ 1 Abs. 1 S. 2 Nr. 1 KWG)	14
b) Pfandbriefgeschäft (§ 1 Abs. 1 S. 2 Nr. 1a KWG)	15
c) Kreditgeschäft (§ 1 Abs. 1 S. 2 Nr. 2 KWG)	16
d) Diskontgeschäft (§ 1 Abs. 1 S. 2 Nr. 3 KWG)	17
e) Finanzkommissionsgeschäft (§ 1 Abs. 1 S. 2 Nr. 4 KWG)	18
f) Depotgeschäft (§ 1 Abs. 1 S. 2 Nr. 5 KWG)	19
g) Tätigkeit als Zentralverwahrer (§ 1 Abs. 1 S. 2 Nr. 6 KWG)	20
h) Revolvinggeschäft (§ 1 Abs. 1 S. 2 Nr. 7 KWG)	21
i) Garantiegeschäft (§ 1 Abs. 1 S. 2 Nr. 8 KWG)	22
j) Scheck- und Wechseleinzugsgeschäft, Reisescheckgeschäft (§ 1 Abs. 1 S. 2 Nr. 9 KWG)	23
k) Emissionsgeschäft (§ 1 Abs. 1 S. 2 Nr. 10 KWG)	24

Verpflichtete, Verordnungsermächtigung § 2

		Rn.
	l) Tätigkeit als zentrale Gegenpartei im Sinne von § 1 Abs. 31 KWG (§ 1 Abs. 1 S. 2 Nr. 12 KWG)	25
III.	Finanzdienstleistungsinstitute (Abs. 1 Nr. 2)	26
	1. Begriff der Finanzdienstleistungsinstitute im Sinne des GwG	26
	2. Finanzdienstleistungsinstitute im Sinne von § 1 Abs. 1a KWG	28
	a) Anlagevermittlung (§ 1 Abs. 1a S. 2 Nr. 1 KWG)	33
	b) Anlageberatung (§ 1 Abs. 1a S. 2 Nr. 1a KWG)	34
	c) Betrieb eines multilateralen Handelssystems (§ 1 Abs. 1a S. 2 Nr. 1b KWG) und Betrieb eines organisierten Handelssystems (§ 1 Abs. 1a S. 2 Nr. 1d KWG)	37
	d) Platzierungsgeschäft (§ 1 Abs. 1a S. 2 Nr. 1c KWG)	39
	e) Abschlussvermittlung (§ 1 Abs. 1a S. 2 Nr. 2 KWG)	40
	f) Finanzportfolioverwaltung (§ 1 Abs. 1a S. 2 Nr. 3 KWG)	41
	g) Eigenhandel (§ 1 Abs. 1a S. 2 Nr. 4 KWG)	42
	h) Drittstaateneinlagenvermittlung (§ 1 Abs. 1a S. 2 Nr. 5 KWG)	43
	i) Finanztransfergeschäft (§ 1 Abs. 1a S. 2 Nr. 6 KWG aF) und Kryptoverwahrgeschäft (§ 1 Abs. 1a S. 2 Nr. 6 KWG nF)	44
	j) Sortengeschäft (§ 1 Abs. 1a S. 2 Nr. 7 KWG)	48
	k) Ausgabe und Verwaltung von Kreditkarten und Reiseschecks (§ 1 Abs. 1a S. 2 Nr. 8 KWG aF)	49
	l) Factoring (§ 1 Abs. 1a S. 2 Nr. 9 KWG)	50
	m) Finanzierungsleasing (§ 1 Abs. 1a S. 2 Nr. 10 KWG)	57
	n) Anlageverwaltung (§ 1 Abs. 1a S. 2 Nr. 11 KWG)	64
	o) Eingeschränktes Verwahrgeschäft (§ 1 Abs. 1a S. 2 Nr. 12 KWG)	68
IV.	Zahlungsinstitute und E-Geld-Institute nach § 1 Abs. 3 des Zahlungsdiensteaufsichtsgesetzes (Abs. 1 Nr. 3)	69
	1. Institutsbegriff iSd § 1 Abs. 3 ZAG	69
	2. Zahlungsinstitute iSv § 1 Abs. 1 S. 1 Nr. 1 ZAG	72
	a) Ein- und Auszahlungsgeschäft (§ 1 Abs. 1 S. 2 Nr. 1 und 2 ZAG)	74
	b) Zahlungsgeschäft ohne Kreditgewährung (§ 1 Abs. 1 S. 2 Nr. 3 ZAG)	76
	c) Zahlungsgeschäft mit Kreditgewährung (§ 1 Abs. 1 S. 2 Nr. 4 ZAG)	82
	d) Akquisitionsgeschäft (§ 1 Abs. 1 S. 2 Nr. 5 ZAG)	83
	e) Finanztransfergeschäft (§ 1 Abs. 1 S. 2 Nr. 6 ZAG)	87
	f) Zahlungsauslöse- und Kontoinformationsdienste (§ 1 Abs. 1 S. 2 Nr. 7 und 8 ZAG)	92
	3. E-Geld-Institute iSv § 1 Abs. 1 S. 1 Nr. 2 iVm Abs. 2 S. 1 Nr. 1 ZAG	94
V.	Agenten und E-Geld-Agenten iSd § 1 Abs. 9 und § 1 Abs. 10 ZAG (Abs. 1 Nr. 4)	96
VI.	Selbstständige Gewerbetreibende (Abs. 1 Nr. 5)	102
VII.	Finanzunternehmen (Abs. 1 Nr. 6)	110
	1. Begriff	110
	2. Geschäftsaktivitäten	111
VIII.	Versicherungsunternehmen (Abs. 1 Nr. 7)	119
	1. Fallgestaltungen	120
	2. Produkte	122
	3. Anwendungsbereich	126
	4. §§ 52ff. VAG	130

Figura

§ 2 Abschnitt 1. Begriffsbestimmungen und Verpflichtete

	Rn.
IX. Versicherungsvermittler (Abs. 1 Nr. 8)	133
X. (Kapital-)verwaltungsgesellschaften (Abs. 1 Nr. 9)	140
XI. Rechtsanwälte, Kammerrechtsbeistände, Patentanwälte sowie Notare (Abs. 1 Nr. 10)	144
XII. Nicht verkammerte Rechtsbeistände und registrierte Personen iSv § 10 RDG (Abs. 1 Nr. 11)	156
XIII. Wirtschaftsprüfer, vereidigte Buchprüfer, Steuerberater, Steuerbevollmächtigte und Dienstleister in Steuerangelegenheiten (Abs. 1 Nr. 12)	162
XIV. Dienstleister für Gesellschaften und Treuhandvermögen und Treuhänder (Abs. 1 Nr. 13)	168
XV. Immobilienmakler (Abs. 1 Nr. 14)	171
XVI. Veranstalter und Vermittler von Glücksspiel (Abs. 1 Nr. 15)	175
XVII. Güterhändler, Kunstvermittler und Kunstlagerhalter (Abs. 1 Nr. 16)	182
XVIII. Verordnungsermächtigung (Abs. 2)	186
XIX. Versteigerungen der öffentlichen Hand (Abs. 3 und 4)	188

I. Allgemeines

1 § 2 Abs. 1 GwG bestimmt den Kreis der Normadressaten des Geldwäschegesetzes. Das GwG stellt dabei maßgeblich auf den Begriff des „Verpflichteten" ab, da alle wesentlichen Pflichten des GwG nicht nur für Institute (vgl. die Definition in § 1 Abs. 4 GwG aF) gelten, sondern ua auch für Rechtsanwälte, Patentanwälte, Notare, Wirtschaftsprüfer, Steuerberater, Dienstleister für Gesellschaften und Treuhandvermögen, Immobilienmakler, Veranstalter und Vermittler von Glücksspielen sowie Güterhändler. Mit der Festlegung der Verpflichteten in § 2 GwG, der dem in Abschnitt 2 des Gesetzes geregelten Risikomanagement und den in Abschnitt 3 des Gesetzes normierten Sorgfaltspflichten vorangestellt ist, wird der Anwendungsbereich des Geldwäschegesetzes bestimmt. Die in § 2 Abs. 1 GwG aufgeführten Personen unterliegen dem Geldwäschegesetz nur insoweit, als sie in Ausübung ihres Gewerbes oder ihres Berufs handeln.

2 Die 4. Geldwäscherichtlinie (EU) 2015/849 des Europäischen Parlaments und des Rates erweiterte den Kreis der Verpflichteten und bestimmt, dass nicht nur Spielbanken, Veranstalter und Vermittler von Glücksspiel im Internet, sondern alle Veranstalter und Vermittler von Glücksspielen grundsätzlich als Verpflichtete anzusehen sind. Güterhändler werden aufgrund der mit hohen Barzahlungen verbundenen Risiken bezüglich Geldwäsche und Terrorismusfinanzierung ebenfalls vom Geldwäschegesetz erfasst, wenn sie Barzahlungen in Höhe von 10.000 EUR oder mehr tätigen oder diese entgegennehmen (so Gesetzesbegr. BT-Drs. 18/11555, 88). Der in Nr. 1 enthaltene Begriff der Kreditinstitute entspricht weiterhin im Wesentlichen dem Inhalt von § 1 Abs. 1 S. 1 GwG aF, sowie Art. 2 Abs. 1 Nr. 1 in Verbindung mit Art. 3 Nr. 1 der 3. EU-Anti-Geldwäscherichtlinie. Finanzdienstleistungsinstitute sind wie in der bisherigen Fassung in § 2 Abs. 1 Nr. 2 GwG enthalten. Neu in den Anwendungsbereich des Geldwäschegesetzes wurden im Hinblick auf die mit ihrer Geschäftstätigkeit verbundenen Risiken in Bezug auf Geldwäsche und Terrorismusfinanzierung Unternehmen und Personen, die als selbstständige Gewerbetreibende im Namen eines Zahlungsdienstleisters nach § 1 Abs. 1 Nr. 1 ZAG aF Zahlungsdienste nach § 1 Abs. 2 ZAG aF ausführen (Nr. 5), einbezogen. Die Aufnahme der Versicherungsvermittler in Nr. 8 erfolgte bereits aus der Vorgabe von

Verpflichtete, Verordnungsermächtigung **§ 2**

Art. 2 Abs. 1 Nr. 2 iVm Art. 3 Nr. 2 e) der 3. EU-Anti-Geldwäscherichtlinie. Darüber hinaus wurde der bestehende Verpflichtetenkreis in Nr. 7 dahingehend erweitert, dass künftig für Versicherungsunternehmen auch die Vergabe von Darlehen im Sinne von § 1 Abs. 1 S. 2 Nr. 2 KWG Pflichten nach dem Geldwäschegesetz auslöst. Konsequenterweise fallen auch Versicherungsvermittler nach Nr. 8, die die vorgenannten Verträge vermitteln, unter den Anwendungsbereich des Gesetzes. Auf dieses Weise wurde der Vorgabe von Art. 4 Abs. 1 der 4. Geldwäscherichtlinie (EU) 2015/849 des Europäischen Parlaments und des Rates Folge geleistet und der Grundsatz „gleiches Geschäft = gleiches Risiko = gleiche Unterstellung unter die Pflichten" entsprochen (vgl. hierzu Gesetzesbegr. BT-Drs. 18/11555, 106).

Die Bundesrepublik Deutschland-Finanzagentur GmbH wurde 2011 mit § 2 Abs. 1 Nr. 4a GwG aF als Verpflichtete aufgenommen. Die am 19.9.2000 gegründete und an den Finanzmärkten ausschließlich im Namen und für Rechnung des Bundes auftretende Bundesrepublik Deutschland – Finanzagentur GmbH war zentraler Dienstleister für die Kreditaufnahme und das Schuldenmanagement des Bundes und erfüllt Aufgaben bei dessen Haushalts- und Kassenfinanzierung. Die Aufgaben der Finanzagentur umfassten im Einzelnen Dienstleistungen bei der Emission von Bundeswertpapieren, die Kreditaufnahme mittels Schuldscheindarlehen, den Einsatz derivativer Finanzinstrumente, Geldmarktgeschäfte zum Ausgleich des Kontos der Bundesrepublik Deutschland bei der Deutschen Bundesbank, sowie – nach Mandatierung der Deutschen Finanzagentur vom Rat der europäischen Finanz- und Wirtschaftsminister als Dienstleister für den Marktauftritt des europäischen Rettungsfonds European Financial Stability Facility (EFSF) im Juni 2010 – befristet bis zum 30.6.2013 die Emission und Übernahme von Finanzierungsinstrumenten im Namen und für Rechnung des EFSF sowie deren Liquiditäts- und Risikomanagement. Mit Auflösung der Bundeswertpapierverwaltung zum 31.7.2006 übernahm sie zusätzlich das Privatkundengeschäft für Bundeswertpapiere und das Führen des Bundesschuldbuchs. Da es in diesem Bereich allerdings keine Neuanlagen mehr bei Privatkundenprodukten des Bundes gibt, sondern diese Ende 2012 eingestellt wurden, entfällt die Eigenschaft als Verpflichtete. Die Finanzagentur wird aber auch zukünftig durch das Bundesministerium der Finanzen im Rahmen seiner Rechts- und Fachaufsicht überwacht werden. Der Bund ist in seiner Funktion als alleiniger Gesellschafter verpflichtet, vergleichbare Sicherungsmaßnahmen zur Anwendung zu bringen.

§ 2 Abs. 1 Nr. 9 GwG (Kapitalverwaltungsgesellschaften nach § 17 Abs. 1 des Kapitalanlagegesetzbuchs) entspricht im Wesentlichen dem früheren § 1 Abs. 6 GwG aF. In Nr. 10 sind ferner Rechtsanwälte, Kammerrechtsbeistände, Patentanwälte und Notare aufgeführt. Personen, die aufgrund einer Registrierung gem. § 10 RDG befugt sind, selbstständige Rechtsleistungen zu erbringen, wurden bereits durch das GwBekErgG neu als Verpflichtete in das GwG aufgenommen, da die Richtlinienvorgabe des Art. 2 Nr. 3 b der 3. EU-Anti-Geldwäscherichtlinie insoweit keine Beschränkung auf Personen, die Mitglieder einer Berufskammer sind, enthielt (BT-Drs. 16/9038, 32). Mit der Aufnahme der Wirtschaftsprüfer, vereidigten Buchprüfer, Steuerberater und Steuerbevollmächtigten in Nr. 12 (Nr. 8 aF) wurde Art. 2 Nr. 3 lit. a der 3. EU-Anti-Geldwäscherichtlinie umgesetzt. Der Adressatenkreis des GwG wurde durch die Neufassung im Zuge der 4. Geldwäscherichtlinie (EU) 2015/849 des Europäischen Parlaments und des Rates vervollständigt durch die Dienstleister für Gesellschaften und Treuhandvermögen und Treuhänder (Nr. 13), Immobilienmakler (Nr. 14), und Güterhändler (Nr. 16). § 2 Abs. 1 Nr. 15 GwG wurde neu ausgestaltet, sodass nach der 4. Geldwäscherichtlinie

Figura

§ 2 Abschnitt 1. Begriffsbestimmungen und Verpflichtete

(EU) 2015/849 des Europäischen Parlaments und des Rates nunmehr sämtliche Veranstalter und Vermittler von Glücksspielen als Verpflichtete vom Geldwäschegesetz anzusehen sind. Die in der aF vorgenommene Aufteilung der Glücksspiele nach § 2 Abs. 1 Nr. 11 und 12 GwG ist damit nicht mehr fortzuführen.

Die **5. Geldwäscherichtlinie** erweitert den Kreis der Verpflichteten um „Dienstleister, die in erster Linie und auf beruflicher Basis virtuelle Währungen in echte Währungen und umgekehrt tauschen" und „Anbieter von elektronischen Geldbörsen, die Verwahrungsdienstleistungen für Referenzen anbieten, die für den Zugang zu virtuellen Währungen benötigt werden" (vgl. hierzu Art. 2 Abs. 1 UAbs. 3 Buchstabe g und h der 5. Geldwäscherichtlinie). Da der Umtausch virtueller Währungen derzeit auf EU-Ebene bzw. auf Ebene der einzelnen Mitgliedstaaten nicht überwacht wird, bedarf es – zwecks Minimierung der damit im Zusammenhang stehenden Geldwäscherisiken – der Aufnahme der Anbieter solcher Dienste in den Kreis der Verpflichteten. Als (Neu-)Verpflichtete hat dieser Personenkreis zukünftig Präventivmaßnahmen durchzuführen und verdächtige Transaktionen zu melden. Die Maßnahmen der 5. Geldwäscherichtlinie basieren hauptsächlich auf den Erfahrungswerten der Mitgliedsstaaten, die durch die Umsetzung der 4. Geldwäscherichtlinie (EU) 2015/849 des Europäischen Parlaments und des Rates gewonnen wurden. Eine Umsetzung der 5. Geldwäscherichtlinie in nationales Recht steht derzeit noch aus.

Auch im Bereich des „Nichtfinanzsektors" kommt es zu einer Erweiterung des Kreises der geldwäscherechtlich verpflichteten Unternehmen (dies betrifft Mietmakler und Kunstsektorverpflichtete), die zugleich zu Änderungen bzw. gesetzlichen Anpassungen in § 1 Abs. 11 und 23 GwG führen. Bis zum 13.1.2018 mussten die Mitgliedstaaten und damit auch die Bundesrepublik Deutschland die sog. **Zweite Zahlungsdiensterichtlinie** (RL (EU) 2015/2366 des Europäischen Parlaments und des Rates v. 25.11.2015 über Zahlungsdienste im Binnenmarkt, zur Änderung der RL 2002/65/EG, 2009/110/EG und 2013/36/EU und der VO (EU) Nr. 1093/2010 sowie zur Aufhebung der RL 2007/64/EG (ABl. 2015 L 337, 35; 2016 L 169, 18)) in nationales Recht umsetzen. Die Transformation erfolgte durch eine Neufassung des Zahlungsdiensteaufsichtsgesetzes (Gesetz v. 17.7.2017, BGBl. I S. 2446 (Nr. 48); gültig ab 13.1.2018). Eine Änderung bzw. Anpassung des fast zeitgleich neugefassten Geldwäschegesetzes vom 23.6.2017 erfolgte nicht (vgl. hierzu gesetzliche Anpassungen durch Neufassung des Zahlungsdiensteaufsichtsgesetz v. 17.7.2017 BGBl. I S. 2446 (Nr. 48)), sodass § 2 Abs. 1 Nr. 3, 4 und 5 GwG bislang weiterhin auf das Zahlungsdiensteaufsichtsgesetz vom 25.6.2009 (BGBl. I S. 1506) verwies. Die erforderlichen Änderungen und Verweise werde im Zuge der Umsetzung der 5. Geldwäscherichtlinie nunmehr vorgenommen.

II. Kreditinstitute (Abs. 1 Nr. 1)

1. Begriff der Kreditinstitute im Sinne des GwG

3   Kreditinstitute iSv § 2 Abs. 1 Nr. 1 GwG sind Kreditinstitute gemäß § 1 Abs. 1 KWG nebst im Inland gelegener Zweigstellen und Zweigniederlassungen von Kreditinstituten mit Sitz im Ausland. Nicht als Kreditinstitute nach dem GwG gelten die in § 2 Abs. 1 Nr. 3–8 KWG genannten Unternehmen. Der Kreditinstitutsbegriff in Abs. 1 ist seit der Änderung der Definition des Begriffs Kreditinstitut im GwG durch Art. 9 Nr. 1 des Begleitgesetzes zur 6. KWG-Novelle vom 22.10.1997

Verpflichtete, Verordnungsermächtigung § 2

(BGBl. I S. 2518) zum 1.1.1998 mit der im KWG enthaltenen Begriffsbestimmung weitgehend deckungsgleich. Unterschiede ergeben sich lediglich im Hinblick auf bestimmte Institute, die kraft Fiktion des § 2 Abs. 1 KWG nicht als Kreditinstitute im Sinne des KWG, wohl aber nach dem GwG gelten. Die Reichweite der Definition des Begriffs „Kreditinstitut" ist grundsätzlich beschränkt auf das GwG.

Abweichend vom KWG gelten als Kreditinstitute nach der Reichweite der in 4 § 2 Abs. 1 Nr. 1 GwG enthaltenen Definition ebenfalls
— die Deutsche Bundesbank (§ 2 Abs. 1 Nr. 1 KWG),
— andere Behörden in den anderen Staaten des Europäischen Wirtschaftsraums, soweit sie Zentralbankaufgaben wahrnehmen (§ 2 Abs. 1 Nr. 1 a KWG)
— von zwei oder mehr Mitgliedstaaten der Europäischen Union gegründete internationale Finanzinstitute, die dem Zweck dienen, Finanzmittel zu mobilisieren und seinen Mitgliedern Finanzhilfen zu gewähren, sofern diese von schwerwiegenden Finanzierungsproblemen betroffen oder bedroht sind (§ 2 Abs. 1 Nr. 1 b KWG)
— die Kreditanstalt für Wiederaufbau (§ 2 Abs. 1 Nr. 2 KWG),
— Unternehmen, die außer dem Finanzkommissionsgeschäft und dem Emissionsgeschäft, jeweils ausschließlich mit Warentermingeschäften, Emissionszertifikaten und Derivaten auf Emissionszertifikate, kein Bankgeschäft betreiben und keinen Eigenhandel isD § 1 Abs. 1a S. 2 Nr. 4 lit. d KWG erbringen und die weiteren Voraussetzungen des § 2 Abs. 1 Nr. 9 lit. a–d KWG erfüllen (§ 2 Abs. 1 Nr. 9 KWG),
— Unternehmen, die das Finanzkommissionsgeschäft ausschließlich als Dienstleistung für Anbieter oder Emittenten von Vermögensanlagen isD § 1 Abs. 2 des VermAnlG betreiben (§ 2 Abs. 1 Nr. 10 KWG),
— Unternehmen, die das Emissionsgeschäft ausschließlich als Übernahme gleichwertiger Garantien isD § 1 Abs. 1 S. 2 Nr. 10 KWG für Anbieter oder Emittenten von Vermögensanlagen isD § 1 Abs. 2 VermAnlG betreiben (§ 2 Abs. 1 Nr. 11 KWG)
— Unternehmen, die das Depotgeschäft isD § 1 Abs. 1 S. 2 Nr. 5 KWG ausschließlich für AIF betreiben und damit das eingeschränkte Verwahrgeschäft isD § 1 Abs. 1a S. 2 Nr. 12 erbringen (§ 2 Abs. 1 Nr. 12 KWG)
— Unternehmen soweit sie das Finanzkommissionsgeschäft und das Emissionsgeschäft isD § 1 Abs. 1 S. 2 Nr. 4 und 10 KWG in Bezug auf Warenderivate betreiben, die mit ihrer jeweiligen Haupttätigkeit in Zusammenhang stehen (§ 2 Abs. 1 Nr. 13 KWG)
— Zentralverwahrer, die gemäß Art. 16 der Verordnung (EU) Nr. 909/2014 zugelassen sind, soweit sie das Finanzkommissionsgeschäft und das Emissionsgeschäft isD § 1 Abs. 1 S. 2 Nr. 4 und 10 KWG betreiben (§ 2 Abs. 1 Nr. 14 KWG).

Obwohl weder die Deutsche Bundesbank als bundesunmittelbare juristische 5 Person des öffentlichen Rechts noch die Kreditanstalt für Wiederaufbau nach der Definition des § 2 Abs. 1 Nr. 1 und 2 KWG als Kreditinstitute gelten (Ausnahme: § 24c Abs. 8 KWG), sollen beide Institute auf Grund der von ihnen ausgeübten Tätigkeiten und Geschäfte Adressaten des Geldwäschegesetzes sein (RegE GwBekErgG, BT-Drs. 16/9038, 31). Bereits nach bisherigem Recht unterfielen die Deutsche Bundesbank und die Kreditanstalt für Wiederaufbau dem Institutsbegriff von § 1 Abs. 4 GwG aF und galten abweichend vom KWG als Kreditinstitut im Sinne des GwG. Führt die Deutsche Bundesbank Konten und Depots für Dritte ist sie jedoch auch nach § 24c Abs. 8 KWG als Kreditinstitut anzusehen. Nach § 50

Figura 133

§ 2 Abschnitt 1. Begriffsbestimmungen und Verpflichtete

Nr. 1a GwG ist die Deutsche Bundesbank bei der Einhaltung der Verpflichtungen aus dem GwG nicht der Aufsicht durch die Bundesanstalt für Finanzdienstleistungsaufsicht unterworfen; anders ist dies bei der Kreditanstalt für Wiederaufbau; hier ist die Bundesanstalt für Finanzdienstleistungsaufsicht für die Aufsicht zuständig, § 50 Nr. 1 lit. i GwG.

6 § 2 Abs. 1 Nr. 1 GwG erweitert den Anwendungsbereich des GwG auf im Inland gelegene Zweigstellen und Zweigniederlassungen von Kreditinstituten mit Sitz im Ausland (vgl. auch Art. 3 Nr. 1 der 3. EU-Anti-Geldwäscherichtlinie). Entsprechend den Vorgaben der 3. EU-Anti-Geldwäscherichtlinie wird keine Unterscheidung zwischen Instituten mit Sitz in einem EU-Mitgliedstaat und Instituten mit Sitz in einem Drittland getroffen.

7 Dagegen gelten die in § 2 Abs. 1 Nr. 3–8 KWG aufgezählten Institute weder nach dem KWG noch nach dem GwG als Kreditinstitute:
- die Sozialversicherungsträger und die Bundesagentur für Arbeit (§ 2 Abs. 1 Nr. 3 KWG),
- die öffentliche Schuldenverwaltung des Bundes oder eines Landes, eines ihrer Sondervermögen oder eines anderen Staates des Europäischen Wirtschaftsraums und deren Zentralbanken, sofern diese nicht fremde Gelder als Einlagen oder andere rückzahlbare Gelder des Publikums annimmt (§ 2 Abs. 1 Nr. 3a KWG),
- Kapitalverwaltungsgesellschaften und extern verwaltete Investmentgesellschaften, sofern sie als Bankgeschäfte nur die kollektive Vermögensverwaltung, gegebenenfalls einschließlich der Gewährung von Gelddarlehen, oder daneben ausschließlich die in § 20 Absatz 2 und 3 des Kapitalanlagegesetzbuchs aufgeführten Dienstleistungen oder Nebendienstleistungen betreiben (§ 2 Abs. 1 Nr. 3b KWG),
- EU-Verwaltungsgesellschaften und, unter der Voraussetzung, dass der Vertrieb der betreffenden Investmentvermögen im Inland nach dem Kapitalanlagegesetzbuch auf der Basis einer Vertriebsanzeige zulässig ist, ausländische AIF-Verwaltungsgesellschaften, sofern die EU-Verwaltungsgesellschaft oder die ausländische AIF-Verwaltungsgesellschaft als Bankgeschäfte nur die kollektive Vermögensverwaltung, gegebenenfalls einschließlich der Gewährung von Gelddarlehen, oder daneben ausschließlich die in Art. 6 Abs. 3 der Richtlinie 2009/65/EG oder die in Art. 6 Abs. 4 der Richtlinie 2011/61/EU aufgeführten Dienstleistungen oder Nebendienstleistungen betreibt; ein Vertrieb von ausländischen AIF oder EU-AIF an professionelle Anleger nach § 330 des Kapitalanlagegesetzbuchs gilt nicht als zulässiger Vertrieb im Sinne dieser Vorschrift (§ 2 Abs. 1 Nr. 3c KWG),
- EU-Investmentvermögen und, unter der Voraussetzung, dass der Vertrieb der betreffenden Investmentvermögen im Inland nach dem Kapitalanlagegesetzbuch auf der Basis einer Vertriebsanzeige zulässig ist, ausländische AIF, sofern das EU-Investmentvermögen oder der ausländische AIF als Bankgeschäfte nur die kollektive Vermögensverwaltung, gegebenenfalls einschließlich der Gewährung von Gelddarlehen, oder daneben ausschließlich die in Art. 6 Abs. 3 der Richtlinie 2009/65/EG oder die in Art. 6 Abs. 4 der Richtlinie 2011/61/EU aufgeführten Dienstleistungen oder Nebendienstleistungen betreibt; ein Vertrieb von ausländischen AIF oder EU-AIF an professionelle Anleger nach § 330 des Kapitalanlagegesetzbuchs gilt nicht als zulässiger Vertrieb im Sinne dieser Vorschrift (§ 2 Abs. 1 Nr. 3d KWG),
- private und öffentlich-rechtliche Versicherungsunternehmen (§ 2 Abs. 1 Nr. 4 KWG),
- Unternehmen des Pfandleihgewerbes, soweit sie dieses durch Gewährung von Darlehen gegen Faustpfand betreiben (§ 2 Abs. 1 Nr. 5 KWG),

Verpflichtete, Verordnungsermächtigung § 2

- Unternehmen, die auf Grund des Gesetzes über Unternehmensbeteiligungsgesellschaften als Unternehmensbeteiligungsgesellschaften anerkannt sind (§ 2 Abs. 1 Nr. 6 KWG),
- Unternehmen, die Bankgeschäfte ausschließlich mit ihrem Mutterunternehmen oder ihren Tochter- oder Schwesterunternehmen betreiben (§ 2 Abs. 1 Nr. 7 KWG),

Gemäß § 2 Abs. 2 GwG ist das Bundesministerium der Finanzen berechtigt, bestimmte Personen unter bestimmten Bedingungen vom Anwendungsbereich des Geldwäschegesetzes auszunehmen. Die Verordnungsermächtigung ist beschränkt auf Verpflichtete im Sinne von Abs. 1 Nr. 1–9 und 16, die eine Finanztätigkeit nur gelegentlich oder in sehr begrenztem Umfang ausüben und bei denen ein geringes Risiko der Geldwäsche oder der Terrorismusfinanzierung besteht. Im Unterschied zu § 2 Abs. 2 GwG aF wird dem Bundesministerium der Finanzen damit die erweiterte Befugnis eingeräumt, Ausnahme im Wege einer Rechtsverordnung nicht nur für die Verpflichteten des Finanzsektors zu erwirken. Gleichzeitig wurde die bisher bestehende Übertragungsmöglichkeit der Verordnungsermächtigung auf die Bundesanstalt für Finanzdienstleistungsaufsicht abgeschafft. Von der Verordnungsermächtigung nach § 2 Abs. 2 GwG wurde bislang kein Gebrauch gemacht. 8

Für Kredit- und Finanzdienstleistungsinstitute sehen die §§ 24c, 25g–25n KWG besondere Regelungen vor, welche die allgemeinen Pflichten nach dem Geldwäschegesetz konkretisieren und ergänzen (*Achtelik* KWG §§ 24c, 25g–n). Kreditinstitute müssen zukünftig bei grenzüberschreitenden Korrespondenzbeziehungen verstärkte Sorgfaltspflichten beachten, unter anderem muss die Genehmigung der Führungsebene für die Aufnahme solcher Geschäftsbeziehungen sowie Informationen über das Geldwäschebekämpfungssystem des Korrespondenten eingeholt werden. Die bislang im Kreditwesengesetz normierten Regelungen für Kreditinstitute und Finanzdienstleistungsinstitute wurde in das neu gefasste Geldwäschegesetz eingefügt (vgl. § 15 GwG) und in Umsetzung der 4. Geldwäscherichtlinie (EU) 2015/849 des Europäischen Parlaments und des Rates erweitert. Gemäß § 25h Abs. 1 KWG sind sie verpflichtet, über ein angemessenes Risikomanagement sowie über Verfahren und Grundsätze verfügen, die der Verhinderung von Geldwäsche, Terrorismusfinanzierung oder sonstiger strafbarer Handlungen, die zu einer Gefährdung des Vermögens des Instituts führen können, dienen. Sie haben dafür angemessene geschäfts- und kundenbezogene Sicherungssysteme zu schaffen und zu aktualisieren sowie Kontrollen durchzuführen. 9

Die bisher in § 25n des Kreditwesengesetzes geregelten Sorgfaltspflichten für elektronisches Geld (E-Geld) werden nunmehr in § 25i KWG normiert. Entsprechend der Vorgaben des Art. 12 der 4. Geldwäscherichtlinie (EU) 2015/849 des Europäischen Parlaments und des Rates werden die Verpflichteten im Umgang mit E-Geld, wenn bestimmte risikomindernde Voraussetzungen erfüllt sind, von der Anwendung bestimmter Sorgfaltspflichten befreit; Vereinfachungen ergeben sich bspw. bei der Pflicht zur Feststellung und Überprüfung der Identität des Kunden und des wirtschaftlich Berechtigten (vgl. hierzu auch § 14 GwG). Bei grenzüberschreitenden Korrespondenzbeziehungen haben die Verpflichteten verstärkte Sorgfaltspflichten zu beachten; für die Aufnahme solcher Geschäftsbeziehungen bedarf es bspw. gemäß § 15 Abs. 2, 3 und 4 GwG die Genehmigung der Führungsebene. Darüber hinaus müssen Informationen über das Geldwäschebekämpfungssystem des Korrespondenten eingeholt werden. Insoweit wurde die bislang für Kreditinstitute und Finanzdienstleistungsinstitute geltende Regelung vom Kreditwesengesetz in das neu gefasste Geldwäschegesetz überführt und in Umsetzung der 4. Geld-

Figura 135

wäscherichtlinie (EU) 2015/849 des Europäischen Parlaments und des Rates erweitert.

2. Kreditinstitute im Sinne von § 1 Abs. 1 KWG

10 Entsprechend der Begriffsbestimmung in § 1 Abs. 1 S. 1 KWG sind Kreditinstitute Unternehmen, die Bankgeschäfte gewerbsmäßig oder in einem Umfang betreiben, der einen in kaufmännischer Weise eingerichteten Geschäftsbetrieb erfordert. Ein gewerbsmäßiges Betreiben von Geschäften liegt vor, wenn der Betrieb auf eine gewisse Dauer angelegt ist und die Geschäfte mit der Absicht der Gewinnerzielung verfolgt werden (st. bisherige Verwaltungspraxis der BaFin, s. berichtigt BaFin, Merkblatt über die Erteilung einer Erlaubnis zum Betreiben von Bankgeschäften gemäß § 32 Abs. 1 KWG, Stand: 6.7.2018). Alternativ ist das Kriterium des Erfordernisses eines in kaufmännischer Weise eingerichteten Geschäftsbetriebes heranzuziehen, wobei alleine entscheidend ist, ob die Geschäfte einen derartigen Umfang haben, dass objektiv eine kaufmännische Organisation erforderlich ist. Es kommt hingegen nicht darauf an, ob tatsächlich ein kaufmännisch eingerichteter Geschäftsbetrieb besteht; das Erfordernis des kaufmännischen Geschäftsbetriebes kann sich auch aus der Kombination des Betreibens verschiedener Bankgeschäfte in vergleichsweise kleinem Umfang ergeben (*Schäfer* in Boos/Fischer/Schulte-Mattler KWG § 1 Rn. 20).

11 Nicht entscheidend für die Annahme der Eigenschaft als Kreditinstitut im Sinne des KWG ist, ob gemäß § 32 Abs. 1 KWG eine Erlaubnis für das Betreiben von Bankgeschäften vorliegt. Allerdings ist das Betreiben von Bankgeschäften ohne Erlaubnis strafbar. Wer ohne Erlaubnis nach § 32 Abs. 1 S. 1 KWG Bankgeschäfte betreibt oder Finanzdienstleistungen erbringt, wird gem. § 54 Abs. 1 Nr. 2 KWG mit Freiheitsstrafe bis zu fünf Jahren oder mit Geldstrafe bestraft.

12 Werden ohne die erforderliche Erlaubnis Bankgeschäfte getätigt oder verbotene Geschäfte betrieben, kann die BaFin gemäß § 37 KWG die Einstellung des Geschäfts durch Untersagungsverfügung mit den Mitteln des Verwaltungszwangs und die unverzügliche Abwicklung dieser Geschäfte gegenüber dem Unternehmen und den Mitgliedern seiner Organe anordnen (vgl. § 17 FinDAG – Finanzdienstleistungsaufsichtsgesetz v. 22.4.2002 (BGBl. I S. 1310), zuletzt geändert durch Art. 6 Gesetz v. 12.12.2019 (BGBl. I S. 2602)).

13 Was als Bankgeschäft anzusehen ist, ist abschließend in § 1 Abs. 1 S. 2 Nr. 1–12 KWG normiert. Danach sind als Bankgeschäfte zu qualifizieren: das Einlagengeschäft, das Pfandbriefgeschäft, das Kreditgeschäft, das Diskontgeschäft, das Finanzkommissionsgeschäft, das Depotgeschäft, die Tätigkeit als Zentralverwahrer, die Eingehung der Verpflichtung, zuvor veräußerte Darlehensforderungen vor Fälligkeit zurück zu erwerben, das Garantiegeschäft, das Scheckeinzugsgeschäft, das Wechseleinzugsgeschäft, das Reisescheckgeschäft, das Emissionsgeschäft, sowie die die Tätigkeit als zentrale Gegenpartei iSv § 1 Abs. 31 KWG.

14 **a) Einlagengeschäft (§ 1 Abs. 1 S. 2 Nr. 1 KWG).** Das Einlagengeschäft ist die Annahme fremder Gelder als Einlagen (1. Alt.) oder anderer unbedingt rückzahlbarer Gelder des Publikums (2. Alt.), sofern der Rückzahlungsanspruch nicht in Inhaber- oder Orderschuldverschreibungen verbrieft wird, ohne Rücksicht darauf, ob Zinsen vergütet werden, § 1 Abs. 1 S. 2 Nr. 1 KWG. Die erste Alternative bezieht sich nur auf Einlagen, durch die ein Forderungsrecht begründet wird, gesellschaftsrechtliche Einlagen zählen nicht hierzu. Dem Auffangtatbestand der zweiten Alternative der „Annahme unbedingt rückzahlbarer Gelder des Publikums" unterfallen dagegen auch Vermögenseinlagen stiller Gesellschafter, bei denen die Verlustteilnahme abbedungen und deren Rückzahlung nicht in anderer Weise beschränkt ist (BaFin, Merkblatt – Hinweise für Registergerichte zu Bank-, Versicherungs- und Finanzdienstleistungsgeschäften v. 31.10.2012). Im Einzelfall können auch sog. „Mezzanine-Finanzierungen" in Form des partiarischen Darlehens, des Nachrangdarlehens und der stillen Gesellschaft als „rückzahlbare Gelder" anzusehen sein (BaFin, Merkblatt – Hinweise zum Tatbestand des Einlagengeschäfts v. 11.3.2014, Ziff. 5.a). Die zweite Alternative ist erst mit Einführung der 6. KWG-Novelle zum 1.1.1998 ergänzt worden. Die Ausgabe von Inhaber- oder Orderschuldverschreibungen ist nach dem Gesetzeswortlaut kein Einlagengeschäft im Sinne des KWG und bedarf keiner Erlaubnis nach § 32 Abs. 1 KWG. Die Bereichsausnahme besteht nur für das Einlagengeschäft, ggf. können andere Bankgeschäfts- oder Finanzdienstleistungstatbestände einschlägig sein. Die Bestimmungen des Wertpapierprospektgesetzes sind zu beachten (WpPG v. 22.6.2005, BGBl. I S. 1698, zuletzt geändert durch Art. 60 Gesetz v. 20.11.2019 (BGBl. I S. 1626)).

b) Pfandbriefgeschäft (§ 1 Abs. 1 S. 2 Nr. 1 a KWG). Das Pfandbriefgeschäft 15 wird von Pfandbriefbanken betrieben. Rechtsgrundlage für die Tätigkeit der Pfandbriefbanken ist das Pfandbriefgesetz (PfandBG v. 22.5.2005, BGBl. I S. 1373, zuletzt geändert durch Art. 97 Gesetz v. 20.11.2019 (BGBl. I S. 1626)). Das Pfandbriefgeschäft umfasst die in § 1 Abs. 1 S. 2 des Pfandbriefgesetzes bezeichnete Ausgabe gedeckter Schuldverschreibungen auf Grund erworbener Hypotheken unter der Bezeichnung Pfandbriefe oder Hypothekenpfandbriefe, die Ausgabe gedeckter Schuldverschreibungen auf Grund erworbener Forderungen gegen staatliche Stellen unter der Bezeichnung Kommunalschuldverschreibungen, Kommunalobligationen oder Öffentliche Pfandbriefe, die Ausgabe gedeckter Schuldverschreibungen auf Grund erworbener Schiffshypotheken unter der Bezeichnung Schiffspfandbriefe, sowie die Ausgabe gedeckter Schuldverschreibungen auf Grund erworbener Registerpfandrechte nach § 1 des Gesetzes über Rechte an Luftfahrzeugen oder ausländischer Flugzeughypotheken unter der Bezeichnung Flugzeugpfandbriefe.

c) Kreditgeschäft (§ 1 Abs. 1 S. 2 Nr. 2 KWG). Kreditgeschäft iSv § 1 Abs. 1 16 S. 2 Nr. 2 KWG ist die Gewährung von Gelddarlehen und Akzeptkrediten. Gelddarlehen ist die Hingabe von Bargeld oder Buchgeld durch ein Kreditinstitut an einen Kunden aufgrund eines Vertrages nach § 488 BGB. Durch den Darlehensvertrag wird der Darlehensgeber verpflichtet, einen Darlehensbetrag in vereinbarter Höhe zur Verfügung zu stellen, der Darlehensnehmer ist zur Rückerstattung des Darlehensbetrages bei Fälligkeit verpflichtet, vgl. § 488 Abs. 1 BGB. Ebenfalls Kreditgeschäft iSd § 1 Abs. 1 S. 2 Nr. 2 Alt. 1 KWG ist der Abschluss eines Darlehensvorvertrages, nicht dagegen die Gewährung von verlorenen Zuschüssen mangels Rückzahlbarkeit (BaFin, Merkblatt – Hinweise zum Tatbestand des Kreditgeschäftes v. 8.1.2009, geändert am 2.5.2016, Ziff. 1.a). Gelddarlehen ist auch die Umwandlung von Verpflichtungen aus anderen gesetzlichen Grundlagen in eine Darlehensschuld. Die Gewährung von Gelddarlehen ist auch unter Privatpersonen möglich; ein Bankgeschäft iSd KWG stellen diese jedoch nur dar, sofern das Geschäft gewerbsmäßig oder in einem Umfang betrieben wird, der einen in kaufmännischer Weise eingerichteten Geschäftsbetrieb erfordert. Die Stundung und Verzinsung einer Kaufpreisschuld ist Warenkredit und kein Gelddarlehen iSv § 1 Abs. 1 S. 2 Nr. 2 KWG (*Schwennicke* in Schwennicke/Auerbach KWG § 1 Rn. 36). Die Gewährung von Sachdarlehen iSv § 607 BGB ist kein Kreditgeschäft gemäß § 1

Abs. 1 S. 2 Nr. 2 KWG. Akzeptkredite sind Kreditleihgeschäfte, bei dem die Bank einen vom Kunden auf sie gezogenen Wechsel akzeptiert und damit die wechselrechtliche Haftung für die Einlösung des Wechsels übernimmt (Bankakzept) (*Schäfer* in Boos/Fischer/Schulte-Mattler KWG § 21 Rn. 38). Wechselrechtlich ist die akzeptierende Bank Hauptschuldnerin, wirtschaftlich gesehen stellt der Akzeptkredit eine Eventualverbindlichkeit dar, da der Kreditnehmer vertraglich verpflichtet ist, den Gegenwert des Bankakzepts vor Verfall zur Verfügung zu stellen. Kreditvermittler betreiben kein Kreditgeschäft iSv § 1 KWG, da sie die Darlehen nicht selbst gewähren. Das Vermitteln von Darlehen zwischen Kreditinstituten ist Geldmaklergeschäft und gehört zur Haupttätigkeit von Finanzunternehmen iSv § 2 Abs. 1 Nr. 6 GwG.

17   **d) Diskontgeschäft (§ 1 Abs. 1 S. 2 Nr. 3 KWG).** Diskontgeschäft im Sinne von § 1 Abs. 1 S. 2 Nr. 3 KWG ist der Ankauf von noch nicht fälligen Wechseln und Schecks unter Abzug einer Provision und von Zinsen für die Zeit bis zur Fälligkeit (Diskont). Wirtschaftlich gesehen ist das Diskontgeschäft regelmäßig Kreditgeschäft. Rechtsgrundlage für das Diskontgeschäft ist idR ein Kaufvertrag iSd §§ 433 ff. BGB. Der Ankauf von sonstigen Wertpapieren und Buchforderungen ist kein Diskontgeschäft, ebenso wenig die Wechselforfaitierung, das Scheck- oder Wechselinkasso, sowie die Diskontierung sonstiger Orderpapiere iSv § 363 HGB (vgl. BaFin, Merkblatt – Hinweise zum Tatbestand des Diskontgeschäfts v. 6.1.2009, Ziff. 1.b). Auch das Factoringgeschäft, bei dem eine Geldforderung gegen einen Drittschuldner aus Warenlieferungen oder Dienstleistungen durch ein Finanzierungsinstitut angekauft wird, ist daher kein Diskontgeschäft (*Schäfer* in Boos/Fischer/Schulte-Mattler KWG § 1 Rn. 54). Der entgeltliche Erwerb von Geldforderungen kann jedoch Finanzdienstleistung gem. § 1 Abs. 1a S. 2 Nr. 9 KWG sein.

18   **e) Finanzkommissionsgeschäft (§ 1 Abs. 1 S. 2 Nr. 4 KWG).** Das Finanzkommissionsgeschäft iSv § 1 Abs. 1 S. 2 Nr. 4 KWG ist definiert als die Anschaffung und die Veräußerung von Finanzinstrumenten im eigenen Namen für fremde Rechnung. Unter den Oberbegriff der Finanzinstrumente werden grundsätzlich vier Gattungen von Finanzprodukten zusammengefasst: Handelbare Wertpapiere wie Aktien, Schuldverschreibungen und Investmentzertifikate, Geldmarktinstrumente, Devisen- oder Rechnungseinheiten sowie Derivate (§ 1 Abs. 11 S. 1 KWG). Gemäß § 1 Abs. 11 S. 1 Nr. 9 und 10 KWG zählen zu den Finanzinstrumenten ferner Emissionszertifikate sowie Kryptowerte; zur rechtlichen Einordnung sog. Bitcoins siehe Urteil des KG Berlin v. 25.09.2018, Az. 161 Ss 28/18. Nicht unter den Begriff der Finanzinstrumente fallen ua Bausparverträge, Immobilien, Kredite, Versicherungen, Termin- und Spargelder (ggf. kann hier aber Drittstaateneinlagenvermittlung vorliegen), gesellschaftsrechtliche Beteiligungen (mit Ausnahme von Aktien), die nicht fungibel und nicht an einem Markt handelbar sind (zB GmbH-, KG- oder GbR-Anteile). Dem Begriff des Finanzkommissionsgeschäftes unterfallen lediglich Kommissionsgeschäfte, bei denen Finanzinstrumente im eigenen Namen aber für fremde Rechnung angeschafft oder veräußert werden (vgl. §§ 383 HGB ff.). Keine Finanzkommissionsgeschäfte sind die bloße Vermittlung von Geschäften über die Anschaffung oder Veräußerung von Finanzinstrumenten, sowie jedes Handeln in offener Stellvertretung für den Kunden (*Schäfer* in Boos/Fischer/Schulte-Mattler KWG § 1 Rn. 69f.; *Einsele* Bank- und KapitalmarktR § 8 Rn. 4). Ebenfalls nicht vom Begriff des Finanzkommissionsgeschäftes erfasst sind die Eigengeschäfte, bei denen Geschäfte mit Finanzinstrumenten von dem Han-

delnden im eigenen Namen und auf eigene Rechnung vorgenommen werden (§ 1 Abs. 1a S. 3 KWG). Soweit die Anschaffung und die Veräußerung von Finanzinstrumenten für eigene Rechnung als Dienstleistung für andere betrieben werden, liegt Eigenhandel gemäß § 1 Abs. 1a S. 2 Nr. 4 KWG vor (vgl. *Schäfer* in Boos/Fischer/Schulte-Mattler KWG § 1 Rn. 58). Treuhandunternehmen betreiben unter gewissen Umständen im Rahmen sog. Contractual Trust Arrangements das Finanzkommissionsgeschäft (vgl. BaFin, Hinweise zur Erlaubnispflicht und zur möglichen Freistellung nach § 2 Abs. 4 KWG so genannter Contractual Trust Arrangements zur Ausgliederung von Pensionsverpflichtungen und Verpflichtungen auf Grund von Altersteilzeitmodellen).

f) Depotgeschäft (§ 1 Abs. 1 S. 2 Nr. 5 KWG). Das Depotgeschäft iSv § 1 19 Abs. 1 S. 2 Nr. 5 KWG ist die (auch mittelbare) Verwahrung und die Verwaltung von Wertpapieren für andere. Ein Institut betreibt bereits das Depotgeschäft, wenn es eine der beiden Tätigkeiten ausübt. Für andere erfolgt auch die Verwahrung im eigenen Namen für fremde Rechnung (Schreiben des BAKred v. 6.5.1977, I 5-173–212/76). § 1 Abs. 1 S. 2 Nr. 5 KWG erfasst das offene Depot. In diesen Fällen werden dem Verwahrer die Wertpapiere unverschlossen zur Gutschrift auf einem Depotkonto anvertraut; das Eigentum des Hinterlegers muss erkennbar sein. Mit der Verwahrung ist idR gleichzeitig eine Verwaltung von Wertpapieren verbunden, zB die Einlösung von Zins- und Ertragsscheinen oder die Ausübung von Bezugs- und Stimmrechten. Im Gegensatz zum offenen Depot dient das geschlossene Depot der sicheren Aufbewahrung von Verwahrstücken im Tresor eines Kreditinstituts; hiermit ist idR weder eine Verwaltung der Werte verbunden, noch nimmt die Bank vom Inhalt der Verwahrstücke Kenntnis. § 1 Abs. 1 S. 2 Nr. 5 KWG ist in diesem Fall nicht betroffen. Auch die Verwahrung von Wertpapieren durch Amtsgerichte als Hinterlegungsstellen unterfällt nicht dem Begriff des Depotgeschäftes (*Schwennicke* in Schwennicke/Auerbach KWG § 1 Rn. 48 mwN). Keine Wertpapiere iSv Nr. 5 sind Banknoten und Papiergeld, die in § 1 Abs. 1 DepotG ausdrücklich ausgenommen sind (*Schwennicke* in Schwennicke/Auerbach KWG § 1 Rn. 49).

g) Tätigkeit als Zentralverwahrer (§ 1 Abs. 1 S. 2 Nr. 6 KWG). Der Zen- 20 tralverwahrer iSv § 1 Abs. 1 S. 2 Nr. 6 KWG betreibt als juristische Person Wertpapierliefer- und –abrechnungssysteme und erbringt wenigstens eine weitere Kerndienstleistung nach Abschnitt A des Anhangs der Verordnung (EU) Nr. 909/2014 des Europäischen Parlaments und des Rates vom 23.7.2014. § 1 Abs. 1 S. 2 Nr. 6 KWG iVm § 1 Abs. 6 KWG verweist zur Definition des Begriffs des Zentralverwahrers daher auch auf Art. 2 Abs. 1 Nr. 1 der Verordnung (EU) Nr. 909/2014 des Europäischen Parlaments und des Rates vom 23.7.2014. Neben der „Abwicklungsdienstleistung" können also auch die erstmalige Verbuchung von Wertpapieren im Effektengiro („notarielle Dienstleistung") und/oder die Bereitstellung und Führung von Depotkonten auf oberster Ebene („zentrale Kontoführung") erbracht werden (*Häberle* in Erbs/Kohlhaas KWG § 1 Rn. 31). §§ 53o ff KWG enthalten Sondervorschriften für Zentralverwahrer.

h) Revolvinggeschäft (§ 1 Abs. 1 S. 2 Nr. 7 KWG). Die Eingehung der Ver- 21 pflichtung, zuvor veräußerte Darlehensforderungen vor Fälligkeit zurück zu erwerben, ist Bankgeschäft iSv § 1 Abs. 1 S. 2 Nr. 7 KWG. Hierbei werden idR langfristige Darlehensforderungen unter der Verpflichtung, diese vor Fälligkeit des Darlehens zurückzukaufen, an Dritte veräußert. Abzustellen ist in diesem Zusam-

§ 2 Abschnitt 1. Begriffsbestimmungen und Verpflichtete

menhang auf die Verpflichtung zum Erwerb, nicht auf den Erwerb selbst (*Schäfer* in Boos/Fischer/Schulte-Mattler KWG § 1 Rn. 89). Erfasst werden Darlehensforderungen iSd § 488 Abs. 1 BGB sowie entsprechende Forderungen unter einem ausländischen Schuldrechtsstatut; nicht dagegen Wertpapier- und andere Sachdarlehen, sowie Forderungen aus unregelmäßiger Verwahrung (§ 700 BGB) (BaFin, Merkblatt – Hinweise zum Tatbestand des § 1 Abs. 1 S. 2 Nr. 7 KWG („Darlehensrückkaufgeschäft") v. 7.1.2009, Ziff. 1.a.). Der Tatbestand des § 1 Abs. 1 S. 2 Nr. 7 KWG bezieht sich nur auf bestimmte Formen des Revolvinggeschäftes, bei denen es sich um zuvor veräußerte Darlehensforderungen handeln muss; der Gegenstand des Revolvinggeschäfts ist von anderen Veräußerungsvorgängen, bei denen die für das Revolvinggeschäft typischen Liquiditäts- und Zinsänderungsrisiken nicht bestehen, abzugrenzen. Nicht erfasst ist etwa die Eingehung von Verpflichtungen durch Zweckgesellschaften (§ 1 Abs. 26 KWG) und Refinanzierungsmittler (§ 1 Abs. 25 KWG), wenn diese, noch nicht fällige Darlehensforderungen von einem Refinanzierungsunternehmen erwerben (Begr. Finanzausschuss zum RegE eines Gesetzes zur Neuorganisation der Bundesfinanzverwaltung, BT-Drs. 15/5852, 16).

22 **i) Garantiegeschäft (§ 1 Abs. 1 S. 2 Nr. 8 KWG).** Garantiegeschäft iSv § 1 Abs. 1 S. 2 Nr. 8 KWG ist die Übernahme von Bürgschaften, Garantien und sonstigen Gewährleistungen für andere. Hierunter fallen ua der Kreditauftrag (§ 778 BGB), Avalkredit, Akkreditiveröffnung und Akkreditivbestätigung, Schuldmitübernahme, die Scheckeinlösungszusage und allgemein jedes Einstehen für einen bestimmten Erfolg (vgl. BaFin, Merkblatt – Hinweise zum Tatbestand des Garantiegeschäfts vom 8.1.2009, Ziff. 1.a). Zur Frage, ob eine Patronatserklärung eine sonstige Gewährleistung darstellt, vgl. BGH ZIP 1992, 338 = WM 1992, 501. Abgestellt wird auf das Vorhandensein einer fremden Schuld, dh die Gewährleistung muss für andere übernommen werden.

23 **j) Scheck- und Wechseleinzugsgeschäft, Reisescheckgeschäft (§ 1 Abs. 1 S. 2 Nr. 9 KWG).** Durch Art. 1 des ZAG vom 31.10.2009 wurde das bislang in § 1 Abs. 1 S. 2 Nr. 9 KWG aF enthaltene Girogeschäft, bestehend aus dem bargeldlosen Zahlungsverkehr (1. Alt.) und dem Abrechnungsverkehr (2. Alt.) um die Zahlungsverkehrstätigkeiten reduziert, die nunmehr in den Anwendungsbereich des Zahlungsdiensteaufsichtsgesetzes fallen. Die Neufassung des § 1 Abs. 1 S. 2 Nr. 9 KWG umfasst damit lediglich noch das Scheck- und Wechseleinzugsgeschäft als Teile des bargeldlosen Zahlungsverkehrs (§ 1 Abs. 1 S. 2 Nr. 9 KWG aF) sowie aufgrund seiner mit dem Scheck- und Wechselinkasso vergleichbaren Risikostruktur das bislang nach § 1 Abs. 1a S. 2 Nr. 8 KWG aF als Finanzdienstleistung eingestufte Reisescheckgeschäft (BaFin, Merkblatt – Hinweise zum Tatbestand des Scheck- und Wechseleinzugsgeschäfts und des Reisescheckgeschäftes v. 6.1.2010, Ziff. 1.b.). Dem Begriff des Reisescheckgeschäftes iSv § 1 Abs. 1 S. 2 Nr. 9 KWG unterfällt dabei ausschließlich die Ausgabe von Reiseschecks. Das ebenfalls dem bargeldlosen Zahlungsverkehr zugehörige Überweisungs- sowie das Lastschriftgeschäft sind nunmehr als Zahlungsdienste iSd ZAG erfasst. Das Scheckeinzugsgeschäft ist die Durchführung des bargeldlosen Scheckeinzugs, das Wechseleinzugsgeschäft ist die Durchführung des Wechselinkassos. Sowohl dem Wechsel- als auch dem Scheckinkasso wird aufgrund der hohen Transaktionsvolumina eine große volkswirtschaftliche Bedeutung zugeschrieben, so dass der Betreiber im Interesse eines reibungslosen Ablaufs des Zahlungsverkehrs in diesem Sektor nach wie vor einer Bankerlaubnis bedarf (BaFin, Merkblatt – Hinweise zum Tatbestand des Scheck- und Wechseleinzugsgeschäfts und des Reisescheckgeschäftes v. 6.1.2010, Ziff. 1.b.).

k) **Emissionsgeschäft (§ 1 Abs. 1 S. 2 Nr. 10 KWG).** Das Emissionsgeschäft 24
(Underwriting) ist die Übernahme von Finanzinstrumenten für eigene Rechnung
zur Platzierung (1. Alt.) oder die Übernahme gleichwertiger Garantien (2. Alt.).
Ein Emissionsgeschäft im Sinne der ersten Alternative liegt vor, wenn ein Unternehmen im Rahmen eines Platzierungsvorganges von Finanzinstrumenten eine
feste Übernahmeverpflichtung eingeht, und damit das Absatzrisiko übernimmt
(sog. Übernahmekonsortium, vgl. BaFin, Merkblatt – Hinweise zum Tatbestand
des Emissionsgeschäfts v. 7.1.2009, zuletzt geändert am 24.3.2013, Ziff. 1.b.). Gleiches gilt, wenn ein Unternehmen wegen unsicherer Platzierungserwartungen nur
für einen Teil der Emission eine feste Übernahmeverpflichtung eingeht und sich
für den Rest der zu platzierenden Instrumente eine Übernahmeoption einräumen
lässt (sog. Optionskonsortium). Gelingt die Platzierung nicht vollständig und hat
sich ein Unternehmen im Rahmen eines Geschäftsbesorgungskonsortiums, das
grundsätzlich das Platzierungsgeschäft erbringt, gleichzeitig verpflichtet, den nicht
verkauften Teil der Emission fest zu übernehmen, liegt ebenfalls ein Emissionsgeschäft iSd § 1 Abs. 1 S. 2 Nr. 10 Alt. 1 KWG vor (Bsp. bei BaFin, Merkblatt zum
Tatbestand des Platzierungsgeschäfts vom 10.12.2009, zuletzt geändert am
25.7.2013, Ziff. 1.d.; vgl. auch *Schäfer* in Boos/Fischer/Schulte-Mattler KWG § 1
Rn. 114). Eine Übernahme gleichwertiger Garantien (2. Alt.) liegt vor, wenn ein
Unternehmen Garantien übernimmt, die einer festen Übernahmeverpflichtung
wirtschaftlich gleichwertig sind. Liegt dagegen keine feste Übernahmeverpflichtung vor, handelt es sich um ein Platzierungsgeschäft iSv § 1 Abs. 1a S. 2 Nr. 1c
KWG. Verbleibt das Absatz-/Platzierungsrisiko bei dem Emittenten und führt das
Unternehmen den Vertrieb lediglich kommissionsweise durch (sog. Platzierungs-
oder Begebungskonsortium), ist ein Finanzkommissionsgeschäft iSd § 1 Abs. 1 S. 2
Nr. 4 KWG gegeben (*Schäfer* in Boos/Fischer/Schulte-Mattler KWG § 1 Rn. 115).

l) **Tätigkeit als zentrale Gegenpartei im Sinne von § 1 Abs. 31 KWG (§ 1** 25
Abs. 1 S. 2 Nr. 12 KWG). Die Tätigkeit als zentrale Gegenpartei iSd § 1 Abs. 31
KWG ist ebenfalls Bankgeschäft. Eine zentrale Gegenpartei (Central Counterparty –
CCP) ist ein Unternehmen iSd Art. 2 Nr. 1 der Verordnung (EU) Nr. 648/2012 des
Europäischen Parlaments und des Rates vom 4.7.2012 über OTC-Derivate, zentrale Gegenparteien und Transaktionsregister (ABl. 2012 L 201, 1) in der jeweils
geltenden Fassung, § 1 Abs. 31 KWG. Der ursprüngliche Begriff des zentralen
„Kontrahenten" wurde mit dem Gesetz zur Umsetzung der neu gefassten Bankenrichtlinie und der neu gefassten Kapitaladäquanzrichtlinie vom 17.11.2006
(BGBl. 2006 I S. 2606) als weiteres erlaubnispflichtiges Bankgeschäft neu in § 1
Abs. 1 KWG aufgenommen. Der Begriff des zentralen Kontrahenten umfasst insbesondere den formellen Vertragspartner bei Börsengeschäften (vgl. *Horn* WM
2002, Sonderbeil. 2, 4). Beim Zustandekommen eines Geschäfts zwischen Käufer
und Verkäufer ermöglicht es die zentrale Gegenpartei den Vertragsparteien Anonymität über die Wertpapierprozesskette und führt zu einer zusätzlichen Risikominimierung. Im Rahmen der die Bankenrichtlinie ablösenden Verordnung (EU)
Nr. 575/2013 (auch als Capital Requirements Directive, kurz CRR bezeichnet)
und der Verordnung (EU) Nr. 648/2012 des Europäischen Parlaments und des Rates vom 4.7.2012 über OTC-Derivate, zentrale Gegenparteien und Transaktionsregister (ABl. 2012 L 201, 1, auch European Market Infrastructure Regulation,
EMIR, bezeichnet), finden sich auch ausführlich Regelungen zu CCP. Finanzmärkte iSd § 1 Abs. 1 S. 2 Nr. 12 KWG sind Börse, multilaterales Handelssystem iSv
§ 1 Abs. 1a S. 2 Nr. 1b KWG, sowie außerbörslicher Finanzmarkt (BaFin, Merk-

blatt – Hinweise zum Tatbestand der Tätigkeit als zentrale Gegenpartei v. 12.8.2013, zuletzt geändert am 19.9.2013, Ziff. 1.a.). Die besondere Konstruktion (Margin-System) und die daraus resultierende Risikominderung ermöglicht eine bevorzugte aufsichtsrechtliche Behandlung der Geschäfte mit dem zentralen Kontrahenten. Die Einhaltung der aufsichtsrechtlichen Anforderungen wird durch die Aufnahme in den Katalog der erlaubnispflichtigen Bankgeschäfte sichergestellt.

III. Finanzdienstleistungsinstitute (Abs. 1 Nr. 2)

1. Begriff der Finanzdienstleistungsinstitute im Sinne des GwG

26 Verpflichtete iSv § 2 Abs. 1 Nr. 2 GwG sind Finanzdienstleistungsinstitute iSv § 1 Abs. 1a KWG, mit Ausnahme der in § 2 Abs. 6 S. 1 Nr. 3–10 und 12 und Abs. 10 KWG genannten Unternehmen, und im Inland gelegene Zweigstellen und Zweigniederlassungen von Finanzdienstleistungsinstituten mit Sitz im Ausland. Der Begriff des Finanzdienstleistungsinstitutes in § 2 Abs. 1 Nr. 2 GwG ist nicht gänzlich deckungsgleich zum Finanzdienstleistungsinstitutsbegriff im Sinne des KWG. Anders als nach den KWG Vorschriften gelten nach dem GwG auch die nachfolgend aufgeführten, nach § 2 Abs. 6 S. 1 Nr. 1, 2, 11, 15–22 KWG vom Begriff des Finanzdienstleistungsinstitutes ausgenommenen Unternehmen als Finanzdienstleistungsinstitute, sofern sie Finanzdienstleistungen nach § 1 Abs. 1a KWG erbringen:
– die Deutsche Bundesbank (§ 2 Abs. 6 S. 1 Nr. 1 KWG),
– die von zwei oder mehr Mitgliedstaaten der Europäischen Union gegründeten internationalen Finanzinstitute, die dem Zweck dienen, Finanzmittel zu mobilisieren und seinen Mitgliedern Finanzhilfen zu gewähren, sofern diese von schwerwiegenden Finanzierungsproblemen betroffen oder bedroht sind (§ 2 Abs. 6 S. 1 Nr. 1a KWG)
– die Kreditanstalt für Wiederaufbau (§ 2 Abs. 6 S. 1 Nr. 2 KWG),
– Unternehmen, die außer Finanzdienstleistungen iSd § 1 Abs. 1a S. 2 Nr. 1–3 und 4 lit. a und b, jeweils ausschließlich mit Warentermingeschäften, Emissionszertifikaten und mit Derivaten auf Emissionszertifikate, keine Finanzdienstleistungen erbringen, unter den weiteren in § 2 Abs. 6 S. 1 Nr. 11 lit. a–g KWG genannten Voraussetzungen, (§ 2 Abs. 6 S. 1 Nr. 11 KWG),
– Unternehmen, die als Finanzdienstleistung iSd § 1 Abs. 1a S. 2 KWG ausschließlich die Anlageberatung im Rahmen einer anderen beruflichen Tätigkeit erbringen, ohne sich die Anlageberatung besonders vergüten zu lassen (§ 2 Abs. 6 S. 1 Nr. 15 KWG),
– Betreiber organisierter Märkte, die neben dem Betrieb eines multilateralen Handelssystems keine anderen Finanzdienstleistungen iSd § 1 Abs. 1a S. 2 KWG erbringen (§ 2 Abs. 6 S. 1 Nr. 16 KWG),
– Unternehmen, die als einzige Finanzdienstleistung iSd § 1 Abs. 1a S. 2 KWG das Finanzierungsleasing betreiben, falls sie nur als Leasing-Objektgesellschaft für ein einzelnes Leasingobjekt tätig werden, keine eigenen geschäftspolitischen Entscheidungen treffen und von einem Institut mit Sitz im Europäischen Wirtschaftsraum verwaltet werden, das nach dem Recht des Herkunftsstaates zum Betrieb des Finanzierungsleasing zugelassen ist (§ 2 Abs. 6 S. 1 Nr. 17 KWG),
– Unternehmen, die als Finanzdienstleistung nur die Anlageverwaltung betreiben und deren Mutterunternehmen die Kreditanstalt für Wiederaufbau oder ein Institut im Sinne des Satzes 2 ist. Institut im Sinne des Satzes 1 ist ein Finanzdienst-

Verpflichtete, Verordnungsermächtigung § 2

leistungsinstitut, das die Erlaubnis für die Anlageverwaltung hat, oder ein CRR-Institut mit Sitz in einem anderen Staat des Europäischen Wirtschaftsraums im Sinne des § 53b Abs. 1 Satz 1, das in seinem Herkunftsmitgliedstaat über eine Erlaubnis für mit § 1 Abs. 1a Satz 2 Nr. 11 vergleichbare Geschäfte verfügt, oder ein Institut mit Sitz in einem Drittstaat, das für die in § 1 Abs. 1a Satz 2 Nr. 11 genannten Geschäfte nach Absatz 4 von der Erlaubnispflicht nach § 32 freigestellt ist (§ 2 Abs. 6 S. 1 Nr. 18 KWG),
- Unternehmen, die das Platzierungsgeschäft ausschließlich für Anbieter oder für Emittenten von Vermögensanlagen iSd § 1 Abs. 2 VermAnlG oder von geschlosssenen AIF iSd § 1 Abs. 5 KAGB erbringen (§ 2 Abs. 6 S. 1 Nr. 19 KWG),
- Unternehmen, die außer der Finanzportfolioverwaltung und der Anlageverwaltung keine Finanzdienstleistungen erbringen, sofern die Finanzportfolioverwaltung und Anlageverwaltung nur auf Vermögensanlagen iSd § 1 Abs. 2 VermAnlG oder von geschlosssenen AIF iSd § 1 Abs. 5 KAGB beschränkt erbracht werden (§ 2 Abs. 6 S. 1 Nr. 20 KWG)
- soweit sie Finanzdienstleistungen iSd § 1 Abs. 1a S. 2 Nr. 1–4 in Bezug auf Warenderivate erbringen, die mit ihren Haupttätigkeiten in Zusammenhang stehen:
  a) Übertragungsnetzbetreiber iSd Art. 2 Nr. 4 der Richtlinie 2009/72/EG oder des Art. 2 Nr. 4 der Richtlinie 2009/73/EG, wenn sie ihre Aufgaben gemäß diesen Richtlinien, der Verordnung (EG) Nr. 714/2009, der Verordnung (EG) Nr. 715/2009 oder den nach diesen Verordnungen erlassenen Netzcodes oder Leitlinien wahrnehmen,
  b) Personen, die in ihrem Namen als Dienstleister handeln, um die Aufgaben eines Übertragungsnetzbetreibers gemäß der Verordnung (EG) Nr. 714/2009, der Verordnung (EG) Nr. 715/2009 oder den nach diesen Verordnungen erlassenen Netzcodes oder Leitlinien wahrnehmen, sowie
  c) Betreiber oder Verwalter eines Energieausgleichssystems, eines Rohrleitungsnetzes oder eines Systems zum Ausgleich von Energieangebot und -verbrauch bei der Wahrnehmung solcher Aufgaben (§ 2 Abs. 6 S. 1 Nr. 21 KWG),
- Zentralverwahrer, die gemäß Art. 16 der Verordnung (EU) Nr. 909/2014 zugelassen sind, soweit sie Finanzdienstleistungen iSd § 1 Abs. 1a S. 2 Nr. 1–4 erbringen (§ 2 Abs. 6 S. 1 Nr. 22 KWG).

Dagegen gelten die in § 2 Abs. 6 S. 1 Nr. 3–10 und 12 und Abs. 10 KWG aufgezählten Institute weder nach dem KWG noch nach dem GwG als Finanzdienstleistungsinstitute. § 2 Abs. 1 Nr. 2 GwG erweitert den Anwendungsbereich des GwG auf im Inland gelegene Zweigstellen und Zweigniederlassungen von Finanzdienstleistungsinstituten mit Sitz im Ausland (vgl. auch Art. 3 Nr. 2 der 3. EU-Anti-Geldwäscherichtlinie). Entsprechend den Vorgaben der 3. EU-Anti-Geldwäscherichtlinie wird keine Unterscheidung zwischen Instituten mit Sitz in einem EU-Mitgliedstaat und Instituten mit Sitz in einem Drittland getroffen. 27

2. Finanzdienstleistungsinstitute im Sinne von § 1 Abs. 1a KWG

Gemäß § 1 Abs. 1a S. 1 KWG sind Finanzdienstleistungsinstitute Unternehmen, die Finanzdienstleistungen für andere gewerbsmäßig oder in einem Umfang erbringen, der einen in kaufmännischer Weise eingerichteten Geschäftsbetrieb erfordert, und die keine Kreditinstitute sind. Ein gewerbsmäßiges Betreiben von Geschäften liegt vor, wenn der Betrieb auf eine gewisse Dauer angelegt ist und die Geschäfte mit der Absicht der Gewinnerzielung verfolgt werden (BaFin, Merkblatt über die 28

Erteilung einer Erlaubnis zum Betreiben von Bankgeschäften gemäß § 32 Abs. 1 KWG, Ziff. 1, S. 2). Alternativ ist das Kriterium des Erfordernisses eines in kaufmännischer Weise eingerichteten Geschäftsbetriebes heranzuziehen, wobei alleine entscheidend ist, ob die Geschäfte einen derartigen Umfang haben, dass objektiv eine kaufmännische Organisation erforderlich ist. Es kommt hingegen nicht darauf an, ob tatsächlich ein kaufmännisch eingerichteter Geschäftsbetrieb besteht (*Schäfer* in Boos/Fischer/Schulte-Mattler KWG § 1 Rn. 20).

29 Der Begriff der Finanzdienstleistungen wird in § 1 Abs. 1a S. 2 KWG konkretisiert. Hierzu zählen neben der Anlagevermittlung, der Anlageberatung, dem Betrieb eines multilateralen Handelssystems, dem Platzierungsgeschäft, Betrieb eines organisierten Handelssystems, der Abschlussvermittlung, der Finanzportfolioverwaltung, dem Eigenhandel, der Drittstaateneinlagenvermittlung und dem Sortengeschäft auch das Factoring, das Finanzierungsleasing, die Anlageverwaltung sowie das eingeschränkte Verwahrgeschäft. Neuerdings zählt auch das sog. Kryptoverwahrgeschäft zu den Finanzdienstleistungen (§ 1 Abs. 1a S. 2 Nr. 6 KWG); das Kryptoverwahrgeschäft beinhaltet die Verwahrung, die Verwaltung und die Sicherung von Kryptowerten oder privaten kryptografischen Schlüsseln, die dazu dienen, Kryptowerte zu halten, zu speichern oder zu übertragen, für andere. Zu den Besonderheiten sog. „Kryptowährungen" siehe *Herzog/Achtelik* → Einführung Rn. 55 ff. sowie *Figura* → § 2 Rn. 44 ff.

30 Mit Wirkung zum 1.11.2007 wurden die im Kreditwesengesetz definierten Finanzdienstleistungen um die Tatbestände der Anlageberatung (§ 1 Abs. 1a S. 2 Nr. 1a) KWG), des Platzierungsgeschäftes (§ 1 Abs. 1a S. 2 Nr. 1c) KWG), des Betreibens eines multilateralen Handelssystems, MTF (§ 1 Abs. 1a S. 2 Nr. 1b) KWG) und das Eigengeschäft (§ 1 Abs. 1a S. 3 KWG aF, nunmehr enthalten in § 32 Abs. 1a KWG) erweitert. Die Änderungen gehen zurück auf die Umsetzung der MiFID (Markets in Financial Instruments Directive) in nationales Recht durch das Gesetz zur Umsetzung der Richtlinie über Märkte für Finanzinstrumente und der Durchführungsrichtlinie der Kommission (Finanzmarktrichtlinie-Umsetzungsgesetz) vom 16.7.2007 (BGBl. I S. 1330). Vom KWG erfasst werden nunmehr alle Formen des Handels in Wertpapieren und anderen Finanzinstrumenten. Soweit eine Finanzdienstleistung zugleich Wertpapierdienstleistung iSd WpHG ist, sind ebenfalls die Organisations-, Wohlverhaltens- und Insiderregeln des WpHG zu beachten.

31 Die Einbeziehung der Tatbestände des laufenden Ankaufs von Forderungen auf der Grundlage von Rahmenverträgen mit oder ohne Rückgriff (Factoring, § 1 Abs. 1a S. 2 Nr. 9 KWG); sowie des Abschlusses von Finanzierungsleasingverträgen als Leasinggeber und der Verwaltung von Objektgesellschaften iSv § 2 Abs. 6 S. 1 Nr. 17 KWG (Finanzierungsleasing, § 1 Abs. 1a S. 2 Nr. 10 KWG) in den Katalog der Finanzdienstleistungen gem. § 1 Abs. 1a S. 2 KWG geht zurück auf Art. 27 des Jahressteuergesetzes 2009 (JStG 2009, Gesetz v. 19.12.2008 BGBl. I S. 2794). Unternehmen, die ausschließlich das Finanzierungsleasing und/oder Factoring betreiben, werden in steuerlicher Hinsicht Kreditinstituten insofern gleichgestellt, als sie nun ebenfalls das gewerbesteuerliche Bankenprivileg des Paragrafen 19 GewStDV in Anspruch nehmen können. Nach der amtlichen Begründung (vgl. Bericht des Finanzausschusses v. 26.11.2008; BT-Drs. 16/11108, 66f.) kommt sowohl dem Finanzierungsleasing als auch dem Factoring bei der Finanzierung der deutschen Industrie und insbesondere bei der Finanzierung des Mittelstandes eine besondere Rolle zu; Funktionsstörungen als Folge einer unsoliden Geschäftsführung könnten Schäden nicht nur im Kundenkreis der betreffenden Unternehmen, sondern auch in weiteren Teilen der Wirtschaft verursachen. Zwar sind auf Unternehmen, die

Verpflichtete, Verordnungsermächtigung § 2

ausschließlich das Finanzierungsleasing oder Factoring erbringen, die Regeln des KWG zur Solvenz- und Liquiditätsaufsicht nicht anzuwenden. Neben der Verpflichtung zur Beachtung der Vorschriften der Geldwäschebekämpfung sind jedoch aufsichtsrechtliche Anzeigepflichten zu erfüllen sowie in Teilen die Mindestanforderungen an das Risikomanagement (MaRisk) einzuhalten.

Eine erneute Erweiterung erfuhr der Katalog der erlaubnispflichtigen Finanzdienstleistungen zum 26.3.2009 durch die Aufnahme des Tatbestandes der Anlageverwaltung (§ 1 Abs. 1a S. 2 Nr. 11 KWG) aufgrund Art. 2 des Gesetzes zur Fortentwicklung des Pfandbriefrechts vom 20.3.2009 (BGBl. I S. 607). Finanzdienstleistungen im Sinne von § 1 Abs. 1a S. 2 KWG sind nunmehr: 32

a) Anlagevermittlung (§ 1 Abs. 1a S. 2 Nr. 1 KWG). Anlagevermittlung iSv 33 § 1 Abs. 1a S. 2 Nr. 1 KWG ist die Entgegennahme und Übermittlung von Aufträgen von Anlegern über die Anschaffung und die Veräußerung von Finanzinstrumenten iSd § 1 Abs. 11 KWG. Finanzinstrumente sind ua handelbare Wertpapiere wie Aktien, Schuldverschreibungen und Investmentzertifikate, Geldmarktinstrumente, Devisen- oder Rechnungseinheiten sowie Derivate (§ 1 Abs. 11 S. 1 KWG). Gemäß § 1 Abs. 11 S. 1 Nr. 9 und 10 KWG zählen zu den Finanzinstrumenten ferner Emissionszertifikate sowie Kryptowerte; zur rechtlichen Einordnung sog. Bitcoins siehe Urteil des KG Berlin v. 25.09.2018, Az. 161 Ss 28/18. Nicht unter den Begriff der Finanzinstrumente fallen ua Bausparverträge, Immobilien, Kredite, Versicherungen, Termin- und Spargelder (ggf. kann hier aber Drittstaateneinlagenvermittlung vorliegen), gesellschaftsrechtliche Beteiligungen (mit Ausnahme von Aktien), die nicht fungibel und nicht an einem Markt handelbar sind (zB GmbH-, KG- oder GbR-Anteile).

b) Anlageberatung (§ 1 Abs. 1a S. 2 Nr. 1a KWG). Die Anlageberatung iSv 34 § 1 Abs. 1a S. 2 Nr. 1a KWG ist die Abgabe von persönlichen Empfehlungen an Kunden oder deren Vertreter, die sich auf Geschäfte mit bestimmten Finanzinstrumenten beziehen, sofern die Empfehlung auf eine Prüfung der persönlichen Umstände des Anlegers gestützt oder als für ihn geeignet dargestellt wird und nicht ausschließlich über Informationsverbreitungskanäle oder für die Öffentlichkeit bekannt gegeben wird. Der seit dem 1.11.2007 in § 1 Abs. 1a KWG aufgenommene Tatbestand der Anlageberatung wurde eingefügt durch das Gesetz zur Umsetzung der Richtlinie über Märkte für Finanzinstrumente und der Durchführungsrichtlinie der Kommission (Finanzmarkt-Richtlinie-Umsetzungsgesetz – FRUG) in Umsetzung von Art. 4 Abs. 1 Nr. 4 und Anhang I Abschnitt A Nr. 5 der Richtlinie 2004/39/EG des Europäischen Parlaments und des Rates vom 21.4.2004 (Finanzmarktrichtlinie) sowie Art. 52 der Richtlinie 2006/73/EG der Kommission vom 10.8.2006 (Durchführungsrichtlinie).

Eine Empfehlung liegt dann vor, wenn dem Anleger zu einer bestimmten Hand- 35 lung als in seinem Interesse liegend geraten wird. Die Empfehlung des Anlageberaters bezieht sich auf ein „bestimmtes" Finanzinstrument, wenn der Berater dem Kunden eine Reihe konkreter Anlagevorschläge macht, die Auswahl jedoch dem Kunden überlässt (vgl. hierzu iE *Schäfer* in Boos/Fischer/Schulte-Mattler KWG § 1 Rn. 142 ff.). Die erforderliche Prüfung der persönlichen Umstände wurde bereits durchgeführt, wenn der Kunde den Dienstleister lediglich in allgemeiner Form über seine finanzielle Situation unterrichtet und der Dienstleister daraufhin seine Empfehlungen abgibt. Hierbei ist es ausreichend, wenn der Dienstleister die Empfehlung als für den Kunden geeignet darstellt – dies ist dann der Fall, wenn der Kunde davon ausgehen muss, dass die abgegebene Empfehlung auf einer Berücksichtigung seiner persönlichen Umstände beruht (*Schäfer* in Boos/Fischer/Schulte-

Figura 145

Mattler KWG § 1 Rn. 142 f.; Gemeinsames Informationsblatt der Bundesanstalt für Finanzdienstleistungsaufsicht und der Deutschen Bundesbank zum Tatbestand der Anlageberatung, Stand: Februar 2019, S. 3).

36 Die Empfehlung bezieht sich auf „bestimmte" Finanzinstrumente, wenn der Dienstleister ein Finanzinstrument iSv § 1 Abs. 11 KWG konkret benennt. Nicht ausreichend ist es, wenn sich die Empfehlung nur auf eine bestimmte Art von Finanzinstrumenten bezieht, dem Kunden lediglich allgemein der Erwerb von Zertifikaten oder von festverzinslichen Wertpapieren empfohlen wird (vgl. im Einzelnen Gemeinsames Informationsblatt der Bundesanstalt für Finanzdienstleistungsaufsicht und der Deutschen Bundesbank zum Tatbestand der Anlageberatung, Stand: Februar 2019, S. 3). Kunden, gegenüber denen die Empfehlung abzugeben ist, sind alle natürlichen und juristischen Personen sowie Personengesellschaften, sowie sog. „professionelle Kunden" oder „institutionelle Kunden". § 64i Abs. 1 KWG enthält Übergangsregelungen zum Finanzmarktrichtlinie-Umsetzungsgesetz im Hinblick auf die Anlageberatung. Die Anlageberatung iSd § 1 Abs. 1a S. 2 Nr. 1a KWG ist Wertpapierdienstleistung iSd § 2 Abs. 8 Nr. 10 WpHG mit der Folge des Bestehens besonderer Pflichten nach § 64 WpHG.

37 **c) Betrieb eines multilateralen Handelssystems (§ 1 Abs. 1 a S. 2 Nr. 1 b KWG) und Betrieb eines organisierten Handelssystems (§ 1 Abs. 1 a S. 2 Nr. 1 d KWG).** Finanzdienstleistung iSv § 1 Abs. 1a S. 2 Nr. 1b KWG ist auch der Betrieb eines multilateralen Systems, das die Interessen einer Vielzahl von Personen am Kauf und Verkauf von Finanzinstrumenten innerhalb des Systems und nach festgelegten Bestimmungen in einer Weise zusammenbringt, die zu einem Vertrag über den Kauf dieser Finanzinstrumente führt. Der Wortlaut entspricht § 2 Abs. 3 Nr. 8 WpHG. Ein System im Sinne der Vorschrift erfordert zumindest das Vorliegen eines Regelwerks über die Mitgliedschaft, die Handelsaufnahme von Finanzinstrumenten iSv § 1 Abs. 11 KWG, den Handel zwischen den Mitgliedern, Meldungen über abgeschlossene Geschäfte und Transparenzpflichten; eine Handelsplattform im technischen Sinne ist dagegen nicht erforderlich (*Schäfer* in Boos/Fischer/Schulte-Mattler KWG § 1 Rn. 150; vgl. auch BaFin, Merkblatt – Hinweise für Registergerichte zu Bank-, Versicherungs- und Finanzdienstleistungsgeschäften v. 31.10.2012, II.2.c.). Ausgeschlossen sind bilaterale Systeme, bei denen ein Finanzdienstleister Geschäfte für eigene Rechnung tätigt und dabei nicht als zentraler Kontrahent gemäß § 1 Abs. 1 S. 2 Nr. 12 KWG auftritt (*Schäfer* in Boos/Fischer/Schulte-Mattler KWG § 1 Rn. 151). Das geforderte „Interesse am Kauf und Verkauf" ist weit auszulegen; erfasst werden Aufträge, Kursofferten und Interessenbekundungen (*Schäfer* in Boos/Fischer/Schulte-Mattler KWG § 1 Rn. 151). Erforderlich ist zudem eine Interessenzusammenführung, ohne dass den Parteien dabei ein Entscheidungsspielraum verbleibt, ob sie im Einzelfall das Geschäft mit einem bestimmten Vertragspartner eingehen wollen; nicht erfasst sind daher Systeme, die lediglich der Abwicklung eines von den Parteien außerhalb des Systems geschlossenen Vertrages dienen (*Schäfer* in Boos/Fischer/Schulte-Mattler KWG § 1 Rn. 151). Die besonderen Anforderungen an multilaterale Handelssysteme gemäß § 74 WpHG gilt es darüber hinaus zu beachten.

38 Finanzdienstleistung iSv § 1 Abs. 1a S. 2 Nr. 1d KWG ist ferner der Betrieb eines organisierten Systems. Die Norm wurde durch das Zweite Finanzmarktnovellierungsgesetz neu in das Kreditwesengesetz aufgenommen und dient der Begriffsbestimmung (BT-Drs. 18/10936, 257). Hierunter ist der Betrieb eines multilateralen Systems zu verstehen, bei dem es sich nicht um einen organisierten Markt oder ein multilaterales Handelssystem handelt und das die Interessen einer Vielzahl Drit-

Verpflichtete, Verordnungsermächtigung §2

ter am Kauf und Verkauf von Schuldverschreibungen, strukturierten Finanzprodukten, Emissionszertifikaten oder Derivaten innerhalb des Systems auf eine Weise zusammenführt, die zu einem Vertrag über den Kauf dieser Finanzinstrumente führt. Gemäß § 72 WpHG hat der Betreiber eines multilateralen oder organisierten Handelssystems der Bundesanstalt eine ausführliche Beschreibung der Funktionsweise des Handelssystems vorzulegen. Diese hat auch etwaige Verbindungen des Handelssystems zu Börsen, anderen multilateralen oder organisierten Handelssystemen oder systematischen Internalisierern, deren Träger oder Betreiber im Eigentum des Betreibers des Handelssystems stehen, sowie eine Liste der Mitglieder, Teilnehmer und Nutzer des Handelssystems zu umfassen. Darüber hinaus gilt die Erlaubnispflicht nach § 32 KWG (BT-Drs. 18/10936, 257); wird das organisierte Handelssystems an einer Börse betrieben, bedarf es zudem einer schriftlichen Erlaubnis der Börsenaufsichtsbehörde (vgl. hierzu § 48b Abs. 1 Börsengesetz). Besondere Anforderungen an organisierte Handelssysteme sieht § 75 WpHG vor; hiernach hat der Betreiber eines organisierten Handelssystems bspw. geeignete Vorkehrungen zu treffen, durch die die Ausführung von Kundenaufträgen in dem organisierten Handelssystem unter Einsatz des eigenen Kapitals des Betreibers oder eines Mitglieds derselben Unternehmensgruppe verhindert wird.

d) Platzierungsgeschäft (§ 1 Abs. 1a S. 2 Nr. 1c KWG). Das Finanzmarkt- 39 richtlinie-Umsetzungsgesetz vom 16.7.2007 (BGBl. I S. 1330) hat mit Wirkung zum 1.11.2007 die im KWG definierten Finanzdienstleistungen um den Tatbestand des Platzierungsgeschäfts erweitert. Bislang als Unterfall der Abschlussvermittlung iSd § 1 Abs. 1a S. 2 Nr. 2 KWG erlaubnispflichtig, ist die Unterbringung von Finanzinstrumenten ohne feste Übernahmeverpflichtung nun Platzierungsgeschäft iSv § 1 Abs. 1a S. 2 Nr. 1c KWG. Unter Platzierung ist allgemein die Unterbringung/der Verkauf von Finanzinstrumenten iSv § 1 Abs. 11 KWG auf dem Kapitalmarkt oder an einen begrenzten Kreis von Personen oder (institutionellen) Anlegern im Rahmen einer Emission zu verstehen (BaFin, Merkblatt Platzierungsgeschäft v. 10.12.2009, zuletzt geändert am 25.7.2013, 1.a)). Erforderlich ist zudem das Bestehen einer Platzierungsabrede zwischen dem Unternehmen, das die Platzierung vornimmt und dem Emittenten, bzw. den Unternehmen, die in die Emission eingebunden sind. Es darf jedoch keine feste Übernahmeverpflichtung in Form einer Verpflichtung, eine Emission von Finanzinstrumenten zu einem vorher festgelegten Preis/Kurs in den eigenen Bestand zu übernehmen, eingegangen werden. Da vom neuen Tatbestand des Platzierungsgeschäftes nur Fälle der Veräußerung, nicht jedoch die Anschaffung erfasst werden, liegt kein Platzierungsgeschäft vor, wenn etwa der Dienstleister auf der Erwerberseite auftritt (BaFin, Merkblatt Platzierungsgeschäft v. 10.12.2009, zuletzt geändert am 25.7.2013, 1.b)).

e) Abschlussvermittlung (§ 1 Abs. 1a S. 2 Nr. 2 KWG). Die Abschlussver- 40 mittlung iSv § 1 Abs. 1a S. 2 Nr. 2 KWG besteht in der Anschaffung und der Veräußerung von Finanzinstrumenten (vgl. § 1 Abs. 11 KWG) im fremden Namen für fremde Rechnung (offene Stellvertretung). Erfasst wird ebenfalls die Tätigkeit des Abschlussmaklers iSd § 34c GewO, sofern er eine Partei bei Abschluss des Geschäfts vertritt (BaFin, Merkblatt – Hinweise für Registergerichte zu Bank-, Versicherungs- und Finanzdienstleistungsgeschäften v. 31.10.2012, II.2.e.).

f) Finanzportfolioverwaltung (§ 1 Abs. 1a S. 2 Nr. 3 KWG). Finanzport- 41 folioverwaltung ist die Verwaltung einzelner in Finanzinstrumenten angelegter Vermögen für andere mit Entscheidungsspielraum, § 1 Abs. 1a S. 2 Nr. 3 KWG. Der

Figura

geforderte Entscheidungsspielraum ist gegeben, wenn die konkreten Anlageentscheidungen im eigenen Ermessen des Vermögensverwalters liegen (iE *Schäfer* in Boos/Fischer/Schulte-Mattler KWG § 1 Rn. 159 ff.). Die in dem Portfolio enthaltenen Wertpapiere dürfen von dem Verwalter nicht selbst verwahrt, sondern müssen auf einem Depotkonto des Kunden bei einem Unternehmen verwahrt werden, das eine Erlaubnis zum Betreiben des Depotgeschäftes besitzt. Zur Frage der Einordnung der Geschäftsführung von sog. GbR-Investmentclubs als Finanzportfolioverwalter vgl. BVerwG ZIP 2005, 385 = BKR 2005, 200; *Schäfer* in Boos/Fischer/Schulte-Mattler KWG § 1 Rn. 161 f. mwN.

42 **g) Eigenhandel (§ 1 Abs. 1a S. 2 Nr. 4 KWG).** Eigenhandel iSv § 1 Abs. 1a S. 2 Nr. 4d KWG ist die Anschaffung und die Veräußerung von Finanzinstrumenten für eigene Rechnung als Dienstleistung für andere. Die Finanzinstrumente müssen mit dem Ziel angeschafft und veräußert werden, bestehende oder erwartete Unterschiede zwischen dem Kauf- und Verkaufspreis oder anderen Preis- oder Zinsschwankungen auszunutzen (*Schäfer* in Boos/Fischer/Schulte-Mattler KWG § 1 Rn. 166). Dabei tritt das Institut seinem Kunden nicht wie beim Finanzkommissionsgeschäft als Kommissionär, sondern als Käufer oder Verkäufer gegenüber. Abzugrenzen ist der Eigenhandel als Dienstleistung vom Eigengeschäft iSv § 1 Abs. 1a S. 3 KWG. Ein Eigenhandel für andere ist jedenfalls dann anzunehmen, wenn der Kundenauftrag vor dem Geschäftsabschluss liegt; wird die Tätigkeit mit Gewinnerzielungsabsicht unternommen und stellt sich diese als Beteiligung am allgemeinen Wirtschaftsverkehr dar, genügt dies für die Annahme eines Eigenhandels (*Oelkers* WM 2001, 340 (345); *Schäfer* in Boos/Fischer/Schulte-Mattler KWG § 1 Rn. 170).

43 **h) Drittstaateneinlagenvermittlung (§ 1 Abs. 1a S. 2 Nr. 5 KWG).** Die Vermittlung von Einlagengeschäften mit Unternehmen mit Sitz außerhalb des Europäischen Wirtschaftsraums ist Drittstaateneinlagenvermittlung und Finanzdienstleistungsgeschäft iSv § 1 Abs. 1a S. 2 Nr. 5 KWG (vgl. RegBegr. zur 6. KWG-Novelle, BT-Drs. 13/7142). Die Einlagenvermittlung erfordert ein Tätigwerden des Unternehmens auf Weisung des Kunden, zB als dessen Bote. Sammelt ein Treuhänder dagegen offiziell auf Weisung des ausländischen Kreditinstituts (vgl. § 53 KWG) Einlagen ein und leitet diese ins Ausland weiter, ist vom Betreiben einer Zweigstelle durch ein ausländisches Kreditinstitut auszugehen; in diesem Fall liegt keine Drittstaateneinlagenvermittlung vor (*Schäfer* in Boos/Fischer/Schulte-Mattler KWG § 1 Rn. 174 f.).

44 **i) Finanztransfergeschäft (§ 1 Abs. 1a S. 2 Nr. 6 KWG aF) und Kryptoverwahrgeschäft (§ 1 Abs. 1a S. 2 Nr. 6 KWG nF).** In § 1 Abs. 1a S. 2 Nr. 6 KWG aF war bislang das sog. Finanztransfergeschäft und damit die Besorgung von Zahlungsaufträgen für andere im bargeldlosen Zahlungsverkehr geregelt (*Schäfer* in Boos/Fischer/Schulte-Mattler KWG § 1 Rn. 176). Durch das Zahlungsdiensteumsetzungsgesetz wurde § 1 Abs. 1a S. 2 Nr. 6 KWG mit Wirkung zum 31.10.2009 aufgehoben. Das Finanztransfergeschäft ist nunmehr erlaubnispflichtiger Zahlungsdienst iSv § 1 Abs. 1 S. 2 Nr. 6 ZAG.

45 Im Zuge der Umsetzung der **5. Geldwäscherichtlinie** wird der Kreis der geldwäscherechtlich Verpflichteten um sog. Dienstleistungsanbieter insbesondere im Bereich des Kryptoverwahrgeschäfts (wie bspw. Betreiber elektronischer Geldbörsen für Kryptowährungen) erweitert (BT-Drs. 19/13827, 48, 121). Durch die zunehmende Verbreitung und Nutzung virtueller Währungen ist das Geldwäscherisiko gestiegen (so auch BMF, Erste Nationale Risikoanalyse, S. 114 ff. und ICLU,

Handlungsempfehlungen: Prävention von Straftaten mit Bitcoins und Alt-Coins, S. 22f.). Insbesondere die Anonymität solcher virtuellen Währungen begünstigt den Missbrauch solcher Währungen zu Geldwäschezwecken (vgl. hierzu ausführlich Drs. 19/13827, 48; *Herzog/Hoch* StV 2019, 412 (413ff.); *van Bömmel* in Bergmann Geldwäsche, S. 141, 148ff.). Ziel ist es folglich, die Verwendung virtueller Währungen zwecks Bekämpfung der Geldwäsche und der Terrorismusfinanzierung (besser) zu überwachen (zur Analyse des Wortlaut des Gesetzes und etwaigen Schwächen s. *Fromberger/Haffke/Zimmermann* BKR 2019, 377 (383ff.)). Zu den Finanzdienstleistungen nach § 1 Abs. 1a S. 2 KWG zählt aus diesem Grund nunmehr auch das sog. Kryptoverwahrgeschäft (Umsetzung von Art. 1 Nr. 1 lit. c, Nr. 2 lit. d und Nr. 29 der 5. Geldwäscherichtlinie). Kryptowerte im Sinne des Kreditwesengesetzes sind digitale Darstellungen eines Wertes, der von keiner Zentralbank oder öffentlichen Stelle emittiert wurde oder garantiert wird und nicht den gesetzlichen Status einer Währung oder von Geld besitzt, aber von natürlichen oder juristischen Personen aufgrund einer Vereinbarung oder tatsächlichen Übung als Tausch- oder Zahlungsmittel akzeptiert wird oder Anlagezwecken dient und der auf elektronischem Wege übertragen, gespeichert und gehandelt werden kann (§ 1 Abs. 11 S. 4 KWG). Die Definition des Begriffs „Kryptowert" wurde unter Beachtung der Vorgaben der 5. Geldwäscherichtlinie weit gefasst, um aller Verwendungsformen von virtuellen Währungen zu erfassen (zur Konkretisierungsbitte des Bundesrates s. BT-Drs. 19/13827, 142ff.; vgl. zur Einordnung von Kryptowerten auch *Klöhn/Parhofer* ZIP 2018, 2093 (2094, 2096ff.); *Beukelmann* NJW-Spezial 2019, 184). Keine Kryptowerte sind gemäß § 1 Abs. 11 S. 5 Nr. 1 und 2 KWG E-Geld iSd § 1 Abs. 2 S. 3 ZAG oder ein monetärer Wert, der die Anforderungen des § 2 Nr. 10 ZAG erfüllt oder nur für Zahlungsvorgänge nach § 2 Abs. 1 Nr. 11 ZAG eingesetzt wird. Durch § 1 Abs. 11 S. 1 Nr. 10 KWG wird klargestellt, dass Kryptowerte Finanzinstrumente im Sinne der Abs. 1–3 und 17 des § 1 KWG sowie iSd § 2 Abs. 1 und 6 KWG sind vgl. *Achtelik* → § 25 KWG Rn. 6).

Unter Kryptoverwahrgeschäft ist die Verwahrung, die Verwaltung und die Sicherung von Kryptowerten oder privaten kryptografischen Schlüsseln, die dazu dienen, Kryptowerte zu halten, zu speichern oder zu übertragen, für andere zu verstehen (§ 1 Abs. 1a S. 2 Nr. 6 KWG; zur Konkretisierungsbitte des Bundesrates s. BT-Drs. 19/13827, 142ff.). Wer im Inland gewerbsmäßig oder in einem Umfang, der einen in kaufmännischer Weise eingerichteten Geschäftsbetrieb erfordert, Finanzdienstleistungen – wie das Kryptoverwahrgeschäft – erbringen will, bedarf der schriftlichen Erlaubnis der Aufsichtsbehörde (§ 32 Abs. 1 S. 1 KWG) und wird durch die Bundesanstalt für Finanzdienstleistungsaufsicht (BaFin) überwacht. Hierdurch soll sichergestellt werden, dass diese laufend mit ihrem aufsichtsrechtlichen Instrumentarium laufend die Einhaltung der geldwäscherechtlichen Vorschriften sicherstellen kann (BT-Drs. 19/13827, 109). Unter Verwahren ist nach der Gesetzesbegründung „die Inobhutnahme der Kryptowerte als Dienstleistung für Dritte" zu verstehen (BT-Drs. 19/13827, 109); vor allem Dienstleister, die Kryptowerte ihrer Kunden in einem Sammelbestand aufbewahren, ohne dass die Kunden selbst Kenntnis der dabei verwendeten kryptographischen Schlüssel haben, sollen vom Begriff des Verwahrens umfasst werden. Unter Verwalten ist „die laufende Wahrnehmung der Rechte aus dem Kryptowert" zu fassen (BT-Drs. 19/13827, 109). Die Sicherung ist wiederum „sowohl die als Dienstleistung erbrachte digitale Speicherung der privaten kryptografischen Schlüssel Dritter, als auch die Aufbewahrung physischer Datenträger (z. B. USB-Stick, Papier), auf denen solche Schlüssel gespeichert sind" (BT-Drs. 19/13827, 109); die bloße Zurverfügungstellung von 46

Speicherplatz, zB durch Webhosting- oder Cloudspeicher-Anbieter erfüllt hingegen nicht den Tatbestand der Sicherung, wenn nicht die Dienste „nicht ausdrücklich für die Speicherung der privaten kryptografischen Schlüssel" angeboten werden (BT-Drs. 19/13827, 109). Wird lediglich Hard- oder Software zur Sicherung der Kryptowerte oder der privaten kryptografischen Schlüssel bereitgestellt, die von den Nutzern eigenverantwortlich betrieben wird, und haben die Anbieter keinen bestimmungsgemäßen Zugriff auf die gespeicherten Daten, liegt ebenfalls keine Sicherung vor (BT-Drs. 19/13827, 109).

47 Beachtlich ist, dass Dienstleistungsanbieter, die den Umtausch von Kryptowerten in gesetzliche Währungen und umgekehrt sowie in andere Kryptowerte anbieten, bereits regelmäßig aufgrund ihrer Funktion als Finanzdienstleistungsunternehmen Verpflichtete nach § 2 Abs. 1 GwG sind. Sie unterliegen der Überwachung durch die Bundesanstalt für Finanzdienstleistungsaufsicht (BaFin). Der Umtausch solcher Kryptowerten ist dem Katalog der Bank- oder Finanzdienstleistungen nach § 1 Abs. 1, 1 a KWG zuzuordnen. Er kann zB als Finanzkommissionsgeschäft gemäß § 1 Abs. 1 S. 2 Nr. 4 KWG angesehen werden; hierfür muss der Dienstleister den Kryptowert in Kommission nehmen mit dem Ziel ihn für Rechnung des Kunden am Markt an einen Dritten zu veräußern. Erfolgt eine offene Stellvertretung wäre die Dienstleistung als Abschlussvermittlung nach § 1 Abs. 1a S. 2 Nr. 2 KWG einzuordnen. Ein Geschäft in Form des Eigenhandels nach § 1 Abs. 1a S. 2 Nr. 4 lit. c KWG liegt hingegen vor, wenn die Transaktion über einen Kaufvertrag zwischen Dienstleister und Kunden erfolgt (BT-Drs. 19/13827, 49). Durch den Umtausch von Kryptowerten auf einem multilateralen System mit automatischem Abgleichen von Transaktionen (matching) wird der Betrieb eines multilateralen Handelssystems gemäß § 1 Abs. 1a S. 2 Nr. 1 lit. b KWG erfüllt; da die Norm weit auszulegen ist, wird der Betrieb eines multilateralen Handelssystems auch dann angenommen, wenn die Kryptowerte nicht gegen gesetzliche Zahlungsmittel ge- oder verkauft, sondern gegen andere Kryptowerte getauscht werden (BT-Drs. 19/13827, 49).

48 **j) Sortengeschäft (§ 1 Abs. 1a S. 2 Nr. 7 KWG).** Das Sortengeschäft iSv § 1 Abs. 1a S. 2 Nr. 7 KWG umfasst den Handel mit Sorten, dh den Austausch von Banknoten oder Münzen, die gesetzliche Zahlungsmittel darstellen, sowie den Verkauf und Ankauf von Reiseschecks (vgl. iE *Schäfer* in Boos/Fischer/Schulte-Mattler KWG § 1 Rn. 177 ff.). Dem Begriff des Sortengeschäftes unterfällt insbesondere der Betrieb von Wechselstuben, die nach wie vor eine zentrale Rolle für Geldwäscheaktivitäten zu spielen scheinen. Auch wenn der Handel mit Sorten in Deutschland gemäß § 1 Abs. 1a S. 2 Nr. 7 KWG als Finanzdienstleistungsgeschäft der Genehmigungspflicht, sowie der laufenden Aufsicht durch die BaFin unterfällt, unterliegen Wechselstuben im internationalen Bereich häufig noch einer geringeren Aufsicht als Banken (*Hoyer/Klos* S. 30). § 2 Abs. 6 Nr. 12, Abs. 7 KWG sehen eine Ausnahme ua für Reisebüros, Hotels und Kaufhäuser vor. Bereits nach bisheriger Rechtslage oblagen Finanzdienstleistungsinstituten, die das Finanztransfer- oder das Sortengeschäft betreiben, besondere, von den gesetzlichen Vorgaben des GwG abweichende Vorgaben zur ordnungsgemäßen Kundenidentifizierung und Feststellung des wirtschaftlich Berechtigten bei Anknüpfung der Geschäftsbeziehung, sowie zur Identifizierung von Gelegenheitskunden. Da Institute, die das Finanztransfer- bzw. Sortengeschäft betreiben, aufgrund häufiger Bartransaktionen allgemein als geldwäscheanfälliger als andere Institute angesehen werden, hatten diese nach entsprechenden Verlautbarungen der BaFin bereits ab einem Transaktionsbetrag von 2.500 EUR den auftretenden Kunden nach Maßgabe des § 1 Abs. 5 GwG aF bzw.

Verpflichtete, Verordnungsermächtigung **§ 2**

des § 7 GwG aF zu identifizieren (BAKred, Verlautbarung v. 30.12.1997 über Maßnahmen der Finanzdienstleistungsinstitute zur Bekämpfung und Verhinderung der Geldwäsche (I 5 – E 102) Rn. 45).

Nach der Neufassung gelten die Sorgfaltspflichten nach § 10 Abs. 1 Nr. 1, 2 und 4 GwG für Institute bei der Annahme von Bargeld ungeachtet etwaiger im Geldwäschegesetz oder in diesem Gesetz genannter Schwellenbeträge, soweit ein Sortengeschäft nicht über ein bei dem Institut eröffnetes Konto des Kunden abgewickelt wird und die Transaktion einen Wert von 2.500 EUR oder mehr aufweist (§ 25k Abs. 1 KWG). Der Schwellenwert von 2.500 EUR wurde allerdings bereits mit Inkrafttreten des GwBek ErgG für das Sortengeschäft gesetzlich festgelegt (vgl. auch RegE GwBekErgG, BT-Drs. 16/9038, 17, wonach der Schwellenwert für das Sortengeschäft ursprünglich auf Null abgesenkt werden sollte). Die Sonderregelung betrifft die Fälle der Annahme von Bargeld, soweit ein Auftrag des Kunden im Rahmen des Sortengeschäftes nicht über ein bei dem Verpflichteten eröffnetes Konto des Kunden abgewickelt wird.

k) Ausgabe und Verwaltung von Kreditkarten und Reiseschecks (§ 1 49 **Abs. 1a S. 2 Nr. 8 KWG aF).** Das Kreditkartengeschäft iSv § 1 Abs. 1a S. 2 Nr. 8 KWG aF umfasste die Ausgabe oder die Verwaltung von Kreditkarten und Reiseschecks, es sei denn, der Kartenemittent ist auch der Erbringer der dem Zahlungsvorgang zugrundeliegenden Leistung (*Schäfer* in Boos/Fischer/Schulte-Mattler KWG § 1 Rn. 180). Gemäß § 8 ZAG ist das Kreditkartengeschäft nunmehr als „erlaubnispflichtiger Zahlungsdienst" einzuordnen (*Schäfer* in Boos/Fischer/Schulte-Mattler KWG § 1 Rn. 180); die Kreditkarte ist technisches Hilfsmittel für Geldverfügungen und Inanspruchnahme von bereits eingeräumten Krediten. Das Reisescheckgeschäft ist nunmehr Bankdienstleistung iSv § 1 Abs. 1 S. 2 Nr. 9 KWG, das Kreditkartengeschäft wurde durch das Zahlungsdiensteumsetzungsgesetz als Finanzdienstleistung aufgehoben und ist nunmehr erlaubnispflichtiger Zahlungsdienst iSv § 1 S. 2 Nr. 3 und 4 ZAG (§ 1 Abs. 2 Nr. 2 und 3 ZAG aF).

l) Factoring (§ 1 Abs. 1a S. 2 Nr. 9 KWG). Als Factoring wird der laufende 50 Ankauf von Forderungen aus Lieferungen oder Leistungen des Factoringkunden durch einen Factor („Käufer") nach Maßgabe eines Rahmenvertrags mit Finanzierungsfunktion bezeichnet. Der Tatbestand des § 1 Abs. 1a S. 2 Nr. 9 KWG fällt mit dem unter § 1 Abs. 3 S. 1 Nr. 2 KWG definierten Geschäftsgegenstand zusammen; die Regelung in § 1 Abs. 3 KWG ist insoweit subsidiär und dient als Auffangtatbestand (BaFin, Hinweise zum Tatbestand des Factorings v. 5.1.2009, Ziff. II.).

Gegenstand des Factorings können neben Geldforderungen auch alle anderen 51 geldwerten Forderungen sein, die sachlich Gegenstand von Rahmenverträgen sein können. Als Ankauf wird jeder schuldrechtliche Vertrag bezeichnet, der auf den Erwerb der Forderung gerichtet ist (BaFin, Hinweise zum Tatbestand des Factorings v. 5.1.2009, Ziff. III 1). Dem Tatbestand des § 1 Abs. 1a S. 2 Nr. 9 KWG unterfallen sowohl das echte Factoring („non-recourse-factoring"), bei dem der Käufer das Delkredere- oder Forderungsausfallrisiko trägt und der Verkäufer (Zedent/Anschlusskunde) nur für den rechtlichen Bestand der Forderung, nicht jedoch für die Bonität des Forderungsschuldners haftet, als auch das unechte Factoring („recourse factoring") bei dem sich der Factor vorbehält, bei Zahlungsunfähigkeit des Schuldners (Debitor) die Forderung dem Anschlusskunden rückzubelasten und die Forderung nur erfüllungshalber (§ 364 Abs. 2 BGB) auf den Factor übertragen wird (vgl. BT-Drs. 16/11108, 67). Mit der Delkrederefunktion wird das echte Factoring aus dem Darlehensrecht und damit auch aus dem Tatbestand des Kreditgeschäfts iSv

Figura 151

§ 2 Abschnitt 1. Begriffsbestimmungen und Verpflichtete

§ 1 Abs. 1 S. 2 Nr. 2 KWG herausgelöst; so auch bei eingeschränkter Dienstleistungsfunktion, wenn Debitorenbuchhaltung einschließlich Inkasso- und Mahnwesen und gerichtlichem Forderungseinzug bei dem Anschlussunternehmen verbleiben (sog. Eigenservice- oder Inhousefactoring; vgl. BaFin, Hinweise zum Tatbestand des Factorings v. 5.1.2009, Ziff. II). Unbeschadet der zivilrechtlichen Einordnung des Ankaufs von Forderungen ohne Übernahme des Delkredererisikos als Darlehen iSd § 488 BGB soll nach der amtlichen Begründung im Regierungsentwurf auf dieses Geschäft der Tatbestand des Kreditgeschäfts des § 1 Abs. 1 S. 2 Nr. 2 KWG entgegen seinem Wortlaut nicht zur Anwendung kommen (vgl. BT-Drs. 16/11108, 67). In Durchbrechung des in § 1 Abs. 1a S. 1 KWG verankerten Prinzips des Vorrangs des Bankgeschäfts soll das Factoring in dem neuen § 1 Abs. 1a S. 2 Nr. 9 KWG als Finanzdienstleistungstatbestand abschließend geregelt werden (so auch BaFin, Hinweise zum Tatbestand des Factorings v. 5.1.2009, Ziff. V).

52   Kein Forderungskauf, sondern abstraktes Schuldversprechen ist dagegen das Vertragsverhältnis zwischen Kreditkartenunternehmen und Vertragsunternehmen (vgl. BGH 16.4.2002 – XI ZR 375/00, BeckRS 2002, 4107), das bereits mangels Vorliegen eines „Ankaufs" nicht unter § 1 Abs. 1a S. 2 Nr. 9 KWG fällt.

53   Voraussetzung für die Einordnung als Factoring iSv § 1 Abs. 1a S. 2 Nr. 9 KWG ist das Bestehen einer laufenden Geschäftsbeziehung, in deren Rahmen der „Käufer" (Factor) regelmäßig Forderungen ankauft. Der erstmalige Aufkauf eines Forderungsbestandes begründet nur dann den Tatbestand des Factoring, wenn die Parteien weitere Geschäfte dieser Art vorhaben (BaFin, Hinweise zum Tatbestand des Factorings v. 5.1.2009, Ziff. III 2.). Dem Geschäft zugrunde liegen muss ferner eine – ggf. auch konkludent geschlossene – Rahmenvereinbarung, die über den Ankauf eines einzelnen Forderungsbestandes hinaus Gültigkeit haben soll (BaFin, Hinweise zum Tatbestand des Factorings v. 5.1.2009, Ziff. III 2.).

54   Dem Geschäft muss eine Finanzierungsfunktion zukommen. Nur wenn die Finanzierungsfunktion (wie grundsätzlich beim Fälligkeitsfactoring) gänzlich wegfällt, ist der Tatbestand des § 1 Abs. 1a S. 2 Nr. 9 KWG nach Sinn und Zweck der gesetzlichen Bestimmung nicht einschlägig (BT-Drs. 16/11108, 67).

55   Vom Tatbestand des § 1 Abs. 1a S. 2 Nr. 9 KWG erfasst werden die offene Abtretung, bei der der Forderungsschuldner (Debitor) über die Abtretung in Kenntnis gesetzt wird (offenes Factoring), die stille Abtretung, bei der der Forderungsschuldner nicht informiert wird (stilles Factoring) sowie alle möglichen Zwischenformen (halb-offenes Factoring). Ebenfalls unter § 1 Abs. 1a S. 2 Nr. 9 KWG fällt das sog. „Einzelfactoring", bei dem Kunden durch den Verkauf einzelner Forderungen ihren kurzfristigen Kapitalbedarf abdecken und der Factor keinen ganzen Forderungsbestand aufkauft; Voraussetzung ist jedoch auch hier der Abschluss einer Rahmenvereinbarung. Da unerheblich ist, wer Partei der Rahmenvereinbarung wird, genügt auch das sog. Reverse-Factoring, bei dem die Initiative bei dem Abnehmer liegt, der sich in den Genuss längerer Zahlungsziele bringt, indem er mit dem Factor eine Rahmenvereinbarung schließt, die diesen verpflichtet, die Forderungen eines bestimmten Lieferanten vorzufinanzieren, den Anforderungen des § 1 Abs. 1a S. 2 Nr. 9 KWG. Factoring iSv § 1 Abs. 1a S. 2 Nr. 9 KWG liegt ebenfalls vor bei Stundung der an sich fälligen Forderung vor der Zession durch den Verkäufer oder bei Abschluss eines Vollstreckungs-Stillhalteabkommens mit dem Forderungsschuldner, da hier der Ankauf trotz formaler Fälligkeit der angekauften Forderung eine Finanzierungsfunktion zukommt (BaFin, Hinweise zum Tatbestand des Factorings v. 5.1.2009, Ziff. III 3).

Verpflichtete, Verordnungsermächtigung § 2

Kein Factoring iSv § 1 Abs. 1 a S. 2 Nr. 9 KWG sind dagegen das Mietfactoring, 56
bei dem der Factor seinem Anschlusskunden die Möglichkeit gewährt, ihm unter
bestimmten Bedingungen rückständige Mietforderungen abzutreten (da die Mietforderungen fällig sind, handelt es sich um einen Unterfall des Fälligkeitsfactoring,
der nicht unter § 1 Abs. 1 a S. 2 Nr. 9 KWG fällt, wenn der Factor mit dem Ankauf
das Delkredererisiko übernimmt); ferner Forderungskäufe durch Zweckgesellschaften im Rahmen sog. revolvierender ABS-Transaktionen (BaFin, Hinweise zum
Tatbestand des Factorings v. 5.1.2009, Ziff. IV; BT-Drs. 16/11108, 67).

m) Finanzierungsleasing (§ 1 Abs. 1 a S. 2 Nr. 10 KWG). Finanzierungslea- 57
sing ist gem. § 1 Abs. 1 a S. 2 Nr. 10 KWG definiert als der Abschluss von Finanzierungsleasingverträgen als Leasinggeber und die Verwaltung von Objektgesellschaften iSv § 2 Abs. 6 S. 1 Nr. 17 KWG. Ausreichend ist bereits die Verwirklichung
einer der beiden Tatbestandsalternativen.

Typischerweise wird zwischen dem Hersteller oder Lieferanten und dem Lea- 58
singgeber ein Kaufvertrag, zwischen Leasinggeber und Leasingnehmer ein hiervon
rechtlich unabhängiger Gebrauchsüberlassungsvertrag geschlossen. Wesentliche
Funktion des Finanzierungsleasings ist neben der Gebrauchsüberlassung des Leasingobjekts die Finanzierungsfunktion. Finanzierungsleasing iSv § 1 Abs. 1 a S. 2
Nr. 10 KWG ist hiernach nur bei solchen Vertragskonstellationen gegeben, bei denen die Finanzierungsfunktion im Vordergrund steht (Bericht des Finanzausschusses v. 26.11.2008; BT-Drs. 16/11108, 67).

Von § 1 Abs. 1 a S. 2 Nr. 10 KWG ebenfalls erfasst sind sog. Sale-and-lease-back- 59
Konstellationen, sowie die Voll- und Teilamortisationsverträge im Sinne der
Leasingerlasse des BMF (BMF BStBl. I S. 264; BMF 22.12.1975 – IV B/2 –
S 2170 – 161/75, BeckVerw 026672, in Martinek/Stoffels/Wimmer-Leonhardt
LeasingR-HdB, S. 1212); nicht dagegen das direkte Leasing, bei dem der Hersteller
des Leasingguts seine Produkte ohne Einschaltung einer rechtlich selbstständigen
Leasinggesellschaft vertreibt.

Leasinggegenstand können neben beweglichen und unbeweglichen Sachen 60
auch materielle und immaterielle Wirtschaftsgüter, Investitionsgüter und Konsumgüter sein (BaFin, Merkblatt-Hinweise zum Tatbestand des Finanzierungsleasings v.
19.1.2009, Ziff. II).

Keine Finanzierungsfunktion liegt dagegen regelmäßig beim sog. Operatelea- 61
sing vor, bei dem der Leasinggeber die volle Amortisation des Anschaffungsaufwandes nicht durch ein einmaliges, sondern durch mehrfaches Überlassen des Leasinggutes an verschiedene Leasingnehmer erstrebt (vgl. Bericht des Finanzausschusses v.
26.11.2008, BT-Drs. 16/11108, 67 f.). Mietkaufverträge fallen nur dann unter § 1
Abs. 1 a S. 2 Nr. 10 KWG, wenn der Mietkäufer vertraglich so eingebunden wird,
dass das Wirtschaftsgut grundsätzlich von ihm finanziert und amortisiert wird, das
Investitionsrisiko folglich nicht von dem Mietverkäufer getragen wird. Dies ist regelmäßig dann der Fall, wenn der Mietverkäufer zwar das Gut zum Gebrauch überlässt, die mietvertraglichen Gewährleistungspflichten zum Nachteil des Mietkäufers
jedoch abbedungen werden (BaFin, Merkblatt – Hinweise zum Tatbestand des Finanzierungsleasings v. 19.1.2009, Ziff. III).

Für Leasing-Objektgesellschaften, die als einzige Finanzdienstleistung iSd § 1 62
Abs. 1 a S. 2 KWG das Finanzierungsleasing betreiben, soweit sie als Leasing-Objektgesellschaften für ein einzelnes Leasingobjekt tätig werden, die keine eigenen
geschäftspolitischen Entscheidungen treffen und die von einem Institut mit Sitz im
Europäischen Wirtschaftsraum verwaltet werden, das nach dem Recht des Her-

Figura 153

§ 2   Abschnitt 1. Begriffsbestimmungen und Verpflichtete

kunftsstaates zum Betrieb des Finanzierungsleasings zugelassen ist, gilt gem. § 2 Abs. 6 S. 1 Nr. 17 KWG eine Bereichsausnahme. Ist die Bereichsausnahme des § 2 Abs. 6 S. 1 Nr. 17, bzw. eine der weiteren Bereichsausnahmen des § 2 Abs. 6 verwirklicht, gilt das betroffene Unternehmen nicht als Finanzdienstleistungsinstitut iSv § 1 Abs. 1a S. 2 Nr. 10 KWG. Leasing-Objektgesellschaften iSv § 2 Abs. 6 S. 1 Nr. 17 KWG sind jedoch Finanzunternehmen iSv § 1 Abs. 3 S. 1 Nr. 3 KWG.

63   Die Einbeziehung von Leasing-Gesellschaften in den Anwendungsbereich des GwG ist nicht neu. Bereits seit Inkrafttreten des Gesetzes über das Aufspüren von Gewinnen aus schweren Straftaten („Geldwäschegesetz") vom 29.11.1993 zur Umsetzung der 1. EG-Anti-Geldwäscherichtlinie (RL 91/308/EWG des Rates v. 10.6.1991 zur Verhinderung der Nutzung des Finanzsystems zum Zwecke der Geldwäsche, ABl. 1991 L 166, 77) wurden Leasinggesellschaften als Institute im Sinne des GwG definiert mit der Folge des Entstehens von Identifizierungspflichten bei der Annahme von Bargeld. Mit Novellierung des GwG durch das Geldwäschebekämpfungsgesetz zur Umsetzung der 2. EG-Anti-Geldwäscherichtlinie (RL 2001/97/EG des Europäischen Parlaments und des Rates v. 4.12.2001 zur Änderung der RL 91/308/EWG des Rates zur Verhinderung der Nutzung des Finanzsystems zum Zwecke der Geldwäsche) wurden Leasing-Gesellschaften darüber hinaus zur Identifizierung des Vertragspartners bei Abschluss eines Leasing-Vertrages verpflichtet, § 2 Abs. 1 GwG aF. Hinzu kam ein erweiterter Pflichtenkatalog in Bezug auf die Meldung von Verdachtsfällen im Zusammenhang mit Geldwäsche oder Terrorismusfinanzierung und der Verpflichtung zur Schaffung interner Sicherungsmaßnahmen.

64   **n) Anlageverwaltung (§ 1 Abs. 1a S. 2 Nr. 11 KWG).** Die Anlageverwaltung iSv § 1 Abs. 1a S. 2 Nr. 11 KWG ist die Anschaffung und die Veräußerung von Finanzinstrumenten für eine Gemeinschaft von Anlegern, die natürliche Personen sind, mit Entscheidungsspielraum bei der Auswahl der Finanzinstrumente, sofern dies ein Schwerpunkt des angebotenen Produktes ist und zu dem Zweck erfolgt, dass die Anleger an der Wertentwicklung der erworbenen Finanzinstrumente teilnehmen. Der Tatbestand der Anlageverwaltung wurde neu in den Katalog der erlaubnispflichtigen Finanzdienstleistungen durch Art. 2 des Gesetzes zur Fortentwicklung des Pfandbriefrechts vom 20.3.2009 aufgenommen (BGBl. I S. 607). Hintergrund für die Einführung des neuen Tatbestandes war eine Entscheidung des Bundesverwaltungsgerichts vom 27.2.2008 (6 C 11.07 und 6 C 12.07, BeckRS 2008, 34260), worin das Bundesverwaltungsgericht eine Verwaltungspraxis der Bundesanstalt für Finanzdienstleistungsaufsicht als nicht mit dem KWG vereinbar erklärte, mit der der Betrieb bestimmter Anlagemodelle als erlaubnispflichtiges Finanzkommissionsgeschäft eingestuft wurde (vgl. BT-Drs. 16/11130, 43)

65   Ein Handeln „für eine Gemeinschaft von Anlegern, die natürliche Personen sind" erfordert, dass die materiellen Vor- und Nachteile der Geschäfte über die Anschaffung oder die Veräußerung von Finanzinstrumenten nicht dem Abschließenden, sondern den Anlegern zugutekommen oder zur Last fallen (BT-Drs. 16/11130, 43). Eine gesellschaftliche Verbundenheit der Anleger untereinander ist nicht notwendigerweise Voraussetzung; vielmehr ist es als ausreichend zu betrachten, wenn Anleger einzeln für die Anlageverwaltung gewonnen und lediglich die Gelder und Finanzinstrumente gemeinsam verwaltet werden (BT-Drs. 16/11130, 43). Der Begriff der Anleger umfasst dabei alle natürlichen Personen, die unmittelbar oder mittelbar an der Wertentwicklung der Finanzinstrumente partizipieren (BT-Drs. 16/11130, 43).

66   Der erforderliche Entscheidungsspielraum hinsichtlich der Auswahl der Finanzinstrumente besteht nicht in Fällen, in denen aufgrund der Verkaufsunterlagen nur im Einzelnen konkret festgelegte Finanzinstrumente angeschafft und veräußert werden dürfen, ohne laufend aktiv mit den Finanzinstrumenten zu handeln (BT-Drs. 16/11130, 43).

Keine Anlageverwaltung iSv § 1 Abs. 1a S. 2 Nr. 11 KWG ist die Tätigkeit von **67** Private-Equity-Fonds; dies gilt selbst dann, wenn die Zielgesellschaft eine AG ist (BT-Drs. 16/11130, 43). Auch Treasury-Abteilungen von Industrieunternehmen, die Gelder in Finanzinstrumente anlegen, sind nicht von der Neuregelung betroffen, da sie Anlegern kein Produkt anbieten, dessen Schwerpunkt die Anschaffung und Veräußerung von Finanzinstrumenten ist (BT-Drs. 16/11130, 44).

o) Eingeschränktes Verwahrgeschäft (§ 1 Abs. 1a S. 2 Nr. 12 KWG). Die **68** Verwahrung und die Verwaltung von Wertpapieren ausschließlich für alternative Investmentfonds (AIF) isd § 1 Abs. 3 des Kapitalanlagegesetzbuchs wird als eingeschränktes Verwahrgeschäft bezeichnet. Gemäß Art. 21 Abs. 3 Buchstabe b der Richtlinie 2011/61/EU kann eine Wertpapierfirma, die gemäß der Richtlinie 2004/39/EG zugelassen ist und die auch die Nebendienstleistungen wie Verwahrung und Verwaltung von Finanzinstrumenten für Rechnung von Kunden gemäß Anhang I Abschnitt B Nr. 1 der Richtlinie 2004/39/EG erbringen darf, als Verwahrstelle für einen AIF beauftragt werden (so Bafin – Merkblatt – Hinweise zum Tatbestand des eingeschränkten Verwahrgeschäfts v. 17.7.2013 Stand: Juli 2013). Gemäß § 1 Abs. 1 S. 2 Nr. 5 KWG wurde die Verwahrung und die Verwaltung von Wertpapieren für andere (Depotgeschäft) bisher allerdings ausschließlich als Bankgeschäft qualifiziert. Eine Verwahrstelle für AIF im Inland konnte folglich kein Finanzdienstleistungsinstitut, sondern ausschließlich ein Kreditinstitut, das zum Depotgeschäft nach § 1 Abs. 1 S. 2 Nr. 5 KWG zugelassen ist, sein (Bafin – Merkblatt – Hinweise zum Tatbestand des eingeschränkten Verwahrgeschäfts vom 17.7.2013 Stand: Juli 2013). Um diesen Kreis zu erweitern und die Auswahlmöglichkeit für die AIF zu gewährleisten sowie die Möglichkeit nach Art. 21 Abs. 3b Richtlinie 2011/61/EU des Europäischen Parlaments und des Rates vom 8. Juni 2011 über die Verwalter alternativer Investmentfonds und zur Änderung der Richtlinien 2003/41/EG und 2009/65/EG und der Verordnungen (EG) Nr. 1060/2009 und (EU) Nr. 1095/2010 aufgrund zusätzlicher nationaler Anforderungen nicht leer laufen zu lassen, wurde für die Verwahrung und Verwaltung von Wertpapieren für AIF ein neuer Tatbestand als Finanzdienstleistung eingeführt (Bafin – Merkblatt – Hinweise zum Tatbestand des eingeschränkten Verwahrgeschäfts v. 17.7.2013 Stand: Juli 2013). Als Unterfall des Depotgeschäfts, das ausschließlich für AIF betrieben wird, wurde daher das „eingeschränkte Verwahrgeschäft" in § 1 Abs. 1a S. 2 Nr. 12 KWG als Finanzdienstleistung eingefügt.

Nach § 2 Abs. 1 Nr. 12 KWG sind Unternehmen, die das Depotgeschäft iSd § 1 Abs. 1 S. 2 Nr. 5 KWG ausschließlich für AIF betreiben nicht als Kreditinstitut anzusehen. Durch die Ausnahmeregelung in § 2 Abs. 1 Nr. 12 KWG wurde bestimmt, dass Unternehmen, die lediglich das eingeschränkte Verwahrgeschäft als Unterfall des Depotgeschäfts erbringen, als Finanzdienstleistungsinstitute einzustufen sind. Wird das Depotgeschäft nicht ausschließlich für AIF durchgeführt, kommt diese Ausnahme nicht zur Anwendung mit der Folge, der Erfüllung des Tatbestands des § 1 Abs. 1 S. 2 Nr. 5 KWG und der Einstufung des Unternehmens weiterhin als Kreditinstitut. Soweit allerdings eine Erlaubnis zum Betreiben des Depotgeschäfts vorliegt, ist keine zusätzliche Erlaubnis zum eingeschränkten Verwahrgeschäft erforderlich (so Bafin – Merkblatt – Hinweise zum Tatbestand des eingeschränkten Verwahrgeschäfts vom 17.7.2013 Stand: Juli 2013).

IV. Zahlungsinstitute und E-Geld-Institute nach § 1 Abs. 3 des Zahlungsdiensteaufsichtsgesetzes (Abs. 1 Nr. 3)

1. Institutsbegriff iSd § 1 Abs. 3 ZAG

69 Verpflichtete iSv § 2 Abs. 1 Nr. 3 GwG sind Institute iSd § 1 Abs. 3 Zahlungsdiensteaufsichtsgesetz sowie deren im Inland gelegene Zweigstellen und Zweigniederlassungen von vergleichbaren Instituten mit Sitz im Ausland. Institute iSv § 1 Abs. 3 ZAG sind zum einen die Zahlungsinstitute iSv § 1 Abs. 1 S. 1 Nr. 1 ZAG sowie zum anderen die E-Geld-Institute iSv § 1 Abs. 1 S. 1 Nr. 2 und Abs. 2 Nr. 1 ZAG.

70 Am 31.10.2009 trat das Gesetz zur Umsetzung der aufsichtsrechtlichen Vorschriften der Zahlungsdiensterichtlinie (Zahlungsdiensteumsetzungsgesetz – ZDUG v. 25.6.2009, BGBl. I S. 1506) in Kraft. Hauptbestandteil des Zahlungsdiensteumsetzungsgesetzes war das Gesetz über die Beaufsichtigung von Zahlungsdiensten (Zahlungsdiensteaufsichtsgesetz – ZAG, vgl. Art. 1 ZDUG v. 25.6.2009, BGBl. I S. 1506), mit dem durch die Einführung eines spezifischen Erlaubnisverfahrens und von Regelungen für eine laufende Aufsicht ein einheitlicher Aufsichtsrahmen für die neue Institutskategorie der Zahlungsinstitute geschaffen wurde. So unterlagen bis zu diesem Zeitpunkt weder Kreditkartenunternehmen noch beispielsweise Betreiber des Finanztransfergeschäfts iSv § 1 Abs. 1a S. 2 Nr. 6 KWG aF in der Europäischen Union einer harmonisierten Aufsicht, obwohl Zahlungsdienste häufig grenzüberschreitend erbracht werden. Zahlungsinstitute waren danach Unternehmen, die gewerbsmäßig oder in einem Umfang, der einen in kaufmännischer Weise eingerichteten Geschäftsbetrieb erfordert, Zahlungsdienste iSd § 1 Abs. 2 ZAG erbringen, ohne Einlagenkreditinstitute, E-Geld-Institute, staatliche und kommunale Stellen oder Zentralbanken zu sein (vgl. § 1 Abs. 1 Nr. 5 ZAG aF). Erstreckte sich der Pflichtenkatalog des GwG hinsichtlich der Zahlungsinstitute früher lediglich auf Unternehmen, die das Finanztransfergeschäft oder Kreditkartengeschäft betreiben, zählen nach der Neufassung von § 2 Abs. 1 Nr. 2a GwG durch Art. 5 ZDUG vom 25.6.2009 (BGBl. I S. 1506; Geltung ab 31.10.2009) und der Änderung durch Art. 7 des Gesetzes zur Umsetzung der Zweiten E-Geld-Richtlinie vom 1.3.2011 sowohl Zahlungsinstitute iSv § 1 Abs. 1 Nr. 5 ZAG als auch E-Geld-Institute iSv § 1a Abs. 1 Nr. 5 ZAG sowie deren im Inland gelegene Zweigstellen und Zweigniederlassungen mit Sitz im Ausland zum Kreis der Verpflichteten nach dem GwG. Neben dem E-Geld-Geschäft wurden als Zahlungsdienste nunmehr das Ein- und Auszahlungsgeschäft, die Ausführung des Zahlungsgeschäftes mit und ohne Kreditgewährung, das Zahlungsauthentifizierungsgeschäft, das digitalisierte Zahlungsgeschäft und das Finanztransfergeschäft erfasst.

71 Bis zum 13.1.2018 mussten die Mitgliedstaaten und damit auch die Bundesrepublik Deutschland die sog. **Zweite Zahlungsdiensterichtlinie** (RL (EU) 2015/2366 des Europäischen Parlaments und des Rates vom 25.11.2015 über Zahlungsdienste im Binnenmarkt, zur Änderung der RL 2002/65/EG, 2009/110/EG und 2013/36/EU und der VO (EU) Nr. 1093/2010 sowie zur Aufhebung der RL 2007/64/EG (ABl. 2015 L 337, 35; 2016 L 169, 18) in nationales Recht umsetzen. Die Transformation erfolgte durch eine Neufassung des Zahlungsdiensteaufsichtsgesetz (Gesetz v. 17.7.2017 BGBl. I S. 2446 (Nr. 48); gültig ab 13.1.2018). Eine Änderung bzw. Anpassung des fast zeitgleich neugefassten Geldwäschegesetzes vom 23.6.2017 erfolgte nicht (vgl. hierzu gesetzliche Anpassungen durch Neufas-

Verpflichtete, Verordnungsermächtigung **§ 2**

sung des Zahlungsdiensteaufsichtsgesetz v. 17.7.2017 BGBl. I S. 2446 (Nr. 48)), sodass § 2 Abs. 1 Nr. 3 GwG bis zur Novellierung durch die **5. Geldwäscherichtlinie** weiterhin auf das Zahlungsdiensteaufsichtsgesetz vom 25.6.2009 (BGBl. I S. 1506) verweist (zu den Geldwäscherechtlichen Pflichten im Zahlungsdiensteaufsichtsgesetz nF vgl. *Achtelik* → ZAG Rn. 1 ff.).

2. Zahlungsinstitute iSv § 1 Abs. 1 S. 1 Nr. 1 ZAG

Gemäß § 1 Abs. 1 S. 1 Nr. 1 ZAG sind Zahlungsinstitute Unternehmen, die gewerbsmäßig oder in einem Umfang, der einen in kaufmännischer Weise eingerichteten Geschäftsbetrieb erfordert, Zahlungsdienste erbringen, ohne Zahlungsdienstleister im Sinne der § 1 Abs. 1 Nr. 2–5 ZAG zu sein. Ein gewerbsmäßiges Betreiben von Geschäften liegt vor, wenn der Betrieb auf eine gewisse Dauer angelegt ist und die Geschäfte mit der Absicht der Gewinnerzielung verfolgt werden (*Schwennicke* in Schwennicke/Auerbach ZAG § 1 Rn. 15). Alternativ ist das Kriterium des Erfordernisses eines in kaufmännischer Weise eingerichteten Geschäftsbetriebes heranzuziehen, wobei alleine entscheidend ist, ob die Geschäfte einen derartigen Umfang haben, dass objektiv eine kaufmännische Organisation erforderlich ist. Es kommt hingegen nicht darauf an, ob tatsächlich ein kaufmännisch eingerichteter Geschäftsbetrieb besteht (*Schäfer* in Boos/Fischer/Schulte-Mattler KWG § 1 Rn. 20). 72

Das Unternehmen muss Zahlungsdienste erbringen. Der Begriff der Zahlungsdienste wird in § 1 Abs. 1 S. 2 ZAG konkretisiert. Er umfasst das Ein- und Auszahlungsgeschäft (§ 1 Abs. 1 S. 2 Nr. 1 und Nr. 2 ZAG), das Lastschriftgeschäft (§ 1 Abs. 1 S. 2 Nr. 3a ZAG), das Zahlungskartengeschäft (§ 1 Abs. 1 S. 2 Nr. 3b ZAG), das Überweisungsgeschäft (§ 1 Abs. 1 S. 2 Nr. 3c b ZAG), die Ausführung des Zahlungsgeschäftes mit Kreditgewährung (§ 1 Abs. 1 S. 2 Nr. 4 ZAG), das Akquisitionsgeschäft (§ 1 Abs. 1 S. 2 Nr. 5 ZAG), das Finanztransfergeschäft (§ 1 Abs. 1 S. 2 Nr. 6 ZAG) sowie die Zahlungsauslöse- und Kontoinformationsdienste (§ 1 Abs. 1 S. 2 Nr. 7 und 8 ZAG). 73

a) Ein- und Auszahlungsgeschäft (§ 1 Abs. 1 S. 2 Nr. 1 und 2 ZAG). Das Ein- und Auszahlungsgeschäft iSv § 1 Abs. 1 S. 2 Nr. 1 und 2 ZAG umfasst alle Dienstleistungen, mit denen Bareinzahlungen oder Barabhebungen auf ein bzw. von einem Zahlungskonto iSv § 1 Abs. 17 ZAG ermöglicht werden, sowie alle für die Führung eines Zahlungskontos erforderlichen Vorgänge (*Schwennicke* in Schwennicke/Auerbach ZAG § 1 Rn. 25 mwN), bzw. jeden Dienst, der dem Nutzer hilft, Bargeld zu Buchgeld oder umgekehrt zu machen (BaFin, Merkblatt – Hinweise zu dem Gesetz über die Beaufsichtigung von Zahlungsdiensten v. 22.12.2011 Ziff. 2). Ausreichend ist bereits die Eröffnung des Zahlungskontos (*Schwennicke* in Schwennicke/Auerbach ZAG § 1 Rn. 25). 74

Dabei ist ein Zahlungskonto definiert als ein auf den Namen eines oder mehrerer Zahlungsdienstnutzer lautendes Konto, das für die Ausführung von Zahlungsvorgängen genutzt wird (§ 1 Abs. 17 ZAG); erforderlich sind weiterhin die buch- und rechnungsmäßige Darstellung der Forderungen und Verbindlichkeiten zwischen dem Zahlungsdienstnutzer und dem Zahlungsdienstleister sowie die Bestimmung der jeweiligen Forderung für den Zahlungsdienstnutzer gegenüber dem Zahlungsdienstleister (vgl. Kontokorrent iSv § 355 HGB; *Schwennicke* in Schwennicke/Auerbach ZAG § 1 Rn. 65 ff.). Das Zahlungskonto muss nicht zwingend bei dem Dienstleister selbst, sondern kann bei einem anderen Zahlungsinstitut oder sonstigen Zahlungsdienstleister geführt werden (BaFin, Merkblatt – Hinweise zu dem Gesetz über die Beaufsichtigung von Zahlungsdiensten v. 22.12.2011, Ziff. 2). Nicht erfasst

§ 2   Abschnitt 1. Begriffsbestimmungen und Verpflichtete

von dem Begriff des Zahlungskontos ist dagegen die bloße Überlassung von Geld zur Verwahrung, selbst wenn das Geld in Teilbeträgen abgerufen werden kann (BaFin, Merkblatt – Hinweise zu dem Gesetz über die Beaufsichtigung von Zahlungsdiensten v. 22.12.2011, Ziff. 2). Ebenfalls kein Zahlungskonto sind Konten, die nur buchungstechnisch geführt werden, ohne dass sie Forderungen oder Verbindlichkeiten an eine andere Partei abbilden (BaFin, Merkblatt – Hinweise zu dem Gesetz über die Beaufsichtigung von Zahlungsdiensten v. 22.12.2011, Ziff. 2).

75   Barabhebungen, bei denen der ermöglichende Zahlungsdienstleister nicht selbst das Zahlungskonto führt, auf dem die Barabhebung gebucht wird, sondern wo das Zahlungskonto beim kartenausgebenden Zahlungsdienstleister geführt wird, sind Auszahlungsgeschäft iSv § 1 Abs. 1 S. 2 Nr. 2 ZAG (so bereits BT-Drs. 16/11613, 57 f.; Bsp. mwN bei *Schwennicke* in Schwennicke/Auerbach ZAG § 1 Rn. 26). Keine Ein- und Auszahlungsgeschäfte sondern Finanztransfergeschäfte iSv § 1 Abs. 1 S. 2 Nr. 6 ZAG sind dagegen ohne Einschaltung eines Zahlungskontos durchgeführte Zahlungsvorgänge (*Schwennicke* in Schwennicke/Auerbach ZAG § 1 Rn. 25; BaFin, Merkblatt – Hinweise zu dem Gesetz über die Beaufsichtigung von Zahlungsdiensten v. 22.12.2011, Ziff. 2).

76   **b) Zahlungsgeschäft ohne Kreditgewährung (§ 1 Abs. 1 S. 2 Nr. 3 ZAG).** Das Zahlungsgeschäft ohne Kreditgewährung ist gemäß § 1 Abs. 1 S. 2 Nr. 3 ZAG die Ausführung von Zahlungsvorgängen einschließlich der Übermittlung von Geldbeträgen auf ein Zahlungskonto beim Zahlungsdienstleister des Zahlungsdienstnutzers oder bei einem anderen Zahlungsdienstleister durch die Ausführung von Lastschriften einschließlich einmaliger Lastschriften (Lastschriftgeschäft, Nr. 3a), die Ausführung von Zahlungsvorgängen mittels einer Zahlungskarte oder eines ähnlichen Zahlungsinstruments (Zahlungskartengeschäft, Nr. 3b), die Ausführung von Überweisungen einschließlich Daueraufträgen (Überweisungsgeschäft, Nr. 3c), ohne Kreditgewährung.

77   Dabei ist Zahlungsdienstleistung iSv § 1 Abs. 1 S. 2 Nr. 3 ZAG die Ausführung jeder vom Zahler (sog. Pushtransaktion) oder Zahlungsempfänger (sog. Pulltransaktion) ausgelösten Bereitstellung, Übertragung oder Abhebung eines Geldbetrags unabhängig von der rechtlichen Ausgestaltung des bestehenden Valutaverhältnisses zwischen Zahler und Zahlungsempfänger (BT-Drs. 16/11613, 58). Von § 1 Abs. 1 S. 2 Nr. 3 ZAG erfasst wird der gesamte Transfer von Buchgeld, wobei die in § 1 Abs. 1 S. 2 Nr. 3 ZAG genannten Ausführungsarten Lastschrift, Überweisung und Zahlungskarte nur eine beispielhafte Aufzählung darstellen und nicht abschließend sind (BaFin, Merkblatt – Hinweise zu dem Gesetz über die Beaufsichtigung von Zahlungsdiensten v. 22.12.2011, Ziff. 2; BT-Drs. 16/11613, 58).

78   Als Betreiber erfasst werden grundsätzlich nur die Stellen, die in den Transfer im engeren Sinne in ihrer Funktion als Zahl- oder Inkassostelle eingebunden sind (BaFin, Merkblatt – Hinweise zu dem Gesetz über die Beaufsichtigung von Zahlungsdiensten v. 22.12.2011, Ziff. 2). Erforderlich ist, dass der Betreiber des Zahlungsgeschäfts selbst der Ausführende des Zahlungsvorgangs iSv § 675f Abs. 4 BGB ist; er darf ihn nicht lediglich veranlassen oder unterstützende Dienstleistungen, wie durch Unterstützung bei der Übermittlung des Zahlungsauftrags oder durch Einreichung der Lastschrift bei der Inkassostelle, anbieten (BaFin, Merkblatt – Hinweise zu dem Gesetz über die Beaufsichtigung von Zahlungsdiensten v. 22.12.2011, Ziff. 2).

79   Beim Lastschriftgeschäft iSv § 1 Abs. 1 S. 2 Nr. 3 lit. a ZAG veranlasst der Zahlungsempfänger den Zahlungsvorgang. Das Lastschriftverfahren kann in Form des Einzugsermächtigungsverfahrens oder des Abbuchungsauftragsverfahren durch-

geführt werden (*Schwennicke* in Schwennicke/Auerbach ZAG § 1 Rn. 30). Gemäß der in § 1 Abs. 21 ZAG enthaltenen Legaldefinition ist eine Lastschrift ein Zahlungsvorgang zur Belastung des Zahlungskontos des Zahlers, bei dem der Zahlungsvorgang vom Zahlungsempfänger aufgrund der Zustimmung des Zahlers gegenüber dem Zahlungsempfänger, dessen Zahlungsdienstleister oder seinem eigenen Zahlungsdienstleister ausgelöst wird.

Das Zahlungskartengeschäft iSv § 1 Abs. 1 S. 2 Nr. 3 lit. b ZAG ist die Ausführung von Zahlungsvorgängen mittels einer Zahlungskarte oder eines ähnlichen Zahlungsinstruments. Dabei ist eine Zahlungskarte jedes Instrument, das eine Rechtsbeziehung dokumentiert, aufgrund derer im Geschäftsverkehr unbare Zahlungen erbracht werden können (BaFin, Merkblatt – Hinweise zu dem Gesetz über die Beaufsichtigung von Zahlungsdiensten v. 22.12.2011, Ziff. 2). Während bei der Zahlung mit einer sog. Debitkarte (zB „girocard"/„electronic cash") die Belastung des Kontos des Zahlenden bei seinem Kreditinstitut unmittelbar nach der Transaktion erfolgt, wird das Konto des Zahlers bei der Zahlung mit einer Kreditkarte erst am Ende des mit der kartenausgebenden Stelle vereinbarten Zeitraums belastet (sog. „Charge Cards" oder „Delayed Debit Cards") oder, bei Kreditkarten im engeren Sinne, gegen eine revolvierende Kreditlinie bei dem Kartenemittenten gezogen (BaFin, Merkblatt – Hinweise zu dem Gesetz über die Beaufsichtigung von Zahlungsdiensten v. 22.12.2011, Ziff. 2).

Das Überweisungsgeschäft iSv § 1 Abs. 1 S. 2 Nr. 3 lit. c ZAG ist die Ausführung von Überweisungen einschließlich Daueraufträgen. Beim Überweisungsgeschäft veranlasst der Zahler die Transaktion. Nach § 1 Abs. 15 ZAG ist der Zahler eine natürliche oder juristische Person, die Inhaber eines Zahlungskontos ist und die Ausführung eines Zahlungsauftrags von diesem Zahlungskonto gestattet oder, falls kein Zahlungskonto vorhanden ist, eine natürliche oder juristische Person, die den Zahlungsauftrag erteilt. Nach Sinn und Zweck der Bestimmung kann Zahler auch eine Mehrheit von Personen, wie zB eine Gesellschaft bürgerlichen Rechts oder eine Erbengemeinschaft, sowie auch eine Vorgesellschaft oder ein nicht-rechtsfähiger Verein sein (BaFin, Merkblatt – Hinweise zu dem Gesetz über die Beaufsichtigung von Zahlungsdiensten v. 22.12.2011, Ziff. 2). Die Überweisung ist gemäß § 1 Abs. 22 ZAG ein auf Veranlassung des Zahlers ausgelöster Zahlungsvorgang zur Erteilung einer Gutschrift auf dem Zahlungskonto des Zahlungsempfängers zulasten des Zahlungskontos des Zahlers in Ausführung eines oder mehrerer Zahlungsvorgänge durch den Zahlungsdienstleister, der das Zahlungskonto des Zahlers führt. Sie ist als Einzelzahlungsvertrag iSv § 675f Abs. 1 BGG zu verstehen oder stellt bei mehrfachen Zahlungsvorgängen eine einseitige Weisung innerhalb eines Zahlungsdiensterahmenvertrags nach § 675f Abs. 2 BGB dar (*Schwennicke* in Schwennicke/Auerbach ZAG § 1 Rn. 32 mwN).

c) Zahlungsgeschäft mit Kreditgewährung (§ 1 Abs. 1 S. 2 Nr. 4 ZAG).
Das Zahlungsgeschäft mit Kreditgewährung ist Zahlungsdienst iSv § 1 Abs. 1 S. 2 Nr. 4 ZAG. Erfasst werden in Ergänzung von § 1 Abs. 1 S. 2 Nr. 3 ZAG Geschäfte, bei denen im Zahlungsvorgang ohne entsprechendes Guthaben bei dem Zahlungsinstitut ausgeführt wird und bei denen der Zahlungsdienstleister das Kredit- oder Adressenausfallrisiko übernimmt (*Schwennicke* in Schwennicke/Auerbach ZAG § 1 Rn. 36). Hierzu zählen das Kredit-, Diskont-, und Garantiegeschäft sowie alle Kredite, die dem Kreditbegriff von § 19 KWG unterfallen (BaFin, Merkblatt – Hinweise zu dem Gesetz über die Beaufsichtigung von Zahlungsdiensten v. 22.12.2011, Ziff. 2). Der Begriff des Kredits ist als der zivilrechtliche Begriff des

§ 2 Abschnitt 1. Begriffsbestimmungen und Verpflichtete

Darlehens iSd § 488 BGB zu verstehen (BaFin, Merkblatt – Hinweise zu dem Gesetz über die Beaufsichtigung von Zahlungsdiensten v. 22.12.2011, Ziff. 2).

83 **d) Akquisitionsgeschäft (§ 1 Abs. 1 S. 2 Nr. 5 ZAG).** Das Zahlungsauthentifizierungsgeschäft iSv § 1 Abs. 1 S. 2 Nr. 5 ZAG umfasst die beiden Zahlungsdienstetatbestände der Ausgabe von Zahlungsauthentifizierungsinstrumenten einerseits sowie die Annahme und Abrechnung von mit Zahlungsauthentifizierungsinstrumenten ausgelösten Zahlungsvorgängen andererseits. Ein Zahlungsinstrument ist nach der in § 1 Abs. 20 ZAG enthaltenen Legaldefinition jedes personalisierte Instrument oder Verfahren, dessen Verwendung zwischen dem Zahlungsdienstnutzer und dem Zahlungsdienstleister vereinbart wurde und das zur Erteilung eines Zahlungsauftrags verwendet wird. Unter Authentifizierung ist gemäß § 1 Abs. 23 ZAG ein Verfahren zu verstehen, mit dessen Hilfe der Zahlungsdienstleister die Identität eines Zahlungsdienstnutzers oder die berechtigte Verwendung eines bestimmten Zahlungsinstruments, einschließlich der Verwendung der personalisierten Sicherheitsmerkmale des Nutzers, überprüfen kann. Zahlungsauthentifizierungsinstrumente sind weder Zahlungsmittel wie Bargeld oder Schecks noch reine Zahlungsverfahren wie das Überweisungs- oder das Lastschriftverfahren, sondern werden vom Zahlungsdienstnutzer bei der Erteilung eines Zahlungsauftrags zur Authentifizierung des Zahlungsvorgangs unter Verwendung eines personalisierten Sicherheitsmerkmals eingesetzt (BT-Drs. 16/11613, 36). Zu den Zahlungsauthentifizierungsinstrumenten zählen die Debitkarte mit PIN, die Kreditkarte mit Unterschrift oder PIN, das Online-Banking unter Nutzung von PIN oder TAN und das Telefonbanking mit Passwort (Bsp. bei BaFin, Merkblatt – Hinweise zu dem Gesetz über die Beaufsichtigung von Zahlungsdiensten v. 22.12.2011, Ziff. 2). Erforderlich ist die Auslösung eines Zahlungsvorgangs mittels des personalisierten Sicherheitsmerkmals (BaFin, Merkblatt – Hinweise zu dem Gesetz über die Beaufsichtigung von Zahlungsdiensten v. 22.12.2011, Ziff. 2).

84 Kein Zahlungsauthentifizierungsinstrument ist dagegen die nicht im sog. POS (Point-of-Sale) Verfahren unter Verwendung der PIN (sog. electronic cash) an einem Elektronic-Fund-Transfer-POS-Terminal sondern im elektronischen Lastschriftverfahren (ELV-Verfahren) eingesetzte EC-Karte, da diese im ELV-Verfahren nur ausgelesen wird, damit der Kunde den ausgedruckten Beleg als Einzugsermächtigung unterschreiben kann (BaFin, Merkblatt – Hinweise zu dem Gesetz über die Beaufsichtigung von Zahlungsdiensten v. 22.12.2011, Ziff. 2). Der ersten Alternative unterfällt die Ausgabe von Zahlungsauthentifizierungsinstrumenten. Erfasst werden die Ausgabe der Codekarte und der Vergabe der PIN durch ein Karten gebendes Institut, den sog. Issuer einerseits sowie der Abschluss von Verträgen mit den die Codekarte als Zahlungsmittel akzeptierenden Unternehmen oder Händlern durch das akquirierende Institut (*Schwennicke* in Schwennicke/Auerbach ZAG § 1 Rn. 39).

85 Der Annahme und Abrechnung von mit Zahlungsauthentifizierungsinstrumenten ausgelösten Zahlungsvorgängen in der zweiten Alternative unterfällt jeder, der auf der Grundlage entsprechender Verträge Kartenabrechnungsdienste für andere übernimmt (BaFin, Merkblatt – Hinweise zu dem Gesetz über die Beaufsichtigung von Zahlungsdiensten v. 22.12.2011, Ziff. 2). Dies gilt selbst dann, wenn das Unternehmen die tatsächliche Verarbeitung an einen sog. Issuing bzw. Acquiring Processor auslagert (BT-Drs. 16/11613, 34). Acquiring ist in diesem Zusammenhang die auf der Grundlage eines Vertrages mit dem Zahlungsempfänger erbrachte Einziehung und Abrechnung einer Forderung, die der Zahlungsempfänger im Zusammenhang mit der Nutzung eines Zahlungsinstruments durch den Zahler gegen die-

sen erworben hat, durch Eingehung der Verpflichtung, diese abgerechneten Gelder mit oder ohne Erteilung einer Zahlungsgarantie auszuzahlen (BT-Drs. 16/11613, 34).

Von der zweiten Alternative erfasst werden sowohl Dienstleister, die auf der 86 Grundlage eigener Vertragsbeziehungen zu Unternehmen und Händlern Dienstleistungen im Zusammenhang mit der Abwicklung von ec-Kartenzahlungen oder Kreditkartenzahlungen erbringen, als auch zentrale Dienstleister, deren technischer Infrastruktur sich der kaufmännische Dienstleister im Regelfall bedient; Voraussetzung hierfür ist, dass der technische Dienstleister mit den Zahlungsdienstenutzern in direkte vertragliche Beziehungen tritt, die ihrerseits Zahlungsdienste beinhalten (BaFin, Merkblatt – Hinweise zu dem Gesetz über die Beaufsichtigung von Zahlungsdiensten v. 22.12.2011, Ziff. 2). Nicht von § 1 Abs. 2 Nr. 5 ZAG erfasst ist dagegen das bloße Aufstellen eines Kartenlesegerätes in Verbindung mit dazugehörigen vertraglichen Vereinbarungen, da die „ausgelösten Zahlungsvorgänge" erst im weiteren Verlauf des Zahlungsvorgangs angenommen und abgerechnet werden (BaFin, Merkblatt – Hinweise zu dem Gesetz über die Beaufsichtigung von Zahlungsdiensten v. 22.12.2011, Ziff. 2). Gleiches gilt für Unternehmen und Händler, welche die Karte als Zahlungsmittel akzeptieren (*Schwennicke* in Schwennicke/Auerbach ZAG § 1 Rn. 43).

e) Finanztransfergeschäft (§ 1 Abs. 1 S. 2 Nr. 6 ZAG). Das Finanztransfer- 87 geschäft umfasst nach der in § 1 Abs. 1 S. 2 Nr. 6 ZAG enthaltenen Legaldefinition Dienste, bei denen ohne Einrichtung eines Zahlungskontos auf den Namen des Zahlers oder des Zahlungsempfängers ein Geldbetrag des Zahlers nur zur Übermittlung eines entsprechenden Betrags an einen Zahlungsempfänger oder an einen anderen, im Namen des Zahlungsempfängers handelnden Zahlungsdienstleister entgegengenommen wird oder bei dem der Geldbetrag im Namen des Zahlungsempfängers entgegengenommen und diesem verfügbar gemacht wird. Das im ZAG als Zahlungsdienst aufgeführte Finanztransfergeschäft ist weitgehend deckungsgleich mit der früher in § 1 Abs. 1a S. 2 Nr. 6 KWG aF enthaltenen Finanzdienstleistung des Finanztransfergeschäftes. Durch das Zahlungsdiensteumsetzungsgesetz wurde § 1 Abs. 1a S. 2 Nr. 6 KWG mit Wirkung zum 31.10.2009 aufgehoben. Das Finanztransfergeschäft ist nunmehr erlaubnispflichtiger Zahlungsdienst iSv § 1 Abs. 2 Nr. 6 ZAG und dient als Auffangtatbestand für Dienstleistungen, die in der auftragsgemäßen Übermittlung von Geldern bestehen und die nicht unter die Tatbestände des § 1 Abs. 1 S. 2 Nr. 1–5 ZAG fallen (BaFin, Merkblatt – Hinweise zu dem Gesetz über die Beaufsichtigung von Zahlungsdiensten v. 22.12.2011, Ziff. 2e).

Vom Begriff des Finanztransfergeschäftes erfasst sind das Entgegennehmen und 88 Übermitteln von Bar- oder Buchgeld im Auftrag des Zahlers oder des Zahlungsempfängers, wobei kennzeichnend ist, dass dabei der Zahlungsdienstleister kein Zahlungskonto für den Kunden führt (BaFin, Merkblatt – Hinweise zu dem Gesetz über die Beaufsichtigung von Zahlungsdiensten v. 22.12.2011, Ziff. 2e). Der Dienstleister muss nicht den gesamten Zahlungsfluss vom Zahler zum Empfänger bewirken; ausreichend ist vielmehr, wenn der Dienstleister am Zahlungsfluss beteiligt ist (BaFin, Merkblatt – Hinweise zu dem Gesetz über die Beaufsichtigung von Zahlungsdiensten v. 22.12.2011, Ziff. 2e). Der Tatbestand des Finanztransfergeschäftes erfordert keinen tatsächlichen Geldfluss etwa durch die Überbringung von Bargeld oder die Weiterleitung von Buchgeld mit Hilfe eines eigenen Sammelkontos bei einem Kreditinstitut über die Gironetze; möglich ist ebenfalls die Aus-

§ 2   Abschnitt 1. Begriffsbestimmungen und Verpflichtete

führung durch Verrechnung (BaFin, Merkblatt – Hinweise zu dem Gesetz über die Beaufsichtigung von Zahlungsdiensten v. 22.12.2011, Ziff. 2e). Auch auf die tatsächliche Auszahlung eines Geldbetrages kommt es nicht an; entscheidend ist allein das wirtschaftliche Ergebnis des Finanztransfers (BaFin, Merkblatt – Hinweise zu dem Gesetz über die Beaufsichtigung von Zahlungsdiensten v. 22.12.2011, Ziff. 2e).

89   Vom Begriff des Finanztransfergeschäftes sind vor allem folgende wesentliche Tätigkeiten im Zusammenhang mit der Durchführung von Zahlungsaufträgen erfasst, wobei es unerheblich ist, ob der Finanzdienstleister mit Bargeld in Berührung kommt oder die Transaktionen unbar durchgeführt werden:
- Sämtliche Zahlungsvorgänge zwischen Zahlungsdienstleister und Zahlungsdienstnutzer ohne Begründung einer kontenmäßigen Beziehung (*Schwennicke* in Schwennicke/Auerbach ZAG § 1 Rn. 56).
- Die Entgegennahme von Bargeld, dessen physicher Transport, ggf. auch in anderen Stückelungen und Währungen, sowie die Übergabe an den Empfänger in bar. Hiermit ist vor allem das sog. „Koffergeschäft" gemeint. Dabei werden in der Regel auf Poolkonten bei deutschen Banken gesammelte und in bar abverfügte Gelder von Kurieren in die Empfängerländer verbracht und dort ebenfalls in bar an die zuvor bestimmten Empfänger des Geldes ausbezahlt (*Findeisen* WM 2000, 2125 (2131); *Warius* Das Hawala Finanzsystem in Deutschland, S. 73). Abgrenzungsschwierigkeiten ergeben sich bei dieser Fallvariante allenfalls zur Tätigkeit von Geldtransportunternehmen, wobei diese eine reine Botentätigkeit und nicht die Besorgung von Zahlungsaufträgen schulden. Die reine Botentätigkeit ist nicht von § 1 Abs. 2 Nr. 6 ZAG umfasst (vgl. für den Geldtransport auch die Bereichsausnahme in § 1 Abs. 10 Nr. 3 ZAG aF nunmehr § 2 Abs. 1 Nr. 3 ZAG nF *Danwerth* in Casper/Terlau ZAG § 1 Rn. 132).
- Die Entgegennahme von Buchgeld oder Bargeld oder Schecks mit anschließendem Transfer über Konten des Dienstleisters auf ein Empfängerkonto (BaFin, Merkblatt – Hinweise zu dem Gesetz über die Beaufsichtigung von Zahlungsdiensten v. 22.12.2011, Ziff. 2e).
- Die Entgegennahme von Buchgeld, Bargeld oder Schecks und Auszahlung des Gegenwertes in bar an den Empfänger.
- Die Einzahlung von Beträgen durch Dritte auf ein Konto, die der Kontoinhaber gegen eine Provision abhebt und an einen von den Einzahlenden benannten Empfänger transferiert (*Schwennicke* in Schwennicke/Auerbach ZAG § 1 Rn. 55 mwN).
- Die Entgegennahme von Bargeld und die in der Regel tagggleiche Auszahlung der entsprechenden Summe an den Empfänger in bar unter Nutzung eines eigenen Kommunikations-, Transfer- und Clearingnetzes. Hierbei genügt es, wenn der Begünstigte am Zielort über den Gegenwert beispielsweise durch Auszahlung aus dort vorhanden Mitteln verfügen kann (*Schwennicke* in Schwennicke/Auerbach ZAG § 1 Rn. 52).

90   Nach der weiten Definition des Finanztransfergeschäftes iSv § 1 Abs. 1 S. 2 Nr. 6 ZAG unterfallen auch spezialisierte Money Remittance Agencies wie Western Union dem Begriff des Finanztransfergeschäfts. Dabei ist es für die Qualifikation grundsätzlich unerheblich, ob der Finanzdienstleister im Rahmen der Transaktion mit Bargeld in Berührung kommt oder lediglich unbare Transaktionen durchführt (BaFin, Merkblatt – Hinweise zu dem Gesetz über die Beaufsichtigung von Zahlungsdiensten v. 22.12.2011, Ziff. 2e.; st. bisherige Verwaltungspraxis der BaFin, vgl. berichtigt BAKred, Schreiben v. 6.3.1998 (Z 5 C 650/660) Finanztransfergeschäft, Definitionen und Fallgruppen).

Verpflichtete, Verordnungsermächtigung § 2

Nach Erkenntnissen von Strafverfolgungsbehörden werden derartige Geschäfte 91
häufig auch von Anbietern sog. „Alternativer Überweisungssysteme" angeboten,
zu denen auch das nach dem System der „zwei Töpfe" (zum Begriff vgl. das sog.
„Bosporus-Verfahren" vor dem Landgericht Frankfurt a. M., LG Frankfurt a. M.
3.4.1998 – 5130/88 Js 19670.4/93, (5/12 Kls (A 1/97), BeckRS 9998, 40696)
funktionierende Hawala-Finanzsystem zählt (vgl. ie *Warius* Das Hawala Finanzsystem in Deutschland, S. 73, 101 ff.; *Findeisen* WM 2000, 2125). Innerhalb des heutzutage existierenden modernen Hawala Netzwerke werden Gelder zwischen sog.
„Hawaladaren", die die Gelder an einem Transaktionsort kassieren, und anderen
„Hawaladaren", die die Gelder an einem anderen Transaktionsort verteilen, transferiert. Wenn am Bestimmungsort des Geldes genügend Menschen bei einem anderen Hawaladar Geld nach Deutschland transferieren, werden die Summen durch
die Hawaladare verrechnet; das Geld wechselt materiell idR nicht den Ort (BMF,
Monatsbericht 10/2004, Der Missbrauch des Finanzsystems durch „Underground
Banking", S. 78). Da ständig Transaktionen zwischen den Schattenbanken erfolgen,
müssen nur die Differenzen ausgeglichen werden. Der Geldausgleich kann über
Bargeld oder Sachwerte wie Juwelen oder Gold erfolgen, die dem Geschäftspartner
durch Kuriere gebracht werden. Für den Ausgleich der Differenzen werden teilweise auch die Wege über das herkömmliche Bankensystem genutzt (*Warius* Das
Hawala Finanzsystem in Deutschland, S. 73, 107 ff.). Die Verrechnung erfolgt dann
meist über die Ausstellung fingierter Rechnungen oder überhöhte oder niedrigere
Rechnungen über ein tatsächliches Exportgeschäft (*Findeisen* WM 2000, 2125
(2127); *Warius* Das Hawala Finanzsystem in Deutschland, S. 73, 109 f.).

f) Zahlungsauslöse- und Kontoinformationsdienste (§ 1 Abs. 1 S. 2 Nr. 7 92
und 8 ZAG). Zahlungsauslöse- und Kontoinformationsdienste iSv § 1 Abs. 1 S. 2
Nr. 7 und 8 ZAG zählen ebenfalls zu den sog. Zahlungsdiensten des ZAG. Mit der
Zweiten Zahlungsdiensterichtlinie wurden Zahlungsauslösedienste erstmals einem
Erlaubnis- und Aufsichtsregime unterworfen, um insbesondere die Entwicklung
neuer Technologien im Bereich des elektronischen Geschäfts- und Zahlungsverkehrs
gesetzlich zu normieren. Ziel der Vorschrift ist es, im Kern das Risiko unautorisierter
Zahlungsvorgänge zu minimieren bzw. im Falle von Kontoinformationsdiensten die
zahlungskontenbezogenen Daten der Kunden vor unautorisiertem Zugriff zu schützen (BaFin, Merkblatt – Hinweise zu dem Gesetz über die Beaufsichtigung von Zahlungsdiensten v. 22.12.2011, Ziff. 2). Werden im Inland gewerbsmäßig oder in
einem Umfang, der einen in kaufmännischer Weise eingerichteten Geschäftsbetrieb
erfordert, als Zahlungsinstitut Zahlungsdienste (einschließlich der Zahlungsauslösedienste und Kontoinformationsdienste) erbracht, ist hierfür eine Erlaubnis der BaFin
gemäß § 10 ZAG einzuholen (*Casper/Terlau* in Casper/Terlau Einleitung zum ZAG
Rn. 16).

Nach der Definition des § 1 Abs. 33 ZAG ist der Zahlungsauslösungsdienst ein
Dienst, bei dem auf Veranlassung des Zahlungsdienstnutzers ein Zahlungsauftrag in
Bezug auf ein bei einem anderen Zahlungsdienstleister geführtes Zahlungskonto
ausgelöst wird. Der Zahlungsvorgang wird also nicht selbst ausgeführt, sondern nur
bei einem kontoführenden Zahlungsdienstleister angestoßen (BaFin, Merkblatt –
Hinweise zu dem Gesetz über die Beaufsichtigung von Zahlungsdiensten v.
22.12.2011, Ziff. 2). Zahlungsauslösedienste übermitteln Zahlungsaufträge iSd
§ 675f Abs. 4 S. 2 BGB; grundsätzlich sind also auf Zahlungsauslösedineste die Regelungen über Zahlungsdienste des ZAG und des BGB anwendbar (so *Terlau* in
Casper/Terlau ZAG § 1 Rn. 151).

Figura

Eine Abgrenzung ist zu sog. technischen Dienstleistern im Sinne von § 2 Abs. 1 Nr. 9 ZAG vorzunehmen; technische Dienstleister, die lediglich eine Autorisierungsanfrage sowie den Datensatz zur Abrechnung der Zahlung übermitteln, bekommen selbst aufgrund der technischen Ausgestaltung zu keiner Zeit Zugriff auf das Zahlungskonto (BaFin, Merkblatt – Hinweise zu dem Gesetz über die Beaufsichtigung von Zahlungsdiensten v. 22.12.2011, Ziff. 2 mwH zu sog. Netzbetreibern, die bei der Zahlung im electronic cash Verfahren (girocard) die elektronische Datenverbindung zwischen dem Terminal des Zahlungsempfängers an der Ladenkasse vor Ort (POS-Terminal) und dem kartenausgebenden Zahlungsdienstleister herstellen).

Das elektronische Lastschriftverfahren (ELV) zählt auch nicht zu den Zahlungsauslösediensten, da es sich um einen durch den Zahlungsempfänger – nicht durch den Zahler – ausgelösten Zahlungsvorgang (der Zahler erteilt nur ein SEPA-Mandat) handelt und sich der Netzbetreiber auf die Übertragung der elektronischen Lastschriftdateien vom Zahlungsempfänger an dessen Zahlungsdienstleister (Inkassostelle) beschränkt (BaFin, Merkblatt – Hinweise zu dem Gesetz über die Beaufsichtigung von Zahlungsdiensten v. 22.12.2011, Ziff. 2).

93 Kontoinformationsdienste sind gemäß der Definition des § 1 Abs. 34 ZAG Online-Dienste zur Mitteilung konsolidierter Informationen über ein Zahlungskonto oder mehrere Zahlungskonten des Zahlungsdienstnutzers bei einem oder mehreren anderen Zahlungsdienstleistern. Nach dem Wortlaut der Definition muss es sich um einen Online-Dienst handeln. Nicht unter den Tatbestand fällt damit die Bereitstellung von Software, die ausschließlich auf Rechnern im Verfügungsbereich des Zahlungsdienstnutzers läuft (BaFin, Merkblatt – Hinweise zu dem Gesetz über die Beaufsichtigung von Zahlungsdiensten v. 22.12.2011, Ziff. 2). Es werden gemäß § 1 Abs. 34 ZAG Dienste unabhängig davon erfasst, wer Adressat der Mitteilung ist; ein Bezug zu einem zu einem konkreten Zahlungsvorgang ist nicht erforderlich (BaFin, Merkblatt – Hinweise zu dem Gesetz über die Beaufsichtigung von Zahlungsdiensten v. 22.12.2011, Ziff. 2). Werden kreditrelevante Informationen über Zahlungsdienstnutzer (Auskünfte über die Bonität anhand von Scoring-Verfahren) bereitgestellt, sind diese nicht unter § 1 Abs. 34 ZAG zu subsumieren, sofern dabei die zugrundeliegenden Informationen nicht vom Online-Banking Konto abgerufen werden; gleiches gilt für Online-Diensten, die für betriebswirtschaftliche Auswertungen im unternehmerischen Auftrag (bspw. im Rechnungswesen oder in der Personalwirtschaft eines Unternehmens) eingesetzt werden, soweit der Datenaustausch nicht über einen Zugang zum Online-Banking Konto erfolgt (BaFin, Merkblatt – Hinweise zu dem Gesetz über die Beaufsichtigung von Zahlungsdiensten v. 22.12.2011, Ziff. 2).

3. E-Geld-Institute iSv § 1 Abs. 1 S. 1 Nr. 2 iVm Abs. 2 S. 1 Nr. 1 ZAG

94 Gemäß § 1 Abs. 3 ZAG sind E-Geld-Institute neben Zahlungsinsituten Institute im Sinne des ZAG. E-Geld-Institute wurden in § 1 Abs. 3d S. 4 KWG aF bislang legal definiert. Nunmehr erfolgt die Legaldefinition in § 1 Abs. 2 S. 1 Nr. 1 ZAG. E-Geld-Institute sind danach Unternehmen, die das E-Geld-Geschäft betreiben, ohne E-Geld-Emittenten im Sinne der Nr. 2–4 des § 1 Abs. 2 ZAG zu sein. Das Vorliegen eines gewerbsmäßigen Betreibens des E-Geld-Geschäfts oder das Betreiben der Geschäfte in einem Umfang, der das Vorliegen eines in kaufmännischer Weise eingerichteten Geschäftsbetriebes sind dagegen nicht erforderlich (BT-Drs.

17/3023, 64; s. auch *Schwennicke* in Schwennicke/Auerbach ZAG § 1a Rn. 11). Wer im Inland das E-Geld-Geschäft als E-Geld-Institut betreiben will, muss eine schriftliche Erlaubnis der BaFin einholen (§ 11 Abs. 1 S. 1 ZAG). Keiner Erlaubnis nach § 11 Abs. 1 S. 1 ZAG bedürfen die in § 1 Abs. 2 S. 1 Nr. 2–4 ZAG abschließend aufgezählten privilegierten E-Geld-Emittenten (BaFin, Merkblatt – Hinweise zu dem Gesetz über die Beaufsichtigung von Zahlungsdiensten v. 22.12.2011, Ziff. 6).

Das Unternehmen muss das E-Geld-Geschäft betreiben. Der Begriff des **95** E-Geld-Geschäfts wird in § 1 Abs. 2 S. 2 ZAG definiert als die Ausgabe von E-Geld. E-Geld ist jeder elektronisch, darunter auch magnetisch, gespeicherte monetäre Wert in Form einer Forderung an den Emittenten, der gegen Zahlung eines Geldbetrags ausgestellt wird, um damit Zahlungsvorgänge iSd § 675f Abs. 4 S. 1 BGB durchzuführen, und der auch von anderen natürlichen oder juristischen Personen als dem Emittenten angenommen wird (§ 1 Abs. 2 S. 3 ZAG). Dem Begriff des E-Geldes unterfallen damit alle von einem Zahlungsdienstleister gegen Vorauszahlung bereitgestellten geldwerten Einheiten, die für Zahlungen verwendet werden können (BT-Drs. 17/3023, 68). Voraussetzung ist, dass es sich um gespeicherte Zahlungseinheiten handelt, die eine Forderung gegen die ausgebende Stelle begründen (BaFin, Merkblatt – Hinweise zu dem Gesetz über die Beaufsichtigung von Zahlungsdiensten v. 22.12.2011, Rn. 4a.). Die Ausgabe ist die Eingehung der Verpflichtung der E-Geld ausgebenden Stelle zur Leistung gegenüber dem Berechtigten bzw. demjenigen, der E-Geld als Zahlungsmittel akzeptiert (*Schwennicke* in Schwennicke/Auerbach ZAG § 1a Rn. 13). Entgegen der bisherigen Rechtslage (vgl. § 1 Abs. 1 S. 2 Nr. 11 KWG aF) nicht mehr erfasst ist die Verwaltung von E-Geld (BaFin, Merkblatt – Hinweise zu dem Gesetz über die Beaufsichtigung von Zahlungsdiensten v. 22.12.2011, Rn. 4).

V. Agenten und E-Geld-Agenten iSd § 1 Abs. 9 und § 1 Abs. 10 ZAG (Abs. 1 Nr. 4)

Zu den Verpflichteten des Geldwäschegesetzes zählen ebenfalls Agenten iSd § 1 **96** Abs. 9 ZAG sowie E-Geld-Agenten iSd § 1 Abs. 10 ZAG. Die Vorschrift wurde durch Art. 7 des Gesetzes zur Umsetzung der Zweiten E-Geld-Richtlinie vom 1.3.2011 in das GwG eingefügt und trägt den Risiken, die mit der Tätigkeit von Agenten und E-Geld-Agenten bei der Einspeisung von illegalen Geldern in den Finanzkreislauf verbunden sind, Rechnung. So eröffnen Fallanalysen des Bundeskriminalamts zufolge insbesondere der Vertrieb von E-Geld-Produkten durch E-Geld-Agenten einen breiten Gestaltungsspielraum zur Begehung von Geldwäsche (BT-Drs. 17/3023, 70). Waren Agenten von Zahlungsinstituten und E-Geld-Instituten sowie E-Geld-Agenten von E-Geld-Instituten bislang keine unmittelbaren Adressaten des GwG, hat der Gesetzgeber durch die Aufnahme klargestellt, dass sowohl Agenten als auch E-Geld-Agenten selber Verpflichtete des Geldwäschegesetzes sind, wobei es unerheblich ist, ob die Tätigkeit für ein Zahlungsinstitut oder E-Geld-Institut mit Sitz im Inland oder Ausland erbracht wird bzw. um welche Zahlungsdienste und Varianten des E-Geldes es sich handelt, auf die sich die Agententätigkeit bezieht (BT-Drs. 17/3023, 70).

Bis zum 13.1.2018 mussten die Mitgliedstaaten und damit auch die Bundes- **97** republik Deutschland die sog. **Zweite Zahlungsdiensterichtlinie** (RL (EU) 2015/2366 des Europäischen Parlaments und des Rates v. 25.11.2015 über Zah-

§ 2 Abschnitt 1. Begriffsbestimmungen und Verpflichtete

lungsdienste im Binnenmarkt, zur Änderung der RL 2002/65/EG, 2009/110/EG und 2013/36/EU und der VO (EU) Nr. 1093/2010 sowie zur Aufhebung der RL 2007/64/EG (ABl. 2015 L 337, 35; 2016 L 169, 18)) in nationales Recht umsetzen. Die Transformation erfolgte durch eine Neufassung des Zahlungsdiensteaufsichtsgesetz (Gesetz v. 17.7.2017, BGBl. I S. 2446 (Nr. 48); gültig ab 13.1.2018). Eine Änderung bzw. Anpassung des fast zeitgleich neugefassten Geldwäschegesetzes vom 23.6.2017 erfolgte erst im Zuge der Umsetzung der **5. Geldwäscherichtlinie** (vgl. hierzu gesetzliche Anpassungen durch Neufassung des Zahlungsdiensteaufsichtsgesetz v. 17.7.2017, BGBl. I S. 2446 (Nr. 48)). Bis dahin verwies § 2 Abs. 1 Nr. 4 GwG auf das Zahlungsdiensteaufsichtsgesetz vom 25.6.2009 (BGBl. I S. 1506).

98 Agent iSv § 1 Abs. 9 ZAG ist jede natürliche oder juristische Person, die als selbständiger Gewerbetreibender im Namen eines Instituts Zahlungsdienste ausführt (vgl. hierzu auch *Schwennicke* in Schwennicke/Auerbach ZAG § 1 Rn. 100 sowie Art. 4 Nr. 22 der RL 2007/64/EG des Europäischen Parlaments und des Rates v. 13.11.2007 über Zahlungsdienste im Binnenmarkt, zur Änderung der RL 97/7/EG, 2002/65/EG, 2005/60/EG und 2006/48/EG sowie zur Aufhebung der RL 97/5/EG, ABl. 2007 L 319, 1). Die Handlungen des Agenten werden gemäß § 1 Abs. 2 S. 2 ZAG dem Institut zugerechnet. Zu den Zahlungsdiensten iSv § 1 Abs. 1 S. 2 ZAG vgl. → GwG § 2 Rn. 72 ff.

Agenten iSv § 1 Abs. 9 ZAG sind rechtlich gesehen (selbstständige) Vermittler oder Handelsvertreter (*Schwennicke* in Schwennicke/Auerbach ZAG § 1 Rn. 100). Erfasst werden grundsätzlich nur Fälle der „offenen Stellvertretung"; erforderlich ist insoweit, dass der Agent sein Handeln für das Zahlungsinstitut erkennbar durchführt und gegenüber den Dritten zivilrechtlich seine Stellvertretung offenlegt (*Schwennicke* in Schwennicke/Auerbach ZAG § 1 Rn. 102). Die Zurechnung der Stellvertretung erfolgt nach den allgemeinen Vertretungsregeln gemäß §§ 164 ff. BGB (BT-Drs. 16/11613, 64). Kein Agent iSv § 1 Abs. 9 ZAG ist dagegen der Kommissionär, der im eigenen Namen für fremde Rechnung tätig wird und insoweit selbst Zahlungsdienste erbringt (*Schwennicke* in Schwennicke/Auerbach ZAG § 1 Rn. 103). Für die Abgrenzung zwischen Vertreter- und Eigengeschäft gelten die allgemeinen Auslegungsgrundsätze nach §§ 133, 157 BGB (*Ellenberger* in Palandt BGB § 164 Rn. 4). Entscheidend ist in diesem Zusammenhang, wie der Verpflichtete das Verhalten des Auftretenden verstehen durfte; neben der erkennbaren Interessenlage sind auch weitere Umstände wie früheres Verhalten und berufliche Stellung zu berücksichtigen (*Ellenberger* in Palandt BGB § 164 Rn. 4). Verbleiben Zweifel, ist ein Eigengeschäft anzunehmen, vgl. § 164 Abs. 2 BGB (*Ellenberger* in Palandt BGB § 164 Rn. 5).

99 E-Geld-Agent iSv § 1 Abs. 10 ZAG ist jede natürliche oder juristische Person, die als selbständiger Gewerbetreibender im Namen eines E-Geld-Instituts beim Vertrieb und Rücktausch von E-Geld tätig ist (vgl. hierzu auch *Schwennicke* in Schwennicke/Auerbach ZAG § 1a Rn. 40). Die Vorschrift ist parallele Regelung zu § 1 Abs. 9 ZAG (*Schwennicke* in Schwennicke/Auerbach ZAG § 1 Rn. 100). Keine E-Geld-Agenten iSv § 1 Abs. 10 ZAG sind dagegen Agenten, die für als E-Geld-Emittenten tätige Einlagenkreditinstitute, Gebietskörperschaften, Zentral- und Notenbanken sowie die KfW tätig sind (*Schwennicke* in Schwennicke/Auerbach ZAG § 1a Rn. 40; vgl. auch *Fett/Bentele* BKR 2011, 405). Erforderlich sind der Rücktausch bzw. der Vertrieb von E-Geld im Namen eines E-Geld-Instituts. Dem Begriff des Vertriebes von E-Geld unterfallen der Verkauf oder Wiederverkauf von E-Geld-Produkten an das Publikum, die Bereitstellung eines Vertriebskanals für E-Geld an Kunden, die Einlösung von E-Geld auf Bitten des Kunden

Verpflichtete, Verordnungsermächtigung §2

bzw. die Auflading von E-Geld-Produkten für Kunden sowie die Entgegennahme von Bargeld im Zusammenhang mit dem Verkauf oder Wiederverkauf von E-Geld-Produkten (BT-Drs. 17/3023, 41; *Schwennicke* in Schwennicke/Auerbach ZAG § 1a Rn. 41 mwN). Die Ausgabe von E-Geld ist dagegen der Tätigkeit von E-Geld-Emittenten iSv § 1 Abs. 2 ZAG vorbehalten und unterfällt insoweit nicht dem Tätigkeitsfeld von E-Geld-Agenten iSv § 1a Abs. 6 ZAG (*Schwennicke* in Schwennicke/Auerbach ZAG § 1a Rn. 42). Zum Begriff des E-Geldes iSv § 1 Abs. 2 S. 3 ZAG vgl. → GwG § 2 Rn. 95.

Für Agenten iSd § 1 Abs. 9 ZAG sowie E-Geld-Agenten iSd § 1 Abs. 10 ZAG **100** erfasst das GwG in seinem sachlichen Anwendungsbereich grundsätzlich sämtliche in § 10 Abs. 1 GwG enthaltene Tatbestandsgruppen; nehmen sie Bargeld bei der Erbringung von Zahlungsdiensten nach § 1 Abs. 1 S. 2 des Zahlungsdiensteaufsichtsgesetzes an, haben sie gemäß § 10 Abs. 4 GwG die allgemeinen Sorgfaltspflichten nach § 10 Abs. 1 Nr. 1 und 2 GwG zu erfüllen: Hierunter fällt gemäß § 10 Abs. 1 Nr. 1 GwG die Identifizierung des Vertragspartners und gegebenenfalls der für ihn auftretenden Person nach Maßgabe des § 11 Abs. 4 und des § 12 Abs. 1 und 2 GwG sowie die Prüfung, ob die für den Vertragspartner auftretende Person hierzu berechtigt ist. Ferner besteht gemäß § 10 Abs. 1 Nr. 2 GwG die Pflicht zur Abklärung, ob der Vertragspartner für einen wirtschaftlich Berechtigten handelt, und, soweit dies der Fall ist, dessen Identifizierung. Im Falle der Durchführung einer außerhalb einer bestehenden Geschäftsbeziehung anfallenden Transaktion im Wert von 15.000 EUR oder mehr bzw. eines Geldtransfers iSv Art. 3 Nr. 9 der GeldtransferVO mit einem Betrag von 1.000 EUR oder mehr, beim Vorliegen von Tatsachen, die darauf hindeuten, dass es sich bei Vermögenswerten, die mit einer Transaktion oder Geschäftsbeziehung im Zusammenhang stehen, um eine strafbare Geldwäsche handelt oder die Vermögenswerte im Zusammenhang mit Terrorismusfinanzierung stehen, sowie bei Zweifeln, ob die auf Grund von Vorschriften des GwG erhobenen Angaben zu der Identität des Vertragspartners oder des wirtschaftlich Berechtigten zutreffend sind, begründet das GwG Pflichten zu präventiven und repressiven Maßnahmen.

Art. 12 der 4. Geldwäscherichtlinie (EU) 2015/849 des Europäischen Parlaments **101** und des Rates gestattete den Mitgliedstaaten bislang, bestimmte Sorgfaltspflichten bei E-Geld-Transaktionen nicht anwenden zu müssen. Da mittlerweile Risiken im Hinblick auf eine etwaige Terrorismusfinanzierung durch die Nutzung sog. (aufladbarer oder nicht aufladbarer) Guthabenkarten – für die keine Sorgfaltspflichten gelten – erkannt wurden, enthält die **5. Geldwäscherichtlinie** Vorgaben, wonach
– die Schwellenwerte für nicht aufladbare Zahlungsinstrumente auf Guthabenbasis, auf die Maßnahmen der Sorgfaltspflicht anzuwenden sind, von 250 EUR auf 150 EUR zu senken und
– für die Online-Nutzung von Guthabenkarten die Befreiung von den Sorgfaltspflichten zu streichen
sind.
Darüber hinaus bestimmt die 5. Geldwäscherichtlinie, dass zukünftig eine Anwendung der Sorgfaltspflichten bei Online-Zahlung, bei Rücktausch – in Bargeld – oder bei Barabhebung des monetären Wertes des E-Geldes, wenn der rückgetauschte Betrag 50 EUR übersteigt, zu erfolgen hat. Die Maßnahmen führen damit im Ergebnis zu niedrigeren Schwellenwerten für Transaktionen mit bestimmten Zahlungsinstrumenten auf Guthabenbasis. Im Rahmen des Gleichlaufs mit bereits bestehenden Regelungen und Schwellenwerten, die auf einer entsprechenden Risikobewertung beruhen, wird der Schwellenbetrag auf 20 EUR pro Transaktion

Figura

§ 2 Abschnitt 1. Begriffsbestimmungen und Verpflichtete

festgesetzt (BT-Drs. 19/13827, 110f.). Eine Feststellung und Überprüfung der Identität des Karteninhabers muss also nur dann gemäß der 5. Geldwäscherichtlinie erfolgen, wenn der vorgeschlagene Schwellenwert überschritten oder eine – aufladbare oder nicht aufladbare – Karte für den Online-Einkauf verwendet wird. Umtausch-Plattformen für virtuelle Währungen und Anbieter elektronischer Geldbörsen müssen damit den Sorgfaltspflichten nachkommen und Kundenkontrollen durchführen, um die Anonymität solcher Umtauschgeschäfte aufzuheben.

VI. Selbstständige Gewerbetreibende (Abs. 1 Nr. 5)

102 Selbständige Gewerbetreibende, die E-Geld eines Kreditinstituts nach § 1 Abs. 2 S. 1 Nr. 2 ZAG vertreiben oder rücktauschen, sind soweit sie in Ausübung ihres Geschäfts oder Berufs handeln, gemäß § 2 Abs. 1 Nr. 5 GwG Verpflichtete des Geldwäschegesetzes. Die Vorschrift wurde ursprünglich durch Art. 1 des GwOptG vom 22.12.2011 neu in § 2 Abs. 1 Nr. 2c GwG aF eingefügt (vgl. hierzu auch *Höche / Rößler* WM 2012, 1505 (1507)).

Wegen des nach Ansicht des Gesetzgebers vergleichbaren Geldwäscherisikos von Vertriebsstellen für Einlagenkreditinstitute mit dem Geldwäscherisiko sog. E-Geld-Agenten nach § 1 Abs. 10 ZAG, die für E-Geld-Institute tätig werden, sollten künftig auch Unternehmen und Personen, die von einem Einlagenkreditinstitut ausgegebenes E-Geld im Sinne des Zahlungsdiensteaufsichtsgesetzes vertreiben oder rücktauschen, ohne dabei Kreditinstitut oder E-Geld-Emittent zu sein, den geldwäscherechtlichen Pflichten unterworfen werden (BT-Drs. 17/6804, 26). Dabei waren von der Erweiterung des Verpflichtetenkreises nach dem Geldwäschegesetz beispielsweise Verkaufsstellen betroffen, die gegen (Bar-)Zahlung Coupons, Chips oder Gutscheine ausgeben, mit deren Nutzung ein E-Geld-Instrument eines E-Geld-Emittenten aufgeladen werden kann oder Unternehmen oder Personen, die unmittelbar die Aufladung des E-Geld-Instruments vornehmen (BT-Drs. 17/6804, 26).

103 § 2 Abs. 1 Nr. 5 GwG erfordert, dass E-Geld eines Kreditinstituts nach § 1 Abs. 2 S. 1 Nr. 2 ZAG durch den selbständige Gewerbetreibende vertrieben oder rückgetauscht wird. E-Geld ist gemäß § 1 Abs. 2 S. 3 ZAG jeder E-Geld ist jeder elektronisch, darunter auch magnetisch, gespeicherte monetäre Wert in Form einer Forderung an den Emittenten, der gegen Zahlung eines Geldbetrags ausgestellt wird, um damit Zahlungsvorgänge iSd § 675f Abs. 4 S. 1 des Bürgerlichen Gesetzbuchs durchzuführen, und der auch von anderen natürlichen oder juristischen Personen als dem Emittenten angenommen wird. Dem Begriff des E-Geldes unterfallen damit alle von einem Zahlungsdienstleister gegen Vorauszahlung bereitgestellten geldwerten Einheiten, die für Zahlungen verwendet werden können (BT-Drs. 17/3023, 68). Voraussetzung ist, dass es sich um gespeicherte Zahlungseinheiten handelt, die eine Forderung gegen die ausgebende Stelle begründen (BaFin, Merkblatt – Hinweise zu dem Gesetz über die Beaufsichtigung von Zahlungsdiensten v. 22.12.2011, Rn. 4). Die Art der Bereitstellung und Speicherung ist dabei unerheblich (*Schwennicke* in Schwennicke/Auerbach ZAG § 1a Rn. 15). Die gespeicherten Zahlungseinheiten müssen des Weiteren durch Rechnerdialog oder Abruf der Daten von einem Datenträger übertragen und gegen Vorauszahlung bereitgestellt werden, wobei die Bereitstellung als Begründung einer Forderung gegen die ausgebende Stelle durch Übertragung der elektronischen Zahlungseinheit auf denjenigen, der sie zu Bezahlungszwecken einsetzen möchte, zu verstehen ist (*Schwennicke* in Schwennicke/Auerbach ZAG § 1a Rn. 19). Schließlich müssen die Zahlungseinheiten von Dritten

Verpflichtete, Verordnungsermächtigung § 2

anstelle der gesetzlichen Zahlungsmittel des Bar- und Buchgeldes als Zahlungsmittel akzeptiert werden; dabei darf der Emittent des E-Geldes nicht mit dem Akzeptanten identisch sein (*Schwennicke* in Schwennicke/Auerbach ZAG § 1 a Rn. 23).

Während die im Rahmen des Internet-Bankings über Kreditinstitute veranlassten 104 Transaktionen regelmäßig kontengebunden ablaufen und eine rückverfolgbare Papierspur hinterlassen (*Vogt* in Herzog/Mülhausen Geldwäschebekämpfung-HdB § 2 Rn. 41), wird das Missbrauchspotenzial beim Einsatz neuer Zahlungsmedien wie beim E-Geld, vorausbezahlten Zahlungseinheiten, die anstelle von Bargeld oder Buchgeld verwendet werden können, bzw. der elektronischen Geldbörse als ungleich höher erachtet (zum Einsatz moderner Zahlungs- und Kommunikationsmedien: FATF, Report on New Payment Methods). Von dem Oberbegriff des elektronischen Geldes werden sowohl hardwaregestützte Geldbörsensysteme (Geldkarte) als auch softwaregestützte Netzgeldsysteme umfasst. Beim Netzgeld bzw. softwaregestützten E-Geld können Werteinheiten, die elektronisch auf der Festplatte des PC gespeichert werden, über das Internet oder beispielsweise als Anhang einer Email schnell und mit minimalem Entdeckungsrisiko versendet werden. Der Zahlungsvorgang findet in der Regel anonym statt, beispielsweise durch direkte Übertragung vom Speicher des Zahlenden auf den Speicher des Zahlungsempfängers (*Findeisen* Kriminalistik 2/98, 107 (114)).

Die rechtliche Einordnung von E-Geld ist umstritten. Bei der Geldkarte wird 105 teilweise angenommen, es handele sich um eine wertpapierähnliche Urkunde ohne Wertpapiercharakter oder ein Bargeldsurrogat, das eine Sache darstelle (*Pfeiffer* NJW 1997, 1036 (1037)), während eine weitere Ansicht von einem Verfahren sui generis ausgeht (*Werner* in BuB 6/1756). Ähnlich umstritten ist die Rechtsnatur von Netzgeld; teilweise wird hierin ein Forderungskauf durch den Karteninhaber vom Karten emittierenden Institut mit Zahlungsversprechen gesehen (*Schäfer* in Boos/Fischer/Schulte-Mattler KWG § 1 Rn. 235 ff.), teils eine auftragsrechtliche Weisung nach §§ 665 ff. BGB an die Bank zur Einlösung von Bargeld in Buchgeld (ua *Kümpel* WM 1998, 365), teils eine digitalisierte Inhaberschuldverschreibung analog §§ 793 ff. BGB (vgl. *Escher* WM 1997, 1173 (1180)). E-Geld kann während der Gültigkeitsdauer unter den in §§ 23b und 23c ZAG geregelten Voraussetzungen zurückgetauscht werden.

Kein E-Geld ist ein monetärer Wert, der auf Instrumenten iSd § 2 Abs. 1 Nr. 10 106 ZAG gespeichert ist oder der nur für Zahlungsvorgänge nach § 2 Abs. 1 Nr. 11 ZAG eingesetzt wird vgl. § 1 Abs. 2 S. 4 Nr. 1 und 2 ZAG). Instrumenten iSd § 2 Abs. 1 Nr. 10 ZAG Dienste, die auf Zahlungsinstrumenten beruhen, die für den Erwerb von Waren oder Dienstleistungen in den Geschäftsräumen des Emittenten oder innerhalb eines begrenzten Netzes von Dienstleistern im Rahmen einer Geschäftsvereinbarung mit einem professionellen Emittenten eingesetzt werden können (§ 2 Abs. 1 Nr. 10 lit. a ZAG), für den Erwerb eines sehr begrenzten Waren- oder Dienstleistungsspektrums eingesetzt werden können (§ 2 Abs. 1 Nr. 10 lit. b ZAG), oder beschränkt sind auf den Einsatz im Inland und auf Ersuchen eines Unternehmens oder einer öffentlichen Stelle für bestimmte soziale oder steuerliche Zwecke nach Maßgabe öffentlichrechtlicher Bestimmungen für den Erwerb der darin bestimmten Waren oder Dienstleistungen von Anbietern, die eine gewerbliche Vereinbarung mit dem Emittenten geschlossen haben, bereitgestellt werden (§ 2 Abs. 1 Nr. 10 lit. c ZAG). Mit anderen Worten fallen nicht unter den Begriff des E-Geldes iSd ZAG Verbundzahlungssysteme und digitale Übertragungen und auf Instrumenten gespeicherte Zahlungseinheiten, wenn die Zahlungseinheiten für den Erwerb von Waren oder Dienstleistungen nur in Geschäftsräumen des Ausstel-

Figura

lers verwendet werden können. Ebenfalls kein E-Geld sind Zahlungseinheiten, die nur für Zahlungen innerhalb eines begrenzten Netzwerks von Dienstleistern verwendet werden können (zB Kunden- oder Tankkarten), Zahlungseinheiten, die nur für den Erwerb einer begrenzten Anzahl von Waren oder Dienstleistungen verwendet werden können sowie unter bestimmten Voraussetzungen lokal eingrenzbare Rabattsysteme, wobei die gewährten Rabatteinheiten anlässlich eines Warenkaufs oder der Bezahlung einer Dienstleistung anfallen (Bsp. aus BT-Drs. 17/3023, 65ff.; s. auch *Schwennicke* in Schwennicke/Auerbach ZAG § 1a Rn. 28ff.). Ebenfalls kein E-Geld iSd ZAG sind gemäß § 1 Abs. 2 S. 4 Nr. 2 iVm § 2 Abs. 1 Nr. 11 ZAG sog. digitale Übertragungen in Form von Zahlungsvorgängen, die mittels E-Geld getätigt werden und die ausschließlich zur Bezahlung von Leistungen dienen, die über ein Telekommunikations-, Digital- oder IT-Gerät abgewickelt werden (zB der Erwerb von Klingeltönen oder Musik über ein Mobiltelefon; *Schwennicke* in Schwennicke/Auerbach ZAG § 1a Rn. 33 mwN).

107 Erforderlich sind der Rücktausch bzw. der Vertrieb von E-Geld eines Kreditinstituts iSd § 1 Abs. 2 S. 1 Nr. 2 ZAG. Dem Begriff des Vertriebes von E-Geld unterfallen der Verkauf oder Wiederverkauf von E-Geld-Produkten an das Publikum, die Bereitstellung eines Vertriebskanals für E-Geld an Kunden, die Einlösung von E-Geld auf Bitten des Kunden bzw. die Aufladung von E-Geld-Produkten für Kunden sowie die Entgegennahme von Bargeld im Zusammenhang mit dem Verkauf oder Wiederverkauf von E-Geld-Produkten (BT-Drs. 17/3023, 41; *Schwennicke* in Schwennicke/Auerbach ZAG § 1a Rn. 41 mwN).

108 CRR-Kreditinstituts nach § 1 Abs. 2 S. 1 Nr. 2 ZAG sind solche iSd § 1 Abs. 3d S. 1 KWG, die im Inland zum Geschäftsbetrieb zugelassen sind, sowie die Kreditanstalt für Wiederaufbau, sofern sie das E-Geld-Geschäft betreiben. Was unter einem CRR-Kreditinstitut zu verstehen ist, wird in § 1 Abs. 3d S. 1 KWG näher bestimmt; danach ist ein Kreditinstitut iSd Art. 4 Abs. 1 Nr. 1 CRR ein Unternehmen, „dessen Tätigkeit darin besteht, Einlagen oder andere rückzahlbare Gelder des Publikums entgegenzunehmen und Kredite für eigene Rechnung zu gewähren" (so *Terlau* in Casper/Terlau ZAG § 1 Rn. 186). Das CRR-Kreditinstitut betreibt folglich sowohl das Einlagen- als auch das Kreditgeschäft und besitzt hierfür die entsprechende Erlaubnis (so erneut *Terlau* in Casper/Terlau ZAG § 1 Rn. 186 mit Verweis auf RegBegr. ZDUG, BT-Drs. 16/11613, 31). Dies entspricht dem Verweis in § 1a Abs. 1 Nr. 1 ZAG aF auf den Begriff der Einlagenkreditinstitute iSv § 1 Abs. 3d S. 1 KWG aF (*Terlau* in Casper/Terlau ZAG § 1 Rn. 186). Gemäß § 2 Abs. 2 KWG wird die Kreditanstalt für Wiederaufbau wie ein Kreditinstitut behandelt (BT-Drs. 17/3023, 39); der Gesetzgeber hat insoweit von der Ermächtigung in 191 iVm Art. 1 Abs. 3 und Art. 2 Nr. 3 Zweite E-Geld-RL Gebrauch gemacht (*Terlau* in Casper/Terlau ZAG § 1 Rn. 191).

109 Für Verpflichtete nach § 2 Abs. 1 Nr. 5 GwG erfasst das GwG in seinem sachlichen Anwendungsbereich grundsätzlich sämtliche in § 10 Abs. 1 GwG enthaltene Tatbestandsgruppen; nehmen sie Bargeld bei der Erbringung von Zahlungsdiensten nach § 1 Abs. 1 S. 2 des ZAG an, haben sie die nach § 10 Abs. 4 GwG allgemeinen Sorgfaltspflichten nach § 10 Abs. 1 Nr. 1 und 2 GwG zu erfüllen: Hierunter fällt gemäß § 10 Abs. 1 Nr. 1 GwG die Identifizierung des Vertragspartners und gegebenenfalls der für ihn auftretenden Person nach Maßgabe des § 11 Abs. 4 und des § 12 Abs. 1 und 2 GwG sowie die Prüfung, ob die für den Vertragspartner auftretende Person hierzu berechtigt ist. Ferner besteht gemäß § 10 Abs. 1 Nr. 2 GwG die Pflicht zur Abklärung, ob der Vertragspartner für einen wirtschaftlich Berechtigten handelt, und, soweit dies der Fall ist, dessen Identifizierung. Im Falle der Durchführung einer

Verpflichtete, Verordnungsermächtigung § 2

außerhalb einer bestehenden Geschäftsbeziehung anfallenden Transaktion im Wert von 15.000 EUR oder mehr bzw. eines Geldtransfers iSv Art. 3 Nr. 9 der GeldtransferVO mit einem Betrag von 1.000 EUR oder mehr, beim Vorliegen von Tatsachen, die darauf hindeuten, dass es sich bei Vermögenswerten, die mit einer Transaktion oder Geschäftsbeziehung im Zusammenhang stehen, um eine strafbare Geldwäsche handelt oder die Vermögenswerte im Zusammenhang mit Terrorismusfinanzierung stehen, sowie bei Zweifeln, ob die auf Grund von Vorschriften des GwG erhobenen Angaben zu der Identität des Vertragspartners oder des wirtschaftlich Berechtigten zutreffend sind, begründet das GwG Pflichten zu präventiven und repressiven Maßnahmen. Erhobene Daten sind gem. § 8 GwG aufzuzeichnen und die Aufzeichnungen aufzubewahren.

Zu den vorzuhaltenden internen Sicherungsmaßnahmen zur Verhinderung der Geldwäsche und Terrorismusfinanzierung vgl. § 6 GwG. Insbesondere kann die Aufsichtsbehörde iSd § 50 GwG anordnen, dass Verpflichtete iSv § 2 Abs. 1 Nr. 5 GwG einen Geldwäschebeauftragten zu bestellen haben, wenn sie dies für angemessen erachten (§ 7 Abs. 3 S. 1 GwG).

VII. Finanzunternehmen (Abs. 1 Nr. 6)

1. Begriff

Die Umsetzung der **5. Geldwäscherichtlinie** wird zum Anlass genommen den 110 Begriff des Finanzunternehmens in § 1 Abs. 24 GwG neu zu definieren. Er wird hierdurch vom KWG-Begriff des Finanzunternehmens losgelöst und eigenständig ausgeprägt. Grund hierfür ist die Erkenntnis, dass sich die Definition des Finanzunternehmens nach § 1 Abs. 3 KWG als nicht zweckdienlich erwiesen hat; geldwäscherechtliche Belange fanden im Rahmen der banken- und wertpapierrechtlichen Vorgaben des KWG keine angemessene Berücksichtigung. Beachtlich ist auch, dass Unternehmen, die vormals über die Norm des § 1 Abs. 3 KWG als Finanzunternehmen geldwäscherechtlich verpflichtet waren, inzwischen als Finanzdienstleistungsinstitute nach § 2 Abs. 1 Nr. 2 GwG den Vorgaben des Geldwäschegesetzes unterliegen (vgl. hierzu BT-Drs. 19/13827, 68). Der Begriff des Finanzinstitutes wird durch Art. 3 Nr. 2 lit. a der 4. Geldwäscherichtlinie (EU) 2015/849 des Europäischen Parlaments und des Rates als „ein anderes Unternehmen als ein Kreditinstitut, das eine oder mehrere der in Anhang I Nummern 2 bis 12, 14 und 15 der Richtlinie 2013/36/EU des Europäischen Parlaments und des Rates aufgeführten Tätigkeiten ausübt, einschließlich der Tätigkeiten von Wechselstuben (bureaux de change)" definiert. Kreditinstitute sind nach der Richtlinie definitionsgemäß keine Finanzinstitute. Für die Einordnung als Verpflichteter iSd § 2 GwG gilt also: Finanzunternehmen – nach der Definition des § 1 Abs. 24 GwG – sind Verpflichtete gemäß § 2 Abs. 1 Nr. 6 GwG. Nach § 2 Abs. 1 Nr. 6 GwG sind diejenigen Unternehmen nicht verpflichtet, die bereits nach § 2 Abs. 1 Nr. 1–5, 7, 9, 10, 12 oder 13 GwG geldwäscherechtlich, beispielsweise aufgrund ihrer Eigenschaft als Finanzdienstleistungsinstitut, verpflichtet sind.

Als Finanzunternehmen ist gemäß der Definition des § 1 Abs. 24 GwG ein Unternehmen einzustufen, dessen Haupttätigkeit darin besteht,
1. Beteiligungen zu erwerben, zu halten oder zu veräußern,
2. Geldforderungen mit Finanzierungsfunktion entgeltlich zu erwerben,
3. mit Finanzinstrumenten auf eigene Rechnung zu handeln,

Figura 171

4. Finanzanlagenvermittler nach § 34f Abs. 1 S. 1 der Gewerbeordnung und Honorar-Finanzanlagenberater nach § 34h Abs. 1 S. 1 der Gewerbeordnung zu sein, es sei denn, die Vermittlung oder Beratung bezieht sich ausschließlich auf Anlagen, die von Verpflichteten nach diesem Gesetz vertrieben oder emittiert werden,
5. Unternehmen über die Kapitalstruktur, die industrielle Strategie und die damit verbundenen Fragen zu beraten sowie bei Zusammenschlüssen und Übernahmen von Unternehmen diese Unternehmen zu beraten und ihnen Dienstleistungen anzubieten oder
6. Darlehen zwischen Kreditinstituten zu vermitteln (Geldmaklergeschäfte).

Holdinggesellschaften, die ausschließlich Beteiligungen an Unternehmen außerhalb des Kreditinstituts-, Finanzinstituts- und Versicherungssektors halten und die nicht über die mit der Verwaltung des Beteiligungsbesitzes verbundenen Aufgaben hinaus unternehmerisch tätig sind, sind keine Finanzunternehmen im Sinne dieses Gesetzes.

Das GwG erfasst seit Inkrafttreten des GwBekErgG nunmehr für alle Finanzunternehmen iSv § 10 Abs. 1 Nr. 6 GwG im sachlichen Anwendungsbereich sämtliche in § 10 Abs. 3 GwG enthaltenen Tatbestandsgruppen: Die Begründung einer Geschäftsbeziehung; die Durchführung einer außerhalb einer bestehenden Geschäftsbeziehung anfallenden Transaktion im Wert von 15.000 EUR oder mehr bzw. eines Geldtransfers iSv Art. 3 Nr. 9 der GeldtransferVO mit einem Betrag von 1.000 EUR oder mehr, das Vorliegen von Tatsachen, die darauf hindeuten, dass es sich bei Vermögenswerten, die mit einer Transaktion oder Geschäftsbeziehung im Zusammenhang stehen, um den Gegenstand einer strafbaren Geldwäsche handelt oder der Vermögenswert im Zusammenhang mit Terrorismusfinanzierung steht sowie Zweifel, ob die auf Grund von Vorschriften des GwG erhobenen Angaben zu der Identität des Vertragspartners oder des wirtschaftlich Berechtigten zutreffend sind. Ausnahmen von der Anwendbarkeit der GwG-Regelungen auf Finanzunternehmen bestehen auch im Hinblick auf die nach § 6 GwG zu treffenden internen Sicherungsmaßnahmen gegen den Missbrauch zur Geldwäsche und zur Terrorismusfinanzierung grundsätzlich nicht.

2. Geschäftsaktivitäten

111 Die Haupttätigkeit des Finanzunternehmens muss darin bestehen, abschließend aufgezählte Finanzgeschäfte zu betreiben. Dabei handelt es sich um den Beteiligungserwerb (§ 1 Abs. 24 S. 1 Nr. 1 GwG), den entgeltlichen Erwerb von Geldforderungen mit Finanzierungsfunktion (§ 1 Abs. 24 S. 1 Nr. 2 GwG), den Handel mit Finanzinstrumenten auf eigene Rechnung (§ 1 Abs. 24 S. 1 Nr. 3 GwG), die Tätigkeit als Finanzanlagenvermittler nach § 34f Abs. 1 S. 1 GewO und als Honorar-Finanzanlagenberater nach § 34h Abs. 1 S. 1 GewO (§ 1 Abs. 24 S. 1 Nr. 4 GwG), bestimmte Formen der Unternehmensberatung bei Zusammenschlüssen und Übernahmen von Unternehmen (§ 1 Abs. 24 S. 1 Nr. 5 GwG), sowie das Geldmaklergeschäft (§ 1 Abs. 24 S. 1 Nr. 6 GwG).

112 Bislang wurde der Beteiligungserwerb iSv § 1 Abs. 3 S. 1 Nr. 1 KWG ausgeprägt. Danach ist jede beabsichtigte Überlassung von Vermögenswerten als Beteiligung anzusehen, soweit die Überlassung auf Grund gesellschaftsrechtlicher oder vergleichbarer Absprachen mit dem Ziel vorgenommen wurde, eine mehr oder weniger enge wirtschaftliche Verbindung mit dem Beteiligungspartner herbeizuführen (*Schäfer* in Boos/Fischer/Schulte-Mattler KWG § 1 Rn. 231). Tatbestandsausfüllend wirkt dabei nicht nur der Erwerb, sondern auch das Halten (vgl. Finanz-

Verpflichtete, Verordnungsermächtigung § 2

konglomeraterichtlinie-Umsetzungsgesetz, BGBl. 2004 I S. 3610, in Kraft seit 1.1.2005). § 1 Abs. 24 S. 1 Nr. 1 GwG definiert den Beteiligungserwerb für den Bereich des Geldwäschegesetzes neu. Finanzunternehmen im Sinne des Geldwäschegesetzes ist ein Unternehmen, dessen Haupttätigkeit darin besteht, Beteiligungen zu erwerben, zu halten oder zu veräußern. Hiervon ausgenommen ist aufgrund der Regelung des § 1 Abs. 24 S. 2 GwG der Bereich der Holdinggesellschaften, die nicht unter Begriff des Finanzunternehmens zu fassen sind. Hierzu zählen solche Holdinggesellschaften, die ausschließlich Beteiligungen an Unternehmen außerhalb des Kreditinstituts-, Finanzinstituts- und Versicherungssektors halten und nicht über die mit der Verwaltung des Beteiligungsbesitzes verbundenen Aufgaben hinaus unternehmerisch tätig sind (vgl. hierzu BT-Drs. 19/13827, 69). Als unschädlich gilt, wenn die Beteiligungen an Unternehmen des Kreditinstituts-, Finanzinstituts- und Versicherungssektors ohne wesentlichen Umfang (dh max. 5 Prozent) sowie operative Tätigkeiten von völlig untergeordneter Bedeutung sind (vgl. hierzu auch die Ausführungen zum Begriff der „reinen Industrieholding" im RdSchr. 19/99 der BaFin v. 23.12.1999, der für die Definition antizipiert werden kann und den weiteren Hinweis in der BT-Drs. 19/13827, 69). Da Holdinggesellschaften regelmäßig kein eigenes operatives Geschäft aufweisen, unterliegen nicht den Vorgaben der 5. Geldwäscherichtlinie. Die Pflicht zur Identifizierung nach § 10 Abs. 1 Nr. 1 GwG im Rahmen der allgemeinen Sorgfaltspflichten wären auf die eigenen Tochtergesellschaften beschränkt.

In § 1 Abs. 24 S. 1 Nr. 2 GwG wird der Forderungserwerb näher bestimmt. Dieser umfasst den entgeltlichen Erwerb von Geldforderungen mit Finanzierungsfunktion und damit zusammenhängende Tätigkeiten; Inkassotätigkeiten werden daher regelmäßig nicht von der Definition umfasst. Die Begriffsdefinition entspricht den Vorgaben nach FATF sowie Art. 2 Abs. 1 Nr. 2 der 4. Geldwäscherichtlinie (EU) 2015/849 des Europäischen Parlaments und des Rates. **113**

Unternehmen, die entgeltlich Geldforderungen erwerben, sind Finanzinstitut iSd Art. 2 Abs. 1 Nr. 2 iVm Nr. 2 des Anhangs I der Richtlinie 2013/36/EU des Europäischen Parlaments und des Rates vom 26.6.2013 (Capital Requirement Directive – „CRD IV"). Hiervon umfasst sind insbesondere Tätigkeiten im Bereich der Forfaitierung und des Factorings. Unter Factoring ist gemäß § 1 Abs. 1a S. 2 Nr. 9 KWG der laufende Ankauf von Forderungen auf der Grundlage von Rahmenverträgen mit oder ohne Rückgriff zu verstehen. Vielfach handelt es sich um Finanzdienstleistungsinstitute, die nach § 1 Abs. 1a S. 2 Nr. 9 KWG der Erlaubnispflicht nach dem KWG und nach § 2 Abs. 1 Nr. 2 den Vorgaben des GwG unterliegen. Eine gesonderte Regelung in § 1 Abs. 24 S. 1 Nr. 2 GwG ist erforderlich, um sicherzustellen, dass über den engen Factoring-Begriff des § 1 Abs. 1a S. 2 Nr. 9 KWG hinausgehende Tätigkeiten abgedeckt und so die Vorgaben der 5. Geldwäscherichtlinie und der FATF vollständig umgesetzt werden (so BT-Drs. 19/13827, 69). Insbesondere sog. Verbriefungstransaktionen und Fälle des Fälligkeitsfactorings sind hiervon betroffen.

Die Definition in § 1 Abs. 24 S. 1 Nr. 3 GwG bestimmt, das als Finanzunternehmen ein Unternehmen einzustufen ist, dessen Haupttätigkeit darin besteht, mit Finanzinstrumenten auf eigene Rechnung zu handeln; hierdurch werden die Vorgaben nach Nr. 7a des FATF-Glossary und nach Anhang I Nr. 7a–e der CRD IV-Richtlinie umgesetzt. Was unter den Begriff des „Finanzinstruments" fällt, lässt die Regelung offen. Eine Definition könnte jedoch aus § 1 Abs. 11 KWG abgeleitet werden, wonach unter „Finanzinstrumente" ua Aktien und andere Anteile an in- oder ausländischen juristischen Personen, Personengesellschaften und sonstigen **114**

Figura 173

§ 2 Abschnitt 1. Begriffsbestimmungen und Verpflichtete

Unternehmen, soweit sie Aktien vergleichbar sind, sowie Hinterlegungsscheine, Vermögensanlagen iSd § 1 Abs. 2 des Vermögensanlagengesetzes, Schuldtitel, insbesondere Genussscheine, Inhaberschuldverschreibungen, Orderschuldverschreibungen und diesen Schuldtiteln vergleichbare Rechte, Hinterlegungsscheine, sonstige Rechte, die zum Erwerb oder zur Veräußerung von Rechten nach den Nr. 1 und 3 berechtigen oder zu einer Barzahlung führen, Anteile an Investmentvermögen, Geldmarktinstrumente, Devisen oder Rechnungseinheiten, Derivate sowie Emissionszertifikate zu fassen sind.

115 Zu den Finanzanlagenvermittlern nach § 1 Abs. 24 S. 1 Nr. 4 GwG zählen, Finanzanlagenvermittler nach § 34f GewO sowie Honorar-Finanzanlagenberater nach § 34h GewO. Finanzanlagenvermittler nach § 34f GewO ist, wer im Umfang der Bereichsausnahme des § 2 Abs. 6 S. 1 Nr. 8 KWG gewerbsmäßig zu Anteilen oder Aktien an inländischen offenen Investmentvermögen, offenen EU-Investmentvermögen oder ausländischen offenen Investmentvermögen, die nach dem Kapitalanlagegesetzbuch vertrieben werden dürfen, Anteilen oder Aktien an inländischen geschlossenen Investmentvermögen, geschlossenen EU-Investmentvermögen oder ausländischen geschlossenen Investmentvermögen, die nach dem Kapitalanlagegesetzbuch vertrieben werden dürfen, Vermögensanlagen iSd § 1 Abs. 2 Vermögensanlagengesetzes, Anlagevermittlung iSd § 1 Abs. 1 Nr. 1 KWG oder Anlageberatung iSd § 1 Abs. 1a Nr. 1a KWG erbringt. Als Honorar-Finanzanlagenberater nach § 34h GewO wird im Umfang der Bereichsausnahme des § 2 Abs. 6 S. 1 Nr. 8 KWG gewerbsmäßig zu Finanzanlagen iSd § 34f Abs. 1 Nr. 1, 2 oder 3 eine Anlageberatung iSd § 1 Abs. 1a Nr. 1a KWG erbracht, ohne von einem Produktgeber eine Zuwendung zu erhalten oder von ihm in anderer Weise abhängig zu sein.

Erbringen die Finanzanlagenvermittler und Honorar-Finanzanlagenberater ausschließlich Tätigkeiten in Bezug auf Anlagen, die von geldwäscherechtlich Verpflichteten emittiert oder vertrieben werden, fallen sie nicht unter die Definition, da diese Verpflichteten die Beachtung geldwäscherechtlicher Vorgaben gewährleisten müssen. Durch die Ausnahmeregelung soll eine Doppelverpflichtung von Anbieter und Vermittler eines Produktes vermieden werden (so BT-Drs. 19/13827, 69). Weist eine Handelsplattform nicht die für eine Kapitalverwaltungsgesellschaft erforderliche Struktur auf, orientiert sich die Verpflichteteneigenschaft an § 1 Abs. 24 S. 1 Nr. 4 GwG.

116 Besteht die Haupttätigkeit eines Unternehmens darin, Unternehmen über die Kapitalstruktur, die industrielle Strategie und die damit verbundenen Fragen zu beraten sowie bei Zusammenschlüssen und Übernahmen von Unternehmen diese Unternehmen zu beraten und ihnen Dienstleistungen anzubieten, ist dieses Unternehmen als Finanzunternehmen nach § 1 Abs. 24 S. 1 Nr. 5 GwG einzustufen. Durch die Definition der Begrifflichkeit wird Anhang I Nr. 9 (Liste der Tätigkeiten für die gegenseitige Anerkennung gilt) der EU-Richtlinie 2013/36/EU vom 26.6.2013 über den Zugang zur Tätigkeit von Kreditinstituten und die Beaufsichtigung von Kreditinstituten und Wertpapierfirmen, zur Änderung der Richtlinie 2002/87/EG und zur Aufhebung der Richtlinien 2006/48/EG und 2006/49/EG (CRD IV-Richtlinie) umgesetzt. Es bestehen damit Parallelen zur bisherigen Einordnung als Verpflichteter nach dem KWG: Die Unternehmensberatung ist nur dann Tätigkeit eines Finanzunternehmens iSv § 1 Abs. 3 S. 1 Nr. 7 KWG, wenn die Tätigkeit darin besteht, Unternehmen über die Kapitalstruktur, die industrielle Strategie und die damit verbundenen Fragen zu beraten sowie Unternehmen bei Zusammenschlüssen und Übernahmen von denselben zu beraten und ihnen Dienstleistungen anzubieten.

Verpflichtete, Verordnungsermächtigung **§ 2**

Als Finanzunternehmen ist gemäß der Definition des § 1 Abs. 24 Nr. 6 GwG ein **117**
Unternehmen einzustufen, dessen Haupttätigkeit darin besteht Darlehen zwischen
Kreditinstituten – hierzu zählen auch Geldmaklergeschäfte – zu vermitteln. Durch
die Definition der Begrifflichkeit wird Anhang I Nr. 10 (Liste der Tätigkeiten für die
gegenseitige Anerkennung gilt) der EU-Richtlinie 2013/36/EU vom 26.6.2013
über den Zugang zur Tätigkeit von Kreditinstituten und die Beaufsichtigung von
Kreditinstituten und Wertpapierfirmen, zur Änderung der Richtlinie 2002/87/EG
und zur Aufhebung der Richtlinien 2006/48/EG und 2006/49/EG (CRD IV-
Richtlinie) umgesetzt.

§ 2 Abs. 1 Nr. 6 GwG sieht vor, dass im Inland gelegene Zweigstellen oder **118**
Zweigniederlassungen eines Finanzunternehmens mit Sitz im Ausland ebenfalls
vom persönlichen Anwendungsbereich des GwG erfasst werden. Der persönliche
Anwendungsbereich des GwG ist dabei nicht deckungsgleich mit der GwG-Auf-
sichtszuständigkeit der BaFin, vgl. § 50 GwG. Die BaFin ist grundsätzlich nicht zuständig für die GwG-Aufsicht über Finanzunternehmen; dies gilt auch für im Inland gelegene Zweigstellen von Finanzunternehmen mit Sitz im Ausland (vgl. § 50
GwG). Das GwG entspricht damit im Wesentlichen den im KWG geregelten Auf-
sichtszuständigkeiten, die sich zwar auf Kredit- und Finanzdienstleistungsinstitute
(§ 6 Abs. 1, 1 b KWG), nicht jedoch auf Finanzunternehmen erstreckt.

VIII. Versicherungsunternehmen (Abs. 1 Nr. 7)

Versicherungsunternehmen unterfallen dem Anwendungsbereich des GwG, so- **119**
weit sie Lebensversicherungsverträge, Kapitalisierungsgeschäfte und sonstige den
Lebensversicherungen gleichgestellte Geschäfte (vgl. den in § 2 Abs. 1 Nr. 7 GwG
enthaltenen Verweis auf die Art. 13 Nr. 1 der RL 2009/138/EG des Europäischen
Parlaments und des Rates v. 25.11.2009 betreffend die Aufnahme und Ausübung
der Versicherungs- und der Rückversicherungstätigkeit (ABl. 2009 L 335, 1)) und
Unfallversicherungsverträge mit Prämienrückgewähr anbieten. Die bereits in § 2
Abs. 1 Nr. 4 GwG aF enthaltene Regelung diente der Umsetzung von Art. 2
Abs. 1 Nr. 2 in Verbindung mit Art. 3 Nr. 2b) der 3. EU-Anti-Geldwäscherichtlinie
und baut inhaltlich auf dem bisherigen § 1 Abs. 4 GwG aF auf. Für Lebensversiche-
rungsunternehmen und Schadenversicherer, die Unfallversicherungsverträge mit
Prämienrückgewähr anbieten, galten bereits vor Inkrafttreten des GwBekErgG § 4
GwG aF und weitere Vorschriften (vgl. zur bisherigen Rechtslage *Gehrke* in Her-
zog/Mülhausen Geldwäschebekämpfung-HdB § 46 Rn. 2ff.). Die Vergabe von
Darlehen im Sinne von § 1 Abs. 1 S. 2 Nr. 2 KWG wurde im Zuge der 4. Geldwäscherichtlinie (EU) 2015/849 des Europäischen Parlaments und des Rates neu
aufgenommen und löst damit ebenfalls Pflichten nach den GwG aus. Neben den
Versicherungsunternehmen nach § 2 Abs. 1 Nr. 7 GwG fallen nun auch Versicherungsvermittler nach Nr. 8, die Darlehen vermitteln, unter den Anwendungsbereich des Gesetzes. Der Kreis der verpflichteten Versicherungsunternehmen
wird dadurch erweitert. Die Ergänzung hinsichtlich von Versicherungsunternehmen, die bestimmte in der Anlage 1 zum Versicherungsaufsichtsgesetz genannten
Geschäfte betreiben, trägt dem Umstand Rechnung, dass es sich bei diesen Geschäften um solche handelt, die typischerweise auch von den unter § 2 Abs. 1 Nr. 1 GwG
fallenden Kreditinstituten in zumindest vergleichbarer Weise angeboten werden
(BT-Drs. 18/11555, 106). Durch die **5. Geldwäscherichtlinie** sind nunmehr

Figura 175

auch Versicherungsunternehmen, die Kapitalisierungsprodukte anbieten, als Verpflichtete nach dem Geldwäschegesetz anzusehen (§ 2 Abs. 1 Nr. 7 d GwG).

1. Fallgestaltungen

120 Die FATF hat bereits mehrfach auf die bedeutsame Rolle hingewiesen, die Versicherungen im Geldwäscheprozess zu spielen scheinen. Insbesondere für die Phasen des Layering und der anschließenden Integration gehen Fachleute von einer erhöhten Anfälligkeit der Versicherungsbranche aus (FATF Report on Money Laundering Typologies 2003–2004, S. 15). Neben der Struktur der Versicherungsbranche als solcher, der Vielzahl der angebotenen Produkte, sowie der immensen Größe (*Vogt* in Herzog/Mülhausen Geldwäschebekämpfung-HdB § 2 Rn. 39) wird vor allem die in der Versicherungsbranche übliche Praxis der Einschaltung von Vermittlern iSv § 2 Abs. 1 Nr. 8 GwG als problematisch angesehen; obwohl die Versicherungsgesellschaften für die Meldung verdächtiger Kontakte verantwortlich sind, haben diese häufig nur indirekten Kontakt zu ihren Versicherungsnehmern, deren direkter Ansprechpartner in den meisten Fällen der vor Ort ansässige Vermittler ist (*Hoyer/Klos* S. 31).

121 Die Möglichkeiten der Ausnutzung für Geldwäschezwecke gestalten sich vielfältig. Neben Versicherungspolicen mit hohen Einmalzahlungen, die in bar bezahlt werden, aber in krassem Widerspruch zum angegebenen Einkommen und Beruf des Versicherungsnehmers stehen, wurde von Fachleuten auch der Kauf von Versicherungspolicen aus zweiter Hand beobachtet, bei denen Geldwäscher bestehende Policen von den bisherigen Versicherungsnehmern erwerben und sich dann von der Versicherung den Rückkaufswert auszahlen lassen. Besondere Aufmerksamkeit ist auch beim Abschluss von Versicherungspolicen mit anschließender Barzahlung und kurz darauf erklärtem Rücktritt, bei dem die Rückzahlung des Geldes ebenfalls in bar erfolgen soll, gefordert (vgl. *Hoyer/Klos* S. 31 f.). In der dritten Phase der Geldwäsche, der Integration, scheint zudem der Erwerb von Lebensversicherungspolicen für Zwecke der persönlichen Alters- und Risikoabsicherung der Täter typisch zu sein (*Suendorf* S. 200 f.).

2. Produkte

122 Das GwG findet Anwendung auf alle Arten von Lebensversicherungsverträgen, Kapitalisierungsgeschäfte und sonstige den Lebensversicherungen gleichgestellte Geschäfte. Erfasst werden grundsätzlich nicht nur kapitalbildende Verträge, sondern auch Risikolebensversicherungen, die lediglich das Todesfallrisiko des Versicherten absichern und keine Auszahlung bei Vertragsende bieten, soweit diese zusätzlich zur Lebensversicherung abgeschlossen werden. Über den in § 2 Abs. 1 Nr. 7 GwG enthaltenen Verweis auf die der Richtlinie 2009/138/EG des Europäischen Parlaments und des Rates vom 25.11.2009 betreffend die Aufnahme und Ausübung der Versicherungs- und der Rückversicherungstätigkeit (ABl. 2009 L 335, 1) werden ebenfalls die folgenden von Versicherungsunternehmen angebotenen Versicherungen vom Anwendungsbereich des GwG erfasst.

123 Bei Lebensversicherungen insbesondere die Versicherung auf den Erlebensfall, die Versicherung auf den Todesfall, die gemischte Versicherung, die Lebensversicherung mit Prämienrückgewähr sowie die Heirats- und Geburtenversicherung; ferner Rentenversicherungen; von den Lebensversicherungsunternehmen angebotene Zusatzversicherungen zur Lebensversicherung, dh insbesondere die Versiche-

Verpflichtete, Verordnungsermächtigung § 2

rung gegen Körperverletzung einschließlich der Berufsunfähigkeit, die Versicherung gegen Tod infolge Unfalls, die Versicherung gegen Invalidität infolge Unfalls und Krankheit, sofern diese Versicherungsarten zusätzlich zur Lebensversicherung abgeschlossen werden. Einen ebenfalls den Lebensversicherungen gleichgestellten Sonderfall stellen daneben die in Irland und im Vereinigten Königreich angebotenen sog. „permanent health insurances" (unwiderrufliche langfristige Krankenversicherung) dar.

Weitere Versicherungen im Sinne der Richtlinie sind ua: Kapitalisierungsgeschäfte (auf Grundlage eines versicherungsmathematischen Verfahren werden gegen im Voraus festgesetzte einmalige oder regelmäßig wiederkehrende Zahlungen bestimmte Verpflichtungen übernommen), Tontinengeschäfte, die die Bildung von Gemeinschaften umfassen, in denen sich Teilhaber vereinigen, um ihre Beiträge gemeinsam zu kapitalisieren und das so gebildete Vermögen entweder auf die Überlebenden oder auf die Rechtsnachfolger der Verstorbenen zu verteilen; ferner Geschäfte der Verwaltung von Pensionsfonds. Die Geschäfte bestehen hier in der Verwaltung der Anlagen und insbesondere der Vermögenswerte, die die Reserven der Einrichtungen darstellen, welche die Leistungen im Todes- oder Erlebensfall oder bei Arbeitseinstellung oder Minderung der Erwerbstätigkeit erbringen. Voraussetzung für die vorgenannten Geschäfte ist, dass sie sich aus einem Vertrag ergeben und der Kontrolle durch die für die Aufsicht über die Privatversicherungen zuständigen Verwaltungsbehörden unterliegen (vgl. ie die Aufzählung unter Art. 2 der RL). 124

Bei Unfallversicherungsverträgen mit Prämienrückgewähr handelt es sich um eine Mischform aus kapitalbildender Lebensversicherung und Unfallversicherung, vgl. § 178 ff. VVG. Bei einem Unfall oder einem vertraglich dem Unfall gleichgestellten Ereignis werden durch den Versicherer die vereinbarten Leistungen ausbezahlt. Neben der Unfallversicherung des Sachversicherers gibt es die von Lebensversicherern angebotenen Unfall-Zusatzversicherungen, die bei Tod durch Unfall fällig werden. Letztere ist eine Summen-, und keine Schadensversicherung. 125

3. Anwendungsbereich

Für Versicherungsunternehmen, die Lebensversicherungsverträge, diesen gleichgestellte Verträge oder Unfallversicherungsverträge mit Prämienrückgewähr anbieten, erfasst das GwG in seinem **sachlichen** Anwendungsbereich sämtliche in § 10 Abs. 3 GwG enthaltene Tatbestandsgruppen: Die Begründung einer Geschäftsbeziehung; die Durchführung einer außerhalb einer bestehenden Geschäftsbeziehung anfallenden Transaktion im Wert von 15.000 EUR oder mehr bzw. eines Geldtransfers iSv Art. 3 Nr. 9 der GeldtransferVO mit einem Betrag von 1.000 EUR oder mehr; das Vorliegen von Tatsachen, die darauf hindeuten, dass es sich bei Vermögenswerten, die mit einer Transaktion oder Geschäftsbeziehung im Zusammenhang stehen, um eine strafbare Geldwäsche handelt oder die Vermögenswerte im Zusammenhang mit Terrorismusfinanzierung stehen, sowie Zweifel, ob die auf Grund von Vorschriften des GwG erhobenen Angaben zu der Identität des Vertragspartners oder des wirtschaftlich Berechtigten zutreffend sind. Ist einer dieser Sachverhalte gegeben, begründet das GwG die oa Pflichten zu präventiven und repressiven Maßnahmen. Zu den von den Versicherungsunternehmen vorzuhaltenden internen Sicherungsmaßnahmen zur Verhinderung der Geldwäsche und Terrorismusfinanzierung vgl. § 53 VAG; ferner bestehen allgemeine Sorgfaltspflichten in Bezug auf Bezugsberechtigte gemäß § 54 VAG sowie verstärkte Sorgfaltspflichten nach § 55 VAG. 126

Figura

§ 2   Abschnitt 1. Begriffsbestimmungen und Verpflichtete

127   Zu identifizieren sind gemäß § 11 Abs. 1 GwG der Vertragspartner und ggf. der wirtschaftlich Berechtigte; § 54 Abs. 2 VAG enthält ferner Sonderregelungen zu § 11 Abs. 1 GwG für den vom Versicherungsnehmer abweichenden Bezugsberechtigten und gegebenenfalls in Bezug auf dessen wirtschaftlich Berechtigten. Vertragspartner des Versicherers ist der Versicherungsnehmer, im Privatkundengeschäft ist dieser in der Regel eine natürliche Person, die aufgrund eines gültigen Ausweispapiers identifiziert werden kann. Bei mehreren Versicherungsnehmern des Versicherungsvertrages sind grundsätzlich alle Versicherungsnehmer zu identifizieren. Handelt es sich bei dem Versicherungsnehmer (Vertragspartner) oder bei einem vom Versicherungsnehmer abweichenden Bezugsberechtigten um eine juristische Person oder um eine Personenvereinigung, so haben die verpflichteten Unternehmen gemäß § 54 Abs. 1 S. 3 VAG gegebenenfalls auch deren wirtschaftlich Berechtigten nach Maßgabe des § 11 Abs. 5 GwG zu identifizieren. Die Überprüfung der Identität eines vom Versicherungsnehmer abweichenden Bezugsberechtigten und gegebenenfalls die Identität von dessen wirtschaftlich Berechtigten kann auch nach Begründung der Geschäftsbeziehung abgeschlossen werden (§ 54 Abs. 2 S. 3 VAG). Sie muss spätestens zu dem Zeitpunkt, zu dem die Auszahlung vorgenommen wird oder der Bezugsberechtigte seine Rechte aus dem Versicherungsvertrag in Anspruch zu nehmen beabsichtigt, erfolgen. Bei Personenidentität von Versicherungsnehmer und Versicherungsvermittler findet § 2 Abs. 1 Nr. 8 GwG (Identifizierung durch den Versicherungsvermittler) keine Anwendung. Der Vermittler darf sich nicht selbst identifizieren; eine Identifizierung durch das Versicherungsunternehmen ist in diesen Fällen zwingend erforderlich (VerBAV 12/1993, S. 358 Erl. zu Ziff. 1.3). Bei einem Wechsel des Versicherungsnehmers im Rahmen der Übertragung einer bereits abgeschlossenen Versicherung ist durch den Verpflichteten eine Identifizierung des neuen Versicherungsnehmers als neuem Vertragspartner unumgänglich (so bereits *Gehrke* in Herzog/Mülhausen Geldwäschebekämpfung-HdB § 46 Rn. 17). Gleiches gilt, soweit der gesetzliche oder testamentarische Erbe nach § 1922 BGB als neuer Vertragspartner in den laufenden Versicherungsvertrag eintritt; ist eine Identifizierung durch das Versicherungsunternehmen nicht „vor Begründung" des Vertrages möglich, da der neue Vertragspartner aufgrund Gesetzes in den Vertrag eintritt, ist die Identifizierung baldmöglichst nachzuholen. Anderenfalls darf die Geschäftsbeziehung nicht fortgesetzt werden und ist vom Verpflichteten ungeachtet anderer gesetzlicher oder vertraglicher Bestimmungen durch Kündigung oder auf andere Weise zu beenden, § 10 Abs. 9 GwG.

128   Entsprechend § 2 Abs. 1 Nr. 6 GwG werden auch im Inland gelegene Niederlassungen ausländischer Versicherungsunternehmen vom persönlichen Anwendungsbereich des GwG erfasst, § 2 Abs. 1 Nr. 7 GwG. Die Ausweitung auf inländische Niederlassungen ausländischer Versicherungsunternehmen diente der Umsetzung von Art. 3 Nr. 2f der 3. EU-Anti-Geldwäscherichtlinie.

129   Sonstige Versicherungsunternehmen sind keine Verpflichteten iSv § 2 Abs. 1 Nr. 7 GwG, da sie keine Lebensversicherungsverträge oder Unfallversicherungsverträge mit Prämienrückgewähr anbieten oder Darlehen im Sinne von § 1 Abs. 1 S. 2 Nr. 2 KWG vergeben; sie sind auch keine Versicherungsvermittler iSv Abs. 1 Nr. 8. Zu dem Bereich der Darlehensvergabe gehören die Geschäftssparten Kredit, Tontinengeschäft und Kapitalisierungsgeschäfte. Auch diese unterliegen insofern in gleicher Weise wie die von Kreditinstituten betriebenen Geschäfte Risiken im Hinblick auf Geldwäsche und Terrorismusfinanzierung. Versicherungsunternehmen, die diese Geschäfte – neben dem schon bisher betriebenen Lebensversicherungsgeschäft oder alleinig – betreiben, sind damit ebenso wie Kreditinstitute dem Anwendungsbereich des GwG zu unterwerfen. Die sonstigen Versicherungsunternehmen sind weder nach § 10 Abs. 3 GwG zur Identifizierung bei Begründung einer Geschäftsbeziehung verpflichtet, noch obliegt ihnen eine Identifizierungspflicht bei Durchführung einer außerhalb einer bestehenden Geschäftsbeziehung anfallenden Transaktion im Wert von 15.000 EUR oder mehr. Mit der Aufgabe des Begriffes der „sonstigen Gewerbetreibenden" iSv § 3 Abs. 1 S. 2 GwG aF und der Beschränkung auf „Güterhändler" (§ 2 Abs. 1 Nr. 16 GwG), unterfallen sonstige Versicherungsunternehmen auch nicht mehr als sog. „sonstige Gewerbetreibende" den allgemeinen Identifizierungspflichten des GwG (zur Einordnung der sonstigen Versicherungsunternehmen als „Gewerbetreibende" iSv § 3 GwG aF vor Inkrafttreten des GwBekErgG vgl. *Gehrke* in Herzog/Mülhausen Geldwäschebekämpfung-HdB § 47 Rn. 3f.).

4. §§ 52ff. VAG

Im Zuge der Umsetzung der Art. 13 Abs. 5 und Art. 21 der 4. Geldwäscherichtlinie (EU) 2015/849 des Europäischen Parlaments und des Rates bedurfte es auch der Durchführung von Anpassung im Versicherungsaufsichtsgesetz. Hierdurch wurden Vereinfachungen bei der Identifizierung und weitere vereinfachte Sorgfaltspflichten (§ 80e VAG aF), die sich als nicht sachgerecht erwiesen haben, abgeschafft. Nach § 53 VAG haben Versicherungsunternehmen iSv § 2 Abs. 1 Nr. 7 GwG im Rahmen ihrer ordnungsgemäßen Geschäftsorganisation angemessene interne Sicherungsmaßnahmen vorzunehmen; die verpflichteten Unternehmen iSd § 52 VAG dürfen im Einzelfall einander Informationen übermitteln, wenn tatsächliche Anhaltspunkte dafür vorliegen, dass der Empfänger der Informationen diese für die Beurteilung der Frage benötigt, ob ein Sachverhalt nach § 43 Abs. 1 GwG der Zentralstelle für Finanztransaktionsuntersuchungen zu melden oder eine Strafanzeige nach § 158 StPO zu erstatten ist Die Pflicht zur Vorhaltung angemessener Sicherungsmaßnahmen nach § 6 GwG bleibt hiervon unberührt. 130

§ 54 GwG normiert allgemeine Sorgfaltspflichten in Bezug auf den Bezugsberechtigten; ein verpflichtetes Unternehmen ist hiernach unbeschadet des § 10 Abs. 1 Nr. 2 GwG bei Begründung der Geschäftsbeziehung auch zur Feststellung der Identität eines vom Versicherungsnehmer abweichenden Bezugsberechtigten aus dem Versicherungsvertrag nach Maßgabe des § 11 Abs. 5 GwH verpflichtet. Die Regelung geht über § 10 Abs. 1 Nr. 1 und 2 GwG hinaus. § 54 Abs. 2 VAG enthält ferner Sonderregelungen zu § 11 Abs. 1 GwG; ein verpflichtetes Unternehmen hat danach die Pflicht nach § 10 Abs. 1 Nr. 4 GwG auch in Bezug auf den vom Versicherungsnehmer abweichenden Bezugsberechtigten und gegebenenfalls in Bezug auf dessen wirtschaftlich Berechtigten zu erfüllen. Abweichend von § 11 Abs. 1 GwG stellen die verpflichteten Unternehmen im Fall einer ganz oder teilweise an einen Dritten erfolgten Abtretung einer Versicherung, nachdem sie hierüber informiert wurden, die Identität des Dritten und gegebenenfalls die Identität seines wirtschaftlich Berechtigten fest, wenn die Ansprüche aus der übertragenen Police abgetreten werden. Die bisher in § 55 Abs. 3 VAG aF enthaltene Dokumentationspflicht sowie die Anwendbarkeit der Verdachtsmeldepflicht im Geldwäschegesetz (jetzt: § 43 GwG) wird durch § 54 Abs. 3 VAG übernommen.

Vereinfachte Sorgfaltspflichten aufgrund eines geringen Risikos der Geldwäsche oder der Terrorismusfinanzierung gewährt das VAG nicht mehr (vgl. hierzu § 80e VAG aF, der über die Regelung des § 5 GwG aF hinaus eine Vereinfachung vorsah, soweit nicht im Einzelfall verstärkte Sorgfaltspflichten gem. § 6 GwG aF anzuwen- 131 den waren). Dem risikobasierten Ansatz des Geldwäschegesetzes wird damit Rechnung getragen. Es gelten damit nur die für alle Verpflichteten iSd § 2 Abs. 1 GwG geregelten vereinfachten Sorgfaltspflichten gemäß § 14 GwG.

132 In § 55 VAG werden – über § 15 GwG hinausgehende – Regelungen für den Fall, dass es sich bei einem vom Vertragspartner abweichenden Bezugsberechtigten um eine politisch exponierte Person, deren Familienangehörigen oder um eine ihr bekanntermaßen nahestehende Person im Sinne von § 1 Abs. 12–14 GwG handelt, verstärkte Sorgfaltspflichten für die verpflichteten Unternehmen getroffen. Diese entsprechen Art. 21 der 4. Geldwäscherichtlinie (EU) 2015/849 des Europäischen Parlaments und des Rates bzw. der Interpretationsnote zur Empfehlung 12 der FATF (BT-Drs. 18/11555, 180). Der Begriff „Mitglied der Führungsebene" entspricht dabei der Begriffsbestimmung nach § 1 Abs. 15 GwG.

IX. Versicherungsvermittler (Abs. 1 Nr. 8)

133 § 2 Abs. 1 Nr. 8 GwG regelt die Einschaltung von Versicherungsvermittlern iSd § 59 VVG. Nach der in § 59 Abs. 1 VVG enthaltenen Legaldefinition sind Versicherungsvermittler Versicherungsvertreter und Versicherungsmakler. Die ausdrückliche Benennung der Versicherungsvermittler als Verpflichtete nach dem GwG folgt bereits aus der Vorgabe von Art. 2 Abs. 1 Nr. 2 iVm Art. 3 Nr. 2 e) der 3. EU-Anti-Geldwäscherichtlinie. § 2 Abs. 1 Nr. 8 GwG enthält keine eigenständige Definition des Versicherungsvermittlers und verweist insoweit auf die Legaldefinition nach § 59 VVG. Einer gesonderten Anführung der vor Inkrafttreten des GwBekErgG noch in § 4 Abs. 3 S. 2 GwG aF benannten Versicherungsmakler bedurfte es aufgrund des weit gefassten Oberbegriffs des Versicherungsvermittlers nicht mehr (RegE GwBekErgG, BT-Drs. 16/9038, 31).

134 Bei der Anbahnung von Versicherungsgeschäften werden oftmals Versicherungsvermittler eingeschaltet. Während Versicherungsvertreter in der Regel von einem Versicherungsunternehmen beauftragt und als deren Erfüllungsgehilfen iSv § 278 BGB tätig werden, werden Versicherungsmakler regelmäßig vom Kunden des Versicherers beauftragt (*Gehrke* in Herzog/Mülhausen Geldwäschebekämpfung-HdB § 46 Rn. 28). Als Versicherungsvertreter ist tätig, wer von einem Versicherer oder einem Versicherungsvertreter damit betraut ist, gewerbsmäßig Versicherungsverträge zu vermitteln oder abzuschließen, § 59 Abs. 2 VVG. Einer Heranziehung von § 92 HGB iVm §§ 84 ff. HGB bedarf es aufgrund des unmittelbaren Verweises auf die Legaldefinition in § 59 VVG nicht (vgl. BegrRegE Geldwäschebekämpfungsgesetz, BT-Drs. 14/8379, 13). Versicherungsvertreter können sowohl natürliche Personen als auch Unternehmen sein (*Langweg* in Fülbier/Aepfelbach/Langweg GwG § 4 Rn. 18). Bislang hatte der Versicherer durch Vereinbarung mit dem Versicherungsvertreter sicherzustellen, dass den Identifizierungspflichten nachgekommen wird; die Einhaltung der Vereinbarung war durch das Versicherungsunternehmen zu überprüfen (VerBAV 12/1993, S. 355 unter Ziff. 1.3). Eine eigenständige Identifizierungspflicht traf den Versicherungsvertreter nach alter Rechtslage dagegen nicht (*Langweg* in Fülbier/Aepfelbach/Langweg GwG § 4 Rn. 16). Mit Benennung der Versicherungsvermittler und damit auch der Versicherungsvertreter in § 2 Abs. 1 Nr. 8 GwG als Verpflichtete nach dem GwG entstehen für die Versicherungsvertreter nunmehr originäre Customer-Due-Diligence Pflichten.

135 Versicherungsmakler ist, wer gewerbsmäßig für den Auftraggeber die Vermittlung oder den Abschluss von Versicherungsverträgen übernimmt, ohne von einem

Verpflichtete, Verordnungsermächtigung § 2

Versicherer oder von einem Versicherungsvertreter damit betraut zu sein, § 59 Abs. 3 S. 1 VVG; wer gegenüber dem Versicherungsnehmer den Anschein erweckt, er erbringe seine Leistungen als Versicherungsmakler, gilt ebenfalls als Versicherungsmakler iSv § 59 Abs. 3 S. 1 VVG (vgl. noch die Def. in BegrRegE Geldwäschebekämpfungsgesetz, BT-Drs. 14/8739, 13, wonach Versicherungsmakler alle Personen oder Unternehmen sind, die gemäß § 93 HGB gewerbsmäßig für einen Auftraggeber die Vermittlung von Versicherungsverträgen übernehmen, ohne vom Versicherer vertragsgemäß oder im Rahmen einer ständigen Geschäftsbeziehung mit der Vermittlung von Versicherungsverträgen betraut zu sein).

Nicht vom Anwendungsbereich des § 2 Abs. 1 Nr. 8 GwG erfasst sind Versicherungsvertreter iSv § 34 d Abs. 6 oder 7 Nr. 1 GewO. Die Ausnahmeregelung betrifft zum einen sog. gebundene Versicherungsvermittler, die ihre Vermittlungstätigkeit ausschließlich im Auftrag eines oder, wenn die Versicherungsprodukte nicht in Konkurrenz stehen, mehrerer im Inland zum Geschäftsbetrieb befugten Versicherungsunternehmen ausüben und bei denen das Versicherungsunternehmen für ihn die uneingeschränkte Haftung aus seiner Vermittlertätigkeit übernimmt, § 34 d Abs. 7 Nr. 1 GewO. Ebenfalls nicht von § 2 Abs. 1 Nr. 8 GwG erfasst sind Versicherungsvertreter gem. § 34 d Abs. 6 GewO, die Versicherungen lediglich als Ergänzung der im Rahmen ihrer Haupttätigkeit gelieferten Waren oder Dienstleistungen vermitteln. Dabei muss diese Tätigkeit unmittelbar im Auftrag eines oder mehrerer Versicherungsvermittler ausübt werden und es muss eine Berufshaftpflichtversicherung oder eine gleichwertige Garantie bestehen. Ferner muss eine angemessene Qualifikation sowie geordneten Vermögensverhältnissen vorliegen. Produktakzessorische Vermittler sind regelmäßig in die Organisation eines Versicherungsunternehmens eingebunden und unterliegen seiner Kontrolle; eine gesonderte Einbindung in den Pflichtenkatalog des GwG wird daher für entbehrlich gehalten (BT-Drs. 16/9038, 31). **136**

Entsprechend Art. 3 Nr. 2 e) der 3. EU-Anti-Geldwäscherichtlinie war es erforderlich, dass der Versicherungsvermittler im Zusammenhang mit der Vermittlung von Lebensversicherungen oder von Dienstleistungen mit Anlagezweck tätig wird. Versicherungsverträge und Geschäfte iSv Abs. 1 Nr. 8 sind grundsätzlich alle in § 2 Abs. 1 Nr. 7 GwG aufgeführten Arten von Lebensversicherungsverträgen, Kapitalisierungsgeschäften und sonstige den Lebensversicherungen gleichgestellten Geschäfte, sowie Unfallversicherungen mit Prämienrückgewähr (so bereits RegE GwBekErgG, BT-Drs. 16/9038, 31). Vom persönlichen Anwendungsbereich des GwG werden auch im Inland gelegene Niederlassungen entsprechender Versicherungsvermittler mit Sitz im Ausland erfasst, § 2 Abs. 1 Nr. 8 GwG. Mit der Ausweitung auf im Inland gelegene Zweigniederlassungen ausländischer Versicherungsvermittler wurde Art. 3 Nr. 2 f der 3. EU-Anti-Geldwäscherichtlinie umgesetzt. **137**

Soweit Verträge über Lebensversicherungen, diesen gleichgestellte Geschäfte oder Unfallversicherungen mit Prämienrückgewähr von Versicherungsvermittlern iSv Abs. 1 Nr. 8 vermittelt werden, gilt die Vermittlung eines solchen Vertrages durch den Versicherungsvermittler als Begründung einer Geschäftsbeziehung nach § 10 Abs. 3 S. 1 Nr. 1 GwG (vgl. hierzu bereits RegE GwBekErgG, BT-Drs. 16/9038, 35) mit der Folge des Entstehens der allgemeinen Sorgfaltspflichten nach § 10 Abs. 1 GwG. **138**

Dem Versicherungsvermittler iSv § 2 Abs. 1 Nr. 8 GwG obliegen daneben bestimmte Mitteilungspflichten gegenüber dem Versicherungsunternehmen. Zieht der Versicherungsvermittler hiernach für das Versicherungsunternehmen Prämienzahlungen von mehr als 15.000 EUR in bar im Kalenderjahr ein, hat der zwischen- **139**

Figura 181

§ 2 Abschnitt 1. Begriffsbestimmungen und Verpflichtete

geschaltete Vermittler dem Versicherer hierüber Mitteilung zu machen, § 10 Abs. 8 GwG.

X. (Kapital-)verwaltungsgesellschaften (Abs. 1 Nr. 9)

140 Als weitere Verpflichtete werden in § 2 Abs. 1 Nr. 9 GwG Kapitalverwaltungsgesellschaften nach § 17 Abs. 1 KAGB, im Inland gelegene Zweigniederlassungen von EU-Verwaltungsgesellschaften und ausländischen AIF-Verwaltungsgesellschaften sowie ausländische AIF-Verwaltungsgesellschaften erfasst, für die die Bundesrepublik Deutschland Referenzmitgliedstaat ist und die der Aufsicht der Bundesanstalt für Finanzdienstleistungsaufsicht gemäß § 57 Abs. 1 S. 3 KAGB unterliegen. Kapitalverwaltungsgesellschaften iSv § 17 KAGB sind Unternehmen mit satzungsmäßigem Sitz und Hauptverwaltung im Inland, deren Geschäftsbetrieb darauf gerichtet ist, inländische Investmentvermögen, EU-Investmentvermögen oder ausländische AIF zu verwalten. Die Verwaltung eines Investmentvermögens liegt vor, wenn mindestens die Portfolioverwaltung oder das Risikomanagement für ein oder mehrere Investmentvermögen erbracht wird. Unter Investmentvermögen ist gemäß § 1 Abs. 1 S. 1 KAGB jeder Organismus für gemeinsame Anlagen zu verstehen, der von einer Anzahl von Anlegern Kapital einsammelt, um es gemäß einer festgelegten Anlagestrategie zum Nutzen dieser Anleger zu investieren und der kein operativ tätiges Unternehmen außerhalb des Finanzsektors ist. Organismen für gemeinsame Anlagen in Wertpapieren (OGAW) sind Investmentvermögen, die die Anforderungen der Richtlinie 2009/65/EG des Europäischen Parlaments und des Rates vom 13.7.2009 zur Koordinierung der Rechts- und Verwaltungsvorschriften betreffend bestimmte Organismen für gemeinsame Anlagen in Wertpapieren (OGAW) (ABl. 2009 L 302, 1), die zuletzt durch die Richtlinie 2014/91/EU (ABl. 2014 L 257, 186) geändert worden ist, erfüllen (vgl. § 1 Abs. 2 KAGB). Alternative Investmentfonds (AIF) sind gemäß § 1 Abs. 3 KAGB alle Investmentvermögen, die keine OGAW sind.

141 Im Inland gelegene Zweigniederlassungen von EU-Verwaltungsgesellschaften fallen ebenfalls unter § 2 Abs. 1 Nr. 9 GwG und sind nach § 1 Abs. 17 KAGB Unternehmen mit Sitz in einem anderen Mitgliedstaat der Europäischen Union oder einem anderen Vertragsstaat des Abkommens über den Europäischen Wirtschaftsraum, die den Anforderungen an eine Verwaltungsgesellschaft oder an eine intern verwaltete Investmentgesellschaft im Sinne der Richtlinie 2009/65/EG oder an einen Verwalter alternativer Investmentfonds im Sinne der Richtlinie 2011/61/EU des Europäischen Parlaments und des Rates vom 8.6.2011 über die Verwalter alternativer Investmentfonds und zur Änderung der Richtlinien 2003/41/EG und 2009/65/EG und der Verordnungen (EG) Nr. 1060/2009 und (EU) Nr. 1095/2010 (ABl. 2011 L 174, 1) entsprechen.

142 Unter ausländische AIF-Verwaltungsgesellschaften sind gemäß § 1 Abs. 18 KAGB Unternehmen mit Sitz in einem Drittstaat zu fassen, die den Anforderungen an einen Verwalter alternativer Investmentfonds im Sinne der Richtlinie 2011/61/EU entsprechen. Eine ausländische AIF-Verwaltungsgesellschaft, für die die Bundesrepublik Deutschland Referenzmitgliedstaat nach § 56 KAGB ist und die beabsichtigt, inländische Spezial-AIF oder EU-AIF zu verwalten oder zu vertreiben, bedarf der Erlaubnis der Bundesanstalt für Finanzdienstleistungsaufsicht, § 57 Abs. 1 KAGB. Wann die Bundesrepublik Deutschland Referenzmitgliedstaat ist, wird durch § 56 Abs. 1 KAGB bestimmt.

Verpflichtete, Verordnungsermächtigung §2

Das GwG erfasst für alle Verwaltungsgesellschaften iSv § 2 Abs. 1 Nr. 9 GwG 143
sämtliche in § 10 Abs. 3 GwG enthaltenen Tatbestandsgruppen: Die Begründung
einer Geschäftsbeziehung; die Durchführung einer außerhalb einer bestehenden
Geschäftsbeziehung anfallenden Transaktion im Wert von 15.000 EUR oder mehr
bzw. eines Geldtransfers iSv Art. 3 Nr. 9 der GeldtransferVO mit einem Betrag von
1.000 EUR oder mehr; das Vorliegen von Tatsachen, die darauf hindeuten, dass es
sich bei Vermögenswerten, die mit einer Transaktion oder Geschäftsbeziehung im
Zusammenhang stehen, um den Gegenstand einer strafbaren Geldwäsche handelt
oder der Vermögenswert im Zusammenhang mit Terrorismusfinanzierung steht sowie Zweifel, ob die auf Grund von Vorschriften des GwG erhobenen Angaben zu
der Identität des Vertragspartners oder des wirtschaftlich Berechtigten zutreffend
sind.

Ausnahmen von der Anwendbarkeit der GwG-Regelungen auf Finanzunternehmen bestehen auch im Hinblick auf die nach § 6 GwG zu treffenden internen
Sicherungsmaßnahmen gegen den Missbrauch zur Geldwäsche und zur Terrorismusfinanzierung grundsätzlich nicht. Zuständige Aufsichtsbehörde für die Durchführung des Geldwäschegesetzes ist gemäß § 50 Nr. 1 lit. d, Nr. 1 lit. e und Nr. 1
lit. f GwG die Bundesanstalt für Finanzdienstleistungsaufsicht.

XI. Rechtsanwälte, Kammerrechtsbeistände, Patentanwälte sowie Notare (Abs. 1 Nr. 10)

Rechtsanwälte, Kammerrechtsbeistände, Patentanwälte und Notare sind nur 144
Verpflichtete iSd GwG, wenn sie für den Mandanten an der Planung oder Durchführung der in § 2 Abs. 1 Nr. 10 GwG abschließend aufgeführten Geschäfte mitwirken:
- Kauf und Verkauf von Immobilien oder Gewerbebetrieben,
- Verwaltung von Geld, Wertpapieren oder sonstigen Vermögenswerten,
- Eröffnung oder Verwaltung von Bank-, Spar- oder Wertpapierkonten,
- Beschaffung der zur Gründung, zum Betrieb oder zur Verwaltung von Gesellschaften erforderlichen Mittel,
- Gründung, Betrieb oder Verwaltung von Treuhandgesellschaften, Gesellschaften oder ähnlichen Strukturen,
- oder wenn sie im Namen und auf Rechnung des Mandanten Finanz- oder Immobilientransaktionen durchführen.

Durch die **5. Geldwäscherichtlinie** wurde der Tätigkeitskatalog für Rechtsanwälte, Kammerrechtsbeistände, Patentanwälte sowie Notare in Bezug auf ihre
Verpflichtetenstellung erweitert. Soweit sie
- den Mandanten im Hinblick auf dessen Kapitalstruktur, dessen industrielle Strategie oder damit verbundene Fragen beraten,
- Beratung oder Dienstleistungen im Zusammenhang mit Zusammenschlüssen oder Übernahmen erbringen oder
- geschäftsmäßig Hilfeleistung in Steuersachen erbringen, sind Rechtsanwälte, Kammerrechtsbeistände Patentanwälte sowie Notare als Verpflichteter iSd des § 2 GwG anzusehen.

Außerhalb dieser Betätigungsbereiche greifen die Identifizierungs- und Meldepflichten des Geldwäschegesetzes nicht und es verbleibt bei der umfassenden, anwaltlichen Schweigepflicht; Verstöße hiergegen sind strafrechtlich sanktioniert. Ge-

Figura 183

§ 2 Abschnitt 1. Begriffsbestimmungen und Verpflichtete

mäß § 2 Abs. 1 Nr. 12, 14, 15 GwG zählen ferner Wirtschaftsprüfer, vereidigte Buchprüfer, Steuerberater, Steuerbevollmächtigte und die in § 4 Nr. 11 Steuerberatungsgesetzes genannten Vereine sowie Immobilienmakler und – unter bestimmten Voraussetzungen – auch Veranstalter und Vermittler von Glücksspielen zu den Verpflichteten nach dem GwG.

145 Rechtsanwälte iSv § 2 Abs. 1 Nr. 10 GwG sind auch die niedergelassenen europäischen Rechtsanwälte (§ 2 EuRAG, Gesetz über die Tätigkeit europäischer Rechtsanwälte in Deutschland v. 9.3.2000, BGBl. I S. 182, 1349, zuletzt geändert durch Art. 6 des Gesetzes vom 30.10.2017 (BGBl. I S. 3618)) und ausländische Rechtsanwälte, die gem. § 206 BRAO Mitglied der Rechtsanwaltskammer sind. in Bezug auf ausländische Patentanwälte war die bisher im Neunten Teil (§§ 154a und 154b) der PAO enthaltenen Regelungen zu den niedergelassenen europäischen Patentanwälten beachtlich. Danach waren Patentanwälte auch ausländische Patentanwälte. Wegen des Sachzusammenhangs wurde diese Regelung als Teil 3 (§§ 20 und 21) in das neue EuPAG überführt und an die dortigen Neuregelungen angepasst (vgl. hierzu auch BT-Drs. 18/9521, 86, 93 f.). Gemäß § 20 EuPAG ist ein europäischer Patentanwalt, der in einem anderen Mitgliedstaat, in dem der Beruf des Patentanwalts reglementiert ist, niedergelassen ist und der in die Patentanwaltskammer aufgenommen ist, berechtigt, sich unter der Berufsbezeichnung seines Herkunftsstaates zur Rechtsbesorgung auf dem Gebiet des ausländischen und des internationalen gewerblichen Rechtsschutzes in Deutschland niederzulassen.

146 Die Geldwäsche mittels bestimmter Personen- oder Berufsgruppen im Nichtbankensektor ist bereits seit einigen Jahren in den Blickpunkt des Interesses gerückt. Vor allem Berufsgruppen, die häufig treuhänderisch für Kunden und Mandanten tätig werden, scheinen für Geldwäschezwecke besonders attraktiv zu sein (vgl. FATF Report on Money Laundering Typologies 2003–2004, S. 24 Nr. 86 ff.; so auch *Vogt* in Herzog/Mülhausen Geldwäschebekämpfung-HdB § 2 Rn. 13). Zudem ist die Tätigkeit bestimmter freier Berufe durch ein gesetzlich anerkanntes Berufsgeheimnis geschützt (*Hoyer/Klos* S. 35). Rechtsanwälte, Rechtsbeistände, die Mitglied einer Rechtsanwaltskammer sind, Patentanwälte und Notare unterliegen bereits seit dem 15.8.2002 den Vorschriften des GwG, wenn sie für ihre Mandanten an der Planung oder Durchführung der in § 3 Abs. 1 Nr. 1 GwG aF enumerativ aufgeführten Geschäfte mitwirken. Trotz der zwischenzeitlichen Einbeziehung in den Kreis der Verpflichteten nach dem GwG werden die sog. „Gatekeeper"-Berufsgruppen nach wie vor häufig genutzt, um bei der Platzierung illegal erwirtschafteter Gelder zu helfen (vgl. *Hoyer/Klos* S. 35). Gängige Methoden für die Platzierung und Verschleierung illegal erwirtschafteter Gewinne sind etwa die Entgegennahme und Verwahrung von Geldern auf Treuhand- oder Anderkonten des Rechtsanwalts oder Notars, also auf eigenen Konten unter eigenem Namen (*Hoyer/Klos* S. 35). Weitere Methoden stellen die Einrichtung von Dachgesellschaften, Trusts oder Partnerschaften durch Rechtsanwälte oder andere Angehörige der „Gatekeeper"-Berufsgruppen, bei denen die eigentlichen Eigentümer im Hintergrund bleiben, aber auch beispielsweise der Erwerb von Immobilien oder anderer hochwertiger Wirtschaftsgüter auf eigene Rechnung, aber im Kundenauftrag dar (vgl. FATF, Report on Money Laundering Typologies 2003–2004, S. 24, Nr. 87).

147 Die Erstreckung des GwBekErgG unter anderem auf die Berufsgruppe der Rechtsanwälte hatte für die gesetzlich genannten Geschäfte eine Durchbrechung der Verschwiegenheitsverpflichtung zur Folge. Die Mitwirkung an anderen als den abschließend aufgeführten Geschäften ist vom Anwendungsbereich des GwG ausgenommen, insbesondere der gesamte Bereich der Strafverteidigung durch Rechts-

184 *Figura*

anwälte unterfällt damit nicht dem Geldwäschegesetz; zum Risiko einer strafbaren Geldwäsche durch Entgegennahme von Anwaltshonorar aus bemakelten Geldern vgl. BVerfG NJW 2004, 1305ff.

Verwaltungstätigkeiten in Bezug auf Geld, Wertpapiere, sonstige Vermögenswerte, sowie ferner die Verwaltung von Bank-, Spar- oder Wertpapierkonten, und die Verwaltung von Treuhandgesellschaften, Gesellschaften oder ähnlichen Strukturen erfassen grundsätzlich jede Form der Treuhänderschaft durch den Verpflichteten, zB die Kapital- und Immobilienverwaltung. In Bezug auf Anderkonten sah das GwG bislang unter bestimmten Voraussetzungen reduzierte Sorgfaltspflichten vor. Nach § 5 Abs. 2 S. 1 Nr. 3 GwG aF konnte, soweit nicht im Einzelfall die Voraussetzungen des § 6 GwG aF vorlagen, ein geringes Geldwäscherisiko bei der Feststellung der Identität des wirtschaftlich Berechtigten bei Anderkonten von Verpflichteten iSv § 2 Abs. 1 Nr. 7 GwG aF bestehen, sofern das kontoführende Institut vom Inhaber des Anderkontos die Angaben über die Identität des wirtschaftlich Berechtigten auf Anfrage erhielt. Die Neufassung des Geldwäschegesetzes enthält keine vergleichbare Regelung mehr. Die Anwendung vereinfachter Sorgfaltspflichten führt damit nicht mehr zu der Möglichkeit, bestimmte der in § 10 Abs. 1 GwG normierten Pflichten vollständig auszuklammern. § 14 GwG orientiert sich somit an den Standards der FATF mit der Folge, dass alle Kundensorgfaltspflichten zu erfüllen sind und nur der Umfang der zu ergreifenden Maßnahmen nach dem Maßstab des risikobasierten Ansatzes reduziert werden kann (BT-Drs. 18/11555, 120). 148

Die Durchführung von Finanz- und Immobilientransaktionen muss im Namen und auf Rechnung des Mandanten erfolgen. Finanz- und Immobilientransaktionen sind entsprechend dem in § 1 Abs. 5 GwG festgelegten Transaktionsbegriff eine oder, soweit zwischen ihnen eine Verbindung zu bestehen scheint, mehrere Handlungen, die eine Geldbewegung oder eine sonstige Vermögensverschiebung bezweckt oder bezwecken oder bewirkt oder bewirken. Erfasst sind nicht nur Annahme und Abgabe von Bargeld oder gleichgestellter Zahlungsmittel, sondern auch Vertragsabschlüsse und sonstige in diesem Zusammenhang getätigte Geschäfte wie Überweisungen, die Rückführung eines Kredits oder ein sachenrechtlicher Eigentumswechsel (RegE GwBekErgG, BT-Drs. 16/9038, 30). Für Verwaltungstätigkeiten durch den Notar bestimmt bereits § 57 Abs. 1 BeurkG, dass der Notar Bargeld zur Aufbewahrung und Ablieferung an Dritte nicht entgegennehmen darf (vgl. hierzu bereits BT-Drs. 13/4184, 37). Geld zur Verwahrung darf nur dann angenommen werden, wenn hierfür ein berechtigtes Sicherungsinteresse der am Verwahrungsgeschäft beteiligten Personen besteht, § 57 Abs. 3 BeurkG. 149

Erforderlich ist die Mitwirkung der Verpflichteten an der Planung und Durchführung der im Katalog des § 2 Abs. 1 Nr. 10 GwG beschriebenen Geschäfte. Dieses Kriterium ist nicht im Sinne einer Interessenvertretung zu verstehen, der Anwendungsbereich des Geldwäschegesetzes ist vielmehr bereits durch die unabhängige und unparteiliche Beratung in einer solchen Angelegenheit eröffnet (Bundesnotarkammer, Anwendungsempfehlungen zum Geldwäschegesetz 2017, Ziff. C.). Die Anwendbarkeit des GwG ist auf Unterschriftsbeglaubigungen iSd § 40 BeurkG gegeben, soweit es ein Geschäft im Anwendungsbereich des GwG betrifft; der die Unterschrift beglaubigende Notar darf sich allerdings auf die geldwäscherechtliche Identifizierung des vor ihm Erschienenen beschränken (Bundesnotarkammer, Anwendungsempfehlungen zum Geldwäschegesetz 2017, Ziff. C.). 150

Vom Katalog des § 2 Abs. 1 Nr. 10 GwG erfasst sind im Zusammenhang mit dem Kauf und Verkauf von Immobilien und Gewerbebetrieben alle Grundstückskaufver- 151 träge einschließlich der Bauträgerverträge, Anteilsabtretungen jedenfalls dann, wenn sich durch die konkrete Abtretung die einfache Mehrheit im Unternehmen verändert; ferner erfasst werden Vorgänge, bei denen ein Notar an der Gründung von Gesellschaften beteiligt ist, zB durch Beurkundung des Gesellschaftsvertrages im Zusammenhang mit der Gründung der Gesellschaft, Registeranmeldungen zur erstmaligen Eintragung der Gesellschaft in das zuständige Register, sowie Umwandlungsvorgänge, die zum Entstehen eines neuen Rechtsträgers führen. Vollmachten müssen die in § 2 Abs. 1 Nr. 10 GwG genannten Gegenstände unmittelbar betreffen, zB Vollmachten zur Veräußerung bestimmter Grundstücke. Allgemeine Vollmachten, die bloß geeignet sind, entsprechende Geschäfte abzuschließen, sind nicht erfasst, da hier keine Mitwirkung an der Planung und Durchführung der Kataloggeschäfte angenommen werden kann; anders, wenn für den Verpflichteten erkennbar bereits der konkrete Gebrauch für einen der Katalogfälle des § 2 Abs. 1 Nr. 10 beabsichtigt ist (vgl. hierzu Bundesnotarkammer, Anwendungsempfehlungen zum Geldwäschegesetz 2017, Ziff. C). Die Geltendmachung von Gewährleistungsansprüche gegen den Verkäufer der Immobilie dürfte den hierfür mandatierten Rechtsanwalt nicht zum Verpflichteten nach dem Geldwäschegesetz qualifizieren. Solche Sekundäransprüche werden wohl bereits vom Wortlaut des Gesetzes „Planung und Durchführung eines Kaufs oder Verkaufs von Immobilien" nicht mitumfasst sein. Dies gilt umso mehr, wenn die Mandatierung durch den Käufer zeitlich nach Abschluss des notariellen Kaufvertrages erfolgt und der Rechtsanwalt an diesem Erwerbungsvorgang nicht beteiligt war.

152 Nicht erfasst von den in § 2 Abs. 1 Nr. 10 GwG aufgeführten Geschäften sind hingegen Schenkungen, Vorgänge, die auf die Begründung, Änderung oder Löschung eines Rechtes an einem Grundstück gerichtet sind (insbesondere Grundschulden), familienrechtliche Angelegenheiten und erbrechtliche Angelegenheiten. Nachlassauseinandersetzungen, die Grundstücke oder Gewerbebetriebe betreffen, führen nach dem Wortlaut des § 2 Abs. 1 Nr. 10 lit. a aa GwG („Kauf oder Verkauf") ebenfalls nicht zur Eröffnung des Anwendungsbereichs (Bundesnotarkammer, Anwendungsempfehlungen zum Geldwäschegesetz 2017, Ziff. C.). Generalvollmachten, die zwar geeignet, aber nicht konkret dafür bestimmt sind, die in § 2 Abs. 1 Nr. 10 lit. a GwG genannten Geschäfte abzuschließen, fallen ebenfalls nicht in den Anwendungsbereich des GwG (Bundesnotarkammer, Anwendungsempfehlungen zum Geldwäschegesetz 2017, Ziff. C.).

153 Die allgemeinen Sorgfaltspflichten nach dem GwG entstehen gem. § 10 Abs. 3 S. 1 Nr. 1–4 GwG neben der Durchführung einer sonstigen Transaktion im Wert von 15.000 EUR oder mehr bzw. einem Geldtransfer iSv Art. 3 Nr. 9 der GeldtransferVO mit einem Betrag von 1.000 EUR oder mehr (Nr. 2) insbesondere im Falle der Begründung einer Geschäftsbeziehung (Nr. 1). Der Begriff der Geschäftsbeziehung iSv § 1 Abs. 4 GwG ist jede Beziehung, die unmittelbar in Verbindung mit den gewerblichen oder beruflichen Aktivitäten der Verpflichteten steht und bei der beim Zustandekommen des Kontakts davon ausgegangen wird, dass sie von gewisser Dauer sein wird.

Die Dauerhaftigkeit einer Geschäftsbeziehung kann dabei nicht allein an dem auslösenden einzelnen Geschäftsvorfall gemessen werden, Bewertungsgrundlage muss vielmehr die für einen bestimmten Zeitraum zwischen Berufsträger und Mandant eingegangene Geschäftsbeziehung sein (*Teichmann/Achsnich* in Herzog/Mülhausen Geldwäschebekämpfung-HdB § 31 Rn. 6). So können notarielle Amtstätigkeiten trotz eines ggf. zeitlich begrenzten Charakters eine Geschäftsbeziehung iSd GwG begründen, wenn der Anwendungsbereich des GwG eröffnet ist

Verpflichtete, Verordnungsermächtigung § 2

(Bundesnotarkammer, Anwendungsempfehlungen zum Geldwäschegesetz 2017, Ziff. E. IV.).

Bei der Durchführung der in § 2 Abs. 1 Nr. 10 GwG aufgeführten Kataloggeschäfte ist regelmäßig davon auszugehen, dass eine Geschäftsbeziehung von gewisser Dauer vorliegt. So kann die enumerative Auflistung in § 2 Abs. 1 Nr. 10 lit. a GwG nur derart verstanden werden, dass hierdurch das Kriterium der Dauerhaftigkeit für diese Geschäftsarten konkretisiert wird und diese Geschäfte die Identifizierungspflicht und die weiteren allgemeinen Sorgfaltspflichten iSv § 10 Abs. 1 GwG grundsätzlich auslösen (vgl. BT-Drs. 16/9038, 34; so auch *Teichmann/Achsnich* in Herzog/Mülhausen Geldwäschebekämpfung-HdB § 31 Rn. 6; im Ergebnis ebenso *Große-Wilde* MDR 2002, 1288 (1289)). Erfolgt etwa im Rahmen des Erwerbsvorganges bei einer Immobilie eine Betreuung über einen längeren Zeitraum und umfasst diese von der Vorbereitung und dem Abschluss des Kaufvertrages über die Eintragung einer Vormerkung bis hin zur Eigentumsumschreibung im Grundbuch mehrere Tätigkeiten, kann grundsätzlich auch ein einzelner Geschäftsvorfall eine auf gewisse Dauer angelegte Geschäftsbeziehung begründen (Bsp. bei *Teichmann/ Achsnich* in Herzog/Mülhausen Geldwäschebekämpfung-HdB § 31 Rn. 6). Strittig war die bislang im Rahmen von Einzelberatungstätigkeiten zB von Rechtsanwälten. Soweit sie nicht in regelmäßigen Abständen stattfanden, konnten diese – ausgenommen unter bestimmten Voraussetzungen – ausgeklammert werden (so *Große-Wilde* S. 333). Durch die in der Neufassung des Geldwäschegesetzes intendierte Stärkung des risikobasierten Ansatzes ist diese Differenzierung wohl nicht mehr haltbar mit der Folge, dass es im Zweifel nicht mehr auf eine typisierende Betrachtung im Einzelfall ankommt

Der Grundsatz, eine Geschäftsbeziehung nicht zu begründen oder fortzusetzen **154** und keine Transaktion durchzuführen, bzw. eine bereits bestehende Geschäftsbeziehung ungeachtet anderer gesetzlicher oder vertraglicher Bestimmungen durch Kündigung oder auf andere Weise zu beenden, wenn die Sorgfaltspflichten nach § 10 Abs. 1 GwG nicht erfüllt werden können (§ 10 Abs. 9 S. 1, 2 GwG), gilt nicht für Verpflichtete nach § 2 Abs. 1 Nr. 10 GwG, wenn der Vertragspartner eine Rechtsberatung oder Prozessvertretung erstrebt; der Verpflichtete darf hierbei nicht wissen, dass der Vertragspartner die Rechtsberatung bewusst für Zwecke der Geldwäsche oder der Terrorismusfinanzierung in Anspruch nimmt, § 10 Abs. 9 S. 3 GwG.

Nach § 43 Abs. 2 GwG sind Verpflichtete nach § 2 Abs. 1 Nr. 10 GwG nicht zum Melden eines Verdachtsfalles verpflichtet, wenn sich der meldepflichtige Sachverhalt auf Informationen bezieht, die sie im Rahmen der Rechtsberatung oder der Prozessvertretung des Vertragspartners erhalten haben. Dies gilt nicht, wenn die Verpflichteten wissen, dass der Mandant ihre Rechtsberatung für den Zweck der Geldwäsche oder der Terrorismusfinanzierung in Anspruch genommen hat oder nimmt.

Anfragen der Zentralstelle für Finanztransaktionsuntersuchungen oder Anfragen anderer zuständiger Behörden gemäß § 30 Abs. 1 GwG mit dem Ziel Auskunft darüber zu geben, ob sie während eines Zeitraums von fünf Jahren vor der Anfrage mit bestimmten Personen eine Geschäftsbeziehung unterhalten haben und welcher Art diese Geschäftsbeziehung war, können Verpflichtete iSd § 2 Abs. 1 Nr. 10 und 12 GwG ablehnen, wenn sich die Anfrage auf Informationen bezieht, die sie im Rahmen der Rechtsberatung oder der Prozessvertretung erhalten haben (§ 6 Abs. 6 S. 3 GwG). Das Gesetz folgt damit den Vorgaben des Art. 34 Abs. 2 iVm Art. 33 Abs. 1 lit. b der 4. Geldwäscherichtlinie (EU) 2015/849 des Europäischen Parlaments und

Figura 187

des Rates. Etwas Anderes gilt nur, wenn der Verpflichtete iSd § 2 Abs. 1 Nr. 10 und 12 GwG weiß, dass sein Mandant die Rechtsberatung für den Zweck der Geldwäsche oder der Terrorismusfinanzierung in Anspruch genommen hat.

Die in § 6 GwG festgelegte Verpflichtung, angemessene **interne Sicherungsmaßnahmen** gegen den Missbrauch zu Geldwäschezwecken und zur Terrorismusfinanzierung zu treffen, gilt auch für Verpflichtete iSv § 2 Abs. 1 Nr. 10 GwG. Durch die Neufassung wurde der Anwendungsbereich der Vorschrift grundsätzlich hinsichtlich aller Maßnahmen auf alle Verpflichteten nach § 2 Abs. 1 GwG erweitert (BT-Drs. 18/11555). Auf eine regelmäßige Ausführung der Kataloggeschäfte iSd § 9 Abs. 1 S. 2 GwG aF kommt es damit nicht mehr an.

155 Durch die Ergänzung der lit. c und d in § 2 Abs. 1 Nr. 10 GwG wird Art. 3 Abs. 2 lit. a iVm Nr. 9 des Anhangs I der Richtlinie 2013/36/EU umgesetzt. Bei den dort aufgeführten Tätigkeiten handelt es sich um solche mit Bezug zum Bereich „Mergers & Acquisition", die sowohl durch Finanzunternehmen (vgl. § 1 Abs. 24 Nr. 5 GwG) als auch insbesondere typischerweise durch Rechtsanwälte bzw. unter Mitwirkung von Notaren durchgeführt werden (BT-Drs. 19/13827, 71).

Da Rechtsanwälte auch berechtigt sind, steuerberatend tätig zu werden, bedurfte es einer weiteren gesetzlichen Ergänzung der Erbringung geschäftsmäßiger Hilfeleistungen in Steuersachen in § 2 Abs. 1 Nr. 10 lit. e GwG zwecks Vermeidung einer Gesetzeslücke im Bereich anwaltlicher Tätigkeiten im Verhältnis zur Verpflichtetenstellung (BT-Drs. 19/13827, 71). Anders als ein Steuerberater, der bereits nach § 2 Abs. 1 Nr. 12 GwG als geldwäscherechtlich Verpflichtete gilt, waren Rechtsanwälte bislang nur im Bereich der Ausübung der in § 2 Abs. 1 Nr. 10 GwG genannten Katalogtätigkeiten verpflichtet. Die steuerliche Beratung durch einen Rechtsanwalt war hiervon nicht mitumfasst.

XII. Nicht verkammerte Rechtsbeistände und registrierte Personen iSv § 10 RDG (Abs. 1 Nr. 11)

156 Rechtsbeistände, die nicht Mitglied einer Rechtsanwaltskammer sind, und registrierte Personen nach iSv § 10 RDG (Rechtsdienstleistungsgesetz v. 12.12.2007, BGBl. I S. 2840 zuletzt geändert durch Art. 8 Gesetz v. 20.11.2019 (BGBl. I S. 1724)) zählen ebenso wie Rechtsanwälte, Kammerrechtsbeistände, Patentanwälte und Notare (Nr. 10) nur dann zu den Verpflichteten iSd GwG, wenn sie für ihren Mandanten an der Planung oder Durchführung der in § 2 Abs. 1 Nr. 10 lit. a–d GwG abschließend aufgeführten Geschäfte mitwirken:
- Kauf und Verkauf von Immobilien oder Gewerbebetrieben,
- Verwaltung von Geld, Wertpapieren oder sonstigen Vermögenswerten,
- Eröffnung oder Verwaltung von Bank-, Spar- oder Wertpapierkonten,
- Beschaffung der zur Gründung, zum Betrieb oder zur Verwaltung von Gesellschaften erforderlichen Mittel,
- Gründung, Betrieb oder Verwaltung von Treuhandgesellschaften, Gesellschaften oder ähnlichen Strukturen,
- oder wenn sie im Namen und auf Rechnung des Mandanten Finanz- oder Immobilientransaktionen durchführen.
- den Mandanten im Hinblick auf dessen Kapitalstruktur, dessen industrielle Strategie oder damit verbundene Fragen beraten,
- Beratung oder Dienstleistungen im Zusammenhang mit Zusammenschlüssen oder Übernahmen erbringen.

Verpflichtete, Verordnungsermächtigung § 2

Außerhalb dieser Betätigungsbereiche greifen die Identifizierungs- und Meldepflichten des Geldwäschegesetzes nicht. Die Erbringung von Inkassodienstleistungen ist von den die Verpflichteteneigenschaft begründenden Tätigkeiten ausgenommen. Werden durch den Rechtsbeistand neben solchen Inkassodienstleistungen hinaus Katalogtätigkeiten nach § 2 Abs. 1 Nr. 10 GwG erbracht, hat er die geldwäscherechtliche Pflichten nur in Bezug auf diese Tätigkeiten zu beachten und umzusetzen (so BT-Drs. 19/13827, 71).

Personen, die aufgrund einer Registrierung gem. § 10 RDG befugt sind, selbst- **157** ständige Rechtsdienstleistungen zu erbringen, wurden ursprünglich durch das GwBekErgG neu als Verpflichtete in das GwG aufgenommen, da die Richtlinienvorgabe des Art. 2 Nr. 3b der 3. EU-Anti-Geldwäscherichtlinie insoweit keine Beschränkung auf Personen, die Mitglieder einer Berufskammer sind, enthielt (BT-Drs. 16/9038, 32). Die Ergänzung des Katalogs der nach dem GwG verpflichteten Berufsgruppen um § 2 Abs. 1 Nr. 7a GwG aF sollte die Differenzierung der verschiedenen rechtsberatenden Berufe in die Gruppe der rechtsberatenden Berufe einerseits, die einer standesrechtlichen Verschwiegenheitsverpflichtung unterliegen und die keiner Berufskammer angehörenden Rechtsbeistände und registrierten Personen iSd § 10 RDG andererseits, für die keine solche Schweigepflicht gilt, erleichtern (BT-Drs. 17/6804, 26). Inhaltlich entspricht § 2 Abs. 1 Nr. 11 GwG dem früheren § 2 Abs. 1 S. 1 Nr. 7a GwG. Im Zuge der Umsetzung der **5. Geldwäscherichtlinie** wurde der Verweis auf den Tätigkeitskatalog des § 2 Abs. 1 Nr. 10 GwG angepasst (vgl. hierzu auch BT-Drs. 19/13827, 71).

Das Rechtsdienstleistungsgesetz (RDG) ist am 1.7.2008 in Kraft getreten und **158** hat das Rechtsberatungsgesetz (RBerG) abgelöst. Der Anwendungsbereich des neuen RDG umfasst die selbstständige außergerichtliche Rechtsberatung. Rechtsdienstleistung ist legaldefiniert als jede Tätigkeit in konkreten fremden Angelegenheiten, sobald sie eine rechtliche Prüfung des Einzelfalls erfordert, § 2 Abs. 1 RDG. Allgemeine Rechtsauskünfte oder rechtsbesorgende Bagatelltätigkeiten sowie Geschäftsbesorgungen, die keine besondere rechtliche Prüfung erfordern, unterfallen hingegen nicht dem Anwendungsbereich des Gesetzes. Keine Rechtsdienstleistungen sind des Weiteren das Erstatten wissenschaftlicher Gutachten, die Tätigkeit von Einigungs- und Schlichtungsstellen; Mediation nur dann, wenn sie durch rechtliche Regelungsvorschläge in die Gespräche der Beteiligten eingreift (§ 2 Abs. 3 RDG).

Gem. § 10 RDG dürfen Rechtsdienstleistungen in ausländischem Recht, Inkassodienstleistungen und Rentenberatung durch registrierte Personen erbracht werden. Insbesondere das Inkassogeschäft, für das bislang eine Erlaubnis nach dem RBerG erforderlich war, erfordert nun eine Registrierung nach dem RDG. Inkassodienstleistung ist in § 2 Abs. 2 S. 1 RDG legaldefiniert als die Einziehung fremder oder zum Zweck der Einziehung auf fremde Rechnung abgetretener Forderungen, wenn die Forderungseinziehung als eigenständiges Geschäft betrieben wird. Die Pflicht zur Registrierung nach RDG bezieht sich dabei ausschließlich auf den Erwerb von Forderungen zur Einziehung; ohne Inkassoregistrierung zulässig und damit keine Rechtsdienstleistung iSv § 10 RDG ist der Vollerwerb von Forderungen (Forderungskauf). Unternehmen, die den Forderungskauf betreiben, sind jedoch Finanzunternehmen gem. § 1 Abs. 1a S. 1 Nr. 9 KWG und § 2 Abs. 1 Nr. 6 GwG. Die Erbringung von Inkassodienstleistungen ist von den die Verpflichteteneigenschaft begründenden Tätigkeiten ausgenommen. § 2 Abs. 2 S. 1 RDG definiert die Inkassodienstleistung als die Einziehung fremder oder zum Zweck der Einziehung auf fremde Rechnung abgetretener Forderungen, wenn die Forderungseinziehung als eigenständiges Geschäft betrieben wird. Werden durch den Rechtsbeistand ne-

Figura

ben solchen Inkassodienstleistungen hinaus Katalogtätigkeiten nach § 2 Abs. 1 Nr. 10 GwG erbracht, hat er die geldwäscherechtlichen Pflichten nur in Bezug auf diese Tätigkeiten zu beachten und umzusetzen (so BT-Drs. 19/13827, 71).

159 Für nicht verkammerte Rechtsbeistände und registrierte Personen iSv § 10 RDG erfasst das GwG in seinem sachlichen Anwendungsbereich sämtliche in § 10 Abs. 3 GwG enthaltene Tatbestandsgruppen (allgemeine Sorgfaltspflichten): Die Begründung einer Geschäftsbeziehung; die Durchführung einer außerhalb einer bestehenden Geschäftsbeziehung anfallenden Transaktion im Wert von 15.000 EUR oder mehr bzw. eines Geldtransfers iSv Art. 3 Nr. 9 der GeldtransferVO mit einem Betrag von 1.000 EUR oder mehr; das Vorliegen von Tatsachen, die darauf hindeuten, dass es sich bei Vermögenswerten, die mit einer Transaktion oder Geschäftsbeziehung im Zusammenhang stehen, um eine strafbare Geldwäsche handelt oder die Vermögenswerte im Zusammenhang mit Terrorismusfinanzierung stehen, sowie Zweifel, ob die auf Grund von Vorschriften des GwG erhobenen Angaben zu der Identität des Vertragspartners oder des wirtschaftlich Berechtigten zutreffend sind. Ist einer dieser Sachverhalte gegeben, begründet das GwG die o. a. Pflichten zu präventiven und repressiven Maßnahmen.

160 Der Grundsatz, eine Geschäftsbeziehung nicht zu begründen oder fortzusetzen und keine Transaktion durchzuführen, bzw. eine bereits bestehende Geschäftsbeziehung ungeachtet anderer gesetzlicher oder vertraglicher Bestimmungen durch Kündigung oder auf andere Weise zu beenden, wenn die Sorgfaltspflichten nach § 10 Abs. 1 GwG nicht erfüllt werden können (§ 10 Abs. 9 S. 1, 2 GwG), gilt für Verpflichtete iSv § 2 Abs. 1 Nr. 11 GwG uneingeschränkt.

Gleiches gilt für die Meldepflicht nach § 43 Abs. 1 GwG bei Verdacht auf Geldwäsche nach § 261 StGB und bei Verdacht der Terrorismusfinanzierung; § 43 Abs. 2 GwG findet keine Anwendung. Gemäß § 30 Abs. 3 GwG sind Rechtsanwälte, Notare, Wirtschaftsprüfer, Steuerberater und andere Verpflichtete nach § 2 Abs. 1 Nr. 10 und 12 GwG davon befreit, der Zentralstelle für Finanztransaktionsuntersuchungen Auskünfte zu übermitteln. Die Ausnahme soll dem Schutz des Vertrauensverhältnisses zwischen bestimmten Berufsgeheimnisträgern und Personen, die ihre Hilfe und Sachkunde in Anspruch nehmen, Rechnung tragen (BT-Drs. 18/11555, 141). Sie ist nicht auf Verpflichtete iSv § 2 Abs. 1 Nr. 11 GwG anwendbar. Ist dem Verpflichtete iSv § 2 Abs. 1 Nr. 10 und 12 GwG bekannt, dass der Vertragspartner seine Rechtsberatung für den Zweck der Geldwäsche, der Terrorismusfinanzierung oder einer anderen Straftat in Anspruch genommen hat oder nimmt, lebt die Übermittlungspflicht wieder auf.

161 Die in § 6 festgelegte Verpflichtung, angemessene interne Sicherungsmaßnahmen gegen den Missbrauch zu Geldwäschezwecken und zur Terrorismusfinanzierung zu treffen, gilt ebenfalls für Verpflichtete iSv § 2 Abs. 1 Nr. 11 GwG. Übt der Verpflichtete seine berufliche Tätigkeit als Angestellter eines Unternehmens aus, obliegen die Verpflichtungen nach § 6 Abs. 1 und 2 GwG diesem Unternehmen (§ 6 Abs. 3 GwG).

Verpflichtete, Verordnungsermächtigung § 2

XIII. Wirtschaftsprüfer, vereidigte Buchprüfer, Steuerberater, Steuerbevollmächtigte und Dienstleister in Steuerangelegenheiten (Abs. 1 Nr. 12)

Bereits seit Inkrafttreten der Änderungen des Geldwäschegesetzes durch das Geldwäschebekämpfungsgesetz am 15.8.2002 ist der Berufsstand der Wirtschaftsprüfer und vereidigten Buchprüfer neben den ebenfalls einbezogenen Berufsständen der Notare, Rechtsanwälte und Rechtsbeistände sowie Steuerberater und Steuerbevollmächtigten stärker in die Bekämpfung der Geldwäsche eingebunden worden. Mit § 2 Abs. 1 Nr. 8 GwG aF wurde Art. 2 Nr. 3a der 3. EU-Anti-Geldwäscherichtlinie umgesetzt; inhaltlich entsprach § 2 Abs. 1 Nr. 12 GwG dem früheren § 2 Abs. 1 Nr. 8 GwG aF. Im Zuge der Umsetzung der **5. Geldwäscherichtlinie** (Art. 1 Nr. 1 lit. a) wurden auch Dienstleister in Steuerangelegenheiten in den Kreis der Verpflichteten nach § 2 Abs. 1 Nr. 12 GwG aufgenommen. Damit treffen alle Dienstleister in Steuerangelegenheiten geldwäscherechtlichen Pflichten, soweit sie als wesentliche geschäftliche Tätigkeit Hilfe in Steuerangelegenheiten leisten. Für die Einordnung als Verpflichteter ist die tatsächlich erbrachte Tätigkeit maßgeblich: die jeweilige Berufsbezeichnung, unter der die Tätigkeit ausgeübt wird, ist genauso wie der Umstand, ob die Tätigkeit unmittelbar oder über Dritte erfolgt, mit denen der Dienstleister verbunden ist, nicht von Relevanz (so BT-Drs. 19/13827, 71). In Deutschland wirkt sich die Änderung insbesondere auf Lohnsteuerhilfevereine nach § 4 Nr. 11 StBerG aus. Alle weiteren in § 4 StBerG aufgezählten und zur Hilfeleistung in Steuersachen befugten Personen erfüllen nicht die in Art. 1 Nr. 1 lit. a der 5. Geldwäscherichtlinie genannten Voraussetzungen; sie sind entweder bereits ihrer materiellen Tätigkeit erfasst oder erbringen diese nicht als wesentliche geschäftliche oder gewerbliche Tätigkeit (so BT-Drs. 19/13827, 72). Dies gilt insbesondere für Hilfeleistungen durch die in § 4 Nr. 8 StBerG erfassten landwirtschaftlichen Buchstellen, da sie nur durch Personen – wie Steuerberater und Rechtsanwälte – mit entsprechender Zusatzbezeichnung nach § 44 StBerG erbracht werden dürfen.

162

Als Verpflichtete unterliegen Wirtschaftsprüfer, vereidigte Buchprüfer, Steuerberater, Steuerbevollmächtigte und Dienstleister in Steuerangelegenheiten den allgemeinen und besonderen Sorgfaltspflichten des GwG, den Aufzeichnungs- und Aufbewahrungspflichten, sowie bei entsprechenden Anhaltspunkten einer Verdachtsmeldepflicht. Daneben besteht die Verpflichtung zur Schaffung angemessener interner Sicherungsmaßnahmen gegen den Missbrauch zu Geldwäschezwecken und zur Terrorismusfinanzierung, § 6 GwG. Für die freien Berufe, die nach § 50 GwG der Aufsicht regionaler Berufskammern unterliegen, werden Anordnungen und Bestimmungen zur Sicherstellung der Einhaltung der im GwG festgelegten Anforderungen durch die jeweilige Bundesberufskammer getroffen. Der Pflichtenkanon nach dem Geldwäschegesetz bezieht sich grundsätzlich auf den einzelnen Berufsträger; § 2 Abs. 1 Nr. 12 GwG nimmt insoweit ausdrücklich Bezug auf die natürlichen Personen im Berufsstand. Eine Ausnahme ist in § 6 Abs. 3 GwG geregelt. Danach obliegt die Verpflichtung zu den internen Sicherungsmaßnahmen gem. § 6 Abs. 3 GwG dem Unternehmen, falls ein Verpflichteter iSv § 2 Abs. 1 Nr. 10–14 oder Nr. 16 seine berufliche Tätigkeit als Angestellter dieses Unternehmens ausübt. Für Tätigkeiten Dritter in Steuerangelegenheiten sind ferner die Vorgaben des StBerG beachtlich; über diese wird sichergestellt, dass auch mittelbaren

163

Figura

§ 2 Abschnitt 1. Begriffsbestimmungen und Verpflichtete

Dienstleistungen in Steuerangelegenheiten den Vorgaben des StBerG unterliegen. Personen, die über Dritte entsprechende Dienstleistungen in Steuerangelegenheiten anbieten, zählen damit auch zum Verpflichtetenkreis nach § 2 Abs. 1 Nr. 12 GwG.

164 Grundsätzlich muss der Verpflichtete nach Nr. 12 der vollumfänglichen Erfüllung der allgemeinen Sorgfaltspflichten nach § 10 Abs. 1 GwG nachkommen. Kann ein Verpflichteter die Identifizierung des Vertragspartners und, soweit vorhanden, des wirtschaftlich Berechtigten, sowie die Verpflichtung zur Einholung von Informationen über den Zweck und die angestrebte Art der Geschäftsbeziehung nicht erfüllen, darf die Geschäftsbeziehung nicht begründet oder fortgesetzt und keine Transaktion durchgeführt werden, ggf. ist sie zu beenden § 10 Abs. 9 S. 2 GwG. Eine Ausnahme von diesem Grundsatz sieht § 43 Abs. 2 S. 1 GwG unter anderem für die Berufsgruppen der Wirtschaftsprüfer, Buchprüfer, Steuerberater, Steuerbevollmächtigten und Dienstleister in Steuerangelegenheiten vor, wenn der Vertragspartner eine Rechtsberatung oder Prozessvertretung erstrebt. Die Befreiung gilt nicht für den Fall, dass der Verpflichtete weiß, dass der Vertragspartner die Rechtsberatung bewusst für den Zweck der Geldwäsche oder der Terrorismusfinanzierung in Anspruch nimmt (§ 43 Abs. 2 S. 2 GwG). Ergänzend können nach § 30 Abs. 3 GwG Verpflichtete iSv § 2 Abs. 1 Nr. 12 GwG die Auskunft verweigern, wenn sich der meldepflichtige Sachverhalt auf Informationen bezieht, die sie im Rahmen der Rechtsberatung oder der Prozessvertretung des Vertragspartners erhalten haben. Dies gilt nicht, wenn die Verpflichteten wissen, dass der Mandant ihre Rechtsberatung bewusst für den Zweck der Geldwäsche oder der Terrorismusfinanzierung in Anspruch nimmt.

165 Nach der Neufassung des GwG durch das GwBekErgG lag der Schwerpunkt in der praktischen Umsetzung nach wie vor auf der Fragestellung, ab welchem Zeitpunkt eine Geschäftsbeziehung iSv § 1 Abs. 3 GwG aF angenommen werden konnte und damit Identifizierungspflichten für Wirtschaftsprüfer, Buchprüfer, Steuerberater und Steuerbevollmächtigten schwellenwertunabhängig bei Begründung derselben entstanden. Diese Schwerpunktsetzung ist auch der Neufassung des Geldwäschegesetzes zu entnehmen, wobei die geldwäscherechtlich Verpflichteten zukünftig grundsätzlich jede Geschäftsbeziehung und Transaktion individuell auf das jeweilige Risiko in Bezug auf Geldwäsche und Terrorismusfinanzierung hin zu prüfen haben und ggf. zusätzliche Maßnahmen zur Minderung des Geldwäscherisikos ergreifen müssen (so Gesetzesbegr. BT-Drs. 18/11555, 88). Die Sorgfaltspflichten nach § 10 Abs. 1 GwG entstehen dabei grundsätzlich erst mit Abschluss des Vertrages und nicht bereits in der reinen Anbahnungsphase (Bundessteuerberaterkammer, Anwendungshinweise zum Geldwäschegesetz v. 21.4.2009, I. 2.).

Die Geschäftsbeziehung wird in § 1 Abs. 4 GwG legal definiert und ist jede Beziehung, die unmittelbar in Verbindung mit den gewerblichen oder beruflichen Aktivitäten der Verpflichteten steht und bei der beim Zustandekommen des Kontakts davon ausgegangen wird, dass sie von gewisser Dauer sein wird. Hiervon kann jedenfalls dann nicht ausgegangen werden, wenn sich der eingegangene Vertrag in einer einmaligen Erfüllungshandlung erschöpft, wie etwa bei einer Abschlussprüfung oder einem Steuerberatungsvertrag, welche/r lediglich für ein Geschäftsjahr bzw. für ein Veranlagungsjahr in Auftrag gegeben wird, oder bei einem einmaligen Auftrag zur Erstellung der Buchführung, einer Steuererklärung, eines Jahresabschlusses oder eines Gutachtens (vgl. hierzu Wirtschaftsprüferkammer, Auslegungs- und Anwendungshinweise zum Geldwäschegesetz, Juni 2019, III. 1.; Bundessteuerberaterkammer, Anwendungshinweise zum Geldwäschegesetz v. 21.4.2009, I. 2.).

Eine Entscheidung ist unter Würdigung der Gesamtumstände zu treffen; zeichnet sich etwa bereits bei Erstbeauftragung zu einer Abschlussprüfung ab, dass eine weitere Beauftragung für sich anschließende Geschäftsjahre beabsichtigt ist, liegt eine Geschäftsbeziehung iSd GwG vor. Die Identifizierungspflichten nach § 10 Abs. 1 und Abs. 3 Nr. 1 GwG entstehen in diesem Fall bereits mit Erstbeauftragung. Der formalrechtliche, jährlich durchzuführende Akt der Bestellung gem. § 318 HGB bei der Abschlussprüfung ist ebenso wenig ausschlaggebend für die Frage, ob eine auf Dauer angelegte Geschäftsbeziehung angenommen werden kann wie die nachfolgende zivilrechtliche Einzelbeauftragung (Wirtschaftsprüferkammer, Auslegungs- und Anwendungshinweise zum Geldwäschegesetz, Juni 2019, III. 1.). Zu berücksichtigen ist jedenfalls der Umstand, dass die Beauftragung zur Durchführung einer Abschlussprüfung durch einen Mandanten in der Praxis regelmäßig auf einen längeren Zeitraum als lediglich für ein Jahr ausgelegt sein wird; damit dürften Identifizierungspflichten regelmäßig bereits bei Erteilung des erstmaligen Auftrages entstehen. Im Falle eines Vertrages über die Erbringung von Hilfeleistung in Steuersachen/eines Steuerberatervertrages dürfte regelmäßig bereits aus der vertraglichen Vereinbarung ersichtlich sein, ob eine Beauftragung beabsichtigt ist, die über eine einmalige Erfüllungshandlung hinausgeht. Auch in diesem Fall ist den geldwäscherechtlichen Sorgfaltspflichten bereits im Zeitpunkt der erstmaligen Beauftragung nachzukommen (Wirtschaftsprüferkammer, Auslegungs- und Anwendungshinweise zum Geldwäschegesetz, Juni 2019, III. 1.; Bundessteuerberaterkammer, Anwendungshinweise zum Geldwäschegesetz v. 21. 4. 2009, I. 2.).

Sollte den Anforderungen des § 10 Abs. 1 GwG bei der Erstbeauftragung nicht **166** genügt worden sein, weil etwa der Wirtschaftsprüfer mit einer Abschlussprüfung für nur ein Geschäftsjahr oder einer einmaligen Erstellungshandlung ohne erkennbaren Willen des Mandanten, dass eine Folgebeauftragung erfolgen soll, beauftragt wurde, und es tritt entgegen den Erwartungen eine Folgebeauftragung ein, ist den Sorgfaltspflichten spätestens zum Zeitpunkt der Folgebeauftragung nachzukommen (Wirtschaftsprüferkammer, Auslegungs- und Anwendungshinweise zum Geldwäschegesetz, Juni 2019, III. 1.). Zur Vermeidung von Zweifelsfragen empfiehlt es sich, grundsätzlich bei sämtlichen der og Aufträge Maßnahmen nach § 10 Abs. 1 GwG durchzuführen (so auch Wirtschaftsprüferkammer, Auslegungs- und Anwendungshinweise zum Geldwäschegesetz, Juni 2019, III. 1.; Bundessteuerberaterkammer, Anwendungshinweise zum Geldwäschegesetz v. 21. 4. 2009, I. 2.). § 10 Abs. 3a GwG stellt hierbei klar, dass anlasslos („zu geeigneter Zeit") bei bereits bestehenden Geschäftsbeziehungen zB eine Neuidentifizierung durchzuführen ist; Anlass hierfür kann beispielsweise die Änderung maßgeblicher Umstände in Bezug auf den Kunden sein (so bereits BT-Drs. 18/11555, 116).

Vergleichbar ist die Situation beim Abschluss eines Steuerberatungsvertrages **167** (vgl. etwa Bundessteuerberaterkammer, Anwendungshinweise zum Geldwäschegesetz v. 21. 4. 2009, I. 2.). Entscheidend ist auch hier die Frage, ob bereits im Rahmen der Erstbeauftragung erkennbar wird, dass eine Beauftragung über ein Veranlagungsjahr hinaus beabsichtigt ist; die Ausführungen zur Abschlussprüfung gelten entsprechend. Die Identifizierungspflicht als Teil der allgemeinen Sorgfaltspflichten ist gemäß § 10 Abs. 3 GwG bei allen neuen Kunden zu erfüllen. Bei bestehenden Geschäftsbeziehungen müssen die allgemeinen Sorgfaltspflichten zu geeigneter Zeit auf risikobasierter Grundlage erfüllt werden, insbesondere dann, wenn sich bei einem Kunden maßgebliche Umstände ändern (§ 10 Abs. 3a GwG).

Figura

XIV. Dienstleister für Gesellschaften und Treuhandvermögen und Treuhänder (Abs. 1 Nr. 13)

168 Mit der Neuaufnahme der Dienstleister für Gesellschaften und Treuhandvermögen und Treuhänder in den Kreis der Verpflichteten nach dem GwG durch das GwBekErgG v. 13.8.2008 wurde ein Auffangtatbestand für Personen geschaffen, die nicht bereits über ihre Berufsgruppenzugehörigkeit nach Nr. 10 und Nr. 12 in den Kreis der Verpflichteten einbezogen werden. Mit der Einbeziehung wurde Art. 2 Nr. 3c in Verbindung mit Art. 3 Nr. 7 der 3. EU-Anti-Geldwäscherichtlinie umgesetzt.

169 Dienstleister für Gesellschaften und Treuhandvermögen und Treuhänder gelten nur als Verpflichtete nach dem GwG, soweit sie für Dritte bestimmte, in Nr. 13 abschließend aufgeführte Dienstleistungen erbringen. Gesetzlich definierte Dienstleistungen iSv Nr. 13 sind die Gründung einer juristischen Person oder Personengesellschaft (Nr. 13a); die Ausübung der Leitungs- oder Geschäftsführungsfunktion einer juristischen Person oder einer Personengesellschaft, der Funktion eines Gesellschafters einer Personengesellschaft oder einer vergleichbaren Funktion (Nr. 13b); Bereitstellung eines Sitzes, einer Geschäfts-, Verwaltungs- oder Postadresse und anderer damit zusammenhängender Dienstleistungen für eine juristische Person, für eine Personengesellschaft oder für eine Rechtsgestaltung nach § 3 Abs. 3 GwG (Nr. 13c); die Ausübung der Funktion eines Treuhänders für eine Rechtsgestaltung nach § 3 Abs. 3 GwG (Nr. 13d); die Ausübung der Funktion eines nominellen Anteilseigners für eine andere Person, bei der es sich nicht um eine auf einem organisierten Markt notierte Gesellschaft nach § 2 Abs. 11 des Wertpapierhandelsgesetzes handelt, die den Gemeinschaftsrecht entsprechenden Transparenzanforderungen im Hinblick auf Stimmrechtsanteile oder gleichwertigen internationalen Standards unterliegt (Nr. 13e) sowie die Schaffung der Möglichkeit für eine andere Person, die in den Buchstaben b, d und e genannten Funktionen auszuüben (Nr. 13f).

Die in § 2 Abs. 1 Nr. 13 GwG aufgelisteten Kataloggeschäfte erfüllen das Kriterium der auf Dauer angelegten Geschäftsbeziehung iSv § 1 Abs. 4 GwG und lösen die Identifizierungspflicht und die weiteren allgemeinen Sorgfaltspflichten iSv § 10 Abs. 1 GwG unabhängig von der Frage des Vorliegens einer Transaktion ab 15.000 EUR aus (vgl. hierzu bereits BT-Drs. 16/9038, 34).

170 Entscheidend für die Einordnung als Dienstleister für Gesellschaften und Treuhandvermögen oder Treuhänder ist grundsätzlich nicht die verwendete Berufsbezeichnung, sondern die Frage, inwieweit tatsächlich eine der in Nr. 13 a–f aufgeführten Tätigkeiten ausgeübt wird (so bereits BT-Drs. 16/9038, 32). Da die in § 2 Abs. 1 Nr. 13 a–f GwG aufgeführten Dienstleistungen, wie etwa die Gründung einer juristischen Person oder Personengesellschaft, häufig bereits von Rechtsanwälten bzw. Notaren ebenso wie von Verpflichteten nach Nr. 12 angeboten werden, dürfte sich § 2 Abs. 1 Nr. 13 GwG nach seiner inhaltlichen Zielrichtung in der Praxis schwerpunktmäßig an Unternehmensberater uÄ Berufsgruppen wenden.

Verpflichtete, Verordnungsermächtigung § 2

XV. Immobilienmakler (Abs. 1 Nr. 14)

Die Gruppe der Immobilienmakler wurde bereits mit Inkrafttreten des Geldwäschebekämpfungsgesetzes zum 15.8.2002 in den Pflichtenkreis des Geldwäschegesetzes aufgenommen. § 2 Abs. 1 Nr. 14 GwG (§ 2 Abs. 1 Nr. 10 GwG aF) baut inhaltlich unverändert auf der vor Inkrafttreten des GwBekErgG in § 3 Abs. 1 S. 1 Nr. 3 GwG aF geregelten Identifizierungspflicht für Immobilienmakler auf und entspricht damit bereits den Vorgaben von Art. 2 Nr. 3d der 3. EU-Anti-Geldwäscherichtlinie. Durch die 4. Geldwäscherichtlinie (EU) 2015/849 des Europäischen Parlaments und des Rates wurde die Begriffsbestimmung des Immobilienmaklers neu in das Geldwäschegesetz aufgenommen. Nach § 1 Abs. 11 GwG ist Immobilienmakler, wer gewerblich den Abschluss von Kauf-, Pacht- oder Mietverträgen über Grundstücke, grundstücksgleiche Rechte, gewerbliche Räume oder Wohnräume vermittelt. Unbeachtlich ist, in wessen Namen und auf wessen Rechnung der Immobilienmakler tätig wird. Ferner umfasst die Definition sowohl natürliche als auch juristische Personen wie auch rechtsfähige Personengesellschaften. Der Begriff schließt damit nicht nur Tätigkeiten in Bezug auf den Erwerb bzw. die Veräußerung von Immobilien ein, sondern (zukünftig) auch diejenigen Makler, die gewerblich Rechtsgeschäfte zur Vermietung oder Verpachtung von Immobilien vermitteln (sog. Mietmakler: vgl. hierzu BT-Drs. 19/13827, 49, 67, gemäß dem Erwägungsgrund 8 der 4. Geldwäscherichtlinie (EU) 2015/849 des Europäischen Parlaments und des Rates war der Mietmakler bis dato nicht unter den geldwächerechtlichen Immobilienmaklerbegriff zu subsumieren; s. hierzu auch BT-Drs. 18/11555, 106f.). 171

Neben dem Gold- und Diamantenmarkt ist verstärkt der Handel mit Immobilien und sonstigen Wertgegenständen als weitere Anlaufstelle für Geldwäscher festzustellen. Der Immobilienhandel eignet sich ebenso wie der Warenhandel zur Geldwäsche mittels Über-, Unter-, oder Doppelfakturierung von Rechnungen und anderen Fallgestaltungen. Über den Handel mit Immobilien können zum einen inkriminierte Gelder durch die Veräußerung hochpreisiger Güter weit unter oder über dem Marktwert gewaschen werden; zum anderen können durch den Erwerb beispielsweise von Immobilien, Schiffen oder Flugzeugen große Bargeldmengen in unverdächtige Vermögenswerte umgewandelt werden (*Hoyer/Klos* S. 34). Der Bereich der Grundstücks- und Gebäudemakler wird seitens der FIU Deutschland neben dem Bau- und Kfz-Gewerbe, sowie dem Bereich Import/Export als eine der Branchen aufgelistet, die im Zusammenhang mit Geldwäscheverdachtsmeldungen am häufigsten Erwähnung finden (FIU Deutschland, Jahresbericht 2006, S. 18). 172

Zur Vermittlung einer Immobilie wird ein Maklervertrag mit dem Anbieter und/oder dem Nachfrager geschlossen. Dabei werden Immobilienmakler regelmäßig entweder als Vermittlungsmakler (Vermittlung des Abschlusses von Verträgen über Grundstücke/Immobilien, grundstücksgleiche Rechte, vermietete Wohnräume und gewerbliche Räume) oder als Nachweismakler (Nachweis der Gelegenheit zum Abschluss) tätig. Ein Maklervertrag kann schriftlich, mündlich oder durch schlüssiges Verhalten abgeschlossen werden. Die allgemeinen Sorgfaltspflichten nach § 10 Abs. 1 GwG sind von Immobilienmaklern grundsätzlich im Falle der Begründung einer Geschäftsbeziehung, im Falle der Durchführung einer außerhalb einer bestehenden Geschäftsbeziehung anfallenden Transaktion im Wert von 15.000 EUR oder mehr, sowie betragsunabhängig im Falle des Vorliegens von Tatsachen, die darauf hindeuten, dass Vermögenswerte, die mit einer Transaktion oder 173

Figura 195

Geschäftsbeziehung im Zusammenhang stehen, einer strafbaren Geldwäsche oder der Terrorismusfinanzierung zu dienen, sowie bei Zweifeln, ob die nach dem GwG erhobenen Angaben zu der Identität des Vertragspartners oder des wirtschaftlich Berechtigten zutreffend sind, zu erfüllen. Eine besondere Regelung ist in § 10 Abs. 6 GwG enthalten: Hiernach haben Immobilienmakler die allgemeinen Sorgfaltspflichten bei der Vermittlung von Kaufverträgen (Nr. 1) und bei der Vermittlung von Miet- oder Pachtverträgen bei Transaktionen mit einer monatlichen Miete oder Pacht in Höhe von mindestens 10.000 EUR (Nr. 2) zu erfüllen (vgl. hierzu im Detail *Figura* → GwG § 10 Rn. 112 ff.). Wie die anderen nach § 2 Abs. 1 GwG Verpflichteten unterliegen auch Immobilienmakler dem Anwendungsbereich des Geldwäschegesetzes nur, soweit sie in Ausübung ihrer geschäftlichen oder beruflichen Tätigkeit handeln. Eine auf Dauer angelegte Geschäftsbeziehung iSv § 1 Abs. 4 GwG kann dagegen nur im Falle der Beauftragung zur Vermittlung von mehr als einem Objekt (zB durch einen Bauträger), sowie ggf. im Falle einer Exklusivbeauftragung angenommen werden, weswegen beim Tätigwerden von Immobilienmaklern regelmäßig keine Geschäftsbeziehung von gewisser Dauer angenommen werden kann (so bereits *Griebel* NZM 2012, 481 (485) mwN). Erfolgt im Rahmen des Erwerbsvorganges bei einer Immobilie eine Betreuung durch den Immobilienmakler über einen längeren Zeitraum und umfasst diese von der Begleitung der Vorbereitung und des Abschlusses des Kaufvertrages bis hin zu Tätigkeiten im Zusammenhang mit der Eigentumsumschreibung im Grundbuch mehrere Tätigkeiten, kann jedoch grundsätzlich auch ein einzelner Geschäftsvorfall eine auf Dauer angelegte Geschäftsbeziehung begründen (Bsp. bei *Teichmann/Achsnich* in Herzog/Mülhausen Geldwäschebekämpfung-HdB § 31 Rn. 6).

174 § 11 Abs. 2 GwG normiert den Identifikationszeitpunkt gesondert für den Immobilienmakler. Hieraus folgt, dass Immobilienmakler iSd § 2 Abs. 14 GwG ihren eigenen Vertragspartner und den weiteren Vertragspartner der vermakelten Immobilie abweichend von § 11 Abs. 1 GwG entsprechend der Vorschriften der §§ 10, 11 GwG identifizieren müssen, wenn ein ernsthaftes Interesse an der Durchführung des Kaufvertrags besteht (BT-Drs. 18/11555, 118). Zur Umsetzung des Schwellenbetrages nach Art. 2 Abs. 1 Nr. 3 lit. d der 5. Geldwäscherichtlinie vgl. § 4 Abs. 4 und § 10 Abs. 6 GwG.

§ 43 Abs. 1 Nr. 1 GwG bestimmt für das Maklergeschäft eine Meldepflicht, wenn Tatsachen vorliegen, die darauf hindeuten, dass ein Vermögensgegenstand, der mit einem Maklergeschäft im Zusammenhang steht, aus einer strafbaren Handlung stammt, die eine Vortat der Geldwäsche darstellen. Die Aufnahme des Maklergeschäfts hat klarstellenden Charakter, da sich dieses zwar auf eine Geschäftsbeziehung oder eine Transaktion bezieht, ihnen aber nicht unterfällt (BT-Drs. 18/11555, 157). Die Transaktion kann eine versuchte, bevorstehende, laufende oder bereits durchgeführte Transaktion sein (BT-Drs. 18/11555, 157).

XVI. Veranstalter und Vermittler von Glücksspiel (Abs. 1 Nr. 15)

175 Durch die 4. Geldwäscherichtlinie (EU) 2015/849 des Europäischen Parlaments und des Rates wurde der Kreis der Verpflichteten erweitert: Nicht nur Spielbanken, Veranstalter und Vermittler von Glücksspiel im Internet, sondern alle Veranstalter und Vermittler von Glücksspielen sind nunmehr als Verpflichtete anzusehen. Be-

Verpflichtete, Verordnungsermächtigung **§ 2**

reits nach der 3. Geldwäscherichtlinie wurden im Glücksspielbereich Spielbanken und Online-Glücksspiele als geldwäscherechtlich Verpflichtete bestimmt. Unter Beachtung des Erwägungsgrundes 38 und Art. 3 Nr. 14 der 4. Geldwäscherichtlinie (EU) 2015/849 des Europäischen Parlaments und des Rates soll der Glücksspielbereich insgesamt in den nationalen Gesetzen zur Geldwäscheprävention erfasst werden. Ausnahmen hiervon sind gemäß Art. 2 Abs. 2 der 4. Geldwäscherichtlinie (EU) 2015/849 des Europäischen Parlaments und des Rates aufgrund einer angemessenen Risikobewertung zulässig; ausgeschlossen von dieser Ausnahmemöglichkeit sind allerdings Spielbanken.

Glücksspiel im Sinne dieses Gesetzes ist gemäß der Legaldefinition in § 1 Abs. 8 GwG jedes Spiel, bei dem ein Spieler für den Erwerb einer Gewinnchance ein Entgelt entrichtet und der Eintritt von Gewinn oder Verlust ganz oder überwiegend vom Zufall abhängt. Die Definition ist weit gefasst und lässt jede Form der Spielerteilnahme – also durch physische Anwesenheit, mittels Zuschaltung oder Übermittlung der Teilnahme per Telefon, online oder durch sonstige andere kommunikationserleichternde Medien oder auf individuelle Anfrage des Spielers – zu (BT-Drs. 18/11555, 102 f.). Hierzu zählen insbesondere klassische Kasinospiele, Poker, Sportwetten und Lotterien, soweit sie über das Internet oder andere elektronische Plattformen oder Medien angeboten werden (BT-Drs. 17/10745, 14). Zum Kreis der Verpflichteten des Geldwäschegesetzes zählen gemäß § 2 Abs. 1 Nr. 15 GwG Veranstalter und Vermittler von Glücksspielen, soweit es sich nicht um Betreiber von Geldspielgeräten nach § 33c GewO, Vereine, die das Unternehmen eines Totalisators nach § 1 Rennwett- und Lotteriegesetzes betreiben, Lotterien, die außerhalb des Internets angeboten und vertrieben werden und die über eine staatliche Erlaubnis verfügen, oder Soziallotterien handelt. Geldwäscherechtlich Verpflichtete im Glücksspielbereich sind damit künftig unter den Glücksspielstaatsvertrag fallende Glücksspiele und zwar auch dann, wenn sie über keine entsprechende staatliche Erlaubnis verfügen (BT-Drs. 18/11555, 103). Etwas Anderes gilt für Anbieter von sog. Gewinnsparen; da diese Kreditinstitute sind, fallen sie schon aus diesem Grund als Verpflichtete unter § 2 Abs. 1 Nr. 1 GwG.

Durch die Neufassung ist eine Aufteilung der Glücksspiele nach § 2 Abs. 1 Nr. 11 und 12 GwG aF nicht mehr notwendig

Gemäß § 33c Abs. 1 S. 2 GewO dürfen Geldspielgeräte nur aufgestellt werden, **176** wenn ihre Bauart von der Physikalisch-Technischen Bundesanstalt zugelassen wurde. Der Hersteller der Geräte ist bereits im Zulassungsverfahren verpflichtet, ein Sicherheitsgutachten vorzulegen und den Nachweis zu erbringen, dass die Geräte gegen Manipulationen gesichert sind. Die Vorgaben der 4. Geldwäscherichtlinie (EU) 2015/849 des Europäischen Parlaments und des Rates nehmen den Betrieb von Geldspielgeräten nach Maßgabe des Art. 2 Abs. 2 nicht in den Anwendungsbereich auf. Grund hierfür ist neben der engmaschigen technischen Überwachung durch die Physikalisch-Technische Bundesanstalt der niedrige finanzielle Einsatz und die niedrigen Gewinnhöhe im einstelligen Eurobereich, der das Geldwäscherisiko gering ausfallen lässt (eine anderslautende Auffassung vertrat hierzu der Bundesrat im Rahmen des Gesetzgebungsverfahrens vgl. BT-Drs. 18/11928, 7 f.). Gemäß § 13 Spielverordnung ist der Einsatz pro Spiel grundsätzlich auf 0,20 EUR und der Höchstgewinn auf 2 EUR pro Spiel begrenzt. Pro Stunde dürfen maximal 400 EUR gewonnen werden. Die Geldannahme der Geräte ist auf 10 EUR begrenzt, eine Kartenzahlung ist nicht zugelassen. Hinzu treten verpflichtende Spielpausen, die die Geräte einlegen müssen, sowie Maßnahmen zur Verhinderung des gleichzeitigen Bespielens mehrerer Geldspielgeräte. In einer Spielhalle

Figura 197

§ 2   Abschnitt 1. Begriffsbestimmungen und Verpflichtete

sind gemäß § 3 Abs. 2 S. 1 Spielverordnung maximal 12 Geldspielgeräte erlaubt. In Gaststätten ist die Höchstzahl auf drei Geräte begrenzt; ab dem 10.11.2019 wird diese Zahl noch um ein Gerät auf maximal zwei Geräte reduziert (vgl. Art. 5 Nr. 1 der 6. VO zur Änderung der Spielverordnung v. 4.11.2014). Die neuen Vorgaben dienen insbesondere einer besseren Manipulationssicherheit der Geräte.

177   Nach den Vorgaben des Art. 2 Abs. 2 der 4. Geldwäscherichtlinie (EU) 2015/849 des Europäischen Parlaments und des Rates wurden Vereine, die das Unternehmen eines Totalisators aus Anlass öffentlicher Pferderennen und anderer öffentlicher Leistungsprüfungen für Pferde nach § 1 des Rennwett- und Lotteriegesetzes betreiben, vom Anwendungsbereich ausgeschlossen. Damit sind Rennvereine, die Pferdewetten anbieten und die hierdurch erzielten Einnahmen ausschließlich zur Förderung der Landespferdezucht verwenden, nicht geldwäscherechtlich Verpflichtete, da solche Pferdewetten nur ein geringes Geldwäscherisiko aufgrund der Höhe der Wetteinsätze und der mathematischen Eigenart von Totalisatorwetten aufweisen (so BT-Drs. 18/11555, 107; vgl. hierzu auch Forderung des Bundesrates auf Streichung der Ausnahmeregelung BT-Drs. 18/11928, 7). Die Häufigkeit der Veranstaltungen ist auf Wochenenden und auf höchstens 50 Pferderennen im Jahr begrenzt. Der Wetteinsatz sind oftmals nur Beträge im einstelligen Eurobereich, wobei der Spieler natürlich eine mehrere Wettscheine gleichzeitig in geringen Eurobeträgen erwerben kann, um so seinen Einsatz auf ein konkretes Pferd zu erhöhen. Aufgrund der Besonderheiten einer solchen Totalisatorwette führt ein erhöhter Einsatz auf ein Pferd dann allerdings zu einer geringeren Gewinnquote. Aufgrund der zuvor aufgeführten Kriterien sind Wettbüros, die die Teilnahme an Pferdewetten vertreiben oder vermitteln, anders zu bewerten bzw. einzustufen; das Geldwäscherisiko ist hierbei weitaus höher einzustufen mit der Folge, dass sie nicht vom Anwendungsbereich des § 2 Abs. 1 Nr. 15 GwG auszuschließen sind.

178   Lotterien, die über eine staatliche Erlaubnis verfügen, fallen gemäß den Vorgaben des Art. 2 Abs. 2 der 4. Geldwäscherichtlinie (EU) 2015/849 des Europäischen Parlaments und des Rates nicht, soweit die Teilnahme terrestrisch ausgestaltet ist und angeboten wird, in den Anwendungsbereich des § 2 Abs. 1 Nr. 15 GwG. Auch wenn bestimmte Geldwäschetechniken wie beispielsweise eine Manipulation des Spielablaufs grundsätzlich nicht ausgeschlossen werden kann, ist durch die staatliche Ausführung der Lotterien ein besonders hoher Schutz gegeben. Das heißt, Veranstalter und Vermittler der Landeslotterien des Deutschen Lotto- und Totoblocks, die Klassenlotterien der Gemeinsamen Klassenlotterien der Länder sowie die Gewinnsparlotterien im Sinne des dritten Abschnitts des Ersten Glücksspieländerungsstaatsvertrages sind keine Verpflichteten iSd § 2 Abs. 1 Nr. 15 GwG; hiervon umfasst sind auch sog. Lottoannahmestellen.

Grund hierfür ist das sehr geringe Geldwäscherisiko, dass sich sowohl durch die generelle Natur dieses Glücksspiels als auch mit der Limitierung des Einsatzes in Zusammenschau mit der geringen Gewinnwahrscheinlichkeit begründen lässt (BT-Drs. 18/11555, 107). Die Teilnahme an staatlichen Lotterien ist mit Bargeld oder per Kartenzahlung möglich. Nationale Lottoziehungen finden in der Bundesrepublik Deutschland zwei Mal in der Woche – aktuell Mittwoch und Samstag – statt. Mögliche Lotterieeinsätze sind betragsmäßig begrenzt und an die staatliche Lottoziehung geknüpft (Höchstgewinn liegt bei 1:139 838 160); dies gilt auch für das sog. Spiel 77 oder die Super 6 (so BT-Drs. 18/11555, 107). Ein etwaiger (Höchst-)Gewinn ist ggf. mit weiteren Lotterieteilnehmern zu teilen.

179   Soziallotterien sind Lotterien, die über eine gemeinnützige Organisation und eine staatliche Erlaubnis verfügen, wobei die Auszahlungsquote bei Soziallotterien bei etwa 30 Prozent liegt; Einnahmen müssen einem sozialen Zwecke zukommen, (BT-Drs. 18/11155, 107). Sie sind als besondere Lotterievariante iSd des § 2 Abs. 1 Nr. 15 lit. d GwG einzustufen und werden daher ebenfalls nach Maßgabe des Art. 2 Abs. 2 der 4. Geldwäscherichtlinie (EU) 2015/849 des Europäischen Parlaments und des Rates aus dem Anwendungsbereich herausgenommen. Entsprechend der zuvor dargestellten Besonderheiten ist auch bei der Soziallotterie das Geldwäscherisiko als gering einzustufen. Die Ausnahme des § 2 Abs. 1 Nr. 15 lit. d GwG umfasst dabei auch die Teilnahme im Internet; anders verhält es sich bei Wetten auf den Ausgang von Soziallotterien. Insoweit ist das Geldwäscherisiko höher einzustufen und eine Verpflichtetenstellung wird begründet.

Für Veranstalter und Vermittler von Glücksspielen erfasst das GwG in seinem sachlichen Anwendungsbereich grundsätzlich sämtliche in § 10 Abs. 3 GwG enthaltene Tatbestandsgruppen: Die Begründung einer Geschäftsbeziehung; die Durchführung einer außerhalb einer bestehenden Geschäftsbeziehung anfallenden Transaktion im Wert von 15.000 EUR oder mehr bzw. eines Geldtransfers iSv Art. 3 Nr. 9 der GeldtransferVO mit einem Betrag von 1.000 EUR oder mehr; das Vorliegen von Tatsachen, die darauf hindeuten, dass es sich bei Vermögenswerten, die mit einer Transaktion oder Geschäftsbeziehung im Zusammenhang stehen, um eine strafbare Geldwäsche handelt oder die Vermögenswerte im Zusammenhang mit Terrorismusfinanzierung stehen, sowie Zweifel, ob die auf Grund von Vorschriften des GwG erhobenen Angaben zu der Identität des Vertragspartners oder des wirtschaftlich Berechtigten zutreffend sind. Ist einer dieser Sachverhalte gegeben, begründet das GwG die oa Pflichten zu präventiven und repressiven Maßnahmen. **180**

Gemäß § 10 Abs. 5 GwG haben Verpflichtete nach § 2 Abs. 1 Nr. 15 GwG die allgemeinen Sorgfaltspflichten allerdings erst bei Gewinnen oder Einsätzen eines Spielers in Höhe von 2.000 EUR oder mehr zu erfüllen. Hierbei ist unerheblich, ob dieser Schwellenwert bei einer Transaktion erreicht wird oder erst durch mehrere miteinander verbundene Vorgänge. Etwas Anderes gilt hingegen für das Glücksspiel, das im Internet angeboten oder vermittelt wird; hier soll das geltende Regulierungsniveau in Deutschland nach § 9b GwG aF fortbestehen (vgl. BT-Drs. 18/11555, 117). § 10 Abs. 5 GwG entspricht im Wesentlichen § 3 Abs. 3 GwG aF und setzt die Vorgaben des Art. 11 d der 4. Geldwäscherichtlinie (EU) 2015/849 des Europäischen Parlaments und des Rates um.

Der Identifizierungspflicht kann auch dadurch nachgekommen werden, dass der Spieler bereits beim Betreten der Spielbank oder der sonstigen örtlichen Glücksspielstätte identifiziert wird, wenn vom Verpflichteten zusätzlich sichergestellt wird, dass Transaktionen im Wert von mehr als 2.000 EUR oder mehr einschließlich des Kaufs oder Rücktauschs von Spielmarken dem jeweiligen Spieler zugeordnet werden können (vgl. hierzu auch Erwägungsgrund 21 der 4. Geldwäscherichtlinie (EU) 2015/849 des Europäischen Parlaments und des Rates). Darüber hinaus bestehen besondere Vorschriften gemäß § 16 GwG für das Glücksspiel im Internet.

Zuständige Aufsichtsbehörde iSd § 50 GwG sind für Veranstalter und Vermittler von Glücksspielen nach § 2 Abs. 1 Nr. 15 GwG, soweit das Landesrecht nichts Anderes bestimmt, die für die Erteilung der glücksspielrechtlichen Erlaubnis zuständigen Behörden (vgl. § 50 Nr. 8 GwG). Konkretisiert werden die Inhalte der Aufsicht durch § 51 Abs. 7 GwG. **181**

XVII. Güterhändler, Kunstvermittler und Kunstlagerhalter (Abs. 1 Nr. 16)

182 Güterhändler iSd § 2 Abs. 1 Nr. 16 GwG ist gemäß der Legaldefinition in § 1 Abs. 9 GwG, wer gewerblich Güter veräußert, unabhängig davon in wessen Namen oder auf wessen Rechnung. Die Aufnahme in den Kreis der Verpflichteten entspricht Art. 2 Nr. 3 e der 3. EU-Anti-Geldwäscherichtlinie. Erfasst werden sowohl natürliche als auch juristische Personen (RegE GwBekErgG, BT-Drs. 16/9038, 32). Im Gegensatz zu dem bisherigen § 3 Abs. 1 S. 2 GwG aF, der noch alle sonstigen Gewerbetreibenden zu den Verpflichteten nach dem GwG zählte, wurde mit § 2 Abs. 1 Nr. 12 GwG aF eine Begrenzung auf die Gruppe von Personen vorgenommen, die gewerblich mit Gütern handeln. Für die nach früherer Rechtslage verpflichteten Vermögensverwalter und zur Entgegennahme von Bargeld Beauftragten wurde die Identifizierungspflicht, soweit dieser Adressatenkreis nicht bereits dem Anwendungsbereich des Kreditwesengesetzes unterfällt, mit Inkrafttreten des GwBekErgG in diesem Kontext aufgehoben. Durch die Neufassung des Geldwäschegesetzes im Zuge der 4. Geldwäscherichtlinie (EU) 2015/849 des Europäischen Parlaments und des Rates wurden – um die mit hohen Barzahlungen verbundenen Risiken bezüglich Geldwäsche und Terrorismusfinanzierung zu mindern – Güterhändler vom Geldwäschegesetz erfasst werden, wenn sie Barzahlungen in Höhe von 10.000 EUR (bisher 15.000 EUR) oder mehr tätigen oder entgegennehmen.

183 Die **5. Geldwäscherichtlinie** erweitert den Kreis der Verpflichteten auf Kunstvermittler und Kunstlagerhalter, soweit die Lagerhaltung in Zollfreigebieten (Freizone im Sinne der Artikel 243ff. Unionszollkodex (UZK)) erfolgt (BT-Drs. 19/13827, 72 mit Verweis auf Art. 1 Nr. 1 lit. c der 5. Geldwäscherichtlinie). Auf deutschem Gebiet sind dies derzeit die Freihäfen Bremerhaven und Cuxhaven. Gemäß der Legaldefinition in § 1 Abs. 23 GwG ist Kunstvermittler, wer gewerblich beim Abschluss von Kaufverträgen über Kunstgegenstände vermittelt, auch als Auktionator oder Galerist. Kunstlagerhalter ist wiederum, wer gewerblich Kunstgegenstände lagert. Als Kunstgegenstände sind solche Gegenstände einzustufen, die in Nr. 53 der Anlage 2 zu § 12 Abs. 2 Nr. 1 und 2 UStG aufgeführt werden. Es werden also ua Gemälde, Zeichnungen, Originalstiche und Originalerzeugnisse der Bildhauerkunst erfasst. Antiquitäten fallen nicht unter die Begrifflichkeit (BT-Drs. 19/13827, 72). Eine Differenzierung zwischen dem Handel mit und die Vermittlung von Kunstgegenständen und dem allgemeinen Güterhandel ist in Hinblick auf die unterschiedlichen Schwellenbeträge bedeutsam (vgl. § 4 Abs. 5 und § 10 Abs. 6 a GwG).

184 § 4 GwG regelt in Abs. 5, dass Güterhändler ein Risikomanagement zu installieren haben, wenn sie Transaktionen im Wert von mindestens 10.000 EUR über Kunstgegenstände, Transaktionen über hochwertige Güter nach § 1 Abs. 10 S. 2 Nr. 1 GwG, bei welchen sie Barzahlungen über mindestens 2.000 EUR selbst oder durch Dritte tätigen oder entgegennehmen, oder Transaktionen über sonstige Güter, bei welchen sie Barzahlungen über mindestens 10.000 EUR selbst oder durch Dritte tätigen oder entgegennehmen. Für Kunstvermittler und Kunstlagerhalter gilt die Regelung des § 4 Abs. 5 GwG bei Transaktionen im Wert von mindestens 10.000 EUR (vgl. hierzu auch Art. 1 Nr. 1 lit. c der 5. Geldwäscherichtlinie). Die Regelung orientiert sich auch weiterhin am risikobasierten Ansatz des Geldwäschegesetzes und stellt sicher, dass nicht jeder Güterhändler – unabhängig von seiner Geschäftsgröße oder seinem Geschäftsbetrieb – zur Führung eines Risikomanagements gehalten ist (BT-Drs. 18/11555, 109). Die Schwellenbeträge werden – entsprechend der bisherigen Systematik des Geldwäschegesetzes – nicht im Rahmen der Verpflichteteneigenschaft vorgegeben, sondern die Regelung erfolgt in Bezug auf die Pflichten nach Abschnitt 2 (§ 4 Abs. 5 GwG) und nach Abschnitt 3 (§ 10 Abs. 6a GwG) des Geldwäschegesetzes. Die Ausübung der Aufsicht erfolgt nach § 50 Nr. 9 GwG durch die nach Landesrecht zuständige Behörde.

In der Praxis dürften von den gewerblichen Güterhändlern insbesondere die bargeldintensiven Branchen der Autohändler und der Juweliere von dieser Regelung betroffen sein. Auf die nach § 6 GwG bestehende Verpflichtung zur Vorhaltung angemessener interner Sicherungsmaßnahmen gegen den Missbrauch zu Geldwäschezwecken und zur Terrorismusfinanzierung wird hingewiesen.

Besonderheiten ergeben sich ferner in Bezug auf § 10 GwG: § 10 Abs. 6a GwG 185 regelt für Güterhändler die Anwendung der allgemeinen Sorgfaltspflichten in Abweichung zu § 10 Abs. 3 GwG. Der Erfüllung der allgemeinen Sorgfaltspflichten durch Güterhändlern nach § 2 Abs. 1 Nr. 16 GwG bedarf es hiernach in den folgenden Fällen:
– bei Transaktionen im Wert von mindestens 10.000 EUR über Kunstgegenstände,
– bei Transaktionen über hochwertige Güter nach § 1 Abs. 10 S. 2 Nr. 1 GwG, bei welchen sie Barzahlungen über mindestens 2.000 EUR selbst oder durch Dritte tätigen oder entgegennehmen
– bei Transaktionen über sonstige Güter, bei welchen sie Barzahlungen über mindestens 10.000 EUR selbst oder durch Dritte tätigen oder entgegennehmen
– als Kunstvermittler und Kunstlagerhalter bei Transaktionen im Wert von mindestens 10.000 EUR.

Die Aufspaltung der Güterhändler in verschiedene Berufsgruppen war aufgrund der jeweils unterschiedlicher Schwellenbeträge notwendig. Die allgemeinen Sorgfaltspflichten sind aber auch weiterhin transaktionsbezogen zu erfüllen („soweit" die jeweiligen Verpflichteten entsprechende Transaktionen durchführen bzw. Barzahlungen tätigen oder entgegennehmen; so BT-Drs. 19/13827, 78).

Die Identifizierungspflicht nach § 10 GwG besteht grundsätzlich auch im Falle der künstlichen Aufsplittung von Bargeldbeträgen (Smurfing), sowie schwellwertunabhängig im Fall des Vorliegens von Tatsachen, die darauf hindeuten, dass es sich bei Vermögenswerten, die mit einer Transaktion oder Geschäftsbeziehung im Zusammenhang stehen, um den Gegenstand einer Straftat nach § 261 StGB handelt oder die Vermögenswerte im Zusammenhang mit Terrorismusfinanzierung stehen, sowie bei Zweifeln, ob die erhobenen Angaben zu der Identität des Vertragspartners oder des wirtschaftlich Berechtigten zutreffend sind.

XVIII. Verordnungsermächtigung (Abs. 2)

§ 2 Abs. 2 GwG aF normierte bisher für die Bundesanstalt für Finanzdienstleis- 186 tungsaufsicht die Möglichkeit durch Rechtsverordnung, die nicht der Zustimmung des Bundesrates bedurfte, Ausnahmen von gesetzlichen Pflichten für bestimmte Verpflichtete festzulegen. Durch die Neufassung des Gesetzes im Zuge der 4. Geldwäscherichtlinie (EU) 2015/849 des Europäischen Parlaments und des Rates wurde in § 2 Abs. 2 GwG eine Verordnungsermächtigung normiert, nach der das Bundesministerium der Finanzen berechtigt ist, durch Rechtsverordnung ohne Zustimmung des Bundesrates bestimmte Verpflichtete bei denen ein geringes Risiko der

Geldwäsche oder der Terrorismusfinanzierung besteht, vom Anwendungsbereich dieses Gesetzes ausnehmen (zur Berücksichtigungsmöglichkeit etwaiger Länderexpertisen vgl. BT-Drs. 18/11928, 34). Der Kreis der Verpflichtetet ist auf solche des § 2 Abs. 1 Nr. 1–9 und 16 GwG, die Finanztätigkeiten, die keinen Finanztransfer im Sinne von § 1 Abs. 1 S. 2 Nr. 6 ZAG darstellen, nur gelegentlich oder in sehr begrenztem Umfang ausüben, begrenzt. Hierbei dürfen die Finanztätigkeit – auf einzelne Transaktionen beschränkt und in absoluter Hinsicht je Kunde und einzelne Transaktion – den Betrag von 1.000 EUR nicht überschreitet. Ferner darf der Umsatz der Finanztätigkeit insgesamt nicht über 5 Prozent des jährlichen Gesamtumsatzes der betroffenen Verpflichteten hinausgehen und die Finanztätigkeit muss lediglich eine mit der ausgeübten Haupttätigkeit zusammenhängende Nebentätigkeit darstellen. Schließlich darf die Finanztätigkeit nur für Kunden der Haupttätigkeit und nicht für die allgemeine Öffentlichkeit erbracht werden.

187 Die 4. Geldwäscherichtlinie (EU) 2015/849 des Europäischen Parlaments und des Rates bietet auf diese Weise den EU-Mitgliedstaaten die Möglichkeit, Personen, die eine Finanztätigkeit nur gelegentlich oder in sehr begrenztem Umfang ausüben und bei denen ein geringes Risiko der Geldwäsche oder Terrorismusfinanzierung besteht, unter bestimmten Bedingungen vom Anwendungsbereich des Geldwäschegesetzes auszunehmen. Von der Regelung ausgeschlossen sind gemäß Art. 2 Abs. 3 der 4. Geldwäscherichtlinie (EU) 2015/849 des Europäischen Parlaments und des Rates Personen, die Finanztransfers im Sinne von Art. 4 Nr. 13 der Richtlinie 2007/64/EG durchführen.

Die 4. Geldwäscherichtlinie (EU) 2015/849 des Europäischen Parlaments und des Rates verleiht hierdurch diese Option zudem dem risikobasiererten Ansatz Ausdruck (BT-Drs. 18/11555, 108). Im Unterschied zur bisherigen Regelung wird dem Bundesministerium der Finanzen eine entsprechende Befugnis zur Ausnahme im Wege einer Rechtsverordnung – anders als nach § 2 Abs. 2 GwG aF – nicht nur für die Verpflichteten des Finanzsektors, sondern zusätzlich auch für die in § 2 Abs. 1 Nr. 16 GwG genannten Güterhändler eingeräumt. Die bisher in § 2 Abs. 2 S. 2 GwG aF enthaltene Übertragungsmöglichkeit der Verordnungsermächtigung auf die Bundesanstalt für Finanzdienstleistungsaufsicht wurde in diesem Zusammenhang aufgegeben.

Beachtlich ist, dass im Zuge der gesetzlichen Anpassungen durch die 5. Geldwäscherichtlinie gemäß § 2 Abs. 2 S. 2 GwG die Europäische Kommission nunmehr zeitnah zu unterrichten ist, wenn das Bundesministerium der Finanzen von der Verordnungsermächtigung Gebrauch macht. Eine Verordnung wurde allerdings bislang noch nicht erlassen.

XIX. Versteigerungen der öffentlichen Hand (Abs. 3 und 4)

188 Untersuchungen im Rahmen der Nationalen Risikoanalyse führten zu der Erkenntnis, dass bei öffentlichen Versteigerungen ein erhöhtes Anfälligkeitsrisiko für Transaktionen mit Geldwäschebezug besteht (so BT-Drs. 19/13827, 51, 73). Gerade im Bereich der organisierten Kriminalität werden öffentliche Versteigerungen dazu genutzt Immobilien oder hochwertiger Güter mit inkriminierten Geldern zu erwerben (vgl. hierzu auch *Lehnert/Hackmann* Kriminalistik 2019, 302). Häufig kommt es dabei zum Einsatz von Barmitteln. Im Zuge der Umsetzung der **5. Geldwäscherichtlinie** gelten zukünftig durch die gesetzlichen Vorgaben des § 2 Abs. 3 und 4 GwG die relevantesten geldwäscherechtlichen Pflichten auch für Gerichte sowie Körperschaften und Anstalten des öffentlichen Rechts bei der Durchführung von öffentlichen Versteigerungen. Hierzu zählen die in den Abschnitten 3, 5 und 6 genannten Identifizierungs- und Meldepflichten sowie die Pflicht zur Zusammenarbeit mit der Zentralstelle für Finanztransaktionsuntersuchungen soweit Transaktionen mit Barzahlungen über mindestens 10.000 EUR getätigt werden. Die Regelungen gelten entsprechend. Der Schwellenbetrag orientiert sich an dem für Güterhändler nach § 4 Abs. 5 und § 10 Abs. 6a GwG geltenden Schwellenbetrag und findet auch bei Vermittlungstätigkeiten Anwendung, indem er sich dann auf das vermittelte Rechtsgeschäft bezieht.

Die Identifizierung des Erstehers soll sowohl bei Gerichten (Abs. 3) als auch auf Ebene der Behörden sowie Körperschaften und Anstalten des öffentlichen Rechts (Abs. 4) unmittelbar nach Erteilung des Zuschlags erfolgen, spätestens jedoch bei Einzahlung des Bargebots. Die Erteilung des Zuschlages löst folglich erst auf Ebene des Gerichts (bzw. bei der jeweiligen Gerichts- oder Justizkasse) sowie auf Ebene der Behörden sowie Körperschaften und Anstalten des öffentlichen Rechts eine geldwäscherechtliche Prüfungspflicht aus, soweit Bareinzahlungen erfolgen (vgl. hierzu auch die kritische Stellungnahme des Bundesrates BT-Drs. 19/13827, 127). Behörden sowie Körperschaften und Anstalten des öffentlichen Rechts ist es erlaubt, bei der Erfüllung ihrer Pflichten auf Dritte zurückzugreifen (§ 2 Abs. 4 S. 4 GwG). Mitarbeiter der konsularischen Vertretung der Bundesrepublik Deutschland im Ausland sind von der Pflichtenregelung nicht betroffen (vgl. hierzu die krit. Stellungnahme des Bundesrates BT-Drs. 19/13827, 128 sowie die Gegenäußerung der Bundesregierung auf S. 148).

Bei Gerichten ist gemäß § 2 Abs. 3 GwG beachtlich, dass die Pflichten nur im Rahmen von Zwangsversteigerungen von Grundstücken, Schiffen, Schiffsbauwerken und Luftfahrzeugen nach dem Gesetz über die Zwangsversteigerung und die Zwangsverwaltung (ZVG) gelten und eine Barzahlung an das Gericht bzw. an die Gerichts- oder Justizkasse (Bareinzahlungen auf ein Konto der Gerichtskasse) durch den jeweiligen Ersteher erfolgen muss (BT-Drs. 19/13827, 73). Damit sind nur bestimmte Bieter im Rahmen der Sicherheitsleistung von den gelwäscherechtlichen Pflichten betroffen. § 2 Abs. 3 S. 2 GwG bestimmt, welche Daten nicht durch das Gericht erhoben werden müssen. Bei natürlichen Personen sind dies Angaben zum Geburtsort und zur Staatsangehörigkeit; bei Personengesellschaften und juristischen Personen ist die Erhebung der Namen sämtlicher Mitglieder des Vertretungsorgans oder sämtlicher gesetzlicher Vertreter nicht erforderlich. Bei Behörden sowie Körperschaften und Anstalten des öffentlichen Rechts bedarf es gemäß § 2 Abs. 4 S. 2 GwG keiner Pflichterfüllung, wenn im Rahmen der Zwangsvollstreckung gepfändete Gegenstände verwertet werden. Öffentliche Versteigerungen durch Gerichtsvollzieher und die Verwertung von gepfändeten Gegenständen unterliegen damit nicht den Regelungen nach § 2 Abs. 4 S. 1 GwG (BT-Drs. 19/13827, 73; vgl. hierzu auch die krit. Stellungnahme des Bundesrates BT-Drs. 19/13827, 127).

Figura

§ 3 Wirtschaftlich Berechtigter

(1) Wirtschaftlich Berechtigter im Sinne dieses Gesetzes ist
1. die natürliche Person, in deren Eigentum oder unter deren Kontrolle der Vertragspartner letztlich steht, oder
2. die natürliche Person, auf deren Veranlassung eine Transaktion letztlich durchgeführt oder eine Geschäftsbeziehung letztlich begründet wird.

Zu den wirtschaftlich Berechtigten zählen insbesondere die in den Absätzen 2 bis 4 aufgeführten natürlichen Personen.

(2) Bei juristischen Personen außer rechtsfähigen Stiftungen und bei sonstigen Gesellschaften, die nicht an einem organisierten Markt nach § 2 Absatz 11 des Wertpapierhandelsgesetzes notiert sind und keinen dem Gemeinschaftsrecht entsprechenden Transparenzanforderungen im Hinblick auf Stimmrechtsanteile oder gleichwertigen internationalen Standards unterliegen, zählt zu den wirtschaftlich Berechtigten jede natürliche Person, die unmittelbar oder mittelbar
1. mehr als 25 Prozent der Kapitalanteile hält,
2. mehr als 25 Prozent der Stimmrechte kontrolliert oder
3. auf vergleichbare Weise Kontrolle ausübt.

Mittelbare Kontrolle liegt insbesondere vor, wenn entsprechende Anteile von einer oder mehreren Vereinigungen nach § 20 Absatz 1 gehalten werden, die von einer natürlichen Person kontrolliert werden. Kontrolle liegt insbesondere vor, wenn die natürliche Person unmittelbar oder mittelbar einen beherrschenden Einfluss auf die Vereinigung nach § 20 Absatz 1 ausüben kann. Für das Bestehen eines beherrschenden Einflusses gilt § 290 Absatz 2 bis 4 des Handelsgesetzbuchs entsprechend. Wenn auch nach Durchführung umfassender Prüfungen und ohne dass Tatsachen nach § 43 Absatz 1 vorliegen oder durch die meldepflichtige Vereinigung nach § 20 Absatz 1 kein wirtschaftlich Berechtigter nach Absatz 1 oder nach den Sätzen 1 bis 4 ermittelt werden kann, gilt als wirtschaftlich Berechtigter der gesetzliche Vertreter, der geschäftsführende Gesellschafter oder der Partner des Vertragspartners.

(3) Bei rechtsfähigen Stiftungen und Rechtsgestaltungen, mit denen treuhänderisch Vermögen verwaltet oder verteilt oder die Verwaltung oder Verteilung durch Dritte beauftragt wird, oder bei diesen vergleichbaren Rechtsformen zählt zu den wirtschaftlich Berechtigten:
1. jede natürliche Person, die als Treugeber (Settlor), Verwalter von Trusts (Trustee) oder Protektor, sofern vorhanden, handelt,
2. jede natürliche Person, die Mitglied des Vorstands der Stiftung ist,
3. jede natürliche Person, die als Begünstigte bestimmt worden ist,
4. die Gruppe von natürlichen Personen, zu deren Gunsten das Vermögen verwaltet oder verteilt werden soll, sofern die natürliche Person, die Begünstigte des verwalteten Vermögens werden soll, noch nicht bestimmt ist,
5. jede natürliche Person, die auf sonstige Weise unmittelbar oder mittelbar beherrschenden Einfluss auf die Vermögensverwaltung oder Ertragsverteilung ausübt, und
6. jede natürliche Person, die unmittelbar oder mittelbar beherrschenden Einfluss auf eine Vereinigung ausüben kann, die Mitglied des Vorstands

der Stiftung ist oder die als Begünstigte der Stiftung bestimmt worden ist.

(4) **Bei Handeln auf Veranlassung zählt zu den wirtschaftlich Berechtigten derjenige, auf dessen Veranlassung die Transaktion durchgeführt wird. Soweit der Vertragspartner als Treuhänder handelt, handelt er ebenfalls auf Veranlassung.**

Literatur: *Ackmann/Reder,* Geldwäscheprävention in Kreditinstituten nach Umsetzung der Dritten EG-Geldwäscherichtlinie (Teil 1), WM 2009, S. 158 ff.; BaFin, Liste der zugelassenen Börsen und der anderen organisierten Märkte gemäß § 193 Abs. 1 Nr. 2 und Nr. 4 KAGB vom 16.2.2011, zuletzt geändert am 26.6.2017; BaFin, Auslegungs- und Anwendungshinweise zum Geldwäschegesetz, Stand: Dezember 2018; *Bentele/Schirmer,* Im Geldwäscherecht viel Neues – Das Gesetz zur Optimierung der Geldwäscheprävention, ZBB/JBB 2012, S. 303 ff.; Deutsche Kreditwirtschaft, Auslegungs- und Anwendungshinweise zur Verhinderung von Geldwäsche, Terrorismusfinanzierung und „sonstigen strafbaren Handlungen" vom 1.2.2014, zitiert: DK, Auslegungs- und Anwendungshinweise 2014; Deutsche Kreditwirtschaft (Hrsg.), Auslegungs- und Anwendungshinweise der DK zur Umsetzung neuer Regelungen des Gesetzes zur Optimierung der Geldwäscheprävention (GwOptG) vom 22.8.2012, zitiert: DK-Hinweise zum GwOptG 2012; *Höche/Rößler,* Das Gesetz zur Optimierung der Geldwäscheprävention und die Kreditwirtschaft, WM 2012, S. 1505 ff.; *Klugmann,* Das Gesetz zur Optimierung der Geldwäscheprävention und seine Auswirkung auf die anwaltliche Praxis, NJW 2012, S. 641 ff.; *Kotzenberg/Lorenz,* Das Transparenzregister kommt, NJW 2017, S. 2433 ff; *Kunz/Schirmer,* 4. EU-Geldwäsche-RL: Auswirkungen auf Unternehmen, Banken und Berater, BB 2017, S. 2435 ff.; Münchener Kommentar zum Aktiengesetz, Band 1, §§ 1 – 75, 5. Aufl. 2019, zitiert: *Bearbeiter* in MüKoAktG; *Reger/Lang,* Unterschiedliche wirtschaftlich Berechtigte in mehrstufigen Beteiligungsstrukturen aufgrund neuer BaFin-Auslegungshinweise?, BB 2019, S. 1282 ff.; *Weitemeyer/Hüttemann/Rewart/K.* Schmidt (Hrsg.), Non Profit Law Yearbook 2017/2018 (in Vorber.), zitiert: *Bearbeiter* in Weitemeyer/Hüttemann/Rewart/K. Schmidt, Non Profit Law Yearbook 2017/2018; Wirtschaftsprüferkammer, Auslegungs- und Anwendungshinweise der Wirtschaftsprüferkammer zum Geldwäschegesetz, Juni 2019; *Zentes/Glaab,* Referentenentwurf zur Umsetzung der 4. EU-Geldwäscherichtlinie – Was kommt auf die Verpflichteten zu?, BB 2017, S. 67 ff.

Übersicht

	Rn.
I. Begriff (Abs. 1)	1
II. Juristische Personen und sonstige Gesellschaften (Abs. 2)	5
1. Allgemeines	5
2. Fallkonstellationen	7
a) Eigentümergleiche Stellung bzw. Kontrolle	7
b) Kontrollbegriff und Vermutungsregel bei Gesellschaften, jur. Personen und Personenmehrheiten	8
III. Rechtsfähige Stiftungen und weitere Rechtsgestaltungen (Abs. 3)	15
1. Allgemeines	15
2. Fallkonstellationen	17
IV. Handeln auf Veranlassung (Abs. 4)	23

Figura

§ 3 Abschnitt 1. Begriffsbestimmungen und Verpflichtete

I. Begriff (Abs. 1)

1   Der wirtschaftlich Berechtigte im Sinne des Geldwäschegesetzes ist in § 3 Abs. 1 GwG (§ 1 Abs. 6 GwG aF) legaldefiniert als die natürliche Person, in deren Eigentum oder unter deren Kontrolle der Vertragspartner letztlich steht, oder die natürliche Person, auf deren Veranlassung eine Transaktion letztlich durchgeführt oder eine Geschäftsbeziehung letztlich begründet wird. Durch die Verwendung der Begriffe „Kontrolle" und „Veranlassung", soll die natürliche Person erfasst werden, die auf die Kundenbeziehung zum Verpflichteten bzw. auf Transaktionen tatsächlich maßgeblich Einfluss nehmen kann (so BaFin, Auslegungs- und Anwendungshinweise zum Geldwäschegesetz, S. 39). Die Identifizierungspflicht des wirtschaftlich Berechtigten soll Strohmanngeschäften entgegenwirken und denjenigen sichtbar machen, in dessen wirtschaftlichen oder rechtlichen Interesse eine Transaktion erfolgt (RegE GwBekErgG, BT-Drs. 16/9038, 30). Sie bezweckt die Erfassung derjenigen natürlichen Person, die auf die Kundenbeziehung zum Verpflichteten einwirken kann (so BT-Drs. 18/11555, 108). Die mittlerweile in einem eigenständigen Paragrafen verortete Definition entspricht § 1 Abs. 6 GwG aF und orientiert sich damit an der Begriffsbestimmung der FATF. Der Begriff des wirtschaftlich Berechtigten wurde mit dem GwBekErgG grundlegend überarbeitet, da das GwG bis dahin keine Regelung darüber, wer bei juristischen Personen und sonstigen rechtsfähigen Vereinigungen als wirtschaftlich Berechtigter anzusehen ist, enthielt. Insbesondere verschachtelte Konzernstrukturen eignen sich für die Verschleierung der (natürlichen) Person bzw. des wirtschaftlich Berechtigten und damit für einen Missbrauch zum Zwecke der Geldwäsche oder Terrorismusfinanzierung. Die Mitgliedstaaten haben daher dafür Sorge zu tragen, dass die in ihrem Gebiet niedergelassene Gesellschaften und sonstige juristische Personen angemessene, präzise und aktuelle Angaben über ihren wirtschaftlichen Eigentümer einholen und aufbewahren (Erwägungsgrund 25 der **5. Geldwäscherichtlinie**). Nur so können Straftäter aufgespürt werden, die ihre Identität ansonsten hinter einer Gesellschaftsstruktur verbergen könnten.

2   Mit den in § 1 Abs. 6 Nr. 1–3 GwG aF aufgeführten Fällen wurde Artikel 3 Nr. 6a und b der 3. EU-Anti-Geldwäscherichtlinie umgesetzt (vgl. hierzu nunmehr § 3 Abs. 2–4 GwG). Die dort genannten Fallkonstellationen waren nicht abschließend und stellen lediglich eine beispielhafte Aufzählung dar, in dessen Fällen eine wirtschaftliche Berechtigung stets anzunehmen ist. Weitere, nicht ausdrücklich erwähnte Fälle waren bspw. die verschiedenen Varianten ausländischer Gesellschaften; gleiches gilt für die Erbengemeinschaft, die mangels eigener Rechtsfähigkeit nicht in den Anwendungsbereich des § 3 GwG fällt (insoweit treten die Erben selbst als Vertragspartner auf; Aufzählung bei *Ackmann/Reder* WM 2009, 158 (162), Fn. 37).

3   Der Grundgedanke zur Abklärung des wirtschaftlich Berechtigten ist in § 10 Abs. 1 Nr. 2 GwG – Identifizierung des wirtschaftlich Berechtigten nach Maßgabe des § 11 Abs. 5 GwG – gesetzlich geregelt. Unabhängig von dem gesetzlich festgelegten Schwellenwert von 25% können/sollen die Verpflichteten bei der Abklärung des wirtschaftlich Berechtigten im Einzelfall aufgrund risikoorientierter Einschätzung von diesem Grundsatz abweichen. So bergen bestimmte Gesellschaftsformen nach Ansicht des Gesetzgebers aufgrund ihrer Besonderheiten ein erhöhtes Risiko, zu Zwecken der Geldwäsche oder Terrorismusfinanzierung missbraucht zu werden, während andere Gesellschaftsformen sich aufgrund ihrer Konstellation weniger für den Missbrauch zu Geldwäschezwecken eignen (Begr. GwBekErgG,

Wirtschaftlich Berechtigter §3

BT-Drs. 16/9038, 30). Erhöhten Risiken ist nach Art. 13 Abs. 6 der 3. EU-Anti-Geldwäscherichtlinie durch besondere Aufmerksamkeit und zusätzliche Maßnahmen entgegenzuwirken. Zu den Gesellschaften mit grundsätzlich erhöhtem Risikopotenzial zählt die Gesellschaft bürgerlichen Rechts (GbR). Bei der Abklärung, welche Gesellschafter als wirtschaftlich Berechtigter einer GbR anzusehen sind, darf nicht alleine auf den für andere Gesellschaftsformen genannten Schwellenwert für die Beteiligung von 25% abgestellt werden, sondern es sollte von den Verpflichteten nach dem Prinzip der Risikoangemessenheit zusätzlich das konkrete Risiko der Geschäftsbeziehung oder Transaktion mit der jeweiligen GbR berücksichtigt werden (vgl. BT-Drs. 16/9038, 30). Ggf. kann bei risikoorientierter Einschätzung ein Abweichen von der Vermutungsregel angezeigt sein (vgl. *Ackmann/Reder* WM 2009, 158 (163)). Geringere Sorgfaltspflichten sind dagegen etwa bei der Lottotippgemeinschaft mit geringen Umsätzen (*Ackmann/Reder* WM 2009, 158 (163)) oder der Wohnungseigentümergemeinschaft zulässig. Als ausreichend zur Überprüfung der Identität der Wohnungseigentümer wird seitens des Gesetzgebers beispielsweise die Einreichung einer jährlich zu aktualisierenden Liste aller Wohnungseigentümer erachtet (vgl. auch die Liste nicht abschließende aufgezählter Faktoren und möglichen Anzeichen für ein potenziell geringeres Risiko nach § 14 GwG, Anlage 1 zu den §§ 5, 10, 14, 15 GwG). In den Anwendungsbereich des § 3 Abs. 1 GwG fallen daher neben der WEG auch grundsätzlich nichtrechtsfähige Vereine oder privatrechtliche Unternehmen, die zu 100 Prozent im öffentlichen Eigentum stehen; gerade in letzteren Fall wird allerdings aufgrund der Struktur der Organisationsformen die Voraussetzungen für die Annahme eines wirtschaftlich Berechtigten nicht gegeben sein (so BaFin, Auslegungs- und Anwendungshinweise zum Geldwäschegesetz, S. 39). Schließlich richtet sich die Angemessenheit der von den Verpflichteten zu ergreifenden Maßnahmen nicht nur nach Intensität und Bedeutung der Geschäftsbeziehung oder Transaktion, sondern ebenfalls danach, welche Erkenntnismöglichkeiten den Verpflichteten zur Sachverhaltsklärung zur Verfügung stehen (Begr. GwBekErgG, BT-Drs. 16/9038, 38).

Zum 1.10.2017 sind juristische Personen des Privatrechts, eingetragene Personengesellschaften, Trusts und vergleichbare Rechtsgestaltungen erstmals verpflichtet, Angaben über den jeweiligen wirtschaftlich Berechtigten an die registerführende Stelle des Transparenzregisters zu tätigen (vgl. hierzu §§ 18ff. GwG). Ziel dieser Meldepflicht ist es, bestimmte gesellschaftsrechtliche Strukturen aufzudecken und so Geldwäscheaktivitäten zu unterbinden und Terrorismusfinanzierung zu identifizieren (so *Kotzenberg/Lorenz* NJW 2017, 2433). Das Register dokumentiert gemäß § 19 Abs. 1 GwG den Vor- und Nachnamen, das Geburtsdatum, den Wohnort sowie Art und Umfang des wirtschaftlichen Interesses des wirtschaftlich Berechtigten und dessen Staatsangehörigkeit (vgl. hierzu auch Erwägungsgrund 34 der 5. Geldwäscherichtlinie). Leichtfertige Verstöße gegen die Meldepflichten werden als Ordnungswidrigkeit geahndet (§ 56 Abs. 1 Nr. 55 GwG). Darüber hinaus können gemäß § 57 Abs. 1 GwG unanfechtbare Bußgeldentscheidungen für einen Zeitraum von mindestens fünf Jahren auf der Internetseite der Aufsichtsbehörde bekannt gemacht werden.

Keine (eindeutige) Aussage trifft das Geldwäschegesetz über die Besonderheiten 4 von Beteiligungsstrukturen der öffentlichen Hand (also Sondervermögen, Anstalten, juristische Personen des öffentlichen Rechts, öffentlich-rechtliche Körperschaft oder sonstige Unternehmen der öffentlichen Hand, die nicht in der Rechtsform einer juristischen Person des Privatrechts geführt werden) und die von diesen unterhaltenen Konten. Ein wirtschaftlich Berechtigter an einem Bankkonto oder

Figura 207

Bankguthaben ist derjenige, für dessen Rechnung das Konto geführt wird. § 3 Abs. 1 GwG stellt hierbei grundsätzlich auf die natürliche Person, in deren Eigentum oder unter deren Kontrolle der Vertragspartner letztlich steht, oder auf die natürliche Person, auf deren Veranlassung eine Transaktion letztlich durchgeführt oder eine Geschäftsbeziehung begründet wird ab. Bei den zuvor genannten Strukturen kann oftmals nur auf den „fiktiven wirtschaftlich Berechtigten" abgestellt werden und es verbleibt in diesen Fällen nur die Heranziehung des Auffangtatbestands des § 3 Abs. 2 S. 5 GwG (vgl. hierzu auch ausführlich BaFin, Auslegungs- und Anwendungshinweise zum Geldwäschegesetz, S. 39, die davon ausgeht, dass eine Identifizierung eines wirtschaftlich Berechtigten in diesen Fällen nicht erforderlich ist). Insbesondere wird in dieser Konstellation der Partner des Vertragspartners als wirtschaftlich Berechtigter von Bedeutung sein.

II. Juristische Personen und sonstige Gesellschaften (Abs. 2)

1. Allgemeines

5   Die Vorgaben in Art. 3 Nr. 6 der 4. Geldwäscherichtlinie (EU) 2015/849 des Europäischen Parlaments und des Rates, die sich wiederum an den FATF-Vorgaben orientieren, bestimmen, zunächst umfassende Prüfungen durchzuführen, um festzustellen, ob eine natürliche Person Eigentümer einer juristischen Person ist oder auf sonstige Weise Kontrolle über diese ausübt. Die gesetzlichen Vertreter, geschäftsführenden Gesellschafter oder Partner gelten nur dann qua Fiktion als wirtschaftlich Berechtigter und sind also ein solcher zur Erfüllung der Kundensorgfaltspflichten zu erfassen, wenn als wirtschaftlicher Berechtigter keine natürliche Person bestimmt werden konnte (vgl. hierzu BT-Drs. 18/11555, 109; *Kunz/Schirmer* BB 2017, 2435 (2438)). In diesem Sinne wurde die Definition des § 3 Abs. 2 GwG angepasst und erweitert. Zuletzt wurde § 3 Abs. 2 S. 5 GwG (Auffangtatbestand) durch die **5. Geldwäscherichtlinie** neu gefasst.

6   Der wirtschaftlich Berechtigte iSd § 3 Abs. 2 GwG ist bei Gesellschaften, die nicht an einem organisierten Markt iSd § 2 Abs. 11 des Wertpapierhandelsgesetzes notiert sind und keinen dem Gemeinschaftsrecht entsprechenden Transparenzanforderungen im Hinblick auf Stimmrechtsanteile oder gleichwertigen internationalen Standards unterliegen:
– jede natürliche Person, die unmittelbar oder mittelbar mehr als 25% der Kapitalanteile hält (§ 3 Abs. 2 Nr. 1 GwG)
oder
– mehr als 25% der Stimmrechte kontrolliert (§ 3 Abs. 2 Nr. 2 GwG)
oder
– auf vergleichbare Weise Kontrolle ausübt (§ 3 Abs. 2 Nr. 3 GwG) als wirtschaftlich Berechtigter anzusehen.

Bei Gesellschaften wird dabei Kontrolle bzw. Eigentum vermutet, wenn eine natürliche Person direkt oder indirekt mehr als 25% der Stimmrechtsanteile kontrolliert. § 3 Abs. 2 GwG findet demnach Anwendung auf juristische Personen des Privatrechts (insbes. GmbH, AG, eingetragene Vereine und eingetragene Genossenschaften) und auf sonstige privatrechtliche Gesellschaften (zB GbR, KG, OHG vgl. hierzu auch BaFin, Auslegungs- und Anwendungshinweise zum Geldwäschegesetz, S. 39). Die Anwendung des § 3 Abs. 2 GwG korrespondiert mit § 20 GwG. Die Regelungen des § 3 Abs. 3 GwG gelten hingegen für rechtsfähige Stiftungen und Rechtsgestaltungen, mit denen treuhänderisch Vermögen verwaltet oder verteilt oder die Verwaltung oder Verteilung durch Dritte beauftragt wird, oder bei diesen vergleichbaren Rechtsformen gelten (BaFin, Auslegungs- und Anwendungshinweise zum Geldwäschegesetz, S. 39).

2. Fallkonstellationen

a) Eigentümergleiche Stellung bzw. Kontrolle. Als wirtschaftlich Berechtigter gilt zunächst die natürliche Person, unter deren Kontrolle bzw. in deren Eigentum der Vertragspartner letztlich steht, § 3 Abs. 1 Nr. 1 GwG. Erfasst ist das Ausüben jeder unmittelbaren oder auch nur mittelbaren Kontrolle (bspw. über einen Stimmbindungsvertrag) über den Vertragspartner. Kontrolle, sowie eigentümergleiche Stellung indizieren insoweit die Stellung als wirtschaftlich Berechtigter. Um bestimmte Konstellation der mittelbaren Kontrolle besser zu ermitteln und zu bestimmen, ist die Begriffsbestimmung der mittelbaren Kontrolle neu in das Gesetz aufgenommen worden. Mittelbare Kontrolle liegt gemäß § 3 Abs. 2 GwG insbesondere dann vor, wenn entsprechende Anteile von einer oder mehreren Vereinigungen nach § 20 Abs. 1 GwG gehalten werden, die von einer natürlichen Person kontrolliert werden. Die Kontrolle wiederum ist anzunehmen, wenn die natürliche Person unmittelbar oder mittelbar einen beherrschenden Einfluss auf die Vereinigung nach § 20 Abs. 1 GwG ausüben kann. Für das Bestehen eines beherrschenden Einflusses sind die Regelungsinhalte des § 290 Abs. 2–4 HGB entsprechend anzuwenden. 7

Wenn auch nach Durchführung umfassender Prüfungen und, ohne dass Tatsachen nach § 43 Abs. 1 GwG vorliegen, keine natürliche Person ermittelt worden ist oder, wenn Zweifel daran bestehen, dass die ermittelte Person wirtschaftlich Berechtigter ist, gilt als wirtschaftlich Berechtigter der gesetzliche Vertreter, geschäftsführende Gesellschafter oder Partner des Vertragspartners (*Zentes/Glaab* BB 2017, 67). Dass der beherrschende Einfluss bei mehrstufiger Beteiligungsstruktur zur Abklärung des wirtschaftlich Berechtigten zur Anwendung kommt, entspricht der bestehenden Verwaltungspraxis und ist damit nicht als Neuerung zu interpretieren (BT-Drs. 18/11555, 109; zur Prüfung mehrstufiger Beteiligungsstrukturen vgl. ausführlich BaFin, Auslegungs- und Anwendungshinweise zum Geldwäschegesetz, S. 41 ff.; hierzu krit. *Reger/Lang* BB 2019, 1282 (1284 f.)).

Juristische Personen des Privatrechts und eingetragene Personengesellschaften haben die in § 19 Abs. 1 GwG aufgeführten Angaben zu den wirtschaftlich Berechtigten einzuholen, aufzubewahren, auf aktuellem Stand zu halten und der registerführenden Stelle unverzüglich zur Eintragung in das Transparenzregister gemäß § 20 Abs. 1 GwG mitzuteilen. Über das Transparenzregister werden künftig bestimmte Angaben zu den wirtschaftlich Berechtigten von juristischen Personen des Privatrechts, eingetragenen Personengesellschaften, Trusts und Rechtsgestaltungen, die in ihrer Struktur und Funktion Trusts ähneln, gesammelt und zum Abruf zugänglich gemacht (zu den Zugangsmöglichkeiten vgl. § 23 GwG). Das Führen des Registers soll die Transparenz bestimmte Gesellschaftsstrukturen erhöhen und Missbrauch der in § 20 GwG genannten Vereinigungen und Rechtsgestaltungen zum Zweck der Geldwäsche und Terrorismusfinanzierung zu verhindern (BT-Drs. 18/11555, 125).

b) Kontrollbegriff und Vermutungsregel bei Gesellschaften, jur. Personen und Personenmehrheiten. Bei Gesellschaften ist wirtschaftlich Berechtigter 8 jede natürliche Person, welche unmittelbar oder mittelbar mehr als 25 Prozent der Kapitalanteile hält oder mehr als 25 Prozent der Stimmrechte kontrolliert bzw. auf vergleichbare Weise Kontrolle ausübt. Diese Bestimmung gilt ausschließlich für Gesellschaften, die nicht an einem organisierten Markt im Sinne von § 2 Abs. 5 WpHG notiert sind und keinen dem Gemeinschaftsrecht entsprechenden Transparenzanforderungen im Hinblick auf Stimmrechtsanteile oder gleichwertigen internationalen Standards unterliegen. Unerheblich ist, um welche Art von Gesellschaft es sich handelt, welche Rechtsform die Gesellschaft hat oder ob es sich um eine in- oder ausländische Gesellschaft handelt. Bei Gesellschaften gilt insoweit eine unwiderlegliche Vermutung der Kontrolle bei unmittelbarer, bzw. mittelbarer Kontrolle über mehr als 25% der Eigentums-/Stimmrechtsanteile. Der „Kontrollbegriff" soll dazu dienen, die natürlich Person zu erfassen, die tatsächlich Einfluss auf die Kundenbeziehung zum Verpflichteten bzw. auf die jeweilige Transaktion nehmen kann (BaFin, Auslegungs- und Anwendungshinweise zum Geldwäschegesetz, S. 39). Hierfür muss der Verpflichtete die Eigentums- und Kontrollstrukturen des jeweiligen Vertragspartners aufklären, durchdringen und schließlich erfassen (§ 10 Abs. 1 Nr. 2 letzter Hs. GwG)

9 Abzustellen ist damit zunächst auf die Kapitalanteile/Stimmrechte an der Gesellschaft bzw. auf die Kontrolle über diese Anteile. Die besondere Vermutungsregel des GwG legt den für das Vorliegen von Kontrolle maßgeblichen Schwellenwert auf 25% fest; hält eine natürliche Person mehr als 25% der Anteile an dem Vertragspartner, ist diese zwingend wirtschaftlich Berechtigter iSv § 3 Abs. 2 GwG (vgl. hierzu bereits DK, Auslegungs- und Anwendungshinweise 2014, Tz. 27). Bei einem Vertragspartner können daher ggf. auch mehrere natürliche Personen als wirtschaftlich Berechtigte gelten, soweit diese eine parallele Kontrolle über das Unternehmen ausüben. Wirtschaftlich Berechtigter kann nur eine natürliche Person sein. Existieren zwischengeschaltete Gesellschaften und werden daher die Kapitalanteile an dem Vertragspartner nicht unmittelbar von einer oder mehreren natürlichen Personen gehalten, sind die Kontrollstrukturen der anteilshaltenden zwischengeschalteten Gesellschaft zu ermitteln.

10 Die spezielle Schwellenwertregelung des GwG findet ausschließlich auf Vertragspartnerebene Anwendung. Im Rahmen mehrstufiger Beteiligungsstrukturen und Konzernverflechtungen, bei denen eine Beteiligung von mehr als 25% der Kapitalanteile besteht oder bei denen mehr als 25% der Stimmrechte nicht von natürlichen Personen, sondern wiederum von juristischen Personen oder Personengesellschaften kontrolliert werden, kann eine eigentümergleiche Stellung bzw. gesellschaftsrechtlich vermittelte Einflussmöglichkeit dann angenommen werden, wenn eine tatsächliche Kontrolle über die zwischengeschaltete Gesellschaft gegeben ist (so DK, Auslegungs- und Anwendungshinweise 2014, Tz. 27). Entscheidend ist in diesem Zusammenhang, auf die tatsächliche Möglichkeit der Steuerung der zwischengeschalteten Gesellschaft abzustellen. Diese ist regelmäßig dann anzunehmen, wenn die Möglichkeit besteht, die gesetzlichen Vertreter und Organe zu bestimmen und die Unternehmenspolitik zu steuern (vgl. hierzu bereits DK, Auslegungs- und Anwendungshinweise 2014, Tz. 27).

Für das Bestehen eines beherrschenden Einflusses gilt § 290 Abs. 2–4 HGB entsprechend (§ 3 Abs. 2 S. 4 GwG). § 290 HGB beinhaltet die Voraussetzungen für die Pflicht zur Konzernrechnungslegung einer Kapitalgesellschaft sowie die Vorgabe der Aufstellungspflicht des Konzernabschlusses (§ 290 Abs. 1 HGB). Dabei orientiert sich der Gesetzgeber an dem Vorliegen bestimmter Unternehmensbeziehungen. § 290 Abs. 2 HGB bestimmt, wann ein beherrschender Einfluss eines Mutterunternehmens besteht. Ein solcher ist dann stets anzunehmen, wenn dem Mutterunternehmen bei einem anderen Unternehmen die Mehrheit der Stimmrechte der Gesellschafter zusteht bzw. bei einem anderen Unternehmen das Recht zusteht, die Mehrheit der Mitglieder des die Finanz- und Geschäftspolitik bestimmenden Verwaltungs-, Leitungs- oder Aufsichtsorgans zu bestellen oder abzuberufen, und es gleichzeitig Gesellschafter ist. Ferner ist ein beherrschender Einfluss zu bejahen, wenn dem Mutterunternehmen das Recht zusteht, die Finanz- und Geschäftspolitik auf Grund eines mit einem anderen Unternehmen geschlossenen Beherrschungsvertrages oder auf Grund einer Bestimmung in der Satzung des anderen Unternehmens zu bestimmen oder wenn es bei wirtschaftlicher Betrachtung die Mehrheit der Risiken und Chancen eines Unternehmens trägt, das zur Erreichung eines eng begrenzten und genau definierten Ziels des Mutterunternehmens dient (Zweckgesellschaft). Soweit sich die Beherrschung nicht aus anderen Umständen ergibt, indiziert also regelmäßig das Halten von mehr als 50% der Kapital-, oder Stimmrechtsanteile eine beherrschende Stellung (so bereits DK, Auslegungs- und Anwendungshinweise 2014, Tz. 27). Insoweit kann bei der Abklärung des wirtschaftlich Berechtigten im Rahmen mehrstufiger Beteiligungen auf den handelsrechtlichen Kontrollbegriff iSd § 290 Abs. 2–4 HGB entsprechend zurückgegriffen werden.

Neben der gesellschaftsrechtlich über Kapital- oder Stimmrechtsanteile vermittelten Beherrschungsmöglichkeit können grundsätzlich auch andere Faktoren eine faktische Beherrschung indizieren, bspw. aufgrund eines Beherrschungsvertrages (vgl. *Bayer* in MüKoAktG § 17 Rn. 38, 65). Bestehen Hinweise auf eine faktische Beherrschung durch einen Dritten, haben die Verpflichteten diesen ungeachtet der tatsächlichen Beteiligungsverhältnisse nachzugehen (DK, Auslegungs- und Anwendungshinweise 2011, Tz. 27). Die Geschäftsführung als solche übt kraft ihrer Funktion noch keine Kontrolle im konzernrechtlichen Sinne aus; die Stellung eines wirtschaftlich Berechtigten kann jedoch dann anzunehmen sein, wenn die Mitglieder der Geschäftsleitung gleichzeitig Kapital- oder Stimmrechtsanteile in relevantem Umfang innehaben (so DK, Auslegungs- und Anwendungshinweise 2014, Tz. 27).

Eine Besonderheit besteht bei Gesellschaften in der Rechtsform der GmbH & Co. KG. Unter geldwäscherechtlicher Betrachtung ist zur Ermittlung des wirtschaftlich Berechtigten grundsätzlich nicht auf die aus der Gesellschafterstellung folgenden Rechte, sondern rein formal auf die Anteilsverteilung abzustellen. Obwohl der Kommanditist bei einer typischen GmbH & Co. KG regelmäßig keine Einflussmöglichkeit auf die Unternehmensführung hat, ist er bei einer Kapitalbeteiligung von mehr als 25% als wirtschaftlich Berechtigter iSv § 3 Abs. 2 GwG einzustufen (Bsp. aus DK, Auslegungs- und Anwendungshinweise 2014, Tz. 27). Auch wenn die Beteiligung der Komplementär-GmbH im Einzelfall unterhalb des relevanten Schwellenwertes von 25% liegt, kann der Komplementär evtl. bereits aufgrund seiner gesellschaftsrechtlich dominanten Stellung als „Vollhafter" Kontrolle ausüben; unter Umständen ist daher auch der Gesellschafter der Komplementär GmbH wirtschaftlich Berechtigter iSv § 3 Abs. 2 GwG. 11

Bei mittelbaren Beteiligungen ist ein wirtschaftlich Berechtigter damit dann zu erheben, wenn dieser entweder mehrheitlich an der zwischengeschalteten Gesellschaft beteiligt ist, die ihrerseits eine Beteiligung von mehr als 25% an dem Vertragspartner des Verpflichteten hält, bzw. eine entsprechende Stimmrechtskontrolle ausübt oder die Kontrolle über mehr als 50% der Stimmrechte der zwischengeschalteten Gesellschaft ausübt; entsprechendes gilt bei der Ausübung einer faktischen Kontrolle ohne Vorliegen einer Mehrheitsbeteiligung (praktische Bsp. zu Standard- 12 fällen enthalten DK, Auslegungs- und Anwendungshinweise 2014, Tz. 27, sowie *Ackmann/Reder* WM 2009, 158 (162)). Besteht dagegen keine Beteiligung von mehr als 25% der Kapitalanteile und werden auch nicht mehr als 25% der Stimmrechte mittelbar kontrolliert, gibt es nur dann einen wirtschaftlich Berechtigten iSd § 3 Abs. 2 GwG, wenn dieser auf vergleichbare Weise Kontrolle ausübt.

13 Handelt es sich bei der zu identifizierenden Gesellschaft um eine an einem organisierten Markt iSd § 2 Abs. 11 WpHG in einem Mitgliedstaat der Europäischen Union zugelassene börsennotierte Gesellschaft, entfällt die ansonsten nach Maßgabe des § 11 Abs. 5 GwG vorzunehmende Identifizierung des wirtschaftlich Berechtigten; diese Gesellschaften sind vom Anwendungsbereich ausgenommen. Dies gilt gleichermaßen bei Begründung von Geschäftsbeziehungen oder Transaktionen börsennotierter Gesellschaften aus Drittstaaten, die Transparenzanforderungen im Hinblick auf Stimmrechtsanteile unterliegen, die denjenigen des Gemeinschaftsrechts gleichwertig sind. Die Voraussetzungen erfüllen börsennotierte Unternehmen sofern deren Wertpapiere zum Handel auf einem geregelten Markt im Sinne von Art. 44 Abs. 1 der Richtlinie 2014/65/EU (MiFID 2) zugelassen sind oder deren Wertpapiere zum Handel an einem organisierten Markt in einem Drittland zugelassen sind, der dem Gemeinschaftsrecht entsprechenden Transparenzanforderungen im Hinblick auf Stimmrechtsanteile oder gleichwertigen internationalen Standards unterliegt. Ausgenommen sind auch deren konzernangehörige (und damit im Konzernabschluss erfasste) Tochtergesellschaften, sofern das börsendotierte Unternehmen mehr als 50% der Kapitalanteile oder Stimmrechte an der Tochtergesellschaft hält und es, etwa aufgrund anderweitiger Kontrollausübung, keinen anderen wirtschaftlich Berechtigten im Sinne von § 3 Abs. 1 GwG gibt (so BaFin, Auslegungs- und Anwendungshinweise zum Geldwäschegesetz, S. 40; vgl. hierzu auch DK, Auslegungs- und Anwendungshinweise 2014, Tz. 57). Die Tochtergesellschaft selbst muss nicht börsennotiert sein.

Als organisierter Markt iSd § 2 Abs. 11 WpHG ist ein im Inland, in einem anderen Mitgliedstaat der Europäischen Union oder einem anderen Vertragsstaat des Abkommens über den Europäischen Wirtschaftsraum betriebenes oder verwaltetes, durch staatliche Stellen genehmigtes, geregeltes und überwachtes multilaterales System, das die Interessen einer Vielzahl von Personen am Kauf und Verkauf von dort zum Handel zugelassenen Finanzinstrumenten innerhalb des Systems und nach nichtdiskretionären Bestimmungen in einer Weise zusammenbringt oder das Zusammenbringen fördert, die zu einem Vertrag über den Kauf dieser Finanzinstrumente führt. Ein geregelte Markt iSd 2014/65/EU (MiFID 2) ist ein von einem Marktbetreiber betriebenes und/oder verwaltetes multilaterales System, das die Interessen einer Vielzahl Dritter am Kauf und Verkauf von Finanzinstrumenten innerhalb des Systems und nach seinen nichtdiskretionären Regeln in einer Weise zusammenführt oder das Zusammenführen fördert, die zu einem Vertrag in Bezug auf Finanzinstrumente führt, die gemäß den Regeln und/oder den Systemen des Marktes zum Handel zugelassen wurden, sowie eine Zulassung erhalten hat und ordnungsgemäß und gemäß Titel III dieser Richtlinie funktioniert (Art. 4 Abs. 1 Nr. 21 2014/65/EU (MiFID 2)). Gleiches gilt für Unternehmen, deren Wertpapiere zum Handel an einem organisierten Markt in einem Drittland zugelassen sind, der Transparenzanforderungen im Hinblick auf Stimmrechtsanteile unterliegt, die denjenigen des Gemeinschaftsrechts gleichwertig sind (DK, Auslegungs- und Anwendungshinweise 2014, Tz. 57; vgl. in diesem Zusammenhang auch BaFin, Liste der zugelassenen Börsen und der anderen organisierten Märkte gemäß § 193 Abs. 1 Nr. 2 und Nr. 4 KAGB v. 16.2.2011, zuletzt geändert am 29.11.2019,

Geschäftszeichen WA 43 – Wp 2100 – 2013/0003). Ungeklärt ist bislang, welche Börsen bzw. Marktsegmente den gesetzlichen Gleichwertigkeitsanforderungen genügen, bzw. bei welchen Börsen/Märkten von einer Gleichwertigkeit der Transparenzanforderungen im Hinblick auf Stimmrechtsanteile ausgegangen werden kann. Ein gemeinsames Verständnis der Mitgliedstaaten der EU gleichwertiger rechtlicher Rahmenbedingungen zur Verhinderung von Geldwäsche und Terrorismusbekämpfung konnte bislang nicht entwickelt werden (vgl. auch DK, Auslegungs- und Anwendungshinweise 2014, Tz. 57).

Wenn auch nach Durchführung umfassender Prüfungen und – ohne dass Tatsachen nach § 43 Abs. 1 GwG vorliegen – von der meldepflichtigen Vereinigung nach § 20 Abs. 1 GwG kein wirtschaftlich Berechtigter ermittelt werden kann, gilt als wirtschaftlich Berechtigter der gesetzliche Vertreter, der geschäftsführende Gesellschafter oder der Partner des Vertragspartners (§ 3 Abs. 2 S. 5 GwG). Durch die **5. Geldwäscherichtlinie** wurde § 3 Abs. 2 S. 5 neu gefasst. Der Auffangtatbestand griff nach seinem Wortlaut in der alten Fassung nicht, wenn die natürlichen Personen bekannt war oder, wenn zweifelsfrei bekannt war, dass die natürlichen Personen keine wirtschaftlich Berechtigten sind (BT-Drs. 19/13827, 73). Nach dem Gesetzeszweck soll ein wirtschaftlich Berechtigter gerade in den Fällen fingiert werden, in denen kein tatsächlicher wirtschaftlich Berechtigter vorhanden oder bekannt ist (BT-Drs. 19/13827, 73). Wurde bei einem Bestandskunden bislang keine wirtschaftlich Berechtigten erfasst, so ist die Erfassung der fiktiven wirtschaftlich Berechtigten nachzuholen (BaFin, Auslegungs- und Anwendungshinweise zum Geldwäschegesetz, S. 46).

III. Rechtsfähige Stiftungen und weitere Rechtsgestaltungen (Abs. 3)

1. Allgemeines

§ 3 Abs. 3 GwG normiert Sonderregelungen für wirtschaftlich Berechtigte von rechtsfähigen Stiftungen und weitere Rechtsgestaltungen. Gemäß § 3 Abs. 3 GwG ist wirtschaftlich Berechtigter bei rechtsfähigen Stiftungen und Rechtsgestaltungen, mit denen treuhänderisch Vermögen verwaltet, verteilt oder die Verwaltung oder Verteilung durch Dritte beauftragt wird, oder diesen vergleichbaren Rechtsformen
– jede natürliche Person, die als Treugeber (Settlor) handelt oder auf sonstige Weise 25 % oder mehr des Vermögens kontrolliert (§ 3 Abs. 3 Nr. 1 GwG),
– jede natürliche Person, die Mitglied des Vorstands der Stiftung ist (§ 3 Abs. 3 Nr. 2 GwG),
– jede natürliche Person, die als Begünstigte bestimmt worden ist (§ 3 Abs. 3 Nr. 3 GwG),
– die Gruppe von natürlichen Personen, zu deren Gunsten das Vermögen hauptsächlich verwaltet oder verteilt werden soll, sofern die natürliche Person, die Begünstigte des verwalteten Vermögens werden soll, noch nicht bestimmt ist (§ 3 Abs. 3 Nr. 4 GwG),
– jede natürliche Person, die auf sonstige Weise unmittelbar oder mittelbar beherrschenden Einfluss auf die Vermögensverwaltung oder Ertragsverteilung ausübt (§ 3 Abs. 3 Nr. 5 GwG), anzusehen,
– jede natürliche Person, die unmittelbar oder mittelbar beherrschenden Einfluss auf eine Vereinigung ausüben kann, die Mitglied des Vorstands der Stiftung ist

Figura

oder die als Begünstigte der Stiftung bestimmt worden ist (§ 3 Abs. 3 Nr. 6 GwG).
Der Stifter ist nicht explizit in der Aufzählung des § 3 Abs. 3 GwG enthalten. Als Begünstigter iSd § 3 Abs. 3 Nr. 3 GwG wird er allerdings erfasst, wenn die jeweilige Satzung der Stiftung hierzu eine Regelung enthält. Ob er darüber hinaus als wirtschaftlich Berechtigter iSd § 3 Abs. 3 GwG anzusehen ist, erscheint fraglich (vgl. hierzu krit. *Kotzenberg/Lorenz* NJW 2017, 2433 (2435)).

Bei fremdnützigen Gestaltungen gilt als wirtschaftlich Berechtigter die natürliche Person, die hinsichtlich mindestens 25% der Vermögenswerte begünstigt ist. Hiernach kann wirtschaftlich Berechtigter auch eine Person sein, zu der weder der Verpflichtete noch der Vertragspartner eine unmittelbare Beziehung unterhält, beispielsweise bei mittelbaren Beteiligungen. Aufgrund der gesetzlichen Schwellenwerte kann es bei einem Vertragspartner unter Umständen mehrere oder keinen wirtschaftlich Berechtigten geben.

16 § 1 Abs. 6 S. 2 Nr. 2 d GwG aF (nunmehr geregelt in § 3 Abs. 3 Nr. 5 GwG) wurde durch das GwOptG vom 22.12.2011 in Nr. 2 eingefügt, um insbesondere im Hinblick auf ausländische Rechtsgestaltungen eine Konkretisierung der Definition des wirtschaftlich Berechtigten zu erreichen (BT-Drs. 17/6804, 24 f.). Während nach bisheriger Rechtslage nur natürliche Personen, die 25% oder mehr des Vermögens kontrollieren, und Begünstigte bzw. Begünstigtengruppen explizit als wirtschaftlich Berechtigte aufgeführt waren, hat der Gesetzgeber nunmehr klargestellt, dass bei den in § 1 Abs. 6 S. 2 Nr. 2 GwG aF (§ 3 Abs. 3 GwG) angesprochenen Rechtsformen der Treugeber bzw. jede natürliche Person, die auf sonstige Weise unmittelbar oder mittelbar beherrschenden Einfluss auf die Vermögensverwaltung oder -verteilung ausübt, ebenfalls als wirtschaftlich Berechtigter anzusehen ist.

2. Fallkonstellationen

17 Wirtschaftlich Berechtigter bei rechtsfähigen Stiftungen und Rechtsgestaltungen, mit denen treuhänderisch Vermögen verwaltet oder verteilt oder die Verwaltung oder Verteilung durch Dritte beauftragt wird, ist jede natürliche Person, die als Treugeber (Settlor), Verwalter von Trusts (Trustee) oder Protektor, sofern vorhanden, handelt (§ 3 Abs. 3 Nr. 1 GwG), jede natürliche Person, die Mitglied des Vorstands der Stiftung ist (§ 3 Abs. 3 Nr. 2 GwG), jede natürlich Person, die als Begünstigte bestimmt worden ist (§ 3 Abs. 3 Nr. 3 GwG), die Gruppe von natürlichen Personen, zu deren Gunsten das Vermögen hauptsächlich verwaltet oder verteilt werden soll, sofern die natürliche Person, die Begünstigte des verwalteten Vermögens werden soll, noch nicht bestimmt ist (§ 3 Abs. 3 Nr. 4 GwG), sowie jede natürliche Person, die auf sonstige Weise unmittelbar oder mittelbar beherrschenden Einfluss auf die Vermögensverwaltung oder Ertragsverteilung ausübt (§ 3 Abs. 3 Nr. 5 GwG). § 3 Abs. 3 Nr. 5 GwG (§ 1 Abs. 6 S. 2 Nr. 2 d GwG aF) wurde durch das GwOptG vom 22.12.2011 in § 1 GwG aF eingefügt, um insbesondere im Hinblick auf ausländische Rechtsgestaltungen eine Konkretisierung der Definition des wirtschaftlich Berechtigten zu erreichen (BT-Drs. 17/6804, 24 f.). Während nach bisheriger Rechtslage nur natürliche Personen, die 25% oder mehr des Vermögens kontrollieren, und Begünstigte bzw. Begünstigtengruppen explizit als wirtschaftlich Berechtigte aufgeführt waren, hatte der Gesetzgeber bereits vorhergehenden Gesetzesfassung klargestellt, dass bei den in § 1 Abs. 6 S. 2 Nr. 2 GwG aF (nunmehr § 3 Abs. 3 GwG) angesprochenen Rechtsformen der Treugeber bzw. jede natürliche

Person, die auf sonstige Weise unmittelbar oder mittelbar beherrschenden Einfluss auf die Vermögensverwaltung oder -verteilung ausübt, ebenfalls als wirtschaftlich Berechtigter anzusehen ist (vgl. hierzu auch *Bentele/Schirmer* ZBB/JBB 2012, 303 (304)).

Im Zuge der **5. Geldwäscherichtlinie** wurde § 3 Abs. 3 Nr. 6 GwG neu aufgenommen. Danach zählt zu den wirtschaftlich Berechtigten jede natürliche Person, die unmittelbar oder mittelbar beherrschenden Einfluss auf eine Vereinigung ausüben kann, die Mitglied des Vorstands der Stiftung ist oder die als Begünstigte der Stiftung bestimmt worden ist. Diese Konstellation, dass eine oder mehrere Vereinigungen als Vorstand oder Begünstigte einer Stiftung eingesetzt werden und die natürlichen Personen, die die Vereinigung beherrschen, als wirtschaftlich Berechtigte anzusehen sind, wurde bislang von § 3 Abs. 3 GwG erfasst (so BT-Drs. 19/13827, 73). Wann ein beherrschender Einfluss in einem solchen Fall vorliegt, ist anhand von § 3 Abs. 2 S. 4 GwG auszumessen.

Auf Stiftungen nach §§ 80 ff. BGB (rechtsfähige Stiftungen) waren bislang weder § 1 Abs. 6 S. 2 Nr. 2 a GwG aF noch § 1 Abs. 6 S. 2 Nr. 2 b GwG aF anwendbar; der Stifter war kein Treugeber iSd Vorschriften (vgl. hierzu DK-Hinweise zum GwOptG 2012, Tz. 6, so auch *Höche/Rößler* WM 2012, 1505 (1506)). Da die Mitglieder der Stiftungsorgane lediglich als solche handeln und es keinen kontrollierenden Anteilseigner gibt, kam auch eine Kontrolle von 25 % des Vermögens bei einer Stiftung nach §§ 80 ff. BGB grundsätzlich nicht in Betracht (DK-Hinweise zum GwOptG 2012, Tz. 6). Auch eine Begünstigtenstellung iSd § 1 Abs. 6 Nr. 2 b und c GwG aF schieden wegen des Substanzerhaltungsgebots solcher Stiftungen aus (DK-Hinweise zum GwOptG 2012, Tz. 6). Der Stifter einer rechtsfähigen Stiftung gehört damit nicht zum Personenkreis des § 3 Abs. 3 Nr. 1 GwG, da er mit der Entstehung der Stiftung seine Einflussmöglichkeiten auf diese verliert und – falls er nicht in den Organen der Stiftung (wie bspw. dem Vorstand) vertreten ist – auch keine Einflussmöglichkeiten auf die Stiftung hat und somit keine Geldwäscheaktivitäten über die Stiftung ausführen kann (so BaFin, Auslegungs- und Anwendungshinweise zum Geldwäschegesetz, S. 46). Ferner ist beachtlich, dass das deutsche Recht keine Stiftung auf Zeit erlaubt, durch die das Vermögen bei Ende der Stiftung an den Stifter zurückfällt. Anders ist dies beim „Settlor" eines Trusts, weswegen dieser von § 3 Abs. 3 Nr. 1 GwG umfasst ist (vgl. hierzu auch BaFin, Auslegungs- und Anwendungshinweise zum Geldwäschegesetz, S. 47). Durch die Neufassung des Gesetzes wurde daher als natürliche Person auch das Mitglied des Vorstands der Stiftung in § 3 Abs. 3 Nr. 2 GwG neu in den Kreis der wirtschaftlich Berechtigten aufgenommen. Gemäß § 81 Abs. 1 Nr. 5 BGB ist der Stiftungsvorstand das einzige zwingend vorgeschriebene Organ einer Stiftung. Seine wesentlichen Aufgaben sind die Vertretung der Stiftung sowie die Geschäftsführung. Im Rahmen seiner Vertretungsmacht vertritt der Vorstand die Stiftung gerichtlich und außergerichtlich. Besteht der Vorstand aus mehreren Personen, so muss geregelt werden, ob diese einzeln, durch Mehrheitsbeschlüsse oder nur einstimmig handeln können. Unter die Geschäftsführung fallen vor allem die Vermögensverwaltung und die Erfüllung des Stiftungszweckes sowie die Besorgnis der laufenden Verwaltungsangelegenheiten der Stiftung. In Bezug auf die Mitteilung an das Transparenzregister ist bei Stiftungen bürgerlichen Rechts davon auszugehen, dass in aller Regel eine entsprechende Mitteilung über die in § 19 Abs. 1 GwG aufgeführten Angaben zum wirtschaftlich Berechtigten zu erfolgen hat. Das Stiftungsverzeichnis der Länder enthält nicht die notwendigen Angaben zum Stifter oder zum Vorstand, um die Mitteilungspflicht bereits gemäß §§ 21 Abs. 2 iVm 22 Abs. 1 GwG als erfüllt ansehen zu können (vgl. hierzu auch BT-Drs. 18/11555, 93). Die Angaben nach § 20 Abs. 3 GwG orientieren sich daher für Stiftungen an § 3 Abs. 3 GwG.

19 § 3 Abs. 3 Nr. 3 GwG (§ 1 Abs. 6 S. 2 Nr. 2 GwG aF) enthält eine gesetzliche Vermutung der Eigenschaft als wirtschaftlich Berechtigter bei einer Begünstigtenstellung hinsichtlich mindestens 25% des verwalteten Vermögens, bzw. beim hauptsächlich Begünstigten einer Begünstigtengruppe. Entsprechend dem Erwägungsgrund 12 der 3. EU-Anti-Geldwäscherichtlinie soll allgemein derjenige Kapitalgeber einer Rechtsperson oder Rechtsvereinbarung als wirtschaftlich Berechtigter zu betrachten sein, der eine wesentliche Kontrolle über die Verwendung des Vermögens ausübt. Bei Gesellschaften sind damit die gesellschaftsrechtlichen Einflussmöglichkeiten entscheidend, die regelmäßig ab 25% der Kapitalanteile, der Stimmrechte, etc beginnen. Eine Ausnahme von diesem Grundsatz gilt, soweit eine Gesellschaftsform aufgrund ihrer Besonderheiten ein erhöhtes (vgl. Art. 13 Abs. 6 der 3. EU-Anti-Geldwäscherichtlinie, wonach dem erhöhten Risiko durch besondere Aufmerksamkeit und zusätzliche Maßnahmen entgegenzuwirken ist) oder geringeres Risiko aufweist, zur Geldwäsche oder Terrorismusfinanzierung missbraucht zu werden.

20 Im Gegensatz zu juristischen Personen und Personengesellschaften reicht bei fremdnützigen Gestaltungen bereits die Kontrolle von einem Viertel des verwalteten Vermögens durch eine natürliche Person aus, um die Pflicht zur Erhebung des wirtschaftlich Berechtigten zu begründen, wohingegen bei juristischen Personen und Personengesellschaften mehr als 25% der Kapitalanteile oder Stimmrechte gehalten, bzw. kontrolliert werden müssen. Entsprechendes gilt für die Begünstigung einer Person; auch hier liegt ein wirtschaftlich Berechtigter im Sinne des GwG nicht vor, wenn eine Kontrolle oder eine Begünstigung von 25% oder mehr des verwalteten Vermögens nicht vorgesehen ist. Da es in § 3 Abs. 3 GwG anders als bei Gesellschaften an einer Bestimmung fehlt, nach der auch der mittelbar Begünstigte einer fremdnützigen Gestaltung als wirtschaftlich Berechtigter anzusehen ist, liegt ein wirtschaftlich Berechtigter auch dann nicht vor, wenn das verwaltete Vermögen nicht zu mindestens einem Viertel einer natürlichen Person unmittelbar zu Gute kommen soll. Relevant ist diese Fallkonstruktion insbesondere in Fällen, in denen eine Institution (zB soziale Einrichtungen) als Begünstigte des Stiftungsvermögens eingesetzt wurde. Es besteht dann keine Verpflichtung, die wirtschaftlich Berechtigten der begünstigten Institution zu erheben.

21 Fremdnützige Rechtsgestaltungen sind Treuhandgestaltungen einschließlich Trusts, (nicht-) rechtsfähigen Stiftungen und vergleichbaren Rechtsgestaltungen für die treuhänderische Vermögensverwaltung und -verteilung; ebenfalls erfasst ist die Beauftragung Dritter mit diesen Aufgaben (vgl. DK, Auslegungs- und Anwendungshinweise 2014, Tz. 28). Eine Begünstigtengruppe iSv § 3 Abs. 3 Nr. 3 GwG (§ 1 Abs. 6 S. 2 Nr. 2 GwG aF) ist gegeben bei einer Gruppe eindeutig bestimmbarer natürlicher Personen, aus deren Mitte zu einem späteren Zeitpunkt ein oder mehrere Letztbegünstigte ermittelt werden (zB Stiftungen mit dem Zweck der Vergabe von Stipendien an talentierte Nachwuchskünstler, bei denen der Begünstigtenkreis einem stetigen Wechsel unterliegt). Wann ein hauptsächlich Begünstigter einer Begünstigtengruppe iSv § 3 Abs. 3 Nr. 4 GwG vorliegt, ist durch Abwägung im Einzelfall anhand einer Gegenüberstellung des potenziell „hauptsächlich" Begünstigten gegenüber den anderen Begünstigten zu bewerten (DK, Auslegungs- und Anwendungshinweise 2014, Tz. 28). Die Stellung als hauptsächlich Begünstigter einer Begünstigtengruppe wird in der Regel jedenfalls dann angenommen werden können, sofern er potenziell Begünstigter hinsichtlich mehr als 50% des Vermögens ist.

§ 3 Abs. 3 GwG nimmt keine direkte Differenzierung zwischen gemeinnützigen und nicht gemeinnützigen Stiftungen vor (vgl. hierzu krit. *Orth* in Weitemeyer/Hüttemann/Rewart/K. Schmidt Non Profit Law Yearbook 2017/2018). Gemäß § 58 Nr. 6 AO ist eine Tätigkeit dann als gemeinnützig anzusehen, wenn sie darauf gerichtet ist, die Allgemeinheit auf materiellem, geistigem oder sittlichem Gebiet selbstlos zu fördern. Höchstens ein Drittel des Einkommens einer gemeinnützigen Stiftung darf gemäß § 58 Nr. 6 AO dazu verwendet werden, um in angemessener Weise den Stifter und seine nächsten Angehörigen zu unterstützen. Hieraus könnte der Schluss gezogen werden, dass als wirtschaftlich Berechtigter nicht eine natürliche Person sondern vielmehr die Allgemeinheit angesehen werden muss mit der Folge, dass der Wortlaut der Regelung unvollständig erscheint (so *Kotzenberg/Lorenz* NJW 2017, 2433 (2436)). Vor dem Hintergrund des Telos der Norm ist davon auszugehen, dass die gemeinnützige Stiftung vom Anwendungsbereich des § 3 Abs. 3 GwG erfasst werden sollte.

22

Gemeinnützige Stiftungen sollten dann allerdings anderen Regelungen für den Schutz der Privatsphäre unterliegen; hieraus folgt auch, dass die grundlegenden Informationen über die wirtschaftlichen Eigentümer solcher Rechtsgebilde nur Personen oder Organisationen zugänglich gemacht werden dürfen, die ein berechtigtes Interesse nachweisen können (vgl. hierzu auch Erwägungsgrund 34 und 35 der 5. Geldwäscherichtlinie).

IV. Handeln auf Veranlassung (Abs. 4)

In § 3 Abs. 4 GwG ist wirtschaftlich Berechtigter bei Handeln auf Veranlassung derjenige, auf dessen Veranlassung die Transaktion durchgeführt wird. Soweit der Vertragspartner als Treuhänder handelt, handelt er ebenfalls auf Veranlassung (vgl. hierzu auch BT-Drs. 17/6804, 25; zur Legaldefinition zur Konstellation treuhänderischer Vermögensverwaltung vgl. *Klugmann* NJW 2012, 641 (642)). Das durch das GwOptG vom 22.12.2011 eingefügte Regelbeispiel des § 1 Abs. 6 S. 2 Nr. 3 GwG aF (nunmehr in § 3 Abs. 4 GwG normiert) dient damit als Auffangregelung. Hierdurch sollen auch solche Fälle erfasst werden, die zwar nicht den vorhergehenden Absätzen zugeordnet werden können, bei denen aber dennoch eine andere Person als der Vertragspartner aufgrund der Beherrschung der Geschäftsbeziehung als materiell Berechtigter anzusehen ist (vgl. BT-Drs. 17/6804, 25). Es ist damit auf die im Hintergrund unmittelbar oder auch nur mittelbar stehende natürliche Person abzustellen; ein wirtschaftlich Berechtigter kann damit keine juristische Person mehr sein (DK, Auslegungs- und Anwendungshinweise 2011, Tz. 26). In der Praxis ist stets zu prüfen, ob eine Treuhandkonstruktion vorliegt (so bspw. auch Wirtschaftsprüferkammer, Auslegungs- und Anwendungshinweise zum Geldwäschegesetz, Juni 2019, S. 35f.; *Klugmann* NJW 2012, 641 (642)).

23

§ 3 Abs. 4 GwG bezieht sich in seinem Wortlaut explizit nur auf die Durchführung einer Transaktion und damit anders als in § 3 Abs. 1 Nr. 2 GwG nicht auch auf die Begründung einer Geschäftsbeziehung. Der Begriff der Transaktion wird in § 1 Abs. 5 GwG legal definiert; eine Transaktion ist hiernach eine oder, soweit zwischen ihnen eine Verbindung zu bestehen scheint, mehrere Handlungen, die eine Geldbewegung oder eine sonstige Vermögensverschiebung bezwecken oder bezwecken oder bewirkt oder bewirken. Auf Veranlassung eines Dritten wird eine Transaktion durchgeführt, wenn der Vertragspartner diese mit der Absicht vornimmt, die Handlung nicht im eigenen wirtschaftlichen Interesse, sondern faktisch

24

für die wirtschaftlichen Interessen eines Dritten, insbesondere im Rahmen der Treuhänderschaft zu nutzen (DK, Auslegungs- und Anwendungshinweise 2014, Tz. 26). Diese Fallkonstellation entspricht im Wesentlichen dem Handeln für Rechnung eines Dritten. Der Begriff der auf Veranlassung durchgeführten Transaktion bezieht sich regelmäßig auf gelegentliche, außerhalb einer bestehenden Geschäftsbeziehung durchgeführte Transaktionen; es besteht insoweit keine Verpflichtung zur Abklärung, ob eine einzelne Transaktion innerhalb einer Geschäftsbeziehung auf Veranlassung eines Dritten durchgeführt wird (DK, Auslegungs- und Anwendungshinweise 2014, Tz. 26). Ergeben sich Hinweise darauf, dass Transaktionen innerhalb einer Geschäftsbeziehung tatsächlich auf Veranlassung eines Dritten durchgeführt werden, kann dies jedoch indizieren, dass dieser Dritte ein wirtschaftlich Berechtigter hinsichtlich der Geschäftsbeziehung ist (DK, Auslegungs- und Anwendungshinweise 2014, Tz. 26).

25 Im Zusammenhang mit § 3 Abs. 4 GwG steht die Offenlegungspflicht nach § 11 Abs. 6 GwG. Hiernach hat der Vertragspartner gegenüber dem Verpflichteten offenzulegen, ob er die Geschäftsbeziehung oder Transaktion für einen wirtschaftlich Berechtigten begründen, fortsetzen oder durchführen will. Mit der Offenlegung ist dem Verpflichteten auch die Identität des wirtschaftlich Berechtigten nachzuweisen, § 11 Abs. 6 S. 3 GwG. Die ebenfalls durch das GwOptG in das GwG eingefügte Ergänzung stand im Kontext mit der Erweiterung der Definition des wirtschaftlich Berechtigten gemäß § 1 Abs. 6 GwG aF und der Pflicht zur Abklärung, ob der Vertragspartner für einen wirtschaftlich Berechtigten handelt. Die Offenlegungspflicht umfasst ausschließlich Fälle der Veranlassung gemäß § 3 Abs. 4 GwG (vgl. hierzu bereits DK-Hinweise zum GwOptG 2012, Tz. 2). Sie ist eine schuldrechtliche Pflicht des Vertragspartners, ohne dass dieser zum Verpflichteten iSd GwG wird (BT-Drs. 17/6804, 28). § 11 Abs. 1 GwG idF des GwOptG (nunmehr in § 43 Abs. 1 Nr. 3 GwG geregelt) erweiterte die Pflicht zur Meldung von Verdachtsfällen auf Sachverhalte, bei denen Tatsachen darauf schließen lassen, dass der Vertragspartner seiner Offenlegungspflicht gemäß § 11 Abs. 6 S. 3 GwG zuwidergehandelt hat.

Abschnitt 2. Risikomanagement

§ 4 Risikomanagement

(1) Die Verpflichteten müssen zur Verhinderung von Geldwäsche und von Terrorismusfinanzierung über ein wirksames Risikomanagement verfügen, das im Hinblick auf Art und Umfang ihrer Geschäftstätigkeit angemessen ist.

(2) Das Risikomanagement umfasst eine Risikoanalyse nach § 5 sowie interne Sicherungsmaßnahmen nach § 6.

(3) Verantwortlich für das Risikomanagement sowie für die Einhaltung der geldwäscherechtlichen Bestimmungen in diesem und anderen Gesetzen sowie in den aufgrund dieses und anderer Gesetze ergangenen Rechtsverordnungen ist ein zu benennendes Mitglied der Leitungsebene. Die Risikoanalyse und interne Sicherungsmaßnahmen bedürfen der Genehmigung dieses Mitglieds.

(4) Verpflichtete nach § 2 Absatz 1 Nummer 14 müssen über ein wirksames Risikomanagement einschließlich gruppenweiter Verfahren verfügen:
1. bei der Vermittlung von Kaufverträgen und
2. bei der Vermittlung von Miet- oder Pachtverträgen mit einer monatlichen Miete oder Pacht in Höhe von mindestens 10.000 Euro.

(5) Verpflichtete nach § 2 Absatz 1 Nummer 16 müssen über ein wirksames Risikomanagement einschließlich gruppenweiter Verfahren verfügen:
1. als Güterhändler bei folgenden Transaktionen:
   a) Transaktionen im Wert von mindestens 10.000 Euro über Kunstgegenstände,
   b) Transaktionen über hochwertige Güter nach § 1 Absatz 10 Satz 2 Nummer 1, bei welchen sie Barzahlungen über mindestens 2.000 Euro selbst oder durch Dritte tätigen oder entgegennehmen, oder
   c) Transaktionen über sonstige Güter, bei welchen sie Barzahlungen über mindestens 10.000 Euro selbst oder durch Dritte tätigen oder entgegennehmen, und
2. als Kunstvermittler und Kunstlagerhalter bei Transaktionen im Wert von mindestens 10.000 Euro.

Übersicht

	Rn.
I. Allgemeines/Novellierung von Abs. 4 und 5	1
II. Risikomanagement (§ 4 Abs. 1 GwG, § 4 Abs. 2 GwG)	3
1. Wirksamkeit des Risikomanagements	4
2. Angemessenheit des Risikomanagements	8
III. Verantwortlichkeit der Leitungsebene, Abs. 3	9

§ 4 Abschnitt 2. Risikomanagement

I. Allgemeines/Novellierung von Abs. 4 und 5

1   Die Umsetzung der 5. Geldwäscherichtlinie (Änderungsrichtlinie) hat zu durchgreifenden Veränderungen der Verpflichtung zum Risikomanagement in § 4 Abs. 4 und 5 geführt. Hervorzuheben ist besonders das Risikomanagement im Immobilienbereich unter Einschluss der sog. **Mietmakler.** Die Regelung setzt den nach Art. 1 Nr. 1 Buchst. b der Änderungsrichtlinie geltenden Schwellenbetrag um. Die Pflicht nach § 4 Abs. 1, über ein wirksames Risikomanagement zu verfügen, greift hiernach für die nach § 2 Abs. 1 Nr. 14 Verpflichteten, soweit es sich um Mietmakler handelt, nur in Fällen, in denen der Wert der Transaktion 10.000 EUR oder mehr beträgt. Maßgeblich ist insofern der Betrag der Nettokaltmiete.

Die Umsetzung der Wertschwelle erfolgt nicht im Rahmen der Verpflichteteneigenschaft, sondern im Rahmen der Risikomanagementpflichten nach § 4 Abs. 4 und der Kundensorgfaltspflichten nach § 10 Abs. 6 nF.

Die Regelung für das Risikomanagement bei **Güterhändlern und Kunstlagerhaltern** in Abs. 5 setzt den nach Art. 1 Nr. 1 Buchst. c der Änderungsrichtlinie geltenden Schwellenbetrag um. Die Pflicht nach § 4 Abs. 1, über ein wirksames Risikomanagement zu verfügen, greift folglich für die nach § 2 Abs. 1 Nr. 16 im Kunstsektor Verpflichteten nur in den Fällen, in denen der Wert der Transaktion 10.000 EUR oder mehr beträgt.

Aufgrund der Vorgaben des Artikel 1 Nummer 1 Buchstabe c der Änderungsrichtlinie gelten für den Handel und die Vermittlung sowie die Lagerhaltung von Kunstgegenständen Risikomanagementpflichten bei Erreichen des Schwellenbetrages unabhängig davon, ob es sich um Bartransaktionen handelt. Für die bereits nach bisheriger Rechtslage als Güterhändler verpflichteten Kunsthändler und -vermittler (zur Definition s. die Kommentierung zu → § 1 Rn. 49 ff., 79 ff.) greift damit nunmehr der bargeldunabhängige Schwellenbetrag.

Für **Güterhändler** gilt weiterhin der bislang bereits in § 4 Abs. 4 S. 1 aF geregelte und den Vorgaben des Art. 2 Abs. 1 Nr. 3 Buchst. e entsprechende Schwellenbetrag von Barzahlungen in Höhe von mindestens 10.000 EUR. Insoweit wird mit der Formulierung in Abs. 5 klargestellt, dass der Schwellenbetrag unabhängig davon greift, ob Bargeld tatsächlich zwischen dem Güterhändler und dem Vertragspartner ausgetauscht wird oder insoweit Dritte eingeschaltet sind.

In Bezug auf **hochwertige Güter** nach § 1 Abs. 10 S. 2 Nr. 1 wurde auf Grundlage der Erkenntnisse der nationalen Risikoanalyse der Schwellenbetrag abgesenkt. So bestehen Risikomanagementpflichten beim Handel mit Edelmetallen schon bei Transaktionen im Wert von mindestens 2.000 EUR. Im Bereich des Edelmetallhandels war ein starker Bargeldverkehr unterhalb des nach bisheriger Rechtslage geltenden Schwellenbetrages von 10.000 EUR zu beobachten. Im Bereich des Edelmetallhandels ist von einem erhöhten Geldwäscherisiko auszugehen. Durch die Regelung sollen auch mögliche Umgehungsgeschäfte und Smurfing verhindert werden.

2   In Fortsetzung der Ziele der Gesetzesänderungen bei der Umsetzung der 4. Geldwäscherichtlinie Gesetzesänderung hat der Gesetzgeber durch die Neufassung von § 4 Abs. 4b eine weitere Feinjustierung des Abwehrdispositivs vorgenommen.

Der *risk based approach* ist dadurch gekennzeichnet, dass davon ausgegangen wird, dass nicht von jedem Kunden, jeder Transaktion oder jedem Finanzprodukt in gleichem Maße ein Geldwäsche- oder Terrorismusfinanzierungsrisiko ausgeht. Die

Risikomanagement **§ 4**

Ressourcen und Überwachungsprozesse zur Bekämpfung von Geldwäsche- und Terrorismusfinanzierungsbekämpfung sind smart und nicht gestreut einzusetzen, denn es kann niemanden daran gelegen sein, eine Situation des *data overkill* herbeizuführen. Eine solche Situation begleitet durch fehlende Problemsensibilität könnte entstehen, wenn für alle Transaktionen nur stumpf ein starres Regelwerk abgearbeitet werden würde. Im Gegensatz zu einem solchen *rule based approach* meint Risikomanagement auf Erfahrung gestützte Verfahren des intelligenten und effizienten Einsatzes von Sicherheitsmaßnahmen und eine fallbezogene Risikobewertung. Dies wird jetzt entsprechend den Präzisierungen und Erweiterungen des Verpflichtetenkreises des GwG auf weitere wirtschaftliche Tätigkeiten und Geschäftsfelder ausgedehnt. Bei diesen Adressaten und auf diesen Feldern wird das Risiko, für Geldwäsche oder Terrorismusfinanzierungen missbraucht zu werden, als deutlich erhöht eingestuft. Dies ist schon im Zusammenhang mit der Umsetzung der 4. Geldwäscherichtlinie als Übereifer und Kontrolle ohne Maß kritisiert worden (*Spoerr/Roberts* Die Umsetzung der Vierten Geldwäscherichtlinie: Totale Transparenz, Geldwäschebekämpfung auf Abwegen?, WM 2017, 1142ff.). Freilich zeigen Ermittlungen etwa im Umfeld der sog. Russenmafia und der Clan-Kriminalität, dass auch Unternehmen und Personen, die auf den ersten Blick keine unmittelbare Verbindung zu schmutzigen Zahlungsströmen aufweisen, durchaus in Transaktionen mit dem Zweck der Geldwäsche verstrickt werden können. Das gilt beispielsweise für den Automobil- und Baumaschinenhandel und für Schmuckhändler mit einem entsprechend hochwertigen Sortiment (insbes. Luxusarmbanduhren), ja selbst für den Handel mit Designermode (vgl. dazu den Bericht in Der Spiegel, https://www.spiegel.de/wirtschaft/unternehmen/russland-20-milliarden-dollar-schwarzgeld-sollen-in-die-eu-geflossen-sein-a-1139671.html). Es erscheint also keineswegs als eine anlasslose Regelung, wenn auch diese Wirtschaftszweige dazu verpflichtet werden, ein geldwäscherechtliches Risikomanagement zu betreiben.

II. Risikomanagement (§ 4 Abs. 1 GwG, § 4 Abs. 2 GwG)

Die Verpflichteten müssen sicherstellen, dass sie über ein wirksames und angemessenes Risikomanagement verfügen. Die beiden zentralen Elemente bilden die Risikoanalyse nach § 5 GwG und interne Sicherungsmaßnahmen (§ 4 Abs. 2 GwG). 3

1. Wirksamkeit des Risikomanagements

Die Wirksamkeit eines Risikomanagements zeigt sich daran, dass in wenigen kurz aufeinanderfolgenden Schritten eine Transaktion als auffällig identifiziert, in ihren Risikofaktoren analysiert und Prozesse zur Verhinderung von Terrorismusfinanzierung und Geldwäsche initialisiert werden. Aus diesem Grund müssen ggf. als Teil des Risikomanagements auch wirksame IT-gestützte Sicherheitssysteme (§ 6 GwG) geschaffen und installiert werden, welche es ermöglichen, entsprechende Verdachtsfälle zeitnah und sicher zu entdecken und auf diese zu reagieren (*Kumrain/Spießhofer* VW 2009, 524). 4

Bei Geldwäschern handelt es sich üblicherweise um Intelligenzstraftäter, bei denen durchaus Kenntnisse über die Möglichkeiten, wie ein einmal geschaffenes Sicherheitssystem umgangen werden kann, erwartet werden dürfen. Um dies zu verhindern, sind im Rahmen des Risikomanagements Investitionen in angemessene geschäfts- und kundenbezogene Sicherungssysteme auf dem Stand der Technik zu erwarten; diese Systeme sind fortlaufend zu warten und zu aktualisieren.

5 Das Risikomanagement beinhaltet auch die fortlaufende Entwicklung geeigneter Strategien und Sicherungsmaßnahmen zur Verhinderung des Missbrauchs von neuen Finanzprodukten und Technologien für Zwecke der Geldwäsche und der Terrorismusfinanzierung sowie der Begünstigung der *Anonymität von Geschäftsbeziehungen und Transaktionen*. Bereits in § 25g KWG wurde die Bezugnahme auf die Anonymität als Einfallstor für Geldwäsche erstmals vor dem Hintergrund diesbezüglicher Kritik der FATF (FATF, Mutual Evaluation Report Germany, Tz. 615f., zur Anonymität ferner *Mülhausen* in Herzog/Mülhausen Geldwäschebekämpfung-HdB § 43 Rn. 42; *Rott/Schnitt* S. 22f.) ausdrücklich in eine gesetzliche Regelung aufgenommen; ein entsprechender Ansatz basiert aber bereits auf Art. 13 Abs. 6 der 3. EU-Geldwäscherichtlinie. In der 4. EU-Geldwäscherichtlinie gilt Anonymität nun allgemein als Anzeichen für ein potenziell höheres Risiko. Zwar wird in § 4 GwG nicht ausdrücklich auf das Risiko Bezug genommen, welches die Anonymität im Hinblick auf Geldwäsche und Terrorismusfinanzierung darstellt, dennoch ist die Feststellung der Identität des Geschäftspartners eindeutig als Bestandteil eines wirksamen Risikomanagements anzusehen. Neben der Anonymität ist etwa im Immobiliensektor und im Kunsthandel, aber auch bei dem Erwerb von Kraftfahrzeugen und hochwertigem Schmuck dem Vorschieben von Strohpersonen besondere Aufmerksamkeit zu schenken.

6 Notwendig ist zur Sicherstellung eines wirksamen Risikomanagements auch eine ständige Kontrolle der aktuellen Gefährdungssituation in Form einer *Risikoanalyse nach § 5 GwG*.

Diese soll in einer Matrix Risiken und vorhandene Präventionsmaßnahmen darstellen und damit zugleich erforderliche Anpassungen von Sicherungsmaßnahmen aufzeigen können (BaFin, RdSchr. 1/2012 v. 6.3.2012 iVm DK, Auslegungs- und Anwendungshinweise, Nr. 89; *Auerbach/Hentschel* in Schwennicke/Auerbach KWG § 25c Rn. 25; *Daumann/Zapp* BI 8/2011, S. 74ff.). Die Norm greift damit Überlegungen auf, die bereits im Rundschreiben der BaFin 8/2005 vom 24.3.2005, verschiedenen Äußerungen des BCBS und § 25g KWG aF in der Vergangenheit zum Ausdruck kamen und nunmehr ausdrücklich in Nr. 23 der Begründung der 4. EU-Geldwäscherichtlinie vom 20.5.2015 zum Ausdruck gekommen sind. Für den Bereich der Geldwäsche- und Terrorismusfinanzierung wurden in der Literatur bereits vor einigen Jahren Hilfestellungen zur Erstellung der Gefährdungsanalyse herausgearbeitet (vgl. zB *Achtelik* Leitfaden zur Erstellung der Gefährdungsanalyse nach § 25a Abs. 1 S. 3 Nr. 6 KWG). Auch einzelne Verbände haben Konzepte für ihre Mitglieder erstellt.

7 Zudem müssen unternehmensinterne Strukturen und Regelungen in Form von internen Sicherungsmaßnahmen nach § 6 GwG bestehen, um angemessen auf Meldungen und Informationen aus dem Sicherheitssystem reagieren zu können. Dh die Mitarbeiter des Unternehmens müssen die betreffenden Informationen untereinander austauschen können und bezüglich Geldwäscheprävention geschult werden. (hierzu auch: *Lochen* Geldwäsche-Compliance in Industrieunternehmen, CCZ 2017, 226) Die alleinige Kenntnis eines Mitglieds der Leitungsebene über sämtliche geldwäsche- und terrorismusfinanzierungsrelevanten Vorgänge reicht nicht aus.

Risikoanalyse §5

2. Angemessenheit des Risikomanagements

Das Risikomanagement muss im Hinblick auf Art und Umfang der Geschäfts- 8
tätigkeit der Verpflichteten angemessen sein (§ 4 Abs. 1 GwG).
Nach § 1 HGB analog bezieht sich die *Art einer Geschäftstätigkeit* auf deren qualitative Merkmale. Inbegriffen sind hier beispielsweise die Art, Schwierigkeit, und Komplexität des Unternehmensgegenstandes, die Vielfalt der erbrachten Leistungen und Geschäftsbeziehungen, die Gewährung oder Inanspruchnahme eines Kredites in maßgeblicher Höhe, die Teilnahme am Wechselverkehr, die Teilnahme am Frachtverkehr und das Veranstalten oder Organisieren von Glücksspielen, sowie die überregionale oder internationale Ausrichtung der Geschäftstätigkeit (*Körber* in Oetker HGB § 1 Rn. 52).

Der *Umfang einer Geschäftstätigkeit* bezieht sich danach auf die quantitativen Merkmale, welche beispielsweise Umsatzvolumen, Anlage- und Betriebskapital, Größe, Anzahl und Organisation der Betriebsstätten, Anzahl und Funktion der Mitarbeiter und die Produktionskapazität beinhalten. (*Körber* in Oetker HGB; 5. Aufl. 2017, § 1 Rn. 52)

Umso anfälliger eine Geschäftstätigkeit nach Art und Umfang für Geldwäschehandlungen und Terrorismusfinanzierung ist, desto umfangreicher und komplexer müssen die zu ergreifenden Risikopräventionsmaßnahmen zur Verhinderung dieser Handlungen sein. Im Umkehrschluss muss im Sinne des *risk based approach* ein Verpflichteter, dessen Geschäftstätigkeit danach keine hohe Anfälligkeit für Geldwäsche und Terrorismusfinanzierung aufweist, keine ebenso hochkomplexen und möglicherweise kostspieligen Risikomaßnahmen ergreifen.

Der Grad der Anfälligkeit ergibt sich aus der Risikoanalyse nach § 5 GwG.

III. Verantwortlichkeit der Leitungsebene, Abs. 3

Für die Umsetzung eines wirksamen Risikomanagements ist ein im Voraus be- 9
stimmtes Mitglied der Leitungsebene verantwortlich. Wird vorsätzlich oder fahrlässig kein Mitglied der Leitungsebene für das Risikomanagement bestimmt, so handelt es sich hierbei um eine Ordnungswidrigkeit (§ 56 Abs. 2 Nr. 1 GwG), welche mit einem Bußgeld sanktioniert wird.

Dieses Mitglied muss den vollumfassenden Überblick über das gesamte Risikomanagement haben. Dies wird dadurch sichergestellt, dass Risikoanalyse und interne Sicherungsmaßnahmen seiner Genehmigung bedürfen.

Vielfach handelt es sich bei dem hier angesprochenen Mitglied der Leitungsebene um den Geldwäschebeauftragten nach § 7 GWG, welcher diese Aufgaben entsprechend wahrnimmt, sofern die Verpflichteten ihn als einen solchen zu bestellen haben.

§5 Risikoanalyse

(1) **Die Verpflichteten haben diejenigen Risiken der Geldwäsche und der Terrorismusfinanzierung zu ermitteln und zu bewerten, die für Geschäfte bestehen, die von ihnen betrieben werden. Dabei haben sie insbesondere die in den Anlagen 1 und 2 genannten Risikofaktoren sowie die Informationen, die auf Grundlage der nationalen Risikoanalyse zur Verfügung gestellt werden, zu berücksichtigen. Der Umfang der Risikoanalyse**

§ 5 Abschnitt 2. Risikomanagement

richtet sich nach Art und Umfang der Geschäftstätigkeit der Verpflichteten.

(2) Die Verpflichteten haben
1. die Risikoanalyse zu dokumentieren,
2. die Risikoanalyse regelmäßig zu überprüfen und gegebenenfalls zu aktualisieren und
3. der Aufsichtsbehörde auf Verlangen die jeweils aktuelle Fassung der Risikoanalyse zur Verfügung zu stellen.

(3) Für Verpflichtete als Mutterunternehmen einer Gruppe gelten die Absätze 1 und 2 in Bezug auf die gesamte Gruppe.

(4) Die Aufsichtsbehörde kann einen Verpflichteten auf dessen Antrag von der Dokumentation der Risikoanalyse befreien, wenn der Verpflichtete darlegen kann, dass die in dem jeweiligen Bereich bestehenden konkreten Risiken klar erkennbar sind und sie verstanden werden.

Übersicht

	Rn.
I. Allgemeines	1
II. Ermittlung und Bewertung von Risiken (§ 5 Abs. 1 GwG)	6
1. Risikofaktoren (§ 5 Abs. 1 S. 2 GwG)	8
2. Berücksichtigung der Informationen aus der nationalen Risikoanalyse (§ 5 Abs. 1 S. 2 GwG)	13
3. Aufbau und Umfang der Risikoanalyse (§ 5 Abs. 1 S. 3 GwG)	14
III. Pflichten in Bezug auf die Risikoanalyse	15
1. Dokumentationspflicht (§ 5 Abs. 2 Nr. 1 GwG)	16
a) Anwendungsbereich	17
b) Umfang der Dokumentationspflicht	18
2. Überprüfung und Aktualisierung (§ 5 Abs. 2 Nr. 2 GwG)	19
IV. Befreiung von der Dokumentationspflicht (§ 5 Abs. 4 GwG)	20

I. Allgemeines

1 Mit Umsetzung der 4. EU-Geldwäscherichtlinie wurde die Risikoanalyse in Form des § 5 GwG neu geregelt. Eine selbstständige Regelung hierzu gab es zuvor nicht. Eine Normierung der Risikoanalyse war lediglich in § 25h KWG-alt. zu finden. Durch die Umsetzung der 5. Geldwäscherichtlinie ist keine Veränderung der Regelung eingetreten.

Die gesetzliche Aufgabe besteht darin, Geschäftsvorfälle, welche mit Geldwäsche und Terrorismusfinanzierung in Verbindung stehen könnten, präventiv zu beschreiben und so die Voraussetzungen zu deren Entdeckung zu schaffen. Die Risikoanalyse kann so in einem Bild als das Knüpfen eines Netzes beschrieben werden, in denen sich verdächtige Transaktionen dann verfangen sollen. Dieses Netz sollte so eingerichtet werden, dass sich die Transaktionen je größer die Risiken für eine ebensolche Verbindung sind, umso eher in dem Netz verfangen.

2 Eine wesentliche Neuerung der Normierung der Risikoanalyse durch die Umsetzung der 4. EU-Geldwäscherichtlinie ist, dass nunmehr alle Verpflichteten eine Risikoanalyse als Teil des Risikomanagements (§ 4 GwG) durchzuführen haben. Eine weitere Neuerung ist die Verpflichtung zur Einbeziehung der sogenannten

Risikoanalyse §5

„nationalen Risikoanalyse", welche von jedem Mitgliedsstaat mit Blick auf Geldwäsche und Terrorismusfinanzierung erstellt werden muss.

Den Anhängen I und II des GwG ist zu entnehmen, dass sich die Risikoanalyse 3
insbesondere auf das Kundenrisiko, das Produkt-, Dienstleistungs-, Transaktions-, und Vertriebskanalrisiko und das geografische Risiko zu beziehen hat (BT-Drs. 18/11555, 64/65).

Als Grundlage für eine angemessene Risikoanalyse gilt das Rundschreiben 08/2005 der BaFin vom 24.3.2005. Dieses gilt dem Wortlaut nach nur für Kreditunternehmen, kann aber analog auf alle anderen Verpflichteten angewandt werden. (*Bielefeld/Wengenroth* BB 2016, 2499 ff.).

Die Risikoanalyse ist von grundsätzlicher Bedeutung für eine risikoorientierte 4
Strategie hinsichtlich der zu ergreifenden Kontroll- und Sicherheitsmaßnahmen bei der Bekämpfung der Geldwäsche und Terrorismusfinanzierung, da sie den Ausgangspunkt für alle Maßnahmen im Rahmen des betriebsinternen risikobasierten Ansatzes darstellt. Zur Vorbereitung der Entscheidung über die konkrete Ausgestaltung der in § 6 geforderten internen Sicherungsmaßnahmen bedarf es zuvor der Erstellung einer betriebsspezifischen Analyse des jeweiligen Gefährdungspotenzials.

Ziel der Risikoanalyse ist es, bestehende betriebsspezifische Risiken zu erfassen, 5
zu identifizieren, zu kategorisieren, zu gewichten, sowie darauf aufbauend geeignete Präventionsmaßnahmen treffen zu können (vgl. BaFin, RdSchr. 8/2005 Nr. 2). Die Ergebnisse müssen nachvollziehbar und die getroffenen Maßnahmen geeignet sein, um die festgestellte Risikosituation der Verpflichteten zu begrenzen.

II. Ermittlung und Bewertung von Risiken (§ 5 Abs. 1 GwG)

Nach § 5 Abs. 1 GwG haben die Verpflichteten nach § 2 Abs. 1 GwG die Ri- 6
siken, die für ihr Unternehmen hinsichtlich der Geldwäsche und der Terrorismusfinanzierung bestehen, im Rahmen des risikobasierten Ansatzes eigenständig zu ermitteln und zu bewerten (hierzu auch schon FATF, Leitlinien zum risikobasierten Ansatz, 06/2007, S. 2 ff.).

Nur auf diese Weise können den Verpflichteten Ermessensspielräume für die Implementierung individueller Lösungen hinsichtlich der zu ergreifenden Kontroll- und Sicherungsmaßnahmen bei der Bekämpfung der Geldwäsche und Terrorismusfinanzierung zugestanden werden. Erkenntnisse die aus der Erfüllung der „Customer Due Diligence"-Pflichten resultieren sind bei der Aktualisierung und der Entwicklung der Risikoanalyse zu berücksichtigen.

Im Rahmen der vollständigen Bestandsaufnahme der betriebsspezifischen Gefährdungssituation sind insbesondere zu erfassen die im Betrieb vorhandene grundlegende Kundenstruktur, die Geschäftsbereiche und -abläufe, die Produkte, darunter Volumen und Struktur des nationalen und internationalen Zahlungsverkehrs, Vertriebswege sowie die Organisationssituation des Institutes (BaFin, Rundschreiben 8/2005 vom 24.3.2005, Nr. 3 Abs. 2). Als ausreichend wird die Erfassung der maßgeblichen Risiken für den jeweiligen Betrieb erachtet; eine vollumfängliche Bestandsaufnahme sei nur schwer in Einklang mit einer effektiven und risikoadäquaten Geldwäschebekämpfung zu bringen (*Langweg* in Fülbier/Aepfelbach/Langweg GwG § 14 Rn. 95).

Zur Erfüllung dieser Aufgabe bietet sich in besonderer Weise die Ermittlung und 7
Verarbeitung von Informationen durch Datenverarbeitungssysteme an. Derartige

§ 5 Abschnitt 2. Risikomanagement

Systeme haben sich mittlerweile auch im internationalen Umfeld zu Präventionszwecken etabliert. Mit diesen können jedenfalls Geschäftsbeziehungen und Transaktionen im Zahlungsverkehr recht sicher erkannt werden. Weiterhin kann aber auch das Erfahrungswissen über die Methodik der Geldwäsche und die Merkmale fragwürdiger Transaktionen sehr hilfreich sein. Anders als in § 25g KWG-alt. ist die Verwendung von Datenverarbeitungssystemen nach dem GwG nicht verpflichtend für die Verpflichteten. Aufgrund der Verpflichtung zur Dokumentierung der Risikoanalyse, ist ein entsprechendes Datenverarbeitungssystem jedoch deutlich von Vorteil.

Die Risikobewertung richtet sich nach den Risikofaktoren in den Anlagen 1 und 2 sowie der sog. „nationalen Risikoanalyse".

1. Risikofaktoren (§ 5 Abs. 1 S. 2 GwG)

8   Bei den Risikofaktoren bezüglich eines *potenziell hohen Kundenrisikos* sind vor allem außergewöhnliche Umstände der Geschäftsbeziehung; Kunden, die in geografischen Gebieten mit hohem Risiko ansässig sind; juristische Personen oder Rechtsvereinbarungen, die als Instrumente für private Vermögensverwaltung dienen; Unternehmen mit nominellen Anteilseignern oder als Inhaberpapiere emittierten Aktien; bargeldintensive Unternehmen und eine angesichts der Art der Geschäftstätigkeit als ungewöhnlich oder übermäßig kompliziert erscheinende Eigenstruktur des Unternehmens zu beachten. (BT-Drs. 18/11555, 64)

9   Für ein *potenziell geringes Kundenrisiko* sprechen öffentliche, an einer Börse notierte Unternehmen, die (aufgrund von Börsenordnungen oder von Gesetzes wegen oder aufgrund durchsetzbarer Instrumente) solchen Offenlegungspflichten unterliegen, die Anforderungen an die Gewährleistung einer angemessenen Transparenz hinsichtlich des wirtschaftlichen Eigentümers auferlegen; öffentliche Verwaltungen oder Unternehmen sowie Kunden mit Wohnsitz in geografischen Gebieten mit geringerem Risiko. (BT-Drs. 18/11555, 63)

10 Ein *potenziell höheres Risiko hinsichtlich des Produkt-, Dienstleistungs-, Transaktions- oder Vertriebskanalrisikos* kann angenommen werden bei Betreuung von vermögenden Privatkunden; Produkten oder Transaktionen, die Anonymität begünstigen könnten; Geschäftsbeziehungen oder Transaktionen ohne persönliche Kontakte und ohne bestimmte Sicherungsmaßnahmen wie zB elektronischen Unterschriften; Eingang von Zahlungen unbekannter oder nicht verbundener Dritter, sowie bei neuen Produkten und neuen Geschäftsmodellen einschließlich neuer Vertriebsmechanismen sowie Nutzung neuer oder in der Entwicklung begriffener Technologien für neue oder bereits bestehende Produkte. (BT-Drs. 18/11555, 64/65)

11 Ein *potenziell niedrigeres Risiko bezüglich des Produkt-, Dienstleistungs-, Transaktions- oder Vertriebskanalrisikos* wird gekennzeichnet durch Lebensversicherungspolicen mit niedriger Prämie; Versicherungspolicen für Rentenversicherungsverträge, sofern die Verträge weder eine Rückkaufklausel enthalten noch als Sicherheit für Darlehen dienen können; Rentensysteme und Pensionspläne oder vergleichbare Systeme, die den Arbeitnehmern Altersversorgungsleistungen bieten, wobei die Beiträge vom Gehalt abgezogen werden und die Regeln des Systems den Begünstigten nicht gestatten, ihre Rechte zu übertragen; Finanzprodukte oder -dienste, die bestimmten Kunden angemessen definierte und begrenzte Dienstleistungen mit dem Ziel der Einbindung in das Finanzsystem („financial inclusion") anbieten oder Produkte, bei denen die Risiken der Geldwäsche und der Terrorismusfinanzierung durch andere Faktoren wie etwa Beschränkungen der elektronischen Geld-

Risikoanalyse **§ 5**

börse oder die Transparenz der Eigentumsverhältnisse gesteuert werden (zB bestimmte Arten von E-Geld, BT-Drs. 18/11555, 63/64).

Die *geografischen Risiken* hinsichtlich eines Geldwäsche- oder Terrorismusfinanzierungsrisikos sind als gering einzustufen, wenn es sich um Kunden und Transaktionen aus Mitgliedsstaaten der EU; Drittstaaten mit funktionierenden Systemen zur Verhinderung, Aufdeckung und Bekämpfung von Geldwäsche und von Terrorismusfinanzierung; Drittstaaten, in denen Korruption und andere kriminelle Tätigkeiten laut glaubwürdigen Quellen schwach ausgeprägt sind und aus Drittstaaten, deren Anforderungen an die Verhinderung, Aufdeckung und Bekämpfung von Geldwäsche und von Terrorismusfinanzierung laut glaubwürdigen Quellen (zB gegenseitige Evaluierungen, detaillierte Bewertungsberichte oder veröffentlichte Follow-up-Berichte) den überarbeiteten FATF (Financial Action Task Force)-Empfehlungen entsprechen und die diese Anforderungen wirksam umsetzen, handelt (BT-Drs. 18/11555, 64). 12

Jedoch sind die geografischen Risiken hierfür als hoch einzustufen, wenn Kunden aus unbeschadet des Art. 9 der Richtlinie (EU) 2015/849 ermittelten Ländern, deren Finanzsysteme laut glaubwürdigen Quellen (zB gegenseitige Evaluierungen, detaillierte Bewertungsberichte oder veröffentlichte Follow-up-Berichte) nicht über hinreichende Systeme zur Verhinderung, Aufdeckung und Bekämpfung von Geldwäsche und Terrorismusfinanzierung verfügen; Drittstaaten, in denen Korruption oder andere kriminelle Tätigkeiten laut glaubwürdigen Quellen signifikant stark ausgeprägt sind; Staaten, gegen die beispielsweise die Europäische Union oder die Vereinten Nationen Sanktionen, Embargos oder ähnliche Maßnahmen verhängt hat oder haben, oder aus Staaten, die terroristische Aktivitäten finanziell oder anderweitig unterstützen oder in denen bekannte terroristische Organisationen aktiv sind, stammen oder Transaktionen oder Geschäfte von dort aus ausgeführt werden. (BT-Drs. 18/11555, 65).

Diese Faktoren können jedoch nicht als abschließende Vorgaben im Hinblick auf Art und Umfang von geldwäschepräventiven Maßnahmen gesehen werden. Vielmehr bieten sie einen Referenzrahmen an dem sich die Verpflichteten orientieren können, um eine angemessene Risikoanalyse durchzuführen.

2. Berücksichtigung der Informationen aus der nationalen Risikoanalyse (§ 5 Abs. 1 S. 2 GwG)

Die Verpflichteten haben auch die Informationen aus der sog. *nationalen Risikoanalyse* in ihrer eigenen Risikobewertung zu berücksichtigen. 13

Unter der nationalen Risikoanalyse ist die Analyse der Financial Intelligence Unit (FIU) des deutschen Zolls als nationale Zentralstelle für Entgegennahme, Sammlung und Auswertung von Verdachtsmeldungen zum Geldwäscherisiko in der Bundesrepublik Deutschland zu verstehen Die Erste Nationale Risikoanalyse – Bekämpfung von Geldwäsche und Terrorismusfinanzierung – ist im Oktober 2019 veröffentlicht worden (https://www.bundesfinanzministerium.de/Content/DE/Downloads/Broschueren_Bestellservice/2019-10-19-erste-nationale-risikoanalyse_2018-2019.pdf?__blob=publicationFile&v=7)

3. Aufbau und Umfang der Risikoanalyse (§ 5 Abs. 1 S. 3 GwG)

Der Umfang der Risikoanalyse bemisst sich an der Art und dem Umfang der Geschäftstätigkeit (s. § 4 GwG). Je höher das Risiko für Geldwäsche und Terroris- 14

§ 5 Abschnitt 2. Risikomanagement

musfinanzierung der Art der Geschäftstätigkeit nach ist, desto umfänglicher hat eine Risikoanalyse zu erfolgen.

Gleichzeitig muss ein Unternehmen unabhängig von Art und Umfang, nach wie vor eine Risikoanalyse erstellen, welche es ermöglicht, ein wirksames Risikomanagement nach § 4 GwG zu betreiben. Eine Möglichkeit zur Befreiung von dieser Sorgfaltspflicht besteht nicht. Lediglich von der Dokumentationspflicht können die Verpflichteten befreit werden. Ein wirksames Risikomanagement müssen die Verpflichteten dennoch gewährleisten.

Der Aufbau der Risikoanalyse soll sich ebenso wie die Gliederung und die formale Ausgestaltung an den individuellen Erfordernissen des Betriebs des Verpflichteten orientieren. Die Risikoanalyse ist für interne sowie für externe Revision nachvollziehbar schriftlich zu fixieren.

III. Pflichten in Bezug auf die Risikoanalyse

15   Um den wirksamen Beitrag der Risikoanalyse zu einem wirksamen Risikomanagement sicherzustellen, sind den Verpflichteten die entsprechenden Pflichten auferlegt worden. Hierzu zählen die Dokumentationspflicht, die Verpflichtung zur Überprüfung und Aktualisierung der Risikoanalyse und die Verpflichtung, diese der Aufsichtsbehörde auf Verlangen in der jeweils aktuellen Fassung zur Verfügung zu stellen.

1. Dokumentationspflicht (§ 5 Abs. 2 Nr. 1 GwG)

16   Nach § 5 Abs. 2 Nr. 1 GwG haben die Verpflichteten die Risikoanalyse zu dokumentieren. Eine ähnliche Regelung fand sich vormals in § 8 GwG aF mit der Aufzeichnungs- und Aufbewahrungspflicht, sowie in § 25h KWG aF.

Diese Regelung normiert die Pflicht der Dokumentation der im Rahmen der Risikoanalyse erhobenen Angaben und eingeholten Informationen. Hierzu zählt die Aufzeichnung sämtliche nach dem Geldwäschegesetz erhobenen Angaben und eingeholten Informationen über Vertragspartner, wirtschaftlich Berechtigte, Geschäftsbeziehungen und Transaktionen (in der 2. Auflage *Warius* → 2. Aufl. 2014, § 8 Rn. 1).

17   **a) Anwendungsbereich.** Die Dokumentationspflicht nach Abs. 2 Nr. 1 entsteht im Falle der Begründung einer Geschäftsbeziehung, im Falle der Durchführung einer außerhalb einer bestehenden Geschäftsbeziehung anfallenden Transaktion im Wert von 10.000 EUR oder mehr, wobei dies auch gilt, wenn mehrere Transaktionen durchgeführt werden, die zusammen einen Betrag von 10.000 EUR oder mehr ausmachen, sofern tatsächliche Anhaltspunkte dafür vorliegen, dass zwischen ihnen eine Verbindung besteht, bzw. der Durchführung eines außerhalb einer bestehenden Geschäftsbeziehung anfallenden Geldtransfers mit einem Betrag von 1.000 EUR oder mehr, bei Verdachtsfällen (Vorliegen von Tatsachen, die darauf hindeuten, dass es sich bei Vermögenswerten, die mit einer Transaktion oder Geschäftsbeziehung im Zusammenhang stehen, um den Gegenstand einer Straftat nach § 261 des Strafgesetzbuches handelt oder die Vermögenswerte im Zusammenhang mit Terrorismusfinanzierung stehen), sowie im Falle von Zweifeln, ob die erhobenen Angaben zu der Identität des Vertragspartners oder des wirtschaftlich Berechtigten zutreffend sind. Die Dokumentationspflichten bestehen grundsätzlich

für alle vom Geldwäschegesetz erfassten Verpflichteten, Ausnahmen siehe § 5 Abs. 4 GwG.

b) Umfang der Dokumentationspflicht. Die Dokumentationspflicht nach § 5 Abs. 2 Nr. 1 GwG erstreckt sich auf alle im Rahmen der Customer Due Diligence Standards erhobenen Angaben und eingeholten Informationen über Vertragspartner, wirtschaftlich Berechtigte, Geschäftsbeziehungen und Transaktionen; dies sind insbesondere Angaben im Zusammenhang mit der Erfüllung der formellen und materiellen („Know your customer"-Prinzip) Identifizierungspflichten, sowie über den Zweck und die angestrebte Art der Geschäftsbeziehung eingeholte, bzw. aus der kontinuierlichen Überwachung resultierende Informationen. Die bei der Identifizierung von natürlichen Personen zur Feststellung der Identität des Vertragspartners erhobenen Angaben zu Namen, Geburtsort, Geburtsdatum, Staatsangehörigkeit und Anschrift sind zu dokumentieren. Die Dokumentationspflichten erstrecken sich bei der Identifizierung natürlicher Personen des Weiteren auf Art, Nummer und ausstellende Behörde des zur Überprüfung der Identität vorgelegten Dokuments. Entbehrlich ist dagegen die Dokumentation des „gültig bis" Datums. Die Dokumentationspflicht entsteht unmittelbar im Anschluss an die getroffenen Feststellungen und ist grundsätzlich so durchzuführen, dass eine zweifelsfreie Zuordnung zu einem bestimmten Geschäftsvorgang durch Dritte gewährleistet ist (BGH ZIP 1997, 1832).

Die für die Risikoanalyse erhobenen Angaben und eingeholten Informationen müssen nach Beendigung der Pflicht auslösenden Geschäftsbeziehung für fünf Jahre aufbewahrt werden.

2. Überprüfung und Aktualisierung (§ 5 Abs. 2 Nr. 2 GwG)

Die Verpflichteten haben die Risikoanalyse regelmäßig zu überprüfen und gegebenenfalls zu aktualisieren.

Im Hinblick auf die Kosten und den Aufwand, den die Überprüfung und Aktualisierung einer solchen Risikoanalyse erfordert, ist es angemessen, diese nur dann zu aktualisieren, wenn sich in einem Unternehmen die Struktur der Kunden, Produkte, Vertriebskanäle und Absatzländer derart verändert, dass eine Aktualisierung erforderlich ist. Erforderlich ist eine Aktualisierung der Risikoanalyse, wenn sich das Geldwäsche- und Terrorismusfinanzierungsrisiko wesentlich verändert. Verändert sich die Struktur des Unternehmens hinsichtlich der Kunden, Produkte, Vertriebskanäle und Absatzländer nicht, ist es ausreichend alle zwei Jahre eine Überprüfung dahin gehend durchzuführen, ob sich Risiken ohne Strukturveränderung der geschäftlichen Beziehungen des Unternehmens wesentlich verändert haben. (*Krais* Zu den Neuregelungen der 4. EU-Geldwäscherichtlinie, CCZ 2015, 253)

IV. Befreiung von der Dokumentationspflicht (§ 5 Abs. 4 GwG)

In Ausnahmefällen können die Verpflichteten von der Dokumentationspflicht nach § 5 Abs. 2 Nr. 1 GwG gemäß § 5 Abs. 4 GwG befreit werden. Der Verpflichtete muss dafür nachweisen, dass die in dem jeweiligen Bereich bestehenden Risiken für Geldwäsche klar erkennbar sind und diese verstanden werden.

Klar erkennbar sind die für den jeweiligen Bereich bestehenden Risiken dann, wenn die Unternehmensstrukturen derart übersichtlich sind, dass die Risikofaktoren für Geldwäsche und Terrorismusfinanzierung auch dann von dem Verpflichteten erkannt werden können, wenn dieser keine Dokumentation des Sachverhalts vornimmt.

Je größer und komplexer ein Unternehmen aufgebaut ist, je unübersichtlicher es also ist, desto weniger klar sind Risiken für den Verpflichteten zu erkennen. Je einfacher ein Unternehmen aufgebaut ist, umso einfacher kann der Verpflichtete den Nachweis erbringen, dass in seinem jeweiligen Bereich die Risiken für Geldwäsche und Terrorismusfinanzierung klar erkennbar sind.

§ 6 Interne Sicherungsmaßnahmen

(1) **Verpflichtete haben angemessene geschäfts- und kundenbezogene interne Sicherungsmaßnahmen zu schaffen, um die Risiken von Geldwäsche und von Terrorismusfinanzierung in Form von Grundsätzen, Verfahren und Kontrollen zu steuern und zu mindern. Angemessen sind solche Maßnahmen, die der jeweiligen Risikosituation des einzelnen Verpflichteten entsprechen und diese hinreichend abdecken. Die Verpflichteten haben die Funktionsfähigkeit der internen Sicherungsmaßnahmen zu überwachen und sie bei Bedarf zu aktualisieren.**

(2) Interne Sicherungsmaßnahmen sind insbesondere:
1. die Ausarbeitung von internen Grundsätzen, Verfahren und Kontrollen in Bezug auf
   a) den Umgang mit Risiken nach Absatz 1,
   b) die Kundensorgfaltspflichten nach den §§ 10 bis 17,
   c) die Erfüllung der Meldepflicht nach § 43 Absatz 1,
   d) die Aufzeichnung von Informationen und die Aufbewahrung von Dokumenten nach § 8 und
   e) die Einhaltung der sonstigen geldwäscherechtlichen Vorschriften,
2. die Bestellung eines Geldwäschebeauftragten und seines Stellvertreters gemäß § 7,
3. für Verpflichtete, die Mutterunternehmen einer Gruppe sind, die Schaffung von gruppenweiten Verfahren gemäß § 9,
4. die Schaffung und Fortentwicklung geeigneter Maßnahmen zur Verhinderung des Missbrauchs von neuen Produkten und Technologien zur Begehung von Geldwäsche und von Terrorismusfinanzierung oder für Zwecke der Begünstigung der Anonymität von Geschäftsbeziehungen oder von Transaktionen,
5. die Überprüfung der Mitarbeiter auf ihre Zuverlässigkeit durch geeignete Maßnahmen, insbesondere durch Personalkontroll- und Beurteilungssysteme der Verpflichteten,
6. die erstmalige und laufende Unterrichtung der Mitarbeiter in Bezug auf Typologien und aktuelle Methoden der Geldwäsche und der Terrorismusfinanzierung sowie die insoweit einschlägigen Vorschriften und Pflichten, einschließlich Datenschutzbestimmungen, und
7. die Überprüfung der zuvor genannten Grundsätze und Verfahren durch eine unabhängige Prüfung, soweit diese Überprüfung angesichts der Art und des Umfangs der Geschäftstätigkeit angemessen ist.

(3) Soweit ein Verpflichteter nach § 2 Absatz 1 Nummer 10 bis 14 und 16 seine berufliche Tätigkeit als Angestellter eines Unternehmens ausübt, obliegen die Verpflichtungen nach den Absätzen 1 und 2 diesem Unternehmen.

(4) Verpflichtete nach § 2 Absatz 1 Nummer 15 haben über die in Absatz 2 genannten Maßnahmen hinaus Datenverarbeitungssysteme zu betreiben, mittels derer sie in der Lage sind, sowohl Geschäftsbeziehungen als auch einzelne Transaktionen im Spielbetrieb und über ein Spielerkonto nach § 16 zu erkennen, die als zweifelhaft oder ungewöhnlich anzusehen sind aufgrund des öffentlich verfügbaren oder im Unternehmen verfügbaren Erfahrungswissens über die Methoden der Geldwäsche und der Terrorismusfinanzierung. Sie haben diese Datenverarbeitungssysteme zu aktualisieren. Die Aufsichtsbehörde kann Kriterien bestimmen, bei deren Erfüllung Verpflichtete nach § 2 Absatz 1 Nummer 15 vom Einsatz von Datenverarbeitungssystemen nach Satz 1 absehen können.

(5) Die Verpflichteten haben im Hinblick auf ihre Art und Größe angemessene Vorkehrungen zu treffen, damit es ihren Mitarbeitern und Personen in einer vergleichbaren Position unter Wahrung der Vertraulichkeit ihrer Identität möglich ist, Verstöße gegen geldwäscherechtliche Vorschriften geeigneten Stellen zu berichten.

(6) Die Verpflichteten treffen Vorkehrungen, um auf Anfrage der Zentralstelle für Finanztransaktionsuntersuchungen oder auf Anfrage anderer zuständiger Behörden Auskunft darüber zu geben, ob sie während eines Zeitraums von fünf Jahren vor der Anfrage mit bestimmten Personen eine Geschäftsbeziehung unterhalten haben und welcher Art diese Geschäftsbeziehung war. Sie haben sicherzustellen, dass die Informationen sicher und vertraulich an die anfragende Stelle übermittelt werden. Verpflichtete nach § 2 Absatz 1 Nummer 10 und 12 können die Auskunft verweigern, wenn sich die Anfrage auf Informationen bezieht, die sie im Rahmen von Tätigkeiten der Rechtsberatung oder Prozessvertretung erhalten haben. Die Pflicht zur Auskunft bleibt bestehen, wenn der Verpflichtete weiß, dass die Rechtsberatung oder Prozessvertretung für den Zweck der Geldwäsche oder der Terrorismusfinanzierung genutzt wurde oder wird.

(7) Die Verpflichteten dürfen die internen Sicherungsmaßnahmen im Rahmen von vertraglichen Vereinbarungen durch einen Dritten durchführen lassen, wenn sie dies vorher der Aufsichtsbehörde angezeigt haben. Die Aufsichtsbehörde kann die Übertragung dann untersagen, wenn
1. der Dritte nicht die Gewähr dafür bietet, dass die Sicherungsmaßnahmen ordnungsgemäß durchgeführt werden,
2. die Steuerungsmöglichkeiten der Verpflichteten beeinträchtigt werden oder
3. die Aufsicht durch die Aufsichtsbehörde beeinträchtigt wird.

Die Verpflichteten haben in ihrer Anzeige darzulegen, dass die Voraussetzungen für eine Untersagung der Übertragung nach Satz 2 nicht vorliegen. Die Verantwortung für die Erfüllung der Sicherungsmaßnahmen bleibt bei den Verpflichteten.

(8) Die Aufsichtsbehörde kann im Einzelfall Anordnungen erteilen, die geeignet und erforderlich sind, damit der Verpflichtete die erforderlichen internen Sicherungsmaßnahmen schafft.

§ 6 Abschnitt 2. Risikomanagement

(9) Die Aufsichtsbehörde kann anordnen, dass auf einzelne Verpflichtete oder Gruppen von Verpflichteten wegen der Art der von diesen betriebenen Geschäfte und wegen der Größe des Geschäftsbetriebs unter Berücksichtigung der Risiken in Bezug auf Geldwäsche oder Terrorismusfinanzierung die Vorschriften der Absätze 1 bis 6 risikoangemessen anzuwenden sind.

Übersicht

	Rn.
I. Allgemeines (Abs. 1)	1
II. Interne Sicherungsmaßnahmen (Abs. 2)	3
1. Ausarbeitung interner Grundsätze, Verfahren und Kontrollen (Abs. 2 Nr. 1)	4
2. Geldwäschebeauftragter nach § 7 GwG (Abs. 2 Nr. 2)	6
3. Gruppenweite Verfahren nach § 9 (Abs. 2 Nr. 3)	8
4. Verhinderung des Missbrauchs neuer Technologien (Abs. 2 Nr. 4)	9
5. Zuverlässigkeitsprüfung (Abs. 2 Nr. 5)	11
6. Unterrichtungspflicht (Abs. 2 Nr. 6)	13
7. Unabhängige Prüfung (Abs. 2 Nr. 7)	18
III. Besondere Anforderungen an Glücksspielbetriebe und -Vermittler (Abs. 4)	19
IV. Vertraulichkeit der Identität bei Meldung von Verdachtsfällen (Abs. 5)	21
V. Vorkehrungen zur Auskunftserteilung (Abs. 6)	22
VI. Durchführung durch einen Dritten (Abs. 7)	24
VII. Ermächtigung der Aufsichtsbehörde im Einzelfall (Abs. 8 und 9)	28

I. Allgemeines (Abs. 1)

1 Die Regelungen zu internen Sicherungsmaßnahmen waren bis zum 25.6.2017 in § 9 GwG aF normiert. Vormals war die Verpflichtung, interne Sicherungsmaßnahmen zu treffen, auf einzelne Verpflichtete beschränkt. Dies ist nicht mehr der Fall. Nunmehr müssen alle Verpflichteten unabhängig von der Regelmäßigkeit der Ausführung betreffender Geschäfte entsprechende interne Sicherungsmaßnahmen treffen.

Zweck der Organisationspflichten nach dem § 6 GwG, die gemäß § 6 Abs. 2 insbesondere die Ausarbeitung von internen Grundsätzen, Verfahren und Kontrollen in Bezug auf den Umgang mit Risiken nach Abs. 1, die Kundensorgfaltspflichten nach den §§ 10–17 GwG, die Erfüllung der Meldepflicht nach § 43 Abs. 1 GwG, die Aufzeichnung von Informationen und die Aufbewahrung von Dokumenten nach § 8 GwG und die Einhaltung der sonstigen geldwäscherechtlichen Vorschriften; die Bestellung eines Geldwäschebeauftragten und seines Stellvertreters gemäß § 7 GwG; für Verpflichtete, die Mutterunternehmen einer Gruppe sind, die Schaffung von gruppenweiten Verfahren gemäß § 9 GwG; die Schaffung und Fortentwicklung geeigneter Maßnahmen zur Verhinderung des Missbrauchs von neuen Produkten und Technologien zur Begehung von Geldwäsche und von Terrorismusfinanzierung oder für Zwecke der Begünstigung der Anonymität von Geschäftsbeziehungen oder von Transaktionen; die Überprüfung der Mitarbeiter auf ihre Zuverlässigkeit durch geeignete Maßnahmen, insbesondere durch Personalkontroll- und Beurteilungssysteme der Verpflichteten; die erstmalige und laufende Unterrichtung der Mitarbeiter in Bezug auf Typologien und aktuelle Methoden der Geldwäsche und der Terrorismusfinanzierung sowie die insoweit einschlägigen Vorschriften und Pflichten, einschließlich Datenschutzbestimmungen und die Überprüfung der zuvor genannten Grundsätze und Verfahren durch eine unabhängige Prüfung, soweit diese Überprüfung angesichts der Art und des Umfangs der Geschäftstätigkeit angemessen ist, zum Gegenstand haben, ist die Verhinderung des Missbrauchs von legal agierenden Wirtschaftssubjekten für das Waschen von Gewinnen aus schweren Straftaten durch Präventionsmaßnahmen (vgl. *Mülhausen* in Herzog/Mülhausen Geldwäschebekämpfung-HdB § 42 Rn. 2). Um das Einschleusen inkriminierter Gelder in den legalen Finanz- und Wirtschaftskreislauf zu verhindern, bedarf es des aktiven Ergreifens von Präventionsmaßnahmen durch betriebsinterne Maßnahmen insbesondere von Unternehmen welche Finanztransaktionen ausführen (BT-Drs. 12/2704, 19). Arbeitsteilige Strukturen führen zunehmend zu einer Anonymisierung innerbetrieblicher Prozesse und erleichtern das Einschleusen illegaler Gelder; die Feststellung von Verdachtsfällen ist daher nur mittels Einbindung der betroffenen Organisationen von Geldwäschepräventionsmaßnahmen möglich (BT-Drs. 12/2704, 19).

Das GwG enthält hinsichtlich der Organisationspflichten *Ausnahmeermächtigungen*. So kann nach § 6 Abs. 9 GwG die zuständige Aufsichtsbehörde bestimmen, dass auf einzelne oder auf Gruppen der Verpflichteten wegen der Art der von diesen betriebenen Geschäfte und der Größe des Geschäftsbetriebs die Vorschriften der Absätze 1–6 risikoangemessen anzuwenden sind. Der Verstoß gegen die GwG-Organisationspflichten wird anders als vor der Gesetzesänderung vom 26.6.2017 als Ordnungswidrigkeit sanktioniert. Die Organisationspflichten im Zusammenhang mit der Bekämpfung der Geldwäsche und der Terrorismusfinanzierung sind von den Verpflichteten im Rahmen des Risikomanagements zu organisieren. 2

II. Interne Sicherungsmaßnahmen (Abs. 2)

Die Vorschrift des § 6 Abs. 2 enthält eine exemplarische Auflistung an internen Sicherungsmaßnahmen, die von den Verpflichteten erwartet werden. Je nach Umfang des Geschäftsbetriebes und personeller Größe kann der Umfang der zu ergreifenden Sicherungsmaßnahmen bei den einzelnen Verpflichteten variieren. Die Verpflichtung zur Ergreifung aktiver Präventionsmaßnahmen durch die Verpflichteten zum Schutz vor Geldwäsche- und Terrorismusfinanzierungstransaktionen erfordert individuelle, auf die jeweiligen Bedürfnisse der Unternehmen zugeschnittene Maßnahmenkataloge; die in Abs. 2 enthaltenen Vorgaben können mit Blick auf die große und heterogene Gruppe der Adressaten insofern nur eine grobe Richtschnur liefern (so schon *Langweg* zu § 14 Abs. 2 GwG aF in Fülbier/Aepfelbach/Langweg GwG § 14 Rn. 3). 3

1. Ausarbeitung interner Grundsätze, Verfahren und Kontrollen (Abs. 2 Nr. 1)

Die Verpflichteten müssen gemäß § 6 Abs. 1 Nr. 1 interne Grundsätze, Verfahren und Kontrollen entwickeln, um Geldwäsche und Terrorismusfinanzierung zu verhindern. Vormals war dies in § 9 Abs. 2 S. 2 GwG aF geregelt. 4

Gemeinsam mit den anderen internen Sicherungsmaßnahmen zur Verhinderung von Geldwäsche und Terrorismusfinanzierung stellt die Ausarbeitung interner Grundsätze, Verfahren und Kontrollen eine Konkretisierung eines Sicherungs- und

Frühwarnsystems dar, mit dem das Risiko, zu Zwecken der Geldwäsche und der Terrorismusfinanzierung missbraucht zu werden, minimiert werden soll. Die Strategien und Verfahren sollen sich nach den Vorgaben der 4. EU-Geldwäscherichtlinie insbesondere auf den Umgang mit Risiken, den Sorgfaltspflichten gegenüber Kunden, der Meldepflicht, der Dokumentation Informationen und Aufbewahrung von Dokumenten sowie der Einhaltung der geldwäscherechtlichen Vorschriften beziehen (vgl. Art. 8 Abs. 4 der 4. EU-Geldwäscherichtlinie). Eine gesetzliche Regelung hinsichtlich der Vorkehrungen die von dem Verpflichteten im Einzelnen zu erwarten sind, gibt es nicht. Solche Maßnahmen und Systeme können als angemessen angesehen werden, welche der jeweiligen Risikosituation des Verpflichteten entsprechen und diese hinreichend abdecken.

5 Adressaten der Regelung sind ausnahmslos alle Verpflichteten. Die Verpflichteten haben über eine ordnungsgemäße Geschäftsorganisation zu verfügen, die die Einhaltung der von dem Verpflichteten zu beachtenden gesetzlichen Vorschriften gewährleistet. Ein internes Kontrollsystem muss als Teil eines wirksamen Risikomanagements (s. § 4 GwG) neben aufbau- und ablauforganisatorischen Regelungen ebenfalls Prozesse zur Identifizierung, Beurteilung, Steuerung und Kommunikation von Risiken umfassen.

2. Geldwäschebeauftragter nach § 7 GwG (Abs. 2 Nr. 2)

6 Als Teil der internen Sicherungsmaßnahmen ist auch die Bestellung eines Geldwäschebeauftragten nach den gesetzlichen Vorgaben des § 7 GwG anzusehen.
Dieser hat mit Blick auf der internen Sicherungsmaßnahmen die Verpflichtung, sich mit allen die Geldwäsche betreffenden Thematiken in dem Geschäftsbereich des Verpflichteten auseinanderzusetzen. Vor allem ist er hier für die Prävention von Geldwäsche und Terrorismusfinanzierung zuständig und gegebenenfalls ordnungsrechtlich verantwortlich (s. *Rütters/Wagner* Der Geldwäschebeauftragte als Bezugstäter im Rahmen des § 30 OWiG, NZWiSt 2015, 283).
Neben den Vorschriften des GwG hat der Geldwäschebeauftragte auch die Vorschriften des KWG, des VAG, des ZAG, der AO, einschlägige Vorschriften der Aufsichtsbehörden, sowie EU-Vorgaben mit Geldwäscherelevanz wie die EU-Geldtransfer-VO zu beachten. Er ist sowohl Ansprechpartner für die Mitarbeiter des Unternehmens als auch für Aufsichts- und Ermittlungsbehörden.

7 Der Geldwäschebeauftragte muss dazu in der Lage sein, etwaige Gefahrenquellen zeitnah zu erkennen und dem jeweiligen Risiko entsprechende Anweisungen und Verfahren unabhängig umzusetzen. Erforderlich ist insoweit eine intensive Einbindung des Geldwäschebeauftragten in alle wesentlichen Prozesse und Fachabteilungen des Hauses. Als Risikomanager hat der Geldwäschebeauftragte ein spezifisches Geldwäschebekämpfungsmodell zu entwickeln und gegenüber externer Prüfung und Aufsicht zu vertreten. Der Geldwäschebeauftragte hat im Rahmen der internen Sicherungsmaßnahmen insbesondere Arbeits- und Organisationsweisen sowie angemessene Geschäfts- und kundenbezogene Sicherungssysteme zu entwickeln und zu aktualisieren. Auch hat er dafür Sorge zu tragen, dass Transaktionen die bereits in der Vergangenheit unter Geldwäschegesichtspunkten auffällig geworden sind mit besonderer Aufmerksamkeit behandelt werden (BAKred-Verlautbarung v. 30.3.1998, Z 5 – E100, Nr. 34 Abs. 6b).

Interne Sicherungsmaßnahmen §6

3. Gruppenweite Verfahren nach § 9 (Abs. 2 Nr. 3)

Verpflichtete, die Mutterunternehmen einer Gruppe sind, haben nach § 6 Abs. 2 Nr. 3 GwG dafür Sorge zu tragen, dass es gruppenweite Verfahren nach § 9 GwG im Hinblick auf interne Sicherungsmaßnahmen gibt. 8

Zweck dieser Normierung ist die Sicherstellung eines einheitlichen Sicherungssystems mit einheitlichen Standards, welche auf die individuellen Risiken des jeweiligen Geschäftsbereichs eines Tochterunternehmens angewandt werden können.

Hier ist der Geldwäschebeauftragte für die gesamte Unternehmensgruppe zu bestellen und muss mithin in sämtliche Unternehmensstrukturen Einblick haben. Dies dient dazu, undurchsichtige Unternehmensstrukturen kontrollieren zu können und auch für Aufsichtsbehörden zugänglich zu machen, um eine Verschleierung und ein Verlorengehen von geldwäscherechtlich relevanten Informationen zu verhindern.

4. Verhinderung des Missbrauchs neuer Technologien (Abs. 2 Nr. 4)

Bestandteil angemessener geschäfts- und kundenbezogener interner Sicherungsmaßnahmen iSv Abs. 1 ist auch die Verhinderung des Missbrauchs neuer Technologien zum Zweck der Geldwäsche und der Terrorismusfinanzierung oder für die Begünstigung der Anonymität von Geldwäschebeziehungen oder Transaktionen. Vormals in § 9 Abs. 2 S. 2 GwG aF geregelt, diente die Vorschrift der Umsetzung von Art. 13 Abs. 6 der 3. EU-Geldwäscherichtlinie. 9

Hiernach haben die Mitgliedstaaten dafür zu sorgen, dass die der Richtlinie unterliegenden Institute und Personen jeder Gefahr der Geldwäsche oder der Terrorismusfinanzierung aus Produkten oder Transaktionen, die die Anonymität begünstigen könnten, besondere Aufmerksamkeit widmen und erforderlichenfalls Maßnahmen ergreifen, um ihrer Nutzung für Zwecke der Geldwäsche und der Terrorismusfinanzierung vorzubeugen. Auslöser für die gesetzliche Verankerung ist die von der FATF in ihrem Deutschlandprüfbericht vom 19.2.2010 monierte mangelhafte Umsetzung ihrer Empfehlung 8, wonach keine expliziten Regelungen hinsichtlich des Missbrauchs neuer Technologien bestehen (BT-Drs. 17/6804, 33; vgl. FATF, Mutual Evaluation of Germany, 19.2.2010, Tz. 615, 616, 622 – 11. Aufzählungspunkt und Bewertung zu Empfehlung 8; FATF, 40 Empfehlungen).

Die Verpflichteten haben angemessene Maßnahmen gegen den Missbrauch neuer Technologien für Zwecke der Geldwäsche und der Terrorismusfinanzierung zu ergreifen. Dazu sind zunächst neue und bestehende Produkte, Märkte und Vertriebswege (etwa der Vertrieb über das Internet) auf Missbrauchsmöglichkeiten für Zwecke der Geldwäsche und der Terrorismusfinanzierung hin zu überprüfen. Die Ergebnisse der Überprüfung sollten im Rahmen der Gefährdungsanalyse (siehe § 5) niedergelegt werden. Die aufsichtsrechtlich geforderten Maßnahmen sind grundsätzlich dann als angemessen zu bezeichnen, wenn sie der Risikosituation des jeweiligen Verpflichteten entsprechen und die Risiken hinreichend abdecken; dies wiederum setzt eine umfassende institutsspezifische Analyse der Risikosituation voraus (vgl. BaFin RdSchr. 8/2005 – Institutsinterne Implementierung angemessener Risikomanagementsysteme zur Verhinderung der Geldwäsche, Terrorismusfinanzierung und Betrug zu Lasten der Institute gemäß § 25a Abs. 1 S. 3 Nr. 6, Abs. 1a KWG, § 14 Abs. 2 Nr. 2 GwG v. 24.3.2005, Ziff. 1). 10

Herzog

Für den Fall, dass bei der Untersuchung der Produkte, Märkte und Vertriebswege Möglichkeiten zum Missbrauch gesehen werden oder nicht ausgeschlossen werden können, besteht die Verpflichtung zur Einrichtung entsprechender Sicherungsvorkehrungen (vgl. *Auerbach/Hentschel* in Schwennicke/Auerbach KWG § 25c Rn. 62 aF mwN).

Um sicherzustellen, dass neue Produkte, Technologien oder Transaktionen, die die Anonymität begünstigen, erkannt und adäquate Sicherungsmaßnahmen gegen den Missbrauch getroffen werden können, ist der Geldwäschebeauftragte bereits frühzeitig in den Prozess der Implementierung neuer Technologien miteinzubeziehen (vgl. *Auerbach/Hentschel* in Schwennicke/Auerbach KWG § 25c Rn. 62 aF).

5. Zuverlässigkeitsprüfung (Abs. 2 Nr. 5)

11 Nach Abs. 2 Nr. 5 sind geeignete Maßnahmen zur Überprüfung der Zuverlässigkeit der Beschäftigten zu ergreifen. Früher war eine periodisch durchzuführende Zuverlässigkeitsprüfung explizit in § 14 Abs. 2 Nr. 3 GwG aF geregelt, bevor sie mit dem Inkrafttreten des GwBekErgG zunächst entfallen war und später durch den Kontrollbegriff in § 9 Abs. 2 Nr. 4 GwG aF wieder aufgegriffen wurde. Dieser Kontrollbegriff bezog sich auf im Hinblick auf die Mitarbeiter auf jene, die befugt waren, Transaktionen auszuführen oder zumindest daran mitzuwirken (BT-Drs. 16/9038, 43).

Durch das Gesetz zur Optimierung der Geldwäscheprävention vom 22.12.2011 (BGBl. I S. 2959ff.) wurde die Regelung sodann neu überarbeitet, dies insbesondere vor dem Hintergrund verschiedener Monita im Deutschland-Prüfungsbericht der FATF vom Februar 2010. Mit der Einfügung der Nr. 4 in § 9 Abs. 2 sollte den Anforderungen der FATF in den Empfehlungen 15 und 16 und der von der FATF kritisierten mangelhaften Umsetzung der Vorgaben in Deutschland Rechnung getragen werden, die auch für den Nichtfinanzsektor geeignete Verfahren zur Gewährleistung hoher Standards bei der Personalauswahl fordern. Mit der Regelung sollte deutlicher als bisher klargestellt werden, dass die Beschäftigten nach ihrer Persönlichkeit Gewähr dafür bieten müssen, die Vorschriften des Geldwäschegesetzes und anderer geldwäscherechtlich relevanter Gesetze sowie interner Grundsätze, die der Verhinderung der Geldwäsche und der Terrorismusfinanzierung dienen, zu beachten (vgl. BT-Drs. 17/6804, 34).

12 Mit der Neuformulierung der Zuverlässigkeitsprüfung in § 6 Abs. 2 Nr. 5 GwG ist klargestellt worden, dass eine solche insbesondere durch geeignete Maßnahmen in Form von Personalkontroll- und Beurteilungssystemen zu erfolgen hat. Den Verpflichteten ist im Hinblick auf die genaue Ausgestaltung dieser Systeme ein großzügiger Beurteilungsspielraum eröffnet worden. Weiterhin handelt es sich hier um eine nicht abschließende Aufzählung im Hinblick auf geeignete Systeme zur Zuverlässigkeitsprüfung, sondern lediglich um einen Hinweis des Gesetzgebers, welche Systeme in jedem Fall als geeignet gelten. Darüber hinaus müssen zusätzliche Systeme eingerichtet werden, wenn die Risikosituation dies erfordert.

Zweck der Vorschrift ist es, das Eindringen von Mittelsmännern und „Brückenköpfen" in die für Geldwäsche und Terrorismusfinanzierung wichtigen Unternehmensgruppen zu verhindern (BT-Drs. 17/6804, 34).

Die Personalkontroll- und Beurteilungssysteme müssen also eine regelmäßige, die Zuverlässigkeit der Beschäftigten betreffende Überprüfung gewährleisten. Hinsichtlich der Kontrolldichte haben die Verpflichteten jedoch einen risikoangemessenen Beurteilungsspielraum (BT-Drs. 17/6804, 34). Für die Durchführung der

Zuverlässigkeitsprüfung ist die für das Personalwesen zuständige Stelle verantwortlich (*Findeisen* WM 2000, 1234 (1237)).

6. Unterrichtungspflicht (Abs. 2 Nr. 6)

Vormals in § 9 Abs. 2 Nr. 3 aF GwG geregelt, findet sich die Normierung der Unterrichtungspflicht nunmehr in § 6 Abs. 2 Nr. 6 GwG wieder. **13**

Die Vorschrift in der Fassung des GwBekErgG vom 13.8.2008, nach der von den Verpflichteten sicherzustellen war, dass die mit der Durchführung von Transaktionen und mit der Anbahnung und Begründung von Geschäftsbeziehungen befassten Beschäftigten über die Methoden der Geldwäsche und der Terrorismusfinanzierung und nach dem GwG bestehenden Pflichten unterrichtet werden, wurde seitdem mehrfach, zuletzt mit der Gesetzesänderung vom 26.6.2017 zur Umsetzung der 4. EU-Geldwäscherichtlinie geändert.

Adressaten dieser gesetzlichen Vorgabe sind alle Verpflichteten im Sinne von § 2 Abs. 1. Im Einzelfall besteht nach den Absätzen 8 und 9 eine Anordnungsbefugnis der zuständigen Behörde nach § 50 GwG.

Die Vorgabe des § 6 Abs. 2 Nr. 6 geht zurück auf Art. 35 der 3. EU-Geldwäscherichtlinie, wonach die betroffenen Mitarbeiter durch geeignete Maßnahmen mit den auf der Grundlage dieser Richtlinie geltenden Bestimmungen vertraut zu machen sind (Art. 35 Abs. 1 S. 1); dies schließt nach Art. 35 Abs. 1 S. 2 auch die Teilnahme der betroffenen Mitarbeiter an besonderen Fortbildungsprogrammen ein, um möglicherweise mit Geldwäsche und Terrorismusfinanzierung zusammenhängende Transaktionen erkennen zu können und sich entsprechend zu verhalten.

Die noch in § 14 Abs. 2 Nr. 4 GwG aF enthaltene Verpflichtung zur regelmäßigen Unterrichtung der Beschäftigten war zwischenzeitlich mangels Vorgaben zur Häufigkeit der Unterrichtung in der 3. EU-Geldwäscherichtlinie entfallen. Mit der Gesetzesänderung am 26.6.2017 ist jedoch insoweit wieder eine Vorgabe zur Regelmäßigkeit der Unterrichtung getroffen worden, als dass die Verpflichteten ihre Mitarbeiter nunmehr laufend über Typologien und aktuelle Methoden der Geldwäsche unterrichten müssen. Dies dient einem effektiven Risikomanagement (vgl. § 4 GwG).

Durch die Unterrichtung über Typologien und aktuelle Methoden der Geldwäsche und der Terrorismusfinanzierung sollen die Beschäftigten lernen, möglicherweise mit Geldwäsche und Terrorismusfinanzierung zusammenhängende Transaktionen zu erkennen und sich in solchen Fällen richtig zu verhalten, vgl. Art. 35 Abs. 1 S. 1 der 3. EU-Geldwäscherichtlinie. Die bis zum Inkrafttreten der Umsetzung der 4. EU-Geldwäscherichtlinie am 26.6.2017 in § 9 Abs. 2 Nr. 3 GwG enthaltene Regelung, sieht anders als zuvor keine anlassbezogene Unterrichtung mehr vor, sondern vielmehr eine regelmäßige Unterrichtung von präventivem Charakter. Ggf. können jedoch auch hier von den Verpflichteten verwendete elektronische Informationssysteme für die Unterrichtung genutzt werden, aufgrund der Dokumentationspflicht sollte dabei ein Verfahren für den Umlauf gewählt werden, welches die Kontrolle darüber ermöglicht, ob die Information beim Empfänger abgerufen wurde. Mit der Unterrichtung soll die Sensibilisierung der Mitarbeiter für das Erkennen dubioser Geldbewegungen und Geschäftspraktiken gefördert werden (BT-Drs. 12/2704, 20).

Als Grundlage kann von den Verpflichteten ua das von der FIU herausgegebene **14** und in regelmäßigen Abständen aktualisierte Papier mit Anhaltspunkten, die auf Geldwäsche bzw. auf die Finanzierung des Terrorismus hindeuten können, heran-

§ 6 Abschnitt 2. Risikomanagement

gezogen werden (vgl. FIU Deutschland, Zentralstelle für Verdachtsmeldungen, Newsletter Ausgabe 11/08 2014, Anhaltspunkte Geldwäsche und Terrorismusfinanzierung, unter: https://geldwaesche-beauftragte.de/wp-content/uploads/2017/04/FIU_Newsletter_Ausgabe_Nr._11_-August_2014.pdf) sowie die Indikatoren nach Anlage 1 und 2 des GwG. Auf eine enumerative Auflistung möglicher Konstellationen, die auf das Vorliegen einer strafbaren Geldwäsche, bzw. auf die Finanzierung terroristischer Vereinigungen oder Straftaten im Zusammenhang mit terroristischen Aktivitäten hindeuten könnten, wurde durch den Gesetzgeber zuvor bewusst verzichtet, da die Methoden der Begehung schnellen Wandlungen unterworfen und zu vielgestaltig sind, um im Einzelnen dargestellt zu werden; daneben soll möglichen Tätern mit einer Aufzählung möglicher Fallkonstellationen keine Orientierungshilfe geboten werden. Nunmehr hat der Gesetzgeber jedoch mit den Anlagen 1 und 2 eine solche Auflistung geschaffen. Die Aufzählung im Anhaltspunktpapier sowie in den Anlagen ist nicht abschließend; unmittelbare Handlungspflichten oder Sanktionen sind ebenfalls nicht hieran geknüpft. Das Vorliegen einzelner Anhaltspunkte dürfte in der Regel nicht ausreichen, um den Verdacht auf das Vorliegen einer Geldwäsche oder Terrorismusfinanzierung zu begründen, erhöhte Aufmerksamkeit durch die Verpflichteten sollte jedoch geboten sein, wenn mehrere Anhaltspunkte zusammentreffen. Neben Auffälligkeiten, die sich im Rahmen der Überwachung eines bestehenden Kontos ergeben könnten, erhält das FIU-Papier insbesondere auch mögliche Auffälligkeiten im Zusammenhang mit der Betrachtung des Kunden (Know-Your-Customer). Das Anhaltspunktpapier ersetzt grundsätzlich nicht die Entscheidung für den Einzelfall, ob vom Vorliegen einer Geldwäschehandlung oder der Terrorismusfinanzierung ausgegangen werden kann.

15 Hinweise auf neue Erscheinungsformen der Geldwäsche und der Terrorismusfinanzierung enthalten ebenfalls die Jahresberichte der Financial Intelligence Unit (FIU) beim Zoll, die Jahresberichte der Landeskriminalämter, sowie die Typologiepapiere der Financial Action Task Force on Money Laundering (FATF). In den Geldwäsche-, bzw. den Terrorismusfinanzierungsprozess können verschiedenste Wirtschaftsbereiche eingebunden sein. Neben Banken und alternativen Überweisungssystemen im Banken bzw. Parabankenbereich stellen im Nichtbankenbereich unter anderem Money Remittance Agencies, Wechselstuben, Versicherungen und bestimmte Personen-, bzw. Berufsgruppen besondere Risikogruppen dar, die in einer oder auch mehreren Phasen der Geldwäsche eine Rolle spielen können. Insoweit sollte zur Verbesserung der Mitarbeiterunterrichtung, bzw. zur Optimierung des Meldeverhaltens im Rahmen der Unterrichtung auf die individuellen Gegebenheiten der jeweiligen Verpflichteten eingegangen werden; insbesondere bei größeren Instituten kann ggf. eine Unterscheidung nach den einzelnen Geschäftsbereichen erforderlich werden (so auch *Mülhausen* in Herzog/Mülhausen Geldwäschebekämpfung-HdB § 43 Rn. 153). Die Durchführung der Unterrichtung ist von den Verpflichteten zu dokumentieren.

16 Nach dem Willen des Gesetzgebers sollen Polizei und Zoll den Verpflichteten im Rahmen einer Kooperation fortlaufend neue Erkenntnisse über neue Methoden der Geldwäsche und der Terrorismusfinanzierung mitteilen, damit entsprechende Informationen an die Beschäftigten weitergegeben werden können (BT-Drs. 12/2704, 20). Dennoch hat die schon in Art. 35 Abs. 3 der 3. EU-Geldwäscherichtlinie sowie in Art. 49 der 4. EU-Geldwäscherichtlinie enthaltene Forderung nach einer zeitgerechten Rückmeldung an die Verpflichteten in Bezug auf die Wirksamkeit von erstatteten Verdachtsmeldungen bei Geldwäsche und Terrorismusfinanzierung auch mit der Gesetzesänderung zur Umsetzung der 4. EU-Geldwäscherichtlinie keinen Eingang in das GwG gefunden. Zwar besteht nach § 475 StPO die Möglichkeit der Auskunftserteilung bei Darlegung eines berechtigten Interesses durch die Verpflichteten; die praktische Relevanz der Vorschrift im Zusammenhang mit Auskunftsersuchen über den Fortgang von Geldwäsche-Verdachtsmeldungen ist, obwohl das Vorliegen eines berechtigten Interesses regelmäßig anzunehmen sein dürfte, bislang gering (krit. *Langweg* in Fülbier/Aepfelbach/Langweg GwG § 14 Rn. 150).

Eine explizite Pflicht zur Durchführung von Schulungen der Mitarbeiter wie sie in § 9 Abs. 2 Nr. 3 GwG aF vorhanden war, existiert in § 6 Abs. 2 Nr. 6 GwG nicht mehr. Die Unterrichtung über Typologien und aktuelle Methoden der Geldwäsche und der Terrorismusfinanzierung, sowie relevante Vorschriften kann also auch auf anderem Wege erfolgen, zB durch interne Rundschreiben. 17

7. Unabhängige Prüfung (Abs. 2 Nr. 7)

Als Teil der internen Sicherungsmaßnahmen wird durch § 6 Abs. 2 Nr. 7 auch eine Überprüfung durch eine externe, von den Verpflichteten unabhängige Stelle angesehen. Dies jedoch nur insoweit als dass eine derartige Überprüfung angesichts von Art und Umfang der Geschäftstätigkeit angemessen ist. Die unabhängige Prüfung kann auch durch die zuständige Aufsichtsbehörde angeordnet werden (siehe Absätze 8 und 9). 18

Herausragendes Merkmal ist hier die Unabhängigkeit des Prüfers von dem Verpflichteten. Diese ist gekennzeichnet durch unparteiische, objektive und gewissenhafte Prüfung (vgl. *Koch* in Hüffer/Koch AktG § 183 Rn. 16). Der Prüfer muss also ein Externer sein und darf nicht weisungsgebunden sein.

Zwar ist auch ein Geldwäschebeauftragter unabhängig von der Geschäftsleitung und nicht weisungsgebunden, er eignet sich aber gerade deshalb nicht zur Durchführung einer unabhängigen Prüfung, weil er derart mit den Unternehmensstrukturen in Verbindung steht, so dass ihm eine objektive Beurteilung kaum möglich sein kann.

Aufgabe des Prüfers ist es, die Wirksamkeit der internen Sicherungsmaßnahmen in Bezug auf die Verhinderung von Geldwäsche und Terrorismusfinanzierung risikoorientiert und sachverständig zu ermitteln. Hierfür kann der Prüfer alle notwendigen Nachweise und Aufklärungen verlangen (vgl. *Koch* in Hüffer/Koch AktG § 183 Rn. 17).

III. Besondere Anforderungen an Glücksspielbetriebe und -Vermittler (Abs. 4)

In der 4. EU-Geldwäscherichtlinie werden Glücksspielbetriebe als besonders besorgniserregend hinsichtlich eines Geldwäsche- und Terrorismusfinanzierungsrisikos dargestellt. Deshalb wurden die Mitgliedsstaaten verpflichtet, die mit Glücksspieldienstleistungen verbundenen Risiken zu mindern (vgl. Art. 11d sowie Begr. (21) der 4. EU-Geldwäscherichtlinie). 19

Diese Verpflichtung resultiert ua darin, dass Betreiber und Vermittler von Glücksspielen nunmehr über die internen Sicherungsmaßnahmen die für alle Verpflichteten gelten hinaus gemäß § 6 Abs. 4 GwG Datenverarbeitungssysteme betreiben müssen, mittels derer sie in der Lage sind, sowohl Geschäftsbeziehungen als auch einzelne Transaktionen im Spielbetrieb und über ein Spielerkonto nach § 16

GwG zu erkennen, die aufgrund des öffentlich verfügbaren oder im Unternehmen verfügbaren Erfahrungswissens über die Methoden der Geldwäsche und der Terrorismusfinanzierung als zweifelhaft oder ungewöhnlich anzusehen sind.

20 Damit einher gehen eine *Aktualisierungspflicht der Verpflichteten* bezüglich der Datenverarbeitungssysteme, sowie eine Ermächtigung der Behörde im Einzelfall von einer Verpflichtung zur Betreibung eines Datenverarbeitungssystems abzusehen.

Für die Erfüllung der Aktualisierungspflicht reicht es aus, die Datenverarbeitungssysteme etwa alle zwei Jahre zu überprüfen (vgl. § 4) und erforderlichenfalls zu aktualisieren. Als erforderlich ist eine Aktualisierung des jeweiligen Datenverarbeitungssystems anzusehen, wenn aus der Gefährdungsanalyse (vgl. § 5) ersichtlich wird, dass neue Risiken hinzugetreten sind.

Von der Verpflichtung zur Betreibung eines Datenverarbeitungssystems kann beispielsweise dann abgesehen werden, wenn der Glücksspielbetreiber- oder Vermittler betriebsintern derart übersichtliche Strukturen hat, dass das Risiko der Anonymität eines Kunden gering ist.

IV. Vertraulichkeit der Identität bei Meldung von Verdachtsfällen (Abs. 5)

21 § 6 Abs. 5 GwG sieht vor, dass die Verpflichteten sicherstellen müssen, dass die Anonymität der Mitarbeiter bei der Meldung von Verdachtsfällen gewahrt ist.

Hintergrund dieser Normierung ist der Begründung der 4. EU-Geldwäscherichtlinie zufolge, dass vermehrt Mitarbeiter, welche Verdachtsfälle gemeldet haben, angefeindet und bedroht wurden. Mit der Umsetzung der 4. EU-Geldwäscherichtlinie soll deshalb die Wirksamkeit des Systems zur Bekämpfung von Geldwäsche- und Terrorismusfinanzierung sichergestellt werden (vgl. Begr. (41) der 4. EU-Geldwäscherichtlinie, Abl. 2015 L 141, 79).

Die Anonymität der Mitarbeiter verhindert nicht nur, dass diese Opfer von Anfeindungen und Bedrohungen werden können und deshalb keine Verdachtsmeldungen mehr abgeben. Vielmehr kann dieser Identitätsschutz sogar dafür sorgen, dass Mitarbeiter sich ermutigt fühlen, Verdachtsmeldungen abzugeben, und so zu wirksamen internen Sicherungsmaßnahmen und einem wirksamen Risikomanagement beitragen. Gleichzeitig kann die Anonymität jedoch auch dazu führen, dass Angestellte sich exakt gegensätzlich verhalten und keine Verdachtsmeldungen abgeben – begünstigt durch die Anonymität (vgl. *Zimbardo, P.G.*; The Human Choice: Individuation, Reason, and Order versus Deindividuation, Impulse, and Chaos).

Unabhängig von diesen unterschiedlichen Einschätzungen zu den Nebeneffekten der Förderung von anonymen Hinweisen ist hier jedoch der Schutz der hinweisgebenden Personen vor bösen persönlichen Folgen ein hohes Gut und muss deshalb sichergestellt werden.

V. Vorkehrungen zur Auskunftserteilung (Abs. 6)

22 Die Verpflichteten haben nach § 6 Abs. 6 GwG Vorkehrungen zu treffen welche es ihnen ermöglichen, den zuständigen Behörden und der Zentralstelle für Finanztransaktionsuntersuchungen Auskunft über Geschäftsbeziehungen der vergangenen fünf Jahre zu geben, sofern diese eine Anfrage diesbezüglich stellen.

Eine solche Vorkehrung kann sowohl in elektronischer Form als auch in Papierform getroffen werden und wird zusätzlich durch die ohnehin bestehende Aufbewahrungspflicht und Dokumentationspflicht gestützt. Sofern der Aufbewahrungs- und Dokumentationspflicht nachgekommen ist, beispielsweise mit einer elektronischen Datenbank oder einem Archiv, so stellt das Treffen einer Vorkehrung zur Erfüllung der Auskunftspflicht kein Problem dar.

Verpflichtete nach § 2 Abs. 1 Nr. 10 und 12 können die Auskunft verweigern, **23** wenn sich die Anfrage auf Informationen bezieht, die sie dadurch erhalten haben, dass Tätigkeiten der Rechtsberatung oder Prozessvertretung erbracht werden. Durch das Gesetz zur Umsetzung der 5. Geldwäscherichtlinie wurden in **Satz 3 die Wörter „eines der Schweigepflicht unterliegenden Mandatsverhältnisses" durch die Formulierung „von Tätigkeiten der Rechtsberatung oder Prozessvertretung" ersetzt.** Diese Anpassung erfolgte einerseits, um die Ausnahmeregelung des § 6 Abs. 6 S. 3 an die Regelung nach § 10 Abs. 9 anzugleichen. Zurück geht diese Novellierung aber letztlich auf Art. 32 Abs. 9 iVm Art. 34 Abs. 2 ebenso wie Art. 14 Abs. 4 UAbs. 2 der 4. Geldwäscherichtlinie; dort sind Ausnahmeregelungen zum Schutz von Tätigkeiten der Rechtsberatung oder Prozessvertretung vorgesehen. Nach Art. 32 Abs. 9 der 4. Geldwäscherichtlinie sind Verpflichtete nach § 2 Abs. 1 Nr. 10 und 12 von der Pflicht, der FIU Informationen zur Verfügung zu stellen, befreit sowie nach Art. 14 Abs. 2 UAbs. 2 der 4. Geldwäscherichtlinie von der Pflicht befreit, die Geschäftsbeziehung zu beenden. Die Regelung des § 6 Abs. 3 S. 3 wird mit der Änderung an den Wortlaut des Art. 32 Abs. 9 iVm Art. 34 Abs. 2 der 4. Geldwäscherichtlinie angepasst. Die Ausnahmeregelung knüpft damit nicht mehr an berufsrechtliche Vorgaben zum Umfang der Verschwiegenheitsverpflichtung der Verpflichteten nach § 2 Abs. 1 Nr. 10 und 12, sondern entsprechend Richtlinienvorgaben an die konkret ausgeübte Tätigkeit an.

Die Anpassung in Abs. 6 S. 4 ist eine Folgeänderung zu der Anpassung des Abs. 6 S. 3.

VI. Durchführung durch einen Dritten (Abs. 7)

§ 6 Abs. 7 GwG geht auf § 9 Abs. 3 GwG aF zurück, welcher seinen Ursprung **24** wiederum in § 14 Abs. 3 GwG aF findet. Hier ist die Möglichkeit der Auslagerung von internen Sicherungsmaßnahmen auf Dritte im Rahmen vertraglicher Vereinbarungen geregelt. § 6 Abs. 2 Nr. 7 GwG ist die zentrale Norm für die bestehenden geldwäscherechtlichen Auslagerungsvorschriften in Bezug auf Sicherungsmaßnahmen nach § 6 Abs. 2 GwG. Dem Grundsatz nach obliegt die Verpflichtung zur Schaffung angemessener interner Sicherungsmaßnahmen iSv § 6 Abs. 1 GwG unabhängig von der Größe des Unternehmens und Art/Umfang der ausgeübten Tätigkeit den jeweiligen Verpflichteten nach dem GwG selbst. Gemäß § 6 Abs. 7 S. 1 GwG dürfen Verpflichtete interne Sicherungsmaßnahmen nach vorheriger Zustimmung der nach § 50 zuständigen Behörde im Rahmen von vertraglichen Vereinbarungen auch durch einen Dritten durchführen lassen. Mit dem Inkrafttreten der 4. EU-Geldwäscherichtlinie bezieht sich dieses sog. *Outsourcing* nunmehr auf all die internen Sicherungsmaßnahmen welche in Abs. 2 genannt sind und darüber hinaus auch auf anderweitige möglicherweise erforderliche interne Sicherungsmaßnahmen welche nicht explizit im Gesetz genannt sind.

In der Kreditwirtschaft relevant insbesondere für kleinere Institute des Sparkassen- und Genossenschaftssektors, stellt die vollständige oder teilweise Übertragung von Aufgaben der Geldwäschebekämpfung auf Dritte eine Möglichkeit zur Begrenzung des Personal- und Sachaufwandes in den Instituten dar. Die Aufsichtsbehörde steht der Auslagerung der Tätigkeit des Geldwäschebeauftragten grundsätzlich positiv gegenüber (BaFin, Jahresbericht 2003, S. 69). Auch die 4. EU-Geldwäscherichtlinie geht grundsätzlich von der Zulässigkeit des Outsourcing aus. Die Auslagerung von GwG-Pflichten bedarf der vorherigen Anzeige bei der zuständigen Aufsichtsbehörde (§ 6 Abs. 7 S. 1 GwG).

25 Nach Abs. 7 S. 2 darf die Zustimmung nur erteilt werden, wenn der Dritte die Gewähr dafür bietet, dass die Sicherungsmaßnahmen ordnungsgemäß durchgeführt werden, wenn die Steuerungsmöglichkeiten der Verpflichteten nicht beeinträchtigt werden und die Aufsicht durch die Aufsichtsbehörde nicht beeinträchtigt wird. Der Auslagernde hat das Auslagerungsunternehmen mit entsprechender Sorgfalt auszuwählen. Vom auslagernden Institut ist eine für die Überwachung und Steuerung der jeweiligen Auslagerungsmaßnahme zuständige Schnittstelle zu definieren (idR ein Auslagerungsbeauftragter bzw. eine Verbindungsperson, vgl. *Findeisen* WM 2000, 1234 (1240)).

26 Die Bestellung eines *Konzerngeldwäschebeauftragten* ist zulässig, setzt jedoch voraus, dass der Konzerngeldwäschebeauftragte ggf. über eine vertragliche Vereinbarung auch die rechtliche Befugnis erlangt, unternehmensübergreifend Regelungen im Zusammenhang mit dem GwG zu treffen und Weisungen zu erteilen; aus Sicht des Tochterunternehmens handelt es sich um eine Auslagerung im Sinne von § 6 Abs. 7 GwG.

27 Kritisch gesehen wird die Möglichkeit des *Outsourcing für den Bereich der rechts- und steuerberatenden sowie wirtschaftsprüfenden Berufe,* da dieses nach Ansicht der Bundessteuerberaterkammer im Widerspruch zur Verschwiegenheitspflicht, als auch zur eigenverantwortlichen Berufsausübung steht. Die Vorschrift des § 6 Abs. 7 GwG sei daher im Wege einer Gesamtschau mit den für Steuerberater bestehenden berufsrechtlichen Anforderungen einschränkend auszulegen. Delegationsmöglichkeiten bestehen grundsätzlich nur insoweit als der Berufsträger die vorgenommenen Maßnahmen durchgängig überprüft und diese sich auf diesem Wege zu eigen macht (Bundessteuerberaterkammer, Anwendungshinweise zum Geldwäschegesetz v. 21.4.2009, S. 19).

VII. Ermächtigung der Aufsichtsbehörde im Einzelfall (Abs. 8 und 9)

28 Die Abs. 8 und 9 ermöglichen es der Behörde, im Einzelfall Anordnungen zu treffen die geeignet und erforderlich sind, um interne Grundsätze, angemessene geschäfts- und kundenbezogene Sicherungssysteme und Kontrollen zur Verhinderung der Geldwäsche und der Terrorismusfinanzierung zu entwickeln und zu aktualisieren (Schaffung interner Sicherungsmaßnahmen iSv Abs. 2)

Aus Sicht der Aufsichtsbehörde besteht kein Interesse an einer vollumfänglichen Unterwerfung sämtlicher Verpflichteter unter die Vorschrift des § 6 (vgl. *Langweg* in Fülbier/Aepfelbach/Langweg GwG § 14 Rn. 171). Dementsprechend kann die zuständige Aufsichtsbehörde nach Abs. 9 bestimmen, dass auf einzelne oder auf Gruppen der Verpflichteten wegen der Art der von diesen betriebenen Geschäfte und der Größe des Geschäftsbetriebs unter Berücksichtigung der Anfälligkeit der Geschäfte oder des Geschäftsbetriebs für einen Missbrauch zur Geldwäsche oder Terrorismusfinanzierung die Vorschriften der Abs. 1–6 risikoangemessen anzuwenden sind.

Interne Sicherungsmaßnahmen §6

Über § 6 Abs. 1 GwG wird eine Bandbreite von unterschiedlichen Adressaten 29 zum Treffen von angemessenen Sicherungsmaßnahmen gegen den Missbrauch zur Geldwäsche und zur Terrorismusfinanzierung verpflichtet, die von Kreditinstituten, Finanzdienstleistungsinstituten, Zahlungs- und E-Geldinstituten, Agenten nach § 2 Nr. 4 selbstständigen Gewerbetreibenden nach § 2 Nr. 5, Finanzunternehmen nach § 2 Nr. 6, Versicherungsunternehmen, Versicherungsvermittlern, Kapitalverwaltungsgesellschaften, Rechtsanwälten, Patentanwälten, Notaren, unverkammerten Rechtsbeiständen, Wirtschaftsprüfer, Steuerberater, Treuhänder, Immobilienmakler, Veranstalter und Vermittler von Glücksspielen bis hin zu Güterhändlern reicht (vgl. § 2 Abs. 1). Dabei bestehen die Verpflichtungen des § 6 zunächst unabhängig von der Frage, ob es sich um ein Unternehmen oder um eine Einzelperson handelt bzw. welche Art und welchen Umfang die ausgeübten Geschäfte haben.

Vormals bestand die Möglichkeit der Behörde, Ausnahmen von gesetzlichen 30 Verpflichtungen und Befreiungen im Einzelfall zuzulassen (vgl. § 9 Abs. 5 aF). Diese Möglichkeit besteht nun nicht mehr für alle Verpflichteten. Lediglich Veranstalter und Vermittler von Glücksspielen können sich durch Anordnung der zuständigen Behörde von der Verpflichtung zum Einsatz von Datenverarbeitungssystemen befreien lassen (vgl. Abs. 4).

Durch die im Hinblick auf die Verpflichtung zur Schaffung interner Sicherungs- 31 maßnahmen in § 6 Abs. 9 enthaltene Öffnungsklausel für den risikoorientierten Ansatz wird eine flexible Handhabung des Geldwäschegesetzes ermöglicht, die den individuellen Bedürfnissen der verschiedenen Adressaten des GwG in Abhängigkeit von der Art der Betriebenen Geschäfte und der Größe des jeweiligen Geschäftsbetriebes Rechnung trägt, und hilft Kosten einzusparen. Die nach § 50 zuständige Behörde kann die Ausgestaltung der Maßnahmen innerhalb der ihr eingeräumten Ermessensspielraumes in Anwendung des risikobasierten Ansatzes nach pflichtgemäßem Ermessen bestimmen.

Risikoangemessene Anwendung bedeutet, dass bestimmte Verpflichtete (Veranstalter und Vermittler von Glücksspielen) teilweise von Bestimmungen des § 6 befreit werden können, wenn diese ein lediglich geringes Risiko der Geldwäsche und Terrorismusfinanzierung aufweisen. Gleichzeitig bedeutet dies aber auch, dass ein Verpflichteter mit hohem Risiko für Geldwäsche und Terrorismusfinanzierung unter keinen Umständen von den Verpflichtungen des § 6 befreit werden darf.

Maßgebliches Kriterium für die Beurteilung durch die Aufsichtsbehörde ist neben der Art der von den Verpflichteten betriebenen Geschäfte auch die Größe des Geschäftsbetriebes und der Art der betriebenen Geschäfte (so bereits: Begr. RegE Geldwäschebekämpfungsgesetz, BT-Drs. 14/8739, 17).

Von der nach § 50 zuständigen Behörde im Rahmen der Entscheidung ebenfalls 32 zu berücksichtigen ist die Anfälligkeit der Geschäfte oder des Geschäftsbetriebs für einen Missbrauch zur Geldwäsche und Terrorismusfinanzierung, vgl. Abs. 9. Die vormals durch Art. 1 GwOptG aF vorgenommene Ergänzung steht im Kontext mit der von der FATF geäußerten Kritik an der damaligen Regelung in § 9 Abs. 4 aF GwG, wonach im Rahmen der Entscheidung, ob und in welchem Maße von internen Sicherungsmaßnahmen abgesehen werden kann, nicht mehr alleine auf die Größe des Geschäfts oder des Geschäftsbetriebs, sondern vor allem auf dessen Anfälligkeit für Geldwäsche und Terrorismusfinanzierung (BT-Drs. 17/6804, 34). Ausnahmen sollen nur möglich sein, wenn eine Risikobewertung im Einzelfall eine geringe Anfälligkeit für Geldwäsche und Terrorismusfinanzierung ergeben hat (BT-Drs. 17/6804, 34).

33 Zuständige Behörde iSv § 50 für die freien Berufe (Rechtsanwälte, Kammerrechtsbeistände, Steuerberater und Steuerbevollmächtigte) sind die regionalen Berufskammern, während Notare nach § 50 Nr. 5 der Aufsicht durch den jeweiligen Präsidenten des Landgerichts, in dessen Bezirk der Notar seinen Sitz hat, unterliegen. Zuständige Behörde für Veranstalter und Vermittler von Glücksspielen im Internet ist nach § 50 Nr. 8 die für die Erteilung der glücksspielrechtlichen Erlaubnis zuständige Behörde, soweit das Landesrecht nichts anderes bestimmt. Über die Einbindung der jeweiligen Bundesberufskammern wird sichergestellt, dass bestehende berufsspezifische Besonderheiten sachgerecht berücksichtigt und innerhalb einer Berufsgruppe bundesweit einheitliche Maßstäbe angewandt werden (BT-Drs. 16/9038, 44).

Die Anordnungsbefugnis aus § 6 Abs. 8 und 9 bezieht sich auf sämtliche Verpflichteten nach dem Geldwäschegesetz.

§ 7 Geldwäschebeauftragter

(1) **Verpflichtete nach § 2 Absatz 1 Nummer 1 bis 3, 6, 7, 9 und 15 haben einen Geldwäschebeauftragten auf Führungsebene sowie einen Stellvertreter zu bestellen. Der Geldwäschebeauftragte ist für die Einhaltung der geldwäscherechtlichen Vorschriften zuständig; die Verantwortung der Leitungsebene bleibt hiervon unberührt. Der Geldwäschebeauftragte ist der Geschäftsleitung unmittelbar nachgeordnet.**

(2) **Die Aufsichtsbehörde kann einen Verpflichteten von der Pflicht, einen Geldwäschebeauftragten zu bestellen, befreien, wenn sichergestellt ist, dass**
1. **die Gefahr von Informationsverlusten und -defiziten aufgrund arbeitsteiliger Unternehmensstruktur nicht besteht und**
2. **nach risikobasierter Bewertung anderweitige Vorkehrungen getroffen werden, um Geschäftsbeziehungen und Transaktionen zu verhindern, die mit Geldwäsche oder Terrorismusfinanzierung zusammenhängen.**

(3) **Die Aufsichtsbehörde kann anordnen, dass Verpflichtete nach § 2 Absatz 1 Nummer 4, 5, 8, 10 bis 14 und 16 einen Geldwäschebeauftragten zu bestellen haben, wenn sie dies für angemessen erachtet. Bei Verpflichteten nach § 2 Absatz 1 Nummer 16 soll die Anordnung erfolgen, wenn die Haupttätigkeit des Verpflichteten im Handel mit hochwertigen Gütern besteht.**

(4) **Die Verpflichteten haben der Aufsichtsbehörde die Bestellung des Geldwäschebeauftragten und seines Stellvertreters oder ihre Entpflichtung vorab anzuzeigen. Die Bestellung einer Person zum Geldwäschebeauftragten oder zu seinem Stellvertreter muss auf Verlangen der Aufsichtsbehörde widerrufen werden, wenn die Person nicht die erforderliche Qualifikation oder Zuverlässigkeit aufweist.**

(5) **Der Geldwäschebeauftragte muss seine Tätigkeit im Inland ausüben. Er muss Ansprechpartner sein für die Strafverfolgungsbehörden, für die für Aufklärung, Verhütung und Beseitigung von Gefahren zuständigen Behörden, für die Zentralstelle für Finanztransaktionsuntersuchungen und für die Aufsichtsbehörde in Bezug auf die Einhaltung der einschlägigen Vorschriften. Ihm sind ausreichende Befugnisse und die für**

eine ordnungsgemäße Durchführung seiner Funktion notwendigen Mittel einzuräumen. Insbesondere ist ihm ungehinderter Zugang zu sämtlichen Informationen, Daten, Aufzeichnungen und Systemen zu gewähren oder zu verschaffen, die im Rahmen der Erfüllung seiner Aufgaben von Bedeutung sein können. Der Geldwäschebeauftragte hat der Geschäftsleitung unmittelbar zu berichten. Soweit der Geldwäschebeauftragte die Erstattung einer Meldung nach § 43 Absatz 1 beabsichtigt oder ein Auskunftsersuchen der Zentralstelle für Finanztransaktionsuntersuchungen nach § 30 Absatz 3 beantwortet, unterliegt er nicht dem Direktionsrecht durch die Geschäftsleitung.

(6) Der Geldwäschebeauftragte darf Daten und Informationen ausschließlich zur Erfüllung seiner Aufgaben verwenden.

(7) Dem Geldwäschebeauftragten und dem Stellvertreter darf wegen der Erfüllung ihrer Aufgaben keine Benachteiligung im Beschäftigungsverhältnis entstehen. Die Kündigung des Arbeitsverhältnisses ist unzulässig, es sei denn, dass Tatsachen vorliegen, welche die verantwortliche Stelle zur Kündigung aus wichtigem Grund ohne Einhaltung einer Kündigungsfrist berechtigen. Nach der Abberufung als Geldwäschebeauftragter oder als Stellvertreter ist die Kündigung innerhalb eines Jahres nach der Beendigung der Bestellung unzulässig, es sei denn, dass die verantwortliche Stelle zur Kündigung aus wichtigem Grund ohne Einhaltung einer Kündigungsfrist berechtigt ist.

Übersicht

	Rn.
I. Allgemeines	1
II. Befreiung von der Pflicht zur Bestellung eines Geldwäschebeauftragten (Abs. 2)	7
III. Ermächtigung der Aufsichtsbehörden (Abs. 3)	9
IV. Bestellung und Entpflichtung (Abs. 4)	10
V. Pflichten, Kompetenzen und Ausstattung des Geldwäschebeauftragten (Abs. 5)	13
VI. Umgang mit Daten und Informationen (Abs. 6)	20
VII. Der Geldwäschebeauftragte als Arbeitnehmer (Abs. 7)	21

I. Allgemeines

Grundsätzlich sind gemäß § 7 Abs. 1 GwG sowohl Kreditinstitute, Finanzdienstleistungsinstitute und Zahlungs- und E-Geldinstitute als auch Finanzunternehmen nach § 1 Abs. 3 des KWG, Versicherungsunternehmen und Veranstalter und Vermittler von Glücksspielen verpflichtet, einen Geldwäschebeauftragten zu bestellen. Eine ähnliche Regelung hierzu fand sich schon vor der Gesetzesänderung am 26.6.2017 in § 9 Abs. 1 S. 1 GwG aF als auch in § 25g KWG speziell für Finanzunternehmen. Der Adressatenkreis hat sich erheblich erweitert. Vormals waren lediglich Finanzunternehmen iSv § 1 Abs. 3 KWG, Spielbanken sowie Veranstalter und Vermittler von Glücksspielen im Internet verpflichtet einen Geldwäschebeauftragten zu bestellen. Die Erweiterung des Adressatenkreises auf diese Verpflichteten hat den Hintergrund, dass dies dem Gesetzgeber notwendig erscheint, um vorher nicht erfasste gefährdete Bereiche zu erschließen und damit die Effektivität von

Geldwäsche- und Terrorismusfinanzierungsbekämpfung zu steigern (vgl. 4. EU-Geldwäscherichtlinie).

2 Die Bestellung eines Geldwäschebeauftragten verfolgt diese Effektivierung insoweit, als dass damit innerbetrieblich ein Ansprechpartner für die Aufsichts- und Strafverfolgungsbehörden bezüglich von Verdachtsfällen und geldwäsche- und terrorismusfinanzierungsrechtlich relevanten Fragestellungen vorhanden ist und dem Geldwäschebeauftragte die Aufgabe zugewiesen ist, innerhalb des Betriebes Maßnahmen zur Bekämpfung von Geldwäsche und Terrorismusfinanzierung zu koordinieren und risikobasiert auszugestalten (vgl. *Körner/Dach* Geldwäsche Rn. 148).

3 Der Geldwäschebeauftragte ist in seinen Handlungen weisungsunabhängig von der Geschäftsleitung, kann also trotz seiner Angestelltenstellung alle zur Verhinderung von Geldwäsche und Terrorismusfinanzierung notwendigen Entscheidungen und Maßnahmen treffen. Der Geldwäschebeauftragte ist bei Wahrnehmung seiner Tätigkeit berechtigt, im Zusammenhang mit Angelegenheiten der Geldwäsche- und der Terrorismusfinanzierung in seinem Unternehmen Weisungen zu erteilen. Dem Geldwäschebeauftragten obliegen insbesondere Entscheidungen im Zusammenhang mit der Bearbeitung und Erstattung von Verdachtsmeldungen, zum Erlass von unternehmensinternen Weisungen (Einzelanweisungen, Arbeitsanweisungen, Organisationsrichtlinien), sowie zur Stornierung von Transaktionen und der Kündigung der Geschäftsverbindung.

Durch eine Ergänzung des § 7 Abs. 2 S. 2 im Rahmen der Novellierung wird nun klargestellt, dass die Verantwortung der Leitungsebene für die Einhaltung geldwäscherechtlicher Vorschriften von der Bestellung des Geldwäschebeauftragten unberührt bleibt. Dies ist evident und ergibt sich bereits aus der Verpflichteteneigenschaft nach § 2 Abs. 1 GwG, die sich im Falle von Unternehmen an das Unternehmen als Ganzes richtet. Die mit Umsetzung der 4. EU-Geldwäscherichtlinie und Neufassung des § 7 GwG herausgehobene und gesetzlich stärker verankerte Stellung des Geldwäschebeauftragten ebenso wie seine in § 7 Abs. 1 S. 2 geregelte umfassende Zuständigkeit für die Einhaltung der geldwäscherechtlichen Vorschriften lassen die grundsätzliche Verantwortung der Geschäftsleitung unberührt. Der Geldwäschebeauftragte hat insofern nicht die Aufgabe, die Geschäftsleitung von Verantwortung zu entlasten.

4 Nach dem Wortlaut von § 7 Abs. 1 S. 3 GwG muss der Geldwäschebeauftragte der Geschäftsleitung unmittelbar nachgeordnet sein. Diese Formulierung bezieht sich nur auf die hierarchische Stellung der Position des Geldwäschebeauftragten im Unternehmen. Übt der Geldwäschebeauftragte weitere Tätigkeiten im Unternehmen aus, ist es ausreichend, wenn eine leitende Position unterhalb der Geschäftsleiterebene, jedoch nicht zwingend in der zweiten Hierarchieebene bekleidet wird. Letztlich ist die Stellung des Geldwäschebeauftragten innerhalb eines Unternehmens von dessen Größe und strukturellen Gegebenheiten abhängig.

5 Ist die Funktion des Geldwäschebeauftragten ausgelagert, ist es erforderlich, dass beim Verpflichteten eine Verbindungsperson für Fragen im Zusammenhang mit der ausgelagerten Funktion besteht, es muss sichergestellt sein, dass unmittelbar beim Insourcer Auskünfte eingeholt werden können (DK, Auslegungs- und Anwendungshinweise 2011, Tz. 85).

6 Der Verpflichtung kann auch durch die Bestellung eines Konzernbeauftragten nachgekommen werden (vgl. die Ausführungen im ZKA-Leitfaden zur Verhinderung der Geldwäsche, dort Rn. 95, zur Bestellung des Konzernbeauftragten). Hiernach ist die Bestellung eines einzigen Geldwäschebeauftragten für mehrere rechtlich selbstständige Tochterunternehmen als ausreichend zu betrachten.

II. Befreiung von der Pflicht zur Bestellung eines Geldwäschebeauftragten (Abs. 2)

Die Verpflichteten können jedoch nach Ermessen der Behörde von der Verpflichtung zur Bestellung eines Geldwäschebeauftragten befreit werden, wenn sichergestellt ist, dass keine Gefahr hinsichtlich eines Informationsverlustes oder -defizites im Hinblick auf geldwäscherechtlich relevante Daten und Informationen besteht und nach risikobasierter Bewertung anderweitige angemessene Vorkehrungen getroffen werden, um Geschäftsbeziehungen und Transaktionen zu verhindern, die mit Geldwäsche oder Terrorismusfinanzierung zusammenhängen.

Das Bestehen einer Gefahr hinsichtlich eines Informationsverlustes oder -defizites im Hinblick auf geldwäscherechtlich relevante Daten und Informationen kann grundsätzlich angenommen werden, wenn die innerbetrieblichen Strukturen derart komplex und vielschichtig sind, dass nur eine Person mit entsprechendem Sachverstand geldwäscherechtlich relevante Informationen zusammenführen und entsprechend darauf reagieren kann, sprich Maßnahmen für ein risikoangemessenes Risikomanagement treffen kann.

Ist der Betrieb des jeweiligen Verpflichteten, jedoch derart einfach und übersichtlich strukturiert, dass ein geldwäsche- oder terrorismusfinanzierungsrelevanter Sachverhalt nicht verborgen bleiben kann und ein Geldwäscherisiko nach risikobasierter Bewertung ohnehin als gering zu erachten ist, so ist eine konkrete Gefahr hinsichtlich eines Informationsverlustes oder -defizites im Hinblick auf geldwäscherechtlich relevante Daten und Informationen nicht erkennbar

Anderweitige Vorkehrungen, um Geschäftsbeziehungen und Transaktionen, die mit Geldwäsche oder Terrorismusfinanzierung zusammenhängen, zu verhindern, müssen mindestens genau so effektiv sein wie die Bestellung eines Geldwäschebeauftragten und die Bestellung eines ebensolchen egalisieren. Dies kann zB bei einem kleinen Betrieb durch hinreichende Sachkunde aller Mitarbeiter inklusive der Geschäftsführung der Verpflichteten angenommen werden.

III. Ermächtigung der Aufsichtsbehörden (Abs. 3)

Grundsätzlich sind die Verpflichteten iSv § 2 Nr. 4, 5, 8, 10–14 und 16 von der Bestellung eines Geldwäschebeauftragten freigestellt.

Mit der Gesetzesänderung vom 26.6.2017 können alle Verpflichteten nach § 2 Abs. 1 GwG nunmehr aber von der jeweils nach § 50 GwG zuständigen Aufsichtsbehörde per Anordnung angewiesen werden, einen Geldwäschebeauftragten zu bestellen, wenn die Behörde dies als angemessen erachtet. Bei der Entscheidung hat die Behörde einen Ermessensspielraum.

Für Verpflichtete gem. § 2 Nr. 16 soll dagegen aufgrund der höher zu bewertenden Risiken der Geldwäsche die Bestellung eines Geldwäschebeauftragten angeordnet werden, wenn die Haupttätigkeit im Handel mit hochwertigen Gütern besteht, vgl. § 7 Abs. 3 S. 2. Unter hochwertigen Gütern sind solche zu verstehen, die den Mindeststandard von Gütern gleicher Art übersteigen, also jedenfalls über einem Mittelwert vergleichbarer Güter liegen und in den Bereich von Luxusgütern übergehen, wie zB hochwertiger Schmuck, handangefertigte Uhren von Luxusmarken, Automobile der Oberklasse, antike Teppiche und Mobiliar, Kunstgegenstände usw.

IV. Bestellung und Entpflichtung (Abs. 4)

10 Die Bestellung und Abberufung des Geldwäschebeauftragten und seines Stellvertreters sind den Aufsichtsbehörden unverzüglich unter Angabe des Namens und des Datums sowie im Falle der Bestellung unter Beifügung von Angaben über die Sachkunde des Mitarbeiters (zB Übersicht über den beruflichen Werdegang) mitzuteilen, vgl. § 7 Abs. 4 GwG. Im Falle der Abberufung des Geldwäschebeauftragten sind die Gründe hierfür schriftlich gegenüber der nach § 50 zuständigen Aufsichtsbehörde darzulegen (vgl. DK, Auslegungs- und Anwendungshinweise 2011, Tz. 83; so auch BAKred Verlautbarung für Kreditinstitute v. 30.3.1998, Z 5-E100, Nr. 34). Aufgrund der zur Aufgabenerfüllung erforderlichen Sachkompetenz in den Bereichen der Geldwäscheverhinderung und der Verhinderung der Terrorismusfinanzierung müssen der Geldwäschebeauftragte wie auch ein Stellvertreter mit den einschlägigen gesetzlichen Vorschriften und den aufsichtsrechtlichen Anforderungen vertraut sein und zur Beurteilung verdächtiger Transaktionen und Geschäfte ebenfalls Kenntnisse der im Unternehmen durchgeführten wesentlichen Geschäfte, bzw. der Geschäftsbereiche haben (*Langweg* in Fülbier/Apfelbach/Langweg GwG § 14 Rn. 47 f.). Die an den Geldwäschebeauftragten zu stellenden Anforderungen erfüllen insbesondere im Hinblick auf etwaige zivilrechtliche Haftungsrisiken im Zusammenhang mit der Erstattung von Geldwäscheverdachtsmeldungen aber auch einer möglichen Haftung des Geldwäschebeauftragten ebenfalls ein erhebliches Maß an Sach- und Führungskompetenz. Gem. § 9 Abs. 2 Nr. 2 OWiG ist ein Gesetz, nach dem besondere persönliche Merkmale die Möglichkeit der Ahndung begründen, auch auf den Beauftragten anzuwenden, wenn diese Merkmale zwar nicht bei ihm, aber bei dem Inhaber des Betriebes vorliegen. Voraussetzung ist, dass der Beauftragte ausdrücklich dazu beauftragt wurde, in eigener Verantwortung Aufgaben wahrzunehmen, die dem Inhaber des Betriebes oblägen und der Beauftragte aufgrund dieses Auftrages handelte.

11 Die Entscheidung über die Bestellung einer Person zum Geldwäschebeauftragten liegt grundsätzlich bei den Verpflichteten, jedoch hat sich die sachliche und die personelle Ausstattung der Funktion des Geldwäschebeauftragten an der Größe, am Geschäftsmodell sowie der abstrakten Risikosituation des jeweiligen Verpflichteten und den daraus resultierenden Aufgaben des Geldwäschebeauftragten zu orientieren, um eine hinreichende Wahrnehmung seiner Aufgaben sicherzustellen (DK, Auslegungs- und Anwendungshinweise 2011, Tz. 83; so auch BAKred, Verlautbarung für Kreditinstitute v. 30.3.1998, Z 5-E100, Nr. 36 Abs. 2). Die Ausübung weiterer Funktionen neben der Stellung als Geldwäschebeauftragter, bzw. die Wahrnehmung weiterer Verantwortungsbereiche im Unternehmen stehen der Tätigkeit als Geldwäschebeauftragter grundsätzlich nicht entgegen; jedoch dürfen weitere Funktionen die Tätigkeit des Geldwäschebeauftragten nicht beeinträchtigen (BAKred, Verlautbarung für Kreditinstitute v. 30.3.1998, Z 5-E100, Nr. 36 Abs. 2).

12 Zu beachten ist hier der Grundsatz der Funktionstrennung (vgl. ZKA, Leitfaden zur Bekämpfung von Geldwäsche, dort Rn. 96). Demnach sollten Vorstandsmitglieder oder Geschäftsleiter grundsätzlich nicht zum Geldwäschebeauftragten bestellt werden, da hier zu erwarten ist, dass diese aufgrund anderweitiger Verpflichtungen der Funktion als Geldwäschebeauftragter nicht hinreichend nachkommen können (vgl. BAKred, Schreiben v. 9.2.1994 zur Bestellung von Geschäftsleitern eines Kreditinstitutes zu leitenden Personen iSd § 14 Abs. 2 Nr. 1 GwG, I 5 – B210; BAKred Schreiben v. 3.6.1994 Abs. 4). Eine Ausnahme gilt lediglich für kleinere Betriebe, bei denen keine für die Aufgabenstellung als Geldwäschebeauftragter geeigneten Mitarbeiter vorhanden sind, bzw. bei Spezialbetrieben mit geringer Geldwäscheanfälligkeit (DK, Auslegungs- und Anwendungshinweise 2011, Tz. 85; so auch bereits BAKred, Schreiben v. 9.2.1994 zur Bestellung von Geschäftsleitern eines Kreditinstituts zu leitenden Personen iSd § 14 Abs. 2 Nr. 1 GwG, I 5 – B210).

V. Pflichten, Kompetenzen und Ausstattung des Geldwäschebeauftragten (Abs. 5)

Der Geldwäschebeauftragte ist für die Implementierung und Überwachung der 13 Einhaltung sämtlicher geldwäscherelevanter Vorschriften im Unternehmen zuständig. Neben dem GwG selbst betrifft dies insbesondere Vorschriften des KWG, des VAG, des ZAG, der AO, einschlägige Verwaltungsvorschriften der Aufsichtsbehörden, sowie EU-Vorgaben mit Geldwäscherelevanz wie die EU-GeldtransferVO. Der Geldwäschebeauftragte muss mit sämtlichen Angelegenheiten zur Geldwäscheprävention befasst sein (st. bisherige Verwaltungspraxis der BaFin, s. berichtigt frühere Verlautbarung der BAKred, Verlautbarung v. 30.3.1998, Z 5-E100, Nr. 34, Abs. 4, 5). Er ist ferner Ansprechpartner für die Mitarbeiter des Unternehmens, sowie für Aufsichts- und Ermittlungsbehörden. Für die Allzuständigkeit des Geldwäschebeauftragten für die Verhinderung von Geldwäsche in seinem Unternehmen, *Findeisen* WM 2000, 1234. Mit der Ausweitung der internen Sicherungsmaßnahmen nach § 9 Abs. 1 aF GwG auf den Bereich der Terrorismusfinanzierung ist der Geldwäschebeauftragte zugleich auch Ansprechpartner in sämtlichen Fällen der Terrorismusfinanzierung; gleichwohl wird der Begriff des Geldwäschebeauftragten beibehalten (BT-Drs. 16/9038).

Der Geldwäschebeauftragte ist verpflichtet, seine Tätigkeit für einen der Ver- 14 pflichteten im Inland auszuüben. Er muss sich also während seiner Arbeitszeit in der Bundesrepublik Deutschland aufhalten. Dies bedeutet jedoch nicht, dass er deutscher Staatsbürger sein muss oder seinen permanenten Wohnsitz in der Bundesrepublik haben muss (vgl. Abs. 5 S. 1).

Als Ansprechpartner für die Strafverfolgungsbehörden und die FIU benötigt der 15 Geldwäschebeauftragte Zugang zu allen notwendigen Daten und Informationen, um seinen Pflichten diesen gegenüber gerecht zu werden. Die Verpflichteten müssen dem Geldwäschebeauftragen deshalb alle zur Erfüllung dieser Pflicht erforderlichen Mittel zur Verfügung stellen und sicherstellen, dass der Pflichterfüllung keine Hindernisse entgegenstehen (vgl. Abs. 5 S. 2–4).

Deshalb ist dem Geldwäschebeauftragten ungehinderter Zugang zu sämtlichen für seine Tätigkeit relevanten Informationen sowie ein uneingeschränktes Auskunfts-, Einsichts-, und Zugangsrecht zu sämtlichen Räumlichkeiten und Unterlagen, Aufzeichnungen, IT-Systemen sowie weiteren Informationen, die für die Ermittlung relevanter Sachverhalte erforderlich sind zu gewähren, vgl. § 7 Abs. 5 S. 3 GwG.

Für die Funktion des Geldwäschebeauftragten sind angemessene Mittel bereit- 16 zuhalten. Ist eine Kürzung der Mittel beabsichtigt, ist dies schriftlich von der Geschäftsleitung des Verpflichteten zu begründen; soweit vorhanden ist das Aufsichtsorgan über die Kürzungen zu informieren (DK, Auslegungs- und Anwendungshinweise 2011, Tz. 83).

17 Informationen, die für den Geldwäschebeauftragten von Bedeutung sein könnten, sind all jene die Hinweise auf Transaktionen geben können, die in Verbindung mit Geldwäsche oder Terrorismusfinanzierung stehen. Dies sind insbesondere Aufzeichnungen und Dokumente die Aufschluss über die geografischen, kundenbezogenen sowie des produkt-, dienstleistungs-, transaktions- und vertriebskanalbezogenen Risiken geben können.

18 Im Rahmen der Erfüllung seiner Aufgaben ist der Geldwäschebeauftragte seinen Mitarbeitern gegenüber weisungsbefugt; insbesondere dürfen Mitarbeiter die Herausgabe von Unterlagen oder die Erteilung von für die Verhinderung von Geldwäsche und Terrorismusfinanzierung relevanter Auskünfte nicht verweigern (vgl. DK, Auslegungs- und Anwendungshinweise 2011, Tz. 85).

19 Weiterhin hat der Geldwäschebeauftragte der Geschäftsleitung von den Ergebnissen und Befunden seiner Tätigkeit zu berichten. Er ist nach Abs. 5 S. 5 insbesondere dazu verpflichtet, diese darüber zu informieren, welche Maßnahmen und Entscheidungen er zur Verhinderung der Geldwäsche und Terrorismusfinanzierung in dem Betrieb oder Konzern der Verpflichteten getroffen hat. Damit hat die Geschäftsleitung trotz der Eigenständigkeit des Geldwäschebeauftragten eine Kontrolle über dessen Tätigkeit und kann entsprechende Maßnahmen treffen, wenn der Geldwäschebeauftragte pflichtwidrig handeln sollte. Es ist schließlich nicht gewollt, dass der Geldwäschebeauftragte ohne jeglichen Kontrollmechanismus in seiner Position arbeitet. Letztlich dient auch dies der Verhinderung von Geldwäsche und Terrorismusfinanzierung durch Missbrauch einer solchen Position.

VI. Umgang mit Daten und Informationen (Abs. 6)

20 Der Geldwäschebeauftragte ist nicht befugt, Daten und Informationen über die ihm gesetzlich auferlegten Aufgaben hinaus zu verwenden (s. Abs. 6). Personen- oder kundenbezogene Daten dürfen gemäß § 11a GwG ausschließlich zum Zwecke der Verhinderung von Geldwäsche und Terrorismusfinanzierung verwendet werden.

Ein wirksames Risikomanagement erfordert eine erhebliche Vorratsdatenspeicherung und zur effektiven Verhinderung von Geldwäsche und Terrorismusfinanzierung auch eine Verarbeitung dieser Daten ohne Wissen des Betroffenen. Unter datenschutzrechtlichen Gesichtspunkten ist dies äußerst kritisch zu beurteilen. Gleichzeitig stellt die Prävention von Geldwäsche und Terrorismusfinanzierung ein Gut von erheblich höherem öffentlichem Interesse als die datenschutzrechtliche Betroffenheit des Einzelnen dar. Gleichwohl müssen der Geldwäschebeauftragte und Verpflichteter dafür Sorge tragen, dass nach sorgfältiger Abwägung vorgegangen wird, dass die individuellen Daten der Betroffenen sensibel behandelt werden und entsprechend geschützt werden.

Datenbanken müssen derart geschützt sein, dass ein Eingriff von außen nicht möglich ist. Auch müssen Maßnahmen getroffen werden, um einem Missbrauch von Daten (zB zu Werbezwecken) vorzubeugen.

VII. Der Geldwäschebeauftragte als Arbeitnehmer (Abs. 7)

Gemäß Abs. 7 darf dem Geldwäschebeauftragten und seinem Stellvertreter aufgrund der Erfüllung seiner Aufgaben kein Nachteil im Beschäftigungsverhältnis entstehen. Dies insbesondere auch dann nicht, wenn der Geldwäschebeauftragte Verdachtsmeldungen abgibt, welche einen wirtschaftlichen Nachteil für den Verpflichteten nach sich ziehen, wie beispielsweise die Beendigung einer Geschäftsbeziehung. Die Einhaltung gesetzlicher Vorschriften darf unabhängig von den wirtschaftlichen Folgen für die Verpflichteten nicht durch Schlechterstellung des Geldwäschebeauftragten sanktioniert werden.

Auch darf dem Geldwäschebeauftragten und seinem Stellvertreter nur dann gekündigt werden, wenn ein wichtiger Grund vorliegt, der Arbeitnehmer sich also treuwidrig verhält. Zunächst muss hier festgestellt werden, dass der Begriff des wichtigen Grundes fallbezogen auszulegen ist, dass es jedoch typische Situationen gibt, die nach der gefestigten Rechtsprechung der Arbeitsgerichte einen ebensolchen darstellen können. Hierzu zählen: strafbare Handlungen (ua auch Diebstahl und ggf. Unterschlagung von Sachen mit nur geringem Wert), beharrliche Arbeitsverweigerung, unbefugtes/unentschuldigtes Fernbleiben von der Arbeit, unerlaubte Handlungen gegen den Arbeitgeber, grobe Beleidigungen gegen den Arbeitgeber oder Dienstvorgesetzte bzw. Arbeitskollegen, Tätlichkeiten gegen Arbeitskollegen oder den Arbeitgeber selbst, Vortäuschen einer etwaigen Arbeitsunfähigkeit etc (so auch *Reinartz* in MAH ArbR § 44 Rn. 10).

Zwar kann auch das Anzeigen des Arbeitgebers bei den Behörden als treuwidriges Verhalten gewertet werden, ist aber gerade im Fall der Pflichtwahrnehmung des Geldwäschebeauftragten explizit vom Gesetzgeber so gewollt und kann deshalb keinen wichtigen Grund zur fristlosen Kündigung darstellen (vgl. *Reinartz* in MAH ArbR § 44 Rn. 10).

Im Falle des Geldwäschebeauftragten können wichtige Kündigungsgründe neben oben genannten unter Anderem das Unterlassen von Verdachtsanzeigen zur Verschleierung von Geldwäsche oder Terrorismusfinanzierung oder ein sonstiger erheblicher Missbrauch seiner Position in diesem Kontext sein.

Wenn ein Geldwäschebeauftragter abberufen wird, so wirkt der besondere Kündigungsschutz fort. Dies bedeutet auch, dass der Geldwäschebeauftragte nach Abberufung ein Jahr nach Beendigung der Bestellung nach wie vor das volle Gehalt ausbezahlt bekommen muss. Für den abberufenen Geldwäschebeauftragten bedeutet dies, dass er bis zum Ablauf der Kündigungsfrist von einem Jahr nach wie vor in seinem Arbeitsverhältnis zum Verpflichteten geschützt ist. Eine Abberufung als Geldwäschebeauftragter beendigt auch nicht automatisch das Arbeitsverhältnis, wenn der Arbeitnehmer noch andere Tätigkeiten bei dem Verpflichteten ausführt.

§ 8 Aufzeichnungs- und Aufbewahrungspflicht

(1) Vom Verpflichteten aufzuzeichnen und aufzubewahren sind
1. die im Rahmen der Erfüllung der Sorgfaltspflichten erhobenen Angaben und eingeholten Informationen
   a) über die Vertragspartner, die Vertragsparteien des Kaufgegenstandes nach § 11 Absatz 2 und gegebenenfalls über die für die Vertragspartner oder die Vertragsparteien des Kaufgegenstandes auftretenden Personen und wirtschaftlich Berechtigten,
   b) über Geschäftsbeziehungen und Transaktionen, insbesondere Transaktionsbelege, soweit sie für die Untersuchung von Transaktionen erforderlich sein können,
2. hinreichende Informationen über die Durchführung und über die Ergebnisse der Risikobewertung nach § 10 Absatz 2, § 14 Absatz 1 und § 15 Absatz 2 und über die Angemessenheit der auf Grundlage dieser Ergebnisse ergriffenen Maßnahmen,
3. die Ergebnisse der Untersuchung nach § 15 Absatz 5 Nummer 1 und
4. die Erwägungsgründe und eine nachvollziehbare Begründung des Bewertungsergebnisses eines Sachverhalts hinsichtlich der Meldepflicht nach § 43 Absatz 1.

Die Aufzeichnungen nach Satz 1 Nummer 1 Buchstabe a schließen Aufzeichnungen über die getroffenen Maßnahmen zur Ermittlung des wirtschaftlich Berechtigten sowie die Dokumentation der Eigentums- und Kontrollstruktur nach § 11 Absatz 5a Satz 1 ein. Bei Personen, die nach § 3 Absatz 2 Satz 5 als wirtschaftlich Berechtigte gelten, sind zudem die Maßnahmen zur Überprüfung der Identität nach § 11 Absatz 5 und etwaige Schwierigkeiten, die während des Überprüfungsvorgangs aufgetreten sind, aufzuzeichnen.

(2) Zur Erfüllung der Pflicht nach Absatz 1 Satz 1 Nummer 1 Buchstabe a sind in den Fällen des § 12 Absatz 1 Satz 1 Nummer 1 auch die Art, die Nummer und die Behörde, die das zur Überprüfung der Identität vorgelegte Dokument ausgestellt hat, aufzuzeichnen. Soweit zur Überprüfung der Identität einer natürlichen Person Dokumente nach § 12 Absatz 1 Satz 1 Nummer 1, 4 oder 5 oder zur Überprüfung der Identität einer juristischen Person Unterlagen nach § 12 Absatz 2 vorgelegt werden oder soweit Dokumente, die aufgrund einer Rechtsverordnung nach § 12 Absatz 3 bestimmt sind, vorgelegt oder herangezogen werden, haben die Verpflichteten das Recht und die Pflicht, Kopien dieser Dokumente oder Unterlagen anzufertigen oder sie optisch digitalisiert zu erfassen oder, bei einem Vor-Ort-Auslesen nach § 18a des Personalausweisgesetzes, nach § 78 Absatz 5 Satz 2 des Aufenthaltsgesetzes oder nach § 13 des eID-Karte-Gesetzes, das dienste- und kartenspezifische Kennzeichen sowie die Tatsache aufzuzeichnen, dass die Daten im Wege des Vor-Ort-Auslesens übernommen wurden. Diese gelten als Aufzeichnung im Sinne des Satzes 1. Die Aufzeichnungs- und Aufbewahrungspflicht nach Absatz 1 Satz 1 Nummer 1 Buchstabe a umfasst auch die zur Erfüllung geldwäscherechtlicher Sorgfaltspflichten angefertigten Aufzeichnungen von Video- und Tonaufnahmen. Wird nach § 11 Absatz 3 Satz 1 von einer erneuten Identifizierung abgesehen, so sind der Name des zu Identifizierenden und

Aufzeichnungs- und Aufbewahrungspflicht **§ 8**

der Umstand, dass er bei früherer Gelegenheit identifiziert worden ist, aufzuzeichnen. Im Fall des § 12 Absatz 1 Satz 1 Nummer 2 ist anstelle der Art, der Nummer und der Behörde, die das zur Überprüfung der Identität vorgelegte Dokument ausgestellt hat, das dienste- und kartenspezifische Kennzeichen und die Tatsache, dass die Prüfung anhand eines elektronischen Identitätsnachweises erfolgt ist, aufzuzeichnen. Bei der Überprüfung der Identität anhand einer qualifizierten Signatur nach § 12 Absatz 1 Satz 1 Nummer 3 ist auch deren Validierung aufzuzeichnen. Bei Einholung von Angaben und Informationen durch Einsichtnahme in elektronisch geführte Register oder Verzeichnisse gemäß § 12 Absatz 2 gilt die Anfertigung eines Ausdrucks als Aufzeichnung der darin enthaltenen Angaben oder Informationen.

(3) Die Aufzeichnungen können auch digital auf einem Datenträger gespeichert werden. Die Verpflichteten müssen sicherstellen, dass die gespeicherten Daten
1. mit den festgestellten Angaben und Informationen übereinstimmen,
2. während der Dauer der Aufbewahrungsfrist verfügbar sind und
3. jederzeit innerhalb einer angemessenen Frist lesbar gemacht werden können.

(4) Die Aufzeichnungen und sonstigen Belege nach den Absätzen 1 bis 3 sind fünf Jahre aufzubewahren, soweit nicht andere gesetzliche Bestimmungen über Aufzeichnungs- und Aufbewahrungspflichten eine längere Frist vorsehen. In jedem Fall sind die Aufzeichnungen und sonstigen Belege spätestens nach Ablauf von zehn Jahren zu vernichten. Die Aufbewahrungsfrist im Fall des § 10 Absatz 3 Satz 1 Nummer 1 beginnt mit dem Schluss des Kalenderjahres, in dem die Geschäftsbeziehung endet. In den übrigen Fällen beginnt sie mit dem Schluss des Kalenderjahres, in dem die jeweilige Angabe festgestellt worden ist.

(5) Soweit aufzubewahrende Unterlagen einer öffentlichen Stelle vorzulegen sind, gilt für die Lesbarmachung der Unterlagen § 147 Absatz 5 der Abgabenordnung entsprechend.

Übersicht

	Rn.
I. Allgemeines	1
1. Umfang der Novellierung	1
2. Ratio der Aufbewahrungspflicht	2
3. Anwendungsbereich	4
4. Umfang der Aufzeichnungspflicht	5
II. Art der Aufzeichnung von Identitätsnachweisen des Vertragspartners, für diesen auftretender Personen oder wirtschaftlich Berechtigter (Abs. 2)	10
III. Digitale Speicherung (Abs. 3)	13
IV. Aufbewahrungsfrist und Vernichtung (Abs. 4)	18
V. Vorlage bei einer öffentlichen Stelle (Abs. 5)	20

§ 8

I. Allgemeines

1. Umfang der Novellierung

1   Durch das Änderungsgesetz zur Umsetzung der 5. Geldwäscherichtlinie sind in der Regelung des § 8 zahlreiche präzisierende und ergänzende Veränderungen vorgenommen worden; zum Teil handelt es sich auch um die Beseitigung redaktioneller Versehen und Klarstellungen.

Die **Änderung des § 8 Abs. 1 S. 1a**) ergibt sich aus der Veränderung der Regelung in § 11, der zufolge der Kreis der durch den Immobilienmakler zu identifizierenden Personen in § 11 Abs. 2 über den eigenen Vertragspartner hinaus die Vertragsparteien des Kaufgegenstandes sowie gegebenenfalls für diese auftretende Personen und wirtschaftlich Berechtigte erfasst.

Eine erweiternde Klarstellung wurde auch durch **§ 8 Abs. 1 S. 2** vorgenommen: es geht nicht nur um den wirtschaftlich Berechtigten einer juristischen Person, sondern unter allen Gestaltungen. Die Pflichten zur Ermittlung des wirtschaftlich Berechtigten gelten unabhängig von der Rechtsnatur des Vertragspartners. Es sind eben nicht nur juristische Personen, sondern auch eingetragene Personengesellschaften und andere Vertragspartner wie etwa Trusts und nicht rechtsfähige Stiftungen erfasst.

Weiterhin ist in **§ 8 Abs. 1 S. 2** nunmehr geregelt, dass sich die Aufzeichnungspflicht darauf erstreckt, wie die Eigentums- und Kontrollstruktur des Vertragspartners nach § 10 Abs. 1 Nr. 2 mit angemessenen Mitteln in Erfahrung gebracht worden ist.

§ 8 Abs. 1 S. 3 unterstreicht diesen Kontrollansatz weiter. Der neue § 8 Abs. 1 S. 3 dient der Umsetzung des Art. 1 Nr. 8 Buchst. b der Änderungsrichtlinie. Dort ist in S. 2 bestimmt, dass bei den Angehörigen der Führungsebene (also bei den sog. fiktiven wirtschaftlich Berechtigten nach § 3 Abs. 2 S. 5) die Maßnahmen aufgezeichnet werden müssen, die zur Überprüfung der Identität ergriffen wurden, sowie während des Überprüfungsvorgangs aufgetretene Schwierigkeiten.

Mit der Anpassung des Verweises in **§ 8 Abs. 2 S. 2** auf § 12 Abs. 1 S. 1 Nr. 1, 4 oder 5 wird durch die Neufassung wird ein redaktionelles Versehen behoben

Die im Weiteren in § 8 Abs. 2 getroffenen Regelungen tragen neuen Möglichkeiten der Identifikation unter den Bedingungen der Digitalisierung Rechnung. Die Neufassung im letzten Halbsatz bedeutet, dass bei einer vor Ort erfolgenden Identifizierung anhand eines Ausweisdokuments nach § 12 Abs. 1 Nr. 1 die zu erhebenden Personendaten auch im Wege eines Vor-Ort-Auslesens nach § 18a des Personalausweisgesetzes bzw. nach § 78 Abs. 5 S. 2 des Aufenthaltsgesetzes oder § 13 des eID-Karte-Gesetzes aufgezeichnet werden dürfen. Die Identifizierung erfolgt dabei allerdings weiterhin über den Lichtbildabgleich mit einem nach § 12 Abs. 1 Nr. 1 zulässigen Ausweisdokument, also etwa dem deutschen Personalausweis. Was diesen ersten Identifizierungsschritt angeht, genügt die Vorlage eines elektronischen Aufenthaltstitels oder einer eID-Karte für Unionsbürger nicht. Die **Erweiterung des § 8 Abs. 2 S. 2** bewirkt lediglich, dass die *sich anschließende* Aufzeichnung der Personendaten im Wege des Vor-Ort-Auslesens erfolgen darf.

Die Einfügung des neuen **§ 8 Abs. 2 S. 4** dient der Klarstellung, dass die Aufzeichnungspflichten auch die im Rahmen des Einsatzes neuer Technologien erstellten Video- und Tonspuren, wie insbesondere bei dem mit dem Rundschreiben

3/2017 der Bundesanstalt für Finanzdienstleistungsaufsicht zugelassenen Videoidentifizierungsverfahren, erstrecken.

Durch die Neuregelung des § 8 Abs. 4 ist eine Flexibilisierung der Aufbewahrungspflichten erfolgt, wobei die Richtlinienvorgabe von mindestens 5 Jahren beibehalten wird. Die von den Verpflichteten aufzubewahrenden Aufzeichnungen und Belege unterliegen teilweise unterschiedlichen Aufbewahrungsfristen zwischen fünf und zehn Jahren nach dem Geldwäschegesetz, der Abgabenordnung (AO) und dem Handelsgesetzbuch (HGB). In der Praxis unterliegen dadurch zum Teil Daten in einheitlichen Vorgängen (wie einem Kontovertrag) unterschiedlichen Aufbewahrungsfristen und Löschanordnungen. Durch die Flexibilisierung der Aufbewahrungsfrist auf einen Zeitraum zwischen mindestens 5 und höchstens 10 Jahren wird die Aufbewahrung in der Praxis erleichtert. Dem stehen auch die Anforderungen von Art. 1 Nr. 25 der Änderungsrichtlinie nicht entgegen. Wie bisher stellt auch der neu formulierte § 8 Abs. 4 S. 1 klar, dass andere gesetzliche Bestimmungen über Aufzeichnungs- und Aufbewahrungspflichten der Verpflichtung zur Vernichtung nach S. 2 entgegenstehen können.

2. Ratio der Aufbewahrungspflicht

Nach § 8 Abs. 1 GwG haben die Verpflichteten Informationen und Angaben, 2 die sie im Rahmen der Erfüllung ihrer Sorgfaltspflichten über Vertragspartner, für diesen auftretende Personen und wirtschaftlich Berechtigte sowie über Geschäftsbeziehungen oder Transaktionen eingeholt oder erhoben haben, aufzuzeichnen und aufzubewahren.

Ebenso aufzuzeichnen und aufzubewahren sind Informationen über die Durchführung und die Bewertung einer Risikobewertung, sowie der Angemessenheit der daraufhin ergriffenen Maßnahmen (Abs. 1 Nr. 2); die Ergebnisse der Untersuchung einer besonders komplexen, großen, ungewöhnlichen oder offensichtlich ohne wirtschaftlichen oder rechtmäßigen Zweck erfolgten Transaktion (Abs. 1 Nr. 3); sowie die Erwägungsgründe und der nachvollziehbaren Begründung hinsichtlich der Bewertung eines Sachverhalts mit Blick auf die Meldepflicht nach § 43 Abs. 1 GwG (Abs. 1 Nr. 4). In ähnlicher Fassung hat die Vorschrift bereits in § 8 GwG aF existiert.

Im Amtsblatt der Europäischen Union zur Begründung der 4. Geldwäschericht- 3 linie vom 5.6.2015 heißt es, dass die Aufzeichnungs- und Aufbewahrungspflicht eine grundlegende Voraussetzung für das Aufspüren von Straftätern unter den wirtschaftlich Berechtigten ist. Das Aufzeichnen der Identität der natürlichen Person, die hinter der Gesellschaft steckt, verhindert, dass diese sich letztlich hinter der Gesellschaftsstruktur verstecken kann. Die aufzuzeichnenden Informationen sind deshalb neben den grundlegenden Informationen zu der Gesellschaft bzw. dem jeweiligen Vertragspartner auch immer aktuelle, angemessene und präzise Informationen über den wirtschaftlichen Eigentümer. die Aufschluss über dessen Identität geben (vgl. ABl. 2015 L 141, 75 Rn. 14).

3. Anwendungsbereich

Die Aufzeichnungspflicht nach Abs. 1 Nr. 1–4 entsteht im Falle der Begründung 4 einer Geschäftsbeziehung, im Falle der Durchführung einer außerhalb einer bestehenden Geschäftsbeziehung anfallenden Transaktion im Wert von 10.000 EUR oder mehr, wobei dies auch gilt, wenn mehrere Transaktionen durchgeführt werden, die zusammen einen Betrag im Wert von 10.000 EUR oder mehr ausmachen, sofern tatsächliche Anhaltspunkte dafür vorliegen, dass zwischen ihnen eine Verbindung besteht, bzw. der Durchführung eines außerhalb einer bestehenden Geschäftsbeziehung anfallenden Geldtransfers iSv Art. 2 Nr. 7 GeldtransferVO mit einem Betrag von 1.000 EUR oder mehr, bei Verdachtsfällen, die eine Meldung nach § 43 Abs. 1 nach sich ziehen müssen (Vorliegen von Tatsachen, die darauf hindeuten, dass es sich bei Vermögenswerten, die mit einer Transaktion oder Geschäftsbeziehung in Zusammenhang stehen, um den Gegenstand einer Straftat nach § 261 StGB handelt oder die Vermögenswerte im Zusammenhang mit Terrorismusfinanzierung stehen), sowie im Falle von Zweifeln, ob die erhobenen Angaben zu der Identität des Vertragspartners oder des wirtschaftlich Berechtigten zutreffend sind und wenn Maßnahmen in Bezug auf ein wirksames Risikomanagement getroffen werden.

Adressaten dieser Regelung sind grundsätzlich alle Verpflichteten.

4. Umfang der Aufzeichnungspflicht

5 Die Aufzeichnungspflicht nach Abs. 1 erstreckt sich auf alle im Rahmen eines wirksamen Risikomanagements (§ 4) erhobenen Angaben und eingeholten Informationen über Vertragspartner, wirtschaftlich Berechtigte, Geschäftsbeziehungen und Transaktionen (insbesondere Angaben im Zusammenhang mit den formellen und materiellen Identifizierungspflichten), sowie über den Zweck und die angestrebte Art der Geschäftsbeziehung eingeholte, bzw. aus der kontinuierlichen Überwachung der Geschäftsbeziehung resultierenden Informationen; sowie im Zuge dessen getroffene Maßnahmen, Untersuchungen und mit der Gesetzesänderung vom 25.6.2017 auch Verdachtsmeldungen bzw. eine fundierte Begründung und Evaluierung des Sachverhalts bei Nichtvornahme solcher Meldungen. Dies setzt die bereits seit 1998 bestehende Auffassung des BAKred/der BaFin um, die Aufzeichnungs- und Aufbewahrungspflichten seien auf Verdachtsmeldungen zu erstrecken (so schon BAKred, Verlautbarung für Kreditinstitute v. 30.3.1998, Z 5 – E100, Nr. 25).

6 Die bei der Identifizierung von natürlichen Personen zur Feststellung der Identität des Vertragspartners erhobenen Angaben zu Namen, Geburtsort, Geburtsdatum, Staatsangehörigkeit und Anschrift sind aufzuzeichnen.

7 Relevant in Bezug auf die Aufzeichnung von Informationen über Transaktionen und Geschäftsbeziehungen sind vor allem die Informationen aus denen sich das geldwäsche- und terrorismusfinanzierungsrelevante Risiko ableiten lässt. Hierzu zählen vor allem die Höhe der transferierten Geldbeträge sowie das Transaktionsdatum bzw. den Beginn und das Ende der Geschäftsbeziehung sowie ggf. Kontodaten und geografisches Ziel der Transaktion (vgl. *Fiedler/Krumma/Andreas* Das Geldwäscherisiko verschiedener Glücksspielarten, S. 38).

8 Die Aufzeichnungspflicht entsteht unmittelbar im Anschluss an die getroffenen Feststellungen und ist grundsätzlich so durchzuführen, dass eine zweifelsfreie Zuordnung zu einem bestimmten Geschäftsvorgang durch Dritte gewährleistet ist (BGH ZIP 1997, 1832).

9 Soweit ein Tafelgeschäft im „klassischen" Sinne vorliegt, dass im Verfahren „Zug um Zug" mittels Verkauf und Lieferung bzw. Ankauf gegen sofortige Bezahlung abgewickelt wird, ist eine ausreichende Dokumentation iSv Abs. 1 ebenfalls nur dann anzunehmen wenn eine zweifelsfreie Zuordnung zwischen dem jeweiligen Tafelbeleg und den zugehörigen Identifizierungsunterlagen möglich ist (BAKred, Verlautbarung für Kreditinstitute v. 30.3.1998, Z 5-E100, Nr. 22).

II. Art der Aufzeichnung von Identitätsnachweisen des Vertragspartners, für diesen auftretender Personen oder wirtschaftlich Berechtigter (Abs. 2)

Die Aufzeichnungspflichten erstrecken sich bei Vertragspartnern, für diesen auftretende natürliche Personen oder wirtschaftlich Berechtigten auch darauf, die Identifizierung anhand eines gültigen amtlichen Ausweises, der ein Lichtbild des Inhabers enthält und mit dem die Pass- und Ausweispflicht im Inland erfüllt wird, insbesondere anhand eines inländischen oder nach ausländerrechtlichen Bestimmungen anerkannten oder zugelassenen Passes, Personalausweises oder Pass- oder Ausweisersatzes, vorzunehmen (vgl. § 12 Abs. 1 Nr. 1 GwG). 10

Von diesen müssen die Verpflichteten Kopien anfertigen oder die Identifizierungsdokumente einscannen, um die Inhalte der getroffenen Feststellungen dauerhaft zu sichern. Mit Abs. 2 S. 3 wird eindeutig klargestellt, dass die Kopie oder der Scan eines amtlichen Ausweises als Aufzeichnung der darin enthaltenen Angaben gilt. Datenschutzrechtliche Bedenken im Hinblick auf die Anfertigung von Fotokopien der zur Identifizierung herangezogenen Ausweisdokumente ergeben sich lediglich insoweit, als Teile der Ausweisdokumente fotokopiert werden, welche über die gesetzlich zur Identifizierung geforderten Angaben hinausreichende Informationen enthalten (BT-Drs. 14/9043, 9f.).

Einer ausdrücklichen Einwilligung des Kunden zur Anfertigung einer Fotokopie bedarf es nicht, das Einverständnis kann ebenfalls konkludent, etwa durch die Übergabe des Dokumentes, erfolgen.

Gleiches gilt für elektronische Identitätsnachweise nach § 18 Personalausweisgesetz, qualifizierte elektronische Signaturen nach Art. 3 Nr. 12 der Verordnung (EU) Nr. 910/2014 des Europäischen Parlaments und des Rates vom 23.7.2014 über elektronische Identifizierung und Vertrauensdienste für elektronische Transaktionen im Binnenmarkt und zur Aufhebung der Richtlinie 1999/93/EG (ABl. 2014 L 257, 73), sowie notifizierte elektronische Identifizierungssysteme. Bei elektronischen Identitätsnachweisen nach § 18 Personalausweisgesetz muss das diensteund kartenspezifische Kennzeichen und die Tatsache, dass die Prüfung anhand eines elektronischen Identitätsnachweises erfolgt ist aufgezeichnet werden. Bei elektronischen Signaturen muss die Validierung aufgezeichnet werden. Dies hat mittels eines Ausdrucks zu erfolgen. 11

Wie bereits oben zu den Novellierungen ausgeführt (→ Rn. 1) tragen die in § 8 Abs. 2 getroffenen Regelungen den neuen Möglichkeiten der Identifikation unter den Bedingungen der Digitalisierung Rechnung. Die Neufassung im letzten Halbsatz bedeutet, dass bei einer vor Ort erfolgenden Identifizierung anhand eines Ausweisdokuments nach § 12 Abs. 1 Nr. 1 die zu erhebenden Personendaten auch im Wege eines *Vor-Ort-Auslesens* nach § 18a des Personalausweisgesetzes bzw. nach § 78 Abs. 5 S. 2 des Aufenthaltsgesetzes oder § 13 des eID-Karte-Gesetzes aufgezeichnet werden dürfen. Die Identifizierung erfolgt dabei allerdings *zunächst weiterhin über den Lichtbildabgleich* mit einem nach § 12 Abs. 1 Nr. 1 zulässigen Ausweisdokument, also etwa dem deutschen Personalausweis. Für diesen ersten Identifizierungsschritt genügt die Vorlage eines elektronischen Aufenthaltstitels oder einer eID-Karte für Unionsbürger nicht. Die Erweiterung des § 8 Abs. 2 S. 2 bewirkt lediglich, dass die sich *anschließende Aufzeichnung der Personendaten im Wege des Vor-Ort-Auslesens* erfolgen darf.

§ 8 Abschnitt 2. Risikomanagement

12   Auch bei juristischen Personen oder Personengesellschaften gilt die Anfertigung einer Kopie des Auszugs aus dem Handels- oder Genossenschaftsregisters oder einem vergleichbaren amtlichen Register oder Verzeichnis, der Gründungsdokumente oder gleichwertiger beweiskräftiger Dokumente als Aufzeichnung. Erfolgt die Einsichtnahme elektronisch, so ist ein Ausdruck des Registers anzufertigen (vgl. Abs. 2 S. 7)

Sofern ein zu identifizierender Vertragspartner bereits identifiziert wurde, kann von einer erneuten Identifizierung nach den Vorgaben des § 11 Abs. 3 S. 1 GwG abgesehen werden. Diese Tatsache muss jedoch gemeinsam mit dem Namen des zu Identifizierenden ebenfalls aufgezeichnet werden.

III. Digitale Speicherung (Abs. 3)

13   Nähere Angaben über mögliche Arten der Aufbewahrung der Aufzeichnungen macht Abs. 3. Hiernach können die Aufzeichnungen auch digital auf einem Datenträger gespeichert werden. Dabei muss sichergestellt sein, dass die gespeicherten Daten mit den festgestellten Angaben übereinstimmen, während der Dauer der Aufbewahrungsfrist verfügbar sind und jederzeit innerhalb angemessener Frist lesbar gemacht werden können.

14   Aus Gründen der Datensicherheit muss im Falle der EDV-gestützten Aufzeichnung sichergestellt sein, dass aus der betreffenden EDV-Aufzeichnung der die Identifizierung vornehmende Mitarbeiter ersichtlich ist und es einen Zugriffsschutz für das zur Aufzeichnung bestimmte EDV-Programm gibt (BAKred, Verlautbarung für Kreditinstitute v. 30.3.1998, Z 5 – E100, Nr. 22). Es ist sicherzustellen, dass lediglich besonders bevollmächtigte und mit entsprechender Sicherheitsüberprüfung versehene Mitarbeiter bei Vorliegen hinreichend bestimmter Voraussetzungen Daten ändern und löschen können. Alternativ ist eine fortlaufende Aufzeichnung sämtlicher Zugriffe auf die Datenbanken sowie aller darin vorgenommenen Änderungen möglich, die sich lückenlos zurückverfolgen lässt. Wird zusätzlich eine beleghafte Archivierung der Daten durchgeführt, bedarf die EDV-mäßige Aufzeichnung hingegen keines besonderen Schutzes über die allgemeinen Regelungen des Datenschutzes hinaus (BAKred, Verlautbarung für Kreditinstitute v. 30.3.1998, Z 5-E100, Nr. 22).

15   An die Lesbar- und damit Verfügbarkeit der nach dem GwG aufzubewahrenden Unterlagen sind hohe Anforderungen zu stellen. Dabei ist Lesbarmachung innerhalb einer angemessenen Frist so zu verstehen, dass für Strafverfolgungsbehörden aus ermittlungstaktischen Gründen bei der Verfolgung von Verdachtsfällen und zur Rekonstruktion von Transaktionen ein schneller Zugriff iS eines Suchmaschinenzugriffs zu gewährleisten ist (BAKred, Verlautbarung für Kreditinstitute v. 30.3.1998, Z 5-E100, Nr. 22).

16   Ungehinderte Verfügbarkeit der nach dem Geldwäschegesetz aufzubewahrenden Unterlagen ist unter anderem für den Geldwäschebeauftragten eines Verpflichteten, die Innen- und Verbandsrevision, den Jahresabschlussprüfer und die Ermittlungsbehörden zu gewährleisten. Die Art der Aufbewahrung ist den nach dem GwG Verpflichteten grundsätzlich freigestellt, soweit gewährleistet ist, dass die gespeicherten Daten mit den festgestellten Daten übereinstimmen und auf Nachfrage eine Auskunft unverzüglich erteilt werden kann. Da sich die Auskunftsersuchen der Ermittlungsbehörden idR auf den Namen beziehen, empfiehlt es sich, zur Gewährleistung einer eindeutigen Zuordnung Aufzeichnungsunterlagen chronologisch in

alphabetischer Ordnung, bzw. in einer Art und Weise, die eine alphabetische Auffindbarkeit gewährleistet, abzulegen (vgl. BAKred, Verlautbarung für Kreditinstitute v. 30.3.1998, Z 5-E100, Nr. 22). Ebenfalls sicherzustellen ist, dass ein Verpflichteter innerhalb angemessener Frist Auskunft darüber erteilen kann, für welche Konten, Depots oder Schließfächer ein Kunde insgesamt verfügungsberechtigt oder wirtschaftlich berechtigt ist; die sich aus § 154 Abs. 2 S. 2 AO ergebenden Pflichten bleiben hiervon unberührt. Das GwG enthält nur Vorgaben zur Aufbewahrungspflicht hinsichtlich der o. a. Aufzeichnungen, welche die Kundensorgfaltspflichten zum Gegenstand haben. Die Pflicht zur Aufbewahrung von Transaktionsdaten und weiterer einschlägiger Geschäftsunterlagen ergibt sich aus § 257 Abs. 1 HGB (BT-Drs. 12/2704, 16).

Die gemäß § 8 GwG vorzunehmenden Aufzeichnungen unterliegen im Gegensatz zu den Handakten von Steuerberatern, Wirtschaftsprüfern bzw. vereidigten Buchprüfern oder Rechtsanwälten nicht der Beschlagnahmefreiheit, da die nach dem Geldwäschegesetz zu fertigenden Aufzeichnungen auch im Interesse der Strafverfolgungsbehörden anzulegen und damit zur Kenntnisnahme Dritter bestimmt sind. **17**

IV. Aufbewahrungsfrist und Vernichtung (Abs. 4)

Nach der Novellierung des § 8 Abs. 4 ist die Aufbewahrungsfrist flexibilisiert. Die Verpflichteten haben die Aufzeichnungen und die sonstigen Belege aus den Absätzen 1–3 mindestens fünf Jahre aufzubewahren; damit wird die Richtlinienvorgabe von mindestens 5 Jahren eingehalten. Freilich unterliegen die Verpflichteten nach anderen gesetzlichen Aufbewahrungspflichten (so zB aus der AO und dem HGB) einer Aufbewahrungsfrist von sechs bis zu zehn Jahren. Der entsprechenden Durchführbarkeit kommt das Gesetz nun entgegen, indem statt einer starren Aufbewahrungsfrist ein Zeitraum zwischen mindestens 5 und höchstens 10 Jahren vorgegeben wird. Klargestellt wird freilich auch, dass andere gesetzliche Bestimmungen über Aufzeichnungs- und Aufbewahrungspflichten (wie etwa die 30jährige Aufbewahrungsfrist des § 45 Abs. 2 des Kulturgutschutzgesetzes) der Verpflichtung zur Vernichtung nach S. 2 entgegenstehen können. **18**

Die Aufbewahrungsfrist beginnt mit dem Schluss des Kalenderjahres, in dem die jeweilige Angabe festgestellt worden ist. **19**

V. Vorlage bei einer öffentlichen Stelle (Abs. 5)

Wird von der in Abs. 3 vorgesehenen Möglichkeit, Aufzeichnungen auf einem Bild- oder anderen Datenträger zu speichern, Gebrauch gemacht und sind aufzubewahrende Unterlagen einer öffentlichen Stelle vorzulegen, muss der Verpflichtete für etwaige Kosten der gegebenenfalls erforderlichen Lesbarmachung aufkommen. Dies stellt Abs. 5 mit dem Verweis auf § 147 Abs. 5 AO klar, wonach derjenige, der aufzubewahrende Unterlagen in der Form einer Wiedergabe auf einem Bildträger oder auf anderen Datenträgern vorlegt, verpflichtet ist, auf seine Kosten diejenigen Hilfsmittel zur Verfügung zu stellen, die erforderlich sind, um die Unterlagen lesbar zu machen. Auf Verlangen der Behörde sind die Unterlagen auf Kosten des Verpflichteten unverzüglich auszudrucken oder ohne Hilfsmittel lesbare Reproduktionen beizubringen. **20**

§ 9 Gruppenweite Pflichten

(1) Verpflichtete, die Mutterunternehmen einer Gruppe sind, haben eine Risikoanalyse für alle Zweigstellen, Zweigniederlassungen und gruppenangehörigen Unternehmen nach § 1 Absatz 16 Nummer 2 bis 4, die geldwäscherechtlichen Pflichten unterliegen, durchzuführen. Auf Grundlage dieser Risikoanalyse haben sie gruppenweit folgende Maßnahmen zu ergreifen:
1. die Einrichtung von einheitlichen internen Sicherungsmaßnahmen nach § 6 Absatz 2,
2. die Bestellung eines Geldwäschebeauftragten, der für die Erstellung einer gruppenweiten Strategie zur Verhinderung von Geldwäsche und Terrorismusfinanzierung sowie für die Koordinierung und Überwachung ihrer Umsetzung zuständig ist,
3. die Schaffung von Verfahren für den Informationsaustausch innerhalb der Gruppe zur Verhinderung von Geldwäsche und von Terrorismusfinanzierung sowie
4. die Schaffung von Vorkehrungen zum Schutz von personenbezogenen Daten.

Sie haben sicherzustellen, dass die von ihnen getroffenen Maßnahmen nach Satz 2 Nummer 1, 3 und 4 von ihren Zweigstellen, Zweigniederlassungen und gruppenangehörigen Unternehmen nach § 1 Absatz 16 Nummer 2 bis 4, soweit diese geldwäscherechtlichen Pflichten und dem beherrschenden Einfluss des Mutterunternehmens unterliegen, wirksam umgesetzt werden.

(2) Verpflichtete, die Mutterunternehmen einer Gruppe sind, haben sicherzustellen, dass Zweigniederlassungen und gruppenangehörige Unternehmen nach § 1 Absatz 16 Nummer 2 bis 4, die mehrheitlich in ihrem Besitz stehen und die in einem anderen Mitgliedstaat der Europäischen Union ansässig sind, nach dessen Recht sie Pflichten zur Verhinderung von Geldwäsche und von Terrorismusfinanzierung unterliegen, die dort geltenden nationalen Rechtsvorschriften zur Umsetzung der Richtlinie (EU) 2015/849 einhalten.

(3) Verpflichtete, die Mutterunternehmen einer Gruppe sind, haben sicherzustellen, dass Zweigstellen und gruppenangehörige Unternehmen nach § 1 Absatz 16 Nummer 2 bis 4, die mehrheitlich in ihrem Besitz stehen und ihren Sitz in einem Drittstaat haben, in dem die Mindestanforderungen zur Verhinderung von Geldwäsche und von Terrorismusfinanzierung geringer sind als die Anforderungen für Unternehmen mit Sitz in Deutschland, die Anforderungen nach diesem Gesetz erfüllen, soweit das Recht des Drittstaats dies zulässt. Soweit eine Umsetzung der in Absatz 1 Satz 2 Nummer 1, 3 und 4 genannten Maßnahmen nach dem Recht des Drittstaats nicht zulässig ist, sind die Mutterunternehmen verpflichtet
1. sicherzustellen, dass ihre in Satz 1 genannten Zweigstellen und gruppenangehörigen Unternehmen, die mehrheitlich in ihrem Besitz stehen, zusätzliche Maßnahmen ergreifen, um dem Risiko der Geldwäsche und der Terrorismusfinanzierung wirksam zu begegnen, und
2. die nach § 50 zuständige Aufsichtsbehörde über die getroffenen Maßnahmen zu informieren.

Reichen die getroffenen Maßnahmen nicht aus, so ordnet die nach § 50 zuständige Aufsichtsbehörde an, dass die Mutterunternehmen sicherstellen, dass die in Satz 1 genannten Zweigstellen und gruppenangehörige Unternehmen nach § 1 Absatz 16 Nummer 2 bis 4 in diesem Drittstaat weder eine Geschäftsbeziehung begründen oder fortsetzen noch Transaktionen durchführen.

(4) Die Absätze 1 bis 3 gelten entsprechend für Verpflichtete,
1. die gruppenangehörige Unternehmen nach § 1 Absatz 16 Nummer 2 bis 4 sind, soweit ihnen mindestens ein anderes Unternehmen nach § 1 Absatz 16 Nummer 2 bis 4 nachgeordnet ist und ihrem beherrschenden Einfluss unterliegt, und
2. deren Mutterunternehmen weder nach Absatz 1 noch nach dem Recht des Staates, in dem es ansässig ist, gruppenweite Maßnahmen ergreifen muss.

(5) Verpflichtete, die gruppenangehörige Unternehmen nach § 1 Absatz 16 Nummer 2 bis 4 eines Mutterunternehmens im Sinne von Absatz 1 sind, haben die in Absatz 1 Satz 2 Nummer 1, 3 und 4 genannten Maßnahmen umzusetzen. Alle anderen gruppenangehörigen Verpflichteten müssen die für sie geltenden gruppenweiten Pflichten umsetzen, die insbesondere Verfahren für den Informationsaustausch innerhalb der Gruppe zur Verhinderung von Geldwäsche und von Terrorismusfinanzierung sowie Vorkehrungen zum Schutz von personenbezogenen Daten umfassen müssen. Die Pflichten nach den Sätzen 1 und 2 gelten unbeschadet der von den Verpflichteten zu beachtenden eigenen gesetzlichen Verpflichtung zur Erfüllung sonstiger geldwäscherechtlicher Vorschriften.

Literatur: *Amtage/Baumann/Bdeiwi*, Risikoorientierte Geldwäschebekämpfung, 3. Aufl. 2018; BaFin, Auslegungs- und Anwendungshinweise zum Geldwäschegesetz, Stand: Mai 2020; BaFin, Jahresbericht 2017; BaFin, Jahresbericht 2015; BaFin, Rundschreiben 1/2014 (GW) vom 5.3.2014, I. Verwaltungspraxis zu § 11 GwG sowie Adressen der zuständigen Behörden für eine Verdachtsmeldung nach §§ 11, 14 GwG; II. Erfordernis einer Verdachtsmeldung auch bei Kenntnis von einer steuerlichen Selbstanzeige durch den Vertragspartner; III. Auslegung des § 6 Abs. 2 Nr. 2 GwG („nicht persönlich anwesend"); IV. Verwaltungspraxis zu den gesetzlichen Vorschriften zur Verhinderung von Geldwäsche und Terrorismusfinanzierung im Geldwäschegesetz und Kreditwesengesetz, GZ: GW 1-GW 2001–2008/0003; BaFin, Jahresbericht 2013; BaFin, Jahresbericht 2009; BaFin, Rundschreiben 17/2009 vom 23.9.2009, Gruppenweite Umsetzung von Präventionsmaßnahmen gemäß § 25g KWG, GZ: GW 1-GW 2001–2008/0003; BCBS, Sound management of risks related to money laundering and financing of terrorism, Juli 2020; BCBS, Grundsätze für eine wirksame Bankenaufsicht, September 2012; BCBS, Methodik der Grundsätze für eine wirksame Bankenaufsicht, Oktober 2006; BCBS, Konsolidiertes KYC-Risikomanagement, Oktober 2004; BCBS, Sorgfaltspflicht der Banken bei der Feststellung der Kundenidentität, Oktober 2001; *Bielefeld/Wengenroth*, Neue Risiken für Unternehmen: Was auf Güterhändler nach der (geänderten) 4. EU-Geldwäsche-Richtlinie zukommt, BB 2016, 2499 ff.; *Boos/Fischer/Schulte-Mattler*, KWG, 5. Aufl. 2016; *Brian/Frey/Krais*, Umsetzung der Fünften Geldwäsche-Richtlinie in Deutschland, CCZ 2019, 245 ff.; *Escher-Weingart/Stief*, Geldwäschebekämpfung im Nichtfinanzbereich, WM 2018, 693 ff.; *Gehrmann/Wengenroth*, Geldwäscherechtliche Pflichten für Güterhändler am Beispiel von Immobilienunternehmen, BB 2019, 1035 ff.; *Glaab/Neu/Scherp*, Umsetzung der 5. EU-Geldwäscherichtlinie – Was kommt auf die Verpflichteten zu, BB 2020, 322 ff.; Joint Committee, Final Report on Joint Regulatory Technical Standard on the measures credit institutions and financial institutions shall take to mitigate the risk of money laundering and terrorist finan-

§ 9 Abschnitt 2. Risikomanagement

cing where a third country's law does not permit the application of group-wide policies and procedures, JC 2017 25 vom 6.12.2017 (zitiert: JC 2017 25); FATF, Consolidated FATF-Standards on information sharing, November 2017; FATF, The FATF Recommendations, Februar 2012 (aktualisiert Juni 2019); FATF, 40 Empfehlungen (2003); *Herzog,* GwG, 2. Aufl. 2014; *Henke/von Busekist,* Das neue Geldwäscherecht in der Nichtfinanzindustrie, DB 2017, 1567 ff.; *Hugger/Kappel,* Geldwäsche-Compliance in Industrieunternehmen, DB 2018, 1066 ff.; *Luz/ Neus/Schaber/Schneider/Wagner/Weber,* KWG und CRR (Band 1), 3. Aufl. 2015; *Kunz/Schirmer,* 4. EU-Geldwäsche-RL: Auswirkungen auf Unternehmen, Banken und Berater, BB 2015, 2435 ff.; *Nehls,* Prävention von Geldwäsche, gi (geldinstitute) 3/2010, 14 f.; *Reischauer/Kleinhans,* KWG, Stand: 4/2019; *Scherp,* Fünfte EU-Geldwäscherichtlinie – Umsetzung und Konsequenzen für die deutsche Wirtschaft, DB 2018, 2681 ff.; *Scholz,* Geldwäschebekämpfung 4.0, BP 03/2019, 47 ff.; *Schwennicke/Auerbach,* KWG, 3. Aufl. 2016; *Zentes/Glaab,* Änderungen durch die GwG-Novelle zur Umsetzung der Fünften EU-Geldwäscherichtlinie und ihre Auswirkungen auf die Verpflichteten, BB 2019, 1667 ff.; *Zentes/Glaab,* Die ersten Auslegungs- und Anwendungshinweise der BaFin zum GwG sind da: Was bringen Sie Neues?, BB 2019, 323 ff.; *Zentes/Glaab* (Hrsg.), GwG, 2018; *Zentes/Glaab,* Referentenentwurf zur Umsetzung der 4. EU-Geldwäscherichtlinie – Was kommt auf die Verpflichteten zu?, BB 2017, 67 ff.

Übersicht

	Rn.
I. Allgemeines	1
II. Verpflichtete	4
III. Gruppenweite Pflichten (Abs. 1)	5
IV. Gruppenweite Pflichten bei Unternehmen in anderen EU-Staaten (Abs. 2)	11
V. Gruppenweite Pflichten bei Unternehmen in Drittstaaten (Abs. 3)	12
VI. Umsetzung gruppenweiter Pflichten durch gruppenangehörige Verpflichtete (Abs. 4, 5)	15
VII. Bußgeldvorschriften	16

I. Allgemeines

1 Die auf Art. 45 der 4. EU-Geldwäscherichtlinie beruhende Vorschrift wurde durch das Gesetz zur Umsetzung der Vierten EU-Geldwäscherichtlinie, zur Ausführung der EU-Geldtransferverordnung und zur Neuorganisation der Zentralstelle für Finanztransaktionsuntersuchungen vom 23.6.2017 (BGBl. I S. 1822) in das GwG eingeführt und durch das Gesetz zur Umsetzung der Änderungsrichtlinie zur Vierten EU-Geldwäscherichtlinie vom 12.12.2019 (BGBl. I S. 2602) einer Reihe von Änderungen bzw. Präzisierungen unterworfen. Inhaltlich wird durch die Vorschrift zum einen für Verpflichtete, die Mutterunternehmen einer Gruppe sind, die Implementierung einer Reihe wesentlicher geldwäscherechtlicher Pflichten, insbesondere der Erstellung einer Risikoanalyse und daraus resultierender Sicherungsmaßnahmen auf gruppenweiter Basis, sowie Vorgaben zum gruppeninternen Informationsaustausch und des Schutzes personenbezogener Daten festgelegt (*Zentes/Glaab* BB 2017, 67 (69)). Zum anderen werden mit § 9 Abs. 4 und 5 GwG durch das Gesetz zur Umsetzung der Änderungsrichtlinie zur Vierten EU-Geldwäscherichtlinie auch Regelungen gegenüber gruppenangehörigen Verpflichteten getroffen, die gruppenweite Pflichten umzusetzen haben (vgl. auch RegBegr. zu § 9 GwG, BT-Drs. 19/13827). Durch die in § 9 GwG normierten Pflichten sollen nicht nur Unternehmen, sondern auch Aufsichtsbehörden ihre Ressourcen geziel-

Gruppenweite Pflichten **§ 9**

ter einsetzen können (BaFin, Jahresbericht 2017, S. 52). **Gruppenweite Pflichtenkataloge** bestanden vor der Schaffung von § 9 GwG lediglich für ausgewählte Verpflichtetenkreise. So waren nach § 25l KWG in der bis zum Inkrafttreten des Gesetzes zur Umsetzung der Vierten EU-Geldwäscherichtlinie, zur Ausführung der EU-Geldtransferverordnung und zur Neuorganisation der Zentralstelle für Finanztransaktionsuntersuchungen geltenden Fassung nur Institute, übergeordnete Finanzholding-Gesellschaften sowie gemischte Finanzholding-Gesellschaften nach § 10a Abs. 2 S. 2, 3 KWG mit Sitz im Inland sowie Institute als übergeordnete Unternehmen einer Institutsgruppe, einer Finanzholding-Gruppe bzw. einer gemischten Finanzholding-Gruppe nach § 10a Abs. 1 KWG und als Mutterunternehmen auch hinsichtlich eines Finanzkonglomerates nach § 1 Abs. 20 KWG, § 1 Abs. 2 FKAG, verpflichtet, sicherzustellen, dass für alle ihnen nachgeordneten Unternehmen, Zweigstellen und Zweigniederlassungen gruppenweite interne Sicherungsmaßnahmen Anwendung finden (zur damaligen Rechtslage vgl. *Achtelik* in Boos/Fischer/Schulte-Mattler KWG § 25l Rn. 1 ff.; *Auerbach/Spies* in Schwennicke/Auerbach KWG § 25l Rn. 6; *Weber/von Drathen* in Luz/Neus/Schaber/Schneider/Wagner/Weber KWG § 25l Rn. 1 ff.; *Becker* in Reischauer/Kleinhans KWG § 25l Rn. 2). Entsprechend galt § 25l KWG auch für Kapitalverwaltungsgesellschaften (vgl. § 28 Abs. 1 S. 4 KAGB). Eine vergleichbare Norm fand sich zudem in § 53 Abs. 5 VAG für Versicherungs-Holdinggesellschaften, gemischte Versicherungs-Holdinggesellschaften, gemischte Finanzholding-Gesellschaften oder Mutterunternehmen eines Finanzkonglomerats. Im Gegensatz zu dieser früher zersplitterten Rechtslage findet sich in § 9 GwG keine Beschränkung des Verpflichtetenkreises mehr (*Bielefeld/Wengenroth* BB 2016, 2499 (2502)), so dass die bis dahin bestehenden Sektorregelungen aufgehoben werden konnten. Dadurch kamen signifikante Änderungen und signifikanter Mehraufwand auf die Gruppen im Nichtfinanzbereich, zu, für die bis dahin keine derartigen Regelungen bestanden (*Henke/von Busekist* DB 2017, 1567 (1570f.); *Zentes/Glaab* BB 2017, 67 (69)). Begründet wurde die Ausdehnung der Pflichten damit, dass dadurch der großen Zahl von grenzüberschreitenden Geschäften und der Bedeutung einheitlicher Standards zur Verhinderung von Geldwäsche und Terrorismusfinanzierung Rechnung getragen wird (RegBegr. BT-Drs. 18/11555, 115; vgl. auch *Brandt/Knöfel/Zemke* in Amtage/Baumann/Bdeiwi Geldwäschebekämpfung-HdB Rn. 28). Ferner enthalten § 9 Abs. 2 und 3 GwG Vorgaben für den Fall, dass sich gruppenangehörige Unternehmen bzw. Zweigstellen in einem anderen Mitgliedstaat der EU oder in einem Drittstaat befinden. § 9 GwG hat damit auch internationale Ausstrahlung (*Henke/von Busekist* DB 2017, 1567 (1570f.)).

Für den vor der Schaffung von § 9 GwG von § 25l KWG erfassten Verpflichte- 2 tenkreis hatte die BaFin mit Rundschreiben 17/2009 (GW) einzelne Vorgaben der gruppenweiten Einhaltung von Sorgfaltspflichten detailliert erläutert. Die Vorgaben zur gruppenweiten Einhaltung von Sorgfaltspflichten griffen verschiedene **internationale Vorgaben** auf, ua Empfehlung 18 der FATF-Empfehlungen vom Februar 2012 (aktualisiert im Juni 2019). Danach sind bei Finanzinstituten gruppenweite Programme gegen Geldwäsche und Terrorismusfinanzierung, einschließlich Methoden und Verfahren zum Informationsaustausch innerhalb der Gruppe zu implementieren. Ferner forderte der BCBS bereits in seinem Papier „Sorgfaltspflicht der Banken bei der Feststellung der Kundenidentität" vom Oktober 2001 von Bankkonzernen Mindeststandards (vgl. dort Tz. 63 ff.) und hat diese Anforderungen im Papier „Konsolidiertes KYC-Risikomanagement" vom Oktober 2004 sowie im Januar 2014 bzw. Juni 2017 in seinem Papier „Sound management of risks related to money laundering and financing of terrorism" (vgl. dort Abschn. III, Tz. 63 ff.) präzisiert. Auch in seiner „Methodik der Grundsätze für eine wirksame Bankenaufsicht" vom Oktober 2006 (vgl. dort Tz. 4 zu Grundsatz 18) und den überarbeiteten „Grundsätze für eine wirksame Bankenaufsicht" vom September 2012 hatte der BCBS diesbezügliche Fragestellungen noch einmal aufgegriffen.

3   Wie bereits die unter → Rn. 1 genannten Vorgängervorschriften soll auch § 9 GwG verhindern, dass innerhalb einer Gruppe unterschiedliche Standards der Geldwäschebekämpfung zur Anwendung kommen und Geldwäscher und Terrorismusfinanciers auf nachgeordnete Unternehmen, Zweigstellen oder Zweigniederlassungen mit niedrigeren Präventionsstandards ausweichen, ohne dass die geldwäscherechtlichen Pflichten dort Orientierungsmaßstab sind (vgl. zur früheren Rechtslage etwa in § 25l KWG: RegBegr. BR-Drs. 168/08; BaFin, RdSchr. 1/2014 iVm DK, AuAs, Nr. 92). Damit wird zugleich der globale Charakter des Geldwäscherisikos unterstrichen (*Nehls* gi 3/2010, 3). Eine Überprüfung von 16 international agierenden Banken auf Einhaltung der Pflichten nach § 25l KWG aF erfolgte durch die BaFin im Rahmen einer Schwerpunktsetzung bei der **Jahresabschlussprüfung** 2013. Als Ergebnisse wurden von der BaFin, mit Ausnahme einiger datenschutzrechtlicher Vorgaben aus anderen Ländern, nur wenige Umsetzungsprobleme ausgemacht; Defizite bestanden in der Überwachung der Niederlassungen vor Ort oder deren tatsächlicher Einbindung (BaFin, Jahresbericht 2013, S. 92). Im Jahresbericht 2015 (vgl. dort S. 127) konstatierte die BaFin hingegen Verbesserungsbedarf für international agierende Banken bei der gruppenweiten Umsetzung von Maßnahmen gegen Geldwäsche, da hohe deutsche Standards der Geldwäscheprävention nicht einheitlich in der Gruppe umgesetzt würden. In 2017 und 1. Halbjahr 2018 gab es weder aufsichtsrechtliche Maßnahmen auf Grundlage von Prüfungsfeststellungen noch Feststellungen im Hinblick auf die Nichtdurchführung interner Sicherungsmaßnahmen nach dem Recht eines Drittstaates (BT-Drs. 19/3818 – Antwort der Bundesregierung auf die Kleine Anfrage der Abgeordneten Fabio De Masi, Jörg Cezanne, Klaus Ernst, weiterer Abgeordneter und der Fraktion DIE LINKE, dort Antwort zu Fragen 22 f., S. 13 ff.).

II. Verpflichtete

4   § 9 Abs. 1 S. 1 GwG erstreckt die Verpflichtung zur Einhaltung gruppenweiter Sorgfaltspflichten und interner Sicherungsmaßnahmen grundsätzlich auf alle Verpflichteten gem. § 2 Abs. 1 GwG (RegBegr. BT-Drs. 18/11555, 115; *Lang* in Zentes/Glaab GwG § 9 Rn. 4; wegen der Ausnahme von Industrieholdings aus dem Kreis der Finanzunternehmen vgl., § 1 Abs. 24 S. 2 GwG und *Glaab/Neu/Scherp* BB 2020, 322 (326); für Güterhändler *Henke/von Buseküst* DB 2017, 1567 (1570); *Kunz/Schirmer* BB 2015, 2435 (2440)). Normadressat zur Sicherstellung der Verpflichtung ist das Mutterunternehmen einer Gruppe (wegen des Verhältnisses von § 4 Abs. 4 und 5 GwG zu § 9 GwG vgl. → Rn. 5). Dabei ist unerheblich, ob das Mutterunternehmen selbst geldwäscherechtlich verpflichtet ist oder nur die gruppenangehörigen Unternehmen, Zweigstellen oder Zweigniederlassungen, da ansonsten Umgehungstatbestände möglich wären und Wertungswidersprüche entstünden (RegBegr. zu § 9 Abs. 1 GwG, BT-Drs. 19/13827; *Zentes/Glaap* BB 2019, 1667 (1669)). Während bis zum Inkrafttreten des Gesetzes zur Umsetzung der Änderungsrichtlinie zur Vierten EU-Anti-Geldwäscherichtlinie das GwG keine Definition eines Mutterunternehmens enthielt, sondern in § 2 Abs. 16 GwG lediglich

der Begriff der Gruppe für Zwecke des GwG gesondert definiert wurde, liegt nunmehr in § 1 Abs. 25 GwG eine Definition des Begriffs vor. Mutterunternehmen iSd GwG ist demnach ein Unternehmen, dem mindestens ein anderes Unternehmen nach § 1 Abs. 16 Nr. 2–4 GwG nachgeordnet ist, und dem kein anderes Unternehmen übergeordnet ist. Bei den Unternehmen nach § 1 Abs. 16 Nr. 2–4 GwG handelt es sich um Tochterunternehmen, den Unternehmen, an denen Mutter- oder Tochterunternehmen Beteiligungen halten sowie untereinander verbundene Unternehmen iSv Art. 22 Abs. 1 Richtlinie 2013/34/EU (ABl. 2013 L 182, S. 19 ff.). Mit der in § 1 Abs. 25 GwG eingefügten Definition des Mutterunternehmens soll insbesondere klargestellt werden, dass es nur ein Mutterunternehmen innerhalb einer Gruppe geben kann (RegBegr. zu § 1 Abs. 25 GwG, BT-Drs. 19/13827). Voraussetzung für den **Gruppenbegriff** ist aufgrund der fortbestehenden Wertung aus der Regierungsbegründung des Gesetzes zur Umsetzung der Vierten EU-Geldwäscherichtlinie, zur Ausführung der EU-Geldtransferverordnung und zur Neuorganisation der Zentralstelle für Finanztransaktionsuntersuchungen für § 1 Abs. 16 GwG ferner, dass das Mutterunternehmen einen beherrschenden Einfluss auf Tochterunternehmen und den Unternehmen, an denen es eine Beteiligung hält, ausübt (RegBegr. BT-Drs. 18/11555, 104; vgl. auch Def. des Mutterunternehmens in Art. 2 Nr. 9 RL 2013/34/EU). Die Anforderung des beherrschenden Einflusses wird auch in § 9 Abs. 1 S. 3 GwG seit dem Gesetz zur Umsetzung der Änderungsrichtlinie zur Vierten EU-Geldwäscherichtlinie noch einmal ausdrücklich hervorgehoben. Ein solch beherrschender Einfluss besteht jedenfalls nach der RegBegr. bei einer Mehrheitsbeteiligung (RegBegr. BT-Drs. 18/11555, 104 und 115). Ob auch andere Möglichkeiten einer Beherrschung, etwa nach § 290 Abs. 2 HGB oder Art. 22 Abs. 2 lit. a Richtlinie 2013/34/EU genügen, ließen die Regierungsbegründung offen, ist aber wegen des Begriffs „*besteht jedenfalls*" in der seinerzeitigen Regierungsbegründung naheliegend (vgl. zum beherrschenden Einfluss in diesem Kontext *Scholz* BP 3/2019, 47 (51)) und zwischenzeitlich durch die BaFin bestätigt. Die BaFin-AuA, Kapitel 11.1. zählen zu Beherrschungstatbeständen demnach, neben der Beteiligung in Höhe einer Mehrheit der Stimmrechte, auch das Recht zur Bestellung oder Abberufung der Organe beim Unternehmen unabhängig von der Höhe des Anteils, den beherrschenden Einfluss aufgrund von Beherrschungs- und Gewinnabführungsverträgen, eine Beteiligung nach § 271 Abs. 1 HGB durch das Mutterunternehmen bei einheitlicher Leitung, den Fall, dass das Mutterunternehmen allein durch Ausübung seiner Stimmrechte die Mehrheit der Mitglieder des Verwaltungs-, Leitungs- oder Aufsichtsorgans des Unternehmens bestellt oder das Mutterunternehmen aufgrund Vereinbarung mit anderen Aktionären oder Gesellschaftern über die Mehrheit der Stimmrechte verfügt.

III. Gruppenweite Pflichten (Abs. 1)

Dreh- und Angelpunkt der gruppenweit bestehenden Pflichten ist die Durchführung bzw. Erstellung und Aktualisierung (BaFin-AuA, Kapitel 11.3) einer Risikoanalyse durch das Mutterunternehmen der Gruppe für alle Zweigstellen, Zweigniederlassungen und gruppenangehörigen Unternehmen iSv § 1 Abs. 16 Nr. 2–4 GwG (§§ 9 Abs. 1 S. 1, 5 Abs. 3 GwG). Die Unklarheit des Verhältnisses von § 9 GwG zu § 4 Abs. 4 GwG aF (also der Frage, ob auch Mutterunternehmen nach § 9 GwG verpflichtet sind, die zugleich privilegierte Güterhändler darstellen, vgl. *Gehrmann/Wengenroth* BB 2019, 1035 (1039); *Brian/Frey/Krais* CZZ 2019, 245

(249)), wurde im Laufe des Gesetzgebungsverfahrens dahingehend beantwortet, dass die **Schwellenwertregelungen** im nunmehrigen § 4 Abs. 5 GwG auch für die Pflicht zur Schaffung gruppenweiter Verfahren nach § 9 GwG gelten (vgl. dazu BT-Drs. 19/15196, Begr. zu § 4, S. 45; krit. zu den Auswirkungen *Glaab/Neu/Scherp* BB 2020, 322 (326)). Entsprechendes gilt nach § 4 Abs. 4 GwG auch für Verpflichtete nach § 2 Abs. 1 Nr. 14 GwG. Einschränkendes Tatbestandsmerkmal nach § 9 Abs. 1 S. 1 GwG allerdings, dass die vorgenannten gruppenangehörigen Entitäten selbst geldwäscherechtlichen Pflichten unterliegen, dh letztlich Verpflichtete nach § 2 Abs. 1 GwG bzw. am Ort ihres Sitzes (BaFin-AuA, Kapitel 11.3; *Zentes/Glaap* BB 2019, 323 (328)) sind. Im Hinblick auf Zweigstellen und Zweigniederlassungen bestand dabei bisher die Besonderheit, dass diesen insoweit die Einstufung des Mutterunternehmens zugeschrieben wurde, da diese als unselbstständige Einheiten Bestandteil des Mutterunternehmens sind (RegBegr. BT-Drs. 18/11555, 103f.). Da es durch die Neufassung der Vorschrift durch das Gesetz zur Umsetzung der Änderungsrichtlinie zur Vierten EU-Geldwäscherichtlinie aber nicht mehr darauf ankommt, ob das Mutterunternehmen selbst verpflichtet ist, dürfte diese Bewertung offenkundig überholt sein. Was unter einer **Risikoanalyse** zu verstehen ist, ergibt sich aus § 5 GwG (vgl. Kommentierung dort). Besonders hervorzuheben ist dabei § 5 Abs. 1 S. 3 GwG, wonach der Umfang der Risikoanalyse sich nach Art und Umfang der Geschäftstätigkeit der Verpflichteten richtet. Diesem Proportionalitätsgrundsatz kommt mit Blick auf die für alle Verpflichteten geltenden Pflichten aus § 9 GwG sicherlich Bedeutung zu. Zur Risikoanalyse und den Problemen der Risikoanalyse im Bereich der Nichtfinanzindustrie vgl. *Scherp* DB 2018, 2681 (2684); *Escher-Weingart/Stief* WM 2018, 693 (694); *Hugger/Cappel* DB 2018, 1066 (1067); *Henke/von Busekist* DB 2017, 1567 (1570). Die gruppenweite Risikoanalyse hat im Adressatenbereich der BaFin-AuA nunmehr die Risikoanalysen der Zweigstellen, Zweigniederlassungen und gruppenangehörigen Unternehmen einzubeziehen, auf diesen aufzubauen und das Risiko der Geschäftstätigkeiten der genannten Entitäten für die gesamte Gruppe zu bewerten (BaFin-AuA, Kapitel 11.3, *Zentes/Glaap* BB 2019, 323 (328)). Die Gruppenrisikoanalyse und die daraus abgeleiteten internen Sicherungsmaßnahmen (→ Rn. 7) müssen von dem Mutterunternehmen benannten Mitglied der Leitungsebene iSv § 4 Abs. 3 GwG genehmigt werden (BaFin-AuA, Kapitel 11.3).

6 Auf Basis der Ergebnisse der Risikoanalyse sind sodann gruppenweit eine Reihe von **Maßnahmen** zu ergreifen, wobei gemäß § 9 Abs. 1 S. 3 GwG vom Mutterunternehmen jeweils sicherzustellen ist, dass diese von den von § 9 GwG erfassten gruppenangehörigen Entitäten wirksam umgesetzt werden. Die Sicherstellung einer wirksamen Umsetzung bedingt daher eine Überprüfungs- und Kontrolltätigkeit. Bezüglich besonderer gruppenweiter Pflichten für Verpflichtete nach § 2 Abs. 1 Nr. 14 GwG (Immobilienmakler) und nach § 2 Abs. 1 Nr. 16 (Güterhändler, Kunstvermittler und bestimmter Kunstlagerhalter), die ein wirksames Risikomanagement einschließlich gruppenweiter Verfahren bedingen vgl. § 4 Abs. 4 und 5 GwG.

7 Zu den zu ergreifenden Maßnahmen zählen nach § 9 Abs. 1 S. 2 Nr. 1 GwG zunächst die Einrichtung von **einheitlichen internen Sicherungsmaßnahmen** nach § 6 Abs. 2 GwG (vgl. Kommentierung dort). Der Begriff „einheitlich" ist dabei zumindest für den BaFin-Adressatenkreis so auszulegen, dass nicht für alle betroffenen Entitäten unabhängig von ihrer Verpflichteteneigenschaft iSv § 2 GwG „dieselben" Sicherungsmaßnahmen gelten müssen, sondern in gleicher Weise Anwendung finden sollen (BaFin-AuA, Kapitel 11.3 – Stichwort „Gruppenweit einheitliche Sicherungsmaßnahmen"; *Zentes/Glaap* BB 2019, 323 (328)). Zu diesen internen Sicherungsmaßnahmen nach § 6 Abs. 2 GwG zählen insbesondere, also nicht zwingend abschließend (vgl. dazu auch *Lang* in Zentes/Glaab GwG § 9 Rn. 6 ff.):

– Ausarbeitung von **gruppeninternen Grundsätzen,** Verfahren und Kontrollen in Bezug auf den Umgang mit Risiken aus Geldwäsche und Terrorismusfinanzierung, gruppenweit einheitliche Kundensorgfaltspflichten nach §§ 10 ff. GwG, Erfüllung von (Verdachts-)Meldepflichten nach § 43 Abs. 1 GwG, Aufzeichnung von Informationen und Aufbewahrung von Dokumenten gem. § 8 GwG sowie die Einhaltung sonstiger geldwäscherechtlicher Pflichten. Anders als nach bisheriger Rechtslage, bei der der Gesetzgeber § 4 GwG aF über die Durchführung der Identifizierung mit guten Gründen aus dem gruppenweiten Pflichtenkanon ausgenommen hatte, um auf einen „Export" der Vorgaben zu verzichten und auf lokale Besonderheiten abzustellen (vgl. im Einzelnen *Achtelik* in Boos/Fischer/Schulte Mattler KWG § 251 Rn. 4), werden die korrespondierenden Vorgaben des § 12 GwG nicht mehr ausgenommen. Rückausnahmen sind jedoch ggf. über § 9 Abs. 2 und 3 GwG möglich.

– Unabhängig von der gem. § 9 Abs. 1 S. 2 Nr. 2 GwG ohnehin bestehenden Pflicht zur **Bestellung eines „Gruppengeldwäschebeauftragten",** die Bestellung eines Geldwäschebeauftragten und dessen Stellvertreter (§ 7 GwG).

– Schaffung **gruppenweiter Verfahren** nach § 9 GwG durch Mutterunternehmen einer Gruppe, wobei – wie bereits bei der vorstehenden Sicherungsmaßnahme in Form des Geldwäschebeauftragten anklingend – hier erst recht eine Zirkelanforderung besteht, in der § 9 GwG auf § 6 GwG und dieser wiederum auf § 9 GwG verweist. Die gruppenweiten Verfahren müssen dabei angemessen sein, was der Fall ist, wenn diese die Risikosituation der gesamten Gruppe und die Vorgaben der 4. EU-Anti-Geldwäscherichtlinie berücksichtigen (RegBegr. zu § 9 Abs. 1 S. 3 GwG, BT-Drs. 19/13827). Die vom Mutterunternehmen implementierten Verfahren müssen daher nicht notwendigerweise 1:1 den Vorgaben des GwG entsprechen, müssen aber die Mindestanforderungen der 4. EU-Geldwäscherichtlinie erfüllen, so dass diese dann auch für gruppenangehörige Entitäten in Drittstaaten zur Anwendung kommen (RegBegr. zu § 9 Abs. 1 S. 3 GwG, BT-Drs. 19/13827).

– Schaffung und Fortentwicklung geeigneter Maßnahmen zur Verhinderung des Missbrauchs **neuer Produkte und Technologien** zur Begehung von Geldwäsche und von Terrorismusfinanzierung oder für Zwecke der Begünstigung der Anonymität von Geschäftsbeziehungen und Transaktionen.

– Überprüfung der Mitarbeiter auf ihre **Zuverlässigkeit.**

– **Schulung bzw. Unterrichtung der Mitarbeiter** über Typologien und Methoden der Geldwäsche und Terrorismusfinanzierung und geldwäscherechtlichen Vorschriften einschließlich des Datenschutzes, wobei zumindest in Instituten bereits bisher gesonderte Schulungen zum Datenschutz ohnehin zum Standard gehören.

– Unabhängige **Überprüfung** der vorstehenden Grundsätze und Verfahren.

Neben der gruppenweiten Implementierung interner Sicherungsmaßnahmen 8 nach § 6 Abs. 2 GwG erfordert § 9 Abs. 1 S. 2 Nr. 2 GwG **die Bestellung eines Geldwäschebeauftragten,** der für die Erstellung einer gruppenweiten Strategie zur Verhinderung von Geldwäsche und Terrorismusfinanzierung sowie für die Koordinierung und Überwachung ihrer Umsetzung zuständig ist. Dazu zählt dann auch die in § 9 Abs. 1 S. 3 GwG angesprochene Sicherstellung der wirksamen Umsetzung der Pflichten und Maßnahmen nach § 9 Abs. 1 S. 2 Nr. 1, 3 und 4 GwG. Die BaFin hat für den Adressatenkreis der AuA festgelegt, dass der Gruppengeldwäschebeauftragte unternehmensübergreifend verbindliche Verfahren zur Umsetzung der geldwäscherechtlichen Pflichten bestimmt und zu deren Durchsetzung Weisungen erteilen kann. Dieser hat sich laufend über seinen Aufgabenbereich bezogene Aspekte in den gruppenangehörigen Unternehmen, Zweigstellen und Zweigniederlassungen, auch durch Vor-Ort-Besuche, zu informieren. Ferner hat das Mutterunternehmen sicherzustellen, dass der Gruppengeldwäschebeauftragte oder von ihm beauftragte Mitarbeiter Prüfberichte der Internen Revision und externer Prüfer der Entitäten erhält, soweit die Unterlagen Aussagen zur Einhaltung geldwäscherechtlicher Standards beinhalten, und Zugang zu allen relevanten Informationen, Dokumenten und Dateien hat, insbesondere mit Bezug zu Kunden, wirtschaftlich Berechtigten, Transaktionen und Geschäftsbeziehungen. Für seine Aufgaben sind Mittel und Verfahren vom Mutterunternehmen vorzuhalten und wirksam einzusetzen. Zu Einzelheiten vgl. BaFin AuA, Kapitel 11.3 – Stichwort: „Bestellung eines Gruppengeldwäschebeauftragten".

9   § 9 Abs. 1 S. 2 Nr. 3 GwG erfordert ferner die Schaffung von Verfahren für den Informationsaustausch innerhalb einer Gruppe zur Verhinderung von Geldwäsche und Terrorismusfinanzierung. Grundvoraussetzung dafür ist, dass ein **Informationsaustausch innerhalb der Gruppe** überhaupt rechtlich zulässig ist. Eine Verpflichtung der Mitgliedstaaten zur Schaffung der rechtlichen Voraussetzungen trifft Art. 45 Abs. 8 S. 1 der 4. EU-Geldwäscherichtlinie. Diese Verpflichtung wird im Hinblick auf beabsichtigte oder erfolgte (Verdachts-)Meldungen nach § 43 Abs. 1 GwG, eines daraufhin eingeleiteten Ermittlungsverfahrens sowie Auskunftsverlangen nach § 30 Abs. 3 S. 1 GwG durch die FIU unabhängig vom Vorliegen einer (Verdachts-)Meldung durch § 47 Abs. 1, Abs. 2 Nr. 2 und 3 GwG in Deutschland implementiert (vgl. zur Auslegung auch BaFin-AuA, Kapitel 10 – Stichwort: „Weitergabe von Informationen über Meldungen" und Kapitel 12.). Demnach gilt das grundsätzliche Verbot der Informationsweitergabe nicht zwischen Verpflichteten iSv § 2 Abs. 1 Nr. 1–3 und 6–8 GwG (mithin Kredit-, Finanz-, Zahlungs- und E-Geld-Instituten, Finanzunternehmen, Versicherungsunternehmen und Versicherungsvermittlern), die derselben Unternehmensgruppe angehören, und nicht zwischen Verpflichteten im vorgenannten Sinne, die Mutterunternehmen nach § 9 Abs. 1 GwG sind, und ihren in Drittstaaten ansässigen und dort geldwäscherechtlichen Pflichten unterliegenden Zweigstellen und gruppenangehörigen Unternehmen, die § 1 Abs. 16 Nr. 2, sofern diese die Maßnahmen nach § 9 S. 2 Nr. 1, 3 und 4 wirksam umgesetzt haben. Die Informationen dürfen in diesen Fällen aber ausschließlich für Zwecke der Verhinderung der Geldwäsche oder der Terrorismusfinanzierung, nicht aber etwa zu kommerziellen Zwecken genutzt werden (§ 47 Abs. 2 S. 2 GwG). Darüber hinaus dürfen Verpflichtete iSv § 2 Abs. 1 Nr. 1–9 GwG auch andere als die Informationen nach § 47 Abs. 1 GwG austauschen, sofern sich diese auf konkrete Sachverhalte, die auf Geldwäsche, eine ihrer Vortaten oder Terrorismusfinanzierung hindeutende Auffälligkeiten oder Ungewöhnlichkeiten enthalten beziehen (§ 47 Abs. 5 S. 1 GwG). Wenn dies Verpflichteten ohne Gruppenbezug gestattet ist, muss dies erst recht für die genannten Verpflichteten innerhalb einer Gruppe gelten. Dabei kann der diesbezügliche Informationsaustausch auch unter Verwendung von Datenbanken erfolgen (§ 47 Abs. 5 S. 2 GwG). Für den rechtlich zulässigen Informationsaustausch innerhalb einer Gruppe hat das Mutterunternehmen im Adressatenkreis der BaFin-AuA

sicherzustellen, dass die betroffenen Gruppenentitäten dem Gruppengeldwäschebeauftragten und ggf. der Internen Revision die für die Erfüllung der Pflichten nach § 9 Abs. 1 GwG und das gruppenweite Risikomanagement notwendigen Informationen (zB Kundendaten, Verdachtsmeldungen, Behördenkontakte), zugänglich machen, wobei dies auch Regelungen und Verfahren zu beinhalten hat, mit denen festgestellt werden kann, ob ein Kunde Konten, Depots oder Geschäftsbeziehungen mit einer betroffenen Gruppenentität unterhält (BaFin-AuA, Kapitel 11.3 – Stichwort „Verfahren für Informationsaustausch innerhalb der Gruppe"). Wegen weiterer Gegenstände und Verfahren eines Informationsaustausches, zB des gruppenweiten Austausches von Informationen über Hochrisikokunden, vgl. BCBS, Sound Management of risks related to money laundering and financing of terrorism, Tz. 77 ff. Ferner zum Informationsaustausch im privaten Sektor und innerhalb von Gruppen, FATF, Consolidated FATF Standards on information sharing, S. 12 ff., 15.

Schließlich gehören zu den gruppenweiten Maßnahmen gemäß § 9 Abs. 1 S. 2 **10** Nr. 4 GwG auch die Schaffung von **Vorkehrungen zum Schutz personenbezogener Daten.** Diese müssen mithin im Einklang mit den Vorgaben des Bundesdatenschutzgesetzes bzw. der Datenschutz-Grundverordnung (VO (EU) 2016/679 v. 27.4.2016, ABl. 2016 L 119, S. 1 ff.) sowie den jeweils für die in Rede stehenden Gruppenentitäten lokal geltenden Vorschriften stehen (vgl. auch BaFin-AuA, Kapitel 11.3 – Stichwort: „Vorkehrungen zum Schutz von personenbezogenen Daten").

IV. Gruppenweite Pflichten bei Unternehmen in anderen EU-Staaten (Abs. 2)

§ 9 Abs. 2 GwG enthält Vorgaben zum Verfahren, soweit eine Zweigniederlas- **11** sung oder ein **gruppenangehöriges Unternehmen** isv § 1 Abs. 16 Nr. 2–4 GwG, das mehrheitlich im Besitz des Mutterunternehmens steht, **in einem anderen Mitgliedstaat der EU** ansässig sind. In diesem Fall haben Verpflichtete, die Mutterunternehmen einer Gruppe sind sicherzustellen, dass die vorgenannten Entitäten die jeweils für sie geltenden nationalen Rechtsvorschriften zur Umsetzung der 4. EU-Geldwäscherichtlinie einhalten. Diese können sich, etwa bei der Durchführung der Identifizierung durchaus von den Regelungen in Deutschland unterscheiden. § 9 Abs. 2 GwG stellt damit klar, dass zumindest innerhalb der EU, gerade wegen den Vorgaben der 4. EU-Geldwäscherichtlinie, von einem einheitlichen Niveau bei der Verhinderung von Geldwäsche und Terrorismusfinanzierung auszugehen ist und daher – rein rechtlich eine pure Selbstverständlichkeit – auch die Vorgaben zur Umsetzung der 4. EU-Geldwäscherichtlinie in diesen Ländern zu beachten sind. In diesem Sinne haben gruppenweit einheitliche interne Sicherungsmaßnahmen entweder die Unterschiede darzulegen oder aber ein gewisses Abstraktionsniveau zu erreichen.

V. Gruppenweite Pflichten bei Unternehmen in Drittstaaten (Abs. 3)

12 § 9 Abs. 3 GwG enthält Regelungen zum Verfahren, wenn sich Zweigstellen oder **gruppenangehörige Unternehmen** iSv § 1 Abs. 16 Nr. 2–4 GwG, die mehrheitlich im Besitz eines Mutterunternehmens stehen, **in einem Drittstaat** befinden (krit. zur Regelung und dadurch mitunter bedingten extraterritorialen Auswirkungen *Brian/Frey/Krais* CCZ 2019, 245 (250)). Nach § 9 Abs. 3 S. 1 GwG haben Verpflichtete, die Mutterunternehmen einer Gruppe sind, sicherzustellen, dass die vorgenannten Entitäten, bei Sitz in einem Drittstaat in dem geringere Mindestanforderungen zur Verhinderung der Geldwäsche und Terrorismusfinanzierung bestehen als für Unternehmen mit Sitz in Deutschland, die Anforderungen nach dem GwG zu erfüllen haben. Dies steht allerdings unter dem Vorbehalt, dass das lokale Recht des Drittstaates die Anwendung dieser Anforderungen auch zulässt. So ist zB denkbar, dass lokales Recht die Erhebung und Speicherung von Daten wirtschaftlich Berechtigter oder den Informationsaustausch über Grenzen hinweg in der Gruppe nicht zulässt (JC 2017 25, Erwägungsgrund (3)). Liegt ein solcher Fall vor und ist damit eine Umsetzung der Maßnahmen nach § 9 Abs. 1 S. 2 Nr. 1, 3 und 4 GwG nicht zulässig, ist ein Mutterunternehmen nach § 9 Abs. 3 S. 2 Nr. 1 und 2 GwG kumulativ zu zwei Dingen verpflichtet. Zum einen hat es sicherzustellen, dass betroffene Zweigstellen und gruppenangehörige Unternehmen **zusätzliche Maßnahmen** ergreifen, um dem Risiko der Geldwäsche und Terrorismusfinanzierung wirksam zu begegnen. Parallel dazu ist die jeweilige Aufsichtsbehörde nach § 50 GwG über die getroffenen Maßnahmen zu unterrichten. Diese Regelung entspricht im Grundsatz derjenigen in § 25g KWG idF des GwBekErG v. 13.8.2008 (BGBl. I S. 1690 ff.), die anschließend mehrfach im Hinblick auf den hier vorliegenden Fall des Drittstaatenbezugs geändert wurde, und stellt damit eine Änderung im Vergleich zur Regelung in § 25l KWG in der Fassung vor Inkrafttreten des Gesetzes zur Umsetzung der Vierten EU-Geldwäscherichtlinie, zur Ausführung der EU-Geldtransferverordnung und zur Neuorganisation der Zentralstelle für Finanztransaktionsuntersuchungen, dar. Kommt die zuständige Aufsichtsbehörde nach erfolgter Information zu dem Ergebnis, dass die getroffenen zusätzlichen Maßnahmen (im Rahmen der lokalen Gesetze) nicht ausreichend sind, so ordnet sie gemäß § 9 Abs. 3 S. 3 GwG an, dass das Mutterunternehmen sicherstellen muss, dass die hier relevanten Zweigstellen und gruppenangehörigen Unternehmen in dem Drittstaat keine Geschäftsbeziehungen mehr begründen oder fortsetzen und keine Transaktionen mehr durchführen (vgl. auch BaFin-AuA, Kapitel 11.3 – Stichwort: „Anforderungen in Bezug auf gruppenpflichtige Unternehmen im Ausland"). Die ua gegenüber § 25l KWG in der Fassung vor Inkrafttreten des Gesetzes zur Umsetzung der Vierten EU-Geldwäscherichtlinie, zur Ausführung der EU-Geldtransferverordnung und zur Neuorganisation der Zentralstelle für Finanztransaktionsuntersuchungen damit geänderte Verfahrensweise ist grundsätzlich zu begrüßen, da die Anordnung durch die zuständige Behörde erlassen wird und nicht mehr dem Verpflichteten die Entscheidung, mit allen rechtlichen und auch strafrechtlichen Unsicherheiten, oblag. Zudem gibt es mit der Möglichkeit, zusätzliche Maßnahmen zu ergreifen, die Chance, einen rechtlich vertretbaren Zustand herzustellen ohne dass es – zumindest nach dem Wortlaut des § 25l KWG aF – zu einer automatischen Beendigung der Geschäftstätigkeit in dem Drittstaat kommt. Bei der Anordnung der Maßnahmen berücksichtigt die BaFin den Grundsatz der Verhältnismäßigkeit, dh diese erfolgen nicht anhand formal-schematischer Kriterien, sondern unter Beachtung des risikobasierten Ansatzes. Bei Wesentlichkeit der im Drittstatt aus rechtlichen oder tatsächlichen Gründen nicht vornehmbaren Maßnahmen, sind die in § 9 Abs. 3 GwG genannten Anordnungen hingegen zu treffen (BaFin-AuA, Kapitel 11.3 – Stichwort: „Anforderungen in Bezug auf gruppenpflichtige Unternehmen im Ausland").

Nach Art. 45 Abs. 6 der 4. EU-Geldwäscherichtlinie hatten die Europäischen Finanzaufsichtsbehörden **EBA, ESMA und EIOPA** (Joint Committee der ESAs) gemeinsam Entwürfe technischer Regulierungsstandards zur Spezifizierung zusätzlicher Maßnahmen zu erstellen, die von Kredit- und Finanzinstituten mindestens zu treffen sind, wenn die Umsetzung der gruppenweiten Umsetzung der Standards nach Art. 45 Abs. 1 und 2 der 4. EU-Geldwäscherichtlinie (bzw. in Deutschland der Regelung in § 9 Abs. 1 GwG) nach dem Recht des Drittstaats nicht zulässig ist (JC 2017 25). Am 6.12.2017 wurde der finale Bericht vorgelegt. Im Mai 2019 wurde dann die **Delegierte Verordnung (EU) 2019/758** der Kommission vom 31.1.2019 zur Ergänzung der Richtlinie (EU) 2015/849 des Europäischen Parlaments und des Rates durch technische Regulierungsstandards für die von Kredit- und Finanzinstituten zur Minderung des Risikos von Geldwäsche und Terrorismusfinanzierung in bestimmten Drittländern mindestens zu treffenden Maßnahmen und die Art zusätzlich zu treffender Maßnahmen veröffentlicht (ABl. 2019 L 125, S. 4). In dieser Verordnung sind eine Reihe von **zusätzlichen Maßnahmen** festgelegt (vgl. dazu auch ausführlich *Lang* in Zentes/Glaab GwG § 9 Rn. 15 ff.), die Kredit- und Finanzinstitute mindestens ergreifen müssen, um dem Risiko von Geldwäsche und Terrorismusfinanzierung wirksam zu beggenen, wenn die Rechtsvorschriften eines Drittlandes die Umsetzung der in Art. 45 Abs. 1 und 3 der Richtlinie (EU) 2015/849 genannten gruppenweit anzuwendenden Strategien und Verfahren auf Ebene der zu der Gruppe gehörenden und in dem Drittland niedergelassenen Zweigstellen oder mehrheitlich im Besitz der Gruppe befindlichen Tochterunternehmen nicht zulassen (Art. 1 Delegierte VO (EU) 2019/758). Art. 2 Delegierte Verordnung (EU) 2019/758 enthält sodann allgemeine **Pflichten für jedes Drittland.** Dazu zählen die Bewertung, Aktualisierung und Aufzeichnung des für die Gruppe bestehenden Risiko von Geldwäsche und Terrorismusfinanzierung und deren Aufbewahrung zur gemeinsamen Nutzung mit der zuständigen Behörde, die Sicherstellung, dass dem ermittelten Risiko in den gruppenweit anzuwendenden Strategien und Verfahren zur Bekämpfung von Geldwäsche und Terrorismusfinanzierung der Gruppe angemessen Rechnung getragen wird, die Einholung der Genehmigung der Geschäftsleitung auf Gruppenebene für die Risikobewertung und die gruppenweit anzuwendenden Strategien und Verfahren sowie gezielte Schulungen für relevante Mitarbeiter in dem Drittland. Nach Art. 3 Abs. 1 Delegierte Verordnung (EU) 2019/758 **(Individuelle Risikobewertungen)** haben Kredit- und Finanzinstitute iSd Delegierten Verordnung, für den Fall, dass die Rechtsvorschriften des Drittlandes die Anwendung der Strategien und Verfahren, die zur Erkennung und angemessenen Bewertung des mit einer Geschäftsbeziehung oder gelegentlichen Transaktion verbundenen Risikos von Geldwäsche und Terrorismusfinanzierung notwendig sind, aufgrund von Einschränkungen des Zugriffs auf relevante Informationen über Kunden und wirtschaftliche Eigentümer oder Einschränkungen der Verwendung derartiger Informationen zur Erfüllung der Sorgfaltspflichten gegenüber Kunden nicht oder nur begrenzt zulassen, mindestens die zuständige Behörde des Herkunftsmitgliedstaats binnen kürzester Frist und innerhalb von

§ 9 Abschnitt 2. Risikomanagement

28 Kalendertagen unter Nennung des Drittstaates und der Verbote bzw. Einschränkungen zu benachrichtigen sowie etwaige Möglichkeiten der rechtmäßigen Überwindung der Verbote und Einschränkungen, einschließlich der Einholung von Zustimmungserklärungen betroffener Kunden, zu ermitteln. Sofern die Einholung der genannten Zustimmungserklärungen nicht möglich ist, müssen nach Art. 3 Abs. 2 Delegierte Verordnung (EU) 2019/758 ggf. zusätzliche Maßnahmen nach Art. 8 lit. a–f Delegierte Verordnung (EU) 2019/758 ergriffen werden (vgl. dazu noch nachfolgend unten). Sollte auch dann noch den Risiken aus Geldwäsche und Terrorismusfinanzierung nicht wirksam begegnet werden können, ist sicherzustellen, dass die Zweigstelle oder das gruppenangehörige Unternehmen die Geschäftsbeziehung beendet, Transaktionen nicht mehr ausführt und die Geschäftstätigkeit in dem Drittstaat ganz oder teilweise einstellt. Nach Art. 3 Abs. 3 Delegierte Verordnung (EU) 2019/758 müssen Kredit- und Finanzinstitute den Umfang der zusätzlichen Maßnahmen auf risikobasierter Grundlage ermitteln und in der Lage sein, ihrer zuständigen Behörde gegenüber nachzuweisen, dass der Umfang der zusätzlichen Maßnahmen in Anbetracht des bestehenden Risikos von Geldwäsche und Terrorismusfinanzierung angemessen ist. Art. 4–7 Delegierte Verordnung (EU) 2019/758 enthalten sodann **Sonderregelungen** in Fällen, in denen die Rechtsvorschriften eines Drittlandes den Austausch oder die Verarbeitung von Kundendaten innerhalb der Gruppe zum Zwecke der Bekämpfung von Geldwäsche und Terrorismusfinanzierung nicht oder nur begrenzt zulassen (Art. 4 Delegierte VO (EU) 2019/758), in denen die Rechtsvorschriften des Drittlandes den Austausch bzw. die Offenlegung von Informationen zu verdächtigen Transaktionendurch zwischen Zweigstellen und gruppenangehörigen Unternehmen in dem Drittland mit anderen in der Gruppe zugehörigen Unternehmen nicht oder nur begrenzt zulassen (Art. 5 Delegierte VO (EU) 2019/758), in denen die Rechtsvorschriften des Drittlandes die Übermittlung von kundenbezogenen Daten einer Zweigstelle oder eines gruppenangehörigen Unternehmens in dem Drittland an einen Mitgliedstaat zum Zwecke der Beaufsichtigung zur Bekämpfung von Geldwäsche und Terrorismusfinanzierung nicht oder nur begrenzt zulassen (Art. 6 Delegierte VO (EU) 2019/758) sowie in denen die Anwendung von Maßnahmen zur Aufbewahrung von Aufzeichnungen, die denen in der 4. EU-Geldwäscherichtlinie genannten Maßnahmen gleichwertig sind, aufgrund der Rechtsvorschriften des Drittlandes nicht oder nur begrenzt zulässig sind (Art. 7 Delegierte VO (EU) 2019/758). In den Art. 3–5 und 7 Delegierte Verordnung (EU) 2019/758 wird in unterschiedlichem Umfang auf ggf. zusätzlich zu ergreifende Maßnahmen nach Art. 8 Delegierte Verordnung (EU) 2019/758 verwiesen. Dabei kann es sich je nach Lage des Falls um nachfolgende Maßnahmen handeln, die identisch mit denen aus BaFin-AuA, Kapitel 13 – Stichwort „Anforderungen in Bezug auf gruppenpflichtige Unternehmen im Ausland" sind, wobei Zweigstelle bzw. das gruppenangehörige Unternehmen, jeweils als solches iSv und unter Erfüllung der Voraussetzungen von § 9 GwG zu verstehen ist:
– Sicherstellung, dass Drittland-Zweigstellen oder dortige gruppenangehörende Unternehmen, angebotene Finanzprodukte und Finanzdienstleistungen in ihrer Art und Beschaffenheit zu beschränken, dass sie ein geringes Risiko von Geldwäsche und Terrorismusfinanzierung aufweisen und sich nur geringfügig auf das Gesamtrisiko der Gruppe auswirken;
– Sicherstellung, dass andere Gruppenunternehmen sich nicht auf die Maßnahmen zur Erfüllung der Sorgfaltspflichten gegenüber Kunden der Drittland-Zweigstelle oder den dortigen gruppenangehörigen Unternehmen verlassen, sondern selbst Maßnahmen zur Erfüllung der Sorgfaltspflichten durchführen;

- Durchführung verstärkter Überprüfungen, darunter risikobezogen auch Vor-Ort-Kontrollen oder unabhängige Überprüfungen, um zu bewerten, dass die Zweigstelle oder das gruppenangehörige Unternehmen Risiken von Geldwäsche und Terrorismusfinanzierung angemessen erkennt, bewertet und steuert;
- Sicherstellung, dass Drittland-Zweigstellen oder dortige gruppenangehörige Unternehmen die Zustimmung der Geschäftsleitung des Kredit- oder Finanzinstituts zum Aufbau und zur Pflege von Geschäftsbeziehungen mit einem erhöhten Risiko oder zur Durchführung gelegentlicher Transaktionen mit einem erhöhten Risiko einholen;
- Sicherstellung, dass Drittland-Zweigstellen oder dortige gruppenangehörige Unternehmen die Herkunft und gegebenenfalls den Bestimmungsort von Mitteln feststellen, die im Rahmen der Geschäftsbeziehung oder Transaktion verwendet werden sollen;
- Sicherstellung, dass ihre Drittland-Zweigstellen oder dortige gruppenangehörige Unternehmen, Geschäftsbeziehungen so lange einer verstärkten und fortlaufenden Überwachung unterziehen, bis diese sich angemessen über das mit der Geschäftsbeziehung verbundene Risiko von Geldwäsche und Terrorismusfinanzierung vergewissert haben;
- Sicherstellung, dass Drittland-Zweigstellen oder dortige gruppenangehörige Unternehmen mit dem Kredit- oder Finanzinstitut Informationen austauschen, auf denen die Meldung einer verdächtigen Transaktion beruht und die zu der Erkenntnis, dem Verdacht oder zu hinreichenden Gründen für einen Verdacht führten, dass sich ein Versuch oder ein Fall von Geldwäsche und Terrorismusfinanzierung ereignet hat;
- Durchführung einer verstärkten und fortlaufenden Überwachung von Kunden und gegebenenfalls den wirtschaftlichen Berechtigten von Kunden, über die es bekanntermaßen Meldungen verdächtiger Transaktionen von anderen Unternehmen der gleichen Gruppe gibt;
- Sicherstellung, dass Drittland-Zweigstellen oder dortige gruppenangehörige Unternehmen über wirksame Systeme und Kontrollen zur Erkennung und Meldung verdächtiger Transaktionen verfügen;
- Sicherstellung, dass Drittland-Zweigstellen oder dortige gruppenangehörige Unternehmen, das Risikoprofil und die die Sorgfaltspflichten betreffenden Informationen in Bezug auf Kunden auf aktuellem Stand halten und so lange sicher aufbewahren, wie dies rechtlich möglich ist, aber in jedem Fall mindestens für die Dauer der Geschäftsbeziehung.

Im Gegensatz zu § 251 Abs. 1 S. 5 KWG aF und § 53 Abs. 5 S. 4 VAG enthält § 9 **14** Abs. 3 GwG keine Regelung mehr für den Fall, das am ausländischen Sitz eines nachgeordneten Unternehmens, einer Zweigstelle oder -niederlassung strengere Regeln gelten, als die in § 9 GwG genannten. Die bisher geltende Rechtslage, nach der die dann strengeren Vorgaben dort maßgeblich sind, wird man aber weiterhin als Maßstab betrachten können.

VI. Umsetzung gruppenweiter Pflichten durch gruppenangehörige Verpflichtete (Abs. 4, 5)

15 Durch das Gesetz zur Umsetzung der Änderungsrichtlinie zur Vierten EU-Geldwäscherichtlinie wurden § 9 Abs. 4 und 5 GwG eingefügt, die sich nunmehr auch an **gruppenangehörige Verpflichtete** richten, welche gruppenweite Pflichten umzusetzen haben (vgl. RegBegr. zu § 9 BT-Drs. 19/13827). Nach § 9 Abs. 4 GwG gelten zunächst § 9 Abs. 1–3 GwG entsprechend für Verpflichtete, die gruppenangehörige Unternehmen nach § 1 Abs. 16 Nr. 2–4 GwG sind, soweit ihnen mindestens ein anderes Unternehmen nach § 1 Abs. 16 Nr. 2–4 GwG nachgeordnet ist und ihrem beherrschenden Einfluss unterliegt (§ 9 Abs. 4 Nr. 1 GwG), und deren Mutterunternehmen weder nach § 9 Abs. 1 GwG noch nach dem Recht des Staates, in dem es ansässig ist, gruppenweite Maßnahmen ergreifen muss (§ 9 Abs. 4 Nr. 2 GwG). Diesen verpflichteten gruppenangehörigen Unternehmen werden mithin die gleichen Gruppenpflichten auferlegt, die das Mutterunternehmen nach § 9 Abs. 1 GwG zu erfüllen hat (vgl. RegBegr. zu § 9 BT-Drs. 19/13827). Demgegenüber regelt § 9 Abs. 5 GwG, dass Verpflichtete, die gruppenangehörige Unternehmen nach § 1 Abs. 16 Nr. 2–4 GwG eines Mutterunternehmens im Sinne von § 9 Abs. 1 GwG sind, die in § 9 Abs. 1 S. 2 Nr. 1, 3 und 4 GwG genannten Maßnahmen umzusetzen haben, wohingegen alle anderen gruppenangehörigen Verpflichteten, dh solche bei denen das Mutterunternehmen nicht nach dem GwG verpflichtet ist (vgl. RegBegr. zu § 9 Abs. 5 BT-Drs. 19/13827), die für sie geltenden gruppenweiten Pflichten umsetzen müssen. Zu diesen gruppenweiten Pflichten zählen etwa Verfahren für den Informationsaustausch zur Verhinderung von Geldwäsche und zum Terrorismusfinanzierung innerhalb der Gruppe sowie Vorkehrungen zum Schutz von personenbezogenen Daten. Nach § 9 Abs. 5 S. 3 GwG gelten die Pflichten nach § 9 S. 1 und 2 GwG unbeschadet der von den Verpflichteten ggf. zu beachtenden eigenen gesetzlichen Verpflichtung zur Erfüllung sonstiger geldwäscherechtlicher Vorschriften, etwa Aufzeichnungs- und Aufbewahrungspflichten (RegBegr. zu § 9 Abs. 5 BT-Drs. 19/13827).

VII. Bußgeldvorschriften

16 Verstöße gegen eine Reihe von gruppenweit bestehenden Pflichten zur Verhinderung von Geldwäsche und Terrorismusfinanzierung sind bei vorsätzlichen oder sogar nur leichtfertigen Handlungen gemäß § 56 Abs. 1 S. 1 Nr. 8–14 GwG bußgeldbewehrt. Dazu zählen Verstöße gegen die Pflicht nach § 9 Abs. 1 S. 2, Abs. 4 GwG gruppenweit einheitliche Vorkehrungen, Verfahren und Maßnahmen zu schaffen, Verstöße gegen die Pflicht nach § 9 Abs. 1 S. 3, 4 GwG zur Sicherstellung der wirksamen Umsetzung gruppenweit einheitlicher Pflichten und Maßnahmen, Verstöße gegen die Pflicht nach § 9 Abs. 2, Abs. 4 GwG zur Sicherstellung der Einhaltung geltender Rechtsvorschriften durch gruppenangehörige Unternehmen, Verstöße gegen die Pflicht nach § 9 Abs. 3 S. 2, Abs. 4 GwG zur Sicherstellung der Ergreifung zusätzlicher Maßnahmen von in Drittstaaten ansässigen gruppenangehörigen Unternehmen, Zuwiderhandlungen gegen eine vollziehbare Anordnung nach § 9 Abs. 3 S. 3, Abs. 4 GwG, Nichtumsetzung von in § 9 Abs. 5 S. 1genannten Maßnahmen nach § 9 Abs. 1 S. 2 Nr. 1, 3 und 4 GwG sowie Nichtumsetzung grup-

Gruppenweite Pflichten §9

penweiter Pflichten entgegen § 9 Abs. 5 S. 2 GwG. Darüber hinaus handelt nach § 56 Abs. 2 Nr. 4 GwG ordnungswidrig, wer vorsätzlich oder fahrlässig entgegen § 9 Abs. 1 S. 2, Abs. 4 GwG keinen gruppenweiten Geldwäschebeauftragten bestellt. Die **Geldbuße** beträgt nach § 56 Abs. 1 S. 2 GwG bei vorsätzlicher Begehung bis zu 150.000 EUR und im Übrigen bis zu 100.000 EUR bzw. nach § 56 Abs. 2 S. 2 GwG bei vorsätzlicher Begehung bis zu 150.000 EUR, bei leichtfertiger Begehung bis zu 100.000 EUR und im Übrigen bis zu 50.000 EUR. Bei schwerwiegenden, wiederholten oder systematischen Verstößen können Ordnungswidrigkeiten nach § 56 Abs. 1 GwG oder bei vorsätzlicher oder leichtfertiger Begehung nach § 56 Abs. 2 GwG mit Geldbußen von bis zu 1 Mio. EUR, oder bis zum Zweifachen des aus dem Verstoß gezogenen wirtschaftlichen Vorteilsgeahndet werden (§ 56 Abs. 3 S. 1 GwG). Bei Verpflichteten nach § 2 Abs. 1 Nr. 1–3 und 6–9 GwG, die juristische Personen und Personenvereinigungen sind, kann darüber hinaus eine Geldbuße bis zu 5 Mio. EUR oder 10% des Gesamtumsatzes im Geschäftsjahr verhängt werden. (§ 56 Abs. 3 S. 3 und 4 GwG). Soweit es sich bei diesen Verpflichteten um natürliche Personen handeln sollte, greift ein Bußgeldrahmen von bis zu 5 Mio. EUR (§ 56 Abs. 3 S. 5 GwG). Wegen Einzelheiten zu Bußgeldsystematik und weiteren Sanktionen vgl. die Kommentierung zu §§ 56 f. GwG.

Abschnitt 3. Sorgfaltspflichten in Bezug auf Kunden

§ 10 Allgemeine Sorgfaltspflichten

(1) Die allgemeinen Sorgfaltspflichten sind:
1. die Identifizierung des Vertragspartners und gegebenenfalls der für ihn auftretenden Person nach Maßgabe des § 11 Absatz 4 und des § 12 Absatz 1 und 2 sowie die Prüfung, ob die für den Vertragspartner auftretende Person hierzu berechtigt ist,
2. die Abklärung, ob der Vertragspartner für einen wirtschaftlich Berechtigten handelt, und, soweit dies der Fall ist, die Identifizierung des wirtschaftlich Berechtigten nach Maßgabe des § 11 Absatz 5; dies umfasst in Fällen, in denen der Vertragspartner keine natürliche Person ist, die Pflicht, die Eigentums- und Kontrollstruktur des Vertragspartners mit angemessenen Mitteln in Erfahrung zu bringen,
3. die Einholung und Bewertung von Informationen über den Zweck und über die angestrebte Art der Geschäftsbeziehung, soweit sich diese Informationen im Einzelfall nicht bereits zweifelsfrei aus der Geschäftsbeziehung ergeben,
4. die Feststellung mit angemessenen, risikoorientierten Verfahren, ob es sich bei dem Vertragspartner oder dem wirtschaftlich Berechtigten um eine politisch exponierte Person, um ein Familienmitglied oder um eine bekanntermaßen nahestehende Person handelt, und
5. die kontinuierliche Überwachung der Geschäftsbeziehung einschließlich der Transaktionen, die in ihrem Verlauf durchgeführt werden, zur Sicherstellung, dass diese Transaktionen übereinstimmen
   a) mit den beim Verpflichteten vorhandenen Dokumenten und Informationen über den Vertragspartner und gegebenenfalls über den wirtschaftlich Berechtigten, über deren Geschäftstätigkeit und Kundenprofil und,
   b) soweit erforderlich, mit den beim Verpflichteten vorhandenen Informationen über die Herkunft der Vermögenswerte;
   im Rahmen der kontinuierlichen Überwachung haben die Verpflichteten sicherzustellen, dass die jeweiligen Dokumente, Daten oder Informationen unter Berücksichtigung des jeweiligen Risikos im angemessenen zeitlichen Abstand aktualisiert werden.

(2) Der konkrete Umfang der Maßnahmen nach Absatz 1 Nummer 2 bis 5 muss dem jeweiligen Risiko der Geldwäsche oder Terrorismusfinanzierung, insbesondere in Bezug auf den Vertragspartner, die Geschäftsbeziehung oder Transaktion, entsprechen. Die Verpflichteten berücksichtigen dabei insbesondere die in den Anlagen 1 und 2 genannten Risikofaktoren. Darüber hinaus zu berücksichtigen haben sie bei der Bewertung der Risiken zumindest
1. den Zweck des Kontos oder der Geschäftsbeziehung,
2. die Höhe der von Kunden eingezahlten Vermögenswerte oder den Umfang der ausgeführten Transaktionen sowie
3. die Regelmäßigkeit oder die Dauer der Geschäftsbeziehung.

Allgemeine Sorgfaltspflichten § 10

Verpflichtete müssen gegenüber den Aufsichtsbehörden auf deren Verlangen darlegen, dass der Umfang der von ihnen getroffenen Maßnahmen im Hinblick auf die Risiken der Geldwäsche und der Terrorismusfinanzierung angemessen ist.

(3) Die allgemeinen Sorgfaltspflichten sind von Verpflichteten zu erfüllen:
1. bei der Begründung einer Geschäftsbeziehung,
2. bei Transaktionen, die außerhalb einer Geschäftsbeziehung durchgeführt werden, wenn es sich handelt um
    a) Geldtransfers nach Artikel 3 Nummer 9 der Verordnung (EU) 2015/847 des Europäischen Parlaments und des Rates vom 20. Mai 2015 über die Übermittlung von Angaben bei Geldtransfers und zur Aufhebung der Verordnung (EU) Nr. 1781/2006 (ABl. L 141 vom 5.6.2015, S. 1) und dieser Geldtransfer einen Betrag von 1 000 Euro oder mehr ausmacht,
    b) die Durchführung einer sonstigen Transaktion im Wert von 15 000 Euro oder mehr,
3. ungeachtet etwaiger nach diesem Gesetz oder anderen Gesetzen bestehender Ausnahmeregelungen, Befreiungen oder Schwellenbeträge beim Vorliegen von Tatsachen, die darauf hindeuten, dass
    a) es sich bei Vermögensgegenständen, die mit einer Transaktion oder Geschäftsbeziehung im Zusammenhang stehen, um den Gegenstand von Geldwäsche handelt oder
    b) die Vermögensgegenstände im Zusammenhang mit Terrorismusfinanzierung stehen,
4. bei Zweifeln, ob die aufgrund von Bestimmungen dieses Gesetzes erhobenen Angaben zu der Identität des Vertragspartners, zu der Identität einer für den Vertragspartner auftretenden Person oder zu der Identität des wirtschaftlich Berechtigten zutreffend sind.

(3a) Die Verpflichteten müssen die allgemeinen Sorgfaltspflichten bei allen neuen Kunden erfüllen. Bei bereits bestehenden Geschäftsbeziehungen müssen sie die allgemeinen Sorgfaltspflichten zu geeigneter Zeit auf risikobasierter Grundlage erfüllen, insbesondere dann, wenn
1. sich bei einem Kunden maßgebliche Umstände ändern,
2. der Verpflichtete rechtlich verpflichtet ist, den Kunden im Laufe des betreffenden Kalenderjahres zu kontaktieren, um etwaige einschlägige Informationen über den wirtschaftlich Berechtigten zu überprüfen, oder
3. der Verpflichtete gemäß der Richtlinie 2011/16/EU des Rates vom 15. Februar 2011 über die Zusammenarbeit der Verwaltungsbehörden im Bereich der Besteuerung und zur Aufhebung der Richtlinie 77/799/EWG (ABl. L 64 vom 11.3.2011, S. 1) dazu verpflichtet ist.

(4) Nehmen Verpflichtete nach § 2 Absatz 1 Nummer 3 bis 5 Bargeld bei der Erbringung von Zahlungsdiensten nach § 1 Absatz 1 Satz 2 des Zahlungsdiensteaufsichtsgesetzes an, so haben sie die allgemeinen Sorgfaltspflichten nach Absatz 1 Nummer 1 und 2 zu erfüllen.

(5) Verpflichtete nach § 2 Absatz 1 Nummer 15 haben die allgemeinen Sorgfaltspflichten bei Transaktionen in Form von Gewinnen oder Einsätzen eines Spielers in Höhe von 2 000 Euro oder mehr zu erfüllen, es sei

Figura

denn, das Glücksspiel wird im Internet angeboten oder vermittelt. Der Identifizierungspflicht kann auch dadurch nachgekommen werden, dass der Spieler bereits beim Betreten der Spielbank oder der sonstigen örtlichen Glücksspielstätte identifiziert wird, wenn vom Verpflichteten zusätzlich sichergestellt wird, dass Transaktionen im Wert von 2 000 Euro oder mehr einschließlich des Kaufs oder Rücktauschs von Spielmarken dem jeweiligen Spieler zugeordnet werden können.

(6) Verpflichtete nach § 2 Absatz 1 Nummer 14 haben die allgemeinen Sorgfaltspflichten zu erfüllen:
1. bei der Vermittlung von Kaufverträgen und
2. bei der Vermittlung von Miet- oder Pachtverträgen bei Transaktionen mit einer monatlichen Miete oder Pacht in Höhe von mindestens 10 000 Euro.

(6a) Verpflichtete nach § 2 Absatz 1 Nummer 16 haben die allgemeinen Sorgfaltspflichten zu erfüllen:
1. als Güterhändler bei folgenden Transaktionen:
   a) Transaktionen im Wert von mindestens 10 000 Euro über Kunstgegenstände,
   b) Transaktionen über hochwertige Güter nach § 1 Absatz 10 Satz 2 Nummer 1, bei welchen sie Barzahlungen über mindestens 2 000 Euro selbst oder durch Dritte tätigen oder entgegennehmen oder
   c) Transaktionen über sonstige Güter, bei welchen sie Barzahlungen über mindestens 10 000 Euro selbst oder durch Dritte tätigen oder entgegennehmen, und
2. als Kunstvermittler und Kunstlagerhalter bei Transaktionen im Wert von mindestens 10 000 Euro.

(7) Für Verpflichtete nach § 2 Absatz 1 Nummer 4 und 5, die bei der Ausgabe von E-Geld tätig sind, gilt § 25i Absatz 1 des Kreditwesengesetzes mit der Maßgabe, dass lediglich die Pflichten nach Absatz 1 Nummer 1 und 4 zu erfüllen sind. § 25i Absatz 2 und 4 des Kreditwesengesetzes gilt entsprechend.

(8) Versicherungsvermittler nach § 2 Absatz 1 Nummer 8, die für ein Versicherungsunternehmen nach § 2 Absatz 1 Nummer 7 Prämien einziehen, haben diesem Versicherungsunternehmen mitzuteilen, wenn Prämienzahlungen in bar erfolgen und den Betrag von 15 000 Euro innerhalb eines Kalenderjahres übersteigen.

(8a) Soweit ein Verpflichteter nach § 2 Absatz 1 Nummer 10 als Syndikusrechtsanwalt oder als Syndikuspatentanwalt oder ein Verpflichteter nach § 2 Absatz 1 Nummer 12 als Syndikussteuerberater für ein Unternehmen tätig wird, das selbst Verpflichteter nach § 2 Absatz 1 ist, obliegen die Verpflichtungen nach Absatz 1 diesem Unternehmen.

(9) Ist der Verpflichtete nicht in der Lage, die allgemeinen Sorgfaltspflichten nach Absatz 1 Nummer 1 bis 4 zu erfüllen, so darf die Geschäftsbeziehung nicht begründet oder nicht fortgesetzt werden und darf keine Transaktion durchgeführt werden. Soweit eine Geschäftsbeziehung bereits besteht, ist sie vom Verpflichteten ungeachtet anderer gesetzlicher oder vertraglicher Bestimmungen durch Kündigung oder auf andere Weise zu

Allgemeine Sorgfaltspflichten **§ 10**

beenden. Die Sätze 1 und 2 gelten für Verpflichtete nach § 2 Absatz 1 Nummer 10 und 12 nicht, wenn Tätigkeiten der Rechtsberatung oder Prozessvertretung erbracht werden sollen, es sei denn, der Verpflichtete weiß, dass die Rechtsberatung oder Prozessvertretung bewusst für den Zweck der Geldwäsche oder der Terrorismusfinanzierung genutzt wurde oder wird. Solange der Vertragspartner seiner Pflicht nach § 11 Absatz 5a Satz 1 oder eine Vereinigung mit Sitz im Ausland ihrer Mitteilungspflicht nach § 20 Absatz 1 Satz 2 und 3 nicht nachkommt, hat der Notar die Beurkundung abzulehnen; § 15 Absatz 2 der Bundesnotarordnung gilt insoweit entsprechend.

Literatur: *Ackmann/Reder,* Geldwäscheprävention in Kreditinstituten nach Umsetzung der Dritten EG-Geldwäscherichtlinie (Teil 1), WM 2009, S. 158ff.; BaFin, Auslegungs- und Anwendungshinweise zum Geldwäschegesetz, Stand: Dezember 2018; BaFin, Rundschreiben 8/2005 vom 24.3.2005, GW 1 – E 100; BaFin, Rundschreiben 2/2009 (GW), GW 1-GW 2001–2008/0003 vom 13.1.2009; BaFin, Rundschreiben 9/2009 (GW) vom 23.4.2009, Anwendungshinweise zu den Pflichten, die sich aus der Verordnung (EG) Nr. 1781/2006 über die Übermittlung von Angaben zum Auftraggeber bei Geldtransfers an die Zahlungsverkehrsdienstleister des Begünstigten ergeben; BaFin, Rundschreiben 4/2012 (GW), GW 1-GW 2001–2008/0003 vom 26.9.2012, II. Verwaltungspraxis der BaFin zu § 3 Abs. 2 Nr. 2 zweite Tatbestandsalternative GwG in Bezug auf Bartransaktionen (Bareinzahlung auf ein Fremdkonto bei dem Institut, über die Einzahlung erfolgt); BaFin, Rundschreiben 7/2018 (GW) vom 9.5.2018; BaFin, Merkblatt – Hinweise zum Anwendungsbereich des Gesetzes über die Beaufsichtigung von Zahlungsdiensten (Zahlungsdiensteaufsichtsgesetz – ZAG) vom 22.12.2011, zuletzt geändert am 29.11.2017; BAKred, Schreiben vom 2.12.1996, I5 – B400, Identifizierungspflichten bei der Einlieferung von Wertgegenständen in so genannte Pfanddepots; *Bergles/Axer,* Immobilien – Interessant für Geldwäscher und Steuerhinterzieher?, ZfIR 2019, S. 103ff.; BMF, Schreiben vom 31.1.2014 BStBl I S. 290ff. zuletzt geändert durch das BMF-Schreiben vom 20.12.2019 BStBl I S. 946 – GZ: IV A 3 – S 0062/19/10010:001; *Bentele/Schirmer,* Im Geldwäscherecht viel Neues – Das Gesetz zur Optimierung der Geldwäscheprävention, ZBB/JBB 2012, S. 303ff.; Bundesnotarkammer, Anwendungsempfehlungen zum Geldwäschegesetz 2017, Stand März 2018; Die Deutsche Kreditwirtschaft (Hrsg.), Auslegungs- und Anwendungshinweise der DK zur Verhinderung von Geldwäsche, Terrorismusfinanzierung und „sonstigen strafbaren Handlungen" vom 1.2.2014, zitiert: DK, Auslegungs- und Anwendungshinweise 2014; *Diergarten/Barreto da Rosa,* Praxiswissen Geldwäscheprävention, 2. Aufl. 2020, zitiert: *Bearbeiter* in Diergarten/Barreto da Rosa Praxiswissen Geldwäscheprävention; FATF, Guidance on the riskbased Approach to combating Money Laundering and Terrorist Financing (Leitfaden zum risikoorientierten Ansatz), Paris, June 2007; FATF, Methodology for Assessing Compliance with the FATF 40 Recommendations and the FATF 9 Special Recommendations, Paris, October 2008; FATF, Report on Money Laundering Typologies 2003–2004, Paris, 26.2.2004; FATF, Mutual Evaluation Report of Anti-Money Laundering and Combating the Financing of Terrorism, Germany, 19.2.2010, zitiert: FATF, Mutual Evaluation Report of Germany 2010; FATF, Sonderempfehlungen gegen die Finanzierung von Terroristen vom 31.10.2001; FATF, The Forty Recommendations, Paris, 20.6.2003; *Fülbier/Aepfelbach/Langweg,* Geldwäschegesetz, 5. Aufl. 2006, zitiert: *Bearbeiter* in Fülbier/Aepfelbach/Langweg GwG; *Große-Wilde,* Geldwäschegesetz – Neue Verpflichtungen für Rechtsanwälte und andere Freiberufler, MDR 2002, S. 1288ff.; *Herzog/Mülhausen,* Geldwäschebekämpfung und Gewinnabschöpfung, Handbuch der straf- und wirtschaftsrechtlichen Regelungen, 2006, zitiert: *Bearbeiter* in Herzog/Mülhausen; *Höche,* Neues Instrumentarium zur Geldwäschebekämpfung, Die Bank 1998, S. 618ff.; *Höche/Rößler,* Das Gesetz zur Optimierung der Geldwäscheprävention und die Kreditwirtschaft, WM 2012, S. 1505ff.; *Hoyer/Klos,* Regelungen zur Bekämpfung der Geldwäsche und ihre Anwendung in der Praxis, 2. Aufl. 1998; *Klugmann,* Das Gesetz zur Optimierung der Geldwäscheprävention

§ 10 Abschnitt 3. Sorgfaltspflichten in Bezug auf Kunden

und seine Auswirkungen auf die anwaltliche Praxis, NJW 2012, S. 641 ff.; *Palandt*, Bürgerliches Gesetzbuch, 79. Aufl. 2020, zitiert: *Bearbeiter* in Palandt BGB; *Schwennicke/Auerbach*, Kreditwesengesetz Kommentar, 3. Aufl. 2016, zitiert: *Bearbeiter* in Schwennicke/Auerbach KWG. Wabnitz/Janovsky/Schmitt, Handbuch Wirtschafts- und Steuerstrafrecht, 5. Auflage 2020; Zentraler Kreditausschuss der Spitzenverbände der Kreditwirtschaft (Hrsg.), Auslegungs- und Anwendungshinweise des ZKA zum Geldwäschebekämpfungsergänzungsgesetz v. 17.12.2008 (zitiert: ZKA, Leitfaden zur Bekämpfung der Geldwäsche, 2008)

Übersicht

	Rn.
I. Allgemeines	1
II. Allgemeine Sorgfaltspflichten (Abs. 1)	5
1. Identifizierung des Vertragspartners (Abs. 1 Nr. 1)	7
2. Identifizierung des wirtschaftlich Berechtigten (Abs. 1 Nr. 2)	13
a) Abklärung bei natürlichen Personen	17
b) Abklärung bei juristischen Personen und Personengesellschaften	19
3. Ermittlung des Geschäftszweckes (Abs. 1 Nr. 3)	21
4. Feststellung der politisch exponierten Person (Abs. 1 Nr. 4)	26
5. Überwachung der Geschäftsbeziehung (Abs. 1 Nr. 5)	29
III. Risikoorientierte Bestimmung des Maßnahmenumfangs (Abs. 2)	38
1. Risikofaktoren nach Anlage 1 und 2 des Geldwäschegesetzes	42
2. Risikoeinstufung und Kernsorgfaltspflichten	52
3. Errichtung interner Kontrollen	54
4. Darlegungspflicht (§ 10 Abs. 2 S. 4 GwG)	57
IV. Pflichtauslösende Ereignisse (Abs. 3)	58
1. Begründung einer Geschäftsbeziehung (Abs. 3 Nr. 1)	59
2. Transaktionen außerhalb einer dauerhaften Geschäftsbeziehung (Abs. 3 Nr. 2)	63
a) Sorgfaltspflichtsauslösende Geschäftsvorfälle	69
b) Verdacht auf Smurfing	88
3. Verdacht der Geldwäsche oder Terrorismusfinanzierung (Abs. 3 Nr. 3)	92
4. Zweifel über Identitätsangaben (Abs. 3 Nr. 4)	100
V. Erfüllung der allgemeinen Sorgfaltspflichten (Abs. 3a)	103
VI. Erbringung von Zahlungsdiensten (Abs. 4)	105
VII. Identifizierungspflicht der Veranstalter und Vermittler von Glücksspielen (Abs. 5)	108
VIII. Von Immobilienmaklern zu erfüllende Sorgfaltspflichten (Abs. 6)	112
IX. Von Güterhändlern und Kunstvermittler und Kunstlagerhalter zu erfüllende Sorgfaltspflichten (Abs. 6a)	115
X. Ausgabe von E-Geld (Abs. 7)	121
XI. Mitteilungspflicht der Versicherungsvermittler (Abs. 8)	124
XII. Beendigungsverpflichtung (Abs. 9)	129

I. Allgemeines

1   Mit der auf der 3. EU-Anti-Geldwäscherichtlinie fußenden Fassung des „Gesetzes zur Ergänzung der Bekämpfung der Geldwäsche und der Terrorismusfinanzierung" der Bundesregierung in der Fassung vom 13.8.2008 (BGBl. 2008 I S. 1690) war eine Neustrukturierung der Kundensorgfaltspflichten verbunden. Wesentliche Ziel-

Allgemeine Sorgfaltspflichten § 10

setzung des GwBekErgG war die Ausgestaltung von allgemeinen, vereinfachten und verstärkten Sorgfaltspflichten unter Berücksichtigung des Umstandes, dass die Verpflichteten die ihnen obliegenden Anforderungen trotz unterschiedlicher Geschäftsstrukturen und unterschiedlicher Risikoprofile in risikoangemessener Weise erfüllen können. Dogmatische Grundlage der Geldwäschebekämpfung war (und ist zum Teil auch weiterhin) der sich auf alle Regelungsbereiche auswirkende und in § 3 Abs. 4 GwG aF verankerte sog. „risk based approach", der den Verpflichteten Ermessensspielräume bei der Ausgestaltung der Maßnahmen zur Verhinderung der Geldwäsche und Terrorismusfinanzierung einräumen soll bzw. sollte. Das auf Empfehlung Nr. 5 der 40 Empfehlungen der FATF sowie auf Art. 3 Abs. 1 der 2. EG-Anti-Geldwäscherichtlinie zurückgehende „Know-Your-Customer" Prinzip fand eine wesentliche Ausprägung in der Vorschrift des § 3 Abs. 1 GwG aF. Die allgemeinen Sorgfaltspflichten nach Abs. 1 wurden ergänzt von Spezialregelungen für bestimmte Sachverhalte, die seitens des Gesetzgebers als vergleichsweise risikoarm, bzw. besonders risikobehaftet eingestuft wurden. Entsprechende Regelungen finden sich in §§ 14, 15 GwG, § 25k KWG, sowie in § 55 VAG. Die nunmehr in §§ 11 ff. GwG geregelte Pflicht zur Identifizierung des Vertragspartners, die zusammen mit der Pflicht zur Feststellung der Identität des wirtschaftlich Berechtigten eine der tragenden Säulen der Geldwäschebekämpfung darstellt (vgl. hierzu bisher *Teichmann/Achsnich* in Herzog/Mülhausen Geldwäschebekämpfung-HdB § 31 Rn. 1), bleibt weiterhin zentrale Verpflichtung des Geldwäschegesetzes (§ 10 Abs. 1 Nr. 1 und 2 GwG).

Die Vorschrift des § 3 GwG aF entspricht somit der Regelung des § 10 GwG **2** und erfüllt insbesondere aufgrund bestimmter Ergänzungen die Vorgaben des Art. 13 Abs. 1 der 4. Geldwäscherichtlinie (EU) 2015/849 des Europäischen Parlaments und des Rates. Neben den Sorgfaltspflichten gegenüber Kunden und Vertragspartnern, die seitens des Gesetzgebers als Handlungspflichten ausgestaltet wurden, lassen sich die nach der Gesetzessystematik festgelegten Verpflichtungen des Weiteren in organisatorische Pflichten (hierunter fällt insbes. die Verpflichtung zur Schaffung von internen Sicherungsmaßnahmen zur Verhinderung der Geldwäsche, der Terrorismusfinanzierung und des Betruges zulasten der Institute, vgl. § 6 GwG) und in sonstige Pflichten (zB Dokumentations- und Aufbewahrungspflicht gem. § 8 GwG, Verdachtsmeldepflicht nach § 43 GwG) einteilen. Die 4. Geldwäscherichtlinie (EU) 2015/849 des Europäischen Parlaments und des Rates führt dabei zu einer Weiterentwicklung des risikobasierten Ansatzes. Die Mitgliedstaaten werden dazu verpflichtet, die für sie bestehenden Risiken zu ermitteln, zu analysieren und zu mindern. Ergänzend können auf supranationaler Ebene (zB bei den europäischen Aufsichtsbehörden oder bei Europol) Risikobewertungen vorgenommen werden, deren Ergebnisse an andere Mitgliedstaaten und Verpflichtete weitergegeben werden sollten (vgl. hierzu bereits Vorschlag für eine RL des europäischen Parlaments und des Rates zur Verhinderung der Nutzung des Finanzsystems zum Zwecke der Geldwäsche und der Terrorismusfinanzierung v. 5.2.2013, 2013/0025 (COD), S. 11). Der risikobasierte Ansatz war bereits im Geldwäschegesetz aF angelegt und dort insbesondere in der Generalklausel des § 3 Abs. 4 GwG aF enthalten, mit der Art. 8 Abs. 2 S. 1 der 3. EU-Anti-Geldwäscherichtlinie umgesetzt wurde. Gemäß § 10 Abs. 2 GwG (§ 3 Abs. 4 S. 1 GwG aF) haben die Verpflichteten bei Erfüllung der Sorgfaltspflichten nach dem GwG den konkreten Umfang ihrer Maßnahmen entsprechend dem Risiko des jeweiligen Vertragspartners, der jeweiligen Geschäftsbeziehung oder der jeweiligen Transaktion zu bestimmen.

Auch die Systematik der Pflicht auslösenden Ereignisse iSv § 10 Abs. 3 und 3a **3** GwG (§ 3 Abs. 2 GwG aF) hat mit Inkrafttreten des GwBekErgG eine grund-

Figura

§ 10 Abschnitt 3. Sorgfaltspflichten in Bezug auf Kunden

legende Änderung erfahren: Während die Pflicht zur Identifizierung des Vertragspartners bis zum Inkrafttreten des GwBekErgG insbesondere entweder im Fall der Begründung einer auf Dauer angelegten Geschäftsbeziehung oder bei Bartransaktionen entstand, greifen die (Kern-)Kundensorgfaltspflichten neben dem Fall der Begründung einer Geschäftsbeziehung nunmehr bei baren wie unbaren Transaktionen außerhalb einer bestehenden Geschäftsbeziehung, soweit keine Schwellenwert-, bzw. Ausnahmeregelungen anwendbar sind. Die bisherige Unterscheidung zwischen Bartransaktion und unbaren Transaktionen hat damit an Bedeutung verloren. Für Veranstalter und Vermittler von Glücksspielen, Güterhändler, Kunstvermittler und Kunstlagerhalter und Versicherungsvermittler enthalten § 10 Abs. 5, 6, 6a und Abs. 8 GwG Sonderregelungen. Darüber hinaus enthält § 10 Abs. 4 und 7 GwG besondere Bestimmungen für die Annahme von Bargeld durch Zahlungsverkehrsdienstleister und ihr selbstständiges Hilfspersonal sowie für Ausgabe von E-Geld. § 10 Abs. 9 GwG normiert schließlich eine Pflicht zur Beendigung bestehender Geschäftsverbindungen bei Nichterfüllung der nach Abs. 1 Nr. 1–4 vorgeschriebenen Sorgfaltspflichten.

4   Bereits durch Art. 1 des GwOptG vom 22.12.2011 neu eingefügt wurde in § 3 Abs. 2 Nr. 2 GwG aF (§ 10 Abs. 3 S. 1 Nr. 2 lit. a GwG) eine zweite Tatbestandsalternative, wonach die Sorgfaltspflichten nach § 3 Abs. 1 GwG aF (§ 10 Abs. 1 GwG) auch für einen Geldtransfer iSd Art. 2 Nr. 7 der Verordnung (EG) 1781/2006 (EG-GeldtransferVO) bzw. nunmehr iSd Art. 3 Nr. 9 der Verordnung (EU) 2015/847 des Europäischen Parlaments und des Rates vom 20.5.2015 über begleitende Angaben bei Geldtransfers und zur Aufhebung der Verordnung (EU) Nr. 1781/2006 (ABl. 2015 L 141, 1) gelten, soweit dieser außerhalb einer bestehenden Geschäftsbeziehung einen Betrag im Wert von 1.000 EUR oder mehr ausmacht. Die Einfügung hatte lediglich deklaratorischen Charakter und sollte den Verpflichteten verdeutlichen, dass bei den Sorgfaltspflichten, die bei der Durchführung einer Transaktion außerhalb einer bestehenden Geschäftsbeziehung zu erfüllen sind, ab einem Schwellenwert von 1.000 EUR auch die Vorschriften der Geldtransferverordnung zu erfüllen sind (vgl. hierzu BT-Drs. 17/6804, 26).

II. Allgemeine Sorgfaltspflichten (Abs. 1)

5   Mit Inkrafttreten des GwBekErgG ergaben sich inhaltliche Neuerungen insbesondere durch die Neustrukturierung der Kundensorgfaltspflichten. In § 10 Abs. 1 GwG sind die von den Verpflichteten iSv § 2 Abs. 1 GwG zu erfüllenden allgemeinen Sorgfaltspflichten, die den Missbrauch von Dritten zu Zwecken der Geldwäsche oder der Terrorismusfinanzierung verhindern sollen. Flankiert von den vereinfachten Sorgfaltspflichten nach § 14 GwG und den in bestimmten Fallkonstellationen anzuwendenden verstärkten Sorgfaltspflichten nach § 15 GwG geht der hierin zum Ausdruck kommende „Customer Due Diligence"-Ansatz über die im bisherigen Geldwäschegesetz geregelte formale Identitätsfeststellung hinaus. Neben die Identifizierungspflicht treten weitere Sorgfalts- und Abklärungspflichten. Die insbesondere in § 10 Abs. 1 GwG festgelegten (Kern-) Kundensorgfaltspflichten beinhalten neben der Verpflichtung zur Identifizierung des Vertragspartners in Nr. 1 die Pflicht zur Abklärung des wirtschaftlich Berechtigten einschließlich der Abklärung der Kontroll- und Eigentumsstrukturen, soweit der Vertragspartner keine natürliche Person ist (Nr. 2). Ergänzend sieht § 10 Abs. 1 GwG die Verpflichtung zur Abklärung des Geschäftszweckes soweit dieser nicht offensichtlich ist (Nr. 3) und

Allgemeine Sorgfaltspflichten **§ 10**

zur kontinuierlichen Überwachung der Geschäftsbeziehung (Nr. 5) vor. § 10 Abs. 1 Nr. 4 GwG wurde neu in den Katalog der allgemeinen Sorgfaltspflichten aufgenommen und regelt die Pflicht zur Abklärung, ob der Vertragspartner oder der wirtschaftlich Berechtigten eine Person im Sinne von § 1 Abs. 12–14 GwG darstellt und als solche handelt (BT-Drs. 18/11555, 116). Der Abklärung des sog. „PeP-Status" dient insbesondere als weitere Entscheidungsgrundlage für die Anwendung allgemeiner oder verstärkter Kundensorgfaltspflichten auf den jeweiligen Kunden.

Die in § 10 Abs. 1 GwG vorgegebenen Sorgfaltspflichten gehen zurück auf die 6 bereits in Art. 8 Abs. 1 der 3. EU-Anti-Geldwäscherichtlinie enthaltenen Vorgaben. Dabei unterliegen die Sorgfaltspflichten des § 10 Abs. 1 Nr. 2–5 GwG dem risikoorientierten Ansatz gem. § 10 Abs. 2 GwG (vgl. hierzu bereits BT-Drs. 16/9038, 33). Dort wo Ermessensspielräume eingeräumt werden, sind institutsintern die verantwortungsbewusste Nutzung, sowie im Hinblick auf die Prüfung eine angemessene Dokumentation der Umsetzung des risikoorientierten Ansatzes sicherzustellen (DK, Auslegungs- und Anwendungshinweise 2014, Tz. 2). Im Zusammenhang mit den allgemeinen Sorgfaltspflichten zu beachten sind ebenfalls die Vorgaben der (neuen) GeldtransferVO (EU-Geldtransferverordnung v. 20.5.2015; VO (EU) Nr. 1781/2006, ABl. 2015 L 141, S. 1), sowie die Verpflichtung zur Erfassung der Verfügungsberechtigten über Konten, Depots, Schließfächer und Verwahrstücke gem. § 154 AO.

1. Identifizierung des Vertragspartners (Abs. 1 Nr. 1)

Die Identifizierung des Vertragspartners gem. § 10 Abs. 1 Nr. 1 GwG bleibt zen- 7 trale Verpflichtung der Kundensorgfaltspflichten nach dem GwG. Mit der Vorschrift wurde die in Art. 8 Abs. 1 a der 3. EU-Anti-Geldwäscherichtlinie enthaltene Verpflichtung, die Identität des jeweiligen Vertragspartners kennen zu müssen, umgesetzt. Die Norm bezweckt den Wegfall der Anonymität, und ermöglicht im Falle von Anhaltspunkten für Geldwäsche- oder Terrorismusfinanzierungsaktivitäten anhand der Identität des betreffenden Person der sog. „Papierspur" zu folgen und dadurch gegebenenfalls Täter überführen zu können (vgl. BT-Drs. 16/9038, 33). Der persönlich Auftretende iSv § 2 Abs. 2 GwG aF ist seit dem Regelungsmodell der 3. EU-Anti-Geldwäscherichtlinie dagegen nicht mehr Anknüpfungspunkt für die Identifizierungspflichten, es sei denn, dieser ist gleichzeitig Vertragspartner des Verpflichteten (DK, Auslegungs- und Anwendungshinweise 2014, Tz. 2).

Durch die Ergänzung der Norm um die Prüfung, ob die für den Vertragspartner auftretender Person eine entsprechende Berechtigung verfügt, wird der Vorgabe der FATF-Empfehlungen sowie Art. 13 Abs. 1 der 4. Geldwäscherichtlinie (EU) 2015/849 des Europäischen Parlaments und des Rates Folge geleistet (BT-Drs. 18/11555, 116).

Als Vertragspartner zu identifizieren ist jede natürliche oder juristische Person, 8 mit der eine auf Dauer angelegte Geschäftsbeziehung iSv § 1 Abs. 4 GwG eingegangen wird, bzw. die im Falle einer einzelnen, Kundensorgfaltspflichten auslösenden Transaktion iSv § 1 Abs. 5 GwG außerhalb einer bestehenden Geschäftsbeziehung Vertragspartner des der Transaktion zugrundeliegenden Auftrags- bzw. Geschäftsbesorgungsverhältnisses ist (vgl. auch DK, Auslegungs- und Anwendungshinweise 2014, Tz. 5; BT-Drs. 16/9038, 33). Maßgeblich für die Beurteilung ist das schuldrechtliche Verständnis; zu betrachten ist daher jeweils die Vertragsbeziehung, die der Geschäftsverbindung mit dem Verpflichteten, bzw. der einzelnen außerhalb einer bestehenden Geschäftsbeziehung durchgeführten Transaktion zu Grunde

Figura

liegt (DK, Auslegungs- und Anwendungshinweise 2014, Tz. 5). Wird beispielsweise Bargeld im Rahmen einer bereits bestehenden Geschäftsbeziehung vom Kunden selbst bzw. einem Boten oder Vertreter eingezahlt, ist der Kunde Vertragspartner des Kreditinstitutes. Nimmt jedoch ein Dritter aufgrund eines eigenständigen Auftrags- oder Geschäftsbesorgungsverhältnisses eine Bareinzahlung auf ein Konto vor, erfolgt diese gerade nicht innerhalb der bestehenden Geschäftsbeziehung zwischen Kreditinstitut und Kontoinhaber; der Dritte ist als Vertragspartner zu identifizieren.

9 § 10 Abs. 1 Nr. 1 GwG normiert darüber hinaus auch die Identifizierung der für den Vertragspartner auftretenden Person nach Maßgabe des § 11 Abs. 4 und des § 12 Abs. 1 und 2 GwG; hierzu sollen nach dem Gesetzeswortlaut wohl insbesondere Vertreter und Boten zählen (anders bislang BT-Drs. 16/9038, 33; zum Begriff der rechtsgeschäftlichen Vertretung iSv § 164 BGB und des Boten, der die Willenserklärung eines anderen lediglich übermittelt oder empfängt, vgl. *Ellenberger* in Palandt BGB § 164 Rn. 1 f., Einf. Rn. 11 vor § 164). Die Legitimationsprüfungspflichten nach § 154 Abs. 2 AO und der Anwendungserlass des BMF zur AO (AEAO; BMF BStBl. I S. 290 ff. zuletzt geändert durch BMF BStBl. I S. 94) bleiben hiervon unberührt; dies gilt insbesondere für die Regelungen zur Legitimationsprüfung bezüglich der Verfügungsberechtigten eines Kontos oder Schließfachs.

Die Identifizierung umfasst dabei auch die Prüfung, ob die für den Vertragspartner auftretende Person hierzu berechtigt ist. Es ist davon auszugehen, dass die Prüfung insbesondere die rechtsgeschäftliche Vertretung der für den Vertragspartner auftretenden Person beinhaltet (zum Begriff der rechtsgeschäftlichen Vertretung iSv § 164 BGB und des Boten, der die Willenserklärung eines anderen lediglich übermittelt oder empfängt, vgl. *Ellenberger* in Palandt BGB § 164 Rn. 1 f., Einf. Rn. 11 vor § 164). Soweit das Interesse des persönlich Auftretenden, als Bote oder Vertreter des Vertragspartners zu handeln, aufgrund äußerer Umstände erkennbar ist, besteht keine Pflicht zur aktiven Nachforschung durch den Verpflichteten. In Zweifelsfällen hingegen wird ggf. eine weitere Abklärung durch die Verpflichteten erfolgen müssen.

10 Für die Abgrenzung zwischen Vertreter- und Eigengeschäft gelten die allgemeinen Auslegungsgrundsätze, §§ 133, 157 BGB (*Ellenberger* in Palandt BGB § 164 Rn. 4). Entscheidend ist in diesem Zusammenhang, wie der Verpflichtete das Verhalten des persönlich Auftretenden verstehen durfte; neben der erkennbaren Interessenlage sind auch weitere Umstände wie früheres Verhalten und berufliche Stellung zu berücksichtigen (*Ellenberger* in Palandt BGB § 164 Rn. 4). Verbleiben Zweifel, ist ein Eigengeschäft anzunehmen, vgl. § 164 Abs. 2 BGB (*Ellenberger* in Palandt BGB § 164 Rn. 5). In diesem Fall ist der persönlich Auftretende als Vertragspartner des Verpflichteten zu identifizieren, da das Vorliegen einer erneuten, Kundensorgfaltspflichten auslösenden Transaktion außerhalb einer bestehenden Geschäftsbeziehung angenommen werden muss. Für die Offenkundigkeit des Auftretens von Bote oder Vertreter sind die äußeren Umstände des Geschäftes maßgeblich (DK, Auslegungs- und Anwendungshinweise 2014, Tz. 9). So kann unter Umständen bei einer Einzahlung auf ein bei einem Kreditinstitut geführten Konto auch das gewählte Einzahlungsverfahren Anhaltspunkte dafür bieten, ob die Einzahlung innerhalb oder außerhalb der bestehenden Geschäftsbeziehung erfolgt. Während bei einer Bareinzahlung unter Verwendung eines einfachen Einzahlungsbeleges ein Geschäftsvorfall innerhalb einer bestehenden Geschäftsbeziehung für den Kontoinhaber als Vertragspartner (und damit eine Boten-, bzw. Vertretereigenschaft des persönlich Auftretenden) angenommen werden kann, sofern keine tatsächlichen Anhaltspunkte für das Gegenteil vorliegen, kann dagegen die Verwendung eines

Allgemeine Sorgfaltspflichten **§ 10**

Zahlscheines die Begründung eines eigenständigen Vertragsverhältnisses mit dem Auftretenden indizieren, da das Zahlscheinverfahren dem Empfänger des Geldes ermöglicht, den Zahlungseingang auf seinem Konto einer bestimmten Person, bzw. einem bestimmten Verwendungszweck zuzuordnen; dies ist bei Verwendung eines einfachen Einzahlungsbeleges regelmäßig nicht der Fall (DK, Auslegungs- und Anwendungshinweise 2014, Tz. 9).

Beispiele für Vertragspartner sind die Vertragspartei des Giro-/Depot-/Kontovertrags, der Auftraggeber eines Akkreditivs, sowie der Auftraggeber bei einem Avalkredit (Bsp. bei DK, Auslegungs- und Anwendungshinweise 2014, Tz. 5). Nicht als Vertragspartner zu identifizieren sind dagegen der persönlich Auftretende und sonstige Dritte, der wirtschaftlich Berechtigte, offenkundig als solche auftretende oder handelnde Boten und Vertreter, da deren Handlungen für die Vertragspartner wirken, der Empfänger (Begünstigte) einer Überweisung, der Begünstigte bei einem Akkreditivgeschäft oder Avalkredit, bei Zahlung eines Kreditinstitutes zur Ablösung einer vorrangigen Sicherheit, die Verfügungsberechtigten eines Kontos, Depots iSv § 154 AO (Aufzählung bei DK, Auslegungs- und Anwendungshinweise 2014, Tz. 5). Im letztgenannten Fall besteht jedoch die Verpflichtung zur Erfassung/Legitimationsprüfung gem. 154 Abs. 2 AO unter Beachtung der Ausnahmeregelungen des AEAO. **11**

Die in § 10 Abs. 1 Nr. 1 GwG enthaltene Grundpflicht zur Identifizierung des Vertragspartners wird flankiert von der in § 1 Abs. 3 GwG enthaltenen Begriffsbestimmung des Identifizierens. Bei der Identifizierung ist zwischen der Feststellung der Identität einerseits und Maßnahmen zur Überprüfung der Angaben andererseits zu unterscheiden (*Figura* → GwG § 1 Rn. 20ff.). Die Durchführung der Identifizierung des Vertragspartners hat nach Maßgabe des § 11 und 12 GwG zu erfolgen, der die für die Feststellung der Identität von natürlichen Personen (§ 11 Abs. 4 Nr. 1 GwG) und juristischen Personen, bzw. Personengesellschaften (§ 11 Abs. 4 Nr. 2) GwG zu erhebenden Angaben festlegt, sowie Vorgaben für die Verifizierung, insbesondere zu den heranzuziehenden Dokumenten (§ 12 Abs. 1 GwG) enthält. **12**

2. Identifizierung des wirtschaftlich Berechtigten (Abs. 1 Nr. 2)

Gemäß § 10 Abs. 1 Nr. 2 GwG (§ 3 Abs. 1 Nr. 3 GwG aF) besteht die Verpflichtung zur Abklärung, ob der Vertragspartner für einen wirtschaftlich Berechtigten handelt, und, soweit dies der Fall ist, zu dessen Identifizierung nach Maßgabe von § 11 Abs. 5 GwG. Ist der Vertragspartner keine natürliche Person, haben die Verpflichteten ebenfalls die Eigentums- und Kontrollstruktur des Vertragspartners mit angemessenen Mitteln in Erfahrung zu bringen, § 10 Abs. 1 Nr. 2 GwG. Mit der Vorschrift des § 3 Abs. 1 Nr. 3 GwG aF wurde Art. 8 Abs. 1b der 3. EU-Anti-Geldwäscherichtlinie umgesetzt. Maßgebliche gesetzliche Regelungen zur Abklärung und Identifizierung des wirtschaftlich Berechtigten sind neben der in § 10 Abs. 1 Nr. 2 GwG enthaltenen Grundverpflichtung die Begriffsbestimmung des wirtschaftlich Berechtigten in § 3 GwG, sowie die Vorschrift des § 11 Abs. 5 GwG, aus dem sich Inhalt und Umfang der Identifizierungspflicht ergeben. Es ist also beim Kunden nachzufragen, ob dieser für eigene Rechnung handelt, und gegebenenfalls Name und Anschrift desjenigen festzustellen, für dessen Rechnung der Auftretende handelte. Darüber hinaus bestand für Institute bereits nach früherer Rechtslage eine weitergehende Pflicht zur Identitätsfeststellung des wirtschaftlich Berechtigten, soweit Zweifel bestanden, dass ein Kunde für eigene Rechnung handelt (vgl. § 8 Abs. 1 S. 3 GwG aF). **13**

Figura

§ 10 Abschnitt 3. Sorgfaltspflichten in Bezug auf Kunden

Im Vergleich zur bisherigen Pflicht zur Feststellung des wirtschaftlich Berechtigten nach § 8 GwG aF unterscheiden sich die seit Inkrafttreten des GwBekErgG geltenden Regelungen im Wesentlichen dadurch, dass nach der Fassung Gesetzes (GwBekErgG) ein anderer Begriff des wirtschaftlich Berechtigten zugrunde liegt. Wirtschaftlich Berechtigter ist nun nicht mehr nur die natürliche oder juristische Person, für deren Rechnung unmittelbar gehandelt wird. Gemäß § 3 GwG ist als wirtschaftlich Berechtigter anzusehen:
– die natürliche Person, in deren Eigentum oder unter deren Kontrolle der Vertragspartner letztlich steht, oder
  die natürliche Person, auf deren Veranlassung eine Transaktion letztlich durchgeführt oder eine Geschäftsbeziehung letztlich begründet wird.
– Bei juristischen Personen außer rechtsfähigen Stiftungen und bei sonstigen Gesellschaften, die nicht an einem organisierten Markt nach § 2 Abs. 5 des Wertpapierhandelsgesetzes notiert sind und keinen dem Gemeinschaftsrecht entsprechenden Transparenzanforderungen im Hinblick auf Stimmrechtsanteile oder gleichwertigen internationalen Standards unterliegen, zählt zu den wirtschaftlich Berechtigten jede natürliche Person, die unmittelbar oder mittelbar
  1. mehr als 25 Prozent der Kapitalanteile hält,
  2. mehr als 25 Prozent der Stimmrechte kontrolliert oder
  3. auf vergleichbare Weise Kontrolle ausübt.
Mittelbare Kontrolle liegt insbesondere vor, wenn entsprechende Anteile von einer oder mehreren Vereinigungen nach § 20 Abs. 1 gehalten werden, die von einer natürlichen Person kontrolliert werden. Kontrolle liegt insbesondere vor, wenn die natürliche Person unmittelbar oder mittelbar einen beherrschenden Einfluss auf die Vereinigung nach § 20 Abs. 1 ausüben kann. Für das Bestehen eines beherrschenden Einflusses gilt § 290 Abs. 2–4 des Handelsgesetzbuches entsprechend. Wenn auch nach Durchführung umfassender Prüfungen und ohne dass Tatsachen nach § 43 Abs. 1 vorliegen von der meldepflichtigen Vereinigung nach § 20 Abs. 1 kein wirtschaftlich Berechtigter nach Abs. 1 oder nach den S. 1–4 ermittelt werden kann, gilt als wirtschaftlich Berechtigter der gesetzliche Vertreter, der geschäftsführende Gesellschafter oder der Partner des Vertragspartners.
– Bei rechtsfähigen Stiftungen und Rechtsgestaltungen, mit denen treuhänderisch Vermögen verwaltet oder verteilt oder die Verwaltung oder Verteilung durch Dritte beauftragt wird, oder bei diesen vergleichbaren Rechtsformen zählt zu den wirtschaftlich Berechtigten:
  1. jede natürliche Person, die als Treugeber (Settlor), Verwalter von Trusts (Trustee) oder Protektor, sofern vorhanden, handelt,
  2. jede natürliche Person, die Mitglied des Vorstands der Stiftung ist,
  3. jede natürliche Person, die als Begünstigte bestimmt worden ist,
  4. die Gruppe von natürlichen Personen, zu deren Gunsten das Vermögen verwaltet oder verteilt werden soll, sofern die natürliche Person, die Begünstigte des verwalteten Vermögens werden soll, noch nicht bestimmt ist, und
  5. jede natürliche Person, die auf sonstige Weise unmittelbar oder mittelbar beherrschenden Einfluss auf die Vermögensverwaltung oder Ertragsverteilung ausübt, und
  6. jede natürliche Person, die unmittelbar oder mittelbar beherrschenden Einfluss auf eine Vereinigung ausüben kann, die Mitglied des Vorstands der Stiftung ist oder die als Begünstigte der Stiftung bestimmt worden ist.

Allgemeine Sorgfaltspflichten §10

– Bei Handeln auf Veranlassung zählt zu den wirtschaftlich Berechtigten derjenige, auf dessen Veranlassung die Transaktion durchgeführt wird. Soweit der Vertragspartner als Treuhänder handelt, handelt er ebenfalls auf Veranlassung.
Bei juristischen Personen wird dabei Kontrolle bzw. Eigentum unterstellt, wenn eine natürliche Person direkt oder indirekt mehr als 25% der Kapital-/Stimmrechtsanteile kontrolliert oder dies auf vergleichbare Weise ausübt (§ 3 Abs. 2 GwG); bei rechtsfähigen Stiftungen und Rechtsgestaltungen, mit denen treuhänderisch Vermögen verwaltet oder verteilt oder die Verwaltung oder Verteilung durch Dritte beauftragt wird, oder bei vergleichbaren Rechtsformen gilt als wirtschaftlich Berechtigter die natürliche Person, die begünstigt ist oder in einer bestimmten Funktion handelt (§ 3 Abs. 3 GwG). Bei Handeln auf Veranlassung zählt zu den wirtschaftlich Berechtigten derjenige, auf dessen Veranlassung die Transaktion durchgeführt wird.
Art. 3 Abs. 6 Buchst. a der 4. Geldwäscherichtlinie (EU) 2015/849 des Europäischen Parlaments und des Rates enthielt die Vorgabe die Ermittlung des wirtschaftlichen Eigentümers einer Gesellschaft dann zu bestimmen, wenn eine Person einen Aktienanteil von 25 Prozent zuzüglich einer Aktie oder eine Beteiligung von mehr als 25 Prozent hält. Im Zuge der **5. Geldwäscherichtlinie** sollte der Schwellenwert bei bestimmten Unternehmen mit hohem Geldwäscherisiko auf 10 Prozent gesenkt werden. Die 5. Geldwäscherichtlinie sah folgende Ergänzung des Art. 3 Nr. 6 Buchst. a Ziff. i der 4. Geldwäscherichtlinie (EU) 2015/849 des Europäischen Parlaments und des Rates mit folgendem Wortlaut vor:

„Für die Zwecke von Artikel 13 Absatz 1 Buchstabe b und Artikel 30 dieser Richtlinie wird der im zweiten Absatz genannte Prozentsatz, der einen Hinweis auf Eigentum oder Kontrolle darstellen kann, auf 10 Prozent gesenkt, wenn es sich bei dem Rechtsträger um eine passive nichtfinanzielle Einheit im Sinne der Richtlinie 2011/16/EU handelt."

Als Begründung wurde angeführt (vgl. 5. Geldwäsche-Richtlinie, Zusätzliche Elemente, S. 20):
„Bei zwischengeschalteten Unternehmen ohne wirtschaftliche Tätigkeit, die ausschließlich dazu dienen, Distanz zwischen dem tatsächlichen Eigentümer und seinem Vermögen zu schaffen, kann die Schwelle von 25 Prozent relativ leicht umgangen werden. Mit der Einführung einer niedrigeren Schwelle im Falle konkreter Gefahr wird die Bandbreite der Unternehmen, zu denen die Verpflichteten zusätzliche Informationen erheben müssten, auf Unternehmen beschränkt, bei denen ein hohes Risiko der Nutzung für illegale Zwecke besteht. Somit wird die Feststellung der wirtschaftlichen Eigentümer vereinfacht, wobei der Schwerpunkt klar auf Unternehmen liegt, die in ihrer Eigenschaft als zwischengeschaltete Strukturen kein eigenes Einkommen erzielen, sondern vor allem der Kanalisierung von Einkommen aus anderen Quellen dienen (passive Nichtfinanzunternehmen im Sinne der Richtlinie 2011/16/EU)."
Eine Umsetzung dieser Vorgabe in nationales Recht erfolgen bislang nicht.

Die Verpflichtung zur Abklärung des wirtschaftlich Berechtigten nach § 10 **14**
Abs. 1 Nr. 2 GwG besteht bei Begründung einer Geschäftsbeziehung (§ 10 Abs. 3 Nr. 1 GwG), bei der Durchführung einer außerhalb einer bestehenden Geschäftsbeziehung anfallenden Transaktion im Wert von 15.000 EUR oder mehr bzw. eines Geldtransfers iSv Art. 3 Nr. 9 der GeldtransferVO mit einem Betrag von 1.000 EUR oder mehr (§ 10 Abs. 3 Nr. 2 GwG), beim Vorliegen von Tatsachen die auf einen Geldwäsche- oder Terrorismusverdacht hindeuten (§ 10 Abs. 3 Nr. 3 GwG), sowie

Figura 287

§ 10 Abschnitt 3. Sorgfaltspflichten in Bezug auf Kunden

bei Zweifeln, ob die auf Grund von Vorschriften des GwG erhobenen Angaben zu der Identität des Vertragspartners oder des wirtschaftlich Berechtigten zutreffend sind (§ 10 Abs. 3 Nr. 4 GwG) und besteht aus folgenden Grundelementen:
– Abklärung, ob es im Hinblick auf den Vertragspartner einen wirtschaftlich Berechtigten iSv § 3 GwG gibt; soweit der Vertragspartner keine natürliche Person ist, sind darüber hinaus Eigentums- und Kontrollstrukturen mit angemessenen Mitteln in Erfahrung zu bringen (vgl. auch DK, Auslegungs- und Anwendungshinweise 2014, Tz. 24 ff.).
– Soweit die Nachfrage die Existenz eines vom Vertragspartner abweichenden wirtschaftlich Berechtigten ergibt, ist dieser zu identifizieren (Einzelheiten *Figura* → GwG § 11 Rn. 18 ff.). Nach Maßgabe von § 11 Abs. 5 GwG ist es als ausreichend zu erachten, die Überprüfung der Identität des wirtschaftlich Berechtigten auf risikoorientierter Grundlage durchzuführen. Eine entscheidende Rolle spielt in diesem Zusammenhang die Verfügbarkeit der Angaben. Ein vollständiger Verzicht auf Maßnahmen zur Überprüfung der Identität des wirtschaftlich Berechtigten ist nicht zulässig (so bereits BT-Drs. 17/6804, 28). Der Verpflichtete hat lediglich einen eingeschränkten, dem Einzelfallrisiko angemessenen Ermessensspielraum hinsichtlich des Umfangs der zur Überprüfung der Identität des wirtschaftlich Berechtigten zu ergreifenden Maßnahmen; ein Ermessensspielraum des Verpflichteten, ob die Überprüfung der Identität des wirtschaftlich Berechtigten überhaupt vorgenommen wird, besteht dagegen nicht (vgl. BT-Drs. 17/6804, 28).

15 Zu ermitteln ist diejenige natürliche Person, die den Vertragspartner direkt oder indirekt kontrolliert bzw. Eigentum hält oder auf deren Veranlassung eine Transaktion letztlich durchgeführt bzw. Geschäftsbeziehung begründet wird, oder hauptsächlicher Begünstigter einer fremdnützigen Gestaltung ist. Die Art der zu treffenden Maßnahmen zur Abklärung der Eigentums- und Kontrollstruktur sollen sich zum einen an der Intensität und Bedeutung der Geschäftsbeziehung bzw. Transaktion, sowie andererseits an den tatsächlich zur Klärung des Sachverhaltes zur Verfügung stehenden Erkenntnismöglichkeiten ausrichten (Begr. GwBekErgG, BT-Drs. 16/9038, 38) und sind im Einzelfall risikoorientiert abzuwägen (DK, Auslegungs- und Anwendungshinweise 2014, Tz. 27). Dabei sollten Angaben zu den Eigentumsverhältnissen grundsätzlich bei allen wesentlichen Beteiligungen erfasst werden, wobei eine wesentliche Beteiligung regelmäßig bei einer Beteiligung von mehr als 25 % der Anteile angenommen werden kann (DK, Auslegungs- und Anwendungshinweise 2014, Tz. 27). Die erhobenen Angaben zu den Eigentums-/Kontrollstrukturen sind ferner in geeigneter Weise aufzuzeichnen, etwa durch schriftliche Aufzeichnungen oder schematisch in Form eines Konzerndiagramms, bzw. Schaubildes.

16 Der wirtschaftlich Berechtigte ist nach Maßgabe von § 10 Abs. 1 Nr. 2 GwG grundsätzlich auch bei der Eröffnung von Unterkonten abzuklären. Eine Ausnahme gilt lediglich bei so genannten unselbstständigen Unterkonten, wenn sichergestellt ist, dass das Geld wieder auf das ursprüngliche Konto zurückfließt (bislang st. bisherige Verwaltungspraxis der BaFin zur Feststellung der Identität des wirtschaftlich Berechtigten nach § 8 GwG aF, s. berichtigt frühere Verlautbarung DAKred, Verlautbarung v. 30.3.1998, Nr. 19). Bei unselbstständigen Unterkonten (zB bestimmten Arten von Festgeldkonten) besteht keine direkte Verfügungsmöglichkeit des Vertragspartners gegenüber der Bank hinsichtlich des Unterkontos; sämtliche anfallenden Buchungen werden über das Hauptkonto des Kunden abgewickelt. Die Pflicht zur Abklärung des wirtschaftlich Berechtigten besteht auch dann, wenn nach § 11 Abs. 3 GwG von einer Identifizierung des Vertragspartners

Allgemeine Sorgfaltspflichten **§ 10**

abgesehen werden kann (st. bisherige Verwaltungspraxis der BaFin, s. berichtigt frühere Verlautbarung BAKred, Verlautbarung v. 30.3.1998, Nr. 19 zu § 3 Abs. 1 Nr. 3 GwG aF iVm § 4 Abs. 2 GwG aF).

a) Abklärung bei natürlichen Personen. Soweit die Abklärung bei natür- 17
lichen Personen ergibt, dass ein wirtschaftlich Berechtigter existiert, ist die Identität des wirtschaftlich Berechtigten nach Maßgabe von § 11 Abs. 1, Abs. 4 und Abs. 5 GwG festzustellen (vgl. hierzu auch BaFin, Auslegungs- und Anwendungshinweise zum Geldwäschegesetz, S. 48). Zu erheben ist der Nachname und mindestens ein Vorname des wirtschaftlich Berechtigten (so bereits BT-Drs. 16/9038, 38). Die Erhebung weiterer Identifikationsmerkmale ist nur dann erforderlich, wenn dies in Ansehung des im Einzelfall bestehenden Risikos der Geldwäsche oder der Terrorismusfinanzierung angemessen ist (DK, Auslegungs- und Anwendungshinweise 2014, Tz. 30; BaFin, Auslegungs- und Anwendungshinweise zum Geldwäschegesetz, S. 48). Abweichend von diesem Grundsatz empfiehlt es sich dennoch, auch zusätzliche, über den Namen des wirtschaftlich Berechtigten hinausgehende Angaben zu berücksichtigen, soweit diese frei verfügbar sind, bzw. von dem Vertragspartner mitgeteilt werden (so auch DK, Auslegungs- und Anwendungshinweise 2014, Tz. 30). Insoweit stellt § 11 Abs. 5 S. 3 GwG klar, dass Geburtsdatum, Geburtsort und Anschrift des wirtschaftlich Berechtigten unabhängig vom festgestellten Risiko erhoben werden dürfen.

Ergänzt durch Art. 1 GwOptG vom 22.12.2011, bestimmt § 11 Abs. 5 S. 4 GwG, 18
dass sich der Verpflichtete zur Überprüfung der Identität des wirtschaftlich Berechtigten stets durch risikoangemessene Maßnahmen über die Richtigkeit der erhobenen Angaben zu vergewissern hat. Ein vollständiger Verzicht auf Maßnahmen zur Überprüfung der Identität des wirtschaftlich Berechtigten ist nicht zulässig (BT-Drs. 17/6804, 28). Lediglich hinsichtlich des Umfangs der zur Überprüfung der Identität des wirtschaftlich Berechtigten zu ergreifenden Maßnahmen besteht ein dem Einzelfallrisiko angemessener Ermessensspielraum des Verpflichteten (BT-Drs. 17/6804, 28). Eine Verpflichtung zur Heranziehung qualifizierter Dokumente wie bei der Identifizierung des Vertragspartners nach § 11 Abs. 4 GwG besteht nicht (DK, Auslegungs- und Anwendungshinweise 2014, Tz. 30). Ein Abstellen auf die Angaben im Transparenzregister ist allerdings nicht zulässig; § 11 Abs. 5 S. 4 GwG. Bei Begründung einer neuen Geschäftsbeziehung mit einer Vereinigung nach § 20 GwG oder einer Rechtsgestaltung nach § 21 GwG hat der Verpflichtete allerdings gemäß § 11 Abs. 5 S. 2 GwG einen Nachweis der Registrierung nach § 20 Abs. 1 oder § 21 GwG oder einen Auszug der über das Transparenzregister zugänglichen Daten einzuholen. Können erforderliche Angaben nicht erhoben werden, greift ggf. die Beendigungsverpflichtung nach § 10 Abs. 9 GwG ein (*Figura* → GwG § 10 Rn. 129 ff.).

Handelt der Vertragspartner als Treuhänder und ist der Treugeber eine natürliche Person, sind die Angaben des Vertragspartners zu den Gesamtumständen der Geschäftsbeziehung auf Plausibilität hin zu bewerten (so BaFin, Auslegungs- und Anwendungshinweise zum Geldwäschegesetz, S. 48). Falls es sich bei dem Treugeber hingegen um eine juristische Person handelt, „erfolgt die Überprüfung der Identität des wirtschaftlich Berechtigten der juristischen Person im Sinne einer Plausibilisierung, z. B. anhand von Einsichtnahme in Register, Kopien von Registerauszügen, Telefonbuch, Internet, sonstige Quellen, Kopien von Dokumenten oder aufgrund eigener Kenntnis" (BaFin, Auslegungs- und Anwendungshinweise zum Geldwäschegesetz, S. 48). In einer solchen Konstellation ist es auch erforderlich, Beteiligungsstrukturen zu analysieren sowie risikobasierte Überprüfungsmaßnahmen

Figura

§ 10 Abschnitt 3. Sorgfaltspflichten in Bezug auf Kunden

von indirekt beteiligten Personen mit wesentlicher Beteiligung durchzuführen (BaFin, Auslegungs- und Anwendungshinweise zum Geldwäschegesetz, S. 48). Unterlässt es der Vertragspartner – trotz Aufforderung durch den Verpflichteten – die notwendigen Angaben zum wirtschaftlich Berechtigten zu tätigen, ist § 10 Abs. 9 GwG anzuwenden, das heißt die Geschäftsbeziehung darf nicht begründet oder nicht fortgesetzt und es darf keine Transaktion durchgeführt werden.

19 **b) Abklärung bei juristischen Personen und Personengesellschaften.** Bei nicht natürlichen Personen sind zunächst die Eigentums- und Kontrollstrukturen des Vertragspartners zu ermitteln. Die Angaben des Vertragspartners sind von den Verpflichteten risikobasiert und grds. anhand vorliegender bzw. öffentlich zugänglicher Informationsquellen zu überprüfen, vgl. § 10 Abs. 1 Nr. 2 Hs. 2 GwG (vgl. DK, Auslegungs- und Anwendungshinweise 2014, Tz. 31).

Im Rahmen der sich anhand der vorliegenden Angaben zu Eigentums- und Kontrollstrukturen anschließenden Ermittlung des wirtschaftlich Berechtigten sind die wesentlichen/maßgeblichen Anteilsinhaber unter Berücksichtigung der in § 3 GwG genannten Schwellenwerte und sonstigen Vorgaben zu erfassen. Je größer die Transparenz der Struktur der Anteilseigner desto einfacher die Nachvollziehbarkeit der hinter der Gesellschaft stehenden wirtschaftlich Berechtigten (BT-Drs. 16/6140, 89; zu den Bestimmungen zur Gesellschafterliste vgl. bereits das Handelsrechtsreformgesetz vom 22. 6. 1998; BGBl. I S. 1474 ff.). Hiervon abgesehen, dürfte die Möglichkeit, für die Feststellung und Überprüfung der Identität des wirtschaftlich Berechtigten öffentliche Aufzeichnungen zu nutzen, durch die Einrichtung des Transparenzregisters verbessert werden (vgl. §§ 18 GwG ff.). Das Transparenzregister wird als hoheitliche Aufgabe des Bundes von der registerführenden Stelle elektronisch geführt. Daten, die im Transparenzregister gespeichert sind, werden als chronologische Datensammlung angelegt und sind für Verpflichtete zur Erfüllung der Sorgfaltspflichten abrufbar (§ 23 Abs. 1 S. 1 Nr. 2 GwG). Gemäß § 19 Abs. 1 GwG enthält das Transparenzregister zukünftig folgende Angaben zum wirtschaftlich Berechtigten betr. Vereinigungen nach § 20 Abs. 1 S. 1 GwG und Rechtsgestaltungen nach § 21 GwG:
– Vor- und Nachname,
– Geburtsdatum,
– Wohnort und
– Art und Umfang des wirtschaftlichen Interesses
– Staatsangehörigkeit.

Da sich der Verpflichtete allerdings gemäß § 11 Abs. 5 S. 4 GwG nicht ausschließlich auf die Angaben des Registers verlassen darf, muss er die Kunden um zweckdienliche Daten bitten oder Erkenntnisse auf andere Art und Weise gewinnen (Gesellschaftsvertrag, weitere Gründungsdokumente, ausländische Register, etc). Im Rahmen einer Plausibilitätsprüfung ist zu entscheiden, inwieweit der Umfang an Informationen über die Eigentümer- und Kontrollstrukturen sowie zu ergreifende Maßnahmen zwecks Verifizierung dieser Informationen angemessen sind. Den Verpflichteten steht insoweit ein Ermessensspielraum zu.

20 Auch bei komplexen Beteiligungsstrukturen mit zwischengeschalteten Gesellschaften kann ggf. eine risikobasierte Entscheidung über den Umfang der Abklärungsmaßnahmen zur Ermittlung indirekt beteiligter Personen zu treffen sein. Falls keine natürliche Person als wirtschaftlich Berechtigter festgestellt werden kann (bspw. weil ein solcher nicht existiert) und keinerlei Verdachtsmomente bestehen, gelten qua Fiktion die gesetzlichen Vertreter, geschäftsführenden Gesellschafter

oder Partner als wirtschaftlich Berechtigter; diese sind sowohl für die Erfüllung der Kundensorgfaltspflichten als auch für die Datei zum automatisierten Abruf von Kontoinformationen zu erfassen (BT-Drs. 18/11555, 109).
Lässt sich ein wirtschaftlich Berechtigter nicht feststellen, darf die Geschäftsbeziehung nicht begründet oder fortgesetzt und keine Transaktion durchgeführt werden, § 10 Abs. 9 GwG. Dies gilt insbesondere, wenn der Vertragspartner sich beispielsweise weigert, die Frage nach dem wirtschaftlich Berechtigten zu beantworten (vgl. auch *Höche* Die Bank 1998, 618 (621)).
Der Verhältnismäßigkeitsgrundsatz ist zu beachten.

3. Ermittlung des Geschäftszweckes (Abs. 1 Nr. 3)

Die Verpflichtung zur Abklärung des Hintergrundes der Geschäftsbeziehung ist 21 das Kernstück der unternehmensinternen Customer Due Diligence Maßnahmen. Nach § 10 Abs. 1 Nr. 3 GwG (§ 3 Abs. 1 Nr. 2 GwG aF, mit dem Art. 8 Abs. 1c der 3. EU-Anti-Geldwäscherichtlinie umgesetzt wurde), haben die Verpflichteten Informationen über den Zweck (subjektives Merkmal) und die angestrebte Art der Geschäftsbeziehung (objektives Merkmal) einzuholen, soweit sich diese im Einzelfall nicht bereits zweifelsfrei aus der Geschäftsbeziehung ergeben. Solche Arten von Geschäftsbeziehungen sind insbesondere ein Kontokorrentkonto zur Abwicklung des Zahlungsverkehrs (Privat-/Geschäftskonto), ein klassisches Anlageprodukt zur Vermögenssicherung/-bildung, Depotkonten zur Verwaltung und Verwahrung von Wertpapieren, ein Kredit/Kreditkonto, Lebensversicherungen oder Verträge nach dem Bausparkassengesetz (Auszählung entnommen aus BaFin, Auslegungs- und Anwendungshinweise zum Geldwäschegesetz, S. 50).

Die aktive Einholung von Informationen über den Hintergrund und die an- 22 gestrebte Art der Geschäftsbeziehung durch den Verpflichteten ist nach dem Wortlaut des Gesetzes dann erforderlich, wenn der Zweck der Geschäftsbeziehung nicht selbsterklärend ist. Der Zweck ist jedenfalls dann aus der Natur der jeweiligen Geschäftsverbindung zweifelsfrei ersichtlich, wenn die vom Vertragspartner gewählten Produkte den Zweck indizieren (DK, Auslegungs- und Anwendungshinweise 2014, Tz. 16). Hiervon kann etwa ausgegangen werden, wenn im Standard-Massengeschäft der Kunde eines Kreditinstitutes klassische Anlageprodukte zur Vermögenssicherung/-bildung auswählt (vgl. zum sog. Standard-Massengeschäft *Ackmann/Reder* WM 2009, 158 (162)); auch bei Depotkonten, die der Verwaltung und Verwahrung von Wertpapieren dienen, bei der Einrichtung eines Kontokorrentkontos, das der Zahlungsverkehrsabwicklung dient, beim Abschluss eines Kredites, bzw. der Einrichtung eines Kreditkontos bei einem Kreditinstitut oder bei anderen durch das Institut angebotenen Standardprodukten (DK, Auslegungs- und Anwendungshinweise 2014, Tz. 16). Gleiches wird etwa im Rahmen der Tätigkeit eines Notars anzunehmen sein; für notarielle Urkunden oder Unterschriftsbeglaubigungen mit Entwurf ergeben sich Zweck und Art der Geschäftsbeziehung in der Regel aus dem Dokument selbst, so dass zusätzliche Ermittlungen entbehrlich sind. Bei der Abwicklung von Zahlungsvorgängen im Zusammenhang mit notariellen Amtsgeschäften über ein Anderkonto kann der Notar zudem die Herkunft und das Ziel von Zahlungen feststellen (Bundesnotarkammer, Anwendungsempfehlungen zum Geldwäschegesetz 2017, Ziff. E. VIII). Die Beschaffung der erforderlichen Informationen geschieht grundsätzlich durch aktive Befragung des Vertragspartners und basiert auf den vom Kunden gemachten Angaben (BaFin, Auslegungs- und Anwendungshinweise zum Geldwäschegesetz, S. 50).

§ 10 Abschnitt 3. Sorgfaltspflichten in Bezug auf Kunden

23 Da Art. 9 Abs. 1 der 3. EU-Anti-Geldwäscherichtlinie, der mit § 4 Abs. 1 GwG aF (§ 11 GwG) umgesetzt wurde, ausdrücklich nur hinsichtlich der Identifizierung ein Tätigwerden zeitlich vor der Begründung der Geschäftsbeziehung verlangt, kann die Abklärung des Hintergrundes der Geschäftsbeziehung grundsätzlich auch noch während der laufenden Geschäftsbeziehung durchgeführt werden (BT-Drs. 16/9038, 34). Aus praktischen Gründen empfiehlt es sich jedoch, die Befragung des Vertragspartners im Zusammenhang mit dem Identifizierungsvorgang durchzuführen.

24 Hiergegen kann bei komplexeren Geschäftsbeziehungen nicht ohne weiteres davon ausgegangen werden, dass sich Zweck und Art aus dem Typ der Geschäftsbeziehung ergeben (*Ackmann/Reder* WM 2009, 158 (162)). In Abhängigkeit vom Vertragspartner und der Komplexität der ausgewählten Produkte, bzw. Leistungen kann sich bei risikoorientierter Betrachtungsweise daher das Erfordernis zur weiteren Informationsbeschaffung ergeben (DK, Auslegungs- und Anwendungshinweise 2014, Tz. 16). So wird bei Geschäftsbeziehungen mit natürlichen Personen und nicht-geschäftlicher Nutzung grundsätzlich angenommen werden können, dass der Geschäftszweck in der allgemeinen privaten Nutzung, bei einem Kontokorrentkonto beispielsweise zu Zahlungsverkehrszwecken besteht; ohne konkrete Anhaltspunkte besteht in diesem Fall regelmäßig kein Bedarf nach weiteren Informationen (DK, Auslegungs- und Anwendungshinweise 2014, Tz. 16). Bei einer angestrebten geschäftlichen Nutzung einer Kontoverbindung, bzw. einer Kontoeröffnung durch eine juristische Person/Personengesellschaft dagegen wird regelmäßig eine weitere Abklärung des Hintergrundes der Geschäftsbeziehung erforderlich sein, soweit sich nicht auch hier der Zweck bereits zweifelsfrei aus den gewünschten Produkten oder den Umständen ergibt. So wird bei Geschäftskunden die Angabe, dass ein Kontokorrentkonto als Geschäftskonto, bzw. zur Nutzung des Zahlungsverkehrs für geschäftliche Zwecke oder etwa für die Vermögensverwaltung genutzt werden soll, oftmals nicht für die Bestimmung des Hintergrundes der Geschäftsbeziehung ausreichen (vgl. DK, Auslegungs- und Anwendungshinweise 2014, Tz. 17). Weiteren Aufschluss über die angestrebte Art der Geschäftsbeziehung können beispielsweise Fragen nach der Branche, in welcher die Vertragspartner tätig ist, sowie nach Ländern der schwerpunktmäßigen Geschäftstätigkeit des Kunden geben.

25 Grundsätzlich gilt: Die Bestimmung des Geschäftszweckes anhand der von dem Vertragspartner in Anspruch genommenen Leistungen muss zweifelsfrei möglich sein, bei Unklarheiten oder Zweifeln sind weitere Angaben von dem Vertragspartner einzuholen (vgl. DK, Auslegungs- und Anwendungshinweise 2014, Tz. 17). Bei Geschäftskunden werden zur Bestimmung des Geschäftszweckes oftmals dezidiertere Informationen erforderlich sein als bei Privatkunden. Die Bestimmung des Umfangs an einzuholenden Informationen obliegt – wiederum auf risikoorientierter Grundlage – den Verpflichteten. Letztlich sollen die Verpflichteten besser dazu in die Lage versetzt werden, ein Risikoprofil über ihre jeweiligen Vertragspartner zu entwickeln (RegE GwBekErgG, BT-Drs. 16/9038, 33).

4. Feststellung der politisch exponierten Person (Abs. 1 Nr. 4)

26 § 10 Abs. 1 Nr. 4 GwG wurde neu in das Geldwäschegesetz aufgenommen und normiert die Pflicht zur Abklärung, ob es sich bei dem Vertragspartner oder dem wirtschaftlich Berechtigten um eine politisch exponierte Person, um ein Familienmitglied oder um eine bekanntermaßen nahestehende Person handelt. Die Regelung ist verbunden mit der Erfüllung der Pflichten nach § 10 Abs. 1 Nr. 1 und 2

Allgemeine Sorgfaltspflichten § 10

GwG, wonach alle Kunden (und damit nicht nur in Fällen mit erhöhtem Risiko) dahingehend zu überprüfen sind, ob auf sie die allgemeinen oder verstärkte Kundensorgfaltspflichten anzuwenden sind (BT-Drs. 18/11555, 116). Vorgaben hinsichtlich der durch den Verpflichteten anzuwendenden Verfahren macht das GwG keine; den Vertragspartner trifft eine Mitwirkungspflicht, indem er dem Verpflichteten die für die Abklärung notwendigen Unterlagen und Informationen zur Verfügung stellen und Änderungen unverzüglich anzeigen muss (§ 11 Abs. 6 GwG). Es sind ua folgende Möglichkeiten in Betracht zu ziehen, um die PeP-Eigenschaft festzustellen (s. hierzu auch BaFin, Auslegungs- und Anwendungshinweise zum Geldwäschegesetz, S. 53):
- Abklärung des PeP-Status anhand der Angaben des Kunden
- Abgleich mit PeP-Datenbanken (Systemabgleich).

Über die Definition der Begrifflichkeiten politisch exponierte Person, um ein 27 Familienmitglied oder um eine bekanntermaßen nahestehende Person gibt § 1 Abs. 12–14 GwG Aufschluss. Hiernach ist eine politisch exponierte Person im Sinne des Geldwäschegesetzes jede Person, die ein hochrangiges wichtiges öffentliches Amt auf internationaler, europäischer oder nationaler Ebene ausübt oder ausgeübt hat oder ein öffentliches Amt unterhalb der nationalen Ebene, dessen politische Bedeutung vergleichbar ist, ausübt oder ausgeübt hat. Zu den politisch exponierten Personen gehören insbesondere
- Staatschefs, Regierungschefs, Minister, Mitglieder der Europäischen Kommission, stellvertretende Minister und Staatssekretäre,
- Parlamentsabgeordnete und Mitglieder vergleichbarer Gesetzgebungsorgane,
- Mitglieder der Führungsgremien politischer Parteien,
- Mitglieder der obersten Gerichtshöfen, Verfassungsgerichtshöfen oder sonstigen hohen Gerichten, gegen deren Entscheidungen im Regelfall kein Rechtsmittel mehr eingelegt werden kann,
- Mitglieder der Leitungsorgane von Rechnungshöfen,
- Mitglieder der Leitungsorgane von Zentralbanken,
- Botschafter, Geschäftsträger und Verteidigungsattachés,
- Mitglieder der Verwaltungs-, Leitungs- und Aufsichtsorgane staatseigener Unternehmen,
- Direktoren, stellvertretende Direktoren, Mitglieder des Leitungsorgans oder sonstige Leiter mit vergleichbarer Funktion in einer zwischenstaatlichen internationalen oder europäischen Organisation,
- Personen, die Ämter innehaben, welche in der nach Artikel 1 Nummer 13 der Richtlinie (EU) 2018/843 des Europäischen Parlaments und des Rates vom 30.5.2018 zur Änderung der Richtlinie (EU) 2015/849 zur Verhinderung der Nutzung des Finanzsystems zum Zwecke der Geldwäsche und der Terrorismusfinanzierung und zur Änderung der Richtlinien 2009/138/EG und 2013/36/EU (ABl. 2018 L 156, S. 43) von der Europäischen Kommission veröffentlichten Liste enthalten sind.

Die Nennung der PeP in § 1 Abs. 12 Nr. 1–9 GwG ist als beispielhafte, nicht abschließende Aufzählung zu verstehen („insbesondere"; vgl. hierzu auch BaFin, Auslegungs- und Anwendungshinweise zum Geldwäschegesetz, S. 51). Als Familienmitglied ist ein naher Angehöriger einer politisch exponierten Person, insbesondere
- der Ehepartner oder eingetragene Lebenspartner,
- ein Kind und dessen Ehepartner oder eingetragener Lebenspartner sowie
- jeder Elternteil
anzusehen.

Figura

Eine bekanntermaßen nahestehende Person wiederum ist jede Person, bei der der Verpflichtete Grund zu der Annahme haben muss, dass eine wirtschaftliche Beziehung zu einer politisch exponierten Person besteht. Hierzu zählen insbesondere
– eine natürliche Person, die bekanntermaßen gemeinsam mit einer politisch exponierten Person, wirtschaftlich Berechtigter einer Vereinigung nach § 20 Abs. 1 GwG ist, wirtschaftlich Berechtigter einer Rechtsgestaltung nach § 21 GwG ist oder sonstige enge Geschäftsbeziehungen zu einer politisch exponierten Person unterhält, und
– eine natürliche Person, die alleiniger wirtschaftlich Berechtigter einer Vereinigung nach § 20 Abs. 1 GwG ist oder einer Rechtsgestaltung nach § 21 GwG ist, die bekanntermaßen faktisch zugunsten einer politisch exponierten Person errichtet wurde.

28 Die Feststellung hat in einem angemessenen risikoorientierten Verfahren zu erfolge und ist insbesondere für die Erfüllung der weiteren Vorhaben des § 15 GwG von grundlegender Bedeutung (BaFin, Auslegungs- und Anwendungshinweise zum Geldwäschegesetz, S. 52). Hierbei ist beachtlich, dass gemäß § 15 Abs. 1 GwG die dort normierten verstärkten Sorgfaltspflichten zusätzlich zu den allgemeinen Sorgfaltspflichten zu erfüllen und im Rahmen der Risikoanalyse die in den Anlagen 1 und 2 zum Geldwäschegesetz genannten Risikofaktoren zu berücksichtigen sind (zu den Vorgaben des § 15 Abs. 1 GwG siehe ausführlich *Achtelik* → § 15 Rn. 3 ff.).

5. Überwachung der Geschäftsbeziehung (Abs. 1 Nr. 5)

29 Zu den allgemeinen Sorgfaltspflichten zählt gemäß § 10 Abs. 1 Nr. 5 GwG auch die kontinuierliche Überwachung der Geschäftsbeziehung, einschließlich der in ihrem Verlauf durchgeführten Transaktionen. Die Überwachungspflicht dient der Aufdeckung möglicher Diskrepanzen zwischen vorhandenen Informationen über den Vertragspartner und ggf. über den wirtschaftlich Berechtigten, deren Geschäftstätigkeit und Kundenprofil und ggf. vorliegenden Informationen über die Vermögensherkunft. Die Pflicht zur Überwachung der Geschäftsbeziehung ist sachlich mit den Überwachungspflichten nach § 6 GwG, § 25g KWG verbunden (zu den Voraussetzungen des § 25g Abs. 1 und 2 KWG, sowie zu datenschutzrechtlichen Bedenken in diesem Zusammenhang vgl. iE *Achtelik* → KWG § 25g Rn. 16–18). Geschäftsbeziehungen, die über eine gewisse Zeit andauern, sind naturgemäß Veränderungen unterworfen; mit der Verpflichtung zur kontinuierlichen Überwachung sollen insbesondere Risikoindikatoren erkannt werden, die zum Zeitpunkt der Eingehung der Geschäftsbeziehung noch nicht existierten oder erkennbar waren, sondern erst während der laufenden Geschäftsbeziehung auftreten (BT-Drs. 16/9038, 34).

30 Die Pflicht zur Einführung von Maßnahmen zur Aktualisierung von Vertragspartnerdaten bezieht sich auf die Geschäftsbeziehung zwischen Verpflichtetem und Vertragspartner iSv § 1 Abs. 4 GwG, nicht dagegen auf einzelne Transaktionen außerhalb von Geschäftsbeziehungen (in diesem Sinne DK, Auslegungs- und Anwendungshinweise 2014, Tz. 20, 61). Mit der Regelung wurde Art. 8 Abs. 1 d) der 3. EU-Anti-Geldwäscherichtlinie umgesetzt, die eine laufende und dynamische Überwachung der Geschäftsbeziehung mittels Erstellung eines Profils des Kunden unter Berücksichtigung seines Geschäftsverhaltens sowie den Abgleich dieses Profils mit den durchgeführten Transaktionen vorschreibt. Abhängig vom konkreten Risiko wird im Einzelfall gegebenenfalls auch die Kenntnis über die Herkunft der Vermögenswerte verlangt. Aufgrund der sachlichen Verbindung zu den Überwa-

Allgemeine Sorgfaltspflichten **§ 10**

chungspflichten nach § 6 GwG, § 25g Abs. 2 KWG empfiehlt sich eine Einbindung in die von den Verpflichteten vorzuhaltenden allgemeinen EDV-Überwachungsmaßnahmen, etwa in Form eines Abgleiches mit eingesetzten Parametern im Rahmen automatisierter Researchprogramme, mit den Typologiepapieren des Bundeskriminalamtes, etc (vgl. DK, Auslegungs- und Anwendungshinweise 2014, Tz. 21; BaFin, Auslegungs- und Anwendungshinweise zum Geldwäschegesetz, S. 53).

Die Überwachungsmaßnahmen zielen auf Abweichungen vom entsprechend 31 des Risikoprofils des Vertragspartners prognostizierten (Transaktions-)Verhalten. Bei Eingehung der Geschäftsbeziehung mit dem Vertragspartner sollte daher durch den Verpflichteten zunächst die Zuordnung zu einer Risikoklasse (zB normal, mittel, hoch) erfolgen oder auf der Basis der vorliegenden Kundeninformationen ein auf den jeweiligen Vertragspartner angestimmter Handlungsrahmen definiert werden, innerhalb derer sich der Kunde voraussichtlich bewegen wird (DK, Auslegungs- und Anwendungshinweise 2014, Tz. 21). Im Verlauf der Kundenbeziehung wird dann sukzessive eine Anpassung der Zuordnung zu einer bestimmten Risikoklasse oder des Handlungsrahmens erforderlich werden (DK, Auslegungs- und Anwendungshinweise 2014, Tz. 21).

Eine Verpflichtung, die Vermögensherkunft routinemäßig abzuklären, besteht 32 grundsätzlich nicht; zu berücksichtigen sind daher allein tatsächlich vorliegende Erkenntnisse über die Herkunft der Vermögenswerte (DK, Auslegungs- und Anwendungshinweise 2014, Tz. 20). Dies gilt ausdrücklich nicht für den Bereich der so genannten politisch exponierten Personen, für die gem. § 15 Abs. 4 Satz 1 Nr. 2 GwG eine eigenständige Pflicht zur Abklärung der Vermögensherkunft besteht. Die Geschäftsbeziehung zu politisch exponierten Personen ist darüber hinaus einer verstärkten kontinuierlichen Überwachung zu unterziehen, § 15 Abs. 4 Satz 1 Nr. 3 GwG. Eine Abklärung der Vermögensherkunft kann im Rahmen des risikobasierten Ansatzes und abhängig vom Vertragspartner oder der Art der Geschäftsbeziehung auch im Rahmen anderer Geschäftsbeziehungen empfehlenswert sein.

Wird eine Geschäftsbeziehung zu einem Vertragspartner nach Inkrafttreten des 33 GwBekErgG neu begründet, beginnt die Überwachungsverpflichtung mit Aufnahme der Geschäftsbeziehung, bzw. der ersten Inanspruchnahme der Leistungen oder Produkte durch den Vertragspartner und endet mit Beendigung der Geschäftsbeziehung (DK, Auslegungs- und Anwendungshinweise 2014, Tz. 22). Personen, zu denen im Zeitpunkt des Inkrafttretens des GwBekErgG bereits eine Geschäftsverbindung besteht und die nach den Vorschriften des bislang geltenden Geldwäschegesetzes identifiziert wurden, unterfallen der Sorgfaltspflicht zur kontinuierlichen Überwachung ab dem Zeitpunkt des Inkrafttretens des GwBekErgG und sind von den Verpflichteten sukzessive in die Überwachung einzubeziehen (DK, Auslegungs- und Anwendungshinweise 2014, Tz. 22). (Alt-)Bestandskunden waren damit von den Verpflichteten nicht unmittelbar nach Inkrafttreten des GwBekErgG vollumfänglich in die Überwachungsmaßnahmen miteinzubeziehen, sondern entsprechend Art. 9 Abs. 6 der 3. EU-Anti-Geldwäscherichtlinie „zu geeigneter Zeit und auf risikoorientierter Grundlage" (RegE GwBek ErgG, BT-Drs. 16/9038, 34).

Die **5. Geldwäscherichtlinie** formuliert für Bestandskunden die Erfüllung weiterer Sorgfaltspflichten; durch Änderung des Art. 14 Abs. 5 der 4. Geldwäscherichtlinie (EU) 2015/849 des Europäischen Parlaments und des Rates bestimmt die 5. Geldwäscherichtlinie zukünftig, „dass die Verpflichteten ihre Sorgfaltspflichten gegenüber Kunden nicht nur auf alle neuen Kunden, sondern zu geeigneter Zeit auch auf die bestehende Kundschaft auf risikobasierter Grundlage" ausweiten. Än-

Figura

§ 10 Abschnitt 3. Sorgfaltspflichten in Bezug auf Kunden

dern sich also bspw. die Umstände bei einem Kunden maßgeblich oder ist der Verpflichtete gehalten, den Kunden im Laufe des betreffenden Kalenderjahres zu kontaktieren, um etwaige Informationen über den oder die wirtschaftlichen Eigentümer abzufragen, bedarf es nunmehr auch einer Überprüfung bereits bekannter Kunden. Die Umsetzung in nationales Recht erfolgt durch eine entsprechende Normierung in § 10 Abs. 3a GwG. Hieraus folgt ua, dass Verpflichtete bei bereits bestehenden Geschäftsbeziehungen die allgemeinen Sorgfaltspflichten zu geeigneter Zeit auf risikobasierter Grundlage erfüllen müssen. Dies gilt insbesondere dann, wenn sich bei einem Kunden maßgebliche Umstände ändern (Nr. 1), der Verpflichtete rechtlich verpflichtet ist, den Kunden im Laufe des betreffenden Kalenderjahres zu kontaktieren, um etwaige einschlägige Informationen über den wirtschaftlich Berechtigten zu überprüfen (Nr. 2), oder eine Pflicht gemäß der Richtlinie 2011/16/EU des Rates vom 15.2.2011 über die Zusammenarbeit der Verwaltungsbehörden im Bereich der Besteuerung und zur Aufhebung der Richtlinie 77/799/EWG (ABl. 2011 L 64, 1) entstanden ist.

34 Eine Ausnahme gilt für offensichtlich falsche Daten, etwa bei wirtschaftlich Berechtigten, die entgegen der Regelung in § 3 GwG, wonach wirtschaftlich Berechtigter ausschließlich natürliche Personen sein können, noch als juristische Personen geführt und in die Kontoabrufdatei gemäß § 24c KWG eingestellt sind (DK, Auslegungs- und Anwendungshinweise 2014, Tz. 61). Für die Aktualisierung offensichtlich falscher Daten, sowie der § 24c KWG Stammdatensätze wurde den Verpflichteten eine Sonderfrist von fünf Jahren, beginnend ab 1.1.2009 eingeräumt und damit beendet am 31.12.2013 (DK, Auslegungs- und Anwendungshinweise 2014, Tz. 61).

35 Von den Verpflichteten ist im Rahmen der kontinuierlichen Überwachung darüber hinaus sicherzustellen, dass über den Vertragspartner herangezogene Dokumente, Daten oder Informationen in angemessenem zeitlichen Abstand aktualisiert werden, § 10 Abs. 1 Nr. 5 letzter Halbsatz GwG. Das Erfordernis der Aktualisierung in angemessenem zeitlichem Abstand stellt keine Pflicht zur permanenten Aktualisierung dar, sondern eine Verpflichtung, die in periodisch wiederkehrenden Abständen zu erfüllen ist (BT-Drs. 16/9038, 34). Die zeitlichen Abstände für die Aktualisierung können in Abhängigkeit vom Risikoprofil des Geschäftspartners festgelegt werden und je nach Risikoeinstufung variieren. Ein fester Zeitrahmen ist gesetzlich nicht vorgegeben und ist risikoorientiert von den Verpflichteten festzulegen (DK, Auslegungs- und Anwendungshinweise 2014, Tz. 61). Mögliche Ansatzpunkte für die Aktualisierung von Daten stellen neben der allgemeinen Korrespondenz mit dem Vertragspartner insbesondere sonstige Geschäftskontakte mit dem Kunden, etwa im Rahmen einer Folgekontoeneröffnung oder von Beratungsgesprächen dar; dies gilt auch für sonstige Anlässe zur Erfassung, bzw. Überprüfung von Vertragspartnerdaten im Laufe der Geschäftsbeziehung wie bspw. Bonitätsabfragen, Erkenntnisse aus dem EDV-gestützten Monitoring und sonstige Erkenntnisse aus der laufenden Geschäftsbeziehung (DK, Auslegungs- und Anwendungshinweise 2014, Tz. 61; vgl. hierzu auch BaFin, Auslegungs- und Anwendungshinweise zum Geldwäschegesetz, S. 54).

Eine persönliche Kontaktaufnahme zum Vertragspartner zwecks Aktualisierung des Datenbestandes ist entbehrlich, wenn die Verpflichteten auf anderweitige Informationen aus zuverlässigen Quellen zurückgreifen können; jedoch wird die Einrichtung einer Vorgabe, nach Ablauf eines individuell von den Verpflichteten zu bestimmenden Zeitraumes nach der letzten Aktualisierung den direkten Kontakt zum Vertragspartner zwecks Aktualisierung des Datenbestandes zu suchen, empfohlen (DK, Auslegungs- und Anwendungshinweise 2014, Tz. 61).

Allgemeine Sorgfaltspflichten **§ 10**

Möglich ist die Einführung von Prüfprozessen durch die Verpflichteten, wonach 36
in Abhängigkeit von Kunde/Produktrisiko unterschiedlich lange Zeitabschnitte für
Prüfmaßnahmen zur Aktualität der Vertragspartnerdaten festgelegt werden (DK,
Auslegungs- und Anwendungshinweise 2014, Tz. 61). Denkbar ist in diesem Zusammenhang eine gestaffelte wiederkehrende Aktualisierung der Informationen
für Geschäftspartner mit einem niedrigen Risikoprofil innerhalb eines Zeitabschnittes von maximal zehn Jahren, wobei ein Zeitraum von bis zu drei Jahren für
das Nachfassen beim Vertragspartner, bzw. die Aktualisierung des Kundenbestandes
als angemessen angesehen wird (DK, Auslegungs- und Anwendungshinweise 2014,
Tz. 61; BaFin, Auslegungs- und Anwendungshinweise zum Geldwäschegesetz,
S. 53). Bei Fällen des normalen Risikos kann von den Verpflichteten ein verringerter Zeitraum von bis zu sieben Jahren bei weiteren drei Jahren Frist für Aktualisierungsmaßnahmen festgelegt werden, während bei Hochrisikokonstellationen ein
nochmalig verkürzter Zeitabstand von bis zu zwei Jahren für eine angemessene
Überwachung empfohlen wird (Zeitraumbasierte Bsp. aus DK, Auslegungs- und
Anwendungshinweise 2014, Tz. 61). Bei Konten, die seit einem längeren Zeitraum
umsatzlos sind und die zudem ein geringes Guthaben aufweisen, kann bis zum
Wiederaufleben des Kontos ggf. auf eine Einbeziehung in die Aktualisierungsmaßnahmen verzichtet werden (DK, Auslegungs- und Anwendungshinweise 2014,
Tz. 61). Die jeweiligen Risikoprofile sind durch die jährlich zu erstellende Gefährdungsanalyse zu ermitteln (DK, Auslegungs- und Anwendungshinweise 2014,
Tz. 61) und revisionssicher zu dokumentieren.

Da mit jeder von den Verpflichteten vorgenommenen Datenaktualisierung ein
neuer Fristlauf in Gang gesetzt wird, empfiehlt sich die Einführung geeigneter
Maßnahmen zur Kenntlichmachung des letzten Aktualisierungszeitpunktes (DK,
Auslegungs- und Anwendungshinweise 2014, Tz. 61).

Bereits jetzt obliegen dem Kunden nach Nr. 11 AGB Banken (Allgemeine Ge- 37
schäftsbedingungen der privaten Banken und der Genossenschaftsbanken, Fassung
Juli 2018) und nach Nr. 20 Abs. 1 AGB Sparkassen (Allgemeine Geschäftsbedingungen der Sparkassen, Fassung September 2019) bestimmte Mitwirkungs- und
Sorgfaltspflichten gegenüber der Bank oder Sparkasse. Nr. 20 Abs. 1a AGB Sparkassen verpflichtet den Kunden ua zur Mitteilung sämtlicher für die Geschäftsbeziehung wesentlicher Tatsachen, wozu insbesondere Änderungen des Namens, der
Anschrift, des Personenstandes, der Verfügungs- oder Verpflichtungsfähigkeit des
Kunden (zB Eheschließung, Eingehung einer Lebenspartnerschaft, Änderung des
Güterstandes) oder der für ihn zeichnungsberechtigten Personen (zB nachträglich
eingetretene Geschäftsunfähigkeit eines Vertreters oder Bevollmächtigten), sowie
Änderungen der Sparkasse bekannt gegebenen Vertretungs- oder Verfügungsbefugnisse (zB Vollmachten, Prokura) zählen. Nach Nr. 20 Abs. 1a AGB Sparkassen
besteht die Anzeigepflicht auch dann, wenn die Tatsachen in öffentlichen Registern
eingetragen und veröffentlicht werden. Sowohl in Nr. 11 AGB Banken als auch in
Nr. 20 AGB Sparkassen wird darauf hingewiesen, dass sich weitergehende gesetzliche Mitteilungspflichten, insbesondere aus dem Geldwäschegesetz ergeben können. Eine gesetzliche Mitwirkungspflicht besteht gemäß § 11 Abs. 6 GwG; insoweit
unterliegt der Vertragspartner der Verpflichtung, sich ergebende Änderungen unverzüglich anzuzeigen. Datenschutzrechtliche Grenzen für die Erfassung von Kundendaten bleiben von § 10 Abs. 1 Nr. 5 GwG unberührt (DK, Auslegungs- und
Anwendungshinweise 2014, Tz. 61).

Durch den Verpflichteten sind wiederum anlassbezogene Aktualisierungen
vorzunehmen und einzelner Kundendaten zu überprüfen, wenn bestimmte Fall-

Figura

§ 10   Abschnitt 3. Sorgfaltspflichten in Bezug auf Kunden

gestaltungen wie unzustellbare Post, Kunde die Änderungen von Stammdaten wie Namensänderung, Adressänderung, Familienstandsänderung bekanntgeben oder wenn ein Zweifel an der Aktualität der Kundendaten an sich auftreten (so BaFin, Auslegungs- und Anwendungshinweise zum Geldwäschegesetz, S. 55).

III. Risikoorientierte Bestimmung des Maßnahmenumfangs (Abs. 2)

38   Gemäß § 10 Abs. 2 S. 1 GwG haben die Verpflichteten den konkreten Maßnahmenumfang bei der Erfüllung der Sorgfaltspflichten nach § 10 Abs. 1 Nr. 2–5 GwG entsprechend dem Risiko des jeweiligen Vertragspartners, der jeweiligen Geschäftsbeziehung oder der jeweiligen Transaktion zu bestimmen. Der sich auf alle Regelungsbereiche auswirkende risikobasierte Ansatz war bereits zentrales Merkmal der gesetzlichen Neuregelungen durch die 3. EU-Anti-Geldwäscherichtlinie. Die Vorschrift des § 3 Abs. 4 GwG aF (§ 10 Abs. 2 GwG), mit der Art. 8 Abs. 2 S. 1 der 3. EU-Anti-Geldwäscherichtlinie umgesetzt wurde, war und ist auch weiterhin Generalklausel und insoweit gesetzliche Basis für den risikobasierten Ansatz in der Geldwäschebekämpfung. § 10 Abs. 2 GwG entspricht weitestgehend § 3 Abs. 4 GwG aF; in § 10 Abs. 2 S. 2 GwG verweist die Regelung allerdings auf die typischen Risikofaktoren, der neu in das Geldwäschegesetz aufgenommenen Anlagen 1 und 2. Diese entsprechen den Anhängen II und III der 4. Geldwäscherichtlinie (EU) 2015/849 des Europäischen Parlaments und des Rates.

Darüber hinaus sind die in Anhang I der 4. Geldwäscherichtlinie (EU) 2015/849 des Europäischen Parlaments und des Rates enthaltenen Risikovariablen in § 10 Abs. 2 S. 4 GwG explizit aufgenommen worden. Die bislang in § 3 Abs. 4 S. 2 GwG enthaltene Pflicht zu Darlegung gegenüber der Aufsichtsbehörde ist nunmehr in § 10 Abs. 2 S. 4 GwG normiert. § 10 Abs. 2 GwG setzt insgesamt Art. 13 Abs. 2–5 der 4. Geldwäscherichtlinie (EU) 2015/849 des Europäischen Parlaments und des Rates um (BT-Drs. 18/11555, 116).

39   Zweck der Vorschrift ist die zielgenaue und effiziente Ausgestaltung der Maßnahmen zur Bekämpfung der Geldwäsche und der Terrorismusfinanzierung durch die Verpflichteten. Der risikobasierte Ansatz umfasst allgemein die Identifizierung und Kategorisierung von Geldwäsche- und Terrorismusfinanzierungsrisiken, sowie die Einrichtung angemessener Kontrollen auf Grundlage der identifizierten Risiken (vgl. hierzu bereits FATF, Leitfaden zum risikoorientierten Ansatz zur Bekämpfung von Geldwäsche und Terrorismusfinanzierung, Juni 2007, Nr. 1.12). Soweit Spezialregelungen für bestimmte Sachverhalte bestehen, die vom Gesetzgeber als besonders risikoarm (§ 14 GwG), bzw. risikobehaftet (§ 15 GwG und § 25k KWG) eingestuft werden, hat sich hieran die Bestimmung des Maßnahmenumfangs auszurichten.

40   Neben der zentralen Vorschrift des § 10 Abs. 2 GwG sind weitere maßgebliche gesetzliche Vorschriften mit Öffnungsklauseln für den risikobasierten Ansatz ua §§ 4 ff. GwG, § 10 Abs. 1 Nr. 5 GwG, § 11 Abs. 1 und 5 GwG, § 14 und § 15 GwG sowie § 25h Abs. 1 KWG, sowie §§ 25j und 25k KWG. Das Gesetz enthält damit eine Vielzahl an Einzelregelungen, die den Verpflichteten Ermessensspielräume hinsichtlich der Ausgestaltung der Maßnahmen zugestehen. Die Verpflichteten sollen in die Lage versetzt werden, selbst die konkrete Risikosituation einschätzen und in eigenem Ermessen bestimmen zu können, in welchem Umfang die Sorgfalts-

Allgemeine Sorgfaltspflichten **§ 10**

pflichten nach § 10 Abs. 1 GwG zu erfüllen sind (BT-Drs. 16/9038, 35). § 10 Abs. 2 GwG erlaubt eine flexible Ausgestaltung von Maßnahmen zur Erfüllung der Sorgfaltspflichten nach § 10 Abs. 1 GwG jedoch nur insoweit, als es das Risiko in Bezug auf den konkreten Vertragspartner, die konkrete Geschäftsbeziehung oder die konkrete Transaktion zulässt (BT-Drs. 16/9038, 35). Das den Verpflichteten in diesen Bereichen eingeräumte Ermessen ist verantwortungsbewusst auszuüben (DK, Auslegungs- und Anwendungshinweise 2014, Tz. 80). Eine Grenze bilden dabei die in Anlage 1 und 2 genannten Risikofaktoren (§ 10 Abs. 2 S. 2 und 3 GwG) und die Regelung der §§ 14 und 15 GwG bzw. des § 25k KWG, die den Verpflichteten bereits bestimmte Wertungen und Spezialregelungen hinsichtlich des zu erfüllenden Maßnahmenumfangs vorgeben. Ermessensspielräume für institutseigene Lösungen bestehen hier nicht (vgl. DK, Auslegungs- und Anwendungshinweise 2014, Tz. 80).

Hinweise für Finanzinstitute zur Umsetzung des den Empfehlungen der FATF, **41** aber auch der 3. EU-Anti-Geldwäscherichtlinie sowie der nationalen geldwäscherechtlichen Regelungen zugrunde liegenden risikoorientierten Ansatzes enthält vor allem der von der Financial Action Task Force on Money Laundering (FATF) zusammen mit Vertretern des internationalen Bank- und Wertpapiersektors erarbeitete Leitfaden zum risikoorientierten Ansatz zur Bekämpfung von Geldwäsche und Terrorismusfinanzierung vom Juni 2007 (FATF, Leitfaden zum risikoorientierten Ansatz zur Bekämpfung von Geldwäsche und Terrorismusfinanzierung, Juni 2007). Den Ausgangspunkt für die institutsinterne Umsetzung des risikobasierten Ansatzes bilden hiernach die drei Grundkomponenten Risikokategorien, Kernsorgfaltspflichten und interne Kontrollen (vgl. FATF, Leitfaden für den risikoorientierten Ansatz, Nr. 1.7 ff.; 3.1 ff.). Kernelement des risikobasierten Ansatzes bleibt die institutsspezifische Gefährdungsanalyse (DK, Auslegungs- und Anwendungshinweise 2014, Tz. 80). Die diesbezüglichen Vorgaben des Rundschreibens 8/2005 der BaFin gelten entsprechend fort (BaFin, RdSchr. 2/2009 (GW), GW 1-GW 2001–2008/0003 v. 13.1.2009).

1. Risikofaktoren nach Anlage 1 und 2 des Geldwäschegesetzes

Für die Beurteilung der potenziellen Geldwäscherisiken waren bislang von den **42** Verpflichteten Risikokategorien festzulegen, welche die Vornahme einer Risikobewertung der Kundenbeziehungen ermöglichen. Zu den besonders relevanten Risikofaktoren zählten neben dem Länder- oder regionalen Risiko, das Kundenrisiko, sowie das Produkt-/Dienstleistungsrisiko (FATF, Leitfaden zum risikoorientierten Ansatz, 2007, Nr. 3.2; vgl. auch DK, Auslegungs- und Anwendungshinweise 2014, Tz. 80). Aus dem Wortlaut des § 3 Abs. 4 GwG aF (nunmehr § 10 Abs. 2 GwG) ergibt sich dagegen lediglich eine Unterteilung in die Kategorien Vertragspartner, Geschäftsbeziehung und Transaktion. Länderrisiken sind nicht gesondert aufgeführt; jedoch können Länderrisiken auch ohne isolierte Betrachtung als Indikator für eine Risikoklasse wirken (so auch DK, Auslegungs- und Anwendungshinweise 2014, Tz. 80). Das Gesetz verweist nunmehr auf die Anlagen 1 und 2 Geldwäschegesetz und dort festgelegten Risikofaktoren (§ 10 Abs. 2 S. 2 GwG). Darüber hinaus bestimmt das Gesetz in § 10 Abs. 2 S. 3 GwG, dass Verpflichtete bei der Bewertung der Risiken zumindest
– den Zweck des Kontos oder der Geschäftsbeziehung,
– die Höhe der von Kunden eingezahlten Vermögenswerte oder den Umfang der ausgeführten Transaktionen sowie

Figura

§ 10 Abschnitt 3. Sorgfaltspflichten in Bezug auf Kunden

- die Regelmäßigkeit oder die Dauer der Geschäftsbeziehung zu berücksichtigen haben.

Die Risikogewichtung, die diesen Faktoren bei der Gesamtrisikobewertung zugeordnet wird, ist von jedem Verpflichteten individuell zu bestimmen; durch Gesetz oder Verordnung vorgegebene verbindliche Risikogewichtungen sind von den Verpflichteten zu beachten (FATF, Leitfaden zum risikoorientierten Ansatz, Nr. 3.2). Zur Abbildung der Risikokategorien und Risikostufen wurde bislang die Erstellung einer Risikomatrix empfohlen (vgl. etwa Baseler Ausschuss für Bankenaufsicht, Risikomatrix der Arbeitsgruppe für das grenzüberschreitende Bankgeschäft, in: FATF, Leitfaden für den risikoorientierten Ansatz, Anhang 2). Dies erscheint auch zukünftig eine sinnvolle Maßnahme zu sein.

43 Die Liste in Anlage 1 ist eine nicht abschließende Aufzählung von Faktoren und möglichen Anzeichen für ein potenziell geringeres Risiko nach § 14 GwG. Als wichtige Faktoren werden insbesondere solche mit Bezug zum Kundenrisiko, zum Produkt-, Dienstleistungs-, Transaktions- oder Vertriebskanalrisiko sowie zum geografischen Risiko benannt. Im Detail gestalten sich die Faktoren gemäß Anlage 1 wie folgt:

1. Faktoren bezüglich des Kundenrisikos:
   a) öffentliche, an einer Börse notierte Unternehmen, die (aufgrund von Börsenordnungen oder von Gesetzes wegen oder aufgrund durchsetzbarer Instrumente) solchen Offenlegungspflichten unterliegen, die Anforderungen an die Gewährleistung einer angemessenen Transparenz hinsichtlich des wirtschaftlichen Eigentümers auferlegen,
   b) öffentliche Verwaltungen oder Unternehmen,
   c) Kunden mit Wohnsitz in geografischen Gebieten mit geringerem Risiko nach Nummer 3.
2. Faktoren bezüglich des Produkt-, Dienstleistungs-, Transaktions- oder Vertriebskanalrisikos:
   a) Lebensversicherungspolicen mit niedriger Prämie,
   b) Versicherungspolicen für Rentenversicherungsverträge, sofern die Verträge weder eine Rückkaufklausel enthalten noch als Sicherheit für Darlehen dienen können,
   c) Rentensysteme und Pensionspläne oder vergleichbare Systeme, die den Arbeitnehmern Altersversorgungsleistungen bieten, wobei die Beiträge vom Gehalt abgezogen werden und die Regeln des Systems den Begünstigten nicht gestatten, ihre Rechte zu übertragen,
   d) Finanzprodukte oder -dienste, die bestimmten Kunden angemessen definierte und begrenzte Dienstleistungen mit dem Ziel der Einbindung in das Finanzsystem („financial inclusion") anbieten,
   e) Produkte, bei denen die Risiken der Geldwäsche und der Terrorismusfinanzierung durch andere Faktoren wie etwa Beschränkungen der elektronischen Geldbörse oder die Transparenz der Eigentumsverhältnisse gesteuert werden (zB bestimmte Arten von E-Geld).
3. Faktoren bezüglich des geografischen Risikos – Registrierung, Niederlassung, Wohnsitz in:
   a) Mitgliedstaaten,
   b) Drittstaaten mit gut funktionierenden Systemen zur Verhinderung, Aufdeckung und Bekämpfung von Geldwäsche und von Terrorismusfinanzierung,
   c) Drittstaaten, in denen Korruption und andere kriminelle Tätigkeiten laut glaubwürdigen Quellen schwach ausgeprägt sind,

Allgemeine Sorgfaltspflichten **§ 10**

d) Drittstaaten, deren Anforderungen an die Verhinderung, Aufdeckung und Bekämpfung von Geldwäsche und von Terrorismusfinanzierung laut glaubwürdigen Quellen (zB gegenseitige Evaluierungen, detaillierte Bewertungsberichte oder veröffentlichte Follow-up-Berichte) den überarbeiteten FATF (Financial Action Task Force)-Empfehlungen entsprechen und die diese Anforderungen wirksam umsetzen.

Die Liste in Anlage 2 ist eine nicht erschöpfende Aufzählung von Faktoren und möglichen Anzeichen für ein potenziell höheres Risiko nach § 15 GwG. Als wichtige Faktoren werden auch hier solche mit Bezug zum Kundenrisiko, zum Produkt-, Dienstleistungs-, Transaktions- oder Vertriebskanalrisiko sowie zum geografischen Risiko benannt. Im Detail gestalten sich die Faktoren gemäß Anlage 2 wie folgt:
1. Faktoren bezüglich des Kundenrisikos:
   a) außergewöhnliche Umstände der Geschäftsbeziehung,
   b) Kunden, die in geografischen Gebieten mit hohem Risiko gemäß Nummer 3 ansässig sind,
   c) juristische Personen oder Rechtsvereinbarungen, die als Instrumente für die private Vermögensverwaltung dienen,
   d) Unternehmen mit nominellen Anteilseignern oder als Inhaberpapiere emittierten Aktien,
   e) bargeldintensive Unternehmen,
   f) angesichts der Art der Geschäftstätigkeit als ungewöhnlich oder übermäßig kompliziert erscheinende Eigentumsstruktur des Unternehmens,
   g) er Kunde ist ein Drittstaatsangehöriger, der Aufenthaltsrechte oder die Staatsbürgerschaft eines Mitgliedstaats im Austausch gegen die Übertragung von Kapital, den Kauf von Immobilien oder Staatsanleihen oder Investitionen in Gesellschaften in diesem Mitgliedstaat beantragt;
2. Faktoren bezüglich des Produkt-, Dienstleistungs-, Transaktions- oder Vertriebskanalrisikos:
   a) Betreuung vermögender Privatkunden,
   b) Produkte oder Transaktionen, die Anonymität begünstigen könnten,
   c) Geschäftsbeziehungen oder Transaktionen ohne persönliche Kontakte und ohne bestimmte Sicherungsmaßnahmen wie elektronische Mittel für die Identitätsfeststellung, einschlägige Vertrauensdienste gemäß der Definition in der Verordnung (EU) Nr. 910/2014 oder andere von den einschlägigen nationalen Behörden regulierte, anerkannte, gebilligte oder akzeptierte sichere Verfahren zur Identifizierung aus der Ferne oder auf elektronischem Weg,
   d) Eingang von Zahlungen unbekannter oder nicht verbundener Dritter,
   e) neue Produkte und neue Geschäftsmodelle einschließlich neuer Vertriebsmechanismen sowie Nutzung neuer oder in der Entwicklung begriffener Technologien für neue oder bereits bestehende Produkte,
   f) Transaktionen in Bezug auf Öl, Waffen, Edelmetalle, Tabakerzeugnisse, Kulturgüter und andere Artikel von archäologischer, historischer, kultureller oder religiöser Bedeutung oder von außergewöhnlichem wissenschaftlichem Wert sowie Elfenbein und geschützte Arten;
3. Faktoren bezüglich des geografischen Risikos:
   a) unbeschadet des Art. 9 der Richtlinie (EU) 2015/849 ermittelte Länder, deren Finanzsysteme laut glaubwürdigen Quellen (zB gegenseitige Evaluierungen, detaillierte Bewertungsberichte oder veröffentlichte Follow-up-Berichte) nicht über hinreichende Systeme zur Verhinderung, Aufdeckung und Bekämpfung von Geldwäsche und Terrorismusfinanzierung verfügen,

Figura

§ 10   Abschnitt 3. Sorgfaltspflichten in Bezug auf Kunden

b) Drittstaaten, in denen Korruption oder andere kriminelle Tätigkeiten laut glaubwürdigen Quellen signifikant stark ausgeprägt sind,
c) Staaten, gegen die beispielsweise die Europäische Union oder die Vereinten Nationen Sanktionen, Embargos oder ähnliche Maßnahmen verhängt hat oder haben,
d) Staaten, die terroristische Aktivitäten finanziell oder anderweitig unterstützen oder in denen bekannte terroristische Organisationen aktiv sind.

44   Das Länderrisiko steht in engem Zusammenhang ua mit Nationalität und Wohnsitz der Vertragspartner des Verpflichteten, ist aber ebenfalls bei der Durchführung von Geschäften/Transaktionen mit Auslandsbezug relevant (Vertragspartner, Korrespondenzbankbeziehungen, etc). Eine allgemeingültige Definition, die festlegt, welche Länder höhere Risiken in Bezug auf einen möglichen Missbrauch zu Geldwäsche und Terrorismusfinanzierung bergen, gibt es nicht. Als Faktoren für die Einordnung können von den Verpflichteten ua herangezogen werden: Embargo/OFAC-Listen, OECD-Listen, die Gleichwertigkeitsliste der EU-Mitgliedstaaten, Corruption Perceptions Index von Transparency International (TI), sowie Veröffentlichungen von FATF, IWF, Weltbank, Egmont Group of Financial Intelligence Units und andere Organisationen zu Ländern, die nicht über angemessene Vorschriften zur Bekämpfung von Geldwäsche und Terrorismusfinanzierung verfügen. Diesen Quellen kommt in der Regel keine rechtliche, bzw. aufsichtsrechtliche Bindungswirkung zu, so dass es den Verpflichteten freigestellt ist, ob und inwieweit diese Länder als Risikoländer klassifiziert werden. Neben den Einschätzungen nationaler wie internationaler Institutionen und Organisationen sind von den Verpflichteten im Rahmen der risikoorientierten Betrachtung ebenfalls die Vorgaben der Bundesanstalt für Finanzdienstleistungsaufsicht im Hinblick auf die Risikoeinstufung bestimmter Länder und Territorien und der zu ergreifenden verstärkten Kundensorgfaltspflichten in die Risikobetrachtung mit einzubeziehen; dies gilt insbesondere im Hinblick auf die Umsetzung besonderer, von der Aufsichtsbehörde empfohlenen Sicherungsmaßnahmen.

45   Die Europäische Kommission kann Drittstaaten benennen, deren Systeme zur Bekämpfung von Geldwäsche und Terrorismusfinanzierung strategische Mängel aufweisen, die wesentlichen Risiken für das Finanzsystem der Europäischen Union darstellen (s. hierzu aktuell Delegierte VO (EU) 2016/1675 der Kommission v. 14.7.2016 zur Ergänzung der 4. Geldwäscherichtlinie (EU) 2015/849 des Europäischen Parlaments und des Rates nebst Anhang „Drittländern mit hohem Risiko"). Gemäß Erwägungsgrund Nr. 4 und 5 der Delegierte Verordnung (EU) 2016/1675 der Kommission vom 14.7.2016 zur Ergänzung der 4. Geldwäscherichtlinie (EU) 2015/849 des Europäischen Parlaments und des Rates muss die Ermittlung von Drittländern mit hohem Risiko „auf der Grundlage einer klaren und objektiven Bewertung erfolgen, die sich auf die Erfüllung der Kriterien der Richtlinie (EU) 2015/849 durch das betreffende Land in Bezug auf seinen rechtlichen und institutionellen Rahmen für die Bekämpfung von Geldwäsche und Terrorismusfinanzierung, auf die Befugnisse und Verfahren seiner zuständigen Behörden für die Zwecke der Bekämpfung von Geldwäsche und Terrorismusfinanzierung und auf die Effektivität seines Systems zur Bekämpfung von Geldwäsche und Terrorismusfinanzierung beim Vorgehen gegen die entsprechenden Risiken stützt. Alle Feststellungen, auf denen die Entscheidung der Kommission, ein Land in die Liste der Drittländer mit hohem Risiko aufzunehmen, basiert, sollten sich auf zuverlässige, überprüfbare und aktuelle Informationen stützen.". Verpflichtete haben bei der Betreuung von Kunden aus solchen Drittstaaten gemäß § 15 Abs. 3 Nr. 2 GwG

Allgemeine Sorgfaltspflichten §10

(vgl. hierzu auch Art. 18 Abs. 1 der 4. Geldwäscherichtlinie (EU) 2015/849 des Europäischen Parlaments und des Rates) verstärkte Sorgfaltspflichten zu erfüllen. Ausnahmen bestehen nur dort, wo Kunden, die Tochterunternehmen von Personen sind, ihren Sitz in der Europäischen Union haben und uneingeschränkt die Pflicht zur Umsetzung gruppenweiter Strategien und Verfahren erfüllen.

Drittländer mit hohem Risiko, die sich schriftlich auf hoher politischer Ebene dazu verpflichtet haben, die festgestellten Mängel anzugehen, und mit der FATF einen Aktionsplan erarbeitet haben, sind gemäß dem Anhang „Drittländer mit hohem Risiko" zu der Delegierten Verordnung (EU) 2016/1675 der Kommission vom 14.7.2016 zur Ergänzung der 4. Geldwäscherichtlinie (EU) 2015/849 des Europäischen Parlaments und des Rates: **Afghanistan, Bosnien und Herzegowina, Guyana, Irak, DVR Laos, Syrien, Uganda, Vanuatu** und **Jemen**. **46**

Zu den Drittländern mit hohem Risiko, die in der Öffentlichen Bekanntgabe der FATF angegeben sind, die sich auf hoher politischer Ebene dazu verpflichtet haben, die festgestellten Mängel anzugehen, und beschlossen haben, um technische Unterstützung für die Umsetzung des FATF-Aktionsplans zu ersuchen, zählt derzeit der **Iran**.

Darüber hinaus ist derzeit ein Drittland – die **Demokratische Volksrepublik Korea (DVK)** – mit hohem Risiko gelistet, das in der Öffentlichen Bekanntgabe der FATF angegeben ist, anhaltende wesentliche Risiken hinsichtlich Geldwäsche und Terrorismusfinanzierung darzustellen und die festgestellten Mängel wiederholt nicht angeht.

Gemäß des Erwägungsgrundes Nr. 13 der Delegierten Verordnung (EU) 2016/1675 der Kommission vom 14.7.2016 zur Ergänzung der 4. Geldwäscherichtlinie (EU) 2015/849 des Europäischen Parlaments und des Rates wird die der Liste der Drittländer mit hohem Risiko, die strategische Mängel aufweisen, fortlaufend überwacht und aktualisiert.

Mit der **5. Geldwäscherichtlinie** strebte die EU eine Harmonisierung des Umgangs mit Drittländern mit hohem Risiko (sog. „high risk countries") an. Zu diesem Zwecke hat die Kommission eine Liste von Drittländern erstellt, bei denen Mängel bei Verhütung und Bekämpfung der Geldwäsche bestehen. Darüber hinaus werden zusätzliche Sorgfaltsmaßnahmen zur Überwachung der Finanzströme aus diesen Ländern definiert. Die vorgeschlagenen Maßnahmen für verstärkte Sorgfaltspflichten stehen vollständig im Einklang mit den einschlägigen Listen der Arbeitsgruppe „Bekämpfung der Geldwäsche und der Terrorismusfinanzierung" der FATF. Die EU bemängelt die derzeit uneinheitliche Verfahrensweise der Mitgliedstaaten mit solchen Ländern, in denen Mängel bestehen. Grund hierfür ist der Umstand, dass die Mitgliedstaaten derzeit nicht dazu verpflichtet sind, nationale Regelungen für spezifische Maßnahmen zum Umgang mit Drittländern mit hohem Risiko zu entwickeln. Art. 18a der 5. Geldwäscherichtlinie schreibt daher in Bezug auf Transaktionen, an denen Drittländer mit hohem Risiko beteiligt sind, vor, dass die Verpflichteten beim Umgang mit natürlichen oder juristischen Personen mit Sitz in Drittländern mit hohem Risiko mindestens alle folgenden verstärkten Sorgfaltsmaßnahmen gegenüber Kunden anwenden: **47**
– Einholung zusätzlicher Informationen über den Kunden;
– Einholung zusätzlicher Informationen über die angestrebte Art der Geschäftsbeziehung;
– Einholung von Informationen über die Herkunft der Gelder oder die Herkunft des Vermögens des Kunden;

§ 10   Abschnitt 3. Sorgfaltspflichten in Bezug auf Kunden

- Einholung von Informationen über die Gründe für die geplanten oder durchgeführten Transaktionen;
- Einholung der Zustimmung des leitenden Managements zur Schaffung oder Weiterführung der Geschäftsbeziehung;
- verstärkte Überwachung der Geschäftsbeziehung durch häufigere und zeitlich besser geplante Kontrollen sowie durch Auswahl von Transaktionsmustern, die einer weiteren Prüfung bedürfen;
- Vorgabe, dass die erste Zahlung über ein auf den Namen des Kunden lautendes Konto bei einer Bank durchgeführt werden muss, die in Bezug auf die Feststellung der Kundenidentität und die Kundenüberwachung ähnlichen Sorgfaltspflichten unterliegt.

Darüber hinaus können die Mitgliedstaaten den Verpflichteten vorschreiben, beim Umgang mit natürlichen oder juristischen Personen mit Sitz in Drittländern mit hohem Risiko eine oder mehrere zusätzliche risikomindernde Maßnahmen zu ergreifen; hierzu zählen

- die Verpflichtung der Finanzinstitutionen zu zusätzlichen verstärkten Sorgfaltsmaßnahmen;
- die Einführung verstärkter einschlägiger Meldemechanismen oder einer systematischen Meldepflicht für Finanztransaktionen;
- die Beschränkung der geschäftlichen Beziehungen oder finanziellen Transaktionen mit natürlichen oder juristischen Personen aus dem ermittelten Land.

Schließlich können die Mitgliedstaaten gemäß Art. 18a der 5. Geldwäscherichtlinie im Umgang mit Drittländern mit hohem Risiko folgende Maßnahmen ausbringen:

- Verwehrung der Gründung von Tochtergesellschaften, Zweigniederlassungen oder Repräsentanzbüros von Finanzinstituten aus dem betreffenden Drittland oder anderweitige Berücksichtigung der Tatsache, dass das fragliche Finanzinstitut aus einem Drittland stammt, das über keine angemessenen Systeme zur Bekämpfung der Geldwäsche oder der Terrorismusfinanzierung verfügt;
- Einführung des für Finanzinstitute geltenden Verbots der Gründung von Zweigniederlassungen oder Repräsentanzbüros in dem betreffenden Drittland oder anderweitige Berücksichtigung der Tatsache, dass sich die betreffende Zweigniederlassung beziehungsweise das betreffende Repräsentanzbüro in einem Drittland befinden würde, das über keine angemessenen Systeme zur Bekämpfung der Geldwäsche oder der Terrorismusfinanzierung verfügt;
- Einführung des für Finanzinstitute geltenden Verbots, zur Durchführung von Sorgfaltsmaßnahmen auf in dem betreffenden Land ansässige Dritte zurückzugreifen;
- Einführung der für Finanzinstitute geltenden Pflicht, entsprechende Beziehungen zu Finanzinstituten in dem betreffenden Land zu überprüfen und zu ändern oder erforderlichenfalls zu beenden;
- Einführung der für Zweigniederlassungen und Tochtergesellschaften von in dem betreffenden Land niedergelassenen Finanzinstituten geltenden Pflicht, sich einer verschärften aufsichtsrechtlichen Prüfung oder einem externen Audit zu unterziehen;
- Einführung verschärfter Anforderungen in Bezug auf das externe Audit von in dem betreffenden Land niedergelassenen Zweigniederlassungen und Tochtergesellschaften von Finanzgruppen.

Zur Umsetzung der erweiterten Maßnahmen der 5. Geldwäscherichtlinie in nationales Recht vgl. im Einzelnen *Achtelik* → KWG § 15 Rn. 31.

Allgemeine Sorgfaltspflichten **§ 10**

Als Faktoren in Vertragspartnerbeziehungen, die möglicherweise auf ein erhöhtes 48
Risiko hindeuten können, wird von der FATF ua (FATF, Leitfaden zum risikoorientierten Ansatz, 2007, Nr. 3.6) die Durchführung von Geschäftsbeziehungen oder Transaktionen unter ungewöhnlichen Umständen genannt. Hierzu zählt etwa eine nicht erklärliche Distanz zwischen Institut und Wohnsitz des Kunden, aber auch die Durchführung häufiger Transaktionen ohne erkennbaren wirtschaftlichen Hintergrund. Den Verpflichteten ist es freigestellt, geeignete Risikoindikatoren zu definieren. Abzustellen in diesem Zusammenhang ist grundsätzlich zunächst nur auf den jeweiligen Vertragspartner, im Rahmen einer Gesamtschau können von den Verpflichteten aber auch Verfügungsberechtigte, ein ggf. vorhandener wirtschaftlich Berechtigter, sowie Informationen über Art und Zweck der Geschäftsbeziehung berücksichtigt werden (DK, Auslegungs- und Anwendungshinweise 2014, Tz. 80).

Grundsätzlich können unter bestimmten Umständen auch bestimmte Branchen, 49
Industrien oder berufliche Stellungen erhöhte Geldwäsche- oder Terrorismusfinanzierungsrisiken bergen (DK, Auslegungs- und Anwendungshinweise 2014, Tz. 80). Weitere Anhaltspunkte können insoweit Kundenbeziehungen zu juristischen Personen oder Personengesellschaften sein, bei denen die Feststellung des wirtschaftlichen Eigentümers erschwert ist, sowie bargeldintensive Unternehmen (wie Finanztransferdienstleister, Kasinos, Wettbüros), starker Auslandsbezug in Hochrisikoländer, grenzüberschreitend tätige gemeinnützige Organisationen ohne Gewinnerzielungsabsicht, politisch exponierte Personen (diese Personengruppe wird bereits durch § 15 Abs. 2 und Abs. 3 Nr. 1 GwG verstärkten Sorgfaltspflichten unterworfen; zu möglichen Risikofaktoren im Zusammenhang mit Vertragspartnern und Transaktionen vgl. auch das Anhaltspunktepapier Geldwäsche und Terrorismusfinanzierung der FIU Deutschland, Zentralstelle für Verdachtsmeldungen, Newsletter Ausgabe 3/Juli 2006), sowie intransparente Rechtsformen, die eine schnelle Gründung und Schließung der Gesellschaft bei geringem Kapitaleinsatz ermöglichen und erhöhte Terrorismus- oder Finanzkriminalitätsrisiken enthalten (DK, Auslegungs- und Anwendungshinweise 2014, Tz. 80). Zu den unter Umständen besonders risikobehafteten Rechtsformen zählen Trusts (nach Auffassung der BMF und der BaFin sind bestimmte Trustkonstruktionen, insbes. in Ländern des Common Law besonders geeignet zur Umgehung der gesetzlichen Vorschriften zur Verhinderung von Geldwäsche und Terrorismusfinanzierung, in: DK, Auslegungs- und Anwendungshinweise 2014, Tz. 80), Stiftungen und GbRs, ua (DK-Hinweise zur Verhinderung von Geldwäsche 2014, Tz. 80). Risikoindikatoren, aus denen auf ein erhöhtes Risiko dieser Gesellschaftsformen hinsichtlich eines Missbrauchs zu Geldwäschezwecken geschlossen werden kann, sind neben Intransparenz die Pflicht zur Führung eines zuverlässigen Registers, die Möglichkeit einer schnellen Gründung und Schließung, die Höhe des erforderlichen Kapitaleinsatzes, etc (DK, Auslegungs- und Anwendungshinweise 2014, Tz. 80). Am 20. April 2020 veröffentlichte das Bundesministerium der Justiz und für Verbraucherschutz einen Gesetzesentwurf der Expertenkommission zur Modernisierung des Personengesellschaftsrechts (MoPeG). Der Entwurf sieht vor, dass Gesellschafter einer GbR nach § 707 Abs. 1 BGB-E künftig die Gesellschaft zur Eintragung in das neue Gesellschaftsregister anmelden können. Das MoPeG verzichtet allerdings auf die Einführung einer allgemeinen Registerpflicht für die GbR und begründet lediglich ein Eintragungswahlrecht. Es ist geplant, die Reform noch in der laufenden 19. Legislaturperiode umzusetzen. Offen lässt der Gesetzentwurf das Verhältnis des „Gesellschaftsregisters" zum „Transparenzregister" insbesondere zu den Regelungen nach §§ 20 Abs. 2 Satz 1, 22 Abs. 1 GwG.

Figura

§ 10 Abschnitt 3. Sorgfaltspflichten in Bezug auf Kunden

50 Potenzielle Risiken, die sich aus den von den Instituten angebotenen Produkten und Dienstleistungen ergeben, beinhalten nach Einschätzung der FATF neben Korrespondenzbankbeziehungen (vgl. bereits § 25 m KWG) insbesondere Dienstleistungen, die den Handel und die Auslieferung von Banknoten und Edelmetallen zum Gegenstand haben, Bereiche mit einem gewissen Grad an Anonymität (zB Online-Banking, elektronischer Zahlungsverkehr), geschlossene Fonds und Treuhandvermögen (FATF, Leitfaden zum risikoorientierten Ansatz, 2007, Nr. 3.7). Ebenfalls im Rahmen der Risikobetrachtung zu berücksichtigen ist die Produktnutzung durch den Vertragspartner; dies gilt insbesondere im Zusammenhang mit möglichen Transaktionen. Auch wenn ein genutztes Produkt dabei sowohl einen risikomindernden als auch risikoerhöhenden Effekt haben kann, kann ein gesetzlich festgelegtes höheres Risiko (vgl. § 15 GwG und § 25k KWG) nicht durch ein geringes Produktrisiko, Länderrisiko, etc kompensiert werden (vgl. DK, Auslegungs- und Anwendungshinweise 2014, Tz. 80).

51 Ferner für die Risikoklassifizierung zu berücksichtigen sind bestimmte Variablen, die geeignet sind, Risiken zu erhöhen, bzw. zu verringern (FATF, Leitfaden zum risikoorientierten Ansatz, 2007, Nr. 3.8). Hierzu zählen gemäß der Aufzählung in § 10 Abs. 2 S. 3 GwG der Zweck des Kontos oder der Geschäftsbeziehung, die Höhe der von Kunden eingezahlten Vermögenswerte oder den Umfang der ausgeführten Transaktionen sowie die Regelmäßigkeit oder die Dauer der Geschäftsbeziehung; daneben können auch die Vertrautheit der Verpflichteten mit bestimmten Ländern, sowie der Grad der Aufsicht, der ein Kunde unterworfen ist, von Relevanz sein. So werden Geschäftsbeziehungen zu so genannten „Gatekeeper"-Berufsgruppen wie Rechtsanwälten und Notaren seitens der FATF als potenziell risikobehaftet eingestuft; diese Berufsgruppen unterliegen jedoch gem. § 2 Abs. 1 Nr. 10 GwG den Verpflichtungen nach dem Geldwäschegesetz, so dass unter Umständen die Einstufung in ein geringeres Risiko gerechtfertigt sein kann. Kundenbeziehungen, die mit einem höheren Geldwäsche-, bzw. Terrorismusfinanzierungsrisiko behaftet sind, sollten einer verstärkten Überwachung und häufigeren laufenden Kontrollen unterzogen werden, ggf. sind verschärfte Sorgfaltspflichten in Bezug auf die Feststellung der Kundenidentität oder die Einrichtung eines Genehmigungserfordernisses für die Eröffnung weiterer Konten, bzw. das Eingehen neuer Kundenbeziehungen erforderlich (Bsp. bei FATF, Leitfaden für den risikoorientierten Ansatz, 2007, Nr. 3.9).

2. Risikoeinstufung und Kernsorgfaltspflichten

52 Aus den Vorschriften für den institutsspezifischen risikobasierten Ansatz ergibt sich, dass das GwBekErgG grundsätzlich von einer Unterteilung in mindestens drei Risikostufen (hoch, mittel, niedrig) in Bezug auf Vertragspartner, Produkte, Transaktionen und Länder ausging (so auch die Empfehlung des ZKA jedenfalls bei RBA-Maßnahmen in den Bereichen, wo Raum für die risikoorientierte Ausrichtung der Maßnahmen besteht: DK, Auslegungs- und Anwendungshinweise 2014, Tz. 80). Den Verpflichteten ist es danach freigestellt, eine feingliedrigere Klassifizierung vorzunehmen oder sich auf eine Reduzierung auf weniger Stufen/Kategorien zu beschränken (Beispiele für die Risikoeinstufung/-klassifizierung bei DK, Auslegungs- und Anwendungshinweise 2014, Tz. 80). In Anwendung des risikobasierten Ansatzes ist für alle Risikostufen ein bestimmter Umfang an Sorgfaltspflichten von den Verpflichteten zu bestimmen, der es den Verpflichteten ermöglicht, sich angemessen von der Identität des Vertragspartners, sowie dessen beabsichtigter Ge-

schäftstätigkeit zu überzeugen (FATF, Leitfaden zum risikoorientierten Ansatz, 2007, Nr. 3.10). Neben einer auf alle Vertragspartner anzuwendenden allgemeinen Sorgfaltspflicht (vgl. § 10 Abs. 1 GwG) und vereinfachten Sorgfaltspflichten für Szenarien mit anerkannt geringem Risiko (vgl. § 14 GwG) sind verstärkte Sorgfaltspflichten für besondere Risikogruppen (vgl. § 15 GwG, § 25k KWG, § 55 VAG) festzulegen; die in den Anlagen 1 und 2 des Geldwäschegesetzes genannten Risikofaktoren bedürfen hierbei der besonderen Berücksichtigung. Die gesetzlich vorgegebenen Wertungen der §§ 14, 15 GwG, § 25k KWG und § 55 VAG sind zwingend zu berücksichtigen; daher ist eine Anwendbarkeit der Ausnahmeregelungen für gesetzlich zugelassene geringe Sorgfaltspflichten auf Fallgestaltungen, die von den Verpflichteten auf Basis der Gefährdungsanalyse institutsindividuell als geringe Risiken eingestuft wurden, die jedoch nicht die gesetzlichen Voraussetzungen erfüllen, zu verneinen (DK, Auslegungs- und Anwendungshinweise 2014, Tz. 80).

Während die Aufzählung von Geringrisikokonstellationen nach § 14 GwG iVm 53 Anlage 1 des Geldwäschegesetzes abschließend ist, haben die Verpflichteten hinsichtlich der weiteren Risikoeinstufung wohl auch nach der Neufassung des Geldwäschegesetzes einen gewissen Ermessensspielraum. So können beispielsweise in eine Hochrisikoklasse neben den gesetzlich festgelegten Fällen weitere, aufgrund der individuellen Risikoeinschätzung der Verpflichteten als besonders risikobehaftet eingestufte Vertragspartner aufgenommen werden; entsprechendes gilt für die weiteren Risikostufen. Grundsätzlich gilt, dass alle risikobasierten Abweichungen im Rahmen des risikoorientierten Ansatzes von den Verpflichteten mit Begründung zu dokumentieren sind (DK, Auslegungs- und Anwendungshinweise 2014, Tz. 80). Nach der Gesetzesbegründung ist eine der Zielsetzungen der Gesetzesnovellierung die Stärkung des risikobasierten Ansatzes mit der Folge, geldwäscherechtlich Verpflichtete „über ein ihrer Geschäftstätigkeit angemessenes Risikomanagement verfügen" müssen (BT-Drs. 18/11555, 1). Hieraus folgt, dass „die Verpflichteten ihr jeweiliges Risiko der Geldwäsche und Terrorismusfinanzierung, vor allem unter Berücksichtigung der Kundenstruktur und der angebotenen Produkte und Dienstleistungen prüfen, und ihre Maßnahmen zur Minderung des Risikos danach ausrichten" (BT-Drs. 18/11555, 1). §§ 4 ff. GwG gibt Aufschluss über die Ausgestaltung des Risikomanagements.

3. Errichtung interner Kontrollen

Die risikoorientierten Verfahren sind in die internen Kontrollen der Verpflichte- 54 ten einzubetten. Eine wirksame Kontrollstruktur umfasst Maßnahmen und Prozesse auf der Grundlage der institutsindividuell vorgenommenen Gefährdungsanalyse zum Schutz vor dem Missbrauch zu Zwecken der Geldwäsche und der Terrorismusfinanzierung; dies gilt insbesondere für Maßnahmen und Kontrollen im Bereich von Hochrisiko-Konstellationen. Art und Umfang der Kontrollen zur Bekämpfung von Geldwäsche und Terrorismusfinanzierung sind von verschiedenen Faktoren abhängig (Aufzählung bei FATF, Leitfaden zum risikoorientierten Ansatz, 2007, Nr. 3.21): Neben Art, Umfang und Komplexität des Geschäftes der Verpflichteten sind für die Beurteilung ebenfalls heranzuziehen das Kunden-, Produkt- und Tätigkeitsprofil des Institutes, eingesetzte Vertriebskanäle, Volumen und Größe der Transaktionen, sowie die Geschäftsfelder des Verpflichteten einschließlich regionaler Verbreitung.

Das Rahmenkonzept der internen Kontrollen sollte nach Auffassung der FATF 55 (FATF, Leitlinien zum risikoorientierten Ansatz zur Bekämpfung von Geldwäsche und Terrorismusfinanzierung, 2007, Nr. 3.22) ua folgende Aspekte umfassen:

§ 10 Abschnitt 3. Sorgfaltspflichten in Bezug auf Kunden

- Besondere Berücksichtigung der Teile der Geschäftstätigkeit (Produkte, Dienstleistungen, Kunden und Wohnsitz) des Institutes, die anfälliger für Missbrauch durch Geldwäscher oder andere Straftäter sind;
- regelmäßige Überprüfung der Risikobewertungs- und Risikomanagementprozesse unter Berücksichtigung des Umfelds, in dem das Institut tätig ist;
- Bestimmung von Personen, die auf Leitungsebene für die Steuerung der Maßnahmen zur Bekämpfung von Geldwäsche und Terrorismusfinanzierung verantwortlich sind;
- Einrichtung einer Überwachungs-Funktion zur Bekämpfung von Geldwäsche und Terrorismusfinanzierung;
- Unterrichtung der Geschäftsleitung von Compliance-Initiativen, identifizierten Compliance-Mängeln und erstatteten Verdachtsmeldungen;
- Erfüllung aller aufsichtsrechtlichen Anforderungen betreffend die Aufbewahrung von Aufzeichnungen und Berichterstattung und die Einhaltung der Empfehlungen zur Bekämpfung von Geldwäsche und Terrorismusfinanzierung, sowie rechtzeitige Aktualisierung bei Gesetzesänderungen;
- Kontrolle der Umsetzung risikoorientierter Grundsätze, Verfahren und Prozesse betreffend die Sorgfaltspflicht bei der Feststellung der Kundenidentität;
- ggf. Einrichtung angemessener Kontrollen für Kunden, Transaktionen und Produkte mit erhöhten Risiken (hierzu zählen etwa Transaktionslimits oder Genehmigungen seitens der Geschäftsleitung);
- Kontrolle der Durchführung angemessener Schulungsmaßnahmen für die Mitarbeiter;
- Sicherstellung eines gemeinsamen Rahmenkonzeptes für Kontrollen bei Konzernen.

56 Hierneben muss sichergestellt sein, dass die von den Verpflichteten gewählte risikoorientierte Methode das Risikoprofil des Finanzinstituts widerspiegelt (FATF, Leitfaden zum risikoorientierten Ansatz, 2007, Nr. 3.23). Unabhängige Prüfung und Berichterstattung können bspw. von der Innenrevision, externen Wirtschaftsprüfern, spezialisierten Unternehmensberatern oder anderen qualifizierten unabhängigen Dritten durchgeführt werden und die Bewertung der Qualität des Risikomanagements der Verpflichteten sowie der Angemessenheit des Gesamtprogramms des Instituts zur Bekämpfung der Geldwäsche und der Terrorismusfinanzierung beinhalten (vgl. in diesem Zusammenhang die nationalrechtlichen Vorgaben der §§ 4 und 5 GwG sowie der § 6 GwG und § 25h KWG zur Ausgestaltung eines angemessenen und wirksamen Risikomanagements und zu interne Sicherungsmaßnahmen).

4. Darlegungspflicht (§ 10 Abs. 2 S. 4 GwG)

57 § 10 Abs. 2 S. 4 GwG ist die Zentralnorm zur Überprüfung der risikoangemessenen Spielräume der Verpflichteten. Hiernach müssen die Verpflichteten der nach § 50 GwG zuständigen Aufsichtsbehörde auf Verlangen darlegen können, dass der von ihnen gewählte Umfang der durchgeführten Sorgfaltspflichten im Hinblick auf die bestehenden Risiken, zu Zwecken von Geldwäsche oder Terrorismusfinanzierung missbraucht zu werden, als angemessen anzusehen ist. Als angemessen sind dabei grundsätzlich solche Maßnahmen und Systeme anzusehen, die der jeweiligen Risikosituation der Verpflichteten entsprechen und diese hinreichend abdecken (BaFin, RdSchr. 8/2005 v. 24.3.2005, S. 2). Zur Präzisierung des Begriffs „angemessen" können insoweit weiterhin die Vorgaben des Rundschreibens 8/2005 der BaFin vom 24.3.2005 zur Erstellung der institutsindividuellen Gefährdungsanalyse herangezogen werden (*Ackmann/Reder* WM 2009, 158 (167)). Hiermit beurteilt sich die Angemessenheit der Maßnahmen und Systeme insbesondere auf der Grundlage der Gefährdungsanalyse der Verpflichteten bzgl. der Risikostruktur der angebotenen Dienstleistungen und Produkte (BaFin, RdSchr. 8/2005 v. 24.3.2005, S. 2). Da die Vorschrift des § 10 Abs. 2 GwG ebenfalls den Ausgangspunkt für die Bewertung von Vertragspartner-, Transaktions- und Produktrisiken durch die Verpflichteten darstellt, ist sie zugleich Basis als auch Rechtsgrundlage für die Erstellung der institutseigenen Gefährdungsanalyse, mit der die institutsspezifischen Risiken, zu Zwecken der Geldwäsche und der Terrorismusfinanzierung missbraucht zu werden, erfasst, identifiziert, kategorisiert und gewichtet werden sollen, um darauf aufbauend geeignete Präventionsmaßnahmen treffen zu können (vgl. zur Gefährdungsanalyse BaFin, RdSchr. 8/2005, S. 2).

Der risikoorientierte Ansatz ist dagegen grundsätzlich nicht anwendbar auf die steuerrechtliche Verpflichtung zur Kontenwahrheit gemäß § 154 Abs. 2 AO und das damit verbundene, in Art. 6 der 3. EU-Anti-Geldwäscherichtlinie enthaltene Verbot zur Führung anonymer Konten (vgl. BT-Drs. 16/9038, 35).

IV. Pflichtauslösende Ereignisse (Abs. 3)

§ 10 Abs. 3 GwG bestimmt, in welchen Fällen die in Abs. 1 festgelegten allgemeinen Sorgfaltspflichten von den Verpflichteten zu erfüllen sind. Die Vorschrift entspricht im Wesentlichen § 3 Abs. 2 GwG aF und orientiert sich an Art. 11 der 4. Geldwäscherichtlinie (EU) 2015/849 des Europäischen Parlaments und des Rates. Pflichtenauslösende Ereignisse iSv § 10 Abs. 3 S. 1 Nr. 1–4 sind die Begründung der Geschäftsbeziehung iSv § 1 Abs. 4 GwG, die Durchführung einer gelegentlichen Transaktion (§ 1 Abs. 5 GwG) außerhalb einer bestehenden Geschäftsbeziehung, wenn der Schwellenwert von 15.000 EUR bzw. von 1.000 EUR im Falle eines Transfers iSd Verordnung (EU) 2015/847 des Europäischen Parlaments und des Rates vom 20.5.2015 (GeldtransferVO) überschritten wird, der Geldwäsche- oder Terrorismusfinanzierungsverdachtsfall, sowie das Bestehen von Zweifeln an der Richtigkeit der Angaben zur Identität des Vertragspartners oder des wirtschaftlich Berechtigten. Die Systematik bei den pflichtauslösenden Ereignissen hatte mit Inkrafttreten des GwBekErgG eine grundlegende Änderung erfahren. So entstand die Pflicht zur Identifizierung des Vertragspartners bis zum Inkrafttreten des GwBekErgG im Falle der Begründung einer auf Dauer angelegten Geschäftsbeziehung sowie bei der Annahme von Bargeld im Wert von 15.000 EUR oder mehr (vgl. § 2 Abs. 1 und 2 GwG aF). Das Gesetz hält zwar auch weiterhin an der Unterscheidung zwischen einer dauerhaften Geschäftsbeziehung und einzelnen Transaktionen fest. Wesentliche Änderungen ergeben sich jedoch insbesondere aufgrund der Ausweitung des Transaktionsbegriffes. Eine Transaktion ist oder sind gemäß § 1 Abs. 5 GwG eine oder, soweit zwischen ihnen eine Verbindung zu bestehen scheint, mehrere Handlungen, die eine Geldbewegung oder sonstige Vermögensverschiebung bezweckt oder bezwecken oder bewirkt oder bewirken. Hieraus folgt, dass die allgemeinen Sorgfaltspflichten nicht mehr nur bei Bartransaktionen, sondern ebenfalls bei der Durchführung unbarer Transaktionen anzuwenden sind, wenn der Schwellenwert von 15.000 EUR überschritten wird. Die in der Vergangenheit existente Unterscheidung zwischen Bartransaktion und unbaren Transaktionen hat damit vollständig an Bedeutung verloren. Besonderheiten gelten insoweit für Immobilienmakler und Güterhändler gemäß § 10 Abs. 6 und 6a GwG.

58

§ 10 Abschnitt 3. Sorgfaltspflichten in Bezug auf Kunden

Aufgrund der in § 10 Abs. 3 S. 1 GwG enthaltenen Unterscheidung zwischen dem Fall der Begründung einer Geschäftsbeziehung und der Abwicklung von gelegentlichen Transaktionen außerhalb einer bestehenden Geschäftsbeziehung wird hierneben künftig die Klärung der Frage, wer als Vertragspartner, bzw. Kunde zu betrachten ist, auf den die Sorgfaltspflichten anzuwenden sind, von entscheidender Bedeutung sein.

Im Zuge der Umsetzung der 4. Geldwäscherichtlinie (EU) 2015/849 des Europäischen Parlaments und des Rates wurde (mit klarstellendem Charakter) Abs. 3 S. 2 und 3 GwG neu in die Regelung des § 10 GwG aufgenommen wurde (die Ergänzung setzt Art. 14 Abs. 5 der 4. Geldwäscherichtlinie (EU) 2015/849 des Europäischen Parlaments und des Rates um). Im Zuge der Umsetzung der **5. Geldwäscherichtlinie** finden sich dieser Abs. 3 S. 2 und 3 nunmehr in § 3 Abs. 3a GwG wieder.

1. Begründung einer Geschäftsbeziehung (Abs. 3 Nr. 1)

59   Die Pflicht zur Identifizierung des Vertragspartners und die weiteren in Abs. 1 normierten allgemeinen Sorgfaltspflichten sind im Falle der Begründung einer Geschäftsbeziehung zu erfüllen, § 10 Abs. 3 Nr. 1 GwG (die Vorschrift entspricht im Wortlaut § 3 Abs. 2 Nr. 1 GwG aF und führt zu einer Umsetzung des Art. 11 Buchst. a der 4. Geldwäscherichtlinie (EU) 2015/849 des Europäischen Parlaments und des Rates). Die Regelung des § 3 Abs. 2 Nr. 1 GwG aF setzte Art. 7 a der 3. EU-Anti-Geldwäscherichtlinie um, wonach der Verpflichtete bei Begründung einer Geschäftsbeziehung den in Art. 8 Abs. 1 der 3. EU-Anti-Geldwäscherichtlinie normierten Sorgfaltspflichten nachzukommen hat (BT-Drs. 16/9038, 34). Bereits mit dem Geldwäschebekämpfungsgesetz vom 8.8.2002 wurde die bis dahin auf Bartransaktionen beschränkte Identifizierungspflicht um den Tatbestand des „Abschlusses eines Vertrages zur Begründung einer auf Dauer angelegten Geschäftsbeziehung" erweitert. Die Regelung diente ursprünglich insbesondere der Einbeziehung der Fälle des § 154 Abs. 2 AO in das Geldwäschegesetz. Mit der Ausdehnung der Identifizierungspflichten auf die Bereiche der Konto-/Depoteröffnung sollte der Regierungsbegründung das Know-Your-Customer Prinzip im Geldwäschegesetz verankert werden (vgl. BegrRegE Geldwäschebekämpfungsgesetz, BT-Drs. 14/8739, 12).

60   Zugrunde zu legen ist der in § 1 Abs. 4 GwG legaldefinierte Begriff der Geschäftsbeziehung als „jede Beziehung, die unmittelbar in Verbindung mit den gewerblichen oder beruflichen Aktivitäten der Verpflichteten steht und bei der beim Zustandekommen des Kontakts davon ausgegangen wird, dass sie von gewisser Dauer sein wird" (zum Begriff der „Geschäftsbeziehung" *Figura* → GwG § 1 Rn. 26). Die Dauerhaftigkeit ist dabei von der Einschätzung der Parteien zum Zeitpunkt des erstmaligen Kontakts abhängig; es ist nicht auf die nachträgliche Betrachtung abzustellen (BaFin, Auslegungs- und Anwendungshinweise zum Geldwäschegesetz, S. 27). Erforderlich ist das Vorliegen einer geschäftsspezifischen Leistung des Verpflichteten. Allgemeine Rechtsbeziehungen, die keinen Bezug zu den geschäftstypischen Aufgaben oder Leistungen des Verpflichteten aufweisen oder die allein der Aufrechterhaltung des Geschäftsbetriebs dienen, unterfallen nicht dem Begriff der Geschäftsbeziehung (BT-Drs. 16/9038, 29). Der Begriff der „Geschäftsbeziehung" iSv § 1 Abs. 4 GwG entspricht damit unverändert dem in § 2 Abs. 1 S. 2 GwG aF normierten Begriff der „auf Dauer angelegten Geschäftsbeziehung". Der in der Legaldefinition enthaltene und insoweit an § 3 Abs. 1 GwG aF angelehnte Hinweis auf die „berufliche Beziehung" dient der Abgrenzung der freiberuflichen Tätigkeit zur gewerblichen Tätigkeit und bezweckt keine Erweiterung des Ver-

Allgemeine Sorgfaltspflichten **§ 10**

ständnisses. Hauptanwendungsfälle von § 10 Abs. 3 Nr. 1 GwG sind nach wie vor Konto-, bzw. Depoteröffnungen iSv § 154 AO, wobei die Eröffnung von Unter- oder weiteren Konten regelmäßig im Rahmen einer bestehenden Geschäftsbeziehung (Girovertrag) erfolgt (so BaFin, Auslegungs- und Anwendungshinweise zum Geldwäschegesetz, S. 26 mit weiteren Abgrenzungsbeispielen).

Die in § 2 Abs. 1 Nr. 10, 11 und 13 GwG aufgeführten Kataloggeschäfte lösen – 61 unabhängig von der Frage des Vorliegens einer Transaktion ab 15.000 EUR – grundsätzlich die Identifizierungspflicht und die sonstigen Sorgfaltspflichten nach Abs. 1 aus (BT-Drs. 16/9038, 34), was für rechtsberatende Berufe inhaltlich der bisherigen Regelung des § 3 Abs. 1 S. 1 Nr. 1 GwG aF entspricht. Die enumerative Auflistung an Kataloggeschäften für die Berufsgruppen der Rechtsanwälte, Kammerrechtsbeistände und Patentanwälte sowie Notare (§ 2 Abs. 1 Nr. 10 GwG), der nicht verkammerten Rechtsbeistände und registrierten Personen iSv § 10 RDG (§ 2 Abs. 1 Nr. 11 GwG), sowie der Dienstleister für Gesellschaften und Treuhandvermögen und Treuhänder (§ 2 Abs. 1 Nr. 13 GwG) kann daher nur so verstanden werden, dass hierdurch das Kriterium der Dauerhaftigkeit für diese Geschäfte konkretisiert wird und es sich bei einer Mitwirkung an den in § 2 Abs. 1 Nr. 10 a–b und § 2 Abs. 1 Nr. 13 a–f GwG genannten Geschäften regelmäßig um auf Dauer angelegte Geschäftsbeziehung handelt, die die allgemeinen Sorgfaltspflichten nach § 10 Abs. 1 GwG auslöst (so auch *Teichmann/Achsnich* in Herzog/Mülhausen Geldwäschebekämpfung-HdB § 31 Rn. 6; iErg ebenso *Große-Wilde* MDR 2002, 1288 (1289)). Auf die Frage des Vorliegens einer außerhalb einer bestehenden Geschäftsbeziehung anfallenden Transaktion im Wert von 15.000 EUR oder mehr kommt es hiernach nicht mehr an.

Der Zeitpunkt der Auslösung der allgemeinen Sorgfaltspflichten bemisst sich 62 nach § 11 Abs. 1 GwG, § 25j KWG, § 54 VAG (*Figura* → GwG § 11 Rn. 3). Gem. § 11 Abs. 1 S. 1 GwG haben Verpflichtete die Identifizierungspflicht bereits vor Begründung der Geschäftsbeziehung zu erfüllen. Die Identifizierung kann ausnahmsweise noch während der Begründung der Geschäftsbeziehung abgeschlossen werden, wenn dies erforderlich ist, um den normalen Geschäftsablauf nicht zu unterbrechen, und ein geringes Risiko der Geldwäsche oder der Terrorismusfinanzierung besteht, § 11 Abs. 1 S. 2 GwG. Da § 11 Abs. 1 GwG ein Tätigwerden zeitlich vor der Begründung der Geschäftsbeziehung ausdrücklich nur hinsichtlich der Identifizierung verlangt, kann die Abklärung des Hintergrundes der Geschäftsbeziehung (§ 10 Abs. 1 Nr. 2 GwG) auch noch während der laufenden Geschäftsbeziehung durchgeführt werden; Sonderregelungen enthalten § 25j KWG, § 54 VAG.

2. Transaktionen außerhalb einer dauerhaften Geschäftsbeziehung (Abs. 3 Nr. 2)

Nach § 10 Abs. 3 Nr. 2 GwG haben die Verpflichteten im Falle der Durchfüh- 63 rung einer außerhalb einer bestehenden Geschäftsbeziehung anfallenden Transaktion im Wert von 15.000 EUR oder mehr den Vertragspartner zu identifizieren und die weiteren in Abs. 1 normierten allgemeinen Sorgfaltspflichten zu erfüllen. Die Regelung entspricht weitgehend der Vorgängervorschrift des § 3 Abs. 2 Nr. 2 S. 1 GwG aF und führt zu einer Umsetzung des Art. 11 Buchst. b der 4. Geldwäscherichtlinie (EU) 2015/849 des Europäischen Parlaments und des Rates. Die zusätzliche Regelung des § 3 Abs. 2 S. 1 Nr. 2 Hs. 2 GwG aF wonach Sorgfaltspflichten ebenfalls zu erfüllen sind, „wenn mehrere Transaktionen durchgeführt werden, die zusammen einen Betrag im Wert von 15.000 EUR oder mehr ausmachen, sofern Anhaltspunkte dafür vorliegen, dass zwischen ihnen eine Verbin-

§ 10 Abschnitt 3. Sorgfaltspflichten in Bezug auf Kunden

dung besteht", ist im Wortlaut des § 10 Abs. 3 Nr. 2 GwG nicht mehr enthalten. Ob die Regelung, die insbesondere das sog. Smurfing unterbinden soll, auch weiterhin Inhalt der Norm – bspw. im Wege der Auslegung – ist, lässt sich der Gesetzesbegründung nur mittelbar durch den Verweis auf Art. 11 Buchst. b der 4. Geldwäscherichtlinie (EU) 2015/849 des Europäischen Parlaments und des Rates entnehmen (vgl. BT-Drs. 18/11555, 116). Die Richtlinie bestimmt insoweit, dass „bei Ausführung gelegentlicher Transaktionen, die sich auf 15.000 EUR oder mehr belaufen, und zwar unabhängig davon, ob diese Transaktion in einem einzigen Vorgang oder in mehreren Vorgängen, zwischen denen eine Verbindung zu bestehen scheint, ausgeführt wird", Verpflichtete Sorgfaltspflichten gegenüber Kunden anzuwenden haben. Hieraus folgt, dass wohl mehrere durchgeführte Transaktionen, die zusammen einen Betrag im Wert von 15.000 EUR oder mehr ausmachen, zusammenzuzählen sind, wenn Anhaltspunkte dafür vorliegen, dass zwischen ihnen eine Verbindung besteht.

64 Mit dem GwOptG hatte der Gesetzgeber in § 3 Abs. 2 Nr. 2 GwG aF eine zweite Tatbestandsalternative eingefügt. Nach dem neuen zweiten Satz war die Erfüllung der Sorgfaltspflichten auch im Falle eines Geldtransfers iSv Art. 2 Nr. 7 der Verordnung (EG) Nr. 1781/2006 über die Übermittlung von Angaben zum Auftraggeber bei Geldtransfers (EG-GeldtransferVO) erforderlich, soweit dieser außerhalb einer bestehenden Geschäftsbeziehung einen Betrag im Wert von 1.000 EUR oder mehr ausmacht. § 10 Abs. 3 GwG übernimmt die Regelung in Nr. 2 Buchst. a. Sie entspricht weitestgehend § 3 Abs. 2 Nr. 2 S. 2 GwG aF, nimmt allerdings Bezug auf die neue Geldtransferverordnung über die Übermittlung von Angaben bei Geldtransfers, die an die Stelle der aufgehobenen Verordnung (EU) Nr. 1781/2006 getreten ist.

Von der Neuregelung nach dem GwOptG waren insbesondere Bareinzahlungen von Nichtkunden zur Überweisung (Zahlscheingeschäft der Kreditinstitute) betroffen. Durch die Änderung, die entgegen dem Wortlaut der Gesetzesbegründung (vgl. BT-Drs. 17/6804, 26) nicht lediglich deklaratorischen Charakter hatte, wurde der Anwendungsbereich der allgemeinen Sorgfaltspflichten deutlich ausgeweitet (*Bentele/Schirmer* ZBB/JBB 2012, 303 (309); *Höche/Rößler* WM 2012, 1505 (1507)). Während sich der Pflichtenumfang nach Art. 5 Abs. 2, Art. 4 Abs. 1 der EG-GeldtransferVO auf die Überprüfung des Namens, der Anschrift und der Kontonummer des Auftraggebers beschränkte, umfassten die allgemeinen Sorgfaltspflichten nach dem Geldwäschegesetz neben der Erhebung zusätzlicher Kundendaten zumindest auch die Pflicht zur Identifizierung des wirtschaftlich Berechtigten (vgl. *Bentele/Schirmer* ZBB/JBB 2012, 303 (309); *Höche/Rößler* WM 2012, 1505 (1507)).

65 Die Pflichten aus der Verordnung (EU) 2015/847 des Europäischen Parlaments und des Rates vom 20.5.2015 über begleitende Angaben bei Geldtransfers und zur Aufhebung der Verordnung (EU) Nr. 1781/2006 (ABl. 2015 L 141, 1) bleiben von der Regelung des § 10 Abs. 3 S. 1 Nr. 2 GwG unberührt (so BT-Drs. 16/9038, 34) und sind neben den geldwäscherechtlichen Pflichten ergänzend zu beachten (DK, Auslegungs- und Anwendungshinweise 2014, Tz. 2). Zahlungsdienstleister haben die Anforderungen der Geldtransferverordnung zu erfüllen (vgl. Art. 2 Abs. 1 GeldtransferVO). Hiernach ist die vollständige Erfassung und, als zwischengeschalteter Zahlungsverkehrsdienstleister, die vollständige Weiterleitung der Auftraggeberdaten zu prüfen und zu gewährleisten. Eingehende Transaktionen sind auf vollständige Auftraggeberdaten zu prüfen und ggf. Maßnahmen zur Ermittlung des Auftraggebers zu ergreifen oder ggf. die Transaktion zurückzuweisen. Gegenüber Zahlungsdienstleistern, die mehrfach Transaktionen ohne Auftraggeberdaten durchführen, sind Maßnahmen zu ergreifen, die ggf. zur Beschränkung oder Beendigung der

Allgemeine Sorgfaltspflichten **§ 10**

Geschäftsbeziehung mit dem Zahlungsverkehrsdienstleister führen. Des Weiteren sind die Zahlungsverkehrsdienstleister an die BaFin zu melden.

Mit der Verordnung werden Zahlungsdienstleister dazu verpflichtet, bei einem elektronischen Geldtransfer jeweils den vollständigen Auftraggeberdatensatz zu übermitteln, sowie die Angaben bei eingehenden Zahlungen zu überprüfen. Hierdurch soll die Rückverfolgung eines Geldtransfers bis zum Auftraggeber für die Prävention, die Ermittlung und die Aufdeckung von Geldwäsche oder Terrorismusfinanzierung vereinfacht werden und eine lückenlose Zurückverfolgung implementiert werden (vgl. hierzu Erwägungsgrund Nr. 9 der GeldtransferVO). Bei Geldtransfers im In- und Auslandszahlungsverkehr ist ab einem Betrag von 0,01 EUR der vollständige Auftraggeberdatensatz (Name, die Nummer des Zahlungskontos und Anschrift, die Nummer eines amtlichen persönlichen Dokuments des Auftraggebers, die Kundennummer oder das Geburtsdatum und der Geburtsort des Auftraggebers) durch den Zahlungsdienstleister an das Empfängerinstitut zu übermitteln (vgl. Art. 4 Abs. 1 und 2 GeldtransferVO). Unter den Voraussetzungen des Art. 5 Abs. 1 iVm Art. 4 Abs. 3 der GeldtransferVO kann bei innereuropäischen Geldtransfers anstelle des Auftraggeberdatensatzes auch eine individuelle Transaktionskennziffer bzw. die Nummern der Zahlungskonten des Auftraggebers und des Begünstigten übermittelt werden. Darüber hinaus besteht die Verpflichtung, Angaben zum Begünstigten des Geldtransfers zu übersenden (vgl. hierzu Art. 4 Abs. 2 GeldtransferVO). Der Zahlungsdienstleister des Auftraggebers hat danach sicherzustellen, dass bei einem Geldtransfer der Name des Begünstigten und die Nummer des Zahlungskontos des Begünstigten mitgeteilt werden. Für den Geldtransfer innerhalb der EU sieht die GeldtransferVO (auch weiterhin) Erleichterungen vor.

Für die Erhebung der Auftraggeberdaten sind für die Verpflichteten Anforde- 66 rungen aus verschiedenen Rechtsgebieten relevant. Die GeldtransferVO ergänzt insoweit die entsprechenden nationalen und EU-Rechtsvorschriften zur Bekämpfung von Geldwäsche und Terrorismusfinanzierung. Für Finanzinstitute besteht neben den sich aus dem Geldwäschegesetz ergebenden kundenbezogenen Sorgfaltspflichten und den Verpflichtungen aus der GeldtransferVO zudem die Vorgabe, die Sanktionen der UN und der EU sowie nationale Sanktionen zu beachten.

Gemäß Art. 5 Abs. 2 GeldtransferVO sind bei Geldtransfers innerhalb der EU 67 Angaben zum Auftraggeber ab einem Betrag von 0,01 EUR zu dokumentieren und ab einem Einzahlungsbetrag von 1.000,01 EUR zu überprüfen. Ferner ist bei Einzahlungen bis 1.000 EUR dann eine Überprüfung erforderlich, wenn der Verdacht auf das Vorhandensein mehrerer verbundener Zahlungen („Smurfing") besteht oder wenn die zu transferierenden Gelder in Form von Bargeld oder anonymem E-Geld entgegengenommen wurden (Art. 5 Abs. 3 GeldtransferVO). Auf die Besonderheiten des Art. 5 Abs. 2 lit. b GeldtransferVO wird verwiesen. Eine Differenzierung zwischen kontengebundenen und kontenungebundenen Geldtransfers sieht die neue GeldtransferVO nicht mehr vor. Bei einem Geldtransfer unter 1.000 EUR innerhalb der EU entfällt daher auch die Prüfungspflicht. Hat der Zahlungsdienstleister keinen vollständigen Datensatz vorliegen und wurde die Überprüfung noch nicht durchgeführt, darf er den entsprechenden Geldtransfer gemäß Art. 4 Abs. 6 GeldtransferVO nicht durchführen.

Nach den geldwäscherechtlichen Vorschriften besteht dagegen erst ab einem 68 Betrag von 1.000 EUR im Falle eines Geldtransfers iSv Art. 3 Nr. 9 der Verordnung (EU) 2015/847 (§ 10 Abs. 3 Nr. 2 lit. a GwG) bzw. bei der Durchführung von Transaktionen ab einem Betrag von 15.000 EUR (§ 10 Abs. 3 Nr. 2 lit. b GwG) die Verpflichtung zur Identifizierung des Auftraggebers, soweit die Transaktion außer-

Figura 313

§ 10 Abschnitt 3. Sorgfaltspflichten in Bezug auf Kunden

halb einer bestehenden Geschäftsbeziehung anfällt. Zu den Voraussetzungen für das Finanztransfer- bzw. das Sortengeschäft im Allgemeinen vgl. die Ausführungen zu § 25i KWG *Achtelik* → KWG § 25i Rn. 5 sowie → KVG § 25k Rn. 2ff.).

69   **a) Sorgfaltspflichten auslösende Geschäftsvorfälle.** Mit dem GwBekErgG vom 13.8.2008 wurde die Identifizierungspflicht bei der Annahme von Bargeld, Wertpapieren iSv § 1 Abs. 1 DepotG und Edelmetallen auf die Durchführung von Transaktionen ausgeweitet. § 10 Abs. 3 Nr. 2 lit. b GwG bestimmt die Identifizierung des Vertragspartners und die Erfüllung der sonstigen in Abs. 1 genannten Sorgfaltspflichten bei der Abwicklung gelegentlicher barer und unbarer Transaktionen im Wert von 15.000 EUR oder mehr in dem Fall, dass diese außerhalb einer bestehenden Geschäftsbeziehung durchgeführt werden.

Die Verpflichtung umfasst damit nicht mehr nur die Annahme, sondern auch die Abgabe von Bargeld in entsprechender Höhe (vgl. BT-Drs. 16/9038, 34). Zugrunde zu legen ist der Transaktionsbegriff nach § 1 Abs. 5 GwG, der sämtliche auf Vermögensverschiebungen gerichtete Aktivitäten von Wirtschaftssubjekten umfasst (BT-Drs. 16/9038, 29). Transaktion ist hiernach jede Handlung eines Wirtschaftssubjektes, die eine Geldbewegung oder eine sonstige Vermögensverschiebung bezweckt oder bewirkt. Die Sorgfaltspflichten bestehen „in Bezug auf den Vertragspartner der Transaktion (dem Gelegenheitskunden) bzw. die Identifizierungspflicht und Berechtigungsprüfung in Bezug auf eine gegebenenfalls für ihn auftretenden Person, nie jedoch gegenüber dem Empfänger der Transaktion (Bsp. Überweisungsempfänger)" (BaFin, Auslegungs- und Anwendungshinweise zum Geldwäschegesetz, S. 27). Transaktionen innerhalb einer bestehenden Geschäftsbeziehungen lösen nur im Verdachtsfall oder bei Zweifel an den Identitätsangaben allgemeine Sorgfaltspflichten aus (so BaFin, Auslegungs- und Anwendungshinweise zum Geldwäschegesetz, S. 27 mit Nennung konkreter Transaktionen, die regelmäßig keine (erneuten) allgemeinen kundenbezogenen Sorgfaltspflichten nach dem GwG begründen; zum Begriff der Transaktion s. *Figura* → GwG § 1 Rn. 34ff.).

70   Sorgfaltspflichten auslösende Geschäftsvorfälle sind zunächst Überweisungen, reine Buchtransaktionen, soweit diese im Einzelfall als gelegentliche Transaktionen außerhalb einer bestehenden Geschäftsbeziehung zu betrachten sind, die Kreditrückführung, der sachenrechtliche Eigentümerwechsel, etc (DK, Auslegungs- und Anwendungshinweise 2014, Tz. 9). Dem weiten Transaktionsbegriff nach § 1 Abs. 5 GwG unterfallen hiernach auch die Annahme und Abgabe von Bargeld, Wertpapieren iSv § 1 Abs. 1 DepotG und Edelmetallen. Annahme und Abgabe erfordern die körperliche Übergabe von Bargeld, Wertpapieren und Edelmetallen, die zur Gewahrsamsbegründung auf der einen Seite und zur Gewahrsamsaufgabe an den betreffenden Gegenständen auf der anderen Seite führt (zur Annahme vgl. BT-Drs. 12/2704, 13; st. bisherige Verwaltungspraxis der BaFin, s. berichtigt BAKred, Schreiben v. 2.12.1996, I5 – B400, Identifizierungspflichten bei der Einlieferung von Wertgegenständen in so genannte Pfanddepots, Nr. 2a). Beispiele im Bankgeschäft sind Barein- und Barauszahlungen, das Geldwechselgeschäft sowie E-Geld Geschäfte. Die Sorgfaltspflichten bei Bartransaktionen erstrecken sich auch auf elektronisches Geld, Sortenankauf und Sortenverkauf, Edelmetallgeschäfte, Reisescheckankauf und Reisescheckverkauf, Couponsgeschäfte, Wertpapier-Tafelgeschäfte und die Wertpapiereinlieferung (vgl. DK, Auslegungs- und Anwendungshinweise 2014, Tz. 9, 9). Annahme und Abgabe müssen dem Verpflichteten erkennbar sein; dies ist nicht der Fall bei der Deponierung von Bargeld in einem Schließfach oder bei der Einlieferung von Verwahrstücken, deren Inhalt dem Ver-

Allgemeine Sorgfaltspflichten **§ 10**

pflichteten regelmäßig nicht bekannt ist (zu den kundenbezogenen Sorgfaltspflichten gehört es allerdings, den Verfügungsberechtigten des Schließfachs zu erfassen, DK, Auslegungs- und Anwendungshinweise 2014, Rn. 2 und 49); ggf. besteht jedoch die Pflicht zur Legitimation nach § 154 Abs. 2 AO. Nicht entscheidend ist, ob die Gegenstände über den Schalter gereicht werden, oder ob eine Übermittlung ohne persönlichen Kontakt, beispielsweise per Post erfolgt.

Wertpapiere iSv § 1 Abs. 1 DepotG sind Aktien, Kuxe, Zwischenscheine, Zins-, 71 Gewinnanteil- und Erneuerungsscheine, auf den Inhaber lautende oder durch Indossament übertragbare Schuldverschreibungen, andere vertretbare Wertpapiere, sowie Namensschuldverschreibungen, soweit sie auf den Namen einer Wertpapiersammelbank ausgestellt wurden. Die Sorgfaltspflichten nach § 10 Abs. 1 GwG werden ausgelöst durch die Annahme und die Abgabe, Einlösung und Tausch von Wertpapieren iSv § 1 Abs. 1 DepotG, wobei unter Tausch nicht nur die rein technische Erneuerung und Ersetzung von Wertpapieren zu verstehen ist, sondern ebenfalls Einlösung und Tausch von Coupons und Zwischenscheinen (vgl. *Langweg* in Fülbier/Aepfelbach/Langweg GwG § 2 Rn. 107).

Für den Begriff der Edelmetalle ist nach dem BAKred der gewerberechtliche 72 Edelmetallbegriff zugrunde zu legen (st. bish. Verw.pr. d. BaFin, s. ber. BAKred, Schreiben vom 2.12.1996, I5 – B400, Identifizierungspflichten bei der Einlieferung von Wertgegenständen in so genannte Pfanddepots). Nach § 56 Abs. 1 Nr. 2a, § 147a Abs. 1 Nr. 1 GewO sind Edelmetalle Gold, Silber, Platin und die sog. Platinbeimetalle. Edelmetallhaltige Legierungen sowie Waren aus Edelmetall oder aus edelmetallhaltigen Legierungen unterfallen dagegen nicht dem Edelmetallbegriff.

Durch Art. 1 des GwOptG vom 22.12.2011 wurde in § 3 Abs. 2 Nr. 2 GwG aF 73 eine zweite Tatbestandsalternative eingefügt (nunmehr geregelt in § 10 Abs. 3 Nr. 2 lit. a GwG). Hiernach ist die Erfüllung der Sorgfaltspflichten auch im Falle eines Geldtransfers iSv Art. 3 Nr. 9 der Verordnung (EU) 2015/847 des Europäischen Parlaments und des Rates vom 20.5.2015 über begleitende Angaben bei Geldtransfers und zur Aufhebung der Verordnung (EU) Nr. 1781/2006 (ABl. 2015 L 141, 1) erforderlich, soweit dieser außerhalb einer bestehenden Geschäftsbeziehung einen Betrag im Wert von 1.000 EUR oder mehr ausmacht.

Dabei kommt es gemäß Art. 3 Nr. 9 der GeldtransferVO für die Definition des „Geldtransfers" lediglich darauf an, dass eine Transaktion im Namen des Auftraggebers über einen Zahlungsdienstleister mit dem Ziel durchgeführt wird, einem Begünstigten über einen Zahlungsdienstleister einen Geldbetrag zur Verfügung zu stellen, unabhängig davon, ob es sich bei dem Zahlungsdienstleister des Auftraggebers und dem Zahlungsdienstleister des Begünstigen um ein und denselben handelt. Das generelle Erfordernis eines „elektronischen" Transfers ist bereits dann erfüllt, wenn der bar eingezahlte Betrag vom Zahlungsverkehrsdienstleister dem bei ihm geführten Konto des Kunden elektronisch gutgeschrieben und damit dem Kontoinhaber zur Verfügung gestellt wird (BaFin, RdSchr. 4/2012 v. 26.9.2012, Ziff. II.).

Ein Geldtransfer iSd des § 10 Abs. 3 Nr. 2 lit. a GwG bzw. der GeldtransferVO 74 liegt daher grundsätzlich auch bei Bartransaktionen in Form der Bareinzahlung auf ein Fremdkonto bei dem Institut, bei welchem die Einzahlung erfolgt, vor (Verwaltungspraxis der BaFin; vgl. BaFin- RdSchr. 4/2012 v. 26.9.2012, Ziff. II). Die zusätzliche Weiterleitung des eingezahlten Geldes an ein Drittinstitut ist in diesem Fall nicht erforderlich. Auf die Differenzierung, ob es sich bei dem Zahlungsdienstleister um das Institut, bei welchem der Geldbetrag eingezahlt wird, oder um ein Drittinstitut handelt, kommt es insoweit nicht an (BaFin, RdSchr. 4/2012 v. 26.9.2012, Ziff. II.).

Figura

§ 10 Abschnitt 3. Sorgfaltspflichten in Bezug auf Kunden

Kein Geldtransfer iSv Art. 3 Nr. 9 der Verordnung (EU) 2015/847 des Europäischen Parlaments und des Rates vom 20.5.2015 über begleitende Angaben bei Geldtransfers und zur Aufhebung der Verordnung (EU) Nr. 1781/2006 (ABl. 2015 L 141, 1) liegt dagegen vor, wenn der Einzahler ausdrücklich als Vertreter oder Erfüllungsgehilfe des Kontoinhabers auftritt. In diesem Fall liegt eine Einzahlung auf ein eigenes Konto vor, die wohl auch weiterhin nicht unter den Anwendungsbereich der GeldtransferVO fällt.

75   aa) **Schwellenwert.** Die Pflicht zur Identifizierung bei der Abwicklung gelegentlicher Transaktionen außerhalb bestehender Geschäftsbeziehungen setzt bei einem Schwellenwert von 15.000 EUR oder mehr bzw. bei einem Geldtransfer iSv Art. 3 Nr. 9 der Verordnung (EU) 2015/847 des Europäischen Parlaments und des Rates vom 20.5.2015 über begleitende Angaben bei Geldtransfers und zur Aufhebung der Verordnung (EU) Nr. 1781/2006 (ABl. 2015 L 141, 1) bei einem Betrag von 1.000 EUR oder mehr ein. Von den Verpflichteten erhobene Gebühren und Provisionen sind bei der Wertbestimmung nicht zu berücksichtigen (st. bisherige Verwaltungspraxis der BaFin, s. berichtigt frühere Verlautbarung der BAKred, Verlautbarung v. 30.3.1998, Z 5 – E 100, Nr. 13 Abs. 3). Transaktionen hoher Beträge sind nach Ansicht des Gesetzgebers regelmäßig mit einem erhöhten Risiko der Geldwäsche und der Terrorismusfinanzierung verbunden (BT-Drs. 16/9038, 34); der Festlegung des Schwellenwertes liegt die Einschätzung zugrunde, dass Profite aus den in § 261 StGB aufgeführten Vortaten häufig oberhalb dieses Schwellenwertes anzusiedeln sind (*Mülhausen* in Herzog/Mülhausen Geldwäschebekämpfung-HdB § 41 Rn. 31). Ausschlaggebend sind die faktischen Gegebenheiten, so dass die Sorgfaltspflichten auch zu erfüllen sind, wenn ein Vertragspartner zeitgleich mehrere Transaktionen tätigt, die für sich genommen unterhalb des gesetzlichen Schwellenwertes liegen, zusammen jedoch 15.000 EUR oder mehr betragen (DK, Auslegungs- und Anwendungshinweise 2014, Rn. 7 und 9).

76   Für die Berechnung des Schwellenwertes bei Wertpapiertransaktionen, Edelmetallen und Sorten ist der aktuelle Kurswert maßgeblich (st. bisherige Verwaltungspraxis der BaFin, s. berichtigt frühere Verlautbarung der BAKred, Verlautbarung v. 30.3.1998, Z 5 – E 100, Nr. 13 Abs. 3); bei Festpreisgeschäften gilt der vereinbarte Preis. Stückzinsen bei Wertpapiertafelgeschäften sind zu berücksichtigen, da das Wertpapier den Zinsanspruch verkörpert; im Rahmen des Geschäftes anfallende Gebühren und Provisionen, die von den Kreditinstituten bei der Annahme und Abgabe erhoben werden, bleiben bei der Berechnung außen vor (st. bisherige Verwaltungspraxis der BaFin, s. berichtigt frühere Verlautbarung der BAKred, Verlautbarung v. 30.3.1998, Z 5 – E 100, Nr. 13 Abs. 3). Bei der Vorlage vom Mantel getrennter Zinsbögen oder auf-, bzw. abgezinster Wertpapiere vor Fälligkeit ist auf den Verkehrswert abzustellen; bei nicht börsennotierten Werten kann der Einlösungswert zugrunde gelegt werden (*Mülhausen* in Herzog/Mülhausen Geldwäschebekämpfung-HdB § 41 Rn. 34). Werden Wertpapiere in ein Depot eingeliefert, sind die bis zu diesem Zeitpunkt aufgelaufenen Stückzinsen dagegen nicht zu berücksichtigen, vgl. § 11 und 12 BewG, wonach bei börsennotierten Wertpapieren der Kurswert und bei anderen Wertpapieren der Nennwert maßgeblich ist. Werden effektive Stücke gegen Bargeld verrechnet, wirkt sich die Realisierung der aufgelaufenen Stückzinsen werterhöhend aus. Berechnet ein Institut im Einzelfall bei der Annahme von Wertpapieren Entgelte, sind diese wertmindernd zu berücksichtigen (st. bisherige Verwaltungspraxis der BaFin, s. berichtigt frühere Verlautbarung der BAKred, Verlautbarung v. 30.3.1998, Z 5 – E 100, Nr. 13 Abs. 3). Sonstige

Allgemeine Sorgfaltspflichten **§ 10**

Kapitalforderungen und Schulden sind mit dem Nennwert anzusetzen, wenn nicht besondere Umstände einen höheren oder geringeren Wert begründen.

Für das Sortengeschäft hat der Gesetzgeber den Schwellenwert auf 2.500 EUR **77** festgesetzt, sofern das Geschäft nicht über ein beim Verpflichteten geführtes Konto des Kunden abgewickelt wird, vgl. § 25k Abs. 1 KWG (BaFin, Auslegungs- und Anwendungshinweise zum Geldwäschegesetz, S. 29; s. iE *Achtelik* → KWG § 25k Rn. 3 ff.).

Bei der Annahme von Geldern im Rahmen des Finanztransfergeschäftes gem. **78** § 1 Abs. 1 S. 2 Nr. 6 ZAG gilt bereits seit der Neufassung des GwBekErgG kein Schwellenwert mehr; die Sorgfaltspflichten sind betragsunabhängig zu erfüllen, vgl. § 22 ZAG aF. Bis zum 13.1.2018 mussten die Mitgliedstaaten und damit auch die Bundesrepublik Deutschland die sog. Zweite Zahlungsdiensterichtlinie (Richtlinie (EU) 2015/2366 des Europäischen Parlaments und des Rates vom 25.11.2015 über Zahlungsdienste im Binnenmarkt, zur Änderung der Richtlinien 2002/65/EG, 2009/110/EG und 2013/36/EU und der Verordnung (EU) Nr. 1093/2010 sowie zur Aufhebung der Richtlinie 2007/64/EG (ABl. 2015 L 337, 35; 2016 L 169, 18) in nationales Recht umsetzen. Die Transformation erfolgte durch eine Neufassung des Zahlungsdiensteaufsichtsgesetz (Gesetz v. 17.7.2017, BGBl. I S. 2446 (Nr. 48); gültig ab 13.1.2018). Eine Änderung bzw. Anpassung des fast zeitgleich neugefassten Geldwäschegesetzes vom 23.6.2017 erfolgte erst im Zuge der Änderung des GwG durch Art. 1 Gesetz v. 12.12.2019 (BGBl. I S. 2602).

Der Begriff des Finanztransfergeschäftes umfasst nach der in § 1 Abs. 1 S. 2 Nr. 6 ZAG enthaltenen Legaldefinition Dienste, bei denen ohne Einrichtung eines Zahlungskontos auf den Namen des Zahlers oder des Zahlungsempfängers ein Geldbetrag des Zahlers nur zur Übermittlung eines entsprechenden Betrags an einen Zahlungsempfänger oder an einen anderen, im Namen des Zahlungsempfängers handelnden Zahlungsdienstleister entgegengenommen wird oder bei dem der Geldbetrag im Namen des Zahlungsempfängers entgegengenommen und diesem verfügbar gemacht wird (zum Finanztransfergeschäft iE *Figura* → § 2 Rn. 87 ff.).

Vom Begriff des Finanztransfergeschäftes erfasst sind vor allem folgende wesent- **79** liche Tätigkeiten im Zusammenhang mit der Durchführung von Zahlungsaufträgen, wobei es unerheblich ist, ob der Finanzdienstleister mit Bargeld in Berührung kommt oder die Transaktionen unbar durchgeführt werden: Sämtliche Zahlungsvorgänge zwischen Zahlungsdienstleister und Zahlungsdienstnutzer ohne Begründung einer kontenmäßigen Beziehung (*Schwennicke* in Schwennicke/Auerbach ZAG § 1 Rn. 56); die Entgegennahme von Bargeld, dessen physischer Transport, ggf. auch in anderen Stückelungen und Währungen, sowie die Übergabe an den Empfänger in bar; die Entgegennahme von Buchgeld oder Bargeld oder Schecks mit anschließendem Transfer über Konten des Dienstleisters auf ein Empfängerkonto (BaFin, Merkblatt – Hinweise zum Anwendungsbereich des Gesetzes über die Beaufsichtigung von Zahlungsdiensten v. 22.12.2011, Ziff. 2e); die Entgegennahme von Buchgeld, Bargeld oder Schecks und Auszahlung des Gegenwertes in bar an den Empfänger; die Einzahlung von Beträgen durch Dritte auf ein Konto, die der Kontoinhaber gegen eine Provision abhebt und an einen von den Einzahlenden benannten Empfänger transferiert (*Schwennicke* in Schwennicke/Auerbach ZAG § 1 Rn. 55 mwN); sowie die Entgegennahme von Bargeld und die in der Regel tagggleiche Auszahlung der entsprechenden Summe an den Empfänger in bar unter Nutzung eines eigenen Kommunikations-, Transfer- und Clearingnetzes (*Schwennicke* in Schwennicke/Auerbach ZAG § 1 Rn. 52).

§ 10 Abschnitt 3. Sorgfaltspflichten in Bezug auf Kunden

80 Unabhängig von den nach § 10 Abs. 3 Nr. 2 lit. a GwG bestehenden geldwäscherechtlichen Verpflichtungen bei Vorliegen eines Geldtransfers iSv Art. 3 Nr. 9 der (EU) 2015/847 des Europäischen Parlaments und des Rates vom 20.5.2015 über begleitende Angaben bei Geldtransfers und zur Aufhebung der Verordnung (EU) Nr. 1781/2006 (ABl. 2015 L 141, 1), soweit diese einen Betrag im Wert von 1.000 EUR oder mehr ausmacht (insbes. Zahlscheingeschäft), sind die sich aus der GeldtransferVO ergebenden weitergehenden Pflichten zu beachten (vgl. zur bisherigen Fassung der GeldtransferVO BaFin, RdSchr. 9/2009 (GW) v. 23.4.2009 mit Anwendungshinweisen zu den Pflichten, die sich aus der VO (EG) Nr. 1781/2006 über die Übermittlung von Angaben zum Auftraggeber bei Geldtransfers an die Zahlungsverkehrsdienstleister des Begünstigten ergeben). Der Gesetzgeber hat insoweit klargestellt, dass den Verpflichteten durch die Ergänzung in der vorhergehenden Gesetzesfassung zu § 10 Abs. 3 Nr. 2 lit. a GwG verdeutlicht werden soll, dass bei den Sorgfaltspflichten, die bei der Durchführung einer Transaktion ab einem Wert von 1.000 EUR außerhalb einer bestehenden Geschäftsbeziehung zu erfüllen sind, auch die Vorgaben der EG-GeldtransferVO zu beachten sind (BT-Drs. 17/6804, 26).

81 **bb) Abgrenzung zu Transaktionen innerhalb bestehender Geschäftsbeziehungen.** Vom Begriff der gelegentlichen Transaktion außerhalb einer Geschäftsbeziehung werden ausschließlich für Gelegenheitskunden durchgeführte Transaktionen erfasst. Voraussetzung ist das Bestehen eines Vertragsverhältnisses mit dem Gelegenheitskunden über die Durchführung der Transaktion. Da die Sorgfaltspflichten nur hinsichtlich des Vertragspartners der Verpflichteten gelten, werden sonstige Dritte, mit denen kein Vertragsverhältnis besteht, nicht erfasst (DK, Auslegungs- und Anwendungshinweise 2014, Tz. 9). Beispiele hierfür sind Bote und Vertreter, sowie wirtschaftlich Berechtigter.

Nicht unter § 10 Abs. 3 Nr. 2 GwG fallen des Weiteren sämtliche Transaktionen innerhalb einer bestehenden Geschäftsbeziehung, also insbesondere über ein bei einem Kreditinstitut bestehendes Kontokorrentkonto abgewickelte bare wie unbare Transaktionen eines Kunden. Zur Abgrenzung von Transaktionen innerhalb bestehender Geschäftsbeziehungen einerseits und gelegentlicher Transaktionen außerhalb bestehender Geschäftsbeziehungen andererseits ist auf den Vertragspartner abzustellen, nicht auf einen für diesen offenkundig auftretenden Boten oder Vertreter (BT-Drs. 16/9038, 33). Dort, wo Bargeld im Rahmen einer bereits bestehenden Geschäftsbeziehung vom Kunden selbst bzw. einem Boten oder Vertreter eingezahlt wird, ist eine Identifizierung des Vertragspartners nicht erforderlich. Nimmt jedoch ein Dritter aufgrund eines eigenständigen Auftrags- oder Geschäftsbesorgungsverhältnisses eine Bareinzahlung auf ein Konto vor, erfolgt diese gerade nicht innerhalb der bestehenden Geschäftsbeziehung zwischen Kreditinstitut und Kontoinhaber; die Regelung des § 10 Abs. 1 Nr. 2 GwG kommt zur Anwendung. Für die Offenkundigkeit des Auftretens von Bote oder Vertreter sind die äußeren Umstände des Geschäftes maßgeblich (DK, Auslegungs- und Anwendungshinweise 2014, Tz. 9). So kann bei einer Einzahlung auf ein bei einem Kreditinstitut geführten Konto ggf. auch das gewählte Einzahlungsverfahren Anhaltspunkte dafür bieten, ob die Einzahlung innerhalb oder außerhalb der bestehenden Geschäftsbeziehung erfolgt. Während eine Bareinzahlung unter Verwendung eines einfachen Einzahlungsbeleges auf einen Geschäftsvorfall innerhalb einer bestehenden Geschäftsbeziehung für den Kontoinhaber als Vertragspartner (und damit eine Boten-, bzw. Vertretereigenschaft des persönlich Auftretenden) hindeuten kann, sofern keine tatsächlichen Anhaltspunkte für das Gegenteil vorliegen, kann dagegen die

Allgemeine Sorgfaltspflichten **§ 10**

Verwendung eines Zahlscheines die Begründung eines eigenständigen Vertragsverhältnisses mit dem Auftretenden indizieren, da das Zahlscheinverfahren dem Empfänger des Geldes ermöglicht, den Zahlungseingang auf seinem Konto einer bestimmten Person, bzw. einem bestimmten Verwendungszweck zuzuordnen; dies ist bei Verwendung eines einfachen Einzahlungsbeleges regelmäßig nicht der Fall (DK, Auslegungs- und Anwendungshinweise 2014, Tz. 9). Es besteht keine Pflicht zur aktiven Nachforschung durch den Verpflichteten, soweit das Interesse des persönlich Auftretenden, als Bote oder Vertreter des Vertragspartners zu handeln, aufgrund äußerer Umstände erkennbar ist. Insbesondere in Zweifelsfällen wird ggf. eine weitere Abklärung durch die Verpflichteten erfolgen müssen.

Beispiele für gelegentliche Transaktionen außerhalb einer bestehenden Geschäfts- 82 beziehung sind die Durchführung des Zahlscheingeschäftes oberhalb des Schwellenwertes, sowie das nicht über ein Kundenkonto, bzw. nicht im Wege des Girogeschäfts abgewickelte Sortengeschäft, soweit der Schwellenwert von 2.500 EUR überschritten wurde (DK, Auslegungs- und Anwendungshinweise 2014, Tz. 9). Keine gelegentlichen Transaktionen außerhalb einer bestehenden Geschäftsbeziehung sind dagegen ua der unbare Zahlungsverkehr von Kunden, die eine Kontoverbindung bei einem Kreditinstitut unterhalten; Barauszahlungen vom Kundenkonto; Bareinzahlungen auf ein Konto, soweit diese nicht von einem Dritten aufgrund eines eigenständigen Auftrags- oder Geschäftsbesorgungsverhältnisses vorgenommen werden; das kontobezogene Sortengeschäft für Kunden, sowie das sonstige Sortengeschäft bei einem Schwellenwert unterhalb 2.500 EUR (vgl. § 25k Abs. 1 KWG sowie BaFin, Auslegungs- und Anwendungshinweise zum Geldwäschegesetz, S. 29); die erstmalige Nutzung eines neuen Produktes durch einen bereits angenommenen Kunden; die Inanspruchnahme einer neuen Kreditlinie innerhalb eines zuvor gewährten Kreditrahmens; die Vereinnahmung und Verwertung von Kreditsicherheiten; das Zahlscheingeschäft bei Zahlungen unterhalb des Schwellenwertes (BT-Drs. 16/9038, 53) sowie das Anbieten einmaliger Dienstleistungen ohne Transaktionscharakter wie bspw. Geldzählen, die Lagerung von Verwahrstücken, etc (Bsp. bei DK, Auslegungs- und Anwendungshinweise 2014, Tz. 9).

cc) Umfang der Sorgfaltspflichten. Die transaktionsbezogenen Kunden- 83 sorgfaltspflichten umfassen die Identifizierung des Vertragspartners gem. § 10 Abs. 1 Nr. 1 GwG, die Abklärung des PEP-Status (§ 10 Abs. 1 Nr. 4 GwG) sowie die Abklärung eines etwaigen wirtschaftlich Berechtigten (§ 10 Abs. 1 Nr. 2 GwG). Nicht erforderlich ist dagegen wohl die Abklärung des Geschäftszweckes iSv § 10 Abs. 1 Nr. 3 GwG, da dieser mangels Vorliegens einer auf Dauer angelegten Geschäftsbeziehung zwangsläufig auf die Durchführung der Transaktion begrenzt ist (DK, Auslegungs- und Anwendungshinweise 2014, Tz. 9). Einer weiteren Abklärung bedarf es insoweit nicht. Die Überwachungspflicht nach § 10 Abs. 1 Nr. 5 GwG ist nicht anwendbar, da sich diese begrifflich allein auf Geschäftsbeziehungen bezieht (DK, Auslegungs- und Anwendungshinweise 2014, Tz. 9).

Die Verpflichtung zur Erfüllung sämtlicher Formalitäten, zu denen nach § 11 84 Abs. 4 GwG beispielsweise auch die Einsichtnahme ins Handelsregister zählt, ist im Fall gelegentlicher Transaktionen außerhalb bestehender Geschäftsbeziehungen in manchen Fällen nur schwer zu erfüllen und teilweise unmöglich. Probleme kann die Verpflichtung zur Identifizierung des Vertragspartners und zur Abklärung des wirtschaftlich Berechtigten unter Umständen dann aufwerfen, wenn die besondere Geschäftssituation bzw. Natur des abzuwickelnden Geschäftes umfassende Abklärungsmaßnahmen, etwa zu den Eigentums- und Kontrollstrukturen juristischer

Figura

§ 10   Abschnitt 3. Sorgfaltspflichten in Bezug auf Kunden

Personen, dies nicht zulässt. Klassisches Beispiel ist die Einzahlung mittels Zahlschein bei einem Kreditinstitut durch einen Mitarbeiter eines Unternehmens ohne laufende Geschäftsbeziehung auf eine bei einem anderen Institut geführte Kontoverbindung des Unternehmens, etwa bei größeren Supermarktketten oder in Messezeiten (DK, Auslegungs- und Anwendungshinweise 2014, Tz. 9). Vertragspartner des Kreditinstitutes ist in diesem Fall das einzahlende Unternehmen; der auftretende Mitarbeiter unterliegt als Bote, bzw. Vertreter nicht den allgemeinen Sorgfaltspflichten. Hinsichtlich des Unternehmens besteht nach dem Wortlaut des Gesetzes dagegen die Pflicht zur Legitimation, sowie zur umfassenden Abklärung des hinter der juristischen Person stehenden wirtschaftlich Berechtigten.

85   Das Wesen der gelegentlichen Transaktion bedingt, dass Sorgfaltspflichten in bestimmten Situationen nicht in gleichem Umfang erfüllt werden können, wie im Fall der Begründung einer Geschäftsbeziehung (DK, Auslegungs- und Anwendungshinweise 2014, Tz. 9). In Anwendung der Grundregel zur risikobasierten Ausgestaltung des Umfangs der Sorgfaltspflichten (§ 10 Abs. 2 GwG) können die transaktionsbezogenen Kundensorgfaltspflichten daher nach Abwägung des Einzelfalles ggf. angemessen zu reduzieren sein (DK, Auslegungs- und Anwendungshinweise 2014, Tz. 9). Eine pauschale Reduktion der Sorgfaltspflichten bei der Durchführung gelegentlicher Transaktionen außerhalb bestehender Geschäftsbeziehungen ist dagegen nicht von der Vorschrift des § 10 Abs. 2 GwG gedeckt. Anpassungen des Maßnahmenumfangs in begründeten Fällen, etwa auf die erhältlichen Informationen zur Identität des Auftretenden, des Vertragspartners sowie des wirtschaftlich Berechtigten müssen von den Verpflichteten unter risikoorientierten Gesichtspunkten begründet werden können und sollten ausschließlich auf solche Konstellationen angewendet werden, die vorab im Rahmen interner Maßnahmen nach § 6 GwG bestimmt wurden; die Begründung der Vorgehensweise ist entsprechend § 10 Abs. 2 S. 4 GwG zu dokumentieren (so bislang zu bisherigen Fassung DK, Auslegungsund Anwendungshinweise 2014, Tz. 9).

86   Ein im Rahmen der Abwägung zu berücksichtigender Faktor kann beispielsweise sein, ob die betreffende Transaktionen über eine Kontoverbindung bei einem Kreditinstitut mit Sitz der EU, bzw. gleichwertigen Ländern und Territorien abgewickelt wird. Auf Maßnahmen zur Identifizierung des Vertragspartners und zur Abklärung des wirtschaftlich Berechtigten darf dabei nicht gänzlich verzichtet werden; die Möglichkeit der Verdachtserkennung muss grundsätzlich gewährleistet sein. Die Mindestmaßnahmen zur Identifizierung des Vertragspartners erforderten in diesem Zusammenhang das Vorhandensein gesicherter Mindestinformationen über den Vertragspartner, um im Zweifel den Strafverfolgungsbehörden mitteilen zu können, um wen es sich bei dem Vertragspartner handelt (iErg auch FATF Methodologie zu FATF Empfehlung Nr. 5; FATF, Methodology for Assessing Compliance with the FATF 40 Recommendations and the FATF 9 Special Recommendations, Oktober 2008, S. 14, 16).

87   Mit BaFin und BMF abgestimmte Ausnahmefälle, in denen von den Prozessen zur Erfüllung der Sorgfaltspflichten aufgrund der Natur der Transaktion, bzw. der besonderen Umstände durch die Verpflichteten abgewichen werden kann, sind bislang
– Einzahlungen mittels Zahlschein bei Messen durch Mitarbeiter eines Unternehmens ohne Geschäftsbeziehung zu dem Verpflichteten auf ein bei einem anderen Kreditinstitut geführtes Konto des Unternehmens. In diesem Fall kann zur Verifizierung des Unternehmens statt auf einen Handelsregisterauszug auf andere geeignete Dokumente/Verzeichnisse zurückgegriffen werden;

Allgemeine Sorgfaltspflichten § 10

– kurzfristige Handelsgeschäfte, etwa Währungsgeschäfte mit Tochterunternehmen von Firmenkunden. In diesen Fällen ist es zulässig, die Vervollständigung der Angaben, sowie die Verifizierung parallel zu dem, bzw. im unmittelbaren Anschluss an das Handelsgeschäft durchzuführen (Ausnahmefälle aus DK, Auslegungs- und Anwendungshinweise 2014, Tz. 9).

b) Verdacht auf Smurfing. Nach § 10 Abs. 3 Nr. 2 lit. b GwG bzw. unter **88** Berücksichtigung der Vorgaben des Art. 11 der 4. Geldwäscherichtlinie (EU) 2015/849 des Europäischen Parlaments und des Rates sind die Identifizierungspflicht und die weiteren Sorgfaltspflichten iSv Abs. 1 auch dann zu erfüllen, wenn mehrere Transaktionen durchgeführt werden, die zusammen einen Betrag im Wert von 15.000 EUR oder mehr ausmachen, sofern Anhaltspunkte dafür vorliegen, dass zwischen ihnen eine Verbindung besteht. Mit dieser Vorschrift soll einer Umgehung der in § 10 Abs. 1 GwG normierten Sorgfaltspflichten durch eine künstliche Aufsplittung des festgelegten Höchstbetrages in mehrere Teilbeträge entgegengewirkt werden (so BT-Drs. 12/2704, 12). Dieser als „Smurfing" bezeichnete Vorgang meint das planmäßige und mehrfache Durchführen von mehreren zusammenhängenden baren oder unbaren Transaktionen, um den Schwellenbetrag für die Sorgfaltspflichten zu unterlaufen (BT-Drs. 16/9038, 34). Maßgebend ist der bewusst weit ausgestaltete Transaktionsbegriff des § 1 Abs. 5 GwG, der sämtliche auf Vermögensverschiebungen gerichtete Aktivitäten von Wirtschaftssubjekten erfasst. Neben der Annahme und Abgabe von Bargeld oder gleichgestellten Zahlungsmitteln unterfallen dem Transaktionsbegriff ebenfalls unbare sonstige Bankgeschäfte wie etwa Überweisungen oder die Rückführung eines Kredits (vgl. BT-Drs. 16/9038, 29 f.). Die Vorschrift ist ausschließlich auf die Abwicklung gelegentlicher barer und unbarer Transaktionen außerhalb bestehender Geschäftsbeziehungen iSv § 1 Abs. 4 GwG anwendbar. Innerhalb einer auf Dauer angelegten Geschäftsbeziehung, etwa der Kontoverbindung des Kunden zu einem Kreditinstitut entfallen die transaktionsbezogenen Sorgfaltspflichten.

In der Regel wird eine Verbindung von Transaktionen dann angenommen wer- **89** den können, wenn sich eine signifikante Anzahl an Transaktionen innerhalb eines begrenzten Zeitraumes durch Gleichwertigkeit im Hinblick auf den Geschäftsabschluss, den Geschäftsgegenstand oder die Geschäftsabwicklung auszeichnet (*Mülhausen* in Herzog/Mülhausen Geldwäschebekämpfung-HdB § 41 Rn. 38). Auch ein bloßer zeitlicher oder örtlicher Zusammenhang zwischen mehreren Transaktionen sollte dahingehend untersucht werden, ob eine künstlichen Aufsplittung von Transaktionen angenommen werden kann. Die Verbindung muss offenkundig sein und sich dem mit der Transaktion befassten Mitarbeiter aufdrängen (BT-Drs. 12/2704, 12). Die Feststellung und Beurteilung, ob eine solche Verbindung zwischen Transaktionen besteht, erfordert eine Gesamtschau aller Umstände des Einzelfalls von dem Verpflichteten (st. bisherige Verwaltungspraxis der BaFin, s. berichtigt frühere Verlautbarung der BAKred, Verlautbarung v. 30.3.1998, Nr. 18, Abs. 2). Den Verpflichteten steht bei der Bewertung der Umstände ein Beurteilungsspielraum zu (st. bisherige Verwaltungspraxis der BaFin, s. berichtigt frühere Verlautbarung der BAKred, Verlautbarung v. 30.3.1998, Nr. 18, Abs. 2). Typische Konstellationen von Smurfing können vorliegen, wenn mehrere Personen gleichzeitig gleichartige Transaktionen vornehmen, oder wenn eine Person eine signifikante Anzahl gleichartiger Transaktionen innerhalb eines begrenzten Zeitraumes tätigt (*Mülhausen* in Herzog/Mülhausen Geldwäschebekämpfung-HdB § 41 Rn. 39).

Smurfing kann etwa anzunehmen sein, wenn fällige Wertpapiere (effektive Stü- **90** cke) insbesondere der gleichen Emission der Bank zu unterschiedlichen Zeitpunkten zur Einlösung vorgelegt werden, ohne dass für die Aufsplittung ein Grund ersichtlich ist (in diesem Sinne *Wabnitz/Janovsky/Schmitt* WirtschaftsStrafR-HdB Rn. 38a f.). Je größer die Zeitabstände zwischen den einzelnen Geschäftsvorfällen sind, umso geringer dürfte allgemein die Wahrscheinlichkeit einer künstlichen Aufsplittung von Transaktionen sein. Ist eine Konkretisierung des Zeitraumes nicht möglich, sind die Umstände des Einzelfalles maßgeblich (*Mülhausen* in Herzog/Mülhausen Geldwäschebekämpfung-HdB § 41 Rn. 40).

91 Im Rahmen der allgemeinen Überwachungspflicht haben die Verpflichteten die Transaktionen nachträglich zumindest stichprobenartig auf eine mögliche künstliche Aufsplittung eines einheitlichen Betrages hin zu überprüfen (st. bisherige Verwaltungspraxis der BaFin, s. berichtigt frühere Verlautbarung der BAKred, Verlautbarung v. 30.3.1998, Nr. 18). Wird im Rahmen solcher Stichproben, deren Art und Umfang in das Ermessen der Verpflichteten gestellt ist, ein Sachverhalt aufgedeckt, der aufgrund des Erfahrungswissens über die Methoden der Geldwäsche und der Terrorismusfinanzierung als zweifelhaft anzusehen ist, ergibt sich die Verpflichtung, diesem Sachverhalt nachzugehen unbeschadet der in § 25a KWG und der in §§ 4–6 GwG aufgeführten Pflichten für Kreditinstitute. Die Ergebnisse der Smurfing-Kontrolle sind zu dokumentieren (st. bisherige Verwaltungspraxis der BaFin, s. berichtigt frühere Verlautbarung der BAKred, Verlautbarung v. 30.3.1998, Z 5 – E 100, Nr. 18).

3. Verdacht der Geldwäsche oder Terrorismusfinanzierung (Abs. 3 Nr. 3)

92 Ebenfalls durch das GwOptG neu gefasst wurde § 3 Abs. 2 S. 1 Nr. 3 GwG aF (§ 10 Abs. 3 Nr. 3 GwG) zur Erfüllung von allgemeinen Sorgfaltspflichten bei Vorliegen eines meldepflichtigen Sachverhalts nach § 11 Abs. 1 GwG aF. Die Anpassung steht im Kontext mit der ebenfalls durch das GwOptG vorgenommenen Anpassung von § 11 Abs. 1 GwG aF und geht zurück auf die Ergebnisse der FATF-Deutschlandprüfung vom 19.2.2010 hinsichtlich der Umsetzung der FATF-Empfehlung 13 (FATF, 40 Empfehlungen 2004). Mit der Änderung des Tatbestandsmerkmals „Feststellung von Tatsachen" in „Vorliegen von Tatsachen" sollte klargestellt werden, dass es für die Meldepflicht ausreicht, dass objektiv Tatsachen vorliegen, die darauf hindeuten, dass es sich bei Vermögenswerten um Erträge krimineller Aktivitäten handelt oder die Vermögenswerte im Zusammenhang mit Terrorismusfinanzierung stehen (BT-Drs. 17/6804, 35).

Die Vorschrift des § 10 Abs. 3 Nr. 3 GwG entspricht überwiegend § 3 Abs. 2 Nr. 3 GwG aF. Durch die Formulierung „ungeachtet etwaiger nach diesem Gesetz oder anderen Gesetzen bestehender Ausnahmeregelungen, Befreiungen oder Schwellenbeträge" stellt die Regelung klar, dass neben den Ausnahmeregelungen, Befreiungen und Schwellenbeträge des GwG, auch solche in anderen Gesetzen unbeachtlich sind. Dies gilt insbesondere für die Regelungen des Kreditwesengesetzes und des Versicherungsaufsichtsgesetzes (BT-Drs. 18/11555, 117). Die Sorgfaltspflichten nach § 10 Abs. 1 GwG sind unabhängig von etwaigen Ausnahmeregelungen, Befreiungen und Schwellenbeträgen nur zu erfüllen, wenn Tatsachen vorliegen, die darauf hindeuten, dass es sich bei Vermögenswerten, die mit einer Transaktion oder Geschäftsbeziehung im Zusammenhang stehen, um den Gegenstand einer Straftat nach § 261 StGB handelt oder die Vermögenswerte im Zusammenhang mit Terrorismusfinanzierung stehen. Die Regelung setzte insoweit den Art. 7 c der 3. EU-Anti-Geldwäscherichtlinie um.

Allgemeine Sorgfaltspflichten §10

Die Verpflichtung aus § 10 Abs. 3 Nr. 3 GwG betrifft alle Verpflichteten iSv § 2 **93**
Abs. 1 GwG und besteht zusätzlich zur Verdachtsmeldepflicht nach § 43 GwG. Die
Sorgfaltspflichten nach § 10 Abs. 1 GwG bestehen aus der Identifizierung des Vertragspartners (Abs. 1 Nr. 1) und der Pflicht zur Abklärung des wirtschaftlich Berechtigten (Abs. 1 Nr. 2) bzw. des PEP-Status (Abs. 1 Nr. 4). Die Einholung von Informationen über den Zweck und die angestrebte Art der Geschäftsbeziehung (Abs. 1
Nr. 3), sowie die Pflicht zur kontinuierlichen Überwachung der Geschäftsbeziehung
(Abs. 1 Nr. 5) setzen zusätzlich das Vorhandensein, bzw. das Anstreben einer Geschäftsbeziehung von gewisser Dauer iSv § 1 Abs. 4 voraus. Mit der Verpflichtung
zur Erfüllung der Sorgfaltspflichten nach § 10 Abs. 1 GwG bei Verdachtsfällen sollen
den zuständigen Behörden Ermittlungsansätze verschafft werden.

Der Verdachtsfall setzt das Vorliegen konkreter Anhaltspunkte (Tatsachen) für **94**
das Vorliegen einer Geldwäschetat nach § 261 StGB oder einer Terrorismusfinanzierung voraus. Der Begriff der „Tatsachen" umfasst alle Auffälligkeiten bei der Abwicklung von Transaktionen, sowie alle Abweichungen vom gewöhnlichen Geschäftsgebaren der Beteiligten, sofern in ihnen ein Bezug zur einer Geldwäschetat,
bzw. einer Terrorismusfinanzierung erkennbar wird (BegrRegE GewAufspG, BT-Drs. 12/2704, 15). Vermutungen ohne realen Hintergrund sind ebenso wie bloße
Erfahrungswerte, die sich auf bestimmte Kundenkreise oder Geschäftsarten beziehen, nicht ausreichend (*Langweg* in Fülbier/Aepfelbach/Langweg GwG § 6 Rn. 8,
17). Erforderlich ist das Verfügen über hinreichend aussagekräftige Anhaltspunkte;
eine Meldung „ins Blaue" ist dagegen auch nach der Neufassung von Nr. 3 unzulässig (BT-Drs. 17/6804, 35). Die verdachtsbegründenden Tatsachen müssen vom
Identifizierungspflichtigen als solche erkannt worden sein und erfordern einen unmittelbaren Zusammenhang zwischen der konkret angetragenen Transaktion und
der Geldwäsche, bzw. der Terrorismusfinanzierung (*Langweg* in Fülbier/Aepfelbach/Langweg GwG § 6 Rn. 13). Zur Beurteilung des Sachverhaltes ist das gesamte
aus einer Geschäftsbeziehung vorhandene Wissen heranzuziehen (st. bisherige Verwaltungspraxis der BaFin, s. berichtigt frühere Verlautbarung der BAKred, Verlautbarung v. 30.3.1998, Z 5 – E 100, Nr. 24).

Auf eine enumerative Aufzählung möglicher Konstellationen, die auf die Finan- **95**
zierung terroristischer Vereinigungen oder auf Straftaten im Zusammenhang mit terroristischen Aktivitäten hindeuten könnten, wurde durch den Gesetzgeber bewusst
verzichtet, da die Methoden der Begehung schnellen Wandlungen unterworfen und
zu vielgestaltig sind, um im Einzelnen dargestellt zu werden; daneben soll möglichen
Tätern mit einer Aufzählung möglicher Fallkonstellationen keine Orientierungshilfe
geboten werden (BegrRegE GewAufspG, BT-Drs. 12/2704, 15). Ein von der bislang
im BKA angesiedelten Zentralstelle für Verdachtsmeldungen/Financial Intelligence
Unit (FIU) herausgegebenes und in regelmäßigen Abständen aktualisiertes Papier
mit Anhaltspunkten, die auf Geldwäsche bzw. auf die Finanzierung des Terrorismus
hindeuten können, sollte die Verpflichteten im Hinblick auf mögliche Konstellationen sensibilisieren. Mit dem Wechsel der Zuständigkeit der Financial Intelligence
Unit (FIU) zur Generalzolldirektion am 26.6.2017 wurde die FIU fachlich und
organisatorisch neu ausgerichtet. Eine erste Nationale Risikoanalyse zur Bekämpfung von Geldwäsche und Terrorismusfinanzierung für die Jahre 2018/2019 wurde
mittlerweile durch das BMF veröffentlicht. Diese dient dazu, das Risikobewusstsein
im Bereich der Bekämpfung von Geldwäsche und Terrorismusfinanzierung in
Deutschland weiter zu schärfen. Darüber hinaus enthält ein Rundschreiben der Bafin
Ausführungen zu Drittstaaten, die in ihren Systemen zur Bekämpfung von Geldwäsche und Terrorismusfinanzierung strategische Mängel aufweisen und dadurch

Figura

§ 10 Abschnitt 3. Sorgfaltspflichten in Bezug auf Kunden

wesentliche Risiken für das internationale Finanzsystem darstellen (sog. Hochrisiko-Staaten; vgl. hierzu BaFin, RdSchr. 7/2018 (GW) v. 9.5.2018).

96 Der aufgrund konkreter Anhaltspunkte begründete Verdacht muss sich auf eine Geldwäschetat nach § 261 StGB oder eine Terrorismusfinanzierung richten. Dabei umfasst der Begriff der Terrorismusfinanzierung iSv § 1 Abs. 2 GwG sowohl Taten nach §§ 129a, 129b StGB, als auch andere der in den Art. 3, 5–10 und 12 der Richtlinie (EU) 2017/541 des Europäischen Parlaments und des Rates vom 15.3.2017 zur Terrorismusbekämpfung und zur Ersetzung des Rahmenbeschlusses 2002/475/JI des Rates und zur Änderung des Beschlusses 2005/671/JI des Rates (ABl. 2017 L 88, 6) umschriebenen Straftaten (*Figura* → GwG § 1 Rn. 12ff.). Bereits mit Inkrafttreten des Geldwäschebekämpfungsgesetzes vom 8.8.2002 (Gesetz zur Verbesserung der Bekämpfung der Geldwäsche und der Bekämpfung der Finanzierung des Terrorismus, BGBl. I S. 3105) wurde die Identifizierungspflicht in Verdachtsfällen nicht nur bei Vorliegen eines Verdachts auf Geldwäsche, sondern auch bei Verdacht der Finanzierung einer terroristischen Vereinigung gem. §§ 129a, 129b StGB ausgelöst. Mit dieser Erweiterung wurde den Vorgaben der FATF (FATF, Sonderempfehlungen gegen die Finanzierung von Terroristen v. 31.10.2001, *Consbruch/Fischer* Nr. 11.77a.) hin zu einer Ausweitung der Pflicht zur Erstattung von Verdachtsmeldungen auf den Bereich der Terrorismusfinanzierung entsprochen (BegrRegE Geldwäschebekämpfungsgesetz, BT-Drs. 14/8739, 14).

97 Es ist weder erforderlich, dass der Verpflichtete das Vorliegen sämtlicher Tatbestandsmerkmale einschließlich der der Geldwäsche zugrundeliegenden Vortat prüft (Hoyer/Klos S. 266), noch muss die Richtigkeit der verdachtsbegründenden Umstände feststehen; ausreichend ist vielmehr eine gewisse Wahrscheinlichkeit für das Vorliegen einer Geldwäschetat oder einer Terrorismusfinanzierung (*Teichmann/Achsnich* in Herzog/Mülhausen Geldwäschebekämpfung-HdB § 31 Rn. 23). Hierbei steht dem Verpflichteten ein Beurteilungsspielraum nach Maßgabe der eigenen kriminalistischen Erfahrung zu (BVerfG NStZ 1982, 430; 1984, 228; vgl. auch BVerfG MDR 1984, 284; BGH NJW 1989, 96 (97)).

98 Eine interne rechtliche Vorprüfung, die zumindest zu einem Anfangsverdacht iSv § 152 Abs. 2 StPO führt, ist grundsätzlich nicht mehr erforderlich (*Klugmann* NJW 2012, 642). Mit der Neufassung von § 10 Abs. 3 S. 1 Nr. 3 GwG wurde durch den Gesetzgeber klargestellt, dass eine Prüfung der rechtlichen Voraussetzungen einer Tat nach § 261 StGB durch den Meldepflichtigen nicht erforderlich ist; vielmehr soll der vorliegende Sachverhalt nach allgemeinen Erfahrungen und dem beruflichen Erfahrungswissen unter dem Blickwinkel seiner Ungewöhnlichkeit und Auffälligkeit im jeweiligen geschäftlichen Kontext gewürdigt werden (BT-Drs. 17/6804, 35). Eine Meldepflicht nach § 43 Abs. 1 GwG besteht, wenn aufgrund dieser Erfahrungen eine Geldwäsche oder Terrorismusfinanzierung naheliegt oder ein Sachverhalt darauf schließen lässt, also objektiv Tatsachen vorliegen, die darauf hindeuten, dass es sich bei Vermögenswerten um Erträge krimineller Aktivitäten handelt oder die Vermögenswerte im Zusammenhang mit Terrorismusfinanzierung stehen (so BT-Drs. 17/6804, 35; vgl. hierzu auch BT-Drs. 18/11555, 156).

99 Die Identifizierungspflicht sowie die weiteren Sorgfaltspflichten nach § 10 Abs. 1 GwG werden auch ausgelöst, wenn ein Institut eine Transaktion wegen des Verdachts auf Vorliegen einer Geldwäsche oder der Terrorismusfinanzierung von vornherein ablehnt (st. bisherige Verwaltungspraxis der BaFin, s. berichtigt frühere Verlautbarung der BAKred, Verlautbarung für Kreditinstitute v. 30.3.1998, Z 5 – E 100, Nr. 25); jedoch dürfte eine Identifizierung des Vertragspartners in diesen Fällen häufig wenig Erfolg versprechend sein. Die Pflicht zur Identifizierung des Ver-

Allgemeine Sorgfaltspflichten **§ 10**

tragspartners und die Erfüllung der sonstigen in Abs. 1 genannten Sorgfaltspflichten in Verdachtsfällen hat in der Praxis nur eine geringe Bedeutung (*Mülhausen* in Herzog/Mülhausen Geldwäschebekämpfung-HdB § 42 Rn. 44).

4. Zweifel über Identitätsangaben (Abs. 3 Nr. 4)

Gemäß § 10 Abs. 3 Nr. 4 GwG (§ 3 Abs. 2 S. 1 Nr. 4 GwG aF) sind die Sorgfaltspflichten nach Abs. 1 ebenfalls zu erfüllen, wenn die Verpflichteten Zweifel daran haben, dass die erhobenen Angaben zu der Identität des Vertragspartners bzw. des wirtschaftlich Berechtigten zutreffend sind. Die Regelung dient nach wie vor der Umsetzung von Art. 7 d der 3. EU-Anti-Geldwäscherichtlinie (vgl. auch BT-Drs. 16/9038, 35). Bereits § 8 GwG aF sah vor, angemessene Maßnahmen zur Feststellung der Identität des wirtschaftlich Berechtigten zu ergreifen, wenn ein Institut im Rahmen einer bestehenden Geschäftsbeziehung oder bei Durchführung einer identifizierungspflichtigen Transaktion aufgrund der äußeren Umstände Zweifel daran hegte, dass der Kunde für eigene Rechnung handelte. Die Art der zu treffenden Maßnahmen richtete sich neben der Intensität und der Bedeutung der Geschäftsbeziehung insbesondere nach den tatsächlich gegebenen Erkenntnismöglichkeiten zur Sachverhaltsklärung (*Langweg* in Fülbier/Aepfelbach/Langweg GwG § 8 Rn. 15). Die Regelung geht zurück auf eine Verlautbarung des BAKred aus dem Jahr 1998, die bereits unter Verweis auf Art. 3 Abs. 5 der 1. EG-Anti-Geldwäscherichtlinie das Treffen angemessener Maßnahmen zur Feststellung der tatsächlichen Identität der auftretenden Person vorsah (st. bisherige Verwaltungspraxis der BaFin, s. berichtigt frühere Verlautbarung der BAKred, Verlautbarung für Kreditinstitute v. 30.3.1998, Z 5 – E 100, Nr. 20 Abs. 3 und 4). 100

Mit der in § 10 Abs. 3 Nr. 4 GwG enthaltenen Regelung wird die Zweiteilung des Identifizierungsvorganges in die Feststellung der Identität einerseits und die Verifizierung der erhobenen Angaben andererseits wieder aufgegriffen. Zeitlich setzt die Vorschrift nach der Identitätsfeststellung von Vertragspartner und wirtschaftlich Berechtigtem an. Zweifel an der Richtigkeit der durch die Verpflichteten erhobenen Angaben, ebenso die Gewissheit der Unrichtigkeit müssen sich aufgrund äußerer Umstände ergeben, etwa, weil den Verpflichteten Gegenteiliges bekannt ist. Von der Nachforschungspflicht in Zweifelsfällen sind nicht mehr nur Institute iSv § 1 Abs. 4 GwG aF betroffen, sondern erstmals sämtliche Verpflichtete iSv § 2 Abs. 1 GwG, damit ua auch die Berufsgruppen der Rechtsanwälte, Notare, Wirtschaftsprüfer, Steuerberater, Immobilienmakler und Spielbanken. 101

Die Überprüfung der Identität von Vertragspartner und wirtschaftlich Berechtigtem ist nach Maßgabe von § 11 Abs. 4 und 5 GwG durchzuführen. In der Praxis dürften die Nachforschungsmöglichkeiten dagegen jedenfalls im Falle des Bestehens von Zweifeln über die Identität des wirtschaftlich Berechtigten begrenzt sein, es sei denn, das Transparenzregister gemäß §§ 19ff. GwG gibt über bestimmte Aspekte tiefer gehenden Aufschluss. Bestehen auch nach Ergreifung risikoangemessener Maßnahmen durch den Verpflichteten noch Zweifel an der Identität von Vertragspartner, bzw. wirtschaftlich Berechtigtem, greift die Beendigungsverpflichtung nach § 10 Abs. 9 GwG (BaFin, Auslegungs- und Anwendungshinweise zum Geldwäschegesetz, S. 30). Dies gilt erst recht dann, wenn der Vertragspartner sich weigert, die Frage nach dem wirtschaftlich Berechtigten zu beantworten. Die Pflicht zur Beendigung bestehender Geschäftsverbindungen, zur Nichtdurchführung von Transaktionen, sowie zur Nichtaufnahme neuer Geschäftsverbindungen wird auch in diesem Fall durch den Verhältnismäßigkeitsgrundsatz begrenzt (Begr. RegE BT-Drs. 16/9038, 35f.). 102

Figura

§ 10 Abschnitt 3. Sorgfaltspflichten in Bezug auf Kunden

In besonderen Ausnahmefällen, in denen die Beendigung der Geschäftsbeziehung unverhältnismäßig wäre, kann ggf. die Beendigungsverpflichtung entfallen. Legt der Vertragspartner gegenüber dem Verpflichteten nicht offen, ob er die Geschäftsbeziehung oder die Transaktion für einen wirtschaftlich Berechtigten begründen, fortsetzen oder durchführen will oder weist er mit der Offenlegung dem Verpflichteten auch die Identität des wirtschaftlich Berechtigten nicht nach, ist vom Verpflichteten auch ohne weitere Anhaltspunkte für das Vorliegen einer strafbaren Handlung nach § 261 StGB und unabhängig von der Beendigungsverpflichtung nach § 10 Abs. 9 GwG in Bezug auf eine Geschäftsbeziehung oder Transaktion eine Meldung zu erstatten (BT-Drs. 17/6804, 36).

V. Erfüllung der allgemeinen Sorgfaltspflichten (Abs. 3 a)

103 § 10 Abs. 3 a S. 1 GwG normiert, dass die allgemeinen Sorgfaltspflichten bei allen neuen Kunden durch den Verpflichteten zu erfüllen sind. Ferner müssen sie gemäß § 10 Abs. 3 a S. 2 GwG – bei bestimmten Fallgestaltungen – bei bereits bestehenden Geschäftsbeziehungen die allgemeinen Sorgfaltspflichten zu geeigneter Zeit auf risikobasierter Grundlage erfüllen. Die Regelungen wurden ursprünglich im Zuge der Umsetzung der 4. Geldwäscherichtlinie (EU) 2015/849 des Europäischen Parlaments und des Rates in § 10 Abs. 3 S. 2 und 3 GwG aufgenommen; die Ergänzung setzte Artikel 14 Abs. 5 der 4. Geldwäscherichtlinie (EU) 2015/849 des Europäischen Parlaments und des Rates um. Die Regelungen sind nunmehr in § 10 Abs. 3 a S. 1 und 2 GwG verortet (vgl. hierzu auch BT-Drs. 19/13827, 78). Bei bereits bestehenden Geschäftsbeziehungen müssen Verpflichtete die allgemeinen Sorgfaltspflichten zu geeigneter Zeit auf risikobasierter Grundlage erfüllen, insbesondere dann, wenn sich bei einem Kunden maßgebliche Umstände ändern (§ 10 Abs. 3 a S. 2 Nr. 1 GwG). Nach der Gesetzesbegründung führt dies jedoch nicht dazu, dass ohne konkreten Anlass zB eine Neuidentifizierung durchzuführen ist (BT-Drs. 18/11555, 116). Maßgeblich sind vielmehr die Änderungen der Umstände in Bezug auf den Kunden, die zu einem Tätigwerden des Verpflichteten führen.

104 Die **5. Geldwäscherichtlinie** formuliert für Bestandskunden die Erfüllung weiterer Sorgfaltspflichten (vgl. hierzu insbesondere Art. 1 Nr. 9 Buchst. b der 5. Geldwäscherichtlinie). Hiernach haben die Verpflichteten ihre Sorgfaltspflichten zu geeigneter Zeit auch in Bezug auf die bestehende Kundschaft auf risikobasierter Grundlage zu erfüllen. Dies gilt auch dann, wenn sich bei einem Kunden maßgebliche Umstände ändern oder wenn der Verpflichtete rechtlich verpflichtet ist, den Kunden im Laufe des betreffenden Kalenderjahres zu kontaktieren, um etwaige einschlägige Informationen über den oder die wirtschaftlichen Eigentümer zu überprüfen, oder wenn der Verpflichtete gemäß der Richtlinie 2011/16/EU des Rates darum ersucht wird. Ändern sich also bspw. die Umstände bei einem Kunden maßgeblich oder ist der Verpflichtete gehalten, den Kunden im Laufe des betreffenden Kalenderjahres zu kontaktieren, um etwaige Informationen über den oder die wirtschaftlichen Eigentümer abzufragen, bedarf es nunmehr auch einer Überprüfung bereits bekannter Kunden (§ 10 Abs. 3 a S. 2 Nr. 2 GwG). Darüber hinaus bestimmt § 10 Abs. 3 a S. 2 Nr. 3 GwG eine Überprüfung, wenn der Verpflichtete gemäß der Richtlinie 2011/16/EU des Rates vom 15.2.2011 über die Zusammenarbeit der Verwaltungsbehörden im Bereich der Besteuerung dazu aufgefordert ist. Die Richtlinie formuliert Regelungen für die Zusammenarbeit der Verwaltungsbehörden der Mitgliedstaaten im Bereich des (steuerlichen) Informationsaustauschs

Allgemeine Sorgfaltspflichten **§ 10**

(zum Umfang und den Voraussetzungen des verpflichtenden automatischen Informationsaustauschs s. Art. 8 der RL 2011/16/EU des Rates v. 15.2.2011 über die Zusammenarbeit der Verwaltungsbehörden im Bereich der Besteuerung). Die Mitgliedstaaten werden dazu verpflichtet, Informationen über einzelne Fälle austauschen, wenn sie von einem anderen Mitgliedstaat darum ersucht werden. Hierfür sind die notwendigen Ermittlungen durchzuführen, um die notwendigen Informationen zu beschaffen. Zu diesen Ermittlungen zählen dann auch die allgemeinen Sorgfaltspflichten bei bestehenden Geschäftsbeziehungen zu erfüllen.

VI. Erbringung von Zahlungsdiensten (Abs. 4)

Nehmen Verpflichtete nach § 2 Abs. 1 Nr. 3–5 GwG Bargeld bei der Erbringung 105
von Zahlungsdiensten nach § 1 Abs. 2 ZAG an, so haben sie die allgemeinen Sorgfaltspflichten nach § 10 Abs. 1 Nr. 1 und 2 GwG zu erfüllen. Durch diese Regelung soll aus systematischen Gründen der Null-Schwellenwert nach § 22 Abs. 3 ZAG aF in § 10 Abs. 4 GwG geregelt werden, wenn Zahlungsverkehrsdienstleister und ihr selbstständiges Hilfspersonal Bargeld annehmen (BT-Drs. 18/11555, 117). § 22 Abs. 3 ZAG aF (Fassung gemäß Art. 6 CRD IV-Umsetzunggesetz v. 28.8.2013, BGBl. I S. 3395) bestimmt das „abweichend von § 3 Abs. 2 Satz 1 Nr. 2 des Geldwäschegesetzes (...) die Sorgfaltspflichten nach § 3 Abs. 1 Nr. 1 und 3 sowie § 8 Absatz 1 bis 3 des Geldwäschegesetzes für Institute im Sinne dieses Gesetzes bei Annahme von Bargeld im Rahmen der Erbringung von Zahlungsdiensten nach § 1 Abs. 2 ungeachtet etwaiger im Geldwäschegesetz oder in diesem Gesetz genannter Schwellenbeträge" bestehen. Die bereits seit dem GwOptG eingefügte Vorschrift des Geldwäschegesetzes dient der Vorbeugung von Geldwäscherisiken bei Ausgabe, Vertrieb und Rücktausch von E-Geld. Auch wenn die Transaktionen, die Verpflichtete iSv § 2 Abs. 1 Nr. 4 und 5 GwG vornehmen, in der Mehrzahl unter 15.000 EUR liegen, handelt es sich nach Ansicht des Gesetzgebers jedoch regelmäßig um Massengeschäfte, bei denen der E-Geld-Inhaber auch mehrere Instrumente besitzt, auf denen E-Geld gespeichert ist, wodurch der Schwellenwert umgangen werden kann und große Beträge von erheblicher geldwäscherechtlicher Relevanz bei der Ausgabe und dem Rücktausch von E-Geld anonym bewegt werden können (BT-Drs. 17/6804, 27).

Bei der Annahme von Geldern im Rahmen der Erbringung von Zahlungsdiens- 106
ten iSv § 1 Abs. 1 S. 2 ZAG, wozu auch die Annahme von Geldern im Rahmen des Finanztransfergeschäftes iSv § 1 Abs. 1 S. 2 Nr. 6 ZAG zählt, gilt in Bezug auf die Verpflichtung zur Identifizierung des Vertragspartners (§ 10 Abs. 1 Nr. 1 GwG) und die Abklärung des wirtschaftlich Berechtigten (§ 10 Abs. 1 Nr. 2 GwG) grundsätzlich kein Schwellenwert mehr. Die Sonderregelung bezieht sich nur auf die Annahme von Geldern und gilt für Zahlungsinstitute und E-Geld-Institute nach § 1 Abs. 3 ZAG und für im Inland gelegene Zweigstellen und Zweigniederlassungen von vergleichbaren Instituten mit Sitz im Ausland (Verpflichtete iSv § 2 Abs. 1 Nr. 3 GwG), Agenten iSd § 1 Abs. 7 ZAG, E-Geld-Agenten iSd § 1 Nr. 10 ZAG (Verpflichtete iSv § 2 Abs. 1 Nr. 4 GwG) und selbstständige Gewerbetreibende, die E-Geld eines Kreditinstitutes vertreiben oder rücktauschen (Verpflichtete iSv § 2 Abs. 1 Nr. 5 GwG).

Bis zum 13.1.2018 mussten die Mitgliedstaaten und damit auch die Bundesrepublik Deutschland die sog. Zweite Zahlungsdienstrichtlinie (RL (EU) 2015/2366 des Europäischen Parlaments und des Rates v. 25.11.2015 über Zahlungs-

Figura

§ 10   Abschnitt 3. Sorgfaltspflichten in Bezug auf Kunden

dienste im Binnenmarkt, zur Änderung der RL 2002/65/EG, 2009/110/EG und 2013/36/EU und der VO (EU) Nr. 1093/2010 sowie zur Aufhebung der RL 2007/64/EG (ABl. 2015 L 337, 35; 2016 L 169, 18)) in nationales Recht umsetzen. Die Transformation erfolgte durch eine Neufassung des Zahlungsdiensteaufsichtsgesetz (Gesetz v. 17.7.2017, BGBl. I S. 2446 (Nr. 48); gültig ab 13.1.2018). Eine Änderung bzw. Anpassung des fast zeitgleich neugefassten Geldwäschegesetzes vom 23.6.2017 erfolgte erst im Zuge der Änderung des GwG durch Art. 1 Gesetz v. 12.12.2019 (BGBl. I S. 2602). Beim nicht kontengebundenen Sortengeschäft) ist ein abgesenkter Schwellenwert von 2.500 EUR zu beachten (zu den Sonderregelungen nach § 25k Abs. 1 KWG *Achtelik* →KWG § 25k Rn. 4). Erfasst werden nur gelegentliche Transaktionen außerhalb bestehender Geschäftsbeziehungen.

Ebenfalls unabhängig von der Betragshöhe der Transaktion einzuhalten sind die Sorgfaltspflichten gem. § 10 Abs. 1 Nr. 1 und 2 GwG iVm § 11 GwG, soweit Bargeld im Rahmen der Erbringung der weiteren Zahlungsdienste nach § 1 Abs. 1 S. 2 ZAG angenommen wird oder E-Geld rückgetauscht wird (in diesem Sinne *Auerbach/Hentschel* in Schwennicke/Auerbach ZAG § 22 Rn. 41). Galt der Nullschwellenwert bislang nur für das Finanztransfergeschäft, wurde die Anforderung mit dem Zahlungsdiensteaufsichtsgesetz auf den gesamten Katalog der Zahlungsdienste, zu denen neben dem Finanztransfergeschäft auch das Ein- oder Auszahlungsgeschäft, das Zahlungsgeschäft (Lastschriftgeschäft, Überweisungsgeschäft, Zahlungskartengeschäft), das Zahlungsgeschäft mit Kreditgewährung, das Akquisitionsgeschäft und die Zahlungsauslöse- und Kontoinformationsdienste zählen, ausgeweitet.

107 Erfasst sind nur Transaktionen außerhalb bestehender Geschäftsbeziehungen. Die Absenkung der Schwellenwerte bei Annahme von Bargeld von Gelegenheitskunden zum Zwecke des Sortentauschs oder im Rahmen der Erfüllung eines Zahlungsauftrages im Finanztransfergeschäft ist mit den mit diesen Geschäften einhergehenden erhöhten Geldwäscherisiken begründet worden, welche die Erfüllung besonderer Sorgfaltspflichten erforderlich machten (BT-Drs. 16/9038, 53). Findet die Abwicklung dagegen über ein Konto des Kunden statt, gelten die abgesenkten Schwellenwerte nicht.

VII. Identifizierungspflicht der Veranstalter und Vermittler von Glücksspielen (Abs. 5)

108 Verpflichtete nach § 2 Abs. 1 Nr. 15 GwG (Veranstalter und Vermittler von Glücksspielen) haben die allgemeinen Sorgfaltspflichten bei Transaktionen in Form von Gewinnen oder Einsätzen eines Spielers in Höhe von 2.000 EUR oder mehr zu erfüllen, es sei denn, das Glücksspiel wird im Internet angeboten oder vermittelt. Spielbanken bzw. Glücksspielveranstalter oder -vermittler sind demnach zur Identifizierung von Kunden verpflichtet, die Spielmarken im Wert von 2.000 EUR oder mehr kaufen oder verkaufen (zur klarstellenden Änderung durch die Umsetzung der 5. Geldwäscherichtlinie vgl. BT-Drs. 19/13827, 78). Der Identifizierungspflicht kann auch dadurch entsprochen werden, dass die Kunden bereits beim Betreten der Spielbank identifiziert werden (vgl. hierzu BT-Drs. 18/11555, 117). In diesem Fall ist jedoch vom Verpflichteten zusätzlich sicherzustellen, dass jede Transaktion im Wert von 2.000 EUR oder mehr im Zusammenhang mit dem Kauf, Verkauf oder Tausch von Spielmarken dem jeweiligen Kunden zugeordnet werden kann, § 10 Abs. 5 S. 2 GwG. § 10 Abs. 5 GwG geht zurück auf die bereits in § 3

Allgemeine Sorgfaltspflichten § 10

Abs. 3 GwG aF enthaltene Regelung; sie entspricht Art. 11 Buchst. d der 4. Geldwäscherichtlinie (EU) 2015/849 des Europäischen Parlaments und des Rates und orientiert sich am Erwägungsgrund 21 der 4. Geldwäscherichtlinie (EU) 2015/849 des Europäischen Parlaments und des Rates. Bereits die 2. EG-Anti-Geldwäscherichtlinie verpflichtete Spielbanken zur Erfüllung allgemeiner Sorgfaltspflichten nach dem GwG. Mit der Umsetzung der in Art. 10 Abs. 1 der 3. EU-Anti-Geldwäscherichtlinie enthaltenen Vorgabe erfolgte in der Vergangenheit die Heraufsetzung des die Identifizierungspflicht auslösenden Schwellenbetrages von bislang 1.000 EUR auf nunmehr 2.000 EUR (vgl. insoweit den bis zum Inkrafttreten des GwBekErgG geltenden § 3 Abs. 1 S. 1 Nr. 4 GwG aF). Hierdurch wurde erreicht, dass die Identität aller Kunden von Kasinos, Spielbanken etc festgestellt und überprüft wird, sofern sie Spielmarken im Wert von 2.000 EUR oder mehr an- oder verkaufen. Die Identifizierungspflicht nach § 10 Abs. 1 Nr. 1 GwG besteht daher grundsätzlich bei jedem Tausch oder An- bzw. Verkauf von Spieljetons, wenn diese Transaktionen nach dem Passieren der Eintrittskontrolle im Kasino, dh auch während des laufenden Spiels, vorgenommen werden (BT-Drs. 17/6804, 27).

Die in Art. 10 Abs. 2 der 3. EU-Anti-Geldwäscherichtlinie zur Vermeidung einer Mehrfachidentifizierung innerhalb eines Kasinobesuchs vorgesehene Regelung, dass der Identifizierungspflicht auch dadurch entsprochen werden kann, dass der Kunde unabhängig von der Höhe der Wechslungen vor oder bei Betreten der Spielbank identifiziert wird, wurde durch das GwBekErgG zunächst unverändert in § 3 Abs. 3 S. 2 übernommen. Die Regelung wurde später durch Art. 1 des GwOptG vom 22.12.2011 dahingehend ergänzt, dass vom Verpflichteten in diesem Fall zusätzlich sicherzustellen ist, dass jede Transaktion im Wert von 2.000 EUR oder mehr im Zusammenhang mit dem Kauf, Verkauf oder Tausch von Spielmarken dem jeweiligen Kunden zugeordnet werden kann.

109 § 10 Abs. 5 GwG schließt Glücksspiel, das im Internet angeboten oder vermittelt wird, aus dem Anwendungsbereich der Norm aus. Grund hierfür ist die Zielsetzung, das bisher geltende Regulierungsniveau des § 9b GwG aF weitergelten zu lassen.

110 Mit der auf die Kritik der FATF in ihrem Deutschlandprüfbericht (FATF, Mutual Evaluation Report of Germany 2010, Tz. 888, 937, 940, 979 sowie die Bewertung zu Empfehlung Nr. 12) zurückgehenden Ergänzung soll den in Zusammenhang mit dem Betrieb von Spielbanken bestehenden geldwäscherechtlichen Risiken wirkungsvoller begegnet und sichergestellt werden, dass Transaktionen ab 2.000 EUR stets dem jeweiligen Kunden zugeordnet werden können, auch wenn diese erst im Verlauf des Aufenthalts getätigt werden (BT-Drs. 17/6804, 27). Erforderlich ist die Gewährleistung einer vom Spielbanken nachvollziehbar dokumentierten Zuordnung der Einzeltransaktionen zu dem bei Betreten des Kasinos identifizierten Vertragspartner (BT-Drs. 17/6804, 27). Die technische Ausgestaltung im Einzelnen bleibt den jeweiligen Kasinos überlassen. § 10 Abs. 5 GwG (§ 3 Abs. 3 GwG aF) ist datenschutzrechtliche Ermächtigungsgrundlage nach § 4 BDSG zur Erhebung personenbezogener Identifizierungsdaten sowohl im Hinblick auf den An- oder Verkauf von Spielmarken im Wert von 2.000 EUR oder darüber, als auch im Rahmen einer Identifizierung bei Betreten der Spielbank.

111 Die Verpflichtung zur Erfüllung der Customer-Due-Diligence Pflichten nach § 10 Abs. 3 GwG bleibt von der in Abs. 5 geregelten Identifizierungspflicht unberührt. Soweit Tatsachen festgestellt werden, die auf eine Geldwäsche oder Terrorismusfinanzierung hindeuten, § 10 Abs. 3 Nr. 3 GwG, unterliegen Spielbanken gemäß § 43 GwG einer Meldepflicht bei Verdacht auf Geldwäsche nach § 261 StGB

Figura

und bei Verdacht der Terrorismusfinanzierung. Bis zum Inkrafttreten des GwBekErgG waren Spielbanken nach § 11 GwG aF lediglich zur Meldung bei Vorliegen eines Geldwäscheverdachts verpflichtet; die Pflicht zur Meldung in Terrorismusfinanzierungsverdachtsfällen betraf dagegen nach GwG aF nur Institute (dh Kreditinstitute, Finanzdienstleistungsinstitute, Investmentaktiengesellschaften, Finanzunternehmen und Versicherungsunternehmen), nicht jedoch freie Berufe, Spielbanken und sonstige Gewerbetreibende.

VIII. Von Immobilienmaklern zu erfüllende Sorgfaltspflichten (Abs. 6)

112 Nach der Definition des § 1 Abs. 11 GwG ist Immobilienmakler, wer gewerblich den Abschluss von Kauf-, Pacht- oder Mietverträgen über Grundstücke, grundstücksgleiche Rechte, gewerbliche Räume oder Wohnräume vermittelt (zur Anpassung des Begriffs vgl. zuletzt BT-Drs. 19/13827, 67f.). Unbeachtlich ist, in wessen Namen und auf wessen Rechnung der Immobilienmakler tätig wird. Ferner umfasst die Definition sowohl natürliche als auch juristische Personen wie auch rechtsfähige Personengesellschaften.

Immobilienmakler haben gemäß § 10 Abs. 6 GwG die allgemeinen Sorgfaltspflichten bei der Vermittlung von Kaufverträgen (Nr. 1) und bei der Vermittlung von Miet- oder Pachtverträgen bei Transaktionen mit einer monatlichen Miete oder Pacht in Höhe von mindestens 10.000 EUR (Nr. 2) zu erfüllen (zur Stellung als Verpflichteter s. ausführlich *Figura* → GwG § 2 Rn. 171ff.). Die Regelung setzt die Vorgaben des Art. 2 Abs. 1 Nr. 3 lit. d der **5. Geldwäscherichtlinie** und die dort genannten Schwellenbeträge um (so BT-Drs. 19/13827, 74, 78). Die Umsetzung der in der 5. Geldwäscherichtlinie genannten Wertschwellen leitet sich aus den Risikomanagementpflichten nach § 4 Abs. 4 GwG ab und orientiert sich an der Systematik der nach bisheriger Rechtslage für Güterhändler nach § 4 Abs. 4 GwG aF und § 10 Abs. 6 GwG aF. Hieraus folgt, dass die Pflicht, über ein wirksames Risikomanagement (§ 4 Abs. 1 GwG) zu verfügen, für die nach § 2 Abs. 1 Nr. 14 GwG verpflichteten Immobilienmakler bei der Vermittlung von Miet- oder Pachtverträgen nur in Fällen zu erfüllen ist, in denen der Wert der Transaktion 10.000 EUR oder mehr beträgt (BT-Drs. 19/13827, 78). Der Schwellenbetrag ist anhand der (monatlichen) Nettokaltmiete oder Nettokaltpacht zu bemessen. Gleiches gilt für die Erfüllung der allgemeinen Kundensorgfaltspflichten nach § 10 Abs. 6 Nr. 2 GwG. Zu den Pflichten des Immobilienmaklers zählen damit die Aufzeichnungs- und Aufbewahrungs- und die allgemeinen Sorgfaltspflichten, die Identifizierung des Vertragspartners (und ggf. für diese auftretenden Personen) bzw. des wirtschaftlich Berechtigten, die Meldepflicht gemäß § 43 GwG und bei bestehenden Risikofaktoren, die Beachtung der verstärkten Sorgfaltspflichten nach § 15 GwG (vgl. hierzu ausführlich *Bergles/Axer* ZfIR 2019, 103 (105ff.)).

113 Zur Vermittlung einer Immobilie wird ein Maklervertrag mit dem Anbieter und/oder dem Nachfrager geschlossen. Ein Maklervertrag kann schriftlich, mündlich oder durch schlüssiges Verhalten abgeschlossen werden (vgl. hierzu im Detail *Figura* → GwG § 1 Rn. 54ff.; → GwG § 2 Rn. 171ff.). Hinsichtlich des Identifikationszeitpunkt ist § 11 Abs. 2 GwG beachtlich. Hiernach haben Immobilienmakler ihren eigenen Vertragspartner und den weiteren Vertragspartner der vermakelten Immobilie abweichend von § 11 Abs. 1 GwG dann entsprechend der Vorschriften

Allgemeine Sorgfaltspflichten **§ 10**

der §§ 10, 11 GwG zu identifizieren, wenn ein ernsthaftes Interesse an der Durchführung des Kaufvertrags besteht. Nach der Gesetzesbegründung ist spätestens dann von einem ernsthaften Kaufinteresse auszugehen, wenn eine der Kaufvertragsparteien von der anderen Kaufvertragspartei (gegebenenfalls über Dritte) den Kaufvertrag erhalten hat, denn zu diesem Zeitpunkt hat sich der Wille zum Abschluss des Kaufvertrags hinsichtlich der Parteien ausreichend stark manifestiert (BT-Drs. 18/11555, 118).

Nach § 43 Abs. 1 Nr. 1 GwG haben Immobilienmakler solche Sachverhalte – **114** unabhängig vom Wert des betroffenen Vermögensgegenstandes oder der Transaktionshöhe – unverzüglich der Zentralstelle für Finanztransaktionsuntersuchungen zu melden, wenn es Hinweise gibt, wonach der Vermögensgegenstand aus einer strafbaren Handlung stammt, die eine Vortat der Geldwäsche darstellen könnte. Die Transaktion kann eine versuchte, bevorstehende, laufende oder bereits durchgeführte Transaktion sein (BT-Drs. 18/11555, 157).

IX. Von Güterhändlern und Kunstvermittler und Kunstlagerhalter zu erfüllende Sorgfaltspflichten (Abs. 6a)

Als Güterhändler ist jede (natürliche oder juristische) Person anzusehen, die ge- **115** werblich mit Gütern handelt (zur Definition des Begriffs vgl. ausführlich *Figura* → GwG § 1 Rn. 49ff.). Als Verpflichtete nach § 2 Abs. 1 Nr. 16 GwG haben sie gemäß § 10 Abs. 6a GwG bei Transaktionen im Wert von mindestens 10.000 EUR über Kunstgegenstände (lit. a), Transaktionen über hochwertige Güter nach § 1 Abs. 10 S. 2 Nr. 1 GwG, bei welchen sie Barzahlungen über mindestens 2.000 EUR selbst oder durch Dritte tätigen oder entgegennehmen (lit. b) oder bei Transaktionen über sonstige Güter, bei welchen sie Barzahlungen über mindestens 10.000 EUR selbst oder durch Dritte tätigen oder entgegennehmen (lit. c), die allgemeinen Sorgfaltspflichten zu erfüllen. § 10 Abs. 6a GwG nimmt eine Aufspaltung der Güterhändler in verschiedene „Berufsgruppen" vor und weist diesen unterschiedliche Schwellenbeträge zu. Die Erfüllung der allgemeinen Sorgfaltspflichten ist weiterhin als transaktionsbezogen zu verstehen („soweit" die jeweiligen Verpflichteten entsprechende Transaktionen durchführen bzw. Barzahlungen tätigen oder entgegennehmen). Aufgrund der ausdrücklichen Regelung in § 10 Abs. 3 S. 1 Nr. 3 GwG gelten die allgemeinen Sorgfaltspflichten allerdings in den dort genannten Fällen ungeachtet etwaiger Schwellenbeträge (so BT-Drs. 19/13827, 78). Die Identifizierungspflicht nach § 10 Abs. 6a GwG besteht grundsätzlich auch im Falle der künstlichen Aufsplittung von Bargeldbeträgen (Smurfing), sowie schwellenwertunabhängig im Fall des Vorliegens von Tatsachen, die darauf hindeuten, dass es sich bei Vermögenswerten, die mit einer Transaktion oder Geschäftsbeziehung im Zusammenhang stehen, um den Gegenstand einer Straftat nach § 261 StGB handelt oder die Vermögenswerte im Zusammenhang mit Terrorismusfinanzierung stehen, sowie bei Zweifeln, ob die erhobenen Angaben zur Identität des Vertragspartners oder des wirtschaftlich Berechtigten zutreffend sind.

Gemäß § 10 Abs. 6a lit. a GwG sind die allgemeinen Sorgfaltspflichten bei **116** Transaktionen im Wert von mindestens 10.000 EUR über Kunstgegenstände zu erfüllen. Kunstgegenstände sind alle Gegenstände, die in Nr. 53 der Anlage 2 zu § 12 Abs. 2 Nr. 1 und 2 UStG aufgeführt sind. Erfasst sind hiernach unter anderem Gemälde, Zeichnungen, Originalstiche und Originalerzeugnisse der Bildhauerkunst.

§ 10 Abschnitt 3. Sorgfaltspflichten in Bezug auf Kunden

Antiquitäten werden, soweit es sich nicht zugleich um Kunstgegenstände handelt, nicht erfasst. Als Transaktion ist gemäß der Legaldefinition des § 1 Abs. 5 GwG eine oder, soweit zwischen ihnen eine Verbindung zu bestehen scheint, mehrere Handlungen, die eine Geldbewegung oder eine sonstige Vermögensverschiebung bezwecken oder bewirken, anzusehen.

117 Für den Handel mit hochwertigen Gütern wird der Schwellenwert gemäß § 10 Abs. 6a Nr. 1 lit. b GwG risikoangemessen auf 2.000 EUR abgesenkt. Grund für die Absenkung des Schwellenbetrags waren die Erkenntnisse der nationalen Risikoanalyse, wonach im Bereich des Goldhandels ein starker Bargeldverkehr knapp unterhalb der gegenwärtigen Schwelle für Identifizierungspflichten von 10.000 EUR stattfand. Diese Umgehungsmöglichkeit soll eingedämmt werden. Verpflichtete, die im Edelmetallhandel einschlägige Transaktionen oberhalb dieses Schwellenwertes durchführen, haben somit die entsprechenden Sorgfaltspflichten zu erfüllen. Hochwertige Güter sind gemäß § 1 Abs. 10 GwG Gegenstände, die sich auf Grund ihrer Beschaffenheit, ihres Verkehrswertes oder ihres bestimmungsgemäßen Gebrauchs von Gebrauchsgegenständen des Alltags abheben oder auf Grund ihres Preises keine Alltagsanschaffung darstellen. Hierzu zählen in der Regel Edelmetalle wie Gold, Silber und Platin, Edelsteine, Schmuck und Uhren, Kunstgegenstände und Antiquitäten, Kraftfahrzeuge, Schiffe und Motorboote sowie Luftfahrzeuge (§ 1 Abs. 10 S. 2 GwG).

Bei Transaktionen über hochwertige Güter iSd § 1 Abs. 10 S. 2 Nr. 1 GwG (Edelmetallhandel wie der Handel mit Gold, Silber und Platin) müssen Verpflichtete nach § 2 Abs. 1 Nr. 16 GwG zudem bereits bei Barzahlungen über mindestens 2.000 EUR – die sie selbst oder durch Dritte tätigen oder entgegennehmen – über ein wirksames Risikomanagement verfügen (vgl. hierzu BT-Drs. 19/13827, 74). Für den Handel mit hochwertigen Gütern nach § 1 Abs. 10 Nr. 2 GwG (Edelsteine) und Nr. 3 (Schmuck und Uhren) ist weiterhin der Schwellenwert in Höhe von 10.000 EUR maßgeblich. Grund für diese Differenzierung sind Beobachtungen, wonach im Bereich des Edelmetallhandel ein starker Bargeldverkehr unterhalb des nach bisheriger Rechtslage geltenden Schwellenbetrages von 10.000 EUR verzeichnet wurden und somit von einem erhöhten Geldwäscherisiko auszugehen ist (so BT-Drs. 19/13827, 74). Die Regelung ist also erforderlich, um mögliche Umgehungsgeschäfte und Smurfing zu unterbinden. Zur Abgrenzung von Edelmetallen (§ 1 Abs. 10 Satz 2 Nr. 1 GwG) und Schmuck (§ 1 Abs. 10 Satz 2 Nr. 3 GwG) siehe *Barreto da Rosa* in Diergarten/Barreto da Rosa Praxiswissen Geldwäscheprävention, Kap. 1 A III 4b).

118 Bei Transaktionen über sonstige Güter, bei welchen sie Barzahlungen über mindestens 10.000 EUR selbst oder durch Dritte tätigen oder entgegennehmen, haben Güterhändler ebenfalls die allgemeinen Sorgfaltspflichten zu erfüllen (§ 10 Abs. 6a lit. c GwG). Die Regelung orientiert sich an § 4 Abs. 4 aF geregelte und den Vorgaben des Art. 2 Abs. 1 Nr. 3 lit. e der 4. Geldwäscherichtlinie (EU) 2015/849 des Europäischen Parlaments und des Rates. Der genannte Schwellenbetrag greift dabei unabhängig davon, ob Bargeld tatsächlich zwischen dem Güterhändler und dem Vertragspartner ausgetauscht wird oder insoweit Dritte eingeschaltet sind (BT-Drs. 19/13827, 74).

119 Die **5. Geldwäscherichtlinie** erweitert den Kreis der Verpflichteten auf Kunstvermittler und Kunstlagerhalter, soweit die Lagerhaltung in Zollfreigebieten (Freizone iSd Art. 243 ff. Unionszollkodex (UZK)) erfolgt (BT-Drs. 19/13827, 72 mit Verweis auf Art. 1 Nr. 1 lit. c der 5. Geldwäscherichtlinie). Gemäß der Legaldefinition in § 1 Abs. 23 GwG ist Kunstvermittler, wer gewerblich den Abschluss von Kaufverträgen über Kunstgegenstände vermittelt, auch als Auktionator oder Galerist. Kunstlagerhalter ist wiederum, wer gewerblich Kunstgegenstände lagert. Der

Allgemeine Sorgfaltspflichten **§ 10**

Begriff des Kunstvermittlers schließt insbesondere Kunstgalerien und Auktionshäuser mit ein (vgl. Art. 2 Abs. 1 Nr. 3 der 5. Geldwäscherichtlinie). Diese Erweiterung des Kreises der Verpflichteten in § 2 Abs. 1 Nr. 16 GwG hat auch Auswirkungen auf die Erfüllung von Sorgfaltspflichten, denn Kunstvermittler und Kunstlagerhalter haben nunmehr bei Transaktionen im Wert von mindestens 10.000 EUR die allgemeinen Sorgfaltspflichten zu erfüllen. Bereits nach bisheriger Rechtslage waren unter den Begriff des Güterhandels Kommissionsgeschäfte (Handeln in eigenem Namen auf fremde Rechnung) und Vermittlungstätigkeiten (Handeln in fremdem Namen auf fremde Rechnung) zu subsumieren (vgl. BT-Drs. 18/11555, 103). Allerdings ist die Abgrenzung von Güterhandel und Kunstvermittlung nunmehr mit Blick auf die jeweils unterschiedlichen Schwellenbeträge bedeutsamer (vgl. § 4 Abs. 5 und § 10 Abs. 6a GwG). Aufgrund der Vorgaben des Art. 1 Nr. 1 lit. c der 5. Geldwäscherichtlinie gelten für den Handel, die Vermittlung und die Lagerhaltung von Kunstgegenständen Risikomanagementpflichten bei Erreichen des Schwellenbetrages unabhängig davon, ob es sich um Bartransaktionen handelt. Waren Kunsthändler bereits nach bisheriger Rechtslage nach § 2 Abs. 1 Nr. 16 GwG als Güterhändler verpflichtet, greift nunmehr der bargeldunabhängige Schwellenbetrag nach § 4 Abs. 5 Nr. 1 lit. a GwG (so BT-Drs. 19/13827, 74).

§ 4 GwG regelt in Abs. 5, dass Güterhändler ein Risikomanagement zu installieren haben, wenn sie Transaktionen im Wert von mindestens 10.000 EUR über Kunstgegenstände, Transaktionen über hochwertige Güter nach § 1 Abs. 10 S. 2 Nr. 1 GwG, bei welchen sie Barzahlungen über mindestens 2.000 EUR selbst oder durch Dritte tätigen oder entgegennehmen, oder Transaktionen über sonstige Güter, bei welchen sie Barzahlungen über mindestens 10.000 EUR selbst oder durch Dritte tätigen oder entgegennehmen. Für Kunstvermittler und Kunstlagerhalter gilt die Regelung des § 4 Abs. 5 GwG bei Transaktionen im Wert von mindestens 10.000 EUR (vgl. hierzu auch Art. 1 Nr. 1 lit. c der 5. Geldwäscherichtlinie). Die Regelung orientiert sich auch weiterhin am risikobasierten Ansatz des Geldwäschegesetzes und stellt sicher, dass nicht jeder Güterhändler – unabhängig von seiner Geschäftsgröße oder seinem Geschäftsbetrieb – zur Führung eines Risikomanagements gehalten ist (BT-Drs. 18/11555, 109). Die Schwellenbeträge werden – entsprechend der bisherigen Systematik des Geldwäschegesetzes – nicht im Rahmen der Verpflichteteneigenschaft vorgegeben, sondern die Regelung erfolgt in Bezug auf die Pflichten nach Abschnitt 2 (§ 4 Abs. 5 GwG) und nach Abschnitt 3 (§ 10 Abs. 6a GwG) des Geldwäschegesetzes. Die Ausübung der Aufsicht erfolgt nach § 50 Nr. 9 GwG durch die nach Landesrecht zuständige Behörde.

120

Personen, die gewerblich mit Gütern handeln, sind nach § 6 GwG zudem zur Vorhaltung angemessener interner Sicherungsmaßnahmen gegen den Missbrauch zu Geldwäschezwecken und zur Terrorismusfinanzierung verpflichtet. Soweit ein Verpflichteter iSv § 2 Abs. 1 Nr. 16 GwG seine berufliche Tätigkeit als Angestellter eines Unternehmens ausübt, obliegt die Verpflichtung zur Schaffung von Sicherungsmaßnahmen dem Unternehmen, § 6 Abs. 3 GwG. Für Personen, die gewerblich mit Gütern handeln, kann nach § 7 Abs. 3 GwG die zuständige Behörde anordnen, einen Geldwäschebeauftragten zu bestellen, wenn sie dies für angemessen erachtet. Die Bestellung eines Geldwäschebeauftragten soll gem. § 7 Abs. 3 S. 2 GwG angeordnet werden, wenn die Haupttätigkeit der Verpflichteten im Handel mit hochwertigen Gütern, also Gegenständen, die sich auf Grund ihrer Beschaffenheit, ihres Verkehrswertes oder ihres bestimmungsgemäßen Gebrauchs von Gebrauchsgegenständen des Alltags abheben oder auf Grund ihres Preises keine Alltagsanschaffung darstellen, besteht. Hierzu zählen in der Regel Edelmetalle wie

Figura 333

Gold, Silber und Platin, Edelsteine, Schmuck und Uhren, Kunstgegenstände und Antiquitäten, Kraftfahrzeuge, Schiffe und Motorboote sowie Luftfahrzeuge.

X. Ausgabe von E-Geld (Abs. 7)

121 Für Verpflichtete nach § 2 Abs. 1 Nr. 4 und 5 GwG, die bei der Ausgabe von E-Geld tätig sind, gilt § 25i KWG mit der Maßgabe, dass lediglich die Sorgfaltspflichten nach § 10 Abs. 1 Nr. 1 und 4 GwG zu erfüllen sind. § 25i Abs. 2 und 4 KWG gilt entsprechend. § 10 Abs. 9 GwG normiert somit besondere Sorgfalts- und Dokumentationspflichten für Agenten iSd § 1 Abs. 7 ZAG, E-Geld-Agenten iSd § 1 Abs. 10 ZAG (Verpflichtete iSv § 2 Abs. 1 Nr. 4 GwG) und selbstständige Gewerbetreibende, die E-Geld eines Kreditinstitutes vertreiben oder rücktauschen (Verpflichtete iSv § 2 Abs. 1 Nr. 5 GwG). Für die zuvor benannten Verpflichteten gelten die geldwäscherechtlichen Pflichten nach § 10 Abs. 1 Nr. 1 und 4, § 8 und § 17 GwG bei der Ausgabe von E-Geld im Sinne des Zahlungsdiensteaufsichtsgesetzes ungeachtet der in § 3 Abs. 3 S. 1 Nr. 2 GwG genannten Schwellenwerte, vgl. § 25i KwG.

Bis zum 13.1.2018 mussten die Mitgliedstaaten und damit auch die Bundesrepublik Deutschland die sog. **Zweite Zahlungsdiensterichtlinie** (RL (EU) 2015/2366 des Europäischen Parlaments und des Rates v. 25.11.2015 über Zahlungsdienste im Binnenmarkt, zur Änderung der RL 2002/65/EG, 2009/110/EG und 2013/36/EU und der VO (EU) Nr. 1093/2010 sowie zur Aufhebung der RL 2007/64/EG (ABl. 2015 L 337, 35; 2016 L 169, 18)) in nationales Recht umsetzen. Die Transformation erfolgte durch eine Neufassung des Zahlungsdiensteaufsichtsgesetzes (Gesetz v. 17.7.2017, BGBl. I S. 2446 (Nr. 48); gültig ab 13.1.2018). Eine Änderung bzw. Anpassung des fast zeitgleich neugefassten Geldwäschegesetzes vom 23.6.2017 erfolgte erst durch Art. 1 Gesetz v. 12.12.2019 (BGBl. I S. 2602) (zu den geldwäscherechtlichen Pflichten im Zahlungsdiensteaufsichtsgesetz nF vgl. *Achtelik* → ZAG Rn. 1 ff.).

Die Regelung des § 10 Abs. 7 GwG entspricht weitgehend dem § 3 Abs. 2 S. 3 und 4 GwG aF. Die Vorschrift des § 3 Abs. 2 S. 3 und 4 GwG aF wurde durch Art. 1 des GwOptG vom 22.12.2011 in Abs. 2 eingefügt und dient der Vorbeugung von Geldwäscherisiken bei Ausgabe, Vertrieb und Rücktausch von E-Geld. Auch wenn die Transaktionen, die Verpflichtete iSv § 2 Abs. 1 Nr. 4 und 5 GwG vornehmen, in der Mehrzahl unter 15.000 EUR liegen, handelt es sich nach Ansicht des Gesetzgebers jedoch regelmäßig um Massengeschäfte, bei denen der E-Geld-Inhaber auch mehrere Instrumente besitzt, auf denen E-Geld gespeichert ist, wodurch der Schwellenwert umgangen werden kann und große Beträge von erheblicher geldwäscherechtlicher Relevanz bei der Ausgabe und dem Rücktausch von E-Geld anonym bewegt werden können (BT-Drs. 17/6804, 27).

Beachtlich ist, dass die Kundensorgfaltspflichten nur bei Vertriebsaktivitäten aktiviert werden, die dem Ausgabeprozess des E-Geld-Produkts direkt zugeordnet werden; nach der Gesetzesbegründung gehören hierzu insbesondere die Übergabe des E-Geld-Trägers oder Codes und die bare oder unbare Annahme des Ausgabebetrages für den E-Geld-Emittenten (BT-Drs. 18/11555, 117). Regelungsgegenstand der Norm ist damit der Vertrieb und der Rücktausch, nicht dagegen die Ausgabe von E-Geld (vgl. hierzu bereits *Bentele/Schirmer* ZBB/JBB 2012, 303 (312) mwN).

122 Für E-Geld-Agenten und Vertriebsstellen von Kreditinstituten erfasst das GwG in seinem sachlichen Anwendungsbereich sämtliche in § 10 Abs. 1 GwG enthaltene

Allgemeine Sorgfaltspflichten **§ 10**

Tatbestandsgruppen: Die Pflicht zur Abklärung, ob der Vertragspartner für einen wirtschaftlich Berechtigten handelt, und, soweit dies der Fall ist, dessen Identifizierung (§ 10 Abs. 1 Nr. 2 GwG) und die Verpflichtung zur Einholung von Informationen über den Zweck und die angestrebte Art der Geschäftsbeziehung (§ 10 Abs. 1 Nr. 3 GwG) die sind grundsätzlich zu erfüllen im Falle der Begründung einer Geschäftsbeziehung, im Falle der Durchführung einer außerhalb einer bestehenden Geschäftsbeziehung anfallenden Transaktion im Wert von 15.000 EUR oder mehr bzw. eines Geldtransfers iSv Art. 3 Nr. 9 der GeldtransferVO mit einem Betrag von 1.000 EUR oder mehr, beim Vorliegen von Tatsachen, die auf Geldwäsche oder Terrorismusfinanzierung hindeuten, sowie bei Zweifeln an der Richtigkeit von Angaben zu Identität bzw. wirtschaftlicher Berechtigung. Ist einer dieser Sachverhalte gegeben, begründet das GwG Pflichten zu präventiven und repressiven Maßnahmen. Dabei dürfte das pflichtauslösende Ereignis des § 10 Abs. 3 S. 1 Nr. 1 GwG (Begründung einer Geschäftsbeziehung) jedenfalls für E-Geld-Vertriebsstellen nur von eingeschränkter Relevanz sein, da diese mit den betreffenden E-Geld-Nutzern typischerweise keine Geschäftsbeziehung eingehen (so bereits zur bisherigen Fassung *Bentele/Schirmer* ZBB/JBB 2012, 303 (312)).

§ 10 Abs. 7 S. 2 GwG bestimmt, dass § 25i Abs. 2 und 4 KWG entsprechend gilt; **123** hieraus folgt, dass gemäß § 25i Abs. 2 KWG die Möglichkeit besteht, bei Vorliegen der entsprechenden Voraussetzungen in Bezug auf E-Geld, vereinfachte Sorgfaltspflichten iSv § 14 GwG zur Anwendung kommen zu lassen. Dies gilt insbesondere für folgende Vorgänge (vgl. Aufzählung in § 25i Abs. 2 KWG):
– das Zahlungsinstrument nicht wieder aufgeladen werden kann oder wenn ein wiederaufladbares Zahlungsinstrument nur im Inland genutzt werden kann und die Zahlungsvorgänge, die mit ihm ausgeführt werden können, auf monatlich 150 EUR begrenzt sind,
– der elektronisch gespeicherte Betrag 150 EUR nicht übersteigt,
– das Zahlungsinstrument ausschließlich für den Kauf von Waren und Dienstleistungen genutzt wird,
– das Zahlungsinstrument nicht mit anonymem E-Geld erworben oder aufgeladen werden kann,
– das Kreditinstitut die Transaktionen oder die Geschäftsbeziehung in ausreichendem Umfang überwacht, um die Aufdeckung ungewöhnlicher oder verdächtiger Transaktionen zu ermöglichen, und
– ein Rücktausch des E-Geldes durch Barauszahlung, sofern es sich um mehr als 50 EUR handelt, ausgeschlossen ist oder bei Fernzahlungsvorgängen iSd § 1 Abs. 19 ZAG der gezahlte Betrag 50 EUR pro Transaktion nicht übersteigt.

Werden die Voraussetzungen des § 25i Abs. 2 KWG nicht eingehalten und besteht ein erhöhtes Geldwäsche- und/oder Terrorismusfinanzierungsrisiko bzw. ein erhöhtes Risiko sonstiger strafbarer Handlungen, kann gemäß § 25i Abs. 4 KWG die Bundesanstalt dem Kreditinstitut, die das E-Geld ausgibt, Anordnungen erteilen. Hierdurch soll sichergestellt werden, dass die vereinfachten Sorgfaltspflichten gemäß § 14 GWG kein vollständiges Absehen von einzelnen der in § 10 Abs. 1 GwG normierten Kundensorgfaltspflichten erlauben.

Durch die Umsetzung der **5. Geldwäscherichtlinie** kam es ua zu einer Anpassung der in § 25i Abs. 2 KWG genannten Schwellenbeträge. Art. 12 der 4. Geldwäscherichtlinie (EU) 2015/849 des Europäischen Parlaments und des Rates gestattete den Mitgliedstaaten zwar bestimmte Sorgfaltspflichten bei E-Geld-Transaktionen nicht anwenden zu müssen, da aber Risiken im Hinblick auf eine etwaige Terrorismusfinanzierung durch die Nutzung sog. (aufladbarer oder nicht

§ 10   Abschnitt 3. Sorgfaltspflichten in Bezug auf Kunden

aufladbarer) Guthabenkarten – für die keine Sorgfaltspflichten gelten – erkannt wurden, bedurfte es einer Anpassung. Es wurden daher die Schwellenwerte für nicht aufladbare Zahlungsinstrumente auf Guthabenbasis, auf die Maßnahmen der Sorgfaltspflicht anzuwenden sind, auf 150 EUR festgelegt.

Darüber hinaus bedarf es der Anwendung der Sorgfaltspflichten bei Online-Zahlung, bei Rücktausch – in Bargeld – oder bei Barabhebung des monetären Wertes des E-Geldes, wenn der rückgetauschte Betrag 50 EUR übersteigt. Die Maßnahmen führen damit im Ergebnis zu niedrigeren Schwellenwerten für Transaktionen mit bestimmten Zahlungsinstrumenten auf Guthabenbasis. Eine Feststellung und Überprüfung der Identität des Karteninhabers muss also nur dann gemäß der 5. Geldwäscherichtlinie erfolgen, wenn der vorgeschlagene Schwellenwert überschritten oder eine – aufladbare oder nicht aufladbare – Karte für den Online-Einkauf verwendet wird. Umtausch-Plattformen für virtuelle Währungen und Anbieter elektronischer Geldbörsen müssen damit den Sorgfaltspflichten nachkommen und Kundenkontrollen durchführen, um die Anonymität solcher Umtauschgeschäfte aufzuheben (vgl. hierzu auch *Achtelik* → KWG § 25i Rn 5 ff.).

XI. Mitteilungspflicht der Versicherungsvermittler (Abs. 8)

124   § 10 Abs. 8 GwG statuiert für Versicherungsvermittler iSv § 2 Abs. 1 Nr. 8 GwG, die für ein Versicherungsunternehmen iSv § 2 Abs. 1 Nr. 7 Prämien einziehen, geschäftsspezifische Mitteilungspflichten. Eine Mitteilungspflicht nach § 10 Abs. 8 GwG besteht, wenn Prämienzahlungen in bar erfolgen und den Betrag von 15.000 EUR innerhalb eines Kalenderjahres übersteigen. Als Prämienzahlung gilt neben der Versicherungsprämie auch die Versicherungssteuer in der jeweiligen gesetzlichen Höhe und gegebenenfalls ein Ratenzahlungszuschlag (*Langweg* in Fülbier/Aepfelbach/Langweg GwG § 4 Rn. 4). Die Regelung des § 10 Abs. 8 GwG entspricht damit § 3 Abs. 5 GwG aF.

125   Bei der Anbahnung von Verträgen über Lebensversicherungen, diesen gleichgestellten Geschäften oder Unfallversicherungen mit Prämienrückgewähr sowie bei der Vergabe von Darlehen werden oftmals Versicherungsvermittler eingeschaltet. Während Versicherungsvertreter in der Regel von einem Versicherungsunternehmen beauftragt und als deren Erfüllungsgehilfen iSv § 278 BGB tätig werden, werden Versicherungsmakler regelmäßig vom Kunden des Versicherers beauftragt (*Gehrke* in Herzog/Mülhausen Geldwäschebekämpfung-HdB § 46 Rn. 28). Wer von einem Versicherer oder einem Versicherungsvertreter damit betraut ist, gewerbsmäßig Versicherungsverträge zu vermitteln oder abzuschließen (§ 59 Abs. 2 VVG), wird als Versicherungsvertreter tätig, wer gewerbsmäßig für den Auftraggeber die Vermittlung oder den Abschluss von Versicherungsverträgen übernimmt, ohne von einem Versicherer oder von einem Versicherungsvertreter damit betraut zu sein, ist als Versicherungsmakler anzusehen, vgl. § 59 Abs. 3 S. 1 VVG.

126   Nach alter Rechtslage hatte der Versicherer durch Vereinbarung mit dem Versicherungsvertreter sicherzustellen, dass den Identifizierungspflichten nachgekommen wird; die Einhaltung der Vereinbarung war durch das Versicherungsunternehmen zu überprüfen (VerBAV 12/1993, S. 355 unter Ziff. 1.3). Eine eigenständige Identifizierungspflicht traf den Versicherungsvertreter im Gegensatz zum Versicherungsmakler bislang nicht (*Langweg* in Fülbier/Aepfelbach/Langweg GwG § 4 Rn. 16). Mit Benennung der Versicherungsvermittler und damit auch der Versicherungsvertreter in § 2 Abs. 1 Nr. 8 GwG (§ 2 Abs. 1 Nr. 5 GwG aF) als Verpflichtete

Allgemeine Sorgfaltspflichten **§ 10**

nach dem GwG entstehen für die Versicherungsvertreter nunmehr originäre Customer-Due-Diligence Pflichten.

Kommt in den in § 2 Abs. 1 Nr. 7 GwG genannten Fällen der Versicherungsvertrag über einen Versicherungsvermittler iSv § 2 Abs. 1 Nr. 8 GwG zustande oder wird er über einen solchen abgewickelt, so ist der Abschluss des Vertrages hinsichtlich des einbezogenen Versicherungsvermittlers als Begründung einer Geschäftsbeziehung iSv § 10 Abs. 3 S. 1 Nr. 1 GwG zu verstehen, mit der Folge, dass der Versicherungsvermittler bereits zu diesem Zeitpunkt den allgemeinen Sorgfaltspflichten nach § 10 Abs. 1 GwG unterliegt (BT-Drs. 16/9038, 35). **127**

Hohe Barzahlungen auf Versicherungsverträge sind mit einem besonderen Geldwäsche- oder Terrorismusfinanzierungsrisiko verbunden; insbesondere für die Phasen des Layering und der anschließenden Integration gehen Fachleute von einer erhöhten Anfälligkeit der Versicherungsbranche aus (FATF Report on Money Laundering Typologies 2003–2004, S. 15). Neben Versicherungspolicen mit hohen Einmalzahlungen, die in bar bezahlt werden, aber in krassem Widerspruch zum angegebenen Einkommen und Beruf des Versicherungsnehmers stehen, wurde ua der Abschluss von Versicherungspolicen mit anschließender Barzahlung und kurz darauf erklärtem Rücktritt, bei dem die Rückzahlung des Geldes ebenfalls in bar erfolgen soll, beobachtet (Bsp. bei *Hoyer/Klos* S. 31 f.). Die Verpflichtung zur Mitteilung an das Versicherungsunternehmen über die Einziehung von Prämienzahlungen in bar, die den Betrag von 15.000 EUR im Kalenderjahr überschreiten, dient in diesem Zusammenhang der Sicherstellung, dass das Versicherungsunternehmen seiner Verpflichtung, erforderliche Sachverhaltsprüfungen auf Geldwäsche- oder Terrorismusfinanzierungsverdacht durchzuführen, nachkommen kann (BT-Drs. 16/9038, 35). Nach § 53 VAG haben Versicherungsunternehmen iSv § 2 Abs. 1 Nr. 7 GwG im Rahmen ihrer ordnungsgemäßen Geschäftsorganisation angemessene interne Sicherungssysteme zu betreiben und zu aktualisieren, mittels derer sie Geschäftsbeziehungen und einzelne Transaktionen erkennen können, die als zweifelhaft oder ungewöhnlich anzusehen sind. Die Pflicht zur Vorhaltung angemessener Sicherungsmaßnahmen nach § 6 GwG bleibt hiervon unberührt. Liegt ein zweifelhafter Sachverhalt vor, hat das Versicherungsunternehmen diesem nachzugehen, um das Risiko der jeweiligen Geschäftsbeziehungen und Transaktionen überwachen, einschätzen und gegebenenfalls das Vorliegen eines Verdachtsfalls prüfen zu können, §§ 53, 54 VAG. **128**

XII. Beendigungsverpflichtung (Abs. 9)

§ 10 Abs. 9 und § 15 Abs. 9 GwG statuieren die Pflicht zur Beendigung bestehender Geschäftsverbindungen, der Nichtdurchführung von Transaktionen sowie der Nichtaufnahme neuer Geschäftsbeziehungen bei Nichterfüllung der Kernsorgfaltspflichten iSv § 10 Abs. 1 Nr. 1–4, § 15 GwG. Kann der Verpflichtete der Identifizierung des Vertragspartners und ggf. der Abklärung des wirtschaftlich Berechtigten – auch bei einer politisch exponierten Person –, sowie zur Abklärung des Zwecks der Geschäftsbeziehung nicht nachkommen, dürfen die Geschäftsbeziehung nicht begründet oder fortgesetzt und keine Transaktion durchgeführt werden, § 10 Abs. 9 S. 1 GwG (zu den steuerrechtlichen Anforderungen des § 154 Abs. 2a AO s. BaFin, Auslegungs- und Anwendungshinweise zum Geldwäschegesetz, S. 57). Ferner ist dabei stets zu prüfen, ob eine Verdachtsmeldung in Betracht kommt. **129**

Figura

§ 10 Abschnitt 3. Sorgfaltspflichten in Bezug auf Kunden

§ 10 Abs. 9 GwG dient der Umsetzung des Art. 14 Abs. 4 der 4. Geldwäscherichtlinie (EU) 2015/849 des Europäischen Parlaments und des Rates und geht auf § 3 Abs. 6 GwG bisherige Fassung zurück. Mit der Einfügung des § 3 Abs. 6 GwG aF wurde wiederum Art. 9 Abs. 5 S. 1 der 3. EU-Anti-Geldwäscherichtlinie umgesetzt. Die Regelung enthält einen Eingriff in die durch Art. 2 Abs. 1 GG grundrechtlich geschützte Vertragsfreiheit, ist jedoch angesichts der Bedeutung des mit der Regelung bezweckten Ziels der effektiven Bekämpfung der Geldwäsche und der Terrorismusfinanzierung als gerechtfertigt anzusehen (BT-Drs. 16/9038, 36). Durch die Änderung in § 10 Abs. 9 S. 3 GwG bzw. Ergänzung in § 10 Abs. 9 S. 4 GwG durch Art. 1 Gesetz v. 12.12.2019 (BGBl. I S. 2602) erfolgt eine Anpassung der Befreiungsregelung an den Wortlaut des Art. 14 Abs. 4 UAbs. 2 der 4. Geldwäscherichtlinie (EU) 2015/849 des Europäischen Parlaments und des Rates (vgl. hierzu auch BT-Drs. 19/13827, 78).

130   § 1 Abs. 4 GwG definiert den Begriff der Geschäftsbeziehung als jede Beziehung, die unmittelbar in Verbindung mit den gewerblichen oder beruflichen Aktivitäten der Verpflichteten steht und bei der beim Zustandekommen des Kontakts davon ausgegangen wird, dass sie von gewisser Dauer sein wird. Eine Geschäftsbeziehung muss in der Regel eine gewisse Langfristigkeit aufweisen und geht über die einzelne Transaktion hinaus. Die Definition stellt ferner klar, dass auch gewerbliche sowie freiberufliche Tätigkeiten von der beruflichen Beziehung erfasst sind. Eine bestehende Geschäftsbeziehung ist durch den Verpflichteten nach § 10 Abs. 9 S. 2 GwG ungeachtet anderer gesetzlicher oder vertraglicher Bestimmungen durch Kündigung oder auf andere Weise zu beenden. Die Beendigungsverpflichtung bezieht sich sowohl auf Fälle einer laufenden Geschäftsbeziehung, als auch auf den Vorgang der Begründung der Geschäftsbeziehung und die Durchführung gelegentlicher Transaktionen außerhalb einer bestehenden Geschäftsbeziehung (DK, Auslegungs- und Anwendungshinweise 2014, Tz. 63).

131   Die Beendigungsverpflichtung gilt nicht für Verpflichtete nach § 2 Abs. 1 Nr. 10 und 12 GwG, wenn Tätigkeiten der Rechtsberatung oder Prozessvertretung erbracht werden sollen; eine Ausnahme besteht, wenn die Verpflichteten wissen, dass die Rechtsberatung oder Prozessvertretung bewusst für den Zweck der Geldwäsche oder der Terrorismusfinanzierung genutzt wurde oder wird, § 10 Abs. 9 S. 3 GwG. Der Begriff der Rechtsberatung bzw. Prozessvertretung dürfte dabei in einem umfassenden Sinne zu verstehen sein. Wird bei Notaren die gesamte notarielle Amtstätigkeit gem. §§ 20–24 BNotO erfasst, kann der Notar seiner Amtsgewährungspflicht grundsätzlich auch bei einer Verweigerung der Mitwirkungspflicht durch den Mandanten nachkommen, bzw. Amtshandlungen vornehmen (Bundesnotarkammer, Anwendungsempfehlungen zum Geldwäschegesetz 2017, Ziff. E. VII.). Abschriften und Ausfertigungen kann der Notar nach eigenem Ermessen solange zurückhalten und Vollzugshandlungen unterlassen, bis die Kernsorgfaltspflichten nach dem GwG erfüllt wurden (vgl. Bundesnotarkammer, Anwendungsempfehlungen zum Geldwäschegesetz 2017, Ziff. E. VII.).

132   Im Falle eines Beurkundungsvorgangs hat der Notar ferner § 10 Abs. 9 S. 4 GwG zu beachten. Dieser sieht vor, dass der Notar den Vorgang abzulehnen hat, solange der Vertragspartner seiner Pflicht nach § 11 Abs. 5a S. 1 GwG (Vorlage einer Dokumentation der Eigentums- und Kontrollstrukturen in Textform durch den Vertragspartner) oder eine Vereinigung mit Sitz im Ausland ihrer Mitteilungspflicht nach § 20 Abs. 1 S. 2 und 3 GwG nicht nachkommt. § 15 Abs. 2 Bundesnotarordnung gilt insoweit entsprechend, mit der Folge, dass gegen die Verweigerung der Urkunds- oder sonstigen Tätigkeit des Notars Beschwerde eingereicht werden kann.

Beschwerdegericht ist die Zivilkammer des Landgerichts, in dessen Bezirk der Notar seinen Amtssitz hat.

Begrenzt wird die Beendigungsverpflichtung (auch weiterhin) durch den Verhältnismäßigkeitsgrundsatz (BT-Drs. 16/9038, 36 und BT-Drs. 18/11555, 117 sowie BaFin, Auslegungs- und Anwendungshinweise zum Geldwäschegesetz, S. 58). Ist die Beendigung der Geschäftsbeziehung unverhältnismäßig, kann die Beendigungsverpflichtung bei besonders gelagerten Ausnahmefällen entfallen (DK, Auslegungs- und Anwendungshinweise 2011, Tz. 63). Jedoch ist die Entscheidung, eine Geschäftsbeziehung trotz bestehender Beendigungsverpflichtung dennoch zu begründen oder fortzusetzen, bzw. Transaktionen durchzuführen, grundsätzlich Einzelfallentscheidung (RegE GwBekErgG, BT-Drs. 16/9038, 36). Nur wenn eine grundsätzlich gebotene Interessenabwägung des wirtschaftlichen Interesses des Verpflichteten an der Fortsetzung der Geschäftsbeziehung mit dem Geldwäsche- oder Terrorismusfinanzierungsrisiko des jeweiligen Vertragspartners und der jeweiligen Transaktion ergibt, dass eine Beendigung unangemessen wäre, kann die Beendigungsverpflichtung entfallen. Dies gilt jedoch nicht, wenn die Sorgfaltspflichtverletzungen nachhaltig und andauernd sind (BT-Drs. 16/9038, 36 und BT-Drs. 18/11555, 117). Danach beschränkt sich der Ausschluss der Beendigungsverpflichtung auf Fallgestaltungen, in denen die Sorgfaltspflichtverletzung entweder kurzfristig behoben werden kann oder nur von sehr geringem Umfang ist (DK, Auslegungs- und Anwendungshinweise 2014, Tz. 63). **133**

Maßgeblich für die Interessenabwägung sind insbesondere die Gründe für die Nichterfüllung der Customer-Due-Diligence-Pflichten und die Relevanz der nicht vorliegenden Informationen für die Einschätzung der konkreten Geldwäsche-/Terrorismusfinanzierungsrisiken für den Verpflichteten. Der Umfang der Sorgfaltspflichten nach § 10 Abs. 1 Nr. 1–4 GwG ist durch den Verpflichteten mittels risikoorientierter Betrachtungsweise (vgl. § 10 Abs. 3 S. 3 GwG) zu bestimmen; die vereinfachten Sorgfaltspflichten iSv § 14 GwG sind zu berücksichtigen. **134**

Mögliche Fallgestaltungen, in denen die Beendigung einer Geschäftsbeziehung ausnahmsweise nach einer Abwägung aller Umstände unverhältnismäßig sein kann, sind Fälle der Unverhältnismäßigkeit aufgrund tatsächlicher Unmöglichkeit, wenn etwa der Grund für die Nichterfüllung außerhalb der Einflusssphäre des Vertragspartners und des Verpflichteten liegt oder wenn eine Beendigung der Geschäftsbeziehung erhebliche Schäden verursachen würde, beispielsweise wenn im Falle einer außerordentlichen Kündigung eines langfristigen Kreditvertrages, eine Fortführung der Geschäftsbeziehung nicht zu erheblich gesteigerten oder nicht adressierbaren Risiken führen würde. Nicht dagegen, wenn sich ein Vertragspartner hartnäckig und andauernd weigert, wesentliche zur Erfüllung der Kundensorgfaltspflichten erforderlichen Informationen zur Verfügung zu stellen, die benötigt werden, um einen bestehenden Verdacht auszuräumen. **135**

Die Entscheidung, von der Beendigung der Geschäftsbeziehung abzusehen, ist von den Verpflichteten zu begründen und entsprechend zu dokumentieren; ggf. ist das Treffen geeigneter risikobasierter Maßnahmen erforderlich, um einem erhöhten Risiko bei Fortsetzung der Geschäftsbeziehung angemessen begegnen zu können (DK, Auslegungs- und Anwendungshinweise 2014, Tz. 63). Unter Umständen besteht in diesen Fällen jedoch eine Meldepflicht nach § 43 Abs. 1 GwG. Legt der Vertragspartner gegenüber dem Verpflichteten nicht offen, ob er die Geschäftsbeziehung oder die Transaktion für einen wirtschaftlich Berechtigten begründen, fortsetzen oder durchführen will oder weist er mit der Offenlegung dem Verpflichteten auch die Identität des wirtschaftlich Berechtigten nicht nach, ist vom Ver- **136** pflichteten unabhängig von der Beendigungsverpflichtung nach § 10 Abs. 9 GwG in Bezug auf eine Geschäftsbeziehung oder Transaktion eine Meldung zu erstatten (BT-Drs. 17/6804, 36). Wird das Handeln auf Veranlassung nicht vom Vertragspartner offengelegt, folgt hieraus jedoch keine automatische Pflicht zur Meldung; liegen Anhaltspunkte dafür vor, dass der Vertragspartner seiner Offenlegungspflicht nicht nachgekommen ist, hat der Verpflichtete wohl das Recht, zunächst eine eigene Bewertung des Sachverhalts durchzuführen.

137 Kann ein Verpflichteter die ihm obliegenden Sorgfaltspflichten in dem nach risikoorientierter Betrachtungsweise erforderlichen Umfang nicht erfüllen, greift die Rechtsfolge des § 10 Abs. 9 GwG und ist durch den Verpflichteten risikobasiert durch das Recht zur ordentlichen oder auch außerordentlichen Kündigung der Geschäftsbeziehung, ggf. unter Hinweis auf eine Verletzung der bestehenden Mitwirkungspflichten sowie der gesetzlich vorgeschriebenen Kündigungspflicht wahrzunehmen (DK, Auslegungs- und Anwendungshinweise 2014, Tz. 64). Gemäß §§ 11 Abs. 6, 15 GwG besteht die Verpflichtung des Vertragspartners, die erforderlichen Informationen für die Identifizierung und Abklärung des wirtschaftlich Berechtigten, sowie zur Abklärung des Status einer politisch exponierten Person zur Verfügung zu stellen und Änderungen anzuzeigen. Die Mitwirkungspflicht trifft ausschließlich den Vertragspartner, nicht den wirtschaftlich Berechtigten oder sonstige Personen (DK, Auslegungs- und Anwendungshinweise 2014, Tz. 66). Da es sich um eine gesetzliche Verpflichtung handelt, ist eine vertragliche Regelung, etwa in den AGB Banken und Sparkassen, die nach Maßgabe der §§ 305 ff. BGB mit Abschluss des allgemeinen Bankvertrages (§§ 675, 611 BGB) in die Geschäftsbeziehung zwischen Bank und Kunde einbezogen werden, nicht zwingend erforderlich. Auch einer Haftungsfreistellung bedarf es vorliegend nicht. Die gesetzliche Verpflichtung, eine bestehende Geschäftsbeziehung mit dem Vertragspartner zu beenden, begründet ein außerordentliches Kündigungsrecht für den Verpflichteten; die Verletzung der Mitwirkungspflicht durch den Vertragspartner kann wichtiger Grund für die außerordentliche Kündigung ohne Einhaltung einer gesetzlichen Kündigungsfrist sein (vgl. BegrRegE GwBekErgG, BT-Drs. 16/9038, 36). Dem Vertragspartner erwachsen aus der Beendigung keine Ansprüche auf Schadenersatz gegenüber dem Verpflichteten (BT-Drs. 16/9038, 36).

§ 11 Identifizierung

(1) **Verpflichtete haben Vertragspartner, gegebenenfalls für diese auftretende Personen und wirtschaftlich Berechtigte vor Begründung der Geschäftsbeziehung oder vor Durchführung der Transaktion zu identifizieren. Die Identifizierung kann auch noch während der Begründung der Geschäftsbeziehung unverzüglich abgeschlossen werden, wenn dies erforderlich ist, um den normalen Geschäftsablauf nicht zu unterbrechen, und wenn ein geringes Risiko der Geldwäsche und der Terrorismusfinanzierung besteht.**

(2) **Abweichend von Absatz 1 haben Verpflichtete nach § 2 Absatz 1 Nummer 14 die Vertragsparteien des Kaufgegenstandes, gegebenenfalls für diese auftretende Personen und den wirtschaftlich Berechtigten zu identifizieren, sobald der Vertragspartner des Maklers ein ernsthaftes Interesse an der Durchführung des Immobilienkaufvertrages äußert und die**

Kaufvertragsparteien hinreichend bestimmt sind. Sind für beide Vertragsparteien des Kaufgegenstandes Verpflichtete nach § 2 Absatz 1 Nummer 14 tätig, so muss jeder Verpflichtete nur die Vertragspartei identifizieren, für die er handelt.

(3) Von einer Identifizierung kann abgesehen werden, wenn der Verpflichtete die zu identifizierende Person bereits bei früherer Gelegenheit im Rahmen der Erfüllung seiner Sorgfaltspflichten identifiziert hat und die dabei erhobenen Angaben aufgezeichnet hat. Muss der Verpflichtete aufgrund der äußeren Umstände Zweifel hegen, ob die bei der früheren Identifizierung erhobenen Angaben weiterhin zutreffend sind, hat er eine erneute Identifizierung durchzuführen.

(4) Bei der Identifizierung hat der Verpflichtete folgende Angaben zu erheben:
1. bei einer natürlichen Person:
   a) Vorname und Nachname,
   b) Geburtsort,
   c) Geburtsdatum,
   d) Staatsangehörigkeit und
   e) eine Wohnanschrift oder, sofern kein fester Wohnsitz mit rechtmäßigem Aufenthalt in der Europäischen Union besteht und die Überprüfung der Identität im Rahmen des Abschlusses eines Basiskontovertrags im Sinne von § 38 des Zahlungskontengesetzes erfolgt, die postalische Anschrift, unter der der Vertragspartner sowie die gegenüber dem Verpflichteten auftretende Person erreichbar ist;
2. bei einer juristischen Person oder bei einer Personengesellschaft:
   a) Firma, Name oder Bezeichnung,
   b) Rechtsform,
   c) Registernummer, falls vorhanden,
   d) Anschrift des Sitzes oder der Hauptniederlassung und
   e) die Namen der Mitglieder des Vertretungsorgans oder die Namen der gesetzlichen Vertreter und, sofern ein Mitglied des Vertretungsorgans oder der gesetzliche Vertreter eine juristische Person ist, von dieser juristischen Person die Daten nach den Buchstaben a bis d.

(5) Bei einem wirtschaftlich Berechtigten hat der Verpflichtete abweichend von Absatz 4 zur Feststellung der Identität zumindest dessen Name und, soweit dies in Ansehung des im Einzelfall bestehenden Risikos der Geldwäsche oder der Terrorismusfinanzierung angemessen ist, weitere Identifizierungsmerkmale zu erheben. Bei Begründung einer neuen Geschäftsbeziehung mit einer Vereinigung nach § 20 oder einer Rechtsgestaltung nach § 21 hat der Verpflichtete einen Nachweis der Registrierung nach § 20 Absatz 1 oder § 21 oder einen Auszug der über das Transparenzregister zugänglichen Daten einzuholen. Geburtsdatum, Geburtsort und Anschrift des wirtschaftlich Berechtigten dürfen unabhängig vom festgestellten Risiko erhoben werden. Der Verpflichtete hat sich durch risikoangemessene Maßnahmen zu vergewissern, dass die zur Identifizierung erhobenen Angaben zutreffend sind; dabei darf sich der Verpflichtete nicht ausschließlich auf die Angaben im Transparenzregister verlassen. Handelt es sich um eine Person, die nach § 3 Absatz 2 Satz 5 als wirtschaftlich Berechtigter gilt, so hat der Verpflichtete angemessene Maßnahmen für die

§ 11   Abschnitt 3. Sorgfaltspflichten in Bezug auf Kunden

Überprüfung der Identität dieser Person zu ergreifen. Werden bei Trusts oder anderen Rechtsgestaltungen nach § 21 die wirtschaftlich Berechtigten nach besonderen Merkmalen oder nach einer Kategorie bestimmt, so hat der Verpflichtete ausreichende Informationen über den wirtschaftlich Berechtigten einzuholen, um zum Zeitpunkt der Ausführung der Transaktion oder der Ausübung seiner Rechte die Identität des wirtschaftlich Berechtigten feststellen zu können.

(5a) Sofern der Vertragspartner bei einem Erwerbsvorgang nach § 1 des Grunderwerbsteuergesetzes für eine Rechtsform im Sinne von § 3 Absatz 2 oder 3 handelt, hat der beurkundende Notar vor der Beurkundung die Identität des wirtschaftlich Berechtigten anhand einer von dem jeweiligen Vertragspartner in Textform vorzulegenden Dokumentation der Eigentums- und Kontrollstruktur auf ihre Schlüssigkeit zu überprüfen. Die Dokumentation ist der Zentralstelle für Finanztransaktionsuntersuchungen sowie den Strafverfolgungsbehörden auf Verlangen zur Verfügung zu stellen.

(6) Der Vertragspartner eines Verpflichteten hat dem Verpflichteten die Informationen und Unterlagen zur Verfügung zu stellen, die zur Identifizierung erforderlich sind. Ergeben sich im Laufe der Geschäftsbeziehung Änderungen, hat er diese Änderungen unverzüglich dem Verpflichteten anzuzeigen. Der Vertragspartner hat gegenüber dem Verpflichteten offenzulegen, ob er die Geschäftsbeziehung oder die Transaktion für einen wirtschaftlich Berechtigten begründen, fortsetzen oder durchführen will. Mit der Offenlegung hat er dem Verpflichteten auch die Identität des wirtschaftlich Berechtigten nachzuweisen. Die Sätze 1 bis 4 gelten entsprechend für die Vertragsparteien des Kaufgegenstandes im Sinne des Absatzes 2, die nicht Vertragspartner des Verpflichteten nach § 2 Absatz 1 Nummer 14 sind.

(7) Verwalter von Trusts und anderen Rechtsgestaltungen nach § 21 haben dem Verpflichteten ihren Status offenzulegen und ihm die Angaben nach § 21 Absatz 1 und 2 unverzüglich zu übermitteln, wenn sie in dieser Position eine Geschäftsbeziehung aufnehmen oder eine Transaktion oberhalb der in § 10 Absatz 3 Nummer 2, Absatz 5, Absatz 6 oder Absatz 6a genannten Schwellenbeträge durchführen.

Literatur: *Ackmann/Reder*, Geldwäscheprävention in Kreditinstituten nach Umsetzung der Dritten EG-Geldwäscherichtlinie (Teil 1), WM 2009, S. 158 ff.; BAKred, Schreiben vom 10.5.1999, Z 5 – B410; BaFin, Auslegungs- und Anwendungshinweise zum Geldwäschegesetz, Stand: Dezember 2018; *Bentele/Schirmer*, Im Geldwäscherecht viel Neues – Das Gesetz zur Optimierung der Geldwäscheprävention, ZBB/JBB 2012, S. 303 ff.; Deutsche Kreditwirtschaft, Auslegungs- und Anwendungshinweise zur Verhinderung von Geldwäsche, Terrorismusfinanzierung und „sonstigen strafbaren Handlungen" vom 1.2.2014, zitiert: DK, Auslegungs- und Anwendungshinweise 2014; Deutsche Kreditwirtschaft (Hrsg.), Auslegungs- und Anwendungshinweise der DK zur Umsetzung neuer Regelungen des Gesetzes zur Optimierung der Geldwäscheprävention (GwOptG) vom 22.8.2012, zitiert: DK-Hinweise zum GwOptG 2012; FATF, 40 Empfehlungen 2004; FATF, Guidance on the risk-based Approach to combating Money Laundering and Terrorist Financing (Leitlinien zum risikoorientierten Ansatz zur Bekämpfung von Geldwäsche und Terrorismusfinanzierung), Paris, June 2007; FATF, Mutual Evaluation Report of Anti-Money Laundering and Combating the Financing of Terrorism, Germany, 19.2.2010, zitiert: FATF, Mutual Evaluation Report of Germany

Identifizierung **§ 11**

2010; FATF, The Misuse of Corporate Vehicles, including Trust and Company Service Providers, Paris, 13.10.2006; *Fülbier/Aepfelbach/Langweg,* Geldwäschegesetz, 5. Aufl. 2006, zitiert: *Bearbeiter* in Fülbier/Aepfelbach/Langweg GwG; *Hartmann/Höche/Wand/Weber,* Kurzkommentar Bankvordrucke, Loseblattsammlung, 2002 ff.; *Herzog/Mülhausen,* Geldwäschebekämpfung und Gewinnabschöpfung, Handbuch der straf- und wirtschaftsrechtlichen Regelungen, 2006, zitiert: *Bearbeiter* in Herzog/Mülhausen; *Kaetzler,* Anforderungen an die Organisation der Geldwäscheprävention bei Bankinstituten – ausgewählte Einzelfragen, CCZ 5/2008, S. 174 ff.; *Palandt,* Bürgerliches Gesetzbuch, 79. Aufl. 2020, zitiert: *Bearbeiter* in Palandt BGB; Zentraler Kreditausschuss der Spitzenverbände der Kreditwirtschaft (Hrsg.), Auslegungs- und Anwendungshinweise des ZKA zum Geldwäschebekämpfungsergänzungsgesetz v. 17.12.2008 (zitiert: ZKA, Leitfaden zur Bekämpfung der Geldwäsche, 2008).

Übersicht

	Rn.
I. Allgemeines	1
II. Zeitpunkt der Identifizierung (§ 11 Abs. 1 GwG iVm § 25j KWG, § 54 VAG)	3
III. Maklervertrag (Abs. 2)	8
IV. Absehen von Identifizierung (Abs. 3)	10
V. Erhebung von Angaben zur Identifizierung (Abs. 4)	17
VI. Identifizierung des wirtschaftlich Berechtigten (Abs. 5)	18
1. Feststellung und Verifizierung der Identität	21
2. Sonderfälle	28
VII. Identifizierung bei Erwerbsvorgang nach § 1 des Grunderwerbsteuergesetzes (Abs. 5a)	42
VIII. Mitwirkungspflicht des Vertragspartners (Abs. 6)	43
IX. Mitwirkungspflicht von Verwalter von Trusts und anderen Rechtsgestaltungen nach § 21 GwG (Abs. 7)	49

I. Allgemeines

Die Verpflichtung zur Identifizierung des Vertragspartners ist neben der Verpflichtung zur Abklärung des wirtschaftlich Berechtigten nach wie vor eine zentrale Verpflichtung innerhalb der Kundensorgfaltspflichten. Während in § 10 Abs. 1 und 2 GwG der Katalog der von den Verpflichteten anzuwendenden Sorgfaltspflichten festgelegt ist, regeln §§ 11–13 GwG den Zeitpunkt und die konkrete Art und Weise der Durchführung der Identifizierung. § 11 GwG setzt Art. 14 Abs. 1 und 2 der 4. Geldwäscherichtlinie (EU) 2015/849 des Europäischen Parlaments und des Rates um und entspricht im Wesentlichen dem bisherigen § 4 Abs. 1–3 sowie 5 und 6 GwG aF. In Art. 14 Abs. 1 und 2 der 4. Geldwäscherichtlinie (EU) 2015/849 des Europäischen Parlaments und des Rates bleibt zwar die für den Vertragspartner auftretenden Person aufgrund eines redaktionellen Versehens unerwähnt, dies wird allerdings durch die Aufnahme einer Regelung in § 11 Abs. 1 GwG geheilt. War früher eine Identifizierung nur anhand eines Personalausweises oder eines Reisepasses möglich (§ 1 Abs. 5 S. 1 GwG aF) und waren weitere Legitimationsdokumente lediglich für den Bereich der Kredit- und Versicherungswirtschaft auf der Grundlage von Verlautbarungen der Bundesanstalt für Finanzdienstleistungsaufsicht anerkannt, ist nunmehr seit der vorhergehenden Fassung die Möglichkeit der Identifizierung anhand sämtlicher zur Erfüllung der Pass- und Ausweispflicht geeigneter Dokumente gesetzlich festgeschrieben (vgl. BT-Drs. 16/9038, 37 f.). Bis zum In- **1**

§ 11 Abschnitt 3. Sorgfaltspflichten in Bezug auf Kunden

krafttreten des GwBekErgG enthielt das Geldwäschegesetz zudem keine Vorgaben für die Identifizierung juristischer Personen oder Personengesellschaften; entsprechende Regelungen finden sich in § 4 Abs. 3 Nr. 2 und Abs. 4 S. 1 Nr. 2 GwG aF sowie nunmehr auch in § 11 Abs. 4 Nr. 2 GwG und § 12 Abs. 2 GwG.

Mit der **5. Geldwäscherichtlinie** strebte die EU eine vollständige Kohärenz mit den Vorschriften über die elektronische Identifizierung an: Bereits die 4. Geldwäscherichtlinie (EU) 2015/849 des Europäischen Parlaments und des Rates sah bei der Eröffnung eines Bankkontos oder beim Zugang zu Mitteln und/oder der Nachverfolgung elektronischer Transaktionen eine elektronische Identifizierung und den Einsatz sog. Vertrauensdienste vor (vgl. hierzu auch VO (EU) Nr. 910/2014 über elektronische Identifizierung und Vertrauensdienste für elektronische Transaktionen im Binnenmarkt und zur Aufhebung der RL 1999/93/EG, „eIDAS-Verordnung"). Die eIDAS-Verordnung enthält verbindliche europaweit geltende Bestimmungen für die Bereiche der „Elektronischen Identifizierung" und der „Elektronischen Vertrauensdienste". Mit der Verordnung werden einheitliche Rahmenbedingungen für die grenzüberschreitende Nutzung elektronischer Identifizierungsmittel und Vertrauensdienste geschaffen. Ab dem 1.7.2016 können in allen 28 EU-Mitgliedsstaaten und im EWR Vertrauensdienste nach der eIDAS-Verordnung angeboten werden. Es bedurfte daher einer Änderung bzw. Anpassung der Art. 13 Abs. 1, Art. 27 Abs. 2, Art. 40 Abs. 1 Buchst. a und b sowie des Anhangs III der 4. Geldwäscherichtlinie (EU) 2015/849 des Europäischen Parlaments und des Rates mit der Folge, dass Kopien von Originaldokumenten sowie Aussagen, Bescheinigungen oder Referenzen in elektronischer Form als gültiger Identitätsnachweis anerkannt werden. Im Geldwäschegesetz wurden diese Änderungen in § 12 Abs. 1 Nr. 2 GwG durch den Verweis auf § 12 des eID-Karte-Gesetzes umgesetzt.

2 Die Vorschrift des § 11 GwG enthält an verschiedenen Stellen Ansatzpunkte für eine risikoorientierte Geldwäsche-/Terrorismusfinanzierungs-Bekämpfung. So können Verpflichtete bei Vorliegen bestimmter Voraussetzungen die Identifizierung des Vertragspartners noch während der Begründung der Geschäftsbeziehung abschließen (Abs. 1). Ferner kann in bestimmten Fällen nach Abs. 3 von einer Identifizierung abgesehen werden; Abs. 5 enthält eine Spezialregelung zur Feststellung und Überprüfung der Identität beim wirtschaftlich Berechtigten. Dort, wo den Verpflichteten Ermessensspielräume eingeräumt werden, muss deren verantwortungsbewusste Nutzung durch die Verpflichteten sichergestellt werden.

Durch Art. 1 des GwOptG vom 22.12.2011 in die Vorschrift eingefügt wurden § 4 Abs. 6 S. 2 und 3 GwG aF (nunmehr in § 11 Abs. 6 GwG geregelt). Hiernach hatte der Vertragspartner gegenüber dem Verpflichteten offenzulegen, ob er die Geschäftsbeziehung oder Transaktion für einen wirtschaftlich Berechtigten begründen, fortsetzen oder durchführen will. Mit der Offenlegung ist dem Verpflichteten auch die Identität des wirtschaftlich Berechtigten nachzuweisen. Die Offenlegungspflicht umfasst Fälle der Veranlassung gemäß § 1 Abs. 6 S. 2 Nr. 3 GwG aF bzw. § 3 Abs. 1 Nr. 2 GwG (DK-Hinweise zum GwOptG 2012, Tz. 2). Darüber hinaus gilt § 11 Abs. 6 S. 1–4 GwG entsprechend für die Vertragsparteien des Kaufgegenstandes iSd § 11 Abs. 2 GwG, die nicht Vertragspartner des Verpflichteten nach § 2 Abs. 1 Nr. 14 GwG (also des Immobilienmaklers) sind. Das heißt, es sind solche Informationen durch die Vertragsparteien, die in keiner vertragsrechtlichen Beziehung zu dem Verpflichteten stehen, zur Verfügung zu stellen, die der Verpflichtete zur Erfüllung seiner Identifizierungspflichten nach § 11 Abs. 2 GwG benötigt (BT-Drs. 19/13827, 79). Die Ergänzung des § 11 Abs. 6 S. 1–4 GwG steht im Kontext mit der Erweiterung der Definition des wirtschaftlich Berechtigten gemäß § 1 Abs. 6 GwG aF bzw. § 3

Identifizierung **§ 11**

Abs. 1 GwG und der Pflicht zur Abklärung, ob der Vertragspartner für einen wirtschaftlich Berechtigten handelt. Die Regelung geht zurück auf die Ergebnisse der FATF-Deutschlandprüfung vom 19.2.2010 (FATF, Mutual Evaluation Report of Germany 2010, Tz. 574, 622, 1067ff., 1088) hinsichtlich der Erfüllung der FATF-Empfehlung 5 (FATF, 40 Empfehlungen 2004) zur Ermittlung des wirtschaftlich Berechtigten und der FATF-Empfehlung 34 zur Verhinderung der rechtswidrigen Nutzung von Rechtskonstruktionen (vgl. BT-Drs. 17/6804, 25, 28).

Die 4. Geldwäscherichtlinie (EU) 2015/849 des Europäischen Parlaments und des Rates zielt darauf ab, die Angaben zum wirtschaftlich Berechtigten klarer und zugänglicher zu machen. Künftig werden juristische Personen zur Vorhaltung von Daten zum wirtschaftlich Berechtigten verpflichtet, die sowohl den zuständigen Behörden als auch den Verpflichteten zur Verfügung gestellt werden sollen. In Bezug auf Rechtsgestaltungen sieht die Richtlinie darüberhinausgehend vor, dass Treuhänder, wenn sie Kunde werden, eine Erklärung zu ihrem Status abgeben (vgl. hierzu bereits Vorschlag für eine RL des europäischen Parlaments und des Rates zur Verhinderung der Nutzung des Finanzsystems zum Zwecke der Geldwäsche und der Terrorismusfinanzierung v. 5.2.2013, 2013/0025 (COD), S. 12).

II. Zeitpunkt der Identifizierung (§ 11 Abs. 1 GwG iVm § 25j KWG, § 54 VAG)

§ 11 Abs. 1 GwG, § 25j KWG und § 54 VAG regeln den Zeitpunkt der Identifizierung. Dem Grundsatz nach haben Verpflichtete den Vertragspartner und ggf. den wirtschaftlich Berechtigten zeitlich **vor** Begründung der Geschäftsbeziehung oder Durchführung der Transaktion zu identifizieren, § 11 Abs. 1 S. 1 GwG (vgl. hierzu auch BaFin, Auslegungs- und Anwendungshinweise zum Geldwäschegesetz, S. 56). Der Begriff der Identifizierung iSv § 11 Abs. 1 S. 1 GwG umfasst nach der Begriffsbestimmung des § 1 Abs. 3 GwG sowohl die Feststellung der Identität von Vertragspartner und wirtschaftlich Berechtigtem durch das Erheben von Angaben als auch die Überprüfung der Identität mittels geeigneter Dokumente. Die Identifizierung muss vor Begründung der Geschäftsbeziehung oder Durchführung der Transaktion vollständig abgeschlossen worden sein (so auch BaFin, Auslegungs- und Anwendungshinweise zum Geldwäschegesetz, S. 56). Mit der Regelung wurde die Vorgabe des Art. 9 Abs. 1 der 3. EU-Anti-Geldwäscherichtlinie umgesetzt, der hinsichtlich der Identifizierung ein Tätigwerden zeitlich vor der Begründung der Geschäftsbeziehung verlangt. Von einer Identifizierung kann abgesehen werden, wenn der Verpflichtete den zu Identifizierenden bereits bei früherer Gelegenheit identifiziert, die dabei erhobenen Angaben aufgezeichnet hat und die bereits erhobenen Angaben weiterhin zutreffend sind, § 11 Abs. 3 GwG. 3

Eine Ausnahme von diesem Grundsatz sieht § 11 Abs. 1 S. 2 GwG vor, wonach die Identifizierung unter bestimmten Voraussetzungen auch noch während der Begründung der Geschäftsbeziehung unverzüglich abgeschlossen werden kann. Die Regelung des § 11 Abs. 1 S. 2 GwG ist Ansatzpunkt für den risikoorientierten Ansatz der Geldwäsche-/Terrorismusbekämpfung im GwG. Hiernach können Verpflichtete die Identifizierung des Vertragspartners und ggf. des wirtschaftlich Berechtigten noch während der Begründung der Geschäftsbeziehung alsbaldig abschließen, wenn dies erforderlich ist, um den normalen Geschäftslauf nicht zu unterbrechen und ein geringes Risiko der Geldwäsche oder der Terrorismusfinan- 4

Figura

§ 11 Abschnitt 3. Sorgfaltspflichten in Bezug auf Kunden

zierung besteht. Die dem Art. 9 Abs. 2 der 3. EU-Anti-Geldwäscherichtlinie nachgebildete Regelung ist Einzelfallregelung (BT-Drs. 16/9038, 36); die Entscheidung, ob ein Erfordernis iSv § 11 Abs. 1 S. 2 GwG vorliegt, ist von den Verpflichteten unter Berücksichtigung des Verhältnismäßigkeitsgrundsatzes nach Abwägung aller Umstände des Einzelfalles zu entscheiden. Die Ausnahmeregelung gemäß § 11 Abs. 1 S. 2 GwG gilt für alle Verpflichteten iSd GwG.

5   Darüber hinaus eröffnen § 25j KWG, § 54 VAG für Institute und Versicherungsunternehmen die Möglichkeit, die Identifizierung auch noch (unverzüglich) nach Begründung der Geschäftsbeziehung abzuschließen (so auch BaFin, Auslegungs- und Anwendungshinweise zum Geldwäschegesetz, S. 56). Wird gem. § 25j KWG die Überprüfung der Identität des Vertragspartners und des wirtschaftlich Berechtigten abweichend von § 11 Abs. 1 GwG erst nach der Eröffnung eines Kontos oder Depots abgeschlossen, muss in diesem Fall durch den Verpflichteten sichergestellt werden, dass vor Abschluss der Überprüfung der Identität keine Gelder von dem Konto oder dem Depot abverfügt werden können (vgl. die Ausführungen bei *Achtelik* → KWG § 25j Rn. 2). Der Kundenannahmeprozess, der neben der Erfassung aller wesentlichen Daten ua auch die Identifizierung des Kunden beinhaltet, muss abgeschlossen sein, bevor der Vertragspartner eine Verfügungsmöglichkeit über die durch den Verpflichteten bereitgestellten Produkte, bzw. Leistungen erhält. Keine Abverfügung stellen dagegen innerhalb der Geschäftsbeziehung erfolgende Verlagerungen dar, etwa vom Girokonto auf ein Sparkonto beim gleichen Institut (DK, Auslegungs- und Anwendungshinweise 2014, Tz. 9, 13). Solange Abverfügungen nicht möglich sind, kann das Konto oder Depot jedoch für Zahlungseingänge freigeschaltet werden. Für den Fall einer Rückzahlung eingegangener Gelder sieht der durch Art. 2 des Gesetzes zur Umsetzung der Zweiten E-Geld-Richtlinie vom 1.3.2011 angefügte § 25i S. 3 KWG aF (nunmehr geregelt in § 25j S. 3 KWG) vor, dass diese nur an den Einzahler ausgezahlt werden dürfen.

6   Die Identifizierung ist durch den Verpflichteten unverzüglich nach der Konto- oder Depoteröffnung abzuschließen. § 25j KWG ist risikoorientiert anzuwenden. Hiernach kann es unter Berücksichtigung des Verhältnismäßigkeitsgrundsatzes in bestimmten Situationen angezeigt sein, zumindest bestimmte Abverfügungen zuzulassen. Eine solche Entscheidung ist risikobasierte Einzelfallentscheidung und sollte unter Einbeziehung einer weiteren, hierfür zuständigen Organisationseinheit des Institutes in den Entscheidungsprozess getroffen werden. Die Entscheidung muss nachvollziehbar sein und sollte schriftlich dokumentiert werden; im Zweifel müssen Verpflichtete darlegen können, dass der Umfang der von ihnen getroffenen Maßnahmen im Hinblick auf die Risiken der Geldwäsche und der Terrorismusfinanzierung als angemessen anzusehen ist (arg. ex § 11 Abs. 2 S. 1 GwG). Beispiele für risikobasierte Ausnahmen, bei denen einzelne Aspekte des Kundenannahmeprozesses auch nach Eröffnung der Verfügungsmöglichkeit abgeschlossen werden können, waren bisher: Nachlieferung bestimmter zur Verifizierung gedachter Dokumente durch den Vertragspartner, Abschluss der Abklärungsmaßnahmen hinsichtlich des wirtschaftlich Berechtigten bzw. der Eigentums- und Kontrollstrukturen insbesondere bei komplexen Vorgängen, Abschluss der Abklärungsmaßnahmen hinsichtlich des PEP-Status iSv § 6 GwG aF, risikobasierte Durchführung zusätzlicher Abklärungs- und Verifizierungsmaßnahmen. Ob diese Beispielfälle auch für die Neufassung des Gesetzes und die damit einhergehende Stärkung des risikobasierten Ansatzes weiterhin Bestand haben, bleibt abzuwarten.

7   Zu den Adressaten des GwG zählen gem. § 2 Abs. 1 Nr. 7 GwG Versicherungsunternehmen, soweit sie Lebensversicherungsverträge, Kapitalisierungsgeschäfte

Identifizierung **§ 11**

und sonstige den Lebensversicherungen gleichgestellte Geschäfte (vgl. den in § 2 Abs. 1 Nr. 7 GwG enthaltenen Verweis auf die RL 2009/138/EG des Europäischen Parlaments und des Rates v. 25.11.2009, betreffend die Aufnahme und Ausübung der Versicherungs- und der Rückversicherungstätigkeit, ABl. 2009 L 335, 1), Unfallversicherungsverträge mit Prämienrückgewähr anbieten oder Darlehen im Sinne von § 1 Abs. 1 S. 2 Nr. 2 KWG vergeben (*Figura* → § 2 Rn. 119 ff.). Gleiches gilt für Versicherungsvermittler iSv § 2 Abs. 1 Nr. 8 GwG, die die aufgeführten Verträge vermitteln.

Für Versicherungsunternehmen iSv § 52 VAG sieht § 54 Abs. 2 VAG abweichend von § 11 Abs. 1 GwG vor, dass die Überprüfung der Identität des Bezugsberechtigten aus einem Versicherungsvertrag auch noch nach Begründung der Geschäftsbeziehung vorgenommen werden kann. In diesem Fall muss die Überprüfung spätestens zu dem Zeitpunkt abgeschlossen sein, an dem die Auszahlung aus dem Versicherungsvertrag vorgenommen wird oder der Bezugsberechtigte seine Rechte aus dem Versicherungsvertrag in Anspruch zu nehmen beabsichtigt. Vereinfachungen bei der Durchführung der Identifizierung (§ 80f VAG aF) insbesondere bei Abschluss von Lebens- oder Unfallversicherungen mit Prämienrückgewähr sieht das Versicherungsaufsichtsgesetz nicht mehr vor (vgl. hierzu auch BT-Drs. 18/11555, 180).

III. Maklervertrag (Abs. 2)

§ 11 Abs. 2 GwG normiert eine Abweichung von § 11 Abs. 1 GwG und bestimmt, dass ein Verpflichteter nach § 2 Abs. 1 Nr. 14 GwG (Immobilienmakler; *Figura* → § 2 Rn. 171 ff.) die Vertragsparteien des Kaufgegenstands, gegebenenfalls für diese auftretende Personen und den wirtschaftlich Berechtigten, zu identifizieren hat, sobald der Vertragspartner des Maklers ein ernsthaftes Interesse an der Durchführung des Immobilienkaufvertrages äußert und die Kaufvertragsparteien hinreichend bestimmt sind (vgl. hierzu auch BT-Drs. 19/13827, 79). § 11 Abs. 2 GwG bestimmt damit für den Immobilienmakler einen besonderen Zeitpunkt, indem die Identifikation zu erfolgen hat. **8**

Ausschlaggebend für den Zeitpunkt der Identifizierung ist, dass ein ernsthaftes Kaufinteresse vorliegt, „ein ernsthaftes Interesse der Vertragsparteien an der Durchführung des vermittelten Rechtsgeschäftes besteht und die Vertragsparteien hinreichend bestimmt sind" (so BT-Drs. 19/13827, 79). Der Zeitpunkt der Identifizierung knüpft folglich weiterhin an die „Bestimmbarkeit der zu identifizierenden Personen an, die sich aus dem Kreis der allgemeinen Vertragsinteressenten erst bei Vorliegen der genannten Merkmale hervorheben" (BT-Drs. 19/13827, 79). Davon kann gemäß der Gesetzesbegründung spätestens dann ausgegangen werden, „wenn eine der Kaufvertragsparteien von der anderen Kaufvertragspartei (ggf. über Dritte) den Kaufvertrag erhalten hat", denn „zu diesem Zeitpunkt hat sich der Wille zum Abschluss des Kaufvertrags hinsichtlich der Parteien ausreichend stark manifestiert" und „von einer Durchführung des Kaufvertrags ist mit hinreichender Wahrscheinlichkeit auszugehen" (BT-Drs. 18/11555, 118). Darüber hinaus ist ein ernsthaftes Interesse am Abschluss des Kaufvertrages zu bejahen, „wenn der (voraussichtliche) Käufer mit dem (möglichen) Verkäufer oder dem Makler eine Reservierungsvereinbarung oder einen Vorvertrag abgeschlossen oder eine Reservierungsgebühr an den Makler entrichtet hat" (BT-Drs. 18/11555, 118). Anders verhält es sich, wenn „die Vorverhandlungen noch in seinem solch frühen Stadium sind, dass der Ab-

§ 11 Abschnitt 3. Sorgfaltspflichten in Bezug auf Kunden

schluss ungewiss ist" oder „die Kaufvertragspartei auf einer Seite noch nicht bestimmt ist" (BT-Drs. 18/11555, 118). Eine Identifizierungspflicht zu einem solch früheren Zeitpunkt besteht dann nicht.
Sind für beide Vertragsparteien des Kaufgegenstandes Immobilienmakler (also Verpflichtete nach § 2 Abs. 1 Nr. 14 GwG) tätig, so muss gemäß § 11 Abs. 2 S. 2 GwG jeder Verpflichtete nur die Vertragspartei identifizieren, für die er handelt. Eine Doppelidentifizierung soll durch diese Regelung vermieden werden (so BT-Drs. 19/13827, 79).

9 § 43 Abs. 1 Nr. 1 GwG bestimmt für das Maklergeschäft eine Meldepflicht, wenn Tatsachen vorliegen, die darauf hindeuten, dass ein Vermögensgegenstand, der mit einem Maklergeschäft im Zusammenhang steht, aus einer strafbaren Handlung stammt, die eine Vortat der Geldwäsche darstellen. Die Aufnahme des Maklergeschäfts hat klarstellenden Charakter, da sich dieses zwar auf eine Geschäftsbeziehung oder eine Transaktion bezieht, ihnen aber nicht unterfällt (BT-Drs. 18/11555, 157). Die Transaktion kann eine versuchte, bevorstehende, laufende oder bereits durchgeführte Transaktion sein (BT-Drs. 18/11555, 157).

IV. Absehen von Identifizierung (Abs. 3)

10 Nach § 11 Abs. 3 GwG kann von einer Identifizierung abgesehen werden, wenn der Verpflichtete den zu Identifizierenden bereits bei früherer Gelegenheit identifiziert und die dabei erhobenen Angaben aufgezeichnet hat. Dies gilt nicht, wenn der Verpflichtete auf Grund der äußeren Umstände Zweifel hegen muss, dass die bei der früheren Identifizierung erhobenen Angaben weiterhin zutreffend sind. Die Regelung des § 11 Abs. 3 GwG knüpft inhaltlich an § 7 GwG idF des Geldwäschegesetzes vom 25.10.1993 (BGBl. I S. 1770), zuletzt geändert durch Art. 5 des Gesetzes vom 21.12.2007 (BGBl. I S. 3089) an. So konnte bereits nach § 7 GwG aF von einer erneuten Identifizierung abgesehen werden, wenn der zu Identifizierende dem Verpflichteten persönlich bekannt und bereits bei früherer Gelegenheit identifiziert worden ist. Das Erfordernis des persönlichen Bekanntseins ist bereits mit der gesetzlichen Neuregelung der vorherigen Gesetzesfassung entfallen. Nach Sinn und Zweck der Identifizierungsvorschriften kommt es entscheidend darauf an, die Personenidentität zwischen dem auftretenden Vertragspartner und dem bei früherer Gelegenheit Identifizierten festzustellen. Die Überprüfung der Identität des Vertragspartners ist jedoch in vielen Fällen, insbesondere im Falle von brieflich, telefonisch oder das Internet vorgenommenen Transaktionen, gerade nicht über das persönliche Bekanntsein, wohl aber durch andere Maßnahmen wie der Abfrage einer PIN, durch einen Unterschriftsabgleich oder Ähnliches möglich. Hat der Verpflichtete Zweifel an der Identität, weil etwa die Daten im schriftlichen Antrag des Kunden von denen in den Kontounterlagen abweichen oder die Unterschriften nicht deckungsgleich sind, sind Vertragspartner oder ggf. wirtschaftlich Berechtigter gemäß § 11 Abs. 3 S. 2 GwG erneut zu identifizieren.

11 Gewissheit über die Person des Vertragspartners besteht gleichwohl dann, wenn der Vertragspartner dem zuständigen Mitarbeiter tatsächlich persönlich bekannt ist. Soweit zur eindeutigen Feststellung der Personenidentität Ausweisdokumente durch den Verpflichteten herangezogen werden, müssen diese anders als bei der Erstidentifizierung nicht geeignet sein, eine Überprüfung der Identität des Vertragspartners iSd § 11 Abs. 1 Nr. 1 GwG zu ermöglichen. Als geeignete Papiere zur eindeutigen Feststellung der Personenidentität kommen daher beispielsweise auch

Identifizierung **§ 11**

Dienstausweise staatlicher Einrichtungen und Behörden oder EU-Führerscheine in Betracht; bei telefonischen Folgekontoneueröffnungen kann sich der Verpflichtete Gewissheit über die Person des Vertragspartners etwa durch die Abfrage einer Kombination von gespeicherten Daten verschaffen. Die Ergebnisse der Abfrage sind geeignet zu dokumentieren (vgl. auch DK, Auslegungs- und Anwendungshinweise 2014, Tz. 11, 14).

Die Absehensmöglichkeit nach § 11 Abs. 3 GwG greift nur ein, wenn die seiner- 12 zeit über den Vertragspartner und ggf. den wirtschaftlich Berechtigten erhobenen Angaben nach Maßgabe von § 8 GwG aufgezeichnet wurden. Wird nach § 11 Abs. 3 GwG von einer erneuten Identifizierung abgesehen, sind der Name des zu Identifizierenden und der Umstand, dass er bei früherer Gelegenheit identifiziert worden ist, aufzuzeichnen, § 8 Abs. 2 S. 5 GwG (Dokumentationspflicht; vgl. hierzu auch BaFin, Auslegungs- und Anwendungshinweise zum Geldwäschegesetz, S. 56). Von einer ordnungsgemäßen (Erst-) Identifizierung iSv § 11 Abs. 3 GwG ist regelmäßig nur dann auszugehen, wenn diese nach Maßgabe von § 12 GwG erfolgt ist.

Unerheblich ist, ob das seinerzeit anlässlich der Erstidentifizierung vorgelegte 13 Dokument zu dem späteren Zeitpunkt, an dem von einer weiteren Identifizierung abgesehen werden soll, noch gültig ist. Weder ist es gesetzlich vorgeschrieben, das Ablaufdatum von Ausweispapieren zu erfassen, noch hat sich infolge des zwischenzeitlichen Ablaufs des Ausweisdokuments etwas an der Identität des Vertragspartners oder wirtschaftlich Berechtigten geändert (so auch *Langweg* in Fülbier/Aepfelbach/Langweg GwG § 7 Rn. 4).

Der Umfang der im Rahmen der Identifizierung zu erhebenden Angaben ergibt 14 sich hinsichtlich des Vertragspartners aus § 11 Abs. 4 Nr. 1 und 2 GwG, für den wirtschaftlich Berechtigten aus § 11 Abs. 5 GwG. Mit Inkrafttreten des GwBekErgG wurden erstmalig die zur Feststellung der Identität bei juristischen Personen oder Personengesellschaften zu erhebenden Angaben gesetzlich festgelegt. In diesem Zusammenhang stellt sich die Frage, inwieweit die Regelung des § 11 Abs. 4 GwG auch auf so genannte Altfälle anwendbar ist, bei denen zwar eine Identifizierung des Vertragspartners vorgenommen wurde, jedoch nicht unter vollständiger Erhebung der nunmehr gesetzlich vorgeschriebenen Angaben. Die **5. Geldwäscherichtlinie** formuliert für Bestandskunden die Erfüllung weiterer Sorgfaltspflichten; durch Änderung des Art. 14 Abs. 5 der 4. Geldwäscherichtlinie (EU) 2015/849 des Europäischen Parlaments und des Rates bestimmt die 5. Geldwäscherichtlinie zukünftig, „dass die Verpflichteten ihre Sorgfaltspflichten gegenüber Kunden nicht nur auf alle neuen Kunden, sondern zu geeigneter Zeit auch auf die bestehende Kundschaft auf risikobasierter Grundlage" anwenden. Ändern sich also bspw. die Umstände bei einem Kunden maßgeblich oder ist der Verpflichtete gehalten, den Kunden im Laufe des betreffenden Kalenderjahres zu kontaktieren, um etwaige Informationen über den oder die wirtschaftlichen Eigentümer abzufragen, bedarf es nunmehr auch einer Überprüfung bereits bekannter Kunden. Die Umsetzung in nationales Recht erfolgte durch eine entsprechende Regelung in § 10 Abs. 3a S. 2 GwG.

Der praktische Anwendungsbereich der Regelung des § 11 Abs. 3 GwG ist ge- 15 ring. So spielt die Möglichkeit des Absehens von einer erneuten Identifizierung bei Geschäftsbeziehungen mit bereits identifizierten Kunden eine lediglich untergeordnete Rolle, da innerhalb einer bestehenden Geschäftsbeziehung, etwa im Rahmen einer Folgekontoneueröffnung bereits aufgrund der Vorschrift des § 10 Abs. 3 S. 1 Nr. 1 GwG keine weiteren Identifizierungspflichten entstehen. Rele-

Figura 349

§ 11 Abschnitt 3. Sorgfaltspflichten in Bezug auf Kunden

vanz erlangt die Absehensmöglichkeit nach § 11 Abs. 3 GwG im Wesentlichen bei gelegentlichen Transaktionen eines bereits zuvor identifizierten/erfassten Vertragspartners, mit dem keine (auf Dauer angelegte) Geschäftsbeziehung iSv § 1 Abs. 4 GwG besteht. Bei Geschäftsbeziehungen/Transaktionen mit bestimmten Verpflichteten, bzw. Vertragspartnern ist die Erfüllung der Kundensorgfaltspflichten darüber hinaus aufgrund der in § 14 GwG enthaltenen Spezialregelungen entbehrlich. Diese Regelungen enthalten Öffnungsklauseln für bestimmte risikoarme Fallkonstellationen, in denen unter engen Voraussetzungen Verpflichtete insbesondere bei der Überprüfung der Identität oder hinsichtlich des Umfangs der Maßnahmen, die zur Erfüllung der allgemeinen Sorgfaltspflichten zu treffen sind, Abweichungen vornehmen können. Der Verpflichtet muss allerdings in jedem Fall die Überprüfung von Transaktionen und die Überwachung von Geschäftsbeziehungen in einem Umfang sicherstellen, der es ihnen ermöglicht, ungewöhnliche oder verdächtige Transaktionen zu erkennen und zu melden; § 14 Abs. 2 S. 2 GwG.

16 Entfallen ist bereits mit Inkrafttreten des GwBekErgG die Identifizierungserleichterung nach § 2 Abs. 5 GwG aF für regelmäßige Einzahler und Nachttresornutzer, die insoweit von der Regelung des § 4 Abs. 2 GwG aF, bzw. über den Wegfall der Identifizierungspflicht des persönlich auftretenden Boten oder Vertreters aufgefangen wurde. Dementsprechend bedurfte es der noch in § 7 GwG aF enthaltenen Regelung zum Absehen von einer Identifizierung, wenn der zu Identifizierende für ein gewerbliches Geldbeförderungsunternehmen auftritt, in § 4 Abs. 2 GwG aF nicht mehr, da nach der gesetzlichen Neuregelung ausschließlich auf den Vertragspartner und ggf. den wirtschaftlich Berechtigten abzustellen ist. Der persönlich Auftretende ist nicht mehr Anknüpfungspunkt für die Kundensorgfaltspflichten; eine Ausnahme gilt für den Fall, dass der persönlich Auftretende gleichzeitig auch Vertragspartner des Verpflichteten ist.

V. Erhebung von Angaben zur Identifizierung (Abs. 4)

17 Bei der Identifizierung gemäß § 11 Abs. 1 S. 1 GwG hat der Verpflichtete folgende Angaben zu erheben: Bei einer natürlichen Person sind der Vorname und Nachname, der Geburtsort, das Geburtsdatum, die Staatsangehörigkeit und eine Wohnanschrift oder, sofern kein fester Wohnsitz mit rechtmäßigem Aufenthalt in der Europäischen Union besteht und die Überprüfung der Identität im Rahmen des Abschlusses eines Basiskontovertrags im Sinne von § 38 des Zahlungskontengesetzes erfolgt, die postalische Anschrift, unter der der Vertragspartner sowie die gegenüber dem Verpflichteten auftretende Person erreichbar ist sowie die Art, Nummer und ausstellende Behörde eines vorgelegten Identifikationsdokuments (Sonderfälle des § 8 Abs. 2 S. 5 und 6 GwG sind zu beachten), festzuhalten (vgl. hierzu ausführlich BaFin, Auslegungs- und Anwendungshinweise zum Geldwäschegesetz, S. 33). Anschriften dürfen grundsätzlich keine Postfachadressen sein; bei einem Einzelkaufmann kann alternativ auch die Geschäftsanschrift erfasst werden (so BaFin, Auslegungs- und Anwendungshinweise zum Geldwäschegesetz, S. 33).

Bei einer juristischen Person oder bei einer Personengesellschaft sind Firma, Name oder Bezeichnung, die Rechtsform, die Registernummer, falls vorhanden, die Anschrift des Sitzes oder der Hauptniederlassung und die Namen der Mitglieder des Vertretungsorgans oder die Namen der gesetzlichen Vertreter und, sofern ein Mitglied des Vertretungsorgans oder der gesetzliche Vertreter eine juristische Person

Identifizierung **§ 11**

ist, von dieser juristischen Person die Daten nach § 11 Abs. 4 Nr. 1 lit. a–d GwG zu erheben.
In Bezug auf sog. Trusts ist künftig folgendes zu beachten:
Bereits die 4. Geldwäscherichtlinie (EU) 2015/849 des Europäischen Parlaments und des Rates bestimmt in Art. 31 die Pflicht der Mitgliedstaaten, „auf nationaler Ebene zentralisierte Register der wirtschaftlichen Eigentümer von Trusts einzurichten, mit denen steuerliche Folgen verbunden sind". Die **5. Geldwäscherichtlinie** präzisierte diesen Ansatz nun in der Form, dass diese Verpflichtung für den Mitgliedstaat gelten soll, in dem der Trust verwaltet wird. Grund hierfür ist der Umstand, dass die Auslegung der Kriterien für „geltendes Recht" und „steuerliche Folge" durch die Mitgliedstaaten nicht einheitlich erfolgt. Das heißt, ein Mitgliedstaat, der Trusts in seinem Recht nicht anerkennt, wird diesen weder (steuerlich) überwachen noch registrieren, obwohl er in seinem Hoheitsgebiet verwaltet wird. Hieraus leitet die 5. Geldwäscherichtlinie eine Verfehlung der Transparenzziele ab und schlägt daher die zuvor dargestellte Einrichtung eines Registers nebst Registrierungspflicht vor. In Bezug auf die Identifizierungspflichten bei Trusts oder anderen Rechtsgestaltungen nach § 21 GwG ist die Neuregelung in § 11 Abs. 5 S. 6 GwG beachtlich, wonach der jeweilige Verpflichtete gehalten ist, ausreichende Informationen über den wirtschaftlich Berechtigten einzuholen, um zum Zeitpunkt der Ausführung der Transaktion oder der Ausübung seiner Rechte die Identität des wirtschaftlich Berechtigten feststellen zu können. Darüber hinaus haben gemäß § 11 Abs. 7 GwG Verwalter von Trusts und anderen Rechtsgestaltungen nach § 21 dem Verpflichteten ihren Status offenzulegen und ihm die Angaben nach § 21 Abs. 1 und 2 GwG unverzüglich zu übermitteln, wenn sie in dieser Position eine Geschäftsbeziehung aufnehmen. Gleiches gilt für die Durchführung einer Transaktion oberhalb der in § 10 Abs. 3 Nr. 2, Abs. 5, Abs. 6 oder Abs. 6a GwG genannten Schwellenbeträge,

VI. Identifizierung des wirtschaftlich Berechtigten (Abs. 5)

Die Verpflichteten haben dafür Sorge zu tragen, dass sowohl über den sog. wirtschaftlich Berechtigten, das heißt diejenige natürliche Person, in deren Eigentum oder unter deren Kontrolle der Vertragspartner letztlich steht, oder die natürliche Person, auf deren Veranlassung eine Transaktion letztlich durchgeführt oder eine Geschäftsbeziehung begründet wird, als auch über die Eigentums- und Kontrollstruktur des Vertragspartners sachgerechte, zutreffende und aktuelle Informationen vorliegen, um sich die für die Schaffung effizienter interner Sicherungsmaßnahmen notwendige Transparenz der Geschäftsstruktur verschaffen zu können. Hat die Abklärung nach § 10 Abs. 1 Nr. 2 GwG ergeben, dass der Vertragspartner für einen wirtschaftlich Berechtigten handelt, ist dieser nach Maßgabe von § 11 Abs. 5 GwG zu identifizieren. **18**

Die Vorschrift des § 4 Abs. 5 GwG aF idF des GwBekErgG reichte bereits über die alte Rechtslage hinaus. Während es nach § 8 Abs. 1 GwG aF ausreichend war, den Namen und die Anschrift des wirtschaftlich Berechtigten nach den Angaben des zu Identifizierenden festzustellen, kann sich der Verpflichtete nunmehr nicht mehr auf die Angaben des Vertragspartners beschränken. Die Richtigkeit der erhobenen Angaben ist stets durch risikoangemessene Maßnahmen zu überprüfen (BT-Drs. 17/6804, 27). Lediglich für Institute bestand bereits nach früherer Rechtslage eine weitergehende Pflicht zur Identitätsfeststellung des wirtschaftlich Berechtigten, **19**

Figura

§ 11 Abschnitt 3. Sorgfaltspflichten in Bezug auf Kunden

soweit Zweifel bestehen, dass ein Kunde für eigene Rechnung handelt (§ 8 Abs. 1 S. 3 GwG aF). Für bestimmte Gesellschaftsformen, bzw. Rechtsgestaltungen, die ein erhöhtes oder verringertes Risikopotenzial der Geldwäsche oder der Terrorismusfinanzierung aufweisen, können besondere Maßnahmen zur Überprüfung der Identität des wirtschaftlich Berechtigten erforderlich sein (beispielhafte Aufzählung in der Gesetzesbegründung BT-Drs. 16/9038, 30).

Ergänzt durch Art. 1 GwOptG vom 22.12.2011, stellt § 11 Abs. 5 S. 4 GwG klar, dass sich der Verpflichtete zur Überprüfung der Identität des wirtschaftlich Berechtigten stets durch risikoangemessene Maßnahmen über die Richtigkeit der erhobenen Angaben zu vergewissern hat. Ein vollständiger Verzicht auf Maßnahmen zur Überprüfung der Identität des wirtschaftlich Berechtigten ist damit nicht zulässig (so bereits BT-Drs. 17/6804, 28). Lediglich hinsichtlich des Umfangs der zur Überprüfung der Identität des wirtschaftlich Berechtigten zu ergreifenden Maßnahmen besteht ein dem Einzelfallrisiko angemessener Ermessensspielraum des Verpflichteten (BT-Drs. 17/6804, 28). Die Anpassung geht zurück auf die Ergebnisse der FATF-Deutschlandprüfung vom 19.2.2010 (FATF, Mutual Evaluation Report of Germany 2010, Tz. 578, 622) hinsichtlich der Erfüllung der FATF-Empfehlung 5 (FATF, 40 Empfehlungen 2004), die für den Fall der Identifizierung des wirtschaftlich Berechtigten vorgibt, dass sich der Verpflichtete zur Überprüfung der Identität des wirtschaftlich Berechtigten durch risikoangemessene Maßnahmen zu vergewissern hat, dass die zur Feststellung der Identität erhobenen Angaben zutreffend sind.

20 Bei juristischen Personen, Personengesellschaften und Personenmehrheiten sind nach der Neufassung des Geldwäschegesetzes neben den Verfügungsberechtigten (zB dem Vorstand oder dem Geschäftsführer) ua auch die wesentlichen Anteilseigner, in der Regel diejenigen, denen mehr als 25 % der Kapitalanteile oder Stimmrechte zustehen, zu identifizieren. Der Grundgedanke, dass die Eigentümer-, bzw. Aktionärsstruktur Aufschluss über den wirtschaftlich Berechtigten an einer Geschäftsbeziehung oder einer Finanztransaktion gibt, der im Gesellschaftsrecht durchaus Berechtigung haben mag und der zumindest von Bankinstituten im Bereich der Feststellung von Kreditnehmereinheiten (§ 19 Abs. 2 KWG) seit Jahren praktiziert wird, stößt im Bereich der Geldwäschebekämpfung an seine Grenzen: So sind im Regelfall zur Beurteilung der Frage nach dem hinter einer Geschäftsbeziehung oder einer Transaktion stehenden wirtschaftlich Berechtigten auch wesentliche Darlehensgeber, Genussrechtsbeteiligte, Kontrahenten besonderer Derivate und weitere eigentümerähnliche Instrumente zu berücksichtigen (vgl. *Kaetzler* CCZ 5/2008, 177). Darüber hinaus ist bei Begründung einer neuen Geschäftsbeziehung mit einer Vereinigung nach § 20 GwG oder einer Rechtsgestaltung nach § 21 GwG durch den jeweiligen Verpflichteten ein Nachweis der Registrierung nach § 20 Abs. 1 GwG oder § 21 GwG oder ein Auszug der über das Transparenzregister zugänglichen Daten einzuholen. Diese neu eingefügte Regelung betreffend die Identifizierung des wirtschaftlich Berechtigten dient der Umsetzung des Art. 1 Nr. 9 lit. a der **5. Geldwäscherichtlinie**. Ziel der Regelung ist es, durch den Verpflichteten nachprüfen zu lassen, ob der Vertragspartner – soweit es sich dabei um eine Vereinigung nach § 20 GwG oder einer Rechtsgestaltung nach § 21 GwG handelt – seinen Pflichten aus den §§ 20 und 21 GwG nachgekommen ist (so BT-Drs. 19/13827, 79). Alternativ besteht die Möglichkeit auf Seiten des Verpflichteten selbst einen Auszug der über das Transparenzregister zugänglichen Daten der Vereinigung bzw. Rechtsgestaltung einzuholen, um Informationen zum wirtschaftlich Berechtigten zu erlangen.

Identifizierung **§ 11**

1. Feststellung und Verifizierung der Identität

Zur Feststellung der Identität des wirtschaftlich Berechtigten ist zumindest dessen Name zu erheben, § 11 Abs. 5 S. 1 GwG. Die Erhebung des Namens umfasst grundsätzlich den Nachnamen und mindestens einen Vornamen des wirtschaftlich Berechtigten (vgl. BT-Drs. 16/9038, 38). Die Erfassung weiterer Identifizierungsmerkmale wie beispielsweise Anschrift, Geburtstag und Staatsangehörigkeit ist nach dem Gesetzeswortlaut nur erforderlich, soweit dies in Ansehung des im Einzelfall bestehenden Risikos der Geldwäsche oder der Terrorismusfinanzierung angemessen ist (DK, Auslegungs- und Anwendungshinweise 2014, Tz. 30). Abweichend von diesem Grundsatz empfiehlt es sich dennoch, auch zusätzliche, über den Namen des wirtschaftlich Berechtigten hinausgehende Angaben zu berücksichtigen, soweit diese frei verfügbar sind, bzw. von dem Vertragspartner mitgeteilt werden (so auch DK, Auslegungs- und Anwendungshinweise 2014, Tz. 30). Insoweit stellt § 11 Abs. 5 S. 3 GwG klar, dass Geburtsdatum, Geburtsort und Anschrift des wirtschaftlich Berechtigten unabhängig vom festgestellten Risiko erhoben werden dürfen. Der Verpflichtete hat sich ferner durch risikoangemessene Maßnahmen zu vergewissern, dass die zur Identifizierung erhobenen Angaben zutreffend sind (§ 11 Abs. 5 S. 4 GwG). Hinsichtlich der Vorgaben zur Verarbeitung personenbezogener Daten durch Verpflichtete siehe auch *Herzog* → GwG § 11a Rn. 1 ff. **21**

Es besteht grundsätzlich keine Verpflichtung zur Heranziehung qualifizierter Dokumente wie dies im Rahmen der Identifizierung des Vertragspartners erforderlich ist (DK, Auslegungs- und Anwendungshinweise 2014, Tz. 30). Den Verpflichteten ist es freigestellt, ob sie für die Feststellung und Überprüfung der Identität des wirtschaftlich Berechtigten öffentliche Aufzeichnungen nutzen, ihre Kunden um zweckdienliche Daten bitten oder Erkenntnisse auf andere Art und Weise gewinnen (Erwägungsgrund 10 der 3. EU-Anti-Geldwäscherichtlinie). Bei natürlichen Personen dürfte in der Praxis die Einholung der Bestätigung, dass der Vertragspartner die Geschäftsbeziehung nicht im wirtschaftlichen Interesse eines Dritten, insbesondere nicht als Treuhänder eingeht, als ausreichend zu erachten sein; ansonsten ist die Identität des wirtschaftlich Berechtigten anhand der Angaben des Vertragspartners festzustellen (DK, Auslegungs- und Anwendungshinweise 2014, Tz. 30). Ist der Treugeber eine natürliche Person, sind die Angaben des Kunden zu den Gesamtumständen des Geschäftsvorfalles auf Plausibilität hin zu bewerten; bei Gesellschaften erfolgt die Verifizierung dagegen durch Plausibilisierung mittels Registereinsichtnahme, Kopien von Registerauszügen oder auch Internetrecherche. Gemäß § 11 Abs. 5 S. 4 GwG darf sich der Verpflichtete jedoch nicht ausschließlich auf die Angaben im Transparenzregister verlassen. Bei Begründung einer neuen Geschäftsbeziehung mit einer Vereinigung nach § 20 GwG oder einer Rechtsgestaltung nach § 21 GwG hat der Verpflichtete allerdings einen Nachweis der Registrierung nach § 20 Abs. 1 GwG oder § 21 GwG oder einen Auszug der über das Transparenzregister zugänglichen Daten einzuholen (§ 11 Abs. 5 S. 2 GwG). **22**

Die Art der getroffenen Verifizierungsmaßnahme ist zu dokumentieren. § 8 Abs. 1 S. 1 Nr. 1a GwG bestimmt, dass im Rahmen der Erfüllung der Sorgfaltspflichten erhobenen Angaben und eingeholten Informationen über Vertragspartner, gegebenenfalls über die für die Vertragspartner auftretenden Personen und wirtschaftlich Berechtigten vom Verpflichteten aufzuzeichnen und aufzubewahren sind. Werden zur Abklärung bzw. Identifizierung der wirtschaftlich Berechtigten Dienstleistungen von Auskunfteien in Anspruch genommen, ist durch diese Dienstleistung auch die Verifizierung gem. § 11 Abs. 5 S. 4 GwG umfasst; eine zusätzliche Überprüfung der durch die Auskunftei zur Verfügung gestellten Daten ist grundsätzlich nicht erforderlich. Weitere Nachforschungen sind erforderlich, wenn die Angaben des Kunden zu den Gesamtumständen des Geschäftsvorfalles nicht plausibel, widersprüchlich oder erkennbar unzutreffend sind bzw. ein erhöhtes Risiko feststellbar ist.

23 Erleichterungen bei der Erfassung des wirtschaftlich Berechtigten ergeben sich in diesem Zusammenhang ebenfalls beim automatisierten Kontenabrufverfahren nach § 24c KWG. Musste bislang der wirtschaftlich Berechtigte stets mit Namen und Anschrift in den für das Konto oder Depot anzulegenden Datensatz aufgenommen werden, erstrecken sich die Erfassungspflichten gem. § 24c Abs. 1 S. 1 Nr. 2 KWG nunmehr nach Maßgabe des § 11 Abs. 5 GwG grundsätzlich nur auf den Namen des wirtschaftlich Berechtigten. Die Adresse des wirtschaftlich Berechtigten ist dementsprechend nur in den Fällen in das Kontenabrufverfahren einzustellen, wenn sie von den Verpflichteten auch erhoben wurde (*Ackmann/Reder* WM 2009, 158 (164)).

24 Die sich anhand der vorliegenden Angaben zu den Eigentums- und Kontrollstrukturen anschließende Ermittlung des wirtschaftlich Berechtigten erfolgt bei Gesellschaften mit natürlichen Personen als Gesellschafter durch die Erfassung der wesentlichen Anteilsinhaber unter Berücksichtigung der in § 3 Abs. 2 GwG genannten Schwellenwerte (idR erst ab einem Wert von mehr als 25% der Anteile). Bei komplexen Beteiligungsstrukturen mit zwischengeschalteten Gesellschaften kann ggf. eine risikobasierte Entscheidung über den Umfang der Abklärungsmaßnahmen zur Ermittlung indirekt beteiligter Personen erforderlich werden (DK, Auslegungs- und Anwendungshinweise 2014, Tz. 27). Beachtlich ist in diesem Zusammenhang der im Zuge der Umsetzung der **5. Geldwäscherichtlinie** neu in das Gesetz aufgenommene § 11 Abs. 5 S. 5 GwG; hiernach hat der Verpflichtete angemessene Maßnahmen für die Überprüfung der Identität dieser Person zu ergreifen, wenn es sich um eine Person, die nach § 3 Abs. 2 S. 5 GwG als wirtschaftlich Berechtigter gilt, handelt. Die Ergänzung des § 11 Abs. 5 GwG soll die Umsetzung von Art. 1 Nr. 8 lit. b der 5. Geldwäscherichtlinie sicherstellen.

25 Sind die Angaben über die Eigentums- und Kontrollstrukturen, bzw. den wirtschaftlich Berechtigten nur unvollständig oder überhaupt nicht erhältlich, sollte durch die Verpflichteten eine Klärung der Gründe hierfür erfolgen (DK, Auslegungs- und Anwendungshinweise 2014, Tz. 31). Ggf. greift die Beendigungsverpflichtung nach § 10 Abs. 9 GwG. Ist die Ermittlung des wirtschaftlich Berechtigten faktisch unmöglich, weil sich zB der Anteilsinhaber bei Vertragspartnern oder zwischengeschalteten Gesellschaften nicht ermitteln lässt, kann sich die Verpflichtung zur Beendigung der Geschäftsbeziehung im Einzelfall als unbillig erweisen. Die Beendigungsverpflichtung wird insoweit durch den Verhältnismäßigkeitsgrundsatz begrenzt (vgl. DK, Auslegungs- und Anwendungshinweise 2014, Tz. 63 und BT-Drs. 18/11555, 117). Grundsätzlich gilt: Liegt keine schuldhafte (Mitwirkungs-) Pflichtverletzung durch den Verpflichteten, bzw. eine faktische Unmöglichkeit vor, kann die Feststellung der Identität des wirtschaftlich Berechtigten im Einzelfall verzichtbar sein; in Ausnahmefällen und lediglich hilfsweise kann die Erfassung der dem wirtschaftlich Berechtigten am nächsten stehenden zwischengeschalteten Gesellschaft erwogen werden.

26 Neben der Feststellung der Identität des wirtschaftlich Berechtigten muss nach § 11 Abs. 5 S. 4 GwG stets auch eine Überprüfung der Identität des wirtschaftlich Berechtigten mittels risikoangemessener Maßnahmen durchgeführt werden (krit. hierzu *Bentele/Schirmer* ZBB/JBB 2012, 303 (305)). § 11 Abs. 5 S. 4 GwG stellt klar, dass sich der Verpflichtete zur Überprüfung der Identität des wirtschaftlich Berech-

Identifizierung **§ 11**

tigten stets durch risikoangemessene Maßnahmen über die Richtigkeit der erhobenen Angaben zu vergewissern hat. Ein vollständiger Verzicht auf Maßnahmen zur Überprüfung der Identität des wirtschaftlich Berechtigten ist nicht zulässig (BT-Drs. 17/6804, 28). Der Verpflichtete hat lediglich einen eingeschränkten, dem Einzelfallrisiko angemessenen Ermessensspielraum hinsichtlich des Umfangs der zur Überprüfung der Identität des wirtschaftlich Berechtigten zu ergreifenden Maßnahmen; ein Ermessensspielraum des Verpflichteten, ob die Überprüfung der Identität des wirtschaftlich Berechtigten überhaupt vorgenommen wird, besteht dagegen nicht (vgl. BT-Drs. 17/6804, 28). Dies gilt auch für Fallgestaltungen eines geringen Risikos iSv § 14 Abs. 1 GwG. Für die Beurteilung der Angemessenheit der Maßnahmen ist neben dem individuellen Geldwäsche- oder Terrorismusfinanzierungsrisiko der Geschäftsbeziehung oder Transaktion ebenfalls zu berücksichtigen, welche Erkenntnismöglichkeiten den Verpflichteten zur Klärung des Sachverhalts zu Verfügung stehen (BT-Drs. 16/9038, 38). Auch im Rahmen der Identitätsüberprüfung ist den Verpflichteten freigestellt, ob Erkenntnisse durch öffentliche Aufzeichnungen oder auf andere Art und Weise gewonnen, bzw. die Vertragspartner um zweckdienliche Daten gebeten werden.

Das Ersuchen des Verpflichteten gegenüber dem Kunden um zweckdienliche Daten stellt grundsätzlich keine Maßnahme zur Überprüfung, sondern lediglich zur Feststellung der Identität des wirtschaftlich Berechtigten dar (BT-Drs. 17/6804, 28). Im Rahmen der Überprüfung der Eigentümerstrukturen von juristischen Personen müssen die Verpflichteten häufig auf öffentliche Quellen zurückgreifen. Öffentliche Register spiegeln jedoch, soweit überhaupt verfügbar, oftmals nur eine „formale Registerwirklichkeit" wider, so dass die Verpflichteten zur Verifizierung der Eigentümerstrukturen auf die Kundenbefragung angewiesen sein dürften (*Kaetzler* CCZ 5/2008, 177). Gemäß § 11 Abs. 5 S. 4 GwG darf sich der Verpflichtete daher auch nicht ausschließlich auf die Angaben im Transparenzregister verlassen. Da sich die durch die Vertragspartner vorgelegten Unterlagen einer Überprüfung auf inhaltliche Richtigkeit naturgemäß entziehen, beschränkt sich die Verpflichtung zur Überprüfung der Identität des wirtschaftlich Berechtigten regelmäßig auf eine Schlüssigkeitsprüfung. Vor diesem Hintergrund sind weitere Nachforschungen, bzw. Prüfmaßnahmen durch die Verpflichteten nur dann als erforderlich zu betrachten, wenn die Aussagen des Vertragspartners widersprüchlich oder erkennbar unzutreffend sind, bzw. wenn ein erhöhtes Risikopotenzial im Hinblick auf Geldwäsche oder Terrorismusfinanzierung feststellbar ist (DK, Auslegungs- und Anwendungshinweise 2014, Tz. 30f.). Insbesondere bei Trusts oder anderen Rechtsgestaltungen nach § 21 GwG, bei denen die wirtschaftlich Berechtigten nach besonderen Merkmalen oder nach einer Kategorie bestimmt werden, ist § 11 Abs. 5 S. 6 GwG zu beachten. Hiernach hat der Verpflichtete ausreichende Informationen über den wirtschaftlich Berechtigten einzuholen, um zum Zeitpunkt der Ausführung der Transaktion oder der Ausübung seiner Rechte die Identität des wirtschaftlich Berechtigten feststellen zu können (vgl. hierzu BT-Drs. 19/13827, 79 mit Verweis auf Art. 13 Abs. 6 der 4. Geldwäscherichtlinie (EU) 2015/849 des Europäischen Parlaments und des Rates). 27

2. Sonderfälle

Bestimmte Gesellschaftsformen weisen aufgrund ihrer Besonderheiten ein erhöhtes Risiko auf, zu Zwecken von Geldwäsche oder Terrorismusfinanzierung missbraucht zu werden, während andere Gesellschaftsformen auf Grund ihrer Besonderheiten ein lediglich geringes Geldwäsche- oder Terrorismusfinanzierungs- 28 risiko mit sich bringen. Je nach Höhe des gesellschaftsimmanenten Risikos kann ein Abweichen von der in § 1 Abs. 6 GwG aF bzw. § 3 GwG festgelegten Regelungen angezeigt sein, bzw. sind verringerte oder zusätzliche Prüfpflichten bei der Feststellung und Überprüfung der Identität der hinter diesen Gesellschaftsformen stehenden wirtschaftlich Berechtigten angezeigt (BT-Drs. 16/9038, 30; idS auch Art. 13 Abs. 6 der 3. EU-Anti-Geldwäscherichtlinie).

Das Transparenzregister iSd §§ 19ff. GwG sammelt bestimmte Angaben zu den wirtschaftlich Berechtigten von juristischen Personen des Privatrechts, eingetragenen Personengesellschaften, Trusts und Rechtsgestaltungen, die in ihrer Struktur und Funktion Trusts ähneln. Durch die Führung des Registers soll die Transparenz über die zuvor benannten Rechtsgestaltungen erhöht werden mit dem Ziel, den Missbrauch der genannten Vereinigungen und Rechtsgestaltungen zum Zweck der Geldwäsche und Terrorismusfinanzierung zu unterbinden. Die Verpflichteten sollten daher einen Auszug der über das Transparenzregister zugänglichen Daten der Vereinigung bzw. Rechtsgestaltung einholen, um Informationen zum wirtschaftlich Berechtigten zu erlangen (§ 11 Abs. 5 S. 2 GwG). Sie erhalten so – aus der Zusammenschau zwischen dem Transparenzregister und anderen Registern – die Möglichkeit, ein vollständiges Bild über die wirtschaftlich Berechtigten zu erhalten (so BT-Drs. 19/13827, 79).

29 Die **Gesellschaft bürgerlichen Rechts (GbR)** als bundesdeutsche gesellschaftsrechtliche Besonderheit mit zumindest teilweiser Rechts- und Kontofähigkeit birgt nach Ansicht des Gesetzgebers ein erhöhtes Risiko, zu Geldwäschezwecken oder zur Terrorismusfinanzierung missbraucht zu werden (Begr. RegE GwBek ErgG, BT-Drs. 16/9038, 30). Die Gründe liegen neben dem Fehlen eines besonderen Formerfordernisses insbesondere in ihrer aus der fehlenden Registerpflicht folgenden Intransparenz für Außenstehende und zahlreichen zivilrechtlichen Gestaltungsmöglichkeiten. Am 20. April 2020 veröffentlichte das Bundesministerium der Justiz und für Verbraucherschutz einen Gesetzesentwurf der Expertenkommission zur Modernisierung des Personengesellschaftsrechts (MoPeG). Der Entwurf sieht vor, dass Gesellschafter einer GbR nach § 707 Abs. 1 BGB-E künftig die Gesellschaft zur Eintragung in das neue Gesellschaftsregister anmelden können. Das MoPeG verzichtet allerdings auf die Einführung einer allgemeinen Registerpflicht für die GbR und begründet lediglich ein Eintragungswahlrecht. Es ist geplant, die Reform noch in der laufenden 19. Legislaturperiode umzusetzen. Offen lässt der Gesetzentwurf das Verhältnis des „Gesellschaftsregisters" zum „Transparenzregister" insbesondere zu den Regelungen nach §§ 20 Abs. 2 Satz 1, 22 Abs. 1 GwG.

Für die Frage, ob ein GbR-Gesellschafter als wirtschaftlich Berechtigter im Sinne von § 3 GwG zu behandeln ist, ist von den Verpflichteten nicht ausschließlich der für andere Gesellschaftsformen geltende Schwellenwert von 25% maßgeblich (Begr. RegE GwBekErgG, BT-Drs. 16/9038, 30). Die GbR ist von den Verpflichteten bei der Erfüllung der Sorgfaltspflichten ggf. individuell zu betrachten und risikoangemessen einzuschätzen (DK, Auslegungs- und Anwendungshinweise 2014, Tz. 33). Ggf. ist auch unterhalb der 25% Grenze die wirtschaftliche Berechtigung der Gesellschafter festzustellen.

30 In der Praxis bedeutet dies entsprechend des risikoorientierten Ansatzes der Geldwäschebekämpfung, dass an verschiedene Gesellschaften in der Rechtsform der GbR voneinander abweichende Maßstäbe angelegt werden können. Die Entscheidung darüber, welche einzelnen Gesellschafter als wirtschaftlich Berechtigte zu identifizieren sind, liegt letztlich bei den Verpflichteten des Geldwäschegesetzes. Aufgrund der vorstehenden Risikoklassifizierung durch den Gesetzgeber dürfte sich die

Identifizierung **§ 11**

Identifizierungspflicht jedoch regelmäßig auf alle Gesellschafter der GbR erstrecken. Lediglich soweit nach institutseigener Risikobewertung kein besonderes Risiko bei der jeweils überprüften GbR feststellbar ist, kann an der Schwellenwertregelung festgehalten werden (DK, Auslegungs- und Anwendungshinweise 2014, Tz. 33). Von einem lediglich geringen Geldwäsche-, bzw. Terrorismusfinanzierungsrisiko dürfte jedenfalls bei der Anwalts-GbR auszugehen sein, da Rechtsanwälte gem. § 2 Abs. 1 Nr. 10 GwG selber zu den Verpflichteten des GwG zählen. Einen weiteren Sonderfall stellt die gem. § 10 Abs. 6 Wohnungseigentumsgesetz teilrechtsfähige Wohnungseigentümergemeinschaft (WEG) dar. Diese zählt zu der Gruppe von Gesellschaften mit grundsätzlich geringerem Risikopotenzial (BT-Drs. 16/9038, 30).

Unabhängig von der Risikoklassifizierung muss die gewählte Vorgehensweise 31 grundsätzlich nachprüfbar und belegbar sein. Es empfiehlt sich daher dringend, die Gründe für ein Abweichen von dem geltenden Schwellenwert schriftlich festzuhalten. Den Aufsichtsbehörden obliegt die Beurteilung, ob ein Finanzinstitut eine solide risikoorientierte Bewertung vorgenommen hat. Hierzu wird die Aufsichtsbehörde neben Leitlinien und Branchenstudien andere verfügbare Informationen und Materialien heranziehen (FATF, Leitlinien zum risikoorientierten Ansatz zur Bekämpfung von Geldwäsche und Terrorismusfinanzierung, 2007, Punkt 1.22). Es gibt keine allgemeingültige Methode, Art und Umfang eines risikoorientierten Ansatzes zur Geldwäscheverhinderung festzulegen; die Identifizierung und Kategorisierung von Geldwäscherisiken durch die Institute sind daher zu begründen. Nur eine angemessene Steuerung potenzieller Geldwäscherisiken ermögliche es den Instituten, eine vernünftige kaufmännische Beurteilung in Bezug auf den Kunden vorzunehmen (FATF, Leitlinien zum risikoorientierten Ansatz zur Bekämpfung von Geldwäsche und Terrorismusfinanzierung, 2007, Punkt 1.12).

Einen bislang gesetzlich geregelten Sonderfall stellte die Feststellung der Identität 32 des wirtschaftlich Berechtigten durch die kontoführenden Kreditinstitute bei **Anderkonten sowie Sammelanderkonten** von Verpflichteten iSv § 2 Abs. 1 Nr. 10 GwG aF dar. Hier waren vorbehaltlich von § 25h KWG aF, auch iVm § 6 Abs. 5 Investmentgesetz aF und § 80e VAG aF aufgrund des geringeren Missbrauchsrisikos vereinfachte Sorgfaltspflichten anwendbar. Gemäß § 5 Abs. 1 und 2 S. 1 Nr. 3 iVm § 3 Abs. 1 GwG aF konnte insbesondere von der Identifizierung des wirtschaftlich Berechtigten nach § 3 Abs. 1 GwG abgesehen werden, sofern das kontoführende Institut vom Inhaber des Anderkontos die Angaben über die Identität des wirtschaftlich Berechtigten auf Anfrage erhielt; dies galt auch für Anderkonten von Notaren oder anderen selbstständigen Angehörigen von Rechtsberufen, die in Mitgliedstaaten der Europäischen Union ansässig waren, und für Anderkonten von Notaren oder anderen selbstständigen Angehörigen von Rechtsberufen mit Sitz in gleichwertigen Drittstaaten.

Vereinfachte Sorgfaltspflichten werden durch die Neufassung des Geldwäschegesetzes nunmehr in § 14 GwG geregelt. Nach Maßgabe der FATF-Standards besteht zukünftig nicht mehr die Möglichkeit, bestimmte der in § 10 Abs. 1 GwG normierten Kundensorgfaltspflichten vollständig außer Acht zu lassen; darüber hinaus werden in § 14 GwG keinerlei Einzelfallregelung mehr direkt normiert. Es bedarf vielmehr der Erfüllung sämtlicher in § 10 GwG geregelten Pflichten. In Anwendung des risikobasierten Ansatzes kann im Zuge der Prüfung der Sorgfaltspflichten jedoch „der Umfang der zu ergreifenden Maßnahmen reduziert werden" (so BT-Drs. 18/11555, 120). In diesem Zusammenhang kann das Bundesministerium der Finanzen im Einvernehmen mit dem Bundesministerium des Innern gemäß § 14 Abs. 4 GwG durch Rechtsverordnung Fallgruppen bestimmen, in denen

Figura

§ 11 Abschnitt 3. Sorgfaltspflichten in Bezug auf Kunden

je nach Lage des Einzelfalls nur vereinfachte Sorgfaltspflichten anzuwenden sind. Voraussetzung für die Anwendbarkeit vereinfachter Sorgfaltspflichten ist dann „eine entsprechende Risikobewertung unter Berücksichtigung der nationalen und sektorspezifischen Risikolage" (so BT-Drs. 18/11555, 120). Von der Verordnungsermächtigung wurde bislang kein Gebrauch gemacht.

Da Anderkonten von Notaren insbesondere bei nach Erwerbsvorgängen nach § 1 des Grunderwerbsteuergesetzes genutzt werden, ist durch den Notar § 11 Abs. 5a GwG zu beachten. Die (Neu-)Regelung, die im Zuge der Umsetzung der **5. Geldwäscherichtlinie** aufgenommen wurde, sieht vor, dass sofern der Vertragspartner für eine Rechtsform im Sinne von § 3 Abs. 2 oder 3 GwG handelt, der beurkundende Notar vor der Beurkundung die Identität des wirtschaftlich Berechtigten anhand einer von dem jeweiligen Vertragspartner in Textform vorzulegenden Dokumentation der Eigentums- und Kontrollstruktur auf ihre Schlüssigkeit zu überprüfen hat. Die Dokumentation ist der Zentralstelle für Finanztransaktionsuntersuchungen sowie den Strafverfolgungsbehörden auf Verlangen zur Verfügung zu stellen.

33 Bei Rechtsgestaltungen, mit denen **treuhänderisch Vermögen** verwaltet oder verteilt oder die Verwaltung oder Verteilung durch Dritte beauftragt wird, oder bei diesen vergleichbaren Rechtsformen zählt zu den wirtschaftlich Berechtigten jede natürliche Person, die als Treugeber handelt bzw. jede natürliche Person, die als Begünstigte bestimmt worden ist. Grundsätzlich sind **Treuhandkonten** mit einem nicht unbedeutenden Missbrauchsrisiko im Hinblick auf Geldwäsche und Terrorismusfinanzierung verbunden, so dass bei der Feststellung und Überprüfung der Identität des wirtschaftlich Berechtigten von den Verpflichteten risikoorientiert vorgegangen werden muss (so bereits *Mülhausen* in Herzog/Mülhausen Geldwäschebekämpfung-HdB § 41 Rn. 295). Liegt ein Sammeltreuhandkonto vor, ist durch die Verpflichteten sicherzustellen, dass eine vollständige Liste der wirtschaftlich Berechtigten eingereicht wird und Veränderungen der wirtschaftlich Berechtigten unverzüglich mitzuteilen sind; ferner ist der Geschäftszweck des Kontos zu dokumentieren (so DK, Auslegungs- und Anwendungshinweise 2014, Rn. 39f).

Bei sog. **„Tankstellenkonten"**, dh Treuhandkonten eines Tankstellenpächters für eine Mineralölfirma, konnte bislang auf die Abklärung des wirtschaftlich Berechtigten hinsichtlich der treugebenden Mineralölfirma verzichtet werden (vgl. DK, Auslegungs- und Anwendungshinweise 2014, Tz. 39h). Bei **Sammeltreuhandkonten,** auf denen Taschengelder nach dem Sozialgesetzbuch für Heimbewohner verwaltet werden, reicht es ebenfalls aus, wenn der Treuhänder eine Liste der wirtschaftlich Berechtigten Heimbewohner erstellt und diese jährlich aktualisiert. Ob diese Behandlung vor dem Hintergrund der Neufassung des § 3 GwG weiterhin haltbar sein wird, bleibt abzuwarten.

34 Von einer lediglich geringen Geldwäscherelevanz wurden (zumindest bislang) **Konten für Erbengemeinschaften** iSv §§ 2033ff. BGB angesehen. Wird das Konto der Erbengemeinschaft als offenes Treuhandkonto auf den Namen des Treuhänders geführt, ist wirtschaftlich Berechtigter die Erbengemeinschaft. Hieran dürfte sich auch nach der Neufassung des Gesetzes nichts ändern. Der wirtschaftlich berechtigte wäre entsprechender der Vorgaben in §§ 10, 11 GwG zu erfassen. In Anwendung des risikobasierten Ansatzes iSd § 14 GwG kann im Zuge der Prüfung der Sorgfaltspflichten jedoch ggf. „der Umfang der zu ergreifenden Maßnahmen reduziert werden" (so BT-Drs. 18/11555, 120).

Werden **Konten im Rahmen von Vormundschaften, rechtlicher Betreuung und Pflegschaft** eröffnet, ist, soweit die Kontoeröffnung auf den Namen des Vormundes, Betreuer oder Pfleger vorgenommen wird, das Mündel, etc als wirt-

Identifizierung **§ 11**

schaftlich Berechtigter festzustellen. Ggf. ist bei der Identitätsüberprüfung in den Fällen des § 10 Abs. 1 Nr. 1 GwG bei natürlichen Personen § 12 Abs. 1 S. 1 Nr. 5 GwG anwendbar.

Bei **Konten zugunsten Dritter** ist hinsichtlich der Feststellung des wirtschaft- 35 lich Berechtigten zu differenzieren: Handeln für eigene Rechnung durch den Vertragspartner liegt bis zum Eintritt des Ereignisses/Zeitpunktes vor, das/der für den Rechtserwerb bestimmt worden ist; der Dritte ist bis dahin nicht wirtschaftlich Berechtigter an dem Kontoguthaben. Mit Eintritt des Ereignisses/Zeitpunktes wird der Dritte Inhaber des Kontos, wobei in diesem Fall regelmäßig ein neues Konto auf den Dritten zu eröffnen sein wird (Änderung speicherungspflichtiger Daten nach § 24c Abs. 1 S. 2 KWG). Der Dritte ist dann als Vertragspartner nach Maßgabe der §§ 10, 11 GwG zu identifizieren. In diesem Zusammenhang ist auch durch den Verpflichteten abzuklären, ob der neue Vertragspartner für einen wirtschaftlich Berechtigten handelt; ggf. ist dieser zu identifizieren (Darstellung der Rechtslage bezieht sich auf die in der Bankpraxis verwendeten Formularverträge; *Hartmann/Höche/Wand/Weber* Nr. 40 251 und Nr. 40 252; vgl. hierzu auch *Mülhausen* in Herzog/Mülhausen Geldwäschebekämpfung-HdB § 41 Rn. 291 f.).

Die Verpflichtung zur Abklärung und Identifizierung des wirtschaftlich Berechtigten besteht grundsätzlich auch bei der Eröffnung sämtlicher Kontoarten, hierunter fällt auch **die Eröffnung von Unterkonten**, bzw. weiterer **Stammkonten** auf den Namen des bereits identifizierten Vertragspartners. Eine Ausnahme hiervon gilt, wenn ein Verpflichteter, etwa im Direktbankgeschäft eine vertragliche Verpflichtungserklärung des Kunden eingeholt hat, dass das Konto, bzw. die gesamte Kontoverbindung ausschließlich auf eigene Rechnung geführt wird; anders bei Zweifeln an der Korrektheit der Aussage des Vertragspartners. Bei unselbstständigen Unterkonten, bei denen Umbuchungen von einem Konto auf das Unterkonto erfolgen und technisch sichergestellt ist, dass das Geld wieder auf das Ursprungskonto zurückfließt, besteht keine direkte Verfügungsmöglichkeit des Vertragspartners; auf eine Identifizierung des wirtschaftlich Berechtigten kann allerdings gemäß §§ 10 Abs. 1 Nr. 2 iVm 11 Abs. 5 GwG auch hier nicht verzichtet werden (dies war bislang umstritten: bejahend ZKA, Leitfaden zur Bekämpfung der Geldwäsche, 2008, Rn. 8; aA *Mülhausen* in Herzog/Mülhausen Geldwäschebekämpfung-HdB § 41 Rn. 290).

Mietkautionskonten können auf den Namen des Vermieters oder des Mieters 36 eröffnet werden. Lautet das Konto auf den Namen des Vermieters, ist durch den Verpflichteten der Name des wirtschaftlich berechtigten Mieters zu erheben und ggf. zu verifizieren. Bei Mietern, die keine natürlichen Personen sind, ist die Aufzeichnung des Namens/der Firma des Mieters ausreichend (DK, Auslegungs- und Anwendungshinweise 2014, Tz. 39a). Eine Verifizierung durch die Verpflichteten ist in Anwendung des risikobasierten Ansatzes der Geldwäschebekämpfung nur dann erforderlich, wenn die Aussagen zum wirtschaftlich Berechtigten widersprüchlich oder erkennbar unzutreffend sind, bzw. wenn durch den Verpflichteten ein erhöhtes Risiko festgestellt wird. Gleiches gilt, wenn das Mietkautionskonto auf den Namen der von dem Vermieter beauftragten Hausverwaltung geführt wird; auch hier ist der Mieter wirtschaftlich Berechtigter iSv § 3 GwG. Eröffnet der Mieter das Mietkautionskonto auf seinen Namen, liegt ein Handeln auf eigene Rechnung vor; der Mieter bleibt wirtschaftlich Berechtigter an dem Kontoguthaben. Sammel-Mietkautionskonten, bei denen der Kreis der wirtschaftlich Berechtigten nicht endgültig feststeht, sind einer gesteigerten Überwachung zu unterwerfen; der Verpflichtete hat sich über die verschiedenen Mietobjekte zu informieren und das Konto ist besonders zu beobachten. Dagegen ist die Abklärung, ob einzelnen Per-

§ 11 Abschnitt 3. Sorgfaltspflichten in Bezug auf Kunden

sonen mehr als 25% der Mietkautionen zustehen, ebenso wenig erforderlich wie eine Einstellung in die Datei zum automatisierten Kontoabruf (DK, Auslegungs- und Anwendungshinweise 2014, Tz. 39 a).

37 Bei **Insolvenzverwalterkonten,** die im Rahmen des Insolvenzverfahrens für die Masse eröffnet werden, ist wirtschaftlich Berechtigter aus geldwäscherechtlichen Gesichtspunkten der Insolvenzschuldner/Vollstreckungsschuldner und nicht die Masse, die bei insolvenzrechtlicher Betrachtung als wirtschaftlich Berechtigter anzusehen wäre. Aus Geldwäschesicht ist insoweit allein entscheidend, für wessen Rechnung der Zwangsverwalter handelt (st. bisherige Verwaltungspraxis der BaFin, s. berichtigt früherer Verlautbarung der BAKred, Schreiben v. 10.5.1999, Z 5 – B410; zu von Zwangsverwaltern eröffneten Treuhandkonten vgl. DK, Auslegungs- und Anwendungshinweise 2014, Tz. 39 g). Eine Veranlassung iSv § 3 GwG an Insolvenzverwalterkonten kann damit nicht vorliegen, da der Insolvenzschuldner im Insolvenzverfahren kraft Gesetzes keine Einflussnahmemöglichkeiten auf die Verwaltung und Verwertung des von der Insolvenz betroffenen Vermögens hat (DK, Auslegungs- und Anwendungshinweise 2014, Tz. 39 b).

Da bei **Zwangsverwalterkonten** dem Schuldner bei der Zwangsverwaltung jegliche Einflussmöglichkeiten auf die Verwaltung und Verwertung des von der Zwangsverwaltung betroffenen Vermögens kraft Gesetzes entzogen sind, kann keine Veranlassung iSd § 3 GwG an Zwangsverwalterkonten und damit auch kein wirtschaftlich Berechtigter vorliegen (DK, Auslegungs- und Anwendungshinweise 2014, Tz. 39 g).

38 Bei **Publikumsfonds** liegen Eigentum, bzw. Kontrolle regelmäßig bei der fondsauflegenden/verwaltenden Gesellschaft oder Kapitalanlagegesellschaft, die oftmals auch Vertragspartner des Verpflichteten sein wird. Soweit die Fondsanteilinhaber zugleich Begünstigte des Publikumsfonds sind, ist hier zukünftig der wirtschaftlich Berechtigte nach den Vorgaben des §§ 3 Abs. 3 GwG iVm 10 Abs. 1 Nr. 2 iVm 11 Abs. 5 GwG zu bestimmen.

39 An die Ermittlung des wirtschaftlich Berechtigten bei Stiftungen und Trusts bestehen aufgrund der Neufassung des Geldwäschegesetzes höhere Anforderungen; Trusts und Stiftungen eignen sich aufgrund ihrer vielfältigen Ausgestaltungsmöglichkeiten und ihres hohen Anonymisierungsgrades zur Geldwäsche, obgleich diese Gestaltungsformen in vielen Staaten legal sind. Gemäß § 3 Abs. 3 GwG zählen bei rechtsfähigen Stiftungen, oder bei vergleichbaren Rechtsformen zu den wirtschaftlich Berechtigten entweder jede natürliche Person, die als Verwalter von Trusts (Trustee) oder Protektor, sofern vorhanden, handelt, oder das Mitglied des Vorstands der Stiftung ist. Ferner kann jede natürliche Person, die als Begünstigte bestimmt worden ist, als wirtschaftlich Berechtigte angesehen werden.

40 Gemeinsames Merkmal von Trusts und ähnlichen Organisationsformen ist, dass der wirtschaftlich Berechtigte an den Geldern nach außen hin nicht in Erscheinung tritt. Nach der Definition des Haager Übereinkommens über das auf Trusts anwendbare Recht und deren Anerkennung vom 1.7.1985 ist ein Trust „ein Rechtsverhältnis, bei dem ein Treugeber seine Vermögenswerte an einen Verwalter, den Treuhänder, zugunsten einer dritten Person, dem Begünstigten oder zu einem bestimmten Zweck überträgt." Während der Treuhänder zum rechtmäßigen Eigentümer des Vermögens wird, wird der Begünstigte zum wirtschaftlich Berechtigten. Ein Trust bezeichnet damit kein Rechtssubjekt, sondern eine Verbindung zwischen (juristischen) Personen, Treugeber, Treuhänder und Begünstigtem (FATF, The Misuse of Corporate Vehicles, including Trust and Company Service Providers, S. 25). Je nach Gesetzgebung der einzelnen Staaten sind die an Trusts zu stellenden Kontroll-

und Transparenzanforderungen unterschiedlich stark ausgestaltet: Während in einigen Ländern weder die Identität der Beteiligten noch der Zweck des Trusts zu dokumentieren sind, gibt es Arten von Trusts, bei denen entweder die Identität des Begünstigten nicht angegeben werden muss, oder nur der Treuhänder namentlich benannt wird und die Identität der übrigen Beteiligten nicht aufgedeckt werden muss (*Vogt* in Herzog/Mülhausen Geldwäschebekämpfung-HdB § 2 Rn. 27f.). In Deutschland können nach der hiesigen Rechtsordnung Trusts nicht errichtet werden, da die Rechtsfigur nach deutschem Recht nicht besteht und nach den dogmatischen Grundlagen des deutschen Rechts mit diesem unvereinbar ist (BT-Drs. 18/11555, 131 mit Verweis auf BGH 13.6.1984 – IVa ZR 196/82, BeckRS 9998, 101636, Ziff. IV Buchst. c).

Besondere gesetzliche Regelungen sieht § 21 GwG in Bezug auf die Transparenzpflichten im Hinblick auf Trusts vor: Gemäß § 21 Abs. 1 GwG haben Verwalter von Trusts (Trustees) mit Wohnsitz oder Sitz in Deutschland die in § 19 Abs. 1 GwG aufgeführten Angaben zu den wirtschaftlich Berechtigten des Trusts, den sie verwalten, und die Staatsangehörigkeit der wirtschaftlich Berechtigten einzuholen, aufzubewahren, auf aktuellem Stand zu halten und der registerführenden Stelle unverzüglich zur Eintragung in das Transparenzregister mitzuteilen. Der Trust ist in der Mitteilung eindeutig zu bezeichnen. Bei den Angaben zu Art und Umfang des wirtschaftlichen Interesses nach § 19 Abs. 1 Nr. 4 GwG ist anzugeben, woraus nach § 19 Abs. 3 Nr. 2 GwG die Stellung als wirtschaftlich Berechtigter folgt. Entsprechende Pflichten sieht § 21 Abs. 2 GwG auch für Treuhänder mit Wohnsitz oder Sitz in Deutschland von nichtrechtsfähigen Stiftungen, wenn der Stiftungszweck aus Sicht des Stifters eigennützig ist, und von Rechtsgestaltungen, die solchen Stiftungen in ihrer Struktur und Funktion entsprechen, vor.

Bereits die 4. Geldwäscherichtlinie (EU) 2015/849 des Europäischen Parlaments und des Rates bestimmt in Art. 31 die Pflicht der Mitgliedstaaten, „auf nationaler Ebene zentralisierte Register der wirtschaftlichen Eigentümer von Trusts einzurichten, mit denen steuerliche Folgen verbunden sind". Die 5. Geldwäsche-Richtlinie präzisierte diesen Ansatz in der Form, dass diese Verpflichtung für den Mitgliedstaat gelten soll, in dem der Trust verwaltet wird. Grund hierfür ist der Umstand, dass die Auslegung der Kriterien für „geltendes Recht" und „steuerliche Folge" durch die Mitgliedstaaten nicht einheitlich erfolgt. Das heißt, ein Mitgliedstaat, der Trusts in seinem Recht nicht anerkennt, wird diesen weder (steuerlich) überwachen noch registrieren, obwohl er in seinem Hoheitsgebiet verwaltet wird. Hieraus leitet die 5. Geldwäsche-Richtlinie eine Verfehlung der Transparenzziele ab und schlägt daher die zuvor dargestellte Einrichtung eines Registers nebst Registrierungspflicht vor.

Gemäß § 11 Abs. 7 GwG sind Verwalter von Trusts und anderen Rechtsgestaltungen nach § 21 gehalten, dem Verpflichteten ihren Status offenzulegen und ihm die Angaben nach § 21 Abs. 1 und 2 GwG unverzüglich zu übermitteln, wenn sie in dieser Position eine Geschäftsbeziehung aufnehmen. Gleiches gilt für die Durchführung einer Transaktion oberhalb der in § 10 Abs. 3 Nr. 2, Abs. 5, Abs. 6 oder Abs. 6a GwG genannten Schwellenbeträge. Der jeweilige Verpflichtete hat im Gegenzug gemäß § 11 Abs. 5 S. 6 GwG ausreichende Informationen über den wirtschaftlich Berechtigten einzuholen, um zum Zeitpunkt der Ausführung der Transaktion oder der Ausübung seiner Rechte die Identität des wirtschaftlich Berechtigten feststellen zu können, wenn bei Trusts oder anderen Rechtsgestaltungen nach § 21 GwG die wirtschaftlich Berechtigten nach besonderen Merkmalen oder nach einer Kategorie bestimmt werden (vgl. hierzu auch Art. 13 Abs. 6 der 4. Geldwäscherichtlinie (EU) 2015/849 des Europäischen Parlaments und des Rates).

§ 11   Abschnitt 3. Sorgfaltspflichten in Bezug auf Kunden

41   Die in §§ 80–88 BGB geregelte Stiftung wird definiert als „eine mit Rechtsfähigkeit ausgestattete, nicht verbandsmäßig organisierte Einrichtung, die einen vom Stifter bestimmten Zweck mit Hilfe eines dazu gewidmeten Vermögens dauernd fördern soll" (BayObLG NJW 1973, 249; vgl. auch *Ellenberger* in Palandt BGB Vor § 80 Rn. 1, 5). Je nach Landesrecht und Ausgestaltung der Transparenzvorschriften können Stiftungen ebenso wie Trusts von einem hohen Anonymisierungsgrad profitieren. Als besonders anfällig für die Nutzung zur Geldwäsche gilt die Stiftung nach liechtensteinischem Recht. Diese kann jederzeit aufgelöst werden, der Stifter darf sich unter anderem selbst begünstigen und als alleiniges Entscheidungsorgan eingesetzt werden (vgl. insoweit *Vogt* in Herzog/Mülhausen Geldwäschebekämpfung-HdB § 2 Rn. 29).

VII. Identifizierung bei Erwerbsvorgang nach § 1 des Grunderwerbsteuergesetzes (Abs. 5 a)

42   Erkenntnissen der Nationalen Risikoanalyse und der FIU zur Folge ist insbesondere der Immobiliensektor spezifischen Geldwäscherisiken ausgesetzt (vgl. hierzu BT-Drs. 19/13827, 135 wonach „Immobiliengeschäfte und das Baugewerbe (…) als Hochrisikobereiche" gelten, „weil große Geldbeträge unauffällig konvertiert werden können, hohe Transaktionsbeträge typisch sind und weil Strohmänner relativ leicht eingesetzt werden können"). Zur Verschleierung der Herkunft illegal erlangter Gelder eignet sich der Immobiliensektor damit besonders. In die unterschiedlichen Immobilientransaktionen sind insbesondere Notare involviert, da der notarielle Beurkundungsvorgang die Grundlage für die Wirksamkeit des Rechtsgeschäfts aufgrund besonderer Formerfordernisse bildet. § 11 Abs. 5a GwG normiert daher eine besondere Prüfpflicht des Notars, sofern der Vertragspartner bei einem Erwerbsvorgang nach § 1 Grunderwerbsteuergesetz für eine Rechtsform im Sinne von § 3 Abs. 2 oder 3 GwG handelt. Unter Erwerbsvorgänge nach § 1 Abs. 1 Grunderwerbsteuergesetz fallen insbesondere Rechtsvorgänge, soweit sie sich auf inländische Grundstücke beziehen, die durch einen Kaufvertrag begründet werden (Nr. 1). Der beurkundende Notar ist vor der Beurkundung verpflichtet, die Identität des wirtschaftlich Berechtigten anhand einer von dem jeweiligen Vertragspartner in Textform vorzulegenden Dokumentation der Eigentums- und Kontrollstruktur auf ihre Schlüssigkeit zu überprüfen (§ 11 Abs. 5a S. 1 GwG). Auf Verlangen hat er diese Dokumentation gemäß § 11 Abs. 5a S. 1 GwG der Zentralstelle für Finanztransaktionsuntersuchungen sowie den Strafverfolgungsbehörden zur Verfügung zu stellen.

VIII. Mitwirkungspflicht des Vertragspartners (Abs. 6)

43   § 11 Abs. 6 GwG verpflichtet den Vertragspartner, dem Verpflichteten die zur Durchführung der Identifizierung erforderlichen Informationen und Unterlagen zur Verfügung zu stellen und sich im Laufe der Geschäftsbeziehung ergebende Änderungen unverzüglich anzuzeigen. Diese Verpflichtung erstreckt sich gem. § 15 Abs. 1 GwG ebenfalls auf die Abklärung des Status einer politisch exponierten Person.

Im Zuge der Umsetzung der **5. Geldwäscherichtlinie** wurden in § 11 Abs. 6 GwG weitere Regelungen betreffend die Mitwirkungspflichten des Vertragspartners des vermittelten Rechtsgeschäftes eingefügt. Die Erweiterung der Norm trifft die Vertragsparteien des jeweiligen Kaufgegenstandes iSd § 11 Abs. 2 GwG, die

Identifizierung **§ 11**

nicht Vertragspartner des Immobilienmaklers (Verpflichteter nach § 2 Abs. 1 Nr. 14 GwG) sind. Hierdurch soll sichergestellt werden, dass die Mitwirkungspflichten des § 11 Abs. 6 S. 1–4 GwG nunmehr auch umfassend für die zu identifizierenden Vertragsparteien des vermittelten Rechtsgeschäftes Geltung entfalten. Das heißt auch Vertragsparteien, die in keiner vertragsrechtlichen Beziehung zu dem jeweils handelnden Immobilienmakler stehen, haben diesem die notwendigen Informationen zur Verfügung zu stellen, die dieser zur Erfüllung seiner Identifizierungspflichten nach § 11 Abs. 2 GwG benötigt.

Zur ordnungsgemäßen Erfüllung der den Verpflichteten obliegenden Kunden- **44** sorgfaltspflichten werden die Verpflichteten insbesondere in Fällen, in denen nicht auf öffentliche Aufzeichnungen oder Register zurückgegriffen werden kann, regelmäßig auf die Mitwirkung des Vertragspartners angewiesen sein (BT-Drs. 16/9038, 38). Die Mitwirkungspflicht des Vertragspartners bezieht sich dabei lediglich auf die Durchführung der Identifizierung durch den Verpflichteten nach § 11 GwG; erfasst werden die Feststellung und Überprüfung der Identität des Vertragspartners, und soweit vorhanden des wirtschaftlich Berechtigten, die Offenlegungspflicht iSv § 11 Abs. 6 S. 4 GwG sowie die Abklärung des PEP-Status iSv § 15 Abs. 3 GwG. Keine Mitwirkungspflichten seitens des Vertragspartners bestehen nach dem Gesetzeswortlaut dagegen hinsichtlich der weiteren Customer Due Diligence Pflichten, etwa der Verpflichtung zur Einholung von Informationen über den Zweck und die angestrebte Art der Geschäftsbeziehung nach § 10 Abs. 1 Nr. 3 GwG (arg. ex § 11 Abs. 6 GwG).

Nach § 11 Abs. 6 S. 3 GwG hat der Vertragspartner gegenüber dem Verpflichte- **45** ten offenzulegen, ob er die Geschäftsbeziehung oder Transaktion für einen wirtschaftlich Berechtigten begründen, fortsetzen oder durchführen will. Mit der Offenlegung ist dem Verpflichteten auch die Identität des wirtschaftlich Berechtigten nachzuweisen, § 11 Abs. 6 S. 4 GwG. Durch Art. 1 des GwOptG vom 22.12.2011 eingefügt, steht die Ergänzung im Kontext mit der Erweiterung der Definition des wirtschaftlich Berechtigten gemäß § 3 GwG (§ 1 Abs. 6 GwG aF) und der Pflicht zur Abklärung, ob der Vertragspartner für einen wirtschaftlich Berechtigten handelt. Wird das Handeln auf Veranlassung eines nicht Vertragspartner offengelegt, folgt daraus die automatische Pflicht zur Meldung (§ 43 Abs. 1 Nr. 1 GwG).

Sowohl die Mitwirkungspflicht als auch die Offenlegungspflicht iSv § 10 Abs. 6 **46** S. 1–3 GwG treffen ausschließlich den Vertragspartner der Verpflichteten (BT-Drs. 17/6804, 28). Vertragspartner ist insoweit jede natürliche oder juristische Person, mit der eine Geschäftsbeziehung iSv § 1 Abs. 4 GwG eingegangen, bzw. mit der außerhalb einer (auf Dauer angelegten) Geschäftsbeziehung eine Transaktion iSd § 1 Abs. 5 GwG durchgeführt wird. Abzustellen ist auf das zivilrechtliche/schuldrechtliche Verständnis, maßgebend ist insoweit die Vertragsbeziehung, die der Geschäftsverbindung bzw. der einzelnen Transaktion zugrunde liegt. Nicht der Mitwirkungspflicht nach § 11 Abs. 6 GwG unterliegen grundsätzlich der wirtschaftlich Berechtigte oder sonstige Dritte außerhalb der Vertragsbeziehung. Die Mitwirkungspflicht nach § 11 Abs. 6 GwG ist eine gesetzliche Pflicht, eine hierüber hinausgehende vertragliche Verankerung, etwa in den Allgemeinen Geschäftsbedingungen ist daher grundsätzlich nicht erforderlich (DK, Auslegungs- und Anwendungshinweise 2014, Tz. 66). Der Vertragspartner ist trotz der gesetzlich festgelegten Mitwirkungspflicht kein Adressat, mithin kein Verpflichteter nach dem GwG; hieraus dürfte für die Adressaten die Verpflichtung erwachsen, den Vertragspartner über dessen Mitwirkungspflichten in Kenntnis zu setzen. Um die Hinweisfunktion hinreichend erfüllen zu können, empfiehlt es sich, den Vertragspartner im

Figura

§ 11 Abschnitt 3. Sorgfaltspflichten in Bezug auf Kunden

unmittelbaren Zusammenhang mit der Erhebung der Daten zu informieren; möglich ist ebenfalls die Verankerung in den Allgemeinen Geschäftsbedingungen. Eine Ausnahme hierzu regelt allerdings § 11 Abs. 6 S. 5 iVm Abs. 2 GwG, der sicherstellt, dass die Mitwirkungspflichten des § 11 Abs. 6 S. 1–4 GwG nunmehr auch umfassend für die zu identifizierenden Vertragsparteien des vermittelten Rechtsgeschäftes Geltung entfalten. Das heißt auch Vertragsparteien, die in keiner vertragsrechtlichen Beziehung zu dem jeweils handelnden Immobilienmakler stehen, haben diesem die notwendigen Informationen zur Verfügung zu stellen, die dieser zur Erfüllung seiner Identifizierungspflichten nach § 11 Abs. 2 GwG benötigt (s. hierzu auch *Figura* → GwG § 11 Rn. 8f).

47 Bereits jetzt obliegen dem Kunden nach Nr. 11 AGB Banken (Allgemeine Geschäftsbedingungen der privaten Banken und der Genossenschaftsbanken, Fassung Juli 2018) und nach Nr. 20 Abs. 1 AGB Sparkassen (Allgemeine Geschäftsbedingungen der Sparkassen, Fassung September 2019) bestimmte Mitwirkungs- und Sorgfaltspflichten gegenüber der Bank oder Sparkasse. Nr. 20 Abs. 1a AGB Sparkassen verpflichtet den Kunden ua zur Mitteilung sämtlicher für die Geschäftsbeziehung wesentlicher Tatsachen, wozu insbesondere Änderungen des Namens, der Anschrift, des Personenstandes, der Verfügungs- oder Verpflichtungsfähigkeit des Kunden (zB Eheschließung, Eingehung einer Lebenspartnerschaft, Änderung des Güterstandes) oder der für ihn zeichnungsberechtigten Personen (zB nachträglich eingetretene Geschäftsunfähigkeit eines Vertreters oder Bevollmächtigten), sowie Änderungen der der Sparkasse bekannt gegebenen Vertretungs- oder Verfügungsbefugnisse (zB Vollmachten, Prokura) zählen. Nach Nr. 20 Abs. 1a AGB Sparkassen besteht die Anzeigepflicht auch dann, wenn die Tatsachen in öffentlichen Registern eingetragen und veröffentlicht werden. Sowohl in Nr. 11 AGB Banken als auch in Nr. 20 AGB Sparkassen wird darauf hingewiesen, dass sich weitergehende gesetzliche Mitteilungspflichten, insbesondere aus dem Geldwäschegesetz ergeben können.

48 Die Verweigerung der Mitwirkung durch den Vertragspartner bei der Durchführung der Identifizierung stellt keine Ordnungswidrigkeit iSv § 56 GwG dar. Kann die Identifizierung von Vertragspartner und ggf. wirtschaftlich Berechtigtem nicht durchgeführt werden, darf die Geschäftsbeziehung nach § 10 Abs. 9 S. 1 GwG nicht begründet oder fortgesetzt und keine Transaktion durchgeführt werden. Bereits bestehende Geschäftsbeziehungen sind ungeachtet anderer gesetzlicher oder vertraglicher Bestimmungen durch Kündigung oder auf andere Weise zu beenden, § 10 Abs. 9 S. 2 GwG. Zu den Ausnahmen für Verpflichtete iSv § 2 Abs. 1 Nr. 10 und 12, wenn der Vertragspartner eine Rechtsberatung oder Prozessvertretung erstrebt, vgl. § 10 Abs. 9 S. 3 GwG. Die Verletzung der Mitwirkungspflicht durch den Kunden ist Nebenpflichtverletzung iSv § 280 Abs. 1 BGB (*Grüneberg* in Palandt BGB § 280 Rn. 29).

IX. Mitwirkungspflicht von Verwalter von Trusts und anderen Rechtsgestaltungen nach § 21 GwG (Abs. 7)

49 Bereits die 4. Geldwäscherichtlinie (EU) 2015/849 des Europäischen Parlaments und des Rates bestimmt in Art. 31 die Pflicht der Mitgliedstaaten, „auf nationaler Ebene zentralisierte Register der wirtschaftlichen Eigentümer von Trusts einzurichten, mit denen steuerliche Folgen verbunden sind". Die **5. Geldwäscherichtlinie** präzisierte diesen Ansatz in der Form, dass diese Verpflichtung für den

Mitgliedstaat gelten soll, in dem der Trust verwaltet wird. Grund hierfür ist der Umstand, dass die Auslegung der Kriterien für „geltendes Recht" und „steuerliche Folge" durch die Mitgliedstaaten nicht einheitlich erfolgt. Das heißt, ein Mitgliedstaat, der Trusts in seinem Recht nicht anerkennt, wird diesen weder (steuerlich) überwachen noch registrieren, obwohl er in seinem Hoheitsgebiet verwaltet wird (zur Def. eines Trusts s. *Figura* → GwG § 1 Rn. 39 ff.). Im Zuge dieser Vorgaben sind Verwalter von Trusts und anderen Rechtsgestaltungen nach § 21 nunmehr gemäß § 11 Abs. 7 GwG gehalten, dem Verpflichteten ihren Status offenzulegen und ihm die Angaben nach § 21 Abs. 1 und 2 GwG unverzüglich zu übermitteln, wenn sie in dieser Position eine Geschäftsbeziehung aufnehmen. Gleiches gilt für die Durchführung einer Transaktion oberhalb der in § 10 Abs. 3 Nr. 2, Abs. 5, Abs. 6 oder Abs. 6a GwG genannten Schwellenbeträge (die Regelung dient der Umsetzung des Art. 31 Abs. 2 der 4. Geldwäscherichtlinie (EU) 2015/849 des Europäischen Parlaments und des Rates). § 11 Abs. 7 GwG normiert damit besondere Mitwirkungspflichten für Verwalter von Trusts und anderen Rechtsgestaltungen nach § 21 GwG im Rahmen des Identifizierungsprozesses. Der jeweilige Verpflichtete hat im Gegenzug gemäß § 11 Abs. 5 S. 6 GwG ausreichende Informationen über den wirtschaftlich Berechtigten einzuholen, um zum Zeitpunkt der Ausführung der Transaktion oder der Ausübung seiner Rechte die Identität des wirtschaftlich Berechtigten feststellen zu können, wenn bei Trusts oder anderen Rechtsgestaltungen nach § 21 GwG die wirtschaftlich Berechtigten nach besonderen Merkmalen oder nach einer Kategorie bestimmt werden (vgl. hierzu auch Art. 13 Abs. 6 der 4. Geldwäscherichtlinie (EU) 2015/849 des Europäischen Parlaments und des Rates).

§ 11a Verarbeitung personenbezogener Daten durch Verpflichtete

(1) Verpflichtete nach § 2 dürfen personenbezogene Daten nur verarbeiten, soweit dies auf Grundlage dieses Gesetzes für Zwecke der Verhinderung von Geldwäsche und Terrorismusfinanzierung erforderlich ist.

(2) Soweit ein den Vorschriften dieses Gesetzes unterliegender Verpflichteter nach § 2 personenbezogene Daten für Zwecke gemäß Absatz 1 an die zuständigen Aufsichtsbehörden oder die Personen und Einrichtungen, deren sich die zuständigen Aufsichtsbehörden bei der Durchführung ihrer Aufgaben bedienen, oder an die Zentralstelle für Finanztransaktionsuntersuchungen übermittelt, besteht die Pflicht zur Information der betroffenen Person nach Artikel 13 Absatz 3 der Verordnung (EU) 2016/679 und das Recht auf Auskunft der betroffenen Person nach Artikel 15 der Verordnung (EU) 2016/679 nicht.

(3) Die Absätze 1 und 2 finden entsprechende Anwendung auf Dritte im Sinne von § 17, auf die ein Verpflichteter zur Erfüllung der allgemeinen Sorgfaltspflichten nach § 10 Absatz 1 Nummer 1 bis 4 zurückgreift.

§ 11a GwG ist durch das Gesetz zur Umsetzung der Änderungsrichtlinie zur 1 4. Geldwäscherichtlinie an dieser Stelle neu eingefügt worden. Freilich ist die Regelung in Abs. 1 inhaltlich nicht neu. Sie tritt mit diesem Absatz an die Stelle des zugleich gestrichenen § 58 GwG aF.

In § 11a Abs. 1 bestimmt die Norm eine enge Zweckbindung. Soweit im Rahmen der Sorgfalts- und Meldepflichten (bspw. auch im Rahmen einer Risikoanalyse) personenbezogene Daten verarbeitet werden, dürfen diese ausschließlich für

Zwecke der Verhinderung von Geldwäsche und Terrorismusfinanzierung und nicht zu anderen, wie beispielsweise kommerziellen Zwecken oder im Rahmen des Datenhandels verarbeitet werden. Unbedingt müssen Verpflichtete deshalb Maßnahmen treffen, die einem etwaigen Missbrauch der im Rahmen ihrer Verpflichtung erhobenen personenbezogenen Daten vorbeugen. Eine Zusammenarbeit von Geldwäschebeauftragtem und Datenschutzbeauftragtem ist an dieser Stelle geboten.

Zwar trifft das GwG im Falle einer Zuwiderhandlung keine explizite Bestimmungen im Hinblick auf etwaige Konsequenzen, hier können jedoch bei einer Verletzung der Zweckbindung die entsprechenden Regelungen der DSGVO (Art. 83 DSGVO) mit empfindlichen Sanktionen Anwendung finden.

2 Die Regelung des § 11a Abs. 2 GwG dient der Umsetzung von Art. 41 Abs. 4 Buchst. a und b der 4. Geldwäscherichtlinie. Es soll sichergestellt werden, dass betroffene Personen in Verfahren der Geldwäsche- und Terrorismusfinanzierungsbekämpfung nicht durch Auskunftsansprüche Kenntnis von den Vorgängen erhalten. Bei den Verpflichteten, die in diesen Fällen den Aufsichtsbehörden; Verwaltungsbehörden oder der FIU die entsprechenden personenbezogenen Daten übermitteln, könnten nämlich so Auskunftspflichten entstehen. Dadurch könnte eine Bedrohung für die Schutzgüter des Abs. 1 entstehen

Da die nach § 2 GwG Verpflichteten in Erfüllung ihrer Sorgfalts- und Meldepflichten Daten ausschließlich zu Zwecken der Geldwäsche und Terrorismusfinanzierung verarbeiten und zu diesen Zwecken auch an die Aufsichtsbehörden oder die FIU übermitteln, stellt die Übermittlung an diese Stellen keine zweckändernde Weiterverarbeitung dar. Insofern ist die Regelung des Art. 13 Abs. 3 einschlägig, wonach die betroffene Person nur dann zu informieren ist, wenn die personenbezogenen Daten für einen anderen Zweck weiterverarbeitet werden sollen als den, für den die personenbezogenen Daten erhoben wurden – dies ist hier nicht der Fall.

3 § 11a Abs. 3 soll sicherstellen, dass die Abs. 1 und 2 auch für Dritte iSd § 17 GwG (s. die dortige Kommentierung) gelten.

§ 12 Identitätsüberprüfung, Verordnungsermächtigung

(1) **Die Identitätsüberprüfung hat in den Fällen des § 10 Absatz 1 Nummer 1 bei natürlichen Personen zu erfolgen anhand**
1. **eines gültigen amtlichen Ausweises, der ein Lichtbild des Inhabers enthält und mit dem die Pass- und Ausweispflicht im Inland erfüllt wird, insbesondere anhand eines inländischen oder nach ausländerrechtlichen Bestimmungen anerkannten oder zugelassenen Passes, Personalausweises oder Pass- oder Ausweisersatzes,**
2. **eines elektronischen Identitätsnachweises nach § 18 des Personalausweisgesetzes, nach § 12 des eID-Karte-Gesetzes oder nach § 78 Absatz 5 des Aufenthaltsgesetzes,**
3. **einer qualifizierten elektronischen Signatur nach Artikel 3 Nummer 12 der Verordnung (EU) Nr. 910/2014 des Europäischen Parlaments und des Rates vom 23. Juli 2014 über elektronische Identifizierung und Vertrauensdienste für elektronische Transaktionen im Binnenmarkt und zur Aufhebung der Richtlinie 1999/93/EG (ABl. L 257 vom 28. 8. 2014, S. 73),**
4. **eines nach Artikel 8 Absatz 2 Buchstabe c in Verbindung mit Artikel 9 der Verordnung (EU) Nr. 910/2014 notifizierten elektronischen Identifizierungssystems oder**

5. von Dokumenten nach § 1 Absatz 1 der Verordnung über die Bestimmung von Dokumenten, die zur Identifizierung einer nach dem Geldwäschegesetz zu identifizierenden Person zum Zwecke des Abschlusses eines Zahlungskontovertrags zugelassen werden.

Im Fall der Identitätsüberprüfung anhand einer qualifizierten elektronischen Signatur gemäß Satz 1 Nummer 3 hat der Verpflichtete eine Validierung der qualifizierten elektronischen Signatur nach Artikel 32 Absatz 1 der Verordnung (EU) Nr. 910/2014 vorzunehmen. Er hat in diesem Falle auch sicherzustellen, dass eine Transaktion unmittelbar von einem Zahlungskonto im Sinne des § 1 Absatz 17 des Zahlungsdiensteaufsichtsgesetzes erfolgt, das auf den Namen des Vertragspartners lautet, bei einem Verpflichteten nach § 2 Absatz 1 Satz 1 Nummer 1 oder Nummer 3 oder bei einem Kreditinstitut, das ansässig ist in einem
1. anderen Mitgliedstaat der Europäischen Union,
2. Vertragsstaat des Abkommens über den Europäischen Wirtschaftsraum oder
3. Drittstaat, in dem das Kreditinstitut Sorgfalts- und Aufbewahrungspflichten unterliegt, die den in der Richtlinie (EU) 2015/849 festgelegten Sorgfalts- und Aufbewahrungspflichten entsprechen und deren Einhaltung in einer mit Kapitel IV Abschnitt 2 der Richtlinie (EU) 2015/849 im Einklang stehenden Weise beaufsichtigt wird.

(2) Die Identitätsüberprüfung hat in den Fällen des § 10 Absatz 1 Nummer 1 bei juristischen Personen oder bei Personengesellschaften zu erfolgen anhand
1. eines Auszuges aus dem Handels- oder Genossenschaftsregister oder aus einem vergleichbaren amtlichen Register oder Verzeichnis,
2. von Gründungsdokumenten oder von gleichwertigen beweiskräftigen Dokumenten oder
3. einer eigenen dokumentierten Einsichtnahme des Verpflichteten in die Register- oder Verzeichnisdaten.

(3) Das Bundesministerium der Finanzen kann im Einvernehmen mit dem Bundesministerium des Innern, für Bau und Heimat durch Rechtsverordnung ohne Zustimmung des Bundesrates weitere Dokumente bestimmen, die zur Überprüfung der Identität geeignet sind.

Literatur: *Ackmann/Reder,* Geldwäscheprävention in Kreditinstituten nach Umsetzung der Dritten EG-Geldwäscherichtlinie (Teil 2), WM 2009, S. 200 ff.; BAKred, Schreiben vom 2.6.2000, Z 5 – B400; BMF, Schreiben vom 31.1.2014 BStBl I S. 290 ff. zuletzt geändert durch das BMF-Schreiben vom 20.12.2019 BStBl I S. 94; BaFin, Auslegungs- und Anwendungshinweise zum Geldwäschegesetz, Stand: Dezember 2018; Deutsche Kreditwirtschaft, Auslegungs- und Anwendungshinweise zur Verhinderung von Geldwäsche, Terrorismusfinanzierung und „sonstigen strafbaren Handlungen" vom 1.2.2014, zitiert: DK, Auslegungs- und Anwendungshinweise 2014; FATF, 40 Empfehlungen 2004; FATF, Guidance on the risk-based Approach to combating Money Laundering and Terrorist Financing (Leitfaden zum risikoorientierten Ansatz zur Bekämpfung von Geldwäsche und Terrorismusfinanzierung), Paris, June 2007; *Fülbier/ Aepfelbach/Langweg,* Geldwäschegesetz, 5. Aufl. 2006, zitiert: *Bearbeiter* in Fülbier/Aepfelbach/ Langweg GwG; *Herzog/Mülhausen,* Geldwäschebekämpfung und Gewinnabschöpfung, Handbuch der straf- und wirtschaftsrechtlichen Regelungen, 2006, zitiert: *Bearbeiter* in Herzog/Mülhausen.

§ 12 Abschnitt 3. Sorgfaltspflichten in Bezug auf Kunden

Übersicht

	Rn.
I. Identitätsüberprüfung bei natürlichen Personen (Abs. 1)	1
II. Identitätsüberprüfung bei juristischen Personen (Abs. 2)	17
III. Verordnungsermächtigung (Abs. 3)	21

I. Identitätsüberprüfung bei natürlichen Personen (Abs. 1)

1 § 12 GwG setzt die Vorgaben des Art. 13 Abs. 1a der 4. Geldwäscherichtlinie (EU) 2015/849 des Europäischen Parlaments und des Rates um. Die Identitätsprüfung orientiert sich hierbei an der Überprüfung der Identität der betreffenden Person zB anhand des Ausweises. Es geht damit bei der Überprüfungspflicht nicht um eine Überprüfung der Angaben im Ausweisdokument (klarstellend § 12 Abs. 1 S. 1 GwG; vgl. auch BT-Drs. 18/11155, 118). Hierdurch wird auch dem Umstand Rechnung getragen, dass manche der in Abs. 1 zur Überprüfung geeigneten und anerkannten Mittel zur Identitätsüberprüfung nicht alle in § 11 Abs. 4 Nr. 1 GwG genannten Angaben enthalten. Gemäß § 12 Abs. 1 S. 1 Nr. 1 GwG zählen zu den Mitteln zur Überprüfung der Identität auch ein inländischer oder nach ausländerrechtlichen Bestimmungen anerkannter oder zugelassener Pass, Personalausweis oder Pass- oder Ausweisersatz (s. hierzu BT-Drs. 16/9038, 37). Voraussetzung für die Eignung des Ausweisdokuments ist seine Gültigkeit. Nach Nr. 2 und 3 des § 12 Abs. 1 S. 1 GwG kann die Überprüfung der Identität auch anhand des elektronischen Identitätsnachweises oder der qualifizierten elektronischen Signatur durchgeführt werden; im letzten Fall sind wie nach bisheriger Rechtslage die Validierung der Signatur und eine Referenzüberweisung erforderlich. § 12 Abs. 1 GwG übernimmt auf diese Weise im Wesentlichen die Regelung des § 6 Abs. 2 Nr. 2 S. 1c und 1d GwG aF sowie § 6 Abs. 2 Nr. 2 S. 2 und 3 GwG aF. Nach § 12 Abs. 1 S. Nr. 5 GwG sind auch die Dokumente, die in § 1 Abs. 1 der Verordnung über die Bestimmung von Dokumenten, die zur Überprüfung der Identität einer nach dem Geldwäschegesetz zu identifizierenden Person zum Zwecke des Abschlusses eines Zahlungskontovertrags zugelassen werden (ZIdPrüfV) aufgeführt werden, zulässige Mittel zur Überprüfung der Identität.

2 Die Überprüfung der Identität des Vertragspartners kann bei natürlichen Personen gemäß § 12 Abs. 1 S. Nr. 1 GwG anhand eines gültigen amtlichen Ausweises, der ein Lichtbild des Inhabers enthält und mit dem die Pass- und Ausweispflicht im Inland erfüllt wird, insbesondere anhand eines inländischen oder nach ausländerrechtlichen Bestimmungen anerkannten Passes, Personalausweises oder Pass- oder Ausweisersatzes erfolgen (vgl. hierzu ausführlich BaFin, Auslegungs- und Anwendungshinweise zum Geldwäschegesetz, S. 34). Dabei erstreckt sich die Verpflichtung zur Verifizierung der Angaben des Vertragspartners lediglich auf solche Angaben, die in den zur Überprüfung herangezogenen Dokumenten auch enthalten sind. Eine Ausnahme sieht § 12 Abs. 1 S. 1 Nr. 2 GwG für den Bereich der Fernidentifizierung vor.

3 Die zur Identitätsüberprüfung herangezogenen Ausweisdokumente müssen grundsätzlich ein Lichtbild des Inhabers enthalten und den Anforderungen an die Pass- und Ausweispflicht genügen. Diese richtet sich
– bei Deutschen nach § 1 Abs. 2 und § 4 Abs. 1 des Passgesetzes (PassG) und § 1 des Gesetzes über Personalausweise (PersAuswG),

Identitätsüberprüfung, Verordnungsermächtigung   **§ 12**

– bei nichtdeutschen Unionsbürgern oder Staatsangehörigen der Vertragsstaaten des Abkommens über den Europäischen Wirtschaftsraum und ihren jeweiligen Familienangehörigen nach § 8 Abs. 1 des Freizügigkeitsgesetzes/EU (FreizügG/EU),
– bei Schweizern nach dem Freizügigkeitsabkommen EU – Schweiz und
– bei Drittstaatsangehörigen nach den §§ 3 und 48 des Aufenthaltsgesetzes (AufenthG) (vgl. die Auflistung in Begründung RegE GwBekErgG, BT-Drs. 16/9038, 37).

Darüber hinaus sind zukünftig die Regelungen des eID-Karte-Gesetz (eIDKG) zu beachten, wonach der Karteninhaber einer Karte mit Funktion zum elektronischen Identitätsnachweis (eID-Karte) diese dazu nutzen kann, seine Identität gegenüber öffentlichen und nichtöffentlichen Stellen elektronisch nachzuweisen.

Inländische Ausweispapiere, die zur Überprüfung der Identität des Vertragspartners herangezogen werden dürfen, sind Personalausweise einschließlich vorläufiger Personalausweise, Reisepässe iSd Passgesetzes einschließlich vorläufig ausgestellter Reisepässe, Dienst-, Ministerial- und Diplomatenpässe (amtliche Pässe gem. § 1 Abs. 2 Nr. 4 PassG iVm der Allgemeine Verwaltungsvorschrift über die Ausstellung amtlicher Pässe der Bundesrepublik Deutschland (AVVaP) v. 27.6.2014), sowie Kinderausweise und Kinderpässe mit Lichtbild (Auflistung in Begr. RegE GwBekErgG, BT-Drs. 16/9038, 37). **4**

Gemäß § 11 Abs. 1 S. 2 GwG kann die Identifizierung auch noch während der Begründung der Geschäftsbeziehung abgeschlossen werden, wenn dies erforderlich ist, um den normalen Geschäftsablauf nicht zu unterbrechen, und wenn ein geringes Risiko der Geldwäsche und der Terrorismusfinanzierung besteht. Bei Konstellationen, in denen aus nachvollziehbaren Gründen keine geeigneten Legitimationsdokumente vorliegen, kann durch die Verpflichteten risikoangemessen vorgegangen werden. So ist es im Rahmen der Kontoeröffnung für Minderjährige grundsätzlich zulässig, die Geburtsurkunde zur Überprüfung der Identität heranzuziehen (vgl. hierzu § 12 Abs. 1 S. 1 Nr. 5 GwG iVm § 1 Abs. 1 der Verordnung über die Bestimmung von Dokumenten, die zur Überprüfung der Identität einer nach dem Geldwäschegesetz zu identifizierenden Person zum Zwecke des Abschlusses eines Zahlungskontovertrags zugelassen werden (ZIdPrüfV) sowie Gegenäußerung BReg zu BR RegE GwBekErgG, BT-Drs. 16/9080, 3). Dies erfordert aber gleichzeitig auch die Überprüfung der Identität des gesetzlichen Vertreters, da insbesondere im Rahmen des automatisierten Abrufs von Kontoinformationen nach § 24c KWG die Namen und Geburtsdaten von Eltern, die Konten und Depots als gesetzliche Vertreter für ihre Kinder eröffnen, in die Kontoabrufdateien einzustellen sind (BaFin, Auslegungs- und Anwendungshinweise zum Geldwäschegesetz, S. 34 f.). **5**

Die Identifizierung hat nach § 12 Abs. 1 S. 1 Nr. 1 GwG bei natürlichen Personen anhand eines gültigen amtlichen Ausweises zu erfolgen; Reisepässe und Personalausweise, deren Gültigkeitsdauer abgelaufen ist, sind gemäß § 11 Abs. 1 Nr. 3 PassG formal ungültig. Maßgeblicher Zeitpunkt für das Gültigkeitserfordernis ist der Zeitpunkt der erstmaligen Heranziehung des Legitimationsdokuments zur Identifizierung. Ist ein Vertragspartner im Rahmen der Begründung einer Geschäftsbeziehung oder einer außerhalb einer bestehenden Geschäftsbeziehung abgewickelten Transaktion bereits einmal ordnungsgemäß identifiziert worden, ist es unerheblich, ob das Ausweisdokument zu einem späteren Zeitpunkt ungültig geworden ist. **6**

In begründeten und risikoarmen Einzelfällen, etwa bei älteren, gebrechlichen, bzw. sonst in der Beweglichkeit eingeschränkten Vertragspartnern kann wohl auch **7**

Figura   369

§ 12 Abschnitt 3. Sorgfaltspflichten in Bezug auf Kunden

die Vorlage eines bereits abgelaufenen Ausweisdokumentes den Anforderungen an die Geeignetheit genügen (vgl. hierzu zur bisherigen Fassung des Geldwäschegesetzes DK, Auslegungs- und Anwendungshinweise 2014, Tz. 11). In die Einzelfallabwägung einzubeziehender Umstand ist neben der Ursache für die Vorlage eines nicht mehr gültigen Legitimationspapiers auch der seit dem Ablauf des Dokumentes vergangene Zeitraum (vgl. insoweit den Beschl. des OLG Düsseldorf ZAP EN-Nr. 912/94 (S), wonach auch ein bereits seit zwei Monaten abgelaufener Personalausweis geeignet sei, die Identität des Empfängers eines gerichtlichen Schreibens zu beweisen). Die Entscheidung nebst Begründung sollte durch die Verpflichteten aus Gründen der besseren Nachvollziehbarkeit schriftlich fixiert werden. Der Verpflichtete hat sich dann jedoch auf andere Weise Gewissheit über die Person des Vertragspartners zu verschaffen. Besonderes Augenmerk sollte in diesen Fällen auf den Abgleich der äußeren Merkmale der zu identifizierenden Person mit dem im Legitimationsdokument enthaltenen Lichtbild, sowie auf einen Unterschriftsabgleich gelegt werden.

8 Während sich aus dem Personalausweis die Anschrift des zu Identifizierenden entnehmen lässt, ist diese im Reisepass regelmäßig nicht enthalten. In diesen Fällen kann grundsätzlich auf eine Verifizierung der im Rahmen der Feststellung der Identität des Vertragspartners erhobenen Angaben verzichtet werden; eine Ausnahme gilt allerdings für den Fall, dass der Richtigkeit der angegebenen Adresse Zweifel entgegenstehen.

9 Bei einem Betreuten kann die Bestellungsurkunde des Betreuers nach § 290 FamFG in Verbindung mit der Überprüfung der Identität des Betreuers anhand eines Dokuments nach § 12 Abs. 1 S. 1 Nr. 1 GwG zugelassen werden (vgl. hierzu § 12 Abs. 1 S. 1 Nr. 5 GwG iVm § 1 Abs. 1 der VO über die Bestimmung von Dokumenten, die zur Überprüfung der Identität einer nach dem Geldwäschegesetz zu identifizierenden Person zum Zwecke des Abschlusses eines Zahlungskontovertrags zugelassen werden (ZIdPrüfV)). Der Verpflichtung zur Verifizierung der Identität des Vertragspartners wird in diesen Fällen hinreichend nachgekommen, wenn der Betreuerausweis und die von der Gemeinde für den Betreuten ausgestellte Meldebescheinigung vorgelegt werden, soweit der Betreuer erklärt, die Begründung der Geschäftsbeziehung oder die Durchführung einer Transaktion werde nicht auf eigene Rechnung vorgenommen (*Langweg* in Fülbier/Aepfelbach/Langweg GwG § 2 Rn. 64; BaFin, Auslegungs- und Anwendungshinweise zum Geldwäschegesetz, S. 34f.).

10 Ausländische Staatsangehörige können grundsätzlich auf der Grundlage gültiger und anerkannter Reisepässe bzw. Personalausweise eines anderen Staates identifiziert werden, sofern diese zur Erfüllung ihrer in Deutschland bestehenden Ausweispflicht geeignet sind. Vom Gesetzgeber als geeignet anerkannte Ausweispapiere bei nichtdeutschen Unionsbürgern und ihren Familienangehörigen sowie bei Bürgern der anderen Vertragsstaaten des Abkommens über den Europäischen Wirtschaftsraum sind anerkannte Pässe oder Passersatzpapiere, bei Unionsbürgern insbesondere der Personalausweis (§ 8 Abs. 1 FreizügG/EU), und durch deutsche Behörden ausgestellte Passersatzpapiere (§§ 3 Abs. 1 iVm 48 Abs. 2 AufenthV). Bei Schweizern sind die Anforderungen an die Ausweispflicht nach dem Freizügigkeitsabkommen EU – Schweiz mit dem Pass oder dem Schweizer Personalausweis (Identitätskarte) erfüllt; gleiches gilt für Passersatzpapiere gemäß § 3 Abs. 1 AufenthV.

11 Zum Zwecke des Abschlusses eines Basiskontovertrags iSd §§ 31, 38 Zahlungskontengesetz wird zur Identitätsüberprüfung bei einem Ausländer, der nicht im Besitz eines der § 12 Abs. 1 S. 1 Nr. 1 GwG genannten Dokumente ist, eine Bescheini-

§ 12 Identitätsüberprüfung, Verordnungsermächtigung

gung über die Aussetzung der Abschiebung nach § 60a Abs. 4 Aufenthaltsgesetz gemäß Anlage D2b in Verbindung mit Anlage D2a der Aufenthaltsverordnung zugelassen; ähnliches gilt bei einem Asylsuchenden, der nicht im Besitz eines der in § 12 Abs. 1 S. 1 Nr. 1 GwG genannten Dokumente ist; insoweit ist ein Ankunftsnachweis nach § 63a Asylgesetz erforderlich (vgl. hierzu § 1 Abs. 2 der VO über die Bestimmung von Dokumenten, die zur Überprüfung der Identität einer nach dem Geldwäschegesetz zu identifizierenden Person zum Zwecke des Abschlusses eines Zahlungskontovertrags zugelassen werden (ZIdPrüfV)).

Nicht zur Überprüfung der Identität nach dem GwG geeignete Ausweisdokumente sind Dienstausweise von öffentlich Bediensteten, British Visitor Passport, Carte de sejour, Carte de resident (st. bisherige Verwaltungspraxis der BaFin, s. berichtigt BAKred, Schreiben v. 2.6.2000, Z 5 – B400), Registrierscheine für Aussiedler soweit diese über einen ausländischen Reisepass verfügen, Führerscheine. 12

Gemäß § 12 Abs. 1 S. 1 Nr. 2 GwG kann Identitätsüberprüfung auch anhand eines elektronischen Identitätsnachweises nach § 18 Personalausweisgesetz, nach § 12 des eID-Karte-Gesetzes oder nach § 78 Abs. 5 Aufenthaltsgesetz erfolgen. Dies war bereits vom Wortlaut des § 4 Abs. 4 S. 1 Nr. 1 GwG aF grundsätzlich mit umfasst; Voraussetzung ist, dass die Identität des Vertragspartners überprüft wird und er dazu anwesend ist (BT-Drs. 16/10489, 49). Darüber hinaus lässt § 12 Abs. 1 S. 1 Nr. 3 GwG die Überprüfung anhand einer qualifizierten elektronischen Signatur nach Art. 3 Nr. 12 der Verordnung (EU) Nr. 910/2014 des Europäischen Parlaments und des Rates vom 23.7.2014 über elektronische Identifizierung und Vertrauensdienste für elektronische Transaktionen im Binnenmarkt und zur Aufhebung der Richtlinie 1999/93/EG (ABl. 2014 L 257, 73) zu. Gleiches gilt für § 12 Abs. 1 S. 1 Nr. 4 GwG, wonach Nach die Überprüfung der Identität auch anhand eines elektronischen Identifizierungssystems erfolgen, kann das nach Art. 8 Abs. 2 Buchst. c in Verbindung mit Art. 9 der eIDAS-Verordnung auf Sicherheitsniveau „hoch" notifiziert ist. 13

Mit der **5. Geldwäscherichtlinie** strebte die EU eine vollständige Kohärenz mit den Vorschriften über die elektronische Identifizierung an: Bereits die 4. Geldwäscherichtlinie (EU) 2015/849 des Europäischen Parlaments und des Rates sieht bei der Eröffnung eines Bankkontos oder beim Zugang zu Mitteln und/oder der Nachverfolgung elektronischer Transaktionen eine elektronische Identifizierung und den Einsatz sog. Vertrauensdienste vor (vgl. hierzu auch die sog. eIDAS-Verordnung). Mit der eIDAS-Verordnung werden einheitliche Rahmenbedingungen für die grenzüberschreitende Nutzung elektronischer Identifizierungsmittel und Vertrauensdienste geschaffen. Ab dem 1.7.2016 können in allen 28 EU-Mitgliedsstaaten und im EWR Vertrauensdienste nach der eIDAS-Verordnung angeboten werden. Es bedarf daher einer Änderung bzw. Anpassung der Art. 13 Abs. 1, Art. 27 Abs. 2, Art. 40 Abs. 1 Buchst. a und b sowie des Anhangs III der 4. Geldwäscherichtlinie (EU) 2015/849 des Europäischen Parlaments und des Rates mit der Folge, dass Kopien von Originaldokumenten sowie Aussagen, Bescheinigungen oder Referenzen in elektronischer Form als gültiger Identitätsnachweis anerkannt werden (vgl. hierzu nunmehr die Regelung in § 12 Abs. 1 Nr. 2 GwG iVm § 12 des eID-Karte-Gesetzes).

Bereits § 6 Abs. 2 Nr. 2 GwG aF wies der Aufnahme von Geschäftsbeziehungen zu Vertragspartnern in Form natürlicher Personen, die zur Feststellung der Identität nicht persönlich anwesend sind (non-face to face-Kunde) ein erhöhtes Risiko zu (RegBegr. BR-Drs. 168/08, 87; *Mülhausen* in Herzog/Mülhausen Geldwäschebekämpfung-HdB § 41 Rn. 241, 271). Derartige Geschäftsbeziehungen, die posta- 14 lisch, telefonisch oder elektronisch aufgenommen werden, haben in den letzten Jahren erheblich zugenommen (BCBS, Sorgfaltspflicht der Banken bei der Feststellung der Kundenidentität, Tz. 45; *Rott/Schmitt* S. 17). Mit der Regelung des § 6 Abs. 2 Nr. 2 GwG aF wurde Art. 13 Abs. 2 der 3. EU-Anti-Geldwäsche-Richtlinie umgesetzt. Bereits BCBS und FATF hatten die Aufnahme solcher Geschäftsbeziehungen als risikoreich eingestuft (FATF, Die 40 Empfehlungen, Empfehlung 8; FATF, Leitfaden zum risikoorientierten Ansatz zur Bekämpfung von Geldwäsche und Terrorismusfinanzierung, 2007, Tz. 1.26 c). Die Regelung enthält grundlegende Voraussetzungen zur Aufnahme derartiger Geschäftsbeziehungen, die kumulativ zu erfüllen sind (*Ackmann/Reder* WM 2009, 200 (204)).

15   Zunächst hat der Verpflichtete die Identität des Vertragspartners anhand eines Dokumentes nach § 12 Abs. 1 Nr. 1 GwG, dh eines gültigen amtlichen Ausweises mit Lichtbild des Inhabers, insbesondere eines Personalausweises, Passes oder Pass- oder Ausweisersatzes, eines elektronischen Identitätsnachweises nach § 18 Personalausweisgesetz oder nach § 78 Abs. 5 des AufenthG (§ 12 Abs. 1 S. 1 Nr. 2 GwG) oder einer qualifizierten elektronischen Signatur bzw. notifizierten elektronischen Identifizierungssystems (§ 12 Abs. 1 S. 1 Nr. 3 und 4 GwG) zu überprüfen. Das Identifizierungsverfahren über einen elektronischen Identitätsnachweis des Personalausweises stellt dabei nach der Gesetzesbegründung ein der qualifizierten elektronischen Signatur gleichwertiges Verfahren dar. Nach § 18 Abs. 2 S. 1 PAuswG erfolgt der elektronische Identitätsnachweis in diesen Fällen durch Übermittlung von Daten aus dem elektronischen Speicher- und Verarbeitungsmedium des Personalausweises (sog. Online-Ausweisfunktion) und ist über die Eingabe einer Geheimnummer an den Inhaber des Ausweises gebunden (2-Faktor-Autehentisierung). Zugleich wird dabei die Echtheit des Personalausweises kryptografisch überprüft. Bei einer elektronischen Signatur handelt es sich um Daten in elektronischer Form, die anderen elektronischen Daten beigefügt oder logisch mit ihnen verknüpft sind und die zur Authentifizierung dienen, sofern sie auf einem zum Zeitpunkt ihrer Erzeugung gültigen qualifizierten Zertifikat beruhen und mit einer sicheren Signaturerstellungseinheit erzeugt werden.

Gemäß § 8 Abs. 2 GwG ist im Fall des § 12 Abs. 1 S. 1 Nr. 2 GwG die Art, die Nummer und die Behörde, die das zur Überprüfung der Identität vorgelegte Dokument ausgestellt hat, das dienste- und kartenspezifische Kennzeichen und die Tatsache, dass die Prüfung anhand eines elektronischen Identitätsnachweises erfolgt ist, aufzuzeichnen. Bei der Überprüfung der Identität anhand einer qualifizierten Signatur nach § 12 Abs. 1 S. 1 Nr. 3 ist auch deren Validierung aufzuzeichnen.

16   Im Falle der Identitätsüberprüfung anhand einer qualifizierten elektronischen Signatur gemäß § 12 Abs. 1 S. 1 Nr. 3 GwG hat der Verpflichtete eine Validierung der qualifizierten elektronischen Signatur nach Art. 32 Abs. 1 der eIDAS-Verordnung bzw. des eID-Karte-Gesetzes vorzunehmen. Der Verpflichtete muss demnach die Gültigkeit des Zertifikats, die Vorgaben des Vertrauensdienstegesetzes, die Unversehrtheit des Zertifikats und den Bezug des Zertifikats zu den signierten Daten überprüfen. Als weitere Voraussetzung hat der Verpflichtete sicherzustellen, dass eine Transaktion unmittelbar von einem Konto erfolgt, das auf den Namen des Vertragspartners lautet oder bei einem Verpflichteten nach § 2 Abs. 1 S. 1 Nr. 1 oder Nr. 3 GwG oder bei einem Kreditinstitut, das ansässig ist in einem anderen Mitgliedstaat der Europäischen Union, Vertragsstaat des Abkommens über den Europäischen Wirtschaftsraum oder Drittstaat, in dem das Kreditinstitut Sorgfalts- und Aufbewahrungspflichten unterliegt, die den in der Richtlinie (EU) 2015/849 festgelegten Sorgfalts- und Aufbewahrungspflichten entsprechen und deren Einhal-

tung in einer mit Kapitel IV Abschnitt 2 der Richtlinie (EU) 2015/849 im Einklang stehenden Weise beaufsichtigt wird.

II. Identitätsüberprüfung bei juristischen Personen (Abs. 2)

Bei juristischen Personen oder bei Personengesellschaften hat die Identitätsüberprüfung in den Fällen des § 10 Abs. 1 Nr. 1 GwG anhand eines Auszuges aus dem Handels- oder Genossenschaftsregister oder aus einem vergleichbaren amtlichen Register oder Verzeichnis (Nr. 1), anhand von Gründungsdokumenten oder von gleichwertigen beweiskräftigen Dokumenten (Nr. 2) oder durch eine eigene dokumentierte Einsichtnahme des Verpflichteten in die Register- oder Verzeichnisdaten (Nr. 3) zu erfolgen. § 10 Abs. 2 GwG sieht gewisse Erleichterungen im Rahmen der Identifizierung juristischer Personen und Personengesellschaften vor, da der Verpflichteten zur Überprüfung der Identität des Vertragspartners auch die Gründungsdokumente oder gleichwertige beweiskräftige Dokumente heranziehen darf; § 12 Abs. 2 Nr. 2 GwG. Im Wesentlichen entspricht § 12 Abs. 2 GwG damit § 4 Abs. 4 Nr. 2 GwG aF. Im Vergleich zum vorhergehenden Wortlaut des § 12 Abs. 2 Nr. 3 GwG wird allerdings klargestellt, dass die Einsichtnahme des Verpflichteten in Register- oder Verzeichnisdaten zu dokumentieren ist. In Bezug auf die zur Verfügung stehenden Register und Verzeichnisse steht neben den explizit benannten Handels- oder Genossenschaftsregister nun auch das Transparenzregister zur Verfügung. Hierbei ist allerdings § 11 Abs. 5 S. 3 GwG zu beachten, mit der Folge, dass sich der Verpflichtete bei der Erfüllung seiner Sorgfaltspflichten nicht ausschließlich auf die Angaben im Transparenzregister verlassen darf. Darüber hinaus kommen ferner das Partnerschaftsregister, das Vereinsregister, die Stiftungsverzeichnisse sowie vergleichbare ausländische Register und Verzeichnisse zur Einsichtnahme in Betracht (BT-Drs. 16/9038, 38).

In Bezug auf sog. Trusts ist künftig folgendes zu beachten:

Bereits die 4. Geldwäscherichtlinie (EU) 2015/849 des Europäischen Parlaments und des Rates bestimmt in Art. 31 die Pflicht der Mitgliedstaaten, „auf nationaler Ebene zentralisierte Register der wirtschaftlichen Eigentümer von Trusts einzurichten, mit denen steuerliche Folgen verbunden sind". Die **5. Geldwäscherichtlinie** präzisierte diesen Ansatz nun in der Form, dass diese Verpflichtung für den Mitgliedstaat gelten soll, in dem der Trust verwaltet wird. Grund hierfür ist der Umstand, dass die Auslegung der Kriterien für „geltendes Recht" und „steuerliche Folge" durch die Mitgliedstaaten nicht einheitlich erfolgt. Das heißt, ein Mitgliedstaat, der Trusts in seinem Recht nicht anerkennt, wird diesen weder (steuerlich) überwachen noch registrieren, obwohl er in seinem Hoheitsgebiet verwaltet wird. Hieraus leitet die 5. Geldwäscherichtlinie eine Verfehlung der Transparenzziele ab und schlägt daher die zuvor dargestellte Einrichtung eines Registers nebst Registrierungspflicht vor.

Soweit möglich bzw. zumutbar, hat die Identitätsüberprüfung durch die Verpflichteten grundsätzlich anhand von Registerauszügen oder durch Einsichtnahme in qualifizierte bzw. gleichwertige in- und ausländische Register zu erfolgen (DK, Auslegungs- und Anwendungshinweise 2014, Tz. 12). Sind Registerauszüge nicht verfügbar, kann hilfsweise auf andere beweiskräftige Unterlagen zurückgegriffen werden. Maßstab kann die Orientierung an lokalen Standards durch die Verpflich-

§ 12   Abschnitt 3. Sorgfaltspflichten in Bezug auf Kunden

teten sein; etwa durch Einsichtnahme in Informationen der lokalen Aufsichtsbehörden über die beaufsichtigten Unternehmen (DK, Auslegungs- und Anwendungshinweise 2014, Tz. 12).

19   Besonderheiten gelten für die Identifizierung bestimmter Gesellschaftsformen wie der GbR, der WEG sowie bei nicht rechtsfähigen Vereinen (vgl. hierzu BaFin, Auslegungs- und Anwendungshinweise zum Geldwäschegesetz, S. 37). So ist für die Identifizierung der GbR die Identifizierung anhand des Gesellschaftsvertrags grundsätzlich als ausreichend zu erachten; lässt der tatsächliche Geschäftszweck in Bezug auf Geldwäsche und Terrorismusfinanzierung kein erhöhtes Risiko erkennen, kann die Identifizierung auf die hinsichtlich der Geschäftsverbindung verfügungsberechtigten Personen beschränkt werden (DK, Auslegungs- und Anwendungshinweise 2014, Tz. 12b; BaFin, Auslegungs- und Anwendungshinweise zum Geldwäschegesetz, S. 37). Die Erfassung sämtlicher Mitglieder oder die Vorlage von Mitgliederlisten ist in diesem Fall entbehrlich (DK, Auslegungs- und Anwendungshinweise 2014, Tz. 12b).

Bei Wohnungseigentümergemeinschaften (WEG) kann die Identifizierung anhand eines Protokolls der Eigentümerversammlung und durch Identifizierung der hinsichtlich der Geschäftsverbindung verfügungsberechtigten Personen vorgenommen werden; die Erfassung sämtlicher Miteigentümer oder die Vorlage von Eigentümerlisten ist auch bei der Wohnungseigentümergemeinschaft nicht erforderlich (DK, Auslegungs- und Anwendungshinweise 2014, Tz. 12c).

Die Identifizierung nicht rechtsfähiger Vereine wie Gewerkschaften und Parteien sowie vergleichbarer anderer nicht rechtsfähiger deutscher Vereine kann anhand der Satzung sowie des Protokolls über die Mitgliederversammlung, in der die Satzung beschlossen wurde, erfolgen (DK, Auslegungs- und Anwendungshinweise 2014, Tz. 12d). Lässt der tatsächliche Vereinszweck kein erhöhtes Geldwäsche- oder Terrorismusfinanzierungsrisiko erkennen, ist die Identifizierung des Vereins anhand der hinsichtlich der Geschäftsverbindung verfügungsberechtigten Personen ausreichend (DK, Auslegungs- und Anwendungshinweise 2014, Tz. 12d). Nicht erforderlich ist dagegen eine Erfassung sämtlicher Mitglieder bzw. die Vorlage von Mitgliederlisten zur Identifizierung des Vereins (BaFin, Auslegungs- und Anwendungshinweise zum Geldwäschegesetz, S. 37).

20   Gemäß § 11 Abs. 6 GwG hat der Vertragspartner dem Verpflichteten die Informationen und Unterlagen zur Verfügung zu stellen, die zur Identifizierung erforderlich sind. Ergeben sich im Laufe der Geschäftsbeziehung Änderungen, hat er diese Änderungen unverzüglich dem Verpflichteten anzuzeigen. Ergänzende Anforderungen enthält § 8 GwG hinsichtlich der Dokumentation der Verifizierung. So gilt die Anfertigung eines Ausdrucks im Falle einer Einsichtnahme auf elektronisch geführte Register- oder Verzeichnisdaten als Aufzeichnung der darin enthaltenen Angaben, § 8 Abs. 2 S. 5 GwG. Die Verpflichteten haben sowohl das Recht als auch die Pflicht, vollständige Kopien der zur Überprüfung der Identität herangezogenen Unterlagen und Dokumente anzufertigen oder sie vollständig optisch digitalisiert zu erfassen, § 8 Abs. 2 S. 2 GwG. Da hinsichtlich der gesetzlichen Vertreter, bzw. Mitglieder des Vertretungsorgans keine formale Identifizierung als Vertragspartner iSd § 10 Abs. 1 Nr. 1 GwG erfolgt, ist eine Verifizierung der Angaben entsprechend den Vorgaben des § 12 Abs. 2 GwG ebenfalls nicht erforderlich; es besteht lediglich die Verpflichtung zur Erfassung der Angaben (DK, Auslegungs- und Anwendungshinweise 2014, Tz. 12).

Die Pflicht zur Erfassung der Verfügungsberechtigten eines Kontos oder Depots nach § 154 AO und zur Einstellung der erhobenen Daten in die Kontoabrufdatei nach § 24c KWG besteht unabhängig neben den Kundensorgfaltspflichten des GwG. Die Regelung der Ziff. 11 des AEAO zu § 154 AO (AEAO; BMF BStBl. I S. 290ff. zuletzt geändert durch BMF BStBl. I S. 94, dort Rn. 11) ist zu beachten. Hiernach kann von einer Erfassung der gesetzlichen Vertreter, bzw. Organmitglieder ua bei der Vertretung von juristischen Personen des öffentlichen Rechts, bei der Vertretung von Kreditinstituten und Versicherungsunternehmen, bei in öffentlichen Registern eingetragenen juristischen Personen und Personenmehrheiten, sowie in Fällen, in denen bereits mindestens fünf Vertreter iSd § 154 AO als Verfügungsberechtigte legitimiert worden sind, abgesehen werden.

III. Verordnungsermächtigung (Abs. 3)

§ 12 Abs. 3 GwG ermächtigt das Bundesministerium der Finanzen im Einvernehmen mit dem Bundesministerium des Innern durch Rechtsverordnung, die nicht der Zustimmung des Bundesrates bedarf, weitere Dokumente zu bestimmen, die zur Überprüfung der Identität geeignet sind. Ausweislich der Entwurfsbegründung soll damit eine flexible Grundlage für gegebenenfalls erforderliche nachträgliche Anpassungen, insbesondere für den Fall, dass auf EU-Ebene einheitliche Mindeststandards für anerkennungswürdige Papiere festgelegt werden sollten, geschaffen werden (vgl. BT-Drs. 16/9038, 38). Der Erlass der Rechtsverordnung bedarf nicht der Zustimmung des Bundesrates; die Forderung des Bundesrates – Normierung der Zustimmung des Bundesrates – lehnte die Bundesregierung ab und verwies darauf, dass auch die materiell-rechtlich vergleichbaren Rechtsverordnungsermächtigungen im bisherigen Geldwäschegesetz (bspw. § 2 Abs. 2 GwG aF, § 4 Abs. 4 S. 2 GwG aF) eine solche Zustimmung nicht enthielten (BT-Drs. 18/11928, 8, 34). Darüber hinaus ermögliche auch die Länderanhörung im Verordnungsgebungsverfahren eine Mitwirkung (BT-Drs. 18/11928, 34).

Basierend auf § 4 Abs. 4 S. 2 GwG aF wurde am 5.7.2016 die Verordnung über die Bestimmung von Dokumenten, die zur Überprüfung der Identität einer nach dem Geldwäschegesetz zu identifizierenden Person zum Zwecke des Abschlusses eines Zahlungskontovertrags zugelassen werden (ZIdPrüfV), erlassen. Gemäß der Verordnung kann zum Zwecke des Abschlusses eines Zahlungskontovertrags iSv § 1 Abs. 17 Zahlungsdiensteaufsichtsgesetz die Identitätsprüfung auch anhand der Geburtsurkunde in Verbindung mit der Überprüfung der Identität des gesetzlichen Vertreters zugelassen werden, wenn die Person, das 16. Lebensjahr noch nicht vollendet hat und nicht selbst im Besitz eines Dokuments nach § 12 Abs. 1 S. 1 Nr. 1 GwG ist. Bei einem Betreuten kann die Bestellungsurkunde des Betreuers nach § 290 FamFG in Verbindung mit der Überprüfung der Identität des Betreuers anhand eines Dokuments nach § 12 Abs. 1 S. 1 Nr. 1 GwG zugelassen werden. Zum Zwecke des Abschlusses eines Basiskontovertrags iSd §§ 31, 38 Zahlungskontengesetz wird zur Identitätsüberprüfung bei einem Ausländer, der nicht im Besitz eines der § 12 Abs. 1 S. 1 Nr. 1 GwG genannten Dokumente ist, eine Bescheinigung über die Aussetzung der Abschiebung nach § 60a Abs. 4 Aufenthaltsgesetz gemäß Anlage D2b in Verbindung mit Anlage D2a der Aufenthaltsverordnung zugelassen. Ähnliches gilt bei einem Asylsuchenden, der nicht im Besitz eines der in § 12 Abs. 1 S. 1 Nr. 1 GwG genannten Dokumente ist; insoweit ist ein Ankunftsnachweis nach § 63a Asylgesetz erforderlich.

§ 13 Verfahren zur Identitätsüberprüfung, Verordnungsermächtigung

(1) Verpflichtete überprüfen die Identität der natürlichen Personen mit einem der folgenden Verfahren:
1. durch angemessene Prüfung des vor Ort vorgelegten Dokuments oder
2. mittels eines sonstigen Verfahrens, das zur geldwäscherechtlichen Überprüfung der Identität geeignet ist und ein Sicherheitsniveau aufweist, das dem in Nummer 1 genannten Verfahren gleichwertig ist.

(2) Das Bundesministerium der Finanzen kann im Einvernehmen mit dem Bundesministerium des Innern, für Bau und Heimat durch Rechtsverordnung, die nicht der Zustimmung des Bundesrates bedarf,
1. Konkretisierungen oder weitere Anforderungen an das in Absatz 1 genannte Verfahren sowie an die sich dieses bedienenden Verpflichteten festlegen und
2. Verfahren bestimmen, die zur geldwäscherechtlichen Identifizierung nach Absatz 1 Nummer 2 geeignet sind.

Literatur: BaFin Rundschreiben 3/2017 (GW) – Videoidentifizierungsverfahren GZ: GW 1-GW 2002–2009/0002 vom 10.4.2017; *Zentes/Glaab*, Referentenentwurf zur Umsetzung der 4. EU-Geldwäscherichtlinie – Was kommt auf die Verpflichteten zu?, BB 2017, S. 67ff.

Übersicht

	Rn.
I. Allgemeines	1
II. Verfahren (Abs. 1)	2
III. Verordnungsermächtigung (Abs. 2)	4

I. Allgemeines

1   § 13 GwG bestimmt das Verfahren, mit dem die Prüfung der Identität bei natürlichen Personen durchgeführt werden kann. Die Verpflichtung zur Identifizierung des Vertragspartners ist neben der Verpflichtung zur Abklärung des wirtschaftlich Berechtigten nach wie vor eine zentrale Aufgabe innerhalb der Kundensorgfaltspflichten. Während in § 10 Abs. 1 und 2 GwG der Katalog der von den Verpflichteten anzuwendenden Sorgfaltspflichten festgelegt ist, regelt § 11 GwG den Zeitpunkt. Gemäß der Begriffsbestimmung in § 1 Abs. 3 GwG besteht die Identifizierung aus der Feststellung der Identität durch Erheben von Angaben und der Überprüfung der Identität. § 12 Abs. 1 GwG bestimmt anhand welcher Dokumente die Identitätsüberprüfung in den Fällen des § 10 Abs. 1 Nr. 1 GwG bei natürlichen Personen zu erfolgen hat. Hiernach kann die Prüfung anhand eines gültigen amtlichen Ausweises, eines elektronischen Identitätsnachweises nach § 18 Personalausweisgesetzes oder § 78 Abs. 5 Aufenthaltsgesetzes, einer qualifizierten elektronischen Signatur nach Art. 3 Nr. 12 der Verordnung (EU) Nr. 910/2014 des Europäischen Parlaments und des Rates vom 23.7.2014 über elektronische Identifizierung und Vertrauensdienste für elektronische Transaktionen im Binnenmarkt und zur Aufhebung der Richtlinie 1999/93/EG (ABl. 2014 L 257, 73), eines nach Art. 8 Abs. 2 Buchst. c in Verbindung mit Art. 9 der Verordnung (EU) Nr. 910/2014 notifizierten elektronischen Identifizierungssystems oder von Dokumenten nach § 1 Abs. 1 der Verordnung über die Bestimmung von Dokumenten, die zur Identifizierung einer nach

dem Geldwäschegesetz zu identifizierenden Person zum Zwecke des Abschlusses eines Zahlungskontovertrags zugelassen werden. Zur Feststellung der Identität des Vertragspartners (natürliche Person) hat der Verpflichtete Angaben gemäß § 11 Abs. 4 Nr. 1 GwG wie den Namen, den Geburtsort, das Geburtsdatum, die Staatsangehörigkeit und eine Wohnanschrift zu erheben.

II. Verfahren (Abs. 1)

Zur Feststellung der Identität des Vertragspartners sind von den Verpflichteten 2 bei natürlichen Personen Name, Geburtsort, Geburtsdatum, Staatsangehörigkeit und Anschrift, sowie Art, Nummer und ausstellende Behörde des Legitimationsdokumentes zu erheben, §§ 10 Abs. 1 Nr. 1, 11 GwG. Die Verpflichtung zur Erhebung des Namens des Vertragspartners umfasst nach der Gesetzesbegründung den Nachnamen und mindestens einen Vornamen (BT-Drs. 16/9038, 36). Von einer Identifizierung kann gemäß § 11 Abs. 3 S. 1 GwG abgesehen werden, wenn der Verpflichtete die zu identifizierende Person bereits bei früherer Gelegenheit im Rahmen der Erfüllung seiner Sorgfaltspflichten identifiziert hat und die dabei erhobenen Angaben aufgezeichnet hat. Falls der Verpflichtete aufgrund der äußeren Umstände Zweifel hegt, ob die bei der früheren Identifizierung erhobenen Angaben weiterhin zutreffend sind, hat er eine erneute Identifizierung durchzuführen, § 11 Abs. 3 S. 2 GwG.

§ 13 Abs. 1 Nr. 1 GwG normiert – wenn das Dokument vor Ort und damit unter Anwesenden vorgelegt wird – die Kontrolle des Dokuments in Form der Inaugenscheinnahme und gegebenenfalls der Überprüfung anhand einer haptischen Prüfung (so BT-Drs. 18/11555, 119). Sonstige Überprüfungsverfahren sind gemäß § 13 Abs. 1 Nr. 2 GwG zulässig, wenn sie ein gleichwertiges Sicherheitsniveau zum Verfahren nach § 13 Abs. 1 Nr. 1 GwG darstellen und sich hierfür auch eignen. Das Verfahren zur Identitätsprüfung gewährt damit eine Erweiterung im Hinblick auf den technischen Fortschritt (BT-Drs. 18/11555, 119). Als gleichwertiges, geeignetes Verfahren sind bspw. die in § 12 Abs. 1 S. 1 Nr. 2 GwG genannten Mittel zur Überprüfung der Identität anzusehen.

Darüber hinaus besteht die Möglichkeit, eine Überprüfung durch das sog. Vi- 3 deoidentifizierungsverfahren durchzuführen (vgl. hierzu BaFin RdSchr. 3/2017 (GW) – Videoidentifizierungsverfahren GZ: GW 1-GW 2002–2009/0002 v. 10.4.2017). Das Rundschreiben richtet sich an alle Kreditinstitute, Finanzdienstleistungsinstitute, Zahlungsinstitute, E-Geld-Institute, Agenten iSd § 1 Abs. 9 ZAG, E-Geld-Agenten iSd § 1a Abs. 10 ZAG, Unternehmen und Personen iSd § 2 Abs. 1 Nr. 2c GwG, Kapitalverwaltungsgesellschaften, Zweigniederlassungen von EU-Verwaltungsgesellschaften und ausländischen AIF-Verwaltungsgesellschaften, ausländische AIF-Verwaltungsgesellschaften, für die die Bundesrepublik Deutschland Referenzmitgliedstaat ist und die der Aufsicht der BaFin gemäß § 57 Abs. 1 S. 3 KAGB unterliegen, Versicherungsunternehmen, die Lebensversicherungsverträge bzw. Unfallversicherungsverträge mit Prämienrückgewähr anbieten sowie Finanzholding-Gesellschaften und gemischte Finanzholding-Gesellschaften in der Bundesrepublik Deutschland. Das Videoidentifizierung ermöglicht – insbesondere bei räumlicher Trennung – „eine sinnliche Wahrnehmung der am Identifizierungsprozess beteiligten (natürlichen) Personen, da sich die zu identifizierende Person und der Mitarbeiter durch die Videoübertragung „von Angesicht zu Angesicht" gegenübersitzen und kommunizieren" (so BaFin RdSchr. 3/2017 (GW) – Video-

§ 13   Abschnitt 3. Sorgfaltspflichten in Bezug auf Kunden

identifizierungsverfahren GZ: GW 1-GW 2002–2009/0002 v. 10.4.2017). Das Verfahren kann demnach nur bei natürlichen Personen eingesetzt werden; bei juristischen Personen oder Personengesellschaften ist der Einsatz nicht möglich, es sei denn, das Verfahren findet für den ggf. notwendigen Identitätsnachweis eines gesetzlichen Vertreters oder Bevollmächtigten Verwendung. Voraussetzung ist allerdings, dass eine Videoidentifizierung durch entsprechend geschulte Mitarbeitern des Verpflichteten oder durch einen Dritten, auf den der Verpflichtete die Identifizierungspflicht gemäß § 7 Abs. 2 GwG ausgelagert hat, erfolgt (vgl. BaFin RdSchr. 3/2017 (GW) – Videoidentifizierungsverfahren GZ: GW 1-GW 2002–2009/0002 v. 10.4.2017; so auch *Zentes/Glaab* BB 2017, 67 (70)). Da eine Fernidentifizierung nicht mehr grundsätzlich als erhöhtes Risiko eingestuft werden kann, steht ein solches Verfahren auch nicht im Widerspruch zur 4. Geldwäscherichtlinie (EU) 2015/849 des Europäischen Parlaments und des Rates. Nach der Gesetzesbegründung soll das nach derzeitiger Rechtslage für zulässig erachtete Videoidentifizierungsverfahren allerdings im Jahr 2020 evaluiert und damit einer Überprüfung unterzogen werden (BT-Drs. 18/11555, 119). Weitere geeignete Verfahren können derzeit nur durch eine Rechtsverordnung nach § 13 Abs. 2 Nr. 2 GwG zugelassen werden.

III. Verordnungsermächtigung (Abs. 2)

4   § 13 Abs. 2 GwG ermächtigt das Bundesministerium der Finanzen im Einvernehmen mit dem Bundesministerium des Innern durch Rechtsverordnung, die nicht der Zustimmung des Bundesrates bedarf, Konkretisierungen oder weitere Anforderungen an das in Abs. 1 genannte Verfahren sowie an die sich dieser bedienenden Verpflichteten festzulegen und darüber hinaus Verfahren zu bestimmen, die zur geldwäscherechtlichen Identifizierung nach § 13 Abs. 1 Nr. 2 GwG geeignet sind.

Ausweislich der Gesetzesbegründung soll durch § 13 Abs. 2 Nr. 1 GwG die Möglichkeit geschaffen werden, bei etwaigen „Bedrohungsszenarien in Bezug auf Fälschungs- oder Täuschungsversuche" vorzulegender Dokumente flexibel reagieren zu können und soweit erforderlich weitere Anforderungen zu formulieren (BT-Drs. 18/11555, 119). Die neu zu formulierenden Anforderungen können sowohl in Bezug auf die in § 13 Abs. 1 GwG genannten Verfahren als auch hinsichtlich der hiervon betroffenen Verpflichteten ergehen.

5   § 13 Abs. 2 Nr. 2 GwG soll eine flexible Grundlage für die Zulassung nachträglich verfügbarer, neuer Identifizierungsverfahren bilden. Die Norm bietet damit die Möglichkeit, weitere Verfahrens iSd § 13 Abs. 1 Nr. 2 GwG, die zur geldwäscherechtlichen Überprüfung der Identität geeignet sind, zu bestimmen. Von der Verordnungsermächtigung ist bislang kein Gebrauch gemacht worden.

Der Erlass der Rechtsverordnung bedarf nicht der Zustimmung des Bundesrates; die Forderung des Bundesrates – Normierung der Zustimmung des Bundesrates – lehnte die Bundesregierung ab und verwies darauf, dass auch die materiell-rechtlich vergleichbaren Rechtsverordnungsermächtigungen im bisherigen Geldwäschegesetz (bspw. § 2 Abs. 2 GwG aF, § 4 Abs. 4 S. 2 GwG aF) eine solche Zustimmung nicht enthielten (BT-Drs. 18/11928, 8, 34). Darüber hinaus ermögliche auch die Länderanhörung im Verordnungsgebungsverfahren eine Mitwirkung (BT-Drs. 18/11928, 34).

§ 14 Vereinfachte Sorgfaltspflichten, Verordnungsermächtigung

(1) Verpflichtete müssen nur vereinfachte Sorgfaltspflichten erfüllen, soweit sie unter Berücksichtigung der in den Anlagen 1 und 2 genannten Risikofaktoren feststellen, dass in bestimmten Bereichen, insbesondere im Hinblick auf Kunden, Transaktionen und Dienstleistungen oder Produkte, nur ein geringes Risiko der Geldwäsche oder der Terrorismusfinanzierung besteht. Vor der Anwendung vereinfachter Sorgfaltspflichten haben sich die Verpflichteten zu vergewissern, dass die Geschäftsbeziehung oder Transaktion tatsächlich mit einem geringeren Risiko der Geldwäsche oder Terrorismusfinanzierung verbunden ist. Für die Darlegung der Angemessenheit gilt § 10 Absatz 2 Satz 4 entsprechend.

(2) Bei Anwendbarkeit der vereinfachten Sorgfaltspflichten können Verpflichtete
1. den Umfang der Maßnahmen, die zur Erfüllung der allgemeinen Sorgfaltspflichten zu treffen sind, angemessen reduzieren und
2. insbesondere die Überprüfung der Identität abweichend von den §§ 12 und 13 auf der Grundlage von sonstigen Dokumenten, Daten oder Informationen durchführen, die von einer glaubwürdigen und unabhängigen Quelle stammen und für die Überprüfung geeignet sind.

Die Verpflichteten müssen in jedem Fall die Überprüfung von Transaktionen und die Überwachung von Geschäftsbeziehungen in einem Umfang sicherstellen, der es ihnen ermöglicht, ungewöhnliche oder verdächtige Transaktionen zu erkennen und zu melden.

(3) Ist der Verpflichtete nicht in der Lage, die vereinfachten Sorgfaltspflichten zu erfüllen, so gilt § 10 Absatz 9 entsprechend.

(4) Das Bundesministerium der Finanzen kann im Einvernehmen mit dem Bundesministerium des Innern, für Bau und Heimat durch Rechtsverordnung ohne Zustimmung des Bundesrates Fallkonstellationen festlegen, in denen insbesondere im Hinblick auf Kunden, Produkte, Dienstleistungen, Transaktionen oder Vertriebskanäle ein geringeres Risiko der Geldwäsche oder der Terrorismusfinanzierung bestehen kann und die Verpflichteten unter den Voraussetzungen von Absatz 1 nur vereinfachte Sorgfaltspflichten in Bezug auf Kunden erfüllen müssen. Bei der Festlegung sind die in den Anlagen 1 und 2 genannten Risikofaktoren zu berücksichtigen.

(5) Die Verordnung (EU) 2015/847 findet keine Anwendung auf Inlandsgeldtransfers auf ein Zahlungskonto eines Begünstigten, auf das ausschließlich Zahlungen für die Lieferung von Gütern oder Dienstleistungen vorgenommen werden können, wenn
1. der Zahlungsdienstleister des Begünstigten den Verpflichtungen dieses Gesetzes unterliegt,
2. der Zahlungsdienstleister des Begünstigten in der Lage ist, anhand einer individuellen Transaktionskennziffer über den Begünstigten den Geldtransfer bis zu der Person zurückzuverfolgen, die mit dem Begünstigten eine Vereinbarung über die Lieferung von Gütern und Dienstleistungen getroffen hat, und
3. der überwiesene Betrag höchstens 1 000 Euro beträgt.

§ 14 Abschnitt 3. Sorgfaltspflichten in Bezug auf Kunden

Literatur: BAKred, Schreiben vom 9.3.1999, Z 5 – B400; Deutsche Kreditwirtschaft, Auslegungs- und Anwendungshinweise zur Verhinderung von Geldwäsche, Terrorismusfinanzierung und „sonstigen strafbaren Handlungen" vom 1.2.2014, zitiert: DK, Auslegungs- und Anwendungshinweise 2014; FATF, 40 Empfehlungen 2004; FATF, Mutual Evaluation Report of Anti-Money Laundering and Combating the Financing of Terrorism, Germany, 19.2.2010, zitiert: FATF, Mutual Evaluation Report of Germany 2010; *Kunz*, Die neue Geldtransferverordnung – Überblick zu den wesentlichen Änderungen, Compliance-Berater 2016, S. 54 ff.

Übersicht

	Rn.
I. Allgemeines	1
II. Vereinfachte Sorgfaltspflichten (Abs. 1)	5
III. Reduzierung von Sorgfaltspflichten (Abs. 2)	8
IV. Erfüllbarkeit vereinfachter Sorgfaltspflichten (Abs. 3)	11
V. Verordnungsermächtigung (Abs. 4)	12
VI. Verordnung (EU) 2015/8472 – Geldtransferverordnung (Abs. 5)	13

I. Allgemeines

1 Mit dem GwBekErgG sind die rechtlichen Rahmenbedingungen für die Bekämpfung der Geldwäsche und der Terrorismusfinanzierung grundlegend reformiert worden. Wesentlicher Kernpunkt der gesetzlichen Neuregelungen war der risikoorientierte Ansatz, der ua in der Generalklausel des § 3 Abs. 4 GwG aF festgelegt wurde. Hiernach war der konkrete Umfang der Maßnahmen zur Erfüllung der Sorgfaltspflichten von den Verpflichteten entsprechend dem Risiko des jeweiligen Vertragspartners, der jeweiligen Geschäftsbeziehung oder der jeweiligen Transaktion zu bestimmen. Mit der Einfügung des § 5 GwG aF wurde Art. 11 der 3. EU-Anti-Geldwäscherichtlinie umgesetzt, der in bestimmten Fällen, in denen die Gefahr der Geldwäsche oder der Terrorismusfinanzierung als gering zu betrachten ist, Erleichterungen von den Bestimmungen zu den allgemeinen Sorgfaltspflichten der 3. EU-Anti-Geldwäscherichtlinie vorsieht (vgl. BT-Drs. 16/9038, 38). Zu differenzieren war bei der Anwendung der vereinfachten Sorgfaltspflichten ferner danach, ob die Erleichterungen für alle Verpflichteten gelten, oder ob diese nur von Instituten in Anspruch genommen werden können (BT-Drs. 16/9038, 50). Neben der Spezialregelung des § 5 GwG aF gab es für Institute und Versicherungsunternehmen mit § 25h KWG aF und § 80e VAG aF sowie mit § 6 Abs. 5 InvG aF weitere Regelungen mit Öffnungsklauseln für bestimmte risikoarme Fallkonstellationen, in denen unter engen Voraussetzungen ein Verzicht auf bestimmte Customer-Due-Diligence Pflichten zugelassen wurde.

2 Durch Art. 1 des GwOptG vom 22.12.2011 wurden insbesondere die Voraussetzungen zur Anwendung vereinfachter Sorgfaltspflichten neu gefasst, indem künftig die Umstände des Einzelfalls und eine Risikobewertung in den Tatbestand einzubeziehen sind und die Fallgestaltungen des Abs. 2 nicht mehr automatisch ein geringes Risiko indizieren (BT-Drs. 17/6804, 28). Die Anpassungen gingen zurück auf die Ergebnisse der FATF-Deutschlandprüfung vom 19.2.2010 (FATF, Mutual Evaluation Report of Germany 2010, Tz. 589, 622) hinsichtlich der Erfüllung der FATF-Empfehlung 5 (FATF, 40 Empfehlungen 2004) und den Erwägungsgrund 6 der Richtlinie 2006/70/EG der Kommission vom 1.8.2006 mit Durchführungsbestimmungen für die 3. EU-Anti-Geldwäscherichtlinie bzgl. der Festlegung der technischen Kriterien für vereinfachte Sorgfaltspflichten, wonach in Fallkonstellationen, bei denen gewöhnlicherweise nur vereinfachte Sorgfaltspflichten erfüllt werden müssen, grundsätzlich eine Risikobewertung im Einzelfall zu erfolgen hat (vgl. BT-Drs. 17/6804, 28).

Die 4. Geldwäscherichtlinie (EU) 2015/849 des Europäischen Parlaments und 3 des Rates führte zu einer weiteren Verschärfung der Bestimmungen zu vereinfachten Sorgfaltspflichten. Es sollten bestimmte Kategorien von Kunden oder Transaktionen nicht mehr von vornherein von den Sorgfaltspflichten ausgenommen sein und keine Ausnahmeregelungen mehr zugelassen werden. Hieraus folgt, dass alle in § 10 GwG genannten Kundensorgfaltspflichten zu erfüllen sind und unter Beachtung der FATF-Standards die Anwendung vereinfachter Kundensorgfaltspflichten nicht mehr vollständig außer Acht gelassen werden dürfen (BT-Drs. 18/11555, 120). Der sog. risikobasierte Ansatz erfordert es allerdings, dass in Bereichen mit vermindertem Geldwäscherisiko bestimmte Maßnahmen angemessen reduziert werden dürfen. § 14 GwG setzt damit Art. 15 der 4. Geldwäscherichtlinie (EU) 2015/849 des Europäischen Parlaments und des Rates um.

Für Deutschland wurde bereits im Vorgriff auf die 4. Geldwäscherichtlinie (EU) 2015/849 des Europäischen Parlaments und des Rates durch das GwOptG vom 22.12.2011 klargestellt, dass auch bei der Anwendung vereinfachter Sorgfaltspflichten nicht vollständig von der Identifizierung des Vertragspartners oder der Überwachung der Geschäftsbeziehung abgesehen werden kann (vgl. § 5 Abs. 1 GwG aF). Über den Mindeststandard an Sorgfaltspflichten hinaus steht den Verpflichteten seit der Anpassung von § 5 GwG aF durch das GwOptG lediglich ein Ermessensspielraum hinsichtlich der weiteren Identitätsprüfung sowie der Überwachung der Geschäftsbeziehung zu.

Spezifische Anforderungen für nach Ansicht des Gesetzgebers als besonders risi- 4 kobehaftet geltende Sachverhalte sind dagegen in § 15 GwG (§ 6 GwG aF) für politisch exponierte Personen und das Korrespondenzbankgeschäft sowie ua in § 25k KWG und § 55 VAG normiert.

II. Vereinfachte Sorgfaltspflichten (Abs. 1)

Gemäß § 14 Abs. 1 GwG müssen Verpflichtete nur vereinfachte Sorgfaltspflich- 5 ten erfüllen, soweit sie unter Berücksichtigung der in den Anlagen 1 und 2 genannten Risikofaktoren feststellen, dass in bestimmten Bereichen, insbesondere im Hinblick auf Kunden, Transaktionen und Dienstleistungen oder Produkte, nur ein geringes Risiko der Geldwäsche oder der Terrorismusfinanzierung besteht. Die Anlagen 1 und 2 entsprechen grundsätzlich dem Anhang II und III der 4. Geldwäscherichtlinie (EU) 2015/849 des Europäischen Parlaments und des Rates (vgl. hierzu BT-Drs. 18/11555, 166) und wurden durch Art. 1 des Gesetzes zur Umsetzung der Änderungsrichtlinie zur 4. EU-Geldwäscherichtlinie (GwRLÄndG) am 1.1.2020 (Gesetz v. 12.12.2019, BGBl. I S. 2602) modifiziert bzw. ergänzt. Sie ergehen zu den §§ 5, 10, 14, 15 GwG und normieren Faktoren für ein potenziell geringeres Risiko bzw. für ein potenziell höheres Risiko.

Die Liste in **Anlage 1** ist eine nicht abschließende Aufzählung von Faktoren und möglichen Anzeichen für ein potenziell geringeres Risiko nach § 14 GwG. Als wichtige Faktoren werden insbesondere solche mit Bezug zum Kundenrisiko, zum Produkt-, Dienstleistungs-, Transaktions- oder Vertriebskanalrisiko sowie zum geografischen Risiko benannt. Im Detail gestalten sich die Faktoren gemäß Anlage 1 wie folgt:

Figura

§ 14 Abschnitt 3. Sorgfaltspflichten in Bezug auf Kunden

1. Faktoren bezüglich des Kundenrisikos:
   a) öffentliche, an einer Börse notierte Unternehmen, die (aufgrund von Börsenordnungen oder von Gesetzes wegen oder aufgrund durchsetzbarer Instrumente) solchen Offenlegungspflichten unterliegen, die Anforderungen an die Gewährleistung einer angemessenen Transparenz hinsichtlich des wirtschaftlichen Eigentümers auferlegen,
   b) öffentliche Verwaltungen oder Unternehmen,
   c) Kunden mit Wohnsitz in geografischen Gebieten mit geringerem Risiko nach Nummer 3.
2. Faktoren bezüglich des Produkt-, Dienstleistungs-, Transaktions- oder Vertriebskanalrisikos:
   a) Lebensversicherungspolicen mit niedriger Prämie,
   b) Versicherungspolicen für Rentenversicherungsverträge, sofern die Verträge weder eine Rückkaufklausel enthalten noch als Sicherheit für Darlehen dienen können,
   c) Rentensysteme und Pensionspläne oder vergleichbare Systeme, die den Arbeitnehmern Altersversorgungsleistungen bieten, wobei die Beiträge vom Gehalt abgezogen werden und die Regeln des Systems den Begünstigten nicht gestatten, ihre Rechte zu übertragen,
   d) Finanzprodukte oder -dienste, die bestimmten Kunden angemessen definierte und begrenzte Dienstleistungen mit dem Ziel der Einbindung in das Finanzsystem („financial inclusion") anbieten,
   e) Produkte, bei denen die Risiken der Geldwäsche und der Terrorismusfinanzierung durch andere Faktoren wie etwa Beschränkungen der elektronischen Geldbörse oder der Transparenz der Eigentumsverhältnisse gesteuert werden (zB bestimmte Arten von E-Geld).
3. Faktoren bezüglich des geografischen Risikos – Registrierung, Niederlassung, Wohnsitz in:
   a) Mitgliedstaaten,
   b) Drittstaaten mit gut funktionierenden Systemen zur Verhinderung, Aufdeckung und Bekämpfung von Geldwäsche und von Terrorismusfinanzierung,
   c) Drittstaaten, in denen Korruption und andere kriminelle Tätigkeiten laut glaubwürdigen Quellen schwach ausgeprägt sind,
   d) Drittstaaten, deren Anforderungen an die Verhinderung, Aufdeckung und Bekämpfung von Geldwäsche und von Terrorismusfinanzierung laut glaubwürdigen Quellen (zB gegenseitige Evaluierungen, detaillierte Bewertungsberichte oder veröffentlichte Follow-up-Berichte) den überarbeiteten FATF (Financial Action Task Force)-Empfehlungen entsprechen und die diese Anforderungen wirksam umsetzen.

Die Liste in **Anlage 2** ist eine nicht erschöpfende Aufzählung von Faktoren und möglichen Anzeichen für ein potenziell höheres Risiko nach § 15 GwG. Als wichtige Faktoren werden auch hier solche mit Bezug zum Kundenrisiko, zum Produkt-, Dienstleistungs-, Transaktions- oder Vertriebskanalrisiko sowie zum geografischen Risiko benannt. Im Detail gestalten sich die Faktoren gemäß Anlage 2 wie folgt:
1. Faktoren bezüglich des Kundenrisikos:
   a) außergewöhnliche Umstände der Geschäftsbeziehung,
   b) Kunden, die in geografischen Gebieten mit hohem Risiko gemäß Nummer 3 ansässig sind,

§ 14 Vereinfachte Sorgfaltspflichten, Verordnungsermächtigung

c) juristische Personen oder Rechtsvereinbarungen, die als Instrumente für die private Vermögensverwaltung dienen,
d) Unternehmen mit nominellen Anteilseignern oder als Inhaberpapiere emittierten Aktien,
e) bargeldintensive Unternehmen,
f) angesichts der Art der Geschäftstätigkeit als ungewöhnlich oder übermäßig kompliziert erscheinende Eigentumsstruktur des Unternehmens,
g) der Kunde ist ein Drittstaatsangehöriger, der Aufenthaltsrechte oder die Staatsbürgerschaft eines Mitgliedstaats im Austausch gegen die Übertragung von Kapital, den Kauf von Immobilien oder Staatsanleihen oder Investitionen in Gesellschaften in diesem Mitgliedstaat beantragt;

2. Faktoren bezüglich des Produkt-, Dienstleistungs-, Transaktions- oder Vertriebskanalrisikos:
   a) Betreuung vermögender Privatkunden,
   b) Produkte oder Transaktionen, die Anonymität begünstigen könnten,
   c) Geschäftsbeziehungen oder Transaktionen ohne persönliche Kontakte und ohne bestimmte Sicherungsmaßnahmen wie elektronische Mittel für die Identitätsfeststellung, einschlägige Vertrauensdienste gemäß der Definition in der Verordnung (EU) Nr. 910/2014 oder andere von den einschlägigen nationalen Behörden regulierte, anerkannte, gebilligte oder akzeptierte sichere Verfahren zur Identifizierung aus der Ferne oder auf elektronischem Weg,
   d) Eingang von Zahlungen unbekannter oder nicht verbundener Dritter,
   e) neue Produkte und neue Geschäftsmodelle einschließlich neuer Vertriebsmechanismen sowie Nutzung neuer oder in der Entwicklung begriffener Technologien für neue oder bereits bestehende Produkte,
   f) Transaktionen in Bezug auf Öl, Waffen, Edelmetalle, Tabakerzeugnisse, Kulturgüter und andere Artikel von archäologischer, historischer, kultureller oder religiöser Bedeutung oder von außergewöhnlichem wissenschaftlichem Wert sowie Elfenbein und geschützte Arten;

3. Faktoren bezüglich des geografischen Risikos:
   a) unbeschadet des Art. 9 der Richtlinie (EU) 2015/849 ermittelte Länder, deren Finanzsysteme laut glaubwürdigen Quellen (zB gegenseitige Evaluierungen, detaillierte Bewertungsberichte oder veröffentlichte Follow-up-Berichte) nicht über hinreichende Systeme zur Verhinderung, Aufdeckung und Bekämpfung von Geldwäsche und Terrorismusfinanzierung verfügen,
   b) Drittstaaten, in denen Korruption oder andere kriminelle Tätigkeiten laut glaubwürdigen Quellen signifikant stark ausgeprägt sind,
   c) Staaten, gegen die beispielsweise die Europäische Union oder die Vereinten Nationen Sanktionen, Embargos oder ähnliche Maßnahmen verhängt hat oder haben,
   d) Staaten, die terroristische Aktivitäten finanziell oder anderweitig unterstützen oder in denen bekannte terroristische Organisationen aktiv sind.

6 Vor der Anwendung vereinfachter Sorgfaltspflichten bedarf es der Feststellung der Verpflichteten, dass die Geschäftsbeziehung oder Transaktion tatsächlich mit einem geringeren Risiko der Geldwäsche oder Terrorismusfinanzierung versehen ist. Sie müssen gegenüber den Aufsichtsbehörden auf deren Verlangen darlegen können, dass der Umfang der von ihnen getroffenen Maßnahmen im Hinblick auf das Geldwäsche- und das Terrorismusfinanzierungsrisiko angemessen ist; § 10 Abs. 2 S. 4 GwG gilt entsprechend. Gemäß § 8 Abs. 1 Nr. 2 GwG gelten in diesem Zusammenhang besondere Aufzeichnungspflichten; hiernach sind hinreichende

Figura

§ 14 Abschnitt 3. Sorgfaltspflichten in Bezug auf Kunden

Informationen über die Durchführung und über die Ergebnisse der Risikobewertung sowie über die Angemessenheit der auf Grundlage dieser Ergebnisse ergriffenen Maßnahmen aufzuzeichnen und aufzubewahren.

Die Anwendbarkeit vereinfachter Sorgfaltspflichten auf bestimmte Geschäftsvorgänge oder Kundengruppen entbindet die Verpflichteten grundsätzlich nicht davon, die Geschäftspartner und ggf. den wirtschaftlich Berechtigten zu identifizieren und Geschäftsbeziehungen zu überwachen, um komplexe und ungewöhnlich große Transaktionen ohne klar ersichtlichen wirtschaftlichen oder rechtmäßigen Zweck aufzudecken und etwaige Verdachtsfälle anzuzeigen (vgl. Erwägungsgrund 6 der Durchführungsrichtlinie; so auch Begr. RegE GwBekErgG, BT-Drs. 16/9038, 39; Begr. RegE GwOptG BT-Drs. 17/6804, 29).

7   Für Verpflichtete nach § 2 Abs. 1 Nr. 1–3 und 6–9 GwG und nach Art. 17 der 4. Geldwäscherichtlinie (EU) 2015/849 des Europäischen Parlaments und des Rates verfassen die Europäischen Aufsichtsbehörden **Leitlinien**, die Aufschluss darüber geben, welche Risikofaktoren zu berücksichtigen oder welche Maßnahmen in Fällen, in denen vereinfachte Sorgfaltspflichten gegenüber Kunden angemessen sind, zu treffen sind (so BT-Drs. 18/11555, 120 mit Verweis auf Art. 16 der VO (EU) Nr. 1093/2010 zur Errichtung einer Europäischen Aufsichtsbehörde (Europäische Bankenaufsichtsbehörde), zur Änderung des Beschl. Nr. 716/2009/EG und zur Aufhebung des Beschl. 2009/78/EG der Kommission, ABl. 2010 L 331, 12, zuletzt geändert durch die RL 2015/2366, ABl. 2015 L 337, 35, der VO (EU) Nr. 1094/2010 zur Errichtung einer Europäischen Aufsichtsbehörde (Europäische Aufsichtsbehörde für das Versicherungswesen und die betriebliche Altersversorgung), zur Änderung des Beschl. Nr. 716/2009/EG und zur Aufhebung des Beschl. 2009/79/EG der Kommission, ABl. 2010 L 331, 48, zuletzt geändert durch die VO (EU) Nr. 258/2014, ABl. 2014 L 105, 1 und der VO (EU) Nr. 1095/2010 zur Errichtung einer Europäischen Aufsichtsbehörde (Europäische Wertpapier- und Marktaufsichtsbehörde), zur Änderung des Beschl. Nr. 716/2009/EG und zur Aufhebung des Beschl. 2009/77/EG der Kommission, ABl. 2010 L 331, 84, zuletzt geändert durch die VO (EU) Nr. 258/2014, ABl. 2014 L 105, 1).

Die sog. „Risk Factors Guidelines" sollen Kredit- und Finanzinstitute und damit der Anwenderebene die Beurteilung der laufenden Geschäftsbeziehungen in Bezug auf Geldwäsche- und Terrorismusfinanzierungsrisiken erleichtern mit dem Ziel, auf Grundlage der jeweiligen Unternehmenstätigkeit eine umfassende Risikoanalyse erstellen zu können. Ferner soll auf Basis des Analyseergebnisses der Umfang der Sorgfaltspflichten gegenüber Kunden (CDD) risikoangemessen ausgestaltet werden. Die Leitlinien sollen auch für Gelegenheitstransaktionen gelten. Darüber hinaus sollen die Leitlinien den nationalen Aufsichtsbehörden Vorgaben für die Überprüfung, die von der Anwenderebene eingesetzten Risikobewertungs- und Risikomanagementsysteme hinsichtlich ihrer Wirksamkeit, an die Hand geben.

III. Reduzierung von Sorgfaltspflichten (Abs. 2)

8   Gemäß § 14 Abs. 2 GwG und damit in enger Anlehnung an die Standards der FATF können Verpflichtete den Umfang der Maßnahmen, die zur Erfüllung der allgemeinen Sorgfaltspflichten zu treffen sind, in angemessener Art und Weise reduzieren. Hierbei können allerdings bestimmte der in § 10 Abs. 1 GwG genannten Pflichten nicht mehr vollständig ausgeklammert werden. Das heißt, dass sämtliche der in § 10 GwG normierten Pflichten zu erfüllen sind. Im Rahmen der Reduzie-

rung können gemäß § 14 Abs. 2 Nr. 2 GwG die Überprüfung der Identität – abweichend von den §§ 12 und 13 GwG – auf der Grundlage von sonstigen Dokumenten, Daten oder Informationen durchgeführt werden, die von einer glaubwürdigen und unabhängigen Quelle stammen und für die Überprüfung geeignet sind. § 14 Abs. 2 Nr. 2 GwG entspricht insoweit § 5 Abs. 1 S. 2 Hs. 2 Alt. 1 GwG aF.

Reduziert der Verpflichtete den Umfang der Maßnahmen, die zur Erfüllung der allgemeinen Sorgfaltspflichten zu treffen sind, so hat er sicherzustellen, eine Überprüfung von Transaktionen und die Überwachung von Geschäftsbeziehungen durchführen zu können mit dem Ziel ungewöhnliche oder verdächtige Vorgänge herauszufiltern und zu melden (BT-Drs. 18/11155, 119f.).

§ 12 GwG bestimmt in Abs. 1 anhand welcher Dokumente, die Identitätsüberprüfung in den Fällen des § 10 Abs. 1 Nr. 1 GwG bei natürlichen Personen zu erfolgen hat. Hiernach kann die Prüfung anhand eines gültigen amtlichen Ausweises, eines elektronischen Identitätsnachweises nach § 18 Personalausweisgesetzes oder § 78 Abs. 5 Aufenthaltsgesetzes, einer qualifizierten elektronischen Signatur nach Art. 3 Nr. 12 der Verordnung (EU) Nr. 910/2014 des Europäischen Parlaments und des Rates vom 23.7.2014 über elektronische Identifizierung und Vertrauensdienste für elektronische Transaktionen im Binnenmarkt und zur Aufhebung der Richtlinie 1999/93/EG (ABl. 2014 L 257, 73), eines nach Art. 8 Abs. 2 Buchst. c in Verbindung mit Art. 9 der Verordnung (EU) Nr. 910/2014 notifizierten elektronischen Identifizierungssystems oder von Dokumenten nach § 1 Abs. 1 der Verordnung über die Bestimmung von Dokumenten, die zur Identifizierung einer nach dem Geldwäschegesetz zu identifizierenden Person zum Zwecke des Abschlusses eines Zahlungskontovertrags zugelassen werden. Zur Feststellung der Identität des Vertragspartners (natürliche Person) hat der Verpflichtete Angaben gemäß § 11 Abs. 4 Nr. 1 GwG wie den Namen, den Geburtsort, das Geburtsdatum, die Staatsangehörigkeit und eine Wohnanschrift zu erheben.

§ 13 GwG bestimmt das Verfahren, mit dem die Prüfung der Identität bei natürlichen Personen durchgeführt werden kann. Die Verpflichtung zur Identifizierung des Vertragspartners ist neben der Verpflichtung zur Abklärung des wirtschaftlich Berechtigten nach wie vor eine zentrale Verpflichtung innerhalb der Kundensorgfaltspflichten. Während in § 10 Abs. 1 und 2 GwG der Katalog der vom Verpflichteten anzuwendenden Sorgfaltspflichten festgelegt ist, regelt § 11 den Zeitpunkt. Gemäß der Begriffsbestimmung in § 1 Abs. 3 GwG besteht die Identifizierung aus der Feststellung der Identität durch Erheben von Angaben und der Überprüfung der Identität.

Beispielfälle für sonstige Dokumente, Daten oder Informationen, die von einer glaubwürdigen und unabhängigen Quelle stammen und für die Überprüfung geeignet sind, sind dem Gesetz nicht zu entnehmen. Auch die Gesetzesbegründung gibt hierüber keinen Aufschluss. Denkbar wäre, dass in begründeten und risikoarmen Einzelfällen, etwa bei älteren, gebrechlichen, bzw. sonst in der Beweglichkeit eingeschränkten Vertragspartnern bspw. die Vorlage eines bereits abgelaufenen Ausweisdokumentes den Anforderungen an die Geeignetheit genügen könnte (so bereits DK, Auslegungs- und Anwendungshinweise 2014, Tz. 11; zur Legitimation anhand ungültiger Ausweispapiere vgl. bereits früher BAKred, Schreiben v. 9.3.1999, Z 5 – B400). Hieraus folgt ferner, dass bei Konstellationen, in denen aus nachvollziehbaren Gründen keine Legitimationsdokumente iSd § 12 GwG vorliegen, der Verpflichtete risikoangemessen vorgehen kann.

IV. Erfüllbarkeit vereinfachter Sorgfaltspflichten (Abs. 3)

11 Ist der Verpflichtete nicht in der Lage, die vereinfachten Sorgfaltspflichten zu erfüllen, so gilt § 10 Abs. 9 GwG entsprechend. § 10 Abs. 9 S. 1 und 2 GwG bestimmt, dass der Verpflichtete – wenn er nicht in der Lage ist, die allgemeinen Sorgfaltspflichten nach § 10 Abs. 1 Nr. 1–4 GwG zu erfüllen – die Geschäftsbeziehung nicht begründen oder nicht fortsetzen darf und auch keine Transaktion durchgeführt werden können; soweit eine Geschäftsbeziehung bereits besteht, ist sie vom Verpflichteten durch Kündigung oder auf andere Weise zu beenden. Durch den Verweis wird sichergestellt, dass in den Fällen in denen vereinfachte Kundensorgfaltsmaßnahmen nicht durchführbar sind, ein Beendigungstatbestand greift.

Für Verpflichtete nach § 2 Abs. 1 Nr. 10 und 12 GwG gilt die Beendigungsverpflichtung nicht, wenn der Mandant eine Rechtsberatung oder Prozessvertretung verlangt. Wird diese Rechtsberatung bewusst für den Zweck der Geldwäsche oder der Terrorismusfinanzierung in Anspruch genommen und ist dies dem Verpflichteten bekannt, gilt die Beendigungsverpflichtung auch weiterhin.

V. Verordnungsermächtigung (Abs. 4)

12 § 14 Abs. 4 GwG ermächtigt das Bundesministerium der Finanzen im Einvernehmen mit dem Bundesministerium des Innern durch Rechtsverordnung, die nicht der Zustimmung des Bundesrates bedarf, Fallkonstellationen festzulegen, in denen insbesondere im Hinblick auf Kunden, Produkte, Dienstleistungen, Transaktionen oder Vertriebskanäle ein geringeres Risiko der Geldwäsche oder der Terrorismusfinanzierung bestehen kann und die Verpflichteten unter den Voraussetzungen von § 14 Abs. 1 GwG nur vereinfachte Sorgfaltspflichten in Bezug auf Kunden erfüllen müssen. Bei der Festlegung sind die in den Anlagen 1 und 2 genannten Risikofaktoren zu berücksichtigen (vgl. hierzu BT-Drs. 18/11555, 63 ff.). Ausweislich der Gesetzesbegründung bedarf es für die Festlegung der Fallkonstellation vorab eine Risikoeinstufung, die die nationalen und sektorspezifischen Risikolage berücksichtigt (BT-Drs. 18/11555, 120). Die Verordnungsermächtigung ermöglicht eine noch zielgerichtetere Umsetzung des risikobasierten Ansatzes für die Fallgestaltungen, hinsichtlich derer die Erfüllung allgemeiner Kundensorgfaltspflichten als überzogen einzustufen wäre.

Der Erlass der Rechtsverordnung bedarf nicht der Zustimmung des Bundesrates; die Forderung des Bundesrates – Normierung der Zustimmung des Bundesrates – lehnte die Bundesregierung ab und verwies darauf, dass auch die materiell-rechtlich vergleichbaren Rechtsverordnungsermächtigungen im bisherigen Geldwäschegesetz (bspw. § 2 Abs. 2 GwG aF, § 4 Abs. 4 S. 2 GwG aF), die eine solche Zustimmung nicht enthielten (BT-Drs. 18/11928, 8, 34). Darüber hinaus ermögliche auch die Länderanhörung im Verordnungsgebungsverfahren eine Mitwirkung (BT-Drs. 18/11928, 34).

Von der Verordnungsermächtigung wurde bislang kein Gebrauch gemacht.

VI. Verordnung (EU) 2015/8472 – Geldtransferverordnung (Abs. 5)

Die Geldtransfer-VO (Verordnung (EU) 2015/847 des Europäischen Parlaments und des Rates vom 20.5.2015 über die Übermittlung von Angaben bei Geldtransfers und zur Aufhebung der Verordnung (EU) Nr. 1781/2006 (ABl. 2015 L 141, 1) erfasst den Geldtransfer gleich welcher Währung von oder an Zahlungsdienstleister(n) oder zwischengeschaltete(n) Zahlungsdienstleister(n) mit Sitz in der Union. Die Neufassung der Geldtransfer-VO beruht auf der Umsetzung der FATF-Empfehlungen (vgl. hierzu insbesondere Empfehlung 16 sowie den dazugehörigen Auslegungshinweis). Ziel war es, Regelungen zu normieren, die das Risiko anonymer und illegaler Geldtransfers eindämmt und den Geldtransfers lückenlos zurückverfolgen lassen. Hierbei erfährt auch die Begrifflichkeit des „Geldtransfers" eine Erweiterung und Klarstellung; der Begriff umfasst nunmehr auch den Transfer, der „zumindest teilweise auf elektronischem Wege" durchgeführt wird (Art. 3 Nr. 9 Geldtransfer-VO). Darüber hinaus kommt es nicht darauf an, ob es sich hinsichtlich des Auftraggebers und des Begünstigten oder des Zahlungsdienstleisters des Auftraggebers und dem des Begünstigten um eine Person handelt (Art. 3 Nr. 9 Geldtransfer-VO).

Vom Anwendungsbereich der Geldtransfer-VO werden solche Geldtransfers nicht erfasst, für die ein geringes Geldwäsche- bzw. Terrorismusfinanzierungsrisiko besteht (Erwägungsgrund 13 Geldtransfer-VO, S. 2). Darüber hinaus fallen Vorgänge, die den in Art. 3 Buchst. a bis m und o der Richtlinie 2007/64/EG des Europäischen Parlaments und des Rates genannten Diensten entsprechen, ebenfalls nicht in den Geltungsbereich dieser Verordnung (so ebenfalls Erwägungsgrund 13 Geldtransfer-VO, S. 2). Die Ausnahmen von der Geldtransfer-VO sollen für Zahlungskarten, E-Geld-Instrumente, Mobiltelefone oder andere im Voraus oder im Nachhinein bezahlte digitale oder Informationstechnologie-(IT-)Geräte mit ähnlichen Merkmalen gelten, soweit diese ausschließlich zum Erwerb von Waren oder Dienstleistungen verwendet werden und bei allen Geldtransfers die Nummer der Karte, des Instruments oder des Geräts übermittelt wird. Die Verwendung einer Zahlungskarte, eines E-Geld-Instruments, eines Mobiltelefons oder eines anderen im Voraus oder im Nachhinein bezahlten digitalen oder IT-Geräts mit ähnlichen Merkmalen für einen Geldtransfer von Person zu Person fällt dagegen in den Geltungsbereich der Geldtransfer-VO. Darüber hinaus sind Abhebungen von Geldautomaten, Zahlungen von Steuern, Bußgeldern oder anderen Abgaben, Austausch von eingelesenen Schecks, einschließlich beleggebundener Scheckeinzug oder Wechsel und Geldtransfers, bei denen sowohl der Auftraggeber als auch der Begünstigte im eigenen Namen handelnde Zahlungsdienstleister sind, vom Geltungsbereich dieser Verordnung ausgenommen. Nach Art. 2 Abs. 5 Geldtransfer-VO erhalten die Mitgliedstaaten die Möglichkeit, bestimmte Vorgänge – die einen Geldtransfers innerhalb der Union beinhalten und unter 1.000 EUR liegen – nicht dem Anwendungsbereich der RL zu unterwerfen (so auch *Kunz* Compliance-Berater 2016, 54 (55)). Von dieser Möglichkeit hat der Gesetzgeber in § 14 Abs. 5 GwG Gebrauch gemacht.

Gemäß § 14 Abs. 5 GwG findet die Geldtransfer-VO keine Anwendung auf Inlandsgeldtransfers auf ein Zahlungskonto eines Begünstigten, auf das ausschließlich Zahlungen für die Lieferung von Gütern oder Dienstleistungen vorgenommen werden können, wenn der Zahlungsdienstleister des Begünstigten den Verpflichtungen dieses Gesetzes unterliegt, der Zahlungsdienstleister des Begünstigten in der Lage ist, anhand einer individuellen Transaktionskennziffer über den Begünstigten den Geldtransfer bis zu der Person zurückzuverfolgen, die mit dem Begünstigten eine Vereinbarung über die Lieferung von Gütern und Dienstleistungen getroffen hat, und der überwiesene Betrag höchstens 1.000 EUR beträgt. Die Norm entspricht inhaltlich Art. 2 Abs. 5 Geldtransfer-VO und dient der Effizienz der Zahlungssysteme. Um diese nicht zu beeinträchtigen und „um zwischen dem Risiko, dass Zahlungen aufgrund zu strenger Identifikationspflichten außerhalb des regulären Zahlungsverkehrs getätigt werden, und dem Terrorismusrisikopotenzial kleiner Geldtransfers abwägen zu können", bedarf es einer gesonderten Regelung zu vereinfachten Sorgfaltspflichten für den Bereich des Geldtransfers (idS Erwägungsgrund 16 der Geldtransfer-VO).

15 Der Begriff des „Geldtransfers" umfasst gemäß Art. 2 Nr. 9 Geldtransfer-VO jede Transaktion, die im Auftrag eines Auftraggebers zumindest teilweise auf elektronischem Wege über einen Zahlungsdienstleister mit dem Ziel durchgeführt wird, einem Begünstigten über einen Zahlungsdienstleister einen Geldbetrag zur Verfügung zu stellen. Der „Zahlungsdienstleister" ist dabei eine natürliche oder juristische Person, die Geldtransferdienstleistungen erbringen (vgl. hierzu Art. 2 Nr. 5 Geldtransfer-VO). Als „Begünstigter" ist gemäß Art. 2 Nr. 4 Geldtransfer-VO die Person anzusehen, die den Geldtransfer als Empfänger erhalten soll. Gemäß § 14 Abs. 5 GwG muss der Zahlungsdienstleister des Begünstigten in der Lage sein, anhand einer individuellen Transaktionskennziffer über den Begünstigten den Geldtransfer bis zu der Person zurückzuverfolgen, die mit dem Begünstigten eine Vereinbarung über die Lieferung von Gütern und Dienstleistungen getroffen hat. Eine „individuelle Transaktionskennziffer" ist eine Buchstaben-, Zahlen- oder Zeichenkombination, die vom Zahlungsdienstleister gemäß den Protokollen der zur Ausführung des Geldtransfers verwendeten Zahlungs- und Abwicklungs- oder Nachrichtensysteme festgelegt wird und die Rückverfolgung der Transaktion bis zum Auftraggeber und zum Begünstigten ermöglicht (Art. 2 Nr. 11 GwG).

§ 15 Verstärkte Sorgfaltspflichten, Verordnungsermächtigung

(1) **Die verstärkten Sorgfaltspflichten sind zusätzlich zu den allgemeinen Sorgfaltspflichten zu erfüllen.**

(2) **Verpflichtete haben verstärkte Sorgfaltspflichten zu erfüllen, wenn sie im Rahmen der Risikoanalyse oder im Einzelfall unter Berücksichtigung der in den Anlagen 1 und 2 genannten Risikofaktoren feststellen, dass ein höheres Risiko der Geldwäsche oder Terrorismusfinanzierung bestehen kann. Die Verpflichteten bestimmen den konkreten Umfang der zu ergreifenden Maßnahmen entsprechend dem jeweiligen höheren Risiko der Geldwäsche oder der Terrorismusfinanzierung. Für die Darlegung der Angemessenheit gilt § 10 Absatz 2 Satz 4 entsprechend.**

(3) **Ein höheres Risiko liegt insbesondere vor, wenn es sich**
1. **bei einem Vertragspartner des Verpflichteten oder bei einem wirtschaftlich Berechtigten um eine politisch exponierte Person, ein Familienmitglied oder um eine bekanntermaßen nahestehende Person handelt,**
2. **um eine Geschäftsbeziehung oder Transaktionen handelt, an der ein von der Europäischen Kommission nach Artikel 9 Absatz 2 der Richtlinie**

(EU) 2015/849, der durch Artikel 1 Nummer 5 der Richtlinie 2018/843 geändert worden ist, ermittelter Drittstaat mit hohem Risiko oder eine in diesem Drittstaat ansässige natürliche oder juristische Person beteiligt ist; dies gilt nicht für Zweigstellen von in der Europäischen Union niedergelassenen Verpflichteten nach Artikel 2 Absatz 1 der Richtlinie (EU) 2015/849, der durch Artikel 1 Nummer 1 der Richtlinie 2018/843 geändert worden ist, und für mehrheitlich im Besitz dieser Verpflichteten befindliche Tochterunternehmen, die ihren Standort in einem Drittstaat mit hohem Risiko haben, sofern sich diese Zweigstellen und Tochterunternehmen uneingeschränkt an die von ihnen anzuwendenden gruppenweiten Strategien und Verfahren nach Artikel 45 Absatz 1 der Richtlinie (EU) 2015/849 halten,
3. um eine Transaktion handelt, die im Vergleich zu ähnlichen Fällen
   a) besonders komplex oder ungewöhnlich groß ist,
   b) einem ungewöhnlichen Transaktionsmuster folgt oder
   c) keinen offensichtlichen wirtschaftlichen oder rechtmäßigen Zweck hat, oder
4. für Verpflichtete nach § 2 Absatz 1 Nummer 1 bis 3 und Nummer 6 bis 8 um eine grenzüberschreitende Korrespondenzbeziehung mit Respondenten mit Sitz in einem Drittstaat oder, vorbehaltlich einer Beurteilung durch die Verpflichteten als erhöhtes Risiko, in einem Staat des Europäischen Wirtschaftsraums handelt.

(4) In einem der in den Absätzen 2 und 3 Nummer 1 genannten Fälle sind mindestens folgende verstärkte Sorgfaltspflichten zu erfüllen:
1. die Begründung oder Fortführung einer Geschäftsbeziehung bedarf der Zustimmung eines Mitglieds der Führungsebene,
2. es sind angemessene Maßnahmen zu ergreifen, mit denen die Herkunft der Vermögenswerte bestimmt werden kann, die im Rahmen der Geschäftsbeziehung oder der Transaktion eingesetzt werden, und
3. die Geschäftsbeziehung ist einer verstärkten kontinuierlichen Überwachung zu unterziehen.

Wenn im Fall des Absatzes 3 Nummer 1 der Vertragspartner oder der wirtschaftlich Berechtigte erst im Laufe der Geschäftsbeziehung ein wichtiges öffentliches Amt auszuüben begonnen hat oder der Verpflichtete erst nach Begründung der Geschäftsbeziehung von der Ausübung eines wichtigen öffentlichen Amts durch den Vertragspartner oder den wirtschaftlich Berechtigten Kenntnis erlangt, so hat der Verpflichtete sicherzustellen, dass die Fortführung der Geschäftsbeziehung nur mit Zustimmung eines Mitglieds der Führungsebene erfolgt. Bei einer ehemaligen politisch exponierten Person haben die Verpflichteten für mindestens zwölf Monate nach Ausscheiden aus dem öffentlichen Amt das Risiko zu berücksichtigen, das spezifisch für politisch exponierte Personen ist, und so lange angemessene und risikoorientierte Maßnahmen zu treffen, bis anzunehmen ist, dass dieses Risiko nicht mehr besteht.

(5) In dem in Absatz 3 Nummer 2 genannten Fall haben Verpflichtete mindestens folgende verstärkte Sorgfaltspflichten zu erfüllen:
1. sie müssen einholen:
   a) zusätzliche Informationen über den Vertragspartner und den wirtschaftlich Berechtigten,

§ 15 Abschnitt 3. Sorgfaltspflichten in Bezug auf Kunden

    b) zusätzliche Informationen über die angestrebte Art der Geschäftsbeziehung,
    c) Informationen über die Herkunft der Vermögenswerte und des Vermögens des Vertragspartners,
    d) Informationen über die Herkunft der Vermögenswerte und des Vermögens des wirtschaftlich Berechtigten mit Ausnahme der Person, die nach § 3 Absatz 2 Satz 5 als wirtschaftlich Berechtigter gilt,
    e) Informationen über die Gründe für die geplante oder durchgeführte Transaktion und
    f) Informationen über die geplante Verwendung der Vermögenswerte, die im Rahmen der Transaktion oder Geschäftsbeziehung eingesetzt werden, soweit dies zur Beurteilung der Gefahr von Terrorismusfinanzierung erforderlich ist,
2. die Begründung oder Fortführung einer Geschäftsbeziehung bedarf der Zustimmung eines Mitglieds der Führungsebene und
3. bei einer Geschäftsbeziehung müssen sie die Geschäftsbeziehung verstärkt überwachen durch
    a) häufigere und intensivere Kontrollen sowie
    b) die Auswahl von Transaktionsmustern, die einer weiteren Prüfung bedürfen.

(5a) In dem in Absatz 3 Nummer 2 genannten Fall und zusätzlich zu den in Absatz 5 genannten verstärkten Sorgfaltspflichten können die zuständigen Aufsichtsbehörden risikoangemessen und im Einklang mit den internationalen Pflichten der Europäischen Union eine oder mehrere von den Verpflichteten zu erfüllende verstärkte Sorgfaltspflichten anordnen, die auch folgende Maßnahmen umfassen können:
1. die Meldung von Finanztransaktionen an die Zentralstelle für Finanztransaktionsuntersuchungen,
2. die Beschränkung oder das Verbot geschäftlicher Beziehungen oder Transaktionen mit natürlichen oder juristischen Personen aus Drittstaaten mit hohem Risiko,
3. das Verbot für Verpflichtete mit Sitz in einem Drittstaat mit hohem Risiko, im Inland Tochtergesellschaften, Zweigniederlassungen oder Repräsentanzen zu gründen,
4. das Verbot, Zweigniederlassungen oder Repräsentanzen in einem Drittstaat mit hohem Risiko zu gründen,
5. die Verpflichtung für Zweigniederlassungen und Tochtergesellschaften von Verpflichteten mit Sitz in einem Drittstaat mit hohem Risiko, sich einer verschärften Prüfung der Einhaltung der geldwäscherechtlichen Pflichten
    a) durch die zuständige Aufsichtsbehörde zu unterziehen oder
    b) durch einen externen Prüfer zu unterziehen,
6. die Einführung verschärfter Anforderungen in Bezug auf eine externe Prüfung nach Nummer 5 Buchstabe b,
7. für Verpflichtete nach § 2 Absatz 1 Nummer 1 bis 3 und 6 bis 9 die Überprüfung, Änderung oder erforderlichenfalls Beendigung von Korrespondenzbankbeziehungen zu Respondenten in einem Drittstaat mit hohem Risiko.

Bei der Anordnung dieser Maßnahmen gilt für die zuständigen Aufsichtsbehörden Absatz 10 Satz 2 entsprechend.

(6) In dem in Absatz 3 Nummer 3 genannten Fall sind mindestens folgende verstärkte Sorgfaltspflichten zu erfüllen:
1. die Transaktion sowie deren Hintergrund und Zweck sind mit angemessenen Mitteln zu untersuchen, um das Risiko der jeweiligen Geschäftsbeziehung oder Transaktionen in Bezug auf Geldwäsche oder auf Terrorismusfinanzierung überwachen und einschätzen zu können und um gegebenenfalls prüfen zu können, ob die Pflicht zu einer Meldung nach § 43 Absatz 1 vorliegt, und
2. die der Transaktion zugrunde liegende Geschäftsbeziehung, soweit vorhanden, ist einer verstärkten kontinuierlichen Überwachung zu unterziehen, um das mit der Geschäftsbeziehung und mit einzelnen Transaktionen verbundene Risiko in Bezug auf Geldwäsche oder auf Terrorismusfinanzierung einschätzen und bei höherem Risiko überwachen zu können.

(7) In dem in Absatz 3 Nummer 4 genannten Fall haben Verpflichtete nach § 2 Absatz 1 Nummer 1 bis 3 und 6 bis 9 bei Begründung einer Geschäftsbeziehung mindestens folgende verstärkte Sorgfaltspflichten zu erfüllen:
1. es sind ausreichende Informationen über den Respondenten einzuholen, um die Art seiner Geschäftstätigkeit in vollem Umfang verstehen und seine Reputation, seine Kontrollen zur Verhinderung der Geldwäsche und Terrorismusfinanzierung sowie die Qualität der Aufsicht bewerten zu können,
2. es ist vor Begründung einer Geschäftsbeziehung mit dem Respondenten die Zustimmung eines Mitglieds der Führungsebene einzuholen,
3. es sind vor Begründung einer solchen Geschäftsbeziehung die jeweiligen Verantwortlichkeiten der Beteiligten in Bezug auf die Erfüllung der Sorgfaltspflichten festzulegen und nach Maßgabe des § 8 zu dokumentieren,
4. es sind Maßnahmen zu ergreifen, um sicherzustellen, dass sie keine Geschäftsbeziehung mit einem Respondenten begründen oder fortsetzen, von dem bekannt ist, dass seine Konten von einer Bank-Mantelgesellschaft genutzt werden, und
5. es sind Maßnahmen zu ergreifen, um sicherzustellen, dass der Respondent keine Transaktionen über Durchlaufkonten zulässt.

(8) Liegen Tatsachen, einschlägige Evaluierungen, Berichte oder Bewertungen nationaler oder internationaler für die Verhinderung oder Bekämpfung der Geldwäsche oder der Terrorismusfinanzierung zuständiger Stellen vor, die die Annahme rechtfertigen, dass über die in Absatz 3 genannten Fälle hinaus ein höheres Risiko besteht, so kann die Aufsichtsbehörde anordnen, dass die Verpflichteten die Transaktionen oder Geschäftsbeziehungen einer verstärkten Überwachung unterziehen und zusätzliche, dem Risiko angemessene Sorgfaltspflichten sowie erforderliche Gegenmaßnahmen zu erfüllen haben.

(9) Ist der Verpflichtete nicht in der Lage, die verstärkten Sorgfaltspflichten zu erfüllen, so gilt § 10 Absatz 9 entsprechend.

§ 15 Abschnitt 3. Sorgfaltspflichten in Bezug auf Kunden

(10) Das Bundesministerium der Finanzen kann durch Rechtsverordnung, die nicht der Zustimmung des Bundesrates bedarf,
1. Fallkonstellationen bestimmen, in denen insbesondere im Hinblick auf Staaten, Kunden, Produkte, Dienstleistungen, Transaktionen oder Vertriebskanäle ein potenziell höheres Risiko der Geldwäsche oder der Terrorismusfinanzierung besteht und die Verpflichteten bestimmte verstärkte Sorgfaltspflichten und Gegenmaßnahmen zu erfüllen haben,
2. für Fallkonstellationen im Sinne des Absatzes 3 Nummer 2 bestimmte verstärkte Sorgfaltspflichten und Gegenmaßnahmen anordnen sowie für die Anordnung und Ausgestaltung verstärkter Sorgfaltspflichten durch die zuständigen Aufsichtsbehörden nach Absatz 5a Regelungen treffen.

Das Bundesministerium der Finanzen hat bei Erlass einer Rechtsverordnung nach dieser Vorschrift einschlägige Evaluierungen, Bewertungen oder Berichte internationaler Organisationen oder von Einrichtungen für die Festlegung von Standards mit Kompetenzen im Bereich der Verhinderung von Geldwäsche und der Bekämpfung von Terrorismusfinanzierung hinsichtlich der von einzelnen Drittstaaten ausgehenden Risiken zu berücksichtigen.

Literatur: *Achtelik,* Politisch exponierte Personen in der Geldwäschebekämpfung, Aachen 2009; *Achtelik,* Leitfaden zur Erstellung der Gefährdungsanalyse nach § 25a Absatz 1 Satz 3 Nr. 6 KWG, 2005; *Achtelik/Amtage/El-Samalouti/Ganguli* u. a., Risikoorientierte Geldwäschebekämpfung, 2. Aufl. 2011; *Achtelik/Ganguli,* Das neue Anti-Geldwäsche-Regime, Sonderbeilage zum Bankpraktiker 11/2008, 4ff.; *Ackmann/Reder,* Geldwäscheprävention in Kreditinstituten nach Umsetzung der Dritten EG-Geldwäscherichtlinie (Teil II), WM 2009, 200ff.; *Amtage/Baumann/Bdeiwi,* Risikoorientierte Geldwäschebekämpfung, 3. Aufl. 2018; BaFin, Rundschreiben 3/2020 (GW), I. Inhalt der EU- und FATF-Länderlisten wegen Defiziten in der Bekämpfung von Geldwäsche, Terrorismusfinanzierung und der Finanzierung der Proliferation; II. Gesetzliche Rechtsfolgen und Maßnahmen der BaFin in Bezug auf unter I. gelistete Länder mit erhöhtem Risiko, 13.5.2020; BaFin, Jahresbericht 2019; BaFin, Subnationale Risikoanalyse 2019/2020 (SRA 2.0), März 2020; BaFin, Rundschreiben 14/2019, BaFin, Rundschreiben 08/2019 (GW), I. Delegierte Verordnung (EU) 2016/1675 vom 14.7.2016, zuletzt geändert durch die Delegierte Verordnung (EU) 2018/1467 vom 27.7.2018; II. Erklärung der FATF („FATF Public Statement") vom 18.10.2019 zum Iran und zur Demokratischen Volksrepublik Korea (Nordkorea); III. Informationsbericht der FATF vom 18.10.2019 zu Ländern unter Beobachtung, GZ: GW-1GW 2002–2019/0001, I. Delegierte Verordnung (EU) 2016/1675 vom 14.7.2016, zuletzt geändert durch die Delegierte Verordnung (EU) 2018/1467 vom 27.7.2018; II. Erklärung der FATF („FATF Public Statement") vom 21.6.2019 zum Iran und zur Demokratischen Volksrepublik Korea (Nordkorea); III. Informationsbericht der FATF vom 21.6.2019 zu Ländern unter Beobachtung, GZ: GW-1GW 2002–2019/0001; BaFin, Rundschreiben 02/2019 (GW), I. Delegierte Verordnung (EU) 2016/1675 vom 14.7.2016, zuletzt geändert durch die Delegierte Verordnung (EU) 2018/1467 vom 27.7.2018; II. Erklärung der FATF („FATF Public Statement") vom 22.2.2019 zum Iran und zur Demokratischen Volksrepublik Korea (Nordkorea); III. Informationsbericht der FATF vom 22.2.2019 zu Ländern unter Beobachtung; BaFin, Rundschreiben 01/2019 (GW), I. Delegierte Verordnung (EU) 2016/1675 vom 14.7.2016, zuletzt geändert durch die Delegierte Verordnung (EU) 2018/1467 vom 27.7.2018; II. Erklärung der FATF („FATF Public Statement") vom 19.10.2018 zum Iran und zur Demokratischen Volksrepublik Korea (Nordkorea); III. Informationsbericht der FATF vom 19.10.2018 zu Ländern unter Beobachtung; BaFin, Missbrauch des Video-Ident-Verfahrens: Wie kann ich mich vor einer betrügerischen Kontoeröffnung schützen?, 26.3.2019; BaFin, Jahresbericht 2018; BaFin, Auslegungs- und Anwendungshinweise zum Geldwäschegesetz, Stand: Mai 2020 (zitiert: BaFin-AuA); BaFin, Rundschreiben 12/2018 (GW) vom 5.9.2018, I. Delegierte Verordnung (EU) 2016/1675 vom 14.7.2016, zuletzt geändert durch die Delegierte Verordnung (EU) 2018/212 vom 13.12.2017; II. Erklärung der FATF („FATF Public Statement") vom 29.6.2018 zum Iran und zur Demokratischen Volksrepublik Korea (Nordkorea); III. Informationsbericht der FATF vom 29.6.2018 zu Ländern unter Beobachtung, GZ: GW1-GW 2001−2008/0003; BaFin, BaFin, BaFin Perspektiven 1/2018, Digitalisierung, 1.8.2018; Rundschreiben 07/2018 (GW) vom 9.5.2018, I. Delegierte Verordnung (EU) 2016/1675 vom 14.7.2016, zuletzt geändert durch die Delegierte Verordnung (EU) 2018/212 vom 13.12.2017; II. Erklärung der FATF („FATF Public Statement") vom 23.2.2018 zum Iran und zur Demokratischen Volksrepublik Korea (Nordkorea); III. Informationsbericht der FATF vom 23.2.2018 zu Ländern unter Beobachtung; BaFin, Jahresbericht 2017; BaFin, Geldwäsche − Neue Richtlinie tritt in Kürze in Kraft, BaFinJournal Mai 2018, BaFin, BaFinJournal Juli 2017, 10f.; BaFin, Rundschreiben 3/2017 (GW) vom 10.4.2017, Videoidentifizierungsverfahren, GZ: GW 1-GW 2002−2009/0002; BaFin, Jahresbericht 2016; BaFin, Aktualisierte Information zur Übergangsfrist für das neue Videoidentifizierungsverfahren, 19.10.2016; BaFin, Rundschreiben 5/2016 (GW) vom 10.8.2016, I. Erklärung der FATF („FATF Public Statement") vom 24.6.2014 zum Iran und zur Demokratischen Volksrepublik Korea (Nordkorea); II. Informationsbericht der FATF vom 24.6.2016 zu Ländern unter Beobachtung; III. Geplante Änderung der 4. EU-Geldwäscherichtlinie, GZ: GW 1-GW 2001−2008/0003; BaFin, Zusatzinformation zum Videoidentifizierungsverfahren (Rundschreiben 04/2016): Übergangsfrist, 11.7.2016; BaFin, Rundschreiben 4/2016 (GW) vom 31.5.2016, Videoidentifizierungsverfahren, GZ: GW 1-GW 2001−2008/0003; BaFin, Rundschreiben 2/2016 (GW) vom 5.4.2016, I. Erklärung der FATF („FATF Public Statement") vom 19.2.2016 zum Iran und zur Demokratischen Volksrepublik Korea (Nordkorea); II. Informationsbericht der FATF vom 19.2.2016 zu Ländern unter Beobachtung, GZ: GW 1-GW 2001−2008/0003; BaFin, Jahresbericht 2015; BaFin, Schreiben vom 21.8.2015, Übergangsregelung hinsichtlich der zulässigen Legitimationsdokumente gem. § 4 Abs. 4 Nr. 1 GwG, GZ: GW 1-GW 2002−2008/0004; BaFin, Rundschreiben 3/2015 (GW) vom 20.4.2015, I. Erklärung der FATF („FATF Public Statement") vom 27.2.2015 zum Iran, zur Demokratischen Volksrepublik Korea (Nordkorea) sowie weiteren Ländern; II. Informationsbericht der FATF vom 27.2.2015 zu Ländern unter Beobachtung, GZ: GW 1-GW 2001−2008/0003; BaFin, Rundschreiben 6/2015 (GW) vom 10.7.2015, I. Erklärung der FATF („FATF Public Statement") vom 26.6.2015 zum Iran, zur Demokratischen Volksrepublik Korea (Nordkorea) sowie weiteren Ländern; II. Informationsbericht der FATF vom 26.6.2015 zu Ländern unter Beobachtung, GZ: GW 1-GW 2001−2008/0003; BaFin, Rundschreiben 2/2015 (GW) vom 13.2.2015, Erklärung von MONEYVAL zu Bosnien und Herzegowina; BaFin, Rundschreiben 8/2014 (GW) vom 21.11.2014, I. Erklärung der FATF („FATF Public Statement") vom 24.10.2014 zum Iran, zur Demokratischen Volksrepublik Korea (Nordkorea) sowie weiteren Ländern; II. Informationsbericht der FATF vom 24.10.2014 zu Ländern unter Beobachtung, III. Verwaltungspraxis zu § 11 GwG, GZ: GW 1-GW 2001−2008/0003; BaFin, Rundschreiben 6/2014 (GW) vom 14.7.2014, I. Erklärung der FATF („FATF Public Statement") vom 27.6.2014 zum Iran, zur Demokratischen Volksrepublik Korea (Nordkorea) sowie weiteren Ländern; II. Informationsbericht der FATF vom 27.6.2014 zu Ländern unter Beobachtung, GZ: GW 1-GW 2001−2008/0003; BaFin, Rundschreiben 2/2014 (GW) vom 1.4.2014, I. Erklärung der FATF („FATF Public Statement") vom 14.2.2014 zum Iran, zur Demokratischen Volksrepublik Korea (Nordkorea) sowie weiteren Ländern; II. Informationsbericht der FATF vom 14.2.2014 zu Ländern unter Beobachtung, GZ: GW 1-GW 2001−2008/0003; BaFin, Rundschreiben 1/2014 (GW) vom 5.3.2014, I. I. Verwaltungspraxis zu § 11 GwG sowie Adressen der zuständigen Behörden für eine Verdachtsmeldung nach §§ 11, 14 GwG; II. Erfordernis einer Verdachtsmeldung auch bei Kenntnis von einer steuerlichen Selbstanzeige durch den Vertragspartner; III. Auslegung des § 6 Abs. 2 Nr. 2 GwG („nicht persönlich anwesend"); IV. Verwaltungspraxis zu den gesetzlichen Vorschriften zur Verhinderung von Geldwäsche und Terrorismusfinanzierung im

§ 15 Abschnitt 3. Sorgfaltspflichten in Bezug auf Kunden

Geldwäschegesetz und Kreditwesengesetz, GW 1-GW 2001–2008/0003; BaFin, Rundschreiben 5/2013 (GW) vom 20.11.2013, I. Erklärung der FATF („FATF Public Statement") vom 18.10.2013 zum Iran, zur Demokratischen Volksrepublik Korea (Nordkorea) sowie weiteren Ländern; II. Informationsbericht der FATF vom 18.10.2013 zu Ländern unter Beobachtung, GZ: GW 1-GW 2001–2008/0003; BaFin, Rundschreiben 1/2013 (GW) vom 26.3.2013, I. Erklärung der FATF („FATF Public Statement") vom 22.2.2013 zum Iran, zur Demokratischen Volksrepublik Korea (Nordkorea) sowie weiteren Ländern. II. Informationsbericht der FATF vom 22.2.2013 zu Ländern unter Beobachtung. III. Verwaltungspraxis der BaFin zu § 3 Abs. 2 Nr. 2 zweite Tatbestandsalternative GwG in Bezug auf Bartransaktionen (hier: Verlängerung Nichtsanktionierungsfrist), GZ: GW 1-GW 2001–2008/0003; BaFin, Rundschreiben 9/2012 (GW) vom 17.12.2012, Verlängerung der Nichtsanktionierungsfrist, GZ: GW 1-GW 2001–2008/0003; BaFin, Rundschreiben 6/2012 (GW) vom 16.11.2012, I. Erklärung der FATF („FATF Public Statement") vom 19.10.2012 zum Iran, zur Demokratischen Volksrepublik Korea (Nordkorea) sowie weiteren Ländern, II. Informationsbericht der FATF vom 19.10.2012 zu Ländern unter Beobachtung, III. Verwaltungspraxis der BaFin zu § 3 Abs. 2 Nr. 2 zweite Tatbestandsalternative GwG in Bezug auf Bartransaktionen (hier: Prüfung Nichtsanktionierungsfrist), GZ: GW 1-GW 2001–2008/0003; BaFin, Rundschreiben 4/2012 (GW), I. Auslegungs- und Anwendungshinweise der Deutschen Kreditwirtschaft zur Umsetzung des Gesetzes zur Optimierung der Geldwäscheprävention – Veröffentlichung ergänzender Hinweise vom 22.8.2012. II. Verwaltungspraxis der BaFin zu § 3 Abs. 2 Nr. 2 zweite Tatbestandsalternative GwG in Bezug auf Bartransaktionen (Bareinzahlung auf ein Fremdkonto bei dem Institut, bei welchem die Einzahlung erfolgt), GZ: GW 1-GW 2001–2008/0003;BaFin, Jahresbericht 2012; BaFin, Rundschreiben 3/2012 (GW) vom 6.7.2012, I. Erklärung der FATF vom 22.6.2012 zum Iran, zur Demokratischen Volksrepublik Korea (Nordkorea) sowie weiteren Ländern, II. Informationsbericht der FATF vom 22.6.2012 zu Ländern unter Beobachtung, III. Verdachtsmeldung gemäß § 11 GwG, GZ: GW 1-GW 2001–2008/0003; BaFin, Rundschreiben 2/2012 (GW) vom 21.3.2012, I. Neue internationale Standards der FATF, II. Erklärung der FATF vom 16.2.2012 zum Iran, zur Demokratischen Volksrepublik Korea (Nordkorea) sowie weiteren Ländern, III. Informationsbericht der FATF vom 16.2.2012 zu Ländern unter Beobachtung, IV. Länder und Gebiete mit gleichwertigen Anforderungen bei der Verhinderung von Geldwäsche und Terrorismusfinanzierung; hier: Änderung der Drittlandäquivalenzliste, V. Gesetz zur Optimierung der Geldwäscheprävention, GZ: GW 1-GW 2001–2008/0003; BaFin, Rundschreiben 1/2012 (GW) vom 6.6.2012, Verwaltungspraxis zu den gesetzlichen Vorschriften zur Verhinderung von Geldwäsche und Terrorismusfinanzierung im Geldwäschegesetz und Kreditwesengesetz, GZ: GW 1-GW 2001–2008/0003; BaFin, Jahresbericht 2011; BaFin, Rundschreiben 12/2011 (GW) vom 9.12.2011, I. Erklärung der FATF vom 28.10.2011 zum Iran, zur Demokratischen Volksrepublik Korea (Nordkorea) sowie weiteren Ländern, II. Informationsbericht der FATF vom 28.10.2011 zu Ländern unter Beobachtung, GZ: GW 1-GW 2001–2008/0003; BaFin, Rundschreiben 10/2011 (GW) vom 28.7.2011, I. a) Erklärung der FATF vom 24.6.2011 zum Iran, zur Demokratischen Volksrepublik Korea (Nordkorea) sowie weiteren Ländern, I. b) Informationsbericht der FATF vom 24.6.2011 zu Ländern unter Beobachtung, II. Länder und Gebiete mit gleichwertigen Anforderungen bei der Verhinderung von Geldwäsche und Terrorismusfinanzierung, GZ: GW 1-GW 2001–2008/0003; BaFin, Rundschreiben 3/2011 (GW) vom 8.4.2011, I. Aktualisierte Erklärung der FATF, II. Informationsbericht der FATF, GZ: GW 1-GW 2001–2008/0003; BaFin, Rundschreiben 1/2011 (GW) vom 25.1.2011, Hindernisse bei der Erfüllung von Sorgfaltspflichten bei Transaktionen und Geschäftsbeziehungen mit dem Iran durch Umgehungsgeschäfte, GZ: GW 1-GW 2001–2008/0003; BaFin, Rundschreiben 10/2010 (GW) vom 12.11.2010, I.a) Erklärung der FATF vom 22.10.2010 zum Iran und zur Demokratischen Volksrepublik Korea (Nordkorea), I. b) Informationsbericht der FATF vom 22.10.2010 zu Ländern unter Beobachtung, II. Stellungnahme der FATF zum Länderbericht Argentiniens, GZ: GW 1-GW 2001–2008/0003; BaFin, Rundschreiben 7/2010 (GW) vom 14.7.2010, I. Erklärung der FATF vom 25.6.2010 zum Iran und weiteren Ländern, II. Informationsbericht der FATF vom 25.6.2010 zu Ländern unter Beobachtung, GZ: GW 1-GW 2001–2008/0003; BaFin, Rundschreiben 2/2010 (GW) vom 22.3.2010, I. Erklärung der FATF vom 18.2.2010 zum Iran und zu weiteren Ländern, II. Informationsbericht der FATF vom 18.2.2010 zu Ländern unter Beobachtung, III. Aufhebung aller Gegenmaßnahmen bezüglich Usbekistan, GZ: Gw 1-GW 2001–2008/0003; BaFin, Jahresbericht 2009; BaFin, Rundschreiben 14/2009 vom 29.7.2009, I. Risikoeinstufung von Instituten und Unternehmen des Finanzsektors aus anderen EU-Mitgliedstaaten und Ländern und Gebieten mit gleichwertigen Anforderungen bei den Maßnahmen zur Verhinderung von Geldwäsche und Terrorismusfinanzierung. II. Verstärkte Sorgfaltspflichten in Bezug auf Personen, die gemäß § 6 Abs. 2 Nr. 1 GwG die Voraussetzungen einer „politisch exponierten Person" erfüllen. III. Anforderungen an den Umfang der Überprüfung der Identität des wirtschaftlich Berechtigten in Fällen, in denen von einem normalen Risiko auszugehen ist; GZ: GW 1-GW 2001–2008/0003; BaFin, Rundschreiben 7/2008 vom 1.8.2008, I. Länder und Gebiete mit gleichwertigen Anforderungen bei der Verhinderung von Geldwäsche und Terrorismusfinanzierung, II. Deutsche Übersetzung des Leitfadens der Financial Action Task Force on Money Laundering (FATF) zum risikobasierten Ansatz zur Bekämpfung der Geldwäsche und Terrorismusfinanzierung vom Juni 2007, GZ: GW 1-QIN 4101–2008/0001; BaFin, Schreiben vom 8.11.2005, Implementierung von Geldwäschepräventionsmaßnahmen i. S. d. § 25a Abs. 1 Nr. 6 KWG – Verzichtbarkeit auf ein EDV-Researchsystem bei kleineren Instituten, GZ.: GW 1 – B 590; BaFin, Rundschreiben 10/2003 vom 7.11.2003, FATF-Länderliste mit so genannten nicht-kooperierenden Ländern und Territorien; Weitere Gegenmaßnahmen gegen Myanmar, GZ: GW 1 – G701; BAKred, Schreiben vom 6.11.2000, Sicherungsmaßnahmen gegen Geldwäsche bei Kreditinstituten, die als Korrespondenzbanken tätig sind, GZ: Z 5 – C 651; BAKred, Schreiben vom 10.8.2000, Bestechung ausländischer Amtsträger im internationalen Geschäftsverkehr und Geldwäsche, GZ: Z 5 – B 125; BAKred, Verlautbarung des Bundesaufsichtsamtes für das Kreditwesen über Maßnahmen der Kreditinstitute zur Bekämpfung und Verhinderung der Geldwäsche vom 30.3.1998 inklusive der Änderung der Ziff. 41ff. der Verlautbarung vom 8.11.1999, GZ: Z 5 – E 100; BCBS, Press release: BCBS, CPMI, FATF and FSB welcome industry initiative facilitating correspondent banking, 5. März 2018; BCBS, Sound Management of risks related to money laundering and financing of terrorism, Juli 2020; BCBS, Consultative Document, Guidelines, Revised annex on correspondent banking, November 2016; BCBS, Grundsätze für eine wirksame Bankenaufsicht, September 2012; BCBS Methodik der Grundsätze für eine wirksame Bankenaufsicht, Oktober 2006; BCBS, Konsolidiertes KYC-Management, Oktober 2004; BCBS, Sorgfaltspflicht der Banken bei der Feststellung der Kundenidentität, Oktober 2001; *Bentele/Schirmer,* Im Geldwäscherecht viel Neues – Das Gesetz zur Optimierung der Geldwäscheprävention, ZBB 2012, 303ff.; BfDI, Tätigkeitsbericht 2017 – 2018 (27. Tätigkeitsbericht); *Bielefeld/Wegenroth,* Neue Risiken für Unternehmen: Was auf Güterhändler nach der (geänderten) 4. EU-Geldwäsche-Richtlinie zukommt, BB 2016, 2499ff.; *Brian/Frey/Krais,* Umsetzung der Fünften Geldwäsche-Richtlinie in Deutschland, CZZ 2019, 245; *Bütterlin/Nilles/Seiferlein/Popp* (Alix-Partners), Financial crime involving PEPs: How to detect money laundering, sanctions violations, and corruption, April 2019; Committee on Payments and Market Infrastructures (CPMI), Analysis: New correspondent banking data – the decline continues, 27. Mai 2019; Committee on Payments and Market Infrastructures (CPMI), Correspondent banking, Juli 2016; *Correia,* Die Rolle der Banken bei der Aufdeckung von Geldwäsche und Korruption, ZfgK 2016, 1064f.; *Daumann,* § 3 Abs. 6 Geldwäschegesetz: Keine absolute Pflicht?!; BP 04/2016, 128ff.; Deutsche Kreditwirtschaft (DK), DK-Hinweise zur Umsetzung der Vierten EU-Geldwäscherichtlinie, Stand: 20.11.2017 (zitiert: DK-Hinweise zu § …); Deutsche Kreditwirtschaft (DK), Auslegungs- und Anwendungshinweise zur Verhinderung von Geldwäsche, Terrorismusfinanzierung und „sonstigen strafbaren Handlungen" (AuAs), Stand: 1.2.2014; EBA, Call for input on „de-risking" and its impact on access to financial services, 15.6.2020; EBA, Opinion of the European Banking Authority on the application of customer due dilligence measures to customers who are asylum seekers from higher-risk third countries or territories vom 12.4.2016, EBA-Op-2016-07; *Engels,* Die 5. Geldwäscherichtlinie im Überblick: Ände-

§ 15 Abschnitt 3. Sorgfaltspflichten in Bezug auf Kunden

rungen der Richtlinie/EU) 2015/849 durch Richtlinie (EU) 2018/843, WM 2018, 2071 ff.; *Escher-Weingart/Stief,* Geldwäschebekämpfung im Nichtfinanzbereich, WM 2018, 693 ff.; European Commission, Staff Working Document, Methodology for identifying high-risk third countries under Directive (EU) 2015/849, SWD (2020) 99 final, 7.5.2020; European Commission, communication from the Commission on an Action plan for a comprehensive Union policy on preventing money laundering and terrorist financing, C (2020) 2800 final, 7.5.2020; FATF, Guidance Correspondent Banking Services, Oktober 2016; FATF, Guidance for a risk-based approach – The Banking Sector, Oktober 2014; FATF Guidance National money laundering and terrorist financing risk assessment, Februar 2013; FATF, Specific Risk Factors in Laundering the Proceeds of Corruption, Juni 2012; FATF, The FATF Recommendations, Februar 2012 (aktualisiert Juni 2019); FATF, Laundering the Proceeds of Corruption, Juli 2011; FATF, Mutual Evaluation Report Germany, 19.2.2010; FATF, Leitfaden zum risikoorientierten Ansatz zur Bekämpfung von Geldwäsche und Terrorismusfinanzierung, Juni 2007; FATF, Methodology for assessing Compliance with the FATF 40 Recommendations and the FATF 9 Special Recommendations, Februar 2007; FATF, Bericht über Geldwäsche-Typologien und Typologien der Finanzierung des Terrorismus 2003–2004, März 2004; FATF, 40 Empfehlungen, 2003; Financial Intelligence Unit (FIU) Deutschland, Jahresbericht 2016; Financial Intelligence Unit (FIU) Deutschland, Jahresbericht 2015; Financial Intelligence Unit (FIU) Deutschland, Jahresbericht 2014; Financial Intelligence Unit (FIU) Deutschland, Jahresbericht 2011; Financial Intelligence Unit (FIU) Deutschland, Jahresbericht 2010; Financial Intelligence Unit (FIU) Deutschland, Jahresbericht 2009; Financial Intelligence Unit (FIU) Newsletter Ausgabe 8, November 2009; Financial Intelligence Unit (FIU) Deutschland, Jahresbericht 2008; Financial Intelligence Unit (FIU) Deutschland, Jahresbericht 2007; Financial Intelligence Unit (FIU) Deutschland, Jahresbericht 2006; Financial Intelligence Unit (FIU) Deutschland, Jahresbericht 2005; *Fülbier/Aepfelbach/Langweg,* GwG, 5. Aufl., 2006; *Ganguli,* Neue Geldwäsche-Richtlinie, BP 2006, 74 ff.; *Gehrmann/Wengenroth,* Geldwäscherechtliche Pflichten für Güterhändler am Beispiel von Immobilienunternehmen, BB 2019, 1035 ff.; *Glaab/Neu/Scherp,* Umsetzung der 5. EU-Geldwäscherichtlinie – Was kommt auf die Verpflichteten zu?, BB 2020, 322 ff.; *Glaab/Kruse,* Korrespondenzbanken in der Pflicht, Die Bank 7/2010, 51 ff.; *Glaab/Schaub,* Geldwäsche-Präventionsmaßnahmen im Factoringgeschäft, Banken-Times Februar 2014, S. 10 f.; *Griebel,* Der Makler als „Hilfssheriff" im Kampf gegen Geldwäsche und Terrorismusfinanzierung – Das neue „Geldwäschepräventions-Optimierungsgesetz", NZM 2012, 481 ff.; *Grützner,* Das Gesetz zur Bekämpfung der Korruption 2015 – Wesentliche Inhalte und Änderungen der Rechtslage, ZIP 2016, 253 ff.; *Henke/von Busekist,* Das neue Geldwäscherecht in der Nichtfinanzindustrie, DB 2017, 1567 ff.; *Herzog,* Geldwäschegesetz, 2. Aufl. München 2014; *Herzog,* Geldwäschebekämpfung – quo vadis, WM 1999, 1905 ff.; *Herzog/Hoch,* Politisch exponierte Personen unter Beobachtung – Konsequenzen der 3. EU-Geldwäscherichtlinie und damit verbundene Fragen des Datenschutzes, WM 2007, 1997 ff.; *Herzog/Mülhausen,* Geldwäschebekämpfung und Gewinnabschöpfung, 2006, zitiert: *Bearbeiter* in Herzog/Mülhausen; *Höche,* Der Entwurf einer dritten EU-Richtlinie zur Verhinderung der Nutzung des Finanzsystems zu Zwecken der Geldwäsche und der Finanzierung des Terrorismus, WM 2005, 8 ff.; *Höche/Rößler,* Das Gesetz zur Optimierung der Geldwäscheprävention und die Kreditwirtschaft, WM 2012, 1505 ff.; *Hugger/Cappel,* Geldwäsche-Compliance in Industrieunternehmen, DB 2018, 1066 ff.; *Indervies,* Das Gesetz zur Optimierung der Geldwäscheprävention, BP 2012, 102 ff.; *Insam* (Hrsg.), Verdacht auf Geldwäsche, 2006; *Jae-myong Koh,* Suppressing Terrorist Financing and Money Laundering, 2006; Joint Committee oft he ESAs, Consultation Paper: Draft Guidelines under Articles 17 and 18(4) of Directive (EU) 2015/849 on customer due diligence and ML/TF risk factors, 5.2.2020, JC 2019 87 (zitiert JC 2019 87); Joint Committee of the ESAs, Opinion on the use of innovative solutions by credit and financial institutions in the customer due dilligence process, 23.1.2018, JC 2017 81 (zitiert: JC 2017 81); Joint Committee der ESAs, Gemeinsame Leitlinien nach Artikel 17 und Artikel 18 Absatz 4 der Richtlinie (EU) 2015/849 über vereinfachte und verstärkte Sorgfaltspflichten und die Faktoren, die Kredit- und Finanzinstitute bei der Bewertung des mit einzelnen Geschäftsbeziehungen und gelegentlichen Transaktionen verknüpften Risikos

§ 15

für Geldwäsche und Terrorismusfinanzierung berücksichtigen sollten (Leitlinien zu Risikofaktoren), 26.6.2017 (deutsche Übersetzung vom 4.1.2018), JC 2017 37 (zitiert: JC 2017 37 oder Leitlinien zu Risikoindikatoren); *Kaleck,* Terrorismuslisten: Definitionsmacht und politische Gewalt der Exekutive, KJ Heft 1 2011, 63 ff.; *Klebeck/Dobrauz-Saldapenna,* Rechtshandbuch Digitale Finanzdienstleistungen, 2018; *Kunz/Schirmer,* 4. EU-Geldwäsche-RL: Auswirkungen auf Unternehmen, Banken und Berater, BB 2015, 2435 ff.; *Luz/Neus/Schaber/Schneider/Wagner/ Weber,* KWG und CRR (Band 1), 3. Aufl. 2015; *Meyer,* Der Gesetzentwurf zu einem neuen Geldwäschegesetz – ein erneuter Vorstoß zur Bargeldbeschränkung, ZfgK 2017, 389 ff.; *Möslein/Omlor,* FinTech-Handbuch, 2019; *Nathmann,* Videolegitimation: Neue Anforderungen, BP 2017, 257 ff.; *Peters,* Kriminalität – Bekämpfung mit Know-how und innovativer Technologie, BI 05/17, 74 ff.; *Reischauer/Kleinhans,* KWG, Stand 5/2017; *Rößler,* Auswirkungen der vierten EU-Anti-Geldwäsche-Richtlinie auf die Kreditwirtschaft, WM 2015, 1406 ff.; *Rott/Schmitt,* Geldwäsche – Gefährdungsanalyse und Research, 2005; *Ruppert,* Gesetz zur Optimierung der Geldwäscheprävention: Neue Pflichten für Steuerberater, DStR 2012, 100 ff.; *Scherp,* Fünfte EU-Geldwäscherichtlinie – Umsetzung und Konsequenzen für die deutsche Wirtschaft, DB 2018, 2681 ff.; *Schmid,* Geldwäsche – Ausgewählte Problembereiche, 2007; *Scholz,* Geldwäschebekämpfung 4.0, BP 02/2019, 47 ff.; *Schwennicke/Auerbach,* KWG, 3. Aufl. 2016; *Siering,* Neue Anti-Geldwäsche-Richtlinie und Geldtransfer-Verordnung, DB 2015, 1457 f.; *Spoerr/Roberts,* Die Umsetzung der Vierten EU-Geldwäscherichtlinie: Totale Transparenz, Geldwäschebekämpfung auf Abwegen, WM 2017, 1142; The Wolfsberg Group, Wolfsberg Guidance on Politically Exposed Persons (PEPs), Mai 2017; The Wolfsberg Group, ICC und BAFT, Trade Finance Principles, 2017; The Wolfsberg Group, Wolfsberg Anti-Money Laundering Principles for Correspondent Banking, 2014; The Wolfsberg Group, The Wolfsberg Group Anti-Money Laundering Questionnaire 2014; The Wolfsberg Group, Wolfsberg Anti Corruption Guidance, August 2011; The Wolfsberg Group, Revised „Frequently Asked Questions („FAQs") on Politically Exposed Persons (PEPs")", 2008; *Walther,* Das Gesetz zur Bekämpfung der Korruption, DB 2016, 95 ff.; *Wessing,* Geldwäschebekämpfung „4.0", BB 2015, I; White & Case, Correspondent Risk: Financial Crimes and Correspondent Banking, May 2019; *Zentes/Glaab,* Änderungen durch die GwG-Novelle zur Umsetzung der Fünften EU-Geldwäscherichtlinie und ihre Auswirkungen auf die Verpflichteten, BB 2019, 1667 ff.; *Zentes/Glaab,* High-Speed-Regulierung: die fünfte Geldwäsche-RL, BB 35.2018, „Die Erste Seite"; *Zentes/Glaab* (Hrsg.), GwG, 2018; *Zentes/Glaab,* Referentenentwurf zur Umsetzung der 4. EU-Geldwäscherichtlinie – Was kommt auf die Verpflichteten zu?, BB 2017, 67 ff.; *Zentes/Glaab,* Regulatorische Auswirkungen des Vorschlags der 4. EU-Geldwäscherichtlinie, BB 2013, 707 ff.; ZKA, Auslegungs- und Anwendungshinweise zum Geldwäschebekämpfungsergänzungsgesetz vom 17.12.2008; ZKA, Stellungnahme zum Referentenentwurf des GwBekErgG, 19.11.2007; ZKA, Stellungnahme zum Richtlinienentwurf zur Festlegung von Durchführungsmaßnahmen für die 3. EG-Anti-Geldwäsche-Richtlinie, 5.5.2006; ZKA, Leitfaden zur Bekämpfung der Geldwäsche, 3. Aufl. 2001.

Übersicht

	Rn.
I. Allgemeines	1
II. Übergreifende Regelungen zu verstärkten Sorgfaltspflichten (Abs. 1, 2, 9 und 10)	3
III. Politisch exponierte Personen	7
1. Hintergründe der Regelung	8
2. Erfasster Personenkreis	9
3. Die verstärkten Sorgfaltspflichten	17
a) Zustimmung zur Begründung der Geschäftsbeziehung	18
b) Bestimmung der Herkunft von Vermögenswerten	21
c) Verstärkte kontinuierliche Überwachung der Geschäftsbeziehung	24

§ 15 Abschnitt 3. Sorgfaltspflichten in Bezug auf Kunden

	Rn.
4. Bewertung der Regelungen zu politisch exponierten Personen . .	27
IV. Hochrisiko-Drittstaaten	31
V. Hochrisiko-Transaktionen	33
VI. Korrespondenzbeziehungen	35
VII. Sonstige Fälle höheren Risikos (Abs. 8)	45
VIII. Videoidentifizierungsverfahren	47
IX. Bußgeldvorschriften	48

I. Allgemeines

1   § 6 Abs. 1 GwG in der Fassung des Geldwäschebekämpfungsergänzungsgesetzes (GwBekErgG) vom 13.8.2008 (BGBl. I S. 1690 ff.) brachte den Kerngedanken eines neuen Geldwäscheregimes, mithin des Wechsels vom „rule based" zum **„risk based" approach** (*Pieth* in Herzog/Mülhausen Geldwäschebekämpfung-HdB § 6 Rn. 10), zum Ausdruck, der mit § 15 GwG in der Fassung des Gesetzes zur Umsetzung der Vierten EU-Geldwäscherichtlinie, zur Ausführung der EU-Geldtransferverordnung und zur Neuorganisation der Zentralstelle für Finanztransaktionsuntersuchungen vom 23.6.2017 (BGBl. I S. 1822) und der durch das Gesetz zur Umsetzung der Änderungsrichtlinie zur Vierten EU-Geldwäscherichtlinie vom 12.12.2019 (BGBl. I S. 2602) fortgeführt wird. Stand zu Beginn der Vorgaben zur Verhinderung der Geldwäsche eher die Definition von Regeln weitgehend unabhängig vom Risikogehalt im Vordergrund, wurden mit dem „neueren" Regime stärker als zuvor auch institutsindividuelle und kunden-, geschäfts-, länder- und transaktionsbezogene Risiken berücksichtigt, die unterschiedlich hoch sein können (vgl. dazu bereits RegBegr. BR-Drs. 168/08, 85; FATF, Guidance National money laundering and terrorist financing risk assessment, S. 5 ff.; FATF, FATF Empfehlung 10, The FATF Recommendations, Februar 2012; ausführlich FATF, Leitfaden zum risikoorientierten Ansatz zur Bekämpfung von Geldwäsche und Terrorismusfinanzierung, Tz. 3.1 ff. sowie *Jae-myong Koh* S. 134 f.). Der BCBS brachte diese Wertung ebenfalls schon früh insbesondere dadurch zum Ausdruck, dass er die Kundensorgfaltspflichten dem **Risikomanagement** eines Kreditinstituts zurechnete (BCBS, Sorgfaltspflicht der Banken bei der Feststellung der Kundenidentität, Tz. 17, 19). Soweit erhöhte Risiken bezüglich der Geldwäsche oder der Terrorismusfinanzierung bestehen, haben Verpflichtete deshalb nach § 15 GwG zusätzliche, dem erhöhten Risiko angemessene, verstärkte Sorgfaltspflichten zu erfüllen (vgl. auch FATF, Empfehlung 5; *Pieth* in Herzog/Mülhausen Geldwäschebekämpfung-HdB § 6 Rn. 13). § 15 GwG dient insbesondere der Umsetzung der Art. 18–20a der 4. bzw. 5. EU-Anti-Geldwäsche-Richtlinie. Insbesondere für Institute und Kapitalverwaltungsgesellschaften (vgl. § 28 Abs. 1 S. 4 KAGB) gelten zudem in den Fällen des § 25k KWG weitere verstärkte Sorgfaltspflichten.

2   Die in § 15 Abs. 3 GwG sowie § 25k KWG genannten Fallgruppen eines höheren Risikos und damit einhergehender verstärkter Sorgfaltspflichten besitzen keinen abschließenden Charakter (*Glaab* in Zentes/Glaab GwG § 15 Rn. 1; *Zentes/Glaab* BB 2017, 67 (70), *Henke/von Busekist* DB 2017, 1567 (1573) und bereits zur Vorgängerregelung in § 6 GwG aF *Ackmann/Reder* WM 2009, 200 (202)). Vielmehr enthält § 15 Abs. 3 GwG lediglich Fälle, in denen ein erhöhtes Risiko und die daran anknüpfenden verstärkten Sorgfaltspflichten ausdrücklich gesetzlich festgelegt werden, behält sich weitere Fälle aber ausdrücklich vor *(„insbesondere")*. **Ge-**

setzlich geregelte Fälle eines höheren Risikos und verstärkter Sorgfaltspflichten liegen vor bei politisch exponierten Personen, deren Familienmitgliedern und bekanntermaßen nahe stehenden Personen (§ 15 Abs. 3 Nr. 1, Abs. 4 GwG), bei Geschäftsbeziehungen und Transaktionen unter Beteiligung von der Europäischen Kommission festgelegten Drittstaaten mit hohem Risiko oder mit dort ansässigen natürlichen und juristischen Personen (§ 15 Abs. 3 Nr. 2, Abs. 5 und 5a GwG), bei Hochrisiko-Transaktionen (§ 15 Abs. 3 Nr. 3, Abs. 6 GwG) sowie bei Korrespondenzbeziehungen (§ 15 Abs. 3 Nr. 4, Abs. 7 GwG). Ob ein höheres Risiko vorliegt und verstärkte Sorgfaltspflichten anzuwenden sind, ergibt sich darüber hinaus aus der im Mittelpunkt der Regelungen zur Verhinderung der Geldwäsche und Terrorismusfinanzierung stehenden Risikoanalyse nach § 5 GwG unter Einbeziehung der in Anlage 1 und 2 GwG sowie der Leitlinien des Joint Committee der ESAs zu Risikofaktoren (JC 2017 37 bzw. den bis Mai 2020 in Konsultation befindlichen überarbeiteten Leitlinien JC 2019 87) aufgeführten Faktoren für ein niedrigeres oder höheres Risiko (vgl. § 15 Abs. 2 GwG; BaFin-AuA, Abschnitt II, Nr. 2.3 – Stichwort: „Leitlinien zu Risikofaktoren" sowie Abschnitt III, Nr. 7.1; ferner *Kunz/Schirmer* BB 2015, 2436f.; die FATF hatte zB ganz konkret auch im Hinblick auf Korruptionsfälle beim Weltfußballverband FIFA von einem höheren Risiko der Kundenbeziehung gesprochen, FATF, News vom 16.6.2015, Financial institutions' obligation: identify and monitor high-risk customers and report suspicious transactions; die Wolfsberg Group spricht ferner bei Handelsfinanzierungen vom Fall eines erhöhten Risikos, vgl. The Wolfsberg Group, ICC und BAFT, Trade Finance Principles, Tz. 13). Eine solche eigene Risikoanalyse birgt aber – trotz der gesteigerten Flexibilität für die Verpflichteten – die Gefahr einer schlimmstenfalls straf- und bußgeldbewehrten Fehlentscheidung (*Meyer* ZfgK 2017, 389 (390)), zumindest aber den **Verlust an Rechtssicherheit** (*Wessing* BB 2015, 1). Darüber hinaus können sich aus Bewertungen nationaler oder internationaler Stellen Fälle von höheren Risiken ergeben, die von den Verpflichteten auf Anordnung der Aufsichtsbehörden zu beachten sind (§ 15 Abs. 8 GwG). Schließlich können derartige Fälle und zusätzliche bzw. verstärkte Sorgfaltspflichten auch durch Rechtsverordnung des Bundesministeriums der Finanzen (BMF) festgelegt werde (§ 15 Abs. 10 GwG). Die verstärkten Sorgfaltspflichten sind dabei zusätzlich zu den allgemeinen Sorgfaltspflichten nach § 10 GwG zu erfüllen (§ 15 Abs. 1 GwG). Hilfestellungen erhalten die Verpflichteten dabei ua durch die Leitlinien des Joint Committee (JC 2017 37), die am 26.6.2017 veröffentlicht wurden und Vorgaben zur Berücksichtigung von Risikofaktoren sowie Maßnahmen in Fällen, in denen verstärkte Sorgfaltspflichten gegenüber Kunden angemessen sind, beinhalten **(Leitlinien zu Risikofaktoren)**. Diese werden zurzeit im Rahmen einer bis Mai 2020 laufenden Konsultation überarbeitet (JC 2019 87). Neben der Einfügung weiterer sektorspezifischer Leitlinien enthält die Überarbeitung insbesondere überarbeitete Ausführungen zu Hochrisiko-Drittstaaten (JC 2019 87, Tz. 4.46f., 4.53ff., 4.64, 8.8f., 8.20ff.) sowie weitere Einzelheiten zu Risikofaktoren der Terrorismusfinanzierung (JC 2019 87, zB Tz. 2.7, 2.8, 8.8), wirtschaftlich Berechtigten sowie innovativen Lösungen zur Kundenidentifizierung bzw. deren Verifizierung (JC 2019 87, Tz. 4.32ff.). In Deutschland plante die BaFin, die Leitlinien spätestens bis Mitte 2018 in die Verwaltungspraxis zu übernehmen (BaFin, BaFinJournal, Juli 2017, 10). Diese Übernahme findet nunmehr in Abschnitt II, Nr. 2.3 (Stichwort: „Leitlinien zu Risikofaktoren") der BaFin-AuA ihren Ausdruck (vgl. zu spezifischen Risiken des Finanzsektors auch BaFin, Subnationale Risikoanalyse 2019/2020 (SRA 2.0)).

II. Übergreifende Regelungen zu verstärkten Sorgfaltspflichten (Abs. 1, 2, 9 und 10)

3 § 15 Abs. 1 GwG enthält die grundlegende Klarstellung, dass die verstärkten Sorgfaltspflichten nicht für sich genommen isoliert zu betrachten sind, sondern die Verpflichteten diese zusätzlich zu den allgemeinen Sorgfaltspflichten zu erfüllen haben. Damit kommt zum Ausdruck, dass in diesen Fällen die Durchführung lediglich der allgemeinen Sorgfaltspflichten nicht ausreichend ist (BT-Drs. 18/11555, 120).

4 § 15 Abs. 2 GwG normiert im Wege einer Generalklausel (BaFin-AuA, Abschnitt III, Nr. 7.1), wann Verpflichtete verstärkte Sorgfaltspflichten zu erfüllen haben. Entscheidend für die Erfüllung verstärkter Sorgfaltspflichten ist, ob der Verpflichtete im Rahmen der Risikoanalyse nach § 5 GwG (vgl. Kommentierung dort) oder auch im Einzelfall unter Berücksichtigung der in den Anlagen 1 und 2 zum GwG genannten Faktoren für ein geringeres oder höheres Risiko sowie der Leitlinien des Joint Committee der ESAs zu Risikofaktoren, insbesondere mit Blick auf ein erhöhtes Risiko deren Tz. 49 ff. (BaFin-AuA, Abschnitt II, Nr. 2.3 – Stichwort: „Leitlinien zu Risikofaktoren" sowie Abschnitt III, Nr. 7.1) feststellen, dass ein **höheres Risiko** bestehen kann (§ 15 Abs. 2 S. 1 GwG). § 15 Abs. 3 GwG enthält ganz konkrete Fälle, in denen von einem höheren Risiko und sich daran anknüpfenden verstärkten Sorgfaltspflichten aufgrund gesetzlicher Festlegung auszugehen ist. In den Fällen, in denen die Verpflichteten über die in § 15 Abs. 3 GwG genannten Fälle hinaus zu einem höheren Risiko gelangen, bestimmen sie sodann den konkreten Umfang der zu ergreifenden Maßnahmen anhand des eingestuften höheren Risikos der Geldwäsche und Terrorismusfinanzierung (§ 15 Abs. 2 S. 2 GwG, BaFin-Aua, Abschnitt III, Nr. 7.1). Dabei müssen die Verpflichteten gegenüber der Aufsichtsbehörde (vgl. § 50 GwG) auf Verlangen darlegen, dass der Umfang der getroffenen Maßnahmen angemessen ist (§ 15 Abs. 2 S. 3 iVm § 10 Abs. 2 S. 4 GwG; BaFin-AuA, Abschnitt III, Nr. 7.1 Der gemeinsame Ausschuss der drei europäischen Finanzaufsichtsbehörden **(Joint Committee der ESAs)** hatte im Juni 2017 die bereits mehrfach erwähnten **Leitlinien zu Risikofaktoren** gestützt auf Art. 17 und 18 Abs. 4 der 4. EU-Geldwäscherichtlinie Leitlinien veröffentlicht, die zum 26.6.2018 in Kraft traten, und die speziell für Verpflichtete im Sinne von § 2 Abs. 1 Nr. 1–3 (Kreditinstitute, Finanzdienstleistungsinstitute sowie Zahlungs- und E-Geld-Institute) sowie Nr. 6–9 GwG (Finanzunternehmen, Versicherungsunternehmen, Versicherungsvermittler, Kapitalverwaltungsgesellschaften) Vorgaben zur Berücksichtigung von Risikofaktoren sowie Maßnahmen in Fällen, in denen verstärkte Sorgfaltspflichten gegenüber Kunden angemessen sind, beinhalten (JC 2017 37; diese werden derzeit im Rahmen einer bis Mai 2020 andauernden Konsultation überarbeitet). Die Leitlinien, auch in der zur Überarbeitung zur Konsultation gestellten Form, sind in zwei Teile untergliedert. Im ersten Teil sind allgemeine Vorgaben enthalten, die sich an alle der vorgenannten Unternehmen richten. Dort erfolgen zum einen Hinweise zur Methodologie der Risikoanalyse, Informationsquellen (JC 2017 37, Tz. 14 ff.) und einzelnen Risikofaktoren, insbesondere kundenbezogene Risikofaktoren (JC 2017 37, Tz. 18 ff.), länderbezogene und geografische Risikofaktoren (JC 2017 37, Tz. 22 ff.), produkt-, dienstleistungs- und transaktionsbezogene Risikofaktoren (JC 2017 37, Tz. 28 ff.) sowie vertriebsbezogene Risikofaktoren (JC 2017 37 Tz. 32 ff.). Im Hinblick auf die Gewichtung der Risikofaktoren werden dabei eher vage Vorgaben gemacht (JC

2017 37 Tz. 36 ff.). So sollen Unternehmen auf informierter Grundlage die Relevanz der verschiedenen Risikofaktoren im Kontext der jeweiligen Geschäftsbeziehung oder Transaktion, zB unter Heranziehung von Scorewerten, bewerten. Letztlich wird das Gewicht jedes Risikoindikators von Produkt zu Produkt, Kunde zu Kunde oder Firma zu Firma variieren. Dabei ist die ausschließliche Gewichtung eines Faktors zu vermeiden. Wirtschaftliche oder gewinnorientierte Überlegungen sollten die Gewichtung nicht beeinflussen. Vorgaben in der 4. EU-Geldwäscherichtlinie oder nationalen Gesetzen, in denen ein höheres Risiko per se festgestellt wird, können nicht überstimmt werden. Der erste Teil der Leitlinien enthält ferner Ausführungen zum Risikomanagement (JC 2017 37, Tz. 41 ff.), vereinfachten Sorgfaltspflichten (JC 2017 37, Tz. 44 ff.) sowie verstärkten Sorgfaltspflichten in den für § 15 Abs. 3 GwG relevanten Fällen (JC 2017 37, Tz. 49 ff.). Der zweite Teil enthält sodann sektorspezifische Leitlinien. Zu den **sektorspezifischen Leitlinien** zählen solche zu Korrespondenzbankbeziehungen, Privatkundenbanken, E-Geld-Emittenten, Finanztransfergeschäften, Vermögensverwaltern, Handelsfinanzieren, Lebensversicherungsunternehmen, Investment- bzw. Wertpapierfirmen sowie Anbietern von Investmentfonds (einzelne Leitlinien wurden im Rahmen der Kommentierung von § 15 oder § 25i KWG berücksichtigt, wegen des Inhalts der sektorspezifischen Leitlinien im Übrigen vgl. JC 2017 37, Tz. 75 ff.). Im Rahmen der in 2020 anstehenden Überarbeitung der Leitlinien werden zudem weitere sektorspezifische Leitlinien, zB zu Crowdfunding-Plattformen, Corporate Finance, Kontoinformations- und Zahlungsauslösungsdienstleistern eingefügt.

§ 15 Abs. 9 GwG verweist für den Fall, in dem ein Verpflichteter nicht in der Lage **5** ist, die verstärkten Sorgfaltspflichten bzw. das Management der daraus resultierenden Risiken (vgl. JC 2017 37, Tz. 62) zu erfüllen, auf die Regelung in § 10 Abs. 9 GwG. Damit greift im Fall der Undurchführbarkeit der verstärkten Sorgfaltspflichten die dort festgelegte **Beendigungsverpflichtung** entsprechend und – abgesehen von den noch unten erörterten Verhältnismäßigkeitsgesichtspunkten – uneingeschränkt (BaFin-AuA, Abschnitt III, Nr. 5.8.1; vgl. zur Beendigungsverpflichtung bei der Vorgängernorm in § 3 Abs. 6 GwG aF *Daumann* BB 2016, 128 ff.). Konkret bedeutet dies, dass in diesen Fällen eine Geschäftsbeziehung nicht begründet bzw. nicht fortgesetzt und eine Transaktion nicht durchgeführt werden darf. Bei bestehenden Geschäftsbeziehungen sind diese vom Verpflichteten ungeachtet anderer gesetzlicher oder vertraglicher Bestimmungen durch (ordentliche oder außerordentliche) Kündigung oder in sonstiger Weise zu beenden (BaFin-AuA, Abschnitt III, Nr. 5.8.1). Etwas anderes gilt lediglich für Verpflichtete iSv § 2 Abs. 1 Nr. 10 und 12, also Rechtsanwälte, Kammerrechtsbeistände, Patentanwälte, Notare, Wirtschaftsprüfer, vereidigte Buchprüfer, Steuerberater und Steuerbevollmächtigte, und nur dann wenn eine Rechtsberatung oder Prozessvertretung erbracht werden soll und der Verpflichtete nicht weiß, dass der Mandant die Rechtsberatung bewusst für den Zweck der Geldwäsche oder Terrorismusfinanzierung in Anspruch nimmt Aufgrund des Wortlaut des § 15 Abs. 9 GwG und seinem Bezug auf verstärkte Sorgfaltspflichten gilt die Verpflichtung nicht nur iHa der Sorgfaltspflichten nach § 10 Abs. 1 Nr. 1–4 GwG, sondern auch auf zusätzliche kontinuierliche Überwachungspflichten (BaFin-AuA, Abschnitt III, Nr. 5.8.1). Zu prüfen ist ggf. auch die Abgabe einer Verdachtsmeldung nach § 43 GwG (BaFin-AuA, Abschnitt III, Nr. 581). Dabei gilt im Hinblick auf § 15 Abs. 9 iVm § 10 Abs. 9 GwG die Auslegung der Norm anhand des Verhältnismäßigkeitsprinzips fort (BT-Drs. 18/11555, 117; BaFin-AuA, Abschnitt III, Nr. 5.8.2). Die Beendigungsverpflichtung kann damit entfallen, wenn im Rahmen einer Abwägung des (wirtschaftlichen) Interesses an der Durchführung bzw. Fortführung der Geschäftsbeziehung oder der Durchführung einer Transaktion auf Seiten des Verpflichteten mit dem spezifischen und im Einzelfall bestehenden Risiko der Geldwäsche und Terrorismusfinanzierung auf Seiten des jeweiligen Vertragspartners bzw. der jeweiligen Transaktion die Beendigung bzw. Nichtdurchführung nicht angemessen wäre (BT-Drs. 18/11555, 117; BaFin-AuA, Abschnitt III, Nr. 5.8.2). Bei der Abwägung ist zu berücksichtigen, ob Sorgfaltspflichtverletzungen nachhaltig und andauernd sind. In diesem Fall bleibt die Beendigungsverpflichtung bestehen (BT-Drs. 18/11555, 117). Die Entscheidung ist in jedem Einzelfall individuell zu begründen, so dass ein pauschaler Beweis auf die Risikoanalyse nicht ausreicht, bedarf der schriftlich zu erfolgenden Zustimmung eines Mitglieds der Leitungsebene (§ 1 Abs. 15 GwG) und ggf. der Flankierung durch risikobasierte Maßnahmen (BaFin-Aua, Abschnitt III, Nr. 5.8.2). Wegen weiterer Einzelheiten vgl. Kommentierung zu § 10 Abs. 9 GwG sowie BaFin-AuA, Abschnitt III, Nr. 5.8.1 und 5.8.2.

6   § 15 Abs. 10 S. 1 GwG ermächtigt das Bundesministerium der Finanzen schließlich ohne Zustimmung des Bundesrates in zwei Fallvarianten zum **Erlass von Rechtsverordnungen.** Die Ermächtigung zum Erlass einer Rechtsverordnung erfasst nach § 15 Abs. 10 S. 1 Nr. 1 GwG zunächst die Bestimmung von Fallkonstellationen, in denen insbesondere im Hinblick auf Staaten, Kunden, Produkte, Dienstleistungen, Transaktionen oder Vertriebskanäle ein potenziell höheres Risiko der Geldwäsche und Terrorismusfinanzierung besteht und Verpflichtete daher bestimmte verstärkte Sorgfaltspflichten und Gegenmaßnahmen zu erfüllen haben. Nach § 15 Abs. 10 S. 1 Nr. 2 GwG sind zudem Fallkonstellationen iSv § 15 Abs. 3 Nr. 2 GwG (Geschäftsbeziehungen und Transaktionen unter Beteiligung von der Europäischen Kommission festgelegten Drittstaaten mit hohem Risiko oder mit dort ansässigen natürlichen und juristischen Personen) Gegenstand der Rechtsverordnungsermächtigung, durch die bestimmte verstärkte Sorgfaltspflichten und Gegenmaßnahmen angeordnet werden sowie Regelungen für die Anordnung und Ausgestaltung verstärkter Sorgfaltspflichten durch die zuständigen Aufsichtsbehörden nach § 15 Abs. 5a GwG getroffen werden können. Das BMF hat gemäß § 15 Abs. 10 S. 2 GwG bei Erlass von Rechtsverordnungen relevante Evaluierungen, Bewertungen oder Berichte internationaler Organisationen oder Einrichtungen zur Festlegung von Standards im Bereich der Verhinderung von Geldwäsche und Bekämpfung von Terrorismusfinanzierung hinsichtlich der von Drittstaaten ausgehenden Risiken zu berücksichtigen.

III. Politisch exponierte Personen

7   Wie bereits in § 6 GwG in der Fassung vor Inkrafttreten des Gesetzes zur Umsetzung der Vierten EU-Geldwäscherichtlinie, zur Ausführung der EU-Geldtransferverordnung und zur Neuorganisation der Zentralstelle für Finanztransaktionsuntersuchungen vom 23.6.2017 bilden gemäß § 15 Abs. 3 Nr. 11 GwG Vertragspartner des Verpflichteten oder wirtschaftlich Berechtigte in Form von politisch exponierte Personen, deren Familienangehörige oder diesen nahe stehenden Person weiterhin ein gesetzlich festgelegtes höheres Risiko, welches die Anwendung verstärkter Sorgfaltspflichten nach sich zieht. Durch das Gesetz zur Umsetzung der Änderungsrichtlinie zur Vierten EU-Geldwäscherichtlinie blieben die Vorschriften zu verstärkten Sorgfaltspflichten für den hier in Rede stehenden Personenkreis inhaltlich unverändert (vgl. auch RegBegr. zu § 15 Abs. 3 Nr. 1 und Abs. 4 GwG, BT-Drs.

19/13827). Lediglich im Hinblick auf die Definition der politisch exponierten Personen und die EU-weite Erstellung von Funktionsträgerlisten (vgl. § 1 Abs. 12 GwG) wurden Vorgaben zu politisch exponierten Personen modifiziert.

1. Hintergründe der Regelung

Ihren **Ursprung** finden die Regelungen über politisch exponierte Personen im Wesentlichen im Papier des BCBS „Sorgfaltspflicht der Banken bei der Feststellung der Kundenidentität" vom Oktober 2001 (vgl. dort Tz. 47 ff.) und Empfehlung 6 der 40 Empfehlungen (2003) der FATF bzw. nunmehr Empfehlung 12 der FATF-Empfehlungen vom Februar 2012 (aktualisiert zuletzt im Juni 2017). Zudem enthält das im Dezember 2003 unterzeichnete und von Deutschland am 12.11.2014 nach langwierigen Diskussionen ratifizierte Übereinkommen (vgl. Bekanntmachung über das Inkrafttreten des Übereinkommens der Vereinten Nationen gegen Korruption vom 8.1.2015, BGBl. II S. 140; vgl. zu einzelnen Teilbereichen *Grützner* ZIP 2016, 253 ff.; *Walther* DB 2016, 95 ff.) der VN gegen Korruption in Art. 52 Abs. 1 Regelungen zu politisch exponierten Personen. Auch die Wolfsberg Group hatte sich bereits sehr frühzeitig mit dem Phänomen der politisch exponierten Personen auseinandergesetzt (vgl. Wolfsberg FAQ on Politically Exposed Persons, die bereits vor mehreren Jahren veröffentlicht und im Jahr 2008 überarbeitet wurden; vgl. ferner auch Wolfsberg Anti-Corruption Guidance, August 2011 sowie Wolfsberg Guidance on Politically Exposed Persons (PEPs) v. Mai 2017). Auf nationaler Ebene hatte sich die Bankenaufsicht erstmals im August 2000 (vgl. *Kaetzler* in Insam S. 203) zum Umgang mit politisch exponierten Personen geäußert (Schreiben des BAKred v. 10.8.2000). Hilfreich, insbesondere im Hinblick auf das Erkennen und Bewerten bestimmter Risikofaktoren in Zusammenhang mit politisch exponierten Personen, sind zwei von der FATF publizierte Berichte (FATF, Specific Risk Factors in Laundering the Proceeds of Corruption, Juni 2012 sowie FATF, Laundering the Proceeds of Corruption, Juli 2011). Der Bericht aus dem Jahr 2011, der eher allgemeinen Charakter besitzt, stellt fest, dass die korruptionsbezogene Geldwäsche in vielen Bereichen dieselben Züge trägt wie die Geldwäsche aus anderen kriminellen Vortaten. Allerdings besitzen insbesondere im Bereich der *„grand corruption"* die insoweit politisch exponierten Personen einige Vorteile gegenüber anderen Geldwäschern. So kontrollieren sie häufig den Staat, seine Behörden und seine Banken. Nachteilig wirkt sich hingegen insbesondere bei Geschäftskontakten mit dem Ausland ihr Bekanntheitsgrad aus. Der zweite Bericht der FATF aus dem Jahr 2012 geht hingegen eher der Frage nach, welche Korrelationen zwischen den bestimmten Risikofaktoren und Korruption bestehen und soll den Verpflichteten konkrete Hilfestellungen geben, ob bestimmte Geschäftsbeziehungen oder Produkte ein besonderes Risiko bilden. Danach bilden Geschäftsbeziehungen mit politisch exponierten Personen, insbesondere auf höherer Ebene, die Grundlage für ein erhöhtes Risiko, wobei Korruptionsfälle häufig erst nach deren Ausscheiden aus dem Amt offenkundig werden. Auch wenn Korruption in jeder Branche möglich ist und zu Tage tritt, gibt es nach dem Bericht der FATF ein erhöhtes Risiko insbesondere in der Rohstoffindustrie, dem öffentlichen Auftragswesen, dort insbesondere in der Rüstungsindustrie, im Gesundheitswesen, großen Infrastrukturprojekten und Privatisierungen. Auch geografische Risiken bzw. Länderrisiken sind zu berücksichtigen. Im Bereich der risikoreichen Produkte und Transaktionen wurden im Bericht kaum Spezifika festgestellt. Diese finden sich in den Produktpaletten des „Privat Banking", des „Retail Banking" und des Überweisungs- und Zahlungsverkehrs einschließlich der Korrespondenz-

§ 15

banken bis hin bei Bartransaktionen. Zu jüngeren Entwicklungen, Fallbeispielen und einer Analyse von Risikofaktoren vgl. *Bütterlin/Nilles/Seiferlein/Popp* (AlixPartners).

2. Erfasster Personenkreis

9   Bei politisch exponierten Personen handelt es sich gemäß § 1 Abs. 12 S. 1 GwG um jede Person (Vertragspartner des Verpflichteten, wirtschaftlich Berechtigter sowie im Versicherungsbereich aufgrund § 55 VAG Bezugsberechtigten bzw. deren wirtschaftlich Berechtigten, nicht jedoch bei einer bloß für den Vertragspartner auftretenden Person, vgl. BaFin-AuA, Abschnitt III, Nr. 7.2), die ein **hochrangiges wichtiges öffentliches Amt** auf internationaler, europäischer oder nationaler Ebene ausübt oder ausgeübt hat oder ein öffentliches Amt unterhalb der nationalen Ebene, dessen politische Bedeutung vergleichbar ist, ausübt oder ausgeübt hat. Zu den politisch exponierten Personen gehören gemäß § 1 Abs. 12 S. 2 Nr. 1 a)–i) GwG insbesondere (krit. zum Begriff „insbesondere" als Hindernis eines einheitlichen Verständnisses *Brian/Frey/Krais* CCZ 2019, 245 (252)) Staatschefs, Regierungschefs, Minister, Mitglieder der Europäischen Kommission, stellvertretende Minister und Staatssekretäre, Parlamentsabgeordnete und Mitglieder vergleichbarer Gesetzgebungsorgane, Mitglieder der Führungsgremien politischer Parteien, Mitglieder von obersten Gerichtshöfen, Verfassungsgerichtshöfen oder sonstigen hohen Gerichten, gegen deren Entscheidungen im Regelfall kein Rechtsmittel mehr eingelegt werden kann, Mitglieder der Leitungsorgane von Rechnungshöfen, Mitglieder der Leitungsorgane von Zentralbanken, Botschafter, Geschäftsträger und Verteidigungsattachés, Mitglieder der Verwaltungs-, Leitungs- und Aufsichtsorgane staatseigener Unternehmen sowie Direktoren, stellvertretende Direktoren, Mitglieder des Leitungsorgans oder sonstige Leiter mit vergleichbarer Funktion in einer zwischenstaatlichen internationalen oder europäischen Organisation. Ferner zählen nach § 1 Abs. 12 S. 2 Nr. 2 GwG auch solche Personen zum Kreis politisch exponierter Personen, die Ämter innehaben, welche in einer aufgrund von Art. 20a idF der 5. EU-Geldwäscherichtlinie von der Europäischen Kommission zu erstellenden Liste enthalten sind. Nach Art. 20a Abs. 3 idF der 5. EU-Geldwäscherichtlinie hat die Europäische Kommission auf Grundlage der Zulieferungen von Listen der Funktionen politisch exponierter Personen aus den Mitgliedstaaten (Art. 20a Abs. 1 idF der 5. EU-Geldwäscherichtlinie, § 1 Abs. 12 S. 3 GwG) sowie einer von dieser selbst erstellten Liste derartiger Personen auf EU-Ebene (Art. 20a Abs. 2 idF der 5. EU-Geldwäscherichtlinie) eine Gesamtliste mit relevanten Funktionen zu verfassen, die zu einer Verbesserung der Identifizierung beitragen soll (vgl. Erwägungsgrund (23) der 5. EU-Geldwäscherichtlinie; RegBegr. zu § 1 Abs. 12 BT-Drs. 19/13827; zur Bedeutung der Liste im Kontext der Identifizierung bzw. Bestimmung politisch exponierter Personen vgl. → Rn. 13) und gemäß der bis Mai 2020 andauernden Konsultationen von überarbeiteten Leitlinien zu Risikofaktoren des Joint Committee dann auch von den Instituten zu berücksichtigen sein soll (JC 2019 87, Tz. 4.48). Öffentliche Ämter unterhalb der nationalen Ebene sind regelmäßig nicht in der Definition eingeschlossen, es sei denn, deren Exponiertheit ist mit der von Positionen auf nationaler, europäischer oder internationaler Ebene vergleichbar (BT-Drs. 18/11555, 103). **Kommunale Ämter und Funktionen** sind regelmäßig nicht erfasst (BT-Drs. 18/11555, 103). Speziell mit Bezug zu Deutschland sind wichtige öffentliche Ämter, die die Eigenschaft einer politisch exponierten Person vermitteln, regelmäßig nur auf Bundesebene angesiedelt, was aber Landesministerpräsidenten oder Landesminister und Staatssekretäre als Mitglieder des

§ 15

Bundesrates einschließt (BT-Drs. 18/11555, 103 und DK-Hinweise zu § 1 Abs. 12 GwG; so bereits ähnlich in der Vergangenheit BaFin, RdSchr. 4/2012 (GW) v. 26.9.2012). Erfasst sind auch Spitzenbeamte zwischenstaatlicher internationaler und europäischer Organisationen, nicht aber nichtstaatlicher Organisationen (BT-Drs. 18/11555, 103; vgl. früher bereits DK-Hinweise zu § 1 Abs. 12 GwG; *Kunz/Schirmer* BB 2015, 2435 (2440); *Siering* DB 2015, 1457). Diese zwischenstaatlichen internationalen und europäischen Organisationen mit Sitz in Deutschland haben dem Bundesministerium der Finanzen am Ende jedes Jahres eine Liste mit den wichtigen öffentlichen Ämtern iSv § 1 Abs. 12 GwG zu übermitteln (§ 1 Abs. 12 S. 4 GwG). Nach einer älteren Abstimmung zwischen BMF, BaFin und der Deutschen Kreditwirtschaft (DK) sollen politisch exponierte Personen nicht das staatseigene Unternehmen infizieren, wenn diese im Rahmen ihres öffentlichen Amtes dort als Funktionsträger tätig sind (DK-Hinweise zu § 1 Abs. 12 Nr. 8 GwG aF, entspricht § 1 Abs. 12 S. 2 Nr. 1 lit. h GwG nF). Anders als Vorgängernormen unterscheidet die Definition politisch exponierter Personen in § 1 Abs. 12 GwG nicht mehr danach, ob die politisch exponierte Person ihr Amt in In- oder Ausland ausübt. Vielmehr beziehen sich die Definition und das daran geknüpfte höhere Risiko sowie die verstärkten Sorgfaltspflichten unterschiedslos auf alle politisch exponierten Personen (*Kunz/Schirmer* BB 2015, 2435 (2440); *Zentes/Glaab* BB 2017, 67 (70); zum Hintergrund der Änderung vgl. *Rößler* WM 2015, 1406 (1409f.)). Die Aufgabe der seinerzeitigen Unterscheidung im Rahmen der Umsetzung der 4. EU-Geldwäscherichtlinie, für die auch kein stichhaltig erkennbarer Grund bestand (ausführlich dazu auch *Achtelik* Politisch exponierte Personen in der Geldwäschebekämpfung, S. 130 ff.; *Ackmann/Reder* WM 2009, 200 (203)), ist aus Sicht des Normgebers durchaus folgerichtig. Auch die im Zuge der 3. EU-Geldwäscherichtlinie geführten verengenden Diskussionen, ob als im Ausland ansässige politisch exponierte Personen nur solche aus Drittstaaten angesehen werden sollten oder auch solche aus jeweils anderen EU-Mitgliedstaaten als des Sitzes des Verpflichteten, waren zumindest aus einer rein an der Korruptionsbekämpfung orientierten Sichtweise nicht zielführend (Schreiben des ZKA an das BMI, BMF und BMJ v. 6.8.2004; BR-Drs. 794/04, Nr. 6; *Höche* WM 2005, 8 (12)). Schon zum damaligen Zeitpunkt sollte klar gewesen sein, dass es in Zusammenhang mit politisch exponierten Personen darauf allein nicht ankommen kann, kann doch nicht verleugnet werden, dass auch in einzelnen EU-Mitgliedstaaten Korruption ein Problem darstellt (vgl. TI-Korruptionswahrnehmungsindex von 2018 auf denen Länder wie Italien Platz 53, Rumänien Platz 61, Ungarn Platz 64, Griechenland Platz 67 oder Bulgarien Platz 77 von insgesamt 180 Plätzen einnehmen). Allerdings ist zu beachten, dass die Empfehlungen der FATF vom Februar 2012 (aktualisiert im Juni 2019), dort Empfehlung 12, weiterhin verschiedene Sorgfaltspflichten für ausländische und inländische politisch exponierte Personen vorsehen. Im Hinblick auf ausländische politisch exponierte Personen im Wesentlichen das Instrumentarium, das auch in § 15 Abs. 4 GwG vorgesehen ist; für inländische politisch exponierte Personen (und Personen mit hervorgehobenen Positionen in internationalen Organisationen) sind angemessene Maßnahmen zu deren Erkennung zu ergreifen und im Falle risikoerhöhender Umstände verstärkte Sorgfaltspflichten einzuhalten. Hintergrund dafür dürfte noch immer sein, dass insbesondere in Entwicklungs- und Schwellenländern mitunter nur eine undeutliche Trennung zwischen Kreditwirtschaft und Staat besteht und deshalb Befürchtungen geäußert wurden, eine vollständige Ausweitung der verstärkten Kundensorgfaltspflichten auf inländische politisch exponierte Personen könnte faktisch leerlaufen (*Kaetzler* in Insam S. 60f.).

§ 15 Abschnitt 3. Sorgfaltspflichten in Bezug auf Kunden

10 Seit der Etablierung der Vorgaben zu politisch exponierten Personen ist die Definition der (unmittelbaren) Familienangehörigen einer politisch exponierten Person im Wesentlichen unverändert geblieben. Nach § 1 Abs. 13 GwG ist Familienmitglied iSd GwG ein naher Angehöriger einer politisch exponierten Person, insbesondere der Ehepartner oder eingetragene Lebenspartner, ein Kind und dessen Ehepartner oder eingetragener Lebenspartner sowie jeder Elternteil. Anders als in der zuvor geltenden Regelung in Art. 2 Abs. 2 Richtlinie 2006/70 EG der Kommission vom 1.8.2006 mit Durchführungsbestimmungen für die Richtlinie 2005/60/EG (ABl. 2006 L 214, 29 – DFR) ist der Katalog aber nicht abschließend, sondern wie am Begriff „*insbesondere*" abzulesen, mit Öffnungsklausel für die Einbeziehung weiterer Personen in den **Familienbegriff** versehen worden. Diese Öffnungsklausel ist auch in der 4. EU-Geldwäscherichtlinie vorgesehen. Gleichwohl ist diese abzulehnen. Eine solche Öffnung der Definition erschwert nicht nur völlig unnötig die praktische Handhabung für die Verpflichteten. Vielmehr bestehen im Hinblick auf die pauschale Einbeziehung unmittelbare Familienmitglieder in den Kreis der Personen mit erhöhtem Risiko und verstärkten Sorgfaltspflichten auch rechtliche Bedenken (vgl. → Rn. 27).

11 Ferner zählt zu den einer politisch exponierten Person **bekanntermaßen nahe stehenden Person** nach § 1 Abs. 14 GwG eine natürliche Person, bei der der Verpflichtete Grund zu der Annahme haben muss, dass diese Person gemeinsam mit einer politisch exponierten Person wirtschaftlich Berechtigter einer Vereinigung nach § 20 Abs. 1 GwG oder wirtschaftlich Berechtigter einer Rechtsgestaltung nach § 21 GwG ist, zu einer politisch exponierten Person sonstige enge Geschäftsbeziehungen unterhält oder alleiniger wirtschaftlich Berechtigter einer Vereinigung nach § 20 Abs. 1 GwG oder einer Rechtsgestaltung nach § 21 GwG ist, bei der der Verpflichtete Grund zu der Annahme haben muss, dass die Errichtung faktisch zugunsten einer politisch exponierten Person erfolgte. Bei politisch exponierten Personen bekanntermaßen nahe stehenden Personen waren zumindest nach dem Wortlaut von § 6 Abs. 2 Nr. 1 S. 3 GwG aF keine besonderen Nachforschungen erforderlich (vgl. auch seinerzeit BaFin, RdSchr. 1/2012 (GW) v. 6.3.2012 iVm DK Auslegungs- und Anwendungshinweisen, Nr. 43), außer ein solches Näheverhältnis war öffentlich bekannt oder es bestand Grund zu der Annahme derartiger Beziehungen. Da sich ein diesbezügliches Verständnis weder aus § 15 GwG noch aus der Gesetzesbegründung unmittelbar ableiten lässt, erscheint fraglich, ob diese Praktikabilitätserleichterung zugunsten der Verpflichteten Bestand hat.

12 Gemäß § 15 Abs. 4 S. 3 GwG, der der Vorgängerregelung in § 15 Abs. 7 GwG idF des Gesetzes zur Umsetzung der Vierten EU-Geldwäscherichtlinie, zur Ausführung der EU-Geldtransferverordnung und zur Neuorganisation der Zentralstelle für Finanztransaktionsuntersuchungen vom 23.6.2017 entspricht, haben Verpflichtete bei einer ehemaligen politisch exponierten Person für mindestens zwölf Monate nach **Ausscheiden aus dem öffentlichen Amt** das Risiko zu berücksichtigen, welches spezifisch für politisch exponierte Personen ist, und so lange angemessene und risikoorientierte Maßnahmen zu treffen, bis anzunehmen ist, dass das Risiko nicht mehr besteht. Mit der auf Art. 22 der 4. EU-Geldwäscherichtlinie beruhenden Regelung, soll eine schematische Betrachtungsweise aufgrund zeitlicher Vorgaben verhindert werden (RegBegr. BT-Drs. 17/6804, 30). Der Umstand der vormaligen Klassifizierung als politisch exponierte Person ist danach aber ein wesentlicher Faktor auch für die Zeit nach Beendigung der Klassifizierung (RegBegr. BT-Drs. 17/6804, 30). Auch die BaFin hatte bereits im Rundschreiben 14/2009 ausgeführt, dass die vormalige Klassifizierung als politisch exponierte Person ein wesentlicher Faktor bei der

Risikoeinstufung des Kunden und dieser Umstand auch nach dem Verlust der Eigenschaft daher zu berücksichtigen sei. Der Gesetzgeber nimmt mit der Regelung letztlich eine vermittelnde Sichtweise ein. Aus alleiniger Sicht einer ziel- und zweckgerichteten Bekämpfung der Korruption bzw. Geldwäsche erschiene eine zeitlich unbefristete Anwendung der verstärkten Sorgfaltspflichten auf den Zeitraum nach dem Ausscheiden einer Person aus ihrem wichtigen öffentlichen Amt durchaus nachvollziehbar (FATF, Bericht über Geldwäsche-Typologien und Typologien der Finanzierung des Terrorismus 2003 – 2004, Tz. 80; *Herzog/Hoch* WM 2007, 1997 (2000)). So können nämlich relevante korruptive Sachverhalte gerade auch erst nach dem Ausscheiden aus dem Amt öffentlich werden oder erfolgen (*Herzog/Hoch* WM 2007, 1997 (2000)). Dennoch ist eine **zeitliche Begrenzung der Einstufung** einer Person als politisch exponiert – gerade aus Verhältnismäßigkeitsaspekten – erforderlich. Obwohl die Regelung nach ihrem Wortlaut nur auf politisch exponierte Personen abstellt, muss die Vorschrift erst recht so verstanden werden, dass auch die faktisch bloß einen Annex zu dieser Personengruppe bildenden Familienmitglieder und bekanntermaßen nahe stehenden Personen erfasst sind, wenn deren Risikoberücksichtigung aufgrund ihrer Annexfunktion zur politisch exponierten Person nicht sogar bereits früher enden müsste. Diese Vorgabe ist zumindest in Art. 23 der 4. EU-Geldwäscherichtlinie enthalten, aber in Deutschland nicht ausdrücklich umgesetzt.

Zunächst gehört die Feststellung der Eigenschaft einer politisch exponierten **13** Person und der mit ihr verbundenen Familienmitglieder und nahestehenden Personen zum Kernbestand der Regelungen zu politisch exponierten Personen (vgl. auch JC 2017 81, dort Tz. 18a). Diese Verpflichtung zur Feststellung der Eigenschaften anhand angemessener und risikoorientierter Verfahren, ergibt sich aus § 10 Abs. 1 Nr. 4 GwG und zählt damit systematisch zu den allgemeinen Sorgfaltspflichten eines Verpflichteten (vgl. auch *Amtage* in Amtage/Baumann/Bdeiwi Geldwäschebekämpfung-HdB Rn. 395). Damit spielen bei der Beantwortung der Frage, welche Verfahren insoweit vorzuhalten sind nicht nur das Risiko sondern auch die Größe des Verpflichteten eine Rolle (BT-Drs. 18/12405, 186 f.). Von Anfang an existierten eine praktische Schwierigkeiten bei der Bestimmung des konkreten Kreises politisch exponierter Personen bei Begründung der Geschäftsbeziehung und bei einem Statuswechsel innerhalb einer laufenden Geschäftsbeziehung (Kundenbeziehungslebenszyklus, vgl. dazu iHa die Identifizierung von PEPs *Bütterlin/Nilles/Seiferlein/Popp* (AlixPartners), S. 5 f.) und dies nicht nur mit Blick auf die Funktionseinordnung, sondern auch die namentliche Identifizierung. Diese Schwierigkeiten werden in einer jüngeren Studie weiterhin von den 372 dort befragten Finanzinstituten aus 71 Ländern zu 72% als herausfordernd oder sehr herausfordernd eingestuft (*Bütterlin/Nilles/Seiferlein/Popp* (AlixPartners), S. 22). Zur Lösung der Schwierigkeiten bzw. zumindest Hilfestellungen zum Umgang mit den Schwierigkeiten gab es einerseits Ansätze von Seiten des Gesetzgebers, andererseits auch von diesem Verweise auf eigene Recherchen der Institute oder die Einbindung spezialisierter und kommerzieller Anbieter von PEP-Listen. So gab es etwa in § 6 Abs. 2 Nr. 1 S. 6 GwG idF vor Inkrafttreten des Gesetzes zur Umsetzung der Vierten EU-Geldwäscherichtlinie, zur Ausführung der EU-Geldtransferverordnung und zur Neuorganisation der Zentralstelle für Finanztransaktionsuntersuchungen vom 23. 6. 2017 eine vom deutschen Gesetzgeber aufgenommene Hilfestellung zur **Feststellung der Eigenschaft** (vgl. *Ackmann/Reder* WM 2009, 200 (203)), nach der der Vertragspartner dazu aufgefordert war, dem Verpflichteten die für die Abklärung notwendigen Informationen zur Verfügung zu stellen und diesem sich im Laufe der Geschäftsbeziehung ergebende Änderungen unverzüglich anzuzeigen. Auch die Europäische Kommission war sich schon früh der Schwierigkeiten bei Bestimmung politisch exponierter Personen bewusst und hatte in einem Arbeitspapier vom September 2005 einen Leitfaden angekündigt, welcher „best practices" und Kategorien politisch exponierter Personen beinhalten sollte. In der auf Basis dieses Arbeitspapiers vorgelegten DFR hatte die EU-Kommission im Rahmen der 3. EU-Geldwäscherichtlinie sich dann aber auf grobe Funktionsbezeichnungen beschränkt und die Lösung des Problems auf die Mitgliedstaaten delegiert. Nach Erwägungsgrund 2 der DFR sollte es Aufgabe der Mitgliedstaaten sein, zu prüfen, inwieweit sie die Einhaltung der Richtlinie nicht durch die Bereitstellung entsprechender Leitlinien für die Verpflichteten erleichtern können, was in Deutschland zu dem schon angesprochenen § 6 Abs. 2 Nr. 1 S. 6 GwG geführt hatte. Um die Probleme bei der Bestimmung politisch exponierter Personen zu minimieren, hatte insbesondere die Kreditwirtschaft bereits während des Konsultationsprozesses zur 3. EU-Geldwäscherichtlinie eine offizielle, von der Europäischen Kommission geführte aktuelle **Namensliste** eingefordert, da nur auf diese Weise ein hinreichendes Maß an Rechtssicherheit für die Verpflichteten erzielt werden könne und im EDV-gestützten Massengeschäft keine andere Lösung praktikabel sei (*Langweg* in Fülbier/Aepfelbach/Langweg GwG § 14 Rn. 189; *Rott/Schmitt* S. 58ff.). Zumindest die Forderung der Kreditwirtschaft nach offiziellen PEP-Listen der Regierungen für ihre jeweilige Jurisdiktion wurde jüngst noch einmal wiederholt (The Wolfsberg Group, Wolfsberg Group Publication Statement; Guidance on Politically Exposed Persons (PEPs), S. 2 sowie The Wolfsberg Group, Wolfsberg Guidance on Politically Exposed Persons (PEPs), S. 9). Diesem Ansinnen ist die 5. EU-Geldwäscherichtlinie nunmehr zumindest in Ansätzen nachgekommen. So sind die Mitgliedstaaten nach Art. 20a Abs. 1 idF der 5. EU-Geldwäscherichtlinie verpflichtet, eine Liste zu erstellen und diese auf dem neuesten Stand zu halten, in der die Funktionen exakt angegeben sind, die gemäß den nationalen Rechts- und Verwaltungsvorschriften als wichtige öffentliche Ämter zur Begründung der Eigenschaft von politisch exponierten Personen angesehen werden. Dabei haben die jeweils in einem Mitgliedstaat akkreditierten internationalen Organisationen, eine Liste der wichtigen öffentlichen Ämter in ihrem Bereich zu erstellen, auf dem neuesten Stand zu halten und dem Mitgliedstaat zu übermitteln. Die Kommission erstellt eine diesbezügliche Liste für die EU-Ebene unter Einbeziehung der Funktionen, die auf Ebene der Organe und Einrichtungen der Union als wichtige öffentliche Ämter gelten. Diese Liste enthält dabei auch alle Funktionen, die Vertretern von Drittstaaten und auf EU-Ebene akkreditierten internationalen Einrichtungen übertragen werden können (Art. 20a Abs. 2 idF der 5. EU-Geldwäscherichtlinie). Alle diese Listen fließen sodann in eine von der Europäischen Kommission erstellte und veröffentlichte umfassende **Funktionsträgerliste** ein (Art. 20a Abs. 3 idF der 5. EU-Geldwäscherichtlinie; vgl. auch *Brian/Frey/Krais* CCZ 2019, 245 (252); *Zentes/Glaab* BB 2019, 1667 (1670)), die gemäß der bis Mai 2020 andauernden Konsultationen von überarbeiteten Leitlinien zu Risikofaktoren des Joint Committee dann auch von den Instituten zu berücksichtigen sein soll (JC 2019 87, Tz. 4.48). Ziel der Liste ist es nach Erwägungsgrund (23) der 5. EU-Geldwäscherichtlinie politisch exponierte Personen in der Union besser zu identifizieren. Zwar ist diese Gesamtliste der Funktionen als Schritt in die richtige Richtung iHa eine Erleichterung der Erfüllung der geldwäscherechtlichen Pflichten durch die Verpflichteten anzuerkennen (*Engels* WM 2018, 2071 (2076)), insbesondere da die abstrakte Auflistung in § 1 Abs. 12 GwG nunmehr mit konkreten Funktionsbezeichnungen angereichert wird (*Zentes/Glaab* BB 35.2018, „Die Erste Seite"). Allerdings werden durch die Liste zum einen nur die Funktionen erfasst, nicht aber die Namen der diese Funktionen jeweils aktuell ausfüllenden Personen (insoweit missverständlich *Engels* WM 2018, 2071 (2076), der mit Blick auf die datenschutzrechtliche Regelung in Art. 20a Abs. 4 idF der 5. EU-Geldwäscherichtlinie davon ausgeht, dass die Liste neben der reinen Funktionsbezeichnung auch konkrete personenbezogene Daten enthalten könnte), zum anderen bleibt die Problematik bei der Feststellung der Eigenschaft für politisch exponierte Personen aus Drittstaaten unverändert und in vollem Umfang, dh funktional und personenbezogen, bestehen. In der bis Mai 2020 andauernden Konsultation überarbeiteter Leitlinien zu Risikofaktoren des Joint Committee werden die Verpflichteten dann auch insoweit lediglich auf die abstrakte Auflistung politisch exponierter Personen in Art. 3 Abs. 9 4. EU-Geldwäscherichtlinie (entspricht § 1 Abs. 12 S. 1 Nr. 1 GwG) verwiesen (JC 2019 87, Tz. 4.48).

Eine lückenlose Feststellung erscheint auf Grund des sehr weit gefassten, zum Teil **14** schwer zu erkennenden und sich in ständiger Veränderung befindenden Personenkreises kaum denkbar (*Herzog/Hoch* WM 2007, 1997 (1998); *Höche* WM 2005, 8 (12); *Ganguli* BankPraktiker 2006, 74 (75); *Kaetzler* in Insam S. 65), dies auch trotz der Erstellung einer Funktionsliste auf Ebene der EU. Die diesbezügliche Kritik der Vergangenheit behält daher ihre Berechtigung. So hatte der BCBS Schwierigkeiten bereits vor längerer Zeit erkannt, gab er doch zu, dass realistischerweise von einem Kreditinstitut nicht erwartet werden kann, dass es jede *„entfernte familiäre, politische oder geschäftliche Verbindung eines ausländischen Kunden"* kennt oder untersucht (BCBS, Sorgfaltspflicht der Banken bei Feststellung der Kundenidentität, Fn. 16 zu Tz. 54). Auch die deutsche FIU mahnte in der Vergangenheit an, dass die Verpflichteten den verstärkten Anforderungen zu politisch exponierten Personen unter vernünftigem Aufwand nachkommen können müssten (FIU Jahresbericht 2005, S. 51). Aus Gründen der Rechtssicherheit wäre aus Sicht der Verpflichteten daher weiter eine offiziell herausgegebene Namensliste von politisch exponierten Personen, deren Familienangehörigen und bekanntermaßen nahe stehenden Personen die beste Lösung. Die Europäische Kommission hatte die Vorlage einer derartigen Namensliste politisch exponierter Personen wiederholt abgelehnt (EU-Kommission, Working Document in relation of the European Parliament and of the Council on the prevention of money laundering and terrorist financing, 12.9.2005, S. 12, Doc. No. 06/FEB/3 REV.1_15.2.2006). Zur Begründung führte sie an, dass eine vollständige Liste einen zu starren Ansatz darstelle, die Gefahr bestünde, nicht alle Personen zu erfassen, der Listenansatz die Besonderheiten der verschiedenen Länder nicht hinreichend zu berücksichtigen vermag und bei Bedarf kommerzielle Anbieter von PEP-Listen entsprechende Produkte anbieten. Damit allerdings wird die Problematik der Feststellung offensichtlich bei den Verpflichteten abgeladen. Ausgenommen von der Abklärung des Status einer politisch exponierten Person waren vor dem Inkrafttreten des Gesetzes zur Umsetzung der Vierten EU-Geldwäscherichtlinie, zur Ausführung der EU-Geldtransferverordnung und zur Neuorganisation der Zentralstelle für Finanztransaktionsuntersuchungen vom 23.6.2017 Einzel- bzw. Gelegenheitstransaktionen unterhalb eines Schwellenbetrages von 15.000 EUR (BaFin, RdSchr. 2/2012 (GW), dort Abschn. 5 Nr. 1). Nunmehr dürfte im Hinblick auf die Feststellung eines PEP-Status bei Gelegenheitskunden bzw. außerhalb bestehender Geschäftsbeziehungen insoweit § 10 Abs. 3 Nr. 2 GwG maßgeblich sein (vgl. auch – ohne PEPs ausdrücklich zu erwähnen – BaFin-AuA, Abschnitt III, Nr. 4.2). Die BaFin hatte zudem vor der Veröffentlichung der BaFin-AuA anerkannt, dass es zumindest als ausreichend angesehen werden kann, wenn zur Feststellung des Status als politisch exponierte Person zB im Nachgang zur Kontoeröffnung eine Selbstauskunft des Vertragspartners eingeholt wird; bei wirtschaftlich Berechtigten konnte zudem aufgrund öffentlich

§ 15 Abschnitt 3. Sorgfaltspflichten in Bezug auf Kunden

zugänglicher Informationen (zB im Internet) über die Klassifizierung als politisch exponierte Person entschieden werden (vgl. BaFin, RdSchr. 2/2012 (GW) v. 21.3.2012; *Bentele/Schirmer* ZBB 2012, 303 (307)).

15 Letztlich werden Verpflichtete zur Feststellung der Eigenschaft weiter auf bekannte und erprobte Identifizierungsverfahren zurückgreifen müssen. Dazu zählen Kundenidentifizierungsmaßnahmen dergestalt, sich bei jedem Vertragspartner schematisch – etwa über einen **Customer Due Diligence-Fragebogen** – nach ausgeübtem Beruf bzw. politischer exponierter Funktion, einschlägigen Familienangehörigen und nahe stehenden Personen zu erkundigen und daran anknüpfend eine Kontrolle und Einstufung unter Einbeziehung der Gesamtfunktionsliste der Europäischen Kommission vorzunehmen (zur Rechtslage vor der Gesamtfunktionsliste *Amtage* in Achtelik/Amtage/El-Samalouti/Ganguli Rn. 431; *Ganguli* Bankpraktiker 2006, 74 (76); *Höche* WM 2005, 8 (12); *Langweg* in Fülbier/Aepfelbach/Langweg GwG § 14 Rn. 188; ferner *Bütterlin/Nilles/Seiferlein/Popp* (AlixPartners), S. 5 f.). Allerdings genügen allein die Angaben des Vertragspartners regelmäßig nicht den Anforderungen eines angemessenen und risikoorientierten Verfahrens zur Bestimmung politisch exponierter Personen. Der Verpflichtete wäre damit nämlich allein von der Kooperation des Vertragspartners abhängig und würde sich blind auf die **Richtigkeit** von dessen Angaben verlassen (*Kaetzler* in Insam S. 72). In einer zweiten Stufe wird sich daher die Frage nach der Plausibilität und ggf. Kontrolle der Angaben des Vertragspartners anschließen (*Schmid* S. 23). Erweisen sich mündliche oder schriftliche Angaben des Vertragspartners nicht als plausibel, so müssen – sofern in diesem Fall überhaupt noch die Begründung einer Geschäftsbeziehung durch den Verpflichteten angestrebt werden sollte – die Angaben konsequenterweise auf ihre Richtigkeit überprüft werden. Als Möglichkeiten zur Überprüfung der Richtigkeit kommen die Abklärung anhand öffentlich zugänglicher Informationen, eine Medien- oder Internetrecherche (zur sog. negativen Medienpräsenz vgl. *Correia* ZfgK 2016, 1063), die Heranziehung von einschlägigen Berichten und Datensammlungen zur Korruption, die Erkundigung bei vertrauenswürdigen Personen oder Detekteien sowie die Überprüfung des Kunden anhand selbst erstellter oder von kommerziellen Dienstleistern angebotener Datenbanken bzw. (Watch-)Listen über politisch exponierte Personen in Betracht (vgl. *Bütterlin/Nilles/Seiferlein/Popp* (AlixPartners), S. 5 f.). Insbesondere bei komplexeren Kunden- bzw. Geschäftsbeziehungsstrukturen ist eine Kontrolle der PEP-Einstufung obligatorisch. Die fortschreitende Digitalisierung könnte beim Identifizierungsprozess Lösungen erleichtern (allgemein Erwägungsgrund (22) der 5. EU-Geldwäscherichtlinie; vgl. ferner auch die vom Joint Committee im Rahmen der Customer Due Dilligence explizit genannten „innovativen Lösungen" unter Einbeziehung von **Künstlicher Intelligenz** (KI) und selbstlernenden Algorithmen, die verschiedene Erkenntnisquellen zusammenführen, JC 2017 81, Tz. 14)), etwa durch die Einbindung der Fin-Tech- bzw. RegTech-Industrie und auch von Distributed-Ledger-Technologien bei der Kundenidentifizierung (vgl. zB BaFin-Perspektiven 1/2018, S. 16; *Spillmann* in Klebeck/Dobrauz-Saldapenna Dig. Finanzdienstleistungen-HdB 7. Kap. Rn. 21; *Tschörtner* in Möslein/Omlor FinTech-HdB § 3 Rn. 33) bzw. die Verbindung sämtlicher Informationsquellen und den auf dieser Grundlage erfolgenden sich daran anschließenden Abgleich auf Personenidentitäten während des gesamten Kundenbeziehungslebenszyklus (*Bütterlin/Nilles/Seiferlein/Popp* (AlixPartners), S. 5 f.).

16 Die vorstehend angesprochenen kommerziellen **PEP-Listen** enthalten bis zu mehrere 100.000 politisch exponierte Personen aus allen Staaten der Erde. Neben Namen und Aliasnamen werden soweit möglich Fotografien, Geburtsdatum, Nationalität, Werdegang und gegenwärtige Position, Besitz von Ausweisen, Wohnorte, familiäre und geschäftliche Verbindungen zu anderen Personen und Unternehmen sowie weitere Informationen, etwa über die Herkunft von Vermögenswerten und die Quelle der Daten, mithin ein Personenprofil bereitgestellt. Verschiedene Schreibweisen von Namen, die sich auf Grund der Transkription aus arabischer, asiatischer oder osteuropäischer Sprache ergeben, werden von den Datenbanken erkannt bzw. dechiffriert und analysiert (*Peters* BI 05/17, 74 (76)). Die Datenbestände beruhen dabei grundsätzlich aus öffentlichen Quellen, insbesondere der Presse und dem Internet, und werden regelmäßig, mitunter täglich aktualisiert. Dazu werteten früher regelmäßig Teams, die in verschiedenen Ländern tätig waren, die zugänglichen Quellen aus. Im Zuge der Digitalisierung eröffnet die Einbeziehung von **Künstlicher Intelligenz** (KI) und selbstlernenden Algorithmen, die verschiedene Erkenntnisquellen zusammenführen (JC 2017 81, Tz. 14) neue und effizientere Möglichkeiten. Angeboten werden Lösungen, die Einzelabfragen über bestimmte Personen erlauben oder aber auch den gesamten Kundenbestand eines Verpflichteten mit den Datenbanken über politisch exponierte Personen abgleichen. Auch nach dem Ausscheiden aus der politisch exponierten Stellung bleiben Personen regelmäßig in den Datenbanken registriert. Viele Verpflichtete, insbesondere größere Kreditinstitute, benutzen derartige Datenbanken zur Bestimmung politisch exponierten Personen unter ihren Vertragspartnern. Daneben verwenden auch Aufsichtsbehörden, FIUs und sonstige Ermittlungsbehörden die Dienstleistungen der Datenbankanbieter. Die mit BMF und BaFin abgestimmten Auslegungs- und Anwendungshinweise der DK stellen jedenfalls in der Vergangenheit fest, dass keine Verpflichtung besteht, derartige kommerzielle PEP-Listen zu benutzen, andererseits deren Benutzung in der Regel als angemessene Erfüllung der einschlägigen Pflichten angesehen werden kann (BaFin, RdSchr. 1/2014 (GW) iVm DK-AuAs, Nr. 46). Bei Einsatz derartiger Listen und einem einem nicht zweifelsfrei feststellbaren Status einer politisch exponierten Position bestanden bisher grundsätzlich zwei Möglichkeiten der Vorgehensweise: Entweder nahm der Verpflichtete grundsätzlich eine Abklärung des Status einer politisch exponierten Person bei Feststellung von Risikofaktoren vor oder aber potenzielle politisch exponierte Personen wurden zumindest als solche gekennzeichnet und bei Hinzutreten weiterer Risikoaspekte wurde im Rahmen der Aufklärung dieser Umstände auch der Status als politisch exponierte Person final abgeklärt (BaFin, RdSchr. 1/2014 iVm DK-AuAs, Nr. 46). Derartige Listen, auch wenn diese angabegemäß nur öffentlich zugängliche Informationen enthalten, werfen eine Reihe datenschutzrechtlicher Fragen, insbesondere auf Grund der Verknüpfung der Informationen zu einem nicht anonymisierten Profil, der zeitlichen Reichweite der Registrierung sowie – aufgrund der Tätigkeit einer Auskunftei – der Richtigkeit und Überprüfbarkeit der Daten auf. Gerade im Hinblick auf Richtigkeit und Überprüfbarkeit der Daten professioneller Listenanbieter haben sich immer wieder Zweifel ergeben (vgl. Süddeutsche Zeitung v. 24.6.2017, S. 25, „Gefangen auf der schwarzen Liste"). Abgesehen von **datenschutzrechtlichen Problemen** weisen die Listen kommerzieller Anbieter mitunter eine mangelnde Datenqualität aus, so dass gewisse Mindeststandards eingehalten werden sollten (The Wolfsberg Group, Wolfsberg Guidance on Politically Exposed Persons (PEPs), S. 10 f.). In der bis Mai 2020 andauernden Konsultation überarbeiteter Leitlinien zu Risikofaktoren des Joint Committee werden Institute daher angehalten, die Aktualität der Daten aus kommerziellen Listen sicherzustellen, sich der Unzulänglichkeiten dieser Listen bewusst zu sein und bei ergebnislosen Suchen bzw. nicht eindeutigen Ergebnissen zusätzliche Maßnahmen ergreifen (JC 2019 87, Tz. 4.49).

3. Die verstärkten Sorgfaltspflichten

17 Wurde bei Begründung oder im Laufe der Geschäftsbeziehung, zB aufgrund eines Statuswechsels der Person (es ist auch im Rahmen von Aktualisierungen bei laufenden Geschäftsbeziehungen zu überprüfen, ob ein PEP-Status eingetreten ist, vgl. BaFin, Präsentation „Das neue Geldwäschegesetz und die Auslegungs- und Anwendungshinweise der BaFin", 13.12.2018, Folie 19) festgestellt, dass es sich bei dem Vertragspartner des Verpflichteten oder einem wirtschaftlich Berechtigten um eine politisch exponierte Person, dessen Familienmitglied oder um eine ihr bekanntermaßen nahestehende Person handelt, und damit aufgrund gesetzlicher Normierung ein höheres Risiko vorliegt, sind mindestens die in § 15 Abs. 4 S. 1 Nr. 1–3 GwG genannten **verstärkten Sorgfaltspflichten** zu erfüllen. Zumindest bei international tätigen Banken haben in der Vergangenheit Prüfungen der BaFin ergeben, dass diese die nachfolgenden Anforderungen für politisch exponierte Personen im Hinblick auf Organisationssysteme und Sorgfaltspflichten insgesamt erfüllen (BaFin, Jahresbericht 2012, S. 219). Die **Verhältnismäßigkeit** der verstärkten Sorgfaltspflichten in Bezug auf politisch exponierte Personen wird – neben vielen anderen Punkten – Gegenstand eines Berichts sein, den die Europäische Kommission bis zum 11.1.2022 und danach alle drei Jahre zu erstellen hat (Art. 65 Abs. 1 lit. f idF der 5. EU-Geldwäscherichtlinie; vgl. ferner BaFinJournal, Mai 2018, S. 23, 24).

18 a) **Zustimmung zur Begründung der Geschäftsbeziehung.** Nach § 15 Abs. 4 S. 1 Nr. 1 GwG bedarf die Begründung oder Fortführung einer Geschäftsbeziehung in diesen Fällen die Zustimmung eines Mitglieds der Führungsebene. Die Vorschrift entspricht damit den Vorgaben von Art. 20 lit. b i der 4. EU-Geldwäscherichtlinie iVm deren Erwägungsgrund (34) sowie letztlich auch Empfehlung 12 Empfehlungen der FATF vom Februar 2012 (aktualisiert Juni 2019), die die Einholung der Einwilligung des höheren Managements verlangt. Nach Erwägungsgrund (34) der 4. EU-Geldwäscherichtlinie erfordert die **Zustimmung der Führungsebene** nicht in jedem Fall die Einholung der Zustimmung des Leitungsorgans eines Verpflichteten. Vielmehr können auch Personen die Zustimmung erteilen, die ausreichend mit dem Geldwäsche- und Terrorismusrisiko des Instituts vertraut sind und deren Position hoch genug ist, um Entscheidungen treffen zu können, die die Risikolage des Instituts beeinflussen. Erwägungsgrund (34) der 4. EU-Geldwäscherichtlinie wird in Deutschland explizit in § 1 Abs. 15 S. 1 GwG nahezu inhaltsgleich aufgegriffen. Genannt werden dort ausdrücklich **Führungskräfte oder leitende Mitarbeiter** eines Verpflichteten (zur bisherigen praktischen Handhabung vgl. *Bentele/Schirmer* ZBB 2012, 303 (306); *Klugmann* NJW 2012, 641 (643); *Zentes/Glaab* BB 2011, 1475 (1477)). § 1 Abs. 15 S. 2 GwG stellt ferner klar, dass ein Mitglied der Führungsebene nicht zugleich ein Mitglied der Leitungsebene sein muss.

19 § 15 Abs. 4 S. 1 Nr. 1 GwG verlangt das Zustimmungserfordernis nicht nur für die Begründung der Geschäftsbeziehung, sondern auch für deren Fortführung und greift damit zB den Fall auf, in dem ein Vertragspartner oder der wirtschaftlich Berechtigte erst im Laufe der Kundenbeziehung zu einer politisch exponierten Person wird oder dem Verpflichteten diese Eigenschaft dann erst bekannt wird (BaFin-AuA, Abschnitt III, Nr. 7.2). So stellt § 15 Abs. 4 S. 2 GwG auch ausdrücklich klar, dass in diesem Fall oder im Fall, dass der Verpflichtete von dieser Eigenschaft erst im Verlauf der Geschäftsbeziehung Kenntnis erlangt, sicherzustellen ist, dass die **Fortführung der Geschäftsbeziehung** nur mit Zustimmung eines Mitglieds der Führungsebene erfolgt. Die BaFin hatte jedenfalls bereits früher diesbezüglich ausgeführt, dass die Geschäftsbeziehungen in angemessenen zeitlichen Abständen daraufhin zu überprüfen sind, ob sich eine Klassifizierung als politisch exponierte Person ergibt (RdSchr. 14/2009 der BaFin v. 29.7.2009).

Grundsätzlich erscheint das Zustimmungserfordernis zur Begründung und Fortsetzung einer Geschäftsbeziehung zu einer politisch exponierten Person aus dem Blickwinkel einer geldwäsche- und korruptionsbekämpfungsorientierten Betrachtungsweise sinnvoll und zweckmäßig. In besonders risikoreich gelagerten Fällen kann eine Entscheidung der Geschäftsleitung durchaus angebracht sein (*Ackmann/Reder* WM 2009, 200 (203)), obliegt dieser, bei Kreditinstituten nach § 25a Abs. 1 KWG, doch die ordnungsgemäße Geschäftsorganisation. Auch **Eskalationsverfahren** zur Zustimmung und der Bestimmung der Entscheidungsebene über die Begründung von Geschäftsbeziehungen zu politisch exponierten Personen können im Rahmen der gesetzlichen Vorgaben als sachgerechte Lösung angesehen werden. Zu denken ist ferner an ein PEP-Risiko-Rating basierend auf der Nationalität der Person, deren Wohnsitz und der Korruptionswahrnehmung sowie der Wahrnehmung Organisierter Kriminalität an diesem Ort, der allgemeinen politischen Stabilität, der Unabhängigkeit des Justizsystems und der Presse sowie der Geldwäschebekämpfung am Sitz der Person, deren Funktion, hierarchischer Ebene sowie weiterer sachbezogener Parameter, etwa der Komplexität der zu erwartenden Geschäftsbeziehung, auf dessen Ergebnis auch die konkrete Entscheidungsebene für die Zustimmung bestimmt werden kann (vgl. dazu auch JC 2017 37, Tz. 52, sowie zu weiteren „Red Flags" für PEPs *Bütterlin/Nilles/Seiferlein/Popp* (AlixPartners), S. 15ff.). 20

b) Bestimmung der Herkunft von Vermögenswerten. Als zweite verstärkte Sorgfaltspflicht gegenüber politisch exponierten Personen, deren Familienmitgliedern und bekanntermaßen nahestehenden Personen, normiert § 15 Abs. 4 S. 1 Nr. 2 GwG, dass Verpflichtete angemessene Maßnahmen zu ergreifen haben, mit denen die **Herkunft der Vermögenswerte** bestimmt werden kann, die im Rahmen der Geschäftsbeziehung oder Transaktion eingesetzt werden. Die Regelung in § 15 Abs. 4 S. 1 Nr. 2 GwG entspricht nahezu wörtlich derjenigen in Art. 20 lit. b ii der 4. EU-Geldwäscherichtlinie. Nach Empfehlung 12 der FATF-Empfehlungen vom Februar 2012 (aktualisiert im Juni 2019) sind geeignete Maßnahmen zu ergreifen, *„um die Quelle für Wohlstand und Vermögen festzustellen"*. 21

§ 15 Abs. 4 S. 1 Nr. 2 GwG bezieht die Bestimmung der Herkunft der Vermögenswerte auf solche, die im Rahmen der Geschäftsbeziehung oder Transaktion eingesetzt werden. Die Norm macht damit für politisch exponierte Personen und mit diesen verbundenen Personen letztlich verstärkt zur Regel, was ohnehin im Kern für alle Vertragspartner gilt. So zählt zu den für alle Geschäftsbeziehungen geltenden allgemeinen Sorgfaltspflichten nach § 10 Abs. 1 Nr. 5 GwG die **kontinuierliche Überwachung** der Geschäftsbeziehung einschließlich in deren Verlauf durchgeführter Transaktionen ua im Hinblick auf die Übereinstimmung mit vorliegenden Informationen über die Herkunft der Vermögenswerte. Auffällig ist, dass die Regelung sowohl Vermögenswerte im Rahmen von Geschäftsbeziehungen als auch Transaktionen außerhalb von bestehenden Geschäftsbeziehungen (vgl. BaFin-RdSchr. 14/2009) erfasst. Zum Begriff der Geschäftsbeziehung vgl. § 1 Abs. 4 GwG, zu dem der Transaktion § 1 Abs. 5 GwG. Im Hinblick auf Kreditinstitute dürfte sich die praktische Auswirkung der Unterscheidung zwischen Geschäftsbeziehung und Transaktion kaum bemerkbar machen. Die Unterscheidung wird vornehmlich bei Verpflichteten außerhalb der Kreditwirtschaft Bedeutung besitzen, da dort, etwa bei Immobilienmaklern, Spielbanken oder sonstigen Gewerbetreibenden, regelmäßig keine Geschäftsbeziehung von gewisser Dauer vorliegen 22

§ 15   Abschnitt 3. Sorgfaltspflichten in Bezug auf Kunden

wird. Ungeachtet dessen gilt bei bestehenden Geschäftsbeziehungen zu einer politisch exponierten Person, dass die Herkunft der im Rahmen der Geschäftsbeziehung eingesetzten Vermögenswerte zu bestimmen ist; bei Transaktionen außerhalb dauerhafter Geschäftsbeziehungen ist die Herkunft der in der Transaktion eingesetzten Vermögenswerte zu bestimmen (so bisher DK-Hinweise zu § 15 Abs. 4 GwG).

23   Ebenso schwierig wie die Feststellung der Eigenschaft der politisch exponierten Person gestaltet sich die konkrete Ausgestaltung angemessener Maßnahmen, mit denen die Herkunft der Vermögenswerte bestimmt werden kann, die im Rahmen einer Geschäftsbeziehung oder einer Transaktion eingesetzt werden. Auch die BaFin hatte schon eingestanden, dass *„den Banken aber aufgrund der in vielen Ländern bestehenden Defizite hinsichtlich der Geldwäscheprävention und den dortigen administrativen Gegebenheiten"* es nicht möglich ist, die Herkunft von Geldern zu ermitteln (BaFin, Jahresbericht 2011, S. 251). Für andere Verpflichtete dürfte sich die Verpflichtung noch weitaus schwieriger darstellen. In Betracht kommt als Bestimmungsmethode auch hier zunächst die Befragung des Vertragspartners (*Katzler* in Insam S. 72; *Schmid* S. 26). Kundenfragebögen können Auskünfte zur Herkunft von Vermögenswerten und laufenden Einkünften, etwa eine Beschreibung der Tätigkeit, die zur Bildung des Vermögens geführt hat, oder der Herkunft und Übertragungswege von Zahlungseingängen und der Bestimmung ausgehender Zahlungen unter Angabe von Geschäftspartnern, Ländern und geschätzten Beträgen beinhalten (*Rott/Schmitt* S. 38). An eine solche Erklärung muss sich je nach konkretem Risiko die Frage der Plausibilität und bei verbleibenden Zweifeln oder ungewöhnlichen Umständen die **Verifizierung der Angaben** anhand verfügbarer und unabhängiger Daten (JC 2017 37, Tz. 52 sowie die bis Mai 2020 zur Konsultation gestellte Änderung der vorstehend genannten JC-Leitlinien zu Risikofaktoren, dort insbes. JC 2019 87, Tz. 4.27 f.; *Ackmann/Reder* WM 2009, 200 (203)) anschließen, soll eine Geschäftsverbindung trotz Zweifeln an den Angaben aufgenommen werden (*Schmid* S. 26). Als weitere Mittel zur Abklärung können Besuche am Ort der Geschäftstätigkeit der Beteiligten in Betracht kommen. Ein solcher Besuch kann der Feststellung dienen, ob die Geschäftstätigkeit dort tatsächlich ausgeübt wird, ob es sich um eine „Briefkastenfirma" handelt, ob Produkte tatsächlich hergestellt werden oder wie sich der persönliche Eindruck vom Management gestaltet. Ferner kommen Presse- und Internetrecherchen oder Registereintragungen in Betracht. Schließlich ist an Erkundigungen über vertrauenswürdige Personen oder Nachfragen bei der Auftraggeberbank einer Transaktion zu denken.

24   **c) Verstärkte kontinuierliche Überwachung der Geschäftsbeziehung.** Aufgrund der dritten explizit angeführten Sorgfaltspflicht gegenüber politisch exponierten Personen in § 15 Abs. 4 S. 1 Nr. 3 GwG ist die Geschäftsbeziehung einer **verstärkten kontinuierlichen Überwachung** zu unterziehen (vgl. dazu auch JC 2017 81 Tz. 14). Die Regelung in § 15 Abs. 4 S. 1 Nr. 3 GwG setzt die Vorgabe in Art. 20 lit. b iii der 4. EU-Geldwäscherichtlinie nahezu wortwörtlich um. Gleiches gilt auch im Hinblick auf die Vorgaben des BCBS und der FATF.

25   Wie bei den vorstehenden verstärkten Sorgfaltspflichten stellt sich auch hier die Frage, wie eine verstärkte Überwachung der Geschäftsbeziehung ausgestaltet werden kann (*Herzog/Hoch* WM 2007, 1997 (1998)). Grundsätzlich müssen die Verpflichteten im Rahmen der verstärkten Überwachung *„nach Anzeichen für ungewöhnliche Transaktionen suchen und die ihnen vorliegenden Daten regelmäßig überprüfen, um sicherzustellen, dass alle neuen oder aufkommenden Informationen mit potenziellen Aus-*

wirkungen auf die Risikobewertung zeitnah identifiziert werden."; die Häufigkeit der Überprüfungen im Rahmen der fortlaufenden Überwachung sollte sich dabei an dem jeweiligen Risikograd der Geschäftsbeziehung orientieren (JC 2017 37 Tz. 52). Gefordert ist daher eine verstärkte kontinuierliche Überwachung in quantitativer und/oder qualitativer Hinsicht (BaFin-AuA, Kapitel 7.2). Eine Verstärkung der Transaktionsüberwachung wäre bei politisch exponierten Personen zudem dergestalt denkbar, dass Konten und Transaktionen manuell überwacht würden, dh alle Transaktionen geprüft werden. Nur auf diese Weise kann letztlich sichergestellt werden, dass Transaktionen und damit die Geschäftsbeziehung in Einklang mit dem von der politisch exponierten Person erwarteten Geschäftsverhalten steht. Denkbar ist auch, dass zumindest bedeutende Transaktionen solcher Personen – analog der Zustimmung bei Eröffnung der Geschäftsbeziehung – von einem Mitglied der Führungsebene zu genehmigen sind (BCBS, Sorgfaltspflicht der Banken bei der Feststellung der Kundenidentität, Tz. 54). Ferner kommen ergänzend eine regelmäßige Überprüfung eines PEP-Risiko-Ratings und eine Übersicht der Entwicklung der Geschäftsbeziehung zur Information der Geschäftsleitung in Betracht (BCBS, Sorgfaltspflicht der Banken bei der Feststellung der Kundenidentität, Tz. 54). Auffälligkeiten („Red Flags") gerade im Bereich von PEPs können je nach Art der Verpflichteten dabei auch auffällige Missverhältnisse von Einkommen und Ausgabeverhalten unter Einbeziehung unerklärbarer Investitionen in Luxusobjekte wie Schmuck, Uhren, Kunst, (private) Immobilien, Kasinos, Nachtclubs, Hotelkosten, Luxuslimousinen, Boote und Privatflugzeuge besitzen (vgl. dazu *Bütterlin/Nilles/Seiferlein/Popp* (AlixPartners), S. 11 f., 17). Auch die Einbindung von Briefkastenfirmen kann hier häufig als Auffälligkeit gewertet werden (*Bütterlin/Nilles/Seiferlein/Popp* (AlixPartners), S. 16). In jedem Fall müssen bei der Bewertung der Geschäftsbeziehung im Rahmen einer verstärkten kontinuierlichen Überwachung die verschiedenen Verpflichtetenkreise den Besonderheiten ihrer jeweiligen Geschäfte und der sich daraus ergebenden Risikosituation Rechnung tragen (*Bütterlin/Nilles/Seiferlein/Popp* (AlixPartners), S. 11).

Für die Frage, in welchen Abständen eine Aktualisierung vorhandener Dokumente, Daten und Informationen vorzunehmen ist, wird verschiedentlich eine Obergrenze von einem Jahr für politisch exponierte Personen genannt. Eine starre Grenze kann sicherlich aber nur als Faustregel gelten. In der bisherigen Verwaltungspraxis der BaFin zu § 6 GwG aF (BaFin, RdSchr. 1/2014 (GW) iVm DK, AuAs, Nr. 44) wurde für eine Überprüfung zB ein Zeitraum von zwei Jahren genannt. Im Übrigen ist auch an § 10 Abs. 3a GwG als Rahmen zu denken.

4. Bewertung der Regelungen zu politisch exponierten Personen

Die Regelungen zu politisch exponierten Personen erscheinen trotz der ohne Zweifel gerechtfertigten Bekämpfung der Korruption in vielerlei Hinsicht misslungen. Anknüpfungspunkte einer kritischen Würdigung bestehen insbesondere im Hinblick auf die Grundfreiheiten und Diskriminierungsverbote des AEUV und der Charta der **Grundrechte** als auch im Hinblick auf Diskriminierungstatbestände der EMRK. Ferner sprechen eine Reihe von Gründen für eine Verletzung des auch auf europäischer Ebene geschützten Rechts auf den Schutz personenbezogener Daten und des Rechts auf das Privat- und Familienleben durch die verstärkten Sorgfaltspflichten für politisch exponierte Personen. Politisch exponierte Personen werden vom Richtliniengeber in den Erwägungsgründen 24 und 25 der 3. EU-Geldwäscherichtlinie sowie in Erwägungsgrund (32) der 4. EU-Geldwäscherichtlinie pauschal und undifferenziert mit Korruption und damit der Begehung von Straftaten in Verbindung gebracht. Daran vermag auch der im Übrigen in Widerspruch zur Festlegung des höheren Risikos in Erwägungsgrund (33) der 4. EU-Geldwäscherichtlinie erfolgende Hinweis, dass mit der Eigenschaft einer politisch exponierten Person keine Stigmatisierung oder gar Beteiligung an einer strafrechtlichen Handlung erfolge, nichts zu ändern. Geradezu hilflos erscheint die ebenfalls in Erwägungsgrund (33) enthaltene Feststellung, dass die Ablehnung einer Geschäftsbeziehung, die sich allein auf die Feststellung der Eigenschaft der politisch exponierten Person bezieht, dem Buchstaben und Geist der 4. EU-Geldwäscherichtlinie und der FATF-Empfehlungen zuwiderläuft (vgl. dazu auch BaFin-AuA, Abschnitt III, Nr. 7.2 und JC 2010 87, Tz. 4.52 sowie zu dem damit in Zusammenhang stehenden **„de-risking",** bei dem eine Geschäftsbeziehung zur Vermeidung anstatt der Steuerung von Risiken von vornherein abgelehnt wird, → Rn. 37 sowie EBA, Call for input on „de-risking" and its impact on access to financial services). Vielmehr liegt eine von vornherein erfolgende Ablehnung derartiger Geschäftsbeziehungen mit erhöhtem Risiko für Verpflichtete mitunter doch nahe, da diese pauschal als korruptionsnah gelten (vgl. zB *Correia* ZfgK 2016, 1064 sowie der Wortlaut von Art. 15 Abs. 4 S. 3 GwG selbst: „*... das Risiko zu berücksichtigen, das spezifisch für politisch exponierte Personen ist* ...") und die Begründung und Fortführung der Geschäftsbeziehung einen signifikanten Aufwand für Verpflichtete darstellt. Dabei ist auch zu berücksichtigen, dass nach § 15 Abs. 9 GwG für Verpflichtete, die sich nicht in der Lage sehen, die verstärkten Sorgfaltspflichten zu erfüllen, die Beendigungsregelung aus § 10 Abs. 9 GwG greifen soll, also doch gerade der Gesetzgeber mit seinen Regelungen und teilweise unklaren Vorgaben das „de-risking" der Verpflichteten provoziert. Die Zweifel insbesondere im Hinblick auf das Recht des Privat- und Familienlebens werden – neben kritischen Stimmen in der Literatur (vgl. in Bezug zum Sanktionsregime zB *Kaleck* KJ Heft 1 2011, 63 (65), der von einer fatalen Situation der Angehörigen spricht) insbesondere auch durch zwei Urteile des Gerichtshofes der Europäischen Union in Zusammenhang mit Sanktionsfragen genährt, die letztlich vergleichbare Fragen beinhalten, wie die **Einbeziehung von Familienangehörigen** politisch exponierter Personen in eine verstärkte Überwachung nur aufgrund eben dieser Verwandtschaftsbeziehung. In einem Urteil vom 13.3.2012 (C-376/10 P, BeckEuRS 2012, 678063) hat der Gerichtshof entschieden, dass Sanktionen, die gegen ein Drittland erlassen wurden, auf natürliche Personen nicht allein wegen ihrer familiären Bindungen zu Personen, die mit den Machthabern des entsprechenden Landes verbunden sind, angewandt werden dürfen. In die gleiche Richtung tendiert ein weiteres Urteil des EuGH vom 29.4.2010 (C-340/08, BeckEuRS 2010, 518040), wonach das Einfrieren von Geldern von sanktionierten Personen keine Anwendung auf soziale Leistungen findet, die an deren Ehegatten ausgezahlt werden. Nach hier vertretener Ansicht stützen die Urteile die Auffassung, dass die pauschale Einbeziehung von Familienangehörigen politischer exponierter Personen in den Kreis des erhöhten Risikos und verstärkter Sorgfaltspflichten im Falle ihrer rechtlichen Überprüfung kritisch zu bewerten ist. Darüber hinaus ergeben sich zahlreiche praktische Probleme, insbesondere im Hinblick auf Aufwand, die Einhaltung und die Implementierung der Regelungen für die Verpflichteten.

28 Da die verstärkten Kundensorgfaltspflichten lediglich bei den Verfahren zur Feststellung der politisch exponierten Person ausdrücklich auf eine Angemessenheit und Risikoorientierung Bezug nehmen, lassen die Regelungen in mehrfacher Hinsicht das Gespür für die mit dem risikoorientierten Ansatz verfolgte Ausrichtung der Verfolgungsstrategie vermissen. Vielmehr führen die Maßnahmen zu einer **Büro-**

kratisierung der Bekämpfung der Geldwäsche (allgemein dazu *Spoerr/Roberts* WM 2017, 1142 (1143); ferner *Herzog/Hoch* WM 2007, 1997 (2003); *Höche* WM 2005, 8 (9); *Langweg* in Fülbier/Aepfelbach/Langweg GwG § 14 Rn. 185; *Ganguli* BP 2006, 74 (77)) und damit im Hinblick auf politisch exponierte Personen zugleich der Bekämpfung der Korruption. Der Sinn und Zweck der verstärkten Sorgfaltspflichten, nämlich die Schaffung eines speziellen Instrumentariums für eine vom Richtliniengeber, dem BCBS und der FATF als besonders risikoreich charakterisierte Gruppe von Vertragspartnern oder wirtschaftlich Berechtigten wird durch die ausufernde Weite des Personenkreises geradezu in ihr Gegenteil verkehrt. Im Hinblick auf die Regelungen für politisch exponierte Personen wird daher auch zu Recht von einem Rückschritt einer wirksamen Bekämpfung der Geldwäsche gesprochen (*Höche* WM 2005, 8 (12); *Langweg* in Fülbier/Aepfelbach/Langweg GwG § 14 Rn. 185). Der den Verpflichteten abgenötigte erhebliche Aufwand zeigte sich bisher auch empirisch als nur bedingt geeignet, Verdachtsmomente in nennenswertem Umfang zu generieren (vgl. *Herzog/Hoch* WM 2007, 1997 (2003)). Vermutet wurden jedenfalls von Anfang an nur geringe Erfolge im Verhältnis zu dem dazu getroffenen Aufwand. So weist der Jahresbericht 2006 der FIU – vor dem In-Kraft-Treten der verstärkten Sorgfaltspflichten, aber bereits mehrere Jahre nach Veröffentlichung der internationalen Standards des BCBS und der FATF – in Bezug auf politisch und finanziell bzw. wirtschaftlich exponierte Personen lediglich drei Verdachtsmeldungen (FIU, Jahresbericht 2006, S. 21), der Jahresbericht 2007 der FIU elf Verdachtsmeldungen (FIU, Jahresbericht 2007, S. 19) der Jahresbericht 2008 sieben Verdachtsmeldungen (FIU, Jahresbericht 2008, S. 17), der Jahresbericht 2009 nur sechs Meldungen und der Jahresbericht 2010 13 Meldungen (FIU, Jahresbericht 2010, S. 22) auf. Erst im Jahresbericht 2011 der FIU wurde eine deutliche Steigerung auf 45 Meldungen beschrieben, ohne dass dafür Gründe oder weitergehende Ermittlungsergebnisse genannt wurden (FIU, Jahresbericht 2011, S. 22 f.). In den Jahren 2012 bis 2015 schwanken die Zahlen zwischen 24 und 58 Fällen. Im Jahresbericht 2016 und folgende erfolgt nicht einmal mehr ein eigener Ausweis von Meldungen in Zusammenhang mit politisch exponierten Personen, was für eine nur **untergeordnete Bedeutung** spricht. Die verstärkten Sorgfaltspflichten werden politisch exponierten Personen jedenfalls nicht verborgen bleiben, so dass diese sicherlich andere Mittel und Wege zur Verschleierung der Herkunft von Vermögenswerten aus Korruptionsdelikten finden werden (*Herzog/Hoch* WM 2007, 1997 (2003)). Die Pflichten berücksichtigen zudem in völlig unzureichender Weise die Besonderheiten des jeweiligen Einzelfalls, da sie in ihrer gesetzlichen Ausgestaltung ausdrücklich und ausnahmslos für sämtliche politisch exponierte Personen von einem höheren Risiko ausgehen (vgl. aber etwa JC 2017 37, dort unter Tz. 52, nach der – offenbar das Wort „angemessen" in Art. 20 lit. b ii der 4. EU-Geldwäscherichtlinie als „risikobasiert" verstanden wird – etwa Maßnahmen zur Feststellung des Ursprungs von Vermögenswerten vom Grad des höheren Risikos der Geschäftsbeziehung abhängen soll). Die Regeln verwässern damit Risiko- und Effektivitätsaspekte, anstatt sich auf wirklich risikoträchtige Personen zu fokussieren (The Wolfsberg Group, Wolfsberg Group Publication Statement; Guidance on Politically Exposed Persons (PEPs), S. 1 sowie The Wolfsberg Group, Wolfsberg Guidance on Politically Exposed Persons (PEPs), S. 1, vgl. ferner *Bütterlin/Nilles/ Seiferlein/Popp* (AlixPartners), S. 6). Die Anwendung stärker **risikobasierter Maßstäbe** könnten einen sinnvolleren und erfolgsversprechenderen Weg bieten. Insbesondere die Anwendung von zunächst nur allgemeinen Sorgfaltspflichten, die erst im Einzelfall bei vorliegenden individueller risikoerhöhenden Umständen in verstärkte Sorgfaltspflichten hineinwachsen (vgl. The Wolfsberg Group, Wolfsberg Guidance on Politically Exposed Persons (PEPs), S. 2), zB einer ungewöhnlichen Relation von Vermögenswerten und ausgeübtem Beruf, der politischen Verhältnisse und Korruptionsverletzlichkeit des Herkunftsstaates, oder rationaler Gründe für die Eröffnung einer Geschäftsbeziehung (vgl. ferner zu spezifischen Auffälligkeiten *Bütterlin/Nilles/Seiferlein/Popp* (AlixPartners), S. 9 ff., 15 ff.), würden nach hier vertretener Auffassung eine ausreichende, Grundrechte schonendere und verhältnismäßigere Maßnahme unter gleichzeitiger Berücksichtigung berechtigter Verfolgungsinteressen darstellen (*Kaetzler* in Insam S. 69 f.). Auf diese Weise würden nämlich nicht alle politisch exponierten Personen, deren Familienangehörige und nahestehenden Personen pauschal von Anfang an stigmatisiert, sondern man würde risikoorientiert mit Blick auf verstärkte Sorgfaltspflichten selektieren.

29 Verstärkte Sorgfaltspflichten für politisch exponierte Personen stellen zudem kein Produkt empirischer Forschungen dar, sondern sind vielmehr Erscheinung eines am grünen Tisch entstandenen politischen und regulatorischen Aktionismus, veranlasst durch einige in den 90er Jahren des vergangenen Jahrhunderts bekannt gewordener Fälle, in denen Despoten, Diktatoren und Kleptokraten ihre Vermögenswerte bei Kreditinstituten in Europa und den USA deponiert hatten. Die bekannt gewordenen Fälle bezogen sich dabei im Wesentlichen auf Korruption auf höchster politischer Ebene (grand corruption), die auch im Zentrum einer Überwachung stehen sollten. Im weiteren Verlauf der Diskussionen, insbesondere im Rahmen der FATF und seit der 3. EU-Geldwäscherichtlinie, wurde die Beachtung der verstärkten Sorgfaltspflichten für politisch exponierte Personen sodann jedoch auf immer niedrigere Hierarchieebenen heruntergebrochen. In den verstärkten Sorgfaltspflichten für politisch exponierte Personen kommt schließlich eine Tendenz zum Ausdruck, in der sich die Regelungen zur Bekämpfung der Geldwäsche immer mehr von ihrer originären und primären Zielrichtung, nämlich der Bekämpfung der organisierten Kriminalität, entfernen und Verpflichtete verstärkt zur Bekämpfung von **„Alltagskriminalität"** herangezogen werden.

30 Vor dem Hintergrund der lang andauernden Diskussion über den Umfang der Gruppe politisch exponierter Personen, den rechtlichen Bedenken und praktischen Schwierigkeiten, der mangelhaften Risikoorientierung sowie den bis dato vorliegenden insgesamt enttäuschenden Verfolgungsergebnissen, erscheinen die verstärkten Kundensorgfaltspflichten aus rechtlichen und praktischen Gründen zumindest in der jetzigen Form zu überdenken (vgl. dazu *Achtelik* 2009).

IV. Hochrisiko-Drittstaaten

31 Neben politisch exponierten Personen zählen nach § 15 Abs. 3 Nr. 2 GwG Geschäftsbeziehungen (vgl. § 1 Abs. 4 GwG) und Transaktionen (vgl. § 1 Abs. 5 GwG), an der ein von der Europäischen Kommission nach Art. 9 Abs. 2 der 4. bzw. in der Fassung der 5. EU-Geldwäscherichtlinie ermittelter Drittstaat (vgl. § 1 Abs. 17 GwG) mit hohem Risiko oder eine in diesem Drittstaat ansässige natürliche oder juristische Person beteiligt ist (im Hinblick auf die Unklarheit des Beteiligungsbegriffs und dessen praktischen Konsequenzen vgl. *Glaab/Neu/Scherp* BB 2020, 322 (325); *Brian/Frey/Krais* CCZ 2019, 245 (253 f.)), zu solchen mit höherem Risiko (vgl. dazu auch *Bielefeld/Wengenroth* BB 2016, 2499 (2502 f.)) und sich anschließenden verstärkten Sorgfaltspflichten. Der Tatbestand wurde aufgrund von Art. 18a, der durch die 5. EU-Geldwäscheverordnung in die 4. EU-Geldwäsche-

Verstärkte Sorgfaltspflichten, Verordnungsermächtigung § 15

richtlinie eingefügt wurde, dahingehend geändert, dass nicht nur natürliche und juristische Personen mit Sitz in einem Hochrisiko-Drittstaat erfasst sind, sondern die Beteiligung bzw. Involvierung eines Hochrisiko-Drittstaates an der Geschäftsbeziehung oder Transaktion, sich etwa nur Vermögenswerte einer Transaktion dort befinden, ausreicht (RegBegr. zu § 15 Abs. 3 Nr. 2 GwG, BT-Drs. 19/13827). Nach den bis Mai 2020 noch zur Konsultation stehenden überarbeiteten Leitlinien des Joint Committee zu Risikofaktoren soll bei einer Geschäftsbeziehung oder Transaktionen immer dann ein Bezug zu einem Hochrisiko-Drittstaat bestehen, wenn die Mittel in einem Hochrisiko-Drittstaat generiert werden, von dort erhalten oder dorthin gerichtet werden oder ein Unternehmen mit in einem Hochrisiko-Drittstaat wohnenden oder ansässigen natürlichen oder juristischen Personen sowie bestimmten Treuhandkonstruktionen in Beziehung steht (vgl. JC 2019 87, Tz. 4.55). Maßgeblich für die **Qualifikation des Drittstaates** als hochrisikoreich ist eine Einschätzung der Kommission nach Art. 9 der 4. EU-Geldwäscherichtlinie. Nach Art. 9 Abs. 2 der 4. EU-Geldwäscherichtlinie ermittelt die Kommission, welche Drittländer in ihren nationalen Systemen zur Bekämpfung von Geldwäsche und Terrorismusfinanzierung strategische Mängel aufweisen. Dabei berücksichtigt sie den rechtlichen und institutionellen Rahmen für die Bekämpfung von Geldwäsche und Terrorismusfinanzierung in dem Drittland, ferner Befugnisse, Verfahren, Sanktionsmöglichkeiten der zuständigen Behörden des Drittlands und deren Informationsaustausch mit zuständigen Behörden von Mitgliedstaaten sowie die Wirksamkeit des Systems des Drittlands zur Bekämpfung von Geldwäsche und Terrorismusfinanzierung vgl. zu Einzelheiten European Commission, Methodology for indentifying high-risk third countries under Directive (EU) 2015/849. Das Ergebnis der diesbezüglichen Ermittlung wird durch delegierten Rechtsakt veröffentlicht (Art. 9 Abs. 2, 3 der 4. EU-Geldwäscherichtlinie). Zuletzt hatte die Kommission in der Anlage der Delegierten Verordnung 2016/1675 vom 14.7.2016 (ABl. 2016 L 254, S. 1), geändert durch die Delegierte Verordnung (EU) 2018/1467 vom 27.7.2018 (ABl. 2018 L 246, S. 1) sowie die Delegierte Verordnung (EU) 2020/855 vom 7.5.2020 (ABl. 2020 L 195, S. 1) die Drittländer aufgeführt, die in ihren Systemen zur Bekämpfung von Geldwäsche und Terrorismusfinanzierung strategische Mängel iSv Art. 9 der 4. bzw. idF der 5. EU-Geldwäscherichtlinie aufweisen. Bei diesen Hochrisiko-Drittstaaten handelt es sich danach zurzeit – unterteilt in drei Stufen der Zusammenarbeit mit der FATF – um Nordkorea, Iran, Afghanistan, Bahamas, Barbados, Botsuana, Ghana, Irak, Jemen, Kambodscha, Jamaika, Mauritius, Mongolei, Myanmar/Birma, Nicaragua, Panama, Pakistan, Simbabwe, Syrien, Trinidad und Tobago, Tunesien, Uganda sowie Vanuatu. Bei der Ermittlung berücksichtigt die Kommission einschlägige Evaluierungen, Bewertungen und Berichte internationaler Organisationen und Einrichtungen für die Festlegung von Standards mit Kompetenzen im Bereich der Verhinderung von Geldwäsche und der Bekämpfung der Terrorismusfinanzierung. (Art. 9 Abs. 4 idF der 5. EU-Geldwäscherichtlinie). Gemeint sein dürfte hiermit insbesondere die FATF und deren regelmäßig veröffentlichte „schwarze Liste" (*Rößler* WM 2015, 1406 (1410); zuletzt hat die BaFin mit RdSchr. 3/2020 (GW) den Verpflichteten den aktuellen Stand der **FATF-Liste** übersandt, in deren Kategorie 1 mit gravierenden Mängeln sich zurzeit die Demokratische Volksrepublik Korea (Nordkorea) und der Iran befinden; im Übrigen weisen einige andere Staaten, nämlich derzeit Bahamas, Botswana, Jemen, Kambodscha, Ghana, Island, Mongolei, Pakistan, Panama, Simbabwe, Syrien, Albanien, Barbados, Jamaika, Mauritius, Myanmar, Nicaragua und Uganda danach Defizite im Hinblick auf die Empfehlungen der FATF

Achtelik 419

auf). Hatte sich die Europäische Kommission zunächst auf eine bloße Kopie der FATF-Listen beschränkt und die dortigen Länder als Drittländer mit höherem Risiko eingestuft (was zum Teil sehr kritisch bewertet wurde, vgl. zB Hinweise bei *Amtage* in Amtage/Baumann/Bdeiwi Geldwäschebekämpfung-HdB Rn. 397; Börsenzeitung v. 1.7.2017, „Streit in Brüssel über den Kampf gegen die Geldwäsche – EU-Kommission hat schwarze Liste erst 2025 fertig"), hat sie sich mittlerweile, wie den vorstehenden uneinheitlichen Aufzählungen aus der Delegierten Verordnung der Kommission und der Auflistung der FATF zu Ländern unter Beobachtung ersichtlich, in Ansätzen von den Einschätzungen der FATF gelöst. Dies führt dazu, dass in den einschlägigen Rundschreiben der BaFin, in der beide Listen und deren Änderungen den Instituten mitgeteilt werden, nunmehr auch Ausführungen zur Behandlung von Instituten erfolgten, die zwar nicht in der Delegierten Verordnung der Europäischen Kommission als Hochrisiko-Drittstaaten aufgelistet werden, wohl aber in der Liste der FATF zu Ländern unter Beobachtung stehen. Für diese gelten demnach zwar keine unmittelbaren Handlungspflichten und keine zusätzlichen Sorgfalts- und Organisationspflichten, gleichwohl waren diese bei der Bewertung von Länderrisiken angemessen zu berücksichtigen (vgl. zuletzt Ziffer III. des BaFin-RdSchr. 14/2019 (GW); ferner zuvor jeweils Ziffer III. der BaFin-RdSchr. 08/2019 (GW), 02/2019 (GW), BaFin-RdSchr. 01/2019 (GW), BaFin-RdSchr. 12/2018 (GW) sowie BaFin-RdSchr. 07/2018 (GW)). Umgekehrt gelten nur Länder als Hochrisiko-Drittstaaten, die auch in der Delegierten Verordnung genannt werden, es sei denn ein Institut kommt zu einer anderen Risikoeinschätzung und erweitert den Kreis für sich. Den Verpflichteten bietet die Lösung über eine Liste der Kommission ein beträchtliches Mehr an Rechtssicherheit und verhindert zudem nationale Aufsichtsarbitrage (*Kunz/Schirmer* BB 2015, 2435 (2440)). Nicht von der Regelung in § 15 Abs. 3 Nr. 2 GwG erfasst sind hingegen Zweigstellen von in der EU niedergelassenen Verpflichteten gemäß Art. 2 Abs. 1 der 4. EU-Geldwäscherichtlinie bzw. der Fassung der 5. EU-Geldwäscherichtlinie und mehrheitlich im Besitz dieser Verpflichteten befindliche Tochterunternehmen, die ihren Standort in einem Drittstaat mit hohem Risiko haben, sofern sie sich an die von ihnen anzuwendenden gruppenweiten Strategien und Verfahren nach Art. 45 Abs. 1 der 4. EU-Geldwäscherichtlinie, der in § 9 GwG umgesetzt wurde, halten. Da diese den Vorgaben der 4. EU-Geldwäscherichtlinie folgen müssen, besteht keine Veranlassung auf diese wegen etwaigen Mängeln im Drittstaat verstärkte Sorgfaltspflichten anzuwenden (BT-Drs. 18/11555, 121).

32 Liegt im Hinblick auf den Drittstaat ein hohes Risiko vor, so gelten eine Reihe von durch die 5. EU-Geldwäscherichtlinie (Einfügung von Art. 18a in die 4. EU-Geldwäscherichtlinie) und das Gesetz zur Umsetzung der Änderungsrichtlinie zur Vierten EU-Geldwäscherichtlinie neu bzw. zusätzlich eingefügten Sorgfaltspflichten (vgl. etwa in konkreten Fällen BaFin, Rundschreiben 3/2020 (GW), dort unter II). Dabei sind zwei Arten zusätzlicher Sorgfaltspflichten zu unterscheiden. § 15 Abs. 5 GwG enthält zunächst einen Mindestkanon verstärkter Sorgfaltspflichten bei Vorliegen des Tatbestands eines Hochrisiko-Drittstaates gemäß § 15 Abs. 3 Nr. 2 GwG. Zusätzlich zu diesen verstärkten Sorgfaltspflichten können Aufsichtsbehörden insbesondere die in § 15 Abs. 5a GwG genannten weiteren verstärkten Sorgfaltspflichten anordnen (dies hat die BaFin erstmals mit zwei Allgemeinverfügungen vom 13.5.2020 iHa Geschäftsbeziehungen und Transaktionen mit Bezug zu Nordkorea und dem Iran getan). Es ist zu erwarten, dass diese Sorgfaltspflichten bei Verpflichteten zu zusätzlichem erhöhten oder sogar überbordenden Aufwand und ggf. Beendigung entsprechender Geschäftsbeziehungen führen können, was dem **De-Risking** durch Verpflichtete Vorschub leistet (*Brian/Frey/Krais* CZZ 2019, 245, (254 f.); *Zentes/Glaab* BB 2019, 1667 (1670); iE auch *Engels* WM 2018, 2071 (2076)). § 15 Abs. 5 GwG enthält dabei einen festen Katalog verstärkter Sorgfaltspflichten, der kumulativ anzuwenden ist (RegBegr. zu § 15 Abs. 5, BT-Drs. 19/13827; vgl. auch *Glaab/Neu/Scherp* BB 2020, 322 (325)). § 15 Abs. 5 Nr. 1 lit. a–f GwG enthalten dabei Vorgaben zur Einholung von, in den Fällen des lit. a und b zusätzlicher, über § 10 GwG hinausgehender (vgl. dazu auch *Glaab/Neu/ Scherp* BB 2020, 322 (325)), Informationen, die (i) den Vertragspartner und wirtschaftlich Berechtigten, (ii) die angestrebte Art der Geschäftsbeziehung, (iii) die Herkunft der Vermögenswerte und des Vermögens des Vertragspartners und wirtschaftlich Berechtigten (mit Ausnahme fiktiver wirtschaftlich Berechtigter iSv § 3 Abs. 2 S. 5 GwG), (iv) die Gründe für die geplante oder durchgeführte Transaktion sowie – über die 5. EU-Geldwäscherichtlinie hinausgehend (vgl. RegBegr. zu § 15 Abs. 5, BT-Drs. 19/13827) – (v) die geplante Verwendung der Vermögenswerte, die im Rahmen der Transaktion oder Geschäftsbeziehung eingesetzt werden, sofern die Gefahr einer Terrorismusfinanzierung beurteilt werden muss, betreffen. Wie bereits bisher bedarf zudem nach § 15 Abs. 5 Nr. 2 GwG die Begründung oder Fortführung der Geschäftsbeziehung mit einer dort niedergelassenen natürlichen oder juristischen Person der Zustimmung eines Mitglieds der Führungsebene des Verpflichteten (vgl. dazu § 1 Abs. 15 GwG u. →Rn. 18 ff.). § 15 Abs. 5 Nr. 3 GwG ordnet ferner, im Kern bereits in der Vorgängerregelung enthalten, die verstärkte Überwachung einer Geschäftsbeziehung durch häufigere und intensivere Kontrollen sowie die Auswahl von Transaktionsmustern, die einer weiteren Prüfung bedürfen, an. Wegen Einzelheiten zur Konkretisierung dieser Pflichten vgl. Kommentierung unter →Rn. 24 ff. zu politisch exponierten Personen sowie JC 2017 37, Tz. 58 ff. und auch die bis Mai 2020 andauernde Konsultation der Überarbeitung des vorstehend genannten Leitlinien des Joint Committee, dort ua in Tz. 4.53 ff. Während die verstärkten Sorgfaltspflichten nach § 15 Abs. 5 GwG zumindest zum Teil bereits bisher bestanden, enthält § 15 Abs. 5a GwG mit Anordnungsbefugnissen der zuständigen Aufsichtsbehörden für weitere verstärkte Sorgfaltspflichten bisher in dieser Klarheit nicht vorhandene Regelungen. Zusätzlich zu den verstärkten Sorgfaltspflichten nach § 15 Abs. 5 GwG werden die Aufsichtsbehörden danach ermächtigt, risikoangemessen und im Einklang mit internationalen Pflichten der Europäischen Union eine oder mehrere von den Verpflichteten zu erfüllende verstärkte Sorgfaltspflichten anzuordnen. Dazu können nach § 15 Abs. 5a S. 1 Nr. 1–7 GwG (i) die Meldung von Finanztransaktionen an die FIU, (ii) die Beschränkung oder das Verbot geschäftlicher Beziehungen oder Transaktionen mit natürlichen und juristischen Personen mit Sitz in Hochrisiko-Drittstaat, sowie (iii) das Verbot von Verpflichteten mit Sitz in solchen Staaten im Inland Tochtergesellschaften, Zweigniederlassungen oder Repräsentanzen zu gründen, (iv) das Verbot Zweigniederlassungen oder Repräsentanzen in solchen Staaten zu gründen, (v) die Verpflichtung zur Unterziehung verschärfter geldwäscherechtlicher Prüfungen durch Aufsichtsbehörden oder externe Prüfer für Zweigniederlassungen oder Tochtergesellschaften von Verpflichteten mit Sitz in einem Hochrisiko-Drittstaat, (vi) die Einführung verschärfter Standards für derartige externe Prüfungen sowie (vii) für Verpflichtete iSv § 2 Abs. 1 Nr. 1–3 und 6–9 GwG die Überprüfung, Änderung oder erforderlichenfalls Beendigung von Korrespondenzbankbeziehungen zu Respondenten in einem Drittstaat mit hohem Risiko, gehören. Die Aufzählung in § 15 Abs. 5a S. 1 ist nicht abschließend, so dass auch andere risikoangemessene und risikoreduzierende Maßnahmen angeordnet werden können, die auch unter der

§ 15 Abschnitt 3. Sorgfaltspflichten in Bezug auf Kunden

Eingriffsintensität von § 15 Abs. 5a S. 1 Nr. 3 ff. liegen können (vgl. auch RegBegr. zu § 15 Abs. 5a, BT-Drs. 19/13827). Gemäß § 15 Abs. 5a S. 2 GwG, gilt für die zuständigen Aufsichtsbehörden § 15 Abs. 10 S. 2 GwG bei Anordnung von Maßnahmen entsprechend, dh diese haben einschlägige Evaluierungen, Bewertungen und Berichte internationaler Organisationen oder Einrichtungen für die Festlegung von Standards zu berücksichtigen, ferner zudem auch etwaige Rechtsverordnungen des BMF nach § 15 Abs. 10 GwG.

V. Hochrisiko-Transaktionen

33 Als dritte Tatbestandsgruppe, in der über die allgemeinen Sorgfaltspflichten nach § 10 Abs. 1 GwG hinaus ein erhöhtes Risiko besteht und daher verstärkte Sorgfaltspflichten anzuwenden sind, legt § 15 Abs. 3 Nr. 3 iVm Abs. 6 GwG **Hochrisiko-Transaktionen** (zum Transaktionsbegriff vgl. § 1 Abs. 5 GwG) fest. Konkret muss es sich um Transaktionen handeln, die im Vergleich zu ähnlichen Fällen besonders komplex oder ungewöhnlich groß sind, einem **ungewöhnlichen Transaktionsmuster** folgen oder keinen offensichtlichen wirtschaftlichen oder rechtmäßigen Zweck besitzen (vgl. auch JC 2017 37, Tz. 56). Die Vorschrift setzt Art. 18 Abs. 2 S. 1 der 4. bzw. 5. EU-Geldwäscherichtlinie um. Eine in Teilen vergleichbare Regelung bestand zudem in § 6 Abs. 2 Nr. 3 GwG in der Fassung vor Inkrafttreten des Gesetzes zur Umsetzung der Vierten EU-Geldwäscherichtlinie, zur Ausführung der EU-Geldtransferverordnung und zur Neuorganisation der Zentralstelle für Finanztransaktionsuntersuchungen vom 23.6.2017 (BGBl. I S. 1822). Die Tatbestandsmerkmale sind zudem – seit dem Gesetz zur Umsetzung der Änderungsrichtlinie zur Vierten EU-Geldwäscherichtlinie vom 12.12.2019 allerdings nicht mehr vollständig begriffsidentisch – Gegenstand der Verpflichtung zur Vorhaltung von Datenverarbeitungssystemen in § 25h Abs. 2 KWG.

34 Wird eine derartige Hochrisiko-Transaktion festgestellt, müssen zumindest die zwei in § 15 Abs. 6 GwG genannten verstärkten Sorgfaltspflichten erfüllt werden. Ob eine solche Hochrisiko-Transaktion vorliegt, hat der Verpflichtete im Einzelfall zu entscheiden (BaFin-AuA, Abschnitt III, Nr. 7.4). Vergleichsmaßstab können dabei nicht offensichtlich erklärbare Abweichungen zu anderen bekannten Transaktionen unter Berücksichtigung des üblichen Umfangs der Geschäftsbeziehung oder der Geschäftsgröße sein (BaFin-AuA, Abschnitt III, Nr. 7.4), sprich die im Verhältnis zu vergleichbaren Fällen von vergleichbaren Kunden, Produkten oder Dienstleistungen und den Kenntnissen des Verpflichteten über den Kunden und der Geschäftsbeziehung Abweichungen aufweisen (JC 2017 37 Tz. 56). Die Transaktion sowie deren Hintergrund und Zweck sind zum einen mit angemessenen Mitteln dergestalt zu untersuchen, dass das **Risiko der jeweiligen Geschäftsbeziehung** (zum Begriff vgl. § 1 Abs. 4 GwG) oder Transaktion in Bezug auf Geldwäsche und Terrorismusfinanzierung überwacht und eingeschätzt werden und ggf. geprüft werden kann, ob die Pflicht zu einer (Verdachts-)Meldung nach § 43 Abs. 1 GwG vorliegt (§ 15 Abs. 6 Nr. 1 GwG), wobei die Auffälligkeit selbst keinen meldepflichtigen Sachverhalt darstellen muss (BaFin-AuA, Abschnitt III, Nr. 7.4) Zum anderen ist die der Transaktion zugrunde liegende Geschäftsbeziehung einer verstärkten laufenden Überwachung zu unterziehen, um das damit und mit den einzelnen Transaktionen verbundene Risiko der Geldwäsche und Terrorismusfinanzierung einschätzen und die Überwachung bei einem höheren Risiko entsprechend adjustieren zu können (§ 15 Abs. 6 Nr. 2 GwG). Es ist mithin der **Hintergrund der Auffälligkeit** abzuklären,

zB durch Bestimmung der Quellen und Ziele der Mittel oder der Wahrscheinlichkeit derartiger Transaktionen unter Einbeziehung der Geschäfte des Kunden (JC 2017 37, Tz. 57). Die verstärkte Überwachung der Geschäftsbeziehung dient insbesondere der besseren Bestimmung von Verdachtsmomenten von Transaktionen oder Tätigkeiten innerhalb einer Geschäftsbeziehung (RegBegr. zu § 15 Abs. 6 Nr. 2 GwG, BT-Drs. 19/13827). Die Untersuchungspflicht nach § 15 Abs. 6 Nr. 1 GwG bestand bereits in § 6 Abs. 2 Nr. 3 GwG aF. Diese Vorgängerregelung wurde seinerzeit durch das Gesetz zur Optimierung der Geldwäscheprävention vom 22.12.2011 (BGBl. I S. 2959 ff.) in das GwG bzw. die dort bereits verankerten Vorgaben über verstärkte Sorgfaltspflichten eingefügt. Der Vorschrift wurde von Anfang an erhebliche Bedeutung beigemessen (*Höche/Rößler* WM 2012, 1505 (1508)). Die Ergebnisse der Untersuchungen sind nach § 8 Abs. 1 Nr. 5 GwG aufzuzeichnen und aufzubewahren. Mit der Einfügung der Regelung sollten seinerzeit Monita im Deutschland-Prüfbericht der FATF vom Februar 2010 (dort Tz. 677, 689 im Hinblick auf Empfehlung 11 der 40 Empfehlungen der FATF aus dem Jahr 2003 bzw. Interpretive Note zu Empfehlung 10, Tz. 20, der FATF Empfehlungen v. Februar 2012) Rechnung getragen werden. Ziel der Vorschrift ist es, die genannten Geschäftsbeziehungen und Transaktionen einem besonderen Untersuchungsprozess zu unterziehen und zwar losgelöst davon, wie der Verpflichtete auf Ungewöhnlichkeiten hingewiesen wurde bzw. Auffälligkeiten aufmerksam geworden ist und ohne das die Schwelle eines meldepflichtigen Verdachts bereits erreicht oder überschritten wurde (RegBegr. BT-Drs. 17/6804, 31). Nach der Gesetzesbegründung ist es ausreichend, dass der Verpflichtete bzw. einer seiner Beschäftigten auf Grundlage seines Erfahrungswissens über die Geschäftsabläufe und ohne zusätzliche Abklärung Aufbereitung oder Anreicherung des Sachverhaltes erkennbare Abweichungen vom üblichen Geschäftsverhalten eines Kunden oder sonstiger Beteiligten feststellen kann (BT-Drs. RegBegr. 17/6804, 31). Die **Untersuchungspflicht** soll damit weitergehender als diejenige in § 10 Abs. 1 Nr. 5 GwG sein. Im Gegensatz dazu wurde die Pflicht in § 15 Abs. 6 Nr. 2 GwG zur kontinuierlichen Überwachung einer der Transaktion ggf. zugrunde liegenden Geschäftsbeziehung neu in den Kanon der verstärkten Sorgfaltspflichten aufgenommen. Die verstärkte kontinuierliche Überwachung hat den Zweck festzustellen, ob die auffällige Transaktion einen Hinweis auf ein höheres Risiko der zugrunde liegenden Geschäftsbeziehung bildet. Ist dies der Fall, ist die verstärkte kontinuierliche Überwachung fortzuführen (BT-Drs. 18/11555, 122; BaFin-AuA, Abschnitt III, Nr. 7.4). Diese Überwachung kann sehr detailbezogen sein und die Beobachtung jeder Transaktion des Kunden beinhalten (JC 2017 37, Tz. 57).

VI. Korrespondenzbeziehungen

Vorgaben zu Korrespondenzbeziehungen finden sich in § 15 Abs. 3 Nr. 4 und **35** Abs. 7 GwG. Die Regelungen entsprechen weitgehend § 25k Abs. 1 und 2 KWG idF vor Inkrafttreten des Gesetzes zur Umsetzung der Vierten EU-Geldwäscherichtlinie, zur Ausführung der EU-Geldtransferverordnung und zur Neuorganisation der Zentralstelle für Finanztransaktionsuntersuchungen vom 23.6.2017 (BGBl. I S. 1822), wobei Begrifflichkeiten stärker an Art. 19 4. EU-Geldwäscherichtlinie angelehnt wurden (vgl. zum bisherigen § 25k KWG *Achtelik* in Boos/Fischer/Schulte-Mattler KWG § 25k Rn. 1, 4 ff. und 9 ff.). Durch das Gesetz zur Umsetzung der Änderungsrichtlinie zur Vierten EU-Geldwäscherichtlinie wurde klargestellt, dass die verstärkten Sorgfaltspflichten insbesondere bei Begründung

§ 15 Abschnitt 3. Sorgfaltspflichten in Bezug auf Kunden

einer Geschäftsbeziehung zu erfüllen sind. Diese auf Art. 19 idF der 5. EU-Geldwäscherichtlinie zurückgehende Änderung ist sprachlich deshalb unglücklich, da insbesondere § 15 Abs. 7 Nr. 2 und 3 GwG die Pflichten nicht *„bei Begründung"* sondern ausdrücklich *„vor Begründung"* festschreiben. Die Vorschrift wird durch § 25m Nr. 1 KWG flankiert, durch den die Aufnahme und Fortführung von Korrespondenz- und sonstigen Geschäftsbeziehungen mit einer Bank-Mantelgesellschaft bußgeldbewehrt verboten ist.

36 Im Rahmen von Korrespondenzbankziehungen, als Unterfall der Korrespondenzbeziehung, wird ein höheres Geldwäscherisiko gesehen, da dort die üblichen Sorgfaltspflichten gegenüber dem Kunden nicht greifen. So wird im Regelfall insbesondere kein unmittelbar vertragliches Verhältnis zu dem eine Transaktion veranlassenden oder empfangenden Kunden der anderen Bank bestehen (RegBegr. zum Geldwäschebekämpfungsergänzungsgesetz BR-Drs. 168/08; *Ackmann/Reder* WM 2009, 200 (204); *Glaab/Kruse* Die Bank 7/2010, 51; FATF, Leitfaden zum risikoorientierten Ansatz zur Bekämpfung von Geldwäsche und Terrorismusfinanzierung, Tz. 3.7.) oder das Korrespondenzinstitut die Identität des Kunden des Respondenzinstituts oder Art und Zweck der zugrundeliegenden Transaktion kennen (JC 2017 37 Tz. 86). **Korrespondenzbanken** werden dann nur durchleitend tätig. Für diese Institute ergibt sich die Gefahr, dass sie Gelder erhalten oder auch weiterleiten, die aus Straftaten herrühren oder für solche verwendet werden, ohne dass eine inkriminierte Herkunft erkannt werden könnte (RegBegr. zum Geldwäschebekämpfungsergänzungsgesetz BR-Drs. 168/08; *Achtelik/Ganguli* in Geldwäschebekämpfung-HdB Rn. 116). Ferner können sich besondere Risiken aus der besonderen Höhe dieser Transaktionen, bereits erwähnter, nur begrenzter Informationen über den Auftraggeber und die Quelle von Vermögenswerten bzw. die zu Grunde liegende Transaktion (BCBS, Sound Management of risks related to money laundering and financing of terrorism, Annex 2, dort I. 4.) sowie die Beteiligung von politisch exponierten Personen in die Eigentümerstruktur der Korrespondenzbank ergeben (FATF, Guidance for a risk-based approch – The Banking Sector, S. 18). Genaue Kenntnisse über den Umfang von Korrespondenzbeziehungen in Drittstaaten sämtlicher deutscher Institute bestehen nicht (vgl. Antwort der Bundesregierung zu Frage 1. b) auf die Kleine Anfrage der Abgeordneten Fabio De Masi, Jörg Cezanne, Klaus Ernst, weiterer Abgeordneter und der Fraktion DIE LINKE v. 23.9.2019, BT-Drs. 19/12691; Antwort der Bundesregierung zu Fragen 1 bis 4 auf die Kleine Anfrage der Abgeordneten Dr. Gerhard Schick, Kerstin Andreae, Dr. Thomas Gambke, Britta Haßelmann, Lisa Paus, Beate Müller-Gemmeke und der Fraktion BÜNDNIS 90/Die GRÜNEN v. 21.4.2016, BT-Drs. 18/8187). Allerdings liegen Daten für das Frühjahr 2019 von 130 abgefragten Banken vor, von denen 12 Banken mehr als 100 Korrespondenzbankbeziehungen, davon zwei mehr als 1.300 derartiger Beziehungen, hatten (Antwort der Bundesregierung zu Frage 1. a) und e) auf die Kleine Anfrage der Abgeordneten Fabio De Masi, Jörg Cezanne, Klaus Ernst, weiterer Abgeordneter und der Fraktion DIE LINKE v. 23.9.2019, BT-Drs. 19/12691). In jüngster Zeit hatten der Geldwäscheskandal bei der in Estland ansässigen Niederlassung der Danske Bank A/S Kopenhagen, die über Jahre Milliardenbeträge für Kunden gewaschen haben soll, das Augenmerk auch auf deren Korrespondenzbankbeziehungen, zB mit Instituten in Deutschland, gerichtet (BaFin, Jahresbericht 2019, S. 123; BaFin, Jahresbericht 2018, S. 28f.; vgl. auch Börsen-Zeitung v. 31.8.2019: „Beurteilung von Geldwäsche spaltet Investoren").

37 Bereits vor Aufnahme der Vorschrift in § 25k KWG und der dann erfolgten Ablösung durch § 15 GwG existierten umfangreiche aufsichtliche Vorgaben für den

Umgang mit Korrespondenzbanken in Zusammenhang mit der Verhinderung von Geldwäsche. So hatte insbesondere das BAKred als Vorgängerbehörde der BaFin etwa im Jahr 2000 in einem Schreiben Sicherungsmaßnahmen gefordert, aufgrund derer bei der Eröffnung neuer und bei bestehenden Korrespondenzbankbeziehungen sowie bei unter Geldwäscheaspekten auffälligen oder ungewöhnlichen sowie durchgeleiteten Transaktionen Sicherungsmaßnahmen zu ergreifen waren. Der Umfang der **Sicherungsmaßnahmen** wurde dabei insbesondere vom Sitz des betroffenen Instituts abhängig gemacht, wobei zB nach Mitgliedstaaten der EU, des BCBS oder der FATF unterschieden wurde. In der Folge griff die BaFin dann wiederholt besondere Anforderungen für Korrespondenzbankbeziehungen in ihren Rundschreiben auf. Auch internationale Standardsetzer wie der BCBS und die FATF widmeten sich des Problems und formulierten entsprechende Vorgaben oder identifizierten spezielle Risiken. Nach Angaben der FIU haben seit Anfang 2009 die Verdachtsanzeigen, denen Korrespondenzbankgeschäfte zugrunde lagen, zugenommen. Verdachtsgrund war häufig der Umstand, dass eine Vielzahl täglicher, paralleler Zahlungen ausländischer Korrespondenzbanken ohne Angabe eines geschäftlichen Hintergrunds über Kreditinstitute in Deutschland an verschiedene Firmen getätigt wurde. Die FIU hat 2009 eine strategische Auswertung des Phänomens begonnen und wird ggf. zu einem späteren Zeitpunkt Handlungsvorschläge unterbreiten. In jüngerer Zeit haben sich sowohl die FATF (FATF, Guidance Correspondent Banking Services, Oktober 2016) als auch der BCBS (Consultative Document, Guidelines, Revised annex on corrspondent banking, November 2016) dem Thema der Korrespondenzbankbeziehungen mit dem Blickwinkel der Verhinderung von Geldwäsche und Terrorismusfinanzierung angenommen. Bei der vorstehend genannten Guidance der FATF geht es dabei insbesondere um Präzisierungen mit Blick auf das „de-risking" aufgrund dessen Finanzinstitute Geschäftsbeziehungen zu einem Land oder Kundengruppen vollständig beenden oder zumindest beschränken, um Risiken zu vermeiden, anstatt diese zu steuern (FATF, Guidance Correspondent Banking Services, Tz. 1; EBA, Call for input on „de-risking" and its impact on access to financial services; BaFin, BaFinJournal Juli 2017, S. 10, 11; BaFin, Jahresbericht 2016, S. 61 – siehe aber noch BaFin, Jahresbericht 2015, S. 127, in dem die Beendigung von Geschäftsbeziehungen ohne Reflektion des „de-risking" als offenbar berechtigtes *„Konsequenzen ziehen"* bewertet wird). Der insbesondere an den erhöhten Risiken und aufwendigen KYC-Anforderungen festgemachte Rückgang der Korrespondezbankbeziehungen wird durchaus kritisch gesehen (vgl. CPMI, Analysis: New correspondent banking data – the decline continues, 27.5.2019; Pressemitteilung von BCBS, CPMI, FATF und FSB v. 5.3.2018 „Welcome industry initiative facilitating correspondent banking"; Antwort der Bundesregierung zu Frage 3 auf die Kleine Anfrage der Abgeordneten Fabio De Masi, Jörg Cezanne, Klaus Ernst, weiterer Abgeordneter und der Fraktion DIE LINKE v. 23.9.2019, BT-Drs. 19/12691; *Amtage* in Amtage/Baumann/Bdeiwi Geldwäschebekämpfung-HdB Rn. 406). Darüber hinaus hat der neben dem BCBS ebenfalls bei der Bank für Internationalen Zahlungsausgleich (BIS) angesiedelte Committee on Payments and Market Infrastructures (Correspondent Banking, Juli 2016) ein umfassendes Papier mit aktuellen Trends und der Analyse von Maßnahmen, die Bedenken und Kosten mit Blick auf das Korrespondenzbankgeschäft betreffen, vorgelegt. Auch die Wolfsberg-Gruppe hat 2014 ihre ursprünglich aus dem Jahr 2002 stammenden Prinzipien zum Korrespondenzbankgeschäft aktualisiert (The Wolfsberg-Group, Wolfsberg Anti-Money Laundering Principles for Correspondent Banking, 2014) sowie einen von Aufsicht und Standardsetzern

§ 15 Abschnitt 3. Sorgfaltspflichten in Bezug auf Kunden

begrüßten Correspondent Banking Due Dilligence Questionnaire in 2018 erstellt (vgl. die diesbezüglichen Informationen und Materialien der Wolfsberg Group unter https://www.wolfsberg-principles.com/wolfsbergcb (Stand: 22.4.2020); ferner Pressemitteilung von BCBS, CPMI, FATF und FSB v. 5.3.2018 „Welcome industry initiative facilitating correspondent banking").

38 In § 15 Abs. 3 Nr. 4 GwG wird zunächst das höhere Risiko für grenzüberschreitende Korrespondenzbeziehungen mit Respondenten mit Sitz in einem Drittstaat oder, vorbehaltlich einer Beurteilung durch die Verpflichteten als höheres Risiko, in einem Staat des EWR gesetzlich festgeschrieben (zur Differenzierung der Risiken und zu treffenden Maßnahmen mit Blick auf EWR-Korrespondenzbeziehungen JC 2017 37 Tz. 82ff., 89ff., 93f. und im Hinblick auf Risikofaktoren allgemein bei Korrespondenzbankbeziehungen in Zusammenhang mit Produkten, Dienstleistungen, Transaktionen und Kunden vgl. JC 2017 37 Tz. 78ff., 80f.; Änderungen der vorstehenden JC-Leitlinien zu Risikofaktoren werden bis Mai 2020 konsultiert, wobei sich Änderungen für Korrespondenzbeziehungen aus JC 2019 87, Tz. 8 ergeben; vgl. aber auch Erwägungsgrund (43) der 5. EU-Geldwäscherichtlinie, wonach *„die Intensität der in dieser Richtlinie festgelegten Maßnahmen durch die Anwendung der Grundsätze des risikobasierten Ansatzes festgelegt werden, und der Höhe des Risikos der Geldwäsche und der Terrorismusfinanzierung, die ein bestimmtes Respondenzinstitut darstellt, wird dadurch nicht vorgegriffen."*). Die im Referentenentwurf eines Gesetzes zur Umsetzung der Änderungsrichtlinie zur Vierten EU-Geldwäscherichtlinie enthaltene Qualifizierung von jedweder Korrespondenzbeziehung mit Respondenten mit Sitz im EWR als mit höherem Risiko behaftet (vgl. dazu *Zentes/Glaab* BB 2019, 1667 (1670)), findet sich in der verabschiedeten Fassung des Gesetzes hingegen nicht mehr, wäre auch kaum mit der einschlägigen Grundbewertung des Joint Committee der ESAs zu vereinbaren gewesen (JC 2017 37 Tz. 83, 89f.). Vereinfachte Kundensorgfaltspflichten gelten insoweit jedenfalls nie als angemessen (vgl. FATF, Guidance Correspondent Banking Services, Tz. 14). **Verpflichtete** iSv § 15 Abs. 3 Nr. 4 GwG sind Kreditinstitute, Finanzdienstleistungsinstitute sowie Zahlungs- und E-Geld-Institute gemäß § 2 Abs. 1 Nr. 1–3 GwG, ferner auch Finanzunternehmen, Versicherungsunternehmen und Versicherungsvermittler gemäß § 2 Abs. 1 Nr. 6–8 GwG. Anders als in der Vorgängernorm des § 25k KWG wird der Begriff der Korrespondenzbeziehung im GwG legalgesetzlich definiert und das Verständnis erweitert. Gemäß § 1 Abs. 21 GwG ist unter **Korrespondenzbeziehung** eine Geschäftsbeziehung zu verstehen, in deren Rahmen bestimmte Leistungen erbracht werden. Bei dieser Leistung kann es sich zunächst um Bankdienstleistungen, insbesondere die Unterhaltung eines Kontokorrentkontos oder anderen Zahlungskontos sowie die Erbringung damit verbundener Leistungen wie der Verwaltung von Barmitteln, der Durchführung von internationalen Geldtransfers oder Devisengeschäften und der Vornahme von Scheckverrechnungen handeln. Voraussetzung ist, dass die Bankdienstleistungen durch Verpflichtete in Form von Kreditinstituten nach § 2 Abs. 1 Nr. 1 GwG, auch als Korrespondenten bezeichnet, und für CRR-Kreditinstitute (vgl. zum Begriff § 1 Abs. 3d KWG) oder Unternehmen in Drittstaaten, deren Tätigkeiten gleichwertig sind (Respondenten), erbracht werden. Unter Bankdienstleistungen sind nur solche Bankgeschäfte zu verstehen, die im Zusammenhang mit dem Zahlungsverkehr stehen, insbesondere die in § 1 Abs. 1 S. 2 ZAG genannten Zahlungsdienste (BaFin-Aus, Abschnitt III, Nr. 7.5.1), Darüber hinaus liegt eine Korrespondenzbeziehung vor, wenn andere Leistungen als Bankdienstleistungen, wenngleich diesen ähnlich, wie etwa Wertpapiergeschäfte oder Geldtransfers (BaFin-AuA, Abschnitt III, Nr. 7.5.1) erbracht werden, wenn diese nach den rele-

§ 15

vanten gesetzlichen Vorschriften durch Verpflichtete in Form von Kreditinstituten, Finanzdienstleistungsinstituten sowie Zahlungs- und E-Geld-Instituten gemäß § 2 Abs. 1 Nr. 1–3 GwG, ferner auch Finanzunternehmen, Versicherungsunternehmen und Versicherungsvermittlern gemäß § 2 Abs. 1 Nr. 6–8 GwG (Korrespondenten) erbracht werden dürfen, sofern es sich beim Gegenüber um CRR-Kreditinstitute oder Finanzinstitute iSd Art. 3 Nr. 2 der 4. EU-Geldwäscherichtlinie (sowie nach den BaFin-AuA um Kreditinstitute iSd KWG, vgl. BaFin-AuA, Abschnitt III, Nr. 7.5.1) oder um einen Respondenten in Form eines Unternehmens oder einer Person in einem Drittstaat handelt, die Tätigkeiten ausüben, die denen der vorgenannten Kredit- oder Finanzinstituten gleichwertig sind. Damit wird das bisherige Verständnis der Korrespondenzbeziehung aus § 25k KWG aF erweitert, da nicht mehr nur Banken als **Korrespondent und Respondent** fungieren können (BT-Drs. 18/11555, 104; *Zentes/Glaab* BB 2017, 67 (70)). Die auf Art. 3 Nr. 8 der 4. EU-Geldwäscherichtlinie basierende Definition wird damit zugleich den Begrifflichkeiten der FATF zur Definition des Korrespondenzbankgeschäft angenähert (vgl. FATF, The FATF Recommendations 2012 (aktualisiert Juni 2017), S. 112), die noch einmal im Rahmen der FATF-Guidance Correspondent Banking Services vom Oktober 2016, dort unter Tz. 13, sehr ausführlich und mit weiteren Konkretisierungen dargestellt wurde (sowie ferner BCBS, Consultative Document, Guidelines, Revised annex on corrspondent banking, Tz. 1 ff.). Gleichwohl soll der Begriff der Korrespondenzbeziehung in § 1 Abs. 21 GwG für die Kreditwirtschaft im Wesentlichen dem bisherigen Korrespondenzbankbegriff entsprechen (vgl. dazu noch die DK-Hinweise zu § 1 Abs. 21 GwG als Vorgänger der BaFin-AuA).

§ 15 Abs. 7 GwG enthält sodann fünf verstärkte Sorgfaltspflichten für Korrespondenzbeziehungen iSv § 15 Abs. 3 Nr. 4 GwG, basierend auf Art. 19 der 4. bzw. 5. EU-Geldwäscherichtlinie. Dabei handelt es sich um grenzüberschreitende Korrespondenzbeziehungen mit Respondenten mit Drittstaatensitz oder mit Sitz im EWR und Einstufung durch den Verpflichteten als Hochrisiko-Staat oder Aufnahme in eine entsprechende Liste der FATF (vgl. auch § 15 Abs. 8 GwG sowie BaFin-AuA, Abschnitt III, Nr. 7.5.2), die durch eine gewisse Dauerhaftigkeit geprägt sind und wiederholte Ausführungen von Transaktionen zum Gegenstand haben (Erwägungsgrund (43) der 5. EU-Geldwäscherichtlinie; RegBegr. zu § 15 Abs. 3 Nr. 4 GwG, BT-Drs. 19/13827) Leitlinien zur weiteren Spezifizierung des Risikos von Korrespondenzbeziehungen hat das Joint Committee der ESAs formuliert (JC 2017 37, Tz. 75 ff.). Die verstärkten Sorgfaltspflichten müssen aufgrund des eindeutigen Wortlauts zunächst „bei" Begründung der Geschäftsbeziehung (vgl. auch *Engels* WM 2018, 2071 (2075)), womit aufgrund der Formulierung in einzelnen der verstärkten Sorgfaltspflichten in § 15 Abs. 7 GwG, grundsätzlich jedoch „vor" gemeint sein dürfte, zusätzlich zu den allgemeinen Sorgfaltspflichten beachtet (BaFin-AuA, Abschnitt III, Nr. 7.5.3) und sodann auch kontinuierlich eingehalten werden (*Ackmann/Reder* WM 2009, 200 (204)). Während der Geschäftsbeziehung (vgl. dazu bereits früher BaFin, RdSchr. 1/2014 (GW) iVm DK-AuAs Nr. 71) sind in regelmäßigen zeitlichen Abständen vorhandene Dokumentation, Analyseergebnisse etc zu überprüfen (*Auerbach/Spies* in Schwennicke/Auerbach § 25k Rn. 15). Dies kann risikoorientiert erfolgen (vgl. bereits früher BaFin, RdSchr. 1/2014 (GW) iVm DK-AuAs Nr. 70; *Weber/von Drathen* in Luz/Neuss/Schaber/Scharpf/Schneider/Weber § 25k Rn. 10). Die Sorgfaltspflichten spiegeln im Wesentlichen Empfehlung 13 der Empfehlungen der FATF aus Februar 2012 (aktualisiert im Juni 2019) und Ausführungen des BCBS wider (BCBS, Sound management of risks related to money laundering and financing of terrorism, Annex 2; BCBS, Sorgfalts-

§ 15 Abschnitt 3. Sorgfaltspflichten in Bezug auf Kunden

pflichten der Banken bei der Feststellung der Kundenidentität, Tz. 50ff.; BCBS., Methodik der Grundsätze für eine wirksame Bankenaufsicht, Grundsatz 18, Tz. 5.). Institute haben Korrespondenzbankbeziehungen mit **großer Sorgfalt** durchzuführen. Den Instituten steht es selbstverständlich frei, auch strengere Grundsätze anzuwenden, auch wenn dadurch wiederum ein „de-risking" entsteht (vgl. → Rn. 37). Zum AML/CFT-Risikomanagement in Korrespondenzbankbeziehungen vgl. ferner White & Case, Client Alert, Correspondent Risk: Financial Crimes und Correspondent Banking, Mai 2019.

40 Gem. § 15 Abs. 7 Nr. 1 GwG sind zunächst **ausreichende Informationen über den Respondenten** einzuholen, um die Art der Geschäftstätigkeit des Korrespondenzinstituts in vollem Umfang verstehen und seine Reputation, seine Kontrollen zur Verhinderung der Geldwäsche und der Terrorismusfinanzierung sowie die Qualität der Aufsicht (vgl. JC 2017 37, Tz. 89ff.; BCBS, Consultative Document, Guidelines, Revised annex on corrspondent banking, Tz. 6ff.; auch bereits BCBS, Methodik der Grundsätze für eine wirksame Bankenaufsicht, Grundsatz 18 Tz. 5 sowie *Rott/Schmitt* S. 40), und damit letztlich sein Risiko bewerten zu können (FATF, Guidance Correspondent Banking Services, Tz. 16). Der genaue Umfang der Informationen hängt dabei vom festgestellten Risiko ab, wobei neben der Bewertung des Risikos des Sitzstaates des Respondenten auch Art und Umfang der für diesen erbrachten Leistungen sowie der Transparenz der diesbezüglich relevanten Zahlungen zu beachten ist (BaFin-AuA, Abschnitt III, Nr. 7.5.3). Zwar ist die Einschränkung des § 25k Abs. 2 Nr. 1 KWG aF, nach der die Informationen öffentlich verfügbar sein sollen, nicht mehr in § 15 Abs. 7 Nr. 1 GwG enthalten. Da diese Einschränkung ungeachtet dessen in Empfehlung 13 lit. a der FATF-Empfehlungen vom Februar 2012 (aktualisiert Juni 2019) sowie in den Leitlinien des Joint Committee der ESAs zu Risikofaktoren (JC 2017 37 Tz. 92) enthalten ist, kommt ihr weiterhin Bedeutung zu. Informationen können vom Respondenzinstitut oder Respondenten selbst (zB mittels Fragebögen, vgl. → Rn. 37) oder aus verlässlichen anderen Informationsquellen stammen (FATF, Guidance Correspondent Banking Services, Tz. 23ff.). Informationsquellen können das Internet sein, insbesondere SWIFT-Daten (KYC Registery als zentrales Kommunikationsnetzwerk, vgl. dazu www.betterkyc.com, Stand: 31.7.2020), ferner aber (ergänzend) auch Bankers Almanac, FSA-Register, Unternehmensregister, Wirtschaftsprüfer-Berichte, kommerzielle Datenbanken, Weltbank-Informationen, FATF/FSRB-Länderberichte, FSAP-Gutachten IWF-Länderprüfungsberichte oder eigene Erkenntnisse des Instituts sein (JC 2017 37 Tz. 92; FATF, Guidance Correspondent Banking Services, Tz. 23ff.; BCBC Sound management of risks related to money laundering and financing of terrorism, Juni 2017, Annex 2, Tz. 18ff.; Committee on Payments and Market Infrastructures, Correspondent Banking, S. 19ff.; *Langweg* in Fülbier/Aepfelbach/Langweg § 14 Rn. 85; früher auch BaFin, RdSchr. 1/2014 (GW) iVm DK-AuAs Nr. 70). Obwohl ebenfalls nicht mehr ausdrücklich genannt, beinhalten Informationen über den Respondenten sicherlich weiterhin auch solche über seine Geschäfts- und Leitungsstruktur, insbesondere dahingehend, dass es sich bei einem Respondenzinstitut um keine Bank-Mantelgesellschaft handelt (FATF, Guidance Correspondent Banking Services, Tz. 17). Zum Kernbestand der Pflichten zählt die Feststellung und **Überprüfung der Identität** des Respondentinstituts bzw. Respondenten anhand von verlässlichen und unabhängigen Informationen, Daten und Gründungsdokumenten einschließlich wirtschaftlich Berechtigter oder PEP-Kontaminierungen (JC 2017 37, Tz. 84; FATF, Guidance Correspondent Banking Services, Tz. 17). Mit Blick auf vorhandene Kontrollen zur Verhinderung von Geldwäsche und Terrorismusfinanzierung ist eine unabhängige Revision (intern oder extern) Kernelement (FATF, Guidance Correspondent Banking Services, Tz. 20, ferner zu Kontrollen BCBS, Consultative Document, Guidelines, Revised annex on corrspondent banking, Tz. 21 f.). Auch sollte ein ausreichendes Verständnis der aus der Korrespondenzbeziehung resultierenden Dienstleistungen des Respondenzinstituts bzw. Respondenten gegenüber seinen Kunden und deren darüber hinausgehenden Geschäfte bestehen (FATF, Guidance Correspondent Banking Services, Tz. 21, 22). Besonderes Augenmerk wird dabei darauf zu richten sein, ob der Respondent bereits im Fokus von Ermittlungen zur Geldwäsche und Terrorismusfinanzierung stand oder eine negative diesbezügliche Reputation aufweist (FATF, Empfehlung 13 lit. a der Empfehlungen der FATF v. Februar 2012; so früher auch BaFin, RdSchr. 1/2014 (GW) iVm DK-AuAs Nr. 70). Ferner können Geschäftsberichte eingesehen, (Bank-)Lizenzen überprüft und ggf. Aufsichtsbestätigungen eingeholt werden, wobei bei konzernabhängigen Tochterunternehmen die Bestätigung des Mutterunternehmens mit Sitz in der EU oder einem Staat mit gleichwertiger Aufsicht ausreichend sein kann (so früher BaFin, RdSchr. 1/2014 (GW) iVm DK-AuAs Nr. 70), jedenfalls dann, wenn keine risikoerhöhenden Umstände im Einzelfall vorliegen. In Betracht kommen können ferner eine Analyse der gesellschaftsrechtlichen Zusammensetzung der Bank sowie Gespräche mit relevanten Personen und Vor-Ort-Besuche (FATF, Guidance Correspondent Banking Services, Tz. 20; *Glaab/Kruse* Die Bank 7/2010, 51 f.) und die Übersendung sog. AML-Questionnaires bzw. Fragebögen (*Auerbach/ Spies* in Schwennicke/Auerbach § 25k Rn. 17 unter Hinweis auf einen von der Wolfsberg-Group entwickelten Fragebogen, vgl. http://www.wolfsberg-prin ciples.com/pdf/diligence/Wolfsberg-Anti-Money-Laundering-Questionnaire.p df (Stand: 31.7.2020)). Die Sorgfaltspflichten im Rahmen der Korrespondenzbeziehung sind laufend zu überwachen bzw. zu überprüfen (zu einzelnen Gegenständen der Überwachungspflichten bei Korrespondenzbankbeziehungen vgl. JC 2017 37 Tz. 84; FATF, Guidance Correspondent Banking Services, Tz. 29 ff.; BCBS, Consultative Document, Guidelines, Revised annex on corrspondent banking, Tz. 25 ff.). Besondere Diskussionen hat dabei der Umfang der KYCC („know your customer's customer")-Pflichten im Korrespondenzbankgeschäft ausgelöst, so dass die FATF sich genötigt sah, dieses Problem noch einmal gesondert aufzubereiten (FATF, Guidance Correspondent Banking Services, October 2016; vgl. dazu auch *Amtage* in Amtage/Baumann/Bdeiwi Geldwäschebekämpfung-HdB Rn. 405 ff.). Die FATF hat dort ua unter Tz. 3 klargestellt, dass die FATF-Empfehlungen ein Finanzinstitut nicht verpflichten, *„seine Sorgfaltspflichten bei der Feststellung und Überprüfung der Kundenidentität auf die Kunden ihrer Kunden (d. h. jeden einzelnen Kunden) anzuwenden ... Es wird weder erwartet, noch ist es beabsichtigt oder verlangt, dass das Korrespondenzinstitut im Rahmen seiner Sorgfaltspflichten bei der Feststellung und Überprüfung der Kundenidentität ... Maßnahmen in Bezug auf die Kunden des Respondenzinstituts durchführt."*. Der Klarstellung ist man auf europäischer Ebene gefolgt (vgl. JC 2017 37 Tz. 87).

Nach § 15 Abs. 7 Nr. 2 GwG ist sicherzustellen, dass vor Begründung einer Geschäftsbeziehung mit dem Respondenten die **Zustimmung eines Mitglieds der Führungsebene** einzuholen ist. Mitglied der Führungsebene ist eine Führungskraft oder ein leitender Mitarbeiter eines Verpflichteten mit ausreichendem Wissen über die Risiken, denen der Verpflichtete mit Blick auf Geldwäsche und Terrorismusfinanzierung ausgesetzt ist und die insoweit Entscheidungen zu treffen hat (§ 1 Abs. 15 GwG). Darüber hinaus sollte auch bei einer Verschlechterung der Risikoeinschätzung im Hinblick auf den Respondenten eine Information der zustimmenden Stelle erfolgen (JC Guidelines Tz. 92; *Auerbach/Spies* in Schwennicke/Auer-

§ 15 Abschnitt 3. Sorgfaltspflichten in Bezug auf Kunden

bach § 25 k Rn. 22). Die zustimmende Führungskraft soll dabei nicht diejenige Person sein, die die Beziehung vorgeschlagen hat; je höher das konkrete Risiko der Korrespondenzbeziehung bewertet wird, umso ranghöher sollte auch die zustimmende Person angesiedelt sein (JC 2017 37 Tz. 92). Vor dem Hintergrund der klaren Auslegungsgrundsätze ua von FATF und des JC sollte, trotz des offenen Wortlauts von § 1 Abs. 15 GwG, ein Zurückfallen hinter die bisherigen Standards sicherlich nicht angedacht sein.

42 § 15 Abs. 7 Nr. 3 GwG verlangt, vor Begründung einer Geschäftsbeziehung mit einem Respondenten, die **Verantwortlichkeiten der Beteiligten in Bezug auf die Erfüllung der Sorgfaltspflichten festzulegen** und entsprechend § 8 GwG zu dokumentieren. Diese Pflicht gilt auch dann, wenn die Verantwortlichkeiten etwa in den AGB des Korrespondenzinstituts enthalten sind (vgl. auch JC 2017 37 Tz. 92). Festzuhalten wäre demnach etwa wie und von wem Angebote genutzt werden können, zB, ob andere Banken Angebote aufgrund ihrer Beziehung zum Respondenzinstitut nutzen können und welche AML/CFT-Pflichten das Respondenzinstitut hat (JC 2017 37 Tz. 92).

43 Gemäß § 15 Abs. 7 Nr. 4 GwG sind ferner Maßnahmen zu ergreifen, die sicherstellen, dass keine Geschäftsbeziehungen mit Respondenten begründet oder fortsetzt werden, von denen bekannt ist, dass sie von **Konten von einer Bank-Mantelgesellschaft** genutzt werden (vgl. auch JC 2017 37 Tz. 85). Bei einer Bank-Mantelgesellschaft handelt es sich nach § 1 Abs. 22 GwG um ein CRR-Kreditinstitut (vgl. § 1 Abs. 3 d KWG) oder ein Finanzinstitut iSv Art. 3 Nr. 2 der 4. EU-Geldwäscherichtlinie oder um ein Unternehmen, welches Tätigkeiten ausübt, die denen solcher Institute gleichwertig sind, und das in einem Land in ein Handelsregister oder vergleichbares Register eingetragen ist, in dem die tatsächliche Leitung und Verwaltung nicht erfolgt sowie das keiner regulierten Gruppe von Kredit- oder Finanzinstituten angeschlossen ist. Die Bank-Mantelgesellschaft wird auch als shell bank oder Briefkastenbank bezeichnet. Die Vorschrift steht unmittelbar in Zusammenhang mit § 25 m Nr. 1 KWG, der derartige Geschäftsbeziehungen verbietet. Durch Einholung von Informationen bzw. durch vertragliche Erklärungen oder Zusicherungen kann sichergestellt werden, dass keine Kontenbeziehungen zu derartigen Bank-Mantelgesellschaften unterhalten werden (RegBegr. zum Geldwäschebekämpfungsergänzungsgesetz BR-Drs. 168/08; BCBS, Sorgfaltspflicht der Banken bei der Feststellung der Kundenidentität, Tz. 50 f.; FATF, Empfehlung 13 der Empfehlungen v. Februar 2012; *Mühlhausen* in Herzog/Mühlhausen Geldwäschebekämpfung-HdB § 41 Rn. 251; *Rott/Schmitt* S. 40; früher auch BaFin, RdSchr. 1/2014 (GW) iVm DK-AuAs Nr. 69). Darüber hinaus kann auch ein Abgleich von Transaktionen mit einschlägigen Listen, zB der OECD Uncooperative Tax Havens-Liste oder der Offshore Financial Centers-Liste des IMF oder anderer Ersteller in Betracht sowie der Länderliste der EU mit schädlichen Steuerregimen in Betracht kommen.

44 Als fünfte und letzte Sorgfaltspflicht sind nach § 15 Abs. 7 Nr. 5 Maßnahmen zu ergreifen, die sicherstellen, dass der Respondent keine Transaktionen über Durchlaufkonten zulässt (vgl. dazu auch § 25 m Nr. 2 KWG). Bei **Durchlaufkonten** (payable through accounts) handelt es sich um Konten, die von Dritten verwendet werden können, um für deren Rechnung Transaktionen durchzuführen (BCBS, Sorgfaltspflicht der Banken bei der Feststellung der Kundenidentität, Tz. 52). Respondenten müssen daher in der Lage sein, die Identität ihrer Kunden zu verifizieren und den Sorgfaltspflichten gegenüber ihren Kunden nachzukommen (vgl. FATF, Empfehlung 13 lit. e der Empfehlungen v. Februar 2012; JC 2017 37 Tz. 92).

VII. Sonstige Fälle höheren Risikos (Abs. 8)

Die Regelung in § 15 Abs. 8 GwG ersetzte den zuvor geltenden § 6 Abs. 2 Nr. 4 **45**
GwG idF vor Inkrafttreten des Gesetzes zur Umsetzung der Vierten EU-Geldwäscherichtlinie, zur Ausführung der EU-Geldtransferverordnung und zur Neuorganisation der Zentralstelle für Finanztransaktionsuntersuchungen vom 23. 6. 2017 (BGBl. I S. 1822). Ursprünglich wurde die Vorschrift durch das Gesetz zur Optimierung der Geldwäscheprävention vom 22. 12. 2011 (BGBl. I S. 2959 ff.), in das GwG eingefügt, nachdem eine nahezu gleichlautende Vorschrift in § 25j Abs. 5 KWG (zuletzt § 25k Abs. 5 KWG) bereits im Rahmen des Gesetzes zur Umsetzung der Zweiten E-Geld-Richtlinie vom 21. 3. 2011 in das KWG eingefügt wurde. Auch in § 56 Abs. 2 VAG bestand eine entsprechende Vorgabe. Durch das Gesetz zur Umsetzung der Vierten EU-Geldwäscherichtlinie, zur Ausführung der EU-Geldtransferverordnung und zur Neuorganisation der Zentralstelle für Finanztransaktionsuntersuchungen wurden die mit § 15 Abs. 8 GwG korrespondierenden Regelungen in § 25k KWG und § 56 VAG jedoch aufgehoben bzw. durch die Vorgabe in § 15 Abs. 8 GwG ersetzt, um unnötige Doppelungen zu vermeiden. Durch das Gesetz zur Umsetzung der Änderungsrichtlinie zur Vierten EU-Geldwäscherichtlinie wurden sodann geringfügige Ergänzungen vorgenommen um Vorgaben von Art. 18a Abs. 4 der 5. EU-Geldwäscherichtlinie und – im Hinblick auf die „Anordnung erforderlicher Gegenmaßnahmen" – der FATF nachzukommen (RegBegr. zu § 15 Abs. 8 GwG, BT-Drs. 19/13827).

Nach § 15 Abs. 8 GwG kann die nach § 50 GwG zuständige Aufsichtsbehörde **46**
anordnen, dass ein Verpflichteter eine Transaktion oder eine Geschäftsbeziehung einer verstärkten Überwachung unterzieht, zusätzliche, dem Risiko angemessene Sorgfaltspflichten sowie erforderliche Gegenmaßnahmen zu erfüllen hat. Die Anordnungsbefugnis setzt dabei das Vorliegen von Tatsachen, einschlägigen Evaluierungen, Berichten oder **Bewertungen nationaler oder internationaler Stellen zur Verhinderung oder Bekämpfung der Geldwäsche** und Terrorismusfinanzierung voraus, die die Annahme rechtfertigen, dass in anderen als den in § 15 Abs. 3 GwG genannten Fällen ein erhöhtes Risiko besteht. Mit der Regelung wurden ursprünglich Monita des FATF Deutschland-Prüfberichts vom 18. 2. 2010 aufgegriffen (RegBegr. BT-Drs. 17/6804, 31; FATF, Mutual Evaluation Report Germany, Tz. 679, 689). Durch die Regelung sollte insbesondere die effektive Handlungsfähigkeit (vgl. *Ruppert* DStR 2012, 100 (102)) Deutschlands bei der Verhinderung von Geldwäsche bzw. deren Prävention sichergestellt werden, die im Hinblick auf die gesetzlich Aufzählung der Fallgruppen verstärkter Sorgfalts- und Organisationspflichten in GwG und KWG bzw. der Verordnungsermächtigung in § 15 Abs. 10 GwG als, angesichts der sich ständig ändernden Methoden der Geldwäsche und missbrauchbarer Dienstleistungen und Produkte, zu statisch und schwerfällig angesehen wurde (RegBegr. BT-Drs. 17/3023; RegBegr. BT-Drs. 17/6804, 31). Als nationale oder internationale Stellen zur Verhinderung oder Bekämpfung der Geldwäsche oder Terrorismusfinanzierung kommen auf nationaler Ebene zB sowohl die beim Zoll angesiedelte Zentralstelle für Finanztransaktionsuntersuchungen (FIU), vgl. §§ 27 ff. GwG, als auch Strafverfolgungsbehörden oder – international – die FATF in Betracht (BT-Drs. 18/11555, 122). Insbesondere weichen in globalisierten Märkten sog. **Crime Entrepreneurs** regelmäßig zu diesem Zweck auf die Länder aus, die internationale Standards zur Bekämpfung der Geldwäsche nicht oder nur unvollständig einhalten und nicht in der Lage oder gewillt

§ 15 Abschnitt 3. Sorgfaltspflichten in Bezug auf Kunden

sind, illegale Aktivitäten zu unterbinden (RegBegr. BT-Drs. 17/6804, 31). Entsprechendes gilt für Off-Shore-Staaten. Länder mit diesbezüglichen gravierenden Defiziten im Bereich der Geldwäschebekämpfung lassen sich zB der laufend aktualisierten und neben der FATF von der BaFin veröffentlichten „schwarzen Liste" der FATF über nicht-kooperierende Staaten entnehmen (RegBegr. BT-Drs. 17/6804, 31). In Betracht kommt insbesondere auch die Einstufung eines EU-bzw. EWR-Mitgliedstaates als Hochrisikoland, etwa aufgrund einer Aufnahme in die FATF-Länderliste, da dieser Fall nicht von § 15 Abs. 3 Nr. 1 lit. b GwG abgedeckt ist (BT-Drs. 18/11555, 122; so auch BaFin-AuA, Abschnitt III, Nr. 7.5.2). Neben Länderrisiken kann die Regelung in § 15 Abs. 8 GwG auch bei produkt- oder transaktionsbezogenen Risikokonstellationen zur Anwendung kommen (RegBegr. BT-Drs. 17/6804, 31) bzw. in den in § 15 Abs. 10 S. 1 Nr. 1 GwG genannten Risikokategorien. Um die nicht explizite gesetzliche Aufzählung der Sachverhalte und Fälle, in denen verstärkte Sorgfaltspflichten erforderlich sind, rechtsstaatlich abzufedern, sind die nach § 50 GwG zuständigen Behörden grundsätzlich dazu angehalten, in der verwaltungsrechtlich überprüfbaren und anfechtbaren Form des **Verwaltungsaktes** (Allgemeinverfügung oder Einzelverwaltungsakt, vgl. RegBegr. BT-Drs. 17/6804, 31 sowie *Bentele/Schirmer* ZBB 2012, 303 (307)) zu handeln und die Praxis der rechtlich schwer einzuordnenden, aber von der Rechtsprechung als rechtlich unverbindlich angesehenen, Rundschreiben (im Falle der BaFin) oder anderer informeller Handlungsweisen insoweit einzustellen (vgl. dazu auch *Achtelik* Politisch Exponierte Personen in der Geldwäschebekämpfung, S. 103 ff.). Grundsätzlich wird dabei das Mittel der Allgemeinverfügung angezeigt sein (BaFin-AuA, Abschnitt III, Nr. 7.6). Allerdings haben die zuständigen Behörden, ebenso wie die BaFin (vgl. dazu zB BaFin, RdSchr. 14/2019 v. 18.12.2019; BaFin, RdSchr. 08/2019 (GW) v. 26.8.2019; BaFin, RdSchr. 02/2019 (GW) vom 5.4.2019; BaFin, RdSchr. 01/2019 v. 15.2.2019; BaFin, RdSchr. 12/2018 (GW) v. 5.9.2018; BaFin, RdSchr. 7/2018 (GW) v. 9.5.2018; BaFin, RdSchr. 5/2016 (GW) v. 10.8.2016 geändert am 8.2.2017; BaFin, RdSchr. 2/2016 (GW) v. 5.4.2016; BaFin, RdSchr. 6/2015 (GW) v. 10.7.2015; BaFin, RdSchr. 3/2015 (GW) v. 20.4.2015; BaFin, RdSchr. 2/2015 (GW) v. 13.2.2015; BaFin, RdSchr. 8/2014 (GW) v. 21.11.2014; BaFin, RdSchr. 6/2014 (GW) v. 14.7.2014; BaFin, RdSchr. 2/2014 (GW) v. 1.4.2014; BaFin, RdSchr. 5/2013 (GW) v. 20.11.2013; BaFin, RdSchr. 6/2012 (GW) v. 16.11.2012; BaFin, RdSchr. 3/2012 (GW) v. 6.7.2012; BaFin, RdSchr. 2/2012 (GW) v. 21.3.2012; BaFin, RdSchr. 12/2011 (GW) v. 9.12.2011; BaFin, RdSchr. 10/2011 (GW) v. 28.7.2011; BaFin, RdSchr. 3/2011 (GW) v. 8.4.2011; BaFin, RdSchr. 1/2011 (GW) v. 25.1.2011; BaFin, RdSchr. 10/2010 (GW) v. 12.11.2010; BaFin, RdSchr. 7/2010 (GW) v. 14.7.2010; BaFin, RdSchr. 2/2010 (GW) v. 22.3.2010) soweit ersichtlich kaum Gebrauch von der Vorschrift gemacht, sondern handeln wie bisher regelmäßig durch informelleres Verwaltungshandeln. Am 13.5.2020 hat die BaFin jedoch in Form der Allgemeinen Verfügung Meldepflichten bei Geschäftsbeziehungen und Transaktionen mit Bezug zu Nordkorea und dem Iran statuiert (allerdings gestützt auf § 13 Abs. 5a GwG). Entsprechende Maßnahmen im Hinblick auf zusätzliche Sorgfalts- und Organisationspflichten müssen dabei – selbstredend – angemessen und verhältnismäßig sein (RegBegr. BT-Drs. 17/6804, 31).

VIII. Videoidentifizierungsverfahren

Im Vergleich zu § 6 GwG in der Fassung vor Inkrafttreten des Gesetzes zur Umsetzung der Vierten EU-Geldwäscherichtlinie, zur Ausführung der EU-Geldtransferverordnung und zur Neuorganisation der Zentralstelle für Finanztransaktionsuntersuchungen vom 23. 6. 2017 werden neben den bereits dargestellten Fällen jedoch keine weiteren Fälle als solche mit höherem Risiko und dadurch bedingten verstärkten Sorgfaltspflichten ausdrücklich gesetzlich festgelegt. Insbesondere ist der Fall aus § 6 Abs. 2 Nr. 2 GwG aF, also physisch nicht anwesende Vertragspartner, nicht mehr in § 15 GwG angeführt (vgl. aber Faktoren für ein potenziell höheres Risiko in Anlage 2 zum GwG, Nr. 2 lit. c)). Im Einklang mit der 4. EU-Geldwäscherichtlinie und den Empfehlungen der FATF sind diese Fälle nicht mehr grundsätzlich mit einem höheren Risiko zu bewerten (*Rößler* WM 2015, 1406 (1411)). Vielmehr ist das Risiko im Rahmen der Risikoanalyse nach §§ 5, 15 Abs. 2 GwG individuell festzustellen und daraus abzuleitende Sorgfaltspflichten festzulegen (BT-Drs. 18/11555, 120). Allerdings soll zumindest beim **Videoidentifizierungsverfahren** weiterhin von *„erhöhten Sorgfaltspflichten"* ausgegangen werden (BaFin, RdSchr. 3/2017 (GW), dort unter Abschn. A; das Joint Committee spricht in diesem Kontext noch vom „potentially higher risk", vgl. JC 2017 81 Tz. 20; in den bis Mai 2020 zur Konsultation stehenden überarbeiteten dieser Leitlinien wird bei „non-face to face"-Situationen aber nunmehr ausgeführt, dass eine elektronische Form der Identifizierung für sich genommen kein erhöhtes Risiko birgt, vgl. JC 2019 87, Tz. 4.31). In dem Rundschreiben, wenngleich dessen Ziffer III. aufgehoben wurde, wird ausdrücklich auf die Bewertung im Rundschreiben 1/2014 (GW) vom 5. 3. 2014 Bezug genommen. Dort wird ausdrücklich von *„erhöhten Risiko"* und *„verstärkten Sorgfaltspflichten"* gesprochen. Allerdings wird im Rundschreiben 3/2017 darauf hingewiesen, dass die im Hinblick auf das Videoidentifizierungsverfahren geforderten *„erhöhten Sorgfaltspflichten"* nicht im Widerspruch zur 4. EU-Geldwäscherichtlinie stehen, auch wenn diese dort nicht mehr als gesetzlich festgelegter Fall eines erhöhten Risikos genannt werden. Inhaltlich richtet sich das Videoidentifizierungsverfahren jedenfalls weiterhin nach an dem Rundschreiben 3/2017 der BaFin aus (BaFin-AuA, Abschnitt III, Nr. 5.1.3.2), welches erst in 2020 von der BaFin evaluiert bzw. überprüft wird (BaFin, RdSchr. 3/2017 (GW), dort unter Abschn. A; Antworten zu Fragen 3. und 8. in BT-Drs. 19/11443 – Antwort der Bundesregierung auf die Kleine Anfrage der Abgeordneten Bettina Stark-Watzinger, Christian Dürr, Daniela Kluckert, weiterer Abgeordneter und der Fraktion der FDP zum Video-Ident-Verfahren bei Finanzdienstleistungen). Durch das Rundschreiben sollte *„dem Wunsch der Verbraucher nach einem medienbruchfreien Identifizierungsverfahren"* entgegengekommen und gleichzeitig eine hinreichend sichere Identifizierung sichergestellt werden (BaFin, Jahresbericht 2017, S. 51). Zu Zweifeln an der Sicherheit des Videoidentifizierung aufgrund kaum feststellbarer Fälschung von Identifizierungsdokumenten vgl. BfDI, S. 104 (während die BaFin im Jahresbericht 2018, S. 53, davon ausgeht, dass die präzise Überprüfung von Sicherungsmerkmalen Täuschungsversuchen erfolgreich entgegenzuwirken *„scheint"*). Das Videoidentifizierungsverfahren ist auf natürliche Personen beschränkt, findet also auf juristische Personen oder Personenhandelsgesellschaften keine Anwendung. Das Verfahren darf nur durch entsprechend geschulte und dafür ausgebildete Mitarbeiter des Verpflichteten oder Dritten im Sinne von § 17 GwG durchgeführt werden und bedarf des ausdrücklichen Einverständnis-

47

ses der zu identifizierenden Person. Das Rundschreiben 3/2017 enthält zudem eine Reihe von **technischen Erfordernissen des Ablaufs** der Identifizierung, einschließlich solcher von Licht- und Übertragungsverhältnissen (vgl. dazu iE auch *Nathmann* BP 2017, 257 ff. sowie JC 2017 81 Tz. 19). Datenschutzrechtliche Erfordernisse sind schließlich parallel zu den aufsichtlichen Anforderungen der BaFin zu beachten (vgl. krit. und ablehnend zum gegenwärtigen Verfahren der Videoidentifizierung BfDI, S. 103 f.). Wegen weiterer Einzelheiten zum Videoidentifizierungsverfahren vgl. BaFin, Rundschreiben 3/2017 (GW), welches das nur für wenige Stunden auf der Internetseite der BaFin abrufbare Rundschreiben 4/2016 (GW) vom 31.5.2016, das sodann durch Verlautbarung der BaFin vom 31.5.2016 unmittelbar und weiter mit Verlautbarungen vom 11.7.2016 und 19.10.2016 ausgesetzt wurde, aufhob. Zunehmend treten aber weitere mit der Videoidentifizierung zusammenhängende Probleme in Erscheinung, so etwa die Beeinflussung von Menschen zur Eröffnung von Konten mittels Videoidentifizierung, um darüber inkriminierte Gelder zu leiten bzw. dessen Herkunft zu verschleiern (BaFin, Jahresbericht 2018, S. 53; BaFin, Missbrauch des Video-Ident-Verfahrens: Wie kann ich mich vor einer betrügerischen Kontoeröffnung schützen, Antworten zu Fragen 3 ff. in BT-Drs. 19/11443 – Antwort der Bundesregierung auf die Kleine Anfrage der Abgeordneten Bettina Stark-Watzinger, Christian Dürr, Daniela Kluckert, weiterer Abgeordneter und der Fraktion der FDP zum Video-Ident-Verfahren bei Finanzdienstleistungen).

IX. Bußgeldvorschriften

48 Verstöße gegen eine Reihe von verstärkten Sorgfaltspflichten zur Verhinderung von Geldwäsche und Terrorismusfinanzierung sind bei vorsätzlichen oder sogar nur leichtfertigen Handlungen gemäß § 56 Abs. 1 Nr. 32–45, bei vorsätzlichen oder fahrlässigen Handlungen nach § 56 Abs. 2 Nr. 5 GwG bußgeldbewehrt. Die **Geldbuße** beträgt nach § 56 Abs. 1 S. 2 GwG bei vorsätzlicher Begehung bis zu 150.000 EUR und im Übrigen bis zu 100.000 EUR bzw. nach § 56 Abs. 2 S. 2 GwG bei vorsätzlicher Begehung bis zu 150.000 EUR, bei leichtfertiger Begehung bis zu 100.000 EUR und im Übrigen bis zu 50.000 EUR. Bei schwerwiegenden, wiederholten oder systematischen Verstößen können Ordnungswidrigkeiten nach § 56 Abs. 1 oder bei vorsätzlicher oder leichtfertiger Begehung nach § 56 Abs. 2 GwG mit Geldbußen von bis zu 1 Mio. EUR oder bis zum Zweifachen des aus dem Verstoß gezogenen wirtschaftlichen Vorteils geahndet werden (§ 56 Abs. 3 S. 1 GwG). Bei Verpflichteten nach § 2 Abs. 1 Nr. 1–3 und 6–9 GwG, die juristische Personen und Personenvereinigungen sind, kann darüber hinaus eine Geldbuße bis zu 5 Mio. EUR oder 10 % des Gesamtumsatzes, der im Geschäftsjahr erzielt wurde, verhängt werden (§ 56 Abs. 3 S. 3 und 4 GwG). Soweit es sich bei diesen Verpflichteten um natürliche Personen handeln sollte, greift ein Bußgeldrahmen von bis zu 5 Mio. EUR (§ 56 Abs. 3 S. 5 GwG). Wegen Einzelheiten zu Bußgeldsystematik und weiteren Sanktionen vgl. die Kommentierung zu §§ 56 f. GwG.

§ 16 Besondere Vorschriften für das Glücksspiel im Internet

(1) Für Verpflichtete nach § 2 Absatz 1 Nummer 15 gelten, soweit sie das Glücksspiel im Internet anbieten oder vermitteln, die besonderen Vorschriften der Absätze 2 bis 8. Bei der Anwendung der allgemeinen Sorgfaltspflichten findet der Schwellenbetrag nach § 10 Absatz 5 keine Anwendung.

(2) Der Verpflichtete darf einen Spieler erst zu einem Glücksspiel im Internet zulassen, wenn er zuvor für den Spieler auf dessen Namen ein Spielerkonto eingerichtet hat.

(3) Der Verpflichtete darf auf dem Spielerkonto weder Einlagen noch andere rückzahlbare Gelder vom Spieler entgegennehmen. Das Guthaben auf dem Spielerkonto darf nicht verzinst werden. Für die entgegengenommenen Geldbeträge gilt § 3 Absatz 3 Satz 3 des Zahlungsdiensteaufsichtsgesetzes entsprechend.

(4) Der Verpflichtete muss sicherstellen, dass Transaktionen des Spielers auf das Spielerkonto nur erfolgen
1. durch die Ausführung eines Zahlungsvorgangs
    a) mittels einer Lastschrift nach § 1 Absatz 1 Satz 2 Nummer 3 Buchstabe a des Zahlungsdiensteaufsichtsgesetzes,
    b) mittels einer Überweisung nach § 1 Absatz 1 Satz 2 Nummer 3 Buchstabe c des Zahlungsdiensteaufsichtsgesetzes oder
    c) mittels einer auf den Namen des Spielers ausgegebenen Zahlungskarte nach § 1 Absatz 1 Satz 2 Nummer 3 Buchstabe b des Zahlungsdiensteaufsichtsgesetzes und
2. von einem Zahlungskonto nach § 1 Absatz 17 des Zahlungsdiensteaufsichtsgesetzes, das auf den Namen des Spielers bei einem Verpflichteten nach § 2 Absatz 1 Nummer 1 oder 3 errichtet worden ist.

Von der Erfüllung der Verpflichtung nach Satz 1 Nummer 1 Buchstabe c und Nummer 2 kann der Verpflichtete absehen, wenn gewährleistet ist, dass die Zahlung zur Teilnahme am Spiel für eine einzelne Transaktion 25 Euro und für mehrere Transaktionen innerhalb eines Kalendermonats 100 Euro nicht überschreitet.

(5) Der Verpflichtete hat die Aufsichtsbehörde unverzüglich zu informieren über die Eröffnung und Schließung eines Zahlungskontos nach § 1 Absatz 17 des Zahlungsdiensteaufsichtsgesetzes, das auf seinen eigenen Namen bei einem Verpflichteten nach § 2 Absatz 1 Nummer 1 oder 3 eingerichtet ist und auf dem Gelder eines Spielers zur Teilnahme an Glücksspielen im Internet entgegengenommen werden.

(6) Wenn der Verpflichtete oder ein anderer Emittent einem Spieler für Transaktionen auf einem Spielerkonto monetäre Werte ausstellt, die auf einem Instrument nach § 2 Absatz 1 Nummer 10 des Zahlungsdiensteaufsichtsgesetzes gespeichert sind, hat der Verpflichtete oder der andere Emittent sicherzustellen, dass der Inhaber des monetären Werts mit dem Inhaber des Spielerkontos identisch ist.

(7) Der Verpflichtete darf Transaktionen an den Spieler nur vornehmen
1. durch die Ausführung eines Zahlungsvorgangs nach Absatz 4 und
2. auf ein Zahlungskonto, das auf den Namen des Spielers bei einem Verpflichteten nach § 2 Absatz 1 Nummer 1 oder 3 eingerichtet worden ist.

§ 16 Abschnitt 3. Sorgfaltspflichten in Bezug auf Kunden

Bei der Transaktion hat der Verpflichtete den Verwendungszweck dahingehend zu spezifizieren, dass für einen Außenstehenden erkennbar ist, aus welchem Grund der Zahlungsvorgang erfolgt ist. Für diesen Verwendungszweck können die Aufsichtsbehörden Standardformulierungen festlegen, die vom Verpflichteten zu verwenden sind.

(8) Abweichend von § 11 kann der Verpflichtete bei einem Spieler, für den er ein Spielerkonto einrichtet, eine vorläufige Identifizierung durchführen. Die vorläufige Identifizierung kann anhand einer elektronisch oder auf dem Postweg übersandten Kopie eines Dokuments nach § 12 Absatz 1 Satz 1 Nummer 1 erfolgen. Eine vollständige Identifizierung ist unverzüglich nachzuholen. Sowohl die vorläufige als auch die vollständige Identifizierung kann auch anhand der glücksspielrechtlichen Anforderungen an Identifizierung und Authentifizierung erfolgen.

Literatur: *Adams* (für Universität Hamburg – IRdW), Online-Glücksspiele: Ein Nährboden für Geldwäsche, Stellungnahme zur öffentlichen Anhörung der Sachverständigen zu dem Referentenentwurf des Gesetzes zur Optimierung der Geldwäscheprävention, 20.4.2011; BaFin, Schreiben an die Deutsche Kreditwirtschaft vom 24.4.2013, Umsetzung des § 9d GwG, GZ: GW 1-AZB 2330-2008/0002; BaFin, Jahresbericht 2012; BaFin, Rundschreiben 10/2012 (BA) vom 14.12.2012, Mindestanforderungen an das Risikomanagement – MaRisk, GZ: BA 54-FR 2210-2012/0002; *Bahr,* Strafbarkeit des Mitspielens bei Online-Casinos, http://www.gluecksspiel-und-recht.de/strafbarkeit-mitspielen-bei-online-casinos.html, Stand: 30.9.2017; *Berberich/Kudlich,* Zahlungsdienstleistungen im Zusammenhang mit Glücksspiel-Angeboten im Internet als Geldwäsche, ZfWG 2016, 179 ff.; BMF/Oberste Glücksspielaufsichtsbehörden der Länder, Hinweise zum Umgang mit den Sondervorschriften zum Glücksspiel im Internet gem. § 9a, 9b und 9c GwG sowie den Befreiungsanträgen nach § 16 Absatz 7 Geldwäschegesetz, 11.6.2014; BMF, Pressemitteilung Nr. 41: Geldwäschebekämpfung nun auch bei Online-Glücksspielen, 1.8.2012; *Brooks,* Online gambling and money laundering: „views from the inside", JMLC Nr. 15 2012, 304 ff; City University of London/kinred/BetBuddy, Raising Standards in Compliance: Application of artificial intelligence to online gambling data to identify anomalous behaviours, 2.7.2018; FIU, Jahresbericht 2018; FIU, Jahresbericht 2015; EGBA, Guidance document on a proper implementation of the Fourth Anti-Money Laundering Directive, März 2017; EGBA, Geldwäsche durch Online-Glücksspiel: Ist es an der Zeit den Mythos zu begraben?, September 2009; Europäische Kommission, Commission Staff Working Document: Online gambling in the Internal Market (SWD(2012) 345 final vom 23.10.2012; Europäische Kommission, Ein umfassender europäischer Rahmen für das Online-Glücksspiel (COM(2012) 596 final vom 23.10.2012; Europäische Kommission, Grünbuch: Online-Glücksspiele im Binnenmarkt (KOM(2011) 128); Europäisches Parlament, Online-Glücksspiele – Entschließung des Europäischen Parlaments vom 15.11.2011 zu Online-Glücksspielen im Binnenmarkt (2011/2084(INI)), P7_TA(2011)0492; FATF, The FATF Recommendations, Februar 2012 (aktualisiert Juni 2019); FATF, Money Laundering Using New Payment Methods, Oktober 2010; FATF, Risk-Based Approach – Guidance for Money Service Business, Juli 2009; FATF, Vulnerabilities of Casinos and Gaming Sector, März 2009; FATF, Terrorist Financing, 29.2.2008; FATF, Guidance on the Risk-Based Approach to Combating Money Laundering and Terrorist Financing, Juni 2007; *Ferentzy/Turner,* Gambling and organized crime – A review of the literature, JGI Nr. 23 2009, 111 ff.; *Fiedler,* Working Paper: Online Gambling as a Game Changer to Money Laundering, April 2013; *Fiedler/Kaiser* (für: Universität Hamburg – IRdW), Geldwäscheprävention im Glücksspielsektor, Stellungnahme zum Diskussionsentwurf des Bundesministeriums der Finanzen zur Ergänzung des Geldwäschegesetzes (GwGErgG), 7.7.2012; *Hubble/Lycka,* The Prohibition of Betting Exchanges is in Breach of EU Law, GLRE 2013, 121 ff.; *Inderwies,* Auslegungs- und Anwendungshinweise („AuA's") zur Umsetzung des GwG, Banken-Times Mai 2013, 26 f.; *Levi,* Money Laundering Risks and E-

Gaming: A European Overview and Assessment, Cardiff, September 2009; *McMullan/Rege*, Online crime and internet gambling, JGI Nr. 24 2010, 54 ff.; Oberste Glücksspielaufsichtsbehörden der Länder, Auslegungs- und Anwendungshinweise zum Geldwäschegesetz (GwG) für Veranstalter und Vermittler von Glücksspielen, Stand: 1.2.2019 (zitiert: Glücksspiel-AuA); *Riege*, Die 4. Geldwäsche-Richtlinie und Online-Glücksspiel – Kundenidentifizierung für Online-Glücksspiele jenseits des risikobasierten Ansatzes, TLN 2014, 7 ff.; *Rock/Seifert*, Abwicklung von Kreditkartenzahlungen für unerlaubtes Glücksspiel – ein Fall strafbarer Geldwäsche?, ZBB 2009, 377 ff.; *Ruttig*, Zum Umsetzungsbedarf durch die 4. EU-Geldwäsche Richtlinie für terrestrisch vertriebene Glücksspiele, ZfWG 2016, 185 ff.; *Zentes/Glaab* (Hrsg.), GwG, 2018; *Zentes/Glaab*, Referentenentwurf zur Umsetzung der 4. EU-Geldwäscherichtlinie – Was kommt auf die Verpflichteten zu?, BB 2017, 67 ff.; *Zentes/Glaab*, Regulatorische Auswirkungen des Vorschlags der 4. EU-Geldwäscherichtlinie, BB 2013, 707 ff.

Übersicht

	Rn.
I. Allgemeines	1
II. Verpflichtete der Norm; Sorgfaltspflichten	6
III. Spielerkonto, Zahlungsströme, Identifizierung	7
IV. Bußgeldvorschriften	13

I. Allgemeines

Besondere Vorschriften für das Glücksspiel im Internet wurden erstmals durch das Gesetz zur Ergänzung des Geldwäschegesetzes (GwGErgG) vom 18.2.2013 (BGBl. I S. 268 ff.) in das GwG eingefügt (damals §§ 9a–9d GwG), obwohl seinerzeit weder die FATF-Vorgaben noch die 3. EU-Anti-Geldwäscherichtlinie entsprechende Vorgaben ausdrücklich beinhalteten (*Ruttig* ZfWG 2016, 185). Durch das Gesetz zur Umsetzung der Vierten EU-Geldwäscherichtlinie, zur Ausführung der EU-Geldtransferverordnung und zur Neuorganisation der Zentralstelle für Finanztransaktionsuntersuchungen vom 23.6.2017 (BGBl. I S. 1822) wurden die Vorgaben, soweit der Gesetzgeber noch Raum für gesonderte, die allgemeinen Pflichten aus dem GwG verdrängende Sonderregelungen für das **Glücksspiel im Internet** sah, in § 16 GwG gebündelt (vgl. auch *Zentes/Glaab* BB 2017, 67 (71)). Insbesondere § 9a GwG aF mit Sondervorgaben für interne Sicherungsmaßnahmen der Verpflichteten beim Online-Glücksspiel ist in der allgemeinen Regel von § 6 GwG nF aufgegangen, wobei § 6 Abs. 4 GwG noch unmittelbar ergänzende Pflichten für Veranstalter und Vermittler von Glücksspielen enthält. Insoweit wird auf die dortige Kommentierung verwiesen. Glücksspielspezifische Erläuterungen der geldwäscherechtlichen Pflichten aus dem GwG enthalten nunmehr die Glücksspiel-AuA, und zwar neben den Pflichten aus § 16 GwG etwa auch mit Blick auf Verpflichtete (§ 2 GwG), Risikomanagement (§ 4 GwG), Risikoanalyse (§ 5 GwG), Interne Sicherungsmaßnahmen (§ 6 GwG), Geldwäschebeauftragte (§ 7 GwG), Aufzeichnungs- und Aufbewahrungspflichten (§ 8 GwG), Sorgfaltspflichten (§§ 10–15 GwG) sowie Meldepflichten (§§ 43, 45 ff. GwG). Durch das Gesetz zur Umsetzung der Änderungsrichtlinie zur Vierten EU-Geldwäscherichtlinie vom 12.12.2019 (BGBl. I S. 2602) wurden lediglich redaktionelle Änderungen an der Vorschrift vorgenommen. In § 16 GwG werden speziell auf Glücksspiele zugeschnittene Anforderungen insbesondere an die Spieleridentifizierung, die Errichtung eines Spielerkontos und die Transparenz von Zahlungsströmen festgelegt.

§ 16 Abschnitt 3. Sorgfaltspflichten in Bezug auf Kunden

2   Zunächst sind spezielle Vorgaben zu Spielerkonten und damit zusammenhängenden Zahlungsströmen essenzielle Voraussetzung zur Vermeidung insbesondere von Geldwäsche und Betrugsstraftaten beim **Online-Glücksspiel** (vgl. Europäische Kommission, Online gambling in the Internal Market, S. 91 f.; Europäische Kommission, Grünbuch: Online-Glücksspiele im Binnenmarkt, S. 30 f.; Europäisches Parlament, Online-Glücksspiele – Entschließung des Europäischen Parlaments, Tz. 26, 25; *Levi* S. 19 ff.). Gefahren insbesondere im Hinblick auf Geldwäsche oder Betrugsstraftaten wurden insbesondere dann ausgemacht, wenn Spielgewinne oder auch nicht genutzte finanzielle Mittel auf andere Konten zurücküberwiesen werden, als auf das Ursprungskonto der Zahlung, wenn für einen Spieler mehrere Spielkonten geführt werden, Direktzahlungen zwischen Spielern möglich sind oder Barzahlungen sowie Zahlungsmittel in Form von elektronischem Geld oder Kryptowährungen, aufladbaren Geldkarten sowie Mobiltelefonen mit Zahlungsfunktion verwendet werden (vgl. iE Glücksspiel-AuA, S. 8 ff. (Typologien und Geldwäschetechniken); City University of London/kinred/BetBuddy, S. 4 ff.; Europäische Kommission, Online gambling in the Internal Market, S. 91; Europäische Kommission, Grünbuch: Online-Glücksspiele im Binnenmarkt, S. 30 f.; *Levi* S. 19 ff.; zur Komplexität der Zahlungsströme auch *Berberich/Kudlich* ZfWG 2016, 179 (180)). Besondere Regelungen in diesem Zusammenhang enthält § 16 Abs. 2–4 und Abs. 6 und 7 GwG.

3   Darüber kommt der **Identifizierung eines Spielers** – wie auch bereits im Rahmen der allgemeinen Vorgaben zur Verhinderung von Geldwäsche und Terrorismusfinanzierung – zentrale Bedeutung bei der Verhinderung von Betrug und Geldwäsche im Rahmen des Online-Glücksspiels zu (vgl. Europäische Kommission, Online gambling in the Internal Market, S. 89 ff.; Europäische Kommission, Ein umfassender europäischer Rahmen für das Online-Glücksspiel, S. 16; Europäische Kommission, Grünbuch: Online-Glücksspiele im Binnenmarkt, S. 20, 31; Europäisches Parlament, Online-Glücksspiele – Entschließung des Europäischen Parlaments, Tz. 22, 25; *Hubble/Lycka* GLRE 2013, 121 (122); *Levi* S. 19 ff.). Dies gilt insbesondere vor dem Hintergrund der gerade im Bereich von Online-Angeboten besonders ins Gewicht fallenden Risiken des Identitätsdiebstahls (vgl. Europäische Kommission, Online gambling in the Internal Market, S. 89 f.; *Levi* S. 21; *McMullan/Rege* JGI Nr. 24 2010, 54 (65 f.)), der die häufigste Form des Glücksspielbetruges darstellt (Europäische Kommission, Ein umfassender europäischer Rahmen für das Online-Glücksspiel, S. 18). Insofern enthalten § 16 Abs. 5 und 8 ergänzende Sonderregelungen zu den §§ 10 f. GwG. Allerdings dürften mittlerweile in der Industrie grundsätzlich aufgrund der gesetzlichen Anforderungen robuste Verfahren zur Identifizierung bestehen (City University of London/kinred/BetBuddy, S. 15). Deshalb wird es zukünftig wichtiger werden, gute Monitoringsysteme zur Beobachtung der laufenden Geschäftsbeziehungen mit den Spielern vorzuhalten, die nicht lediglich auf einfachen regelbasierten Parametern bestehen, sondern auch selbstlernende Systeme bzw. **künstliche Intelligenz** (AI bzw. KI) beinhalten (City University of London/kinred/BetBuddy, S. 16).

4   Nach Auffassung von BMF, den zuständigen Aufsichtsbehörden der Länder und auch der FIU (vgl. FIU, Jahresbericht 2015, S. 24; Glücksspiel-AuA, S. 7 ff.; BMF/Oberste Glücksspielaufsichtsbehörden der Länder BMF, Hinweise zum Umgang mit den Sondervorschriften zum Glücksspiel im Internet gem. §§ 9a, 9b und 9c GwG sowie den Befreiungsanträgen nach § 16 Abs. 7 Geldwäschegesetz, S. 1 ff.; Pressemitteilung v. 1.8.2012 und RegBegr. zum GwGErgG BT-Drs. 17/10745, 2; BaFin, Jahresbericht 2012, S. 217) bestehen bei Online-Glücksspielen **besonders**

hohe Risiken für Betrug- und Geldwäsche (aA mwN *Riege* TLN 2014, 7 f.). Dabei beruft sich die Regierungsbegründung ausdrücklich auf die von *Levi* im September 2009 veröffentliche Studie zu Geldwäscherisiken bei Online-Glücksspielen (die indes von der European Gaming and Betting Association (EGBA) sowie anderen Stellen in der Lit. zum Nachweis eines geringeren Geldwäscherisikos herangezogen wird vgl. zB *Hubble/Lycka* GLRE 2013, 121 (123), allerdings jeweils unter Hinweis auf bereits bestehende Vorkehrungen zur Rückverfolgbarkeit von Online-Glücksspiel-Transaktionen sowie Kundenidentifizierungsvorkehrungen, die mit dem GwGErgG erst geschaffen wurden). Eine Reihe von Typologien und Geldwäschetechniken im Bereich des Online-Glücksspiel enthält ein gemeinsames Papier von BMF und den Obersten Glücksspielaufsichtsbehörden der Länder (BMF/Oberste Glücksspielaufsichtsbehörden der Länder, Hinweise zum Umgang mit den Sondervorschriften zum Glücksspiel im Internet gem. §§ 9a, 9b und 9c GwG sowie den Befreiungsanträgen nach § 16 Abs. 7 Geldwäschegesetz, S. 2 ff.), erneuert durch die Glücksspiel-AuA der Obersten Glücksspielaufsichtsbehörden der Länder vom Februar 2019. Nach Auffassung der EU-Kommission gibt es begrenzte Informationen oder Hinweise, dass regulierte, legale Online-Glücksspiele in Europa Gegenstand von Geldwäsche-Aktivitäten sind (EU-Kommission, Commission Staff Working Document – Online Gambling in the Internal Market, S. 89). Unabhängig von der Frage des von legalen Online-Glücksspielen ausgehenden Geldwäscherisikos (für erhöhte Risiken jedenfalls *Fiedler/Kaiser* und *Adams* in ihren Stellungnahmen zu verschiedenen das GwG betreffenden Gesetzentwürfen sowie *Fiedler* S. 3; ferner *McMullan/Rege* JGI Nr. 24 2010, 54 (55, 67) ua im Hinblick auf die Manipulation von Konten, die Aufnahme von Spielern auf der "Payroll" des organisierten Verbrechens, vorwiegend für das illegale Glücksspiel *Ferentzy/Turner* JGI Nr. 23 2009, 111 (128, 134, 137)) dürfte der Anwendungsbereich der neuen Vorschriften in Deutschland begrenzt sein. Dabei ist zu berücksichtigen, dass sich die Vorschriften des GwG nur auf legale Anbieter von Glücksspielen im Internet beziehen. Illegale Glücksspiele im Internet sind bereits nach § 284 StGB (unerlaubte Veranstaltung eines Glücksspiels, vgl. dazu *Bahr*, http://www.gluecksspiel-und-recht.de/strafbarkeit-mitspielen-bei-online-casinos.html, Stand: 30.6.2013) strafbar und somit nach § 261 Abs. 1 S. 2 Nr. 4 a) StGB Vortat des Geldwäschetatbestands. **Anbieter illegaler Glücksspiele** im Internet werden daher die Pflichten nach dem GwG erwartungsgemäß nicht erfüllen. Das Glücksspiel im Internet war in Deutschland zudem bis vor wenigen Jahren grundsätzlich verboten. Erst im Zuge des Auslaufens des Glücksspielstaatsvertrages der Länder und entsprechender Neuregelungen wurde – je nach Sichtweise – eine Teilliberalisierung oder Limitierung des Glücksspiels im Internet vorgenommen. Im Rahmen der dritten Änderung des Glücksspielstaatsvertrags, die ab 1.1.2020 gilt, wurde keine Legalisierung von Online-Casinos vorgenommen (zumindest mit Ausnahme von Schleswig-Holstein, wo durch das Gesetz zur Übergangsregelung für Online-Casinospiele v. 11.6.2019 festgestellt wurde, dass: "Bereits erteilte Genehmigungen für die Veranstaltung und den Vertrieb von Online-Casinospielen [...] gelten für eine Übergangsphase bis zur Erteilung einer sonstigen Erlaubnis auf Grundlage deutschen Rechts mit Geltung für Schleswig-Holstein, längstens bis zum 30. Juni 2021 [...] weiterhin als erteilt."). Die FIU hatte im Jahr 2015 136 Verdachtsmeldungen mit Bezug zum "Online-Glücksspiel" registriert (Bundeskriminalamt (FIU), Jahresbericht 2015, S. 24). Im Jahresbericht 2018 der FIU werden keine gesonderten Verdachtsmeldungen für das Online-Glücksspiel mehr ausgewiesen. Dort werden 150 Verdachtsmeldungen Veranstaltern und Vermittlern von Glücksspielen zugeordnet, wobei dies nach den

§ 16 Abschnitt 3. Sorgfaltspflichten in Bezug auf Kunden

Erläuterungen aber im Wesentlichen Casinobetreiber und Wettbüros sind (vgl. FIU, Jahresbericht 2018, S. 14f.). Im Zuge der Enthüllungen um die sog. „Paradise Papers" kam die Verquickung von Banken, illegalem Online-Glücksspiel und Geldwäsche in den Fokus (vgl. zB https://www.tagesschau.de/ausland/paradisepapers/paradisepapers-101.html, Stand: 22.4.2019).

5 Die wenigen konkreten Äußerungen der FATF zum Online-Glücksspiel sehen ein erhöhtes Risiko, wenngleich eine substantiierte Begründung dafür kaum vorgetragen wird. So enthält etwa der FATF-Bericht zu „Vulnerabilities of Casinos and Gaming Sector" vom März 2009 lediglich den Hinweis, dass das Online-Glücksspiel den Rahmen der Untersuchung gesprengt hätte und daher nicht berücksichtigt wurde (vgl. vorgenannten FATF-Report, dort S. 7, sowie S. 58 dort Tz. 197); dennoch sei klar, dass es eine Reihe ähnlicher Probleme und Risiken wie bei physischen Kasinos gebe, die allerdings weiter untersucht werden müssten (vgl. vorgenannten FATF-Report, S. 58, Tz. 197). Ferner sieht die FATF die Überweisung eines Kunden zu Online-Glücksspieldiensten als **risikoerhöhenden Umstand** an (FATF, Risk-Based Approach – Guidance for Money Service Business, Tz. 111; FATF, Guidance on the Risk-Based Approach to Combating Money Laundering and Terrorist Financing, Seite 23f., Tz. 3.6). Darüber hinaus hat die FATF in ihren Berichten „Terrorist Financing" vom Februar 2008 (vgl. dort S. 9) und „Money Laundering Using New Payment Methods" vom Oktober 2010 (vgl. dort S. 37), zwei Fallbeispiele von Geldwäsche bzw. Terrorismusfinanzierung in Zusammenhang mit allerdings illegalem Online-Glücksspiel aufgezeigt. Die überarbeiteten Empfehlungen der FATF vom Februar 2012 befassen sich schließlich nicht mit speziellen Vorgaben zu Glücksspielen im Internet, sondern erklären lediglich in einer Fußnote zur Definition des Begriffs Kasino, dass diese ua auch Internet-Kasinos einbeziehen (FATF, The FATF Recommendations, Februar 2012, aktualisierte Version v. Juni 2019, S. 116 Fn. 57; vgl. auch *Lang* in Zentes/Glaab GwG § 16 Rn. 2). Eigene Regelungen zur Prävention von Geldwäsche und Terrorismusfinanzierung bei Online-Glücksspielen sind demnach den bisherigen Veröffentlichungen der FATF nicht zu entnehmen; vielmehr sollen die allgemeinen Regelungen für Casinos entsprechend gelten.

II. Verpflichtete der Norm; Sorgfaltspflichten

6 Wer **Verpflichteter** der Norm ist, ergibt sich nunmehr ausdrücklich aus § 16 Abs. 1 S. 1 GwG. Adressaten sind Verpflichtete nach § 2 Abs. Nr. 15 GwG, soweit sie das Glücksspiel im Internet anbieten oder vermitteln. Es handelt sich danach um Veranstalter und Vermittler von Glücksspielen, mit Ausnahme von Betreibern von Geldspielgeräten nach § 33c GewO, Vereinen, die das Unternehmen eines Totalisatoren nach § 1 RennwLottG betreiben, Lotterien, die nicht im Internet veranstaltet werden und für die der Veranstalter und Vermittler über eine staatliche Erlaubnis der in Deutschland jeweils zuständigen Behörde verfügen, sowie Sozialllotterien. Im Gesetzgebungsverfahren war der genaue Inhalt des Begriffs, insbesondere die nunmehr vorgenommenen **Ausnahmen,** Gegenstand kontroverser Diskussionen mit Blick auf die Risikosituation der Betroffenen (vgl. nur BT-Drs. 18/11928, BT-Drs. 18/12405, 185 sowie hib Nr. 252/2017, dort unter 5. sowie hib 260/2017, dort unter 2.). Bei einem Glücksspiel handelt es sich gemäß § 1 Abs. 8 GwG um ein Spiel, bei dem ein Spieler für den Erwerb einer Gewinnchance ein Entgelt entrichtet und der Eintritt vom Gewinn oder Verlust ganz oder über-

wiegend vom Zufall abhängt. Im Internet findet das Glücksspiel zumindest statt, wenn es mittels Telemedien iSd § 1 Abs. 1 S. 1 TMG erfolgt (vgl. dazu § 1 Abs. 5 GwG aF). Durch das Gesetz zur Umsetzung der Änderungsrichtlinie zur Vierten EU-Geldwäscherichtlinie wurde zudem in § 16 Abs. 1 S. 2 GwG mit Blick auf die Sorgfaltspflichten nach § 10 GwG eine „*Klarstellung*" (vgl. Begr. zu § 16 Abs. 1 S. 2 GwG, BT-Drs. 19/13827) dahingehend vorgenommen, dass der Schwellenbetrag nach § 10 Abs. 5 GwG keine Anwendung findet. Demnach bestehen die Sorgfaltspflichten im Bereich des Online-Glücksspiels unabhängig von einem Schwellenwert, was sich aber auch bereits unmittelbar aus § 10 Abs. 5 S. 1 GwG ergibt („*... es sei denn, das Glücksspiel wird im Internet angeboten oder vermittelt*").

III. Spielerkonto, Zahlungsströme, Identifizierung

Nach § 16 Abs. 2 GwG setzt die Zulassung zu einem Glücksspiel im Internet zunächst voraus, dass der Verpflichtete, mithin Veranstalter und Vermittler von Glücksspielen im Internet, für den Spieler auf dessen Namen ein Spielerkonto einrichtet. Das Spielerkonto, welches zudem nur für volljährige Person geführt werden kann (§ 4 Abs. 3 GlüStV), wird unmittelbar beim Verpflichteten und nicht bei einem Kreditinstitut oder Zahlungsdienstleister geführt. Für jeden Spieler kann dabei nur ein Spielerkonto geführt werden (Glücksspiel-AuA zu § 16 Abs. 2 und 3 GwG; RegBegr. BT-Drs. 18/11555, 122f.; RegBegr. BT-Drs. 17/10745, 16), wobei mittels interner Datenabläufe sicherzustellen ist, dass eine Person nicht über mehrere Spielerkonten bzw. sog. Dubletten verfügt, die unterschiedliche Kontobewegungen ermöglichen (Glücksspiel-AuA zu § 16 Abs. 2 und 3 GwG; RegBegr. BT-Drs. 18/11555, 123). Das **Spielerkonto** dient dem registrierten Spieler zur transparenten Durchführung sowie zur Dokumentation einzelner Transaktionen, neben der Kontobewegung an sich auch Tag/Höhe des eingezahlten Guthabens, Spieleinsätze, Gewinne/Verluste (Glücksspiel-AuA zu § 16 Abs. 2 und 3 GwG). Es hat den Zweck, dass der Spieler darauf Gelder für Spielzwecke einzahlen kann; der Spieler kann die eingezahlten Gelder jederzeit zurückfordern. Einlagen und andere rückzahlbare Gelder (vgl. insoweit den Vorbehalt des Bankgeschäfts in § 1 Abs. 1 S. 2 Nr. 1 KWG) dürfen vom Verpflichteten nach § 16 Abs. 3 S. 1 GwG auf dem Spielerkonto ausdrücklich nicht entgegengenommen werden. Auch sind keine Person-to-Person-Transaktionen zulässig (vgl. dazu auch weitere Ausführungen unter Glücksspiel-AuA zu § 16 Abs. 2 und 3 GwG). Bei dem Spielerkonto handelt es sich auch nicht um ein Zahlungskonto iSd § 1 Abs. 17 ZAG, sondern um ein rein internes **Verrechnungskonto** auf dem Soll- und Habenpositionen abgebildet werden (Glücksspiel-AuA zu § 16 Abs. 2 und 3 GwG; BMF/Oberste Glücksspielaufsichtsbehörden der Länder, Hinweise zum Umgang mit den Sondervorschriften zum Glücksspiel im Internet gem. §§ 9a, 9b und 9c GwG sowie den Befreiungsanträgen nach § 16 Abs. 7 Geldwäschegesetz, S. 29). Aufgrund der § 3 Abs. 3 S. 2 ZAG entsprechenden Regelung in § 16 Abs. 3 S. 2 GwG dürfen Guthaben auf Spielerkonten nicht verzinst werden (Glücksspiel-AuA zu § 16 Abs. 2 und 3 GwG). Im Übrigen gelten die auf das Spielerkonto eingezahlten Mittel aufgrund gesetzlicher Fiktion nicht als Einlagen oder andere rückzahlbare Gelder im Sinne von § 1 Abs. 1 S. 2 Nr. 1 KWG (§ 16 Abs. 3 S. 3 GwG iVm § 3 Abs. 3 S. 3 ZAG).

Die Art und Weise von Transaktionen bzw. Zahlungen des Spielers ist Gegenstand der Regelungen in § 16 Abs. 4 GwG. Dabei sind nur bestimmte **Ausführungen des Zahlungsvorgangs** erlaubt. Es ist grundsätzlich sicherzustellen, dass zwi-

§ 16 Abschnitt 3. Sorgfaltspflichten in Bezug auf Kunden

schen registrierten Spieler und Spielerkonto eine Verknüpfung besteht (RegBegr. BT-Drs. 18/11555, 123). Der Verpflichtete nach § 2 Abs. 1 Nr. 15 GwG hat dabei im Hinblick auf die Transaktion des Spielers zunächst sicherzustellen, dass diese mittels einer Lastschrift (vgl. § 16 Abs. 4 S. 1 Nr. 1 lit. a GwG iVm § 1 Abs. 21 ZAG), einer Überweisung (vgl. § 16 Abs. 4 S. 1 Nr. 1 lit. b GwG iVm § 1 Abs. 22 ZAG) oder mittels einer auf den Namen des Spielers ausgegebenen Zahlungskarte (§ 16 Abs. 4 S. 1 Nr. 1 lit. c GwG iVm § 1 Abs. 1 S. 2 Nr. 3b ZAG) erfolgt. Die Transaktion muss dabei nach § 16 Abs. 4 S. 1 Nr. 2 GwG zusätzlich von einem Zahlungskonto gemäß § 1 Abs. 17 ZAG erfolgen, dass auf den Namen des Spielers bei einem Kreditinstitut oder Institut nach dem ZAG (Verpflichtete im Sinne von § 2 Abs. 1 Nr. 1, 3 GwG) errichtet worden ist und es sich damit um ein identifiziertes Konto nach den geldwäscherechtlichen Vorschriften handelt. Insbesondere wird mit diesen Vorgaben sichergestellt, dass die Gefahrenquellen des Online-Glücksspiels in Zusammenhang mit der Führung von Konten und Zahlungsströmen (vgl. dazu Kommentierung unter → GwG § 16 Rn. 1–5) grundsätzlich minimiert werden, da andere Zahlungsmethoden, wie zB die Barzahlung, Bareinzahlungen am Schalter eines Instituts mit dem Ziel der unbaren Weiterleitung, die Bezahlung mit elektronischem Geld ohne Speicherung auf einem identifizierten Konto (vgl. dazu Glücksspiel-AuA zu § 16 Abs. 4b) GwG) oder dessen Aufladung auf Prepaid-Karten oder anonymen Gutscheinen zur Bezahlung ausgeschlossen sind (Glücksspiel-AuA zu § 16 Abs. 4b) GwG; RegBegr. BT-Drs. 17/10745, 17; BMF/Oberste Glücksspielaufsichtsbehörden der Länder, Hinweise zum Umgang mit den Sondervorschriften zum Glücksspiel im Internet gem. §§ 9a, 9b und 9c GwG sowie den Befreiungsanträgen nach § 16 Abs. 7 Geldwäschegesetz, S. 31) und die transferierten Gelder sowie Gewinne und ungenutzte Spieleinsätze auch tatsächlich vom Spieler stammen (Glücksspiel-AuA zu § 16 Abs. 4c) GwG; vgl. dort auch zu Pflichten im Zusammenhang mit der VO (EU) 2015/847 des Europäischen Parlament und des Rates über die Übermittlung von Angaben bei Geldtransfers sowie bei Kreditkartenzahlungen). Neu eingefügt wurde im Rahmen der Bündelung der Vorschriften von §§ 9a–9d GwG aF in § 16 Abs. 4 S. 2 GwG eine Ausnahme von der Erfüllung der Pflichten in § 16 Abs. 4 S. 1 Nr. 1c) und Nr. 2 GwG. Der Verpflichtete kann von der Einhaltung der vorgenannten Pflichten nämlich absehen, wenn die Teilnahme am Spiel für eine einzelne Transaktion 25 EUR und für mehrere Transaktionen in einem Kalendermonat 100 EUR nicht überschreitet. Die Begründung zu dieser Ergänzung beruht nach den Beschlussempfehlungen und des Berichts des Finanzausschusses (BT-Drs. 18/12405, 187) auf einer Anwendung des risikobasierten Ansatzes (Glücksspiel-AuA zu § 16 Abs. 4c) GwG) und soll Vermittlern und Veranstaltern von Sportwetten im Internet zugutekommen. Zwar bestehe auch dort ein potenzielles Geldwäscherisiko, die Nutzung von Sportwetten werde aber durch die Begrenzung der Befreiung bei Kleinstbeträgen unattraktiv gemacht. In über die Kleinstbeträge hinausgehenden Fällen müssten die Veranstalter und Vermittler von Glücksspielen im Internet sich vertraglich mit Kreditinstituten über die Übermittlung des vollen Datensatzes zur Kreditkarte (neben der Nummer und dem Sicherheitscode also auch des Namens) einigen bzw. das Kreditinstitut mit dem Identitätsabgleich beauftragen. Kann keine Identität zwischen dem Inhaber des Spieler- und des Zahlungskontos festgestellt werden, darf eine Transaktion nicht durchgeführt werden; bereits gezahlte Einsätze sind zurückzugeben und der Spieler darf nicht weiter teilnehmen (Glücksspiel-AuA zu § 16 Abs. 4c) GwG). Ein identifiziertes Zahlungskonto kann nur einem Spielerkonto zugeordnet werden, auch wenn es sich um ein Gemeinschaftskonto mehrerer Kontoinhaber handelt. Dabei muss der

Spieler Kontoinhaber und nicht nur Verfügungsberechtigter über das Konto eines Dritten oder Unterbevollmächtigter eines Kontos sein (Glücksspiel-AuA zu § 16 Abs. 4 d), e) GwG). Dies gilt auch für Vollmachtskonten von Eheleuten Glücksspiel-AuA zu § 16 Abs. 4 e) GwG). Hingegen können einem Spielerkonto mehrere identifizierte Zahlungskonten zugeordnet werden, zB Auseinanderfallen von Ein- und Auszahlungskonto (Glücksspiel-AuA zu § 16 Abs. 4 d) GwG). Bei Verwendung mehrerer Zahlungskonten durch einen Spieler sind jedoch stets **verstärkte Sorgfaltspflichten** nach § 15 GwG zu beachten, um einer etwaige bewussten Verschleierung der Herkunft und Richtung von Gelder entgegenzuwirken (Glücksspiel-AuA zu § 16 Abs. 4 d) GwG).

§ 16 Abs. 5 GwG enthält eine **Informationspflicht des Verpflichteten** iSv 9 § 16 Abs. 1 S. 1 GwG gegenüber der zuständigen Glücksspielaufsichtsbehörde nach § 50 Nr. 8 GwG. Der Verpflichtete hat danach die Behörde über die Eröffnung und Schließung eines auf seinen Namen bei einem Kreditinstitut oder Institut nach dem ZAG (Verpflichtete gem. § 2 Abs. 1 Nr. 1, 3 GwG, vgl. auch § 1 Abs. 3 ZAG) errichteten Zahlungskontos (§ 1 Abs. 17 ZAG), auf dem Gelder eines Spielers zur Teilnahme an Glücksspielen im Internet entgegengenommen werden, unverzüglich, dh ohne schuldhaftes Zögern (vgl. § 121 Abs. 1 S. 1 BGB), zu informieren. Die Information hat Angaben zur Bankverbindung, dh Institut, IBAN, BIC zu beinhalten (Glücksspiel-AuA zu § 16 Abs. 5 GwG). Mit der Regelung soll der nach § 50 Nr. 8 GwG zuständigen Behörde die Überwachung der aus dem Online-Glücksspiel resultierenden Finanzströme, seien diese legal oder illegal, erleichtert werden (RegBegr. BT-Drs. 17/10745, 16). Ein Verpflichteter kann mehr als nur ein Zahlungskonto unterhalten (Glücksspiel-AuA zu § 16 Abs. 5 GwG).

§ 16 Abs. 6 GwG enthält ferner Vorgaben für den Verpflichteten iSv § 16 Abs. 1 10 S. 1 GwG und andere Emittenten sog. monetärer Werte. Werden derartige monetäre Werte ausgestellt, die auf Instrumenten nach § 2 Abs. 1 Nr. 10 ZAG gespeichert sind, mithin Instrumente, die für den Erwerb von Waren oder Dienstleistungen nur in den Geschäftsräumen des Ausstellers oder im Rahmen einer Geschäftsvereinbarung mit dem Aussteller entweder für den Erwerb innerhalb eines begrenzten Netzes von Dienstleistern oder für den Erwerb einer begrenzten Auswahl von Waren oder Dienstleistungen verwendet werden können und für Transaktionen auf ein Spielerkonto genutzt werden sollen (also keine Kartengeschäfte nach § 1 Abs. 1 S. 2 Nr. 3 lit. b und Nr. 4 ZAG), haben Verpflichtete nach § 16 Abs. 1 S. 1 GwG oder andere Emittenten gegenüber der zuständigen Behörde sicherzustellen, dass der Inhaber des **monetären Wertes** mit dem Inhaber des Spielerkontos identisch ist. Die Zahlung auf das Spielerkonto muss demnach eindeutig dem Inhaber des Spielerkontos zugeordnet werden können, so dass Identität zwischen dem Inhaber des monitären Wertes, dem Erwerber der Kundenkarte und dem Inhaber des Spielerkontos besteht (Glücksspiel-AuA zu § 16 Abs. 6 GwG). Als Beispielsfall führen die Gesetzesbegründung zu § 9 c Abs. 5 GwG aF sowie die Glücksspiel-AuA insoweit an, dass der Emittent einer Prepaid-Karte, die nur in einem zweiseitigen System für das Glücksspiel bei dem jeweiligen Verpflichteten genutzt werden kann, diese lediglich an einen Spieler im Gegenzug gegen Zahlung eines Geldbetrages vertreiben darf (RegBegr. BT-Drs. 17/10745, 17, Glücksspiel-AuA zu § 16 Abs. 6 GwG). Möglich sind auch Kundenkarten, die bargeldlos mittels Überweisung, Debit- oder Kreditkarte erworben werden, sofern systemseitige Überprüfungen der Personenidentität bestehen (Glücksspiel-AuA zu § 16 Abs. 6 GwG). Bei Erwerb einer Kundenkarte im Supermarkt oder anderen Stellen gegen Barzahlung muss ebenfalls ein **Identitätsabgleich** zwischen dem Erwerber der Karte und Inhaber des Spiele-

§ 16   Abschnitt 3. Sorgfaltspflichten in Bezug auf Kunden

kontos durchgeführt werden (zu Einzelheiten der Durchführung vgl. Glücksspiel-AuA zu § 16 Abs. 6 GwG). Geschenkkarten oder auf Dritte übertragbare Karten erfüllen hingegen nicht die Anforderungen und sind ausgeschlossen (Glücksspiel-AuA zu § 16 Abs. 6 GwG).

11   Nach § 16 Abs. 7 GwG dürfen Transaktionen (vgl. zum Begriff § 1 Abs. 5 GwG) des Verpflichteten iSv § 16 Abs. 1 S. 1 GwG an den Spieler nur durch die Ausführung eines zu § 16 Abs. 4 GwG spiegelbildlichen Zahlungsvorgangs auf ein Zahlungskonto vorgenommen werden, das auf den Namen des Spielers bei einem Kredit- oder ZAG-Institut (Verpflichtete nach § 2 Abs. 1 Nr. 1, 3 GwG) errichtet wurde (Glücksspiel-AuA zu § 16 Abs. 7 GwG). Eine bloße Verfügungsbefugnis über ein derartiges Konto reicht nicht aus (BMF/Oberste Glücksspielaufsichtsbehörden der Länder, Hinweise zum Umgang mit den Sondervorschriften zum Glücksspiel im Internet gem. §§ 9a, 9b und 9c GwG sowie den Befreiungsanträgen nach § 16 Abs. 7 Geldwäschegesetz, S. 32). Bei den Transaktionen handelt es sich in der Regel um **Spielgewinne oder Rückzahlungen** von zuvor für Spielzwecke eingezahlter Gelder. Die Vorgabe trägt einer besonderen Gefährdungslage bei Auszahlung auf andere als die Ursprungskonten Rechnung. § 16 Abs. 7 S. 2 GwG schreibt dem Verpflichteten dabei ergänzend vor, dass der Verwendungszweck dergestalt klar gefasst sein muss, dass auch ein Außenstehender den Grund bzw. die Herkunft des Zahlungsvorgangs erkennen kann. Bei Durchführung der Transaktion durch ein Geldtransferinstitut hat der Veranstalter bzw. Vermittler von Glücksspielen sicherzustellen, dass der Verpflichtete und sowie der Verwendungszweck von diesem ausgewiesen werden (Glücksspiel-AuA zu § 16 Abs. 7 GwG). Aufsichtsbehörden können dazu Standardformulierungen vorgeben, die vom Verpflichteten zu verwenden sind (§ 16 Abs. 7 S. 3 GwG). Bei der Auszahlung eines Glücksspiel erzielten Gewinns lautet der Verwendungszweck „Gewinn aus einem Glücksspiel", bei der Rückzahlung ungenutzter Spieleinsätze „Ungenutzter Spieleinsatz" (Glücksspiel-AuA zu § 16 Abs. 7 GwG). Erfolgen Auszahlung von Gewinnen und Rückzahlung zusammen, ist eine Aufschlüsselung im Verwendungszweck erforderlich (Glücksspiel-AuA zu § 16 Abs. 7 GwG).

12   Verpflichte nach § 16 Abs. 1 S. 1 GwG, mithin Veranstalter und Vermittler von Glücksspielen im Internet, haben grundsätzlich vor Begründung einer Geschäftsbeziehung eine Identifizierung und deren Überprüfung vorzunehmen, wobei dies regelmäßig über eine „Fernidentifizierung" erfolgt (Glücksspiel-AuA zu § 16 Abs. 8 GwG). Abweichend von § 11 GwG kann bei einem Spieler, für den ein Spielerkonto eingerichtet wird, zunächst auch nur **eine vorläufige Identifizierung** vorgenommen werden (§ 16 Abs. 8 S. 1 GwG). Die vorläufige Identifizierung erfolgt dabei gem. § 16 Abs. 8 S. 2 GwG anhand einer elektronisch oder auf dem Postweg übersandten Kopie eines Dokumentes iSv § 12 Abs. 1 S. 1 Nr. 1 GwG, mithin anhand eines gültigen amtlichen Ausweises einschließlich Lichtbilds. Nach der Gesetzesbegründung (BT-Drs. 18/11555, 123, vgl. ferner Glücksspiel-AuA zu § 16 Abs. 8 GwG) soll damit den Veranstaltern und Vermittlern von Glücksspielen im Internet die Möglichkeit gegeben werden, Spielern in begrenztem Umfang „Spontanspiele" zu eröffnen. An die vorläufige Identifizierung hat sich aber nach § 16 Abs. 8 S. 3 GwG unverzüglich (vgl. § 121 Abs. 1 S. 1 BGB) die vollständige Identifizierung anzuschließen. Erfolgt keine unverzügliche Nachholung, muss das Spielerkonto bis zur vollständigen Identifizierung gesperrt werden (Glücksspiel-AuA zu § 16 Abs. 8 GwG). Nach vorläufiger Identifizierung sind Spiele bis zu einem maximalen Betrag von 150 EUR zulässig, wobei Gewinne erst nach Abschluss des Identifizierungsverfahrens ausgekehrt werden können (Glücksspiel-AuA zu § 16 Abs. 8

GwG). Dabei können sowohl vorläufige als auch vollständige Identifizierung auch nach glücksspielrechtlichen Maßstäben erfolgen (§ 16 Abs. 8 S. 4 GwG iVm § 4 Abs. 5 Nr. 1 GlüStV, vgl. auch zu 9b GwG aF BMF/Oberste Glücksspielaufsichtsbehörden der Länder, Hinweise zum Umgang mit den Sondervorschriften zum Glücksspiel im Internet gem. §§ 9a, 9b und 9c GwG sowie den Befreiungsanträgen nach § 16 Abs. 7 Geldwäschegesetz, S. 22f.). In diesem Fall richten sich die Anforderungen nach dem Eckpunktepapier „Internetanforderungen nach § 4 Abs. 5 GlüStV" (Glücksspiel-AuA zu § 16 Abs. 8 GwG; https://info-pb-hmdis.hessen.de/sites/default/files/media/hmdis/internetanforderungen_ss_4_abs_5_-_eckpunkte_stand_28042016_final.pdf (Stand: 31.7.2020).

IV. Bußgeldvorschriften

Verstöße gegen eine Reihe von bestehenden Pflichten zur Verhinderung von Geldwäsche und Terrorismusfinanzierung im Zusammenhang mit Glücksspiel im Internet sind bei vorsätzlichen oder sogar nur leichtfertigen Handlungen gemäß § 56 Abs. 1 Nr. 46–52 GwG bußgeldbewehrt. Dazu zählen Verstöße gegen die Pflichten nach § 16 Abs. 2 GwG zur Zulassung eines Spielers zum Glücksspiel, Verstöße gegen § 16 Abs. 3 GwG zur Entgegennahme von Einlagen oder anderen rückzahlbaren Geldern, Verstöße gegen § 16 Abs. 4 GwG im Hinblick auf die Zulassung anderer Wege von Transaktionen als nach § 16 Abs. 4 Nr. 1 und 2 GwG, Verstöße gegen Informationspflichten nach § 16 Abs. 5 GwG, Verstöße gegen § 16 Abs. 7 S. 1 Nr. 2 GwG über die Vornahme von Transaktionen auf ein Zahlungskonto, Verstöße gegen § 16 Abs. 7 S. 2 GwG im Hinblick auf die nicht ausreichende Spezifizierung des Verwendungszwecks sowie Verstöße gegen die nicht vollständige oder rechtzeitige Identifizierung nach § 16 Abs. 8 S. 3 GwG. Die **Geldbuße** beträgt nach § 56 Abs. 1 S. 2 GwG bei vorsätzlicher Begehung bis zu 150.000 EUR und im Übrigen bis zu 100.000 EUR. Bei schwerwiegenden, wiederholten oder systematischen Verstößen können Ordnungswidrigkeiten nach § 56 Abs. 1 GwG oder bei vorsätzlicher oder leichtfertiger Begehung nach § 56 Abs. 2 GwG mit Geldbußen von bis zu 1 Mio. EUR oder bis zum Zweifachen des aus dem Verstoß gezogenen wirtschaftlichen Vorteils geahndet werden (§ 56 Abs. 3 S. 1 GwG). Bei Verpflichteten nach § 2 Abs. 1 Nr. 1–3 und 6–9 GwG, die juristische Personen und Personenvereinigungen sind, kann darüber hinaus eine Geldbuße bis zu 5 Mio. EUR oder 10% des Gesamtumsatzes im Geschäftsjahr verhängt werden (§ 56 Abs. 3 S. 3 und 4 GwG). Soweit es sich bei diesen Verpflichteten um natürliche Personen handeln sollte, greift ein Bußgeldrahmen von 5 Mio. EUR (§ 56 Abs. 3 S. 5 GwG). Wegen Einzelheiten zu Bußgeldsystematik und weiteren Sanktionen vgl. die Kommentierung zu §§ 56f. GwG.

§ 17 Ausführung der Sorgfaltspflichten durch Dritte, vertragliche Auslagerung

(1) **Zur Erfüllung der allgemeinen Sorgfaltspflichten nach § 10 Absatz 1 Nummer 1 bis 4 kann ein Verpflichteter auf Dritte zurückgreifen. Dritte dürfen nur sein**
1. **Verpflichtete nach § 2 Absatz 1,**
2. **Verpflichtete gemäß Artikel 2 Absatz 1 der Richtlinie (EU) 2015/849 in einem anderen Mitgliedstaat der Europäischen Union,**

3. Mitgliedsorganisationen oder Verbände von Verpflichteten nach Nummer 2 oder in einem Drittstaat ansässige Institute und Personen, sofern diese Sorgfalts- und Aufbewahrungspflichten unterliegen,
    a) die den in der Richtlinie (EU) 2015/849 festgelegten Sorgfalts- und Aufbewahrungspflichten entsprechen und
    b) deren Einhaltung in einer mit Kapitel IV Abschnitt 2 der Richtlinie (EU) 2015/849 im Einklang stehenden Weise beaufsichtigt wird.

Die Verantwortung für die Erfüllung der allgemeinen Sorgfaltspflichten bleibt bei dem Verpflichteten.

(2) Verpflichtete dürfen nicht auf einen Dritten zurückgreifen, der in einem Drittstaat mit hohem Risiko niedergelassen ist. Ausgenommen hiervon sind
1. Zweigstellen von in der Europäischen Union niedergelassenen Verpflichteten nach Artikel 2 Absatz 1 der Richtlinie (EU) 2015/849, wenn die Zweigstelle sich uneingeschränkt an die gruppenweit anzuwendenden Strategien und Verfahren gemäß Artikel 45 der Richtlinie (EU) 2015/849 hält, und
2. Tochterunternehmen, die sich im Mehrheitsbesitz von in der Europäischen Union niedergelassenen Verpflichteten nach Artikel 2 Absatz 1 der Richtlinie (EU) 2015/849 befinden, wenn das Tochterunternehmen sich uneingeschränkt an die gruppenweit anzuwendenden Strategien und Verfahren gemäß Artikel 45 der Richtlinie (EU) 2015/849 hält.

(3) Wenn ein Verpflichteter auf Dritte zurückgreift, so muss er sicherstellen, dass die Dritten
1. bei der Identifizierung von im Inland ansässigen Personen den Vorschriften dieses Gesetzes entsprechen,
2. die Informationen einholen, die für die Durchführung der Sorgfaltspflichten nach § 10 Absatz 1 Nummer 1 bis 4 notwendig sind, und
3. ihm diese Informationen unverzüglich und unmittelbar übermitteln.

Er hat zudem angemessene Schritte zu unternehmen, um zu gewährleisten, dass die Dritten ihm auf seine Anforderung hin unverzüglich Kopien derjenigen Dokumente, die maßgeblich für Feststellung und Überprüfung der Identität des Vertragspartners, gegebenenfalls der für diesen aufgetretenen Personen und eines etwaigen wirtschaftlich Berechtigten sind, einschließlich Informationen, soweit diese verfügbar sind, die mittels elektronischer Mittel für die Identitätsfeststellung nach § 12 Absatz 1 Satz 1 Nummer 4 eingeholt wurden, sowie andere maßgebliche Unterlagen vorlegen. Die Dritten sind befugt, zu diesem Zweck Kopien von Ausweisdokumenten zu erstellen und weiterzuleiten.

(3a) Der Dritte kann zur Identifizierung des Vertragspartners, einer gegebenenfalls für ihn auftretenden Person und eines wirtschaftlich Berechtigten auch auf anlässlich einer zu einem früheren Zeitpunkt erfolgten Identifizierung dieser Person eingeholte Informationen nach Absatz 3 Satz 1 Nummer 2 zurückgreifen, sofern
1. die Identifizierung im Rahmen der Begründung einer eigenen Geschäftsbeziehung des Dritten und nicht unter Anwendung vereinfachter Sorgfaltspflichten erfolgt ist,

§ 17

2. die Identifizierung oder die letzte Aktualisierung unter Einhaltung des § 12 vor nicht Mehr als 24 Monaten abgeschlossen wurde,
3. für den Verpflichteten aufgrund äußerer Umstände keine Zweifel an der Richtigkeit der ihm übermittelten Informationen bestehen und
4. das Gültigkeitsdatum eines im Rahmen der Identifizierung oder der letzten Aktualisierung unter Einhaltung des § 12 gegebenenfalls verwendeten Identifikationsdokuments noch nicht abgelaufen ist.

Absatz 3 Satz 2 und 3 gilt entsprechende.

(4) Die Voraussetzungen der Absätze 1 und 3 gelten als erfüllt, wenn
1. der Verpflichtete auf Dritte zurückgreift, die derselben Gruppe angehören wie er selbst,
2. die in dieser Gruppe angewandten Sorgfaltspflichten, Aufbewahrungsvorschriften, Strategien und Verfahren zur Verhinderung von Geldwäsche und von Terrorismusfinanzierung mit den Vorschriften der Richtlinie (EU) 2015/849 oder gleichwertigen Vorschriften im Einklang stehen und
3. die effektive Umsetzung dieser Anforderungen auf Gruppenebene von einer Behörde beaufsichtigt wird.

(5) Ein Verpflichteter kann die Durchführung der Maßnahmen, die zur Erfüllung der Sorgfaltspflichten nach § 10 Absatz 1 Nummer 1 bis 4 erforderlich sind, auf andere geeignete Personen und Unternehmen als die in Absatz 1 genannten Dritten übertragen. Die Übertragung bedarf einer vertraglichen Vereinbarung und der Verpflichtete hat sicherzustellen, dass die anderen geeigneten Personen und Unternehmen den Vorschriften dieses Gesetzes entsprechen. Die Maßnahmen der Personen oder der Unternehmen werden dem Verpflichteten als eigene Maßnahmen zugerechnet. Absatz 3 gilt entsprechend.

(6) Durch die Übertragung nach Absatz 5 dürfen nicht beeinträchtigt werden
1. die Erfüllung der Pflichten nach diesem Gesetz durch den Verpflichteten,
2. die Steuerungs- oder Kontrollmöglichkeiten der Geschäftsleitung des Verpflichteten und
3. die Aufsicht der Aufsichtsbehörde über den Verpflichteten.

(7) Vor der Übertragung nach Absatz 5 hat sich der Verpflichtete von der Zuverlässigkeit der Personen oder der Unternehmen, denen er Maßnahmen übertragen will, zu überzeugen. Während der Zusammenarbeit muss er sich durch Stichproben von der Angemessenheit und Ordnungsmäßigkeit der Maßnahmen überzeugen, die diese Personen oder Unternehmen getroffen haben.

(8) Soweit eine vertragliche Vereinbarung nach Absatz 5 mit deutschen Botschaften, Auslandshandelskammern oder Konsulaten geschlossen wird, gelten diese kraft Vereinbarung als geeignet. Absatz 7 findet keine Anwendung.

(9) Bei der Übertragung nach Absatz 5 bleiben die Vorschriften über die Auslagerung von Aktivitäten und Prozessen nach § 25b des Kreditwesengesetzes unberührt.

Achtelik

§ 17 Abschnitt 3. Sorgfaltspflichten in Bezug auf Kunden

Literatur: *Ackmann/Reder,* Geldwäscheprävention in Kreditinstituten nach Umsetzung der Dritten EG-Geldwäscherichtlinie (Teil 2), WM 2009, S. 200 ff.; *Amtage/Baumann/Bdeiwi,* Risikoorientierte Geldwäschebekämpfung, 3. Aufl. 2018; BaFin, Auslegungs- und Anwendungshinweise zum Geldwäschegesetz, Stand: Mai 2020 (zitiert: BaFin-AuA); BAKred, Jahresbericht 1996; BAKred, Schreiben vom 9.3.1999, Z 5 – B400; BAV, Verlautbarung zum Geldwäschegesetz vom 8.11.1993, Z 6–14/93, Rundschreiben R 1/93 zu Ziff. 1.1; BAKred, Verlautbarung über Maßnahmen der Kreditinstitute zur Bekämpfung und Verhinderung der Geldwäsche vom 30.3.1998, geändert durch Bekanntmachung vom 8.11.1999 (Z 5 – E 100); BAKred, Verlautbarung vom 30.12.1997 über Maßnahmen der Finanzdienstleistungsinstitute zur Bekämpfung und Verhinderung der Geldwäsche (I 5 – E 102); BMF, Schreiben vom 22.4.1996, Geschäftszeichen IV A 4 S 0325 – 11/95; BMF, Schreiben vom 26.6.1996, Geschäftszeichen IV A 4 S 0325 – 13/96; *Brian/Frey/Krais,* Umsetzung der Fünften Geldwäsche-Richtlinie in Deutschland, CCZ 2019, 245 ff.; Deutsche Kreditwirtschaft, Auslegungs- und Anwendungshinweise zur Verhinderung von Geldwäsche, Terrorismusfinanzierung und „sonstigen strafbaren Handlungen" vom 1.2.2014, zitiert: DK, Auslegungs- und Anwendungshinweise 2014; *Glaab/Neu/Scherp,* Umsetzung der 5. EU-Geldwäsdcherichtlinie – was kommt auf die Verpflichteten zu?, BB 2020, 322 ff.; *Herzog/Mülhausen,* Geldwäschebekämpfung und Gewinnabschöpfung, Handbuch der straf- und wirtschaftsrechtlichen Regelungen, 2006, zitiert: *Bearbeiter* in Herzog/Mülhausen; Joint Committee, Consultation Paper, Draft Guidelines under Article 17 and 18(4) of Directive (EU) 2015/849 on customer due dilligence and the factors credit and financial institutions should consider when assessing the money laundering and terrorist financing risk associated with individual business relationships and occasional transactions („The Risk Factors Guidelines"), amending JC/2017/34, JC 2019 87 vom 5. Februar 2020; Joint Committee, Gemeinsame Leitlinien nach Artikel 17 und 18 Absatz 4 der Richtlinie (EU) 2015/849 über vereinfachte und verstärkte Sorgfaltspflichten und die Faktoren, die Kredit- und Finanzinstitute bei der Bewertung des mit einzelnen Geschäftsbeziehungen und gelegentlichen Transaktionen verknüpften risikos für Geldwäsche und Terrorismusfinanzierung berücksichtigen sollten (Leitlinien zu Risikofaktoren), JC 2017 37 vom 4.1.2018; *Köhling,* Geldwäscherechtliche Identifizierungspflichten bei Konsortialkrediten nach geltendem Recht und die Auswirkungen der dritten EU-Anti-Geldwäscherichtlinie, WM 2007, S. 1780 ff.; *Palandt,* Bürgerliches Gesetzbuch, 79. Aufl. 2020; *Zentes/Glaab,* Änderungen durch die GwG-Novelle zur Umsetzung der Fünften EU-Geldwäscherichtlinie und ihre Auswirkungen auf die Verpflichteten, BB 2019, 1667 ff.; *Zentes/Glaab,* Die ersten Auslegungs- und Anwendungshinweise der BaFin zum GwG sind da: Was bringen sie Neues?, BB 2019, 323 ff.; *Zentes/Glaab* (Hrsg.), GwG, 2018; Zentraler Kreditausschuss der Spitzenverbände der Kreditwirtschaft (Hrsg.), Leitfaden zur Bekämpfung der Geldwäsche, 3. Aufl. 2000/2001 (bearbeitet von *Langweg/Höche/Frömbgen/Haustein/Stein*).

Übersicht

		Rn.
I.	Allgemeines	1
II.	Kreis der kraft Gesetzes zuverlässigen Dritten (Abs. 1)	5
III.	Drittstaaten mit hohem Risiko (Abs. 2)	9
IV.	Voraussetzung des Rückgriffs auf Dritte (Abs. 3, 3a)	10
V.	Erfüllungsfiktion (Abs. 4)	16
VI.	Übertragung auf andere geeignete Personen und Unternehmen (Abs. 5)	18
VII.	Beeinträchtigungen (Abs. 6)	23
VIII.	Zuverlässigkeit der Personen oder der Unternehmen (Abs. 7)	24
IX.	Vereinbarung nach Absatz 5 mit deutschen Botschaften, Auslandshandelskammern oder Konsulaten (Abs. 8)	26
X.	§ 25b KWG (Abs. 9)	28

I. Allgemeines

§ 17 GwG normiert Regelungen zur Ausführung der Sorgfaltspflichten durch 1
Dritte. Die Regelung baut auf § 7 GwG aF auf und setzt Art. 25–28 der 4. EU-Geldwäscherichtlinie in der Fassung der 5. EU-Geldwäscherichtlinie um. Einige Änderungen, insbesondere die Einfügung von Abs. 3a zur Vermeidung wiederholten Identifizierungsaufwands, erfolgten sodann durch das Gesetz zur Umsetzung der Änderungsrichtlinie zur 4. EU-Geldwäscherichtlinie vom 12.12.2019 (BGBl. I S. 2602), wobei lediglich die Änderung in Abs. 3 S. 2 unmittelbar auf die 5. EU-Geldwäscherichtlinie (dort Art. 1 Nr. 14, Änderung zu Art. 27) zurückzuführen ist (s. auch *Brian/Frey/Krais* CCZ 2019, 245 (255)). § 17 GwG regelt im Grundsatz zwei Fallgestaltungen, nämlich die Pflichtenwahrnehmung durch Dritte (§ 17 Abs. 1 GwG) sowie andere geeignete Personen und Unternehmen (§ 17 Abs. 5 GwG).
§ 17 Abs. 1–4 GwG bestimmt die **Durchführung von Kundensorgfaltspflichten** nach § 10 Abs. 1 Nr. 1–4 GwG durch Dritte in Form von Verpflichteten nach dem Geldwäschegesetz oder Mitgliedsorganisationen oder Verbände dieser Verpflichteten oder andere im Ausland ansässige Institute und Personen, sofern diese jeweils der 4. EU-Geldwäscherichtlinie entsprechenden Sorgfalts- und Aufbewahrungspflichten unterliegen und hinsichtlich deren Einhaltung entsprechend beaufsichtigt werden (BT-Drs. 18/11555, 124). In § 17 Abs. 5 GwG wird daneben die Erfüllung der Sorgfaltspflichten durch Dritte auf Basis einer vertraglichen Übertragung bzw. Auslagerung bestimmt.

Das „Know-your-Customer"-Prinzip verlangt grundsätzlich, dass der Verpflich- 2
tete selbst die ihm auferlegten Sorgfaltspflichten erfüllt. Diese Vorgabe wird jedoch den praktischen Bedürfnissen des täglichen Geschäftslebens nicht gerecht. War das **Zurückgreifen auf Dritte** bei der Erfüllung von Sorgfaltspflichten auch bereits vor Inkrafttreten der 3. EU-Geldwäscherichtlinie gängige Praxis bei der Anwendung des Geldwäschegesetzes in Deutschland gewesen, so wurde die Durchführung von Sorgfaltspflichten durch Dritte mit der in § 7 GwG aF enthaltenen Regelung gesetzlich verankert und durch § 17 GwG weiter ausgestaltet sowie grundsätzlich fortgeführt (zB „PostIdent Service" der Deutschen Post AG).

Unter bestimmten Voraussetzungen kann ein Verpflichteter zur Identifizierung 3
des Vertragspartners, und soweit dieser für einen wirtschaftlich Berechtigten handelt, zur Identifizierung des wirtschaftlich Berechtigten, zur Einholung von Informationen über den Zweck und die angestrebte Art der Geschäftsbeziehung sowie zur Abklärung der Eigenschaft einer politisch exponierten Person nebst Familienmitgliedern und bekanntermaßen nahestehenden Personen (§ 10 Abs. 1 Nr. 1–4 GwG) auf einen abschließend geregelten Kreis von Dritten zurückgreifen. Dies schließt in Fällen, in denen der Vertragspartner keine natürliche Person ist, die Pflicht mit ein, die Eigentums- und Kontrollstruktur des Vertragspartners mit angemessenen Mitteln in Erfahrung zu bringen. Von der Übertragbarkeit ausgenommen sind die in § 10 Abs. 1 S. 1 Nr. 5 GwG geregelten Pflichten zur kontinuierlichen Überwachung der Geschäftsbeziehung (vgl. hierzu BT-Drs. 16/9038, 41), die bereits entsprechend den Vorgaben der 3. EU-Anti-Geldwäscherichtlinie nicht auf Dritte übertragen werden konnten. Gleiches gilt für erhöhte Sorgfaltspflichten (BaFin-AuA, Abschnitt III, Nr. 8; *Zentes/Glaab* BB 2019, 323 (328)).

§ 17 GwG unterscheidet zwischen Dritten, die kraft Gesetzes (früher „per se", 4
vgl. *Lang* in Zentes/Glaab GWG § 17 Rn. 3 ff.) für die Ausführung der Kunden-

sorgfaltspflichten herangezogen werden können (§ 17 Abs. 1 GwG) und anderen geeigneten Personen und Unternehmen, bei denen dies auf Grundlage einer vertraglichen Vereinbarung unter bestimmten Voraussetzungen möglich ist (§ 17 Abs. 5 GwG). Bei der Inanspruchnahme eines iSv § 17 Abs. 1 GwG kraft Gesetzes zuverlässigen Dritten sind durch die Verpflichteten grundsätzlich keine weiteren Maßnahmen zu treffen. Demgegenüber sieht § 17 Abs. 5 iVm Abs. 7 GwG bei der Einschaltung anderer geeigneter Personen und Unternehmen vor, dass der Verpflichtete – neben der vertraglichen Vereinbarung – sicherstellt, dass die anderen geeigneten Personen und Unternehmen den Vorschriften des GwG entsprechen. Ferner hat sich der Verpflichtete grundsätzlich bei Beginn und während der Dauer der Zusammenarbeit von der Zuverlässigkeit des Dritten und des von diesem geschaffenen Systems der Mitarbeiterinformation für die interne und externe Revision nachvollziehbar zu überzeugen. Der Beurteilungsmaßstab über die Zuverlässigkeit der eingeschalteten Dritten ergibt sich insbesondere aus der Qualität der dem Verpflichteten übersandten Identifizierungsunterlagen. Zweifel an der Zuverlässigkeit kann etwa die nicht ordnungsgemäße Vornahme von Legitimationsprüfungen, insbesondere bei Vorliegen einer hohen Fehlerquote begründen.

II. Kreis der kraft Gesetzes zuverlässigen Dritten (Abs. 1)

5   Zur Erfüllung der allgemeinen Sorgfaltspflichten nach § 10 Abs. 1 Nr. 1–4 GwG kann ein Verpflichteter auf Dritte zurückgreifen. Nach den für den Dritten geltenden Vorschriften kann dieser seinerseits Dritte oder andere geeignete Personen einsetzen (BaFin-AuA, Abschnitt III, Nr. 8.1). Die **endgültige Verantwortung** für die ordnungsgemäße und vollständige Erfüllung der Sorgfaltspflichten bleibt allerdings weiterhin bei dem Verpflichteten und kann nicht auf einen Dritten übertragen werden (vgl. § 17 Abs. 1 S. 2 GwG; vgl. auch BaFin-AuA, Abschnitt III, Nr. 8.1, *Amtage* in Amtage/Baumann/Bdeiwi Geldwäschebekämpfung-HdB Rn. 413). Die nach dem Geldwäschegesetz Verpflichteten tragen damit nach allgemeinen Grundsätzen zB das Risiko einer nicht ordnungsgemäß durchgeführten Legitimationsprüfung oder fehlerhaften Feststellung des wirtschaftlich Berechtigten.

6   Zu dem Kreis, der kraft Gesetzes automatisch berechtigt ist, zählen Verpflichtete nach § 2 Abs. 1 GwG, Verpflichtete gemäß Art. 2 Abs. 1 der 4. EU-Geldwäscherichtlinie in einem anderen Mitgliedstaat der Europäischen Union (zB Kreditinstitute aus den Mitgliedstaaten der EU) sowie Mitgliedsorganisationen oder Verbände von Verpflichteten nach § 17 Abs. 1 Satz 2 Nr. 2 GwG oder in einem Drittstaat (ohne hohes Risiko, es sei denn ein Fall von § 17 Abs. 2 S. 2 Nr. 1 oder 2 GwG liegt vor) ansässige Institute und Personen, sofern diese Sorgfalts- und Aufbewahrungspflichten unterliegen, die den in der 4. EU-Geldwäscherichtlinie festgelegten Sorgfalts- und Aufbewahrungspflichten entsprechen und deren Einhaltung in einer mit der 4. EU-Geldwäscherichtlinie übereinstimmenden Weise beaufsichtigt wird, in Einklang steht. Hinzu tritt faktisch auch der Gruppentatbestand in § 17 Abs. 4 (BaFin-AuA, Abschnitt III, Nr. 8.1). Dritte iSv § 17 Abs. 1 GwG gelten kraft Gesetzes als zuverlässig. Für den Kreis der dort aufgeführten Personen und Institute besteht eine gesetzliche Vermutung der Zuverlässigkeit. Eine gesonderte Überprüfung der Zuverlässigkeit durch den Verpflichteten entfällt (BaFin-AuA, Abschnitt III, Nr. 8.1).

7   Als **gesetzlich anerkannte zuverlässige Dritte** iSv § 17 Abs. 1 GwG gelten alle in § 2 Abs. 1 GwG genannten Verpflichteten wie bspw. Kreditinstitute (§ 2

Abs. 1 Nr. 1 GwG), Finanzdienstleistungsinstitute (§ 2 Abs. 1 Nr. 2 GwG), Institute im Sinne von § 1 Abs. 3 ZAG (§ 2 Abs. 1 Nr. 3 GwG), bestimmte Versicherungsunternehmen und Versicherungsvermittler (§ 2 Abs. 1 Nr. 7, 8 GwG), Kapitalverwaltungsgesellschaften (§ 2 Abs. 1 Nr. 9 GwG), Rechtsanwälte, Kammerrechtsbeistände, Patentanwälte und Notare (§ 2 Abs. 1 Nr. 10 GwG), Wirtschaftsprüfer und Steuerberater (§ 2 Abs. 1 Nr. 12 GwG) sowie Immobilienmakler, Veranstalter und Vermittler von Glücksspielen sowie Güterhändler, Kunstvermittler und Kunstlagerhalter (§ 2 Abs. 1 Nr. 14–16 GwG).

Der Kreis wird durch **Verpflichtete in einem anderen Mitgliedstaat der Europäischen Union** erweitert, soweit sie in Art. 2 Abs. 1 der 4. EU-Geldwäscherichtlinie aufgeführt sind: Hierzu zählen Kreditinstitute, Finanzinstitute, Abschlussprüfer, externe Buchprüfer und Steuerberater sowie jede andere Person, die als wesentliche geschäftliche oder gewerbliche Tätigkeit materielle Hilfe, Unterstützung und Beratung im Hinblick auf Steuerangelegenheiten leistet, Notare und andere selbstständige Angehörige von rechtsberatenden Berufen, wenn sie im Namen und auf Rechnung ihres Klienten Finanz- oder Immobilientransaktionen durchführen oder für ihren Klienten an der Planung oder Durchführung von Transaktionen wie den Kauf und Verkauf von Immobilien oder Gewerbebetrieben bzw. die Verwaltung von Geld, Wertpapieren oder sonstigen Vermögenswerten ihres Klienten, die Eröffnung oder Verwaltung von Bank-, Spar- oder Wertpapierkonten, die Beschaffung der zur Gründung, zum Betrieb oder zur Verwaltung von Gesellschaften erforderlichen Mittel, die Gründung, den Betrieb oder die Verwaltung von Trusts, Gesellschaften, Stiftungen oder ähnlichen Strukturen, mitwirken, Dienstleister für Trusts oder Gesellschaften, die nicht unter die Buchstaben a oder b fallen, Immobilienmakler einschließlich ihrer Tätigkeit bei der Immobilienvermietung, aber nur in Bezug auf Transaktionen, bei denen die monatliche Miete größer oder gleich 10.000 EUR ist, andere Personen, die mit Gütern handeln, soweit sie Zahlungen in Höhe von 10.000 EUR oder mehr in bar tätigen oder entgegennehmen, unabhängig davon, ob die Transaktion in einem einzigen Vorgang oder in mehreren Vorgängen, zwischen denen eine Verbindung zu bestehen scheint, getätigt wird, Anbieter von Glücksspieldiensten, Dienstleister, die virtuelle Währungen in Fiatgeld und umgekehrt tauschen, Anbieter elektronischer Geldbörsen, sowie bestimmte mit Kunstwerken handelnde, diese vermittelnde oder lagernde Personen, sofern sich der Wert einer Transaktion bzw. mehrerer verbundener Transaktionen auf 10.000 EUR oder mehr beläuft.

Schließlich sind **Mitgliedsorganisationen oder Verbände von Verpflichteten** nach § 17 Abs. 1 Satz 2 Nr. 2 GwG oder in einem Drittstaat ansässige Institute und Personen, sofern diese den in der 4. Geldwäscherichtlinie (EU) 2015/849 des Europäischen Parlaments und des Rates Sorgfalts- und Aufbewahrungspflichten nebst Aufsicht unterliegen, als „Dritte" iSd § 17 Abs. 1 GwG anzusehen. Gemäß § 1 Abs. 17 GwG ist Drittstaat im Sinne dieses Gesetzes ein Staat, der nicht Mitgliedstaat der Europäischen Union ist und der nicht Vertragsstaat des Abkommens über den Europäischen Wirtschaftsraum ist.

Die Aufzählung ist als abschließend zu verstehen.

Besonderheiten ergeben sich bei der Behandlung von syndizierten Krediten, **Konsortialkrediten und Konsortialvereinbarungen** (zu den verschiedenen Ausgestaltungsformen von Konsortien vgl. *Köhling* WM 2007, 1780 (1785)). Die grundsätzlich vor der Beteiligung an einem syndizierten Kredit/einem Konsortialkredit/einer Konsortialvereinbarung durch den Konsortialführer als Hauptverpflichteten für sämtliche Konsorten zu erfüllenden kundenbezogenen Sorgfaltspflichten beinhalten neben der Pflicht zur Identifizierung des Kreditnehmers und der Pflicht zur Abklärung des wirtschaftlich Berechtigten sowie der Überprüfung der Eigenschaft einer politisch exponierten Person bei Kreditnehmer und wirtschaftlich Berechtigten insbesondere die Verpflichtung zur Identifizierung der übrigen Konsorten bzw. Beteiligten. Hat der Konsortialführer seinen Sitz in Deutschland oder einem gleichwertigen Drittstaat ohne erhöhtes Risiko können sich die übrigen Beteiligten in analoger Anwendung von § 17 Abs. 1 GwG darauf verlassen, dass die Sorgfaltspflichten und deren Dokumentation durch den Konsortialführer als Verpflichteten erfüllt werden. Dieser erfüllt mit seinen Verpflichtungen auch die der Konsorten. Der Abschluss einer gesonderten vertraglichen Regelung ist in diesem Fall nicht erforderlich. Die Erleichterung ist dagegen nicht anwendbar, wenn der Konsortialführer seinen Sitz nicht in Deutschland oder einem gleichwertigen Drittstaat hat. In diesem Fall besteht wohl auch nach der Neufassung des Geldwäschegesetzes weiterhin die Möglichkeit, einen in Deutschland oder einem gleichwertigen Drittstaat ansässigen Konsorten/Beteiligten zur Übernahme der Pflichten des Konsortialführers gemäß § 17 Abs. 5 GwG vertraglich zu verpflichten.

III. Drittstaaten mit hohem Risiko (Abs. 2)

9   Zur Erfüllung der allgemeinen Sorgfaltspflichten darf ein Verpflichteter nicht auf einen Dritten zurückgreifen, der in einem Drittstaat mit hohem Risiko niedergelassen ist (§ 17 Abs. 2 GwG; vgl. auch BaFin-AuA, Abschnitt III, Nr. 8). § 17 Abs. 2 GwG setzt Art. 26 Abs. 2 der 4. EU-Geldwäscherichtlinie um. Als Drittstaat ist gemäß § 1 Abs. 17 GwG ein Staat anzusehen, der nicht Mitgliedstaat der Europäischen Union ist und der nicht Vertragsstaat des Abkommens über den Europäischen Wirtschaftsraum ist. Ein Drittstaat weist gemäß § 15 Abs. 3 Nr. 2 GwG ein **„hohes Risiko"** auf, wenn es sich um einen von der Europäischen Kommission nach Art. 9 Abs. 2 der 4. EU-Geldwäscherichtlinie, der durch Art. 1 Nr. 5 der 5. EU-Geldwäscherichtlinie geändert worden ist, ermittelten Drittstaat mit hohem Risiko handelt. Wann dies konkret der Fall ist, wird in der dortigen Kommentierung näher erläutert (Kommentierung zu → GwG § 15 Rn. 31 f.).

IV. Voraussetzung des Rückgriffs auf Dritte (Abs. 3, 3 a)

10   Ein Verpflichteter, der zur Durchführung der Sorgfaltspflichten auf einen Dritten zurückgreift, muss sicherstellen, dass der Dritte bei Identifizierung von im Inland ansässigen Personen den Vorschriften des GwG entspricht (§ 17 Abs. 3 S. 1 Nr. 1) und dieser ferner alle notwendigen Informationen nach § 17 Abs. 3 S. 1 Nr. 2 GwG einholt. Die Informationen sind dem Verpflichteten vom Dritten unverzüglich und unmittelbar zu übermitteln, wobei auf Anforderung Kopien bestimmter Unterlagen vorzulegen sind (§ 17 Abs. 3 S. 1 Nr. 3, S. 2 GwG).

11   Neu eingefügt durch das Gesetz zur Umsetzung der Änderungsrichtlinie zur Vierten EU-Geldwäscherichtlinie vom 12.12.2019 (BGBl. I S. 2602) wurde § 17 Abs. 3 S. 1 Nr. 1 GwG (wodurch die bisherigen Nr. 1 und 2 in Abs. 3 zu neuen Nr. 2 und 3 wurden). Die Vorgabe, nach der Dritte bei Identifizierung von im Inland ansässigen Personen den Vorschriften des GwG entsprechen müssen, soll ausweislich der Gesetzesbegründung der **Verhinderung von Aufsichtsarbitrage** im Inland, sprich der Anwendung weniger strenger Regelungen, dienen (vgl. Reg-

Begr. zu § 17 Abs. 3 S. 1 Nr. 1 GwG, BT-Drs. 19/13827; *Zentes/Glaab* BB 2019, 1667 (1670)). Hintergrund der Regelung ist, dass insbesondere die Kundenidentifizierung von Inländern im Rahmen von § 17 GwG auch durch verpflichtete Dritte mit Sitz im Ausland erfolgen kann. Diese durch Digitalisierung und neue Geschäftsmodelle an Bedeutung gewinnende Identifizierungsform erhöht die Gefahr, dass inländische Kunden nicht gemäß dem GwG identifiziert werden (vgl. RegBegr. zu § 17 Abs. 3 S. 1 Nr. 1 GwG, BT-Drs. 19/13827), was durch die Regelung in § 17 Abs. 3 S. 1 Nr. 1 GwG nunmehr verhindert werden soll. Damit gelten letztlich in derartigen Fällen zum einen die nach § 17 Abs. 1 S. 2 GwG vorgeschriebenen Regulierungs- und Aufsichtsstandards im jeweiligen Land und zum anderen darüber hinaus über § 17 Abs. 1 S. 3 iVm Abs. 3 S. 1 Nr. 1 GwG die Vorgaben des GwG (zB wenn Verfahren zur Kundenidentifizierung genutzt werden, die nicht gleichen Sicherheitsstandards wie die nach dem GwG zulässigen Identifizierungsverfahren erfüllen, vgl. RegBegr. zu § 17 Abs. 3 S. 1 Nr. 1 GwG, BT-Drs. 19/13827). Die Regelung wird mitunter kritisch gesehen, da diese eine Vereinheitlichung europäischer Vorgaben widerspreche und zu einer Inländerdiskriminierung führe (*Brian/Frey/Krais* CCZ 2019, 245 (255)).

Zu den nach § 17 Abs. 3 S. 1 Nr. 2 GwG durch den Dritten **einzuholenden** **12** **Informationen** zählen solche, die für die Durchführung der Sorgfaltspflichten nach § 10 Abs. 1 Nr. 1–4 GwG notwendig sind. Durch das Gesetz zur Umsetzung der Änderungsrichtlinie zur Vierten EU-Geldwäscherichtlinie vom 12.12.2019 (BGBl. I S. 2602) wurde insoweit ein Gleichlauf mit § 17 Abs. 1 S. 1 GwG und dessen Verweis auf § 10 Abs. 1 Nr. 1–4 GwG hergestellt. Zuvor wurde in § 17 Abs. 3 S. 1 Nr. 2 GwG nur auf § 10 Abs. 1 Nr. 1–3 GwG verwiesen. Wegen der inhaltlichen Anforderungen der allgemeinen Sorgfaltspflichten vgl. Kommentierung zu → GwG § 10 Rn. 5 ff.

Der Verpflichtete muss auch im Falle der Einschaltung eines Dritten über voll- **13** ständige Kundeninformationen verfügen bzw. sich diese unverzüglich beschaffen können (BaFin-AuA, Abschnitt III, Nr. 8.1). Dies gilt im Übrigen auch bei anderen geeigneten Personen und Unternehmen nach § 17 Abs. 5 GwG und beim Rückgriff auf gruppenangehörige Unternehmen (BaFin-AuA, Abschnitt III, Nr. 8). Die notwendigen Informationen sind durch den Dritten unverzüglich und unmittelbar im Anschluss an die durchgeführte Maßnahme an den Verpflichteten zu übermitteln, § 17 Abs. 3 S. 1 Nr. 3 GwG. Der Verpflichtete muss angemessene Verfahren vorhalten, um zu gewährleisten, dass der Dritte ihm auf Anforderung unverzüglich Kopien der **maßgeblichen Dokumente zur Feststellung und Überprüfung der Identität** des Vertragspartners sowie für diesen auftretende Personen und etwaige wirtschaftlich Berechtigte vorlegen kann (§ 17 Abs. 3 S. 2 GwG). Dies umfasst, neben den bereits bisher genannten anderen maßgeblichen Unterlagen, nach der durch das Gesetz zur Umsetzung der Änderungsrichtlinie zur Vierten EU-Geldwäscherichtlinie vom 12.12.2019 (BGBl. I S. 2602) erfolgenden Übernahme von Art. 1 Nr. 14 der 5.-EU-Geldwäscherichtlinie (Änderungen von Art. 27 Abs. 2 der 4. EU-Geldwäscherichtlinie) nunmehr auch Informationen, die, soweit verfügbar, mittels elektronischer Mittel für die Identitätsfeststellung nach § 12 Abs. 1 S. 1 Nr. 4 GwG eingeholt wurden (vgl. RegBegr. zu § 17 Abs. 3 S. 2 GwG, BT-Drs. 19/13827). Dritte sind gemäß § 17 Abs. 3 S. 3 GwG befugt, zu diesem Zweck Kopien von Ausweisdokumenten zu erstellen und weiterzuleiten. Weitre Dokumente können etwa Registerauszüge mit Blick auf wirtschaftlich Berechtigte sein (BaFin-AuA, Abschnitt III, Nr. 8). Für die Unterlagen gilt die Aufbewahrungsfrist nach § 8 Abs. 4 GwG (BaFin-AuA, Abschnitt III, Nr. 8).

§ 17   Abschnitt 3. Sorgfaltspflichten in Bezug auf Kunden

14   § 17 Abs. 3a GwG wurde durch das Gesetz zur Umsetzung der Änderungsrichtlinie zur Vierten EU-Geldwäscherichtlinie vom 12.12.2019 (BGBl. I S. 2602) neu eingefügt und soll nunmehr eine bereits zuvor erfolgte vergleichbare Aufsichtspraxis der BaFin fortsetzen (RegBegr. zu § 17 Abs. 3a GwG, BT-Drs. 19/13827; vgl. auch BaFin-AuA, Abschnitt III, Nr. 8.4 und ferner *Glaab/Neu/Scherp* BB 2020, 322 (325)). Durch die Regelung in § 17 Abs. 3a GwG wird der Verzicht auf eine erneute Identifizierungsvornahme unter Einbindung Dritter in Anlehnung von § 11 Abs. 3 GwG (RegBegr. zu § 17 Abs. 3a GwG, BT-Drs. 19/13827) auf eine gesetzliche Grundlage gestellt (krit. zu Teilen der Neuregelung *Brian/Frey/Krais* CCZ 2019, 245 (256f.)). Der Dritte kann demnach nämlich zur Identifizierung des Vertragspartners, einer für ihn auftretenden Person und eines wirtschaftlich Berechtigten auch auf anlässlich einer zu einem früheren Zeitpunkt erfolgten Identifizierung dieser Person eingeholte Informationen nach § 17 Abs. 3 S. 1 Nr. 2 GwG zurückgreifen. Allerdings ist mit Blick auf die Pflicht zur Abklärung wirtschaftlich Berechtigter diese bei jedem Geschäftsvorfall neu vorzunehmen, so dass nur bei fehlenden Veränderungen seit der Erstidentifizierung auf eine neue Identifizierung verzichtet werden kann (RegBegr. zu § 17 Abs. 3a GwG, BT-Drs. 19/13827). Dafür sind jedoch die in § 17 Abs. 3a S. 1 Nr. 1–4 GwG genannten Voraussetzungen zu erfüllen. Die Voraussetzungen basieren auf dem Gedanken, dass der erste Kundenkontakt aus geldwäscherechtlicher Sicht entscheidend ist, um zB gefälschte Identitäten, wirtschaftlich Berechtigte und das Kundenrisiko zu erkennen (RegBegr. zu § 17 Abs. 3a GwG, BT-Drs. 19/13827). Zudem soll damit der Aufbau von Datenpools durch Dienstleister verhindert werden, die keinem dauerhaften Monitoring und Prüfungen der Kundenbeziehungen unterliegen, womit die Regelung auch nicht auf Verbände und andere Mitgliederorganisationen anwendbar sein soll (RegBegr. zu § 17 Abs. 3a GwG, BT-Drs. 19/13827). Nach § 17 Abs. 3a S. 1 Nr. 1 GwG ist zunächst erforderlich, dass die Identifizierung im Rahmen der Begründung einer eigenen Geschäftsbeziehung des Dritten und nicht unter Anwendung vereinfachter Sorgfaltspflichten erfolgt ist. Eine **Kettenweitergabe** von Informationen ist damit nicht möglich, da eine Übermittlung der Informationen nur durch den erstidentifizierenden Dritten gestattet ist (RegBegr. zu § 17 Abs. 3a GwG, BT-Drs. 19/13827, *Zentes/Glaab* BB 2019, 1667 (1670)). Zweite Voraussetzung ist nach § 17 Abs. 3a S. 1 Nr. 2 GwG, dass die Identifizierung oder die letzte Aktualisierung unter Einhaltung der Anforderungen von § 12 GwG vor nicht mehr als 24 Monaten abgeschlossen wurde, um eine hinreichende Datenaktualität sicherzustellen. Nach der dritten Voraussetzung in § 17 Abs. 3a S. 1 Nr. 3 GwG dürfen für den Verpflichteten aufgrund äußerer Umstände keine Zweifel an der Richtigkeit der ihm übermittelten Informationen bestehen. Insoweit besteht eine Verpflichtung zur Plausibilitätsprüfung im Hinblick auf die übermittelten Informationen für den Verpflichteten (RegBegr. zu § 17 Abs. 3a GwG, BT-Drs. 19/13827). Letzte Voraussetzung ist nach § 17 Abs. 3a S. 1 Nr. 4 GwG, dass das Gültigkeitsdatum eines im Rahmen der Identifizierung oder der letzten Aktualisierung unter Einhaltung der Anforderungen des § 12 GwG gegebenenfalls verwendeten Identifikationsdokuments noch nicht abgelaufen ist. Diese Anforderung soll nach der Gesetzesbegründung aber nur dann beachtlich sein, wenn bei der Identifizierung bzw. deren Aktualisierung auch ein Ausweisdokument verwendet wurde (RegBegr. zu § 17 Abs. 3a GwG, BT-Drs. 19/13827). Eine qualifizierte elektronische Signatur unterliegt damit nicht der Voraussetzung.

15   Zur Vermeidung von Manipulationsmöglichkeiten ist sicherzustellen, dass Aufzeichnungen über die erfolgte Identifizierung unmittelbar von dem Dritten und nicht von dem Kunden an den Verpflichteten übermittelt werden (BaFin-AuA,

Abschnitt III, Nr. 8, so bereits auch ZKA, Leitfaden zur Bekämpfung der Geldwäsche, Rn. 7 d zur Identifizierung durch „sonstige zuverlässige Personen").

V. Erfüllungsfiktion (Abs. 4)

§ 17 Abs. 4 GwG, der Art. 28 der 4. EU-Geldwäscherichtlinie umsetzt, enthält **16** eine gesetzliche Fiktion, wonach die Voraussetzungen der Abs. 1 und 3 als erfüllt gelten, wenn
- der Verpflichtete auf Dritte zurückgreift, die derselben Gruppe angehören wie er selbst (vgl. zum Gruppenbegriff § 1 Abs. 16 GwG),
- die in dieser Gruppe angewandten Sorgfaltspflichten, Aufbewahrungsvorschriften, Strategien und Verfahren zur Verhinderung von Geldwäsche und von Terrorismusfinanzierung mit der 4. EU-Geldwäscherichtlinie oder gleichwertigen Vorschriften im Einklang stehen und
- die effektive Umsetzung dieser Anforderungen auf Gruppenebene von einer Behörde beaufsichtigt wird.

Bejaht man die in § 17 Abs. 4 GwG genannten Voraussetzungen, sind die Abs. 1 und 3 als gegeben zu behandeln (BT-Drs. 18/11555, 125). Verpflichtete haben dabei selbst festzulegen, welche Dritten **gruppenangehörig** sind und damit der Fiktion in § 17 Abs. 4 GwG unterliegen (BaFin-AuA, Abschnitt III, Nr. 8.1).

Die im Einklang mit der 4. EU-Geldwäscherichtlinie bzw. gleichwertigen Vor- **17** schriften angewandten Sorgfaltspflichten, Aufbewahrungsvorschriften, Strategien und Verfahren zur Verhinderung von Gelwäsche und Terrorismusfinanzierung müssen in Bezug auf die effektive Umsetzung von einer Behörde auf Gruppenebene beaufsichtigt werden. Die Zuständigkeit richtet sich unter Beachtung der Vorgaben in Art. 28 der 4. EU-Geldwäscherichtlinie nach dem Herkunftsmitgliedstaats bzw. nach dem Aufnahmemitgliedstaats, dh *„die Mitgliedstaaten sorgen dafür, dass die zuständige Behörde des Herkunftsmitgliedstaats (in Bezug auf die gruppenweiten Strategien und Verfahren) und die zuständige Behörde des Aufnahmemitgliedstaats (in Bezug auf Zweigstellen und Tochterunternehmen) davon ausgehen können, dass ein Verpflichteter den gemäß den Artikeln 26 und 27 erlassenen Bestimmungen durch sein Gruppenprogramm genügt"*. Die effektive Umsetzung der Anforderungen wird hierbei auf Gruppenebene von einer zuständigen Behörde des Herkunftsmitgliedstaats oder des Drittlandes beaufsichtigt (so Art. 28 Buchst. c der 4. EU-Geldwäscherichtlinie), etwa nach § 50 GwG in ihrem Zuständigkeitsbereich von der BaFin.

In diesem Zusammenhang ist auch Erwägungsgrund 52 der 4. EU-Geldwäscherichtlinie zu erwähnen. Danach ist ein Verpflichteter, der – bspw. über ein **Netz von Agenten** – Niederlassungen in einem anderen Mitgliedstaat betreibt, engmaschig von der jeweils zuständigen Behörde des Herkunftsmitgliedstaats zu überwachen; diese ist dafür verantwortlich, zu überprüfen, ob der Verpflichtete die Strategien und Verfahren der Gruppe für die Bekämpfung von Geldwäsche und Terrorismusfinanzierung befolgt. Hierbei soll sollte die Behörde eng mit der zuständigen Behörde des Aufnahmemitgliedstaats zusammenarbeiten und diese informiert halten. Insbesondere Sachverhalte, in denen eine Niederlassung die Vorschriften des Aufnahmelandes in Bezug auf die Bekämpfung von Geldwäsche und Terrorismusfinanzierung nicht beachtet und einhält, sind entsprechend weiterzuleiten.

VI. Übertragung auf andere geeignete Personen und Unternehmen (Abs. 5)

18 Gemäß § 17 Abs. 5 GwG kann ein Verpflichteter die Durchführung der Maßnahmen, die zur Erfüllung der Sorgfaltspflichten nach § 10 Abs. 1 Nr. 1–4 erforderlich sind, auf **andere geeignete Personen und Unternehmen** als die in § 17 Abs. 1 und 4 GwG genannten Dritten übertragen. Die Übertragung bedarf einer vertraglichen Vereinbarung, wobei – aufgrund einer Änderung durch das Gesetz zur Umsetzung der Änderungsrichtlinie zur Vierten EU-Geldwäscherichtlinie vom 12.12.2019 (BGBl. I S. 2602) – der Verpflichtete zusätzlich sicherzustellen hat, dass die anderen geeigneten Personen und Unternehmen den Vorschriften des GwG entsprechen (§ 17 Abs. 5 S. 2 GwG). Die Maßnahmen der Personen oder der Unternehmen werden dem Verpflichteten als eigene Maßnahmen zugerechnet. § 17 Abs. 3 GwG gilt entsprechend (vgl. dazu →Rn. 10 ff.). Eine **Sub-Auslagerung** der Durchführung von Sorgfaltspflichten ist möglich, wenn die Voraussetzungen des § 17 Abs. 5–7 GwG auch im Verhältnis des Verpflichteten zum Weiterbeauftragten erfüllt sind (BaFin-AuA, Abschnitt III, Nr. 8.3, *Zentes/Glaab* BB 2019, 323 (328)). Dies gilt nicht bei Videoidentifizierungsverfahren (vgl. Hinweis auf BaFin RdSchr. 3/2017 v. 10.4.2017 in BaFin-AuA, Abschnitt III, Nr. 8.3). Kein Fall der Sub-Auslagerung liegt vor, wenn ein Dienstleister nur unterstützend für den Verpflichteten tätig wird und letzterer zB die eigentliche Identifizierung aufgrund vom Dienstleister eingeholter Daten selbst vornimmt (BaFin-AuA, Abschnitt III, Nr. 8.3). Die Einschaltung anderer zuverlässiger Personen für Identifizierungszwecke ist dabei weder auf die Identifizierung lediglich natürlicher Personen noch auf solche Konten begrenzt, die für eigene Rechnung geführt werden, sondern umfasst neben der Identifizierung des Vertragspartners und ggf. für ihn auftretender Personen sowie etwaigen wirtschaftlich Berechtigten auch die Verpflichtung zur Einholung von Informationen über den Zweck und die angestrebte Art der Geschäftsbeziehung und die Feststellung, ob es sich bei dem Vertragspartner oder dem wirtschaftlich Berechtigten um eine politisch exponierte Person, um ein Familienmitglied oder um eine bekanntermaßen nahestehende Person handelt (vgl. § 10 Abs. 1 Nr. 1–4 GwG). Ausgenommen von einer vertraglichen Übertragung bzw. Auslagerung ist wie schon im Fall des § 17 Abs. 3 GwG die Verpflichtung zu einer kontinuierlichen Überwachung der Geschäftsbeziehung gem. § 10 Abs. 1 Nr. 5 GwG (vgl. auch *Ackmann/Reder* WM 2009, 200 (207)). Für die Auslagerung von EDV-Monitoring-Systemen, von der insoweit auch die Sorgfaltspflicht nach § 10 Abs. 1 Nr. 5 GwG erfasst wird, ist ausschließlich § 6 Abs. 7 GwG als Auslagerungsvorschrift einschlägig (BaFin-AuA, Abschnitt II Nr. 3.10), die ferner eine Untersagungsbefugnis durch die zuständige Aufsichtsbehörde beinhaltet (vgl. zu § 9 Abs. 3 GwG aF *Ackmann/Reder* WM 2009, 200 (207)).

19 Soweit die Person oder das Unternehmen zu keiner der in § 17 Abs. 1 GwG aufgeführten, abschließend genannten Gruppen zählt, ist eine Übertragung der Durchführung der zur Erfüllung von Sorgfaltspflichten erforderlichen Maßnahmen lediglich auf Grundlage einer **vertraglichen Vereinbarung** möglich. Die inhaltliche Ausgestaltung einer solchen Vereinbarung bleibt grundsätzlich im Rahmen der Anforderungen des § 17 GwG den Vertragsparteien überlassen. Insoweit stellt § 17 Abs. 5 S. 3 GwG jedoch klar, dass auch im Rahmen einer vertraglichen Übertragung der Dritte als Erfüllungsgehilfe des Verpflichteten tätig wird (BaFin-AuA,

Abschnitt III, Nr. 8.2, *Lang* in Zentes/Glaab GwG § 17 Rn. 27; so auch bereits DK, Auslegungs- und Anwendungshinweise 2014, Tz. 54) und die Maßnahmen des zuverlässigen Dritten dem Verpflichteten als eigene zugerechnet werden (BaFin-AuA, Abschnitt III, Nr. 8.2). Eine eigene Haftung des Dritten ist in dieser Konstellation regelmäßig nur im Rahmen einer deliktischen Haftung anzunehmen. Der auf der Grundlage einer Vertragsvereinbarung tätig werdende Dienstleister oder Vertreter ist insoweit als (Betriebs-)Teil des Verpflichteten anzusehen (vgl. Art. 19 der 3. EU-Geldwäscherichtlinie). Die Verantwortung für die ordnungsgemäße und vollständige Erfüllung der Sorgfaltspflichten verbleibt damit auch im Falle des § 17 Abs. 5 GwG bei dem Verpflichteten und kann insbesondere nicht auf vertraglicher Basis auf andere übertragen werden Eine vertragliche Vereinbarung, die eine hierüber hinausgehende Übertragung der Verantwortung vorsieht, dürfte nach § 134 BGB nichtig sein.

Zunächst ist erforderlich, dass die andere Person oder das Unternehmen geeignet **20** ist. Die Eignung beurteilt sich durch die Prüfung der Zuverlässigkeit nach § 17 Abs. 7 GwG sowie die stichprobenweise zu überprüfende Angemessenheit und Ordnungsgemäßheit der zur Erfüllung der Sorgfaltspflichten ergriffenen Maßnahmen, bei Unternehmen auch anhand deren Reputation (BaFin-AuA, Abschnitt III, Nr. 8.2). Die Prüfung der **Zuverlässigkeit** erfolgt dabei sowohl vor dem Beginn der Zusammenarbeit als auch während der Zusammenarbeit (vgl. § 17 Abs. 7 GwG und *Lang* in Zentes/Glaab GwG § 17 Rn. 30f.). Durch die Übertragung dürfen ferner weder die ordnungsgemäße Erfüllung von Pflichten nach dem GwG durch den Verpflichteten, noch etwaige Steuerungs- oder Kontrolltätigkeiten durch die Geschäftsleitung des Verpflichteten oder die Aufsicht durch die Aufsichtsbehörde beeinträchtigt werden, § 17 Abs. 6 GwG. Ferner gilt § 17 Abs. 3 GwG entsprechend. Anhand der übermittelten Unterlagen bzw. der Übermittlung unzureichender Unterlagen und Informationen hat sich der nach dem GwG Verpflichtete darüber zu vergewissern, ob eine ordnungsgemäße Durchführung der Sorgfaltspflichten im Rahmen der Übertragung vorgenommen wurde. Ist dies nicht der Fall, kann dies Zweifel an der Zuverlässigkeit des Dritten begründen (BaFin-AuA, Abschnitt III, Nr. 8.2). Durch den Verweis in § 17 Abs. 5 S. 4 GwG auf § 17 Abs. 3 GwG ist die Verpflichtung, dass die von dem Dritten erhobenen Daten und Informationen unmittelbar und unverzüglich weitergeleitet werden müssen, explizit im Gesetz normiert. Die Weiterleitung von Informationen an den Verpflichteten stellt insoweit nicht nur aus Gründen des Selbstschutzes aufgrund der Letztverantwortlichkeit des Verpflichteten für die Einhaltung der Sorgfaltspflichten eine notwendige Voraussetzung dar, einen Gesamtüberblick seitens des Verpflichteten zu gewährleisten (*Ackmann/Reder* WM 2009, 200 (207)). Der Verpflichtete hat seinerseits aber auch sicherzustellen, dass die eingesetzten Personen über die Anforderungen an die Durchführung von Sorgfaltspflichten unterrichtet werden. Neben der vertraglichen Vereinbarung und der Eignung ist erforderlich, dass der Verpflichtete sicherstellt, dass die anderen geeigneten Personen und Unternehmen den Vorschriften des GwG entsprechen. Damit soll sichergestellt werden, dass auch bei grenzüberschreitender Einbindung Dritter keine Regulierungsarbitrage erfolgt und die Vorschriften des GwG eingehalten werden (vgl. RegBegr. zu § 17 Abs. 5 GwG, BT-Drs. 19/13827).

Die für die Identifizierung eingeschaltete geeignete Person bzw. das geeignete **21** Unternehmen ist **Erfüllungsgehilfe** des nach dem GwG Verpflichteten (BaFin-AuA, Abschnitt III, Nr. 8.2). Der zuverlässige Dritte wird insoweit mit dem Willen des Verpflichteten bei der Erfüllung einer diesem obliegenden Verbindlichkeit als

§ 17 Abschnitt 3. Sorgfaltspflichten in Bezug auf Kunden

seine Hilfsperson tätig (vgl. *Grüneberg* in Palandt BGB § 278 Rn. 7 mwN), während der Verpflichtete weiterhin für die ordnungsgemäße Einhaltung der Sorgfaltspflichten nach dem GwG verantwortlich bleibt. Dies gilt jedenfalls für Maßnahmen auf vertraglicher Basis tätig werdender zuverlässiger Dritter im Rahmen von „Outsourcing"- oder Vertretungsverhältnissen, bei denen auf der Grundlage einer Vertragsvereinbarung der „Outsourcing"-Dienstleister oder Vertreter als Teil des nach dem GwG verpflichteten Instituts bzw. der verpflichteten Person anzusehen ist und die Maßnahmen der Person bzw. des Unternehmens dem Verpflichteten als eigene zugerechnet werden (Abs. 2 S. 4; DK, Auslegungs- und Anwendungshinweise 2014, Tz. 54). Für die Annahme der rechtlichen Stellung als Erfüllungsgehilfe kommt es insoweit nicht darauf an, ob die Person bzw. das Unternehmen als Erfüllungsgehilfe einem Weisungsrecht des Verpflichteten unterliegt. § 278 BGB bleibt auch anwendbar, wenn etwa die zugrunde liegende vertragliche Vereinbarung zwischen der Person oder dem Unternehmen und Verpflichtetem nichtig ist. In der Rechtsfolge werden die Maßnahmen der Person bzw. des Unternehmens dem Verpflichteten als eigene zugerechnet. § 17 Abs. 6 Nr. 1 und Abs. 7 GwG stellt klar, dass eine hierüber hinausgehende Übertragung der Verantwortung im Rahmen einer vertraglichen Vereinbarung unzulässig ist. Der Erfüllungsgehilfe selbst haftet unter Umständen aus unerlaubter Handlung; vertragliche Ansprüche gegen ihn bestehen dagegen in der Regel nicht (BGH NJW 1964, 2009). Eigene vertragliche Ersatzpflichten seitens des als Erfüllungsgehilfe tätig werdenden Dritten sind nur in bestimmten, eng begrenzten Fällen denkbar (*Grüneberg* in Palandt BGB § 311 Rn. 60 mwN).

22   Die Deutsche Post AG, die seit 1996 Identifizierungen im Rahmen des so genannten Postident-Verfahrens anbietet, war seit dem Inkrafttreten des seinerzeitigen GwBekErgG „andere" zuverlässige Person bzw. Institut iSv § 7 Abs. 2 GwG aF (§ 17 Abs. 5 GwG). Eine Auslagerung von Identifizierungsmaßnahmen auf die Deutsche Post AG, die früher seitens der Aufsichtsbehörde als „per se" zuverlässige Dritte angesehen wurde, ist im Rahmen von § 17 Abs. 5 GwG nunmehr hingegen nur auf Grundlage einer vertraglichen Vereinbarung und unter den weiteren Voraussetzungen des § 17 Abs. 5 GwG möglich (BaFin-AuA, Abschnitt III, Nr. 8.2). Bestehen gültige Rahmenverträge, ist kein gesonderter neuer Vertragsschluss erforderlich, sofern sie den Anforderungen der BaFin-AuA entsprechen (BaFin-AuA, Abschnitt III, Nr. 8.2).

Im Rahmen der Durchführung der Identifizierung durch die Deutsche Post AG muss die Einhaltung aller zur Erfüllung der Sorgfaltspflichten erforderlichen Maßnahmen iSv § 11 GwG sichergestellt werden. Die Überprüfung der Identität umfasst dabei zum einen die Feststellung der Identität durch das Erheben von Angaben und zum anderen die Überprüfung der Identität, vgl. § 1 Abs. 3 GwG. Das ursprünglich insbesondere von Direktbanken eingesetzte Fernidentifizierungsverfahren Postident, welches zwischenzeitlich in unterschiedlichen Varianten von der Deutschen Post angeboten wurde (Postident durch Videochat, Postident durch neuen Personalausweis/eID und Postident durch die Postfiliale, vgl. zu Einzelheiten https://www.deutschepost.de/de/p/postident.html, Stand: 31.7.2020), erfüllt die Voraussetzungen nach § 154 Abs. 2 Abgabenordnung und ist entsprechend vom Bundesministerium der Finanzen anerkannt worden (BMF Schreiben v. 22.4.1996, Geschäftszeichen IV A 4 S. 0325 – 11/95 und v. 26.6.1996, Geschäftszeichen IV A 4 S. 0325 – 13/96, zitiert nach ZKA, Leitfaden zur Bekämpfung der Geldwäsche, Rn. 7 c).

VII. Beeinträchtigungen (Abs. 6)

Durch den Abschluss einer entsprechenden Übertragungs- bzw. Auslagerungsvereinbarung dürfen weder die ordnungsgemäße Erfüllung von Pflichten nach dem GwG durch den Verpflichteten, noch etwaige Steuerungs- oder Kontrollmöglichkeiten der Geschäftsleitung des Verpflichteten oder die Aufsicht durch die Aufsichtsbehörde beeinträchtigt werden, vgl. hierzu auch § 17 Abs. 6 iVm Abs. 3 und Abs. 5 S. 4 GwG. Dies erfordert insbesondere die unmittelbare und umfassende Übermittlung von Aufzeichnungen und sonstigen im Zusammenhang mit der Identifizierung angefallenen Unterlagen durch den mit der Identifizierung beauftragten zuverlässigen Dritten an den Verpflichteten (§ 17 Abs. 3 GwG; vgl. auch DK, Auslegungs- und Anwendungshinweise 2014, Tz. 54). 23

VIII. Zuverlässigkeit der Personen oder der Unternehmen (Abs. 7)

Dem Verpflichteten obliegt die Verantwortung für eine sorgfältige Auswahl der Person oder des Unternehmens und die Kontrolle der ordnungsgemäßen Erfüllung des Geschäftsbesorgungsvertrages. Vor der Übertragung nach § 17 Abs. 5 GwG hat sich der Verpflichtete daher von der Zuverlässigkeit der Personen oder der Unternehmen, denen er Maßnahmen übertragen will, zu überzeugen (§ 17 Abs. 7 S. 1 GwG). Während der Zusammenarbeit muss er sich gemäß § 17 Abs. 7 S. 2 GwG durch Stichproben von der Angemessenheit und Ordnungsmäßigkeit der Maßnahmen überzeugen, die diese Personen oder Unternehmen getroffen haben. 24

Dem Verpflichteten obliegt grundsätzlich die Verantwortung für eine sorgfältige Auswahl der Person oder des Unternehmens und die Kontrolle der ordnungsgemäßen Erfüllung des Geschäftsbesorgungsvertrages. Die Zuverlässigkeitsprüfung umfasst grundsätzlich nicht die Überprüfung einzelner Mitarbeiter (*Mülhausen* in Herzog/Mülhausen Geldwäschebekämpfung-HdB § 41 Rn. 180). Erforderlich ist hingegen die Überprüfung der getroffenen Maßnahmen zur Sicherstellung einer ordnungsgemäßen Identifizierung (vgl. DK, Auslegungs- und Anwendungshinweise 2014, Tz. 54; so auch ZKA, Leitfaden zur Bekämpfung der Geldwäsche, Rn. 7 d), sowie die Überprüfung des von der Person oder dem Unternehmen geschaffenen Systems der Mitarbeiterinformation, bzw. die Überprüfung der Mitarbeiterzuverlässigkeit. Der Verpflichtete hat sich davon zu vergewissern, dass die „kraft Vertrages" zuverlässige Person ihre Mitarbeiter über die gesetzlichen Pflichten der Kundenidentifizierung unterrichtet hat; empfehlenswert ist in diesem Zusammenhang eine laufende Information der Person oder des Unternehmens über aktuelle Methoden der Geldwäsche. Der Prüfungsvorgang und das Ergebnis der Überprüfung sind vom Verpflichteten für die interne und externe Revision nachvollziehbar zu dokumentieren.

Wie eine Zuverlässigkeitsprüfung im Einzelfall auszusehen hat, bleibt letztlich der Ausgestaltung durch den Verpflichteten überlassen. Der Beurteilungsmaßstab über die Zuverlässigkeit der eingeschalteten Person bzw. des Unternehmens ergibt sich insbesondere aus der Qualität der dem Verpflichteten übersandten Identifizierungsunterlagen. Zweifel an der Zuverlässigkeit kann etwa die nicht ordnungsgemäße Vornahme von Legitimationsprüfungen, insbesondere bei Vorliegen einer 25 nicht zu vernachlässigenden Fehlerquote begründen. Mögliche Anhaltspunkte für die Zuverlässigkeit können etwa die Vorlage eines polizeilichen Führungszeugnisses (§§ 30, 32 Abs. 1, 2 BZRG) oder eines Gewerbezentralregisterauszuges (§§ 149, 150 GewO) sein. Für die abschließende Beurteilung der Zuverlässigkeit haben diese oder vergleichbare Dokumente oftmals jedoch nur eine eingeschränkte Aussagekraft und können eine alle Umstände des Einzelfalles berücksichtigende individuelle Prüfung nicht ersetzen. Gerade in Zweifelsfällen sollten weitere verfügbare Informationsquellen herangezogen werden. Zweifel an der Zuverlässigkeit können insbesondere solche Tatsachen begründen, welche die Annahme rechtfertigen, dass eine Begehung von Straftaten oder ein Verstoß gegen Ordnungswidrigkeiten zugrunde liegt, bzw. eine ordnungsgemäße, solide Geschäftsführung nicht sichergestellt werden kann.

Die Zuverlässigkeitsprüfung erstreckt sich auf die laufende Zusammenarbeit mit der Person bzw. dem Unternehmen; insbesondere hat sich der Verpflichtete während der laufenden Vertragsbeziehung durch Stichproben, beispielsweise anhand der später eingereichten Unterlagen über die Angemessenheit und Ordnungsmäßigkeit der von der anderen Person getroffenen Maßnahmen zu überzeugen (vgl. DK, Auslegungs- und Anwendungshinweise 2014, Tz. 54). Zuverlässigkeit im Sinne dieses Absatzes setzt ebenfalls die Einhaltung der entsprechenden datenschutzrechtlichen Vorschriften (zB Bestimmungen des Gesetzes über Personalausweise und des Passgesetzes) durch die Person bzw. das Unternehmen voraus.

IX. Vereinbarung nach Absatz 5 mit deutschen Botschaften, Auslandshandelskammern oder Konsulaten (Abs. 8)

26 Für deutsche Botschaften, Außenhandelskammern und Konsulate gelten Erleichterungen sowohl bei der vertraglichen Vereinbarung nach § 17 Abs. 5 GwG als auch bei der Handhabung der Kontrollpflichten nach § 17 Abs. 7 GwG. Soweit eine vertragliche Vereinbarung nach § 17 Abs. 5 GwG mit deutschen Botschaften, Auslandshandelskammern oder Konsulaten geschlossen wird, gelten diese nämlich kraft Vereinbarung als geeignet (§ 17 Abs. 8 GwG). Es entfallen zugleich das Erfordernis einer Zuverlässigkeitsprüfung vor Beginn der Zusammenarbeit als auch Stichprobenprüfungen im Rahmen der laufenden Zusammenarbeit (vgl. BT-Drs. 17/6804, 32).

27 Zählten deutsche Auslandsvertretungen nach den Richtlinien der Bundesanstalt für Finanzdienstleistungsaufsicht (vgl. Verlautbarungen des ehemaligen Bundesaufsichtsamtes für das Kreditwesen über Maßnahmen der Kreditinstitute und Finanzdienstleistungsinstitute zur Bekämpfung und Verhinderung der Geldwäsche v. 30.3.1998 idF v. 8.11.1999 und der Anpassung v. 4.3.2002 bzw. v. 30.12.1997) vor Inkrafttreten des GwBekErgG noch zu dem Kreis der von vornherein zur Identifikation berechtigten Dritten, galten nach Inkrafttreten des GwBekErgG Botschaften, deutsche Außenhandelskammern und Konsulate der EU-Mitgliedstaaten nicht mehr als „per se" zuverlässige Dritte, da nach Art. 16 der 3. EU-Geldwäscherichtlinie „Dritte" nur selbst verpflichtete Institute und Personen oder „entsprechende Institute oder Personen in einem Drittland" sein können, die ua der Aufsicht nach dieser Richtlinie unterliegen. Ein Antrag des Bundesrates auf Aufnahme der Botschaften, Konsulate und deutschen Außenhandelskammern in den Kreis der „per se" zuverlässigen Dritten (Anlage 3 zu BT-Drs. 16/9038, 63f. Nr. 12, 13)

X. § 25b KWG (Abs. 9)

§ 17 Abs. 9 GwG bestimmt, dass bei der Übertragung nach § 17 Abs. 5 GwG die **28** Vorschriften über die Auslagerung von Aktivitäten und Prozessen nach § 25b KWG unberührt bleiben. Rechtlich gesehen dürfte die Heranziehung zuverlässiger geeigneter Personen bzw. Unternehmen zur Erfüllung der den Verpflichteten obliegenden Sorgfaltspflichten auch nach Inkrafttreten des GwBekErgG als Auslagerung zu qualifizieren sein; dies gilt jedenfalls auch weiterhin für die Fälle der Übertragung von Sorgfaltspflichten aufgrund vertraglicher Vereinbarung nach § 17 Abs. 5 GwG (vgl. Art. 19 der 3. EU-Anti-Geldwäscherichtlinie sowie BT-Drs. 18/11555, 125). Die Vorschrift des § 17 GwG ist Spezialregelung gegenüber § 25b KWG, so dass die Ausführung durch geeignete Personen bzw. Unternehmen zwar keine Auslagerung nach § 25b KWG im engeren Sinne darstellen soll (DK, Auslegungs- und Anwendungshinweise 2014, Tz. 54; *Lang* in Zentes/Glaab GwG § 17 Rn. 36), zu beachten ist in diesem Zusammenhang aber der in § 17 Abs. 9 GwG enthaltenen Verweis auf die Unberührtheit der Vorgaben in § 25b KWG. Gemäß § 25b Abs. 1 KWG haben Institute im Falle einer Auslagerung von Aktivitäten und Prozessen auf ein anderes Unternehmen, die für die Durchführung von Bankgeschäften, Finanzdienstleistungen durch sonstigen institutstypischen Dienstleistungen wesentlich sind, angemessene Vorkehrungen zu treffen, um übermäßige zusätzliche Risiken zu vermeiden. Insbesondere muss ein angemessenes und wirksames Risikomanagement durch das Institut gewährleistet bleiben, welches die ausgelagerten Aktivitäten und Prozesse einbezieht (§ 25b Abs. 1 S. 3 KWG). Auch bleibt der Verpflichtete im Falle einer Auslagerung für die Einhaltung der einschlägigen gesetzlichen Vorschriften verantwortlich.

Abschnitt 4. Transparenzregister

§ 18 Einrichtung des Transparenzregisters und registerführende Stelle

(1) Es wird ein Register zur Erfassung und Zugänglichmachung von Angaben über den wirtschaftlich Berechtigten (Transparenzregister) eingerichtet.

(2) Das Transparenzregister wird als hoheitliche Aufgabe des Bundes von der registerführenden Stelle elektronisch geführt. Daten, die im Transparenzregister gespeichert sind, werden als chronologische Datensammlung angelegt.

(3) Ist eine Mitteilung nach § 20 unvollständig, unklar oder bestehen Zweifel, welcher Vereinigung nach § 20 Absatz 1 die in der Mitteilung enthaltenen Angaben zum wirtschaftlich Berechtigten zuzuordnen sind, kann die registerführende Stelle von der in der Mitteilung genannten Vereinigung verlangen, dass diese die für eine Eintragung in das Transparenzregister erforderlichen Informationen innerhalb einer angemessenen Frist übermittelt. Dies gilt entsprechend für Mitteilungen von Rechtsgestaltungen nach § 21.

(3a) Die registerführende Stelle ist im Einzelfall berechtigt, der Behörde nach § 56 Absatz 5 Satz 2 die Informationen und Unterlagen zu übermitteln, die für die Erfüllung der Aufgaben der Behörde nach § 56 Absatz 5 Satz 2 erforderlich sind.

(4) Die registerführende Stelle erstellt auf Antrag Ausdrucke von Daten, die im Transparenzregister gespeichert sind, und Bestätigungen, dass im Transparenzregister keine aktuelle Eintragung aufgrund einer Mitteilung nach § 20 Absatz 1 oder § 21 vorliegt. Sie beglaubigt auf Antrag, dass die übermittelten Daten mit dem Inhalt des Transparenzregisters übereinstimmen. Mit der Beglaubigung ist keine Gewähr für die Richtigkeit und Vollständigkeit der Angaben zum wirtschaftlich Berechtigten verbunden. Ein Antrag auf Ausdruck von Daten, die lediglich über das Transparenzregister gemäß § 22 Absatz 1 Satz 1 Nummer 4 bis 8 zugänglich gemacht werden, kann auch über das Transparenzregister an das Gericht vermittelt werden. Dies gilt entsprechend für die Vermittlung eines Antrags auf Ausdruck von Daten, die gemäß § 22 Absatz 1 Satz 1 Nummer 2 und 3 zugänglich gemacht werden, an den Betreiber des Unternehmensregisters.

(5) Die registerführende Stelle erstellt ein Informationssicherheitskonzept für das Transparenzregister, aus dem sich die getroffenen technischen und organisatorischen Maßnahmen zum Datenschutz ergeben.

(6) Das Bundesministerium der Finanzen wird ermächtigt, durch Rechtsverordnung, die nicht der Zustimmung des Bundesrates bedarf, die technischen Einzelheiten zu Einrichtung und Führung des Transparenzregisters einschließlich der Speicherung historischer Datensätze sowie die Einhaltung von Löschungsfristen für die im Transparenzregister gespeicherten Daten zu regeln.

Einrichtung des Transparenzregisters und registerführende Stelle § 18

Literatur: *Assmann/Hütten,* Das elektronische Transparenzregister – Mitteilungs- und Angabepflichten, AG 2017, 449 ff.; *Dierlamm/Weissinger,* Das Transparenzregister – eine Zwischenbilanz, WPg Online 2019, S. 43 ff.; Financial Action Task Force (FATF) „The Misuse of Corporate Vehicles, Including Trust and Company Service Providers", 2006; FATF Guidance – Transparency and Beneficial Ownership, 2014; *Kotzenberg/Lorenz,* Das Transparenzregister kommt, NJW 2017, 2433 ff.; *Krais,* Die Pläne zur Errichtung eines zentralen Transparenzregisters, CCZ 2017, 98 ff.; *Müller,* Transparenz auf allen Ebenen – Zur Umsetzung der Vierten Geldwäscherichtlinie – Teil 1, NZWiSt 2017, 87 ff.; *Müller,* Transparenz auf allen Ebenen – Zur Umsetzung der Vierten Geldwäscherichtlinie – Teil 2, NZWiSt 2017, 121 ff.; *Pelka,* Mitteilungspflichten zum Transparenzregister in Treuhandfällen, DStR 2018, S. 1303 ff. *Schaub,* Das neue Transparenzregister naht – Überblick über die Regelungen und praktische Auswirkungen für Personenvereinigungen, DStR 2017, 1438 ff.; *Schaub,* Stimmbindungsvereinbarungen im neuen Transparenzregister, DStR 2018, S. 871 ff.; The World Bank, The Puppet Masters – How the Corrupt Use Legal Structures to Hide Stolen Assets and What to Do About It, 2011; *Ulrich,* Das Transparenzregister kommt wirklich, GmbHR 2017, R182 (Heft 12).

Übersicht

	Rn.
I. Allgemeines	1
II. Einrichtung eines Transparenzregisters (Abs. 1)	4
III. Hoheitliche Aufgabe des Bundes (Abs. 2)	5
IV. Aufklärungsmöglichkeiten der registerführenden Stelle (Abs. 3)	6
V. Übermittlung von Unterlagen (Abs. 3a)	7
VI. Ausdruck von Daten (Abs. 4)	8
VII. Informationssicherheitskonzept (Abs. 5)	10
VIII. Verordnungsermächtigung (Abs. 6)	11

I. Allgemeines

Im Abschnitt 4 (§§ 18 ff. GwG) werden die Parameter für das zentrale elektronische Transparenzregister für die Erfassung und Zugänglichmachung von Angaben über den wirtschaftlich Berechtigten normiert. Der Abschnitt setzt die Vorgaben der Art. 30 und 31 der 4. Geldwäscherichtlinie (EU) 2015/849 des Europäischen Parlaments und des Rates um. Die Umsetzung beinhaltet die Entscheidung für ein eigenständiges Register und führt nicht zu einer Ergänzung des Handels- oder des Unternehmensregisters um einen separaten Abschnitt zum wirtschaftlich Berechtigten (vgl. hierzu Art. 30 Abs. 3 und Art. 31 Abs. 4 der 4. Geldwäscherichtlinie (EU) 2015/849 des Europäischen Parlaments und des Rates). Hieraus folgt, dass dem „Transparenzregister anders als dem Handelsregister kein spezifischer „öffentlicher Glaube" beigemessen" wird und aus den Registerangaben keinerlei Rechtswirkungen abgeleitet werden können (BT-Drs. 18/11555, 125; so auch *Schaub* DStR 2017, 1438 (1443)). Der jeweilige Verpflichtete darf sich daher gemäß §§ 2 Abs. 1 iVm 11 Abs. 5 GwG sich nicht ausschließlich auf die Angaben im Transparenzregister verlassen, sondern hat diese vielmehr durch risikoangemessene Maßnahmen zu überprüfen (*Assmann/Hütten* AG 2017, 449 (452)). Die EU-Kommission empfiehlt darüber hinaus, die nationalen Register der EU miteinander zu verbinden, um einen EU-weiten Datenaustausch nebst öffentlichem Zugang auf einer zentralen Europäischen Plattform zu ermöglichen (vgl. hierzu *Müller* NZWiSt 2017, 87 (91) mit Verweis auf Art. 30 Abs. 10 der 4. EU-Geldwäscherichtlinie (EU) 2015/849 des Europäischen Parlaments und des Rates). Sie erhielt in diesem Zu-

1

§ 18 Abschnitt 4. Transparenzregister

sammenhang den Auftrag, bis Juni 2019 die Bedingungen und technischen Spezifikationen sowie das Verfahren zur Gewährleistung der Vernetzung zu überprüfen und zu bewerten. Ziel ist es, Risiken, die vom grenzüberschreitenden Missbrauch juristischer Personen und Rechtsvereinbarungen ausgehen, dauerhaft zu minimieren bzw. zu beseitigen. Hierzu soll auch die technische Vernetzung der Register einen zusätzlichen Beitrag leisten, da eine solche Verknüpfung die Ermittlung der wirtschaftlichen Eigentümer für Behörden, zentrale Meldestellen und für Verpflichtete nach dem GwG vereinfacht und transparenter gestaltet. Der Zugang zu den Registerinformationen soll dann auch EU-weit zur Verfügung stehen (vgl. hierzu auch Ausführungen zur Vernetzung nationaler Register in der **5. Geldwäscherichtlinie**, Erwägungsgrund Nr. 26, 37, und 42). § 26 GwG greift diese Empfehlung auf und bestimmt in Abs. 2 eine solche Vernetzung (vgl. hierzu im Detail *Figura* → GwG § 26 Rn. 3). Inwieweit die Sammlung personenbezogener Daten und der Zugang zum Register nach Maßgabe des § 23 GwG mit den Grundrechten auf Datenschutz, Privatsphäre und unternehmerischer Freiheit vereinbar ist und einer Verhältnismäßigkeitsprüfung nach Art. 52 GRC Stand hält, bleibt abzuwarten (krit. hierzu *Müller* NZWiSt 2017, 121 (128f.); *Kotzenberg/Lorenz* NJW 2017, 2433 (2436)).

Das Transparenzregister enthält bestimmte Informationen und Daten zu den wirtschaftlich Berechtigten von juristischen Personen des Privatrechts, eingetragenen Personengesellschaften, Trusts und Rechtsgestaltungen, die in ihrer Struktur und Funktion Trusts ähneln. Die §§ 19 und 20 GwG geben insoweit Aufschluss darüber, wer wirtschaftlicher Berechtigter ist und welche Angaben zu tätigen sind bzw. wann die Mitteilungsfiktion greift. Ziel ist es, die Transparenz in Bezug auf den wirtschaftlich Berechtigten zu erhöhen und so die Geldwäschebekämpfung zu unterstützen und die Terrorismusfinanzierung aufzudecken (zu praktischen Auswirkung s. *Dierlamm/Weissinger* WPg Online 2019, 43ff.). Darüber hinaus soll der „Missbrauch der genannten Vereinigungen und Rechtsgestaltungen zum Zweck der Geldwäsche und Terrorismusfinanzierung" unterbunden werden (BT-Drs. 18/11555, 125 mit Verweis auf die Studien und empirische Untersuchungen der Weltbank und der Vereinten Nationen für Drogen- und Verbrechensbekämpfung „The Puppet Masters – How the Corrupt Use Legal Structures to Hide Stolen Assets and What to Do About It" und der Financial Action Task Force „The Misuse of Corporate Vehicles, Including Trust and Company Service Providers"). Gerade intransparente Gesellschaftsstrukturen begünstigen die Verschleierung bemakelter Gelder und die daran anschließende Einspeisung in den Finanzkreislauf (so BT-Drs. 18/11555, 125 mit Verweis auf „FATF Guidance – Transparency and Beneficial Ownership"). Diese Strukturen gilt es aufzudecken und eine Offenlegung in einem Register herbeizuführen. In bestimmten Fällen – wie bspw. bei Stimmbindungsverträgen oder Treuhandverhältnisse – über die andere Register keine Auskünfte geben, kann das Register daher ein Mehr an Information bieten (*Ulrich* GmbHR 2017, R182; zu den Stimmbindungsvereinbarungen im Transparenzregister s. *Schaub* DStR 2018, 871ff.; zu den Mitteilungspflichten in Treuhandfällen vgl. *Pelka* DStR 2018, 1303ff.). Dies wird insbesondere auch bei Familienunternehmen der Fall sein, die aufgrund unterschiedlichster Gründe intransparente Strukturen wählen (*Kotzenberg/Lorenz* NJW 2017, 2433).

2   Gemäß § 59 Abs. 1 GwG hatten die Mitteilungen nach § 20 Abs. 1 und § 21 GwG bis zum 1.10.2017 an das Transparenzregister zu erfolgen, soweit nicht die Erfüllungsfiktion nach § 20 Abs. 2 GwG greift. Die Einsichtnahmemöglichkeit iSd § 23 Abs. 1–3 GwG ist seit dem 27.12.2017 gegeben (§ 99 Abs. 3 GwG). Der Zu-

gang für eine Eintragung im Vereinsregister konnte gemäß § 59 Abs. 2 GwG erst ab dem 26.6.2018 vorliegen; bis zum 25.6.2018 wurden die technischen Voraussetzungen geschaffen, um diejenigen Indexdaten nach § 22 Abs. 2 GwG zu übermitteln, welche für die Eröffnung des Zugangs zu den Originaldaten nach § 22 Abs. 1 S. 1 Nr. 8 GwG erforderlich waren. Für den Übergangszeitraum vom 26.6.2017 bis zum 25.6.2018 enthielt das Transparenzregister daher einen Link auf das gemeinsame Registerportal der Länder.

Die registerführende Stelle ist berechtigt, Gebühren für die Führung des Trans- 3 parenzregisters und die jeweilige Einsichtnahme in das Transparenzregister zu erheben (§ 24 Abs. 1 und 2 GwG). Gebührenpflichtig sind die Vereinigungen nach § 20 GwG und die Rechtsgestaltungen nach § 21 GwG, da hierüber das Transparenzregister Informationen zugänglich macht. § 24 Abs. 2 GwG bestimmt wie die Einsichtnahme in das Transparenzregister zu vergüten ist. Auslagen und Gebühren sind hiernach für die Einsicht in das Register zu entrichten, wobei Gebührenhöhe auf die Deckung des Verwaltungsaufwands zu begrenzen ist (BT-Drs. 18/11555, 4). Weitere Einzelheiten werden durch die Transparenzregistergebührenverordnung (TrGebV) v. 8.1.2020 (BGBl. I S. 93) bestimmt. Im Zuge der Umsetzung der **5. Geldwäscherichtlinie** wurde ein weiterer Gebührentatbestand in § 24 Abs. 2a GwG geschaffen; hiernach erhebt für die Registrierung und Identifizierung die registerführende Stelle zur Deckung des Verwaltungsaufwands Gebühren und Auslagen von wirtschaftlich Berechtigten im Zusammenhang mit einem Antrag nach § 23 Abs. 6 GwG. Beachtlich ist, dass § 23 Abs. 6 GwG erst am 1.7.2020 in Kraft tritt, sodass auch erst dann die Gebührenpflicht ausgelöst werden kann.

II. Einrichtung eines Transparenzregisters (Abs. 1)

§ 18 Abs. 1 GwG statuiert die Einrichtung eines elektronischen Transparenzre- 4 gisters. Der Aufbau des Registers soll von einem im Wege der Beleihung beauftragten privatrechtsförmigen Träger übernommen werden (BT-Drs. 18/11555, 4). Das Bundesministerium der Finanzen wird ermächtigt, durch Rechtsverordnung, die nicht der Zustimmung des Bundesrates bedarf, eine juristische Person des Privatrechts mit den Aufgaben der registerführenden Stelle und mit den hierfür erforderlichen Befugnissen zu beleihen (vgl. hierzu § 25 Abs. 1 GwG sowie die Transparenzregisterbeleihungsverordnung). Die Aufsicht hierüber führt gemäß § 25 Abs. 6 GwG das Bundesverwaltungsamt, das zudem für den Erlass von Widerspruchsbescheiden sowie die Verfolgung von Ordnungswidrigkeiten zuständig sein wird.

Das Register enthält Angaben zum jeweiligen wirtschaftlich Berechtigten juristischer Personen des Privatrechts, eingetragener Personengesellschaften sowie Trusts und Rechtsgestaltungen, die in ihrer Struktur und Funktion Trusts ähneln. Angaben zum jeweiligen wirtschaftlich Berechtigten sind an das zentrale Register zu melden. Das Transparenzregister sammelt Informationen und Angaben aus unterschiedlichen Quellen und bezieht auch die bereits vorhandenen Datensammlungen, des Handels-, Partnerschafts-, Genossenschafts- und Vereinsregister mit ein (BT-Drs. 18/11555, 125). Etwaige „Doppelmeldung" an die registerführende Stelle sollen so unterbunden werden (*Ulrich* GmbHR 2017, R182). Der Zugriff auf bestehende nationale Datensammlungssysteme und Register wird gemäß Art. 30 Abs. 3 der 4. Geldwäscherichtlinie (EU) 2015/849 des Europäischen Parlaments und des Rates als zulässig erachtet.

Figura

III. Hoheitliche Aufgabe des Bundes (Abs. 2)

5   § 18 Abs. 2 GwG bestimmt, dass das Transparenzregister als hoheitliche Aufgabe des Bundes und damit in bundeseigener Verwaltung von der registerführenden Stelle elektronisch zu führen ist. Durch diese Struktur wird sichergestellt, dass die nach dem Gesetz zentral vorzuhaltenden und abrufbaren Daten zur Verfügung stehen (BT-Drs. 18/11555, 125).

Die Datensammlung und -speicherung im Transparenzregister erfolgt in chronologischer Art und Weise. Die Ausgestaltung orientiert sich damit am Handelsregister, in dem die Datensammlung ebenfalls in historischer Abfolge eingearbeitet wird. § 19 Abs. 1 GwG bestimmt welche Angaben zum wirtschaftlich Berechtigten über das Register zugänglich gemachten werden. Vereinigungen nach § 20 Abs. 1 S. 1 GwG und Rechtsgestaltungen nach § 21 GwG haben Vor- und Nachname, Geburtsdatum, Wohnort, Art und Umfang des wirtschaftlichen Interesses und die Staatsangehörigkeit zum wirtschaftlich Berechtigten nach Maßgabe des § 23 GwG mitzuteilen (zur Aufnahme der Angabe der Staatsangehörigkeit s. BT-Drs. 19/13827, 86f.).

Gemäß § 22 Abs. 1 GwG sind über die Internetseite des Transparenzregisters
– die Eintragungen im Transparenzregister zu Meldungen nach § 20 Abs. 1 S. 1, Abs. 2 S. 3 und nach § 21 GwG,
– die Bekanntmachungen des Bestehens einer Beteiligung nach § 20 Abs. 6 Aktiengesetz,
– Stimmrechtsmitteilungen nach den §§ 40 und 41 Wertpapierhandelsgesetz,
– Listen der Gesellschafter von Gesellschaften mit beschränkter Haftung und Unternehmergesellschaften nach § 8 Abs. 1 Nr. 3, § 40 des Gesetzes betreffend die Gesellschaften mit beschränkter Haftung sowie Gesellschafterverträge gemäß § 8 Abs. 1 Nr. 1 in Verbindung mit § 2 Abs. 1a S. 2 des Gesetzes betreffend die Gesellschaften mit beschränkter Haftung, sofern diese als Gesellschafterliste gelten, nach § 2 Abs. 1a S. 4 des Gesetzes betreffend die Gesellschaften mit beschränkter Haftung,
– die Eintragungen im Handelsregister,
– die Eintragungen im Partnerschaftsregister,
– die Eintragungen im Genossenschaftsregister,
– die Eintragungen im Vereinsregister
nach Maßgabe des § 23 GwG verfügbar.

IV. Aufklärungsmöglichkeiten der registerführenden Stelle (Abs. 3)

6   Der registerführenden Stelle wird gemäß § 18 Abs. 3 GwG das Recht eingeräumt, unvollständige und unklare Mitteilung nach § 20 GwG aufzuklären. Bestehen Zweifel, welcher Vereinigung nach § 20 Abs. 1 GwG die in der Mitteilung enthaltenen Angaben zum wirtschaftlich Berechtigten zuzuordnen sind, kann die registerführende Stelle innerhalb einer angemessenen Frist die für eine Eintragung in das Transparenzregister erforderlichen Informationen von der in der Mitteilung genannten Vereinigung anfordern und verlangen. Dies gilt entsprechend für Mitteilungen von Rechtsgestaltungen nach § 21 GwG. Sie darf die betroffenen Vereini-

gungen nach § 20 Abs. 1 S. 1 GwG bzw. Rechtsgestaltungen nach § 21 GwG zu diesem Zwecke kontaktieren und um Aufklärung ersuchen (BT-Drs. 18/11555, 126 sowie BT-Drs. 19/13927, 86). Die Regelung erhöht die Flexibilität der registerführenden Stelle und vermeidet eine direkte Ablehnung der Eintragung, aufgrund unklarer Angaben. Zur Meldung von Unstimmigkeiten an die registerführende Stelle siehe *Figura* → GwG § 23a Rn. 1ff.

Verläuft die Nachforschung erfolglos, ist die Eintragung in das Transparenzregister abzulehnen. Stellt der zur Mitteilung Verpflichtete der registerführenden Stelle vorsätzlich oder leichtfertig die für eine Eintragung in das Transparenzregister erforderlichen Informationen nicht zur Verfügung oder erfüllt seine Angabepflicht nicht, nicht richtig, nicht vollständig oder nicht rechtzeitig, kann dies gemäß § 56 Abs. 1 Nr. 54, 55, 56, und 58 GwG durch Verhängung einer Geldbuße geahndet werden. Darüber hinaus können gemäß § 57 Abs. 1 GwG unanfechtbare Bußgeldentscheidungen für einen Zeitraum von mindestens fünf Jahren auf der Internetseite der Aufsichtsbehörde bekannt gemacht werden.

Gemäß § 31b Abs. 3 AO haben die Finanzbehörden der zuständigen Verwaltungsbehörde unverzüglich solche Tatsachen mitzuteilen, die darauf schließen lassen, dass ein Verpflichteter nach § 2 Absatz 1 Nr. 13 bis 16 GwG eine Ordnungswidrigkeit nach § 56 GwG begangen hat oder begeht (zur zuständigen Verwaltungsbehörde siehe § 56 Abs. 5 GwG). Ziel des § 31b AO ist es, die Nutzung der Finanzsysteme zum Zwecke der Geldwäsche dadurch zu verhindern, dass frühzeitig ein Informationsverbund zwischen den Finanzbehörden und den Strafverfolgungsbehörden hergestellt werden kann und das Steuergeheimnis (§ 30 AO) der Informationsweitergabe nicht entgegensteht. Die Vorschrift regelt damit einen besonderen Fall der Durchbrechung des Steuergeheimnisses. Eine Offenbarung der nach § 30 AO geschützten Daten der betroffenen Person ist allerdings nur dann zulässig soweit ein Fall nach § 31b Abs. 1 AO vorliegt. § 31b Abs. 1 Nr. 3 GwG regelt hierbei die Datenweitergabe zum Zwecke der Durchführung eines Bußgeldverfahrens nach § 56 GwG gegen Verpflichtete nach § 2 Abs. 1 Nrn. 13 bis 16 GwG; eine Datenweitergabe ist bereits nach dem Wortlaut der Norm nur für die genannten Fallgruppen des § 2 Abs. 1 Nrn. 13 bis 16 GwG zulässig. Die Mitteilung entsprechender Tatsachen setzt keinen Anfangsverdacht i. S. v. § 46 Abs. 1 OWiG i. V. m. § 152 Abs. 2 StPO voraus; Die Ordnungswidrigkeit muss lediglich aufgrund von Erfahrungen nahe liegen (so AEAO zu § 31b Abs. 3 AO vom 07.08.2017 (BStBl. I S. 1257), Rn. 3.1).

V. Übermittlung von Unterlagen (Abs. 3a)

Die registerführende Stelle ist im Einzelfall berechtigt, dem Bundesverwaltungsamt (Behörde nach § 56 Abs. 5 S. 2 GwG) die Informationen und Unterlagen zu übermitteln, die für die Erfüllung der Aufgaben dieser Behörde – als der Verfolgung von Ordnungswidrigkeiten – erforderlich sind. Durch die im Zuge der Umsetzung der **5. Geldwäscherichtlinie** erfolgten Ergänzung soll die wirksame Durchsetzung der Mitteilungspflichten an das Transparenzregister unterstützt werden (so BT-Drs. 19/13927, 86). Damit das Bundesverwaltungsamt (Behörde nach § 56 Abs. 5 S. 2 GwG) die jeweilige Ordnungswidrigkeit ahnden kann, bedarf es der Übermittlung aller vorliegenden Informationen die für die Prüfung und Einleitung eines Verfahrens notwendig sind. Diese Weiterleitungsbefugnis wird durch § 18 Abs. 3a GwG nunmehr normiert. 7

VI. Ausdruck von Daten (Abs. 4)

8   Die registerführende Stelle erstellt gemäß § 18 Abs. 4 GwG auf Antrag Ausdrucke von Daten, die im Transparenzregister gespeichert sind, und Bestätigungen, dass im Transparenzregister keine aktuelle Eintragung aufgrund einer Mitteilung nach § 20 Abs. 1 oder § 21 GwG vorliegt. Sie beglaubigt auf Antrag, dass die übermittelten Daten mit dem Inhalt des Transparenzregisters übereinstimmen. Die Regelung normiert damit weitere Aufgaben der registerführenden Stelle und bestimmt, dass diese auch für die Erteilung von Ausdrucken und Negativattesten sowie deren Beglaubigung zuständig ist (BT-Drs. 18/11555, 126). Mit der Beglaubigung wird allerdings keine Gewähr für die Richtigkeit und Vollständigkeit der Angaben zum wirtschaftlich Berechtigten übernommen, da die registerführende Stelle keine entsprechende Prüfung der Daten vornimmt (*Krais* CCZ 2017, 98 (106)). Ein Haftungstatbestand ist demzufolge nicht gegeben.

9   Ein Antrag auf Ausdruck von Daten, der Eintragungen im Handelsregister, Partnerschaftsregister, Genossenschaftsregister, Vereinsregister und der Listen der Gesellschafter von Gesellschaften mit beschränkter Haftung und Unternehmergesellschaften (§ 22 Abs. 1 S. 1 Nr. 4–8 GwG), die über das Transparenzregister zugänglich gemacht werden, kann über das Transparenzregister an das jeweilige Gericht vermittelt werden. Dies gilt entsprechend für die Vermittlung eines Antrags auf Ausdruck von Daten, die gemäß § 22 Abs. 1 S. 1 Nr. 2 und 3 GwG (Bekanntmachungen des Bestehens einer Beteiligung nach § 20 Abs. 6 Aktiengesetz und Stimmrechtsmitteilungen nach den §§ 40 und 41 Wertpapierhandelsgesetz) zur Verfügung gestellt werden; insoweit kann auch hier der Antrag an den Betreiber des Unternehmensregisters weitergeleitet werden. Die Regelung stellt sicher, dass die über das Transparenzregister erhältliche Dokumente der Gerichte und des Betreibers des Unternehmensregisters auch über das „insoweit als Portal fungierende Transparenzregister" angefordert werden können (BT-Drs. 18/11555, 126).

VII. Informationssicherheitskonzept (Abs. 5)

10   Gemäß § 18 Abs. 5 GwG hat die registerführende Stelle ein Sicherheitskonzept für das Transparenzregister zu erstellen, in dem die zu treffenden Maßnahmen zur Sicherstellung von Datenschutz und Datensicherheit festgelegt werden. Wie dieses Konzept ausgestaltet wird, bleibt abzuwarten. In diesem Zusammenhang ist beachtlich, dass das Gesetz „den Einsehenden keinerlei Vorgaben macht, wie sie mit den bereitgestellten Daten zu verfahren haben" (so *Müller* NZWiSt 2017, 87 (93)).

Darüber hinaus normiert § 22 Abs. 3 GwG eine Verordnungsermächtigung wonach das Bundesministerium der Finanzen, im Benehmen mit dem Bundesministerium der Justiz und für Verbraucherschutz, ermächtigt wird, durch Rechtsverordnung, technische Einzelheiten der Datenübermittlung zwischen den Behörden der Länder und dem Transparenzregister einschließlich der Vorgaben für die zu verwendenden Datenformate und zur Sicherstellung von Datenschutz und Datensicherheit zu regeln. Von der Verordnungsermächtigung hat das Bundesministerium der Finanzen durch die sog. Indexdatenübermittlungsverordnung – IDÜV Gebrauch gemacht (Indexdatenübermittlungsverordnung v. 12.7.2017, BGBl. I S. 2372). Gemäß § 22 Abs. 4 GwG wird das Bundesministerium der Finanzen, im Benehmen mit dem Bundesministerium der Justiz und für Verbraucherschutz, auch dazu ermächtigt, durch Rechtsverordnung, die Datenübermittlung zwischen Unternehmensregister und Transparenzregister sowie die Einreichung von Mitteilungen der Vereinigungen nach § 20 Abs. 1 GwG und der Rechtsgestaltungen nach § 21 GwG nebst technische Einzelheiten der Datenübermittlung zu bestimmen.

VIII. Verordnungsermächtigung (Abs. 6)

§ 18 Abs. 6 GwG ermächtigt das Bundesministerium der Finanzen durch Rechtsverordnung, die nicht der Zustimmung des Bundesrates bedarf, die technischen Einzelheiten zu Einrichtung und Führung des Transparenzregisters einschließlich der Speicherung historischer Datensätze sowie die Einhaltung von Löschungsfristen für die im Transparenzregister gespeicherten Daten zu regeln. Eine Regelung der Einzelheiten des technischen Aufbaus und Betriebs des Transparenzregisters erfolgt somit nicht direkt im Geldwäschegesetz. Ausweislich der Gesetzesbegründung gehören hierzu auch Detailregelungen zur Anlage neuer Datensätze durch die registerführende Stelle sowie Vorgaben wie lange historische Datensätze gespeichert werden dürfen (BT-Drs. 18/11555, 126). 11

Der Erlass der Rechtsverordnung bedarf nicht der Zustimmung des Bundesrates; die Forderung des Bundesrates – Normierung der Zustimmung des Bundesrates – lehnte die Bundesregierung ab und verwies darauf, dass auch die materiell-rechtlich vergleichbaren Rechtsverordnungsermächtigungen im bisherigen Geldwäschegesetz (bspw. § 2 Abs. 2 GwG aF, § 4 Abs. 4 S. 2 GwG aF) eine solche Zustimmung nicht enthielten (BT-Drs. 18/11928, 8, 34). Darüber hinaus ermögliche auch die Länderanhörung im Verordnungsgebungsverfahren eine Mitwirkung (BT-Drs. 18/11928, 34).

Von der Verordnungsermächtigung wurde bislang kein Gebrauch gemacht.

§ 19 Angaben zum wirtschaftlich Berechtigten

(1) Über das Transparenzregister sind im Hinblick auf Vereinigungen nach § 20 Absatz 1 Satz 1 und Rechtsgestaltungen nach § 21 folgende Angaben zum wirtschaftlich Berechtigten nach Maßgabe des § 23 zugänglich:
1. Vor- und Nachname,
2. Geburtsdatum,
3. Wohnort,
4. Art und Umfang des wirtschaftlichen Interesses und
5. Staatsangehörigkeit.

(2) Für die Bestimmung des wirtschaftlich Berechtigten von Vereinigungen im Sinne des § 20 Absatz 1 Satz 1 mit Ausnahme der rechtsfähigen Stiftungen gilt § 3 Absatz 1 und 2 entsprechend. Für die Bestimmung des wirtschaftlich Berechtigten von Rechtsgestaltungen nach § 21 und rechtsfähigen Stiftungen gilt § 3 Absatz 1 und 3 entsprechend.

(3) Die Angaben zu Art und Umfang des wirtschaftlichen Interesses nach Absatz 1 Nummer 4 zeigen, woraus die Stellung als wirtschaftlich Berechtigter folgt, und zwar
1. bei Vereinigungen nach § 20 Absatz 1 Satz 1 mit Ausnahme der rechtsfähigen Stiftungen aus

§ 19
Abschnitt 4. Transparenzregister

a) der Beteiligung an der Vereinigung selbst, insbesondere der Höhe der Kapitalanteile oder der Stimmrechte,
b) der Ausübung von Kontrolle auf sonstige Weise, insbesondere aufgrund von Absprachen zwischen einem Dritten und einem Anteilseigner oder zwischen mehreren Anteilseignern untereinander, oder aufgrund der einem Dritten eingeräumten Befugnis zur Ernennung von gesetzlichen Vertretern oder anderen Organmitgliedern oder
c) der Funktion des gesetzlichen Vertreters, geschäftsführenden Gesellschafters oder Partners,
2. bei Rechtsgestaltungen nach § 21 und rechtsfähigen Stiftungen aus einer der in § 3 Absatz 3 aufgeführten Funktionen.

Literatur: BaFin, Auslegungs- und Anwendungshinweise zum Geldwäschegesetz, Stand: Dezember 2018; *Fisch*, Das neue Transparenzregister und seine Auswirkungen auf die Praxis, NZG 2017, 408 ff.; *Krais*, Die Pläne zur Errichtung eines zentralen Transparenzregisters, CCZ 2017, 98 ff.; *Müller*, Transparenz auf allen Ebenen – Zur Umsetzung der Vierten Geldwäscherichtlinie – Teil 1, NZWiSt 2017, 87 ff.; *Seibert*, Die GmbH und das Transparenzregister, GmbHR 2017, R 97 (Heft 07); *Stiglitz/Pieth*, Overcoming the Shadow Economy, Friedrich-Ebert-Stiftung, November 2016; Weitemeyer/Hüttemann/Rewart/K. Schmidt (Hrsg.), Non Profit Law Yearbook 2017/2018 (in Vorber.), zitiert: *Bearbeiter* in Weitemeyer/Hüttemann/Rewart/K. Schmidt, Non Profit Law Yearbook 2017/2018.

Übersicht

	Rn.
I. Angaben zum wirtschaftlich Berechtigten (Abs. 1)	1
II. Verweis auf § 3 GwG (Abs. 2)	3
III. Angaben zu Art und Umfang des wirtschaftlichen Interesses (Abs. 3)	7

I. Angaben zum wirtschaftlich Berechtigten (Abs. 1)

1 § 19 Abs. 1 GwG bestimmt anhand einer Aufzählung die Angaben zum wirtschaftlich Berechtigten, die über das Transparenzregister nach Maßgabe des § 23 GwG verfügbar sind. Der Umfang der Angaben geht auf Art. 30 Abs. 5 UAbs. 2 der 4. Geldwäscherichtlinie (EU) 2015/849 des Europäischen Parlaments und des Rates zurück, wonach „die Personen oder Organisationen (…) Zugang mindestens zum Namen, Monat und Jahr der Geburt, der Staatsangehörigkeit und dem Wohnsitzland des wirtschaftlichen Eigentümers sowie Art und Umfang des wirtschaftlichen Interesses" haben sollen. Die Regelung bestimmt daher, dass über das Transparenzregister Vor- und Nachname, Geburtsdatum, Wohnort und Art und Umfang des wirtschaftlichen Interesses des wirtschaftlich Berechtigten im Hinblick auf Vereinigungen nach § 20 Abs. 1 S. 1 GwG und Rechtsgestaltungen nach § 21 GwG nach Maßgabe des § 23 zugänglich sind. Die Formulierung „sind (…) zugänglich" weist darauf hin, dass die Angaben nicht direkt im Transparenzregister hinterlegt werden müssen, sondern der Zugriff auf „relevante Originaldatenbeständen der Handels-, Partnerschafts-, Genossenschafts-, Vereins- und Unternehmensregister" ausreicht (BT-Drs. 18/11555, 126). Einen Nachweis oder Beleg in Bezug auf die an das Transparenzregister übermittelten Angaben fordert das Gesetz vom Mitteilungspflichtigen nicht (*Fisch* NZG 2017, 408 (410)).

Verwalter von Trusts (Trustees) mit Wohnsitz oder Sitz in Deutschland haben neben den in § 19 Abs. 1 GwG aufgeführten Angaben zu den wirtschaftlich Berechtigten des Trusts, den sie verwalten, auch die Staatsangehörigkeit der wirtschaftlich Berechtigten einzuholen (§ 21 Abs. 1 S. 1 GwG). Die Regelung der §§ 19 Abs. 1 und 21 Abs. 1 S. 1 GwG übererfüllen damit die Vorgaben der 4. Geldwäscherichtlinie (EU) 2015/849 des Europäischen Parlaments und des Rates, da sie nicht nur das Geburtsjahr, sondern das gesamte Geburtsdatum verlangen. In Bezug auf die Angaben zur Staatsangehörigkeit blieben die beiden Vorschriften hinter den Vorgaben der 4. Geldwäscherichtlinie (EU) 2015/849 des Europäischen Parlaments und des Rates zurück, da entsprechende Angaben nur für Rechtsgestaltungen des § 21 GwG eingefordert werden (so auch *Krais* CCZ 2017, 98 (100)). Im Zuge der Umsetzung der **5. Geldwäscherichtlinie** wurde nunmehr auch in § 19 Abs. 1 Nr. 5 GwG das Zugänglichmachen der Staatsangehörigkeit aufgenommen. Hierbei ist beachtlich, dass der Erwägungsgrund 34 der 5. Geldwäscherichtlinie, die Aufnahme der Staatsangehörigkeit den Mitgliedstaaten ausdrücklich freistellt. Die Gesetzesbegründung weist deshalb darauf hin, dass eine Eintragung in das Transparenzregister nur dann zu erfolgen hat, „wenn die Mitteilungsfiktion nicht greift und daher ohnehin eine Eintragung im Transparenzregister vorzunehmen ist" (BT-Drs. 19/13827, 87).

Als Vereinigungen nach § 20 Abs. 1 S. 1 GwG gelten juristische Personen des 2 Privatrechts und eingetragene Personengesellschaften. Rechtsgestaltungen nach § 21 Abs. 1 S. 1 GwG sind Verwalter von Trusts (Trustees) mit Wohnsitz oder Sitz in Deutschland. Ein Trust ist nach der Definition des § 1 Abs. 6 GwG eine Rechtsgestaltung, die als Trust errichtet wurde, wenn das für die Errichtung anwendbare Recht das Rechtsinstitut des Trusts vorsieht. Sieht das für die Errichtung anwendbare Recht ein Rechtsinstitut vor, das dem Trust nachgebildet ist, so gelten auch Rechtsgestaltungen, die unter Verwendung dieses Rechtsinstituts errichtet wurden, als Trust. Eine Aufzählung konkreter Kriterien und Strukturen eines Trusts beinhaltet die Definition nicht. Die Definition des Trusts (§ 1 Abs. 6 GwG) wurde im Hinblick auf die Regelungen zum Transparenzregister (§§ 18 ff. GwG) aufgenommen. Der Trust bzw. Rechtsformen, die in ihrer Struktur einem Trust ähneln, sollen neben juristischen Personen des Privatrechts und eingetragenen Personengesellschaften zu den Rechtsgestaltungen zählen, über die das Transparenzregister Daten sammelt und ggf. Auskunft erteilt. Ziel ist es, undurchsichtige Gesellschaftsstrukturen, die zu Zwecken der Geldwäsche und der Terrorismusfinanzierung errichtet werden, aufzudecken (zur Intransparenz sog. Treuhandverhältnisse s. *Seibert* GmbHR 2017, R 97; zur Bedeutung des Transparenzregisters für Stiftungen s. *Orth* in Weitemeyer/Hüttemann/Rewart/K. Schmidt Non Profit Law Yearbook 2017/2018).

Rechtsgestaltungen des § 21 GwG sind darüber hinaus Treuhänder mit Wohnsitz oder Sitz in Deutschland nichtrechtsfähiger Stiftungen, wenn der Stiftungszweck aus Sicht des Stifters eigennützig ist, und Rechtsgestaltungen, die solchen Stiftungen in ihrer Struktur und Funktion entsprechen (zur Beschränkung des Anwendungsbereichs auf „eigennützige" Stiftungen vgl. *Orth* Zur Bedeutung des Transparenzregisters für Stiftungen in Weitemeyer/Hüttemann/Rewart/K. Schmidt Non Profit Law Yearbook 2017/2018).

II. Verweis auf § 3 GwG (Abs. 2)

§ 19 Abs. 2 GwG enthält in Bezug auf die Definition des wirtschaftlich Berech- 3 tigten einen Verweis auf § 3 GwG. Hierdurch soll klargestellt werden, dass die in § 3 GwG enthaltenen Definitionen auch im Zusammenhang mit dem Transparenz-

§ 19

register Geltung entfaltet (BT-Drs. 18/11555, 126). Diese Klarstellung war vor dem Hintergrund der Anknüpfung des § 3 GwG erforderlich: Der wirtschaftlich Berechtigte iSd § 3 GwG bezieht sich auf die Kontrolle des Vertragspartners bzw. den Veranlasser einer Transaktion wohingegen der wirtschaftlich Berechtigte iSd Transparenzregisters nicht mit einer konkreten Geschäftsbeziehung oder Transaktionen mit Verpflichteten in Verbindung gebracht und ermittelt wird (BT-Drs. 18/11555, 126). Der Grundgedanke zur Abklärung des wirtschaftlich Berechtigten ist in § 10 Abs. 1 Nr. 2 GwG – Identifizierung des wirtschaftlich Berechtigten nach Maßgabe des § 11 Abs. 5 GwG – gesetzlich geregelt. Unabhängig von dem gesetzlich festgelegten Schwellenwert von 25% können/sollten die Verpflichteten bei der Abklärung des wirtschaftlich Berechtigten im Einzelfall aufgrund risikoorientierter Einschätzung von diesem Grundsatz abweichen. So bergen bestimmte Gesellschaftsformen nach Ansicht des Gesetzgebers aufgrund ihrer Besonderheiten ein erhöhtes Risiko, zu Zwecken der Geldwäsche oder Terrorismusfinanzierung missbraucht zu werden, während andere Gesellschaftsformen sich aufgrund ihrer Konstellation weniger für den Missbrauch zu Geldwäschezwecken eignen (Begr. GwBekErgG, BT-Drs. 16/9038, 30; vgl. hierzu auch die Untersuchung von *Stiglitz / Pieth* Overcoming the Shadow Economy mit Bezugnahme auf die sog. „Panama Papers"). Erhöhten Risiken ist nach Art. 13 Abs. 6 der 3. EU-Anti-Geldwäscherichtlinie durch besondere Aufmerksamkeit und zusätzliche Maßnahmen entgegenzuwirken.

4 Für die Bestimmung des wirtschaftlich Berechtigten von Vereinigungen iSd § 20 Abs. 1 S. 1 GwG mit Ausnahme der rechtsfähigen Stiftungen gilt § 3 Abs. 1 und 2 GwG entsprechend. Der wirtschaftlich Berechtigte im Sinne des Geldwäschegesetzes ist in § 3 Abs. 1 GwG (§ 1 Abs. 6 GwG aF) legaldefiniert als die natürliche Person, in deren Eigentum oder unter deren Kontrolle der Vertragspartner letztlich steht, oder die natürliche Person, auf deren Veranlassung eine Transaktion letztlich durchgeführt oder eine Geschäftsbeziehung letztlich begründet wird. Die Identifizierungspflicht des wirtschaftlich Berechtigten soll Strohmanngeschäften entgegenwirken und denjenigen sichtbar machen, in wessen wirtschaftlichen oder rechtlichen Interesse eine Transaktion erfolgt (RegE GwBekErgG, BT-Drs. 16/9038, 30). Sie bezweckt die Erfassung derjenigen natürlichen Person, die auf die Kundenbeziehung zum Verpflichteten einwirken kann (so BT-Drs. 18/11555, 108). Die mittlerweile in einem eigenständigen Paragrafen verortete Definition entspricht § 1 Abs. 6 GwG aF und orientiert sich damit an der Begriffsbestimmung der FATF. Der Begriff des wirtschaftlich Berechtigten wurde mit dem GwBekErgG grundlegend überarbeitet, da das GwG bis dahin keine Regelung darüber, wer bei juristischen Personen und sonstigen rechtsfähigen Vereinigungen als wirtschaftlich Berechtigter anzusehen ist, enthielt. Insbesondere verschachtelte Konzernstrukturen eignen sich für die Verschleierung der (natürlichen) Person und für einen Missbrauch zum Zwecke der Geldwäsche oder Terrorismusfinanzierung (zur Überprüfung mehrstufiger Beteiligungsstrukturen vgl. BaFin, Auslegungs- und Anwendungshinweise zum Geldwäschegesetz, S. 86 ff.).

Als wirtschaftlich Berechtigte nach § 3 Abs. 2 GwG ist bei Gesellschaften, die nicht an einem organisierten Markt iSd § 2 Abs. 11 des Wertpapierhandelsgesetzes notiert sind und keinen dem Gemeinschaftsrecht entsprechenden Transparenzanforderungen im Hinblick auf Stimmrechtsanteile oder gleichwertigen internationalen Standards unterliegen:

– jede natürliche Person, die unmittelbar oder mittelbar mehr als 25% der Kapitalanteile hält (§ 3 Abs. 2 Nr. 1 GwG)
 oder

Angaben zum wirtschaftlich Berechtigten **§ 19**

– mehr als 25% der Stimmrechte kontrolliert (§ 3 Abs. 2 Nr. 2 GwG) oder
– auf vergleichbare Weise Kontrolle ausübt (§ 3 Abs. 2 Nr. 3 GwG)

anzusehen. Die in § 3 Abs. 2 GwG normierten Regelungen finden damit auf juristische Personen des Privatrechts (insbes. GmbH, AG, eingetragene Vereine und eingetragene Genossenschaften) und auf sonstige privatrechtliche Gesellschaften (zB GbR, KG, OHG) Anwendung; ausgenommen vom Wortlaut des § 3 Abs. 2 GwG sind hingegen rechtsfähige Stiftungen sowie Gesellschaften, die an einem organisierten Markt nach § 2 Abs. 11 WpHG notiert sind und dem Gemeinschaftsrecht entsprechenden Transparenzanforderungen im Hinblick auf Stimmrechtsanteile oder gleichwertige internationale Standards unterliegen (so BaFin, Auslegungs- und Anwendungshinweise zum Geldwäschegesetz, S. 39f.). Der Verpflichtete hat gemäß § 10 Abs. 1 Nr. 2 letzter Hs. GwG die Eigentums- und Kontrollstruktur des Vertragspartners durch Feststellung der wesentlichen Beteiligungen mit angemessenen Mitteln in Erfahrung zu bringen und festzustellen (zu den möglichen ein- und mehrstufigen Beteiligungsstrukturen vgl. im Detail BaFin, Auslegungs- und Anwendungshinweise zum Geldwäschegesetz, S. 41 ff.).

Bei Gesellschaften wird Kontrolle bzw. Eigentum vermutet, wenn eine natürliche Person direkt oder indirekt mehr als 25% der Stimmrechtsanteile kontrolliert. Gemäß § 3 Abs. 2 S. 4 GwG liegt eine entsprechende Kontrolle insbesondere dann vor, wenn ein beherrschender Einfluss entsprechend § 290 Abs. 2–4 HGB bejaht wird. Hierdurch werden auch Gesellschafter erfasst, die mehr als 25% der Stimmrechte über einen Stimmrechtspool oder über ein Mehrstimmrecht kontrollieren (so *Kotzenberg/Lorenz* NJW 2017, 2433 (2434) mit Verweis auf BT-Drs. 18/11555, 128).

§ 3 Abs. 2 S. 5 GwG normiert darüber hinaus die Pflicht zur Erfassung des sogenannten fiktiven wirtschaftlich Berechtigten in bestimmten Fallkonstellationen. Die Norm ist als Ausnahmevorschrift zu verstehen und bedingt zunächst eine sorgfältige Überprüfung der Beteiligungsstrukturen. Nur wenn diese zu keinem Ergebnis führt und keine Tatsachen nach § 43 Abs. 1 GwG vorliegen, gilt als wirtschaftlich Berechtigter der gesetzliche Vertreter, der geschäftsführende Gesellschafter oder der Partner des Vertragspartners.

Art. 3 Abs. 6 Buchst. a der 4. Geldwäscherichtlinie (EU) 2015/849 des Europäischen Parlaments und des Rates enthielt die Vorgabe die Ermittlung des wirtschaftlichen Eigentümers einer Gesellschaft dann zu bestimmen, wenn eine Person einen Aktienanteil von 25 Prozent zuzüglich einer Aktie oder eine Beteiligung von mehr als 25 Prozent hält. Im Zuge der Umsetzung der **5. Geldwäscherichtlinie** sollte dieser Schwellenwert bei bestimmten Unternehmen mit hohem Geldwäscherisiko auf 10 Prozent gesenkt werden. Die 5. Geldwäscherrichtlinie bestimmte daher eine Ergänzung des Art. 3 Nr. 6 Buchst. a Ziffer i der 4. Geldwäscherichtlinie (EU) 2015/849 des Europäischen Parlaments und des Rates mit folgendem Wortlaut:

„Für die Zwecke von Artikel 13 Absatz 1 Buchstabe b und Artikel 30 dieser Richtlinie wird der im zweiten Absatz genannte Prozentsatz, der einen Hinweis auf Eigentum oder Kontrolle darstellen kann, auf 10 Prozent gesenkt, wenn es sich bei dem Rechtsträger um eine passive nichtfinanzielle Einheit im Sinne der Richtlinie 2011/16/EU handelt."

Als Begründung wurde angeführt (vgl. 5. Geldwäscherichtlinie, Zusätzliche Elemente, S. 20):

§ 19 Abschnitt 4. Transparenzregister

„Bei zwischengeschalteten Unternehmen ohne wirtschaftliche Tätigkeit, die ausschließlich dazu dienen, Distanz zwischen dem tatsächlichen Eigentümer und seinem Vermögen zu schaffen, kann die Schwelle von 25 Prozent relativ leicht umgangen werden. Mit der Einführung einer niedrigeren Schwelle im Falle konkreter Gefahr wird die Bandbreite der Unternehmen, zu denen die Verpflichteten zusätzliche Informationen erheben müssten, auf Unternehmen beschränkt, bei denen ein hohes Risiko der Nutzung für illegale Zwecke besteht. Somit wird die Feststellung der wirtschaftlichen Eigentümer vereinfacht, wobei der Schwerpunkt klar auf Unternehmen liegt, die in ihrer Eigenschaft als zwischengeschaltete Strukturen kein eigenes Einkommen erzielen, sondern vor allem der Kanalisierung von Einkommen aus anderen Quellen dienen (passive Nichtfinanzunternehmen im Sinne der Richtlinie 2011/16/EU)."

Zu einer Umsetzung dieser Vorgabe in nationales Recht ist es bislang nicht gekommen.

5 Für die Bestimmung des wirtschaftlich Berechtigten von Rechtsgestaltungen nach § 21 und rechtsfähige Stiftungen gilt § 3 Abs. 1 und 3 GwG entsprechend. Gemäß § 3 Abs. 3 GwG ist bei rechtsfähigen Stiftungen und Rechtsgestaltungen, mit denen treuhänderisch Vermögen verwaltet, verteilt oder die Verwaltung oder Verteilung durch Dritte beauftragt wird, oder diesen vergleichbaren Rechtsformen als wirtschaftlich Berechtigter anzusehen:
- jede natürliche Person, die als Treugeber (Settlor), Verwalter von Trusts (Trustee) oder Protektor, sofern vorhanden, handelt, (§ 3 Abs. 3 Nr. 1 GwG),
- jede natürliche Person, die Mitglied des Vorstands der Stiftung ist (§ 3 Abs. 3 Nr. 2 GwG),
- jede natürliche Person, die als Begünstigte bestimmt worden ist (§ 3 Abs. 3 Nr. 3 GwG),
- die Gruppe von natürlichen Personen, zu deren Gunsten das Vermögen hauptsächlich verwaltet oder verteilt werden soll, sofern die natürliche Person, die Begünstigte des verwalteten Vermögens werden soll, noch nicht bestimmt ist (§ 3 Abs. 3 Nr. 4 GwG),
- jede natürliche Person, die auf sonstige Weise unmittelbar oder mittelbar beherrschenden Einfluss auf die Vermögensverwaltung oder Ertragsverteilung ausübt (§ 3 Abs. 3 Nr. 5 GwG),
- jede natürliche Person, die unmittelbar oder mittelbar beherrschenden Einfluss auf eine Vereinigung ausüben kann, die Mitglied des Vorstands der Stiftung ist oder die als Begünstigte der Stiftung bestimmt worden ist (§ 3 Abs. 3 Nr. 6 GwG).

6 Die in § 19 Abs. 2 GwG enthaltenen Verweise auf § 3 GwG sind als abschließend zu betrachten; nach der Gesetzesbegründung sind keine anderweitigen Abweichung möglich, „auch nicht für börsennotierte Gesellschaften, bei denen die anderweit für börsennotierte Gesellschaften vorgeschriebenen Offenlegungspflichten eine angemessene Transparenz der Informationen über die Eigentumsverhältnisse an börsennotierten Gesellschaften gewährleisten" (BT-Drs. 18/11555, 126).

III. Angaben zu Art und Umfang des wirtschaftlichen Interesses (Abs. 3)

Erfolgt eine Meldung an das Transparenzregister, erfordert dies alle in § 19 Abs. 1 **7**
und § 21 Abs. 1 GwG genannten Angaben. § 19 Abs. 3 GwG normiert die Angaben
zu Art und Umfang des wirtschaftlichen Interesses nach § 19 Abs. 1 Nr. 4 GwG. Die
Regelung bestimmt, was unter Art und Umfang des wirtschaftlichen Interesses für
die jeweiligen Vereinigungen iSd § 20 Abs. 1 S. 1 GwG und Rechtsgestaltungen iSd
§ 21 GwG zu verstehen ist und woraus die Stellung als wirtschaftlich Berechtigter
folgt (BT-Drs. 18/11555, 127). Beachtlich ist, dass hierdurch nicht die Definition
des wirtschaftlich Berechtigten modifiziert wird, sondern vielmehr Vorgaben erteilt
werden, welche Mitteilung über die wirtschaftliche Berechtigung an das Transparenzregister zu erfolgen haben und woraus sich diese Berechtigung ergibt (so *Krais* CCZ 2017, 98 (103)).

Bei juristischen Personen des Privatrechts und eingetragene Personengesellschaf- **8**
ten bemisst sich die Art und der Umfang des wirtschaftlichen Interesses gemäß § 19
Abs. 3 Nr. 1 GwG an der Beteiligung (Höhe der Kapitalanteile oder der Stimmrechte), an der Ausübung der Kontrolle oder der Funktion als gesetzlicher Vertretern Geschäftsführer oder Partner (*Müller* NZWiSt 2017, 87 (93)). Eine wirtschaftliche Berechtigung kann sich grundsätzlich aus der Stellung als Eigentümer (bspw. durch Beteiligung an einer Vereinigung nach § 20 Abs. 1 S. 1 GwG mit Ausnahme der rechtsfähigen Stiftungen, § 19 Abs. 3 Nr. 1a GwG) ergeben (so *Krais* CCZ 2017, 98 (103)). Darüber hinaus ist gemäß § 19 Abs. 3 Nr. 1b GwG die Form der Kontrolle von Relevanz. Das heißt, die Stellung als wirtschaftlich Berechtigter kann bei Vereinigungen nach § 20 Abs. 1 S. 1 GwG mit Ausnahme der rechtsfähigen Stiftungen aus der Ausübung von Kontrolle auf sonstige Weise, insbesondere aufgrund von Absprachen zwischen einem Dritten und einem Anteilseigner oder zwischen mehreren Anteilseignern untereinander, oder aufgrund der einem Dritten eingeräumten Befugnis zur Ernennung von gesetzlichen Vertretern oder anderen Organmitgliedern abgeleitet werden. Wenn auch nach Durchführung umfassender Prüfungen von der meldepflichtigen Vereinigung nach § 20 Abs. 1 GwG kein wirtschaftlich Berechtigter ermittelt werden kann, gilt als wirtschaftlich Berechtigter der gesetzliche Vertreter, der geschäftsführende Gesellschafter oder der Partner des Vertragspartners (§ 3 Abs. 2 S. 5 GwG). Gemäß § 19 Abs. 3 Nr. 1c GwG wird die Stellung als wirtschaftlicher Berechtigter daher auch durch die Funktion des gesetzlichen Vertreters, geschäftsführenden Gesellschafters oder Partners bestimmt. Zur Art des wirtschaftlichen Interesses gehört damit auch die Eigenschaft nach § 3 Abs. 2 S. 5 GwG. Die registerführende Stelle fragt bei Eintragung einer mitteilungspflichtigen Vereinigung folglich auch das Vorliegen eines fiktiven wirtschaftlich Berechtigten ab (so BT-Drs. 19/13827, 87.)

Bei Rechtsgestaltungen nach § 21 GwG und rechtsfähigen Stiftungen ist die **9**
Stellung als wirtschaftlicher Berechtigter aus einer der in § 3 Abs. 3 GwG aufgeführten Funktionen zu bestimmen (§ 19 Abs. 3 Nr. 2 GwG). Zu den wirtschaftlich Berechtigten zählt hiernach jede natürliche Person, die als Treugeber, Verwalter von Trusts (Trustee) oder Protektor, sofern vorhanden, handelt (Nr. 1), jede natürliche Person, die als Mitglied des Vorstands der Stiftung bestimmt worden ist (Nr. 2), jede natürliche Person, die als Begünstigte bestimmt worden ist (Nr. 3), die Gruppe von natürlichen Personen, zu deren Gunsten das Vermögen verwaltet oder verteilt werden soll, sofern die

§ 20 Abschnitt 4. Transparenzregister

natürliche Person, die Begünstigte des verwalteten Vermögens werden soll, noch nicht bestimmt ist (Nr. 4), jede natürliche Person, die auf sonstige Weise unmittelbar oder mittelbar beherrschenden Einfluss auf die Vermögensverwaltung oder Ertragsverteilung ausübt (Nr. 5) und jede natürliche Person, die unmittelbar oder mittelbar beherrschenden Einfluss auf eine Vereinigung ausüben kann, die Mitglied des Vorstands der Stiftung ist oder die als Begünstigte der Stiftung bestimmt worden ist (Nr. 6)

§ 20 Transparenzpflichten im Hinblick auf bestimmte Vereinigungen

(1) **Juristische Personen des Privatrechts und eingetragene Personengesellschaften haben die in § 19 Absatz 1 aufgeführten Angaben zu den wirtschaftlich Berechtigten dieser Vereinigungen einzuholen, aufzubewahren, auf aktuellem Stand zu halten und der registerführenden Stelle unverzüglich zur Eintragung in das Transparenzregister mitzuteilen.** Die Pflicht nach Satz 1 gilt auch für Vereinigungen mit Sitz im Ausland, wenn sie sich verpflichten, Eigentum an einer im Inland gelegenen Immobilie zu erwerben. Die Pflicht nach Satz 1 gilt nicht für in Satz 2 genannte Vereinigungen, wenn sie die Angaben nach Artikel 1 Nummer 15 Buchstabe c der Richtlinie (EU) 2018/843 und nach § 19 Absatz 1 bereits an ein anderes Register eines Mitgliedstaates der Europäischen Union übermittelt haben. Die Mitteilung hat elektronisch in einer Form zu erfolgen, die ihre elektronische Zugänglichmachung ermöglicht. Bei den Angaben zu Art und Umfang des wirtschaftlichen Interesses nach § 19 Absatz 1 Nummer 4 ist anzugeben, woraus nach § 19 Absatz 3 die Stellung als wirtschaftlich Berechtigter folgt, sofern nicht Absatz 2 Satz 2 einschlägig ist.

(1a) Eine juristische Person des Privatrechts oder eine eingetragene Personengesellschaft, die nach Absatz 1 Satz 1 mitteilungspflichtig ist und die nicht in einem der in Absatz 2 Satz 1 Nummer 1 bis 4 aufgeführten Register eingetragen ist, hat der registerführenden Stelle unverzüglich mitzuteilen, wenn
1. sich ihre Bezeichnung geändert hat,
2. sie verschmolzen worden ist,
3. sie aufgelöst worden ist oder
4. ihre Rechtsform geändert wurde.

(2) Die Pflicht zur Mitteilung an das Transparenzregister nach Absatz 1 Satz 1 gilt als erfüllt, wenn sich die in § 19 Absatz 1 Nummer 1 bis 4 aufgeführten Angaben zum wirtschaftlich Berechtigten bereits aus den in § 22 Absatz 1 aufgeführten Dokumenten und Eintragungen ergeben, die elektronisch abrufbar sind aus:
1. dem Handelsregister (§ 8 des Handelsgesetzbuchs),
2. dem Partnerschaftsregister (§ 5 des Partnerschaftsgesellschaftsgesetzes),
3. dem Genossenschaftsregister (§ 10 des Genossenschaftsgesetzes),
4. dem Vereinsregister (§ 55 des Bürgerlichen Gesetzbuchs) oder
5. dem Unternehmensregister (§ 8b Absatz 2 des Handelsgesetzbuchs).

Bei Gesellschaften, die an einem organisierten Markt nach § 2 Absatz 11 des Wertpapierhandelsgesetzes notiert sind oder dem Gemeinschaftsrecht entsprechenden Transparenzanforderungen im Hinblick auf Stimmrechtsanteile oder gleichwertigen internationalen Standards unterliegen, gilt die

Pflicht zur Mitteilung an das Transparenzregister stets als erfüllt. Eine gesonderte Angabe im Hinblick auf Art und Umfang des wirtschaftlichen Interesses nach § 19 Absatz 1 Nummer 4 ist nicht erforderlich, wenn sich aus den in § 22 Absatz 1 aufgeführten Dokumenten und Eintragungen ergibt, woraus nach § 19 Absatz 3 die Stellung als wirtschaftlich Berechtigter folgt. Ist eine Mitteilung nach Absatz 1 Satz 1 an das Transparenzregister erfolgt und ändert sich danach der wirtschaftlich Berechtigte, so dass sich die Angaben zu ihm nun aus den in Satz 1 aufgeführten Registern ergeben, ist dies der registerführenden Stelle nach Absatz 1 Satz 1 unverzüglich zur Berücksichtigung im Transparenzregister mitzuteilen.

(3) Wirtschaftlich Berechtigte von Vereinigungen nach Absatz 1 haben diesen Vereinigungen die zur Erfüllung der Pflichten nach Absatz 1 notwendigen Angaben mitzuteilen und jede Änderung dieser Angaben unverzüglich mitzuteilen. Anteilseigner, die wirtschaftlich Berechtigte sind oder die von dem wirtschaftlich Berechtigten unmittelbar kontrolliert werden, haben den Vereinigungen nach Absatz 1 die zur Erfüllung der Pflichten nach Absatz 1 notwendigen Angaben mitzuteilen und jede Änderung dieser Angaben unverzüglich mitzuteilen. Kontrolliert ein Mitglied eines Vereins oder einer Genossenschaft mehr als 25 Prozent der Stimmrechte, so trifft die Mitteilungspflicht nach Satz 1 dieses Mitglied. Bei Stiftungen trifft die Mitteilungspflicht nach Satz 1 die Personen nach § 3 Absatz 3.

(3a) Hat die Vereinigung keine Angaben der wirtschaftlich Berechtigten nach Absatz 3 erhalten, so hat sie von ihren Anteilseignern, soweit sie ihr bekannt sind, in angemessenem Umfang Auskunft zu dem wirtschaftlich Berechtigten der Vereinigung zu verlangen. Die Anteilseigner sind verpflichtet, das Auskunftsersuchen innerhalb angemessener Frist zu beantworten. Die Pflicht, Auskunft nach Satz 1 zu verlangen, gilt nicht, wenn der Vereinigung die Angaben zum wirtschaftlich Berechtigten nach § 19 bereits anderweitig bekannt sind. Die Vereinigung hat die Auskunftsersuchen sowie die eingeholten Informationen zu dokumentieren.

(3b) Gelangt der Anteilseigner zu der Erkenntnis, dass sich der wirtschaftlich Berechtigte der Vereinigung geändert hat, so muss er dies der Vereinigung innerhalb einer angemessenen Frist mitteilen. Satz 1 gilt nicht, wenn
1. die Angaben zu dem neuen wirtschaftlich Berechtigten bereits über das Transparenzregister zugänglich sind, oder
2. der Anteilseigner anderweitig positive Kenntnis davon hat, dass der Vereinigung der neue wirtschaftlich Berechtigte bekannt ist.

Der Anteilseigner hat die Mitteilung an die Vereinigung zu dokumentieren und aufzubewahren.

(4) Die Angabepflicht nach Absatz 3 entfällt, wenn die Meldepflicht nach Absatz 1 gemäß Absatz 2 als erfüllt gilt oder wenn die Anteilseigner, Mitglieder und wirtschaftlich Berechtigten die erforderlichen Angaben bereits in anderer Form mitgeteilt haben.

(5) Die Zentralstelle für Finanztransaktionsuntersuchungen und die Aufsichtsbehörden können im Rahmen ihrer Aufgaben und Befugnisse die nach Absatz 1 aufbewahrten Angaben einsehen oder sich vorlegen lassen. Die Angaben sind ihnen unverzüglich zur Verfügung zu stellen.

§ 20 Abschnitt 4. Transparenzregister

Literatur: *Assmann/Hütten,* Das elektronische Transparenzregister – Mitteilungs- und Angabepflichten, AG 2017, 449 ff.; *Blaurock/Pordzik,* Der wirtschaftlich Berechtigte im Sinne des Transparenzregisters – Offenlegungspflichten für stille Beteiligungsstrukturen, NZG 2019, S. 413 ff.; *Bochmann,* Das neue Transparenzregister als Compliance-Aufgabe, FUS 2017, S. 106 ff.; *Bochmann,* Zweifelsfragen des neuen Transparenzregisters, DB 2017, 1310 ff.; *Fisch,* Das neue Transparenzregister und seine Auswirkungen auf die Praxis, NZG 2017, 408 ff., *Heß/Laschewski,* Transparenzregister und Kommanditgesellschaften – Umfang der Meldepflichten im Bereich KG und Co. KG mit Blick auf die neueren Hinweise des BVA und die Fiktion des § 20 Abs. 2 S. 1 GwG, DStR 2019, S. 2151 ff.; juris Lexikon Steuerrecht, 2020, zitiert: *Bearbeiter,* juris Lexikon Steuerrecht; *Krais,* Die Pläne zur Errichtung eines zentralen Transparenzregisters, CCZ 2017, 98 ff.; *Löhrer,* Transparenzregister: Neue Offenlegungspflichten bei der GmbH und bei der GmbH & Co. KG? (Teil 1), GmbH-StB 2018, S. 91 ff.; *Löhrer,* Transparenzregister: Neue Offenlegungspflichten bei der GmbH und bei der GmbH & Co. KG? (Teil 2), GmbH-StB 2018, S. 118 ff.; *Mohamed,* Aktien und Aktienrepräsentanz im Zuge des Transparenzregisters (?), ZIP 2017, S. 2133 ff.; *Müller,* Transparenz auf allen Ebenen – Zur Umsetzung der Vierten Geldwäscherichtlinie – Teil 1, NZWiSt 2017, 87 ff.; *Pelka/Hettler/Weinhausen,* Mitteilungspflicht zum Transparenzregister in Treuhandfällen, DStR 2018, S. 1303 ff.; *Schaub,* Stimmbindungsvereinbarungen im neuen Transparenzregister, DStR 2018, S. 871 *Ulrich,* Transparenzregister macht Gesellschafterliste maschinenlesbar, GmbHR 2017, R101 (Heft 07).

Übersicht

		Rn.
I.	Juristische Personen des Privatrechts und eingetragene Personengesellschaften (Abs. 1)	1
	1. Erfasste Vereinigungen und Rechtsgestaltung	4
	2. Angaben zum wirtschaftlich Berechtigten und zu Art und Umfang des wirtschaftlichen Interesses	6
II.	Kenntniserlangung von Änderungen (Abs. 1a)	9
III.	Anderweitige Dokumente und Registereintragungen (Abs. 2)	10
	1. Handelsregister (§ 8 HGB)	14
	2. Partnerschaftsregister (§ 5 Partnerschaftsgesellschaftsgesetz)	17
	3. Genossenschaftsregister (§ 10 Genossenschaftsgesetz)	18
	4. Vereinsregister (§ 55 BGB)	20
	5. Unternehmensregister (§ 8b Abs. 2 HGB)	22
IV.	Mitteilung von Änderungen (Abs. 3 und 4)	24
V.	Auskunftsersuchen der Anteilseigner einer Vereinigung (Abs. 3a)	28
VI.	Mitteilungspflicht der Anteilseigner einer Vereinigung (Abs. 3b)	29
VII.	Befugnisse der Zentralstelle für Finanztransaktionsuntersuchungen und der Aufsichtsbehörden (Abs. 5)	30

I. Juristische Personen des Privatrechts und eingetragene Personengesellschaften (Abs. 1)

1 § 20 Abs. 1 GwG bestimmt, dass juristische Personen des Privatrechts und eingetragene Personengesellschaften die in § 19 Abs. 1 GwG aufgeführten Angaben zu den wirtschaftlich Berechtigten dieser Vereinigungen einzuholen, aufzubewahren, auf aktuellen Stand zu halten und der registerführenden Stelle unverzüglich zur Eintragung in das Transparenzregister mitzuteilen haben. Die Intention des Gesetzgebers ist es, sämtliche Personen in einem Register zu erfassen, die unmittelbar oder auch nur mittelbar Einfluss auf die Rechtsgestaltungen ausüben können. Zu den in

§ 19 Abs. 1 GwG aufgeführten Angaben des wirtschaftlich Berechtigten zählen der Vor- und Nachname, das Geburtsdatum, der Wohnort und Art und Umfang des wirtschaftlichen Interesses. Die in § 20 Abs. 1 GwG normierte (Compliance-) Pflicht, Angaben zu den wirtschaftlich Berechtigten der juristischen Personen oder eingetragene Personengesellschaften einzuholen, aufzubewahren, auf aktuellem Stand zu halten und unverzüglich an das Transparenzregister zu melden, orientiert sich an Art. 30 Abs. 1 UAbs. 1 der 4. Geldwäscherichtlinie (EU) 2015/849 des Europäischen Parlaments und des Rates. Ergänzt wird die Mitteilungspflicht nach § 20 Abs. 1 GwG durch die sog. Angabepflicht nach § 20 Abs. 3 GwG. Hiernach haben die Anteilseigner, die wirtschaftlich Berechtigte sind oder die von dem wirtschaftlich Berechtigten unmittelbar kontrolliert werden, die Pflicht, den Vereinigungen nach § 20 Abs. 1 GwG zur Erfüllung ihrer Pflichten, die hierfür notwendigen Angaben nebst etwaigen Änderungen unverzüglich mitzuteilen.

Im Zuge der Umsetzung der **5. Geldwäscherichtlinie** wurde S. 2 in § 20 Abs. 1 GwG ergänzt. Hiernach haben Vereinigungen mit Sitz im Ausland, wenn sie Eigentum an einer im Inland gelegenen Immobilie zu erwerben, ebenfalls die Mitteilungspflicht nach § 20 Abs. 1 S. 1 GwG zu erfüllen. Die Ergänzung geht auf die Stellungnahme des Bundesrates zum Gesetzentwurf zurück und dient der Bekämpfung des Geldwäscherisikos im Immobiliensektor (BT-Drs. 19/13827, 132). Die vielfältigen rechtlichen Gestaltungsoptionen für in- und ausländische juristische Personen und internationale Unternehmensgeflechte begünstigen die Verschleierung von Mittelherkunft und zugehöriger Eigentumsverhältnisse. Die Verpflichtung, Angaben zum wirtschaftlich Berechtigten dem Transparenzregister mitzuteilen, wurde daher auf ausländische juristische Personen ausgeweitet, die Eigentümer einer Immobilie in Deutschland sind. Aufgrund der eindeutigen Formulierung der Norm gilt die Mitteilungspflicht wohl nicht für den Erwerb dinglicher Rechte an einer Immobilie (vgl. hierzu aber die Forderung des Bundesrates BT-Drs. 19/13827, 132). Als weitere Einschränkung ist § 20 Abs. 1 S. 3 GwG anzusehen; hiernach bedarf es ebenfalls keiner Erfüllung der Mitteilungspflicht nach § 20 Abs. 1 GwG, wenn die Angaben nach § 20 Abs. 1 S. 2 GwG bereits an ein anderes Register eines Mitgliedstaates der Europäischen Union übermittelt wurden.

Die Mitteilung an das Transparenzregister hat gemäß § 20 Abs. 1 S. 4 GwG elek- 2 tronisch zu erfolgen und muss dem elektronischen Zugriff auch zugänglich sein. Ändern sich die Angaben zu den wirtschaftlich Berechtigten nach der Meldung an das Register, besteht die Pflicht eine Aktualisierung der Daten vorzunehmen und diese gegenüber der registerführenden Stelle mitzuteilen. Einer gesonderten Aufforderung durch die registerführende Stelle bedarf es hierfür nicht; die Aktualisierung ist als Teil der zu erfüllenden Compliance-Pflichten anzusehen. Hierzu zählt auch die kontinuierlich, jährlich wiederkehrende Pflicht, die Datenlage auf Richtigkeit und Vollständigkeit sowie auf Aktualität zu überprüfen (*Müller* NZWiSt 2017, 87 (93)). Mitgeteilt werden müssen die Angaben, die den Vereinigungen bereits bekannt sind; das heißt, sie sind nicht dazu verpflichtet weitere Nachforschungen durchzuführen wie beispielsweise über „längere Beteiligungskette" hinaus (BT-Drs. 18/11555, 127). Allerdings sind gemäß § 20 Abs. 3 GwG die jeweiligen Anteilseigner, die wirtschaftlich Berechtigte sind oder von dem wirtschaftlich Berechtigten unmittelbar kontrolliert werden, verpflichtet, den Vereinigungen nach § 20 Abs. 1 GwG notwendigen Angaben und jede Änderung dieser Angaben unverzüglich mitzuteilen, damit diese ihrer Mitteilungspflicht nachkommen können (vgl. hierzu auch *Bochmann* FUS 2017, 106 (107f.)). Soweit der Angabepflichtige nur Anteile für einen Dritten hält und dieser als wirtschaftlich Berechtigter anzusehen

Figura

ist, ist er verpflichtet diese Angaben mitzuteilen; eine tiefer gehende Überprüfung der Beteiligungskette wird jedoch – wie beim Mitteilungsverpflichteten – nicht gefordert (*Müller* NZWiSt 2017, 87 (94)). Allerdings ist der (tatsächlichen) wirtschaftlich Berechtigten gemäß § 20 Abs. 3 S. 1 GwG gehalten, mitzuwirken, um die mitteilungspflichtige Gesellschaft in die Lage zu versetzten die notwendigen Angaben gegenüber dem Transparenzregister zu tätigen (BT-Drs. 19/13827, 87).

3   Die Bußgeldvorschriften des § 56 Abs. 1 Nr. 55–60 GwG ahndet eine vorsätzlich oder leichtfertig Nicht-Erfüllung der Angabepflichten und soll einen Anreiz für eine ordnungsgemäße Durchführung setzen (so bereits BT-Drs. 18/11555, 127). Das Leitungsorgan der juristischen Person oder der eingetragenen Personengesellschaft hat dafür Sorge zu tragen, dass die Angaben zu den wirtschaftlich Berechtigten durch eine entsprechende interne Organisation überwacht und der registerführenden Stelle gemeldet werden. Angeforderte und erhaltene Daten müssen ordnungsgemäß archiviert und gemeldet werden; eine vorsätzliche oder leichtfertige Verletzung dieser Pflichten kann gemäß § 56 Abs. 1 Nr. 55 GwG mit einem Bußgeld geahndet werden.

1. Erfasste Vereinigungen und Rechtsgestaltung

4   Zunächst ist beachtlich, dass ein wirtschaftlich Berechtigter gemäß § 3 Abs. 1 GwG nur eine natürliche Person sein kann. Gesellschaft – gleich welcher Rechtsform – können folglich nie als wirtschaftlich Berechtigter dem Transparenzregister gemeldet werden (*Heß/Laschewski* DStR 2019, 2151). § 20 Abs. 1 GwG bestimmt daher, dass juristische Personen des Privatrechts und eingetragene Personengesellschaften die in § 19 Abs. 1 GwG aufgeführten Angaben zu den wirtschaftlich Berechtigten dieser Vereinigungen einzuholen, aufzubewahren, auf aktuellem Stand zu halten und der registerführenden Stelle unverzüglich zur Eintragung in das Transparenzregister mitzuteilen haben. Als wirtschaftlich Berechtigter ist damit diejenige natürlich Person zu benennen, „in deren Eigentum oder unter deren Kontrolle die transparenzpflichtige Einheit letztlich steht" (*Heß/Laschewski* DStR 2019, 2151)

Zu den Vereinigungen des § 20 Abs. 1 S. 1 GwG zählen zum einen juristische Personen des Privatrechts (wie bspw. die **AG** oder **GmbH**) und eingetragene Personengesellschaften. Zum anderen zählen zu den Vereinigungen nach § 20 Abs. 1 S. 1 GwG **eingetragene Vereine, eingetragene Genossenschaften** und **rechtsfähige Stiftungen** sowie **OHG** und **KG** und **Partnerschaftsgesellschaften nach dem PartGG** als eingetragene Personengesellschaften (vgl. hierzu Aufzählung in *Assmann/Hütten* AG 2017, 449 (453)). Der Wortlaut des § 20 Abs. 1 S. 1 GwG stellt wie bereits die 4. Geldwäscherichtlinie (EU) 2015/849 des Europäischen Parlaments und des Rates auf „eingetragene Gesellschaften" ab, um an die Eintragung von Gesellschaften in Gesellschafts-, Handels- oder vergleichbaren öffentlichen Registern als Gründungsvoraussetzung anknüpfen zu können; die Pflicht zur Mitteilung besteht damit nur für diejenigen Vereinigungen die in einem deutschen Register eingetragen sind (vgl. hierzu BT-Drs. 18/11555, 127 mit dem Hinweis, dass damit die rechtsfähige BGB-Außengesellschaft ausgeklammert wird; gleiches gilt wohl auch für die stille Gesellschaft, so *Bochmann* DB 2017, 1310 (1312)). Nicht mitteilungspflichtig sind grundsätzlich **Gesellschaften bürgerlichen Rechts (GbR)** sowie **Treuhandgesellschaften** als solche; soweit der Treuhänder mehr als 25% der Kapitalanteile bzw. Stimmrecht hält, muss eine Meldepflicht allerdings angenommen werden (*Löhrer* GmbH-StB 2018, 91 (92, 94); vgl. hierzu ferner *Pelka/*

Hettler/Weinhausen DStR 2018, 1303 (1306)). Auch **Nießbrauchsgestaltungen** sind dem Transparenzregister wohl nicht mitzuteilen (differenzierend hierzu *Löhrer* GmbH-StB 2018, 91 (94) mit Verweis auf die Stellungnahme des Bundesverwaltungsamtes).

Besonderheiten gelten für börsennotierte Unternehmen. In Bezug auf die **börsennotierte Aktiengesellschaft** ist davon auszugehen, dass die Meldefiktion des § 20 Abs. 2 GwG greift (vgl. zur Behandlung von Aktien und Aktienrepräsentanz *Mohamed* ZIP 2017, 2133 ff.). Die Stimmrechtsmitteilungen börsennotierter Gesellschaften ergeben sich bereits aus bestimmten Daten in anderen öffentlichen Registern, mit der Folge, dass keine Pflicht zur Mitteilung besteht (BT-Drs. 18/11555, 128). Ob sich die Meldefiktion auf mittelbar auf alle Tochterunternehmen des börsennotierten Unternehmens übertragen lässt, bleibt unklar (bejahend *Assmann/ Hütten* AG 2017, 449 (459)).

Die **GmbH & Co. KG** – eine Gesellschaftsform die insbesondere bei Familienunternehmen häufig genutzt wird – fällt grundsätzlich in den Anwendungsbereich der meldepflichtigen Unternehmen (*Löhrer* GmbH-StB 2018, 118 (122); zu den Besonderheiten bei den unterschiedlichen Beteiligungsstrukturen vgl. *Heß/ Laschewski* DStR 2019, 2151 (2153 f.)). Eine Mitteilungspflicht der Gesellschafter kann auch erforderlich sein, wenn die Meldefiktion des § 20 Abs. 2 und 4 GwG greift; dies dürfte in Bezug auf die GmbH dann der Fall sein, wenn die notwendigen Angaben sich aus dem Handelsregister bzw. der Gesellschafterliste ergeben (so auch *Löhrer* GmbH-StB 2018, 118 (119)).

Bei **stillen Gesellschaften** (§§ 230 ff. HGB) erscheint fraglich, ob diese zur Offenlegung des wirtschaftlich Berechtigten verpflichtet sind, da dies dem Wortlaut des § 20 Abs. 1 GwG nicht zu entnehmen ist (vgl. hierzu ausführlich *Blaurock/Pordzik* NZG 2019, 413 (415)). Davon zu unterscheiden ist die Frage, ob sich für den zur Transparenz Verpflichteten eine Pflicht zu Offenlegung aus § 3 Abs. 1 Nr. 1 Alt. 2 GwG ableiten lässt (dies verneinend *Blaurock/Pordzik* NZG 2019, 413 (416)). Noch differenzierter gestaltet sich die Offenlegungspflicht aus § 3 Abs. 1 Nr. 1 Alt. 2 GwG bei der **atypisch stillen Gesellschaft**, bei der dem Gesellschafter umfangreiche Vermögens- und Kontrollrechte an der Gesellschaft eingeräumt werden und er dadurch als Mitunternehmer anzusehen ist (zur atypisch stillen Gesellschaft s. *Spieker* in juris Lexikon Steuerrecht, Einkünfte aus Kapitalvermögen – Teil I, Rn. 29). Vor dem Hintergrund, dass dem atypisch still Beteiligten Rechte eingeräumt werden, die ihm eine Einwirkung auf die Gesellschaft ermöglichen, ist die Vorschrift wohl aufgrund des Normzwecks weit auszulegen mit der Folge, eine Pflicht zur Offenlegung derartiger Beteiligungsverhältnisse zu bejahen (so *Blaurock/ Pordzik* NZG 2019, 413 (416) mit Verweis auf BaFin, Auslegungs- und Anwendungshinweise zum Geldwäschegesetz, S. 49).

Wie **Stimmrechtsvereinbarungen** und **Konsortialvereinbarungen** zu behandeln sind, bleibt nach dem Wortlaut des Gesetzes offen. Unter Stimmrechtvereinbarungen bzw. Konsortialvereinbarungen sind Rechtsgestaltungen zu verstehen, die auf das zukünftige Stimmverhalten in Gesellschaften Bezug nehmen und Stimmrechte bündeln (*Schaub* DStR 2018, 871). Ob eine Mitteilungspflicht nach § 20 Abs. 1 GwG besteht, ist von der Ausgestaltung des Einzelfalls abhängig (vgl. hierzu *Schaub* DStR 2018, 871 (876)). Grundsätzlich kann wohl festgehalten werden, dass wenn mehrere Gesellschafter durch eine entsprechende Bündelung über mehr als 25 % der Stimmrechte verfügen, dem Grunde nach eine Mitteilungspflicht besteht (*Löhrer* GmbH-StB 2018, 91 (93 f.)). Diese bezieht sich auf die durch die Vereinbarung als zu qualifizierende wirtschaftlich berechtigte natürliche Person

(*Löhrer* GmbH-StB 2018, 91 (93f.)). Allerdings besteht auch in diesen Fallgestaltungen die Möglichkeit, dass sich die Stimmrechts- bzw. Konsortialvereinbarungen bereits aus einem öffentlich zugänglichen Register ergibt, und hierdurch die Mitteilungsfiktion gemäß § 20 Abs. 2 GwG zur Anwendung kommt.

5 Ein Inlandsbezug ist dem Gesetzeswortlaut nicht zu entnehmen; aus der Gesetzesbegründung kann allerdings abgeleitet werden, dass nur solche Vereinigungen von der Mitteilungspflicht des § 20 Abs. 1 GwG erfasst werden, die ihren Sitz im Inland haben (so *Assmann/Hütten* AG 2017, 449 (453) mit dem Hinweis, dass wohl auch eine gemäß § 13d HGB eingetragene Zweigniederlassung keine Mitteilungs- und Angabepflichten auslöst). Etwas anderes muss für die Angabepflicht nach § 20 Abs. 3 GwG gelten, um Angaben zu denjenigen wirtschaftlich Berechtigten zu erhalten, die ihren Wohnsitz bzw. Sitz im Ausland haben.

2. Angaben zum wirtschaftlich Berechtigten und zu Art und Umfang des wirtschaftlichen Interesses

6 Für die **Bestimmung des wirtschaftlich Berechtigten** ist die Regelung des § 3 Abs. 1 und 2 GwG von Bedeutung. Gemäß § 19 Abs. 2 GwG gilt für die Bestimmung des wirtschaftlich Berechtigten von Vereinigungen iSd § 20 Abs. 1 S. 1 GwG – mit Ausnahme der rechtsfähigen Stiftungen – § 3 Abs. 1 und 2 GwG entsprechend. Da der Begriff des wirtschaftlich Berechtigten zum einen auf die natürliche Person abstellt (Abs. 1) und darüber hinaus eine Anteilsschwelle von 25 Prozent (Abs. 2) als maßgeblich anzusehen ist, kann davon ausgegangen werden, dass es nur für eine überschaubare Anzahl an Personen pro Rechtsträger gibt, die als wirtschaftlich Berechtigter anzusehen sind, und entsprechende Mitteilungspflichten auslösen (BT-Drs. 18/11555, 127). Bestehen Unsicherheiten, ob eine Mitteilung zu erfolgen hat, erscheint es vorzugswürdig, die Angaben über einen (ggf. bestehenden) wirtschaftliche Berechtigten der registerführenden Stelle bekannt zu geben (BT-Drs. 18/11555, 127 mit dem Hinweis, dass eine „Übererfüllung" als unschädlich einzustufen ist). Beachtlich ist allerdings in diesem Zusammenhang, dass wirtschaftlich Berechtigte von Vereinigungen nach § 20 Abs. 1 GwG gehalten sind, diesen Vereinigungen die zur Erfüllung der Mitteilungspflicht notwendigen Angaben zukommen zulassen und Änderungen dieser Angaben unverzüglich mitzuteilen.

Von den Meldepflichten im Übermaß betroffen dürften die Gesellschaften mit beschränkter Haftung sein (zur Ausgestaltung der Gesellschafterliste *Ulrich* GmbHR 2017, R101); diese Gesellschaftsform weist ausschließlich natürliche Personen auf, die wiederum als wirtschaftlich Berechtigte einzustufen wären. Der hierdurch entstehende „Verwaltungsaufwand" wird durch die Regelung des § 20 Abs. 2 GwG abgemildert, da ein Rückgriff auf bestimmte Registerdaten zulässig ist (Vermeidung sog. „Doppelmeldungen"). Die im Jahr 2017 durchgeführte Änderung des § 40 Abs. 1 S. 1 GmbHG tangiert die Meldepflicht insoweit nicht; dh die Meldefiktion des § 20 Abs. 2 GwG findet auch dann Anwendung, wenn einer (aktuellen) Gesellschafterliste nicht die Angaben zur prozentualen Beteiligung am Festkapital entnommen werden können (so *Löhrer* GmbH-StB 2018, 91 (95)).

7 Bei den Angaben zu Art und Umfang des wirtschaftlichen Interesses nach § 19 Abs. 1 Nr. 4 GwG ist anzugeben, woraus nach § 19 Abs. 3 die Stellung als wirtschaftlich Berechtigter folgt, sofern nicht § 20 Abs. 2 S. 2 GwG einschlägig ist. Art und Umfang des wirtschaftlichen Interesses an juristischen Personen des Privatrechts und rechtsfähigen Personengesellschaften bemessen sich nach der Beteiligung an der Vereinigung selbst, insbesondere nach der Höhe der Kapitalanteile oder der

Stimmrechte (§ 19 Abs. 3 Nr. 1 a GwG), nach der Ausübung von Kontrolle auf sonstige Weise, insbesondere aufgrund von Absprachen zwischen einem Dritten und einem Anteilseigner oder zwischen mehreren Anteilseignern untereinander, oder aufgrund der einem Dritten eingeräumten Befugnis zur Ernennung von gesetzlichen Vertretern oder anderen Organmitgliedern (§ 19 Abs. 3 Nr. 1 b GwG) sowie nach der Funktion des gesetzlichen Vertreters, geschäftsführenden Gesellschafters oder Partners (§ 19 Abs. 3 Nr. 1 c GwG). Bei der Ausübung der Kontrolle auf „sonstige Weise" (§ 19 Abs. 3 Nr. 1 b GwG) sind ggf. auch besondere Absprache zwischen Anteilseignern wie bspw. Stimmungs-, Pool- oder Konsortialvereinbarungen mitzuteilen, wenn diese eine kontrollbegründende Wirkung entfalten (so *Assmann/Hütten* AG 2017, 449 (456)). Wer in einem solchen Fall als wirtschaftlich Berechtigter anzusehen ist, erscheint fraglich; in Frage käme die natürliche Person, die den Gesellschafterpool beherrscht (vgl. hierzu *Assmann/Hütten* AG 2017, 449 (456)).

Eine gesonderte Angabe ist gemäß § 20 Abs. 2 S. 2 GwG dann nicht erforderlich, **8** wenn sich aus den in § 22 Abs. 1 GwG aufgeführten Dokumenten und Eintragungen (wie bspw. Eintragungen im Handelsregister) ergibt, woraus nach § 19 Abs. 3 GwG die Stellung als wirtschaftlich Berechtigter abgeleitet werden kann. Dies gilt auch, wenn gesetzliche Beteiligungsrechten, die über Stimmrechte vermittelte Kontrolle oder auch die Stellung als Partner und damit die Möglichkeit der Einflussnahme bereits über Art und Umfang des wirtschaftlichen Interesses hinreichend Auskunft vermitteln (BT-Drs. 18/11555, 128). Angaben sind demzufolge nur dann notwendig, wenn die elektronisch abrufbaren Dokumente und Eintragungen in öffentlichen Registern keine Angaben enthalten.

Die Gesetzesbegründung bildet für diese Konstellation folgendes Beispiel: An einer Gesellschaft sind zwei Anteilseigner mit jeweils 20 Prozent beteiligt, aber aufgrund einer gemeinsamen Absprache (zB einer Stimmbindungsvereinbarung) üben sie Kontrolle über die Gesellschaft aus (Bsp. entnommen aus BT-Drs. 18/11555, 128). Die Regelung des § 20 Abs. 2 GwG findet auf diese Fallgestaltung keine Anwendung mit der Folge, dass weitergehende Angaben zu der Stellung des wirtschaftlich Berechtigten gegenüber der registerführenden Stelle zu tätigen sind. Die wirtschaftliche Berechtigung wird durch die Stimmbindungsvereinbarung begründet. Etwas anderes gilt nur, wenn es sich bei der Gesellschaft um eine börsennotierte Aktiengesellschaft handelt; konkretisierende Angaben sind obsolet, da die Fiktion des § 20 Abs. 2 GwG zur Anwendung kommt (vgl. auch hierzu BT-Drs. 18/11555, 128).

II. Kenntniserlangung von Änderungen (Abs. 1a)

§ 20 Abs. 1a GwG wurde im Zuge der Umsetzung der **5. Geldwäschericht-** **9** **linie** ergänzt. Die Regelung bestimmt für nach § 20 Abs. 1 GwG mitteilungspflichtige juristische Personen des Privatrechts oder eingetragene Personengesellschaften, dass diese bei Kenntniserlangung von Änderungen an der Vereinigung, diese Änderungen der registerführenden Stelle unverzüglich mitzuteilen haben. Als Änderung ist die Änderung der Bezeichnung oder Rechtsform der Vereinigung, die Verschmelzung von Vereinigungen und deren Auflösung anzusehen. Die Regelung soll insbesondere die Auffindbarkeit der Vereinigung gewährleistet (BT-Drs. 19/13827, 87), gilt aber nur, wenn die Vereinigung nicht in einem der in § 20 Abs. 2 S. 1 Nr. 1–4 GwG aufgeführten Register eingetragen ist. Bei nicht im Register geführten Vereinigungen könnte ohne diese Regelung der Umstand eintreten,

Figura

§ 20

dass diese weiterhin im Transparenzregister als existent erscheinen, obwohl sie aufgelöst sind oder unter einem alten Namen geführt werden (BT-Drs. 19/13827, 87).

III. Anderweitige Dokumente und Registereintragungen (Abs. 2)

10 § 20 Abs. 2 GwG bestimmt, dass die Pflicht zur Mitteilung an das Transparenzregister als erfüllt gilt, wenn sich die in § 19 Abs. 1 Nr. 1–4 GwG aufgeführten Angaben zum wirtschaftlich Berechtigten bereits aus den in § 22 Abs. 1 GwG aufgeführten Dokumenten und Eintragungen ergebe, die elektronisch abrufbar sind. Zu den Angaben des § 19 Abs. 1 Nr. 1–4 GwG zählen der Vor- und Nachname, das Geburtsdatum, der Wohnort und Art und Umfang des wirtschaftlichen Interesses des wirtschaftlich Berechtigten. Auf die Staatsangehörigkeit (§ 19 Abs. 1 Nr. 5 GwG) verweist § 20 Abs. 2 GwG nicht, da eine Eintragung der Staatsangehörigkeit in das Transparenzregister nur erforderlich ist, wenn die Mitteilungsfiktion nicht greift (BT-Drs. 19/13827, 87).

Zu den öffentlichen Register iSd § 20 Abs. 2 GwG zählen
– das Handelsregister (§ 8 des Handelsgesetzbuchs),
– das Partnerschaftsregister (§ 5 des Partnerschaftsgesellschaftsgesetzes),
– das Genossenschaftsregister (§ 10 des Genossenschaftsgesetzes),
– das Vereinsregister (§ 55 des Bürgerlichen Gesetzbuchs) oder
– das Unternehmensregister (§ 8b Abs. 2 des Handelsgesetzbuchs).

Das Handels-, Partnerschafts-, Genossenschafts- und Vereinsregister gibt grundsätzlich Auskunft über die Gesellschafter und/oder die gesetzlichen Vertreter der jeweiligen Vereinigung. Diese Angabe dient insbesondere einer hilfsweisen Heranziehung dieser Personen über § 3 GwG (vgl. hierzu BT-Drs. 18/11555, 128 mit Verweis auf Art. 3 Abs. 6 Buchst. a ii der Geldwäscherichtlinie (EU) 2015/849 des Europäischen Parlaments und des Rates). Das Unternehmensregister enthält ua Daten nach §§ 21, 26 Wertpapierhandelsgesetz sowie weitere aktienrechtliche Bekanntmachungen.

Bei Gesellschaften, die an einem organisierten Markt nach § 2 Abs. 11 Wertpapierhandelsgesetz notiert sind oder dem Gemeinschaftsrecht entsprechenden Transparenzanforderungen im Hinblick auf Stimmrechtsanteile oder gleichwertigen internationalen Standards unterliegen, gilt die Pflicht zur Mitteilung an das Transparenzregister stets als erfüllt.

Das Aktienregister (§ 67 Aktiengesetz) ist nicht Teil der Aufzählung mit der Folge, dass eine Meldung an die registerführende Stelle durch den Verpflichteten zu erfolgen hat, wenn sich der wirtschaftlich Berechtigte, nur anhand der Angaben des Aktienregisters nachweisen lässt. Der Aktionär selbst ist seiner Verpflichtung gegenüber der Aktiengesellschaft durch die Eintragung in das Aktienregister nachgekommen; etwas Anderes gilt nur, wenn die Kontrolle des wirtschaftlich Berechtigten durch eine andere Konstruktion (wie bspw. durch eine Treuhandgestaltung) erfolgt (so BT-Drs. 18/11555, 128). Für börsennotierte Aktiengesellschaften sind insbesondere die jeweiligen Stimmrechtsmitteilungen von Relevanz; aufgrund der Meldefiktion des § 20 Abs. 2 S. 1 GwG dürfte daher bei börsennotierten Gesellschaften die Mehrbelastung durch zusätzliche Meldung gering ausfallen (zum Erfüllungsaufwand der Wirtschaft *Bochmann* FUS 2017, 106 (109)).

Am 20. April 2020 veröffentlichte das Bundesministerium der Justiz und für Verbraucherschutz einen Gesetzesentwurf der Expertenkommission zur Modernisierung des Personengesellschaftsrechts (MoPeG). Der Entwurf sieht vor, dass Gesellschafter einer GbR nach § 707 Abs. 1 BGB-E künftig die Gesellschaft zur Eintragung in ein „neues Gesellschaftsregister" anmelden können. Das MoPeG verzichtet allerdings auf die Einführung einer allgemeinen Registerpflicht für die GbR und begründet lediglich ein Eintragungswahlrecht. Es ist geplant, die Reform noch in der laufenden 19. Legislaturperiode umzusetzen. Offen lässt der Gesetzentwurf das Verhältnis des „Gesellschaftsregisters" zum „Transparenzregister" insbesondere zu den Regelungen nach §§ 20 Abs. 2 Satz 1, 22 Abs. 1 GwG.

Die Regelung des § 20 Abs. 2 GwG dient der Verringerung des Aufwands auf **11** Seiten der Unternehmen und soll Mehrfachmeldungen vermeiden (Ausprägung des Verhältnismäßigkeitsgrundsatzes). Durch die neu eingeführten Mitteilungs- und Meldepflichten soll die Wirtschaft so wenig wie möglich belastet werden. Berücksichtigung finden allerdings nur Dokumente, die elektronisch verfügbar sind; nur in dieser Form kann eine Verlinkung über das Transparenzregister erfolgen und die Daten abrufbar ausgestaltet werden (BT-Drs. 18/11555, 128). Die Reichweite der Meldefiktion ist bislang nicht eindeutig bestimmt; insbesondere bei mehrstufigen Beteiligungsketten könnte es zu Auslegungsproblemen kommen, da sich aus den Registerinformationen nur die unmittelbaren Anteilseigner ergeben und sich die weitere Beteiligungskette oftmals nicht direkt entnehmen lässt (vgl. hierzu *Assmann/Hütten* AG 2017, 449 (459)).

Greift die zuvor dargestellte Meldefiktion, ist eine erneute Meldung an das **12** Transparenzregister nicht mehr erforderlich. Etwas anderes gilt, wenn eine Mitteilung an das Transparenzregister gemäß § 20 Abs. 1 S. 1 GwG erfolgt ist und sich danach der wirtschaftlich Berechtigte ändert. In einem solchen Fall sind der registerführenden Stelle gemäß § 20 Abs. 2 S. 4 GwG die neuen Angaben unverzüglich mitzuteilen, die sich nun aus den in § 20 Abs. 2 S. 1 GwG aufgeführten Registern ergeben.

§ 19 Abs. 3 GwG normiert die Angaben zu Art und Umfang des wirtschaftlichen **13** Interesses nach § 19 Abs. 1 Nr. 4 GwG. Die Regelung bestimmt, was unter Art und Umfang des wirtschaftlichen Interesses für die jeweiligen Vereinigungen iSd § 20 Abs. 1 S. 1 GwG zu verstehen ist und woraus sich die Stellung als wirtschaftlich Berechtigter folgt (BT-Drs. 18/11555, 127). Beachtlich ist, dass hierdurch nicht die Definition des wirtschaftlichen Berechtigten modifiziert wird, sondern vielmehr Vorgaben erteilt werden, welche Mitteilung über die wirtschaftliche Berechtigung an das Transparenzregister zu erfolgen haben und woraus sich diese Berechtigung ergibt (so *Krais* CCZ 2017, 98 (103)). Nach § 20 Abs. 2 S. 3 GwG sind gesonderte Angabe im Hinblick auf Art und Umfang des wirtschaftlichen Interesses nach § 19 Abs. 1 Nr. 4 GwG nicht erforderlich, wenn sich aus den in § 22 Abs. 1 GwG aufgeführten Dokumenten und Eintragungen bereits die Stellung des wirtschaftlich Berechtigten ergibt. Auch diese Regelung ist eine Ausprägung des Verhältnismäßigkeitsgrundsatzes und dient der Vermeidung einer Mehrbelastung auf Unternehmensseite.

1. Handelsregister (§ 8 HGB)

Das Handelsregister wird in den §§ 8 ff. HGB und durch die Handelsregisterverordnung (HRV) näher bestimmt. Geführt wird das Register gemäß § 8 Abs. 1 HGB **14** bei den Gerichten in elektronischer Form. Soweit nicht nach § 376 Abs. 2 FamFG und in den Angelegenheiten der freiwilligen Gerichtsbarkeit etwas Abweichendes geregelt ist, führt jedes Amtsgericht, in dessen Bezirk ein Landgericht seinen Sitz hat, für den Bezirk dieses Landgerichts ein Handelsregister (§ 1 HRV).

§ 20 Abschnitt 4. Transparenzregister

Das Handelsregister gliedert sich gemäß § 3 HRV in zwei Abteilungen; Abteilung A (HRA) wird für Einzelunternehmen, Personengesellschaften und rechtsfähige wirtschaftliche Vereine geführt und in Abteilung B (HRB) erfolgt die Eintragung zu Kapitalgesellschaften. Gemäß § 12 Abs. 1 HGB sind Anmeldungen zum Register (Neueintragung, Veränderung, Löschung) in elektronisch, öffentlich beglaubigter Form zu tätigen. Gemäß § 29 HGB ist jeder Kaufmann verpflichtet, seine Firma, den Ort und die inländische Geschäftsanschrift seiner Handelsniederlassung bei dem Gericht, in dessen Bezirk sich die Niederlassung befindet, zur Eintragung in das Handelsregister anzumelden. Ausnahmen bestehen für sog. „Kleingewerbetreibende", die zwar ein Gewerbe ausüben, aber nicht den Regelungen für Kaufleute unterliegen (§ 1 Abs. 2 HGB). Kapitalgesellschaften sind stets in das Register einzutragen.

15 Jeder Einzelkaufmann, jede juristische Person sowie jede Handelsgesellschaft ist gemäß § 13 HRV unter einer in derselben Abteilung fortlaufenden Nummer (Registerblatt) in das Register einzutragen. Das Handelsregister gibt gemäß §§ 40 ff. HRV Auskunft über

- die Firma/das jeweilige Unternehmen
- Sitz und Geschäftsanschrift
- Niederlassung und Zweigniederlassungen sowie deren Anschrift
- Gegenstand des Unternehmens
- vertretungsberechtigten Personen (Vorstand, Geschäftsführer, Prokuristen, Inhaber, persönlich haftende Gesellschafter) nebst Geburtsdatum und besondere Vertretungsbefugnis
- Rechtsform des Unternehmens
- Grund- oder Stammkapital
- Kommanditisten, Mitglieder
- sonstige Rechtsverhältnisse (zB Umwandlungen, Insolvenzverfahren, Auflösung)

Über das Handelsregister können auch diverse weitere Dokumente eingesehen werden, wie bspw. Gesellschafterliste einer GmbH (§ 40 Abs. 1 GmbHG), die Satzungen der Kapitalgesellschaften, Listen der Aufsichtsratsmitglieder (§ 106 AktG) oder auch Unternehmensverträge. Diese Dokumente werden für jedes Registerblatt in den „Registerordner" aufgenommen und in der Reihenfolge ihres Eingangs und nach Art des Dokuments sortiert abrufbar gehalten (§ 9 HRV).

Weist die zuvor genannte Gesellschaftsliste drei natürliche Personen als Gesellschafter mit jeweils mehr als 25 Prozent der Gesellschaftsanteile aus, so kann eine Meldung gegenüber dem Transparenzregister unterbleiben; etwas Anderes gilt nur für Treuhandverhältnisse, wenn also „hinter einem der Gesellschafter ein Treugeber stünde, der sich naturgemäß nicht aus öffentlich zugänglichen Registern ergibt" (Bsp. entnommen aus BT-Drs. 18/11555, 129). In diesem Fall wäre eine Meldung gemäß § 20 Abs. 1 GwG erforderlich.

16 Für bestimmte Tatsachen besteht die Pflicht eine Eintragung in das Handelsregister durchzuführen. Kommt der Eintragungspflichtige der Eintragung nicht nach, kann gemäß § 14 HGB ein Zwangsgeld festgesetzt werden. Eintragungspflichtig sind ua:

§ 29 HGB (Firma des Kaufmanns),
§ 31 HGB (Veränderungen und Erlöschen der Firma),
§ 34 HGB (Satzung, Auflösung),
§ 53 HGB (Erteilung und Erlöschen Prokura),
§ 106 HGB (Anmeldung OHG),

Transparenzpflichten im Hinblick auf bestimmte Vereinigungen § 20

§ 162 HGB (Anmeldung KG);
§ 7 GmbHG (Anmeldung GmbH),
§ 39 GmbHG (Geschäftsführer),
§ 40 GmbHG (Gesellschafter),
§ 54 GmbHG (Satzungsänderung),
§ 36 AktG (Anmeldung AG);
§ 45 AktG (Sitzverlegung AG),
§ 81 AktG (Änderung Vorstand),
§ 181 AktG (Satzungsänderung),
Nach § 143 Abs. 1 HGB, § 263 AktG, § 65 GmbHG ist ferner auch die Auflösung durch die Gesellschafter bzw. durch den Vorstand anzumelden.

2. Partnerschaftsregister (§ 5 Partnerschaftsgesellschaftsgesetz)

Die Partnerschaft ist gemäß § 1 Abs. 1 PartGG eine Gesellschaft, in der sich Angehörige Freier Berufe zur Ausübung ihrer Berufe zusammenschließen. Die Partnerschaft übt kein Handelsgewerbe aus. Angehörige einer Partnerschaft können daher nur natürliche Personen sein. Die Partnerschaft ist in das Partnerschaftsregister anzumelden (vgl. § 4 PartGG); dieses wird beim jeweiligen Amtsgericht auf Grundlage bestimmter Regelungen des HGB geführt und registriert als öffentliches Register die Angaben über ihre wesentlichen Rechtsverhältnisse. Die Eintragung hat gemäß § 5 Abs. 1 iVm § 3 Abs. 2 PartGG den Namen und den Sitz der Partnerschaft, den Namen und den Vornamen sowie den in der Partnerschaft ausgeübten Beruf und den Wohnort jedes Partners und den Gegenstand der Partnerschaft zu enthalten. Gemäß § 5 Abs. 2 PartGG sind auf das Partnerschaftsregister und die registerrechtliche Behandlung von Zweigniederlassungen die §§ 8, 8a, 9, 10–12, 13, 13d, 13h und 14–16 HGB über das Handelsregister entsprechend anzuwenden; eine Pflicht zur Anmeldung einer inländischen Geschäftsanschrift besteht nicht.

17

3. Genossenschaftsregister (§ 10 Genossenschaftsgesetz)

Genossenschaften sind gemäß § 1 GenG Gesellschaften von nicht geschlossener Mitgliederzahl, deren Zweck darauf gerichtet ist, den Erwerb oder die Wirtschaft ihrer Mitglieder oder deren soziale oder kulturelle Belange durch gemeinschaftlichen Geschäftsbetrieb zu fördern. Die Mitglieder der Genossenschaft können der nicht öffentlichen Mitgliederliste entnommen werden; gemäß § 30 Abs. 1 GenG ist der Vorstand der Genossenschaft verpflichtet, die Mitgliederliste zu führen. In dieser ist gemäß § 30 Abs. 2 GenG jedes Mitglied der Genossenschaft mit folgenden Angaben einzutragen:
Familienname, Vornamen und Anschrift, bei juristischen Personen und Personenhandelsgesellschaften Firma und Anschrift, bei anderen Personenvereinigungen Bezeichnung und Anschrift der Vereinigung oder Familiennamen, Vornamen und Anschriften ihrer Mitglieder, Zahl der von ihm übernommenen weiteren Geschäftsanteile, und ggf. das Ausscheiden aus der Genossenschaft.

18

Die Satzung sowie die Mitglieder des Vorstands sind in das Genossenschaftsregister bei dem Gericht einzutragen, in dessen Bezirk die Genossenschaft ihren Sitz hat (§ 10 GenG). Das Genossenschaftsregister gibt als ein öffentliches Register, über die Rechtsverhältnisse einer eingetragenen Genossenschaft (eG) Auskunft. Rechtsgrundlage für das Genossenschaftsregister sind neben § 10 GenG auch die Verordnung über das Genossenschaftsregister sowie die für das Handelsregister gelten-

19

Figura 487

§ 20 Abschnitt 4. Transparenzregister

den Vorschriften. Abschnitt 2 der GenRegV gibt Aufschluss über die Angaben, die in das Genossenschaftsregister einzutragen sind; hierzu zählen ua gemäß §§ 15 ff. GenRegV:
- das Datum der Satzung
- die Firma und den Sitz der Genossenschaft
- der Gegenstand des Unternehmens
- die Zeitdauer der Genossenschaft, falls diese auf eine bestimmte Zeit beschränkt ist
- die Mitglieder des Vorstands, ihre Vertretungsbefugnis und ihre Stellvertreter
- eine Nachschusspflicht der Genossen den Vorstand
- Eröffnung, Aufhebung oder Einstellung eines Insolvenzverfahrens
- Auflösung der Genossenschaft
- Erlöschen der Genossenschaft.

4. Vereinsregister (§ 55 BGB)

20   Ein Verein, dessen Zweck nicht auf einen wirtschaftlichen Geschäftsbetrieb gerichtet ist, erlangt Rechtsfähigkeit durch Eintragung in das Vereinsregister des zuständigen Amtsgerichts (§ 21 BGB). Gemäß § 55 BGB hat die Eintragung eines Vereins in das Vereinsregister bei dem Amtsgericht zu geschehen, in dessen Bezirk der Verein seinen Sitz hat. Nach § 2 Abs. 1 VRV wird das Vereinsregister in Karteiform geführt; eine elektronische Führung ist gemäß § 55a BGB möglich. Es enthält für jeden dort einzutragenden Verein ein Registerblatt, das aus einem oder mehreren Blättern besteht.

21   Das Vereinsregister enthält Neueintragungen sowie sämtliche Änderungen und Löschungen zum Verein. Gemäß § 59 BGB hat der Vorstand den Verein zur Eintragung anzumelden; hierfür sind die Abschriften der Satzung und der Urkunden über die Bestellung des Vorstands beizufügen. Die Anmeldungen zum Vereinsregister sind von Mitgliedern des Vorstands sowie von den Liquidatoren, die insoweit zur Vertretung des Vereins berechtigt sind, mittels öffentlich beglaubigter Erklärung abzugeben (§ 77 BGB). Die Neueintragung wird im Amtsblatt veröffentlicht (§ 14 VRV). Der eingetragene Verein kann die Abkürzung eV in seinen Namen übernehmen.

Der Verein ist nicht verpflichtet eine Mitgliederliste zu führen, obgleich dies oftmals der Fall ist. Die Fiktion des § 20 Abs. 2 GwG kann daher für Vereine und Genossenschaften grundsätzlich nicht zur Anwendung kommen. Soweit die gesetzlichen Vertreter des Vereins als die wirtschaftlich Berechtigten der Vereinigung anzusehen sind, ist § 20 Abs. 2 S. 1 GwG anwendbar.

5. Unternehmensregister (§ 8b Abs. 2 HGB)

22   Das Unternehmensregister iSd § 8b HGB schafft einen zentralen Zugang zu den Informationen aus dem Handelsregister, dem Partnerschaftsregister und dem Genossenschaftsregister. Gemäß § 8b Abs. 3 HGB werden die Informationen der jeweiligen Register konsolidiert und zur Verfügung gestellt. Das jeweilige Register, das eine Information liefert, bleibt weiter bestehen. Gemäß § 8b Abs. 2 HGB liefert das Register – neben den Registerdaten – eine Vielzahl weiterer Informationen, wie beispielsweise die Handelsregisterbekanntmachungen, Unterlagen der Rechnungslegung, Bekanntmachungen der Insolvenzgerichte, Daten nach §§ 21, 26

Wertpapierhandelsgesetz und bestimmte aktienrechtliche Bekanntmachungen sowie Veröffentlichungen im elektronischen Bundesanzeiger.

Die einzelnen Bundesländer liefern über die jeweilige Landesjustizverwaltung gemäß § 5 URV sog. Indexdaten, durch welche der Zugang auf die jeweiligen Originalregisterdaten ermöglicht wird. Gemäß § 6 URV übermitteln die Landesjustizverwaltungen dem Unternehmensregister insbesondere folgende Indexdaten zu Eintragungen im Handels-, Genossenschafts- und Partnerschaftsregister:
– Registerart, Registergericht, Registernummer sowie ein Ortskennzeichen, soweit vorhanden,
– Firma oder Name des Unternehmens, bei Zweigniederlassungen die betreffenden Daten der Zweigniederlassung,
– Rechtsform des Unternehmens,
– Sitz und Anschrift des Unternehmens, bei Zweigniederlassungen die betreffenden Daten der Zweigniederlassung,
– Kennzeichnung, ob es sich um eine Neueintragung, eine Veränderung oder eine Löschung handelt.

IV. Mitteilung von Änderungen (Abs. 3 und 4)

§ 20 Abs. 3 und 4 GwG bestimmt in erster Linie die Mitteilungspflicht des Anteilseigners, wenn dieser wirtschaftlich Berechtigter ist oder die von dem wirtschaftlich Berechtigten unmittelbar kontrolliert wird. Sie haben den Vereinigungen nach § 20 Abs. 1 GwG die zur Erfüllung der Pflichten nach § 20 Abs. 1 GwG notwendigen Angaben sowie jede Änderung dieser Angaben unverzüglich mitzuteilen. Die Pflicht des § 20 Abs. 3 S. 2 GwG bildet „das Gegenstück zu den Einholungs-, Aufbewahrungs-, Aktualisierungs- und Weiterleitungspflichten" zu § 20 Abs. 1 GwG und „knüpft also an das Verhältnis der Gesellschaft zu ihren Anteilseignern an" (so BT-Drs. 18/11555, 129). Damit weist die Regelung eine gewisse Form der Akzessorietät auf mit der Folge, dass die Angabepflicht des § 20 Abs. 3 GwG sich an dem Umfang der Mitteilungspflicht nach § 20 Abs. 1 GwG orientiert. Ohne eine solche Regelung erhält die Vereinigung nach § 20 Abs. 1 GwG nicht die notwendigen Angaben zu dem jeweiligen wirtschaftlich Berechtigten, soweit ihr diese nicht bekannt sind und sie diese auch durch Abfrage eines entsprechenden Registers nicht erhalten kann. Das Hauptkriterium der Mitteilungspflicht des Anteilseigners ist die Angaben darüber, wer den Anteilseigner unmittelbar beherrscht. Nur so ist eine „ausufernde Angabepflicht der Anteilseigner" – insbesondere bei Beteiligungsketten – zu vermeiden (BT-Drs. 18/11555, 129). Die Angabe, ob der Anteilseigner wiederum unmittelbar oder mittelbar Kontrolle über das Unternehmen ausüben kann ist damit nicht von Relevanz. Die Angabepflicht gemäß § 20 Abs. 3 GwG ist nicht auf Inländer beschränkt; hieraus folgt, dass beispielsweise auch ein wirtschaftlich Berechtigter mit Wohnsitz im Ausland offenzulegen ist (*Assmann/Hütten* AG 2017, 449 (453)).

Im Zuge der Umsetzung der **5. Geldwäscherichtlinie** wurde § 20 Abs. 3 GwG neu gefasst und erhielt dadurch eine gesetzliche Ergänzung in Satz 1 (vgl. hierzu Vorgaben des Art. 1 Nr. 15 lit. a der 5. Geldwäscherichtlinie). § 20 Abs. 3 GwG regelt nun, dass die wirtschaftlich Berechtigte von Vereinigungen „selbst daran mitzuwirken haben, dass die mitteilungspflichtige Gesellschaft die notwendigen Angaben erhält, um ihren Mitteilungspflichten gegenüber dem Transparenzregister nachzukommen" (BT-Drs. 19/13827, 87). Auch Änderungen dieser Angaben sind mitzuteilen. Für wirtschaftlich Berechtigte nach § 3 Abs. 2 S. 5 GwG – also gesetzliche Vertreter, der geschäftsführende Gesellschafter oder der Partner des Vertragspartners, die dann als wirtschaftlich Berechtigter gelten, wenn kein anderer auch nach Durchführung umfassender Prüfungen festgestellt werden kann – soll die Regelung keine Wirkung entfalten (BT-Drs. 19/13827, 87).

25 Kontrolliert ein Mitglied eines Vereins oder einer Genossenschaft mehr als 25 Prozent der Stimmrechte, so trifft die Mitteilungspflicht nach § 20 Abs. 3 S. 1 GwG diese Mitglieder, § 20 Abs. 3 S. 3 GwG. In der Pflicht sind bei diesen Rechtsformen diejenigen Mitglieder, die den Verein oder die Genossenschaft allein oder gemeinsam kontrollieren (so BT-Drs. 18/11555, 129). Besonderheiten können sich bei Austritt von Mitgliedern ergeben: Verringert sich hierdurch die Mitgliederanzahl auf Drei mit der Folge eines Stimmrechts nach Köpfen zu je einem Drittel, muss das einzelne verbleibende Mitglied dann keine Angaben nach § 20 Abs. 3 S. 3 iVm Abs. 4 GwG tätigen, wenn die Genossenschaft bereits Angaben in der Mitgliederliste getätigt hat (Bsp. entnommen aus BT-Drs. 18/11555, 130).

Bei Stiftungen trifft die Pflicht die Personen bzw. Funktionsträger nach § 3 Abs. 3 GwG (§ 20 Abs. 3 S. 4 GwG). Dasselbe gilt für Angabepflichtige iSd § 20 Abs. 3 S. 3 und 4 GwG, die unter der unmittelbaren Kontrolle eines wirtschaftlich Berechtigten stehen. Ob sog. **Treuhandstrukturen** – also treuhänderisch gehaltene wirtschaftliche Beteiligungen – einer Angabepflicht gemäß § 20 Abs. 3 GwG unterliegen, erscheint fraglich (verneinend *Kotzenberg/Lorenz* NJW 2017, 2433 (2435); aufgrund der Ausführungen in der Gesetzesbegründung wohl bejahend *Pelka/Hettler/Weinhausen* DStR 2018, 1303 (1306)). Soweit der Treuhänder mehr als 25% der Kapitalanteile bzw. Stimmrecht hält, muss eine Meldepflicht allerdings angenommen werden (*Löhrer* GmbH-StB 2018, 91 (94)). Bejaht man eine solche Pflicht, kann in der Folge bei einer Treuhandstruktur auch ein außerhalb der Gesellschaft stehender wirtschaftlich Berechtigter (Treugeber) zu Angaben verpflichtet sein, wenn er Kontrolle über den oder die Anteilseigner ausübt; vgl. hierzu § 20 Abs. 3 S. 1 und S. 4 GwG.

26 Jede juristische Person oder eingetragene Personengesellschaft iSd § 20 Abs. 1 S. 1 GwG mit Sitz im Inland, die Teil einer Beteiligungskette ist, gilt als mitteilungspflichtig nach § 20 Abs. 1 GwG. Durch diese Regelung, die sich auf die einzelne Vereinigung konzentriert, sind Mehrfachmeldungen grundsätzlich ausgeschlossen, soweit die Angaben durch den angabepflichtigen Anteilseigner gemäß § 20 Abs. 3 GwG getätigt werden (BT-Drs. 18/11555, 130).

Der Anteilseigner hat all diejenigen Angaben zu melden, die zur Erfüllung der Einholungs-, Aufbewahrungs-, Aktualisierungs- und Weiterleitungspflichten gemäß §§ 20 Abs. 1 iVm 19 Abs. 1 GwG erforderlich sind. Hierzu zählen der Vor- und Nachname, das Geburtsdatum, der Wohnort, Art und Umfang des wirtschaftlichen Interesses des wirtschaftlich Berechtigten und die Staatsangehörigkeit (§ 19 Abs. 1 GwG). Falls der Angabepflichtige keine Stellung als wirtschaftlich Berechtigter innehat, sondern nur für den wirtschaftlich Berechtigten Anteile hält, hat er Angaben über diesen wirtschaftlich Berechtigten zu tätigen (so BT-Drs. 18/11555, 129). Hieraus folgt ausweislich der Gesetzesbegründung, dass eine Angabepflicht nur vorliegt, wenn „der Angabepflichtige entweder selbst wirtschaftlich Berechtigter ist oder er unmittelbar unter der Kontrolle eines wirtschaftlich Berechtigten steht, sei es durch eine Anteilseignerschaft oder sonstige Einflussnahmemöglichkeit" (BT-Drs. 18/11555, 129). Stehen Angabepflichtige iSd § 20 Abs. 3 S. 2–4 GwG also unter der mittelbaren Kontrolle eines wirtschaftlich Berechtigten, so trifft die Pflicht nach § 20 Abs. 1 S. 1 GwG den wirtschaftlich Berechtigten (§ 20 Abs. 3

S. 1 GwG). Die Beschränkung soll insbesondere hinsichtlich der Angabepflichten bei Beteiligungs- oder Kontrollketten greifen mit der weiteren Zielsetzung, dass genauso wie die Mitteilungsverpflichteten nach § 20 Abs. 1 GwG auch die Angabepflichtigen nach § 20 Abs. 3 S. 2 GwG keinerlei Nachforschungspflichten treffen.

Gemäß § 20 Abs. 4 GwG entfällt die Angabepflicht nach Abs. 3 dann, wenn die Meldepflicht nach Abs. 1 gemäß Abs. 2 als erfüllt gilt oder wenn die Anteilseigner, Mitglieder und wirtschaftlich Berechtigten die erforderlichen Angaben bereits in anderer Form mitgeteilt haben. Die Regelung trägt dem Umstand Rechnung, dass eine Vielzahl an Inlandsfällen über die Angaben der in § 20 Abs. 2 GwG genannten öffentlichen Register abgedeckt werden. Zusätzliche Meldung der Anteilseigner sind in diesen Fällen verzichtbar; ferner sollen „Doppelmeldungen" vermieden werden (BT-Drs. 18/11555, 130). Darüber hinaus dient die Regelung der Verringerung des Bürokratieaufwands (so *Fisch* NZG 2017, 408 (410)). Wurden die Angabepflichten in anderer Form erfüllt, bedarf es gemäß § 20 Abs. 4 GwG ebenfalls keiner weiteren Angaben gegenüber den Vereinigungen nach § 20 Abs. 1 GwG. 27

Besonderheiten gelten für das Aktienregister, das kein öffentliches Register nach § 20 Abs. 2 GwG darstellt:

Die Angabepflicht des § 20 Abs. 3 GwG gilt nach Gesetzesbegründung als erfüllt, wenn der Aktionär sich in das Aktienregister hat eintragen lassen (BT-Drs. 18/11555, 103). Die AG bleibt allerdings weiterhin mitteilungspflichtig gemäß § 20 Abs. 1 GwG. Die Erfüllungswirkung tritt auch ein, wenn ein Inhaberaktionär eine Meldung nach § 20 Aktiengesetz an die Gesellschaft getätigt hat (BT-Drs. 18/11555, 130).

V. Auskunftsersuchen der Anteilseigner einer Vereinigung (Abs. 3a)

Die Neuregelung des § 20 Abs. 3a GwG steht in unmittelbarem Zusammenhang mit der (ergänzenden) Regelung in § 20 Abs. 3 S. 1 GwG. Erhält die Vereinigung keine Angaben der wirtschaftlich Berechtigten nach § 20 Abs. 3 S. 1 GwG, so hat sie von ihren Anteilseignern, soweit sie ihr bekannt sind, in angemessenem Umfang Auskunft zu den wirtschaftlich Berechtigten der Vereinigung zu verlangen § 20 Abs. 3a S. 1 GwG. Die Anteilseigner wiederum werden durch § 20 Abs. 3a S. 2 GwG verpflichtet, das Auskunftsersuchen innerhalb angemessener Frist zu beantworten. 28

Sind der Vereinigung die Angaben zum wirtschaftlich Berechtigten bereits durch anderweitige Quellen oder Informationen Dritter bekannt, gilt die Pflicht zu Mitteilung nach § 20 Abs. 3a S. 2 GwG nicht, denn die Vereinigung muss was das ihrerseits Zumutbare in angemessenem Umfang tun, um den wirtschaftlich Berechtigten in Erfahrung zu bringen (§ 20 Abs. 3a S. 3 GwG; vgl. hierzu auch BT-Drs. 19/13827, 87). Dies gilt auch, „wenn der Vereinigung bekannt ist, dass es keinen wirtschaftlich Berechtigten im Sinne von § 3 Abs. 2 Satz 1 bis 4 GwG gibt (zB wegen im Streubesitz gehaltenem Anteilseigentum und in Abwesenheit anderweitiger Kontrolle), sondern nur fiktiven wirtschaftlich Berechtigten nach § 3 Abs. 2 Satz 5 GwG" (BT-Drs. 19/13827, 88). Zu Dokumentationszwecken und zur besseren Nachvollziehbarkeit hat die Vereinigung das gestellte Auskunftsersuchen sowie die eingeholten Informationen festzuhalten (§ 20 Abs. 3a S. 4 GwG).

VI. Mitteilungspflicht der Anteilseigner einer Vereinigung (Abs. 3 b)

29 Auch § 20 Abs. 3b GwG wurde im Zuge der Umsetzung der **5. Geldwäscherichtlinie** neu in das Gesetz aufgenommen und soll die Anteilseigner einer Vereinigung in die Pflicht zur Mitteilung von Änderungen gegenüber der Vereinigung nehmen (BT-Drs. 19/13827, 88). § 20 Abs. 3b S. 1 GwG bestimmt zu diesem Zweck, dass der Anteilseigner – wenn er zu der Erkenntnis gelangt, der wirtschaftlich Berechtigte der Vereinigung habe sich geändert, er dies der Vereinigung innerhalb einer angemessenen Frist mitzuteilen hat. Diese Pflicht gilt gemäß § 20 Abs. 3b Nr. 1 und 2 GwG nicht, wenn die Änderungen zu dem (neuen) wirtschaftlich Berechtigten bereits über das Transparenzregister zugänglich sind oder der Anteilseigner bereits weiß, dass der Vereinigung der neue wirtschaftlich Berechtigte bekannt ist. Dem Anteilseigner steht es also frei, ob er selbst innerhalb angemessener Frist das Transparenzregister abfragt, um zu erfahren, ob etwaige Änderung schon vermerkt sind oder ob er von der Einsichtnahme absieht und vorsorglich die Vereinigung informiert (BT-Drs. 19/13827, 88). Durch die Regelung des § 20 Abs. 3b GwG soll auch dann „die Transparenz zum wirtschaftlich Berechtigten aufrechterhalten wird, wenn der wirtschaftlich Berechtigte selbst es versäumt, seiner Pflicht nach Absatz 3 nachzukommen (und in Fällen von verschachtelten Beteiligungsstrukturen mit Auslandsbezug schwer belangt werden kann)" (BT-Drs. 19/13827, 88).

Gemäß § 20 Abs. 3b S. 3 GwG hat der Anteilseigner die Mitteilung an die Vereinigung zu dokumentieren und aufzubewahren. Hierbei sollte er die Aufbewahrungsfrist der notwendigen Dokumente mindestens an der Frist für die Verfolgungsverjährung nach dem Gesetz über Ordnungswidrigkeiten ausrichten (BT-Drs. 19/13827, 88).

VII. Befugnisse der Zentralstelle für Finanztransaktionsuntersuchungen und der Aufsichtsbehörden (Abs. 5)

30 § 20 Abs. 5 GwG normiert das Recht der Zentralstelle für Finanztransaktionsuntersuchungen und der Aufsichtsbehörden, im Rahmen ihrer Aufgaben und Befugnisse auf die nach § 20 Abs. 1 GwG aufbewahrten Angaben zuzugreifen und diese insbesondere einzusehen oder sich vorlegen zu lassen. Die Regelung setzt Art. 30 Abs. 2 der 4. Geldwäscherichtlinie (EU) 2015/849 des Europäischen Parlaments und des Rates um und dient der Aufgabenerfüllung der Zentralstelle für Finanztransaktionsuntersuchungen und der Aufsichtsbehörden. Durch den Zusatz in § 20 Abs. 5 GwG – wonach die Angaben ihnen unverzüglich zur Verfügung zu stellen sind – wurde Art. 30 Abs. 2 der 4. Geldwäscherichtlinie (EU) 2015/849 des Europäischen Parlaments und des Rates vollständig umgesetzt.

§ 21 Transparenzpflichten im Hinblick auf bestimmte Rechtsgestaltungen

(1) Verwalter von Trusts (Trustees) mit Wohnsitz oder Sitz in Deutschland haben die in § 19 Absatz 1 aufgeführten Angaben zu den wirtschaftlich Berechtigten des Trusts, den sie verwalten, und die Staatsangehörigkeit der wirtschaftlich Berechtigten einzuholen, aufzubewahren, auf aktuellem Stand zu halten und der registerführenden Stelle unverzüglich zur Eintragung in das Transparenzregister mitzuteilen. Die Pflicht nach Satz 1 gilt auch für Trustees, die außerhalb der Europäischen Union ihren Wohnsitz oder Sitz haben, wenn sie für den Trust eine Geschäftsbeziehung mit einem Vertragspartner mit Sitz in Deutschland aufnehmen oder sich verpflichten, Eigentum an einer im Inland gelegenen Immobilie zu erwerben. Die Pflicht nach Satz 1 gilt nicht für die in Satz 2 genannten Trustees, wenn ein Trustee die Angaben nach Artikel 1 Nummer 16 Buchstabe a der Richtlinie (EU) 2018/843 und nach § 19 Absatz 1 bereits an ein anderes Register eines Mitgliedstaates der Europäischen Union übermittelt hat und
1. der Trustee in diesem Mitgliedstaat der Europäischen Union ebenfalls einen Wohnsitz oder Sitz unterhält oder
2. einer der Vertragspartner, zu dem ein Trust mit Wohnsitz oder Sitz außerhalb der Europäischen Union ebenfalls eine Geschäftsbeziehung unterhält, in diesem Mitgliedstaat seinen Sitz hat.

(1a) Die Mitteilung hat elektronisch in einer Form zu erfolgen, die ihre elektronische Zugänglichmachung ermöglicht. Der Trust ist in der Mitteilung eindeutig zu bezeichnen. Bei den Angaben zu Art und Umfang des wirtschaftlichen Interesses nach § 19 Absatz 1 Nummer 4 ist anzugeben, woraus nach § 19 Absatz 3 Nummer 2 die Stellung als wirtschaftlich Berechtigter folgt.

(1b) Der registerführenden Stelle ist ferner durch den nach Absatz 1 zur Mitteilung Verpflichteten unverzüglich mitzuteilen, wenn der Trust
1. umbenannt wurde,
2. aufgelöst wurde oder
3. nicht mehr nach Absatz 1 verpflichtet ist.

(2) Die Pflichten der Absätze 1, 1a und 1b gelten entsprechend auch für Treuhänder mit Wohnsitz oder Sitz in Deutschland folgender Rechtsgestaltungen:
1. nichtrechtsfähige Stiftungen, wenn der Stiftungszweck aus Sicht des Stifters eigennützig ist, und
2. Rechtsgestaltungen, die solchen Stiftungen in ihrer Struktur oder Funktion entsprechen.

(3) Die Zentralstelle für Finanztransaktionsuntersuchungen und die Aufsichtsbehörden können im Rahmen ihrer Aufgaben und Befugnisse die von Trustees nach Absatz 1 und von Treuhändern nach Absatz 2 aufbewahrten Angaben einsehen oder sich vorlegen lassen. Die Angaben sind ihnen unverzüglich zur Verfügung zu stellen.

(4) Das Bundesministerium der Finanzen wird ermächtigt, im Einvernehmen mit dem Bundesministerium der Justiz und für Verbraucherschutz durch Rechtsverordnung, die nicht der Zustimmung des Bundesrates bedarf, die Einzelheiten zu regeln, welche Trusts und trustähnlichen

§ 21

Rechtsgestaltungen von § 21 Absatz 1 und 2 erfasst sind und durch welche Merkmale sich diese auszeichnen.

Literatur: *Assmann/Hütten*, Das elektronische Transparenzregister – Mitteilungs- und Angabepflichten, AG 2017, 449 ff.; *Arens/Tepper*, Praxishandbuch Gesellschaftsrecht, 2. Aufl. 2013, zitiert: *Bearbeiter* in Arens/Tepper; Bertelsmann Stiftung, Handbuch Stiftungen: Ziele – Projekte – Management – Rechtliche Gestaltung, 2. Aufl. 2003; *Krais*, Die Pläne zur Errichtung eines zentralen Transparenzregisters, CCZ 2017, 98 ff.; *Müller*, Transparenz auf allen Ebenen – Zur Umsetzung der Vierten Geldwäscherichtlinie – Teil 1, NZWiSt 2017, 87 ff.; *Schiemann*, Der US-amerikanische Trust als Testamentsersatzgeschäft und Instrument der Nachlassplanung, Diss., 2003; *Wassermeyer*, Die Besteuerung ausländischer Familienstiftungen und Trusts aus deutscher Sicht, FR 2015, 149 ff.; Weitemeyer/Hüttemann/Rewart/K. Schmidt (Hrsg.), Non Profit Law Yearbook 2017/2018 (in Vorber.), zitiert: *Bearbeiter* in Weitemeyer/Hüttemann/Rewart/K. Schmidt, Non Profit Law Yearbook 2017/2018.

Übersicht

	Rn.
I. Verwalter von Trusts (Trustees) mit Wohnsitz oder Sitz in Deutschland (Abs. 1)	1
II. Mitteilungen an die registerführende Stelle (Abs. 1a und 1b)	5
III. Treuhänder mit Wohnsitz oder Sitz in Deutschland (Abs. 2)	8
IV. Befugnisse der Zentralstelle für Finanztransaktionsuntersuchungen und der Aufsichtsbehörden (Abs. 3)	11
V. Verordnungsermächtigung (Abs. 4)	12

I. Verwalter von Trusts (Trustees) mit Wohnsitz oder Sitz in Deutschland (Abs. 1)

1 § 21 Abs. 1 GwG normiert Einholungs-, Aufbewahrungs-, Aktualisierungs- und Meldepflichten zu den wirtschaftlich Berechtigten von Trusts, die durch den Verwalter eines Trusts (Trustees) mit Wohnsitz oder Sitz in Deutschland zu erfüllen sind. Als Trust gelten gemäß der Definition des § 1 Abs. 6 GwG Rechtsgestaltung, die als Trust errichtet wurde, wenn das für die Errichtung anwendbare Recht das Rechtsinstitut des Trusts vorsieht. Sieht das für die Errichtung anwendbare Recht ein Rechtsinstitut vor, das dem Trust nachgebildet ist, so gelten auch Rechtsgestaltungen, die unter Verwendung dieses Rechtsinstituts errichtet wurden, als Trust. Die Definition des Trusts wurde im Hinblick auf die Regelungen zum Transparenzregister (§§ 18 ff. GwG) aufgenommen. Der Trust bzw. Rechtsformen, die in ihrer Struktur einem Trust ähneln, sollen neben juristischen Personen des Privatrechts und eingetragenen Personengesellschaften zu den Rechtsgestaltungen zählen, über die das Register Daten sammelt und ggf. Auskunft erteilt. Ziel ist es, undurchsichtige Gesellschaftsstrukturen, die zu Zwecken der Geldwäsche und der Terrorismusfinanzierung errichtet werden, aufzudecken. Eine Aufzählung konkreter Kriterien und Strukturen eines Trusts beinhaltet die Definition nicht.

Die Rechtsform des Trusts ist insbesondere aus dem englischen Rechtssystem bzw. in durch anglo-amerikanisches Recht geprägten Staaten bekannt und wird oftmals als Instrument im Rahmen der Erbfolge eingesetzt (Schiemann S. 11). Die Errichtung eines Trusts nach deutschen Rechtsvorschriften ist nicht möglich, da diese Rechtsform in Deutschland nicht existent ist (BT-Drs. 18/11555, 131 mit Verweis auf das Haager Übereinkommen über das auf Trusts anzuwendende Recht und über ihre Anerkennung v. 1.7.1985, das Deutschland nicht unterzeichnete). Die höchstrichterliche Rechtsprechung stuft den Trust als unvereinbar mit den dogmatischen Grundlagen des deutschen Rechts ein (BGH 13.6.1984 – IVa ZR 196/82, BeckRS 9998, 101636, Ziffer IV Buchst. c). Eine Vergleichbarkeit mit einem Treuhandverhältnis nach deutschem Recht ist nicht gegeben (so BT-Drs. 18/11555, 131 mit Verweis auf BGH 13.6.1984 – IVa ZR 196/82, BeckRS 9998, 101636, Ziffer IV Buchst. c).

Ein Trust kann Strukturen aufweisen, die der rechtlichen Ausgestaltung einer ausländischen Familienstiftung stark ähnelt (*Wassermeyer* FR 2015, 149ff.). Der Trust selbst ist allerdings nicht mit dem auf Drittschutz bedachten deutschen (Sachen-)Recht vereinbar (BT-Drs. 18/11555, 131). Trusts aus dem anglo-amerikanischen Rechtskreis zählen zu den gleichgestellten Zweckvermögen, wenn der Gründer des Trusts (sog. „settlor") hinsichtlich seiner Verfügungsmacht und seines Einflusses Beschränkungen ausgesetzt ist (vgl. BFH BStBl. II 1994 S. 727). Das heißt, im Zuge der Gründung des Trusts wird ihm die Verfügungsbefugnis über das Vermögen entzogen und ihm verbleibt lediglich eine „prägende Rolle". Handelt der Settlor unbeschränkt bei der Verfügung über das Vermögen des Trusts, ist er als Treuhänder anzusehen mit der Folge der Anwendung des § 39 AO.

Der Trustee (Verwalter) ist nach der höchstrichtlichen Rechtsprechung als 2 „Eigentümer der zum Trust gehörenden Sachen und Vollinhaber der zu ihm gehörenden Rechte" anzusehen; „nach Billigkeitsrecht sind jedoch seine Befugnisse in der Weise beschränkt, dass er von ihnen nur zu bestimmten Zwecken im Interesse von Dritten Gebrauch machen darf" (BGH 13.6.1984 – IVa ZR 196/82, BeckRS 9998, 101636, Ziffer IV Buchst. c). Aufgrund dieser Rechtsstellung hat dieser die Pflichten des § 21 Abs. 1 GwG zu erfüllen (so auch *Krals* CCZ 2017, 98 (104); *Assmann/Hütten* AG 2017, 449 (454)).

Der Verwalter eines Trusts (Trustees) hat gemäß § 21 Abs. 1 S. 1 GwG die in § 19 Abs. 1 GwG aufgeführten Angaben zu den wirtschaftlich Berechtigten des Trusts, den er verwaltet, und die Staatsangehörigkeit der wirtschaftlich Berechtigten einzuholen, aufzubewahren, auf aktuellem Stand zu halten und der registerführenden Stelle unverzüglich zur Eintragung in das Transparenzregister mitzuteilen. Hierdurch wird die Vorgabe des Art. 31 Abs. 1 der 4. Geldwäscherichtlinie (EU) 2015/849 des Europäischen Parlaments und des Rates umgesetzt. Die zuvor aufgezählten Pflichten entsprechen den Pflichten der juristischen Personen des Privatrechts und der eingetragenen Personengesellschaften gemäß § 20 Abs. 1 GwG (BT-Drs. 18/11555, 130). Beachtlich ist allerdings, dass bei Trusts grundsätzlich keine korrespondierenden Angabepflichten an den Trustee erforderlich sein sollen; die Angaben sind dem Trustee aufgrund der Regelung des § 3 Abs. 3 GwG bereits bekannt. Liegen ihm die Angaben nicht vor, hat er sie in diesem Ausnahmefall anzufordern bzw. zu recherchieren.

Im Zuge der Umsetzung der **5. Geldwäscherichtlinie** wurde § 21 Abs. 1 GwG 3 durch weitere Regelungen zur Pflicht, Angaben zum wirtschaftlich Berechtigten eines Trusts durch den Trustee an das Transparenzregister zu liefern, ergänzt. Die Ausdehnung der Pflichten dient der Umsetzung des Art. 1 Nr. 16 lit. c der 5. Geldwäscherichtlinie. Trustees, die außerhalb der Europäischen Union ihren Wohnsitz oder Sitz haben, sind gemäß § 21 Abs. 1 S. 2 GwG verpflichtet, Angaben zum wirtschaftlich Berechtigten übermitteln, wenn sie eine Geschäftsbeziehung in Deutschland aufnehmen oder Immobilien erwerben. Nach Auslegung der Richtlinie ist unter der Tatbestandsvoraussetzung „des Aufnehmens einer Geschäftsbeziehung in Deutschland durch einen Trustee" die Aufnahme einer Geschäftsbeziehung mit einem in Deutschland ansässigen Vertragspartner zu verstehen (BT-Drs. 19/13827, 88). Hierfür spricht insbesondere, dass nach den Vorgaben der 5. Geldwäscherichtlinie die Einhaltung der Kundensorgfaltspflichten stets auf ein Vertragsverhältnis bezogen werden. Da das Transparenzregister ua als eine zusätzliche Informationsquelle für geldwäscherechtlich Verpflichtete dienen soll, um im Rahmen ihrer Sorgfaltspflichten den wirtschaftlich Berechtigten ermitteln und prüfen zu können, muss dieser Bezugspunkt auch für § 21 Abs. 1 S. 2 GwG gelten (so BT-Drs. 19/13827, 88).

4 Um Doppelmeldungen zu vermeiden, wenn ein Trustee in mehreren Mitgliedstaaten der Europäischen Union seinen Wohnsitz oder Sitz hat oder wenn Trustees mit Wohnsitz oder Sitz außerhalb der Europäischen Union zu Vertragspartnern Geschäftsbeziehungen unterhalten, die in mehreren Mitgliedstaaten ansässig sind, bestimmt § 21 Abs. 1 S. 3 GwG einen Dispens von der Mitteilungspflicht. Die Regelung wurde ebenfalls im Zuge der Umsetzung der 5. Geldwäscherichtlinie eingeführt und dient der Umsetzung des Art. 1 Nr. 16 lit. c. Für die Anwendung der Regelung bedarf es der Feststellung, dass der Trustee die Angaben an ein anderes Register eines Mitgliedstaates der Europäischen Union übermittelt hat.

Geldwäscherechtlich Verpflichtete, die vor der Begründung einer Geschäftsbeziehung den Nachweis einer Registrierung in einem Register (hier: dem Transparenzregister) einholen müssen, haben bei Trustees also zu beachten, dass aufgrund der Regelung des § 21 Abs. 1 S. 3 GwG ggf. die Voraussetzungen für diesen Nachweis bereits in einem Mitgliedstaat erfüllt wurde (so BT-Drs. 19/13827, 88f. mit Verweis auf das Zusammenspiel von Art. 31 Abs. 1 S. 3 und Art. 14 Abs. 1 S. 2 der 5. Geldwäscherichtlinie).

II. Mitteilungen an die registerführende Stelle (Abs. 1a und 1b)

5 Die Mitteilung iSd § 21 Abs. 1 S. 1 GwG hat gemäß § 21 Abs. 1a S. 1 GwG in elektronischer Form zu erfolgen, um den Abruf der Daten auf elektronischem Wege zu ermöglichen. Hierbei ist der Trust eindeutig zu bezeichnen (§ 21 Abs. 1a S. 2 GwG); soweit vorhanden, ist auch die „vertraglich festgelegte Bezeichnung für den Trust" sowie die „Rechtsträger-Kennung (Legal Entity Identifier)" mitzuteilen (BT-Drs. 18/11555, 130). Sind diese Angaben nicht existent, ist der Trust „durch Nennung von Vor- und Nachname des Treugebers (Settlor) unter Nachstellung der Bezeichnung „Trust"" zu betiteln (BT-Drs. 18/11555, 130).

6 Bei den Angaben zu Art und Umfang des wirtschaftlichen Interesses nach § 19 Abs. 1 Nr. 4 GwG ist anzugeben, woraus nach § 19 Abs. 3 Nr. 2 GwG die Stellung als wirtschaftlich Berechtigter folgt. Bei Rechtsgestaltungen nach § 21 GwG und rechtsfähigen Stiftungen ist die Stellung als wirtschaftlicher Berechtigter aus einer der in § 3 Abs. 3 GwG aufgeführten Funktionen zu bestimmen (§ 19 Abs. 3 Nr. 2 GwG). Zu den wirtschaftlich Berechtigten zählt hiernach jede natürliche Person, die als Treugeber (Settlor), Verwalter von Trusts (Trustee) oder Protektor, sofern vorhanden, handelt, (Nr. 1), jede natürliche Person, die Mitglied des Vorstands der Stiftung ist (Nr. 2), jede natürliche Person, die als Begünstigte bestimmt worden ist (Nr. 3), die Gruppe von natürlichen Personen, zu deren Gunsten das Vermögen verwaltet oder verteilt werden soll, sofern die natürliche Person, die Begünstigte des verwalteten Vermögens werden soll, noch nicht bestimmt ist (Nr. 4), jede natürliche Person, die auf sonstige Weise unmittelbar oder mittelbar beherrschenden

Einfluss auf die Vermögensverwaltung oder Ertragsverteilung ausübt (Nr. 5) und jede natürliche Person, die unmittelbar oder mittelbar beherrschenden Einfluss auf eine Vereinigung ausüben kann, die Mitglied des Vorstands der Stiftung ist oder die als Begünstigte der Stiftung bestimmt worden ist (Nr. 6). Die Aufzählung verdeutlicht, dass bei Stiftungen und Rechtsgestaltungen gleich mehrere wirtschaftliche Berechtigte mit unterschiedlichen Funktionen existieren können. § 21 Abs. 1a GwG entspricht damit dem früheren § 21 Abs. 1 S. 2 und 3 GwG aF. Aus Gründen der Regelungsklarheit wurden die Normen neu in § 21 Abs. 1a GwG verortet (vgl. hierzu im Detail BT-Drs. 19/13827, 89).

§ 21 Abs. 1b GwG wurde ebenfalls im Rahmen der Umsetzung der **5. Geldwäscherichtlinie** neu eingeführt. Ergeben sich Änderungen nach denen der Trust umbenannt (Nr. 1) oder aufgelöst wurde (Nr. 2) oder nicht mehr nach § 21 Abs. 1 GwG zur Mitteilung verpflichtet ist, hat der zur Mitteilung Verpflichteten dies der registerführenden Stelle zu melden. Ziel der Regelung ist es damit, Änderungen an der Rechtsgestaltung nach Kenntniserlangung mitzuteilen, um so deren Auffindbarkeit sicherzustellen (BT-Drs. 19/13827, 89). Bei nicht registerlich geführten Rechtsgestaltungen nach § 21 GwG könnte ohne diese Regelung der Umstand eintreten, dass diese weiterhin im Transparenzregister als existent erscheinen, obwohl sie aufgelöst sind oder unter einem alten Namen geführt werden (in diesem Sinne BT-Drs. 19/13827, 89). 7

III. Treuhänder mit Wohnsitz oder Sitz in Deutschland (Abs. 2)

§ 21 Abs. 2 GwG normiert eine rechtliche Gleichstellung der Rechtsformen, die mit der Funktion und Struktur eines Trusts vergleichbar sind bzw. diesem ähneln (vgl. hierzu ausführlich *Orth* Zur Bedeutung des Transparenzregisters für Stiftungen in Weitemeyer/Hüttemann/Revart/K. Schmidt Non Profit Law Yearbook 2017/2018). Hieraus folgt, dass die Pflichten des § 21 Abs. 1, 1a und 1b GwG auch für Treuhänder mit Wohnsitz oder Sitz in Deutschland von nichtrechtsfähigen Stiftungen, wenn der Stiftungszweck aus Sicht des Stifters eigennützig ist, und von Rechtsgestaltungen, die solchen Stiftungen in ihrer Struktur oder Funktion entsprechen, gelten. Durch diese Regelung wird Art. 31 Abs. 8 der 4. Geldwäscherichtlinie (EU) 2015/849 des Europäischen Parlaments und des Rates in nationales Recht umgesetzt (zur Anpassung durch die 5. Geldwäscherichtlinie vgl. BT-Drs. 19/13827, 89). 8

In Deutschland erfüllt die Funktion eines Trusts weitestgehend die Stiftung des bürgerlichen Rechts gemäß §§ 80 ff. BGB (BT-Drs. 18/11555, 131). Die Stiftung bürgerlichen Rechts ist allerdings eine juristische Person und fällt damit aufgrund ihrer Rechtsform unter die Regelung des § 20 Abs. 1 GwG. Von § 21 Abs. 2 GwG werden somit die Rechtsgestaltungen erfasst, die Vermögen des Begründers der Rechtsgestaltung durch einen Treuhänder auf Dauer zugunsten von Dritten verwalten lassen und dabei als nicht-rechtfähige Stiftung oder als eine in Struktur bzw. Funktion nachgebildeten Rechtsgestaltung zu qualifizieren sind (vgl. hierzu auch *Müller* NZWiSt 2017, 87 (95)). Durch diese Merkmale werden die Ähnlichkeit zu einem Trust und damit die Gleichstellung in § 21 Abs. 2 GwG begründet. Der Treuhänder einer solchen Rechtsgestaltung hat aufgrund der Vergleichbarkeit ebenfalls die Einholungs- und Aufbewahrungspflichten zu erfüllen und die Mel-

§ 21

dung bzw. Datenaktualisierung gegenüber der registerführenden Stelle durchzuführen.

9 Eine nicht-rechtsfähige Stiftung wird durch einen Vertrag zwischen dem Stifter und dem Treuhänder – entweder als Auftragsverhältnis nach §§ 662 ff. BGB oder als Schenkung unter Auflage iSd §§ 516, 525 BGB – begründet (so Bertelsmann Stiftung, Handbuch Stiftungen, S. 873; zur weiteren Einordnung der nicht rechtsfähigen Stiftung in das System des Zivilrechts s. *Brandi* in Arens/Tepper PraxFormB GesR S. 260). Maßgeblich sind damit die besonderen vertraglichen Vereinbarungen zwischen dem Stifter und dem Treuhänder. Bei Gründung der Stiftung überträgt der Stifter das Stiftungsvermögen an den Treuhänder; dieser hat das Stiftungsvermögen getrennt von seinem eigenen Vermögen zu verwalten. In der Satzung der Stiftung werden oftmals der Stiftungszweck und die übrigen grundlegenden Festlegungen niedergelegt; sie wird dann Bestandteil des Vertrags. Im Außenverhältnis handelt der Treuhänder für die Stiftung, da diese über keine eigene Rechtspersönlichkeit verfügt (so *Brandi* in Arens/Tepper PraxFormB GesR S. 260).

10 § 21 Abs. 2 Nr. 1 GwG bestimmt, dass die Pflichten des § 22 Abs. 1, 1a und 1b GwG dann entsprechend für nichtrechtsfähige Stiftungen gelten sollen, wenn der Stiftungszweck aus Sicht des Stifters eigennützig ist. Der Terminus „eigennützig" wird vom Gesetzgeber nicht definiert; ob er dem steuerrechtlichen Begriff der „Gemeinnützigkeit" gleichzusetzen ist oder im Sinne des Stiftungsrechts dem Begriff der „Privatnützigkeit" entspricht, bleibt somit offen und damit im Ergebnis ungeklärt (zu dieser Problematik ausführlich *Orth* Zur Bedeutung des Transparenzregisters für Stiftungen in Weitemeyer/Hüttemann/Rewart/K. Schmidt Non Profit Law Yearbook 2017/2018).

IV. Befugnisse der Zentralstelle für Finanztransaktionsuntersuchungen und der Aufsichtsbehörden (Abs. 3)

11 § 21 Abs. 3 GwG normiert das Recht der Zentralstelle für Finanztransaktionsuntersuchungen und der Aufsichtsbehörden im Rahmen ihrer Aufgaben und Befugnisse auf die nach von Trustees nach Abs. 1 und von Treuhändern nach Abs. 2 aufbewahrten Angaben zuzugreifen und diese insbesondere einzusehen oder sich vorlegen zu lassen. Die Regelung setzt Art. 31 Abs. 3 der 4. Geldwäscherichtlinie (EU) 2015/849 des Europäischen Parlaments und des Rates um und dient der Aufgabenerfüllung der Zentralstelle für Finanztransaktionsuntersuchungen und der Aufsichtsbehörden. Die Angaben sind der Zentralstelle für Finanztransaktionsuntersuchungen und der Aufsichtsbehörden von der registerführenden Stelle unverzüglich zur Verfügung zu stellen (§ 21 Abs. 3 S. 2 GwG).

V. Verordnungsermächtigung (Abs. 4)

12 § 21 Abs. 4 GwG ermächtigt das Bundesministerium der Finanzen im Einvernehmen mit dem Bundesministerium der Justiz und für Verbraucherschutz durch Rechtsverordnung, die nicht der Zustimmung des Bundesrates bedarf, die Einzelheiten zu regeln, welche Trusts und trustähnlichen Rechtsgestaltungen von § 21 Abs. 1 und 2 GwG erfasst sind und durch welche Merkmale sich diese auszeichnen.

Die Verordnungsermächtigung wurde im Zuge der Umsetzung der 5. **Geldwäscherichtlinie** in § 21 GwG aufgenommen und dient der Umsetzung von Art. 1 Nr. 16 Buchstabe k. Demnach sind der EU-Kommission eine „Beschreibung der Merkmale, die Namen und – sofern angezeigt – die geltende Rechtsgrundlage der in Absatz 1 genannten Trusts und ähnlicher Rechtsvereinbarungen zu übermitteln" (so BT-Drs. 19/13827, 89).
Von der Verordnungsermächtigung wurde bislang kein Gebrauch gemacht.

§ 22 Zugängliche Dokumente und Datenübermittlung an das Transparenzregister, Verordnungsermächtigung

(1) Über die Internetseite des Transparenzregisters sind nach Maßgabe des § 23 zugänglich:
1. Eintragungen im Transparenzregister zu Meldungen nach § 20 Absatz 1 Satz 1, Absatz 2 Satz 4 und nach § 21,
2. Bekanntmachungen des Bestehens einer Beteiligung nach § 20 Absatz 6 des Aktiengesetzes,
3. Stimmrechtsmitteilungen nach den §§ 40 und 41 des Wertpapierhandelsgesetzes,
4. Listen der Gesellschafter von Gesellschaften mit beschränkter Haftung und Unternehmergesellschaften nach § 8 Absatz 1 Nummer 3, § 40 des Gesetzes betreffend die Gesellschaften mit beschränkter Haftung sowie Gesellschafterverträge gemäß § 8 Absatz 1 Nummer 1 in Verbindung mit § 2 Absatz 1a Satz 2 des Gesetzes betreffend die Gesellschaften mit beschränkter Haftung, sofern diese als Gesellschafterliste gelten, nach § 2 Absatz 1a Satz 4 des Gesetzes betreffend die Gesellschaften mit beschränkter Haftung,
5. Eintragungen im Handelsregister,
6. Eintragungen im Partnerschaftsregister,
7. Eintragungen im Genossenschaftsregister,
8. Eintragungen im Vereinsregister.

Zugänglich in dem nach den besonderen registerrechtlichen Vorschriften für die Einsicht geregelten Umfang sind nur solche Dokumente und Eintragungen nach Satz 1 Nummer 2 bis 8, die aus den in § 20 Absatz 2 Satz 1 genannten öffentlichen Registern elektronisch abrufbar sind.

(2) Um die Eröffnung des Zugangs zu den Originaldaten nach Absatz 1 Satz 1 Nummer 2 bis 8 über die Internetseite des Transparenzregisters zu ermöglichen, sind dem Transparenzregister die dafür erforderlichen Daten (Indexdaten) zu übermitteln. Der Betreiber des Unternehmensregisters übermittelt die Indexdaten zu den Originaldaten nach Absatz 1 Satz 1 Nummer 2 und 3 dem Transparenzregister. Die Landesjustizverwaltungen übermitteln die Indexdaten zu den Originaldaten nach Absatz 1 Satz 1 Nummer 4 bis 8 dem Transparenzregister. Die Indexdaten dienen nur der Zugangsvermittlung und dürfen nicht zugänglich gemacht werden.

(3) Das Bundesministerium der Finanzen wird ermächtigt, im Benehmen mit dem Bundesministerium der Justiz und für Verbraucherschutz für die Datenübermittlung nach Absatz 2 Satz 3 durch Rechtsverordnung, die der Zustimmung des Bundesrates bedarf, technische Einzelheiten der

§ 22   Abschnitt 4. Transparenzregister

Datenübermittlung zwischen den Behörden der Länder und dem Transparenzregister einschließlich der Vorgaben für die zu verwendenden Datenformate und zur Sicherstellung von Datenschutz und Datensicherheit zu regeln. Abweichungen von den Verfahrensregelungen durch Landesrecht sind ausgeschlossen.

(4) Das Bundesministerium der Finanzen wird ermächtigt, im Benehmen mit dem Bundesministerium der Justiz und für Verbraucherschutz durch Rechtsverordnung, die nicht der Zustimmung des Bundesrates bedarf, Registrierungsverfahren für die Mitteilungsverpflichteten nach den §§ 20 und 21 sowie technische Einzelheiten der Datenübermittlung nach Absatz 2 Satz 2 sowie nach den §§ 20 und 21 einschließlich der Vorgaben für die zu verwendenden Datenformate und Formulare sowie zur Sicherstellung von Datenschutz und Datensicherheit zu regeln.

Literatur: *Bochmann,* Das neue Transparenzregister als Compliance-Aufgabe, FUS 2017, 106 ff.; *Bochmann, Cziupka,* Angabe der prozentualen Beteiligung in der Gesellschafterliste bei 1-Euro-Geschäftsanteilen, EWiR 2018, S. 11 f.; *Lohr,* Gestaltung der Liste nach der Änderung des § 40 GmbHG, GmbH-StB 2017, S. 262 f.; *Luxem,* Anforderungen an die Angaben zur GbR bei Gesellschafterlisten, GmbH-StB 2018, S. 359 f.; *Müller,* Transparenz auf allen Ebenen – Zur Umsetzung der Vierten Geldwäscherichtlinie – Teil 1, NZWiSt 2017, 87 ff.; *Seibert,* Die GmbH und das Transparenzregister, 2017, R 97; *Spoerr/Roberts,* Die Umsetzung der Vierten Geldwäscherichtlinie: Totale Transparenz, Geldwäschebekämpfung auf Abwegen?, WM 2017, 1142 ff.; *Ulrich,* Transparenzregister macht Gesellschafterlisten maschinenlesbar, GmbHR 2017, R 101 (Heft 07).

Übersicht

	Rn.
I. Zugängliche Dokumente (Abs. 1)	1
II. Übermittlung der Indexdaten (Abs. 2)	4
III. Verordnungsermächtigung (Abs. 3)	5
IV. Verordnungsermächtigung (Abs. 4)	8

I. Zugängliche Dokumente (Abs. 1)

1   § 22 Abs. 1 GwG bestimmt, welche Daten und Dokumente über die Internetseite des Transparenzregisters nach Maßgabe des § 23 GwG (Voraussetzungen für die Einsicht in das Transparenzregister) zugänglich sind; nach der gesetzlichen Aufzählung sind dies:
– Eintragungen im Transparenzregister zu Meldungen nach § 20 Abs. 1 S. 1, Abs. 2 S. 3 GwG und nach § 21 GwG,
– Bekanntmachungen des Bestehens einer Beteiligung nach § 20 Abs. 6 Aktiengesetz,
– Stimmrechtsmitteilungen nach den §§ 40 und 41 des Wertpapierhandelsgesetz,
– Listen der Gesellschafter von Gesellschaften mit beschränkter Haftung und Unternehmergesellschaften nach § 8 Abs. 1 Nr. 3, § 40 des Gesetzes betreffend die Gesellschaften mit beschränkter Haftung sowie Gesellschafterverträge gemäß § 8 Abs. 1 Nr. 1 in Verbindung mit § 2 Abs. 1a S. 2 des Gesetzes betreffend die Gesellschaften mit beschränkter Haftung, sofern diese als Gesellschafterliste gelten, nach § 2 Abs. 1a S. 4 des Gesetzes betreffend die Gesellschaften mit beschränkter Haftung,

- Eintragungen im Handelsregister,
- Eintragungen im Partnerschaftsregister,
- Eintragungen im Genossenschaftsregister,
- Eintragungen im Vereinsregister.

Durch die Formulierung in § 22 Abs. 1 S. 1 GwG „sind zugänglich" weist der Gesetzgeber darauf hin, dass nicht sämtliche Daten direkt im Transparenzregister gespeichert sind, sondern dass es auch eine Vernetzung zu den Originaldatenbeständen bestimmter Register gibt (BT-Drs. 18/11555, 131). Zugänglich in dem nach den besonderen registerrechtlichen Vorschriften für die Einsicht geregelten Umfang sind nur solche Dokumente und Eintragungen nach § 22 Abs. 1 S. 1 Nr. 2–8 GwG, die aus den in § 20 Abs. 2 S. 1 GwG genannten öffentlichen Registern elektronisch abrufbar sind. Das heißt für die in den Nr. 2–8 genannten Datenbestände soll eine Vernetzung vorgenommen werden.

Die Vernetzung der Registerdatenbestände ist für die Offenlegung von wesentlichen Beteiligungen an Aktiengesellschaften (Nr. 2) sowie für Stimmrechtsmitteilungen (Nr. 3), aus denen sich die von den Aktionären an Aktiengesellschaften gehaltenen Stimmrechtsanteile entnehmen lassen, wenn sie bestimmte Schwellenwerte überschreiten, vorgesehen. Darüber hinaus sollen Gesellschafterlisten von Gesellschaften mit beschränkter Haftung (Nr. 4), aus denen sich die Geschäftsanteile der Gesellschafter ergeben, abrufbar sein (vgl. zur Aktualität der Gesellschafterlisten *Seibert* GmbHR 2017, R97; zu den Gesellschafterlisten s. *Ulrich* GmbHR 2017, R101; darüber hinaus s. zur Neufassung des § 40 GmbHG *Lohr* GmbH-StB 2017, 262f.). In diesem Zusammenhang ist beachtlich, dass sich aus der Aktionärs- bzw. Gesellschafterstellung bei entsprechendem Einfluss auf die Gesellschaft die Eigenschaft als wirtschaftlich Berechtigter ableiten lässt. In der Gesellschafterliste muss der Geschäftsanteil so ausgewiesen werden, dass sich die prozentuale Beteiligung am Stammkapital nachvollziehen lässt; dies gilt auch für 1-Euro Geschäftsanteile (vgl. hierzu *Bochmann/Cziupka* EWiR 2018, 11f.; zur den Anforderungen an die Angaben zur GbR bei Gesellschafterlisten s. *Luxem* GmbH-StB 2018, 359f.).

Informationen über die gesetzlichen Vertreter, (geschäftsführenden) Gesellschafter bzw. Partner der Vereinigungen nach § 20 Abs. 1 S. 1 GwG können aus den Eintragungen im Handels-, Partnerschafts-, Genossenschafts-, und Vereinsregister (Nr. 5–8) entnommen werden. Auch hieraus kann sich eine Stellung als wirtschaftlich Berechtigter ergeben. Lässt sich aus diesen Daten der wirtschaftlich Berechtigte entnehmen, gilt die Fiktion des § 20 Abs. 2 GwG mit der Folge, dass die Pflicht zur Mitteilung an das Transparenzregister als erfüllt anzusehen ist.

Da die im Zusammenhang mit dem Transparenzregister neu geschaffenen Meldepflichten grundsätzlich zu einem bürokratischen Mehraufwand führen, wurde versucht, diesen Aufwand durch den Zugriff auf aktuelle oder chronologische Ausdrucke aus dem Handels-, Partnerschafts-, Genossenschafts-, und Vereinsregister abzumildern (vgl. hierzu *Spoerr/Roberts* WM 2017, 1142 (1146); *Bochmann* FUS 2017, 106 (109)). Auf eine isolierte (zusätzliche) Dokumentation rein bezogen auf den wirtschaftlich Berechtigten wurde somit verzichtet. Grund hierfür mag darüber hinaus auch der Umstand sein, dass die zuvor genannten Register über eine „hohe Datenqualität verfügen" (BT-Drs. 18/11555, 132).

II. Übermittlung der Indexdaten (Abs. 2)

4   § 22 Abs. 2 GwG regelt die erforderliche Datenübermittlung (Übermittlung sog. Indexdaten) an das Transparenzregister zwecks Eröffnung des Zugangs zu den Originaldaten nach § 22 Abs. 1 S. 1 Nr. 2–8 GwG. Auf der Internetseite des Transparenzregisters sollen die Originaldatenbestände der Handels-, Partnerschafts-, Genossenschafts-, Vereins- und Unternehmensregister abrufbar sein, um aus diesen den jeweiligen wirtschaftlich Berechtigten ableiten zu können. Die Registergerichte sind daher verpflichtet sog. Indexdaten der Handels-, Partnerschafts-, Genossenschafts-, und Vereinsregisterdaten zur Verfügung zu stellen, wenn sich aus den Datensätzen die für das Transparenzregister notwendigen Information ergeben (BT-Drs. 18/11555, 132). In diesem Zusammenhang haben sie den Betroffenen (wohl insbes. aus Datenschutzgründen) darauf hinzuweisen, dass eine Datenweiterleitung an das Transparenzregister erfolgt und seine Daten dort weiterverarbeitet werden. Die Landesjustizverwaltungen hat daher gemäß § 22 Abs. 2 S. 3 GwG dem Transparenzregister Indexdaten zu den Bekanntmachungen aus dem Handels-, Partnerschafts-, und Genossenschaftsregister zukommen zu lassen.

Eine entsprechende Pflicht trifft gemäß § 22 Abs. 2 S. 2 GwG den Betreiber des Unternehmensregisters; dieser hat die Indexdaten zu den Originaldaten nach § 22 Abs. 1 S. 1 Nr. 2 und 3 GwG ebenfalls dem Transparenzregister zu übermitteln.

Die Indexdaten dienen gemäß § 22 Abs. 4 GwG nur der Zugangsvermittlung und dürfen nicht zugänglich gemacht werden. Technische Einzelheiten der Datenübermittlung zwischen den Behörden der Länder und dem Transparenzregister einschließlich der Vorgaben für die zu verwendenden Datenformate und zur Sicherstellung von Datenschutz und Datensicherheit werden durch die Verordnung über die Übermittlung von Indexdaten der Landesjustizverwaltungen an das Transparenzregister (Indexdatenübermittlungsverordnung – IDÜV) geregelt (vgl. hierzu Verordnungsermächtigung in § 22 Abs. 3 GwG).

III. Verordnungsermächtigung (Abs. 3)

5   Das Bundesministerium der Finanzen wird gemäß § 22 Abs. 3 GwG ermächtigt, im Benehmen mit dem Bundesministerium der Justiz und für Verbraucherschutz für die Datenübermittlung nach § 22 Abs. 2 S. 3 GwG eine Rechtsverordnung zu erlassen, die der Zustimmung des Bundesrates bedarf. Die Rechtsverordnung soll technische Einzelheiten der Datenübermittlung zwischen den Behörden der Länder und dem Transparenzregister einschließlich der Vorgaben für die zu verwendenden Datenformate und zur Sicherstellung von Datenschutz und Datensicherheit regeln (hierzu krit. *Müller* NZWiSt 2017, 87 (97)). Abweichungen von den Verfahrensregelungen durch Landesrecht sind gemäß § 22 Abs. 3 GwG ausgeschlossen und damit „im Hinblick auf Artikel 84 Absatz 1 GG abweichungsfest ausgestaltet" (BT-Drs. 18/11555, 132). Durch die Verordnungsermächtigung soll sichergestellt werden, dass das Transparenzregister auf die Originaldaten der Länder zugreifen kann und einen entsprechenden Datenzugang gewähren kann.

6   Von der Ermächtigung wurde durch den Erlass der Verordnung über die Übermittlung von Indexdaten der Landesjustizverwaltungen an das Transparenzregister (Indexdatenübermittlungsverordnung – IDÜV) vom 12.7.2017 Gebrauch gemacht (BGBl. 2017 I S. 2372); in § 7 IDÜV sind allerdings besondere Übergangs-

regelungen enthalten. Die Indexdatenübermittlungsverordnung normiert ua die Übermittlung von Indexdaten zu Eintragungen im Handels-, Partnerschafts-, Genossenschafts- und Vereinsregister an das Transparenzregister gemäß § 22 Abs. 1 S. 1 Nr. 4–8 GwG. Folgende Indexdaten werden gemäß § 1 Abs. 1 IDÜV an das Transparenzregister weitergeleitet:
– Registerart, Registergericht und Registernummer sowie ein Ortskennzeichen, soweit vorhanden,
– Firma oder Name des Unternehmens, bei Zweigniederlassungen die betreffenden Daten der Zweigniederlassung,
– Rechtsform des Unternehmens,
– Sitz und Anschrift des Unternehmens, bei Zweigniederlassungen die betreffenden Daten der Zweigniederlassung,
– Kennzeichnung, ob es sich um eine Neueintragung, eine Veränderung oder eine Löschung handelt,
– Verfügbarkeit der Dokumentenarten „Aktueller Ausdruck (AD)", „Chronologischer Ausdruck (CD)", „Historischer Ausdruck (HD)", „Unternehmensträgerdaten (UT)" und „Dokumentenansicht (DK)" zu dem jeweiligen Unternehmen.
Für Eintragungen im Vereinsregister gilt die Pflicht zur Übermittlung der erforderlichen Indexdaten, soweit vorhanden, nach § 1 Abs. 1 S. 1 iVm Abs. 2 IDÜV entsprechend.

Die Landesjustizverwaltungen wiederum haben gemäß § 2 IDÜV dem Transparenzregister folgende Indexdaten zu Bekanntmachungen aus dem Handels-, Partnerschafts-, und Genossenschaftsregister zu übermitteln: 7
– Registerart, Registergericht, Registernummer sowie ein Ortskennzeichen, soweit vorhanden,
– Firma oder Name des Unternehmens,
– Rechtsform des Unternehmens,
– Sitz des Unternehmens,
– Gegenstand der Bekanntmachung,
– Elektronische Verknüpfung zu der Bekanntmachung,
– Tag der Bekanntmachung,
– Tag der Eintragung oder Anordnung.
§ 1 Abs. 2 und 3 IDÜV gelten entsprechend.
Ergeben sich Änderungen hinsichtlich der Angaben zu § 1 Abs. 1 und 2 IDÜV hat die Landesjustizverwaltungen diese unverzüglich zu übermitteln, § 5 Abs. 1 IDÜV. Die Indexdaten zu Bekanntmachungen aus dem Handels-, Partnerschafts-, Genossenschafts- und Vereinsregister (§ 2 IDÜV) sind gemäß § 5 Abs. 2 IDÜV täglich zu aktualisieren.

IV. Verordnungsermächtigung (Abs. 4)

§ 22 Abs. 4 GwG ermächtigt das Bundesministerium der Finanzen durch 8 Rechtsverordnung, im Benehmen mit dem Bundesministerium der Justiz und für Verbraucherschutz durch Rechtsverordnung, die nicht der Zustimmung des Bundesrates bedarf, die Datenübermittlung zwischen Unternehmensregister und Transparenzregister sowie die Einreichung von Mitteilungen der Vereinigungen nach § 20 Abs. 1 GwG und der Rechtsgestaltungen nach § 21 GwG zu regeln. Die Rechtsverordnung hat auch Vorgaben für die zu verwendenden Datenformate und Formulare zu enthalten und Regelungen zur Sicherstellung von Datenschutz und

§ 22 Abschnitt 4. Transparenzregister

Datensicherheit vorzunehmen. Geplant ist, die Einreichung von Angaben in Form der Befüllung eines Online-Formulars umzusetzen; Vereinigungen und Rechtsgestaltungen müssten sich vor der Nutzung des Formulars zunächst registrieren (so BT-Drs. 18/11555, 132).

9 Der Erlass der Rechtsverordnung bedarf nicht der Zustimmung des Bundesrates; die Forderung des Bundesrates – Normierung der Zustimmung des Bundesrates – lehnte die Bundesregierung ab und verwies darauf, dass auch die materiell-rechtlich vergleichbaren Rechtsverordnungsermächtigungen im bisherigen Geldwäschegesetz (bspw. § 2 Abs. 2 GwG aF, § 4 Abs. 4 S. 2 GwG aF) eine solche Zustimmung nicht enthielten (BT-Drs. 18/11928, 8, 34). Darüber hinaus ermögliche auch die Länderanhörung im Verordnungsgebungsverfahren eine Mitwirkung (BT-Drs. 18/11928, 34).

10 Von der Ermächtigung wurde durch den Erlass der Verordnung zur Datenübermittlung durch Mitteilungsverpflichtete und durch den Betreiber des Unternehmensregisters an das Transparenzregister (Transparenzregisterdatenübermittlungsverordnung – TrDüV) vom 30.6.2017 Gebrauch gemacht (BGBl. 2017 I S. 2090). Gemäß § 1 Abs. 1 TrDüV ist für die Übermittlung der Mitteilung einer Vereinigung nach § 20 Abs. 1 S. 1 GwG und einer Rechtsgestaltung nach § 21 GwG zunächst eine Registrierung auf der Internetseite des Transparenzregisters (www.transparenzregister.de) erforderlich. Die Registrierung ist für die Vereinigung oder Rechtsgestaltung verpflichtend. In einem nächsten Schritt wird eine Kennung (in Form einer gültigen E-Mail-Adresse) und ein Passwort vergeben. Das Passwort kann der Registrierende oder eine Person im Auftrag des Registrierenden selbst vergeben. Das Transparenzregister übermittelt dem Registrierenden oder einer Person im Auftrag des Registrierenden im Nachgang eine elektronische Nachricht zur Eröffnung des Benutzerkontos. Nach Erhalt dieser elektronischen Nachricht schaltet der Registrierende oder eine Person im Auftrag des Registrierenden das Benutzerkonto frei, § 1 Abs. 2 S. 3 TrDüV. § 1 Abs. 3 TrDüV bestimmt, dass nach Freischaltung des Benutzerkontos der Registrierende oder eine Person im Auftrag des Registrierenden der registerführenden Stelle folgende Mindestangaben zu übermitteln:
– Firma oder Name des Registrierenden,
– Vor- und Nachname der mit der Registrierung beauftragten oder innerhalb des Registrierenden für die Registrierung zuständigen Person,
– Anschrift der vom Registrierenden beauftragten Person oder des Sitzes des Registrierenden,
– E-Mail-Adresse der Person nach Nr. 2 und
– Telefonnummer der Person nach Nr. 2.

Die erfolgte Übermittlung der Mindestangaben wird demjenigen, der die Registrierung vorgenommen hat, auf der Internetseite des Transparenzregisters angezeigt. § 2 TrDüV bestimmt die Pflicht des Registrierenden zur unverzüglichen Mitteilung von Änderungen, wenn diese die Mindestangaben nach § 1 Abs. 3 Nr. 1–5 GwG betreffen.

11 § 3 TrDüV regelt die die Übermittlung der Angaben zu wirtschaftlich Berechtigten nach § 20 Abs. 1 S. 1 und Abs. 2 S. 4 GwG sowie § 21 Abs. 1 S. 1 GwG. Auch diese sind auf der Internetseite des Transparenzregisters (www.transparenzregister.de) durch ein auf der Internetseite zur Verfügung gestellten Formulare der registerführenden Stelle mitzuteilen. Die registerführende Stelle hat die Übermittlung mit einer Zeitangabe zu dokumentieren; § 3 Abs. 3 S. 1 TrDüV.

Die Übermittlung der Indexdaten durch den Betreiber des Unternehmensregisters werden durch § 4 TrDüV vorgegeben. Hiernach hat der Betreiber des

Unternehmensregisters der registerführenden Stelle folgende Indexdaten mitzuteilen:
- Registerart, Registergericht und Registernummer sowie ein Ortskennzeichen, soweit vorhanden,
- Firma oder Name des Unternehmens, bei Zweigniederlassungen die betreffenden Daten der Zweigniederlassung,
- Rechtsform des Unternehmens,
- Sitz und, soweit vorhanden, Anschrift des Unternehmens, bei Zweigniederlassungen die betreffenden Daten der Zweigniederlassung sowie
- Verfügbarkeit der Bekanntmachungen des Bestehens einer Beteiligung nach § 20 Abs. 6 Aktiengesetz und Verfügbarkeit der Stimmrechtsmitteilungen nach den §§ 26 und 26a Wertpapierhandelsgesetz zu den jeweiligen Unternehmen.

Der Betreiber des Unternehmensregisters hat hierbei die Befugnis, die Indexdaten, die ihm nach den §§ 5–7 Unternehmensregisterverordnung von den Landesjustizverwaltungen übermittelt worden sind, zur Übermittlung nach § 4 Abs. 1 S. 1 TrDüV an die registerführende Stelle zu verwenden; § 4 Abs. 1 S. 2 TrDüV. Eine Änderung der jeweiligen Indexdaten hat der Betreiber des Unternehmensregisters gemäß § 5 TrDüV unverzüglich der registerführenden Stelle zu melden.

§ 23 Einsichtnahme in das Transparenzregister, Verordnungsermächtigung

(1) **Bei Vereinigungen nach § 20 Absatz 1 Satz 1 und Rechtsgestaltungen nach § 21 ist die Einsichtnahme gestattet:**
1. **den folgenden Behörden, soweit sie zur Erfüllung ihrer gesetzlichen Aufgaben erforderlich ist:**
   a) **den Aufsichtsbehörden und der Behörde nach § 25 Absatz 6 sowie nach § 56 Absatz 5 Satz 2,**
   b) **der Zentralstelle für Finanztransaktionsuntersuchungen,**
   c) **den gemäß § 13 des Außenwirtschaftsgesetzes zuständigen Behörden,**
   d) **den Strafverfolgungsbehörden,**
   e) **dem Bundeszentralamt für Steuern sowie den örtlichen Finanzbehörden nach § 6 Absatz 2 Nummer 5 der Abgabenordnung,**
   f) **den für Aufklärung, Verhütung und Beseitigung von Gefahren zuständigen Behörden,**
   g) **den Gerichten sowie**
   h) **den Stellen nach § 2 Absatz 4,**
2. **den Verpflichteten, sofern sie der registerführenden Stelle darlegen, dass die Einsichtnahme zur Erfüllung ihrer Sorgfaltspflichten in einem der in § 10 Absatz 3 genannten Fälle erfolgt, und**
3. **allen Mitgliedern der Öffentlichkeit.**

Im Fall des Satzes 1 Nummer 3 sind neben den Angaben nach § 19 Absatz 1 Nummer 1 und 4 nur Monat und Jahr der Geburt des wirtschaftlich Berechtigten, sein Wohnsitzland und die Staatsangehörigkeit der Einsicht zugänglich, sofern sich nicht alle Angaben nach § 19 Absatz 1 bereits aus anderen öffentlichen Registern ergeben.

(2) **Auf Antrag des wirtschaftlich Berechtigten beschränkt die registerführende Stelle die Einsichtnahme in das Transparenzregister vollständig oder teilweise, wenn ihr der wirtschaftlich Berechtigte darlegt, dass der**

Figura

§ 23

Einsichtnahme unter Berücksichtigung aller Umstände des Einzelfalls überwiegende schutzwürdige Interessen des wirtschaftlich Berechtigten entgegenstehen. Schutzwürdige Interessen liegen vor, wenn
1. Tatsachen die Annahme rechtfertigen, dass die Einsichtnahme den wirtschaftlich Berechtigten der Gefahr aussetzen würde, Opfer einer der folgenden Straftaten zu werden:
   a) eines Betrugs (§ 263 des Strafgesetzbuchs),
   b) eines erpresserischen Menschenraubs (§ 239a des Strafgesetzbuchs),
   c) einer Geiselnahme (§ 239b des Strafgesetzbuchs),
   d) einer Erpressung oder räuberischen Erpressung (§§ 253, 255 des Strafgesetzbuchs),
   e) einer strafbaren Handlung gegen Leib oder Leben (§§ 211, 212, 223, 224, 226, 227 des Strafgesetzbuchs),
   f) einer Nötigung (§ 240 des Strafgesetzbuchs),
   g) einer Bedrohung (§ 241 des Strafgesetzbuchs) oder
2. der wirtschaftlich Berechtigte minderjährig oder geschäftsunfähig ist.

Schutzwürdige Interessen des wirtschaftlich Berechtigten liegen nicht vor, wenn sich die Daten bereits aus den in § 22 Absatz 1 genannten Registern ergeben. Die Beschränkung der Einsichtnahme nach Satz 1 ist nicht möglich gegenüber den in Absatz 1 Satz 1 Nummer 1 aufgeführten Behörden und gegenüber Verpflichteten nach § 2 Absatz 1 Nummer 1 bis 3 und 7 sowie gegenüber Notaren. Die registerführende Stelle hat jährlich eine Statistik über die Anzahl der bewilligten Beschränkungen und darüber, ob die Beschränkungen nach Satz 1 Nummer 1 oder 2 erfolgt sind, zu erstellen, auf ihrer Internetseite zu veröffentlichen und an die Europäische Kommission zu übermitteln.

(3) Die Einsichtnahme ist nur nach vorheriger Online-Registrierung des Nutzers möglich und kann zum Zweck der Kontrolle, wer Einsicht genommen hat, protokolliert werden. Die registerführende Stelle ist nicht befugt, gegenüber Vereinigungen nach § 20 und Rechtsgestaltungen nach § 21 offenzulegen, wer Einsicht in die Angaben genommen hat, die die Vereinigungen und Rechtsgestaltungen zu ihren wirtschaftlich Berechtigten gemacht haben.

(4) Das Transparenzregister erlaubt die Suche nach Vereinigungen nach § 20 Absatz 1 Satz 1 und Rechtsgestaltungen nach § 21 über alle eingestellten Daten sowie über sämtliche Indexdaten.

(5) Das Bundesministerium der Finanzen wird ermächtigt, durch Rechtsverordnung, die nicht der Zustimmung des Bundesrates bedarf, die Einzelheiten der Einsichtnahme und Beschränkung, insbesondere der Online-Registrierung und der Protokollierung wie die zu protokollierenden Daten und die Löschungsfrist für die protokollierten Daten nach Absatz 3, der Darlegungsanforderungen für die Einsichtnahme nach Absatz 1 Satz 1 Nummer 2 und 3 und der Darlegungsanforderungen für die Beschränkung der Einsichtnahme nach Absatz 2 zu bestimmen.

(6) Auf Antrag ist dem wirtschaftlich Berechtigten durch die registerführende Stelle Auskunft über die nach § 23 Absatz 1 Satz 1 Nummer 3 erfolgten Einsichtnahmen zu erteilen. Der wirtschaftlich Berechtigte hat bei Antragstellung die Vereinigung nach § 20 oder die Rechtsgestaltung nach

§ 21 anzugeben, für die eine Auskunft beantragt wird. Die Auskunft beinhaltet folgende Informationen:
1. die beauskunfteten personenbezogenen Daten des wirtschaftlich Berechtigten,
2. die monatsweise dargestellte Anzahl der seit der letzten Antragstellung erfolgten Einsichtnahmen,
3. der Zeitpunkt der jeweiligen Einsichtnahmen,
4. eine anonymisierte Auflistung der natürlichen Personen, die Einsicht genommen haben und
5. bei Einsichtnahme durch juristische Personen deren Bezeichnung.

Die beantragte Auskunft ist mindestens einmal im Kalenderjahr, höchstens jedoch einmal im Quartal zu erteilen. Der wirtschaftlich Berechtigte belegt im Rahmen der Antragstellung nach Satz 1 seine Identität und seine Stellung als wirtschaftlich Berechtigter der im Antrag in Bezug genommenen Vereinigung nach § 20 oder Rechtsgestaltung nach § 21 anhand geeigneter Nachweise. Geeignete Nachweise zur Feststellung der Identität sind solche nach § 12. Die Antragstellung und Auskunftserteilung nach diesem Absatz ist ausschließlich über die Internetseite des Transparenzregisters nach den Vorgaben der registerführenden Stelle möglich.

Literatur: *Assmann/Hütten,* Das elektronische Transparenzregister – Mitteilungs- und Angabepflichten, AG 2017, 449 ff.; *Fisch,* Das neue Transparenzregister und seine Auswirkungen auf die Praxis, NZG 2017, 408 ff.; *Kirchhof,* Transparenzregister für jedermann? ZRP 2017, 127; *Kotzenberg/Lorenz,* Das Transparenzregister kommt, NJW 2017, 2433 ff.; *Müller,* Transparenz auf allen Ebenen – Zur Umsetzung der Vierten Geldwäscherichtlinie – Teil 1, NZWiSt 2017, 87 ff.; *Müller,* Transparenz auf allen Ebenen – Zur Umsetzung der Vierten Geldwäscherichtlinie – Teil 2, NZWiSt 2017, 121 ff.; *Schaub,* Das neue Transparenzregister naht – Überblick über die Regelungen und praktische Auswirkungen für Personenvereinigungen, DStR 2017, 1438 ff.; *Schenke,* Verwaltungsprozessrecht, 14. Aufl. 2014; *Seibert,* Die GmbH und das Transparenzregister, GmbHR 2017, R 97 ff.; *Spoerr/Roberts,* Die Umsetzung der Vierten Geldwäscherichtlinie: Totale Transparenz, Geldwäschebekämpfung auf Abwegen?, WM 2017, 1142 ff.; *Ulrich,* Das Transparenzregister kommt wirklich, GmbHR 2017, R 182 (Heft 12).

Übersicht

	Rn.
I. Einsichtnahme (Abs. 1)	1
II. Beschränkung auf Antrag (Abs. 2)	7
III. Online-Registrierung und Protokollierung (Abs. 3)	11
IV. Suchfunktion (Abs. 4)	13
V. Verordnungsermächtigung (Abs. 5)	15
VI. Antrag auf Auskunft	16

I. Einsichtnahme (Abs. 1)

Das Transparenzregister war bis zur Änderung des Gesetzes zum 1.1.2020 (Geldwäschegesetz vom 23. Juni 2017 (BGBl. I S. 1822) zuletzt geändert durch Art. 269 der Verordnung vom 19. Juni 2020 (BGBl. I S. 1328)) nicht als öffentliches Register ausgestaltet (vgl. hierzu allerdings bereits Entschließung des Bundesrates v. 2.6.2017, BR-Drs. 389/17 mit entsprechender Forderung auf öffentlichen Zugang

1

sowie BR-Drs. 182/17, 18f.; *Fisch* NZG 2017, 408 (410); bzgl. verfassungsrechtlicher Bedenken s. *Assmann/Hütten* AG 2017, 449 (450)). Ab dem 27.12.2017 konnte das Transparenzregister erstmals durch bestimmte Vereinigung, Behörden und durch die diejenigen, die der registerführenden Stelle ein berechtigtes Interesse darlegen konnten, eingesehen werden (§ 59 Abs. 3 GwG). Beachtlich ist, dass es sich beim Transparenzregister um kein „Volldatenregister" handelt, sondern es als Registerportal im Internet ausgestaltet ist, in dem Daten – zum Teil über eine Verlinkung zu anderen Registern – abgerufen werden können (so *Schaub* DStR 2017, 1438 (1442) mit Verweis auf *Seibert* GmbHR 2017, R97 (R98)).

Die Regelungen zur Einsichtnahme in das Transparenzregister sind auf Art. 30 Abs. 5 und Art. 31 Abs. 4 der 4. Geldwäscherichtlinie (EU) 2015/849 des Europäischen Parlaments und des Rates zurückzuführen. Hiernach war der Registerzugang in gestaffelter Form auszugestalten. Die Staffelung des Zugangs orientierte sich in erster Linie an der Funktion des Einsichtnehmenden und begrenzt diesen hierdurch gleichzeitig (BT-Drs. 18/11555, 133). § 23 Abs. 1 GwG legte in diesem Sinne fest, welchen Behörden eine Einsichtnahme gestattet ist, soweit diese zur Erfüllung ihrer gesetzlichen Aufgaben erforderlich ist. Zu den befugten Behörden zählen gemäß der gesetzlichen Aufzählung die Aufsichtsbehörden und die Behörde nach § 25 Abs. 6 sowie nach § 56 Abs. 5 S. 2 GwG, die Zentralstelle für Finanztransaktionsuntersuchungen (FIU), die gemäß § 13 Außenwirtschaftsgesetz zuständigen Behörden, die Strafverfolgungsbehörden, das Bundeszentralamt für Steuern sowie die örtlichen Finanzbehörden nach § 6 Abs. 2 Nr. 5 Abgabenordnung, sämtliche für Aufklärung, Verhütung und Beseitigung von Gefahren zuständigen Behörden, die Gerichten sowie Behörden und Körperschaften und Anstalten des öffentlichen Rechts, die öffentliche Versteigerungen durchführen (Stellen nach § 2 Abs. 4 GwG). Den genannten Behörden dient die Einsichtnahme zur Erfüllung ihrer gesetzlichen Aufgaben nach der Gesetzesbegründung deshalb, „da sie alle im Zusammenhang mit der Prävention und Bekämpfung von Geldwäsche, deren Vortaten, Steuervermeidung und Terrorismusfinanzierung tätig sind" (BT-Drs. 18/11555, 133). Insbesondere für die örtlichen Finanzbehörden dürften die im Transparenzregister enthalten Informationen zu Treuhandverhältnissen oder Stimmbindungsverträgen von großem Interesse sein (in diesem Sinne auch *Ulrich* GmbHR 2017, R182). Ob durch die Aufnahme der für Aufklärung, Verhütung und Beseitigung von Gefahren zuständigen Behörden auch eine Registerzugriffsmöglichkeit für solche Personengruppen, ohne Bezug in ihrem Aufgabengebiet zur Bekämpfung von Geldwäsche- oder Terrorismusbekämpfung, eingeräumt wird, erscheint fraglich (bejahend *Müller* NZWiSt 2017, 87 (96); *Müller* NZWiSt 2017, 121 (125)).

2   Die **5. Geldwäscherichtlinie** hat noch stärker die Verbesserung des Zugangs zu Informationen über den wirtschaftlichen Eigentümer zum Ziel. Bereits Art. 30 und 31 der 4. Geldwäscherichtlinie (EU) 2015/849 des Europäischen Parlaments und des Rates enthielten Regeln für die Erhebung und Speicherung sowie den Zugang zu Informationen über die tatsächlichen wirtschaftlichen Eigentümer von Gesellschaften, Stiftungen und anderen Rechtsvereinbarungen. Nach den Vorgaben der 5. Geldwäscherichtlinie war der Zugang zu Informationen über die jeweiligen wirtschaftlichen Eigentümer wie folgt zu erweitern und zu modifizieren:
– öffentlicher Zugang zu Informationen über die wirtschaftlichen Eigentümer von Gesellschaften
– Zugang bei Nachweis eines „legitimen Interesses" zu Informationen über die wirtschaftlichen Eigentümer von Trusts und ähnlichen Rechtsvereinbarungen

– öffentlicher Zugang auf schriftlichen Antrag zu Informationen über die wirtschaftlichen Eigentümer von Trusts, die im Besitz einer nicht in der EU registrierten Gesellschaft sind.

Die 5. Geldwäscherichtlinie ließ in Art. 1 Nr. 16 lit. d aber auch die Möglichkeit zu, einen weitergehenden Zugang zu den Angaben im Register über wirtschaftlich Berechtigte zuzulassen. Von dieser Möglichkeit wurde in der Umsetzung und der Änderung des § 23 GwG Gebrauch gemacht (vgl. hierzu BT-Drs. 19/13827, 90). Eine Einschränkung des Zugangs zu Informationen über die wirtschaftlichen Eigentümer von Trusts und ähnlichen Rechtsvereinbarungen wurde in § 23 GwG daher nicht normiert.

Den Ausführungen der 5. Geldwäscherichtlinie zur Folge ist die **Kenntnis der wirtschaftlichen Eigentümer einer Gesellschaft** eine Grundvoraussetzung für die Risikominderung im Zusammenhang mit Finanzkriminalität und für Präventionsstrategien für regulierte Unternehmen. Die Richtlinie sieht daher eine Änderung vor, die den Mitgliedstaaten die Pflicht zur Offenlegung der Daten in Form eines öffentlichen Zugangs zu einer begrenzten Zahl von Angaben zu den wirtschaftlichen Eigentümern von Unternehmen und juristischen Personen, die im Sinne von Art. 54 AEUV einen Erwerbszweck verfolgen, auferlegt. Die Zugriffsmöglichkeit durch Dritte soll eine zusätzliche Garantie für Dritte bieten, die mit diesen Gesellschaften Geschäfte machen wollen, da verlässlichen Informationen über die Eigentumsverhältnisse, einschließlich der Identität der kontrollierenden Eigentümer, und die Kontrollstrukturen von Gesellschaften und Trusts zur Verfügung gestellt werden. Darüber hinaus soll der öffentliche Zugang zu den Daten eine zusätzliche Kontrollfunktion der Zivilgesellschaft ermöglichen und das Vertrauen in die Integrität des Finanzsystems stärken. Schließlich wird der Datenzugriff für Finanzinstitute sowie Behörden, einschließlich Behörden von Drittländern optimiert.

In **besonders gelagerten Fälle** haben die Mitgliedstaaten zur Wahrung des Rechts auf Achtung des Privatlebens und zum Schutz personenbezogener Daten Ausnahmen von der Offenlegungspflicht für solche Informationen über den wirtschaftlichen Eigentümer zuzulassen, in denen dieser durch die Informationen dem Risiko von Betrug, Entführung, Erpressung, Gewalt oder Einschüchterung ausgesetzt werden würde. Das heißt, die betroffenen natürlichen Personen müsste vor der Veröffentlichung ihrer personenbezogenen Daten in Kenntnis gesetzt werden. Die 5. Geldwäscherichtlinie stellt ausdrücklich klar, dass die Datenschutz-Grundverordnung auch im Bereich dieser Geldwäscherichtlinie gilt. Insbesondere für den Umgang von Mitgliedern der Öffentlichkeit mit den Daten, in die sie Einsicht genommen haben, entfaltet diese Geltung Relevanz.

Gemäß § 23 Abs. 1 Nr. 2 GwG ist es ferner auch den Verpflichteten nach § 2 **3** Abs. 1 GwG gestattet, Einsicht zu nehmen, sofern sie der registerführenden Stelle darlegen, dass die Einsichtnahme zur Erfüllung ihrer Sorgfaltspflichten in einem der in § 10 Abs. 3 GwG genannten Fälle erfolgt. § 10 Abs. 3 GwG bestimmt, in welchen Fällen die in § 10 Abs. 1 GwG festgelegten allgemeinen Sorgfaltspflichten von den Verpflichteten zu erfüllen sind. Pflichtauslösende Ereignisse iSv § 10 Abs. 3 S. 1 Nr. 1–4 GwG sind die Begründung der Geschäftsbeziehung iSv § 1 Abs. 4 GwG, die Durchführung einer gelegentlichen Transaktion (§ 1 Abs. 5 GwG) außerhalb einer bestehenden Geschäftsbeziehung, wenn der Schwellenwert von 15.000 EUR bzw. von 1.000 EUR im Falle eines Transfers iSd Verordnung (EU) 2015/847 des Europäischen Parlaments und des Rates vom 20.5.2015 (GeldtransferVO) überschritten wird, der Geldwäsche- oder Terrorismusfinanzierungsverdachtsfall, sowie

§ 23 Abschnitt 4. Transparenzregister

das Bestehen von Zweifeln an der Richtigkeit der Angaben zur Identität des Vertragspartners oder des wirtschaftlich Berechtigten.

Im Rahmen des Ersuchens auf Einsichtnahme ist seitens des jeweiligen Verpflichteten nachzuweisen, dass diese einem pflichtauslösenden Ereignis iSv § 10 Abs. 3 S. 1 Nr. 1–4 GwG dient. Hierzu zählen ua die – fallbezogene – Feststellung der Eigentums- und Kontrollstruktur des Vertragspartners anhand der Registerdaten zu Vereinigungen bzw. Rechtsgestaltungen und die Abklärung des wirtschaftlich Berechtigten anhand dieser Daten. Im Ergebnis dient die Einsichtnahme damit der Erfüllung der gesetzlichen Vorgaben durch den Verpflichteten; eine Einsichtnahme in das gesamte Transparenzregister ist dem Kreis der Verpflichteten mangels konkretem Fallbezug jedoch verwehrt (BT-Drs. 18/11555, 133).

4 Zur Erfüllung der Kundensorgfaltspflichten wird den Verpflichteten nach § 2 Abs. 1 GwG auch der Zugriff auf Daten des wirtschaftlich Berechtigten von Rechtsgestaltungen nach § 21 GwG gewährt (vgl. hierzu Art. 31 Abs. 4 sowie Erwägungsgrund 15 der 4. Geldwäscherichtlinie (EU) 2015/849 des Europäischen Parlaments und des Rates). Diese Möglichkeit dient insbesondere dem Erhalt weitergehender Informationen zu den wirtschaftlich Berechtigten von Trusts und ähnlichen Rechtsgestaltungen mit dem Ziel größtmöglicher Transparenz (BT-Drs. 18/11555, 133). Gleichzeitig wird ein Gleichklang mit dem Zugriff auf Daten von Vereinigungen nach § 20 Abs. 1 S. 1 GwG erzeugt. Einer Umstrukturierung der Rechtsform oder anderweitigen „Ausweichbewegungen" wird dadurch auch die Attraktivität genommen (BT-Drs. 18/11555, 133).

5 Im Zuge der Umsetzung der **5. Geldwäscherichtlinie** wurde der Zugang zum Transparenzregister stark erweitert (vgl. hierzu BT-Drs. 19/13827, 89 und 90). Alle Mitglieder der Öffentlichkeit erhalten durch die Umsetzung von Art. 1 Nr. 15 lit. c der 5. Geldwäscherichtlinie Zugang zu bestimmten (eingeschränkten) Daten von wirtschaftlich Berechtigten (§ 23 Abs. 1 S. 1 Nr. 3 GwG). Bisher wurde dieser Zugang nur Personen und Organisationen gewährt, die ein berechtigtes Interesse nachweisen konnten. Diese Gruppe geht nun in der Zugangsberechtigten für die „Öffentlichkeit" auf (so BT-Drs. 19/13827, 90). Die Gliederung in die Nr. 1, 2 und 3 des § 23 Abs. 1 S. 1 GwG wurde im Zuge der Erweiterung beibehalten, da die in Nr. 1 und 2 genannten Behörden und bestimmte Verpflichtete im Rahmen der Erfüllung ihrer Sorgfaltspflichten auch solche Informationen einsehen können, die der Beschränkung der Einsichtnahme nach § 23 Abs. 2 S. 4 GwG unterliegen. Damit korrespondierend sieht der seit dem 01.07.2020 geltende § 23 Abs. 6 GwG (eingefügt durch Artikel 1 G. v. 12.12.2019 BGBl. I S. 2602) vor, dass die registerführende Stelle dem wirtschaftlich Berechtigten auf Antrag Auskunft über die nach § 23 Abs. 1 S. 1 Nr. 3 GwG erfolgten Einsichtnahmen zu erteilen hat.

Zugänglich sind dem Einsichtnehmenden im Falle des § 23 Abs. 1 Nr. 3 GwG also neben den Angaben nach § 19 Abs. 1 Nr. 1 und 4 GwG (Vor- und Nachname sowie Art und Umfang des wirtschaftlichen Interesses) nur Monat und Jahr der Geburt des wirtschaftlich Berechtigten, sein Wohnsitzland und die Staatsangehörigkeit, sofern sich nicht alle Angaben nach § 19 Abs. 1 GwG bereits aus anderen öffentlichen Registern ergeben (§ 23 Abs. 1 S. 2 GwG).

Eine weitere Konkretisierung des Verfahrens in Bezug auf die Einzelheiten der Einsichtnahme und Beschränkung wird durch die Rechtsverordnung nach § 23 Abs. 5 GwG herbeigeführt (sog. Transparenzregistereinsichtnahmeverordnung – TrEinV).

6 Lehnt die registerführende Stelle die Einsichtnahme ab, kann hiergegen ein Rechtsbehelf in Form eines Widerspruchs eingelegt werden. Die Zuständigkeit für

die Bearbeitung des Widerspruchs liegt beim Bundesverwaltungsamt; gegen dessen Entscheidung ist wiederum der Verwaltungsrechtsweg eröffnet (vgl. hierzu *Seibert* GmbHR 2017, R97 (R98)). Eine Erschleichung der Einsichtnahme in das Transparenzregister nach § 23 Abs. 1 Nr. 2 und 3 GwG kann als Ordnungswidrigkeit gemäß § 59 Abs. 1 Nr. 64 GwG geahndet werden.

II. Beschränkung auf Antrag (Abs. 2)

Es ist davon auszugehen, dass die Daten des Transparenzregisters Informationen 7 zu beträchtlichen finanziellen Werten enthalten werden. Insbesondere bei Familienunternehmen und Stiftungen könnte die Einsichtnahme in das Transparenzregister die Begehung von Vermögensdelikte begünstigen und potenziellen Straftätern stichhaltige Hinweise auf Geldquellen durch missbräuchliche Registerzugriffe darbieten. Es ist daher zum Schutz des wirtschaftlich Berechtigten geboten, wenn diese bestimmten Gefahren durch die Auswertung der im Register enthaltenen Informationen ausgesetzt sind, die Einsichtnahme zu beschränken. Gleiches gilt für Minderjährige oder Geschäftsunfähige, die nicht in der Lage sind, Verantwortung für die Stellung als wirtschaftlich Berechtigter zu übernehmen (BT-Drs. 18/11555, 133).

Auf Antrag des wirtschaftlich Berechtigten beschränkt die registerführende Stelle 8 gemäß § 23 Abs. 2 GwG die Einsichtnahme in das Transparenzregister vollständig oder teilweise. Hierfür hat der wirtschaftlich Berechtigte darzulegen, dass der Einsichtnahme unter Berücksichtigung aller Umstände des Einzelfalls überwiegende schutzwürdige Interessen des wirtschaftlich Berechtigten entgegenstehen. Eine Beschränkung der Einsichtnahme nach § 23 Abs. 2 S. 1 GwG ist nicht möglich gegenüber den in § 23 Abs. 1 S. Nr. 1 GwG aufgeführten Behörden und der zur Verhinderung von Geldwäsche und Terrorismusfinanzierung Verpflichteten iSd § 2 Abs. 1 Nr. 1–3 und 7 GwG sowie gegenüber Notaren; § 23 Abs. 2 S. 4 GwG. Hinsichtlich der genannten staatlichen Einrichtungen und Personengruppen geht der Gesetzgeber von einem verantwortungsvollen und gesetzeskonformen Umgang mit Daten aus (BT-Drs. 18/11555, 133).

Die Regelung des § 23 Abs. 2 GwG trägt Art. 30 Abs. 9 der 4. Geldwäscherichtlinie (EU) 2015/849 des Europäischen Parlaments und des Rates Rechnung, wonach zum Schutz des wirtschaftlich Berechtigten vor bestimmte Risiken Ausnahmeregelungen normiert werden dürfen. Als berechtigtes Interesse ist „jedes schutzwürdige Interesse rechtlicher, wirtschaftlicher oder ideeller Art anzusehen, das nach vernünftigen Erwägungen unter Berücksichtigung gesetzlicher Regelungen oder allgemeiner Rechtsgrundsätze anzuerkennen ist" (*Schenke* VerwProzR, 14. Aufl. 2014, S. 591 Rn. 571). Wie hoch die Anforderungen an die Darlegung eines schutzwürdigen Interesses zu bemessen sind und zukünftig ausgeprägt werden, bleibt abzuwarten. Vor dem Hintergrund der bisher (eher niedrigen) Anforderungen an die Darlegung des berechtigten Interesses nach § 23 Abs. 1 Nr. 3 GwG aF sollten hier im Umkehrschluss auch nur geringe Anforderungen an die Darlegung des schutzwürdigen Interesses gestellt werden, um einen Gleichlauf zu erzeugen. Ob die vollständige oder teilweise Einschränkung der Einsichtnahme in das Transparenzregister durch drohende Erb- oder Pflichtteilsstreitigkeiten oder aufgrund von Wettbewerbsnachteilen bei Konkurrenzunternehmen begründet werden kann, ist fraglich (bejahend *Kotzenberg/Lorenz* NJW 2017, 2433 (2437)). Abzulehnen ist ein schutzwürdiges Interesse dann, wenn sich die Daten bereits aus den in § 22 Abs. 1 GwG genannten Registern ergeben (§ 23

Abs. 2 S. 3 GwG). Ziel der Vorschrift ist es, Rechtsklarheit und Rechtssicherheit im Hinblick darauf, wann schutzwürdige Interessen nicht vorliegen, herzustellen (so BT-Drs. 19/13827, 91).

9 Gemäß der in § 23 Abs. 2 S. GwG enthaltenen gesetzlichen Aufzählung liegen schutzwürdige Interessen vor, wenn die Tatsachen die Annahme rechtfertigen, dass die Einsichtnahme den wirtschaftlich Berechtigten der – abstrakten – Gefahr aussetzen würde, Opfer einer der folgenden Straftaten zu werden:
- eines Betrugs (§ 263 des Strafgesetzbuchs),
- eines erpresserischen Menschenraubs (§ 239a des Strafgesetzbuchs),
- einer Geiselnahme (§ 239b des Strafgesetzbuchs),
- einer Erpressung oder räuberischen Erpressung (§§ 253, 255 des Strafgesetzbuchs),
- einer strafbaren Handlung gegen Leib oder Leben (§§ 211, 212, 223, 224, 226, 227 des Strafgesetzbuchs),
- einer Nötigung (§ 240 des Strafgesetzbuchs),
- einer Bedrohung (§ 241 des Strafgesetzbuchs)

oder wenn der wirtschaftlich Berechtigte minderjährig oder geschäftsunfähig ist.

10 Gemäß § 23 Abs. 2 S. 5 GwG hat die registerführende Stelle jährlich eine Statistik über die Anzahl der bewilligten Beschränkungen und darüber, ob die Beschränkungen nach § 23 Abs. 2 S. 1 Nr. 1 oder 2 GwG erfolgt sind, zu erstellen, auf ihrer Internetseite zu veröffentlichen sowie an die Europäische Kommission zu übermitteln. Die Einfügung des S. 5 in § 23 Abs. 2 GwG hat die Umsetzung von Art. 1 Nr. 15 lit. g der 5. Geldwäscherichtlinie zum Ziel, die die jährliche Veröffentlichung von Statistiken, die die Anzahl der Beschränkungen und der Beschränkungsgründe zum Gegenstand haben, und deren Übersendung an die EU-Kommission durch Mitgliedstaaten vorsieht.

III. Online-Registrierung und Protokollierung (Abs. 3)

11 Eine Einsichtnahme in das Transparenzregister ist gemäß § 23 Abs. 3 GwG nur nach vorheriger Online-Registrierung des Nutzers möglich; die Einsichtnahme wird protokolliert. Die Möglichkeit der Online-Registrierung eröffnet Art. 30 Abs. 5 letzter UAbs. der 4. Geldwäscherichtlinie (EU) 2015/849 des Europäischen Parlaments und des Rates. Ziel ist es, Kenntnis über diejenigen Personen zu erhalten, die Einsicht in das Transparenzregister nehmen und hierdurch einen unberechtigten Datenzugriff oder einen etwaigen Datenmissbrauch zu erschweren bzw. zu unterbinden (BT-Drs. 11/555, 133). Ob dieses Ziel durch die Registrierungspflicht und eine Zugriffsprotokollierung erreicht wird, bleibt weiter abzuwarten (hierzu krit. *Müller* NZWiSt 2017, 87 (95)). Darüber hinaus wird die Zugriffsmöglichkeit nicht schrankenlos gewährt, sondern ist mit bestimmten Bedingungen bzgl. der Einsichtnahme verbunden, die durch die Registrierung und Protokollierung einer Kontrolle zugänglich sind.

Gemäß der Neuregelung in § 23 Abs. 3 S. 2 GwG ist die registerführende Stelle nicht befugt, gegenüber Vereinigungen nach § 20 GwG und Rechtsgestaltungen nach § 21 GwG offenzulegen, wer Einsicht in die Angaben genommen hat, die die Vereinigungen und Rechtsgestaltungen zu ihren wirtschaftlich Berechtigten gemacht haben. Die Regelung findet auch auf „erfolgte Einsichtnahmen durch geldwäscherechtlich Verpflichtete und die Öffentlichkeit" Anwendung (so BT-Drs. 19/13827, 91 mit dem Verweis, dass „allenfalls der Betroffene selbst, dessen Daten eingesehen wurden, (...) ein berechtigtes Interesse daran haben" kann). Die Ergänzung dient der Umsetzung von Art. 1 Nr. 15 lit. e der 5. Geldwäscherichtlinie.

Gemäß § 24 Abs. 2 GwG sind für die Einsichtnahme in das Transparenzregister an die registerführende Stelle zur Deckung des Verwaltungsaufwands Gebühren und Auslagen zu entrichten. Dasselbe gilt für die Erstellung von Ausdrucken, Bestätigungen und Beglaubigungen nach § 18 Abs. 4 GwG. Durch die Online-Registrierung wird der jeweilige Gebühren- und Auslagenschuldner bestimmt und festgehalten, damit die registerführende Stelle diesem einen entsprechenden Bescheid zukommen lassen kann. Die Protokollierung der Daten fungiert dabei als Beweismittel für die registerführende Stelle, „wenn die Gebührenforderung bestritten wird" (BT-Drs. 11/555, 133).

IV. Suchfunktion (Abs. 4)

§ 23 Abs. 4 GwG regelt die Suchmöglichkeiten im Transparenzregister. Diese sind begrenzt auf die Suche nach Vereinigungen gemäß § 20 Abs. 1 S. 1 GwG und nach Rechtsgestaltungen gemäß § 21 GwG. Eine Suche nach natürlichen Personen ist nicht möglich (so BT-Drs. 18/11555, 134). Durchsucht werden alle eingestellten Daten sowie sämtliche Indexdaten. Gemäß § 22 Abs. 1 GwG sind dies:
– Eintragungen im Transparenzregister zu Meldungen nach § 20 Abs. 1 S. 1, Abs. 2 S. 3 GwG und nach § 21 GwG,
– Bekanntmachungen des Bestehens einer Beteiligung nach § 20 Abs. 6 Aktiengesetz,
– Stimmrechtsmitteilungen nach den §§ 40 und 41 des Wertpapierhandelsgesetzes,
– Listen der Gesellschafter von Gesellschaften mit beschränkter Haftung und Unternehmergesellschaften nach § 8 Abs. 1 Nr. 3, § 40 des Gesetzes betreffend die Gesellschaften mit beschränkter Haftung sowie Gesellschafterverträge gemäß § 8 Abs. 1 Nr. 1 in Verbindung mit § 2 Abs. 1a S. 2 des Gesetzes betreffend die Gesellschaften mit beschränkter Haftung, sofern diese als Gesellschafterliste gelten, nach § 2 Abs. 1a S. 4 des Gesetzes betreffend die Gesellschaften mit beschränkter Haftung,
– Eintragungen im Handelsregister,
– Eintragungen im Partnerschaftsregister,
– Eintragungen im Genossenschaftsregister,
– Eintragungen im Vereinsregister.

Durch die Formulierung in § 22 Abs. 1 S. 1 GwG „sind zugänglich" weist der Gesetzgeber darauf hin, dass nicht sämtliche Daten direkt im Transparenzregister gespeichert sind, sondern dass es auch eine Vernetzung zu den Originaldatenbeständen bestimmter Register gibt (BT-Drs. 18/11555, 131). Zugänglich in dem nach den besonderen registerrechtlichen Vorschriften für die Einsicht geregelten Umfang sind nur solche Dokumente und Eintragungen nach § 22 Abs. 1 S. 1 Nr. 2–8 GwG, die aus den in § 20 Abs. 2 S. 1 GwG genannten öffentlichen Registern elektronisch abrufbar sind. Das heißt für die in den Nr. 2–8 genannten Datenbestände soll eine Vernetzung vorgenommen werden.

Die Indexdatenübermittlungsverordnung normiert ua die Übermittlung von Indexdaten zu Eintragungen im Handels-, Partnerschafts-, Genossenschafts- und Vereinsregister an das Transparenzregister gemäß § 22 Abs. 1 S. 1 Nr. 4–8 GwG. Folgende Indexdaten werden gemäß § 1 Abs. 1 IDÜV an das Transparenzregister weitergeleitet:

Figura

– Registerart, Registergericht und Registernummer sowie ein Ortskennzeichen, soweit vorhanden,
– Firma oder Name des Unternehmens, bei Zweigniederlassungen die betreffenden Daten der Zweigniederlassung,
– Rechtsform des Unternehmens,
– Sitz und Anschrift des Unternehmens, bei Zweigniederlassungen die betreffenden Daten der Zweigniederlassung,
– Kennzeichnung, ob es sich um eine Neueintragung, eine Veränderung oder eine Löschung handelt,
– Verfügbarkeit der Dokumentenarten „Aktueller Ausdruck (AD)", „Chronologischer Ausdruck (CD)", „Historischer Ausdruck (HD)", „Unternehmensträgerdaten (UT)" und „Dokumentenansicht (DK)" zu dem jeweiligen Unternehmen.

Für Eintragungen im Vereinsregister gilt die Pflicht zur Übermittlung der erforderlichen Indexdaten, soweit vorhanden, nach § 1 Abs. 1 S. 1 iVm Abs. 2 IDÜV entsprechend.

V. Verordnungsermächtigung (Abs. 5)

15 § 23 Abs. 5 GwG ermächtigt das Bundesministerium der Finanzen durch Rechtsverordnung, die nicht der Zustimmung des Bundesrates bedarf, die Einzelheiten der Einsichtnahme und der Beschränkung zu bestimmen. Hierzu zählen insbesondere die (im Vorfeld durchzuführende) Online-Registrierung zwecks Nutzung der Suchfunktion und die Zugriffsprotokollierung einschließlich Löschfristen für die protokollierten Daten nach § 23 Abs. 3 GwG. Ausweislich der Gesetzesbegründung können ferner „Darlegungslasten für die Verpflichteten und für Personen mit berechtigtem Interesse im Fall des Absatzes 1 sowie für den wirtschaftlich Berechtigten im Fall des Absatzes 2" bestimmt werden (BT-Drs. 18/11555, 134). Ob die Regelung datenschutzrechtlicher Vorgaben in einer Rechtsverordnung europarechtlichen Anforderungen Stand hält, bleibt abzuwarten (krit. *Müller* NZWiSt 2017, 87 (97) mit Verweis auf das EuGH-Urteil zur Vorratsdatenspeicherung v. 8.4.2014 – C-293/12 und C-594/12 Rn. 61, BeckRS 2014, 80686 – Digital Rights Ireland und Seitlinger).

Der Erlass der Rechtsverordnung bedarf nicht der Zustimmung des Bundesrates. Grund hierfür ist der Umstand, dass das Transparenzregister in bundeseigener Verwaltung geführt wird und die Länder somit davon nicht betroffen sind. Die Länderanhörung ermöglicht es allerdings dennoch im Verordnungsgebungsverfahren mitzuwirken (vgl. hierzu BT-Drs. 18/11928, 34).

Von der Verordnungsermächtigung wurde durch den Erlass der Verordnung über die Einsichtnahme in das Transparenzregister (sog. Transparenzregistereinsichtnahmeverordnung – TrEinV) vom 19.12.2017 (BGBl. I S. 3984) Gebrauch gemacht.

VI. Antrag auf Auskunft (Abs. 6)

16 Die seit dem 01.07.2020 geltende Regelung des § 23 Abs. 6 GwG (eingefügt durch Artikel 1 G. v. 12.12.2019 BGBl. I S. 2602) sieht vor, dass dem wirtschaftlich Berechtigten auf Antrag über die Internetseite des Transparenzregisters durch die registerführende Stelle Auskunft über die nach § 23 Abs. 1 S. 1 Nr. 3 GwG erfolgten Einsichtnahmen zu erteilen ist. Es handelt sich hierbei um Einsichtnahmen durch Mitglieder der Öffentlichkeit. Gemäß § 23 Abs. 3 GwG wird die Einsichtnahme in das Transparenzregister nur nach vorheriger Online-Registrierung des Nutzers ermöglicht und kann zum Zweck der Kontrolle, wer Einsicht genommen hat, protokolliert werden. Ziel der Vorschrift wird auch hier sein, Kenntnis über diejenigen Personen zu erhalten, die Einsicht in das Transparenzregister nehmen und hierdurch einen unberechtigten Datenzugriff oder einen etwaigen Datenmissbrauch zu erschweren bzw. zu unterbinden (vgl. hierzu auch Gesetzesbegründung zu § 23 Abs. 3 GwG BT-Drs. 11/555, 133). Der wirtschaftlich Berechtigte hat bei Antragstellung die Vereinigung nach § 20 GwG oder die Rechtsgestaltung nach § 21 GwG anzugeben, für die eine Auskunft beantragt wird. Ferner muss er seine Identität und seine Stellung als wirtschaftlich Berechtigter der im Antrag in Bezug genommenen Vereinigung nach § 20 GwG oder Rechtsgestaltung nach § 21 GwG anhand geeigneter Nachweise belegen (§ 23 Abs. 6 S. 5 GwG. Geeignete Nachweise zur Feststellung der Identität sind solche nach § 12 GwG (zur Identitätsprüfung nach § 12 GwG siehe *Figura* → § 12 Rn. 1 ff.).

Für die Erteilung von Auskünften nach § 23 Abs. 6 GwG erhebt die registerführende Stelle nach Abschnitt 4 des Geldwäschegesetzes Gebühren. Die Anlage (Gebührenverzeichnis) sieht für Registrierungen und Identifizierungen wirtschaftlich Berechtigter nach § 24 Abs. 2a GwG für die Erteilung von Auskünften gemäß § 23 Abs. 6 GwG 50 EUR pro Registrierung eines wirtschaftlich Berechtigten für eine Rechtseinheit vor. Die beantragte Auskunft ist mindestens einmal im Kalenderjahr, höchstens jedoch einmal im Quartal zu erteilen (§ 23 Abs. 6. S. 4 GwG).

Die Auskunft gemäß § 23 Abs. 6 S. 3 GwG beinhaltet folgende Informationen und wird über die Internetseite des Transparenzregisters erteilt:
– die beauskunfteten personenbezogenen Daten des wirtschaftlich Berechtigten,
– die monatsweise dargestellte Anzahl der seit der letzten Antragstellung erfolgten Einsichtnahmen,
– der Zeitpunkt der jeweiligen Einsichtnahmen,
– eine anonymisierte Auflistung der natürlichen Personen, die Einsicht genommen haben und
– bei Einsichtnahme durch juristische Personen deren Bezeichnung.

§ 23a Meldung von Unstimmigkeiten an die registerführende Stelle

(1) Verpflichtete nach § 23 Absatz 1 Satz 1 Nummer 2 haben der registerführenden Stelle Unstimmigkeiten unverzüglich zu melden, die sie zwischen den Angaben über die wirtschaftlich Berechtigten, die im Transparenzregister zugänglich sind, und den ihnen zur Verfügung stehenden Angaben und Erkenntnissen über die wirtschaftlich Berechtigten feststellen. § 43 Absatz 2 gilt entsprechend. Zuständige Behörden nach § 23 Absatz 1 Satz 1 Nummer 1 Buchstabe a und b trifft die Pflicht nach Satz 1, sofern dadurch die Aufgabenwahrnehmung der Behörden nicht beeinträchtigt wird. Eine Unstimmigkeit nach Satz 1 besteht, wenn Eintragungen nach § 20 Absatz 1 und 2 sowie nach § 21 Absatz 1 und 2 fehlen, einzelne Angaben zu den wirtschaftlich Berechtigten nach § 19 Absatz 1 abweichen oder wenn abweichende wirtschaftlich Berechtigte ermittelt wurden. Die der Unstimmigkeitsmeldung zugrunde liegende Ermitt-

§ 23a

Abschnitt 4. Transparenzregister

lung der wirtschaftlich Berechtigten hat nach den Vorgaben des § 3 zu erfolgen.

(2) Die registerführende Stelle hat auf der Internetseite des Transparenzregisters deutlich sichtbar eine Vorkehrung einzurichten, über die Unstimmigkeitsmeldungen nach Absatz 1 abzugeben sind.

(3) Die registerführende Stelle hat die Unstimmigkeitsmeldung nach Absatz 1 unverzüglich zu prüfen. Hierzu kann sie von dem Erstatter der Unstimmigkeitsmeldung, der betroffenen Vereinigung nach § 20 oder der Rechtsgestaltung nach § 21 die zur Aufklärung erforderlichen Informationen und Unterlagen verlangen.

(4) Die registerführende Stelle übergibt die Unstimmigkeitsmeldung mit allen erforderlichen Unterlagen der Behörde nach § 56 Absatz 5 Satz 2 im Rahmen ihrer Zuständigkeit für die Verfolgung von Ordnungswidrigkeiten nach § 56 Absatz 1 Satz 1 Nummer 54 bis 66, wenn

1. sie zu der Erkenntnis gelangt, dass die im Transparenzregister enthaltenen Angaben zum wirtschaftlich Berechtigten nicht zutreffend sind oder
2. sie die Prüfung der Unstimmigkeitsmeldung aufgrund unklarer Sachlage nicht abschließen konnte.

(5) Nachdem das Verfahren zur Prüfung der Unstimmigkeitsmeldung abgeschlossen ist, ist der Erstatter der Unstimmigkeitsmeldung durch die registerführende Stelle über das Ergebnis der Prüfung unverzüglich zu informieren. Das Verfahren zur Prüfung der Unstimmigkeitsmeldung gilt als abgeschlossen, wenn die registerführende Stelle oder die Behörde nach § 56 Absatz 5 Satz 2 aufgrund der nach Absatz 3 erlangten Erkenntnisse oder aufgrund einer neuen Mitteilung der Vereinigung nach § 20 oder der Rechtsgestaltung nach § 21, die Gegenstand der Unstimmigkeitsmeldung ist, zu dem Ergebnis gekommen ist, dass die Unstimmigkeit ausgeräumt ist.

(6) Nach Eingang der Unstimmigkeitsmeldung nach Absatz 1 hat die registerführende Stelle auf dem Registerauszug sichtbar zu vermerken, dass die Angaben zu den wirtschaftlich Berechtigten der Vereinigung nach § 20 oder der Rechtsgestaltung nach § 21 der Prüfung unterliegen. Der Abschluss des Verfahrens zur Prüfung der Unstimmigkeitsmeldung ist auf dem Registerauszug zu vermerken.

Literatur: *Dierlamm/Weissinger,* Das Transparenzregister – eine Zwischenbilanz, WPg Online 2019, S. 43 ff.

Übersicht

	Rn.
I. Meldung von Unstimmigkeiten (Abs. 1 und 2)	1
II. Prüfpflicht der registerführenden Stelle (Abs. 3)	4
III. Weitergabe der Unstimmigkeitsmeldung (Abs. 4)	5
IV. Information des Erstatters der Unstimmigkeitsmeldung (Abs. 5)	6
V. Vermerk auf dem Registerauszug (Abs. 6)	7

I. Meldung von Unstimmigkeiten (Abs. 1 und 2)

Die 5. **Geldwäscherichtlinie** sieht in Art. 1 Nr. 15 lit. b der Änderungsricht- **1**
linie vor, dass die Mitgliedstaaten angemessene Maßnahmen zu ergreifen haben,
um Unstimmigkeiten im Transparenzregister, die durch Meldung bekannt werden,
zu beheben. Ziel ist es, hierdurch eine bessere Datenqualität im Transparenzregister
zu gewährleisten (BT-Drs. 19/13827, 91). § 23a Abs. 1 S. 1 GwG normiert daher,
dass Verpflichtete nach § 23 Abs. 1 S. 1 Nr. 2 GwG der registerführenden Stelle unverzüglich Unstimmigkeiten zu melden haben, die sie zwischen den Angaben über
die wirtschaftlich Berechtigten, die im Transparenzregister zugänglich sind, und den
ihnen zur Verfügung stehenden Angaben und Erkenntnissen über die wirtschaftlich
Berechtigten feststellen. Durch den Verweis auf § 43 Abs. 2 GwG wird sichergestellt, dass eine Meldung nach § 23a Abs. 1 S. 1 iVm S. 2 GwG dann nicht erfolgen muss, wenn sich der meldepflichtige Sachverhalt auf Informationen bezieht, die
im Rahmen von Tätigkeiten der Rechtsberatung oder Prozessvertretung erlangt
wurden. Die Meldepflicht bleibt in einem solchen Fall nur dann bestehen, wenn
der Verpflichtete weiß, dass der Vertragspartner die Rechtsberatung oder Prozessvertretung für den Zweck der Geldwäsche, der Terrorismusfinanzierung oder einer
anderen Straftat genutzt hat oder nutzt (§ 23a Abs. 1 S. 2 iVm § 43 Abs. 2 S. 2
GwG).

Die zuständigen Behörden nach § 23 Abs. 1 S. 1 Nr. 1 lit. a und b GwG – also die
Aufsichtsbehörden und die Behörde nach § 25 Abs. 6 GwG und nach § 56 Abs. 5
S. 2 GwG sowie die Zentralstelle für Finanztransaktionsuntersuchungen (FIU) –
trifft eine Meldepflicht, sofern dadurch die Aufgabenwahrnehmung der Behörden
nicht beeinträchtigt wird. Nach der Gesetzesbegründung kann eine Beeinträchtigung gegeben sein, „wenn die Meldung an das Transparenzregister, die u. a. Nachfragen durch die registerführende Stelle bei einer Vereinigung nach sich ziehen
kann, laufende Ermittlungen gefährden würde" (BT-Drs. 19/13827, 91).

Bereits der Wortlaut der Norm zeigt auf, dass es sich bei der in § 23a Abs. 1 und 3 **2**
GwG genannten Pflicht nur um eine Meldepflicht handelt, es sich dabei keine Prüfpflicht einhergeht (BT-Drs. 19/13827, 91; zur „Nachforschungspflicht" des Verpflichteten s. *Dierlamm/Weissinger* WPg Online 2019, 43 (44)). Wann eine Unstimmigkeit vorliegt, wird durch § 23 Abs. 1 S. 4 GwG definiert. Hiernach sind
Unstimmigkeiten zu bejahen, wenn Eintragungen nach § 20 Abs. 1 und 2 GwG sowie nach § 21 Abs. 1 und 2 GwG fehlen, einzelne Angaben zu den wirtschaftlich
Berechtigten nach § 19 Abs. 1 GwG abweichen oder wenn abweichende wirtschaftlich Berechtigte ermittelt wurden. Tritt also bei der Einsichtnahme in das
Register die Erkenntnis der Unstimmigkeit zu Tage, so ist diese dem Transparenzregister zu melden (BT-Drs. 19/13827, 91). Die der Unstimmigkeitsmeldung zugrundeliegende Ermittlung der wirtschaftlich Berechtigten hat nach den Vorgaben
des § 3 GwG zu erfolgen, § 23a Abs. 1 S. 5 GwG.

Zur Gewährleistung einer effizienten Unstimmigkeitsmeldung in digitaler Form **3**
hat die registerführende Stelle auf der Internetseite des Transparenzregisters – deutlich sichtbar – eine Vorkehrung einzurichten, über die Unstimmigkeitsmeldungen
nach § 23a Abs. 1 GwG schnell und einfach abgegeben werden können.

Figura

II. Prüfpflicht der registerführenden Stelle (Abs. 3)

4 § 23a Abs. 3 S. 1 GwG normiert, dass die registerführende Stelle die Unstimmigkeitsmeldung nach § 23a Abs. 1 GwG unverzüglich zu prüfen hat. Durch § 23a Abs. 3 S. 2 GwG wird ihr ein Nachfragerecht bei dem Erstatter der Unstimmigkeitsmeldung und der betroffenen Vereinigung oder Rechtsgestaltung eingeräumt. Das heißt, sie kann zur Aufklärung der Unstimmigkeit die Übermittlung von erforderlichen Informationen und Unterlagen verlangen.

III. Weitergabe der Unstimmigkeitsmeldung (Abs. 4)

5 § 23a Abs. 4 GwG regelt wann die Weitergabe der Unstimmigkeitsmeldung nebst aller erforderlichen Unterlagen durch die registerführende Stelle an das Bundesverwaltungsamt (Behörde nach § 56 Abs. 5 S. 2 GwG), das für die Verfolgung von Ordnungswidrigkeiten nach § 56 Abs. 1 S. 1 Nr. 54–66 zuständig ist, zu erfolgen hat (s. hierzu auch BT-Drs. 19/13827, 92 mit Verweis auf die Umsetzung der Empfehlung der EU-Kommission aus der supranationalen Risikoanalyse an die Mitgliedstaaten). Zum einen ist die Weitergabe dann angezeigt, wenn die registerführende Stelle zu der Erkenntnis gelangt, dass die im Transparenzregister enthaltenen Angaben zum wirtschaftlich Berechtigten nicht zutreffend sind (§ 23a Abs. 4 Nr. 1 GwG). Zum anderen ist eine Weitergabe vorzunehmen, wenn die Prüfung der Unstimmigkeitsmeldung aufgrund unklarer Sachlage nicht durch die registerführende Stelle abgeschlossen werden konnte (§ 23a Abs. 4 Nr. 2 GwG).

IV. Information des Erstatters der Unstimmigkeitsmeldung (Abs. 5)

6 Nach § 23a Abs. 5 S. 1 GwG hat die registerführende Stelle dem Erstatter der Unstimmigkeitsmeldung eine Information über den Ausgang der abgeschlossenen Prüfung ohne schuldhaftes Zögern zukommen zu lassen. Als abgeschlossen gilt das Verfahren zur Prüfung der Unstimmigkeitsmeldung gemäß § 23a Abs. 5 S. 2 GwG dann, wenn die registerführende Stelle oder die Behörde nach § 56 Abs. 5 S. 2 GwG zu dem Ergebnis gekommen ist, dass die Unstimmigkeit ausgeräumt ist. Die Beseitigung der Unstimmigkeit kann durch (neu eingereichte) Informationen und Dokumente oder durch eine neue Mitteilung an die registerführende Stelle herbeigeführt werden.

Ziel der Vorschrift ist es, dem Erstatter der Meldung eine Information zum Ausgang des Verfahrens zukommen zu lassen. Würde eine solche Information unterbleiben, wäre der Erstatter gefordert, erneut (ggf. sogar gebührenpflichtig) in das Transparenzregister Einsicht zu nehmen, um zu erfahren, ob sich die Angaben zum wirtschaftlich Berechtigten geändert haben (so BT-Drs. 19/13827, 92). Nach den Ausführungen in der Gesetzesbegründung wäre eine solche Vorgehensweise „in Anbetracht der Tatsache, dass die Unstimmigkeitsmeldungen zu der Erhöhung der Datenqualität und damit zu dem Nutzwert des Registers beitragen, nicht adäquat" (BT-Drs. 19/13827, 92).

V. Vermerk auf dem Registerauszug (Abs. 6)

§ 23a Abs. 6 S. 1 GwG bestimmt, dass nach Eingang der Unstimmigkeitsmel- 7
dung nach § 23a Abs. 1 GwG die registerführende Stelle auf dem Registerauszug
sichtbar zu vermerken hat, dass die Angaben der Prüfung unterliegen. Diese (zusätzliche) Information ist insbesondere für diejenigen, die in der Überprüfungsphase Einsicht in das Register nehmen, von Bedeutung. Für geldwäscherechtlich
Verpflichtete setzt der Vermerk das Signal, „dass sie den Angaben aus dem Register
im Rahmen eines risikobasierten Ansatzes bei der Erfüllung der Kundensorgfaltspflichten lediglich weniger Gewicht einräumen können" (BT-Drs. 19/13827, 92).
Für Behörden zeigt er auf, dass die Angaben weniger belastbar sind.
Der Abschluss des Verfahrens zur Prüfung der Unstimmigkeitsmeldung ist gemäß § 23a Abs. 6 S. 2 GwG auf dem Registerauszug zu vermerken. Hieraus kann
dann für den Einsichtnehmenden der Schluss gezogen werden, dass es sich bei den
Angaben „um einen überprüften Datensatz handelt" (BT-Drs. 19/13827, 92). Darüber hinaus wird der Gesetzeszweck – Steigerung der Datenqualität – als erreicht
angesehen.

§ 24 Gebühren und Auslagen, Verordnungsermächtigung

(1) Für die Führung des Transparenzregisters erhebt die registerführende Stelle von Vereinigungen nach § 20 und von Rechtsgestaltungen nach § 21 Gebühren. Dies gilt auf Antrag nicht für Vereinigungen nach § 20, die einen steuerbegünstigten Zweck im Sinne der §§ 52 bis 54 der Abgabenordnung verfolgen und dies mittels einer Bescheinigung des zuständigen Finanzamtes gegenüber der registerführenden Stelle nachweisen.

(2) Für die Einsichtnahme in die dem Transparenzregister nach § 20 Absatz 1 und § 21 mitgeteilten Daten erhebt die registerführende Stelle zur Deckung des Verwaltungsaufwands Gebühren und Auslagen. Dasselbe gilt für die Erstellung von Ausdrucken, Bestätigungen und Beglaubigungen nach § 18 Absatz 4. Behörden und Gerichte nach § 23 Absatz 1 Satz 1 Nummer 1 und die Behörde nach § 56 Absatz 5 Satz 2 haben keine Gebühren und Auslagen nach den Sätzen 1 und 2 zu entrichten. § 8 Absatz 2 Satz 1 des Bundesgebührengesetzes ist nicht anzuwenden. Für Behörden gilt § 8 des Bundesgebührengesetzes.

(2a) Für die Registrierung und Identifizierung von wirtschaftlich Berechtigten im Zusammenhang mit einem Antrag nach § 23 Absatz 6 erhebt die registerführende Stelle zur Deckung des Verwaltungsaufwands Gebühren und Auslagen von den Antragstellern nach § 23 Absatz 6.

(3) Das Bundesministerium der Finanzen wird ermächtigt, durch Rechtsverordnung, die nicht der Zustimmung des Bundesrates bedarf, Einzelheiten zu Folgendem näher zu regeln:
1. die gebührenpflichtigen Tatbestände,
2. die Gebührenschuldner,
3. die Gebührensätze nach festen Sätzen oder als Rahmengebühren,
4. die Auslagenerstattung und
5. das Verfahren für eine Gebührenbefreiung nach Absatz 1 Satz 2.

Figura

§ 24 Abschnitt 4. Transparenzregister

Literatur: *Kieninger,* Miniatur: Transparenz im Paradies? Zur Anknüpfung der Mitteilungspflichten nach dem neuen Geldwäschegesetz, ZfPW 2018, S. 121 ff.

Übersicht
Rn.
I. Gebühren und Auslagen (Abs. 1, 2 und 2a) 1
II. Verordnungsermächtigung (Abs. 3) 5

I. Gebühren und Auslagen (Abs. 1, 2 und 2a)

1 § 24 Abs. 1 S. 1 GwG normiert die Finanzierung des Transparenzregisters und damit die Deckung des spezifischen Verwaltungsaufwands, indem die registerführende Stelle für die Führung des Transparenzregisters von Vereinigungen nach § 20 GwG und von Rechtsgestaltungen nach § 21 GwG Gebühren erhebt. Gebühren sind gemäß § 3 Abs. 4 Bundesgebührengesetz öffentlich-rechtliche Geldleistungen, die der Gebührengläubiger vom Gebührenschuldner für individuell zurechenbare öffentliche Leistungen erhebt. Auslagen sind nicht von der Gebühr umfasste Kosten, die die Behörde für individuell zurechenbare öffentliche Leistungen erhebt, § 3 Abs. 5 Bundesgebührengesetz. Die Gebührenerhebung erfolgt unabhängig von der tatsächlichen Erfüllung der Transparenzpflichten (BT-Drs. 18/11555, 134). Die Einzelheiten der Gebührenfestlegung können gemäß § 24 Abs. 3 GwG durch eine Rechtsverordnung geregelt werden. Die Gebührenerhebung erfolgt gemäß § 25 Abs. 1 und Abs. 5 GwG durch die registerführende Stelle und damit durch einen Beliehenen (krit. zur Erfüllung der neuen Meldepflichten *Kieninger* ZfPW 2018, 121 (127)).

Die Führung des Transparenzregisters ist als öffentliche Leistung einzustufen, die individuell zugerechnet werden kann; dies gilt auch, wenn die Meldepflicht gemäß § 20 Abs. 2 GwG bereits als erledigt anzusehen ist. In letzterem Fall ist die öffentliche Leistung in der Bereitstellung der Daten des wirtschaftlich Berechtigten der jeweiligen Vereinigung bzw. Rechtsgestaltung mit dem Ziel der Missbrauchsvermeidung zu sehen. Die Regelung des § 20 Abs. 2 GwG weist in diesem Fall nach, dass keine eigenständige Eintragung in das Transparenzregister erforderlich ist, da der jeweilige wirtschaftlich Berechtigte bereits aus einem anderen Registereintrag zu entnehmen ist und damit bekannt ist (BT-Drs. 18/11555, 134).

Eine Ausnahme von der Gebührenpflicht regelt § 24 Abs. 1 S. 2 GwG: Auf Antrag sind von Vereinigungen nach § 20 GwG, die einen steuerbegünstigten Zweck im Sinne der §§ 52–54 der Abgabenordnung verfolgen, keine Gebühren zu erheben. Der steuerbegünstigte Zweck muss allerdings mittels einer Bescheinigung des zuständigen Finanzamts gegenüber der registerführenden Stelle nachgewiesen werden, um in den Genuss der Gebührenbefreiung zu gelangen.

2 Neben der Gebührenerhebung nach § 24 Abs. 1 GwG bestimmt § 24 Abs. 2 GwG einen weiteren Gebührentatbestand: Für die Einsichtnahme in das Transparenzregister erhebt die registerführende Stelle zur Deckung des Verwaltungsaufwands ebenfalls Gebühren und Auslagen. Dasselbe gilt für die Erstellung von Ausdrucken, Bestätigungen und Beglaubigungen nach § 18 Abs. 4 GwG. Art. 30 Abs. 5 der 4. Geldwäscherichtlinie (EU) 2015/849 des Europäischen Parlaments und des Rates lässt die Erhebung von Gebühren durch die Mitgliedstaaten in Zusammenhang mit der Führung des Transparenzregisters und der daran anknüpfenden Informationsweitergabe ausdrücklich zu, begrenzt diese allerdings gleichzeitig auf die reine Deckung des Verwaltungsaufwands (so auch BT-Drs. 18/11555, 134). Auch

Gebühren und Auslagen, Verordnungsermächtigung § 24

in Bezug auf § 24 Abs. 2 GwG können Einzelheiten der Gebührenfestlegung gemäß § 24 Abs. 3 GwG durch eine Rechtsverordnung geregelt werden.

Eine Ausnahme von der Gebührenpflicht regelt § 24 Abs. 2 S. 3 GwG: Hiernach haben Behörden und Gerichte nach § 23 Abs. 1 S. 1 Nr. 1 GwG (also Aufsichtsbehörden, die Behörde nach § 25 Abs. 6 GwG, die Zentralstelle für Finanztransaktionsuntersuchungen, die gemäß § 13 des Außenwirtschaftsgesetzes zuständigen Behörden, Strafverfolgungsbehörden, das Bundeszentralamt für Steuern sowie die örtlichen Finanzbehörden nach § 6 Abs. 2 Nr. 5 der Abgabenordnung, die für Aufklärung, Verhütung und Beseitigung von Gefahren zuständigen Behörden, die Gerichte sowie Stellen nach § 2 Abs. 4 GwG) und die Behörde nach § 56 Abs. 5 S. 2 GwG keine Gebühren und Auslagen zu entrichten.

Durch die Regelung des § 24 Abs. 2 S. 4 GwG wird die Anwendbarkeit des § 8 **3** Abs. 2 S. 1 des Bundesgebührengesetzes ausgeschlossen. § 8 Abs. 2 S. 1 GwG bestimmt, dass die Länder und die landesunmittelbaren Körperschaften, Anstalten und Stiftungen des öffentlichen Rechts, deren Ausgaben auf Grund gesetzlicher Verpflichtung ganz oder teilweise aus dem Haushalt des Landes getragen werden, sowie die Gemeinden und Gemeindeverbände ebenfalls gebührenbefreit sind, soweit der Empfänger der individuell zurechenbaren öffentlichen Leistung dem Bund ebenfalls Gebührenfreiheit einräumt. Hieraus folgt, dass diese im Grundsatz weiterhin nach § 24 Abs. 2 GwG als gebührenpflichtig gelten.

Für Behörden hingegen findet die die persönliche Gebührenfreiheit gemäß § 8 Bundesgebührengesetz gemäß § 24 Abs. 2 S. 4 GwG Anwendung. Hieraus folgt, dass Behörden von der Zahlung der Gebühren für individuell zurechenbare öffentliche Leistungen befreit werden (§ 8 Abs. 1 Bundesgebührengesetz). Nicht befreit sind hingegen wirtschaftliche Unternehmen der Länder sowie der Gemeinden und Gemeindeverbände. Abweichende Regelungen der persönlichen Gebührenfreiheit werden in § 8 Abs. 3 und 4 Bundesgebührengesetz geregelt.

Im Zuge der Umsetzung der **5. Geldwäscherichtlinie** wurde in Abs. 2a des **4** § 24 GwG noch ein weiterer Gebührentatbestand eingefügt. § 23 Abs. 6 GwG sieht vor, dass auf Antrag dem wirtschaftlich Berechtigten durch die registerführende Stelle Auskunft über die nach § 23 Abs. 1 S. 1 Nr. 3 GwG erfolgten Einsichtnahmen zu erteilen ist. Für die Registrierung und Identifizierung von wirtschaftlich Berechtigten im Zusammenhang mit einem solchen Antrag nach § 23 Abs. 6 GwG erhebt die registerführende Stelle beim Antragsteller gemäß § 24 Abs. 2a GwG zur Deckung des Verwaltungsaufwands Gebühren und Auslagen. Beachtlich ist, dass § 23 Abs. 6 GwG erst am 1.7.2020 in Kraft tritt, sodass auch erst dann die Gebührenpflicht ausgelöst werden kann.

II. Verordnungsermächtigung (Abs. 3)

§ 24 Abs. 3 GwG ermächtigt das Bundesministerium der Finanzen durch **5** Rechtsverordnung, die nicht der Zustimmung des Bundesrates bedarf, Einzelheiten zu den gebührenpflichtigen Tatbeständen (Nr. 1), Gebührenschuldnern (Nr. 2), Gebührensätze nach festen Sätzen oder als Rahmengebühren (Nr. 3), zur Auslagenerstattung (Nr. 4) und zum Verfahren für eine Gebührenbefreiung nach § 24 Abs. 1 S. 2 GwG (Nr. 5) zu regeln. Die Rechtsverordnung kann damit die Einzelheiten zur Gebührenfestlegung iSd § 24 Abs. 1 und 2 GwG bestimmen.

Der Erlass der Rechtsverordnung bedarf nicht der Zustimmung des Bundesrates; **6** die Forderung des Bundesrates – Normierung der Zustimmung des Bundesrates –

Figura

lehnte die Bundesregierung ab und verwies darauf, dass auch die materiell-rechtlich vergleichbaren Rechtsverordnungsermächtigungen im bisherigen Geldwäschegesetz (bspw. § 2 Abs. 2 GwG aF, § 4 Abs. 4 S. 2 GwG aF) eine solche Zustimmung nicht enthielten (BT-Drs. 18/11928, 8, 34). Darüber hinaus ermögliche auch die Länderanhörung im Verordnungsgebungsverfahren eine Mitwirkung (BT-Drs. 18/11928, 34).

Von der Verordnungsermächtigung wurde durch Erlass der Besonderen Gebührenordnung des Bundesministeriums der Finanzen zum Transparenzregister (Transparenzregistergebührenverordnung – TrGebV) vom 8.1.2020 (BGBl. I S. 93) Gebrauch gemacht.

§ 25 Übertragung der Führung des Transparenzregisters, Verordnungsermächtigung

(1) Das Bundesministerium der Finanzen wird ermächtigt, durch Rechtsverordnung, die nicht der Zustimmung des Bundesrates bedarf, eine juristische Person des Privatrechts mit den Aufgaben der registerführenden Stelle und mit den hierfür erforderlichen Befugnissen zu beleihen.

(2) Eine juristische Person des Privatrechts darf nur beliehen werden, wenn sie die Gewähr für die ordnungsgemäße Erfüllung der ihr übertragenen Aufgaben, insbesondere für den langfristigen und sicheren Betrieb des Transparenzregisters, bietet. Sie bietet die notwendige Gewähr, wenn
1. die natürlichen Personen, die nach Gesetz, dem Gesellschaftsvertrag oder der Satzung die Geschäftsführung und Vertretung ausüben, zuverlässig und fachlich geeignet sind,
2. sie grundlegende Erfahrungen mit der Zugänglichmachung von registerrechtlichen Informationen, insbesondere von Handelsregisterdaten, Gesellschaftsbekanntmachungen und kapitalmarktrechtlichen Informationen, hat,
3. sie die zur Erfüllung ihrer Aufgaben notwendige Organisation sowie technische und finanzielle Ausstattung hat und
4. sie sicherstellt, dass sie die Vorschriften zum Schutz personenbezogener Daten einhält.

(3) Die Dauer der Beleihung ist zu befristen. Sie soll fünf Jahre nicht unterschreiten. Die Möglichkeit, bei Vorliegen eines wichtigen Grundes die Beleihung vor Ablauf der Frist zu beenden, ist vorzusehen. Haben die Voraussetzungen für die Beleihung nicht vorgelegen oder sind sie nachträglich entfallen, soll die Beleihung jederzeit beendet werden können. Es ist sicherzustellen, dass mit Beendigung der Beleihung dem Bundesministerium der Finanzen oder einer von ihm bestimmten Stelle alle für den ordnungsgemäßen Weiterbetrieb des Transparenzregisters erforderlichen Softwareprogramme und Daten unverzüglich zur Verfügung gestellt werden und die Rechte an diesen Softwareprogrammen und an der für das Transparenzregister genutzten Internetadresse übertragen werden.

(4) Der Beliehene ist berechtigt, das kleine Bundessiegel zu führen. Es wird vom Bundesministerium der Finanzen zur Verfügung gestellt. Das kleine Bundessiegel darf ausschließlich zur Beglaubigung von Ausdrucken

aus dem Transparenzregister und zu Bestätigungen nach § 18 Absatz 4 genutzt werden.

(5) Der Beliehene ist befugt, die Gebühren nach § 24 zu erheben. Das Gebührenaufkommen steht ihm zu. In der Rechtsverordnung kann das Bundesministerium der Finanzen die Vollstreckung der Gebührenbescheide dem Beliehenen übertragen.

(6) Der Beliehene untersteht der Rechts- und Fachaufsicht durch das Bundesverwaltungsamt. Das Bundesverwaltungsamt kann sich zur Wahrnehmung seiner Aufsichtstätigkeit jederzeit über die Angelegenheiten des Beliehenen unterrichten, insbesondere durch Einholung von Auskünften und Berichten sowie durch das Verlangen nach Vorlage von Aufzeichnungen aller Art, rechtswidrige Maßnahmen beanstanden sowie entsprechende Abhilfe verlangen. Der Beliehene ist verpflichtet, den Weisungen des Bundesverwaltungsamts nachzukommen. Dieses kann, wenn der Beliehene den Weisungen nicht oder nicht fristgerecht nachkommt, die erforderlichen Maßnahmen an Stelle und auf Kosten des Beliehenen selbst durchführen oder durch einen anderen durchführen lassen. Die Bediensteten und sonstigen Beauftragten des Bundesverwaltungsamts sind befugt, zu den Betriebs- und Geschäftszeiten Betriebsstätten, Geschäfts- und Betriebsräume des Beliehenen zu betreten, zu besichtigen und zu prüfen, soweit dies zur Erfüllung ihrer Aufgaben erforderlich ist. Gegenstände oder geschäftliche Unterlagen können im erforderlichen Umfang eingesehen und in Verwahrung genommen werden.

(7) Für den Fall, dass keine juristische Person des Privatrechts beliehen wird, oder für den Fall, dass die Beleihung beendet wird, kann das Bundesministerium der Finanzen die Führung des Transparenzregisters auf eine Bundesoberbehörde in seinem Geschäftsbereich oder im Einvernehmen mit dem zuständigen Bundesministerium auf eine Bundesoberbehörde in dessen Geschäftsbereich übertragen.

Literatur: *Franz*, Die Staatsaufsicht über die Kommunen, NJW 2004, S. 937 ff.; *Kiefer*, Regelungsbedarf und Gestaltungsspielräume bei der Beleihung, LKRZ 2009, S. 441 ff.; *Kieninger*, Miniatur: Transparenz im Paradies? Zur Anknüpfung der Mitteilungspflichten nach dem neuen Geldwäschegesetz, ZfPW 2018, S. 121 ff.; *Krais*, Die Pläne zur Errichtung eines zentralen Transparenzregisters, CCZ 2017, S. 98 ff.; *Müller*, Transparenz auf allen Ebenen – Zur Umsetzung der Vierten Geldwäscherichtlinie – Teil 1, NZWiSt 2017, S. 87 ff.

Übersicht

	Rn.
I. Verordnungsermächtigung für die Beleihung (Abs. 1)	1
II. Voraussetzung der Beleihung (Abs. 2)	4
III. Dauer der Beleihung (Abs. 3)	6
IV. Führung des kleinen Bundessiegels (Abs. 4)	8
V. Gebührenerhebung (Abs. 5)	10
VI. Fach- und Rechtsaufsicht (Abs. 6)	13
VII. Anderweitige Übertragung der Zuständigkeit (Abs. 7)	16

I. Verordnungsermächtigung für die Beleihung (Abs. 1)

1 § 25 Abs. 1 GwG ermächtigt das Bundesministerium der Finanzen durch Rechtsverordnung („Beleihungsverordnung"), die nicht der Zustimmung des Bundesrates bedarf, eine juristische Person des Privatrechts mit den Aufgaben der registerführenden Stelle und mit den hierfür erforderlichen Befugnissen zu beleihen. Durch diese Verordnungsermächtigung erhält das Bundesministerium der Finanzen nach der Gesetzbegründung die Möglichkeit, „den Aufbau und Betrieb des Transparenzregisters auf einen privatrechtsförmigen Träger als Beliehenen zu übertragen" und dadurch „die Bundesverwaltung von dieser Aufgabe zu entlasten" (BT-Drs. 18/11555, 134). Unter Beleihung ist die Übertragung der Wahrnehmung hoheitlicher Aufgaben in den Handlungsformen des öffentlichen Rechts auf eine juristische Person des Privatrechts oder eine natürliche Person zu verstehen (*Kiefer* LKRZ 2009, 441 (442)). Durch die Rechtsfigur der Beleihung besteht unter anderem die Möglichkeit, besonderen Sachverstand zu nutzen. Für die hier zu erfüllenden Aufgaben wird es ua erforderlich sein, elektronischen Informations- und Datenverarbeitungsverfahren zu entwickeln und eine nutzerfreundliche Internetplattform zu schaffen, die insbesondere die Registerrecherche ermöglicht (BT-Drs. 18/11555, 134). Durch die in § 25 Abs. 1 GwG normierte Verordnungsermächtigung nach Art. 80 Abs. 1 GG, müssen die Details der Beleihung und damit der Ausgestaltung des Transparenzregisters nicht gesetzlich geregelt werden, sondern können durch Rechtsverordnung ergehen.

2 Der Erlass der Rechtsverordnung bedarf nicht der Zustimmung des Bundesrates; die Forderung des Bundesrates – Normierung der Zustimmung des Bundesrates – lehnte die Bundesregierung ab und verwies darauf, dass auch die materiell-rechtlich vergleichbaren Rechtsverordnungsermächtigungen im bisherigen Geldwäschegesetz (bspw. § 2 Abs. 2 GwG aF, § 4 Abs. 4 S. 2 GwG aF) eine solche Zustimmung nicht enthielten (BT-Drs. 18/11928, 8, 34). Darüber hinaus ermögliche auch die Länderanhörung im Verordnungsgebungsverfahren eine Mitwirkung (BT-Drs. 18/11928, 34).

3 Durch die Verordnung über die Übertragung der Führung des Transparenzregisters (Transparenzregisterbeleihungsverordnung – TBelV) vom 27.6.2017 (BGBl. I S. 1938) wurde von der Verordnungsermächtigung Gebrauch gemacht. In § 1 TBelV wird zunächst der Beleihene, die Bundesanzeiger Verlag GmbH, eingetragen im Handelsregister beim Amtsgericht Köln, HRB 31248, benannt. Die Beleihung ist bis zum 31.12.2024 befristet. Gemäß § 25 Abs. 7 GwG hat das Bundesministerium der Finanzen spätestens dann die Möglichkeit, die Führung des Transparenzregisters auf eine Bundesoberbehörde in seinem Geschäftsbereich oder im Einvernehmen mit dem zuständigen Bundesministerium auf eine Bundesoberbehörde in dessen Geschäftsbereich zu übertragen. Darüber hinaus sieht § 3 TBelV eine vorzeitige Beendigung der Beleihung vor, wenn aus Sicht des Bundesministeriums der Finanzen beispielsweise gemäß § 3 Abs. 1 Nr. 2, Abs. 2 TBelV ein wichtiger Grund hierfür vorliegt. Gleiches gilt für den Beleihenen.

Der Beliehene ist für das Erstellen und Betreiben des Transparenzregisters und die damit verbundenen Aufgaben verantwortlich, § 2 Abs. 1 TBelV. Ihm wird ferner die Übertragung der Vollstreckung der Gebührenbescheide übertragen.

II. Voraussetzung der Beleihung (Abs. 2)

Die personen- und sachbezogenen Voraussetzungen der Beleihung – insbesondere hinsichtlich der Auswahl des zu Beleihenden – werden durch § 25 Abs. 2 GwG bestimmt. Die Regelung des § 25 Abs. 2 GwG legt fest, dass eine juristische Person des Privatrechts nur beliehen werden darf, wenn sie die Gewähr für die ordnungsgemäße Erfüllung der ihr übertragenen Aufgaben, insbesondere für den langfristigen und sicheren Betrieb des Transparenzregisters, bietet. Diese Einschränkung trägt dem Umstand Rechnung, dass durch die Beleihung hoheitliche Aufgaben wahrgenommen werden und der Beliehene damit als Teil der vollziehenden Gewalt iSd Art. 1 Abs. 3 GG anzusehen ist (vgl. hierzu ausführlich *Kiefer* LKRZ 2009, 441 (444)). 4

Die natürlichen Personen, die nach Gesetz, dem Gesellschaftsvertrag oder der Satzung die Geschäftsführung und Vertretung ausüben, haben daher zuverlässig und fachlich geeignet zu sein und sie müssen über grundlegende Erfahrungen mit der Zugänglichmachung von registerrechtlichen Informationen verfügen, § 25 Abs. 2 Nr. 1 und 2 GwG. Um die Aufgabe dauerhaft und angemessen erfüllen zu können, muss der Beliehene zudem über die zur Erfüllung ihrer Aufgaben notwendige Organisation sowie technische und finanzielle Ausstattung verfügen (vgl. hierzu auch *Müller* NZWiSt 2017, 87 (97)). Der Beliehene ist gemäß § 24 Abs. 5 GwG befugt, Gebühren zu erheben, um eine entsprechende Vergütung für seine Aufgabenerfüllung zu erhalten. Diese Befugnis stellt sicher, dass er in seinem Grundrecht der freien Berufsausübung gemäß Art. 12 GG nicht beschränkt wird (BVerwG NVwZ-RR 1998, 302 (304f.)). § 25 Abs. 2 Nr. 4 GwG bestimmt die Einhaltung der Vorschriften zum Schutz personenbezogener Daten durch den Beliehenen. Diese Voraussetzung hat vor dem Hintergrund des Umgangs mit äußerst sensiblen Daten besondere Relevanz: Im Rahmen der Aufgabenerfüllung kommt es ganz besonders auf die Zuverlässigkeit und fachliche Eignung des Personals an, das die Daten entgegennimmt und weiterverarbeitet (vgl. hierzu krit. *Müller* NZWiSt 2017, 87 (97)). Ob der Beliehene berechtigt ist, die ihm übertragenen Aufgaben weiterer „outzusourcen", wird durch § 25 GwG und die Transparenzregisterbeleihungsverordnung offengelassen. 5

III. Dauer der Beleihung (Abs. 3)

§ 25 Abs. 3 GwG bestimmt nach dem Wortlaut der Norm „soll (…) nicht überschreiten" eine Befristung der Beleihung auf 5 Jahre. Diese Frist wird durch § 1 TBelV überschritten, da die Beleihung bis zum 31.12.2024 befristet ist. Ausweislich der Gesetzesbegründung ist die genannte 5-Jahresfrist allerdings als „Mindestzeitraum" anzusehen; Grund hierfür ist der Umstand, dass „der Mindestzeitraum von fünf Jahren für die Beleihung dem Beliehenen die notwendige Sicherheit hinsichtlich der für den Aufbau und Betrieb des Transparenzregisters zu tätigenden Investitionen geben" soll (BT-Drs. 18/11555, 135 mit dem weiteren Hinweis, dass, die gewählte Zeitspanne als angemessen anzusehen ist, „um der Kontinuität der Registerführung zu gewährleisten"). Ziel ist es, die Führung des Registers effizient und sicher auszugestalten. 6

Erfüllt der Beliehene die Voraussetzung nach § 25 Abs. 2 GwG nicht mehr, sieht § 3 TBelV eine vorzeitige Beendigung der Beleihung vor. Die vorzeitige Beendi- 7 gung der Beleihung erfolgt gemäß § 3 Abs. 4 TBelV mit einer Verordnung des Bundesministeriums der Finanzen; sie wird mit dem Inkrafttreten der Verordnung wirksam. Die Beendigung entfaltet allerdings keine Rückwirkung (BT-Drs. 18/11555, 135). Durch § 3 Abs. 1 Nr. 1 TBelV wird auch der Fall, wonach die Voraussetzungen für die Beleihung nicht vorgelegen haben oder nachträglich entfallen sind, geregelt mit der Folge, dass die Beleihung jederzeit beendet werden kann. Im Falle der Beendigung muss gemäß § 25 Abs. 3 S. 4 GwG sichergestellt sein, dass dem Bundesministerium der Finanzen oder einer von ihm bestimmten Stelle alle für den ordnungsgemäßen Weiterbetrieb des Transparenzregisters erforderlichen Softwareprogramme und (Register-)Daten unverzüglich zur Verfügung gestellt werden, § 4 Abs. 1 TBelV. Darüber hinaus sind auch die Rechte an diesen Softwareprogrammen und an der für das Transparenzregister genutzten Internetadresse an das Bundesministerium der Finanzen zu übertragen. Etwaig entstehenden Kosten für die Abwicklung gemäß § 4 Abs. 1 TBelV werden gemäß § 4 Abs. 2 TBelV nicht vom Bundesministerium der Finanzen erstattet. Bei Lizenz- und Übertragungsgebühren werden die Kosten erstattet, die Dritten, nicht mit dem Beliehenen gesellschaftsrechtlich verbundenen Unternehmen zustehen, § 4 Abs. 2 S. 2 TBelV.

IV. Führung des kleinen Bundessiegels (Abs. 4)

8   § 25 Abs. 4 GwG normiert die Berechtigung des Beliehenen, das kleine Bundessiegel zu führen. Es wird ihm vom Bundesministerium der Finanzen zur Verfügung gestellt. Das kleine Bundessiegel darf ausschließlich zur Beglaubigung von Ausdrucken aus dem Transparenzregister und zu Bestätigungen nach § 18 Abs. 4 GwG genutzt werden. Die registerführende Stelle erstellt gemäß § 18 Abs. 4 GwG auf Antrag Ausdrucke von Daten, die im Transparenzregister gespeichert sind, und Bestätigungen, dass im Transparenzregister keine aktuelle Eintragung aufgrund einer Mitteilung nach § 20 Abs. 1 oder § 21 GwG vorliegt. Sie beglaubigt auf Antrag, dass die übermittelten Daten mit dem Inhalt des Transparenzregisters übereinstimmen. Die Regelung normiert damit weitere Aufgaben der registerführenden Stelle und bestimmt, dass diese auch für die Erteilung von Ausdrucken und Negativatttesten sowie deren Beglaubigung zuständig ist (BT-Drs. 18/11555, 126). Mit der Beglaubigung wird allerdings keine Gewähr für die Richtigkeit und Vollständigkeit der Angaben zum wirtschaftlich Berechtigten übernommen, da die registerführende Stelle keine entsprechende Prüfung der Daten vornimmt (*Krais* CCZ 2017, 98 (106)). Ein Haftungstatbestand ist demzufolge nicht gegeben.

9   Mit der Übergabe und der Führung des Siegels wird die „Eingliederung eines Privatrechtssubjekts in die öffentliche Verwaltung" ausgeprägt (BT-Drs. 18/11555, 135). Im Rahmen der hoheitlichen Wahrnehmung von Verwaltungsaufgaben stehen dem Beliehenen die gleichen Rechte und Pflichten wie einer staatlichen Behörde zu; er ist Teil der vollziehenden Gewalt iSd Art. 1 Abs. 3 GG (*Kiefer* LKRZ 2009, 441 (444)).

V. Gebührenerhebung (Abs. 5)

10   Gemäß § 25 Abs. 5 GwG ist der Beliehene befugt, die Gebühren nach § 24 zu erheben (krit. zur Erfüllung der neuen Meldepflichten *Kieninger* ZfPW 2018, 121 (127)). Das Gebührenaufkommen steht ihm zu; hierdurch soll der Aufwand ge-

deckt werden, der dem Beliehenen bei der Erfüllung der ihm übertragenen Aufgaben entsteht. Die erhobenen Gebühren sind daher nicht abzuführen (so BT-Drs. 18/11555, 135). Diese Befugnis stellt sicher, dass er in seinem Grundrecht der freien Berufsausübung gemäß Art. 12 GG nicht beschränkt wird (BVerwG NVwZ-RR 1998, 302 (304f.)).

§ 24 Abs. 1 GwG normiert die Finanzierung des Transparenzregisters und damit die Deckung des spezifischen Verwaltungsaufwands, indem die registerführende Stelle für die Führung des Transparenzregisters von Vereinigungen nach § 20 GwG und von Rechtsgestaltungen nach § 21 GwG Gebühren erhebt. Gebühren sind gemäß § 3 Abs. 4 Bundesgebührengesetz öffentlich-rechtliche Geldleistungen, die der Gebührengläubiger vom Gebührenschuldner für individuell zurechenbare öffentliche Leistungen erhebt. Auslagen sind nicht von der Gebühr umfasste Kosten, die die Behörde für individuell zurechenbare öffentliche Leistungen erhebt, § 3 Abs. 5 Bundesgebührengesetz. Die Gebührenerhebung erfolgt unabhängig von der tatsächlichen Erfüllung der Transparenzpflichten (BT-Drs. 18/11555, 134). Die Einzelheiten der Gebührenfestlegung können gemäß § 24 Abs. 3 GwG durch eine Rechtsverordnung geregelt werden. Von der Verordnungsermächtigung wurde durch die Transparenzregistergebührenverordnung – TrGebV – Gebrauch gemacht.

Neben der Gebührenerhebung nach § 24 Abs. 1 GwG bestimmt § 24 Abs. 2 **11** GwG einen weiteren Gebührentatbestand: Für die Einsichtnahme in das Transparenzregister erhebt die registerführende Stelle zur Deckung des Verwaltungsaufwands ebenfalls Gebühren und Auslagen. Dasselbe gilt für die Erstellung von Ausdrucken, Bestätigungen und Beglaubigungen nach § 18 Abs. 4 GwG. Art. 30 Abs. 5 der 4. Geldwäscherichtlinie (EU) 2015/849 des Europäischen Parlaments und des Rates lässt die Erhebung von Gebühren durch die Mitgliedsstaaten in Zusammenhang mit der Führung des Transparenzregisters und der daran anknüpfenden Informationsweitergabe ausdrücklich zu, begrenzt diese allerdings gleichzeitig auf die reine Deckung des Verwaltungsaufwands (so auch BT-Drs. 18/11555, 134). Auch in Bezug auf § 24 Abs. 2 GwG können Einzelheiten der Gebührenfestlegung gemäß § 24 Abs. 3 GwG durch eine Rechtsverordnung geregelt werden.

Dem Beliehenen ist gemäß § 2 Abs. 2 TBelV auch die Vollstreckung der Gebüh- **12** renbescheide übertragen worden, das heißt, hierzu kann ihn das Bundesministerium der Finanzen gemäß § 25 Abs. 5 S. 3 GwG durch Rechtsverordnung ermächtigen. Dies impliziert, dass der Beliehene die Beitreibung der Gebühren mittels Verwaltungszwang vornehmen kann (BT-Drs. 18/11555, 135).

VI. Fach- und Rechtsaufsicht (Abs. 6)

Der Beliehene untersteht gemäß § 25 Abs. 6 GwG der Rechts- und Fachaufsicht **13** durch das Bundesverwaltungsamt. Das Bundesverwaltungsamt hat bereits in der Vergangenheit als Zentraler Dienstleister Verwaltungsaufgaben des Bundes übernommen und verfügt über einschlägige Erfahrungen im Bereich der Registerführungen, so beispielsweise in Bezug auf das Nationale Waffenregister und das Ausländerzentralregister (BT-Drs. 18/11555, 135; hierzu krit. *Müller* NZWiSt 2017, 87 (98)). Die Zuständigkeit des Bundesverwaltungsamtes wird auch die Bearbeitung von Widersprüchen und den Erlass entsprechender Bescheide beinhalten (Widerspruchsbehörde gemäß § 73 Abs. 1 S. 2 Nr. 1 VwGO). Insbesondere Verwaltungsakte des Beliehenen, die eine Ablehnung eines Antrags nach § 23 Abs. 2 GwG zum Gegenstand haben, führen zu einer Weiterbearbeitung durch das Bundesverwaltungsamt.

§ 26   Abschnitt 4. Transparenzregister

14   Die Regelung soll der „angemessenen Kontrolle des Beliehenen durch den Bund" dienen und damit die Aufgabenübertragung auf Private durch Beleihung ausreichend absichern, indem die Handlungen des Beliehenen einer Recht- und Zweckmäßigkeitskontrolle unterzogen werden (BT-Drs. 18/11555, 135). Die Fachaufsicht beinhaltet die Überprüfung der Recht- und Zweckmäßigkeit der Wahrnehmung der zu erfüllenden Aufgaben (*Franz* NJW 2004, 937). Sie ist von der Rechtsaufsicht abzugrenzen, da diese die reine Rechtmäßigkeitskontrolle beinhaltet. Der Fachaufsicht wird das Recht zuteil, Weisungen auszusprechen (*Franz* NJW 2004, 937). Zur Erfüllung der Fach- und Rechtsaufsicht kann das Bundesverwaltungsamt sich zur Wahrnehmung seiner Aufsichtstätigkeit jederzeit über die Angelegenheiten des Beliehenen unterrichten lassen. Hierzu kann es Auskünfte und Berichte einholen sowie die Vorlage von Aufzeichnungen aller Art verlangen. Im Falle rechtswidriger Maßnahmen kann es gemäß § 25 Abs. 6 S. 2 GwG diese beanstanden sowie entsprechende Abhilfe verlangen.

15   Den Weisungen des Bundesverwaltungsamtes hat der Beliehene nachzukommen. Erfüllt er diese nicht fristgerecht, kann die erforderliche Maßnahme gemäß § 25 Abs. 6 S. 4 GwG an Stelle und auf Kosten des Beliehenen durch das Bundesverwaltungsamt selbst oder durch einen anderen durchführen werden.

Die Bediensteten und sonstigen Beauftragten des Bundesverwaltungsamts sind befugt, zu den Betriebs- und Geschäftszeiten Betriebsstätten, Geschäfts- und Betriebsräume des Beliehenen zu betreten, zu besichtigen und zu prüfen, soweit dies zur Erfüllung ihrer Aufgaben erforderlich ist. Gegenstände oder geschäftliche Unterlagen können im erforderlichen Umfang eingesehen und in Verwahrung genommen werden.

VII. Anderweitige Übertragung der Zuständigkeit (Abs. 7)

16   § 25 Abs. 7 GwG ist als Auffangvorschrift einzuordnen. Sollte keine juristische Person des Privatrechts beliehen werden und die Beleihung zu beenden sein, kann das Bundesministerium der Finanzen die Führung des Transparenzregisters auf eine Bundesoberbehörde in seinem Geschäftsbereich oder im Einvernehmen mit dem zuständigen Bundesministerium auf eine Bundesoberbehörde in dessen Geschäftsbereich übertragen. Sollte die Beleihung des Bundesanzeiger Verlag GmbH am 31.12.2024 oder ggf. auch früher enden, hat das Bundesministerium der Finanzen gemäß § 25 Abs. 7 GwG spätestens dann die Möglichkeit, die Führung des Transparenzregisters in einem anderen Zuständigkeitsbereich anzusiedeln.

§ 26   Europäisches System der Registervernetzung, Verordnungsermächtigung

(1) **Die in § 22 Absatz 1 Satz 1 aufgeführten Daten sind, sofern sie juristische Personen des Privatrechts und eingetragene Personengesellschaften nach § 20 sowie Rechtsgestaltungen nach § 21 betreffen, über die durch Artikel 22 Absatz 1 der Richtlinie (EU) 2017/1132 des Europäischen Parlaments und des Rates vom 14. Juni 2017 über bestimmte Aspekte des Gesellschaftsrechts geschaffene zentrale Europäische Plattform zugänglich. § 23 Absatz 1 bis 3 gilt entsprechend. Zur Zugänglichmachung über die zentrale Europäische Plattform übermittelt die registerführende Stelle die**

dem Transparenzregister nach § 20 Absatz 1 und § 21 mitgeteilten Daten sowie die Indexdaten nach § 22 Absatz 2 an die zentrale Europäische Plattform nach Artikel 22 Absatz 1 der Richtlinie (EU) 2017/1132 und Artikel 4a Absatz 1 der Richtlinie 2009/101/EG des Europäischen Parlaments und des Rates vom 16. September 2009 zur Koordinierung der Schutzbestimmungen, die in den Mitgliedstaaten den Gesellschaften im Sinne des Artikels 48 Absatz 2 des Vertrags im Interesse der Gesellschafter sowie Dritter vorgeschrieben sind, um diese Bestimmungen gleichwertig zu gestalten (ABl. L 258 vom 1.10.2009, S. 11), die zuletzt durch die Richtlinie 2013/24/EU (ABl. L 158 vom 10.6.2013, S. 365) geändert worden ist, sofern die Übermittlung für die Eröffnung eines Zugangs zu den Originaldaten über den Suchdienst auf der Internetseite der zentralen Europäischen Plattform erforderlich ist.

(2) Das Transparenzregister ist mit den Registern anderer Mitgliedstaaten der Europäischen Union im Sinne von Artikel 22 Absatz 2 der Richtlinie (EU) 2017/1132 über die durch Artikel 22 Absatz 1 der Richtlinie (EU) 2017/1132 geschaffene zentrale Europäische Plattform zu vernetzen. Die Vernetzung der Register der Mitgliedstaaten über die Plattform erfolgt nach Maßgabe der technischen Spezifikationen und Verfahren, die durch von der Europäischen Kommission gemäß Artikel 24 der Richtlinie (EU) 2017/1132 und Artikel 1 Nummer 17 der Richtlinie (EU) 2018/843 erlassene Durchführungsrechtsakte festgelegt werden.

(3) Daten nach § 22 Absatz 1 Satz 1, soweit sie juristische Personen des Privatrechts und eingetragene Personengesellschaften nach § 20 oder Rechtsgestaltungen nach § 21 betreffen, sind nach Abschluss der Abwicklung und, soweit sie registerlich geführt sind, nach Löschung im Register der juristischen Personen des Privatrechts, eingetragenen Personengesellschaften oder Rechtsgestaltungen noch für einen Zeitraum von mindestens fünf und höchstens zehn Jahren über das Transparenzregister und die durch Artikel 22 Absatz 1 der Richtlinie (EU) 2017/1132 geschaffene zentrale Europäische Plattform zugänglich.

(4) Das Bundesministerium der Finanzen wird im Benehmen mit dem Bundesministerium der Justiz und für Verbraucherschutz ermächtigt, durch Rechtsverordnung, die der Zustimmung des Bundesrates bedarf, die erforderlichen Bestimmungen über die Einzelheiten des elektronischen Datenverkehrs und seiner Abwicklung nach Absatz 1 einschließlich Vorgaben über Datenformate und Zahlungsmodalitäten zu treffen, soweit keine Regelungen in den von der Europäischen Kommission gemäß Artikel 24 der Richtlinie (EU) 2017/1132 und Artikel 31a der Richtlinie (EU) 2018/843 erlassenen Durchführungsrechtsakten enthalten sind.

Literatur: *Müller,* Transparenz auf allen Ebenen – Zur Umsetzung der Vierten Geldwäscherichtlinie – Teil 1, NZWiSt 2017, S. 87 ff.; *Schenkel/Teichmann,* Das Tramsparenzregister und seine datenschutzrechtliche Achillesferse, ZIP 2019, S. 1260 ff.

§ 26 Abschnitt 4. Transparenzregister

Übersicht

	Rn.
I. Europäisches System der Registervernetzung (Abs. 1)	1
II. Vernetzung mit Registern anderer Mitgliedstaaten der Europäischen Union (Abs. 2)	3
III. Löschung von Daten (Abs. 3)	4
IV. Verordnungsermächtigung (Abs. 4)	5

I. Europäisches System der Registervernetzung (Abs. 1)

1 § 26 Abs. 1 GwG normiert den (zusätzlichen) Zugang der Daten des Transparenzregisters über das Europäische Justizportal; die in § 22 Abs. 1 S. 1 GwG aufgeführten Daten sind, sofern sie juristische Personen des Privatrechts und eingetragene Personengesellschaften nach § 20 GwG sowie Rechtsgestaltungen nach § 21 GwG betreffen, über die durch Artikel 22 Absatz 1 der Richtlinie (EU) 2017/1132 des Europäischen Parlaments und des Rates vom 14.6.2017 über bestimmte Aspekte des Gesellschaftsrechts geschaffene zentrale Europäische Plattform zugänglich (vgl. hierzu auch *Müller* NZWiSt 2017, 87 (98)). Hierbei gelten die Vorschriften zur Einsichtnahme in das Transparenzregister gemäß § 23 Abs. 1–3 GwG entsprechend. Die Vorschrift des § 26 Abs. 1 GwG geht zurück auf Art. 30 Abs. 10 der 4. Geldwäscherichtlinie (EU) 2015/849 des Europäischen Parlaments und des Rates, der die sichere und effiziente Vernetzung der Register bestimmt. Die Gesetzesbegründung geht davon aus, dass ohne eine Vernetzung der Transparenzregister „wirtschaftlich Berechtigte die Möglichkeit hätten, ihren Einfluss zu verschleiern, indem sie Gesellschaften oder Trusts in anderen Mitgliedstaaten zwischenschalten" (BT-Drs. 18/11555, 135).

2 Zur Zugänglichmachung über die zentrale Europäische Plattform übermittelt die registerführende Stelle die dem Transparenzregister nach § 20 Abs. 1 GwG und § 21 Abs. 1 GwG mitgeteilten Daten sowie die Indexdaten nach § 22 Abs. 2 GwG an die zentrale Europäische Plattform, sofern die Übermittlung für die Eröffnung eines Zugangs zu den Originaldaten über den Suchdienst auf der Internetseite der zentralen Europäischen Plattform erforderlich ist (BT-Drs. 19/13827, 93). Damit wird die EU-weite Vernetzung der Transparenzregister über die zentrale Europäische Plattform umgesetzt, die derzeit bereits für die Vernetzung der Unternehmensregister genutzt wird (BT-Drs. 18/11555, 135). Liegen bei der registerführenden Stelle die zuzuliefernden Daten nicht im Original vor, hat sie die zur Verfügung gestellten Indexdaten zu übermitteln (vgl. hierzu § 22 Abs. 1 S. 1 Nr. 2–8 GwG iVm § 20 Abs. 2 GwG). Die Zulieferung der Indexdaten wird so auch auf europäischer Ebene implementiert (BT-Drs. 18/11555, 136).

II. Vernetzung mit Registern anderer Mitgliedstaaten der Europäischen Union (Abs. 2)

3 Im Zuge der Umsetzung der **5. Geldwäscherichtlinie** wird in § 26 Abs. 2 GwG nunmehr die Vernetzung des Transparenzregisters mit den Registern anderer Mitgliedstaaten der Europäischen Union über die durch Art. 22 Abs. 1 der Richtlinie (EU) 2017/1132 geschaffene zentrale Europäische Plattform geregelt (vgl. hierzu auch Erwägungsgrund Nr. 37 der 5. Geldwäscherichtlinie). Die Vernetzung der Register der Mitgliedstaaten über die Plattform erfolgt nach Maßgabe der technischen Spezifikationen und Verfahren, die durch von der Europäischen Kommission gemäß Art. 24 der Richtlinie (EU) 2017/1132 und Art. 1 Nr. 17 der Richtlinie (EU) 2018/843 erlassene Durchführungsrechtsakte festgelegt werden (§ 26 Abs. 2 S. 2 GwG).

III. Löschung von Daten (Abs. 3)

§ 24 Abs. 3 GwG wurde im Zuge der Umsetzung der 5. **Geldwäscherichtlinie** 4 eingeführt und regelt, wie lange Daten nach § 22 Abs. 1 S. 1 GwG – soweit sie juristische Personen des Privatrechts und eingetragene Personengesellschaften nach § 20 GwG oder Rechtsgestaltungen nach § 21 GwG betreffen – noch über das Transparenzregister und die zentrale Europäische Plattform zugänglich sein sollen, wenn eine Löschung im Register der juristischen Personen des Privatrechts bzw. eine Abwicklung erfolgt ist. Der Zeitraum wird auf mindestens fünf und höchstens zehn Jahren festgelegt, dh so lange sind die Daten nach Abschluss der Abwicklung und bzw. nach Löschung im Register der juristischen Personen des Privatrechts über das Transparenzregister und die zentrale Europäische Plattform zugänglich (vgl. hierzu auch Art. 1 Nr. 15 Buchst. g der 5. Geldwäscherichtlinie). Ob sich diese – zwar zeitlich begrenzte – Offenlegung personenbezogener Daten mit dem Grundrecht auf Datenschutz vereinbaren lässt, erscheint fraglich (vgl. hierzu krit. *Schenkel/ Teichmann* ZIP 2019, 1260 (1265 ff.)).

IV. Verordnungsermächtigung (Abs. 4)

§ 26 Abs. 2 GwG ermächtigt das Bundesministerium der Finanzen im Benehmen 5 mit dem Bundesministerium der Justiz und für Verbraucherschutz durch Rechtsverordnung, die der Zustimmung des Bundesrates bedarf, die erforderlichen Bestimmungen über die Einzelheiten des elektronischen Datenverkehrs und seiner Abwicklung nach § 26 Abs. 1 GwG einschließlich Vorgaben über Datenformate und Zahlungsmodalitäten zu treffen, soweit keine Regelungen in den von der Europäischen Kommission gemäß Art. 24 der Richtlinie (EU) 2017/1132 und Art. 31 a der Richtlinie (EU) 2018/843 erlassenen Durchführungsrechtsakten enthalten sind. Regelungsinhalt der Rechtsverordnung ist damit der Datenabruf über das das Europäische Justizportal nach § 26 Abs. 1 GwG sein; hierzu zählen insbesondere die technischen Details der Teilnahme am Europäischen System der Registervernetzung, sofern dies nicht bereits in den Durchführungsrechtsakten der Europäischen Kommission geregelt ist (BT-Drs. 18/11555, 136). Der Erlass der Rechtsverordnung bedarf der Zustimmung des Bundesministeriums der Justiz und für Verbraucherschutz, da dieses für Vernetzung der Unternehmensregister Sorge zu tragen hat und diese Vernetzung auch für das Europäische System der Registervernetzung zur Anwendung kommen soll (BT-Drs. 18/11555, 136).
Von der Verordnungsermächtigung wurde bislang kein Gebrauch gemacht.

§ 26a Abruf durch die Zentralstelle für Finanztransaktionsuntersuchungen und die Strafverfolgungsbehörden

(1) Die registerführende Stelle übermittelt der Zentralstelle für Finanztransaktionsuntersuchungen für Zwecke nach § 28 Absatz 1 Satz 2 Nummer 2, 4 und 8 und den Strafverfolgungsbehörden für ihre Aufgabenerfüllung die erforderlichen Informationen aus dem Transparenzregister.

(2) Die Übermittlung erfolgt im Wege des automatisierten Abrufs. Die registerführende Stelle richtet für Abfragen nach Absatz 1 einen nach den Vorgaben der registerführenden Stelle ausgestalteten automatisierten Zugriff auf die im Transparenzregister gespeicherten Daten ein, der auch die Suche nach wirtschaftlich Berechtigten einer Vereinigung nach § 20 oder einer Rechtsgestaltung nach § 21 über die Angaben Name und Vorname sowie zusätzlich Geburtsdatum, Wohnort oder Staatsangehörigkeit des wirtschaftlich Berechtigten erlaubt. § 23 bleibt hiervon unberührt.

(3) Die beteiligten Stellen haben zu gewährleisten, dass für Abfragen nach Absatz 1 dem jeweiligen Stand der Technik entsprechende Maßnahmen zur Sicherstellung von Datenschutz und Datensicherheit getroffen werden, die insbesondere die Vertraulichkeit und Unversehrtheit der Daten gewährleisten.

Literatur: *Schenkel/Teichmann*, Das Tramsparenzregister und seine datenschutzrechtliche Achillesferse, ZIP 2019, S. 1260 ff.

Übersicht

	Rn.
I. Übermittlung an die Zentralstelle für Finanztransaktionsuntersuchungen	1
II. Sicherstellung von Datenschutz und Datensicherheit	2

I. Übermittlung an die Zentralstelle für Finanztransaktionsuntersuchungen

1 § 26a Abs. 1 GwG normiert eine Ermächtigungsgrundlage für den Datenzugriff der Zentralstelle für Finanztransaktionsuntersuchungen (FIU) und der Strafverfolgungsbehörden und wurde im Zuge der Umsetzung der **5. Geldwäscherichtlinie** eingeführt (vgl. hierzu auch BT-Drs. 19/15196, 14). Die registerführende Stelle übermittelt der Zentralstelle für Finanztransaktionsuntersuchungen und den Strafverfolgungsbehörden für ihre Aufgabenerfüllung die erforderlichen Informationen aus dem Transparenzregister. Die Norm tritt am 1.1.2021 in Kraft (Art. 1 – Gesetz zur Umsetzung der Änderungsrichtlinie zur Vierten EU-Geldwäscherichtlinie (GwRLÄndG.) v. 12.12.2019, BGBl. I S. 2602).

Für die FIU soll die Übermittlung der Informationen aus dem Transparenzregister durch die registerführende Stelle der Durchführung von operativen Analysen einschließlich der Bewertung von Meldungen und sonstigen Informationen (§ 28 Abs. 1 S. 2 Nr. 2 GwG), der Zusammenarbeit und dem Informationsaustausch mit zentralen Meldestellen anderer Staaten (§ 28 Abs. 1 S. 2 Nr. 4 GwG) und der Durchführung von strategischen Analysen und Erstellung von Berichten aufgrund dieser Analysen (§ 28 Abs. 1 S. 2 Nr. 8 GwG) dienen; zu den Aufgaben der Zentralstelle für Finanztransaktionsuntersuchungen vgl. ausführlich *Barreto da Rosa* → GwG § 28 Rn. 2 ff.

Die Übermittlung erfolgt im Wege des automatisierten Abrufs; dh die registerführende Stelle richtet für Abfragen einen automatisierten Zugriff auf die im Transparenzregister gespeicherten Daten ein (§ 26a Abs. 2 S. 2 GwG). Dieser Zugriff wird nach den Vorgaben der registerführenden Stelle ausgestaltet. Er ermöglicht auch die Suche nach wirtschaftlich Berechtigten einer Vereinigung nach § 20 GwG oder einer Rechtsgestaltung nach § 21 GwG. Hierfür bedarf es der Angaben von Name und Vorname sowie zusätzlich Geburtsdatum, Wohnort oder Staatsangehörigkeit des wirtschaftlich Berechtigten. Eine Einsichtnahme in das Transparenzregister nach § 23 GwG bleibt hiervon unberührt.

II. Sicherstellung von Datenschutz und Datensicherheit

Die beteiligten Stellen haben zu gewährleisten, dass für Abfragen nach § 26a Abs. 1 GwG dem jeweiligen Stand der Technik entsprechende Maßnahmen zur Sicherstellung von Datenschutz und Datensicherheit getroffen werden, die insbesondere die Vertraulichkeit und Unversehrtheit der Daten gewährleisten (vgl. zur Sicherstellung des Datenschutzes in Bezug auf das Transparenzregister *Schenkel/ Teichmann* ZIP 2019, 1260 (1265 ff.)).

Vorbemerkungen zu Abschnitt 5 – Zentralstelle für Finanztransaktionsuntersuchungen

Literatur: Bundeskriminalamt (BKA), FIU, Jahresbericht 2016; FATF, Mutual Evaluation Report Germany, Februar 2010; FATF, The FATF Recommendations, Februar 2012 (Stand: Juni 2019); FIU, Jahresberichte 2017 und 2018; *Gola/Heckmann*, Bundesdatenschutzgesetz, 13. Aufl. 2019, zit. *Bearbeiter* in Gola/Heckmann

Übersicht

	Rn.
I. Historie	1
II. Verlagerung der FIU vom BKA zur Generalzolldirektion durch das Gesetz zur Umsetzung der 4. EU-Geldwäscherichtlinie	4
III. Kritik	7
1. Ressortverlagerung und Ausgestaltung als administrative Behörde	7
2. Personalausstattung	10
3. Bearbeitungsrückstände	14
4. Bearbeitungsdauer	17
5. Fehlende Dateizugriffe	19
6. Filterfunktion	22
7. Kritik an der Arbeitsqualität	25
8. Ergänzende Anmerkungen	26
9. Fazit	28
IV. Europäische Entwicklungen	31

I. Historie

1   Die **FATF**-Empfehlung 26 aus dem Jahr 2003 sowie die nahezu identische Empfehlung 29 der überarbeiteten FATF-Empfehlungen vom Februar 2012 gibt den Ländern im Kern auf, eine **Financial Intelligence Unit (FIU)** ins Leben zu rufen, welche als nationales Zentrum zur Entgegennahme, zur Analyse und Weitergabe von Verdachtsmeldungen und anderen Informationen bzgl. potenzieller Geldwäsche und Terrorismusfinanzierung dient. Diese FIU sollte direkt oder indirekt auf zeitnaher Basis Zugang zu den finanziellen, administrativen und polizeilichen Informationen haben, die sie benötigt, um ihrer Funktion, insbesondere der Analyse verdächtiger Transaktionsmeldungen, nachzukommen (zur **Definition „zentrale Meldestelle"** → § 27 Rn. 3). Die sehr ausführliche interpretive note zu Empfehlung 29 der FATF unterscheidet im Hinblick auf die Funktionen der FIU zwischen Empfang, operationaler und strategischer Analyse und der Informationsweitergabe (spontan oder auf Anfrage) an andere zuständige Behörden. Die FIU soll nach den Vorstellungen der FATF operational unabhängig (was nicht ausschließt, dass sie, wie in Deutschland, als Teil einer bereits bestehenden Behörde errichtet wird) und mit angemessenen finanziellen, personellen und technischen Mitteln ausgestattet sein. Eine Übersicht über die jeweilige Ausrichtung der nationalen FIUs (polizeilich, administrativ, justiziell oder Mischformen) findet sich bspw. im Anhang in den bisherigen FIU-Jahresberichten des BKA (s. auch Information Paper on Financial Intelligence Units and the Egmont Group (9/2004), S. 2, abrufbar unter www.egmontgroup.org/library/download/3).

Vorbemerkungen **Vor Abschnitt 5**

Durch das Gesetz zur Verbesserung der Bekämpfung der Geldwäsche und der 2
Bekämpfung der Finanzierung des Terrorismus (**Geldwäschebekämpfungsgesetz,** BGBl. 2002 I S. 3105) war die bereits zuvor bestehende, beim BKA angegliederte „*Gemeinsame Finanzermittlungsgruppe Bundeskriminalamt/Zollkriminalamt*" (GFG) zum 15.8.2002 zur „*Zentralen Analyse- und Informationsstelle für Verdachtsanzeigen*" (noch in § 5 GwG geregelt) ausgebaut worden (im GE des Bundesrats zum Geldwäschebekämpfungsgesetz v. 15.3.2002 (BR-Drs. 217/02) findet sich auf S. 23 eine kurze Historie zur Zentralstelle beim BKA (ebenso in den BT-Drs. 14/8739 ab S. 13)). Als polizeiliche FIU war sie organisatorisch beim BKA in Wiesbaden im Referat SO 32 angesiedelt, wobei die GFG BKA/ZKA weiterhin als eigenständiges Referat neben der FIU fortbestand; die GFGen der Landeskriminalämter wurden hierbei im internationalen Kontext als sog. „*territorial branches*" der FIU angesehen. In Umsetzung des Ratsbeschlusses vom 17.10.2000 über Vereinbarungen für eine Zusammenarbeit zwischen den zentralen Meldestellen der Mitgliedstaaten beim Austausch von Informationen (ABl. 2000 L 271, 4) wurde die FIU mit der Zusammenarbeit mit den Zentralstellen anderer Staaten betraut. Entsprechend kommt ihr seither der Aufgabe zu, im nationalen Rahmen und in internationaler Koordinierung Verdachtsmeldungen zu sammeln, analysieren und statistisch aufzubereiten, ihre Erkenntnisse an die Strafverfolgungsbehörden des Bundes und der Länder weiter zu vermitteln, den Verpflichteten des GwG und den Meldung erstattenden Behörden Feedback zu ihren Verdachtsmeldungen im Interesse einer Qualitätsverbesserung zu geben und sie über neue Typologien und Methoden der Geldwäsche und Terrorismusfinanzierung zu informieren sowie einen Jahresbericht zu veröffentlichen.

Durch das **Gesetz zur Ergänzung der Bekämpfung der Geldwäsche und** 3
Terrorismusfinanzierung vom 13.8.2008 (BGBl. I S. 1690 ff.) wurden die zuvor in § 5 GwG enthaltenen Regelungen novelliert und in § 10 GwG neu verortet. Die FIU erhielt den neuen Namen „*Zentralstelle für Verdachtsanzeigen*". Im Rahmen des Gesetzes zur Optimierung der Geldwäscheprävention vom 22.12.2011 (BGBl. I S. 2959 ff.) wurde die Vorschrift vor allem redaktionell hinsichtlich der veränderten Begrifflichkeiten (nunmehr „*Verdachtsmeldung*" statt „*Verdachtsanzeige*") angepasst.

II. Verlagerung der FIU vom BKA zur Generalzolldirektion durch das Gesetz zur Umsetzung der 4. EU-Geldwäscherichtlinie

Mit Inkrafttreten des Gesetzes zur Umsetzung der Vierten EU-Geldwäsche- 4
richtlinie, zur Ausführung der EU-Geldtransferverordnung und zur Neuorganisation der Zentralstelle für Finanztransaktionsuntersuchungen (BGBl. 2017 I S. 1822; im Folgenden: Gesetz zur Umsetzung der 4. EU-Geldwäscherichtlinie) wurde die vormals unter dem Namen „*Zentralstelle für Verdachtsmeldungen*" firmierende Zentralstelle zum 26.6.2017 vom Bundeskriminalamt zur Generalzolldirektion verlagert und in „***Zentralstelle für Finanztransaktionsuntersuchungen***" umbenannt („*Zentrale Meldestelle zur Verhinderung, Aufdeckung und Unterstützung bei der Bekämpfung von Geldwäsche und Terrorismusfinanzierung nach Artikel 32 Abs. 1 der Richtlinie (EU) 2015/849*")., was abgesehen von der Sperrigkeit des Begriffs auch inhaltlich keine glückliche Wahl erscheint, da sich die Tätigkeit der FIU nicht auf die Untersuchung von Finanztransaktionen beschränkt (insbesondere werden über

Vor Abschnitt 5 Zentralstelle für Finanztransaktionsuntersuchungen

§ 43 GwG auch verdächtige Geschäftsbeziehungen etc. gemeldet). Die gegenüber der Gesetzesfassung vor dem Gesetz zur Umsetzung der 4. EU-Geldwäscherichtlinie deutlich ausführlicheren Regelungen der in Abschnitt 5 des GwG enthaltenen **§§ 27–42** (bis zum 26.6.2017 waren lediglich in § 10 GwG aF Vorschriften zur FIU enthalten) waren durch die Neuausrichtung der FIU als administrative Behörde bei der Generalzolldirektion erforderlich geworden (vormals im BKAG enthaltene zusätzliche Regelungen waren damit nicht mehr anwendbar und mussten neu geschaffen werden). Statt Schaffung eines eigenen Gesetzes zur Zentralstelle für Finanztransaktionsuntersuchungen entschloss sich der Gesetzgeber zur Regelung in einem eigenen Abschnitt im Geldwäschegesetz selbst.

Sofern in der Gesetzesbegründung zum Gesetz zur Umsetzung der Vierten EU-Geldwäscherichtlinie (BT-Drs. 18/11555) auf S. 136 ausgeführt wurde, dass die „zentrale Meldestelle für geldwäscherechtliche Meldungen" (FIU) *„im Rahmen der Umsetzung der 4. EU-Geldwäscherichtlinie"* vom Geschäftsbereich des Bundesministeriums des Innern in den Geschäftsbereich des Bundesministeriums der Finanzen verlagert wurde, war dies zumindest dahingehend zu konkretisieren, dass die 4. EU-Geldwäscherichtlinie keine derartige Verlagerung verlangte. Auch der Normenkontrollrat hatte im Gesetzgebungsverfahren besonders darauf hingewiesen, dass die Neuorganisation der Zentralstelle für Finanztransaktionsuntersuchungen über die Umsetzungspflichten der 4. EU-Geldwäscherichtlinie hinausgehe und damit im Widerspruch zum Koalitionsvertrag zur 18. Legislaturperiode stünde, Vorgaben der EU eins zu eins umsetzen zu wollen (**„Gold-Plating"**, vgl. S. 2 der Anlage zur BR-Drs. 182/17).

5 Die Überlegung, die Neuausrichtung der FIU „en passant" zugleich mit der europarechtlich gebotenen GwG-Überarbeitung zu vollziehen, hatte die erforderlichen Vorarbeiten im Rahmen der hierfür eingerichteten Projektgruppe unter erheblichen Zeitdruck gebracht, so dass es letztlich auch nicht gelungen war, die neue Zentralstelle für Finanztransaktionsuntersuchungen bei der Generalzolldirektion zum 26.6.2017 (der Umsetzungsfrist der 4. EU-Geldwäscherichtlinie, vgl. dort Art. 67 Abs. 1 S. 1) in vollem Umfang arbeitsfähig einzurichten. Dieser Umstand war bereits im Gesetzgebungsverfahren seitens der Bundesländer im Bundesrat kritisiert und eine Aussetzung der Verlagerungsdiskussion und Ausklammerung des Abschnitts 5 aus dem weiteren Gesetzgebungsverfahren bis zur Klärung der noch offenen zentralen Fragen gefordert worden (BT-Drs. 18/11928, 17/18). Ohne argumentative Auseinandersetzung mit diesen Bedenken hatte die Bundesregierung diese Prüfbitte unter Hinweis auf die eigene klare Positionierung letztlich zurückgewiesen und eine erneute Prüfung abgelehnt (Gegenäußerung der Bundesregierung v. 12.4.2017, BT-Drs. 18/11928, 38/39).

6 Allgemein waren die in Abschnitt 5 enthaltenen Regelungen zur Zentralstelle für Finanztransaktionsuntersuchungen der neben dem Abschnitt zum Transparenzregister **umstrittenste Teil des Gesetzes zur Umsetzung der 4. EU-Geldwäscherichtlinie**. Dies lässt sich auch daran erkennen, dass der gesamte 5. Abschnitt zur Zentralstelle für Finanztransaktionsuntersuchungen durch den am 17.3.2017 veröffentlichten Gesetzentwurf der Bundesregierung (BT-Drs. 18/11555) im Vergleich zum Referentenentwurf des Bundesministeriums der Finanzen vom 24.11.2016 bzw. 15.12.2016 in weiten Teilen überarbeitet worden war.

III. Kritik

1. Ressortverlagerung und Ausgestaltung als administrative Behörde

Ein zentraler Kritikpunkt war zunächst die **Verlagerung der Zentralstelle vom Bundeskriminalamt in das Ressort des Bundesfinanzministeriums.** Der Bundesrat formulierte hierzu in seiner Stellungnahme *„gewichtige Bedenken: Es erscheint fraglich, ob die Verortung bei einer bewusst administrativ ausgerichteten Behörde ohne eigene Expertise im Bereich genuin strafrechtlicher und im absoluten Schwerpunkt gerade nicht zoll(straf)rechtlicher Sachverhalte und deren Verfolgung den qualitativ besseren Ansatz für eine kompetente strafrechtliche Vorbewertung darstellt. Es erstaunt angesichts von deren Tragweite, dass der Gesetzentwurf auch keine Gründe für die diesbezügliche Neuausrichtung und Umressortierung aufführt"* (BT-Drs. 18/11928, 18 f.). Letztlich werden die Strafverfolgungsbehörden in einem Kernbereich ihrer Aufgaben mithin in ein Abhängigkeitsverhältnis zu einer administrativen Behörde gesetzt.

Grundsätzlich scheint die Zolladministration prima vista tatsächlich als organisatorische Verortung der FIU geradezu prädestiniert, da sich in der Zollverwaltung quasi als Hybrid Aufsichts- und Strafverfolgungsaufgaben bereits vereinigen. Die neue Zentralstelle für Finanztransaktionsuntersuchungen als *„Behörde (Zentralstelle) innerhalb einer Behörde (Zollkriminalamt) innerhalb einer Behörde (Generalzolldirektion)"* (vgl. GdP, Bezirksgruppe Zoll, Schreiben v. 14.3.2017 an den Finanzausschuss des Bundestags, S. 5, die bereits die Integration der GZD in das ZKA als *„grundlegenden strategischen Fehler in der Behördenorganisation"* bezeichnete, was durch die Zentralstelle für Finanztransaktionsuntersuchungen nunmehr noch fragwürdiger werde) ist jedoch rein administrativ ausgerichtet und hat weder Aufsichts- noch Strafverfolgungskompetenzen, so dass die „Hybridfunktion" des Zolls hier nicht zum Tragen kommt. Tatsächlicher **Hintergrund** der Überlegungen der Verlagerung der FIU vom Bundeskriminalamt in das Ressort des BMF war, dass die FIU beim BKA sich bereits mehrere Jahre dem Vorwurf ausgesetzt sah, sie würde ihren gesetzlichen Aufgaben nach § 10 GwG aF nicht in erforderlichem Umfang nachkommen. Dieser Umstand war letztlich primär auf eine unzureichende personelle Hinterlegung der FIU zurückzuführen. Im Rahmen der Diskussionen um die Schaffung einer ausreichenden Zahl neuer Personalplanstellen wurde schließlich die bereits in der Vergangenheit (mehrfach) diskutierte Idee der Verlagerung in das Finanzressort aufgegriffen, die damit auch der Verlagerung der sachlichen ministeriellen Zuständigkeit für Geldwäschefragen vom Bundesministerium des Innern in das Bundesministerium der Finanzen folgte.

Die FATF hatte die Ausgestaltung und tatsächliche Arbeit der BKA-FIU in ihrem Deutschland-Evaluationsbericht von 2010 (s. dort ab S. 97) ungeachtet der Kritik jedoch als *„largely compliant"* mit den FATF-Standards bezeichnet (→ Rn. 412).

Grundsätzliche Bedenken seitens der Polizeien des Bundes und der Länder gegen die Umgestaltung zu einer administrativen FIU (neben dem Umstand, dass die Bekämpfung von Geldwäsche und Terrorismusfinanzierung als originär polizeiliche Aufgabe betrachtet wurde) fußten unter anderem auch auf den bekannten **Ergebnissen administrativer Zentralstellen anderer Länder,** die insbesondere hinsichtlich der Zahl der aufgrund von Verdachtsmeldungen eingeleiteten Ermittlungsverfahren große Unterschiede zu Ländern mit polizeilichen FIUs erkennen lassen (zur Schwierigkeit des Vergleichs der Wirksamkeit verschiedener FIUs vgl. *Europol*, „From suspicion to action", S. 28 ff.). So wird in Ländern mit administrativen FIUs nur ein Bruchteil der Verdachtsmeldungen wegen des Anfangsverdachts einer Straftat an die Strafverfolgungsbehörden weitergeleitet.

Dem Jahresbericht der administrativen **französischen FIU (Tracfin)** für das Jahr 2016 war beispielsweise zu entnehmen, dass von insgesamt 64.815 gemeldeten verdächtigen Transaktionen (Suspicious Transaction Reports, zum Begriff vgl. näher die Ausführungen unter → Vor §§ 43–49 Rn. 1, zu den Vorbemerkungen zu Abschnitt 6) nur in 448 Fällen Weiterleitungen an Justizbehörden („transmissions judiciaires") erfolgten, weitere 1.441 Meldungen wurden an andere Partner-Behörden („administrations partenaires") übermittelt (Rapport Annuel D'Activité Tracfin 2016, S. 8). Die administrative **FIU Italiens** meldete für das Jahr 2016 insgesamt 101.065 verdächtige Transaktionen (STR), wobei sich 100.435 der als verdächtig gemeldeten Transaktionen ausschließlich auf Geldwäsche bezogen (619 der gemeldeten Transaktionen standen in Bezug zur Terrorismusfinanzierung, 11 betrafen Proliferationsfälle); insgesamt lediglich 157 Berichte wurden gemäß Art. 331 der italienischen Strafprozessordnung an die zuständigen Justizbehörden weitergeleitet (Banca D'Italia Eurosistema, Unità di Informazione Finanziaria per l'Italia (UIF), Rapporto Annuale dell'Unità di Informazione Finanziaria 2016, S. 95).

Betrachtete man demgegenüber die Situation in der **BRD** mit der vormals polizeilichen FIU beim BKA, wo im Jahr 2016 insgesamt 40.690 Verdachtsmeldungen und sonstige Hinweise auf Geldwäsche und Terrorismusfinanzierung erstattet worden waren (die Erfassung dieser Meldungen erfolgt transaktionsunabhängig, dh eine Verdachtsmeldung kann unter Umständen mehrere hundert verdächtige Transaktionen beinhalten, was einen unmittelbaren Vergleich mit den Zahlen aus Frankreich und Italien erschwert, die transaktionsabhängig erfassen), fiel eine deutlich höhere Weiterleitungsrate auf: In 49% aller im Jahr 2016 abgeschlossenen Clearingverfahren (das Clearingverfahren ist ein Prüfverfahren zur Vorbereitung der Entscheidung der Staatsanwaltschaft über die Einleitung eines Verfahrens iSd § 152 Abs. 2 StPO, vgl. ausführlich *Barreto da Rosa* in Diergarten/Barreto da Rosa S. 281 ff.) wurden Ermittlungsverfahren wegen des Anfangsverdachts einer Straftat eingeleitet und die weitere Bearbeitung durch polizeiliche Fachdienststellen oder von der GFG selbst (2%) übernommen. 4% der Meldungen wurden zur weiteren Bearbeitung an Finanzbehörden weitergeleitet. Demzufolge wurden in Deutschland im Jahr 2016 über 13-mal so viele Meldungen mit dem Anfangsverdacht einer Straftat an die örtlich zuständigen Staatsanwaltschaften abgegeben als in Frankreich und Italien zusammen und das trotz der jeweils weit höheren „Fallzahlen" in diesen Ländern. Ein ähnliches Bild ergab sich auch bei Betrachtung der polizeilichen FIU **Österreichs**, wo von insgesamt 2.822 Akteneingängen (hiervon 2.150 Verdachtsmeldungen) 1.696 Akteneingänge nach Analyse wegen hinreichender Verdachtslage zu weiteren Ermittlungen weitergeleitet worden waren (vgl. BK Österreich, FIU Jahresbericht 2016, S. 15, 18).

2. Personalausstattung

10   Ein weiterer Kritikpunkt knüpfte schließlich an die vorgesehene **Personalausstattung** der Zentralstelle für Finanztransaktionsuntersuchungen bei der Generalzolldirektion an. Die Absicht, *„multidisziplinäre Teams zu bilden (Ermittler vom Zoll oder der Polizei, Wirtschaftswissenschaftler, Banker, Finanzanalysten, Staatsanwälte), sodass sowohl das „Ermittlergespür" als auch wirtschaftsspezifische Kenntnisse zusammengeführt*

Vorbemerkungen **Vor Abschnitt 5**

werden" (BT-Drs. 18/11928, 26) wurde dabei zunächst grundsätzlich begrüßt – derartige multidisziplinäre Teams fanden und finden sich auch in den größeren GFGen wieder (selbstredend ist diese Ankündigung ohnehin nicht dahingehend zu interpretieren, dass einzelne Meldungen von jeweils multidisziplinären Teams bearbeitet werden).

Als *„völlig unzureichend"* (so die Deutsche Zoll- und Finanzgewerkschaft v. 24.2.2017; ähnlich der Bund Deutscher Kriminalbeamter in seiner Stellungnahme zur Anhörung im Finanzausschuss v. 23.4.2017) wurde jedoch die **veranschlagte Beschäftigtenzahl** angesehen. Ab dem 26.6.2017 sollten zunächst 100 Mitarbeiter eingesetzt werden, im Endausbau insgesamt 165. Da acht Monate nach dem Beginn, zum 1.3.2018, erst 101 Stammbeschäftigte bei der FIU arbeiteten (BDZ, Landtag NRW, Stellungnahme 17/577 v. 26.4.2018 für den Landtag NRW; ebenso BT-Drs. 19/2263, 2) ist davon auszugehen, dass die neue Zentralstelle für Finanztransaktionsuntersuchungen tatsächlich mit lediglich etwa 50 Mitarbeitern startete. 11

Im Hinblick auf die Personalausstattung der neuen sowie der vormaligen FIU wurden wiederholt unrichtige oder die Realität stark verkürzende Aussagen getroffen. Weder startete die neue FIU mit 165 Beschäftigten im Juni 2017 (so der Vertreter der Deutschen Zoll- und Finanzgewerkschaft in der Anhörung des Finanzausschuss v. 6.11.2019, s. Wortprotokoll 60. Sitzung, S. 17), noch war die neue FIU Ende 2019 *„mit 475 Experten innerhalb des Zolls ausgestattet"* gegenüber zuvor 26 Mitarbeitern beim Bundeskriminalamt (MdB Müller, Plenarprotokoll zur 119. Sitzung des Bundestags am 18.10.2019, S. 14765; die Behauptung einer *„Personalaufstockung von 25 auf 165 Beamte"* findet sich ua auch in der Presseerklärung des BMF v. 5.4.2017). Insbesondere wenn man die zentrale Aufgabe der FIU – die Bearbeitung von Verdachtsmeldungen – betrachtet, übersieht der Vergleich mit der vormaligen FIU beim BKA, dass diese Aufgabe nicht von der BKA-FIU wahrgenommen wurde, sondern den Gemeinsamen Finanzermittlungsgruppen (GFGen) Polizei/Zoll bei den Landeskriminalämtern oblag (ausführlich *Fiedler*, Bund Deutscher Kriminalbeamter, 110. Sitzung des Finanzausschusses des Bundestags zur Umsetzung der 4. EU-Geldwäscherichtlinie am 24.4.2017, S. 25f.; Bayerischer Landtag, Drs. 18/680, 6). Für diese Aufgabe waren bundesweit ca. 300 Beschäftigte eingesetzt (vgl. ua BT-Drs. 19/3818, 23; BKA, FIU-Jahresbericht 2016, Ziff. 7.3), die bereits zunehmend mit der Bewältigung der immer weiter steigenden Fallzahlen überfordert waren (*Fiedler,* Behörden Spiegel, Juni 2017, S. 48), dh dass **zuvor ca. sechs Mal so viele erfahrene Ermittler eingesetzt waren wie zu Beginn in der neuen FIU** Personal zur Verfügung stand (die zudem auf völlig unerfahrene Mitarbeiter angewiesen war – weder aus den GFGen, noch aus der Vorgänger-FIU beim BKA wurde Personal übernommen, vgl. BT-Drs. 19/2263, 2; ausführlich, insbes. auch zum Verhältnis der BKA-FIU zu den GFGen der Landeskriminalämter, *Barreto da Rosa* in Diergarten/Barreto da Rosa S. 85f.).

Dieser Personalansatz war vor dem Hintergrund der **zahlenmäßigen Rahmenbedingungen** erkennbar bei weitem zu niedrig angesetzt: Alleine basierend auf den Zahlen des Jahres 2016 war sicher davon auszugehen, dass bei der Zentralstelle für Finanztransaktionsuntersuchungen (bei anhaltenden Steigerungsraten) bei sehr konservativen Schätzungen täglich deutlich über 200 Verdachtsmeldungen, zuzüglich zahlreicher Nachmeldungen, eingehen (Verdachtsmeldungen umfassen teilweise mehrere hundert Seiten, hunderte beteiligte Personen und tausende Einzeltransaktionen), davon täglich über 20 sog. „Fristfälle" (vgl. § 46 Abs. 1) und sonstige eilbedürftige Verdachtsmeldungen. Diese sind sämtlich einer individuellen operativen Analyse zu unterziehen (hierzu gehören Dateirecherchen, ggf. Konto- 12 auswertungen, Beiziehung weiterer Informationen aus dem Ausland oder aus sonstigen erforderlichen Quellen, Bewertung von weiteren erlangten Informationen/Auskünften uvm, zum Begriff → § 30 Rn. 11). Anschließend ist – soweit die Meldung als werthaltig eingestuft wird und damit weiterzuleiten ist – ein Analysebericht zu fertigen. Im Einzelfall können Sofortmaßnahmen nach § 40 erforderlich werden. Bereits Anfang 2018 gingen bei der FIU durchschnittlich über 350 Meldungen (Erst- und Nachmeldungen) pro Werktag ein (BDZ v. 16.3.2018). Zur operativen Analyse von Meldungen nach § 30 Abs. 1 kommen die Bearbeitung einer großen und anhaltend steigenden Zahl internationalen FIU-Schriftverkehrs (Mitteilungen zentraler Meldestellen anderer Länder gemäß Art. 53 Abs. 1 S. 3 der 4. EU-Geldwäscherichtlinie: bereits ausweislich des FIU-Jahresberichts 2017, S. 16, insgesamt 10.522 mit steigender Tendenz), die Beantwortung von Anfragen von Verpflichteten und Aufsichtsbehörden, die Bearbeitung von Erkenntnisanfragen von Strafverfolgungsbehörden und alle sonstigen Aufgaben gemäß § 28 Abs. 1.

13 Der schnell offenbar gewordene zusätzliche Personalbedarf wurde in der Folge durch zahlreiche (Zwangs-)**Abordnungen** von Zollbediensteten aus anderen (fachfremden) Geschäftsbereichen (was diese ohnehin meist schon überlasteten Bereiche in zusätzliche Personalengpässe brachte) sowie die Anwerbung von Studenten (über das Jobportal der Uni Köln) und den Einsatz von Langzeitarbeitslosen (Pressemitteilung von MdB *de Masi* v. 17.4.2018) versucht abzufangen (was im Hinblick auf die Studenten und Arbeitssuchenden auch Fragen bezüglich Sicherheitsüberprüfungen aufwirft). Es ist zuzugestehen, dass ein Personalaufbau einer solchen Dimension (insbesondere in einem fachlich sehr spezialisierten Bereich) eine große Herausforderung darstellt. Alleine der Zuwachs von 162 festen Mitarbeitern in der FIU zum 31.1.2019 (+ 229 Geschäftsaushilfen, BT-Drs. 19/9326, 13) auf 246 Stammbeschäftigte zum 31.8.2019 (BT-Drs. 19/14583, 3) ist – unabhängig von der grundsätzlichen Problematik, ausreichend qualifiziertes Personal zu finden – auch angesichts der Aufwände hinsichtlich Personalauswahl, Einarbeitungserfordernissen etc bemerkenswert und kaum zu bewältigen.

Soweit bereits im Jahr 2018 die Fehlplanung hinsichtlich des Personalansatzes eingesehen und ein **Personalbedarf von 475 Mitarbeitern** (400 Arbeitskräfte für die fachliche Aufgabenerledigung sowie 75 Arbeitskräfte für die aufgabenübergreifend unterstützenden Bereiche Organisation, Personal und Haushalt sowie IT, vgl. BT-Drs. 19/16595, 9) anerkannt wurde (s. auch Erste Nationale Risikoanalyse, S. 40), ist hierzu festzustellen, dass dieser Bedarf voraussichtlich erst mit dem Haushalt 2026 vollständig gedeckt werden dürfte (BT-Drs. 19/10122, 3).

3. Bearbeitungsrückstände

14 Das Missverhältnis von Personalstärke (in Verbindung mit technischen Dysfunktionalitäten bezüglich goAML, vgl. hierzu → § 45 Rn. 1) und Arbeitsanfall führte schnell zu erheblichen **Bearbeitungsrückständen** bei der FIU, die von Seiten der FIU/des BMF zunächst nur sehr zurückhaltend – und erst nach entsprechender Presseberichterstattung (im Nachgang parlamentarischer Anfragen) – eingeräumt wurden. Bereits im November 2017, dh ca. fünf Monate nach dem Start der neuen FIU, wurde von einem Rückstau von ca. 24.000 unbearbeiteten (lediglich erstgesichteten) Verdachtsmeldungen bei der FIU berichtet (vgl. die Antwort des BMF auf die Anfrage des Abgeordneten *de Masi*, BT-Drs. 19/280, 30).

Behauptungen seitens FIU und BMF, dass *„durch weitreichende personelle Maßnahmen, u. a. Geschäftsaushilfen [...] inzwischen auch erhebliche Fortschritte beim Abbau der*

Vorbemerkungen **Vor Abschnitt 5**

Rückstände erfolgt" seien (vgl. BT-Drs. 19/2263, 5), erwiesen sich in der Folge angesichts der kontinuierlich weiter ansteigenden Rückstaumeldungen als jeweils unzutreffend (s. auch Wirtschaftswoche v. 24.8.2018). So war der Bearbeitungsrückstau zum 31.1.2018 bereits auf 31.371 Meldungen angewachsen (Antwort des BMF auf Frage von MdB *de Masi,* BT-Drs. 19/775, Ziff. 37) und erfuhr – nach einem angesichts der unverändert bestehenden Kluft zwischen Fallzahlen und Personalausstattung kaum nachvollziehbaren erklärten zwischenzeitlichen Abbau – in den acht Monaten vom 31.1.2019 mit 19.486 unbearbeiteten Meldungen (BT-Drs. 19/9326, 2) zum September 2019 mehr als eine Verdoppelung auf **48.229 unbearbeitete Meldungen** (Veröffentlichung von MdB *de Masi* v. 14.11.2019 auf seiner Homepage; laut *FAZ* v. 8.10.2019: 46.032; BT-Drs. 19/16595, 1 f.).

In Bezug auf den angegebenen zwischenzeitlichen Abbau gibt es Hinweise, dass **15** dieser zentral dadurch bewirkt wurde, dass **zahlreiche Meldungen nahezu unbearbeitet** (*"ausschließlich vorformulierte Textbausteine",* die *"nichts mit der Bewertung und deren Ergebnis im Sinne einer Sachverhaltsanalyse zu tun haben",* vgl. *Spiegel Online* v. 20.3.2018 unter Verweis auf eine Stellungnahme des LKA Thüringen zu einer nicht-öffentlichen Sitzung des Finanzausschusses des Bundestags am 21.3.2018) **an die zuständigen Strafverfolgungsbehörden weitergeleitet oder in den Informationspool verschoben** worden waren. Auch die Antwort des BMF vom 22.5.2020 auf die schriftliche Anfrage von MdB *Herbrand* (BT-Drs. 19/19651, 4), ausweislich der im Januar 2020 plötzlich nur noch 591 „laufende Analysekomplexe" bei/von der FIU gemeldet wurden *("Die vormalige Kategorie ‚in Bearbeitung' wurde ab dem 1. Januar 2020 ersetzt durch die Kategorie ‚Anzahl der laufenden Analysekomplexe'. Diese Zahl beinhaltet nach dem risikobasierten Ansatz in der Sachbearbeitung befindliche Analysen, wobei ein Analysekomplex eine oder mehrere Verdachtsmeldungen/Informationsbausteine betreffen bzw. beinhalten kann.")* drängt angesichts der gegebenen Parameter – ca. 50.000 unbearbeitete Meldungen im September 2019; anhaltend weiter gestiegene Fallzahlen (ab Mitte/Ende 2019 monatlich über 10.000 Meldungen), die zuvor zu kontinuierlich deutlich steigenden Rückstauzahlen geführt hatten; Zahl der täglich etwa für die operative Analyse zur Verfügung stehenden Mitarbeiter; Zahl der Werktage von September 2019 bis Ende Januar 2020; minimale Weiterleitungsquote von Meldungen an Strafverfolgungsbehörden – die Vermutung auf, dass ab Herbst 2019 Meldungen in großem Umfang nach nur höchst oberflächlicher Betrachtung in den Informationspool geschoben worden sein müssen.

Soweit beständig betont wurde, es gäbe bei der FIU keine „unbearbeiteten" **16** Meldungen, sondern alle eingegangenen Meldungen seien *"erstbewertet"* (vgl. ua BT-Drs. 19/2263, 4; BT-Drs. 19/1556, 6; FIU, Stellungnahme v. 4.11.2019 zur öffentlichen Anhörung im Finanzausschuss am 6.11.2019, S. 5) stellt sich die Frage nach der genauen inhaltlichen Bedeutung dieser **„Erstbewertung".** Insbesondere wäre eine bloße Betrachtung des mitgeteilten Sachverhalts ohne Dateiabklärungen (zumal die Zugriffe auf die entscheidenden/erforderlichen Dateien der Länderpolizeien fehlen, vgl. → Rn. 19 sowie → § 31 Rn. 15) bei weitem unzureichend, um von einer „Bearbeitung" sprechen zu können (der Leiter der FIU, *Schulte,* sprach in der 60. Sitzung des Finanzausschusses v. 6.11.2019, Wortprotokoll S. 23, von „erstgesichtet" – angesichts einer bloßen Erstsichtung die Aussage zu treffen *„Darunter befinden sich keine Meldungen mit unmittelbar drohenden Risiken wie Vermögensverschleppung oder Terrorismusfinanzierung."* erscheint wiederum gewagt). Zweifel an einer ausreichenden/qualifizierten Erstbewertung kommen auch angesichts der wiederholten Berichterstattung, dass sensible Sachverhalte (ua zu Terrorismusfinanzierung

Vor Abschnitt 5 Zentralstelle für Finanztransaktionsuntersuchungen

oder Organisierter Kriminalität, s. BT-Drs. 19/2263, 4 mwN) erst mit erheblicher Verzögerung bzw. dass Fristfälle erst nach Fristablauf an Strafverfolgungsbehörden weitergeleitet wurden (ua BT-Drs. 19/9326, 4; Bay. Landtag, Drs. 18/680, 3), was bei verständiger Erstbewertung kaum anzunehmen wäre.

4. Bearbeitungsdauer

17 Bedenklich ist überdies die **durchschnittliche Dauer der Bearbeitungsdauer** von Verdachtsmeldungen. Während diese hinsichtlich *„nicht-priorisierter Fälle"* nach Angabe der FIU mangels belastbarer, hierfür erforderlicher IT-Auswertungen nicht angegeben werden kann (BT-Drs. 19/2263, 4), berichten Verpflichtete wiederholt von teils über einem Jahr nach Meldung erfolgter Kontaktaufnahme durch Strafverfolgungsbehörden, welche die Meldung erst zu dem Zeitpunkt von der FIU weitergeleitet bekommen hatten, und auch Strafverfolgungsbehörden von erheblich verspäteten Weiterleitungen (ua *Tagesschau* v. 9.2.2018 „Zoll bekommt Geldwäsche nicht in den Griff", *BR Recherche/Spiegel* v. 9.8.2018 „Anti-Geldwäscheeinheit ließ eilige Verdachtsmeldungen liegen": *„Das LKA Berlin bestätigte BR Recherche und ‚Spiegel' vorliegende Informationen, wonach die FIU zwei Verdachtsmeldungen vom 29. und 30. Juni 2017 erst ein Jahr später weitergeleitet hat. Besonders heikel: Es ging um Finanztransaktionen, bei denen der Verdacht der Terrorismusfinanzierung im Raum steht. Deswegen waren sie als ‚besonders eilbedürftig' gekennzeichnet. "*).

18 Besonders kritisch ist die verzögerte **Bearbeitung von Verdachtsmeldungen zu angehaltenen Transaktionen (sog. Fristfällen).** Sofern zunächst seitens FIU und (auf deren Angaben beruhend) BMF behauptet wurde, *„sogenannte Fristfälle nach § 46 Abs. 1 Satz 1 Nummer 2 GwG werden je nach Eingangszeit der zugehörigen Verdachtsmeldung nach Angabe der FIU entweder am selben Tag oder spätestens am darauffolgenden Werktag an die jeweils zuständige Strafverfolgungsbehörde übermittelt, damit ggf. durchzuführende strafprozessuale (Sicherungs-)Maßnahmen zeitgerecht angeordnet werden können."* (BT-Drs. 19/2263, 4) und es sei *„in keinem Fall dazu gekommen, dass infolge verspäteter Bearbeitung mögliche inkriminierte Gelder nicht rechtzeitig angehalten werden konnten"* (ua BT-Drs. 19/1556, 5), wurden diese Aussagen in der Folge mehrfach widerlegt und verspätete Weiterleitungen schließlich auch von der Bundesregierung eingeräumt (BT-Drs. 19/15650, 1 mit Verweis auf Ausschussdrucksache des Finanzausschusses des Deutschen Bundestages 19(7)-163); 14. Sitzung des Innenausschusses des Landtags von Nordrhein-Westfalen, Ausschussprotokoll 17/267; BT-Drs. 19/3962, 3; BT-Drs. 19/4421, 4f., BT-Drs. 19/16595, 2f.). Die FIU selbst gab später alleine für die Zeit vom 31.10.2018 bis zum 31.1.2019 insgesamt 17 Fälle an (BT-Drs. 19/9326, 4; in Bay. Landtag, Drs. 18/680, 3, werden 31 entsprechende Fälle nur für Bayern angegeben). Auch in diesem Kontext stellt sich die Frage der Strafvereitelung (im Amt) bzw. Geldwäsche durch Unterlassen (vgl. hierzu näher → § 32 Rn. 3b/c).

5. Fehlende Dateizugriffe

19 Wohl der schwerwiegendste Konstruktionsmangel der Zentralstelle für Finanztransaktionsuntersuchungen ist der **fehlende Zugriff auf die erforderlichen Dateien der Länderpolizeien** (vgl. ua bereits vor der Verlagerung der FIU die Stellungnahme des BDK v. 23.4.2017). Ohne diesen Zugriff ist der FIU eine sichere Bewertung von Verdachtsmeldungen und sonstigen Mitteilungen nach § 30 Abs. 1, dh eine operative Analyse, nicht möglich. Die Annahme der Bundesregierung,

Vorbemerkungen **Vor Abschnitt 5**

durch „*den künftig im Rahmen der Analysearbeit der FIU vorgesehenen Datenabgleich mit Strafverfolgungs-, Finanz- und Verwaltungsinformationen wird auch sichergestellt, dass alle zur umfassenden Bewertung benötigen Erkenntnisquellen herangezogen werden*" (BT-Drs. 18/11928, 26), ist insofern irrig. Der Zugriff der FIU auf Polizeidateien beschränkt sich (aus datenschutzrechtlichen Gründen) auf polizeiliche Verbundanwendungen (vgl. hierzu → § 31 Rn. 14 f.). Die Zentralstelle für Finanztransaktionsuntersuchungen kann von sich aus nicht einmal sicher feststellen, ob gegen eine gemeldete Person bereits ein Ermittlungsverfahren läuft (auch der mittlerweile in § 31 Abs. 4a eingeräumte Zugriff auf das Zentrale Staatsanwaltschaftliche Verfahrensregister lässt hierzu keine verlässliche Aussage zu, vgl. die Ausführungen unter → § 31 Rn. 20b).

Soweit von der Bundesregierung in der Antwort auf eine Kleine Anfrage der Fraktion BÜNDNIS 90/DIE GRÜNEN vom 22.5.2018 (BT-Drs. 19/2263, 7) ausgeführt wurde „*Der ‚lokale' polizeiliche Datenbestand jedes einzelnen Landes war und ist wegen der heterogenen Datenlandschaft bei den Polizeien der Länder zu keinem Zeitpunkt bei einer Behörde, auch beim BKA, nicht zentral verfügbar.*", ist anzumerken, dass die vormalige FIU beim Bundeskriminalamt diesen Zugriff nicht benötigte, da Verdachtsmeldungen von den Verpflichteten direkt an die GFGen der Landeskriminalämter zur unmittelbaren Bearbeitung geschickt wurden, die selbstredend Zugriff auf den „lokalen" polizeilichen Datenbestand hatten. **20**

Obgleich in der Folge sukzessive eingeräumt wurde, dass die vorhandenen Dateizugriffe für die FIU zur Durchführung der operativen Analyse von Verdachtsmeldungen nicht ausreichend und ein Zugriff auf die polizeilichen Datenbestände der Länderpolizeien von zentraler Bedeutung sind („*In der bisherigen Arbeit der FIU hat sich gezeigt, dass die Datenzugriffsbefugnisse der mit Umsetzung der Vierten Geldwäscherichtlinie als administrative Behörde neu errichteten FIU an einzelnen Stellen zu erweitern sind um sicherzustellen, dass die FIU die ihr übertragenen Aufgaben umfassend effektiv wahrnehmen kann. [...] Zugriff auf den ‚lokalen' polizeilichen Datenbestand hat die Zentralstelle daneben nicht. Dies folgt dem Umstand, dass der lokale polizeiliche Datenbestand bislang nicht zentral bei einer Stelle verfügbar gemacht werden kann. Auch dieser Datenbestand ist jedoch insbesondere zur Kenntnis über örtliche Besonderheiten und Erkenntnisse im Rahmen der Analysearbeit der FIU erforderlich.*", BT-Drs. 19/13827, 114), folgten auf die Feststellungen der Bundesregierung auf eine Anfrage des Abgeordneten de Masi ua (BT-Drs. 19/9326, 15), dass ein unmittelbarer Zugriff der FIU auf die den einzelnen Bundesländern gespeicherten polizeilichen Datenbestände „*aus rechtlichen Gründen (Datenhoheit der Länder; Föderalismusprinzip) und technischen Restriktionen (Heterogenität der Datensysteme) gegenwärtig nicht umsetzbar*" ist, keine erkennbaren Konsequenzen. Es wurde gar festgestellt, dass ein automatisierter Zugriff auf den lokalen polizeilichen Datenbestand „*derzeit nicht geplant*" sei (BT-Drs. 19/16595, 8). Es wird nicht nur in ungewöhnlicher Deutlichkeit eingestanden, dass die Zentralstelle für Finanztransaktionsuntersuchungen nicht über die zur operativen Analyse erforderlichen Informationen der Strafverfolgungsbehörden verfügt (und absehbar auch nicht verfügen wird), sondern darüber hinaus irritierend erklärt, dass auch keine Behebung des erkannten Missstandes geplant ist.

Ungeachtet der fachlichen Konsequenzen, dass damit in vielen Fällen Bezüge von Meldungen und Hinweisen nach § 30 Abs. 1 zu Straftätern/Straftaten nicht erkannt werden können und diese Information in der Folge nicht an die Strafverfolgungsbehörden zur Verfolgung oder Verhütung dieser (oder weiterer) Straftaten weitergeleitet werden, steht zu befürchten, dass ein derartiger fehlender Zugriff auf die zur Aufgabenerfüllung erforderlichen Informationen der Strafverfolgungsbehörden von der FATF im Rahmen der Deutschlandprüfung 2021 als Verstoß ge- **21** gen die **FATF-Empfehlung 29**, S. 2, gewertet wird *(" The FIU should be able to obtain additional information from reporting entities, and should have access on a timely basis to the financial, administrative and law enforcement information that it requires to undertake its functions properly. ")*.

6. Filterfunktion

22 Im Kontext der fehlenden Dateizugriffe ist schließlich die als *„zentraler Mehrwert"* der neuen Zentralstelle für Finanztransaktionsuntersuchungen bezeichnete Einrichtung der **Filterfunktion** zu sehen (BT-Drs. 18/11928, 26; in der Gesetzesbegr., BT-Drs. 18/11555, ua dort auf S. 2, 101, 103 und auf S. 3 der Stellungnahme des Nationalen Normenkontrollrates). Nach Anreicherung eines gemeldeten Sachverhalts und einer eigenen Analyse solle die Zentralstelle für Finanztransaktionsuntersuchungen nur bei ausreichenden Tatsachen für Geldwäsche oder Terrorismusfinanzierung den Vorgang an die zuständige öffentliche Stelle steuern. In diesem Zusammenhang ebenfalls naheliegende anderweitige Straftaten würden gleichfalls durch Übermittlung entsprechender Analyseergebnisse den hierfür zuständigen inländischen öffentlichen Stellen übermittelt (zur diesbezüglichen Pflicht der FIU → § 32 Rn. 3). Die Strafverfolgungsbehörden sollen hierdurch entlastet werden, da sie nur noch angereicherte Sachverhalte (die „werthaltigen" Verdachtsmeldungen) erhalten, die vorab von der Zentralstelle für Finanztransaktionsuntersuchungen umfassend analysiert wurden (vgl. BT-Drs. 18/11555, 91 und 100; BT-Drs. 18/11928, 39). In den Fällen, die von der Zentralstelle für Finanztransaktionsuntersuchungen nach operativer Analyse als nicht „wertig" angesehen werden, soll die betreffende Meldung in den **„Informationspool/Datenpool"** genommen werden (war zu Beginn der Arbeitsaufnahme der neuen FIU zunächst von *„Abstandnahmen"* die Rede, wurde die Nichtweiterleitung später als ein Verschieben in das *„Monitoring"* bezeichnet bzw. als Aufnahme in den *„Informationspool"* oder *„Datenpool";* zur Problematik bzw. Löschungsverpflichtungen → § 29 Rn. 10 und → § 32 Rn. 5), dh in die zentrale Datenbank der Zentralstelle für Finanztransaktionsuntersuchungen eingestellt werden, wo sie laufend mit Informationen aus neuen Meldungen und Hinweisen nach § 30 Abs. 1 abgeglichen werden. *„Auf diese Weise wird sichergestellt, dass eine Verdachtsmeldung, die im Zeitpunkt des Abschlusses ihrer Analyse zunächst keine Auffälligkeiten aufwies, in der weiteren Betrachtung durch zusätzliche Informationen zu einem späteren Zeitpunkt zu einer dann „werthaltigen" „erstarken" kann und zur Übermittlung an die zuständige Strafverfolgungsbehörde führt. Darüber hinaus stehen die Meldungen für einzelfallunabhängige Auswertungen im Rahmen der strategischen Analyse der FIU zur Verfügung."* (vgl. FIU, Jahresbericht 2017, S. 10; ebenso FIU, Stellungnahme v. 4.11.2019 zur öffentlichen Anhörung im Finanzausschuss am 6.11.2019, S. 9; zu den diesbezüglichen datenschutzrechtlichen Bedenken → § 32 Rn. 5).

Der Bundesrat hegte *„mit Blick auf das Legalitätsprinzip sowie eine effektive Strafverfolgung und Präventionsarbeit erhebliche Bedenken gegenüber der Filterfunktion, die nach dem Gesetzentwurf der Generalzolldirektion überantwortet werden soll"* und bat darum sicherzustellen, dass auch künftig sämtliche Verdachtsmeldungen die Strafverfolgungsbehörden erreichen (BT-Drs. 18/11928, 19). In seiner Stellungnahme führt er hierzu weiter aus, dass jede Filterung für Folge habe, *„dass originär justizielle Erkenntnisquellen [...] gegebenenfalls keine Anwendung mehr finden können. Es gab in der Vergangenheit jedoch durchaus Fälle, in denen Zusammenhänge mit anderen Verfahren zwar für die Clearingstelle nicht erkennbar waren, infolge der lückenlosen Vorlage von Verdachtsmeldungen bei der Staatsanwaltschaft jedoch aufgedeckt und in der Folge Straftaten aufgeklärt* *werden konnten. [...] Angesichts der Bedeutung des Legalitätsprinzips sowie der mit Verfassungsrang ausgestatteten effektiven Strafverfolgung und Präventionsarbeit liegt es deutlich näher, die abschließende strafrechtliche Beurteilung von Verdachtsmeldungen ausschließlich bei den Staatsanwaltschaften zu belassen."* (BT-Drs. 18/11928, 19f.). Die Bundesregierung wies diese Forderung zurück, ua (irrig) davon ausgehend, dass die Zentralstelle für Finanztransaktionsuntersuchungen *„alle zur umfassenden Bewertung benötigen Erkenntnisquellen"* abgleichen kann (→ Rn. 19ff.).

Eine fachlich fundierte Bewertung, ob eine Meldung an Strafverfolgungsbehörden etc weiterzuleiten ist, kann ersichtlich nicht getroffen werden, wenn die erforderlichen Informationen (mangels Dateizugriffen) nicht vorliegen (vgl. auch *Spiegel-Online* v. 28.9.2018). Es ist insofern letztlich unklar, wie die Zentralstelle für Finanztransaktionsuntersuchungen diese Filterung vornehmen will. Der **Filterprozess** wird nicht offengelegt. Den Jahresberichten der FIU zu den Jahren 2017 und 2018 war zu entnehmen, dass von der FIU im zweiten Halbjahr 2017 34% und in 2018 42% aller Meldungen nicht weitergeleitet wurden (FIU, Jahresbericht 2017, S. 10, Jahresbericht 2018, S. 17), eine Quote, die sich im Jahr 2019 auf bis zu 90 % erhöht haben soll (vgl. *tagesschau.de* vom 9.6.2020 *„Gefahr der Strafvereitelung im Amt"*). Die vormaligen bundesweiten Erfahrungen hatten gezeigt, dass ca. 98% aller gemeldeten Sachverhalte entweder klar erkennbare Straftaten betrafen (ca. ein Drittel aller Verdachtsmeldungen) oder aufgrund tatsächlicher Auffälligkeiten (oder Vorgaben) meldepflichtig waren (vgl. *Handelsblatt* v. 26.4.2017). Die hohe Zahl der Meldungen, die nicht an andere Behörden weitergeleitet wurden, irritiert insofern und ist − auch im Hinblick auf mögliche Strafvereitelung oder Geldwäsche durch Unterlassen vgl. → § 32 Rn. 3b, 3c − höchst kritisch zu sehen. **23**

Die Zentralstelle für Finanztransaktionsuntersuchungen befindet sich damit in einem klassischen **Dilemma.** Verwirklicht sie ihren „zentralen Mehrwert" und setzt sie einen Filter an (Absehen von der Übermittlung des Sachverhalts an andere Behörden), der die versprochene Entlastung der Strafverfolgungsbehörden bewirkt, geht sie ein hohes Risiko ein, Sachverhalte womöglich trotz deliktischer Relevanz nicht an die Strafverfolgungsbehörden weiterzuleiten. Die Folgen wären zB das Nichterkennen von Straftaten, die Vertiefung von Schäden (bspw. bei fortlaufenden Betrugsstraftaten, da Verdachtsmeldungen oft früher erstattet werden als Strafanzeigen durch Geschädigte) oder gar das Nicht-Verhindern terroristischer Anschläge (überdies sind wie geschildert die Grenzen von Strafvereitelung (im Amt) sowie Geldwäsche (durch Unterlassen) zu berücksichtigen, vgl. auch → § 32 Rn. 3b/c). Zu berücksichtigen ist hierbei zudem, dass die Wahrscheinlichkeit des späteren Bekanntwerdens der Nichtweiterleitung als hoch einzuschätzen ist (hatte ein gemeldeter Sachverhalt doch einen kriminellen Hintergrund und wird bspw. aufgrund von Strafanzeigen Geschädigter ein strafrechtliches Ermittlungsverfahren eingeleitet, würden über staatsanwaltschaftliche Auskunftsersuchen an Kreditinstitute von dort zuvor erstattete Verdachtsmeldungen zu dem Sachverhalt bereits aus Selbstschutz der Institute mitgeteilt werden, zudem sollen die Strafverfolgungsbehörden gemäß § 32 Abs. 4 unmittelbaren (automatisierten) Zugriff auf alle bei der Zentralstelle für Finanztransaktionsuntersuchungen gespeicherten Verdachtsmeldungen (auch solche, die zunächst nicht weitergegeben wurden) erhalten, vgl. BT-Drs. 18/11928, 26). Minimiert sie alternativ diese Risiken und leitet einen sehr hohen Prozentsatz aller eingehenden Hinweise weiter, gibt sie ihren „zentralen Mehrwert" preis. **24**

Vor Abschnitt 5 Zentralstelle für Finanztransaktionsuntersuchungen

7. Kritik an der Arbeitsqualität

25   Diversen Presseveröffentlichungen und Parlamentsdrucksachen (ua BT-Drs. 19/10218, 12; Drs. 19/1958 der Bremischen Bürgerschaft; Drs. 18/2092 des Niedersächsischen Landtags; Drs. 20/72 des Hessischen Landtags, S. 2; Drs. 7/4105 des Landtags Sachsen-Anhalt, S. 5) ist auch teils ungewöhnlich deutliche **Kritik von Strafverfolgungsbehörden an der Arbeitsqualität der FIU** zu entnehmen. So zitiert bspw. *Spiegel-Online* unter Verweis auf eine Stellungnahme des LKA Thüringen zu einer nicht-öffentlichen Sitzung des Finanzausschusses des Bundestags am 21.3.2018 „Fahnder aus Erfurt" mit den Worten *„Die Qualität der von der FIU verfertigten Analyseberichte sei ‚mangelhaft'"*, *„In den Berichten würden ‚ausschließlich vorformulierte Textbausteine' verwendet, die nichts mit der Bewertung und deren Ergebnis im Sinne einer Sachverhaltsanalyse zu tun haben"* (20.3.2018, „LKA empört über Geldwäsche-Einheit des Zolls"). Ähnlich drastisch ist das Zitat eines Mitarbeiters eines angeblich norddeutschen LKAs *„Auch der Bericht der sogenannten Financial Intelligence Unit (FIU) im Zoll, den sie in diesem eiligen Fall nach Wochen endlich erhalten hätten, sei voller Schreibfehler, unvollständiger Sätze und inhaltlicher Ungereimtheiten gewesen. In Schulnoten ausgedrückt sagt das LKA über den Zoll: sechs, setzen!"*, das auf Spiegel-Online am 9.8.2018 veröffentlicht wurde („Geldwäsche-Spezialeinheit – Die unerträgliche Langsamkeit des Zolls").

Zurückhaltender formuliert, aber dennoch in der Aussage klar, ist die Antwort des Bayerischen Staatsministeriums des Innern vom 14.2.2020 auf eine schriftliche Anfrage von Abgeordneten von BÜNDNIS 90/DIE GRÜNEN (Bay. Landtag, LT-Drs. 18/4494, 2): *„Im Rahmen der Vorgangsbearbeitung werden von der GFG Bayern die Recherchen in den relevanten Landes- und Bundesanwendungen grundsätzlich erneut durchgeführt, um die Bearbeitung mit aktuellsten Daten sicherzustellen."*.

8. Ergänzende Anmerkungen

26   Der einmalige Erfüllungsaufwand der Verwaltung, der sich durch die Neuorganisation der Zentralstelle für Finanztransaktionsuntersuchungen bei der Generalzolldirektion ergibt, war von der Bundesregierung auf 15,3 Millionen Euro geschätzt worden (vgl. BT-Drs. 18/11555, 3, 182, 185). Die tatsächlichen (einmaligen sowie laufenden) **Kosten für die FIU-Verlagerung** werden die seitens der Bundesregierung veranschlagten Beträge weit übersteigen und dürften in einigen Jahren vom Bundesrechnungshof retrograd geprüft werden (alleine die Unterbringungskosten für nunmehr geplant 475 statt zunächst 165 Arbeitskräfte bedeuten erhebliche Mehrkosten).

Die im vom **Bundesrechnungshof** im Bericht an den Haushaltsausschuss des Deutschen Bundestages nach § 88 Abs. 2 BHO vom 21.9.2018 angekündigte Prüfung der FIU beschränkte sich auf drei vom Bundesrechnungshof festgestellte Schwächen: den ursprünglich zu niedrig angesetzten Personalbedarf, die informationstechnischen Probleme und die Qualität der durch die FIU weitergeleiteten Meldungen (aaO, S. 13). Bis zum Redaktionsschluss dieser Auflage war der ursprünglich für Herbst 2019 zur Veröffentlichung angekündigte Prüfbericht noch nicht publiziert.

27   Die vom Gesetzgeber aufgrund der neu ausgerichteten Tätigkeit der Zentralstelle für Finanztransaktionsuntersuchungen darüber hinaus prognostizierten **steuerlichen Mehreinnahmen** bei Bund und Ländern und die erwartete **Erhöhung der Sicherstellungszahlen** (BT-Drs. 18/11555, 91 ff. und 100), werden nicht eintre-

ten. Woher die Mehreinnahmen und die Erhöhung der Sicherstellungszahlen kommen sollen, erschließt sich bereits angesichts des Filterungsprozesses, der die Zahl der an die Strafverfolgungsbehörden weitergeleiteten Sachverhalte deutlich reduziert, nicht. Eine retrograde Überprüfung dieser Ankündigungen dürfte insofern ernüchternd ausfallen. Zur Höhe der steuerlichen Mindereinnahmen, *„die aufgrund von Missständen in der FIU seit dem 26. Juni 2017 entstanden"* sind, lagen der Bundesregierung ausweislich der Antwort vom 17.1.2020 auf eine Anfrage der FDP-Fraktion keine Erkenntnisse vor (BT-Drs. 19/16595, 5).

9. Fazit

Die bisherige **Bilanz der Zentralstelle für Finanztransaktionsuntersu-** 28
chungen fällt wenig positiv aus. Die Zustände wurden bisweilen drastisch als *„sicherheitspolitische Katastrophe"* bezeichnet, die Geldwäschebekämpfung in Deutschland sei *„nahezu komplett vor die Wand gefahren worden"* (so der Vorsitzende des Bundes Deutscher Kriminalbeamter, *Fiedler,* Spiegel-Online v. 12.12.2017), die bei der Konzeption der FIU gemachten Fehler hätten zu einem nun deutlich erkennbaren *„Scherbenhaufen"* geführt (GdP, Bezirksgruppe Zoll, v. 16.1.2018, Online-Ausgabe 6169), *„Genau genommen, ist die FIU die größte Strafvereitelungsorganisation, die es in der Bundesrepublik je gab"* (*Fiedler,* Schwäbische Post v. 30.11.2019). Auch die (ihrerseits nicht unumstrittene) zollinterne Evaluation durch die sog. „Bescheinigende Stelle" vom 11.12.2018 äußerte in Teilen deutliche Kritik (bspw., dass die FIU in zahlreichen der stichprobenartig geprüften Fälle von ihren selbstgesetzten Analysestandards abgewichen sei, BT-Drs. 19/9326, 7). Sie konnte insbesondere die Zweifel nicht ausräumen, *„dass die FIU über alle strukturellen, gesetzlichen und organisatorischen Kompetenzen verfügt, um die ihr übertragenen Aufgaben und die im Kampf gegen Geldwäsche und Terrorismusfinanzierung notwendigen Analysen in einer angemessenen und international vergleichbaren Qualität ausführen zu können"* (BT-Drs. 19/10218, 12).

Die geschilderte Dysfunktionalität der Zentralstelle für Finanztransaktionsuntersuchungen ist in hohem Maße bedenklich. Sie führt zu Demotivation auf Seiten von Verpflichteten, Aufsichts- und Strafverfolgungsbehörden und zu einer erheblichen Schwächung der Bekämpfung von Geldwäsche und Terrorismusfinanzierung in Deutschland. Darüber hinaus steht zu befürchten, dass auch zahlreiche sonstige Straftaten nicht mehr verhindert und/oder verfolgt werden können und Vermögensabschöpfungsmaßnahmen erschwert werden.

Ein **Vergleich der statistischen Entwicklungen** der Zahl der Verdachtsmel- 29
dungen von 2009 bis 2018 und der Zahl der erledigten Ermittlungsverfahren wegen Geldwäsche (§ 261 StGB) lässt negative Folgen der Verlagerung und Neustrukturierung der FIU erkennen: Während sich die Zahlen in beiden Bereichen in dem Zeitraum von 2009 bis 2016 etwas bzw. deutlich mehr als vervierfacht hatten (Verdachtsmeldungen von 9.756 auf 45.597, erledigte Ermittlungsverfahren von 11.218 auf 45.504), ist die Zahl der erledigten Ermittlungsverfahren von 2016 bis 2018 trotz erheblich gestiegener Verdachtsmeldezahlen (77.252, +69%) deutlich eingebrochen (37.536, –18%; s. BT-Drs. 19/16464, 11; FIU, Jahresbericht 2018, S. 13). Auch die Zahl der in den FIU-Jahresberichten aufgeführten, rückgemeldeten Urteile (2017: 127, 2018: 72), Strafbefehle (2017: 257, 2018: 130) und Anklageschriften (2017: 90, 2018: 73) ist um bis zu knapp 50% zurückgegangen (vgl. zu den Statistiken ausführlich auch die Vorb. zu Abschnitt 6).

Im Kontext der **FATF-Prüfung Deutschlands 2020/2021** dürfte die FIU in 30
Anbetracht der vorstehend skizzierten Umstände und Entwicklungen zu den kri-

tischsten Punkten zu zählen sein. Perspektivisch dürften Diskussionen über die Erforderlichkeit einer **grundlegenden Neukonzeption** der Zentralstelle für Finanztransaktionsuntersuchungen zunehmend an Raum gewinnen.

IV. Europäische Entwicklungen

31 Dem Bericht des Europäischen Parlaments über den **Vorschlag für eine Änderungsrichtlinie** zur 4. EU-Geldwäscherichtlinie (COM(2016)0450 – C8–0265/2016 – 2016/0208(COD)) vom 9.3.2017 war in Erwägung 13a bereits die Idee einer **europäischen zentralen Meldestelle** zu entnehmen, mit welcher die derzeitigen Schwierigkeiten bei der Zusammenarbeit der nationalen zentralen Meldestellen überwunden werden sollten. Die europäische zentrale Meldestelle sollte die Mitgliedstaaten insbesondere bei der Pflege und Entwicklung der technischen Infrastruktur zur Sicherstellung des Informationsaustauschs fördern, sie bei der gemeinsamen Analyse von grenzüberschreitenden Fällen und bei der strategischen Analyse unterstützen und die Arbeit der zentralen Meldestellen der Mitgliedstaaten bei grenzüberschreitenden Fällen koordinieren. Der Vorschlag wurde letztlich (zunächst) nicht übernommen.

32 Der **Bericht der Kommission an das Europäische Parlament und den Rat vom 24.7.2019** über die Bewertung des Rahmens für die Zusammenarbeit zwischen den zentralen Meldestellen für Geldwäsche-Verdachtsanzeigen (FIU) (COM (2019) 371 final, S. 6) griff den Gedanken indessen wieder auf, ausgehend von dem Umstand, dass viele Meldungen Transaktionen oder Tätigkeiten betreffen, die mit zwei oder mehr Mitgliedstaaten im Zusammenhang stehen, und Verpflichtete, die in mehreren Mitgliedstaaten ihre Dienste anbieten, entsprechend belasten. Zudem würde mit einer solchen einzigen Kontaktstelle bei den einzelnen zentralen Meldestellen ein hohes Aufkommen an Meldungen mit grenzüberschreitendem Bezug und Weiterleitungen an andere zentrale Meldestellen vermieden, da die einzige Kontaktstelle die Weitergabe der Meldungen an die betreffenden FIU übernehmen würde. Eine Abfrage zu dieser Idee stieß bei Verpflichteten, va aber bei den befragten zentralen Meldestellen und Regulierungsbehörden tendenziell auf Ablehnung. Als Hauptgründe wurden genannt: (i) Sprachbarrieren und die Gefahr von Verzögerungen, insbesondere bei dringendem Handlungsbedarf (zB „Einfrieren" von Geldern), (ii) rechtliche Gründe im Zusammenhang mit dem Subsidiaritätsprinzip, dem möglichen Widerspruch zu den Standards der Arbeitsgruppe „Bekämpfung der Geldwäsche und der Terrorismusfinanzierung" in Bezug auf die für die Verpflichteten geltende Pflicht zur Einreichung von Meldungen an die zentrale Meldestelle desjenigen Mitgliedstaats, in dem sie niedergelassen sind, und dem Grundsatz der Autonomie und Unabhängigkeit der zentralen Meldestellen, sowie (iii) die mögliche Untergrabung des bestehenden Vertrauens, das die zentralen Meldestellen mit in ihrem Hoheitsgebiet niedergelassenen Verpflichteten aufgebaut haben, und die Zusammenarbeit zwischen den zentralen Meldestellen der Mitgliedstaaten.

33 In der Mitteilung der Kommission zu einem **Aktionsplan für eine umfassende Politik der Union zur Verhinderung von Geldwäsche und Terrorismusfinanzierung** (2020/C 164/06, ABl. 2020 C 164, 21) wird als eine von hierfür aufzubauenden sechs Säulen die *„Einrichtung eines Unterstützungs- und Kooperationsmechanismus für die zentralen Meldestellen"* genannt, ohne konkretere Hinweise zu geben, wie dieser aussehen soll. Detaillierte Vorschläge sollen in einem Bericht im 1. Quartal 2021 vorgelegt werden.

Abschnitt 5. Zentralstelle für Finanztransaktionsuntersuchungen

§ 27 Zentrale Meldestelle

(1) **Zentrale Meldestelle zur Verhinderung, Aufdeckung und Unterstützung bei der Bekämpfung von Geldwäsche und Terrorismusfinanzierung nach Artikel 32 Absatz 1 der Richtlinie (EU) 2015/849 ist die Zentralstelle für Finanztransaktionsuntersuchungen.**

(2) **Die Zentralstelle für Finanztransaktionsuntersuchungen ist organisatorisch eigenständig und arbeitet im Rahmen ihrer Aufgaben und Befugnisse fachlich unabhängig.**

Literatur: *Diergarten/Barreto da Rosa*, Praxiswissen Geldwäscheprävention, 2015, zit.: *Bearbeiter* in Diergarten/Barreto da Rosa

Übersicht

	Rn.
I. Allgemeines	1
II. Die Zentralstelle für Finanztransaktionsuntersuchungen als zentrale Meldestelle (Abs. 1)	5
III. Eigenständigkeit und Unabhängigkeit der Zentralstelle für Finanztransaktionsuntersuchungen (Abs. 2)	6

I. Allgemeines

§ 27 knüpft unmittelbar an **Art. 32 Abs. 1 der 4. EU-Geldwäscherichtlinie** 1 an, demzufolge jeder Mitgliedstaat eine zentrale Meldestelle zur Verhinderung, Aufdeckung und wirksamen Bekämpfung der Geldwäsche und der Terrorismusfinanzierung einzurichten hat, die als nationale Zentralstelle fungiert, diesbezügliche Informationen entgegennimmt, analysiert und sie an die zuständigen Behörden weitergibt. Für Deutschland neu ist insbesondere die aus Art. 32 Abs. 7 der 4. EU-Geldwäscherichtlinie abgeleitete Befugnis der Zentralstelle für Finanztransaktionsuntersuchungen, im Falle des Verdachts, dass eine Transaktion mit Geldwäsche oder Terrorismusfinanzierung zusammenhängt, und auch auf Ersuchen anderer zentraler Meldestellen unmittelbar oder mittelbar Sofortmaßnahmen ergreifen zu können, um die Zustimmung zu einer laufenden Transaktion zu versagen oder auszusetzen, damit sie die Transaktion analysieren, dem Verdacht nachgehen und die Ergebnisse der Analyse an die zuständigen Behörden weitergeben kann (vgl. § 40).

Erwägung 13 der **Richtlinie (EU) 2018/843 zur Änderung der 4. EU-** 2 **Geldwäscherichtlinie** betont, dass die bestehenden erhebliche Unterschiede zwischen den zentralen Meldestellen in Bezug auf ihre Aufgaben, Zuständigkeiten und Befugnisse ihre Tätigkeit nicht beeinträchtigen dürfen, insbesondere nicht ihre Fähigkeit, präventive Analysen durchzuführen, um die für die Sammlung und Auswertung sachdienlicher Erkenntnisse zuständigen Behörden, die Ermittlungs- und Justizbehörden und die internationale Zusammenarbeit zu unterstützen. Die zentralen Meldestellen müssen auf Informationen zugreifen und diese ungehindert untereinander austauschen können, auch im Rahmen einer entsprechenden Zusammenarbeit mit Strafverfolgungsbehörden. In allen Fällen, in denen Verdacht auf Vorliegen einer Straftat und insbesondere ein Zusammenhang mit der Terrorismusfinanzierung besteht, sollten Informationen unmittelbar und ohne unnötige Verzögerungen weitergegeben werden können.

3 Eine **Definition der zentralen Meldestelle** findet sich in Art. 1 f) des Übereinkommens des Europarats (Nr. 198) vom 16.5.2005 über Geldwäsche sowie Ermittlung, Beschlagnahme und Einziehung von Erträgen aus Straftaten und über die Finanzierung des Terrorismus, dem die Bundesrepublik Deutschland durch Gesetz vom 19.12.2016 (BGBl. 2016 II S. 1370) zugestimmt hat (vgl. hierzu BT-Drs. 18/9235). Demzufolge bezeichnet der Ausdruck *„zentrale Meldestelle (FIU)"* (Financial Intelligence Unit) im Sinne dieses Übereinkommens *„eine zentrale nationale Stelle, die für die Entgegennahme (und, soweit zulässig, die Anforderung) und Analyse von offengelegten Finanzinformationen sowie ihre Weiterleitung an die zuständigen Behörden verantwortlich ist, i) die verdächtige Erträge oder eine mögliche Finanzierung des Terrorismus betreffen oder ii) die nach den innerstaatlichen Gesetzen oder sonstigen Vorschriften vorgeschrieben sind, um die Geldwäsche und die Finanzierung des Terrorismus zu bekämpfen".* Das Übereinkommen ist für die Bundesrepublik Deutschland am 1.10.2017 in Kraft getreten (vgl. Bekanntmachung über das Inkrafttreten des Übereinkommens des Europarats über Geldwäsche sowie Ermittlung, Beschlagnahme und Einziehung von Erträgen aus Straftaten und über die Finanzierung des Terrorismus v. 18.8.2017, BGBl. 2017 II S. 1244). Durch die Bekanntmachung zum Übereinkommen des Europarats über Geldwäsche sowie Ermittlung, Beschlagnahme und Einziehung von Erträgen aus Straftaten und über die Finanzierung des Terrorismus vom 22.9.2017 (BGBl. 2017 II S. 1310) wurde die Zentralstelle für Finanztransaktionsuntersuchungen ab dem 1.7.2017 als zentrale Meldestelle Deutschlands im Sinne des Übereinkommens (vgl. dort insbes. Art. 12) benannt.

4 Die FIU ist – entsprechend der Empfehlung in lit. G der Interpretive Note zur FATF-Empfehlung 29 – **Mitglied der Egmont-Group,** einer weltweiten Vereinigung von FIUs mit 164 Mitgliedsbehörden (Stand 05/2020).

II. Die Zentralstelle für Finanztransaktionsuntersuchungen als zentrale Meldestelle (Abs. 1)

5 Abs. 1 bezieht sich ausdrücklich auf **Art. 32 Abs. 1 der 4. EU-Geldwäscherichtlinie** *(„Jeder Mitgliedstaat richtet eine zentrale Meldestelle zur Verhinderung, Aufdeckung und wirksamen Bekämpfung der Geldwäsche und der Terrorismusfinanzierung ein").* Die Zentralstelle für Finanztransaktionsuntersuchungen nimmt danach für Deutschland die Aufgaben der zentralen Meldestelle im Sinne der 4. EU-Geldwäscherichtlinie wahr (eine entsprechende Vorschrift fand sich zuvor bereits in § 10 Abs. 2 S. 2 GwG idF bis zum 26.6.2017). Während vormals die Zweckbestimmung *„Verhütung und Verfolgung der Geldwäsche und der Terrorismusfinanzierung"* lautete (vgl. § 10 Abs. 1 S. 1 GwG aF), entspricht der neugewählte Wortlaut *„Zentrale Meldestelle zur Verhinderung, Aufdeckung und Unterstützung bei der Bekämpfung von Geldwäsche und Terrorismusfinanzierung"* weitgehend der Formulierung von Art. 32 Abs. 1 der 4. EU-Geldwäscherichtlinie, ohne dass hierdurch eine Änderung in der Sache bezweckt ist (BT-Drs. 18/11555, 136).

III. Eigenständigkeit und Unabhängigkeit der Zentralstelle für Finanztransaktionsuntersuchungen (Abs. 2)

Abs. 2 übernimmt weitgehend den Wortlaut von Art. 32 Abs. 3 S. 1 der 4. EU- 6
Geldwäscherichtlinie. Aus diesen Vorgaben resultiert auch § 28 Abs. 2 GwG, dem zufolge sie in ihren wesentlichen Aufgabenbereichen, nämlich der Entgegennahme und Sammlung von Meldungen, der Durchführung von operativen Analysen einschließlich der Bewertung von Meldungen und sonstigen Informationen und Weitergabe des Ergebnisses dieser Analyse an die zuständigen inländischen öffentlichen Stellen sowie die Ergreifung von Sofortmaßnahmen nach § 40 **nur der Rechtsaufsicht durch das Bundesministerium der Finanzen unterliegt.**

Ausweislich der Gesetzesbegründung wurde die Zentralstelle für Finanztransak- 7
tionsuntersuchungen **innerhalb des Zollkriminalamts** errichtet, um ihre Unabhängigkeit und Selbständigkeit auch im Behördenaufbau widerzuspiegeln (BT-Drs. 18/11555, 168). Das Zollkriminalamt ist als Direktion in die Generalzolldirektion integriert. Die Zentralstelle für Finanztransaktionsuntersuchungen sei laut Gesetzgeber allerdings keine eigenständige Behörde im organisationsrechtlichen Sinne, sondern eine selbständige, funktionale Einheit mit eigenen gesetzlichen Befugnissen und damit eine Behörde im funktionalen/verwaltungsverfahrensrechtlichen Sinne (dh Behörde mit eigener Rechtspersönlichkeit innerhalb der Behörde Generalzolldirektion) mit organisatorischer Anbindung an die Generalzolldirektion (vgl. § 5a Abs. 2, Abs. 3 Finanzverwaltungsgesetz). Die Integration in das Zollkriminalamt (und damit der Verzicht, die Zentralstelle für Finanztransaktionsuntersuchungen als eigene Direktion in die Generalzolldirektion zu errichten) würde vor allem haushälterische Überlegungen berücksichtigen. Zusätzlich könne die Zentralstelle für Finanztransaktionsuntersuchungen auf diese Weise für besonders sensible Analysen, zB im Bereich der Terrorismusfinanzierung, bei Bedarf die Sicherheitsinfrastruktur des Zollkriminalamtes nutzen (BT-Drs. 18/11555, 169).

Im **Gesetzgebungsverfahren** wurde diesbezüglich die Frage aufgeworfen, wie eine organisatorische Eigenständigkeit und fachliche Unabhängigkeit mit einem behördlichen Unterstellungsverhältnis und einer Rechtsaufsicht durch eine vorgesetzte Behörde vereinen lasse (GdP, Bezirksgruppe Zoll, Schreiben v. 14.3.2017 an den Finanzausschuss des Bundestags, S. 3). Diese Regelungen seien auch im Hinblick auf zu erwartende Rechtsbehelfsverfahren gegen Verwaltungsakte der Zentralstelle für Finanztransaktionsuntersuchungen und die ggf. möglichen Klagen und Geltendmachung von Ansprüchen sowie unter Gesichtspunkten des Datenschutzes und der strategischen Ausrichtung als Gefahrenabwehrbehörde unbefriedigend. Bereits die Integration des Zollkriminalamts in die Generalzolldirektion war von der GdP, Bezirksgruppe Zoll (Schreiben v. 14.3.2017 an den Finanzausschuss des Bundestags, S. 6) als „*grundlegender strategischer Fehler in der Behördenorganisation*" bzw. „*struktureller Systemfehler der Aufbauorganisation*" bezeichnet worden, was nun durch die Integration der Zentralstelle für Finanztransaktionsuntersuchungen in das Zollkriminalamt noch fragwürdiger werde. Diese Konstruktion als „***Behörde (Zentralstelle) innerhalb einer Behörde (Zollkriminalamt) innerhalb einer Behörde (Generalzolldirektion)***" erinnere sehr an die Matrjoschka (GdP, Bezirksgruppe Zoll, Schreiben v. 14.3.2017 an den Finanzausschuss des Bundestags, S. 5).

Die Differenzierung in § 28 Abs. 2 hinsichtlich der Rechts- bzw. Fachaufsicht 8
durch das BMF lässt zwar einerseits eine gewisse Zurückhaltung seitens des Gesetz-

gebers im Hinblick auf Einflussnahme(möglichkeiten) gegenüber der FIU erkennen, ob dies indessen den Anforderungen an die verlangte Unabhängigkeit der Zentralstelle für Finanztransaktionsuntersuchungen genügt, mag bezweifelt werden und dürfte auch von der FATF im Rahmen der Deutschland-Evaluation 2020/2021 näher geprüft werden. Die Ausführungen im Urteil des *EuGH* vom 27.5.2019 (C-508/18, C-82/19 PPU (OG und PI), BeckRS 2019, 9722) zur (verneinten) Unabhängigkeit deutscher Staatsanwaltschaften könnten in diese Bewertung mit einfließen.

§ 28 Aufgaben, Aufsicht und Zusammenarbeit

(1) Die Zentralstelle für Finanztransaktionsuntersuchungen hat die Aufgabe der Erhebung und Analyse von Informationen im Zusammenhang mit Geldwäsche oder Terrorismusfinanzierung und der Weitergabe dieser Informationen an die zuständigen inländischen öffentlichen Stellen zum Zwecke der Aufklärung, Verhinderung oder Verfolgung solcher Taten. Ihr obliegen in diesem Zusammenhang:
1. die Entgegennahme und Sammlung von Meldungen nach diesem Gesetz,
2. die Durchführung von operativen Analysen einschließlich der Bewertung von Meldungen und sonstigen Informationen,
3. der Informationsaustausch und die Koordinierung mit inländischen Aufsichtsbehörden,
4. die Zusammenarbeit und der Informationsaustausch mit zentralen Meldestellen anderer Staaten,
5. die Untersagung von Transaktionen und die Anordnung von sonstigen Sofortmaßnahmen,
6. die Übermittlung der sie betreffenden Ergebnisse der operativen Analyse nach Nummer 2 und zusätzlicher relevanter Informationen an die zuständigen inländischen öffentlichen Stellen,
7. die Rückmeldung an den Verpflichteten, der eine Meldung nach § 43 Absatz 1 abgegeben hat,
8. die Durchführung von strategischen Analysen und Erstellung von Berichten aufgrund dieser Analysen,
9. der Austauschmit den Verpflichteten sowie mit den inländischen Aufsichtsbehörden und für die Aufklärung, Verhinderung oder Verfolgung der Geldwäsche und der Terrorismusfinanzierung zuständigen inländischen öffentlichen Stellen insbesondere über entsprechende Typologien und Methoden,
10. die Erstellung von Statistiken zu den in Artikel 44 Absatz 2 der Richtlinie (EU) 2015/849 genannten Zahlen und Angaben und die Veröffentlichung einer konsolidierten Statistik auf Jahresbasis in einem Jahresbericht,
11. die Veröffentlichung eines Jahresberichts über die erfolgten operativen Analysen,
12. die Teilnahme an Treffen nationaler und internationaler Arbeitsgruppen und
13. die Wahrnehmung der Aufgaben, die ihr darüber hinaus nach anderen Bestimmungen übertragen worden sind.

§ 28

(2) **Die Zentralstelle für Finanztransaktionsuntersuchungen untersteht der Aufsicht des Bundesministeriums der Finanzen, die sich in den Fällen des Absatzes 1 Nummer 1, 2, 5 und 6 auf die Rechtsaufsicht beschränkt.**

(3) **Die Zentralstelle für Finanztransaktionsuntersuchungen sowie die sonstigen für die Aufklärung, Verhütung und Verfolgung der Geldwäsche, Terrorismusfinanzierung und sonstiger Straftaten sowie die zur Gefahrenabwehr zuständigen inländischen öffentlichen Stellen und die inländischen Aufsichtsbehörden arbeiten zur Durchführung dieses Gesetzes zusammen und unterstützen sich gegenseitig.**

(4) **Die Zentralstelle für Finanztransaktionsuntersuchungen informiert, soweit erforderlich, die für das Besteuerungsverfahren oder den Schutz der sozialen Sicherungssysteme zuständigen Behörden über Sachverhalte, die ihr bei der Wahrnehmung ihrer Aufgaben bekannt werden und die sie nicht an eine andere zuständige staatliche Stelle übermittelt hat.**

Literatur: *Jarras/Pieroth*, GG, 14. Aufl. 2016; *Kühling/Buchner*, DS-GVO BDSG, 2. Aufl. 2018, zit.: *Bearbeiter* in Kühling/Buchner; *Schenke*, Polizei- und Ordnungsrecht, 10. Aufl. 2018

Übersicht

	Rn.
I. Allgemeines	1
II. Aufgaben der Zentralstelle für Finanztransaktionsuntersuchungen (Abs. 1)	2
Nr. 1: Entgegennahme und Sammlung von Meldungen nach diesem Gesetz	3
Nr. 2: Durchführung von operativen Analysen einschließlich der Bewertung von Meldungen und sonstigen Informationen,	4
Nr. 3: Informationsaustausch und die Koordinierung mit inländischen Aufsichtsbehörden	7
Nr. 4: Zusammenarbeit und Informationsaustausch mit zentralen Meldestellen anderer Staaten	10
Nr. 5: Untersagung von Transaktionen und Anordnung von sonstigen Sofortmaßnahmen	11
Nr. 6: Übermittlung der sie betreffenden Ergebnisse der operativen Analyse nach Nummer 2 und zusätzlicher relevanter Informationen an die zuständigen inländischen öffentlichen Stellen	12
Nr. 7: Rückmeldung an den Verpflichteten, der eine Meldung nach § 43 Abs. 1 abgegeben hat	14
Nr. 8: Durchführung von strategischen Analysen und Erstellung von Berichten aufgrund dieser Analysen	15
Nr. 9: Austausch mit den Verpflichteten sowie mit den inländischen Aufsichtsbehörden und für die Aufklärung, Verhinderung oder Verfolgung der Geldwäsche und der Terrorismusfinanzierung zuständigen inländischen öffentlichen Stellen insbesondere über entsprechende Typologien und Methoden	18
Nr. 10: Erstellung von Statistiken zu den in Artikel 44 Abs. 2 der Richtlinie (EU) 2015/849 genannten Zahlen und Angaben	19
Nr. 11: Veröffentlichung eines Jahresberichts über die erfolgten operativen Analysen	20

	Rn.
Nr. 12: Teilnahme an Treffen nationaler und internationaler Arbeitsgruppen	21
Nr. 13: Wahrnehmung weiterer übertragener Aufgaben	22
III. Aufsicht über die Zentralstelle für Finanztransaktionsuntersuchungen (Abs. 2)	23
IV. Zusammenarbeit mit den zuständigen inländischen Behörden (Abs. 3)	24
V. Information der für das Besteuerungsverfahren oder den Schutz der sozialen Sicherungssysteme zuständigen Behörden (Abs. 4)	27

I. Allgemeines

1 § 28 listet in Abs. 1 die Aufgaben der Zentralstelle für Finanztransaktionsuntersuchungen auf und legt in Abs. 2 den Umfang der Aufsicht durch das Bundesministerium der Finanzen fest. Die den Aufgaben entsprechenden Befugnisse und Verpflichtungen der Behörde werden in den folgenden §§ 29–42 geregelt. Rechtstechnisch gesehen handelt es sich bei § 28 Abs. 1 um eine Aufgabenzuweisungsnorm, auch wenn die Gesetzesbegründung in § 28 nur eine Beschreibung der Aufgaben der Zentralstelle für Finanztransaktionsuntersuchungen sieht (BT-Drs. 18/11555, 136). Derartige Aufgabenzuweisungsnormen weisen dem Adressaten abstrakt bestimmte Aufgaben zu, ohne jedoch selbst als Ermächtigungsgrundlage für konkrete Eingriffe dienen zu können. Nach dem aus Art. 20 Abs. 3 GG hergeleiteten Grundsatz des Vorbehalts des Gesetzes bedürfen für den Bürger belastende Maßnahmen grundsätzlich einer hinreichend bestimmten Ermächtigungsgrundlage (vgl. hierzu nur *Jarass/Pieroth* Art. 20 Rn. 69ff.). Auf eine Aufgabenzuweisungsnorm lassen sich dementsprechend nur solche Maßnahmen stützen, die keinen Eingriff in die Rechtssphäre des einzelnen Bürgers begründen. Für belastende Maßnahmen bedarf es einer zusätzlichen Ermächtigungsgrundlage, die neben die Aufgabenzuweisung tritt und die gemäß dem Prinzip des Gesetzesvorbehalts die möglichen Eingriffe nach Inhalt, Zweck und Ausmaß hinreichend bestimmen muss (vgl. auch *Schenke* PolR § 3 Rn. 36f.). Die Regelung des § 28 Abs. 1 legt also vor diesem Hintergrund lediglich die verpflichtende Aufgabe der Zentralstelle für Finanztransaktionsuntersuchungen fest, Informationen im Zusammenhang mit Geldwäsche oder Terrorismusfinanzierung zu erheben, zu analysieren und diese Informationen an die zuständigen inländischen öffentlichen Stellen zum Zwecke der Aufklärung, Verhinderung oder Verfolgung solcher Taten weiterzugeben, und stattet sie nicht mit eigenständigen Eingriffsbefugnissen aus.

Durch Ziffer 24 des Gesetzes zur Umsetzung der Änderungsrichtlinie zur 4. EU-Geldwäscherichtlinie (BT-Drs. 19/13827, 25), wurde § 28 Abs. 1 S. 2 Nr. 10 geringfügig geändert (näher hierzu → Rn. 19a).

1a In der Mitteilung der Kommission zu einem **Aktionsplan für eine umfassende Politik der Union zur Verhinderung von Geldwäsche und Terrorismusfinanzierung** (2020/C 164/06, ABl. 2020 C 164, 21) schlägt die Kommission vor, Teile der Geldwäscherichtlinie in unmittelbar anwendbare Bestimmungen einer Verordnung umzuwandeln. Besondere Aufmerksamkeit sollte der Wirksamkeit des Systems gelten, indem auch die Aufgaben der zentralen Meldestellen detaillierter geregelt werden (ABl. 2020 C 164, 24). Dies wird Auswirkungen auch auf die §§ 28ff. GwG haben.

II. Aufgaben der Zentralstelle für Finanztransaktionsuntersuchungen (Abs. 1)

Die in Abs. 1 S. 1 genannte wesentliche Aufgabe, Informationen im Zusammen- 2
hang mit Geldwäsche oder Terrorismusfinanzierung zu erheben, zu analysieren und
diese Informationen an die zuständigen inländischen öffentlichen Stellen zum
Zwecke der Aufklärung, Verhinderung oder Verfolgung solcher Taten weiterzugeben, wird durch die (abschließende) enumerative Auflistung in Abs. 1 S. 2 konkretisiert.

Nr. 1: Entgegennahme und Sammlung von Meldungen nach diesem Gesetz

Nr. 1 beschreibt den ersten Schritt der Tätigkeit der Zentralstelle für Finanz- 3
transaktionsuntersuchungen, welcher zugleich Grundlage nahezu sämtlicher weiterer Tätigkeiten der Behörde ist: Die Entgegenahme, Sammlung und Speicherung
der Meldungen und Informationen. Die Befugnis der Zentralstelle für Finanztransaktionsuntersuchungen hierzu findet sich in § 30 Abs. 1. Diese Tätigkeit oblag
auch der vormaligen FIU beim Bundeskriminalamt (vgl. § 10 Abs. 1 S. 2 Nr. 1
GwG idF bis zum 25.6.2017).

Die Begriffe der Entgegennahme und Sammlung werden vom GwG selbst nicht
konkretisiert. Unter einer **Sammlung** ist die planmäßige Zusammenstellung einzelner Angaben zu verstehen, die einen inneren Zusammenhang vorweisen, entweder durch Gleichartigkeit der Informationen oder des Zwecks der Sammlung (*Kühling/Raab* in Kühling/Buchner DS-GVO Art. 4 Rn. 3). Das Sammeln umfasst somit
den Vorgang des Entgegennehmens, Zusammentragens und des Archivierens der
übermittelten Meldungen nach § 30 Abs. 1, so dass im Ergebnis eben eine Sammlung dieser Meldungen entsteht.

Nr. 2: Durchführung von operativen Analysen einschließlich der Bewertung von Meldungen und sonstigen Informationen,

Nr. 2 beschreibt die operative Analyse und Bewertung von Meldungen, die die 4
Zentralstelle für Finanztransaktionsuntersuchungen nach Nr. 1 entgegengenommen hat, sowie von sonstigen Informationen, die ihr von Amts wegen von anderen
inländischen oder ausländischen Stellen zugegangen sind. Die **operative Analyse** ist in Art. 32 Abs. 8 lit. a der 4. EU-Geldwäscherichtlinie 5
(„*Die Analyseaufgaben der zentralen Meldestelle umfassen a) die operative Analyse mit
Schwerpunkt auf Einzelfällen und Einzelzielen oder auf geeigneten ausgewählten Informationen, je nach Art und Umfang der empfangenen Informationen und der voraussichtlichen Verwendung der Informationen nach ihrer Weitergabe*") als eine der beiden Analysetätigkeiten der Zentralstelle für Finanztransaktionsuntersuchungen beschrieben und soll
der einzelfallbezogenen Betrachtung von erhaltenen Meldungen dienen (BT-Drs.
18/11555, 137). Die Pflicht und Befugnis zur operativen Analyse ist in **§ 30 Abs. 2**
enthalten. Hierzu werden je nach Bedarf Dateiabgleiche vorgenommen (vgl. insbes.
§§ 29 Abs. 2, 31 Abs. 4, 36), Unterlagen ausgewertet, weitere Informationen vom
Verpflichteten (s. § 30 Abs. 3) oder aus anderen Quellen zum Sachverhalt eingeholt,
Auskunftsersuchen an inländische Behörden (vgl. § 31) oder ausländische zentrale

§ 28 Abschnitt 5. Zentralstelle für Finanztransaktionsuntersuchungen

Meldestellen (§ 34) gestellt etc. Der genaue Inhalt der operativen Analyse wird seitens der Zentralstelle für Finanztransaktionsuntersuchungen nicht offengelegt (zum Begriff vgl. ausführlicher → § 30 Rn. 12).

6 Abschließend erfolgt die **Bewertung,** ob tatsächlich ein Zusammenhang zu Geldwäsche, Terrorismusfinanzierung oder einer anderen Straftat hergestellt werden kann. Durch die Formulierung „einschließlich" wird deutlich, dass die (abschließende) Bewertung ein Teil der operativen Analyse ist.

Nr. 3: Informationsaustausch und die Koordinierung mit inländischen Aufsichtsbehörden

7 Nr. 3 erklärt den Informationsaustausch und die Koordinierung mit inländischen Aufsichtsbehörden zur Aufgabe der Zentralstelle für Finanztransaktionsuntersuchungen. Die Begründung des Gesetzes zur Umsetzung der 4. EU-Geldwäscherichtlinie bezieht sich hierbei auf Art. 32 Abs. 4 S. 2 der 4. EU-Geldwäscherichtlinie (*„Die zentralen Meldestellen müssen in der Lage sein, Auskunftsersuchen der zuständigen Behörden ihres jeweiligen Mitgliedstaats zu beantworten, sofern die Auskunftsersuchen auf Belangen im Zusammenhang mit Geldwäsche, damit im Zusammenhang stehenden Vortaten oder Terrorismusfinanzierung beruhen"*), deren Umsetzung § 28 Abs. 1 S. 2 Nr. 3 dienen soll (BT-Drs. 18/11555, 137). Die Zentralstelle für Finanztransaktionsuntersuchungen hat danach die Aufgabe, den inländischen Aufsichtsbehörden nach **§ 50** von Amts wegen Informationen zu übermitteln, die diese für die zur besseren Umsetzung des risikobasierten Ansatzes bei der Aufsicht sowie zum Erkennen von neuen Trends und Methoden bei der Begehung von Geldwäsche und Terrorismusfinanzierung benötigen. Zudem hat die Zentralstelle für Finanztransaktionsuntersuchungen den zuständigen inländischen Aufsichtsbehörden auf Anfrage Auskunft zu erteilen.

8 Von besonderem Interesse für die Aufsichtsbehörden (va im Nichtfinanzbereich) sind im Rahmen des Informationsaustauschs mit der Zentralstelle für Finanztransaktionsuntersuchungen neben Hinweisen zu aktuellen Phänomenen in den Bereichen Geldwäsche und Terrorismusfinanzierung, die ua für Vor-Ort-Kontrollen wichtig sein können, insbesondere auch die **Rückmeldungen zu gemäß § 44 erstatteten Meldungen.** § 41 Abs. 2 verpflichtet die Zentralstelle für Finanztransaktionsuntersuchungen nur gegenüber Verpflichteten, die eine Meldung nach § 43 abgegeben haben, zu einer Rückmeldung zur Relevanz der Meldung, nicht aber gegenüber Behörden, die eine Meldung gemäß § 44 erstattet haben (vgl. hierzu → § 41 Rn. 14). Nach Ansicht der Bundesregierung beinhalten die Kommunikation, Koordinierung und Kooperation der Zentralstelle für Finanztransaktionsuntersuchungen mit den Aufsichtsbehörden und die gegenseitige Unterstützung, die an vielen Stellen im GwG gesetzlich geregelt sei, auch eine Rückmeldung über die Werthaltigkeit einer gemäß § 44 abgegebenen Verdachtsmeldung (BT-Drs. 18/11928, 41).

9 Um die Prävention von Geldwäsche und Terrorismusfinanzierung zu stärken, soll die Zentralstelle für Finanztransaktionsuntersuchungen zusätzlich koordinierend tätig werden und insbesondere die Arbeiten der Aufsichtsbehörden der Länder mit ihren Erkenntnissen unterstützen. Insbesondere die **Koordinierung der Aufsichtsbehörden im sogenannten Nichtfinanzsektor** (und hier über die Gewerbetreibenden) stellt die Zentralstelle für Finanztransaktionsuntersuchungen aufgrund der aktuell höchst uneinheitlichen Strukturen vor große Herausforderungen (die Ansätze könnten unterschiedlicher kaum sein: von der Ebene der Stadtverwaltung, in einigen Ländern und einzelnen Branchen, über Bezirksregierungen bzw.

Aufgaben, Aufsicht und Zusammenarbeit **§ 28**

Regierungspräsidien, mit je nach Gewerbe ebenfalls unterschiedlicher Zuständigkeit, bis hin zu entweder Innen-, Wirtschafts-, Finanz- und Arbeitsministerien in verschiedenen Bundesländern, vgl. auch BT-Drs. 17/14761, 1; eine Auflistung findet sich bei *Barreto da Rosa* in Diergarten/Barreto da Rosa S. 384). Eine diesbezügliche Strukturreform (womöglich in Form einer Zentralisierung auf Bundesebene) dürfte in Zukunft eingehender diskutiert werden.

Nr. 4: Zusammenarbeit und Informationsaustausch mit zentralen Meldestellen anderer Staaten

Die Aufgabe der internationalen Zusammenarbeit mit zentralen Meldestellen 10 anderer Staaten, die der Zentralstelle für Finanztransaktionsuntersuchungen in ihrem Zweck entsprechen, hat in Nr. 4 ihren normativen Niederschlag gefunden (soweit die Gesetzesbegr. des Gesetzes zur Umsetzung der 4. EU-Geldwäscherichtlinie hier auf eine Nr. 7 abstellt (BT-Drs. 18/11555, 137), handelt es sich ersichtlich um ein redaktionelles Versehen). Die internationale Zusammenarbeit war bereits in § 10 Abs. 2 S. 1 GwG idF bis zum 25.6.2017 vorgesehen. Insbesondere Art. 52 der 4. EU-Geldwäscherichtlinie betont die Bedeutung der internationalen Zusammenarbeit, wenn dort festgelegt wird, *„dass zentrale Meldestellen unabhängig von ihrem Organisationsstatus miteinander im größtmöglichen Umfang zusammenarbeiten. "*. Spezifische Regelungen finden sich in den **§§ 33 und 36** für den innereuropäischen Datenaustausch sowie in **§§ 34 und 35** für den internationalen Datenaustausch.

Nr. 5: Untersagung von Transaktionen und Anordnung von sonstigen Sofortmaßnahmen

Die Aufgabe der Untersagung von Transaktionen (als eine Art möglicher Sofort- 11 maßnahmen) und Anordnung von sonstigen Maßnahmen (als weitere Sofortmaßnahme sind zB der Erlass eines Verfügungsverbotes über ein Konto oder Depot vorgesehen, vgl. BT-Drs. 18/11555, 138) gemäß Nr. 5 ist unmittelbar aus Art. 32 Abs. 7 S. 1 der 4. EU-Geldwäscherichtlinie abgeleitet: *„Die Mitgliedstaaten stellen sicher, dass die zentrale Meldestelle befugt ist, im Falle des Verdachts, dass eine Transaktion mit Geldwäsche oder Terrorismusfinanzierung zusammenhängt, unmittelbar oder mittelbar Sofortmaßnahmen zu ergreifen, um die Zustimmung zu einer laufenden Transaktion zu versagen oder auszusetzen, damit sie die Transaktion analysieren, dem Verdacht nachgehen und die Ergebnisse der Analyse an die zuständigen Behörden weitergeben kann. "*. Sie erweitert die Befugnisse der Zentralstelle für Finanztransaktionsuntersuchungen gegenüber der bisherigen Zentralstelle beim BKA entscheidend. Ziel ist es zu verhindern, dass die inkriminierten Gelder dem staatlichen Einflussbereich durch Barabhebungen oder Überweisungen ins Ausland entzogen werden (BT-Drs. 18/11555, 138). Mit der Untersagung kann die Zentralstelle für Finanztransaktionsuntersuchungen die operative Analyse zu Ende führen und ihre Ergebnisse einschließlich der betroffenen Vermögensgegenstände den Strafverfolgungsbehörden zur weiteren Behandlung übergeben. Voraussetzungen, Arten und insbesondere auch Dauer bzw. Beendigung von Sofortmaßnahmen werden in **§ 40** geregelt, der rechtstechnisch gesehen die Befugnis zur Anordnung von Sofortmaßnahmen enthält.

§ 28 Abschnitt 5. Zentralstelle für Finanztransaktionsuntersuchungen

Nr. 6: Übermittlung der sie betreffenden Ergebnisse der operativen Analyse nach Nummer 2 und zusätzlicher relevanter Informationen an die zuständigen inländischen öffentlichen Stellen

12 Die in Nr. 6 aufgeführte Übermittlung von relevanten Informationen dient – so die Gesetzesbegründung (BT-Drs. 18/11555, 138) – der Umsetzung von Art. 32 Abs. 3 S. 3 der 4. EU-Geldwäscherichtlinie, demzufolge es der Zentralstelle obliegt, *„bei begründetem Verdacht auf Geldwäsche, damit zusammenhängende Vortaten oder Terrorismusfinanzierung die Ergebnisse ihrer Analysen und alle zusätzlichen relevanten Informationen an die zuständigen Behörden weiterzugeben"*. Wie auch in der Gesetzesbegründung festgestellt, erweitert § 28 Abs. 1 Nr. 6 diese Aufgabe: Um die Analyseergebnisse der Zentralstelle für Finanztransaktionsuntersuchungen insgesamt besser nutzen zu können, sollen die Ergebnisse der operativen Analyse nunmehr nicht nur den zuständigen Strafverfolgungsbehörden, sondern im Rahmen der jeweiligen Zuständigkeit auch anderen inländischen öffentlichen Stellen übermittelt werden. In Betracht kommt hier ausweislich der Gesetzesbegründung zum Beispiel die Information der Finanzbehörden zur Durchführung eines Besteuerungs- oder Steuerstrafverfahrens (BT-Drs. 18/11555, 138), obgleich die Durchführung des Besteuerungsverfahrens (vgl. auch § 28 Abs. 4) außerhalb des obig genannten Rahmens von Art. 32 Abs. 3 S. 3 der 4. EU-Geldwäscherichtlinie liegt. Die spezifischen Regelungen und Rechtsgrundlagen für Datenübermittlungsverpflichtung an inländische Behörden sind in **§ 32** enthalten.

13 Durch die Formulierung *„der sie betreffenden Ergebnisse"* und *„an die zuständigen inländischen öffentlichen Stellen"* wird bereits klar die **Filter- und Kanalisierungsfunktion** der Zentralstelle für Finanztransaktionsuntersuchungen herausgestellt. Wie auch an anderen Stellen betont, soll die Zentralstelle für Finanztransaktionsuntersuchungen insbesondere für die Länder eine Arbeitsentlastung und Ressourcenfreisetzung erreichen, indem diese künftig nur „wertige" und bereits in die „richtige Zuständigkeit" gesteuerte Sachverhalte von der FIU erhalten (ua BT-Drs. 18/11555, 100; zu den Zweifeln an der Filterfunktion vgl. die Ausführungen unter → Vor §§ 27–42 Rn. 22).

Nr. 7: Rückmeldung an den Verpflichteten, der eine Meldung nach § 43 Abs. 1 abgegeben hat

14 Die Zentralstelle für Finanztransaktionsuntersuchungen hat nach Nr. 7 ferner die Aufgabe, dem Verpflichteten, der eine Meldung nach § 43 Abs. 1 abgegeben hat, eine Rückmeldung zu geben (zu Rückmeldungen an Aufsichtsbehörden, die eine Meldung nach § 44 abgegeben haben, vgl. → § 41 Rn. 14). Ausweislich der Gesetzesbegründung zu Nr. 7 dient diese Rückmeldeverpflichtung dazu, den Meldepflichtigen einen Eindruck zur Relevanz und Verwertbarkeit ihrer Meldungen zu vermitteln, so dass gegebenenfalls die internen Maßnahmen zum Erkennen von Verdachtsmomenten zu Geldwäsche oder Terrorismusfinanzierung angepasst und verbessert werden können (BT-Drs. 18/11555, 138). Sofern die Gesetzesbegründung zu § 28 Abs. 1 Nr. 7 angibt, der *„konkrete Umfang der Rückmeldeverpflichtung an den Verpflichteten"* sei in **§ 41** GwG aufgeführt, ist festzustellen, dass der Gesetzestext von § 41 keine konkreteren Angaben zum Umfang der Rückmeldung enthält; solche sind allenfalls der Gesetzesbegründung zu § 41 zu entnehmen (vgl. krit. hierzu die Anm. unter → § 41 Rn. 3 f.).

Nr. 8: Durchführung von strategischen Analysen und Erstellung von Berichten aufgrund dieser Analysen

Nr. 8 nennt als weitere Aufgabe der FIU die Durchführung von strategischen 15 Analysen und Erstellung von Berichten aufgrund dieser Analysen. Die Aufgabe ist aus Art. 32 Abs. 8 lit. b der 4. EU-Geldwäscherichtlinie abgeleitet; eine ähnliche Regelung (bezogen auf die Meldepflichtigen) fand sich bereits in § 10 Abs. 1 S. 2 Nr. 5 GwG in der Fassung bis zum 25. 6. 2017.

Die **strategische Analyse** dient dazu, Entwicklungstrends und neue Fallmuster 16 im Bereich der Geldwäsche und Terrorismusfinanzierung festzustellen. Eine **Definition** zum Begriff „strategische Analyse" findet sich im Beschluss 2009/917/JI des Rates vom 30. 11. 2009 über den Einsatz der Informationstechnologie im Zollbereich in Art. 2 Nr. 5: Im Sinne des Beschlusses bezeichnet der Begriff *„strategische Analyse' die Recherche und Darstellung von allgemeinen Tendenzen bei Zuwiderhandlungen gegen die einzelstaatlichen Rechtsvorschriften durch eine Bewertung der Bedrohung durch bestimmte Arten von Vorgängen, die den einzelstaatlichen Rechtsvorschriften zuwiderlaufen, sowie von deren Ausmaß und deren Auswirkungen, um Prioritäten zu bestimmen, genauere Aufschlüsse über das Phänomen oder die Bedrohung zu erlangen, die Maßnahmen zur Prävention und Aufdeckung von Betrug neu auszurichten und die Organisation der Dienste zu überprüfen. Für die strategische Analyse dürfen nur anonymisierte Daten verwendet werden."*. Der Rahmenbeschluss wurde durch das Gesetz zur Änderung des ZIS-Ausführungsgesetzes und anderer Gesetze umgesetzt (BGBl. 2011 I S. 617). Die Richtlinie (EU) 2019/1153 vom 20. 6. 2019 zur Erleichterung des Zugangs zu Finanz- und sonstigen Informationen (ABl. 2019 L 186, 122) fasst ausweislich Art. 2 Nr. 11 unter den Oberbegriff *„Finanzanalyse"* die Ergebnisse der von den zentralen Meldestellen für die Erfüllung ihrer Aufgaben nach der Richtlinie (EU) 2015/849 bereits durchgeführten operativen und strategischen Analyse.

Entsprechende **Berichte** können sich allgemein mit Geldwäsche oder Terrorismusfinanzierung beschäftigen oder sich auf bestimmte Produkte, Wirtschaftssektoren oder geographische Risiken konzentrieren. **Adressaten** von solchen Berichten können laut Gesetzesbegründung das Bundesministerium der Finanzen, Verbände, einzelne Verpflichtetengruppen oder auch Aufsichtsbehörden sein (BT-Drs. 18/11555, 138). Ein Beispiel für die Unterstützung der BaFin bei ihrer Aufsichtsfunktion über den Finanzsektor durch die vormalige FIU nennt der FIU-Jahresbericht 2016 des Bundeskriminalamts (S. 19): So führte eine gezielte Auswertung der Verdachtsmeldungen zur Erkenntnis, dass teilweise ein großer zeitlicher Verzug zwischen Transaktion und Meldung der möglichen Geldwäschehandlung vorlag, was einen Verstoß gegen den Grundsatz der „Unverzüglichkeit" darstellte und entsprechend geahndet wurde. Womöglich lag ein entsprechender Bericht auch der konzertierten Aktion der FIU mit den im Bereich Geldwäscheprävention tätigen Aufsichtsbehörden des Nichtfinanzsektors aller 16 Bundesländer zugrunde, bei der schwerpunktmäßig insgesamt 26 Kfz-Händler hinsichtlich der Einhaltung der geldwäscherechtlichen Pflichten überprüft wurden (s. Wallstreet Online v. 6. 12. 2019).

Als Adressaten in der Gesetzesbegründung nicht genannt sind die **Strafverfolgungsbehörden.** Der Anspruch der Zentralstelle für Finanztransaktionsuntersuchungen geht jedoch dahin, gerade auch den Strafverfolgungsbehörden durch strategische Analysen etc Hinweise zu neuen Phänomenen etc im Bereich Geldwäsche und Terrorismusfinanzierung zu geben. Wenngleich nicht explizit erwähnt, können daher auch die Strafverfolgungsbehörden Adressaten derartiger Berichte sein. § 28 Abs. 1 Nr. 9 hat gleichfalls den spezifischen Austausch mit Strafverfolgungsbehör-

§ 28 Abschnitt 5. Zentralstelle für Finanztransaktionsuntersuchungen

den zum Gegenstand, ohne dass hier jedoch der Umkehrschluss gezogen werden kann, dass sich Berichte nach Nr. 8 nicht auch an die Strafverfolgungsbehörden richten können.

17 Die Form der Berichte ist nicht näher ausgeführt. Hier kommen Rundschreiben, FIU-Newsletter etc in Betracht. Das Bundesministerium der Finanzen kann im Rahmen seiner Fachaufsicht die Zentralstelle für Finanztransaktionsuntersuchungen zu Berichten zu bestimmten Themen auffordern.

Nr. 9: Austausch mit den Verpflichteten sowie mit den inländischen Aufsichtsbehörden und für die Aufklärung, Verhinderung oder Verfolgung der Geldwäsche und der Terrorismusfinanzierung zuständigen inländischen öffentlichen Stellen insbesondere über entsprechende Typologien und Methoden

18 Der in Nr. 9 aufgeführte Austausch mit Verpflichteten sowie mit den inländischen Aufsichts- und Strafverfolgungsbehörden insbesondere über Typologien und Methoden der Geldwäsche und Terrorismusfinanzierung ist eine Erweiterung der Nr. 3 und hat eine **verbesserte Kommunikation** zwischen allen Beteiligten zum Ziel. Verpflichteten soll das Feedback bei der Umsetzung ihrer Verpflichtungen nach dem GwG helfen und insbesondere beim Aufdecken und Melden verdächtiger Transaktionen unterstützen (vgl. auch FATF-Empfehlung 34). Typologien zeigen die tatsächlichen Erscheinungsformen von Geldwäsche und Terrorismusfinanzierung nach gemeinsamen Merkmalen geordnet und überschaubar auf (BT-Drs. 18/11555, 138). Der Austausch kann dabei auf unterschiedlichen Wegen erfolgen, wie zB im Rahmen von Tagungen, Schulungs- und Fortbildungsveranstaltungen, Round-Table-Gesprächen oder auch durch die im Rahmen eines Public Private Partnerships am 24.9.2019 eingerichtete Anti Financial Crime Alliance (AFCA). Die FIU nutzt für die Bereitstellung entsprechender Informationen insbesondere den internen Bereich ihrer Homepage (es lässt sich dort auch ein RSS-Feed abonnieren). Die vormalige Anforderung des Gesetzes in § 10 Abs. 1 S. 2 Nr. 5 GwG aF, dass die Information *regelmäßig* zu erfolgen hat, wurde in § 28 Abs. 1 Nr. 9 nicht übernommen.

Nr. 10: Erstellung von Statistiken zu den in Artikel 44 Abs. 2 der Richtlinie (EU) 2015/849 genannten Zahlen und Angaben

19 Die Erstellung von Statistiken entsprechend der europarechtlichen Vorgaben war bereits im Aufgabenkatalog der vormaligen FIU beim BKA enthalten (vgl. § 10 Abs. 1 S. 2 Nr. 3 GwG idF bis zum 25.6.2017). § 28 Abs. 1 Nr. 10 verweist hinsichtlich der von den Statistiken zu umfassenden Zahlen und Angaben dabei auf **Art. 44 Abs. 2 der 4. EU-Geldwäscherichtlinie.** Demzufolge haben die Statistiken der Zentralstelle für Finanztransaktionsuntersuchungen zu erfassen:
a) Daten zur Messung von Größe und Bedeutung der verschiedenen Sektoren, die in den Geltungsbereich dieser Richtlinie fallen, einschließlich der Anzahl der Unternehmen und natürlichen Personen sowie der wirtschaftlichen Bedeutung jedes Sektors,
b) Daten zur Messung von Verdachtsmeldungen, Untersuchungen und Gerichtsverfahren im Rahmen des nationalen Systems zur Bekämpfung von Geldwäsche

und Terrorismusfinanzierung, einschließlich der Anzahl der bei der zentralen Meldestelle erstatteten Verdachtsmeldungen, der im Anschluss daran ergriffenen Maßnahmen und – auf Jahresbasis – der Anzahl der untersuchten Fälle, verfolgten Personen und wegen Delikten der Geldwäsche oder Terrorismusfinanzierung verurteilten Personen, der Arten der Vortaten, wenn derartige Informationen vorliegen, sowie des Werts des eingefrorenen, beschlagnahmten oder eingezogenen Vermögens in Euro,
c) sofern vorhanden, Daten über die Zahl und den Anteil der Meldungen, die zu weiteren Untersuchungen führen, zusammen mit einem Jahresbericht für die Verpflichteten, in dem der Nutzen ihrer Meldungen und die daraufhin ergriffenen Maßnahmen erläutert werden, und
d) Daten über die Zahl der grenzüberschreitenden Informationsersuchen, die von der zentralen Meldestelle gestellt wurden, bei ihr eingingen, von ihr abgelehnt oder teilweise bzw. vollständig beantwortet wurden.

Die Statistiken dienen im Bedarfsfall der Information des Parlaments, werden aber auch bspw. für die Nationale Risikoanalyse herangezogen und können zudem gegenüber internationalen Organisationen (wie zB der Financial Action Task Force) zur Dokumentation der Tätigkeit der Zentralstelle für Finanztransaktionsuntersuchungen genutzt werden (BT-Drs. 18/11555, 139).

Durch Ziffer 24 des Gesetzes zur Umsetzung der Änderungsrichtlinie zur 4. EU-Geldwäscherichtlinie (BT-Drs. 19/13827, 25), wurde in § 28 Abs. 1 S. 2 Nr. 10 nach dem Wort „Angaben" die Wörter „*und die Veröffentlichung einer konsolidierten Statistik auf Jahresbasis in einem Jahresbericht*" eingefügt (s. bereits im RefE v. 20.5.2019 zum selbigen Gesetz, S. 25, Ziff. 24). Die Ergänzung diente auswesilich der Gesetzesbegründung (BT-Drs. 19/13827, 93) der Umsetzung der Änderung in Art. 44 Abs. 3 der 4. EU-Geldwäscherichtlinie durch Art. 1 Nr. 27 der Änderungsrichtlinie, der die Veröffentlichung einer konsolidierten Zusammenfassung der Statistiken nach Art. 44 Abs. 2 der Richtlinie auf Jahresbasis vorsieht. **19a**

Nr. 11: Veröffentlichung eines Jahresberichts über die erfolgten operativen Analysen

Wie zuvor die Erstellung von Statistiken gehörte auch die Veröffentlichung eines Jahresberichts, der ua die Verdachtsmeldungen analysiert, bereits in der Vergangenheit zu den Aufgaben der FIU (vgl. § 10 Abs. 1 S. 2 Nr. 4 GwG idF bis zum 25.6.2017 bzw. § 5 Abs. 1 Nr. GwG idF vor Inkrafttreten des Gesetzes zur Ergänzung der Bekämpfung der Geldwäsche und Terrorismusfinanzierung v. 13.8.2008). Die FIU-Jahresberichte des BKA von 2005 bis 2016 sind im Internet abrufbar unter www.bka.de; ab dem Jahresbericht 2017 sind die Jahresberichte unter www.fiu.bund.de veröffentlicht. Die Jahresberichte wurden in der Vergangenheit meist mit erheblicher Verzögerung (teilweise erst im Herbst des Folgejahres) veröffentlicht und konnten dadurch aktuelle Phänomene teils nur noch bedingt wiedergeben, weshalb künftig auf eine frühere Veröffentlichung des Jahresberichts zu hoffen ist. **20**

Die bis dato von der neuen FIU veröffentlichten **Jahresberichte** waren zunächst inhaltlich noch wenig aussagekräftig und enthielten teils diskutierbare oder unzutreffende Aussagen. Zweifelhaft erscheint bspw. die im Jahresbericht 2017 angegebene Zahl der Verdachtsmeldungen, die vor dem Hintergrund der Terrorismusfinanzierung erstattet wurden. Diese Zahl sei um 150% gestiegen (FIU Jahresbericht 2017, S. 18; 2016: 1.233 Verdachtsmeldungen, 2017 3.210 Verdachtsmeldungen) – ein Erklärungsversuch hierfür wird im Jahresbericht nicht angestellt, **20a**

§ 28 Abschnitt 5. Zentralstelle für Finanztransaktionsuntersuchungen

eine geänderte Zählweise ist naheliegend. Auch die hohe Quote an Meldungen iZm Terrorismusfinanzierung von 5% (2017) bzw. 6% (2018) fällt auf. In den Jahren vor der Verlagerung der FIU vom BKA zum Zoll lag der Anteil der Verdachtsmeldungen im Bereich von max. 2,1% (vgl. die Jahresberichte der vormaligen FIU beim BKA (2012: 1,7%; 2013: 1,1%; 2014: 1,3%; 2015: 2,1%; 2016: 1,9%; die Aussage im FIU-Jahresbericht 2018, die vormaligen Zahlen wären bei 2−4% gelegen, ist insofern unzutreffend), die europäischen Zahlen liegen im Bereich von 0,5% (vgl. *Europol* From Suspicion to Action, 2017, S. 24/25). Offensichtlich werden hier von der neuen FIU erheblich mehr Meldungen dem Phänomenbereich „Terrorismusfinanzierung" zugerechnet als zuvor (detaillierte Ausführungen hierzu finden sich im Jahresbericht bedauerlicherweise nicht).

Sachlich erläuterungsbedürftige bzw. falsche Angaben finden sich im Jahresbericht 2018 insbesondere im Kontext der Fallzahlenentwicklung. Der Jahresbericht 2018 weist 77.252 eingegangene „*Verdachtsmeldungen*" bei der FIU aus und behauptet eine Verelffachung der Fallzahlen seit 2008. Da die vormalige FIU beim BKA Nachmeldungen bspw. in ihrer Statistik 2008 unberücksichtigt gelassen hatte und explizit nur Erstmeldungen auswies (s. BKA, FIU-Jahresbericht 2008, S. 8: „*Nachmeldungen zu bereits erstatteten Anzeigen [Anm.: die damalige Terminologie lautete noch ‚Verdachtsanzeigen'] werden nicht berücksichtigt.*"), können die Zahlen aus 2008 und 2018 mithin nicht miteinander verglichen werden und ist daher die behauptete Verelffachung der Fallzahlen seit 2008 falsch (hierauf bezieht sich hingegen ua auch der Vertreter der Deutschen Zoll- und Finanzgewerkschaft BDZ, vgl. Wortprotokoll 60. Sitzung Finanzausschuss v. 6.11.2019, S. 17; ebenso BT-Drs. 19/12969, 3). Die neue FIU zählt als eingegangene „*Verdachtsmeldung*" nicht nur Erstmeldungen, sondern (zumindest noch) zusätzlich alle zu Erstmeldungen eingegangenen Nachmeldungen. Verpflichtete sind zu Nachmeldungen verpflichtet, dh wenn sie einen verdächtigen Sachverhalt gemeldet haben und in der Folgezeit bspw. weitere verdächtige/entsprechende Transaktionen hierzu festzustellen sind, sind diese unter Bezugnahme auf die Erstmeldung nachzumelden (teils werden auch ergänzende Unterlagen wie nachträglich eingereichte Dokumente von Kunden etc nachgereicht). Zu einer Erstmeldung kommen also regelmäßig teils diverse Nachmeldungen und dies umso mehr, je länger der Verpflichtete keine Rückmeldung von der FIU (oder einer Staatsanwaltschaft) erhält. Die teils viele Monate lang bei der FIU unbearbeitet liegenden Verdachtsmeldungen generieren insofern automatisch/zwangsläufig weitere Nachmeldungen (bevor die Erstmeldung überhaupt bearbeitet wurde), wodurch sich eine Art „selbstnährendes System" entwickelt hat (bei zeitnaher Bearbeitung eingehender Verdachtsmeldungen (und Rückmeldung nach § 41 Abs. 2), entfielen zahlreiche Nachmeldungen).

Auch insoweit es unter „*Bewertungsergebnis der Verdachtsmeldungen aus 2018*" (FIU Jahresbericht 2018, S. 17) heißt „*Bei 58% der im Jahr 2018 bei der FIU endbearbeiteten Verdachtsmeldungen wurden Anhaltspunkte für Zusammenhänge mit Geldwäsche, Terrorismusfinanzierung oder sonstigen Straftaten festgestellt, so dass eine Abgabe, beispielsweise an das zuständige Landeskriminalamt, erfolgte.*" ist anzumerken, dass es sich bei den „*endbearbeiteten*" Verdachtsmeldungen nicht um die bei der FIU in 2018 *eingegangenen* ausgewiesenen 77.252 Meldungen handelt. Die absolute Zahl der weitergeleiteten Meldungen wird nicht angegeben.

Aufgaben, Aufsicht und Zusammenarbeit §28

Nr. 12: Teilnahme an Treffen nationaler und internationaler Arbeitsgruppen

Die Zentralstelle für Finanztransaktionsuntersuchungen hat weiterhin gemäß 21
Nr. 12 die Aufgabe, sich an Treffen nationaler und internationaler Arbeitsgruppen zu beteiligen. National war sie ua in der Projektgruppe des BMF zur Nationalen Risikoanalyse beteiligt, im internationalen Bereich sind hier in erster Linie die EGMONT-Group und Sitzungen der Financial Action Task Force (FATF) zu nennen.

Nr. 13: Wahrnehmung weiterer übertragener Aufgaben

Nr. 13 hat schließlich eine **Auffangfunktion**, die dazu dient, dass die Zentral- 22
stelle für Finanztransaktionsuntersuchungen weitere Aufgaben, die sich im Laufe der Zeit mit ihrer Etablierung auch im Hinblick auf weitere Entwicklungen ergeben, wahrnehmen kann. Die Gesetzesbegründung nennt hier exemplarisch Lehrveranstaltungen und Schulungen sowohl intern als auch mit Verpflichteten oder Aufsichtsbehörden, die Mitwirkung an wissenschaftlichen Studien oder die Unterstützung bei der Umsetzung europarechtlicher Vorgaben. Zusätzliche Aufgaben sind im Benehmen mit dem Bundesministerium der Finanzen zu übernehmen (BT-Drs. 18/11555, 139).

III. Aufsicht über die Zentralstelle für Finanztransaktionsuntersuchungen (Abs. 2)

Abs. 2 regelt die Art der Aufsicht, die das Bundesministerium der Finanzen über 23
die Zentralstelle für Finanztransaktionsuntersuchungen führt. Im Hinblick auf die von der FATF (vgl. Interpretive Notes 2 und 3 zu Empfehlung 29 der FATF-Empfehlungen von 2012 (Stand: Juni 2019)) und der 4. EU-Geldwäscherichtlinie (Art. 32 Abs. 3 S. 1) geforderte fachliche Unabhängigkeit und organisatorische Selbständigkeit der Zentralstelle für Finanztransaktionsuntersuchungen, die auch § 27 Abs. 2 betont, wird dabei innerhalb der Aufgaben nach Abs. 1 unterschieden: In den Kernaufgaben der Zentralstelle für Finanztransaktionsuntersuchungen, also bei der Entgegennahme von Meldungen, deren Analyse, der Ergreifung von Sofortmaßnahmen und der Weitergabe der Analyseergebnisse an die zuständigen inländischen öffentlichen Stellen, unterliegt sie nur der Rechtsaufsicht; für alle übrigen in Abs. 1 beschriebenen Aufgaben unterliegt sie der Rechts- und Fachaufsicht durch das Bundesministerium der Finanzen. Ob diese differenzierte Ausgestaltung der Rechts- und Fachaufsicht letztlich den Anforderungen an die zu gewährleistende Unabhängigkeit der Zentralstelle für Finanztransaktionsuntersuchungen genügt, erscheint nicht selbstverständlich (vgl. hierzu die Ausführungen unter → § 27 Rn. 7f.).

IV. Zusammenarbeit mit den zuständigen inländischen Behörden (Abs. 3)

Abs. 3 greift die Vorgaben aus Art. 49 der 4. EU-Geldwäscherichtlinie auf: *„Die* 24
Mitgliedstaaten stellen sicher, dass die politischen Entscheidungsträger, die zentralen Meldestellen, die Aufsichtsbehörden und andere an der Bekämpfung von Geldwäsche und Terrorismusfinanzierung beteiligte zuständige Behörden sowie Steuerbehörden und Strafverfolgungs-

§ 28 Abschnitt 5. Zentralstelle für Finanztransaktionsuntersuchungen

behörden, wenn sie innerhalb des Geltungsbereich dieser Richtlinie tätig werden, auch im Hinblick auf die Erfüllung ihrer Pflicht nach Artikel 7 über wirksame Mechanismen verfügen, die bei der Entwicklung und Umsetzung von Strategien und Maßnahmen zur Bekämpfung von Geldwäsche und Terrorismusfinanzierung die Zusammenarbeit und Koordinierung im Inland ermöglichen."* (Art. 1 Ziff. 31 der RL (EU) 2018/843 zur Änderung der 4. EU-Geldwäscherichtlinie ergänzte Art. 49 um *„Steuerbehörden und Strafverfolgungsbehörden"*).

Die Vorschrift ist im Kontext mit **Abs. 1 Nr. 9** zu lesen, die unter anderem auch den Austausch mit den inländischen Aufsichtsbehörden und für die Aufklärung, Verhinderung oder Verfolgung der Geldwäsche und der Terrorismusfinanzierung zuständigen inländischen öffentlichen Stellen zur Aufgabe der Zentralstelle für Finanztransaktionsuntersuchungen erklärt. Nähere Ausführungen zur konkreten Ausgestaltung der Zusammenarbeit und gegenseitigen Unterstützung finden sich in den Gesetzesmaterialien nicht. **§§ 31 und 32** enthalten detailliertere Regelungen für die Zusammenarbeit mit den zuständigen inländischen öffentlichen Stellen und inländischen Aufsichtsbehörden. Dort nicht gesondert geregelte Fälle der Zusammenarbeit werden von § 28 Abs. 3 erfasst, so bspw. die Steuerung von Auskunftsersuchen inländischer Strafverfolgungsbehörden an ausländische zentrale Meldestellen (vgl. auch Abs. 1 Nr. 4).

25 Ein entsprechender Zusammenarbeitsauftrag mit den für die Verhütung und Verfolgung der Geldwäsche und der Terrorismusfinanzierung zuständigen **Zentralstellen** *anderer Staaten* – wie er in § 10 Abs. 2 GwG in der Fassung bis zum 25.6.2017 enthalten war – findet sich in § 28 nicht mehr (§§ 33–36 enthalten spezifische Regelungen für den internationalen Datenaustausch).

26 Durch Art. 1 Ziff. 18 der **Richtlinie (EU) 2018/843 zur Änderung der 4. EU-Geldwäscherichtlinie** wurde in Kapitel VI Abschnitt 3 der 4. EU-Geldwäscherichtlinie ein neuer Unterabschnitt IIa *„Zusammenarbeit der zuständigen Behörden"* (Art. 50a) eingefügt, der die Kooperation staatlicher Institutionen weiter forcieren soll, in dem er verschiedene Gründe festschreibt, die einem Informationsaustausche zwischen den zuständigen Behörden der Mitgliedsstaaten nicht entgegenstehen dürfen. Die Norm wurde im GwG durch § 55 Abs. 7 umgesetzt.

V. Information der für das Besteuerungsverfahren oder den Schutz der sozialen Sicherungssysteme zuständigen Behörden (Abs. 4)

27 Die Zentralstelle für Finanztransaktionsuntersuchungen hat zur Weiterbearbeitung von Sachverhalten, die ihr im Rahmen ihrer Tätigkeiten bekannt wurden, aber **keinen Bezug zu Geldwäsche oder Terrorismusfinanzierung** aufweisen, die für das Besteuerungsverfahren oder den Schutz der sozialen Sicherungssysteme zuständigen Behörden zu informieren. Es handelt sich hierbei um eine Muss-Vorschrift. Um parallele Übermittlungswege und damit Doppelarbeiten zu vermeiden (BT-Drs. 18/11555, 139), gilt dies nur, sofern der Sachverhalt nicht von einer anderen staatlichen Stelle weiterverfolgt wird, was insbesondere Sachverhalte betrifft, die aufgrund strafrechtlicher Relevanz an Strafverfolgungsbehörden weitergeleitet werden. Der Anwendungsbereich der Vorschrift dürfte aufgrund der Subsidiaritätsklausel (*„und die sie nicht an eine andere zuständige staatliche Stelle übermittelt hat"*) überschaubar bleiben.

Aufgaben, Aufsicht und Zusammenarbeit **§ 28**

Die Aufgabe zur Weiterleitung von Informationen an die **Finanzbehörden** 28
(auch zur Durchführung des Besteuerungs- oder Steuerstrafverfahrens, vgl.
die Gesetzesbegr. zu § 28 Abs. 1 Nr. 6, BT-Drs. 18/11555, 138) ist bereits in § 28 Abs. 1
Nr. 6 genannt. Die Befugnisnormen hierzu enthalten § 32 Abs. 2 S. 1 (für Steuerstrafverfahren) und § 32 Abs. 3 S. 2 Nr. 1 (für Besteuerungsverfahren). Die Bewertung, ob ein Sachverhalt „lediglich" Bedeutung für ein Besteuerungsverfahren hat
und/oder steuerstrafrechtliche Relevanz hat, wird der Zentralstelle für Finanztransaktionsuntersuchungen indessen regelmäßig kaum möglich sein, da hierfür die Beiziehung der kompletten Steuerakten bzw. die Kenntnis der darin enthaltenen Informationen erforderlich ist (vgl. ausführlich → § 32 Rn. 14). Auch die genaue
Feststellung, an welche Behörde im Einzelfall die Informationen weiterzuleiten
sind, dürfte angesichts der unterschiedlichen Zuständigkeiten bei Verdacht auf
unrechtmäßigen Bezug von BAföG, Kindergeld, ALG II etc und hiermit in Verbindung stehende Straftaten (primär Steuerhinterziehung oder Betrug) nur im
Rahmen einer vertieften operativen Analyse festzustellen sein. Die allgemeine Bezeichnung *„Finanzämter"* in der Gesetzesbegründung sollte nicht pauschal zur
Weiterleitung der Informationen an die örtlichen Finanzämter führen. Die bereits
vorhandenen Strukturen der Länderfinanzbehörden – bspw. in Bayern erfolgt eine
Zuständigkeitskonzentration für Informationen, die über das Verdachtsmeldewesen
bekannt werden, bei der Sonderkommission Schwerer Steuerbetrug (SKS) in
Nürnberg – sollten hier zweckmäßigerweise den letztlich zuständigen Adressaten
bestimmen.

Die für den **Schutz der sozialen Sicherungssysteme zuständigen Behörden** 29
sind in der Gesetzesbegründung nicht näher definiert. Hierzu zählen jedoch
bspw. die Finanzkontrolle Schwarzarbeit (FKS) des Zolls. Inwieweit auch die Sozialleistungsträger, Sozialämter, Arbeitsämter, Jobcenter etc hierunter fallen sollen,
ist nicht ausgeführt. Sollte von diesen Behörden im jeweiligen Einzelfall ein Anfangsverdacht auf Straftaten festgestellt werden, sind diese dazu angehalten, Strafanzeige bei der Staatsanwaltschaft zu erstatten (vgl. ua Leitfaden zur Vermeidung
und Bekämpfung von Sozialhilfebetrug, Sozialministerium Baden-Württemberg,
Juni 2000, S. 7, 40), auf die im Weiteren dann die Rückmeldepflicht nach § 42
Abs. 1 übergeht. Sofern es nicht zu einer Strafanzeige bei der Staatsanwaltschaft
kommt, ist folglich die für den Schutz der sozialen Sicherungssysteme zuständige
Behörde für die Rückmeldung gemäß § 42 Abs. 2 zuständig (sofern diese nicht
nach § 35 Abs. 1 SGB I verpflichtet sind, das Sozialgeheimnis zu wahren (vgl. BT-Drs. 18/11555, 156, sowie die Anm. unter → § 42 Rn. 17).

Hat die Zentralstelle für Finanztransaktionsuntersuchungen einen Sachverhalt 30
nach ihrer operativen Analyse gemäß § 32 Abs. 2 an die zuständige Strafverfolgungsbehörde weitergeleitet und hat die Staatsanwaltschaft aufgrund dieser Informationen ein **Strafverfahren eingeleitet,** richtet sich die Mitteilung des Sachverhalts
an die zuständige Finanzbehörde (wenn eine Transaktion festgestellt wird, die für
die Finanzverwaltung für die Einleitung oder Durchführung von Besteuerungs-
oder Steuerstrafverfahren Bedeutung haben könnte) nach § 32 Abs. 6.

§ 29 Verarbeitung personenbezogener Daten durch die Zentralstelle für Finanztransaktionsuntersuchungen

(1) Die Zentralstelle für Finanztransaktionsuntersuchungen darf personenbezogene Daten verarbeiten, soweit dies zur Erfüllung ihrer Aufgaben erforderlich ist.

(2) Die Zentralstelle für Finanztransaktionsuntersuchungen darf personenbezogene Daten, die sie zur Erfüllung ihrer Aufgaben gespeichert hat, mit anderen Daten abgleichen, wenn dies nach diesem Gesetz oder nach einem anderen Gesetz zulässig ist.

(3) Die Zentralstelle für Finanztransaktionsuntersuchungen darf personenbezogene Daten, die bei ihr vorhanden sind, zu Fortbildungszwecken oder zu statistischen Zwecken verarbeiten, soweit eine Verarbeitung anonymisierter Daten zu diesen Zwecken nicht möglich ist.

Literatur: *Ehmann/Selmayr*, Datenschutz-Grundverordnung, 2. Aufl. 2018, zit. *Bearbeiter* in Ehmann/Selmayr; *Gola/Schomerus*, Bundesdatenschutzgesetz, 12. Aufl. 2015; *Gola/Heckmann*, Bundesdatenschutzgesetz, 13. Aufl. 2019, zit.: *Bearbeiter* in Gola/Heckmann; *Kühling/Buchner*, DS-GVO BDSG, 2. Aufl. 2018; *Paal/Pauly*, DS-GVO BDSG, 2. Aufl. 2018, zit. *Bearbeiter* in Paal/Pauly; *Schantz/Wolff*, Das neue Datenschutzrecht, 2017, zit.: *Bearbeiter* in Schantz/Wolff Neues DatenschutzR; *Simitis* (Hrsg.), Bundesdatenschutzgesetz, 8. Aufl. 2014, zit.: *Bearbeiter* in NK-BDSG; *Simitis/Hornung/Spiecker gen. Döhmann*, Datenschutzrecht, 1. Aufl. 2019, zit.: *Bearbeiter* in NK-DatenschutzR.

Übersicht

	Rn.
I. Vorbemerkungen	1
II. Verarbeitung personenbezogener Daten (Abs. 1)	10
III. Datenabgleich (Abs. 2)	21
IV. Verarbeitung zu Fortbildungszwecken oder zu statistischen Zwecken (Abs. 3)	22

I. Vorbemerkungen

1 Mit dem Gesetz zur Umsetzung der 4. EU-Geldwäscherichtlinie (BGBl. 2017 I S. 1822) wurden im GwG umfangreiche Vorschriften zur Datenverarbeitung durch die Zentralstelle für Finanztransaktionsuntersuchungen eingefügt (für die vormalige FIU beim BKA waren entsprechende Normen im BKAG vorhanden, weshalb eine gesonderte Regelung im GwG nicht erforderlich war). Durch Ziffer 25 des Gesetzes zur Umsetzung der Änderungsrichtlinie zur 4. EU-Geldwäscherichtlinie (BGBl. 2019 I S. 2602) wurde die vormalige Überschrift *„Datenverarbeitung und weitere Verwendung"* der Norm neu gefasst in *„Verarbeitung personenbezogener Daten durch die Zentralstelle für Finanztransaktionsuntersuchungen"*. Die Änderung war rein redaktioneller Natur, weitere inhaltliche Änderungen wurden nicht vorgenommen.

2 Am 25.5.2016 war die **Verordnung (EU) 2016/679** des Europäischen Parlaments und des Rates vom 27. 4. 2016 zum Schutz natürlicher Personen bei der Verarbeitung personenbezogener Daten, zum freien Datenverkehr und zur Aufhebung der Richtlinie 95/46/EG **(Datenschutz-Grundverordnung (DS-GVO)**, ABl. 2016 L 119, 1; 2016 L 314, 72) in Kraft getreten. Aufgrund der in Art. 99 Abs. 2 DS-GVO festgelegten Übergangsfrist von zwei Jahren gilt sie seit dem 25.5.2018 in

allen Mitgliedstaaten der Europäischen Union als unmittelbar geltendes Recht (vgl. Art. 288 AEUV). Ziel der Datenschutz-Grundverordnung ist ein gleichwertiges hohes Schutzniveau für die Rechte und Freiheiten von natürlichen Personen bei der Verarbeitung von Daten in allen Mitgliedstaaten (Erwägungsgrund 10). Sie sieht diverse Öffnungsklauseln für den nationalen Gesetzgeber vor und enthält konkrete, an die Mitgliedstaaten gerichtete Regelungsaufträge. Daraus ergibt sich gesetzlicher Anpassungsbedarf im nationalen Datenschutzrecht. Insbesondere ist hier auf Art. 6 Abs. 3 S. 1, Abs. 1 e) DS-GVO hinzuweisen, demzufolge die Union oder die Mitgliedstaaten die Rechtsgrundlagen für Datenverarbeitungen schaffen müssen, die zur Wahrnehmung von Aufgaben erforderlich sind, die im öffentlichen Interesse liegen oder zur Ausübung öffentlicher Gewalt erfolgen (ausführlich hierzu *Wolff* in Schantz/Wolff Neues DatenschutzR S. 196 ff.).

Darüber waren Teile der **Richtlinie (EU) 2016/680** des Europäischen Parlaments und des Rates vom 27.4.2016 zum Schutz natürlicher Personen bei der Verarbeitung personenbezogener Daten durch die zuständigen Behörden zum Zweck der Verhütung, Ermittlung, Aufdeckung oder Verfolgung von Straftaten oder der Strafvollstreckung sowie zum freien Datenverkehr und zur Aufhebung des Rahmenbeschlusses 2008/977/JI des Rates (ABl. 2016 L 119, 89) bis zum 6.5.2018 umzusetzen (vgl. Art. 63 der RL (EU) 2016/680). Bis dahin hatte insbesondere der Rahmenbeschluss 2008/977/JI des Rates vom 27.11.2008 lediglich den Schutz personenbezogener Daten geregelt, die im Rahmen der polizeilichen und justiziellen Zusammenarbeit in Strafsachen verarbeitet wurden, womit die grenzüberschreitende kriminalpolizeiliche und strafjustizielle Verarbeitung personenbezogener Daten erfasst worden war. Die Richtlinie (EU) 2016/680 hingegen erfasst auch die rein innerstaatliche justizielle Datenverarbeitung.

Zum **Verhältnis der Verordnung (EU) 2016/679 zur Richtlinie (EU) 2016/680** äußert sich Erwägungsgrund 19 der DS-GVO (vgl. auch Art. 2 Abs. 2 lit. d DS-GVO) wie folgt: „*Der Schutz natürlicher Personen bei der Verarbeitung personenbezogener Daten durch die zuständigen Behörden zum Zwecke der Verhütung, Ermittlung, Aufdeckung oder Verfolgung von Straftaten oder der Strafvollstreckung, einschließlich des Schutzes vor und der Abwehr von Gefahren für die öffentliche Sicherheit, sowie der freie Verkehr dieser Daten sind in einem eigenen Unionsrechtsakt geregelt. Deshalb sollte diese Verordnung auf Verarbeitungstätigkeiten dieser Art keine Anwendung finden. Personenbezogene Daten, die von Behörden nach dieser Verordnung verarbeitet werden, sollten jedoch, wenn sie zu den vorstehenden Zwecken verwendet werden, einem spezifischeren Unionsrechtsakt, nämlich der Richtlinie (EU) 2016/680 des Europäischen Parlaments und des Rates unterliegen.*".

Als Teil des Datenschutz-Anpassungs- und -Umsetzungsgesetzes EU (Gesetz zur Anpassung des Datenschutzrechts an die VO (EU) 2016/679 und zur Umsetzung der RL (EU) 2016/680 – **DSAnpUG-EU**) war auch das Bundesdatenschutzgesetz **(BDSG)** vollständig neu gefasst worden. Es trat am 25.5.2018 mit der Datenschutz-Grundverordnung in Kraft (zum **Nebeneinander von europäischem und nationalem Datenschutzrecht** vgl. ausführlich *Wolff* in Schantz/Wolff Neues DatenschutzR S. 69).

Die Vorschriften des Teils 3 des BDSG (Bestimmungen für Verarbeitungen zu Zwecken gemäß Art. 1 Abs. 1 der Richtlinie (EU) 2016/680) gelten ausweislich **§ 45 BDSG** für die Verarbeitung personenbezogener Daten durch die für die Verhütung, Ermittlung, Aufdeckung, Verfolgung oder Ahndung von Straftaten oder Ordnungswidrigkeiten zuständigen öffentlichen Stellen, soweit sie Daten zum Zweck der Erfüllung dieser Aufgaben verarbeiten (vgl. hierzu ausführlich *Braun* in

§ 29 Abschnitt 5. Zentralstelle für Finanztransaktionsuntersuchungen

Gola/Heckmann BDSG § 45 Rn. 10 ff., insbes. zum Umstand, dass Art. 2 Abs. 2 lit. d DS-GVO als auch Art. 1 Abs. 1 RL (EU) 2016/680 den Anwendungsbereich der RL auf die Datenverarbeitung zum Zwecke der Verhütung, Ermittlung, Aufdeckung oder Verfolgung von *Straftaten* eingrenzen, womit Ordnungswidrigkeiten nicht erfasst sein könnten). Die öffentlichen Stellen gelten dabei als Verantwortliche. *„Verantwortlicher"* ist die natürliche oder juristische Person, Behörde, Einrichtung oder andere Stelle, die allein oder gemeinsam mit anderen über die Zwecke und Mittel der Verarbeitung von personenbezogenen Daten entscheidet (§ 46 Nr. 7 BDSG). Die Verhütung von Straftaten im Sinne des S. 1 umfasst den Schutz vor und die Abwehr von Gefahren für die öffentliche Sicherheit. Die **Zentralstelle für Finanztransaktionsuntersuchungen** unterfällt damit dem Regime des BDSG und der Richtlinie (EU) 2016/680.

6   Durch § 29 wird insbesondere den Maßgaben der Art. 41 und 43 der 4. EU-Geldwäscherichtlinie entsprochen. Art. 41 der 4. EU-Geldwäscherichtlinie regelt dabei den Datenschutz und insbesondere die Geltung der in nationales Recht umgesetzten Richtlinie 95/46/EG und der Verordnung (EG) Nr. 45/2001. Gemäß Art. 43 der 4. EU-Geldwäscherichtlinie ist die Verarbeitung personenbezogener Daten auf der Grundlage dieser Richtlinie zu Zwecken der **Verhinderung von Geldwäsche und Terrorismusfinanzierung** als **Angelegenheit von öffentlichem Interesse** gemäß der Richtlinie 95/46/EG anzusehen.

7   Der **Begriff der personenbezogenen Daten** wird in § 46 Nr. 1 BDSG legal definiert als: *„alle Informationen, die sich auf eine identifizierte oder identifizierbare natürliche Person (betroffene Person) beziehen. Als identifizierbar wird dabei eine natürliche Person angesehen, die direkt oder indirekt, insbesondere mittels Zuordnung zu einer Kennung wie einem Namen, zu einer Kennnummer, zu Standortdaten, zu einer Online-Kennung oder zu einer oder mehreren besonderen Merkmalen, die Ausdruck der physischen, physiologischen, genetischen, psychischen, wirtschaftlichen, kulturellen oder sozialen Identität dieser Person sind, identifiziert werden kann".* Hierzu zählen bspw. Daten wie Name, Geburtsdatum, Adresse, Familienstand, Telefonnummer, IBAN, Fotos usw. Die Vorschrift ist inhaltlich identisch mit Art. 4 Nr. 1 DS-GVO (ebenso Art. 3 Nr. 1 der RL (EU) 2016/680). Nach dem neuen Recht werden also auch solche Informationen erfasst, aufgrund derer die Person zwar heute noch nicht bestimmbar ist, durch neue technische Entwicklungen aber zukünftig bestimmbar wird. Diese neue Definition ist insofern weitergehend und unterwirft jede Art von Kennnummer dem Datenschutzrecht. Diese Einzelangaben dürfen nach Maßgabe von §§ 29 ff. verarbeitet werden.

8   Hinsichtlich der **personenbezogenen Daten Verstorbener,** auf welche die DS-GVO keine Anwendung findet, gestattet die DS-GVO den Mitgliedstaaten, gesonderte Regelungen zu treffen (Erwägungsgrund 27 der DS-GVO). Von dieser Möglichkeit hat der bundesdeutsche Gesetzgeber soweit ersichtlich keinen Gebrauch gemacht. **Kinder** verdienen bei ihren personenbezogenen Daten besonderen Schutz (Erwägungsgrund 38 der DS-GVO). Im Kontext mit Meldungen nach dem GwG (oder § 31 b AO) treten Kinder meist nicht als aktiv handelnde Personen auf, sondern werden mit ihren personenbezogenen Daten meist nur dadurch erfasst, dass von Erwachsenen (oft Erziehungsberechtigten) über die Konten der Minderjährigen verdächtige Transaktionen abgewickelt werden, die nicht selten mit besteuerungsrechtlichen oder steuerstrafrechtlichen Sachverhalten in Zusammenhang stehen.

9   Das zunächst von der FIU veröffentlichte Merkblatt zum „Vordruck 033570 – Antrag auf **Registrierung in goAML**" formulierte, dass die verantwortliche Per-

son in der Organisation des Verpflichteten grundsätzlich *verpflichtet* sei, sich gegenüber der Zentralstelle für Finanztransaktionsuntersuchungen zu legitimieren (*„Bei deutschen Staatsbürgern ist dies ein Personalausweis, bei ausländischen Personen ein Reisepass bzw. ein Passersatzpapier bei Personen aus einem EU-Mitgliedstaat."*). Bereits in der Vorauflage wurden an einer entsprechenden Verpflichtung Zweifel geäußert. Eine derartige Datenerhebung dürfte kaum von § 29 Abs. 1 und 2 gedeckt sein. Der Regelungsgehalt von § 29 ist der Umgang der Zentralstelle für Finanztransaktionsuntersuchungen mit personenbezogenen Daten zur Erfüllung ihrer Aufgaben – dies umfasst von seiner Zielrichtung her primär personenbezogene Daten, die sie im Zusammenhang mit Geldwäsche und Terrorismusfinanzierung übermittelt erhält, von Personen, die mit derartigen Sachverhalten in Zusammenhang stehen. Ersichtlich nicht gemeint sind damit die personenbezogenen Daten aus Personalausweisen und sonstigen Ausweispapieren von Verpflichteten. Für diese Ansicht spricht auch, dass die Zentralstelle für Finanztransaktionsuntersuchungen personenbezogene Daten, die bei ihr vorhanden sind, gemäß Abs. 3 zu Fortbildungszwecken oder zu statistischen Zwecken verarbeiten darf, soweit eine Verarbeitung anonymisierter Daten zu diesen Zwecken nicht möglich ist. Hieraus wird ersichtlich, dass der Gesetzgeber bei § 29 nicht die personenbezogenen Daten von Mitarbeitern Verpflichteter im Blick gehabt haben dürfte. Auf der Homepage der FIU wird nunmehr von einer freiwilligen Verifizierung der Angaben bspw. durch Übermittlung einer Kopie des Personalausweises oder Reisepasses des Hauptverantwortlichen geredet, durch welche in die Datenverarbeitung eingewilligt wird (womit keine weitere Rechtsgrundlage mehr erforderlich ist). Auch die Auslegungs- und Anwendungshinweise der BaFin zum GwG (Stand Mai 2020, S. 77) formulieren hierzu mittlerweile vorsichtiger, dass *„zur Verifizierung der gemachten Angaben die Übersendung einer Kopie des Personalausweises oder Reisepasses mit Einwilligung der zu registrierenden Person erbeten wird"*.

II. Verarbeitung personenbezogener Daten (Abs. 1)

Im Rahmen ihrer Tätigkeiten – insbesondere bei der Entgegennahme und operativen Analyse von Verdachtsmeldungen nach § 30 – werden der Zentralstelle für Finanztransaktionsuntersuchungen umfassend personenbezogene Daten bekannt, die von ihr verarbeitet werden müssen. Gemäß Abs. 1 darf sie personenbezogene Daten (nur in dem Umfang) verarbeiten, **soweit dies zur Erfüllung ihrer Aufgaben nach § 28 Abs. 1** erforderlich ist. Sind die Daten für die Aufgabenerfüllung insofern nicht mehr erforderlich, sind sie zu löschen (vgl. § 37 Abs. 2 Alt. 2 GwG; § 75 Abs. 2 BDSG). Eine Löschungsverpflichtung kann für die FIU damit bestehen, wenn im Rahmen der operativen Analyse der gemeldete Verdacht auf Geldwäsche, Terrorismusfinanzierung oder eine sonstige Straftat ausgeräumt wurde (insbes. bestehen Zweifel an der Zulässigkeit, für eine konkrete Aufgabe (oder zur Dokumentation) gespeicherte Daten pauschal in einen Datenvorrat zu überführen oder als Auswerte- und Recherchepool zu nutzen).

§ 23 BDSG schafft für öffentliche Stellen im Rahmen der jeweiligen Aufgabenerfüllung eine nationale Rechtsgrundlage für die Verarbeitung personenbezogener Daten durch denselben Verarbeiter **zu einem anderen Zweck** als zu demjenigen, zu dem er sie ursprünglich erhoben hat **(Weiterverarbeitung).** Soweit eine der tatbestandlichen Voraussetzungen nach § 23 Abs. 1 BDSG erfüllt ist, kann die Weiterverarbeitung personenbezogener Daten durch öffentliche Stellen auf diese Vor-

§ 29 Abschnitt 5. Zentralstelle für Finanztransaktionsuntersuchungen

schrift gestützt werden (Gesetzesbegr. zum DSAnpUG-EU, BT-Drs. 18/11325, 95). Gemäß § 23 Abs. 1 BDSG ist die Verarbeitung personenbezogener Daten zu einem anderen Zweck als zu demjenigen, zu dem die Daten erhoben wurden, durch öffentliche Stellen im Rahmen ihrer Aufgabenerfüllung ua zulässig, wenn sie zur Abwehr erheblicher Nachteile für das Gemeinwohl oder einer Gefahr für die öffentliche Sicherheit, die Verteidigung oder die nationale Sicherheit, zur Wahrung erheblicher Belange des Gemeinwohls oder zur Sicherung des Steuer- und Zollaufkommens, zur Verfolgung von Straftaten oder Ordnungswidrigkeiten oder zur Abwehr einer schwerwiegenden Beeinträchtigung der Rechte einer anderen Person erforderlich ist.

12 Gemäß Erwägungsgrund 50 der DS-GVO sollte der Verantwortliche, um festzustellen, ob ein **Zweck der Weiterverarbeitung mit dem Zweck, für den die personenbezogenen Daten ursprünglich erhoben wurden, vereinbar** ist, nach Einhaltung aller Anforderungen für die Rechtmäßigkeit der ursprünglichen Verarbeitung unter anderem prüfen, ob ein Zusammenhang zwischen den Zwecken, für die die personenbezogenen Daten erhoben wurden, und den Zwecken der beabsichtigten Weiterverarbeitung besteht, in welchem Kontext die Daten erhoben wurden, insbesondere die vernünftigen Erwartungen der betroffenen Person, die auf ihrer Beziehung zu dem Verantwortlichen beruhen, in Bezug auf die weitere Verwendung dieser Daten, um welche Art von personenbezogenen Daten es sich handelt, welche Folgen die beabsichtigte Weiterverarbeitung für die betroffenen Personen hat und ob sowohl beim ursprünglichen als auch beim beabsichtigten Weiterverarbeitungsvorgang geeignete Garantien bestehen (s. auch BVerfG 20.4.2016 – 1 BvR 966/09, BeckRS 2016, 44821, zum **Grundsatz der hypothetischen Datenneuerhebung**).

13 Die Befugnis der FIU zur Verarbeitung personenbezogener Daten ist angesichts der Legaldefinition des Begriffs der „*Verarbeitung*" in § 46 Nr. 2 BDSG (wortgleich: Art. 4 Nr. 2 DS-GVO, Art. 3 Nr. 2 der Richtlinie (EU) 2016/680) weitgehend: „*Verarbeitung*" umfasst demzufolge jeden mit oder ohne Hilfe automatisierter Verfahren ausgeführten Vorgang oder jede solche Vorgangsreihe im Zusammenhang mit personenbezogenen Daten wie das **Erheben,** das **Erfassen,** die **Organisation,** das **Ordnen,** die **Speicherung,** die **Anpassung,** die **Veränderung,** das **Auslesen,** das **Abfragen,** die **Verwendung,** die **Offenlegung durch Übermittlung, Verbreitung oder eine andere Form der Bereitstellung,** den **Abgleich,** die **Verknüpfung,** die **Einschränkung,** das **Löschen** oder die **Vernichtung.** Er erfasst damit sämtliche Tätigkeiten im Zusammenhang mit personenbezogenen Daten (vgl. auch das Wort „*wie*" in § 46 Nr. 2 BDSG).

14 „*Erheben*" ist das Beschaffen von Daten über eine betroffene Person (vgl. § 3 Abs. 3 BDSG-alt) und bezeichnet damit einen Vorgang, durch den die erhebende Stelle Kenntnis von den betreffenden Daten erhält oder die Verfügungsmacht über die Daten begründet (*Roßnagel* in NK-DatenschutzR DS-GVO Art. 4 Rn. 14). „*Erfassen*" entspricht dem Begriff des „*Speicherns*" und bezeichnet die technische Formgebung erhobener Daten (*Roßnagel* in NK-DatenschutzR DS-GVO Art. 4 Rn. 16 mwN), worunter auch ein Aufschreiben zählen kann. „*Organisation*" personenbezogener Daten bezeichnet das Ergebnis des Sammelns und Ordnens von Daten, dh in der Regel das systematische Strukturieren der Sammlung, was die Möglichkeiten des Auffindens und Auswertens der Daten vereinfachen oder verbessern soll; „*Ordnen*" ist dabei (als Unterfall des Organisierens) die Tätigkeit, die zu einer organisierten Datensammlung führt (*Roßnagel* in NK-DatenschutzR DS-GVO Art. 4 Rn. 17 f.). Gemäß der Legaldefinition in § 3 Abs. 4 Nr. 1 BDSG-alt be-

Verarbeitung personenbezogener Daten durch die FIU § 29

deutete „**Speichern**" das Erfassen, Aufnehmen oder Aufbewahren personenbezogener Daten auf einem Datenträger zum Zwecke ihrer weiteren Verarbeitung oder Nutzung. Datenträger sind alle Medien, die Daten lesbar festhalten, wie CDs, DVDs, USB-Sticks, Festplatten, Karteikarten. Diese Definition kann weiterhin herangezogen werden. (Der Begriff des Aufbewahrens umfasst demgegenüber das Behalten von Daten, die in einer schon vorhandenen bestimmten Verkörperung, zB auf einem Datenträger, entgegengenommen wurden, ohne dass ein eigenständiges Erfassen oder Aufnehmen stattgefunden hat, zB die Annahme von Adressen, vgl. *Dammann* in NK-BDSG BDSG-alt § 3 Rn. 115). Der Tatbestand des Speicherns ist aber auch dann gegeben, wenn von anderer Seite, zB einem Dritten, der die Daten übermittelt hat, die Daten bereits auf einem Datenträger zur Verfügung gestellt wurden und nunmehr von der verantwortlichen Stelle weiter vorrätig gehalten werden, ggf. auch in einer Cloud (*Kühling/Buchner* DS-GVO Art. 4 Rn. 24).

„**Anpassung**" ist ein Beispiel für eine Veränderung, bei dem die personenbezogenen Daten so verändert werden, dass sie zu anderen Daten, anderen Zwecken, anderen Ordnungssystemen oder anderen Vorgängen passen, wie eine periodische Fortschreibung eines bestimmten Datums wie etwa des Alters (*Roßnagel* in NK-DatenschutzR DS-GVO Art. 4 Rn. 21 mwN). „**Verändern**" ist jedwede inhaltliche Umgestaltung von gespeicherten personenbezogenen Daten, § 3 Abs. 4 S. 2 Nr. 2 BDSG-alt. Erforderlich ist hierfür, dass sich der Informationsgehalt der Daten ändert, so dass eine nur formelle Veränderung, die zu keiner Änderung des Informationsinhalts führt, nicht dem Begriff des Veränderns unterfällt (*Dammann* in NK-BDSG BDSG-alt § 3 Rn. 128f.). „**Pseudonymisierung**" ist gemäß Art. 4 Nr. 5 DS-GVO, § 46 Nr. 5 BDSG „*die Verarbeitung personenbezogener Daten in einer Weise, dass die personenbezogenen Daten ohne Hinziehung zusätzlicher Informationen nicht mehr einer spezifischen betroffenen Person zugeordnet werden können, sofern diese zusätzlichen Informationen gesondert aufbewahrt werden und technischen und organisatorischen Maßnahmen unterliegen, die gewährleisten, dass die personenbezogenen Daten nicht einer identifizierten oder identifizierbaren natürlichen Person zugewiesen werden*". Durch Pseudonymisierung ändert sich der Personenbezug der Daten nicht (s. Erwägungsgrund 26 der DS-GVO). **Pseudonymisierung** und **Anonymisierung** (zum Begriff → Rn. 23) können zwar als eine Form der Veränderung von Daten angesehen werden, besser wäre es jedoch, sie als selbständige Formen der Verarbeitung personenbezogener Daten anzusehen (*Roßnagel* in NK-DatenschutzR DS-GVO Art. 4 Rn. 2; eine Verschlüsselung von Daten führt weder zur Pseudonymisierung noch zur Anonymisierung von personenbezogenen Daten, vgl. *Klabunde* in Ehmann/Selmayr DS-GVO Art. 4 Rn. 34).

15

Das „**Auslesen**" ist die Zurückgewinnung von Informationen aus gespeicherten Daten, wobei das „**Abfragen**" als Unterfall des Auslesens betrachtet werden kann, bei dem mit Hilfe von Suchroutinen Informationen aus gespeicherten Daten zurückgewonnen werden, so etwa durch die Eingabe von Suchbegriffen (*Kühling/Buchner* DS-GVO Art. 4 Rn. 27). „**Verwendung**" von personenbezogenen Daten ist ein Begriff auf höchster Abstraktionshöhe (*Roßnagel* in NK-DatenschutzR DS-GVO Art. 4 Rn. 24) und kann als Auffangtatbestand betrachtet werden, der jeden Gebrauch des Informationsgehalts personenbezogener Daten für bestimmte Zwecke umfasst (*Kühling/Buchner* DS-GVO Art. 4 Rn. 28).

16

„**Offenlegung**" wird Oberbegriff für alle Vorgänge verwendet, durch die der Verantwortliche personenbezogene Daten anderen Stellen in der Weise zugänglich macht, dass diese Kenntnis vom Informationsgehalt der betreffenden Daten erlangen können (*Kühling/Buchner* DS-GVO Art. 4 Rn. 29). § 46 Nr. 2 BDSG nennt

17

hierfür exemplarisch (str., s. *Roßnagel* in NK-DatenschutzR DS-GVO Art. 4 Rn. 24) Übermittlung, Verbreitung oder eine andere Form der Bereitstellung. Eine *„Übermittlung"* (als Unterfall der Offenlegung) liegt erst dann vor, wenn ein anderer (nicht notwendig ein Dritter, insofern besteht ein Unterschied zur vormaligen Definition in § 3 Abs. 4 S. 2 Nr. 3 BDSG-alt) die Daten tatsächlich abruft, *„Verbreitung"* bezeichnet insbesondere die Weitergabe von Daten an eine unbestimmte Vielzahl von Empfängern (*Kühling/Buchner* DS-GVO Art. 4 Rn. 31 f.). Eine *„andere Form der Bereitstellung"* – die Formulierung dürfte als eine Art „Auffangtatbestand" anzusehen sein, weshalb auch die Diskussion, ob es sich bei der Aufzählung *„Übermittlung, Verbreitung oder eine andere Form der Bereitstellung"* um eine exemplarische oder abschließende Aufzählung handelt, wenig relevant erscheint – ist bspw. das Bereitstellen auf einer Internetseite (zum Download).

Der *„Abgleich"* von Daten erfasst die Überprüfung, ob die in mehreren Dateisystemen über einen Betroffenen gespeicherten Daten konsistent sind oder ob bestimmte Daten in zwei unterschiedlichen Dateien vorhanden sind, zB um festzustellen, welche Personen an mehreren Sachverhalten beteiligt sind (*Paal/Pauly/Ernst* DS-GVO Art. 4 Rn. 31). Werden Daten aus einem System im anderen hinzugefügt, um den anderen Datensatz zu vervollständigen, handelt es sich um eine Verknüpfung. *„Verknüpfung"* meint zunächst in erster Linie das Zusammenführen von personenbezogenen Daten über einen Betroffenen aus mehreren Dateisystemen; der Begriff erfasst aber auch die Verknüpfung von mehreren Betroffenen über ein verbindendes Merkmal (*Ernst* in Paal/Pauly DS-GVO Art. 4 Rn. 32). Jedoch kann beispielsweise das Verknüpfen von Daten aus verschiedenen Dateien ein Verändern darstellen, wenn sich dadurch der inhaltliche Gesamtkontext ändert (*Gola/Schomerus* BDSG-alt § 3 Rn. 30 mwN).

18 *„Einschränkung"* der Verarbeitung bezeichnet ausweislich § 46 Nr. 3 BDSG/ Art. 4 Nr. 3 DS-GVO (vgl. auch § 3 Abs. 4 S. 2 Nr. 4 BDSG-alt) *„die Markierung gespeicherter personenbezogener Daten mit dem Ziel, ihre künftige Verarbeitung einzuschränken"*. Der Begriff entspricht demjenigen der Sperre, der sich wiederum dadurch umschreiben lässt, dass die verantwortliche Stelle festlegt, dass bestimmte Daten, mit Ausnahme etwaiger gesetzlicher Ausnahmetatbestände, keiner Nutzung mehr zugänglich sind (*Dammann* in NK-BDSG BDSG-alt § 3 Rn. 164, 165). Ausweislich Erwägungsgrund 67 der DS-GVO könnten Methoden zur Beschränkung der Verarbeitung personenbezogener Daten unter anderem darin bestehen, dass ausgewählte personenbezogenen Daten vorübergehend auf ein anderes Verarbeitungssystem übertragen werden, dass sie für Nutzer gesperrt werden oder dass veröffentliche Daten vorübergehend von einer Website entfernt werden. In automatisierten Dateisystemen sollte die Einschränkung der Verarbeitung grundsätzlich durch technische Mittel so erfolgen, dass die personenbezogenen Daten in keiner Weise weiterverarbeitet werden und nicht verändert werden können. Auf die Tatsache, dass die Verarbeitung der personenbezogenen Daten beschränkt wurde, sollte in dem System unmissverständlich hingewiesen werden (vgl. auch § 58 Abs. 4 BDSG und Erwägungsgrund 47 der RL (EU) 2016/680).

„Löschen" ist das Unkenntlichmachen gespeicherter personenbezogener Daten (vgl. § 3 Abs. 4 S. 2 Nr. 5 BDSG-alt), womit jede Handlung erfasst ist, die irreversibel bewirkt, dass eine Information nicht länger aus gespeicherten Daten gewonnen werden kann (*Dammann* in NK-BDSG BDSG-alt § 3 Rn. 174 mwN); nach dem Löschen darf es niemandem mehr ohne unverhältnismäßigen Aufwand möglich sein, die betreffende Information wahrzunehmen (*Kühling/Buchner* DS-GVO Art. 4 Rn. 36). Dieses Unkenntlichmachen kann einerseits durch Tätigkeiten ohne

Eingriff in die Substanz des Datenträgers an sich erfolgen (Überschreiben, Übermalen, Durchstreichen, Schwärzen) anderseits jedoch auch durch physische *„Vernichtung"* des Datenträgers selbst (*Gola/Schomerus* BDSG-alt § 3 Rn. 40). Eine Abgrenzung zwischen *„Vernichtung"* und *„Löschen"* von Daten ist kaum zu ziehen (ähnl. *Roßnagel* in NK-DatenschutzR DS-GVO Art. 4 Rn. 33), das Ergebnis ist das gleiche.

Die **Verarbeitung personenbezogener Daten durch eine öffentliche** 19 **Stelle ist zulässig,** wenn sie zur Erfüllung der in der Zuständigkeit des Verantwortlichen liegenden Aufgabe oder in Ausübung öffentlicher Gewalt, die dem Verantwortlichen übertragen wurde, erforderlich ist (§ 3 BDSG, ausführlich hierzu *Wolff* in Schantz/Wolff Neues DatenschutzR S. 196ff., 200). Die Datenverarbeitung der Zentralstelle für Finanztransaktionsuntersuchungen zu Zwecken der Verhinderung von Geldwäsche und Terrorismusfinanzierung ist eine Angelegenheit von öffentlichem Interesse gemäß Art. 43 der 4. EU-Geldwäscherichtlinie iVm Richtlinie 95/46/EG (vgl. BT-Drs. 18/11555, 141) bzw. Art. 6 Abs. 1 e) DS-GVO.

Als eine Art **allgemeiner Rahmen** für die Datenverarbeitung können die Aus- 20 führungen unter Erwägungsgrund 39 der DS-GVO verstanden werden, denen zufolge jede Verarbeitung personenbezogener Daten rechtmäßig und nach Treu und Glauben erfolgen sollte. *„Die personenbezogenen Daten sollten für die Zwecke, zu denen sie verarbeitet werden, angemessen und erheblich sowie auf das für die Zwecke ihrer Verarbeitung notwendige Maß beschränkt sein. Dies erfordert insbesondere, dass die Speicherfrist für personenbezogene Daten auf das unbedingt erforderliche Mindestmaß beschränkt bleibt. Personenbezogene Daten sollten nur verarbeitet werden dürfen, wenn der Zweck der Verarbeitung nicht in zumutbarer Weise durch andere Mittel erreicht werden kann. Um sicherzustellen, dass die personenbezogenen Daten nicht länger als nötig gespeichert werden, sollte der Verantwortliche Fristen für ihre Löschung oder regelmäßige Überprüfung vorsehen. Es sollten alle vertretbaren Schritte unternommen werden, damit unrichtige personenbezogene Daten gelöscht oder berichtigt werden. Personenbezogene Daten sollten so verarbeitet werden, dass ihre Sicherheit und Vertraulichkeit hinreichend gewährleistet ist, wozu auch gehört, dass Unbefugte keinen Zugang zu den Daten haben und weder die Daten noch die Geräte, mit denen diese verarbeitet werden, benutzen können."*

III. Datenabgleich (Abs. 2)

Abs. 2 legt wiederholend – da der Abgleich personenbezogener Daten bereits 21 unter den Begriff der *„Verarbeitung"* im Sinne des Abs. 1 fällt (vgl. →Rn. 13 zu Abs. 1) – deklaratorisch fest, dass die Zentralstelle für Finanztransaktionsuntersuchungen eigene, bei ihr gespeicherte, personenbezogene Daten mit Daten anderer Behörden abgleichen kann, wenn dies nach dem Geldwäschegesetz oder nach einem anderen Gesetz zulässig ist. Abgleich ist insofern ein Vergleich der Daten der Meldung nach § 30 Abs. 1 mit bei anderen Stellen gespeicherten Daten, um weitere Hinweise auf Geldwäschehandlungen, Terrorismusfinanzierung oder sonstige Straftaten zu erhalten und Zusammenhänge zu anderen Vorgängen herstellen zu können.

IV. Verarbeitung zu Fortbildungszwecken oder zu statistischen Zwecken (Abs. 3)

22   Personenbezogene Daten dürfen im Rahmen der Aufgabenwahrnehmung der Zentralstelle für Finanztransaktionsuntersuchungen nicht schrankenlos verarbeitet werden. Das **Recht auf informationelle Selbstbestimmung** nach Art. 2 Abs. 1 iVm Art. 1 Abs. 1 GG ist zu beachten. Im Rahmen von Fortbildungsmaßnahmen und Statistiken hat die Zentralstelle für Finanztransaktionsuntersuchungen Daten in der Regel zu anonymisieren, um die von der Datenverarbeitung betroffene Person zu schützen (BT-Drs. 18/11555, 140).

23   *„Anonymisieren"* ist gemäß § 3 Abs. 6 BDSG-alt das Verändern personenbezogener Daten derart, dass die Einzelangaben über persönliche oder sachliche Verhältnisse nicht mehr oder nur mit einem unverhältnismäßig großen Aufwand an Zeit, Kosten und Arbeitskraft einer bestimmten oder bestimmbaren natürlichen Person zugeordnet werden können (zum Begriff der Pseudonymisierung → Rn. 14, das neue BDSG enthält keine Definition der Anonymisierung mehr, ebenso wenig die DS-GVO oder die RL (EU) 2016/680). Statistische Auswertungen mit anonymisierten Daten fallen nicht unter den Begriff des *„Verarbeitens"* (vgl. *Gola/Schomerus* BDSG-alt § 3 Rn. 42a; *Dammann* in NK-BDSG BDSG-alt § 3 Rn. 191). Die Verarbeitung anonymer Daten für statistische oder für Forschungszwecke fällt gleichsam nicht unter die DS-GVO (s. Erwägung 26); auch die Richtlinie (EU) 2016/680 stellt fest, dass die Grundsätze des Datenschutzes nicht für anonyme Informationen gelten sollten (Erwägung 21).

§ 30 Entgegennahme und Analyse von Meldungen

(1) **Die Zentralstelle für Finanztransaktionsuntersuchungen hat zur Erfüllung ihrer Aufgaben folgende Meldungen und Informationen entgegenzunehmen und zu verarbeiten:**
1. **Meldungen von Verpflichteten nach § 43 sowie Meldungen von Aufsichtsbehörden nach § 44,**
2. **Mitteilungen von Finanzbehörden nach § 31b der Abgabenordnung,**
3. **Informationen, die ihr übermittelt werden**
   a) **nach Artikel 5 Absatz 1 der Verordnung (EG) Nr. 1889/2005 des Europäischen Parlaments und des Rates vom 26. Oktober 2005 über die Überwachung von Barmitteln, die in die Gemeinschaft oder aus der Gemeinschaft verbracht werden (ABl. L 309 vom 25.11.2005, S. 9), und**
   b) **nach § 12a des Zollverwaltungsgesetzes, und**
4. **sonstige Informationen aus öffentlichen und nicht öffentlichen Quellen im Rahmen ihres Aufgabenbereiches.**

(2) **Die Zentralstelle für Finanztransaktionsuntersuchungen analysiert die Meldungen nach den §§ 43 und 44 sowie die Mitteilungen nach § 31b der Abgabenordnung, um zu prüfen, ob der gemeldete Sachverhalt im Zusammenhang mit Geldwäsche, mit Terrorismusfinanzierung oder mit einer sonstigen Straftat steht.**

(3) **Die Zentralstelle für Finanztransaktionsuntersuchungen kann unabhängig vom Vorliegen einer Meldung Informationen von Verpflichteten**

einholen, soweit dies zur Erfüllung ihrer Aufgaben erforderlich ist. Zur Beantwortung ihres Auskunftsverlangens gewährt sie dem Verpflichteten eine angemessene Frist. Verpflichtete nach § 2 Absatz 1 Nummer 10 und 12 können die Auskunft verweigern, soweit sich das Auskunftsverlangen auf Informationen bezieht, die sie im Rahmen der Rechtsberatung oder der Prozessvertretung des Vertragspartners erhalten haben. Die Auskunftspflicht bleibt jedoch bestehen, wenn der Verpflichtete weiß, dass der Vertragspartner die Rechtsberatung für den Zweck der Geldwäsche oder der Terrorismusfinanzierung in Anspruch genommen hat oder nimmt.

Literatur: *Binz/Dörndorfer/Zimmermann*, JVEG, 4. Aufl. 2019; *Diergarten/Barreto da Rosa*, Praxiswissen Geldwäscheprävention, 2015, zit.: *Bearbeiter* in Diergarten/Barreto da Rosa; *Fischer*, StGB, 67. Aufl. 2020; *Hellmann* in Festschrift für Hans-Heiner Kühne zum 70. Geburtstag, 2013, „Anfangsverdacht und Begründung der Beschuldigteneigenschaft", S. 235 ff., zit.: *Hellmann* in FS Kühne; *Keller/Griesbaum*, Das Phänomen der vorbeugenden Bekämpfung von Straftaten, NStZ 1990, 416 ff.; *Krais*, Geldwäsche und Compliance – Praxisleitfaden für Güterhändler, 2018; *Lange*, Staatsanwaltschaftliche Vorermittlungen – ohne Rechtsgrundlage?, DRiZ 2002, 264 ff.; *Rogall*, Informationseingriff und Gesetzesvorbehalt im Strafprozessrecht, ZStW 1991, 907 ff.; *Weerth*, Carsten: Das Verhältnis der Überlastungsanzeige zur Strafvereitelung im Amt – ein blinder Fleck beim Zoll, BDZ-Fachteil 2019, S. F58-F64, zit.: *Weerth*, BDZ-Fachteil 2019

Übersicht

	Rn.
I. Allgemeines	1
II. Entgegennahme und Verarbeitung von Meldungen (Abs. 1)	3
III. Operative Analyse von Meldungen (Abs. 2)	10
IV. Einholung von Informationen von Verpflichteten (Abs. 3)	17

I. Allgemeines

§ 30 setzt die europarechtlichen Vorgaben vor allem aus den Art. 32 Abs. 3 S. 2 und 4 sowie Abs. 8 lit. a der 4. EU-Geldwäscherichtlinie um. Eine der **Kernaufgaben** der Zentralstelle für Finanztransaktionsuntersuchungen ist demzufolge die Entgegennahme und Verarbeitung (zu den Begriffen vgl. → § 29 Rn. 13 ff.) von
– Verdachtsmeldungen nach § 43 durch die Verpflichteten sowie nach § 44 durch inländische öffentliche Behörden (§ 30 Abs. 1 Nr. 1),
– Mitteilungen der Finanzbehörden nach § 31 b AO (§ 30 Abs. 1 Nr. 2),
– Barmittelanmeldungen und Barmittelkontrollmitteilungen (§ 30 Abs. 1 Nr. 3) und
– Informationen aus öffentlichen und nicht öffentlichen Quellen im Rahmen ihres Aufgabenbereiches (§ 30 Abs. 1 Nr. 4).

Bereits Art. 2 Abs. 1 des Beschlusses des Rates der Europäischen Union (2000/642/JI) über Vereinbarungen für eine Zusammenarbeit zwischen den zentralen Meldestellen der Mitgliedstaaten beim Austausch von Informationen vom 17.10.2000 (ABl. 2000 L 271, 4) verpflichtete die Mitgliedstaaten dafür Sorge zu tragen, dass die zentralen Meldestellen für die Zwecke dieses Beschlusses in jedem Mitgliedstaat als eine einzige Stelle eingerichtet werden und folgender Definition entsprechen: „*Eine zentrale nationale Stelle mit der Aufgabe, zum Zwecke der Bekämp-*

§ 30 Abschnitt 5. Zentralstelle für Finanztransaktionsuntersuchungen

fung der Geldwäsche Finanzinformationen, die mutmaßliche Erträge aus Straftaten betreffen oder aufgrund nationaler Vorschriften oder Regelungen erforderlich sind, entgegenzunehmen (und, soweit zulässig, um solche Informationen zu ersuchen), sie zu analysieren und sie an die zuständigen Behörden weiterzugeben". Dies entspricht auch den Interpretive Notes 2 und 3 zu Empfehlung 29 der FATF-Empfehlungen von 2012 (Stand: Juni 2019). Die FIU war dementsprechend schon nach vormaligem Recht Adressatin von Verdachtsmeldungen und zu deren Entgegennahme und weiterer Verarbeitung befugt (vgl. §§ 11 Abs. 1 S. 1, 14 GwG idF bis zum 25.6.2017).

2   Ausweislich Erwägungsgrund 18 der **Richtlinie (EU) 2018/843 zur Änderung der 4. EU-Geldwäscherichtlinie** (RL (EU) 2018/843) besteht der *„Zweck von zentralen Meldestellen [...] darin, die Informationen, die sie erhalten, zu sammeln und zu analysieren, damit etwaige Verbindungen zwischen verdächtigen Transaktionen und zugrunde liegenden kriminellen Tätigkeiten ermittelt werden, um Geldwäsche und Terrorismusfinanzierung zu verhindern und zu bekämpfen, und die Ergebnisse ihrer Analysen und alle zusätzlichen relevanten Informationen bei begründetem Verdacht auf Geldwäsche, damit zusammenhängende Vortaten oder Terrorismusfinanzierung an die zuständigen Behörden weiterzugeben."* (vgl. auch → § 27 Rn. 1, 6).

II. Entgegennahme und Verarbeitung von Meldungen (Abs. 1)

3   Abs. 1 **verpflichtet** die Zentralstelle für Finanztransaktionsuntersuchungen zur Erfüllung ihrer Aufgaben nach § 28 die genannten Meldungen und Informationen entgegenzunehmen und zu verarbeiten. Die Möglichkeit der Zurückweisung (Verweigerung der Annahme) oder Verweigerung der Verarbeitung ist damit nicht vorgesehen (insofern ist der Hinweis in den Auslegungs- und Anwendungshinweisen der BaFin zum GwG (Stand Mai 2020), S. 76, *„Die FIU weist Meldungen des Verpflichteten nur in Fällen fehlender Plausibilität von übermittelten Sachverhalten zurück."* gesetzwidrig).

Abs. 1 Nr. 1 nennt zunächst die **Meldungen von Verpflichteten nach § 43** (bei Verdacht auf Geldwäsche, Terrorismusfinanzierung oder einen Verstoß gegen die Offenlegungspflicht nach § 11 Abs. 6 S. 3) **und Aufsichtsbehörden nach § 44** (bei Verdacht auf Geldwäsche oder Terrorismusfinanzierung). Die Festlegung der Zentralstelle für Finanztransaktionsuntersuchungen als alleinige Adressatin dieser Meldungen ist in § 43 Abs. 1 bzw. 44 Abs. 1 niedergelegt. Die Entgegennahme von Verdachtsmeldungen Verpflichteter nach § 43 ist dabei die vom Mengengerüst her umfangreichste Fallgruppe (von 77.252 abgegebenen Verdachtsmeldungen in 2018 (s. hierzu die Anm. unter → § 28 Rn. 20a) wurden nur 54 von Aufsichtsbehörden und 414 von Finanzbehörden erstattet, vgl. FIU-Jahresbericht 2018, S. 14).

4   Die Zentralstelle für Finanztransaktionsuntersuchungen ist gemäß **Nummer 2** ferner zur Entgegennahme und Verarbeitung der **Mitteilungen der Finanzbehörden nach § 31 b AO** verpflichtet. § 31 b AO, der durch Art. 18 des Gesetzes zur weiteren Fortentwicklung des Finanzplatzes Deutschland (Viertes Finanzmarktförderungsgesetz) vom 21.6.2002 (BGBl. 2002 I S. 2010) in die Abgabenordnung eingefügt wurde, stellt eine gesetzlich normierte Befugnis zur Durchbrechung des Steuergeheimnisses dar. Die Norm wurde durch Art. 9 des Gesetzes zur Umsetzung der 4. EU-Geldwäscherichtlinie (BGBl. 2017 I S. 1822) gleichfalls neu gefasst. Gemäß § 31 b Abs. 1 Nr. 1–4 AO dürfen die Finanzbehörden die dem Steuergeheimnis unterliegenden Daten an andere Behörden übermitteln, soweit die Offenbarung

Entgegennahme und Analyse von Meldungen **§ 30**

- der Durchführung eines Strafverfahrens wegen Geldwäsche oder Terrorismusfinanzierung,
- der Verhinderung, Aufdeckung und Bekämpfung von Geldwäsche oder Terrorismusfinanzierung,
- der Durchführung eines Bußgeldverfahrens nach § 56 gegen Verpflichtete nach § 2 Abs. 1 Nr. 13–16 (dabei ist nicht zu prüfen, ob eine mögliche Ordnungswidrigkeit isD § 56 Abs. 1 oder 2 im Zeitpunkt der beabsichtigten Mitteilung bereits verjährt sein könnte, vgl. AEAO zu § 31b Abs. 3 AO, Ziff. 3.1 mwN) oder
- zum Treffen von Maßnahmen und Anordnungen nach § 51 Abs. 2 gegenüber Verpflichteten nach § 2 Abs. 1 Nr. 13–16

dient. Den Finanzbehörden obliegt die Prüfung im Einzelfall, ob ein mitteilungspflichtiger Sachverhalt isD § 31b Abs. 2 AO vorliegt. Sie haben dabei einen eigenen Beurteilungsspielraum (vgl. AEAO zu § 31b Abs. 2 AO, Ziff. 2.2). Gesetzliche Änderungen im Hinblick auf § 31b Abs. 2 oder 3 AO sind aktuell nicht geplant (BT-Drs. 19/16464, 8f.).

Durch das Gesetz zur Umsetzung der 4. EU-Geldwäscherichtlinie wurde Nr. 5 neu eingefügt, der zufolge nunmehr auch die Wahrnehmung der Aufgaben der Zentralstelle für Finanztransaktionsuntersuchungen nach § 28 Abs. 1 als legitimer Übermittlungszweck der Datenübermittlung gilt. Gemäß § 31b Abs. 2 S. 1 AO sind auch Finanzbehörden gegenüber der Zentralstelle für Finanztransaktionsuntersuchungen verpflichtet, unverzüglich Sachverhalte unabhängig von deren Höhe mitzuteilen, wenn Tatsachen vorliegen, die darauf hindeuten, dass

1. es sich bei Vermögensgegenständen, die mit dem mitzuteilenden Sachverhalt im Zusammenhang stehen, um den Gegenstand einer Straftat nach § 261 StGB handelt oder
2. die Vermögensgegenstände im Zusammenhang mit Terrorismusfinanzierung stehen.

Solche Tatsachen können bspw. hohe Bargeldfunde im Rahmen von Durchsuchungsmaßnahmen sein, festgestellte Vermögenswerte, die nicht mit den bekannten wirtschaftlichen Lebensumständen einer Person in Einklang zu bringen sind, Hinweise auf Verwendung falscher Identitäten etc.

Für die Finanzbehörden gelten hier die gleichen Maßstäbe wie für die Verpflich- 5 teten nach dem GwG im Zusammenhang mit der Verdachtsmeldepflicht nach § 43 Abs. 1 (vgl. AEAO zu § 31b AO, Ziff. 2.2). Allenfalls eine Pflicht zur unverzüglichen Meldung wird hier nicht gefordert werden können; eine Meldung an die FIU wird insbesondere erst erfolgen können, wenn sich das Ermittlungsverfahren, in dessen Zusammenhang die Anhaltspunkte für Geldwäsche oder Terrorismusfinanzierung festgestellt wurden, in der offenen Ermittlungsphase befindet. Geldwäsche- oder terrorismusfinanzierungsverdächtige Umstände werden den Finanzbehörden zumeist im Rahmen von **Außen- und Fahndungsprüfungen** bekannt (den Hauptzollämtern darüber hinaus über die dortigen Prüfdienste oder die dortigen Sachgebiete Prüfungen und Ermittlungen FKS). Viele Meldungen nach § 31b AO werden erstellt, weil im Rahmen einer Prüfung festgestellt wird, dass ein Steuerpflichtiger steuerliche Gewinne und/oder Umsätze ausweist, die durch seine Geschäftstätigkeit nicht plausibel erklärbar sind. Im Jahr 2018 wurden von den Finanzbehörden insgesamt 414 Meldungen nach § 31b AO an die FIU übermittelt (FIU-Jahresbericht 2018, S. 14).

§ 31b Abs. 4 AO verweist auf **§ 47 Abs. 3 GwG,** wodurch klargestellt wird, dass 6 die Finanzbehörden, wenn sie im Zuge eines Auskunftsersuchens der Zentralstelle für Finanztransaktionsuntersuchungen Kenntnis von einer Meldung nach § 43

§ 30 Abschnitt 5. Zentralstelle für Finanztransaktionsuntersuchungen

Abs. 1 erlangen, diese Informationen nicht an den betroffenen Steuerpflichtigen oder mit ihm in Verbindung stehende Personen weitergeben dürfen, es sei denn die Zentralstelle für Finanztransaktionsuntersuchungen hat vorher ihr Einverständnis erklärt.

7 Die Zentralstelle für Finanztransaktionsuntersuchungen hat zur Erfüllung ihrer Aufgaben nach **Nr. 3a**) ferner **Barmittelanmeldungen,** die ihr nach Art. 5 Abs. 1 der Verordnung über die Überwachung von Barmitteln **(VO (EG) 1889/2005** des Europäischen Parlaments und des Rates v. 26.10.2005 über die Überwachung von Barmitteln, die in die Gemeinschaft oder aus der Gemeinschaft verbracht werden, ABl. 2005 L 309, 9) übermittelt werden, entgegenzunehmen und zu verarbeiten: *„Die nach Artikel 3 und/oder Artikel 4 erlangten Informationen werden von den zuständigen Behörden des in Artikel 3 Abs. 1 genannten Mitgliedstaats aufgezeichnet und verarbeitet und den in Artikel 6 Abs. 1 der Richtlinie 91/308/EWG genannten Behörden dieses Mitgliedstaats zur Verfügung gestellt."* Die **Verordnung (EU) 2018/1672,** mit der die VO (EG) 1889/2005 im Juni 2021 aufgehoben wird, sieht vor, dass Informationen innerhalb einer Frist von 15 Arbeitstagen über das Zollinformationssystem, das von allen zu verwenden ist, übermittelt werden. Gemäß Art. 3 Abs. 1 der EG-VO 1889/2005 (ebenso Art. 3 Abs. 1 VO (EU) 2018/1672) hat jede natürliche Person, die in die Gemeinschaft einreist oder aus der Gemeinschaft ausreist und **Barmittel in Höhe von 10.000 EUR oder mehr mit sich führt,** diesen Betrag bei den zuständigen Behörden des Mitgliedstaats, über den sie in die Gemeinschaft einreist oder aus der Gemeinschaft ausreist, (schriftlich im Zeitpunkt der Ein- oder Ausreise, vgl. § 12a ZollVG) **anzumelden.** Diese Anmeldung enthält Angaben zum Anmelder (einschließlich Vor- und Zuname, Geburtsdatum und Geburtsort sowie Staatsangehörigkeit), zum Eigentümer der Barmittel, zum vorgesehenen Empfänger der Barmittel, zu Höhe und Art der Barmittel, zu Herkunft und Verwendungszweck der Barmittel, zum Reiseweg und zum Verkehrsmittel.

In der Praxis sind über 90 Prozent aller Anmeldungen (in 2017 bspw. 24.529 Barmittelanmeldungen) solche für gewerbliche Bargeldtransporte (zB Bankenverkehr, Werttransporte für Discounter, vgl. BT-Drs. 19/7708, 2). Informationen aus Barmittelanmeldungen – va im privaten Bereich – können insbesondere im Kontext mit anderen Meldungen nach § 30 Abs. 1 sachdienliche Informationen zu Geldwäscheaktivitäten oder Terrorismusfinanzierung geben. Bargeldschmuggel ist nach wie vor eine zentrale Komponente im gesamten Kreislauf inkriminierter Gelder (vgl. auch den Europol-Bericht *„Why is cash still king"* aus 2015, sowie den Bericht der Kommission an das Europäische Parlament und den Rat über die Bewertung der mit grenzüberschreitenden Tätigkeiten im Zusammenhang stehenden Risiken der Geldwäsche und der Terrorismusfinanzierung für den Binnenmarkt v. 26.6.2017, COM(2017) 340, S. 7 und 10). Die Beamten der zuständigen Behörden sind gemäß Art. 4 Abs. 1 der EG-VO 1889/2005 befugt, zur Überwachung der Erfüllung der vorgenannten Anmeldepflicht natürliche Personen, ihr Gepäck und ihr Verkehrsmittel zu kontrollieren (für das Verbringen von Barmitteln oder gleichgestellten Zahlungsmitteln in die/aus der Gemeinschaft sind die Zollbehörden zuständig; die Bundespolizei kann im Zuge ihrer Aufgabenerfüllung mit der Wahrnehmung von Aufgaben der Zollverwaltung nach § 1 Abs. 4 S. 1 ZollVG (Überwachung des innergemeinschaftlichen Bargeldverkehrs) betraut werden).

8 **Nr. 3b**) überträgt der Zentralstelle für Finanztransaktionsuntersuchungen des Weiteren die Verpflichtung zur Entgegennahme und Verarbeitung von Informationen, die ihr nach § 12a ZollVG übermittelt werden (sog. **Barmittelkontrollmitteilungen**). Auf Verlangen der Zollbediensteten (oder der Beamten der Bundes-

Entgegennahme und Analyse von Meldungen **§ 30**

polizei, vgl. §§ 12c iVm 1 Abs. 4 S. 1 ZollVG) müssen natürliche Personen unbeschadet der Regelungen des Art. 3 Abs. 1 der EG-VO 1889/2005 (ab 06/2021: Art. 3 Abs. 1 VO (EU) 2018/1672) Barmittel und gleichgestellte Zahlungsmittel im Gesamtwert von 10.000 Euro oder mehr, die sie in den, aus dem oder durch den Geltungsbereich dieses Gesetzes verbringen, nach Art, Zahl und Wert mündlich anzeigen sowie die Herkunft, den wirtschaftlich Berechtigten und den Verwendungszweck dieser Barmittel und gleichgestellter Zahlungsmittel darlegen (§ 12a Abs. 2 S. 1 ZollVG). Besteht für die Zollbediensteten in der Folge Grund zu der Annahme, dass im grenzüberschreitenden Verkehr beförderte Barmittel oder gleichgestellte Zahlungsmittel zum Zwecke der Geldwäsche, der Terrorismusfinanzierung nach §§ 89a Abs. 2a, 89c StGB, der Finanzierung einer terroristischen Vereinigung nach § 129a (auch iVm § 129b StGB), der Aufrechterhaltung des organisatorischen Zusammenhalts eines verbotenen Vereins oder einer verbotenen Partei nach § 20 Abs. 1 VereinsG oder der verbotenen Bereitstellung oder verbotswidrigen Verfügung nach § 18 Abs. 1 Nr. 1 AWG verbracht werden, können sie die Barmittel oder gleichgestellten Zahlungsmittel sowie die zugehörigen Behältnisse und Umschließungen bis zum Ablauf des fünften Werktages nach dem Auffinden sicherstellen und in zollamtliche Verwahrung nehmen, um die Herkunft oder den Verwendungszweck aufzuklären (§ 12a Abs. 7 S. 1 ZollVG; bspw. im Jahr 2018 erfolgten 182 vorläufige Sicherstellungen nach dem ZollVG, die meisten Sicherstellungen führen jedoch nicht zu endgültiger Einziehung, bspw. von 158 Fällen in 2017 nur 2, vgl. BT-Drs. 19/7708, 3f., was eine bedenkliche Bilanz angesichts des damit verbundenen Grundrechtseingriffs ist).

Wenn es bspw. zur Verhinderung, Aufdeckung und Bekämpfung von Geldwäsche und Terrorismusfinanzierung von Bedeutung sein kann, dürfen die Zollbehörden die erhobenen personenbezogenen Daten ferner an die zuständigen Strafverfolgungsbehörden, Finanzbehörden, Verwaltungsbehörden ua übermitteln (§ 12a Abs. 8 ZollVG). Die Durchführung von Bargeldkontrollen durch die Zollverwaltung (und die Bundespolizei) ergänzt das Bekämpfungsinstrumentarium der Geldwäsche und Terrorismusfinanzierung (gemäß § 1 Abs. 5 ZollVG haben die Behörden des Zollfahndungsdienstes Geldwäsche, sofern diese im Zusammenhang steht mit dem grenzüberschreitenden Verkehr von Barmitteln und gleichgestellten Zahlungsmitteln oder Straftaten, die in die Ermittlungszuständigkeit der Zollbehörden fallen, zu erforschen und zu verfolgen). Durch die Änderung von § 12a Abs. 8 ZollVG durch Art. 10 Nr. 3 des Gesetzes zur Umsetzung der 4. EU-Geldwäscherichtlinie und die damit verbundene Pflicht der aktiven Übermittlung von Barmittelanmeldungen an die Zentralstelle für Finanztransaktionsuntersuchungen, ist eine umfängliche Erfassung und systematische Auswertung der Informationen aus Barmittelanmeldungen und -kontrollen sowie der Abgleich dieser Informationen mit dem sonstigen Datenbestand der FIU vorgesehen. Im Jahr 2018 hat die FIU 263 Meldungen des Typs „Barmittel-/Bargeldfeststellungen" von Zollbehörden erhalten, wozu auch Feststellungen zu grenzüberschreitenden Barmitteltransporten, die nicht in jedem Fall zu einer Sicherstellung durch Bedienstete der Zollverwaltung geführt haben gehören (BT-Drs. 19/7708, 4).

Durch die **VO (EU) 2018/1672** werden auch **per Fracht- oder Postversand beförderte Barmittel** (dh Bargeld, übertragbare Inhaberpapiere, Rohstoffe als hochliquide Wertaufbewahrungsmittel (bspw. Gold), bestimmte Arten von Guthabenkarten) erfasst und den zuständigen Behörden erweiterte Befugnisse verliehen.

Im Gesetzgebungsverfahren des Gesetzes zur Umsetzung der Änderungsrichtlinie zur 4. EU-Geldwäscherichtlinie war von der **Fraktion DIE LINKE** ein Än- **8a**

§ 30 Abschnitt 5. Zentralstelle für Finanztransaktionsuntersuchungen

derungsantrag zur besseren Kontrolle von Bargeldgeschäften eingebracht worden (vgl. Bericht des Finanzausschusses (7. Ausschuss) v. 14.11.2019, BT-Drs. 19/15196, 33 Nr. 6 Ziff. 1). Vorgeschlagen wurde eine Verpflichtung für alle Verpflichteten nach dem GwG, sich *„bei der Annahme von Bargeld ab 10.000 Euro von Einzahlern mit Wohnsitz oder Sitz im Ausland die Einfuhrgenehmigung des deutschen Zolls"* vorlegen zu lassen, diese zu kopieren und zu dokumentieren. Begründet wurde die Initiative damit, dass Verpflichtete (der Antrag nennt in der Begründung fehlerhaft nur die nach dem GwG verpflichteten Güterhändler) bei der Anbahnung von Bargeschäften im Regelfall keine Kenntnis haben, ob eine ordnungsgemäße Deklaration der Barmittel bei Einreise stattgefunden hat. Die in vorgeschlagene Pflicht zur Vorlegung der entsprechenden Bescheinigung über die ordnungsgemäße Deklaration beim Zoll sollte bei Bargeschäften eine zusätzliche Sicherungslinie einziehen und die lückenlose Erfassung von Bareinfuhren sicherstellen. Der Vorschlag wurde jedoch durch die Fraktionen von CDU/CSU, SPD, AfD und FDP (bei Enthaltung B90/GR) abgelehnt.

9 Zu den **sonstigen Informationen** aus öffentlichen und nicht öffentlichen Quellen im Rahmen ihres Aufgabenbereiches nach **Nr. 4** gehören bspw. anonyme Hinweise, Hinweise von Privatpersonen und nicht nach dem Geldwäschegesetz Verpflichteten auf Geldwäsche und Terrorismusfinanzierung.

III. Operative Analyse von Meldungen (Abs. 2)

10 Abs. 2 **verpflichtet** die Zentralstelle für Finanztransaktionsuntersuchungen, jede ihr übersandte Verdachtsmeldung nach §§ 43 und 44 sowie die Mitteilungen der Finanzbehörden nach § 31 b AO jeweils einzelfallbezogen im Rahmen der operativen Analyse dahingehend zu untersuchen, ob der betroffene Vermögensgegenstand mit Geldwäsche, mit Terrorismusfinanzierung oder mit einer sonstigen Straftat im Zusammenhang steht (vgl. auch die Gesetzesbegr. BT-Drs. 18/11555, 140). Der Gesetzeswortlaut geht mit dieser Verpflichtung für die Zentralstelle für Finanztransaktionsuntersuchungen zunächst über die Vorgaben aus Art. 32 Abs. 4 S. 3 der 4. EU-Geldwäscherichtlinie hinaus, demzufolge die zentralen Meldestellen selbst entscheiden, ob sie Informationen analysieren oder weitergeben (vgl. auch Art. 32 Abs. 3 S. 1 der 4. EU-Geldwäscherichtlinie). Einen solchen Entscheidungsspielraum hat der deutsche Gesetzgeber der Zentralstelle für Finanztransaktionsuntersuchungen im Hinblick auf die Meldungen nach den §§ 43 und 44 sowie die Mitteilungen nach § 31 b AO nicht eingeräumt.

Im Vergleich zur entsprechenden Norm im Referentenentwurf des Gesetzes zur Umsetzung der 4. EU-Geldwäscherichtlinie vom 24.11.2016 (§ 26 Abs. 2 GwG-RefE) wurde § 30 Abs. 2 schließlich um den Zusatz *„oder mit einer sonstigen Straftat"* ergänzt. Eine Beschränkung der Prüfung dahingehend, ob der gemeldete Sachverhalt lediglich im Zusammenhang mit Geldwäsche oder mit Terrorismusfinanzierung steht, hätte einen gravierenden Rückgang der aus dem Verdachtsmeldewesen generierten Ermittlungsverfahren, Besteuerungsverfahren etc zur Folge (vgl. hierzu → § 32 Rn. 3ff.). Ungeachtet dessen führt die Erweiterung auf Verdachtsmomente hinsichtlich irgendwelcher Straftaten (insbes. im Zusammenspiel mit der Abschaffung von Verwertungsbeschränkungen wie sie noch im vormaligen § 11 Abs. 6 GwG idF bis zum 26.6.2017 enthalten waren, vgl. hierzu die Anmerkungen unter → § 43 Rn. 4) das gesamte Verdachtsmeldewesen einen weiteren Schritt weg vom ursprünglichen Gedanken der Bekämpfung der Organisierten Kriminalität (und

Terrorismusfinanzierung) hin zu einem schleichend entwickelten Bekämpfungsansatz gegen nahezu alle Formen (va gewinnorientierter) Kriminalität.

Während die Verdachtsmeldungen nach §§ 43 und 44 und die Mitteilungen der 11 Finanzbehörden nach § 31b AO von der Zentralstelle für Finanztransaktionsuntersuchungen verpflichtend zu analysieren sind, steht die operative Analyse der in **§ 30 Abs. 1 Nr. 3 und 4** aufgeführten Informationen zu Barmittelanmeldungen/-kontrollen mit Anhaltspunkten für Geldwäsche und/oder Terrorismusfinanzierung bzw. den weiteren in § 12a Abs. 7 S. 1 ZollVG genannten Delikten dagegen im **pflichtgemäßen Ermessen** der Behörde (BT-Drs. 18/11555, 140 f.). Hinsichtlich dieser Informationen obliegt der Zentralstelle für Finanztransaktionsuntersuchungen ohnehin nicht die originäre Bearbeitung, diese werden ihr nur im Abdruck übersandt, um einen Abgleich mit sonstigen Informationen vornehmen zu können. Die Zuständigkeit für die Bearbeitung von Sachverhalten aus Barmittelanmeldungen und Barmittel-/Bargeldkontrollen mit Anhaltspunkten für Geldwäsche und/oder Terrorismusfinanzierung bzw. den weiteren in § 12a Abs. 7 S. 1 ZollVG genannten Delikten liegt unverändert beim Zoll in den jeweiligen GFGen bzw. den Schwerpunktdienststellen in Nürnberg und Frankfurt am Main.

Im Gesetzgebungsverfahren des Gesetzes zur Umsetzung der Änderungsrichtlinie zur 4. EU-Geldwäscherichtlinie (BGBl. 2019 I S. 2602) war von der **Fraktion DIE LINKE** ein Antrag auf **Ausweitung der Analyseverpflichtung auf sämtliche Meldungen und Informationen nach Abs. 1** eingebracht worden (vgl. Bericht des Finanzausschusses (7. Ausschuss) v. 14.11.2019, BT-Drs. 19/15196, 33 Nr. 6 Ziff. 2), der insbesondere die nach § 12a ZollVG übermittelten Informationen im Blickfeld hatte. Gerade für die auftragsgemäße Erstellung einzelfallunabhängiger Analysen zur Struktur von Risiken der Geldwäsche und Terrorismusfinanzierung sei es erforderlich, dass die FIU alle übermittelten Informationen analysiere und entsprechend nutze. Der Vorschlag wurde durch die Fraktionen von CDU/CSU, SPD, AfD und FDP (bei Enthaltung B90/GR) abgelehnt. Eine Lücke dürfte aufgrund der Bearbeitungszuständigkeiten in der Praxis tatsächlich nicht bestehen.

Eine **Definition** des Begriffs der operativen Analyse findet sich weder in der 12 4. EU-Geldwäscherichtlinie, noch im GwG. In der Gesetzesbegründung zur Umsetzung der 4. EU-Geldwäscherichtlinie wird lediglich umschreibend formuliert *„Für die operative Analyse werden zunächst ergänzende Informationen zum jeweiligen Sachverhalt von anderen Behörden oder den Verpflichteten eingeholt. Anschließend erfolgt die Bewertung, ob tatsächlich ein Zusammenhang zu Geldwäsche, Terrorismusfinanzierung oder einer anderen Straftat hergestellt werden kann. Die operative Analyse ist in Artikel 32 Abs. 8 Buchstabe a der Vierten Geldwäscherichtlinie als eine der beiden Analysetätigkeiten der Zentralstelle für Finanztransaktionsuntersuchungen beschrieben und soll der einzelfallbezogenen Betrachtung von erhaltenen Meldungen dienen."* (BT-Drs. 18/11555, 137). Eine Definition der „operativen Analyse" – gleichfalls im Zoll-Kontext – findet sich jedoch im **Beschluss 2009/917/JI des Rates vom 30.11.2009** über den Einsatz der Informationstechnologie im Zollbereich in Art. 2 Nr. 4, demzufolge im Sinne des Beschlusses der Ausdruck

„‚operative Analyse' die Analyse der Handlungen [bezeichnet], die gegen einzelstaatliche Rechtsvorschriften verstoßen oder zu verstoßen scheinen, und zwar durch folgende Schritte:
a) Sammlung von Informationen, einschließlich personenbezogener Daten;
b) Prüfung der Zuverlässigkeit der Informationsquelle und der Information selbst;
c) Recherche, methodische Darstellung und Auswertung der Verbindung zwischen diesen Informationen oder zwischen diesen Informationen und anderen signifikanten Daten;

§ 30   Abschnitt 5. Zentralstelle für Finanztransaktionsuntersuchungen

d) *Formulierung der Feststellungen, Hypothesen oder Empfehlungen, die durch die zuständigen Behörden unmittelbar als risikobezogene Informationen zur Verhinderung und Aufdeckung von anderen den einzelstaatlichen Rechtsvorschriften zuwiderlaufenden Vorgängen und/oder zur genauen Identifizierung der in diese Vorgänge verwickelten Personen oder Unternehmen genutzt werden können".*

Der Rahmenbeschluss wurde durch das **Gesetz zur Änderung des ZIS-Ausführungsgesetzes** und anderer Gesetze umgesetzt (BGBl. 2011 I S. 617). In der Gesetzesbegründung (BT-Drs. 17/3960, 9) heißt es hierzu, eine *„Legaldefinition der ‚operativen Analyse' ist in Artikel 2 Nummer 4 des ZIS-Beschlusses bzw. Artikel 2 siebter Anstrich der Verordnung (EG) Nr. 515/97 enthalten. Diese Analyse hat das Ziel, konkrete, personenbezogene Auswertungen zur Verhinderung und Ermittlung durchzuführen. Quelldaten der Analyse sind alle im Zollinformationssystem (ohne FIDE) enthaltenen Daten, insbesondere auch die Daten über zurückgehaltene, beschlagnahmte oder eingezogene Waren und Barmittel (Artikel 3 Abs. 1 Buchstabe g und h des ZIS-Beschlusses, Artikel 24 Buchstabe g und h der Verordnung (EG) Nr. 515/97)."*.

Obgleich diese Legaldefinition freilich im Kontext des Ratsbeschlusses zu sehen ist, lässt sich hieraus bereits ein etwas klareres Bild ableiten, was unter der operativen Analyse der Zentralstelle für Finanztransaktionsuntersuchungen zu verstehen ist, insbesondere da die Definition im Kontext des Einsatzes der Informationstechnologie im Zollbereich formuliert wurde. In der Praxis bestehen indessen – alleine aufgrund der erheblichen Bearbeitungsrückstände und meist oberflächlichen Analyseberichte (vgl. → Vor §§ 27–42 Rn. 14 und 25) – große **Zweifel an der Durchführung derart detaillierter operativer Analysen** aller eingehenden Meldungen. Zahlreiche Sachverhalte dürften vielmehr einer lediglich rudimentären Prüfung unterzogen werden. Der angekündigte Einsatz von Künstlicher Intelligenz, die über die im Informationspool befindlichen Meldungen laufen soll, kann eine operative Analyse allenfalls unterstützen, jedoch nicht ersetzen (s. auch Interpretive Note 3 zu FATF-Empfehlung 29).

Die Richtlinie (EU) 2019/1153 vom 20.6.2019 zur Erleichterung des Zugangs zu Finanz- und sonstigen Informationen (ABl. 2019 L 186, 122) fasst ausweislich Art. 2 Nr. 11 unter den Oberbegriff *„Finanzanalyse"* die Ergebnisse der von den zentralen Meldestellen für die Erfüllung ihrer Aufgaben nach der Richtlinie (EU) 2015/849 bereits durchgeführten operativen und strategischen Analyse.

13 Fraglich ist, ob der Prozess der operativen Analyse der Zentralstelle für Finanztransaktionsuntersuchungen bereits **Teil des Strafverfahrens** ist. Bei der Zentralstelle für Finanztransaktionsuntersuchungen handelt es sich um eine Verwaltungsbehörde ohne Ermittlungskompetenzen, was ausschließen könnte, dass sie und ihre Tätigkeit Teil des Strafverfahrens sind. Andererseits könnte man die operative Analyse, die zweifelsfrei zumindest Ermittlungskomponenten beinhaltet (konkrete Nachforschungen/Auswertungen zur Klärung des mitgeteilten Sachverhalts im Hinblick auf Zusammenhänge mit Straftaten, vgl. auch unter → Rn. 11), durchaus als eine besondere Art der Vorermittlung verstehen. Das Vorermittlungsverfahren (zur Zulässigkeit: BGHSt 38, 214 (227 ff.); krit. *Hellmann* FS Kühne, 2013, 247 mwN) ist wiederum zwar nicht Teil des Ermittlungsverfahrens, aber dennoch dem Strafverfahren zuzuordnen (*Lange* DRiZ 2002, 264 (266)). Auch Ermittlungen ohne Anfangsverdacht sind nicht völlig systemfremd (*Keller/Griesbaum* NStZ 1990, 416 (417); *Rogall* ZStW 1991, 907 (945)) und können Teil des Strafverfahrens sein. Auch wenn Meldungen nach §§ 43 Abs. 1 und 44 keine Strafanzeigen sind (sondern nach der hier vertretenen Ansicht Meldungen eigener Art, die primär den Belangen

Entgegennahme und Analyse von Meldungen **§ 30**

der Verbrechensbekämpfung dienen, vgl. → § 43 Rn. 5) so ist der sich daran anschließende Prozess der Verifizierung des mitgeteilten Sachverhalts im Rahmen von Vorermittlungen von seinem Wesen her nahezu identisch mit Ermittlungen, die auf Strafanzeigen folgen. Auch in der Vergangenheit wurden die „Clearing-Ermittlungen" der zuständigen Strafverfolgungsbehörde (die mit der jetzigen operativen Analyse der Zentralstelle für Finanztransaktionsuntersuchungen von ihrer Zielsetzung her weitgehend vergleichbar, wenn nicht identisch sind/waren) als Vorermittlungen klassifiziert und damit zum Strafverfahren gerechnet. Die reine Änderung der ermittelnden staatlichen Stelle, ändert an der Natur der Ermittlungen aber wenig – hier jedenfalls nichts im Hinblick auf die Frage zur Zugehörigkeit zum Strafverfahren. Zumindest wenn der Sachverhalt von der Zentralstelle für Finanztransaktionsuntersuchungen nach Abschluss der operativen Analyse gemäß § 32 Abs. 2 S. 1 an Strafverfolgungsbehörden weitergeleitet wird und es schließlich zur Einleitung eines Ermittlungsverfahrens kommt, wird man auch die operative Analyse der Zentralstelle für Finanztransaktionsuntersuchungen zum Strafverfahren rechnen müssen. Übersandte Unterlagen (wie Analyseberichte) werden (sofern nicht gesondert den Handakten zugewiesen) Teil der Strafakten und sind damit auch vom Akteneinsichtsrecht des Verteidigers nach § 147 StGB erfasst.

Der Auftrag zur Prüfung, ob der gemeldete Sachverhalt im Zusammenhang mit **14** Geldwäsche, mit Terrorismusfinanzierung oder mit einer sonstigen Straftat steht, beinhaltet ausweislich des gesetzgeberischen Willens keine Verpflichtung der Zentralstelle für Finanztransaktionsuntersuchungen zur Prüfung eines strafprozessualen Anfangsverdachts. Die FIU werde *„keine strafrechtliche Beurteilung des Sachverhalts"* vornehmen, das **Legalitätsprinzip** greife *„aus diesem Grund"* nicht (BT-Drs. 18/11928, 26). Die Feststellung, dass die Zentralstelle für Finanztransaktionsuntersuchungen keine strafrechtliche Beurteilung des Sachverhalts vornimmt, verwundert zunächst, da genau dies von einer Zentralstelle für die Bekämpfung von Geldwäsche und Terrorismusfinanzierung erwartet werden könnte, insbesondere da von ihrem Sachgehalt her ein großer Teil der Meldungen nach dem GwG bereits kriminelles Verhalten der Gemeldeten (ansatzweise oder ausdrücklich) erkennen lässt. Die Verpflichteten sind angehalten (ua) Verdachtsmomente im Hinblick auf Geldwäsche und Terrorismusfinanzierung zu melden. Ein gemeldeter Sachverhalt, der derartige Verdachtsmomente enthält, ist mithin primär näher im Hinblick auf strafrechtliche Relevanz und ob sich die Verdachtsmomente erhärten oder entkräften lassen zu untersuchen – dies entspricht auch den obig angeführten Definitionen der operativen Analyse (vgl. → Rn. 11). Bei genauer Betrachtung hat der Verdachtsgrad im Übrigen nichts mit dem Legalitätsprinzip zu tun. Zutreffend ist zunächst die erklärte Nichtgeltung des Legalitätsprinzips nach §§ 152 Abs. 2, 160, 163 StPO oder § 386 AO, da die Zentralstelle für Finanztransaktionsuntersuchungen nicht unter die Normadressaten dieser Regelungen (Staatsanwaltschaft, Polizei bzw. die in § 386 Abs. 1 S. 2 AO genannten Finanzbehörden) fällt. Ein entsprechender Verfolgungszwang lässt sich auch nicht aus anderen Vorschriften ableiten. Dennoch kann umgekehrt auch von einem reinen Opportunitätsprinzip im Hinblick auf die Weiterleitung bei Vorliegen der Voraussetzungen bspw. nach § 32 Abs. 1 S. 2 keinesfalls die Rede sein – hier finden sich zumeist Muss-Vorschriften, die ein Absehen von der Weiterleitung aufgrund einer eigenen Ermessensentscheidung ausschließen (vgl. hierzu ausführlich → § 32 Rn. 3 ff.).

Das zentrale Problem für die FIU hinsichtlich der operativen Analyse ist der **feh-** **15** **lende Zugriff auf die relevanten (insbesondere polizeilichen) Dateien.** Ohne den ausreichenden Zugang zu benötigten Informationen ist eine qualifizierte operative Analyse mitgeteilter Sachverhalte durch die FIU nicht möglich. Obgleich der Zentralstelle für Finanztransaktionsuntersuchungen mittlerweile zahlreiche Dateien erschlossen wurden (auch → § 31 Rn. 1), fehlt ihr nach wie vor der Zugriff auf die wohl wichtigsten Dateien – die länderpolizeilichen Vorgangsverwaltungen –, den sie aus datenschutzrechtlichen Gründen und aufgrund technischer Restriktionen auch zukünftig nicht erhalten wird (hierzu ausführlich → Vor §§ 27–42 Rn. 19ff., → § 31 Rn. 14f.).

16 Angabe gemäß setzt die FIU im Rahmen operativen Analyse seit Beginn des Jahres 2020 **Künstliche Intelligenz (KI)** ein (vgl. FIU, Stellungnahme v. 4.11.2019 zur öffentlichen Anhörung im Finanzausschuss am 6.11.2019, S. 7; der Einsatz von Machine Learning, Data Mining und Artificial Intelligence im Bereich der Geldwäschebekämpfung war gleichfalls intensiver Diskussionsgegenstand des FATF-Forums v. 6.-7.5.2019 in Wien). Inwieweit dies in absehbarer Zeit zufriedenstellend gelingen wird, scheint dabei fraglich. Zentrale Faktoren sind hierbei valide Datengrundlagen und fachlich qualifizierte „Anleitung" der Software. Darüber hinaus können sich Haftungsfragen stellen bei Nichterkennen strafrechtlich relevanter Sachverhalte (bspw., wenn die KI Terrorismusfinanzierung nicht erkennt und es zu einem kausalen Anschlag kommt).

IV. Einholung von Informationen von Verpflichteten (Abs. 3)

17 Die Zentralstelle für Finanztransaktionsuntersuchungen kann zur eigenen Aufgabenerfüllung gemäß Abs. 3 S. 1 weitere Informationen sowohl von meldenden als auch nichtmeldenden Verpflichteten einholen. Die Norm dient ausweislich der Gesetzesbegründung der Umsetzung von Art. 32 Abs. 3 S. 4 der 4. EU-Geldwäscherichtlinie. Mit der Betonung der **Unabhängigkeit vom Vorliegen einer Meldung** geht der Gesetzgeber über die Empfehlungen der FATF (vgl. Empfehlung 29 S. 2 Hs. 1, und Interpretive Note 5 zu Empfehlung 29 der FATF-Empfehlungen von 2012 (Stand: Juni 2019)) hinaus, wo die Berechtigung zum Anfordern von Informationen an das Vorliegen einer Verdachtsmeldung geknüpft ist, entspricht damit aber den Vorgaben aus **Art. 32 Abs. 9 der 4. EU-Geldwäscherichtlinie,** der durch die Richtlinie (EU) 2018/843 zur Änderung der 4. EU-Geldwäscherichtlinie eingefügt wurde (vgl. Art. 1 Nr. 18) und bestimmt, dass *"jede zentrale Meldestelle im Rahmen ihrer Aufgaben von jedem Verpflichteten Informationen"* im Rahmen ihrer Aufgabe zur Verhinderung, Aufdeckung und wirksamen Bekämpfung der Geldwäsche und der Terrorismusfinanzierung *„anfordern, einholen und nutzen"* können muss, selbst wenn keine vorherige Meldung erstattet wurde. Ausführlich und auch eingrenzend äußert sich hierzu Erwägungsgrund 17 der Änderungsrichtlinie: Demzufolge müssen die zentralen Meldestellen *„in der Lage sein, von allen Verpflichteten sämtliche erforderlichen Informationen über deren Funktion einzuholen. [...] Auslöser eines Verdachts auf Geldwäsche oder Terrorismusfinanzierung, aufgrund dessen die zentralen Meldestellen zusätzliche Informationen von Verpflichteten einholen müssen, können nicht nur eine zuvor der Meldestelle gemeldete Verdachtsanzeige, sondern auch andere Faktoren wie eine eigene Analyse der zentralen Meldestellen, von zuständigen Behörden übermittelte sachdienliche Erkenntnisse oder im Besitz einer anderen zentralen Meldestelle befindliche Informationen sein. Folglich sollten die zentralen Meldestellen im Rahmen ihrer Funktionen selbst dann von einem Verpflichteten Informationen einholen können, wenn zuvor keine Verdachtsanzeige übermittelt wurde. Dies umfasst keine wahllosen Auskunftsersuchen an die Verpflichteten im Rahmen der Analyse der zentralen Meldestellen, sondern nur Auskunftsersuchen auf der*

Entgegennahme und Analyse von Meldungen **§ 30**

Grundlage ausreichend definierter Voraussetzungen. Eine zentrale Meldestelle sollte solche Informationen auch auf Ersuchen einer anderen zentralen Meldestelle der Union einholen und mit dieser austauschen können.".

Die unabhängig vom Vorliegen einer Meldung mögliche Einholung der Informationen von Verpflichteten steht **ausschließlich der Zentralstelle für Finanztransaktionsuntersuchungen** zu. Sollten im Zusammenhang mit einer Meldung weitere Informationen zur Bewertung des mitgeteilten Sachverhalts erforderlich sein, steht ein solches Auskunftsrecht (wie bereits in der Vergangenheit) daneben auch den Strafverfolgungsbehörden zu. Wurden beispielsweise bei Erstattung der Verdachtsmeldung entgegen der diesbezüglichen Verpflichtung (*Barreto da Rosa* in Diergarten/Barreto da Rosa S. 273 f.) nicht alle erforderlichen Unterlagen beigefügt, kann auch die Strafverfolgungsbehörde, an die der Sachverhalt von der Zentralstelle für Finanztransaktionsuntersuchungen nach § 32 Abs. 2 weitergeleitet wurde, den Meldepflichtigen auffordern, die Fakten, die seine Meldung unterfüttern, zu substantiieren bzw. zu konkretisieren (vgl. Auslegungs- und Anwendungshinweise der BaFin zum GwG (Stand Mai 2020), S. 76). Soweit die entsprechenden Unterlagen nicht bereits der Verdachtsmeldung beigefügt werden, sind sie auf Ersuchen der Strafverfolgungsbehörde an diese herauszugeben. Ein staatsanwaltschaftliches Auskunftsersuchen ist hierzu nicht erforderlich (so explizit noch die Auslegungshinweise des Bundesministeriums der Finanzen zur Handhabung des Verdachtsmeldewesens v. 6.11.2014, S. 7 f., die ausweislich der Gesetzesbegr. zu § 43 Abs. 1 (BT-Drs. 18/11555, 156) zunächst weiterhin galten; in den neuen AuAs des BMF ist eine solche Formulierung nicht mehr enthalten, angesichts der klar formulierten Substantiierungspflicht auch gegenüber den Strafverfolgungsbehörden dürfte dies als überflüssig angesehen worden sein – in der Sache hat sich dadurch jedenfalls nichts geändert). 18

Der Begriff der **Informationen** ist nicht näher definiert und gleichfalls umfassend zu sehen. Die einzige Beschränkung ist das Erfordernis der Informationen zur Erfüllung ihrer Aufgaben. Die Einholung von zusätzlichen Informationen wird primär zur Durchführung der operativen Analyse (§ 28 Abs. 1 Nr. 2) und für strategische Analysen (§ 28 Abs. 1 Nr. 8) erforderlich werden. Die Zentralstelle für Finanztransaktionsuntersuchungen kann damit insbesondere die über § 24c KWG hinausgehenden, dh von der Norm nicht erfassten, Daten einholen wie einzelne Kontoumsätze, Kontoumsatzlisten, Kontosalden, Pfändungen, Abtretungen, Zahlungen, die über Zwischenkonten oder CPD-Konten abgewickelt wurden, die Abschlusssalden aufgelöster Konten, Umsatzlisten bei Aktien oder Wertpapieran- und -verkäufen, Bankschließfach-Besucherlisten/Schrankfachbenutzerkarten etc. Auch die Rückverfolgung der Papierspur („paper trail") verdächtiger Transaktionen kann hierdurch erleichtert werden. 19

Mit dem Recht der Zentralstelle für Finanztransaktionsuntersuchungen zur Einholung von Informationen von Verpflichteten korrespondiert eine sanktionsbehaftete **Auskunftsverpflichtung** für die Verpflichteten. Gemäß § 56 Abs. 1 Nr. 67 handelt ordnungswidrig, wer vorsätzlich oder leichtfertig entgegen § 30 Abs. 3 einem Auskunftsverlangen der FIU nicht, nicht richtig, nicht vollständig oder nicht rechtzeitig nachkommt. 20

Das Recht der Zentralstelle für Finanztransaktionsuntersuchungen von Verpflichteten auch unabhängig vom Vorliegen einer Meldung Informationen einzuholen und die damit korrespondierende, sanktionsbehaftete Auskunftsverpflichtung für den Verpflichteten berührt bei genauer Betrachtung auch sensible rechtsstaatliche Bereiche. So darf die Zentralstelle für Finanztransaktionsuntersu- 21

§ 30 Abschnitt 5. Zentralstelle für Finanztransaktionsuntersuchungen

chungen gemäß § 32 Abs. 3 S. 2 Nr. 3 von Amts wegen Informationen auch an die Aufsichtsbehörden weiterleiten. Über ein Auskunftsverlangen nach § 30 Abs. 3 könnten somit Informationen erhoben werden, die im Nachgang an die Aufsichtsbehörde zur Einleitung eines Bußgeldverfahrens übermittelt werden. Die Auskunftsverpflichtung des Verpflichteten ist insofern im Lichte des **nemo-tenetur-Prinzips** zu sehen. Eine Verpflichtung zur Mitteilung von Informationen, die zur Einleitung eines Straf- oder Bußgeldverfahrens führen könnten, besteht für den Verpflichteten damit nicht (vgl. auch § 52 Abs. 4). Ferner kann eine Herausgabe auch im Hinblick auf Unterlagen verweigert werden, die **Beschlagnahmeverboten** unterliegen oder hinsichtlich derer **Auskunftsverweigerungsrechte** bestehen (ebenso *Krais* Rn. 585).

22 Die Zentralstelle für Finanztransaktionsuntersuchungen setzt dem Verpflichteten mit ihrem Auskunftsverlangen gemäß S. 2 eine angemessene **Frist,** in welcher der Verpflichtete die angefragten Informationen zur Verfügung zu stellen hat.

23 Fraglich ist, ob die Verpflichteten für die Beantwortung eines Auskunftsverlangens nach Abs. 3 (nach dem Gesetz über die Vergütung von Sachverständigen sowie die Entschädigung von ehrenamtlichen Richterinnen, ehrenamtlichen Richtern, Zeuginnen, Zeugen und Dritten (JVEG), BGBl. 2004 I S. 718 (776)) **Entschädigung** verlangen können. Erfolgt das Auskunftsverlangen im Zusammenhang mit einer vom Verpflichteten nach § 43 Abs. 1 erstatteten Meldung, so können vom Verpflichteten (wie nach vormaliger Rechtslage) keine Kosten oder Aufwendungen in Rechnung gestellt werden. Sofern das Auskunftsverlangen unabhängig von einer Meldung erfolgt, wird man angesichts des im JVEG für Dritte enthaltenen Rechtsgedankens des Entschädigungsprinzips indessen von einem Entschädigungsanspruch ausgehen müssen (analog § 1 S. 1 Nr. 3, S. 2, § 7, § 23 Abs. 2 S. 1 Nr. 2, S. 2 JVEG; de lege ferenda ist hier für eine Klarstellung zu plädieren, dh insbes. die Aufnahme der Zentralstelle für Finanztransaktionsuntersuchungen in den Kreis der „*heranziehenden Behörden*" nach dem JVEG). Auch im Umkehrschluss zu § 52 Abs. 1 S. 1, der den Verpflichteten ua explizit auferlegt, den Aufsichtsbehörden erforderliche Unterlagen auf Verlangen „*unentgeltlich*" vorzulegen, wird man im Kontext von Auskunftsverlangen nach § 30 Abs. 3 dem betreffenden Verpflichteten einen Entschädigungsanspruch zuerkennen müssen – der Gesetzgeber hätte andernfalls sonst wohl auch hier die Unentgeltlichkeit festgeschrieben. Zu den zu entschädigenden Leistungen werden primär die Fertigung von Kopien oder die Ausdrucke von gespeicherten Daten gehören. Nicht erstattet werden aber die Mehrkosten für den Ausdruck von Daten, die der Dritte elektronisch gespeichert oder mikroverfilmt archiviert hat, soweit er sie nach § 261 HGB bereithalten muss (OLG Koblenz JB 2005, 658); in diesem Fall sind nur die Kosten zu erstatten, die entstanden wären, wenn die Unterlagen in Papierform archiviert worden wären (*Binz/Dörndorfer/Zimmermann* JVEG § 23 Rn. 5).

24 Korrespondierend zur gemäß § 43 Abs. 2 eingeschränkten Meldepflicht nach § 43 Abs. 1 können **Angehörige der rechts-, wirtschafts- und steuerberatenden Berufe** (Verpflichtete nach § 2 Abs. 1 Nr. 10 und 12) nach **S. 3** die Auskunft verweigern, soweit sich das Auskunftsverlangen auf Informationen bezieht, die sie im Rahmen der **Rechtsberatung oder der Prozessvertretung** des Vertragspartners erhalten haben (zu den Begriffen → § 43 Rn. 70). Die Auskunftspflicht bleibt jedoch gemäß **S. 4** (entsprechend der Regelung in § 42 Abs. 2 S. 2) bestehen, wenn der Verpflichtete weiß, dass der Vertragspartner die Rechtsberatung für den Zweck der Geldwäsche oder der Terrorismusfinanzierung in Anspruch genommen hat oder nimmt. S. 3 verwendete hier (entgegen aller anderen entsprechenden Stellen

wie bspw. in § 43 Abs. 2) auch nach der Fassung durch das Gesetz zur Umsetzung der 4. EU-Geldwäscherichtlinie noch die vormalige Formulierung „*im Rahmen der Rechtsberatung oder der Prozessvertretung des Vertragspartners*" und nicht die durch die Beschlussempfehlung des Finanzausschusses sonst im Gesetz vorgenommene Neufassung „*im Rahmen eines der Schweigepflicht unterliegenden Mandatsverhältnisses*" (BT-Drs. 18/12405, bspw. auf S. 82f. zu § 43 Abs. 2). Nach den Änderungen durch das Gesetz zur Umsetzung der Änderungsrichtlinie zur 4. EU-Geldwäscherichtlinie ist wieder eine durchgehend einheitliche Formulierung gegeben.

§ 31 Auskunftsrecht gegenüber inländischen öffentlichen Stellen, Datenzugriffsrecht

(1) **Die Zentralstelle für Finanztransaktionsuntersuchungen kann, soweit es zur Erfüllung ihrer Aufgaben erforderlich ist, bei inländischen öffentlichen Stellen Daten erheben. Die inländischen öffentlichen Stellen erteilen der Zentralstelle für Finanztransaktionsuntersuchungen zur Erfüllung von deren Aufgaben auf deren Ersuchen Auskunft, soweit der Auskunft keine Übermittlungsbeschränkungen entgegenstehen.**

(2) **Die Anfragen sind von der inländischen öffentlichen Stelle unverzüglich zu beantworten. Daten, die mit der Anfrage im Zusammenhang stehen, sind zur Verfügung zu stellen.**

(3) **Die Zentralstelle für Finanztransaktionsuntersuchungen soll ein automatisiertes Verfahren für die Übermittlung personenbezogener Daten, die bei anderen inländischen öffentlichen Stellen gespeichert sind und zu deren Erhalt die Zentralstelle für Finanztransaktionsuntersuchungen gesetzlich berechtigt ist, durch Abruf einrichten, soweit gesetzlich nichts anderes bestimmt ist und diese Form der Datenübermittlung unter Berücksichtigung der schutzwürdigen Interessen der betroffenen Personen wegen der Vielzahl der Übermittlungen oder wegen ihrer besonderen Eilbedürftigkeit angemessen ist. Zur Kontrolle der Zulässigkeit des automatisierten Abrufverfahrens hat die Zentralstelle für Finanztransaktionsuntersuchungen schriftlich festzulegen:**
1. **den Anlass und den Zweck des Abgleich- oder Abrufverfahrens,**
2. **die Dritten, an die übermittelt wird,**
3. **die Art der zu übermittelnden Daten und**
4. **die technischen und organisatorischen Maßnahmen zur Gewährleistung des Datenschutzes.**

(4) **Die Zentralstelle für Finanztransaktionsuntersuchungen ist berechtigt, soweit dies zur Erfüllung ihrer Aufgaben nach § 28 Absatz 1 Satz 2 Nummer 2 erforderlich ist, die in ihrem Informationssystem gespeicherten, personenbezogenen Daten mit den im polizeilichen Informationsverbund nach § 29 Absatz 1 und 2 des Bundeskriminalamtgesetzes enthaltenen, personenbezogenen Daten automatisiert abzugleichen. Wird im Zuge des Abgleichs nach Satz 1 eine Übereinstimmung übermittelter Daten mit im polizeilichen Informationsverbund gespeicherten Daten festgestellt, so erhält die Zentralstelle für Finanztransaktionsuntersuchungen automatisiert die Information über das Vorliegen eines Treffers und ist berechtigt, die dazu im polizeilichen Informationsverbund vorhandenen**

§ 31 Abschnitt 5. Zentralstelle für Finanztransaktionsuntersuchungen

Daten automatisiert abzurufen. Haben die Teilnehmer am polizeilichen Informationsverbund Daten als besonders schutzwürdig eingestuft und aus diesem Grund einen Datenabruf der Zentralstelle für Finanztransaktionsuntersuchungen nach Satz 2 ausgeschlossen, erhält der datenbesitzende Teilnehmer am polizeilichen Informationsverbund automatisiert die Information über das Vorliegen eines Treffers. Zugleich erhält die Zentralstelle für Finanztransaktionsuntersuchungen in den Fällen nach Satz 3 die Information über das Vorliegen eines Treffers sowie die Information, wer datenbesitzender Teilnehmer am polizeilichen Informationsverbund ist. Bei Information über das Vorliegen eines Treffers nach Satz 3 obliegt es dem jeweiligen datenbesitzenden Teilnehmer des polizeilichen Informationsverbunds, mit der Zentralstelle für Finanztransaktionsuntersuchungen unverzüglich Kontakt aufzunehmen und ihr die Daten zu übermitteln, soweit dem keine Übermittlungsbeschränkungen entgegenstehen. Die Regelungen der Sätze 1 bis 5 gehen der Regelung des § 29 Absatz 8 des Bundeskriminalamtgesetzes vor. Die Einrichtung eines weitergehenden automatisierten Abrufverfahrens für die Zentralstelle für Finanztransaktionsuntersuchungen ist mit Zustimmung des Bundesministeriums des Innern, des Bundesministeriums der Finanzen und der Innenministerien und Senatsinnenverwaltungen der Länder zulässig, soweit diese Form der Datenübermittlung unter Berücksichtigung der schutzwürdigen Interessen der Betroffenen wegen der Vielzahl der Übermittlungen oder wegen der besonderen Eilbedürftigkeit angemessen ist.

(4a) Die Zentralstelle für Finanztransaktionsuntersuchungen ist berechtigt, soweit dies zur Erfüllung ihrer Aufgaben nach § 28 Absatz 1 Satz 2 Nummer 2 erforderlich ist, unter Angabe des Vornamens, des Nachnamens sowie zusätzlich des Geburtsdatums, des Geburtsortes oder der letzten bekannten Anschrift einer natürlichen Person Auskunft aus dem Zentralen Staatsanwaltschaftlichen Verfahrensregister automatisiert einzuholen. Wird im Zuge der Auskunftseinholung nach Satz 1 eine Übereinstimmung übermittelter Daten mit den im Zentralen Staatsanwaltschaftlichen Verfahrensregister gespeicherten Daten festgestellt, so erhält die Zentralstelle für Finanztransaktionsuntersuchungen automatisiert die Information über das Vorliegen eines Treffers und ist berechtigt, die dazu im Zentralen Staatsanwaltschaftlichen Verfahrensregister vorhandenen Daten automatisiert abzurufen. Die aus dem Zentralen Staatsanwaltschaftlichen Verfahrensregister erhobenen personenbezogenen Daten dürfen nur für die Zwecke der operativen Analyse verwendet werden.

(5) Finanzbehörden erteilen der Zentralstelle für Finanztransaktionsuntersuchungen nach Maßgabe des § 31b Absatz 1 Nummer 5 der Abgabenordnung Auskunft und teilen ihr nach § 31b Absatz 2 der Abgabenordnung die dort genannten Informationen mit. Die Zentralstelle für Finanztransaktionsuntersuchungen darf zur Vorbereitung von Auskunftsersuchen gegenüber Finanzämtern unter Angabe des Vornamens, des Nachnamens und der Anschrift oder des Geburtsdatums einer natürlichen Person aus der Datenbank nach § 139b der Abgabenordnung automatisiert abrufen, bei welchem Finanzamt und unter welcher Steuernummer diese natürliche Person geführt wird. Ein automatisierter Abruf anderer Daten, die bei den Finanzbehörden gespeichert sind und die nach § 30 der Abga-

benordnung dem Steuergeheimnis unterliegen, durch die Zentralstelle für Finanztransaktionsuntersuchungen ist nur möglich, soweit dies nach der Abgabenordnung oder den Steuergesetzen zugelassen ist. Abweichend von Satz 3 findet für den automatisierten Abruf von Daten, die bei den Finanzbehörden der Zollverwaltung gespeichert sind und für deren Erhalt die Zentralstelle für Finanztransaktionsuntersuchungen die gesetzliche Berechtigung hat, Absatz 3 Anwendung.

(6) Die Zentralstelle für Finanztransaktionsuntersuchungen darf zur Erfüllung ihrer Aufgaben bei den Kreditinstituten nach § 2 Absatz 1 Nummer 1 und bei den Instituten nach § 2 Absatz 1 Nummer 3 Daten aus den von ihnen nach § 24c Absatz 1 des Kreditwesengesetzes zu führenden Dateisystemen im automatisierten Verfahren abrufen. Für die Datenübermittlung gilt § 24c Absatz 4 bis 8 des Kreditwesengesetzes entsprechend.

(7) Soweit zur Überprüfung der Personalien des Betroffenen erforderlich, darf die Zentralstelle für Finanztransaktionsuntersuchungen im automatisierten Abrufverfahren nach § 38 des Bundesmeldegesetzes über die in § 38 Absatz 1 des Bundesmeldegesetzes aufgeführten Daten hinaus folgende Daten abrufen:
1. derzeitige Staatsangehörigkeiten,
2. frühere Anschriften, gekennzeichnet nach Haupt- und Nebenwohnung, und
3. Ausstellungsbehörde, Ausstellungsdatum, Gültigkeitsdauer, Seriennummer des Personalausweises, vorläufigen Personalausweises oder Ersatzpersonalausweises, des anerkannten und gültigen Passes oder Passersatzpapiers.

Literatur: *Gola/Schomerus*, Bundesdatenschutzgesetz, 12. Aufl. 2015; *Lemke*, Landesübergreifendes staatsanwaltschaftliches Verfahrensregister, NStZ 1995, 484; *Meyer-Goßner/Schmitt*, StPO, 62. Aufl. 2019, zit.: *Bearbeiter* in Meyer-Goßner/Schmitt; *Simitis* (Hrsg.), Bundesdatenschutzgesetz, 8. Aufl. 2014, zit.: *Bearbeiter* in NK-BDSG

Übersicht

	Rn.
I. Allgemeines	1
II. Datenerhebung bei inländischen öffentlichen Stellen (Abs. 1)	3
III. Pflicht der angefragten Stellen zur unverzüglichen Beantwortung (Abs. 2)	5
IV. Automatisierte Datenübermittlung (Abs. 3)	6
V. Automatisierter Abgleich mit Daten im polizeilichen Informationsverbund (Abs. 4)	12
1. Allgemeines	12
2. Abgleich mit Daten, die im polizeilichen Informationsverbund gespeichert sind (S. 1)	14
3. Differenzierung hinsichtlich der betroffenen Daten („Mischmodell") (S. 2–5)	16
4. Einrichtung eines weitergehenden automatisierten Abrufverfahrens (S. 7)	19
VI. Automatisierte Auskunft aus dem Zentralen Staatsanwaltschaftlichen Verfahrensregister (Abs. 4a)	20
1. Allgemeines	20

§ 31 Abschnitt 5. Zentralstelle für Finanztransaktionsuntersuchungen

	Rn.
2. Automatisierte Abfrage unter Angabe spezifischer Parameter (S. 1)	20d
3. Automatisierter Abruf der Daten im Trefferfall (S. 2)	20e
4. Verwendungsbeschränkung (S. 3)	20f
VII. Auskunftspflicht der Finanzbehörden (Abs. 5)	21
VIII. Kontoabrufverfahren nach § 24c KWG (Abs. 6)	24
IX. Datenabruf bei Meldebehörden (Abs. 7)	29

I. Allgemeines

1 **FATF-Empfehlung 2** beinhaltet Regelungen zur nationalen Zusammenarbeit und Koordination. Die nationalen Behörden müssen hiernach effektiv zusammenarbeiten und zur Bekämpfung von Geldwäsche, Terrorismusfinanzierung und Proliferation Informationen austauschen können. Gemäß **Art. 32 Abs. 4 S. 1 der 4. EU-Geldwäscherichtlinie**, der der FATF-Empfehlung 29 S. 2 entspricht, haben die Mitgliedstaaten sicherzustellen, dass ihre zentralen Meldestellen zeitnah unmittelbar oder mittelbar Zugang zu den Finanz-, Verwaltungs- und Strafverfolgungsinformationen erhalten, die sie zur ordnungsgemäßen Erfüllung ihrer Aufgaben benötigen. § 31 setzt diese Vorgaben in Teilen um. Der Zentralstelle für Finanztransaktionsuntersuchungen wurden, um ihr die operative Analyse sinnvoll und auch ressourcenschonend/effizient zu ermöglichen, (automatisierte) **Zugriffe auf verschiedene Dateien und Informationen** eingeräumt. Hier sind zu nennen Informationen aus dem **Ausländerzentralregister** und der **VISA-Datei** (Art. 3 und 4 des Gesetzes zur Umsetzung der 4. EU-Geldwäscherichtlinie (durch Änderung des AZR-Gesetzes und der AZR-Durchführungsverordnung)), aus dem Bundeszentralregister (Art. 5 (Änderung des BZRG)), der Informationszugriff auf das **zentrale Informationssystem für die Finanzkontrolle Schwarzarbeit** (Art. 6 (Änderung des Schwarzarbeitbekämpfungsgesetzes)) und das zentrale **Kontenabrufverfahren** (Art. 9 (Änderung der Abgabenordnung)) die **Teilnahme am Zollfahndungsinformationssystem** (Art. 8 (Änderung des Zollfahndungsdienstgesetzes)), **Sozialdaten** (Art. 11 (Änderung des Zehnten Buches Sozialgesetzbuch – Sozialverwaltungsverfahren und Sozialdatenschutz)), Daten aus dem **Gewerbezentralregister** (Art. 16 (Änderung der Gewerbeordnung)) sowie **Fahrzeug- und Halterdaten** (Art. 21 (Änderung des Straßenverkehrsgesetzes)).

2 Durch das **Gesetz zur Umsetzung der Änderungsrichtlinie zur 4. EU-Geldwäscherichtlinie** wurde § 26a im GwG neu eingefügt, wodurch die FIU (und die Strafverfolgungsbehörden) ab dem 1.1.2021 (vgl. BGBl. 2019 I S. 2629, Art. 20 Abs. 2) einen automatisierten Zugriff auf das **Transparenzregister** erhalten, sowie § 12 Abs. 4 S. 2 der Grundbuchordnung und § 46a Abs. 3a S. 1 der Grundbuchverfügung dahingehend geändert, dass dem Eigentümer eines Grundstücks oder dem Inhaber eines grundstücksgleichen Rechts auf Verlangen keine Auskunft aus dem Protokoll zu **Grundbuchabfragen** der FIU im Rahmen ihrer operativen Analyse gegeben wird, soweit die Bekanntgabe die Aufgabenwahrnehmung der Zentralstelle für Finanztransaktionsuntersuchungen gefährden würde (BT-Drs. 19/13827, 116). Ferner wurde § 31 Abs. 4 geändert (womit die FIU eine **Rückmeldung auch bei Treffern in sog. „kritischen Dateien"** erhält, vgl. näher → Rn. 12 ff.), ein neuer Abs. 4a eingefügt, welcher der FIU einen **Zugriff auf das Zentrale Staatsanwaltschaftliche Verfahrensregister** (ZStV) einräumt (hierzu näher → Rn. 20 ff.), und in Abs. 6 eine im Wesentlichen redaktionelle Än-

derung vorgenommen (diese Änderungen waren im RefE v. 20.5.2019 noch nicht enthalten, sondern wurden lediglich im Anschreiben zur Verbändeanhörung erwähnt; demgegenüber sah der RefE v. 20.5.2019 jedoch noch einen neuen Abs. 8 in § 31 vor, der den Zugriff der FIU auf das Transparenzregister regeln sollte, was schließlich ausführlicher in § 26a neu geregelt wurde). Durch diese zusätzlichen Erkenntnisquellen sollen die Befugnisse der FIU und ihre Fähigkeiten zur operative Analyse gestärkt werden (BT-Drs. 19/13827, 51).

Die Richtlinie (EU) 2019/1153 vom 20.6.2019 zur Festlegung von Vorschriften zur Erleichterung der Nutzung von Finanz- und sonstigen Informationen für die Verhütung, Aufdeckung, Untersuchung oder Verfolgung bestimmter Straftaten und zur Aufhebung des Beschlusses 2000/642/JI des Rates (ABl. 2019 L 186, 122; im Folgenden: **Richtlinie (EU) 2019/1153 vom 20.6.2019 zur Erleichterung des Zugangs zu Finanz- und sonstigen Informationen),** die bis zum 1.8.2021 umzusetzen ist, soll den zuständigen Behörden erleichtern, zur Verhütung, Aufdeckung, Untersuchung oder Verfolgung schwerer Straftaten auf Finanz- und Bankkontoinformationen zuzugreifen und diese zu verwenden. Zudem werden Maßnahmen festgelegt, die sowohl den Zugriff zentraler Meldestellen auf Strafverfolgungsinformationen für die Verhütung und Bekämpfung von Geldwäsche, damit zusammenhängenden Vortaten und Terrorismusfinanzierung erleichtern sollen, als auch Maßnahmen, die die Zusammenarbeit zwischen den zentralen Meldestellen vereinfachen sollen (vgl. Art. 1 Abs. 1 der RL). Die Umsetzung dieser Richtlinie wird Änderungen auch im GwG zur Folge haben. 2a

II. Datenerhebung bei inländischen öffentlichen Stellen (Abs. 1)

Abs. 1 **S. 1** gibt der Zentralstelle für Finanztransaktionsuntersuchungen die Befugnis, zur Erfüllung ihrer Aufgaben nach § 28 Daten von inländischen öffentlichen Stellen zu erheben (vgl. auch Art. 8 der RL (EU) 2019/1153 v. 20.6.2019 zur Erleichterung des Zugangs zu Finanz- und sonstigen Informationen (ABl. 2019 L 186, 122)). Die Datenverarbeitung der Zentralstelle für Finanztransaktionsuntersuchungen zu Zwecken der Verhinderung von Geldwäsche und Terrorismusfinanzierung ist eine Angelegenheit von öffentlichem Interesse gemäß Art. 43 der 4. EU-Geldwäscherichtlinie iVm Richtlinie 95/46/EG (vgl. BT-Drs. 18/11555, 141) bzw. Art. 6 Abs. 1 e) DS-GVO. 3

Quasi als Gegenstück zu S. 1 enthält **S. 2** eine **Auskunftsverpflichtung der inländischen öffentlichen Stellen,** wenn die Zentralstelle für Finanztransaktionsuntersuchungen diese im Rahmen ihrer Aufgaben um Auskunft ersucht. Eine Auskunftsverpflichtung der inländischen öffentlichen Stellen kommt dabei nur in Frage, soweit keine spezialgesetzlichen Übermittlungsbeschränkungen entgegenstehen. Derartige **Übermittlungsbeschränkungen** finden sich beispielsweise in § 23 BVerfSchG, § 28 BKAG oder § 33 BPolG, die gleichermaßen ua auf überwiegende schutzwürdige Interessen des Betroffenen gegenüber dem Allgemeininteresse an der Übermittlung abstellen bzw. im Falle überwiegender Sicherheitsinteressen, oder in Polizeigesetzen der Länder. 4

III. Pflicht der angefragten Stellen zur unverzüglichen Beantwortung (Abs. 2)

5 Abs. 2 erlegt den angefragten inländischen öffentlichen Stellen die unverzügliche Beantwortung der Anfragen der Zentralstelle für Finanztransaktionsuntersuchungen und Zurverfügungstellung der angeforderten Daten auf. Hinsichtlich der Unverzüglichkeit der Antwortverpflichtung kann wiederum auf § 121 Abs. 1 S. 1 BGB abgestellt werden, der eine Legaldefinition des Begriffes „unverzüglich" enthält („ohne schuldhaftes Zögern"), die für das gesamte deutsche Recht gilt.

IV. Automatisierte Datenübermittlung (Abs. 3)

6 Die Zentralstelle für Finanztransaktionsuntersuchungen hat eine große Anzahl von Datenübermittlungen zu bewältigen, die einzeln manuell aufgrund des zeitlichen und personellen Aufwands nicht praktikabel durchführbar sind. Im Interesse sowohl der Zentralstelle für Finanztransaktionsuntersuchungen als auch der datenbesitzenden inländischen öffentlichen Stellen soll (soweit dies der Zentralstelle für Finanztransaktionsuntersuchungen insbes. technisch, zeitlich und finanziell möglich ist, BT-Drs. 18/11555, 142) gemäß Abs. 3 S. 1 daher für gesetzlich zulässige Datenübermittlungen ein automatisiertes Abrufverfahren bei den beteiligten Behörden eingerichtet werden, wobei die Häufigkeit der Datenübermittlungen und die besondere Eilbedürftigkeit ihrer Übermittlung auf der einen und schutzwürdige Interessen der hierdurch Betroffenen auf der anderen Seite zu berücksichtigen sind (eine ähnliche Regelung findet sich auch in § 488 StPO). Abstrakt formuliert sind insofern die durch das Abrufverfahren ggf. für das Persönlichkeitsrecht des Betroffenen entstehenden besonderen Gefährdungen, die ua bestimmt werden durch Art und Verwendungszweck der Daten und Art und Größe des Empfängerkreises, mit dem Bedarf für ein derartiges Verfahren abzuwägen, der sich auf Grund der Aufgaben der beteiligten Stellen ergibt. Für den letztgenannten Aspekt kann auch die Notwendigkeit einer besonders schnellen Information oder die Ermöglichung eines „Massengeschäfts" maßgebend sein (*Gola/Schomerus* BDSG-alt § 10 Rn. 11).

7 Eine Definition für *„automatisierte Verarbeitung"* fand sich in § 3 Abs. 2 S. 1 BDSG-alt als *„die Erhebung, Verarbeitung oder Nutzung personenbezogener Daten unter Einsatz von Datenverarbeitungsanlagen"*. Zu den weiteren **datenschutzrechtlichen Begriffsdefinitionen** s. die Anmerkungen unter → § 29 Rn. 7 und 13 ff.

8 Das **Abrufverfahren** selbst untergliedert sich in zwei Schritte – den Datenabgleich und den sich daran im Trefferfall anschließenden Datenabruf. Datenabgleich meint die automatisierte Übermittlung von Fundstellendatensätzen durch die Zentralstelle für Finanztransaktionsuntersuchungen an eine datenbesitzende Behörde zum Zwecke der Überprüfung auf Übereinstimmung mit dort vorhandenen Daten, worüber die Zentralstelle für Finanztransaktionsuntersuchungen eine automatisierte Information erhält. Im Falle des positiven Bestands schließt sich unmittelbar der entsprechende Datenabruf an, dh die durch die Zentralstelle für Finanztransaktionsuntersuchungen automatisiert und eigenständig veranlasste Datenübermittlung der bei der datenbesitzenden Behörde gespeicherten Informationen (vgl. BT-Drs. 18/11555, 142). Das automatisierte Abrufverfahren der Zentralstelle für Finanztransaktionsuntersuchungen räumt ihr das Recht ein, über die bei der jeweils inlän-

dischen öffentlichen Stelle vorhandenen Daten eigenständig zu verfügen (BT-Drs. 18/11555, 142).

Der automatisierte Abgleich personenbezogener **polizeilicher Daten** ist von Abs. 3 nicht erfasst, sondern als lex specialis in Abs. 4 geregelt. **Weitere Sonderregelungen** für Auskünfte aus dem Zentralen Staatsanwaltschaftlichen Verfahrensregister, Auskünfte von Finanzbehörden, für das Kontoabrufverfahren nach § 24c KWG und den Datenabruf bei Meldebehörden finden sich in den Folgeabsätzen 4a–7.

Um die Rechtmäßigkeit des Verfahrens selbst kontrollieren zu können, sind der Zentralstelle für Finanztransaktionsuntersuchungen **Dokumentationspflichten** auferlegt, indem sie vor Inbetriebnahme des Systems die vom Gesetz in **S. 2** (der § 10 Abs. 2 BDSG-alt entspricht) genannten wesentlichen Eckpunkte des beabsichtigten Verfahrens schriftlich festzulegen hat (in der Pflicht zur schriftlichen Dokumentation sieht *Ehmann* (in NK-BDSG BDSG-alt § 10 Rn. 46f.) eine indirekt vorgegebene Verpflichtung zur Vorabkontrolle). In dieser schriftlichen Festlegung des Verfahrens sind zunächst **Anlass und Zweck** der Einrichtung zu erläutern **(Nr. 1),** ferner ist dabei die zur Feststellung der Angemessenheit des Verfahrens durchgeführte Interessenabwägung darzustellen, sowie die Zulässigkeit der beabsichtigten einzelnen Übermittlungen (ggf. unter Angabe der maßgebenden Rechtsgrundlagen). Ferner sind konkret zu nennen die Datenempfänger **(Dritten, Nr. 2),** dh die zum Abruf berechtigten Stellen. Hinsichtlich der **zu übermittelnden Daten (Nr. 3)** genügt die konkrete Beschreibung der Art der Daten (zB Name, Vorname, Geburtsdatum), wobei ggf. auch aufzuzeigen ist, welche Dritte hinsichtlich welcher Datenarten abrufberechtigt sein sollen. Schließlich sind die technischen und organisatorischen **Maßnahmen zur Gewährleistung des Datenschutzes (Nr. 4)** zu beschreiben. Für die Durchführung der Kontrolle selbst ist der Bundesbeauftragte für den Datenschutz zuständig und insgesamt der interne Datenschutzbeauftragte.

Insbesondere der nicht unerhebliche technische und finanzielle Aufwand zur Schaffung von Schnittstellen für automatisierte Abrufverfahren zu inländischen öffentlichen Stellen mit heterogener EDV-Infrastruktur dürfte hier eine faktische Begrenzung oder zumindest lange Umsetzungsphasen bedeuten.

V. Automatisierter Abgleich mit Daten im polizeilichen Informationsverbund (Abs. 4)

1. Allgemeines

Abs. 4 regelt als lex specialis zu Abs. 3 das automatisierte Abrufverfahren hinsichtlich personenbezogener Daten, die im polizeilichen Informationsverbund gespeichert sind, und deren Abgleich und ggf. Abruf zur Erfüllung der Aufgaben der Zentralstelle für Finanztransaktionsuntersuchungen im Rahmen der ihr obliegenden operativen Analyse nach § 28 Abs. 1 S. 2 Nr. 2, § 30 Abs. 2 erforderlich ist. Zum Begriff der automatisierten Verarbeitung kann auf → Rn. 8 zu Abs. 3 verwiesen werden.

Durch Ziffer 26 des **Gesetzes zur Umsetzung der Änderungsrichtlinie zur 4. EU-Geldwäscherichtlinie** (BT-Drs. 19/13827, 25) wurden in § 31 Abs. 4 zunächst in S. 1 die Wörter *„Informationssystem nach § 13 in Verbindung mit"* durch die Wörter *„Informationsverbund nach"* und in den Folgesätzen jeweils *„Informationssystem"* durch *„Informationsverbund"* ersetzt. Es handelt sich um Folgeänderungen nach der Änderung des BKAG vom 25.5.2018, mit der das polizeiliche Informationssystem nach § 11 BKAG aF durch den polizeilichen Informationsverbund nach § 29 BKAG nF ersetzt worden war, an dem das Bundeskriminalamt mit seinem Informationssystem teilnimmt (vgl. § 13 Abs. 1 und 3 BKAG nF; s. BT-Drs. 19/13827, 93).

Die zentrale und bis zuletzt heftig kritisierte (vgl. Stellungnahme des BDK zur öffentlichen Anhörung des Finanzausschusses am 6.11.2019) Änderung in § 31 Abs. 4 betrifft die im neu eingefügten S. 4 enthaltene **Meldung eines Treffers in den kritischen Dateien an die FIU** (inkl. der Angabe der datenbesitzenden Stelle; ein Datenzugriff der FIU und eine Übermittlung des Inhalts des Treffers ist weiterhin nicht gegeben). Nach vormaliger Rechtslage erhielt bei Treffern im Bereich besonders geschützter Daten nur der datenbesitzende Teilnehmer am polizeilichen Informationsverbund automatisiert die Information über das Vorliegen eines Treffers. Ausweislich der **Gesetzesbegründung** (BT-Drs. 19/13827, 93f.) wäre durch diese Regelung nur eine geringe Rückmeldequote der datenbesitzenden Stelle erzielt worden, weshalb sich die Regelung als nicht praxistauglich erwiesen habe. Durch die Treffermeldung werde der FIU die Möglichkeit gegeben, eigenständig mit der datenbesitzenden Stelle Kontakt aufzunehmen, die FIU werde nach erfolgter Kontaktaufnahme den Sachverhalt umgehend und direkt mit der datenbesitzenden Stelle bewerten, notwendige Absprachen treffen und die ihr vorliegenden Informationen ggf. an die datenbesitzende Stelle weiterleiten. Hierdurch werde sowohl den berechtigten Interessen der Datenbesitzer Genüge getan, die Integrität der sensiblen Daten aufrecht zu erhalten, als auch die FIU in die Lage versetzt, Sachverhalte vollständig zu bewerten.

Die Änderung wurde **seitens des Bundesrats** *„aus polizeifachlichen Gründen"* **zunächst abgelehnt** (BT-Drs. 19/13827, 133f.; s. auch 980. Sitzung des Bundesrates am 20.9.2019; Empfehlung Innenausschuss v. 9.9.2019, BR-Drs. 352/1/19, 19f.; BR-Drs. 352/19, 19; BR-Drs. 598/1/19, Empfehlungen der Ausschüsse v. 21.11.2019, dort S. 3f.). Die Differenzierung in § 31 Abs. 4 hinsichtlich „kritischer" und „nicht-kritischer" Dateien wäre vom Gesetzgeber bewusst vorgenommen worden. Die beabsichtigte Gesetzesänderung würde diese Unterscheidung unterlaufen und der FIU Informationen geben, die aufgrund der Sensibilität (zB in laufenden Verfahren der organisierten Kriminalität) nur einem eng begrenzten Adressatenkreis zur Verfügung stehen dürften. Bereits der bloße Rückschluss auf einen Treffer in einer „kritischen Datei" würde der besonderen Schutzbedürftigkeit der darin gespeicherten Daten im Einzelfall zuwiderlaufen. Die **Bundesregierung** lehnte die geforderte Streichung der Änderung ab (BT-Drs. 19/13827, 150). Die angestrebte automatisierte Information über das Vorliegen eines Treffers im kritischen Datenbestand erfolge zur Verdachtsmeldung insgesamt und nicht zu einzelnen abgefragten Personen. Nur aus dem Wissen um das Vorhandensein eines Treffers werde es der FIU regelmäßig nicht möglich sein, Rückschlüsse auf ein einzelnes Ermittlungsverfahren zu ziehen.

Die **Gesetzesbegründung bzw. Argumentation der Bundesregierung wurden als in verschiedener Hinsicht fehlerhaft** bezeichnet (vgl. insbes. die Stellungnahme des BDK zur öffentlichen Anhörung des Finanzausschusses am 6.11.2019): Zunächst sei es der FIU überhaupt nicht möglich, eine Aussage zu treffen, wie hoch die Rückmeldequote zu Treffern in kritischen Dateien wäre, da sie a) nach vormaliger Rechtslage keine Information über Treffer erhielt, die sie zu einer bestimmten Zahl an Rückmeldungen in Relation setzen konnte, und b) selbst Rückmeldungen nicht zentral (und nicht lückenlos) erfasste (BT-Drs. 19/13005, 5).

Hier würde insofern ein Missverhältnis von zwei Zahlen behauptet, die beide nicht bekannt wären (dieser Einwand wurde in der Folge durch die Bundesregierung bestätigt, vgl. BT-Drs. 19/16595, 9). Unabhängig davon seien die Rückmeldequoten (nach anfänglicher Zurückhaltung) bei nahezu 100%, was sich alleine damit erklären ließe, dass es im Interesse ermittelnder Kriminalbeamter läge, bei der FIU vorliegende Informationen zu eigenen Ermittlungsverfahren abzufragen. Die Behauptung, die angestrebte automatisierte Information der FIU über das Vorliegen eines Treffers im kritischen Datenbestand erfolge zur Verdachtsmeldung insgesamt und nicht zu einzelnen abgefragten Personen, verkenne gleichfalls Wesentliches: Da sich zahlreiche Verdachtsmeldungen gegen Einzelpersonen richten, lasse sich aus der Treffermeldung unmittelbar die Erkenntnis ableiten, dass die abgefragte Person bei der angegebenen Dienststelle in einem kritischen Verfahren wegen Korruption/OK etc erfasst sei. Die Treffermeldung stelle nach Ansicht der Kritiker insgesamt einen gravierenden Bruch mit sonstigen Geheimhaltungsmaßnahmen dar: Während in der Praxis einzelne Ermittlungskommissionen (bspw. im Bereich OK-Ermittlungen) völlig abgeschottet würden, so dass Ermittler im Nebenbüro keinerlei Informationen über deren Verfahren erhielten und keine Treffer bei Abfragen in kritischen Dateien angezeigt bekämen, würden nun einer administrativen Behörde, deren Mitarbeiter über keine Erfahrung im Umgang mit derart sensiblen Informationen verfügen, solche Informationen zugänglich gemacht werden.

Letztlich baten die Koalitionsfraktionen der CDU/CSU und SPD die Bundesregierung vor dem Hintergrund der Bedenken des Bundesrates, zwei Jahre nach Inkrafttreten der Regelung einen Bericht vorzulegen, ob sich die Regelung zur Verbesserung des Informationsaustauschs bewährt habe; der Bericht solle unter Beteiligung der Länder erstellt werden (BT-Drs. 19/15196, 9).

Im Kontext von Abs. 4 (ebenso wie hinsichtlich Abs. 4a) fällt auf, dass **keine Regelungen zur hypothetischen Datenneuerhebung** enthalten sind, was die Frage nach der Verfassungsmäßigkeit der Norm aufwirft. Gemäß Art. 24 des Gesetzes zur Umsetzung der 4. EU-Geldwäscherichtlinie (BGBl. 2017 I S. 1822) trat Art. 23, der die in § 31 Abs. 4 genannten Verweisnormen auf das BKAG aktualisierte (in S. 1 wurden die Wörter „*§ 11 Abs. 1 und 2 in Verbindung mit § 13 Abs. 1 und 3*" durch die Wörter „*§ 13 in Verbindung mit § 29 Abs. 1 und 2*" ersetzt und in S. 5 die Angabe „*§ 11 Abs. 5*" durch die Angabe „*§ 29 Abs. 8*"), erst zum 25.5.2018 in Kraft. Die Neufassung des BKAG zum 9.6.2017 war bei der Neufassung des GwG zum 26.6.2017 zunächst nicht erkennbar berücksichtigt worden (hierauf deuten ua veraltete Paragrafenverweise in der Begr. des Gesetzes zur Umsetzung der 4. EU-Geldwäscherichtlinie sowie zunächst noch enthaltene, veraltete Paragrafenhinweise im Gesetzestext hin). Mit der Neufassung des BKAG sollte vor allem auch das Urteil des BVerfG vom 20.4.2016 (1 BvR 966/09 und 1 BVR 1140/09, BeckRS 2016, 44821) umgesetzt werden, mit dem zuvor Teile des BKAG für verfassungswidrig erklärt worden waren. In dem Urteil hatte das BVerfG ua den Grundsatz der „hypothetischen Datenneuerhebung" herausgestellt: Dieser besagt, gestützt auf den datenschutzrechtlichen Zweckbindungsgrundsatz, dass es für die Verhältnismäßigkeit von eingriffsintensiven staatlichen Überwachungsmaßnahmen darauf ankommt, ob die zu verarbeitenden personenbezogenen Daten im Falle einer Zweckänderung neu auch für den anderen, nunmehr beabsichtigten Zweck mit vergleichbar schwerwiegenden Mitteln erhoben werden dürften. Explizite Erwähnung findet der Grundsatz der hypothetischen Datenneuerhebung seither in § 12 BKAG. § 31 Abs. 4 berechtigt die FIU in einem differenzierten Konzept zum automatisierten Abgleich mit den Daten des polizeilichen Informationsverbunds.

§ 31 Abschnitt 5. Zentralstelle für Finanztransaktionsuntersuchungen

Der Grundsatz der hypothetischen Datenneuerhebung wurde im GwG indes nicht (erkennbar) berücksichtigt. Da die FIU eine zweckändernde Datennutzung mit dem Abruf und der Kenntnisnahme der polizeilichen Daten vornimmt, gelten die Vorgaben des BVerfG, dass die Nutzung eingriffsintensiv erhobener Daten nur dann zulässig ist, wenn der neue Anlass eine vergleichbar schwerwiegende Erhebung zu rechtfertigen geeignet erscheint (insbes. stellt gemäß BVerfG jede Übermittlung von personenbezogenen Daten an öffentliche Stellen anderer Staaten eine solche Zweckänderung dar, so dass für die Rechtmäßigkeit der Übermittlung das Kriterium der hypothetischen Datenneuerhebung anzuwenden ist, vgl. BVerfG 20.4.2016 – 1 BvR 966/09 Rn. 323ff., BeckRS 2016, 44821).

Es erscheint fraglich, ob der Zugriff der FIU über § 31 Abs. 4 auf die dort genannten polizeilichen Daten/Dateien so wie dort geregelt (ohne eine Regelung zur hypothetischen Datenneuerhebung wie sie bspw. in § 161 Abs. 3 StPO enthalten ist) zulässig ist oder einer Informationsweitergabe an die FIU Übermittlungsbeschränkungen entgegenstehen, da die FIU als administrative Behörde nicht in der Lage sein dürfte, die geforderte hypothetische Datenneuerhebung durchzuführen. Problematisch könnte insbesondere bereits sein, dass keine Ersuchen der FIU zur Datenübermittlung vorliegen, sondern § 31 Abs. 4 ein automatisiertes Verfahren zum Datenabruf enthält. Die Einrichtung eines solchen automatisierten Abrufverfahrens ist nach § 25 Abs. 7 BKAG, der (wie auch § 29 Abs. 4 BKAG) explizit auf die in § 12 Abs. 2–4 BKAG enthaltenen Regelungen zur hypothetischen Datenneuerhebung verweist, aber *„nur zur Erfüllung vollzugspolizeilicher Aufgaben (...)"* zulässig, was bei der FIU als administrative Behörde in der Finanzverwaltung bereits fraglich sein könnte. Die Aufgabe der FIU ist ausweislich § 28 Abs. 1 S. 1 die *„Erhebung und Analyse von Informationen im Zusammenhang mit Geldwäsche oder Terrorismusfinanzierung und der Weitergabe dieser Informationen an die zuständigen inländischen öffentlichen Stellen zum Zwecke der Aufklärung, Verhinderung oder Verfolgung solcher Taten"*. Dies entspricht wohl auch in seinem „materiellen" Kern nicht vollzugspolizeilichen Aufgaben (die Feststellung in S. 6, dass die Regelungen der S. 1–5 der Regelung des § 29 Abs. 8 BKAG vorgehen, der die Einrichtung eines automatisierten Abrufverfahrens für andere Behörden an die Erfüllung vollzugspolizeilicher Aufgaben knüpft, könnte gleichsam als Indiz gegen die Subsumtion der Aufgaben der FIU unter *„vollzugspolizeiliche Aufgaben"* gewertet werden).

In einzelnen INPOL-Fall-Dateien dürften Daten erfasst sein, die über schwerwiegende Grundrechtseingriffe erhoben wurden. Hierauf hat die FIU Zugriff – die Ausgestaltung im Rahmen einer Hit-/No-Hit-Lösung ändert hieran nichts, da der FIU im Trefferfall ua auch die datenbesitzende Dienststelle mitgeteilt wird (insofern ist auch keine Lösung über den Weg einer bloßen Identitätsfeststellung nach § 12 Abs. 4 BKAG möglich, da dieser nur die Übertragung von Daten nach § 18 Abs. 2 Nr. 1a BKAG zulässt, dh die Grunddaten, und explizit nicht die Daten zur aktenführenden Dienststelle (§ 18 Abs. 2 Nr. 1c)).

Es ergeben sich darüber hinaus weitere Schwierigkeiten: Zunächst dürfte zwar unproblematisch sein, dass Verdachtsmeldungen nach dem GwG, welche zum Großteil der Auslöser für den automatisierten Datenabgleich der FIU bilden, regelmäßig keinen Verdachts- oder Gefahrengrad erreichen, der bereits strafprozessuale oder nach Polizeirecht gefahrenabwehrende Maßnahmen zulässt, sondern weit im Vorfeld unterhalb strafrechtlichen Anfangsverdachts erstattet werden. Das BVerfG verlangt nämlich nicht, dass alle tatbestandlichen Voraussetzungen einer vergleichbaren oder der gleichen Erhebungsnorm vorliegen, solange eine solche zumindest deliktisch einschlägig ist; insbesondere wird kein vergleichbarer Gefahren- oder

Verdachtsgrad gefordert, es muss nur „*konkrete Ermittlungsansätze*" geben, was insbesondere eine anlasslose Datennutzung ins Blaue hinein ausschließt. Bei vielen Verdachtsmeldungen (die von der FIU selbst als „*gewerberechtliche Meldungen*" qualifiziert werden, → § 43 Rn. 7 mwN) sind jedoch noch keinerlei Anhaltspunkte auf irgendein näher konkretisiertes Delikt ersichtlich. Insbesondere verlangt die Meldepflicht nach § 43 Abs. 1 Nr. 3 explizit keinerlei Verdacht auf strafbare Handlungen. Es werden ferner auch bspw. sog. „Spaßüberweisungen" oder aufgrund einer Verwechslung von Sorgfalts- mit Meldepflichten völlig irrelevante Sachverhalte gemeldet, die von vornherein tatsächlich strafbare Handlungen ausschließen lassen (die FIU hat mehrfach Rückmeldungen nach § 41 Abs. 2 gegeben, dass keine Anhaltspunkte für Geldwäsche oder Terrorismusfinanzierung erkennbar waren). Ein pauschaler automatisierter Datenabgleich undifferenziert aller Meldungen nach §§ 43, 44 GwG (sowie der Meldungen nach § 30 Abs. 1 Nr. 3) könnte insofern grundsätzlich ausgeschlossen sein.

Inwieweit hier künftige Nachbesserungen/Klarstellungen erfolgen werden, bleibt abzuwarten. Alleine zur Demonstration datenschutzrechtlicher Sensibilität hinsichtlich der aufgezeigten Fragestellungen wäre eine gesetzgeberische Klarstellung (im GwG) wünschenswert.

2. Abgleich mit Daten, die im polizeilichen Informationsverbund gespeichert sind (S. 1)

Gemäß **S. 1** ist die Zentralstelle für Finanztransaktionsuntersuchungen berechtigt, im Rahmen der operativen Analyse (§§ 28 Abs. 1 S. 2 Nr. 2, 30 Abs. 2) die bei ihr gespeicherten Daten mit den in polizeilichen Informationsverbund (nach § 29 ff. BKAG) enthaltenen, personenbezogenen Daten automatisiert abzugleichen (zum Begriff des Abgleichs vgl. → § 29 Rn. 21). Der hier genannte **polizeiliche Informationsverbund** meint INPOL BUND, in dem Daten enthalten sind zu in der Zuständigkeit der Länderpolizeibehörden geführten Verfahren, die wegen des Umfangs und der Schwere der betroffenen Delikte länderübergreifende Bedeutung haben und deshalb über das BKA allen Teilnehmern des polizeilichen Informationssystems zur Verfügung gestellt werden (BT-Drs. 19/13827, 114). Ein Bestandteil von INPOL ist der sog. Kriminalaktennachweis (KAN), der Angaben zu erkennungsdienstlichen Behandlungen, Haftdaten, Strafanzeigen und Beschreibungen auffällig gewordener Personen enthält. Die KAN-Auskunft ermöglicht damit dem Anwender eine erste polizeiliche Beurteilung des Betroffenen und enthält bspw. Hinweise zur Eigensicherung (vgl. auch Bay. Landtag, Drs. 17/9755, 2). Informationen zum Speicherung zugrundeliegenden Sachverhalt beispielsweise in Form einer Sachverhaltsschilderung sind dem KAN-Datenbestand nicht zu entnehmen. Ferner gehören zu INPOL die sog. INPOL-Fall-Anwendungen. Dies sind Fallbearbeitungs- und Analysesysteme, die der Erfassung, Aufbereitung und Darstellung komplexer, verbundrelevanter Sachverhalte dienen (vgl. ausführlich zu den BKA zur Verfügung stehenden Fallbearbeitungs-, Vorgangsbearbeitungs- und Fahndungssystemen die Antwort der BReg auf eine Kleine Anfrage, BT-Drs. 18/8596, 1 f.). Die im polizeilichen Informationsverbund nach §§ 29 ff. BKAG enthaltenen Informationen bilden mithin nur einen kleinen Ausschnitt der den Polizeien von Bund und Ländern vorliegenden personenbezogenen Daten ab. Die Prüfung einer Meldung im Rahmen der operativen Analyse alleine anhand des INPOL-Bestandes ist insbesondere keinesfalls ausreichend, um die erforderlichen polizeilichen Erkenntnisse festzustellen, die für eine abschließende Bewertung des je-

§ 31   Abschnitt 5. Zentralstelle für Finanztransaktionsuntersuchungen

weils vorliegenden Sachverhalts erforderlich sind. Der Wert der über INPOL abrufbaren Informationen hat sich in der Praxis für die Bewertung von Verdachtsmeldungen als sehr begrenzt erwiesen.

15   Seitens der in der Vergangenheit mit der Analyse von Verdachtsmeldungen befassten Ermittlungsdienststellen bei den Landeskriminalämtern (GFGen) wurden insbesondere die **Vorgangsverwaltungssysteme** als zur Bewertung der mitgeteilten Sachverhalte unerlässlich bezeichnet. Ua auf diese polizeilichen Vorgangsverwaltungssysteme der Länderpolizeien hat die Zentralstelle für Finanztransaktionsuntersuchungen indessen keinen Zugriff und wird einen solchen auch künftig nicht erhalten (ausführlich → Vor §§ 27–42 Rn. 19ff.). Die Änderung in Abs. 4 und die Neuschaffung von Abs. 4a ändern hieran nichts.

3. Differenzierung hinsichtlich der betroffenen Daten („Mischmodell") (S. 2–5)

16   Wird im Zuge des Dateiabgleichs nach S. 1 eine **Übereinstimmung übermittelter Daten mit im polizeilichen Informationssystem gespeicherten Daten** festgestellt, so wird hinsichtlich des automatisierten *Abrufs* dieser Daten durch die Zentralstelle für Finanztransaktionsuntersuchungen orientiert am Grad der Schutzwürdigkeit der im polizeilichen Informationssystem gespeicherten Daten differenziert (sog. „Mischmodell"). Bei Daten, die von den Teilnehmern am polizeilichen Informationssystem als **nicht besonders schutzwürdig** eingestuft wurden, erhält die Zentralstelle für Finanztransaktionsuntersuchungen nach **S. 2** automatisiert die Information über das Vorliegen eines Treffers und darf die dazu im polizeilichen Informationssystem vorhandenen Daten automatisiert abrufen.

17   Haben die Teilnehmer am polizeilichen Informationssystem Daten hingegen als **besonders schutzwürdig** eingestuft (sog. „kritische Dateien"), ist ein Datenabruf durch die Zentralstelle für Finanztransaktionsuntersuchungen ausgeschlossen **(S. 3)**. In einem solchen Fall erhält der datenbesitzende Teilnehmer am polizeilichen Informationssystem automatisiert die Information über das Vorliegen eines Treffers (ihm obliegt es in der Folge, ggf. mit der Zentralstelle für Finanztransaktionsuntersuchungen unverzüglich Kontakt aufzunehmen und ihr die Daten zu übermitteln, soweit dem keine Übermittlungsbeschränkungen entgegenstehen, vgl. hierzu näher die Anm. zu S. 5) und gemäß **S. 4** zugleich die FIU die Information über das Vorliegen eines Treffers sowie die Information, wer datenbesitzender Teilnehmer am polizeilichen Informationsverbund ist (dh wer die Daten in der jeweiligen Datei erfasst/gespeichert hat). Weitere Informationen (zum Inhalt des Treffers, dem zugrundeliegenden Sachverhalt, der genauen Beteiligung am erfassten Verfahren etc) werden der FIU insofern nicht (automatisiert) mitgeteilt. Der FIU wird hierdurch die Möglichkeit gegeben, gleichsam eigenständig mit der datenbesitzenden Stelle Kontakt aufzunehmen und den Sachverhalt nach erfolgter Kontaktaufnahme mit der datenbesitzenden Stelle zu bewerten und ihn ggf. an die datenbesitzende Stelle weiterzuleiten (vgl. auch BT-Drs. 19/13827, 94). Eine Pflicht für die FIU zur (gar unverzüglichen) Kontaktaufnahme mit dem Datenbesitzer sollte mit der Neuregelung nicht geschaffen werden. Die vorherige Kontaktaufnahme seitens der datenbesitzenden Dienststelle dürfte in diesen Fällen der Regelfall bleiben (auch wenn diese nach wie vor das Recht hat, auf eine Kontaktaufnahme zu verzichten bzw. von der Übermittlung weiterer Informationen abzusehen, s. im Folgenden die Anm. zu S. 5 → Rn. 17a).

Ausweislich **S. 5** obliegt es dem jeweiligen datenbesitzenden Teilnehmer des polizeilichen Informationsverbunds, bei Information über das Vorliegen eines Treffers nach S. 3 mit der Zentralstelle für Finanztransaktionsuntersuchungen **unverzüglich Kontakt aufzunehmen** und ihr die Daten zu übermitteln, soweit dem keine Übermittlungsbeschränkungen entgegenstehen. Solche **Übermittlungsbeschränkungen** können zum Beispiel vorliegen, wenn sich die Bereitstellung der Daten negativ auf den Erfolg laufender Ermittlungen auswirken könnte, Maßnahmen im Bereich der Gefahrenabwehr beeinträchtigt werden könnten oder Bedingungen ausländischer Stellen zur Verwendung der Daten entgegenstehen könnten (BT-Drs. 18/11555, 143). Über das Vorliegen solcher Übermittlungsbeschränkungen entscheidet die datenbesitzende Stelle in pflichtgemäßem Ermessen. Die Verpflichtung des Datenbesitzers zur unverzüglichen Kontaktaufnahme mit der FIU im Falle eines Treffers nach S. 3 ist angesichts der Neuregelung zur Treffermeldung an die FIU relativiert. Generell kann alleine die datenbesitzende Dienststelle einschätzen, ob eine Bekanntgabe der Tatsache vorliegender Informationen den Ermittlungserfolg gefährden kann oder nicht. Sollte die datenbesitzende Dienststelle zum Ergebnis kommen, dass bereits die Tatsache, dass ein Ermittlungsverfahren gegen eine oder mehrere bestimmte Personen geführt wird, als besonders schutzbedürftig einzustufen ist und insofern die bloße Offenbarung dieser Tatsache zu einer Gefährdung des Ermittlungserfolges führen könnte, kann von einer Kontaktaufnahme mit der Zentralstelle für Finanztransaktionsuntersuchungen abgesehen werden. Im Falle der Kontaktaufnahme durch die FIU kann die Offenbarung weiterer Informationen verweigert werden.

Je nach Abfrage können mehrere Treffer bei unterschiedlichen Datenbesitzern erzeugt werden, die individuelle Kontaktaufnahmen (mit) der Zentralstelle für Finanztransaktionsuntersuchungen erforderlich machen. Auch einzelne variable Abfragen bspw. zur Überprüfung abweichender Namensschreibweisen können zahlreiche Treffer ergeben, die zur Eliminierung von „false positives" und Überprüfung von Namensübereinstimmungen unterschiedlicher Personen in der Praxis Abstimmungen und Rückfragen bei der Zentralstelle für Finanztransaktionsuntersuchungen erforderten werden.

Ausweislich **S. 6** gehen die Regelungen der S. 1–5 der Regelung des § 29 Abs. 8 BKAG vor, der normalerweise die Einrichtung eines automatisierten Abrufverfahrens für andere Behörden nur zur Erfüllung vollzugspolizeilicher Aufgaben mit Zustimmung des Bundesministeriums des Innern und der Innenministerien und Senatsinnenverwaltungen der Länder für zulässig erklärt, soweit diese Form der Datenübermittlung unter Berücksichtigung der schutzwürdigen Interessen der betroffenen Personen wegen der Vielzahl der Übermittlungen oder wegen ihrer besonderen Eilbedürftigkeit angemessen ist. S. 6 könnte erforderlich gewesen sein, da die FIU gerade keine vollzugspolizeilichen Aufgaben hat (hierzu → Rn. 13). Die Gesetzesbegründung gibt hierüber keinen Aufschluss.

4. Einrichtung eines weitergehenden automatisierten Abrufverfahrens (S. 7)

S. 7 stellt schließlich die Einrichtung eines weitergehenden automatisierten Abrufverfahrens, soweit diese Form der Datenübermittlung unter Berücksichtigung der schutzwürdigen Interessen der Betroffenen wegen der Vielzahl der Übermittlungen oder wegen der besonderen Eilbedürftigkeit angemessen ist, unter die Voraussetzungen der Zustimmung durch das Bundesministerium des Innern, des Bundesministeriums der Finanzen und den Innenministerien und Senatsinnenverwaltungen der Länder. Die Gesetzesbegründung (BT-Drs. 18/11555, 143) führt zu S. 7 (durch das Gesetz zur Umsetzung der Änderungsrichtlinie zur 4. EU-Geldwäscherichtlinie (BT-Drs. 19/13827) wurde der vormalige S. 6 aufgrund der Einfügung eines neuen S. 4 zu S. 7) und den Voraussetzungen für die Einrichtung eines weitergehenden Abrufverfahrens für die Zentralstelle für Finanztransaktionsuntersuchungen aus: *„Die in Satz 6 dabei aufgestellte Angemessenheitsprüfung hat zu berücksichtigen, dass die Aufgabe der Strafverfolgung – mit Blick auf die betroffenen Daten des polizeilichen Informationssystems – hier einen erweiterten unmittelbaren Abruf nur in Konstellationen zulässt, die durch die eingrenzenden Merkmale der besonderen Eilbedürftigkeit und das schutzwürdige Interesse des Betroffenen bestimmt werden."*. Hier ist darauf hinzuweisen, dass neben der besonderen Eilbedürftigkeit auch die *„Vielzahl der Übermittlungen"* für weitergehende Abrufverfahren sprechen kann, was in der Gesetzesbegründung vergessen wurde. Die zitierte Formulierung der Gesetzesbegründung ist im Weiteren unklar. Der Begriff der *„Aufgabe der Strafverfolgung"* dürfte sich eigentlich nicht auf die Zentralstelle für Finanztransaktionsuntersuchungen beziehen, der als Verwaltungsbehörde keine Strafverfolgungsaufgabe zukommt (vgl. auch § 28 Abs. 1).

VI. Automatisierte Auskunft aus dem Zentralen Staatsanwaltschaftlichen Verfahrensregister (Abs. 4a)

1. Allgemeines

20 Abs. 4a wurde **zum 1.1.2020 durch Ziffer 28 des Gesetzes zur Umsetzung der Änderungsrichtlinie zur 4. EU-Geldwäscherichtlinie** (BGBl. 2019 I S. 2602; BT-Drs. 19/13827, 25 f. (dort noch unter Ziff. 26)) in § 31 eingefügt. Ein Zugriff auf das ZStV war bereits im **Referentenentwurf eines Gesetzes zur Umsetzung der 4. EU-Geldwäscherichtlinie** des Bundesministeriums der Finanzen vom 24.11.2016 geplant gewesen, aber bereits im Gesetzentwurf der Bundesregierung vom 17.3.2017 gestrichen worden. Seinerzeit überwogen noch die Bedenken, da gemäß § 6 Abs. 1 ZStVBetrV Auskunft aus dem Register nur in engem Zusammenhang mit strafverfolgenden Tätigkeiten gewährt werden darf, die Zentralstelle für Finanztransaktionsuntersuchungen hingegen ausdrücklich weder Strafverfolgungsbehörde, noch *„im Einzelfall strafverfolgend tätig"*, sondern rein administrativ ausgerichtet ist.

Der Zugriff der FIU auf das ZStV sollte in der ersten Fassung des Entwurfs eines Gesetzes zur Umsetzung der Änderungsrichtlinie zur 4. EU-Geldwäscherichtlinie (s. BT-Drs. 19/13827, 25, 95 f.; Anschreiben zum RefE vom 20.5.2019) auf Daten zu Straftaten beschränkt bleiben, die im Zusammenhang mit Geldwäsche und Terrorismusfinanzierung stehen (daneben sollten als relevante Straftaten insbesondere (neben weiteren Delikten) etwa Eigentums- und Vermögensdelikte, einschließlich der Steuerdelikte sowie der Terrorismusfinanzierung und Geldwäsche nahestehende Straftaten, die typischerweise Vortaten einer Geldwäsche oder Terrorismusfinanzierung sind, in Betracht kommen, was einen weiten Deliktskatalog eröffnet hätte). Der eintragenden Stelle sollte es obliegen, anhand des ihr vorliegenden Sachverhalts zu entscheiden, ob die konkrete Tat im Zusammenhang mit Geldwäsche oder Terrorismusfinanzierung steht und der Datensatz insofern bei einer etwaigen Abfrage durch die FIU an diese übermittelt werden soll. Hiergegen richtete sich das Votum des Bundesrats, der bat – vor allem aus Gründen der rechtssicheren

Anwendung – die in § 31 Abs. 4a GwG-E vorgesehene Zugriffsbefugnis der FIU auf Daten des ZStV daraufhin zu prüfen, ob eine Ausgestaltung entsprechend der Regelung in § 12 Abs. 1 Nr. 2 Sicherheitsüberprüfungsgesetz (SÜG) vorzugswürdig wäre und daher die Beschränkung auf Straftaten, die im Zusammenhang mit Geldwäsche und Terrorismusfinanzierung stehen, zu streichen (BT-Drs. 19/13827, 134f.; ebenso die Beschlussempfehlung des Finanzausschusses (7. Ausschuss) v. 13.11.2019, BT-Drs. 19/15163, 47; Empfehlung Rechtsausschuss v. 9.9.2019, BR-Drs. 352/1/19, 20ff.; BR-Drs. 352/19, 19ff.). Hauptgrund war die Folge, dass die Staatsanwaltschaften anhand des ihnen vorliegenden Sachverhalts in jedem Einzelfall zu entscheiden gehabt hätten, ob die konkrete Tat im Zusammenhang mit Geldwäsche oder Terrorismusfinanzierung steht. Die Bundesregierung entsprach der Prüfbitte (BT-Drs. 19/13827, 150), die Beschränkung wurde in der Folge gestrichen (vgl. BR-Drs. 19/598, 38).

Zu den Fragen hinsichtlich der Verfassungsmäßigkeit der Norm vgl. die Ausführungen unter → Rn. 13 entsprechend.

Zur legislatorischen Realisierung des Zugriffs der FIU auf das ZStV waren **Folgeänderungen in § 492 StPO und der ZStV-VO** (VO über den Betrieb des Zentralen Staatsanwaltschaftlichen Verfahrensregisters) erforderlich (vgl. Art. 7 und 8 des Gesetzes zur Umsetzung der Änderungsrichtlinie zur 4. EU-Geldwäscherichtlinie (BGBl. 2019 I S. 2602 (2625)). In **§ 492 Abs. 3 S. 3 erster Halbsatz StPO** wurde das Wort „*und*" durch ein Komma ersetzt und nach dem Wort „*Sicherheitsüberprüfungsgesetzes*" die Wörter „*und § 31 Abs. 4a Satz 1 des Geldwäschegesetzes*" eingefügt, womit die Befugnis der Zentralstelle für Finanztransaktionsuntersuchungen geschaffen wurde, Daten des ZStV abzurufen (BT-Drs. 19/13827, 114). In **§ 6 Abs. 1 der ZStV-VO** wurde nach Nr. 5b die Nr. 5c eingefügt („*5c. die Zentralstelle für Finanztransaktionsuntersuchungen nach Maßgabe des § 492 Abs. 3 Satz 3 der Strafprozessordnung und des § 31 Abs. 4a des Geldwäschegesetzes,*").

20a

Ausweislich der Gesetzesbegründung zum Gesetz zur Umsetzung der Änderungsrichtlinie zur 4. EU-Geldwäscherichtlinie hatte sich in der Arbeit der FIU gezeigt, „*dass die Datenzugriffsbefugnisse der mit Umsetzung der Vierten Geldwäscherichtlinie als administrative Behörde neu errichteten FIU an einzelnen Stellen zu erweitern sind um sicherzustellen, dass die FIU die ihr übertragenen Aufgaben umfassend effektiv wahrnehmen kann*" (BT-Drs. 19/13827, 114). Der Zugriff auf das ZStV sei nötig, um die für die FIU bestehende Informationslücke aufgrund des fehlenden Zugriffs auf den „lokalen" polizeilichen Datenbestand zu schließen. Dieser werde „*im Wesentlichen durch Zusammenführung im ZStV abgebildet*" (BT-Drs. 19/13827, 114). Diese Aussage ist unzutreffend, geht sie doch erkennbar davon aus, dass der wesentliche Teil des „lokalen" polizeilichen Datenbestands im ZStV enthalten ist. Polizeiliche Vorgangsverwaltungen enthalten der Natur der Sache entsprechend zahlreiche Daten, die bei weitem über Vorgänge im Zusammenhang mit Strafverfolgung hinausgehen, die aber für die Bewertung von Meldungen und Hinweisen nach § 30 Abs. 1 von Bedeutung sein können. Überdies werden auch für das ZStV relevante Daten häufig erst deutlich zeitlich verzögert nach Abschluss der polizeilichen (Vor-)Ermittlungen an die Staatsanwaltschaft übermittelt – gerade im Zusammenhang mit Verdachtsmeldungen ist es für die Bewertung des jeweiligen Sachverhalts jedoch von größter Bedeutung, aktuellste polizeiliche Erkenntnisse zu erhalten.

20b

Das **ZStV** dient der effektiven Durchführung von Strafverfahren. Insbesondere soll die Ermittlung überörtlich handelnder Täter und Mehrfachtäter und das frühzeitige Erkennen von Tat- und Täterverbindungen ermöglicht und erleichtert werden (*Schmitt* in Meyer-Goßner/Schmitt § 492 Rn. 1). Hierzu übermitteln die

20c

§ 31   Abschnitt 5. Zentralstelle für Finanztransaktionsuntersuchungen

Staatsanwaltschaften und die ihnen gleichgestellten Finanzbehörden umfangreiche Daten an das Register, sobald ein Strafverfahren bei ihnen anhängig wird. Gespeichert werden alle staatsanwaltschaftlichen Ermittlungsverfahren, die sich gegen einen bestimmten, bekannten Täter richten, als nicht Anzeigen gegen unbekannte Täter (*Lemke* NStZ 1995, 484 (485)). Die nach § 4 Abs. 1–4 ZStVBetrV zu speichernden Informationen betreffen Identifizierungsdaten und Vorgangsdaten sowie Daten zur Straftat und zum Verfahrensstand/-ausgang, die für die operative Analyse der FIU von zentraler Bedeutung sind. Andere Informationssysteme wie beispielsweise Datenbanken der Strafverfolgungsbehörden, mit denen ebenfalls ein automatisierter Abgleich durch die FIU vorgesehen ist, verfügen aufgrund ihrer spezialisierten Zielrichtung und wegen einzelner besonderer Relevanzkriterien zumindest teilweise nicht über die Daten, die im ZStV erfasst sind (BT-Drs. 19/13827, 114f.). Die nunmehr geschaffene Zugriffsbefugnis der FIU auf das ZStV werde nach Ansicht des Gesetzgebers im Ergebnis zu einem erheblichen Erkenntnisgewinn der FIU führen und damit eine Steigerung der Effektivität der operativen Analyse und letztlich eine schnelle und adressatengerechtere Steuerung der relevanten Sachverhalte gewährleisten (BT-Drs. 19/13827, 95).

Die Erlaubnis zum **Zugriff erfolgt nicht generell,** sondern bezogen auf die jeweils vorliegende Meldung, wodurch dem ursprünglichen Kernanliegen des ZStV Rechnung getragen werden soll (BT-Drs. 19/13827, 94).

2. Automatisierte Abfrage unter Angabe spezifischer Parameter (S. 1)

20d   Die FIU ist berechtigt, zur Durchführung von operativen Analysen einschließlich der Bewertung von Meldungen und sonstigen Informationen (§ 28 Abs. 1 S. 2 Nr. 2) unter Angabe des Vornamens, des Nachnamens sowie zusätzlich des Geburtsdatums, des Geburtsortes oder der letzten bekannten Anschrift einer natürlichen Person Auskunft aus dem ZStV automatisiert einzuholen.

3. Automatisierter Abruf der Daten im Trefferfall (S. 2)

20e   Wird im Zuge der Auskunftseinholung nach S. 1 eine Übereinstimmung übermittelter Daten mit den im ZStV gespeicherten Daten festgestellt, so erhält die FIU automatisiert die Information über das Vorliegen eines Treffers und ist berechtigt, die dazu im ZStV vorhandenen Daten automatisiert abzurufen. Sie erhält hierbei keine Gesamtauskunft aus dem ZStV, sondern die Auskunft an die FIU ist auf Daten beschränkt, die für sie von Belang sind (BT-Drs. 19/13827, 95).

4. Verwendungsbeschränkung (S. 3)

20f   Durch die Verwendungsbeschränkung in S. 3, dass die aus dem ZStV erhobenen personenbezogenen Daten nur für die Zwecke der operativen Analyse einschließlich der Bewertung von Meldungen und sonstigen Informationen verwendet werden dürfen, wird eine zweckändernde Verwendung ausgeschlossen. Keine zweckändernde Verwendung liegt ausweislich der Gesetzesbegründung in der Übermittlung der Ergebnisse und zusätzlicher relevanter Informationen nach § 32 Abs. 2 S. 1 an die Strafverfolgungsbehörden. Eine darüberhinausgehende Weitergabe der Daten an andere nationale oder internationale Behörden wie beispielsweise Polizeibehörden, Nachrichtendienste oder FIUs anderer Staaten ist damit ausdrücklich ausgeschlossen. Unabhängig davon gilt auch hier der Grundsatz, dass vor jeder zweckändernden Verwendung die jeweilige Staatsanwaltschaft vorab ihre Zustimmung erteilen muss (BT-Drs. 19/13827, 95).

VII. Auskunftspflicht der Finanzbehörden (Abs. 5)

Abs. 5 enthält eine weitere lex specialis gegenüber Abs. 3, wobei **S. 1** (worauf 21 auch die Gesetzesbegr. hinweist, BT-Drs. 18/11555, 143) lediglich klarstellenden Charakter hat, da er auf die aus § 31b Abs. 1 und 2 AO folgende **Pflicht der Finanzbehörden zur Auskunftserteilung und Übermittlung von Meldungen** an die Zentralstelle für Finanztransaktionsuntersuchungen verweist. Das Steuergeheimnis nach § 30 AO steht dem infolge der gesetzlich angeordneten Durchbrechung nicht entgegen (s. auch § 42 Abs. 2 S. 2).

Zur Durchführung der operativen Analyse nach § 30 Abs. 2 benötigt die Zentral- 22 stelle für Finanztransaktionsuntersuchungen regelmäßig auch Informationen der Finanzbehörden, bspw. um transferierte Vermögenswerte ins Verhältnis zu steuerlich deklarierten Einkünften stellen zu können. S. 2 ermächtig die Zentralstelle für Finanztransaktionsuntersuchungen zur Vorbereitung von Auskunftsersuchen an das jeweils zuständige Finanzamt (unter Angabe des Vornamens, des Nachnamens und der Anschrift oder des Geburtsdatums einer natürlichen Person) über ein automatisiertes Abrufverfahren aus der Datenbank nach § 139b AO automatisiert abzurufen, bei welchem **Finanzamt** und unter welcher **Steuernummer** diese natürliche Person geführt wird. Dieser automatisierte Abruf erleichtert die Analysearbeit der Zentralstelle für Finanztransaktionsuntersuchungen und bewirkt zugleich auch eine Entlastung der Finanzbehörden, da weitere Anfragen in der Folge nur gestellt werden, wenn durch diese Vorabklärung festgestellt wurde, dass bei einem Finanzamt überhaupt steuerliche Informationen vorliegen.

S. 3 stellt sodann ausdrücklich klar, dass ein automatisierter Abruf **anderer Da-** 23 **ten,** die bei den Finanzbehörden gespeichert sind und die dem Steuergeheimnis nach § 30 AO unterliegen, durch die Zentralstelle für Finanztransaktionsuntersuchungen nur zulässig ist, soweit dies nach der Abgabenordnung oder den Steuergesetzen zugelassen ist. Eine **Ausnahme** hiervon gilt gemäß **S. 4** für den automatisierten Abruf von **Daten, die bei den Behörden der Zollverwaltung gespeichert sind** und für deren Erhalt die Zentralstelle für Finanztransaktionsuntersuchungen die gesetzliche Berechtigung hat – hierfür findet wiederum Abs. 3 Anwendung. Eine solche gesetzliche Berechtigung wurde durch Art. 8 des Gesetzes zur Umsetzung der 4. EU-Geldwäscherichtlinie in § 33 Abs. 1 S. 2 ZfdG in der neuen Nr. 5 eingefügt: „*Behörden des Zollfahndungsdienstes dürfen an andere als die in Satz 1 genannten Behörden* [Anm.: andere Dienststellen der Zollverwaltung) *und sonstige öffentliche Stellen personenbezogene Daten übermitteln, soweit dies in anderen Rechtsvorschriften vorgesehen oder [...] 5. zur Erfüllung der Aufgaben der Zentralstelle für Finanztransaktionsuntersuchungen nach dem Geldwäschegesetz erforderlich ist und Zwecke des Strafverfahrens nicht entgegenstehen.*" (Hervorhebung durch den Verfasser).

VIII. Kontoabrufverfahren nach § 24c KWG (Abs. 6)

Am 1.7.2002 trat das 4. Finanzmarktförderungsgesetz (BGBl. 2002 I S. 2010 24 (2053)) vom 21.6.2002 in Kraft, durch welches **§ 24c KWG im KWG eingefügt**

§ 31   Abschnitt 5. Zentralstelle für Finanztransaktionsuntersuchungen

wurde (§ 24c KWG trat ausweislich § 64f Abs. 6 KWG am 1.4.2003 in Kraft). Hierdurch soll va die BaFin in die Lage versetzt werden, die Geldwäsche, das illegale Schattenbankenwesen und das unerlaubte Betreiben von Bank- und Finanzdienstleistungsgeschäften besser durch zentral durchgeführte Recherchearbeiten zu bekämpfen (BT-Drs. 14/8017, 122). Ausweislich des Berichts der Kommission an das Europäische Parlament und den Rat über die Vernetzung der zentralen automatischen Mechanismen (zentrale Register oder zentrale elektronische Datenabrufsysteme) der Mitgliedstaaten für Bankkonten vom 24.7.2019 (COM(2019) 372 final) verfügen 15 Mitgliedstaaten bereits über zentrale Bankkontenregister oder elektronische Datenabrufsysteme für Bankkonten.

Gemäß Art. 32a der **4. EU-Geldwäscherichtlinie** müssen die Mitgliedstaaten bis zum 10.9.2020 zentrale automatische Mechanismen wie zentrale Register oder zentrale elektronische Datenabrufsysteme einrichten, die die Ermittlung aller natürlichen oder juristischen Personen ermöglichen, die Zahlungskonten, Bankkonten und Schließfächer innehaben oder kontrollieren. Ferner sieht die Richtlinie vor, dass die zentralen Meldestellen sofort und ungefiltert auf diese Mechanismen zugreifen können, wobei auch die anderen zuständigen Behörden Zugang zu den Informationen erhalten müssen, damit sie ihren Pflichten im Rahmen der Geldwäscherichtlinie nachkommen können (vgl. auch Erwägung 20 der Änderungsrichtlinie zur 4. EU-Geldwäscherichtlinie). Korrespondierend hierzu wird Art. 10 Abs. 1 der 4. EU-Geldwäscherichtlinie durch die **Änderungsrichtlinie** (s. Ziff. 6) dahingehend neu gefasst, dass die Mitgliedstaaten ihren Kredit- und Finanzinstituten das Führen anonymer Konten, anonymer Sparbücher oder anonymer Schließfächer untersagen und vorschreiben müssen, dass die Inhaber und Begünstigten bestehender anonymer Konten, anonymer Sparbücher oder anonymer Schließfächer bis zum 10.1.2019 und auf jeden Fall bevor diese Konten, Sparbücher oder Schließfächer in irgendeiner Weise verwendet werden, der Anwendung von Sorgfaltspflichten gegenüber Kunden unterworfen werden.

24a   Gemäß § 24c Abs. 1 S. 1 KWG haben alle Kreditinstitute Dateien zu führen, in der unverzüglich folgende Daten (sog. **Kontostammdaten**) zu speichern sind:
1. die Nummer eines Kontos, das der Verpflichtung zur Legitimationsprüfung nach § 154 Abs. 2 S. 1 AO unterliegt, eines Depots oder eines Schließfachs sowie der Tag der Eröffnung und der Tag der Beendigung oder Auflösung,
2. der Name, sowie bei natürlichen Personen der Tag der Geburt, des Inhabers und eines Verfügungsberechtigten sowie in den Fällen des § 10 Abs. 1 Nr. 2 GwG der Name und, soweit erhoben, die Anschrift eines abweichend wirtschaftlich Berechtigten iSd § 3 GwG.

Mit dem Steuerumgehungsbekämpfungsgesetz (BGBl. 2017 I S. 1682) wurde die Löschfrist für diese Daten von vormals drei auf zehn Jahre nach Auflösung des Kontos oder Depots hochgesetzt.

25   Die BaFin darf diese Daten jederzeit abrufen und kann ua Aufsichts- und Strafverfolgungsbehörden auf Ersuchen aus der Datei Auskunft erteilen. Gemäß dem durch Art. 17 des Gesetzes zur Umsetzung der 4. EU-Geldwäscherichtlinie neu eingefügten § 24c Abs. 2 S. 2 KWG darf auch die Zentralstelle für Finanztransaktionsuntersuchungen zur Erfüllung ihrer Aufgaben nach dem Geldwäschegesetz einzelne Daten aus der Datei nach § 24c Abs. 1 S. 1 KWG abrufen, ohne ein entsprechendes Ersuchen an die BaFin stellen zu müssen. Dies bedeutet sowohl eine Arbeitserleichterung für die Zentralstelle für Finanztransaktionsuntersuchungen, als auch für die BaFin, die von der Beantwortung einer sonst großen Zahl manueller Auskunftsersuchen der Zentralstelle für Finanztransaktionsuntersuchungen befreit wird.

Nicht über § 24c KWG feststellbar sind einzelne Kontoumsätze (oder Konto- 26
umsatzlisten) oder Kontosalden sowie Pfändungen, Abtretungen, Zahlungen, die
über Zwischenkonten oder CPD-Konten abgewickelt wurden, die Abschlusssalden
aufgelöster Konten, Umsatzlisten bei Aktien oder Wertpapieran- und -verkäufen,
Bankschließfach-Besucherlisten/Schrankfachbenutzerkarten etc. Die Zentralstelle
für Finanztransaktionsuntersuchungen kann diese Informationen jedoch zur Erfüllung ihrer Aufgaben (bspw. im Rahmen der operativen Analyse) sowohl vom meldenden Verpflichteten als auch von einem nicht meldenden Verpflichteten gemäß
§ 30 Abs. 3 einholen.

Insbesondere die damit bestehende Möglichkeit der Zentralstelle für Finanz- 27
transaktionsuntersuchungen, im Rahmen ihrer operativen Analyse umfangreiche
Informationen nicht nur zum unmittelbar gemeldeten Sachverhalt, sondern auch
darüber hinausgehend (bspw. zu Referenzkonten, von denen verdächtige Transaktionen auf dem gemeldeten Konto eingegangen sind oder auf welche Geldbeträge überwiesen wurden) einzuholen, stellt eine erhebliche Erleichterung und
Verfahrensbeschleunigung (auch für die Strafverfolgungsbehörden, die im Zweifelsfall auf staatsanwaltschaftliche Auskunftsersuchen gemäß §§ 95, 161a StPO an
das jeweilige Kreditinstitut angewiesen sind) gegenüber dem vormaligen Zustand
dar.

Durch die Richtlinie (EU) 2018/843 zur Änderung der 4. EU-Geldwäsche- 28
richtlinie (Art. 1 Ziff. 12a) wurde in die 4. EU-Geldwäscherichtlinie ein neuer
Art. 32b aufgenommen, demzufolge die Mitgliedstaaten **zentrale Immobilienregister** schaffen sollen, auf welche die zentralen Meldestellen und zuständigen Behörden Zugriff haben (vgl. auch Entschließung des Europäischen Parlaments v.
26.3.2019 zu Finanzkriminalität, Steuerhinterziehung und Steuervermeidung
(2018/2121(INI)), Rn. 275). Zum 31.12.2020 soll die EU-Kommission schließlich
einen Bericht vorlegen im Hinblick auf eine mögliche Harmonisierung und Vernetzung dieser einzelnen nationalen Register. Das Europäische Parlament hatte in
seinem Bericht vom 9.3.2017 (COM(2016)0450 – C8-0265/2016 – 2016/0208
(COD)) ferner die Einfügung eines Art. 32c in die 4. EU-Geldwäscherichtlinie
vorgeschlagen, der den Mitgliedstaaten ein **zentrales Register für Lebensversicherungsverträge** oder investitionsbezogene Dienstleistungen wie Versicherungsverträge mit Beitragsrückgewähr vorschrieb. Eine solche Vorschrift findet
sich in der finalen Version der Richtlinie (EU) 2018/843 zur Änderung der 4. EU-
Geldwäscherichtlinie nicht mehr.

IX. Datenabruf bei Meldebehörden (Abs. 7)

Im Rahmen der Erfüllung ihrer Aufgaben kann die Zentralstelle für Finanztrans- 29
aktionsuntersuchungen nach § 34 Abs. 1 des Bundesmeldegesetzes (BMG) im Wege
manueller Anträge und nach § 38 Abs. 1 BMG im automatisierten Abrufverfahren
bei den Meldebehörden Daten abrufen. Dies ist erforderlich, um der Zentralstelle
für Finanztransaktionsuntersuchungen die einfachere Überprüfung von Unterlagen
(bspw. Ausweiskopien) der von den Verpflichteten im Rahmen ihrer „Know Your
Customer"-Verpflichtungen erhobenen und mit der Meldung nach § 43 Abs. 1
übermittelten Daten, zu ermöglichen. Gemäß Abs. 7 können zusätzlich zu den in
§ 38 Abs. 1 BMG genannten Daten derzeitige Staatsangehörigkeiten, frühere Anschriften und Informationen zu Pass- bzw. Ausweisdokumenten automatisiert abgefragt werden.

§ 31 Abschnitt 5. Zentralstelle für Finanztransaktionsuntersuchungen

30 Die generellen Abrufmöglichkeiten von Behörden **im Wege des automatisierten Abrufverfahrens nach § 38 BMG** (sog. einfache Behördenauskunft) beschränken sich ansonsten grundsätzlich auf:
1. Familienname,
2. frühere Namen,
3. Vornamen unter Kennzeichnung des gebräuchlichen Vornamens,
4. Ordensname, Künstlername,
5. Geburtsdatum und Geburtsort sowie bei Geburt im Ausland auch den Staat,
6. Doktorgrad,
7. Geschlecht,
8. derzeitige Anschriften oder Wegzugsanschrift, gekennzeichnet nach Haupt- und Nebenwohnung,
9. Sterbedatum und Sterbeort sowie
10. bedingte Sperrvermerke nach § 52 BMG.

31 Daten, die von der Meldebehörde gemäß **§ 34 Abs. 1 BMG** iVm § 2 Abs. 1 BDSG **im Wege manueller Anträge** an die Zentralstelle für Finanztransaktionsuntersuchungen übermittelt werden dürfen, sind:
1. Familienname,
2. frühere Namen,
3. Vornamen unter Kennzeichnung des gebräuchlichen Vornamens,
4. Doktorgrad,
5. Ordensname, Künstlername,
6. derzeitige und frühere Anschriften, Haupt- und Nebenwohnung; bei Zuzug aus dem Ausland auch den Staat und die letzte Anschrift im Inland, bei Wegzug in das Ausland auch die Zuzugsanschrift im Ausland und den Staat,
7. Einzugsdatum, Auszugsdatum, Datum des letzten Wegzugs aus einer Wohnung im Inland sowie Datum des letzten Zuzugs aus dem Ausland,
8. Geburtsdatum und Geburtsort sowie bei Geburt im Ausland auch den Staat,
9. Geschlecht,
10. zum gesetzlichen Vertreter
    a) Familienname,
    b) Vornamen,
    c) Doktorgrad,
    d) Anschrift,
    e) Geburtsdatum,
    f) Sterbedatum,
    g) Auskunftssperren nach § 51 BMG und bedingte Sperrvermerke nach § 52 BMG,
11. derzeitige Staatsangehörigkeiten (einschließlich der Tatsache, dass die deutsche Staatsangehörigkeit nach § 4 Abs. 3 oder § 40b des Staatsangehörigkeitsgesetzes erworben wurde und nach § 29 des Staatsangehörigkeitsgesetzes ein Verlust der deutschen Staatsangehörigkeit eintreten kann),
12. Familienstand, bei Verheirateten oder Lebenspartnern zusätzlich Datum, Ort und Staat der Eheschließung oder der Begründung der Lebenspartnerschaft,
13. Auskunftssperren nach § 51 BMG und bedingte Sperrvermerke nach § 52 BMG sowie
14. Sterbedatum und Sterbeort sowie bei Versterben im Ausland auch den Staat.

§ 32 Datenübermittlungsverpflichtung an inländische öffentliche Stellen

(1) Meldungen nach § 43 Absatz 1, § 44 sind von der Zentralstelle für Finanztransaktionsuntersuchungen unverzüglich an das Bundesamt für Verfassungsschutz zu übermitteln, soweit tatsächliche Anhaltspunkte dafür bestehen, dass die Übermittlung dieser Informationen für die Erfüllung der Aufgaben des Bundesamtes für Verfassungsschutz erforderlich ist.

(2) Stellt die Zentralstelle für Finanztransaktionsuntersuchungen bei der operativen Analyse fest, dass ein Vermögensgegenstand mit Geldwäsche, mit Terrorismusfinanzierung oder mit einer sonstigen Straftat im Zusammenhang steht, übermittelt sie das Ergebnis ihrer Analyse sowie alle sachdienlichen Informationen unverzüglich an die zuständigen Strafverfolgungsbehörden. Die in Satz 1 genannten Informationen sind außerdem an den Bundesnachrichtendienst zu übermitteln, soweit tatsächliche Anhaltspunkte vorliegen, dass diese Übermittlung für die Erfüllung der Aufgaben des Bundesnachrichtendienstes erforderlich ist. Im Fall von Absatz 1 übermittelt die Zentralstelle für Finanztransaktionsuntersuchungen außerdem dem Bundesamt für Verfassungsschutz zu der zuvor übermittelten Meldung auch das entsprechende Ergebnis ihrer operativen Analyse sowie alle sachdienlichen Informationen.

(3) Die Zentralstelle für Finanztransaktionsuntersuchungen übermittelt auf Ersuchen personenbezogene Daten an die Strafverfolgungsbehörden, das Bundesamt für Verfassungsschutz, den Bundesnachrichtendienst oder den Militärischen Abschirmdienst des Bundesministeriums der Verteidigung, soweit dies erforderlich ist für
1. die Aufklärung von Geldwäsche und Terrorismusfinanzierung oder die Durchführung von diesbezüglichen Strafverfahren oder
2. die Aufklärung sonstiger Gefahren und die Durchführung von anderen, nicht von Nummer 1 erfassten Strafverfahren.

Die Zentralstelle für Finanztransaktionsuntersuchungen übermittelt von Amts wegen oder auf Ersuchen personenbezogene Daten an andere als in Satz 1 benannte, zuständige inländische öffentliche Stellen, soweit dies erforderlich ist für
1. Besteuerungsverfahren,
2. Verfahren zum Schutz der sozialen Sicherungssysteme oder
3. die Aufgabenwahrnehmung der Aufsichtsbehörden.

(4) In den Fällen des Absatzes 3 Satz 1 Nummer 1 und 2 sind die Strafverfolgungsbehörden und das Bundesamt für Verfassungsschutz berechtigt, die Daten zur Erfüllung ihrer Aufgaben automatisiert bei der Zentralstelle für Finanztransaktionsuntersuchungen abzurufen, soweit dem keine Übermittlungsbeschränkungen entgegenstehen. Zur Kontrolle der Zulässigkeit des automatisierten Abrufverfahrens haben die jeweiligen Strafverfolgungsbehörden und das Bundesamt für Verfassungsschutz schriftlich festzulegen:
1. den Anlass und den Zweck des Abrufverfahrens,
2. die Dritten, an die übermittelt wird,
3. die Art der zu übermittelnden Daten und
4. die technischen und organisatorischen Maßnahmen zur Gewährleistung des Datenschutzes.

(5) Die Übermittlung personenbezogener Daten nach Absatz 3 unterbleibt, soweit
1. sich die Bereitstellung der Daten negativ auf den Erfolg laufender Ermittlungen der zuständigen inländischen öffentlichen Stellen auswirken könnte oder
2. die Weitergabe der Daten unverhältnismäßig wäre.

Soweit ein Abruf nach Absatz 4 zu Daten erfolgt, zu denen Übermittlungsbeschränkungen dem automatisierten Abruf grundsätzlich entgegenstehen, wird die Zentralstelle für Finanztransaktionsuntersuchungen automatisiert durch Übermittlung aller Anfragedaten über die Abfrage unterrichtet. Ihr obliegt es in diesem Fall, unverzüglich mit der anfragenden Behörde Kontakt aufzunehmen, um im Einzelfall zu klären, ob Erkenntnisse nach Absatz 3 übermittelt werden können.

(6) Falls die Strafverfolgungsbehörde ein Strafverfahren aufgrund eines nach Absatz 2 übermittelten Sachverhalts eingeleitet hat, teilt sie den Sachverhalt zusammenmit den zugrunde liegenden Tatsachen der zuständigen Finanzbehörde mit, wenn eine Transaktion festgestellt wird, die für die Finanzverwaltung für die Einleitung oder Durchführung von Besteuerungs- oder Steuerstrafverfahren Bedeutung haben könnte. Zieht die Strafverfolgungsbehörde im Strafverfahren Aufzeichnungen nach § 11 Absatz 1 heran, dürfen auch diese der Finanzbehörde übermittelt werden. Die Mitteilungen und Aufzeichnungen dürfen für Besteuerungsverfahren und für Strafverfahren wegen Steuerstraftaten verwendet werden.

(7) Der Empfänger darf die ihm übermittelten personenbezogenen Daten nur zu dem Zweck verwenden, zu dem sie ihm übermittelt worden sind. Eine Verwendung für andere Zwecke ist zulässig, soweit die Daten auch dafür hätten übermittelt werden dürfen.

Literatur: Beck'scher Online-Kommentar zum StGB, 46. Ed., Stand 1.5.2020, zit.: *Bearbeiter* in BeckOK-StGB; *Diergarten/Barreto da Rosa,* Praxiswissen Geldwäscheprävention, 2015, zit.: *Bearbeiter* in Diergarten/Barreto da Rosa; *Fülbier/Aepfelbach/Langweg,* GwG, 5. Aufl. 2006, zit.: *Bearbeiter* in Fülbier/Aepfelbach/Langweg; *Herzog* (Hrsg.), GwG, 2. Aufl. 2014, zit.: *Bearbeiter* in Herzog; *Krais,* Geldwäsche und Compliance – Praxisleitfaden für Güterhändler, 2018; *Meyer-Goßner/Schmitt,* StPO, 62. Aufl. 2019, zit.: *Bearbeiter* in Meyer-Goßner/Schmitt; *Nomos Kommentar zum Strafgesetzbuch,* Band 3, 5. Aufl. 2017, zit.: *Bearbeiter* in NK-StGB; *Schenke/Graulich/Ruthig* (Hrsg.), Sicherheitsrecht des Bundes, 2. Aufl. 2019, zit.: *Bearbeiter* in Schenke/Graulich/Ruthig

Übersicht

	Rn.
I. Allgemeines	1
II. Datenübermittlung an das Bundesamt für Verfassungsschutz (Abs. 1)	6
III. Datenübermittlung an die Strafverfolgungsbehörden, den Bundesnachrichtendienst und das Bundesamt für Verfassungsschutz bei Verdacht auf Geldwäsche, Terrorismusfinanzierung oder eine sonstige Straftat (Abs. 2)	10
IV. Datenübermittlung an inländische Behörden in sonstigen Fällen (Abs. 3)	18

Datenübermittlungsverpflichtung an inländische öffentliche Stellen **§ 32**

Rn.
1. Datenübermittlung auf Ersuchen der Strafverfolgungsbehörden, des Bundesamts für Verfassungsschutz, des Bundesnachrichtendienstes oder des Militärischen Abschirmdienstes (S. 1) 18
2. Datenübermittlung zum Zwecke der Durchführung eines Besteuerungsverfahrens, für Verfahren zum Schutz der sozialen Sicherungssysteme und für die Aufgabenwahrnehmung der Aufsichtsbehörden (S. 2) 21
V. Automatisierter Datenabruf der Strafverfolgungsbehörden und des Bundesamts für Verfassungsschutz (Abs. 4) 26
VI. Unterbleiben der Datenübermittlung (Abs. 5) 29
VII. Datenübermittlung der Strafverfolgungsbehörde an die zuständige Finanzbehörde bei Einleitung eines Strafverfahrens (Abs. 6) 33
VIII. Verwendungsbeschränkung, Zweckänderung (Abs. 7) 38

I. Allgemeines

§ 32 regelt die Voraussetzungen und die Art der Datenübermittlung von der **1** Zentralstelle für Finanztransaktionsuntersuchungen an inländische öffentliche Stellen. Die Norm stellt damit grundsätzliche Weichen im Arbeitsprozess der Bearbeitung von Verdachtshinweisen hinsichtlich **Filterung und Kanalisierung** bei der Übermittlung von Informationen (vgl. hierzu ausführlich → Vor §§ 27–42 Rn. 22ff.). Auch sie entspricht den Vorgaben von FATF-Empfehlung 2, demzufolge die nationalen Behörden zur Bekämpfung von Geldwäsche, Terrorismusfinanzierung und Proliferation effektiv zusammenarbeiten und Informationen austauschen können müssen.

Der Begriff der **Übermittlung** ist vom Begriff der *„Verarbeitung"* umfasst (vgl. **2** → § 29 Rn. 17). Die Übermittlung personenbezogener Daten durch öffentliche Stellen an öffentliche Stellen ist gemäß § 25 Abs. 1 BDSG zulässig, wenn sie zur Erfüllung der in der Zuständigkeit der übermittelnden Stelle oder des Dritten, an den die Daten übermittelt werden, liegenden Aufgaben erforderlich ist und die Voraussetzungen vorliegen, die eine Verarbeitung nach § 23 BDSG zulassen würden. Der Dritte, an den die Daten übermittelt werden, darf diese nur für den Zweck verarbeiten, zu dessen Erfüllung sie ihm übermittelt werden. Eine Verarbeitung für andere Zwecke ist unter den Voraussetzungen des § 23 BDSG ua zulässig, wenn sie zur Abwehr erheblicher Nachteile für das Gemeinwohl oder einer Gefahr für die öffentliche Sicherheit, die Verteidigung oder die nationale Sicherheit, zur Wahrung erheblicher Belange des Gemeinwohls, zur Sicherung des Steuer- und Zollaufkommens, oder zur Verfolgung von Straftaten oder Ordnungswidrigkeiten (bzw. im Rahmen der Vollstreckung).

Bei Vorliegen der Voraussetzungen (Bestehen tatsächlicher Anhaltspunkte dafür, **3** dass die Übermittlung für die Erfüllung der Aufgaben des Bundesamtes für Verfassungsschutz oder den Bundesnachrichtendienst erforderlich ist, oder wenn die Zentralstelle für Finanztransaktionsuntersuchungen bei der operativen Analyse feststellt, dass ein Vermögensgegenstand mit Geldwäsche, mit Terrorismusfinanzierung oder mit einer sonstigen Straftat im Zusammenhang steht) ist die Übermittlung der jeweiligen Informationen nach Abs. 1 und 2 für die FIU obligatorisch (vgl. auch die Antwort der BReg. auf eine Anfrage der FDP, BT-Drs. 19/16595, 7: *„Bei Vorliegen der Voraussetzungen nach § 32 Abs. 2 GwG werden das Ergebnis der Analyse sowie alle sachdienlichen Informationen unverzüglich an die zuständige Strafverfolgungsbehörde über-*

§ 32 Abschnitt 5. Zentralstelle für Finanztransaktionsuntersuchungen

mittelt."; ebenso BT-Drs. 19/4421, 4: *"Stellt die FIU bei ihrer operativen Analyse fest, ‚dass ein Vermögensgegenstand mit Geldwäsche, mit Terrorismusfinanzierung oder mit einer sonstigen Straftat im Zusammenhang steht, ist sie nach § 32 Abs. 2 GwG verpflichtet, das Ergebnis ihrer Analyse sowie alle sachdienlichen Informationen unverzüglich an die zuständigen Strafverfolgungsbehörden zu übermitteln.").* Sie hat dabei kein echtes Ermessen (*Krais* Rn. 475). Der Gesetzestext spricht hier im Sinne einer **Muss-Vorschrift** von *„sind zu übermitteln"* bzw. *„übermittelt"* anstelle von *„soll"* oder gar *„kann übermitteln"*, was eine Soll- bzw. Kann-Vorschrift ausschließt (ebenso wie die Zentralstelle für Finanztransaktionsuntersuchungen gemäß § 30 Abs. 2 verpflichtet ist, die Meldungen nach den §§ 43 und 44 sowie die Mitteilungen nach § 31 b AO zu analysieren, um zu prüfen, ob der gemeldete Sachverhalt im Zusammenhang mit Geldwäsche, mit Terrorismusfinanzierung oder mit einer sonstigen Straftat steht). Die Erklärung, die FIU erhalte im Kontext des Filterprozesses eine *„Einschätzungsprärogative"* (vgl. ua BT-Drs. 19/2263, 8; Erste Nationale Risikoanalyse, S. 40), kann über den klaren Gesetzeswortlaut nicht hinweghelfen und sich insofern nicht auf die Entscheidung hinsichtlich der Weiterleitung von Meldungen bei Vorliegen der gesetzlichen Voraussetzungen erstrecken.

3a Die Übermittlungsverpflichtung umfasst neben Sachverhalten, die im Zusammenhang mit Geldwäsche oder mit Terrorismusfinanzierung stehen, ausweislich des eindeutigen Gesetzeswortlauts auch **Sachverhalte, die mit sonstigen Straftaten im Zusammenhang stehen** (vgl. Abs. 2 S. 1 *"Stellt die Zentralstelle für Finanztransaktionsuntersuchungen bei der operativen Analyse fest, dass ein Vermögensgegenstand mit Geldwäsche, mit Terrorismusfinanzierung <u>oder mit einer sonstigen Straftat im Zusammenhang steht</u>, übermittelt sie..."* (Hervorhebung durch den Verfasser); ebenso die Gesetzesbegr.: *„In diesem Zusammenhang ebenfalls naheliegende anderweitige Straftaten werden ebenfalls durch Übermittlung entsprechender Analyseergebnisse den hierfür zuständigen inländischen öffentlichen Stellen übermittelt.",* BT-Drs. 18/11555, 91). Sollten von der FIU Meldungen mit klaren Hinweisen auf sonstige Straftaten (bspw. Betrugsstraftaten, die bei banden- oder gewerbsmäßiger Begehung, was von der Zentralstelle für Finanztransaktionsuntersuchungen nur in Ausnahmefällen ausgeschlossen werden können dürfte, geeignete Geldwäschevortaten iSv § 261 Abs. 1 S. 2 StGB sind) nicht mehr an die Strafverfolgungsbehörden weitergeleitet, sondern in den Informationspool/Datenpool genommen werden (worauf die Antwort der Parlamentarischen Staatssekretärin *Ryglewski* v. 12.2.2020 auf eine Anfrage des Abgeordneten *de Masi,* BT-Drs. 19/17175, 9 (ebenso BT-Drs. 19/19651, 4 f.), hindeutet; anders noch in BT-Drs. 19/14216, 7), wäre dieses Vorgehen mithin contra legem und im Hinblick auf strafrechtliche Relevanz zu prüfen (vgl. die folgenden → Rn. 3b und 3c). Eine „risikoorientierte" Behandlung von Meldungen mit Hinweisen auf Straftaten durch die Zentralstelle für Finanztransaktionsuntersuchungen dergestalt, dass von einer Weiterleitung an Strafverfolgungsbehörden abgesehen wird, kann nicht in Betracht kommen (ganz grundsätzlich davon abgesehen, dass der „risikobasierte Ansatz" nicht für die Zentralstelle für Finanztransaktionsuntersuchungen und erst recht nicht im Rahmen der operativen Analyse gilt, sondern ausweislich der FATF-Empfehlungen sowie der 4. EU-Geldwäscherichtlinie und den deutschen Umsetzungsgesetzen lediglich von Verpflichteten, Aufsichtsbehörden und den nationalen Gesetzgebern zu berücksichtigen ist). Die Nicht-Weiterleitung von Hinweisen auf Straftaten durch die *„Zentrale Meldestelle zur Verhinderung, Aufdeckung und Unterstützung bei der Bekämpfung von Geldwäsche und Terrorismusfinanzierung"* an Strafverfolgungsbehörden ließe sich weder gegenüber Verpflichteten, der Bevölkerung (insbes. etwaigen Opfern der gemeldeten Straftaten, von deren Seite

Amtshaftungsansprüche geprüft werden könnten) oder den Strafverfolgungsbehörden vermitteln. Die Bewertung eines solchen Vorgehens seitens der FATF im Rahmen ihrer Deutschlandprüfung 2020/2021 bliebe ebenfalls abzuwarten.

Die pflichtwidrige Nicht-Weiterleitung von Verdachtsmeldungen bei Anhaltspunkten auf Geldwäsche, Terrorismusfinanzierung oder sonstige Straftaten wirft Fragen einer möglichen Strafbarkeit wegen **Strafvereitelung nach § 258 StGB oder Strafvereitelung im Amt gemäß § 258a StGB** auf (bereits der Versuch der Strafvereitelung (im Amt) ist strafbar, vgl. §§ 258 Abs. 4, 258a Abs. 2 StGB). Wird einem Sachbearbeiter der FIU (s. § 14 Abs. 2 S. 1 Nr. 2, S. 3 StGB) als Amtsträger nach § 11 Abs. 1 Nr. 2 StGB im Rahmen der operativen Analyse (dh im Strafverfahren, vgl. ausführlich → Rn. 14), eine Straftat bekannt (wobei es nicht darauf ankommt, ob wegen der Vortat bereits ein förmliches Ermittlungsverfahren eingeleitet worden war, vgl. BGHSt 45, 97), wird bei absichtlichen oder wissentlichen Absehen von einer Weiterleitung an die Strafverfolgungsbehörden dadurch eine Bestrafung des Täters oder eine Maßnahme nach § 11 Abs. 1 Nr. 8 StGB (wozu ua die Einziehung nach §§ 73ff. StGB gehört) verhindert wird, eine Strafbarkeit nach § 258 StGB oder § 258a StGB in Betracht kommen (ebenso wohl *Weerth* BDZ-Fachteil 2019, F58 ff., der hier eine Überlastungsanzeige empfiehlt). Andernfalls entstünden letztlich auch Wertungswidersprüche angesichts der möglichen Strafbarkeit nach § 258 StGB bspw. auch für Geldwäschebeauftragte bei pflichtwidrig unterlassener Meldung nach § 43 Abs. 1 (vgl. *Ruhmannseder* in BeckOK-StGB § 258 Rn. 14 mwN) sowie bei unterlassener Unterrichtung der Staatsanwaltschaft bei einem Anfangsverdacht auf strafbare Handlungen durch Krankenkassen, Kassenärztlichen Vereinigungen etc nach §§ 81a Abs. 4, 197a Abs. 4 SGB V (vgl. BT-Drs. 15/1525, 99, *Altenhain* in NK-StGB § 258 Rn. 44). Bereits die nicht nur unerhebliche Verzögerung der Strafverfolgung kann den Tatbestand des § 258a StGB erfüllen (vgl. *Schönke/Schröder* StGB § 258 Rn. 14 mwN, demzufolge die Untergrenze des maßgeblichen Verzögerungszeitraumes in Anlehnung an § 229 Abs. 1 StPO bei drei Wochen anzusetzen sein dürfte), was zusätzliche Relevanz erhalten kann angesichts der langen Bearbeitungsdauer von Verdachtsmeldungen durch die FIU (→ Vor §§ 27–42 Rn. 17 f.).

Stellt bspw. ein FIU-Mitarbeiter bei der Bearbeitung einer Fristfallmeldung nach § 46 Abs. 1 mit einer angehaltenen Transaktion im Kontext einer klaren Verdachtslage bezüglich einer Straftat fest, dass die Meldung eine ihm nahestehende Person betrifft und er die Meldung daher bewusst nicht weiterleitet, um diese Person vor strafrechtlicher Verfolgung (inkl. der Einziehung des angehaltenen Betrags) zu schützen, wird eine Strafbarkeit wegen (versuchter) Strafvereitelung (im Amt) nach §§ 258, 258a StGB unstreitig sein (zur Strafbarkeit wegen Geldwäsche → Rn. 3c). Hieran ändert sich nichts, wenn die Nicht-Weiterleitung (Wissen hinsichtlich der Konsequenzen einer Nicht-Weiterleitung bei Meldungen zu klaren Straftaten wird stets unterstellt werden können) gleichsam erfolgt, ohne dass die Beziehung zwischen FIU-Mitarbeiter und gemeldeter Person geklärt werden kann. Das Gleiche gilt bei Vorliegen der sonstigen Voraussetzungen in Fällen angehaltener Transaktionen nach § 46 Abs. 1, wenn trotz erheblicher Indizien auf Straftaten der Durchführung der Transaktion seitens des Sachbearbeiters der FIU zugestimmt wird oder eine Sofortmaßnahme nach § 40 getroffen wird und bewusst ein Fristablauf nach § 40 Abs. 4 Nr. 1 dazu eingesetzt wird, dass bspw. eine Transaktion im Anschluss vom Verpflichteten durchgeführt werden darf und damit die Einziehung (§§ 73 ff. StGB) vereitelt wird (zur Frage der zivilrechtlichen Haftung im Kontext von Sofortmaßnahmen → § 40 Rn. 3).

§ 32 Abschnitt 5. Zentralstelle für Finanztransaktionsuntersuchungen

3c Zusätzlich wird eine **Strafbarkeit wegen Geldwäsche** (§ 261 StGB) – ggf. begangen durch Unterlassen, § 13 StGB – oder Beihilfe zur Geldwäsche (§ 27 StGB) zu prüfen sein. Hierbei sind die Feststellungen und Wertungen zu berücksichtigen, die im Kontext der Frage einer Geldwäschestrafbarkeit von Geldwäschebeauftragten getroffen werden, die Verdachtsmomente auf Geldwäsche etc nicht melden. Ein Geldwäschebeauftragter kann sich durch Nichterstatten einer Verdachtsmeldung gemäß §§ 261, 13 Abs. 1 StGB strafbar machen, wenn ihm eine der Geldwäsche dienende Transaktion zwar nicht gemeldet, aber sonst im Unternehmen bekannt geworden ist; in den Fällen, in denen er eine Meldekette abbricht, die bereits durch eine unternehmensinterne Meldung an ihn ausgelöst worden ist, liegt bereits ein positives Tun und kein Unterlassen vor (vgl. ausführlich *Neuheuser* in MüKoStGB § 261 Rn. 103ff. mwN, insbes. zu der Feststellung einer Garantenstellung des Geldwäschebeauftragten, dem *„eine Schnittstellenfunktion für die Strafverfolgungsbehörden"* zukomme, *„Auf ihn ist der Staat zum Schutz des Rechtsguts der Strafrechtspflege im Bereich der Finanzwirtschaft angewiesen, ihm ist der Schutz möglich und er beherrscht aufgrund seiner gesetzlich festgeschriebenen Stellung und Funktion das zur Rechtsgutsverletzung hindrängende Geschehen. Insbesondere besteht zwischen dem Schutzgut des § 261 und dem § 11 [Anm.: jetzt: 43] GwG die erforderliche Kongruenz, da beide der inländischen Strafrechtspflege durch Verfolgung der ‚Papierspur' dienen."* (Rn. 105)).

Im Hinblick auf FIU-Mitarbeiter liegt hier ein Erst-Recht-Schluss nahe. Es wäre nicht einzusehen, dass einem Geldwäschebeauftragten bei Nichtmeldung geldwäsche- oder terrorismusfinanzierungsrelevanter Sachverhalte der Vorwurf der (leichtfertigen) Geldwäsche gemacht werden könnte (vgl. ausführlich *Nestler-El-Ghazi* → 2. Aufl. 2014, StGB § 261 Rn. 117 mwN), einen Schritt weiter einem FIU-Mitarbeiter bei pflichtwidriger Bearbeitung einer bereits vor diesem Hintergrund erstatteten Meldung nach § 43 etc hingegen nicht (das Unterbrechen der Meldekette wird hier gleichfalls regelmäßig nicht als Unterlassen, sondern als positives Tun zu werten sein).

4 Keine Aussage trifft das GwG darüber, in welcher **Form** die Sachverhalte/Daten von der Zentralstelle für Finanztransaktionsuntersuchungen an die jeweiligen Behörden zu übermitteln sind. Die Zentralstelle für Finanztransaktionsuntersuchungen genügt ihrer Übermittlungsverpflichtung also bereits dadurch, dass sie die jeweilige Behörde über die sie betreffenden Informationen und die in Erfahrung gebrachten Zusammenhänge von Straftaten so benachrichtigt, dass eine Kenntnisnahme sichergestellt ist. Laut BDZ (Deutsche Zoll- und Finanzgewerkschaft) sei Ziel die elektronische Abgabe von aufbereiteten Verdachtsmeldungen an die Strafverfolgungsbehörden, wobei gleichzeitig festgestellt wird, dass die Weiterleitung der Informationen, die der FIU bereits elektronisch vorliegen, an die Strafverfolgungsbehörden indessen *„nicht medienbruchfrei"* möglich wäre, da die von der Zentralstelle für Finanztransaktionsuntersuchungen verwendete Software goAML grundsätzlich *„nicht schnittstellentauglich"* sei (Presseveröffentlichung v. 24.2.2017, abrufbar unter http://www.bdz.eu/aktuelles/news/bdz-fordert-angemessene-personalausstattung.html; BDZ, Landtag NRW, Stellungnahme 17/577 v. 26.4.2018 für den Landtag NRW). Auch das bayerische Staatsministerium des Innern bestätigte auf eine schriftliche Anfrage von Abgeordneten von BÜNDNIS 90/DIE GRÜNEN, dass die Übermittlung von Verdachtsmeldungen von der FIU an die GFG Bayern noch per E-Mail erfolge (Antwort v. 14.2.2020, Bay. Landtag, LT-Drs. 18/4494, 2). Das bedeutet insbesondere, dass sämtliche Informationen aus den Verdachtsmeldungen von den Strafverfolgungsbehörden nicht automatisiert in eigene EDV-Systeme übernommen, sondern mit immensem Aufwand manuell er-

fasst/übertragen werden müssen. Um Medienbrüche und zusätzlichen manuellen Erfassungsaufwand bei den empfangenden Behörden zu vermeiden, wird insbesondere seitens der Polizeien der Länder, die als Strafverfolgungsbehörden gemäß § 32 Abs. 2 benannt sind, ein XPolizei-kompatibles Format gefordert (XPolizei ist ein auf den XÖV-Vorgaben der Koordinierungsstelle für IT-Standards basierender Standard, der es ermöglicht, über einheitliche Definitionen, abgestimmte Wertekataloge und eine Schnittstellendefinition die polizeiliche IT-Landschaft standardisiert zu vernetzen, vgl. BT-Drs. 18/8596, 4).

Konnte im Rahmen der Analyse ein Zusammenhang mit Geldwäsche, Terrorismusfinanzierung oder einer anderen strafbaren Handlung von der Zentralstelle für Finanztransaktionsuntersuchungen nicht festgestellt werden, wird die Meldung von der FIU nicht weitergeleitet, sondern in den sogenannten **Informationspool/Datenpool** bzw. ins „**Monitoring**" genommen. Dieser „**Filterprozess**" soll ausweislich der Gesetzesbegründung den *„zentralen Mehrwert"* (ua BT-Drs. 18/11928, 39) der Zentralstelle für Finanztransaktionsuntersuchungen ausmachen (krit. hierzu unter → Vor §§ 27–42 Rn. 22). Sofern tatsächlich lediglich entweder eine Weiterleitung erfolgt oder eine weitere Speicherung im Informationspool/Datenpool/Monitoring vorgenommen wird – worauf auch der FIU-Jahresbericht 2018, S. 12, hindeutet, wo es heißt *„Anderenfalls verbleibt die Meldung zunächst zur weiteren Beobachtung im sog. „Monitoring" der zentralen Datenbank der FIU, bis der Sachverhalt ggf. mit neuen Erkenntnissen angereichert werden kann."* – wirft dies datenschutzrechtliche Fragen auf. Wenn sich beispielsweise im Rahmen der Erstbewertung oder operativen Analyse der gemeldete Verdacht auf Geldwäsche, Terrorismusfinanzierung oder eine sonstige Straftat ausräumen lässt (wovon auch bspw. bei sog. „Spaßüberweisungen", Verwechslung von Sorgfaltsmit Meldepflichten auszugehen ist), wäre eine weitere Speicherung unzulässig und die Daten zu löschen sein (vgl. § 37 Abs. 2 Alt. 2; auch → § 29 Rn. 10). Für eine konkrete Aufgabe (oder zur Dokumentation) gespeicherte Daten dürfen nicht pauschal in einen Datenvorrat überführt werden oder als Auswerte- und Recherchepool genutzt werden.

II. Datenübermittlung an das Bundesamt für Verfassungsschutz (Abs. 1)

Die Zentralstelle für Finanztransaktionsuntersuchungen ist nach Abs. 1 verpflichtet, unverzüglich, dh ohne schuldhaftes Zögern (§ 121 Abs. 1 S. 1 BGB), nach Erhalt alle Verdachtsmeldungen nach § 43 und alle sonstigen Meldungen von inländischen Stellen nach § 44 an das Bundesamt für Verfassungsschutz zu übermitteln, sofern sich aufgrund des in der Meldung dargelegten Sachverhalts Anhaltspunkte dafür ergeben, dass die Kenntnis der Meldung für die Aufgabenerfüllung des Bundesamtes für Verfassungsschutz erforderlich ist (die Gesetzesbegr. spricht hier nur von *„Anhaltspunkten"*, nicht von *„tatsächlichen Anhaltspunkten"*, BT-Drs. 18/11555, 144, was in der Sache indessen keinen Unterschied macht). Bis zum 31.1.2019 wurden nach Aussage der Bundesregierung auf der Grundlage des § 32 Abs. 1 insgesamt 8.035 Verdachtsmeldungen unverzüglich an das BfV übermittelt (BT-Drs. 19/9326, 3).

Abs. 1 ist eine spezialgesetzliche Ausprägung des § 18 Abs. 1 BVerfSchG (BT-Drs. 18/11555, 144, wo irrtümlich ein nicht existenter „§ 18 Abs. 1b" BVerfSchG ge-

§ 32   Abschnitt 5. Zentralstelle für Finanztransaktionsuntersuchungen

nannt wird), demzufolge die Staatsanwaltschaften und, vorbehaltlich der staatsanwaltschaftlichen Sachleitungsbefugnis, die Polizeien, die Behörden des Zollfahndungsdienstes sowie andere Zolldienststellen, soweit diese Aufgaben nach dem Bundespolizeigesetz wahrnehmen, von sich aus das Bundesamt für Verfassungsschutz oder die Verfassungsschutzbehörde des Landes über alle ihnen bekanntgewordenen Informationen einschließlich personenbezogener Daten über Bestrebungen und Tätigkeiten nach § 3 Abs. 1 BVerfSchG unterrichten, wenn tatsächliche Anhaltspunkte dafür bestehen, dass die Übermittlung für die Erfüllung der Aufgaben der Verfassungsschutzbehörde erforderlich ist. Gemäß § 3 Abs. 1 BVerfSchG ist **Aufgabe der Verfassungsschutzbehörden** des Bundes und der Länder die Sammlung und Auswertung von Informationen, insbesondere von sach- und personenbezogenen Auskünften, Nachrichten und Unterlagen, über

1. Bestrebungen, die gegen die freiheitliche demokratische Grundordnung, den Bestand oder die Sicherheit des Bundes oder eines Landes gerichtet sind oder eine ungesetzliche Beeinträchtigung der Amtsführung der Verfassungsorgane des Bundes oder eines Landes oder ihrer Mitglieder zum Ziele haben,
2. sicherheitsgefährdende oder geheimdienstliche Tätigkeiten im Geltungsbereich dieses Gesetzes für eine fremde Macht,
3. Bestrebungen in der Bundesrepublik Deutschland, die durch Anwendung von Gewalt oder darauf gerichtete Vorbereitungshandlungen auswärtige Belange der Bundesrepublik Deutschland gefährden,
4. Bestrebungen in der Bundesrepublik Deutschland, die gegen den Gedanken der Völkerverständigung (Art. 9 Abs. 2 GG), insbesondere gegen das friedliche Zusammenleben der Völker (Art. 26 Abs. 1 GG) gerichtet sind.

Da auch Gruppierungen der **Organisierten Kriminalität** – ungeachtet ihrer primär wirtschaftlichen Ziele – ua durch Korruption, Nötigung etc auf Volksvertretungen, Verwaltung, Justiz etc Einfluss nehmen, was die öffentliche Sicherheit und Ordnung bedroht, gehört auch die Bekämpfung der Organisierten Kriminalität zu den Aufgaben des Verfassungsschutzes (*Roth* in Schenke/Graulich/Ruthig BVerfSchG §§ 3, 4 Rn. 26). Das Bundesamt für Verfassungsschutz wird im Rahmen seines pflichtgemäßen Ermessens eine Weiterleitung an betroffene Landesämter für Verfassungsschutz vornehmen. In der Praxis wird eine Übermittlung an das Bundesamt für Verfassungsschutz vor allem in den Fällen erfolgen, in denen mittels Verdachtsmeldung gemäß §§ 43, 44 vom Verpflichteten oder der meldenden Behörde der Verdacht der Terrorismusfinanzierung geäußert wird oder sobald dieser Verdacht im Rahmen der Analyse durch die Zentralstelle für Finanztransaktionsuntersuchungen offenkundig wird.

8   Die Beschränkung auf **„Meldungen nach § 43 Abs. 1, § 44"** – also explizit nicht Mitteilungen der Finanzbehörden gemäß § 31b AO, Kontrollmitteilungen (§ 30 Abs. 1 Nr. 3) oder sonstige Informationen gemäß § 30 Abs. 1 Nr. 4 – erschließt sich hierbei nicht. Insbesondere korrespondiert sie nicht mit der Schaffung neuer Sondereinheiten bei Steuerfahndungsdienststellen, die sich im Speziellen mit der Bekämpfung der Terrorismusfinanzierung befassen. Insofern sollte eine entsprechende Erweiterung der Norm de lege ferenda geprüft werden.

9   Im **Gesetzgebungsverfahren** war von Seiten des Bundesrates gefordert worden, in § 32 die Wörter *„Bundesamt für Verfassungsschutz"* durch die Wörter *„die Verfassungsschutzbehörden des Bundes und der Länder"* zu ersetzen (BT-Drs. 18/11928, 19). Die selbstständige Datenübermittlungspflicht an die **Verfassungsschutzbehörden der Länder** sei erforderlich, um Übermittlungswege kurz zu halten und um einen Gleichklang mit der Möglichkeit zum eigenständigen Recht zum

Auskunftsersuchen aus § 93 Abs. 8 S. 1 Nr. 3 AO herzustellen. Der Vorschlag wurde von der Bundesregierung abgelehnt, da dieser Weg eine Sonderbefugnis für den Bereich Geldwäsche bedeuten würde, die sachlich nicht begründbar wäre. Die Länder würden außerdem weiterhin vom Bundesamt für Verfassungsschutz über sie betreffende Sachverhalte informiert, weshalb es keine Informationsverkürzung im Vergleich zum Status quo geben werde (BT-Drs. 18/11928, 26).

III. Datenübermittlung an die Strafverfolgungsbehörden, den Bundesnachrichtendienst und das Bundesamt für Verfassungsschutz bei Verdacht auf Geldwäsche, Terrorismusfinanzierung oder eine sonstige Straftat (Abs. 2)

Abs. 2 normiert das weitere Verfahren, wenn die Zentralstelle für Finanztransaktionsuntersuchungen im Rahmen ihrer operativen Analyse festgestellt hat, dass ein Vermögensgegenstand mit Geldwäsche, mit Terrorismusfinanzierung oder mit einer sonstigen Straftat im Zusammenhang steht. Ein solcher **Zusammenhang mit Geldwäsche, Terrorismusfinanzierung oder einer anderen strafbaren Handlung** ist dann gegeben, wenn unter Würdigung des Einzelfalles und aller im Rahmen der Analyse hinzugezogenen Informationen **zureichende tatsächliche Anhaltspunkte für die Begehung einer Straftat** vorliegen könnten. Dieser **Verdachtsgrad** liegt damit noch unterhalb des strafprozessualen Anfangsverdachts nach §§ 152 Abs. 2 iVm 160 StPO (BT-Drs. 18/11555, 144), obgleich es für diesen bereits ausreicht, wenn es nach den kriminalistischen Erfahrungen als möglich erscheint, dass eine verfolgbare Straftat vorliegt, wozu auch entfernte Indizien ausreichen, sofern sie bloße Vermutungen übersteigen (*Schmitt* in Meyer-Goßner/Schmitt StPO § 152 Rn. 4 ff. mwN). Die Konstruktion eines Verdachtsgrades unterhalb dieser zweifelsohne bereits sehr niedrigen Schwelle – unterhalb entfernter Indizien auf eine verfolgbare Straftat, aber oberhalb der bloßen Vermutung – ist dabei kaum mehr an Abstraktheit zu übertreiben und nicht mehr trennscharf abzugrenzen. Exemplarisch kann hier auch auf den Fall reflektiert werden, in dem das BVerfG die Auffassung der Vorinstanzen billigte, die in der Einrichtung geheimer Bankkonten im Ausland einen Anfangsverdacht für den Vorwurf der Steuerhinterziehung angenommen hatten (BVerfG NJW 1994, 2079 ff.). Eine derartige Konstellation bereits als strafprozessualen Anfangsverdacht ausreichen zu lassen, lässt letztlich keinen klar abgrenzbaren Spielraum mehr für den hier angesetzten noch niedrigeren Verdachtsgrad, der gleichwohl über die reine Vermutung hinausgehen muss (vgl. hierzu auch die Anmerkungen zu → § 30 Rn. 14 f.). Insbesondere der Umstand, dass seitens der Verpflichteten nach dem Geldwäschegesetz Meldungen nach § 43 Abs. 1 bereits zu erstatten sind, wenn niederschwellige Anhaltspunkte auf Geldwäsche oder Terrorismusfinanzierung hindeuten (sofern die Schwelle zur Meldung ins Blaue überschritten ist, vgl. → § 43 Rn. 24 ff.), kann die Frage aufgeworfen werden, welche Verdachtsmeldungen (außer solchen nach § 43 Abs. 1 Nr. 3, offensichtlich unsinnigen Meldungen, Korrespondenzbankgeschäfte betreffende Meldungen und Sachverhalten, deren Legalität im Rahmen der operativen Analyse bestätigt werden konnte) von der Zentralstelle für Finanztransaktionsuntersuchungen im Rahmen ihres Filterprozesses letztlich noch herausgefiltert werden können/dürfen (vgl. hierzu auch → Vor §§ 43–49 Rn. 10).

§ 32 Abschnitt 5. Zentralstelle für Finanztransaktionsuntersuchungen

11 Die Bewertung, ob ein **strafprozessualer Anfangsverdacht** vorliegt, soll weiterhin ausschließlich der zuständigen Strafverfolgungsbehörde obliegen. Im Gesetzgebungsverfahren wurde vom Bundesrat hierzu kritisch angemerkt, dass dieser niedrige Verdachtsgrad, den die Gesetzesbegründung zu Grunde legt, keine Stütze im Wortlaut des § 32 Abs. 2 S. 1 fände (BT-Drs. 18/11928, 19).

12 Im Vergleich zum vorangegangenen **Referentenentwurf** eines Gesetzes zur Umsetzung der 4. EU-Geldwäscherichtlinie des BMF vom 24.11.2016 fällt in der letztlich verabschiedeten Fassung die Verwendung einer anderen Formulierung auf. Verwendete der Referentenentwurf noch den Begriff des *„begründeten Verdachts"*, dass der gemeldete Sachverhalt im Zusammenhang mit Geldwäsche, Terrorismusfinanzierung oder einer anderen Straftat steht, so wurde dieser im darauf folgenden Gesetzentwurf durch die Formulierung *„dass ein Vermögensgegenstand mit Geldwäsche, mit Terrorismusfinanzierung oder mit einer sonstigen Straftat im Zusammenhang steht"* ersetzt. Betrachtet man indessen die Gesetzesbegründungen von Referentenentwurf und Gesetzentwurf, so fällt auf, dass diese inhaltlich nahezu identisch sind. Beide rekurrieren auf *„zureichende tatsächliche Anhaltspunkte"* für die Begehung einer Straftat, dass dieser Verdachtsgrad damit noch unterhalb des strafprozessualen Anfangsverdachtes läge und seitens der Zentralstelle für Finanztransaktionsuntersuchungen keine Bewertung vorgenommen werde, ob ein strafprozessualer Anfangsverdacht vorliegt, da dies weiterhin ausschließlich der zuständigen Strafverfolgungsbehörde obliege. Es befremdet indessen bei abstrakter Betrachtung ein wenig (insbesondere angesichts der angekündigten Expertise der Zentralstelle für Finanztransaktionsuntersuchungen durch ihren multidisziplinären Ansatz), dass die Zentralstelle für die Bekämpfung von Geldwäsche und Terrorismusfinanzierung der Bundesrepublik Deutschland nicht in der Lage sein soll, einen Anfangsverdacht für Straftaten zu erkennen, an den bekanntermaßen niedrige Anforderungen zu stellen sind (vgl. → Rn. 9).

13 Gelangt die Zentralstelle für Finanztransaktionsuntersuchungen im Rahmen ihrer operativen Analyse zum Ergebnis, dass zureichende tatsächliche Anhaltspunkte für die Begehung einer Straftat vorliegen, hat sie dieses Ergebnis ihrer Analyse sowie alle sachdienlichen Informationen **unverzüglich** an die zuständigen Strafverfolgungsbehörden zu übermitteln, womit auch hier eine Weiterleitung ohne schuldhaftes Zögern (§ 121 Abs. 1 S. 1 BGB) zu verstehen ist. Die tatsächliche Weiterleitungspraxis ist von einer unverzüglichen Weiterleitung indessen weit entfernt. So wurde in verschiedenen Presseberichterstattungen von Weiterleitungen von Verdachtsmeldungen an Strafverfolgungsbehörden durch die FIU nach vielen Wochen, Monaten oder über einem Jahr berichtet (vgl. ua Tagesschau v. 9.8.2018 *„Das ist eine tickende Zeitbombe"*). Diese Praxis wird nicht nur auf Seiten der Strafverfolgungsbehörden, sondern insbesondere auch auf Seiten der Verpflichteten angesichts der sehr restriktiven Sanktionierungspraxis bei nicht unverzüglichen Meldungen nach § 43 Abs. 1 durch die Aufsichtsbehörden (insbesondere die BaFin) mit Unverständnis aufgenommen.

14 Die Bestimmung der zuständigen **Strafverfolgungsbehörde** im Sinne von § 32 Abs. 2 S. 1 ist in den einzelnen Bundesländern unterschiedlich geregelt. Während sich die meisten Bundesländer dafür ausgesprochen haben, die GFGen bei den Landeskriminalämtern (weiterhin) als Adressaten für die Weiterleitung von Verdachtsmeldungen in den Fällen des § 32 Abs. 2 S. 1 zu benennen (Baden-Württemberg, Bayern, Berlin, Brandenburg, Bremen, Hamburg, Hessen, Mecklenburg-Vorpommern, Niedersachsen, Rheinland-Pfalz, Saarland, Sachsen, Sachsen-Anhalt, Thüringen), bestimmten andere (zentrale) Staatsanwaltschaften als Empfänger (Nordrhein-Westfalen, Schleswig-Holstein).

Datenübermittlungsverpflichtung an inländische öffentliche Stellen § 32

Es ist allgemein festzustellen, dass der Begriff der Strafverfolgungsbehörde im GwG nicht einheitlich hinterlegt ist. Aus dem jeweiligen Kontext der den Begriff „Strafverfolgungsbehörde" verwendenden Normen ergeben sich unterschiedliche Behörden– teils Polizeibehörden (die an anderen Stellen auch unter *„sonstige öffentliche Stellen"* zu subsumieren sind, vgl. die Gesetzesbegr. zu § 42 Abs. 2 (BT-Drs. 18/11555, 156)), teils Staatsanwaltschaften.

Abs. 2 S. 1 nennt die Bußgeld- und Strafsachenstelle **(BuStra)**/Strafsachen- und 15 Bußgeldstelle **(StraBu)** nicht explizit. Diese sind im Falle steuerstrafrechtlich relevanter Sachverhalte (**Steuerstraftaten** fallen unter die „sonstigen Straftaten") unter den Begriff der Strafverfolgungsbehörden zu subsumieren. Durch Meldungen und Mitteilungen nach § 30 Abs. 1 sollen auch Steuerstraftaten aufgedeckt und verfolgt werden (vgl. auch die Gesetzesbegründung S. 138, allerdings zu § 28 Abs. 1 S. 2 Nr. 6). Sachverhalte, die für das **Besteuerungsverfahren** von Bedeutung sein könnten, können demgegenüber gemäß § 32 Abs. 3 S. 2 Nr. 1 an die Finanzbehörden weitergeleitet werden. In der Praxis wird der Zentralstelle für Finanztransaktionsuntersuchungen die Bewertung, ob ein Sachverhalt nur steuerlich (Besteuerungsverfahren) und/oder auch steuerstrafrechtlich relevant ist, im Zuge der operativen Analyse ohne Kenntnis der kompletten steuerlichen Verhältnisse und ohne fachspezifische Würdigung kaum möglich sein. (Aus diesem Grunde ist auch der Staatsanwaltschaft regelmäßig eine eigenständige Einleitung eines Steuerstrafverfahrens nicht möglich, sondern von der vorherigen Prüfung durch die Finanzbehörden (Steuerfahndungsstellen) abhängig.)

Ergeben sich durch die operative Analyse des untersuchten Sachverhalts Anhalts- 16 punkte, dass diese Informationen für die Aufgabenerfüllung des **Bundesnachrichtendienstes,** dh die Sammlung und Auswertung erforderlicher Informationen zur Gewinnung von Erkenntnissen über das Ausland, die von außen- und sicherheitspolitischer Bedeutung für die Bundesrepublik Deutschland sind (§ 1 Abs. 2 S. 1 BNDG), erforderlich sind (was in der Praxis für die Zentralstelle für Finanztransaktionsuntersuchungen im Detail nicht einfach zu beurteilen sein dürfte), hat die Zentralstelle für Finanztransaktionsuntersuchungen nach S. 2 diese Informationen zusätzlich („außerdem") an den Bundesnachrichtendienst zu übermitteln. Die Norm ist eine spezialgesetzliche Ausprägung des § 23 Abs. 1 S. 1 Nr. 2 BNDG (BT-Drs. 18/11555, 145).

Hat die Zentralstelle für Finanztransaktionsuntersuchungen nach Abs. 1 die 17 Meldung an das **Bundesamt für Verfassungsschutz** weitergeleitet, so informiert sie entsprechend S. 3 nach Abschluss ihrer Analyse das Bundesamt für Verfassungsschutz über das Analyseergebnis, auch wenn ein Zusammenhang mit einer strafbaren Handlung nicht festgestellt werden konnte (BT-Drs. 18/11555, 145). Diese nachträgliche Information wird in der Praxis nur in Ausnahmefällen vorkommen; in der Regel werden die Meldungen zusammen mit dem Analysebericht an das BfV übersendet (insbes., wenn die Relevanz erst im Rahmen der operativen Analyse festgestellt wird).

IV. Datenübermittlung an inländische Behörden in sonstigen Fällen (Abs. 3)

1. Datenübermittlung auf Ersuchen der Strafverfolgungsbehörden, des Bundesamts für Verfassungsschutz, des Bundesnachrichtendienstes oder des Militärischen Abschirmdienstes (S. 1)

18 Auf Ersuchen der Strafverfolgungsbehörden, des Bundesamtes für Verfassungsschutz, des Bundesnachrichtendienstes und des Militärischen Abschirmdienstes ist die Zentralstelle für Finanztransaktionsuntersuchungen gemäß **Abs. 3 S. 1** ermächtigt, zum Zwecke der Durchführung eines strafrechtlichen Ermittlungsverfahrens, aber auch zur Aufklärung von Gefahren im Vorfeld eines solchen, einzelfallbezogen Informationen an die zuvor genannten Behörden zu übermitteln. Dies stellt sicher, dass die bei der Zentralstelle für Finanztransaktionsuntersuchungen vorhandenen Informationen im Bedarfsfall für ein bei den genannten Behörden geführtes Verfahren genutzt werden können (BT-Drs. 18/11555, 145).

19 Die **Zwecke der Datenübermittlung** an die Strafverfolgungsbehörden auf deren Ersuchen sind in Abs. 3 abschließend geregelt. Auskunftsersuchen der Strafverfolgungsbehörden für statistische Zwecke, Auswertungen, Strukturanalysen etc sind hiervon nicht erfasst, obgleich gerade hierin unstreitig ein besonderer Wert des Datenbestands der Zentralstelle für Finanztransaktionsuntersuchungen für die Strafverfolgungsbehörden bestünde. Die Zusammenstellung der Ziffern 1 und 2 in S. 1 verwirrt überdies; vorzugswürdig wäre eine Formulierung, die differenziert zwischen „Aufklärung von Straftaten" bzw. „Strafverfolgung" und „Gefahrenabwehr" (ggf. wären dann die adressierten Behörden im ersten Halbsatz zu unterscheiden).

20 Nicht nachvollziehbar ist die Beschränkung der Datenübermittlung durch die FIU in S. 1 ausschließlich auf Fälle, in denen ein **Ersuchen** der genannten Behörden vorliegt (S. 2 lässt in den dort genannten Fällen eine Übermittlung auch von Amts wegen zu). Damit ist eine Übermittlung von Informationen von Amts wegen zum Zwecke der Aufklärung von Gefahren oder der **Gefahrenabwehr** dem Wortlaut zufolge ausgeschlossen. Gerade in Fällen, die für die Gefahrenabwehr Bedeutung haben, ist es von größter Bedeutung, dass die Zentralstelle für Finanztransaktionsuntersuchungen von sich aus (von Amts wegen) unverzüglich diese Informationen an die zuständige Polizeidienststelle weiterleiten darf. Durch das Geldwäschebekämpfungsergänzungsgesetz war vormals klargestellt worden, dass die Inhalte von Verdachtsmeldungen, die nach damaliger Rechtslage vom Verpflichteten unmittelbar an die Polizei zu melden waren (vgl. § 11 Abs. 1 GwG aF) auch zum Zweck der Gefahrenabwehr verwendet werden dürfen. Die Polizei kann gerade durch Verdachtsmeldungen wegen des Terrorismusfinanzierungsverdachts Informationen erlangen, die Aufschluss über terroristischen Organisationen angehörende oder nahestehende Personen geben können, deren Verwendung für Zwecke der Gefahrenabwehr – beispielsweise eben zur Verhinderung von Terroranschlägen – möglich sein muss (BT-Drs. 16/9038, 45). Die entsprechende Norm des Referentenentwurfs des Bundesministeriums der Finanzen für ein Gesetz zur Umsetzung der 4. EU-Geldwäscherichtlinie (§ 28 Abs. 1 Nr. 6 GwG-RefE) sah noch die Möglichkeit vor, dass die Zentralstelle für Finanztransaktionsuntersuchungen *„spontan und auf Ersuchen"* personenbezogene Daten an inländische öffentliche Stellen für die Gefahrenabwehr

Datenübermittlungsverpflichtung an inländische öffentliche Stellen **§ 32**

übermitteln durfte. Ein redaktionelles Versehen im Zuge der völligen Neufassung der Normen in diesem Bereich (durch den Gesetzentwurf) war insofern zunächst nicht ausgeschlossen. Entsprechend der Anregung in der Vorauflage sah auch der Referentenentwurf eines Gesetzes zur Umsetzung der Änderungsrichtlinie zur 4. EU-Geldwäscherichtlinie vom 20.5.2019 unter Ziff. 26 noch vor, in § 32 Abs. 3 S. 1 GwG nach dem Wort „*übermittelt*" die Wörter „*von Amts wegen oder*" einzufügen. Begründet wurde dies damit, dass es (auch unter Herstellung des Gleichlaufs mit der Regelung des S. 2) unabdinglich sei, dass die Zentralstelle für Finanztransaktionsuntersuchungen auch in den Fällen des Abs. 3 S. 1 von Amts wegen personenbezogene Daten an die Strafverfolgungsbehörden, das BfV, den BND oder den MAD mit Blick auf die dort genannten Aufklärungstätigkeiten übermitteln könne, damit diese Behörden ihren Aufgaben zur Aufklärung von Gefahren oder Durchführung von Strafverfahren nachkommen können (RefE v. 20.5.2019 S. 95f.). Diese geplante Gesetzesänderung wurde bereits im Gesetzentwurf der Bundesregierung vom 29.7.2019 nicht mehr übernommen, wozu sich in den Gesetzesmaterialien bedauerlicherweise keine Begründung findet. Ein redaktionelles Versehen kann jedoch nunmehr ausgeschlossen werden. Auch wenn sich in der Praxis kaum Defizite ergeben dürften, da Gefahrenabwehrsachverhalte in der Regel zugleich auch ausreichende Anhaltspunkte für Straftaten enthalten werden, womit eine Weiterleitung über § 32 Abs. 1 ermöglicht wird (zu berücksichtigen wären hier allenfalls Zeitverluste in Bundesländern, die Staatsanwaltschaften als zuständige Strafverfolgungsbehörden definiert haben, → Rn. 14), wäre eine legislatorische Änderung de lege ferenda wünschenswert.

2. Datenübermittlung zum Zwecke der Durchführung eines Besteuerungsverfahrens, für Verfahren zum Schutz der sozialen Sicherungssysteme und für die Aufgabenwahrnehmung der Aufsichtsbehörden (S. 2)

Nach S. 2 hat die Zentralstelle für Finanztransaktionsuntersuchungen die Befugnis, von Amts wegen oder auf Ersuchen zum Zwecke der Durchführung eines Besteuerungsverfahrens, für Verfahren zum Schutz der sozialen Sicherungssystem und für die Aufgabenwahrnehmung der Aufsichtsbehörden personenbezogene Daten an die jeweils zuständigen Behörden weiterzuleiten. S. 1 und 2 setzen damit Art. 32 Abs. 4 S. 2 der 4. EU-Geldwäscherichtlinie um. Die Aufgabe zur Information der für das Besteuerungsverfahren oder den Schutz der sozialen Sicherungssysteme zuständigen Behörden über Sachverhalte, die der Zentralstelle für Finanztransaktionsuntersuchungen bei der Wahrnehmung ihrer Aufgaben bekannt werden und die sie nicht an eine andere zuständige staatliche Stelle übermittelt hat, ist in § 28 Abs. 4 enthalten. S. 2 Nr. 1 und 2 sind die diesbezüglichen **Befugnisnormen**. 21

S. 2 Nr. 1 nennt zunächst die Datenübermittlung an die **für das Besteuerungsverfahren zuständige inländische öffentliche Stelle.** Das ist allgemein bezeichnet die jeweils örtlich zuständige Finanzbehörde. Warum die Finanzbehörden hier nicht ausdrücklich als solche bezeichnet werden, sondern die Begrifflichkeit „*andere als in Satz 1 benannte, zuständige inländische öffentliche Stellen*" gewählt wurde, unter welche die Finanzbehörden zu subsumieren sind (zumal an anderen Stellen im GwG der Begriff „*Finanzbehörde*" Verwendung findet, vgl. bspw. § 32 Abs. 6 S. 1), erschließt sich nicht (eine Auflistung von Behörden, die als Finanzbehörden im Sinne der AO gelten, findet sich in § 6 Abs. 2 AO). Nr. 1 bezieht sich 22 lediglich auf **Besteuerungsverfahren,** nicht jedoch auf Steuerstrafverfahren, was zunächst angesichts der bisherigen Differenzierung und jeweils expliziten Nennung im vormaligen Recht (vgl. § 15 Abs. 2 S. 1 GwG aF) und auch in § 32 Abs. 6 S. 1 und 3 verwundert. Stellt die Zentralstelle für Finanztransaktionsuntersuchungen bei der operativen Analyse fest, dass ein Vermögensgegenstand mit einer Steuerstraftat im Zusammenhang steht, übermittelt sie das Ergebnis ihrer Analyse sowie alle sachdienlichen Informationen gemäß § 32 Abs. 2 S. 1 unverzüglich an die zuständige Steuerfahndung/Finanzbehörde (vgl. → Rn. 14).

23   Soweit dies erforderlich ist für **Verfahren zum Schutz der sozialen Sicherungssysteme** (und sich im Rahmen der operativen Analyse keine Anhaltspunkte auf Straftaten ergeben haben, was eine Weiterleitung an die Strafverfolgungsbehörden nach Abs. 2 S. 1 zur Folge hätte), übermittelt die Zentralstelle für Finanztransaktionsuntersuchungen nach **S. 2 Nr. 2** von Amts wegen oder auf Ersuchen personenbezogene Daten an die hierfür zuständige inländische öffentliche Stelle. Welche Behörden von dem Begriff erfasst sind, wird in der Gesetzesbegründung nicht erläutert. Dazu gehören jedenfalls die Finanzkontrolle Schwarzarbeit (FKS) des Zolls und wohl auch die Sozialleistungsträger, Sozialämter, Arbeitsämter, Jobcenter etc (vgl. die Kommentierung zu → § 28 Rn. 28).

24   Gemäß **S. 2 Nr. 3** übermittelt die FIU schließlich von Amts wegen oder auf Ersuchen personenbezogene Daten an die **Aufsichtsbehörden,** soweit dies für deren Aufgabenwahrnehmung erforderlich ist. Die Verwendung von Informationen aus Verdachtsmeldungen durch die Aufsichtsbehörden, die bereits durch das Geldwäschebekämpfungsgesetz von 2002 eingeführt wurde, war begründet worden mit der Verbesserung der Zusammenarbeit zwischen Strafverfolgungs- und Aufsichtsbehörden und hatte seinerzeit primär ein wirksameres Vorgehen der Aufsichtsbehörden gegen Untergrundbanken zum Ziel (BR-Drs. 217/02, 31). Der Bericht der Kommission an das Europäische Parlament und den Rat vom 24.7.2019 über die Bewertung des Rahmens für die Zusammenarbeit zwischen den zentralen Meldestellen für Geldwäsche-Verdachtsanzeigen (FIU) (COM(2019) 371 final, S. 12f.) stellte fest, dass insbesondere die Geldwäscheskandale im Zusammenhang mit europäischen Kreditinstituten der vorangegangenen Jahre gezeigt hätten, dass in mehreren dieser Fälle die zentralen Meldestellen nur wenig Kontakt mit den Aufsichtsbehörden und umgekehrt gehabt hätten (vgl. auch den Bericht der Kommission v. 24.7.2019 über die Bewertung aktueller Fälle von mutmaßlicher Geldwäsche unter Beteiligung von Kreditinstituten aus der EU, COM(2019) 373 final). Hier wurde eine Verbesserung des Informationsaustausches in beiden Richtungen angemahnt.

25   Die **Übermittlung** personenbezogener Daten nach Abs. 3 **unterbleibt** gemäß Abs. 5 S. 1, soweit sich die Bereitstellung der Daten negativ auf den Erfolg laufender Ermittlungen der zuständigen inländischen öffentlichen Stellen auswirken könnte oder die Weitergabe der Daten unverhältnismäßig wäre (hierzu näher → Rn. 29 ff.).

V. Automatisierter Datenabruf der Strafverfolgungsbehörden und des Bundesamts für Verfassungsschutz (Abs. 4)

26   Alle Verdachtsmeldungen (auch solche, die zunächst nicht weitergegeben wurden) werden bei der FIU zusammen mit den bei anderen Behörden erhobenen Informationen gespeichert (BT-Drs. 18/11928, 26). Zur Durchführung von Straf-

verfahren sowie zur Gefahrenaufklärung nach § 32 Abs. 3 Nr. 1 und 2 sind die **Strafverfolgungsbehörden** und das **Bundesamt für Verfassungsschutz** nach Abs. 4 berechtigt, ein automatisiertes Verfahren zum Abruf der bei der Zentralstelle für Finanztransaktionsuntersuchungen gespeicherten Daten einzurichten. (Die Forderung des Bundesrates im Gesetzgebungsverfahren zur Umsetzung der 4. EU-Geldwäscherichtlinie, entsprechend der Regelung in § 93 Abs. 8 S. 1, Abs. 4 S. 4 AO auch den **Verfassungsschutzbehörden der Länder** ein eigenes Recht zum Ersuchen von Auskunft zu gewähren, da sie auch hier grundsätzlich die gleichen Aufgaben wie das Bundesamt für Verfassungsschutz gemäß § 3 Abs. 1 BVerfSchG haben, war seitens der Bundesregierung abgelehnt worden (BT-Drs. 18/11928, 20, 40/41): Das Bundesamt für Verfassungsschutz habe eine Zentralstellenfunktion und sei für die Kooperation zwischen Bund und Ländern zuständig, Informationswünsche der Landesämter gegenüber einer Bundesbehörde seien nach dem BVerfSchG über das Bundesamt zu steuern, ein automatisiertes Abrufverfahren komme wegen dieser grundsätzlichen Erwägungen nicht in Betracht.)

§ 32 Abs. 4 ist das inhaltliche Gegenstück zu § 31 Abs. 4. Soweit seitens der Bundesregierung in der Antwort auf eine Kleine Anfrage der Fraktion BÜNDNIS 90/DIE GRÜNEN vom 22.5.2018 (BT-Drs. 19/2263, 8) behauptet wurde „*Schließlich ist zu berücksichtigen, dass nach § 32 Abs. 4 GwG insbesondere den Strafverfolgungsbehörden zur eigenen Aufgabenerfüllung das automatisierte Datenabrufrecht, bezogen auf den FIU-Datenbestand, verliehen ist.*", war dies in der Sache unzutreffend. In der Antwort der Bundesregierung vom 11.4.2019 auf eine Anfrage der Fraktion DIE LINKE (BT-Drs. 19/9326, 16) wurde eingestanden, dass die Umsetzung des gesetzlich normierten Zugriffsrechts nach wie vor nicht besteht, „*jedoch weiterhin prioritär bearbeitet*" werde, was indessen bis zum 14.2.2020 (Bay. Landtag, LT-Drs. 18/4494, 2) und bis zum Redaktionsschluss dieser Auflage jedoch immer noch nicht vollzogen wurde. Da goAML selbst nicht schnittstellentauglich ist (vgl. → Rn. 4), dürfte technisch gesehen mit einer web-basierten Anwendung zu rechnen sein.

Zum Begriff der **„automatisierten Verarbeitung"** → § 31 Rn. 8. Die Einrichtung des automatisierten Verfahrens dient der Beschleunigung des Datenaustauschs und berücksichtigt, dass häufig bei Verfahren zur Verfolgung und Aufklärung von organisierter Kriminalität oder Terrorismusfinanzierung eine besondere Eilbedürftigkeit gegeben ist. Außerdem soll der zeitliche und personelle Aufwand bei der ersuchenden und ersuchten Stelle hierdurch minimiert werden (BT-Drs. 18/11555, 145). **27**

Soweit nach Realisierung ein Abruf nach Abs. 4 zu Daten erfolgen sollte, zu denen **Übermittlungsbeschränkungen** dem automatisierten Abruf grundsätzlich entgegenstehen, soll die Zentralstelle für Finanztransaktionsuntersuchungen automatisiert durch Übermittlung aller Anfragedaten über die Abfrage unterrichtet werden. Ihr soll es in diesem Fall obliegen, unverzüglich mit der anfragenden Behörde Kontakt aufzunehmen, um im Einzelfall zu klären, ob Erkenntnisse nach Abs. 3 übermittelt werden können (vgl. § 32 Abs. 5 S. 2). Fragen des Datenschutzes und insbesondere hinsichtlich der weiteren Verwendbarkeit von „Intelligence"-Informationen (auch aus internationalem Informationsaustausch der FIU) für Strafverfolgungszwecke werden zu klären sein. **28**

VI. Unterbleiben der Datenübermittlung (Abs. 5)

29 Die Pflicht zur Beantwortung von Auskunftsersuchen oder zur Übermittlung von Informationen von Amts wegen besteht nicht uneingeschränkt. Eine Ablehnung kann nach Abs. 5 S. 1 **Nr. 1** zunächst erfolgen, wenn sich die Bereitstellung der Information **negativ auf den Erfolg von Ermittlungen der Strafverfolgungsbehörden oder anderer inländischer öffentlicher Stellen auswirken** könnte. Denknotwendige Voraussetzung hierfür ist die positive Kenntnis laufender Ermittlungen der Strafverfolgungsbehörden seitens der Zentralstelle für Finanztransaktionsuntersuchungen (zu dieser Problematik vgl. → Vor §§ 27–42 Rn. 19 ff.). Hat die Zentralstelle für Finanztransaktionsuntersuchungen also zum Beispiel den Sachverhalt an die zuständige Strafverfolgungsbehörde abgegeben und bittet eine Finanzbehörde zum gleichen Betroffenen um Übermittlung der Daten, so muss die Zentralstelle für Finanztransaktionsuntersuchungen das Auskunftsersuchen der Finanzbehörde zum Schutz des strafrechtlichen Ermittlungsverfahrens ablehnen, es sei denn die Strafverfolgungsbehörde hat im Einzelfall ihre Zustimmung zur Datenübermittlung erteilt (vgl. auch BT-Drs. 18/11555, 145). Eine Pflicht zur Abfrage (bei allen in Betracht kommenden oder nur der für den Wohnsitz des Betroffenen zuständigen) Strafverfolgungsbehörde besteht nicht. Die **Interessen anderer inländischer öffentlicher Stellen** kann (und im positiven Falle: muss) die Zentralstelle für Finanztransaktionsuntersuchungen dagegen nur berücksichtigen, wenn sie von einem dort laufenden Verfahren Kenntnis hat. Sobald die Zentralstelle für Finanztransaktionsuntersuchungen Kenntnis von laufenden Ermittlungen (gleich welcher Art) einer inländischen öffentlichen Stelle hat, unterbleibt die Datenübermittlung, da der Zentralstelle für Finanztransaktionsuntersuchungen eine weitergehende Beurteilung, ob sich die Bereitstellung der Daten negativ auf den Erfolg der laufenden Ermittlungen auswirken könnte, nicht möglich ist. Eine solche Feststellung ließe sich zuverlässig nur durch jeweilige Anfrage bei der ermittlungsführenden Dienststelle bewerkstelligen.

30 Nach Abs. 5 S. 1 **Nr. 2** GwG unterbleibt eine Datenweitergabe außerdem, wenn sie im Einzelfall **unverhältnismäßig** wäre. Worauf sich die Unverhältnismäßigkeit bezieht, erschließt sich etwas näher durch die Bezugnahme der Gesetzesbegründung auf die Vorgaben des Art. 32 Abs. 5 der 4. EU-Geldwäscherichtlinie, der vorsieht, dass eine Datenübermittlung unterbleibt, wenn *„die Weitergabe der Informationen eindeutig in einem Missverhältnis zu den rechtmäßigen Interessen einer natürlichen oder juristischen Person stünde"* (BT-Drs. 18/11555, 145f.). Dies sei – so die Gesetzesbegründung etwas nebulös – in sehr engen Ausnahmefällen einschlägig, wenn beispielsweise eine Person im Rahmen einer Meldung der Zentralstelle für Finanztransaktionsuntersuchungen bekannt wurde, aber aufgrund anderer Umstände erkennbar ist, dass es sich nicht um die Person handelt, zu der von einer anderen inländischen öffentlichen Stelle ein Auskunftsersuchen vorliegt. Zu Personen, die nicht von einem Auskunftsersuchen erfasst sind, werden grundsätzlich keine Informationen mitgeteilt (nicht aus Verhältnismäßigkeitserwägungen heraus, sondern mangels Rechtsgrundlage). Ob Daten zu Dritten gemeint sind, die bspw. in der Meldung zur angefragten Person enthalten sind, bleibt unklar – auch hier wird die FIU nicht bewerten können, ob diese für die anfragende Stelle relevant sind, und insofern eine Übermittlung vorzunehmen sein. Die Unverhältnismäßigkeit soll sich mithin jedenfalls offensichtlich nicht auf etwa nur geringfügige Delikte bezie-

hen, für die nach § 11 Abs. 6 GwG idF bis zum 26.6.2017 Verwertungsbeschränkungen bestanden (→ § 43 Rn. 4).

Eine **Verhältnismäßigkeitsprüfung** seitens der Zentralstelle für Finanztransaktionsuntersuchungen, ob ein Auskunftsersuchen einer inländischen öffentlichen Stelle verhältnismäßig oder überhaupt erforderlich ist (mit der Folge der Verweigerung der Weitergabe der Informationen bei negativer Prüfung) kommt nicht in Betracht. Eine solche Prüfung ist der Zentralstelle für Finanztransaktionsuntersuchungen mangels ausreichender Informationsbasis nicht möglich. Erforderlichkeit und Verhältnismäßigkeit sind nur durch die anfragende Behörde zu beurteilen. 31

Greifen im Einzelfall gesetzliche Übermittlungsbeschränkungen, zum Beispiel aus dem Steuer- oder Sozialgeheimnis, die einen automatischen Abruf aller zu einer Person oder einem Sachverhalt vorliegenden Daten nach Abs. 4 ausschließen, dann erhält die Zentralstelle für Finanztransaktionsuntersuchungen gemäß S. 2 zu dem erfolglos durchgeführten Abrufversuch eine automatisierte Mitteilung. Sie hat dann im Einzelfall und unter Berücksichtigung der Übermittlungsbeschränkungen zu prüfen, ob und welche Daten an die anfragende öffentliche Stelle übermittelt werden können (BT-Drs. 18/11555, 146f.). 32

VII. Datenübermittlung der Strafverfolgungsbehörde an die zuständige Finanzbehörde bei Einleitung eines Strafverfahrens (Abs. 6)

Abs. 6 bestimmt, dass die nach Abs. 2 befasste Strafverfolgungsbehörde verpflichtet ist, den ihr durch die Zentralstelle für Finanztransaktionsuntersuchungen übermittelten Sachverhalt der Finanzbehörde mitzuteilen, wenn sie im Rahmen ihrer eigenen Ermittlung oder Bewertung feststellt, dass eine ihr bekannte Transaktion für die Einleitung oder Durchführung von Besteuerungs- oder Steuerstrafverfahren Bedeutung haben könnte. § 32 Abs. 6 ist **lex specialis zu § 116 AO,** der gleichsam Gerichte und die Behörden von Bund, Ländern und kommunalen Trägern der öffentlichen Verwaltung, die nicht Finanzbehörden sind, dazu verpflichtet, Tatsachen, die sie dienstlich erfahren und die auf eine Steuerstraftat schließen lassen, dem Bundeszentralamt für Steuern oder, soweit bekannt, den für das Steuerstrafverfahren zuständigen Finanzbehörden mitzuteilen. 33

Aufgrund der Formulierung in **S. 1,** dass *„die Strafverfolgungsbehörde ein Strafverfahren aufgrund eines nach Abs. 2 übermittelten Sachverhalts eingeleitet hat",* kann in diesem Zusammenhang mit *„Strafverfolgungsbehörde"* nur die **Staatsanwaltschaft** gemeint sein, da nur dieser die Kompetenz zukommt, Strafverfahren einzuleiten. Die „zuständige Strafverfolgungsbehörde" gemäß Abs. 6 ist somit nicht identisch mit der *„zuständigen Strafverfolgungsbehörde"* in Abs. 2. 34

Sieht die Staatsanwaltschaft von der Einleitung eines Strafverfahrens (nach § 152 Abs. 2 StPO) **ab,** erkennt gleichwohl aber Relevanz für die Finanzverwaltung hinsichtlich der Einleitung oder Durchführung von Besteuerungs- oder Steuerstrafverfahren, wird eine Weiterleitung an die zuständige Finanzbehörde gleichsam für zulässig gehalten werden müssen (die Zentralstelle für Finanztransaktionsuntersuchungen hätte die Daten hierfür ihrerseits bereits an die zuständige Finanzbehörde weiterleiten dürfen, vgl. auch Abs. 3 S. 2).

Die **zuständige Finanzbehörde** wird nicht näher konkretisiert. Diese wird für jedes Bundesland festgelegt. In der Regel handelt es sich um das örtliche Finanzamt, 35

§ 32 Abschnitt 5. Zentralstelle für Finanztransaktionsuntersuchungen

teilweise findet sich in den vorhandenen Strukturen der Länderfinanzbehörden jedoch auch eine Zuständigkeitskonzentration für Informationen, die über das Verdachtsmeldewesen bekannt werden, bei einzelnen besonderen Organisationseinheiten (wie in Bayern bspw. bei der Sonderkommission Schwerer Steuerbetrug (SKS) in Nürnberg).

36 Wurden im Strafverfahren auch personenbezogene Daten genutzt, die bei der Identifizierung des Betroffenen durch den Verpflichteten erhoben wurden, dürfen auch diese Daten gemäß Abs. 6 **S. 2** GwG an die Finanzbehörde übermittelt werden. Ein genauer Vergleich von § 32 Abs. 6 S. 2 mit § 15 Abs. 2 S. 2 GwG aF lässt einen Unterschied erkennen, der Konsequenzen hat und de lege ferenda korrigiert werden sollte: § 15 Abs. 2 S. 2 GwG aF verwies auf § 8 Abs. 1 GwG aF hinsichtlich der an die Finanzbehörde rechtmäßig übermittelbaren Aufzeichnungen, die von der Strafverfolgungsbehörde im Strafverfahren herangezogen wurden; § 32 Abs. 6 S. 2 verweist im gleichen Kontext auf § 11 Abs. 1. Während § 8 Abs. 1 GwG aF alle erhobenen Angaben und eingeholten Informationen über Vertragspartner, wirtschaftlich Berechtigte, Geschäftsbeziehungen und Transaktionen umfasste, beschränkt sich § 11 Abs. 1 lediglich auf die Daten, die im Rahmen der Identifizierung erhoben wurden. Dies ist ein deutlicher Unterschied.

37 Die Finanzbehörden dürfen diese Informationen, die die Strafverfolgungsbehörden durch die Zentralstelle für Finanztransaktionsuntersuchungen erhalten haben, gemäß Abs. 6 **S. 3** für eigene Zwecke zur **Durchführung eines Besteuerungs- oder Steuerstrafverfahrens** verwenden, selbst wenn der angezeigte Sachverhalt nichts mit Geldwäsche, organisierter Kriminalität oder Terrorismusfinanzierung zu tun hat (so bereits *Fülbier* in Fülbier/Aepfelbach/Langweg GwG § 10 aF Rn. 30 mit Verweis auf *Reiß* in Bub Rn. 16/125). Die Finanzbehörden haben jedoch möglichst sicherzustellen, dass der Zweck des durch die Strafverfolgungsbehörden eingeleiteten Ermittlungsverfahrens wegen außersteuerlicher Straftaten nicht gefährdet wird (vgl. AEAO zu § 31 b AO, Ziff. 4.3). In der Praxis führen diese weitergeleiteten Informationen zu zahlreichen Steuerstrafverfahren und/oder Besteuerungsverfahren und steuerlichen Mehreinnahmen im Rahmen der Nachbesteuerung. Diese Verwertungsmöglichkeit sah sich von Anbeginn der Kritik ausgesetzt und es wurden frühzeitig Bedenken erhoben, ob es im Hinblick auf den Schutz des Rechtes auf informationelle Selbstbestimmung noch im Einklang mit dem Prinzip der Verhältnismäßigkeit stünde, wenn die im Rahmen der Geldwäschebekämpfung und der Bekämpfung der Terrorismusfinanzierung anfallenden Daten auch zu rein steuerlichen Zwecken herangezogen werden (vgl. hierzu ausführlich *Herzog/Achtelik* → 2. Aufl. 2014, § 15 aF Rn. 3, mit Verweis auf *Fülbier* in Fülbier/Aepfelbach/Langweg GwG § 10 aF Rn. 5 ff.). Dabei ist letztlich nicht völlig von der Hand zu weisen, dass die Instrumente der Geldwäschebekämpfung in Teilen zu Instrumenten der Steuerfahndung geworden sind (*Herzog/Achtelik* → 2. Aufl. 2014, § 15 aF Rn. 5 mwN).

VIII. Verwendungsbeschränkung, Zweckänderung (Abs. 7)

38 Der Empfänger, dh die öffentliche Stelle, die die Daten von der Zentralstelle für Finanztransaktionsuntersuchungen erhält, darf die ihm übermittelten personenbezogenen Daten gemäß Abs. 7 **S. 1** nur zu dem Zweck verwenden, zu dem sie ihm zur Verfügung gestellt worden sind. Der jeweilige Zweck ergibt sich im Kern bereits aus den Abs. 1–3 und der daraus folgenden Adressierung für die Weiterlei-

tung. Eine Zweckänderung in der Verarbeitung der Daten ist für die datenerhaltende öffentliche Stelle gemäß Abs. 7 S. 2 zulässig, wenn die Daten auch zu dem anderen Zweck hätten erhoben/übermittelt werden dürfen (vgl. näher → § 29 Rn. 11 f.).

§ 33 Datenaustausch mit Mitgliedstaaten der Europäischen Union

(1) Der Datenaustausch mit den für die Verhinderung, Aufdeckung und Bekämpfung von Geldwäsche und von Terrorismusfinanzierung zuständigen zentralen Meldestellen anderer Mitgliedstaaten der Europäischen Union ist unabhängig von der Art der Vortat der Geldwäsche und auch dann, wenn die Art der Vortat nicht feststeht, zu gewährleisten. Insbesondere steht eine im Einzelfall abweichende Definition der Steuerstraftaten, die nach nationalem Recht eine taugliche Vortat zur Geldwäsche sein können, einem Informationsaustausch mit zentralen Meldestellen anderer Mitgliedstaaten der Europäischen Union nicht entgegen. Geht bei der Zentralstelle für Finanztransaktionsuntersuchungen eine Meldung nach § 43 Absatz 1 ein, die die Zuständigkeit eines anderen Mitgliedstaates betrifft, so leitet sie diese Meldung umgehend an die zentrale Meldestelle des betreffenden Mitgliedstaates weiter. Hierzu kann die Zentralstelle für Finanztransaktionsuntersuchungen mit den Zentralstellen anderer Mitgliedstaaten ein System zur verschlüsselten automatisierten Weiterleitung einrichten und betreiben.

(2) Für die Übermittlung der Daten gelten die Vorschriften über die Datenübermittlung im internationalen Bereich nach § 35 Absatz 2 bis 6 entsprechend. § 35 Absatz 2 gilt mit der Maßgabe, dass die Zentralstelle für Finanztransaktionsuntersuchungen bei der Beantwortung eines Auskunftsersuchens die ihr nach diesem Gesetz zur Erhebung und Weiterleitung von Informationen zustehenden Befugnisse zu nutzen hat. Die Verantwortung für die Zulässigkeit der Datenübermittlung trägt die Zentralstelle für Finanztransaktionsuntersuchungen. Für den Datenaustausch mit Zentralen Meldestellen anderer Mitgliedstaaten nutzt die Zentralstelle für Finanztransaktionsuntersuchungen gesicherte Kommunikationskanäle.

(3) Sind zusätzliche Informationen über einen in Deutschland tätigen Verpflichteten, der in einem anderen Mitgliedstaat der Europäischen Union in einem öffentlichen Register eingetragen ist, erforderlich, richtet die Zentralstelle für Finanztransaktionsuntersuchungen ihr Ersuchen an die zentrale Meldestelle dieses anderen Mitgliedstaates der Europäischen Union. Geht bei der Zentralstelle für Finanztransaktionsuntersuchungen ein Ersuchen einer zentralen Meldestelle eines anderen Mitgliedstaates um zusätzliche Informationen über einen in ihrem Hoheitsgebiet tätigen Verpflichteten ein, der in Deutschland eingetragen ist, so nutzt die Zentralstelle für Finanztransaktionsuntersuchen die ihr nach diesem Gesetz zur Erhebung und Weiterleitung von Informationen zustehenden Befugnisse. Die Übermittlung von Anfragen und Antworten nach den Sätzen 1 und 2 hat unverzüglich zu erfolgen.

(4) Die Zentralstelle für Finanztransaktionsuntersuchungen darf ein Ersuchen um Informationsübermittlung, das eine zentrale Meldestelle eines

§ 33 Abschnitt 5. Zentralstelle für Finanztransaktionsuntersuchungen

Mitgliedstaates der Europäischen Union im Rahmen ihrer Aufgabenerfüllung an sie gerichtet hat, nur ablehnen, wenn
1. durch die Informationsübermittlung die innere oder äußere Sicherheit oder andere wesentliche Interessen der Bundesrepublik Deutschland gefährdet werden könnten,
2. im Einzelfall die Informationsübermittlung, auch unter Berücksichtigung des öffentlichen Interesses an der Datenübermittlung, mit den Grundprinzipien des deutschen Rechts nicht in Einklang zu bringen ist,
3. durch die Informationsübermittlung strafrechtliche Ermittlungen oder die Durchführung eines Gerichtsverfahrens behindert oder gefährdet werden könnten oder
4. rechtshilferechtliche Bedingungen ausländischer Stellen entgegenstehen, die von den zuständigen Behörden zu beachten sind.

Die Gründe für die Ablehnung des Informationsersuchens legt die Zentralstelle für Finanztransaktionsuntersuchungen der ersuchenden zentralen Meldestelle angemessen schriftlich dar, außer wenn die operative Analyse noch nicht abgeschlossen ist oder soweit die Ermittlungen hierdurch gefährdet werden könnten.

(5) Übermittelt die Zentralstelle für Finanztransaktionsuntersuchungen einer zentralen Meldestelle eines Mitgliedstaates der Europäischen Union auf deren Ersuchen Informationen, so soll sie in der Regel umgehend und unabhängig von der Art der Vortaten, die damit in Zusammenhang stehen können, ihre Einwilligung dazu erklären, dass diese Informationen an andere Behörden dieses Mitgliedstaates weitergeleitet werden dürfen. Die Zentralstelle für Finanztransaktionsuntersuchungen darf ihre Einwilligung nur aus den in Absatz 4 genannten Gründen verweigern. Die Gründe für die Verweigerung der Einwilligung legt die Zentralstelle für Finanztransaktionsuntersuchungen angemessen dar. Die Verwendung der Informationen zu anderen Zwecken bedarf der vorherigen Zustimmung der Zentralstelle für Finanztransaktionsuntersuchungen.

(6) Die Zentralstelle für Finanztransaktionsuntersuchungen benennt eine zentrale Kontaktstelle, die für die Annahme von Informationsersuchen der zentralen Meldestellen anderer Mitgliedstaaten nach dieser Vorschrift zuständig ist.

Literatur: *Fischer*, StGB, 67. Aufl. 2020; *Herzog* (Hrsg.), GwG, 2. Aufl. 2014, zit.: *Bearbeiter* in Herzog; *Nohlen/Grotz* (Hrsg.), Kleines Lexikon der Politik, 6. Aufl. 2015, zit.: *Bearbeiter* in Nohlen/Grotz; *Schantz/Wolff*, Das neue Datenschutzrecht, 2017, zit.: *Bearbeiter* in Schantz/Wolff Neues DatenschutzR; *Schenke/Graulich/Ruthig* (Hrsg.), Sicherheitsrecht des Bundes, 2. Aufl. 2019, zit.: *Bearbeiter* in Schenke/Graulich/Ruthig; Wissenschaftlicher Dienst des Europäischen Parlaments „Kampf gegen Steuerstraftaten – Zusammenarbeit zwischen den zentralen Meldestellen (FIUs)", 2017, Bestandsaufnahme und Lückenanalyse der Plattform der EU-FIU über die Befugnisse der zentralen Meldestellen und Hindernisse bei der Erlangung und dem Austausch von Informationen vom 11.12.2016

Übersicht

	Rn.
I. Allgemeines	1
II. Grundsätze der zwischen den EU-Mitgliedstaaten zu gewährleistenden Zusammenarbeit (Abs. 1)	5

Datenaustausch mit Mitgliedstaaten der Europäischen Union **§ 33**

	Rn.
III. Datenübermittlung im internationalen Bereich (Abs. 2)	13
IV. Auskunftsersuchen an zentrale Meldestellen anderer Staaten zu in Deutschland tätigen Verpflichteten (Abs. 3)	15
V. Ablehnung eingehender Ersuchen anderer zentraler Meldestellen eines EU-Mitgliedstaates (Abs. 4)	16
VI. Verwendungs- und Weiterleitungsbeschränkungen bei der Beantwortung ausländischer Auskunftsersuchen (Abs. 5)	23
VII. Benennung einer zentralen Kontaktstelle (Abs. 6)	27

I. Allgemeines

Die Bedeutsamkeit der internationalen Kooperation ist angesichts des länderübergreifenden Charakters von Geldwäsche und Terrorismusfinanzierung evident (vgl. auch Erwägungsgründe 54 und 56 der 4. EU-Geldwäscherichtlinie, sowie Ziffern 4 und 36 des Entwurfs einer Empfehlung des Europäischen Parlaments an den Rat und die Kommission (2016/3044(RSP)) v. 28.6.2017). Die Mitgliedstaaten haben gemäß Art. 52 der **4. EU-Geldwäscherichtlinie** sicherzustellen, dass zentrale Meldestellen unabhängig von ihrem Organisationsstatus miteinander **im größtmöglichen Umfang zusammenarbeiten**. Grundlagen hierfür finden sich bereits in den Empfehlungen 32 ff. der **FATF-Empfehlungen** aus dem Jahr 1990 sowie deutlich in den Empfehlungen 37 (*„Countries should rapidly, constructively and effectively provide the widest possible range of mutual legal assistance in relation to money laundering, associated predicate offences and terrorist financing investigations, prosecutions, and related proceedings."*) und 40 der überarbeiteten FATF-Empfehlungen vom Februar 2012 (Stand Juni 2019). Bereits der **Beschluss des Rates der Europäischen Union (2000/642/JI)** über Vereinbarungen für eine Zusammenarbeit zwischen den zentralen Meldestellen der Mitgliedstaaten beim Austausch von Informationen vom 17.10.2000 (ABl. 2000 L 271, 4) sah in Art. 1 Abs. 1 vor, dass die Mitgliedstaaten sicherstellen, dass die zentralen Meldestellen, die zur Entgegennahme von Finanzinformationen zum Zwecke der Bekämpfung der Geldwäsche eingerichtet oder benannt werden, bei der Zusammenstellung, Analyse und Prüfung einschlägiger Informationen innerhalb der zentralen Meldestellen über alle Tatsachen, die ein Indiz für eine Geldwäsche sein könnten, entsprechend ihrer nationalen Befugnisse zusammenarbeiten. Dieser Beschluss basiert auf der Kompetenznorm des damaligen Art. 34 Abs. 2 c) EUV, wonach der Rat der Europäischen Union Beschlüsse annehmen kann, die mit den Zielen des Titels „polizeiliche und justizielle Zusammenarbeit in Strafsachen" (Art. 29 ff. EUV, aufgegangen in Art. 67 ff. AEUV) in Einklang stehen. Die polizeiliche und justizielle Zusammenarbeit in Strafsachen bildete die sog. „dritte" Säule der Europäischen Union. Gemäß Art. 67 Abs. 1 AEUV wird dabei das Ziel verfolgt, den Bürgern in einem Raum der Freiheit, der Sicherheit und des Rechts ein hohes Maß an Sicherheit unter Gewährleistung von Grundrechten und unter Beachtung verschiedener Rechtsordnungen und -traditionen der Mitgliedstaaten zu bieten. 1

Erwägung 16 der **Richtlinie (EU) 2018/843 zur Änderung der 4. EU-Geldwäscherichtlinie** betont, dass die bestehenden erhebliche Unterschiede zwischen den zentralen Meldestellen in Bezug auf ihre Aufgaben, Zuständigkeiten und Befugnisse ihre Tätigkeit nicht beeinträchtigen dürfen, insbesondere nicht ihre Fähigkeit, präventive Analysen durchzuführen, um die für die Sammlung und Aus- 2

§ 33 Abschnitt 5. Zentralstelle für Finanztransaktionsuntersuchungen

wertung sachdienlicher Erkenntnisse zuständigen Behörden, die Ermittlungs- und Justizbehörden und die internationale Zusammenarbeit zu unterstützen. Die zentralen Meldestellen müssen auf Informationen zugreifen und diese ungehindert untereinander austauschen können, auch im Rahmen einer entsprechenden Zusammenarbeit mit Strafverfolgungsbehörden. In allen Fällen, in denen Verdacht auf Vorliegen einer Straftat und insbesondere ein Zusammenhang mit der Terrorismusfinanzierung besteht, sollten Informationen unmittelbar und ohne unnötige Verzögerungen weitergegeben werden können. Der Informationsaustausch zwischen FIUs soll ferner nicht dadurch beeinträchtigt werden, dass etwa Vortaten der Geldwäsche nicht festgestellt sind oder Unterschiede in diesbezüglichen Definitionen bestünden (Erwägung 18 der Änderungsrichtlinie). FIUs sollen zur Bekämpfung von Geldwäsche, damit in Zusammenhang stehender Vortaten, und von Terrorismusfinanzierung schnell, konstruktiv und effektiv in weitest möglichem Umfang mit FIUs aus Drittstaaten (in Übereinstimmung mit den FATF-Empfehlungen und den Egmont-Prinzipien) zusammenarbeiten (vgl. hierzu näher → § 35 Rn. 1).

3 § 33 setzt Art. 52, 53, 54, 55, 56 und 57 der 4. EU-Geldwäscherichtlinie um. Durch das **Gesetz zur Umsetzung der Änderungsrichtlinie zur 4. EU-Geldwäscherichtlinie** (BGBl. 2019 I S. 2602, Ziffer 29) wurden in § 33 in allen Absätzen mehrere Änderungen und Ergänzungen vorgenommen, die teils aus der bis dato unzureichenden Umsetzung der 4. EU-Geldwäscherichtlinie resultierten.

Durch Festlegung erleichterter Bedingungen wird entsprechend den Vorgaben der 4. EU-Geldwäscherichtlinie die Zusammenarbeit mit den zentralen **Meldestellen innerhalb der Europäischen Union** im Vergleich zur Zusammenarbeit mit **Meldestellen in Drittstaaten** besonders privilegiert. §§ 33 und 36 enthalten die Regelungen zum erleichterten Informationsaustausch bzw. automatisierten Datenabgleich im europäischen Verbund, während §§ 34 und 35 die Regelungen zum sonstigen internationalen Informationsaustausch beinhalten. Soweit in § 33 keine besonderen Regelungen getroffen werden, gelten §§ 34 und 35 auch für die Zusammenarbeit zwischen den Mitgliedstaaten der Europäischen Union (BT-Drs. 18/11555, 148).

4 Die Notwendigkeit einer **stärkeren Koordinierung zwischen den zentralen Meldestellen** als eine der strategischen Prioritäten bei der Bekämpfung von Geldwäsche und Terrorismusfinanzierung (s. auch Schreiben des Generalsekretariats des Rates der Europäischen Union v. 5.12.2019, Az. 14823/19), spiegelt sich auch in weiteren europäischen Richtlinien wieder:

So zielt die **Richtlinie (EU) 2018/1673 des Europäischen Parlaments und des Rates vom 23.10.2018 über die strafrechtliche Bekämpfung der Geldwäsche** (ABl. 2018 L 284, 22), die die Kommission in ihrem Aktionsplan für ein intensiveres Vorgehen gegen Terrorismusfinanzierung vom 2.2.2016 (COM(2016) 50 final) angekündigt hatte, auch ab auf eine engere grenzüberschreitende Zusammenarbeit zwischen den zuständigen Behörden in der EU und mit den entsprechenden EU-Agenturen, um die Verbreitung von Informationen zu verbessern. Die Geldwäsche werde zwar in allen Mitgliedstaaten unter Strafe gestellt, es bestünden aber erhebliche Unterschiede bei der jeweiligen Definition des Straftatbestands der Geldwäsche, der Bestimmung der Vortaten sowie der Höhe der Sanktionen. Es wurde ferner festgestellt, dass der derzeitige Rechtsrahmen weder umfassend noch kohärent genug sei, um in vollem Umfang wirksam zu sein. Als besonders gravierend wurde dabei festgestellt, dass die Unterschiede bei den Definitionen der Straftatbestände, der Bandbreite der Straftaten und den Sanktionen im Bereich der Geldwäsche die grenzüberschreitende polizeiliche und justizielle Zusammenarbeit zwischen den nationalen Behörden und den Informationsaustausch auf operativer Ebene beeinträchtigen. Beispielsweise erschweren die Unterschiede im Vortatenspektrum den zentralen Meldestellen und den Strafverfolgungsbehörden in einem Mitgliedstaat, sich mit anderen EU-Mitgliedstaaten abzustimmen, um über die Grenzen hinweg gegen Geldwäsche (bspw. im Zusammenhang mit Steuerstraftaten) vorzugehen. Die Richtlinie ist bis zum 3.12.2020 von den Mitgliedstaaten umzusetzen.

Einige Aspekte der Zusammenarbeit zwischen den zentralen Meldestellen der Mitgliedstaaten beim Informationsaustausch sind ferner in der **Richtlinie (EU) 2019/1153 vom 20.6.2019 zur Erleichterung des Zugangs zu Finanz- und sonstigen Informationen** (ABl. 2019 L 186, 122) enthalten. Entgegen dem ursprünglichen Vorschlag der Kommission enthält die Richtlinie jedoch keine Vorschriften über genaue Fristen und IT-Kanäle für den Informationsaustausch zwischen den zentralen Meldestellen verschiedener Mitgliedstaaten, außerdem ist der Anwendungsbereich gemäß Art. 9 der Richtlinie auf Fälle von Terrorismus und organisierter Kriminalität im Zusammenhang mit Terrorakten beschränkt und erstreckt sich nicht auf alle Arten von schweren Straftaten, wie ursprünglich vorgeschlagen. Die bis zum 1.8.2021 von den Mitgliedstaaten umzusetzende Richtlinie regelt hingegen auch den Informationsaustausch der zentralen Meldestellen mit Europol (Art. 11 ff. der RL).

II. Grundsätze der zwischen den EU-Mitgliedstaaten zu gewährleistenden Zusammenarbeit (Abs. 1)

Der Datenaustausch mit den für die Verhinderung, Aufdeckung und Bekämpfung von Geldwäsche und von Terrorismusfinanzierung zuständigen zentralen Meldestellen anderer EU-Mitgliedstaaten ist ausweislich **Abs. 1 S. 1 unabhängig von der Art der Vortat der Geldwäsche und auch dann, wenn die Art der Vortat nicht feststeht**, zu gewährleisten. Die Norm korrespondiert insofern mit den europäischen Bestrebungen zur Harmonisierung der nationalen Geldwäschevorschriften (vgl. die Anmerkungen unter → Rn. 1b zur RL (EU) 2018/1673 über die strafrechtliche Bekämpfung der Geldwäsche. Durch Art. 1 Ziff. 33 der Richtlinie (EU) 2018/843 zur Änderung der 4. EU-Geldwäscherichtlinie wurde nunmehr auch Art. 53 Abs. 1 der 4. EU-Geldwäscherichtlinie dahingehend ergänzt, dass der Informationsaustausch auch unabhängig von der Art der Vortaten möglich sein muss, und in Abs. 2 S. 2 eine vorherige Einholung der benötigten Informationen durch die FIU eingefügt, die diese Antworten dann umgehend weiterleitet (in Art. 55 Abs. 2 S. 1 wurde durch Art. 1 Ziff. 35 der Änderungsrichtlinie gleichfalls eine Ergänzung eingefügt, dass die vorherige Zustimmung der ersuchten zentralen Meldestelle zur Weitergabe der Informationen unabhängig von der Art der Vortaten, die damit im Zusammenhang stehen können, umgehend und möglichst weitgehend an die zuständigen Behörden erteilt wird). 5

Abs. 1 S. 2 dient der Umsetzung von Art. 1 Abs. 4 („*Der Tatbestand der Geldwäsche liegt auch dann vor, wenn die Handlungen, die den zu waschenden Vermögensgegenständen zugrunde liegen, im Hoheitsgebiet eines anderen Mitgliedstaats oder eines Drittlandes vorgenommen wurden.*") und Art. 57 („*Unterschiedliche Definitionen von Steuerstraftaten im jeweiligen nationalen Recht sollten dem nicht entgegenstehen, dass die zentralen Meldestellen Informationen austauschen oder einer anderen zentralen Meldestelle im Einklang mit ih-* 6

§ 33 Abschnitt 5. Zentralstelle für Finanztransaktionsuntersuchungen

rem nationalen Recht im größtmöglichen Umfang Hilfe leisten.") der 4. EU-Geldwäscherichtlinie. Auch Erwägungsgrund 56 der 4. EU-Geldwäscherichtlinie befindet, dass der Austausch von Informationen über Fälle, bei denen es nach Erkenntnissen der zentralen Meldestellen der EU möglicherweise um Steuerstraftaten geht, den Austausch von Informationen im Bereich der Besteuerung nach Maßgabe der Richtlinie 2011/16/EU des Rates oder der internationalen Standards für den Informationsaustausch und die Zusammenarbeit der Verwaltungsbehörden in Steuersachen nicht berühren sollte. **Abweichende nationale Definitionen von Steuerstraftaten,** die taugliche Vortaten der Geldwäsche sein können, dürfen einem innereuropäischen Informationsaustausch nicht entgegenstehen.

7 Durch Art. 1 Ziff. 36 der **Richtlinie (EU) 2018/843 zur Änderung der 4. EU-Geldwäscherichtlinie** wurde Art. 57 der 4. EU-Geldwäscherichtlinie neu gefasst. Während die vormalige Fassung noch auf unterschiedliche Definitionen von Steuerstraftaten im jeweiligen nationalen Recht abstellte, die der Amtshilfe nicht entgegenstehen durften, formuliert Art. 57 nun genereller, dass *„unterschiedliche Definitionen von Vortaten im Sinne von Artikel 3 Nummer 4"* der Richtlinie im jeweiligen nationalen Recht dem nicht entgegenstehen dürfen, dass die zentralen Meldestellen einer anderen zentralen Meldestelle Amtshilfe leisten, und sie *„auch nicht zu Einschränkungen des Austauschs, der Verbreitung und der Verwendung von Informationen gemäß den Artikeln 53, 54 und 55 führen"* dürfen (was letztlich eine gewisse inhaltliche Doppelung zu Art. 53 Abs. 1 UAbs. 1 der 4. EU-Geldwäscherichtlinie bedeutet).

Der **Referentenentwurf des Gesetzes zur Umsetzung der Änderungsrichtlinie zur 4. EU-Geldwäscherichtlinie** vom 20.5.2019 (Ziff. 27) sah zur Umsetzung von Art. 1 Nr. 32 der Änderungsrichtlinie zur 4. EU-Geldwäscherichtlinie noch eine Änderung von Abs. 1 S. 2 mit einer ausführlicheren Aufzählung wie folgt vor:

„Insbesondere steht Folgendes einem Informationsaustausch mit zentralen Meldestellen anderer Mitgliedstaaten der Europäischen Union nicht entgegen
1. *eine im Einzelfall abweichende Definition der Steuerstraftaten, die nach nationalem Recht eine taugliche Vortat zur Geldwäsche sein können,*
2. *ein Bezug des Ersuchens zu steuerlichen Belangen,*
3. *Vorgaben des nationalen Rechts, nach denen die Verpflichteten die Vertraulichkeit oder Geheimhaltung zu wahren haben, außer in Fällen, in denen*
    a) *die einschlägigen Informationen, auf die sich das Ersuchen bezieht, durch ein Zeugnisverweigerungsrecht geschützt werden oder*
    b) *in denen ein Berufsgeheimnis gemäß § 43 Abs. 2 Satz 1 eingreift,*
4. *die Anhängigkeit eines Ermittlungsverfahrens, einer Untersuchung oder eines Verfahrens in dem ersuchenden Mitgliedstaat, es sei denn, das Ermittlungsverfahren, die Untersuchung oder das Verfahren würde durch die Amtshilfe beeinträchtigt,*
5. *Unterschiede in der Art und Stellung der ersuchenden und der ersuchten Behörde."*

Diese Änderung ist jedoch bereits im Regierungsentwurf vom 29.7.2019 nicht mehr enthalten (Gründe hierfür lassen sich den Gesetzgebungsmaterialien nicht entnehmen).

8 **Abs. 1 S. 3** setzt Art. 53 Abs. 1 S. 3 der 4. EU-Geldwäscherichtlinie um, der vorschreibt, dass eine zentrale Meldestelle, bei der eine **Meldung eines Verpflichteten eingeht, die einen anderen EU-Mitgliedstaat betrifft,** diese Meldung an die zentrale Meldestelle des betreffenden Mitgliedstaats weiterleitet (eine entsprechende Regelung findet sich in Art. 9 Abs. 2 der VO (EU) Nr. 2018/1672 über die Überwachung von Barmitteln hinsichtlich der in diesem Zusammenhang anfallen-

Datenaustausch mit Mitgliedstaaten der Europäischen Union **§ 33**

den Informationen). Für Fälle der Betroffenheit sonstiger (Nicht-EU-Mitglied-) Staaten enthält § 35 Abs. 1 eine entsprechende Regelung (die im Gegensatz zu § 33 Abs. 1 S. 3 jedoch lediglich als Kann-Vorschrift ausgestaltet ist).

Die explizite Beschränkung auf **Meldungen nach § 43 Abs. 1** erschließt sich 9 nicht, da auch Meldungen der Aufsichtsbehörden nach § 44, Meldungen der Finanzbehörden nach § 31b AO und ggf. sonstige Mitteilungen identische Relevanz für andere Mitgliedstaaten der Europäischen Union haben können. Der Umstand, dass sich die Gesetzesbegründung hierzu nicht verhält, könnte auf ein gesetzgeberisches Versehen hindeuten. De lege ferenda sollte jedenfalls eine Ausweitung auf alle Mitteilungen nach § 30 Abs. 1 (oder zumindest nach den dortigen Nr. 1–3) vorgenommen werden. Sachlich wäre zweifelsfrei bei allen Arten von Mitteilungen gemäß § 30 Abs. 1 eine Weiterleitung an die zentralen Meldestellen betroffener Mitgliedstaaten vom Willen der 4. EU-Geldwäscherichtlinie zur größtmöglichen Zusammenarbeit getragen.

Unklar ist die Reichweite des Begriffs *„betrifft"* (in der englischen Version der 10 Richtlinie *„which concerns another Member State"*). Ausweislich der Gesetzesbegründung soll dies *„insbesondere"* dann der Fall sein, *„wenn der Sachverhalt nicht nur einen bloßen Auslandsbezug hat, sondern der Schwerpunkt des Sachverhalts im ausländischen Staat liegt, also die zu prüfenden Transaktionen dort deren Auswirkungen dort auftreten"* (BT-Drs. 18/11555, 146). Doch auch diese Erläuterungen erhellen die Reichweite nicht vollständig. Insbesondere die Verknüpfung mit dem Wort „also" bezugnehmend auf den Schwerpunkt des Sachverhalts wirft Fragen auf. Aus der gewählten Formulierung könnte herausgelesen werden, dass eine Auslandstransaktion (ein- oder ausgehend) automatisch einen Schwerpunkt für einen Sachverhalt bildet (und zur Benachrichtigung des betroffenen Staates führt), was inhaltlich freilich nicht der Fall sein muss. Umgekehrt würden Verdachtsmeldungen von Finanzdienstleistern wie Western Union, Moneygram etc, die aus der Natur des Geschäfts heraus fast ausschließlich zahlreiche internationale Transaktionen (in Einzelfällen werden mit einer Verdachtsmeldung tausende Einzeltransaktionen in über hundert Länder gemeldet) betreffen, eine immense Flut an Weiterleitungserfordernissen nach sich ziehen. Insbesondere aufgrund in aller Regel fehlender (polizeilicher) Informationen zu den im Ausland befindlichen Transaktionsbeteiligten, wird eine Bewertung, ob die Kenntnis des Sachverhalts für den betreffenden Staat von Bedeutung ist (und damit über den „bloßen Auslandsbezug" hinausgeht), nicht möglich sein. Die Differenzierung zwischen *„die Zuständigkeit eines anderen Mitgliedstaates betrifft"* und dem *„insbesondere"* über *„einen bloßen Auslandsbezug"* Hinausgehen ist kaum vorzunehmen. Es wird insofern generell von einem Weiterleitungserfordernis (auch angesichts der Vorgaben zur bestmöglichen Zusammenarbeit zwischen den Mitgliedstaaten, vgl. → Rn. 1) bereits bei reiner Betroffenheit eines Mitgliedstaates auszugehen sein, die über völlig unbedeutende Fälle (zB lediglich geringe Überweisungsbeträge bei Auslandstransaktionen) hinausgeht.

In Bezug auf die Weiterleitung von Meldungen, die einen anderen Mitgliedstaat **10a** betreffen, wurde in der Bestandsaufnahme der FIU vom 11.12.2016 (S. 171 und 174) jedenfalls betont, dass der **automatische und zwingende Charakter dieser Meldungen,** wonach die *„Erkenntnisse auf der Grundlage objektiver Faktoren an die zuständigen zentralen Meldestellen der anderen Mitgliedstaaten weiterzuleiten sind, ausschließlich auf der Feststellung beruht, dass die erhaltenen Informationen ‚einen anderen Mitgliedstaat betreffen'. Die Weitergabe sollte nicht von den Ergebnissen der Analyse der FIU oder weiteren Bewertungen beispielsweise in Bezug auf die Relevanz des Falls, die Angemessenheit des Verdachts oder ein Verhältnismäßigkeitsurteil abhängig gemacht werden."* (s. Bericht der

§ 33   Abschnitt 5. Zentralstelle für Finanztransaktionsuntersuchungen

Kommission an das Europäische Parlament und den Rat v. 24.7.2019 über die Bewertung des Rahmens für die Zusammenarbeit zwischen den zentralen Meldestellen für Geldwäsche-Verdachtsanzeigen (FIU), (COM(2019) 371 final), S. 8). Ausweislich des Kommissionsberichts (COM(2019) 371 final, S. 8f.) war die Zahl der Meldungen mit grenzüberschreitendem Bezug auch zwei Jahre nach Umsetzung der 4. EU-Geldwäscherichtlinie in den Mitgliedstaaten noch sehr gering. Einige Mitgliedstaaten kämen ihrer Verpflichtung zur Weitergabe grenzüberschreitender, für andere Mitgliedstaaten relevanter Informationen gar nicht nach und mehrere andere nur teilweise. Dass der Verpflichtung zur Weitergabe von Informationen, die für einen anderen Mitgliedstaat relevant sind, nachgekommen werde, sei für das reibungslose Funktionieren des Rahmens zur Bekämpfung der Geldwäsche und der Terrorismusfinanzierung unerlässlich. Im September 2017 haben die zentralen Meldestellen der Mitgliedstaaten und Europol im Rahmen der Plattform der EU-FIU eine Arbeitsgruppe eingerichtet, die ua einen Rahmen für Kriterien für den „grenzüberschreitenden" Charakter von Verdachtsmeldungen festlegen soll, da die zentralen Meldestellen das Kriterium der „Relevanz" sehr unterschiedlich auslegen (können).

11   Als **bedenklich** ist anzusehen, dass es für die Übermittlung nach Abs. 4 S. 3 **keine Beschränkungen** gibt entsprechend § 33 Abs. 4 S. 1 (der nur eingehende Ersuchen erfasst) bspw., wonach durch die Informationsübermittlung strafrechtliche Ermittlungen oder die Durchführung eines Gerichtsverfahrens behindert oder gefährdet werden könnten. (Auch der Verweis auf die entsprechende Anwendung der Vorschriften über die Datenübermittlung im internationalen Bereich nach § 35 Abs. 2–6 hilft hier nicht weiter, da die dortigen Ausnahmen für die Übermittlung in § 35 Abs. 8 genannt sind, auf den nicht verwiesen wird.) Die Übermittlung einer Verdachtsmeldung zu Personen, gegen die in Deutschland womöglich bereits ein (evtl. noch in der verdeckten Phase befindliches) Ermittlungsverfahren läuft, an andere zentrale Meldestellen kann das inländische Verfahren massiv gefährden. Teilweise wird in Verdachtsmeldungen sogar bereits Bezug genommen auf eingegangene staatsanwaltschaftliche Auskunftsersuchen oder anderweitig bekannt gewordene laufende Ermittlungen gegen den gemeldeten Kunden. Ohne derartige direkte Hinweise auf anhängige Ermittlungsverfahren seitens der Verpflichteten dürfte es für die Zentralstelle für Finanztransaktionsuntersuchungen regelmäßig schwierig sein festzustellen, ob gegen eine gemeldete Person bereits ein Ermittlungsverfahren anhängig ist (vgl. → Vor §§ 27–42 Rn. 19), und damit die Bewertung zu treffen, ob durch die Weiterleitung an die zentrale Meldestelle eines anderen Staates inländische Ermittlungen gefährdet werden könnten. Eine Übersendung an zentrale Meldestellen anderer (Mitglied-)Staaten ohne diese Information ist als kritisch einzustufen.

12   Die Übermittlung hat *„umgehend"* zu erfolgen. Der Begriff ist nicht näher definiert. Umgehend bedeutet laut Duden *„sofort, so schnell wie möglich, ohne jede Verzögerung erfolgend"*. Der Begriff wird häufig auch gleichgesetzt mit *„unverzüglich"* (vgl. BGH 12.8.2009 – VIII ZR 254/08, BeckRS 2009, 25750). Durch die abweichende Wortwahl gegenüber der sonst im GwG gewählten Begrifflichkeit *„unverzüglich"* könnte der Gesetzgeber der Zentralstelle für Finanztransaktionsuntersuchungen einen größeren zeitlichen Spielraum einräumen wollen.

Sowohl in der Bestandsaufnahme und Lückenanalyse der Plattform der EU-FIUs über die Befugnisse der zentralen Meldestellen und Hindernisse bei der Erlangung und dem Austausch von Informationen vom 11.12.2016 als auch der Studie des Wissenschaftlichen Dienstes des Europäischen Parlaments „Kampf gegen

Steuerstraftaten – Zusammenarbeit zwischen den zentralen Meldestellen (FIUs)" vom März 2017 waren als Problembereiche in der Zusammenarbeit der FIUs ua zeitliche Verzögerungen bei der Beantwortung von Ersuchen sowie mangelhafte Qualität und Inhalt der Antworten genannt worden (S. 9, 23 ff.); ausweislich des Berichts der Kommission an das Europäische Parlament und den Rat über die Bewertung des Rahmens für die Zusammenarbeit zwischen den zentralen Meldestellen für Geldwäsche-Verdachtsanzeigen (FIU) vom 24.7.2019 (COM(2019) 371 final, S. 9) antwortet die große Mehrheit der FIUs mittlerweile auf Auskunftsersuchen innerhalb der von der Egmont-Gruppe empfohlenen **Einmonatsfrist** (sowohl innerhalb als auch außerhalb der EU), wobei zugleich festgestellt wird, dass Fristen für die Beantwortung von Ersuchen verbessert werden sollten.

Mit dem **Gesetz zur Umsetzung der Änderungsrichtlinie zur 4. EU-Geldwäscherichtlinie** (BGBl. 2019 I S. 2602, Ziff. 29) wurde § 33 Abs. 1 ein weiterer **S. 4** angefügt, demzufolge die FIU zum Zwecke des Datenaustauschs mit zentralen Meldestellen anderer EU-Mitgliedsstaaten ein System zur verschlüsselten automatisierten Weiterleitung einrichten und betreiben kann. Der Prozess der in Satz 3 vorgeschriebenen Pflicht zur Weiterleitung von Meldungen, die andere EU-Mitgliedsstaaten betreffen, an deren jeweilige zentrale Meldestelle, soll künftig automatisiert vollzogen werden. Mit der Ergänzung in § 33 Abs. 1 S. 4 wurde die erforderliche Rechtsgrundlage geschaffen (BT-Drs. 19/13827, 96).   12a

III. Datenübermittlung im internationalen Bereich (Abs. 2)

Vorab ist anzumerken, dass die **Gesetzesbegründung des Gesetzes zur Umsetzung der 4. EU-Geldwäscherichtlinie** zu § 33 Abs. 2 mehrfach auf § 31 verweist (BT-Drs. 18/11555, 147). Hierbei handelt es sich ersichtlich um redaktionelle Fehler. Gemeint sein muss jeweils § 35 GwG. Auch der zitierte „*Artikel 43 Abs. 1 UnterAbs. 2*" muss richtig heißen „*Artikel 53 Abs. 1 UnterAbs. 2*". Durch das **Gesetz zur Umsetzung der Änderungsrichtlinie zur 4. EU-Geldwäscherichtlinie** (BGBl. 2019 I S. 2602) wurde nach S. 1 ein neuer S. 2 eingefügt (hierdurch wurde der vormalige S. 2 zu S. 3) und ein vierter Satz angefügt. Der RefE vom 20.5.2019 sah hierbei noch eine Ergänzung in S. 1 vor, demzufolge (zur Umsetzung von Art. 56 Abs. 1 der 4. EU-Geldwäscherichtlinie, vgl. RefE, S. 96) nach den Wörtern „*§ 35 Abs. 2 bis 6*" die Wörter „*und Abs. 11*" eingefügt werden sollten – die in § 35 Abs. 11 vorgesehene Regelung, dass die FIU bei der Datenübermittlung gesicherte Kommunikationskanäle zu verwenden hat, wurde im weiteren Gesetzgebungsverfahren statt in § 35 Abs. 1 schließlich in § 33 Abs. 2 S. 4 eingefügt, weshalb der Verweis entbehrlich wurde.   13

Abs. 2 **S. 1** verweist für die Datenübermittlung (zum Begriff vgl. → § 29 Rn. 17) auf die entsprechenden Regelungen für den internationalen Bereich nach § 35 Abs. 2–6. **S. 2** konkretisiert den Verweis auf § 35 Abs. 2 dahingehend, dass die FIU bei der Beantwortung eines Auskunftsersuchens die ihr nach dem GwG zur Erhebung und Weiterleitung von Informationen zustehende Befugnisse zu nutzen hat. Die Regelung dient ausweislich der Gesetzesbegründung der Umsetzung von Art. 53 Abs. 2 S. 1 der 4. EU-Geldwäscherichtlinie. Bei dem Verweis auf § 35 Abs. 2 handelt es sich um eine Rechtsgrundverweisung, so dass sämtliche Voraussetzungen zur Erhebung und Weiterleitung der Daten zu beachten sind (BT-Drs. 19/13827, 96).   14

Übermittelt die Zentralstelle für Finanztransaktionsuntersuchungen personenbezogene Daten an die zentralen Meldestellen anderer Mitgliedstaaten, so trägt sie   14a gemäß S. 3 selbst die Verantwortung für die Zulässigkeit der Datenübermittlung und hat sicherzustellen, dass sie die Daten übermitteln darf. Die Zentralstelle für Finanztransaktionsuntersuchungen hat dafür Sorge zu tragen, dass sie sämtliche Verwendungseinschränkungen oder -bedingungen beachtet. Sie kann dazu der anfragenden zentralen Meldestelle Auflagen zur Verwendung der Daten erteilen. Handelt es sich um personenbezogene Daten, die sie von einer anderen Stelle erhalten hat, so hat sie zu gewährleisten, dass die notwendigen Einverständniserklärungen vorliegen, bevor sie die Daten übermittelt. Gegebenenfalls hat sie die Einverständniserklärung entsprechend § 35 Abs. 2 S. 3 einzuholen (BT-Drs. 18/11555, 147; soweit die Gesetzesbegr. zum Gesetz zur Umsetzung der 4. EU-Geldwäscherichtlinie hier auf eine Einverständniserklärung nach Abs. 4 abstellt, handelt es sich offensichtlich um einen redaktionellen Fehler).

14b Gemäß **S. 4**, der Art. 56 Abs. 1 der 4. EU-Geldwäscherichtlinie umsetzt, ist die FIU verpflichtet, für den Datenaustausch mit Zentralen Meldestellen anderer EU-Mitgliedstaaten gesicherte Kommunikationskanäle zu nutzen. Hierzu gehört bspw. auch das FIU.net (vgl. auch BT-Drs. 19/13827, 96; hinsichtlich der Rügen des Europäischen Datenschutzbeauftragten bezüglich FIU.net → § 36 Rn. 1).

IV. Auskunftsersuchen an zentrale Meldestellen anderer Staaten zu in Deutschland tätigen Verpflichteten (Abs. 3)

15 Gemäß Art. 53 Abs. 2 UAbs. 2 der 4. EU-Geldwäscherichtlinie hat eine zentrale Meldestelle, die zusätzliche Informationen von einem in ihrem Hoheitsgebiet tätigen Verpflichteten einholen möchte, der in einem anderen Mitgliedstaats eingetragen ist, das Ersuchen an die zentrale Meldestelle des Mitgliedstaads zu richten, in dessen Hoheitsgebiet der Verpflichtete niedergelassen ist. Diese zentrale Meldestelle holt die Informationen ein und leitet die Antworten umgehend weiter. Abs. 3 setzt diese Vorgabe um. Danach kann die Zentralstelle für Finanztransaktionsuntersuchungen an die zentrale Meldestelle eines anderen Staates ein Auskunftsersuchen richten, wenn ein Verpflichteter, zu dem zusätzliche Informationen erforderlich sind, in Deutschland tätig ist, aber in einem anderen Staat in ein dem Handelsregister vergleichbares Register eingetragen oder sonst registriert ist. Der ersuchte Staat ist dann der Staat, in welchem der Verpflichtete niedergelassen ist. Damit wird klargestellt, dass alle Auskunftsersuchen an eine Behörde im Ausland nicht „diagonal" und direkt an sie, sondern stets über die dortige zentrale Meldestelle zu stellen sind (BT-Drs. 18/11555, 147).

15a Durch das **Gesetz zur Umsetzung der Änderungsrichtlinie zur 4. EU-Geldwäscherichtlinie** (BGBl. 2019 I S. 2602, Ziff. 29 c) wurden in Umsetzung von Art. 1 Nr. 33 b) der Änderungsrichtlinie der 4. EU-Geldwäscherichtlinie in Abs. 3 zwei neue Sätze 2 und 3 angefügt. Richtet die zentrale Meldestelle eines anderen Mitgliedstaates ein Ersuchen um zusätzliche Informationen über einen auf ihrem Hoheitsgebiet tätigen Verpflichteten, der in Deutschland eingetragen ist, an die FIU, so holt diese die entsprechenden Informationen ein und leitet diese unverzüglich weiter. Sofern die Gesetzesbegründung hier von „*umgehend*" spricht (BT-Drs. 19/13827, 96), ist dies angesichts der Formulierung „*unverzüglich*" im Gesetzestext zumindest ungenau, auch wenn sich in der Sache hierdurch kaum ein Unterschied ergeben wird (vgl. insbes. auch den Gesetzestext von Abs. 5 S. 1, in dem der Begriff „*umgehend*" verwendet wird). Auch im gegenständlichen Kontext wird „*unverzüg-*

lich" entsprechend § 121 Abs. 1 S. 1 BGB als ohne schuldhaftes Zögern zu definieren sein. Bei der Bearbeitung von Ersuchen der zentralen Meldestellen anderer Mitgliedstaaten hat die FIU insbesondere die ihr nach § 30 Abs. 3 gegenüber den Verpflichteten zustehenden Auskunftsrechte auszuschöpfen (BT-Drs. 19/13827, 96). Damit soll entsprechend der Vorgabe in Art. 53 Abs. 2 UAbs. 1 der 4. EU-Geldwäscherichtlinie sichergestellt werden, dass die FIU bei der Beantwortung von Auskunftsersuchen der zentralen Meldestellen anderer Mitgliedstaaten sämtliche verfügbaren Befugnisse nutzt, die ihr auch in inländischen Fällen zur Entgegennahme und Auswertung von Informationen zur Verfügung stehen. Eine Erhebung und eine Weiterleitung von Informationen ist ausgeschlossen, soweit Übermittlungs- und Verwendungsbeschränkungen entgegenstehen (BT-Drs. 19/13827, 96).

V. Ablehnung eingehender Ersuchen anderer zentraler Meldestellen eines EU-Mitgliedstaates (Abs. 4)

Abs. 4 setzt Art. 53 Abs. 3 der 4. EU-Geldwäscherichtlinie um. Demzufolge kann eine zentrale Meldestelle den Informationsaustausch nur in Ausnahmefällen verweigern, wenn der Austausch im Widerspruch zu den Grundprinzipien ihres nationalen Rechts stehen könnte. Diese Ausnahmefälle müssen so spezifiziert werden, dass es nicht zu Missbrauch und unzulässigen Einschränkungen des freien Informationsaustauschs zu Analysezwecken kommen kann. Die Ausnahmen sind in Abs. 5 S. 1 Nr. 1–4 abschließend aufgeführt.

Die Ablehnung eines Ersuchens um Informationsübermittlung, das eine zentrale Meldestelle eines Mitgliedstaates der Europäischen Union im Rahmen ihrer Aufgabenerfüllung an die Zentralstelle für Finanztransaktionsuntersuchungen gerichtet hat, ist nur durch besonders hohe Schutzgüter (Grundprinzipien des nationalen Rechts, Art. 53 Abs. 3, Art. 55 Abs. 2 S. 2 Alt. 3 der 4. EU-Geldwäscherichtlinie) gerechtfertigt. **Abs. 4 S. 1** nennt hier abschließend vier verschiedene Schutzgüter, die vom Gesetzgeber als besonders hoch eingestuft werden, dass sie die Ablehnung eines Ersuchens einer anderen zentralen Meldestelle eines EU-Mitgliedstaates rechtfertigen können.

Abs. 4 S. 1 **Nr. 1** erfasst den Fall, dass durch die Informationsübermittlung die **innere oder äußere Sicherheit oder andere wesentliche Interessen der Bundesrepublik Deutschland gefährdet** werden könnte. Der Begriff der **inneren Sicherheit** ist nicht einheitlich definiert. Sie wird bisweilen als ein mehrdeutiger Begriff für Prozesse, Institutionen und Maßnahmen in der Innenpolitik bezeichnet, die dem Anspruch und/oder der Funktion nach darauf ausgerichtet sind, Verhältnisse herzustellen, in denen die Rechtsordnung beachtet wird und die staatlichen Einrichtungen funktionsfähig sind; Ziel ist einerseits die Abwehr von Gefahren für Individuen, andererseits auch die Sicherstellung der politischen, sozialen und wirtschaftlichen Ordnung (vgl. *Nohlen/Grotz/Schmidt/Bull* S. 265). Bestrebungen gegen die innere Sicherheit sind solche, deren Träger darauf hinarbeiten, die Fähigkeit der Bundesrepublik Deutschland zu beeinträchtigen, sich nach innen gegen Störungen zur Wehr zu setzen (BGHSt 28, 316). Dazu gehören das Organisieren von selbst durchzuführenden Mordanschlägen, Bombenanschlägen, Geiselnahmen etc einschließlich der Unterstützung solcher Aktivitäten (durch Geldspenden, Gewährung von Unterschlupf etc) durch andere (vgl. BVerwGE 55, 175 (184); 62, 36 (40); ausführlich dazu *Roth* in Schenke/Graulich/Ruthig VereinsG § 14 Rn. 34ff.). Auch

§ 33   Abschnitt 5. Zentralstelle für Finanztransaktionsuntersuchungen

der Begriff der **äußeren Sicherheit** ist vielschichtig. Er umfasst vor allem die Möglichkeiten und Fähigkeiten des Staates, sich gegen Störungen und Angriffe von außen zu wehren und seine Machtstellung auf internationaler Ebene ungefährdet zu erhalten (vgl. BT-Drs. 6/1179, 5). Eine Gefahr für die äußere Sicherheit der Bundesrepublik Deutschland droht nicht nur, wenn eine Schwächung der BRD oder eine Stärkung eines potentiellen Gegners im engeren Bereich der Landesverteidigung droht, sondern besteht auch bei einer Verschiebung der allgemeinen Machtpositionen, welche die Bundesrepublik Deutschland gegen Angriffe anfälliger macht (*Fischer* StGB § 93 Rn. 7 mwN). Die Begriffe der inneren und äußeren Sicherheit sind mittlerweile nicht mehr so klar zu trennen wie in der Vergangenheit, da das Ausmaß an Gewalt und Zerstörungskraft terroristischer Anschläge mit militärischen Angriffen vergleichbar ist (vgl. BT-Drs. 14/7065, 1). Der Begriff der **wesentlichen Interessen der Bundesrepublik Deutschland** ist in der Gesetzesbegründung nicht näher konkretisiert. Von diesem Auffangtatbestand sind jedenfalls Interessen der Allgemeinheit von nicht nur untergeordneter Bedeutung umfasst. Als „erhebliche" Interessen der Bundesrepublik Deutschland (die Begriffe dürften im Wesentlichen deckungsgleich zu verstehen sein) werden in anderem Kontext bspw. wirtschafts-, einwanderungs- und sozialpolitische Belange sowie das internationale Ansehen der BRD und ihre guten Beziehungen zu anderen Staaten genannt (*Roth* in Schenke/Graulich/Ruthig VereinsG § 14 Rn. 40).

19   Durch das **Gesetz zur Umsetzung der Änderungsrichtlinie zur 4. EU-Geldwäscherichtlinie** (BGBl. 2019 I S. 2602) wurde die vormalige Fassung von Abs. 4 S. 1 **Nr. 2** („*im Einzelfall, auch unter Berücksichtigung des öffentlichen Interesses an der Datenübermittlung, aufgrund wesentlicher Grundprinzipien deutschen Rechts die schutzwürdigen Interessen der betroffenen Person überwiegen,*", was der 3. Alternative in der ursprünglichen Art. 55 Abs. 2 S. 2 der 4. EU-Geldwäscherichtlinie entsprach, die durch die Änderungsrichtlinie zur 4. EU-Geldwäscherichtlinie gestrichen wurde) zur Umsetzung von Art. 1 Nr. 35 der Änderungsrichtlinie zur 4. EU-Geldwäscherichtlinie durch die aktuell geltende Formulierung ersetzt. Danach ist nunmehr maßgeblich, ob die Datenübermittlung bzw. die Einwilligung zur Weitergabe von Informationen nach Abs. 5 S. 2 in Widerspruch zu Grundprinzipien des deutschen Rechts stehen würde (s. auch die aktuelle 3. Alternative im neuen Art. 55 Abs. 2 S. 2 der 4. EU-Geldwäscherichtlinie). **Grundprinzipien des deutschen Rechts** sind bspw. die im Grundgesetz enthaltenen fundamentalen Prinzipien wie die Menschenwürdegarantie (Art. 1 Abs. 1 GG), das Rechtsstaatsprinzip (Art. 20 Abs. 3) oder die Justizgrundrechte aus Art. 103 GG. In diese Betrachtung fließen auch die im Einzelfall **schutzwürdigen Interessen der betroffenen Person** mit ein (BT-Drs. 19/13827, 96; die Begr. zum RefE, S. 97, formulierte insofern noch, dass eine Abwägung, die den schutzwürdigen Interessen der betroffenen Person Vorrang einräumt, nicht mehr ausreichend sei für die Ablehnung eines Informationsersuchens). Der Begriff der „schutzwürdigen Interessen" des Betroffenen findet sich in ähnlichem Kontext bspw. in § 8 BMG oder § 28 BDSG. Gemäß § 8 S. 2 BMG werden schutzwürdige Interessen „*insbesondere beeinträchtigt, wenn die Erhebung, Verarbeitung oder Nutzung, gemessen an ihrer Eignung und der Erforderlichkeit zu dem vorgesehenen Zweck, die betroffene Person unverhältnismäßig belastet*". Generell gilt: Je stärker die Interessen des Betroffenen durch die Folgen des Umgangs mit den Daten beeinträchtigt werden, desto „schutzwürdiger" sind seine Interessen (vgl. zur Abwägung iE *Wolff* in Schantz/Wolff Neues DatenschutzR S. 205 ff.). Zu den schutzwürdigen Interessen der betroffenen Person gehört im Falle der Übermittlung in einen anderen Staat auch das Vorhandensein eines angemessenen Datenschutzniveaus im Empfängerstaat (vgl. § 35 Abs. 7 S. 2) oder Hinweise auf eine Gefährdung des Betroffenen oder nahestehender Personen in dem jeweiligen Staat. Mit in die Prüfung der Schutzwürdigkeit der Interessen einzubeziehen sein können im Einzelfall vom Betroffenen auch entsprechend geltend gemachte Widersprüche hinsichtlich der Richtigkeit der Daten und Anträge auf Berichtigung.

Ausweislich Abs. 4 S. 1 **Nr. 3** (der Art. 55 Abs. 2 S. 2 Alt. 2 der 4. EU-Geld- 20 wäscherichtlinie entspricht, der allerdings lediglich von *„Behinderung strafrechtlicher Ermittlungen"* und nicht auch von *„Gefährdung"* derselben spricht) kann die Beantwortung eines Ersuchens der zentralen Meldestelle eines anderen EU-Mitgliedstaates auch abgelehnt werden, wenn durch die Informationsübermittlung **strafrechtliche Ermittlungen oder die Durchführung eines Gerichtsverfahrens behindert oder gefährdet** werden könnten. Würden im Zuge von Ermittlungsverfahren amtliche Informationen (vorzeitig) bekannt, könnte dies vor allem die Ermittlung der Wahrheit erschweren. Die Vorschrift bezweckt den Schutz des strafrechtlichen Ermittlungsverfahrens sowie allgemein der Durchführung von (ausweislich des Gesetzeswortlauts nicht nur strafrechtlichen, wobei diese primär gemeint sein dürften) Gerichtsverfahren. Eine Behinderung impliziert eine nicht nur unwesentliche Verzögerung der Ermittlungen oder des Gerichtsverfahrens. Eine Gefährdung bedeutet darüber hinaus eine Gefahr für den Erfolg der Ermittlungen oder überhaupt für die Möglichkeit der Durchführung eines Gerichtsverfahrens. Alleine die nicht völlig abwegige Wahrscheinlichkeit einer Behinderung oder Gefährdung der strafrechtlichen Ermittlung oder Durchführung eines Gerichtsverfahrens reicht für die Ablehnung der Beantwortung eines Ersuchens aus. Umgekehrt werden bloß abstrakt denkbare Behinderungen oder Gefährdungen nicht genügen. Das strafrechtliche Ermittlungsverfahren muss ausweislich des Gesetzestextes noch nicht laufen (ebenso wenig das Gerichtsverfahren), womit auch Vorfeldermittlungen erfasst sind.

Abs. 4 S. 1 **Nr. 4** lässt die Verweigerung der Beantwortung eines Auskunfts- 21 ersuchens einer zentralen Meldestelle eines Mitgliedstaats der EU schließlich auch zu, wenn **rechtshilferechtliche Bedingungen ausländischer Stellen entgegenstehen, die von den zuständigen Behörden zu beachten** sind. Hiervon werden insbesondere Fälle erfasst, in denen die Zentralstelle für Finanztransaktionsuntersuchungen ihrerseits von anderen Staaten im Rahmen der grenzüberschreitenden Zusammenarbeit in Strafsachen Informationen erhalten hat, die mit Verwendungsbeschränkungen versehen sind, die von den zuständigen Stellen zu beachten sind (BT-Drs. 18/11555, 147).

S. 2 statuiert in Umsetzung von Art. 55 Abs. 2 S. 3 der 4. EU-Geldwäschericht- 22 linie die Pflicht der Zentralstelle für Finanztransaktionsuntersuchungen, die Ablehnung eines eingehenden Informationsersuchens in angemessener Weise zu begründen. Hiermit wird sichergestellt, dass die ersuchende zentrale Meldestelle in jedem Fall eine Rückmeldung erhält – entweder eine positive Rückmeldung, die das Ersuchen beantwortet, oder eine Ablehnung, in der im Regelfall die Ablehnungsgründe dargelegt werden. S. 2 Hs. 2 wurde im Gesetzgebungsverfahren nachträglich eingefügt (im RefE des BMF zum Gesetz zur Umsetzung der 4. EU-Geldwäscherichtlinie v. 24.11.2016 war er in der Vorläufernorm des § 29 Abs. 4 RefE noch nicht enthalten). Es entsprach der Forderung der polizeilichen Praxis, eine Ausnahme vom Erfordernis der Darlegungspflicht der Gründe für die Ablehnung des Informationsersuchens aufzunehmen für die Fälle, dass die operative Analyse noch nicht abgeschlossen ist oder soweit die Ermittlungen hierdurch gefährdet werden könnten. Alleine die Mitteilung, dass ein Informationsersuchens nicht beantwortet werden kann, weil gegen die betroffenen Personen Ermittlungen laufen, wäre bereits eine Information, die weitere Ermittlungen gefährden kann. Da die Verweigerung der Beantwortung eines Auskunftsersuchens ohne Darlegung von Gründen ein restriktiv zu handelnder Ausnahmefall bleiben soll, kann jedoch auch aus diesem Umstand bereits eine besondere Sensibilität hinsichtlich der tangierten Personen abgeleitet werden.

VI. Verwendungs- und Weiterleitungsbeschränkungen bei der Beantwortung ausländischer Auskunftsersuchen (Abs. 5)

23 Die Festlegung von Einschränkungen und Bedingungen für die Verwendung der Informationen beim Austausch von Informationen und Dokumenten wird durch Art. 54 S. 2 der 4. EU-Geldwäscherichtlinie zugelassen. Abs. 5 **S. 1** bestimmt hierbei im Sinne einer effektiven Zusammenarbeit zunächst den Regelfall der umgehenden Einwilligung zur Weiterleitung der übermittelten Informationen an andere Behörden des anfragenden Mitgliedstaates. Er entspricht damit den **Vorgaben gemäß Art. 55 Abs. 2 S. 1 der 4. EU-Geldwäscherichtlinie,** demzufolge die Mitgliedstaaten dafür sorgen, dass die vorherige Zustimmung der ersuchten zentralen Meldestelle zur Weitergabe der Informationen an die zuständigen Behörden umgehend und möglichst weitgehend erteilt wird. Durch Art. 1 Ziff. 35 der Richtlinie (EU) 2018/843 zur Änderung der 4. EU-Geldwäscherichtlinie wurde Art. 55 Abs. 2 S. 1 der 4. EU-Geldwäscherichtlinie dahingehend ergänzt, dass die vorherige Zustimmung der ersuchten zentralen Meldestelle zur Weitergabe der Informationen unabhängig von der Art der Vortaten, die damit im Zusammenhang stehen können, erteilt wird. Diese Änderung wurde durch das **Gesetz zur Umsetzung der Änderungsrichtlinie zur 4. EU-Geldwäscherichtlinie** (BGBl. 2019 I S. 2602) in § 35 Abs. 5 S. 1 GwG durch Einfügung der Wörter *„und unabhängig von der Art der Vortaten, die damit in Zusammenhang stehen können,"* nachvollzogen. Die Einwilligung der FIU zur Weitergabe der auf ein Ersuchen erteilten Informationen ist somit ausdrücklich unabhängig von der Art der Vortaten, die damit im Zusammenhang stehen können, zu erteilen. Relevanz dürfte dies insbesondere hinsichtlich steuerstrafrechtlicher Sachverhalte entwickeln. Die Einverständniserklärung kann dabei umfänglich oder auch nur begrenzt auf bestimmte Daten erteilt werden (BT-Drs. 18/11555, 147). Eine standardmäßige Verwendungsbeschränkung ist bspw. *„Die von der FIU mitgeteilten Informationen sind nur für Auswertezwecke bestimmt und dürfen nur nach Zustimmung der FIU weitergeleitet bzw. verwendet werden. Sie dürfen nicht in die Gerichts-, Kriminal- oder Ermittlungsakten aufgenommen werden."*.

24 Durch das **Gesetz zur Umsetzung der Änderungsrichtlinie zur 4. EU-Geldwäscherichtlinie** wurde S. 2 – ebenfalls in Umsetzung von Art. 1 Nr. 35 der Änderungsrichtlinie zur 4. EU-Geldwäscherichtlinie, der Art. 55 Abs. 2 der 4. EU-Geldwäscherichtlinie neu fasste – dergestalt neu gefasst, dass die FIU ihre Einwilligung nur aus den in Abs. 4 genannten Gründen verweigern darf (die vorherige Fassung: *„Die Einwilligung darf von ihr verweigert werden, wenn der im Ersuchen dargelegte Sachverhalt nach deutschem Recht nicht den Straftatbestand der Geldwäsche oder der Terrorismusfinanzierung erfüllen würde."* hatte nahezu wortgleich den ursprünglichen Art. 55 Abs. 2 S. 2 Alt. 1 der 4. EU-Geldwäscherichtlinie umgesetzt). Die Zustimmung zur Weiterleitung von Informationen kann seitens zentraler Meldestellen nach Art. 55

Abs. 2 S. 2 der geänderten 4. EU-Geldwäscherichtlinie nur verweigert werden, wenn dies nicht in den Anwendungsbereich ihrer Bestimmungen über Geldwäsche und Terrorismusfinanzierung fällt oder zur Behinderung einer Ermittlung führen kann oder auf andere Weise den Grundprinzipien des nationalen Rechts dieses Mitgliedstaats zuwiderläuft. Dem wird mit dem Verweis auf Abs. 4 Rechnung getragen, der insoweit die Grundprinzipien des nationalen Rechts repräsentiert (BT-Drs. 19/13827, 97; die noch im RefE v. 20.5.2019 enthaltene beschränkte Verweisung lediglich auf Abs. 4 Nr. 2 und 3 war bereits mit dem Regierungsentwurf v. 29.7.2019 aufgegeben worden).

Macht die Zentralstelle für Finanztransaktionsuntersuchungen von ihrem Ableh- **25** nungsrecht Gebrauch, so hat sie dies gemäß **S. 3** wiederum angemessen zu **begründen**. Eine Ausnahme von der Pflicht zur Begründung wie in Abs. 4 S. 2 Hs. 2, wenn die operative Analyse noch nicht abgeschlossen ist oder soweit die Ermittlungen hierdurch gefährdet werden könnten, ist in Abs. 5 S. 3 nicht enthalten. Die Gründe für die Verweigerung der Einwilligung sind damit stets anzuführen. (Sofern in der Begr. des Gesetzes zur Umsetzung der 4. EU-Geldwäscherichtlinie zu Abs. 5 (auf S. 147) erläuternd angeführt wird, dass die Ablehnung einer Einverständniserklärung zur weiteren Verwendung innerhalb eines Mitgliedstaates „*gemäß Satz 3 auf die in Absatz 3 Satz 1 benannten Gründe*" gestützt werden oder darauf beruhen kann, dass der Straftatbestand der Geldwäsche oder der Terrorismusfinanzierung im datenempfangenden Mitgliedstaat nicht dem Straftatbestand nach deutschem Recht entspricht, so handelt es sich um einen redaktionellen Fehler – es muss richtig heißen: „*Absatz 4 Satz 1*").

S. 4 dient der Umsetzung von Art. 55 Abs. 1 der 4. EU-Geldwäscherichtlinie, **26** demzufolge die Mitgliedstaaten sicherzustellen haben, dass die ausgetauschten Informationen nur zu dem **Zweck** verwendet werden, zu dem sie verlangt oder zur Verfügung gestellt wurden, und dass für jegliche Weitergabe der Informationen durch die entgegennehmende zentrale Meldestelle an eine andere Behörde, Stelle oder Abteilung und für jegliche Nutzung dieser Informationen für über die ursprünglich gebilligten Zwecke hinausgehende Zwecke die vorherige Zustimmung der übermittelnden zentralen Meldestelle erforderlich ist.

VII. Benennung einer zentralen Kontaktstelle (Abs. 6)

Abs. 6 setzt Art. 1 Nr. 34 der Richtlinie (EU) 2018/843 zur Änderung der **27** 4. EU-Geldwäscherichtlinie um (BT-Drs. 19/13827, 96), durch den in Art. 54 der 4. EU-Geldwäscherichtlinie der Unterabsatz „*Die Mitgliedstaaten sorgen dafür, dass die zentralen Meldestellen mindestens eine Kontaktperson oder Kontaktstelle benennen, die für die Annahme von Informationsersuchen der zentralen Meldestellen in anderen Mitgliedstaaten zuständig ist.*" angefügt wurde. Die Benennung einer zentralen Kontaktstelle dient ersichtlich der Vereinfachung und Beschleunigung des internationalen Informationsaustauschs.

§ 34 Informationsersuchen im Rahmen der internationalen Zusammenarbeit

(1) Die Zentralstelle für Finanztransaktionsuntersuchungen kann die zentralen Meldestellen anderer Staaten, die mit der Verhinderung, Aufdeckung und Bekämpfung von Geldwäsche, von Vortaten der Geldwäsche sowie von Terrorismusfinanzierung befasst sind, um die Erteilung von Auskünften einschließlich der personenbezogenen Daten oder der Übermittlung von Unterlagen ersuchen, wenn diese Informationen und Unterlagen erforderlich sind zur Erfüllung ihrer Aufgaben.

(2) Für ein Ersuchen kann die Zentralstelle für Finanztransaktionsuntersuchungen personenbezogene Daten übermitteln, soweit dies erforderlich ist, um ein berechtigtes Interesse an der begehrten Information glaubhaft zu machen und wenn überwiegende berechtigte Interessen des Betroffenen nicht entgegenstehen.

(3) In dem Ersuchen muss die Zentralstelle für Finanztransaktionsuntersuchungen den Zweck der Datenerhebung offenlegen und die beabsichtigte Weitergabe der Daten an andere inländische öffentliche Stellen mitteilen. Die Zentralstelle für Finanztransaktionsuntersuchungen darf die von einer zentralen Meldestelle eines anderen Staates übermittelten Daten nur verwenden
1. zu den Zwecken, zu denen um die Daten ersucht wurde, und
2. zu den Bedingungen, unter denen die Daten zur Verfügung gestellt wurden.

Sollen die übermittelten Daten nachträglich an eine andere öffentliche Stelle weitergegeben werden oder für einen Zweck genutzt werden, der über die ursprünglichen Zwecke hinausgeht, so ist vorher die Zustimmung der übermittelnden zentralen Meldestelle einzuholen.

Literatur: *Herzog* (Hrsg.), GwG, 2. Aufl. 2014

1 § 34 regelt Ersuchen der Zentralstelle für Finanztransaktionsuntersuchungen an zentrale Meldestellen von Nicht-EU-Mitgliedsstaaten (Drittländern). Obgleich die 4. EU-Geldwäscherichtlinie die Zusammenarbeit der zentralen Meldestellen von Mitgliedstaaten mit zentralen Meldestellen aus Drittländern nicht regelt, tauschen die europäischen zentralen Meldestellen regelmäßig Informationen mit ihren Pendants in Drittländern aus (auf der Grundlage der Charta der Egmont-Gruppe und/oder bilateraler Abkommen oder Absichtserklärungen), was auch dem Willen der FATF nach einer größtmöglichen Zusammenarbeit der zentralen Meldestellen entspricht (vgl. ausführlich → § 33 Rn. 2). Erwägungsgrund 18 der Richtlinie (EU) 2018/843 zur Änderung der 4. EU-Geldwäscherichtlinie (Richtlinie (EU) 2018/843) betont: *„Die zentralen Meldestellen sollten zügig, konstruktiv und wirksam eine möglichst weitreichende internationale Zusammenarbeit mit den zentralen Meldestellen von Drittländern in Bezug auf Geldwäsche, damit zusammenhängende Vortaten und Terrorismusfinanzierung im Einklang mit den Empfehlungen der FATF und den Grundsätzen der Egmont-Gruppe zum Informationsaustausch zwischen den zentralen Meldestellen sicherstellen.“* Auch das Europäische Parlament hebt hervor, dass die Zusammenarbeit – nicht nur zwischen den FIU der Mitgliedstaaten, sondern auch zwischen den FIU der Mitgliedstaaten und den FIU von Drittländern – für die wirksame Bekämpfung

von Geldwäscheaktivitäten unverzichtbar ist (Entschließung v. 26.3.2019 zu Finanzkriminalität, Steuerhinterziehung und Steuervermeidung (2018/2121(INI)), Rn. 255).

Der **Bericht der Kommission an das Europäische Parlament und den Rat vom 24.7.2019 über die Bewertung des Rahmens für die Zusammenarbeit zwischen den zentralen Meldestellen für Geldwäsche-Verdachtsanzeigen** (FIU) (COM(2019) 371 final) äußert sich zur Zusammenarbeit der zentralen Meldestellen mit Drittländern zur Bekämpfung von Geldwäsche und Terrorismusfinanzierung nicht unkritisch (COM(2019) 371 final, S. 14). Diese Zusammenarbeit falle in die ausschließliche Außenkompetenz der EU, es bestehe daher ein Widerspruch zwischen der Art der Außenkompetenz der EU und der Praxis der Mitgliedstaaten, mit zentralen Meldestellen in Drittländern Verhandlungen aufzunehmen und internationale Übereinkommen oder gemeinsame Absichtserklärungen zu schließen. Internationale Übereinkommen oder gemeinsame Absichtserklärungen mit zentralen Meldestellen von Drittländern könnten nur dann mit der ausschließlichen Außenkompetenz der EU für alle Fragen im Zusammenhang mit der Geldwäscherichtlinie vereinbar sein, wenn diese auf operative Themen beschränkt seien, was nicht immer der Fall zu sein scheine. Wenn die zentralen Meldestellen der Mitgliedstaaten Informationen mit Drittländern austauschen, müssen sie die entsprechenden Anforderungen der geltenden EU-Datenschutzregelung erfüllen, die in diesem Fall in der Datenschutz-Grundverordnung festgelegt sind – auch hier erkennt der Bericht Defizite (unter expliziter Erwähnung von Kapitel V der DSGVO, in welchem die Vorschriften für die Übermittlung personenbezogener Daten an Drittländer festgelegt sind). Es sei wichtig, die vollständige Vereinbarkeit des – wichtigen und zwingend erforderlichen – Informationsaustauschs mit den zentralen Meldestellen von Drittländern sowohl mit der ausschließlichen Zuständigkeit der Union für alle in der Geldwäscherichtlinie geregelten Angelegenheiten als auch mit dem EU-Datenschutzrahmen zu gewährleisten (COM(2019) 371 final, S. 15).

Abs. 1 gibt der Zentralstelle für Finanztransaktionsuntersuchungen das Recht, andere zentrale Meldestellen um die **Erteilung von Auskünften** einschließlich personenbezogener Daten oder der **Übermittlung von Unterlagen** ersuchen, wenn diese Informationen und Unterlagen erforderlich sind zur Erfüllung ihrer in § 28 genannten Aufgaben. Ein Ersuchen von der Zentralstelle für Finanztransaktionsuntersuchungen an die zentrale Meldestelle eines anderen Staates zwecks **Durchführung von Sofortmaßnahmen** ist von § 34 (wie auch von § 40) **nicht** erfasst, obgleich diese Möglichkeit nach Willen des europäischen Gesetzgebers unzweifelhaft vorgesehen ist (vgl. Art. 32 Abs. 7 S. 2 der 4. EU-Geldwäscherichtlinie), was auch zur Schaffung des § 40 Abs. 2 geführt hat. De lege ferenda ist hier gesetzgeberischer Handlungsbedarf erkennbar.

Um ihr berechtigtes Interesse an den Informationen glaubhaft zu machen, kann sie in ihrem Auskunftsersuchen gemäß **Abs. 2** auch personenbezogene Daten übermitteln, wenn überwiegende berechtigte Interessen des Betroffenen nicht entgegenstehen (vgl. hierzu → § 33 Rn. 19).

Abs. 3 entspricht einem „Gegenstück" zu § 33 Abs. 5. Eine entsprechende Regelung fand sich bereits in § 10 Abs. 4 S. 1 GwG idF vor dem 26.6.2017. Gemäß Abs. 3 hat die Zentralstelle für Finanztransaktionsuntersuchungen in einem Auskunftsersuchen den Zweck der Datenerhebung anzugeben und – falls sie das Auskunftsersuchen nach Abs. 1 für eine andere Behörde gestellt hat oder aus anderen Gründen eine Weiterleitung der beauskunfteten Daten an eine andere inländische öffentliche Stelle vorsieht – die beabsichtigte **Weitergabe der Daten mitzuteilen**. Im Ersuchen sind die relevanten Tatsachen, Hintergrundinformationen, Gründe für das Ersuchen und die beabsichtigte Verwendung der verlangten Informationen anzugeben. Ausweislich Art. 53 Abs. 1 UAbs. 2 der 4. EU-Geldwäscherichtlinie können unterschiedliche Austauschmechanismen zur Anwendung kommen, insbesondere was den Austausch über das FIU.net oder seinen Nachfolger betrifft, wenn die zentralen Meldestellen dies vereinbaren.

6   **Verwertungsbeschränkungen** der Auskunft erteilenden zentralen Meldestelle sind zu berücksichtigen. Die Zentralstelle des anderen Staates hat die Möglichkeit, zu bestimmen, in welchem Rahmen die von ihm übermittelten Daten durch die Zentralstelle für Finanztransaktionsuntersuchungen genutzt werden dürfen. Solche Verwendungsvorbehalte können beispielsweise in Zweck- bzw. Zielbestimmungen und damit auch im Ausschluss anderer Zwecke und Ziele liegen. Die Zentralstelle des anderen Staates kann zB bestimmen, dass die Zentralstelle für Finanztransaktionsuntersuchungen die Daten nur für einen bestimmten Zweck verwenden darf (zB für einen bestimmten konkreten Fall wie Geldwäscheverdacht gegen die Person X, Verdacht der Terrorismusfinanzierung gegen die Organisation Y, eine Verwendung ausschließlich für Auswertungszwecke oder eine Beschränkung, dass die übermittelten Daten nicht für Strafverfahren verwendet werden dürfen). Auch sind als vorgegebene Bedingungen beispielsweise eine zeitlich befristete Verwendung, spezielle Geheimhaltungspflichten oder spätere Löschungserfordernisse denkbar. Eine weitergehende eigenmächtige Verwendung der Daten zu einem anderen als dem vorgegebenen Zweck oder entgegen den vorgegebenen Bedingungen ist dann ausgeschlossen. Für eine weitergehende als die ursprünglich vorgesehene Verwendung bedarf es gegebenenfalls einer Zweck- bzw. Bedingungserweiterung durch die Zentralstelle des anderen Staates (vgl. bereits in der 2. Aufl. *Herzog/Achtelik* → 2. Aufl. 2014, § 10 aF Rn. 35 mwN).

7   Beabsichtigt die Zentralstelle für Finanztransaktionsuntersuchungen zu einem späteren Zeitpunkt eine **Weitergabe der erhaltenen Daten** an eine andere inländische öffentliche Stelle, so hat sie hierfür vor der Weiterleitung an die inländische öffentliche Stelle die Zustimmung der übermittelnden zentralen Meldestelle einzuholen. Dies gilt gleichermaßen, wenn die Zentralstelle für Finanztransaktionsuntersuchungen die ihr übermittelten Daten für einen Zweck verwenden will, der über die im ursprünglichen Auskunftsersuchen angegebenen Zwecke hinausgeht (bspw. wenn Informationen nur für Analyse- oder Auswertezwecke übermittelt wurden, aber nun für ein Strafverfahren verwendet werden sollen, oder Daten lediglich zur Bekämpfung von Geldwäsche und/oder Terrorismusfinanzierung übermittelt wurden, nun aber für die Verfolgung anderer Straftaten Verwendung finden sollen).

§ 35 Datenübermittlung im Rahmen der internationalen Zusammenarbeit

(1) **Geht bei der Zentralstelle für Finanztransaktionsuntersuchungen eine Meldung nach § 43 Absatz 1 ein, die die Zuständigkeit eines anderen Staates betrifft, so kann sie diese Meldung umgehend an die zentrale Meldestelle des betreffenden Staates weiterleiten. Sie weist die zentrale Meldestelle des betreffenden Staates darauf hin, dass die personenbezogenen Daten nur zu dem Zweck genutzt werden dürfen, zu dem sie übermittelt worden sind.**

(2) Die Zentralstelle für Finanztransaktionsuntersuchungen kann einer zentralen Meldestelle eines anderen Staates auf deren Ersuchen personenbezogene Daten übermitteln
1. für eine von der zentralen Meldestelle des anderen Staates durchzuführende operative Analyse,
2. im Rahmen einer beabsichtigten Sofortmaßnahme nach § 40, soweit Tatsachen darauf hindeuten, dass der Vermögensgegenstand
   a) sich in Deutschland befindet und
   b) im Zusammenhang steht mit einem Sachverhalt, der der zentralen Meldestelle des anderen Staates vorliegt, oder
3. zur Erfüllung der Aufgaben einer anderen ausländischen öffentlichen Stelle, die der Verhinderung, Aufdeckung und Bekämpfung von Geldwäsche oder von Vortaten der Geldwäsche oder von Terrorismusfinanzierung dient.

Sie kann hierbei auf ihr vorliegende Informationen zurückgreifen. Enthalten diese Informationen auch Daten, die von anderen in- oder ausländischen Behörden erhoben oder von diesen übermittelt wurden, so ist eine Weitergabe dieser Daten nur mit Zustimmung dieser Behörden zulässig, es sei denn, die Informationen stammen aus öffentlich zugänglichen Quellen. Die Zentralstelle für Finanztransaktionsuntersuchungen kann nach Maßgabe der §§ 28, 30 und 31 andere inländische öffentliche Stellen um Auskunft ersuchen oder von Verpflichteten Auskunft verlangen. Ersuchen um Auskunft und Verlangen nach Auskunft sind zeitnah zu beantworten.

(3) Die Übermittlung personenbezogener Daten an eine zentrale Meldestelle eines anderen Staates ist nur zulässig, wenn das Ersuchen mindestens folgende Angaben enthält:
1. die Bezeichnung, die Anschrift und sonstige Kontaktdaten der ersuchenden Behörde,
2. die Gründe des Ersuchens und die Benennung des Zwecks, zu dem die Daten verwendet werden sollen, nach Absatz 2,
3. erforderliche Einzelheiten zur Identität der betroffenen Person, sofern sich das Ersuchen auf eine bekannte Person bezieht,
4. die Beschreibung des Sachverhalts, der dem Ersuchen zugrunde liegt, sowie die Behörde, an die die Daten gegebenenfalls weitergeleitet werden sollen, und
5. die Angabe, inwieweit der Sachverhalt mit Geldwäsche oder mit Terrorismusfinanzierung im Zusammenhang steht.

(4) Die Zentralstelle für Finanztransaktionsuntersuchungen kann auch ohne Ersuchen personenbezogene Daten an eine zentrale Meldestelle eines anderen Staates übermitteln, wenn Tatsachen darauf hindeuten, dass natürliche oder juristische Personen auf dem Hoheitsgebiet dieses Staates Handlungen, die wegen Geldwäsche oder Terrorismusfinanzierung strafbar sind, begangen haben. Dies gilt unabhängig von der Art der Vortat der Geldwäsche und auch, wenn die Art der Vortat nicht feststeht.

(5) Die Verantwortung für die Zulässigkeit der Übermittlung trägt die Zentralstelle für Finanztransaktionsuntersuchungen. Sie kann bei der Übermittlung von Daten an eine ausländische zentrale Meldestelle Ein-

schränkungen und Auflagen für die Verwendung der übermittelten Daten festlegen.

(6) Der Empfänger personenbezogener Daten ist darauf hinzuweisen, dass die personenbezogenen Daten nur zu dem Zweck genutzt werden dürfen, zu dem sie übermittelt worden sind. Sollen die Daten von der ersuchenden ausländischen zentralen Meldestelle an eine andere Behörde in dem Staat weitergeleitet werden, muss die Zentralstelle für Finanztransaktionsuntersuchungen dem unter Berücksichtigung des Zwecks und der schutzwürdigen Interessen des Betroffenen an den Daten zuvor zustimmen. Soweit die Informationen als Beweismittel in einem Strafverfahren verwendet werden sollen, gelten die Regeln der grenzüberschreitenden Zusammenarbeit in Strafsachen.

(7) Die Übermittlung personenbezogener Daten an eine ausländische zentrale Meldestelle unterbleibt, soweit
1. durch die Übermittlung die innere oder äußere Sicherheit oder andere wesentliche Interessen der Bundesrepublik Deutschland verletzt werden könnten,
2. einer Übermittlung besondere bundesgesetzliche Übermittlungsvorschriften entgegenstehen oder
3. im Einzelfall, auch unter Berücksichtigung des besonderen öffentlichen Interesses an der Datenübermittlung, die schutzwürdigen Interessen der betroffenen Person überwiegen.

Zu den schutzwürdigen Interessen der betroffenen Person gehört auch das Vorhandensein eines angemessenen Datenschutzniveaus im Empfängerstaat. Die schutzwürdigen Interessen der betroffenen Person können auch dadurch gewahrt werden, dass der Empfängerstaat oder die empfangende zwischen- oder überstaatliche Stelle im Einzelfall einen angemessenen Schutz der übermittelten Daten garantiert.

(8) Die Übermittlung personenbezogener Daten soll unterbleiben, wenn
1. strafrechtliche Ermittlungen oder die Durchführung eines Gerichtsverfahrens durch die Übermittlung behindert oder gefährdet werden könnten oder
2. nicht gewährleistet ist, dass die ersuchende ausländische zentrale Meldestelle einem gleichartigen deutschen Ersuchen entsprechen würde.

(9) Die Gründe für die Ablehnung eines Informationsersuchens sollen der ersuchenden zentralen Meldestelle angemessen dargelegt werden.

(10) Die Zentralstelle für Finanztransaktionsuntersuchungen hat den Zeitpunkt, die übermittelten Daten sowie die empfangende zentrale Meldestelle aufzuzeichnen. Unterbleibt die Datenübermittlung, so ist dies entsprechend aufzuzeichnen. Sie hat diese Daten drei Jahre aufzubewahren und danach zu löschen.

Übersicht

	Rn.
I. Allgemeines	1
II. Weiterleitung von Verdachtsmeldungen an zentrale Meldestellen anderer Staaten (Abs. 1)	3

§ 35 Datenübermittlung im Rahmen der internationalen Zusammenarbeit

	Rn.
III. Beantwortung von Ersuchen ausländischer zentraler Meldestellen (Abs. 2)	5
IV. Anforderungen an eingehende Ersuchen (Abs. 3)	11
V. Sonstige Datenübermittlungen an ausländische zentrale Meldestellen (Abs. 4)	17
VI. Datenschutzrechtliche Prüfpflicht (Abs. 5)	19
VII. Verwertungsbeschränkungen (Abs. 6)	20
VIII. Hinderungsgründe für die Datenübermittlung (Abs. 7)	21
IX. Regelbeispiele für ein Unterbleiben der Datenübermittlung (Abs. 8)	26
X. Darlegung der Ablehnungsgründe (Abs. 9)	29
XI. Dokumentation und Aufbewahrung (Abs. 10)	33

I. Allgemeines

§ 35 regelt den Rahmen für die Datenübermittlung der Zentralstelle für Finanz- **1** transaktionsuntersuchungen an eine ersuchende ausländische zentrale Meldestelle. Sofern § 33 besondere Regelungen für die Datenübermittlungen zwischen Mitgliedstaaten der EU enthält, gehen diese im Falle der Datenübertragung zwischen Mitgliedstaaten den Regelungen in § 35 vor, die primär die Datenübermittlung mit Nicht-EU-Mitgliedstaaten betreffen. Eine Pflicht zur **Kooperation mit zentralen Meldestellen anderer Vertragsparteien des Übereinkommens des Europarats (Nr. 198)** vom 16.5.2005 über Geldwäsche sowie Ermittlung, Beschlagnahme und Einziehung von Erträgen aus Straftaten und über die Finanzierung des Terrorismus, dem die Bundesrepublik Deutschland durch Gesetz vom 19.12.2016 (BGBl. 2016 II S. 1370) zugestimmt hat (vgl. BT-Drs. 18/9235, 57), ergibt sich aus **Art. 46 des Übereinkommens,** der über diesen Grundsatz hinaus zusätzliche Vorschriften (inkl. Verwendungsbeschränkungen, Versagungsgründe für Datenübermittlungen etc) enthält (Art. 46 Abs. 5 findet dabei für die BRD nur teilweise Anwendung: Soweit es die justizielle Rechtshilfe betrifft, insbesondere wenn Ermittlungs- und Strafverfahren eingeleitet sind, bedarf es eines förmlichen Ersuchens nach den zwischen den Vertragsparteien anwendbaren Übereinkünften, vgl. Erklärung 19 der Bekanntmachung über das Inkrafttreten des Übereinkommens des Europarats über Geldwäsche sowie Ermittlung, Beschlagnahme und Einziehung von Erträgen aus Straftaten und über die Finanzierung des Terrorismus v. 18.8.2017, BGBl. 2017 II S. 1244). Zur Zusammenarbeit der FIU mit zentralen Meldestellen von Drittstaaten vgl. auch die Ausführungen zu → § 34 Rn. 1 (ua mit Verweis auf die krit. Anmerkungen im Bericht der Kommission an das Europäische Parlament und den Rat v. 24.7.2019 über die Bewertung des Rahmens für die Zusammenarbeit zwischen den zentralen Meldestellen für Geldwäsche-Verdachtsanzeigen (FIU) (COM(2019) 371 final).

Durch das **Gesetz zur Umsetzung der Änderungsrichtlinie zur 4. EU-** **1a** **Geldwäscherichtlinie** (BGBl. 2019 I S. 2602, Ziff. 28) wurden in Abs. 2 S. 2 und 4 geringfügige redaktionelle Änderungen aus Gründen der sprachlichen Vereinfachung (BT-Drs. 19/13827, 97) vorgenommen, in Abs. 3 Nr. 5 nach dem Wort „steht" das Komma und die Wörter „und die Angabe der mutmaßlich begangenen Vortat" gestrichen sowie dem Abs. 4 der Satz „Dies gilt unabhängig von der Art der Vortat der Geldwäsche und auch, wenn die Art der Vortat nicht feststeht." angefügt. Der **RefE** vom 20.5.2019, Ziff. 28, sah neben mehreren anderen Änderungen, die letztlich nicht

§ 35 Abschnitt 5. Zentralstelle für Finanztransaktionsuntersuchungen

übernommen wurden, auch noch einen neuen Abs. 11 vor, demzufolge die FIU bei der Datenübermittlung den Kommunikationskanal FIU.net oder vergleichbare gesicherte Kommunikationskanäle zu verwenden hätte. Bereits im Regierungsentwurf vom 29.7.2019 finden sich diese Anpassungen nicht mehr.

2   Hinsichtlich des Begriffs der **Übermittlung** kann auf die Ausführungen zu → § 29 Rn. 17 verwiesen werden.

II. Weiterleitung von Verdachtsmeldungen an zentrale Meldestellen anderer Staaten (Abs. 1)

3   Abs. 1 dient der Umsetzung von Art. 53 Abs. 1 UAbs. 3 der 4. EU-Geldwäscherichtlinie und dehnt den Anwendungsbereich auf den internationalen Informationsaustausch aus. Die Norm entspricht § 33 Abs. 1 S. 3, der den identischen Regelungsgehalt für die Weiterleitung an Mitgliedstaaten der EU aufweist.

4   Auf die Anmerkungen zur **Beschränkung auf Meldungen von Verpflichteten nach § 43 Abs. 1** und die Reichweite des Begriffs **„betrifft"** wird auf die Ausführungen unter → § 33 Rn. 8 ff. verwiesen. Der Hinweis auf die zu beachtende Zweckbindung, unter denen die Übermittlung der Informationen erfolgt, sollte mittels Bedingungen im Sinne des Völkerrechts sichergestellt werden (BT-Drs. 18/11555, 149).

III. Beantwortung von Ersuchen ausländischer zentraler Meldestellen (Abs. 2)

5   Abs. 2 regelt in seinem S. 1 abschließend die Fälle, in denen die Zentralstelle für Finanztransaktionsuntersuchungen einer zentralen Meldestelle eines anderen Staates auf deren Ersuchen personenbezogene Daten übermitteln darf, und unterscheidet dabei drei Fallkategorien:

6   **Nr. 1:** Die FIU darf einer zentralen Meldestelle eines anderen Staates auf deren Ersuchen personenbezogene Daten übermitteln, wenn die ersuchende ausländische zentrale Meldestelle die Daten für **eigene operative Analysen** benötigt (nicht für strategische Analysen, vgl. auch die im RefE des Gesetzes zur Umsetzung der Änderungsrichtlinie zur 4. EU-Geldwäscherichtlinie v. 20.5.2019, Ziff. 28a) aa), geplante und schließlich verworfene Streichung des Wortes „*operative*" in Abs. 2 S. 1). Dies setzt eine bei der ausländischen zentralen Meldestelle eingegangene Meldung voraus, die nicht zwingend die Meldung eines Verpflichteten sein muss, es können auch sonstige Meldungen von Aufsichtsbehörden, Finanzbehörden etc des ersuchenden Staates sein. Hinsichtlich der Qualität bzw. des Verfahrensstatus' der operativen Analyse des ersuchenden Staates (ob sich die operative Analyse noch in einem Stadium vor einem strafrechtlichen Ermittlungsverfahren befindet oder bereits Teil eines solchen ist), werden keine Anforderungen formuliert.

7   **Nr. 2:** Die gesetzgeberisch gemeinte Fallkonstellation der Nr. 2 ist schwer zu erfassen. Die größte Wahrscheinlichkeit dürfte für die Konstellation sprechen, dass eine andere zentrale Meldestelle die Zentralstelle für Finanztransaktionsuntersuchungen um **Durchführung von Sofortmaßnahmen** nach § 40 ersucht (vgl. auch § 40 Abs. 2). In einem solchen Fall hat die ausländische zentrale Meldestelle die Tatsachen darzulegen, dass sich der Vermögensgegenstand in Deutschland be-

findet und der Vermögensgegenstand im Zusammenhang mit einem Sachverhalt steht, der der zentralen Meldestelle des anderen Staates vorliegt. Die Begründung des Gesetzes zur Umsetzung der 4. EU-Geldwäscherichtlinie formuliert in den Ausführungen zu § 35 Abs. 2 S. 1 Nr. 2 unglücklich, wenn es dort heißt „*Darüber hinaus kann die Zentralstelle für Finanztransaktionsuntersuchungen nach Satz 1 Nummer 2 Daten zur Verfügung stellen, wenn die ersuchende zentrale Meldestelle diese Daten für eine Sofortmaßnahme nach § 40 benötigt.*" (BT-Drs. 18/11555, 149), da eine ausländische zentrale Meldestelle selbstredend in Deutschland keine Sofortmaßnahme nach § 40 treffen kann. Umgekehrt kann auch nicht der Fall gemeint sein, dass die ersuchende zentrale Meldestelle die Daten für eine eigene Sofortmaßnahme nach nationalem Recht benötigt, da eine Sofortmaßnahme im Ausland keinen Vermögensgegenstand in Deutschland erfassen kann. Besonders unklar wird die gemeinte Fallkonstellation aufgrund des Wortes „*beabsichtigt*", was unzweifelhaft einen Zeitpunkt vor der Durchführung von Sofortmaßnahmen bezeichnet. Damit wären lediglich noch Fälle von Nr. 2 erfasst, in denen ein ausländisches Ersuchen bei der Zentralstelle für Finanztransaktionsuntersuchungen eingeht, etwa weil von einem ausländischen Konto ein Betrag betrügerisch auf ein deutsches Konto eingegangen ist, der im Rahmen von Sofortmaßnahmen nach Wunsch der ausländischen zentralen Meldestelle zu sichern sei, die Zentralstelle für Finanztransaktionsuntersuchungen nach Prüfung den Sachverhalt bestätigen kann, aber noch keine Sofortmaßnahmen trifft, sondern diese lediglich beabsichtigt, und im Rahmen der Beantwortung des Auskunftsersuchens bereits personenbezogene Daten mitteilt. Dass derartige (unrealistische) Fallkonstellationen nicht gemeint sein können, dürfte auf der Hand liegen. De lege ferenda sollte überlegt werden, § 35 Abs. 2 S. 1 Nr. 2 umzuformulieren, dabei das Wort „*beabsichtigten*" zu streichen und nach „*§ 40*" die Worte „*Absatz 2*" einzufügen.

Eine Datenübermittlungsbefugnis für den **umgekehrten Fall,** dass die Zentralstelle für Finanztransaktionsuntersuchungen eine zentrale Meldestelle eines anderen Staates um Durchführung von Sofortmaßnahmen ersucht, ist von § 35 Abs. 2 S. 1 Nr. 2 nicht erfasst. Nach aktueller Gesetzeslage ist es der Zentralstelle für Finanztransaktionsuntersuchungen nicht möglich, eine zentrale Meldestelle eines anderen Staates um Durchführung von Sofortmaßnahmen zu ersuchen (vgl. auch die Anmerkungen unter → § 40 Rn. 5). **8**

Nr. 3: Nr. 3 regelt schließlich den Fall, dass die ausländische zentrale Meldestelle **9 für eine öffentliche Stelle in ihrem Land,** die der Verhinderung, Aufdeckung und Bekämpfung von Geldwäsche, ihrer Vortaten oder Terrorismusfinanzierung dient (zB eine Aufsichtsbehörde oder Strafverfolgungsbehörde), bei der Zentralstelle für Finanztransaktionsuntersuchungen um Informationen ersucht. Da in Nr. 3 explizit auch Vortaten der Geldwäsche genannt sind, ist der Kreis der öffentlichen Stellen, für die die ausländische zentrale Meldestelle anfragen und eine Antwort erwarten kann (sofern keine Hinderungsgründe nach den Abs. 7 und 8 vorliegen), letztlich sehr weit gefasst.

Um einem Auskunftsersuchen nachzukommen, kann die Zentralstelle für Finanztransaktionsuntersuchungen nach **S. 2** auf ihr vorliegende Informationen zurückgreifen und weitere Informationen einholen und verwenden. Sollten sich auch fremde Daten, die sie durch nationale oder internationale Abfragen von anderen Behörden erhalten hat, als relevant für das Auskunftsersuchen darstellen, so hat die Zentralstelle für Finanztransaktionsuntersuchungen vor einer Weitergabe der Daten im Rahmen des Auskunftsersuchens die Zustimmung der betroffenen Behörde einzuholen. Dies gilt ausweislich **S. 3** dann nicht, wenn die Informationen **10** auch öffentlich verfügbar waren oder der Zentralstelle für Finanztransaktionsuntersuchungen bei Erhalt der Daten oder später von der jeweiligen Behörde schon die Zustimmung zur weiteren Verwendung zu Zwecken der Verhinderung, Aufdeckung und Bekämpfung der Geldwäsche und Terrorismusbekämpfung gegeben wurde. Sind die benötigten Daten nicht bei der Zentralstelle für Finanztransaktionsuntersuchungen vorhanden, kann sie gemäß **S. 4** nach Maßgabe der §§ 28, 30 und 31 andere inländische öffentliche Stellen um Auskunft ersuchen oder von Verpflichteten Auskunft verlangen. Die Zentralstelle für Finanztransaktionsuntersuchungen hat ausländische Auskunftsersuchen gemäß **S. 5** in angemessener Zeit zu beantworten. Die Egmont-Group empfiehlt die Beantwortung innerhalb eines Monats; allerdings hat die EU-Kommission hier eine schnellere Beantwortung angemahnt (Bericht der Kommission an das Europäische Parlament und den Rat v. 24.7.2019 über die Bewertung des Rahmens für die Zusammenarbeit zwischen den zentralen Meldestellen für Geldwäsche-Verdachtsanzeigen (FIU), (COM (2019) 371 final), S. 9). Ein von der ersuchenden zentralen Meldestelle ausgewiesenes begründetes Eilbedürfnis ist zu beachten (BT-Drs. 18/11555, 149).

IV. Anforderungen an eingehende Ersuchen (Abs. 3)

11 Abs. 3 definiert die **Mindestanforderungen** an eingehende Ersuchen zur Übermittlung personenbezogener Daten und konkretisiert dabei Art. 53 Abs. 1 UAbs. 2 S. 1 der 4. EU-Geldwäscherichtlinie, dem gemäß in Ersuchen (mindestens) die relevanten Tatsachen, Hintergrundinformationen, Gründe für das Ersuchen und die beabsichtigte Verwendung der verlangten Informationen anzugeben sind. Die in Nr. 1–5 genannten Angaben werden von der Zentralstelle für Finanztransaktionsuntersuchungen benötigt, um prüfen können, ob eigene Interessen oder Datenschutzbelange einem Nachkommen des Ersuchens entgegenstehen können.

12 Gemäß **Nr. 1** sind zunächst die **Kontaktdaten der ersuchenden Behörde** anzugeben. Die Gesetzesbegründung (BT-Drs. 18/11555, 149) fasst unter die „*ersuchende Behörde*" die ausländische zentrale Meldestelle, was sich dem Gesetzestext nicht eindeutig entnehmen lässt. Sollte die ausländische zentrale Meldestelle das Ersuchen für eine andere Behörde stellen, so wird dies jedenfalls im Sachverhalt anzugeben sein, der nach Nr. 4 erforderlich ist.

13 Ausweislich **Nr. 2** ist das Auskunftsersuchen zu **begründen** und der **Verwendungszweck der ersuchten Daten anzugeben.** Dies dient auch dazu, der Zentralstelle für Finanztransaktionsuntersuchungen eine eigene datenschutzrechtliche Prüfung zu ermöglichen, um sicherzustellen, dass dem deutschen und europäischen Datenschutzmaßstab bei der Verwendung personenbezogener Daten entsprochen werden kann (BT-Drs. 18/11555, 149).

14 Sofern sich das Auskunftsersuchen auf eine bekannte Person bezieht, sind nach **Nr. 3** die erforderlichen **Einzelheiten zur Identität der betroffenen Person** anzugeben. Dies werden regelmäßig mindestens Name, Vorname(n), Geburtsdatum und -ort sein, um eine möglichst eindeutige Personenbestimmung zu ermöglichen. Die Angaben werden von der Zentralstelle für Finanztransaktionsuntersuchungen für die durchzuführenden Dateirecherchen benötigt, um die entsprechenden Informationen für die Beantwortung zu finden. Wenn die Gesetzesbegründung ergänzend anführt „*Darüber hinaus kann sie hierdurch auch feststellen, ob laufende Verfahren gegen die jeweilige Person national durchgeführt werden, die möglicherweise einer Datenübermittlung entgegenstehen können.*", so ist hierzu wiederum anzumerken, dass genau diese Feststellung der Zentralstelle für Finanztransaktionsuntersuchungen mangels Zugriffs auf die Vorgangsverwaltungssysteme der Länderpolizeien ohne manuelle Anfrage bei der jeweiligen Polizei des Wohnsitzbundeslandes nicht möglich ist (vgl. → Vor §§ 27–42 Rn. 19 ff.), eine Abfrage im Zentralen Staatsanwaltschaftlichen Verfahrensregister ist hier jedenfalls nicht ausreichend, um diese Feststellung treffen zu können, da bei der Polizei Verfahren laufen können, in die noch keine Staatsanwaltschaft eingebunden ist. Die Zentralstelle für Finanztransaktionsuntersuchungen kann von sich aus allenfalls feststellen, ob gegen die Person bereits eine Meldung nach § 30 Abs. 1 oder andere Auskunftsersuchen vorliegen.

Die gezielte Beantwortung eines Auskunftsersuchens und Bewertung der Relevanz vorliegender Informationen für dessen Beantwortung ist der Zentralstelle für Finanztransaktionsuntersuchungen nur möglich, wenn ihr – wie in **Nr. 4** vorgeschrieben – von der ersuchenden Stelle der dem Ersuchen **zugrundeliegende Sachverhalt** mitgeteilt wird. Die Angabe, wenn der Sachverhalt an eine andere Behörde weitergeleitet werden soll und an welche Behörde genau, ist wiederum für datenschutzrechtliche Prüfungen der Zentralstelle für Finanztransaktionsuntersuchungen erforderlich. 15

Um die Relevanz für die Zentralstelle für Finanztransaktionsuntersuchungen darzulegen, ist der **Zusammenhang des Sachverhalts zu Geldwäsche oder Terrorismusfinanzierung** von der ersuchenden zentralen Meldestelle gemäß **Nr. 5** aufzuzeigen. Durch das **Gesetz zur Umsetzung der Änderungsrichtlinie zur 4. EU-Geldwäscherichtlinie** (BGBl. 2019 I S. 2602, Ziff. 28) wurden zur Umsetzung von Art. 1 Nr. 33 a) der Änderungsrichtlinie, der Art. 53 Abs. 1 UAbs. 1 der 4. EU-Geldwäscherichtlinie ergänzt, die vormals in Abs. 3 Nr. 5 nach dem Wort „*steht*" enthaltenen Wörter „*und die Angabe der mutmaßlich begangenen Vortat*" gestrichen (dies entsprich hiesiger Position in der Vorauflage, da insbesondere angesichts der Erwägung 58 der 4. EU-Geldwäscherichtlinie, die auch mit den zentralen Meldestellen von Drittländern „*eine möglichst weitreichende grenzüberschreitende Zusammenarbeit*" fordert, hohe Anforderungen an die Vortatkonkretisierung in eingehenden Ersuchen zentraler Meldestellen von Drittländern nicht zu vertreten waren). Gemäß Nr. 5 tauschen die zentralen Meldestellen spontan oder auf Ersuchen sämtliche Informationen aus, die für die zentralen Meldestellen bei der Verarbeitung oder Auswertung von Informationen im Zusammenhang mit Geldwäsche oder Terrorismusfinanzierung und bezüglich der beteiligten natürlichen oder juristischen Personen von Belang sein können, selbst wenn zum Zeitpunkt des Austauschs die Art der Vortaten, die damit im Zusammenhang stehen können, nicht feststeht, und unabhängig von der Art dieser Vortaten (vgl. auch BT-Drs. 19/13827, 97). 16

V. Sonstige Datenübermittlungen an ausländische zentrale Meldestellen (Abs. 4)

Die Übermittlung personenbezogener Daten an Zentralstellen anderer Staaten war auch der vormaligen FIU des Bundeskriminalamts gemäß § 10 Abs. 3 S. 3 GwG idF bis zum 26.6.2017 möglich. Die **Kann-Vorschrift** des Abs. 4 ist in § 33 Abs. 1 S. 3 als Muss-Vorschrift gegenüber den Mitgliedstaaten der Europäischen Union ausgestaltet. Die Zentralstelle für Finanztransaktionsuntersuchungen kann von Amts wegen, dh auch ohne Ersuchen, einer ausländischen zentralen Meldestelle personenbezogene Daten übermitteln, wenn Tatsachen darauf hindeuten, 17 dass natürliche oder juristische Personen auf dem Hoheitsgebiet der ausländischen zentralen Meldestelle strafbare Geldwäschehandlungen oder Aktivitäten der Terrorismusfinanzierung begangen haben. Abs. 4 betrifft über den Abs. 1 hinausgehend die Fälle, in denen der Zentralstelle für Finanztransaktionsuntersuchungen im Rahmen ihrer Analyse und Datenauswertung Tatsachen bekannt werden, die einen Auslandsbezug von Geldwäsche oder Terrorismusfinanzierung aufweisen (BT-Drs. 18/11555, 150).

Durch das **Gesetz zur Umsetzung der Änderungsrichtlinie zur 4. EU-Geldwäscherichtlinie** (BGBl. 2019 I S. 2602, Ziff. 28) wurde Abs. 4 der Satz *„Dies gilt unabhängig von der Art der Vortat der Geldwäsche und auch, wenn die Art der Vortat nicht feststeht."* angefügt. Hierdurch wird ausweislich der Gesetzesbegründung (BT-Drs. 19/13827, 97) Art. 1 Nr. 33 a) der Änderungsrichtlinie zur 4. EU-Geldwäscherichtlinie umgesetzt, der Art. 53 Abs. 1 UAbs. 1 der 4. EU-Geldwäscherichtlinie ergänzt. Hierzu ist anzumerken, dass Art. 53 der 4. EU-Geldwäscherichtlinie die Datenübermittlung zwischen zentralen Meldestellend der Mitgliedstaaten regelt, nicht hingegen den Informationsaustausch mit zentralen Meldestellen aus Drittstaaten. Art. 1 Nr. 33 a) der Änderungsrichtlinie zur 4. EU-Geldwäscherichtlinie wird genau genommen durch die Ergänzung von § 33 Abs. 5 S. 1 umgesetzt (→ § 33 Rn. 23).

18 Im Gegensatz zu zahlreichen anderen Gesetzesstellen nennt Abs. 4 ausdrücklich **nur „Geldwäsche oder Terrorismusfinanzierung"** als Anknüpfungspunkte – Vortaten der Geldwäsche werden nicht erfasst. Ob es sich hier lediglich um ein gesetzgeberisches Versehen handelt, ist unklar. Es sind zweifellos auch diverse Fallkonstellationen vorstellbar, die eine Datenübermittlung der Zentralstelle für Finanztransaktionsuntersuchungen ex officio an eine zentrale Meldestelle eines anderen Staates erforderlich erscheinen lassen können, bspw. wenn im Rahmen der operativen Analyse Hinweise auf Verbrechen, die Beteiligung an organisierten kriminellen Vereinigungen, Drogenhandel etc bekannt werden. De lege ferenda könnte hier auch die Zulässigkeit der Übermittlung für gefahrenabwehrende Zwecke in Betracht gezogen werden.

VI. Datenschutzrechtliche Prüfpflicht (Abs. 5)

19 Abs. 5 stellt klar, dass der Zentralstelle für Finanztransaktionsuntersuchungen die datenschutzrechtliche Zulässigkeitsprüfung der Übermittlung personenbezogener Daten obliegt. Daraus folgt nicht nur das Recht, sondern die Verpflichtung, bei der Übermittlung von Daten an eine ausländische zentrale Meldestelle Einschränkungen und Auflagen für die Verwendung der übermittelten Daten festzulegen. Als derartige Einschränkungen und Auflagen kommen bspw. Restriktionen hinsichtlich der Weitergabe an sonstige Behörden in Betracht oder Zweckbindungen wie nur für oder nicht für die Verwendung in Strafverfahren oder ausschließlich für Strafverfahren wegen Geldwäsche oder Terrorismusfinanzierung.

VII. Verwertungsbeschränkungen (Abs. 6)

20 Abs. 6 ergänzt die Regelungen von Abs. 5 (insbesondere S. 2). Die empfangende zentrale Meldestelle ist ausdrücklich auf die Zweckbindung der übermittelten Daten hinzuweisen und auf das Erfordernis der vorherigen Zustimmung durch die

Zentralstelle für Finanztransaktionsuntersuchungen, wenn die Daten von der ersuchenden ausländischen zentralen Meldestelle an eine andere Behörde in dem Staat weitergeleitet werden sollen. Die Zentralstelle für Finanztransaktionsuntersuchungen kann ihre Einwilligung schon mit Übermittlung der personenbezogenen Daten geben, wobei der Zweck der Datenverwendung sowie die schutzwürdigen Interessen des Betroffenen zu beachten sind. S. 3 verweist auf die Regelungen der internationalen Zusammenarbeit in Strafsachen (Rechtshilfe), falls die übermittelten Informationen als Beweismittel in Strafverfahren verwendet werden sollen. Der Hinweis auf die zu beachtende Zweckbindung, unter denen die Übermittlung der Informationen erfolgt, sollte mittels Bedingungen im Sinne des Völkerrechts sichergestellt werden (BT-Drs. 18/11555, 150).

VIII. Hinderungsgründe für die Datenübermittlung (Abs. 7)

Abs. 7 listet in S. 1 drei Fallkonstellationen auf, in denen die Übermittlung personenbezogener Daten an eine ausländische zentrale Meldestelle zwingend unterbleiben muss. Das Interesse des ausländischen Staates an der Datenübermittlung ist in diesen Fällen als nachrangig einzustufen. 21

Nr. 1 betrifft den Fall, dass durch die Übermittlung die **innere oder äußere Sicherheit** oder andere **wesentliche Interessen der Bundesrepublik Deutschland** (zu den Begriffen vgl. → § 33 Rn. 18) **verletzt werden könnten.** Dies verlangt eine Prognoseentscheidung der Zentralstelle für Finanztransaktionsuntersuchungen und eine gewisse Wahrscheinlichkeit für die Verletzung der besonders schützenswerten Rechtsgüter. Im Vergleich zu § 33 Abs. 4 S. 1 Nr. 1 fällt die unterschiedliche Begrifflichkeit „*verletzt werden könnten*" im Gegensatz zu dort „*gefährdet werden könnten*" auf. Inwieweit es sich hier um eine bewusste Differenzierung seitens des Gesetzgebers handelt, lässt sich nicht mit Sicherheit feststellen. Da § 35 die Datenübermittlung im internationalen Kontext regelt und § 33 die Datenübermittlung mit Mitgliedstaaten der EU, wäre in § 35 eher eine niedrigere Schwelle für zwingende Hinderungsgründe für die Datenübermittlung zu erwarten, geht man von einem allgemein höheren rechtsstaatlichen Niveau innerhalb der Europäischen Union aus. An die Möglichkeit der Verletzung werden jedenfalls sehr niedrige Anforderungen zu stellen sein. 22

Besondere bundesgesetzliche Übermittlungsvorschriften nach **Nr. 2**, die der Übermittlung an die ersuchende ausländische zentrale Meldestelle entgegenstehen könnten, weil das Interesse des ausländischen Staates an der Datenübermittlung als nachrangig einzustufen ist, meint **spezialgesetzliche Verwendungsbeschränkungen** (BT-Drs. 18/11555, 150). (Vor der Verlagerung der FIU vom BKA zum Zoll waren derartige Verwendungsbeschränkungen für die polizeiliche FIU bspw. in § 27a BKAG aF oder in § 92b IRG enthalten.) 23

Nr. 3 erfasst schließlich **überwiegende schutzwürdige Interessen der betroffenen Person** gegenüber dem besonderen öffentlichen Interesse an der Datenübermittlung. Hier hat die Zentralstelle für Finanztransaktionsuntersuchungen eine Einzelfallprüfung vorzunehmen, bei der auch zu berücksichtigen ist, ob der Empfängerstaat über ein ausreichendes Datenschutzniveau verfügt bzw. ob der Empfängerstaat oder die empfangende ausländische Stelle den Schutz der übermittelten personenbezogenen Daten der betroffenen Person gewährleisten kann (S. 2 und 3). 24

Auch die Geltung der Scharia (mit Androhung von Strafen, die nicht mit Grundprinzipien deutschen Rechts in Einklang zu bringen sind) oder die Praktizierung der Todesstrafe können hier bspw. eine Datenübermittlung ausschließen.

25 Ob die Versagensgründe jeweils im Einzelfall greifen, ist von der Zentralstelle für Finanztransaktionsuntersuchungen zu prüfen. Ihr verbleibt hierbei ein Beurteilungsspielraum (BT-Drs. 18/11555, 150).

IX. Regelbeispiele für ein Unterbleiben der Datenübermittlung (Abs. 8)

26 Abs. 8 enthält **Regelbeispiele,** in denen die Übermittlung personenbezogener Daten verweigert werden soll (wenn die Gesetzesbegründung hier *„Absatz 2"* nennt (BT-Drs. 18/11555, 150), handelt es sich ersichtlich um einen redaktionellen Fehler). Die **Soll-Regelung** verdeutlicht, dass die Zentralstelle für Finanztransaktionsuntersuchungen hiervon im Ausnahmefall abweichen kann und auch in diesen Fällen Daten an eine ausländische zentrale Meldestelle übermitteln darf. Die Begründung für die Abweichung ist aktenkundig zu machen (BT-Drs. 18/11555, 150).

27 Die Zulässigkeit der Übermittlung personenbezogener Daten an eine andere ausländische Meldestelle gemäß **Nr. 1,** wenn dadurch **strafrechtliche Ermittlungen oder die Durchführung eines Gerichtsverfahrens behindert oder gefährdet** werden könnten, ist sehr kritisch zu sehen. De lege ferenda sollte eine Verlagerung des Regelbeispiels in Abs. 7 und damit eine Änderung als zwingenden Hinderungsgrund für die Datenübermittlung geprüft werden. Eine Rücksprache der Zentralstelle für Finanztransaktionsuntersuchungen mit der sachbearbeitenden Strafverfolgungsbehörde oder dem mit der Sache befassten Gericht ist jedenfalls dringend anzuraten.

28 **Nr. 2** beschreibt das **Prinzip der Gegenseitigkeit.** So soll die Zentralstelle für Finanztransaktionsuntersuchungen einem Auskunftsersuchen gleichsam nicht nachkommen, wenn anzunehmen ist, dass die ersuchende zentrale Meldestelle einem entsprechenden deutschen Auskunftsersuchen nicht nachkommen würde.

X. Darlegung der Ablehnungsgründe (Abs. 9)

29 Abs. 9 bestimmt die Zentralstelle für Finanztransaktionsuntersuchungen im Rahmen einer Soll-Vorschrift dazu, die Ablehnung der Beantwortung eines Auskunftsersuchens aus den in den Abs. 7 und 8 genannten Gründen gegenüber der ersuchenden zentralen Meldestelle angemessen zu begründen. Die Begründung ist damit der **Regelfall.** Nur in Ausnahmefällen kann die Begründung unterbleiben. Beim Begründungsumfang ist *„Augenmaß zu wahren, ohne Interessen der Bundesrepublik Deutschland zu tangieren"* (Gesetzesbegr. BT-Drs. 18/11555, 151).

30 Von einer Darlegung der Ablehnungsgründe sollte stets abgesehen werden, wenn sich die Ablehnung auf Abs. 8 Nr. 1 stützt, dh wenn eine Beantwortung des Ersuchens nicht in Frage kommt, weil dadurch **strafrechtliche Ermittlungen oder die Durchführung eines Gerichtsverfahrens behindert oder gefährdet** werden könnten. Abs. 9 enthält zwar keine vergleichbare Regelung wie § 33 Abs. 4 S. 2 Hs. 2, demzufolge eine Begründung für die Ablehnung unterbleibt soweit Ermittlungen hierdurch gefährdet werden könnten. Die Interessenlage ist indessen identisch: Stützt sich eine ablehnende Entscheidung auf Abs. 8 Nummer 1, so kann

eine *„angemessene Begründung"* unter Umständen zur Gefährdung der eigentlich „zu schützenden" strafrechtlichen Ermittlungen oder der Durchführung eines Gerichtsverfahrens beitragen. Sofern eine Weitergabe der Informationen durch die Strafverfolgungsbehörden oder das Gericht abgelehnt wird, dürfen der ersuchenden zentralen Meldestelle diese Gründe nicht „angemessen dargelegt" werden. In derartigen Fällen sind keine Gründe für die Ablehnung anzugeben.

Sollte die Zentralstelle für Finanztransaktionsuntersuchungen einem Ersuchen einer zentralen ausländischen Meldestelle **aus anderen Gründen** nicht entsprechen, insbesondere, wenn die in Abs. 3 benannten Mindestvoraussetzungen für ein Auskunftsersuchen nicht erfüllt sind, hat sie auch dies der ersuchenden zentralen Meldestelle mitzuteilen. Hierdurch wird die ersuchende ausländische Meldestelle auch in die Lage versetzt, fehlende Angaben nachzureichen. **31**

Die **Angemessenheit** der Darlegung hat sich am Einzelfall zu orientieren. Im Sinne einer *„möglichst weitreichende[n] grenzüberschreitende[n] Zusammenarbeit"* auch mit den zentralen Meldestellen von Drittländern (vgl. Erwägung 58 der 4. EU-Geldwäscherichtlinie) empfiehlt sich – abgesehen von den oben genannten Ablehnungsfällen nach Abs. 8 Nr. 1 – eine möglichst am Einzelfall orientierte und nachvollziehbare Darlegung der Ablehnungsgründe, anstelle von bloßen Textbausteinen, auch wenn die Gesetzesbegründung (BT-Drs. 18/11555, 151) eine „knappe" Mitteilung für ausreichend erachtet. **32**

XI. Dokumentation und Aufbewahrung (Abs. 10)

Abs. 10 verpflichtet die Zentralstelle für Finanztransaktionsuntersuchungen zur ausführlichen Dokumentation der Datenübermittlung an eine ausländische zentrale Meldestelle bzw. ihres Unterlassens. Aufzuzeichnen sind der Zeitpunkt der Datenübermittlung, die übermittelten Daten mit eventuellen Verwertungsbeschränkungen und Zweckbestimmungen sowie der Empfänger. Die Daten sind drei Jahre aufzubewahren und anschließend zu löschen (zu den Begriffen vgl. die Anm. unter → § 29 Rn. 14 und 18). Beginn des Fristlaufs ist das Datum, an welchem die Daten übermittelt wurden (BT-Drs. 18/11555, 151), nicht das Datum des Eingangs des ausländischen Ersuchens (auch wenn beide Daten regelmäßig zusammenfallen dürften). **33**

§ 36 Automatisierter Datenabgleich im europäischen Verbund

Die Zentralstelle für Finanztransaktionsuntersuchungen kann im Verbund mit zentralen Meldestellen anderer Mitgliedstaaten der Europäischen Union ein System zum verschlüsselten automatisierten Abgleich von dazu geeigneten Daten, die die nationalen zentralen Meldestellen im Rahmen ihrer Aufgabenerfüllung erhoben haben, einrichten und betreiben. Zweck dieses Systems ist es, Kenntnis davon zu erlangen, ob zu einer betreffenden Person bereits durch zentrale Meldestellen anderer Mitgliedstaaten der Europäischen Union eine Analyse nach § 30 durchgeführt wurde oder anderweitige Informationen zu dieser Person dort vorliegen.

§ 36 setzt **Art. 56 der 4. EU-Geldwäscherichtlinie** um, dessen Abs. 1 zufolge die Mitgliedstaaten zunächst allgemein vorschreiben sollen, dass die zentralen Mel- **1** destellen für Kontakte untereinander gesicherte Kommunikationskanäle nutzen und die Verwendung des FIU.net oder seines Nachfolgers nahelegen. Art. 56 Abs. 2 der 4. EU-Geldwäscherichtlinie verpflichtet die Mitgliedstaaten konkreter dafür Sorge zu tragen, dass die zentralen Meldestellen zu ihrer Aufgabenerfüllung moderne Technologien nutzen sollen, die es ihnen ermöglichen, ihre Daten mit denen anderer zentraler Meldestellen anonym und unter Gewährleistung eines vollständigen Schutzes personenbezogener Daten abzugleichen, um in anderen Mitgliedstaaten Personen von Interesse für die zentrale Meldestelle aufzuspüren und um zu ermitteln, welche Erträge diese Personen erzielen und über welche Mittel sie verfügen. Diese Bestimmung sollte durch eine bessere Nutzung der sog. ma3tch-Technologie, die als Funktion für das FIU.net entwickelt und dem System im April 2014 hinzugefügt wurde, technisch eingehalten werden. Diese Cross-Match-Funktion ermöglicht es den zentralen Meldestellen, automatisch entsprechende Verknüpfungen zu Informationen anderer zentraler Meldestellen zu finden (nach dem Prinzip „Treffer/kein Treffer"). Die noch nicht ausreichende Nutzung dieses Systems durch die zentralen Meldestellen wurde seitens der EU-Kommission in ihrem Bericht an das Europäische Parlament und den Rat vom 24.7.2019 über die Bewertung des Rahmens für die Zusammenarbeit zwischen den zentralen Meldestellen für Geldwäsche-Verdachtsanzeigen (FIU) (COM(2019) 371 final, S. 10) kritisiert.

2   **FIU.net**, an dem bereits die vormalige FIU des Bundeskriminalamts teilgenommen hatte, ist ein auf dem Ratsbeschluss vom 17.10.2000 über Vereinbarungen für eine Zusammenarbeit zwischen den zentralen Meldestellen der Mitgliedstaaten beim Austausch von Informationen (ABl. 2000 L 271, 4) basierendes, seit 2002 in Betrieb befindliches dezentrales IT-System, durch das der Datenaustausch zwischen den beteiligten zentralen Meldestellen der 28 EU-Mitgliedstaaten und Europol erleichtert werden soll. Es wurde bis 2015 von der Europäischen Kommission kofinanziert und ist seit dem 1.1.2016 in Europol integriert. Die Verpflichtung zum anonymen und unter Gewährleistung eines vollständigen Schutzes personenbezogener Daten erfolgenden Abgleich gemäß Art. 56 Abs. 2 der 4. EU-Geldwäscherichtlinie wird dadurch umgesetzt, dass im FIU.net lediglich ein Abgleich anonymisierter (in Hashwerte umgewandelter) Daten nach dem Hit-/No-Hit-Prinzip erfolgt und kein Abgleich der personenbezogenen Daten selbst (sog. „ma3tch-Filter", → Rn. 1). Vor-, Nachname und Geburtsdatum werden also vom datenbesitzenden Teilnehmer in einen alphanumerischen Wert (Fundstellendatensatz) umgerechnet. Die Teilnehmer am FIU.net gestatten sich gegenseitig zur Durchführung ihrer Analyse den Zugriff auf diese verschlüsselten Fundstellendatensätze mit dem Recht, diese automatisiert mittels eines Vergleichs der Datensätze abzurufen. Wird im Zuge eines automatisierten Abrufs eine Übereinstimmung eines übermittelten Fundstellendatensatzes mit einem in der Datei des empfangenden Teilnehmers am FIU.net gespeicherten Fundstellendatensatz festgestellt, so erhält die anfragende zentrale Meldestelle automatisiert die Information über das Vorliegen eines Treffers und das Land, in dem die Übereinstimmung festgestellt wurde. Damit kann sich die anfragende zentrale Meldestelle im Rahmen eines Ersuchens an die betreffende ausländische Meldestelle wenden und um Übermittlung von zu dem Betroffenen vorgehaltenen Informationen bitten (vgl. auch BT-Drs. 18/11555, 151).

Wiederholte technische Schwierigkeiten des veralteten FIU.net, das von mindestens der Hälfte der zentralen Meldestellen der Mitgliedstaaten genutzt wird, verdeutlichten in der Vergangenheit Modernisierungsbedarf (in der Praxis wurde daher zunehmend alternativ das Egmont Secure Web genutzt). In seinem Jahresbericht 2019 erklärte der Europäische Datenschutzbeauftragte die Administration von FIU.net durch Europol als richtlinienwidrig und verbot die Nutzung, setzte das Verbot jedoch aufgrund der Bedeutung für den Informationsaustausch im Bereich Geldwäsche- und Terrorismusfinanzierungsbekämpfung bis zum 19.12.2020 aus, um Zeit für eine Verlagerung auf eine andere Behörde einzuräumen (European Data Protection Supervisor, Annual Report 2019, S. 41). Das Monitum führte zunächst zu einer kurzfristigen Übernahme der Verwaltung von FIU.net durch die EU-Kommission (Mitteilung der Kommission zu einem Aktionsplan für eine umfassende Politik der Union zur Verhinderung von Geldwäsche und Terrorismusfinanzierung (2020/C 164/06, ABl. 2020 C 164, 21)). Durch Europol wird bereits an einem neuen System gearbeitet, welches das FIU.net ablösen wird (Bericht der Kommission an das Europäische Parlament und den Rat vom 24.7.2019 über die Bewertung des Rahmens für die Zusammenarbeit zwischen den zentralen Meldestellen für Geldwäsche-Verdachtsanzeigen (FIU) (COM(2019) 371 final, S. 17).

Zum Begriff der *„automatisierten Verarbeitung"* kann auf die Kommentierung unter → § 31 Rn. 7 verwiesen werden, hinsichtlich des Begriffs des *„Abgleichs"* vgl. die Ausführungen zu → § 29 Rn. 21.

3

§ 37 Berichtigung, Einschränkung der Verarbeitung und Löschung personenbezogener Daten aus automatisierter Verarbeitung und bei Speicherung in automatisierten Dateien

(1) Die Zentralstelle für Finanztransaktionsuntersuchungen berichtigt unrichtig gespeicherte personenbezogene Daten, die sie automatisiert verarbeitet.

(2) Die Zentralstelle für Finanztransaktionsuntersuchungen löscht gespeicherte personenbezogene Daten, wenn die Speicherung dieser Daten unzulässig ist oder die Kenntnis dieser Daten für die Aufgabenerfüllung nicht mehr erforderlich ist.

(3) An die Stelle einer Löschung tritt eine Einschränkung der Verarbeitung der gespeicherten personenbezogenen Daten, wenn
1. Anhaltspunkte vorliegen, dass durch die Löschung schutzwürdige Interessen eines Betroffenen beeinträchtigt würden,
2. die Daten für laufende Forschungsarbeiten benötigt werden oder
3. eine Löschung wegen der besonderen Art der Speicherung nur mit unverhältnismäßigem Aufwand möglich ist.

Der eingeschränkten Verarbeitung unterliegende Daten dürfen nur für den Zweck verarbeitet werden, für den die Löschung unterblieben ist. Sie dürfen auch verarbeitet werden, soweit dies zur Durchführung eines laufenden Strafverfahrens unerlässlich ist oder der Betroffene einer Verarbeitung zustimmt.

(4) Die Zentralstelle für Finanztransaktionsuntersuchungen prüft bei der Einzelfallbearbeitung und nach festgesetzten Fristen, ob gespeicherte personenbezogene Daten zu berichtigen, zu löschen oder in der Verarbeitung einzuschränken sind.

(5) Die Fristen beginnen mit dem Tag, an dem die Zentralstelle für Finanztransaktionsuntersuchungen die operative Analyse nach § 30 abgeschlossen hat.

(6) Die Zentralstelle für Finanztransaktionsuntersuchungen ergreift angemessene Maßnahmen, um zu gewährleisten, dass personenbezogene Daten, die unrichtig, unvollständig oder in der Verarbeitung eingeschränkt sind, nicht übermittelt werden. Zu diesem Zweck überprüft sie, soweit durchführbar, die Qualität der Daten vor ihrer Übermittlung. Bei jeder Übermittlung von personenbezogenen Daten fügt sie nach Möglichkeit Informationen bei, die es dem Empfänger gestatten, die Richtigkeit, die Vollständigkeit und die Zuverlässigkeit der personenbezogenen Daten zu beurteilen.

(7) Stellt die Zentralstelle für Finanztransaktionsuntersuchungen fest, dass sie unrichtige, zu löschende oder in der Verarbeitung einzuschränkende personenbezogene Daten übermittelt hat, so teilt sie dem Empfänger dieser Daten die Berichtigung, Löschung oder Einschränkung der Verarbeitung mit, wenn eine Mitteilung erforderlich ist, um schutzwürdige Interessen des Betroffenen zu wahren.

Literatur: *Ehmann/Selmayr*, Datenschutz-Grundverordnung, 2. Aufl. 2018, zit. *Bearbeiter* in Ehmann/Selmayr; *Simitis* (Hrsg.), Bundesdatenschutzgesetz, 8. Aufl. 2014, zit.: *Bearbeiter* in NK-BDSG; *Gola/Heckmann*, Bundesdatenschutzgesetz, 13. Aufl. 2019, zit. *Bearbeiter* in Gola/Heckmann; *Kühling/Buchner*, DS-GVO BDSG, 2. Aufl. 2018, zit. *Bearbeiter* in Kühling/Buchner

Übersicht

	Rn.
I. Allgemeines	1
II. Berichtigung unrichtig gespeicherter personenbezogener Daten (Abs. 1)	3
III. Löschung gespeicherter personenbezogener Daten (Abs. 2)	8
IV. Einschränkung der Verarbeitung der gespeicherten personenbezogenen Daten (Abs. 3)	11
V. Prüffristen bei der Datenaussonderung (Abs. 4 und 5)	18
VI. Datenschutzrechtliche Prüfung bei der Datenübermittlung (Abs. 6)	20
VII. Verfahren bei übermittelten unrichtigen, zu löschenden oder in der Verarbeitung einzuschränkenden personenbezogenen Daten (Abs. 7)	24

I. Allgemeines

1   Das **Recht auf informationelle Selbstbestimmung** gemäß Art. 2 Abs. 1 iVm Art. 1 Abs. 1 GG umfasst den Schutz des Einzelnen vor unbegrenzter Erhebung, Speicherung, Verwendung und Weitergabe seiner persönlichen Daten (BVerfGE 65, 1 (43)). Dieses Recht gilt jedoch nicht schrankenlos. Einschränkungen im überwiegenden Allgemeininteresse dürfen aufgrund einer gesetzlichen Grundlage vorgenommen werden, aus der sich die Voraussetzungen und der Umfang der Beschränkungen klar ergeben. Gemäß den Grundsätzen der Verarbeitung personenbezogener Daten müssen personenbezogene Daten sachlich richtig und erforderlichenfalls auf dem neuesten Stand sein; dabei sind alle angemessenen Maßnahmen zu treffen, damit personenbezogene Daten, die im Hinblick auf die Zwecke ihrer Verarbeitung unrichtig sind, unverzüglich gelöscht oder berichtigt werden (**Grundsatz der „Richtigkeit"**, vgl. Art. 5 Abs. 1 lit. d DS-GVO, § 47 Nr. 4 BDSG). Außerdem müssen personenbezogene Daten dem Zweck angemessen und erheblich sowie auf das für die Zwecke der Verarbeitung notwendige Maß beschränkt sein

Berichtigung, Einschränkung d. Verarbeitung u. Löschung von Daten **§ 37**

(„**Datenminimierung**", vgl. Art. 5 Abs. 1 lit. c DS-GVO). Sobald Daten zur Aufgabenerfüllung des Verarbeitenden nicht mehr benötigt werden, sind diese zu löschen.

Die §§ 37 und 38, die nach Art und Weise der Datenspeicherung unterscheiden, tragen diesen Grundsätzen Rechnung, indem hierin die notwendigen Vorkehrungen zur Sicherung der grundlegenden Rechte des Betroffenen auf Berichtung, Löschung und Verarbeitungsbeschränkung getroffen sind. Zudem hat die Zentralstelle für Finanztransaktionsuntersuchungen ein eigenes Interesse an der Verwendung richtiger und vollständiger Daten. Normadressatin der §§ 37 und 38 ist die Zentralstelle für Finanztransaktionsuntersuchungen. Allerdings folgen hieraus zugleich unabdingbare Rechte des Betroffenen auf Berichtigung, Löschung oder Verarbeitungsbeschränkung seiner personenbezogenen Daten (BT-Drs. 18/11555, 151).

§§ 37 und 38 übernehmen zu großen Teilen, aber nicht durchgängig, die daten- 2 schutzrechtlichen Vorschriften der §§ 58 und 74/75 des BDSG, die ihrerseits Art. 16 der Richtlinie (EU) 2016/680 umsetzen. Gemäß § 75 Abs. 1 BDSG hat **der Verantwortliche die** (unabhängig von der Geltendmachung des Betroffenenrechts durch die betroffene Person nach § 58 BDSG bestehende) **Pflicht** personenbezogene Daten zu berichtigen, wenn sie unrichtig sind und die Berichtigung einer Stelle, die Daten zuvor an ihn übermittelt hat, mitzuteilen. Der Verantwortliche hat personenbezogene Daten unverzüglich zu löschen, wenn ihre Verarbeitung unzulässig ist, sie zur Erfüllung einer rechtlichen Verpflichtung gelöscht werden müssen oder ihre Kenntnis für seine Aufgabenerfüllung nicht mehr erforderlich ist (§ 75 Abs. 2 BDSG). Umgekehrt hat auch **die betroffene Person das Recht,** von dem Verantwortlichen unverzüglich die Berichtigung sie betreffender unrichtiger Daten zu verlangen (§ 58 Abs. 1 S. 1 BDSG) bzw. die Löschung, wenn die Verarbeitung der sie betreffender Daten unzulässig ist, deren Kenntnis für die Aufgabenerfüllung nicht mehr erforderlich ist oder diese zur Erfüllung einer rechtlichen Verpflichtung gelöscht werden müssen (§ 58 Abs. 2 BDSG).

Anstatt die personenbezogenen Daten jeweils zu **löschen,** kann der Verantwortliche unter bestimmten Voraussetzungen deren **Verarbeitung einschränken** (vgl. Abs. 3 S. 1, der § 58 Abs. 3 S. 1 BDSG entspricht, auf den auch § 75 Abs. 3 S. 1 BDSG verweist).

II. Berichtigung unrichtig gespeicherter personenbezogener Daten (Abs. 1)

Abs. 1 beinhaltet die Pflicht der Zentralstelle für Finanztransaktionsuntersuchun- 3 gen (unabhängig von einem Antrag des Betroffenen) zur Berichtigung unrichtig gespeicherter personenbezogener Daten, die entweder automatisiert verarbeitet werden oder in automatisierten Dateien gespeichert sind. Er entspricht dem bereits einleitend genannten Grundsatz der Richtigkeit bei der Verarbeitung personenbezogener Daten gemäß Art. 5 Abs. 1 lit. d DS-GVO, §§ 47 Nr. 4, 58 Abs. 1 S. 1, 75 Abs. 1 S. 1 BDSG.

Zum Begriff der „*automatisierten Verarbeitung*" kann auf die Ausführungen zu 4 → § 31 Rn. 7 verwiesen werden.

Unrichtig sind Daten, wenn die Information, welche die einzelnen Angaben 5 über die persönlichen oder sachlichen Verhältnisse des Betroffenen vermittelt, nicht mit der Realität übereinstimmt (BVerwGE 120, 188 Rn. 11; ausführlich *Kamann/*

Braun in Ehmann/Selmayr DS-GVO Art. 16 Rn. 13 ff.). Nicht mehr aktuelle Daten müssen demgegenüber nicht unrichtig sein. Auch nicht (mehr) aktuelle Daten wie alte Meldeadressen, alte (Geburts-)Namen etc können bedeutsam und für die Aufgabenerfüllung erforderlich sein. Eine Berichtigung kommt hier nicht in Frage. Unrichtig sind Daten jedoch auch, wenn die durch sie vermittelte Information unvollständig ist (BVerwG NVwZ 2004, 626). Insbesondere im Fall von Aussagen oder Beurteilungen betrifft die **Frage der Richtigkeit der Daten** nicht den Inhalt der Aussage oder der Beurteilung, sondern die Tatsache, dass die Aussage oder Beurteilung so erfolgt ist (vgl. § 58 Abs. 1 S. 2 BDSG und Erwägungsgrund 47 der RL (EU) 2016/680; zu Tatsachen und Werturteilen vgl. *Mallmann* in NK-BDSG BDSG-alt § 20 Rn. 17 ff.). Die Berichtigung bezieht sich damit auf die betroffene Person betreffende Tatsachen und nicht etwa auf den Inhalt von Zeugenaussagen, polizeifachliche Bewertungen oÄ (vgl. auch die Gesetzesbegr. zum DSAnpUG-EU, BT-Drs. 18/11325, 114). § 37 enthält keine Regelung entsprechend § 38 Abs. 1 Nr. 2 für den Fall, dass die **Richtigkeit der Daten vom Betroffenen bestritten** wird und die Richtigkeit oder Unrichtigkeit nicht festgestellt werden kann (hierzu → Rn. 11). Gemäß § 58 Abs. 1 S. 3 BDSG tritt an die Stelle der Berichtigung eine Einschränkung der Verarbeitung, wenn die Richtigkeit oder Unrichtigkeit der Daten nicht festgestellt werden kann. Für das Bestreiten der Richtigkeit der beim Verantwortlichen verarbeiteten Daten durch die betroffene Person reicht die reine Behauptung der Unrichtigkeit nicht aus; vielmehr müssen die Zweifel an der Unrichtigkeit durch Beibringung geeigneter Tatsachen substantiiert werden (vgl. die Gesetzesbegr. zum DSAnpUG-EU, BT-Drs. 18/11325, 114).

6   Unabhängig für das Entstehen des Berichtigungsanspruches sind hierbei Zeitpunkt und Anlass der Unrichtigkeit (BT-Drs. 18/11555, 152).

7   Eine **Berichtigung** ist die Korrektur der unrichtig gespeicherten personenbezogenen Daten im Sinne eines inhaltlichen Umgestaltens (vgl. § 3 Abs. 4 Nr. 2 BDSG-alt) zu einem der Wahrheit entsprechenden Zustand.

III. Löschung gespeicherter personenbezogener Daten (Abs. 2)

8   Die Vorschrift regelt die Löschungspflicht bei unzulässiger Datenspeicherung oder wenn die Kenntnis dieser Daten für die Aufgabenerfüllung und ihre weitere Speicherung nicht mehr erforderlich ist. Die Norm entspricht § 75 Abs. 2 BDSG. Details zur Löschungsverpflichtung werden jeweils in der Errichtungsanordnung zu jeder Datei festgelegt. Nach §§ 37 Abs. 2–4 in Verbindung mit 39 Abs. 1 erfolgt eine automatische Datenlöschung bei der FIU grundsätzlich nach folgenden Fristen (vgl. BT-Drs. 19/2263, 8 f.):
- Übernommene Daten der vormaligen FIU des BKA sind mit Ablauf des 31.12.2020 automatisch zu löschen.
- Personenbezogene Daten aus Barmittelanmeldungen gemäß § 30 Abs. 1 Nr. 3 sind fünf Jahre nach Erfassung automatisch durch „goAML" zu löschen.
- Personenbezogene Daten, die durch die FIU nicht an andere zuständige Behörden nach § 32 Abs. 2 übermittelt wurden, sind drei Jahre nach Beendigung der operativen Analyse automatisch zu löschen.
- Personenbezogene Daten, die durch die FIU an zuständige Behörden gemäß § 32 Abs. 2 übermittelt wurden, sind fünf Jahre nach Beendigung der operativen Analyse automatisch zu löschen. Personenbezogene Daten, die gemäß § 32

Abs. 3 S. 2 durch die FIU von Amts wegen an zuständige inländische öffentliche Stellen übermittelt wurden, sind drei Jahre nach Beendigung der operativen Analyse automatisch zu löschen.
– Personenbezogene Daten, die der FIU im Rahmen eines inländischen Auskunftsersuchens gemäß § 32 Abs. 3 S. 1 übermittelt wurden, sind drei Jahre nach ihrer Übermittlung automatisch zu löschen.
– Personenbezogene Daten, die der FIU im Rahmen eines ausländischen Auskunftsersuchens übermittelt wurden (§§ 33, 34 GwG), sind drei Jahre nach ihrer Übermittlung automatisch zu löschen.

Löschen bedeutet das Unkenntlichmachen gespeicherter personenbezogener Daten (vgl. hierzu näher → § 29 Rn. 18). 9

Eine **unzulässige Datenspeicherung** liegt in allen Fällen vor, die nicht durch Rechtsnorm oder Einwilligung des Betroffenen gedeckt sind. Zeitlich ist auf die gegenwärtige Sach- und Rechtslage abzustellen (*Mallmann* in NK-BDSG BDSG-alt § 20 Rn. 39). Der **Wegfall der Erforderlichkeit** umfasst nach den datenschutzrechtlichen Grundsätzen die Situation, dass die Daten zur Aufgabenerledigung nicht, nicht vollständig oder nicht mehr erforderlich sind (BT-Drs. 18/11555, 152). Eine weitere Speicherung ist unzulässig, wenn nichts dafür spricht, dass die Eintragung in Zukunft noch praktische Bedeutung hat, und deshalb ausgeschlossen werden kann, dass die vorhandenen Daten die Arbeit der zuständigen Behörden noch fördern können (BVerwG NJW 1994, 2499). Gemäß dem Grundsatz der Datenminimierung ist die Verarbeitung personenbezogener Daten – und damit auch ihre Speicherung – auf das notwendige Maß zu beschränken (vgl. Art. 5 Abs. 1 lit. c DS-GVO, § 47 Nr. 3 BDSG). Eine Löschungsverpflichtung kann für die Zentralstelle für Finanztransaktionsuntersuchungen damit bestehen, wenn im Rahmen der Erstbewertung oder operativen Analyse der Verdacht auf Geldwäsche, Terrorismusfinanzierung oder eine sonstige Straftat ausgeräumt wurde. Die pauschale Überführung in einen Datenvorrat und Nutzung als Auswerte- und Recherchepool von für eine konkrete Aufgabe (oder zur Dokumentation) gespeicherten Daten wird die Grenzen des datenschutzrechtlich Zulässigen überschreiten. 10

IV. Einschränkung der Verarbeitung der gespeicherten personenbezogenen Daten (Abs. 3)

Statt einer Löschung ist bei Vorliegen einer der in Abs. 3 S. 1 genannten Voraussetzungen eine Einschränkung der Verarbeitung der gespeicherten personenbezogenen Daten vorzunehmen. Die Regelung schränkt das Recht der betroffenen Person auf Löschung und die damit korrespondierende Pflicht der Zentralstelle für Finanztransaktionsuntersuchungen ein. Sie entspricht § 58 Abs. 3 S. 1 BDSG. Eine § 58 Abs. 1 S. 3 BDSG entsprechende zusätzliche Pflicht zur Einschränkung der Verarbeitung gespeicherter personenbezogener Daten, wenn die **Richtigkeit der Daten von der betroffenen Person bestritten** wird und die Richtigkeit oder Unrichtigkeit der Daten nicht festgestellt werden kann, ist in § 37 nicht enthalten (ob es sich hierbei lediglich um ein redaktionelles Versehen handelt, insbes. da § 38 Abs. 1 Nr. 2 eine diesbezügliche Regelung enthält, lässt sich schwer feststellen). Diese Gründe sind vor einer endgültigen Löschung der Daten zwingend zu prüfen. Bei Vorliegen einer der drei Alternativen ist eine Löschung unzulässig. 11

Eine „*Einschränkung der Verarbeitung*" ist die Markierung gespeicherter personenbezogener Daten mit dem Ziel, ihre künftige Verarbeitung einzuschränken (vgl. 12

§ 37 Abschnitt 5. Zentralstelle für Finanztransaktionsuntersuchungen

§ 46 Nr. 3 BDSG, Art. 4 Nr. 3 DS-GVO; vgl. hierzu ausführlich die Anmerkungen unter → § 29 Rn. 18).

13 Eine Einschränkung der Verarbeitung ist gemäß Abs. 3 S. 1 **Nr. 1** vorgesehen, wenn Anhaltspunkte vorliegen, dass durch die Löschung **schutzwürdige Interessen eines Betroffenen** beeinträchtigt würden. Es muss diesbezüglich keine Gewissheit vorliegen, dass schutzwürdige Interessen eines Betroffenen beeinträchtigt werden, sondern lediglich die Möglichkeit der Beeinträchtigung bestehen. Der Begriff „*schutzwürdige Interessen*" ist weit zu verstehen. Wann Grund zur Annahme einer Beeinträchtigung schutzwürdiger Interessenbesteht, lässt sich nicht abstrakt-generell definieren. Vielmehr muss unter Berücksichtigung der Umstände des Einzelfalles geprüft werden, ob dem Betroffenen durch die Löschung Nachteile entstehen (*Mallmann* in NK-BDSG BDSG-alt § 20 Rn. 50). Schutzwürdige Interessen eines Betroffenen können bspw. in der Geltendmachung, Ausübung oder Verteidigung von Rechtsansprüchen bestehen (vgl. auch Art. 18 Abs. 2 DS-GVO). Eine Beeinträchtigung schutzwürdiger Interessen kann bestehen, wenn dem Betroffenen Beweismittel verloren zu gehen drohen. Im Zweifelsfall sollte beim Betroffenen angefragt werden, ob er mit der Löschung einverstanden ist (ebenso *Mallmann* in NK-BDSG BDSG-alt § 20 Rn. 50).

14 Abs. 3 S. 1 **Nr. 2** schreibt eine Einschränkung der Verarbeitung der gespeicherten personenbezogenen Daten anstelle der Löschung vor, wenn die Daten für **laufende Forschungsarbeiten** benötigt werden. Laufende Forschungsarbeiten können auch historischen Forschungszwecken dienen. Obgleich die DS-GVO weitergehend von „*Verarbeitung zu im öffentlichen Interesse liegenden Archivzwecken, zu wissenschaftlichen oder historischen Forschungszwecken und zu statistischen Zwecken*" spricht, beschränkt sich Abs. 3 S. 1 Nr. 2 lediglich auf laufende Forschungsarbeiten (vgl. Erwägungsgründe 50, 65, 156, 160 sowie Art. 89 DS-GVO).

15 Ist eine **Löschung wegen der besonderen Art der Speicherung nur mit unverhältnismäßigem Aufwand möglich,** ist gleichfalls eine Einschränkung der Verarbeitung der gespeicherten personenbezogenen Daten anstelle der Löschung vornehmen (Abs. 3 S. 1 **Nr. 3**). Die Möglichkeit, von der Löschung wegen unverhältnismäßigen Aufwands abzusehen (wobei nur auf den für die konkrete Löschung erforderlichen Aufwand, nicht auf die hierfür zu schaffenden organisatorischen und technischen Voraussetzungen abzustellen ist), ist dabei als **restriktiv auszulegende Ausnahmeregelung** (BT-Drs. 18/11325, 114, zum fast wortgleichen § 58 Abs. 3 Nr. 3 BDSG; *Nolte/Werkmeister* in Gola/Heckmann BDSG § 58 Rn. 17) anzusehen – die Voraussetzung ist im Falle automatisierter Verarbeitung in der Regel nicht gegeben (*Mallmann* in NK-BDSG BDSG-alt § 20 Rn. 53f.). Im Grundsatz sollte die bei Verantwortlichen zum Einsatz kommende IT-Infrastruktur darauf ausgelegt sein, eine Löschungsverpflichtung auch technisch nachvollziehen zu können (vgl. auch die Gesetzesbegr. zum DSAnpUG-EU, BT-Drs. 18/11325, 114, zum wortgleichen § 58 Abs. 3 S. 1 Nr. 3 BDSG). Die Regelung des § 37 Abs. 3 S. 1 Nr. 3 erscheint nicht nur fraglich, da befremdet, dass der Verantwortliche bei einer unrechtmäßigen Datenverarbeitung schutzwürdig sein und er sich auf einen unverhältnismäßig hohen Aufwand der Löschung wegen der von ihm selbst gewählten Art der Speicherung berufen können soll (vgl. auch die Gesetzesbegr. zum DSAnpUG-EU, BT-Drs. 18/11325, 105, zu § 35 Abs. 1 S. 3 BDSG, obgleich § 58 Abs. 3 S. 1 Nr. 3 BDSG eine dem § 37 Abs. 3 S. 1 Nr. 3 GwG identische Regelung enthält), es bestehen darüber hinaus **Zweifel an ihrer Vereinbarkeit mit Unionsrecht,** da die Vermeidung von Verwaltungsaufwand im Mittelpunkt steht (vgl. ua *Nolte/Werkmeister* in Gola/Heckmann BDSG § 58

Rn. 17f. mwN, und *Schwichtenberg* in Kühling/Buchner Rn. 7 zum fast wortgleichen § 58 Abs. 3 Nr. 3 BDSG).

S. 2 enthält in der Folge die Verwendungsbeschränkung der Daten, deren Verarbeitung eingeschränkt wurde, für genau den Zweck, für den die Verarbeitungsbeschränkung erfolgt und die Löschung unterblieben ist. S. 2 übernimmt die Regelung von § 58 Abs. 3 S. 2 BDSG. 16

Hiervon sieht S. 3 zwei Ausnahmen vor: Die der eingeschränkten Verarbeitung unterliegenden Daten dürfen zum einen auch verarbeitet werden, soweit dies zur **Durchführung eines laufenden Strafverfahrens** unerlässlich ist. Der genaue Gehalt des Begriffs „unerlässlich" ist hierbei nicht näher definiert. Unerlässlich bedeutet jedenfalls mehr als nur „erforderlich". Ein Verzicht auf die Verarbeitung der der eingeschränkten Verarbeitung unterliegenden Daten wird die Durchführung des laufenden Strafverfahrens insofern nicht nur gefährden, sondern (nahezu) unmöglich machen müssen. Die zweite Ausnahme betrifft die Fälle, in denen der Betroffene der anderweitigen Verarbeitung **zustimmt.** In dem Kontext ist festzustellen, dass Art. 18 Abs. 2 DS-GVO im Vergleich zu S. 3 weitergehende Verarbeitungsmöglichkeiten enthält: Demzufolge dürfen personenbezogene Daten – von ihrer Speicherung abgesehen – auch *„zur Geltendmachung, Ausübung oder Verteidigung von Rechtsansprüchen oder zum Schutz der Rechte einer anderen natürlichen oder juristischen Person oder aus Gründen eines wichtigen öffentlichen Interesses der Union oder eines Mitgliedstaats"* verarbeitet werden. 17

V. Prüffristen bei der Datenaussonderung (Abs. 4 und 5)

Abs. 4 bestimmt die Prüffristen für die Berichtigung, Löschung oder Verarbeitungseinschränkung der gespeicherten personenbezogenen Daten. Die Vorschrift entspricht § 75 Abs. 4 BDSG, der verlangt, dass der Verantwortliche (unbeschadet in Rechtsvorschriften festgesetzter Höchstspeicher- oder Löschfristen) für die Löschung von personenbezogenen Daten eine **regelmäßige Überprüfung** der Notwendigkeit ihrer Speicherung **oder angemessene Fristen** vorzusehen und durch verfahrensrechtliche Vorkehrungen sicherzustellen hat, dass diese Fristen eingehalten werden. Die Prüffristen können im Rahmen der Einzelsachverhaltsbearbeitung festgelegt werden, dürfen jedoch die in der Errichtungsanordnung festgelegten Prüffristen nicht überschreiten. Wurde im Rahmen der Einzelsachverhaltsbearbeitung keine gesonderte Prüffrist festgelegt, so bestimmt sich die Prüfung nach den in der Errichtungsanordnung genannten maximalen Prüffristen (vgl. BT-Drs. 18/11555, 152). 18

Abs. 5 regelt den Beginn der Prüffristen. Die Fristen beginnen demzufolge mit dem Tag, an dem die Zentralstelle für Finanztransaktionsuntersuchungen die operative Analyse nach § 30 Abs. 2 abgeschlossen hat (der Gesetzgeber ging hier ersichtlich davon aus, dass – entgegen der Realität – Meldungen stets den Prozess der operativen Analyse durchlaufen und nicht nach einer oberflächlichen Erstbewertung bereits in das Monitoring/den Informationspool genommen werden). Dies wird regelmäßig das Datum der Aufnahme ins Monitoring bzw. den Informationspool durch die Zentralstelle für Finanztransaktionsuntersuchungen oder der Übermittlung der Meldung einschließlich des Berichts zur operativen Analyse von der Zentralstelle für Finanztransaktionsuntersuchungen an die zuständige Strafverfolgungsbehörde nach § 32 Abs. 2 S. 1 (und ggf. den Bundesnachrichtendienst, § 32 Abs. 2 S. 2) oder sonstige inländische öffentliche Stelle nach § 32 Abs. 3 S. 2 sein. In den 19

Fällen, dass eine Verdachtsmeldung nach § 32 Abs. 1 unverzüglich an das Bundesamt für Verfassungsschutz übermittelt wurde, ist der Tag der Nachreichung des Ergebnisses der operativen Analyse sowie aller sachdienlichen Informationen (vgl. § 32 Abs. 2 S. 3) maßgeblich.

VI. Datenschutzrechtliche Prüfung bei der Datenübermittlung (Abs. 6)

20 Abs. 6 dient der Umsetzung von Art. 7 Abs. 2 der Richtlinie (EU) 2016/680 des Europäischen Parlaments und des Rates vom 27.4.2016 zum Schutz natürlicher Personen bei der Verarbeitung personenbezogener Daten durch die zuständigen Behörden zum Zweck der Verhütung, Ermittlung, Aufdeckung oder Verfolgung von Straftaten oder der Strafvollstreckung sowie zum freien Datenverkehr und zur Aufhebung des Rahmenbeschlusses 2008/977/JI des Rates (ABl. 2016 L 119, 89) (vgl. auch Erwägungsgrund 32) und übernimmt die Vorschrift in weiten Teilen wörtlich. Gleichfalls weitgehend identische Regelungen finden sich in § 74 BDSG.

21 Die Norm fordert in **S. 1** zunächst von der Zentralstelle für Finanztransaktionsuntersuchungen, dass sie angemessene Maßnahmen zu ergreifen hat, um eine Übermittlung personenbezogener Daten, die unrichtig, unvollständig oder in der Verarbeitung eingeschränkt sind, zu verhindern. Hinsichtlich des Begriffs der *„Unrichtigkeit"* kann auf die Ausführungen unter → Rn. 5 verwiesen werden. Sofern **unvollständige Daten** zur Vervollständigung unvollständiger Daten beim Empfänger übermittelt werden sollen, wird dies nicht als eine unzulässige Übermittlung unvollständiger Daten anzusehen sein (aus diesem Grund wurde in § 74 Abs. 1 BDSG auf die Aufnahme dieser Konstellation verzichtet, vgl. BT-Drs. 18/11325, 119). Zu **in der Verarbeitung eingeschränkten Daten** wird auf → Rn. 12 verwiesen. Zu den zu treffenden **angemessenen Maßnahmen** zur Verhinderung der Übermittlung personenbezogener Daten, die unrichtig, unvollständig oder in der Verarbeitung eingeschränkt sind, äußert sich die Gesetzesbegründung nicht (auch in der Begr. zum DSAnpUG-EU finden sich keine weiteren Erläuterungen). Allgemein datenschutzrechtlich gilt, dass sich technisch-organisatorische Maßnahmen des Verantwortlichen zum Datenschutz am Schutzbedarf der Daten orientieren und den jeweiligen Stand der Technik, Implementierungskosten, Art, Umfang, Umstände und Zwecke der Verarbeitung sowie Eintrittswahrscheinlichkeit und Schwere des Risikos für die Rechte und Freiheiten natürlicher Personen berücksichtigen müssen (vgl. Erwägungsgrund 83 der DS-GVO). Zum Begriff der *„Übermittlung"* vgl. → § 29 Rn. 17.

22 **S. 2** erlegt der Zentralstelle für Finanztransaktionsuntersuchungen des Weiteren die Pflicht auf, die Qualität der Daten vor der Übermittlung im Hinblick auf Richtigkeit, Vollständigkeit und auf Verarbeitungseinschränkungen zu prüfen, **soweit dies durchführbar ist.** Zur Einschränkung der Verpflichtung *„soweit durchführbar"* verhält sich die Gesetzesbegründung nicht. Eine Qualitätsüberprüfung der Daten wird jedenfalls nur durchzuführen sein, soweit dies mit angemessenem Aufwand möglich ist (was der Formulierung von § 74 Abs. 1 S. 2 BDSG entspricht).

23 Ausweislich **S. 3,** der § 74 Abs. 1 S. 3 BDSG entspricht, hat die Zentralstelle für Finanztransaktionsuntersuchungen bei jeder Übermittlung von personenbezogenen Daten nach Möglichkeit Informationen beizufügen, die es dem Empfänger gestatten, die Richtigkeit, die Vollständigkeit und die Zuverlässigkeit der personenbezogenen Daten zu beurteilen (auch den Aktualitätsgrad, vgl. Erwägungsgrund 32 der DS-GVO). Die Angabe von Hinweisen hinsichtlich Zweckbindungen und Verwertungsbeschränkungen ist von § 35 Abs. 6 erfasst. Gemäß § 46 Nr. 9 BDSG ist **Empfänger** „*eine natürliche oder juristische Person, Behörde, Einrichtung oder andere Stelle, der personenbezogene Daten offengelegt werden, unabhängig davon, ob es sich bei ihr um einen Dritten handelt oder nicht; Behörden, die im Rahmen eines bestimmten Untersuchungsauftrags nach dem Unionsrecht oder anderen Rechtsvorschriften personenbezogene Daten erhalten, gelten jedoch nicht als Empfänger; die Verarbeitung dieser Daten durch die genannten Behörden erfolgt im Einklang mit den geltenden Datenschutzvorschriften gemäß den Zwecken der Verarbeitung*".

Während S. 1 von personenbezogenen Daten spricht, die „*unrichtig, unvollständig oder in der Verarbeitung eingeschränkt sind*", bezieht sich S. 3 auf „*die Richtigkeit, die Vollständigkeit und die Zuverlässigkeit der personenbezogenen Daten*". Für die Ermöglichung der Prüfung der Zuverlässigkeit kann auch die Angabe der Quelle der Daten eine Rolle spielen, dh bspw. ob die personenbezogenen Daten aus öffentlichen Registern stammen oder aus womöglich unsicheren Zeugenaussagen.

VII. Verfahren bei übermittelten unrichtigen, zu löschenden oder in der Verarbeitung einzuschränkenden personenbezogenen Daten (Abs. 7)

Die Nachberichtspflicht nach Abs. 7, der § 58 Abs. 5 S. 2 und § 75 Abs. 3 S. 2 BDSG entspricht, stellt eine wichtige Ergänzung der Betroffenenrechte dar, durch die auch der Empfänger der Daten in die Lage versetzt werden soll, seinen Verpflichtungen aus §§ 58, 75 BDSG nachzukommen. Der Betroffene soll davor geschützt werden, dass falsche Daten über ihn weiterverarbeitet oder genutzt werden (*Mallmann* in NK-BDSG BDSG-alt § 20 Rn. 91, 93, dem § 58 BDSG entspricht). Abs. 7 setzt die **Vorgaben aus Art. 16 Abs. 5 der Richtlinie (EU) 2016/680** um, dem zufolge (in Fällen einer Berichtigung, Löschung oder Einschränkung der Verarbeitung personenbezogener Daten) der Verantwortliche die Empfänger, an welche die unrichtigen, zu löschenden oder in der Verarbeitung nicht eingeschränkten personenbezogenen Daten übermittelt wurden, in Kenntnis setzt und dass die Empfänger die ihrer Verantwortung unterliegenden personenbezogenen Daten entsprechend berichtigen, löschen oder deren Verarbeitung einschränken. Im Übrigen hat die Zentralstelle für Finanztransaktionsuntersuchungen von jeder weiteren Verbreitung unrichtiger Daten Abstand zu nehmen (vgl. auch Erwägungsgrund 47 der RL (EU) 2016/680). 24

Die Mitteilung an den Empfänger (zum Begriff vgl. → Rn. 23) der Daten hat dabei einschränkend nur dann zu erfolgen, wenn sie erforderlich ist, um schutzwürdige Interessen des Betroffenen zu wahren. Die (schutzwürdigen) Interessen sind im Rahmen einer Einzelfallprüfung festzustellen und abzuwägen. Regelmäßig wird im Falle übermittelter unrichtiger oder in der Verarbeitung eingeschränkter Daten wohl von einer Mitteilungspflicht auszugehen sein. 25

§ 38 Berichtigung, Einschränkung der Verarbeitung und Vernichtung personenbezogener Daten, die weder automatisiert verarbeitet werden noch in einer automatisierten Datei gespeichert sind

(1) Die Zentralstelle für Finanztransaktionsuntersuchungen hält in geeigneter Weise fest, wenn
1. sie feststellt, dass personenbezogene Daten, die weder automatisiert verarbeitet werden noch in einer automatisierten Datei gespeichert sind, unrichtig sind, oder
2. die Richtigkeit der personenbezogenen Daten, die weder automatisiert verarbeitet werden noch in einer automatisierten Datei gespeichert sind, von dem Betroffenen bestritten wird.

(2) Die Zentralstelle für Finanztransaktionsuntersuchungen schränkt die Verarbeitung personenbezogener Daten, die weder automatisiert verarbeitet werden noch in einer automatisierten Datei gespeichert sind, ein, wenn sie im Einzelfall feststellt, dass
1. ohne die Einschränkung der Verarbeitung schutzwürdige Interessen des Betroffenen beeinträchtigt würden und
2. die Daten für die Aufgabenerfüllung nicht mehr erforderlich sind.

Die personenbezogenen Daten sind auch dann in der Verarbeitung einzuschränken, wenn für sie eine Löschungsverpflichtung nach § 37 Absatz 2 besteht.

(3) Die Zentralstelle für Finanztransaktionsuntersuchungen vernichtet die Unterlagen mit personenbezogenen Daten entsprechend den Bestimmungen über die Aufbewahrung von Akten, wenn diese Unterlagen insgesamt zur Erfüllung der Aufgaben der Zentralstelle für Finanztransaktionsuntersuchungen nicht mehr erforderlich sind.

(4) Die Vernichtung unterbleibt, wenn
1. Anhaltspunkte vorliegen, dass anderenfalls schutzwürdige Interessen des Betroffenen beeinträchtigt würden, oder
2. die Daten für laufende Forschungsarbeiten benötigt werden.

In diesen Fällen schränkt die Zentralstelle für Finanztransaktionsuntersuchungen die Verarbeitung der Daten ein und versieht die Unterlagen mit einem Einschränkungsvermerk. Für die Einschränkung gilt § 37 Absatz 3 Satz 2 und 3 entsprechend.

(5) Anstelle der Vernichtung nach Absatz 3 Satz 1 sind die Unterlagen an das zuständige Archiv abzugeben, sofern diesen Unterlagen ein bleibender Wert nach § 3 des Bundesarchivgesetzes in der Fassung der Bekanntmachung vom 6. Januar 1988 (BGBl. I S. 62), das zuletzt durch das Gesetz vom 13. März 1992 (BGBl. I S. 506) geändert worden ist, in der jeweils geltenden Fassung zukommt.

(6) Für den Fall, dass unrichtige, zu löschende oder in der Verarbeitung einzuschränkende personenbezogene Daten übermittelt worden sind, gilt § 37 Absatz 7 entsprechend.

Literatur: *Simitis* (Hrsg.), Bundesdatenschutzgesetz, 8. Aufl. 2014, zit.: *Bearbeiter* in NK-BDSG

… Berichtigung, Einschränkung der Verarbeitung u. Vernichtung v. Daten § 38

Übersicht

	Rn.
I. Allgemeines	1
II. Dokumentationspflicht bei Feststellung unrichtiger Daten (Abs. 1)	3
III. Einschränkung der Verarbeitung personenbezogener Daten (Abs. 2)	4
IV. Pflicht zur Vernichtung von Unterlagen (Abs. 3 und 4)	6
V. Abgabe an das zuständige Archiv bei bleibendem Wert der Unterlagen (Abs. 5)	8
VI. Verfahren bei übermittelten unrichtigen, zu löschenden oder in der Verarbeitung einzuschränkenden personenbezogenen Daten (Abs. 6)	9

I. Allgemeines

§ 38 regelt die Berichtigung, Einschränkung der Verarbeitung und Vernichtung 1 personenbezogener Daten, die weder automatisiert verarbeitet noch in einer automatisierten Datei gespeichert sind. Die Norm betrifft damit insbesondere **Akten**. Eine derartige Sonderregelung ist erforderlich, um insbesondere der Funktion von Akten Rechnung zu tragen, den jeweiligen historischen Geschehensablauf wahrheitstreu zu dokumentieren (BVerwG NJW 1983, 2135). Die Gesetzesbegründung zu § 38 (BT-Drs. 18/11555, 153) enthält mehrere redaktionelle Fehler: Die Ausführungen „*Zu Absatz 1 und Absatz 2*" beziehen sich ausschließlich auf Abs. 1. Die Begründung „*Zu Absatz 3*" betreffen richtigerweise Abs. 2 und unter „*Zu Absatz 4*" gehören die Ausführungen zum angeblichen „*Absatz 4 Satz 1*" zu Abs. 3, wohingegen sich die Begründung zu „*Absatz 4 Satz 2*" auf Abs. 4. S. 1 und diejenige zu „*Absatz 4 Satz 3*" auf Abs. 4 S. 2 bezieht.

Zum Begriff der „*automatisierten Verarbeitung*" kann auf → § 31 Rn. 7 verwiesen werden. 2

II. Dokumentationspflicht bei Feststellung unrichtiger Daten (Abs. 1)

Abs. 1 übernimmt den Regelungsgehalt aus § 20 Abs. 1 S. 2 BDSG-alt (eine ent- 3 sprechende Vorschrift findet sich im novellierten BDSG nicht mehr) und enthält eine **Dokumentationspflicht** für die Zentralstelle für Finanztransaktionsuntersuchungen, wenn sie entweder selbst feststellt, dass personenbezogene Daten, die weder automatisiert verarbeitet werden noch in einer automatisierten Datei gespeichert sind, unrichtig sind, oder wenn dies von einem Betroffenen behauptet wird. Die Feststellung oder das Bestreiten ist in geeigneter Weise (bspw. durch entsprechende Markierung der Daten und/oder schriftlichen Vermerk) zu dokumentieren. Zum Bestreiten der Richtigkeit wird das Unvermögen der Zentralstelle für Finanztransaktionsuntersuchungen hinzukommen müssen, die Richtigkeit zu beweisen (damit entspricht die Fallkonstellation den sog. „non liquet"-Fällen iSv § 20 Abs. 4 BDSG-alt, hierzu ausführlich *Mallmann* in NK-BDSG BDSG-alt § 20 Rn. 55ff.). Im Hinblick auf den geltenden Grundsatz der Aktenvollständigkeit und Aktenklarheit ist eine Berichtigung in Form der Löschung nicht vorgesehen (BT-Drs. 18/11555, 152).

III. Einschränkung der Verarbeitung personenbezogener Daten (Abs. 2)

4   Abs. 2 **S. 1** entspricht § 20 Abs. 6 BDSG-alt (auch diese Vorschrift wurde im neuen BDSG nicht übernommen). Hiernach ist die Zentralstelle für Finanztransaktionsuntersuchungen verpflichtet, personenbezogene Daten, die weder automatisiert verarbeitet noch in einer nicht automatisierten Datei gespeichert sind, in ihrer Verarbeitung einzuschränken (zu sperren), wenn sie im Einzelfall (bei deren gelegentlicher Bearbeitung) feststellt, dass ohne die Sperrung schutzwürdige Interessen des Betroffenen beeinträchtigt würden und die Daten für die Erfüllung ihrer Aufgaben nach § 28 nicht mehr erforderlich sind. Zu den **Methoden der Einschränkung der Verarbeitung** personenbezogener Daten kann auf → § 38 Rn. 12 verwiesen werden.

5   Im Gegensatz zu personenbezogenen Daten aus automatisierter Verarbeitung und bei Speicherung in automatisierten Dateien, sind personenbezogene Daten, die weder automatisiert verarbeitet werden noch in einer automatisierten Datei gespeichert sind, auch im Falle einer unzulässigen Speicherung oder wenn die Kenntnis dieser Daten für die Aufgabenerfüllung nicht mehr erforderlich ist, gemäß **S. 2** nicht zu löschen, sondern lediglich in der Verarbeitung einzuschränken, was aus dem (wenn auch nur noch eingeschränkt geltenden, vgl. *Mallmann* in NK-BDSG BDSG-alt § 20 Rn. 33, 61) Grundsatz der Aktenvollständigkeit abgeleitet ist. Ein Löschungsanspruch kann sich allenfalls aus höherrangigem Recht bzw. allgemeinen Grundsätzen ergeben (*Mallmann* in NK-BDSG BDSG-alt § 20 Rn. 33, 61).

IV. Pflicht zur Vernichtung von Unterlagen (Abs. 3 und 4)

6   Gemäß **Abs. 3** hat die Zentralstelle für Finanztransaktionsuntersuchungen **Unterlagen mit personenbezogenen Daten zu vernichten,** wenn diese Unterlagen insgesamt zur Erfüllung ihrer Aufgaben nicht mehr erforderlich sind. Die Vernichtung selbst richtet sich nach untergesetzlichen Bestimmungen. Gemeint sind hiermit die Bestimmungen über die Aufbewahrung von Akten in der Bundesfinanzverwaltung (BT-Drs. 18/11555, 152). Im Gegensatz zu Abs. 2 S. 2 betrifft Abs. 3 die Unterlagen (Akten), in denen personenbezogene Daten gespeichert sind. Sind Teile hiervon nach wie vor zur Erfüllung einzelner Aufgaben erforderlich, ist eine Vernichtung der Unterlagen oder der restlichen Teile davon nicht vorgesehen.

7   **Abs. 4** regelt **zwei Ausnahmetatbestände** von der grundsätzlichen Vernichtungspflicht. Liegen Anhaltspunkte vor, dass im Falle einer Vernichtung **schutzwürdige Interessen des Betroffenen beeinträchtigt** würden (vgl. hierzu die Anm. unter → § 37 Rn. 13), oder dass die Daten **für laufende Forschungsarbeiten benötigt** werden, schränkt die Zentralstelle für Finanztransaktionsuntersuchungen die Verarbeitung der Daten ein, anstatt sie zu vernichten, und versieht die Unterlagen mit einem **Einschränkungsvermerk.** Durch den Verweis auf § 37 Abs. 3 S. 2 und 3 in S. 3 gilt wiederum, dass die der eingeschränkten Verarbeitung unterliegenden Daten nur für den Zweck verarbeitet werden dürfen, für den die Löschung unterblieben ist, es sei denn, ihre Verarbeitung ist zur Durchführung eines laufenden Strafverfahrens unerlässlich oder der Betroffene hat einer Verarbeitung zugestimmt.

V. Abgabe an das zuständige Archiv bei bleibendem Wert der Unterlagen (Abs. 5)

Gemäß Abs. 5 sind Unterlagen, denen ein bleibender Wert zukommt, nicht nach Abs. 3 S. 1 zu vernichten, sondern an das zuständige Archiv abzugeben. **Unterlagen von bleibendem Wert** sind ausweislich § 1 Nr. 10 Bundesarchivgesetz (BArchG, BGBl. 2017 I S. 410) Unterlagen, 8

a) denen insbesondere wegen ihrer politischen, rechtlichen, wirtschaftlichen, sozialen oder kulturellen Inhalte besondere Bedeutung zukommt
  aa) für die Erforschung und das Verständnis von Geschichte und Gegenwart, auch im Hinblick auf künftige Entwicklungen,
  bb) für die Sicherung berechtigter Interessen der Bürger und Bürgerinnen oder
  cc) für die Gesetzgebung, vollziehende Gewalt oder Rechtsprechung, oder
b) die nach einer Rechtsvorschrift oder Vereinbarung dauerhaft aufzubewahren sind.

Die Unterlagen sind dem Bundesarchiv anzubieten, das die Entscheidung, ob ein solcher bleibender Wert vorliegt, im Benehmen mit der Zentralstelle für Finanztransaktionsuntersuchungen trifft (vgl. § 3 Abs. 2 S. 1 Nr. 1 iVm S. 2 BArchG). Nur in besonders gelagerten Einzelfällen kann der Betroffene gegenüber dem jeweiligen Staatsarchiv die Vernichtung einer übergebenen Akte verlangen (vgl. hierzu VG Darmstadt NJW 2004, 1471).

VI. Verfahren bei übermittelten unrichtigen, zu löschenden oder in der Verarbeitung einzuschränkenden personenbezogenen Daten (Abs. 6)

Abs. 6 bestimmt die entsprechende Geltung von § 37 Abs. 7 für den Fall, dass unrichtige, zu löschende oder in der Verarbeitung einzuschränkende personenbezogene Daten in Akten übermittelt worden sind. Auf die Kommentierung dort kann verwiesen werden. 9

§ 39 Errichtungsanordnung

(1) **Die Zentralstelle für Finanztransaktionsuntersuchungen erlässt für jede automatisierte Datei mit personenbezogenen Daten, die sie zur Erfüllung ihrer Aufgaben führt, eine Errichtungsanordnung. Die Errichtungsanordnung bedarf der Zustimmung des Bundesministeriums der Finanzen. Vor Erlass einer Errichtungsanordnung ist die oder der Bundesbeauftragte für den Datenschutz und die Informationsfreiheit anzuhören.**

(2) **In der Errichtungsanordnung sind festzulegen:**
1. **die Bezeichnung der Datei,**
2. **die Rechtsgrundlage und Zweck der Verarbeitung,**
3. **der Personenkreis, über den Daten gespeichert werden,**
4. **die Art der zu speichernden personenbezogenen Daten,**
5. **die Arten der personenbezogenen Daten, die der Erschließung der Datei dienen,**

6. die Anlieferung oder Eingabe der zu speichernden Daten,
7. die Voraussetzungen, unter denen in der Datei gespeicherte personenbezogene Daten an welche Empfänger und in welchem Verfahren übermittelt werden,
8. die Fristen für die Überprüfung der gespeicherten Daten und die Dauer der Speicherung,
9. die Protokollierung.

Die Fristen für die Überprüfung der gespeicherten Daten dürfen fünf Jahre nicht überschreiten. Diese richten sich nach dem Zweck der Speicherung sowie nach Art und Bedeutung des Sachverhalts, wobei nach dem Zweck der Speicherung sowie nach Art und Bedeutung des Sachverhalts zu unterscheiden ist.

(3) Ist im Hinblick auf die Dringlichkeit der Aufgabenerfüllung der Zentralstelle für Finanztransaktionsuntersuchungen eine Mitwirkung der in Absatz 1 genannten Stellen nicht möglich, so kann die Generalzolldirektion eine Sofortanordnung treffen. Gleichzeitig unterrichtet die Generalzolldirektion das Bundesministerium der Finanzen und legt ihm die Sofortanordnung vor. Das Verfahren nach Absatz 1 ist unverzüglich nachzuholen.

(4) In angemessenen Abständen ist die Notwendigkeit der Weiterführung oder der Änderung der Errichtungsanordnung zu überprüfen.

Übersicht

	Rn.
I. Allgemeines	1
II. Pflicht zum Erlass von Errichtungsanordnungen; Zustimmungs- und Anhörungspflichten (Abs. 1)	3
III. Vorgaben für den Inhalt der Errichtungsanordnungen (Abs. 2)	5
IV. Kompetenz der Generalzolldirektion zur Sofortanordnung in eilbedürftigen Fällen (Abs. 3)	7
V. Turnusmäßige Prüfpflichten (Abs. 4)	8

I. Allgemeines

1 § 39 enthält die Verpflichtung für die Zentralstelle für Finanztransaktionsuntersuchungen, für jede automatisierte Datei mit personenbezogenen Daten, die sie zur Erfüllung ihrer Aufgabe führt, eine Errichtungsanordnung zu erlassen, und führt die Anforderungen hieran näher aus. Eine **Errichtungsanordnung** ist ein schriftliches Regelwerk, das für jede neu einzurichtende automatisierte Datei, die personenbezogene Daten enthält, erforderlich ist. In ihr sind verbindliche Verwaltungsvorschriften zur Dateinutzung enthalten. Jede Errichtungsanordnung enthält Angaben zu Zweck der Datei, Rechtsgrundlage, betroffenem Personenkreis, Art der zu speichernden Daten, Anlieferung bzw. Eingabe der Daten, Voraussetzung der Datenübermittlung, Speicherungsdauer und notwendigen technischen und organisatorischen Maßnahmen. Die Angaben dienen der internen und externen Datenschutzkontrolle.

2 Errichtungsanordnungen sind insbesondere in sicherheitssensiblen Bereichen **meist nicht öffentlich zugänglich,** da sie im Regelfall als Verschlusssachen mit dem Geheimhaltungsgrad „VS – Nur für den Dienstgebrauch" eingestuft sind.

Hintergrund für diese Einstufung ist der Umstand, dass bspw. Errichtungsanordnungen in polizeilichen Bereichen Informationen über polizeitaktische Belange enthalten, deren Preisgabe sich nachteilig auf die (kriminal-)polizeiliche Tätigkeit auswirken kann. Eine Veröffentlichung würde spezifische Informationen zu polizeitaktischen Belangen – insbesondere zur kriminalpolizeilichen Tätigkeit – einem nicht eingrenzbaren Personenkreis zugänglich machen. Dies kann für die wirksame Erfüllung der gesetzlichen Aufgaben der Polizei nachteilig sein, da deren Veröffentlichung zB Rückschlüsse auf die polizeiliche Arbeit zulassen würde und dadurch der Erfolg polizeilicher Maßnahmen beeinträchtigt werden könnte (vgl. Bay. Landtag, Drs. 17/9525, 2).

II. Pflicht zum Erlass von Errichtungsanordnungen; Zustimmungs- und Anhörungspflichten (Abs. 1)

Abs. 1 enthält die Verpflichtung für die Zentralstelle für Finanztransaktionsuntersuchungen, für jede automatisierte Datei mit personenbezogenen Daten, die sie selbst zur Erfüllung ihrer Aufgaben führt, eine Errichtungsanordnung zu erlassen. Vorgaben für den Inhalt der Errichtungsanordnungen enthält Abs. 2.

Jede Errichtungsanordnung, die die Zentralstelle für Finanztransaktionsuntersuchungen erlässt, bedarf der **Zustimmung des Bundesministeriums der Finanzen.** Vor Erlass einer Errichtungsanordnung ist die **Anhörung der oder des Bundesbeauftragten für den Datenschutz und die Informationsfreiheit** durchzuführen. Sie unterliegt auch fortwährend der Kontrolle durch den oder die Bundesbeauftragte für den Datenschutz und die Informationsfreiheit.

III. Vorgaben für den Inhalt der Errichtungsanordnungen (Abs. 2)

Abs. 2 enthält in S. 1 zunächst Vorgaben für den **Inhalt jeder Errichtungsanordnung.** In der Errichtungsanordnung sind demgemäß festzulegen:
1. die Bezeichnung der Datei,
2. die Rechtsgrundlage und den Zweck der Verarbeitung,
3. der Personenkreis, über den Daten gespeichert werden,
4. die Art der zu speichernden personenbezogenen Daten,
5. die Arten der personenbezogenen Daten, die der Erschließung der Datei dienen,
6. die Anlieferung oder Eingabe der zu speichernden Daten,
7. die Voraussetzungen, unter denen in der Datei gespeicherte personenbezogene Daten an welche Empfänger und in welchem Verfahren übermittelt werden,
8. die Fristen für die Überprüfung der gespeicherten Daten und die Dauer der Speicherung,
9. die Protokollierung.

Für die Protokollierung in automatisierten Verarbeitungssystemen schreibt § 76 BDSG vor, dass mindestens zu protokollieren sind die Erhebung, Veränderung, Abfrage, Offenlegung (einschließlich Übermittlung), Kombination und Löschung. Die Protokolle über Abfragen und Offenlegungen müssen es ermöglichen, die Begründung, das Datum und die Uhrzeit dieser Vorgänge und so weit wie möglich die

§ 40 Abschnitt 5. Zentralstelle für Finanztransaktionsuntersuchungen

Identität der Person, die die personenbezogenen Daten abgefragt oder offengelegt hat, und die Identität des Empfängers der Daten festzustellen.

6   In den **S. 2 und 3** werden die maximalen **Überprüfungsfristen** konkretisiert. Die Fristen für die Überprüfung der gespeicherten Daten dürfen fünf Jahre nicht überschreiten. Diese richten sich nach dem Zweck der Speicherung sowie nach Art und Bedeutung des Sachverhalts.

IV. Kompetenz der Generalzolldirektion zur Sofortanordnung in eilbedürftigen Fällen (Abs. 3)

7   Abs. 3 beinhaltet eine Sonderregelung für eilbedürftige Fälle. Die Generalzolldirektion, als übergeordnete Behörde der Zentralstelle für Finanztransaktionsuntersuchungen, kann demgemäß eine Sofortanordnung treffen, wenn die Einholung der Zustimmung des Bundesministeriums der Finanzen und die Anhörung der/des Bundesbeauftragten für den Datenschutz und die Informationsfreiheit aufgrund der Dringlichkeit der Aufgabenerfüllung der Zentralstelle für Finanztransaktionsuntersuchungen nicht möglich ist. Die Sofortanordnung ist dem Bundesministerium der Finanzen sofort vorzulegen. Die Zustimmung des Bundesministeriums der Finanzen und die Anhörung der/des Bundesbeauftragten für den Datenschutz und die Informationsfreiheit sind unverzüglich, dh ohne schuldhaftes Zögern, ein- bzw. nachzuholen.

V. Turnusmäßige Prüfpflichten (Abs. 4)

8   Abs. 4 trägt dem Grundsatz der Verhältnismäßigkeit Rechnung und verlangt eine turnusmäßige Überprüfung der Notwendigkeit der Weiterführung der Dateien sowie der Errichtungsanordnungen, ob sich hier Änderungsbedarf ergeben hat. Die Angemessenheit der zeitlichen Abstände der Prüfungen bestimmt sich dabei insbesondere aus dem Zweck der Verarbeitung und der Art der gespeicherten personenbezogenen Daten in der Errichtungsanordnung (BT-Drs. 18/11555, 154).

§ 40 Sofortmaßnahmen

(1) **Liegen der Zentralstelle für Finanztransaktionsuntersuchungen Anhaltspunkte dafür vor, dass eine Transaktion im Zusammenhang mit Geldwäsche steht oder der Terrorismusfinanzierung dient, oder erhält sie eine Meldung nach Artikel 23 Absatz 2 der Verordnung (EU) 2017/1509 des Rates vom 30. August 2017 über restriktive Maßnahmen gegen die Demokratische Volksrepublik Korea, so kann sie die Durchführung der Transaktion untersagen, um den Anhaltspunkten nachzugehen und die Transaktion zu analysieren. Außerdem kann sie unter den Voraussetzungen des Satzes 1**
1. **einem Verpflichteten nach § 2 Absatz 1 Nummer 1 bis 3 untersagen,**
    a) **Verfügungen von einem bei ihm geführten Konto oder Depot auszuführen und**
    b) **sonstige Finanztransaktionen durchzuführen,**

2. einen Verpflichteten nach § 2 Absatz 1 Nummer 1 anweisen, dem Vertragspartner und allen sonstigen Verfügungsberechtigten den Zugang zu einem Schließfach zu verweigern, oder
3. gegenüber einem Verpflichteten anderweitige Anordnungen in Bezug auf eine Transaktion treffen.

(2) Maßnahmen nach Absatz 1 können von der Zentralstelle für Finanztransaktionsuntersuchungen aufgrund des Ersuchens einer zentralen Meldestelle eines anderen Staates getroffen werden. Ein Ersuchen hat die Angaben entsprechend § 35 Abs. 3 zu enthalten. Die Zentralstelle für Finanztransaktionsuntersuchungen soll die Gründe für die Ablehnung eines Ersuchens angemessen darlegen.

(3) Maßnahmen nach Absatz 1 werden von der Zentralstelle für Finanztransaktionsuntersuchungen aufgehoben, sobald oder soweit die Voraussetzungen für die Maßnahmen nicht mehr vorliegen.

(4) Maßnahmen nach Absatz 1 enden
1. spätestens mit Ablauf eines Monats nach Anordnung der Maßnahmen durch die Zentralstelle für Finanztransaktionsuntersuchungen,
2. mit Ablauf des fünften Werktages nach Abgabe des Sachverhalts an die zuständige Strafverfolgungsbehörde, wobei der Samstag nicht als Werktag gilt, oder
3. zu einem früheren Zeitpunkt, wenn ein solcher von der Zentralstelle für Finanztransaktionsuntersuchungen festgelegt wurde.

(5) Die Zentralstelle für Finanztransaktionsuntersuchungen kann Vermögensgegenstände, die einer Maßnahme nach Absatz 1 Satz 2 unterliegen, auf Antrag der betroffenen Person oder einer nichtrechtsfähigen Personenvereinigung freigeben, soweit diese Vermögensgegenstände einem der folgenden Zwecke dienen:
1. der Deckung des notwendigen Lebensunterhalts der Person oder ihrer Familienmitglieder,
2. der Bezahlung von Versorgungsleistungen oder Unterhaltsleistungen oder
3. vergleichbaren Zwecken.

(6) Gegen Maßnahmen nach Absatz 1 kann der Verpflichtete oder ein anderer Beschwerter Widerspruch erheben. Der Widerspruch hat keine aufschiebende Wirkung.

Literatur: *Widmaier/Müller/Schlothauer*, Münchner Anwaltshandbuch Strafverteidigung, 2. Aufl. 2014, zit.: *Bearbeiter* in MAH Strafverteidigung; *Park*, Finanzermittlungen und vorläufiger Zugriff auf das Vermögen, StraFo 2002, 73 ff.

Übersicht

	Rn.
I. Allgemeines	1
II. Befugnis zur Anordnung von Sofortmaßnahmen (Abs. 1)	6
III. Sofortmaßnahmen aufgrund des Ersuchens einer zentralen Meldestelle eines anderen Staates (Abs. 2)	12
IV. Aufhebung von Sofortmaßnahmen (Abs. 3)	17
V. Dauer von Sofortmaßnahmen (Abs. 4)	21
VI. Freigabe von Vermögensgegenständen auf Antrag (Abs. 5)	25
VII. Rechtsmittel gegen Sofortmaßnahmen (Abs. 6)	30

§ 40 Abschnitt 5. Zentralstelle für Finanztransaktionsuntersuchungen

I. Allgemeines

1 § 40 enthält gegenüber der vormaligen Gesetzeslage vor dem 26.6.2017 neue Befugnisse für die FIU zur Ergreifung von Sofortmaßnahmen. Die Vorschrift setzt Art. 32 Abs. 7 der 4. EU-Geldwäscherichtlinie um und entspricht den grundsätzlichen Überzeugungen des Sicherheitsrats der Vereinten Nationen, der FATF sowie der Europäischen Kommission, die die Möglichkeit des Anhaltens verdächtiger Transaktionen als ein wichtiges Instrument bewerten, um Geldwäsche und Terrorismusfinanzierung effektiv bekämpfen zu können (vgl. auch BT-Drs. 18/11555, 154).

2 Im Falle eines **Verdachts,** dass eine Transaktion mit Geldwäsche oder Terrorismusfinanzierung zusammenhängt, oder wenn sie eine Meldung nach Art. 23 Abs. 2 der Verordnung (EU) 2017/1509 des Rates vom 30.8.2017 über restriktive Maßnahmen gegen die Demokratische Volksrepublik Korea erhält, soll die Zentralstelle für Finanztransaktionsuntersuchungen insbesondere – das wird der Regelfall sein – die Möglichkeit haben, die Durchführung der Transaktion auszusetzen oder endgültig zu untersagen. Damit wird verhindert, dass die inkriminierten Gelder dem staatlichen Einflussbereich durch Barabhebungen oder Überweisungen (ins Ausland) entzogen werden. An den Verdachtsgrad sind wiederum keine zu hohen Anforderungen zu stellen, insbesondere da die Zentralstelle für Finanztransaktionsuntersuchungen „*aufgrund der Eile schon mittels einer ersten Bewertung der bekannten Tatsachen handeln*" können soll/muss (Gesetzesbegr. BT-Drs. 18/11555, 154). Gleichwohl sind Sofortmaßnahmen, ohne dass tatsächliche Verdachtsmomente auf Geldwäsche oder Terrorismusfinanzierung vorliegen („ins Blaue hinein"), unzulässig. Es empfiehlt sich in jedem Fall eine interne Dokumentation, aufgrund welcher Verdachtsmomente und Tatsachen die Sofortmaßnahme angeordnet wurde, nicht zuletzt um retrograden Überprüfungen begegnen zu können.

2a Aufgrund der nicht unerheblichen möglichen Schäden beim Kunden oder Vertragspartner im Falle einer über längere Zeit untersagten Transaktionsdurchführung, Kontosperrung oÄ wird die Frage der **Haftung** für die Zentralstelle für Finanztransaktionsuntersuchungen (§ 48 findet hier keine Anwendung) sicherlich intensiv diskutiert werden, wenn sich der Verdacht im Nachhinein nicht bestätigt oder eine Aufhebung nach Abs. 3 nicht sofort angeordnet wurde, nachdem die Voraussetzungen für die Anordnung/Aufrechterhaltung weggefallen sind (auch wenn ein Schadensersatzanspruch aus Amtshaftung (§ 839 BGB, Art. 34 GG) ausscheiden dürfte, da insbesondere nicht jede schuldhaft unrichtige Amtsausübung einen Amtsmissbrauch darstellt (vgl. BGH VersR 1986, 1100 (1102) mwN); ebenso kommt eine staatliche Entschädigung nach dem Strafrechtsentschädigungsgesetz nicht in Betracht, da hierfür gemäß § 2 Abs. 1 StrEG ein Schaden aufgrund einer Strafverfolgungsmaßnahme erforderlich ist, wozu man Sofortmaßnahmen nach § 40 schwerlich zählen können wird). Ungeachtet dessen wird bisweilen alleine die Thematisierung von Amtshaftungsansprüchen von Anwälten bereits als geeignetes und wirksames Mittel gesehen, um Behörden zu einem angemessenen, zurückhaltenden und pflichtbewussten Vorgehen bei der Anordnung von Eingriffsmaßnahmen zu veranlassen (vgl. ua *Widmaier-Lammer* in MAH Strafverteidigung § 19 Rn. 81 mwN; ebenso *Park* StraFo 2002, 73 (77)).

3 Sofortmaßnahmen dienen ausschließlich dazu, *der Zentralstelle für Finanztransaktionsuntersuchungen* die erforderliche Zeit (bis zu einem Monat, vgl. Abs. 4 Nr. 1) einzuräumen, die sie benötigt, um ihre operative Analyse zu Ende zu führen

Sofortmaßnahmen **§ 40**

und ihre Ergebnisse ggf. der zuständigen Behörde zu übermitteln, die sodann weitere (insbesondere strafprozessuale vermögenssichernde) Maßnahmen ergreifen kann. Ausgehend von Art. 32 Abs. 7 S. 1 der 4. EU-Geldwäscherichtlinie, wo der Zweck von Sofortmaßnahmen klar beschrieben wird mit *„damit sie die Transaktion analysieren, dem Verdacht nachgehen und die Ergebnisse der Analyse an die zuständigen Behörden weitergeben kann."*, ist dieser Zweck auch unmittelbar dem Gesetzestext von Abs. 1 S. 1 zu entnehmen (*„um den Anhaltspunkten nachzugehen und die Transaktion zu analysieren"*), der für alle genannten Sofortmaßnahmen gilt. Sofortmaßnahmen bezwecken insofern keine Fristverlängerung für die Strafverfolgungsbehörden über die Frist nach § 46 Abs. 1 S. 1 Nr. 2 hinaus. Im Falle getroffener Sofortmaßnahmen gilt ohnehin durch die Regelung des Absatzes 4 Nr. 2 eine längere Frist bis zum Ablauf des fünften Werktages nach Übermittlung des Sachverhalts durch die Zentralstelle für Finanztransaktionsuntersuchungen.

Formvorschriften für die Anordnung von Sofortmaßnahmen sind in § 40 **4** nicht enthalten. Da es sich bei der Anordnung einer Sofortmaßnahme um einen behördlichen Verwaltungsakt handelt, findet die Vorschrift des **§ 37 VwVfG** Anwendung. Demzufolge muss eine Sofortmaßnahme inhaltlich bestimmt sein und kann schriftlich, elektronisch, mündlich oder in anderer Weise erlassen werden. Bei telefonischer Anordnung sollte auf Grund des Bedürfnisses der Dokumentation und Rechtssicherheit sowie um Missverständnissen vorzubeugen zeitnah im Anschluss eine schriftliche Anordnung erfolgen (hierzu § 41 Abs. 1, 2 und 5 VwVfG), die insbesondere auch eine Rechtsbehelfsbelehrung enthalten muss (§ 37 Abs. 6 VwVfG).

Ein **Ersuchen an die zentrale Meldestelle eines anderen Staates zwecks 5 Durchführung von Sofortmaßnahmen** ist von § 40 (wie auch von § 34) **nicht erfasst.** Ein solches ist – obgleich die Möglichkeit vom Willen des europäischen Gesetzgebers vorgesehen ist (vgl. Art. 32 Abs. 7 S. 2 der 4. EU-Geldwäscherichtlinie), was auch zur Schaffung des § 40 Abs. 2 geführt hat – nach aktueller Gesetzeslage nicht möglich. Es dürfte sich hier um ein gesetzgeberisches Versehen handeln, dass de lege ferenda dringend zu korrigieren ist.

Aufsichtsrechtlich gibt es **keine zeitlichen Vorgaben,** wie lange ein Verpflich- **5a** teter Zeit hat, eine von der Zentralstelle für Finanztransaktionsuntersuchungen zB per Fax zugestellte **Sofortmaßnahmeverfügung umzusetzen** (gleiches gilt für staatsanwaltschaftliche Pfändungsbeschlüsse). In den Auslegungs- und Anwendungshinweisen des BMF (Stand Mai 2020), finden sich auch keine Vorgaben, zu welchen Zeiten ein Geldwäschebeauftragter erreichbar sein muss. Vor diesem Hintergrund dürfte auf die normalen Geschäftszeiten des jeweiligen Verpflichteten, bei dem der Geldwäschebeauftragte tätig ist, abzustellen sein. In aller Regel wird sich eine Sofortmaßnahme jedoch an eine angehaltene Transaktion nach § 46 Abs. 1 innerhalb der Frist der dortigen Nr. 2 anschließen, so dass die Sofortmaßnahme lediglich eine Fortsetzung der Anhaltung der Transaktion bedeuten wird.

Die Zentralstelle für Finanztransaktionsuntersuchungen zeigt sich bislang mit der **5b Anordnung von Sofortmaßnahmen sehr zurückhaltend.** Ausweislich des FIU-Jahresberichts 2017 (S. 19) wurden von ihr in 2017 lediglich in elf Fällen Sofortmaßnahmen getroffen, in 2018 nur 18 (FIU-Jahresbericht 2018, S. 20; ausweislich BT-Drs. 19/2263, 3, seit Arbeitsaufnahme der FIU bis zum 30.4.2018 in 29 Fällen, was bedeuten würde, dass in 2018 ab dem 1.5. keine Sofortmaßnahme mehr getroffen wurde; ausweislich der Antwort der BReg in BT-Drs. 19/9326, 9, wurden in 2018 hingegen nur 13 Sofortmaßnahmen getroffen (davon 5 vom 1.1.2018 bis zum 29.7.2018, BT-Drs. 19/3818, 3) – in 5 Fällen gemäß § 40 Abs. 1 S. 2 Nr. 1a, in 8 Fällen nach § 40 Abs. 1 S. 2 Nr. 1b). Die anhaltend geringe Zahl ist

§ 40   Abschnitt 5. Zentralstelle für Finanztransaktionsuntersuchungen

nicht nur angesichts der eingangs (vgl. → Rn. 1) zitierten großen Erwartungen und Versprechen zu kritisieren. Insbesondere für die Strafverfolgungsbehörden haben Sofortmaßnahmen den Vorteil, dass über strafprozessuale Sicherungsmaßnahmen nicht innerhalb der Frist des § 46 Abs. 1 Nr. 2 zu entscheiden ist, die bei Weiterleitung der Meldung von der FIU an die Strafverfolgungsbehörde bereits abgelaufen sein kann oder kurz vor Ablauf stehen kann, sondern die verlängerte 5-Tages-Frist des § 40 Abs. 4 Nr. 2 gilt.

5c   Eine Zuständigkeitskollision zwischen der Zentralstelle für Finanztransaktionsuntersuchungen (§ 40 GwG) und der **BaFin (§ 6a KWG)** besteht nicht (vgl. auch BT-Drs. 19/3818, 4f.). Liegen Tatsachen vor, die darauf schließen lassen, dass von einem Institut angenommene Einlagen, sonstige dem Institut anvertraute Vermögenswerte oder eine Finanztransaktion der Terrorismusfinanzierung nach § 89c StGB oder der Finanzierung einer terroristischen Vereinigung nach § 129a, auch in Verbindung mit § 129b StGB dienen oder im Falle der Durchführung einer Finanztransaktion dienen würden, kann die BaFin gemäß § 6a KWG der Geschäftsführung des Instituts Anweisungen erteilen, dem Institut Verfügungen von einem bei ihm geführten Konto oder Depot untersagen oder dem Institut die Durchführung von sonstigen Finanztransaktionen untersagen.

5d   In der Mitteilung der Kommission zu einem Aktionsplan für eine umfassende Politik der Union zur Verhinderung von Geldwäsche und Terrorismusfinanzierung (2020/C 164/06, ABl. 2020 C 164, 21) erwägt die Kommission, Bestimmungen in Erwägung zu ziehen, *„die den zentralen Meldestellen Verwaltungsmaßnahmen zum Einfrieren von Vermögenswerten erleichtern"* (ABl. 2020 C 164, 25). Wie genau diese aussehen könnten, wird indessen nicht ausgeführt.

II. Befugnis zur Anordnung von Sofortmaßnahmen (Abs. 1)

6   Abs. 1 setzt **Art. 32 Abs. 7 S. 1 der 4. EU-Geldwäscherichtlinie** um, der für die zentralen Meldestellen der Mitgliedstaaten vorschreibt, dass diese befugt sein müssen, im Falle des Verdachts, dass eine Transaktion mit Geldwäsche oder Terrorismusfinanzierung zusammenhängt, unmittelbar oder mittelbar Sofortmaßnahmen zu ergreifen, um die Zustimmung zu einer laufenden Transaktion zu versagen oder auszusetzen, damit sie die Transaktion analysieren, dem Verdacht nachgehen und die Ergebnisse der Analyse an die zuständigen Behörden weitergeben kann.

7   **S. 1** ermächtigt die Zentralstelle für Finanztransaktionsuntersuchungen zunächst, die **Durchführung von Transaktionen zu untersagen,** bei denen sie **Anhaltspunkte für Geldwäsche oder Terrorismusfinanzierung** erkennt. Sofortmaßnahmen werden meist in Fällen in Betracht kommen, in welchen die Transaktion vom Verpflichteten bereits gemäß § 46 Abs. 1 S. 1 angehalten wurde. Soweit die Gesetzesbegründung zu Abs. 1 ausführt *„Satz 1 ermächtigt die Zentralstelle für Finanztransaktionsuntersuchungen, Transaktionen, bei denen sie Indizien für Geldwäsche oder Terrorismusfinanzierung erkennt, anzuhalten"* (BT-Drs. 18/11555, 154), ist dies zumindest missverständlich formuliert. Eine selbstständige Anhaltung von Transaktionen ist der Zentralstelle für Finanztransaktionsuntersuchungen selbstredend nicht möglich – hierfür wäre ein direkter Zugriff bspw. bei Kreditinstituten auf deren EDV-Systeme erforderlich. Möglich ist allenfalls die Untersagung der Durchführung einer seitens des Verpflichteten angehaltenen oder einer diesem zunächst angetragenen Transaktion. Auch Art. 32 Abs. 7 S. 1 der 4. EU-Geldwäscherichtlinie spricht von der Versagung oder Aussetzung der Zustimmung zu einer

Sofortmaßnahmen **§ 40**

"laufenden" Transaktion. Die Untersagung einer bereits laufenden Transaktion (zB Untersagung einer aktuell „laufenden" Überweisung ins Ausland) ohne Zugriff auf die diese Transaktion technisch vollziehenden Systeme ist nicht möglich.

Obgleich die Zentralstelle für Finanztransaktionsuntersuchungen gemäß § 30 **8** Abs. 2 Meldungen nach den §§ 43 und 44 sowie die Mitteilungen nach § 31b AO analysiert, um zu prüfen, ob der gemeldete Sachverhalt im Zusammenhang mit Geldwäsche, mit Terrorismusfinanzierung *oder mit einer sonstigen Straftat* steht, ermöglicht Abs. 1 nach seinem Wortlaut Sofortmaßnahmen lediglich bei **Indizien auf Geldwäsche und Terrorismusfinanzierung,** nicht hingegen bei Anhaltspunkten auf sonstige Straftaten (mit Ausnahme der in Alternative 2 genannten Fälle der Proliferation, → Rn. 8a). Erkennt die Zentralstelle für Finanztransaktionsuntersuchungen mithin bei ihrer operativen Analyse eines gemeldeten Sachverhalts lediglich Anhaltspunkte für sonstige Straftaten, sind ihr Sofortmaßnahmen nach dem Gesetzeswortlaut verwehrt (bei Hinweisen auf Vortaten des § 261 StGB können hingegen je nach Sachverhalt zugleich Anhaltspunkte für Geldwäsche vorliegen, was wiederum Sofortmaßnahmen ermöglichen kann). Ihr bliebe nur die unverzügliche Übermittlung des Sachverhalts an die zuständige Strafverfolgungsbehörde, die sodann schnellstmöglich eigene (strafprozessuale oder präventivpolizeiliche) Maßnahmen zur Vermögenssicherung prüfen muss. In dieser zeitlichen Zwischenphase kann es – quasi unter den Augen staatlicher Behörden – zu (irreversiblen) Vermögensverschiebungen kommen. In der Praxis können in vielen Fällen (auch bei Transaktionen, die im Rahmen von § 46 Abs. 1 vom Verpflichteten angehalten/nicht durchgeführt werden) noch weder Geldwäsche noch Terrorismusfinanzierung begründet werden, sondern ist eine verdächtige Transaktion erst dem Grunddelikt (bspw. Betrug) zuzuordnen (vgl. zur Problematik des Beginns der Geldwäschestrafbarkeit bei Phishing/Finanzagenten auch OLG Karlsruhe NStZ 2009, 269). Ob es sich bei der Formulierung in § 40 Abs. 1 S. 1 um eine bewusste gesetzgeberische Entscheidung handelt oder ein redaktionelles Versehen vorliegt, lässt sich nicht mit Sicherheit klären. De lege ferenda wäre jedenfalls eine Erstreckung der Möglichkeit von Sofortmaßnahmen generell auf Fälle zu wünschen, in denen der Zentralstelle für Finanztransaktionsuntersuchungen Anhaltspunkte auf Straftaten bekannt werden, oder zumindest eine Klarstellung zum Vorliegen von Anhaltspunkten auf Vortaten der Geldwäsche. Hier können im Kontext des staatlichen Auftrages der Verhinderung strafrechtswidriger Vermögensverschiebungen (vgl. BGH NJW 1996, 2373, wenngleich in Zusammenhang mit staatsanwaltschaftlichen Sicherungsmaßnahmen) auch die Aussagen des BVerfG in seiner Entscheidung vom 14.1.2004 (2 BvR 564/95, BeckRS 2004, 22094) in die Überlegungen mit einbezogen werden, demzufolge der Bevölkerung zu vermitteln sei, *„der Staat unternehme alles ihm rechtsstaatlich Mögliche, um eine Nutznießung von Verbrechensgewinnen zu unterbinden".* Eine Beschränkung von Sofortmaßnahmen wie sie aktuell in Abs. 1 vorgeschrieben ist, vermittelt jedenfalls nicht den Eindruck, der Staat unternehme alles ihm rechtsstaatlich Mögliche, um eine Nutznießung von Verbrechensgewinnen zu unterbinden.

Durch das **Gesetz zur Umsetzung der Änderungsrichtlinie zur 4. EU-** **8a** **Geldwäscherichtlinie** (BGBl. 2019 I S. 2602, Ziff. 29) wurden nach dem Wort *„dient"* ein Komma und die Wörter *„oder erhält sie eine Meldung nach Artikel 23 Absatz 2 der Verordnung (EU) 2017/1509 des Rates vom 30. August 2017 über restriktive Maßnahmen gegen die Demokratische Volksrepublik Korea"* eingefügt. Nach Art. 23 Abs. 2 der VO (EU) 2017/1509 des Rates vom 30.8.2017 über restriktive Maßnahmen gegen die Demokratische Volksrepublik Korea (DPRK-VO) erhält die Zentralstelle für Finanztransaktionsuntersuchungen Verdachtsmeldungen in Bezug auf

§ 40 Abschnitt 5. Zentralstelle für Finanztransaktionsuntersuchungen

Transaktionen, die der Beschaffung einer „proliferationsrelevanten Ware" dienen. Art. 23 Abs. 1 g) DPRK-VO verpflichtet die Kredit- und Finanzinstitute bei Grund zur Annahme, dass Transaktionen einen Bezug zur Proliferationsfinanzierung aufweisen könnten, die Transaktion so lange nicht durchzuführen, bis die vorgeschriebene Maßnahme nach Art. 23 Abs. 1 e) abgeschlossen ist und etwaige Anweisungen der FIU dem nicht widersprechen. Durch die Ergänzung der Bezugnahme auf die DPRK-VO in § 40 Abs. 1 S. 1 wird klargestellt, dass *„etwaige Anweisungen der FIU"* somit auch Sofortmaßnahmen iSd Art. 23 Abs. 1 g) DPRK-VO umfassen und, dass die FIU auf den Eingang solcher proliferationsrelevanten Verdachtsmeldungen hin insbesondere die Durchführung von Transaktionen nach § 40 Abs. 1 S. 1 untersagen kann, um den Anhaltspunkten nachzugehen und die Transaktion zu analysieren. Darüber hinaus stehen ihr unter den Voraussetzungen des § 40 Abs. 1 S. 1 auch die Maßnahmen nach § 40 Abs. 1 S. 2 zur Verfügung (BT-Drs. 19/13827, 97 f.).

9 In Situationen, bei denen Sofortmaßnahmen wie die Untersagung der Durchführung einer Transaktion in Betracht kommen, steht die Zentralstelle für Finanztransaktionsuntersuchungen in aller Regel unter Zeitdruck und muss oft auf lückenhafter Informationsbasis zeitnah eine Entscheidung treffen. Sie ist nicht verpflichtet, erst eine operative Analyse nach § 30 Abs. 2 durchzuführen, sondern kann aufgrund der gebotenen Eile schon **nach einer ersten Bewertung** der bekannten Tatsachen handeln (BT-Drs. 18/11555, 154). Zum erforderlichen Verdachtsgrad vgl. die Anmerkungen unter → Rn. 2.

10 **S. 2** enthält ergänzend zur Möglichkeit der Untersagung der Durchführung einer Transaktion weitere zulässige Sofortmaßnahmen: Nach **Nr. 1** ist die Zentralstelle für Finanztransaktionsuntersuchungen befugt, einem Verpflichteten nach § 2 Abs. 1 Nr. 1–3 (also Kreditinstituten, Finanzdienstleistungsinstitute, Zahlungsinstituten und E-Geld-Instituten) Konto- oder Depotverfügungen oder anderweitige Finanztransaktionen (zB Vornahme einer Überweisung nach Bareinzahlung durch den Betroffenen, Zahlscheingeschäfte oder bei Finanzdienstleistern die Aufnahme in Sperrlisten, wodurch der Empfang und/oder das Versenden von Geld unterbunden werden kann) zu untersagen. Gemäß **Nr. 2** kann die Zentralstelle für Finanztransaktionsuntersuchungen ein Kreditinstitut nach § 2 Abs. 1 Nr. 1 anweisen, einem Schließfachinhaber und allen hierüber Verfügungsberechtigten den Zugang zu einem Schließfach zu verwehren. **Nr. 3** befugt die Zentralstelle für Finanztransaktionsuntersuchungen schließlich, sonstige Weisungen gegenüber allen Verpflichteten in Bezug auf eine Transaktion zu erteilen. Eine solche Weisung kann beispielsweise sein, einen Gegenstand nicht zu übertragen, eine Ware nicht zu versenden oder die fällige Auszahlung einer Kapitallebensversicherung durch ein Versicherungsunternehmen nicht vorzunehmen.

11 Bei Erlass der Maßnahmen nach Abs. 1 kommt grundsätzlich, soweit im GwG nichts Spezielleres geregelt ist, das **Verwaltungsverfahrensgesetz** zur Anwendung, was grundsätzlich auch eine Anhörung des Betroffenen vor Erlass der Maßnahme bedingt (vgl. auch BT-Drs. 18/11555, 154). In aller Regel wird von dieser Anhörung jedoch gemäß § 28 Abs. 2 VwVfG aufgrund Gefahr im Verzug abgesehen werden können, da andernfalls der Erfolg der *Sofort*maßnahme gefährdet wird, zB indem der Betroffene während der Anhörungsfrist sämtliche Gelder von seinem Konto abhebt oder das Schließfach leert.

III. Sofortmaßnahmen aufgrund des Ersuchens einer zentralen Meldestelle eines anderen Staates (Abs. 2)

Abs. 2 setzt **Art. 32 Abs. 7 S. 2 der 4. EU-Geldwäscherichtlinie** um und erweitert den Anwendungsbereich von § 40 auf die internationale Zusammenarbeit von zentralen Meldestellen im Sinne der Empfehlung 38 der FATF, die eine Behörde vorschreibt, welche Rechtshilfeersuchen anderer Länder umgehend beantwortet, um gewaschenes Vermögen, Einnahmen aus Geldwäsche oder Vortaten, Mittel, die bei der Begehung dieser Verbrechen benutzt wurden oder werden sollten oder Vermögen von entsprechendem Wert zu identifizieren, einzufrieren, sicherzustellen und zu beschlagnahmen. 12

Gegenüber anderen Vertragsstaaten des Übereinkommens des Europarats (Nr. 198) vom 16.5.2005 über Geldwäsche sowie Ermittlung, Beschlagnahme und Einziehung von Erträgen aus Straftaten und über die Finanzierung des Terrorismus enthält Art. 47 des Übereinkommens die *„verfahrensrechtlichen Verpflichtungen, um im Rahmen der internationalen Zusammenarbeit den Aufschub von verdächtigen Transaktionen zu ermöglichen"* (BT-Drs. 18/9235, 76). Hierbei fällt die restriktivere Formulierung auf, die abweichend von § 40 Abs. 2 GwG eine Muss-Vorschrift (Handlungspflicht) enthält (entsprechend der Grundgedanken der Art. 15 und 46 des Übereinkommens), sofern die in Art. 47 genannten Voraussetzungen vorliegen, wobei der FIU das Recht zu einer selbstständigen Tatsachenbewertung eingeräumt wird (BT-Drs. 18/9235, 76). Eine (wenig nachvollziehbare) Ausnahme von der Verpflichtung nach Art. 47 hat die BRD erklärt, soweit der Aufschub von verdächtigen Banktransaktionen betroffen ist (vgl. Erklärung 21 der Bekanntmachung über das Inkrafttreten des Übereinkommens des Europarats über Geldwäsche sowie Ermittlung, Beschlagnahme und Einziehung von Erträgen aus Straftaten und über die Finanzierung des Terrorismus v. 18.8.2017, BGBl. 2017 II S. 1244).

Die Zentralstelle für Finanztransaktionsuntersuchungen **kann** Sofortmaßnahmen nach Abs. 1 aufgrund des Ersuchens einer zentralen Meldestelle eines anderen Staates treffen, sie ist dazu jedoch nicht verpflichtet. Sofern das Ersuchen die formellen Mindestanforderungen des § 35 Abs. 3 erfüllt, wird ein Entsprechen des Ersuchens indessen den Regelfall darstellen, insbesondere wenn das Ersuchen aus einem anderen Mitgliedstaat der EU oder einem Vertragspartner des Europaratsübereinkommens Nr. 198 (vgl. oben) stammt. Nur so kann der Auftrag aus Art. 52 der 4. EU-Geldwäscherichtlinie zur Zusammenarbeit der zentralen Meldestellen *„im größtmöglichen Umfang"* erfüllt werden. Eine Ablehnung könnte grundsätzlich insbesondere dann in Betracht kommen, wenn ermittlungstaktische Gründe (aus einem Ermittlungsverfahren deutscher Strafverfolgungsbehörden) gegen die Sofortmaßnahme sprechen, weil dadurch der Betroffene von Ermittlungen gegen ihn Kenntnis erlangen würde. In einem solchen Fall wird regelmäßig die Abstimmung zwischen den beteiligten ermittelnden Dienststellen und zentralen Meldestellen erforderlich werden. 13

Im Falle der Ablehnung eines Ersuchens soll die Zentralstelle für Finanztransaktionsuntersuchungen die **Gründe** hierfür angemessen **darlegen.** Die Begründung der Ablehnung ist gleichsam als Soll-Vorschrift ausgestaltet und damit nicht verpflichtend, jedoch als Regelfall vorgesehen. 14

Zur **Aufhebung oder Geltungsdauer von Maßnahmen nach Abs. 2** verhalten sich das Gesetz und die dazugehörige Gesetzesbegründung nicht. Die Auf- 15 hebung der Sofortmaßnahmen durch die ersuchende Meldestelle oder Beantragung strafprozessualer Maßnahmen im Wege der förmlichen internationalen Rechtshilfe wird den Regelfall darstellen. Die Höchstgrenze der Aufrechterhaltung von Sofortmaßnahmen aufgrund eines Ersuchens einer ausländischen zentralen Meldestelle wird jedoch gleichfalls entsprechend Abs. 4 Nr. 1 einen Monat betragen müssen, da nicht einzusehen ist, weshalb Sofortmaßnahmen, die aufgrund des Ersuchens einer anderen zentralen Meldestelle getroffen werden, länger möglich sein sollen, als Sofortmaßnahmen, die die Zentralstelle für Finanztransaktionsuntersuchungen selbst anordnet (vgl. in dem Sinne auch die Gesetzesbegr. zum Gesetz zum Europaratsübereinkommen Nr. 198, BT-Drs. 18/9235, 76: „*Diese Sofortmaßnahmen sollen dabei für die Zeiträume oder unter den gleichen Bedingungen erfolgen, wie sie hierfür im innerstaatlichen Recht vorgesehen sind.*").

16 Wie bereits unter → Rn. 5 ausgeführt, ist aktuell umgekehrt **keine Rechtsgrundlage für die Zentralstelle für Finanztransaktionsuntersuchungen** erkennbar, die es ihr ermöglicht, ein Ersuchen an die zentrale Meldestelle eines anderen Staates zwecks Durchführung von Sofortmaßnahmen zu richten.

IV. Aufhebung von Sofortmaßnahmen (Abs. 3)

17 Abs. 3 bestimmt, dass Sofortmaßnahmen, die nach Abs. 1 angeordnet werden, aufzuheben sind, sobald oder soweit diese nicht mehr durch den Anordnungszweck gedeckt sind (zur Aufhebung von Maßnahmen nach Abs. 2 vgl. die Ausführungen unter → Rn. 15). Dies ist insbesondere dann der Fall, wenn die Analyse durch die Zentralstelle für Finanztransaktionsuntersuchungen erfolgt ist und aufgrund dessen **kein Zusammenhang zu Geldwäsche oder Terrorismusfinanzierung** mehr gesehen wird.

18 Festgestellte **Anhaltspunkte auf sonstige Straftaten** ermöglichen gleichfalls keine weitere Aufrechterhaltung von Sofortmaßnahmen (vgl. die Ausführungen unter → Rn. 8). In diesen Fällen ist die jeweilige Sofortmaßnahme aufzuheben und der Sachverhalt an die zuständige Strafverfolgungsbehörde weiterzuleiten. Damit steht den Strafverfolgungsbehörden auch nicht die Frist nach Abs. 4 Nr. 2 zur Verfügung.

19 Auch wenn vom Gesetzgeber keine Formvorschriften im Zusammenhang mit Sofortmaßnahmen vorgegeben wurden (vgl. → Rn. 4), ist gleichfalls für die Aufhebung getroffener Sofortmaßnahmen nach Abs. 1 aus Gründen der Rechtssicherheit eine **schriftliche Mitteilung an den betroffenen Verpflichteten** zu verlangen, damit dieser das durch die Sofortmaßnahme angehaltene Rechtsgeschäft ggf. durchführen und die Genehmigung hierzu belegen kann.

20 Nach Abgabe an die Strafverfolgungsbehörden kann es (innerhalb der Frist des Abs. 4 Nr. 2) keine Aufhebung durch die Zentralstelle für Finanztransaktionsuntersuchungen mehr geben. Sollte innerhalb der 5-Tages-Frist des Abs. 4 Nr. 2 vom Verpflichteten eine Nachmeldung zur ursprünglichen Meldung nach § 43 Abs. 1 abgegeben werden, durch welche sich der ursprünglich geäußerte Verdacht nicht weiter aufrechterhalten lässt (bspw. wenn vom Kunden Nachweise für die verdächtige Transaktion eingereicht werden, die diese plausibilisieren und die Verdachtsmomente entkräften), so kommt eine Aufhebung der Sofortmaßnahme gleichwohl nur nach Rücksprache mit der Strafverfolgungsbehörde in Betracht, an die der Sachverhalt weitergeleitet wurde, da dort weitere Erkenntnisse vorliegen können, die die Aufrechterhaltung der Sofortmaßnahme zulassen (der Verdacht der Geld-

Sofortmaßnahmen **§ 40**

wäsche oder Terrorismusfinanzierung kann sich aus der Strafverfolgungsbehörde vorliegenden anderweitigen Informationen ergeben).

V. Dauer von Sofortmaßnahmen (Abs. 4)

Abs. 4 enthält drei Fallkonstellationen, die zu einem Ende der Maßnahmen nach 21 Abs. 1 führen (zu Maßnahmen nach Abs. 2 vgl. → Rn. 15) – neben der Möglichkeit der expliziten Aufhebung der Sofortmaßnahmen durch die Zentralstelle für Finanztransaktionsuntersuchungen nach Abs. 3.

Gemäß **Nr. 1** enden Maßnahmen nach Abs. 1 spätestens mit **Ablauf eines** 22 **Monats nach Anordnung** der Maßnahmen durch die Zentralstelle für Finanztransaktionsuntersuchungen. Die Zentralstelle für Finanztransaktionsuntersuchungen hat damit einen Monat Zeit, um eine Entscheidung hinsichtlich des weiteren Vorgehens herbeiführen zu können. In der Praxis ist eine solche Zeit insbesondere in Fällen erforderlich, die Auslandsanfragen bspw. zur Klärung der Vermögensherkunft implizieren, da diese längere Zeit in Anspruch nehmen, aber für die operative Analyse entscheidend sein können. Dauert die Analysetätigkeit länger an, endet die Maßnahme spätestens einen Monat nach Ablauf der Anordnung durch die Zentralstelle für Finanztransaktionsuntersuchungen automatisch. Der Verpflichtete ist dann berechtigt, eine bspw. im Rahmen der Sofortmaßnahme untersagte Durchführung einer Transaktion vorzunehmen. Wie bereits unter → Rn. 3 ausgeführt, dienen Sofortmaßnahmen ausschließlich dazu, der Zentralstelle für Finanztransaktionsuntersuchungen die erforderliche Zeit (bis zu einem Monat) einzuräumen, die sie benötigt, um ihre operative Analyse zu Ende zu führen und ihre Ergebnisse ggf. der zuständigen Behörde zu übermitteln. Sofortmaßnahmen bezwecken insofern keine Fristverlängerung für die Strafverfolgungsbehörden über die Frist nach § 46 Abs. 1 S. 1 Nr. 2 hinaus.

Die Aufrechterhaltung von Sofortmaßnahmen von bis zu einem Monat wird in der Praxis stets dazu führen, dass der Betroffene von der Meldung nach § 43 Abs. 1 erfährt. Eine „Legendierung" der Verzögerung von Transaktionen, um eine Verdachtsschöpfung beim Betroffenen hinsichtlich der gegen ihn laufenden „Ermittlungen" zu verhindern, ist dem Verpflichteten allenfalls im Bereich von zwei/drei Tagen (wie nach § 46 Abs. 1) möglich. Insbesondere vor dem Hintergrund des **Verbots der Informationsweitergabe nach § 47 Abs. 1** empfiehlt sich für den Verpflichteten die sofortige Kontaktaufnahme mit der Zentralstelle für Finanztransaktionsuntersuchungen, um das weitere Vorgehen abzustimmen. Im Ergebnis wird eine zeitnahe Information an den von der Sofortmaßnahme letztlich Betroffenen, dh den Kunden/Vertragspartner, (oder zumindest die Zulässigkeit der Information durch den Verpflichteten) stehen müssen (ggf. beschränkt auf die Tatsache der Maßnahme selbst, ohne Angabe näherer Hintergründe) – sei es von Seiten der FIU, worüber der Verpflichtete zu informieren ist, oder mit Zustimmung der FIU seitens des Verpflichteten.

Nach **Nr. 2** enden Maßnahmen der Zentralstelle für Finanztransaktionsunter- 23 suchungen nach Abs. 1 mit **Ablauf des fünften Werktages nach Abgabe des Sachverhalts an die zuständige Strafverfolgungsbehörde,** wobei der Samstag nicht als Werktag gilt. Die Frist von nunmehr fünf Tagen für die Strafverfolgungsbehörde, an die der Sachverhalt weitergeleitet wird, bedeutet für diese mehr Zeit, um basierend auf den übermittelten Erkenntnissen der Zentralstelle für Finanztransaktionsuntersuchungen und nach Durchführung eigener weiterer Ermittlun-

Barreto da Rosa

gen strafprozessuale Maßnahmen zu prüfen. Insbesondere bei erforderlichen Auskunftsersuchen ins Ausland hatte sich die bisherige Frist nach § 11 Abs. 1a S. 1 GwG idF vor dem 26.6.2017 als häufig zu kurz erwiesen, so dass angehaltene Transaktionen freigegeben werden mussten. Die Fünftagesfrist nach Nummer 2 verlängert letztlich die maximale Aufrechterhaltungszeit für Sofortmaßnahmen auf einen Monat und fünf Tage. (Der Verpflichtete muss insbes. in Fällen, in denen von der Zentralstelle für Finanztransaktionsuntersuchungen eine Sofortmaßnahme nach § 40 angeordnet und der Sachverhalt nach § 32 Abs. 2 S. 1 an eine Strafverfolgungsbehörde weitergeleitet wurde, von dieser Weiterleitung in Kenntnis gesetzt werden, da er nur so von der 5-Tages-Frist nach § 40 Abs. 4 Nr. 2 Kenntnis erlangt.)

24 **Nr. 3** legt schließlich fest, dass Maßnahmen nach Abs. 1 ggf. auch **zu einem früheren Zeitpunkt** enden, wenn ein solcher von der Zentralstelle für Finanztransaktionsuntersuchungen festgelegt wurde. Welche Fallkonstellation hiervon erfasst sein soll, erschließt sich nicht. Entweder wird die Sofortmaßnahme aufgehoben, sobald oder soweit die Voraussetzungen für die Maßnahmen nicht mehr vorliegen (vgl. Abs. 3), oder sie endet spätestens einen Monat nach ihrer Anordnung (Abs. 4 Nr. 1) oder fünf Tage nach Abgabe des Sachverhalts an die zuständige Strafverfolgungsbehörde (Abs. 4 Nr. 2).

VI. Freigabe von Vermögensgegenständen auf Antrag (Abs. 5)

25 Abs. 5 sieht unter bestimmten Voraussetzungen die Möglichkeit der Freigabe von Vermögensgegenständen durch die Zentralstelle für Finanztransaktionsuntersuchungen vor, wodurch Härtefälle vermieden werden können. Es handelt sich ausdrücklich um eine **Kann-Vorschrift**. Die Entscheidung liegt damit im pflichtgemäßen Ermessen der Zentralstelle für Finanztransaktionsuntersuchungen. Sie wird hierbei die Stärke des Verdachts hinsichtlich der kriminellen Herkunft der betroffenen Vermögensgegenstände zu berücksichtigen haben, da eine Freigabe offenkundig inkriminierter Gegenstände nicht in Frage kommen kann, ohne dass eine strafrechtliche Verantwortlichkeit des Freigebenden wegen (Beihilfe zur) Geldwäsche nach § 261 StGB, Geldwäsche durch Unterlassen (§§ 261, 13 StGB) oder Strafvereitelung (im Amt) (§§ 258, 258a StGB) zu prüfen wäre (hierzu näher → § 30 Rn. 15a/b). **Rechtsmittel** sind nur gegen die Sofortmaßnahme nach Abs. 1 möglich (vgl. Abs. 6), nicht hingegen gegen eine ablehnende Entscheidung nach Abs. 5. Wird mithin ein Antrag auf Freigabe von Vermögensgegenständen nach Abs. 5 von der Zentralstelle für Finanztransaktionsuntersuchungen abgelehnt, bleibt lediglich der Widerspruch gegen die Sofortmaßnahme selbst.

26 Als erste Voraussetzung für die Freigabe ist zunächst ein **Antrag** der betroffenen Person oder einer nicht rechtsfähigen Personenvereinigung erforderlich, für den keine besonderen Formerfordernisse verlangt werden. Es ist bei teleologischer Auslegung der Regelung des Abs. 5 davon auszugehen, dass der Begriff „*Person*" **natürliche und juristische Personen** erfasst (die Gesetzesbegr. enthält keine näheren Ausführungen zu Abs. 5, sondern gibt lediglich verkürzt den Gesetzestext wieder). Diese Interpretation erklärt im Weiteren die explizite Nennung der nicht rechtsfähigen Personenvereinigungen, deren Erfassung erforderlich ist, da bspw. auch Bankkonten von nicht rechtsfähigen Gruppen eröffnet werden können, solange Geschäftsfähigkeit vorliegt, womit diese auch von Sofortmaßnahmen nach Abs. 1 S. 2 erfasst werden können. **Nicht rechtsfähige Personenvereinigungen** sind

solche Gebilde, die zwar keine juristischen Personen sind, aber am Rechtsverkehr teilnehmen, also Rechte erwerben Rechte erwerben bzw. Verpflichtungen eingehen können (BFH BFH/NV 2005, 156), dh beispielsweise (Innen)-Gesellschaften bürgerlichen Rechts, OHG, KG, Erbengemeinschaften oder auch nicht rechtsfähige Vereine.

Das Wort „*betroffen*" bezieht sich ersichtlich auf die Sofortmaßnahme der Zentralstelle für Finanztransaktionsuntersuchungen, dh dass **Betroffenheit** im gegenständlichen Zusammenhang immer dann vorliegt, wenn sich die Sofortmaßnahme der Zentralstelle für Finanztransaktionsuntersuchungen auf die individuelle (hier meist wirtschaftliche) Interessens- oder Rechtslage der natürlichen oder juristischen Person auswirkt. Auffällig ist, dass der Gesetzeswortlaut die Betroffenheit nur bezüglich der Person verlangt, nicht hingegen bezüglich der nicht rechtsfähigen Personenvereinigung, woraus geschlossen werden könnte, dass die nicht rechtsfähige Person nicht von der Sofortmaßnahme betroffen sein muss. Umgekehrt lässt sich aber kein Rechtsgrund erkennen, weshalb auch eine nicht betroffene nicht rechtsfähige Personenvereinigung antragsbefugt sein sollte. Es ist daher nicht auszuschließen, dass es sich bei der Formulierung lediglich um eine redaktionelle Ungenauigkeit handelt. Letztlich wird man gleichfalls hinsichtlich der nicht rechtsfähigen Personenvereinigung eine Betroffenheit von der Sofortmaßnahme verlangen müssen. 27

Eine Freigabe von Vermögenswerten kommt schließlich ausweislich des Gesetzeswortlauts nur bei **Sofortmaßnahmen nach Abs. 1 S. 2** in Betracht. Wird von der Zentralstelle für Finanztransaktionsuntersuchungen die Durchführung einer Transaktion nach Abs. 1 S. 1 untersagt, scheidet eine Freigabe nach dem Gesetzeswortlaut aus. 28

Die Freigabe der von der Sofortmaßnahme nach Abs. 1 S. 2 erfassten Vermögensgegenstände muss schließlich einem der abschließend in **Nr. 1–3 aufgeführten Zwecke** dienen. Das sind 1. die Deckung des notwendigen Lebensunterhalts der Person (hier können abweichend zu vorher ersichtlich nur natürliche Personen gemeint sein) oder ihrer Familienmitglieder, 2. die Bezahlung von Versorgungsleistungen oder Unterhaltsleistungen oder 3. (im Sinne einer Auffangregelung) vergleichbare Zwecke. Die Freigabe zu vergleichbaren Zwecken wird vor allem bei juristischen Personen in Betracht kommen, die bspw. von dem betroffenen Konto laufende Verbindlichkeiten zu begleichen haben. 29

VII. Rechtsmittel gegen Sofortmaßnahmen (Abs. 6)

Die nach Abs. 1 angeordneten Maßnahmen können von den betroffenen Verpflichteten oder sonst Beschwerten mit dem Rechtsbehelf des Widerspruchs angegriffen werden. Von der grundsätzlichen aufschiebenden Wirkung des Widerspruchs nach § 80 Abs. 1 VwGO wird gemäß § 80 Abs. 2 Nr. 3 VwGO abgewichen. Zu den „*anderen Beschwerten*" im Sinne von S. 1 zählen bspw. die von der Maßnahme Betroffenen (vgl. → Rn. 30). 30

§ 41 Rückmeldung an den meldenden Verpflichteten

(1) Die Zentralstelle für Finanztransaktionsuntersuchungen bestätigt dem Verpflichteten, der eine Meldung nach § 43 Absatz 1 durch elektronische Datenübermittlung abgegeben hat, unverzüglich den Eingang seiner Meldung.

(2) Die Zentralstelle für Finanztransaktionsuntersuchungen gibt dem Verpflichteten in angemessener Zeit Rückmeldung zur Relevanz seiner Meldung. Der Verpflichtete darf hierdurch erlangte personenbezogene Daten nur zur Verbesserung seines Risikomanagements, der Erfüllung seiner Sorgfaltspflichten und seines Meldeverhaltens nutzen. Er hat diese Daten zu löschen, wenn sie für den jeweiligen Zweck nicht mehr erforderlich sind, spätestens jedoch nach einem Jahr.

Literatur: *Diergarten/Barreto da Rosa*, Praxiswissen Geldwäscheprävention, 2015, zit.: *Bearbeiter* in Diergarten/Barreto da Rosa; *Schimansky/Bunte/Lwowski*, Bankrechts-Handbuch Bd. I, 5. Aufl. 2017, zit.: *Bearbeiter* in Schimansky/Bunte/Lwowski BankR-HdB; *Suendorf*, Geldwäsche: eine kriminologische Untersuchung, 2001

Übersicht

	Rn.
I. Allgemeines	1
II. Eingangsbestätigung (Abs. 1)	5
III. Rückmeldung zur Relevanz der Meldung (Abs. 2)	8
1. Vorbemerkungen	8
2. Rückmeldungen zur Relevanz der Meldung (S. 1)	11
3. Verwertungsbeschränkung und Löschverpflichtung (S. 2 und 3)	15

I. Allgemeines

1   Rückmeldungen an den meldenden Verpflichteten sind für diesen **von großer Bedeutung.** Zum einen können so das Risikomanagement, die Erfüllung von Sorgfaltspflichten und das eigene Meldeverhalten überprüft und ggf. angepasst werden (vgl. auch FATF-Empfehlung 34). Zum anderen setzen insbesondere auch positive Rückmeldungen für die künftige Motivation und pflichtenkonformes Verhalten bestärkende Anreize (vgl. auch *Walther* in Schimansky/Bunte/Lwowski BankR-HdB § 42 Rn. 566). Ohne entsprechende Rückmeldung kann umgekehrt das Vertrauen in die Sinnhaftigkeit des Verdachtsmeldewesens nachhaltigen Schaden nehmen.

2   Eine Rückmeldung war nach der **vormaligen Gesetzeslage** bis zum 26.6.2017 über § 11 Abs. 8 S. 3 GwG aF vorgesehen. Demzufolge konnten einem Verpflichteten, der eine Meldung erstattet hatte, auf Antrag durch die Staatsanwaltschaft (nicht durch die FIU) nach § 475 StPO Auskünfte aus den Strafakten, die dem Gericht vorlagen oder diesem im Falle der Erhebung der öffentlichen Klage vorzulegen gewesen wären, erteilt werden, soweit dies zur Überprüfung seines Meldeverhaltens erforderlich war. Die Einschränkung des § 477 Abs. 3 StPO, wonach grundsätzlich Auskünfte bei Verfahren, in denen der Angeklagte freigesprochen wurde, die Eröffnung des Hauptverfahrens abgelehnt oder das Verfahren eingestellt wurde bzw. die Verurteilung nicht in ein Führungszeugnis für Behörden aufgenommen wird und seit

§ 41 Rückmeldung an den meldenden Verpflichteten

der Rechtskraft der Entscheidung mehr als zwei Jahre verstrichen sind, nur unter erschwerten Bedingungen gewährt werden, fand keine Anwendung.

Die Rückmeldungsverpflichtung nach § 41 (Abs. 2) fußt auf **Art. 46 Abs. 3 der** 3
4. EU-Geldwäscherichtlinie, demzufolge die Mitgliedstaaten dafür zu sorgen haben, dass eine zeitnahe Rückmeldung an die Verpflichteten in Bezug auf die Wirksamkeit von Verdachtsmeldungen bei Geldwäsche oder Terrorismusfinanzierung und die daraufhin getroffenen Maßnahmen erfolgt, soweit dies praktikabel ist. Die Formulierung *„soweit dies praktikabel ist"* enttäuscht zunächst angesichts der Bedeutung qualifizierter Rückmeldungen. Bereits der Vorschlag der Kommission für eine 4. EU-Geldwäscherichtlinie (COM/2013/045 final – 2013/0025 (COD)) enthielt diese Formulierung in Erwägung 37 *("Die Verpflichteten sollten, soweit dies praktikabel ist, Rückmeldung über den Nutzen ihrer Verdachtsmeldung und die daraufhin ergriffenen Maßnahmen erhalten.")*. Der Änderungsantrag im Entwurf einer legislativen Entschließung des Europäischen Parlaments (1. Lesung, Bericht v. 28.2.2014) – der die Worte *„soweit dies praktikabel ist"* durch *„wenn immer möglich"* ersetzen wollte – setzte sich letztlich nicht durch, so dass es in der finalen Fassung bei der Formulierung *„soweit dies praktikabel ist"* blieb (Erwägung 49 der 4. EU-Geldwäscherichtlinie). Diese Formulierung, die einen breiten Ermessensspielraum lässt, wird von den zentralen Meldestellen in unterschiedlicher Weise angewandt, was die EU-Kommission in ihrem Bericht an das Europäische Parlament und den Rat vom 24.7.2019 über die Bewertung des Rahmens für die Zusammenarbeit zwischen den zentralen Meldestellen für Geldwäsche-Verdachtsanzeigen (FIU) (COM (2019) 371 final, S. 7) kritisierte. Überdies stellte sie fest, dass es den Anschein habe, als gäbe es keinerlei grenzüberschreitende Rückmeldungen an Verpflichtete hinsichtlich Verdachtsmeldungen, die von einer zentralen Meldestelle an eine andere FIU, die ebenfalls von der jeweiligen Meldung betroffen ist, weitergeleitet wurden, und berichtete davon, dass offenbar nur sehr wenige Zollverwaltungen von den zentralen Meldestellen Rückmeldungen zu Anmeldungen von Barmitteln oder zu Verstößen zu erhalten, obgleich diese besonders in den Fällen wichtig wären, in denen nicht angemeldete Barmittel entdeckt werden (ebenso Mitteilung der Kommission zu einem Aktionsplan für eine umfassende Politik der Union zur Verhinderung von Geldwäsche und Terrorismusfinanzierung (2020/C 164/06, ABl. 2020 C 164, 21)). Die Kommission rief die zentralen Mitgliedstaaten zu einer Verbesserung der Rückmeldungen auf (EU-Kommission, Bericht 24.7.2019 (COM (2019) 3 final) S. 7; vgl. auch die zweite supranationale Risikoanalyse der EU-Kommission v. 24.7.2019 (COM(2019) 370 final), S. 10, Ziff. 2.2.5., und S. 20f.).

Wichtig für qualitativ wertige Rückmeldungen an die Verpflichteten sind ins- 4
besondere auch die **Mitteilungen der Justiz zum Ausgang des Verfahrens** an die Zentralstelle für Finanztransaktionsuntersuchungen gemäß § 42 Abs. 1, damit diese den Verpflichteten die diesbezüglichen Informationen überhaupt mitteilen kann. Der Verfahrensausgang ist mit die wichtigste Information für den Verpflichteten im Nachgang einer Meldung und ein Gradmesser für den „Erfolg" seiner Verdachtsmeldung. Das Rückmeldeverhalten primär der sachleitenden Staatsanwaltschaften wurde in der Vergangenheit häufig als unzureichend kritisiert (vgl. *Barreto da Rosa* in Diergarten/Barreto da Rosa, 1. Aufl., S. 287f., so insgesamt auch der vormalige Auswertung von *Suendorf* S. 373). Sofern bei der FIU Rückmeldungen über den Ausgang des Verfahrens eingingen, waren dies zum überwiegenden Anteil Verfahrenseinstellungen, die in der Regel ohne Angabe von Gründen erfolgten (FIU-Jahresbericht 2017, S. 12, FIU-Jahresbericht 2018, S. 18; vgl. hierzu näher auch → § 42 Rn. 2 und → Vor §§ 43–49 Rn. 8ff.). Die EU-Kommission bezeichnet in

§ 41 Abschnitt 5. Zentralstelle für Finanztransaktionsuntersuchungen

ihrer supranationalen Risikobewertung die Weitergabe von Informationen zwischen den öffentlichen und dem privaten Sektor EU-weit noch als unzureichend (Bericht der Kommission an das Europäische Parlament und den Rat über die Bewertung der mit grenzüberschreitenden Tätigkeiten im Zusammenhang stehenden Risiken der Geldwäsche und der Terrorismusfinanzierung für den Binnenmarkt v. 26.6.2017 (COM(2017) 340, S. 13).

II. Eingangsbestätigung (Abs. 1)

5   Abs. 1 verpflichtet die Zentralstelle für Finanztransaktionsuntersuchungen, bei elektronischen Meldungen nach § 43 Abs. 1 unverzüglich Eingangsbestätigungen zu versenden. Ausweislich der Gesetzesbegründung soll damit der Zeitpunkt der Abgabe der Verdachtsmeldung dokumentiert werden, der durch die Aufsichtsbehörde zu einem späteren Zeitpunkt auf ihre Rechtzeitigkeit überprüft werden kann (BT-Drs. 18/11555, 155). Dem Verpflichteten wird in der Praxis unmittelbar nach Absenden der Meldung über goAML systemseitig eine Eingangsbestätigung erteilt, welche eine Bearbeitungsnummer enthält.

6   Nicht nachvollziehbar ist zunächst die Beschränkung auf **Meldungen nach § 43 Abs. 1**. Insbesondere Meldungen von Aufsichtsbehörden nach § 44 oder von Finanzbehörden nach § 31b AO sind hiervon folglich nicht erfasst, obgleich auch diese meldenden Institutionen auf Eingangsbestätigungen inklusive Aktenzeichen oder Bearbeitungsnummer (zu Dokumentationszwecken und im Falle des Erfordernisses von Nachmeldungen etc) angewiesen sind. In der Praxis hat diese Beschränkung indessen keine Auswirkungen, da wie zuvor dargestellt bei Erstattung über goAML automatisch eine Eingangsbestätigung generiert wird.

7   Die Beschränkung auf **durch elektronische Datenübermittlung abgegebene Meldungen** nach § 43 Abs. 1 ist gleichfalls in der Sache nicht nachvollziehbar. Sie fußt ersichtlich auf dem Gedanken der Arbeitsvermeidung, da bspw. bei postalisch übermittelten Meldungen eine manuelle Eingangsbestätigung durch die Zentralstelle für Finanztransaktionsuntersuchungen zu versenden wäre. Für den Meldenden ist eine Eingangsbestätigung jedoch auch bei postalischer Übersendung zwingend erforderlich – nicht zuletzt, um Gewissheit zu haben und dies auch (gegenüber der Aufsichtsbehörde) dokumentieren zu können, dass die Meldung tatsächlich bei der Zentralstelle für Finanztransaktionsuntersuchungen eingegangen ist. Das Gleiche gilt für mittels Fax übersandter Meldungen (dieser Weg ist bspw. bei Systemausfällen von goAML zu verwenden bzw. zulässig, vgl. → § 45 Rn. 8); auch hier sind Eingangsbestätigungen aus den gleichen Gründen erforderlich. Die Eingangsbestätigung und Aktenzeichenmitteilung erleichtert zudem die Zuordnung von Nachmeldungen.

III. Rückmeldung zur Relevanz der Meldung (Abs. 2)

1. Vorbemerkungen

8   Wie bereits eingangs festgestellt (→ Rn. 1) sind (inhaltliche) Rückmeldungen der Zentralstelle für Finanztransaktionsuntersuchungen zu abgegebenen Verdachtsmeldungen an den meldenden Verpflichteten für diesen von großer Bedeutung, nicht zuletzt, da Verpflichtete gehalten sind, eine nach § 43 Abs. 1 gemeldete Ge-

schäftsbeziehung im Rahmen der verstärkten Sorgfaltspflichten einem fortlaufenden Monitoring zu unterziehen (vgl. auch § 15 Abs. 6 Nr. 2), was einen nicht unerheblichen Aufwand für die Verpflichteten bedeutet, der bei entsprechender Rückmeldung begrenzt werden kann. Insbesondere bei Verdachtsmeldungen, die von der Zentralstelle für Finanztransaktionsuntersuchungen nicht an Strafverfolgungsbehörden (oder sonstige Behörden) weitergeleitet wurden, ist es nicht zu vertreten, den Verpflichteten fortwährend mit erhöhten Sorgfaltspflichten zu belasten (auch sofern eine zunächst nicht an die Strafverfolgungsbehörden weitergeleitete Verdachtsmeldung später aufgrund neu hinzugetretener Erkenntnisse der Zentralstelle für Finanztransaktionsuntersuchungen letztendlich doch an eine Strafverfolgungsbehörde abgegeben wurde, wäre eine Rückmeldung sinnvoll). Da wertige Rückmeldungen die Qualität der Verdachtsmeldungen steigern und „unsinnige" Meldungen bspw. reduzieren können, sind inhaltlich aussagekräftige Rückmeldungen letztlich auch im Interesse der Zentralstelle für Finanztransaktionsuntersuchungen selbst sowie der Strafverfolgungsbehörden.

Die Zentralstelle für Finanztransaktionsuntersuchungen begann erst im Herbst 2018 mit ersten konzeptionellen Überlegungen zur Umsetzung der Rückmeldepflicht und entschied sich letztlich – trotz heftiger Proteste im Konsultationsverfahren – zu Rückmeldeberichten, die sich vorrangig daran orientieren, ob Verdachtsmeldungen vom Verpflichteten formal richtig erstattet wurden. Untergliedert sind die **standardisierten Rückmeldeberichte** (nach allgemeinen Hinweisen in einer Einleitung) in I. Generell-abstrakte Rückmeldung (1. Gesamtüberblick, 2. Branchenspezifischer Vergleich der Bewertungen nach der Klassifizierung des Verpflichteten), II. Spezifische Rückmeldungen nach Kategorien (Hinweise zu den Bewertungen der Kategorie A und C (künftig geplant auch zur Kategorie B) und III. Spezifische Rückmeldungen nach Relevanz sowie Anlagen 1 und 2 (die jeweils eine Auflistung der abgegebenen Verdachtsmeldungen der Kategorie A und C enthalten).

Die **Kategorien A bis C** stellen hierbei eine Bewertung der Verdachtsmeldungen durch die FIU dar, wobei Kategorie A Verdachtsmeldungen umfasst, die sich positiv aus allen abgegebenen Meldungen hervorheben, Kategorie B qualitativ durchschnittliche Meldungen erfasst und Kategorie C Verdachtsmeldungen, bei denen nach Ansicht der Zentralstelle für Finanztransaktionsuntersuchungen gewichtige Fehler und/oder Lücken vorlagen und die nur mit einem erheblichen Aufwand bzw. nicht durch die Zentralstelle für Finanztransaktionsuntersuchungen bearbeitet werden können, oder bei denen eine Verdachtsmeldung gleichzeitig mehrere Mängel aufweist (bspw. bei unvollständigen, lückenhaften oder unzutreffenden Eingaben von Daten/Informationen in das goAML-Meldeformular, nicht nachvollziehbaren Sachverhaltsdarstellungen, bei Auswahl des falschen Meldungstyps oder der Nutzung offensichtlich falscher Indikatoren).

Das gewählte Rückmeldeformat entspricht von der Konzeption her wohl nur bedingt den gesetzlichen Vorgaben, die tatsächliche Rückmeldungspraxis verfehlt ihr Ziel, einen aktiven Beitrag zur Optimierung des Risikomanagements und damit des individuellen Meldeverhaltens zu liefern, und ist dringend zu optimieren. Zunächst impliziert der Gesetzeswortlaut *„Rückmeldung zur Relevanz seiner Meldung"* eine inhaltliche, auf die konkrete Meldung (*„seiner Meldung"*) bezogene Bewertung und Rückmeldung an den Verpflichteten, die nicht gegeben ist, wenn lediglich Vollständigkeit und formale Aspekte beleuchtet werden. Nur so wird der Verpflichtete in die Lage versetzt, sein internes Risikomanagement und Meldeverhalten kritisch zu überprüfen und ggf. anzupassen. Lediglich pauschale, etwa auf

§ 41 Abschnitt 5. Zentralstelle für Finanztransaktionsuntersuchungen

Fallgruppen abstrahierte Rückmeldungen erfüllen diesen Zweck nicht (ausreichend). Auch S. 2 lässt keine andere Deutung zu *(„Der Verpflichtete darf hierdurch erlangte personenbezogene Daten nur zur Verbesserung seines Risikomanagements, der Erfüllung seiner Sorgfaltspflichten und seines Meldeverhaltens nutzen.")* – personenbezogene Daten sind aus der Rückmeldung, dass die Meldung vollständig war und formelle Vorgaben eingehalten wurden, überhaupt nicht zu gewinnen. Die Gesetzesbegründung bezeichnet Abs. 2 demgegenüber einleitend lediglich als *„gesetzliche Grundlage für Feedback zu Inhalt und Qualität von Meldungen"* und formuliert anschließend (nahezu entgegen dem Verständnis des Gesetzeswortlauts) deutlich: *„Es ist offensichtlich, dass es nicht praktikabel sein kann, die Zentralstelle für Finanztransaktionsuntersuchungen zu einem qualitativen Feedback zu jeder einzelnen Meldung zu verpflichten. Sie hat insoweit einen Beurteilungsspielraum, ob und inwieweit eine Rückmeldung im konkreten Einzelfall zur Erreichung der oben beschriebenen Ziele sinnvoll ist."* (BT-Drs. 18/11555, 155).

9b Hinsichtlich der **generell-abstrakten Rückmeldung** (Teil I der Rückmeldeberichte) erschließt sich zunächst nicht, welche Aussagekraft dem Gesamtüberblick zukommen soll, in welchem die bloße Zahl der vom Verpflichteten im Berichtszeitraum abgegebenen Verdachtsmeldungen in Relation zu abgegebenen Verdachtsmeldungen der Branche gesetzt wird – bspw. bei Kreditinstituten wird sich diese Zahl regelmäßig um maximal ein bis zwei Prozent bewegen, ohne dass sich hieraus irgendeine Information für Risikomanagement oder Meldeverhalten ziehen ließe. Auch der branchenspezifische Vergleich der Bewertungen der Meldungen hilft hier nur bedingt, wenn keine inhaltlich verwertbaren Rückmeldungen zu den einzelnen Kategorien gegeben werden.

9c Der II. Teil der Rückmeldeberichte, der *„eine spezifische Rückmeldung zu einzelnen Verdachtsmeldungen"* enthalten und *„Aufschlüsse über die unmittelbare Nutzbarkeit der eingereichten Verdachtsmeldungen"* geben soll, dürfte als das Kernstück der Rückmeldeberichte bezeichnet werden können. Die **spezifische Rückmeldung** ordnet die im maßgeblichen Zeitraum abgegebenen Verdachtsmeldungen des Verpflichteten auf Grundlage formaler und inhaltlicher Aspekte den vorgenannten Kategorien A bis C zu. Gerade dieser Teil, der *„insbesondere"* erfasst, *„ob die wesentlichen Daten eines gemeldeten Sachverhaltes zutreffend innerhalb der von „goAML" vorgegebenen Formfelder erfasst, und der Sachverhalt ggf. durch notwendige Angaben und Anlagen angereichert wurde"*, wird seinen Ansprüchen indessen kaum gerecht.

Kritisch zu betrachten sind hierbei vor allem Rückmeldungen mit Einstufungen von abgegebenen Verdachtsmeldungen in **Kategorie C**. Eine solche Bewertung wird von der Zentralstelle für Finanztransaktionsuntersuchungen bspw. vorgenommen, wenn Konten, Personen, Organisationen oder Transaktionen unvollständig angelegt wurden, der Sachverhalt unvollständig erschien, Anhänge unvollständig beigefügt wurden (oder von der Zentralstelle für Finanztransaktionsuntersuchungen weitere erwartet wurden) oder für die Zentralstelle für Finanztransaktionsuntersuchungen ein *„Zusammenhang GW/TF nicht erkennbar"* gewesen wäre.

In der **Praxis** wird seitens Verpflichteter kritisiert, dass zum einen nicht zu allen in Kategorie C eingestuften Meldungen konkret zurückgemeldet wird, wie die Kategorisierung individuell geführt hat. Zudem sind die rückgemeldeten Mängel in vielen Fällen nicht konkret auszumachen (so werden beispielsweise fehlende Anlagen kritisiert, aber nicht angegeben welche nach Ansicht der FIU gefehlt haben). Besonders bedenklich sind in dem Kontext negative Rückmeldungen mit der Begründung, dass kein Bezug des mitgeteilten Sachverhalts zu Geldwäsche oder Terrorismusfinanzierung erkennbar sei *(„Zusammenhang GW/TF nicht erkennbar")*. Hierzu ist zum einen festzustellen, dass eine Meldepflicht bereits bei Vorliegen verschiedener ungewöhnlicher Verhaltensweisen von Kunden/Vertragspartnern gegeben ist (bspw. unklare, hohe Bareinzahlungen, die nicht zum bekannten wirtschaftlichen Hintergrund des Kunden passen und bei denen die Mittelherkunft (sowie die weitere Verwendung) nicht geklärt werden konnte, vgl. BVerfG 31.1.2020 – 2 BvR 2992/14, BeckRS 2020, 1895). Die Meldeschwelle ist bewusst sehr niedrig angesetzt, es sollen keine großen Nachforschungen angestellt werden, sondern ist möglichst schnell zu melden und im Zweifel ist eine Meldung zu erstatten (s. ua Auslegungs- und Anwendungshinweise der BaFin zum GwG (Stand Mai 2020), S. 73; auch nach § 43 Abs. 5 typisierte Transaktionen oder nach § 43 Abs. 6 iVm der Rechtsverordnung bestimmte Sachverhalte bei Erwerbsvorgängen nach § 1 des Grunderwerbsteuergesetzes sind ggf. ohne weiteren Verdacht meldepflichtig, ebenso wie meldepflichtigen Sachverhalten nach § 43 Abs. 1 Nr. 3 explizit kein strafbares Verhalten zugrunde liegen muss). Zum anderen stellt sich die Frage, wie die Zentralstelle für Finanztransaktionsuntersuchungen in Ermangelung ausreichender Dateizugriffe (→ Vor §§ 27–42 Rn. 19 ff.) überhaupt bewerten will, dass kein Zusammenhang mit Geldwäsche und Terrorismusfinanzierung erkennbar ist. Insbesondere auch bei Meldungen zu (zunächst einfachen) Betrugsfällen werden weder der Verpflichtete, noch die FIU feststellen oder ausschließen können, ob der festgestellte und gemeldete Sachverhalt womöglich zu einem gewerbs- und bandenmäßigen großen Betrugskomplex gehört. Kritisch ist auch die Negativ-Rückmeldung nicht richtiger Zuordnung von Indikatoren zu sehen, die gesetzlich und auch von den Auslegungs- und Anwendungshinweise der BaFin zum GwG nicht gefordert sind und eigentlich nur der Zentralstelle für Finanztransaktionsuntersuchungen die Zuordnung erleichtern sollen (s. ausführlich die Stellungnahme der DK zum Konsultationsverfahren v. 15.11.2018, S. 4).

Die Rückmeldung, dass keine Anhaltspunkte für Geldwäsche oder Terrorismusfinanzierung vorliegen wird jedenfalls für die Verpflichteten regelmäßig bedeuten müssen, dass der Vorgang intern abgeschlossen und gesetzte Negativmerker genommen werden können. Darüber hinaus stellt sich die Frage, ob die Zentralstelle für Finanztransaktionsuntersuchungen in derartigen Fällen (bei Hinweisen auf sonstige Straftaten dürfte eine solche Rückmeldung nicht gegeben werden) die betroffenen personenbezogenen Daten nicht etwa löschen müsste (vgl. § 37 Abs. 2 Alt. 2; hierzu näher → § 29 Rn. 10).

Der III. Teil enthält schließlich eine Aufstellung, welcher Anteil der abgegebenen Verdachtsmeldungen des Verpflichteten im Bewertungszeitraum im Anschluss an die Analyse eine Abgabe an die Strafverfolgungsbehörden begründete. Auch diese Aussage ist im Detail wenig hilfreich – angesichts der sehr niedrigen Weiterleitungsquote, dem (zumindest gedanklich seitens des Verpflichteten) ein erheblicher Aufwand gegenübergestellt werden wird, dürfte gar eher von demotivierenden Effekten ausgegangen werden. Erforderlich wäre diese Aussage im Hinblick auf die konkrete Verdachtsmeldung. Nur so lassen sich Risikomanagement und Meldeverhalten reflektieren. **9d**

Allgemein stellt sich die Frage nach den **Folgen etwaiger negativer Rückmeldungen** der Kategorie C. Gemäß § 56 Abs. 1 Nr. 69 handelt ordnungswidrig, wer entgegen § 43 Abs. 1 eine Meldung nicht, nicht richtig, nicht vollständig oder nicht rechtzeitig abgibt. Eine Bewertung der Kategorie C wird mithin häufig zumindest eine nicht vollständige Meldung bezeichnen. Wie Aufsichtsbehörden mit bei Prüfungen festgestellten Rückmeldungen der Kategorie C umgehen, bleibt letztlich abzuwarten. Der Einleitung eines Bußgeldverfahrens wird jedenfalls eine **10**

§ 41 Abschnitt 5. Zentralstelle für Finanztransaktionsuntersuchungen

individuelle Prüfung des jeweiligen Sachverhalts vorausgehen, die sich nicht ausschließlich auf negative Rückmeldungen der Zentralstelle für Finanztransaktionsuntersuchungen stützen wird (von der FIU als gewichtig angesehene Pflichtverletzungen werden ohnehin gesondert direkt an die Aufsichtsbehörden gemeldet). Hiergegen stehen dann die üblichen Rechtsmittel zur Verfügung.

2. Rückmeldungen zur Relevanz der Meldung (S. 1)

11   Gemäß **Abs. 2 S. 1** gibt die Zentralstelle für Finanztransaktionsuntersuchungen *„dem Verpflichteten in angemessener Zeit Rückmeldung zur Relevanz seiner Meldung"*. Die Norm ist zunächst als **Muss-Vorschrift** formuliert. Es handelt sich nicht lediglich um eine Befugnisnorm für Rückmeldungen an den Verpflichteten zur Relevanz seiner Meldung, sondern um eine Verpflichtung der Zentralstelle für Finanztransaktionsuntersuchungen zu einer solchen, die sie in angemessener Zeit zu geben hat. (Die vormalige Rückmeldung der Staatsanwaltschaften gemäß § 11 Abs. 8 S. 3 GwG aF an den Verpflichteten auf entsprechenden Antrag ist entfallen, vgl. die Anm. zu → § 42 Rn. 9.)

12   Die Rückmeldung zur Relevanz der Meldung soll *„in angemessener Zeit"* erfolgen. Die Formulierung räumt der Zentralstelle für Finanztransaktionsuntersuchungen Spielraum ein. Laut FIU erfolgt die Rückmeldung an Verpflichtete, die im Quartal mehr als 200 Verdachtsmeldungen abgegeben haben quartalsweise, an Verpflichtete, die mehr als 50 Verdachtsmeldungen im Halbjahr abgegeben haben halbjährlich und an Verpflichtete, die mehr als 10 Verdachtsmeldungen im Jahr abgegeben haben jährlich. Rückmeldungen erst bis zu ein Jahr nach Abgabe der Meldung werden indessen auch beim betroffenen Verpflichteten erst erheblich verzögerte Anpassungen am Risikomanagement und Meldeverhalten auslösen können, was im Rahmen eventueller aufsichtlicher Prüfungen und Feststellungen zu berücksichtigen sein wird.

Der Bericht der Kommission an das Europäische Parlament und den Rat vom 24.7.2019 über die Bewertung des Rahmens für die Zusammenarbeit zwischen den zentralen Meldestellen für Geldwäsche-Verdachtsanzeigen (FIU) (COM (2019) 371 final) formuliert auf S. 4, dass die Rückmeldungen *„zeitnah"* erfolgen und sich auf die Wirksamkeit der Berichte und die Folgemaßnahmen beziehen sollten (im englischen Original *„This feedback should be timely and cover the effectiveness of and the follow-up to reports."*). Ob erst bis zu einem Jahr verzögerte Rückmeldung dieser Vorgabe noch entsprechen, könnte fraglich sein.

Für Verpflichtete mit weniger als 10 Meldungen pro Jahr sind ausweislich der vorgenannten Staffelung grundsätzlich keine Rückmeldungen vorgesehen. **Einzelfallbezogene Rückmeldungen** sind durch die gewählte standardisierte Rückmeldeform zwar nicht ausgeschlossen, angesichts der hohen Zahl erstatteter Meldungen werden derartige Rückmeldungen in der Praxis indessen sicherlich der Ausnahmefall bleiben. Bei konkreten Fragen zu Relevanz und Verwertbarkeit einzelner Verdachtsmeldungen empfiehlt sich eine gezielte Kontaktaufnahme mit der Zentralstelle für Finanztransaktionsuntersuchungen und im Fall der Weiterleitung des Sachverhalts an eine andere Behörde mit dieser empfangenden Stelle. Dabei können sich aus Gründen des Datenschutzes (und auch bspw. bei laufenden Ermittlungen) Beschränkungen hinsichtlich der Auskunftsmöglichkeiten ergeben. Ohnehin ist zu bedenken, dass letztendliche „Ergebnisse" (im Sinne etwa von rechtskräftigen Verurteilungen der gemeldeten Personen) zu Verdachtsmeldungen erst viele Jahre später vorliegen können.

Eine Pflicht der Zentralstelle für Finanztransaktionsuntersuchungen zu einer 13
Information an den Verpflichteten über die Weiterleitung an eine andere Behörde
(im Sinne einer **Abgabenachricht**) ist von § 41 (Abs. 2) nicht erfasst. Eine solche
(gleichwohl zulässige) Information kann indessen (telefonische) Rückfragen des
meldenden Verpflichteten bei der Zentralstelle für Finanztransaktionsuntersuchungen vermeiden, ggf. (insbes. bei Sachverhalten mit nach § 46 Abs. 1 angehaltenen Transaktionen, die an die Strafverfolgungsbehörden weitergeleitet wurden)
ad hoc notwendig werdende direkte Absprachen des Verpflichteten mit der den
gemeldeten Sachverhalt weiterbearbeitenden Behörde erleichtern und gleichfalls
bereits erste Rückschlüsse auf die Relevanz der Meldung geben. Hat die Zentralstelle für Finanztransaktionsuntersuchungen eine **Sofortmaßnahme nach § 40**
angeordnet und leitet sie den Sachverhalt gemäß § 32 Abs. 2 S. 1 an eine Strafverfolgungsbehörde weiter, so kommt einer diesbezüglichen Mitteilung an den Verpflichteten besondere Bedeutung zu, da hiermit die 5-Tages-Frist des § 40 Abs. 4
Nr. 2 zu laufen beginnt, wovon der Verpflichtete Kenntnis erlangen muss (insbes.,
wenn die Sofortmaßnahme die maximale Dauer von einem Monat überschreiten
würde und nur aufgrund der Weiterleitung an die Strafverfolgungsbehörden nach
§ 40 Abs. 4 Nr. 2 noch bis zu 5 Tage weiter wirkt, vgl. die Ausführungen unter
→ § 40 Rn. 23).

Nur Verpflichteten wird seitens der Zentralstelle für Finanztransaktionsunter- 14
suchungen eine Rückmeldung zur Relevanz von Meldungen gegeben – **nicht** hingegen meldenden **Aufsichtsbehörden** (§ 44), **Finanzbehörden** (§ 31b AO) oder
sonstigen Meldenden (§ 30 Abs. 1 Nr. 4). Diese Beschränkung von § 41 Abs. 2
wurde in der Stellungnahme des Bundesrates (BT-Drs. 18/11928, 20) kritisiert, da
die Rückmeldung über die Relevanz einer Verdachtsmeldung für die Aufsichts-
und Finanzbehörden in gleichem Maße wie für die Verpflichteten sinnvoll und
notwendig sei. Eine Ausdehnung der Rückmeldeverpflichtung auch gegenüber
Aufsichtsbehörden wurde von der Bundesregierung primär mit der Begründung
abgelehnt, dass die Kommunikation, Koordinierung und Kooperation der Zentralstelle für Finanztransaktionsuntersuchungen mit den Aufsichtsbehörden und die
gegenseitige Unterstützung an vielen Stellen im GwG gesetzlich geregelt sei, die
auch eine Rückmeldung über die Werthaltigkeit einer abgegebenen Verdachtsmeldung beinhaltet. Außerdem gehe die Einbeziehung der Aufsichtsbehörden in diese
Norm (und damit eine Gleichsetzung mit den Verpflichteten) grundsätzlich fehl, da
die Aufsichtsbehörden einem anderen Datenschutzregime unterliegen, was zu erweiterten Datennutzungsmöglichkeiten und längeren Löschungsfristen führe (BT-Drs. 18/11928, 41). Gleichermaßen wird einer gemäß § 31b AO meldenden Finanzbehörde im Rahmen der allgemeinen Zusammenarbeit und gegenseitigen
Unterstützung eine Rückmeldung zu geben sein.

3. Verwertungsbeschränkung und Löschverpflichtung (S. 2 und 3)

S. 2 enthält eine **Verwertungsbeschränkung** für den Verpflichteten, der eine 15
einzelfallbezogene Rückmeldung zu einer Meldung erhält. Er darf die ihm in diesem Zusammenhang übermittelten personenbezogenen Daten (bspw. die Information, dass es in einem konkreten Fall zur Einleitung eines Ermittlungsverfahrens,
zum Erlass eines Strafbefehls oder eines Urteils wegen einer bestimmten Straftat
kam) nur zur Verbesserung seines Risikomanagements, der Erfüllung seiner Sorgfaltspflichten und (Überprüfung – dieses Wort wurde im Gesetzestext offensichtlich
vergessen) seines Meldeverhaltens nutzen (eine ähnliche Regelung zur Nutzung der

Daten zur Überprüfung des Meldeverhaltens befand sich bereits zuvor in § 11 Abs. 8 S. 4 Hs. 1 GwG idF bis zum 26.6.2017).

16 Gemäß **S. 3**, der § 11 Abs. 8 S. 4 Hs. 2 GwG idF bis zum 26.6.2017 (mit Ausnahme der Maximalfrist von einem Jahr) entspricht, hat der Verpflichtete diese ihm übermittelten personenbezogenen Daten zu löschen, wenn sie für den jeweiligen Zweck nicht mehr erforderlich sind, spätestens jedoch nach einem Jahr. Hier können sich für den Verpflichteten Konflikte zu andernorts verankerten Aufbewahrungspflichten ergeben (vgl. § 8 Abs. 4 S. 1 iVm Abs. 1 S. 1 Nr. 4). Die DK wies in ihrer Stellungnahme vom 13.3.2017 im Rahmen des Gesetzgebungsverfahrens zum Gesetz zur Umsetzung der 4. EU-Geldwäscherichtlinie zudem zutreffend darauf hin, dass bei konsequenter Anwendung dieser Regelung der Fall eintreten könnte, dass ein Institut die Rückmeldung der zentralen Meldestelle bekommt, dass seine Verdachtsmeldung „begründet" gewesen sei, es dennoch die Daten zu diesem Kunden nach einem Jahr zu löschen hat, mit der Folge, dass eine Kontoeröffnung bei dem gleichen Institut wieder denkbar sei, was nicht zielführend erscheine.

§ 42 Benachrichtigung von inländischen öffentlichen Stellen an die Zentralstelle für Finanztransaktionsuntersuchungen

(1) In Strafverfahren, in denen die Zentralstelle für Finanztransaktionsuntersuchungen Informationen weitergeleitet hat, teilt die zuständige Staatsanwaltschaft der Zentralstelle für Finanztransaktionsuntersuchungen die Erhebung der öffentlichen Klage und den Ausgang des Verfahrens einschließlich aller Einstellungsentscheidungen mit. Die Mitteilung erfolgt durch Übersendung einer Kopie der Anklageschrift, der begründeten Einstellungsentscheidung oder des Urteils.

(2) Leitet die Zentralstelle für Finanztransaktionsuntersuchungen Informationen an sonstige inländische öffentliche Stellen weiter, so benachrichtigt die empfangende Stelle die Zentralstelle für Finanztransaktionsuntersuchungen über die abschließende Verwendung der bereitgestellten Informationen und über die Ergebnisse der auf Grundlage der bereitgestellten Informationen durchgeführten Maßnahmen, soweit andere Rechtsvorschriften der Benachrichtigung nicht entgegenstehen. § 30 Absatz 1 der Abgabenordung steht dem nicht entgegen.

Literatur: Diergarten/Barreto da Rosa, Praxiswissen Geldwäscheprävention, 2020, zit.: *Bearbeiter* in Diergarten/Barreto da Rosa; *Lange*, Staatsanwaltschaftliche Vorermittlungen – ohne Rechtsgrundlage?, DRiZ 2002, 264 ff.; *Schenke/Graulich/Ruthig* (Hrsg.), Sicherheitsrecht des Bundes, 2014, zit.: *Bearbeiter* in Schenke/Graulich/Ruthig; *Sommer*, Geldwäschemeldungen und Strafprozess, StraFo 2005, 329 ff.

Übersicht

	Rn.
I. Allgemeines	1
II. Rückmeldepflicht der Staatsanwaltschaft in Strafverfahren (Abs. 1)	5
III. Rückmeldepflicht sonstiger inländischer öffentlicher Stellen (Abs. 2)	13

I. Allgemeines

§ 42 dient der **Umsetzung von Art. 32 Abs. 6 der 4. EU-Geldwäscherichtlinie** („*Die Mitgliedstaaten schreiben vor, dass die zuständigen Behörden der zentralen Meldestelle Rückmeldung über die Verwendung der gemäß diesem Artikel bereitgestellten Informationen und die Ergebnisse der auf Grundlage der bereitgestellten Informationen durchgeführten Ermittlungen oder Prüfungen geben.*"). Eine Pflicht für die Staatsanwaltschaft zur Rückmeldung des Verfahrensausgangs an die FIU fand sich vor dem 26.6.2017 in § 11 Abs. 8 S. 1 und 2 GwG aF.

Die Rückmeldung der Ergebnisse der auf Grundlage der bereitgestellten Informationen durchgeführten Ermittlungen oder Prüfungen ist von grundlegender Bedeutung, um überhaupt fundierte **Aussagen bezüglich der Wirksamkeit des Verdachtsmeldewesens** treffen zu können (hierzu ausführlich → Vor §§ 43–49 Rn. 7ff.). Im Jahr 2018 erhielt die FIU insgesamt 14.065 Rückmeldungen der Staatsanwaltschaften, wobei 2.801 Rückmeldungen zu Verdachtsmeldungen eingingen, die vor der Neuausrichtung der FIU zum 26.6.2017 bearbeitet wurden (FIU-Jahresbericht 2018, S. 18). Bei den Rückmeldungen handelte es sich in 72 Fällen um Urteile, um 73 Anklageschriften und 130 Strafbefehle. Dies ist – auf ohnehin bereits niedriger Basis – ein drastischer Einbruch gegenüber 2017, wo noch 127 Urteile, 90 Anklageschriften und 257 Strafbefehle zu verzeichnen waren (FIU-Jahresbericht 2017, S. 12). Nach hiesiger Einschätzung dürfte dies mit großer Wahrscheinlichkeit unmittelbar auf die funktionalen Probleme der FIU zurückzuführen sein (vgl. auch die Anm. unter → Vor §§ 27–42 Rn. 29).

Beim Großteil der Rückmeldungen handelt es sich um **Einstellungsverfügungen ohne Angaben von Gründen** (die Zahl wird im FIU-Jahresbericht, S. 18, nicht mehr gesondert ausgewiesen, lediglich die Gesamtzahl der Rückmeldungen ist mit 14.065 angegeben; die Zahl der Einstellungsverfügungen dürfte bei der Differenzsumme zwischen der Gesamtzahl und den vorgenannten Urteilen, Strafbefehlen und Anklageschriften liegen, mithin bei 13.790), die letztlich keinerlei Aussage zulassen, was tatsächlich aus dem per Verdachtsmeldung mitgeteilten Sachverhalt geworden ist (vgl. bereits BKA, FIU-Jahresbericht 2016, S. 17f.). So beziehen sich bspw. zahlreiche Verfahrenseinstellungen nach § 170 Abs. 2 StPO (oder § 152 Abs. 2 StPO) alleinig auf den Verdacht der Geldwäsche – ob wegen Vortaten oder sonstiger verfolgbarer Straftaten weiterermittelt wird, bleibt hier offen und lässt sich nicht feststellen, wenn keine Gründe mitgeteilt werden (ähnlich FIU-Jahresbericht 2018, S. 19). Lediglich aus Einstellungsverfügungen (im Hinblick auf Geldwäsche), die gemäß §§ 154, 154a StPO (aus verfahrensökonomischen Gründen) vorgenommen werden, kann bereits ohne weitere Erläuterungen oder Begründungen festgestellt werden, dass der gemeldete Sachverhalt in Zusammenhang mit (im Vergleich zum Geldwäschevorwurf: schwereren) Straftaten steht und in dem Kontext weitere Ermittlungen geführt werden – eine Aussage, zu was für einer Verurteilung der gemeldete Sachverhalt letztlich führte, lässt sich aber auch hier nicht treffen. Ein nicht unerheblicher Teil der Einstellungsverfügungen – das kann gleichfalls festgestellt werden – bedeutet jedenfalls kein „Ende der Ermittlungen" hinsichtlich des per Verdachtsmeldung zur Kenntnis gegebenen Geschehens. Allgemein erscheint das **Rückmeldeverhalten der Staatsanwaltschaften an die FIU** derzeit noch sehr defizitär (vgl. ua Bay. Landtag, Drs. 18/680, 6, wo angegeben wird, dass keine statistischen Daten vorliegen, in wie vielen Fällen Staatsanwaltschaften die FIU gemäß § 42 informiert haben).

§ 42 Abschnitt 5. Zentralstelle für Finanztransaktionsuntersuchungen

4   In Folge der Gesetzesänderungen anlässlich der Umsetzung der 4. EU-Geldwäscherichtlinie wurde Nr. 52 der **MiStra** (Anordnung über die Mitteilungen in Strafsachen) entsprechend korrigiert und wiederholt unter Verweis auf § 42 Abs. 1 dessen inhaltliche Verpflichtung, in Strafsachen, in denen die Zentralstelle für Finanztransaktionsuntersuchungen das Ergebnis ihrer operativen Analyse nach § 32 Abs. 2 GwG an die Strafverfolgungsbehörden übermittelt hat, die Erhebung der öffentlichen Klage sowie den Ausgang des Verfahrens einschließlich aller Einstellungsentscheidungen an die FIU (Generalzolldirektion – Zentralstelle für Finanztransaktionsuntersuchungen (FIU) – Postfach 850555, 51030 Köln) mitzuteilen.

II. Rückmeldepflicht der Staatsanwaltschaft in Strafverfahren (Abs. 1)

5   Abs. 1 regelt die Benachrichtigungsverpflichtung der Staatsanwaltschaften. Die Norm übernimmt in **S. 1** in abgewandelter Form die Regelungen zur **Mitteilungspflicht der Staatsanwaltschaft an die FIU** aus § 11 Abs. 8 S. 1 und 2 GwG in der Fassung bis zum 26.6.2017. Auch zuvor war die Staatsanwaltschaft verpflichtet, in Strafverfahren, zu denen eine Verdachtsmeldung eines Verpflichteten nach § 11 Abs. 1 GwG aF oder einer Aufsichtsbehörde nach § 14 GwG aF erstattet wurde, der FIU beim Bundeskriminalamt die Erhebung der öffentlichen Klage und den Ausgang des Verfahrens einschließlich aller Einstellungsentscheidungen mitzuteilen.

6   Nach geltender Rechtslage hat die Staatsanwaltschaft, wenn sie *„aufgrund oder im Zusammenhang mit einem durch die Zentralstelle für Finanztransaktionsuntersuchungen weitergeleiteten Sachverhalt"* (BT-Drs. 18/11555, 156) ein **Strafverfahren** einleitet, der Zentralstelle für Finanztransaktionsuntersuchungen Nachricht darüber zu geben, ob die öffentliche Klage erhoben wurde und wie das Strafverfahren ausgegangen ist. Die Formulierung *„aufgrund oder im Zusammenhang"* erfasst vollumfänglich alle Fälle, in denen die Zentralstelle für Finanztransaktionsuntersuchungen Informationen weitergeleitet hat, und in denen es zur Einleitung eines Strafverfahrens kam – zusätzlich im Vergleich zur vormaligen Rechtslage ist damit auch der sog. „FIU-Schriftverkehr" inbegriffen, das heißt bspw. Cross-Border-Reports, die aufgrund Betroffenheit der BRD von einer ausländischen zentralen Meldestelle an die deutsche Zentralstelle für Finanztransaktionsuntersuchungen übermittelt werden.

7   Umgekehrt **weggefallen** ist zum 26.6.2017 hingegen die vormalige (bedeutsame) Mitteilungspflicht auch *„in sonstigen Strafverfahren wegen einer Tat nach § 261 des Strafgesetzbuches oder in denen wegen des Verdachts von Handlungen im Sinne des § 1 Abs. 2 [Anm.: dies waren einerseits Taten nach § 129a (Bildung einer terroristischen Vereinigung) ggf. in Verbindung mit § 129b StGB (Kriminelle und terroristische Vereinigungen im Ausland), und andererseits die in Art. 1 bis 3 des Rahmenbeschlusses 2002/475/JI des Rates vom 13.06.2002 zur Terrorismusbekämpfung (ABl. EG Nr. L 164 S. 3), geändert durch den Rahmenbeschluss des Rates 2008/919/JI vom 28.11.2008, beschriebenen Handlungen] ermittelt wurde"* nach § 11 Abs. 8 S. 1 Alt. 2 GwG aF. Ob es sich hierbei um einen redaktionellen Fehler handelt, lässt sich nicht zweifelsfrei feststellen. Auch wenn lediglich ca. 2% aller Rückmeldungen nach dieser Grundlage bei der vormaligen FIU beim Bundeskriminalamt eingegangen waren, handelte es sich vom Informationsgehalt her um besonders aufschlussreiche Informationen. In der Sache fehlen der Zentralstelle für Finanztransaktionsuntersuchungen damit wichtige Informationen, die insbesondere für die Durchführung von strategischen Analysen

und Erstellung von Berichten aufgrund dieser Analysen, sowie für den Austausch mit den Verpflichteten, mit den inländischen Aufsichtsbehörden und für die Aufklärung, Verhinderung oder Verfolgung der Geldwäsche und der Terrorismusfinanzierung zuständigen inländischen öffentlichen Stellen insbesondere über entsprechende Typologien und Methoden (§ 28 Abs. 1 Nr. 8 und 9) von Bedeutung sind. Urteile in Strafverfahren wegen Terrorismusfinanzierung oder Geldwäsche, die bspw. durch Strafanzeigen, Informationen von Diensten, VP-Hinweise, Strukturermittlungen oÄ initiiert wurden, müssen der Zentralstelle für Finanztransaktionsuntersuchungen künftig von der Staatsanwaltschaft nicht mehr gemeldet werden. Hier sollte eine Korrektur de lege ferenda geprüft werden.

Einerseits erhält die Zentralstelle für Finanztransaktionsuntersuchungen künftig also mehr Informationen, was aufgrund der hohen Fallzahlen spürbare Mehrarbeit für die Staatsanwaltschaften bedeuten kann und inhaltlich oft weniger Relevanz für die Zentralstelle für Finanztransaktionsuntersuchungen hinsichtlich Geldwäsche und Terrorismusfinanzierung aufweisen wird (viele der oben exemplarische genannten Cross-Border-Reports betreffen aktuell Markenrechtsverstöße, Warenbetrug etc), andererseits fallen ihr aber wichtige Erkenntnisquellen weg, die in der Vergangenheit von besonderer Bedeutung für die Erkenntnisgewinnung zu modi operandi etc waren.

Für die Staatsanwaltschaft **weggefallen** ist die vor dem 26.6.2017 in § 11 Abs. 8 S. 3 GwG aF vorgesehene **Rückmeldung an den Verpflichteten.** Einem Verpflichteten, der eine Meldung erstattet hatte, konnten auf Antrag durch die Staatsanwaltschaft nach § 475 StPO Auskünfte aus den Strafakten, die dem Gericht vorlagen oder diesem im Falle der Erhebung der öffentlichen Klage vorzulegen gewesen wären, erteilt werden, soweit dies zur Überprüfung seines Meldeverhaltens erforderlich war (die Einschränkung des § 477 Abs. 3 StPO fand keine Anwendung). Eine Rückmeldepflicht an den Verpflichteten besteht nur noch gemäß § 41 Abs. 2 S. 1 seitens der Zentralstelle für Finanztransaktionsuntersuchungen.

Mitzuteilen sind die **Erhebung der öffentlichen Klage** nach § 170 Abs. 1 StPO und den letztendlichen **Ausgang des Verfahrens,** also auch – wie durch das Gesetz zur Optimierung der Geldwäscheprävention vom 22.12.2011 ausdrücklich klargestellt – alle Einstellungsentscheidungen, unabhängig davon, nach welcher Norm das Verfahren eingestellt wurde (BT-Drs. 17/6804, 36). Nur durch eine vollständige Erfüllung der Mitteilungspflichten wird die Zentralstelle für Finanztransaktionsuntersuchungen in die Lage versetzt, ihren durch das Gesetz zugewiesenen Aufgaben (vgl. insbes. § 28 Abs. 1 Nr. 8 und 9 GwG) auch tatsächlich nachzukommen.

Rückmeldungen der Staatsanwaltschaft an die Zentralstelle für Finanztransaktionsuntersuchungen sind auch dann verpflichtend, wenn nach Durchführung der Vorermittlungen **von der Einleitung eines Ermittlungsverfahrens nach § 152 Abs. 2 StPO abgesehen** wird. Selbst wenn man sich der hier vertretenen Auffassung, dass der Prozess der operativen Analyse der Zentralstelle für Finanztransaktionsuntersuchungen (zumindest bei Weiterleitung an Strafverfolgungsbehörden und Einleitung eines Ermittlungsverfahrens) bereits Teil des Strafverfahrens ist (vgl. hierzu näher → § 30 Rn. 13) nicht anschließt, ist jedenfalls unstreitig, dass das sich daran anschließende „erweiterte" Clearingverfahren (zum Begriff vgl. → Vor §§ 27–42 Rn. 9) der Strafverfolgungsbehörden bereits Teil des Strafverfahrens ist, auch wenn sich die im Clearingverfahren durchgeführten Ermittlungen noch im Stadium der Vorermittlungsphase befinden. Das Vorermittlungsverfahren ist zwar nicht Teil des Ermittlungsverfahrens, aber dennoch Bestandteil des Strafverfahrens (*Lange* DRiZ 2002, 264ff.).

§ 42   Abschnitt 5. Zentralstelle für Finanztransaktionsuntersuchungen

12   Der durch das Gesetz zur Umsetzung der 4. EU-Geldwäscherichtlinie neu geschaffene **Abs. 1 S. 2** ergänzt die bisherige Vorgängernorm (§ 11 Abs. 8 S. 2 GwG aF) durch die Verpflichtung zur Übersendung ggf. auch eines Strafbefehls, konkretisiert das bisherige Wort *„Urteil"* zu *„Urteil des Hauptverfahrens"* und ersetzt die vormalige Formulierung *„Übersendung der Abschrift"* durch *„Übersendung einer Kopie"*.

III. Rückmeldepflicht sonstiger inländischer öffentlicher Stellen (Abs. 2)

13   Abs. 2 wurde durch die neu geschaffene Kanalisierung von Erkenntnissen durch die Zentralstelle für Finanztransaktionsuntersuchungen erforderlich. Zuvor waren Verdachtsmeldungen vom Verpflichteten an die Zentralstelle beim BKA und an die zuständige Strafverfolgungsbehörde (Gemeinsame Finanzermittlungsgruppe bei den Landeskriminalämtern) zu übersenden (§ 11 Abs. 1 GwG idF bis zum 26.6.2017). Nach Durchführung des Clearingverfahrens (zum Begriff vgl. → Vor §§ 27–42 Rn. 9) wurden nahezu alle Verdachtsmeldungen letztendlich der jeweils örtlich zuständigen Staatsanwaltschaft zur Entscheidung vorgelegt, ob ein Ermittlungsverfahren nach der Strafprozessordnung einzuleiten ist oder die Ermittlungen eingestellt werden. (Nur in wenigen Bundesländern wurden offensichtlich falsch oder unsinnig erstattete Verdachtsmeldungen von der jeweiligen GFG selbst „eingestellt" und nicht an die zuständige Staatsanwaltschaft weitergeleitet.) Somit war die Staatsanwaltschaft (alleinig) für die Rückmeldungen an die vormalige FIU beim BKA zuständig. Durch die Bestimmung der neuen Zentralstelle für Finanztransaktionsuntersuchungen als alleinige Adressatin für Verdachtsmeldungen und die Festlegung unterschiedlicher Adressaten für die Weiterleitung spezifischer Informationen – Bundesamt für Verfassungsschutz (§ 32 Abs. 1), Bundesnachrichtendienst (§ 32 Abs. 2 S. 2), Finanzbehörden, die für den Schutz der sozialen Sicherungssysteme zuständigen Behörden und Aufsichtsbehörden (§ 32 Abs. 3 S. 2) – ergibt sich das Erfordernis, auch diese Empfänger zu Rückmeldungen zu verpflichten, um der FIU die erforderlichen Informationen zugänglich zu machen, die sie zur weiteren (strategischen) Bewertung und insbesondere auch zu statistischen Zwecken benötigt.

14   Leitet die Zentralstelle für Finanztransaktionsuntersuchungen den Sachverhalt an eine **andere öffentliche Stelle** weiter (und kommt es in der Folge nicht zur Einleitung eines Strafverfahrens), so hat diese der Zentralstelle für Finanztransaktionsuntersuchungen Rückmeldung über die abschließende Verwendung der bereitgestellten Informationen und über die Ergebnisse der auf Grundlage der bereitgestellten Informationen durchgeführten Maßnahmen zu geben. Eine Offenlegung der einzelnen durchgeführten Maßnahmen ist von dieser Rückmeldeverpflichtung nicht erfasst.

15   Als mögliche zur Benachrichtigung verpflichtete Empfänger nennt die Gesetzesbegründung exemplarisch **Polizeibehörden.** In der Praxis werden Polizeibehörden jedoch kaum je zu einer Rückmeldung an die Zentralstelle für Finanztransaktionsuntersuchungen verpflichtet sein. Eine solche Pflicht bestünde allenfalls in Fällen, in welchen die Zentralstelle für Finanztransaktionsuntersuchungen Informationen an die Polizeibehörde weiterleitet, und diese den Sachverhalt nicht einer Staatsanwaltschaft vorlegt. Insbesondere aufgrund der angekündigten Filterfunktion durch die Zentralstelle für Finanztransaktionsuntersuchungen, durch welche „nicht-werthaltige" Verdachtsmeldungen nicht mehr an die Strafverfolgungs-

behörden weitergeleitet werden, sind künftig kaum Fallkonstellationen mehr denkbar, die von der Zentralstelle für Finanztransaktionsuntersuchungen an Polizeibehörden weitergeleitet und von diesen (ggf. nach weiteren Ermittlungen) nicht der zuständigen Staatsanwaltschaft vorgelegt werden. (Als Ausnahme kämen allenfalls Nachmeldungen zu bereits von der Staatsanwaltschaft eingestellten Vorgängen in Betracht, die nicht an die Staatsanwaltschaft nachgereicht werden, da sich hier keine neuen Ansatzpunkte für neuerliche Ermittlungen ergeben, wie bspw. die bloße Nachreichung von Folge-Kontoumsätzen, weil dem Verpflichteten die Einstellung des Verfahrens nicht zur Kenntnis gelangte). Im Falle einer Weiterleitung an die Staatsanwaltschaft greift stets § 42 Abs. 1 und die Rückmeldeverpflichtung geht auf die jeweilige Staatsanwaltschaft über.

Die **Finanzbehörden** werden primär in solchen Fällen zur Rückmeldung nach § 42 Abs. 2 verpflichtet sein, in denen sie von der Zentralstelle für Finanztransaktionsuntersuchungen Informationen erhalten haben, um eine steuerliche Prüfung zu veranlassen (Zweck des Steuerverfahrens ist die vorschriftsmäßige Festsetzung und Erhebung von Steuern beim Steuerpflichtigen) und es nicht zur Einleitung eines Steuerstrafverfahrens kommt, das von der Staatsanwaltschaft geleitet wird. Werden von der Bußgeld- und Strafsachenstelle (**BuStra**) – in manchen Bundesländern auch Strafsachen- und Bußgeldstelle (**StraBu**) genannt – Ermittlungen ausschließlich wegen des Anfangsverdachts einer Steuerstraftat oder einer Steuerordnungswidrigkeit geführt (und kein Haftbefehl gegen den Beschuldigten erlassen, was die Zuständigkeit der Ermittlungsführung auf die Staatsanwaltschaft übergehen lassen würde), ist die BuStra zur Rückmeldung nach § 42 Abs. 2 an die Zentralstelle für Finanztransaktionsuntersuchungen verpflichtet.

16

Die Rückmeldeverpflichtung an die Zentralstelle für Finanztransaktionsuntersuchungen müsste von der gesetzgeberischen Intention her auch **steuerliche Mehreinnahmen** (Nachforderungen) umfassen, um der Zentralstelle für Finanztransaktionsuntersuchungen ein umfassendes Bild zur Wirksamkeit des Verdachtsmeldewesens zu ermöglichen und auch die vom Gesetzgeber prognostizierten steuerlichen Mehreinnahmen feststellen zu können (BT-Drs. 18/11555, 91 ff. und 100; krit. hierzu → Vor §§ 27–42 Rn. 27). Wie dies in der Praxis indessen umzusetzen ist, ist weitgehend unklar. Während eine Rückmeldung über die Verwendung der übermittelten Informationen für die Finanzbehörden regelmäßig weitgehend unproblematisch sein dürfte, wird ein Feedback zu den Ergebnissen der auf Grundlage der bereitgestellten Informationen durchgeführten Maßnahmen schwierig werden. Werden der Zentralstelle für Finanztransaktionsuntersuchungen Sachverhalte gemeldet, die eine womöglich unrichtige oder unterlassene Versteuerung zum Gegenstand haben (Steuerhinterziehung), und leitet die Zentralstelle für Finanztransaktionsuntersuchungen diese Informationen an die zuständige Finanzbehörde weiter, so wird es sich meist um aktuelle, steuerlich relevante Vorgänge handeln. Die Frist zur Abgabe der Steuererklärung zu diesen Vorgängen läuft regelmäßig erst ein bis zwei Jahre später ab. Bis dahin kann mithin noch keine Feststellung getroffen werden, ob tatsächlich Anhaltspunkte für eine unzureichende/falsche Versteuerung, eine Steuerstraftat oder Steuerordnungswidrigkeit vorliegen. Je nach Komplexität der letztlich abgegebenen Erklärung kann auch eine Außenprüfung erforderlich werden. Bereits hierdurch wird klar, dass die Rückmeldung zeitlich erst mehrere Jahre nach der Informationsübermittlung durch die Zentralstelle für Finanztransaktionsuntersuchungen erfolgen kann. Aber auch inhaltlich ergeben sich Abgrenzungsprobleme: Die von der Zentralstelle für Finanztransaktionsuntersuchungen übermittelten Informationen können letztlich Auslöser für die Außen-

16a

prüfung sein. Dabei können indessen weitere Feststellungen getroffen werden, die nichts mit den ursprünglich übermittelten Informationen zu tun haben und nicht unmittelbar darauf beruhen (wie bspw. auch Feststellungen zu weiteren Steuerpflichtigen, die in der Folge überprüft werden).

16b Durch das **Gesetz zur Umsetzung der Änderungsrichtlinie zur 4. EU-Geldwäscherichtlinie** (BGBl. 2019 I S. 2602, Ziff. 30) wurde § 42 Abs. 2 der Satz *„§ 30 Absatz 1 der Abgabenordung steht dem nicht entgegen."* angefügt, womit klargestellt wird, dass das **Steuergeheimnis** der Benachrichtigung der Finanzbehörde an die FIU nach S. 1 nicht entgegensteht (vgl. BT-Drs. 19/13827. 98).

17 Zur Rückmeldung verpflichtet sind, sofern die Zentralstelle für Finanztransaktionsuntersuchungen gemäß § 32 Abs. 3 S. 2 Nr. 2 Informationen an sie weitergeleitet hat, grundsätzlich auch **die für den Schutz der sozialen Sicherungssysteme zuständigen Behörden** (vgl. → § 28 Rn. 29). **Ausgenommen** hiervon sind ausweislich der Gesetzesbegründung (BT-Drs. 18/11555, 156) die Stellen, die nach § 35 Abs. 1 SGB I verpflichtet sind, das **Sozialgeheimnis** zu wahren. Das sind die Verbände der Leistungsträger, die Arbeitsgemeinschaften der Leistungsträger und ihrer Verbände, die Datenstelle der Rentenversicherung, die in SGB I genannten öffentlich-rechtlichen Vereinigungen, gemeinsame Servicestellen, Integrationsfachdienste, die Künstlersozialkasse, die Deutsche Post AG, soweit sie mit der Berechnung oder Auszahlung von Sozialleistungen betraut ist, die Behörden der Zollverwaltung, soweit sie Aufgaben nach § 2 des Schwarzarbeitsbekämpfungsgesetzes (wie bspw. die FKS) und § 66 des SGB X durchführen, die Versicherungsämter und Gemeindebehörden sowie die anerkannten Adoptionsvermittlungsstellen (§ 2 Abs. 2 AdVermiG), soweit sie Aufgaben nach dem SGB I wahrnehmen und die Stellen, die Aufgaben nach § 67 c Abs. 3 des SGB X wahrnehmen.

In § 71 Abs. 4 SGB X wurde eine Spezialregelung für Übermittlung von Sozialdaten an die Zentralstelle für Finanztransaktionsuntersuchungen geschaffen, soweit dies für die Durchführung von operativen Analysen einschließlich der Bewertung von Meldungen und sonstigen Informationen erforderlich ist. Die Übermittlung ist indessen ausweislich § 71 Abs. 4 S. 2 SGB X (abschließend) auf *„Angaben über Name, Vorname sowie früher geführte Namen, Geburtsdatum, Geburtsort, derzeitige und frühere Anschriften der betroffenen Person sowie Namen und Anschriften seiner derzeitigen und früheren Arbeitgeber beschränkt"*. Die Angabe, dass eine Prüfung durchgeführt und ohne Beanstandungen abgeschlossen wurde, ist hier nicht enthalten und damit ausgeschlossen.

18 Auch soweit die **Aufsichtsbehörden** Informationen von der Zentralstelle für Finanztransaktionsuntersuchungen übermittelt bekommen haben (gemäß § 32 Abs. 3 S. 2 Nr. 3), sind diese zur Rückmeldung über die abschließende Verwendung der bereitgestellten Informationen und über die Ergebnisse der auf Grundlage der bereitgestellten Informationen durchgeführten Maßnahmen verpflichtet, soweit andere Rechtsvorschriften der Benachrichtigung nicht entgegenstehen. Der Bericht der Kommission an das Europäische Parlament und den Rat vom 24.7.2019 über die Bewertung des Rahmens für die Zusammenarbeit zwischen den zentralen Meldestellen für Geldwäsche-Verdachtsanzeigen (FIU) (COM(2019) 371 final, S. 12f.) stellte fest, dass insbesondere die Geldwäscheskandale im Zusammenhang mit europäischen Kreditinstituten der vorangegangenen Jahre gezeigt hätten, dass in mehreren dieser Fälle die zentralen Meldestellen nur wenig Kontakt mit den Aufsichtsbehörden und umgekehrt gehabt hätten (vgl. auch den Bericht der Kommission vom 24.7.2019 über die Bewertung aktueller Fälle von mutmaßlicher Goldwäsche unter Beteiligung von Kreditinstituten aus der EU, COM(2019) 373 final). Die zentralen Meldestellen erhielten sehr selten Rückmeldung von den Aufsichtsbehörden über die Verwendung der bereitgestellten Informationen und über die Ergebnisse der auf der Grundlage der bereitgestellten Informationen durchgeführten Prüfungen. Hier wurde eine Verbesserung des Informationsaustausches in beiden Richtungen angemahnt.

Als (andere) **Rechtsvorschriften, die der Benachrichtigung entgegenstehen können,** nennt die Gesetzesbegründung die Übermittlungsverbote nach § 23 BVerfSchG oder § 27 BKAG aF (neu: § 28 BKAG); dazu gehören ferner bspw. § 33 BPolG und § 35 ZFdG. Diese Vorschriften enthalten nahezu identische Regelungen, die eine Datenübermittlung verbieten, sofern schutzwürdige Interessen des Betroffenen das Allgemeininteresse an der Übermittlung überwiegen, überwiegende Sicherheitsinteressen dies erfordern, Verhältnismäßigkeitserwägungen entgegenstehen etc (vgl. hierzu ausführlich bspw. *Ruthig* in Schenke/Graulich/Ruthig BKAG § 27 Rn. 5 ff.).

Vorbemerkung zu Abschnitt 6 – Pflichten im Zusammenhang mit Meldungen von Sachverhalten

Literatur: *Barreto da Rosa*, Strafbare Selbstgeldwäsche?, JR 2017, 110ff.; *Barreto da Rosa*, Anm. zu BGH, Beschl. v. 27.11.2018 – 5 StR 234/18, JR 2019, 590; *Bernsmann*, Geldwäsche und Vortatkonkretisierung, StV 1998, 46ff.; *Degen*, Gesetzliche Mitwirkungspflichten der Kreditwirtschaft bei der Geldwäsche- und Terrorismusbekämpfung, 2009; *Diergarten*, Die Verdachtsmeldung nach dem Geldwäschegesetz, 2. Aufl. 2012, zit.: *Diergarten*, Verdachtsmeldung; *Diergarten/Barreto da Rosa*, Praxishandbuch Geldwäscheprävention, 2015, zit.: *Bearbeiter* in Diergarten/Barreto da Rosa; *Europol*, Financial Intelligence Group, „From suspicion to action – Converting financial intelligence into greater operational impact", 2017; *Findeisen*, Der Präventionsgedanke im Geldwäschegesetz – Anforderungen der Bankenaufsicht an die internen Sicherungsmaßnahmen der Kreditinstitute gem. § 14 Abs. 2 GwG zur Bekämpfung der Geldwäsche, wistra 1997, 121ff.; *Fülbier/Aepfelbach/Langweg*, GwG, 5. Aufl. 2006, zit.: *Bearbeiter* in Fülbier/Aepfelbach/Langweg; *Gradowski/Ziegler*, Geldwäsche, Gewinnabschöpfung (Erste Erfahrungen mit den neuen gesetzlichen Regelungen (§§ 261, 43a, 73d StGB und Geldwäschegesetz)), BKA-Forschungsreihe Band 39, 1997; *Gropp/Sinn,*, Organisierte Kriminalität und kriminelle Organisationen, 2006, zit.: *Bearbeiter* in Gropp/Sinn; *Herzog* (Hrsg.), GwG, 2. Aufl. 2014, zit.: *Bearbeiter* in Herzog; *Herzog*, Der Banker als Fahnder? Von der Verdachtsanzeige zur systematischen Verdachtsgewinnung – Entwicklungstendenzen der Geldwäschebekämpfung, WM 1996, 1753ff.; *Herzog*, Geldwäschebekämpfung – Quo vadis?, WM 1999, 1905ff.; *Herzog/Christmann*, Geldwäsche und „Bekämpfungsgesetzgebung", WM 2003, 6ff.; *Hetzer*, Gewinnabschöpfung durch Beweislastumkehr?, wistra 2000, 368ff.; *Leitner*, Eine Dekade der Geldwäschegesetzgebung, AnwBl 2003, 675; *Michalke*, Anmerkung zum Urteil des EuGH vom 26.6.2007, Az: C-305/05 (Pflicht des Rechtsanwalts zur Zusammenarbeit mit den für die Geldwäschebekämpfung zuständigen Behörden), EuZW 2007, 475ff.; *Nemet/Dittrich*, Risikoorientierte Geldwäsche- und Betrugsprävention, FLF 2012, 198ff.; *Satzger/Schluckebier/Widmaier*, StGB, 4. Aufl. 2019, zit.: *Bearbeiter* in Satzger/Schluckebier/Widmaier; *Schimansky/Bunte/Lwowski*, Bankrechts-Handbuch, Band I, 5. Aufl. 2017, zit.: *Bearbeiter* in Schimansky/Bunte/Lwowski BankR-HdB; *Sommer*, Geldwäschemeldungen und Strafprozess, StraFo 2005, 329ff.; *Sotiriadis*, Die Entwicklung der Gesetzgebung über Geldwäsche und Gewinnabschöpfung, 2010; *Müller/Starre*, Verbot der Informationsweitergabe über Verdachtsanzeigen für Institute und Unternehmen aus EU-Mitgliedstaaten und Drittstaaten – Ein Hindernis für die effektive Geldwäschebekämpfung?, CCZ 2014, 23ff.; *Suendorf*, Geldwäsche: eine kriminologische Untersuchung, 2001

Übersicht

	Rn.
I. Allgemeines	1
II. Zur Wirksamkeit des Verdachtsmeldewesens	7
1. Vorbemerkung	7
2. FIU-Statistik	9
3. Strafverfolgungsstatistik	13
4. Fazit	16

I. Allgemeines

1   Abschnitt 6 enthält ausweislich seiner Überschrift die Regelungen im Zusammenhang mit der Meldung von Sachverhalten. Der Begriff der *„Verdachtsmeldung"* ist hierbei seit dem Gesetz zur Umsetzung der 4. EU-Geldwäscherichtlinie nicht

Vorbemerkung **Vor Abschnitt 6**

mehr im Gesetz enthalten (alleine die Gesetzesbegründung verwendet ihn vereinzelt), sondern es wird nur noch allgemein der Begriff *„Meldung"* verwendet. Im internationalen Kontext wird zumeist unterschieden zwischen *„Suspicious Activity Reports"* **(SARs)**, was im Allgemeinen Meldungen zu einem (begründeten) Verdacht auf Geldwäsche (und Terrorismusfinanzierung) bezeichnet und eine weitere Betrachtungsweise umfasst als *„Suspicious Transaction Reports"* **(STRs)**, die sich (nur) auf verdächtige Transaktionen beziehen. Die Meldungen nach §§ 43, 44 sind als *„suspicious activity reports"* (SARs) zu qualifizieren. Darüber hinaus gibt es sog. *„Currency Transaction Reports"* **(CTRs)**, die sich auf jegliche Transaktionen jenseits bestimmter Schwellenbeträge beziehen, und zuletzt (diese teils umfassend) *„Unusual Transaction Reports"* **(UTRs)**, die sich weitgehend unspezifisch auf ungewöhnliche Transaktionen beziehen (hiervon sind bspw. in den Niederlanden ua alle Transaktionen von Zahlungsdienstleistern ab 2.000 Euro erfasst iSv CTRs).

Die Verdachtsmeldeverpflichtung stellt den Brennpunkt einer Reihe von grund- 2 sätzlichen Problemen der Bekämpfung der Geldwäsche und der Terrorismusfinanzierung dar. Einige dieser Fragen betreffen komplexe intradisziplinäre Fragestellungen zwischen Bank- und Zivilrecht, Verfassungsrecht und einfachgesetzlichem Schutz des Rechts auf informationelle Selbstbestimmung und zum Status des GwG an der Schnittstelle von (Gewerbe-)Aufsichtsrecht, Steuerrecht und Strafverfahrensrecht. Tangiert ist aber auch die Schnittstelle zwischen dem Berufsrecht der Rechtsanwälte, Notare, Patentanwälte, Steuerberater und Wirtschaftsprüfer und den Begehrlichkeiten und Grenzen der Geldwäscheprävention und (Steuer-)Strafverfolgung (vgl. bereits in der 2. Aufl. *Herzog/Achtelik* → 2. Aufl. 2014, § 11 aF Rn. 4).

Der Hintergrund, vor dem sich diese schwierigen Problemlagen entfalten, ist zu- 3 nächst der auch auf internationaler Ebene zu findende politische Konsens, dass der Staat in der Geldwäschebekämpfung (und im Bereich der Bekämpfung der Terrorismusfinanzierung) im Vergleich zu Bekämpfungsansätzen anderer Kriminalitätsformen in besonderem Maße auf die **Einbeziehung Privater** angewiesen ist. Diese Inanspruchnahme gipfelt letztlich zentral in der Verdachtsmeldepflicht nach dem Geldwäschegesetz, die von Beginn an kontrovers diskutiert wurde (vgl. *Herzog/Achtelik* → 2. Aufl. 2014, § 11 aF Rn. 5 ff.; *Sommer* StraFo 2005, 329 ff., die die Einbindung Privater in die Geldwäschebekämpfung sogar (inakzeptabel) mit dem Denunziantentum des Kommunismus und Faschismus vergleicht (S. 331)). Der Gesetzgeber möchte durch diese Verpflichtung Privater die Expertise und Instrumentarien der Verpflichteten in ihrem jeweiligen Geschäftsfeld für die strafrechtliche Verfolgung von Geldwäsche heranziehen (ähnl. *Nemet/Dittrich* FLF 2012, 199). Anders als durch die von Privaten zu fertigenden Aufzeichnungen könnten Finanztransaktionen nicht transparent gemacht werden (BT-Drs. 12/2704, 16) – eine pauschale staatliche Überwachung wäre ungleich eingriffsintensiver – und ohne die Verdachtsmeldungen der Verpflichteten (und Aufsichtsbehörden) nach dem GwG wäre eine Bekämpfung der Geldwäsche kaum möglich, da den Strafverfolgungsbehörden die Mittel und Wege fehlen, von sich aus – ohne bereits vorliegende Verdachtsmomente – Geldwäschehandlungen aufzudecken (BT-Drs. 12/2704, 16). Die Einbeziehung Privater in die Mithilfe bei der Strafverfolgung geschieht zudem ausschließlich im Interesse einer effektiven Bekämpfung der Geldwäsche (und Terrorismusfinanzierung) und nicht, um eine allgemeine, bereichsunspezifische Verbesserung der Erkenntnisquellen der Strafverfolgungsbehörden zu erreichen (BT-Drs. 12/2704, 16 f.). Nach Ansicht des Gesetzgebers handelt es sich bei den in § 2 GwG genannten Verpflichteten um Personen und Institutionen, die beruflich an der Schnittstelle tätig sind, wo Kriminelle versuchen, Vermögenswerte in den legalen Wirtschaftskreislauf einzuschleusen (sog. „gatekeeper", vgl. *Europol* „From suspicion to action", S. 7) und zu verschleiern. Der Gesetzgeber hat ihnen daher die Rechtspflicht nach § 43 Abs. 1 auferlegt und sie zur Unterstützung der Strafverfolgungsbehörden verpflichtet (zur rechtlichen Eigenschaft der Banken im Rahmen des Meldewesens nach dem GwG vgl. ausführlich *Degen* S. 128 ff., demzufolge im Ergebnis Banken in Anlehnung an verwaltungsrechtliche Maßstäbe als Adressaten des GwG in die Pflicht genommene Private seien, die hoheitliche Aufgaben ausführen (S. 137)). Die sich in hoher Geschwindigkeit ändernden modi operandi zur Begehung von Geldwäsche (und Terrorismusfinanzierung) führen dazu, dass die Strafverfolgungsbehörden häufig „zu spät kommen" und Geldwäsche nicht verhindert werden kann (ebenso *Müller/Starre* CCZ 2014, 23). Das Rechtsinstitut der Meldepflicht erschließt insofern eine wichtige zusätzliche Erkenntnisquelle für die Strafverfolgungsbehörden im Hinblick auf Ansatzpunkte für Geldwäsche- und Terrorismusermittlungen und bildet einen Eckpfeiler in der Bekämpfung dieser globalen Kriminalitätsformen (*Europol* „From suspicion to action", S. 7/8).

4   Ohne die (bußgeldbewehrte) Pflicht zur Meldung von Verdachtsfällen wäre mangels einer konkreten/unmittelbaren Schadensverursachung durch Geldwäsche und Terrorismusfinanzierung bei den Verpflichteten allgemein kaum mit einem nennenswerten Mitteilungsaufkommen zu rechnen (vgl. auch BT-Drs. 12/2704, 18). Geldwäscheprävention ist für viele Verpflichtete nach wie vor primär ein **Kostenfaktor** (*Herzog/Mika/Coppi* Risiko Manager 2008, 28). In der Realität zeigt sich auch, dass Verpflichteten ein angetragenes (lukratives) Geschäft bisweilen wichtiger ist als die Erfüllung der geldwäscherechtlichen Pflichten (insbes. der Meldepflicht), und bestehen insbesondere große Hemmungen, „alte" und besonders gute Kunden zu melden, aus Angst, diese im Anschluss zu verlieren (ähnlich *Suendorf* S. 383 f.). Die Verpflichteten des GwG sind jedoch schon aus eigenem **Integritätsinteresse** und im Sinne **ethischen Wirtschaftens** bzw. ihrer Standespflichten dazu aufgerufen, durch eine sorgfältige Beachtung der Verdachtsmeldepflicht gemäß § 43 Abs. 1 ihren Beitrag zur Bekämpfung von Geldwäsche und Terrorismusfinanzierung zu leisten (vgl. bereits *Herzog/Achtelik* → 2. Aufl. 2014, § 11 aF Rn. 13). Zudem sind Geldwäschefälle für Verpflichtete in vielerlei Hinsicht problematisch: Sie können zu finanziellen Belastungen wie Geldstrafen führen, bei Kreditinstituten können Bankenaufseher höhere Mindestkapitalquoten fordern und Skandale können zu massiven Reputationsverlusten bis hin zu existenzbedrohenden Situationen führen (vgl. auch BaFin, Jahresbericht 2018, S. 28). Dabei ist nicht zu verkennen, dass die Erfüllung dieser Pflicht die Verpflichteten vor Anforderungen stellt, die nicht ihrem genuinen Berufs- und Ausbildungsprofil entsprechen. Die Bewertung von Lebenssachverhalten im Hinblick auf deliktische Verdachtsmomente sowie gefahrenabwehrrelevante Aspekte ist primär Gegenstand polizeilicher und straf(prozess)rechtlicher Ausbildung. Angesichts der Entwicklung der letzten Jahre, dass die so weitergeleiteten Verdachtsmomente nicht mehr nur zur Strafverfolgung im Bereich der Organisierten Kriminalität und des Terrorismus, sondern generell zur Verfolgung jeglicher strafbaren Handlung (vgl. die Ausführungen unter → § 43 Rn. 4) und auch für steuerliche Zwecke genutzt werden können (zu dieser Entwicklung auch *Sotiriadis*), wird den Verpflichteten bisweilen die Rolle des „Fahnders" (vgl. *Herzog* WM 1996, 1753 ff.) oder einer Hilfsperson der Steuerfahndung zugeschrieben (*Herzog/Achtelik* → 2. Aufl. 2014, § 11 aF Rn. 6, mwN).

5   Das Verdachtsmeldewesen beinhaltet darüber hinaus intensive Eingriffe in das **Grundrecht auf informationelle Selbstbestimmung** gemäß Art. 2 Abs. 1 iVm

Vorbemerkung **Vor Abschnitt 6**

Art. 1 Abs. 1 GG. Die Weitergabe von Kundendaten (insbes. Kontoumsätze lassen weitreichende Rückschlüsse auf den Kontoinhaber und ggf. Bevollmächtigte zu bis hin zur Erstellung von Bewegungsbildern und Persönlichkeitsprofilen) durch Verpflichtete an staatliche Behörden und die weitere Verarbeitung der Informationen durch diese greift in dieses Grundrecht ein (vgl. auch *Herzog* WM 1996, 1753 (1757); *Herzog* WM 1999, 1905 (1916f.)). Einschränkungen des Grundrechtes auf informationelle Selbstbestimmung müssen nach den vom BVerfG im Volkszählungsurteil 1983 aufgestellten Grundsätzen durch überwiegende Allgemeininteressen gerechtfertigt sein und bedürfen einer hinreichend bestimmten gesetzlichen Grundlage, aus der sich Voraussetzungen und Umfang der Beschränkungen ergeben. Neben der Beachtung des Grundsatzes der Verhältnismäßigkeit hat der Gesetzgeber insbesondere organisatorische und verfahrensrechtliche Vorkehrungen zu treffen, welche der Gefahr der Verletzung des Persönlichkeitsrechts entgegenwirken und Rechtsschutz gegenüber Informationseingriffen ermöglichen (BVerfGE 65, 1 (41 ff.)). Das **Bankgeheimnis,** das durch § 43 Abs. 1 durchbrochen wird (s. auch *Walther* in Schimansky/Bunte/Lwowski BankR-HdB § 42 Rn. 495), hat über die Jahre immer weitere Einschränkungen erfahren (vgl. bspw. auch das Gesetz zur Bekämpfung der Steuerumgehung und zur Änderung weiterer steuerlicher Vorschriften v. 23.6.2017, BGBl. 2017 I S. 1682, durch welches § 30a AO gestrichen wurde, wodurch die Finanzbehörden künftig ohne die bislang dort enthaltenen Einschränkungen bei hinreichendem Anlass nach Maßgabe des § 93 AO Auskunftsersuchen – auch Sammelauskunftsersuchen nach dem neuen Abs. 1a des § 93 AO – an inländische Kreditinstitute richten dürfen, um Informationen über deren Kunden und deren Geschäftsbeziehungen zu Dritten erlangen zu können, vgl. BT-Drs. 18/11132, 23).

Das Politikfeld der Bekämpfung der Geldwäsche und der Terrorismusfinanzierung ist in der Tat nicht frei von bisweilen überzogenen Erwartungen und mitunter gering ausgeprägter rechtsstaatlicher Sensibilität, was durch die zunehmende Terrorismusfurcht in der Vergangenheit noch beflügelt wurde (vgl. *Herzog/Christmann* WM 2003, 6ff.). Es ist unstreitig, dass die Aufklärung schwerer Straftaten ein wesentlicher Auftrag eines rechtsstaatlichen Gemeinwesens ist und damit ein überwiegendes Allgemeininteresse im Sinne der verfassungsgerichtlichen Rechtsprechung darstellt. Die **Meldepflicht** nach § 43 Abs. 1 gegenüber der Zentralstelle für Finanztransaktionsuntersuchungen, wenn ein Verpflichteter Tatsachen feststellt, die auf Geldwäschehandlungen oder Terrorismusfinanzierung hindeuten könnten, ist insofern **verfassungsrechtlich nicht zu beanstanden.** Ströme von illegalem Geld können die Integrität, Stabilität und das Ansehen des Finanzsektors schädigen und eine Bedrohung für den Binnenmarkt der Union sowie die internationale Entwicklung darstellen (vgl. Erwägungsgrund 1 der 4. EU-Geldwäscherichtlinie). Finanztransaktionen bilden wichtige Anhaltspunkte für Ermittlungen auf den Feldern der Organisierten Kriminalität und der Terrorismusfinanzierung. Es ist ein Gebot der Gerechtigkeit, dass Gelder, die zur Begehung von Straftaten genutzt werden oder den Ertrag von Straftaten bilden, den Tätern entzogen und der Gesellschaft und ggf. den Opfern der Straftaten zugutekommen. Umgekehrt könnte das Vertrauen der Bevölkerung in die Gerechtigkeit und die Unverbrüchlichkeit der Rechtsordnung Schaden nehmen, wenn Straftäter deliktisch erlangte Vermögensvorteile dauerhaft behalten dürfen. Eine Duldung solcher strafrechtswidrigen Vermögenslagen durch den Staat könnte den Eindruck hervorrufen, kriminelles Verhalten zahle sich aus, und damit staatlich gesetzten Anreiz zur Begehung gewinnorientierter Delikte geben (vgl. BVerfG NJW 2004, 2073ff.). Wenn schmutziges Geld durch seine Wäsche legal verfügbar gemacht werden kann, dann droht eine Korrumpierung der Gesellschaft durch den Einfluss krimineller Kartelle. Es muss Befugnisse und Mittel geben, um solchen Entwicklungen Einhalt zu gebieten (*Herzog/Achtelik* → 2. Aufl. 2014, § 11 aF Rn. 13). Auch wenn zuweilen postuliert wird, dass das Geldwäschegesetz als eine moderne Form von Strukturprävention und von Public Private Partnership in der Herstellung von Sicherheit zu begreifen sei, die jenseits und außerhalb des strafrechtlichen und polizeilichen Ordnungsauftrags operieren müsse (*Findeisen* wistra 1997, 121 ff.; und *Hetzer* wistra 2000, 368 ff.), ist festzuhalten, dass die Meldepflicht nach § 43 Abs. 1 zentral vom Verdachtsbegriff gesteuert wird, an den mittlerweile nur mehr äußerst geringe Anforderungen gestellt sind (vgl. → Rn. 26).

II. Zur Wirksamkeit des Verdachtsmeldewesens

1. Vorbemerkung

7   Neben etwaigen normativen Bedenken wird auch immer wieder die empirische Frage nach dem Ertrag der Meldeverpflichtung aufgeworfen. Hierbei wird jeweils zumeist auf die Jahresberichte der FIU verwiesen und im Kern ein völliges **Missverhältnis zwischen Aufwand und Nutzen/Ertrag des Verdachtsmeldewesens** behauptet (s. zuletzt auch im Gesetzgebungsverfahren zur Umsetzung der Änderungsrichtlinie der 4. EU-Geldwäscherichtlinie MdB König *„Im Jahr 2018 waren von den 77.000 gemeldeten Verdachtsfällen nur ganze 275 Fälle relevant für die Justiz. Das sind 0,36 Prozent."*, Plenarprotokoll zur 119. Sitzung des Bundestags am 18.10.2019, S. 14764). Dem erheblichen Aufwand aufseiten der Verpflichteten nach dem Geldwäschegesetz, aber auch aufseiten der FIU, der Strafverfolgungsbehörden etc stünden nur sehr wenige Verurteilungen wegen Geldwäsche gegenüber (ua *Walther* in Schimansky/Bunte/Lwowski BankR-HdB § 42 Rn. 563).

8   Abgesehen davon, dass generell kein unmittelbarer Vergleich der **in einem Kalenderjahr** erstatteten Meldungen mit den im gleichen Jahr ergangenen Urteilen, Strafbefehlen etc möglich ist, da allenfalls in Ausnahmefällen im gleichen Jahr zu einer Verdachtsmeldung auch ein (rechtskräftiges) Urteil oder ein Strafbefehl vorliegen wird (im Regelfall vergehen Jahre von der Erstattung einer Verdachtsmeldung bis zur verfahrensbeendenden (rechtskräftigen) Entscheidung, lediglich Verfahrenseinstellungen werden regelmäßig zeitnäher getroffen) **übersieht diese Auffassung** – ungeachtet dessen, dass einzelne Aspekte des Verdachtsmeldewesens zu Recht zu kritisieren sind – **in der Gesamtbetrachtung Wesentliches.** Insofern sind Anmerkungen angezeigt.

2. FIU-Statistik

9   Zunächst ist grundsätzlich festzuhalten, dass die **FIU-Jahresberichte** keine Aussage zur Wirksamkeit des Verdachtsmeldewesens zulassen (zu grundsätzlichen, krit. Anmerkungen hierzu → § 28 Rn. 20a). Die Zahl der dort angeführten Urteile, Strafbefehle etc gibt nicht die tatsächliche Zahl der in Deutschland im jeweiligen Jahr ergangenen Urteile etc wieder, die auf Verdachtsmeldungen zurückzuführen sind, sondern basiert alleine auf den (nur partiellen) Rückmeldungen der Staatsanwaltschaften gemäß § 42 Abs. 1 an die FIU (vgl. hierzu ausführlich → § 42 Rn. 2).

10 Insbesondere ist eine Bewertung der Wirksamkeit des Verdachtsmeldewesens anhand der Betrachtung der FIU-Statistiken zum prozentualen Anteil der Einstel-

Vorbemerkung **Vor Abschnitt 6**

lungsverfügungen an der Gesamtzahl der staatsanwaltschaftlichen Rückmeldungen nicht möglich. Dem FIU-Jahresbericht 2018 ist zwar zu entnehmen, dass es sich nur bei 275 der bei der FIU eingegangenen Rückmeldungen um Urteile, Strafbefehle oder Anklageschriften gehandelt hat, was einem Anteil von ca. 2% entspricht (FIU-Jahresbericht 2018, S. 18). **Irrig** ist jedoch bereits die Schlussfolgerung, wenn es nur in unter 2% der erstatteten Verdachtsmeldungen zu entsprechenden Verurteilungen kam, läge der Prozentsatz der **zu Unrecht erstatteten Verdachtsmeldungen** bei 98% (*Fülbier* in Fülbier/Aepfelbach/Langweg GwG § 11 aF Rn. 26; diesen zitierend *Michalke* EuZW 2007, 476 (mit Verweis auf) und *Leitner* AnwBl 2003, 675). Diese Behauptung übersieht, dass Verdachtsmeldungen (zumindest vor der Verlagerung der FIU)

– zu **zahlreichen Verurteilungen wegen anderer Straftaten** (häufig Betrugsstraftaten), einer bemerkenswerten Zahl von Strafbefehlen (auch wegen Geldwäsche) und anderen Verfahrensbeendigungen (wie beispielsweise Einstellungen mit Zahlungsauflagen) führen,
– viele **Steuerstrafverfahren und Besteuerungsverfahren** nach sich ziehen und eben
– viele Verfahren in dem Jahr der Erstattung der Verdachtsmeldung noch **nicht abgeschlossen** sind und somit noch überhaupt kein Ermittlungsergebnis vorliegt, das man der Zahl der Verdachtsmeldungen in dem jeweiligen Jahr gegenüberstellen könnte (→ Rn. 9).

(Bis zum 26.6.2017 standen zudem die **Verwertungsbeschränkungen** des § 11 Abs. 6 GwG aF der Verfolgung vieler Straftaten entgegen; zahlenmäßig relevant war in dem Zusammenhang der Strafverfolgungsausschluss hinsichtlich Vereitelns der Zwangsvollstreckung (§ 288 StGB) aufgrund der dortigen Strafandrohung von „nur" bis zu drei Jahren Freiheitsstrafe.)

Das zentrale Problem der rückgemeldeten Einstellungsverfügungen ist, dass über 11 die reine strafprozessuale Einstellungsentscheidung hinaus die Rückmeldungen selten erläuternde Informationen oder relevante Erkenntnisse enthalten. Es sind daher meist **keine Rückschlüsse möglich,** ob die Verfahren, die wegen Geldwäsche eingestellt wurden, womöglich wegen einer Vortat oder einer anderen verfolgbaren Straftat weitergeführt wurden (vgl. → § 42 Rn. 2), oder ob seit dem 1.7.2017 von der zu diesem Zeitpunkt neu geschaffenen Möglichkeit der selbstständigen Einziehung nach § 76a Abs. 4 StGB Gebrauch gemacht wurde (Einziehung von Vermögen unklarer Herkunft, ohne dass es zu einer Verurteilung einer Person kommt). Für den Nachweis der Effektivität des Instrumentariums „Geldwäscheverdachtsmeldung" wären solche Erkenntnisse jedoch zwingend erforderlich (vgl. auch FIU-Jahresbericht 2018, S. 18f.).

Ergänzend ist anzumerken, dass die Formulierung „zu Unrecht" erstatteter Mel- 12 dung zusätzlich verkennt, dass sich ein Sachverhalt für den Verpflichteten – der „so schnell wie möglich" und ohne eingehende Prüfung des jeweiligen Sachverhalts melden soll (→ § 43 Rn. 18ff., 54ff.) – höchst zweifelhaft darstellen oder eine Verpflichtung zur Verdachtsmeldung bestehen kann, weil der betreffende Geschäftspartner jegliche Kooperation verweigert und sich oder wirtschaftlich Berechtigte nicht identifizieren lässt (vgl. § 43 Abs. 1 Nr. 3 GwG), und sich erst durch eingehende Ermittlungen der FIU oder der Strafverfolgungsbehörden herausstellt, dass kein krimineller Hintergrund vorliegt. Der prozentuale Anteil der zu Unrecht (teils auf irrigem Rechtsverständnis basierend) erstatteten Verdachtsmeldungen lag in der Vergangenheit nach den Erfahrungen des Verfassers bei maximal 2%.

Vor Abschnitt 6 Pflichten im Zshg mit Meldungen v. Sachverhalten

3. Strafverfolgungsstatistik

13 Bereits die vom Statistischen Bundesamt veröffentlichte Strafverfolgungsstatistik der Justiz weist jährlich jeweils deutlich **mehr Verurteilungen wegen Geldwäsche** aus (2018: 379 Urteile wegen Begehungsweisen nach § 261 Abs. 1 und 2 StGB, 58 Urteile wegen besonders schweren Falls der Geldwäsche (§ 261 Abs. 4 StGB) und 450 Urteile wegen leichtfertiger Geldwäsche gemäß § 261 Abs. 5 StGB, s. Strafverfolgungsstatistik S. 72; in BT-Drs. 19/3818, 18 ff. findet sich eine aufgeschlüsselte Übersicht über die Verurteilungen wegen Geldwäsche von 2008 bis 2016). Damit stehen bspw. für 2018 den 72 im FIU-Jahresbericht genannten Urteilen insgesamt 887 Verurteilungen in der Strafverfolgungsstatistik gegenüber (die Zahl der in der Strafverfolgungsstatistik enthaltenen Verurteilungen wegen Geldwäsche bewegt sich seit Jahren (mit zuletzt abnehmender Tendenz, die auch auf die FIU-Verlagerung zurückgeführt werden dürfte) im lediglich dreistelligen Bereich).

14 Ungeachtet der höheren Zahl der statistisch ausgewiesenen Verurteilungen wegen Geldwäsche im Vergleich zu den FIU-Jahresberichten (beide Zahlen würden bei genauerer Betrachtung zudem offenbaren, dass der Großteil der Verurteilungen/Strafbefehle etc wegen Geldwäsche in Strafverfahren gegen Finanzagenten erfolgte, zu einem nicht unerheblichen Teil wegen leichtfertiger Geldwäsche gem. § 261 Abs. 5 StGB) ist auch zu den in der Strafverfolgungsstatistik angegebenen Fallzahlen festzustellen, dass diese **nicht die tatsächliche Zahl der Verurteilungen** wegen Geldwäsche im jeweiligen Berichtsjahr in Deutschland wiedergeben: Die Strafverfolgungsstatistik weist immer nur das schwerste Delikt aus, das einer Verurteilung zugrunde lag; bei den jeweils veröffentlichten Zahlen handelt es sich also nur um Fälle, bei denen Geldwäsche nicht zusammen mit anderen Straftaten abgeurteilt wurde, die eine höhere Strafandrohung aufweisen (vgl. auch BT-Drs. 18/1763, 5).

15 Losgelöst von den statistischen/technischen Besonderheiten der Strafverfolgungsstatistik wird es dennoch in der Realität nur zu einer geringen Zahl an Geldwäscheverurteilungen kommen. Dies hat verschiedene Gründe, die zentral auch in der Norm des § 261 StGB liegen:

Hier bestehen zunächst Schwierigkeiten, die im Bereich der **Anforderungen an den Beweisgrad der Geldwäschehandlungen** zu suchen sind: Über die mutmaßliche Geldwäschehandlung hinaus ist die Vortat nachzuweisen sowie der Kausalzusammenhang zwischen der Geldwäschehandlung und der Vortat (vgl. auch *Gradowski/Ziegler* S. 12 und 25; eine Extremposition vertritt hier *Bernsmann* StV 1998, 46 ff.), und dies teils bei komplexen, internationalen Geldwäschehandlungen, die häufig (tatsächlich und rechtlich) schwierige und zeit- sowie kostenintensive Ermittlungen im Ausland erfordern. Dies führt letztlich auch zu einer spürbaren **Unbeliebtheit** der Norm des § 261 StGB bei Staatsanwaltschaften und Gerichten (*Jahn* in Satzger/Schluckebier/Widmaier StGB § 261 Rn. 6 bezeichnet ihn als „enfant terrible des StGB"), die in **Verfahrensbeschränkungen** auf andere Straftaten/Teile der Tat resultiert (gemäß §§ 154, 154a StPO, vgl. Nr. 101, 101a RiStBV).

Der **geringere Strafrahmen des § 261 StGB** im Vergleich zu vielen Vortaten lässt viele Staatsanwälte (und Richter) häufig ferner kein Bedürfnis einer (zusätzlichen) Verurteilung wegen Geldwäsche erkennen. Sofern es eine Vortat (mit höherem Strafrahmen) gibt, wegen der (unkompliziert) verurteilt werden kann, können festgestellte Geldwäschehandlungen (im Rahmen der Betrachtung des Nachtatverhaltens gewürdigt) und das damit verwirklichte Unrecht im Rahmen der Strafzumessung strafverschärfend berücksichtigt werden, ohne dass ein Urteil wegen einer zusätzlichen Verurteilung wegen Geldwäsche angesichts der schwierigen Norm des § 261 StGB Gefahr läuft, in der Revision verworfen zu werden (vgl. in dem Kontext auch die intensive Diskussion nach den Monita der FATF im Deutschland-Evaluationsbericht von 2010 zur vormals nicht vorhandenen Strafbarkeit der Selbstgeldwäsche und ihrer letztendlichen Pönalisierung durch das Gesetz zur Bekämpfung der Korruption, BGBl. 2015 I S. 202).

Bis Inkrafttreten des Gesetzes zur Bekämpfung der Korruption am 26.11.2015 war zudem die sog. **Selbstgeldwäsche straflos (§ 261 Abs. 9 S. 2 StGB),** dh dass wegen Geldwäsche nicht bestraft werden konnte, wer wegen Beteiligung an der Vortat strafbar war. Wusch beispielsweise ein Rauschgifthändler Drogengelder aus Rauschgiftverkäufen, an denen er selbst in irgendeiner Form beteiligt war, so konnte er nur wegen Betäubungsmittelhandels nach dem BtMG verurteilt werden, nicht aber wegen Geldwäsche (wie weit der BGH dabei den Begriff des Handeltreibens mit Betäubungsmitteln fasst, wird sehr deutlich in seinem Urt. v. 17.7.1997, NJW 1997, 3323 ff.). Aufgrund der missglückten Regelung des neu eingefügten § 261 Abs. 9 S. 3 StGB (vgl. *Barreto da Rosa* JR 2017, 110 ff.), werden auch weiterhin kaum Verurteilungen wegen Selbstgeldwäsche zu erwarten sein (zur Selbstgeldwäsche s. BGH 27.11.2018 – 5 StR 234/18, BeckRS 2018, 33948, mAnm *Barreto da Rosa* JR 2019, 590).

4. Fazit

Die vorhandenen Statistiken lassen **keine validen Aussagen zur Wirksamkeit** 16 **des Verdachtsmeldewesens** und mithin zur Relation von Aufwand und Nutzen zu (ähnl. *Vogt* in Gropp/Sinn S. 563). Welche Verurteilungen, Strafbefehle etc in Deutschland letztlich auf zuvor erstatteten Verdachtsmeldungen nach dem Geldwäschegesetz basieren, kann aktuell nicht angegeben werden. Diese Defizite wurden von Seiten der Bundesregierung offensichtlich erkannt – ausweislich der Strategie des BMF zur Bekämpfung von Geldwäsche und Terrorismusfinanzierung vom Dezember 2019 (S. 18) sollen die Statistiken im Bereich der Justiz, der Polizeibehörden und des Zolls verbessert und an die Bedürfnisse der Geldwäschebekämpfung angepasst werden.

Für den Nachweis der Effektivität des Instrumentariums „Geldwäscheverdachts- 17 meldung" wäre es zwingend erforderlich, zumindest alle justiziellen Verfahren, die auf einer Verdachtsmeldung nach dem GwG (oder sonstigen Mitteilung nach § 30 Abs. 1) basieren, **vollumfänglich statistisch ausweisen/auswerten** zu können (eine darüber hinausgehende Erfassung der Fälle, in denen die mittels dieser Meldungen mitgeteilten Informationen in bereits laufenden Verfahren womöglich „zum Durchbruch" verholfen haben etc, ist ersichtlich nicht möglich). Dies könnte womöglich durch eine Art „Merker" in strafjustiziellen Vorgängen erreicht werden. Wäre dieser „Merker" zusätzlich mit dem Jahr der Verdachtsmeldung und beispielsweise Hinweisen zur Durchführung vermögensabschöpfender Maßnahmen versehen, ließen sich problemlos weitere Parameter in die Auswertung mit einbeziehen (durchschnittliche Bearbeitungsdauer, im Ermittlungsverfahren gesicherte Vermögenswerte, im Urteil ausgesprochene Einziehungserklärungen, vollstreckte Einziehungsentscheidungen ua). Mittels einer diese Daten umfassenden Statistik wäre die Zentralstelle für Finanztransaktionsuntersuchungen auch in der Lage, einen direkten Abgleich der von ihr an die zuständigen Behörden weitergeleiteten Vorgänge mit dem (zT Jahre später) vorliegenden Ergebnis durchzuführen. Entspre-

Vor Abschnitt 6 Pflichten im Zshg mit Meldungen v. Sachverhalten

chende Initiativen ua der vormaligen FIU beim BKA zur Erweiterung der „staatsanwaltschaftlichen Erledigungsstatistik" sowie der „Strafverfolgungsstatistik" kamen bislang nicht zur Umsetzung.

18 Festzustellen ist bislang tatsächlich ein nicht unerheblich **negativer Einfluss der Verlagerung der FIU** auf den „Output" des Verdachtsmeldewesens. Durch den Filter der FIU erreichen viele Verdachtsmeldungen die Strafverfolgungsbehörden (einschließlich Steuerfahndungsdienststellen) nicht mehr, was zu einer deutlich sinkenden Zahl an Verurteilungen, Strafbefehlen etc (wegen Geldwäsche und sonstigen Straftaten aufgrund von Verdachtsmeldungen) führt und damit auch zu geringeren Geldstrafen, Vermögensabschöpfungsmaßnahmen und Steuereinnahmen aus diesem Bereich (vgl. ausführlich → Vor §§ 27–42 Rn. 22, 27 und 29).

19 Kommt es tatsächlich zu Verurteilungen wegen Geldwäsche, sind dabei sogar **überdurchschnittlich hohe Strafen** festzustellen. So ergab ein Vergleich der Strafen, die im Jahr 2012 für alle Delikte verhängt worden sind, mit den für Geldwäsche verhängten Strafen, das folgende Bild: „*Während 17,6 Prozent aller Verurteilungen Freiheitsstrafe (einschließlich Jugendstrafe) als Sanktion vorsahen, war dies bei 21,6 Prozent aller Verurteilungen wegen Geldwäsche der Fall. Darüber hinaus ist festzustellen, dass die wegen Geldwäsche verhängten Freiheitsstrafen (einschließlich Jugendstrafen) im Vergleich zu den insgesamt verhängten Freiheitsstrafen auch höher ausfallen. Während insgesamt 27,2 Prozent aller verhängten Freiheitsstrafen solche von einer Dauer unter sechs Monaten sind, liegt dieser Anteil bei Verurteilungen zu Freiheitsstrafen wegen Geldwäsche lediglich bei 10,8 Prozent. Entsprechend höher ist der Anteil längerer Freiheitsstrafen bei Verurteilungen wegen Geldwäsche im Vergleich zu den Verurteilungen insgesamt.*" (BT-Drs. 18/1763, 4 mwN).

20 Die Frage nach dem Erfolg der Geldwäschebekämpfungsmaßnahmen sowohl auf nationaler als auch auf internationaler Ebene kann allgemein selbstverständlich nicht ausschließlich an der Zahl der Verdachtsmeldungen oder rechtskräftigen Verurteilungen (wegen Geldwäsche) gemessen werden (ohnehin führen die Erkenntnisse überdies zu einer Vielzahl von Verbindungen zwischen einzelnen internationalen Ermittlungsverfahren, liefern teils entscheidende Hinweise in laufenden Ermittlungsverfahren und geben Ermittlungsansätze zu vormals unbekannten Straftaten, vgl. auch *Europol* „From suspicion to action", S. 7/8). Wie auch die Bundesregierung in ihrer Antwort vom 16.3.2005 (BT-Drs. 15/5110, 8) auf eine Anfrage der FDP-Fraktion betonte, würde eine solche Bewertung dem inhaltlichen Grundansatz der Maßnahmen zur Geldwäschebekämpfung nicht gerecht: „*Diese dienen nicht nur einer verbesserten Strafverfolgung, sondern sind vor allem* **präventiv** *ausgeprägt. Die statuierten Pflichten sind primär darauf gerichtet, durch institutsinterne Sicherungssysteme und Maßnahmen zur Herstellung von Transparenz im Zahlungsverkehr Transaktionen mit illegalem Hintergrund und Geldwäschehandlungen zu erkennen bzw. zu erschweren und den Finanzplatz Deutschland vor Missbrauch soweit wie möglich freizuhalten. Damit wird ein wesentlicher Beitrag für die Integrität und Stabilität des Finanzsystems geleistet.*".

Abschnitt 6. Pflichten im Zusammenhang mit Meldungen von Sachverhalten

§ 43 Meldepflicht von Verpflichteten, Verordnungsermächtigung

(1) Liegen Tatsachen vor, die darauf hindeuten, dass
1. ein Vermögensgegenstand, der mit einer Geschäftsbeziehung, einem Maklergeschäft oder einer Transaktion im Zusammenhang steht, aus einer strafbaren Handlung stammt, die eine Vortat der Geldwäsche darstellen könnte,
2. ein Geschäftsvorfall, eine Transaktion oder ein Vermögensgegenstand im Zusammenhang mit Terrorismusfinanzierung steht oder
3. der Vertragspartner seine Pflicht nach § 11 Absatz 6 Satz 3, gegenüber dem Verpflichteten offenzulegen, ob er die Geschäftsbeziehung oder die Transaktion für einen wirtschaftlich Berechtigten begründen, fortsetzen oder durchführen will, nicht erfüllt hat,

so hat der Verpflichtete diesen Sachverhalt unabhängig vom Wert des betroffenen Vermögensgegenstandes oder der Transaktionshöhe unverzüglich der Zentralstelle für Finanztransaktionsuntersuchungen zu melden.

(2) Abweichend von Absatz 1 sind Verpflichtete nach § 2 Absatz 1 Nummer 10 und 12 nicht zur Meldung verpflichtet, wenn sich der meldepflichtige Sachverhalt auf Informationen bezieht, die sie im Rahmen von Tätigkeiten der Rechtsberatung oder Prozessvertretung erhalten haben. Die Meldepflicht bleibt jedoch bestehen, wenn der Verpflichtete weiß, dass der Vertragspartner die Rechtsberatung oder Prozessvertretung für den Zweck der Geldwäsche, der Terrorismusfinanzierung oder einer anderen Straftat genutzt hat oder nutzt oder ein Fall des Absatzes 6 vorliegt.

(3) Ein Mitglied der Führungsebene eines Verpflichteten hat eine Meldung nach Absatz 1 an die Zentralstelle für Finanztransaktionsuntersuchungen abzugeben, wenn
1. der Verpflichtete über eine Niederlassung in Deutschland verfügt und
2. der zu meldende Sachverhalt im Zusammenhang mit einer Tätigkeit der deutschen Niederlassung steht.

(4) Wenn ein nach Absatz 1 gegenüber der Zentralstelle für Finanztransaktionsuntersuchungen gemeldeter Sachverhalt zugleich die für eine Anzeige nach § 261 Absatz 9 Satz 1 des Strafgesetzbuches erforderlichen Angaben enthält, gilt die Meldung zugleich als Selbstanzeige im Sinne von § 261 Absatz 9 Satz 1 des Strafgesetzbuches. Die Pflicht zur Meldung nach Absatz 1 schließt die Freiwilligkeit der Anzeige nach § 261 Absatz 9 Satz 1 des Strafgesetzbuches nicht aus.

(5) Die Zentralstelle für Finanztransaktionsuntersuchungen kann im Benehmen mit den Aufsichtsbehörden typisierte Transaktionen bestimmen, die stets nach Absatz 1 zu melden sind.

(6) Das Bundesministerium der Finanzen kann im Einvernehmen mit dem Bundesministerium der Justiz und für Verbraucherschutz durch

§ 43 Abschnitt 6. Pflichten im Zusammenhang m. Meldungen v. Sachverhalten

Rechtsverordnung ohne Zustimmung des Bundesrates Sachverhalte bei Erwerbsvorgängen nach § 1 des Grunderwerbsteuergesetzes bestimmen, die von Verpflichteten nach § 2 Absatz 1 Nummer 10 und 12 stets nach Absatz 1 zu melden sind.

Literatur: *Barreto da Rosa/Diergarten,* Anm. zum Beschl. des OLG Frankfurt am Main v. 10.4.2018 (2 Ss-OWi 1059/17), NStZ 2020, 173 ff.; *Bülte,* Zu den Gefahren der Geldwäschebekämpfung für Unternehmen, die Rechtsstaatlichkeit und die Effektivität der Strafverfolgung, NZWiSt 2017, 276 ff.; *Burmeister/Uwer,* Auswirkungen des Geldwäschebekämpfungsgesetzes auf die wirtschaftsanwaltliche Beratung, AnwBl. 2004, 199 ff.; *Degen,* Gesetzliche Mitwirkungspflichten der Kreditwirtschaft bei der Geldwäsche- und Terrorismusbekämpfung, 2009; *Diergarten,* Geldwäsche, 3. Aufl. 2014; *Diergarten/Barreto da Rosa,* Praxiswissen Geldwäscheprävention, 2015, zit.: *Bearbeiter* in Diergarten/Barreto da Rosa; Egmont Group, „Projekt zur Bekämpfung der Terrorismusfinanzierung (Einzeltäter und kleine Zellen", Juli 2019; *EU-Kommission,* „Commission Staff Working Paper on Anti-money laundering supervision of and reporting by payment institutions in various cross-border situations", 2011; Europol, EU Terrorism Situation and Trend Report (TE-SAT), 2019; Europol, Financial Intelligence Group, „From suspicion to action – Converting financial intelligence into greater operational impact", September 2017; *Fahl,* Die Strafbarkeit des Notars wegen Geldwäsche (§ 261 StGB) zwischen Urkundsgewährungs- (§ 15 BNotO), Verschwiegenheits- (§ 18 BNotO) und Meldepflicht (§ 43 GwG), DNotZ 2019, 580 ff.; *FATF,* Money Laundering and Terrorist Financing Vulnerabilities of Legal Professionals, 2013; *FATF,* Mutual Evaluation Report Germany, 2010; *FATF,* Recommendations, 2012 (Stand: Juni 2019); *FATF,* Report on Money Laundering and Terrorist Financing Typologies 2003–2004; *Findeisen,* Der Präventionsgedanke im Geldwäschegesetz, wistra 1997, 121 ff.; *Flatten,* Zur Strafbarkeit von Bankangestellten bei der Geldwäsche, 1996; *Fülbier/Aepfelbach/Langweg,* GwG, 5. Aufl. 2006, zit.: *Bearbeiter* in Fülbier/Aepfelbach/Langweg; *von Galen,* Bekämpfung der Geldwäsche – Ende der Freiheit der Advokatur?, NJW 2003, 117 ff.; *Görg,* Geldwäschebezogene Terrorismusbekämpfung – Praktische Wirkung und kriminalpolitische Angemessenheit der Bekämpfungsmaßnahmen, 2010; *Gropp/Sinn,* Organisierte Kriminalität und kriminelle Organisationen, 2006, zit.: *Bearbeiter* in Gropp/Sinn; *Heintschel-Heinegg* (Hrsg.), StGB, 3. Aufl. 2018, zit.: *Bearbeiter* in BeckOK StGB; *Herzog* (Hrsg.), GwG, 2. Aufl. 2014, zit.: *Bearbeiter* in Herzog, 2. Aufl. 2014; *Herzog,* Der Banker als Fahnder, WM 1996, 1753 ff.; *Herzog,* Geldwäschebekämpfung – quo vadis?, WM 1999, 1905 ff.; *Herzog,* das Bankgeheimnis – eine Schranke staatlicher und staatlich veranlasster Ermittlungen?, Bankrechtstag 2003, 54 ff.; *Herzog/Christmann,* Geldwäsche und „Bekämpfungsgesetzgebung" – ein Plädoyer für rechtsstaatliche Sensibilität, WM 2003, 6 ff.; *Herzog/Mülhausen,* Geldwäschebekämpfung und Gewinnabschöpfung, Handbuch der straf- und wirtschaftsrechtlichen Regelungen, 2006, zit.: *Bearbeiter* in Herzog/Mülhausen Geldwäschebekämpfung-HdB; *Hetzer,* Gewinnabschöpfung durch Beweislastumkehr?, wistra 2000, 368 ff.; *Höche/Rößler,* Das Gesetz zur Optimierung der Geldwäscheprävention und die Kreditwirtschaft, WM 2012, 1505 ff.; *Klugmann,* Das Gesetz zur Optimierung der Geldwäscheprävention und seine Auswirkungen auf die anwaltliche Praxis, NJW 2012, 641 ff.; *Krais,* Geldwäsche und Compliance – Praxisleitfaden für Güterhändler, 2018; *Mader/Scaraggi-Kreitmayer,* Die Novelle des Geldwäschegesetzes und die damit verbundenen Anforderungen an den Berufsstand, DStR 2020, 181 ff.; *Meyer-Goßner/Schmitt,* StPO, 62. Aufl. 2019, zit.: *Bearbeiter* in Meyer-Goßner/Schmitt; *Michalke,* Anmerkung zum Urteil des EuGH vom 26.6.2007, Az: C-305/05 (Pflicht des Rechtsanwalts zur Zusammenarbeit mit den für die Geldwäschebekämpfung zuständigen Behörden), EuZW 2007, 475 ff.; *Normark/Ranstorp,* Understanding Terrorist Finance, 2015; *Offermann-Burckart,* Anwaltsrecht in der Praxis, 2010, zit.: *Bearbeiter* in Offermann-Burckart AnwaltsR-; *Oftedal,* The financing of jihadi terrorist cells in Europe, 2015; *Oswald,* Die Implementation gesetzlicher Maßnahmen zur Bekämpfung der Geldwäsche in der Bundesrepublik Deutschland: eine empirische Untersuchung des § 261 StGB i.V.m. GwG, 1997; *Palandt,* BGB, 79. Aufl. 2020, zit.: *Be-*

arbeiter in Palandt; *Schimansky/Bunte/Lwowski*, Bankrechts-Handbuch, Band I, 5. Aufl. 2017, zit.: *Bearbeiter* in Schimansky/Bunte/Lwowski BankR-HdB; *Schneider/Dreer/Riegler*, Geldwäsche – Formen, Akteure, Größenordnung – und warum die Politik machtlos ist, 2006; *Sommer*, Geldwäschemeldungen und Strafprozess, StraFo 2005, 329 ff.; *Sotiriadis*, Die Entwicklung der Gesetzgebung über Geldwäsche und Gewinnabschöpfung, 2009; *Suendorf*, Geldwäsche: eine kriminologische Untersuchung, 2001; *Swienty*, Was tun bei Geldwäscheverdacht?, DStR 2003, 802 ff.; *United Nations*, Bericht der CTITF-Arbeitsgruppe „Bekämpfung der Terrorismusfinanzierung", 2009; *Weferling/Engelbrecht*, WpHG und GwG Verdachtsmeldungen, ZRFC 2016, 218 ff.; *Wittig*, Die staatliche Inanspruchnahme des Rechtsanwalts durch das neue Geldwäschegesetz, AnwBl. 2004, 193 ff.; *Zentes/Glaab*, Novellierung des Geldwäschegesetzes (GwG): Ausblick auf das Gesetz zur Optimierung der Geldwäscheprävention, BB 2011, 1475 ff.

Übersicht

	Rn.
I. Vorbemerkungen	1
1. Historie	1
2. Rechtsnatur von Meldungen nach §§ 43, 44	5
3. Verhältnis zu Strafanzeigen und anderen Anzeige-/Meldepflichten	9
II. Meldepflichten (Abs. 1)	14
1. Allgemeines	14
2. „Liegen Tatsachen vor, die darauf hindeuten, dass"	16
a) Der Verdachtsgrad	16
b) Verdachtsschöpfung	26
3. Die einzelnen Meldepflichten	32
a) Verdacht auf Geldwäsche (Abs. 1 Nr. 1)	32
b) Verdacht auf Terrorismusfinanzierung (Abs. 1 Nr. 2)	40
c) Verstoß gegen Offenlegungspflicht (Abs. 1 Nr. 3)	48
4. Unabhängigkeit vom Wert des betroffenen Vermögensgegenstandes oder der Transaktionshöhe	53
5. Unverzüglichkeit der Verdachtsmeldung	54
6. Adressat der Verdachtsmeldung	57
III. Sonderregelungen bei Rechtsberatung oder Prozessvertretung (Abs. 2)	62
1. Vorbemerkung	62
2. Befreiung von der Meldepflicht bei Rechtsberatung oder Prozessvertretung (Abs. 2 S. 1)	67
3. Rückausnahme 1: Missbrauch der Rechtsberatung oder Prozessvertretung für Zwecke der Geldwäsche, der Terrorismusfinanzierung oder einer anderen Straftat (Abs. 2 S. 2 Alt. 1)	71
4. Rückausnahme 2: Fall des Abs. 6 – durch Rechtsverordnung bestimmte meldepflichtige Sachverhalte bei Erwerbsvorgängen nach § 1 GrErwStG (Abs. 2 S. 2 Alt. 2)	77a
IV. Meldepflicht für internationale Verpflichtete (Abs. 3)	78
V. Verhältnis der Meldung zur Selbstanzeige nach § 261 Abs. 9 StGB (Abs. 4)	79
VI. Bestimmung typisierter Transaktionen durch die Zentralstelle für Finanztransaktionsuntersuchungen (Abs. 5)	82
VII. Verordnungsermächtigung (Abs. 6)	83

§ 43 Abschnitt 6. Pflichten im Zusammenhang m. Meldungen v. Sachverhalten

I. Vorbemerkungen

1. Historie

1   In der Meldepflicht nach § 43 Abs. 1 gipfeln letztlich die Obliegenheiten der Verpflichteten nach dem GwG, womit die Norm wohl die zentrale Vorschrift des Geldwäschegesetzes ist. § 43 beruht weitestgehend auf dem vormaligen, bis zum 26.6.2017 gültigen § 11 GwG aF und setzt Art. 33 der 4. EU-Geldwäscherichtlinie um. Die Meldepflicht verdächtiger Sachverhalte für GwG-Verpflichtete ist bereits seit Schaffung des Geldwäschegesetzes im GwG enthalten (so bereits im Entwurf eines Gesetzes über das Aufspüren von Gewinnen aus schweren Straftaten (Gewinnaufspürungsgesetz – GewAufspG), BT-Drs. 12/2704, v. 29.5.1992 in § 12 Abs. 1 S. 1, mit dem Art. 6 der RL 91/308/EWG des Rates v. 10.6.1991 zur Verhinderung der Nutzung des Finanzsystems zum Zwecke der Geldwäsche umgesetzt wurde). Diese Regelungen gehen auf die Empfehlung 16 der **FATF-Empfehlungen** von 1990 zurück, die sich bis heute erhalten hat – zwischenzeitlich in Empfehlungen 13 und 14 (sowie die Sonderempfehlung IV) der 40 Empfehlungen der FATF aus dem Jahr 2003 verortet, die mit nahezu identischem Wortlaut in den Empfehlungen 20 und 21 der 2012 überarbeiteten FATF-Empfehlungen übernommen wurden. Nach Empfehlung 20 soll danach für Finanz- bzw. Kreditinstitute eine gesetzliche unverzügliche Meldeverpflichtung an die Financial Intelligence Unit bestehen, bei Hegen eines Verdachts oder vernünftigen Gründen für einen Verdacht, dass Vermögen aus kriminellen Aktivitäten stammt oder mit Terrorismusfinanzierung zusammenhängt *("If a financial institution suspects or has reasonable grounds to suspect that funds are the proceeds of a criminal activity, or are related to terrorist financing, it should be required, by law, to report promptly ist suspicions to the financial intelligence unit (FIU)")*. Gemäß Interpretive Note Nr. 3 zu Empfehlung 20 soll die Meldepflicht dabei ausdrücklich auch bei versuchten Transaktionen und unabhängig von der Höhe etwaiger Transaktionen bestehen. Empfehlung 21 enthält schließlich Vorgaben zum Schutz der Meldenden (wie sie in § 48 und § 49 (insbes. Abs. 4) umgesetzt sind).

2   Der vormalige § 11 GwG war durch das Gesetz zur Ergänzung der Bekämpfung der Geldwäsche und der Terrorismusfinanzierung (**Geldwäschebekämpfungsergänzungsgesetz** – GwBekErgG) vom 13.8.2008 (BGBl. I S. 1690 ff.) grundlegend umgestaltet worden, um den zuvor geänderten Anforderungen der 3. EU-Anti-Geldwäscherichtlinie gerecht zu werden (vgl. Art. 22 Abs. 1 lit. a der 3. EU-Anti-Geldwäscherichtlinie). Klarstellungen, insbesondere im Hinblick auf den eine Meldung auslösenden Verdachtsgrad bzw. die Verdachtsschwelle sowie damit in Zusammenhang stehend die Ersetzung der vormaligen Begriffe in § 11 Abs. 1 GwG aF *„Anzeige von Verdachtsfällen"* bzw. *„Verdachtsanzeige"* durch die Begriffe *„Meldung von Verdachtsfällen"* bzw. *„Verdachtsmeldung"*, erfolgten durch das **Gesetz zur Optimierung der Geldwäscheprävention** vom 22.12.2011 (BGBl. I S. 2959 ff.), das zugleich verschiedene andere Monita aus dem letzten Deutschland-Prüfbericht der FATF vom Februar 2010 aufgriff.

3   Zentrale Änderungen in § 43 gegenüber dem vormaligen § 11 durch das **Gesetz zur Umsetzung der 4. EU-Geldwäscherichtlinie** waren
  – die redaktionelle Aufbereitung durch Nummerierung der bereits zuvor bestehenden drei Verdachtsmeldepflichten,
  – die Streichung der Doppelmeldung an die Zentralstelle und die jeweils örtlich zuständige Strafverfolgungsbehörde im Bundesland (die GFGen) und Bestim-

mung der Zentralstelle für Finanztransaktionsuntersuchungen als alleinige Adressatin für Verdachtsmeldungen,
- der Wegfall der vormals in § 11 Abs. 4 GwG enthaltenen Regelung, dass abweichend von der sonstigen (vorgenannten) Adressatenfestlegung Verpflichtete iSd § 2 Abs. 1 Nr. 10 und 12, die Mitglied einer Berufskammer sind, die Meldung nach Abs. 1 an die für sie zuständige Bundesberufskammer zu übermitteln hatten (was entsprechend für Notare galt, die nicht Mitglied einer Notarenkammer sind, mit der Maßgabe, dass an die Stelle der Berufskammer die für die Berufsaufsicht zuständige oberste Landesbehörde trat),
- der Wegfall der Verwertungsbeschränkungen des vormaligen § 11 Abs. 6 GwG,
- die Auslagerung der vormals in § 11 Abs. 3 GwG enthaltenen Formvorschriften in eine eigene Vorschrift (§ 45) und der in § 11 Abs. 8 GwG aF enthaltenen Regelungen zu Rückmeldeverpflichtungen in den gesonderten § 41 (wobei hier gesetzessystematisch unschön die Rückmeldung nun vor der Verdachtsmeldepflicht selbst geregelt ist, was jedoch auf die Zugehörigkeit der Rückmeldevorschriften zu den Aufgaben und Pflichten der Zentralstelle für Finanztransaktionsuntersuchungen zurückzuführen ist).

Der **Wegfall der Verwertungsbeschränkungen** des vormaligen § 11 Abs. 6 **4** GwG (*„Der Inhalt einer Meldung nach Absatz 1 darf nur für die in § 15 Abs. 1 [Anm.: Straftaten nach § 261 StGB oder der in § 129a Abs. 2 oder § 261 Abs. 1 StGB genannten Straftaten] und 2 Satz 3 bezeichneten Strafverfahren [Anm.: Strafverfahren wegen Steuerstraftaten], für Strafverfahren wegen einer Straftat, die im Höchstmaß mit einer Freiheitsstrafe von mehr als drei Jahren bedroht ist, für Besteuerungsverfahren und für die Aufsichtsaufgaben der zuständigen Behörden nach § 16 Abs. 2 sowie zum Zweck der Gefahrenabwehr verwendet werden.*") hatte große Auswirkungen. Dabei ist anzumerken, dass der RefE des BMF zum Gesetz zur Umsetzung der 4. EU-Geldwäscherichtlinie vom 24.11.2016 noch vergleichbare Verwertungsbeschränkungen enthalten hatte (§ 25 Abs. 4, § 26 Abs. 4 GwG-RefE). Im Gesetzentwurf der Bundesregierung vom 17.3.2017 (BT-Drs. 18/11555), durch welchen insbesondere auch das Kapitel zur Zentralstelle für Finanztransaktionsuntersuchungen nahezu vollständig überarbeitet worden war, fehlten schließlich nahezu jegliche Verwertungsbeschränkungen (zur fragwürdigen Regelung hinsichtlich der Verwertung zu Gefahrenabwehrzwecken vgl. → § 32 Rn. 20). Sah sich bereits der weite Rahmen des vormaligen § 11 Abs. 6 GwG (auch verfassungsrechtlicher) Kritik ausgesetzt (vgl. bereits *Herzog/Achtelik* in der → 2. Aufl. 2014, § 11 aF Rn. 40ff.), so wird sich diese Kritik unzweifelhaft verschärfen.

Durch das **Gesetz zur Umsetzung der Änderungsrichtlinie zur 4. EU-** **4a** **Geldwäscherichtlinie** (BGBl. 2019 I S. 2602, Ziff. 31) wurden in § 43 Abs. 2 die Formulierung *„eines der Schweigepflicht unterliegenden Mandatsverhältnisses"* wieder durch die Wörter *„von Tätigkeiten der Rechtsberatung oder Prozessvertretung"* ersetzt, Abs. 4 neu gefasst sowie ein neuer Abs. 6 eingefügt.

2. Rechtsnatur von Meldungen nach §§ 43, 44

Bei (Verdachts-)Meldungen nach §§ 43, 44 handelt es sich **nicht um Strafanzeigen** gemäß § 158 Abs. 1 StPO (vgl. ua BT-Drs. 17/6804, 35, noch zu § 11 Abs. 1 GwG-alt; BT-Drs. 18/11928, 26). Eine trennscharfe Abgrenzung erfolgte durch den Gesetzgeber hierbei allerdings nicht; es wurden primär der abweichende Verdachtsgrad (zurecht krit. hierzu *Höche/Rößler* WM 2012, 1509) und der nur im Zusammenhang mit den Meldungen nach dem GwG bestehende Formzwang (vgl. bereits BAKred, Verlautbarung für Kreditinstitute v. 30.3.1998, Nr. 28) als Argu-

§ 43 Abschnitt 6. Pflichten im Zusammenhang m. Meldungen v. Sachverhalten

mente gegen die rechtliche Einstufung als Strafanzeige genannt. Die negative Abgrenzung von Meldungen nach § 43 Abs. 1 und § 44 von Strafanzeigen klärt indessen noch nicht die Frage nach der nun eigentlichen Rechtsnatur von Meldungen nach diesen Normen. Meldungen nach § 43 Abs. 1 und § 44 haben Strafanzeigen zunächst gemein, dass sie gleichsam einen Verdacht (wenngleich mit sehr niedrig anzusetzendem Verdachtsgrad, vgl. → Rn. 22ff.) einer Straftat (in den Fällen des § 43 Abs. 1 Nr. 1 und 2) bzw. einer gesetzlich typisierten Verdachtssituation (im Falle eines Verstoßes gegen die Offenlegungspflicht gemäß § 43 Abs. 1 Nr. 3) an eine Behörde mitteilen, verbunden mit der Prüfpflicht beim Empfänger, ob dieser Verdacht begründet ist (vgl. *Schmitt* in Meyer-Goßner/Schmitt StPO § 158 Rn. 2) und etwaige Straftaten zu verfolgen. Beide stellen Anregungen dar, welche die Behörden zur Prüfung des Sachverhalts verpflichten (§§ 152 Abs. 2, 160 Abs. 1, 163 StPO bzw. § 30 Abs. 2 GwG). Mangels vergleichbarer Meldungen wird man letztlich bei den Meldungen nach §§ 43 Abs. 1 und 44 GwG von **Meldungen eigener Art (sui generis)** ausgehen müssen, die primär den Belangen der Verbrechensbekämpfung dienen (vgl. zur entsprechenden Meldeverpflichtung → Rn. 9).

6   Die Umbenennung von *„Verdachtsanzeige"* in *„Verdachtsmeldung"* durch das Gesetz zur Optimierung der Geldwäscheprävention vom 22.12.2011 (BGBl. 2011 I S. 2959) sollte jedenfalls auch sprachlich der Fehlinterpretation entgegenwirken, dass es sich bei den entsprechenden Mitteilungen um Strafanzeigen handle, was zu einer zu engen Auslegung der Verdachtsschwelle geführt haben könnte (BR-Drs. 317/11, 48). Die begriffliche Nähe von „Verdachtsanzeige" zu „Strafanzeige" war seitens der FATF als möglicher Grund dafür identifiziert worden, dass in Deutschland vergleichsweise wenige Verdachtsmeldungen erstattet wurden – sie könnte größere Hemmungen bei den Verpflichteten hervorrufen (FATF Evaluationsbericht, S. 12 Ziff. 22). Seit dem Gesetz zur Umsetzung der 4. EU-Geldwäscherichtlinie (BGBl. 2017 I S. 1822) ist nun auch der Begriff der *„Verdachtsmeldung"* im Gesetzestext nicht mehr zu finden, sondern wird nur noch allgemein der Begriff *„Meldung"* verwendet (vgl. → Vor §§ 43–49 Rn. 1), was eine weitere sprachliche Entfernung von der ursprünglichen Terminologie erkennen lässt. Am Rechtscharakter jedenfalls hat die sprachliche Neufassung nichts geändert (insofern irrig FIU, Stellungnahme v. 4.11.2019 zur öffentlichen Anhörung im Finanzausschuss am 6.11.2019, S. 6).

7   Ausgehend vom Begriff bzw. der Rechtsnatur der Meldungen nach §§ 43 Abs. 1 und 43 ist im Weiteren auch die Frage nach der **Rechtsnatur der Meldeverpflichtung** zu klären. Soweit in der Gegenäußerung der Bundesregierung vom 12.4.2017 auf die Stellungnahme des Bundesrats hin (BT-Drs. 18/11928, 26, zu Nr. 25 (Art. 1 (§ 32 GwG)) behauptet wird *„Bei einer Verdachtsmeldung handelt es sich nach gefestigter Rechtsprechung nicht um eine Strafanzeige im Sinne des § 158 StPO, sondern um eine gewerberechtliche Meldeverpflichtung"*, so ist dies unzutreffend. Es ist keine Rechtsprechung erkennbar, die diese Behauptung stützt, und erst recht keine gefestigte Rechtsprechung. Für eine Qualifizierung als *„gewerberechtliche Meldeverpflichtung"* sprechen auch darüber hinaus keine durchschlagenden Argumente. Alleine der Umstand, dass auch Gewerbetreibende von der Meldepflicht erfasst sind, kann diese Behauptung ersichtlich nicht stützen (bspw. sind neben den Verpflichteten iSv § 2 auch Aufsichtsbehörden nach § 44 zu Verdachtsmeldungen verpflichtet). Es drängt sich in diesem Zusammenhang der Gedanke auf, dass die erklärte Einstufung von Meldungen nach §§ 43 und 44 als gewerberechtliche Mitteilungen (auch die Auslegungs- und Anwendungshinweise der BaFin zum GwG, Stand Mai 2020, S. 76, sprechen mittlerweile von einer gewerberechtlichen Meldepflicht; die FIU von einer *„gewerberechtlichen Meldung"*, LT NRW Stellung-

nahme 17/586 v. 26.4.2018) ausschließlich darauf zurückzuführen ist, dass über eine solche Einstufung der administrative Charakter der Zentralstelle für Finanztransaktionsuntersuchungen und die Nichtgeltung des Legalitätsprinzips (leichter) begründet werden kann (vgl. → § 30 Rn. 15).

Richtigerweise handelt sich bei den Meldepflichten des GwG nicht um klassische geldwäscherechtliche Sorgfalts- oder Organisationspflichten mit präventivem Charakter, sondern um **Verpflichtungen eigener Art, die primär den Belangen der Verbrechensbekämpfung dienen** (zust. *Lenk* JR 2020, 103 (105); ähnl. wohl auch BVerfG 31.1.2020 – 2 BvR 2992/14, BeckRS 2020, 1895, *("Zum anderen können Verdachtsmeldungen ihren Zweck auch dann erfüllen, [...] indem sie einen Anstoß für Ermittlungen geben, durch die das Vorliegen eines Anfangsverdachtserst geprüft werden soll."*) zur Einordnung der Verdachtsmeldepflicht zur Gefahrenabwehr oder zur Strafverfolgung vgl. ausführlich *Degen* S. 120ff., der sich schließlich für eine Zugehörigkeit zur Repression ausspricht (s. auch dortige Fn. 589); lt. OLG Frankfurt a. M. sei *„Sinn und Zweck der Verdachtsmeldung [...], Geldwäscheverdachtshandlungen möglichst noch vor der Durchführung unterbinden zu können"*, NZWiSt 2019, 219ff., was freilich angesichts § 43 Abs. 1 Nr. 2 verkürzt ist). Viele Verdachtsmeldungen bezeichnen bereits konkrete Straftaten, wegen der sich der oder die Gemeldete verdächtig gemacht hat. **Hauptzweck der Verdachtsmeldepflicht** ist es nicht, in jedem Einzelfall möglicherweise inkriminierte Gelder bis zur endgültigen Klärung des Verdachts festzuhalten, sondern vielmehr **sachdienliche Hinweise für die Strafverfolgungsbehörden** zu erlangen (BT-Drs. 12/2747, 4; BGH NJW 2008, 2245ff.). Die Pflicht zur Meldung verdächtiger Sachverhalte an die Zentralstelle für Finanztransaktionsuntersuchungen für die in § 2 GwG genannten Personen und Unternehmen geht dabei weit über die allgemein bestehende Verpflichtung für jeden Bürger gemäß § 138 StGB hinaus, geplante Verbrechen zur Anzeige zu bringen (im Katalog des § 138 Abs. 1 StGB sind Geldwäsche und Terrorismusfinanzierung nicht enthalten).

3. Verhältnis zu Strafanzeigen und anderen Anzeige-/Meldepflichten

Die Feststellung der grundsätzlichen Unterschiedlichkeit von Meldungen nach § 43 Abs. 1 und Strafanzeigen nach § 158 Abs. 1 StPO führt auch in der Praxis zur häufigen Frage, ob (insbes. bei klaren Hinweisen auf Straftaten) eine Strafanzeige oder alternativ eine Verdachtsmeldung nach dem Geldwäschegesetz zu erstatten ist. Aus Sicht der Strafverfolgungsbehörden und in zahlreichen Fällen wohl auch der Zentralstelle für Finanztransaktionsuntersuchungen dürfte die **Erstattung einer Strafanzeige vorzugswürdig** sein, sofern für den Verpflichteten im Einzelfall die Möglichkeit hierzu besteht (vgl. zahlreiche Fallbeispiele und ausführliche Erläuterungen hierzu bei *Barreto da Rosa* in Diergarten/Barreto da Rosa, 1. Aufl., S. 230ff.). Im BKA-FIU-Newsletter 3 aus 2006 (S. 8) hieß es ausdrücklich, insbesondere in Fällen, *„bei denen eindeutig der Kunde des anzeigenden Instituts bzw. das Institut selbst Geschädigter war (z. B. ,ebay-Betrügereien'/Anlagebetrug/Kontoeröffnungsbetrug/Kreditbetrug, Untreue durch Institutsmitarbeiter) oder Verdachtsmeldungen zu ,Phishing' bzw. Anwerbungsversuchen als sog. ,Finanzagent' [...] sollte der Kunde bzw. das Institut eher bei der örtlichen Polizeidienststelle oder Staatsanwaltschaft eine Strafanzeige erstatten."*. Hierdurch wird der Umweg über die Zentralstelle für Finanztransaktionsuntersuchungen und die Strafverfolgungsbehörde nach § 32 Abs. 2 S. 1 (und die dort damit verbundene Arbeit) vermieden und der Sachverhalt erreicht sofort die

§ 43 Abschnitt 6. Pflichten im Zusammenhang m. Meldungen v. Sachverhalten

örtlich zuständige Polizeidienststelle (oder Staatsanwaltschaft). Auszunehmen hiervon sind allenfalls Sachverhalte, in denen nur eine Meldung nach § 43 Abs. 1 (über die Regelung des § 46 Abs. 1) dem Verpflichteten die Möglichkeit eröffnet, die Transaktion anzuhalten oder das Geschäft nicht auszuführen.

Aufgrund des (unklaren und bisweilen fragwürdigen) Filters der Zentralstelle für Finanztransaktionsuntersuchungen (→ Vor §§ 27–42 Rn. 22 ff.) bietet die Erstattung einer Strafanzeige die zusätzliche Gewähr, dass der Sachverhalt einer qualifizierten Prüfung durch eine Strafverfolgungsbehörde unterzogen wird, die dem Legalitätsprinzip unterworfen ist, sowie über einen Antrag nach § 475 StPO die Aussicht auf eine Rückmeldung zum Ausgang des Verfahrens.

Die gleichzeitige Erstattung einer Verdachtsmeldung und einer (inhaltlich identischen) Strafanzeige macht keinen Sinn, da hier lediglich zwei unterschiedlichen Behörden der gleiche Sachverhalt gemeldet wird. Sofern eine **Strafanzeige gleichsam unverzüglich erstattet** wird (gemessen am Zeitpunkt des Entstehens einer Meldepflicht nach § 43 Abs. 1, vgl. hierzu → Rn. 54 ff.), wird die Erstattung einer Verdachtsmeldung als entbehrlich angesehen werden müssen und wird insbesondere kein Raum für eine Sanktionierung nach § 56 Abs. 1 Nr. 69 mehr bestehen. Zur Meldepflicht, wenn dem Verpflichteten bekannt ist, dass ein anderer Verpflichteter oder ein Dritter wegen desselben Sachverhalts bereits eine Meldung bzw. eine Strafanzeige nach § 158 StPO erstattet hat, s. die Ausführungen unter → Rn. 15.

10 Unabhängig davon ist festzustellen, dass es eine **gesetzliche Pflicht zu Erstattung einer Strafanzeige** – bzw. umgekehrt eine Strafandrohung für die Nichtanzeige geplanter Straftaten – nur in den Fällen des § 138 StGB gibt. Demnach wird mit Freiheitsstrafe bis zu fünf Jahren oder mit Geldstrafe bestraft, wer von dem Vorhaben oder der Ausführung bestimmter schwerer Straftaten, die dort einzeln aufgeführt sind, zu einer Zeit, zu der die Ausführung oder der Erfolg noch abgewendet werden kann, glaubhaft erfährt und es unterlässt, der Behörde oder dem Bedrohten rechtzeitig Anzeige zu machen.

11 In haftungsrechtlicher Hinsicht ist darauf hinzuweisen, dass auch wer eine Strafanzeige (wegen des Verdachts der Geldwäsche) erstattet, gemäß § 48 von jeglicher **Haftung** freigestellt wird. Jeder, der den Verdacht einer Straftat nach § 261 StGB anzeigt, soll die gesetzlich begründete Gewissheit haben, dass er nur bei vorsätzlicher oder grob fahrlässiger Unwahrheit zur Rechenschaft gezogen werden kann (BT-Drs. 12/2704, 19; vgl. hierzu näher die Anm. zu → § 48 Rn. 2).

12 Der besondere (und im Vergleich zur Strafanzeigeerstattung auch arbeitsökonomischere) Weg der Erstattung einer Meldung nach § 43 Abs. 1, § 45 darf nicht für die Erstellung von Strafanzeigen „missbraucht" werden – etwa weil er „bequemer" ist, um den Sachverhalt „zur Anzeige" zu bringen als eine förmliche Strafanzeigenerstattung bei der örtlichen Polizeidienststelle oder Staatsanwaltschaft. Derartiger **Missbrauch** kann zu einer Mitteilung an die jeweilige Aufsichtsbehörde führen.

13 Neben den in § 43 Abs. 1 GwG genannten Verdachtsmeldepflichten ist auf die **Anzeigepflichten nach § 23 Abs. 1 S. 1 WpHG** und **Art. 16 Abs. 1 und 2 MAR** (VO (EU) Nr. 596/2014 des Europäischen Parlaments und des Rates v. 16.4.2014 über Marktmissbrauch (Marktmissbrauchsverordnung) und zur Aufhebung der RL 2003/6/EG des Europäischen Parlaments und des Rates und der RL 2003/124/EG, 2003/125/EG und 2004/72/EG der Kommission, ABl. 2014 L 173, 1) hinzuweisen.

13a Gemäß **§ 23 Abs. 1 S. 1 WpHG** sind Wertpapierdienstleistungsunternehmen, andere Kreditinstitute und Betreiber von außerbörslichen Märkten (vgl. Begr. zum

Meldepflicht von Verpflichteten, Verordnungsermächtigung **§ 43**

Entwurf eines Gesetzes zur Verbesserung des Anlegerschutzes (Anlegerschutzverbesserungsgesetz – AnSVG), BT-Drs. 15/3174, 32) verpflichtet, strafbare **Leerverkäufe** nach Art. 12 (Beschränkungen ungedeckter Leerverkäufe in Aktien), 13 (Beschränkung ungedeckter Leerverkäufe von öffentlichen Schuldtiteln) oder 14 (Beschränkungen für ungedeckte Credit Default Swaps auf öffentliche Schuldtitel) der VO (EU) 236/2012 des Europäischen Parlaments und des Rates vom 14.3.2012 über Leerverkäufe und bestimmte Aspekte von Credit Default Swaps (ABl. 2012 L 86, 1) unverzüglich an die BaFin zu melden. Die Verdachtsanzeigepflicht nach § 23 Abs. 1 S. 1 WpHG war derjenigen nach § 11 Abs. 1 GwG aF (heutiger § 43 Abs. 1 GwG) nachgebildet worden. Hier gelten gleichgelagerte Regelungen wie im GwG (vgl. § 23 Abs. 1 S. 2 WpHG, der § 47 GwG entspricht, oder die dem § 48 GwG entsprechende Haftungsfreistellungsklausel in § 23 Abs. 3 WpHG) und insbesondere auch der gleiche Verdachtsgrad an eine Meldung (s. Gesetzesbegr. zum Anlegerschutzverbesserungsgesetz, BT-Drs. 15/3174, 32, wo klargestellt wird, dass bloße Vermutungen für eine Anzeigepflicht nicht ausreichen, es „*muss vielmehr ein durch Tatsachen begründeter Verdacht auf einen Verstoß gegen eines der Verbote vorliegen, damit die Anzeigepflicht entsteht.*"). Die BaFin stellt auf ihrer Homepage ein Formular für Anzeigen wegen Verdachts auf Leerverkäufe mit weiteren Hinweisen zur Verfügung. Der Inhalt einer Verdachtsanzeige nach § 23 Abs. 1 S. 1 WpHG darf von der BaFin (§ 6 WpHG) nur zur Erfüllung ihrer Aufgaben verwendet werden (§ 23 Abs. 2 S. 1 WpHG), bei einer Straftat nach § 119 WpHG (Marktmanipulation, Insiderhandel) leitet die BaFin ihre Erkenntnisse an die zuständige Staatsanwaltschaft weiter (§ 11 S. 1 WpHG). Wer vorsätzlich oder fahrlässig eine Mitteilung nicht, nicht richtig, nicht vollständig, nicht in der vorgeschriebenen Weise oder nicht rechtzeitig macht, handelt gemäß § 120 Abs. 2 Nr. 2c WpHG **ordnungswidrig.**

Die Pflicht zur Meldung von Geschäften und Aufträgen, die potenziell gegen das **13b** **Verbot des Insiderhandels und der Marktmanipulation** (§ 119 Wertpapierhandelsgesetz (WpHG), Art. 14 und 15 Marktmissbrauchs-VO) verstoßen, ergibt sich unmittelbar aus **Art. 16 Abs. 1 und Abs. 2 Marktmissbrauchsverordnung** (vgl. BT-Drs. 18/7482, 18/7826, 18/7918, 18/8099, 106). Zuvor war die Meldepflicht für Marktmanipulation und Insiderhandel in § 10 Abs. 1 S. 1 WpHG enthalten, der in seiner Fassung bis zum 1. FiMaNoG noch auf die vormaligen §§ 14 und 20a WpHG verwiesen hatte (§ 10 Abs. 1 S. 1 WpHG wiederum war in das WpHG in Umsetzung von Art. 6 Abs. 9 der RL 2003/6/EG des Europäischen Parlaments und des Rates v. 28.1.2003 über Insider-Geschäfte und Marktmanipulation, ABl. 2003 L 96, 22, durch das Anlegerschutzverbesserungsgesetz (BGBl. 2004 I S. 2630) eingefügt worden). Für (gleichfalls unverzüglich zu erstattende) Verdachtsmeldungen nach Art. 16 Abs. 1 und 2 MAR (sog. Suspicious Transaction and Order Reports – „STORs") ist das EU-weit einheitliche Formular für Verdachtsmeldungen zu verwenden, das von der BaFin inkl. weiterer Hinweise zur Erstattung auf ihrer Homepage zur Verfügung gestellt wird. Ein Verstoß gegen die Meldepflicht/Unterrichtungspflicht (wer eine Meldung/Unterrichtung nicht, nicht richtig, nicht vollständig, nicht in der vorgeschriebenen Weise oder nicht rechtzeitig vornimmt) ist bei vorsätzlichem und fahrlässigem Handeln gemäß § 120 Abs. 15 Nr. 4 bzw. 5 WpHG **bußgeldbewehrt.**

Die Frage, ob auch **bei erfolgter Erstattung einer Verdachtsanzeige nach 13c dem WpHG eine zusätzliche Meldung nach dem Geldwäschegesetz erforderlich,** soweit die dortigen Voraussetzungen vorliegen, wurde vom Gesetzgeber nicht entschieden. Auch die BaFin verhält sich hierzu in den Auslegungs- und Anwendungshinweisen zum GwG (Stand Mai 2020) nicht.

Für eine doppelte Meldepflicht spricht, dass BaFin und FIU (wie vor dem 26.6.2017 BaFin und die, die Verdachtsmeldungen seinerzeit entgegennehmenden Strafverfolgungsbehörden) Behörden mit unterschiedlichen Aufgaben und Zielrichtungen sind (noch zur alten Rechtslage vor dem 26.6.2017 für eine doppelte Meldung auch *Weferling/Engelbrecht* ZRFC 2016, 218 (223), wenn ein Marktmissbrauchsfall gleichzeitig eine versuchte Geldwäschevortat darstellt).

Dagegen sprechen jedoch die im Ergebnis identischen Weiterleitungsverpflichtungen von BaFin und FIU – beide sind verpflichtet bei Hinweisen auf gegenständliche Straftaten, diese an die Strafverfolgungsbehörden weiterzuleiten (die FIU über § 32 Abs. 2 S. 1 GwG, sofern sie diese Fälle nicht unmittelbar gemäß § 32 Abs. 3 S. 2 Nr. 3 an die BaFin weiterleitet; die BaFin gemäß § 11 S. 1 WpHG (vgl. hierzu auch BaFin-Journal 4/2015 v. 15.4.2015 auf S. 15: *„Führen diese Handlungen dazu, dass ein manipulierter Börsenpreis entsteht, liegt gemäß § 38 Absatz 2 WpHG [Anm.: jetzt § 119 WpHG] eine Straftat vor. Erhält die BaFin entsprechende Anhaltspunkte, so ist sie verpflichtet, diese bei der zuständigen Staatsanwaltschaft anzuzeigen."*). Damit werden die Strafverfolgungsbehörden den identischen Sachverhalt doppelt zur Kenntnis erhalten. Die Vermeidung sog. „Doppelmeldungen" im Geldwäschebereich war ausdrücklicher gesetzgeberischer Wille (BT-Drs. 18/11555, 91). Auch der Argumentation der Auslegungs- und Anwendungshinweise der BaFin zum GwG (S. 75) zur Frage der Verdachtsmeldepflicht bei staatsanwaltschaftlichen Auskunftsersuchen folgend, könnte hier argumentiert werden, dass gleichfalls in diesen Fällen, in denen den bereits eine Anzeige nach Art. 16 MAR/§ 23 WpHG erfolgt ist, den Strafverfolgungsbehörden (über die FIU) durch Übersendung des identischen Sachverhalts keine neuen Informationen mitgeteilt werden und damit eine Verdachtsmeldung nach § 43 GwG entbehrlich wäre.

13d Zur Pflicht für Institute iSv § 25h Abs. 1 KWG jede Transaktion, die im Verhältnis zu vergleichbaren Fällen besonders komplex oder groß ist, ungewöhnlich abläuft oder ohne offensichtlichen wirtschaftlichen oder rechtmäßigen Zweck erfolgt, unbeschadet des § 15 GwG mit angemessenen Maßnahmen zu untersuchen, um das Risiko der Transaktion im Hinblick auf strafbare Handlungen im Sinne von Abs. 1 S. 1 überwachen, einschätzen und gegebenenfalls die Erstattung einer *Strafanzeige* gemäß § 158 StPO prüfen zu können **(§ 25h Abs. 3 KWG)** vgl. ausführlich *Achtelik* → KWG § 25h Rn. 20.

II. Meldepflichten (Abs. 1)

1. Allgemeines

14 Abs. 1 entspricht im Grundsatz § 11 Abs. 1 GwG idF vor dem 26.6.2017 und ist im Übrigen nur redaktionell angepasst worden. Die durch das Gesetz zur Umsetzung der 4. EU-Geldwäscherichtlinie (BGBl. 2017 I S. 1822) eingefügte Nummerierung diente der Übersichtlichkeit und war zu begrüßen. Noch im Vergleich zum RefE des BMF vom 24.11.2016 war die Norm (vormals § 39 GwG-RefE) nahezu vollständig neu gefasst worden. Die vormaligen Auslegungshinweise des Bundesministeriums der Finanzen zur Handhabung des Verdachtsmeldewesens (§ 11 GwG) vom 6.11.2014 waren ausweislich der Gesetzesbegründung zunächst weiterhin aktuell (BT-Drs. 18/11555, 156), im Dezember 2018 veröffentlichte die BaFin gem. § 51 Abs. 8 GwG schließlich die neuen **Auslegungs- und Anwendungshinweise zum Geldwäschegesetz.** Abweichende Auslegungs- und Anwendungshinweise zum GwG für den Nichtfinanzsektor wurden bislang nur vereinzelt für spezifische Verpflichtetengruppen veröffentlicht. Insbesondere für Angehörige des Nichtfinanzsektors, für die keine gesonderten AuAs veröffentlicht sind, empfiehlt sich insofern eine Orientierung an diesen Auslegungs- und Anwendungshinweisen der BaFin, soweit diese jeweils übertragbar sind. Gemäß § 56 Abs. 1 Nr. 69 handelt **ordnungswidrig**, wer entgegen § 43 Abs. 1 eine Meldung nicht, nicht richtig, nicht vollständig oder nicht rechtzeitig abgibt.

Die Pflicht zur Erstattung einer Meldung gemäß § 43 Abs. 1 soll bei Vorliegen der dort genannten Voraussetzungen ausweislich der Auslegungs- und Anwendungshinweise der BaFin zum GwG (Stand Mai 2020), S. 76, stets auch dann bestehen, wenn dem Verpflichteten bekannt ist, dass ein **anderer Verpflichteter oder ein Dritter wegen desselben Sachverhalts bereits eine Meldung bzw. eine Strafanzeige nach § 158 StPO erstattet** hat; denn bei der Meldepflicht nach GwG handele es sich um eine selbständige gewerberechtliche Verpflichtung. Diese Auffassung ist wenig nachvollziehbar. Insbesondere wirkt sie widersprüchlich angesichts der an gleicher Stelle vorgenommenen Ausführungen zur Meldepflicht im Falle staatsanwaltschaftlicher Auskunftsersuchen. In diesen Fällen sei zu prüfen, *„ob durch die darin mitgeteilten Informationen zugleich die Meldepflicht nach § 43 Abs. 1 GwG (erneut) ausgelöst wird. Ob dies der Fall ist, beurteilt sich nach den Voraussetzungen des § 43 Abs. 1 GwG und damit der Frage, ob – nun unter Berücksichtigung des Inhalts des Auskunftsersuchens – (nochmals neue) Tatsachen im Sinne der Norm vorliegen. Hierbei ist insbesondere zu berücksichtigen, ob der Verpflichtete zu dem Sachverhalt des staatsanwaltschaftlichen Auskunftsersuchens bereits zuvor eine Verdachtsmeldung erstattet hat und durch das Auskunftsersuchen keine neuen Informationen übermittelt werden, die eine Meldepflicht auslösen."* (Auslegungs- und Anwendungshinweise der BaFin zum GwG S. 75 f.). Ähnlich (vielleicht sogar etwas deutlicher) äußerten sich die vormaligen Auslegungs- und Anwendungshinweise des BMF zur Handhabung des Verdachtsmeldewesen nach § 11 GwG vom 6.11.2014 (auf S. 7): *„Eine Verdachtsmeldung nach Erhalt eines staatsanwaltschaftlichen Auskunftsersuchens ist nur dann vorzunehmen, wenn den Strafverfolgungsbehörden zusätzliche, ihnen bisher nicht bekannte oder nicht vom Auskunftsersuchen umfasste Informationen übermittelt werden".*

Hat ein anderer Verpflichteter oder ein Dritter wegen desselben Sachverhalts bereits eine Meldung bzw. eine Strafanzeige nach § 158 StPO erstattet, so kann in eben diesem Sinne mithin auch nur dann eine (zusätzliche) Meldepflicht bestehen, wenn vom Verpflichteten wiederum neue Informationen übermittelt werden. In vielen Fällen wird der Verpflichtete dies bereits (auch durch Austausch mit dem anderen Verpflichteten) abschätzen können; in Zweifelsfällen 1 zu einer zusätzlichen Meldung zu raten. Es ist jedenfalls festzustellen, dass den Strafverfolgungsbehörden letztlich kaum Informationen verborgen bleiben werden, wenn von mehreren in einen Sachverhalt involvierten Verpflichteten, nicht alle Meldungen erstatten – im Zweifelsfall bleibt die Möglichkeit staatsanwaltschaftlicher Auskunftsersuchen unbenommen (die allenfalls zeitliche Verzögerungen bedeuten können). Die FIU ist über § 30 Abs. 3 ohnehin in der Lage, von Verpflichteten Auskunft zu verlangen, selbst wenn diese nicht gemeldet haben. Dass die FIU in den wenigsten Fällen von weiteren in einen Sachverhalt involvierten Verpflichteten Auskünfte nach § 30 Abs. 3 verlangt, ist wiederum Argument dafür, dass eine unterlassene Meldung in derartigen Fällen offensichtlich keine gravierenden Nachteile für die FIU oder die Strafverfolgungsbehörden bedeutet (die in der Folge auch etwa eine Sanktionierung nach § 56 erforderlich machen).

Die vorgenannten Ausführungen können im Grundsatz auch für die Frage der Erforderlichkeit von **Nachmeldungen** herangezogen werden (die Auslegungs-

§ 43 Abschnitt 6. Pflichten im Zusammenhang m. Meldungen v. Sachverhalten

und Anwendungshinweise der BaFin zum GwG äußern sich zum Thema „Nachmeldungen" nicht explizit). Werden durch eine nach der Erstmeldung stattfindende Transaktion oder sonstige Umstände, die im Zusammenhang mit dem erstgemeldeten Sachverhalt stehen, die Voraussetzungen der Meldepflicht nach § 43 Abs. 1 erfüllt, hat eine Nachmeldung zu erfolgen (in goAML ist diese entsprechend als solche zu kennzeichnen). Weitere Verdachtsmomente können die ursprüngliche Annahme der Geldwäsche weiter erhärten und sind insofern für die FIU bzw. die Strafverfolgungsbehörden bedeutsam.

15b   Die Zentralstelle für Finanztransaktionsuntersuchungen und die nach entsprechender Übermittlung des Sachverhaltes zuständige Strafverfolgungsbehörde kann den Meldepflichtigen **nach Erstattung der Meldung** auffordern, die Fakten, die seine Meldung unterfüttern, zu substantiieren bzw. zu konkretisieren (Auslegungs- und Anwendungshinweise der BaFin zum GwG (Stand Mai 2020), S. 76). Die AuA der BaFin äußern sich (auf S. 78 f.) nunmehr auch erstmalig zur Frage des Abbruchs von Geschäftsbeziehungen und stellen hierbei klar, dass eine Weiterführung von Geschäftsbeziehungen allein zum Zwecke der Ausermittlung, ob ein Fall von Geldwäsche oder Terrorismusfinanzierung vorliegt, nicht zu den Aufgaben der Verpflichteten im Rahmen der vom GwG normierten Kooperation von zuständigen Behörden, der FIU und Verpflichteten gehört. Mit Abgabe einer Meldung nach § 43 Abs. 1 liegen dem Meldenden grundsätzlich Anzeichen für ein potenziell höheres Risiko iSd § 15 Abs. 2 S. 1 GwG vor, so dass verstärkte Sorgfaltspflichten zu erfüllen sind. Aufgrund der rein administrativen Rechtsnatur der Meldung und der Meldeschwelle unterhalb des strafprozessualen Anfangsverdachts indiziere die reine Tatsache der Abgabe einer Meldung nach § 43 Abs. 1 jedoch nicht automatisch die Notwendigkeit der Beendigung einer Kundenbeziehung. Um die Ermittlungen nicht zu beeinträchtigen, empfiehlt es sich ausweislich der AuA für die Verpflichteten jedoch in Fällen, in denen sie zuvor eine Meldung gemäß § 43 Abs. 1 erstattet haben, vor einer Entscheidung über den Abbruch einer Geschäftsbeziehung die FIU über die geplante Maßnahme zu unterrichten und sich ggf. zusätzlich mit den jeweils zuständigen Strafverfolgungsbehörden in Verbindung zu setzen. Die Entscheidung, ob eine **Geschäftsbeziehung abgebrochen wird oder nicht**, obliege jedoch – außer in den Fällen von Auskunftsersuchen durch das BfV oder andere Sicherheitsbehörden (hier ist es einem Verpflichteten verboten, allein auf Grund eines solchen Verlangens einseitige Handlungen vorzunehmen, die für den Betroffenen nachteilig sind und die über die Erteilung der Auskunft hinausgehen, insbesondere bestehende Verträge oder Geschäftsverbindungen zu beenden, ihren Umfang zu beschränken oder ein Entgelt zu erheben oder zu erhöhen, vgl. ua § 8b Abs. 5 BfVG) – allein dem betroffenen Verpflichteten (vgl. hierzu auch §§ 15 Abs. 9, 10 Abs. 9). Diese „Empfehlung" der Kontaktaufnahme mit der FIU wirkt angesichts der aktuellen Arbeitsweise der FIU sehr idealistisch. Insbesondere die Verpflichtung zur Erfüllung (aufwändiger) verstärkter Sorgfaltspflichten nach Abgabe einer Meldung (s. o.) in Kombination mit der mangelhaften Rückmeldepraxis seitens der FIU setzt Anreize zur niedrigschwelligen Beendigung der betroffenen Geschäftsbeziehung(en). Empfehlungen zum weiteren Verhalten nach Erstattung der Meldung nach § 43 Abs. 1 (insbes. auch der Frage der Kündigung der Geschäftsbeziehung) finden sich bspw. bei *Barreto da Rosa* in Diergarten/Barreto da Rosa S. 276 ff.

15c   Die Pflicht zur Erstattung einer Verdachtsmeldung besteht – entsprechend der FATF-Vorgaben (vgl. Interpretive Note 3 zu Empfehlung Nr. 20: *„All suspicious transactions, including attempted transactions, should be reported regardless of the amount of* *the transaction.*", sowie der Interpretive Note (dort lit. A) zu Empfehlung 10) und Art. 33 Abs. 1 S. 2 der 4. EU-Geldwäscherichtlinie (*"Alle verdächtigen Transaktionen einschließlich versuchter Transaktionen müssen gemeldet werden."*) – **auch in Fällen des Versuchs** der Durchführung einer Transaktion oder der Begründung einer Geschäftsbeziehung (angesichts der klaren Formulierung in der 4. EU-Geldwäscherichtlinie wäre eine ausdrückliche Umsetzung in § 43 GwG wünschenswert gewesen). Dies erfasst insbesondere die Konstellation, dass ein potentieller Kunde zunächst einem Verpflichteten die Durchführung einer Transaktion oder die Aufnahme einer Geschäftsbeziehung mit ihm anträgt, dann aber von diesem Vorhaben ohne erkennbaren oder plausiblen Grund (im Rahmen der Durchführung der Sorgfaltspflichten) wieder Abstand nimmt. Auch in diesen Fällen besteht die Pflicht zur Abgabe einer Verdachtsmeldung, sofern Tatsachen vorliegen, die darauf hindeuten, dass es sich bei den Vermögenswerten, die mit der beabsichtigten Transaktion oder Geschäftsbeziehung im Zusammenhang stehen, um den Gegenstand einer Straftat nach § 261 StGB handelt oder die Vermögenswerte im Zusammenhang mit einer Terrorismusfinanzierung stehen (vgl. auch BaFin, RdSchr. 3/2012 (GW) v. 6.7.2012). Der Verpflichtete kann sich mithin seiner Meldepflicht auch nicht dadurch entledigen, dass er ein zweifelhaftes Geschäft ablehnt und keine Transaktion durchführt (ebenso *Krais* Rn. 490). Darüber hinaus werden neben bevorstehenden, laufenden, abgelehnten oder noch nicht ausgeführten Transaktionen von der Meldepflicht auch **bereits durchgeführte Transaktionen** erfasst (Auslegungs- und Anwendungshinweise der BaFin zum GwG (Stand Mai 2020), S. 72).

2. *"Liegen Tatsachen vor, die darauf hindeuten, dass"*

a) Der Verdachtsgrad. Der Verdachtsgrad, der für die Verpflichteten nach § 2 (und die Behörden nach § 50) eine Meldepflicht nach dem Geldwäschegesetz entstehen lässt, war zunächst **lange Zeit umstritten.** Vor allem von Teilen der Literatur wurden zunächst höhere Anforderungen postuliert. So war teilweise ein Anfangsverdacht gefordert worden, der dem Begriff der Strafprozessordnung entspricht (wobei auch die einschlägigen Beschreibungen des strafprozessualen Anfangsverdachts keine umfassend trennscharfe Definition bieten, worauf *Höche/Rößler* WM 2012, 1505 (1509), zutreffend hinweisen). Andernorts war gefordert worden, es müsse gar ein sog. doppelter Tatverdacht vorliegen in dem Sinne, dass einerseits der Verdacht bestehen müsse, dass der betreffende Vermögensgegenstand aus einer in § 261 Abs. 1 S. 2 StGB genannten Vortat herrührt, und andererseits (zusätzlich) die Finanztransaktion im Falle ihrer Durchführung der Geldwäsche dienen müsse. Diese Ansichten sind überholt (vgl. zur diesbezüglichen Historie *Herzog/Achtelik* → 2. Aufl. 2014, § 11 aF Rn. 16 ff.; s. auch OLG Frankfurt a.M. PStR 2013, 220; BVerfG 31.1.2020 – 2 BvR 2992/14, BeckRS 2020, 1895). 16

Die **FATF-Empfehlung 20** fordert die Erstattung einer Meldung dann, wenn der Verpflichtete den Verdacht oder berechtigten Grund zu der Annahme hat, dass es sich bei Vermögenswerten um Erträge krimineller Aktivitäten handelt oder die Vermögenswerte im Zusammenhang mit Terrorismusfinanzierung stehen (*"If a financial institution suspects or has reasonable grounds to suspect that funds are the proceeds of a criminal activity, or are related to terrorist financing, it should be required, by law, to report promptly its suspicions to the financial intelligence unit (FIU)."*). Eine ähnliche Formulierung im Hinblick auf den Verdachtsgrad wählt **Art. 33 Abs. 1 S. 1 lit. a der 4. EU-Geldwäscherichtlinie** (*"... where the obliged entity knows, suspects or has reasonable grounds to suspect that funds, regardless of the amount involved, are the proceeds of cri-* 17

§ 43 Abschnitt 6. Pflichten im Zusammenhang m. Meldungen v. Sachverhalten

minal activity or are related to terrorist financing ... "), in der deutschen Version übersetzt mit *„... wenn der Verpflichtete Kenntnis davon erhält oder den Verdacht oder berechtigten Grund zu der Annahme hat, dass Gelder unabhängig vom betreffenden Betrag aus kriminellen Tätigkeiten stammen oder mit Terrorismusfinanzierung in Verbindung stehen ... ".*

18 Durch verschiedene Umformulierungen und Klarstellungen wurden von Seiten des Gesetzgebers sukzessive die intendierten geringen Anforderungen an den Verdachtsgrad konkretisiert. So wurde vor allem auch im Zuge des Gesetzes zur Optimierung der Geldwäscheprävention betont, dass es sich bei Verdachtsmeldungen nicht um Strafanzeigen handelt und die Erstattung einer Verdachtsmeldung damit auch **keinen Anfangsverdacht iSd § 152 Abs. 2 StPO** erfordert (BT-Drs. 17/6804, 35). Der Verdachtsgrad, auf Basis dessen der Verpflichtete eine Meldung abgibt, liegt unterhalb dem einer Strafanzeige (BT-Drs. 18/11928, 26). Auch die Umbenennung von *„Verdachtsanzeige"* in *„Verdachtsmeldung"* durch das Gesetz zur Optimierung der Geldwäscheprävention sollte keine inhaltliche Änderung, sondern lediglich eine Klarstellung in Bezug auf die Verdachtsschwelle bewirken (BT-Drs. 17/6804, 21). Diese war in der praktischen Anwendung in vielen Fällen zu hoch angesetzt worden, was im Evaluationsbericht der FATF über Deutschland im Februar 2010 kritisiert wurde (Key Findings 5, 22 sowie Ziff. 691, 692, 718, 722, 723; vgl. auch BR-Drs. 317/11, 48f.). Der Gesetzgeber formuliert hier klar (BT-Drs. 17/6804, 21): *„Im Gegensatz zur Strafanzeige braucht der nach dem Geldwäschegesetz Verpflichtete nicht die Vorstellung zu haben, dass eine Straftat begangen wird oder wurde. Es genügt, wenn die nach dem Geldwäschegesetz geforderten Tatsachen vorliegen. Es handelt sich bei den die Meldepflicht auslösenden Fällen um gesetzlich typisierte Verdachtssituationen, die eine eigene Schlussfolgerung oder gar rechtliche Subsumtion des Verpflichteten nicht erfordern. Der Verpflichtete braucht nicht damit zu rechnen, dass der meldepflichtige Sachverhalt in Zusammenhang mit einer Straftat steht. Der Gesetzgeber selbst bejaht mit dieser Typisierung eine gewisse Wahrscheinlichkeit für einen solchen Zusammenhang."* Die Verdachtsmeldepflicht hat sich damit vom Straftatbestand der Geldwäsche weitestgehend gelöst und ist zu einem rein kriminologischen Verdacht geworden (vgl. *Krais* Rn. 509).

Die niedrigeren Anforderungen an den Verdachtsgrad der Meldepflicht nach § 43 gegenüber dem strafprozessualen Anfangsverdacht wurden vom **BVerfG** in seinem Kammerbeschluss vom 31.1.2020 (2 BvR 2992/14, BeckRS 2020, 1895) bestätigt. Explizit wird hierbei festgestellt, dass Verdachtsmeldungen ihren Zweck auch dann erfüllen können, *„wenn keine konkreten Anhaltspunkte für eine Vortat im Sinne von § 261 Abs. 1 Satz 2 StGB vorliegen, indem sie einen Anstoß für Ermittlungen geben, durch die das Vorliegen eines Anfangsverdachts erst geprüft werden soll."*

19 Die **Auslegungs- und Anwendungshinweise der BaFin zum GwG** (Stand Mai 2020) führen auf Seite 73 zur Verdachtsmeldeschwelle aus: *„Für den Verpflichteten und die für ihn handelnden Beschäftigten muss keine Gewissheit darüber bestehen, dass ein entsprechender Vermögensgegenstand aus einer Vortat des § 261 StGB stammt oder im Zusammenhang mit Terrorismusfinanzierung steht. Für das Vorliegen eines meldepflichtigen Sachverhalts ist erforderlich, aber auch ausreichend, dass Tatsachen vorliegen, die auf das Vorliegen der in § 43 Abs. 1 GwG genannten Sachverhalte hindeuten. Soweit dies in Bezug auf die Fälle der Nr. 1 und Nr. 2 gegeben ist, kann insoweit ein kriminelle Hintergrund einer Terrorismusfinanzierung oder gemäß § 261 StGB nicht ausgeschlossen werden. Im Zweifel ist daher eine Meldung nach § 43 Abs. 1 GwG zu erstatten."*

Dabei wird klargestellt, dass der Verpflichtete bzw. der für ihn handelnde Mitarbeiter bei seiner Einschätzung einen (eng begrenzten) Beurteilungsspielraum hat. Es kommt auch auf seine **subjektive Einschätzung** aus den konkreten Umständen heraus an. Entsprechend der Auslegungs- und Anwendungshinweise der BaFin müssen nachvollziehbare Gründe für eine Einschätzung vorliegen. Eine Meldung *„ins Blaue hinein"*, dh, ohne dass hinreichend aussagekräftige Anhaltspunkte vorliegen, ist unzulässig (vgl. auch BT-Drs. 17/6804, 35/36; BR-Drs. 317/11, 49). Umgekehrt haben Verpflichtete insbesondere *„weder das Vorliegen sämtlicher Tatbestandsmerkmale des § 261 StGB oder einer seiner Vortaten oder einer Terrorismusfinanzierung zu prüfen oder gar den Sachverhalt „auszuermitteln", noch eine rechtliche Subsumtion des Sachverhalts unter die entsprechenden Straftatbestände vorzunehmen"*, sondern *„einen Sachverhalt nach allgemeinen Erfahrungen und dem ggfs. bei seinen Beschäftigten vorhandenen beruflichen Erfahrungswissen unter dem Blickwinkel der Ungewöhnlichkeit und Auffälligkeit im jeweiligen geschäftlichen Kontext zu würdigen"* (Auslegungs- und Anwendungshinweise der BaFin zum GwG (Stand Mai 2020), S. 73; ebenso BT-Drs. 17/6804, 35 und BR-Drs. 317/11, 49, mit Verweis auf die FATF-Empfehlung Nr. 13 (jetzt Nr. 20)). Bei dieser Würdigung sind zu berücksichtigen: Zweck und Art der Transaktion; Besonderheiten in der Person des Kunden oder des wirtschaftlich Berechtigten; der finanzielle und geschäftliche Hintergrund des Kunden sowie die Herkunft der eingebrachten oder einzubringenden Vermögenswerte (BT-Drs. 18/11555, 157). Hinsichtlich der **Mitteilungspflicht nach § 31b AO für die Finanzbehörden** gelten entsprechende Anforderungen (vgl. AEAO zu § 31b AO, Ziff. 2.2).

Die Auslegungs- und Anwendungshinweise der BaFin zum GwG haben sich vom Gesetzestext des § 43 Abs. 1 (Nr. 1) damit kritisch weit entfernt (vgl. ausführlich auch *Bülte* NZWiSt 2017, 276 (280f.), der die Auslegungshinweise als rechtswidrig ansieht und die Rechtspflicht, die das Gesetz statuiert, als praktisch nicht erfüllbar und damit unzumutbar; ähnl. *Krais* Rn. 510ff.).

19a Sofern das **OLG Frankfurt a. M.** in seinem Beschluss vom 10.4.2018 (2 Ss-OWi 1059/17, BeckRS 2018, 30810) stets eine *„in jeder Hinsicht gesetzeskonforme Herkunft"* von Vermögenswerten fordert (*„Eine in jeder Hinsicht gesetzeskonforme Herkunft des in dieser Höhe eingezahlten Bargeldes war für die Bank mit den ihr zur Verfügung stehenden Mitteln vorliegend nicht sicher belegbar, so dass bereits bei den Bareinzahlungen, erst Recht aber bei der Überweisung unter Zugrundelegung der Sorgfaltspflichten nach § 3 GWG die Voraussetzungen der Verdachtsmeldung gegeben waren."*) – nur eine solche könne eine Meldepflicht ausschließen – wird der Grundansatz der Feststellung von Verdachtsmomenten geradezu ins Gegenteil verkehrt: Es wären mithin nicht mehr Anhaltspunkte für deliktisches Verhalten festzustellen, sondern jede Transaktion, jeder Vermögenswert gilt als verdächtig, solange nicht ihre/seine gesetzeskonforme Herkunft mit den zur Verfügung stehenden Mitteln sicher belegbar ist. Eine in jeder Hinsicht gesetzeskonforme Herkunft von Vermögen wird ein Verpflichteter (mit den ihm zur Verfügung stehenden Mitteln, dh insbesondere auch ohne Mitwirkung des Betroffenen) kaum je belegen können. Die (absurde) Folge wäre, dass Verpflichtete bei jeder Transaktion gezwungen wären, die legale Herkunft nachzuweisen, um keinen Verdachtsfall zu haben, und aufgrund dieser Unmöglichkeit wäre letztlich zu nahezu jeder höheren Transaktion eine Meldung zu erstatten. Der Schritt vom „bloßen" Feststellen von Verdachtsmomenten hin zur Beweispflicht der Legalität findet im Gesetz keine Stütze und mithin abzulehnen (vgl. *Barreto da Rosa/Diergarten* NStZ 2020, 173ff.).

19b Außergewöhnlich scharf formulieren die Auslegungs- und Anwendungshinweise der BaFin im Weiteren (auf S. 73 angelehnt an den Beschluss des OLG Frankfurt a. M. v. 10.4.2018 – 2 Ss-OWi 1059/17, BeckRS 2018, 30810, auch hierzu krit. *Barreto da Rosa/Diergarten* NStZ 2020, 173ff.) zum **Handlungsspielraum der Verpflichteten.** Es sei gerade *„nicht die Aufgabe des GWB anstelle oder neben den Strafver-*

§ 43 Abschnitt 6. Pflichten im Zusammenhang m. Meldungen v. Sachverhalten

folgungsbehörden Ermittlungen anzustellen und u. a. Gespräche mit Kunden zum Verdachtsfall zu führen. Der Handlungsspielraum erstreckt sich dabei nur auf die Hinzuziehung und Ermittlung von Tatsachen, die im direkten Umfeld der Geschäftsbeziehung entstanden sind und die der GWB auf Grund dieser Geschäftsbeziehung zur Verfügung stehen und in der Kürze der Prüfungszeit auch beigezogen und verwertet werden können." Eine Befragung des Betroffenen zur Mittelherkunft/Mittelverwendung sei nicht geboten (sie ist jedoch explizit auch nicht verboten), auch die Bewertung der Glaubwürdigkeit der betroffenen Person und der Glaubhaftigkeit ihrer Angaben stünden dem Verpflichteten nicht zu, sondern seien den zuständigen Behörden zu überlassen. Insbesondere diese letztgenannten Forderungen sind kritisch zu sehen. Eine Abgrenzung zwischen „Ermittlungshandlung" und „Prüfung des gemeldeten Sachverhalts" (unter Beiziehung der gesamten aus der Geschäftsbeziehung vorhandenen Informationen) lässt sich trennscharf nicht vornehmen (für die Verpflichteten ist es angesichts dieser Auffassung jedenfalls bedeutsam/ratsam, sprachlich genau stets ausschließlich von „Prüfungen" oÄ im Hinblick auf den Sachverhalt zu reden und den Begriff der „Ermittlungen" in diesem Kontext zu vermeiden). Die Befragung von Kunden ist zweifelsfrei sensibel und gut abzuwägen, sie kann im Einzelfall jedoch geeignet sein, einen anfänglichen Verdacht ausräumen zu helfen und damit unnötige Verdachtsmeldungen und im Zweifelsfall die Belastung eines Unschuldigen vermeiden. Für die FIU und die Strafverfolgungsbehörden können die Angaben des Verpflichteten bezüglich der Reaktion/Aussage des Kunden überdies sehr wohl von Bedeutung sein und auch die (begründete) Einschätzung hinsichtlich der Glaubwürdigkeit der gemachten Angaben.

19c Das **BVerfG** fordert in seinem Kammerbeschluss vom 31.1.2020 (2 BvR 2992/14 Rn. 43, BeckRS 2020, 1895) letztlich zwei kumulativ vorliegende Voraussetzungen für das Vorliegen eines meldepflichtigen Verdachts: *„Für das Vorliegen eines meldepflichtigen Verdachts ist es danach ausreichend, dass objektiv erkennbare Anhaltspunkte dafür sprechen, dass durch eine Transaktion illegale Gelder dem Zugriff der Strafverfolgungsbehörden entzogen oder die Herkunft illegaler Vermögenswerte verdeckt werden sollen und ein krimineller Hintergrund im Sinne des § 261 StGB nicht ausgeschlossen werden kann (vgl. OLG Frankfurt, Beschlüsse vom 17. Dezember 2012 – 19 U 210/12 –, juris, Rn. 25, und vom 13. Februar 2013 – 19 U 210/12 –, juris, Rn. 3; Barreto da Rosa, in: Herzog, GwG, 3. Aufl. 2018, § 43 Rn. 22ff. und 38 m.w. N.)".*

20 Die Meldepflicht ist jedenfalls an **geringe Voraussetzungen** geknüpft. Die Verpflichteten stehen ohnehin vor der heiklen Aufgabe, mit kriminalistisch nicht ausgebildeten Mitarbeitern die schwierige Frage entscheiden zu müssen, ob eine Finanztransaktion der Geldwäsche oder Terrorismusfinanzierung dient (s. auch *Oswald* S. 86; *Herzog/Achtelik* → 2. Aufl. 2014, § 11 aF Rn. 6; *Krais* Rn. 511). Im Endeffekt ist die gesetzgeberische Konkretisierung des Verdachtsgrades durch die erfolgten Gesetzesanpassungen der Meldepflicht letztlich auf das (auch verfassungsrechtlich) wohl geringstmögliche Maß herabgesetzt. Zwischen dem Verdachtsgrad, der noch eine Meldepflicht auslöst, und einer unzulässigen Meldung „ins Blaue" hinein, sind nahezu keine Zwischennuancen mehr denkbar.

21 Für den Verpflichteten ist es – insbesondere soweit nach interner Vorprüfung von einer Verdachtsmeldung abgesehen wird – von entscheidender Bedeutung, den Entscheidungsprozess und sein Ergebnis nachvollziehbar zu **dokumentieren.** Das Ergebnis der Beurteilung unterliegt der retrospektiven Überprüfung durch die zuständige Aufsichtsbehörde. Geprüft wird, ob bei der Beurteilung sachfremde Erwägungen oder offenkundig unrichtige Tatsachen zugrunde gelegt oder allgemeingültige Bewertungsmaßstäbe angewandt worden sind (Auslegungs- und Anwendungshinweise der BaFin zum GwG (Stand Mai 2020), S. 75). Beruht die Prüfung auf der internen Mitteilung eines Mitarbeiters des Verpflichteten, sollen diesem die Gründe bekanntgegeben werden. Diesem steht es frei, dennoch selbst eine Verdachtsmeldung oder Strafanzeige zu erstatten, insbesondere um selbst von dem Strafaufhebungsgrund des § 261 Abs. 9 StGB Gebrauch machen zu können (vgl. auch § 43 Abs. 4 S. 2).

Die äußerst niedrig angesetzte Verdachtsschwelle für die Meldepflicht nach § 43 **22** Abs. 1 in Verbindung mit der sehr kritischen Prüfung der Einhaltung des Unverzüglichkeitsgebots für Meldungen durch die BaFin sowie weitere Vorgaben der BaFin (zB die Vorgaben zur Meldung bei Vorliegen von Hinweisen auf steuerliche Selbstanzeigen nach § 371 AO gemäß BaFin-Rundschreiben 1/2014 (GW)) führte zu **kontinuierlichen deutlichen Steigerungsraten der Verdachtsmeldezahlen** (vgl. zu den diesbezüglichen Statistiken und Ausführungen bspw. im FIU-Jahresbericht 2018 die Anm. unter → § 28 Rn. 20a).

Eine maßgebliche Ursache hierfür findet sich im **Deutschland-Evaluations- 23 bericht der FATF** vom Februar 2010. Die FATF kritisierte hierin die gemessen an der wirtschaftlichen Größe Deutschlands geringe Zahl von Verdachtsmeldungen (FATF, Deutschland-Evaluationsbericht 2010, Ziff. 714ff.). Ein diesbezüglicher Zahlenvergleich mit anderen Ländern ist jedoch nur sehr eingeschränkt möglich, da völlig unterschiedliche Datengrundlagen existieren – werden beispielsweise in Deutschland teils mehrere verdächtige Transaktionen vom Verpflichteten in einer Verdachtsmeldung gemeldet, so zählt dies nur als eine Verdachtsmeldung zur Statistik. In anderen Ländern wie beispielsweise Großbritannien würde in einem derartigen Fall jede einzelne verdächtige Transaktion in die Statistik einfließen. Dieser Umstand scheint nicht ausreichend berücksichtigt worden zu sein. Die FATF lobte einerseits die vergleichsweise hohe durchschnittliche Qualität der Verdachtsmeldung, bemängelte jedoch gleichzeitig, dass dies auf Kosten der Quantität ginge. Wunsch der FATF war insofern ausdrücklich eine Steigerung der Zahl der Verdachtsmeldungen – auch auf Kosten der Qualität, um den Strafverfolgungsbehörden eine breitere Informationsbasis zu verschaffen (FATF, Deutschland-Evaluationsbericht 2010, Ziff. 719).

Diese Kritik der FATF führte zu nicht geringem Druck in den verantwortlichen **24** Ministerien und Behörden und zu bisweilen auch mehr oder weniger offen formulierten Wünschen nach mehr Verdachtsmeldungen, um den Kritikpunkt bei der nächsten FATF-Evaluation Deutschlands entkräften zu können. So schrieb beispielsweise die **BaFin** in ihrem Jahresbericht 2014 auf Seite 73: *„Die Verpflichteten sollen sich schneller bzw. öfter melden als bisher, wenn sie Anhaltspunkte für einen Verstoß gegen das Geldwäschegesetz haben."* Die **Bundesregierung** selbst bezeichnete die Steigerung der Zahl der Verdachtsmeldungen von 2013 auf 2014 um rund 33% als *„spürbare Verbesserung"* des Verdachtsmeldewesens (BT-Drs. 18/2888, 6). Getrieben von den zweifelhaften Feststellungen der FATF und auch der Kritik an der BaFin, von ihr würden zu wenige Verstöße nach dem GwG sanktioniert und die Höhe der Bußgelder/Sanktionen sei vergleichsweise sehr gering (vgl. Deutschland-Evaluationsbericht der FATF, insbes. Ziff. 838 ff. (841) und Ziff. 848 zu Empfehlung 17, Ziff. 848 zu Empfehlung 23 und Ziff. 855), folgten insbesondere das Bundesministerium der Finanzen und die BaFin der fragwürdigen Prämisse **„Masse statt Klasse"** (ebenso *Walther* in Schimansky/Bunte/Lwowski BankR-HdB § 42 Rn. 501 f.). Dieser Druck trieb teils innerhalb der einzelnen Verbände fragwürdige Blüten – insbesondere gegen Jahresende gezogene Vergleiche, warum einzelne Filialen von Kreditinstituten im Vergleich zu benachbarten Instituten erheblich weniger Meldungen

§ 43 Abschnitt 6. Pflichten im Zusammenhang m. Meldungen v. Sachverhalten

erstattet hatten, führten bisweilen zu einer Art „Dezemberfieber" und der Erstattung irgendwelcher (oft qualitativ minderwertiger und teils länger zurückliegende Sachverhalte betreffender) Meldungen.

25   *Höche/Rößler* (WM 2012, 1505 (1509)) sprechen in diesem Zusammenhang zu Recht von einer *„Systemfrage",* nämlich der Alternative zwischen möglichst schneller Erstattung und damit zugleich möglichst vielen Verdachtsmeldungen einerseits und der sorgfältigen Prüfung eines Verdachts im Hinblick auf Kundeninteressen und damit auch deren Rechte (sowie den Interessen der Strafverfolgungsbehörden an der Übermittlung fundierter Sachverhalte) andererseits. Die Pflicht, verantwortungsbewusst an der Prävention und Bekämpfung von Geldwäsche und Terrorismusfinanzierung mitzuwirken, umfasst nämlich auch die Pflicht gegenüber den Betroffenen einer Verdachtsmeldung, diese nicht leichtfertig den Folgen eines solchen Verdachts auszusetzen (*Herzog/Achtelik* → 2. Aufl. 2014, § 11 aF Rn. 16). Die immer weiter steigenden Fallzahlen führen aber auch bei den damit befassten Behörden zu kaum mehr lösbaren Ressourcenproblemen. Die anhaltenden Maßnahmen zur Steigerung der Meldungszahlen können zusammenfassend jedenfalls kaum als kriminalpolitisch probates und effektives Mittel der Geldwäschebekämpfung postuliert werden (ähnlich *Zentes/Glaab* BB 2011, 1475 (1479)).

26   **b) Verdachtsschöpfung.** Vor einer Meldung steht die Pflicht eines jeden Verpflichteten nach dem GwG, ua interne Sicherungsmaßnahmen zu schaffen, um die Risiken von Geldwäsche und Terrorismusfinanzierung zu minimieren (§ 6 Abs. 1 S. 1), sowie bei verdächtigen Sachverhalten verschiedene Sorgfaltspflichten zu erfüllen (ua § 10 Abs. 3 S. 1 Nr. 3, § 15 Abs. 3 Nr. 3, Abs. 6). Die Verdachtsschöpfung durch die Verpflichteten ist der zentrale Faktor in der Geldwäschebekämpfung. Verdächtige Sachverhalte werden in der Praxis bei Verpflichteten vorrangig bekannt durch interne Meldungen der einzelnen Geschäftsbereiche, behördliche Auskunftsersuchen, Treffer in elektronischen Monitoringsystemen sowie externe Hinweise (von Drittinstituten, aus den Medien etc). Bei großen Kreditinstituten führen deutlich **über 50% aller internen Verdachtsfälle** schließlich zu einer externen Meldung nach § 43 Abs. 1.

27   In Kreditinstituten, aber auch sonstigen großen Unternehmen, werden die meisten Verdachtsfälle durch **interne Meldungen** aus den Geschäftsbereichen bekannt, sei es von Seiten der Kundenbetreuer, aus der Buchhaltung, anderen Compliance-Bereichen (Betrugsprävention) etc. Die Auslegungs- und Anwendungshinweise der BaFin zum GwG (Stand Mai 2020) enthalten auf S. 75 ff. ausführliche Vorschriften zur **organisatorischen Ausgestaltung des Meldeverfahrens**. So muss der Verpflichtete durch innerorganisatorische Maßnahmen zunächst sicherstellen, dass im Falle der Bejahung des Vorliegens von Tatsachen iSd § 43 Abs. 1 die entsprechenden Sachverhalte unverzüglich registriert, an die intern für die Meldung zuständige Stelle weitergeleitet sowie von dort bei Bejahung eines meldepflichtigen Sachverhalts an die FIU gemeldet werden (zu Dokumentations- und Aufbewahrungspflichten s. § 8). Für die Beurteilung, ob in einem intern gemeldeten Sachverhalt die Voraussetzungen für eine externe Meldung nach § 43 Abs. 1 im Einzelfall vorliegen, sowie die ggf. erfolgende Meldung dieses Sachverhalts an die FIU ist der GWB oder derjenige, der die geldwäscherechtlichen Verpflichtungen für den Verpflichteten wahrnimmt, zuständig. Ein Verfahren, wonach Beschäftigte einen internen Meldefall zunächst dem Vorgesetzten oder einer anderen als der für die Meldung gemäß § 43 Abs. 1 zuständigen Stelle des Verpflichteten vorzulegen haben und diese Stelle die Meldung nur dann weiterleitet, wenn sie die Einschät-

zung des Beschäftigten teilt, ist mit diesen Grundsätzen unvereinbar; ebenso wenig unterliegt ein Geldwäschebeauftragter oder ein Stellvertreter in diesem Zusammenhang dem Weisungsrecht durch die Geschäftsleitung (§ 7 Abs. 5 S. 6; vgl. ausführlich auch *Barreto da Rosa* in Diergarten/Barreto da Rosa S. 189 und 258 ff. mwN).

Behördliche Auskunftsersuchen (von Strafverfolgungsbehörden, Finanzbehörden, etc) lösen gleichfalls in einer hohen Zahl von Fällen interne Verdachtsfälle aus, die meist auch zu externen Meldungen führen. Derartige Auskunftsersuchen sollten auch zum Anlass genommen werden, die Researchmaßnahmen (Parameter der Monitoringsoftware) unter dem Gesichtspunkt „Warum ist uns der Kunde bisher nicht aufgefallen?" zu evaluieren (vgl. BKA, FIU-Newsletter 3, S. 7 und 8). 28

Kreditinstitute haben nach § 25g Abs. 2 KWG angemessene Datenverarbeitungssysteme (sog. **„Monitoringsysteme"**) zu betreiben und zu aktualisieren, mittels derer sie in der Lage sind, Geschäftsbeziehungen und einzelne Transaktionen im Zahlungsverkehr zu erkennen, die auf Grund des öffentlich und im Kreditinstitut verfügbaren Erfahrungswissens über die Methoden der Geldwäsche, der Terrorismusfinanzierung und sonstigen strafbaren Handlungen als zweifelhaft oder ungewöhnlich anzusehen sind (ausführlich zu diesen Systemen und ihren Problemen *Diergarten* in Diergarten/Barreto da Rosa S. 175 ff.). Bloße Warnmeldungen durch ein eingesetztes technisches Monitoring-System (**systemgenerierte Regeltreffer**) sind dabei aufgrund der Breite und Fehleranfälligkeit der verwendeten Parameter und „Scores" ohne weitere Abklärung des Fachpersonals des Instituts noch nicht per se auffällig oder ungewöhnlich. Ungewöhnlichkeiten und Auffälligkeiten können jedoch bereits dann vorliegen, wenn für den Verpflichteten aufgrund seines Erfahrungswissens ohne Weiteres, dh ohne weitere Aufbereitung, Abklärung oder Anreicherung des Sachverhalts erkennbar ist, dass Abweichungen vom üblichen Verhalten oder Geschäftsmustern eines Kunden oder Dritten vorliegen (BT-Drs. 17/3023, 60f., zum damaligen § 25c Abs. 3 KWG). Fällt dem Verpflichteten beispielsweise eine Transaktion auf, die im Verhältnis zu vergleichbaren Fällen besonders komplex oder groß ist, ungewöhnlich abläuft oder ohne offensichtlichen wirtschaftlichen oder rechtmäßigen Zweck erfolgt, ist die Transaktion zu untersuchen, um prüfen zu können, ob eine Pflicht zu einer Meldung nach § 43 Abs. 1 besteht, und die Geschäftsbeziehung, soweit vorhanden, zu überwachen (§ 15 Abs. 3 Nr. 3, Abs. 6). Voraussetzung für das Entstehen der Prüfpflicht ist ausdrücklich nicht, dass diese im Einzelfall noch ungeprüften Ungewöhnlichkeiten oder Auffälligkeiten bereits die Qualität eines Verdachts iSd § 43 Abs. 1 haben. Diese Prüfung wird regelmäßig durch den Geldwäschebeauftragten (§ 7) durchgeführt. Im Hinblick auf das Unverzüglichkeitsgebot für die Meldung muss eine der Meldung vorgelagerte Beurteilung der internen Meldung von Mitarbeitern gleichfalls ohne schuldhafte Verzögerungen abgeschlossen werden (Auslegungs- und Anwendungshinweise der BaFin zum GwG (Stand Mai 2020), S. 74; hierzu näher → Rn. 54 f.). 29

Einer Auswertung von Europol zufolge werden Verdachtsmeldungen **inhaltlich zumeist ausgelöst** durch verdächtige Bargeldein- und -auszahlungen sowie sonstige Bargeschäfte (38%), verdächtige Transaktionsmuster (zumeist erkannt durch Monitoringsysteme 20%) und ungewöhnliches Kundenverhalten (12%). Dahinter kommen Hinweise auf betrügerische Transaktionen und Strohmanngeschäfte (jeweils 4%), Verdacht auf gefälschte Ausweisdokumente, Phishing/Pharming und Missverhältnis zum bekannten wirtschaftlichen Hintergrund handelnder Personen (jeweils 3%) vor Geschäften mit Hochrisikoländern, Offshore-Firmen etc (*Europol* „From suspicion to action", S. 22). Darüber hinaus können sich Meldepflichten un- 30

§ 43   Abschnitt 6. Pflichten im Zusammenhang m. Meldungen v. Sachverhalten

mittelbar aus Vorgaben von Aufsichtsbehörden ergeben, wie bspw. die Pflicht zur Erstattung einer Verdachtsmeldung bei Hinweisen auf steuerliche Selbstanzeigen nach § 371 AO (vgl. BaFin-RdSchr. 1/2014 (GW), auch wenn die dortigen Ausführungen *„zur Vermeidung einer etwaigen Strafbarkeit wegen leichtfertiger Beihilfe zur Steuerhinterziehung"* rechtlich falsch sind, da eine leichtfertige Beihilfe zur Steuerhinterziehung nach § 27 StGB nicht strafbar ist, s. auch *Bülte* NZWiSt 2017, 276 (281)).

31   Für die Verdachtsschöpfung hilfreich sind neben den **Typologiepapieren** und themenbezogenen Studien der FATF und ihrer regionalen Gruppen (den sog. FATF-Style-Regional-Bodies) auch die **Anhaltspunktepapiere** der FIU, die den Verpflichteten auf der Homepage der FIU zur Verfügung gestellt werden.

3. Die einzelnen Meldepflichten

32   a) **Verdacht auf Geldwäsche (Abs. 1 Nr. 1).** Abs. 1 Nr. 1 verpflichtet den Personen- und Institutionenkreis des § 2 zu einer Verdachtsmeldung an die Zentralstelle für Finanztransaktionsuntersuchungen, wenn Tatsachen vorliegen, die darauf hindeuten, dass ein Vermögensgegenstand, der mit einer Geschäftsbeziehung, einem Maklergeschäft oder einer Transaktion im Zusammenhang steht, aus einer strafbaren Handlung stammt, die eine Vortat für die Geldwäsche darstellen könnte (was in etwa dem bis zum 26.6.2017 gültigen § 11 Abs. 1 S. 1 Alt. 1 GwG entspricht). Zuständig für die Erstattung im Unternehmen des Verpflichteten wird regelmäßig der Geldwäschebeauftragte sein (s. *Herzog* → § 7 Rn. 13 ff.).

33   Als Objekt der Geldwäsche kommen alle Vermögensgegenstände in Betracht, die unmittelbar oder mittelbar aus einer strafbaren Handlung herrühren, die eine Vortat der Geldwäsche darstellen könnte. Der Begriff *„Vermögensgegenstand"* ist sehr weit zu verstehen und umfasst alles, was Objekt von Rechten sein kann (*Heinrichs* in Palandt BGB Vor § 90 Rn. 2). Dazu gehören insbesondere bewegliche und unbewegliche Sachen sowie Forderungen und andere Vermögensrechte, also beispielsweise neben Bargeld auch Buchgeld, Immobilien, Edelmetalle, Edelsteine, Wertpapiere, Forderungen, Unternehmensbeteiligungen sowie andere Wertgegenstände. Dient ein Gegenstand der Geldwäsche, kann er gemäß § 261 Abs. 7 S. 1 StGB eingezogen werden.

34   Ausweislich des Berichts des Europäischen Parlaments (COM(2016)0450 – C8–0265/2016 – 2016/0208(COD)) vom 9.3.2017 über den Vorschlag zur 4. EU-Geldwäscherichtlinie gelten Öl, Waffen, Edelmetalle, Tabakerzeugnisse, Kulturgüter und andere Artikel von archäologischer, historischer, kultureller oder religiöser Bedeutung oder von außergewöhnlichem wissenschaftlichen Wert sowie Elfenbein und geschützte Arten im Zusammenhang mit Geldwäsche oder Terrorismusfinanzierung als **besonders sensible Güter** (s. auch Änderungsvorschlag 2f lit. b), durch den Art. 11 lit. e der 4. EU-Geldwäscherichtlinie entsprechend geändert werden sollte, was jedoch letztlich nicht aufgegriffen wurde). Durch das Gesetz zur Umsetzung der Änderungsrichtlinie zur 4. EU-Geldwäscherichtlinie (BGBl. 2019 I S. 2602, BR-Drs. 19/598, S. 169) wurde in Anlage 2 zum GwG (Faktoren für ein potenziell höheres Risiko nach § 15) die dortige Ziffer 2 (Faktoren bezüglich des Produkt-, Dienstleistungs-, Transaktions- oder Vertriebskanalrisikos) ergänzt um einen neuen Buchstaben f, der wörtlich die vorgenannten Güter auflistet.

35   Der Begriff *„Geschäftsbeziehung"* ist in § 1 Abs. 4 legaldefiniert und bezeichnet jede Beziehung, die unmittelbar in Verbindung mit den gewerblichen oder beruflichen Aktivitäten der Verpflichteten steht und bei der beim Zustandekommen des Kontakts davon ausgegangen wird, dass sie von gewisser Dauer sein wird. Eine Ge-

schäftsbeziehung muss nicht bereits bestehen; die Anbahnung einer Geschäftsbeziehung reicht aus (vgl. Auslegungs- und Anwendungshinweise der BaFin zum GwG (Stand Mai 2020), S. 72).

Das **Maklergeschäft** wurde zur Klarstellung in der Vorschrift neu eingefügt, da 36 sich sowohl ein Immobilienmaklergeschäft als auch ein Versicherungsmaklergeschäft auf eine Geschäftsbeziehung oder eine Transaktion beziehen, ihnen aber nicht unterfallen (BT-Drs. 18/11555, 157).

„Transaktion" im Sinne des GwG ist oder sind eine oder, soweit zwischen ihnen 37 eine Verbindung zu bestehen scheint, mehrere Handlungen, die eine Geldbewegung oder eine sonstige Vermögensverschiebung bezweckt oder bezwecken oder bewirkt oder bewirken (§ 1 Abs. 5). Der Begriff umfasst damit auch versuchte, bevorstehende, laufende oder bereits durchgeführte Transaktionen innerhalb und außerhalb von Geschäftsbeziehungen und ist weit zu verstehen. Erfasst sind damit ua unbare Transaktionen einschließlich elektronisch durchgeführter Transaktionen, Bartransaktionen und sonstige Vermögensverschiebungen wie zB Inzahlungnahmen von Wertgegenständen, Sicherungsübereignungen, Schenkungen (vgl. Auslegungs- und Anwendungshinweise der BaFin zum GwG (Stand Mai 2020), S. 72). Das BVerfG forderte in seinem Nichtannahmebeschluss vom 19.11.2018 (1 BvR 1335/18 Rn. 9, BeckRS 2018, 33476) – mit der Verfassungsbeschwerde war ua die Unklarheit und Weite des Transaktionsbegriffs kritisiert worden – die Konturierung des Begriffs der *„Transaktion"* durch die Fachgerichte.

Geldwäsche im Sinne dieses Gesetzes ist eine Straftat nach § 261 StGB (§ 1 38 Abs. 1). Die **Vortaten der Geldwäsche** sind in § 261 Abs. 1 S. 2 StGB abschließend aufgeführt. Wie bereits festgestellt (vgl. die Ausführungen unter → Rn. 22ff.), werden an den Verdachtsgrad, der zu einer Meldepflicht führt, geringe Voraussetzungen geknüpft. Es ist ausreichend, wenn es Hinweise auf eine Geldwäschehandlung oder Terrorismusfinanzierung gibt und eine legale Herkunft des betroffenen Vermögenswertes nicht plausibel erscheint. Umstände und auf Tatsachen beruhende Verdachtsmomente müssen eine Vortat iSv § 261 StGB vermuten lassen (LG München wistra 2005, 398 f.). Die Feststellung der Geldwäschevortat ist ein Hauptermittlungsziel, jedoch nicht Voraussetzung für den Anfangsverdacht einer Geldwäsche (*Hofer* in Gropp/Sinn S. 535). Zumeist entsteht der Verdacht eben aufgrund von Anhaltspunkten, die nichts mit einer kriminellen Vortat gemäß § 261 StGB zu tun haben, sondern ergeben sich Verdachtsmomente aus außergewöhnlichen oder unerklärlichen Verhaltensweisen wie untypischem Kundenverhalten im Vergleich zu vorangegangenem (wirtschaftlichen) Gebaren, widersprüchlichen Angaben des Kunden zu seiner wirtschaftlichen Situation, abweichendem Verhalten im Vergleich zu Kunden aus dem gleichen Kundensegment oder Geldverkehr über verdächtige Länder (vgl. auch *Degen* S. 140; *Suendorf* S. 383).

Weder das Geldwäschegesetz selbst noch die Gesetzesbegründung hierzu enthal- 39 ten einen Katalog von verdachtsbegründenden Umständen, die auf Geldwäsche hindeuten können (Anlage 2 zu den §§ 5, 10, 14, 15 enthält lediglich eine nicht erschöpfende Aufzählung von Faktoren und möglichen Anzeichen für ein potenziell höheres Risiko nach § 15). Die Möglichkeiten und Erscheinungsformen der Geldwäsche sind derart zahlreich und vielgestaltig, und die Methoden der Geldwäsche wandeln sich in Reaktion auf gegen sie ergriffene Bekämpfungsmaßnahmen so rasch, dass eine (abschließende) Aufzählung der Konstellationen, in denen ein Verdacht im Sinne der Vorschrift zu bejahen ist, nicht möglich ist (vgl. auch BT-Drs. 12/2704, 15). Ein solcher Katalog sähe sich auch dem Problem gegenüber, dass er zeitlich schnell überholt und anzupassen wäre. Hilfestellungen mit **Anhaltspunk-**

§ 43 Abschnitt 6. Pflichten im Zusammenhang m. Meldungen v. Sachverhalten

ten für Geldwäsche finden sich beispielsweise in **FATF- oder FIU-Typologiepapieren**. Hinweise auf Länder und Territorien, welche aufgrund erhöhter Risiken die Anwendung besonderer Sorgfaltspflichten erfordern und damit auch zusätzliche Verdachtsmomente ergeben können, enthalten die Statements und Berichte der FATF (sog. „ncct-Listen" – Abkürzung für „non-cooperative countries and territories"), die jeweils von der BaFin umgesetzt werden sowie die Verordnungen der EU-Kommission (vgl. die Delegierte VO (EU) 2016/1675 v. 14.7.2016, die fortlaufend aktualisiert wird).

40 **b) Verdacht auf Terrorismusfinanzierung (Abs. 1 Nr. 2). Abs. 1 Nr. 2** begründet eine weitere Meldepflicht bei Vorliegen von Tatsachen, die darauf hindeuten, dass ein Geschäftsvorfall, eine Transaktion oder ein Vermögensgegenstand im Zusammenhang mit Terrorismusfinanzierung steht. Die Vorschrift fand sich zuvor in § 11 Abs. 1 S. 1 Alt. 2 GwG idF bis zum 26.6.2017 und wurde inhaltlich unverändert übernommen. Der Gesetzeszweck der Bekämpfung der Terrorismusfinanzierung wurde nach den Terroranschlägen vom 11.9.2001 mit dem Geldwäschebekämpfungsgesetz (BGBl. 2002 I S. 3105; BR-Drs. 217/02) zum 14.8.2002 im GwG aufgenommen, da sich Hinweise darauf ergeben hatten, dass im Rahmen der Terrorismusfinanzierung täterseitig gleichsam auf Geldwäschetechniken (wie insbesondere Schmuggel von Bargeld sowie Structuring/Smurfing, Hawala oder handelsbasierte Geldwäschetechniken) zurückgegriffen wurde, um finanzielle Mittel rund um die Welt zu bewegen und die Herkunft oder den Empfänger von Vermögenswerten zu verschleiern (vgl. auch *Europol* EU Terrorism Situation and Trend Report, S. 17f.; *UN* Bericht der CTITF-Arbeitsgruppe „Bekämpfung der Terrorismusfinanzierung", S. 12).

41 Der bekannte Ausspruch **„One mans terrorist is another mans freedomfighter"** bringt ein zentrales Problem der Begriffsbestimmung markant auf den Punkt: Der Begriff des **Terrorismus** ist stark von politischen und moralischen Einstellungen geprägt. Je nach Herangehensweise gibt es unterschiedliche Definitionen, Unterscheidungen und Abgrenzungen (vgl. hierzu ausführlich *Degen* S. 59ff.; zu Begriff, Entwicklungen und Formen des Terrorismus auch *Görg* S. 10ff.). Während kriminelle Organisationen primär auf Gewinnmaximierung abzielen, ist vorrangiges Ziel des Terrorismus jedenfalls nicht die Gewinnerzielung. Er verfolgt zumeist politisch oder religiös motivierte Ziele, die in der gewaltsamen Veränderung der Gesellschaft liegen. In finanzieller Hinsicht stehen für terroristische Organisationen damit vor allem das Bemühen um Geheimhaltung der Herkunft von Vermögenswerten, von Transaktionswegen und der Verwendung im Vordergrund (Modelle zur Schätzung der Finanzströme von islamistischen Terror-Organisationen finden sich bspw. bei *Schneider/Dreer/Riegler* S. 31ff. und *Herzog/Achtelik* → 2. Aufl. 2014, GwG Einl. Rn. 132ff.).

42 Die **4. EU-Geldwäscherichtlinie** definiert den Begriff der „Terrorismusfinanzierung" in Art. 1 Abs. 5 als *"Bereitstellung oder Sammlung finanzieller Mittel, gleichviel auf welche Weise, unmittelbar oder mittelbar, mit dem Vorsatz oder in Kenntnis dessen, dass sie ganz oder teilweise dazu verwendet werden, eine der Straftaten im Sinne der Artikel 1 bis 4 des Rahmenbeschlusses 2002/475/JI des Rates zu begehen."*. Im **Geldwäschegesetz** wird der Begriff in § 1 Abs. 2 legaldefiniert:

> 1. *die Bereitstellung oder Sammlung von Vermögensgegenständen mit dem Wissen oder in der Absicht, dass diese Vermögensgegenstände ganz oder teilweise dazu verwendet werden oder verwendet werden sollen, eine oder mehrere der folgenden Straftaten zu begehen:*

Meldepflicht von Verpflichteten, Verordnungsermächtigung **§ 43**

    a) eine Tat nach § 129a des Strafgesetzbuchs, auch in Verbindung mit § 129b des Strafgesetzbuchs, oder
    b) eine andere der in den Artikeln 3, 5 bis 10 und 12 der Richtlinie (EU) 2017/541 des Europäischen Parlaments und des Rates vom 15. März 2017 zur Terrorismusbekämpfung und zur Ersetzung des Beschlusses 2005/671/JI des Rates (ABl. L 88 vom 31.3.2017, S. 6) umschriebenen Straftaten,
  2. *die Begehung einer Tat nach § 89c des Strafgesetzbuchs oder*
  3. *die Anstiftung oder Beihilfe zu einer Tat nach Nummer 1 oder 2.*

Der Rahmenbeschluss 2002/475/JI des Rates vom 13.6.2002 zur Terrorismusbekämpfung (ABl. 2002 L 164, 3) enthält hierbei eine Vielzahl von Straftaten bzw. Handlungsweisen, durch die nahezu jede denkbare terroristische Aktivität abgedeckt wird. Durch den Rahmenbeschluss 2008/919/JI des Rates vom 28.11.2008 (ABl. 2008 L 330, 21) wurden insbesondere auch die öffentliche Aufforderung zur Begehung einer terroristischen Straftat, die Anwerbung und Ausbildung für terroristische Zwecke sowie schwerer Diebstahl, Erpressung oder die Ausstellung gefälschter Verwaltungsdokumente mit dem Ziel, eine der in Art. 1 des Rahmenbeschlusses 2002/475/JI aufgeführten Straftaten zu begehen, aufgenommen, wobei es für die Strafbarkeit dieser Handlungen nicht erforderlich ist, dass tatsächlich eine terroristische Straftat begangen wird.

Das **Erkennen** einer möglichen Verwendung von – zunächst einmal völlig neutralen – Vermögenswerten für terroristische Zwecke ist ungleich **schwieriger** und für die Verpflichteten nach dem Geldwäschegesetz kaum noch zu bewerkstelligen (vgl. bereits BKA, FIU-Jahresbericht 2011, S. 36; ähnlich *Hofer* in Gropp/Sinn S. 536ff.), weshalb sich auch die Zahl der Verdachtsmeldungen zur Terrorismusfinanzierung seit Jahren im niedrigen einstelligen Bereich am Gesamtaufkommen der Verdachtsmeldungen bewegt (vgl. hierzu näher die Anm. unter → § 28 Rn. 20a). Während im Hinblick auf Abs. 1 Nr. 1 und die darin als meldepflichtig genannten Verdachtsmomente auf die (illegale) *Herkunft* von Vermögensgegenständen aus einer strafbaren Handlung, die eine Vortat der Geldwäsche darstellen könnte, Bezug genommen wird, betrifft der Verdacht der Terrorismusfinanzierung (zumindest in Teilen) die mögliche *künftige Verwendung* von Vermögenswerten (krit. hierzu *Sommer* StraFo 2005, 328). Untersuchungen haben gezeigt, dass die von den terroristischen Gruppierungen für ihre Anschläge verwendeten Mittel **teils aus legalen Quellen** (Geschäftsbetrieben, Spenden, staatlicher Unterstützung ec.), **teils auch aus Straftaten** stammen (BT-Drs. 18/2888, 2; *Europol* EU Terrorism Situation and Trend Report, S. 17, *Degen* S. 67f. mwN; *Hofer* in Gropp/Sinn S. 537; *Bräuning* S. 102 mwN). Insbesondere bei Herkunft der Gelder aus kriminellen Handlungen sind Verdachtsmeldungen ein geeignetes Mittel zur Aufdeckung terroristischer Strukturen (*UN* Bericht der CTITF-Arbeitsgruppe „Bekämpfung der Terrorismusfinanzierung", S. 3).

Laut einer Studie von *Oftedal,* die 40 dschihadistische Terrorzellen untersucht hat, die in den Jahren von 1994 bis 2014 Anschläge in West-Europa geplant hatten, finanzierten sich die Terrorzellen zu 73% aus legalen Quellen (häufigste Einkommensquelle waren die Gehälter und Ersparnisse der Zellenmitglieder), gefolgt vom illegalen Handel mit Drogen, Waffen und anderen Waren sowie Diebstahl und Raub. Nur 25% der untersuchten Zellen erhielten Unterstützung von internationalen Terrornetzwerken (*Oftedal* S. 3 und 45). Terroristische Gruppen sind höchst **unterschiedlich strukturiert.** Moderne terroristische Netzwerke bestehen aus lose verbundenen transnationalen Netzwerken autonomer Zellen, einige bilden sich um soziale Gruppen, Freundschaften oder familiäre Beziehungen, es gibt Einzeltäter, die aus eigenwilligen persönlichen und ideologischen Gründen heraus handeln, usw. Untersuchungen haben gezeigt, dass sich terroristische Gruppierungen auch völlig unterschiedlich finanzieren – je nachdem, welche Möglichkeiten ihnen im Einzelfall zur Verfügung stehen (*Normark/Ranstorp* S. 5 ff.). Eine spezifische **Auswertung zu terroristischen Einzeltätern und kleinen terroristischen Zellen** wurde 2019 seitens der Egmont Group durchgeführt („Projekt zur Bekämpfung der Terrorismusfinanzierung (Einzeltäter und kleine Zellen)"). Eine der Schlüsselerkenntnisse hierbei war, dass herkömmliche Indikatoren für die Terrorismusfinanzierung allein die Finanzierungsaktivitäten von Einzeltätern nicht aufdecken dürften (Egmont Group „Projekt zur Bekämpfung der Terrorismusfinanzierung (Einzeltäter und kleine Zellen)" 2019, S. 4). Bereits von Seiten des Bundeskriminalamts war in FIU-Jahresberichten wiederholt festgestellt worden, dass feste Verhaltensmuster nicht existieren und Aussagen über klassische Typologien im Bereich der Terrorismusfinanzierung kaum getroffen werden können (ua im FIU-Jahresbericht 2016, S. 25).

44 Besondere Schwierigkeiten hinsichtlich der Aufdeckung einer möglichen Verwendung von Vermögen für terroristische Zwecke ist der **geringe finanzielle Aufwand für Anschläge** – Terrorakte wie derjenige auf den Berliner Weihnachtsmarkt 2016 von Anis AMRI verdeutlichen, dass terroristischen Aktivitäten nicht zwingend auf besondere finanzielle Vorbereitung angewiesen sein müssen (eine Übersicht zu geschätzten Kosten herausragender Anschläge findet sich unter http://www.geldwaeschecompliance.de/terroranschlaege.html; vgl. auch die Aufstellung bei *Barreto da Rosa* in Diergarten/Barreto da Rosa S. 223 mit Verweis auf Financial Response Project „Countering of Financing for Terrorism (CFT)" des International Centre for Political Violence and Terrorism Research (ICPVTR), Policy Brief 1/2006 des Institute of Defence and Strategic Studies, S. 3).

45 In der Folge sind gleichfalls die **Anhaltspunkte,** die hier seitens der Zentralstelle für Finanztransaktionsuntersuchungen den Verpflichteten an die Hand gegeben werden können, **weniger ergiebig** (Anhaltspunkte für Terrorismusfinanzierung werden von FIU und FATF auf ihren Homepages zur Verfügung gestellt; im Bericht *„FIUs and terrorist financing analysis – A review by the Egmont Group of sanitised cases related to Terrorist Financing"* findet sich eine Auswertung von 22 Fällen der Terrorismusfinanzierung durch die Egmont Group; einen aktuellen Überblick über die Entwicklungen im Bereich Terrorismus – einschließlich Ausführungen zur Terrorismusfinanzierung – gibt auch der jährlich veröffentlichte EU Terrorism Situation and Trend Report (TE-SAT) von Europol).

46 Am leichtesten greifbar sind hier noch die **„Sanktionslisten" oder „Terrorlisten"** (im Internet bspw. frei zugänglich zu finden unter http://www.bundesbank.de, http://data.europa.eu und https://www.un.org), die Namen von terrorverdächtigen Personen und Organisationen enthalten, welche die BaFin „ihren" Verpflichteten regelmäßig übermittelt. Im Falle namentlicher Identität (oder auch nur teilweiser namentlicher Übereinstimmungen, so dass eine Personenidentität nicht ausgeschlossen werden kann) von Kunden/Geschäftspartnern mit gelisteten Personen reduziert sich der Entscheidungsspielraum hinsichtlich der Erstattung einer Meldung regelmäßig gegen Null. Im Falle gelisteter Personen sollen insbesondere mit diesen in Zusammenhang stehende Transaktionen nicht nach § 46 Abs. 2 ausgeführt werden (Auslegungs- und Anwendungshinweise der BaFin zum GwG (Stand Mai 2020), S. 77).

Diese Sanktions-/Terrorlisten sehen sich seit Anbeginn indessen fundamentaler Kritik ausgesetzt (vgl. ausführlich *Herzog/Achtelik* → 2. Aufl. 2014, GwG Einl.

Meldepflicht von Verpflichteten, Verordnungsermächtigung **§ 43**

Rn. 136 ff.). Einzelne Klagen gegen die Aufnahme in „Terrorlisten" führten in der Vergangenheit auch zum Erfolg (ua EuG 3.9.2008 – C-402/05 P und C-415/05 P, BeckRS 2008, 70898 – Yassin Abdullah Kadi und Al Barakaat International Foundation – oder EuGH 28.5.2013 – T-187/11, BeckRS 2013, 81047 – Trabelsi). Eine in der Vergangenheit von der Abteilung Polizeilicher Staatsschutz im BKA angeregte Streichung von gelisteten Personen ohne Geburtsdatum war nicht erfolgreich (BKA, FIU-Jahresbericht 2012, S. 43, und 2013, S. 42). Das Bundesamt für Wirtschaft und Ausfuhrkontrolle **(BAFA)** hat ein Merkblatt *„Länderunabhängige Embargomaßnahmen zur Terrorismusbekämpfung"* herausgegeben, in dem Handlungsempfehlungen im Umgang mit Sanktionslisten sowie weitere informative Hinweise enthalten sind (zur Strafbarkeit nach dem AWG wegen Zuwiderhandelns gegen die Iran-Embargo-Verordnung vgl. BGH 23.4.2010 – AK 2/10, BeckRS 2010, 12559). Die Kritik an den Listen kann indessen nicht darüber hinwegtäuschen, dass diese unmittelbare Relevanz insbesondere für Kreditinstitute haben, da sich bspw. **strafbar nach dem Außenwirtschaftsgesetz** macht, wer einer Person, die auf einer EU-Terroristenliste aufgeführt ist, die tatsächliche Verfügungsbefugnis über ein Bankkonto einräumt (vgl. OLG Düsseldorf openJur 2014, 8856).

Hinsichtlich der in Abs. 1 Nr. 2 verwendeten Begrifflichkeiten – Geschäftsvorfall, 47 Transaktion, Vermögensgegenstand, die womöglich in Zusammenhang mit Terrorismusfinanzierung stehen – kann auf die Ausführungen oben unter → Rn. 33 ff. verwiesen werden.

c) Verstoß gegen Offenlegungspflicht (Abs. 1 Nr. 3). Abs. 1 Nr. 3 begrün- 48 det schließlich eine Meldepflicht für die Verpflichteten, wenn Tatsachen vorliegen, die darauf hindeuten, dass der Vertragspartner seine Pflicht nach § 11 Abs. 6 S. 3, gegenüber dem Verpflichteten offenzulegen, ob er die Geschäftsbeziehung oder die Transaktion für einen wirtschaftlich Berechtigten begründen, fortsetzen oder durchführen will, nicht erfüllt hat. Die Vorschrift entspricht dem bis zum 26.6.2017 gültigen § 11 Abs. 1 S. 2 GwG, der zum 28.12.2011 (aufgrund der Kritik der FATF in ihrem Deutschland-Evaluationsbericht v. Februar 2010) durch das Gesetz zur Optimierung der Geldwäscheprävention neu in das GwG eingeführt worden war (BGBl. 2011 I S. 2959). Die Gründe für die neu eingefügte Meldepflicht sollen laut Gesetzesbegründung insbesondere in der geringeren Transparenz von Geschäftsbeziehungen mit Einbeziehung wirtschaftlich Berechtigter und damit verbundenen erhöhten Verschleierungsgefahren liegen (BT-Drs. 17/6804, 36). Die Offenlegungspflicht umfasst ausschließlich Fälle der Veranlassung gem. § 3 Abs. 1 Nr. 2 (Auslegungs- und Anwendungshinweise der BaFin zum GwG, Stand Mai 2020, S. 75; ebenso bereits zur Vorgängernorm BaFin, RdSchr. 4/2012 (GW) iVm DK-Auslegungs- und Anwendungshinweisen zur Meldepflicht nach § 11 GwG aF).

In der Praxis hat sich die Norm bislang als **weitestgehend wirkungslos** gezeigt. Die Zahl der auf sie in der Vergangenheit gestützten Verdachtsmeldungen ist verschwindend gering (die FIU weist in ihren Jahresberichten die Zahl der Verfahren nach § 43 Abs. 1 Nr. 3 nicht aus), die Verfahren wurden in der Vergangenheit ohne Restverdacht mangels Anhaltspunkten auf deliktisches Verhalten nach rudimentären Ermittlungen nahezu ausnahmslos eingestellt bzw. werden von der FIU so gut wie überhaupt nicht mehr an andere Behörden weitergeleitet.

Der nach diesem Gesetz Verpflichtete ist nur in der Lage, dieser Abklärungs- 49 pflicht nachzukommen, wenn er von seinem Vertragspartner die erforderlichen Informationen erhält (BT-Drs. 17/6804, 28). Daher verpflichtet **§ 11 Abs. 6 S. 3** den Vertragspartner, gegenüber dem Verpflichteten offenzulegen, ob er die Ge-

Barreto da Rosa

§ 43 Abschnitt 6. Pflichten im Zusammenhang m. Meldungen v. Sachverhalten

schäftsbeziehung oder die Transaktion für einen wirtschaftlich Berechtigten (definiert in § 3) begründen, fortsetzen oder durchführen will. Laut § 11 Abs. 6 S. 1 hat der Vertragspartner bezüglich der Durchführung der Identifizierung eine Mitwirkungspflicht, dh, er muss dem Verpflichteten die zur Erfüllung der Identifizierungspflicht notwendigen Informationen und Unterlagen zur Verfügung stellen. *Krais* weist zutreffend darauf hin, dass demgegenüber keine Meldepflicht nach § 43 Abs. 1 Nr. 3 besteht, wenn der Vertragspartner zwar offenlegt, dass er für einen wirtschaftlich Berechtigten handelt, aber dessen Identität nicht preisgibt, da die diesbezügliche Verpflichtung in **§ 11 Abs. 6 S. 4** geregelt ist, auf den § 43 Abs. 1 Nr. 3 indes nicht verweist; aus einer solchen Verweigerung werden sich im Weiteren allerdings häufig Verdachtsmomente ableiten, die schließlich zu einer Meldepflicht nach § 43 Abs. 1 Nr. 1 oder 2 führen (*Krais* Rn. 499). Eine legislatorische Änderung de lege ferenda wäre zu prüfen. Eine festgestellte und nach § 23a Abs. 1 der das Transparenzregister führenden Stelle zu meldende Unstimmigkeit zwischen den Angaben über die wirtschaftlich Berechtigten, die im Transparenzregister zugänglich sind, und den dem Verpflichteten zur Verfügung stehenden Angaben und Erkenntnissen über die wirtschaftlich Berechtigten (wenn diese preisgegeben werden) kann zu einer zusätzlichen Verdachtsmeldung nach § 43 Abs. 1 Nr. 3 führen. Die Meldung an die registerführende Stelle befreit jedenfalls nicht von der Prüfung der Voraussetzungen nach § 43 Abs. 1 Nr. 3 und gegebenenfalls von einer Meldung.

50   Die Meldepflicht gilt **unabhängig von der Beendigungsverpflichtung nach § 10 Abs. 9 S. 1 und 2.** Ist der Verpflichtete mithin nicht in der Lage, die allgemeinen Sorgfaltspflichten nach § 10 Abs. 1 Nr. 1–4 zu erfüllen, so darf die Geschäftsbeziehung nicht begründet oder nicht fortgesetzt werden und darf keine Transaktion durchgeführt werden. Soweit eine Geschäftsbeziehung bereits besteht, ist sie vom Verpflichteten ungeachtet anderer gesetzlicher oder vertraglicher Bestimmungen durch Kündigung oder auf andere Weise zu beenden. In dem Sinne hatte bereits 1995 das OLG Hamburg entschieden, dass bei einer Barabhebung des Kontoinhabers vom eigenen Konto in Höhe von damals 50.000 DM das Kreditinstitut die Auszahlung von der Beantwortung der Frage abhängig machen kann, ob der Kunde für eigene oder für fremde Rechnung handelt. Bei Verweigerung der Angabe durch den Kunden darf die Finanztransaktion nicht durchgeführt werden (ZIP 1995, 1578).

51   **Anhaltspunkte für das Vorliegen einer strafbaren Handlung nach § 261 StGB sind explizit nicht erforderlich** (BT-Drs. 17/6804, 36; hierzu auch *Höche/Rößler* WM 2012, 1510). Umstritten war zunächst, ob der Verpflichtete einen **Beurteilungsspielraum** im Zusammenhang mit der Meldepflicht aufgrund des Verstoßes gegen die Offenlegungspflicht des Vertragspartners hat. Während der Gesetzesbegründung von einer (automatisierten) Meldepflicht spricht, wenn der Vertragspartner gegenüber dem Verpflichteten nicht offenlegt, ob er die Geschäftsbeziehung oder die Transaktion für einen wirtschaftlichen Berechtigten begründen, fortsetzen oder durchführen will oder mit der Offenlegung dem Verpflichteten auch die Identität des wirtschaftlich Berechtigten nicht nachweist, räumten die Auslegungs- und Anwendungshinweise (AuA) der Deutschen Kreditwirtschaft (DK) zur Umsetzung neuer Regelungen des Gesetzes zur Optimierung der Geldwäscheprävention (auf S. 4) den Verpflichteten einen eigenen Beurteilungsspielraum ein: „*In Fällen nicht offengelegter Veranlassung besteht **keine automatische Pflicht zur Meldung**; der Verpflichtete hat vielmehr auch in den Fällen, in denen Anhaltspunkte dafür vorliegen, dass der Vertragspartner seiner Offenlegungspflicht nicht nachgekommen ist, das Recht, eine Bewertung des Sachverhalts durchzuführen (hierzu gehören neben dem objektiven Vorlie-*

gen einer Zuwiderhandlung, die im Regelfall gegeben ist und deshalb keiner gesonderten Beurteilung unterworfen sein kann, in erster Linie innere Tatsachen, d. h. die Motive des Vertragspartners). *Maßstab hierfür ist eine Beurteilung des äußeren und inneren Sachverhalts nach allgemeinen Erfahrungen unter dem Blickwinkel seiner Ungewöhnlichkeit und Auffälligkeit im jeweiligen Kontext der Geschäftsbeziehung mit dem Vertragspartner.*" Die vorgeschlagene Lösung der Deutschen Kreditwirtschaft war praxisgerechter, sie war mit der BaFin abgestimmt und die BaFin hatte sie zu ihrer Verwaltungspraxis erklärt (RdSchr. 4/2012 (GW)) – sie hat sich schließlich auch durchgesetzt: die aktuellen Auslegungs- und Anwendungshinweise der BaFin zum GwG (Stand Mai 2020) haben die AuA der DK auf S. 75 wörtlich übernommen, wozu auch die klarstellende Feststellung gehört, dass das Gesetz in Fällen, in denen der Vertragspartner seiner Offenlegungspflicht gemäß § 11 Abs. 6 S. 2 zuwidergehandelt hat, die **Abgabe einer Verdachtsmeldung auch ohne weitere Bewertung** des Sachverhalts ermöglicht.

Führt im Weiteren ein Verstoß gegen die Offenlegungspflichten des Vertragspartners hinsichtlich des wirtschaftlich Berechtigten (ohne erforderliche weitere Verdachtsmomente – hierzu gleich) zu einer Meldepflicht, so muss dies **erst recht** für einen Verstoß des Vertragspartners gegen die Pflicht gemäß § 11 Abs. 6 S. 1 zur Zurverfügungstellung aller Informationen und Unterlagen, die zur Identifizierung erforderlich sind, gegenüber dem Verpflichteten gelten (in diesem Sinne auch die Begr. zum Gesetz zur Optimierung der Geldwäscheprävention, BT-Drs. 17/6804, 2, 20 und 29, demzufolge mit der Einführung des vormaligen § 11 Abs. 1 S. 2 GwG, der § 43 Abs. 1 Nr. 3 entspricht, eine *„Ergänzung der Meldepflicht für den Fall, dass eine Identifizierung des Vertragspartners oder des ‚wirtschaftlich Berechtigten' nicht möglich ist."* bezweckt wurde).

4. Unabhängigkeit vom Wert des betroffenen Vermögensgegenstandes oder der Transaktionshöhe

Eine redaktionelle Anpassung (BT-Drs. 18/11555, 156) des bis zum 26.6.2017 gültigen § 11 Abs. 1 GwG ist die in Abs. 1 betonte Unabhängigkeit der Meldepflichtung vom Wert des betroffenen Vermögensgegenstandes oder der Transaktionshöhe (zuvor *„hat der Verpflichtete diese Transaktion unabhängig von ihrer Höhe oder diese Geschäftsbeziehung [...] zu melden"*). Da bereits die einzelnen Verdachtsmeldepflichten zwischen Geschäftsbeziehung bzw. Geschäftsvorfall und Transaktion differenzieren, wird in der Formulierung von Abs. 1 am Ende schließlich nur noch auf den *„Sachverhalt"* abgestellt. Die Unabhängigkeit der Meldeverpflichtung von der Höhe etwaiger Transaktionen ist zurückzuführen auf die Interpretive Note 3 zur FATF-Empfehlung Nr. 20 (*„All suspicious transactions, including attempted transactions, should be reported regardless of the amount of the transaction."*).

5. Unverzüglichkeit der Verdachtsmeldung

Gemäß Abs. 1 hat der Verpflichtete den verdächtigen Sachverhalt **unverzüglich** der Zentralstelle für Finanztransaktionsuntersuchungen zu melden. Unverzüglich bedeutet dabei ein Handeln ohne schuldhaftes Zögern (§ 121 Abs. 1 S. 1 BGB; BGHSt 21, 334 (399); BGH NStZ 1982, 291 (292)). Eine feste zeitliche Bestimmung des Begriffs der Unverzüglichkeit ist nicht möglich und wird auch von Seiten des Gesetzgebers oder der Aufsichtsbehörden nicht vorgenommen. Eine Meldung ist unverzüglich zu erstatten, sobald ausreichend Informationen vorliegen, die eine

§ 43 Abschnitt 6. Pflichten im Zusammenhang m. Meldungen v. Sachverhalten

Meldepflicht begründen. Ab diesem Zeitpunkt der Feststellung der Meldepflicht wird eine Meldung am gleichen Werktag oder am folgenden Werktag erstattet werden müssen (zur Frage der Unverzüglichkeit bei postalischen oder per Fax abgegebenen Meldungen → § 45 Rn. 9). Dies wird bei klaren Sachverhalten (bspw. bei (eindeutigen) Treffern in Sanktionslisten) regelmäßig unproblematisch sein. Transaktionen sind auch dann unverzüglich zu melden, wenn der Verpflichtete im Nachhinein im Rahmen einer eigenen oder von Aufsichts- oder Strafverfolgungsbehörden initiierten Recherche des Kundenbestands oder der durchgeführten Transaktionen Kenntnis von Tatsachen im Sinne von § 43 Abs. 1 Nr. 1 oder Nr. 2 erhält (Auslegungs- und Anwendungshinweise der BaFin zum GwG (Stand Mai 2020), S. 72).

54a Bei zunächst noch unklaren Sachverhalten, die erst der näheren Aufklärung bedürfen, um festzustellen, ob eine Meldepflicht besteht, sind hingegen **Prüfungen und Nachforschungen** zulässig – die Unverzüglichkeit der Meldepflicht setzt einen Verdacht voraus, sie wirkt jedoch nicht im Vorfeld des Verdachts (so zutreffend *Krais* Rn. 512). Ungeachtet dessen, dass Nachforschungen grundsätzlich nicht über Gebühr hinausgezögert, sondern möglichst zügig abgeschlossen werden sollten, stellt sich die Frage nach einem diesbezüglich zulässigen zeitlichen Rahmen. Bloße **unternehmensinterne Hinweise** bspw. durch Mitarbeiter im Vertrieb oder Kundenbetreuer auf möglicherweise geldwäsche-, terrorismusfinanzierungs- oder sonstige strafrechtlich verdächtige Sachverhalte begründen insofern noch keine unverzügliche Meldepflicht (daher sind auch die Ausführungen des OLG Frankfurt a. M. in seinem Beschluss vom 10. 4. 2018 – 2 Ss-Owi 1059/17, BeckRS 2018, 30810, zur Frage der Unverzüglichkeit unverständlich und abzulehnen, vgl. ausführlich *Barreto da Rosa/Diergarten* NStZ 2020, 173 ff.). Auch **systemgenerierte Regeltreffer** (vgl. → Rn. 29) begründen (erst recht) per se noch keine Meldepflicht, sondern lediglich Anlass zu weiteren Prüfungen. Konkrete und schriftlich fixierte zeitliche Rahmenvorgaben seitens der BaFin oder anderer Aufsichtsbehörden für die Prüfung derartiger Hinweise (bis zur finalen Entscheidung und ggf. Abgabe einer externen Verdachtsmeldung) gibt es nicht, die BaFin hat in Einzelfällen jedoch **zehn Werktage** (ab Eingang der internen Meldung beim Geldwäschebeauftragten bzw. Aussteuerung des Regeltreffers bei diesem, was insbesondere bei Parametern, die mehrere Transaktionen innerhalb eines vordefinierten Zeitraums oberhalb bestimmter Schwellenbeträge erfassen, deutlich nach der ersten dazugehörigen Transaktion liegen kann) als zulässig angesehen, was angemessen erscheint. Wesentlich kürzere Fristvorgaben hätten jedenfalls eine weitere deutliche Steigerung der Verdachtsmeldezahlen bei zwangsläufig geringerer Qualität zur Folge.

55 Es ergibt sich hier für die Verpflichteten ein **Spannungsfeld** zwischen (der Notwendigkeit) der sinnvollen und erforderlichen Sachaufklärung, bevor eine Verdachtsmeldung erstellt wird (was auch den Strafverfolgungsbehörden und der Zentralstelle für Finanztransaktionsuntersuchungen im Allgemeinen entgegenkommt, da hierdurch die Qualität der Verdachtsmeldung verbessert werden kann, und der Pflicht zu verantwortungsvollem Handeln gegenüber dem Betroffenen entspricht, vgl. → Rn. 31), und der seitens des Gesetzgebers und insbesondere der BaFin geforderten möglichst schnellen Meldung. Da insbesondere auch die BaFin bei Prüfungen ein besonderes Augenmerk auf die Unverzüglichkeit der Erstattung von Verdachtsmeldungen legt (vgl. BaFin, Jahresbericht 2014, S. 73: *„Die Verpflichteten sollen sich schneller bzw. öfter melden als bisher, wenn sie Anhaltspunkte für einen Verstoß gegen das Geldwäschegesetz haben."*), ist jedenfalls von ausgiebigen Nachforschungen alleine aus Selbstschutzgründen eher abzuraten.

Zur **organisatorischen Ausgestaltung des Meldeverfahrens** enthalten die 56
Auslegungs- und Anwendungshinweise der BaFin zum GwG (Stand Mai 2020,
S. 75 ff.) ausführliche Vorschriften. So muss der Verpflichtete durch innerorganisatorische Maßnahmen zunächst sicherstellen, dass im Falle der Bejahung des Vorliegens
von Tatsachen iSd § 43 Abs. 1 die entsprechenden Sachverhalte unverzüglich registriert, an die intern für die Meldung zuständige Stelle weitergeleitet sowie von dort
bei Bejahung eines meldepflichtigen Sachverhalts an die FIU gemeldet werden (vgl.
bereits → Rn. 17). Die vormaligen Auslegungshinweise des Bundesministeriums
der Finanzen zur Handhabung des Verdachtsmeldewesens vom 6.11.2014 formulierten (auf S. 3) noch deutlich, dass „*im Hinblick auf das Unverzüglichkeitsgebot für die
Meldung [...] eine der Meldung vorgelagerte Beurteilung einer internen Meldung von Mitarbeitern jedenfalls schnellstmöglich abgeschlossen werden*" müsse. Die neuen Auslegungs-
und Anwendungshinweise der BaFin zum GwG (Stand Mai 2020) verwenden diese
Formulierung nicht mehr, begrenzen den Handlungsspielraum der Verpflichteten
bei der internen Prüfung der Meldepflicht jedoch ebenfalls erheblich, was zentral
auch auf eine möglichst schnelle Meldung abzielt. So hat ein Verpflichteter „*insbesondere weder das Vorliegen sämtlicher Tatbestandsmerkmale des § 261 StGB oder einer
seiner Vortaten oder einer Terrorismusfinanzierung zu prüfen oder gar den Sachverhalt „auszumitteln*", *noch eine rechtliche Subsumtion des Sachverhalts unter die entsprechenden Straftat-bestände vorzunehmen. [...] Der Verpflichtete bzw. die für ihn handelnden Beschäftigten
besitzen bei der Frage, ob vorliegende transaktions-, geschäfts- oder personenbezogenen Umstände Tatsachen i. S. d. § 43 Abs. 1 Nr. 1 oder Nr. 2 GwG darstellen, einen eng begrenzten
Beurteilungsspielraum.*" (Auslegungs- und Anwendungshinweise der BaFin zum
GwG (Stand Mai 2020), S. 72). Derartige eng begrenzte Handlungsspielräume sind
angesichts des vorgenannten Spannungsfeldes im Sinne qualitativ hochwertiger
Verdachtsmeldungen wenig sinnvoll (s. auch *Barreto da Rosa/Diergarten* NStZ 2020,
173 ff., zum Beschl. des OLG Frankfurt a. M. v. 10.4.2018 (2 Ss-OWi 1059/17,
BeckRS 2018, 30810), auf den sich die AuA der BaFin hier beziehen).

6. Adressat der Verdachtsmeldung

Vor Inkrafttreten des Gesetzes zur Optimierung der Geldwäscheprävention im 57
Jahr 2011 war Adressat der Verdachtsmeldung die zuständige Strafverfolgungsbehörde (die Gemeinsame Finanzermittlungsgruppe (GFG) Polizei/Zoll beim jeweiligen Landeskriminalamt), während der damals noch beim BKA angegliederten
FIU lediglich eine Kopie vom Verpflichteten zu übersenden war. Seit dem Gesetz
zur Optimierung der Geldwäscheprävention musste die Verdachtsmeldung mündlich, telefonisch, fernschriftlich oder durch elektronische Datenübermittlung an das
Bundeskriminalamt – Zentralstelle für Verdachtsmeldungen (FIU) – und die zuständige Strafverfolgungsbehörde übermittelt werden. Die Änderung hatte ihre Ursache
in Monita der FATF im Deutschland-Prüfbericht vom Februar 2010, nach der die
FIU als gleichwertige Erstanlaufstelle zu qualifizieren sei (FATF, Mutual Evaluation
Report Germany, Tz. 411 ff.; BT-Drs. 17/6804, 35; vgl. auch Empfehlung 29 der
FATF-Empfehlungen v. Februar 2012 (Stand: Juni 2019)). An der bestehenden Aufgabenverteilung zwischen der FIU beim BKA einerseits und den Ländern andererseits im Bereich der Geldwäschebekämpfung hatte sich dadurch nichts geändert.

Durch das Gesetz zur Umsetzung der 4. EU-Geldwäscherichtlinie wurde diese 58
vormals erforderliche doppelte Meldung an die FIU (beim Bundeskriminalamt)
und an die zuständigen Strafverfolgungsbehörden gestrichen und die **Zentralstelle
für Finanztransaktionsuntersuchungen als alleiniger Adressat** von Ver-

§ 43 Abschnitt 6. Pflichten im Zusammenhang m. Meldungen v. Sachverhalten

dachtsmeldungen festgelegt. Aus Sicht der Verpflichteten war der Wegfall dieser Doppelmeldung zu begrüßen, die eine Vereinfachung bedeutete, va da die Bestimmung der richtigen örtlich zuständigen Strafverfolgungsbehörde in bestimmten Fällen (zB bei Betroffenheit mehrerer Bundesländer) Probleme bereitet hatte (vgl. auch die Diskussion um die Geltung von Wohnsitz- oder Tatortprinzip, ausführlich hierzu *Barreto da Rosa* in Diergarten/Barreto da Rosa, 1. Aufl., S. 268 ff.). Nicht nachvollziehbar war demgegenüber die Behauptung der Bundesregierung im Gesetzgebungsverfahren zum Gesetz zur Umsetzung der 4. EU-Geldwäscherichtlinie, die doppelten Meldewege hätten sich in der Praxis als nicht effektiv herausgestellt, weil so *„mit einem identischen Sachverhalt sowohl die FIU als auch die jeweilige Strafverfolgungsbehörde befasst"* gewesen wären (BT-Drs. 18/11928, 39/40). Hier ergaben sich keine Überschneidungen und Effektivitätseinbußen, da die Aufgaben der genannten zwei Adressaten völlig unterschiedliche waren. Seitens der Strafverfolgungsbehörden war im Gesetzgebungsverfahren umgekehrt der Sorge Ausdruck verliehen worden (was sich in der Folge bestätigt hat), dass die Zwischenschaltung der administrativen Zentralstelle für Finanztransaktionsuntersuchungen zu **Zeitverzögerungen** führen könnte, welche die vormals möglichen ad-hoc-Maßnahmen, wie zB die Observation von Geldabholern oder die sofortige Abklärung von Objekten und Kontaktstellen vor Ort mit dem Ziel der Verdachtsverdichtung bzw. -konkretisierung, praktisch nicht mehr möglich sein werden. Vormals hatten solche Sofortmaßnahmen zu Ermittlungserfolgen beigetragen.

59 Die vor dem 26.6.2017 in § 11 Abs. 4 GwG aF enthaltene **Sonderregelung für die rechts- und wirtschaftsberatenden Berufe** war durch das Gesetz zur Umsetzung der 4. EU-Geldwäscherichtlinie **gestrichen** worden. Nach alter Rechtslage hatten Verpflichtete dieser Berufsgruppen abweichend von der grundsätzlichen Adressierung die Meldung an die für sie zuständige Bundesberufskammer (Bundesrechtsanwaltskammer, die Bundesnotarkammer, die Patentanwaltskammer, Wirtschaftsprüferkammer und die Bundessteuerkammer) zu übermitteln. Die Kammer konnte zur Meldung Stellung nehmen. Sie hatte die Meldung mit ihrer Stellungnahme dann unverzüglich an das Bundeskriminalamt – Zentralstelle für Verdachtsmeldungen – und an die zuständige Strafverfolgungsbehörde weiterzuleiten (auch wenn die Kammer in ihrer Stellungnahme zu dem Ergebnis kam, dass die Verdachtsmeldung unsubstantiiert war, vgl. auch *Johnigk* in Herzog/Mülhausen Geldwäschebekämpfung-HdB § 52 Rn. 80). Dies galt entsprechend für Notare, die nicht Mitglied einer Notarkammer sind, mit der Maßgabe, dass an die Stelle der Berufskammer die für die Berufsaufsicht zuständige oberste Landesbehörde trat. Der Wegfall der Bundesberufskammern (bzw. bei den genannten Notaren die für die Berufsaufsicht zuständigen obersten Landesbehörde) als ungeachtet vorgeschriebene Zwischeninstanz war zwar bedauerlich (vgl. ua BRAK, Stellungnahme Nr. 24/2017), da die Berufskammern aus ihrer zentralen Funktion heraus Erfahrungswissen aufgebaut hatten und hier unterstützend und beratend tätig werden konnten. Sie bedeutet indessen nicht, dass eine Einbindung und Beratung nunmehr ausgeschlossen sind. Die vorrangige Konsequenz der Streichung dürfte vielmehr ein erhöhtes Bedürfnis der frühzeitigen Kontaktaufnahme sein, um der Pflicht zur unverzüglichen Erstattung der Verdachtsmeldung an die Zentralstelle für Finanztransaktionsuntersuchungen nachkommen zu können. In den Gesetzesmaterialien finden sich keine Hinweise auf die Gründe für die Streichung dieser Sonderregelung. Ausweislich Art. 34 der 4. EU-Geldwäscherichtlinie wird eine solche Möglichkeit der Zwischenschaltung von Berufskammern von Seiten des europäischen Gesetzgebers jedenfalls nach wie vor vorgesehen (sie ist ebenso nach den FATF-Empfehlungen zulässig, vgl. Interpretive Note 3 zu Empfehlung 23 der Empfehlungen von 2012 (Stand: Juni 2019)).

Die vormalige **Sonderregelung für Finanzdienstleistungsinstitute,** eine 60 Kopie der Verdachtsmeldung unverzüglich der BaFin zuzuleiten (Ziffer 31 der Verlautbarung des Bundesaufsichtsamtes für das Kreditwesen (BAKred) über Maßnahmen der Finanzdienstleistungsinstitute zur Bekämpfung und Verhinderung der Geldwäsche v. 30.12.1997) ist in Folge der Neuregelung des § 43 obsolet geworden.

Die EU-Kommission hat am 4.10.2011 ein *„Commission Staff Working Paper on* 61 *Anti-money laundering supervision of and reporting by payment institutions in various cross-border situations"* veröffentlicht, das (vorrangig **Zahlungsinstituten**) Antworten und Hilfestellungen auch im Zusammenhang mit den Verdachtsmeldepflichten bei grenzüberschreitenden Sachverhalten gibt.

III. Sonderregelungen bei Rechtsberatung oder Prozessvertretung (Abs. 2)

1. Vorbemerkung

Nach **Abs. 2 S. 1** sind Verpflichtete nach § 2 Abs. 1 Nr. 10 und 12, das sind An- 62 gehörige der rechts-, steuer- und wirtschaftsberatenden Berufe, nicht zur Meldung nach Abs. 1 verpflichtet, wenn sich der meldepflichtige Sachverhalt auf Informationen bezieht, die sie im Rahmen von Tätigkeiten der Rechtsberatung oder Prozessvertretung erhalten haben. Durch die Norm werden die **Vorgaben der FATF** (Empfehlung 23 lit. a iVm 22 lit. d der Empfehlungen v. Februar 2012 idF v. Juni 2019; zuvor Empfehlung 16 der FATF-Empfehlungen aus 2003) und aus **Art. 34 Abs. 2 der 4. EU-Geldwäscherichtlinie** umgesetzt: *„Bei Notaren, anderen selbständigen Angehörigen von rechtsberatenden Berufen, Abschlussprüfern, externen Buchprüfern und Steuerberatern sehen die Mitgliedstaaten von einer Anwendung der Verpflichtungen nach Artikel 33 Absatz 1 nur ab, soweit eine solche Ausnahme für Informationen gilt, die sie von einem Klienten erhalten oder über einen Klienten in Bezug auf diesen erlangen, wenn sie für ihn die Rechtslage beurteilen oder ihn in oder im Zusammenhang mit einem Gerichtsverfahren verteidigen oder vertreten, wozu auch eine Beratung über das Betreiben oder Vermeiden solcher Verfahren zählt, wobei unerheblich ist, ob diese Informationen vor, bei oder nach einem solchen Verfahren empfangen oder erlangt werden."*

Durch das **Gesetz zur Umsetzung der Änderungsrichtlinie zur 4. EU-Geldwäscherichtlinie** (BGBl. 2019 I S. 2602, Ziff. 31) wurde in § 43 Abs. 2 die Formulierung *„eines der Schweigepflicht unterliegenden Mandatsverhältnisses"* durch die Wörter *„von Tätigkeiten der Rechtsberatung oder Prozessvertretung"* ersetzt, was wieder der Formulierung ähnelt, die bereits vor dem Gesetz zur Umsetzung der 4. EU-Geldwäscherichtlinie in der Vorgängernorm des § 11 Abs. 3 GwG aF (bis 26.6.2017) Verwendung fand (soweit die Gesetzesbegr. des Gesetzes zur Umsetzung der 4. EU-Geldwäscherichtlinie hier *„§ 11 Absatz 4 GwG bisherige Fassung"* nannte (BT-Drs. 18/11/555, 157), handelte es sich ersichtlich um ein redaktionelles Versehen; die Formulierungsänderung zum 26.6.2017 ging zurück auf die damalige Beschlussempfehlung des Finanzausschusses (vgl. BT-Drs. 18/12405, 82f.)). Es ist dabei nicht ersichtlich, warum nicht auf die genaue Formulierung von § 11 Abs. 3 GwG aF – *„im Rahmen der Rechtsberatung oder der Prozessvertretung"* (des Vertragspartners) – zurückgegangen wurde. Wie in der Stellungnahme (Nr. 14 v. Juni 2019, S. 4) der BRAK zum RefE vom 20.5.2019 bereits zutreffend angemerkt wurde, war die vormalige Formulierung nicht nur sprachlich schöner, sondern sind die Wörter „*von Tätigkeiten*" einerseits überflüssig, andererseits unzutreffend, denn Rechtsberatung und Prozessvertretung sind Dienstleistungen. Der DStV kritisierte hingegen die Neufassung, die mit Blick auf den ganzheitlichen Beratungsansatz der steuerberatenden und prüfenden Berufe eine nicht gerechtfertigte Einengung darstelle, und plädierte für die Beibehaltung der vormaligen Formulierung (Stellungnahme v. 4.11.2019 zur öffentlichen Anhörung des Finanzausschusses am 6.11.2019, S. 3f.).

Insgesamt ist festzustellen, dass die Formulierung wieder stärker an Art. 34 Abs. 2 der 4. EU-Geldwäscherichtlinie orientiert ist.

63 Die Meldepflicht **durchbricht die Verschwiegenheitspflicht** bspw. nach § 203 StGB, § 43a Abs. 2 BRAO, § 18 BNotO, § 57 Abs. 1 StBerG, § 57b Abs. 1 WPO etc (vgl. auch *Johnigk* in Offermann-Burckart AnwaltsR S. 143; für Notare ausführlich *Fahl* DNotZ 2019, 580ff.). Dem hier genannten Verpflichtetenkreis steht auch **kein Zeugnisverweigerungsrecht** nach § 53 Abs. 1 S. 1 Nr. 3 StPO zu – dieses wird durch die Verdachtsmeldepflicht des § 43 Abs. 1 GwG eingeschränkt – und zwar unabhängig davon, ob diese ihrer Meldepflicht genügen oder nicht (BGH NJW 2005, 2406ff.). Die Einbeziehung der rechtsberatenden Berufe in die Geldwäschebekämpfung hatte bereits bei der Umsetzung der 2. EU-Geldwäscherichtlinie zu **vehementen standespolitischen und rechtsstaatsbezogenen Interventionen** der betroffenen Personenkreise geführt (vgl. *Johnigk* in Herzog/Mülhausen Geldwäschebekämpfung-HdB § 50f.; ausführlich auch *Wittig* AnwBl 2004, 193 (195)). Insbesondere wurde die Bedeutung der unabhängigen und zur Verschwiegenheit verpflichteten Rechtsberufe für den Rechtsstaat hervorgehoben, die sich nicht damit vertrage, diese Berufe in dem staatlichen Kampf gegen die Geldwäsche als Hinweisgeber zu instrumentalisieren, was insbesondere – aber nicht nur – für den Bereich der 6igung gelte. Bei uneingeschränkten Meldepflichten nach dem GwG wäre das Entstehen eines Vertrauensverhältnisses zwischen Strafverteidiger und seinem Vertragspartner bzw. Mandanten kaum vorstellbar (ausführlich dazu *Nestler* zu § 261 StGB). Klagen gegen diese Verpflichtung wegen behaupteter **Verletzung des Rechts auf ein faires Verfahren** hatten vor dem EuGH keinen Erfolg (vgl. EuGH NJW 2007, 2387ff. – Ordre des barreaux francophone et germanophone ua/Conseil des ministres ua; krit. hierzu *Michalke* EuZW 2007, 473ff.). Ebenso scheiterte eine Klage vor dem EGMR wegen eines vermeintlich unverhältnismäßigen **Eingriffs in das anwaltliche Berufsgeheimnis** (EGMR NJW 2013, 3423ff. – Michaud/Frankreich; zur Verhältnismäßigkeit der Anwendung der Vorschriften im Hinblick auf die Verschwiegenheitspflicht s. BaFin, Merkblatt – Hinweise zur Bereichsausnahme für Angehörige freier Berufe, Abschnitt 4 lit. d, letzter Stand: September 2014).

64 Das GwG will verhindern, dass Geldwäscher ihre Aktivitäten durch die Einschaltung von Berufsgeheimnisträgern vor staatlicher Strafverfolgung nachhaltig abschotten (Begr. zum Entwurf eines Gesetzes über das Aufspüren von Gewinnen aus schweren Straftaten (Gewinnaufspürungsgesetz – GewAufspG), BT-Drs. 12/2704, 14). Angehörige der Rechtsberatungsberufe sind laut Einschätzung der FATF einem **erhöhten Risiko ausgesetzt, in Geldwäscheaktivitäten verwickelt zu werden,** da sie eine Reihe wichtiger Funktionen in Finanzangelegenheiten ausüben (FATF-Report on Money Laundering and Terrorist Financing Typologies 2003–2004, Ziff. 86ff., wo auch zahlreiche Bsp. aus Ermittlungsverfahren angeführt werden, in denen Angehörige von Rechtsberufen aktiv als Geldwäscher im Zusammenhang mit organisierter Kriminalität tätig waren; zur gleichen Einschätzung kommt die Studie des Max-Planck-Instituts für ausländisches und internationales Strafrecht zur Gefährdung von Rechtsanwälten, Steuerberatern, Notaren und Wirtschaftsprüfern durch Geldwäsche, S. VI; aA *Klugmann* NJW 2012, 645, die rechtsberatenden Berufe seien in der Praxis „selten von Geldwäsche betroffen", was demgegenüber nicht nachvollziehbar ist). In ihrer Studie „*Money Laundering and Terrorist Financing Vulnerabilities of Legal Professionals*" vom Juni 2013 hatte die FATF das Ausmaß der Verwicklung der rechtsberatenden Berufe in die globale Geldwäsche bzw. ihre Gefährdung, hierfür missbraucht zu werden, untersucht. Dem Bericht liegt die Erfahrung zugrunde, dass von krimineller Seite nicht selten Kontakt zu Angehörigen der rechtsberatenden Berufe gesucht wird, sei es, da nur durch deren Einbindung bestimmte Transaktionen durchgeführt werden können oder weil besondere rechtliche oder notarielle Fähigkeiten und Dienste die Geldwäsche oder Terrorismusfinanzierung unterstützen können. Das Vertrauen, das Angehörigen der Rechtsberufe grundsätzlich entgegengebracht wird, lässt sich gleichsam nutzen, um kriminellen Machenschaften den Anschein von Rechtmäßigkeit zu geben. Die Rolle von Anwälten wird auch im Zusammenhang mit dem Panama-Papers-Skandal sehr kritisch gesehen (vgl. Bericht des Europäischen Parlaments über die Untersuchung von Geldwäsche, Steuervermeidung und Steuerhinterziehung (2017/2013(INI)) v. 16.11.2017 (A8–0357/2017), Ziff. 100 und lit. Z).

Die **EU-Kommission** sah bereits in ihrer ersten **supranationalen Risikoanalyse** insbesondere die Auslegung und Anwendung der Vorschriften über die Bekämpfung von Geldwäsche und Terrorismusfinanzierung durch die rechtsberatenden Berufe problematisch (Bericht der Kommission an das Europäische Parlament und den Rat über die Bewertung der mit grenzüberschreitenden Tätigkeiten im Zusammenhang stehenden Risiken der Geldwäsche und der Terrorismusfinanzierung für den Binnenmarkt (SWD(2017) 241 final) v. 26.6.2017) und ließ bereits den Willen zu einer verstärkten Regulierung dieses Bereichs erkennen. In der zweiten supranationalen Risikoanalyse vom 24.7.2019 (COM(2019) 370 final, S. 12) empfiehlt sie für die rechtsberatenden Berufe weiterhin Schulungen sowie die Bereitstellung von Erläuterungen und Informationen aus der Praxis, um diesen dabei zu helfen, Verhaltensweisen zu erkennen, die mit Geldwäsche oder Terrorismusfinanzierung in Zusammenhang stehen könnten, und kündigte für Anfang 2020 ein EU-finanziertes Projekt zur Schulung von Rechtsanwälten an. Eine ausführliche Anleitung für einen risikobasierten Ansatz im Bereich der Rechtsberufe (*„Guidance for risk-based approach for legal professionals"*) hat die **FATF** im Juni 2019 veröffentlicht, auch die meisten deutschen Kammern stellen zwischenzeitlich Auslegungs- und Anwendungshinweise zur Verfügung. Hinzuweisen ist schließlich auf die Veröffentlichung der Global Initiative Against Transnational Organized Crime „*Not above the law? The role of lawyers in combating money laundering and illicit asset flows*" vom Oktober 2018, die im Internet frei verfügbar ist, sowie auf das speziell für Richter und Staatsanwälte zugeschnittene FATF President's Paper „Anti-money laundering and counter terrorist financing for judges & prosecutors" vom Juni 2018.

Obgleich der Bereich der rechtsberatenden Berufe also als besonders geldwäscherelevant eingeschätzt wird, gibt es aus diesem Bereich **kaum Verdachtsmeldungen.** Die FIU weist in ihrem Jahresbericht 2018 (S. 14) bundesweit gerade einmal 22 Verdachtsmeldungen von Rechtsanwälten, 8 von Notaren, 2 von Wirtschaftsprüfern, 4 von Steuerberatern und Steuerbevollmächtigten sowie 1 von Treuhändern/ Dienstleistern für Gesellschaften aus (von Patentanwälten, Kammerrechtsbeiständen und Rechtsbeiständen wurden keine Verdachtsmeldungen erstattet). Dieses seit jeher zurückhaltende Meldeverhalten wurde auch von der FATF in ihrem Deutschland-Evaluationsbericht aus dem Jahr 2010 (dort Ziff. 972) kritisch thematisiert, wobei sich die Feststellung für ganz Europa treffen lässt (vgl. *Europol* „From suspicion to action", S. 14 ff.; ebenso der Bericht des Europäischen Parlaments über den Vorschlag zur Änderungsrichtlinie zur 4. EU-Geldwäscherichtlinie (COM(2016) 0450 – C8–0265/2016 – 2016/0208(COD)) v. 9.3.2017 in Erwägung 37 d und die Zweite Supranationale Risikoanalyse der EU-Kommission v. 24.7.2019 (COM (2019) 370 final), S. 7). Die durch das Gesetz zur Umsetzung der Änderungsrichtlinie zur 4. EU-Geldwäscherichtlinie vorgenommenen Änderungen im Kontext der Meldepflicht (s. § 43 Abs. 2 S. 2 aE und die Rechtsverordnung nach § 43 Abs. 6) zielen insbesondere darauf ab, die Zahl der Meldungen aus dem Immobilienbereich, dh von Immobilienmakler, Rechtsanwälten und insbesondere Notaren zu erhöhen (s. ua BR-Drs. 352/19, 109; BT-Drs. 19/13827, 135; der Bundesrat formulierte hierzu Zweifel, ob sich das Meldeverhalten von Notaren hierdurch nachhaltig ändern wird und bat die Bundesregierung um Evaluierung (BR-Drs. 598/19, 2)).

Allgemein ist anzumerken, dass die niedrige Zahl der Meldungen aus dem Bereich der rechtsberatenden Berufe **auch gesetzliche Gründe** hat, weshalb Kritik hier jedenfalls differenzierend auszufallen hat: Zunächst unterfallen Rechtsanwälte, Kammerrechtsbeistände, Patentanwälte sowie Notare überhaupt nur den Verpflichtungen, wenn sie an den in § 2 Abs. 1 Nr. 10 genannten Geschäften mitwirken, womit als Grundgesamtheit, die für einen Vergleich der Anzahl der Berufsträger mit der Anzahl der Verdachtsmeldungen aus dem Bereich allenfalls herangezogen werden könnte, nur ein deutlich eingeschränkter Kreis heranzuziehen wäre. Im Weiteren hat sich der Gesetzgeber – im Gegensatz zu allen sonstigen Verpflichtetengruppen – angesichts des besonderen, verfassungsrechtlich geschützten Verhältnisses zum Mandanten aktuell für besonders hohe Hürden für eine Meldepflicht entschieden (sog. „Gewissheitsmeldepflicht", ausführlich → Rn. 74). Die geringe Zahl der Meldungen aus dem Bereich der rechtsberatenden Berufe ist mithin zumindest auch Folge bewusster gesetzgeberischer Entscheidungen. Ungeachtet dessen ist festzustellen, dass in der Praxis vielen Angehörigen dieser Berufsgruppen nach wie vor nötiges Wissen und erforderliche Sensibilität im Hinblick auf ihre geldwäscherechtlichen Verpflichtungen fehlen. Übersehen wird insbesondere nicht selten, dass positives Wissen für Geldwäsche oder ähnliche Straftaten missbraucht zu werden, nicht nur standesrechtliche Folgen wie Ablehnung des Mandats, Versagung der Beurkundung (§ 4 BeurkG) etc hat, sondern zusätzlich eine Meldepflicht nach § 43 Abs. 1 auslöst, da auch versuchte und abgelehnte Transaktionen/Geschäfte etc zu melden sind (vgl. ausführlich → Rn. 36 f.). Die wenigsten Verdachtsmeldungen, in denen es um Verstrickungen von Anwälten oder Notaren in Geldwäsche geht, werden von diesen selbst erstattet, die meisten dieser Fälle werden von Finanzinstitutionen aufgedeckt (s. bereits den Bericht eines Landes im FATF-Report on Money Laundering and Terrorist Financing Typologies 2003–2004, Ziff. 89).

66 **Abs. 2** gesteht den Verpflichteten nach § 2 Abs. 1 Nr. 10 und 12 in S. 1 nur im Rahmen von Rechtsberatung und Prozessvertretung eine Befreiung von der Meldepflicht nach Abs. 1 zu. Im Sinne einer Rückausnahme hierzu lebt die Meldepflicht gemäß S. 2 jedoch wieder auf, wenn der Verpflichtete weiß, dass der Vertragspartner die Rechtsberatung oder Prozessvertretung für den Zweck der Geldwäsche, der Terrorismusfinanzierung oder einer anderen Straftat genutzt hat oder nutzt oder ein stets meldepflichtiges, typisiertes Immobiliengeschäft nach Abs. 6 vorliegt. Auch in denjenigen Fällen, in denen der Verpflichtete nach Abs. 2 S. 2 zur Abgabe der Verdachtsmeldung verpflichtet bleibt, kommt im Ergebnis die

Verdachtsmeldepflicht nach Abs. 1 zum Tragen. Damit greift auch in den Fällen des Abs. 2 S. 2 zugunsten des meldenden Verpflichteten die Regelung des § 48 Abs. 1, wonach die meldende Person nicht wegen dieser Meldung verantwortlich gemacht werden darf (vgl. auch BT-Drs. 19/13827, 99).

2. Befreiung von der Meldepflicht bei Rechtsberatung oder Prozessvertretung (Abs. 2 S. 1)

Abs. 2 S. 1 bestimmt, dass abweichend von Abs. 1 die Verpflichteten nach § 2 Abs. 1 Nr. 10 und 12, dh Rechtsanwälte, Patentanwälte, Notare, Steuerberater, Wirtschaftsprüfer, Steuerbevollmächtigte, vereidigte Buchprüfer (vgl. auch § 102 Abs. 1 Nr. 3b AO, BT-Drs. 19/13827, 98 (soweit dort Abs. 1 S. 1 genannt ist, handelt es sich ersichtlich um ein redaktionelles Versehen)) sowie Kammerrechtsbeistände und die in § 4 Nr. 11 StBerG genannten Vereine, nicht zur Meldung verpflichtet sind, wenn sich der meldepflichtige Sachverhalt auf Informationen bezieht, die sie im Rahmen von Tätigkeiten der Rechtsberatung oder Prozessvertretung erhalten haben. Die Norm fügt sich damit ein in die Reihe zahlreicher Vorschriften des Berufsrechts, des Straf- und Strafverfahrensrechts, die die verfassungsrechtlichen Vorgaben zum **besonderen Schutz des Vertrauensverhältnisses** der Angehörigen dieser Berufsgruppen zu ihrem Vertragspartner/Mandanten umsetzen und konkretisieren. Das Privileg der Angehörigen von rechtsberatenden Berufen ist ein wichtiger, anerkannter Grundsatz auf EU-Ebene. Er ist Ausdruck des empfindlichen Gleichgewichts zwischen der Rechtsprechung des Europäischen Gerichtshofs betreffend das Recht auf eine faire Verhandlung (s. bspw. Rs. C-305/05), die ihrerseits die Grundsätze des EGMR widerspiegelt, und der Charta der Grundrechte der Europäischen Union, so etwa Art. 47. Umgekehrt erhöht sich durch das Privileg der Angehörigen rechtsberatender Berufe das Risiko eines Missbrauchs (vgl. Bericht der Kommission an das Europäische Parlament und den Rat über die Bewertung der mit grenzüberschreitenden Tätigkeiten im Zusammenhang stehenden Risiken der Geldwäsche und der Terrorismusfinanzierung für den Binnenmarkt v. 26.6.2017, COM(2017) 340, S. 6). 67

Seit dem Gesetz zur Optimierung der Geldwäscheprävention gilt diese Privilegierung **nicht** mehr für Verpflichtete nach § 2 Abs. 1 Nr. 11 (**nicht verkammerte Rechtsbeistände und registrierte Personen iSd § 10 RDG,** soweit sie Tätigkeiten nach § 2 Abs. 1 Nr. 10a–e erbringen, ausgenommen die Erbringung von Inkassodienstleistungen iSd § 2 Abs. 2 S. 1 RDG). Die FATF hatte diese Privilegierung in ihrem Evaluationsbericht zu Deutschland vom Februar 2010 als unzulässig (zu weit interpretiert) erachtet (Ziff. 972 und 973 und Bewertung der FATF-Empfehlung 16; vgl. auch BR-Drs. 317/11, 50, und BT-Drs. 17/6804, 36). 68

§ 2 Abs. 1 Nr. 12 enthält demgegenüber keine Beschränkung für die dort genannten **Wirtschaftsprüfer, vereidigten Buchprüfer, Steuerberater, Steuerbevollmächtigten und die in § 4 Nr. 11 des StBerG genannten Vereine** auf die Vornahme bestimmter Geschäfte. Da die Steuerberatung ausdrücklich als rechtsberatende Tätigkeit gilt (BT-Drs. 16/3655, 32, 51, 117 zu § 5 Abs. 1 RDG), gelten für diesen Verpflichtetenkreis keine Besonderheiten gegenüber Rechtsanwälten (ebenso *Johnigk* in Herzog/Mülhausen Geldwäschebekämpfung-HdB § 52 Rn. 79). Für Wirtschaftsprüfer gilt dagegen die Einschränkung, dass deren Tätigkeit als Abschlussprüfer nicht unter den Privilegierungstatbestand fällt. 69

Die Formulierung der *„Rechtsberatung und Prozessvertretung"* ist umfassend zu verstehen und betrifft sämtliche Informationen, *„die vor, während oder nach einem Ge-* 70 richtsverfahren oder im Rahmen der Beurteilung der Rechtslage für einen Klienten erlangt wurden" (Erwägungsgrund 9 der 4. EU-Geldwäscherichtlinie; ebenso bereits Erwägungsgrund 20 der 3. EU-Geldwäscherichtlinie), einschließlich der Beratung über das Betreiben oder Vermeiden eines solchen Verfahrens, wobei die außergerichtliche Rechtsberatung auch den Bereich der Steuerberatung erfasst (BT-Drs. 14/8739, 15; BR-Drs. 217/02, 29). Ausweislich der Gesetzesbegründung sei Rechtsberatung jede Tätigkeit in konkreten fremden Angelegenheiten, die eine vertiefte Prüfung der Rechtslage unter Berücksichtigung der Umstände des Einzelfalls erfordert. Erfasst seien Tätigkeiten, die der Kenntnisse und Fertigkeiten bedürfen, die durch ein Studium oder langjährige Berufserfahrung vermittelt werden und für eine substantielle Rechtsberatung erforderlich sind. Es ist insofern unerheblich, ob bereits ein Mandat für die Rechtsberatung oder Prozessvertretung erteilt wurde (BT-Drs. 19/13827, 98; so schon der RefE v. 20.5.2019, S. 98). Hierzu wurde seitens der Bundesrechtsanwaltskammer bereits in der Stellungnahme 14 vom Juni 2019 (S. 4) zum RefE angemerkt, dass diese Formulierung der geltenden Definition der Rechtsdienstleistung (Rechtsberatung) in § 2 Abs. 1 RDG widerspricht: Dort wird weder eine vertiefte Prüfung der Rechtslage gefordert noch eine substantielle Rechtsberatung (BGH 14.1.2016 – I ZR 107/14, BeckRS 2016, 10331). Der Hinweis wurde indessen nicht berücksichtigt.

Nicht unter den Begriff der Rechtsberatung fallen einfache kaufmännische Hilfstätigkeiten wie die Überwachung der Fälligkeit und der Einzahlung von Patentgebühren (BVerfG NJW 1999, 3481 (3483)). Auch Tätigkeiten der Buchführung fallen nicht unter die Befreiungsregelung nach § 43 Abs. 2 S. 1 (BT-Drs. 19/13827, 98 mit Verweis auf *Barreto da Rosa* → 3. Aufl. 2018, § 43 Rn. 70). Im Gegensatz zur bisherigen Rechtslage ist damit nicht mehr die gesamte Tätigkeit von Steuerberatern erfasst (so noch BT-Drs. 18/12405, 166), sondern sind insbesondere rein betriebswirtschaftliche Prüfungstätigkeiten ausgenommen (BT-Drs. 19/13827, 98), wobei hierzu festzustellen ist, dass sich insbesondere bei der Buchführung und Erstellung von Jahresabschlüssen regelmäßig auch steuerrechtliche Fragen stellen, was eine Abgrenzung im Einzelfall schwierig werden lassen kann (vgl. hierzu auch *Mader/Scaraggi-Kreitmayer* DStR 2020, 181 (182)). Der gesetzgeberische Wille geht hier insofern augenscheinlich weg von einer pauschalen Regelung hin zu einer genaueren Einzelfallbetrachtung. Fälle, in denen die Privilegierung nach Abs. 2 nach dem Willen der Europäischen Kommission ferner nicht greifen soll, sind die rechtliche Beratung im Zusammenhang mit der Gründung, dem Betrieb oder der Leitung von Unternehmen (vgl. Bericht der Kommission an das Europäische Parlament und den Rat über die Bewertung der mit grenzüberschreitenden Tätigkeiten im Zusammenhang stehenden Risiken der Geldwäsche und der Terrorismusfinanzierung für den Binnenmarkt v. 26.6.2017, COM(2017) 340, S. 6). Für Tätigkeiten des Rechtsanwalts jenseits von Rechtsberatung und Prozessvertretung (zB reine Treuhandtätigkeit) gilt das Mandantenprivileg von vorneherein nicht (Auslegungs- und Anwendungshinweise der Rechtsanwaltskammer München zum Gesetz über das Aufspüren von Gewinnen aus schweren Straftaten (Geldwäschegesetz – GwG), 2. Aufl. 2019, S. 34).

70a **Drittgeheimnisse** unterliegen nicht der Schweigepflicht, soweit die vom Dritten erlangten Informationen nicht zumindest auch die Interessen des Mandanten berühren. Insoweit kann eine Meldepflicht beispielsweise bestehen, wenn der Rechtsanwalt den Immobilienverkäufer vertritt und Tatsachen darauf hindeuten, dass der Käufer die Gelder zum Erwerb der Immobilie aus Drogenverkäufen hat (s. Auslegungs- und Anwendungshinweise der Rechtsanwaltskammer München zum GwG, 2. Aufl. 2019, S. 32).

3. Rückausnahme 1: Missbrauch der Rechtsberatung oder Prozessvertretung für Zwecke der Geldwäsche, der Terrorismusfinanzierung oder einer anderen Straftat (Abs. 2 S. 2 Alt. 1)

Weiß der Verpflichtete, dass der Vertragspartner die Rechtsberatung oder Prozessvertretung für den Zweck der Geldwäsche, der Terrorismusfinanzierung oder einer anderen Straftat genutzt hat oder nutzt, gilt die Befreiung von der Meldepflicht gemäß Abs. 2 S. 2 nicht, und ist eine Verdachtsmeldung nach Abs. 1 zu erstatten. Durch das Gesetz zur Optimierung der Geldwäscheprävention vom 22.12.2011 war zum einen auf das zuvor vorhandene Tatbestandsmerkmal der *„bewussten"* Inanspruchnahme der Rechtsberatung verzichtet und zum anderen die Rückausnahme auf Fälle in der Vergangenheit *(„in Anspruch genommen hat")* ausgeweitet worden. 71

Gegenüber der bis zum 26.6.2017 gültigen Vorläufernorm des § 11 Abs. 3 S. 2 GwG aF wurde der Gesetzestext von § 43 Abs. 2 S. 2 um die Worte *„oder einer anderen Straftat"* ergänzt. Es ist nicht eindeutig festzustellen, ob es sich hier (nur) um ein redaktionelles Versehen handelt oder um eine gezielte Ergänzung. Dabei ist zunächst festzustellen, dass die Ergänzung in der entsprechenden Vorschrift des Referentenwurfs des Bundesministeriums der Finanzen eines Gesetzes zur Umsetzung der 4. EU-Geldwäscherichtlinie vom 24.11.2016 (damals noch § 39 Abs. 2 S. 2 GwG-RefE) noch nicht enthalten war und insofern erst im weiteren Laufe des Gesetzgebungsverfahrens eingefügt wurde. Für ein redaktionelles Versehen spricht die Gesetzesbegründung, der zufolge Abs. 2 der Vorgängernorm entspreche und unverändert geblieben sei (BT-Drs. 18/11555, 157). Auch an anderen Stellen im GwG, die Ausnahmeregelungen für die Verpflichteten nach § 2 Abs. 1 Nr. 10 und 12 enthalten, wird auf die Ergänzung um die Worte *„oder einer anderen Straftat"* verzichtet (vgl. § 6 Abs. 6 S. 4, § 10 Abs. 9 S. 3 und § 30 Abs. 3 S. 4, wobei in der Gesetzesbegr. zu § 30 Abs. 3 S. 4 wiederum Bezug genommen wird auf ein Wiederaufleben der Auskunftspflicht, *„wenn der Verpflichtete weiß, dass der Vertragspartner seine Rechtsberatung für den Zweck der Geldwäsche, der Terrorismusfinanzierung oder einer anderen Straftat in Anspruch genommen hat oder nimmt"* (BT-Drs. 18/11555, 141)). Der Gedanke, dass die Ergänzung um sonstige Straftaten bewusst vorgenommen wurde, um jeglichen Missbrauch der rechts-, wirtschafts- und steuerberatenden Berufe für Straftaten zu erfassen und in diesen Fällen Meldungen nach § 43 Abs. 1 zu erzwingen, scheint eher fernliegend. Hierdurch würde der Beruf des Rechtsanwalts oder Strafverteidigers nahezu unmöglich gemacht werden, denn jeder Rechtsrat kann zur Umgehung genutzt werden (vgl. auch BRAK Stellungnahme Nr. 24/2017). Dennoch dürfte die größere Wahrscheinlichkeit mittlerweile gegen ein redaktionelles Versehen sprechen, da der Gesetzgeber im Zuge der Umsetzung der Änderungsrichtlinie zur 4. EU-Geldwäscherichtlinie Abs. 2 S. 2 wie ausgeführt geändert, die Worte *„oder einer anderen Straftat"* dennoch beibehalten hat – ein zweifaches redaktionelles Versehen erscheint unwahrscheinlich. 72

Das Bestehen einer Meldepflicht nach Abs. 1, wenn der Vertragspartner die Rechtsberatung oder Prozessvertretung für den Zweck der Geldwäsche, der Terrorismusfinanzierung oder einer anderen Straftat genutzt hat oder nutzt, begründet sich darauf, dass es in diesen Fällen nämlich nicht mehr darum geht, dass ein Mandant sich hilfesuchend die Rechtslage erläutern lassen will oÄ, sondern er bewusst den Berater dazu **missbrauchen** will, eine strafbare Handlung zu begehen. Ein 73

§ 43 Abschnitt 6. Pflichten im Zusammenhang m. Meldungen v. Sachverhalten

schützenswertes Vertrauen des einzelnen Mandanten, der den Rechtsanwalt in seine Geldwäscheaktivitäten einbezieht, besteht hier nicht. Auch die Gesamtheit der potenziellen Mandanten wird nicht in einem berechtigten Vertrauen enttäuscht. Eine Erwartung, den Anwalt als wissendes Werkzeug für Straftaten nutzen zu können, kann nicht geschützt werden. Die Vertraulichkeit, die für jedes Mandatsverhältnis grundlegende Voraussetzung ist, erleidet daher auch als Prinzip keinen Schaden, wenn in diesen Fällen die Verdachtsmeldung erfolgt, ohne dass dies dem Mandanten offenbart werden darf (BT-Drs. 14/8739, 16; BR-Drs. 217/02, 31).

74 Die Meldepflicht besteht in diesen Fällen nur, wenn der Verpflichtete positiv **weiß**, dass der Vertragspartner die Rechtsberatung oder Prozessvertretung für den Zweck der Geldwäsche, der Terrorismusfinanzierung oder einer anderen Straftat genutzt hat oder nutzt (*Johnigk* bezeichnet die Meldepflicht insofern als „Gewissheitsmeldepflicht", in Herzog/Mülhausen Geldwäschebekämpfung-HdB § 52 Rn. 72 ff.; ebenso der Bundesrat in BT-Drs. 19/13827, 135). Es geht mithin um Fälle, in denen der Mandant dem Rechtsberater bewusst anträgt, er möge ihn bei der Geldwäsche oder bei Transaktionen zur Finanzierung des Terrorismus (oder einer anderen Straftat) beratend unterstützen, und der Rechtsberater dies bewusst zur Kenntnis nimmt. In diesen Fällen hat der Rechtsberater keinen „Verdacht", sondern positive Kenntnis davon, dass es sich um einen Fall der gegenwärtigen oder zukünftigen Geldwäsche, Terrorismusfinanzierung oder einer anderen Straftat handelt. Dies entspricht auch der Auslegung des Geldwäschetatbestandes für die Honorarentgegennahme durch Strafverteidiger durch das BVerfG, demzufolge *„§ 261 Absatz 2 Nummer 1 des Strafgesetzbuchs mit dem Grundgesetz vereinbar [ist], soweit Strafverteidiger nur dann mit Strafe bedroht werden, wenn sie im Zeitpunkt der Annahme ihres Honorars sichere Kenntnis von dessen Herkunft hatten"* (BVerfGE 110, 226 Ls. 1). So wie durch sichere Kenntnis über die schmutzigen Quellen des Honorars der schutzwürdige Bereich des Vertrauensverhältnisses zwischen einem Vertragspartner bzw. Mandanten und seinem Strafverteidiger verlassen wird und durch die Entgegennahme des schmutzigen Geldes die Grenze zu strafwürdigem Verhalten überschritten wird, löst auch das Ansinnen des Vertragspartners bzw. Mandanten an seinen Rechtsberater, ihn bei Transaktionen mit schmutzigem Geld zu beraten, das Vertrauensverhältnis und die Verschwiegenheitspflicht auf (vgl. bereits *Herzog/Achtelik* → 2. Aufl. 2014, § 11 aF Rn. 35).

Diese vorstehend skizzierte Meldeschwelle wird in der Praxis bisweilen als zu hoch **kritisiert** und zentral für die geringen Meldezahlen aus dem Bereich der Verpflichteten nach § 2 Abs. 1 Nr. 10 und 12 verantwortlich gemacht. Zuletzt im Gesetzgebungsverfahren zur Umsetzung der Änderungsrichtlinie zur 4. EU-Geldwäscherichtlinie bat auch der Bundesrat zu prüfen, in welchem Maße die Gewissheitsschwelle in § 43 Abs. 2 S. 2 soweit abgesenkt werden könne, dass die mit dem Gesetzentwurf zu erwartende Effektivierung der Geldwäschebekämpfung noch weiter gesteigert und zugleich der besonderen Bedeutung der Schweigepflicht der Berufsgeheimnisträger Rechnung getragen werde (BT-Drs. 19/13827, 135; Empfehlung Rechtsausschuss v. 9.9.2019, BR-Drs. 352/1/19, 22 ff.; BR-Drs. 352/19, 22 ff.). Der Vorschlag lehnte die Bundesregierung mit der Begründung ab, dass kein Bedarf gesehen werde, das subjektive Merkmal der positiven Kenntnis anzupassen, da sich dieses mit den Vorgaben des einschlägigen Berufsrechts decke, in welchen Fällen beispielsweise Notare eine Amtstätigkeit zu versagen haben (vgl. § 14 Abs. 2 BNotO). Dies sei der Fall bei positiver Kenntnis von unerlaubten oder unredlichen Zwecken (BT-Drs. 19/13827, 150).

Bei dem ersten Mandantenkontakt bzw. bei dem ersten Auftauchen derartiger 75
Ansinnen, die auf einen beabsichtigten Missbrauch zu Zwecken der Geldwäsche,
der Terrorismusfinanzierung oder einer anderen Straftat hindeuten, ist zu empfehlen,
nachdrücklich auf die Rechtslage nach dem GwG hinzuweisen (*Johnigk* in Herzog/Mülhausen
Geldwäschebekämpfung-HdB § 52 Rn. 76). Ein solcher Hinweis
verstößt auch nicht gegen das Verbot der Informationsweitergabe nach § 47 Abs. 1
(BT-Drs. 14/8739, 16, zur entsprechenden Vorläufernorm). Ein Anwalt muss das
Mandat niederlegen, wenn er den Eindruck gewinnt, sein Rat werde zu Geldwäschezwecken
missbraucht, um einer eigenen Beihilfestrafbarkeit zu entgehen (BT-Drs.
14/8739, 16; auch *von Galen* NJW 2003, 117; *Burmeister/Uwer* AnwBl 2004,
199 (203)) und eine Verdachtsmeldung nach § 43 Abs. 1 erstatten (s. auch Auslegungs-
und Anwendungshinweise der Rechtsanwaltskammer München zum
GwG, 2. Aufl. 2019, S. 32). Konkrete Anhaltspunkte auf Geldwäsche können nicht
ignoriert werden, ohne dass sich der Berater selbst einem Strafbarkeitsrisiko aussetzt
(*Swienty* DStR 2003, 802; *Herzog/Achtelik* → 2. Aufl. 2014, § 12 aF Rn. 3).

Die „*Verhaltensempfehlungen für Rechtsanwälte im Hinblick auf die Vorschriften des* 76
Geldwäschebekämpfungsgesetzes (GwG) und die Geldwäsche, § 261 StGB" der Bundesrechtsanwaltskammer
(dort S. 2f.) führen einige **Verdachtsindizien** hinsichtlich
möglicher Geldwäschehandlungen auf, die neben den Anhaltspunktepapieren der
FIU zu sehen sind. Zu den besonderen Verdachtsmerkmalen für Rechtsanwälte
zählen demzufolge etwa das Verlangen des Mandanten nach Anonymität bzw. das
Verschleiern der Identität, die falsche Erteilung von Auskünften und die Verweigerung
notwendiger Informationen für die Durchführung der Dienstleistung, das
Anhängigsein einer Katalogtat nach § 261 StGB gegen den Vertragspartner bzw.
Mandanten, wobei hinsichtlich etwaiger aus der Tat erlangter Vermögenswerte die
Anordnung der Einziehung in Betracht kommt, die Vermeidung hochvolumiger
unbarer Zahlungen durch den Mandanten, die Durchführung offensichtlich unwirtschaftlicher
Geschäfte, für die auch auf Nachfrage keine nachvollziehbaren
Gründe (steuerrechtlich, rechtlich, wirtschaftlich) genannt werden können, Leistungen
von Zahlungen durch Dritte zugunsten des Mandanten auf das Anwaltskonto
ohne plausiblen Grund, insbesondere wenn diese aus Hochrisikoländern (gemäß
der ncct-Liste der FATF oder künftiger EU-Verordnungen, vgl. → Rn. 39)
erfolgen oder das Bestehen von Merkmalen einer Scheingesellschaft bei dem Unternehmen
des Mandanten.

Zahlreiche **Sachverhalte,** in denen Rechtsanwälte oder Notare in Geldwäsche 77
verwickelt waren, finden sich in der Studie des Max-Planck-Instituts für ausländisches
und internationales Strafrecht zur Gefährdung von Rechtsanwälten, Steuerberatern,
Notaren und Wirtschaftsprüfern durch Geldwäsche aus dem Jahr 2004
(auf S. 15f.), insgesamt 123 ausführliche **Fallbeschreibungen** einschließlich sog.
red flag indicators (Warnindikatoren für Geldwäsche und Terrorismusfinanzierung)
enthält ferner der FATF-Bericht „*Money Laundering and Terrorist Financing
Vulnerabilities of Legal Professionals*" vom Juni 2013 (ab S. 38) und auch bei *Johnigk*
(in Offermann-Burckart AnwaltsR) werden ab S. 158f. fünf Fallbeispiele aus der
anwaltlichen Praxis dargestellt.

4. Rückausnahme 2: Fall des Abs. 6 – durch Rechtsverordnung bestimmte meldepflichtige Sachverhalte bei Erwerbsvorgängen nach § 1 GrErwStG (Abs. 2 S. 2 Alt. 2)

77a Durch das Gesetz zur Umsetzung der Änderungsrichtlinie zur 4. EU-Geldwäscherichtlinie (BGBl. 2019 I S. 2602) wurde Abs. 2 S. 2 um die Wörter *„oder ein Fall des Absatzes 6 vorliegt"* ergänzt und Abs. 6 neu in § 43 eingefügt. Damit besteht die Meldepflicht der Verpflichteten nach § 2 Abs. 1 Nr. 10 und 12 **stets auch bei der Mitwirkung an Immobilientransaktionen** (Erwerbsvorgängen nach § 1 des Grunderwerbsteuergesetzes (GrErwStG)), die durch Rechtsverordnung nach Abs. 6 **(GwGMeldV-Immobilien)** näher bestimmt werden (vgl. hierzu → Rn. 83), sofern keine Tatsachen vorliegen, die die bei den in §§ 4–7 GwGMeldV-Immobilien bestimmten Sachverhalten vorhandenen Anzeichen entkräften, dass ein Vermögensgegenstand aus einer strafbaren Handlung stammt, die eine Vortat der Geldwäsche darstellen könnte, oder dass der Erwerbsvorgang im Zusammenhang mit Terrorismusfinanzierung steht (vgl. § 2 GwGMeldV-Immobilien idF des RefE v. 20.5.2020).

Die Forderung der Bundesrechtsanwaltskammer (Stellungnahme Nr. 14 v. Juni 2019, S. 4, zum RefE v. 20.5.2019 zum Gesetz zur Umsetzung der Änderungsrichtlinie zur 4. EU-Geldwäscherichtlinie), Abs. 2 S. 2 auf Notare zu beschränken, angesichts des besonderen Vertrauensverhältnisses zwischen Rechtsanwalt und Mandant und da die eine Immobilientransaktion begleitende Rechts- oder Steuerberatung keinen eigenständigen Erwerbsvorgang im Sinne von § 1 GrErwStG darstelle, wurde nicht aufgegriffen. Auch die von der Bundessteuerberaterkammer geforderte Herausnahme der Steuerberater aus Abs. 2 S. 2 bzw. dessen vollständige Streichung aufgrund verfassungsrechtlicher Bedenken, dass die verfassungsrechtlich garantierte Verschwiegenheitspflicht in bestimmten Bereichen allein durch eine Rechtsverordnung des Bundesministeriums der Finanzen (Anm.: im RefE war der Zusatz *„im Einvernehmen mit dem Bundesministerium der Justiz und für Verbraucherschutz"* noch nicht enthalten) ohne Zustimmung des Bundesrats abgeschafft werden kann, wurde nicht berücksichtigt (Stellungnahme v. 29.5.2019 zum RefE, S. 7 f.).

IV. Meldepflicht für internationale Verpflichtete (Abs. 3)

78 Abs. 3 wurde neu in die Vorschriften zur Meldepflicht eingefügt und dient der Umsetzung von **Art. 33 Abs. 2 der 4. EU-Geldwäscherichtlinie.** Danach soll ein Verpflichteter, wenn er über keine Niederlassung in Deutschland verfügt, auch keiner Meldepflicht nach § 43 Abs. 1 unterliegen. Er soll insoweit nur dort den Sachverhalt melden, wo er niedergelassen ist. Hat der Verpflichtete mehrere Niederlassungen in unterschiedlichen Ländern und betrifft der zu meldende Sachverhalt den deutschen Rechtsverkehr, so löst diese Inlandsberührung die Meldepflicht nach § 43 Abs. 1 aus (BT-Drs. 18/11555, 157).

V. Verhältnis der Meldung zur Selbstanzeige nach § 261 Abs. 9 StGB (Abs. 4)

Durch das **Gesetz zur Umsetzung der Änderungsrichtlinie zur 4. EU-Geldwäscherichtlinie** (BGBl. 2019 I S. 2602, Ziff. 33c) wurde in Abs. 4 ein neuer S. 1 eingefügt, der bisherige Satz wurde zu S. 2. Im Gesetzentwurf vom 19.10.2019 (BT-Drs. 19/13827) war die Änderung noch nicht enthalten, weshalb sich keine Ausführungen hierzu in der dortigen Gesetzesbegründung finden (die Änderung geht auf die Beschlussempfehlung des Finanzausschusses (7. Ausschuss) v. 13.11.2019, BT-Drs. 19/15163, 50; Bericht des Finanzausschusses v. 14.11.2019, BT-Drs. 19/15196, 49) zurück. Ein Änderungsantrag der FDP-Fraktion (s. BT-Drs. 19/15196, 23f.), die Neufassung des Abs. 4 als S. 2 (und 3) in § 261 Abs. 9 einzufügen, anknüpfend an die Wirkung der Abgabe einer Verdachtsmeldung nach § 43 Abs. 1 GwG als strafbefreiende Anzeige nach § 261 Abs. 9 StGB und aus Gründen einer besseren Übersichtlichkeit für den Rechtsanwender, konnte sich nicht durchsetzen. Ziel des Vorschlags war es auch, Doppelmeldungen sowohl an die FIU als auch an die Strafverfolgungsbehörden überflüssig zu machen (entsprechend der Forderung der CDU/CSU-Bundestagsfraktion in der Plenardebatte v. 18.10.2019, Plenarprotokoll 19/119, S. 14766) und damit für die Verpflichteten den Bürokratieaufwand bei der Erfüllung der geldwäscherechtlichen Vorgaben zu verringern. Hierzu ist indessen anzumerken, dass es in diesem Kontext bzw. aufgrund des Fehlens einer Regelung wie in Abs. 4 S. 1 nie zu Doppelmeldungen gekommen war (Verpflichtete behalfen sich bis dato häufig mit Zusätzen in Verdachtsmeldungen wie *„Diese Meldung gilt gleichzeitig als Anzeige gemäß § 261 Abs. 9 StGB."*, Schwierigkeiten in dem Zusammenhang waren keine bekannt geworden). Aktuell tatsächlich noch (von der BaFin) geforderte Doppelmeldungen bspw. bei Verstößen gegen die MAR oder das WpHG wegen Marktmanipulation/Insiderhandels oder strafbarer Leerverkäufe oder Doppelmeldungen trotz erfolgter (unverzüglicher) Strafanzeige werden hierdurch nicht obsolet.

Im Zuge der Umsetzung der Richtlinie (EU) 2018/1673 über die strafrechtliche Bekämpfung der Geldwäsche wird der Regelungsgehalt von Abs. 4 zu überprüfen sein (BT-Drs. 19/15196, 49).

Nach Abs. 4 **S. 1** soll eine Meldung nach Abs. 1 an die FIU (die keine zuständige Behörde iSv § 261 Abs. 9 S. 1 Nr. 1 StGB ist, vgl. § 158 StPO) zugleich als strafbefreiende Selbstanzeige iSd § 261 Abs. 9 S. 1 StGB gelten, wenn der gemeldete Sachverhalt die hierfür erforderlichen Angaben enthält (sofern in BT-Drs. 19/15196, 49, lediglich auf § 261 Abs. 9 S. 1 *Nr. 1* StGB Bezug genommen wird, dürfte es sich hier um ein redaktionelles Versehen handeln, da zur Erreichung der strafbefreienden Wirkung die Nr. 1 und 2 des § 261 Abs. 9 S. 1 StGB kumulativ vorliegen müssen). Die Anzeige nach § 261 Abs. 9 S. 1 StGB muss die **vollständige Mitteilung aller dem Täter oder Teilnehmer bekannten Umstände der begangenen rechtswidrigen Tat** enthalten (Bericht des Finanzausschusses (7. Ausschuss) v. 14.11.2019, BT-Drs. 19/15196, 49, mit Verweis auf *Altenhain* in NK-StGB § 261 Rn. 151). Die Frage, ob ein Meldender auch die Anforderungen an eine Selbstanzeige erfüllt hat, sei ausweislich der Gesetzesbegründung allein von den Strafverfolgungsbehörden bei der Beurteilung der Strafbarkeit im Einzelfall zu bewerten (BT-Drs. 19/15196, 49). Fehlen für eine strafbefreiende Anzeige erforderlichen Angaben, begründet dies keine eigenständige Pflicht für die FIU, den Sachverhalt an die zuständige Strafverfolgungsbehörde weiterzuleiten. Für die strafbefreiende Wirkung müssen sämtliche Voraussetzungen des § 261 Abs. 9 S. 1 StGB erfüllt sein. War die angezeigte/gemeldete Tat zum Zeitpunkt der Anzeige/Meldung mithin bereits ganz oder zum Teil entdeckt und wusste der Täter dies oder musste er bei verständiger Würdigung der Sachlage damit rechnen, scheidet eine Strafbefreiung auch bei einer Verdachtsmeldung aus, selbst wenn diese die erforderlichen Angaben enthielte. Ebenso muss in den Fällen von § 261 Abs. 1 oder 2 StGB unter den Voraussetzungen von § 261 Abs. 9 S. 1 Nr. 1 StGB die Sicherstellung des Gegenstandes bewirkt werden, auf den sich die Straftat bezieht (hierzu näher *Barreto da Rosa* in Diergarten/Barreto da Rosa Kap. 7 Rn. 65).

79b Nach Abs. 4 S. 2 besteht für den Täter einer Tat nach § 261 StGB trotz der Meldepflicht nach § 43 Abs. 1 die Möglichkeit nach § 261 Abs. 9 StGB, die Tat *freiwillig* der zuständigen Behörde anzuzeigen oder *freiwillig* eine solche Anzeige zu veranlassen, wenn nicht die Tat in diesem Zeitpunkt ganz oder zum Teil bereits entdeckt war und der Täter dies wusste oder bei verständiger Würdigung der Sachlage damit rechnen musste. Somit steht die Pflicht zur Verdachtsmeldung also nicht einer strafbefreienden Anzeige nach § 261 Abs. 9 StGB entgegen. Hintergrund ist, dass für den Verpflichteten trotz seiner (die von § 261 Abs. 9 StGB geforderte Freiwilligkeit eigentlich ausschließende) Meldepflicht die Möglichkeit der **„freiwilligen" strafbefreienden Anzeige nach § 261 Abs. 9 S. 1 StGB** bestehen bleibt (hierzu ausführlich *Nestler/ El-Ghazi* → StGB § 261 Rn. 154 ff.). Ohne die Regelung des Absatzes 4 würde sich ein Verpflichteter, der bspw. nach Durchführung einer oder mehrerer Finanztransaktionen den Verdacht der Geldwäsche meldet, selbst der Gefahr einer Bestrafung wegen Geldwäsche aussetzen und in der Hoffnung darauf, selbst unentdeckt zu bleiben, vermutlich von einer Meldung deshalb absehen. Diese Folge wäre jedoch kriminalpolitisch gerade nicht erwünscht (BT-Drs. 12/2704, 18). Meldet der Verpflichtete seinen Verdacht bei leichtfertigem Nichterkennen des inkriminierten Gegenstandes somit aufgrund der Verdachtsmeldepflicht der zuständigen Stelle, so wird dem Merkmal der Freiwilligkeit gleichwohl entsprochen (s. auch *Flatten* S. 152).

80 Die Vergünstigung einer Strafaufhebung kann dabei nicht nur dem **„Anzeigeerstatter"** (zB dem Geldwäschebeauftragten), sondern auch dem **„Veranlasser"** (zB dem Mitarbeiter, der den Verdacht intern meldet) zugutekommen. Veranlassen einer Anzeige erfordert (Mit-) Ursächlichkeit für deren Erstattung durch einen anderen (*Ruhmannseder* in BeckOK-StGB § 261 Rn. 67). Umstritten ist, ob eine rein interne Verdachtsmeldung, die letztlich nicht an die Strafverfolgungsbehörden gelangt, weil beispielsweise der Geldwäschebeauftragte anders als der intern meldende Angestellte irrtümlich keinen Verdachtsfall sieht, gleichfalls zur Strafbefreiung führt (ablehnend ua *Ruhmannseder* in BeckOK-StGB § 261 Rn. 67 mwN). Die besseren Argumente sprechen für eine Anerkennung der strafbefreienden Wirkung auch in derartigen Fällen (ebenso *Fülbier* in Fülbier/Aepfelbach/Langweg StGB § 261 Rn. 117 ff. und GwG § 12 aF Rn. 3; *Flatten* S. 153 ff., der nur Geschäftsvorfälle ausnehmen will, die ohne vorherige Einschätzung des Geldwäschebeauftragten durchgeführt wurden). Auch die Auslegungs- und Anwendungshinweise der BaFin zum GwG (Stand Mai 2020, S. 78) formulieren, dass aus Sicht der BaFin ein „leichtfertiges Nichterkennen" iSd § 261 Abs. 5 StGB für den Täter nicht vorliege, wenn er ordnungsgemäß eine den Anforderungen des § 43 Abs. 1 GwG entsprechende Verdachtsmeldung an die dafür intern zuständige Stelle weitergeleitet bzw. (im Falle des Geldwäschebeauftragten) eine Meldung an die FIU erstattet hat.

Laut § 48 Abs. 2 Nr. 1 ist der Mitarbeiter auch dann vollständig von seiner Verantwortung befreit, wenn er einen Verdachtsfall intern an die für eine Meldung zuständige Stelle gemeldet hat und diese – aus welchen Gründen auch immer – von einer Meldung abgesehen hat. Er hat dann auch keine eigene Meldung abzugeben (was ihm rein technisch mangels Berechtigung für goAML zumindest auf elektronischem Wege schon nicht möglich wäre), ihm steht es jedoch frei, ggf. mittels des beim Verpflichteten bzw. bei der BaFin eingerichteten Hinweisgebersystems eine aus seiner Sicht unzutreffende Behandlung seiner Meldung zu kommunizieren (s. Auslegungs- und Anwendungshinweise der BaFin zum GwG (Stand Mai 2020), S. 78; aA, dh es stünde ihm frei, auch eine eigene Meldung zu erstatten, *Herzog/ Achtelik* → 2. Aufl. 2014, § 11 aF Rn. 20; *Fülbier* in Fülbier/Aepfelbach/Langweg StGB § 261 Rn. 106). Es hinge sonst von der Entscheidung eines Dritten (des Geldwäschebeauftragten) ab, ob die Strafaufhebung für den Mitarbeiter eintritt. Mit der betriebsinternen Meldung gegenüber demjenigen, der für die Verdachtsmeldung an die FIU zuständig ist, entfällt die Strafbarkeit des Mitarbeiters schon deswegen, weil dann der Vorwurf leichtfertigen (und erst recht: bedingt vorsätzlichen) Handelns nicht mehr erhoben werden kann (*Nestler/El-Ghazi* → StGB § 261 Rn. 155).

Bedauerlicherweise werden in Abs. 4 und § 261 Abs. 9 StGB nach wie vor unterschiedliche Begrifflichkeiten verwendet. Während Abs. 4 von *„Meldung"* spricht, ist in § 261 Abs. 9 StGB weiterhin von *„Anzeige"* die Rede. Inhaltlich hat diese **divergierende Terminologie** indessen keine Auswirkung. Eine Meldung nach § 43 Abs. 1 fällt gleichermaßen unter den Begriff der „Anzeige" iSv § 261 Abs. 9 StGB. In der Praxis enthalten dennoch viele Geldwäscheverdachtsmeldungen Formulierungen wie *„Vorsorglich weisen wir darauf hin, dass es sich bei dieser Verdachtsmeldung gleichzeitig um eine Anzeige im Sinne des § 261 Abs. 9 StGB handelt."*. Derartige Hinweise sind jedenfalls unschädlich. 81

VI. Bestimmung typisierter Transaktionen durch die Zentralstelle für Finanztransaktionsuntersuchungen (Abs. 5)

Eine Abs. 5 entsprechende Regelung fand sich in der vormaligen, bis zum 26.6.2017 gültigen Fassung des GwG in § 11 Abs. 7. Im Unterschied zur Vorgängernorm können die **typisierten Transaktionen** nunmehr von der Zentralstelle für Finanztransaktionsuntersuchungen im Benehmen mit den (jeweils zuständigen) Aufsichtsbehörden bestimmt werden (§ 11 Abs. 7 GwG aF ermächtigte zu einer entsprechenden (zu befristenden) Rechtsverordnung das Bundesministerium des Innern und das Bundesministerium der Finanzen mit Zustimmung des Bundesrates). Die Bestimmung typisierter Transaktionen, die eine generelle Meldepflicht nach § 43 Abs. 1 auslösen, wurde damit unkomplizierter gestaltet. Insgesamt soll die Vorschrift der Vereinfachung der Zusammenarbeit zwischen der Zentralstelle für Finanztransaktionsuntersuchungen, den Aufsichtsbehörden und den Verpflichteten dienen. So sollen dem Verpflichteten bestimmte Typisierungen helfen, geldwäscherechtliche Anhaltspunkte zu erkennen, die eine Meldepflicht gegenüber der Zentralstelle für Finanztransaktionsuntersuchungen auslösen (BT-Drs. 18/11555, 157). Wie bereits in der Vergangenheit dürfte – trotz der Vereinfachung – auch künftig zu erwarten sein, dass von dieser Möglichkeit der Bestimmung typisierter Transaktionen nur sehr zurückhaltend Gebrauch gemacht wird. Die Bekanntgabe von solchen Transaktionsformen, die unweigerlich zu einer Verdachtsmeldung führen, würde nämlich einerseits dazu führen, dass dieser Transaktionstyp für kriminelle Handlungen kaum mehr genutzt werden dürfte, und andererseits dazu, dass 82

§ 43 Abschnitt 6. Pflichten im Zusammenhang m. Meldungen v. Sachverhalten

von den Verpflichteten nach pauschalierten Typisierungen ausgelöste Verdachtsmeldungen mit „geringer Erkenntnistiefe" abgesetzt werden würden (*Herzog/Achtelik* → 2. Aufl. 2014, § 11 Rn. 46 mit Verweis auf *Teichmann/Achsnich* in Herzog/Mülhausen Geldwäschebekämpfung-HdB § 31 Rn. 84f.).

VII. Verordnungsermächtigung (Abs. 6)

83   Abs. 6 wurde (wie auch der Verweis hierauf in Abs. 2 S. 2 aE) durch das **Gesetz zur Umsetzung der Änderungsrichtlinie zur 4. EU-Geldwäscherichtlinie** (BGBl. 2019 I S. 2602, Ziff. 33 Buchst. d (in BT-Drs. 19/13827 noch Ziff. 31 Buchst. c) in § 43 eingefügt (und die Überschrift um das Wort „*Verordnungsermächtigung*" ergänzt). Der Bundesrat bat in seiner Stellungnahme zum Gesetzentwurf der Bundesregierung zum Umsetzungsgesetz zur Änderungsrichtlinie der 4. EU-Geldwäscherichtlinie (980. Sitzung, 20. 9. 2019, BT-Drs. 19/13827, 135), die Sachverhalte betreffend bestimmte Erwerbsvorgänge nach § 1 GrEStG möglichst konkret und möglichst alle relevanten Fallkonstellationen aus der Praxis umfassend festzulegen. Insbesondere der Deutsche Notarverein begrüßte (in der Hoffnung auf Rechtssicherheit) die Meldepflicht für Notare nach einer auf Grundlage des § 46 Abs. 6 zu erlassenden Verordnung (vgl. Stellungnahme v. 31. 5. 2019 zum RefE eines Gesetzes zur Umsetzung der Änderungsrichtlinie zur 4. EU-Geldwäscherichtlinie, S. 4); der DStV sprach sich indessen gegen eine Einbeziehung der Verpflichteten nach § 2 Abs. 1 Nr. 12 aus, insbesondere da die steuerliche Beratung lediglich eine das Immobiliengeschäft begleitende Tätigkeit, keineswegs jedoch ein eigenständiger Erwerbsvorgang iSd § 1 GrEStG sei (vgl. Stellungnahme v. 4. 11. 2019 zur öffentlichen Anhörung des Finanzausschusses vom 6. 11. 2019, S. 5 f.).

84   Die Regelung des Abs. 6 – und damit auch die hierauf basierende erlassene **GwG-MeldV-Immobilien** – geht auf verschiedene Studien (vgl. bspw. Transparency International Deutschland eV „*Geldwäsche bei Immobilien in Deutschland*" (12/2018); BKA, Fachstudie (Deloitte & Touche GmbH) „*Geldwäsche im Immobiliensektor in Deutschland*" (10/2012) sowie Erkenntnisse der Ersten Nationalen Risikoanalyse Deutschlands vom 19. 10. 2019 (s. dort S. 3, 59, 103) zurück, denen zufolge der **Immobiliensektor besondere Geldwäscherisiken** aufweist und sich im besonderen Maße zur Verschleierung der Herkunft illegal erlangter Gelder eignet, weil große Geldbeträge unauffällig konvertiert werden können, hohe Transaktionsbeträge typisch sind und weil Strohmänner relativ leicht eingesetzt werden können (BT-Drs. 19/13827, 135; ausführlich auch die Antwort der Bundesregierung auf eine Anfrage der Fraktion BÜNDNIS 90/DIE GRÜNEN zu Geldwäsche im Immobiliensektor, BT-Drs. 19/2449). Neben Immobilienmaklern sind vor allem Rechtsanwälte und Notare in diese Geschäfte eingebunden, insbesondere im Rahmen von Vertragsgestaltung, juristischer Beratung und Beurkundung. Die angesichts der erkannten Geldwäscherisiken im Immobiliensektor geringen Verdachtsmeldezahlen seitens der Verpflichteten nach § 2 Abs. 1 Nr. 10 und 12 wurden vom Gesetzgeber als in hohem Maße unbefriedigend bezeichnet, da neben dem bereits skizzierten enormen Geldwäschevolumen das Einschleusen illegal erlangter Geldmittel in den Immobilienmarkt auch erhebliche Auswirkungen auf die Preisbildung habe und zu sozialpolitisch nicht hinnehmbaren Folgen für Wohnungssuchende führe (BT-Drs. 19/13827, 135; ebenso Antrag der Fraktion BÜNDNIS 90/DIE GRÜNEN, BT-Drs. 19/10218, 9, demzufolge sich auch die Aufsicht über Notare durch die Präsidentinnen und Präsidenten der Landgerichte nach § 50 Nr. 5 als defizitär erwiesen habe).

Ziel der Regelung ist eine spürbare Steigerung der Zahl der Verdachtsmeldungen im Immobiliensektor (BT-Drs. 19/13827, 136). Dass die durchschnittliche inhaltliche Qualität der künftigen Meldungen über die Rechtsverordnung nach Abs. 6 im Hinblick darauf, dass die gemeldeten Immobiliengeschäfte tatsächlich mit Geldwäsche oder Terrorismusfinanzierung in Zusammenhang stehen, von den genauen Vorgaben der Rechtsverordnung abhängt und im Zweifelsfall aus ihrer Natur (pauschale Meldung typisierter Sachverhalte) heraus niedriger anzusetzen sein wird, dürfte außer Frage stehen.

Die Bestimmung von Sachverhalten, die nach § 43 Abs. 1 iVm Abs. 2 S. 2 meldepflichtig sind, durch eine Rechtsverordnung wurde vom Gesetzgeber vor dem Hintergrund der berufsrechtlichen Verschwiegenheitsverpflichtung von Verpflichteten nach § 2 Abs. 1 Nr. 10 und 12 vorgenommen. Durch die **Erstreckung auf sämtliche Erwerbsvorgänge nach § 1 GrEStG** werde sichergestellt, dass die Verdachtsmeldepflicht nicht nur bei direkter Übertragung dinglicher Rechte, sondern auch in Fällen des Immobilienerwerbs über die Veräußerung von Gesellschaftsanteilen besteht (BT-Drs. 19/13827, 99). Die Anregung des Deutschen Notarvereins im Gesetzgebungsverfahren, die Meldepflicht, etwa auf Fälle auszudehnen, in denen Notare auch sonst **Mitteilungen an Finanzbehörden** übermitteln (§ 54 EStDV und § 34 ErbStG iVm § 8 ErbStDV), insbesondere da in den Fällen des § 1 Abs. 2a bis Abs. 4 GrEStG der Notar ohnehin auf die Mitwirkung der Beteiligten angewiesen sei, um herauszufinden, ob zum Vermögen einer Gesellschaft ein inländisches Grundstück gehört, wurde nicht aufgegriffen (Stellungnahme v. 31.5.2019 zum RefE eines Gesetzes zur Umsetzung der Änderungsrichtlinie zur 4. EU-Geldwäscherichtlinie, S. 4f.). 85

In der Gesetzesbegründung wird ausdrücklich festgestellt, dass aus dem Vorliegen eines durch Rechtsverordnung nach Abs. 6 vorgegebenen Sachverhalts aus dem Immobiliensektor, der zur Abgabe einer Verdachtsmeldung (vorbehaltlich § 2 GwGMeldV-Immobilien idF des RefE v. 20.5.2020) verpflichtet, nicht gefolgert werden könne, dass **in vergleichbaren Fällen außerhalb des Immobiliensektors** (besser wohl: von anderen als den Verpflichteten nach § 2 Abs. 1 Nr. 10 und 12) mangels ausdrücklicher Vorgabe keine Verdachtsmeldung abzugeben sei. Im Gegenteil lege dies nahe, die Abgabe einer Verdachtsmeldung genauer zu prüfen (BT-Drs. 19/13827, 99; BR-Drs. 352/19, 109), was indessen letztlich primär betonend wirkt, da die in **§§ 4–7 der GwGMeldV-Immobilien** (idF des Referentenentwurfs v. 20.5.2020) enthaltenen typisierten Sachverhalte für sich genommen bereits sog. „red flags" (Geldwäsche-Indikatoren) wie bspw. die Einbindung von Risikostaaten, Sanktionslistentreffer, Falschangaben im Rahmen der Identifizierung oder Ungewöhnlichkeiten bezüglich des Geschäfts beschreiben, die bei allen Verpflichteten ohnehin verstärkte Sorgfaltspflichten auslösen müssen (§ 15 iVm Anlage 2 zum GwG). 86

Die **Beschränkung der GwGMeldV-Immobilien auf Verpflichtete nach § 2 Abs. 1 Nr. 10 und 12** ist zu begrüßen. Sie wird die Bedeutung insbesondere der Immobilienmakler im Kontext der Geldwäschebekämpfung indessen weiter in den Hintergrund treten lassen, was schließlich Überlegungen anstoßen könnte, für diese Berufsgruppe Erleichterungen im Zusammenhang mit der Einhaltung von Sorgfaltspflichten einzuführen (was sich sachlich auch dadurch rechtfertigen ließe, dass Immobilienmakler bei Immobilienveräußerungen oder -vermietungen nicht direkt an der finanziellen Abwicklung des Geschäftes beteiligt sind, dh regelmäßig keine weiteren Informationen zu den aus Geldwäschegesichtspunkten relevanten Zahlungsflüssen haben).

§ 44 Abschnitt 6. Pflichten im Zusammenhang m. Meldungen v. Sachverhalten

87 Von zentraler Bedeutung für die Bekämpfung von Geldwäsche im Immobiliensektor wäre über die GwGMeldV-Immobilien hinaus ein – wie auch von der Änderungsrichtlinie zur 4. EU-Geldwäscherichtlinie gefordert, vgl. Art. 32b – umfassendes **zentrales Immobilienregister,** auf das die Zentralstelle für Finanztransaktionsuntersuchungen sowie die Strafverfolgungsbehörden Zugriff haben und in welches (sanktionsbewehrt) alle Berechtigten an Immobilien einzutragen sind (auch das Europäische Parlament vertritt die Auffassung, dass die Mitgliedstaaten Register mit öffentlich zugänglichen Informationen über die eigentlichen wirtschaftlichen Eigentümer von Grundstücken und Immobilien führen sollten, vgl. Entschließung v. 26.3.2019 zu Finanzkriminalität, Steuerhinterziehung und Steuervermeidung (2018/2121(INI)), Rn. 275).

§ 44 Meldepflicht von Aufsichtsbehörden

(1) **Liegen Tatsachen vor, die darauf hindeuten, dass ein Vermögensgegenstand mit Geldwäsche oder mit Terrorismusfinanzierung im Zusammenhang steht, meldet die Aufsichtsbehörde diese Tatsachen unverzüglich der Zentralstelle für Finanztransaktionsuntersuchungen.**

(2) **Absatz 1 gilt entsprechend für Behörden, die für die Überwachung der Aktien-, Devisen- und Finanzderivatemärkte zuständig sind.**

Literatur: *Bülte,* Gutachten zur Erstreckung der Schweigepflicht des Notars auf die berufsrechtliche Aufsichtsbehörde bei Meldungen nach § 44 GwG, vom 16.2.2020, zit.: *Bülte,* Gutachten; *Herzog* (Hrsg.), GwG, 2. Aufl. 2014, zit.: *Bearbeiter* in Herzog

Übersicht

	Rn.
I. Allgemeines	1
II. Meldepflicht der Aufsichtsbehörden (Abs. 1)	5
III. Meldepflicht der für die Überwachung der Aktien-, Devisen- und Finanzderivatemärkte zuständigen Behörden (Abs. 2)	8

I. Allgemeines

1 § 44 entspricht vom Grundsatz § 14 GwG idF bis zum 26.6.2017 (die Regelung war bis zum Inkrafttreten des Geldwäschebekämpfungsergänzungsgesetzes v. 13.8.2008 (BGBl. I S. 1690ff.) in § 13 GwG enthalten). Sie dient primär der **Umsetzung von Art. 36 der 4. EU-Geldwäscherichtlinie,** demzufolge die Mitgliedstaaten dafür zu sorgen haben, dass Aufsichtsbehörden die zentrale Meldestelle umgehend unterrichten, wenn sie im Rahmen von Kontrollen von Verpflichteten oder bei anderen Gelegenheiten Tatsachen aufdecken, die mit Geldwäsche oder Terrorismusfinanzierung zusammenhängen könnten.

2 Wie auch Art. 36 der 4. EU-Geldwäscherichtlinie explizit klarstellt, kommt es lediglich auf ein **Bekanntwerden der Tatsachen bei der Behörde** an, nicht hingegen auf die Umstände, unter denen die Informationen der Behörde zur Kenntnis gelangen (ähnlich die Gesetzesbegr. BT-Drs. 18/11555, 157, die dort von *„oder auf sonstige Weise bekannt werden"* spricht).

3 Die jeweils zuständige Aufsichtsbehörde ist aufgrund ihrer Aufsichtsaufgaben (zB Betriebsprüfungen) in besonderem Maße in der Lage, Anhaltspunkte zu finden, die

§ 44 Meldepflicht von Aufsichtsbehörden

auf Geldwäsche im Zusammenhang mit dem Geschäftsbetrieb der ihrer Aufsicht unterstehenden Unternehmen und Personen hindeuten. Ihre Erkenntnisse sind daher für die Geldwäschebekämpfung von großer Bedeutung und der Zentralstelle für Finanztransaktionsuntersuchungen deshalb unverzüglich zuzuleiten (vgl. bereits den Entwurf eines Gesetzes über das Aufspüren von Gewinnen aus schweren Straftaten (Gewinnaufspürungsgesetz – GewAufspG), BT-Drs. 12/2704, 19).

Im Rahmen der Neufassung der Vorschrift durch das Gesetz zur Optimierung 4 der Geldwäscheprävention vom 22.12.2011 war (entsprechend der Empfehlung des Finanzausschusses, vgl. BT-Drs. 17/7950, 19) klargestellt worden, dass für **Rechtsanwalts-, Patentanwalts-, Wirtschafts- und Steuerberaterkammern sowie den Präsidenten des Landgerichts** im Hinblick auf Notare, die damalige Regelung des § 11 Abs. 3 GwG entsprechende Anwendung fand (später § 14 Abs. 1 S. 2 GwG idF bis zum 26.6.2017). Damit waren die vorstehend genannten Behörden nicht zur Meldung verpflichtet, wenn sich der meldepflichtige Sachverhalt auf Informationen bezog, die im Rahmen der Rechtsberatung oder der Prozessvertretung des Vertragspartners erhalten wurden, es sei denn der Vertragspartner nahm die Rechtsberatung für den Zweck der Geldwäsche oder der Terrorismusfinanzierung in Anspruch (vgl. § 43 Abs. 2). Ein solcher Verweis findet sich in § 44 nicht mehr.

Da die Gesetzesbegründung zum Gesetz zur Umsetzung der 4. EU-Geldwäscherichtlinie ausführt, § 44 entspräche *„weitestgehend dem § 14 GwG bisherige Fassung"* (BT-Drs. 18/11555, 157) dürfte davon ausgegangen werden können, dass es sich beim Weglassen einer entsprechenden Regelung hier lediglich um ein redaktionelles Versehen handelt, insbesondere da angesichts einer derartig bedeutsamen Änderung des Normgehalts andernfalls eine (ausführliche) Begründung zu erwarten wäre. Die zwischenzeitliche (nicht genutzte) Gelegenheit zu einer Korrektur ändert an dieser Einschätzung bis jetzt nichts, da auch das Gesetzgebungsverfahren zum Gesetz zur Umsetzung der Änderungsrichtlinie zur 4. EU-Geldwäscherichtlinie (BGBl. 2019 I S. 2602) unter höchstem Zeitdruck stand und sich der Gesetzgeber ersichtlich hierauf konzentrierte und auch zahlreiche weitere Ungereimtheiten im zum 26.6.2017 neu geschaffenen GwG nicht korrigierte (s. diesbezüglich auch die umfangreichen Änderungsbitten des Bundesrats im Beschluss v. 29.11.2019, BR-Drs. 598/19).

Auch in der Sache sind keine Gründe ersichtlich, welche die Streichung der erst 2011 eingeführten Regelung erforderlich machen könnte. Die Weitergabe von Informationen an die FIU durch die Aufsichtsbehörde, die im Rahmen der Rechtsberatung oder Prozessvertretung erlangt und demzufolge einem besonderen Schutz unterworfen sind wäre systemwidrig und führte zu einer Umgehung der sonstigen Regelungen des GwG zum Schutze dieser Informationen (vgl. §§ 6 Abs. 6, 30 Abs. 3, 43 Abs. 2; 52 Abs. 5). Auch *Bülte* (Gutachten, Rn. 56) weist zutreffend darauf hin, dass die gegenteilige Auffassung zur widersprüchlichen Situation führen würde, dass die FIU eine Information, die sie über eine unmittelbare Auskunftsanfrage beim Notar (gleiches gilt für die sonstigen Verpflichteten nach § 2 Abs. 1 Nr. 10 und 12) nicht erhalten würde, weil dessen Auskunftsverweigerungsrechte/ -pflichten greifen, durch eine Anfrage nach § 31 GwG bei der Aufsichtsbehörde erhielte, da diese sich die Akte einfach nach § 93 BNotO vorlegen lassen könnte, um sie dann an die FIU weiterzugeben.

De lege ferenda ist auf eine Ergänzung von § 44 Abs. 1 um einen S. 2 zu hoffen im Sinne von *„Für die Behörden gemäß § 50 Nummer 3 bis 7 findet § 43 Absatz 2 entsprechende Anwendung."*.

II. Meldepflicht der Aufsichtsbehörden (Abs. 1)

5 Im Vergleich zu § 43 Abs. 1 fällt in § 44 Abs. 1 eine **abweichende Formulierung** auf: Während § 43 Abs. 1 Nr. 1 formuliert „*Liegen Tatsachen vor, die darauf hindeuten, dass ein Vermögensgegenstand [...] aus einer strafbaren Handlung stammt, die eine Vortat der Geldwäsche darstellen könnte*" (der Bezug zur Terrorismusfinanzierung ist in Nr. 2 enthalten) heißt es in § 44 Abs. 1 von „*Liegen Tatsachen vor, die darauf hindeuten, dass ein Vermögensgegenstand mit Geldwäsche oder mit Terrorismusfinanzierung im Zusammenhang steht*". Warum hier unterschiedliche Formulierungen für die letztlich identischen Auslöser einer Meldpflicht verwendet werden und der bisherige grammatikalische Gleichklang der §§ 11 und 14 GwG aF in den §§ 43 und 44 nicht beibehalten wurde, erschließt sich nicht. Es ist jedenfalls nicht ersichtlich, dass sich hierdurch inhaltliche Änderungen ergeben sollten und unterschiedliche Fallkonstellationen gemeint sein könnten.

6 Die betroffenen Aufsichtsbehörden sind in § 50 abschließend aufgeführt. Für die nach § 50 zuständigen Behörden gilt nach der Regelung des Abs. 1 für Verdachtsmeldungen im Grundsatz das gleiche Verfahren unter den gleichen Voraussetzungen wie für die Verpflichteten nach § 2. Liegen also Tatsachen vor, die darauf hindeuten, dass ein Vermögensgegenstand mit Geldwäsche oder mit Terrorismusfinanzierung im Zusammenhang steht, ist die Behörde unverzüglich zur Meldung des Sachverhalts an die Zentralstelle für Finanztransaktionsuntersuchungen verpflichtet. Der Verdachtsgrad ist identisch wie bei der Meldepflicht nach § 43 Abs. 1. Meldungen „ins Blaue" hinein sind gleichsam unzulässig, eine detaillierte rechtliche Subsumption umgekehrt hingegen nicht erforderlich. Vielmehr ist der Sachverhalt nach allgemeinen Erfahrungen und speziellem beruflichen Erfahrungswissen unter dem Blickwinkel der Ungewöhnlichkeit und Auffälligkeit im jeweiligen Geschäftskontext zu würdigen (vgl. hierzu ausführlich → § 43 Rn. 25ff.).

7 Die Verpflichtung der **unverzüglichen** Verdachtsmeldung entspricht der Anforderung für den Kreis der übrigen Verpflichteten, dh die Meldung ist ohne schuldhaftes Zögern (§ 121 Abs. 1 S. 1 BGB) gegenüber der Zentralstelle für Finanztransaktionsuntersuchungen abzugeben.

III. Meldepflicht der für die Überwachung der Aktien-, Devisen- und Finanzderivatemärkte zuständigen Behörden (Abs. 2)

8 Abs. 2 setzt Art. 36 Abs. 2 der 4. EU-Geldwäscherichtlinie um. Eine **Änderung gegenüber der Vorgängernorm des § 14 Abs. 2 GwG aF** ist die Streichung der „*mit der Kontrolle des grenzüberschreitenden Verkehrs betrauten Behörden*" aus der Aufzählung der verpflichteten Behörden in § 44 Abs. 2 GwG. Die Einbeziehung der mit der Kontrolle des grenzüberschreitenden Verkehrs betrauten Behörden (Zoll (vgl. § 1 Abs. 1 S. 1 ZollVG) und Bundespolizei (vgl. § 2 Abs. 2 S. 1 Nr. 2 BPolG)) diente der Umsetzung der VO (EG) Nr. 1889/2005 des Europäischen Parlaments und des Rates vom 26.10.2005 über die Überwachung von Barmitteln, die in die Gemeinschaft oder aus der Gemeinschaft verbracht werden (ABl. 2005 L 309, 9). Die Zentralstelle für Finanztransaktionsuntersuchungen erhält die Mitteilungen nach Art. 5 Abs. 1 der VO (EG) Nr. 1889/2005 und nach § 12a ZollVG weiterhin

Form der Meldung, Registrierungspflicht u. a. **§ 45**

(vgl. § 30 Abs. 1 Nr. 3), so dass hier keine Informationsverluste entstehen, sondern lediglich der Verweis aus § 14 Abs. 2 GwG aF entbehrlich wurde.

Bei den für die **Überwachung der Aktien-, Devisen- und Finanzderivat-** 9
märkte zuständigen Behörden handelt es sich um die entsprechenden **Börsenaufsichtsbehörden** der Länder (vgl. auch § 3 Abs. 1 BörsG, dh je nach Bundesland die Wirtschafts- oder Finanzministerien bzw. -senatsverwaltungen (eine Auflistung findet sich unter www.boersenaufsicht.de). Die ihnen obliegende Meldepflicht wurde bereits durch Art. 1 Nr. 9 der Richtlinie 2001/97/EG des Europäischen Parlaments und des Rates vom 4.12.2001 zur Änderung der Richtlinie 91/308/EWG des Rates zur Verhinderung der Nutzung des Finanzsystems zum Zwecke der Geldwäsche eingeführt. Aufgrund der Aufgabenzuweisung in Zusammenhang mit der Überwachung von OTC-Derivaten in § 18 WpHG durch das EMIR-Ausführungsgesetz vom 13.3.2013 (BGBl. I S. 174 ff.) auf Basis der Verordnung (EU) Nr. 648/2012 des Europäischen Parlaments und des Rates vom 4.7.2012 über OTC-Derivate, zentrale Gegenparteien und Transaktionsregister (ABl. 2012 L 201, 1) könnte damit über ihre Funktionen nach § 51 hinaus die **BaFin** auch insoweit als zuständige Behörde angesprochen sein (so *Herzog/Achtelik* → 2. Aufl. 2014, § 14 aF Rn. 5, zur Vorläufernorm).

§ 45 Form der Meldung, Ausführung durch Dritte, Registrierungspflicht, Verordnungsermächtigung

(1) **Die Meldung nach § 43 Absatz 1 oder § 44 hat elektronisch zu erfolgen. Verpflichtete nach § 2 Absatz 1 haben sich unabhängig von der Abgabe einer Verdachtsmeldung bei der Zentralstelle für Finanztransaktionsuntersuchungen elektronisch zu registrieren. Bei einer Störung der elektronischen Datenübermittlung ist die Übermittlung auf dem Postweg zulässig. Meldungen nach § 44 sind aufgrund des besonderen Bedürfnisses nach einem einheitlichen Datenübermittlungsverfahren auch für die aufsichtsführenden Landesbehörden bindend.**

(2) **Auf Antrag kann die Zentralstelle für Finanztransaktionsuntersuchungen zur Vermeidung von unbilligen Härten auf die elektronische Übermittlung einer Meldung eines Verpflichteten verzichten und die Übermittlung auf dem Postweg genehmigen. Die Ausnahmegenehmigung kann befristet werden.**

(3) **Für die Übermittlung auf dem Postweg ist der amtliche Vordruck zu verwenden.**

(4) **Bei Erfüllung der Meldepflicht nach § 43 Absatz 1 kann ein Verpflichteter entsprechend § 6 Absatz 7 auf Dritte zurückgreifen.**

(5) **Das Bundesministerium der Finanzen kann durch Rechtsverordnung ohne Zustimmung des Bundesrates nähere Bestimmungen über die Form der Meldung nach § 43 Absatz 1 oder § 44 erlassen. Von Absatz 1 und den Regelungen einer Rechtsverordnung nach Satz 1 kann durch Landesrecht nicht abgewichen werden.**

§ 45 Abschnitt 6. Pflichten im Zusammenhang m. Meldungen v. Sachverhalten

Übersicht

	Rn.
I. Allgemeines	1
II. Pflicht zur elektronischen Meldung und Ausnahmen im Störungsfall (Abs. 1 S. 1 und 3)	6
III. Registrierungspflicht (Abs. 1 S. 2)	10
IV. Geltung auch für Meldungen nach § 44 (Abs. 1 S. 4)	12
V. Ausnahmegenehmigung der Zentralstelle für Finanztransaktionsuntersuchungen bei unbilliger Härte (Abs. 2)	14
VI. Pflicht zur Verwendung des amtlichen Vordrucks bei Übermittlung auf dem Postweg (Abs. 3)	17
VII. Möglichkeit der Ausführung durch Dritte (Abs. 4)	18
VIII. Ermächtigung zum Erlass von Rechtsverordnungen (Abs. 5)	19

I. Allgemeines

1   Vor dem 26.6.2017 waren Formvorschriften zur Verdachtsmeldung im GwG lediglich in § 11 Abs. 1 S. 1 GwG aF enthalten (*„mündlich, telefonisch, fernschriftlich oder durch elektronische Datenübermittlung"*) sowie in den Auslegungshinweisen des Bundesministeriums der Finanzen zur Handhabung des Verdachtsmeldewesens nach § 11 GwG (aF) vom 6.11.2014. Der durch das **Gesetz zur Umsetzung der 4. EU-Geldwäscherichtlinie** (BGBl. 2017 I S. 1822) neu geschaffene § 45 regelte erstmalig eigenständig den Übertragungsweg von Meldungen nach §§ 43 und 44 an die Zentralstelle für Finanztransaktionsuntersuchungen und enthielt in Abs. 4 zudem eine Verordnungsermächtigung zur Regelung näherer Bestimmungen über die Form dieser Meldungen.

Mit Schreiben der Zentralstelle für Finanztransaktionsuntersuchungen vom 10.6.2017 (Gz. O 3000-2016.800014-DVIII.PG.FIU) waren zunächst besondere Regelungen für die Verdachtsmeldungserstattung in der **Übergangsphase** veröffentlicht worden (diese waren nötig geworden, da die erforderliche Einrichtung und Anpassung der neuen Software goAML zum 26.6.2017 noch nicht realisiert werden konnte). Entgegen der gesetzlichen Vorgaben aus § 45 (elektronische Übermittlung oder bei Störung der elektronischen Datenübermittlung auf dem Postweg) war eine Abgabe von Meldungen zunächst ausschließlich per Fax (an die 0221/672-3990), später eine parallele Möglichkeit der Abgabe per goAML sowie per Fax zugelassen und ab 2018 schließlich die Abgabe von Verdachtsmeldungen grundsätzlich per goAML und Meldungen per Fax nur bei Systemstörungen oder Erstmeldungen vorgeschrieben worden. Das bei Meldungen per Fax zu nutzende amtliche Meldeformular ist im Internet unter http://www.formulare-bfinv.de (Formularcenter/Unternehmen/FIU) abrufbar. Mit Schreiben vom 9.1.2018 (SV 6002-2018. RUN. 800002-DVIII.D.12) erklärte die Zentralstelle für Finanztransaktionsuntersuchungen, dass zum 1.2.2018 der Parallelbetrieb ende und ab diesem Zeitpunkt Verdachtsmeldungen grundsätzlich via goAML abzugeben seien. Lediglich bei einer Erstmeldung oder bei einer mindestens zwölfstündigen Störung der Systeme der FIU war die Abgabe von Verdachtsmeldungen auf dem amtlichen Formular per Fax zulässig. Ab diesem Zeitpunkt per Fax eingehende Verdachtsmeldungen würden grundsätzlich als nicht ordnungsgemäß abgegeben gelten und nur noch im Ausnahmefall bearbeitet werden (zu den Zweifeln an der Zulässigkeit dessen vgl. → Rn. 4).

1a   Durch das **Gesetz zur Umsetzung der Änderungsrichtlinie zur 4. EU-Geldwäscherichtlinie** (BGBl. 2019 I S. 2602) wurden zum 1.1.2020 in Abs. 1

Form der Meldung, Registrierungspflicht u. a. **§ 45**

ein neuer S. 2 zur elektronischen Registrierungspflicht (hierzu → Rn. 6) sowie ein neuer Abs. 4 eingefügt, demzufolge Verpflichtete zur Erfüllung der Meldepflicht nach § 43 Abs. 1 kann ein Verpflichteter entsprechend § 6 Abs. 7 auf Dritte zurückgreifen können (der vormalige Abs. 4 wurde zu Abs. 5).

Ausweislich des Berichts der Kommission an das Europäische Parlament und den Rat vom 24.7.2019 über die Bewertung des Rahmens für die Zusammenarbeit zwischen den zentralen Meldestellen für Geldwäsche-Verdachtsanzeigen (FIU) (COM(2019) 371 final, S. 5), arbeitet die Plattform der EU-FIU an einem 2016 begonnenen Projekt mit Europol, in dessen Rahmen ein **gemeinsames Muster für Meldungen** über verdächtige Transaktionen erarbeitet wird, das in der gesamten EU einheitlich verwendet werden soll. Mit einem einheitlichen Muster würde zum einen der Meldevorgang für die Verpflichteten und zum anderen die Weitergabe von Meldungen an andere zentrale Meldestellen erleichtert (ebenso der Entschließung des Europäischen Parlaments v. 26.3.2019 zu Finanzkriminalität, Steuerhinterziehung und Steuervermeidung (2018/2121(INI)), Rn. 259). **1b**

Die Meldepflicht nach § 43 Abs. 1 unterliegt einem **Formzwang** (was damit begründet wird, dass es sich um eine gewerberechtliche Pflicht handelt, vgl. Auslegungs- und Anwendungshinweise der BaFin zum GwG (Stand Mai 2020), S. 76; krit. hierzu → § 43 Rn. 5 und 7). Die Form der Meldung bestimmt sich nach § 45. Die Auslegungs- und Anwendungshinweise der BaFin zum GwG (Stand Mai 2020, S. 76) führen – für die von ihr beaufsichtigten Verpflichteten – hierzu aus, dass die wesentlichen Umstände einer Meldung innerhalb der von goAML vorgegebenen Formfelder, und nicht lediglich im Rahmen von der Meldung beigefügten Anlagen darzustellen seien (s. bereits Schreiben der FIU v. 9.1.2018, SV 6002–2018. RUN. 800002-DVIII.D.12). Dh beispielsweise, dass jede einzelne für den gemeldeten Sachverhalt relevante Transaktion in goAML erfasst werden und keine Transaktionsübersicht bspw. als pdf-Dokument als Anlage beigefügt werden soll, oder im Falle von Nachmeldungen zu einer bereits erstatteten Verdachtsmeldung hierfür die von goAML diesbezüglich zur Verfügung gestellte Funktion zu verwenden ist, statt eines formlosen Schreibens (zur Möglichkeit von Ausnahmen → Rn. 14f.). Diese Forderung, die auf den transaktionsbasierten Analyseansatz der FIU zurückzuführen ist, sieht sich aufgrund des damit verbundenen Mehraufwands anhaltender Kritik seitens der Verpflichteten ausgesetzt. Obgleich ein Nichtbefolgen dieser Vorgaben nicht bußgeldbewehrt ist (vgl. → Rn. 3, es kann allenfalls zu negativen Rückmeldungen nach § 41 Abs. 2 kommen), ist das Bedürfnis der Zentralstelle für Finanztransaktionsuntersuchungen nach entsprechend strukturiert vorliegenden Daten unstreitig. **2**

Nichtsdestotrotz sollte bei Formvorgaben auch die Bedürfnislage der Verpflichteten berücksichtigt werden, was bspw. durch zeitnahe Einführung einer **B2B-Lösung** erfolgen könnte (hierzu auch → Rn. 4), die eine automatisierte Datenübernahme aus Standardsystemen der Verpflichteten ermöglicht. Für die weitere Bearbeitung der Meldungen durch die Zentralstelle für Finanztransaktionsuntersuchungen bzw. die weiteren Behörden, an welche die Meldungen von der FIU weitergeleitet werden, ist auch die Übermittlung von einer Verdachtsmeldung beigefügten, **ergänzenden Informationen in einem elektronisch lesbaren sowie verarbeitbaren (am besten standardisierten) Format** von Bedeutung (vgl. auch Auslegungs- und Anwendungshinweise der BaFin zum GwG (Stand Mai 2020), S. 76). Beispielsweise für die Übermittlung von Kontoumsatzlisten bietet sich ein Format an, das automatisierte Plausibilisierungen zulässt (wie bspw. **XBRL** (eXtensible Business Reporting Language), das für alle bilanzierenden Unterneh-

Barreto da Rosa

§ 45 Abschnitt 6. Pflichten im Zusammenhang m. Meldungen v. Sachverhalten

men in Deutschland bereits seit dem Geschäftsjahr 2013 für die Übermittlung der Jahresabschlüsse an die Finanzbehörden verpflichtend zu verwenden ist, weshalb auf Seiten der Kreditinstitute entsprechende IT-Systeme und Erfahrungen bereits vorhanden sind; durch den im XBRL-Format festgelegten Dateninhalt wird es den Kreditinstituten ferner ermöglicht, einen automatisierten Standardprozess für die Bereitstellung von Kontenumsätzen aufzusetzen, durch den auch der Bearbeitungsaufwand bei den Kreditinstituten erheblich reduziert werden kann).

3   Ein **Verstoß gegen die Formvorschriften des § 45** ist **nicht bußgeldbewehrt.** Eine unmittelbar auf Verstöße gegen Verpflichtungen nach § 45 abzielende Bußgeldnorm ist in § 56 nicht enthalten. Zuwiderhandlungen könnten daher allenfalls über § 56 Abs. 1 S. 1 Nr. 69 als nicht richtige Meldung nach § 43 Abs. 1 sanktioniert werden. Ein Blick in die Normgeschichte der Sanktionierung einer „nicht richtigen" Meldung zur Feststellung, ob hiermit inhaltlich oder formell (oder sowohl als auch) nicht richtig erstattete Meldungen erfasst sein sollen, führt zu keiner näheren Erkenntnis, da in der Gesetzesbegründung des Gesetzes zur Optimierung der Geldwäscheprävention (BT-Drs. 17/6804, 39), mit dem die Formulierung „nicht richtig" in der Bußgeldnorm des vormaligen § 17 Abs. 1 Nr. 7 GwG aF eingefügt worden war, hierzu keinerlei Ausführungen enthalten sind. Die vormalige Fassung (§ 17 Abs. 1 Nr. 4 GwG idF des Geldwäschebekämpfungsergänzungsgesetzes v. 13.8.2008) lautete lediglich „*entgegen § 11 Abs. 1 der Pflicht zur Anzeige eines Verdachtsfalls nicht nachkommt*". Im Kern dürfte es bei § 56 Abs. 1 S. 1 Nr. 69 um *inhaltlich* richtige Meldungen gehen – die als qualitative (und qualitativ abnehmende) Abstufung anzusehende Aufzählung von „*nicht*" nach „*nicht richtig*", „*nicht vollständig*" zu „*nicht rechtzeitig*" spricht gegen eine beabsichtigte Sanktionierung einer lediglich gegen Formvorschriften verstoßende Meldung eines Verdachtsfalles nach § 43 Abs. 1. Auch der Unverzüglichkeit der Meldung – als letzte Stufe in dieser Reihe – kommt weit mehr Bedeutung zu, als einer lediglich formell fehlerhaft erstatteten Meldung. Letztlich wird insofern auch vor dem Hintergrund des verfassungsrechtlichen Bestimmtheitsgebots für eine Sanktionierung von Verstößen nach Verpflichtungen aus § 45 kein Raum sein (ohnehin auch nicht bei einem Verstoß gegen weitere Konkretisierungen im Rahmen von Auslegungshinweisen etwa der BaFin, die zudem lediglich für nur wenige Verpflichtetengruppen gelten). Es steht dem Gesetzgeber anheim, hier durch Schaffung explizit auf § 45 Bezug nehmender Bußgeldnormen in § 56 Änderungen vorzunehmen.

4   Die Zentralstelle für Finanztransaktionsuntersuchungen ist ausweislich § 30 Abs. 1 verpflichtet, Meldungen nach §§ 43 und 44 entgegenzunehmen und zu verarbeiten. Die Möglichkeit der **Zurückweisung** (Verweigerung der Annahme) oder Verweigerung der Verarbeitung ist damit nicht vorgesehen, auch wenn bspw. Formvorschriften nach § 45 nicht eingehalten werden (insofern ist der Hinweis in den Auslegungs- und Anwendungshinweisen der BaFin zum GwG (Stand Mai 2020), S. 76, „*Die FIU weist Meldungen des Verpflichteten nur in Fällen fehlender Plausibilität von übermittelten Sachverhalten zurück.*" gesetzwidrig, vgl. auch → § 30 Rn. 3).

5   Die Zentralstelle für Finanztransaktionsuntersuchungen stellt den Verpflichteten auf ihrer Webseite (www.fiu.bund.de) neben den allgemeinen Informationen zur Registrierung und Meldungsabgabe das **„Handbuch goAML Web Portal"** sowie die **„Hinweise zur Meldungsabgabe und Registrierung"** zur Verfügung. Um ein effektives elektronisches Meldeverfahren zu gewährleisten, sind diese Anwendungshinweise zu beachten (Auslegungs- und Anwendungshinweise der BaFin zum GwG (Stand Mai 2020), S. 77).

II. Pflicht zur elektronischen Meldung und Ausnahmen im Störungsfall (Abs. 1 S. 1 und 3)

Der Verpflichtete bzw. die zur Meldung verpflichtete Behörde hat die Meldung gemäß Abs. 1 S. 1 im **Regelfall** „*elektronisch über eine Benutzeroberfläche, die von der Zentralstelle für Finanztransaktionsuntersuchungen im Internet zur Verfügung gestellt wird*" (BT-Drs. 18/11555, 157) zu erstatten. Bei dieser Benutzeroberfläche handelt es sich um **goAML**. Die verkürzte Formulierung in Abs. 1 „*elektronisch*" meint mithin nicht nur (verschlüsselter) E-Mail, per E-Fax oder auf sonstigem elektronischem Weg. GoAML ist eine von den Vereinten Nationen (United Nations Office on Drugs an Crime (UNODC)) entwickelte und in ca. 60 FIUs weltweit eingesetzte Software (nach anfänglichen Sicherheitsbedenken wurde der BSI Penetrationstest durchlaufen und waren mehrere Hinweise des BSI zur Verbesserung der Sicherheit umzusetzen, s. BT-Drs. 19/2263, 6). Die Übermittlung von Meldungen auf elektronischem Wege bietet für die Zentralstelle für Finanztransaktionsuntersuchungen erhebliche Vorteile – so entfällt die manuelle Erfassung aller erforderlichen Angaben bei postalisch oder per Fax übersandter Meldungen, an ihre Stelle können (automatisierte) Plausibilitätsprüfungen und ggf. Qualitätssicherung treten. Bestimmte Analysen lassen sich auf diese Art von goAML bereits effizient automatisiert durchführen. 6

Für die Verpflichteten dient goAML-web **ausschließlich der Meldungsabgabe** und nicht der Erfüllung der Sorgfalts- und Dokumentationspflichten. Abgegebene Verdachtsmeldungen können in goAML-web nur sieben Tage lang eingesehen werden (danach werden sie aus goAML Web automatisch gelöscht, vgl. Hinweise der FIU u. a. zur Registrierung und Meldungsabgabe in goAML Web, Ziffer 2 lit. j, Stand Juni 2020), so dass vom Verpflichteten eine gesonderte Dokumentation zu erfolgen hat.

Nur im Falle einer **länger als zwei Stunden andauernden Störung** der elektronischen **Übermittlung einer Verdachtsmeldung** (s. Homepage der FIU und die Auslegungs- und Anwendungshinweise der BaFin zum GwG (Stand Mai 2020), S. 77) ist die Meldung gemäß **S. 3 ausnahmsweise auf dem Postweg** mittels des von der Zentralstelle für Finanztransaktionsuntersuchungen vorgegebenen amtlichen Meldevordrucks (s. § 45 Abs. 3) zugelassen. An der Pflicht zur unverzüglichen Erstattung der Meldung ändert sich hierdurch jeweils nichts (zur Problematik der Unverzüglichkeit bei Meldung auf dem Postweg vgl. → Rn. 9). 7

Eine Übersendung per **Fax** sieht das Gesetz nicht vor (auch die Gesetzesbegr. stellt ausschließlich auf eine Übersendung per Post im Ausnahmefall ab, BT-Drs. 18/11555, 157). Womöglich ist die Formulierung „*Störung der elektronischen Datenübermittlung*" (mit dem bestimmten Artikel „der") im Sinne „jeglicher" elektronischer Datenübermittlung zu interpretieren, was als einzige Alternative die postalische Übersendung übrig ließe. Ungeachtet dessen lässt die FIU die Übersendung per Fax ausweislich der Ausführungen auf ihrer Homepage nicht nur zu, sondern fordert diese im Störungsfall exklusiv: „*Eine entgegen der Form des § 45 Abs. 1 Satz 1 GwG erstattete Meldung ist bis auf weiteres bereits ab einer zweistündigen Störung der elektronischen Verdachtsmeldung sowie bei einer Erstmeldung möglich. In diesen Fällen ist die Abgabe auf dem amtlichen Formular per Fax notwendig. Im Ausnahmefall (z. B. bei besonderer Eilbedürftigkeit oder bei konkreten Gefahren) kann auch vor Ablauf der Frist eine Verdachtsmeldung per Fax übermittelt werden.*" (https://www.zoll.de/DE/ 8

§ 45 Abschnitt 6. Pflichten im Zusammenhang m. Meldungen v. Sachverhalten

FIU/Fachliche-Informationen/Verdachtsmeldungen/verdachtsmeldungen_node. html, abgerufen am 1.6.2020). Die Zulässigkeit der Faxübermittlung sowie der Sonderregelung für Fälle besonderer Eilbedürftigkeit, was über die formalen Fristfälle nach § 46 Abs. 1 hinausgeht, sind zu begrüßen (ein Abwarten, ob innerhalb von zwei Stunden eine Störung von goAML behoben wird, wäre bspw. bei Meldungen im Zusammenhang mit Terrorismusfinanzierung nicht zu verantworten). Fälle besonderer Eilbedürftigkeit dürfen damit im Falle einer Störung von goAML sofort per Fax übermittelt werden. Auch die Auslegungs- und Anwendungshinweise der BaFin zum GwG (Stand Mai 2020, S. 77) lassen die Meldung per Fax im Störungsfall (ab zwei Stunden) zu und nehmen **Eil- und Fristfälle** von der Möglichkeit der postalischen Übersendung aus (wobei sich die Frage stellt, warum Eilfälle (nach § 46 Abs. 2) hiervon ausgenommen sein sollen – hier besteht genau genommen keine besondere Eilbedürftigkeit mehr: Die Transaktion konnte nicht angehalten werden (oder durfte aufgrund der dort genannten Umstände durchgeführt werden) und die Meldung ist lediglich unverzüglich nachzuholen (die Pflicht zur unverzüglichen Meldung besteht gemäß § 43 Abs. 1 jedoch immer)). Eine postalische Übersendung von Fristfällen ist selbstredend unsinnig. Eine solche würde regelmäßig dazu führen, dass die Meldung erst kurz vor oder sogar nach Ablauf der Frist bei der Zentralstelle für Finanztransaktionsuntersuchungen ankommt. Da der Verpflichtete die im Rahmen dieser Regelung angehaltene Transaktion nach Ablauf der Frist des § 46 Abs. 1 S. 1 Nr. 2 durchführen darf, wären Sofortmaßnahmen der Zentralstelle für Finanztransaktionsuntersuchungen oder sonstige Sicherungsmaßnahmen der Strafverfolgungsbehörden dann nicht mehr möglich.

9 Sofern die vormaligen Auslegungshinweise des Bundesministeriums der Finanzen zur Handhabung des Verdachtsmeldewesens (v. 6.11.2014, S. 6) noch formulierten, dass die einfache, postalische Übersendung der Verdachtsmeldung regelmäßig nicht der **Pflicht zur unverzüglichen Meldung** entspräche, findet sich eine solche Formulierung in den neueren Auslegungs- und Anwendungshinweisen der BaFin zum GwG (Stand Mai 2020) nicht mehr. Angesichts der Neuregelung wird auch eine im Störungs- oder Genehmigungsfall nach Abs. 2 vorgenommene postalische Meldung eines nicht nach § 46 eilbedürftigen Sachverhalts als unverzüglich gelten müssen. Zur **Dokumentation** des Zeitpunktes der postalischen Abgabe der Meldung ist anstelle des einfachen postalischen Versands ein Einschreiben anzuraten. Bei Übersendung der Meldung per Fax dient der Fax-Sendebericht als Übermittlungsquittung und Nachweis der Unverzüglichkeit (ebenso Auslegungs- und Anwendungshinweise der BaFin zum GwG (Stand Mai 2020), S. 77).

III. Registrierungspflicht (Abs. 1 S. 2)

10 Zum 1.1.2020 wurde durch das Gesetz zur Umsetzung der Änderungsrichtlinie zur 4. EU-Geldwäscherichtlinie in **Satz 2** eine unabhängig von der Abgabe einer Verdachtsmeldung bestehende **Registrierungspflicht bei der Zentralstelle für Finanztransaktionsuntersuchungen** eingefügt, die jedoch erst mit Inbetriebnahme des neuen Informationsverbundes der Zentralstelle für Finanztransaktionsuntersuchungen, spätestens ab dem 1.1.2024 gilt (vgl. § 59 Abs. 6; das Bundesministerium der Finanzen gibt den Tag der Inbetriebnahme des neuen Informationsverbundes der Zentralstelle für Finanztransaktionsuntersuchungen im Bundesgesetzblatt bekannt). Die auf die Beschlussempfehlung des Finanzausschusses (7. Ausschuss) vom 13.11.2019 (BT-Drs. 19/15163, 50) zurückgehende Ände-

rung soll dazu dienen, das Meldeverhalten der Verpflichteten zu steigern, und einen Datenbestand über alle dem Geldwäschegesetz unterfallenden Verpflichteten zu erstellen (s. auch Änderungsantrag 5 der Koalitionsfraktionen, BT-Drs. 19/15196, 50). Insbesondere Aufsichtsbehörden im Nichtfinanzsektor stehen regelmäßig vor der Herausforderung, dass sie nicht feststellen können, welche Unternehmen in ihrem örtlichen Zuständigkeitsbereich ihrer Aufsicht unterliegen. Durch die Schaffung einer allgemeinen Registrierungspflicht, unabhängig von der tatsächlichen Abgabe einer Geldwäscheverdachtsmeldung, soll eine ggf. bestehende Hemmschwelle beim einzelnen Verpflichteten zur Abgabe einer Geldwäscheverdachtsmeldung abgebaut werden, indem der Schritt der Registrierung vor Abgabe einer Verdachtsmeldung bereits erfolgt ist (BT-Drs. 19/15196, 50).

Bis zur Einführung der Registrierungspflicht können Verpflichtete, deren Aufkommen an abzugebenden Geldwäscheverdachtsmeldungen gering ist, die Registrierung weiterhin zusammen mit der ersten Meldungsabgabe vornehmen.

Auch wenn aufgrund einer mindestens zweistündigen **Systemstörung** auf Seiten der FIU keine **Registrierung in goAML** erfolgen kann, ist eine Faxübermittlung des Registrierungsformular (zu finden im Formular-Management-System der Bundesfinanzverwaltung (FMS) unter der Rubrik „FIU") zulässig (aus Gründen der Nachvollziehbarkeit sollen die Gründe für die Erforderlichkeit der Faxübermittlung angegeben werden). Zur Registrierung ist neben dem ausgefüllten Registrierungsformular das Formular zur Beauftragung sowie die Bestellung zum Geldwäschebeauftragten zu übersenden und eine Ausweiskopie erbeten (zur Frage der diesbezüglichen datenschutzrechtlichen Rechtsgrundlage wird auf → § 29 Rn. 9 verwiesen). 11

IV. Geltung auch für Meldungen nach § 44 (Abs. 1 S. 4)

Die Formulierung von **S. 4** – *Meldungen nach § 44 sind aufgrund des besonderen Bedürfnisses nach einem einheitlichen Datenübermittlungsverfahren auch für die aufsichtsführenden Landesbehörden bindend.* – wirkt ein wenig verunglückt. Besser wäre eine Formulierung gewesen wie „*Dies gilt auch für die aufsichtsführenden Landesbehörden*", da die Bindung nicht die Meldungen nach § 44 betreffen soll, sondern die Bindung an den elektronischen Datenübermittlungsverfahren. Wie die Gesetzesbegründung hierzu klarstellt wird mit der Pflicht zur elektronischen Meldung das Verwaltungsverfahren ohne Abweichungsmöglichkeit auch für die Länder geregelt, da zur Meldung verpflichtete Behörden nach § 44 auch Landesbehörden sein können. Ein besonderes Bedürfnis zur bundeseinheitlichen Regelung bestehe gemäß Art. 84 Abs. 1 S. 5 GG, da ein einheitliches Datenübermittlungsverfahren nur durch Bundesgesetz möglich ist und ein einheitliches Vollzugsniveau nur durch die bundesgesetzliche Normierung der elektronischen Form erreichbar sei (BT-Drs. 18/11555, 157). 12

Eine entsprechende Regelung für die **Finanzbehörden** zur Erstattung von Meldungen nach § 31b AO findet sich in § 31b Abs. 2 S. 2–4 AO: „*Mitteilungen an die Zentralstelle für Finanztransaktionsuntersuchungen sind durch elektronische Datenübermittlung zu erstatten; hierbei ist ein sicheres Verfahren zu verwenden, das die Vertraulichkeit und Integrität des Datensatzes gewährleistet. Im Fall einer Störung der Datenübertragung ist ausnahmsweise eine Mitteilung auf dem Postweg möglich. § 45 Absatz 3 und 4 des Geldwäschegesetzes gilt entsprechend.*". 13

V. Ausnahmegenehmigung der Zentralstelle für Finanztransaktionsuntersuchungen bei unbilliger Härte (Abs. 2)

14 Zur Vermeidung unbilliger Härten eröffnet Abs. 2 für Verpflichtete auf entsprechenden (formlosen) **Antrag** die Möglichkeit, durch die Zentralstelle für Finanztransaktionsuntersuchungen von der Pflicht zur elektronischen Übermittlung der Meldung nach § 43 Abs. 1 befreit zu werden. Die Meldungen sind dann **per Post** an die Zentralstelle für Finanztransaktionsuntersuchungen zu übermitteln (mittels des von der Zentralstelle für Finanztransaktionsuntersuchungen vorgegebenen amtlichen Meldevordrucks, vgl. Abs. 3). Kriterien anhand derer über das Vorliegen einer unbilligen Härte als Voraussetzung für eine Ausnahmegenehmigung zu entscheiden ist, werden der Zentralstelle für Finanztransaktionsuntersuchungen vom Gesetzgeber nicht vorgegeben (die Gesetzesbegr. BT-Drs. 18/11555, 158, gibt im Wesentlichen nur den Gesetzestext wieder). Sie hat insofern Ermessensspielraum.

15 Ausweislich des Gesetzeswortlauts kann die Zentralstelle für Finanztransaktionsuntersuchungen zur Vermeidung von unbilligen Härten lediglich die die Übermittlung auf dem Postweg genehmigen. Weitere Abweichungen von der grundsätzlichen Verpflichtung zur elektronischen Meldung sieht das Gesetz nicht vor. Auch hier wird man der Zentralstelle für Finanztransaktionsuntersuchungen indessen die Möglichkeit zugestehen müssen, weitergehende Genehmigungen erteilen zu dürfen. Die Formvorschriften und grundsätzliche Verpflichtung zur elektronischen Meldung über goAML soll in erster Linie der Zentralstelle für Finanztransaktionsuntersuchungen eine einfachere und effizientere Bearbeitung und Analyse der Meldungen ermöglichen (und insbes. manuellen Erfassungsaufwand bei Übermittlung per Post oder Fax ersparen, → Rn. 4). Die ratio legis spricht insofern dafür, der FIU weitergehende Ausnahmegenehmigungen zu erlauben.

Das bedeutet zunächst, dass im Härtefall dem Verpflichteten grundsätzlich oder befristet eine Übermittlung von Meldungen per **Fax** von der Zentralstelle für Finanztransaktionsuntersuchungen genehmigt werden kann. Darüber wird die Zentralstelle für Finanztransaktionsuntersuchungen im Hinblick auf die elektronische Übermittlung Ausnahmen bspw. dergestalt zulassen können, dass in umfangreichen Fallkonstellationen nicht sämtliche Transaktionen einzeln in goAML zu erfassen sind, sondern **Transaktionslisten** in von ihr zu verarbeitender Form (etwa als Excel-Liste) angehängt werden dürfen. Eine unbillige Härte läge für den Verpflichteten hier darin, mit unvertretbarem Aufwand etwa tausende einzelne Transaktionen in goAML erfassen zu müssen, obgleich eine Ausleitung in ein von der Zentralstelle für Finanztransaktionsuntersuchungen zu verarbeitendes Format in Sekunden zu leisten wäre. Derartige Fallkonstellationen ergeben sich in der Praxis insbesondere in Fällen von Sonderauswertungen (special investigations) großer Kreditinstitute bspw. anhand öffentlichkeitswirksamer Skandale (Danske-Bank, Panama-Papers etc) oder auch von Finanzdienstleistern (bspw. nach Terroranschlägen). Die Zulässigkeit einer derartigen Genehmigung ist auch angesichts des Umstands offenkundig, dass eine postalische Übersendung einer Meldung einschließlich eines beigefügten Datenträgers mit derartigen Transaktionslisten zweifelsfrei von der Zentralstelle für Finanztransaktionsuntersuchungen genehmigt werden könnte. Ungeachtet dessen wäre eine entsprechende Klarstellung im Gesetzestext de lege ferenda wünschenswert.

Ausweislich S. 2 kann die Ausnahmegenehmigung **befristet** werden. Auch hier wird man aus Praktikabilitätsgründen über weitere Gestaltungsmöglichkeiten für die Zentralstelle für Finanztransaktionsuntersuchungen nachdenken müssen. So könnte neben einer zeitlichen Befristung auch eine auf bestimmte Fallkonstellationen beschränkte Ausnahmegenehmigung angedacht werden – bspw. auf Fälle mit einer hohen Zahl von Transaktionen. Eine derartige „Rahmenregelung" würde sowohl der FIU als auch den Verpflichteten Verwaltungsaufwand (für Antrag und Genehmigung) ersparen.

VI. Pflicht zur Verwendung des amtlichen Vordrucks bei Übermittlung auf dem Postweg (Abs. 3)

Gemäß Abs. 3 ist für die Übermittlung einer Meldung nach §§ 43 und 44 auf dem Postweg ausschließlich der amtliche Vordruck der Zentralstelle für Finanztransaktionsuntersuchungen zu verwenden. Das amtliche Meldeformular ist im Internet unter http://www.fiu.bund.de (Formularcenter/Unternehmen/FIU) abrufbar; sollte nicht nur goAML gestört sein, sondern der gesamte Internetauftritt der FIU (und damit auch ein Download des amtlichen Vordrucks scheitern), wird auch eine formlose Meldung als zulässig angesehen werden müssen – sie ist in jedem Fall besser als keine oder eine erheblich verzögerte Meldung. Das von der vormaligen FIU beim Bundeskriminalamt zur (freiwilligen) Benutzung veröffentlichte Formular „*Verdachtsmeldung nach § 11 GwG*", das auf der Internetseite des BKA (FIU) zum Download zur Verfügung stand, ist (ebenso wie von einzelnen Verpflichteten oder Verbänden in der Vergangenheit entwickelte eigene Formblätter) nicht mehr zu verwenden. Hinsichtlich der Bestrebungen zur Schaffung eines EU-weit einheitlichen Musters für Verdachtsmeldungen s. die Ausführungen unter → Rn. 1.

VII. Möglichkeit der Ausführung durch Dritte (Abs. 4)

Gemäß Abs. 4 können Verpflichtete bei Erfüllung der Meldepflicht nach § 43 Abs. 1 entsprechend § 6 Abs. 7 auf Dritte zurückgreifen. § 6 Abs. 7 ermöglichte es den Verpflichteten bereits nach vormaliger Rechtslage, interne Sicherungsmaßnahmen im Rahmen von vertraglichen Vereinbarungen durch einen Dritten durchführen zu lassen, wenn dies vorher der Aufsichtsbehörde angezeigt wird. Eine solche Möglichkeit bestand indessen nicht in Bezug auf die Verdachtsmeldepflicht, was durch den zum 1.1.2020 durch das Gesetz zur Umsetzung der Änderungsrichtlinie zur 4. EU-Geldwäscherichtlinie (BGBl. 2019 I S. 2602) neu eingefügten Abs. 4 nunmehr unter Wahrung der Voraussetzungen des § 6 Abs. 7 zugelassen wird. Dh der Verpflichtete, der weiterhin für die ordnungsgemäße Erfüllung der Meldepflicht verantwortlich bleibt, hat seiner zuständigen Aufsichtsbehörde vorher anzuzeigen, wenn er die Erfüllung der Meldepflicht an einen Dritten übertragen will und in der Anzeige darzulegen, dass der Dritte die Gewähr dafür bietet, dass die Meldepflichten ordnungsgemäß durchgeführt werden (was bspw. Nachweise zu entsprechend geschultem Personal, zeitnahen Zugriff auf Regeltreffer in Monitoringsystemen und sonstige interne Hinweise auf Verdachtsfälle etc bedingen wird) sowie seine Steuerungsmöglichkeiten und die Aufsicht durch die Aufsichtsbehörde nicht beeinträchtigt werden (was vor allem bei Outsourcing an Unternehmen Probleme aufwerfen dürfte, die nicht im Inland tätig sind).

VIII. Ermächtigung zum Erlass von Rechtsverordnungen (Abs. 5)

19 **Abs. 5 S. 1** (Abs. 5 war bis zum 31.12.2019 wortgleicher Abs. 4) vereinfacht den Erlass näherer Bestimmungen über die Form der Meldungen gegenüber der vormaligen (durch das Gesetz zur Optimierung der Geldwäscheprävention v. 22.12.2011 eingefügten) Regelung in § 11 Abs. 2 S. 2 GwG aF. War zuvor hierzu das Bundesministerium des Innern im Einvernehmen mit dem Bundesministerium der Finanzen und dem Bundesministerium für Wirtschaft und Technologie zur Rechtsverordnung befugt, kann nun das Bundesministerium der Finanzen (alleine) durch Rechtsverordnung nähere Bestimmungen über die Form der Meldung und über mögliche weitere zulässige Übertragungswege erlassen. Ausweislich der Gesetzesbegründung soll hierdurch die Möglichkeit geschaffen werden, auf etwaigen Anpassungsbedarf, der sich aus den Erfahrungen der Praxis oder mit Blick auf technische Entwicklungen ergeben könnte, flexibel reagieren zu können (BT-Drs. 18/11525, 158). Obgleich der Gesetzestext lediglich von „*Form der Meldung nach § 43 Absatz 1 oder § 44*" spricht, was den Übermittlungsweg bei grammatikalischer Auslegung nicht zwingend erfasst, scheint der Gesetzgeber angesichts der zitierten Gesetzesbegründung offensichtlich auch Rechtsverordnungen zum Übermittlungsweg mit § 44 Abs. 4 erfassen zu wollen. **S. 2** stellt erneut klar, dass zur Gewährleistung eines einheitlichen Verfahrens durch Landesrecht von Abs. 1 und den Regelungen einer Rechtsverordnung nach S. 1 durch Landesrecht nicht abgewichen werden kann.

§ 46 Durchführung von Transaktionen

(1) **Eine Transaktion, wegen der eine Meldung nach § 43 Absatz 1 erfolgt ist, darf frühestens durchgeführt werden, wenn**
1. **dem Verpflichteten die Zustimmung der Zentralstelle für Finanztransaktionsuntersuchungen oder der Staatsanwaltschaft zur Durchführung übermittelt wurde oder**
2. **der dritte Werktag nach dem Abgangstag der Meldung verstrichen ist, ohne dass die Durchführung der Transaktion durch die Zentralstelle für Finanztransaktionsuntersuchungen oder die Staatsanwaltschaft untersagt worden ist.**

Für die Berechnung der Frist gilt der Samstag nicht als Werktag.

(2) **Ist ein Aufschub der Transaktion, bei der Tatsachen vorliegen, die auf einen Sachverhalt nach § 43 Absatz 1 hindeuten, nicht möglich oder könnte durch den Aufschub die Verfolgung einer mutmaßlichen strafbaren Handlung behindert werden, so darf die Transaktion durchgeführt werden. Die Meldung nach § 43 Absatz 1 ist vom Verpflichteten unverzüglich nachzuholen.**

Literatur: Diergarten/Barreto da Rosa, Praxiswissen Geldwäscheprävention, 2015, zit.: *Bearbeiter* in Diergarten/Barreto da Rosa; *Fülbier/Aepfelbach/Langweg,* GwG-Kommentar, 5. Aufl. 2006, zit.: *Bearbeiter* in Fülbier/Aepfelbach/Langweg; *Herzog* (Hrsg.), GwG, 2. Aufl. 2014, zit.: *Bearbeiter* in Herzog; *Meyer-Goßner/Schmitt,* StPO, 62. Aufl. 2019, zit.: *Bearbeiter* in Meyer-Goßner/

Durchführung von Transaktionen **§ 46**

Schmitt; *Oswald*, Die Implementation gesetzlicher Maßnahmen zur Bekämpfung der Geldwäsche in der Bundesrepublik Deutschland: eine empirische Untersuchung des § 261 StGB i.V. m. GwG, 1997; *Herzog/Mülhausen*, Geldwäschebekämpfung und Gewinnabschöpfung, Handbuch der straf- und wirtschaftsrechtlichen Regelungen, 2006, zit.: *Bearbeiter* in Herzog/Mülhausen Geldwäschebekämpfung-HdB; *Nomos Kommentar zum Strafgesetzbuch,* Band 3, 5. Aufl. 2017, zit.: *Bearbeiter* in NK-StGB

Übersicht

	Rn.
I. Allgemeines	1
II. Anhaltepflicht („Fristfallregelung") (Abs. 1)	3
1. Allgemeines	3
2. Durchführung der Transaktion bei Zustimmung der FIU oder der Staatsanwaltschaft	7
3. Durchführung der Transaktion nach Fristablauf	9
III. Ausnahmeregelung („Eilfallregelung") (Abs. 2)	13

I. Allgemeines

§ 46 dient der Umsetzung von Art. 35 der 4. EU-Geldwäscherichtlinie. Die **1** Stillhaltepflicht sollte ursprünglich den Strafverfolgungsbehörden (als diese noch die unmittelbaren Empfänger der Verdachtsmeldungen waren, vgl. § 11 Abs. 1 S. 1 GwG aF) die Prüfung ermöglichen, ob aufgrund der gemeldeten Tatsachen ausreichende Anhaltspunkte für die Einleitung eines Ermittlungsverfahrens und vorläufige strafprozessuale Sicherungsmaßnahmen gegeben sind (vgl. BT-Drs. 12/2704, 18). Durch die Zwischenschaltung der Zentralstelle für Finanztransaktionsuntersuchungen als alleinige Adressatin der Meldungen nach § 43 ändert sich hierdurch in der Sache nichts – die FIU hat lediglich die zusätzliche Möglichkeit, Sofortmaßnahmen nach § 40 zu treffen. Im Endeffekt bleibt es bei dem **Ziel, Transaktionen unterbinden zu können,** bei denen der Verdacht besteht, dass sie im Zusammenhang mit Geldwäsche oder Terrorismusfinanzierung stehen. Für eine etwaige anschließende vorläufige Sicherung von Vermögenswerten gemäß §§ 111b ff. StPO durch die Strafverfolgungsbehörden reicht zunächst der sog. einfache Tatverdacht nach § 152 Abs. 2 StPO (OLG Zweibrücken NStZ 2003, 446), der sich noch nicht gegen einen bestimmten Beschuldigten richten muss (*Köhler* in Meyer-Goßner/Schmitt StPO § 111b Rn. 6). Es müssen lediglich *„Gründe für die Annahme vorhanden"* sein, dass die Voraussetzungen für eine Einleitung vorliegen. Die Staatsanwaltschaft kann daher bereits dann Vermögenssicherungsmaßnahmen ergreifen, wenn die Möglichkeit besteht, dass nach kriminalistischer Erfahrung eine verfolgbare Straftat gegeben ist (BGH NJW 1989, 96) und jemand durch diese Tat etwas erlangt hat.

Nicht Sinn und Zweck der Fristfallregelung nach § 46 Abs. 1 ist es, dem Ver- **2** pflichteten unternehmerische (Risiko-)Entscheidungen abzunehmen, etwa in dem Sinne, dass ihm mit § 46 Abs. 1 eine gesetzliche Anhaltemöglichkeit/-pflicht zur Hand gegeben wird, die eine anschließende staatliche Prüfung zur Folge hat, bspw. ob ein Geschäft geschlossen werden sollte/kann (wenn zB die Herkunft des dafür vom Vertragspartner aufgebrachten Eigenkapitals unklar ist oder Zweifel an der Seriosität des Vertragspartners bestehen, vgl. *Barreto da Rosa* in Diergarten/Barreto da Rosa S. 261). Weder die Zentralstelle für Finanztransaktionsuntersuchungen, noch die Strafverfolgungsbehörden werden eine derartige Prüfung vornehmen; die von

§ 46 Abschnitt 6. Pflichten im Zusammenhang m. Meldungen v. Sachverhalten

diesen Behörden durchgeführten Untersuchungen konzentrieren sich zentral auf die Ermittlung von Zusammenhängen des gemeldeten Sachverhalts mit Geldwäsche, Terrorismusfinanzierung oder sonstigen Straftaten. Insbesondere kann die Freigabe einer angehaltenen Transaktion nicht als eine Art „staatliche Unbedenklichkeitsbescheinigung" gewertet werden.

2a Seit der GwG-Novellierung durch das Gesetz zur Umsetzung der Änderungsrichtlinie zur 4. EU-Geldwäscherichtlinie (BGBl. 2019 I S. 2602) sind Verstöße gegen die Pflichten nach § 46 Abs. 1 und 2 mit einem **Bußgeld** bedroht (vgl. näher → § 56 Rn. 90 bzw. 103). Ein Verstoß gegen Abs. 1 ist gemäß § 56 Abs. 2 Nr. 6 bußgeldbewehrt (und damit bereits bei einfach fahrlässiger (oder vorsätzlicher) Begehung zu sanktionieren), die Verletzung der Pflicht zur unverzüglichen Nachholung der Meldung nach Abs. 2 gemäß § 56 Abs. 1 Nr. 70 (bei leichtfertigem oder vorsätzlichem Handeln).

2b Vor dem Hintergrund des obig geschilderten Normzwecks – der letztendlichen Ermöglichung strafprozessualer Sicherungsmaßnahmen hinsichtlich der angehaltenen Transaktion/Vermögenswerte – kommt der Weiterleitung von Fristfallmeldungen von der FIU an die Strafverfolgungsbehörden besondere Bedeutung zu. In der **Praxis** sah sich die FIU insofern der scharfen Kritik seitens der Strafverfolgungsbehörden ausgesetzt, da sie – insbesondere in den Jahren 2017 und 2018 – zahlreiche Fristfälle nicht innerhalb der Anhaltefrist von drei Werktagen an die zuständige Strafverfolgungsbehörde weitergeleitet hatte, womit strafprozessuale Sicherungsmaßnahmen hinsichtlich der angehaltenen Transaktionen nicht mehr möglich waren (hierzu ausführlich → Vor §§ 27–42 Rn. 18). Auch soweit für die FIU zunächst bspw. „nur" Anhaltspunkte für Betrugsstraftaten (und nicht für Geldwäsche) hinsichtlich der angehaltenen Transaktion erkennbar sind, ist eine unverzügliche Weiterleitung derartiger Meldungen an die zuständigen Strafverfolgungsbehörden innerhalb der Frist des § 46 Abs. 1 S. 1 Nr. 2 vorzunehmen (vgl. → § 32 Rn. 3 f., sofern die FIU keine Sofortmaßnahme nach § 40 trifft oder sich der Wert der angehaltenen Transaktion nicht im marginalen Bereich bewegt, s. → Rn. 2c). Es wäre nicht zu vermitteln, wenn ein Verpflichteter eine unzweifelhaft in Zusammenhang mit Betrug stehende Transaktion (gewerbs- oder bandenmäßiges Handeln können hier kaum je verifiziert werden und sind es im Hinblick auf die Frage des Bestehens einer Meldepflicht auch nicht) an die FIU meldet und diese aufgrund formaler Überlegungen (dass womöglich noch keine Geldwäsche erkennbar sei, wobei die FIU diese Feststellung mangels ausreichender Dateizugriffe selbst nicht sicher treffen kann, → Vor §§ 27–42 Rn. 19 ff.) keine Weiterleitung vornimmt, sondern die Überweisung an den/die Straftäter freigibt/zulässt. Nichts anderes kann für nach § 46 gemeldete Fälle gelten, in denen ein Konto mit hochvolumigem Guthaben betroffen ist, über das ohne nähere Zeitangabe verfügt werden soll und der zugehörige Sachverhalt auffällig ist (s. auch Antwort der BReg auf Kleine Anfrage der FDP-Fraktion, BT-Drs. 19/16595, 4).

2c Soweit einzelne Staatsanwaltschaften strafprozessuale **Sicherungsmaßnahmen erst ab bestimmten Betragsgrenzen** durchführen, wären justizielle Absprachen auch mit der FIU denkbar, die diese generell von der priorisierten Bearbeitung von Meldungen nach § 46 Abs. 1 unterhalb definierter Schwellenbeträge befreien. In der Praxis wurden insbesondere von manchen Online-Banken Meldungen nach § 46 Abs. 1 zu Transaktionen in Höhe weniger Euro oder (wegen Betrugsverdachts etc) gesperrten Konten mit einem marginalen Restguthaben erstattet, die insofern keiner priorisierten Bearbeitung zugeführt werden müssten, da strafprozessuale Sicherungsmaßnahmen ohnehin nicht getroffen werden.

II. Anhaltepflicht („Fristfallregelung") (Abs. 1)

1. Allgemeines

Der Verpflichtete darf ausweislich Abs. 1 eine nach § 43 Abs. 1 gemeldete Transaktion erst dann durchführen, wenn er entweder die Zustimmung der Zentralstelle für Finanztransaktionsuntersuchungen bzw. der zuständigen Staatsanwaltschaft erhalten hat oder der dritte Werktag nach dem Abgangstag der Meldung verstrichen ist, ohne dass die Durchführung der Transaktion von der Zentralstelle für Finanztransaktionsuntersuchungen oder der zuständigen Staatsanwaltschaft untersagt wurde. Die auch als „Fristfallregelung" bezeichnete Regelung dient der Umsetzung von Art. 35 Abs. 1 der 4. EU-Geldwäscherichtlinie *(„Die Mitgliedstaaten schreiben den Verpflichteten vor, Transaktionen, von denen sie wissen oder vermuten, dass sie mit Erträgen aus kriminellen Tätigkeiten oder Terrorismusfinanzierung in Verbindung stehen, erst dann durchzuführen, wenn sie die nach Artikel 33 Absatz 1 Unterabsatz 1 Buchstabe a erforderliche Maßnahme abgeschlossen [Anm.: Meldung an die zentrale Meldestelle] und alle weiteren besonderen Anweisungen der zentralen Meldestelle oder der zuständigen Behörden im Einklang mit dem Recht des jeweiligen Mitgliedstaats befolgt haben. ").*

Die Bezugnahme auf eine **„Transaktion, wegen der eine Meldung nach § 43 Absatz 1 erfolgt ist"** wirkt wenig glücklich. In der Vorgängernorm des § 11 Abs. 1a S. 1 GwG aF war noch von einer *„angetragenen"* Transaktion die Rede, was zunächst aus rein logischen Gründen die wohl bessere Formulierung war, da eine *„Meldung nach § 43 Absatz 1"* bspw. auch bei verdächtigen bereits durchgeführten oder eingegangenen Transaktionen zu erstatten ist (eine bereits durchgeführte oder eingegangene Transaktion kann nicht mehr angehalten werden). Die Neuformulierung bedeutet bei wortgetreuer Auslegung, dass jede Meldung eines Verpflichteten nach § 43 Abs. 1, die sich auf *„eine Transaktion"* bezieht, anzuhalten ist. Gemäß Begründung zum Gesetzesentwurf (BT-Drs. 18/11555, 158) soll der Verpflichtete eine Transaktion erst durchführen, wenn er eine Meldung abgegeben hat und der dritte Werktag nach dem Abgangstag der Meldung verstrichen ist, ohne dass die Durchführung der Transaktion untersagt wurde (im Weiteren gibt die Gesetzesbegründung letztlich lediglich den Gesetzestext wieder und verzichtet auf weitere Ausführungen). Das BVerfG erkannte in seinem Nichtannahmebeschluss vom 19.11.2018 (1 BvR 1335/18 Rn. 11, BeckRS 2018, 33476) fachgerichtlichen Klärungsbedarf, ob die Verdachtsmeldepflicht nach § 43 Abs. 1 Nr. 1 und das damit einhergehende Verbot der Durchführung einer entsprechenden Transaktion nach § 46 Abs. 1 S. 1 durch die Neufassung des Geldwäschegesetzes erweitert wurden. Die Bundesregierung formuliert diesbezüglich deutlich *„Jede Meldung nach § 43 Absatz 1 GwG führt gemäß § 46 Absatz 1 Satz 1 GwG dazu, dass die Durchführung einer der Meldung zugrundeliegenden Transaktion erst nach Zustimmung (vgl. § 46 Absatz 1 Satz 1 Nummer 1 GwG) oder nach Ablauf von drei Werktagen (vgl. § 46 Absatz 1 Satz 1 Nummer 2 GwG) erfolgen darf."* (BT-Drs. 19/16595, 6).

Die transaktionsbezogene Anhaltepflicht kann sich ersichtlich nur auf **„verdächtige"** **Transaktionen** beziehen, dh dass bspw. weitere (unverdächtige) Transaktionen des Verdächtigen auf dem gleichen oder weiteren Konten grundsätzlich durchgeführt werden dürfen. Die Nicht-Durchführung einer verdächtigen Transaktion nach § 46 Abs. 1 führt insofern nicht zu einer die gesamte Konto- oder Kundenverbindung betreffenden Soll-Umsatzsperre. Einzelne weitere verdächtige Transaktionen wären, sofern keine anderslautende Weisung der Zentralstelle für Finanztrans-

§ 46 Abschnitt 6. Pflichten im Zusammenhang m. Meldungen v. Sachverhalten

aktionsuntersuchungen oder Staatsanwaltschaft vorliegt, wiederum nach den gleichen Grundsätzen des Abs. 1 zu behandeln und ggf. wiederum anzuhalten und in Form einer Nachmeldung zur Erstmeldung zu melden.

6 Nicht alle Verdachtsmeldungen beziehen sich auf eine konkrete Transaktion, so dass Verdachtsmeldungen, die sich beispielsweise auf das Verhalten des Kunden, die Geschäftsbeziehung allgemein, auf eingehende Zahlungen, etc beziehen, nicht nach Abs. 1 zu behandeln sind und etwa eine pauschale Kontoumsatzsperre zur Folge haben. In der Folge einer solchen Verdachtsmeldung kann es jedoch zu verdächtigen Transaktionen kommen, die nach Abs. 1 anzuhalten sind. Insbesondere bei verdächtigen **eingehenden Transaktionen** ist zu gewährleisten, dass über das hierdurch entstandene Guthaben nicht im Anschluss verfügt werden kann (oder zumindest ein Restguthaben bestehen bleibt, das betragsmäßig dem Überweisungseingang entspricht); zu diesem Zweck belegen viele verpflichtete Kreditinstitute das betreffende Konto mit einer **Soll-Umsatzsperre** und weisen in der Verdachtsmeldung auf diesen Umstand hin (oder buchen eingehende Überweisungen auf interne Konten um, auf die der Überweisungsempfänger keinen Zugriff hat). Eine angetragene Anschlussverfügung wäre jedenfalls soweit möglich nach Abs. 1 anzuhalten, wobei insbesondere in diesen Fällen auf die Auslegungs- und Anwendungshinweise der BaFin zum GwG (Stand Mai 2020, S. 77) hinzuweisen ist, dass wenn sich im konkreten Fall für den Verpflichteten ein Verdacht für eine Geldwäschehandlung oder eine Terrorismusfinanzierung geradezu aufdrängen muss, eine Transaktion nicht nach der „Eilfallregelung" des Abs. 2 ausgeführt werden darf. Zu beachten sind hier auch **§ 15 Abs. 9 iVm Abs. 3 Nr. 2, Abs. 5 und § 10 Abs. 9**, die zu einem **Verbot der Durchführung der Transaktion** führen können.

6a In der Praxis ist ein sehr unterschiedlicher Umgang bei Kreditinstituten festzustellen, wie einzelne Transaktions- oder **vollständige Kontensperrungen** vollzogen werden und auch die Formulierungen sind sehr individuell, so dass für die FIU und die Strafverfolgungsbehörden häufig nicht klar feststellbar ist, welche Maßnahme im Detail getroffen wurde – bspw. ob eine „komplexe Sperrung" tatsächlich eine vollständige Sperrung bedeutet, oder lediglich eine Soll-Umsatz-Sperre oder eine Haben-Umsatz-Sperre verfügt/eingerichtet wurde. Hier sollte auf eine möglichst genaue Angabe geachtet werden. Aus Sicht zumindest der Strafverfolgungsbehörden ist eine vollständige Sperrung in aller Regel die vorzugswürdige Lösung. Während Soll-Umsatzsperre geeignet sind, um Abverfügungen zu verhindern, können Haben-Umsatzsperren bspw. bei erkannten Betrugskonten weitere betrügerische Überweisungseingänge und damit Schäden verhindern (womit bisweilen umständliche Rückabwicklungen/-überweisungen erspart bleiben).

Betrifft die Verdachtsmeldung keine angehaltene verdächtige Transaktion, sondern wird ein **Konto gesperrt, um Abverfügungen mutmaßlich deliktischen Guthabens zu verhindern,** handelt es sich dem Wortlaut nach nicht um eine Fristfallmeldung nach § 46 Abs. 1. Derartige Meldungen werden – auch wenn sie vom Verpflichteten als Fristfallmeldung nach § 46 Abs. 1 gekennzeichnet sind – von der FIU nicht als solche gewertet und in der Folge auch nicht zwingend innerhalb der Frist des § 46 Abs. 1 S. 1 Nr. 2 bearbeitet und an Strafverfolgungsbehörden weitergeleitet, was eine solche Handhabung zu fordern ist (vgl. BT-Drs. 19/16595, 2, 4). Nach Ansicht der Bundesregierung stellt die *„Mitteilung über eine vorbeugende Kontosperre zur Verhinderung abstrakt möglicher Verfügungen [...] grundsätzlich keine Meldung dar, die den Anwendungsbereich des § 46 GwG eröffnen kann"* (BT-Drs. 19/16595, 7). Im Umkehrschluss können Anhaltspunkte auf bevorstehende Verfügungen (wie bspw. zuvor regelmäßig erfolgte zeitnahe Verfügungen von

Durchführung von Transaktionen **§ 46**

Überweisungseingängen durch den Kunden oder entsprechende Ankündigungen, sofern nicht bei außergewöhnlich hohen Überweisungseingängen regelmäßig mit baldigen Verfügungen gerechnet werden kann) eine Meldung nach § 46 rechtfertigen. Eine denkbare Lösung bei nur abstrakt im Raum stehenden Verfügungen wäre für Verpflichtete eine unverzügliche Meldung nach § 43 Abs. 1 mit einem Hinweis auf besondere Eilbedürftigkeit, verbunden mit (zumindest) einer Soll-Umsatzsperre und bei versuchter Abverfügung die Erstattung einer Nachmeldung als Fristfallmeldung nach § 46 Abs. 1.

2. Durchführung der Transaktion bei Zustimmung der FIU oder der Staatsanwaltschaft

Die Durchführung der Transaktion ist dem Verpflichteten nach Abs. 1 **Nr. 1** erlaubt, wenn er die **Zustimmung der Zentralstelle für Finanztransaktionsuntersuchungen oder der Staatsanwaltschaft** zur Durchführung übermittelt bekommen hat. Die Zustimmung kann telefonisch oder schriftlich erfolgen. Eine bestimmte Formvorschrift für die Zustimmung ist nicht vorgesehen. In der Praxis wird eine beispielsweise vorab telefonisch erteilte Zustimmung im Anschluss alleine aus Gründen der Dokumentation in schriftlicher Form nachgeholt werden. Trifft die Zentralstelle für Finanztransaktionsuntersuchungen (innerhalb der Frist nach Nr. 2) eine Sofortmaßnahme, ist diese dem Verpflichteten gegenüber mitzuteilen/anzuordnen. Sollte (innerhalb der Frist der Nr. 2) von den Strafverfolgungsbehörden ein Anfangsverdacht für eine Straftat festgestellt werden und die Voraussetzungen für eine strafprozessuale Sicherungsmaßnahme vorliegen, erhält der Verpflichtete innerhalb der Frist eine staatsanwaltliche Verfügung mit der Untersagung der Durchführung der Transaktion. Eine solche staatsanwaltschaftliche Verfügung erhält der Verpflichtete ferner, wenn eine Verdachtsmeldung, zu der eine Sofortmaßnahme getroffen wurde, von der Zentralstelle für Finanztransaktionsuntersuchungen an die Strafverfolgungsbehörden weitergeleitet wurde, innerhalb der Frist des § 40 Abs. 4 Nr. 2 (Ablauf des fünften Werktages nach Abgabe des Sachverhalts an die zuständige Strafverfolgungsbehörde). 7

In der Praxis werden im Rahmen der Fristfallregelung gemeldete und angehaltene **Transaktionen in den meisten Fällen freigegeben.** Die Möglichkeit von bis zu einem Monat andauernden Sofortmaßnahmen durch die Zentralstelle für Finanztransaktionsuntersuchungen nach § 40, währenddessen umfangreich Informationen eingeholt werden können, verbessert grundsätzlich die Informationsbasis zum betreffenden Geschäftsvorfall, was die Zahl der Fälle, in denen eine Freigabe in Ermangelung ausreichender Informationen erfolgte, verringern könnte; allerdings wird von dieser Möglichkeit bislang noch kaum Gebrauch gemacht (vgl. → § 40 Rn. 5b). Eine Zustimmung zur Durchführung der Transaktion (explizit oder durch Fristablauf) bedeutet indessen weder, dass die Transaktion legalen Hintergrund hat, noch dass die Anhaltung oder die Verdachtsmeldung unberechtigt waren. So kann es beispielsweise im Einzelfall aus ermittlungstaktischen Gründen klüger sein, eine Transaktion durchführen zu lassen, um anschließend nachzuverfolgen, was weiter mit dem Überweisungsbetrag geschieht (sog. „kontrollierte Transaktion", s. hierzu *Altenhain* in NK-StGB § 261 Rn. 130). Dies kann zu bis dahin noch unbekannten weiteren Konten/Personen/Unternehmen führen und hilfreich für die Aufhellung von kriminellen Strukturen sein. Die Zustimmung zur Durchführung einer Transaktion kann auch nicht dahingehend verstanden werden, dass seitens der Staatsanwaltschaft weitere Voraussetzungen geprüft und als vorliegend 8

Barreto da Rosa

3. Durchführung der Transaktion nach Fristablauf

9   Nach **Nr. 2** darf der Verpflichtete eine nach § 43 Abs. 1 gemeldete und zunächst angehaltene Transaktion ferner dann durchführen, wenn der **dritte Werktag nach dem Abgangstag der Meldung verstrichen** ist, ohne dass die Durchführung der Transaktion von der Zentralstelle für Finanztransaktionsuntersuchungen oder der zuständigen Staatsanwaltschaft untersagt wurde. Die Verlängerung der Frist in Nr. 2 im Rahmen des Gesetzes zur Umsetzung der 4. EU-Geldwäscherichtlinie von vormals zwei Werktagen auf drei Werktage nach dem Abgangstag der Meldung entsprach einer langjährigen Forderung der Strafverfolgungsbehörden, denen es in der Praxis (insbes., wenn Informationen aus dem Ausland einzuholen waren) häufig kaum möglich war, innerhalb der bis dato geltenden Frist diese Sachverhaltsprüfung abzuschließen. Nachdem mit der Zentralstelle für Finanztransaktionsuntersuchungen eine weitere Behörde zwischengeschaltet ist, der selbst keine strafprozessualen Maßnahmen möglich sind, ergab auch der hiermit verbundene Zeitverzug ein zusätzliches Bedürfnis einer Fristverlängerung (Sofortmaßnahmen der Zentralstelle für Finanztransaktionsuntersuchungen nach § 40 dienen nicht dazu, den Strafverfolgungsbehörden zusätzliche Zeit für die Sachverhaltsprüfung und Einleitung strafprozessualer Maßnahmen einzuräumen, sondern sollen ausschließlich der Zentralstelle für Finanztransaktionsuntersuchungen selbst ermöglichen, ihre operative Analyse abzuschließen, vgl. → § 40 Rn. 3; ausweislich der Antwort der Bundesregierung v. 11.4.2019 auf eine Kleine Anfrage des Abgeordneten de Masi und der Fraktion DIE LINKE war von der FIU bis dato in keinem Fall eine Sofortmaßnahme nach § 40 Abs. 1 mit der möglichen Verbindung einer Untersagungsverfügung nach § 46 Abs. 1 Nr. 2 GwG angeordnet worden (BT-Drs. 19/9326, 5)).

9a Anknüpfungspunkt für den Beginn der Frist ist der **Abgangstag der Meldung,** der im Regelfall der elektronischen Übermittlung mit dem Eingangstag bei der Zentralstelle für Finanztransaktionsuntersuchungen übereinstimmen wird. Die Eingangsbestätigung der FIU (vgl. § 41 Abs. 1) wird dem Verpflichteten als Nachweis von Abgabe (und Eingang) der Meldung dienen. Eine besondere Dokumentation des Abgangstages ist erforderlich bzw. anzuraten in Fällen, in denen dem Verpflichteten entweder im Rahmen einer Härtefallregelung nach § 45 Abs. 2 die Übermittlung auf dem Postweg genehmigt wurde oder diese aufgrund einer Störung der elektronischen Datenübermittlung zugelassen ist (§ 45 Abs. 1 S. 3 GwG). Hier kann – auch zum Nachweis der Pflicht zur unverzüglichen Erstattung der Meldung (vgl. → § 43 Rn. 54) – ein Versand per Einschreiben (anstelle des einfachen postalischen Versandes) im Zweifelsfall den Beweis erleichtern.

9b Sofern die Auslegungs- und Anwendungshinweise der BaFin zum GwG (Stand Mai 2020, S. 77) als Anknüpfungspunkt die *„vollständige Übermittlung der Meldung"* verlangen, wird dies dahingehend (einschränkend) zu korrigieren sein, dass zumindest die wesentlichen Inhalte zum Sachverhalt und den Verdachtsmomenten sowie die Angaben zu den beteiligten involvierten Personen und Unternehmen übermittelt sein müssen. Das Fehlen ergänzender und in dieser Hinsicht nicht erheblicher Informationen kann hierauf keine Auswirkungen haben.

9c Wird eine verdächtige Transaktion bereits zu dem Zeitpunkt gemeldet, zu dem sie dem Verpflichteten lediglich **angekündigt** wird, ohne dass ein Auftrag zur konkreten Ausführung der Transaktion vorliegt, hat dies keinen Einfluss auf den Frist-

Durchführung von Transaktionen **§ 46**

lauf: Bei Vornahme der angekündigten Transaktion, die dann gemäß § 46 Abs. 1 angehalten wird, ist daher erneut eine Verdachtsmeldung zu erstatten (vgl. auch *Fülbier* in Fülbier/Aepfelbach/Langweg GwG § 11 Rn. 157).

Gemäß § 46 Abs. 1 S. 2 gilt für die Berechnung der Frist der **Samstag** nicht als 10 Werktag (Bsp. zur Fristberechnung finden sich bei *Barreto da Rosa* in Diergarten/Barreto da Rosa S. 262). **Unterschiedliche Feiertagsregelungen** in den einzelnen Bundesländern können bei einer bundesgesetzlichen Regelung wie § 46 Abs. 1 S. 1 Nr. 2, die auf Werktage abstellt, zu Unklarheiten führen, wann die Frist nun tatsächlich abläuft. Insbesondere, wenn die Meldung nach § 43 Abs. 1 von der Zentralstelle für Finanztransaktionsuntersuchungen an eine Strafverfolgungsbehörde in einem Bundesland weitergeleitet wird, in dem in der Frist des § § 46 Abs. 1 S. 1 Nr. 2 ein gesetzlicher Feiertag liegt, der für den Verpflichteten nicht gilt, könnte es dazu kommen, dass der Verpflichtete eine Transaktion durchführt, weil für ihn der dritte Werktag nach Abgangstag der Meldung abgelaufen ist, für die empfangende Strafverfolgungsbehörde aber noch nicht. Die Stillhaltepflicht sollte nach der ursprünglichen Intention des Gesetzgebers den Strafverfolgungsbehörden die Prüfung ermöglichen, ob aufgrund der gemeldeten Tatsachen ausreichende Anhaltspunkte für die Einleitung eines Ermittlungsverfahrens und vorläufige strafprozessuale Sicherungsmaßnahmen gegeben sind (vgl. BT-Drs. 12/2704, 18). Hieran hat sich durch die Zwischenschaltung der FIU im Kern nichts geändert. Feiertage am Sitz der Strafverfolgungsbehörde dürfen mithin nicht zu einer verkürzten Prüffrist für diese führen. Nichts anderes kann auch für die FIU gelten – Feier- oder Brauchtumstage dürfen auch für die Zentralstelle für Finanztransaktionsuntersuchungen nicht zu einer Fristverkürzung führen (ungeachtet der Möglichkeit von Sofortmaßnahmen nach § 40). Wenn sich die Frist aufgrund eines Feier- oder Brauchtumstags am Sitz der FIU oder der zuständigen Strafverfolgungsbehörde verlängert, so ist der Verpflichtete von der Zentralstelle für Finanztransaktionsuntersuchungen hierüber zu informieren (so mittlerweile auch die Auslegungs- und Anwendungshinweise der BaFin zum GwG (Stand Mai 2020), S. 77). Handelt es sich nur um einen Feier- oder Brauchtumstag am Sitz der FIU, nicht hingegen am Sitz der zuständigen Strafverfolgungsbehörde, verschiebt sich das Fristende gleichwohl.

Im Falle einer Weiterleitung einer nach § 46 Abs. 1 erstatteten Meldung sollte 11 die FIU den Verpflichteten **stets über die Weiterleitung in Kenntnis setzen.** Dies kann nicht nur bereits eine partielle inhaltliche Rückmeldung iSd § 41 Abs. 2 darstellen, sondern zeitnahe Nachmeldungen und Abstimmungen unmittelbar mit der Strafverfolgungsbehörde beschleunigen und vereinfachen. In der Praxis sind telefonische Abstimmungen zwischen Verpflichtetem und Strafverfolgungsbehörden im Falle einer Weiterleitung der Meldung durch die FIU der Regelfall.

Schadensansprüche gegen den Verpflichteten wegen verzögerter Durchfüh- 12 rung der Transaktion sind gemäß § 48 ausgeschlossen, sofern die Verdachtsmeldung nicht vorsätzlich oder grob fahrlässig unwahr erstattet wurde (Begr. zum Entwurf eines Gesetzes über das Aufspüren von Gewinnen aus schweren Straftaten, BT-Drs. 12/2704, 19, zur Vorgängernorm § 13 GwG aF). Auch eine staatliche Entschädigung des Gemeldeten nach dem Strafrechtsentschädigungsgesetz kommt nicht in Betracht, da hierfür gemäß § 2 Abs. 1 StrEG ein Schaden aufgrund einer Strafverfolgungsmaßnahme erforderlich ist (vgl. bereits *Herzog/Achtelik* → 2. Aufl. 2014, § 13 aF Rn. 3 mwN).

III. Ausnahmeregelung („Eilfallregelung") (Abs. 2)

13 Abs. 2 übernimmt inhaltlich die bis zum 26.6.2017 in **§ 11 Abs. 1a S. 2 GwG aF** enthaltene sog. „Eilfallregelung" (die Vorschrift war lediglich redaktionell überarbeitet worden). In der Gesetzesbegründung zum Gesetz zur Umsetzung der 4. EU-Geldwäscherichtlinie finden sich keinerlei Ausführungen zu Abs. 2, der der Umsetzung von Art. 35 der 4. EU-Geldwäscherichtlinie dient (wobei die deutsche Übersetzung von Art. 35 Abs. 2 der 4. EU-Geldwäscherichtlinie einen offensichtlichen Übersetzungsfehler enthält, wenn es dort heißt *„Falls ein Verzicht auf die Durchführung der in Abs. 1 genannten Transaktionen nicht möglich ist oder die Durchführung die Verfolgung der Begünstigten einer verdächtigen Transaktion behindern könnte, unterrichten die Verpflichteten die zentrale Meldestelle umgehend im Anschluss daran."* – es muss richtig heißen *„oder ein Verzicht auf die Durchführung die Verfolgung der Begünstigten einer Transaktion behindern könnte"*).

14 Ausweislich Abs. 2 darf eine verdächtige Transaktion (also obwohl Tatsachen vorliegen, die auf einen Sachverhalt nach § 43 Abs. 1 hindeuten, und sie damit nach Abs. 1 eigentlich angehalten werden müsste) **ausnahmsweise** durchgeführt werden, wenn die Durchführung der Transaktion nicht aufgeschoben werden kann oder durch den Aufschub die Verfolgung einer mutmaßlichen strafbaren Handlung behindert werden könnte. Die Meldung nach § 43 Abs. 1 ist dann vom Verpflichteten unverzüglich nachzuholen.

15 Abs. 2 kommt **in der Praxis** vor allem bei Geldwechselgeschäften oder Einzahlungen am Bankschalter, Barabhebungen oder auch Wechseln von Jetons in Geld und umgekehrt bei Spielbanken vor (s. auch BT-Drs. 12/2704, 18). Derartige Geschäfte können allenfalls abgelehnt, aber nicht aufgeschoben werden. In der Vergangenheit kam es ferner zu Eilfallmeldungen, wenn von Kundenseite (im Zusammenhang mit einem Verdachtsfall) eine Barverfügung über einen größeren Geldbetrag beantragt wurde, die vor Ablauf der Frist des Abs. 1 vorgenommen werden sollte, und eine zeitliche Verzögerung des Geschäfts bis zum regulären Fristablauf nicht dadurch begründet werden konnte, dass in der Kürze der Zeit eine derart hohe Bargeldsumme nicht beschafft werden kann, oder sich das Geschäft nicht auf andere Weise bis zum Ablauf der Frist verzögern ließ. Auch wenn bspw. der Kunde die sofortige Durchführung der Finanztransaktion ausdrücklich wünscht, gestattet Abs. 2 dem Verpflichteten (auch ohne Rücksprache mit einem möglicherweise vorhandenen Geldwäschebeauftragten) die sofortige Ausführung einer Transaktion (BT-Drs. 12/2704, 18, zur entsprechenden Vorgängernorm), sofern sich der Verdacht einer Geldwäschehandlung nicht geradezu aufdrängt.

16 Im Wege einer Abwägung sollten all diejenigen Transaktionen als unaufschiebbar angesehen werden, bei denen aufgrund ihrer Art der Auftragserteilung eine hohe Wahrscheinlichkeit besteht, dass eine verzögerte Ausführung zu einem „Warneffekt" führt (*Oswald* S. 91 (mwN)). Wenn sich im konkreten Fall für den Verpflichteten ein **Verdacht für eine Geldwäschehandlung oder Terrorismusfinanzierung geradezu aufdrängt**, was zB der Fall ist, wenn eine im Hinblick auf Terrorismusfinanzierung gelistete Person involviert ist (Auslegungs- und Anwendungshinweise der BaFin zum GwG (Stand Mai 2020), S. 77), darf eine Transaktion nicht nach Abs. 2 ausgeführt werden, sondern ist die **Transaktion abzulehnen** (vgl. auch §§ 15 Abs. 9 iVm 10 Abs. 9). Auch wenn ein Kunde bzw. Vertragspartner eine Transaktion für eilbedürftig erklärt und mit Nachdruck an Termine bindet, sollten aus Gründen der eigenen Absicherung vor aufsichtsrechtlichen oder gar strafrechtlichen Konsequenzen solche Transaktionen nicht ausgeführt werden, bei denen eine hohe Wahrscheinlichkeit auf einen kriminellen Hintergrund hindeutet (bereits *Herzog/Achtelik* → 2. Aufl. 2014, § 11 aF Rn. 28 mit Verweis auf *Mülhausen* in Herzog/Mülhausen Geldwäschebekämpfung-HdB Rn. 79).

Im Zweifelsfall ist eine **Abstimmung mit der Zentralstelle für Finanztransaktionsuntersuchungen** anzuraten, ob eine Transaktion im Rahmen des Abs. 2 durchgeführt werden kann (bspw. um eine kontrollierte Transaktion zu ermöglichen, vgl. → Rn. 8) oder eine Anhaltung nach Abs. 1 erfolgen soll. 17

Die **Verfolgung einer mutmaßlichen strafbaren Handlung** wird vor allem dadurch **behindert**, wenn Tatbeteiligte/Transaktionsbeteiligte durch einen Aufschub der Transaktion gewarnt werden würden. 18

Wurde eine Transaktion vom Verpflichteten nach Abs. 1 angehalten, ist eine nachfolgende Durchführung unter Berufung auf Abs. 2 innerhalb der Frist des Abs. 1 S. 1 Nr. 2 nicht zulässig. 19

§ 47 Verbot der Informationsweitergabe, Verordnungsermächtigung

(1) **Ein Verpflichteter darf den Vertragspartner, den Auftraggeber der Transaktion und sonstige Dritte nicht in Kenntnis setzen von**
1. **einer beabsichtigten oder erstatteten Meldung nach § 43 Absatz 1,**
2. **einem Ermittlungsverfahren, das aufgrund einer Meldung nach § 43 Absatz 1 eingeleitet worden ist, und**
3. **einem Auskunftsverlangen nach § 30 Absatz 3 Satz 1.**

(2) **Das Verbot gilt nicht für eine Informationsweitergabe**
1. **an staatliche Stellen,**
2. **zwischen Verpflichteten nach § 2 Absatz 1 Nummer 1 bis 3 und 6 bis 8, die derselben Unternehmensgruppe angehören,**
3. **zwischen Verpflichteten nach § 2 Absatz 1 Nummer 1 bis 3 und 6 bis 8, die Mutterunternehmen nach § 9 Absatz 1 sind, und ihren in Drittstaaten ansässigen und dort geldwäscherechtlichen Pflichten unterliegenden Zweigstellen und gruppenangehörigen Unternehmen gemäß § 1 Absatz 16 Nummer 2, sofern diese die Maßnahmen nach § 9 Satz 2 Nummer 1, 3 und 4 wirksam umgesetzt haben,**
4. **zwischen Verpflichteten nach § 2 Absatz 1 Nummer 10 bis 12 aus Mitgliedstaaten der Europäischen Union oder aus Drittstaaten, in denen die Anforderungen an ein System zur Verhinderung von Geldwäsche und von Terrorismusfinanzierung denen der Richtlinie (EU) 2015/849 entsprechen, sofern die betreffenden Personen ihre berufliche Tätigkeit**
   a) **selbständig ausüben,**
   b) **angestellt in derselben juristischen Person ausüben oder**
   c) **angestellt in einer Struktur ausüben, die einen gemeinsamen Eigentümer oder eine gemeinsame Leitung hat oder über eine gemeinsame Kontrolle in Bezug auf die Einhaltung der Vorschriften zur Verhinderung der Geldwäsche oder der Terrorismusfinanzierung verfügt,**
5. **zwischen Verpflichteten nach § 2 Absatz 1 Nummer 1 bis 3, 6, 7, 9, 10 und 12 in Fällen, die sich auf denselben Vertragspartner und auf dieselbe Transaktion beziehen, an der zwei oder mehr Verpflichtete beteiligt sind, wenn**

a) die Verpflichteten ihren Sitz in einem Mitgliedstaat der Europäischen Union oder in einem Drittstaat haben, in dem die Anforderungen an ein System zur Verhinderung von Geldwäsche und Terrorismusfinanzierung den Anforderungen der Richtlinie (EU) 2015/849 entsprechen,
b) die Verpflichteten derselben Berufskategorie angehören und
c) für die Verpflichteten vergleichbare Verpflichtungen in Bezug auf das Berufsgeheimnis und auf den Schutz personenbezogener Daten gelten. Nach Satz 1 Nummer 2 bis 5 weitergegebene Informationen dürfen ausschließlich zum Zweck der Verhinderung der Geldwäsche oder der Terrorismusfinanzierung verwendet werden.

(3) Soweit in diesem oder anderen Gesetzen nicht etwas anderes geregelt ist, dürfen andere staatliche Stellen als die Zentralstelle für Finanztransaktionsuntersuchungen, die Kenntnis von einer nach § 43 Absatz 1 abgegebenen Meldung erlangt haben, diese Informationen nicht weitergeben an
1. den Vertragspartner des Verpflichteten,
2. den Auftraggeber der Transaktion,
3. den wirtschaftlich Berechtigten,
4. eine Person, die von einer der in den Nummern 1 bis 3 genannten Personen als Vertreter oder Bote eingesetzt worden ist, und
5. den Rechtsbeistand, der von einer der in den Nummern 1 bis 4 genannten Personen mandatiert worden ist.

Eine Weitergabe dieser Informationen an diese Personen ist nur zulässig, wenn die Zentralstelle für Finanztransaktionsuntersuchungen vorher ihr Einverständnis erklärt hat und durch die Weitergabe dieser Informationen der ursprüngliche Zweck der Verdachtsmeldung nicht verändert wird.

(4) Nicht als Informationsweitergabe gilt, wenn sich Verpflichtete nach § 2 Absatz 1 Nummer 10 bis 12 bemühen, einen Mandanten davon abzuhalten, eine rechtswidrige Handlung zu begehen.

(5) Verpflichtete nach § 2 Absatz 1 Nummer 1 bis 9 dürfen einander andere als die in Absatz 1 Satz 1 genannten Informationen über konkrete Sachverhalte, die auf Geldwäsche, eine ihrer Vortaten oder Terrorismusfinanzierung hindeutende Auffälligkeiten oder Ungewöhnlichkeiten enthalten, zur Kenntnis geben, wenn sie davon ausgehen können, dass andere Verpflichtete diese Informationen benötigen für
1. die Risikobeurteilung einer entsprechenden oder ähnlichen Transaktion oder Geschäftsbeziehung oder
2. die Beurteilung, ob eine Meldung nach § 43 Absatz 1 oder eine Strafanzeige nach § 158 der Strafprozessordnung erstattet werden sollte.

Die Informationen dürfen auch unter Verwendung von Datenbanken zur Kenntnis gegeben werden, unabhängig davon, ob diese Datenbanken von den Verpflichteten nach § 2 Absatz 1 Nummer 1 bis 9 selbst oder von Dritten betrieben werden. Die weitergegebenen Informationen dürfen ausschließlich zum Zweck der Verhinderung der Geldwäsche, ihrer Vortaten oder der Terrorismusfinanzierung und nur unter den durch den übermittelnden Verpflichteten vorgegebenen Bedingungen verwendet werden.

(6) Das Bundesministerium der Finanzen kann im Einvernehmen mit dem Bundesministerium des Innern, dem Bundesministerium der Justiz und für Verbraucherschutz und dem Bundesministerium für Wirtschaft und Energie durch Rechtsverordnung ohne Zustimmung des Bundesrates weitere Regelungen treffen, nach denen in Bezug auf Verpflichtete aus Drittstaaten mit erhöhtem Risiko nach Artikel 9 der Richtlinie (EU) 2015/849 keine Informationen weitergegeben werden dürfen.

Literatur: *Achtelik,* Politisch exponierte Personen in der Geldwäschebekämpfung, 2009; *Egmont Group,* „Enterprise-wide STR Sharing: Issues and Approaches", 2011; *FATF,* Mutual Evaluation Report Germany, 2010; *FATF,* Recommendations, 2012 (Stand: Juni 2019); *Herzog* (Hrsg.), GwG, 2. Aufl. 2014, zit.: *Bearbeiter* in Herzog; *Höche/Rößler,* Das Gesetz zur Optimierung der Geldwäscheprävention und die Kreditwirtschaft, WM 2012, 1505 ff.; *Müller/Starre,* Verbot der Informationsweitergabe über Verdachtsanzeigen für Institute und Unternehmen aus EU-Mitgliedstaaten und Drittstaaten – Ein Hindernis für die effektive Geldwäschebekämpfung?, CCZ 2014, 23 ff.; *Ransiek,* Die Information der Kunden über strafprozessuale und strafrechtliche Ermittlungsmaßnahmen bei Kreditinstituten, wistra 1999, 401 ff.; *Schimansky/Bunte/Lwowski,* Bankrechts-Handbuch Bd. I, 5. Aufl. 2017, zit.: *Bearbeiter* in Schimansky/Bunte/Lwowski BankR-HdB

Übersicht

	Rn.
I. Allgemeines	1
II. Verbot der Informationsweitergabe (Abs. 1)	3
III. Ausnahmen vom Verbot der Informationsweitergabe (Abs. 2)	12
1. Übermittlung an staatliche Stellen (S. 1 Nr. 1)	14
2. Übermittlung zwischen Verpflichteten nach § 2 Abs. 1 Nr. 1–3 und 6–8, die derselben Gruppe angehören (S. 1 Nr. 2)	16
3. Übermittlung zwischen Verpflichteten nach § 2 Abs. 1 Nr. 1–3 und 6–8 und ihren nachgeordneten Gruppenunternehmen in Drittstaaten (S. 1 Nr. 3)	18
4. Übermittlung zwischen Verpflichteten nach § 2 Abs. 1 Nr. 10–12 (S. 1 Nr. 4)	20
5. Übermittlung zwischen Verpflichteten nach § 2 Abs. 1 Nr. 1–3, 6, 7, 9, 10 und 12 in Fällen, die sich auf denselben Vertragspartner und dieselbe Transaktion beziehen (S. 1 Nr. 5)	23
6. Verwendungsvorbehalt (S. 2)	25
IV. Verschwiegenheitsverpflichtung für andere staatliche Stellen (Abs. 3)	26
V. Sonderregelung für rechts- und wirtschaftsberatende Berufe (Abs. 4)	29
VI. Sonderregelung für Verpflichtete nach § 2 Abs. 1 Nr. 1–9 (Abs. 5)	32
VII. Rechtsverordnungsermächtigung (Abs. 6)	36

I. Allgemeines

Das in § 47 normierte (und bußgeldbewehrte) Verbot der Informationsweitergabe 1 (auch **Hinweis- oder Unterrichtungsverbot** oder englisch **„Tipping off"** genannt) ist in rudimentärer Form bereits seit Schaffung des GwG im Gesetz enthalten (vgl. §§ 18 Abs. 2 Nr. 3, 12 Abs. 3 GwG idF v. 29.11.1993, BGBl. 1993 I S. 1770), aber mehrfach neu verortet und insbesondere durch das Geldwäschebekämpfungsergänzungsgesetz (GwBekErgG) vom 13.8.2008 (BGBl. I S. 1690 ff.) mit Ausnahmen deutlich detaillierter gestaltet worden. Seit dem Gesetz zur Optimierung der

§ 47 Abschnitt 6. Pflichten im Zusammenhang m. Meldungen v. Sachverhalten

Geldwäscheprävention vom 22.12.2011 (BGBl. I S. 2959) greift das Verbot der Informationsweitergabe bereits in den Fällen, in denen der Verpflichtete beabsichtigt, eine Verdachtsmeldung abzugeben bzw. sich der Verpflichtete über das Vorliegen der Voraussetzungen einer Verdachtsmeldung im Klaren ist (Gesetzesbegr. BT-Drs. 17/6804), was auch die **FATF** in ihrem Deutschland-Prüfbericht vom Februar 2010 gefordert hatte (FATF, Mutual Evaluation Report Germany, Tz. 700, 723 und Bewertung zu Empfehlung 4). Die im Februar 2012 neugefassten Empfehlungen der FATF enthalten in Empfehlung 21 lit. b, die im Wortlaut nahezu unverändert der Empfehlung 14 der 40 Empfehlungen der FATF aus dem Jahr 2003 entspricht, zudem ebenfalls eine allgemeine Grundlage des „Tipping-off". Danach soll Verpflichteten per Gesetz die Offenlegung der Tatsache, dass ein Bericht über eine verdächtige Transaktion oder damit zusammenhängende Informationen an die FIU übermittelt wird, verboten sein *("Financial institutions, their directors, officers and employees should be ... (b) prohibited by law from disclosing ('tipping-off') the fact that a suspicious transaction report (STR) or related information is being filed with the FIU. These provisions are not intended to inhibit information sharing under Recommendation 18. ")*. Das Verbot des „Tipping off" wird zudem in der Interpretive Note (dort lit. A) zur Empfehlung 10 im Kontext des Customer Due Diligence-Prozesses thematisiert: Die Durchführung der kundenbezogenen Sorgfaltspflichten kann Kunden bereits „hellhörig" werden lassen und birgt die Gefahr, dass in der Folge Ermittlungen erschwert werden könnten. Sollte der begründete Verdacht bestehen, dass bereits die Durchführung dieser Sorgfaltspflichten zu einem Tipping-off führt, kann in Erwägung gezogen werden, die Sorgfaltspflichten nicht weiter zu erfüllen und sofort eine Verdachtsmeldung abzugeben.

2 § 47 setzt die Vorgaben von **Art. 39 der 4. EU-Geldwäscherichtlinie** um, der gegenüber der entsprechenden Norm der 3. EU-Geldwäscherichtlinie (dort Art. 28) nur geringfügigen Änderungen unterzogen worden war. Durch die Änderungsrichtlinie zur 4. Geldwäscherichtlinie wurde Abs. 3 in Art. 39 neu gefasst, was in der Folge über das **Gesetz zur Umsetzung der Änderungsrichtlinie zur 4. EU-Geldwäscherichtlinie** (BGBl. 2019 I S. 2602) zu den Änderungen in Abs. 2 S. 1 Nr. 2 und 3 führte. Zusätzlich wurde im Rahmen der Umsetzung eine Einfügung in Abs. 3 S. 2 *("und durch die Weitergabe dieser Informationen der ursprüngliche Zweck der Verdachtsmeldung nicht verändert wird")* vorgenommen.

II. Verbot der Informationsweitergabe (Abs. 1)

3 Abs. 1 entspricht dem vormaligen, bis zum 26.6.2017 gültigen, § 12 Abs. 1 GwG aF. Gegenüber der Vorgängernorm wurde die Vorschrift dahingehend ergänzt, dass ein Verpflichteter den Vertragspartner, den Auftraggeber der Transaktion und sonstige Dritte auch nicht über ein Auskunftsersuchen in Kenntnis setzen darf, das die Zentralstelle für Finanztransaktionsuntersuchungen an ihn nach § 30 Abs. 3 S. 1 gerichtet hat. Das Verbot der Informationsweitergabe soll im Ergebnis verhindern, dass Betroffene von Verdachtsmeldungen und laufenden Ermittlungsverfahren Kenntnis erlangen und in der Folge die Gelegenheit erhalten, Vermögen in Sicherheit zu bringen bzw. sollen diesbezügliche strafrechtliche Ermittlungen nicht durch vorzeitige Kenntnisnahme vom Betroffenen selbst oder Dritten gefährdet werden. **Ziel** ist die Sicherung von Ermittlungserfolgen, die nicht durch Vorveröffentlichung gefährdet werden sollen (BT-Drs. 16/9038, 45f.). Der Verstoß gegen dieses Verbot stellt (bereits bei einfach fahrlässiger oder vorsätzlicher Begehung) eine **Ordnungswidrigkeit** nach § 56 Abs. 2 S. 1 Nr. 7 dar und kann ggf. eine Straf-

barkeit wegen **Strafvereitelung** gemäß § 258 StGB (ausführlich hierzu *Walther* in Schimansky/Bunte/Lwowski BankR-HdB § 42 Rn. 552 ff.) oder **Begünstigung** gemäß § 257 StGB begründen (krit. zur Strafbarkeit nach §§ 257, 258 StGB *Ransiek* wistra 1999, 401 ff.).

Der Kreis der von dem Verbot der Informationsweitergabe Betroffenen *(„ein* 4 *Verpflichteter")* ist identisch mit dem in § 2 GwG genannten Personenkreis, wobei das Verbot der Informationsweitergabe **auch für leitendes Personal und Angestellte** gilt (vgl. BT-Drs. 16/9038, 46). Die Einbeziehung der rechts- und wirtschaftsberatenden Berufe (Verpflichtete nach § 2 Abs. 1 Nr. 10 und 12) in den vom Verbot der Informationsweitergabe betroffenen Personenkreis ist insofern unproblematisch, als dass eine Meldepflicht nach § 43 Abs. 1 für diese Verpflichteten ohnehin nur besteht, wenn diese Berufsträger im Rahmen der Rechtsberatung oder Prozessvertretung positive Kenntnis erlangen, dass der Mandant ihre Leistungen bewusst für den Zweck einer zukünftigen Geldwäschehandlung oder Terrorismusfinanzierung missbrauchen will (vgl. die Ausführungen unter → § 43 Rn. 73, sowie die Sonderregelungen zu den rechts- und wirtschaftsberatenden Berufen in Abs. 4).

Das Verbot der Informationsweitergabe beinhaltet **sowohl ausdrückliche als** 5 **auch indirekte Hinweise** nach Abgabe einer Meldung. Fragen an den Kunden, die in Erfüllung der Sorgfaltspflichten nach dem GwG getätigt werden und die den Kunden ggf. misstrauisch werden lassen, können zwar nicht grundsätzlich als Informationsweitergabe iSd Abs. 1 angesehen werden, allerdings ist hier im Einzelfall genau abzuwägen. Die Interpretive Note zu Empfehlung 10 der FATF-Empfehlungen vom Februar 2012 führt dazu (wie bereits die Interpretive Notes zu Empfehlung 5 der 40 Empfehlungen der FATF aus dem Jahr 2003) aus, dass das Risiko bestehen kann, dass Kunden unbeabsichtigt gewarnt werden, wenn ein Verpflichteter versucht, seinen kundenbezogenen Sorgfaltspflichten nachzukommen. Nach Ansicht der FATF sollten Verpflichtete daher bei der Prüfung der finanziellen und wirtschaftlichen Situation eines Kunden das Risiko in Betracht ziehen, den Kunden dadurch zu warnen. Sollte dann der begründete Verdacht aufkommen, dass die Durchführung der Sorgfaltspflichten den (potenziellen) Kunden warnt, kann sich der Verpflichtete dafür entscheiden, diese Sorgfaltspflichten nicht durchzuführen und eine Verdachtsmeldung abzugeben.

Keinen Verstoß gegen Abs. 1 begeht dagegen, wer einen Vertragspartner ledig- 6 lich über die geltende Rechtslage – also auch über bestehende Meldepflichten nach § 43 Abs. 1 – aufklärt (vgl. bereits *Herzog/Achtelik* → 2. Aufl. 2014, § 12 aF Rn. 3). Gleichfalls nicht als Informationsweitergabe gilt auch ein Bemühen von Angehörigen der **rechtsberatenden Berufe**, einen Mandanten davon abzuhalten, eine rechtswidrige Handlung zu begehen (vgl. explizit hierzu Abs. 4). Auch wenn gegenüber dem Vertragspartner aufgrund fehlender Mitwirkung eine **Kündigung** ausgesprochen wird, darf hierbei auf die gesetzliche Verpflichtung nach §§ 15 Abs. 9 iVm 10 Abs. 9 hingewiesen werden, was nicht als Verstoß gegen § 47 Abs. 1 gewertet werden kann, solange in der schriftlichen Kündigungserklärung ein möglicher Geldwäscheverdacht nicht erwähnt wird (*Diergarten* in Diergarten/Barreto da Rosa S. 145). Unberührt bleibt schließlich auch eine im Einzelfall bestehende **Warnpflicht** von Kreditinstituten gegenüber Kunden, die offenkundig durch Straftaten geschädigt werden sollen (vgl. hierzu BGH NJW 2008, 2245 ff. (mwN): Ein Kreditinstitut hat, wenn es aufgrund massiver Anhaltspunkte den Verdacht hegt, dass ein Kunde bei der Teilnahme am bargeldlosen Zahlungsverkehr durch eine Straftat einen anderen schädigen will, diesem gegenüber eine Warnpflicht. Im

§ 47 Abschnitt 6. Pflichten im Zusammenhang m. Meldungen v. Sachverhalten

vom BGH entschiedenen Fall wusste die Bank, dass ihr Kunde die auf dem Konto einer GmbH eingehenden Gelder für Kapitalanleger anzulegen hatte. Sie hatte aufgrund der Vielzahl der Barabhebungen den Verdacht geschöpft, ihr Kunde veruntreue die Gelder. Angesichts des massiven Verdachts von Straftaten zum Nachteil der Kapitalanleger überwog die Warnpflicht die Verschwiegenheitspflicht der Bank). Auch § 47 Abs. 1 GwG steht der Erfüllung dieser Warnpflicht nicht entgegen.

7   Das Verbot der Informationsweitergabe bezieht sich auf Informationen an den Auftraggeber einer Transaktion und an sonstige Dritte. Der Personenkreis der **sonstigen Dritten** ist hierbei nicht, wie etwa in § 123 Abs. 2 BGB auf einen bestimmten Personenkreis beschränkt, sondern umfasst jegliche Personen (vgl. bereits *Herzog/Achtelik* → 2. Aufl. 2014, § 12 aF Rn. 4).

8   Das Informationsweitergabeverbot des Verpflichteten gegenüber seinem Vertragspartner, dem Auftraggeber einer Transaktion oder sonstigen Dritten bezieht sich nach **Nr. 1** auf eine **beabsichtigte oder erstattete Meldung** nach § 43 Abs. 1. Das heißt, dass Verpflichtete sowie ihr leitendes Personal und ihre Angestellten weder den betroffenen Kunden noch Dritte davon in Kenntnis setzen dürfen, dass gemäß Art. 43 Abs. 1 eine Übermittlung von Informationen gerade erfolgt, erfolgen wird (das ist bereits der Fall, wenn sich der Verpflichtete über das Vorliegen der Voraussetzungen einer Verdachtsmeldung im Klaren ist, vgl. BR-Drs. 317/11, 51; BT-Drs. 17/6804, 36; *Höche/Rößler* WM 2012, 1505 (1510)) oder erfolgt ist oder dass eine Analyse wegen Geldwäsche oder Terrorismusfinanzierung gerade stattfindet oder stattfinden könnte (vgl. Art. 39 Abs. 1 der 4. EU-Geldwäscherichtlinie). Auch eine Prüfung etwaiger Vortaten der Geldwäsche werden nach der ratio legis vom Schutzweck des § 47 Abs. 1 erfasst sein, weshalb gleichfalls ein diesbezügliches Tipping-off erfasst sein muss.

9   **Nr. 2** erstreckt das Verbot der Informationsweitergabe ferner auf **Ermittlungsverfahren,** die aufgrund einer Meldung nach § 43 Abs. 1 eingeleitet worden sind. Der Gesetzeswortlaut verlangt einen kausalen Zusammenhang zwischen der Meldung und dem hieraus resultierenden Ermittlungsverfahren. Wurde die Meldung nach § 43 Abs. 1 aufgrund eines behördlichen Auskunftsersuchens einer Strafverfolgungsbehörde (oder Finanzbehörde) erstattet und in Folge des Bekanntwerdens eines laufenden Ermittlungsverfahrens, wäre die Preisgabe dieses Auskunftsersuchens oder Ermittlungsverfahrens insofern zunächst nicht von § 47 erfasst (und nicht über § 56 Abs. 2 S. 1 Nr. 7 ordnungswidrig). Eine diesbezügliche Informationsweitergabe kann jedoch zu strafrechtlichen Ermittlungen wegen Strafvereitelung (§ 258 StGB) führen.

10   Da auch die Weitergabe von Informationen zu einem **Auskunftsverlangen der Zentralstelle für Finanztransaktionsuntersuchungen** nach § 30 Abs. 3 S. 1 eine laufende Analyse oder sonstige laufende oder bevorstehende Ermittlungen offenbaren kann, erfasst **Nr. 3** ferner die Informationsweitergabe bezüglich eines solchen Auskunftsverlangens nach § 30 Abs. 3 S. 1.

11   Besondere Relevanz hat das Verbot der Informationsweitergabe im Zusammenhang mit von der Zentralstelle für Finanztransaktionsuntersuchungen nach § 40 getroffenen **Sofortmaßnahmen,** da die mögliche Dauer von Sofortmaßnahmen von bis zu einem Monat (§ 40 Abs. 4 Nr. 1) in der Praxis stets dazu führen wird, dass der Betroffene von der Meldung nach § 43 Abs. 1 bzw. gegen ihn laufenden Ermittlungen erfährt bzw. Verdacht schöpft (die Sofortmaßnahme kann auch auf Ersuchen einer ausländischen zentralen Meldestelle angeordnet werden, vgl. § 40 Abs. 2). Auch die bloße Mitteilung, dass die FIU (über § 40) eine Transaktion angehalten

hat, ist insofern verboten und bußgeldbewehrt (ebenso die Auslegungs- und Anwendungshinweise der BaFin zum GwG (Stand Mai 2020), S. 85, die zusätzlich auf die auf der Homepage der FIU eingestellten Hinweise verweist). Im Falle von Rückfragen des von der Sofortmaßnahme Betroffenen beim Verpflichteten empfiehlt sich die sofortige Kontaktaufnahme mit der Zentralstelle für Finanztransaktionsuntersuchungen, um das weitere Vorgehen abzustimmen.

III. Ausnahmen vom Verbot der Informationsweitergabe (Abs. 2)

Die in Abs. 2 aufgeführten Ausnahmen zum Verbot der Informationsweitergabe setzen die jeweiligen in **Art. 39 der 4. EU-Geldwäscherichtlinie** gemachten Vorgaben um. Der abschließend aufgeführte Kreis, an den eine Information zu einer beabsichtigten oder erstatteten Verdachtsmeldung, einem darauf eingeleiteten Ermittlungsverfahren oder einem Auskunftsersuchen nach § 30 Abs. 3 S. 1 erlaubt ist, beschränkt sich hierbei auf diejenigen, die ein legitimes Interesse an diesen Informationen haben. Dadurch, dass komplexe geldwäscherelevante Sachverhalte regelmäßig nicht nur einen einzelnen Verpflichteten betreffen, etwa weil sie über Konten mehrerer Kreditinstitute abgewickelt werden, ist es von großer praktischer Bedeutung, dass die Möglichkeit besteht, von Verdachtsmeldungen oder daraufhin eingeleiteten Ermittlungsverfahren, die bezüglich des gemeldeten Sachverhalts und insbesondere bezüglich der gemeldeten Person auch das eigene Unternehmen betreffen können, zu erfahren, um die notwendigen unternehmensinternen Abklärungen und Sicherungsmaßnahmen treffen zu können (BT-Drs. 16/9038, 46). 12

Die Egmont-Group hat bereits 2011 ein sog. **White Paper zur unternehmensweiten Weitergabe von Verdachtsmeldungen** über Länder- und damit Jurisdiktionsgrenzen, wo unterschiedliche rechtliche Regelungen gelten können, hinweg veröffentlicht, das im Umgang mit den hierdurch entstehenden Schwierigkeiten helfen soll (*Egmont Group* „Enterprise-wide STR Sharing: Issues and Approaches", 2011). 13

1. Übermittlung an staatliche Stellen (S. 1 Nr. 1)

Die in Nr. 1 genannte Ausnahmeregelung für die Übermittlung von Informationen an staatliche Stellen setzt Art. 39 Abs. 2 der 4. EU-Geldwäscherichtlinie (vormals Art. 28 Abs. 2 der 3. EU-Geldwäscherichtlinie) um. Sie entspricht dem vormaligen § 12 Abs. 1 S. 2 Nr. 1 GwG aF und wurde lediglich sprachlich vereinfacht. 14

Da staatliche Stellen die Gewähr für einen sorgsamen Umgang mit den übermittelten Informationen bieten, so dass die Wahrscheinlichkeit für eine Gefährdung von Ermittlungserfolgen, die § 47 Abs. 1 gerade verhindern soll, geringer ist (in BT-Drs. 16/9038, 46, heißt es gar „*nahezu ausgeschlossen erscheint*"), ist eine Weitergabe von Informationen an diese Stellen zugelassen. Die in- und ausländischen (vgl. Auslegungs- und Anwendungshinweise der BaFin zum GwG (Stand Mai 2020), S. 85) staatlichen Stellen iSv § 47 Abs. 2 S. 1 Nr. 1 zählen in erster Linie die Strafverfolgungsbehörden, aber auch Aufsichtsbehörden und die in § 32 Abs. 3 genannten öffentlichen Stellen sowie gemäß Art. 39 Abs. 2 der 4. EU-Geldwäscherichtlinie die jeweiligen Selbstverwaltungseinrichtungen. 15

2. Übermittlung zwischen Verpflichteten nach § 2 Abs. 1 Nr. 1–3 und 6–8, die derselben Gruppe angehören (S. 1 Nr. 2)

16 Die Ausnahmeregelung in Nummer 2 für die **Übermittlung von Informationen zwischen Verpflichteten nach § 2 Abs. 1 Nr. 1–3 und 6–8, die derselben Gruppe angehören,** setzt Art. 39 Abs. 3 Hs. 1 der 4. EU-Geldwäscherichtlinie um (vormals § 12 Abs. 1 S. 2 Nr. 2 GwG aF). Der Gesetzesbegründung zum Geldwäschebekämpfungsergänzungsgesetz zufolge, sollte durch die Ausnahmeregelung des § 12 Abs. 1 S. 2 Nr. 2 GwG aF die Möglichkeit geschaffen werden, dass Verpflichtete, die derselben Institutsgruppe iSd Art. 2 Nr. 12 der Richtlinie 2002/87/EG angehören, sich gegenseitig unterrichten dürfen, ohne hierdurch gegen das Verbot der Informationsweitergabe zu verstoßen (BT-Drs. 16/9038, 46). Diesen Zweck verfolgt § 47 Abs. 2 S. 1 Nr. 2 weiterhin.

Durch das **Gesetz zur Umsetzung der Änderungsrichtlinie zur 4. EU-Geldwäscherichtlinie** (BGBl. 2019 I S. 2602) wurde die vormalige Fassung von Nr. 2 („*zwischen Verpflichteten, die derselben Gruppe angehören*") durch die nunmehr geltende Formulierung ersetzt – in Anpassung an den neugefassten Wortlaut von Art. 39 Abs. 3 der 4. EU-Geldwäscherichtlinie durch Art. 1 Nr. 24 der Änderungsrichtlinie zur 4. EU-Geldwäscherichtlinie (die Auslegungs- und Anwendungshinweise der BaFin zum GwG (Stand Mai 2020) berücksichtigen diese Änderung auf S. 79 noch nicht). Durch die **Beschränkung der Zulässigkeit des gruppenweiten Austauschs auf Verpflichtete nach § 2 Abs. 1 Nr. 1–3 und 6–8** – statt zuvor im Geiste des Geldwäschebekämpfungsergänzungsgesetz allgemein zwischen Verpflichteten, die derselben Gruppe angehören – wurde eine nicht unerhebliche inhaltliche Änderung der Norm bewirkt, die zum einen nicht nachvollziehbar ist (s. auch die Kritik im Gesetzgebungsverfahren von BDI und DAI, ua Stellungnahme v. 31. 5. 2019 zum RefE eines Gesetzes zur Umsetzung der Änderungsrichtlinie zur 4. EU-Geldwäscherichtlinie, S. 16), sondern auch eine nähere Argumentation in der Gesetzesbegründung erwarten lassen würde. De lege ferenda sollte eine Rückbesinnung auf die vormalige Fassung erwogen werden.

17 Die Übermittlung von Informationen ist nach Nr. 2 vom Verbot des Abs. 1 ausgenommen, wenn sie **derselben Gruppe** angehören. Eine Gruppe ist gemäß § 1 Abs. 16 ein Zusammenschluss von Unternehmen, der besteht aus 1. einem Mutterunternehmen, 2. den Tochterunternehmen des Mutterunternehmens, 3. den Unternehmen, an denen das Mutterunternehmen oder seine Tochterunternehmen eine Beteiligung halten, und 4. Unternehmen, die untereinander verbunden sind durch eine Beziehung iSd Art. 22 Abs. 1 der Richtlinie 2013/34/EU des Europäischen Parlaments und des Rates vom 26. 6. 2013 (ABl. 2013 L 182, 19).

3. Übermittlung zwischen Verpflichteten nach § 2 Abs. 1 Nr. 1–3 und 6–8 und ihren nachgeordneten Gruppenunternehmen in Drittstaaten (S. 1 Nr. 3)

18 Das Verbot nach Abs. 1 steht nach **Nr. 3** (eine entsprechende Regelung war zuvor bereits in § 12 Abs. 1 Nr. 2 GwG aF enthalten) einer **Informationsweitergabe zwischen** den in § 2 Abs. 1 Nr. 1–3 und 6–8 genannten Verpflichteten (Kreditinstituten, Finanzdienstleistungsinstituten, Zahlungsinstituten und E-Geld-Instituten sowie Finanzunternehmen, Versicherungsunternehmen und Versicherungsvermittlern), die **Mutterunternehmen** nach § 9 Abs. 1 sind, **und ihren in Drittstaaten ansässigen** und dort geldwäscherechtlichen Pflichten unterliegenden **Zweigstel-**

len und gruppenangehörigen Unternehmen gemäß § 1 Abs. 16 Nr. 2 (den Tochterunternehmen des Mutterunternehmens) nicht entgegen, sofern diese die Maßnahmen nach § 9 S. 2 Nr. 1 (die Einrichtung von einheitlichen internen Sicherungsmaßnahmen gemäß § 6 Abs. 2), 3 (die Schaffung von Verfahren für den Informationsaustausch innerhalb der Gruppe zur Verhinderung von Geldwäsche und von Terrorismusfinanzierung) und 4 (die Schaffung von Vorkehrungen zum Schutz von personenbezogenen Daten) wirksam umgesetzt haben.

Abs. 2 S. 1 Nr. 3 setzt **Art. 39 Abs. 3 Hs. 2 der 4. EU-Geldwäscherichtlinie** um. Durch das Gesetz zur Umsetzung der Änderungsrichtlinie zur 4. EU-Geldwäscherichtlinie (BGBl. 2019 I S. 2602) wurde die vormalige Fassung von Nr. 3 (*„zwischen Verpflichteten nach § 2 Absatz 1 Nummer 1 bis 3 und 6 bis 8 und ihren nachgeordneten Gruppenunternehmen in Drittstaaten, sofern die Gruppe einem Gruppenprogramm nach § 9 unterliegt"*) als redaktionelle Folgeänderung zu den Änderungen in § 9 durch den nunmehr geltenden (konkretisierenden) Wortlaut ersetzt (BT-Drs. 19/13827, 99).

Durch das Gesetz zur Umsetzung der 4. EU-Geldwäscherichtlinie wurde die vormalige, durch das Gesetz zur Optimierung der Geldwäscheprävention vom 22.12.2011 eingeführte, Definition in § 1 Abs. 6a GwG aF eines *„gleichwertigen Drittstaats"* (*„Gleichwertiger Drittstaat im Sinne dieses Gesetzes ist jeder Staat, in dem mit den Anforderungen dieses Gesetzes gleichwertige Anforderungen gelten und in dem die Verpflichteten einer gleichwertigen Aufsicht in Bezug auf deren Einhaltung unterliegen und in dem für diese gleichwertige Marktzulassungsvoraussetzungen bestehen."*) ersetzt durch die (umgekehrte) Definition des **Drittstaats** in § 1 Abs. 17 GwG. Demzufolge ist Drittstaat ein Staat, der nicht Mitgliedstaat der Europäischen Union ist und der nicht Vertragsstaat des Abkommens über den Europäischen Wirtschaftsraum ist. 19

4. Übermittlung zwischen Verpflichteten nach § 2 Abs. 1 Nr. 10–12 (S. 1 Nr. 4)

Die in Nr. 4 enthaltene Ausnahmeregelung für die Übermittlung von Informationen zwischen den in § 2 Abs. 1 Nr. 10–12 genannten rechts- und wirtschaftsberatenden Berufen setzt **Art. 39 Abs. 4 der 4. EU-Geldwäscherichtlinie** (vormals in Art. 28 Abs. 2 der 3. EU-Geldwäscherichtlinie enthalten) um (eine entsprechende Vorschrift fand sich zuvor bereits in § 12 Abs. 1 S. 2 Nr. 3 GwG aF; inhaltliche Änderungen waren damit nicht verbunden). 20

Das Verbot nach Abs. 1 steht einer Informationsweitergabe zwischen den in § 2 Abs. 1 Nr. 10–12 genannten Verpflichteten aus EU-Mitgliedstaaten oder aus Drittstaaten, in denen die Anforderungen an ein System zur Verhinderung von Geldwäsche und von Terrorismusfinanzierung denen der 4. EU-Geldwäscherichtlinie entsprechen, nicht entgegen, sofern sie ihre berufliche Tätigkeit, ob als Angestellte oder nicht, in derselben juristischen Person oder in einer umfassenderen Struktur, der die Person angehört und gemeinsame Eigentümer oder eine gemeinsame Leitung hat oder über eine gemeinsame Kontrolle in Bezug auf die Einhaltung der Vorschriften zur Verhinderung der Geldwäsche oder der Terrorismusfinanzierung verfügt. 21

Auch rechts- und wirtschaftsberatende Berufe haben das Bedürfnis, bei geldwäscherelevanten Sachverhalten Informationen untereinander austauschen zu dürfen, da sowohl der gemeldete Sachverhalt als auch die gemeldeten Personen mehrere Zweige des Unternehmens, innerhalb dessen die Rechts- bzw. Wirtschaftsberatung erfolgt, betreffen können. Erforderlich ist dabei jedoch eine **Verbundenheit der** 22

Personen dergestalt, dass die Personen, zwischen denen der Informationsaustausch erfolgt, ihre berufliche Tätigkeit selbständig oder angestellt in derselben juristischen Person oder in einer Struktur ausüben, die einen gemeinsamen Eigentümer oder eine gemeinsame Leitung hat oder die über eine gemeinsame Kontrolle in Bezug auf die Einhaltung der Vorschriften zur Verhinderung der Geldwäsche oder der Terrorismusfinanzierung verfügt. Erfasst ist hierdurch auch eine **gemeinschaftliche Berufsausübung nach § 59a BRAO** (BT-Drs. 16/9038, 46).

5. Übermittlung zwischen Verpflichteten nach § 2 Abs. 1 Nr. 1–3, 6, 7, 9, 10 und 12 in Fällen, die sich auf denselben Vertragspartner und dieselbe Transaktion beziehen (S. 1 Nr. 5)

23 Nr. 5 übernimmt die bis zum 26.6.2017 in § 12 Abs. 1 S. 2 Nr. 4 GwG aF enthaltene Regelung und setzt **Art. 39 Abs. 5 der 4. EU-Geldwäscherichtlinie** um. Die Vorschrift gilt für die Verpflichteten nach § 2 Abs. 1 Nr. 1–3, 6, 7, 9, 10 und 12, dh die dort genannten Kreditinstitute, Finanzdienstleistungsinstitute, Zahlungsinstitute und E-Geld-Institute, Finanzunternehmen, Versicherungsunternehmen, Kapitalverwaltungsgesellschaften, Rechtsanwälte, Kammerrechtsbeistände, Patentanwälte und Notare sowie Wirtschaftsprüfer, vereidigte Buchprüfer, Steuerberater und Steuerbevollmächtigten. Durch das Gesetz zur Optimierung der Geldwäscheprävention war diese Ausnahme für die rechtsberatenden Berufe weggefallen, ohne dass in den Gesetzesmaterialien hierzu Ausführungen enthalten waren, was zu Recht auf Kritik gestoßen war (vgl. *Burmeister/Uwer* AnwBl 2012, 400). Seit Inkrafttreten des Gesetzes zur Umsetzung der 4. EU-Geldwäscherichtlinie zum 26.6.2017 sind die rechtsberatenden Berufe wieder von der Norm erfasst.

24 Das Verbot der Informationsweitergabe nach Abs. 1 gilt für diese Verpflichteten gemäß Nr. 5 nicht in Fällen, die sich auf denselben Kunden und dieselbe Transaktion beziehen und an denen zwei oder mehr Verpflichtete beteiligt sind, sofern es sich bei diesen um Verpflichtete aus einem EU-Mitgliedstaat oder aus einem Drittland handelt, in dem die Anforderungen an ein System zur Verhinderung von Geldwäsche und Terrorismusfinanzierung den Anforderungen der 4. EU-Geldwäscherichtlinie entsprechen, die derselben Berufskategorie angehören und vergleichbaren Verpflichtungen in Bezug auf das Berufsgeheimnis und den Schutz personenbezogener Daten unterliegen. Da der Austausch nur innerhalb derselben Berufskategorie erfolgen darf, sind unterschiedliche Anforderungen in Bezug auf das Berufsgeheimnis und den Schutz personenbezogener Daten in der Regel nicht gegeben. Ausnahmen können allerdings bestehen, sofern in einem Drittstaat kein gleichwertiges Datenschutzrecht besteht (vgl. zu dieser Problematik bspw. *Arzt* in Schenke/Graulich/Ruthig BPolG § 33 Rn. 12).

6. Verwendungsvorbehalt (S. 2)

25 Nach S. 1 Nr. 2–5 weitergegebene Informationen dürfen ausschließlich zum **Zweck der Verhinderung der Geldwäsche oder der Terrorismusfinanzierung** verwendet werden. Vortaten der Geldwäsche oder sonstige Straftaten sind hiervon nicht erfasst. Ein Informationsaustausch zu anderen Zwecken, beispielsweise zu kommerziellen Zwecken, ist verboten (vgl. auch Art. 41 Abs. 2 S. 2 der 4. EU-Geldwäscherichtlinie) und sanktionsbehaftet (§ 56 Abs. 1 Nr. 60).

IV. Verschwiegenheitsverpflichtung für andere staatliche Stellen (Abs. 3)

Abs. 3 normiert eine **Verschwiegenheitsverpflichtung für alle anderen Behörden,** die Kenntnis von einer Meldung nach § 43 Abs. 1 erlangt haben, was in der Regel – da die Zentralstelle für Finanztransaktionsuntersuchungen alleinige Adressatin der Meldungen nach § 43 Abs. 1 ist und somit zunächst alleiniges Wissen hierüber hat – im Rahmen des behördlichen Informationsaustauschs während der operativen Analyse der Zentralstelle für Finanztransaktionsuntersuchungen der Fall werden dürfte. Für **Finanzbehörden** gilt diese Verschwiegenheitsverpflichtung durch den Verweis in § 31b Abs. 4 AO auf § 47 Abs. 3 GwG entsprechend (vgl. auch den AEAO zu § 31b AO, Ziff. 4).

Die **Beschränkung auf Meldungen nach § 43 Abs. 1** ausweislich des Gesetzeswortlauts irritiert zunächst. Die Gesetzesbegründung stellt indessen – richtigerweise – ergänzend fest, dass das Verbot der Informationsweitergabe auch Informationen aus **Meldungen nach § 44** sowie für **Mitteilungen nach § 31b AO** (ebenso der AEAO zu § 31b AO, Ziff. 4.2) gelten muss, und gleichermaßen gilt, wenn die Meldung oder Mitteilung von der Behörde selbst abgegeben wurde (BT-Drs. 18/11555, 158). Darüber hinaus muss es auch für Informationen aus **sonstigen Meldungen nach § 30 Abs. 1 Nr. (3 und) 4** gelten, die anderen Behörden bekannt werden. Eine Klarstellung im Gesetzestext wäre de lege ferenda zu wünschen.

Das Verbot der Informationsweitergabe – der Begriff ist umfangreich im Sinne jeglicher Offenbarung wie gemäß Abs. 1 zu verstehen – für die anderen staatlichen Stellen als die Zentralstelle für Finanztransaktionsuntersuchungen, die Kenntnis von einer nach § 43 Abs. 1 abgegebenen Meldung erlangt haben, gilt nach Abs. 3 S. 1 gegenüber
1. dem Vertragspartner des Verpflichteten,
2. dem Auftraggeber der Transaktion,
3. dem wirtschaftlich Berechtigten,
4. einer Person, die von einer der in den Nummern 1–3 genannten Personen als Vertreter oder Bote eingesetzt worden ist, und
5. dem Rechtsbeistand, der von einer der in den Nummern 1–4 genannten Personen mandatiert worden ist.

Der ratio legis der Norm entsprechend (vgl. → Rn. 3), müssen auch der Empfänger der Transaktion sowie Begleitpersonen, die zB zur Übersetzung bei einem Geschäft mit anwesend sind – kurz **jegliche am Geschäft oder der Transaktion Beteiligte** – von dem Personenkreis erfasst sein, an den keine Informationen weitergegeben werden dürfen (Steuerberater sind als Rechtsbeistand gemäß Nr. 5 anzusehen, vgl. → § 43 Rn. 69).

Eine Weitergabe dieser Informationen an die in S. 1 Nr. 1–5 genannten Personen ist nach **S. 2** nur zulässig, wenn die Zentralstelle für Finanztransaktionsuntersuchungen vorher ihr **Einverständnis** erklärt hat. Das Einverständnis kann sich insofern auch auf Teile der Informationen, die der Zentralstelle für Finanztransaktionsuntersuchungen vorliegen und die sie der Behörde übermittelt hat, erstrecken. Die durch das **Gesetz zur Umsetzung der Änderungsrichtlinie zur 4. EU-Geldwäscherichtlinie** (BGBl. 2019 I S. 2602) in Abs. 3 S. 2 vorgenommene Einfügung *„und durch die Weitergabe dieser Informationen der ursprüngliche Zweck der Ver-*

§ 47 Abschnitt 6. Pflichten im Zusammenhang m. Meldungen v. Sachverhalten

dachtsmeldung nicht verändert wird" dient ausweislich der Gesetzesbegründung der Aufrechterhaltung und Sicherung der Datenzweckbindung (BT-Drs. 19/13827, 99) – wobei unklar bleibt, wie der ursprüngliche Zweck der Verdachtsmeldung durch eine Offenbarung gegenüber dem in S. 1 genannten Personenkreis verändert werden könnte.

28a Nach **Weiterleitung der Meldung/Informationen** durch die Zentralstelle für Finanztransaktionsuntersuchungen gemäß § 32 Abs. 1, Abs. 2 oder Abs. 3 S. 2 an andere Behörden – im Sinne einer weiteren Veranlassung in eigener Zuständigkeit – obliegt der jeweils empfangenden Behörde (ggf. in Abstimmung mit der sachleitenden Staatsanwaltschaft) die Prüfung einer Offenbarung gegenüber dem in S. 1 genannten Personenkreis, was sich aus der Ratio der Norm ergibt (vgl. → Rn. 3). Ein Einverständnis ist von der Zentralstelle für Finanztransaktionsuntersuchungen dann nicht mehr einzuholen. Dem Rechtsgedanken aus § 32 Abs. 5 (um negative Auswirkungen auf den Erfolg der laufenden Ermittlungen der zuständigen inländischen öffentlichen Stellen zu vermeiden) und § 47 folgend, hat die Zentralstelle für Finanztransaktionsuntersuchungen nach einer Weiterleitung nach § 32 Abs. 1, Abs. 2 oder Abs. 3 S. 2 ihrerseits vor jeglicher weiterer Offenbarung von Informationen zur betreffenden Meldung die vorherige Zustimmung der jeweiligen Behörde, an die sie die Informationen weitergeleitet hat, einzuholen.

V. Sonderregelung für rechts- und wirtschaftsberatende Berufe (Abs. 4)

29 Abs. 4 setzt nahezu wörtlich **Art. 39 Abs. 6 der 4. EU-Geldwäscherichtlinie** (zuvor Art. 28 Abs. 6 der 3. EU-Geldwäscherichtlinie) um und entspricht der Interpretive Note 4 zu Empfehlung 23 der FATF-Empfehlungen aus 2012 (Stand: Juni 2019). Demgemäß gilt nicht als Informationsweitergabe, wenn sich Verpflichtete nach § 2 Abs. 1 Nr. 10–12 bemühen, einen **Mandanten davon abzuhalten, eine rechtswidrige Handlung zu begehen**. Abs. 4 dient dazu, den Konflikt zwischen Aufklärung und Abhalten über bzw. von der rechtswidrigen Handlung einerseits und dem Verbot der Informationsweitergabe nach § 47 Abs. 1 GwG andererseits zu entschärfen. Die Bemühung, einen Mandanten von einer rechtswidrigen Handlung abzuhalten, kann mangels gesicherter kausaler Verhinderungserfolge zwar die Strafverfolgung durch die mitgeteilten Informationen gefährden, doch scheint sich der europäische Richtliniengeber von dieser Vorschrift einen hohen Präventionseffekt zu versprechen, so dass er diese potentielle Gefahr als notwendiges Risiko in Kauf nimmt (*Herzog/Achtelik* → 2. Aufl. 2014, § 12 aF Rn. 18).

30 Von einem **Bemühen** der rechts- und wirtschaftsberatenden Verpflichteten nach § 2 Abs. 1 Nr. 10–12 kann gesprochen werden, wenn der Verpflichtete aktiv eine Handlung vornimmt, die aus seiner Sicht geeignet ist, die Vollendung mit hinreichender Sicherheit zu verhindern. Das Bemühen muss ernsthaft sein, dh es ist ein aufrichtiger Entschluss zur Verhinderung der Begehung der rechtswidrigen Handlung zu verlangen; vordergründige Bemühungen nur zum Schein oder halbherzige Bemühungen, um Informationen „unter dem Schutz" von Abs. 4 weitergeben zu können, sind nicht von Abs. 4 gedeckt.

31 Eine **Handlung** ist dann **rechtswidrig,** wenn sie im Widerspruch zur Rechtsordnung steht, ohne dass Rechtfertigungsgründe vorliegen. Der Begriff der rechtswidrigen Handlung umfasst damit nicht nur Straftaten, sondern auch Ordnungs-

widrigkeiten und ist insofern nicht etwa auf Geldwäsche (§ 261 StGB) und Terrorismusfinanzierung iSd § 1 Abs. 2 beschränkt.

VI. Sonderregelung für Verpflichtete nach § 2 Abs. 1 Nr. 1–9 (Abs. 5)

Abs. 5 übernimmt die bis zum 26.6.2017 geltende Regelung des § 12 Abs. 3 GwG aF und ergänzt diese um die Vortaten der Geldwäsche, die Möglichkeit der potenziellen Verwendung der Informationen für die Risikobeurteilung einer entsprechenden oder ähnlichen Transaktion oder Geschäftsbeziehung in S. 1 Nr. 1 und die Regelung in S. 2 zur Verwendung von Datenbanken. Ferner wird die vorhergehende Formulierung „*tatsächliche Anhaltspunkte dafür vorliegen*", dass der Empfänger die Informationen benötigt abgesenkt auf „*davon ausgehen können*", dass andere Verpflichtete die Informationen für die genannten Zwecke benötigen. 32

Nach Abs. 5 S. 1 dürfen im Finanzdienstleistungssektor nicht nur über beabsichtigte oder bereits erstattete Verdachtsmeldungen Informationen ausgetauscht werden, sondern bereits einen Schritt vorher weitergehende Informationen ausgetauscht und zusammengeführt werden, um durch das Zusammentragen von Informationen mehrerer Verpflichteter einen Verdachtsmoment rechtzeitig erkennen zu können (BT-Drs. 16/9038, 47). Die Vorschrift hat insofern auch eine präventive Zielrichtung und fördert die Qualität von Verdachtsmeldungen, dadurch dass ungewöhnliche Sachverhalte zunächst verifiziert werden können, wodurch sich ein Verdacht auch entkräften kann. Voraussetzung ist allerdings, dass es sich um einen in Bezug auf Geldwäsche, die dort genannten Vortaten oder Terrorismusfinanzierung auffälligen oder ungewöhnlichen Sachverhalt handelt und der Verpflichtete davon ausgehen kann, dass der Empfänger der übermittelten Information diese für die Risikobeurteilung einer entsprechenden oder ähnlichen Transaktion oder Geschäftsbeziehung oder die Beurteilung der Frage benötigt, ob der Sachverhalt gemäß § 43 Abs. 1 zu melden oder eine Strafanzeige gemäß § 158 StPO zu erstatten ist. Hinsichtlich der genannten Vortaten der Geldwäsche wird man angesichts des geringen Erfordernisses der „Ungewöhnlichkeit" des Sachverhalts gleichwohl – insbesondere auf die erforderliche gewerbs- oder bandenmäßige Begehung der in § 261 Abs. 1 S. 2 Nr. 4 StGB genannten Vergehen – keine überzogenen Anforderungen stellen dürfen. Ob einem ungewöhnlichen Sachverhalt bspw. ein gewerbs- oder bandenmäßiger Betrug zugrunde liegt oder ob es sich um eine Einzeltat handelt, wird sich oft erst im Rahmen dieser Vorfeldabklärungen feststellen lassen. 33

S. 2 lässt den vorgenannten Informationsaustausch auch über Datenbanken zu, unabhängig davon, ob diese Datenbanken von den genannten Verpflichteten selbst oder von Dritten betrieben werden. 34

S. 3 übernimmt den vormaligen § 12 Abs. 3 S. 2 GwG aF und ergänzt diesen sinnvollerweise um die Vortaten der Geldwäsche, womit er über den Verwendungsvorbehalt von Abs. 2 S. 2 hinausgeht. Zudem kann der übermittelnde Verpflichtete Bedingungen angeben, unter denen die Informationen nur verwendet werden dürfen. Solche Bedingungen können sich beispielsweise auf eine bestimmte zeitlich begrenzte Nutzung der Informationen, bestimmte Personen, denen die Informationen zur Kenntnis gelangen dürfen, sowie besondere Verschwiegenheitspflichten etc beziehen (vgl. bereits *Herzog/Achtelik* → 2. Aufl. 2014, § 12 aF Rn. 20). 35

VII. Rechtsverordnungsermächtigung (Abs. 6)

36 Wie bereits in § 12 Abs. 4 GwG idF bis zum 26.6.2017 geregelt, kann das Bundesministerium der Finanzen im Einvernehmen mit dem Bundesministerium des Innern, dem Bundesministerium der Justiz und für Verbraucherschutz und dem Bundesministerium für Wirtschaft und Energie durch Rechtsverordnung ohne Zustimmung des Bundesrates weitere Regelungen treffen, nach denen in Bezug auf Verpflichtete aus Drittstaaten mit erhöhtem Risiko nach Art. 9 der 4. EU-Geldwäscherichtlinie keine Informationen weitergegeben werden dürfen.

37 Zum Schutz des reibungslosen Funktionierens des Binnenmarkts wird gemäß Art. 9 der 4. EU-Geldwäscherichtlinie durch die **Kommission ermittelt,** welche Drittländer in ihren nationalen Systemen zur Bekämpfung von Geldwäsche und Terrorismusfinanzierung strategische Mängel aufweisen, die wesentliche Risiken für das Finanzsystem der Union darstellen – sogenannte *„Drittländer mit hohem Risiko".* Die Risiken in Hochrisiko-Drittländern werden im Rahmen eines eigenen Prozesses untersucht (s. Delegierte VO (EU) 2016/1675 der Kommission v. 14.7.2016 zur Ergänzung der RL (EU) 2015/849 des Europäischen Parlaments und des Rates durch Ermittlung von Drittländern mit hohem Risiko, die strategische Mängel aufweisen, die jeweils fortgeschrieben wird; außerdem werden auf EU-Ebene Listen erstellt, um die Drittländer zu ermitteln und an diese Länder heranzutreten, die die Grundsätze eines verantwortungsvollen Handelns im Steuerbereich nicht erfüllen (COM(2016) 24 final)). Falls die Kommission eine diesbezügliche Entscheidung trifft, müssen die EU-Mitgliedstaaten dieses Verbot der Informationsweitergabe an bestimmte Drittstaaten gegenüber den Verpflichteten aussprechen können (vgl. BT-Drs. 16/9038, 47). **Strategische Mängel** können insbesondere den rechtlichen und institutionellen Rahmen für die Bekämpfung der Geldwäsche und der Terrorismusfinanzierung in dem Drittland betreffen (wie die Einstufung der Geldwäsche und der Terrorismusfinanzierung als Straftatbestand, Maßnahmen in Bezug auf Sorgfaltspflichten gegenüber Kunden oder Meldepflichten bezüglich verdächtiger Transaktionen), die Befugnisse und Verfahren der zuständigen Behörden des Drittlands für die Zwecke der Bekämpfung der Geldwäsche und der Terrorismusfinanzierung oder die Effektivität des Systems zur Bekämpfung der Geldwäsche und der Terrorismusfinanzierung des Drittlands beim Vorgehen gegen die entsprechenden Risiken.

§ 48 Freistellung von der Verantwortlichkeit

(1) **Wer Sachverhalte nach § 43 Absatz 1 meldet oder eine Strafanzeige nach § 158 der Strafprozessordnung erstattet, darf wegen dieser Meldung oder Strafanzeige nicht verantwortlich gemacht werden, es sei denn, die Meldung oder Strafanzeige ist vorsätzlich oder grob fahrlässig unwahr erstattet worden.**

(2) **Absatz 1 gilt auch, wenn**
1. **ein Beschäftigter einen Sachverhalt nach § 43 Absatz 1 seinem Vorgesetzten meldet oder einer Stelle meldet, die unternehmensintern für die Entgegennahme einer solchen Meldung zuständig ist, und**
2. **ein Verpflichteter oder einer seiner Beschäftigten einem Auskunftsverlangen der Zentralstelle für Finanztransaktionsuntersuchungen nach § 30 Absatz 3 Satz 1 nachkommt.**

Freistellung von der Verantwortlichkeit **§ 48**

Literatur: *Basel Committee on Banking Supervision (BCBS),* Grundsätze für eine wirksame Bankenaufsicht, September 2012; *FATF,* 40 Recommendations, Juni 2003; *FATF,* Recommendations, 2012 (Stand: Juni 2019); *Fülbier/Aepfelbach/Langweg,* GwG, 5. Aufl. 2006, zit.: *Bearbeiter* in Fülbier/Aepfelbach/Langweg; *Herzog* (Hrsg.), GwG, 2. Aufl. 2014, zit.: *Bearbeiter* in Herzog; *Höche/Rößler,* Gesetz zur Optimierung der Geldwäscheprävention, WM 2012, 1505 ff.; *Schimansky/Bunte/Lwowski,* Bankrechts-Handbuch Bd. I, 5. Aufl. 2017, zit.: *Bearbeiter* in Schimansky/Bunte/Lwowski BankR-HdB

Übersicht

	Rn.
I. Allgemeines	1
II. Freistellung von der Verantwortlichkeit für den Meldenden bzw. Anzeigenden (Abs. 1)	5
III. Geltung für unternehmensinterne Meldungen und Auskunftsverlangen der Zentralstelle für Finanztransaktionsuntersuchungen (Abs. 2)	11

I. Allgemeines

Bereits in den **FATF-Empfehlungen** von 1990 (damals in Empfehlung 16) war **1** die Schaffung einer Regelung zum Schutz gutgläubig meldender Verpflichteter vor strafrechtlicher oder zivilrechtlicher Verantwortlichkeit empfohlen worden. Mittlerweile in Empfehlung 21 lit. a der FATF-Empfehlungen von 2012 verortet heißt es wörtlich: *„Financial institutions, their directors, officers and employees should be … (a) protected by law from criminal and civil liability for breach of any restriction on disclosure of information imposed by contract or by any legislative, regulatory or administrative provision, if they report their suspicions in good faith to the FIU, even if they did not know precisely what the underlying criminal activity was, and regardless of whether illegal activity actually occurred".* **Art. 37 der 4. EU-Geldwäscherichtlinie** setzt diese Empfehlung nahezu wörtlich um, indem er klarstellt, dass es nicht als Verletzung einer vertraglich oder durch Rechts- oder Verwaltungsvorschriften geregelten Beschränkung der Informationsweitergabe gilt und für den Verpflichteten oder sein leitendes Personal oder seine Angestellten keinerlei Haftung nach sich zieht (und zwar auch nicht in Fällen, in denen ihnen die zugrunde liegende kriminelle Tätigkeit nicht genau bekannt war, und unabhängig davon, ob tatsächlich eine rechtswidrige Handlung begangen wurde), wenn Verpflichtete bzw. Angestellte oder leitendes Personal dieser Verpflichteten im guten Glauben ihrer Verdachtsmeldepflicht an die FIU (nach § 43 Abs. 1) oder einem Auskunftsverlangen der FIU (nach § 30 Abs. 3) nachkommen. Mit § 48 wird Art. 37 der 4. EU-Geldwäscherichtlinie umgesetzt (ergänzt auch um Erstattung von Strafanzeigen nach § 158 StPO). Die Auslegungs- und Anwendungshinweise der BaFin zum GwG (Stand Mai 2020), S. 78, übernehmen die Formulierung der FATF-Empfehlung bzw. 4. EU-Geldwäscherichtlinie gleichfalls wörtlich.

Die Regelungen zur Freistellung von der Verantwortlichkeit wurden durch das **2** Geldwäschebekämpfungsergänzungsgesetz (GwBekErgG) vom 13.8.2008 (BGBl. I S. 1690 ff.) von zuvor § 12 GwG (vgl. BGBl. 1993 I S. 1770) in § 13 GwG aF neu verortet. Mit dem Gesetz zur Optimierung der Geldwäscheprävention vom 22.12.2011 (BGBl. I S. 2959) erfolgte die Klarstellung/Ergänzung, dass der Umfang der Freistellung von der Verantwortlichkeit nunmehr auch Sachverhalte umfasst, bei denen der Meldepflichtige entsprechend der Verpflichtung nach § 11 Abs. 1 S. 1 GwG aF seine Meldung neben der Financial Intelligence Unit an die Er-

§ 48   Abschnitt 6. Pflichten im Zusammenhang m. Meldungen v. Sachverhalten

mittlungsbehörden gerichtet bzw. die Meldung in Gestalt einer Strafanzeige gemäß § 158 StPO erstattet hat (BT-Drs. 17/6804, 37; vgl. hierzu ferner die Ausführungen unter → Rn. 6). Durch das Gesetz zur Umsetzung der 4. EU-Geldwäscherichtlinie wurden die Regelungen des vormaligen § 13 GwG nunmehr in § 48 übernommen und um Nr. 2 in Abs. 2 ergänzt, der die Haftungsfreistellung auch auf Informationsübermittlungen im Rahmen der gleichsam neu geschaffenen Möglichkeit von Auskunftsverlangen der Zentralstelle für Finanztransaktionsuntersuchungen nach § 30 Abs. 3 S. 1 erstreckt.

3   Bedauerlicherweise wurden Meldungen nach § 43 Abs. 1 nach wie vor nicht in **§ 261 Abs. 9 StGB** aufgenommen, obgleich – da diese eben keine *„Anzeige"* im Sinne des Strafrechts darstellen – eine diesbezügliche Klarstellung angezeigt erscheint (vgl. bereits *Herzog/Achtelik* → 2. Aufl. 2014, § 13 aF Rn. 1; *Höche/Rößler* WM 2012, 1505 (1510)).

4   **§ 48 bezweckt eine Erhöhung der Bereitschaft zur Erstellung von Verdachtsmeldungen,** in dem derjenige, der eine solche Meldung erstattet, sicher sein kann, dass er nur bei vorsätzlicher oder grob fahrlässiger Unwahrheit zur Rechenschaft gezogen werden kann (Gesetzesbegr. zum Entwurf eines Gesetzes über das Aufspüren von Gewinnen aus schweren Straftaten (Gewinnaufspürungsgesetz – GewAufspG), BT-Drs. 12/2704, 18 f.).

II. Freistellung von der Verantwortlichkeit für den Meldenden bzw. Anzeigenden (Abs. 1)

5   Abs. 1 übernimmt mit identischem Wortlaut den vormaligen **§ 13 Abs. 1 GwG** idF bis zum 26.6.2017. Es liegt in der Natur der Sache, dass Verpflichtete, die bei bereits sehr vagen Verdachtsmomenten zu einer Meldung nach § 43 verpflichtet sind, auch Transaktionen und Personen/Unternehmen einem kriminellen Verdacht aussetzen, der sich letztlich als ungerechtfertigt oder schlicht falsch erweist. Hieraus könnten sich Schadensersatzansprüche der Betroffenen gegen den Meldenden ergeben. Auch um die Inanspruchnahme des Verpflichteten als „verlängerten Arm der Strafverfolgung" zu kompensieren und quasi als Gegengewicht zur damit verbundenen Last, schützt der Gesetzgeber die gutgläubig im Sinne des Gesetzes handelnden GwG-Verpflichteten (und anderen Erstatter einer Strafanzeige nach § 261 StGB), soweit sie die Meldung oder Strafanzeige nicht vorsätzlich oder grob fahrlässig unwahr erstattet haben.

6   Ausweislich des Gesetzeswortlauts *("wer")* wird **jeder** – dh nicht nur Verpflichtete nach dem GwG –, der eine Meldung nach § 43 Abs. 1 oder eine Strafanzeige nach § 158 StPO wegen Geldwäsche oder Terrorismusfinanzierung erstattet, nach § 48 von jeglicher Haftung freigestellt. Es soll jeder die gesetzlich begründete Gewissheit, dass er nur bei vorsätzlicher oder grob fahrlässiger Unwahrheit zur Rechenschaft gezogen werden kann (BT-Drs. 12/2704, 18 f.; *Fülbier* in Fülbier/Aepfelbach/Langweg GwG § 13 Rn. 2 ff.).

7   Nach Abs. 1 gilt die gesetzlich angeordnete Haftungsfreistellung für denjenigen, der *„Sachverhalte nach § 43 Absatz 1"* meldet oder eine **Strafanzeige nach § 158 StPO** erstattet. Diese *„Sachverhalte"* meinen letztlich Tatsachen, die darauf hindeuten, dass ein Vermögensgegenstand aus einer strafbaren Handlung stammt, die eine Vortat der Geldwäsche darstellen könnte, oder mit Terrorismusfinanzierung im Zusammenhang steht sowie ein Verstoß des Vertragspartners gegen die Offenlegungs-

Freistellung von der Verantwortlichkeit **§ 48**

pflicht nach § 11 Abs. 6 S. 3 (letztgenannter Fall dürfte in der Praxis hingegen kaum als Strafanzeige zur Kenntnis genommen werden).

Derartige Tatsachen, die darauf hindeuten, dass ein Vermögensgegenstand mit Geldwäsche oder mit Terrorismusfinanzierung im Zusammenhang steht, werden gleichsam von den **Aufsichtsbehörden nach § 44** gemeldet (zur unterschiedlichen Formulierung in § 43 und § 44 vgl. → § 44 Rn. 1). Die Haftungsfreistellung betrifft damit gleichsam die Beschäftigten der Aufsichtsbehörden, die eine Meldung nach § 44 erstatten (insbes. da hier die gleiche Verpflichtung zur unverzüglichen Meldung besteht, liegen hier eine gleiche Interessenlage und ein identisches Schutzbedürfnis vor).

Die Freistellung von jeglicher Verantwortlichkeit bei (gutgläubiger) Erstattung einer **Strafanzeige (wegen § 261 StGB oder Terrorismusfinanzierung)** durchbricht hierbei die vorhandene Systematik des StGB. Es verwundert geradezu, dass hierzu bislang keine strukturelle Kritik an dieser Regelung publiziert wurde. In der Praxis könnte sich die Relevanz dieser Regelung in Fällen pointieren, in welchen ein Sachverhalt zur Strafanzeige gebracht wird und der Vorwurf (uU gar bewusst, um den Schutz von § 48 zu erlangen) „wegen Geldwäsche und [einer Vortat]" formuliert wird (auch wenn die Geldwäsche nicht näher konkretisiert wird), insbesondere aufgrund der bloßen Bezugnahme auf „Sachverhalte nach § 43 Absatz 1", die auch strafbare Handlungen erfassen, die keine Geldwäschehandlung selbst, sondern („lediglich") eine Vortat der Geldwäsche darstellen können (wobei ein Verpflichteter nicht einmal prüfen muss, ob bspw. ein Betrug gewerbs- oder bandenmäßig begangen wurde, solange nur ein niederschwelliger Verdacht auf Geldwäsche besteht, vgl. → § 43 Rn. 18 ff.).

Die **Freistellung von jeglicher Verantwortlichkeit ist umfassend** und er- 8 streckt sich auf alle denkbaren zivilrechtlichen einschließlich der dienst- und arbeitsrechtlichen Schadensersatz-, Unterlassungs- oder sonstigen Ansprüche sowie auf Disziplinartatbestände. Zugleich wird durch sie klargestellt, dass weder das privatrechtliche Bankgeheimnis noch ähnliche Verschwiegenheitspflichten einer Verdachtsmeldung entgegenstehen (BT-Drs. 12/2704, 19). Bisweilen vorgebrachte Unsicherheiten im Hinblick auf die Reichweite von § 48 für Angehörige rechtsberatender Berufe, dass nicht mit der für die Praxis erforderlichen Sicherheit klar sei, dass sich bspw. Notare bei einer Geldwäscheverdachtsmeldung nicht wegen § 203 StGB (Verletzung der Schweigepflicht) selbst strafbar machen (BT-Drs. 19/13827, 136), dürfen angesichts dieses klar zum Ausdruck gebrachten gesetzgeberischen Willens als unbegründet betrachtet werden (vgl. auch die Ausführungen zu → § 43 Rn. 63). Auch in denjenigen Fällen, in denen der Verpflichtete nach § 43 Abs. 2 S. 2 zur Abgabe der Verdachtsmeldung verpflichtet bleibt, kommt im Ergebnis die Verdachtsmeldepflicht nach § 43 Abs. 1 zum Tragen und greift damit die Regelung des § 48 Abs. 1 (BT-Drs. 19/13827, 99).

Sollten die angezeigten Tatsachen, die auf eine Geldwäsche nach § 261 StGB oder eine Terrorismusfinanzierung schließen lassen, gleichzeitig auf eine mit diesen Delikten zusammen begangene **weitere Tat** hinweisen (so zB auf eine Steuerhinterziehung gemäß § 370 AO), so gilt der Haftungsfreistellung auch für die Anzeige dieses Delikts. Ob diese weitere Tat zur Geldwäsche oder Terrorismusfinanzierung in Tateinheit oder Tatmehrheit steht, spielt keine Rolle (*Walther* in Schimansky/Bunte/Lwowski BankR-HdB § 42 Rn. 528). In seinem Urteil vom 13.7.2012 (2–21 O 319/11, BeckRS 2013, 8012) wies das LG Frankfurt a. M. eine Schadensersatzklage ab, die darauf begründet war, dass es nach Erstattung einer Verdachtsmeldung durch eine Bank, die von der zuständigen Strafverfolgungsbehörde

Barreto da Rosa

§ 48 Abschnitt 6. Pflichten im Zusammenhang m. Meldungen v. Sachverhalten

schließlich an die Finanzbehörden weitergeleitet wurde, von dortiger Seite zu einer Steuernachforderung kam: „*Das Bankgeheimnis ist nicht dazu bestimmt, Straftaten oder den Steuerbehörden rechtswidrig verschwiegene Einkünfte zu verheimlichen. Eine durch die Verletzung der Verschwiegenheitspflicht verursachte Steuernachzahlung stellt daher keinen ersatzfähigen Schaden dar, es sei denn, die Nachzahlung hat ihre Ursache darin, dass das Kreditinstitut den Kunden über die Steuerpflicht nicht aufgeklärt hat, obwohl es hierzu verpflichtet gewesen ist.*" Auch Verzögerungsschäden aufgrund von Maßnahmen, die auf eine Verdachtsmeldung zurückgehen, können dem Meldenden nicht angelastet werden; hier kommt auch eine staatliche Entschädigung nach dem Strafrechtsentschädigungsgesetz (StrEG) nicht in Betracht, da hierfür gemäß § 2 Abs. 1 StrEG ein Schaden aufgrund einer Strafverfolgungsmaßnahme erforderlich ist (vgl. *Fülbier* in Fülbier/Aepfelbach/Langweg GwG § 12 Rn. 12). Die unterlassene Ausführung der Transaktion bei einer Verdachtsmeldung gemäß § 46 Abs. 1, die einen Verzögerungsschaden begründen kann, stellt jedoch keine Maßnahme der Strafverfolgungsbehörden dar, sondern findet im Verantwortungsbereich des Verpflichteten statt (so bereits *Herzog/Achtelik* → 2. Aufl. 2014, § 13 aF Rn. 3).

Dem letztlich Betroffenen (Kunden etc) stehen im Weiteren auch keine Schadensersatzansprüche gegen einen Verpflichteten zu, der unter die **Sofortmaßnahme** der FIU nach § 40 umsetzt, da der Verpflichtete in diesem Fall selbst lediglich Adressat der behördlichen Maßnahme ist und diese zwingend umzusetzen hat. Schadensersatzansprüche könnten hier allenfalls gegen die Zentralstelle für Finanztransaktionsuntersuchungen in Frage kommen (vgl. hierzu → § 40 Rn. 2a).

9 Die Freistellung von der Verantwortlichkeit gilt auch für die bei einem Verpflichteten beschäftigten **Mitarbeiter,** die einem Vorgesetzten oder einer unternehmensintern für die Entgegennahme einer solchen Meldung zuständigen Stelle einen Sachverhalt mitteilen (s. Abs. 2; vgl. auch Empfehlung 21 der FATF-Empfehlungen v. Februar 2012 bzw. Empfehlung 14 der FATF-Empfehlungen aus dem Jahr 2003; BCBS, Grundsätze für eine wirksame Bankenaufsicht, Zentrale Kriterien 11 zu Grundsatz 29). Danach sollen Finanzinstitute, sowie deren Direktoren, Sachbearbeiter und Angestellte durch rechtliche Vorkehrungen vor straf- und zivilrechtlicher Haftung für den Verstoß gegen Datenschutzbestimmungen, die durch Vertrag, Gesetz oder Verwaltungsvorschrift vorgeschrieben sind, geschützt werden, wenn sie ihren Verdacht in gutem Glauben der Zentralstelle für Finanztransaktionsuntersuchungen melden, selbst wenn sie nicht genaue Kenntnis über die zugrundliegende kriminelle Tätigkeit haben und ungeachtet der Tatsache, ob in der Tat eine rechtswidrige Handlung begangen wurde.

10 Die **Grenze** des rechtlich Zulässigen wird erst und nur dann überschritten, wenn die Meldung vorsätzlich oder grob fahrlässig unwahr ist. Das Kriterium der Unwahrheit muss sich hierbei auf die mitgeteilten Tatsachen, die auf die Straftat haben schließen lassen, beziehen, dh es kommt im Ergebnis darauf an, ob der Meldende bzw. Anzeigeerstatter vorsätzlich oder grob fahrlässig von einem in Wirklichkeit nicht bestehenden Verdacht ausgegangen ist. **Vorsätzliches Handeln** bedeutet Wissen und Wollen der Tatbestandsverwirklichung bei Begehung der Tat, dh der Meldende bzw. Anzeigeerstatter hat Kenntnis von der Unwahrheit der Behauptungen und gleichwohl will er die Meldung erstatten. **Grobe Fahrlässigkeit** liegt demgegenüber vor, wenn die im Verkehr erforderliche Sorgfalt in besonders schwerem Maße verletzt wurde, also dann, wenn schon ganz naheliegende Überlegungen nicht angestellt wurden und das nicht beachtet wurde, was im gegebenen Fall jedem einleuchten musste. Im Gegensatz zur einfachen Fahrlässigkeit muss es sich bei einem grob fahrlässigen Verhalten um ein auch in subjektiver Hinsicht unentschuldbares Fehlverhalten handeln, das ein gewöhnliches Maß erheblich übersteigt (vgl. BGH NJW 2007, 2988 mwN). **Einfache Fahrlässigkeit,** die auch bei gewissenhafter Prüfung eines Sachverhalts in der Laiensphäre nicht zu verhindern ist, wird damit noch von der Haftungsfreistellung erfasst, was dem Zweck der Ausnahme von der Haftungsfreistellung entspricht, nämlich Missbrauch oder unbegründete Meldungen/Strafanzeigen zu vermeiden (vgl. BT-Drs. 12/2704, 19). Die Anforderungen an eine richtige Wertung des Sachverhalts sind dabei niedrig anzusetzen, da Verpflichtete selten eine konkrete Straftat erkennen, sondern meist nur Verdachtsmomente feststellen können – insofern müssten dem Verpflichteten grobe Fehler (oder vorsätzlich falsche Angaben) nachgewiesen werden, damit eine Haftung in Betracht kommt. Wer vorsätzlich oder grob fahrlässig eine unwahre Verdachtsmeldung erstattet, wird gemäß § 48 nicht von der Verantwortlichkeit freigestellt, sondern kann sich beispielsweise nach § 145d StGB (Vortäuschen einer Straftat), § 164 StGB (falsche Verdächtigung), §§ 186/187 StGB (üble Nachrede/Verleumdung) oder § 203 StGB (Verletzung von Privatgeheimnissen) strafbar machen (es empfehlen sich daher auch überlegte Äußerungen und Formulierungen in der Verdachtsmeldung, vgl. *Barreto da Rosa* in Diergarten/Barreto da Rosa S. 296).

III. Geltung für unternehmensinterne Meldungen und Auskunftsverlangen der Zentralstelle für Finanztransaktionsuntersuchungen (Abs. 2)

Gemäß **Abs. 2 Nr. 1** gilt die in Abs. 1 geregelte Freistellung von der rechtlichen 11
Verantwortlichkeit auch dann, wenn ein Beschäftigter einen Sachverhalt seinem Vorgesetzten oder einer **unternehmensintern** für die Entgegennahme einer solchen Meldung zuständigen Stelle mitteilt. Die Regelung dient dem Schutz der bei einem Verpflichteten beschäftigten Mitarbeiter (BT-Drs. 16/9038, 47) und stellt klar, dass die Haftungsfreistellung für Beschäftigte auch dann zum Tragen kommt, wenn sie nicht selbst die Meldung wegen des Verdachts einer Geldwäsche nach § 261 StGB oder einer Terrorismusfinanzierung erstatten, sondern diesen Verdacht zunächst dem Vorgesetzen oder einer unternehmensintern für die Erstattung von Meldungen zuständigen Stelle (insbesondere dem Geldwäschebeauftragten) mitteilen, welcher den Verdacht dann zur Meldung bei den Strafverfolgungsbehörden bringt. Die Auslegungs- und Anwendungshinweise der BaFin zum GwG (Stand Mai 2020), S. 78, stellen hierbei klar, dass – falls die für die Erstattung einer Meldung beim Verpflichteten zuständige Stelle egal aus welchen Gründen – von einer Meldung absieht, der intern meldende Beschäftigte keine eigene Verdachtsmeldung nach § 43 Abs. 1 zu erstatten habe. Ihm stünde es frei, ggf. mittels des beim Verpflichteten bzw. bei der BaFin eingerichteten Hinweisgebersystems eine aus seiner Sicht unzutreffende Behandlung seiner Meldung zu kommunizieren (vgl. hierzu näher → § 43 Rn. 80).

Abs. 2 **Nr. 2** wurde neu eingefügt, um auch diejenigen von der Verantwortlich- 12
keit freizustellen, die **Auskunftsverlangen der Zentralstelle für Finanztransaktionsuntersuchungen nach § 30 Abs. 3 S. 1** (auch ohne im jeweiligen Kontext eine Meldung nach § 43 erstattet zu haben) beantworten. Insoweit soll ein Beschäftigter auch durch ergänzende oder erstmalige Informationsübermittlung nicht verantwortlich gemacht werden können, soweit die gemachten Angaben wahr oder nicht vorsätzlich unwahr sind (BT-Drs. 18/11555, 159).

§ 49 Informationszugang und Schutz der meldenden Beschäftigten

(1) Ist die Analyse aufgrund eines nach § 43 gemeldeten Sachverhalts noch nicht abgeschlossen, so kann die Zentralstelle für Finanztransaktionsuntersuchungen dem Betroffenen auf Anfrage Auskunft über die zu ihm vorliegenden Informationen geben, wenn dadurch der Analysezweck nicht beeinträchtigt wird. Gibt sie dem Betroffenen Auskunft, so macht sie die personenbezogenen Daten der Einzelperson, die die Meldung nach § 43 Absatz 1 abgegeben hat, unkenntlich.

(2) Ist die Analyse aufgrund eines nach § 43 gemeldeten Sachverhalts abgeschlossen, aber nicht an die Strafverfolgungsbehörde übermittelt worden, so kann die Zentralstelle für Finanztransaktionsuntersuchungen auf Anfrage des Betroffenen über die zu ihm vorliegenden Informationen Auskunft geben. Sie verweigert die Auskunft, wenn ein Bekanntwerden dieser Informationen negative Auswirkungen hätte auf
1. internationale Beziehungen,
2. Belange der inneren oder äußeren Sicherheit der Bundesrepublik Deutschland,
3. die Durchführung eines anderen strafrechtlichen Ermittlungsverfahrens oder
4. die Durchführung eines laufenden Gerichtsverfahrens.

In der Auskunft macht sie personenbezogene Daten der Einzelperson, die eine Meldung nach § 43 Absatz 1 abgegeben hat oder die einem Auskunftsverlangen der Zentralstelle für Finanztransaktionsuntersuchungen nachgekommen ist, unkenntlich. Auf Antrag des Betroffenen kann sie Ausnahmen von Satz 3 zulassen, wenn schutzwürdige Interessen des Betroffenen überwiegen.

(3) Die Zentralstelle für Finanztransaktionsuntersuchungen ist nicht mehr befugt, dem Betroffenen Auskunft zu geben, nachdem sie den jeweiligen Sachverhalt an die Strafverfolgungsbehörde übermittelt hat. Ist das Verfahren durch die Staatsanwaltschaft oder das Gericht abgeschlossen worden, ist die Zentralstelle für Finanztransaktionsuntersuchungen wieder befugt, dem Betroffenen Auskunft zu erteilen. In diesem Fall gilt Absatz 2 entsprechend.

(4) Steht die Person, die eine Meldung nach § 43 Absatz 1 abgegeben hat oder die dem Verpflichteten intern einen solchen Sachverhalt gemeldet hat, in einem Beschäftigungsverhältnis zum Verpflichteten, so darf ihr aus der Meldung keine Benachteiligung im Beschäftigungsverhältnis entstehen.

(5) Einer Person, die aufgrund der Abgabe einer Meldung nach § 43 Absatz 1 oder aufgrund der internen Meldung eines solchen Sachverhalts an den Verpflichteten entgegen dem Benachteiligungsverbot des Absatzes 4 einer Benachteiligung im Zusammenhang mit ihrem Beschäftigungsverhältnis ausgesetzt ist, steht bei der zuständigen Aufsichtsbehörde nach § 50 das Recht der Beschwerde zu. Der Rechtsweg bleibt von dem Beschwerdeverfahren unberührt. Dem Beschwerdeführer steht für die Einreichung der Beschwerde nach Satz 1 das vertrauliche Informationssystem der Aufsichtsbehörde nach § 53 Absatz 1 Satz 2 zur Verfügung.

§ 49 Informationszugang und Schutz der meldenden Beschäftigten

Literatur: *Diergarten/Barreto da Rosa*, Praxiswissen Geldwäscheprävention, 2015, zit.: *Bearbeiter* in Diergarten/Barreto da Rosa; *Simitis* (Hrsg.), Bundesdatenschutzgesetz, 8. Aufl. 2014, zit.: *Bearbeiter* in NK-BDSG

Übersicht

	Rn.
I. Allgemeines	1
II. Auskunft an den Betroffenen bei noch laufender operativer Analyse (Abs. 1)	12
III. Auskunft an den Betroffenen nach abgeschlossener operativer Analyse, wenn von einer Weiterleitung an Strafverfolgungsbehörden abgesehen wurde (Abs. 2)	18
IV. Auskunft an den Betroffenen nach abgeschlossener operativer Analyse, wenn der Sachverhalt an die Strafverfolgungsbehörden weitergeleitet wurde (Abs. 3)	23
V. Schutz von Personen, die in einem Beschäftigungsverhältnis zum Verpflichteten stehen (Abs. 4)	25
VI. Recht der Beschwerde (Abs. 5)	28

I. Allgemeines

§ 49 Abs. 1–3 normieren den Informationszugang von Betroffenen und Abs. 4 **1** den Schutz der meldenden Beschäftigten. Insbesondere durch die Regelungen zur Unkenntlichmachung der personenbezogenen Daten der Einzelperson, die eine Verdachtsmeldung erstattet hat oder einem Auskunftsverlangen der Zentralstelle für Finanztransaktionsuntersuchungen nach § 30 Abs. 3 S. 1 nachgekommen ist, bei der Beantwortung von Auskunftsanträgen Betroffener nach Abs. 1–3 sowie die Schutzregelungen im Beschäftigungsverhältnis in Abs. 4 werden die Vorgaben aus **Art. 38 der 4. EU-Geldwäscherichtlinie** umgesetzt (Art. 38 entspricht dabei wortgleich Art. 61 Abs. 3 UAbs. 2 und 3 der 4. EU-Geldwäscherichtlinie). Die Mitgliedstaaten haben gemäß Art. 38 Abs. 1, 61 Abs. 3 UAbs. 2 dafür zu sorgen, *„dass Einzelpersonen, einschließlich Angestellte und Vertreter des Verpflichteten, die intern oder der zentralen Meldestelle einen Verdacht auf Geldwäsche oder Terrorismusfinanzierung melden, vor Bedrohungen oder Anfeindungen und insbesondere vor nachteiligen oder diskriminierenden Maßnahmen im Beschäftigungsverhältnis geschützt werden."*. Ausweislich Erwägungsgrund 41 der 4. EU-Geldwäscherichtlinie hat es bereits eine Reihe von Fällen gegeben, in denen Angestellte, nachdem sie einen Verdacht auf Geldwäsche gemeldet hatten, bedroht oder angefeindet wurden. Die Mitgliedstaaten sollten sich dieses Problems bewusst sein und alles in ihren Möglichkeiten Stehende tun, damit Personen einschließlich Angestellter und Vertreter der Verpflichteten vor derartigen Bedrohungen oder Anfeindungen geschützt sind, und um diesen Personen gemäß dem nationalen Recht angemessenen Schutz zu bieten, insbesondere hinsichtlich ihres Rechts auf Schutz ihrer personenbezogenen Daten und auf wirksamen Rechtsschutz sowie wirksame Rechtsvertretung.

Durch das **Gesetz zur Umsetzung der Änderungsrichtlinie zur 4. EU-Geldwäscherichtlinie** (BGBl. 2019 I S. 2602) wurde § 49 ein neuer **Abs. 5** angefügt, der einer entgegen Abs. 4 benachteiligten Person das Beschwerderecht bei der zuständigen Aufsichtsbehörde einräumt (in Umsetzung von Art. 1 Nr. 23 bzw. 39 lit. b der Änderungsrichtlinie, durch den Art. 38 bzw. 61 Abs. 3 der 4. EU-Geldwäscherichtlinie neu gefasst wurde (Abs. 5 entspricht Art. 38 Abs. 2 bzw. 61 Abs. 3

§ 49 Abschnitt 6. Pflichten im Zusammenhang m. Meldungen v. Sachverhalten

UAbs. 3 der geänderten 4. EU-Geldwäscherichtlinie)). Der **RefE** eines Gesetzes zur Umsetzung der Änderungsrichtlinie zur 4. EU-Geldwäscherichtlinie vom 20.5.2019 hatte (unter Ziffer 34) noch einen zusätzlichen Abs. 6 vorgesehen, der dem Beschäftigten bei positiv festgestelltem (zu vertretenden) Verstoß des Arbeitgebers gegen das Benachteiligungsverbot nach Abs. 4 einen Schadensersatzanspruch zuspricht (die Beweislast sollte hierbei dem Arbeitgeber auferlegt werden). Eine derartige Regelung fehlte bereits im Gesetzentwurf der Bundesregierung vom 29.7.2019.

Bei **Hinweisen auf Verstöße nach § 53** gelten für die dort genannten Hinweisgeber gemäß § 53 Abs. 5 und Abs. 5a, die gleichfalls auf die Änderungsrichtlinie zur 4. EU-Geldwäscherichtlinie zurückzuführen sind (vgl. Art. 61 Abs. 3 letzte zwei Unterabsätze), ähnliche Regelungen wie sie in § 49 Abs. 4 und 5 vorgesehen sind.

2 In **Deutschland** sind Sachverhalte, in denen es zu einer tatsächlichen, ernsthaften Gefährdung des Erstellers einer Verdachtsmeldung kam, bis heute – soweit ersichtlich – nicht bekannt geworden (*Barreto da Rosa* in Diergarten/Barreto da Rosa S. 301; Schreiben des Bundesministeriums der Finanzen v. 1.8.2013 – VII A 3 – WK 5023/11/10021:002; DOK 2013/0655233). Negative Reaktionen auf Verdachtsmeldungen, wenn diese dem Betreffenden bekannt wurden (was ohnehin nur in einem sehr geringen Prozentsatz der Fall ist), beschränkten sich bislang „lediglich" auf sofortige Kündigungen von Geschäftsbeziehungen, Beschwerden, Drohungen und Beleidigungen. Zur tatsächlichen Möglichkeit der Unkenntlichmachung der Identität des Erstellers einer Verdachtsmeldung vgl. die Ausführungen unter → Rn. 10.

3 Gemäß § 1 Nr. 6 der Sicherheitsüberprüfungsfeststellungsverordnung (SÜFV) nimmt die Zentralstelle für Finanztransaktionsuntersuchungen Aufgaben von vergleichbarer Sicherheitsempfindlichkeit wie die der Nachrichtendienste des Bundes wahr, soweit sie sich im Rahmen ihrer Aufgabe der Verhinderung, Aufdeckung und Unterstützung bei der Bekämpfung von Geldwäsche und Terrorismusfinanzierung Erscheinungsformen der organisierten Kriminalität oder des Terrorismus bewegt und eine dauerhafte Zusammenarbeit mit den Nachrichtendiensten des Bundes erfolgt. Ausweislich der Gesetzesbegründung findet das **Informationsfreiheitsgesetz** (IFG) bei dieser Aufgabenwahrnehmung **keine Anwendung** (BT-Drs. 18/1555, 159, 166). Damit wird der Informationszugang des Betroffenen ausschließlich und abschließend durch § 49 geregelt. Die Beschränkung des Rechts der betroffenen Person auf Zugang zu ihren personenbezogenen Daten, die im Recht der Zentralstelle für Finanztransaktionsuntersuchungen auf Auskunftsverweigerung (vgl. die jeweiligen Bestimmungen in den Abs. 2–4) ihren nationalgesetzlichen Niederschlag findet, ist aus Art. 41 Abs. 4 der 4. EU-Geldwäscherichtlinie abgeleitet.

4 § 49 wirkt **in mehrfacher Hinsicht unausgereift,** so dass in absehbarer Zeit Überarbeitungen zu erwarten sind.

5 Zunächst ist festzustellen, dass – obgleich § 49 durchgehend lediglich von **Meldungen nach § 43** spricht – bei teleologischer Auslegung in den Abs. 1–3 auch alle sonstigen Hinweise und Mitteilungen nach § 30 Abs. 1 erfasst sein müssen. Es ist jedenfalls kein Grund ersichtlich, weshalb insbesondere Meldungen nach § 44 GwG, § 31b AO oder sonstige Hinweise im Sinne von § 30 Abs. 1 Nr. 4 GwG nicht von § 49 Abs. 1–3 erfasst sein sollten.

6 In Absätzen 1–3 wird durchgehend die Formulierung einer *„Auskunft"* an den Betroffenen verwendet. Ein Akteneinsichtsrecht des Betroffenen (oder ggf. seines Verteidigers) ist damit nicht verbunden. Angesichts der (im Vergleich zum Akten-

einsichtsrecht) grundsätzlich anderen Form der Offenbarung irritieren die Regelungen zur „Unkenntlichmachung" der personenbezogenen Daten der Einzelperson, die die Meldung abgegeben hat in Abs. 1 S. 2, Abs. 2 S. 3 und 4 (ggf. iVm Abs. 3 S. 2). Eine solche Unkenntlichmachung kommt alleine bei der Übersendung von Kopien von Akten(teilen) selbst in Frage, sie ist bei der Erteilung einer bloßen Auskunft hingegen nicht erforderlich (hier ginge es um die Frage, ob der Betroffene die Auskunft zu der meldenden Einzelperson verlangen kann).

In sämtlichen Fallkonstellationen des § 49 – nach Abs. 1 während der laufenden 7 operativen Analyse, nach Abs. 2 nach abgeschlossener Analyse, wenn der Sachverhalt nicht weitergeleitet wird, bzw. nach Abs. 3, wenn der gemeldete Sachverhalt an eine Strafverfolgungsbehörde übermittelt wird – stellt sich die **grundsätzliche Frage,** wie die Zentralstelle für Finanztransaktionsuntersuchungen auf ein entsprechendes Ersuchen genau zu reagieren hat. Hier stehen prinzipiell drei Handlungsalternativen zur Disposition:
1. sie verweigert eine Auskunft unter Angabe der jeweiligen Rechtsgrundlage oder
2. sie verweigert die Auskunft ohne nähere Begründung oder
3. sie erteilt (wahrheitswidrig) eine Negativauskunft.

Die **Verweigerung einer Auskunft unter Berufung auf die jeweilige** 8 **Norm** – bspw. § 49 Abs. 3 – würde dem Anfragenden bereits weitreichende Informationen geben, im Falle des § 49 Abs. 3 sogar unmittelbar, dass gegen ihn Meldung eingegangen war und an die Strafverfolgungsbehörde übermittelt wurde, was für sich genommen bereits strafprozessuale Maßnahmen in einem Ermittlungsverfahren gefährden könnte.

Das **Verweigern einer Auskunft ohne Angabe von Gründen** wird weitere 9 Nachforschungen des Betroffenen zur Folge haben und gleichfalls bereits offenbaren, „dass etwas nicht stimmt". Die Feststellungen des VG Darmstadt (21.5.2013 – 5 L 304/13.DA, BeckRS 2013, 52623) und darauf aufbauend des VGH Kassel (2.1.2014 – 10 B 1397/13, BeckRS 2014, 47000 – unter Verweis auf BT-Drs. 16/10529 zu Art. 1 Nr. 9 [§ 35], 19), *„dass die Auskunftserteilung gegenüber Dritten im Falle der Sperrung von Daten mit den Auskünften, die im Falle nicht vorhandener– sei es nicht erhobener oder gelöschter – Daten erteilt werden, identisch zu sein haben",* weil auch „versteckte" Hinweise nicht zulässig seien (dh Formulierungen, aus denen auf das Vorliegen einer Unregelmäßigkeit geschlossen werden kann, BR-Drs. 548/08, 39) und nur dann die gleiche Wirkung zu erzielen sei, beziehen sich nicht auf Anfragen des Betroffenen selbst, sondern wurden im Zusammenhang mit § 35 Abs. 4a BDSG-alt und Auskünften gegenüber Dritten getroffen, und lassen sich nicht ohne Weiteres übertragen (vgl. zur Zielrichtung der Norm bspw. *Dix* in NK-BDSG BDSG-alt § 35 Rn. 54).

Höchst fraglich und aktuell nicht legitimiert ist aber auch die letztgenannte Alternative einer **inhaltlich wahrheitswidrigen Negativauskunft,** obgleich dies 10 die einzige Möglichkeit wäre, zu verhindern, dass einem Betroffenen, gegen den bspw. verdeckte Ermittlungen aufgrund Verdachts der Zugehörigkeit zu einer organisierten kriminellen oder terroristischen Vereinigung laufen, Hinweise auf diese Ermittlungen gegeben werden (vgl. Abs. 2 S. 2 Nr. 3 und 4).

De lege lata dürfte für die Zentralstelle für Finanztransaktionsuntersuchungen lediglich die vorgenannte zweite Alternative – die Verweigerung einer Auskunft ohne 11 Angabe von Gründen (bzw. ohne Hinweis auf laufende Ermittlungen gegen den Antragsteller) – in Betracht kommen. § 49 enthält keine Regelung zur **Begründung der Verweigerung einer Auskunft** und dem weiteren Vorgehen wie sie bspw. in vergleichbaren Normen in anderen Gesetzen (bspw. § 57 (Abs. 6) BDSG,

§ 49 Abschnitt 6. Pflichten im Zusammenhang m. Meldungen v. Sachverhalten

Art. 48 Abs. 3 BayPAG) enthalten ist, wonach auf eine Begründung verzichtet werden kann, soweit durch die Mitteilung der tatsächlichen und rechtlichen Gründe, auf die die Entscheidung gestützt wird, der mit der Auskunftsverweigerung verfolgte Zweck gefährdet würde. In diesem Fall ist der Betroffene jeweils darauf hinzuweisen, dass er sich an die Bundesbeauftragte oder den Bundesbeauftragten für den Datenschutz und die Informationsfreiheit wenden kann. (Im Falle berechtigter Auskunftsverweigerung durch die angefragte Behörde, würde indessen auch seitens der oder des Bundesbeauftragten für den Datenschutz und die Informationsfreiheit (falls keine Teilauskunft zu gespeicherten unkritischen Daten gegeben werden kann) die Auskunftsverweigerung zu (weiteren) über ihn gespeicherten Daten bestätigt werden – was gleichfalls (trotz § 57 Abs. 7 S. 6 BDSG) insbesondere „erfahrenen" Kriminellen mehr oder weniger eindeutige Hinweise auf gegen ihn/sie laufende Ermittlungen geben würde, die diese wiederum gefährden oder vereiteln können.)

II. Auskunft an den Betroffenen bei noch laufender operativer Analyse (Abs. 1)

12   Nach Abs. 1 S. 1 **kann** die Zentralstelle für Finanztransaktionsuntersuchungen dem Betroffenen **während der laufenden operativen Analyse** (§ 30 Abs. 2) eines nach § 43 gemeldeten Sachverhalts auf Anfrage Auskunft über die zu ihm vorliegenden Informationen geben, wenn dadurch der Analysezweck nicht beeinträchtigt wird. Die Zentralstelle für Finanztransaktionsuntersuchungen trifft die Entscheidung im Rahmen ihres pflichtgemäßen Ermessens. Zweck der operativen Analyse gemäß § 30 Abs. 2 ist die Prüfung, ob der gemeldete Sachverhalt im Zusammenhang mit Geldwäsche, mit Terrorismusfinanzierung oder mit einer sonstigen Straftat steht (vgl. ausführlich → § 30 Rn. 11). Der Analysezweck ist im Sinne von Abs. 1 vor allem dann beeinträchtigt, wenn Folgemaßnahmen (primär der Strafverfolgungsbehörden) dadurch gefährdet werden könnten, dass Betroffene von der Meldung nach § 43 Abs. 1 (oder sonstigen Mitteilung, vgl. → Rn. 4) Kenntnis erlangen. Obgleich Abs. 1 eine Regelung zu zwingenden Verweigerungsgründen der Auskunftserteilung fehlt wie sie in Abs. 2 S. 2 enthalten ist, wird auch bei Vorliegen dieser Gründe eine Auskunft an den Antragsteller unweigerlich ausgeschlossen sein. Die operative Analyse ist abgeschlossen ab dem Zeitpunkt der Weiterleitung an eine zuständige Behörde nach § 32 Abs. 2 (oder Abs. 3 S. 2) oder dem Zeitpunkt des Absehens von einer Weiterleitung und Übernahme ins Monitoring bzw. den Informationspool/Datenpool.

13   **Betroffener** ist jede Person, die an einem nach § 43 gemeldeten Sachverhalt unmittelbar beteiligt ist (bei Involvierung in sonstige Mitteilungen nach § 30 Abs. 1 vgl. → Rn. 5). Dies ist insbesondere jeder Vertragspartner oder Begünstigte einer Transaktion oder Geschäftsbeziehung (BT-Drs. 18/11555, 159). Erforderlich ist eine diesbezügliche **Anfrage** des Betroffenen (oder eines rechtlichen Vertreters, insbesondere bei juristischen Personen), an die keine weiteren (formellen) Anforderungen zu stellen sind.

14   Der Umfang der Auskunft ist beschränkt auf die zum Anfragenden bzw. Betroffenen vorliegenden Informationen *(„über die zu ihm vorliegenden Informationen")*. § 49 enthält keine Regelungen zum Verfahren bei Betroffenheit Dritter (ähnlich bspw. § 8 IFG). Eine Herausgabe personenbezogener Daten Dritter kann jedoch

einen Eingriff in dessen Recht auf informationelle Selbstbestimmung darstellen. Insbesondere, sofern es um sensible Daten geht (bspw. auch Betriebs- und Geschäftsgeheimnisse, zu denen Vertragsunterlagen gehören können, die als zum verdächtigen Geschäft gehörig vom Verpflichteten im Rahmen ihrer Meldung an die Zentralstelle für Finanztransaktionsuntersuchungen erhoben und mitgeteilt wurden), ist mithin Vorsicht geboten und Zurückhaltung angezeigt. Ein Vorgehen analog § 8 IFG wäre zu prüfen.

Kommt die Zentralstelle für Finanztransaktionsuntersuchungen einem Auskunftsersuchen eines Betroffenen während der laufenden operativen Analyse nach, so macht sie alle **personenbezogenen Daten der meldenden Einzelperson**, einschließlich des Angestellten oder Vertreters des Verpflichteten, **unkenntlich**, um diese vor Bedrohung und Anfeindung zu schützen. Unklar ist, warum Abs. 1 S. 2 im Gegensatz zu Abs. 2 S. 4 keine Ausnahme vorsieht, wenn schutzwürdige Interessen des Betroffenen überwiegen. Die Gesetzesbegründung gibt keinen Aufschluss hierüber; womöglich wurde lediglich kein Raum für überwiegende schutzwürdige Interessen des Betroffenen während der laufenden operativen Analyse gesehen, da in den weiteren Fallkonstellationen der Abs. 2 und 3 nach abgeschlossener operativer Analyse die Regelung des Abs. 2 S. 4 greift.

Der Begriff „*Unkenntlichmachen*" bezeichnet eine Handlung, die irreversibel bewirkt, dass eine Information nicht länger aus gespeicherten Daten gewonnen werden kann (*Dammann* in NK-BDSG § 3 Rn. 174; vgl. ausführlich → § 29 Rn. 18). Ein Unkenntlichmachen der Daten bedeutet in der Praxis hingegen nicht immer bzw. zwingend, dass kein Rückschluss auf die Identität des Erstellers einer Meldung mehr möglich ist – insbesondere bei „kleinen" Gewerbetreibenden wird sich in der Praxis relativ mühelos die Person identifizieren lassen, die die Meldung veranlasst hat. Darüber hinaus ist festzuhalten, dass die Identität des Erstellers einer Verdachtsmeldung grundsätzlich spätestens in der Hauptverhandlung (zuvor bei Angabe des Namens in der Verdachtsmeldung auch über das Akteneinsichtsrecht des Strafverteidigers gemäß § 147 StPO) auch dem Betroffenen bekannt werden kann, wenn der Ersteller als Zeuge vernommen wird. Gibt es jedoch Hinweise auf eine konkrete Gefährdung des Zeugen, bietet die Strafprozessordnung diverse Möglichkeiten zum Schutz des Zeugen wie beispielsweise entfremdete Videovernehmungen, Vernehmungen über dritte Personen, Zusicherung der Vertraulichkeit, Weglassen der privaten Anschriften (vgl. auch § 200 Abs. 1 StPO) etc. In diesen Fällen wird auch die Identität des Zeugen nicht preisgegeben.

Nach dem Gesetzeswortlaut **nicht unkenntlich zu machen** ist im Umkehrschluss hingegen das meldende Unternehmen, da hier grundsätzlich keine entsprechende Schutzpflicht besteht. Der Gesetzgeber dürfte hier jedoch insbesondere große Unternehmen/Kreditinstitute im Blick gehabt haben. Bei sehr kleinen verpflichteten Unternehmen kann die Angabe des Unternehmens wie zuvor bereits ausgeführt indessen der Nennung der natürlichen Person gleichkommen, was ein gleichwertiges Schutzbedürfnis jedenfalls soweit begründen kann, als dass die Person nicht ohnehin über die bekannten öffentlichen Angaben identifizierbar ist. Eine vollständige Unkenntlichmachung auch des meldenden Unternehmens in solchen Fällen dürfte indessen weder in Betracht kommen, noch in der Sache Sinn machen, da die Auskunft über die zum Anfragenden vorliegenden Informationen in der Regel die Identifizierung des meldenden Unternehmens ohne Weiteres bereits ermöglichen wird.

III. Auskunft an den Betroffenen nach abgeschlossener operativer Analyse, wenn von einer Weiterleitung an Strafverfolgungsbehörden abgesehen wurde (Abs. 2)

18 Gemäß **Abs. 2 S. 1** kann die Zentralstelle für Finanztransaktionsuntersuchungen auf Anfrage des Betroffenen über die zu ihm vorliegenden Informationen Auskunft geben, wenn sie die operative Analyse nach § 30 Abs. 2 abgeschlossen hat und den Sachverhalt nicht zur weiteren Ermittlung und Behandlung an die zuständige Strafverfolgungsbehörde weitergegeben hat – dh wenn die Meldung in den Informationspool/Datenpool bzw. das Monitoring genommen wurde. Es handelt sich um eine Kann-Vorschrift, die Zentralstelle für Finanztransaktionsuntersuchungen hat nach pflichtgemäßem Ermessen zu entscheiden. Hierbei berücksichtigt sie eventuelle negative Auswirkungen auf die in S. 2 Nr. 1–4 genannten Beziehungen oder Verfahren.

19 Auch Abs. 2 S. 1 nennt ausschließlich **Meldungen nach § 43 Abs. 1,** müsste aber nach Sinn und Zweck der Regelung(en) auch die sonstigen Meldungen nach § 44 GwG, § 31b AO und im Sinne von § 30 Abs. 1 Nr. 4 GwG erfassen (vgl. → Rn. 4). Zum erfassten Personenkreis des **„Betroffenen"** sowie den **Umfang der Auskunft** kann auf die Ausführungen oben unter → Rn. 7 und 8 verwiesen werden.

20 Abs. 2 S. 1 erfasst ferner nach seinem Wortlaut ausschließlich den Fall, dass der Sachverhalt nach Abschluss der operativen Analyse nicht an die **Strafverfolgungsbehörde** abgegeben wurde. Abs. 2 muss nach seiner ratio legis indessen generell alle Fallkonstellationen erfassen, in denen Sachverhalte von der Zentralstelle für Finanztransaktionsuntersuchungen nach abgeschlossenem Analyseprozess nicht an andere inländische (nach § 32) oder ausländische öffentliche Stellen weitergegeben wurden. Generell kann eine Auskunft durch die Zentralstelle für Finanztransaktionsuntersuchungen nicht (mehr) in Betracht kommen, wenn sie den Sachverhalt an eine andere Behörde (zu weiteren Ermittlungen) übermittelt hat.

21 Gemäß **Abs. 2 S. 2** verweigert die Zentralstelle für Finanztransaktionsuntersuchungen die Auskunft, wenn ein Bekanntwerden der Informationen **negative Auswirkungen** hätte **auf die in Nr. 1–4 genannten Beziehungen, Belange oder Verfahren.** Dabei muss keine Gewissheit bestehen, dass das Bekanntwerden zu den möglichen Folgen führt. Die Auswirkungen müssen im konkreten Einzelfall lediglich möglich sein (und nicht völlig außerhalb jeglicher Wahrscheinlichkeit liegen), was in den Fällen der Nr. und 2 aufgrund des höheren Abstraktheitsgrades der bedrohten Verhältnisse stets eine Einzelfallprüfung und -begründung erforderlich machen, in den Fällen der Nummern 3 und 4 hingegen regelmäßig der Fall sein wird. In der Praxis wird es wohl kaum Fälle geben, in denen die Zentralstelle für Finanztransaktionsuntersuchungen die Meldung nicht weiterleitet, aber das Bekanntwerden der zum Betroffenen vorliegenden Informationen negative Auswirkungen auf internationale Beziehungen oder Belange der inneren oder äußeren Sicherheit der Bundesrepublik Deutschland haben kann. Bei entsprechender Brisanz der zum Betroffenen vorliegenden Informationen, dürfte stets eine Weiterleitung vorgenommen werden. Auch die Bedeutung der Nr. 3 und 4, die eine Auskunftserteilung ferner ausschließen, wenn die Durchführung eines anderen strafrechtlichen Ermittlungsverfahrens oder eines laufenden Gerichtsverfahrens beeinträchtigt werden könnte, wird in der Praxis überschaubar bleiben. Erkennt die Zentralstelle für Fi-

nanztransaktionsuntersuchungen laufende Ermittlungs- oder Gerichtsverfahren – was ihr va über konkrete Hinweise des Meldenden in der Meldung, bei Bezügen zu bereits erstatteten und an die Strafverfolgungsbehörden weitergeleiteten Meldungen oder nach Anfrage bei den Strafverfolgungsbehörden bekannt werden dürfte (vgl. → Vor §§ 27–42 Rn. 8) – so wird sie die Meldung an die zuständige Strafverfolgungsbehörde weiterleiten (womit kein Fall des Abs. 2 mehr vorliegt, sondern Abs. 3 einschlägig wird). Damit ist eine Auskunftserteilung ausgeschlossen.

Erteilt die Zentralstelle für Finanztransaktionsuntersuchungen dem Antragsteller Auskunft, hat sie gemäß **S. 3** personenbezogene Daten der Einzelperson, die eine Meldung nach § 43 Abs. 1 abgegeben hat oder die einem Auskunftsverlangen der Zentralstelle für Finanztransaktionsuntersuchungen nach § 30 Abs. 3 nachgekommen ist, unkenntlich zu machen (vgl. hierzu → Rn. 10f.). Auf Antrag des Betroffenen kann sie gemäß **S. 4** personenbezogene Daten der Einzelperson, die eine Meldung nach § 43 Abs. 1 abgegeben hat oder die einem Auskunftsverlangen der Zentralstelle für Finanztransaktionsuntersuchungen nach § 30 Abs. 3 nachgekommen ist, mittteilen, wenn schutzwürdige Interessen des Betroffenen das Geheimhaltungsinteresse des Meldenden bzw. Auskunft Erteilenden überwiegen. 22

IV. Auskunft an den Betroffenen nach abgeschlossener operativer Analyse, wenn der Sachverhalt an die Strafverfolgungsbehörden weitergeleitet wurde (Abs. 3)

Abs. 3 S. 1 regelt den Fall, dass bei der Zentralstelle für Finanztransaktionsuntersuchungen ein Auskunftsersuchen des Betroffenen einer Meldung (nach §§ 43, 44 GwG, § 31b AO oder im Sinne von § 30 Abs. 1 Nr. 4 GwG, vgl. → Rn. 4) eingeht, nachdem sie den Sachverhalt an die zuständige Strafverfolgungsbehörde (oder sonstige Behörde, vgl. → Rn. 14) abgegeben hat. In diesem Fall ist der Zentralstelle für Finanztransaktionsuntersuchungen eine Auskunft an den Betroffenen untersagt. Zur Frage, wie die Zentralstelle für Finanztransaktionsuntersuchungen auf ein entsprechendes Ersuchen genau zu reagieren hat, vgl. die Ausführungen unter → Rn. 7ff. 23

Gemäß S. 2 ist die Zentralstelle für Finanztransaktionsuntersuchungen wieder befugt, dem Betroffenen (unter Berücksichtigung der in Abs. 2 enthaltenen Regelungen, vgl. S. 3) Auskunft zu erteilen, wenn das Verfahren durch die Staatsanwaltschaft oder das Gericht abgeschlossen worden ist. Die Gesetzesbegründung führt dazu aus, dass die Zentralstelle für Finanztransaktionsuntersuchungen mit Weitergabe des Sachverhalts an die zuständige Strafverfolgungsbehörde nicht mehr Herrin über die Daten und ihre Verwendung sei, nach Abschluss des Verfahrens durch die Staatsanwaltschaft oder das Gericht die Datenhoheit jedoch wieder auf sie überginge (BT-Drs. 18/11555, 159f.). Zunächst ist festzustellen, dass der Gesetzestext allgemein von einem **Abschluss des Verfahrens** durch Staatsanwaltschaft oder Gericht spricht. Damit sind sowohl Verfahrenseinstellungen als auch Strafbefehle und Urteile umfasst. Soweit der Betroffene in einem sich an die Meldung letztlich anschließenden Ermittlungsverfahren schließlich zum Beschuldigten wird, hat er über das Akteneinsichtsrecht seines Verteidigers nach § 147 StPO grundsätzlich auch Zugang zur Meldung nach § 43 Abs. 1 und den im Zuge der weiteren Veranlassungen getroffenen Maßnahmen und erhobenen Informationen, dh zu umfangreicheren Informationen, als ihm von der Zentralstelle für Finanztransaktionsunter- 24 suchungen mitgeteilt werden könnten, so dass von diesem Betroffenenkreis kaum Auskunftsanträge nach § 49 zu erwarten sind. Handelt es sich beim Betroffenen bspw. nicht um die gemeldete Person (sondern bspw. um einen Vertragspartner oder sonstigen Transaktionsbeteiligten), wird sich die Auskunft an den Betroffenen wieder auf die ihn betreffenden Informationen beschränken müssen – Informationen zur gemeldeten Person (insbes. womöglich ein gegen diese ergangenes Strafurteil) dürfen jedenfalls ohne deren Zustimmung nicht übermittelt werden (vgl. zur Problematik der fehlenden Regelungen zur Betroffenheit Dritte → Rn. 14).

V. Schutz von Personen, die in einem Beschäftigungsverhältnis zum Verpflichteten stehen (Abs. 4)

25 Abs. 4 enthält besondere Bestimmungen zum Schutz derjenigen, die in einem Beschäftigungsverhältnis zum Verpflichteten stehen. Personen, die eine **Meldung nach § 43 erstatten** oder **intern einen geldwäscherechtlich relevanten Sachverhalt melden,** dürfen aus diesem Anlass im Unternehmen nicht benachteiligt werden, etwa durch ungerechtfertigte Kündigung, berufliche Schlechterstellung oder Anfeindungen innerhalb des Unternehmens (BT-Drs. 18/11555, 160). Die Regelung, die die Vorgaben aus Art. 38 Abs. 1 bzw. 61 Abs. 3 UAbs. 2 (ausführlich → Rn. 1) der 4. EU-Geldwäscherichtlinie umsetzt, soll vermeiden, dass zB die Angst um den Arbeitsplatz oder vor sonstigen Repressalien die Erstattung von Verdachtsmeldungen oder internen Hinweisen, die eine Meldepflicht nach § 43 Abs. 1 auslösen, beeinflusst.

26 **Personen, die eine Meldung nach § 43 Abs. 1 erstatten,** werden in der Regel der/die Geldwäschebeauftragte oder sein(e) Vertreter sein, sofern ein solcher bestellt ist. Generell erfasst der Schutz jeden im Unternehmen des Verpflichteten, der eine Meldung nach § 43 Abs. 1 erstattet hat. **Geldwäschebeauftragte und ihre Vertreter** genießen im Unternehmen des Verpflichteten aufgrund ihrer besonderen Aufgaben einen herausragenden Schutz und haben eine besondere Stellung inne (vgl. auch § 7 Abs. 1). Soweit der Geldwäschebeauftragte die Erstattung einer Meldung nach § 43 Abs. 1 beabsichtigt oder ein Auskunftsersuchen der Zentralstelle für Finanztransaktionsuntersuchungen nach § 30 Abs. 3 S. 1 beantwortet, unterliegt er nicht dem Direktionsrecht durch die Geschäftsleitung (§ 7 Abs. 5 S. 6). Der besondere Schutz des Geldwäschebeauftragten und seines Stellvertreters im Beschäftigungsverhältnis wird bereits in **§ 7 Abs. 7** herausgestellt, § 49 Abs. 4 enthält insofern für diesen Personenkreis eine Doppelung (sofern von einem Konkurrenzverhältnis auszugehen ist, wird man die Regelungen in § 7 Abs. 7 als leges speciales ansehen müssen). Gemäß § 7 Abs. 7 S. 1 darf dem Geldwäschebeauftragten und dem Stellvertreter allgemein wegen der Erfüllung ihrer Aufgaben keine Benachteiligung im Beschäftigungsverhältnis entstehen. Diese Regelung bezweckt die Gewährleistung einer uneingeschränkten Ausübung der Tätigkeit des Geldwäschebeauftragten in seiner Funktion, ohne dass ihm wegen der von ihm ausgeübten Tätigkeit Nachteile drohen (BT-Drs. 18/11555, 114). Mit der gewählten Formulierung wird der Geldwäschebeauftragte in arbeitsrechtlicher Hinsicht dem Datenschutzbeauftragten gleichgestellt, der bereits seit langem einen identischen Schutz genießt (vgl. § 6 Abs. 4 BDSG). Die ähnliche Privilegierung rechtfertigt sich aufgrund der vergleichbaren Aufgabenstellung (neben der Überwachung der

Einhaltung gesetzlicher Vorschriften und der Unterrichtung der Mitarbeiter werden Kontrollen hinsichtlich der Einhaltung der Gesetze durchgeführt). § 7 Abs. 7 S. 2 und 3, die im RefE des BMF vom 24.11.2016 noch nicht im Gesetz (damals § 6 Abs. 7 GwG-RefE) enthalten waren, beinhalten besondere Kündigungsschutzvorschriften. So ist die Kündigung des Arbeitsverhältnisses des Geldwäschebeauftragten oder seines Vertreters unzulässig, es sei denn, dass Tatsachen vorliegen, welche die verantwortliche Stelle zur Kündigung aus wichtigem Grund ohne Einhaltung einer Kündigungsfrist berechtigen (zur Frage der Übertragung der Aufgaben durch die Unternehmensleitung auf Externe vgl. (im Zusammenhang mit Datenschutzbeauftragten) BAG 23.3.2011 – 10 AZR 562/09, BeckRS 2011, 74713). Nach der Abberufung als Geldwäschebeauftragter oder als Stellvertreter ist die Kündigung innerhalb eines Jahres nach der Beendigung der Bestellung unzulässig, es sei denn, dass die verantwortliche Stelle zur Kündigung aus wichtigem Grund ohne Einhaltung einer Kündigungsfrist berechtigt ist (§ 7 Abs. 7 S. 3). Im Weiteren wird auf die Kommentierung zu § 7 verwiesen.

Unter den Personenkreis, der **intern einen geldwäscherechtlich relevanten** 27 **Sachverhalt meldet,** können letztlich alle Beschäftigten des Verpflichteten fallen. Der Schutz knüpft an die interne Meldung des Sachverhalts an. Hieraus darf kein Nachteil erwachsen. Die Formulierung „*geldwäscherechtlich relevanter Sachverhalt*" ist hierbei weit zu fassen und schließt insbesondere Hinweise auf Terrorismusfinanzierung ein (Art. 38 und 61 Abs. 3 UAbs. 2 und 3 der 4. EU-Geldwäscherichtlinie sprechen explizit von einem „*Verdacht auf Geldwäsche oder Terrorismusfinanzierung*"). In der Praxis dürfte es in tatsächlicher (beweisbarer) Hinsicht jedoch schwierig sein, eventuelle Benachteiligungen nach interner Meldung eines geldwäscherechtlich relevanten Sachverhalts (kausal) auf die Meldung beziehen zu können. Arbeitgeber werden arbeitsrechtliche Maßnahmen bis hin zu Kündigungen kaum mit entsprechenden internen Mitteilungen begründen.

VI. Recht der Beschwerde (Abs. 5)

Abs. 5 wurde durch das **Gesetz zur Umsetzung der Änderungsrichtlinie** 28 **zur 4. EU-Geldwäscherichtlinie** (BGBl. 2019 I S. 2602) neu in § 49 eingefügt (→ Rn. 1), die Gesetzesbegründung (BT-Drs. 19/13827, 100) gibt lediglich den Gesetzeswortlaut wieder. Die Norm war im Gesetzgebungsverfahren von Seiten des Bundesrats kritisiert worden, da als problematisch angesehen wurde, dass den Aufsichtsbehörden neue fachfremde Aufgaben übertragen würden, zu deren Erfüllung ihnen weder die arbeitsrechtlichen Fachkenntnisse noch die personellen Ressourcen zu Verfügung stehen (BR-Drs. 598/1/19, Empfehlungen der Ausschüsse v. 21.11.2019; BR-Drs. 598/19, 2). Statt die zuständigen Aufsichtsbehörden nach § 50 als zuständige Beschwerdestelle zu definieren, forderte der Bundesrat, eine zentrale Beschwerdestelle des Bundes zu schaffen (BT-Drs. 19/13827, 142). Der Antrag wurde seitens der Bundesregierung mit der Begründung abgelehnt, es erscheine sachgerechter, aufgrund der Sachnähe und der bei den zuständigen Aufsichtsbehörden aus der laufenden Aufsicht vorhandenen Einblicke in die Abläufe geldwäscherechtlich Verpflichteter die Zuständigkeit für Beschwerden bei Verstößen gegen das Benachteiligungsverbot bei den Aufsichtsbehörden anzusiedeln (zudem käme es zur Überschneidung von Zuständigkeiten zwischen den Aufsichtsbehörden der Länder und der Zentralen Beschwerdestelle des Bundes, vgl. BT-Drs. 19/13827, 151).

§ 49 Abschnitt 6. Pflichten im Zusammenhang m. Meldungen v. Sachverhalten

29 Nach **S. 1** steht einer Person, die aufgrund der Abgabe einer Meldung nach § 43 Abs. 1 oder aufgrund der internen Meldung eines solchen Sachverhalts an den Verpflichteten entgegen dem Benachteiligungsverbot des Abs. 4 einer Benachteiligung im Zusammenhang mit ihrem Beschäftigungsverhältnis ausgesetzt ist, bei der zuständigen Aufsichtsbehörde nach § 50 das Recht der Beschwerde zu.

30 **S. 2** stellt klar, dass der Rechtsweg von dem Beschwerdeverfahren unberührt bleibt. Dies umfasst insbesondere die unabhängig von der Durchführung eines Beschwerdeverfahrens bestehende Möglichkeit der Klage vor den Arbeitsgerichten aufgrund einer Verletzung des Benachteiligungsverbotes nach Abs. 4. Die Regelung eines eigenständigen Rechtsbehelfs ist vor diesem Hintergrund nicht erforderlich (BT-Drs. 19/13827, 100).

31 Gemäß **S. 3** steht dem Beschwerdeführer für die Einreichung der Beschwerde nach S. 1 das vertrauliche Informationssystem der Aufsichtsbehörde nach § 53 Abs. 1 S. 2 zur Verfügung. Die diesbezüglichen „Informationssysteme" sind von den Aufsichtsbehörden bislang noch sehr unterschiedlich ausgestaltet – von der bloßen Angabe einer Postanschrift oder E-Mail-Adresse bis hin zu zertifizierten internetbasierten Hinweisgebersystemen. In der Praxis dürfte diese Möglichkeit der anonymen Mitteilung hinsichtlich einer Benachteiligung im Zusammenhang mit dem Beschäftigungsverhältnis wohl kaum eine große Rolle spielen, da über die jeweilige Sachverhaltsschilderung – sofern es sich nicht um sehr abstrakt formulierte und damit auf eine Vielzahl von Fällen im jeweiligen Unternehmen zutreffende Konstellation handelt – im Regelfall eine Identifizierung des Beschwerdeführers möglich sein wird.

Abschnitt 7. Aufsicht, Zusammenarbeit, Bußgeldvorschriften, Datenschutz

§ 50 Zuständige Aufsichtsbehörde

Zuständige Aufsichtsbehörde für die Durchführung dieses Gesetzes ist
1. die Bundesanstalt für Finanzdienstleistungsaufsicht für
   a) Kreditinstitute mit Ausnahme der Deutschen Bundesbank,
   b) Finanzdienstleistungsinstitute sowie Zahlungsinstitute nach § 1 Absatz 1 Satz 1 Nummer 1 des Zahlungsdienstaufsichtsgesetzes und E-Geld-Institute nach § 1 Absatz 2 Satz 1 Nummer 1 des Zahlungsdiensteaufsichtsgesetzes,
   c) im Inland gelegene Zweigstellen und Zweigniederlassungen von Kreditinstituten mit Sitz im Ausland, von Finanzdienstleistungsinstituten mit Sitz im Ausland und Zahlungsinstituten mit Sitz im Ausland,
   d) Kapitalverwaltungsgesellschaften nach § 17 Absatz 1 des Kapitalanlagegesetzbuchs,
   e) im Inland gelegene Zweigniederlassungen von EU-Verwaltungsgesellschaften nach § 1 Absatz 17 des Kapitalanlagegesetzbuchs sowie von ausländischen AIF-Verwaltungsgesellschaften nach § 1 Absatz 18 des Kapitalanlagegesetzbuchs,
   f) ausländische AIF-Verwaltungsgesellschaften, für die die Bundesrepublik Deutschland Referenzmitgliedstaat ist und die der Aufsicht der Bundesanstalt für Finanzdienstleistungsaufsicht nach § 57 Absatz 1 Satz 3 des Kapitalanlagegesetzbuchs unterliegen,
   g) Zahlungsinstitute und E-Geld-Institute mit Sitz in einem anderen Vertragsstaat des Abkommens über den Europäischen Wirtschaftsraum, Agenten und E-Geld-Agenten nach § 2 Absatz 1 Nummer 4,
   h) Unternehmen und Personen nach § 2 Absatz 1 Nummer 5 und
   i) die Kreditanstalt für Wiederaufbau,
2. für Versicherungsunternehmen nach § 2 Absatz 1 Nummer 7 die jeweils zuständige Aufsichtsbehörde für das Versicherungswesen,
3. für Rechtsanwälte und Kammerrechtsbeistände nach § 2 Absatz 1 Nummer 10 die jeweils örtlich zuständige Rechtsanwaltskammer (§§ 60, 61, 163 Satz 4 der Bundesrechtsanwaltsordnung),
4. für Patentanwälte nach § 2 Absatz 1 Nummer 10 die Patentanwaltskammer (§ 53 der Patentanwaltsordnung),
5. für Notare nach § 2 Absatz 1 Nummer 10 der jeweilige Präsident des Landgerichts, in dessen Bezirk der Notar seinen Sitz hat (§ 92 Nummer 1 der Bundesnotarordnung),
6. für Wirtschaftsprüfer und vereidigte Buchprüfer nach § 2 Absatz 1 Nummer 12 die Wirtschaftsprüferkammer (§ 57 Absatz 2 Nummer 17 der Wirtschaftsprüferordnung),
7. für Steuerberater und Steuerbevollmächtigte nach § 2 Absatz 1 Nummer 12 die jeweils örtlich zuständige Steuerberaterkammer (§ 76 des Steuerberatungsgesetzes),

§ 50 Abschnitt 7. Aufsicht, Zusammenarbeit, Bußgeldvorschriften, Datenschutz

7a. **für Vereine nach § 4 Nummer 11 des Steuerberatungsgesetzes die für die Aufsicht nach § 27 des Steuerberatungsgesetzes zuständige Behörde,**
8. **für die Veranstalter und Vermittler von Glücksspielen nach § 2 Absatz 1 Nummer 15, soweit das Landesrecht nichts anderes bestimmt, die für die glücksspielrechtliche Aufsicht zuständige Behörde und**
9. **im Übrigen die jeweils nach Bundes- oder Landesrecht zuständige Stelle.**

Literatur: *Achtelik/Mohn,* Die Reform der europäischen Finanzaufsichtsstruktur: Auswirkungen auf die Europäischen Aufsichtsbehörden im Banken- und Kapitalmarktbereich, WM 2019, 2339 ff.; BCBS, Consultative Document: Introduction of guidelines on interaction and cooperation between prudential and AML/CFT supervision, 8. November 2019; Europäische Kommission, Action Plan for a comprehensive Union policy on preventing money laundering and terrorist financing C (2020) 2800 final, 7.5.2020; Europäischer Rat, Outcome of Proceedings (14823/19): Council Conclusions on strategic priorities on anti-money laundering and countering the financing of terrorism, 5.12.2019; FATF, The FATF Recommendation, Februar 2012 (aktualisiert Juni 2019); *Herzog/Mülhausen,* Geldwäschebekämpfung und Gewinnabschöpfung, Handbuch der straf- und wirtschaftsrechtlichen Regelungen, 2006, zitiert: *Bearbeiter,* Geldwäschebekämpfung-HdB. Joint Committee, Final report on „Joint Guidelines on cooperation and information exchange for the purpose of Directive (EU) 2015/849 between competent authorities supervising credit and financial institutions" (The AML/CFT Colleges Guidelines), JC 2019 81 vom 16.12.2019; *Tuominen,* A common authority for EU AML/CTF supervision is needed, The EUROFI Magazine, Helsinki 2019, S. 106 f.

Übersicht

	Rn.
I. Allgemeines	1
II. Die zuständigen Behörden	3

I. Allgemeines

1 § 50 GwG enthält eine Benennung der zuständigen Aufsichtsbehörden zur Durchführung der Vorgaben des GwG. Anders als in den Vorgängervorschriften (zuletzt § 16 GwG) wurde dabei die Benennung der Behörden aus Gründen der Übersichtlichkeit von der Darstellung der Aufsichtsaufgaben und den Mitwirkungspflichten der Verpflichteten nach dem GwG getrennt (vgl. dazu §§ 51 f. GwG).

2 Europarechtlich fordert insbesondere Art. 48 der 4. bzw. 5. EU-Geldwäscherichtlinie eine wirksame Behördenaufsicht zur Sicherstellung der in der Richtlinie enthaltenen Vorgaben. Darüber hinaus wird den drei europäischen Finanzaufsichtsbehörden (ESAs) – der Europäischen Bankenaufsichtsbehörde (EBA), der Europäischen Aufsichtsbehörde für das Versicherungswesen und die betriebliche Altersversorgung (EIOPA) sowie der Europäischen Wertpapier- und Marktaufsichtsbehörde (ESMA) – die Befugnis zugewiesen, an die zuständigen Behörden (der Finanzindustrie) gerichtete Leitlinien über die bei der Aufsicht nach risikoorientiertem Ansatz zu beachtenden Merkmale zu veröffentlichen (Art. 48 Abs. 10 der 4. EU-Geldwäscherichtlinie). Mit der Review der Regelungen über diese drei Aufsichtsbehörden wurde dabei die Stellung der EBA zulasten der anderen beiden Finanzaufsichtsbehörden gestärkt (vgl. dazu insgesamt *Achtelik/Mohn* WM 2019, 2339 ff. und speziell zu Zuständigkeiten der EBA in Sachen Geldwäsche S. 2343). Insbeson-

Zuständige Aufsichtsbehörde **§ 50**

dere die Europäische Kommission und einzelne Mitgliedstaaten, aber auch andere Beteiligte streben darüber hinaus eine **Übertragung der Aufsichtskompetenzen** im Bereich der Geldwäsche und Terrorismusbekämpfung auf eine Europäische Behörde bzw. Ebene an (vgl. Europäischer Rat, Nr. 20; Europäische Kommission, S. 7 ff.; *Tuominen* The EUROFI Magazine 2019, 106 f.). Ferner finden sich auch in den Empfehlungen der FATF grundlegende Bestimmungen zu zuständigen Aufsichtsbehörden außerhalb der Finanzwirtschaft. Nach Empfehlung 28 b) der **FATF-Empfehlungen** vom Februar 2012 (FATF, The FATF Recommendation, aktualisiert Juni 2019) ist sicherzustellen, dass auch Nicht-Banken und andere Berufsgruppen wirksamen Systemen zur Überwachung und Sicherstellung der Einhaltung der Verpflichtungen zur Bekämpfung von Geldwäsche und Terrorismusfinanzierung unterliegen und diese auf einer risikoabhängigen Basis erfolgt. Dies kann auch eine geeignete Selbstverwaltungskörperschaft übernehmen, vorausgesetzt dass diese durchzusetzen vermag, dass ihre Mitglieder die Verpflichtungen zur Bekämpfung der Geldwäsche und Terrorismusfinanzierung einhalten.

II. Die zuständigen Behörden

§ 50 GwG enthält eine im Rahmen verschiedener vorangegangener Gesetzesänderungen mehrfach erweiterte bzw. veränderte **Auflistung der zuständigen Behörden** für die Durchführung des GwG. 3

Für die Kreditinstitute, mit Ausnahme der Deutschen Bundesbank, für Finanzdienstleistungsinstitute sowie Zahlungsinstitute und E-Geld-Institute im Sinne von § 1 Abs. 1 S. 1 Nr. 1, Abs. 2 S. 1 Nr. 1 ZAG (vgl. dazu *Achtelik* → ZAG Rn. 1 ff.), für im Inland gelegene Zweigstellen und für Zweigniederlassungen von Kreditinstituten, Finanzdienstleistungsinstituten und Zahlungsinstituten mit Sitz im Ausland, für Kapitalverwaltungsgesellschaften im Sinne von § 17 Abs. 1, für im Inland gelegene Zweigniederlassungen von EU-Verwaltungsgesellschaften im Sinne von § 1 Abs. 17 KAGB sowie ausländischen AIF-Verwaltungsgesellschaften nach § 1 Abs. 18 KAGB, für ausländische AIF-Verwaltungsgesellschaften, für die Deutschland Referenzmitgliedstaat ist und die der Aufsicht der BaFin nach § 1 Abs. 18 KAGB unterliegen, für Zahlungsinstitute und E-Geld-Institute mit Sitz in einem anderen EWR-Vertragsstaat, für Agenten und E-Geld-Agenten gemäß § 2 Abs. 1 Nr. 4 GwG, für Unternehmen und Personen gemäß § 2 Abs. 1 Nr. 5 GwG, sowie, seit dem Gesetz zur Änderung des Gesetzes über die Kreditanstalt für Wiederaufbau und weiterer Gesetze vom 4. 7. 2013, für die Kreditanstalt für Wiederaufbau (KfW) ist die **Bundesanstalt für Finanzdienstleistungsaufsicht (BaFin)** die Aufsichtsbehörde (vgl. § 50 Nr. 1 lit. a–i GwG). Für die KfW war bis zur Zuständigkeitsübernahme durch die BaFin das BMF für die Aufsicht zuständig. Zur Zusammenarbeit von Behörden die für Bankenaufsicht und Behörden die für die Bekämpfung von Geldwäsche/Terrorismusfinanzierung zuständig sind, hat der BCBS im November 2019 ein Konsultationspapier zur Ergänzung seiner *„Sound management of risks related to money laundering and financing of terrorism"* vorgelegt, welches auch Hinweise enthält, wenn – wie in Deutschland – diese Funktionen durch eine Behörde (BaFin) ausgeübt werden (vgl. BCBS, Consultatice Document v. 8. 11. 2019). Besondere Bedeutung nimmt dabei der Informationsaustausch zwischen den Behörden bzw. – bei einer Behörde – den verschiedenen Bereichen ein. Vgl. ferner dazu auch Joint Committee JC 2019 81. 4

Gemäß § 50 Nr. 2 GwG ist die zuständige Aufsichtsbehörde für **Versicherungsunternehmen** iSv § 2 Abs. 1 Nr. 7 GwG, mithin Versicherungsunternehmen nach 5

§ 50 Abschnitt 7. Aufsicht, Zusammenarbeit, Bußgeldvorschriften, Datenschutz

Art. 13 Nr. 1 der Richtlinie 2009/138/EG betreffend die Aufnahme und Ausübung der Versicherungs- und der Rückversicherungstätigkeit (ABl. 2009 L 335, 1) und im Inland gelegene Niederlassungen solcher Unternehmen mit Sitz im Ausland, soweit sie jeweils Lebensversicherungstätigkeiten, die unter diese Richtlinie fallen, anbieten, Unfallversicherungen mit Prämienrückgewähr anbieten oder Darlehen im Sinne von § 1 Abs. 1 S. 2 Nr. 2 KWG vergeben, die jeweils zuständige Aufsichtsbehörde für das Versicherungswesen. Entsprechend dem föderalen System der Bundesrepublik Deutschland ist diese Aufsicht aufgeteilt zwischen der **BaFin und den Aufsichtsbehörden der Länder.** Gem. § 320 Abs. 1 VAG beaufsichtigt die BaFin:
- die privaten Versicherungsunternehmen und Pensionsfonds, die im Inland ihren Sitz oder eine Niederlassung haben oder auf andere Weise das Versicherungs- oder das Pensionsfondsgeschäft betreiben,
- die Versicherungs-Holdinggesellschaften iSd § 7 Nr. 31, die Versicherungs-Zweckgesellschaften iSd § 168 und die Sicherungsfonds iSd § 223 sowie
- die öffentlich-rechtlichen Wettbewerbs-Versicherungsunternehmen, die über das Gebiet eines Landes hinaus tätig sind.

Zu weiteren Einzelheiten vgl. §§ 320 ff. VAG. Die jeweiligen Landesaufsichtsbehörden sind demgegenüber beispielsweise dann zuständig, wenn das Bundesministerium der Finanzen gem. § 321 Abs. 1 VAG auf Antrag der BaFin die Aufsicht über private Versicherungsunternehmen von geringerer wirtschaftlicher Bedeutung, Pensionsfonds iSd § 112 Abs. 1 VAG oder über öffentlich-rechtliche Wettbewerbs-Versicherungsunternehmen mit Zustimmung der zuständigen Landesaufsichtsbehörde auf diese überträgt.

6 Für die in Deutschland tätigen Rechtsanwälte und für Kammerrechtsbeistände nach § 2 Abs. 1 Nr. 10 GwG ist gem. § 50 Nr. 3 GwG die jeweils örtlich zuständige **Rechtsanwaltskammer** einschließlich der Rechtsanwaltskammer beim Bundesgerichtshof (§§ 60, 61, 163 S. 4 BRAO) die zuständige Aufsichtsbehörde. Die Aufsichtsfunktion, namentlich die Überwachung der den Mitgliedern obliegenden Pflichten nach § 73 Abs. 2 Nr. 4 BRAO, ist eine Aufgabe, die dem Vorstand der örtlichen Rechtsanwaltskammern zugewiesen ist (vgl. BT-Drs. 16/9038, 48). Durch diese Einbeziehung der Berufskammervertretungen in die Geldwäschebekämpfung sollen etwaige berufsspezifische Besonderheiten sachgerecht berücksichtigt werden (so *Teichmann/Achsnich* in Herzog/Mülhausen Geldwäschebekämpfung-HdB § 32 Rn. 26).

7 Für den Bereich der Patentanwälte iSv § 2 Abs. 1 Nr. 10 GwG liegt die Zuständigkeit nach § 50 Nr. 4 GwG bei der **Patentanwaltskammer** (§ 53 Patentanwaltsordnung). Es existiert nur eine Patentanwaltskammer für das gesamte Bundesgebiet, die die Aufgaben insoweit umfassend wahrnimmt.

8 Notare üben als unabhängige Träger eines öffentlichen Amtes (so § 1 Bundesnotarordnung) Funktionen aus, die originär dem Staat als Aufgabe zufallen (vgl. *Teichmann/Achsnich* in Herzog/Mülhausen Geldwäschebekämpfung-HdB § 32 Rn. 32). Als solche Träger eines öffentlichen Amtes unterliegen sie der staatlichen Aufsicht gemäß § 92 ff. der Bundesnotarordnung. Durch § 50 Nr. 5 GwG wird festgelegt, dass die Aufsicht über die Einhaltung der den Notar iSv § 2 Abs. 1 Nr. 10 GwG im Rahmen der Verhinderung der Geldwäsche und der Terrorismusfinanzierung obliegenden Pflichten durch den **Präsidenten des Landgerichts,** in dessen Bezirk der Notar seinen Sitz hat, ausgeübt wird (§ 92 Nr. 1 Bundesnotarordnung), vgl. zum Ganzen BT-Drs. 16/9038, 48.

9 Nach der Vorschrift des § 50 Nr. 6 GwG ist für Wirtschaftsprüfer und vereidigte Buchprüfer iSv § 2 Abs. 1 Nr. 12 GwG die Wirtschaftsprüferkammer die zuständige

Zuständige Aufsichtsbehörde §50

Aufsichtsbehörde. Die **Wirtschaftsprüferkammer** hat die Rechtsform einer Körperschaft des öffentlichen Rechts und ist wie die Patentanwaltskammer rechtlich und organisatorisch die einzige für die Aufsicht von Wirtschaftsprüfern in Betracht kommende Einrichtung (vgl. *Teichmann/Achsnich* in Herzog/Mülhausen Geldwäschebekämpfung-HdB § 32 Rn. 33). Für Wirtschaftsprüfer und vereidigte Buchprüfer hat die Wirtschaftsprüferkammer nach § 57 Abs. 2 Nr. 17 der Wirtschaftsprüferordnung die ihr als Bundesberufskammer gesetzlich eingeräumten Befugnisse im Rahmen der Verhinderung der Geldwäsche und der Terrorismusfinanzierung wahrzunehmen. Vereidigte Buchprüfer sind nach § 128 Abs. 3 der Wirtschaftsprüferordnung Mitglied der Wirtschaftsprüferkammer und damit deren Aufsicht unterstellt (vgl. BT-Drs. 16/9038, 48).

Als zuständige Aufsichtsbehörde für die Einhaltung der Anforderungen des GwG legt § 50 Nr. 7 GwG für Steuerberater und Steuerbevollmächtigte iSv § 2 Abs. 1 Nr. 12 GwG die jeweils örtlich zuständige **Steuerberaterkammer** fest, welcher gem. § 76 Abs. 1 des Steuerberatungsgesetzes die Aufgabe zukommt, die Erfüllung der beruflichen Pflichten ihrer Mitglieder zu überwachen. Durch das Gesetz zur Umsetzung der Änderungsrichtlinie zur Vierten EU-Geldwäscherichtlinie wurde zudem in § 50 Nr. 7a ergänzend geregelt, dass für neu in den Verpflichtetenkreis iSv § 2 Abs. 1 Nr. 12 GwG aufgenommene Vereine nach § 4 Nr. 11 StBerG (Lohnsteuerhilfevereine) die für die Aufsicht nach § 27 StBerG zuständige Behörde auch für das GwG zuständig ist (vgl. Begr. zu § 50 Nr. 7a GwG in BT-Drs. 19/13827). Nach § 27 Abs. 1 S. 1 StBerG handelt es sich dabei um die Oberfinanzdirektion oder die durch die Landesregierung bestimmte Landesfinanzbehörde. 10

Als zuständige Aufsichtsbehörde für Veranstalter und Vermittler von Glücksspielen iSv § 2 Abs. 1 Nr. 15 GwG ist nach § 50 Nr. 8 GwG, soweit das Landesrecht nichts anderes bestimmt, die für die **glücksspielrechtliche Aufsicht** zuständige Behörde zuständig. Hintergrund der Regelung ist der Wille des Gesetzgebers, dass die geldwäscherechtliche Zuständigkeit grundsätzlich der glücksspielrechtlichen Zuständigkeit folgen soll (Bericht des Finanzausschusses v. 8.11.2012, BT-Drs. 17/11416, 13) bzw. bei einer Stelle vereint wird (Begr. zu § 50 Nr. 8 GwG in BT-Drs. 19/13827). Sofern die glücksspielrechtliche Zuständigkeit bei den Ländern verbleibt, ist es durch Landesrecht möglich, die Zuständigkeit auf eine andere Behörde zu übertragen. Im Gesetzgebungsverfahren zum in 2013 in Kraft getretenen Geldwäscheergänzungsgesetz vom 18.2.2013 (BGBl. I S. 268 ff.) konnte sich der Bundesrat nicht mit seiner Prüfbitte durchsetzen, die Zuständigkeit der Bundesländer für die geldwäscherechtliche Aufsichtstätigkeit im Bereich des damals allein relevanten Online-Glücksspiels aus Gründen eines bundeseinheitlichen Vollzugs und einer effektiven Aufsichtswahrnehmung in eine zentrale Aufgabenwahrnehmung durch den Bund zu überführen (BR-Drs. 701/12, 1). 11

§ 50 Nr. 9 GwG dient als **Auffangregelung** für Verpflichtete, für die das GwG keine Sonderregelung bzgl. einer Aufsichtszuständigkeit enthält. Sofern dies der Fall ist, liegt die Zuständigkeit bei der jeweils nach Bundes- oder Landesrecht zuständigen Stelle (vgl. dazu auch BT-Drs. 19/13005 – Antwort der Bundesregierung auf die kleine Anfrage der Abgeordneten Christian Dürr, Dr. Florian Toncar, Frank Schäffler, weiterer Abgeordneter und der Fraktion der FDP, dort Antwort zu Fragen 2 bis 5). Dafür ergibt sich in den Ländern folgende Übersicht für den Nichtfinanzsektor (vgl. dazu auch BT-Drs. 19/2449 – Antwort der Bundesregierung auf die Kleine Anfrage der Abgeordneten Lisa Paus, Christian Kühn (Tübingen), Irene Mihalic, weiterer Abgeordneter und der Fraktion BÜNDNIS 90/DIE GRÜNEN, dort Antwort zu Frage 27): 12

§ 50 Abschnitt 7. Aufsicht, Zusammenarbeit, Bußgeldvorschriften, Datenschutz

Baden-Württemberg: Regierungspräsidien Stuttgart, Karlsruhe, Freiburg und Tübingen (§ 1 VO des Innenministeriums über die Zuständigkeit nach dem Geldwäschegesetz).

Bayern: Regierung von Mittelfranken für Unter-, Ober- und Mittelfranken, Schwaben und die Oberpfalz sowie der Regierung von Niederbayern für Ober- und Niederbayern (§ 8a Zuständigkeitsverordnung (ZustV)).

Berlin: Senatsverwaltung für Wirtschaft, Energie und Betriebe (§ 2 Abs. 4 S. 1 Allgemeines Sicherheits- und Ordnungsgesetzes iVm Nr. 12 Abs. 10 Zuständigkeitskatalog Ordnungsaufgaben).

Brandenburg: Ministerium für Wirtschafts- und Energie (Geldwäschezuständigkeitsverordnung).

Bremen: Senatorin für Wirtschaft, Arbeit und Europa (§ 1 Abs. 1 Bekanntmachung über die nach dem GwG zuständigen Behörden).

Hamburg: Behörde für Wirtschaft, Verkehr und Innovation (Ziff. II der Anordnung zur Durchführung des Geldwäschegesetzes v. 23.6.2017).

Hessen: Regierungspräsidien Darmstadt, Gießen und Kassel.

Mecklenburg-Vorpommern: Ministerium für Wirtschaft, Arbeit und Gesundheit (Landesverordnung zur Übertragung der Zuständigkeiten nach dem Geldwäschegesetz (GwGZust-LVO)).

Niedersachsen: Landeshauptstadt Hannover, die Stadt Göttingen, die Region Hannover, die Landkreise sowie die kreisfreien Städte (VO über Zuständigkeiten auf dem Gebiet des Wirtschaftsrechts sowie in anderen Rechtsgebieten).

Nordrhein-Westfalen: Bezirksregierungen Arnsberg, Detmold, Düsseldorf, Köln und Münster (§ 8 Abs. 3 Landesorganisationsgesetz).

Rheinland-Pfalz: Aufsichts- und Dienstleistungsdirektion (ADD) Trier sowie Kreis- bzw. Stadtverwaltungen als Kreisordnungsbehörden (Landesverordnung über Zuständigkeiten nach dem Geldwäschegesetz).

Saarland: Landesverwaltungsamt (Rechtsverordnung aufgrund § 5 Abs. 3 Landesorganisationsgesetz).

Sachsen: Landesdirektion Sachsen (Sächsische Geldwäschegesetz-Zuständigkeitsverordnung (Sächs-GwGZuStVO).

Sachsen-Anhalt: Landesverwaltungsamt (Sechste Verordnung v. 16.3.2011 (GVBl. LSA Nr. 8/2011).

Schleswig-Holstein: Finanzministerium des Landes Schleswig-Holstein (§ 1 Landesverordnung zur Bestimmung der für die Durchführung des Geldwäschegesetzes zuständigen Behörde für bestimmte Verpflichtete).

Thüringen: Thüringer Landesverwaltungsamt (§ 5a Thüringer Zuständigkeitsermächtigungsverordnung Gewerbe (ThürZustErmGeVO)).

Im Gesetzgebungsverfahren zum Geldwäscheergänzungsgesetz vom 18.2.2013 (BGBl. I S. 268 ff.) konnte sich der Bundesrat nicht mit seiner Prüfbitte durchsetzen, die Zuständigkeit der Bundesländer für die Aufsichtsbehörden für Verpflichtete im Nichtfinanzsektor aus Gründen eines **bundeseinheitlichen Vollzugs** und einer effektiven Aufsichtswahrnehmung in eine zentrale Aufgabenwahrnehmung durch den Bund zu überführen (BR-Drs. 701/12, 1).

§ 51 Aufsicht

(1) Die Aufsichtsbehörden üben die Aufsicht über die Verpflichteten aus.

(2) Die Aufsichtsbehörden können im Rahmen der ihnen gesetzlich zugewiesenen Aufgaben die geeigneten und erforderlichen Maßnahmen und Anordnungen treffen, um die Einhaltung der in diesem Gesetz und der in aufgrund dieses Gesetzes ergangenen Rechtsverordnungen festgelegten Anforderungen sicherzustellen. Insbesondere können die Aufsichtsbehörden in diesem Rahmen durch erforderliche Maßnahmen und Anordnungen sicherstellen, dass die Verpflichteten diese Anforderungen auch im Einzelfall einhalten und nicht entgegen diesen Anforderungen Geschäftsbeziehungen begründen oder fortsetzen und Transaktionen durchführen. Sie können hierzu auch die ihnen für sonstige Aufsichtsaufgaben eingeräumten Befugnisse ausüben. Widerspruch und Anfechtungsklage gegen diese Maßnahmen haben keine aufschiebende Wirkung.

(3) Die Aufsichtsbehörde nach § 50 Nummer 1, soweit sich die Aufsichtstätigkeit auf die in § 50 Nummer 1 Buchstabe g und h genannten Verpflichteten bezieht, und die Aufsichtsbehörden nach § 50 Nummer 3 bis 9 können bei den Verpflichteten Prüfungen zur Einhaltung der in diesem Gesetz festgelegten Anforderungen durchführen. Die Prüfungen können ohne besonderen Anlass vor Ort und anderswo erfolgen. Die Aufsichtsbehörden können die Durchführung der Prüfungen vertraglich auf sonstige Personen und Einrichtungen übertragen. Häufigkeit und Intensität der Prüfungen haben sich am Risikoprofil der Verpflichteten im Hinblick auf Geldwäsche und Terrorismusfinanzierung zu orientieren, das in regelmäßigen Abständen und bei Eintritt wichtiger Ereignisse oder Entwicklungen in deren Geschäftsleitung und Geschäftstätigkeit neu zu bewerten ist.

(4) Für Maßnahmen und Anordnungen nach dieser Vorschrift kann die Aufsichtsbehörde nach § 50 Nummer 8 und 9 zur Deckung des Verwaltungsaufwands Kosten erheben.

(5) Die Aufsichtsbehörde nach § 50 Nummer 1, soweit sich die Aufsichtstätigkeit auf die in § 50 Nummer 1 Buchstabe g und h genannten Verpflichteten bezieht, und die Aufsichtsbehörden nach § 50 Nummer 3 bis 9 können einem Verpflichteten, dessen Tätigkeit einer Zulassung bedarf und durch die Aufsichtsbehörde zugelassen wurde, die Ausübung des Geschäfts oder Berufs vorübergehend untersagen oder ihm gegenüber die Zulassung widerrufen, wenn der Verpflichtete vorsätzlich oder fahrlässig
1. gegen die Bestimmungen dieses Gesetzes, gegen die zur Durchführung dieses Gesetzes erlassenen Verordnungen oder gegen Anordnungen der zuständigen Aufsichtsbehörde verstoßen hat,
2. trotz Verwarnung durch die zuständige Aufsichtsbehörde dieses Verhalten fortsetzt und
3. der Verstoß nachhaltig ist.

Hat ein Mitglied der Führungsebene oder ein anderer Beschäftigter eines Verpflichteten vorsätzlich oder fahrlässig einen Verstoß nach Satz 1 begangen, kann die Aufsichtsbehörde nach § 50 Nummer 1, soweit sich die Aufsichtstätigkeit auf die in § 50 Nummer 1 Buchstabe g und h genannten Verpflichteten bezieht, und können die Aufsichtsbehörden nach § 50 Nummer 3 bis 9 dem Verstoßenden gegenüber ein vorübergehendes Verbot zur Ausübung einer Leitungsposition bei Verpflichteten nach § 2 Absatz 1 aussprechen. Handelt es sich bei der Aufsichtsbehörde nicht um die Behörde, die dem Verpflichteten für die Ausübung seiner Tätigkeit die Zulassung erteilt hat, führt die Zulassungsbehörde auf Verlangen derjenigen Aufsichtsbehörde, die einen Verstoß nach Satz 1 festgestellt hat, das Verfahren entsprechend Satz 1 oder 2 durch.

(5a) Ist die für die Aufsicht über einen Verpflichteten nach § 50 Nummer 1 Buchstabe g und h zuständige Behörde eine Behörde in einem anderen Mitgliedstaat der Europäischen Union oder in einem anderen Vertragsstaat des Abkommens über den Europäischen Wirtschaftsraum, kann die Aufsichtsbehörde nach § 50 Nummer 1, wenn die ausländische Behörde selbst keine Maßnahmen ergreift oder sich die von ihr ergriffenen Maßnahmen als unzureichend erweisen und eine sofortige Abhilfe geboten ist, nach Unterrichtung der zuständigen ausländischen Behörde die zur Behebung eines schweren Verstoßes erforderlichen Maßnahmen ergreifen. Soweit erforderlich, kann sie die Durchführung neuer Geschäfte im Inland untersagen. In dringenden Fällen kann die Aufsichtsbehörde nach § 50 Nummer 1 vor Unterrichtung die erforderlichen Maßnahmen ergreifen. Die Maßnahmen müssen befristet und im Hinblick auf den mit ihnen verfolgten Zweck, der Abwendung schwerer Verstöße gegen die Bestimmungen dieses Gesetzes, gegen die zur Durchführung dieses Gesetzes erlassenen Verordnungen oder gegen Anordnungen der zuständigen Aufsichtsbehörden, angemessen sein. Sie sind zu beenden, wenn die festgestellten schweren Verstöße abgewendet wurden. In dringenden Fällen des Satzes 3 ist die ausländische Behörde über die ergriffenen Maßnahmen unverzüglich zu unterrichten.

(5b) Verpflichtete nach § 2 Absatz 1 Nummer 13 haben sich unter Angabe ihrer konkreten Tätigkeit bei der Aufsichtsbehörde zu registrieren, wenn sie nicht bereits nach anderen Vorschriften einer Anmeldung, Eintragung, Erlaubnis oder Zulassung bedürfen. Soweit nicht nach anderen Vorschriften die Befugnis hierzu besteht, kann die Aufsichtsbehörde Mitglieder der Führungs- und Leitungsebene des Verpflichteten abberufen, soweit begründete Tatsachen die Annahme rechtfertigen, dass diese nicht die erforderliche Eignung oder Zuverlässigkeit besitzen. Die Aufsichtsbehörde kann Verpflichteten, bei denen begründete Tatsachen die Annahme rechtfertigen, dass der wirtschaftlich Berechtigte die erforderliche Eignung oder Zuverlässigkeit nicht besitzt, die Ausübung der Dienstleistung nach § 2 Absatz 1 Nummer 13 untersagen. Absatz 5 Satz 1 und 2 gilt entsprechend.

(6) Die nach § 50 Nummer 9 zuständige Aufsichtsbehörde übt zudem die Aufsicht aus, die ihr übertragen ist nach Artikel 55 Absatz 1 der Verordnung (EU) Nr. 1031/2010 der Kommission vom 12. November 2010 über den zeitlichen und administrativen Ablauf sowie sonstige Aspekte der Versteigerung von Treibhausgasemissionszertifikaten gemäß der Richtlinie 2003/87/EG des Europäischen Parlaments und des Rates über ein System für den Handel mit Treibhausgasemissionszertifikaten in der Gemeinschaft (ABl. L 302 vom 18.11.2010, S. 1).

Aufsicht **§ 51**

(7) Die nach § 50 Nummer 8 und 9 zuständige Aufsichtsbehörde für Verpflichtete nach § 2 Absatz 1 Nummer 15 kann zur Erfüllung ihrer Aufgaben im Einzelfall bei einem Verpflichteten nach § 2 Absatz 1 Nummer 1 oder Nummer 3 Auskünfte einholen zu Zahlungskonten nach § 1 Absatz 17 des Zahlungsdiensteaufsichtsgesetzes und zu darüber ausgeführten Zahlungsvorgängen
1. eines Veranstalters oder Vermittlers von Glücksspielen im Internet, unabhängig davon, ob er im Besitz einer glücksspielrechtlichen Erlaubnis ist, sowie
2. eines Spielers.

(8) Die Aufsichtsbehörde stellt den Verpflichteten regelmäßig aktualisierte Auslegungs- und Anwendungshinweise für die Umsetzung der Sorgfaltspflichten und der internen Sicherungsmaßnahmen nach den gesetzlichen Bestimmungen zur Verhinderung von Geldwäsche und von Terrorismusfinanzierung zur Verfügung. Sie kann diese Pflicht auch dadurch erfüllen, dass sie solche Hinweise, die durch Verbände der Verpflichteten erstellt worden sind, genehmigt.

(9) Die Aufsichtsbehörden haben zur Dokumentation ihrer Aufsichtstätigkeit folgende Daten in Form einer Statistik vorzuhalten:
1. Daten zur Aufsichtstätigkeit pro Kalenderjahr, insbesondere:
   a) die Anzahl der in der Aufsichtsbehörde beschäftigten Personen, gemessen in Vollzeitäquivalenten, die mit der Aufsicht über die Verpflichteten nach § 2 Absatz 1 betraut sind;
   b) die Anzahl der durchgeführten Vor-Ort-Prüfungen und der sonstigen ergriffenen Prüfungsmaßnahmen, differenziert nach den betroffenen Verpflichteten nach § 2 Absatz 1;
   c) die Anzahl der Maßnahmen nach Buchstabe b, bei denen die Aufsichtsbehörde eine Pflichtverletzung nach diesem Gesetz oder nach einer auf der Grundlage dieses Gesetzes erlassenen Rechtsverordnung festgestellt hat, sowie die Anzahl der Fälle, in denen die Aufsichtsbehörde anderweitig Kenntnis von einer solchen Pflichtverletzung erlangt hat, und
   d) Art und Umfang der daraufhin von der Aufsichts- und Verwaltungsbehörde e rechtskräftig ergriffenen Maßnahmen; dazu gehören die Anzahl
      aa) der erteilten Verwarnungen,
      bb) der festgesetzten Bußgelder einschließlich der jeweiligen Höhe, differenziert danach, ob und inwieweit eine Bekanntmachung nach § 57 erfolgte,
      cc) der angeordneten Abberufungen von Geldwäschebeauftragten oder Mitgliedern der Geschäftsführung,
      dd) der angeordneten Erlaubnisentziehungen,
      ee) der sonstigen ergriffenen Maßnahmen;
   e) Art und Umfang der Maßnahmen, um die Verpflichteten nach § 2 Absatz 1 über die von ihnen einzuhaltenden Sorgfaltspflichten und internen Sicherungsmaßnahmen zu informieren;
2. die Anzahl der von der Aufsichtsbehörde nach § 44 abgegebenen Verdachtsmeldungen pro Kalenderjahr, differenziert nach den betroffenen Verpflichteten nach § 2 Absatz 1.

Achtelik 811

§ 51 Abschnitt 7. Aufsicht, Zusammenarbeit, Bußgeldvorschriften, Datenschutz

Die Aufsichtsbehörden haben dem Bundesministerium der Finanzen und der Zentralstelle für Finanztransaktionsuntersuchungen die Daten nach Satz 1 mit Stand zum 31. Dezember des Berichtsjahres bis zum 31. März des Folgejahres in elektronischer Form zu übermitteln. Das Bundesministerium der Finanzen und die Zentralstelle für Finanztransaktionsuntersuchungen können dazu einen gemeinsamen Vordruck vorsehen. Die Aufsichtsbehörden teilen der Zentralstelle für Finanztransaktionsuntersuchungen ihre Kontaktdaten, ihre Angaben zu ihrem Zuständigkeitsbereich und ihre Änderungen der Daten unverzüglich mit.

(10) Die zuständigen Aufsichtsbehörden unterrichten das Bundesministerium der Finanzen vor der Anordnung oder der Anwendung der in § 15 Absatz 5a genannten Maßnahmen. Das Bundesministerium der Finanzen unterrichtet die Europäische Kommission vor der Anordnung oder der Anwendung der in § 15 Absatz 5a genannten Maßnahmen durch die zuständigen Aufsichtsbehörden sowie über den Erlass einer Rechtsverordnung nach § 15 Absatz 10 Satz 1 Nummer 2.

Literatur: *Achtelik*, Politisch exponierte Personen in der Geldwäschebekämpfung, Aachen 2009; BaFin, Auslegungs- und Anwendungshinweise zum Geldwäschegesetz – Besonderer Teil für Versicherungsunternehmen, Stand: Januar 2020; BaFin, Auslegungs- und Anwendungshinweise zum Geldwäschegesetz, Stand: Mai 2020; BaFin, Jahresbericht 2019; BaFin, Rundschreiben 2/2012 (GW) vom 21.3.2012, I. Neue internationale Standards der FATF, II. Erklärung der FATF vom 16.2.2012 zum Iran, zur Demokratischen Volksrepublik Korea (Nordkorea) sowie weiteren Ländern, III. Informationsbericht der FATF vom 16.2.2012 zu Ländern unter Beobachtung, IV. Länder und Gebiete mit gleichwertigen Anforderungen bei der Verhinderung von Geldwäsche und Terrorismusfinanzierung; hier: Änderung der Drittlandäquivalenzliste, V. Gesetz zur Optimierung der Geldwäscheprävention, GZ: GW 1-GW 2001–2008/0003; *Bentele/Schirmer*, Im Geldwäscherecht viel Neues – Das Gesetz zur Optimierung der Geldwäscheprävention, ZBB 2012, 303 ff.; BMF, Strategie gegen Geldwäsche und Terrorismusfinanzierung, Stand: Dezember 2019; FATF, Guidance for a Risk Based Approach for Legal Professionals, Juni 2019; Guidance for a Risk Based Approach for the Accounting Profession, Juni 2019; Guidance for a Risk Based Approach for Trust and Company Service Providers, Juni 2019; FATF, The FATF Recommendation, Februar 2012 (aktualisiert Juni 2019); FATF, Mutual Evaluation Report Germany, Februar 2010; FATF, The 40 Recommendations, Juni 2003; *Herzog/Mülhausen*, Geldwäschebekämpfung und Gewinnabschöpfung, Handbuch der straf- und wirtschaftsrechtlichen Regelungen, 2006, zitiert: *Bearbeiter* in Herzog/Mülhausen; *Höche/Rößler*, Das Gesetz zur Optimierung der Geldwäscheprävention und die Kreditwirtschaft, WM 2012, 1505 ff.; *Inderwies*, Das Gesetz zur Optimierung der Geldwäscheprävention, BankPraktiker 2012, 102 ff.; Oberste Glücksspielaufsichtsbehörden der Länder, Auslegungs- und Anwendungshinweise zum Geldwäschegesetz (GwG) für Veranstalter und Vermittler von Glücksspielen, Stand: 1.2.2019; *Ruppert*, Gesetz zur Optimierung der Geldwäscheprävention: Neue Pflichten für Steuerberater, DStR 2012, 100 ff.; *Zentes/Glaab* (Hrsg.), GwG, 2018.

Übersicht

	Rn.
I. Allgemeines	1
II. Ausübung der Aufsicht (Abs. 1)	3
III. Maßnahmen und Anordnungen (Abs. 2)	4
IV. Durchführung von Prüfungen (Abs. 3)	5
V. Kostenerhebung (Abs. 4)	7
VI. Untersagung der Geschäfts- oder Berufsausübung (Abs. 5)	8

Aufsicht **§ 51**

	Rn.
VII. Abhilfezuständigkeit in Eilfällen (Abs. 5a)	9
VIII. Spezielle Zuständigkeit für Verpflichtete nach § 2 Abs. 1 Nr. 13 GwG (Abs. 5b)	10
IX. Sonderzuständigkeit (Abs. 6)	11
X. Zusätzliche Auskunftsmöglichkeiten im Kontext des Glücksspiels (Abs. 7)	12
XI. Auslegungs- und Anwendungshinweise (Abs. 8)	13
XII. Dokumentationspflichten der Aufsichtsbehörden (Abs. 9)	14
XIII. Unterrichtungspflichten (Abs. 10)	17
XIV. Bußgeldvorschriften	18

I. Allgemeines

Mit Ausnahme von Teilen von § 51 Abs. 5 sowie § 51 Abs. 9 GwG sowie den erst durch das Gesetz zur Umsetzung der Änderungsrichtlinie zur Vierten EU-Geldwäscherichtlinie vom 12.12.2019 (BGBl. I S. 2602) eingefügten § 51 Abs. 2 S. 2, Abs. 5a, 5b und 10 enthält die Vorschrift Regelungen, die bereits in § 16 GwG idF vor Inkrafttreten des Gesetzes zur Umsetzung der Vierten EU-Geldwäscherichtlinie, zur Ausführung der EU-Geldtransferverordnung und zur Neuorganisation der Zentralstelle für Finanztransaktionsuntersuchungen enthalten waren. Die **Gesetzeshistorie** stellt sich dabei im Einzelnen wie folgt dar: Bereits § 16 GwG idF vor Inkrafttreten des Geldwäschebekämpfungsergänzungsgesetz vom 13.8.2008 (BGBl. I S. 1690 ff.) bestimmte die zuständigen Behörden für die Durchführung des GwG. Mit der vorstehend genannten Gesetzesänderung wurde der Aufsichtsaspekt auch in besonderer Weise hervorgehoben. Nach geringfügigeren Änderungen des seinerzeitigen § 16 GwG durch das Gesetz zur Umsetzung der aufsichtsrechtlichen Vorschriften der Zahlungsdiensterichtlinie vom 26.6.2009 (BGBl. I S. 1506 ff.) und dem Gesetz zur Umsetzung der Zweiten E-Geld-Richtlinie vom 1.3.2011 (BGBl. I S. 288 ff.), mit denen im Wesentlichen Anpassungen auf Grund der Vorgaben und Änderungen des ZAG nachvollzogen wurden, wurden zunächst durch das Gesetz zur Umsetzung der Richtlinie 2009/65/EG zur Koordinierung der Rechts- und Verwaltungsvorschriften betreffend bestimmte Organismen für gemeinsame Anlagen in Wertpapieren (OGAW-IV-UmsG) vom 22.6.2011 (BGBl. I S. 1126 ff.) grundlegende Ergänzungen der Norm vorgenommen. So wurde im Rahmen des OGAW-IV-UmsG in § 16 Abs. 3 GwG eine anlassunabhängige Präventivaufsicht (Bericht des Finanzausschusses v. 7.4.2011, BT-Drs. 17/5417, 14; *Ruppert* DStR 2012, 100 (103f.)), in § 16 Abs. 4 GwG ein Zeugnisverweigerungsrecht, in § 16 Abs. 5 GwG eine Pflicht der zuständigen Behörden gegenüber den Verpflichteten zur Verfügungstellung regelmäßiger und aktualisierter Auslegungs- und Anwendungshinweise und in § 16 Abs. 6 GwG eine Informationspflicht der zuständigen Behörden gegenüber den Verpflichteten über gleichwertige Drittstaaten eingefügt. Durch das Gesetz zur Optimierung der Geldwäscheprävention vom 22.12.2011 (BGBl. I S. 2959 ff.) wurde den zuständigen Behörden in § 16 Abs. 1 GwG sodann insbesondere das Recht eingeräumt, zur Deckung des Verwaltungsaufwands nach dem GwG Gebühren und Auslagen zu erheben. Ferner wurde bestimmten Behörden das Recht eingeräumt unter bestimmten Voraussetzungen eine Ausübung des Geschäfts oder des Berufs zu untersagen (vgl. auch *Höche/Rößler* WM 2012, 1505 (1510)). Zurückgenommen wurde in diesem Kontext die erst im Rahmen des

§ 51 Abschnitt 7. Aufsicht, Zusammenarbeit, Bußgeldvorschriften, Datenschutz

OGAW-IV-UmsG eröffnete Möglichkeit der anlasslosen Routineprüfungen bei den kammerzugehörigen Verpflichteten, insbesondere bei Rechts- und Patentanwälten, Notaren, Wirtschaftsprüfern und vereidigten Buchprüfer sowie Steuerberatern (vgl. dazu im Hinblick auf Steuerberater *Ruppert* DStR 2012, 100 (104)). Ferner geändert wurde § 16 GwG schließlich im Rahmen des Gesetzes zur Ergänzung des Geldwäschegesetzes (GwErgG) vom 18.2.2013 (BGBl. I S. 268ff.) ua durch den Ausschluss der aufschiebenden Wirkung von Widerspruch und Anfechtungsklage gegen Maßnahmen nach § 16 Abs. 1 S. 2 und 5 GwG und die Zuständigkeitszuweisung für Verpflichtete nach § 2 Abs. 1 Nr. 12 (Veranstalter und Vermittler von Glücksspielen im Internet) an die für die Erteilung der glücksspielrechtlichen Erlaubnis zuständigen Behörde, soweit landesrechtlich keine andere Zuweisung getroffen wird.

2   Seine **europarechtliche Grundlage** findet § 51 GwG im Wesentlichen in Art. 44, 47, 48 der 4. und 5. EU-Geldwäscherichtlinie. Ferner finden sich auch in den Empfehlungen der FATF grundlegende Bestimmungen zu zuständigen Aufsichtsbehörden außerhalb der Finanzwirtschaft. Nach Empfehlung 28b) der FATF-Empfehlungen vom Februar 2012 (FATF, The FATF Recommendation, aktualisiert Juni 2019) ist sicherzustellen, dass auch Nicht-Banken und andere Berufsgruppen wirksamen Systemen zur Überwachung und Sicherstellung der Einhaltung der Verpflichtungen zur Bekämpfung von Geldwäsche und Terrorismusfinanzierung unterliegen und diese auf einer risikoabhängigen Basis erfolgt. Dies kann auch eine geeignete Selbstverwaltungskörperschaft übernehmen, vorausgesetzt, dass diese durchzusetzen vermag, dass ihre Mitglieder die Verpflichtungen zur Bekämpfung der Geldwäsche und Terrorismusfinanzierung einhalten.

II. Ausübung der Aufsicht (Abs. 1)

3   § 51 Abs. 1 GwG stellt zunächst lediglich klar, dass die in § 50 GwG genannten Aufsichtsbehörden diejenigen sind, die in geldwäscherechtlicher Hinsicht die **Aufsicht über die Verpflichteten** nach § 2 Abs. 1 GwG ausüben. Demgegenüber enthalten § 51 Abs. 2ff. GwG dann im Wesentlichen die konkreten Aufsichtsbefugnisse. Die Zuweisung der Aufsichtsbefugnis steht dabei unkonventionellen Wegen der Zusammenarbeit von Aufsichtsbehörden und Verpflichteten unter Einschluss von FIU und Bundeskriminalamt (BKA) nicht entgegen. So haben im September 2019 BaFin, FIU, BKA und rund 15 Banken mit einer **Anti Financial Crime Alliance** (AFCA) eine öffentlich private Partnerschaft begründet, um den Informationsaustausch im Kampf gegen Geldwäsche und Terrorismusfinanzierung zu verbessern. Die Beschränkung auf den Finanzsektor soll dabei zunächst eine Pilotphase darstellen. Vgl. im Einzelnen dazu auch die Veröffentlichung der FIU und BaFin im Internet unter https://www.zoll.de/DE/Fachthemen/FIU/Anti-Financial-Crime-Alliance-(AFCA)/anti-financia-crime-alliance-(afca)_node.html (Stand: 31.7.2020) bzw. https://www.bafin.de/SharedDocs/Veroeffentlichungen/DE/Meldung/2019/meldung_190925_Anti_Financial_Crime.html (Stand: 31.7.2020) BaFin, Jahresbericht 2019, S. 32 sowie BMF, S. 9f.

Aufsicht **§ 51**

III. Maßnahmen und Anordnungen (Abs. 2)

Nach § 51 Abs. 2 S. 1 GwG können die zuständigen Aufsichtsbehörden im Rah- 4
men der ihnen gesetzlich zugewiesenen Aufgaben die **geeigneten und erforderlichen Maßnahmen** (vgl. zu Maßnahmen im Nichtfinanzbereich BT-Drs. 19/2449 – Antwort der Bundesregierung auf die Kleine Anfrage der Abgeordneten Lisa Paus, Christian Kühn (Tübingen), Irene Mihalic, weiterer Abgeordneter und der Fraktion BÜNDNIS 90/DIE GRÜNEN, dort Antwort zu Fragen 28 f.) ergreifen, um die Einhaltung sämtlicher im GwG – und etwaiger auf der Grundlage des GwG erlassener Rechtsverordnungen – festgelegter Anforderungen sicherzustellen, zB im Hinblick auf Aufzeichnungs- und Aufbewahrungspflichten, Erstellung der Risikoanalyse, Risikomanagement, interner Sicherungsmaßnahmen, Einhaltung der Kundensorgfaltspflichten etc. Dabei handelt es sich letztlich um eine generalklauselartige Norm (vgl. *Wende/Weber* in Zentes/Glaab GwG § 51 Rn. 6). In mindestens drei Fällen hat die BaFin in jüngster Zeit von dieser Befugnis formell aber in unterschiedlicher Weise Gebrauch gemacht und eine Kurzfassung der Anordnungen auf Grundlage von § 57 GwG auch veröffentlicht (vgl. dazu auch BaFin, Jahresbericht 2019, S. 31 f.). Im September 2018 hatte die BaFin zunächst gegenüber einem Institut angeordnet, angemessene interne Sicherungsmaßnahmen zu ergreifen und allgemeine Sorgfaltspflichten einzuhalten und zur Überwachung der Umsetzung der Anordnung einen Sonderbeauftragten gemäß 45 c Abs. 1, Abs. 2 Nr. 6 KWG bestellt. Dessen Mandat wurde sodann im Februar 2019 weiter präzisiert. Gegenüber einem anderen Institut erging im Mai 2019 ebenfalls eine Anordnung, angemessene interne Sicherungsmaßnahmen zu ergreifen und allgemeine Sorgfaltspflichten einzuhalten, wobei in diesem Fall einzelne konkrete Maßnahmen in der Veröffentlichung der BaFin genannt wurden, so die Abarbeitung eines Rückstaus im EDV-Monitoring, der Verschriftlichung von Prozessbeschreibungen und Arbeitsabläufen, der Neuidentifizierung von Bestandskunden sowie der Sicherstellung einer angemessenen personell und technisch-organisatorischen Ausstattung. Im dritten Fall im Oktober 2019 wurde ein Bank auf Grundlage von § 51 Abs. 2 S. 1 GwG aufgefordert, einen entstandenen Rückstand bei der Bearbeitung auffälliger Transaktionen im Datenverarbeitungssystem nach § 25 h Abs. 2 KWG aufzuarbeiten. Insbesondere können die Aufsichtsbehörden, um nicht auf eine reine Systemaufsicht beschränkt zu sein (Begr. zu § 51 Abs. 2 S. 2 GwG in BT-Drs. 19/13827), gemäß § 51 Abs. 2 S. 2 GwG durch erforderliche Maßnahmen und Anordnungen sicherstellen, dass die Verpflichteten diese Anforderungen auch im Einzelfall einhalten und nicht entgegen diesen Anforderungen Geschäftsbeziehungen begründen oder fortsetzen und Transaktionen durchführen. Nach § 51 Abs. 2 S. 3 GwG können die zuständigen Aufsichtsbehörden in obigem Rahmen auch die ihnen für sonstige Aufsichtsaufgaben eingeräumten Befugnisse nutzen. **Widerspruch und Anfechtungsklagen** gegen Maßnahmen und Anordnungen haben nach § 51 Abs. 2 S. 4 GwG keine aufschiebende Wirkung. Die Regelung wurde bei Einfügung in die Vorgängernorm (§ 16 Abs. 1 S. 6 GwG idF vor Inkrafttreten des Gesetzes zur Umsetzung der Vierten EU-Geldwäscherichtlinie, zur Ausführung der EU-Geldtransferverordnung und zur Neuorganisation der Zentralstelle für Finanztransaktionsuntersuchungen) damit begründet, dass im Fall der Anordnungsverfügungen regelmäßig das staatliche Vollzugsinteresse das Aussetzungsinteresse des Verpflichteten überwiegt und mit der sofortigen Vollziehbarkeit eine Angleichung an ähnliche Ausgangs- und Interessenlagen erreicht werden soll. Vor

Achtelik 815

§ 51 Abschnitt 7. Aufsicht, Zusammenarbeit, Bußgeldvorschriften, Datenschutz

diesem Hintergrund soll der Ausschluss der **aufschiebenden Wirkung** insbesondere dadurch gerechtfertigt sein, dass eine Verletzung der geldwäschepräventiven Vorschriften des GwG dazu führen könnte, dass mögliche Taten der Geldwäsche oder Terrorismusfinanzierung nicht oder nur erschwert aufgedeckt werden könnten, was zu einem Zurücktreten der Individualinteressen des Verpflichteten führen soll (RegBegr. BT-Drs. 17/10745, 19).

IV. Durchführung von Prüfungen (Abs. 3)

5   Die zuständigen Aufsichtsbehörden nach § 50 Nr. 1 GwG, mithin die BaFin, soweit sich deren Aufsichtstätigkeit auf Agenten und E-Geld-Agenten nach § 2 Abs. 1 Nr. 4 GwG und Unternehmen und Personen nach § 2 Abs. 1 Nr. 5 GwG, die E-Geld eines Kreditinstituts vertreiben oder rücktauschen, sowie die zuständigen Aufsichtsbehörden nach § 50 Nr. 3–9 GwG können gemäß § 51 Abs. 3 S. 1 und 2 GwG vor Ort und anderswo **anlasslose Prüfungen bei den Verpflichteten** durchführen (zu Umfang, Durchführung und Ergebnissen derartiger Prüfungen im Finanz- und Nicht-Finanzsektor vgl. BT-Drs. 19/3818 – Antwort der Bundesregierung auf die Kleine Anfrage der Abgeordneten Fabio De Masi, Jörg Cezanne, Klaus Ernst, weiterer Abgeordneter und der Fraktion DIE LINKE, dort Antwort zu Fragen 8 ff., 26 ff.). Gegenstand der Prüfungen ist die Feststellung, ob die im GwG festgelegten Anforderungen eingehalten werden. Die Prüfungen können auch auf Dritte, dh sonstige Personen oder Einrichtungen, aufgrund vertraglicher Vereinbarung, übertragen werden (§ 51 Abs. 3 S. 3 GwG). Durch den durch das Gesetz zur Umsetzung der Änderungsrichtlinie zur Vierten EU-Geldwäscherichtlinie vorgenommenen Einschub „*vor Ort und anderswo*" wird klargestellt, dass Prüfungen nach Ermessen der Aufsichtsbehörde bei dem Verpflichteten, außerhalb der Geschäftsräume des Verpflichteten oder im Rahmen einer sog. Schreibtischprüfung bei den Aufsichtsbehörden stattfinden kann (Begr. zu § 51 Abs. 3 S. 2 GwG in BT-Drs. 19/13827). Anders als in § 16 Abs. 3 GwG in der Fassung vor Inkrafttreten des Gesetzes zur Umsetzung der Vierten EU-Geldwäscherichtlinie, zur Ausführung der EU-Geldtransferverordnung und zur Neuorganisation der Zentralstelle für Finanztransaktionsuntersuchungen vom 23.6.2017 (BGBl. I S. 1822) finden sich in § 51 Abs. 3 S. 4 GwG Ausführungen zur Prüfungsdichte bzw. Prüfungsintensität, die den Grundsätzen der Verhältnismäßigkeit und Proportionalität Rechnung tragen sollen und auf Art. 48 Abs. 6 und 7 der 4. EU-Geldwäscherichtlinie fußen. Die Häufigkeit und Intensität der Prüfungen haben sich danach am **individuellen Risikoprofil** des jeweiligen Verpflichteten zu orientieren. Dieses Risikoprofil des Verpflichteten in Bezug auf Geldwäsche und Terrorismusfinanzierung ist dabei in regelmäßigen Abständen und bei Eintritt wichtiger Ereignisse oder Entwicklungen in deren Geschäftsleitung und Geschäftstätigkeit neu zu bewerten. Auch wenn die Regelung keine Angaben enthält, wer dieses Risikoprofil festlegt, müsste es sich hier naheliegender Weise um die Festlegung durch die jeweils zuständigen Aufsichtsbehörden handeln. Die Vorschrift wird ergänzt durch die Regelung in § 52 Abs. 2 und 3 GwG, die die Betretungs- und Besichtigungsrechte der Aufsichtsbehörde und die damit korrelierende Duldungspflicht des Betroffenen bei Prüfungen betreffen.

6   Der Regelungsgehalt des jetzigen § 52 Abs. 3 GwG wurde im Wesentlichen bereits durch § 16 GwG in der Fassung vor Inkrafttreten des Gesetzes zur Umsetzung der Vierten EU-Geldwäscherichtlinie, zur Ausführung der EU-Geldtransferver-

ordnung und zur Neuorganisation der Zentralstelle für Finanztransaktionsuntersuchungen abgebildet, der aufgrund Monita der FATF in ihrem Deutschland-Prüfbericht vom Februar 2010 (FATF, Mutual Evaluation Report Germany, Tz. 938, 983, 985, 995, 1005; vgl. ferner BT-Drs. 17/6804, 38 und Bericht des BT-Finanzausschusses v. 7.4.2011, BT-Drs. 17/5417, 14), einem von der EU-Kommission gegen Deutschland betriebenen Vertragsverletzungsverfahren (BT-Drs. 17/6804, 38 und Bericht des BT-Finanzausschusses v. 7.4.2011, BT-Drs. 17/5417, 14) sowie der Stellungnahme des Bundesrates zum OGAW-IV-Umsetzungsgesetz (BT-Drs. 17/4811, 7) in das GwG eingefügt wurde. In diesem Kontext hatte die FATF gefordert, dass den insoweit zuständigen Behörden ausreichende **gewerberechtliche Instrumentarien** zur Verfügung stehen müssen, was vor der Einfügung der Vorschrift in das GwG – auch von der EU-Kommission – als nicht ausreichend angesehen wurde. Da einerseits die Bundesländer seinerzeit noch keine eigenen Ergänzungen gewerberechtlicher Kompetenzen vorgenommen hatten, andererseits eine bundeseinheitliche Regelung sinnvoll erschien (BT-Drs. 17/6804, 38 und Bericht des BT-Finanzausschusses vom 7.4.2011, BT-Drs. 17/5417, 14; BT-Drs. 17/4811, 7), wurden in § 16 Abs. 3 GwG schließlich die gewerberechtlichen Befugnisse für eine adäquate Aufsicht in Anlehnung an die Befugnisse der BaFin in §§ 6, 44 Abs. 1 KWG konkretisiert (zur Prüfungsfähigkeit der BaFin vgl. BaFin, Jahresbericht 2019, S. 122f.).

V. Kostenerhebung (Abs. 4)

Bestimmte zuständige Aufsichtsbehörden haben zudem nach § 51 Abs. 4 GwG **7** die Befugnis, für Maßnahmen und Anordnungen im Rahmen von § 51 GwG zur Deckung des Verwaltungsaufwands Kosten zu erheben. Dabei handelt es sich um die für die glücksspielrechtliche Aufsicht zuständigen Behörden nach § 51 Nr. 8 GwG sowie die „Auffangbehörden" nach Bundes- oder Landesrecht iSv § 50 Nr. 9 GwG. Letzteres kann mit Blick auf Landesbehörden etwa bei bestimmten Finanzunternehmen nach § 2 Abs. 1 Nr. 6 der Fall sein, die nicht von der BaFin beaufsichtigt werden (zB die mit den Bürgschaftsbanken kooperierenden sog. Mittelständischen Beteiligungsgesellschaften). Begründet wird dieses **Kostenerhebungsrecht** damit, dass die Beaufsichtigung nicht nur im Allgemeininteresse, sondern auch im Interesse der Verpflichteten selbst und damit im Integritätsinteresse der insoweit missbrauchsgefährdeten Berufszweige und Unternehmen liege (Reg-Begr. BT-Drs. 17/6804, 37; s. auch *Wende/Weber* in Zentes/Glaab GwG § 51 Rn. 18).

VI. Untersagung der Geschäfts- oder Berufsausübung (Abs. 5)

§ 51 Abs. 5 GwG erlaubt Aufsichtsbehörden eine vorübergehende Untersagung **8** der Geschäfts- oder Berufsausübung des Verpflichteten sowie den Widerruf der Zulassung. Voraussetzung ist, dass die Tätigkeit des Verpflichteten einer Zulassung bedarf und die Zulassung durch die Aufsichtsbehörde erfolgte (vgl. dazu insgesamt auch *Wende/Weber* in Zentes/Glaab § 51 Rn. 19ff.). Diese Befugnisse stehen grundsätzlich allen Aufsichtsbehörden nach § 50 GwG zu, der BaFin allerdings auf Grundlage des GwG nur, sofern sich eine Zuständigkeit für die in § 50 Nr. 1 lit. g und h GwG genannten Verpflichteten ergibt, es sich also um Zahlungsinstitute

§ 51 Abschnitt 7. Aufsicht, Zusammenarbeit, Bußgeldvorschriften, Datenschutz

und E-Geld-Institute mit Sitz in einem anderen Vertragsstaat des Abkommens über den Europäischen Wirtschaftsraum oder Agenten und E-Geld-Agenten nach § 2 Abs. 1 Nr. 4 GwG und Unternehmen und Personen nach § 2 Abs. 1 Nr. 5 GwG, die E-Geld eines Kreditinstituts vertreiben oder rücktauschen, handelt. Die übrigen Fälle von § 50 Nr. 1 und 2 GwG, für die sich eine Zuständigkeit der BaFin als Aufsichtsbehörde iSd GwG ergibt, sind hingegen nicht Gegenstand von § 51 Abs. 5 GwG, da sich entsprechende Befugnisse aus den unmittelbaren Fachgesetzen, zB KWG, VAG oder ZAG, bereits ergeben (BT-Drs. 18/11555, 160). Die **Untersagungs- und Widerrufsverfügungen** sind zulässig, sofern ein Verpflichteter vorsätzlich oder fahrlässig gegen das GwG, auf dessen Grundlage erlassener Verordnungen oder Anordnungen der zuständigen Aufsichtsbehörden verstoßen hat (§ 51 Abs. 5 S. 1 Nr. 1 GwG). Aufgrund der Grundrechtsintensität dieses Eingriffs ist nach § 51 Abs. 1 S. 1 Nr. 2 und 3 GwG weitere Voraussetzung, dass der Verpflichtete sein Verhalten trotz Verwarnung durch die zuständige Behörde fortsetzt und der Verstoß objektiv betrachtet nachhaltig ist. Nach der Gesetzesbegründung zur Vorgängernorm von § 51 Abs. 5, mithin § 16 Abs. 1 S. 5 GwG idF vor Inkrafttreten des Gesetzes zur Umsetzung der Vierten EU-Geldwäscherichtlinie, zur Ausführung der EU-Geldtransferverordnung und zur Neuorganisation der Zentralstelle für Finanztransaktionsuntersuchungen, soll insbesondere durch die letztgenannte Voraussetzung in Zusammenschau mit dem Verhältnismäßigkeitsprinzip sichergestellt werden, dass Bagatellverstöße nicht zu derartig einschneidenden Verwaltungsmaßnahmen führen können (RegBegr. BT-Drs. 17/6804, 37). Allerdings wird in der Gesetzesbegründung auch ausgeführt, dass aufgrund der mit Geldwäsche einhergehenden Risiken für das Vertrauen in einen Wirtschaftsstandort und aufgrund des internationalen Stellenwertes der Geldwäschebekämpfung, der Gesetzgeber die Hürden für die Geschäfts- und Berufsausübung bewusst niedriger als im übrigen Gewerberecht ansieht (RegBegr. BT-Drs. 17/6804, 37f.). Diese eher in der Gesetzesbegründung als im eigentlichen Normtext zu Tage tretende Auffassung ist in dieser Form nicht unkritisch zu sehen, sollte eine **Untersagung der beruflichen Betätigung** doch stets lediglich als „ultima ratio" in Betracht kommen (vgl. auch *Bentele/Schirmer* ZBB 2012, 303 (313)), dies insbesondere auch mit Blick auf den Ausschluss der aufschiebenden Wirkung von Widerspruch und Anfechtungsklage in § 51 Abs. 2 S. 3 GwG (vgl. allgemein zu Rechtsstaatsproblematik von Maßnahmen in Zusammenhang mit der Verhinderung der Geldwäsche *Achtelik* S. 267 ff. mwN). Die vorstehend skizzierte Problematik hat der Gesetzgeber aber nunmehr zumindest teilweise insoweit entschärft, als dass anders als bisher nur noch von einer „vorübergehenden" Untersagung des Berufs oder Geschäfts gesprochen wird. Zusätzlich zu vorstehenden Maßnahmen können die hier in Rede stehenden Aufsichtsbehörden nach § 51 Abs. 5 S. 2 gegenüber einem Mitglied der Führungsebene (§ 1 Abs. 15 GwG) oder einem anderen Beschäftigten des Verpflichteten, der einen vorsätzlichen oder fahrlässigen Verstoß gegen die Anforderungen nach § 51 Abs. 5 S. 1 Nr. 1–3 GwG begeht, ein vorübergehendes Verbot zur Ausübung einer Leitungsposition aussprechen. Sofern es sich bei der Aufsichtsbehörde nicht um die zulassende Behörde handelt, muss sich die Aufsichtsbehörde an die Zulassungsbehörde wenden, um ein Verfahren nach § 51 Abs. 5 S. 1 oder 2 GwG anzustoßen (§ 51 Abs. 5 S. 3 GwG). Dies soll einer einheitlichen Behördenzuständigkeit bei zulassungspflichtigen Tätigkeiten gerecht werden (BT-Drs. 18/12405, 188).

Aufsicht **§ 51**

VII. Abhilfezuständigkeit in Eilfällen (Abs. 5 a)

Durch das Gesetz zur Umsetzung der Änderungsrichtlinie zur Vierten EU- 9
Geldwäscherichtlinie wurde Abs. 5a in § 51 GwG eingefügt, der auf Art. 48 Abs. 4
idF der 5. EU-Geldwäscherichtlinie fußt. Danach kann die BaFin für einen Verpflichteten iSv § 50 Nr. 1 lit. g und h GwG (Zahlungsinstitute und E-Geld-Institute mit Sitz in einem anderen Vertragsstaat des Abkommens über den Europäischen Wirtschaftsraum oder Agenten und E-Geld-Agenten), für die die Aufsichtsbehörde in einem anderen EU- oder EWR-Staat zuständig ist, bei fehlenden oder unzureichenden Maßnahmen dieser Behörde zur Behebung eines schweren Verstoßes, gegenüber den im Inland tätigen Verpflichteten zur sofortigen Abhilfe und nach Unterrichtung der zuständigen ausländischen Behörde die erforderlichen Maßnahmen ergreifen. In **dringenden Fällen** kann die BaFin als Aufsichtsbehörde nach § 50 Nr. 1 GwG auch bereits vor Unterrichtung die erforderlichen Maßnahmen ergreifen, wobei dann die ausländische Behörde unverzüglich über die ergriffenen Maßnahmen zu unterrichten ist (§ 51 Abs. 5a S. 6 GwG). Soweit erforderlich, kann sie dabei auch die Durchführung neuer Geschäfte im Inland untersagen (§ 51 Abs. 5a S. 2 GwG). Bei den Maßnahmen muss es sich um solche handeln, die unter vergleichbaren Umständen auch auf rein inländische Verpflichtete angewendet worden wären (RegBegr. zu § 51 Abs. 5a GwG in BT-Drs. 19/13827). Die Maßnahmen müssen im Hinblick auf den verfolgten Zweck verhältnismäßig sein (§ 51 Abs. 5a S. 5 GwG), wozu nach § 51 Abs. 5a S. 6 GwG auch eine zeitliche Befristung bis zur Abstellung des schweren Verstoßes zählt (RegBegr. zu § 51 Abs. 5a GwG in BT-Drs. 19/13827).

VIII. Spezielle Zuständigkeit für Verpflichtete nach § 2 Abs. 1 Nr. 13 GwG (Abs. 5 b)

Ebenfalls durch das Gesetz zur Umsetzung der Änderungsrichtlinie zur Vierten 10
EU-Geldwäscherichtlinie wurde Abs. 5b in § 51 GwG eingefügt, basierend auf Art. 47 Abs. 1 und 2 der 4. EU-Anti-Geldwäscherichtlinie (RegBegr. zu § 51 Abs. 5b GwG in BT-Drs. 19/13827). Die Regelung stellt eine Auffangvorschrift dar, die zur Anwendung kommt, wenn die hier relevanten Verpflichteten nach § 2 Abs. 1 Nr. 13 GwG (Dienstleister für Gesellschaften und Treuhandvermögen sowie Treuhänder, vgl. iE Kommentierung unter § 2 Abs. 1 Nr. 13 GwG), die nicht nach anderen Rechtsvorschriften bereits einer Registrierung, Erlaubnis oder Zulassung bedürfen (also zB Rechtsanwälte oder andere in § 2 Abs. 1 Nr. 10–12 GwG genannte Verpflichtete, die die Registrierungs-/Erlaubnisvoraussetzungen erfüllen, vgl. auch RegBegr. zu § 51 Abs. 5b GwG in BT-Drs. 19/13827) betroffen sind. Nach § 51 Abs. 5b S. 1 GwG müssen sich diese Verpflichteten unter Angabe ihrer konkreten Tätigkeit bei der Aufsichtsbehörde registrieren. Die Aufsichtsbehörde, die die fachliche Eignung und Zuverlässigkeit der Mitglieder der Führungs- und Leitungsebene (§ 1 Abs. 15 GwG) des Verpflichteten sicherzustellen hat, kann dabei notfalls auch die **Mitglieder der Führungs- und Leitungsebene** des Verpflichteten abberufen (§ 51 Abs. 5b S. 2 GwG). Dies gilt mit Blick auf die Ausübung der Dienstleistung in gleicher Weise für wirtschaftlich Berechtigte (§ 51 Abs. 5b S. 3 GwG). § 51 Abs. 5 S. 1 und 2 GwG gelten entsprechend (vgl. → Rn. 8).

Achtelik

IX. Sonderzuständigkeit (Abs. 6)

11 Aufgrund eines Verweises in Art. 55 Abs. 1 der Verordnung (EU) Nr. 1031/2010 vom 12.11.2010 über den zeitlichen und administrativen Ablauf sowie sonstige Aspekte der Versteigerung von **Treibhausgasemissionszertifikaten** gemäß der Richtlinie 2003/87/EG über ein System für den Handel mit Treibhausgasemissionszertifikaten in der Gemeinschaft (ABl. 2010 L 302, 1 ff.) auf die zuständigen Behörden nach Art. 37 Abs. 1 der 3. EU-Geldwäscherichtlinie (RL 2005/60/EG, ABl. 2005 L 309, 15 ff.), wurden diese mit verschiedenen Aufgaben in Zusammenhang mit der Einbeziehung der dort geregelten Auktionsplattformen in den Anwendungsbereich der 3. EU-Geldwäscherichtlinie betraut. Diese Vorgabe wurde bereits in der Vorgängernorm von § 51 Abs. 6 GwG, mithin in § 16 Abs. 1 S. 2 Alt. 2 GwG idF vor Inkrafttreten des Gesetzes zur Umsetzung der Vierten EU-Geldwäscherichtlinie, zur Ausführung der EU-Geldtransferverordnung und zur Neuorganisation der Zentralstelle für Finanztransaktionsuntersuchungen, umgesetzt. Der Verordnungsgeber sah es insbesondere aus Gründen der Rechtssicherheit wegen als notwendig an, die einschlägigen Bestimmungen der 3. EU-Geldwäscherichtlinie gleichermaßen für die Auktionsplattform anzuwenden (vgl. Erwägungsgründe 23, 48 der VO (EU) Nr. 1031/2010). Dies sei danach besonders deshalb wichtig, da die Auktionsplattform nicht nur Wertpapierfirmen und Kreditinstituten, sondern auch Anlagenbetreibern und Luftfahrzeugbetreibern sowie anderen Personen Zugang gewähren muss, die auf eigene Rechnung und im Namen von Dritten bieten dürfen, selbst aber nicht unter die 3. EU-Geldwäscherichtlinie fallen. Außerdem sollte vorgesehen werden, dass die Auktionsplattform das Verhalten der Bieter überwacht und ua in Einklang mit der Meldepflicht nach der 3. EU-Geldwäscherichtlinie die zuständigen nationalen Behörden über etwaige Verdachtsfälle für Geldwäsche und Terrorismusfinanzierung unterrichtet. Die BaFin ist insoweit zuständige Aufsichtsbehörde (Bericht des Finanzausschusses v. 1.12.2011, BT-Drs. 17/8043).

X. Zusätzliche Auskunftsmöglichkeiten im Kontext des Glücksspiels (Abs. 7)

12 § 51 Abs. 7 GwG entspricht weitestgehend der Regelung in § 9a Abs. 7 GwG idF vor Inkrafttreten des Gesetzes zur Umsetzung der Vierten EU-Geldwäscherichtlinie, zur Ausführung der EU-Geldtransferverordnung und zur Neuorganisation der Zentralstelle für Finanztransaktionsuntersuchungen. Die Vorschrift ermöglicht es den insoweit zuständigen Aufsichtsbehörden iSv § 50 Nr. 8 und 9 GwG für Verpflichtete nach § 2 Abs. 1 Nr. 15 GwG, mithin **Veranstaltern und Vermittlern von Glücksspielen,** zur Erfüllung ihrer Aufgaben im Einzelfall bei Verpflichteten in Form von Kreditinstituten (§ 2 Abs. 1 Nr. 1 GwG) sowie Zahlungsinstituten und E-Geld-Instituten (§ 2 Abs. 1 Nr. 3 GwG) Auskünfte einzuholen. Die Gegenstände der Auskünfte beziehen sich auf Zahlungskonten gem. § 1 Abs. 17 ZAG und darüber ausgeführte Zahlungsvorgänge eines Veranstalters oder Vermittlers von Glücksspielen im Internet, unabhängig davon, ob er im Besitz einer glücksspielrechtlichen Erlaubnis ist sowie eines Spielers. Anders als zuvor bezieht sich die Vorschrift auch auf Anbieter von Glücksspielen ohne glücksspielrechtliche

Erlaubnis, da auch diese dem Verpflichtetenkreis nach § 2 Abs. 1 GwG unterfallen (BT-Drs. 18/11555, 161). Zweck der Vorschrift ist es, eine effektive Nachverfolgung der Zahlungsströme durch die Aufsichtsbehörden sicherzustellen (BT-Drs. 18/11555, 161).

XI. Auslegungs- und Anwendungshinweise (Abs. 8)

Durch § 51 Abs. 8 GwG, der im Wesentlichen die Regelung in § 16 Abs. 5 GwG idF vor Inkrafttreten des Gesetzes zur Umsetzung der Vierten EU-Geldwäscherichtlinie, zur Ausführung der EU-Geldtransferverordnung und zur Neuorganisation der Zentralstelle für Finanztransaktionsuntersuchungen abbildet, werden die nach § 50 GwG zuständigen Aufsichtsbehörden angehalten, den Verpflichteten regelmäßig **aktualisierte Auslegungs- und Anwendungshinweise** für die Umsetzung der Sorgfaltspflichten und internen Sicherungsmaßnahmen nach dem GwG zur Verfügung zu stellen. Diese können auch in Form von durch die Verbände der Verpflichteten erstellte und anschließend behördlicherseits genehmigte Hinweise erfolgen. Für den Zuständigkeitsbereich der BaFin gab gibt es derartige Hinweise bereits in Form von Rundschreiben, Schreiben oder mit der Kreditwirtschaft abgestimmten Auslegungs- und Anwendungshinweisen sowie Verlautbarungen, die nunmehr wieder durch eigene Auslegungs- und Anwendungshinweise der BaFin zum Geldwäschegesetz (BaFin-AuA) für den Finanzsektor ersetzt wurden. Die BaFin hat im Januar 2020 auch einen „Besonderen Teil" dieser AuA für beaufsichtige Versicherungsunternehmen veröffentlicht. Mit der Regelung wird das Ziel verfolgt, bei den Verpflichteten ein **verbessertes Bewusstsein für die Gefahren und Risiken von Geldwäsche und Terrorismusfinanzierung** zu erreichen, den Verpflichteten zielgenaue und konkrete Hinweise und Vorgaben zur Verfügung zu stellen und insgesamt einen verbesserten Informationsaustausch zwischen Verpflichteten und Aufsichtsbehörden zu eröffnen (BT-Drs. 17/6804, 38 und Bericht des BT-Finanzausschusses v. 7.4.2011, BT-Drs. 17/5417, 14). Diese gesetzgeberische Zielvorstellung ist, insbesondere soweit nicht die ohnehin intensiver regulierte Kredit-, Finanz- und Versicherungswirtschaft sondern der Nichtfinanzsektor im Blick ist, nachdrücklich zu begrüßen. Gerade im Nichtfinanzsektor war das Bewusstsein, aber auch das notwendige Know-how für die von Geldwäsche und Terrorismusfinanzierung ausgehenden Gefahren, bislang häufig noch nicht hinreichend ausgebildet (vgl. zum Meldeverhalten auch FIU, Jahresbericht 2016, S. 15); nur etwa 0,6% der Verdachtsmeldungen kommen seinerzeit aus dem Nichtfinanzsektor. Nach dem Jahresbericht der FIU 2018, ist der Anteil der Verdachtsmeldungen zwar leicht auf 1% gestiegen, damit aber immer noch recht gering (FIU, Jahresbericht 2018, S. 14 f.). Insgesamt wurden jedoch von vielen Beteiligten (zB den auf Landesebene zuständigen Aufsichtsbehörden, IHKS, Kammern und Verbände) erhebliche Anstrengungen unternommen, um eine verstärkte Sensibilisierung für die Thematik zu erreichen. Soweit insbesondere den Internetauftritten der zuständigen Aufsichtsbehörden der Länder nach § 50 Nr. 9 GwG zu entnehmen ist, lassen sich dort im Hinblick auf Auslegungs- und Anwendungshinweise deutliche Fortschritte erkennen. So werden zB auf den einschlägigen Internetseiten seit einigen Jahren neben allgemeinen Informationen auch besondere und zum Teil länderübergreifend abgestimmte Broschüren, Merkblätter, Dokumentationsbögen und Checklisten für einzelne Gruppen von Verpflichteten zur Verfügung gestellt. Zudem gab es Verbesserungen in der Zusammenarbeit zwischen Bund und Ländern, etwa durch

§ 51 Abschnitt 7. Aufsicht, Zusammenarbeit, Bußgeldvorschriften, Datenschutz

regelmäßige Treffen der koordinierenden Stellen der Länderaufsichtsbehörden des Nichtfinanzsektors auf Initiative des BMF (vgl. dazu und weiteren strukturellen Verbesserungen BMF, S. 12 ff.). Auch die zuständigen Kammern, zB die Bundesrechtsanwaltskammer sowie die regionalen Rechtsanwaltskammern, aber auch die Bundessteuerberaterkammer bieten entsprechende Informationen, einschließlich Auslegungs- und Anwendungshinweisen an (vgl. zB https://www.rak-berlin.de/download/mitglieder_pdfs/190213_Version2_Auslegungs-undAnweisungshinweiseRAKBerlin.pdf (Stand: 31.7.2020)). Darüber hinaus haben sich auch die Industrie- und Handelskammern dem Problem angenommen und den Unternehmen Broschüren zu Mitwirkungspflichten nach dem Geldwäschegesetz zur Verfügung gestellt. Eigene Auslegungs- und Anwendungshinweise gibt es nunmehr auch für Veranstalter und Vermittler von Glücksspielen von Seiten der Obersten Glücksspielaufsichtsbehörden der Länder. Wichtig erscheint es jedoch, die Auslegungs- und Anwendungshinweise – wie von § 51 Abs. 8 GwG gefordert – auch aktuell zu halten. Bedauerlicherweise hat der Gesetzgeber davon abgesehen, die Regelung als einen Anspruch, also ein subjektiv öffentliches Recht, gegenüber der zuständigen Aufsichtsbehörde auszugestalten (vgl. BT-Drs. 17/6804, 38 zur Vorgängernorm in § 16 Abs. 5 GwG). Angesichts der Eingriffsbefugnisse gegenüber den Verpflichteten und deren Rechtsrisiken, bis hin zur Strafbarkeit nach § 261 StGB, sollte dies eigentlich eine spiegelbildliche, anspruchsbegründende Obliegenheit darstellen. Neben den Aufsichtsbehörden gibt es zahlreiche Veröffentlichungen der FATF, die sich auch speziell mit den geldwäscherechtlichen Risiken und Besonderheiten einzelner Verpflichtetengruppen aus dem Nichtfinanzbereich auseinandersetzen (vgl. zB FATF, Guidance for a Risk Based Approach for Legal Professionals; Guidance for a Risk Based Approach for the Accounting Profession; Guidance for a Risk Based Approach for trust and Company Service Providers).

XII. Dokumentationspflichten der Aufsichtsbehörden (Abs. 9)

14 § 51 Abs. 9 GwG verpflichtet die zuständigen Aufsichtsbehörden ihre Aufsichtstätigkeit zu dokumentieren und eine Reihe von Daten in Form einer Statistik vorzuhalten. Diese den Aufsichtsbehörden auferlegte Verpflichtung war im Gesetzentwurf der Bundesregierung noch nicht enthalten, sondern wurde erst gegen Ende des parlamentarischen Gesetzgebungsverfahrens in die Beschlussempfehlung und den Bericht des Finanzausschusses (BT-Drs. 18/12405) in § 51 GwG aufgenommen, um Art. 44 der 4. EU-Geldwäscherichtlinie umzusetzen. Hintergrund der Verpflichtung zum Führen von Statistiken ist nach Art. 44 Abs. 1 der 4. EU-Geldwäscherichtlinie sowie der Begründung zu § 51 Abs. 9 GwG (BT-Drs. 18/12405, 189), dass **ausreichendes Datenmaterial für die Verpflichtung zur Erstellung einer nationalen Risikoanalyse** zur Bewertung der Risiken aus Geldwäsche und Terrorismusfinanzierung vorliegt. Darüber hinaus soll damit die Wirksamkeit der Aufsichtstätigkeit gegenüber der Öffentlichkeit und dem Parlament dokumentiert werden (BT-Drs. 18/12405, 189). Unausgesprochen wird damit zugleich der Druck auf die Aufsichtsbehörden erhöht, sich der Problematik mit hinreichenden Ressourcen zu widmen. Die entsprechenden konsolidierten Statistiken sind auch der Kommission zu übermitteln (Art. 44 Abs. 4 der 4. EU-Geldwäscherichtlinie). Dabei haben nach § 51 Abs. 9 S. 2 GwG die Aufsichtsbehörden dem BMF und der

FIU die unten noch dargestellten Datenpunkte iSv § 51 Abs. 9 S. 1 GwG mit Stand zum 31.12. des Berichtsjahres bis zum 31.3. des Folgejahres in elektronischer Form zu übermitteln, wobei BMF und FIU dazu einen gemeinsam abgestimmten Vordruck vorsehen können. Zu einzelnen ersten Ergebnissen der Datenerfassung vgl. BT-Drs. 19/3818 – Antwort der Bundesregierung auf die Kleine Anfrage der Abgeordneten Fabio De Masi, Jörg Cezanne, Klaus Ernst, weiterer Abgeordneter und der Fraktion DIE LINKE, sowie BT-Drs. 19/2449 – Antwort der Bundesregierung auf die Kleine Anfrage der Abgeordneten Lisa Paus, Christian Kühn (Tübingen), Irene Mihalic, weiterer Abgeordneter und der Fraktion BÜNDNIS 90/DIE GRÜNEN.

Im Einzelnen ergeben sich folgende zu erfassende **Datenpunkte:** 15
- Anzahl der in der Aufsichtsbehörde beschäftigten Personen;
- Anzahl der durchgeführten Vor-Ort-Prüfungen und der sonstigen ergriffenen Prüfungsmaßnahmen je Verpflichtetenkreis sowie die Anzahl der diesbezüglichen Maßnahmen, bei denen die Aufsichtsbehörde eine Pflichtverletzung nach dem GwG oder nach einer auf dieser Grundlage erlassenen Rechtsverordnung festgestellt hat, sowie die Anzahl der Fälle, in denen die Aufsichtsbehörde anderweitig Kenntnis von einer solchen Pflichtverletzung erlangt hat, und
- Art und Umfang der von der Aufsichts- oder Verwaltungsbehörde rechtskräftig ergriffenen Maßnahmen (Anzahl von Verwarnungen, festgesetzter Bußgelder einschließlich der jeweiligen Höhe, Bekanntmachungen nach § 57 GwG, angeordneten Abberufungen von Geldwäschebeauftragten oder Mitgliedern der Geschäftsführung, angeordneten Erlaubnisentziehungen, sonstige ergriffenen Maßnahmen);
- Art und Umfang der Maßnahmen, um die Verpflichteten über die von ihnen einzuhaltenden Sorgfaltspflichten und internen Sicherungsmaßnahmen zu informieren;
- Anzahl der von der Aufsichtsbehörde nach § 44 GwG abgegebenen Verdachtsmeldungen pro Kalenderjahr, differenziert nach den Verpflichteten.

Durch das Gesetz zur Umsetzung der Änderungsrichtlinie zur Vierten EU- 16 Geldwäscherichtlinie wurde § 51 Abs. 9 GwG durch einen S. 4 ergänzt, der Vorgaben aus Art. 48 Abs. 1a der 5. EU-Geldwäscherichtlinie umsetzt. Danach haben die Aufsichtsbehörden der FIU ihre **Kontaktdaten,** ihre Angaben zu ihrem Zuständigkeitsbereich und ihre Änderungen der Daten unverzüglich mitzuteilen. Die Regelung ist notwendig, um der Verpflichtung gegenüber der Europäischen Kommission zur Übermittlung einer Liste der zuständigen Behörden samt Kontaktdaten nachzukommen (vgl. RegBegr. zu § 51 Abs. 9 in BT-Drs. 19/13827).

XIII. Unterrichtungspflichten (Abs. 10)

§ 51 Abs. 10 GwG normiert Unterrichtungspflichten der Aufsichtsbehörden ge- 17 genüber dem BMF und des BMF gegenüber der Europäischen Kommission. Vor Anordnung oder Anwendung der in § 15 Abs. 5a GwG genannten zusätzlichen verstärkten Sorgfaltspflichten, müssen die Aufsichtsbehörden das BMF unterrichten (§ 51 Abs. 10 S. 1 GwG), welches darüber auch die Europäische Kommission unterrichtet. Die **Unterrichtungspflicht** des BMF gegenüber der Europäischen Kommission besteht zudem dann, wenn eine Rechtsverordnung nach § 15 Abs. 10 S. 1 Nr. 2 GwG erlassen wird, die für Fallkonstellationen iSv § 15 Abs. 3 Nr. 2 GwG (Geschäftsbeziehungen bzw. Transaktionen mit hohem Risiko aus Drittstaatenbe-

§ 51a Abschnitt 7. Aufsicht, Zusammenarbeit, Bußgeldvorschriften, Datenschutz

zug) verstärkte Sorgfaltspflichten und Gegenmaßnahmen anordnet oder entsprechende Regelungen für die Aufsichtsbehörden trifft.

XIV. Bußgeldvorschriften

18 Die Nichtbeachtung einer Untersagung nach § 51 Abs. 5 GwG sowie die nicht richtige, vollständige oder rechtzeitige Abgabe von Auskünften nach § 51 Abs. 7 GwG sind bei vorsätzlichen oder sogar nur leichtfertigen Handlungen gemäß § 56 Abs. 1 Nr. 71f. GwG bußgeldbewehrt. Die **Geldbuße** beträgt nach § 56 Abs. 1 S. 2 GwG bei vorsätzlicher Begehung bis zu 150.000 EUR und im Übrigen bis zu 100.000 EUR. Bei schwerwiegenden, wiederholten oder systematischen Verstößen können Ordnungswidrigkeiten nach § 56 Abs. 1 GwG mit Geldbußen von bis zu 1 Mio. EUR oder bis zum Zweifachen des aus dem Verstoß gezogenen wirtschaftlichen Vorteils geahndet werden (§ 56 Abs. 3 S. 1 GwG). Bei Verpflichteten nach § 2 Abs. 1 Nr. 1–3 und 6–9 GwG, die juristische Personen und Personenvereinigungen sind, kann darüber hinaus eine Geldbuße bis zu 5 Mio. EUR oder 10% des im Geschäftsjahr erzielten Gesamtumsatzes verhängt werden. (§ 56 Abs. 3 S. 3 und 4 GwG). Soweit es sich bei diesen Verpflichteten um natürliche Personen handeln sollte, greift ein Bußgeldrahmen von bis zu 5 Mio. EUR (§ 56 Abs. 3 S. 5 GwG). Wegen Einzelheiten zu Bußgeldsystematik und weiteren Sanktionen vgl. die Kommentierung zu §§ 56f. GwG.

§ 51a Verarbeitung personenbezogener Daten durch Aufsichtsbehörden

(1) Die nach diesem Gesetz zuständigen Aufsichtsbehörden sind befugt, personenbezogene Daten zu verarbeiten, soweit dies zur Erfüllung ihrer gesetzlichen Aufgaben erforderlich ist.

(2) Verarbeiten die nach diesem Gesetz zuständigen Aufsichtsbehörden im Zuge einer aufsichtsrechtlichen Maßnahme nach diesem Gesetz oder auf Grundlage der nach diesem Gesetz ergangenen Rechtsverordnungen personenbezogene Daten, stehen den betroffenen Personen die Rechte aus den Artikeln 15 bis 18 und 20 bis 22 der Verordnung (EU) 2016/679 nicht zu, soweit die Erfüllung der Rechte der betroffenen Personen Folgendes gefährden würde:
1. den Zweck der Maßnahme,
2. die Stabilität der Finanzmärkte der Bundesrepublik Deutschland oder eines oder mehrerer Mitgliedstaaten des Europäischen Wirtschaftsraums,
3. ein sonstiges wichtiges Ziel des allgemeinen öffentlichen Interesses der Bundesrepublik Deutschland oder eines oder mehrerer Mitgliedstaaten des Europäischen Wirtschaftsraums, insbesondere ein wichtiges wirtschaftliches oder finanzielles Interesse oder
4. die Verhütung, Ermittlung, Aufdeckung oder Verfolgung von Straftaten oder die Strafvollstreckung, einschließlich des Schutzes vor und der Abwehr von Gefahren für die öffentliche Sicherheit.

Unter diesen Voraussetzungen ist die zuständige Aufsichtsbehörde auch von den Pflichten nach den Artikeln 12 bis 14, 19 und 34 sowie den Transparenzpflichten nach Artikel 5 der Verordnung (EU) 2016/679 befreit. Die

Sätze 1 und 2 gelten entsprechend für Personen und Einrichtungen, derer sich die zuständige Aufsichtsbehörde bei der Durchführung ihrer Aufgaben bedient sowie für die registerführende Stelle.

(3) Die betroffene Person ist über den Wegfall der Beschränkung zu informieren, sofern dies nicht dem Zweck der Beschränkung abträglich ist.

(4) Wird der betroffenen Person in den Fällen des Absatzes 2 Satz 1 bis 3 keine Auskunft erteilt, so ist auf ihr Verlangen je nach Zuständigkeit dem Bundesbeauftragten für den Datenschutz und die Informationsfreiheit oder der nach Landesrecht für den Datenschutz zuständigen Aufsichtsbehörde die Auskunft zu erteilen, soweit nicht im Einzelfall festgestellt wird, dass dadurch die öffentliche Sicherheit des Bundes oder eines Landes oder die Stabilität und Integrität der Finanzmärkte gefährdet würde. Die Mitteilung des Bundesbeauftragten für den Datenschutz und die Informationsfreiheit oder der nach Landesrecht für den Datenschutz zuständigen Aufsichtsbehörde an die betroffene Person über das Ergebnis der datenschutzrechtlichen Prüfung darf keine Rückschlüsse auf den Erkenntnisstand der zuständigen Aufsichtsbehörde und der Personen und Einrichtungen, deren sich die zuständige Aufsichtsbehörde bei der Durchführung ihrer Aufgaben bedient, zulassen, sofern diese nicht einer weitergehenden Auskunft zustimmen.

Literatur: *Taeger/Gabel* (Hrsg), DSGVO – BDSG, 3. Aufl. 2019.

Übersicht

	Rn.
I. Allgemeines	1
II. Verarbeitung personenbezogener Daten	2

I. Allgemeines

Die Regelung wurde durch das Gesetz zur Umsetzung der Änderungsrichtlinie zur Vierten EU-Geldwäscherichtlinie vom 12.12.2019 (BGBl. I S. 2602) in das GwG aufgenommen. Die Notwendigkeit der dezidierten **datenschutzrechtlichen Regelung** ergibt sich vornehmlich aus der Datenschutz-Grundverordnung (DSGVO), dh der Verordnung (EU) 2016/679 (ABl. 2016 L 119, 1), die zum Teil auch in der 4. bzw. 5. EU-Geldwäscherichtlinie unmittelbar aufgegriffen wird.

II. Verarbeitung personenbezogener Daten

Nach § 51a Abs. 1 GwG sind die nach dem GwG zuständigen Aufsichtsbehörden zunächst befugt, personenbezogene Daten zu verarbeiten, soweit dies zur Erfüllung ihrer gesetzlichen Aufgaben erforderlich ist. § 51a Abs. 1 GwG stellt also die grundlegende datenschutzrechtliche **Befugnisnorm der Aufsichtsbehörden** dar (RegBegr. zu § 51a Abs. 1 GwG in BT-Drs. 19/13827) und erfüllt damit die Anforderungen nach Art. 6 Abs. 1 lit. c iVm Abs. 3 DSGVO.

§ 51a Abs. 2 GwG beschränkt bei einzelnen Maßnahmen der zuständigen Aufsichtsbehörden, einschließlich der Personen und Einrichtungen, derer sie sich bei der Durchführung ihrer Aufgaben bedient sowie für die registerführende Stelle, bei

§ 51a Abschnitt 7. Aufsicht, Zusammenarbeit, Bußgeldvorschriften, Datenschutz

der diese nach dem GwG oder auf Grundlage des GwG ergangener Rechtsverordnungen personenbezogene Daten verarbeiten, Transparenz-, Auskunfts-, Benachrichtigungs- und Informationsrechte der betroffenen Person aus den Art. 5, 12–22 und 34. DSGVO. Dies setzt allerdings voraus, dass eine Erfüllung der vorstehenden Rechte der betroffenen Person eines der in § 51a Abs. 2 S. 1 Nr. 1–4 GwG genannten Ziele bzw. Zwecke gefährden würde. Nach § 51 Abs. 2 S. 1 Nr. 1–4 GwG zählen dazu die Gefährdung des Zweckes der Maßnahme, die Gefährdung der Stabilität der Finanzmärkte der Bundesrepublik Deutschland oder eines oder mehrerer Mitgliedstaaten des EWR, die Gefährdung eines sonstigen wichtigen Ziels des allgemeinen öffentlichen Interesses der Bundesrepublik Deutschland oder eines oder mehrerer Mitgliedstaaten des EWR, insbesondere ein wichtiges wirtschaftliches oder finanzielles Interesse oder die Gefährdung der Verhütung, Ermittlung, Aufdeckung oder Verfolgung von Straftaten oder der Strafvollstreckung, einschließlich des Schutzes vor und der Abwehr von Gefahren für die öffentliche Sicherheit. Alle vier vorgenannten Fälle sollen dabei der **Gewährleistung der Funktionsfähigkeit und der sachgemäßen Erledigung der Aufgaben der Aufsichtsbehörden** nach den §§ 51 Abs. 1–9, 52 Abs. 1–5, 53 Abs. 1–7, 55 Abs. 1–6 GwG dienen, § 51a Abs. 2 S. 1 Nr. 4 GwG zusätzlich der Verhütung, Aufdeckung oder Verfolgung von Straftaten oder Strafvollstreckung (RegBegr. zu § 51a Abs. 2 GwG in BT-Drs. 19/13827). Art. 23 Abs. 1 DSGVO ermöglicht in diesen Fällen grundsätzlich die hier getroffenen Beschränkungen (wegen Einzelheiten vgl. allgemein *Koreng* in Taeger/Gabel DSGVO Art. 23 Rn. 1 ff.). In der Regierungsbegründung zu § 51a Abs. 2 GwG in BT-Drs. 19/13827 wird zur Begründung der Beschränkungen der Informations-, Auskunfts- und Transparenzrechte ferner ausgeführt, dass andernfalls, insbesondere zeitkritische, Aufsichtsmaßnahmen vorzeitig bekannt werden und erhebliche Gefahren für deren erfolgreiche Durchführung oder andere wichtige öffentliche Interessen entstehen könnten. Dabei soll die Formulierung „*im Zuge*" in § 51a Abs. 2 S. 1 GwG zum einen bedeuten, dass sowohl bereits Vorfeldhandlungen, etwa die Informationsbeschaffung, als auch nachgelagerte Handlungen in den Anwendungsbereich der Beschränkung fallen. Zum anderen soll damit das **Verhältnismäßigkeitsprinzip** zum Ausdruck gebracht werden, da die Beschränkung nur solange und soweit Anwendung findet, wie zur Zielerreichung erforderlich. Eine Unterrichtung der betroffenen Person über den Wegfall der Beschränkung ist nach § 51a Abs. 3 GwG dann vorzunehmen, wenn dies dem Zweck der Beschränkung nicht abträglich ist, sich mithin die Maßnahme vollständig erledigt hat und der Beschränkungszweck entfallen ist (RegBegr. zu § 51a Abs. 2 GwG in BT-Drs. 19/13827). § 51a Abs. 4 GwG, der an § 34 Abs. 3 BDSG angelehnt ist, gibt einem Betroffenen, dem aufgrund der Regelung in § 51a Abs. 2 GwG keine Auskunft erteilt wurde, die Möglichkeit, eine Auskunft an den Bundesbeauftragten für den Datenschutz und die Informationsfreiheit bzw. der nach Landesrecht insoweit zuständigen Behörde zu verlangen, es sei denn bereits dies würde die öffentliche Sicherheit des Bundes oder eines Landes oder die Stabilität und Integrität der Finanzmärkte gefährden (§ 51a Abs. 4 S. 1 GwG). Erfolgt daraufhin durch die vorgenannten Stellen eine Mitteilung an die betroffene Person über das Ergebnis der datenschutzrechtlichen Prüfung, so darf diese keine Rückschlüsse auf den Erkenntnisstand der zuständigen Aufsichtsbehörde und der Personen und Einrichtungen, deren sich die zuständige Aufsichtsbehörde bei der Durchführung ihrer Aufgaben bedient, zulassen, sofern diese nicht einer weitergehenden Auskunft zustimmen (§ 51a Abs. 2 GwG). Dem Betroffenen steht unmittelbarer Rechtsschutz gegen die Beschränkungen der Informations-, Auskunfts- und Transparenzrechte nebeneinander zu (vgl. dazu und zu weiteren verfahrensrechtlichen Schwierigkeiten der Norm in Bezug auf den vergleichbaren § 34 Abs. 3 BDSG *Koreng* in Taeger/Gabel BDSG § 34 Rn. 30).

§ 52 Mitwirkungspflichten

(1) Ein Verpflichteter, die Mitglieder seiner Organe und seine Beschäftigten haben der nach § 50 Nummer 1 zuständigen Aufsichtsbehörde, soweit sich die Aufsichtstätigkeit auf die in § 50 Nummer 1 Buchstabe g und h genannten Verpflichteten bezieht, der nach § 50 Nummer 3 bis 9 zuständigen Aufsichtsbehörde sowie den Personen und Einrichtungen, derer sich diese Aufsichtsbehörden zur Durchführung ihrer Aufgaben bedienen, auf Verlangen unentgeltlich
1. Auskunft über alle Geschäftsangelegenheiten und Transaktionen zu erteilen und
2. Unterlagen vorzulegen,

die für die Einhaltung der in diesem Gesetz festgelegten Anforderungen von Bedeutung sind. Im Rahmen der Pflicht nach Satz 1 Nummer 2 hat der Verpflichtete der Behörde die vorzulegenden Unterlagen im Original, in Form von Kopien oder in digitaler Form auf elektronischem Wege oder auf einem digitalen Speichermedium zur Verfügung zu stellen.

(2) Bei den Prüfungen nach § 51 Absatz 3 ist es den Bediensteten der Aufsichtsbehörde und den sonstigen Personen, derer sich die zuständige Aufsichtsbehörde bei der Durchführung der Prüfungen bedient, gestattet, die Geschäftsräume des Verpflichteten innerhalb der üblichen Betriebs- und Geschäftszeiten zu betreten und zu besichtigen.

(3) Die Betroffenen haben Maßnahmen nach Absatz 2 zu dulden.

(4) Der zur Erteilung einer Auskunft Verpflichtete kann die Auskunft auf solche Fragen verweigern, deren Beantwortung ihn selbst oder einen der in § 383 Absatz 1 Nummer 1 bis 3 der Zivilprozessordnung bezeichneten Angehörigen der Gefahr strafrechtlicher Verfolgung oder eines Verfahrens nach dem Gesetz über Ordnungswidrigkeiten aussetzen würde.

(5) Verpflichtete nach § 2 Absatz 1 Nummer 10 und 12 können die Auskunft auch auf Fragen verweigern, wenn sich diese Fragen auf Informationen beziehen, die sie im Rahmen der Rechtsberatung oder der Prozessvertretung des Vertragspartners erhalten haben. Die Pflicht zur Auskunft bleibt bestehen, wenn der Verpflichtete weiß, dass sein Mandant seine Rechtsberatung für den Zweck der Geldwäsche oder der Terrorismusfinanzierung in Anspruch genommen hat oder nimmt.

(6) Personen, bei denen aufgrund ihrer Geschäftstätigkeit Tatsachen die Annahme rechtfertigen, dass sie Verpflichtete nach § 2 Absatz 1 sind, haben der nach § 50 zuständigen Aufsichtsbehörde auf Verlangen unentgeltlich Auskunft über alle Geschäftsangelegenheiten zu erteilen und Unterlagen vorzulegen, soweit dies für die Feststellung der Verpflichteteneigenschaft erforderlich ist. Absatz 1 Satz 2 sowie die Absätze 4 und 5 gelten entsprechend.

§ 52 Abschnitt 7. Aufsicht, Zusammenarbeit, Bußgeldvorschriften, Datenschutz

Literatur: FATF, The FATF Recommendation, Februar 2012 (aktualisiert Juni 2019); FATF, Mutual Evaluation Report Germany, Februar 2010; *Innerwies*, Das Gesetz zur Optimierung der Geldwäscheprävention, BankPraktiker 2012, 102 ff.; *Zentes/Glaab* (Hrsg.), GwG, 2018.

Übersicht

	Rn.
I. Allgemeines	1
II. Auskünfte und Prüfungen durch die zuständigen Behörden (Abs. 1–3, 6)	3
III. Auskunftsverweigerungsrechte (Abs. 4, 5)	5
IV. Bußgeldvorschriften	7

I. Allgemeines

1 § 52 GwG enthält die **Mitwirkungspflichten** der nach dem GwG Verpflichteten gegenüber den zuständigen Aufsichtsbehörden. Zu den Mitwirkungspflichten zählen Auskunfts- und Vorlagepflichten (Abs. 1), soweit nicht Auskunftsverweigerungsrechte (Abs. 4 und 5) bestehen. Ferner sind zu duldende Vor-Ort-Betretungs- und Besichtigungsrechte der zuständigen Behörden normiert (Abs. 2 und 3). Die Norm entspricht nahezu wortgleich § 16 Abs. 3 und 4 GwG idF vor Inkrafttreten des Gesetzes zur Umsetzung der Vierten EU-Geldwäscherichtlinie, zur Ausführung der EU-Geldtransferverordnung und zur Neuorganisation der Zentralstelle für Finanztransaktionsuntersuchungen vom 23.6.2017 (BGBl. I S. 1822). § 52 GwG wurde durch das Gesetz zur Umsetzung der Änderungsrichtlinie zur Vierten EU-Geldwäscherichtlinie vom 12.12.2019 (BGBl. I S. 2602) ua durch den neu eingefügten Abs. 6 erweitert.

2 **Europarechtlich** fordert insbesondere Art. 48 der 4. EU-Geldwäscherichtlinie eine wirksame Behördenaufsicht zur Sicherstellung der in der Richtlinie enthaltenen Vorgaben. Darüber hinaus wird den drei europäischen Finanzaufsichtsbehörden – der Europäischen Bankenaufsichtsbehörde (EBA), der Europäischen Aufsichtsbehörde für das Versicherungswesen und die betriebliche Altersversorgung (EIOPA) sowie der Europäischen Wertpapier- und Marktaufsichtsbehörde (ESMA) – die Befugnis zugewiesen, an die zuständigen Behörden (der Finanzindustrie) gerichtete Leitlinien über die bei der Aufsicht nach risikoorientiertem Ansatz zu beachtenden Merkmale zu veröffentlichen (Art. 48 Abs. 10 der 4. EU-Geldwäscherichtlinie). Ferner finden sich auch in den Empfehlungen der FATF grundlegende Bestimmungen zu zuständigen Aufsichtsbehörden außerhalb der Finanzwirtschaft. Nach Empfehlung 28b) der FATF-Empfehlungen (FATF, The FATF Recommendation, aktualisiert Juni 2019) ist sicherzustellen, dass auch Nicht-Banken und andere Berufsgruppen wirksamen Systemen zur Überwachung und Sicherstellung der Einhaltung der Verpflichtungen zur Bekämpfung von Geldwäsche und Terrorismusfinanzierung unterliegen und diese auf einer risikoabhängigen Basis erfolgt. Dies kann auch eine geeignete Selbstverwaltungskörperschaft übernehmen, vorausgesetzt dass diese durchzusetzen vermag, dass ihre Mitglieder die Verpflichtungen zur Bekämpfung der Geldwäsche und Terrorismusfinanzierung einhalten. Die vorliegenden Regelungen in § 52 GwG zu den Mitwirkungspflichten der Verpflichteten nach dem GwG sind Ausdruck dieser europäischen und internationalen Vorgaben an eine wirksame und effektive Beaufsichtigung der Betroffenen in diesem Bereich.

Mitwirkungspflichten **§ 52**

II. Auskünfte und Prüfungen durch die zuständigen Behörden (Abs. 1–3, 6)

Nach § 52 Abs. 1 GwG haben Verpflichtete, deren Organmitglieder und Be- 3
schäftigte der für sie zuständigen Aufsichtsbehörde – nämlich der BaFin im Hinblick auf Agenten und E-Geld-Agenten einschließlich Zahlungsinstituten und E-Geld-Instituten mit Sitz in einem anderen EWR-Staat, die aber in Deutschland über solche Agenten niedergelassen sind, nach § 2 Abs. 1 Nr. 4 GwG und Unternehmen und Personen nach § 2 Abs. 1 Nr. 5 GwG, die E-Geld eines Kreditinstituts vertreiben oder rücktauschen, sowie den zuständigen Aufsichtsbehörden nach § 50 Nr. 3–9 GwG (vgl. Kommentierung zu § 50 GwG) und den Personen und Einrichtungen, derer sich die zuständige Aufsichtsbehörde zur Durchführung ihrer Aufgaben bedient, auf Verlangen unentgeltliche **Auskünfte über alle Geschäftsangelegenheiten und** – im Rahmen des Gesetzes zur Umsetzung der Vierten EU-Geldwäscherichtlinie, zur Ausführung der EU-Geldtransferverordnung und zur Neuorganisation der Zentralstelle für Finanztransaktionsuntersuchungen vom 23.6.2017 (BGBl. I S. 1822) neu eingefügt – **Transaktionen** zu erteilen und Unterlagen vorzulegen, die für die Einhaltung der im GwG festgelegten Anforderungen von Bedeutung sind (vgl. auch *Inderwies* BankPraktiker 2012, 102 (104)). Durch den durch das Gesetz zur Umsetzung der Änderungsrichtlinie zur Vierten EU-Geldwäscherichtlinie eingefügten § 52 Abs. 1 S. 2 GwG wird klargestellt, dass der Verpflichtete der Behörde die vorzulegenden Unterlagen im Original, in Form von Kopien oder in digitaler Form auf elektronischem Wege, zB per E-Mail, oder auf einem digitalen Speichermedium zur Verfügung zu stellen hat. Dies gilt sowohl bei **Vor-Ort-Prüfungen** als auch bei Prüfungen von Unterlagen auf der Dienststelle. Zur Verfügung stellen bedeutet dabei die Vorlage oder Übersendung von Unterlagen, wobei der zuständigen Behörde insoweit Ermessen zusteht. Allerdings hat die Aufsichtsbehörde – aufgrund der in § 52 Abs. 1 S. 1 GwG normierten Unentgeltlichkeit der Mitwirkungspflicht – das **Verhältnismäßigkeitsprinzip** zu beachten (vgl. dazu BT-Drs. 19/13827). Dies gilt nicht nur im Hinblick auf die Kosten, sondern auch dem Umstand, in welcher Form die Unterlagen beim Verpflichteten vorliegen. Ferner ist es den vorgenannten Aufsichtsbehörden bzw. deren Bediensteten und sonstigen Personen, derer sich bei den Prüfungen bedient, nach § 52 Abs. 2 GwG gestattet, die Geschäftsräume des Verpflichteten während der üblichen Betriebs- und Geschäftszeiten zu betreten und zu besichtigen, was von den Verpflichteten nach § 50 Abs. 3 GwG zu dulden ist. Während die Einbeziehung der BaFin bereits in die Vorgängernorm (seinerzeit § 16 GwG vor Inkrafttreten des Gesetzes zur Umsetzung der Vierten EU-Geldwäscherichtlinie, zur Ausführung der EU-Geldtransferverordnung und zur Neuorganisation der Zentralstelle für Finanztransaktionsuntersuchungen) aufgrund der Zuständigkeitszuweisung in § 50 Nr. 1 lit. g und h GwG der Schließung einer Regelungslücke für die neu genannten Verpflichteten diente (Bericht des Finanzausschusses v. 1.12.2011, BT-Drs. 17/8043, 15), liegen die Gründe für die seinerzeitige Einführung der Norm im Übrigen in Monita der FATF in ihrem Deutschland-Prüfbericht vom Februar 2010 (FATF, Mutual Evaluation Report Germany, Tz. 938, 983, 985, 995, 1005; vgl. hierzu BT-Drs. 17/6804, 38 und Bericht des BT-Finanzausschusses v. 7.4.2011, BT-Drs. 17/5417, 14), einem von der EU-Kommission gegen Deutschland betriebenen Vertragsverletzungsverfahren (BT-Drs. 17/6804, 38 und Bericht

§ 52 Abschnitt 7. Aufsicht, Zusammenarbeit, Bußgeldvorschriften, Datenschutz

des BT-Finanzausschusses v. 7.4.2011, BT-Drs. 17/5417, 14) sowie der Stellungnahme des Bundesrates zum OGAW-IV-Umsetzungsgesetz (BT-Drs. 17/4811, 7). In diesem Kontext hatte die FATF gefordert, dass den insoweit zuständigen Behörden ausreichende gewerberechtliche Instrumentarien zur Verfügung stehen müssen, was vor der Einfügung der Vorschrift in das GwG – auch von der EU-Kommission – als nicht ausreichend angesehen wurde. Da einerseits die Bundesländer keine eigenen Ergänzungen gewerberechtlicher Kompetenzen vorgenommen hatten, andererseits eine bundeseinheitliche Regelung sinnvoll erschien (BT-Drs. 17/6804, 38 und Bericht des BT-Finanzausschusses vom 7.4.2011, BT-Drs. 17/5417, 14; BT-Drs. 17/4811, 7), wurden seinerzeit in § 16 Abs. 3 GwG als Vorgängernorm von § 52 GwG idF des Gesetzes zur Umsetzung der Vierten EU-Geldwäscherichtlinie, zur Ausführung der EU-Geldtransferverordnung und zur Neuorganisation der Zentralstelle für Finanztransaktionsuntersuchungen schließlich die **gewerberechtlichen Befugnisse** für eine adäquate Aufsicht in Anlehnung an die Befugnisse der BaFin in §§ 6, 44 Abs. 1 KWG konkretisiert. Die Auskunfts-, Informations- und Prüfungsrechte können sich dabei insbesondere auf die Einhaltung der Sorgfalts-, Aufzeichnungs- und Meldepflichten beziehen (BT-Drs. 17/6804, 38 und Bericht des BT-Finanzausschusses v. 7.4.2011, BT-Drs. 17/5417, 14). Mit dem Recht zu Prüfungen vor Ort soll dabei sichergestellt werden, dass sich die zuständigen Behörden ein hinreichend klares Bild von den internen Sicherungsmaßnahmen und Sicherungsstrukturen machen können. Das Recht zur Vornahme von Prüfungen vor Ort umfasst hingegen nicht ein Recht zur Durchsuchung oder sonstigen repressiven Zwecken dienendes Handeln (BT-Drs. 17/6804, 38 und Bericht des BT-Finanzausschusses v. 7.4.2011, BT-Drs. 17/5417, 14). Sofern die Beauftragung Dritter durch die zuständigen Behörden gestattet ist, müssen diese über hinreichende berufliche Erfahrung, Kenntnisse im Bereich der Geldwäscheverhinderung und Integrität für die Aufgaben qualifiziert sein, was grundsätzlich bei Wirtschaftsprüfern und vergleichbaren Berufsgruppen angenommen werden kann (BT-Drs. 17/6804, 38). Die **Kostentragungspflicht** aus § 51 Abs. 4 GwG soll dabei bei Durchführung durch Dritte für die zuständige Behörde entsprechende Anwendung finden (BT-Drs. 17/6804, 38). Insoweit wäre eine ausdrückliche Klarstellung im Gesetzestext auch aufgrund der belastenden Wirkung nicht nur vorzugswürdig, sondern nach hier vertretener Auffassung auch zwingend erforderlich gewesen.

4   Einen besonderen Aspekt von Mitwirkungspflichten in Form einer **Auskunftspflicht** gegenüber der zuständigen Aufsichtsbehörde enthält der durch das Gesetz zur Umsetzung der Änderungsrichtlinie zur Vierten EU-Geldwäscherichtlinie eingefügte § 52 Abs. 6 GwG. Danach haben Personen, bei denen aufgrund ihrer Geschäftstätigkeit Tatsachen die Annahme rechtfertigen, dass sie Verpflichtete nach § 2 Abs. 1 GwG sind, der nach § 50 GwG zuständigen Aufsichtsbehörde auf Verlangen unentgeltlich Auskunft über alle Geschäftsangelegenheiten zu erteilen und Unterlagen vorzulegen, soweit dies für die Feststellung der Verpflichteteneigenschaft erforderlich ist. § 50 Abs. 1 S. 2, Abs. 4 und 5 GwG gelten dabei entsprechend. Anders als im Finanzsektor ist im Nichtfinanzsektor nicht immer offenkundig, ob eine Verpflichteteneigenschaft nach dem GwG vorliegt oder nicht, insbesondere auch nicht immer eindeutig aus Registerdaten herzuleiten. Daher haben Personen, bei denen eine Verpflichteteneigenschaft nicht von vornherein ausgeschlossen werden kann, der zuständigen Aufsichtsbehörde iSv § 50 GwG Auskünfte zu erteilen bzw. Unterlagen vorzulegen, die sämtliche geschäftlichen Umstände betreffen können und anhand derer eine Feststellung vorgenommen werden kann. Auskunftspflichtig

sind dabei natürliche und juristische Personen sowie rechtsfähige Personenvereinigungen (vgl. zu allem BT-Drs. 19/13827).

III. Auskunftsverweigerungsrechte (Abs. 4, 5)

Durch § 52 Abs. 4 GwG soll zunächst gewährleistet werden, dass ein Zeugnisverweigerungsrecht aus persönlichen Gründen korrespondierend auch im Rahmen des GwG zu einem umfassenden **Auskunftsverweigerungsrecht** führt (BT-Drs. 17/6804, 38 und Bericht des BT-Finanzausschusses v. 7.4.2011, BT-Drs. 17/5417, 14, vgl. zu Auskunftsverweigerungsrechten auch *Wende* in Zentes/Glaab GwG § 52 Rn. 16ff.). Konkret wird in § 52 Abs. 4 GwG festgelegt, dass der zur Erteilung einer Auskunft Verpflichtete, die Auskunft auf solche Fragen verweigern kann, deren Beantwortung ihn selbst oder einen der in § 383 Abs. 1 Nr. 1–3 ZPO bezeichneten Angehörigen der Gefahr strafrechtlicher Verfolgung oder eines Verfahrens nach dem OWiG aussetzen würde. Bei den Angehörigen im Sinne von § 383 Abs. 1 Nr. 1–3 ZPO handelt es sich um folgenden Personenkreis:
1. den Verlobten;
2. den Ehegatten, auch wenn die Ehe nicht mehr besteht;
3. den Lebenspartner, auch wenn die Lebenspartnerschaft nicht mehr besteht;
4. diejenigen, die in gerader Linie verwandt oder verschwägert, in der Seitenlinie bis zum dritten Grad verwandt oder bis zum zweiten Grad verschwägert sind oder waren.

Darüber hinaus können Verpflichtete in Form von Rechtsanwälten, Kammerrechtsbeiständen und Patentanwälten sowie Notare (§ 2 Abs. 1 Nr. 10 GwG) und Wirtschaftsprüfer, vereidigte Buchprüfer, Steuerberater, Steuerbevollmächtigte und die in § 4 Nr. 11 StBerG (§ 2 Abs. 1 Nr. 12 GwG) die Auskunft gemäß § 52 Abs. 5 GwG auch auf solche Fragen verweigern, wenn sich diese auf Informationen beziehen, die sie im Rahmen der **Rechtsberatung oder Prozessvertretung** des Vertragspartners erhalten haben, es sei denn, der Verpflichtete weiß, dass sein Mandant die Rechtsberatung für Zwecke von Geldwäsche oder Terrorismusfinanzierung in Anspruch genommen hat oder nimmt (vgl. dazu bereits Kommentierung zu § 43 Abs. 2 GwG).

IV. Bußgeldvorschriften

Die nicht richtige, vollständige oder rechtzeitige Erteilung von Auskünften oder Vorlage von Unterlagen entgegen § 52 Abs. 1 und Abs. 6 GwG sowie die Nichtduldung einer Prüfung entgegen § 52 Abs. 3 GwG sind bei vorsätzlichen oder sogar nur leichtfertigen Handlungen gemäß § 56 Abs. 1 Nr. 73f. GwG bußgeldbewehrt. Die **Geldbuße** beträgt nach § 56 Abs. 1 S. 2 GwG bei vorsätzlicher Begehung bis zu 150.000 EUR und im Übrigen bis zu 100.000 EUR. Bei schwerwiegenden, wiederholten oder systematischen Verstößen können Ordnungswidrigkeiten nach § 56 Abs. 1 GwG mit Geldbußen von bis zu 1 Mio. EUR oder bis zum Zweifachen des aus dem Verstoß gezogenen wirtschaftlichen Vorteils geahndet werden (§ 56 Abs. 3 S. 1 GwG). Bei Verpflichteten nach § 2 Abs. 1 Nr. 1–3 und 6–9 GwG, die juristische Personen und Personenvereinigungen sind, kann darüber hinaus eine Geldbuße bis zu 5 Mio. EUR oder 10% des im Geschäftsjahr erzielten Gesamtumsatzes verhängt werden. (§ 56 Abs. 3 S. 3 und 4 GwG). Soweit es sich bei diesen Verpflichteten um natürliche Personen handeln sollte, greift ein Bußgeldrahmen von bis zu 5 Mio. EUR (§ 56 Abs. 3 S. 5 GwG). Wegen Einzelheiten zu Bußgeldsystematik und weiteren Sanktionen vgl. die Kommentierung zu §§ 56f. GwG.

§ 53 Hinweise auf Verstöße

(1) Die Aufsichtsbehörden errichten ein System zur Annahme von Hinweisen zu potenziellen oder tatsächlichen Verstößen gegen dieses Gesetz und gegen auf Grundlage dieses Gesetzes erlassene Rechtsverordnungen und gegen andere Bestimmungen zur Verhinderung von Geldwäsche und von Terrorismusfinanzierung, bei denen es die Aufgabe der Aufsichtsbehörde ist, die Einhaltung der genannten Rechtsvorschriften sicherzustellen oder Verstöße gegen die genannten Rechtsvorschriften zu ahnden. Das System hat die Abgabe von Hinweisen über einen geschützten Kommunikationsweg zu ermöglichen. Die Hinweise können auch anonym abgegeben werden.

(2) Die Aufsichtsbehörden sind zu diesem Zweck befugt, personenbezogene Daten zu verarbeiten, soweit dies zur Erfüllung ihrer Aufgaben erforderlich ist.

(3) Die Aufsichtsbehörden machen die Identität einer Person, die einen Hinweis abgegeben hat, nur bekannt, wenn sie zuvor die ausdrückliche Zustimmung dieser Person eingeholt haben. Sie geben die Identität einer Person, die Gegenstand eines Hinweises ist, nicht bekannt. Die Sätze 1 und 2 gelten nicht, wenn
1. eine Weitergabe der Information im Kontext weiterer Ermittlungen oder nachfolgender Verwaltungs- oder Gerichtsverfahren aufgrund eines Gesetzes erforderlich ist oder
2. die Offenlegung durch einen Gerichtsbeschluss oder in einem Gerichtsverfahren angeordnet wird.

(4) Das Informationsfreiheitsgesetz findet auf die Vorgänge nach dieser Vorschrift keine Anwendung.

(5) Mitarbeiter, die bei Unternehmen und Personen beschäftigt sind, die von den zuständigen Aufsichtsbehörden nach Absatz 1 beaufsichtigt werden, oder bei anderen Unternehmen oder Personen beschäftigt sind, auf die Tätigkeiten von beaufsichtigten Unternehmen oder Personen ausgelagert wurden, und die einen Hinweis nach Absatz 1 abgeben, dürfen wegen dieses Hinweises weder nach arbeitsrechtlichen oder nach strafrechtlichen Vorschriften verantwortlich gemacht noch zum Ersatz von Schäden herangezogen oder anderweitig benachteiligt werden. Satz 1 gilt nicht, wenn der Hinweis vorsätzlich unwahr oder grob fahrlässig unwahr abgegeben worden ist.

(5a) Mitarbeitern im Sinne des Absatzes 5, die aufgrund der Abgabe eines Hinweises nach Absatz 1 und entgegen dem Benachteiligungsverbot des Absatzes 5 einer Benachteiligung im Zusammenhang mit ihrem Beschäftigungsverhältnis ausgesetzt sind, steht bei der zuständigen Aufsichtsbehörde das Recht der Beschwerde zu. Der Rechtsweg bleibt von dem Beschwerdeverfahren unberührt. Dem Beschwerdeführer steht für die Einreichung der Beschwerde nach Satz 1 der geschützte Kommunikationsweg nach Absatz 1 Satz 2 zur Verfügung.

(6) Nicht vertraglich eingeschränkt werden darf die Berechtigung zur Abgabe von Hinweisen nach Absatz 1 durch Mitarbeiter, die beschäftigt sind bei
1. Unternehmen und Personen, die von den Aufsichtsbehörden nach Absatz 1 beaufsichtigt werden, oder
2. anderen Unternehmen oder Personen, auf die Tätigkeiten von beaufsichtigten Unternehmen oder Personen ausgelagert wurden.

Dem entgegenstehende Vereinbarungen sind unwirksam.

(7) Durch die Einrichtung und Führung des Systems zur Abgabe von Hinweisen zu Verstößen werden die Rechte einer Person, die Gegenstand eines Hinweises ist, nicht eingeschränkt, insbesondere nicht die Rechte nach den
1. §§ 28 und 29 des Verwaltungsverfahrensgesetzes,
2. §§ 68 bis 71 der Verwaltungsgerichtsordnung und
3. §§ 137, 140, 141 und 147 der Strafprozessordnung.

Übersicht

	Rn.
I. Allgemeines	1
II. System zur Annahme von Hinweisen potenzieller oder tatsächlicher Verstöße (Abs. 1 und Abs. 2)	2
III. Umgang mit personenbezogenen Daten des Betroffenen und des Hinweisgebers (Abs. 2–4)	4
IV. Benachteiligungsschutz für den Hinweisgeber (Abs. 5)	7
V. Beschwerdeverfahren für den Hinweisgeber (Abs. 5a)	8
VI. Ausschluss der Einschränkung von Rechten der Hinweisgeber (Abs. 6)	9
VII. Keine Beschränkung von Verfahrensrechten Betroffener (Abs. 7)	10

I. Allgemeines

§ 53 enthält differenzierte Vorgaben für die Etablierung eines Hinweisgebersystems in der Bekämpfung der Geldwäsche und Terrorismusfinanzierung. Grundlage für diese Reform und die darin enthaltene explizite Förderung einer Whistleblower-Kultur waren neben der FATF-Empfehlung 20 und 29, auch Art. 61 der Richtlinie (EU) 2015/849 zur Verhinderung der Nutzung des Finanzsystems zum Zwecke der Geldwäsche und der Terrorismusfinanzierung, zur Änderung der Verordnung (EU) Nr. 648/2012 des Europäischen Parlaments und des Rates und zur Aufhebung der Richtlinie 2005/60/EG des Europäischen Parlaments und des Rates und die Richtlinie 2006/70/EG der Kommission sowie Art. 21 der Verordnung (EU) 2015/847 des Europäischen Parlaments und des Rates über die Übermittlung von Angaben bei Geldtransfers und zur Aufhebung der Verordnung (EU) Nr. 1781/2006.

Art. 21 Abs. 1 S. 2 VO (EU) 2015/847 mit Verweis auf Art. 61 EU-RL 2015/849 gibt den zuständigen Behörden der Mitgliedstaaten die Einrichtung von wirksamen und zuverlässigen Meldemechanismen vor. Zugleich sollte bei der Umsetzung der Schutz des jeweiligen Whistleblowers und der beschuldigten Person gewährleistet werden. Dies betrifft insbesondere personenbezogene Daten und die Weitergabe der Daten, die ausnahmsweise im Rahmen weiterer Ermittlungen oder von nachfolgenden Gerichtsverfahren erforderlich sein kann und sodann zulässig ist Die Ergänzung in Abs. 1 hebt die Notwendigkeit geschützter Kommunikationswege hervor und dient damit der Umsetzung von Art. 1 Nr. 39 der Änderungsrichtlinie, der die Meldung möglicher und tatsächlicher Verstöße durch den Schutz der Identität des Meldenden fördern soll. Ein geschützter Kommunikationsweg setzt voraus, dass durch technische Vorkehrungen gewährleistet ist, dass die Kommunikation nicht durch Dritte einsehbar ist und die Identität der Person, die Informationen zur Verfügungen stellt, nur den Aufsichtsbehörden bekannt wird (Art. 61 Abs. 1 idF der Änderungsrichtlinie).

II. System zur Annahme von Hinweisen potenzieller oder tatsächlicher Verstöße (Abs. 1 und Abs. 2)

2   Nach Abs. 1 errichten die in § 50 GwG aufgelisteten Aufsichtsbehörden eine Meldestelle zur Abgabe von Hinweisen über potenzielle oder tatsächliche Verstöße im Bereich der Geldwäsche und der Terrorismusfinanzierung. „Meldestelle" im Sinne des GwG ist nach § 27 Abs. 1 GwG die Zentralstelle für Finanztransaktionsuntersuchungen.

3   Zur Abgabe von Hinweisen über potenzielle oder tatsächliche Verstöße hat die Bundesanstalt für Finanzdienstleistungsaufsicht nach § 4d des Gesetzes über die Bundesanstalt für Finanzdienstleistungsaufsicht eine Meldeplattform eingerichtet (BT-Drs. 18/11555, 161). Den Ländern steht es hierbei frei, das Hinweisgebersystem jeweils einzeln oder gemeinsam zu errichten (BT-Drs. 18/11555, 161). Der konkrete Umfang über die Pflichten im Zusammenhang mit Meldungen ist in Abschnitt 6 des GwG (§§ 43 ff. GwG) zu finden.

§ 53 Abs. 1 GwG dient der Umsetzung des Art. 61. Abs. 1 und 2 der 4. Geldwäscherichtlinie. Zugleich wird den Empfehlungen 20 und 29 der FATF aus dem Jahr 2012 (2017) und Art. 21 der Geldtransferverordnung Rechnung getragen.

III. Umgang mit personenbezogenen Daten des Betroffenen und des Hinweisgebers (Abs. 2–4)

4   Die personenbezogenen Daten von Hinweisgebern (Whistleblowern) und Betroffenen werden durch § 53 Abs. 2 und 3 GwG geschützt. Es soll sichergestellt werden, dass die Identität der Hinweisgeber nach außen unbekannt bleibt. Dies erleichtert beispielsweise im Rahmen von Über-Unterordnungsverhältnissen die Meldung von verdächtigen Transaktionen des Vorgesetzten durch einen Angestellten. Freilich darf in der Bewertung von anonymen Meldungen nicht die Gefahr übersehen werden, dass es sich um in der Sache übertriebene oder gar gänzlich erfundene Meldungen handeln kann, mit denen Ziele im persönlichen Bereich verfolgt werden.

Offengelegt wird die Identität des Hinweisgebers lediglich, wenn „eine Weitergabe der Information im Kontext weiterer Ermittlungen oder nachfolgender Verwaltungs- oder Gerichtsverfahren aufgrund eines Gesetzes erforderlich ist oder die Offenlegung durch einen Gerichtsbeschluss oder in einem Gerichtsverfahren an-

Hinweise auf Verstöße **§ 53**

geordnet wird" (§ 53 Abs. 3 S. 3 GwG) oder der Hinweisgeber einwilligt (§ 53 Abs. 3 S. 1 GwG).

Nach § 52 Abs. 2 GwG sind die Aufsichtsbehörden zur Verarbeitung von personenbezogenen Daten befugt, wenn dies zur Sicherstellung der Einhaltung der Rechtsordnung und Ahndung von Rechtsverstößen dient (s. auch § 53 Abs. 1 GwG). Die Erhebung, Verarbeitung und Nutzung von personenbezogenen Daten ist gem. Art. 6 DSGVO grundsätzlich nicht ohne Rechtsgrundlage oder Einwilligung des Betroffenen möglich. § 53 Abs. 2 GwG stellt im Sinne des Art. 6 Abs. 1 DSGVO eine Rechtsvorschrift dar, die den Eingriff in das allgemeine Persönlichkeitsrecht gem. Art. 2 Abs. 1 iVm Art. 1 Abs. 1 GG ermöglicht. 5

Das Informationsfreiheitsgesetz findet nach § 53 Abs. 4 GwG keine Anwendung. Dies ist Ergebnis der Abwägung zwischen dem Schutz der Preisgabe der personenbezogenen Daten des Hinweisgebers und dem Anspruch auf Zugang von öffentlichen Informationen für Jedermann. Hierbei überwiegt der Schutz des allgemeinen Persönlichkeitsrechts. 6

IV. Benachteiligungsschutz für den Hinweisgeber (Abs. 5)

Meldet ein Hinweisgeber einen potenziellen oder tatsächlichen Verstoß, kann er gem. § 53 Abs. 5 GwG weder nach arbeitsrechtlichen oder nach strafrechtlichen Vorschriften verantwortlich gemacht, noch zum Ersatz von Schäden herangezogen werden. Eine arbeitsrechtliche Ahndung, wie beispielsweise durch eine Betriebsbuße, ist ausgeschlossen (BT-Drs. 18/11555, 162). Der Schutz vor zivilrechtlichen oder strafrechtlichen Folgen entfällt zu Recht, wenn der Hinweisgeber seine Meldung vorsätzlich oder grob fahrlässig unwahr abgegeben hat. Hinzugekommen ist durch die Novellierung der Schutz vor *anderweitigen Benachteiligungen* in § 53 Abs. 5 S. 1; diese Ergänzung war zur Umsetzung von Art. 1 Nr. 39 Buchst. b der Änderungsrichtlinie erforderlich. Danach sind Personen wie Angestellte und Vertreter von Verpflichteten rechtlich vor Bedrohungen, Vergeltungsmaßnahmen oder Anfeindungen und insbesondere vor nachteiligen oder diskriminierenden Maßnahmen im Beschäftigungsverhältnis zu schützen 7

V. Beschwerdeverfahren für den Hinweisgeber (Abs. 5 a)

§ 53 Abs. 5a GwG wurde neu aufgenommen, um den Hinweisgeber-Schutz weiter auszudifferenzieren. Nach S. 1 steht einer Person im Sinne des Abs. 5, die aufgrund der Abgabe eines Hinweises nach Abs. 1 entgegen dem Benachteiligungsverbot des Abs. 5 einer Benachteiligung ausgesetzt ist, bei der zuständigen Aufsichtsbehörde nach § 50 GwG das Recht der Beschwerde zu. Abs. 5a S. 1 setzt damit Art. 1 Nr. 39 Buchst. b der Änderungsrichtlinie um. S. 2 stellt weiter klar, dass der Rechtsweg von dem Beschwerdeverfahren unberührt bleibt. Dies bedeutet insbesondere, dass die Möglichkeit der Klage von den Arbeitsgerichten aufgrund einer Verletzung des Benachteiligungsverbotes nach Abs. 5 besteht. Dies gilt unabhängig von der Durchführung eines Beschwerdeverfahrens. Die Regelung eines eigenständigen Rechtsbehelfs ist vor diesem Hintergrund nicht erforderlich. S. 2 soll mit seiner Klarstellung dem Gedanken von Art. 1 Nr. 39 Buchst. b der Änderungsrichtlinie umsetzen. Nach S. 3 in Verbindung mit Abs. 1 S. 2 ist dem Beschwerdeführer 8

§ 54 Abschnitt 7. Aufsicht, Zusammenarbeit, Bußgeldvorschriften, Datenschutz

aufgrund der Richtlinienvorgaben für die Einreichung der Beschwerde nach S. 1 ein sicherer Kommunikationskanal zur Verfügung zu stellen.

VI. Ausschluss der Einschränkung von Rechten der Hinweisgeber (Abs. 6)

9   Nach Abs. 6 darf die Möglichkeit der Abgabe von Hinweisen auf potenzielle oder tatsächliche Verstöße nicht vertraglich eingeschränkt werden. Dies gilt für Mitarbeiter von Unternehmen oder Personen, die von einer Aufsichtsbehörde nach § 53 Abs. 1 GwG oder einer ausgelagerten Aufsichtsbehörde beaufsichtigt werden.

VII. Keine Beschränkung von Verfahrensrechten Betroffener (Abs. 7)

10   Das Hinweisgebersystem stellt keine Einschränkung der Rechte von Personen dar, die von der Meldung betroffen sind. Die Verfahrensrechte der Person, die Gegenstand des Hinweises ist, werden nicht eingeschränkt. Dies gilt insbesondere für den Anspruch auf rechtliches Gehör und die Folgerechte, die Anhörung im Verwaltungsverfahren, die Akteneinsicht im Strafverfahren und das Hinzuziehen eines Strafverteidigers.

§ 54 Verschwiegenheitspflicht

(1) Soweit Personen, die bei den zuständigen Aufsichtsbehörden nach § 50 beschäftigt sind oder für diese Aufsichtsbehörden tätig sind, Aufgaben nach § 51 Absatz 1 erfüllen, dürfen sie die ihnen bei ihrer Tätigkeit bekannt gewordenen Tatsachen nicht unbefugt offenbaren oder verwerten, wenn die Geheimhaltung dieser Tatsachen, insbesondere Geschäfts- und Betriebsgeheimnisse, im Interesse eines von ihnen beaufsichtigten Verpflichteten oder eines Dritten liegt. Satz 1 gilt auch, wenn sie nicht mehr im Dienst sind oder ihre Tätigkeit beendet ist. Die datenschutzrechtlichen Bestimmungen, die von den beaufsichtigten Verpflichteten zu beachten sind, bleiben unberührt.

(2) Absatz 1 gilt auch für andere Personen, die durch dienstliche Berichterstattung Kenntnis von den in Absatz 1 Satz 1 bezeichneten Tatsachen erhalten.

(3) Ein unbefugtes Offenbaren oder Verwerten liegt insbesondere nicht vor, wenn Tatsachen im Sinne von Absatz 1 weitergegeben werden, soweit der Weitergabe keine anderen Rechtsvorschriften entgegenstehen,
1. in zusammengefasster oder aggregierter Form, so dass einzelne Verpflichtete nicht identifiziert werden können, oder
2. an eine der folgenden Stellen, soweit diese Stellen die Informationen zur Erfüllung ihrer Aufgaben benötigen:
   a) an die Strafverfolgungsbehörden, an die für Straf- und Bußgeldsachen zuständigen Behörden und Gerichte,

b) an andere Stellen, die kraft Gesetzes oder im öffentlichen Auftrag mit der Aufklärung und Verhinderung von Geldwäsche oder von Terrorismusfinanzierung oder mit der Aufsicht über Kredit- und Finanzinstitute im Sinne von Artikel 3 der Richtlinie (EU) 2015/849 betraut sind, sowie an Personen, die von diesen Stellen beauftragt werden,

c) an die Europäische Zentralbank, soweit sie im Einklang mit der Verordnung (EU) Nr. 1024/2013 des Rates vom 15. Oktober 2013 zur Übertragung besonderer Aufgaben im Zusammenhang mit der Aufsicht über Kreditinstitute auf die Europäische Zentralbank tätig wird,

d) an die zentralen Meldestellen im Sinne von Artikel 32 Absatz 1 der Richtlinie (EU) 2015/849 und

e) an andere Stellen, die kraft Gesetzes oder im öffentlichen Auftrag mit der Aufsicht über das allgemeine Risikomanagement oder über die Compliance von Verpflichteten betraut sind, sowie an Personen, die von diesen Stellen beauftragt sind.

(4) Befindet sich eine der in Absatz 3 genannten Stellen in einem anderen Staat oder handelt es sich um eine supranationale Stelle, so dürfen Tatsachen im Sinne von Absatz 1 nur weitergegeben werden, wenn die bei dieser Stelle beschäftigten Personen oder die im Auftrag dieser Stelle handelnden Personen einer Verschwiegenheitspflicht unterliegen, die der Verschwiegenheitspflicht nach den Absätzen 1 bis 3 weitgehend entspricht. Die ausländische oder supranationale Stelle ist von der weitergebenden Stelle darauf hinzuweisen, dass sie die Tatsachen nur zu dem Zweck verwenden darf, zu dessen Erfüllung ihr diese übermittelt werden. Tatsachen, die aus einem anderen Staat stammen, dürfen nur weitergegeben werden

1. mit ausdrücklicher Zustimmung der zuständigen Behörden, die diese Tatsachen mitgeteilt haben, und
2. für solche Zwecke, denen die zuständigen Behörden zugestimmt haben.

Übersicht

	Rn.
I. Allgemeines	1
II. Befugnis zum Offenbaren oder für eine Verwertung von dienstlich erlangten Tatsachen (§ 54 Abs. 3)	3
III. Weitergabe von Tatsachen (§ 54 Abs. 4)	10

I. Allgemeines

Mit § 54 GwG wurde durch das Gesetz zur Umsetzung der Vierten Geldwäscherichtlinie vom 26.6.2017 eine explizite Regelung zur Verschwiegenheitspflicht geschaffen. **1**

Bislang hatten die zuständigen Aufsichtsbehörden bei der Weitergabe von Tatsachen und Informationen, die ihnen im Rahmen ihrer Aufsicht zur Kenntnis gelangt sind, auf andere gesetzlichen Regelungen zurückgegriffen. Um diesen Umweg künftig zu vermeiden und um eine entsprechende rechtssichere bereichsspezifische Grundlage für den Umgang mit solchen Tatsachen und Informationen zu schaffen, wurde durch das Geldwäschegesetz nunmehr eine eigenständige Regelung geschaffen.

2   Die zuständigen Aufsichtsbehörden erlangen bei der Erfüllung ihrer Aufgaben Kenntnisse über eine Vielzahl von Tatsachen und Informationen, die die Geschäftsaktivitäten der von ihnen beaufsichtigten Verpflichteten nach § 2 Abs. 1 betrifft, bei denen es sich teilweise um Geschäfts- oder Betriebsgeheimnisse handelt. § 54 GwG regelt nunmehr den Umgang mit diesen Tatsachen und unterwirft die bei den Aufsichtsbehörden Beschäftigten oder für sie tätigen Personen insofern einer strengen Verschwiegenheitspflicht. In Abs. 1 ist durch die Novellierung klargestellt worden, dass es sich um die zuständigen Aufsichtsbehörden nach § 50 GwG handelt.

Die Verschwiegenheitspflicht wird nur in einem beschränkten Umfang und zwar in Bezug auf bestimmte öffentliche Stellen, die die entsprechenden Tatsachen zur Erfüllung ihrer Aufgaben benötigen, durchbrochen. In diesen Fällen liegt ausdrücklich kein unbefugtes Offenbaren oder Verwerten der Tatsachen vor, weil die Verhinderung und Bekämpfung von Geldwäsche und Terrorismusfinanzierung und eine effektive Aufsicht über die Verpflichteten ein Zusammenwirken der zuständigen Aufsichtsbehörden und der genannten Stellen erfordert.

II. Befugnis zum Offenbaren oder für eine Verwertung von dienstlich erlangten Tatsachen (§ 54 Abs. 3)

3   § 54 Abs. 3 GwG regelt den Rahmen für die Befugnis zum Offenbaren oder für eine Verwertung von dienstlich erlangten Tatsachen. In der Norm werden nicht abschließende Beispiele – das Gesetz spricht in Regelbeispielstechnik davon, dass „insbesondere" kein unbefugtes Offenbaren vorliegt – dafür genannt, wann kein unbefugtes Offenbaren oder Verwerten vorliegt.

4   Neu aufgenommen wurde durch die Novellierung in § 54 Abs. 3 GwG die Nr. 1, wonach ein unbefugtes Offenbaren oder Verwerten dann nicht vorliegt, wenn die Weitergabe von Tatsachen in zusammengefasster oder aggregierter Form erfolgt, so dass einzelne Verpflichtete nicht identifiziert werden können. Die neue Nr. 1 dient der Umsetzung von Art. 1 Nr. 37 der Änderungsrichtlinie bzw. von Art. 57a Abs. 1 S. 2 in der Fassung der Änderungsrichtlinie.

5   Die neue Nr. 2 Buchst. a von § 54 Abs. 3 GwG übernimmt im Wesentlichen den Inhalt der bisherigen Nr. 1 des § 54 Abs. 3 GwG. Im Hinblick auf die Weiterleitung an Bußgeldbehörden war die vorherige Beschränkung zu eng. Nunmehr sind sämtliche für Ordnungswidrigkeiten nach § 56 zuständigen Verwaltungsbehörden, sei es aufgrund spezialgesetzlicher Regelungen oder der allgemeinen Zuständigkeitsregelung, von der Verschwiegenheitsverpflichtung ausgenommen.

6   § 54 Abs. 3 Nr. 2 Buchst. b GwG wird in Umsetzung von Artikel 1 Nummer 37 der Änderungsrichtlinie ergänzt um eine Aufhebung der Verschwiegenheitspflicht gegenüber den für die Aufsicht über Kredit- und Finanzinstitute im Sinne von Artikel 3 Nummer 1 und 2 der Vierten Geldwäscherichtlinie zuständigen Behörden sowie für diese tätigen Personen.

Soweit auf Stellen Bezug genommen wird, die mit der Bekämpfung von Geldwäsche oder Terrorismusfinanzierung befasst sind, meint dies als Oberbegriff alle solche Stellen, deren Aufgabe die Aufklärung, Verhinderung und Verfolgung dieser Taten ist.

7   § 54 Abs. 3 Nr. 2 Buchst. c GwG nimmt in Umsetzung von Art. 1 Nr. 37 der Änderungsrichtlinie die Europäische Zentralbank als Empfängerbehörde auf, soweit

sie im Einklang mit der Verordnung (EU) Nr. 1024/2013 des Rates vom 15.10.2013 zur Übertragung besonderer Aufgaben im Zusammenhang mit der Aufsicht über Kreditinstitute auf die Europäische Zentralbank tätig wird.

§ 54 Abs. 3 Nr. 2 Buchst. d GwG erfasst wie bisher schon die Nr. 3 des Abs. 3 die 8 Zentralstelle für Finanztransaktionsuntersuchungen und darüber hinaus auch die zentralen Meldestellen der anderen Mitgliedstaaten im Sinne von Art. 32 Abs. 1 der Vierten Geldwäscherichtlinie. Es erfolgt damit eine Umsetzung von Art. 1 Nr. 37 der Änderungsrichtlinie.

§ 54 Abs. 3 Nr. 2 Buchst. e GwG entspricht dem bisherigen Abs. 3 Nr. 4. Die 9 Verschwiegenheitspflicht gilt danach nicht gegenüber anderen Stellen, die kraft Gesetzes oder im öffentlichen Auftrag mit der Aufsicht über das allgemeine Risikomanagement oder über die Compliance von Verpflichteten betraut sind, sowie anderen Personen, die von diesen Stellen beauftragt sind.

III. Weitergabe von Tatsachen (§ 54 Abs. 4)

§ 54 Abs. 4 regelt die Voraussetzungen, unter denen Tatsachen an ausländische 10 oder supranationale Stellen weitergegeben werden dürfen. Hierzu zählen insbesondere auch Vorgaben dafür, für welchen Zweck die übermittelten Informationen verwendet werden dürfen. S. 3 regelt die Weitergabe von Informationen aus einem anderen Staat. Diese dürfen nur mit ausdrücklicher Zustimmung der zuständigen Stellen, die diese Informationen mitgeteilt haben und nur für solche Zwecke weitergegeben werden, denen die zuständigen Stellen zugestimmt haben (s. BT-Drs. 18/1555, 163).

§ 55 Zusammenarbeit mit anderen Behörden

(1) Die Aufsichtsbehörden arbeiten zur Verhinderung und zur Bekämpfung von Geldwäsche und von Terrorismusfinanzierung bei der Wahrnehmung ihrer Aufgaben nach § 51 untereinander sowie mit den in § 54 Absatz 3 genannten Stellen umfassend zusammen. Im Rahmen dieser Zusammenarbeit sind die Aufsichtsbehörden verpflichtet, einander von Amts wegen und auf Ersuchen Informationen einschließlich personenbezogener Daten und die Ergebnisse der Prüfungen zu übermitteln, soweit deren Kenntnis für die Erfüllung der Aufgaben der Aufsichtsbehörden nach § 51 erforderlich ist. Die zuständige Aufsichtsbehörde übermittelt im Einzelfall von Amts wegen sämtliche Informationen an die zuständige Verwaltungsbehörde, soweit diese für die Erfüllung der Aufgaben der Verwaltungsbehörde erforderlich sind. Bei Anhaltspunkten für strafrechtliche Verstöße informieren die Aufsichtsbehörden unverzüglich die zuständigen Strafverfolgungsbehörden.

(2) Die nach § 155 Absatz 2 der Gewerbeordnung in Verbindung mit dem jeweiligen Landesrecht nach § 14 Absatz 1 der Gewerbeordnung zuständigen Behörden übermitteln auf Ersuchen den nach § 50 Nummer 9 zuständigen Aufsichtsbehörden kostenfrei die Daten aus der Gewerbeanzeige gemäß den Anlagen 1 bis 3 der Gewerbeanzeigenverordnung über Verpflichtete nach § 2 Absatz 1, soweit die Kenntnis dieser Daten zur Wahrnehmung der Aufgaben der Aufsichtsbehörden nach § 51 erforderlich ist.

§ 55 Abschnitt 7. Aufsicht, Zusammenarbeit, Bußgeldvorschriften, Datenschutz

(3) Die Registerbehörde nach § 11a Absatz 1 der Gewerbeordnung übermittelt auf Ersuchen den nach § 50 Nummer 9 zuständigen Aufsichtsbehörden kostenfrei die in § 6 der Finanzanlagenvermittlungsverordnung und die in § 8 der Versicherungsvermittlungsverordnung genannten Daten, soweit die Kenntnis dieser Daten zur Wahrnehmung der Aufgaben der Aufsichtsbehörden nach § 51 erforderlich ist.

(4) Weitergehende Befugnisse der Aufsichtsbehörden zur Verarbeitung von personenbezogenen Daten nach anderen Rechtsvorschriften bleiben unberührt.

(5) In grenzüberschreitenden Fällen koordinieren die zusammenarbeitenden Aufsichtsbehörden und die in § 54 Absatz 3 genannten Stellen ihre Maßnahmen. Unterhält ein Verpflichteter, der seinen Sitz in einem anderen Mitgliedstaat der Europäischen Union hat, eine oder mehrere Zweigstellen oder Zweigniederlassungen in Deutschland, so arbeiten die in Satz 1 genannten Aufsichtsbehörden und Stellen mit den zuständigen Behörden des Mitgliedstaats zusammen, in dem der Verpflichtete seinen Hauptsitz hat.

(6) Soweit die Aufsichtsbehörden die Aufsicht über die Verpflichteten nach § 2 Absatz 1 Nummer 1 bis 3 und 6 bis 9 ausüben, stellen sie den folgenden Behörden auf deren Verlangen alle Informationen zur Verfügung, die erforderlich sind zur Durchführung von deren Aufgaben aufgrund der Richtlinie (EU) 2015/849 sowie der Verordnung (EU) Nr. 1093/2010 des Europäischen Parlaments und des Rates vom 24. November 2010 zur Errichtung einer Europäischen Aufsichtsbehörde (Europäische Bankenaufsichtsbehörde), zur Änderung des Beschlusses Nr. 716/2009/EG und zur Aufhebung des Beschlusses 2009/78/EG der Kommission, der Verordnung (EU) Nr. 1094/2010 des Europäischen Parlaments und des Rates vom 24. November 2010 zur Errichtung einer Europäischen Aufsichtsbehörde (Europäische Aufsichtsbehörde für das Versicherungswesen und die betriebliche Altersversorgung), zur Änderung des Beschlusses Nr. 716/2009/EG und zur Aufhebung des Beschlusses 2009/79/EG der Kommission und der Verordnung (EU) Nr. 1095/2010 des Europäischen Parlaments und des Rates vom 24. November 2010 zur Errichtung einer Europäischen Aufsichtsbehörde (Europäische Wertpapier- und Marktaufsichtsbehörde), zur Änderung des Beschlusses Nr. 716/2009/EG und zur Aufhebung des Beschlusses 2009/77/EG der Kommission:
1. der Europäischen Bankenaufsichtsbehörde,
2. der Europäischen Aufsichtsbehörde für das Versicherungswesen und die betriebliche Altersversorgung sowie
3. der Europäischen Wertpapier- und Marktaufsichtsbehörde.

Die Informationen sind zur Verfügung zu stellen nach Maßgabe des Artikels 35 der Verordnung (EU) Nr. 1093/2010, des Artikels 35 der Verordnung (EU) Nr. 1094/2010 und des Artikels 35 der Verordnung (EU) Nr. 1095/2010.

(7) Dem Informationsaustausch mit den zuständigen Aufsichtsbehörden anderer Mitgliedstaaten der Europäischen Union stehen nicht entgegen
1. ein Bezug des Ersuchens zu steuerlichen Belangen,

2. Vorgaben des nationalen Rechts, nach denen die Verpflichteten die Vertraulichkeit oder Geheimhaltung zu wahren haben, außer in Fällen, in denen
   a) die einschlägigen Informationen, auf die sich das Ersuchen bezieht, durch ein Zeugnisverweigerungsrecht geschützt werden oder
   b) in denen ein Berufsgeheimnis gemäß § 43 Absatz 2 Satz 1 eingreift,
3. die Anhängigkeit eines Ermittlungsverfahrens, einer Untersuchung oder eines Verfahrens in dem ersuchenden Mitgliedstaat, es sei denn, das Ermittlungsverfahren, die Untersuchung oder das Verfahren würde durch die Amtshilfe beeinträchtigt,
4. Unterschiede in der Art und Stellung der ersuchenden und der ersuchten Behörde.

(8) Die zuständigen Aufsichtsbehörden gemäß § 50 Nummer 1 und 2 können mit den zuständigen Behörden von Drittstaaten, die diesen zuständigen Aufsichtsbehörden entsprechen, Kooperationsvereinbarungen zur Zusammenarbeit und zum Austausch von Tatsachen im Sinne von § 54 Absatz 1 schließen. Solche Kooperationsvereinbarungen werden auf Basis der Gegenseitigkeit und nur dann geschlossen, wenn gewährleistet ist, dass die übermittelten Tatsachen zumindest den in § 54 Absatz 1 enthaltenen Anforderungen unterliegen. Die gemäß diesen Kooperationsvereinbarungen weitergegebenen Tatsachen müssen der Erfüllung der aufsichtsrechtlichen Aufgaben dieser Behörden dienen. § 54 Absatz 4 gilt entsprechend.

Literatur: *ESAs*, „Joint Opinion on the risks of money laundering and terrorist financing affecting the Union's financial sector", 20.2.2017, JC/2017/07; *ESAs*, „Joint Guidelines under Articles 17 and 18(4) of Directive (EU) 2015/849 on simplified and enhanced customer due diligence and the factors credit and financial institutions should consider when assessing the money laundering and terrorist financing risk associated with individual business relationships and occasional transactions", 26.6.2017, JC/2017/37; *Herzog* (Hrsg.), GwG, 2. Aufl. 2014, zit.: *Bearbeiter* in Herzog

Übersicht

	Rn.
I. Allgemeines	1
II. Grundsatz der umfassenden Zusammenarbeit (Abs. 1)	3
III. Übermittlung der Daten aus der Gewerbeanzeige an die zuständigen Aufsichtsbehörden (Abs. 2)	5
IV. Übermittlung der Daten aus der FinVermV und der VersVermV an die zuständigen Aufsichtsbehörden (Abs. 3)	8
V. Weitergehende Befugnisse der Aufsichtsbehörden zur Datenverarbeitung (Abs. 4)	12
VI. Koordination von Maßnahmen in grenzüberschreitenden Fällen (Abs. 5)	13
VII. Datenübermittlung an Europäische Aufsichtsbehörden über Finanzinstitute (Abs. 6)	14
VIII. Beschränkungen des Informationsaustauschs mit Aufsichtsbehörden anderer EU-Mitgliedstaaten (Abs. 7)	20
IX. Kooperationsvereinbarungen mit Aufsichtsbehörden von Drittstaaten (Abs. 8)	25

I. Allgemeines

1 Ausweislich **FATF-Empfehlung 2** müssen die nationalen Behörden zur Bekämpfung von Geldwäsche, Terrorismusfinanzierung und Proliferation effektiv zusammenarbeiten und Informationen austauschen können. § 55 trifft Regelungen für unterschiedliche Bereiche der Zusammenarbeit von Aufsichtsbehörden. Die Norm übernahm Teile der Vorgängervorschrift des § 16 a GwG aF (Abs. 6 entspricht § 16 a Abs. 2 GwG aF), ist ansonsten aber inhaltlich deutlich umfassender. § 16 a GwG aF war mit dem Gesetz zur Optimierung der Geldwäscheprävention neu in das GwG eingefügt worden in Umsetzung von Art. 8 Nr. 6 der Richtlinie 2010/78/EU, mit der Art. 37 a in die Richtlinie 2005/60/EG eingefügt wurde. Abs. 1 legt die Grundsätze der Zusammenarbeit der Aufsichtsbehörden fest, die Absätze 2 und 3 regeln Informationszugänge der Aufsichtsbehörden im gewerblichen Bereich, Abs. 4 enthält eine datenschutzrechtliche Klarstellung zur Unberührtheit sonstiger Datenverarbeitungsnormen, Abs. 5 Regelungen zur Koordination von Maßnahmen bei grenzüberschreitenden Fällen, Abs. 6 betrifft die Zusammenarbeit der inländischen Aufsichtsbehörden im Finanzsektor mit den entsprechenden europäischen Aufsichtsbehörden und Abs. 7 und 8 regeln den Datenaustausch mit den zuständigen Aufsichtsbehörden anderer Mitgliedstaaten der EU bzw. Drittstaaten.

2 In der **4. EU-Geldwäscherichtlinie** fanden sich zunächst allgemeine Aussagen zur Zusammenarbeit von Behörden in Erwägungsgrund 58, demzufolge die Mitgliedstaaten ihre zuständigen Behörden darin bestärken sollten, unbeschadet der geltenden Vorschriften oder Verfahren für die justizielle Zusammenarbeit in Strafsachen rasch, konstruktiv und wirksam eine möglichst weitreichende grenzüberschreitende Zusammenarbeit für die Zwecke dieser Richtlinie in die Wege zu leiten. Die Mitgliedstaaten haben gemäß Art. 48 Abs. 5 der 4. EU-Geldwäscherichtlinie dafür zu sorgen, dass die zuständigen Behörden des Mitgliedstaats, in dem der Verpflichtete Niederlassungen unterhält, mit den zuständigen Behörden des Mitgliedstaats, in dem der Verpflichtete seinen Hauptsitz hat, zusammenarbeiten, um eine wirksame Aufsicht in Bezug auf die Anforderungen dieser Richtlinie zu gewährleisten (in dem Sinne auch die Erwägungsgründe 52 und 53).

2a Auch Erwägung 47 der **Richtlinie (EU) 2018/843 zur Änderung der 4. EU-Geldwäscherichtlinie** betont, dass die Behörden, die für die Überwachung der Einhaltung der Richtlinie durch die Verpflichteten zuständig sind, ungeachtet ihrer Art oder ihres Status zur Zusammenarbeit und zum Austausch von vertraulichen Informationen befugt sein sollten. Zu diesem Zweck sollten diese zuständigen Behörden über eine angemessene Rechtsgrundlage für den Austausch vertraulicher Informationen verfügen, und die Zusammenarbeit zwischen für die Bekämpfung von Geldwäsche und Terrorismusfinanzierung zuständigen Aufsichtsbehörden und Aufsichtsbehörden sollte nicht unabsichtlich durch Rechtsunsicherheit, die auf einen Mangel an ausdrücklichen Bestimmungen in diesem Bereich zurückgehen kann, behindert werden. Erwägungsgrund 48 formuliert im gleichen Sinne weiter, dass der Informationsaustausch und die Amtshilfe zwischen den zuständigen Behörden der Mitgliedstaaten sind für die Zwecke der Richtlinie unabdingbar sind und dementsprechend die Mitgliedstaaten den Informationsaustausch oder die Amtshilfe zwischen den zuständigen Behörden weder einem Verbot noch unangemessenen oder übermäßig restriktiven Bedingungen unterwerfen sollten. Diese Erwägungen finden sich schließlich im durch die Änderungsrichtlinie (Art. 1 Nr. 37)

Zusammenarbeit mit anderen Behörden **§ 55**

neu eingefügten Art. 57a Abs. 4 wieder, demzufolge die Mitgliedstaaten sicherstellen müssen, *„dass die für die Beaufsichtigung der Kredit- und Finanzinstitute zuständigen Behörden unabhängig von ihrer Art oder ihrem Status für die Zwecke dieser Richtlinie im größtmöglichen Umfang zusammenarbeiten. Eine solche Zusammenarbeit umfasst auch die Fähigkeit, innerhalb der Befugnisse der zuständigen Behörde, um deren Unterstützung ersucht wurde, im Namen der ersuchenden zuständigen Behörde Untersuchungen durchzuführen, und den anschließenden Austausch der im Rahmen solcher Untersuchungen gewonnenen Informationen. "*.

Durch das **Gesetz zur Umsetzung der Änderungsrichtlinie zur 4. EU-** 2b
Geldwäscherichtlinie (BGBl. 2019 I S. 2602) wurde § 55 Abs. 1 um zwei Sätze ergänzt (S. 4 entspricht dabei dem durch Art. 1 Nr. 38 der Änderungsrichtlinie in Art. 58 Abs. 2 der 4. EU-Geldwäscherichtlinie angefügten Unterabsatz), erhielt Abs. 5 einen zweiten Satz (in Umsetzung von Art. 48 Abs. 5 UAbs. 2 S. 2 der 4. EU-Geldwäscherichtlinie, der durch § Nr. 30d) der Änderungsrichtlinie eingefügt worden war) und wurden die Absätze 7 (s. Art. 50a der 4. EU-Geldwäscherichtlinie, eingefügt durch Art. 1 Nr. 32 der Änderungsrichtlinie) und 8 (s. Art. 57a Abs. 5 der 4. EU-Geldwäscherichtlinie, eingefügt durch Art. 1 Nr. 37 der Änderungsrichtlinie) angefügt.

II. Grundsatz der umfassenden Zusammenarbeit (Abs. 1)

Abs. 1 S. 1 enthält den Grundsatz der umfassenden Zusammenarbeit der Auf- 3
sichtsbehörden in den Bereichen Geldwäsche und Terrorismusfinanzierung untereinander sowie mit den in § 54 Abs. 3 genannten Stellen (vgl. auch Art. 49 der 4. EU-Geldwäscherichtlinie sowie die durch die RL (EU) 2018/843 zur Änderung der 4. EU-Geldwäscherichtlinie eingefügten Art. 50a). Durch den Verweis auf § 54 Abs. 3 bzw. über Folgeverweisungen erstreckt sich die Pflicht zur umfassenden Zusammenarbeit auf
– die Strafverfolgungsbehörden,
– die Behörden nach § 56 Abs. 5, dh die BaFin, das Bundesverwaltungsamt, das Finanzamt, die für die Erteilung der glücksspielrechtlichen Erlaubnis zuständige Behörde bzw. im Übrigen die jeweils nach Bundes- oder Landesrecht zuständigen Aufsichtsbehörden über die jeweiligen Verpflichteten,
– für Straf- und Bußgeldsachen zuständige Gerichte,
– andere Stellen, die kraft Gesetzes oder im öffentlichen Auftrag mit der Aufklärung und Verhinderung von Geldwäsche oder von Terrorismusfinanzierung betraut sind, sowie Personen, die von diesen Stellen beauftragt sind,
– die Zentralstelle für Finanztransaktionsuntersuchungen sowie
– andere Stellen, die kraft Gesetzes oder im öffentlichen Auftrag mit der Aufsicht über das allgemeine Risikomanagement oder über die Compliance von Verpflichteten betraut sind, sowie Personen, die von diesen Stellen beauftragt sind.

S. 2 konkretisiert die Form der Zusammenarbeit der Aufsichtsbehörden untereinan- 4
der. Insbesondere die aus Vor-Ort-Prüfungen und anderen Maßnahmen der Aufsichtsbehörden gewonnenen Erkenntnisse sind auf Ersuchen oder von Amts wegen anderen Aufsichtsbehörden zur Verfügung zu stellen, soweit die Kenntnis dieser Informationen zur Erfüllung ihrer Aufsichtsaufgaben erforderlich erscheinen (BT-Drs. 18/11555, 163). Beispielsweise für die Aufsichtsbehörden über rechtsberatende Berufe bedeutet dies eine Durchbrechung ihrer jeweiligen Verschwiegenheitspflichten (bspw. nach § 76 Abs. 1 BRAO). Obgleich Satz 2 lediglich den Informationsaus-

§ 55 Abschnitt 7. Aufsicht, Zusammenarbeit, Bußgeldvorschriften, Datenschutz

tausch zwischen den Aufsichtsbehörden untereinander betrifft, ist eine Weitergabe dieser Informationen an die anderen von S. 1 erfassten Behörden nicht ausgeschlossen, sondern im Rahmen der umfassenden Zusammenarbeitsverpflichtung gleichwohl zulässig. Bei Feststellung strafrechtlich relevanter Sachverhalte sowie von Verstößen gegen Bußgeldvorschriften ist eine Übermittlung dieser Informationen an die Strafverfolgungsbehörden bzw. die für die Verfolgung zuständigen sonstigen Behörden ohnehin erforderlich (vgl. auch den durch Art. 1 Ziff. 21c der RL (EU) 2018/843 zur Änderung der 4. EU-Geldwäscherichtlinie in Art. 58 Abs. 2 angefügten Unterabsatz, der vorschreibt, dass die Mitgliedstaaten sicherzustellen haben, dass zuständige Aufsichtsbehörden festgestellte Straftaten zeitnah an die Strafverfolgungsbehörden melden). Sachverhalte, die Anhaltspunkte auf Geldwäsche oder Terrorismusfinanzierung betreffen, sind gemäß § 44 im Rahmen einer Verdachtsmeldung an die Zentralstelle für Finanztransaktionsuntersuchungen zu melden.

4a Durch das **Gesetz zur Umsetzung der Änderungsrichtlinie zur 4. EU-Geldwäscherichtlinie** (BGBl. 2019 I S. 2602) wurden in § 55 Abs. 1 die **Sätze 3 und 4** neu eingefügt. Während der Regelungsgehalt des S. 3 bereits in der Fassung des RefE zum Gesetz zur Umsetzung der Änderungsrichtlinie zur 4. EU-Geldwäscherichtlinie als neuer S. 3 in Abs. 1 enthalten war (RefE v. 20.5.2019, Ziff. 41), wurde die im RefE noch als neuer Abs. 7 konzipierte Verpflichtung für die Aufsichtsbehörden zur Information der Strafverfolgungsbehörden (die der Umsetzung von Art. 1 Nr. 38 der Änderungsrichtlinie zur 4. EU-Geldwäscherichtlinie dient) erst mit dem Regierungsentwurf vom 29.7.2019 als S. 4 eingefügt.

4b Nach **S. 3** übermitteln die Aufsichtsbehörden von Amts wegen Informationen an die für Bußgeldsachen zuständigen Verwaltungsbehörden, soweit diese Informationen für die Erfüllung der Aufgaben durch die Verwaltungsbehörde erforderlich sind. Die Regelung zielt in erster Linie darauf ab, die Datenübermittlung in denjenigen Fällen sicherzustellen, in denen die zuständige Verwaltungsbehörde nach spezialgesetzlichen (vgl. § 56 Abs. 5, § 133d Wirtschaftsprüferordnung) oder allgemeinen Zuständigkeitsregeln (§ 36 OWiG) von der Aufsichtsbehörde abweicht (vgl. BT-Drs. 19/13827, 105). Die **Übermittlung hat zwingend zu erfolgen,** soweit diese Informationen für die Erfüllung der Aufgaben durch die Verwaltungsbehörde erforderlich sind. Fraglich ist, ob die Einschätzung, ob und/oder wann die Mitteilung zu erfolgen hat, alleine der Aufsichtsbehörde obliegt, sprich wer die Erforderlichkeit beurteilt. In der Praxis werden sich hier Fragen stellen, ob bspw. die nicht rechtzeitige/fristgemäße oder vollständige Auskunft oder Vorlage von Unterlagen entgegen § 52 Abs. 1 bzw. 6, die gemäß § 56 Abs. 1 S. 1 Nr. 73 bußgeldbewehrt ist, aufgrund des erfüllten Ordnungswidrigkeitentatbestandes zwingend zu melden ist, oder ob die Aufsichtsbehörde hier Unterlagen nachfordern, Fristverlängerung gewähren oÄ und letztlich von einer Mitteilung an die Verwaltungsbehörde absehen kann. Auch in Bezug auf andere festgestellte Verstöße können in Fortführung des bisherigen kooperativ ausgerichteten Ansatzes der Aufsichtsbehörden zunächst informatorische und belehrende Maßnahmen sinnvoll sein, statt umgehend zu einer Mitteilung an die Verwaltungsbehörde überzugehen, um die Einleitung eines Bußgeldverfahrens prüfen zu lassen.

Da vom Gesetzgeber die Mitteilung **sämtlicher Informationen** vorgesehen ist, wird die Verwaltungsbehörde, soweit es für die Erfüllung ihrer Aufgaben erforderlich ist, im Falle unvollständiger Informationen die Übermittlung ergänzender/fehlender Informationen anfordern (dürfen).

4c **S. 4** dient der Umsetzung von Art. 1 Nr. 38 der Änderungsrichtlinie zur 4. EU-Geldwäscherichtlinie. Da § 41 OWiG nur die Verwaltungsbehörden und nicht die

Aufsichtsbehörden erfasst, war eine entsprechende Regelung für Aufsichtsbehörden erforderlich, diese bei Anhaltspunkten für strafrechtliche Verstöße zur unverzüglichen Mitteilung an die zuständigen Strafverfolgungsbehörden zu verpflichten (vgl. BT-Drs. 19/13827, 105). Mit dem Begriff *„Anhaltspunkte"* (nicht etwa *„konkrete Anhaltspunkte"*) hat sich der Gesetzgeber für eine niedrige Schwelle zur Mitteilung entschieden. Gewissheit im Hinblick auf strafrechtlich relevantes Verhalten muss mithin keine bestehen, es reichen Hinweise auf strafrechtliche Verstöße, die auch noch nicht näher konkretisiert sein müssen. Sofern sich die möglichen Gesetzesverstöße indessen auf erkennbar rein ordnungswidriges Verhalten beziehen, besteht nach S. 4 keine entsprechende Informationspflicht.

In der Mitteilung der Kommission zu einem **Aktionsplan für eine umfassende Politik der Union zur Verhinderung von Geldwäsche und Terrorismusfinanzierung** (2020/C 164/06, ABl. 2020 C 164, 21) schlägt die Kommission vor, die Rahmenvorschriften für Finanzdienstleistungen weiterzuentwickeln, *„um sicherzustellen, dass die Aufsichtsbehörden konkrete Verpflichtungen zur Weitergabe von Informationen an die entsprechenden für die Bekämpfung von Geldwäsche und Terrorismusfinanzierung zuständigen Stellen erhalten"* (ABl. 2020 C 164, 25). Wo eine derartige Verpflichtung im Falle ihrer Umsetzung anschließend im GwG letztlich zu verankern ist, wird von ihrer konkreten Ausgestaltung abhängen.

III. Übermittlung der Daten aus der Gewerbeanzeige an die zuständigen Aufsichtsbehörden (Abs. 2)

Insbesondere die Aufsichtsbehörden nach § 50 Nr. 9 müssen für eine wirksame und risikoorientierte Aufsicht zunächst Kenntnis über alle in ihrem örtlichen Bereich ansässigen Verpflichteten erhalten (BT-Drs. 18/11555, 160, 163; das Problem gilt jedoch auch für andere Aufsichtsbehörden wie va die Rechtsanwalts-, Patentanwaltskammern und Landgerichtspräsidenten (bzgl. der Notare), da kein Verzeichnis existiert, in dem die diesen unterworfenen Verpflichteten registriert sind, welche die in § 2 Abs. 1 Nr. 10 genannten Kataloggeschäfte durchführen). Für Übermittlungen der nach § 14 Abs. 1 GewO im Rahmen von Gewerbeanmeldungen, -ummeldungen oder -abmeldungen erhobenen Daten aus den kommunalen Gewerberegistern an die in § 50 Nr. 9 genannten zuständigen Aufsichtsbehörden war gemäß § 14 Abs. 9 GewO eine besondere Rechtsvorschrift erforderlich, die der Gesetzgeber mit Abs. 2 geschaffen hat. Abs. 2 konstituiert eine kostenlose Datenübermittlungsverpflichtung der nach dem jeweiligen Landesrecht für Gewerbean-, -um- und -abmeldungen zuständigen Behörden (Gewerberegister) an die nach Bundes- oder Landesrecht zuständige Aufsichtsbehörde (§ 50 Nr. 9) auf deren Ersuchen. Eine Übermittlungsverpflichtung ex officio besteht insofern nicht. Von der Auskunftsverpflichtung erfasst sind die **Daten aus der Gewerbeanzeige** (die Anlagen 1–3 der Gewerbeanzeigenverordnung beinhalten die Gewerbeanmeldung, -ummeldung, und -abmeldung) **von allen Verpflichteten** nach § 2 Abs. 1 (ein Antrag im Wirtschaftsausschuss des Bundesrats, die Übermittlung der Daten auf Name, betriebliche Anschrift und die angezeigte Tätigkeit der Verpflichteten zu beschränken, da das Gewerberegister kein öffentliches Register sei, war mit knapper Mehrheit abgelehnt worden, vgl. Niederschrift 874. Sitzung Wirtschaftsausschuss v. 16.3.2017, S. 99f.).

Die Aufsichtsbehörden erhalten insofern insbesondere folgende Daten über die ihrer Aufsicht unterliegenden Verpflichteten (wobei die Beschränkung „soweit"

§ 55 Abschnitt 7. Aufsicht, Zusammenarbeit, Bußgeldvorschriften, Datenschutz

die Kenntnis dieser Daten zur Wahrnehmung der Aufgaben der Aufsichtsbehörden nach § 51 erforderlich ist, im Einzelfall offensichtlich eine beschränkte Auskunft ermöglichen soll):
– im Handels-, Genossenschafts- oder Vereinsregister eingetragener Name mit Rechtsform (ggf. bei GbR: Angabe der weiteren Gesellschafter);
– Ort und Nr. des Registereintrages;
– Angaben zur Person: Name, Vornamen, Geschlecht, ggf. Geburtsname, Geburtsdatum, Geburtsort und -land, Staatsangehörigkeit(en), Wohnanschrift (freiwillig: E-Mail-/Webadresse), Telefon-Nr., Telefax-Nr.;
– Angaben zum Betrieb: Zahl der geschäftsführenden Gesellschafter (nur bei Personengesellschaften), Zahl der gesetzlichen Vertreter (nur bei juristischen Personen), von den vertretungsberechtigten Personen/Betriebsleiter (nur bei inländischen Aktiengesellschaften, Zweigniederlassungen und unselbständigen Zweigstellen) den Name, Vornamen sowie Anschriften (Straße, Haus-Nr., PLZ, Ort), von Betriebsstätte, Hauptniederlassung (falls Betriebsstätte lediglich Zweigstelle ist) und früheren Betriebsstätten jeweils Telefon- und Faxnummer (freiwillig: E-Mail-/Webadresse)
– angemeldete Tätigkeit, ggf. ob die Tätigkeit (vorerst) im Nebenerwerb betrieben wird, Datum des Beginns der angemeldeten Tätigkeit, Art des angemeldeten Betriebes (Industrie Handwerk Handel Sonstiges), Zahl der bei Geschäftsaufnahme tätigen Personen (ohne Inhaber)
– wofür die Anmeldung erstattet wird (für ein Automatenaufstellungsgewerbe, ein Reisegewerbe, eine Hauptniederlassung, eine Zweigniederlassung oder eine unselbständige Zweigstelle)
– der Grund der Anmeldung (Neuerrichtung/Übernahme, Wechsel der Rechtsform, Neugründung, Wiedereröffnung nach Verlegung aus anderem Meldebezirk, Gründung nach Umwandlungsgesetz (zB Verschmelzung, Spaltung), Gesellschaftereintritt, Erbfolge/Kauf/Pacht)
– Name des früheren Gewerbetreibenden oder früherer Firmenname

7 Die Gesetzesbegründung des Gesetzes zur Umsetzung der 4. EU-Geldwäscherichtlinie betont zu Abs. 2, dass die Aufsichtsbehörden nach § 50 Nr. 9 bei der Wahrnehmung einer risikobasierten Aufsicht iSd § 51 (sofern die Gesetzesbegr. (BT-Drs. 18/11555, 163) hier auf § 47 verweist, handelt es sich ersichtlich um einen redaktionellen Fehler) Schwerpunkte zu setzen haben, die sich am Risikoprofil der Verpflichteten, an besonderen Risiken in gewissen Branchen oder auch Regionen und an aktuellen Entwicklungen orientieren. Um dies zu gewährleisten, sind auch Sammelabfragen bei den Gewerberegistern bezogen auf bestimmte Branchen oder auch Regionen zulässig (BT-Drs. 18/11555, 163).

IV. Übermittlung der Daten aus der FinVermV und der VersVermV an die zuständigen Aufsichtsbehörden (Abs. 3)

8 Abs. 3 wurde in § 55 aufgenommen, da es der im Internet öffentlich zugängliche Teil des Vermittlerregisters (www.vermittlerregister.info) nicht ermöglicht, bspw. unter Angabe einer Postleitzahl (über die bloße Trefferzahl hinausgehend) Auskunft über die in diesem Bezirk tätigen Finanzanlagen- oder Versicherungsvermittler zu erhalten (vgl. auch BT-Drs. 18/11555, 163). Auf Ersuchen erhalten die nach § 50 Nr. 9

zuständigen Aufsichtsbehörden über Abs. 3 kostenfrei die in § 6 FinVermV und die in § 8 VersVermV genannten Daten, soweit die Kenntnis dieser Daten zur Wahrnehmung ihrer Aufgaben nach § 51 erforderlich ist. Durch das Gesetz zur Umsetzung der Änderungsrichtlinie zur 4. EU-Geldwäscherichtlinie (BGBl. 2019 I S. 2602) wurde in Abs. 3 die vormalige Angabe „§ 5" durch „§ 8" ersetzt (die vormals in § 5 VersVermV enthaltene Regelung war in § 8 VersVermV neu verortet worden).

Das von den Industrie- und Handelskammern (gemeinsame Stelle: Deutscher 9 Industrie- und Handelskammertag (DIHK) eV) als Registerbehörden geführte Vermittlerregister nach § 11a GewO enthält die Daten der eintragungspflichtigen Versicherungsvermittler (§ 34d Abs. 7 GewO), Versicherungsberater (§ 34e Abs. 2 GewO), Finanzanlagenvermittler (§ 34f Abs. 5 GewO), Honorar-Finanzanlageberater (§ 34h Abs. 1 S. 4 GewO) und Immobiliardarlehensvermittler (§ 34i Abs. 8 GewO). Es enthält keine Daten vertraglich gebundener Vermittler nach § 2 Abs. 10 KWG (iVm der KWGVermV); das für diese Vermittler geführte Register wird von der BaFin geführt (Auskunft über: https://portal.mvp.bafin.de/database/VGVInfo/).

Über Abs. 3 iVm **§ 6 FinVermV** erhalten die Aufsichtsbehörden folgende Daten 10 über Finanzanlagenvermittler:
1. den Familiennamen und den Vornamen sowie die Firmen der Personenhandelsgesellschaften, in denen der Eintragungspflichtige als geschäftsführender Gesellschafter tätig ist,
2. das Geburtsdatum,
3. die Angabe, dass der Eintragungspflichtige eine Erlaubnis als Finanzanlagenvermittler nach § 34f Abs. 1 S. 1 der Gewerbeordnung oder als Honorar-Finanzanlagenberater nach § 34h Abs. 1 S. 1 der Gewerbeordnung besitzt,
4. den Umfang der Erlaubnis nach § 34f Abs. 1 S. 1 Nr. 1–3 oder nach § 34h Abs. 1 S. 1 in Verbindung mit S. 3 der Gewerbeordnung,
5. die Bezeichnung und die Anschrift der zuständigen Erlaubnisbehörde und der zuständigen Registerbehörde,
6. die betriebliche Anschrift,
7. die Registrierungsnummer nach § 7 Abs. 3 S. 1,
8. den Familiennamen und den Vornamen der vom Eintragungspflichtigen beschäftigten Personen, die unmittelbar bei der Beratung und Vermittlung mitwirken sowie
9. das Geburtsdatum der nach Nr. 8 eingetragenen Personen.

Ist der Eintragungspflichtige eine juristische Person, so werden auch der Familienname und der Vorname der natürlichen Personen gespeichert, die innerhalb des für die Geschäftsführung verantwortlichen Organs für die Vermittlertätigkeiten zuständig sind

Über Versicherungsvermittler und -berater erhalten die Aufsichtsbehörden nach 11 § 50 Nr. 9 gemäß Abs. 3 iVm **§ 8 VersVermV** folgende Daten:
1. den Namen und den Vornamen sowie die Firma der Personenhandelsgesellschaften, in denen der Eintragungspflichtige als geschäftsführender Gesellschafter tätig ist,
2. das Geburtsdatum,
3. die Angabe, ob der Eintragungspflichtige tätig wird
   a) als Versicherungsmakler
      aa) mit Erlaubnis nach § 34d Abs. 1 der Gewerbeordnung,
      bb) mit Ausnahme von der Erlaubnispflicht nach § 34d Abs. 6 der Gewerbeordnung als produktakzessorischer Versicherungsmakler,

b) als Versicherungsvertreter
   aa) mit Erlaubnis nach § 34d Abs. 1 der Gewerbeordnung,
   bb) als gebundener Versicherungsvertreter nach § 34d Abs. 7 S. 1 Nr. 1 der Gewerbeordnung,
   cc) mit Ausnahme von der Erlaubnispflicht nach § 34d Abs. 6 der Gewerbeordnung als produktakzessorischer Versicherungsvertreter oder
c) als Versicherungsberater mit Erlaubnis nach § 34d Abs. 2 der Gewerbeordnung,
4. die Bezeichnung und die Anschrift der zuständigen Registerbehörde,
5. die Mitgliedstaaten der Europäischen Union und die anderen Vertragsstaaten des Abkommens über den Europäischen Wirtschaftsraum, in denen er beabsichtigt, tätig zu werden, sowie bei Bestehen einer Niederlassung die dortige Geschäftsanschrift und die gesetzlichen Vertreter dieser Niederlassung,
6. die betriebliche Anschrift,
7. die Registrierungsnummer nach § 9 Abs. 3,
8. bei einem Versicherungsvermittler, der nach § 34d Abs. 7 S. 1 Nr. 1 der Gewerbeordnung keiner Erlaubnis bedarf, das oder die haftungsübernehmenden Versicherungsunternehmen,
9. den Namen und den Vornamen der vom Eintragungspflichtigen beschäftigten Personen, die für die Vermittlung oder Beratung in leitender Position verantwortlich sind,
10. die Geburtsdaten der nach Nr. 9 eingetragenen Personen.

Ist der Eintragungspflichtige eine juristische Person, so werden auch der Name und der Vorname der natürlichen Personen gespeichert, die innerhalb des für die Geschäftsführung verantwortlichen Organs für die Vermittlertätigkeiten zuständig sind.

V. Weitergehende Befugnisse der Aufsichtsbehörden zur Datenverarbeitung (Abs. 4)

12 Abs. 4 stellt klar, dass die durch § 55 normierten Rechte die nach diesem Gesetz oder anderen Regelungen bestehenden Befugnisse der Aufsichtsbehörden zur Verarbeitung von personenbezogenen Daten unberührt lassen (BT-Drs. 18/11555, 163).

VI. Koordination von Maßnahmen in grenzüberschreitenden Fällen (Abs. 5)

13 In grenzüberschreitenden Fällen haben sich die zuständigen Aufsichtsbehörden und die in § 54 Abs. 3 genannten Stellen (vgl. → Rn. 3) zunächst zu koordinieren, bevor Behörden anderer Staaten kontaktiert werden. Eine allgemeine Verpflichtung zur Koordinierung im Inland findet sich auch in Art. 49 der 4. EU-Geldwäscherichtlinie. In Umsetzung von Art. 48 Abs. 5 der 4. EU-Geldwäscherichtlinie (→ Rn. 2b) wurde in Abs. 5 durch das **Gesetz zur Umsetzung der Änderungsrichtlinie zur 4. EU-Geldwäscherichtlinie** (BGBl. 2019 I S. 2602) ein zweiter Satz eingefügt. Danach haben die zuständigen Behörden des Mitgliedstaats, in dem der Verpflichtete Niederlassungen unterhält, mit den zuständigen Behörden des

Zusammenarbeit mit anderen Behörden **§ 55**

Mitgliedstaats, in dem der Verpflichtete seinen Hauptsitz hat, zum Zwecke einer wirksamen Aufsicht zusammenzuarbeiten. Mit Sitz im Sinne des Abs. 5 S. 2 ist der Hauptsitz oder die Hauptniederlassung gemeint (BT-Drs. 19/13827, 105), was in der Fassung des RefE zum Gesetz zur Umsetzung der Änderungsrichtlinie zur 4. EU-Geldwäscherichtlinie vom 20.5.2019 noch unmittelbar im Gesetzestext klargestellt war („*Unterhält ein Verpflichteter, der seinen Hauptsitz ...* ").

VII. Datenübermittlung an Europäische Aufsichtsbehörden über Finanzinstitute (Abs. 6)

Abs. 6 regelt die Zusammenarbeit der Aufsichtsbehörden, die die Aufsicht über **14** die Verpflichteten nach § 2 Abs. 1 Nr. 1–3 und 6–9 ausüben, mit den drei für die Aufsicht über die Finanzinstitute in Europa zuständigen Aufsichtsbehörden (European Supervisory Authorities – „**ESA**"): Der Europäischen Bankenaufsichtsbehörde (**EBA** – European Banking Authority), der Europäischen Aufsichtsbehörde für das Versicherungswesen und die betriebliche Altersversorgung (**EIOPA** – European Insurance and Occupational Pensions Authority) und der Europäischen Wertpapier- und Marktaufsichtsbehörde (**ESMA** – European Securities and Markets Authority). Diese waren als eine Reaktion auf die Finanzmarktkrise der Jahre 2008 und 2009 gegründet worden (vgl. BT-Drs. 17/6255, 1). Die Vorschrift entspricht § 16a Abs. 2 GwG aF und dient der Umsetzung von Art. 50 der 4. EU-Geldwäscherichtlinie (vormals Art. 37a der 3. EU-Geldwäscherichtlinie, der durch Art. 8 Nr. 6 der RL 2010/78/EU v. 24.11.2010 (ABl. 2010 L 331, 120) eingefügt worden war), wonach die zuständigen Behörden den Europäischen Aufsichtsbehörden alle Informationen zur Verfügung zu stellen haben, die zur Durchführung ihrer Aufgaben aufgrund der 4. EU-Geldwäscherichtlinie erforderlich sind. Die Regelung des § 16a Abs. 1 GwG aF, welche die grundsätzliche Verpflichtung der Zusammenarbeit mit den europäischen Finanzaufsichtsbehörden enthielt (ohne dass diese weiter konkretisiert worden war, auch nicht in den jeweiligen Errichtungs-Verordnungen der ESAs), war in Abs. 6 nicht übernommen worden. Auswirkungen hierdurch sind jedoch keine erkennbar (zur weiteren Historie der Norm vgl. *Herzog/Achtelik* → 2. Aufl. 2014, § 16a Rn. 1 ff.).

Adressaten der Pflicht nach Abs. 6 sind nur die **Aufsichtsbehörden über die** **15** **Verpflichteten nach § 2 Abs. 1 Nr. 1–3 und 6–9**, dh vornehmlich die BaFin (zB für Kreditinstitute, Institute nach dem ZAG, Finanzdienstleistungsunternehmen, Investmentaktien- und Kapitalanlagegesellschaften), das Bundesministerium der Finanzen (für die Bundesrepublik Deutschland – Finanzagentur GmbH) sowie bestimmte nach Landesrecht zuständige Behörden (für einzelne Finanzunternehmen bzw. die jeweils zuständige Aufsichtsbehörde für das Versicherungswesen). Dies folgt daraus, dass die ESAs selbst im Wesentlichen nur Handlungsbefugnisse im Zusammenhang mit bestimmten Marktteilnehmern besitzen (BT-Drs. 17/6255, 35 und BT-Drs. 17/6804, 39). So wird die EBA insbesondere in Tätigkeitsbereichen von Kredit- und Finanzinstituten, Finanzkonglomeraten, Wertpapierfirmen, Zahlungsinstituten und E-Geld-Instituten (Art. 1 Abs. 2, 3 VO (EU) Nr. 1093/2010), die EIOPA insbesondere in Tätigkeitsbereichen von (Rück-)Versicherungsunternehmen, Finanzkonglomeraten, Einrichtungen der betrieblichen Altersversorgung und Versicherungsvermittlern (vgl. Art. 1 Abs. 2, 3 VO (EU) Nr. 1094/2010) und die ESMA ua in Tätigkeitsbereichen von Firmen, die Wertpapierdienstleistungen

§ 55 Abschnitt 7. Aufsicht, Zusammenarbeit, Bußgeldvorschriften, Datenschutz

erbringen, einschließlich bestimmter Investmentfonds, zB OGAW oder AIF (vgl. Art. 1 Abs. 1 VO (EU) Nr. 1095/2013).

16 Den ESAs sind **auf deren Ersuchen** alle Informationen zur Verfügung zu stellen, die diese zur Erfüllung ihrer Aufgaben aufgrund der 4. EU-Geldwäscherichtlinie sowie ihrer jeweiligen Errichtungs-Verordnung (VO (EU) 1093/2010, 1094/2010 und 1095/2010) vom 24.11.2010 benötigen. Eine Übermittlung ex officio an diese Behörden ist von Abs. 6 nicht umfasst. Die zuständigen Aufsichtsbehörden nach § 50 Nr. 1, 2 und 9 informieren jedoch gemäß § 56 Abs. 8 von sich aus die jeweils zuständige Europäische Aufsichtsbehörde hinsichtlich der Verpflichteten nach § 2 Abs. 1 Nr. 1–3 und 6–9 über die gegen diese Verpflichtete verhängten Geldbußen, sonstige Maßnahmen aufgrund von Verstößen gegen Vorschriften dieses Gesetzes oder anderer Gesetze zur Verhinderung von Geldwäsche oder von Terrorismusfinanzierung und diesbezügliche Rechtsmittelverfahren und deren Ergebnisse. Umgekehrt können (eine Pflicht besteht hier ausweislich des Gesetzeswortlauts nicht) auch die ESAs nach Art. 35 Abs. 3 der jeweiligen Errichtungs-Verordnung auf hinreichend begründeten Antrag der nationalen Behörde dieser alle Informationen vorlegen, die erforderlich sind, damit die zuständige nationale Behörde ihre Aufgaben wahrnehmen kann.

17 Die **Aufgaben der ESAs** umfassen **nach der 4. EU-Geldwäscherichtlinie**
– die Bewertung von Risiken von Geldwäsche und Terrorismusfinanzierung für den Finanzsektor der Europäischen Union (vgl. Erwägung 23 sowie Art. 6 Abs. 5 der 4. EU-Geldwäscherichtlinie – die erste gemeinsame Stellungnahme gemäß Art. 6 Abs. 5 der 4. EU-Geldwäscherichtlinie „*Joint Opinion on the risks of money laundering and terrorist financing affecting the Union's financial sector*" wurde am 20.2.2017 veröffentlicht (JC/2017/07), die zweite am 4.10.2019 (JC/2019/59)),
– gemäß Art. 17 und Art. 18 Abs. 4 der 4. EU-Geldwäscherichtlinie die Herausgabe von Leitlinien für die zuständigen Behörden und für die Kreditinstitute und Finanzinstitute (im Einklang mit Art. 16 der VO (EU) 1093/2010, 1094/2010 und 1095/2010 über den risikobasierten Ansatz, welche Risikofaktoren zu berücksichtigen sind und welche Maßnahmen in Fällen, in denen vereinfachte oder verstärkte Sorgfaltspflichten gegenüber Kunden angemessen sind, zu treffen sind (s. „*Joint Guidelines under Articles 17 and 18(4) of Directive (EU) 2015/849 on simplified and enhanced customer due diligence and the factors credit and financial institutions should consider when assessing the money laundering and terrorist financing risk associated with individual business relationships and occasional transactions*" v. 4.1.2018 (JC/2017/37)),
– nach Art. 48 Abs. 10 der 4. EU-Geldwäscherichtlinie die Veröffentlichung von an die zuständigen Behörden gerichteten Leitlinien über Merkmale eines risikobasierten Ansatzes für die Aufsicht und die bei der Aufsicht nach risikobasiertem Ansatz zu unternehmenden Schritte,
– die Erarbeitung technischer Regulierungsstandards, die keine politischen Entscheidungen erfordern (Erwägungsgrund 61 sowie Art. 45 Abs. 6 und 10 der 4. EU-Geldwäscherichtlinie)
– das Unterhalten einer Website mit Links zu den Veröffentlichungen jeder zuständigen Behörde in Bezug auf verwaltungsrechtliche Sanktionen und Maßnahmen, die gemäß Art. 60 der 4. EU-Geldwäscherichtlinie (§ 57 GwG) gegen Kreditinstitute und Finanzinstitute verhängt wurden (Art. 62 Abs. 3 der 4. EU-Geldwäscherichtlinie).

18 Die **Aufgaben der ESAs nach ihrer jeweiligen Errichtungs-Verordnung** (VO (EU) Nr. 1093/2010, 1094/2010 und 1095/2010) vom 24.11.2010 sind jeweils umfangreich in Art. 8 und 9 der Verordnungen aufgeführt. Gemeinsames Ziel ist letztlich der Schutz der Stabilität und Effektivität des Finanzsystems. Die drei Errichtungs-Verordnungen weisen den ESAs weitestgehend koordinierende Aufgaben, im Hinblick auf die Harmonisierung der Finanzaufsicht in der Europäischen Union, etwa in Zusammenhang mit der Entwicklung technischer Regulierungs- und Durchführungsstandards zu, soweit diese den ESAs in den einschlägigen Richtlinien oder Verordnungen zugewiesen werden. Konkrete aufsichtliche Befugnisse stehen den ESAs hingegen bei Verletzung von EU-Recht durch die national zuständigen Behörden, in Krisenfällen oder bei Meinungsverschiedenheiten zwischen nationalen Aufsehern bei Fällen mit grenzüberschreitendem Bezug zu.

Die **Verhinderung von Geldwäsche und Terrorismusbekämpfung** war in den Errichtungs-Verordnungen der ESAs lediglich in den Erwägungsgründen unter Verweis auf die 3. EU-Geldwäscherichtlinie als Gesetzgebungsakt der Union genannt, der den durch die jeweilige Errichtungs-Verordnung der ESAs abgedeckten Bereich betrifft (Erwägungsgrund 19 der VO (EU) Nr. 1093/2010 und 1095/2010 sowie Erwägungsgrund 18 der VO (EU) Nr. 1094/2010) und zunächst einheitlich in Art. 54 Abs. 2, 5. Spiegelstrich der jeweiligen Verordnung festgelegt, der dem gemeinsamen Ausschuss der Europäischen Behörden auferlegte, die sektorübergreifende Abstimmung auch in Bezug auf Maßnahmen zur Bekämpfung der Geldwäsche zu gewährleisten. Durch die VO (EU) 2019/2175 vom 18.12.2019 (ABl. 2019 L 334, 1) wurden die **Zuständigkeiten im Bereich der Verhinderung von Geldwäsche und Terrorismusfinanzierung bei der EBA zentralisiert** (und ausgebaut), indem der EBA die Zuständigkeit übertragen wurde, die Anstrengungen sämtlicher Finanzdienstleister und zuständigen Behörden in der EU zur Bekämpfung von Geldwäsche und Terrorismusfinanzierung zu leiten, zu koordinieren und zu überwachen (vgl. die neu eingefügten Art. 9a und 9b der VO (EU) 1093/2010 und Anpassung von Art. 54 Abs. 2 der jeweiligen VO). Die EBA ist gemäß der neu geschaffenen Art. 9a und 9b der VO (EU) 1093/2010 ua befugt, zur Bekämpfung von Geldwäsche und Terrorismusfinanzierung eine EU-weite Datenbank einzurichten, in der Risiken und Aufsichtsmaßnahmen erfasst werden, sowie Risikobewertungen der zuständigen Behörden durchzuführen und die Behörden erforderlichenfalls aufzufordern, in Bezug auf einzelne Finanzinstitute Untersuchungen vorzunehmen und Maßnahmen zu erwägen.

In der Folge werden Verweise in der 4. EU-Geldwäscherichtlinie auf die Europäischen Aufsichtsbehörden durch Verweise auf die Europäische Bankenaufsichtsbehörde zu ersetzen sein.

S. 2 verweist hinsichtlich der Zurverfügungstellung der Daten auf die jeweils inhaltlich identischen Art. 35 der EU-Verordnungen 1093/2010, 1094/2010 und 1095/2010 (und wird de lege ferenda um einen Verweis auf Art. 9a Abs. 1 lit. a der VO (EU) 1093/2010 zu ergänzen sein). Die europäischen Vorschriften bestimmen jeweils, dass die zuständigen Behörden der Mitgliedstaaten der anfragenden europäischen Finanzaufsichtsbehörde auf Verlangen alle Informationen zur Verfügung zu stellen haben, die sie zur Wahrnehmung der ihr durch diese Verordnung übertragenen Aufgaben benötigt, vorausgesetzt sie haben rechtmäßigen Zugang zu den einschlägigen Informationen und das Informationsgesuch ist angesichts der Art der betreffenden Aufgabe erforderlich (Art. 35 Abs. 1). Die anfragende Behörde kann dabei auch verlangen, dass ihr diese Informationen in regelmäßigen Abständen und in vorgegebenen Formaten zur Verfügung gestellt werden (Art. 35 Abs. 2 S. 1). Stehen die angefragten Informationen nicht zur Verfügung oder werden sie von den zuständigen Behörden nicht rechtzeitig übermittelt, so kann die Behörde ein ge- 19 bührend gerechtfertigtes und mit Gründen versehenes Ersuchen um Informationen an andere Aufsichtsbehörden, an das für Finanzen zuständige Ministerium – sofern dieses über aufsichtsrechtliche Informationen verfügt –, an die nationale Zentralbank oder an das statistische Amt des betreffenden Mitgliedstaats (Art. 35 Abs. 5) oder unter weiteren Voraussetzungen auch direkt an die betreffenden Finanzinstitute (Art. 35 Abs. 6 S. 1) richten.

19a Der Mitteilung der Kommission zu einem **Aktionsplan für eine umfassende Politik der Union zur Verhinderung von Geldwäsche und Terrorismusfinanzierung** (2020/C 164/06, ABl. 2020 C 164, 21 (28)) sind – bemerkenswerte – Überlegungen bezüglich einer neuen Aufsichtsbehörde auf EU-Ebene zu entnehmen (*"Schaffung einer neuen, speziellen EU-Aufsichtseinrichtung zur Bekämpfung von Geldwäsche, die sowohl im Finanz- als auch im Nichtfinanzsektor für die Beaufsichtigung der Verpflichteten zuständig wäre."*), die letztlich auch erhebliche Auswirkungen auf die nationalen Aufsichtsstrukturen hätten.

VIII. Beschränkungen des Informationsaustauschs mit Aufsichtsbehörden anderer EU-Mitgliedstaaten (Abs. 7)

20 Durch das **Gesetz zur Umsetzung der Änderungsrichtlinie zur 4. EU-Geldwäscherichtlinie** (BGBl. 2019 I S. 2602, Ziff. 41) wurde Abs. 7 in Umsetzung von Art. 1 Nr. 32 der Änderungsrichtlinie zur 4. EU-Geldwäscherichtlinie, durch den ein neuer Art. 50a in die 4. EU-Geldwäscherichtlinie eingefügt wurde, neu in § 55 aufgenommen (der RefE zum Gesetz zur Umsetzung der Änderungsrichtlinie zur 4. EU-Geldwäscherichtlinie v. 20.5.2019 hatte noch keine dem Abs. 7 entsprechende Regelung enthalten). Demnach dürfen Amtshilfeersuchen anderer EU-Mitgliedstaaten von den zuständigen Aufsichtsbehörden nicht unter Verweis auf die in Abs. 7 genannten Gründe abgelehnt werden.

21 Dem Informationsaustausch mit den zuständigen Aufsichtsbehörden anderer EU-Mitgliedstaaten der darf nach **Abs. 7 Nr. 1** zunächst ein **Bezug des Ersuchens zu steuerlichen Belangen** nicht entgegenstehen (Art. 50a Buchst. a der 4. EU-Geldwäscherichtlinie formuliert hier *"a) das Ersuchen berührt nach ihrem Dafürhalten auch steuerliche Belange"*). Die Regelung trägt offenkundig den unvermindert bestehenden Hemmnissen im Rahmen der Geldwäschebekämpfung Rechnung, wenn steuerliche Sachverhalte den jeweiligen Ermittlungen/Prüfungen zugrunde liegen (s. ua auch die RL 2011/16/EU des Rates v. 15.2.2011 über die Zusammenarbeit der Verwaltungsbehörden im Bereich der Besteuerung, die Zweite supranationale Risikoanalyse der EU-Kommission v. 24.7.2019 (COM(2019) 370 final), Ziff. 3.1 (S. 9), und die RL (EU) 2018/843 zur Änderung der 4. EU-Geldwäscherichtlinie, Erwägung 18).

22 Der Informationsaustausch mit den zuständigen Aufsichtsbehörden anderer EU-Mitgliedstaaten kann gemäß **Abs. 7 Nr. 2** (der Art. 50a Buchst. b der 4. EU-Geldwäscherichtlinie umsetzt) auch nicht abgelehnt werden, aufgrund von Vorgaben des nationalen Rechts, nach denen die Verpflichteten die **Vertraulichkeit oder Geheimhaltung zu wahren** haben. Ausnahmen von diesem Grundsatz gelten nur, wenn die einschlägigen Informationen, auf die sich das Ersuchen bezieht, durch ein Zeugnisverweigerungsrecht geschützt werden oder in Fällen, in denen ein Berufsgeheimnis gemäß § 43 Abs. 2 S. 1 eingreift (dh bei Verpflichteten nach § 2 Abs. 1 Nr. 10 und 12 bei Prozessvertretung oder Rechtsberatung).

Abs. 7 Nr. 3 bezeichnet ferner die **Anhängigkeit eines Ermittlungsverfahrens, einer Untersuchung oder eines Verfahrens** in dem ersuchenden Mitgliedstaat als unzulässigen Ablehnungsgrund für einen Informationsaustausch mit den zuständigen Aufsichtsbehörden der Mitgliedsstaaten, **sofern** das Ermittlungsverfahren, die Untersuchung oder das Verfahren durch die Amtshilfe nicht beeinträchtigt wird (vgl. Art. 50a Buchst. c der 4. EU-Geldwäscherichtlinie). 23

Schließlich steht dem Informationsaustausch mit den zuständigen Aufsichtsbehörden anderer EU-Mitgliedstaaten nicht entgegen, wenn Art und Stellung der ersuchenden zuständigen Behörde sich von **Art und Stellung der ersuchten zuständigen Behörde unterscheiden (Abs. 7 Nr. 4;** Art. 50a Buchst. d der 4. EU-Geldwäscherichtlinie). 24

IX. Kooperationsvereinbarungen mit Aufsichtsbehörden von Drittstaaten (Abs. 8)

Abs. 8 wurde durch das **Gesetz zur Umsetzung der Änderungsrichtlinie zur 4. EU-Geldwäscherichtlinie** (BGBl. 2019 I S. 2602, Ziff. 41) in Umsetzung von Art. 1 Nr. 37 der Änderungsrichtlinie zur 4. EU-Geldwäscherichtlinie (durch den Art. 57a Abs. 5 in die 4. EU-Geldwäscherichtlinie eingefügt wurde) neu in § 55 geschaffen. Der RefE zum Gesetz zur Umsetzung der Änderungsrichtlinie zur 4. EU-Geldwäscherichtlinie vom 20.5.2019 hatte noch keine dem Abs. 8 entsprechende Regelung enthalten. Die Norm trägt dem Bedürfnis der Zusammenarbeit von Aufsichtsbehörden auch mit Partnerbehörden in Nicht-EU-Mitgliedstaaten Rechnung (BT-Drs. 19/13827, 105). 25

Die zuständigen Aufsichtsbehörden gemäß § 50 Nr. 1 und 2 (die BaFin und die die jeweils zuständige Aufsichtsbehörde für das Versicherungswesen) können gemäß **S. 1** mit den zuständigen Behörden von Drittstaaten, die ihnen entsprechen, Kooperationsvereinbarungen zur Zusammenarbeit und zum Austausch von Tatsachen im Sinne von § 54 Abs. 1, dh solche, die im Rahmen der Aufsichtstätigkeit bekannt geworden sind, schließen. Neben dem GwG ermöglichen auch die Fachaufsichtsgesetze den Informationsaustausch mit den entsprechenden Behörden in Drittstaaten. Die BaFin hat seit ihrer Gründung im Jahr 2002 ein weltweites Netzwerk an bilateralen Memoranda of Understanding (MoUs) zum Zwecke des gegenseitigen Informationsaustauschs geschaffen. 26

S. 2–4 knüpfen den Abschluss von Kooperationsvereinbarungen in der Folge an **Voraussetzungen.** Gemäß **S. 2** müssen für den Abschluss von Kooperationsvereinbarungen zunächst zwei Kriterien erfüllt sein: Es muss Gegenseitigkeit bestehen und gewährleistet sein, dass das Interesse eines Verpflichteten oder eines Dritten an der Geheimhaltung der Tatsachen (insbesondere Geschäfts- und Betriebsgeheimnisse) nicht überwiegt. Die gemäß diesen Kooperationsvereinbarungen weitergegebenen Tatsachen müssen ausweislich **S. 3** ferner der Erfüllung der aufsichtsrechtlichen Aufgaben dieser Behörden dienen (Zweckbindung). Über den Verweis in **S. 4** auf § 54 Abs. 4 dürfen die genannten Tatsachen schließlich nur weitergegeben werden, wenn die bei dieser Stelle beschäftigten Personen oder die im Auftrag dieser Stelle handelnden Personen einer Verschwiegenheitspflicht unterliegen, die der Verschwiegenheitspflicht nach § 54 Abs. 1–3 weitgehend entspricht. Außerdem ist die ausländische oder supranationale Stelle ist von der weitergebenden Stelle darauf hinzuweisen, dass sie die Tatsachen nur zu dem Zweck verwenden darf, zu dessen

§ 56 Abschnitt 7. Aufsicht, Zusammenarbeit, Bußgeldvorschriften, Datenschutz

Erfüllung ihr diese übermittelt werden. Umgekehrt dürfen Tatsachen, die aus einem anderen Staat stammen, auch nur weitergegeben werden mit ausdrücklicher Zustimmung der zuständigen Behörden, die diese Tatsachen mitgeteilt haben, und für solche Zwecke, denen die zuständigen Behörden zugestimmt haben.

§ 56 Bußgeldvorschriften

(1) **Ordnungswidrig handelt, wer vorsätzlich oder leichtfertig**
1. entgegen § 5 Absatz 1 Satz 1 Risiken nicht ermittelt oder nicht bewertet,
2. entgegen § 5 Absatz 2 die Risikoanalyse nicht dokumentiert oder regelmäßig überprüft und gegebenenfalls aktualisiert,
3. entgegen § 6 Absatz 1 keine angemessenen geschäfts- und kundenbezogenen internen Sicherungsmaßnahmen schafft oder entgegen § 6 Absatz 1 Satz 3 die Funktionsfähigkeit der Sicherungsmaßnahmen nicht überwacht oder wer geschäfts- und kundenbezogene interne Sicherungsmaßnahmen nicht regelmäßig oder nicht bei Bedarf aktualisiert,
4. entgegen § 6 Absatz 4 keine Datenverarbeitungssysteme betreibt oder sie nicht aktualisiert,
5. einer vollziehbaren Anordnung nach § 6 Absatz 9 nicht nachkommt,
6. entgegen § 8 Absatz 1 und 2 eine Angabe, eine Information, Ergebnisse der Untersuchung, Erwägungsgründe oder eine nachvollziehbare Begründung des Bewertungsergebnisses nicht, nicht richtig oder nicht vollständig aufzeichnet oder aufbewahrt,
7. entgegen § 8 Absatz 4 Satz 1 eine Aufzeichnung oder einen sonstigen Beleg nicht fünf Jahre aufbewahrt,
8. entgegen § 9 Absatz 1 Satz 2, auch in Verbindung mit Absatz 4, keine gruppenweit einheitlichen Vorkehrungen, Verfahren und Maßnahmen schafft,
9. entgegen § 9 Absatz 1 Satz 3, auch in Verbindung mit Absatz 4, nicht die wirksame Umsetzung der gruppenweit einheitlichen Pflichten und Maßnahmen sicherstellt,
10. entgegen § 9 Absatz 2, auch in Verbindung mit Absatz 4, nicht sicherstellt, dass die in einem anderen Mitgliedstaat der Europäischen Union befindlichen gruppenangehörigen Unternehmen gemäß § 1 Absatz 16 Nummer 2 bis 4, die dort Pflichten zur Verhinderung von Geldwäsche und Terrorismusfinanzierung unterliegen, die geltenden nationalen Rechtsvorschriften zur Umsetzung der Richtlinie (EU) 2015/849 einhalten,
11. entgegen § 9 Absatz 3 Satz 2, auch in Verbindung mit Absatz 4, nicht sicherstellt, dass die in einem Drittstaat ansässigen Zweigstellen und gruppenangehörigen Unternehmen nach § 1 Absatz 16 Nummer 2 zusätzliche Maßnahmen ergreifen, um dem Risiko der Geldwäsche oder der Terrorismusfinanzierung wirksam zu begegnen, oder die nach § 50 zuständige Aufsichtsbehörde nicht über die getroffenen Maßnahmen informiert,
12. einer vollziehbaren Anordnung nach § 9 Absatz 3 Satz 3, auch in Verbindung mit Absatz 4, zuwiderhandelt,

Bußgeldvorschriften **§ 56**

13. entgegen § 9 Absatz 5 Satz 1 die in Absatz 1 Satz 2 Nummer 1, 3 und 4 genannten Maßnahmen nicht umsetzt,
14. entgegen § 9 Absatz 5 Satz 2 gruppenweite Pflichten nicht umsetzt,
15. entgegen § 10 Absatz 1 Nummer 1 eine Identifizierung des Vertragspartners oder einer für den Vertragspartner auftretenden Person nicht, nicht richtig, nicht vollständig oder nicht in der vorgeschriebenen Weise vornimmt oder nicht prüft, ob die für den Vertragspartner auftretende Person hierzu berechtigt ist,
16. entgegen § 10 Absatz 1 Nummer 2 nicht prüft, ob der Vertragspartner für einen wirtschaftlich Berechtigten handelt,
17. entgegen § 10 Absatz 1 Nummer 2 den wirtschaftlich Berechtigten nicht identifiziert,
18. entgegen § 10 Absatz 1 Nummer 3 keine Informationen über den Zweck und die angestrebte Art der Geschäftsbeziehung einholt oder diese Informationen nicht bewertet,
19. entgegen § 10 Absatz 1 Nummer 4 nicht oder nicht richtig feststellt, ob es sich bei dem Vertragspartner oder bei dem wirtschaftlich Berechtigten um eine politisch exponierte Person, um ein Familienmitglied oder um eine bekanntermaßen nahestehende Person handelt,
20. entgegen § 10 Absatz 1 Nummer 5 die Geschäftsbeziehung, einschließlich der in ihrem Verlauf durchgeführten Transaktionen, nicht oder nicht richtig kontinuierlich überwacht,
21. entgegen § 10 Absatz 2 Satz 1 den konkreten Umfang der allgemeinen Sorgfaltspflichten nicht entsprechend dem jeweiligen Risiko der Geldwäsche oder Terrorismusfinanzierung bestimmt,
22. entgegen § 10 Absatz 2 Satz 4 oder entgegen § 14 Absatz 1 Satz 2 nicht darlegt, dass der Umfang der von ihm getroffenen Maßnahmen im Hinblick auf die Risiken der Geldwäsche und der Terrorismusfinanzierung als angemessen anzusehen ist,
23. entgegen § 10 Absatz 6 den Sorgfaltspflichten nicht nachkommt,
24. entgegen § 10 Absatz 8 keine Mitteilung macht,
25. entgegen § 10 Absatz 9, § 14 Absatz 3 oder § 15 Absatz 9 in Verbindung mit § 15 Absatz 3 Nummer 1, 3 und 4 die Geschäftsbeziehung begründet, fortsetzt, sie nicht kündigt oder nicht auf andere Weise beendet oder die Transaktion durchführt,
26. entgegen § 11 Absatz 1 Vertragspartner, für diese auftretenden Personen oder wirtschaftlich Berechtigte nicht rechtzeitig identifiziert,
27. entgegen § 11 Absatz 2 die Vertragsparteien nicht rechtzeitig identifiziert,
28. entgegen § 11 Absatz 3 Satz 2 keine erneute Identifizierung durchführt,
29. entgegen § 11 Absatz 4 Nummer 1 oder 2 die Angaben nicht oder nicht vollständig erhebt,
30. entgegen § 11 Absatz 5 Satz 1 zur Feststellung der Identität des wirtschaftlich Berechtigten dessen Namen nicht erhebt,
31. entgegen § 14 Absatz 2 Satz 2 nicht die Überprüfung von Transaktionen und die Überwachung von Geschäftsbeziehungen in einem Umfang sicherstellt, der es ermöglicht, ungewöhnliche oder verdächtige Transaktionen zu erkennen und zu melden,
32. entgegen § 15 Absatz 2 keine verstärkten Sorgfaltspflichten erfüllt,

Barreto da Rosa

§ 56 Abschnitt 7. Aufsicht, Zusammenarbeit, Bußgeldvorschriften, Datenschutz

33. entgegen § 15 Absatz 4 Satz 1 Nummer 1 in Verbindung mit Absatz 2 oder Absatz 3 Nummer 1 vor der Begründung oder Fortführung einer Geschäftsbeziehung nicht die Zustimmung eines Mitglieds der Führungsebene einholt,
34. entgegen § 15 Absatz 4 Satz 1 Nummer 2 in Verbindung mit Absatz 2 oder Absatz 3 Nummer 1 keine Maßnahmen ergreift,
35. entgegen § 15 Absatz 4 Satz 1 Nummer 3 in Verbindung mit Absatz 2 oder Absatz 3 Nummer 1 die Geschäftsbeziehung keiner verstärkten kontinuierlichen Überwachung unterzieht,
36. entgegen § 15 Absatz 5 Nummer 1 Buchstabe a bis f in Verbindung mit Absatz 3 Nummer 2 keine Informationen einholt,
37. entgegen § 15 Absatz 5 Nummer 2 in Verbindung mit Absatz 3 Nummer 2 nicht die Zustimmung eines Mitglieds der Führungsebene einholt,
38. entgegen § 15 Absatz 5 Nummer 3 in Verbindung mit Absatz 3 Nummer 2 nicht die Geschäftsbeziehung keiner verstärkten Überwachung unterzieht,
39. entgegen § 15 Absatz 6 Nummer 1 in Verbindung mit Absatz 3 Nummer 3 die Transaktion nicht untersucht,
40. entgegen § 15 Absatz 6 Nummer 2 in Verbindung mit Absatz 3 Nummer 3 die zugrunde liegende Geschäftsbeziehung keiner verstärkten kontinuierlichen Überwachung unterzieht,
41. entgegen § 15 Absatz 7 Nummer 1 in Verbindung mit Absatz 3 Nummer 4 keine ausreichenden Informationen einholt,
42. entgegen § 15 Absatz 7 Nummer 2 in Verbindung mit Absatz 3 Nummer 4 nicht die Zustimmung eines Mitglieds der Führungsebene einholt,
43. entgegen § 15 Absatz 7 Nummer 3 in Verbindung mit Absatz 3 Nummer 4 die Verantwortlichkeiten nicht festlegt oder nicht dokumentiert,
44. entgegen § 15 Absatz 7 Nummer 4 oder Nummer 5 in Verbindung mit Absatz 3 Nummer 4 keine Maßnahmen ergreift,
45. entgegen § 15 Absatz 5a und 8 einer vollziehbaren Anordnung der Aufsichtsbehörde zuwiderhandelt,
46. entgegen § 16 Absatz 2 einen Spieler zum Glücksspiel zulässt,
47. entgegen § 16 Absatz 3 Einlagen oder andere rückzahlbare Gelder entgegennimmt,
48. entgegen § 16 Absatz 4 Transaktionen des Spielers an den Verpflichteten auf anderen als den in § 16 Absatz 4 Nummer 1 und 2 genannten Wegen zulässt,
49. entgegen § 16 Absatz 5 seinen Informationspflichten nicht nachkommt,
50. entgegen § 16 Absatz 7 Satz 1 Nummer 2 Transaktionen auf ein Zahlungskonto vornimmt,
51. entgegen § 16 Absatz 7 Satz 2 trotz Aufforderung durch die Aufsichtsbehörde den Verwendungszweck nicht hinreichend spezifiziert,
52. entgegen § 16 Absatz 8 Satz 3 die vollständige Identifizierung nicht oder nicht rechtzeitig durchführt,
53. entgegen § 17 Absatz 2 die Erfüllung der Sorgfaltspflichten durch einen Dritten ausführen lässt, der in einem Drittstaat mit hohem Risiko ansässig ist,

Bußgeldvorschriften §56

54. entgegen §18 Absatz 3 Informationen nicht oder nicht rechtzeitig zur Verfügung stellt,
55. entgegen §20 Absatz 1 Angaben zu den wirtschaftlich Berechtigten
    a) nicht einholt,
    b) nicht, nicht richtig oder nicht vollständig aufbewahrt,
    c) nicht auf aktuellem Stand hält oder
    d) nicht, nicht richtig, nicht vollständig oder nicht rechtzeitig der registerführenden Stelle mitteilt,
56. entgegen §20 Absatz 1a seine Mitteilungspflicht nicht, nicht richtig, nicht vollständig oder nicht rechtzeitig erfüllt,
57. ohne von der mitteilungspflichtigen Vereinigung dazu ermächtigt worden zu sein, der registerführenden Stelle Angaben zu den wirtschaftlich Berechtigten zur Eintragung in das Transparenzregister elektronisch mitteilt,
58. entgegen §20 Absatz 3 seine Mitteilungspflicht nicht, nicht richtig, nicht vollständig oder nicht rechtzeitig erfüllt,
59. entgegen §20 Absatz 3a Satz 1 bis 3 oder Absatz 3b Satz 1 seine Mitteilungspflicht nicht, nicht richtig, nicht vollständig oder nicht rechtzeitig erfüllt,
60. entgegen §20 Absatz 3a Satz 4 seiner Dokumentationspflicht nicht nachkommt,
61. entgegen §21 Absatz 1 oder 2 Angaben zu den wirtschaftlich Berechtigten
    a) nicht einholt,
    b) nicht, nicht richtig oder nicht vollständig aufbewahrt,
    c) nicht auf aktuellem Stand hält oder
    d) nicht, nicht richtig, nicht vollständig oder nicht rechtzeitig der registerführenden Stelle mitteilt,
62. entgegen §21 Absatz 1a oder 1b seine Mitteilungspflicht nicht, nicht richtig, nicht vollständig oder nicht rechtzeitig erfüllt,
63. eine unrichtige Mitteilung nach §20 Absatz 1 oder §21 Absatz 1 nicht berichtigt,
64. die Einsichtnahme in das Transparenzregister entgegen §23 Absatz 1 Satz 1 Nummer 2 oder Nummer 3 unter Vorspiegelung falscher Tatsachen erschleicht oder sich auf sonstige Weise widerrechtlich Zugriff auf das Transparenzregister verschafft,
65. entgegen §23a Absatz 1 Satz 1 seine Mitteilungspflicht nicht erfüllt,
66. als Verpflichteter entgegen §23a Absatz 3 Informationen oder Dokumente nicht oder nicht rechtzeitig zur Verfügung stellt,
67. entgegen §30 Absatz 3 einem Auskunftsverlangen nicht, nicht richtig, nicht vollständig oder nicht rechtzeitig nachkommt,
68. entgegen §40 Absatz 1 Satz 1 oder 2 einer Anordnung oder Weisung nicht, nicht rechtzeitig oder nicht vollständig nachkommt,
69. entgegen §43 Absatz 1 eine Meldung nicht, nicht richtig, nicht vollständig oder nicht rechtzeitig abgibt,
70. entgegen §46 Absatz 2 Satz 2 die Meldung nicht unverzüglich nachholt,
71. eine Untersagung nach §51 Absatz 5 nicht beachtet,
72. Auskünfte nach §51 Absatz 7 nicht, nicht richtig, nicht vollständig oder nicht rechtzeitig gibt,

Barreto da Rosa

§ 56 Abschnitt 7. Aufsicht, Zusammenarbeit, Bußgeldvorschriften, Datenschutz

73. entgegen § 52 Absatz 1 und 6
    a) Auskünfte nicht, nicht richtig, nicht vollständig oder nicht rechtzeitig erteilt oder
    b) Unterlagen nicht, nicht richtig, nicht vollständig oder nicht rechtzeitig vorlegt oder
74. entgegen § 52 Absatz 3 eine Prüfung nicht duldet.

Die Ordnungswidrigkeit kann bei vorsätzlicher Begehung mit einer Geldbuße bis zu einhundertfünfzigtausend Euro, im Übrigen mit einer Geldbuße bis zu einhunderttausend Euro geahndet werden.

(2) Ordnungswidrig handelt, wer vorsätzlich oder fahrlässig
1. entgegen § 4 Absatz 3 Satz 1 kein Mitglied der Leitungsebene benennt,
2. entgegen § 7 Absatz 1 keinen Geldwäschebeauftragten oder keinen Stellvertreter bestellt,
3. einer vollziehbaren Anordnung nach § 7 Absatz 3 nicht oder nicht rechtzeitig nachkommt,
4. entgegen § 9 Absatz 1 Satz 2, auch in Verbindung mit Absatz 4, keinen Gruppengeldwäschebeauftragten bestellt,
5. entgegen § 15 Absatz 9 in Verbindung mit § 15 Absatz 3 Nummer 2 die Geschäftsbeziehung begründet, fortsetzt, sie nicht kündigt oder nicht auf andere Weise beendet oder die Transaktion durchführt,
6. entgegen § 46 Absatz 1 Satz 1 eine Transaktion durchführt oder
7. entgegen § 47 Absatz 1 in Verbindung mit Absatz 2 den Vertragspartner, den Auftraggeber oder einen Dritten in Kenntnis setzt.

Die Ordnungswidrigkeit kann bei vorsätzlicher Begehung mit einer Geldbuße bis zu einhundertfünfzigtausend Euro, bei leichtfertiger Begehung mit einer Geldbuße bis zu einhunderttausend Euro, im Übrigen mit einer Geldbuße bis zu fünfzigtausend Euro geahndet werden.

(3) Die Ordnungswidrigkeit nach Absatz 1 und bei vorsätzlicher oder leichtfertiger Begehung nach Absatz 2 kann geahndet werden mit einer
1. Geldbuße bis zu einer Million Euro oder
2. Geldbuße bis zum Zweifachen des aus dem Verstoß gezogenen wirtschaftlichen Vorteils, wenn es sich um einen schwerwiegenden, wiederholten oder systematischen Verstoß handelt. Der wirtschaftliche Vorteil umfasst erzielte Gewinne und vermiedene Verluste und kann geschätzt werden.

Gegenüber Verpflichteten gemäß § 2 Absatz 1 Nummer 1 bis 3 und 6 bis 9, die juristische Personen oder Personenvereinigungen sind, kann über Satz 1 hinaus eine höhere Geldbuße verhängt werden. In diesen Fällen darf die Geldbuße den höheren der folgenden Beträge nicht übersteigen:
1. fünf Millionen Euro oder
2. 10 Prozent des Gesamtumsatzes, den die juristische Person oder die Personenvereinigung im Geschäftsjahr, das der Behördenentscheidung vorausgegangen ist, erzielt hat.

Gegenüber Verpflichteten gemäß § 2 Absatz 1 Nummer 1 bis 3 und 6 bis 9, die natürliche Personen sind, kann über Satz 1 hinaus eine Geldbuße bis zu fünf Millionen Euro verhängt werden.

(4) Gesamtumsatz im Sinne des Absatzes 2 Satz 4 Nummer 2 ist

Bußgeldvorschriften **§ 56**

1. bei Kreditinstituten, Zahlungsinstituten und Finanzdienstleistungsinstituten nach § 340 des Handelsgesetzbuchs der Gesamtbetrag, der sich ergibt aus dem auf das Institut anwendbaren nationalen Recht im Einklang mit Artikel 27 Nummer 1, 3, 4, 6 und 7 oder Artikel 28 Abschnitt B Nummer 1 bis 4 und 7 der Richtlinie 86/635/EWG des Rates vom 8. Dezember 1986 über den Jahresabschluss und den konsolidierten Abschluss von Banken und anderen Finanzinstituten (ABl. L 372 vom 31.12.1986, S. 1), abzüglich der Umsatzsteuer und sonstiger direkt auf diese Erträge erhobener Steuern,
2. bei Versicherungsunternehmen der Gesamtbetrag, der sich ergibt aus dem auf das Versicherungsunternehmen anwendbaren nationalen Recht im Einklang mit Artikel 63 der Richtlinie 91/674/EWG des Rates vom 19. Dezember 1991 über den Jahresabschluss und den konsolidierten Abschluss von Versicherungsunternehmen (ABl. L 374 vom 31.12.1991, S. 7), abzüglich der Umsatzsteuer und sonstiger direkt auf diese Erträge erhobener Steuern,
3. im Übrigen der Betrag der Nettoumsatzerlöse nach Maßgabe des auf das Unternehmen anwendbaren nationalen Rechts im Einklang mit Artikel 2 Nummer 5 der Richtlinie 2013/34/EU.

Handelt es sich bei der juristischen Person oder Personenvereinigung um ein Mutterunternehmen oder um ein Tochterunternehmen, so ist anstelle des Gesamtumsatzes der juristischen Person oder Personenvereinigung der jeweilige Gesamtbetrag in demjenigen Konzernabschluss des Mutterunternehmens maßgeblich, der für den größten Kreis von Unternehmen aufgestellt wird. Wird der Konzernabschluss für den größten Kreis von Unternehmen nicht nach den in Satz 1 genannten Vorschriften aufgestellt, ist der Gesamtumsatz nach Maßgabe der den in Satz 1 Nummer 1 bis 3 vergleichbaren Posten des Konzernabschlusses zu ermitteln. Ist ein Jahresabschluss oder Konzernabschluss für das maßgebliche Geschäftsjahr nicht verfügbar, so ist der Jahresabschluss oder Konzernabschluss für das unmittelbar vorausgehende Geschäftsjahr maßgeblich. Ist auch der Jahresabschluss oder Konzernabschluss für das unmittelbar vorausgehende Geschäftsjahr nicht verfügbar, so kann der Gesamtumsatz geschätzt werden.

(5) Die jeweils in § 50 Nummer 1 und Nummer 7 a bis 9 zuständige Aufsichtsbehörde ist auch Verwaltungsbehörde nach § 36 Absatz 1 Nummer 1 des Gesetzes über Ordnungswidrigkeiten. Für Ordnungswidrigkeiten nach Absatz 1 Nummer 54 bis 66 ist Verwaltungsbehörde nach § 36 Absatz 1 Nummer 1 des Gesetzes über Ordnungswidrigkeiten das Bundesverwaltungsamt.

(6) Die zuständige Verwaltungsbehörde übermittelt, sofern sie nicht zugleich zuständige Aufsichtsbehörde ist, auf Ersuchen sämtliche Informationen einschließlich personenbezogener Daten an die zuständige Aufsichtsbehörde, soweit die Informationen für die Erfüllung der Aufgaben der Aufsichtsbehörde, insbesondere für die Vorhaltung der Statistik nach § 51 Absatz 9, erforderlich sind.

(7) Die Aufsichtsbehörden überprüfen im Bundeszentralregister, ob eine einschlägige Verurteilung der betreffenden Person vorliegt.

(8) Die zuständigen Aufsichtsbehörden nach § 50 Nummer 1, 2 und 9 informieren die jeweils zuständige Europäische Aufsichtsbehörde hin-

§ 56 Abschnitt 7. Aufsicht, Zusammenarbeit, Bußgeldvorschriften, Datenschutz

sichtlich der Verpflichteten nach § 2 Absatz 1 Nummer 1 bis 3 und 6 bis 9 über
1. die gegen diese Verpflichtete verhängten Geldbußen,
2. sonstige Maßnahmen aufgrund von Verstößen gegen Vorschriften dieses Gesetzes oder anderer Gesetze zur Verhinderung von Geldwäsche oder von Terrorismusfinanzierung und
3. diesbezügliche Rechtsmittelverfahren und deren Ergebnisse.

Literatur: *Barreto da Rosa/Diergarten*, Anm. zum Beschl. des OLG Frankfurt am Main v. 10.4.2018, Az. 2 Ss-Owi 1059/17, NStZ 2020, 173 ff.; Beck'scher Online-Kommentar zum StGB, 46. Ed., Stand 1.5.2020, zit.: *Bearbeiter* in BeckOK-StGB; *Diergarten*, Geldwäsche (Kommentar), 3. Aufl. 2013; *Diergarten/Barreto da Rosa*, Praxiswissen Geldwäscheprävention, 2015, zit.: *Bearbeiter* in Diergarten/Barreto da Rosa; *FATF*, Mutual Evaluation Report Germany, 2010; *Flatten*, Zur Strafbarkeit von Bankangestellten bei der Geldwäsche, 1996; *Göhler*, Ordnungswidrigkeitengesetz, 17. Aufl. 2017, zit.: *Bearbeiter* in Göhler; *Jescheck/Weigend*, Strafrecht Allgemeiner Teil, 5. Aufl. 1996; *Herzog* (Hrsg.), GwG, 2. Aufl. 2014, zit.: *Bearbeiter* in Herzog; *Karlsruher Kommentar zum Ordnungswidrigkeitengesetz*, 5. Aufl. 2018, zit.: *Bearbeiter* in KK-OWiG; *Körner/Patzak/Volkmer*, Betäubungsmittelgesetz, 9. Aufl. 2019, zit.: *Bearbeiter* in Körner/Patzak/Volkmer; *Krenberger/Krumm*, Ordnungswidrigkeitenrecht, 5. Aufl. 2018; *Lenk*, Sanktionsbewehrte Melde- und Anzeigepflichten – Zu den materiell-rechtlichen Problemen einer privatisierten Kriminalitätsbekämpfung, JR 2020, 103 ff.; *Münchner Kommentar zum StGB*, 3. Aufl. 2017, zit.: *Bearbeiter* in MüKo-StGB; *Noack*, Einführung ins Ordnungswidrigkeitenrecht – Teil 1, ZJS 2012, 175 ff.; *Nomos Kommentar zum Strafgesetzbuch*, Band 3, 5. Aufl. 2017, zit.: *Bearbeiter* in NK-StGB; *Rütters/Wagner*, Der Geldwäschebeauftragte als Bezugstäter im Rahmen des § 30 OWiG, NZWiSt 2015, 282 ff; *Schönke/Schröder*, Strafgesetzbuch, 30. Aufl. 2019, zit.: *Bearbeiter* in Schönke/Schröder; *Steinberg*, Lässt sich „Leichtfertigkeit" als Straftatbestandsmerkmal sinnvoll handhaben?, ZStW 2019, 888 ff.; *Suendorf*, Geldwäsche – eine kriminologische Untersuchung, 2001; *Streng*, Strafrechtliche Sanktionen – Die Strafzumessung und ihre Grundlagen, 3. Aufl. 2012

Übersicht

	Rn.
I. Allgemeines	1
1. Hintergründe und Historie	1
2. Grundzüge des Ordnungswidrigkeitenrechts	2
a) Rechtsnatur von Ordnungswidrigkeiten und Unterschiede zum Strafrecht	2
b) Normadressaten von § 56	5
c) Objektiver Tatbestand	7
d) Subjektiver Tatbestand	8
e) Vorwerfbarkeit	11
f) Verjährung	12
3. Ordnungswidrigkeitenverfahren nach dem GwG in der Praxis	14
4. Strafbarkeit bei Verstößen gegen GwG-Pflichten	18
II. Ordnungswidrigkeitenkatalog für vorsätzliche oder leichtfertige Pflichtenverstöße (Abs. 1)	19
1. Vorbemerkungen	19
2. Die Bußgeldtatbestände (Nr. 1–73)	20
III. Ordnungswidrigkeitenkatalog für vorsätzliche oder fahrlässige Pflichtenverstöße (Abs. 2)	96
1. Vorbemerkungen	96
2. Die Bußgeldtatbestände (Nr. 1–7)	98

Bußgeldvorschriften § 56

	Rn.
3. Bußgeldrahmen bei Ordnungswidrigkeiten nach Abs. 2	105
IV. Bußgeldrahmen bei vorsätzlich oder leichtfertig begangenen schwerwiegenden, wiederholten oder systematischen Verstößen (Abs. 3)	106
1. Vorbemerkungen	106
2. Bußgeldrahmen gegenüber Verpflichteten aus dem Nicht-Finanzsektor (S. 1 und 2)	107
3. Bußgeldrahmen gegenüber Verpflichteten aus dem Finanzsektor (S. 3–5)	111
V. Bemessung der Geldbuße	114
VI. Gesamtumsatz (Abs. 4)	120
VII. Zuständige Verwaltungsbehörden (Abs. 5)	123
VIII. Datenübermittlung der Verwaltungsbehörde an die Aufsichtsbehörde (Abs. 6)	126
IX. Überprüfung im Hinblick auf einschlägige Verurteilung (Abs. 7)	129
X. Information der zuständigen Europäischen Aufsichtsbehörde (Abs. 8)	130

I. Allgemeines

1. Hintergründe und Historie

§ 56 enthält die Bußgeldvorschriften für Verstöße gegen die zahlreichen Pflichten 1
nach dem GwG. Die Norm ist in ihrer **Historie** bereits zahlreichen grundlegenden
Novellierungen unterworfen worden. Bei Schaffung des noch sehr übersichtlichen
GwG zum 29.11.1993 (BGBl. 1993 I S. 1770) zunächst in § 18 verortet, waren
lediglich wenige Pflichtenverstöße mit einem Bußgeld bedroht – wie bspw. die
Nicht-Identifizierung des Vertragspartners, die unterlassene oder nicht richtige
Aufzeichnung und Aufbewahrung der hierbei erhobenen Daten, die unterlassene
Feststellung eines wirtschaftlich Berechtigten oder ein „Tipping-Off". Ein Verstoß
gegen die Pflicht zur Meldung/Anzeige von Verdachtsfällen wurde (überraschenderweise) erst durch das **Geldwäschebekämpfungsergänzungsgesetz** vom
13.8.2008 (BGBl. I S. 1690ff.) in § 17 Abs. 1 Nr. 4 GwG aF mit einer Ordnungswidrigkeit hinterlegt. Umfangreiche Änderungen erfuhr § 17 GwG aF insbesondere
durch das **Gesetz zur Optimierung der Geldwäscheprävention** vom 22.1.2012
(BGBl. I S. 2959ff.), durch welches die bis dahin bestehenden Abs. 1 (vorsätzliche und
leichtfertige Ordnungswidrigkeiten) und Abs. 2 (vorsätzliche Ordnungswidrigkeiten)
zusammengefasst und um weitere Bußgeldtatbestände ergänzt worden waren, wobei
für alle Zuwiderhandlungen seit diesem Zeitpunkt Leichtfertigkeit ausreichte, und
der Bußgeldrahmen vereinheitlicht wurde, nachdem zuvor für bestimmte Tathandlungen auch ein Maximalbetrag von 50.000 Euro vorgesehen war (vgl. zu den Änderungen iE *Herzog/Achtelik* → 2. Aufl. 2014, § 17 Rn. 1 mwN). Diese umfassende
Neufassung griff hierbei die Kritikpunkte der FATF zur Umsetzung der FATF-Empfehlung 17 auf. Die FATF hatte in ihrem Deutschlandprüfbericht vom 19.2.2010 kritisiert, dass im deutschen Recht der Anzahl der durch Bußgeld sanktionierten Verstöße zu gering und die Bußgeldhöhe nicht ausreichend hoch sei (vgl. Ziffern 838,
839, 847, 855 – 2. und 3. Aufzählungspunkt und Bewertung zu Empfehlung 17).
Eine weitere Ausdehnung der vormals in § 17 Abs. 1 GwG aF genannten Bußgeldtatbestände erfolgte schließlich durch das **Gesetz zur Ergänzung des Geldwäschegesetzes** (GwGErgG) vom 18.2.2013 (BGBl. I S. 268ff.) in Zusammenhang mit
den geldwäscherechtlichen Regelungen im Bereich des Glücksspiels im Internet.

Barreto da Rosa

§ 56 Abschnitt 7. Aufsicht, Zusammenarbeit, Bußgeldvorschriften, Datenschutz

Die **4. EU-Geldwäscherichtlinie** (Richtlinie (EU) 2015/849 v. 20.5.2015) gibt – entsprechend der FATF-Empfehlungen, die insgesamt ganze zwanzig Mal von *„effective, proportionate and dissuasive sanctions"* reden (zentral: Empfehlung 35) – vor, dass jede Sanktion oder Maßnahme *„**wirksam, verhältnismäßig und abschreckend**"* sein muss (Erwägung 59 und Art. 58 Abs. 1 S. 2; ebenso zuvor bereits Art. 39 Abs. 1 der 3. EU- Geldwäscherichtlinie, vgl. hierzu ausführlich *Herzog/ Achtelik* → 2. Aufl. 2014, § 17 Rn. 3 ff.). Sie gibt im Vergleich zur Vorgängerrichtlinie ferner detailliertere Vorgaben für Verwaltungssanktionen und -maßnahmen, wozu auch die Bekanntmachung von bestandskräftigen Maßnahmen und von unanfechtbaren Bußgeldentscheidungen gehört (§ 57 GwG, Art. 60 der 4. EU-Geldwäscherichtlinie). Durch das **Gesetz zur Umsetzung der 4. EU-Geldwäscherichtlinie** (BGBl. 2017 I S. 1822) wurden die Bußgeldvorschriften in § 56 neu verortet und grundlegend überarbeitet. So wurde der vormals in § 17 Abs. 1 GwG aF enthaltene Katalog der Bußgeldtatbestände von 17 einzelnen Tatbeständen auf 64 erheblich ausgeweitet und bestehende Bußgeldtatbestände *„zum Zwecke und anlässlich der Umsetzung der Art. 58 und 59 der 4. EU-Geldwäscherichtlinie und um den Aufsichtsbehörden durch einen erweiterten Bußgeldkatalog eine effiziente Aufsicht zu ermöglichen"* angepasst (BT-Drs. 18/11555, 163, sowie aufgrund der europäischen Vorgaben, vgl. Art. 58 und 59 der 4. EU-Geldwäscherichtlinie). Der RefE des Bundesministeriums der Finanzen vom 15.12.2016 sah bereits 73 einzelne Bußgeldtatbestände vor, durch die Beschlussempfehlung und den Bericht des Finanzausschusses (7. Ausschuss) zum Gesetzentwurf der Bundesregierung (Drs. 18/11555, 18/11928, 18/12181 Nr. 1.8) vom 17.5.2017 (BT-Drs. 18/12405) waren kurz vor der Finalisierung des Gesetzes an § 56 noch weitere Überarbeitungen vorgenommen worden, womit einem Anliegen des Bundesrates (Nr. 35 des Beschlusses v. 31.3.2017, BR-Drs. 182/17 (B)) entsprochen wurde (das auf die Empfehlung des Rechtsausschusses zurückgeht, vgl. Niederschrift, 952. R, 15.3.2017, S. 22 ff.), der gebeten hatte, die Struktur und inhaltliche Ausgestaltung der Bußgeldvorschrift des § 56 GwG-E zu überprüfen. Im Ergebnis wurden insbesondere Bußgeldtatbestände in Abs. 1 teilweise zusammengefasst, gestrafft und sprachlich präzisiert. Die Gesetzesbegründung zu § 56 (BT-Drs. 18/11555, 163 ff.) entspricht aus diesem Grunde nicht der im Bundesgesetzblatt veröffentlichten letztendlichen Gesetzesversion. Ferner erfuhr der Bußgeldrahmen von zuvor maximal 100.000 Euro eine deutliche Erhöhung, wobei unterschiedliche Maximalgrenzen gelten (vgl. § 56 Abs. 1 S. 1–3 GwG).

Durch Ziffer 42 des **Gesetzes zur Umsetzung der Änderungsrichtlinie zur 4. EU-Geldwäscherichtlinie** (BGBl. 2019 I S. 2602) wurden in § 56 Abs. 1 S. 1 wiederum zahlreiche Änderungen vorgenommen, die sich aus Änderungen im Zusammenhang mit einzelnen Verpflichtungen (§§ 6, 9, 15, 20, 21, 46, 52) ableiten lassen bzw. Verstöße gegen neu eingefügte Verpflichtungen sanktionieren (§ 23a), sowie § 56 Abs. 5 geändert und ergänzt. Insgesamt wurden 17 neue Bußgeldtatbestände, verteilt auf die Absätze 1 und 2, geschaffen, womit § 56 über insgesamt nunmehr 81 Bußgeldtatbestände verfügt (Differenzierungen in einzelnen Tatbeständen nicht mit einberechnet). Eine bedeutsame Änderung ist überdies die Sanktionierung einzelner Pflichtenverstöße bei bereits einfach fahrlässigem Verhalten (s. Abs. 2, dazu ausführlich die Anm. unter → Rn. 96); die Bußgeldandrohung für Verstöße gegen die in Abs. 1 genannten Pflichten gilt unverändert ausschließlich bei vorsätzlichem oder leichtfertigem Handeln. In der Bundesrechtsanwaltsordnung, dem Steuerberatungsgesetz und der Patentanwaltsordnung wurden ferner die jeweiligen Kammern als Verwaltungsbehörden zur Verfolgung der Ordnungswidrigkeiten nach § 56 festgelegt (vgl. Art. 14–16 des Gesetzes zur Umsetzung der Änderungsrichtlinie zur 4. EU-Geldwäscherichtlinie).

2. Grundzüge des Ordnungswidrigkeitenrechts

a) Rechtsnatur von Ordnungswidrigkeiten und Unterschiede zum Strafrecht. Der deutsche Gesetzgeber hat sich dafür entschieden, eine Reihe von Verletzungen von Pflichten nach dem GwG in § 56 als **Ordnungswidrigkeiten** auszugestalten, die mit Bußgeldern sanktioniert werden. Formal betrachtet ist eine Ordnungswidrigkeit (OWi) gemäß § 1 Abs. 1 OWiG eine rechtswidrige und vorwerfbare Handlung, die den Tatbestand eines Gesetzes verwirklicht, das die Ahndung mit einer Geldbuße zulässt. Für das Recht der Ordnungswidrigkeiten gilt dabei der Verfassungsgrundsatz des Art. 103 Abs. 2 GG gleichermaßen wie im Strafrecht (*Hecker* in Schönke/Schröder StGB § 1 Rn. 5 mit Verweis auf BVerfGE 71, 108, NVwZ 2009, 905), was durch § 3 OWiG in Anlehnung an § 1 StGB (nullum crimen sine lege) und § 4 Abs. 1 OWiG in Anlehnung an § 2 Abs. 2 StGB (nulla poena sine lege) herausgestellt wird. Als spezielles Willkürverbot des Grundgesetzes für die Strafgerichtsbarkeit verpflichtet Art. 103 Abs. 2 GG den Gesetzgeber, die Voraussetzungen der Strafbarkeit so genau zu umschreiben, dass sich Tragweite und Anwendungsbereich des jeweiligen Ordnungswidrigkeitentatbestandes aus dem Wortlaut ergeben oder jedenfalls sich durch Auslegung ermitteln lassen. Diese Verpflichtung dient dem Zweck, sicherzustellen, dass die Normadressaten vorhersehen können, welches verhalten verboten und mit Strafe bedroht ist (*Gürtler* in Göhler OWiG § 3 Rn. 1).

Die **Bestandteile der Ordnungswidrigkeit** sind identisch mit denen der Straftat, dh der Täter muss tatbestandsmäßig, rechtswidrig und schuldhaft handeln, wobei Schuld im Ordnungswidrigkeitenbereich als Vorwerfbarkeit bezeichnet wird (beide Begriffe sind indes synonym, *Noack* ZJS 2012, 175). Geldbußen dürfen nur verhängt werden, wenn diese drei Merkmale der Ordnungswidrigkeit erfüllt sind.

Das Ordnungswidrigkeitenrecht gehört nicht zum Strafrecht (*Hassemer/Neumann* in NK-StGB Vor § 1 Rn. 218 mwN). Der materielle **Unterschied zum Strafrecht** im engeren Sinn besteht darin, dass eine OWi sich nach einer weit verbreiteten qualitativen Unterscheidung in dem bloßen Ungehorsam gegenüber einer staatlichen Norm erschöpft, während die Kriminalstrafe an eine Rechtsgüterverletzung einen sozialethischen Vorwurf gegenüber dem Täter knüpft; insofern wird auch von einem Verwaltungsunrecht ohne erhebliche Sozialschädlichkeit gesprochen (*Jescheck/Weigend* StrafR § 7 V 1). Im Fall der Schaffung von Ordnungswidrigkeitentatbeständen will man ein Gebot oder Verbot verdeutlichen und mit der Sanktionsdrohung und -verhängung die Befolgung der Norm absichern. Dabei handelt es sich um eine Art unvollkommenes Strafrecht, da zwar die Sanktionierungsbedürftigkeit als gegeben angesehen wird, nicht aber die „Strafwürdigkeit" im Sinne massiver moralischer Verurteilung von Zuwiderhandlungen. Denn bei dem „Verwaltungsunrecht" der Ordnungswidrigkeit liegt im Regelfall lediglich eine Schaffung von abstrakten Gefahren für Rechtsgüter bzw. die Verletzung von abstrakten Vorfeld-Rechtsgütern vor; deshalb gilt eine bloß „technische" Reaktion ohne den gewichtigen sozialethischen Tadel des Kriminalrechts als angemessen (*Streng* Strafrechtliche Sanktionen Rn. 6 mwN). Demgegenüber geht es bei der Schaffung von Straftatbeständen zur Absicherung einer Verhaltensnorm im Regelfall um den ganz unmittelbaren Schutz von „Rechtsgütern", also um den Schutz vor einer Gefährdung oder Schädigung von als wichtig eingeschätzten kollektiven oder

§ 56 Abschnitt 7. Aufsicht, Zusammenarbeit, Bußgeldvorschriften, Datenschutz

individuellen Interessen bzw. Rechtspositionen (*Streng* Strafrechtliche Sanktionen Rn. 6 mwN; BVerfGE 120, 224 ff. (241 f.)). Pönalisiert werden solche Verhaltensweisen, wenn ihr Unwertgehalt so groß erscheint, dass nicht nur „Gefährlichkeit" (bzw. Schädlichkeit), sondern auch „Verwerflichkeit" vorliegt. Der qualitative Unterschied wird auch darin deutlich, dass zum einen die Ahndung einer Ordnungswidrigkeit mit einer Geldbuße nicht als Vorstrafe in das Bundeszentralregister eingetragen wird, und zum anderen auch die Verfahrensgestaltung nach der die Ahndung durch einen Bußgeldbescheid der zuständigen Verwaltungsbehörde und nicht durch einen Akt der Judikative erfolgt (*Herzog/Achtelik* → 2. Aufl. 2014, § 17 Rn. 6). Die sog. „gemischt qualitativ-quantitative Betrachtungsweise" (vgl. ua *Kinzig* in Schönke/Schröder StGB Vorb. §§ 38 ff. Rn. 37) betont, dass die materielle Abgrenzung von Strafrecht und Ordnungswidrigkeitenrecht in weiten Bereichen unscharf ist. Die Grenzen der Unrechtsqualität verwischen häufig und bei einem Vergleich der Geldstrafen nach dem Tagessatzsystem des Strafrechts mit den nach OWi-Tatbeständen möglichen Bußgeldern lässt sich häufig kein Unterschied in der Empfindlichkeit der Sanktionierung mehr ausmachen bzw. können Geldbußen durchaus empfindlicher bemessen werden. Insofern hänge es häufig von der gesetzgeberischen Wertentscheidung und von Effektivitätsüberlegungen (da die Durchführung eines Strafverfahrens deutlich aufwändiger ist) ab, ob sich der Gesetzgeber quantitativ dafür entscheide, eine Rechtsverletzung als OWi einzustufen (BVerfGE 80, 182 ff. (185 f.); 90, 145 (172 f.); 123, (267 ff., 408 f.)).

Ein weiterer Unterschied zum Strafrecht im engeren Sinn besteht darin, dass im Ordnungswidrigkeitenrecht das sog. **Opportunitätsprinzip** nach § 47 OWiG gilt. Unter Opportunitätsprinzip wird die Befugnis verstanden, trotz anscheinender Ahndbarkeit von der Gesetzesbindung abzugehen und im Einzelfall auf Weiterverfolgung und Sanktion zu verzichten (*Mitsch* in KK-OWiG Einleitung Rn. 151 ff., § 47 Rn. 1 ff.). Das bedeutet, dass bei einem Verdacht bzgl. des Vorliegens einer Ordnungswidrigkeit kein Verfolgungszwang der staatlichen Organe besteht (wie nach dem Legalitätsprinzip des § 152 Abs. 2 StPO beim Verdacht auf Straftaten), sondern die Verfolgung der Ordnungswidrigkeit im pflichtgemäßen Ermessen der Verfolgungsbehörde liegt (§ 47 Abs. 1 OWiG).

4 Wird wegen der Begehung einer Ordnungswidrigkeit von der Behörde ein **Bußgeldbescheid** erlassen, bestehen für den Betroffenen zwei Möglichkeiten: Entweder kann der Bußgeldbescheid akzeptiert werden, wodurch er rechtskräftig und vollstreckbar wird (§ 66 Abs. 2 Nr. 1a OWiG), oder der Betroffene legt innerhalb einer Frist von zwei Wochen Einspruch dagegen ein (§ 67 Abs. 1 OWiG). Sofern diesem nicht gemäß § 69 OWiG entsprochen wird, schließt sich ein gerichtliches Verfahren vor dem Amtsgericht an (§ 68 Abs. 1 S. 1 OWiG).

5 **b) Normadressaten von § 56.** Normadressaten von § 56 („*wer*") sind alle Verpflichteten nach § 2 Abs. 1, dh grundsätzlich zunächst nur der Verpflichtete, also zB das Kreditinstitut. Gemäß § 9 Abs. 2 S. 1 Nr. 2 OWiG kann das Bußgeld jedoch auch denjenigen treffen, der vom Inhaber eines Betriebes oder einem sonst dazu Befugten ausdrücklich beauftragt worden ist, in eigener Verantwortung Aufgaben wahrzunehmen, die dem Inhaber des Betriebs obliegen (vgl. hierzu die Vorgaben aus Art. 58 Abs. 3 der 4. EU-Geldwäscherichtlinie, demzufolge die Mitgliedstaaten sicherzustellen haben, dass bei für juristische Personen geltenden Verpflichtungen im Falle von Verstößen gegen die zur Umsetzung der 4. EU-Geldwäscherichtlinie erlassenen nationalen Rechtsvorschriften Sanktionen und Maßnahmen gegen die Mitglieder des Leitungsorgans und andere natürliche Personen, die nach nationalem

Recht für den Verstoß verantwortlich sind, verhängt werden können). Hierzu zählt bspw. auch der Geldwäschebeauftragte. In der Praxis sind bereits mehrfach Bußgelder gegen einzelne Mitarbeiter verhängt worden (vgl. auch *Diergarten* S. 355 mwN). An die Frage des jeweiligen Normadressaten knüpfte auch Kritik der Deutschen Kreditwirtschaft (DK) im Gesetzgebungsverfahren zum Gesetz zur Umsetzung der 4. EU-Geldwäscherichtlinie an. Der Bußgeldkatalog lasse nicht stets eindeutig den Adressaten der Bußgeldbewehrung erkennen. Nachvollziehbar bestimmt scheine der Adressat lediglich in den Fällen, in denen der Bußgeldtatbestand auf eine Norm Bezug nehme, in der der Adressat des jeweiligen Ge- oder Verbots eindeutig benannt sei. Nicht hinreichend bestimmt sei der Adressat jedoch, wenn in der Norm, auf die Bezug genommen werde, kein Adressat genannt ist. Somit könne die Sanktion nicht nur das Institut, sondern auch den Vorstand und/oder den Geldwäschebeauftragten und/oder den einzelnen Mitarbeiter persönlich treffen. Es sollte deshalb genau bestimmt klargestellt werden, wer jeweils Adressat der Sanktion sein könne (DK, Stellungnahme zum RegE für ein Umsetzungsgesetz zur 4. EU-Geldwäscherichtlinie v. 13.4.2017, S. 8).

Über § 30 OWiG können **Geldbußen auch gegen juristische Personen und Personenvereinigungen** (sog. Unternehmenssanktion) verhängt werden, **wenn** die im dortigen Abs. 1 genannten **Leitungspersonen eine Straftat oder Ordnungswidrigkeit begangen** haben, durch die die Pflichten, welche die juristische Person oder die Personenvereinigung treffen, verletzt worden sind (oder die juristische Person oder die Personenvereinigung bereichert worden ist oder werden sollte). Im Zusammenhang bspw. mit einer Ordnungswidrigkeit des Geschäftsführers einer GmbH kann mithin gegen die juristische Person gemäß § 30 Abs. 1 Nr. 1 OWiG eine Geldbuße festgesetzt werden. Gleiches gilt für Geldwäschebeauftragte in Bezug auf das jeweilige Unternehmen (s. auch *Rütters/Wagner* NZWiSt 2015, 282 (286)). 6

Schließlich handelt ordnungswidrig, wer als **Inhaber eines Betriebes oder Unternehmens** vorsätzlich oder fahrlässig die **Aufsichtsmaßnahmen unterlässt**, die erforderlich sind, um in dem Betrieb oder Unternehmen Zuwiderhandlungen gegen Pflichten zu verhindern, die den Inhaber treffen und deren Verletzung mit Strafe oder Geldbuße bedroht ist, wenn eine solche Zuwiderhandlung begangen wird, die durch gehörige Aufsicht verhindert oder wesentlich erschwert worden wäre (**§ 130 OWiG;** vgl. auch LG München 10.12.2013 – 5 HK O 1387/10, BeckRS 2014, 1998, demzufolge der Vorstand für Verstöße gegen Compliance-Pflichten aufgrund mangelhafter Vorkehrungen persönlich haftet (hier kommen zusätzlich uU zivilrechtliche Schadensersatzansprüche des Unternehmens gegen den Vorstand in Betracht)). Hierdurch soll verhindert werden, dass die bloße Delegation von Pflichten im Unternehmen auf Mitarbeiter den Betriebs-/Unternehmensinhaber exkulpieren kann.

Mit dem Gesetz zur Sanktionierung von verbandsbezogenen Straftaten **(Verbandssanktionengesetz)** wird die Ahndung von Straftaten, die aus Verbänden (juristische Personen und Personenvereinigungen) heraus begangen werden und bislang lediglich mit einer Geldbuße nach dem OWiG geahndet werden konnten, künftig auf eine neue Grundlage gestellt. Das neue Recht – Verbandssanktionen umfassen die Verbandsgeldsanktion, die Verwarnung mit Verbandsgeldsanktionsvorbehalt und die Verbandsauflösung – wird insbesondere auch im Bereich der Geldwäschecompliance eine Rolle spielen bzw. auch umgekehrt können Compliance-Maßnahmen im Rahmen der Verbandssanktionen berücksichtigt werden.

§ 56 Abschnitt 7. Aufsicht, Zusammenarbeit, Bußgeldvorschriften, Datenschutz

7   c) **Objektiver Tatbestand.** Der objektive Tatbestand, dh die äußeren Merkmale der Ordnungswidrigkeit, also das, was in der Außenwelt geschieht und sich nicht nur in der inneren Gedankenwelt des Täters abspielt (*Noack* ZJS 2012, 176), der jeweiligen Bußgeldnorm ergibt sich aus dem Zusammenlesen der Regelung in § 56 mit der in Bezug genommenen Pflicht. Bereits zum 29.12.2011 durch das Gesetz zur Optimierung der Geldwäscheprävention wurden verschiedene Tatbestände von Pflichtverletzungen in § 17 GwG aF dergestalt formuliert, dass bußgeldbewehrte Verstöße dann vorliegen, wenn die Sorgfaltspflichten *„nicht, nicht richtig, nicht vollständig oder nicht rechtzeitig"* erfüllt werden (ohne dass diese Differenzierungen in der Gesetzesbegr. näher erläutert wurden, vgl. BT-Drs. 17/6804, 39). An dieser Formulierung hatte sich ua Kritik der DK entzündet, da durch zahlreiche Problemfälle und ungeklärte Auslegungsfragen eine *„richtige"* oder *„vollständige"* Vorgehensweise mitunter in der praktischen Umsetzung der Normen kaum ersichtlich ist (*Herzog/Achtelik* → 2. Aufl. 2014, § 17 Rn. 9). Auch die durch das Gesetz zur Umsetzung der 4. EU-Geldwäscherichtlinie und durch das Gesetz zur Umsetzung der Änderungsrichtlinie zur 4. EU-Geldwäscherichtlinie vorgenommene grundlegende Überarbeitung der Bußgeldvorschriften in § 56 erfolgte unter Beibehaltung derartiger Formulierungen (vgl. bspw. § 56 Abs. 1 S. 1 Nr. 6, 15, 55, 56, 58, 59, 61, 62, 67, 68, 69, 72, 73), was wiederum auf Kritik gestoßen war (ua DK, Stellungnahme zum RegE für ein Umsetzungsgesetz zur 4. Geldwäscherichtlinie v. 13.4.2017, S. 8). In der (aufsichtlichen und gerichtlichen) Praxis sind hier in zahlreichen Fällen treffliche Diskussionen zu erwarten. Ein Gewinn an Rechtssicherheit ist jedenfalls nicht erreicht. Eine Lösung wird sich häufig nur auf der Vorsatzebene finden lassen.

Unabhängig davon lässt die Formulierung *„nicht, nicht richtig, nicht vollständig oder nicht rechtzeitig"* eine wenngleich nicht explizit so bezeichnete, aber doch **inhaltliche Abstufung** erkennen – vom gravierendsten Verstoß *(„nicht")* bis hin zum „lediglich" nicht rechtzeitigen (aber sonst richtigen und vollständigen) Befolgen der jeweiligen Pflicht. Diese Abstufung wird sich bspw. in der Höhe der zu verhängenden Bußgelder bemerkbar machen.

8   d) **Subjektiver Tatbestand.** Bis zum Inkrafttreten des Gesetzes zur Optimierung der Geldwäscheprävention vom 22.1.2012 wurde im GwG unterschieden zwischen Tathandlungen, die vorsätzlich oder leichtfertig, und solchen, die nur vorsätzlich begangen werden konnten. Diese Differenzierung war zum einen von der FATF in ihrem Deutschland-Prüfbericht vom Februar 2010 kritisiert worden (vgl. FATF, Mutual Evaluation Report Germany, Ziffern 838f., 847, 855), andererseits wurde die bis dato bestehende Differenzierung sowohl im subjektiven Bereich als auch bei der Höhe der Bußgelder als nicht mehr sachgerecht eingestuft, da die Vorwerfbarkeit der bußgeldbewehrten Zuwiderhandlungen eine solche Abstufung kaum rechtfertigen könne; insbesondere soll mit der Ausdehnung der leichtfertigen Verwirklichung auch die Missbilligung des Gesetzgebers stärker zum Ausdruck gebracht werden (BT-Drs. 17/6804, 39). Durch das Gesetz zur Optimierung der Geldwäscheprävention wurde diese Unterscheidung beseitigt und einheitlich für sämtliche Tathandlungen **Vorsatz oder Leichtfertigkeit** vorausgesetzt. Erst durch das Gesetz zur Umsetzung der Änderungsrichtlinie zur 4. EU-Geldwäscherichtlinie (BGBl. 2019 I S. 2602) wurde schließlich wieder ein differenzierendes Konzept eingeführt zwischen Bußgeldtatbeständen, die vorsätzlich oder leichtfertig (§ 56 Abs. 1 S. 1), und solchen, die vorsätzlich oder fahrlässig (§ 56 Abs. 2) begangen werden können (vgl. ausführlich die Kommentierung unter → Rn. 96).

Vorsatz ist nach der Definition der Rechtsprechung und eines bedeutenden 9
Teils der Lehre das *„Wissen und Wollen der Tatbestandsverwirklichung"* (ua BGHSt 36,
1 (9f.); zu den diesbezüglich nicht tragfähigen Feststellungen des OLG Frankfurt
a. M. im Beschl. v. 10.4.2018 – 2 Ss-OWi 1059/17, BeckRS 2018, 30810, s. *Barreto
da Rosa/Diergarten* NStZ 2020, 173ff.). Als Vorsatzarten werden die **Absicht,** der
direkte Vorsatz und der **Eventualvorsatz** unterschieden, wobei im Zusammenhang mit § 56 Abs. 1 S. 1 und Abs. 2 S. 1 alle drei Vorsatzarten in Betracht kommen,
da das Gesetz schlicht von Vorsatz spricht und keine besonderen Voraussetzungen
hieran knüpft. **Absicht** liegt vor, wenn ein Täter die Verwirklichung des Tatbestandes anstrebt und annimmt, ihn durch sein Verhalten herbeiführen zu können
(BGHSt 21, 283 (284)). Eine solche Verwirklichung der Tatbestände des Abs. 1
dürfte selten einmal anzutreffen sein, weil sie einer bewussten Sabotage der Präventionsmaßnahmen gegen Geldwäsche und Terrorismusfinanzierung gleichkäme.
Vorstellbar erscheinen dagegen Fälle des **direkten Vorsatzes,** dh Fälle in denen
der Täter die Verwirklichung des Tatbestandes als sichere Folge seines gewollten
Handelns ansieht (BGHSt 18, 246 (248)). Am häufigsten dürfte es sich jedoch bei
den Vorsatztaten um Fälle des **Eventualvorsatzes** handeln, dh Fälle, in denen der
Täter sich mit der Pflichtverletzung abfindet bzw. diese billigend in Kauf nimmt
(zur Billigungstheorie der Rspr. vgl. grundlegend BGHSt 7, 363 (369)).

Neben vorsätzlichem Handeln kann auch ein leichtfertig begangener Verstoß 10
gegen einige Pflichten nach dem GwG (vgl. Abs. 1) eine Geldbuße zur Folge haben
(demgegenüber reicht bei Verstößen gegen die in Abs. 2 genannten Pflichten bereits einfache Fahrlässigkeit, → Rn. 96). **Leichtfertigkeit** bedeutet einen erhöhten
Grad von Fahrlässigkeit, etwa vergleichbar mit der groben Fahrlässigkeit im Zivilrecht (BGHSt 14, 240 (255)), doch kommt es hier auf die individuellen Umstände
in der Person des Täters an. Sie ist dann gegeben, wenn der Täter eine ungewöhnlich grobe Pflichtwidrigkeit begeht, zB, weil er ganz nahe liegende Überlegungen
versäumt, wenn er unbeachtet lässt, was jedem einleuchten muss (BGHSt 10, 16;
20, 315 (323f.)), wenn sich die Herkunft des Gegenstands aus einer Katalogtat
nach der Sachlage geradezu aufdrängt und der Täter gleichwohl handelt, weil er
dies aus besonderer Gleichgültigkeit oder grober Unachtsamkeit außer Acht lässt
(BGH NJW 2008, 2516ff.) oder wenn „*es sich angesichts der geführten Korrespondenz
aufdrängen [musste], dass es hierbei nicht mit rechten Dingen zugehen konnte*", sich der Betroffene über solche Bedenken jedoch ob des von ihm erwarteten Gewinns hinwegsetzt (OLG Karlsruhe NStZ 2009, 269f.; ausführlich zur Leichtfertigkeit auch
speziell im Kontext der Geldwäsche *Steinberg* ZStW 2019, 888). Leichtfertigkeit ist
einem Bankmitarbeiter insofern nur in extremen Ausnahmefällen vorzuwerfen,
wenn er vor kriminellen Transaktionen die Augen verschließt (*Neuheuser* in MüKoStGB § 261 Rn. 101 mwN).

Leichtfertigkeit ist nicht mit der bewussten Fahrlässigkeit identisch (*Gürtler* in
Göhler OWiG § 10 Rn. 20). Da das Gesetz von vorsätzlich oder leichtfertigem
Handeln als Voraussetzung für die Begehung einer bußgeldbewehrten Ordnungswidrigkeit nach § 56 Abs. 1 S. 1 spricht, reicht einfache **Fahrlässigkeit** bei der Tatbegehung nicht aus. Bloß fahrlässiges Handeln ist insofern bei Verstößen gegen die
in Abs. 1 genannten Pflichten des GwG nicht sanktioniert.

e) Vorwerfbarkeit. Die Handlung muss schließlich vorwerfbar sein. „Vorwerf- 11
barkeit" im Bußgeldrecht entspricht dem strafrechtlichen Begriff der „Schuld" und
meint in der Sache die Verantwortlichkeit des Handelnden für das von ihm begangene Unrecht (*Mitsch* in KK-OWiG Einl. Rn. 170). Dem Täter wird vorgeworfen,

§ 56 Abschnitt 7. Aufsicht, Zusammenarbeit, Bußgeldvorschriften, Datenschutz

"dass er sich nicht rechtmäßig verhalten hat, dass er sich für das Unrecht entschieden hat, obwohl er sich rechtmäßig verhalten, sich für das Recht hätte entscheiden können" (BGH NJW 1952, 593 (594). Wie im Strafrecht auch gibt es Gründe, welche die Vorwerfbarkeit ausschließen (Schuldausschließungsgründe, §§ 12, 11 Abs. 2 (unvermeidbarer Verbotsirrtum) OWiG). Ferner sind auch Entschuldigungsgründe anzuerkennen (*Rogall* in KK-OWiG § 1 Rn. 8).

12 **f) Verjährung.** Die **Ordnungswidrigkeiten nach § 56 GwG verjähren** nach § 31 Abs. 2 Nr. 1 OWiG nach drei Jahren, womit ihre Verfolgung (und die Anordnung von Nebenfolgen) ausgeschlossen ist. Im Gesetzgebungsverfahren zum Gesetz zur Optimierung der Geldwäscheprävention war eine eigene Verjährungsregel im vormaligen § 17 GwG aF vorgeschlagen worden (BR-Drs. 317/11 (B), 19), der zufolge Ordnungswidrigkeiten nach dem GwG nach fünf Jahren verjähren sollten. Begründet wurde die Initiative, die letztlich nicht übernommen wurde, damit, dass die die Aufsichtsbehörden über § 31b AO von der Steuerverwaltung wertvolle Hinweise zu Ordnungswidrigkeiten nach dem GwG erhalten können. Im Rahmen der dortigen Betriebsprüfungen erlangte Erkenntnisse bezögen sich jedoch erfahrungsgemäß häufig auf Zeiträume, die länger als drei Jahre zurückliegen, womit sie nach der damaligen (und nach wie vor geltenden) Verjährungsregelung nicht mehr für Bußgeldverfahren nach dem GwG verwertet werden können.

13 Die Verjährung beginnt, sobald die Handlung beendet ist. Tritt ein zum Tatbestand gehörender Erfolg erst später ein, so beginnt die Verjährung mit diesem Zeitpunkt (§ 31 Abs. 3 OWiG). Bei einigen Pflichtverstößen gegen GwG-Vorschriften ist der **zeitliche Anknüpfungszeitpunkt für den Verjährungsbeginn** unproblematisch festzustellen, wie bspw. bei nicht rechtzeitiger Erfüllung einzelner Pflichten, die mit klaren (terminlichen) Fristen verbunden sind (wie zB die nicht rechtzeitige Beantwortung eines Auskunftsverlangens der FIU nach § 30 Abs. 3 (s. § 56 Abs. 1 S. 1 Nr. 67)). Im Einzelfall können jedoch Schwierigkeiten bestehen. Dies beginnt bei der taggenauen Feststellung einer nicht unverzüglichen Pflichtenerledigung (s. hierzu auch die Ausführungen von *Barreto da Rosa/Diergarten* in NStZ 2020, 174ff. zu den Feststellungen des OLG Frankfurt a. M. zur Unverzüglichkeit) und wird umso schwieriger, je ungenauer die jeweilige Pflicht terminlich zu verankern ist, wie bspw. die Pflicht zur regelmäßigen Überprüfung der Risikoanalyse nach § 5 Abs. 2 (§ 56 Abs. 1 S. 1 Nr. 2). Auch bei **Dauerdelikten** ergeben sich Abgrenzungsschwierigkeiten. Grundsätzlich endet ein Dauerdelikt mit der Aufhebung des rechtswidrigen Zustands und beginnt ab diesem Moment an gemäß § 31 Abs. 3 S. 1 OWiG die Verjährung (hierzu ausführlich *Mitsch* in KK-OWiG § 19 Rn. 27ff.). Bspw. bei der Nichterstattung einer Verdachtsmeldung besteht die Pflicht zur Meldung über den Fristablauf (*"unverzüglich"*) hinaus, mit der Folge, dass die Verjährung erst mit der Meldung ihren Anfang nimmt (vgl. *Ellbogen* in KK-OWiG § 31 Rn. 26). In der Praxis wird hier häufig jedoch die Tatbestandsvariante der *"nicht rechtzeitig"* erstatteten Meldung zum Tragen kommen, deren Verjährungsbeginn an den Zeitpunkt anknüpft, ab dem die Meldung nicht mehr unverzüglich wäre, dh maximal zwei Werktage nach Feststellung bzw. ausreichender Konkretisierung der Meldepflicht (vgl. → § 43 Rn. 54ff.; insbes. wird sich bei vollständig unterlassener Meldung die Frage strafrechtlicher Relevanz stellen).

Schwierig ist ferner die Bestimmung des Anknüpfungszeitpunkts beim **Unterlassen einer nach geldwäscherechtlichen Pflichten gebotenen Handlung.** Häufig wird an den Zeitpunkt anzuknüpfen sein, an dem die Handlung hätte vorgenommen werden müssen, mithin an den Zeitpunkt des Unterlassens. Probleme bestehen indessen bspw. bei einem Verstoß gegen die Pflicht nach § 8 Abs. 4 S. 1 – der Nichtaufbewahrung einer Aufzeichnung oder eines sonstigen Belegs fünf Jahre, die über § 56 Abs. 1 S. 1 Nr. 7 sanktioniert wird. Bei einer Anknüpfung an den Zeitpunkt des Unterlassens der (Aufzeichnung und) Aufbewahrung wäre aufgrund der dreijährigen Verjährungsfrist der Ordnungswidrigkeit eine Löschung nach mehr als drei Jahren nach Zeitpunkt der Aufzeichnungspflicht nicht mehr zu sanktionieren. Auch käme etwa derjenige, der (etwa vorsätzlich) überhaupt nicht aufzeichnet und aufbewahrt in den Genuss früherer Verjährung als derjenige, der Aufzeichnungen oder Belege bspw. pflichtwidrig nach knapp dreijähriger Aufbewahrung löscht. Ein einheitliches und nicht wertungswidersprüchliches Ergebnis ergibt sich letztlich nur bei der Lösung, als Beginn der Verjährungsfrist den Ablauf der 5-Jahres-Frist anzusehen, die im Falle des § 10 Abs. 3 S. 1 Nr. 1 mit dem Schluss des Kalenderjahres beginnt, in dem die Geschäftsbeziehung endet bzw. in den übrigen Fällen mit dem Schluss des Kalenderjahres, in dem die jeweilige Angabe festgestellt worden ist (vgl. § 8 Abs. 4 S. 3 und 4), auch wenn im Einzelfall eine Verjährung erst nach knapp neun Jahren nach dem Zeitpunkt, an dem aufzuzeichnen gewesen wäre, eintreten würde.

3. Ordnungswidrigkeitenverfahren nach dem GwG in der Praxis

Die **Zahl der verhängten Bußgelder** wegen Verstößen nach dem GwG ist 14 nach wie vor allgemein gering und auch die individuelle Höhe im Vergleich zu anderen Staaten niedrig, was bereits von der **FATF** in ihrem Deutschland-Evaluationsbericht von 2010 deutlich kritisiert worden war (vgl. dort Ziffer (791 ff.), 838 ff. (insbes. 840)) und zu einer Bewertung von nur „partially compliant" (mit Empfehlung 17 der FATF-Empfehlungen) geführt hatte. Die BaFin hatte bis zum damaligen Prüfzeitpunkt überhaupt erst ein Bußgeld nach dem vormaligen GwG verhängt, die Länderaufsichtsbehörden noch überhaupt keines, was weder den Anforderungen an ein angemessenes, noch an ein ausreichend abschreckendes Sanktionsregime entspreche und Zweifel an der Effizienz der Aufsicht aufkommen ließ (FATF, Deutschland-Evaluationsbericht 2010, Ziffern 841 und 848 sowie S. 203). Im Juni 2016 hatte auch der Internationale Währungsfonds **(IWF)** in seinem Bericht zur Stabilität des deutschen Finanzsektors, den er im Rahmen des Financial Sector Assessment Programs (FSAP) geprüft hatte, angesichts der von ausländischen Behörden gegen deutsche Banken verhängten Sanktionen eine dringende Notwendigkeit festgestellt, die Aufsicht durch die BaFin zu verstärken (IMF Country Report No. 16/190, Germany – Financial Sector Assessment Program, Anti-Money Laundering and Combating the Financing of Terrorism – Technical Note, S. 24).

Der Jahresbericht der **BaFin** (zuletzt 2018) weist bedauerlicherweise Geldbußen 15 wegen Verstößen nach dem GwG nicht gesondert aus, sondern lediglich allgemein zusammengefasst mit den Geschäftsbereichen Bankenaufsicht, Geldwäscheprävention und Versicherungsaufsicht (hier kam es im Jahr 2018 insgesamt zu 257 Einzelgeldbußen wegen Verstößen gegen Vorschriften des KWG, GwG und des ZAG in Höhe von 5.538.650 Euro, BaFin, Jahresbericht 2018, S. 49f.; 2017: 12.300.850 Euro, BaFin, Jahresbericht 2017, S. 53; 2016: 705.095 Euro, BaFin, Jahresbericht 2016, S. 59). Die am 4.7.2019 vom BMF veröffentlichten statistischen Auswertungen zur Aufsichtstätigkeit der Aufsichtsbehörden nach § 51 Abs. 9 GwG für das Jahr **2018** weisen **25 von der BaFin festgesetzte Bußgelder in einer Gesamthöhe von 3.900.900 Euro** aus, wobei die höchste Einzelgeldbuße bereits 3.500.000 Euro betrug. Die Höhe der in Deutschland verhängten Geldbußen wegen Verstößen nach dem GwG durch die BaFin kann hierbei nicht mit den erheblichen Strafzahlungen oder Vergleichssummen in anderen Ländern (insbes. den USA) verglichen werden, die nahezu regelmäßig in zwei- bis dreistellige Millionenhöhe oder gar in die Milliarden gelangen. Ein entscheidender Grund dafür ist, dass in Deutschland schwerwiegende Verstöße gegen Aufsichtsgesetze oft als Straftatbestände definiert sind, die durch die zuständige Staatsanwaltschaft verfolgt werden, was eine gesonderte Verfolgung durch die BaFin ausschließt (vgl. BaFin Jahresbericht 2016, S. 58). Auch die Zahl der von der BaFin eingeleiteten Ordnungswidrigkeitsverfahren wegen bußgeldbewehrten Verstößen gegen geldwäscherechtliche Pflichten ist insgesamt jedoch überschaubar: 440 im Zeitraum vom 1.1.2009 bis zum 30.6.2018, in 204 Fällen wurden Bußgelder verhängt (BT-Drs. 19/3818, 10ff., mit weiteren Aufschlüsselungen). In der Vergangenheit wurde die geringe Zahl der Bußgeldverfahren seitens der BaFin bisweilen damit begründet, dass die abschreckende Wirkung der möglichen Maßnahmen und Sanktionen häufig bereits zu einem vorschriftsmäßigen Verhalten der Verpflichteten führe und man in dem Zusammenhang mehr auf moralische Überzeugung setze (FATF, Deutschland-Evaluationsbericht 2010, Ziffern 845/847). Ungeachtet dessen sind durch die deutliche Erhöhung des Bußgeldrahmens durch das Gesetz zur Umsetzung der 4. EU-Geldwäscherichtlinie zukünftig sicherlich tendenziell höhere Geldbußen zu erwarten, um hier kohärent zu bleiben und auch gegenüber der FATF wirksame und abschreckende Sanktionen nachweisen zu können.

16 In der Praxis waren im **Nichtfinanzsektor** auch nach 2010 zunächst nur wenige Bußgeldentscheidungen wegen Verstößen nach dem GwG verhängt worden. Eine Steigerung ist seit 2017 feststellbar, obgleich zwischen den einzelnen Bundesländern starke Schwankungen festzustellen sind. Die am 4.7.2019 von BMF veröffentlichten statistischen Auswertungen zur Aufsichtstätigkeit der Aufsichtsbehörden nach § 51 Abs. 9 GwG für das Jahr 2018 weisen von den Aufsichtsbehörden der Länder insgesamt 81 festgesetzte Bußgelder in der Gesamthöhe von 142.487,50 Euro aus.

Die Schwerpunkte der **Aufsichtsbehörden nach § 50 Nr. 9** im Rahmen ihrer Kontrollen bildeten zunächst die Güterhändler aus tendenziell bargeldintensiven Bereichen (wie Kfz-Händler, Juweliere, Edelmetallhändler) und zunehmend die Immobilienmakler, da der Immobiliensektor insgesamt stark in den Fokus geraten ist (vgl. ua Erste Nationale Risikoanalyse Deutschlands v. 19.10.2019, S. 3, 103ff.). Finanzdienstleister hingegen wurden bislang kaum geprüft. Schwerpunkte der Prüfungen sind meist die Sorgfaltspflichten, die Durchführung der Identifizierung, die Aufzeichnungspflichten sowie die internen Sicherungsmaßnahmen, aber auch ob die unternehmensinterne Risikoanalyse erstellt und dokumentiert wurde. Bei Belegprüfungen werden Kassenbücher, Bankunterlagen, das Gebrauchtwagenbuch, die Liste Debitoren, Kassenanweisungen, Verkaufsvorgänge, Unterrichtungs- und Belehrungsunterlagen sowie ggf. weitere erforderlichen Dokumente und Unterlagen überprüft. Die verhängten Geldbußen lagen zumeist im niedrigen dreistelligen Bereich, erreichten in der jüngeren Vergangenheit aber auch bereits sechsstellige Beträge.

Auch die **Aufsicht über rechtsberatende Berufe** ist erst in der jüngeren Vergangenheit langsam angelaufen. Während einige Steuerberaterkammern Anfang 2018 damit begonnen hatten, Fragebögen an die ihrer Aufsicht unterliegenden Verpflichteten zu versenden (mit der Aufforderung zur Vorlage unternehmensinterner Risikoanalysen, Übermittlung von Statistiken etc), zogen Rechtsanwaltskammern etc erst später nach. Die am 4.7.2019 vom BMF veröffentlichten statistischen Aus-

Bußgeldvorschriften **§ 56**

wertungen zur Aufsichtstätigkeit der Aufsichtsbehörden nach § 51 Abs. 9 GwG für das Jahr 2018 weisen in diesem Sektor (Patentanwaltskammer/Wirtschaftsprüferkammer) noch keine Bußgeldverfahren aus, was kaum den Vorstellungen der FATF an wirksame und abschreckende Sanktionen entsprechen dürfte (s. Empfehlung 28b und 35 sowie Immediate Outcome 3.4; ebenso Art. 58 Abs. 1 S. 2 der 4. EU-Geldwäscherichtlinie).

Laut **Bußgeldstatistik des Bundesverwaltungsamtes** zu rechtskräftigen und abgeschlossenen Bußgeldverfahren in Bezug auf das Transparenzregister (Stand v. 18.12.2019) wurden in 2019 wegen Nicht-Mitteilung an das Transparenzregister 524 Bußgelder (sowie 41 Verwarnungsgelder) und wegen nicht rechtzeitiger Mitteilung 48 Bußgelder (409 Verwarnungsgelder) verhängt (s. auch BT-Drs. 19/16464, 12). Seit Beginn des Jahres 2020 ist eine Zunahme der Bußgeldverfahren in dem Bereich festzustellen.

Durch die **Richtlinie (EU) 2018/843 zur Änderung der 4. EU-Geldwäscherichtlinie** wurde in Art. 34 der 4. EU-Geldwäscherichtlinie ein neuer Abs. 2a eingefügt, der die Mitgliedstaaten dazu verpflichtet dafür Sorge zu tragen, dass die Selbstverwaltungseinrichtungen zudem einen jährlichen Bericht zu veröffentlichen haben mit umfangreichen Angaben zur Wahrnehmung ihrer geldwäscherechtlichen Aufsichtspflichten. Eine Umsetzung durch das Gesetz zur Umsetzung der Änderungsrichtlinie zur 4. EU-Geldwäscherichtlinie ist nicht erkennbar. 17

4. Strafbarkeit bei Verstößen gegen GwG-Pflichten

Neben der Verwirklichung eines Bußgeldtatbestands gemäß § 56 Abs. 1 S. 1 und Abs. 2 S. 1 können sich Verpflichtete, die ihre Pflichten nach dem GwG nicht erfüllen – insbesondere bei einem Verstoß gegen die Meldepflicht nach § 43 Abs. 1 bzw. Anhaltepflicht nach § 46 Abs. 1 – **strafbar** machen. In Betracht kommen hier in erster Linie der Vorwurf der **Geldwäsche** gemäß § 261 (Abs. 5) StGB (grundsätzlich hierzu BGH 17.7.1997 – 1 StR 791/96, BeckRS 9998, 169390), ggf. begangenen durch Unterlassen (§ 13 StGB, vgl. ausführlich *Neuheuser* in MüKoStGB § 261 Rn. 103ff. mwN, insbes. zur Feststellung einer Garantenstellung des Geldwäschebeauftragten, dem *„eine Schnittstellenfunktion für die Strafverfolgungsbehörden"* zukomme, *„Auf ihn ist der Staat zum Schutz des Rechtsguts der Strafrechtspflege im Bereich der Finanzwirtschaft angewiesen, ihm ist der Schutz möglich und er beherrscht aufgrund seiner gesetzlich festgeschriebenen Stellung und Funktion das zur Rechtsgutsverletzung hindrängende Geschehen. Insbesondere besteht zwischen dem Schutzgut des § 261 und dem § 11 [Anm.: jetzt: 43] GwG die erforderliche Kongruenz, da beide der inländischen Strafrechtspflege durch Verfolgung von der ‚Papierspur' dienen."* (Rn. 105)) oder Beihilfe zur Geldwäsche (§ 27 StGB, vgl. *Volkmer* in Körner/Patzak/Volkmer BtMG § 29 Teil 23 Rn. 148) sowie der **Strafvereitelung** nach § 258 StGB (vgl. *Ruhmannseder* in BeckOK-StGB § 258 Rn. 14 mwN; krit. *Lenk* JR 2020, 103 (110f.)). 18

Verurteilungen von Bankangestellten wegen leichtfertiger Geldwäsche (§ 261 Abs. 5 StGB) gab es bspw. bereits in Fällen, wo der hohe Wert des Gegenstands in keinem Verhältnis zu den sonstigen, dem Bankangestellten bekannten Vermögens- oder Einkommensverhältnissen des Kunden stand (LG Köln MMR 2008, 259) oder in einem Fall, in dem die gewünschte Transaktion unter den gegebenen Umständen äußerst ungewöhnlich war (ein hoher Geldbetrag wurde nur aufgrund mündlicher Absprache und ohne klare Zwecksetzung überwiesen, OLG Schleswig 6.7.2007 – 14 U 145/06, BeckRS 2008, 2818; vgl. *Altenhain* in NK-StGB § 261 Rn. 139a). Gleiches kann gelten, wenn etwa ein Bankangestellter von einem wegen Rauschgifthandels in Untersuchungshaft befindlichen Bankkunden einen Brief erhält mit der Anweisung, das Konto aufzulösen und das Guthaben zu transferieren – auch hier kann sich die inkriminierte Herkunft der Geldbeträge aufdrängen (*Volkmer* in Körner/Patzak/Volkmer § 29 BtMG Teil 23 Rn. 143; allg. zum Thema: *Flatten* Zur Strafbarkeit von Bankangestellten bei der Geldwäsche, 1996). Die reine Entgegennahme von Geldbeträgen durch Bankmitarbeiter ohne das Hinzutreten weiterer Umstände kann indessen nicht zu einer Strafbarkeit führen (BT-Drs. 18/1763, 7).

II. Ordnungswidrigkeitenkatalog für vorsätzliche oder leichtfertige Pflichtenverstöße (Abs. 1)

1. Vorbemerkungen

19 Abs. 1 wurde durch das Gesetz zur Umsetzung der Änderungsrichtlinie zur 4. EU-Geldwäscherichtlinie (BGBl. 2019 I S. 2602) um weitere zehn Bußgeldtatbestände auf insgesamt 74 erweitert (wobei sieben Bußgeldtatbestände, die Verstöße gegen *„essentielle geldwäscherechtliche Grundpflichten"* (BT-Drs. 19/15196, 50) sanktionieren, in Abs. 2 ausgegliedert wurden). Die einzelnen Bußgeldtatbestände in Abs. 1 (und Abs. 2) wurden dabei erst in der finalen Version des Gesetzes zur Umsetzung der Änderungsrichtlinie zur 4. EU-Geldwäscherichtlinie (BGBl. 2019 I S. 2602) neu fortlaufend nummeriert (s. auch BR-Drs. 19/598), während bis dato die Entwürfe stets lediglich im unübersichtlicheren Änderungsstil formuliert waren und zahlreiche Einfügungen enthielten (vgl. bspw. den Gesetzentwurf BT-Drs. 19/13827 mit Einfügungen bspw. von Nr. 11a, 15a, b, 36a, b, c). Gegenüber der vormaligen Version von § 56 idF des Gesetzes zur Umsetzung der 4. EU-Geldwäscherichtlinie haben sich alle Bußgeldtatbestände in der Nummerierung verschoben. Zahlreiche Änderungen gehen letztlich auf die Beschlussempfehlung des Finanzausschusses (7. Ausschuss) vom 13.11.2019 (BT-Drs. 19/15163) zurück.

Als Orientierungshilfe wurden im Folgenden die jeweils bis zum 31.12.2019 geltenden alten Nummern der jeweiligen Bußgeldtatbestände angeführt.

2. Die Bußgeldtatbestände (Nr. 1–73)

20 Im Zusammenhang mit den Vorschriften zur **Risikoanalyse nach § 5** ergeben sich mehrere Ordnungswidrigkeiten.

So handelt gemäß **§ 56 Abs. 1 S. 1 Nr. 1** (zuvor § 56 Abs. 1 S. 1 Nr. 2) zum einen ordnungswidrig, wer entgegen **§ 5 Abs. 1 S. 1** Risiken der Geldwäsche und der Terrorismusfinanzierung, die für Geschäfte bestehen, die von ihnen betrieben werden, **nicht ermittelt oder nicht bewertet.** Gegenüber dem Unterlassen der Risikoermittlung ist das Versäumnis der Bewertung wohl als geringfügigerer Pflichtenverstoß zu werten, was sich auf die Bußgeldhöhe auswirken wird. Anders als in anderen Bußgeldnormen des § 56 Abs. 1 S. 1 ist die nicht vollständige oder nicht richtige Ermittlung/Bewertung – die ohnehin wohl nur bei einer gravierenden Fehlbewertung vorwerfbar wäre – nicht sanktioniert. Auch eine Nichtberücksichtigung der in den Anlagen 1 und 2 zum GwG genannten Risikofaktoren sowie der Informationen, die auf Grundlage der nationalen Risikoanalyse zur Verfügung gestellt werden, entgegen § 5 Abs. 1 S. 2 ist nicht bußgeldbewehrt. Ein Verstoß nach § 56 Abs. 1 S. 1 Nr. 1 wird regelmäßig in Tateinheit mit einer Ordnungswidrigkeit nach § 56 Abs. 1 S. 1 Alt. 1 begangen werden, da die Ermittlung von Risiken (sowie ihre Bewertung und im Regelfall darauf basierende Maßnahmen) stets mit einer Verschriftlichung (Dokumentation) dieser Analyse einhergehen werden. Eine unterlassene Risikoermittlung und -bewertung wird ihrerseits gleichsam zu einem Fehlen der diesbezüglichen Dokumentation führen.

Eine Ordnungswidrigkeit im Kontext der unternehmensinternen Risikoanalyse 21 begeht außerdem, wer entgegen **§ 5 Abs. 2** die Risikoanalyse **nicht dokumentiert oder regelmäßig überprüft und gegebenenfalls aktualisiert (§ 56 Abs. 1 S. 1 Nr. 2**, zuvor § 56 Abs. 1 S. 1 Nr. 3). Die Geldwäsche-Risikoanalysen einzelner Unternehmen umfassen bisweilen mehrere hundert Seiten. Eine Dokumentation ist hierbei unerlässlich. Eine nicht dokumentierte Risikoanalyse dürfte von einer unterlassenen Risikoanalyse nach § 56 Abs. 1 S. 1 Nr. 1 in der Praxis kaum zu unterscheiden sein, weshalb hier ähnliche Bußgeldsätze zu erwarten sind. Im Hinblick auf den fortlaufenden Wandel der angebotenen Dienstleistungen, den technischen Fortschritt sowie die sich laufend ändernden Methoden der Geldwäsche muss die Risikoanalyse, sofern sich keine erkennbaren Änderungen ergeben haben (die Neuveröffentlichung der Nationalen Risikoanalyse oder von spezifischen Typologiepapieren etc der FIU wird stets eine Überprüfung auch der unternehmensinternen Risikoanalyse zur Folge haben müssen), zumindest einmal im Jahr einer Überprüfung unterzogen und – soweit erforderlich – aktualisiert werden (vgl. auch BT-Drs. 18/11555, 109). Sofern aus tatsächlichen Gründen kein Bedarf für eine Aktualisierung bestanden hat, ist auch keine Aktualisierung nötig (§ 56 Abs. 1 S. 1 Nr. 2 spricht hier von *„gegebenenfalls"*, wogegen § 56 Abs. 1 S. 1 Nr. 3 von *„bei Bedarf"* spricht, was als die bessere Formulierung anzusehen ist), die Dokumentation dieser Prüfung sollte in jedem Fall erfolgen. Die Notwendigkeit zur Aktualisierung wird sich regelmäßig erst im Zuge der Überprüfung ergeben, ob die Risikoanalyse Veränderungen im Unternehmen noch richtig erfasst. Auch eine über längere Zeit unterlassene Aktualisierung kann Überschneidungen zur Pflichtwidrigkeit der Nicht-Ermittlung/Bewertung bzw. Nicht-Dokumentation ergeben. Ein Verstoß gegen die Verpflichtung nach § 5 Abs. 2 Nr. 3, der Aufsichtsbehörde auf Verlangen die jeweils aktuelle Fassung der Risikoanalyse zur Verfügung zu stellen, ist nicht von § 56 Abs. 1 S. 1 Nr. 2 erfasst, kann jedoch über § 56 Abs. 1 S. 1 Nr. 73 sanktioniert werden.

Ordnungswidrigkeiten in Bezug auf **interne Sicherungsmaßnahmen (§ 6)** 22 begehen Verpflichtete, die entgegen **§ 6 Abs. 1** keine angemessenen geschäfts- und kundenbezogenen internen Sicherungsmaßnahmen schaffen, um die Risiken von Geldwäsche und von Terrorismusfinanzierung in Form von Grundsätzen, Verfahren und Kontrollen zu steuern und zu mindern, oder entgegen **§ 6 Abs. 1 S. 3** die Funktionsfähigkeit der Sicherungsmaßnahmen nicht überwachen oder geschäfts- und kundenbezogene interne Sicherungsmaßnahmen nicht regelmäßig oder nicht bei Bedarf aktualisieren (**§ 56 Abs. 1 S. 1 Nr. 3**, zuvor § 56 Abs. 1 S. 1 Nr. 4). Die Norm kann Probleme aufwerfen hinsichtlich des Doppelverwertungsverbot im Rahmen von Verfahren nach § 130 OWiG, da sich inhaltliche Überschneidungen der Aufsichtspflichten des Inhabers eines Betriebes oder Unternehmens mit den internen Pflichten des GwG-Risikomanagements ergeben können.

Angemessen sind solche Maßnahmen, die der jeweiligen Risikosituation des einzelnen Verpflichteten entsprechen und diese hinreichend abdecken (vgl. § 6 Abs. 1 S. 2; die DK bezeichnete die Formulierung *„keine angemessenen"* in ihrer Stellungnahme zum RegE für ein Umsetzungsgesetz zur 4. EU-Geldwäscherichtlinie v. 13.4.2017, S. 8, als nicht hinreichend bestimmt und daher dem Bestimmtheitsgebot widersprechend). Im Gesetzgebungsverfahren des Gesetzes zur Umsetzung der Änderungsrichtlinie zur 4. EU-Geldwäscherichtlinie war zunächst vorgesehen gewesen, die Wörter „*nicht regelmäßig*" in § 56 Abs. 1 S. 1 Nr. 3 (damals noch Nr. 4) zu streichen (vgl. bereits den RefE v. 20.5.2019 (Ziffer 42a) bb)), als auch den RegE v. 29.7.2019 (Ziffer 42a) aa))), um die mit der Regelung sanktionierte Pflichtverletzung an den Wortlaut der Pflicht nach § 6 Abs. 1 S. 3 anzupassen (BT-Drs. 19/13827, 106), der nur verlangt, die Funktionsfähigkeit der internen Sicherungsmaßnahmen zu überwachen und sie bei Bedarf zu aktualisieren, aber hierfür keine Regelmäßigkeit vorschreibt. Letztlich ist einer Überwachung (anders als einer Überprüfung wie von § 5 Abs. 2 Nr. 2) bereits eine gewisse „Unablässigkeit" immanent, die über ein „*regelmäßig*" hinausgeht, weshalb es der Wörter „*nicht regelmäßig*" in der Tat nicht bedürfte. Wie auch im Kontext von § 56 Abs. 1 S. 1 Nr. 2 gilt, dass sofern aus tatsächlichen Gründen kein Bedarf für eine Aktualisierung bestanden hat, auch keine Aktualisierung nötig ist (das Erkennen einer nicht erforderlichen Aktualisierung sollte wiederum dokumentiert werden).

23 Ein Verstoß gegen die Pflicht aus **§ 6 Abs. 4** für die in § 2 Abs. 1 Nr. 15 genannten Veranstalter und Vermittler von Glücksspielen, **Datenverarbeitungssysteme zu betreiben** (und zu aktualisieren), mittels derer sie in der Lage sind, sowohl Geschäftsbeziehungen als auch einzelne Transaktionen im Spielbetrieb und über ein Spielerkonto nach § 15 zu erkennen, die als zweifelhaft oder ungewöhnlich anzusehen sind aufgrund des öffentlich verfügbaren oder im Unternehmen verfügbaren Erfahrungswissens über die Methoden der Geldwäsche und der Terrorismusfinanzierung, ist über **§ 56 Abs. 1 S. 1 Nr. 4** bußgeldbewehrt (zuvor § 56 Abs. 1 S. 1 Nr. 5).

24 Die Aufsichtsbehörde kann nach **§ 6 Abs. 9** anordnen, dass auf einzelne Verpflichtete oder Gruppen von Verpflichteten wegen der Art der von diesen betriebenen Geschäfte und wegen der Größe des Geschäftsbetriebs unter Berücksichtigung der Risiken in Bezug auf Geldwäsche oder Terrorismusfinanzierung die Vorschriften zu den in § 6 Abs. 1–6 genannten internen Sicherungsmaßnahmen risikoangemessen anzuwenden sind. Wer einer solchen vollziehbaren **Anordnung der Aufsichtsbehörde** nach **§ 6 Abs. 9** nicht nachkommt, handelt nach **§ 56 Abs. 1 S. 1 Nr. 5** (zuvor § 56 Abs. 1 S. 1 Nr. 6) ordnungswidrig. Ein Verstoß gegen eine solche Anordnung der Aufsichtsbehörde wird regelmäßig als besonders gewichtiger Pflichtverstoß gewertet werden und zu einem hohen Bußgeld führen.

25 Ordnungswidrigkeiten ergeben sich auch in Zusammenhang mit der Aufzeichnungs- und Aufbewahrungspflicht nach § 8. Demzufolge handelt ordnungswidrig (**§ 56 Abs. 1 S. 1 Nr. 6,** zuvor § 56 Abs. 1 S. 1 Nr. 9), wer entgegen **§ 8 Abs. 1 und 2** eine im Rahmen der Erfüllung der Sorgfaltspflichten erhobene Angabe, eine Information, Ergebnisse der (im Rahmen der verstärkten Sorgfaltspflichten nach § 15 Abs. 5 Nr. 1 durchzuführenden) Untersuchung, Erwägungsgründe oder eine nachvollziehbare Begründung des Bewertungsergebnisses eines Sachverhalts hinsichtlich der Meldepflicht nach § 43 Abs. 1 nicht, nicht richtig oder nicht vollständig **aufzeichnet oder aufbewahrt.** Die in § 56 Abs. 1 S. 1 Nr. 6 enthaltene Aufzählung orientiert sich an der Struktur von § 8 Abs. 1 (die hierbei nicht berücksichtigte bzw. nicht explizit genannte Nr. 2 wird unter „*Information*" zu subsumieren sein). Durch das Gesetz zur Umsetzung der Änderungsrichtlinie zur 4. EU-Geldwäscherichtlinie wurde § 8 Abs. 1 um einen S. 3 ergänzt, ohne dass in § 56 Abs. 1 S. 1 Nr. 6 eine entsprechende Anpassung vorgenommen wurde. Es ist zweifelhaft, ob insofern ein Verstoß gegen die dort genannte Pflicht zur Aufzeichnung von Maßnahmen zur Überprüfung der Identität des wirtschaftlich Berechtigten (und etwaige Schwierigkeiten,

Bußgeldvorschriften **§ 56**

die während des Überprüfungsvorgangs aufgetreten sind) bußgeldbewehrt ist. Die detaillierte Aufzählung zuvor könnte dagegensprechen (sonst hätte § 56 Abs. 1 S. 1 Nr. 6 pauschal Verstöße gegen die Aufzeichnungs- und Aufbewahrungspflicht nach § 8 Abs. 1 und 2 nennen können). Umgekehrt erfasst § 56 Abs. 1 S. 1 Nr. 6 aber auch pauschal nur § 8 Abs. 2, ohne weitere der dort genannten Pflichten zu bezeichnen.

Die Alternative *„nicht richtig"* wird sich lediglich auf die erste Alternative der Aufzeichnung beziehen können, da eine nicht richtige Aufbewahrung (insbes. in Ermangelung von Vorschriften zur Art der Aufbewahrung) kaum denkbar ist. Eine *„nicht vollständige"* Aufzeichnung erfasst bspw. unvollständige Kopien eines zur Identifizierung vorgelegten Reisepasses, wobei zur Erfüllung der Anforderung der „Vollständigkeit" die Kopie der Seiten mit individuellen personenbezogenen Daten als ausreichend anzusehen sind, da ungestempelte Leerseiten jedenfalls keinerlei relevante Aussagekraft haben (auch die unterlassene Kopie von Seiten mit bloßen Ein-/Ausreisestempeln erscheint angesichts ihrer Entbehrlichkeit für die Identifizierung ebenfalls nicht ahndungswürdig).

Die von § 56 Abs. 1 S. 1 Nr. 6 Alt. 2 erfasste Nicht-Aufbewahrung der genannten Unterlagen wird regelmäßig in Tateinheit mit § 56 Abs. 1 S. 1 Nr. 7 stehen (die Nicht-Aufbewahrung ist insofern doppelt in § 56 Abs. 1 S. 1 erfasst).

Wer eine Aufzeichnung oder einen sonstigen Beleg entgegen **§ 8 Abs. 4 S. 1** 26 nicht fünf Jahre aufbewahrt, handelt nach **§ 56 Abs. 1 S. 1 Nr. 7** (zuvor § 56 Abs. 1 S. 1 Nr. 10) ordnungswidrig. Eine unterlassene Vernichtung nach zehn Jahren (§ 8 Abs. 4 S. 2) ist mithin nicht (nach dem GwG) bußgeldbewehrt. Zum Anknüpfungszeitpunkt für die Verjährung der Ordnungswidrigkeit nach § 56 Abs. 1 S. 1 Nr. 7 → Rn. 13 f.

Insgesamt sieben einzelne Ordnungswidrigkeitentatbestände finden sich im 27 Kontext der **gruppenweiten Einhaltung von Pflichten nach § 9.** Durch das Gesetz zur Umsetzung der Änderungsrichtlinie zur 4. EU-Geldwäscherichtlinie (BGBl. 2019 I S. 2602) wurden die in Nr. 13 und 14 angeführten Ordnungswidrigkeiten neu angefügt und in den Ziffern 8–12 (die vormaligen Ziffern 11–15) weitere redaktionelle Folgeänderungen zu den Änderungen in § 9 vorgenommen (vgl. auch BT-Drs. 19/13827, 106, der sich jedoch noch auf die damalige Nummerierung 11–15 b bezieht).

So handelt zunächst ordnungswidrig **(§ 56 Abs. 1 S. 1 Nr. 8),** wer entgegen **§ 9** 28 **Abs. 1 S. 2,** auch in Verbindung mit Abs. 4, keine gruppenweit **einheitlichen Vorkehrungen** (zum Schutz von personenbezogenen Daten, § 9 Abs. 1 S. 2 Nr. 4), **Verfahren** (für den Informationsaustausch innerhalb der Gruppe zur Verhinderung von Geldwäsche und von Terrorismusfinanzierung, vgl. § 9 Abs. 1 S. 2 Nr. 3) und **Maßnahmen** (einheitlichen internen Sicherungsmaßnahmen gemäß § 6 Abs. 2, vgl. § 9 Abs. 1 S. 2 Nr. 1) schafft. Die umgekehrte Reihenfolge von Vorkehrungen-Verfahren-Maßnahmen im Vergleich den diesbezüglichen Ziffern in § 9 Abs. 1 S. 2 irritiert zunächst (die unterschiedliche Terminologie zwischen § 56 Abs. 1 S. 1 Nr. 8 (vor dem 1.1.2020: Nr. 11) und der Bezugsnorm des § 9 Abs. 1 S. 2, die vom Bundesrat kritisiert worden war (BR-Drs. 182/17 (B), 30), wurde nur teilweise bereinigt). RefE und RegE des Gesetzes zur Umsetzung der Änderungsrichtlinie zur 4. EU-Geldwäscherichtlinie hatten noch vorgesehen, einen Verstoß gegen § 9 Abs. 1 S. 2 Nr. 2 (die Nichtbestellung eines Gruppengeldwäschebeauftragten) in einer anschließenden Nr. 11 a in § 56 Abs. 1 als Ordnungswidrigkeit zu erfassen; der Verstoß wurde letztlich jedoch *„essentielle geldwäscherechtliche Grundpflicht"* (BT-Drs. 19/15196, 50) eingestuft und in der Folge in § 56 Abs. 2 S. 1 Nr. 4 verortet, womit er auch bei lediglich einfacher Fahrlässigkeit zu sanktionieren ist.

29 Ferner handelt ordnungswidrig, wer vorsätzlich oder leichtfertig entgegen **§ 9 Abs. 1 S. 3,** seit 1.1.2020 auch in Verbindung mit Abs. 4, nicht die **wirksame Umsetzung** der gruppenweit einheitlichen Pflichten und Maßnahmen in den nachgeordneten Unternehmen, Zweigstellen oder Zweigniederlassungen, soweit diese geldwäscherechtlichen Pflichten unterliegen, sicherstellt (**§ 56 Abs. 1 S. 1 Nr. 9,** zuvor § 56 Abs. 1 S. 1 Nr. 12). Die durch das Gesetz zur Umsetzung der Änderungsrichtlinie zur 4. EU-Geldwäscherichtlinie erfolgte Änderung von § 9 Abs. 1 S. 3 hat keine erkennbaren Auswirkungen auf die Bußgeldvorschrift des § 56 Abs. 1 S. 1 Nr. 9.

30 Auch wer entgegen **§ 9 Abs. 2,** auch in Verbindung mit Abs. 4, nicht sicherstellt, dass die in einem anderen Mitgliedstaat der EU befindlichen gruppenangehörigen Unternehmen gemäß § 1 Abs. 16 Nr. 2–4, die dort Pflichten zur Verhinderung von Geldwäsche und Terrorismusfinanzierung unterliegen, die geltenden **nationalen Rechtsvorschriften zur Umsetzung der 4. EU-Geldwäscherichtlinie** (RL (EU) 2015/849) einhalten (**§ 56 Abs. 1 S. 1 Nr. 10,** zuvor in der Formulierung – wie auch § 9 Abs. 2 idF vor dem Gesetz zur Umsetzung der Änderungsrichtlinie zur 4. EU-Geldwäscherichtlinie – knapper § 56 Abs. 1 S. 1 Nr. 13), begeht eine Ordnungswidrigkeit.

31 Nach **§ 56 Abs. 1 S. 1 Nr. 11** ist ferner ein Verstoß gegen **§ 9 Abs. 3 S. 2,** auch in Verbindung mit Abs. 4, bußgeldbewehrt. Eine Ordnungswidrigkeit begeht demnach, wer nicht sicherstellt, dass die in einem Drittstaat ansässigen Zweigstellen und gruppenangehörigen Unternehmen nach § 1 Abs. 16 Nr. 2 zusätzliche **Maßnahmen ergreifen,** um dem Risiko der Geldwäsche oder der Terrorismusfinanzierung wirksam zu begegnen, oder die nach § 50 zuständige **Aufsichtsbehörde nicht** über die getroffenen Maßnahmen **informiert.** Die vor dem 1.1.2020 geltende Vorgängernorm des § 56 Abs. 1 S. 1 Nr. 14 hatte lediglich die erste Alternative des jetzigen § 56 Abs. 1 S. 1 Nr. 11 enthalten; das Unterlassen der Information über die getroffenen Maßnahmen an die Aufsichtsbehörde wurde erst mit Inkrafttreten des Gesetzes zur Umsetzung der Änderungsrichtlinie zur 4. EU-Geldwäscherichtlinie zur Ordnungswidrigkeit.

32 Reichen die getroffenen Maßnahmen nicht aus und ordnet die Aufsichtsbehörde daraufhin an, dass die Mutterunternehmen sicherzustellen haben, dass ihre nachgeordneten Unternehmen, Zweigstellen oder Zweigniederlassungen in diesem Drittstaat keine Geschäftsbeziehung begründen oder fortsetzen und keine Transaktionen durchführen, so begründet eine **Zuwiderhandlung gegen eine solche vollziehbare Anordnung** nach § 9 Abs. 3 S. 3, seit 1.1.2020 auch in Verbindung mit Abs. 4, eine Ordnungswidrigkeit nach **§ 56 Abs. 1 S. 1 Nr. 12** (zuvor § 56 Abs. 1 S. 1 Nr. 15). Die Feststellung eines Verstoßes nach § 9 Abs. 3 S. 3, ob die getroffenen Maßnahmen tatsächlich umgesetzt wurden bzw. (unter den Rahmenbedingungen des Drittstaates) auch ausreichend sind, wird für die Aufsichtsbehörden in der Praxis allerdings kaum zu treffen sein.

33 Nach **§ 56 Abs. 1 S. 1 Nr. 13** handeln Verpflichtete, die gruppenangehörige Unternehmen nach § 1 Abs. 16 Nr. 2–4 eines Mutterunternehmens im Sinne von § 9 Abs. 1 sind, ordnungswidrig, wenn sie entgegen dem zum 1.1.2020 neu eingefügten **§ 9 Abs. 5 S. 1** die in Abs. 1 S. 2 Nr. 1, 3 und 4 genannten **Maßnahmen** (Nr. 1: die Einrichtung von einheitlichen internen Sicherungsmaßnahmen gemäß § 6 Abs. 2; Nr. 3: die Schaffung von Verfahren für den Informationsaustausch innerhalb der Gruppe zur Verhinderung von Geldwäsche und von Terrorismusfinanzierung; Nr. 4: die Schaffung von Vorkehrungen zum Schutz von personenbezogenen Daten) **nicht umsetzen.**

Bußgeldvorschriften **§ 56**

Schließlich ist auch die **Nicht-Umsetzung von gruppenweiten Pflichten** 34
(die insbes. Verfahren für den Informationsaustausch innerhalb der Gruppe zur Verhinderung von Geldwäsche und von Terrorismusfinanzierung sowie Vorkehrungen zum Schutz von personenbezogenen Daten umfassen müssen) entgegen **§ 9 Abs. 5 S. 2** für alle anderen gruppenangehörigen Verpflichteten seit 1.1.2020 gemäß **§ 56 Abs. 1 S. 1 Nr. 14** bußgeldbewehrt.

(Bis zuletzt war zudem von Seiten des Bundesrats versucht worden, einen neuen § 9 Abs. 6 im GwG einzufügen (*„Alle anderen gruppenangehörigen Verpflichteten müssen die in Absatz 1 Satz 2 Nummer 3 und 4 genannten Maßnahmen ergreifen. Soweit erforderlich sind die in Absatz 1 Satz 2 Nummer 1 und 2 genannten Maßnahmen risikoangemessen zu ergreifen. Absatz 5 Satz 2 gilt entsprechend."*), der über einen neuen § 56 Abs. 1 S. 1 Nr. 14 (*„14. entgegen § 9 Absatz 6 Satz 1 die in Absatz 1 Satz 2 Nummer 3 und 4 genannten Maßnahmen nicht umsetzt,"* mit Bußgeldandrohung hinterlegt werden sollte (BR-Drs. 598/1/19, Empfehlungen der Ausschüsse v. 21.11.2019, S. 1 ff.). Die Forderung setzte sich letztlich jedoch nicht durch.)

Die kundenbezogenen **Sorgfaltspflichten** der **§§ 10 ff.** sind einer der Eckpfei- 35
ler im System der Geldwäscheprävention. Ihre genaue Einhaltung ist von größter Bedeutung, um der präventiven Zielrichtung des Geldwäschegesetzes überhaupt zur Wirkung zu verhelfen. Insofern verwundert es auch nicht, dass sich hier diverse Bußgeldtatbestände finden, die nicht lediglich von einer Nichterfüllung einer Pflicht reden, sondern auch die nicht richtige, nicht vollständige etc (vgl. hierzu krit. → Rn. 7) Pflichtenerfüllung mit einer Bußgeldandrohung versehen. Abgrenzungen können hier im Einzelfall schwierig sein (bspw. zwischen Verstößen gegen Pflichten bei der Identifizierung). Allgemein werden insbesondere in diesem Bereich die Wirkungen der Pflichtenverstöße im Verhältnis zu gleichgelagerten Verstößen besonders in Auge zu nehmen sein – es wäre bspw. nicht schlüssig, die unterbliebene Identifizierung des Vertragspartners härter zu sanktionieren als die unterbliebene Verifizierung der Identität, denn bei Zuwiderhandlungen kann es in beiden Fällen zu einem Irrtum über die Identität des Vertragspartners kommen (vgl. bereits BT-Drs. 17/6804, 39).

Gemäß **§ 56 Abs. 1 S. 1 Nr. 15** handelt zunächst ordnungswidrig, wer entgegen 36
§ 10 Abs. 1 Nr. 1 eine **Identifizierung** (nach Maßgabe des § 11 Abs. 4 (vgl. hierzu auch § 56 Abs. 1 S. 1 Nr. 30) und des § 12 Abs. 1 und 2) des Vertragspartners oder einer für den Vertragspartner auftretenden Person nicht, nicht richtig, nicht vollständig oder nicht in der vorgeschriebenen Weise vornimmt. Durch das Gesetz zur Umsetzung der Änderungsrichtlinie zur 4. EU-Geldwäscherichtlinie (BGBl. 2019 I S. 2602) wurde schließlich zusätzlich – vgl. das diesbezügliche Monitum in der Vorauflage (→ 3. Aufl. 2018, Rn. 22) – in § 56 Abs. 1 S. 1 Nr. 15 (vormals Nr. 16) die unterlassene Prüfung, ob die für den Vertragspartner auftretende Person hierzu auch tatsächlich berechtigt ist, im letzten Halbsatz aufgenommen (BT-Drs. 19/13827, 140, 152; BT-Drs. 19/15196, 49; Empfehlung Innenausschuss v. 9.9.2019, BR-Drs. 352/1/19, 31f.). Eine entgegen § 11 Abs. 1 **nicht rechtzeitige Identifizierung** kann über § 56 Abs. 1 S. 1 Nr. 26 bußgeldbewehrt sein.

Da die Pflicht zur Identifizierung des Vertragspartners eine der zentralen Pflichten innerhalb der allgemeinen Sorgfaltspflichten ist, liegt auf der richtigen Identifizierung auch eines der Hauptaugenmerke der Aufsichtsbehörden im Nichtfinanzsektor bei Vor-Ort-Kontrollen. Bei der Identifizierung lässt sich die vom Gesetzgeber vorgenommene Abstufung innerhalb der Bußgeldnorm (→ Rn. 11) besonders deutlich erkennen: So sind unter die erste Alternative **(nicht identifiziert)** unterlassene und völlig unbrauchbare Identifizierungen zu fassen (anonyme

§ 56 Abschnitt 7. Aufsicht, Zusammenarbeit, Bußgeldvorschriften, Datenschutz

Rechnungen, keinerlei Angaben zum Vertragspartner, offenkundige Angabe von Falschpersonalien etc). Eine **nicht richtige Identifizierung** erfasst bspw. die Identifizierung falscher Personen (die Identifizierung anhand nicht zugelassener Ausweisdokumente wird hingegen unter die vierte Alternative zu subsumieren sein, beide Alternativen können leicht sehr ähnlich gelesen werden). In der dritten (und Praxis der Aufsichtsbehörden im Nichtfinanzsektor am häufigsten sanktionierten) Alternative der **nicht vollständigen Identifizierung** wurden Teile der notwendigen Angaben nicht erfasst (keine Verifizierung der Personalien über Ausweisdokument, keine Angabe der Registernummer einer juristischen Person, obwohl vorhanden etc) oder nicht alle Mitglieder des Vertretungsorgans einer juristischen Person, die Identifizierung ist jedoch insgesamt für die Behörden noch brauchbar. **Nicht in der vorgeschriebenen Weise** (Alternative 4) identifiziert, wer bspw. anhand Gewerbeanmeldung, Führerschein oder abgelaufener Ausweise „identifiziert" oder statt das Originaldokument in Augenschein zu nehmen, Faxübersendungen oder Mails eingescannter Dokumente akzeptiert.

Zur Schwierigkeit der Abgrenzung zu § 56 Abs. 1 S. 1 Nr. 29 → Rn. 51.

37 Ordnungswidrig handelt wiederum, wer entgegen **§ 10 Abs. 1 Nr. 2** nicht prüft, ob der **Vertragspartner für einen wirtschaftlich Berechtigten handelt** (**§ 56 Abs. 1 S. 1 Nr. 16;** zuvor § 56 Abs. 1 S. 1 Nr. 17). Die Vorgängernorm (vor dem 26.6.2017) des § 17 Abs. 1 Nr. 2 GwG aF war aufgrund der Kritik der FATF in ihrem Deutschland-Evaluationsbericht von 2010 eingefügt worden, um der mangelnden Transparenz entgegenzuwirken, die durch Treuhandbeziehungen und vergleichbare Rechtskonstruktionen entsteht (vgl. Ziff. 29, 622, 1077f., 1080, 1087f., was im Ergebnis zu einem „non compliant" mit Empfehlung 34 führte). Die unterschiedliche Terminologie in § 10 Abs. 1 Nr. 2 („*Abklärung*") und in § 56 Abs. 1 S. 1 Nr. 16 („*prüft*") hat keine Auswirkungen (ungeachtet dessen wäre de lege ferenda eine einheitliche Wortwahl wünschenswert, beide umfassen inhaltlich das Gleiche, dh es ist (mindestens) beim Vertragspartner nachzufragen, ob dieser für eigene Rechnung handelt. Im Einzelfall kann eine weitere Pflicht zur Prüfung des Handelns für einen wirtschaftliche Berechtigten bestehen, wenn Zweifel bestanden, dass ein Kunde für eigene Rechnung handelt (vgl. auch *Figura* → § 10 Rn. 13).

38 Wer nach der Feststellung, dass der Vertragspartner für einen wirtschaftlich Berechtigten handelt, diesen **wirtschaftlich Berechtigten** entgegen **§ 10 Abs. 1 Nr. 2 nicht** nach Maßgabe des § 11 Abs. 5 (vgl. hierzu auch § 56 Abs. 1 S. 1 Nr. 30) **identifiziert,** begeht eine Ordnungswidrigkeit nach **§ 56 Abs. 1 S. 1 Nr. 17** (vor dem 1.1.2020 § 56 Abs. 1 S. 1 Nr. 18). Angesichts des regelmäßig einheitlichen Vorgangs der Abklärung, ob der Vertragspartner für einen wirtschaftlich Berechtigten handelt und im positiven Falle dessen Identifizierung, ist unklar, warum der Gesetzgeber beide Tatbestände in getrennten Nummern in § 56 Abs. 1 S. 1 aufgenommen hat (andere Bußgeldtatbestände erfassen auch mehrere voneinander unabhängige Pflichten, vgl. Nr. 3, 55, 61 und 73).

39 Auch wer entgegen **§ 10 Abs. 1 Nr. 3** keine **Informationen über den Zweck und die angestrebte Art der Geschäftsbeziehung** einholt oder diese Informationen nicht bewertet, soweit sich diese Informationen im Einzelfall nicht bereits zweifelsfrei aus der Geschäftsbeziehung ergeben (hierzu ausführlich *Figura* → § 10 Rn. 22) handelt ordnungswidrig (**§ 56 Abs. 1 S. 1 Nr. 18,** zuvor § 56 Abs. 1 S. 1 Nr. 19). Auf die Richtigkeit der Bewertung kommt es dabei letztlich nicht an (eine Handlungsalternative „*nicht richtig*" ist in § 56 Abs. 1 S. 1 Nr. 18 nicht enthalten).

40 In der Praxis von den Verpflichteten häufig nur sehr schwierig umzusetzen ist die in **§ 10 Abs. 1 Nr. 4** enthaltene Pflicht festzustellen, ob es sich bei dem Ver-

tragspartner oder bei dem wirtschaftlich Berechtigten um eine **politisch exponierte Person,** um ein Familienmitglied oder um eine bekanntermaßen nahestehende Person handelt. Eine unterlassene oder nicht richtige PEP-Prüfung ist durch **§ 56 Abs. 1 S. 1 Nr. 19** (vor dem 1.1.2020 § 56 Abs. 1 S. 1 Nr. 20) mit einem Bußgeld bedroht. Während bspw. Kreditinstitute finanziell in der Lage sind, kostenintensive Software kommerzieller Anbieter mit integrierten PEP-Listen (deren Datenqualität/-herkunft nicht immer unzweifelhaft ist und die gleichfalls keinen Anspruch auf Vollständigkeit haben können), in ihre Systeme zu implementieren, übersteigen die hierfür anfallenden Kosten etc das von insbesondere kleinen/mittelständischen Verpflichteten Tragbare. Von diesen wird im Regelfall lediglich verlangt werden können (zusätzlich zur Befragung des Vertragspartners und ggf. wirtschaftlich Berechtigten), öffentlich zugängliche Informationsquellen im Hinblick auf die PEP-Eigenschaft des Vertragspartners und wirtschaftlich Berechtigten zu überprüfen (dh insbes. Internetrecherchen). Die Grenzen dieser Abklärungsmöglichkeiten sind dabei evident. Eine vorsätzliche oder leichtfertige nicht richtige PEP-Prüfung wird selten festzustellen sein, Verfehlungen oder Versäumnisse werden sich regelmäßig im (nicht bußgeldbewehrten) Bereich einfacher Fahrlässigkeit bewegen (in dem Kontext ist auch zu berücksichtigen, dass selbst BaFin, AG Frankfurt a. M. und OLG Frankfurt a. M. zu einer fehlerhaften Feststellung der PEP-Eigenschaft im Verfahren gegen die Witwe eines ehemaligen Bundeskanzlers gelangten, vgl. hierzu *Barreto da Rosa/ Diergarten* NStZ 2020, 173 ff.).

Besonders hinzuweisen ist schließlich auf die Bußgeldandrohung des **§ 56 Abs. 1 S. 1 Nr. 20** für den Fall, dass der Verpflichtete die **Geschäftsbeziehung, einschließlich der in ihrem Verlauf durchgeführten Transaktionen,** entgegen **§ 10 Abs. 1 Nr. 5 nicht oder nicht richtig kontinuierlich überwacht** (vor dem 1.1.2020 § 56 Abs. 1 S. 1 Nr. 21). Diese Sanktionierung wurde mit dem Gesetz zur Umsetzung der 4. EU-Geldwäscherichtlinie neu im Ordnungswidrigkeitenkatalog des GwG aufgenommen, ihre Einführung bedauerlicherweise in der dazugehörigen Gesetzesbegründung jedoch nicht weiter kommentiert, wozu es indessen Anlass gegeben hätte. In der Gesetzesbegründung zum Gesetz zur Optimierung der Geldwäscheprävention (BR-Drs. 317/11, 56) hatte die Bundesregierung die Kritik der FATF im Deutschland-Evaluationsbericht aus 2010, dass die Pflicht zur kontinuierlichen Überwachung (vormals noch verortet in § 3 Abs. 2 Nr. 4 GwG aF) nicht bußgeldbewehrt sei, mit der Begründung zurückgewiesen, dass dem in Deutschland das verfassungsrechtliche Bestimmtheitsgebots entgegenstünde (BT-Drs. 17/6804, 38) und darum eine Sanktionierung im vormaligen § 17 Abs. 1 GwG aF verweigert. Diese Zweifel sind indessen unverändert nicht ganz unbegründet (vgl. auch die DK in ihrer Stellungnahme zum RegE für ein Umsetzungsgesetz zur 4. EU-Geldwäscherichtlinie v. 13.4.2017, S. 8). **41**

Zusätzlich zur jeweiligen Bußgeldandrohung bei einem Verstoß gegen die in § 10 Abs. 1 genannten Pflichten kommt, dass gleichsam als Ordnungswidrigkeit eingestuft ist, wenn der **konkrete Umfang der Maßnahmen** nach § 10 Abs. 1 Nr. 2–5 **nicht** gemäß **§ 10 Abs. 2 S. 1** entsprechend dem jeweiligen Risiko der Geldwäsche oder der Terrorismusfinanzierung, insbesondere in Bezug auf den Vertragspartner, die Geschäftsbeziehung oder Transaktion, **bestimmt** wird (**§ 56 Abs. 1 S. 1 Nr. 21;** vor dem 1.1.2020 § 56 Abs. 1 S. 1 Nr. 22). Die Norm erfasst damit eine Fehlgewichtung von Maßnahmen angesichts des festgestellten Risikos und flankiert damit die zentrale Pflicht des GwG zur Anwendung des risikobasierten Ansatzes (vgl. ausführlich *Figura* → § 10 Rn. 38 ff.). **42**

§ 56 Abschnitt 7. Aufsicht, Zusammenarbeit, Bußgeldvorschriften, Datenschutz

43 Weitere Ordnungswidrigkeiten gegen einzelne in § 10 enthaltene Pflichten finden sich in § 56 Abs. 1 S. 1 Nr. 23–26. Demzufolge handelt auch ordnungswidrig, wer entgegen **§ 10 Abs. 2 S. 4** oder entgegen **§ 14 Abs. 1 S. 2 gegenüber den Aufsichtsbehörden nicht darlegt,** dass der Umfang der von ihm getroffenen Maßnahmen im Hinblick auf die Risiken der Geldwäsche und der Terrorismusfinanzierung als angemessen anzusehen ist (**§ 56 Abs. 1 S. 1 Nr. 22,** vor dem 1.1.2020 § 56 Abs. 1 S. 1 Nr. 23). Die Pflicht nach § 52 Abs. 1 Nr. 2, den Aufsichtsbehörden auf Verlangen Unterlagen vorzulegen, die für die Einhaltung der in diesem Gesetz festgelegten Anforderungen von Bedeutung sind, ist über § 56 Abs. 1 S. 1 Nr. 73 b) sanktioniert.

44 Gemäß **§ 56 Abs. 1 S. 1 Nr. 23** handeln **Immobilienmakler** ordnungswidrig, die entgegen **§ 10 Abs. 6** den **Sorgfaltspflichten** bei der Vermittlung von Kaufverträgen bzw. bei der Vermittlung von Miet- oder Pachtverträgen bei Transaktionen mit einer monatlichen Miete oder Pacht in Höhe von mindestens 10.000 Euro **nicht nachkommen.** Die Bußgeldnorm ist für Immobilienmakler lex specialis gegenüber § 56 Abs. 1 S. 1 Nr. 15–19. Dadurch, dass § 10 Abs. 6 auf *„die allgemeinen Sorgfaltspflichten"* in den bestimmten (eingeschränkten) Fällen verweist, ist die Vorschrift im Kontext der Nr. 15 ff. zu sehen und anzuwenden. Die im Entwurf eines Gesetzes zur Umsetzung der 4. EU-Geldwäscherichtlinie (BT-Drs. 18/11555, 59) enthaltene Fassung von § 56 Abs. 1 S. 1 Nr. 23 (damals noch als Nr. 24) formulierte noch *„nicht in dem dort beschriebenen Umfang nachkommt",* was nach Anregung durch den Bundesrat (BR-Drs. 182/17 (B), 29) in der Beschlussempfehlung des Finanzausschusses vom 17.5.2017 (BT-Drs. 18/12405, 115) zwecks sprachlicher Präzisierung gestrichen wurde und es bei *„nicht nachkommt"* blieb. Es darf bezweifelt werden, ob hierdurch mehr Rechtssicherheit erreicht wurde (vgl. auch → Rn. 11) – insbesondere, da der Bundesrat (BR-Drs. 182/17 (B), 29) die sprachliche Ausweitung *„nicht mit dem Grundsatz der einheitlichen Darstellung der Tatbestände in der Bußgeldnorm im Einklang"* sah, die sprachlichen Ausweitungen in anderen Bußgeldnormen aber beibehalten wurden. Inhaltlich sollte diese redaktionelle Änderung jedenfalls offensichtlich keine Folgen haben. Damit wird trotz der fehlenden Formulierung *„nicht richtig"* oder *„nicht vollständig"* eine nicht richtige oder nicht vollständige Erfüllung der allgemeinen Sorgfaltspflichten (bspw. eine unvollständige Identifizierung im Sinne von § 11 Abs. 4 oder unvollständige Kopien eines zur Identifizierung vorgelegten Reisepasses (§ 8 Abs. 2 S. 2)) durch Immobilienmakler von § 56 Abs. 1 S. 1 Nr. 23 erfasst.

In der **Aufsichtspraxis** über Immobilienmakler hat sich wiederholt gezeigt, dass seitens der Makler vergessen wurde, Käufer- *und* Verkäuferseite zu identifizieren. Eine Fokussierung von Aufsichtsbehörden bzw. FIU auf Immobilienmakler, gar in Verbindung mit Warnungen in der Öffentlichkeit (vgl. Interview des Leiters der FIU im Handelsblatt v. 7.11.2018), erscheint bei Betrachtung der Gesamtlage überzogen. In Immobiliengeschäfte sind im Regelfall mindestens zwei weitere Verpflichtetengruppen nach dem GwG involviert (Notare und finanzierende Banken, ggf. zusätzlich auch noch Rechtsanwälte bei entsprechenden Vertragsgestaltungen), die allesamt im Regelfall näher an dem eigentlichen Geschäft sind und weitergehende Überprüfungsmöglichkeiten haben, als die Makler. Auch die Rechtsverordnung nach § 43 Abs. 6 zur Meldepflicht für Verpflichtete nach § 2 Abs. 1 Nr. 10 und 12 bezüglich typisierter Immobiliengeschäfte (GwGMeldV-Immobilien), die für Immobilienmakler explizit keine Geltung hat, wird hier die Bedeutung der Makler im Gesamtkonzept der Bekämpfung von Geldwäsche im Immobiliensektor weiter zurückdrängen.

Bußgeldvorschriften **§ 56**

Obgleich der Wortlaut von § 56 Abs. 1 S. 1 Nr. 23 durch das **Gesetz zur Um-** **44a**
setzung der Änderungsrichtlinie zur 4. EU-Geldwäscherichtlinie unverändert geblieben ist und sich lediglich die Nummer in § 56 Abs. 1 geändert hat (vor dem 1.1.2020 war der Tatbestand in § 56 Abs. 1 S. 1 Nr. 24 verortet), hat die Norm aufgrund der Änderung der Bezugsnorm des § 10 Abs. 6 einen anderen Inhalt und Adressaten erhalten (zuvor verpflichtete sie Güterhändler zur Erfüllung von Sorgfaltspflichten in den Fällen des § 10 Abs. 3 Nr. 3 sowie bei Transaktionen, bei welchen sie Barzahlungen über mindestens 10.000 Euro tätigen oder entgegennehmen). Für **Güterhändler** (sowie **Kunstvermittler und Kunstlagerhalter,** soweit die Lagerhaltung in Zollfreigebieten erfolgt) wurde zum 1.1.2020 ein neuer **Abs. 6a** in § 10 eingefügt (die bisherige Regelung des vormaligen § 10 Abs. 6 ist dabei in der neuen Nr. 1c von § 10 Abs. 6a aufgegangen – allerdings (aus redaktionellen Gründen, vgl. BT-Drs. 19/13827, 78) ohne den vormaligen (beschränkenden) Verweis *„in den Fällen des Absatzes 3 Satz 1 Nummer 3"*). Ein Verstoß gegen die für diese Verpflichteten als lex specialis anzusehende Vorschrift ist in § 56 indessen nicht sanktioniert. Ein Rückgriff auf die allgemeinen Vorschriften (§ 56 Abs. 1 S. 1 Nr. 15 ff.) scheidet aus, da es sonst auch zuvor keiner Bußgeldnorm bedurft hätte, die einen Verstoß gegen § 10 Abs. 6 aF explizit sanktionierte (auch die Beibehaltung des § 56 Abs. 1 S. 1 Nr. 23 spricht hierfür). Eine bewusste Entscheidung, Verstöße der Güterhändler künftig über die allgemeinen Regelungen des § 56 Abs. 1 S. 1 erfassen zu wollen, ist nicht erkennbar und auszuschließen (in der Gesetzesbegr. findet sich hierzu keinerlei Anmerkung, obgleich eine solche angesichts der Bedeutung einer solchen Intention zu erwarten wäre). Der Gesetzgeber scheint schlicht vergessen zu haben, die Änderung in § 10 Abs. 6 bzw. die Einfügung des neuen Abs. 6a in § 56 zu berücksichtigen. De lege ferenda wird dies zu korrigieren sein.

Versicherungsvermittler nach § 2 Abs. 1 Nr. 8, die für ein Versicherungs- **45**
unternehmen nach § 2 Abs. 1 Nr. 7 Prämien einziehen, begehen eine Ordnungswidrigkeit, wenn sie entgegen **§ 10 Abs. 8** diesem **Versicherungsunternehmen nicht mitteilen,** wenn Prämienzahlungen in bar erfolgen und den Betrag von 15.000 Euro innerhalb eines Kalenderjahres übersteigen (**§ 56 Abs. 1 S. 1 Nr. 24,** vor dem 1.1.2020 § 56 Abs. 1 S. 1 Nr. 25).

Eine weitere Ordnungswidrigkeit begeht, wer als Verpflichteter entgegen **§ 10** **46**
Abs. 9, § 14 Abs. 3 oder **§ 15 Abs. 9** in Verbindung mit § 15 Abs. 3 **Nr. 1, 3 und 4** die **Geschäftsbeziehung begründet, fortsetzt, sie nicht kündigt oder nicht auf andere Weise beendet oder die Transaktion durchführt (§ 56 Abs. 1 S. 1 Nr. 25).** Die allgemein gehaltene Formulierung von § 56 Abs. 1 S. 1 Nr. 25 war im Bundesrat im Gesetzgebungsverfahren zur Umsetzung der 4. EU-Geldwäscherichtlinie zwar kritisiert worden (BR-Drs. 182/17 (B), 30), jedoch letztlich beibehalten worden. Durch das Gesetz zur Umsetzung der Änderungsrichtlinie zur 4. EU-Geldwäscherichtlinie (BGBl. 2019 I S. 2602) wurde der Zusatz *„in Verbindung mit § 15 Absatz 3 Nummer 1, 3 und 4"* neu in § 56 Abs. 1 S. 1 Nr. 25 (zuvor § 56 Abs. 1 S. 1 Nr. 26) eingefügt. Hintergrund der Neuregelung ist die Klassifizierung eines Verstoßes gegen § 15 Abs. 9 iVm § 15 Abs. 3 **Nr. 2** als *„essentielle geldwäscherechtliche Grundpflicht"* (BT-Drs. 19/15196, 50), die daher auch bei bloß fahrlässiger Begehung sanktioniert werden soll und in der Folge in Abs. 2 zu verorten war (§ 56 Abs. 2 S. 1 Nr. 5), was die ausdifferenzierende Formulierung in § 56 Abs. 1 S. 1 Nr. 25 erforderlich machte. Insbesondere die Durchführung einer Transaktion vor dem Hintergrund von § 15 Abs. 9 iVm Abs. 3 Nr. 1, 3 und 4 wird regelmäßig weitere (staatsanwaltschaftliche) Untersuchungen im Hinblick auf eine Strafbarkeit insbesondere wegen (Beihilfe zur) Geldwäsche nach § 261 StGB nach sich ziehen.

§ 56 Abschnitt 7. Aufsicht, Zusammenarbeit, Bußgeldvorschriften, Datenschutz

47 Eine richtige Identifizierung des Vertragspartners, einer ggf. für diesen auftretenden Person sowie des wirtschaftlich Berechtigten ist als zentrale Säule der Geldwäscheprävention zu bezeichnen. Ohne diese gehen sämtliche weiteren Maßnahmen letztlich ins Leere. Dementsprechend sind auch die einzelnen Pflichten im Zusammenhang mit der **Identifizierung nach § 11** bußgeldbewehrt. In der Ahndungspraxis werden eine nicht oder nicht vollständige Identifizierung in der Regel gleichrangig gewertet und sanktioniert wie die nicht erfolgte (oder nicht vollständig erfolgte) Aufzeichnung und Aufbewahrung der betreffenden Unterlagen (§ 56 Abs. 1 S. 1 Nr. 6), da die von den diesbezüglichen Pflichten intendierte Sachverhaltsaufklärung (Papierspur) letztlich gleichwertig unzureichend erfolgt/aufgedeckt ist. Zu Fehlern bei der Identifizierung nach § 10 Abs. 1 (Nr. 1) s. die Anmerkungen zu § 56 Abs. 1 S. 1 Nr. 15 (ff.) → Rn. 35 ff.

48 Ordnungswidrig handelt insofern, wer entgegen **§ 11 Abs. 1** Vertragspartner, gegebenenfalls für diese auftretende Personen oder wirtschaftlich Berechtigte **nicht rechtzeitig identifiziert (§ 56 Abs. 1 S. 1 Nr. 26,** vor dem 1.1.2020 § 56 Abs. 1 S. 1 Nr. 27). Ausweislich § 11 Abs. 1 S. 1 ist die Identifizierung grundsätzlich vor Begründung der Geschäftsbeziehung bzw. vor der Durchführung der Transaktion vorzunehmen. Eine Identifizierung während der Begründung der Geschäftsbeziehung oder eine nachträgliche Identifizierung ist mithin nicht rechtzeitig und damit von § 56 Abs. 1 S. 1 Nr. 26 erfasst. Für den Ausnahmefall in § 11 Abs. 1 S. 2, der den unverzüglichen (durch das Gesetz zur Umsetzung der Änderungsrichtlinie zur 4. EU-Geldwäscherichtlinie wurde in § 11 Abs. 1 S. 2 das Wort „*unverzüglich*" eingefügt) Abschluss der Identifizierung auch noch während der Begründung der Geschäftsbeziehung zulässt, wenn dies erforderlich ist, um den normalen Geschäftsablauf nicht zu unterbrechen, und wenn ein geringes Risiko der Geldwäsche und der Terrorismusfinanzierung besteht, gilt gleichfalls, dass eine nachträgliche Identifizierung nicht rechtzeitig im Sinne von § 56 Abs. 1 S. 1 Nr. 26 und damit bußgeldbewehrt ist.

49 Eine Ordnungswidrigkeit begeht ferner, wer entgegen **§ 11 Abs. 2 als Immobilienmakler** die Vertragsparteien (bzw. im Fall des § 11 Abs. 2 S. 2 nur die Vertragspartei, für die er handelt) **nicht rechtzeitig,** dh sobald der Vertragspartner des Maklers ein ernsthaftes Interesse an der Durchführung des Immobilienkaufvertrags äußert und die Kaufvertragsparteien hinreichend bestimmt sind, **identifiziert (§ 56 Abs. 1 S. 1 Nr. 27,** vor dem 1.1.2020 § 56 Abs. 1 S. 1 Nr. 28). Die Vorschrift ist für Immobilienmakler hinsichtlich einer nicht rechtzeitigen Identifizierung der Vertragsparteien als lex specialis gegenüber § 56 Abs. 1 S. 1 Nr. 26 anzusehen. § 11 Abs. 2 wurde durch das Gesetz zur Umsetzung der Änderungsrichtlinie zur 4. EU-Geldwäscherichtlinie (BGBl. 2019 I S. 2602) überarbeitet, wobei ua die Identifizierungspflicht auf „*gegebenenfalls für diese auftretende Personen und den wirtschaftlich Berechtigten*" ausgeweitet wurde. § 56 Abs. 1 S. 1 Nr. 27 bezieht sich indessen weiterhin nur auf „*die Vertragsparteien*", so dass für Immobilienmakler eine nicht rechtzeitige Identifizierung gegebenenfalls für die Vertragspartner auftretender Personen oder des wirtschaftlich Berechtigten nicht bußgeldbewehrt ist (auch nicht über § 56 Abs. 1 S. 1 Nr. 26). Da in § 11 Abs. 2 lediglich von *Kauf*gegenstand, Immobilien*kauf*vertrag und *Kauf*vertragsparteien die Rede ist (und Mietverträge nicht erwähnt sind), handeln Mietmakler bei einem sonst tatbestandsmäßigen Handeln de lege lata nicht ordnungswidrig. Es dürfte sich hierbei wiederum lediglich um einen redaktionellen Fehler handeln, hinsichtlich dessen de lege ferenda eine Korrektur zu erwarten ist.

50 Auch, wer entgegen **§ 11 Abs. 3 S. 2 keine erneute Identifizierung durchführt,** obwohl er aufgrund der äußeren Umstände Zweifel hegen müsste, ob die

Bußgeldvorschriften **§ 56**

bei der früheren Identifizierung erhobenen Angaben weiterhin zutreffend sind (bspw. weil Daten oder Unterschriften in verschiedenen, dem Verpflichteten vorliegenden Unterlagen voneinander abweichen), handelt ordnungswidrig (**§ 56 Abs. 1 S. 1 Nr. 28,** vor dem 1.1.2020 § 56 Abs. 1 S. 1 Nr. 29).

Ebenso handelt ordnungswidrig, wer entgegen **§ 11 Abs. 4 Nr. 1 oder 2** im Rahmen der Identifizierung die dort angeführten **Angaben** zu natürlichen bzw. juristischen Personen oder Personengesellschaften **nicht oder nicht vollständig erhebt** (**§ 56 Abs. 1 S. 1 Nr. 29,** vor dem 1.1.2020 § 56 Abs. 1 S. 1 Nr. 30). Zu Fragen der Unvollständigkeit vgl. die Ausführungen zu § 56 Abs. 1 S. 1 Nr. 6 → Rn. 25. Eine Abgrenzung zwischen dem Tatbestand des § 56 Abs. 1 S. 1 Nr. 15, der einen Verstoß gegen die Pflichten aus § 10 Abs. 1 Nr. 1 sanktioniert, ist kaum trennscharf vorzunehmen, da § 10 Abs. 1 Nr. 1 seinerseits auf § 11 Abs. 4 verweist. In vielen Fällen dürften beide Tatbestände das gleiche Fehlverhalten erfassen. 51

Eine Ordnungswidrigkeit begeht ferner, wer entgegen **§ 11 Abs. 5 S. 1** zur Feststellung der Identität des **wirtschaftlich Berechtigten** dessen **Namen nicht erhebt** (**§ 56 Abs. 1 S. 1 Nr. 30,** vor dem 1.1.2020 § 56 Abs. 1 S. 1 Nr. 31). Soweit § 11 Abs. 5 S. 1 dem Verpflichteten auferlegt, soweit dies in Ansehung des im Einzelfall bestehenden Risikos der Geldwäsche oder der Terrorismusfinanzierung angemessen ist, weitere Identifizierungsmerkmale zu erheben, ist ein Verstoß gegen diese Pflicht von § 56 Abs. 1 S. 1 Nr. 30 explizit nicht erfasst. Ob es sich hierbei um eine bewusste gesetzgeberische Entscheidung handelt oder um eine planwidrige Regelungslücke, ist nicht festzustellen. 52

Auch wenn vereinfachte Sorgfaltspflichten angewendet werden dürfen, müssen Verpflichtete gemäß **§ 14 Abs. 2 S. 2** in jedem Fall die **Überprüfung von Transaktionen und die Überwachung von Geschäftsbeziehungen** in einem Umfang **sicherstellen,** der es ihnen ermöglicht, ungewöhnliche oder verdächtige Transaktionen zu erkennen und zu melden (s. auch BT-Drs. 18/11155, 119f.). Ein Verstoß gegen diese Verpflichtung ist gemäß **§ 56 Abs. 1 S. 1 Nr. 31** bußgeldbewehrt (vor dem 1.1.2020 § 56 Abs. 1 S. 1 Nr. 32). Ein Verstoß gegen § 14 Abs. 1 S. 2 ist durch § 56 Abs. 1 S. 1 Nr. 22, ein Verstoß gegen § 14 Abs. 3 durch § 56 Abs. 1 S. 1 Nr. 25 sanktioniert. 53

Verpflichtete haben über die allgemeinen Sorgfaltspflichten hinaus **verstärkte Sorgfaltspflichten gemäß § 15** zu erfüllen, wenn sie im Rahmen der Risikoanalyse oder im Einzelfall unter Berücksichtigung der in den Anlagen 1 und 2 genannten Risikofaktoren feststellen, dass ein höheres Risiko der Geldwäsche oder Terrorismusfinanzierung bestehen kann, und den konkreten Umfang der zu ergreifenden Maßnahmen entsprechend dem jeweilig höheren Risiko der Geldwäsche oder der Terrorismusfinanzierung zu bestimmen. Abgeleitet aus der Feststellung eines erhöhten Risikos verwundert es insofern nicht, dass der Gesetzgeber in § 56 mittlerweile 14 Bußgeldtatbestände für Verstöße gegen diese verstärkten Sorgfaltspflichten nach § 15 aufgenommen hat. 54

Als eine Art Grundtatbestand bestimmt **§ 56 Abs. 1 S. 1 Nr. 32** (vor dem 1.1.2020 § 56 Abs. 1 S. 1 Nr. 33), dass Verpflichtete ordnungswidrig handeln, wenn sie entgegen **§ 15 Abs. 2 keine verstärkten Sorgfaltspflichten erfüllen** (vgl. in Bezug auf einen Verstoß gegen die Pflicht zur Darlegung der Angemessenheit nach § 15 Abs. 2 S. 3 auch § 56 Abs. 1 S. 1 Nr. 22). 55

Die Nichterfüllung der in **§ 15 Abs. 4 S. 1 Nr. 1–3** enthaltenen, mindestens zu erfüllenden verstärkten Sorgfaltspflichten in den Fällen, die in § 15 Abs. 2 oder 3 Nr. 1 genannt sind, wird durch § 56 Abs. 1 S. 1 Nr. 34–36 sanktioniert. Demzufolge handelt ordnungswidrig, wer 56

Barreto da Rosa 883

§ 56 Abschnitt 7. Aufsicht, Zusammenarbeit, Bußgeldvorschriften, Datenschutz

– entgegen § 15 Abs. 4 S. 1 Nr. 1 in Verbindung mit § 15 Abs. 2 oder Abs. 3 Nr. 1 vor der Begründung oder Fortführung einer Geschäftsbeziehung nicht die Zustimmung eines Mitglieds der Führungsebene einholt (**§ 56 Abs. 1 S. 1 Nr. 33,** vor dem 1.1.2020 § 56 Abs. 1 S. 1 Nr. 34),
– entgegen § 15 Abs. 4 S. 1 Nr. 2 in Verbindung mit § 15 Abs. 2 oder Abs. 3 Nr. 1 keine Maßnahmen ergreift (**§ 56 Abs. 1 S. 1 Nr. 34,** vor dem 1.1.2020 § 56 Abs. 1 S. 1 Nr. 35) oder
– entgegen § 15 Abs. 4 S. 1 Nr. 3 in Verbindung mit § 15 Abs. 2 oder Abs. 3 Nr. 1 die Geschäftsbeziehung keiner verstärkten kontinuierlichen Überwachung unterzieht (**§ 56 Abs. 1 S. 1 Nr. 35,** vor dem 1.1.2020 § 56 Abs. 1 S. 1 Nr. 36; zur Kritik hieran wird auf → Rn. 41 verwiesen).

57 Durch das Gesetz zur Umsetzung der Änderungsrichtlinie zur 4. EU-Geldwäscherichtlinie (BGBl. 2019 I S. 2602) wurden drei neue Bußgeldtatbestände in **§ 56 Abs. 1 S. 1 Nr. 36–38** aufgenommen, die sich auf die neu in **§ 15 Abs. 5** in Verbindung mit Abs. 3 Nr. 2 aufgenommenen **verstärkten Sorgfaltspflichten bei Hochrisikoländern** beziehen (vgl. auch BT-Drs. 19/13827, 106): Hier handelt insofern ordnungswidrig, wer – wenn eine Geschäftsbeziehung oder Transaktion handelt, an der ein von der Europäischen Kommission nach Art. 9 Abs. 2 der Richtlinie (EU) 2015/849, der durch Art. 1 Nr. 5 der Richtlinie 2018/843 geändert worden ist, ermittelter Drittstaat mit hohem Risiko oder eine in diesem Drittstaat ansässige natürliche oder juristische Person beteiligt ist (Ausnahmen s. § 15 Abs. 3 Nr. 2) – entgegen **§ 15 Abs. 5 Nr. 1a–f** keine Informationen einholt (**§ 56 Abs. 1 S. 1 Nr. 36**), entgegen **§ 15 Abs. 5 Nr. 2** nicht die Zustimmung eines Mitglieds der Führungsebene einholt (**§ 56 Abs. 1 S. 1 Nr. 37**) oder entgegen § 15 Abs. 5 Nr. 3 die Geschäftsbeziehung keiner verstärkten Überwachung unterzieht (**§ 56 Abs. 1 S. 1 Nr. 38**).

58 Handelt es sich um eine Transaktion, die im Verhältnis zu vergleichbaren Fällen besonders komplex oder groß ist, ungewöhnlich abläuft oder ohne offensichtlichen wirtschaftlichen oder rechtmäßigen Zweck erfolgt (§ 15 Abs. 3 Nr. 3), haben Verpflichtete mindestens die in **§ 15 Abs. 6 Nr. 1 und 2** aufgelisteten verstärkten Sorgfaltspflichten zu erfüllen. Verstöße gegen diese Pflichten werden in aller Regel als besonders schwerwiegend geahndet werden.

Gemäß **§ 56 Abs. 1 S. 1 Nr. 39** (vor dem 1.1.2020 § 56 Abs. 1 S. 1 Nr. 37, der auf § 15 Abs. 5 Nr. 1 aF verwies) handelt ordnungswidrig, wer entgegen **§ 15 Abs. 6 Nr. 1** in Verbindung mit Abs. 3 Nr. 3 eine im vorgenannten Sinne **verdächtige Transaktion nicht untersucht.** Durch das Gesetz zur Umsetzung der Änderungsrichtlinie zur 4. EU-Geldwäscherichtlinie (BGBl. 2019 I S. 2602) wurde der vormalige Abs. 5 von § 15 zu Abs. 6 und in dessen Nr. 1 nach dem Wort *„Transaktion"* in Umsetzung der Änderungsrichtlinie der 4. EU-Geldwäscherichtlinie (vgl. BT-Drs. 19/13827, 83) die Wörter *„sowie deren Hintergrund und Zweck"* eingefügt. Mithin besteht die Pflicht darin, die Transaktion sowie deren Hintergrund und Zweck mit angemessenen Mitteln zu untersuchen, um das Risiko der jeweiligen Geschäftsbeziehung oder Transaktionen in Bezug auf Geldwäsche oder auf Terrorismusfinanzierung überwachen und einschätzen zu können und um gegebenenfalls prüfen zu können, ob die Pflicht zu einer Meldung nach § 43 Abs. 1 vorliegt. Die Bußgeldnorm des § 56 Abs. 1 S. 1 Nr. 39 greift diese Änderung indessen nicht auf, so dass nach ihrem Wortlaut eine unterlassene Untersuchung von Hintergrund und Zweck der Transaktion nicht sanktioniert ist. In der Praxis wird dies freilich keine Auswirkungen haben, da die geforderte Untersuchung der Transaktion stets auch Hinter- und Beweggründe umfassen wird.

Im Falle einer Transaktion, die im Verhältnis zu vergleichbaren Fällen besonders 59
komplex oder groß ist, ungewöhnlich abläuft oder ohne offensichtlichen wirtschaftlichen oder rechtmäßigen Zweck erfolgt (§ 15 Abs. 3 Nr. 3), besteht für den Verpflichteten zusätzlich die Pflicht gemäß **§ 15 Abs. 6 Nr. 2** eine der Transaktion zugrunde liegende **Geschäftsbeziehung,** soweit vorhanden, einer **verstärkten kontinuierlichen Überwachung zu unterziehen,** um das mit der Geschäftsbeziehung und mit einzelnen Transaktionen verbundene Risiko in Bezug auf Geldwäsche oder auf Terrorismusfinanzierung einschätzen und bei höherem Risiko überwachen zu können. Ein Verstoß gegen diese Pflicht, die zugrunde liegende Geschäftsbeziehung einer verstärkten kontinuierlichen Überwachung zu unterziehen, wird durch **§ 56 Abs. 1 S. 1 Nr. 40** (vor dem 1.1.2020 § 56 Abs. 1 S. 1 Nr. 38, der auf § 15 Abs. 5 Nr. 2 aF verwies) sanktioniert (zur Kritik an der Pflicht zur kontinuierlichen Überwachung s. die Kommentierung zu § 56 Abs. 1 S. 1 Nr. 20 unter → Rn. 41). Wie zuvor bereits erwähnt, wurde durch das Gesetz zur Umsetzung der Änderungsrichtlinie zur 4. EU-Geldwäscherichtlinie der vormalige Abs. 5 von § 15 zu Abs. 6. In § 15 Abs. 6 Nr. 2 wurden in Umsetzung der Änderungsrichtlinie der 4. EU-Geldwäscherichtlinie (vgl. BT-Drs. 19/13827, 83) nach dem Wort *„Geschäftsbeziehung"* die Wörter *„und mit einzelnen Transaktionen"* eingefügt. Auch diese Ergänzung wurde in der dazugehörigen Bußgeldnorm des § 56 Abs. 1 S. 1 Nr. 40 nicht übernommen, was indes gleichfalls in der praktischen Umsetzung keine Auswirkungen haben wird.

An das höhere Risiko, dass sich gemäß § 15 Abs. 3 Nr. 3 für Verpflichtete nach 60
§ 2 Abs. 1 Nr. 1–3 und 6–8 aus einer grenzüberschreitenden **Korrespondenzbeziehung** mit Respondenten mit Sitz in einem Drittstaat oder, vorbehaltlich einer Beurteilung durch die Verpflichteten als erhöhtes Risiko, in einem Staat des Europäischen Wirtschaftsraums handelt, ergibt, knüpfen die in **§ 15 Abs. 7** verstärkten Sorgfaltspflichten, die wiederum bußgeldbewehrt sind. In diesen Fällen handelt ordnungswidrig, wer
- entgegen § 15 Abs. 7 Nr. 1 keine ausreichenden Informationen über den Respondenten einholt, um die Art seiner Geschäftstätigkeit in vollem Umfang verstehen und seine Reputation, seine Kontrollen zur Verhinderung der Geldwäsche und Terrorismusfinanzierung sowie die Qualität der Aufsicht bewerten zu können (**§ 56 Abs. 1 S. 1 Nr. 41,** vor dem 1.1.2020 § 56 Abs. 1 S. 1 Nr. 39),
- entgegen § 15 Abs. 7 Nr. 2 nicht vor Begründung einer Geschäftsbeziehung mit dem Respondenten die Zustimmung eines Mitglieds der Führungsebene einholt (**§ 56 Abs. 1 S. 1 Nr. 42,** vor dem 1.1.2020 § 56 Abs. 1 S. 1 Nr. 40),
- entgegen § 15 Abs. 7 Nr. 3 vor Begründung einer solchen Geschäftsbeziehung die jeweiligen Verantwortlichkeiten der Beteiligten in Bezug auf die Erfüllung der Sorgfaltspflichten nicht festlegt oder nicht nach Maßgabe des § 8 GwG dokumentiert (**§ 56 Abs. 1 S. 1 Nr. 43,** vor dem 1.1.2020 § 56 Abs. 1 S. 1 Nr. 41), oder
- entgegen § 15 Abs. 7 Nr. 4 keine Maßnahmen ergreift, um sicherzustellen, dass er keine Geschäftsbeziehung mit einem Respondenten begründet oder fortsetzt, von dem bekannt ist, dass seine Konten von einer Bank-Mantelgesellschaft genutzt werden, oder entgegen § 15 Abs. 7 Nr. 5 keine Maßnahmen ergreift, um sicherzustellen, dass der Respondent keine Transaktionen über Durchlaufkonten zulässt (**§ 56 Abs. 1 S. 1 Nr. 44,** vor dem 1.1.2020 § 56 Abs. 1 S. 1 Nr. 42).

Auch ein **Verstoß gegen eine vollziehbare Anordnung der Aufsichts-** 61
behörde nach § 15 Abs. 5a und 8 ist gemäß **§ 56 Abs. 1 S. 1 Nr. 45** (vor dem

§ 56 Abschnitt 7. Aufsicht, Zusammenarbeit, Bußgeldvorschriften, Datenschutz

1.1.2020 § 56 Abs. 1 S. 1 Nr. 43) bußgeldbewehrt. Die durch das Gesetz zur Umsetzung der Änderungsrichtlinie zur 4. EU-Geldwäscherichtlinie (BGBl. 2019 I S. 2602) vorgenommene Ergänzung in diesem Bußgeldtatbestand um den Abs. 5a war erforderlich, um auch Verstöße gegen weitergehende Anordnungen der Aufsichtsbehörden nach § 15 Abs. 5a zu erfassen (vgl. auch BT-Drs. 19/13827, 106). Wie auch bei einer Ordnungswidrigkeit nach § 56 Abs. 1 S. 1 Nr. 5 wird ein Verstoß gegen eine solche vollziehbare Anordnung der Aufsichtsbehörde regelmäßig als besonders gewichtiger Pflichtverstoß gewertet werden und zu einem hohen Bußgeld führen.

62 § 16 enthält besondere Vorschriften für das **Glücksspiel im Internet.** Die hierin enthaltenen Pflichten für Veranstalter und Vermittler von Glücksspielen nach § 2 Abs. 1 Nr. 15 sind gemäß § 56 Abs. 1 S. 1 Nr. 46–52 mit Bußgeldandrohungen im Falle von Zuwiderhandlungen hinterlegt. Entsprechende Bußgeldvorschriften waren bereits durch das Gesetz zur Ergänzung des Geldwäschegesetzes vom 18.2.2013 in der vormaligen, bis zum 25.6.2017 gültigen Norm des § 17 Abs. 1 Nr. 7–13 GwG aF aufgenommen worden. Mit den Regelungen sollen insbesondere die Verletzung online-spezifischer Vorgaben zur Identifizierung sind, und Verifizierung von Spielern in Fällen, in denen diese nicht physisch anwesend sind, sowie Verstöße gegen die Nachvollziehbarkeit des Spielbetriebs und der Zahlungsvorgänge mit einem Bußgeld sanktioniert werden (BT-Drs. 17/10745, 18f.; Bericht des Finanzausschusses zum GwGErgG v. 8.11.2012, BT-Drs. 17/11416, 13).

63 Als erste Pflichtverletzung in diesem Zusammenhang ist gemäß **§ 56 Abs. 1 S. 1 Nr. 46** (vor dem 1.1.2020 § 56 Abs. 1 S. 1 Nr. 44) bußgeldbewehrt das **Zulassen eines Spielers zum Glücksspiel** entgegen **§ 16 Abs. 2.** Die im Gesetzentwurf eines Gesetzes zur Umsetzung der 4. EU-Geldwäscherichtlinie (BT-Drs. 18/11555, 60) noch unter § 56 Abs. 1 S. 1 Nr. 47 gelistete Norm trug noch den Wortlaut *„entgegen § 16 Abs. 2 kein Spielerkonto für jeden Spieler errichtet".* Die Formulierung wurde jedoch auf Anregung des Bundesrates (BR-Drs. 182/17 (B), 30), die der Finanzausschuss in seiner Empfehlung aufgriff (BT-Drs. 18/12405, 116) in die letztendliche Fassung geändert, da nach der Bezugsnorm ein Spieler erst zugelassen werden darf, wenn zuvor ein Spielerkonto auf dessen Namen eingerichtet ist. Das relevante Verhalten wurde deshalb als mit der Zulassung zum Spiel entgegen § 16 Abs. 2 exakter umschrieben angesehen, als mit der Nichterrichtung eines Spielerkontos.

64 Die zweite Ordnungswidrigkeit im Zusammenhang mit Online-Glücksspiel sanktioniert die **Entgegennahme von Einlagen oder anderen rückzahlbaren Geldern** vom Spieler entgegen **§ 16 Abs. 3** (hier wäre die Angabe „§ 16 Abs. 3 *Satz 1"* genauer) sanktioniert – **§ 56 Abs. 1 S. 1 Nr. 47** (vor dem 1.1.2020 § 56 Abs. 1 S. 1 Nr. 45). Die Verzinsung von Guthaben entgegen § 16 Abs. 3 S. 2 ist nicht von § 56 Abs. 1 S. 1 Nr. 45 erfasst, kann jedoch im Falle fehlender Genehmigung nach § 32 KWG als Bankgeschäft im Sinne von § 1 Abs. 1 S. 2 Nr. 1 KWG gemäß § 54 Abs. 1 Nr. 2 KWG strafbar sein.

65 Auch das Zulassen von **Transaktionen des Spielers an den Verpflichteten** auf anderen als den in **§ 16 Abs. 4 (Nr. 1 und 2)** genannten Wegen, das über **§ 56 Abs. 1 S. 1 Nr. 48** (vor dem 1.1.2020 § 56 Abs. 1 S. 1 Nr. 46) bußgeldbewehrt ist, war bereits vor dem Gesetz zur Umsetzung der 4. EU-Geldwäscherichtlinie verboten und mit Geldbuße bedroht (vgl. bis zum 26.6.2017 § 17 Abs. 1 Nr. 9 GwG aF).

66 Demgegenüber enthält **§ 56 Abs. 1 S. 1 Nr. 49** (vor dem 1.1.2020 § 56 Abs. 1 S. 1 Nr. 47) eine bis zum 25.6.2017 in der Vorläufernorm des § 17 GwG aF nicht enthaltene Regelung (obgleich der Regelungsgehalt der Bezugsnorm des § 16 Abs. 5 GwG dem des vormaligen § 9b Abs. 3 GwG aF entspricht). Somit handelt nunmehr auch ordnungswidrig, wer entgegen **§ 16 Abs. 5** seinen **Informationspflichten nicht nachkommt.** Gemäß § 16 Abs. 5 hat der Verpflichtete die Aufsichtsbehörde unverzüglich zu informieren über die Eröffnung und Schließung eines Zahlungskontos nach § 1 Abs. 3 ZAG, das auf seinen eigenen Namen bei einem Verpflichteten nach § 2 Abs. 1 Nr. 1 oder 3 eingerichtet ist und auf dem Gelder eines Spielers zur Teilnahme an Glücksspielen im Internet entgegengenommen werden. In § 56 Abs. 1 S. 1 Nr. 49 wird wiederum nur allgemein sanktioniert, wer diesen Informationspflichten „*nicht nachkommt*". Im Umkehrschluss aus den an zahlreichen weiteren Stellen in § 56 Abs. 1 S. 1, in denen auch ein „*nicht rechtzeitiges*" Tätigwerden bußgeldbewehrt ist, muss hier insofern davon ausgegangen werden, dass eine nicht unverzüglich (dh nicht rechtzeitig) erfolgte Information an die Aufsichtsbehörde nicht von § 56 Abs. 1 S. 1 Nr. 49 erfasst ist.

§ 16 Abs. 7 S. 1 Nr. 2 schreibt vor, dass Veranstalter und Vermittler von Glücksspielen **Transaktionen an den Spieler** nur auf ein Zahlungskonto vornehmen dürfen, das auf den Namen des Spielers bei einem Verpflichteten nach § 2 Abs. 1 Nr. 1 oder 3 eingerichtet worden ist. Ein Verstoß hiergegen stellt eine Ordnungswidrigkeit dar nach **§ 56 Abs. 1 S. 1 Nr. 50** (vor dem 1.1.2020 § 56 Abs. 1 S. 1 Nr. 48), der allerdings nicht sehr präzise formuliert wirkt, wenn es dort heißt „*entgegen § 16 Absatz 7 Satz 1 Nummer 2 Transaktionen auf ein Zahlungskonto vornimmt*". 67

Gemäß § 16 Abs. 7 S. 2 hat der Verpflichtete bei der Transaktion den Verwendungszweck dahingehend zu spezifizieren, dass für einen Außenstehenden erkennbar ist, aus welchem Grund der Zahlungsvorgang erfolgt ist. Nach **§ 56 Abs. 1 S. 1 Nr. 51** (vor dem 1.1.2020 § 56 Abs. 1 S. 1 Nr. 49) handelt ordnungswidrig, wer entgegen **§ 16 Abs. 7 S. 2** trotz Aufforderung durch die Aufsichtsbehörde den **Verwendungszweck nicht hinreichend spezifiziert.** Eine Nicht-Spezifizierung ohne vorhergehende Aufforderung kann mithin kein Bußgeld nach sich ziehen. Die Aufforderung wird jedoch auch allgemein und nicht an den einzelnen Verpflichteten gerichtet möglich sein. Auch eine von den Aufsichtsbehörden gemäß § 16 Abs. 7 S. 3 festgelegte Standardformulierung wird man wohl nach der ratio legis als ausreichende Aufforderung ausreichen lassen müssen. 68

Ordnungswidrig handelt schließlich ferner (vgl. **§ 56 Abs. 1 S. 1 Nr. 52,** der inhaltlich weitgehend übereinstimmend geblieben ist mit dem bis zum 25.6.2017 gültigen § 17 Abs. 1 Nr. 7 und vor dem 1.1.2020 in § 56 Abs. 1 S. 1 Nr. 50 verortet war), wer entgegen **§ 16 Abs. 8 S. 3** die **vollständige Identifizierung** nicht oder nicht rechtzeitig durchführt. Die ursprüngliche Fassung während des Gesetzgebungsverfahrens zur Umsetzung der 4. EU-Geldwäscherichtlinie lautete (noch in § 56 Abs. 1 S. 1 Nr. 53 verortet) „*entgegen § 16 Abs. 8 GwG die Identifizierung nicht nachträglich durchführt*", was vom Bundesrat in seiner Stellungnahme vom 31.3.2017 mangels näherer Konkretisierung als unklar bezeichnet wurde (BR-Drs. 182/17 (B), 30). Der Finanzausschuss folgte der Bitte um Umformulierung (BT-Drs. 18/12405, 117). Die zeitliche Komponente „*rechtzeitig*" bezieht sich auf das Wort „*unverzüglich*" in § 16 Abs. 8 S. 3. Eine nicht unverzügliche vollständige Identifizierung ist damit bußgeldbewehrt. 69

Bei § 56 Abs. 1 S. 1 Nr. 52 fällt die im Vergleich zu § 56 Abs. 1 S. 1 Nr. 15 abweichende Formulierung auf. Während letztgenannte Bußgeldnorm sanktioniert, wenn die Identifizierung „*nicht, nicht richtig, nicht vollständig oder nicht rechtzeitig*" vorgenommen wurde, wird hier lediglich die nicht oder nicht rechtzeitig durchgeführte vollständige Identifizierung zur Ordnungswidrigkeit erhoben. Eine nicht richtige vollständige Identifizierung ist über § 56 Abs. 1 S. 1 Nr. 52 nicht bußgeldbewehrt (womöglich geht der Gesetzgeber hier von einer stets richtigen vollständi-

§ 56 Abschnitt 7. Aufsicht, Zusammenarbeit, Bußgeldvorschriften, Datenschutz

gen Identifizierung aus, wenn die vorläufige Identifizierung entsprechend § 16 Abs. 8 S. 2 anhand einer elektronisch oder auf dem Postweg übersandten Kopie eines Dokuments nach § 12 Abs. 1 S. 1 Nr. 1 erfolgt ist).

70 Die Bußgeldandrohung über **§ 56 Abs. 1 S. 1 Nr. 53** (vor dem 1.1.2020 § 56 Abs. 1 S. 1 Nr. 51) für Verpflichtete, die entgegen **§ 17 Abs. 2** die Erfüllung der Sorgfaltspflichten durch einen **Dritten** ausführen lassen, der in einem **Drittstaat mit hohem Risiko** ansässig ist, bedarf letztlich keiner weiteren Erläuterung.

71 Der Abschnitt 4 des GwG zum **Transparenzregister** enthält insgesamt dreizehn über § 56 Abs. 1 S. 1 Nr. 54–66 bußgeldbewehrte Pflichten, durch welche die Qualität der Eintragungen gesichert und die Mitteilungspflichten gegenüber der registerführenden Stelle durchgesetzt werden sollen (vgl. BT-Drs. 19/13827, 106). Das Bundesverwaltungsamt hat hierzu einen Bußgeldkatalog veröffentlicht (noch vom 22.10.2018 für § 56 Abs. 1 Nr. 52–56 GwG aF, eine Überarbeitung lag zum Redaktionsschluss noch nicht vor). Zur Zahl der vom Bundesverwaltungsamt verhängten Bußgelder → Rn. 16.

72 Wer der registerführenden Stelle auf ihr Verlangen entgegen **§ 18 Abs. 3** die für **eine Eintragung in das Transparenzregister erforderlichen Informationen** nicht oder nicht rechtzeitig (dh innerhalb der von der registerführenden Stelle gesetzten Frist) zur Verfügung stellt, begeht eine Ordnungswidrigkeit nach **§ 56 Abs. 1 S. 1 Nr. 54** (vor dem 1.1.2020 § 56 Abs. 1 S. 1 Nr. 52). Im Gesetzentwurf der Bundesregierung zum Gesetz zur Umsetzung der 4. EU-Geldwäscherichtlinie vom 17.3.2017 (BT-Drs. 18/11555, 60) war zum Pflichtverstoß lediglich erklärt, wer die Informationen *„nicht"* zur Verfügung stellt und das zeitliche Element *„nicht rechtzeitig"* noch nicht enthalten, was aufgrund der Anregung des Bundesrats in seiner Stellungnahme vom 31.3.2017 (BR-Drs. 182/17 (B), 30) nach entsprechender Empfehlung des Finanzausschusses in seiner Beschlussempfehlung vom 17.5.2017 (BT-Drs. 18/12405, 117) geändert wurde.

73 Ausführlich formuliert ist **§ 56 Abs. 1 S. 1 Nr. 55,** demzufolge ordnungswidrig handelt, wer entgegen **§ 20 Abs. 1** die in § 19 Abs. 1 aufgeführten **Angaben zu den wirtschaftlich Berechtigten** (dh Vor- und Nachname, Geburtsdatum, Wohnort, Art und Umfang des wirtschaftlichen Interesses (unter Angabe, woraus nach § 19 Abs. 3 die Stellung als wirtschaftlich Berechtigter folgt, sofern es sich nicht um Gesellschaften handelt, die an einem organisierten Markt nach § 2 Abs. 11 WpHG notiert sind oder dem Gemeinschaftsrecht entsprechenden Transparenzanforderungen im Hinblick auf Stimmrechtsanteile oder gleichwertigen internationalen Standards unterliegen, vgl. § 20 Abs. 1 S. 5) und Staatsangehörigkeit)
a) nicht einholt,
b) nicht, nicht richtig oder nicht vollständig aufbewahrt,
c) nicht auf aktuellem Stand hält oder
d) nicht, nicht richtig, nicht vollständig oder nicht rechtzeitig (dh nicht unverzüglich) der registerführenden Stelle mitteilt.

Durch die Einfügung zweier neuer Sätze nach Satz 1 in § 20 Abs. 1 durch das Gesetz zur Umsetzung der Änderungsrichtlinie zur 4. EU-Geldwäscherichtlinie (BGBl. 2019 I S. 2602) wurde auch der Gehalt vom ansonsten in der Formulierung unveränderten § 56 Abs. 1 S. 1 Nr. 55 (zuvor Nr. 53) geändert. Gemäß den neu eingefügten Sätzen 2 und 3 in § 20 Abs. 1 gilt die vorgenannte Pflicht auch für Vereinigungen mit Sitz im Ausland, wenn sie sich verpflichten, Eigentum an einer im Inland gelegenen Immobilie zu erwerben (sofern sie die Angaben nach Art. 1 Nr. 15 lit. c der Richtlinie (EU) 2018/843 und nach § 19 Abs. 1 nicht bereits an ein anderes Register eines EU-Mitgliedstaates übermittelt haben). Fraglich ist hierbei indessen die

Bußgeldvorschriften **§ 56**

tatsächliche Verfolgung der Ordnungswidrigkeit. Der RefE vom 20.5.2019 zum Gesetz zur Umsetzung der Änderungsrichtlinie zur 4. EU-Geldwäscherichtlinie sah noch eine Sanktionierung desjenigen vor, der *„vorsätzlich eine inhaltlich nicht richtige Mitteilung nach § 20 Absatz 1 vornimmt"* (eingefügt als Nr. 53a in § 56 Abs. 1), was sich jedoch bereits im RegE vom 9.10.2019 (BT-Drs. 19/13827) nicht mehr findet.

Da die Mitteilung gemäß § 20 Abs. 1 S. 3 elektronisch in einer **Form** zu erfolgen hat, die ihre elektronische Zugänglichmachung ermöglicht, kann auch eine Mitteilung, die diesen Anforderungen nicht gerecht wird, als Ordnungswidrigkeit nach § 56 Abs. 1 S. 1 Nr. 55 lit. d geahndet werden.

Der Bußgeldtatbestand in **§ 56 Abs. 1 S. 1 Nr. 56** wurde durch das Gesetz zur Umsetzung der Änderungsrichtlinie zur 4. EU-Geldwäscherichtlinie (BGBl. 2019 I S. 2602) neu aufgenommen (in BT-Drs. 19/13827 noch als Nr. 53a) und dient der Sanktionierung eines Verstoßes gegen die neu aufgenommene Verpflichtung aus **§ 20 Abs. 1a** für juristische Personen des Privatrechts oder eingetragene Personengesellschaften, die nach § 20 Abs. 1 S. 1 mitteilungspflichtig sind und die nicht in einem der in § 20 Abs. 2 S. 1 Nr. 1–4 aufgeführten Register eingetragen sind, der registerführenden Stelle unverzüglich mitzuteilen, wenn sich ihre **Bezeichnung verändert** hat, sie **verschmolzen** worden ist, sie **aufgelöst** worden ist oder ihre **Rechtsform geändert** wurde. Ordnungswidrig handelt demzufolge, wer seine Mitteilungspflicht nicht, nicht richtig, nicht vollständig oder nicht rechtzeitig erfüllt. **74**

Auch der Bußgeldtatbestand unter **§ 56 Abs. 1 S. 1 Nr. 57** wurde durch das Gesetz zur Umsetzung der Änderungsrichtlinie zur 4. EU-Geldwäscherichtlinie neu im Gesetz aufgenommen. Danach ist die elektronische **Mitteilung an die registerführende Stelle von Angaben zu den wirtschaftlich Berechtigten** zur Eintragung in das Transparenzregister, **ohne von der mitteilungspflichtigen Vereinigung dazu ermächtigt** worden zu sein, als Ordnungswidrigkeit klassifiziert. Ausweislich der Gesetzesbegründung soll diese Maßnahme Erfahrungen aus der Praxis Rechnung tragen, da teilweise Vereinigungen nicht bekannt gewesen sei, wer Meldungen in ihrem Namen abgegeben habe (BT-Drs. 19/13827, 107). Ob derartige Fälle (eine Anzahl wird nicht angegeben) innerorganisatorischer Fehler – insbesondere angesichts der zahlreichen Unsicherheiten gerade in der Anfangsphase nach Schaffung des Transparenzregisters mit allen damit verbundenen Verpflichtungen – letztlich eine Bußgeldsanktionierung rechtfertigen, erscheint bei allem Verständnis für Ärger über möglicherweise hierdurch verursachte unnötige Mehrarbeiten fraglich. **75**

Auch **§ 56 Abs. 1 S. 1 Nr. 58** (vor dem 1.1.2020 § 56 Abs. 1 S. 1 Nr. 54) umschreibt das bußgeldbewehrte Verhalten ausdifferenziert dahingehend, dass eine Ordnungswidrigkeit begeht, wer entgegen **§ 20 Abs. 3** seine Mitteilungspflicht nicht, nicht richtig, nicht vollständig oder nicht rechtzeitig (dh nicht unverzüglich) erfüllt. Das betrifft zum einen die unverzügliche **Mitteilungspflicht der wirtschaftlich Berechtigten** von Vereinigungen nach § 20 Abs. 1 (bzw. der Vereins- oder Genossenschaftsmitglieder mit mehr als 25 Prozent der Stimmrechte oder bei Stiftungen die Personen nach § 3 Abs. 3, vgl. § 20 Abs. 3 S. 3 und 4) gegenüber diesen Vereinigungen hinsichtlich der zur Erfüllung der Pflichten **nach § 20 Abs. 1 notwendigen Angaben** und jeder Änderung dieser Angaben (§ 20 Abs. 3 S. 1). Zum anderen wird die **Pflicht für die Anteilseigner,** die wirtschaftlich Berechtigte sind oder die von dem wirtschaftlich Berechtigten unmittelbar kontrolliert werden, erfasst, den Vereinigungen nach § 20 Abs. 1 die zur Erfüllung der Pflichten **nach § 20 Abs. 1 notwendigen Angaben** mitzuteilen und jede Änderung dieser Angaben unverzüglich mitzuteilen (§ 20 Abs. 3 S. 2). **76**

77 § 56 Abs. 1 S. 1 Nr. 59 wurde durch das Gesetz zur Umsetzung der Änderungsrichtlinie zur 4. EU-Geldwäscherichtlinie aufgrund der neu eingeführten Pflichten in § 20 Abs. 3 a S. 1–3 und § 20 Abs. 3b eingefügt. Die Norm wirkt angesichts des Wortlauts der Vorschriften, auf die Bezug genommen wird, wenig glücklich formuliert, wenn es dort heißt, dass ordnungswidrig handelt, wer „*entgegen § 20 Absatz 3 a Satz 1 bis 3 oder Absatz 3b Satz 1 seine Mitteilungspflicht nicht, nicht richtig, nicht vollständig oder nicht rechtzeitig erfüllt*".

§ 20 Abs. 3 a S. 1 enthält keine Mitteilungspflicht, sondern die Pflicht der Vereinigung, falls sie keine Angaben der wirtschaftlich Berechtigten nach § 20 Abs. 3 erhalten hat (und ihr die Angaben zum wirtschaftlich Berechtigten nach § 19 nicht bereits anderweitig bekannt sind, vgl. § 20 Abs. 3 a S. 3), von ihren Anteilseignern, soweit sie ihr bekannt sind, in angemessenem Umfang Auskunft zu den wirtschaftlich Berechtigten der Vereinigung zu verlangen. Bußgeldbewehrt kann hier mithin nur ein **unterlassenes Auskunftsverlangen seitens der Vereinigung** sein. Unproblematisch kann auch ein Verstoß gegen die **Pflicht für die Anteilseigner zur Beantwortung derartiger Auskunftsverlangen** innerhalb angemessener Frist **(§ 20 Abs. 3 a S. 2)** als Ordnungswidrigkeit gemäß § 56 Abs. 1 S. 1 Nr. 59 geahndet werden, obgleich auch hier der Begriff der „Mitteilungspflicht" wenig passend erscheint. Die Bezugnahme in § 56 Abs. 1 S. 1 Nr. 59 auf **§ 20 Abs. 3 a S. 3**, der eine Ausnahme zu § 20 Abs. 3 a S. 1 und damit eben genau keine Mitteilungspflicht enthält, erscheint hingegen überflüssig (wenn hiernach keine Pflicht für ein Auskunftsverlangen besteht, kann auch kein Pflichtenverstoß geahndet werden).

Für den Anteilseigner besteht gemäß **§ 20 Abs. 3b S. 1** die Pflicht, der Vereinigung innerhalb einer angemessenen Frist **mitzuteilen**, wenn er zu der Erkenntnis gelangt ist, dass sich der **wirtschaftlich Berechtigte der Vereinigung geändert** hat (sofern die Angaben zu dem neuen wirtschaftlich Berechtigten nicht bereits über das Transparenzregister zugänglich sind, oder der Anteilseigner anderweitig positive Kenntnis davon hat, dass der Vereinigung der neue wirtschaftlich Berechtigte bekannt ist). Eine unterlassene, nicht richtige, nicht vollständige oder nicht rechtzeitige Mitteilung erfüllt den Tatbestand der Ordnungswidrigkeit nach § 56 Abs. 1 S. 1 Nr. 59.

Ein Verstoß gegen die **Dokumentations- und Aufbewahrungspflicht** der Mitteilung an die Vereinigung für den Anteilseigner nach § 20 Abs. 3b S. 3 ist hingegen nicht zur Ordnungswidrigkeit erklärt.

78 Ein Verstoß gegen die durch das Gesetz zur Umsetzung der Änderungsrichtlinie zur 4. EU-Geldwäscherichtlinie neu eingefügte **Dokumentationspflicht** für die Vereinigung hinsichtlich der Auskunftsersuchen sowie der eingeholten Informationen nach **§ 20 Abs. 3 a S. 4** wird über **§ 56 Abs. 1 S. 1 Nr. 60** mit einer Ordnungswidrigkeit bedroht.

79 **§ 56 Abs. 1 S. 1 Nr. 61** (vor dem 1.1.2020 § 56 Abs. 1 S. 1 Nr. 55) enthält eine § 56 Abs. 1 S. 1 Nr. 55 entsprechende Regelung für Verwalter von Trusts mit Wohnsitz oder Sitz in Deutschland (§ 21 Abs. 1) und Treuhänder mit Wohnsitz oder Sitz in Deutschland der in § 21 Abs. 2 GwG genannten Rechtsgestaltungen. Demgemäß handeln auch diese ordnungswidrig, wenn sie (entgegen **§ 21 Abs. 1 oder 2**) Angaben zu den wirtschaftlich Berechtigten
a) nicht einholen,
b) nicht, nicht richtig oder nicht vollständig aufbewahren,
c) nicht auf aktuellem Stand halten oder
d) nicht, nicht richtig, nicht vollständig oder nicht rechtzeitig der registerführenden Stelle mitteilen.

Bußgeldvorschriften **§ 56**

Die Nicht-Vorlage der nach § 21 Abs. 1 oder 2 von Trustees bzw. Treuhändern aufbewahrten Unterlagen gegenüber der Zentralstelle für Finanztransaktionsuntersuchungen oder der zuständigen Aufsichtsbehörde und eine Verweigerung der Einsichtnahme sind demgegenüber (überraschenderweise) nicht bußgeldbewehrt. Durch die inhaltliche Änderung von § 21 Abs. 1 durch das Gesetz zur Umsetzung der Änderungsrichtlinie zur 4. EU-Geldwäscherichtlinie erweitert sich der Umfang der Sanktionsandrohung auf pflichtwidrig handelnde Trustees, die außerhalb der EU ihren Wohnsitz oder Sitz haben, wenn sie für den Trust eine Geschäftsbeziehung mit einem Vertragspartner mit Sitz in Deutschland aufnehmen oder sich verpflichten, Eigentum an einer im Inland gelegenen Immobilie zu erwerben (§ 21 Abs. 1 S. 2 unter Berücksichtigung der Ausnahme in § 21 Abs. 1 S. 3). Auf der anderen Seite wurden zuvor in § 21 Abs. 1 S. 2–4 enthaltene Pflichten nach § 21 Abs. 1a verlagert – Verstöße gegen diese Pflichten sind nunmehr über § 56 Abs. 1 S. 1 Nr. 62 bußgeldbewehrt, ohne dass sich eine inhaltliche Änderung hieraus ergibt.

Der Bußgeldtatbestand in **§ 56 Abs. 1 S. 1 Nr. 62** wurde durch das Gesetz zur 80 Umsetzung der Änderungsrichtlinie zur 4. EU-Geldwäscherichtlinie neu in § 56 Abs. 1 aufgenommen, aufgrund der aus § 21 Abs. 1 S. 2–4 nach § 21 Abs. 1a verlagerten und aufgrund der in § 21 Abs. 1b neu eingeführten Mitteilungspflicht. Ordnungswidrig handelt demgemäß, wer entgegen **§ 21 Abs. 1a oder § 21 Abs. 1b** seine Mitteilungspflicht nicht, nicht richtig, nicht vollständig oder nicht rechtzeitig erfüllt. Gemäß **§ 21 Abs. 1a** hat die Mitteilung elektronisch in einer Form zu erfolgen, die ihre elektronische Zugänglichmachung ermöglicht, sie hat den Trust eindeutig zu bezeichnen und bei den Angaben zu Art und Umfang des wirtschaftlichen Interesses nach § 19 Abs. 1 Nr. 4 anzugeben, woraus nach § 19 Abs. 3 Nr. 2 die Stellung als wirtschaftlich Berechtigter folgt. Nach **§ 21 Abs. 1b** ist der registerführenden Stelle durch den nach § 21 Abs. 1 zur Mitteilung Verpflichteten unverzüglich mitzuteilen, wenn der Trust umbenannt/aufgelöst wurde oder nicht mehr nach § 21 Abs. 1 verpflichtet ist.

Die Aufnahme von **§ 56 Abs. 1 S. 1 Nr. 63** im GwG durch das Gesetz zur Um- 81 setzung der Änderungsrichtlinie zur 4. EU-Geldwäscherichtlinie trägt ausweislich der Gesetzesbegründung (BT-Drs. 19/13827, 107, dort noch als Nummer 55b gelistet; der RefE v. 20.5.2019 enthielt noch keine vergleichbare Norm) den Erfahrungen aus der Praxis Rechnung, denen zufolge trotz Aufforderung eine **unrichtige Mitteilung** nach § 20 Abs. 1 oder § 21 Abs. 1 teilweise **nicht berichtigt** werde. Dieses Unterlassen der Berichtigung einer solchen unrichtigen Meldung kann nunmehr sanktioniert werden.

Eine primär datenschutzrechtliche Zielrichtung hat **§ 56 Abs. 1 S. 1 Nr. 64,** 82 demzufolge eine Ordnungswidrigkeit begeht, wer die **Einsichtnahme in das Transparenzregister** nach § 23 Abs. 1 S. 1 Nr. 2 oder Nr. 3 unter Vorspiegelung falscher Tatsachen erschleicht oder sich auf sonstige Weise widerrechtlich Zugriff auf das Transparenzregister verschafft (die Regelung war vor dem 1.1.2020 in § 56 Abs. 1 S. 1 Nr. 56 verortet).

Die durch das Gesetz zur Umsetzung der Änderungsrichtlinie zur 4. EU-Geld- 83 wäscherichtlinie neu eingefügten Bußgeldtatbestände in § 56 Abs. 1 S. 1 Nr. 65 und 66 dienen zur Sanktionierung von Verstößen gegen die neu aufgenommenen Pflichten nach § 23a Abs. 1 S. 1 und Abs. 3.

Nach **§ 56 Abs. 1 S. 1 Nr. 65** handelt als Verpflichteter (die Wörter „als Verpflich- 84 teter" sind hier überflüssig und können de lege ferenda gestrichen werden) ordnungswidrig, der entgegen **§ 23a Abs. 1 S. 1** der registerführenden Stelle **Unstimmigkeiten nicht unverzüglich meldet,** die er zwischen den Angaben über die

§ 56 Abschnitt 7. Aufsicht, Zusammenarbeit, Bußgeldvorschriften, Datenschutz

wirtschaftlich Berechtigten, die im Transparenzregister zugänglich sind, und den ihnen zur Verfügung stehenden Angaben und Erkenntnissen über die wirtschaftlich Berechtigten feststellt. (Der RefE v. 20.5.2019 zum Gesetz zur Umsetzung der Änderungsrichtlinie zur 4. EU-Geldwäscherichtlinie sah anstelle der letztendlich in § 56 Abs. 1 S. 1 Nr. 65 Gesetz gewordenen Norm noch zwei Nr. 56a und 56b vor *„56a. vorsätzlich eine inhaltlich nicht richtige Mitteilung nach § 23a Absatz 1 vornimmt"* und *„56b. entgegen § 23a Absatz 1 seine Mitteilungspflicht nicht, nicht richtig, nicht vollständig oder nicht rechtzeitig erfüllt"*, was jedoch bereits im RegE v. 9.10.2019 in die finale Version *„entgegen § 23a Absatz 1 Satz 1 seine Mitteilungspflicht nicht erfüllt"* (noch als Nr. 56a) geändert wurde (BT-Drs. 19/13827)).

Obgleich eine nicht rechtzeitige Meldung (anders als in mehreren anderen Bußgeldtatbeständen) nicht explizit in § 56 Abs. 1 S. 1 Nr. 65 genannt ist, umfasst die Norm auch die Sanktionierung einer nicht unverzüglich erstatteten Mitteilung, da die Mitteilungspflicht eben unverzüglich zu erfüllen ist. § 23a Abs. 1 enthält explizit keine (neue) Prüfpflicht für Verpflichtete, sondern lediglich eine neue Meldepflicht bei Feststellung entsprechender Unstimmigkeiten (vgl. auch BT-Drs. 19/13827, 87).

85 Die registerführende Stelle hat die Unstimmigkeitsmeldung nach Abs. 1 unverzüglich zu prüfen. Hierzu kann sie von dem Erstatter der Unstimmigkeitsmeldung, der betroffenen Vereinigung nach § 20 oder der Rechtsgestaltung nach § 21 die zur Aufklärung erforderlichen Informationen und Unterlagen verlangen (§ 23a Abs. 3). Wer als Verpflichteter entgegen **§ 23a Abs. 3** (es müsste eigentlich genauer „§ 23a Abs. 3 S. 2" heißen) Informationen oder Dokumente nicht oder nicht rechtzeitig zur Verfügung stellt, handelt gemäß **§ 56 Abs. 1 S. 1 Nr. 66** ordnungswidrig.

86 § 56 Abs. 1 S. 1 Nr. 67–70 (und § 56 Abs. 2 S. 1 Nr. 6) betreffen Verstöße gegen **Anordnungen der Zentralstelle für Finanztransaktionsuntersuchungen** bzw. im Zusammenhang mit der **Erstattung von Verdachtsmeldungen.** Kenntnis von den betreffenden Zuwiderhandlungen wird hier in aller Regel nur die Zentralstelle für Finanztransaktionsuntersuchungen bekommen (hinsichtlich unterlassener Meldungen nach § 56 Abs. 1 S. 1 Nr. 69 auch Strafverfolgungs- und ggf. Aufsichtsbehörden). Diese hat die diesbezüglichen Informationen gemäß § 32 Abs. 3 S. 2 Nr. 3 von Amts wegen an die zuständige Verfolgungsbehörde (§ 56 Abs. 5 S. 1) zu übermitteln. Verstöße gegen diese Vorschriften dürften im Regelfall als besonders schwerwiegend gewertet werden.

87 **§ 56 Abs. 1 S. 1 Nr. 67** (vor dem 1.1.2020 § 56 Abs. 1 S. 1 Nr. 57) flankiert das in § 30 Abs. 3 für die Zentralstelle für Finanztransaktionsuntersuchungen geschaffene Recht, (auch) unabhängig vom Vorliegen einer Meldung Informationen von Verpflichteten einzuholen, soweit dies zur Erfüllung ihrer Aufgaben erforderlich ist. Verpflichtete haben die von der Zentralstelle für Finanztransaktionsuntersuchungen angeforderten Informationen zu übermitteln. Insofern handelt ordnungswidrig, wer entgegen **§ 30 Abs. 3** einem **Auskunftsverlangen der Zentralstelle für Finanztransaktionsuntersuchungen** nicht, nicht richtig, nicht vollständig oder nicht rechtzeitig (innerhalb der von der Zentralstelle für Finanztransaktionsuntersuchungen nach § 30 Abs. 3 S. 2 gesetzten Frist) nachkommt. Vorsätzlich falsche Auskünfte können darüber hinaus strafrechtliche Relevanz entfalten, bspw. wenn hierdurch die (wahre) Identität eines Tatverdächtigen verborgen werden oder dieser im Genuss der Früchte seiner Tat bleiben soll (bspw. § 257 StGB).

88 Auch die Möglichkeit der **Anordnung von Sofortmaßnahmen** nach § 40 Abs. 1 durch die Zentralstelle für Finanztransaktionsuntersuchungen findet einen Gegenpart in den Bußgeldvorschriften. So handelt gemäß **§ 56 Abs. 1 S. 1 Nr. 68**

Bußgeldvorschriften **§ 56**

(vor dem 1.1.2020 § 56 Abs. 1 S. 1 Nr. 58) ordnungswidrig, wer entgegen **§ 40 Abs. 1 S. 1 oder 2** einer Anordnung oder Weisung nicht, nicht rechtzeitig oder nicht vollständig nachkommt. Es ist in dem Zusammenhang unerheblich, ob die Zentralstelle für Finanztransaktionsuntersuchungen die Sofortmaßnahme von sich aus bspw. aufgrund einer Meldung nach § 43 Abs. 1 oder § 44 trifft oder aufgrund des Ersuchens einer zentralen Meldestelle eines anderen Staates (über § 40 Abs. 2). Das Nichtbefolgen einer Sofortmaßnahme bzw. das Vornehmen einer Handlung, die durch die Sofortmaßnahme untersagt wurde, kann überdies auch **strafrechtliche Relevanz** erlangen. So kann bspw. das Zulassen von Verfügungen über ein Konto oder Depot trotz Untersagung im Rahmen einer Sofortmaßnahme (§ 40 Abs. 1 S. 2 Nr. 1a)) eine Strafbarkeit wegen Geldwäsche (§ 261 StGB), Strafvereitelung (§ 258 StGB) oÄ begründen (soweit sich zumindest im Bereich des subjektiven Tatbestands im Hinblick auf den Vorsatzvorwurf auswirken).

Eine in der Praxis besonders (und zunehmend) relevante Bußgeldnorm ist **§ 56** **89** **Abs. 1 S. 1 Nr. 69** (vor dem 1.1.2020 § 56 Abs. 1 S. 1 Nr. 59). Demzufolge handelt ordnungswidrig, wer entgegen **§ 43 Abs. 1** eine **Meldung nicht, nicht richtig, nicht vollständig oder nicht rechtzeitig abgibt.** Praktische Relevanz haben hier insbesondere die Alternativen „*nicht*" und „*nicht rechtzeitig*", während die inhaltlich (nicht bloß formell, ein Verstoß gegen die Formvorschriften des § 45 ist nicht bußgeldbewehrt, vgl. ausführl. *Barreto da Rosa* → § 45 Rn. 3) *nicht richtige* Erstattung einer Meldung primär im Kontext der Nicht-Erstattung zu sehen ist und die „*nicht vollständige*" Meldung seltener Sanktionen erwarten lassen dürfte (in der Praxis werden fehlende Unterlagen in der Regel folgenlos von der Zentralstelle für Finanztransaktionsuntersuchungen oder den Strafverfolgungsbehörden nachgefordert, so dass allenfalls eine bewusst inhaltlich unvollständige Meldung für eine Sanktionierung in Frage kommen wird). Die Nichtmeldung eines Verdachtsfalles wurde erst aufgrund der Vorgabe in Art. 39 der 3. EG-Geldwäscherichtlinie (BT-Drs. 16/9038, 48) zum 21.8.2008 durch das Geldwäschebekämpfungsergänzungsgesetz in den Bußgeldkatalog des vormaligen § 17 GwG aF aufgenommen. Begründet wurde diese erstmalige Aufnahme in den Bußgeldkatalog damit, dass bereits die Richtlinie 2001/97/EG des Europäischen Parlaments und des Rates vom 4.12.2001 (2. EG-Geldwäscherichtlinie) durch Art. 14 die Mitgliedstaaten zu geeigneten Maßnahmen verpflichtet hat, um die vollständige Anwendung aller Bestimmungen der Richtlinie sicherzustellen und Verstöße gegen die auf Grund der Richtlinie erlassenen Vorschriften zu ahnden. Dazu gehört auch der Verstoß gegen die Pflicht zu Anzeige/Meldung von Verdachtsfällen. Da Deutschland wegen einer unzureichenden Umsetzung mit Schreiben vom 3.5.2006 abgemahnt worden war, wollte man nun durch die Neuaufnahme eines Bußgeldtatbestands ein Beschwerdeverfahren abwenden (*Diergarten* S. 357).

Verstöße gegen die Meldepflichten nach §§ 4–7 **GwGMeldV-Immobilien** (idF des RefE v. 20.5.2020) iVm § 43 Abs. 6, Abs. 1 GwG hinsichtlich typisierter Sachverhalte bei Erwerbsvorgängen nach § 1 GrErwStG können gleichfalls über § 56 Abs. 1 S. 1 Nr. 69 sanktioniert werden. Die GwGMeldV-Immobilien gilt hierbei explizit lediglich für Verpflichtete nach § 2 Abs. 1 Nr. 10 und 12 GwG. Ungeachtet dessen beschreiben die typisierten Sachverhalte der GwGMeldV-Immobilien bereits für sich genommen sog. „red flags" (Geldwäsche-Indikatoren) wie bspw. die Einbindung von Risikostaaten, Sanktionslistentreffer, Falschangaben im Rahmen der Identifizierung oder Ungewöhnlichkeiten bezüglich des Geschäfts selber, die bereits verstärkte Sorgfaltspflichten auslösen (§ 15 iVm Anlage 2 zum GwG), weshalb unterlassene Meldungen nach § 43 Abs. 1 zu diesen typisierten

§ 56 Abschnitt 7. Aufsicht, Zusammenarbeit, Bußgeldvorschriften, Datenschutz

Sachverhalten regelmäßig auch bei allen anderen Verpflichteten weitere (aufsichtliche) Prüfungen im Hinblick auf § 56 Abs. 1 S. 1 Nr. 69 zur Folge haben werden.

89a Vor allem die nicht oder nicht rechtzeitige Erstattung von Meldungen nach § 43 Abs. 1 bewegen sich sehr nahe an der Grenze zu der gemäß **§ 261 Abs. 5 StGB** strafbewehrten leichtfertigen Mitwirkung an einer **Geldwäschehandlung.** Für die Abgrenzung der Ordnungswidrigkeit nach ist § 56 Abs. 1 S. 1 Nr. 59 von einer strafbaren leichtfertigen Mitwirkung wird es auf den im Einzelfall schwierig festzustellenden subjektiven Tatbestand ankommen, also auf die Frage, ob der Meldepflichtige mit dem Unterlassen der Verdachtsmeldepflicht eine sich geradezu aufdrängende dubiose Quelle oder einen dubiosen Weg des Geldes verdrängt hatte oder ob er bei einer Transaktion durch eine grob fahrlässige oder (bedingt) vorsätzliche Pflichtvergessenheit von einer Verdachtsmeldung absieht (vgl. bereits *Herzog/Achtelik* → 2. Aufl. 2014, § 17 aF Rn. 9 f).

89b Die nicht rechtzeitige, dh **nicht unverzügliche, Abgabe einer Verdachtsmeldung ist der am häufigsten verfolgte Pflichtenverstoß** des § 56 Abs. 1 S. 1 Nr. 69 (bzw. der Vorgängernormen des § 17 Abs. 1 Nr. 14 GwG aF (vor dem 26. 6. 2017) respektive § 56 Abs. 1 S. 1 Nr. 59 bis zum 31. 12. 2019). Großes Aufsehen hat der Beschluss des **OLG Frankfurt a. M. vom 10. 4. 2018** (2 Ss-Owi 1059/17, BeckRS 2018, 30810) erregt (insbes. weil sich in der Folge auch die Auslegungs- und Anwendungshinweise der BaFin zum GwG (Stand Mai 2020) mehrfach darauf beziehen und der Rechtsauffassung des OLG Frankfurt a. M. aufgrund der alleinigen Zuständigkeit im Rechtsweg bei Rechtsmitteln gegen Bußgeldbescheide der BaFin besondere Bedeutung zukommt), mit dem die Verurteilung einer Geldwäschebeauftragten zu einem Bußgeld wegen nicht rechtzeitiger/unverzüglicher Erstattung einer Verdachtsmeldung bestätigt wurde (vgl. hierzu → § 43 Rn. 54 f.). Die Entscheidung ist in mehrfacher Hinsicht rechtsfehlerhaft und wurde in der Folge von verschiedenen Seiten heftig kritisiert (vgl. insbes. die ausführliche Urteilsanmerkung *Barreto da Rosa/Diergarten* NStZ 2020, 173 ff.). Es bleibt abzuwarten, wie sich AG und OLG Frankfurt a. M. künftig in vergleichbaren Fällen positionieren.

90 Ist ein Aufschub einer Transaktion, bei der Tatsachen vorliegen, die auf einen Sachverhalt nach § 43 Abs. 1 hindeuten, nicht möglich oder könnte durch den Aufschub die Verfolgung einer mutmaßlichen strafbaren Handlung behindert werden, so darf die Transaktion durchgeführt werden (§ 46 Abs. 2 S. 1). Die Meldung nach § 43 Abs. 1 ist vom Verpflichteten gemäß § 46 Abs. 2 S. 2 unverzüglich nachzuholen (sog. Eilfall-Meldung). Durch das Gesetz zur Umsetzung der Änderungsrichtlinie zur 4. EU-Geldwäscherichtlinie wurde die nicht unverzügliche Nachholung einer Meldung gemäß **§ 46 Abs. 2 S. 2** erstmalig (mit Wirkung zum 1. 1. 2020) zum Bußgeldtatbestand erhoben (**§ 56 Abs. 2 S. 1 Nr. 70**). Im Einzelfall kann die Abgrenzung zum Ordnungswidrigkeitentatbestand in § 56 Abs. 1 S. 1 Nr. 69 bei nicht unverzüglich erstatteter Verdachtsmeldung schwierig werden.

Ein Verstoß gegen die Pflicht aus **§ 46 Abs. 1 S. 1**, bis zur Durchführung einer Transaktion, wegen der eine Meldung nach § 43 Abs. 1 erfolgt ist, die in § 46 Abs. 1 S. 1 geregelte Frist (oder Zustimmung der FIU oder Staatsanwaltschaft) abzuwarten, ist nach **§ 56 Abs. 2 S. 1 Nr. 6** als Ordnungswidrigkeit eingestuft, die auch bei einfach fahrlässiger Begehung geahndet werden kann (→ Rn. 103).

91 In **§ 56 Abs. 1 S. 1 Nr. 71–74** sind schließlich vier Ordnungswidrigkeitentatbestände im Zusammenhang mit **Obliegenheiten der Verpflichteten gegenüber den jeweiligen Aufsichtsbehörden** definiert. Zu Verstößen gegen Anordnungen der Aufsichtsbehörden in Bezug auf interne Sicherungsmaßnahmen nach § 6 Abs. 9, s. § 56 Abs. 1 S. 1 Nr. 5.

Bußgeldvorschriften § 56

Während im Kontext von § 56 Abs. 1 S. 1 Nr. 71 im Bußgeldverfahren regelmäßig auch der Abschöpfung der während der Zeit der Untersagung erzielten Einnahmen eine zentrale Rolle zukommen wird (vgl. § 17 Abs. 4 S. 1 OWiG, hierzu näher → Rn. 108, 118), dürften Bußgelder nach § 56 Abs. 1 S. 1 Nr. 73 und 74 regelmäßig überdurchschnittlich hoch ausfallen, da die Verstöße gegen die damit sanktionierten Pflichten im Regelfall als schwerwiegend angesehen werden müssen. Ein Betroffener soll sich jedenfalls nicht dadurch finanzielle Vorteile verschaffen können, dass er ein Bußgeld für die Verweigerung der Erteilung von Auskünften oder Vorlage von Unterlagen oder die Nicht-Duldung einer Prüfung in Kauf nimmt, um dadurch möglicherweise die Sanktionierung zahlreicher Verstöße gegen andere geldwäscherechtliche Pflichten (ca. 50–100 Verstöße pro Geschäftsjahr gegen kundenbezogene („allgemeine") Sorgfaltspflichten bei Verpflichteten im Nichtfinanzsektor sind keine Seltenheit) zu verhindern, deren Entdeckung er damit vereitelt (sofern die Aufsichtsbehörde es dabei bewenden lässt und nicht bspw. in einem parallelen Verwaltungsverfahren die Duldung der Prüfung erwirkt).

Die BaFin kann Agenten und E-Geld-Agenten nach § 2 Abs. 1 Nr. 4 oder Unternehmen und Personen nach § 2 Abs. 1 Nr. 5 ebenso wie die Aufsichtsbehörden nach § 50 Nr. 3–7 in einer ihrer Aufsicht unterliegenden Verpflichteten die Ausübung des Geschäfts oder Berufs gemäß § 51 Abs. 5 S. 1 vorübergehend untersagen, wenn der Verpflichtete vorsätzlich oder fahrlässig gegen die Bestimmungen dieses Gesetzes, gegen die zur Durchführung dieses Gesetzes erlassenen Verordnungen oder gegen Anordnungen der zuständigen Aufsichtsbehörde verstoßen hat, trotz Verwarnung durch die zuständige Aufsichtsbehörde dieses Verhalten fortsetzt und Verstoß nachhaltig ist. Ein Verstoß gegen die **Untersagung der Ausübung des Geschäfts oder Berufs** nach **§ 51 Abs. 5** stellt eine Ordnungswidrigkeit nach **§ 56 Abs. 1 S. 1 Nr. 71** (vor dem 1.1.2020 § 56 Abs. 1 S. 1 Nr. 61) dar. 92

Im Falle des Widerrufs der Zulassung als zweite Alternative in § 51 Abs. 5 S. 1 erfüllt das Fortführen der dann nicht mehr zugelassenen Tätigkeit den jeweiligen Grundtatbestand, mit dem die betreffende Tätigkeit ohne die vorgeschriebene Zulassung sanktioniert wird.

Die für Veranstalter und Vermittler von Glücksspielen nach § 2 Abs. 1 Nr. 15 zuständige Aufsichtsbehörde kann bei Kreditinstituten oder Zahlungsinstituten und E-Geld-Instituten gemäß § 51 Abs. 7 Auskünfte zu Zahlungskonten nach § 1 Abs. 17 ZAG und zu darüber ausgeführten Zahlungsvorgängen eines Veranstalters oder Vermittlers von Glücksspielen im Internet oder eines Spielers einholen. Kommt das hierzu aufgeforderte Kreditinstitut, Zahlungsinstitut oder E-Geld-Institut dieser **Auskunftsverpflichtung nach § 51 Abs. 7** nicht, nicht richtig, nicht vollständig oder nicht rechtzeitig nach, wird der Ordnungswidrigkeitentatbestand des **§ 56 Abs. 1 S. 1 Nr. 72** verwirklicht (vor dem 1.1.2020 § 56 Abs. 1 S. 1 Nr. 62). § 51 Abs. 7 enthält kein zeitliches Element wie bspw. „unverzüglich" oder Regelungen zum Setzen einer angemessenen Pflicht zur Beantwortung des Auskunftsverlangens. Eine solche (angemessene) Fristsetzung wird im Schreiben der Aufsichtsbehörde jedoch in aller Regel enthalten sein. Hieraus ergibt sich dann jeweils das Element der Rechtzeitigkeit. 93

Nach **§ 56 Abs. 1 S. 1 Nr. 73** (vor dem 1.1.2020 § 56 Abs. 1 S. 1 Nr. 63) handelt außerdem ordnungswidrig, wer entgegen **§ 52 Abs. 1 und 6** der **Aufsichtsbehörde** a) **Auskünfte** nicht, nicht richtig, nicht vollständig oder nicht rechtzeitig **erteilt** oder b) **Unterlagen** nicht, nicht richtig, nicht vollständig oder nicht rechtzeitig **vorlegt**. Aufgrund der zentralen Bedeutung der Pflichten für die Tätigkeit 94

§ 56   Abschnitt 7. Aufsicht, Zusammenarbeit, Bußgeldvorschriften, Datenschutz

der Aufsichtsbehörden, werden Verstöße regelmäßig als schwerwiegend betrachtet und in der Folge mit hohen Bußgeldern sanktioniert werden.

Bis zur Änderung von **§ 52 Abs.** 1 (Anfügung von *„Im Rahmen der Pflicht nach Satz 1 Nummer 2 hat der Verpflichtete der Behörde die vorzulegenden Unterlagen im Original, in Form von Kopien oder in digitaler Form auf elektronischem Wege oder auf einem digitalen Speichermedium zur Verfügung zu stellen."*) und der Neuschaffung von **Abs. 6,** flankiert von der Ergänzung der bisherigen Bußgeldnorm in § 56 Abs. 1 S. 1 Nr. 73 (zuvor Nr. 63) durch die Worte *„und 6"* nach *„Absatz 1"* und die Ziffer b) *„Unterlagen nicht, nicht richtig, nicht vollständig oder nicht rechtzeitig vorlegt"* durch das Gesetz zur Umsetzung der Änderungsrichtlinie zur 4. EU-Geldwäscherichtlinie war die Pflicht, entsprechende Unterlagen vorzulegen, nicht sanktioniert (vgl. in der Vorauflage die Ausführungen → 3. Aufl. 2018, § 56 Rn. 60). Durch die vorgenommenen Änderungen handelt nunmehr auch ordnungswidrig, wer Unterlagen nicht, nicht richtig, nicht vollständig oder nicht rechtzeitig vorlegt (vgl. auch BT-Drs. 19/13827, 107, wo es undifferenziert heißt, die Änderung der Bußgeldvorschrift diene der *„Durchsetzung der neu in § 52 Absatz 1 und 6 aufgenommenen Pflichten"* – die Buchstaben a und b beziehen sich mithin nicht getrennt auf § 52 Abs. 1 (Buchst. a) und § 52 Abs. 6 (Buchst. b)).

Durch das Gesetz zur Umsetzung der Änderungsrichtlinie zur 4. EU-Geldwäscherichtlinie wurde in § 52 Abs. 1 ein S. 2 neu eingefügt, demzufolge der Verpflichtete der Aufsichtsbehörde die vorzulegenden Unterlagen im Original, in Form von Kopien oder in digitaler Form auf elektronischem Wege oder auf einem digitalen Speichermedium zur Verfügung zu stellen. Durch die undifferenzierte Erfassung von § 52 Abs. 1 durch § 56 Abs. 1 S. 1 Nr. 73 wird mithin auch ein Verstoß gegen diese Formvorschriften des S. 2 in § 52 Abs. 1 erfasst. Auch wenn kaum eine nicht von diesen Formvorschriften erfasste Form der Vorlage denkbar ist, bleibt nicht ohne jeglichen Zweifel, ob eine nicht diesen Formvorschriften entsprechende Vorlage der (wohl einzig in Frage kommenden) Alternative der nicht richtigen Vorlage von Unterlagen unterfällt, da diese (angesichts der erst nachträglich eingefügten Formvorschriften) auf eine Vorlage inhaltlich nicht richtiger Unterlagen beziehen dürfte. In der Praxis dürfte diese Fragestellung indessen von untergeordneter Bedeutung bleiben.

95   Letztendlich handelt auch ordnungswidrig gemäß **§ 56 Abs. 1 S. 1 Nr. 74,** wer entgegen **§ 52 Abs. 3** eine **Prüfung** nach § 52 Abs. 2 iVm § 51 Abs. 3 **nicht duldet** (vor dem 1.1.2020 § 56 Abs. 1 S. 1 Nr. 64). Beim Vergleich der Formulierungen von § 56 Abs. 1 S. 1 Nr. 74 und der Bezugsnorm des § 52 Abs. 3 fällt zunächst auf, dass in erster von *„Prüfung"* die Rede ist, während in zweiter der Begriff *„Maßnahmen"* enthalten ist. Die unterschiedliche Terminologie hat jedoch keine Auswirkungen (gar im Hinblick auf das Bestimmtheit der Bußgeldvorschrift), da sich ohne weiteres erkennen lässt, welche Verhalten bußgeldbewehrt ist. Im Rahmen der aufsichtlichen Prüfungen dürfen die Bediensteten der Aufsichtsbehörde (und die sonstigen Personen, derer sich die zuständige Aufsichtsbehörde bei der Durchführung der Prüfungen bedient) die Geschäftsräume des Verpflichteten innerhalb der üblichen Betriebs- und Geschäftszeiten betreten und besichtigen. Wer eine Prüfung und in diesem Rahmen das Betreten und Besichtigen seiner Geschäftsräume innerhalb der üblichen Betriebs- und Geschäftszeiten nicht duldet, begeht mithin eine Ordnungswidrigkeit. Auch hier gilt, dass aufgrund der zentralen Bedeutung der Möglichkeit der Prüfung nach § 52 Abs. 2 iVm § 51 Abs. 3 für die Aufsichtsbehörden Verstöße regelmäßig als schwerwiegend betrachtet und in der Folge mit hohen Bußgeldern sanktioniert werden.

III. Ordnungswidrigkeitenkatalog für vorsätzliche oder fahrlässige Pflichtenverstöße (Abs. 2)

1. Vorbemerkungen

Abs. 2 sanktioniert Verstöße gegen *„essentielle geldwäscherechtliche Grundpflichten"* **96** (BT-Drs. 19/15196, 50) bei vorsätzlichem oder bereits einfach fahrlässigem Verhalten (womit erst recht auch leichtfertige Verstöße weiterhin erfasst sind). Die Norm wurde durch das **Gesetz zur Umsetzung der Änderungsrichtlinie zur 4. EU-Geldwäscherichtlinie** (BGBl. 2019 I S. 2602) neu in § 56 eingefügt. Die Sanktionierung auch einfach fahrlässig begangener Verstöße gegen GwG-Pflichten war dabei im Gesetzgebungsverfahren höchst umstritten. Eine Sanktionierung fahrlässigen Handelns wird weder von der 4. EU-Geldwäscherichtlinie (auch nicht in der Form der Änderungsrichtlinie) gefordert, noch von der FATF.

Bereits der **RefE** eines Gesetzes zur Umsetzung der Änderungsrichtlinie zur 4. EU-Geldwäscherichtlinie vom 20.5.2019 (Ziff. 42a) aa)) beabsichtigte, generell sämtliche Verstöße gegen Pflichten nach dem GwG durch Ersetzung des Wortes *„leichtfertig"* durch *„fahrlässig"* in § 56 Abs. 1 S. 1 auch bei einfacher Fahrlässigkeit *„aus Gründen der effektiven Aufsicht gemäß den Richtlinienvorgaben"* (RefE vom 20.5.2019 S. 53) zu sanktionieren. In der Begründung wurde ausgeführt, die Unterscheidung zwischen Leichtfertigkeit und Fahrlässigkeit werde zur *„Ermöglichung einer effizienten Aufsicht und zur wirksamen Sanktionierung von Verstößen"* aufgegeben. Eine Abgrenzung zwischen Leichtfertigkeit, also grober Fahrlässigkeit, und einfacher Fahrlässigkeit sei bei den betroffenen Tatbeständen oftmals schwierig und die Differenzierung mit den ausdifferenzierten europarechtlichen Sanktionsvorgaben nicht vereinbar (RefE vom 20.5.2019 S. 106).

Wohl auch aufgrund heftiger Kritik in diversen Stellungnahmen zum RefE war die geplante Änderung im **RegE** vom 29.7.2019 und dem **Gesetzentwurf** vom 19.10.2019 (BT-Drs. 19/13827, 32) nicht mehr enthalten. Hiergegen richteten sich die **Einwendungen des Bundesrats**, der beantragte, die im RefE enthaltene Änderung von *„leichtfertig"* in *„fahrlässig"* beizubehalten (BT-Drs. 19/13827, 140; BR-Drs. 352/19, 30). Der Nachweis und die Abgrenzung von grober und leichter Fahrlässigkeit sei für die Aufsichtsbehörden nur schwer möglich; mit dem Wegfall werde die Arbeit erleichtert und auch nachvollziehbarer. Das diene der Rechtsklarheit und somit auch den Betroffenen (BT-Drs. 19/13827, 140). Die **Bundesregierung** lehnte den Vorschlag mit der Begründung ab, es habe sich im Rahmen der ausführlichen Prüfung gezeigt, dass eine derartige pauschale Absenkung des Verschuldensmaßstabs nicht sachgerecht und rechtlichen Bedenken ausgesetzt wäre (BT-Drs. 19/13827, 151). Auch der **Änderungsantrag 7 der Fraktion DIE LINKE** (s. Bericht des Finanzausschusses v. 14.11.2019, BT-Drs. 19/15196, 34), die Änderung des RefE beizubehalten (ua wurde ergänzend damit argumentiert, dass der im RefE vorgeschlagene Fahrlässigkeitsmaßstab dem üblicherweise geltenden Fahrlässigkeitsmaßstab bei Ordnungswidrigkeiten im Gewerberecht und im Recht der Finanzmarktregulierung entspräche), sowie ein entgegengesetzter Antrag der **FDP-Fraktion**, ferner in künftigen Entwürfen zur Änderung des GwG von Absenkungen der bestehenden Verschuldensmaßstäbe abzusehen, da dies zu erheblichen Schwierigkeiten bei der Benennung von Geldwäschebeauftragten bei den Verpflichteten führen würde (BT-Drs. 19/15196, 39), scheiterten.

§ 56 Abschnitt 7. Aufsicht, Zusammenarbeit, Bußgeldvorschriften, Datenschutz

Die letztlich eingeführte differenzierende Lösung mit der Einführung des Verschuldensmaßstabs der Fahrlässigkeit nur für einige ausgewählte Tatbestände (BR-Drs. 19/598, 31) geht auf den **Bericht des Finanzausschusses** (7. Ausschuss) vom 14.11.2019 zurück (BT-Drs. 19/15196, 50; BT-Drs. 19/15163, 69). Bezug genommen wurde wiederum auf die Ermöglichung einer effizienten Aufsicht und wirksamen Sanktionierung von Verstößen gegen die bestimmten in Abs. 2 genannten Pflichten. Eine Abgrenzung des Verschuldensmaßstabs zwischen Leichtfertigkeit, grober Fahrlässigkeit und einfacher Fahrlässigkeit sei bei Verstößen gegen einige Tatbestände fließend und rechtssichere Nachweise besonders hoher Verschuldensgrade wie zB der Leichtfertigkeit sind in der Rechtspraxis häufig nicht oder schwer erbringbar. Diese praktischen Hemmnisse führten nach Ansicht des Finanzausschusses zu einer Ineffektivität und mangelnder Abschreckungswirkung der bestehenden Bußgeldtatbestände, weshalb sie mit den ausdifferenzierten europarechtlichen Sanktionsvorgaben und auch den Standards der Financial Action Task Force nicht vereinbar seien, die ein System klarer, effektiver und abschreckender Sanktionen fordern. Die *„unter Absatz 2 aufgeführten Verstöße lassen sich trennscharf zu anderen Verschuldensgraden fahrlässig verwirklichen und nachweisen",* so die vertretene Ansicht (BT-Drs. 19/15196, 49).

Abgesehen davon, dass die Behauptung, eine Absenkung des Vorsatzgrades von Leichtfertigkeit auf Fahrlässigkeit erforderlich sei, um eine effiziente Aufsicht zu ermöglichen, Fragen aufwirft, ob hier wirklich die richtige Begründung für dieses Vorhaben gefunden wurde (es ist tägliche Praxis der Aufsichts- und Strafverfolgungsbehörden diese Unterscheidung zu treffen, auch hat die Rspr. weder mit Blick auf den Rechtsumstandsirrtum noch den einfachen Sachumstandsirrtum (jeweils nach § 16 Abs. 1 StGB) noch mit Blick auf Konstellationen der Interaktion zwischen mehreren Handelnden Schwierigkeiten, leichtfertiges von einfach fahrlässigem Handeln abzugrenzen, vgl. *Steinberg* ZStW 2019, 888 (966)), scheint zweifelhaft, ob sich die in Abs. 2 aufgeführten Verstöße tatsächlich trennscharf zu anderen Verschuldensgraden fahrlässig verwirklichen und nachweisen lassen. Die meisten der von Abs. 2 erfassten Fälle werden in der Praxis kaum lediglich einfach fahrlässig begangen werden (vgl. insbes. § 56 Abs. 2 S. 1 Nr. 1, 2, 4 und 7). Lediglich die von Abs. 2 erfassten Pflichtenverstöße gegen § 15 Abs. 9 iVm § 15 Abs. 3 Nr. 2 und gegen § 46 Abs. 1 (§ 56 Abs. 2 S. 1 Nr. 5 und 6) sowie das nicht rechtzeitige Nachkommen einer vollziehbaren Anordnung nach § 7 Abs. 3 (§ 56 Abs. 2 Nr. 3) können im „Massenbetrieb" des Tagesgeschäfts der Geldwäschecompliance einfach fahrlässig begangen werden (Flüchtigkeitsfehler/Büroversehen). Die individuelle Vorwerfbarkeit bzw. das individuelle Verschulden im konkreten Fall wird hier in der Gesamtbewertung im Rahmen des Opportunitätsprinzips (vgl. → Rn. 3) letztlich über eine Sanktionierung entscheiden, so dass die tatsächlichen Auswirkungen der Neuregelung überschaubar bleiben dürften. Ungeachtet dessen ist aufgrund der Bedeutung der jeweiligen Pflichten davon auszugehen, dass Verstöße regelmäßig als schwerwiegend betrachtet und in der Folge mit hohen Bußgeldern sanktioniert werden.

Zu kritisieren ist jedenfalls, dass die letztlich vorgenommene Lösung (auch wenn sie insgesamt vertretbar erscheint) erst kurz vor Abschluss des Gesetzgebungsverfahrens vorgenommen wurde und somit keine Möglichkeiten mehr bestanden, hierzu Stellungnahmen abzugeben.

97 In der Folge der differenzierenden Neuregelung wurde der Bußgeldrahmen in diesem Zusammenhang angepasst (s. Abs. 2 S. 2) und ist nunmehr gestaffelt nach Vorsatz, Leichtfertigkeit oder Fahrlässigkeit; in Abs. 3 wird klargestellt, dass der er-

Bußgeldvorschriften **§ 56**

höhte Bußgeldrahmen bei einem schwerwiegenden, wiederholten oder systematischen Verstoß nur für eine vorsätzliche oder leichtfertige Begehung Anwendung findet.

2. Die Bußgeldtatbestände (Nr. 1–7)

Ordnungswidrig gemäß § 56 Abs. 2 S. 1 Nr. 1 handelt, wer vorsätzlich oder fahrlässig entgegen § 4 Abs. 3 S. 1 kein **Mitglied der Leitungsebene** benennt, das verantwortlich ist für das Risikomanagement sowie für die Einhaltung der geldwäscherechtlichen Bestimmungen in diesem und anderen Gesetzen sowie in den aufgrund dieses und anderer Gesetze ergangenen Rechtsverordnungen (bis zum 31.12.2019 war die Vorschrift in § 56 Abs. 1 S. 1 Nr. 1 verortet und nur bei vorsätzlicher oder leichtfertiger Begehungsweise bußgeldbewehrt). Bei Ein-Mann-Güterhändlern gilt dieser selbst als Leitungsebene und ist somit verantwortlich iSd § 4 Abs. 3 (BT-Drs. 18/11555, 109). Das benannte Mitglied der Leitungsebene muss der Aufsichtsbehörde nicht mitgeteilt werden. die Funktion ist aber festzulegen und auszufüllen. 98

Derjenige Verpflichtete nach § 2 Abs. 1 Nr. 1–3, 6, 7, 9 und 15, der entgegen **§ 7 Abs. 1** keinen **Geldwäschebeauftragten** auf Führungsebene und keinen Stellvertreter (oder keinen von beiden) bestellt, handelt ordnungswidrig gemäß **§ 56 Abs. 2 S. 1 Nr. 2** (vor dem 1.1.2020: § 56 Abs. 1 S. 1 Nr. 7). Durch die Bezugnahme auf § 7 Abs. 1 insgesamt ist mithin auch bußgeldbewehrt, wenn der Geldwäschebeauftragte nicht auf Führungsebene bestellt wurde oder der Geschäftsleitung nicht unmittelbar nachgeordnet ist. 99

Das Nichtnachkommen oder nicht rechtzeitige Befolgen einer vollziehbaren **Anordnung der Aufsichtsbehörde** zur Bestellung eines Geldwäschebeauftragten nach **§ 7 Abs. 3** erfüllt den Ordnungswidrigkeitentatbestand des **§ 56 Abs. 2 S. 1 Nr. 3** (zuvor § 56 Abs. 1 S. 1 Nr. 8). Ein Verstoß gegen eine solche Anordnung der Aufsichtsbehörde wird regelmäßig als besonders gewichtiger Pflichtverstoß gewertet werden und zu einem hohen Bußgeld führen. 100

Gemäß **§ 56 Abs. 2 S. 1 Nr. 4** handelt ordnungswidrig, wer vorsätzlich oder fahrlässig entgegen **§ 9 Abs. 1 S. 2, auch in Verbindung mit § 9 Abs. 4,** keinen **Gruppengeldwäschebeauftragten** bestellt (die Norm war im RefE eines Gesetzes zur Umsetzung der Änderungsrichtlinie zur 4. EU-Geldwäscherichtlinie v. 20.5.2019 noch als Nr. 11a geplant). Konkret ist die Pflicht zur Bestellung eines Geldwäschebeauftragten, der für die Erstellung einer gruppenweiten Strategie zur Verhinderung von Geldwäsche und Terrorismusfinanzierung sowie für die Koordinierung und Überwachung ihrer Umsetzung zuständig ist, in § 9 Abs. 1 S. 2 Nr. 2 enthalten, was de lege ferenda in § 56 Abs. 2 Nr. 4 klargestellt werden sollte. Ein Verstoß gegen die sonstigen Pflichten des § 9 Abs. 1 S. 2 wird durch § 56 Abs. 1 S. 1 Nr. 8 (bei vorsätzlicher oder leichtfertiger Begehung) sanktioniert. 101

Während das GwG bis zum Inkrafttreten des Gesetzes zur Umsetzung der Änderungsrichtlinie zur 4. EU-Geldwäscherichtlinie (BGBl. 2019 I S. 2602) zum 1.1.2020 in der Bußgeldbestimmung des § 56 Abs. 1 S. 1 Nr. 26 GwG aF) noch pauschal (ua) auf § 15 Abs. 9 verwies (§ 56 Abs. 1 S. 1 Nr. 26 GwG aF), wird seit der Neufassung differenziert: Wer entgegen (§ 10 Abs. 9, § 14 Abs. 3 oder) § 15 Abs. 9 in Verbindung mit § 15 Abs. 3 **Nr. 1, 3 und 4** die Geschäftsbeziehung begründet, fortsetzt, sie nicht kündigt oder nicht auf andere Weise beendet oder die Transaktion durchführt, begeht (wiederum nur bei vorsätzlicher oder leichtfertiger Begehungsweise) eine Ordnungswidrigkeit nach § 56 Abs. 1 S. 1 Nr. 25. Wer entgegen § 15 Abs. 9 in 102

Verbindung mit **§ 15 Abs. 3 Nr. 2** (eine Geschäftsbeziehung oder Transaktion, an der ein **Drittstaat mit hohem Risiko** oder eine in diesem Drittstaat ansässige natürliche oder juristische Person beteiligt ist; zum genauen Wortlaut inkl. Ausnahmen s. § 15 Abs. 3 Nr. 2) die Geschäftsbeziehung begründet, fortsetzt, sie nicht kündigt oder nicht auf andere Weise beendet oder die Transaktion durchführt, kann nach **§ 56 Abs. 2 S. 1 Nr. 5** (bei vorsätzlicher oder fahrlässiger Begehung) sanktioniert werden.

103 Durch das Gesetz zur Umsetzung der Änderungsrichtlinie zur 4. EU-Geldwäscherichtlinie (BGBl. 2019 I S. 2602) wurde das vorsätzliche oder fahrlässige Durchführen einer Transaktion entgegen **§ 46 Abs. 1 S. 1** (sog. Fristfallregelung) erstmalig als Ordnungswidrigkeit definiert (**§ 56 Abs. 2 S. 1 Nr. 6**). Hierdurch sollen Verstöße gegen die Pflicht, mit der Durchführung einer Transaktion, wegen der eine Meldung nach § 43 Abs. 1 erfolgt ist, bis zur Zustimmung durch die FIU oder die Staatsanwaltschaft oder zum Ablauf der in § 46 Abs. 1 S. 1 geregelten Frist zu warten, ahnden zu können (BT-Drs. 19/13827, 107, wo die Regelung noch als § 56 Abs. 1 S. 1 Nr. 59a vorgesehen war). Die Durchführung verdächtiger Transaktionen, insbesondere solcher, wegen der der Verpflichtete sogar eine Verdachtsmeldung erstattet hat, wird sich regelmäßig nahe am Bereich strafbaren Verhaltens bewegen. Insbesondere kommen hier **leichtfertige Geldwäsche** nach § 261 Abs. 5 StGB oder Beihilfe zur Geldwäsche in Betracht.

104 § 56 Abs. 2 S. 1 Nr. 7 (zuvor § 56 Abs. 1 S. 1 Nr. 60) sanktioniert das sog. „Tipping-off", dh dass ordnungswidrig handelt, wer vorsätzlich oder fahrlässig entgegen **§ 47 Abs. 1 in Verbindung mit Abs. 2** den Vertragspartner, den Auftraggeber oder einen Dritten in Kenntnis setzt von einer beabsichtigten oder erstatteten Meldung nach § 43 Abs. 1, einem Ermittlungsverfahren, das aufgrund einer Meldung nach § 43 Abs. 1 eingeleitet worden ist, oder einem Auskunftsverlangen nach § 30 Abs. 3 S. 1. Zum Begriff des „*in Kenntnis setzen*", dh der Zugänglichmachung der betreffenden Informationen, vgl. die Anmerkungen zu → § 47 Rn. 5.

Sofern eine Informationsweitergabe an Vertragspartner, Auftraggeber oder einen Dritten dazu führt, dass sich diese bspw. der Strafverfolgung durch Flucht entziehen oder Vermögenswerte beiseiteschaffen und die Einziehung vereiteln, kann hierdurch auch der Straftatbestand der **Strafvereitelung** (§ 258 StGB) erfüllt werden.

3. Bußgeldrahmen bei Ordnungswidrigkeiten nach Abs. 2

105 § 56 Abs. 2 S. 2 enthält in einem abgestuften System je nach subjektiver Vorwerfbarkeit verschiedene Bußgeldrahmen für Ordnungswidrigkeiten nach § 56 Abs. 2 S. 1. So kann eine Ordnungswidrigkeit nach Abs. 2 bei vorsätzlicher Begehung mit einer Geldbuße bis zu einhundertfünfzigtausend Euro, bei leichtfertiger Begehung mit einer Geldbuße bis zu einhunderttausend Euro, im Übrigen, dh bei einfach fahrlässiger Begehung, mit einer Geldbuße bis zu fünfzigtausend Euro geahndet werden (eine Gesamtübersicht ist unter → Rn. 106a enthalten).

IV. Bußgeldrahmen bei vorsätzlich oder leichtfertig begangenen schwerwiegenden, wiederholten oder systematischen Verstößen (Abs. 3)

1. Vorbemerkungen

Durch das **Gesetz zur Umsetzung der 4. EU-Geldwäscherichtlinie** (BGBl. 2017 I S. 1822) wurden die Bußgeldrahmen für Verstöße gegen geldwäscherechtliche Pflichten im Vergleich zur vormaligen Rechtslage (s. § 17 Abs. 2 GwG aF) deutlich erhöht. Nach Auffassung der Bundesregierung kommt bei Geldwäsche *„der Abschreckung und der Sanktionierung von Verstößen gegen das Geldwäschegesetz eine besondere Rolle zu"* (BT-Drs. 19/2449, 7). Entsprechend Erwägung 56 der 4. EU-Geldwäscherichtlinie, demzufolge die Sanktionen und Maßnahmen ausreichend breit gefächert sein sollten, damit die Mitgliedstaaten und die zuständigen Behörden den Unterschieden zwischen Verpflichteten, insbesondere zwischen Kreditinstituten und Finanzinstituten und anderen Verpflichteten, was ihre Größe, Merkmale und Art der Geschäftstätigkeit anbelangt, Rechnung tragen können, wurde in § 56 zunächst ein **mehrstufiges System** eingeführt: Auf der **ersten Stufe** blieb es bei dem vormaligen maximalen Bußgeldrahmen von einhunderttausend Euro (§ 56 Abs. 3 GwG aF). Im Falle schwerwiegender, wiederholter oder systematischer Verstöße waren auf einer **zweiten Stufe** Geldbußen bis zu einer Million Euro möglich oder Geldbußen bis zum Zweifachen des aus dem Verstoß gezogenen wirtschaftlichen Vorteils (§ 56 Abs. 2 S. 1 GwG aF; wobei der wirtschaftliche Vorteil, der erzielte Gewinne und vermiedene Verluste umfasst, geschätzt werden kann, vgl. § 56 Abs. 2 S. 2 GwG aF, nun § 56 Abs. 3 S. 2). Auf einer **dritten Stufe** können über S. 1 hinaus gegenüber Verpflichteten aus dem Finanzsektor Geldbußen bis zu fünf Millionen Euro oder zehn Prozent des Gesamtumsatzes (bei juristischen Personen und Personenvereinigungen, § 56 Abs. 2 S. 3 und 4 GwG aF, jetzt § 56 Abs. 3 S. 3 und 4) bzw. Geldbußen bis zu fünf Millionen Euro (bei natürlichen Personen) verhängt werden (§ 56 Abs. 2 S. 5 GwG aF, jetzt § 56 Abs. 3 S. 5).

Mit dem **Gesetz zur Umsetzung der Änderungsrichtlinie zur 4. EU-Geldwäscherichtlinie** (BGBl. 2019 I S. 2602) wurde aufgrund der Einfügung des neuen Abs. 2 zu den besonderen Ordnungswidrigkeiten der vormalige Abs. 2 zum neuen Abs. 3. Inhaltlich wurde hierbei lediglich aufgrund der neu geschaffenen Sanktionierung von auch bloß fahrlässig begangenen Pflichtverstößen in Abs. 2 ergänzend klargestellt, dass der erhöhte Bußgeldrahmen bei einem schwerwiegenden, wiederholten oder systematischen Verstoß nur für eine vorsätzliche oder leichtfertige Begehung Anwendung findet. Durch die Aufnahme von Ordnungswidrigkeitentatbeständen bei einfach fahrlässiger Begehung in Abs. 2 wurde letztlich eine weitere Stufe eingefügt – für fahrlässig begangene Pflichtverstöße gilt ein Bußgeldrahmen bis zu fünfzigtausend Euro (Abs. 2 S. 2).

Übersichtlich dargestellt gilt damit folgende **grundsätzliche Abstufung:**
1. fahrlässiger Pflichtverstoß nach Abs. 2: Geldbuße bis 50.000 Euro (s. Abs. 2 S. 2)
2. leichtfertiger Pflichtverstoß nach Abs. 1 oder Abs. 2: Geldbuße bis 100.000 Euro (s. Abs. 1 S. 2 und Abs. 2 S. 2)
3. vorsätzlicher Pflichtverstoß nach Abs. 1 oder Abs. 2: Geldbuße bis 150.000 Euro (s. Abs. 1 S. 2 und Abs. 2 S. 2)

§ 56 Abschnitt 7. Aufsicht, Zusammenarbeit, Bußgeldvorschriften, Datenschutz

4. vorsätzlicher oder leichtfertiger schwerwiegender, wiederholter oder systematischer Pflichtenverstoß nach Abs. 1 oder Abs. 2: Geldbuße bis zu 1.000.000 Euro oder bis zum Zweifachen des aus dem Verstoß gezogenen wirtschaftlichen Vorteils (s. Abs. 3 S. 1)
5. vorsätzlicher oder leichtfertiger schwerwiegender, wiederholter oder systematischer Pflichtenverstoß nach Abs. 1 oder Abs. 2 durch Verpflichtete aus dem Finanzsektor, die natürliche Personen sind: Geldbuße bis zu 5.000.000 Euro oder bis zum Zweifachen des aus dem Verstoß gezogenen wirtschaftlichen Vorteils (s. Abs. 3 S. 5)
6. vorsätzlicher oder leichtfertiger schwerwiegender, wiederholter oder systematischer Pflichtenverstoß nach Abs. 1 oder Abs. 2 durch Verpflichtete aus dem Finanzsektor, die juristische Personen sind: Geldbuße bis zu 5.000.000 Euro oder bis zu 10 Prozent des Gesamtumsatzes, den die juristische Person oder die Personenvereinigung im Geschäftsjahr, das der Behördenentscheidung vorausgegangen ist, erzielt hat (s. Abs. 3 S. 3 und 4)

Dabei ist zu beachten, dass im konkreten Einzelfall sehr wohl höhere Geldbußen bei Verstößen auf niedrigerer Stufe gegenüber solchen auf höherer Stufe verhängt werden können, da in die individuelle Bußgeldzumessung zahlreiche weitere Kriterien einfließen (vgl. näher im Folgenden unter → Rn. 113 ff.).

2. Bußgeldrahmen gegenüber Verpflichteten aus dem Nicht-Finanzsektor (S. 1 und 2)

107 Abs. 3 S. 1 dient der Umsetzung von Art. 59 Abs. 1 und Abs. 2 lit. e der 4. EU-Geldwäscherichtlinie. Der deutsche Gesetzgeber hat sich hierbei an die Mindestanforderungen gehalten (die europarechtliche Vorgabe verlangte *„maximale Geldbußen in mindestens zweifacher Höhe der infolge des Verstoßes erzielten Gewinne, soweit sich diese beziffern lassen, oder von mindestens 1.000.000 EUR"*). Gemäß § 56 Abs. 3 S. 1 können vorsätzliche oder leichtfertige Verstöße nach den Abs. 1 oder 2 mit einer Geldbuße bis zu einer Million Euro oder mit einer Geldbuße bis zum Zweifachen des aus dem Verstoß gezogenen wirtschaftlichen Vorteils sanktioniert werden, wenn es sich um **schwerwiegende, wiederholte oder systematische Verstöße** (oder eine Kombination davon, vgl. Art. 59 Abs. 1 der 4. EU-Geldwäscherichtlinie) handelt. Die Vorgaben der 4. EU-Geldwäscherichtlinie zur Sanktionierung von Zuwiderhandlungen mit Geldbußen in der genannten Höhe beschränken sich dabei „zumindest" auf schwerwiegende, wiederholte oder systematische Verstöße gegen Sorgfaltspflichten gegenüber Kunden, Bestimmungen iZm Verdachtsmeldungen, zur Aufbewahrung von Aufzeichnungen oder internen Kontrollen. Der deutsche Gesetzgeber hat sich hier indessen (im Rahmen des Zulässigen) für eine einheitliche Lösung entschieden. Der Bußgeldrahmen gilt nicht nur für die Tatbestände, die nach der 4. EU-Geldwäscherichtlinie entsprechend zu sanktionieren sind, sondern auch für alle anderen Tatbestände, da insoweit kein Unterschied im Unrechtsgehalt festzustellen sei (vgl. BT-Drs. 18/11555, 164).

108 **Schwerwiegend** ist ein Verstoß gegen die Pflichten dieses Gesetzes, wenn er im Rahmen einer Gesamtabwägung als gravierend zu bewerten ist. **Wiederholt** ist ein Verstoß, wenn er mehr als einmal begangen wird. **Systematisch** ist ein Verstoß, wenn er einem Muster folgt (BT-Drs. 18/11555, 164). Insbesondere schwerwiegende, wiederholte und/oder systematische Verstöße können zudem im Einzelfall bereits strafrechtliche Relevanz entwickeln.

Abs. 3 S. 2 stellt fest, dass der **wirtschaftliche Vorteil** erzielte Gewinne und 109 vermiedene Verluste umfasst und geschätzt werden kann. Die Regelung des Abs. 2 S. 2 iVm S. 1 Nr. 2 entspricht dem Gedanken der Gewinnabschöpfung gemäß § 17 Abs. 4 OWiG. Dem Täter soll aus der OWi kein rechtswidriger Vermögensvorteil verbleiben, dh es soll verhindert werden, dass sich die OWi für ihn letztlich finanziell lohnt (vgl. hierzu näher → Rn. 119). Die Gewinnabschöpfung per Geldbuße vereinfacht die Rechtsanwendung (*Gürtler* in Göhler OWiG Vor § 29 a Rn. 1). Der Begriff des wirtschaftlichen Vorteils erfordert in dem Zusammenhang eine Saldierung, in deren Rahmen von den durch die OWi erlangten wirtschaftlichen Zuwächsen die Kosten und sonstigen Aufwendungen des Betroffenen abzuziehen sind (*Gürtler* in Göhler OWiG § 17 Rn. 38, 40 ff.). Anders als bei der Einziehung des Wertes von Taterträgen nach § 29 a OWiG gilt mithin das **Nettoprinzip.**

Gemäß Abs. 3 S. 2 ist zudem die Möglichkeit der **Schätzung** eröffnet (entspre- 110 chende Regelungen finden sich bspw. auch in § 29 a Abs. 3 S. 1 OWiG und § 73 d Abs. 2 StGB, wenn auch im Zusammenhang mit Einziehungsvorschriften). Ist der wirtschaftliche Vorteil mit verhältnismäßigem Aufwand (ggf. durch Hinzuziehung eines Sachverständigen) zu berechnen, ist einer Berechnung jeweils der Vorzug zu geben. Die tragenden Grundlagen für die Schätzung müssen (jedenfalls in der gerichtlichen Entscheidung) angegeben werden, um dem Rechtsbeschwerdegericht die Möglichkeit der Nachprüfung zu geben (OLG Hamm wistra 2003, 238; *Gürtler* in Göhler OWiG § 17 Rn. 45).

3. Bußgeldrahmen gegenüber Verpflichteten aus dem Finanzsektor (S. 3–5)

Hinsichtlich der Verpflichteten aus dem Finanzsektor, gegen die höhere Bußgel- 111 der verhängt werden können, unterscheidet der Gesetzgeber zwischen juristischen Personen oder Personenvereinigungen (Abs. 3 S. 3 und 4) und natürlichen Personen (Abs. 3 S. 5). Diese höheren Bußgeldrahmen sind im Hinblick auf die wirtschaftliche und gesellschaftspolitische Bedeutung der Einhaltung der geldwäscherechtlichen Pflichten und das gesteigerte Bedürfnis nach Schutz vor wiederholtem, gravierenden oder systematischen schuldhaftem Verhalten im Finanzsektor gerechtfertigt (BT-Drs. 18/11555, 164). Angesichts dessen, dass ein Bußgeld in Höhe von zehn Prozent des Gesamtumsatzes regelmäßig existenzbedrohende Konsequenzen hätte, wird man diese Höchstbetragsgrenze ungeachtet der Wahrscheinlichkeit einer tatsächlichen Verhängung eines Bußgeldes in dieser Höhe vor allem auch unter negativ general-präventiven Gesichtspunkten sehen müssen.

Gegenüber Verpflichteten aus dem Finanzsektor iSd § 2 Abs. 1 Nr. 1–3 und 112 6–9, die **juristische Personen oder Personenvereinigungen** sind, kann nach **Abs. 3 S. 3 und 4** über S. 1 hinaus bei einem schwerwiegenden, wiederholten oder systematischen Verstoß ein Bußgeld bis zu fünf Millionen Euro oder zehn Prozent des Gesamtumsatzes, den die juristische Person oder Personenvereinigung im der Behördenentscheidung vorausgegangenen Geschäftsjahr erzielt hat, verhängt werden (es gilt hier der im Einzelfall bestehende höhere Rahmen, dh wenn bspw. 10% des Gesamtumsatzes einen höheren Betrag als 5.000.000 Euro ergeben, so darf das Bußgeld bis zu 10% des Gesamtumsatzes betragen, auch wenn dieser Betrag über 5.000.000 Euro liegt). Diese Wahlmöglichkeit setzt Art. 59 Abs. 3 lit. a der 4. EU-Geldwäscherichtlinie um und soll die Möglichkeiten der Aufsichtsbehörden verbessern, im Einzelfall angemessene, effektive und gleichzeitig verhältnismäßige Sanktionen zu verhängen.

§ 56 Abschnitt 7. Aufsicht, Zusammenarbeit, Bußgeldvorschriften, Datenschutz

113 Gegenüber Verpflichteten nach § 2 Abs. 1 Nr. 1–3 und 6–9, die **natürliche Personen** sind, kann nach **Abs. 2 S. 5** über S. 1 hinaus bei einem schwerwiegenden, wiederholten oder systematischen Verstoß eine Geldbuße bis zu fünf Millionen Euro verhängt werden.

V. Bemessung der Geldbuße

114 Art. 60 Abs. 4 der 4. EU-Geldwäscherichtlinie gibt den Mitgliedstaaten vor, sicherzustellen „*, dass die zuständigen Behörden bei der Festsetzung von Art und Ausmaß der verwaltungsrechtlichen Sanktionen oder Maßnahmen alle maßgeblichen Umstände berücksichtigen, darunter gegebenenfalls*
   a) die Schwere und Dauer des Verstoßes,
   b) den Verschuldensgrad der verantwortlich gemachten natürlichen oder juristischen Person,
   c) die Finanzkraft der verantwortlich gemachten natürlichen oder juristischen Person, wie sie sich beispielsweise aus dem Gesamtumsatz der verantwortlich gemachten juristischen Person oder den Jahreseinkünften der verantwortlich gemachten natürlichen Person ablesen lässt,
   d) die von der verantwortlich gemachten natürlichen oder juristischen Person durch den Verstoß erzielten Gewinne, sofern sich diese beziffern lassen,
   e) die Verluste, die Dritten durch den Verstoß entstanden sind, sofern sich diese beziffern lassen,
   f) der Bereitwilligkeit der verantwortlich gemachten natürlichen oder juristischen Person, mit der zuständigen Behörde zusammenzuarbeiten,
   g) frühere Verstöße der verantwortlich gemachten natürlichen oder juristischen Person."

115 Nähere **Regelungen zur Bemessung der Geldbuße** sind in § 56 nicht enthalten (zur aktuellen Festsetzung von Geldbußen in der Praxis vgl. oben die Ausführungen unter → Rn. 15 ff.). Ein Antrag des Bundesrates bereits im Gesetzgebungsverfahren zum Gesetz zur Optimierung der Geldwäscheprävention (BR-Drs. 317/11 (B), 18), in Anlehnung an § 26 a StVG eine Regelung in den Bußgeldvorschriften des GwG aufzunehmen, nach der im Rahmen einer Verordnung länderübergreifend klare, bestimmte und transparente Kriterien für die Festsetzung der Bußgeldhöhe festgelegt werden sollten, fand keine Mehrheit. Im Gesetzgebungsverfahren zum Gesetz zur Umsetzung der 4. EU-Geldwäscherichtlinie findet sich kein Hinweis auf einen erneuten diesbezüglichen Vorstoß (ebenso wie der damalige an § 12 Abs. 2 Schwarzarbeitsbekämpfungsgesetz angelehnte Vorschlag „*Die Geldbußen fließen in die Kasse der Verwaltungsbehörde, die den Bußgeldbescheid erlassen hat.*" (BT-Drs. 17/6804, 50) nicht wieder aufgegriffen wurde). Auch im Gesetz zur Umsetzung der Änderungsrichtlinie zur 4. EU-Geldwäscherichtlinie wurde dieser Diskussionspunkt nicht mehr aufgegriffen. Letztlich kann hierzu festgestellt werden, dass die Rahmenbedingungen im Bereich der Ordnungswidrigkeiten im Straßenverkehr (angesichts der massenhaften Taten und im Interesse der Verfahrensökonomie für die zuständige Verwaltung hat sich hier das Bedürfnis nach schematisierten Bußgeldtaxen herausgebildet, wonach Regelfälle mit einem durchschnittlichen Erscheinungsbild in Tat und Täter behandelt werden, vgl. *Krenberger/Krumm* OWiG § 17 Rn. 34 ff.) sich nicht mit der Situation im Geldwäschegesetz vergleichen lassen, wo von einer grundsätzlich hohen Bereitschaft zur Normtreue bei den Verpflichteten auszugehen und eine Schematisierung schwieriger zu realisieren ist (so bereits *Herzog/Achtelik* → 2. Aufl. 2014, § 17 Rn. 13). Aus diesen Erwägungen ist auch künftig ein Bußgeldkatalog nach Vorbild des Straßenverkehrsrechts nicht zu erwarten.

Ungeachtet dessen wurden im Sinne transparenter (und bei behördenübergreifenden Zuständigkeiten) kohärenter Bußgeldbemessung in einzelnen Bereichen Bußgeldkataloge (s. Bußgeldkatalog des Bundesverwaltungsamts für Verstöße gegen Vorschriften zum Transparenzregister v. 22.10.2018) oder Entscheidungshilfen zur Bestimmung von Bußgeldern nach dem GwG (bspw. für Aufsichtsbehörden nach § 50 Nr. 9 GwG) entwickelt.

Allgemein kommt für die Bemessung der Geldbuße die Regelung des **§ 17 OWiG** zur Anwendung. Nach § 17 Abs. 2 OWiG gilt, dass – soweit das Gesetz für vorsätzliches und fahrlässiges Handeln (wozu auch das leichtfertige Handeln zählt, OLG Düsseldorf wistra 1993, 119; *Gürtler* in Göhler OWiG § 17 Rn. 13) Geldbuße androht – das fahrlässige (damit auch das leichtfertige) Handeln im Höchstmaß nur mit der Hälfte des angedrohten Höchstbetrages der Geldbuße geahndet werden kann. Dies folgt dem Gedanken, dass sich Sanktionen verhältnismäßig an dem *„Maß der Pflichtwidrigkeit"* auszurichten haben (arg. e § 46 StGB, das bei den Fahrlässigkeitstaten gegenüber Vorsatztaten, die sich ja als bewusste und gewollte Entscheidung gegenüber der Einhaltung der Pflicht darstellen, deutlich geringer ist (*Herzog/Achtelik* → 2. Aufl. 2014, § 17 Rn. 12). Bei vorsätzlichen Handlungen verdoppelt sich die Geldbuße in der Regel.

Die Berechnung der Geldbuße erfolgt bei existenten Bußgeldkatalogen oÄ in der Regel in einem meist vierstufigen System: Grundbetrag, Erhöhung/Ermäßigung des Grundbetrags, Berücksichtigung der wirtschaftlichen Verhältnisse, Gesamtabwägung.

Rechtliche **Grundlage für die Zumessung der Geldbuße** sind die Bedeutung der Ordnungswidrigkeit und der Vorwurf, der den Täter trifft (§ 17 Abs. 3 S. 1 OWiG). Hinsichtlich der **objektiven Umstände** können insoweit eine Berücksichtigung finden: die Folgen der Tat, die sich für die Zuverlässigkeit und Nachhaltigkeit der Präventionsmaßnahmen gegen Geldwäsche und Terrorismusfinanzierung ergeben (ein Gesichtspunkt der insbes. bei Wiederholungstaten von schärfendem Gewicht sein wird); als mildernder Gesichtspunkt für subalterne Mitarbeiter Mängel in der Organisation und der Schulung, die sich bei leitenden und mit der Geldwäschebekämpfung besonders betrauten Mitarbeitern dagegen schärfend auswirken werden; die Beeinträchtigung der Normbefolgung in einer für den Mitarbeiter schwer auflösbaren Kollision zwischen wirtschaftlichen Interessen und Verpflichtungen nach dem GwG kann ebenso mildernd wirken wie eine objektive Überlastungssituation; ein „vertuschendes" Nachtatverhalten wird sich sanktionsverschärfend auswirken, während das Bemühen, eine Pflichtverletzung wieder „auszubügeln" mildernd Berücksichtigung finden kann. Bei der Individualisierung der Sanktion werden schließlich die **subjektiven Umstände** eine zentrale Rolle spielen, wie die aus der Tat erkennbare Tätergesinnung (etwa die Präventionsmaßnahmen für überflüssig und bloßen Bürokratismus zu halten); Motive der Tat (etwa wie naive Gutgläubigkeit gegenüber dem Kunden oder aber die bewusste Vermeidung von Unannehmlichkeiten im Kundenkontakt); die Beeindruckbarkeit durch die Rechtsfolge; Geständigkeit und Reue des Täters; arbeitsrechtliche Folgen der Pflichtverletzung, die sich bereits zur Pflicht mahnend ausgewirkt haben (weitere subjektive Kriterien bei *Krenberger/Krumm* OWiG § 17 Rn. 11). Letztlich haben gemäß § 17 Abs. 3 S. 2 OWiG auch die wirtschaftlichen Verhältnisse des Täters Einfluss auf die Bemessung der Geldbuße; bei geringfügigen Ordnungswidrigkeiten bleiben sie jedoch in der Regel unberücksichtigt.

Ein wichtiger Faktor bei der Bemessung des Bußgeldes ist zudem das **Bestehen eines Compliance-Managements,** wie von Seiten des BGH bereits in seiner

§ 56 Abschnitt 7. Aufsicht, Zusammenarbeit, Bußgeldvorschriften, Datenschutz

Entscheidung vom 9.5.2017 (1 StR 265/16, BeckRS 2017, 114578) betonte: *„Für die Bemessung der Geldbuße ist von Bedeutung, inwieweit das Unternehmen seiner Pflicht genügt, Rechtsverletzungen aus seiner Sphäre zu unterbinden, und ein effizientes Compliance Management installiert hat, das auf die Vermeidung von Rechtsverstößen ausgelegt sein muss. Dabei kann auch eine Rolle spielen, ob die Nebenbeteiligte in der Folge des vorliegenden Strafverfahrens entsprechende Regelungen optimiert und ihre betriebsinternen Abläufe so gestaltet hat, dass vergleichbare Normverletzungen zukünftig jedenfalls deutlich erschwert werden."*

Der **Bußgeldkatalog des Bundesverwaltungsamts** für Verstöße gegen Vorschriften zum Transparenzregister (S. 6, noch v. 22.10.2018 für § 56 Abs. 1 Nr. 52–56 GwG aF) führt hierzu ausführlich aus, dass eine Erhöhung insbesondere in Betracht kommt, wenn der oder die Betroffene

a) sich uneinsichtig zeigt,
b) in Tateinheit handelte, Tateinheit liegt vor, wenn der oder die Betroffene durch ein und dieselbe Handlung (Tun oder Unterlassen) gegen mehrere Bußgeldvorschriften verstoßen oder mehrfach gegen dieselbe Bußgeldvorschrift verstoßen hat,
c) innerhalb der letzten zwei Jahre bereits einmal wegen einer gleichartigen Ordnungswidrigkeit rechtskräftig mit einer Geldbuße belegt oder schriftlich verwarnt worden ist,
d) wirtschaftliche Vorteile aus der Tat gezogen hat; in diesem Fall soll die Geldbuße die wirtschaftlichen Vorteile übersteigen,
e) außergewöhnlich gute wirtschaftliche Verhältnisse aufweist,
f) einen rechtswidrigen Zustand über längere Zeit aufrechterhält oder
g) Verluste verursacht hat, die Dritten durch den Verstoß entstanden sind, sofern sich diese beziffern lassen.

Eine Ermäßigung kommt insbesondere in Betracht, wenn

a) aus besonderen Gründen des Einzelfalls der Vorwurf, der den Betroffenen trifft, geringer erscheint als der Regelfall,
b) der oder die Betroffene einsichtig ist,
c) der oder die Betroffene bereitwillig mit der Bußgeldbehörde zusammenarbeitet oder
d) die wirtschaftlichen Verhältnisse des oder der Betroffenen eine Geldbuße in dieser Höhe nicht zulassen.

118 Jenseits der Individualisierung der Sanktionen ist im Ordnungswidrigkeitenrecht auch die Wirkung der Sanktionierung an sich und der Bemessung von Geldbußen im konkreten Fall im Lichte ihrer **Wirkung auf die Allgemeinheit und auf den Verpflichtetenkreis** zu beachten (vgl. *Krenberger/Krumm* OWiG § 17 Rn. 12). Im Sinne der negativen Generalprävention (Abschreckung) sind die Sanktionen so zu bemessen, dass sie geeignet erscheinen, einem rational kalkulierenden Täter bei Abwägung der „Kosten" der Pflichtverletzung von Nachlässigkeit abzuhalten. Im Sinne der positiven Generalprävention (Normstabilisierung und Verteidigung der Rechtsordnung) dient die Sanktionierung von Pflichtverstößen der nachdrücklichen Betonung der Wichtigkeit von Präventionsmaßnahmen gegen Geldwäsche und Terrorismusfinanzierung und der Sicherung der Normgeltung haben (*Herzog/Achtelik* → 2. Aufl. 2014, § 17 Rn. 16).

119 Nach **§ 17 Abs. 4 S. 1 OWiG** soll die Geldbuße den vom Täter gezogenen wirtschaftlichen Vorteil (hier gilt das Netto-Prinzip, vgl. → Rn. 109) übersteigen. Es handelt sich um eine Zumessungsregel, die auch deswegen von zentraler Bedeutung ist, weil der Gesetzgeber der Geldbuße darin ausdrücklich die Funktion der

Gewinnabschöpfung zuweist (*Gürtler* in Göhler OWiG § 17 Rn. 37; zu den diesbezüglich nicht tragfähigen Feststellungen des OLG Frankfurt a. M. im Beschl. v. 10. 4. 2018 – 2 Ss-OWi 1059/17, BeckRS 2018, 26304, s. *Barreto da Rosa/Diergarten* NStZ 2020, 173 ff.). Bei dieser Regelung handelt es sich vor dem Hintergrund des im OWi-Recht geltenden Opportunitätsprinzips (§ 47 Abs. 1 OWiG; vgl. → Rn. 3) um eine Kann-Vorschrift, so dass die zuständige Verwaltungsbehörde nach pflichtgemäßem Ermessen über die Anwendung entscheidet. Soweit sich bei den Ermittlungen freilich zeigen sollte, dass aus Gleichgültigkeit oder gar in vollem Bewusstsein der Risiken Pflichten nach dem GwG verletzt worden sind, um zB auch fragwürdige Kunden für eine Geldanlage zu gewinnen, wird die Regelung des § 17 Abs. 4 OWiG einschlägig sein, die in S. 2 vorsieht, dass in solchen Fällen sogar das gesetzliche Höchstmaß der Geldbuße überschritten werden kann (*Herzog/Achtelik* → 2. Aufl. 2014, § 17 Rn. 17). Eine Gewinnabschöpfung via Geldbuße ist jedoch vor allem in den Fällen nicht möglich, in denen der Täter für ein Einzelunternehmen Gewinne erzielt oder aber zwar für eine juristische Person oder Personenvereinigung handelte, jedoch die Voraussetzungen der §§ 30, 130 OWiG nicht vorliegen (*Gürtler* in Göhler OWiG Vor § 29a Rn. 1). Diese Lücke schließt die **Einziehungsregelung des § 29a OWiG**, wo im Unterschied zu § 17 Abs. 4 OWiG jedoch das Bruttoprinzip gilt.

VI. Gesamtumsatz (Abs. 4)

Abs. 4 definiert den Begriff des Gesamtumsatzes. Es wird an den Gesamtumsatz des Jahres- oder Konzernabschlusses des letzten der Behördenentscheidung vorausgehenden Geschäftsjahres angeknüpft, der unter Bezugnahme auf die zum Umsatz zählenden Posten ermittelt wird (vgl. BT-Drs. 18/11555, 164). S. 1 differenziert in der Folge zwischen Kreditinstituten, Zahlungsinstituten und Finanzdienstleistungsinstituten (Nr. 1), Versicherungsunternehmen (Nr. 2) und sonstigen Unternehmen (Nr. 3). Maßgeblich sind insofern **120**
– bei **Kreditinstituten, Zahlungsinstituten und Finanzdienstleistungsinstituten** der Gesamtbetrag, der sich nach den nationalen Vorschriften im Einklang mit Art. 27 Nr. 1, 3, 4, 6 und 7 (bei Anwendung der Staffelform) oder Art. 28 Abschnitt B Nr. 1–4 und 7 (bei Anwendung der Kontoform) der Richtlinie 86/635/EWG abzüglich der Umsatzteuer und sonstiger direkt auf diese Erträge erhobener Steuern ergibt,
– bei **Versicherungsunternehmen** der Gesamtbetrag, der sich nach den nationalen Vorschriften im Einklang mit Artikel 63 der Richtlinie 91/674/EWG abzüglich der Umsatzteuer und sonstiger direkt auf diese Erträge erhobener Steuern ergibt, und
– **im Übrigen** die Nettoumsatzerlöse nach den nationalen Vorschriften im Einklang mit Art. 2 Nr. 5 der Richtlinie 2013/34/EU.

Entsprechend Art. 59 Abs. 3 lit. a der 4. EU-Geldwäscherichtlinie wird der Gesamtumsatz bei konzernangehörigen Unternehmen gemäß **S. 2** auf den gesamten Konzern erweitert, da der gesamte Konzern eine größere Wirtschaftskraft besitzt und damit auch höhere Geldbußen möglich sein müssen. Maßgeblich ist dabei der Konzern mit dem größten Konsolidierungskreis. Stellt das Mutterunternehmen dieses Konzerns seinen Konzernabschluss nicht nach dem nationalen Recht in Verbindung mit den EU-Rechnungslegungsrichtlinien (2013/34/EU, 86/635/EWG und 91/674/EWG) auf, treten ausweislich **S. 3** vergleichbare Posten an die Stelle **121** der Ertragsposten, die zur Ermittlung des Gesamtumsatzes anzusetzen sind. Das kann auf IFRS-Konzernabschlüsse zutreffen, gilt aber in erster Linie für Konzernabschlüsse von Unternehmen mit Sitz in Drittstaaten (BT-Drs. 18/11555, 164f.). Durch diese weite Betrachtungsweise wird eine Gleichbehandlung der auf den europäischen Binnenmarkt beschränkten Konzerne und weltweit agierender Konzerne sichergestellt und ermöglicht, dass in allen Fällen die von der Richtlinie 2013/50/EU geforderten Sanktionen vorgesehen sind (BT-Drs. 18/11555, 165).

122 Sind ein Jahresabschluss oder Konzernabschluss für das maßgebliche Geschäftsjahr (noch) nicht verfügbar, so ist gemäß **S. 4** der Jahres- oder Konzernabschluss für das unmittelbar vorausgehende Geschäftsjahr maßgeblich. Damit soll insbesondere für den Fall eine praktikable Lösung bestehen, dass Aufsichtsbehörden kurze Zeit nach Ablauf eines Geschäftsjahres und damit während der Aufstellungs- oder Prüfungsphase des Jahres- oder Konzernabschlusses eine Geldbuße verhängen muss. Steht auch dieser Jahres- oder Konzernabschluss nicht zur Verfügung, kann die Aufsichtsbehörde den Gesamtumsatz des der Behördenentscheidung unmittelbar vorausgehenden Geschäftsjahres gemäß **S. 5** schätzen.

VII. Zuständige Verwaltungsbehörden (Abs. 5)

123 Abs. 5 bestimmt die sachliche Zuständigkeit für die Verfolgung der Ordnungswidrigkeiten iSd Aufgabenzuweisung an eine Behörde als Verwaltungsbehörde. Durch das **Gesetz zur Umsetzung der Änderungsrichtlinie zur 4. EU-Geldwäscherichtlinie** (BGBl. 2019 I S. 2602) wurden Abs. 5 S. 1 um den Zusatz *„und Nummer 7a bis 9"* ergänzt und in S. 2 neu hinzugekommene Bußgeldtatbestände der Zuständigkeit des Bundesverwaltungsamts als Verwaltungsbehörde unterworfen. Der vormalige S. 3 (*„Für Steuerberater und Steuerbevollmächtigte ist Verwaltungsbehörde nach § 36 Absatz 1 Nummer 1 des Gesetzes über Ordnungswidrigkeiten das Finanzamt."*) wurde als Folgeänderung der Regelung im StBerG gestrichen; diese Zuständigkeit wurde mit der Änderung des § 76 Abs. 8 StBerG von zuvor den Finanzämtern aus verwaltungsökonomischen Gründen nunmehr auf die jeweils örtlich zuständige Steuerberaterkammer übertragen (s. BT-Drs. 19/15196, 50; vgl. Art. 15 des Gesetzes zur Umsetzung der Änderungsrichtlinie zur 4. EU-Geldwäscherichtlinie), da diese bereits fachlich in die Prüfung der Anforderungen, die das Geldwäschegesetz an die Verpflichteten stellt, eingebunden ist (vgl. BT-Drs. 19/13827, 141; Empfehlung Finanzausschuss v. 9.9.2019, BR-Drs. 352/1/19, 32; BR-Drs. 352/19, 31). Der vormalige S. 4 (*„Die nach § 50 Nummer 8 und 9 zuständige Aufsichtsbehörde ist auch Verwaltungsbehörde nach § 36 Absatz 1 Nummer 1 des Gesetzes über Ordnungswidrigkeiten."*) konnte aufgrund der Ergänzung von § 50 Nr. 8 und 9 in S. 1 gestrichen werden.

Der **RefE** des Gesetzes zur Umsetzung der Änderungsrichtlinie zur 4. EU-Geldwäscherichtlinie vom 20.5.2019 sah unter Ziffer 42b bb) die Einfügung eines neuen Satzes nach S. 2 vor, mit dem für das Bundesverwaltungsamt die Rechtsgrundlage geschaffen werden sollte, bei mitteilungspflichtigen Vereinigungen sowie bei natürlichen Personen Auskünfte und Unterlagen zur Sachverhaltsermittlung innerhalb einer angemessenen Frist anfordern zu dürfen. Dies wurde als erforderlich angesehen, um ermitteln zu können, ob neben dem Komplementär auch einzelne Kommanditisten wirtschaftlich Berechtigte dieser Vereinigung sind (RefE, S. 106f.). Aus dem Handelsregister ist nur die hierfür nicht relevante Hafteinlage der Kommanditisten

Bußgeldvorschriften **§ 56**

(vgl. § 40 Nr. 5 c HRV) ersichtlich, die für die Stellung als wirtschaftlich Berechtigter maßgebliche Pflichteinlage, die erheblich von der Hafteinlage abweichen kann, wird registertechnisch hingegen nicht erfasst. Es besteht keine Pflicht, den Gesellschaftsvertrag zum Handelsregister einzureichen. Die hierdurch entstehende Transparenzlücke sollte durch das Recht, Auskünfte verlangen und Unterlagen anfordern zu dürfen, geschlossen werden (RefE, S. 107). Die Regelung wurde bereits im RegE vom 29.7.2019 nicht mehr weiterverfolgt.

Durch die Ergänzung von Abs. 5 S. 1 um den Zusatz *„und Nummer 7a bis 9"* **124** durch das Gesetz zur Umsetzung der Änderungsrichtlinie zur 4. EU-Geldwäscherichtlinie (BGBl. 2019 I S. 2602) wurde erreicht, dass auch die dort genannten Aufsichtsbehörden zugleich Verwaltungsbehörden nach § 36 Abs. 1 Nr. 1 OWiG sind (der zwischenzeitliche Antrag des Bundesrats im Gesetzgebungsverfahren, in § 56 Abs. 5 S. 1 die Angabe *„Nummer 7a bis 9"* durch die Angabe *„Nummer 7 bis 9"* zu ersetzen (BT-Drs. 19/13827, 141), wurde letztlich nicht weiterverfolgt). Bei der in S. 1 unter § 50 Nr. **1** genannten Aufsichtsbehörde handelt es sich um die **BaFin**. Der neu aufgenommene § 50 Nr. **7a,** demzufolge für Vereine nach § 4 Nr. 11 StBerG (bestimmte Lohnsteuerhilfevereine) die für die Aufsicht **nach § 27 StBerG zuständige Behörde** (dh die Oberfinanzdirektion oder die durch die Landesregierung bestimmte Landesfinanzbehörde) zuständige Verwaltungsbehörde ist, stellte eine Folgeänderung zur Ergänzung des § 2 Abs. 1 Nr. 12 dar. Die Ergänzung um § 50 **Nr. 8** (für die Veranstalter und Vermittler von Glücksspielen nach § 2 Abs. 1 Nr. 15, soweit das Landesrecht nichts anderes bestimmt, die **für die Erteilung der glücksspielrechtliche Aufsicht zuständige Behörde**) und 9 (im Übrigen die **jeweils nach Bundes- oder Landesrecht zuständige Stelle**) in S. 1 erfolgte aus redaktionellen Gründen – die Regelung war zuvor in S. 4 enthalten, der damit gestrichen werden konnte (s. auch BT-Drs. 19/13827, 107).

Durch Art. 14 bis 16 des Gesetzes zur Umsetzung der Änderungsrichtlinie zur 4. EU-Geldwäscherichtlinie wurden die **Bundesrechtsanwaltskammer** (§ 73b Abs. 1 BRAO), die **Steuerberaterkammer** (§ 76 Abs. 8 StBerG) und die **Patentanwaltskammer** (§ 69a Abs. 1 PAO) als zuständige Verwaltungsbehörden zur Verfolgung von Ordnungswidrigkeiten, die durch Angehörige der jeweiligen Berufsgruppen begangen wurden, festgelegt.

Für Ordnungswidrigkeiten nach Abs. 1 Nr. 54–66, mithin **Verstöße gegen** **125** **Pflichten im Zusammenhang mit dem Transparenzregister,** ist Verwaltungsbehörde in diesem Sinne ausweislich **S. 2** das **Bundesverwaltungsamt**. Durch das Gesetz zur Umsetzung der Änderungsrichtlinie zur 4. EU-Geldwäscherichtlinie (BGBl. 2019 I S. 2602) wurde in S. 2 lediglich die Verfolgung der in Abschnitt 4 des GwG neu hinzugekommenen Bußgeldtatbestände zusätzlich dem Bundesverwaltungsamt zugewiesen. Die Aufnahme der Behörde nach § 56 Abs. 5 S. 2 (des Bundesverwaltungsamts) und der Verwaltungsbehörden in § 57 Abs. 1 S. 1 durch das Gesetz zur Umsetzung der Änderungsrichtlinie zur 4. EU-Geldwäscherichtlinie (Ziff. 45) war zur vollständigen Umsetzung von Art. 60 der 4. EU-Geldwäscherichtlinie erforderlich, um die Bekanntgabe von Bußgeldentscheidungen auch in denjenigen Fällen sicherzustellen, in denen Bußgeldentscheidungen durch eine andere Behörde als die Aufsichtsbehörde ergehen, diese also nicht zugleich Verwaltungsbehörde ist (BT-Drs. 19/13827, 108).

VIII. Datenübermittlung der Verwaltungsbehörde an die Aufsichtsbehörde (Abs. 6)

126 Abs. 6 wurde durch das **Gesetz zur Umsetzung der Änderungsrichtlinie zur 4. EU-Geldwäscherichtlinie** (BGBl. 2019 I S. 2602) neu gefasst, wobei die Norm (bereits in der letztlich in Kraft getretenen Fassung) zunächst in Abs. 5 als neuer Satz angefügt werden sollte (vgl. RefE zum Gesetz zur Umsetzung der Änderungsrichtlinie zur 4. EU-Geldwäscherichtlinie v. 20.5.2019, Ziff. 42b) dd)). Die Aufhebung des vormaligen Abs. 6 („*Soweit nach Absatz 5 Satz 3 das Finanzamt Verwaltungsbehörde ist, gelten § 387 Absatz 2, § 410 Absatz 1 Nummer 1, 2, 6 bis 11, Absatz 2 und § 412 der Abgabenordnung sinngemäß.*"), der § 17 Abs. 4 GwG idF vom 26.6.2017 entsprach, geht auf einen Antrag des Bundesrats zurück (vgl. BT-Drs. 19/13827, 141), dem sich der Finanzausschuss anschloss (Bericht des Finanzausschusses (7. Ausschuss) v. 14.11.2019, BT-Drs. 19/15196, 50). Es handelt sich um eine Folgeänderung der Änderung des StBerG. Die aktuelle Regelung wurde erstmals in BR-Drs. 19/598 vom 15.11.2019 in Abs. 6 übernommen.

127 Abs. 6 schafft für die zuständige Verwaltungsbehörde, sofern sie nicht zugleich zuständige Aufsichtsbehörde ist, die Rechtsgrundlage, auf Ersuchen sämtliche Informationen einschließlich personenbezogener Daten an die zuständige Aufsichtsbehörde übermitteln zu dürfen, soweit die Informationen für die Erfüllung der Aufgaben der Aufsichtsbehörde, insbesondere für die Vorhaltung der Statistik nach § 51 Abs. 9, erforderlich sind. Dies umfasst auch die Weitergabe von Daten durch die Finanzämter (BT-Drs. 19/13827, 107).

128 Nicht zweifelsfrei feststellbar ist, warum die Mitteilung der Verwaltungsbehörde an die zuständige Aufsichtsbehörde **nur auf Ersuchen** und nicht auch von Amts wegen (ex officio) erfolgen soll (die Aufsichtsbehörde übermittelt umgekehrt im Einzelfall von Amts wegen sämtliche Informationen an die zuständige Verwaltungsbehörde, soweit diese für die Erfüllung der Aufgaben der Verwaltungsbehörde erforderlich sind, vgl. § 55 Abs. 1 S. 3).

IX. Überprüfung im Hinblick auf einschlägige Verurteilung (Abs. 7)

129 Abs. 7, demzufolge die Aufsichtsbehörden im Bundeszentralregister zu überprüfen haben, ob eine einschlägige Verurteilung der betreffenden Person vorliegt, dient der Umsetzung von Art. 62 Abs. 2 (S. 1) der 4. EU-Geldwäscherichtlinie. Die Regelung wurde im Gesetzgebungsverfahren zur Umsetzung der 4. EU-Geldwäscherichtlinie vom Bundesrat in seiner Stellungnahme vom 31.3.2017 als unklar kritisiert (BR-Drs. 182/17 (B), 32f.) – sowohl die Sinnhaftigkeit der europarechtlichen Vorgabe erschließe sich nicht unmittelbar, als auch ihre Eins-zu-Eins-Umsetzung in das nationale Recht. Gemeint sein könnte, dass die Aufsichtsbehörden, soweit sie nach § 56 Abs. 5 GwG auch Verwaltungsbehörde für die Verfolgung der Ordnungswidrigkeiten sind – was allerdings nicht durchgängig der Fall ist – in einem Ordnungswidrigkeitenverfahren das Vorliegen einschlägiger Verurteilungen als für den Rechtsfolgen relevanten Umstand überprüfen. Welche in das Bundeszentralregister eingetragenen Verurteilungen dem Kriterium „einschlägig" entsprechen sollen, bleibt dabei unausgesprochen, am ehesten werden Verurteilungen wegen Geldwäsche in Betracht kommen (daneben womöglich spezifische Berufszulassungsverbote, zurückgenommene oder widerrufene Erlaubnisse sowie Berufsausübungsverbote nach § 10 Abs. 2 BZRG). Angesichts der Vielzahl der Aufsichtsbehörden (vgl. § 50) stelle sich dabei allerdings die Frage, ob sämtliche der Aufsichtsbehörden, deren Kreis zudem von den Bestimmungen des sonstigen Bundes- oder Landesrechts abhängig ist (§ 50 Nr. 9), zur Einholung von unbeschränkten Auskünften aus dem Bundeszentralregister (§ 41 BZRG) berechtigt seien (die Frage ist zu verneinen). Im Ergebnis mag dies – europarechtlich betrachtet – unschädlich sein, da die Vorgabe des Art. 62 Abs. 2 der 4. EU-Geldwäscherichtlinie unter dem Vorbehalt *„im Einklang mit ihrem nationalen Recht"* steht.

X. Information der zuständigen Europäischen Aufsichtsbehörde (Abs. 8)

Die zuständigen Aufsichtsbehörden nach § 50 Nr. 1, 2 und 9 haben die jeweils zuständige Europäische Aufsichtsbehörde gemäß Abs. 8 hinsichtlich der Verpflichteten nach § 2 Abs. 1 Nr. 1–3 und 6–9 zu informieren über die gegen diese Verpflichtete verhängten Geldbußen, sonstige Maßnahmen aufgrund von Verstößen gegen Vorschriften dieses Gesetzes oder anderer Gesetze zur Verhinderung von Geldwäsche oder von Terrorismusfinanzierung und diesbezügliche Rechtsmittelverfahren und deren Ergebnisse. Die Regelung setzt Art. 62 Abs. 1 der 4. EU-Geldwäscherichtlinie um. **130**

Der **Vorschlag der Kommission für eine Verordnung des Europäischen Parlaments und des Rates vom 12. 9. 2018** (COM(2018) 646 final; 2017/0230 (COD)) ua zur Änderung der 4. EU-Geldwäscherichtlinie, mit dem ua die Rolle der Europäischen Bankenaufsichtsbehörde gestärkt werden soll, beabsichtigt eine Änderung von Art. 62 Abs. 1 der 4. EU-Geldwäscherichtlinie dergestalt, dass die zuständigen Behörden der Mitgliedstaaten künftig die EBA, statt bisher *„die Europäischen Aufsichtsbehörden"* zu informieren sind. Die Änderung hätte de lege ferenda auch eine entsprechende Anpassung von Abs. 8 zur Folge.

Sofern in Abs. 8 Nr. 2 die Informationspflicht zusätzlich zu den Sanktionen und Maßnahmen aufgrund von Verstößen gegen Vorschriften des GwG auf sonstige Maßnahmen aufgrund *„anderer Gesetze zur Verhinderung von Geldwäsche oder von Terrorismusfinanzierung"* ausdehnt, findet dies zunächst keine Stütze in der 4. EU-Geldwäscherichtlinie. Unter diese anderen Gesetze wären bspw. auch StGB und OWiG zu fassen und mithin sämtliche Maßnahmen, die hiernach gegen die genannten Verpflichteten aus dem Finanzsektor getroffen werden. **131**

§ 57 Bekanntmachung von bestandskräftigen Maßnahmen und von unanfechtbaren Bußgeldentscheidungen

(1) Die zuständigen Aufsichts- und Verwaltungsbehörden und die Behörde nach § 56 Absatz 5 Satz 2 haben bestandskräftige Maßnahmen und unanfechtbare Bußgeldentscheidungen, die sie wegen eines Verstoßes gegen dieses Gesetz oder die auf seiner Grundlage erlassenen Rechtsverordnungen verhängt haben, nach Unterrichtung des Adressaten der Maßnahme oder Bußgeldentscheidung auf ihrer Internetseite oder auf einer gemeinsamen Internetseite bekannt zu machen. Dies gilt auch für gericht-

§ 57 Abschnitt 7. Aufsicht, Zusammenarbeit, Bußgeldvorschriften, Datenschutz

liche Entscheidungen, soweit diese unanfechtbar geworden sind und die Verhängung eines Bußgeldes zum Gegenstand haben. In der Bekanntmachung sind Art und Charakter des Verstoßes und die für den Verstoß verantwortlichen natürlichen Personen und juristischen Personen oder Personenvereinigungen zu benennen.

(2) Die Bekanntmachung nach Absatz 1 ist aufzuschieben, solange die Bekanntmachung
1. das Persönlichkeitsrecht natürlicher Personen verletzen würde oder eine Bekanntmachung personenbezogener Daten aus sonstigen Gründen unverhältnismäßig wäre,
2. die Stabilität der Finanzmärkte der Bundesrepublik Deutschland oder eines oder mehrerer Vertragsstaaten des Abkommens über den Europäischen Wirtschaftsraum gefährden würde oder
3. laufende Ermittlungen gefährden würde.

Anstelle einer Aufschiebung kann die Bekanntmachung auf anonymisierter Basis erfolgen, wenn hierdurch ein wirksamer Schutz nach Satz 1 Nummer 1 gewährleistet ist. Ist vorhersehbar, dass die Gründe der anonymisierten Bekanntmachung innerhalb eines überschaubaren Zeitraums wegfallen werden, so kann die Bekanntmachung der Informationen nach Satz 1 Nummer 1 entsprechend aufgeschoben werden. Die Bekanntmachung erfolgt, wenn die Gründe für den Aufschub entfallen sind.

(3) Eine Bekanntmachung darf nicht erfolgen, wenn die Maßnahmen nach Absatz 2 nicht ausreichend sind, um eine Gefährdung der Finanzmarktstabilität auszuschließen oder die Verhältnismäßigkeit der Bekanntmachung sicherzustellen.

(4) Eine Bekanntmachung muss fünf Jahre auf der Internetseite der Aufsichtsbehörde veröffentlicht bleiben. Abweichend von Satz 1 sind personenbezogene Daten zu löschen, sobald die Bekanntmachung nicht mehr erforderlich ist.

Übersicht

	Rn.
I. Allgemeines	1
II. Aufschiebung der Bekanntmachung (§ 57 Abs. 2 und Abs. 3)	7
III. Löschung der Daten (§ 57 Abs. 4)	8

I. Allgemeines

1 Durch die Umsetzung von Art. 60 der 4. Geldwäscherichtlinie hat das präventive Konzept des sog. „Naming and Shaming" in § 57 GwG nun auch Einzug in das deutsche Geldwäscherecht gefunden. Symbolisch und historisch kann man davon sprechen, dass eine (juristische) Person öffentlich „an den Pranger" gestellt und damit in eine beschämende Situation gebracht werden soll. Hiervon wird man sich eine erhebliche generalpräventive Wirkung und Reintegration (Reue) des Betroffenen, der wohl nicht wieder in eine solche Situation der Bloßstellung geraten möchte, erwarten können. Freilich darf man in einer an den Grundrechten des Betroffenen ausgerichteten Perspektive nicht übersehen, dass solche Bloßstellungen den Kernbereich der Würde berühren und zu dauerhaften Stigmatisierungen füh-

ren können. Die Bloßstellung eines Kaufmanns oder eines Bankiers (bzw. der Firmen) kann sich in den Folgen auf ein wirtschaftliches „Todesurteil" zu bewegen. Zu beachten ist, dass alle Eingriffe des Staates mit sanktionierendem Charakter einer strengen Prüfung der Verhältnismäßigkeit unterliegen.

Hintergrund der Einführung des § 57 GwG in das Sanktionenregime ist, dass rein finanzielle Sanktionen bei Verstößen gegen die Regulierung der Geldwäsche- und Terrorismusfinanzierungsbekämpfung nicht mehr als angemessen streng und abschreckend angesehen wurden, um das als erheblich normwidrig und sozialschädlich angesehene Verhalten zu sanktionieren. Die sog. Sanktionentrias im Europäischen Strafrecht, die abschreckende, wirksame und angemessene/verhältnismäßige Sanktionen fordert, wird hier übertwertig vom Gesichtspunkt der Abschreckung her verstanden.

Die Aufsichtsbehörden sind danach verpflichtet, bestandskräftige Maßnahmen und unanfechtbar gewordene Bußgeldentscheidungen, die wegen eines Verstoßes gegen das GwG verhängt wurden, nach vorherigem Hinweis an den Adressaten der Maßnahme – öffentlich und ggf. anonymisiert – für die Dauer von fünf Jahren bekannt zu machen. In § 57 Abs. 1 S. 2 wurde ergänzt, dass auch *gerichtliche* Entscheidungen über die Verhängung eines Bußgeldes bekannt zu machen sind; die bisherige Vorschrift hatte lediglich Bußgeldentscheidungen der Behörden und nicht auch gerichtliche Entscheidungen erfasst. Werden Ordnungswidrigkeiten mit Straftaten in einem gemeinsamen gerichtlichen Strafverfahren abgeurteilt, gilt die Veröffentlichungspflicht nicht für die Teile des Strafurteils, die den Straftatenvorwurf betreffen.

Wie aus Abs. 1 S. 1 ersichtlich, trifft die Veröffentlichungspflicht die zuständigen Aufsichts- und Verwaltungsbehörden und die Behörde nach § 56 Abs. 5 S. 2. Die Aufnahme der Behörde nach § 56 Abs. 5 S. 2 und der Verwaltungsbehörden in den Anwendungsbereich der Norm erfolgte zur vollständigen Umsetzung von Art. 60 der 4. Geldwäscherichtlinie. Die Bekanntgabe von Bußgeldentscheidungen soll auch in denjenigen Fällen sichergestellt werden, in denen Bußgeldentscheidungen durch eine andere Behörde als die Aufsichtsbehörde ergehen, diese also nicht zugleich Verwaltungsbehörde ist.

Bei der Entscheidung über das Ob und Wie einer Bekanntmachung haben die Aufsichtsbehörden selbstverständlich den Grundsatz der Verhältnismäßigkeit zu beachten (vgl. § 57 Abs. 2 und 3 GwG). Indes ist dabei zu bedenken, dass durch die öffentliche Bekanntmachung der Sanktion ein empfindliches und schwer wieder herstellbares wirtschaftliches Gut, nämlich die Reputation, des Instituts, Unternehmens oder Kaufmanns getroffen wird. Nach der alten Weisheit *semper aliquid haeret* können Veröffentlichungen zu Bußgeldbescheiden zu Langfristschäden der Reputation nach dem Motto „Ach, das sind doch die Geldwäscher…" führen. Die Aufnahme von *Naming and Shaming*-Regelungen in das GwG verfolgt mit erheblichen Nebenwirkungen das Ziel, dass die Verpflichteten verstärkt darauf achten sollen, sämtliche Bestimmungen des GwG einzuhalten, um einen solchen Reputationsschaden zu vermeiden (*Glos/Hildner/Glasow* CCZ 2017, 83 (88)). Das gilt ganz besonders im Internet-Zeitalter, wo von einer weltweiten Zugriffsmöglichkeit auf derartige Veröffentlichungen auszugehen ist.

Die Veröffentlichung bestandskräftiger Maßnahmen und unanfechtbar gewordener und gerichtlich bestätigter Bußgeldentscheidungen im Internet wird sowohl im europäischen als auch im nationalen Recht – unter dem Aspekt der Transparenz – zunehmend propagiert. So sieht Art. 30 c RL 2014/56/EU eine fünfjährige Internetveröffentlichung der bestandskräftigen (verwaltungsrechtlichen) Sanktionen einschließlich der Angaben zu Art des Verstoßes und Identität der natürlichen oder juristischen Person, gegen die die Sanktion verhängt wurde, vor. Zudem enthält § 88 GmbH – auf der Basis der europäischen Vorgaben – eine Pflicht zur Bekanntgabe von Geldbußen. Ausgangspunkt dieser europäischen Entwicklung dürfte dabei das europäische Kartellrecht sein, wo die Veröffentlichung von Kartellverstößen längst alltäglich ist und als rechtskonform anerkannt ist und insbesondere der Transparenz dienen soll (vgl. Verordnung (EG) Nr. 139/2004 des Rates v. 20.1.2004 über die Kontrolle von Unternehmenszusammenschlüssen (FKVO), ABl. 2004 L 24, 1ff., Erwägungsgrund 42; *Körber* in Immenga/Mestmäcker, 5. Aufl. 2012, FKVO Art. 20 Rn. 1.). Im Gegensatz zum europäischen Kartellrecht, wo Veröffentlichungen an ein bestimmtes Fachpublikum adressiert und nicht auf eine Massenwirkung gerichtet sind (vgl. *Schmieszek/Langner* WM 2014, 1893 (1895) mwN), ist der Normadressat und damit auch der von der Veröffentlichung der Sanktion Betroffene das Unternehmen oder die Unternehmensvereinigung, während in § 57 GwG Art und Charakter des Verstoßes und die für den Verstoß verantwortlichen natürlichen Personen und juristischen Personen oder Personenvereinigungen zu benennen sind.

Mithin werden diejenigen Personen im Internet, mit dem Hinweis, dass sie Ihren Offenlegungspflichten nicht nachgekommen sind, namentlich veröffentlicht und mit einem Bußgeld sanktioniert. Gerade Personen, die ihren Offenlegungspflichten nicht nachkommen, erwecken aber den Eindruck, etwas „zu verbergen" zu haben, so dass davon auszugehen ist, dass sie in der Öffentlichkeit oder den Medien auf besonderes Interesse stoßen. Auch wenn das Register nicht vorsieht, dass nach natürlichen Personen „gesucht" werden kann, werden das Internet oder die Presse möglicherweise weitere Anhaltspunkte für eine solche Suche geben (*Müller* NZWiSt 2017, 87 (99)).

Nach § 57 Abs. 1 GwG haben die Aufsichtsbehörden bestandskräftige Maßnahmen und unanfechtbar gewordene Bußgeldentscheidungen, die sie wegen eines Verstoßes gegen das GwG und den dazu erlassenen Rechtsverordnungen verhängt haben, nach Unterrichtung des Adressaten unverzüglich auf ihren Internetseiten öffentlich bekannt zu machen und dabei auch Informationen zu Art und Charakter des Verstoßes mitzuteilen und die für den Verstoß Verantwortlichen zu benennen (vgl. BT-Drs. 18/1555, 165).

II. Aufschiebung der Bekanntmachung (§ 57 Abs. 2 und Abs. 3)

7   § 57 Abs. 2 und Abs. 3 GwG stellen sicher, dass die Aufsichtsbehörde bei der Entscheidung über das Ob und Wie einer Bekanntmachung den Grundsatz der Verhältnismäßigkeit beachtet. Demnach ist die Bekanntmachung aufzuschieben, solange die Bekanntmachung das Persönlichkeitsrecht natürlicher Personen verletzen würde oder eine Bekanntmachung personenbezogener Daten aus sonstigen Gründen unverhältnismäßig wäre (§ 57 Abs. 2 Nr. 1 GwG), die Bekanntmachung die Stabilität der Finanzmärkte der BRD oder eines oder mehrerer Vertragsstaaten des EWR-Abkommens (§ 57 Abs. 2 Nr. 2 GwG), oder die Bekanntmachung laufende Ermittlung (§ 57 Abs. 2 Nr. 3 GwG) gefährden würde.

Bei natürlichen Personen ist zu bedenken, dass eine Veröffentlichung der personenbezogenen Daten einen massiven Einschnitt in die Persönlichkeitsrechte des Betroffenen darstellt. Ist die Veröffentlichung von personenbezogenen Daten unverhältnismäßig, kann nach § 57 Abs. 2 GwG eine anonyme Veröffentlichung erfolgen. Die Bekanntmachung erfolgt jedoch dann, wenn die Gründe für den Aufschub entfallen sind.

Nach § 57 Abs. 3 darf eine Bekanntmachung nicht erfolgen, wenn ein Aufschub oder eine Anonymisierung nach § 57 Abs. 2 nicht ausreichen, um eine Gefährdung der Finanzmarktstabilität auszuschließen oder die Verhältnismäßigkeit der Bekanntmachung sicherzustellen. Nur der Adressat des Bußgeldbescheids kann auf der BaFin-Internetseite bekannt gegeben werden. Dem einzelnen Mitarbeiter droht daher keine namentliche Bekanntmachung (vgl. BT-Drs. 18/1555, 165).

III. Löschung der Daten (§ 57 Abs. 4)

Gemäß der Vorgabe des Art. 61 Abs. 3 der 4. Geldwäscherichtlinie, wonach die Bekanntmachung für mindestens fünf Jahre nach dem Zeitpunkt ihrer Veröffentlichung auf der Website zugänglich zu machen ist, ist die Bekanntmachung nach fünf Jahren zu löschen. Personenbezogene Daten sind gegebenenfalls früher zu löschen, wenn ihre Bekanntmachung nicht mehr erforderlich ist (so BT-Drs. 18/1555, 166). 8

§ 58 (weggefallen)

Der bisherige § 58 Absatz 1 findet sich in § 11a Absatz 1 GwG wieder.

§ 59 Übergangsregelung

(1) **Die Mitteilungen nach § 20 Absatz 1 und § 21 haben erstmals bis zum 1. Oktober 2017 an das Transparenzregister zu erfolgen.**

(2) **Die Eröffnung des Zugangs zu Eintragungen im Vereinsregister, welche § 22 Absatz 1 Satz 1 Nummer 8 vorsieht, erfolgt ab dem 26. Juni 2018. Bis zum 25. Juni 2018 werden die technischen Voraussetzungen geschaffen, um diejenigen Indexdaten nach § 22 Absatz 2 zu übermitteln, welche für die Eröffnung des Zugangs zu den Originaldaten nach § 22 Absatz 1 Satz 1 Nummer 8 erforderlich sind. Für den Übergangszeitraum vom 26. Juni 2017 bis zum 25. Juni 2018 enthält das Transparenzregister stattdessen einen Link auf das gemeinsame Registerportal der Länder.**

(3) **§ 23 Absatz 1 bis 3 findet ab dem 27. Dezember 2017 Anwendung.**

(4) **Gewährte Befreiungen der Aufsichtsbehörden nach § 50 Nummer 8 gegenüber Verpflichteten nach § 2 Absatz 1 Nummer 15, soweit sie Glücksspiele im Internet veranstalten oder vermitteln, bleiben in Abweichung zu § 16 bis zum 30. Juni 2018 wirksam.**

(5) **Ist am 25. Juni 2015 ein Gerichtsverfahren betreffend die Verhinderung, Aufdeckung, Ermittlung oder Verfolgung von mutmaßlicher Geldwäsche oder Terrorismusfinanzierung anhängig gewesen und besitzt ein Verpflichteter Informationen oder Unterlagen im Zusammenhang mit diesem anhängigen Verfahren, so darf der Verpflichtete diese Informationen oder Unterlagen bis zum 25. Juni 2020 aufbewahren.**

§ 59 Abschnitt 7. Aufsicht, Zusammenarbeit, Bußgeldvorschriften, Datenschutz

(6) **Die Pflicht zur Registrierung nach § 45 Absatz 1 Satz 2 besteht mit Inbetriebnahme des neuen Informationsverbundes der Zentralstelle für Finanztransaktionsuntersuchungen, spätestens jedoch ab dem 1. Januar 2024. Das Bundesministerium der Finanzen gibt den Tag der Inbetriebnahme des neuen Informationsverbundes der Zentralstelle für Finanztransaktionsuntersuchungen im Bundesgesetzblatt bekannt.**

1   Die Übergangsregelungen des § 59 dienten der Implementation der zurückliegenden Novellierung des GwG ohne Reibungsverluste, insbesondere in den Bereichen die durch die Umsetzung der 4. Geldwäscherichtlinie neu hinzugekommen waren. So sollte die (mittlerweile ausgelaufene) Übergangsregelung in Abs. 1 den Vereinigungen iSd § 20 Abs. 1 S. 1 GwG und Trustees sowie Treuhändern von Rechtsgestaltungen iSd § 21 GwG eine angemessene Frist zur Erfüllung ihrer Transparenzpflichten einräumen. Die Zeitspanne für die Mitteilung an das Transparenzregister sollte zugleich sicherstellen, dass die Mitteilungen geordnet von der registerführenden Stelle entgegengenommen werden können (BT-Drs. 18/11555, 166).

2   Die Regelung in Abs. 2 sollte dem Umstand Rechnung tragen, dass bei der erforderlichen Vernetzung ausreichend Zeit notwendig war, um eine Schnittstelle zu den Vereinsregistern der Länder technisch einzurichten. Erst durch eine entsprechende Schnittstelle ist es möglich, über das Transparenzregister direkt Ausdrucke aus den Vereinsregistern der Länder zugänglich zu machen.

3   Durch die Übergangsregelung in Abs. 3 sollte ausreichend Zeit für die registerführende Stelle verbleiben, um die nach § 20 Abs. 1 und § 21 erhaltenen Mitteilungen einzutragen und das Transparenzregister zu operationalisieren (BT-Drs. 18/11555, 166).

4   Abs. 4 bestimmt, dass Dispense der Aufsichtsbehörden im Bereich des Glücksspiels, wenn das Risiko der Geldwäsche oder der Terrorismusfinanzierung gering ist und die glücksspielrechtlichen Anforderungen erfüllt sind (s. § 16 Abs. 7 GwG aF), bis zum 30.6.2018 wirksam sind.

5   Abs. 5 macht schließlich von der Option des Art. 40 Abs. 2 der 4. Geldwäscherichtlinie Gebrauch und transformiert die dortige Regelung. Dort heißt es:

(2) Ist in einem Mitgliedstaat am 25.6.2015 ein Gerichtsverfahren betreffend die Verhinderung, Aufdeckung, Ermittlung oder Verfolgung von mutmaßlicher Geldwäsche oder Terrorismusfinanzierung anhängig, und besitzt ein Verpflichteter Informationen oder Unterlagen im Zusammenhang mit diesem anhängigen Verfahren, so darf der Verpflichtete diese Informationen oder Unterlagen im Einklang mit den nationalen Rechtsvorschriften ab dem 25.6.2015 fünf Jahre lang aufbewahren. Die Mitgliedstaaten können unbeschadet ihrer Beweisregelungen im nationalen Strafrecht, die auf laufende strafrechtliche Ermittlungen und Gerichtsverfahren Anwendung finden, die Aufbewahrung dieser Informationen oder Unterlagen für weitere fünf Jahre gestatten oder vorschreiben, sofern die Erforderlichkeit und Verhältnismäßigkeit dieser weiteren Aufbewahrung für die Verhinderung, Aufdeckung, Ermittlung oder Verfolgung mutmaßlicher Geldwäsche oder Terrorismusfinanzierung festgestellt wurde.

Somit läuft die Aufbewahrungsfrist zum 25.6.2020 ab.

6   Abs. 6 nimmt auf die Verpflichtung zur Registrierung in § 45 Abs. 1 S. 2 GwG Bezug. Diese soll dazu dienen, das Meldeverhalten der Verpflichteten zu steigern, und einen Datenbestand über alle dem Geldwäschegesetz unterfallenden Verpflichteten zu erstellen. Durch die Schaffung einer allgemeinen Registrierungspflicht,

Übergangsregelung   § 59

unabhängig von der tatsächlichen Abgabe einer Geldwäscheverdachtsmeldung, soll eine ggf. bestehende Hemmschwelle beim einzelnen Verpflichteten zur Abgabe einer Geldwäscheverdachtsmeldung abgebaut werden, indem der Schritt der Registrierung vor Abgabe einer Verdachtsmeldung bereits erfolgt ist. Die Erstellung des Datenbestandes soll dazu genutzt werden, den jeweils zuständigen Aufsichtsbehörden einen Überblick über die unter ihre Aufsicht fallenden Verpflichteten zu verschaffen. Durch das IT-Projekt zur Neuentwicklung des Informationsverbundes der Zentralstelle für Finanztransaktionsuntersuchungen (FIU) werden entsprechende Kapazitäten geschaffen, so dass mit Inbetriebnahme des neuen Informationsverbundes FIU die technischen Voraussetzungen zur automatisierten Registrierung aller Verpflichteten bestehen werden. Die automatisierte Registrierung soll dann ITbasiert bei der Zentralstelle für Finanztransaktionen verarbeitet werden können. Der Zeitpunkt der Inbetriebnahme des neuen Informationsverbundes FIU wird im Bundesgesetzblatt und auf der Internetseite der FIU bekannt gegeben werden.

Gesetz über das Kreditwesen
(Kreditwesengesetz – KWG)

in der Fassung der Bekanntmachung vom 9. September 1998 (BGBl. I S. 2776), das zuletzt durch Artikel 4 Absatz 7 des Gesetzes vom 10.7.2019 (BGBl. I S. 1633) geändert worden ist

§ 6a KWG – Besondere Aufgaben

(1) Liegen Tatsachen vor, die darauf schließen lassen, dass von einem Institut angenommene Einlagen, sonstige dem Institut anvertraute Vermögenswerte oder eine Finanztransaktion der Terrorismusfinanzierung nach § 89c des Strafgesetzbuchs oder der Finanzierung einer terroristischen Vereinigung nach § 129a, auch in Verbindung mit § 129b des Strafgesetzbuches dienen oder im Falle der Durchführung einer Finanztransaktion dienen würden, kann die Bundesanstalt
1. der Geschäftsführung des Instituts Anweisungen erteilen,
2. dem Institut Verfügungen von einem bei ihm geführten Konto oder Depot untersagen,
3. dem Institut die Durchführung von sonstigen Finanztransaktionen untersagen.

(2) Tatsachen im Sinne des Absatzes 1 liegen in der Regel insbesondere dann vor, wenn es sich bei dem Inhaber eines Kontos oder Depots, dessen Verfügungsberechtigten oder dem Kunden eines Instituts um eine natürliche oder juristische Person oder eine nicht rechtsfähige Personenvereinigung handelt, deren Name in die im Zusammenhang mit der Bekämpfung des Terrorismus angenommene Liste des Rates der Europäischen Union zum Gemeinsamen Standpunkt des Rates 2001/931/GASP vom 27. Dezember 2001 über die Anwendung besonderer Maßnahmen zur Bekämpfung des Terrorismus (ABl. EG Nr. L 344 S. 93) in der jeweils geltenden Fassung aufgenommen wurde.

(3) Die Bundesanstalt kann Vermögenswerte, die einer Anordnung nach Absatz 1 unterliegen, im Einzelfall auf Antrag der betroffenen natürlichen oder juristischen Person oder einer nicht rechtsfähigen Personenvereinigung freigeben, soweit diese der Deckung des notwendigen Lebensunterhalts der Person oder ihrer Familienmitglieder, der Bezahlung von Versorgungsleistungen, Unterhaltsleistungen oder vergleichbaren Zwecken dienen.

(4) Eine Anordnung nach Absatz 1 ist aufzuheben, sobald und soweit der Anordnungsgrund nicht mehr vorliegt.

(5) Gegen eine Anordnung nach Absatz 1 kann das Institut oder ein anderer Beschwerter Widerspruch erheben.

(6) Die Möglichkeit zur Anordnung von Beschränkungen des Kapital- und Zahlungsverkehrs nach § 4 Absatz 1 des Außenwirtschaftsgesetzes bleibt unberührt.

§ 6a KWG Kreditwesengesetz – Auszug

Literatur: *Achtelik*, Politisch exponierte Personen in der Geldwäschebekämpfung, 2009; *Achtelik/Amtage/El-Samalouti/Ganguli ua*, Risikoorientierte Geldwäschebekämpfung, 2. Aufl. 2011; BaFin, Jahresbericht 2003; *Amtage/Baumann/Bdeiwi*, Risikoorientierte Geldwäschebekämpfung, 3. Aufl. 2018; *Bartelt/Zeitler*, „Intelligente Sanktionen" zur Terrorismusbekämpfung in der EU, EuZW 2003, 712 ff.; *Bieneck*, Handbuch des Außenwirtschaftsrechts, 2. Aufl. 2005; BMF, Strategie gegen Geldwäsche und Terrorismusfinanzierung, Stand: Dezember 2019; *Boos/Fischer/Schulte-Mattler*, KWG, 5. Aufl. 2016; *Braunmühl/Kulessa*, The Impact of UN Sanctions on Humanitarian Assistance Activities: Report of a Study Comissioned by the United Nations Department of Humanitarian Affairs, 2005; Deutsche Bundesbank, Monatsbericht April 2003, Finanzsanktionen: Rechtsrahmen und Umsetzung in Deutschland, S. 73 ff.; *Fassbender*, Targeted Sanctions and Due Process, 2006; FATF, The FATF Recommendations, Februar 2012 (aktualisiert Juni 2019); *Feinäugle*, Die Terrorlisten des Sicherheitsrates – Endlich Rechtsschutz des Einzelnen gegen die Vereinten Nationen, ZRP 2007, 75 ff.; *Feinäugle*, Individualschutz gegen Terrorlistung, ZRP 2010, 188 ff.; *Ganguli*, Smarte Finanzsanktionen der EU, 2013; *Ganguli*, EU-Finanzsanktionen, 2006; *Gleich*, Terrorlisten-Screening von Mitarbeitern: Notwendigkeit und datenschutzrechtliche Zulässigkeit, Der Betrieb 2013, 1967 ff.; *Herzog/Mülhausen*, Geldwäschebekämpfung und Gewinnabschöpfung, 2006, zitiert: *Bearbeiter* in Herzog/Mülhausen; *Hoff*, US-amerikanische Wirtschaftssanktionen – Eine Gefahr für europäische Banken am Beispiel des Iran, WM 2019, 1336 ff.; *Hoffmann*, Das Verbot der Abgabe einer Boykott-Erklärung nach § 7 Außenwirtschaftsverordnung, EuZW 2019, 315 ff.; *Indenvies*, Embargo-Prüfungen: Ein weiteres Betätigungsfeld für des Geldwäschebeauftragten?, BankPraktiker 2011, 461 ff.; *Kaleck*, Terrorismuslisten: Definitionsmacht und politische Gewalt der Exekutive, KJ Heft 1 2011, 63 ff.; *Karpenstein/Sangi*, Iran-Sanktionen am Scheideweg: Die EU-Blocking-Verordnung und INSTEX, EuZW 2019, 309 ff.; *Luz/Neus/Schaber/Schneider/Wagner/Weber*, KWG und CRR (Band 1), 3. Aufl. 2015; *Mayer/Albrecht*, Bankvertrag und Finanzsanktionen: Leistungsverweigerungsrecht bei drohendem Verstoß gegen US-Verordnungen?, WM 2015, 1226 ff.; *Meyer*, Lost in Complexity – Gedanken zum Rechtsschutz gegen Smart Sanctions in der EU, ZEuS 2007, 1 ff.; *Müller-Gugenberger*, Wirtschaftsstrafrecht, 6. Aufl. 2015; *Nettesheim*, UN Sanctions against Individuals – A challenge to the Architecture of European Union Governance, WHI – Paper 1/07, 2007; *Niestedt/Krause*, Sanktionsmaßnahmen der EU – globale oder nur lokale Compliance-Herausforderung für deutsche Unternehmen, CB 5/2015, 152 ff.; *Reinel/Roth*, Der persönliche Anwendungsbereich der Vorschriften zur Geldwäschebekämpfung, EWS 2006, 542 ff.; *Reischauer/Kleinhans*, KWG, Stand: 9/2019; *Roller/Hendel*, Geldwäsche im Bereich der Finanzdienstleistungen: Implementierung von Präventionssystemen am Beispiel der §§ 25a Abs. 1, 44 KWG, 14 Abs. 2 Nr. 2 GwG, 91 Abs. 2 AktG, Richtlinie 2005/60/EG, VuR 2006, 390 ff.; *Rossi*, Entscheidungsanmerkung zu EuGH, Urt. v. 3.9.2008, verb. Rs. C-402/05 P und C-415/05, ZJS 2008, 551 ff.; *Schlarmann/Spiegel*, Terror und kein Ende – Konsequenzen der EG-Verordnungen zur Bekämpfung des internationalen Terrorismus für in Deutschland tätige Unternehmen, NJW 2007, 870 ff.; *Schmalenbach*, Normentheorie vs. Terrorismus: Der Vorrang des UN-Rechts vor EU-Recht, JZ 2006, 349 ff.; *Schwendinger/Trennt*, Die Russland-Embargo-Verordnung: Wirtschaftssanktionen der EU in der Ukraine-Krise, EuZW 2015, 93 ff.; *Schwennicke/Auerbach*, KWG, 3. Aufl. 2016; *Stiller*, Auswirkungen des Brexit auf das Sanktionsrecht – was ändert sich für deutsche Unternehmen, EuZW 2019, 18 ff.; The Wolfsberg Group, Wolfsberg Guidance on Sanctions Screening, 2019.

Übersicht

	Rn.
I. Allgemeines	1
II. Voraussetzungen der Anordnungsbefugnis	3
III. Rechtsmittel	7
IV. Abgrenzung zum AWG und GwG	8
V. Exkurs: Finanzsanktionen	9

I. Allgemeines

Die Vorschrift wurde durch Art. 2 des Zweiten Gesetzes zur Änderung des Zoll- 1
verwaltungsgesetzes und anderer Gesetze vom 31.10.2003 (BGBl. I S. 2146 ff.) in
das KWG eingeführt. Die Vorschrift gilt nach § 27 Abs. 2 ZAG entsprechend für Institute iSd ZAG. Auch in § 6 KAGB wird § 6a KWG für entsprechend anwendbar erklärt, wenn Tatsachen vorliegen, die darauf schließen lassen, dass die Vermögensgegenstände, die der Kapitalverwaltungsgesellschaft oder dem Investmentvermögen anvertraut sind, oder eine Finanztransaktion der **Finanzierung einer terroristischen Vereinigung** nach § 129a auch in Verbindung mit § 129b des Strafgesetzbuchs dienen oder im Fall der Durchführung einer Finanztransaktion dienen würden. Die Vorschrift wurde durch Art. 4 Abs. 8 des Gesetzes zur Verfolgung der Vorbereitung von schweren staatsgefährdenden Gewalttaten vom 30.7.2009 durch den Verweis auf § 89a StGB ergänzt (BGBl. I S. 2437 ff.). Die letzte Änderung, mit der der Verweis auf § 89a StGB durch den auf § 89c StGB ersetzt wurde, erfolgte durch das Gesetz zur Änderung der Verfolgung der Vorbereitung von schweren staatsgefährdenden Gewalttaten vom 12.6.2015 (BGBl. I S. 926). Nach Abs. 1 wird die BaFin gegenüber der Geschäftsführung von Instituten bzw. gegenüber Instituten zur Erteilung von Anweisungen sowie zur Untersagung von Konten- bzw. Depotverfügungen und sonstigen Finanztransaktionen ermächtigt. Derartige Maßnahmen setzen das Vorliegen von Tatsachen voraus, die darauf schließen lassen, dass angenommene Einlagen, anvertraute Vermögenswerte oder Finanztransaktionen der Terrorismusfinanzierung nach § 89c StGB oder der Finanzierung einer terroristischen Vereinigung dienen. Gegen entsprechende Anordnungen können das Institut und andere Beschwerte Widerspruch einlegen (Abs. 5). Durch die Regelung in Abs. 6 wird klargestellt, dass Anordnungen zur Beschränkung des Kapital- und Zahlungsverkehrs gemäß § 4 Abs. 1 AWG unberührt bleiben. § 6a KWG ist damit im Verhältnis zu den Anordnungsbefugnissen des § 6 Abs. 3 KWG in seinem speziellen Regelungsbereich **lex specialis** gegenüber außenwirtschaftlichen Vorschriften (*Ganguli* Smarte Finanzsanktionen der EU, S. 219; *Schwennicke* in Schwennicke/Auerbach KWG § 6a Rn. 13).

Die Regelung ist als gewerberechtliche Norm der (vorbeugenden) Gefahren- 2
abwehr konzipiert (VG Frankfurt a. M. 25.10.2007 – 1 E 5718/06 (1), BeckRS 2007, 27880; Antwort der Bundesregierung v. 31.1.2008 auf die Anfrage des Abgeordneten Helmut Königshaus, BT-Drs. 16/7965, Nr. 24; *Müller-Feyen* in Luz/Neus/Schaber/Schneider/Wagner/Weber KWG § 6a Rn. 1), mit der eine Rechtsgrundlage für die Anordnung von **Finanzsanktionen** gegenüber den sich aus der Finanzierung des Terrorismus ergebenden Gefahren geschaffen wurde (RegBegr. BT-Drs. 15/1060, 9). Insbesondere auf Grundlage von Resolution 1373 (2001) des Sicherheitsrates der Vereinten Nationen (VN) vom 27.9.2001 sind alle Mitgliedstaaten der VN verpflichtet, die Finanzierung des Terrorismus zu verhindern und zu bekämpfen. In Erfüllung dieser Verpflichtung können auch Konten und andere Vermögensgegenstände natürlicher und juristischer Personen sowie anderer nicht rechtsfähiger Personenvereinigungen mit terroristischem Hintergrund eingefroren werden. Auch dürfen betroffenen Personen und Personenvereinigungen keine Gelder, finanzielle Vermögenswerte oder Finanz- und damit zusammenhängende Dienstleistungen zur Verfügung gestellt werden. Die Regelungskompetenz in der EU für die Umsetzung von Finanzsanktionen betreffenden Rechtsakte liegt im Rahmen der Gemeinsamen Außen- und Sicherheitspolitik grundsätzlich auf

Unions-/Gemeinschaftsebene und wurde ursprünglich insbesondere in den Standpunkten 2001/930/GASP sowie 2001/931/GASP in der jeweils gültigen Fassung und der Verordnung (EG) Nr. 2580/2001 (ABl. 2001 L 344, 93) geäußert. Diese Kompetenzzuweisung ist jedoch – mangels Einschlägigkeit der Gemeinsamen Außen- und Sicherheitspolitik – dahingehend beschränkt, dass Personen bzw. nicht rechtsfähige Personenvereinigungen, deren Wohnsitz bzw. Sitz sich in der Europäischen Union (EU) befindet, nicht mit EU-Finanzsanktionen belegt werden können – sog. „**EU-interne**" **Zielsubjekte** (Deutsche Bundesbank, S. 79; *Diener* in Reischauer/Kleinhans KWG § 6a Rn. 2; *Ganguli* EU-Finanzsanktionen, S. 50; ferner VG Frankfurt a. M. 25.10.2007 – 1 E 5718/06 (1), BeckRS 2007, 27880). Insoweit steht die Kompetenz vielmehr den einzelnen Mitgliedstaaten zu und wird in Deutschland durch das AWG ausgefüllt. Liegt allerdings kein außenwirtschaftlicher Bezug vor, besteht keine Rechtsgrundlage zur Durchsetzung von Maßnahmen gegenüber Personen und nicht rechtsfähigen Personenvereinigungen mit (Wohn-)Sitz und Bankverbindung in Deutschland bei der Vornahme von Transaktionen oder sonstigen Handlungen. Diese Lücke sollte ursprünglich durch § 6a KWG geschlossen werden. Allerdings sind mit Art. 75, 353 AEUV zwischenzeitlich Regelungen vorhanden, die Zweifel am Fortbestehen dieser Lücke nähren (vgl. *Ganguli* Smarte Finanzsanktionen der EU, S. 219, dort Fn. 474 und S. 209 f.). Die Norm weist der BaFin die Zuständigkeit für derartige „EU-interne" Zielsubjekte zu. Fokussiert werden dabei Terrorismusfinanzierung nach § 89c StGB, mithin die Sammlung, Entgegennahme oder Zurverfügungstellung von Vermögenswerten in der Absicht der Begehung bestimmter dem Terrorismus zuzuordnender Straftaten, sowie die Finanzierung terroristischer Vereinigungen nach §§ 129a, 129b StGB. Die **praktische Bedeutung der Norm ist gering.** In 2017 und 2018 wurden keine Anordnungen durch die BaFin getroffen, sondern lediglich ein Widerspruchsverfahren gegen eine Anordnung durchgeführt (vgl. BT-Drs. 19/3818 – Antwort der Bundesregierung auf die Kleine Anfrage der Abgeordneten Fabio De Masi, Jörg Cezanne, Klaus Ernst, weiterer Abgeordneter und der Fraktion DIE LINKE, dort Antwort zu Fragen 4 und 17).

II. Voraussetzungen der Anordnungsbefugnis

3   Die **Anordnungsbefugnis** steht allein der BaFin zu, die diese in enger Abstimmung mit der Bundesregierung und den Sicherheitsbehörden ausübt (Antwort der Bundesregierung v. 31.1.2008 auf die Anfrage des Abgeordneten Helmut Königshaus, BT-Drs. 16/796, Nr. 24).

4   Unmittelbare **Adressaten** der Anordnung sind Institute iSv § 1 Abs. 1b KWG, also Kreditinstitute gem. § 1 Abs. 1 KWG und Finanzdienstleistungsinstitute gem. § 1 Abs. 1a KWG, sowie aufgrund der Regelung in § 6a Abs. 1 Nr. 1 KWG die Geschäftsführung des Instituts, wobei darunter die Gesamtheit der Geschäftsleiter nach § 1 Abs. 2 S. 1 KWG zu verstehen sein dürfte. Da diese das Institut ohnehin nach außen vertreten, ist die unterschiedliche Bezeichnung der Adressaten in § 6a Abs. 1 Nr. 1 einerseits und Abs. 1 Nr. 2 und 3 KWG andererseits nur schwer nachvollziehbar.

5   Die Anordnung setzt nach § 6a Abs. 1 KWG Tatsachen voraus, die darauf schließen lassen, dass die vom Institut angenommenen Einlagen (vgl. zum Begriff § 1 Abs. 1 S. 2 Nr. 1 KWG), sonstige dem Institut anvertraute Vermögenswerte (vgl. zum Begriff § 1 Abs. 7 Nr. 1 GwG) oder eine Finanztransaktion (zum Begriff vgl.

Besondere Aufgaben **§ 6a KWG**

§ 1 Abs. 5 GwG, der allerdings weiter gefasst ist und nicht nur Finanztransaktionen sondern jede Transaktion die eine Geldbewegung oder eine sonstige Vermögensverschiebung bezweckt oder bewirkt, erfasst) der Terrorismusfinanzierung nach § 89c StGB oder der **Finanzierung einer terroristischen Vereinigung** nach § 129a StGB auch iVm § 129b StGB dienen oder im Falle der Durchführung der Finanztransaktion dienen würden. Die vorgenannten Vermögensgegenstände bzw. Transaktionen müssen zweckgerichtet der Finanzierung einer terroristischen Vereinigung dienen bzw. im Falle ihrer Durchführung dienen, mithin die finanzielle Grundlage terroristischer Aktionen in jeder Form darstellen. Nach § 1 Abs. 32 KWG wird die Terrorismusfinanzierung – im Gleichschritt mit der Definition in § 1 Abs. 2 GwG – definiert, als die Bereitstellung oder Sammlung von Vermögensgegenständen, mit dem Wissen oder in der Absicht, dass sie ganz oder teilweise dazu verwendet werden oder verwendet werden sollen, eine Tat nach § 129a StGB, auch in Verbindung mit § 129b StGB, oder eine in Art. 3, 5 bis 10 und 12 der Richlinie (EU) 2017/541 umschriebene Straftat zu begehen oder die Begehung einer Tat nach § 89c StGB oder die Anstiftung oder Beihilfe an einer solchen Tat. Derartige Tatsachen liegen nach der nicht abschließenden Regelung des § 6a Abs. 2 KWG jedenfalls dann vor, wenn es sich bei dem Inhaber des Kontos bzw. Depots, dessen Verfügungsberechtigten oder dem Kunden eines Instituts um eine natürliche oder juristische Person oder nicht rechtsfähige Personenvereinigung handelt, deren Name in die im Zusammenhang mit der Bekämpfung des Terrorismus angenommene Liste des Rates der Europäischen Union zum Gemeinsamen Standpunkt des Rates der Europäischen Union 2001/931/GASP vom 27.12.2001 über die Anwendung besonderer Maßnahmen zur Bekämpfung des Terrorismus (ABl. 2001 L 344, 93) in der jeweils geltenden Fassung aufgenommen wurde. Bei diesen „gelisteten" Personen ist in der Regel davon auszugehen, dass die Voraussetzungen einer Anordnung nach § 6a Abs. 1 KWG erfüllt sind (VG Frankfurt a. M. 25.10.2007 – 1 E 5718/06 (1), BeckRS 2007, 27880). Daneben können – wie der Hinweis auf §§ 89c, 129a, 129b StGB in Abs. 1 deutlich macht – auch Personen und Personenvereinigungen betroffen sein, die im Verdacht der Terrorismusfinanzierung und dem Terrorismus zuzuordnender Straftaten stehen und gegen die entsprechende Ermittlungsverfahren im In- oder Ausland anhängig sind. Nach Auffassung des VG Frankfurt a. M. liegt ein „dienen" iSv § 6a Abs. 1 KWG bereits dann vor, wenn eine Person, gegen die sich ein derartiges Ermittlungsverfahren und damit ein entsprechender Verdacht richtet, die Verfügungsbefugnis über ein Konto oder Depot besitzt. Allein dieser Umstand lasse den Schluss zu, dass ein derartiges Konto bzw. Depot einen irgendwie gearteten Beitrag zu terroristischen Aktivitäten leistet. Eines einzelfallbezogenen und spezifischen Finanzierungsbeitrages, der *„zweckgerichtet und belegbar der Finanzierung einer terroristischen Vereinigung dient"* soll es nach Auffassung des VG Frankfurt a. M. nicht bedürfen. Begründet wird diese Auffassung zunächst damit, dass andernfalls die Effektivität der nach § 6a KWG zulässigen Maßnahme reduziert würde. Ein derartiges Effektivitätskriterium ist jedoch nicht zentraler Bestandteil der Rechtsordnung. Maßnahmen haben sich primär an Grundrechten sowie dem Übermaßverbot bzw. Verhältnismäßigkeitsprinzip und nicht primär an Effektivitätsgesichtspunkten auszurichten (vgl. dazu *Müller-Feyen* in Luz/Neus/Schaber/Schneider/Wagner/Weber KWG § 6a Rn. 2; *Reinel/Roth* EWS 2006, 542 (544f.); *Roller/Hendel* VuR 2006, 390). Ferner führt das VG Frankfurt a. M. zur Begründung seiner Auffassung aus, dass gegen gelistete Personen des VN- bzw. EU-Finanzsanktionsregimes bereits Strafverfolgungs- bzw. Ermittlungsmaßnahmen eingeleitet wurden und deshalb ein Auseinanderfallen des Regelungsgehalts von § 6a KWG mit dem **VN- bzw. EU-Finanzsanktionsregime** vermieden werden soll. Auch diese Begründung ist nicht frei von Zweifeln. Es ist unklar, ob die Aussage für sämtliche gelisteten Personen zutrifft, da es sich dabei auch um vorbereitende oder lediglich vermutungs- bzw. verdachtsbasierte Maßnahmen handelt (vgl. dazu *Meyer* ZEuS 2007, 1 (20)). Insoweit erscheint auch die Regierungsbegründung nicht unproblematisch, in der ausgeführt wird, dass ein strafprozessualer Verdacht nicht erforderlich ist (RegBegr. BT-Drs. 15/1060, 9). Die Anordnungsbefugnis steht trotz des Wortes *„kann"* nicht im Entschließungsermessen der BaFin, vielmehr liegt nur ein Auswahlermessen im Hinblick auf die Anordnungsbefugnisse nach § 6a Abs. 1 Nr. 1–3 KWG vor (VG Frankfurt a. M. 25.10.2007 – 1 E 5718/06 (1), BeckRS 2007, 27880.

6 § 6a Abs. 3 und 4 KWG sind Ausdruck des **Verhältnismäßigkeitsprinzips** (VG Frankfurt a. M. 25.10.2007 – 1 E 5718/06 (1), BeckRS 2007, 27880; RegBegr. BT-Drs. 15/1060, 10; *Achtelik* in Boos/Fischer/Schulte-Mattler KWG § 6a Rn. 9 ff.). Die auf Antrag erfolgende Möglichkeit der Freigabe von Vermögenswerten durch die BaFin zur Deckung des notwendigen Lebensunterhaltes der Person oder ihrer Familienmitglieder oder zur Bezahlung von Versorgungs- oder Unterhaltsleistungen sowie vergleichbarer Zwecke, sog. humanitärer Notlagen (vgl. RegBegr. BT-Drs. 15/1060, 10; *Müller-Feyen* in Luz/Neus/Schaber/Schneider/Wagner/Weber KWG § 6a Rn. 6), entspricht inhaltlich weitgehend derjenigen in Art. 5 Abs. 2 der VO (EG) 2580/2001. Die in Art. 5 Abs. 2 der EG-VO 2580/2001 erwähnte Ausnahme des Einfrierens der Vermögenswerte etwa zur Abbuchung von Kontoführungsgebühren, findet sich auch in der Regierungsbegründung BT-Drs. 15/1060, 10, wonach eine entsprechende Gestattung durch die BaFin ermöglicht werden kann. Bei den vergleichbaren Zwecken im Sinne von Abs. 3 soll es sich in erster Linie um solche handeln, die mit den dort zuvor beispielhaft aufgezählten in einem inneren Zusammenhang stehen (RegBegr. BT-Drs. 15/1060, 10). Nach § 6a Abs. 4 KWG ist eine Anordnung aufzuheben, sobald und soweit der Anordnungsgrund nicht mehr vorliegt.

III. Rechtsmittel

7 Nach § 6a Abs. 5 KWG kann gegen eine Anordnung der BaFin nach § 6a Abs. 1 KWG sowohl das Institut, welches unmittelbarer Adressat der Anordnung ist, als auch ein anderer Beschwerter **Widerspruch** erheben. Die Widerspruchsbefugnis des unmittelbar belasteten Instituts ergibt sich ohne weiteres als Adressat der Anordnung nach § 6a Abs. 1 Nr. 2 und 3 KWG. Zu beachten ist, dass § 6a Abs. 1 Nr. 1 KWG sich nicht wie dessen Nummern 2 und 3 gegen das Institut richtet, sondern gegen die Geschäftsführung des Instituts, so dass auch diese bzw. deren Mitglieder als Beschwerte anzusehen sind. Offenkundig ist, dass die Anordnung Drittwirkung entfalten kann (VG Frankfurt a. M. 25.10.2007 – 1 E 5718/06 (1), BeckRS 2007, 27880). Ein Verwaltungsakt besitzt Drittwirkung, wenn die Anordnung neben Folgen für den Adressaten zugleich belastende Wirkung für Dritte erzeugt (*Achtelik* in Boos/Fischer/Schulte-Mattler KWG § 6a Rn. 13). Eine solche Drittwirkung kann insbesondere gegenüber dem Kontoinhaber bestehen, der in seiner Verfügungsgewalt über die Vermögenswerte eingeschränkt wird, kann sich aber auch gegenüber Dritten ergeben, die etwa Berechtigte aus Verfügungen sind (VG Frankfurt a. M. 25.10.2007 – 1 E 5718/06 (1), BeckRS 2007, 27880; RegBegr. BT-Drs. 15/1060, 10). Die Klarstellung zum Kreis der Beschwerten in § 6a Abs. 5 KWG ist

aus rechtsstaatlichen Gründen zu begrüßen, ergibt sich jedoch bereits aus allgemeinen verfassungs- bzw. verwaltungsrechtlichen Grundsätzen. Die Widerspruchsfrist beginnt gegenüber Drittbeschwerten mit Kenntnisnahme von der Anordnung, mithin regelmäßig durch die Mitteilung des Instituts gegenüber dem Kunden nach Durchführung der Einschränkung der Verfügungsmöglichkeit über ein Konto (RegBegr. BT-Drs. 15/1060, 10; *Achtelik* in Boos/Fischer/Schulte-Mattler KWG § 6a Rn. 13). Nach § 49 KWG kommt einem Widerspruch aufgrund sofortiger Vollziehbarkeit der Maßnahmen nach § 6a KWG keine aufschiebende Wirkung zu.

IV. Abgrenzung zum AWG und GwG

Gemäß § 6a Abs. 6 KWG bleibt die Möglichkeit zur Anordnung von Beschränkungen des Kapital- und Zahlungsverkehrs nach § 4 Abs. 1 des AWG unberührt. Nach der vorstehenden Norm des AWG können im **Außenwirtschaftsverkehr** durch Rechtsverordnung Rechtsgeschäfte und Handlungen beschränkt oder Handlungspflichten angeordnet werden, u. a., um Sicherheitsinteressen der Bundesrepublik Deutschland zu gewährleisten oder der Störung des friedlichen Zusammenlebens der Völker sowie der Störung der auswärtigen Beziehungen Deutschlands abzuwenden. Maßnahmen, die auf dieser Grundlage erlassen werden, bezwecken in der Regel die zeitnahe Umsetzung von Finanzsanktionen im Vorfeld von Rechtsakten der EU bzw. EG, die nach deren Erlass von Regelungen auf Gemeinschafts- bzw. Unionsebene wieder aufzuheben sind (*Achtelik* in Boos/Fischer/Schulte-Mattler KWG § 6a Rn. 14; als Beispiel dient hier die vorläufige Sperrung eines bei einer deutschen Geschäftsbank geführten Kontos eines Sohnes des ehemaligen libyschen Staatschefs Muammar al Qadhafi sowie verschiedener libyscher Banken durch das Bundeswirtschaftsministerium in Vorwegnahme nachfolgender EU-Sanktionen im März 2011; vgl. BMWi, Pressemitteilungen v. 1. und 10.3.2011 „Bundeswirtschaftsministerium ordnet vorläufige Kontensperrung an" und „Bundeswirtschaftsministerium friert libysches Vermögen in Milliardenhöhe ein"). Die Einfügung des § 6a in das KWG wurde deshalb auch kritisiert und, trotz des fehlenden außenwirtschaftlichen Bezugs, eine Integrierung in das AWG gefordert, dies auch deshalb, um eine Zersplitterung von Behördenzuständigkeiten zu vermeiden (Deutsche Bundesbank, S. 79f.; *Ganguli* EU-Finanzsanktionen, S. 51; *Achtelik* in Boos/Fischer/ Schulte-Mattler KWG § 6a Rn. 15f.; *Teichmann/Achsnich* in Herzog/Mülhausen Geldwäschebekämpfung-HdB § 33 Rn. 4). Der Kritik wurde jedoch keine Rechnung getragen. Ferner wurden **Zuständigkeitskollisionen** zwischen § 6a KWG und Kompetenzen der FIU nach § 40 GwG gesehen (vgl. BT-Drs. 19/3818 = Antwort der Bundesregierung auf die Kleine Anfrage der Abgeordneten Fabio De Masi, Jörg Cezanne, Klaus Ernst, weiterer Abgeordneter und der Fraktion DIE LINKE, dort Antwort zu Fragen 4). Nach § 40 GwG kann die FIU bei Vorliegen von Anhaltspunkten dafür, dass eine Transaktion im Zusammenhang mit Geldwäsche steht oder der Terrorismusfinanzierung dient, die Durchführung der Transaktion für maximal einen Monat untersagen, um den Anhaltspunkten nachzugehen und die Transaktion zu analysieren oder ua Verpflichteten nach § 2 Abs. 1 Nr. 1–3 GwG untersagen, Verfügungen von einem bei ihm geführten Konto oder Depot auszuführen oder sonstige Finanztransaktionen durchzuführen. Nach Auffassung der Bundesregierung ist die Stoßrichtung von § 6a KWG einerseits und § 40 GwG andererseits aber unterschiedlich, so dass keine Zuständigkeitskollision vorliegt. Unter anderem werde die FIU bereits auf Grundlage von bloßen Anhaltspunkten, insbesondere aus

Verdachtsmeldungen, tätig, während für Anordnungen der BaFin nach § 6a KWG konkrete Tatsachen für Transaktionen der Terrorismusfinanzierung nach § 89c StGB oder der Finanzierung terroristischer Vereinigungen (§§ 129a, 129b StGB) vorliegen müssen (BT-Drs. 19/3818 – Antwort der Bundesregierung auf die Kleine Anfrage der Abgeordneten Fabio De Masi, Jörg Cezanne, Klaus Ernst, weiterer Abgeordneter und der Fraktion DIE LINKE, dort Antwort zu Fragen 4).

V. Exkurs: Finanzsanktionen

9   Finanzsanktionen in Form von Beschränkungen des Kapital- und Zahlungsverkehrs sind in Deutschland auf der Grundlage von Sanktionsmaßnahmen der Vereinten Nationen, der Europäischen Union und nationaler Behörden möglich. Hauptziele von **Finanzsanktionen** (vgl. zusammenfassend *Ganguli* Smarte Finanzsanktionen der EU, S. 89 ff.) bilden neben der Herbeiführung einer politisch gewollten Veränderung in einem sanktionierten Staat, die Achtung der Menschenrechte, die Verhütung einer Störung des friedlichen Zusammenlebens der Völker (vgl. dazu auch § 4 Abs. 1 AWG) und spätestens seit den Anschlägen des 11.9.2001 auch die Bekämpfung des internationalen Terrorismus (*Inderwies* BankPraktiker 2011, 461 (464); *Schmalenbach* JZ 2006, 349 (350); vgl., auch die diesbezüglichen von der FATF genannten Pflichten, The FATF Recommendations, Empfehlung 6). Daneben haben Sanktionen in jüngerer Zeit auch die ausdrückliche Zielrichtung der **Verhinderung der Proliferation** von Massenvernichtungswaffen und deren Finanzierung (vgl. zB allein den vollständigen Titel der neu gefassten FATF Empfehlungen v. Februar 2012: „International Standards on Combating Money Laundering and the Financing of Terrorism & Proliferation – the FATF Recommendations" und dort Empfehlung 7 sowie Bemerkungen des FATF Executive Secretary David Lewis v. 16.5.2018: Best Practices and Guidelines on the Fight against Proliferation Financing – Strengthening Authorities for Action, abrufbar unter: http://www.fatf-gafi.org/publications/fatfgeneral/documents/speech-psi-political-meeting-may-2018.html (Stand: 22.4.2020).

10   Waren Finanzsanktionen zunächst durch umfassende wirtschaftliche Zwangsmaßnahmen (Totalsanktionen) gekennzeichnet (*Bieneck* in Müller-Gugenberger WirtschaftsStrafR-HdB § 62 Rn. 83, wobei dieser als Beispiele die Sanktionsmaßnahmen gegen den Irak und die Bundesrepublik Jugoslawien anführt; ferner *Ganguli,* EU-Finanzsanktionen, S. 11, *Haug/Häge* in Bieneck AußenwirtschaftsR-HdB § 12 Rn. 90), wurden im Verlauf der 1990er Jahre zielgerichtete und selektive Instrumente geschaffen, die sich verstärkt auch gegen natürliche Personen und Gruppierungen richteten, ohne ausdrücklich auf einen Drittstaat Bezug zu nehmen (Deutsche Bundesbank, S. 73 ff.). Maßnahmen konnten gegen Personen unabhängig von ihrer Staatsangehörigkeit oder ihrem Aufenthaltsort verhängt werden (*Bieneck* in Müller-Gugenberger WirtschaftsStrafR-HdB § 62 Rn. 96; *Frentz* in Amtage/Baumann/Bdeiwi Geldwäschebekämpfung-HdB Rn. 822 ff.). Dabei handelte es sich um einen Paradigmenwechsel, für den auch der Begriff der **„smarten Sanktionen"** (zur Entwicklung des Begriffs *Kaleck* KJ Heft 1 2011, 63 (64); ferner Deutsche Bundesbank, S. 73 ff.; *Ganguli* EU-Finanzsanktionen, S. 12; *Meyer* ZEuS 2007, 2 (4); *Schmalenbach* JZ 2006, 349 (350)) bzw. der „intelligenten Sanktionen" (*Schlarmann/ Spiegel* NJW 2007, 870) verwendet wird. Hintergrund dieser Entwicklung war die Erkenntnis, dass Totalsanktionen gegen Staaten häufig zu humanitär kaum vertretbaren Konsequenzen für weite Teile der Bevölkerung des betroffenen Staates führten

Besondere Aufgaben **§ 6a KWG**

und sich zudem als ineffektiv herausstellten (*Meyer* ZEuS 2007, 2 (4); ferner zur Kritik *Bartelt/Zeitler* EuZW 2003, 712 ff.; *Braunmühl/Kulesaa* S. 30; *Ganguli* EU-Finanzsanktionen, S. 11 f.).

Soweit Finanzsanktionen ihren Ursprung bei den Vereinten Nationen finden, werden diese durch den Sicherheitsrat der Vereinten Nationen angenommen (*Ganguli* EU-Finanzsanktionen, S. 11), richten sich in ihrer Ausführung an die Mitgliedstaaten und benötigen eines Inkorporationsaktes in die jeweilige Rechtsordnung (vgl. Art. 25, 41, 48 der VN-Charta und dazu auch *Frentz* in Amtage/Baumann/Bdeiwi Geldwäschebekämpfung-HdB Rn. 877). Die **Umsetzung in der Europäischen Union** erfolgt durch einen Beschluss des Rates nach Art. 29 EUV, in welchem der Standpunkt der EU zu einer bestimmten Frage festgelegt wird. Da diese Beschlüsse jedoch nicht unmittelbar in den Mitgliedstaaten Rechtsgeltung besitzen, bedarf es eines weiteren Implementierungsaktes auf europäischer Ebene im Rahmen von EU-Verordnungen. Diese EU-Verordnungen werden auf Grundlage von Art. 215 AEUV vom (Minister-)Rat auf Vorschlag der Hohen Vertreterin der Union für Außen- und Sicherheitspolitik und der Kommission mit einer qualifizierten Mehrheit angenommen (vgl. dazu auch Deutsche Bundesbank, Finanzsanktionen – Allgemeine Informationen, https://www.bundesbank.de/de/service/finanzsanktionen, Stand: 22.4.2020 sowie BMF, S. 20). Diese EU-Verordnungen gelten gem. Art. 288 Abs. 2 AEUV unmittelbar in jedem Mitgliedsstaat. In gleicher Weise vollzieht sich die Umsetzung von Finanzsanktionen auf EU-Ebene (vgl. dazu *Kaleck* KJ Heft 1 2011, 63 (64)), auch wenn keine Maßnahmen der Vereinten Nationen zu Grunde liegen, sondern die EU von sich aus tätig wird. Die Finanzsanktionen umfassen im Wesentlichen (i) das „Einfrieren" von auf Bankkonten unterhaltenen Geldern und Vermögenswerten der betroffenen Personen und Gruppierungen, (ii) das Verbot der Bereitstellung von Geldern und wirtschaftlichen Ressourcen, (iii) Umgehungsverbote, (iv) Ausnahmen und (v) Meldepflichten und Haftungsgrundlagen der Normadressaten (vgl. dazu *Ganguli* EU-Finanzsanktionen, S. 18).

In Ausnahmefällen, insbesondere in **Eilfällen** bei Vorliegen schwerwiegender politischer Gründe, können auch Mitgliedstaaten (vorläufige) Maßnahmen auf dem Gebiet des Kapital- und Zahlungsverkehrs treffen, sofern der (Minister-)Rat noch keine Maßnahmen getroffen hat. Dazu wird in Deutschland, sofern nicht die Bundesregierung nach § 12 Abs. 1 S. 1 AWG zuständig ist, das insoweit zuständige Bundesministerium für Wirtschaft und Energie im Einvernehmen mit dem Auswärtigen Amt und dem Bundesministerium der Finanzen sowie ggf. im Benehmen mit der Deutschen Bundesbank auf der Grundlage von §§ 12, 4, 6 AWG tätig, um beschränkende Eilmaßnahmen im Vorgriff auf nachfolgende Maßnahmen der EU zu erlassen, die nach Inkrafttreten europäischer Regelungen wieder aufgehoben werden können (vgl. dazu auch Deutsche Bundesbank, Finanzsanktionen – Allgemeine Informationen https://www.bundesbank.de/de/service/finanzsanktionen, Stand: 31.7.2020). § 6 AWG wurde dabei im Rahmen des Gesetzes zur Umsetzung der Änderungsrichtlinie zur Vierten EU-Geldwäscherichtlinie vom 12.12.2019 (BGBl. I S. 2602) angepasst, um – wie von der FATF gefordert – eine unverzügliche Umsetzung von Sanktionsentscheidungen des VN-Sicherheitsrates oder seiner Nebenorgane bis zur Listung der benannten Personen bzw. Personengesellschaften in einer unmittelbar anwendbaren EU-Verordnung zu ermöglichen und Unternehmen im Finanzsektor mehr Rechtssicherheit zu geben (vgl. zu Einzelheiten Begr. zu Art. 17 des Gesetzes zur Umsetzung der Änderungsrichtlinie zur Vierten EU-Geldwäscherichtlinie in BT-Drs. 19/15196, 57 f.; ferner BMF, S. 20).

§ 6a KWG

13 Verstöße gegen Rechtsakte über Finanzsanktionen können nach den §§ 18f. AWG als **Ordnungswidrigkeiten oder Straftaten** geahndet werden (vgl. zu Einzelheiten *Bieneck* in Müller-Gugenberger WirtschaftsStrafR-HdB § 62 Rn. 70ff.; *Schlarmann/Spiegel* NJW 2007, 870 (873 ff.)).

14 Zurzeit bestehen namentlich folgende Rechtsakte für Finanzsanktionen auf Grundlage von Resolutionen des **Sicherheitsrates der Vereinten Nationen** (vgl. dazu auch die Internetseite der Deutschen Bundesbank, bei der sämtliche aktuellen Verordnungen abrufbar sind, https://www.bundesbank.de/de/service/finanzsanktionen/sanktionsregimes, Stand: 22.4.2020; ferner *Ganguli* EU-Finanzsanktionen, S. 67 ff. und *Haug/Häge* in Bieneck AußenwirtschaftsR-HdB § 12 Rn. 32 ff.):

Finanzsanktionen gegen bestimmte Personen, Gruppen, Unternehmen und Einrichtungen angesichts der Lage in **Afghanistan** (VO (EU) Nr. 753/2011 des Rates v. 1.8.2011 über restriktive Maßnahmen gegen bestimmte Personen, Gruppen, Unternehmen und Einrichtungen angesichts der Lage in Afghanistan, ABl. 2011 L 199, 1 sowie dazu ergangener Durchführungsverordnungen und Berichtigungen) beinhalten ein Verbot, bestimmten natürlichen oder juristischen Personen, Gruppen, Unternehmen oder Einrichtungen unmittelbar oder mittelbar Gelder oder wirtschaftliche Ressourcen zur Verfügung zu stellen. Sämtliche Gelder und wirtschaftliche Ressourcen, die im Eigentum oder Besitz dieser Personen, Gruppen, Unternehmen oder Einrichtungen sind oder von diesen gehalten oder kontrolliert werden, werden eingefroren. Die Bundesbank kann im Rahmen dieser Sanktionen unter engen Voraussetzungen (zB für Grundbedürfnisse gelisteter Personen) Ausnahmegenehmigungen erteilen.

Finanzsanktionen gegen **Al-Qaida/ISIL (Da'esh)** (VO (EG) Nr. 881/2002 des Rates v. 27.5.2002 über die Anwendung bestimmter spezifischer restriktiver Maßnahmen gegen bestimmte Personen und Organisationen, die mit den ISIL (Da'esh)- und Al-Qaida-Organisationen in Verbindung stehen, sowie weiterer dazu ergangener Durchführungs- und Änderungsverordnungen und VO (EU) 2016/1686 des Rates v. 20.9.2016 zur Verhängung zusätzlicher restriktiver Maßnahmen gegen ISIL (Da'esh)) beinhalten ein Verbot, bestimmten Personen, Organisationen, Einrichtungen und Vereinigungen Gelder oder wirtschaftliche Ressourcen zur Verfügung zu stellen. Sämtliche Gelder und wirtschaftlichen Ressourcen dieses Adressatenkreises werden eingefroren. Die Bundesbank kann im Rahmen dieser Sanktionen unter engen Voraussetzungen (zB für Grundausgaben gelisteter Personen) Ausnahmegenehmigungen erteilen. Für eine Analyse der Al-Qaida-Verordnung aus politologischer Sicht vgl. *Ganguli* Smarte Finanzsanktionen der EU, S. 165 ff.

Finanzsanktionen gegen die **DR Kongo** (VO (EG) Nr. 1183/2005 des Rates v. 18.6.2005 über die Anwendung spezifischer restriktiver Maßnahmen gegen Personen, die gegen das Waffenembargo betreffend die Demokratische Republik Kongo verstoßen, ABl. 2005 L 193, 1, sowie weiterer dazu ergangener Änderungs- und Durchführungsverordnungen) beinhalten ein Verbot, bestimmten natürlichen oder juristischen Personen, Organisationen oder Einrichtungen weder direkt noch indirekt Gelder oder wirtschaftliche Ressourcen bereitzustellen. Sämtliche Gelder und wirtschaftliche Ressourcen, die diesen Personen, Organisationen oder Einrichtungen gehören oder von ihnen gehalten werden, werden eingefroren. Ferner beinhalten sie ein Verbot, Finanzmittel oder Finanzhilfen im Zusammenhang mit militärischen Aktivitäten mittelbar oder unmittelbar bereitzustellen. Die Bundesbank kann im Rahmen der Kongo-Sanktionen Ausnahmegenehmigungen (zB für Grundausgaben gelisteter Personen oder für die Bereitstellung von Finanzmitteln und Finanzhilfen im Zusammenhang mit Rüstungsgütern und sonstigem Wehrmaterial, die

Besondere Aufgaben   **§ 6a KWG**

ausschließlich zur Unterstützung der Mission der Organisation der Vereinten Nationen in der DR Kongo – MONUSCO – bestimmt sind) erteilen.
Finanzsanktionen gegen den **Irak** (ua VO (EG) Nr. 1210/2003 des Rates v. 7.7.2003 über bestimmte spezifische Beschränkungen in den wirtschaftlichen und finanziellen Beziehungen zu Irak und zur Aufhebung der VO (EG) Nr. 2465/ 1996, ABl. 2003 L 169, 6, sowie weiterer dazu ergangener Durchführungs- und Änderungsverordnungen) beinhalten ein Verbot, Saddam Hussein, anderen ehemaligen Amtsträgern und deren unmittelbaren Familienangehörigen Gelder und wirtschaftlichen Ressourcen direkt oder indirekt zur Verfügung zu stellen und fordern das Einfrieren sämtlicher Gelder und wirtschaftlicher Ressourcen dieser Personen. Ferner eingefroren wurden Gelder der früheren irakischen Regierung und einiger staatlicher Organe, Unternehmen und Einrichtungen, soweit diese Vermögenswerte am 22.5.2003 außerhalb des Irak belegen waren. Die Bundesbank kann im Rahmen der Irak-Sanktionen Ausnahmegenehmigungen erteilen (zB für Grundausgaben gelisteter Personen).
Finanzsanktionen gegen den **Jemen** (VO (EU) Nr. 1352/2014 des Rates v. 18.12.2014 über restriktive Maßnahmen angesichts der Lage in Jemen sowie dazu ergangener Änderungs- und Durchführungsverordnungen) beinhalten ein Verbot, bestimmten natürlichen und juristischen Personen, Organisationen und Einrichtungen unmittelbar oder mittelbar Gelder oder wirtschaftliche Ressourcen zur Verfügung zu stellen oder zugute kommen zu lassen. Sämtliche Gelder und wirtschaftliche Ressourcen, die im Eigentum oder Besitz dieser Personen, Organisationen oder Einrichtungen sind oder von diesen gehalten oder kontrolliert werden, werden eingefroren. Ferner beinhalten sie ein Verbot, Finanzmittel oder Finanzhilfen im Zusammenhang mit militärischen Aktivitäten bereitzustellen. Die Deutsche Bundesbank kann im Rahmen dieser Sanktionen unter engen Voraussetzungen (zB für Grundbedürfnisse gelisteter Personen) Ausnahmegenehmigungen erteilen.
Finanzsanktionen gegenüber **Libanon** (VO (EG) Nr. 305/2006 des Rates v. 21.2.2006 über die Anwendung spezifischer restriktiver Maßnahmen gegen bestimmte Personen, die der Beteiligung an der Ermordung des ehemaligen libanesischen Ministerpräsidenten Rafik Hariri verdächtig sind, ABl. 2006 L 51, 1, und VO (EG) Nr. 1412/2006 des Rates v. 25.9.2006 über bestimmte restriktive Maßnahmen gegenüber Libanon, ABl. 2006 L 267, 2, sowie weiterer dazu ergangener Änderungsverordnungen) beinhalten ein Verbot, Finanzmittel oder Finanzhilfen im Zusammenhang mit militärischen Aktivitäten mittelbar oder unmittelbar bereitzustellen. Daneben wurde in Umsetzung von Maßnahmen des Sicherheitsrats der Vereinten Nationen mit dem Erlass der Verordnung (EG) Nr. 305/2006 des Rates die Möglichkeit eröffnet, restriktive Maßnahmen gegen bestimmte libanesische und syrische Amtsträger, die der Beteiligung an der Ermordung des ehemaligen libanesischen Ministerpräsidenten Rafik Hariri verdächtig sind, zu verhängen. Die Bundesbank kann im Rahmen dieser Sanktionen unter engen Voraussetzungen (zB für Grundausgaben gelisteter Personen) Ausnahmegenehmigungen erteilen.
Finanzsanktionen gegen bestimmte Personen, Organisationen und Einrichtungen angesichts der Lage in **Libyen** (VO (EU) 2016/44 des Rates v. 18.1.2016 über restriktive Maßnahmen angesichts der Lage in Libyen und zur Aufhebung der VO (EU) Nr. 204/2011, ABl. 2016 L 12, 1 sowie weiterer dazu ergangener Änderungs- und Durchführungsverordnungen) beinhalten ein Verbot, bestimmten natürlichen oder juristischen Personen, Organisationen oder Einrichtungen unmittelbar oder mittelbar Gelder oder wirtschaftliche Ressourcen zur Verfügung zu stellen. Sämtliche Gelder und wirtschaftliche Ressourcen, die im Eigentum oder Besitz dieser

Personen, Organisationen oder Einrichtungen sind oder von diesen gehalten oder kontrolliert werden, werden eingefroren. Ferner weder Finanzmittel noch Finanzhilfen im Zusammenhang mit den in der Gemeinsamen Militärgüterliste aufgeführten Gütern und Technologien sowie zur internen Repression verwendbaren Ausrüstungen und für die Bereitstellung von bewaffneten Söldnern bzw. deren Verwendung in Libyen (un-)mittelbar zur Verfügung gestellt werden. Die Bundesbank kann im Rahmen dieser Sanktionen unter engen Voraussetzungen (zB für Grundbedürfnisse gelisteter Personen) Ausnahmegenehmigungen erteilen.

Finanzsanktionen gegen **Mali** (Verordnung (EU) Nr. 2017/1770 des Rates v. 28.9.2017 über restriktive Maßnahmen angesichts der Lage in Mali, ABl. 2017 L 251, 1) beinhalten ein Verbot, bestimmten natürlichen oder juristischen Personen, Einrichtungen und Organisationen (un-)mittelbar Gelder oder wirtschaftliche Ressourcen zur Verfügung zu stellen. Sämtliche Gelder und wirtschaftliche Ressourcen, die im Eigentum oder Besitz der vorgenannten Kreise sind oder von diesen gehalten oder (in-)direkt kontrolliert werden, werden eingefroren. Die Bundesbank kann unter engen Voraussetzungen (zB Grundbedürfnisse gelisteter Personen) Ausnahmegenehmigungen erteilen.

Finanzsanktionen gegen **Somalia** (VO (EG) Nr. 147/2003 des Rates v. 27.1.2003 über bestimmte restriktive Maßnahmen gegenüber Somalia, ABl. 2003 L 24, 2, und VO (EU) Nr. 356/2010 des Rates v. 26.4.2010 über die Anwendung bestimmter spezifischer restriktiver Maßnahmen bestimmte natürliche oder juristische Personen, Organisationen oder Einrichtungen aufgrund der Lage in Somalia, ABl. 2010 L 105, 1, sowie weiterer dazu ergangener Änderungs- und Durchführungsverordnungen) beinhalten ein Verbot, bestimmten natürlichen oder juristischen Personen, Organisationen oder Einrichtungen weder unmittelbar noch mittelbar Gelder oder wirtschaftliche Ressourcen bereitzustellen. Sämtliche Gelder und wirtschaftliche Ressourcen, die im Eigentum oder Besitz dieser Personen, Organisationen oder Einrichtungen sind oder von ihnen gehalten werden, werden eingefroren. Zudem ist es verboten, unter bestimmten Voraussetzungen Finanzmittel oder Finanzhilfen mittelbar oder unmittelbar bereitzustellen, die im Zusammenhang mit militärischen Aktivitäten, mit in der Gemeinsamen Militärgüterliste der EU aufgeführten Gütern oder der Einfuhr, der Beförderung oder des Erwerbs von Holzkohle aus Somalia stehen. Die Bundesbank kann im Rahmen der Somalia-Sanktionen Ausnahmegenehmigungen (zB für Grundausgaben gelisteter Personen) erteilen.

Finanzsanktionen gegen den **Sudan** (VO (EU) Nr. 747/2014 des Rates v. 10.7.2014 über restriktive Maßnahmen angesichts der Lage in Sudan und zur Aufhebung der VO (EG) Nr. 131/2004 und (EG) Nr. 1184/2005, ABl. 2014 L 203, 1 ff. sowie weiterer dazu ergangener Durchführungsverordnungen) beinhalten ein Verbot, bestimmten natürlichen oder juristischen Personen, Organisationen oder Einrichtungen weder unmittelbar noch mittelbar Gelder oder wirtschaftliche Ressourcen bereitzustellen. Sämtliche Gelder und wirtschaftliche Ressourcen, die ihrer (in-)direkten Kontrolle unterliegen, werden eingefroren. Darüber hinaus beinhalten sie ein Verbot, Finanzmittel/-hilfen im Zusammenhang mit militärischen Aktivitäten (un-)mittelbar bereitzustellen. Die Bundesbank kann Ausnahmegenehmigungen (zB für Grundausgaben gelisteter Personen) erteilen.

Bei **Finanzsanktionen gegen den Terrorismus** (VO (EG) Nr. 2580/2001 des Rates v. 27.12.2001 über spezifische, gegen bestimmte Personen und Organisationen gerichtete restriktive Maßnahmen zur Bekämpfung des Terrorismus, ABl. 2001 L 344, 70, sowie weiterer dazu ergangener Änderungs- und Durchführungsverord-

Besondere Aufgaben **§ 6a KWG**

nungen) werden anders als im Rahmen anderer EG-Finanzsanktionsverordnungen die EG-Ratsverordnung nicht mit einem von der Kommission zu aktualisierenden Anhang der erfassten Personen versehen. Vielmehr sind hier die erfassten Personen jeweils durch den Rat mit Beschluss festzulegen. Die Bundesbank kann im Rahmen dieser Sanktionen unter engen Voraussetzungen (zB für Grundausgaben gelisteter Personen) Ausnahmegenehmigungen erteilen.

Allein auf Grundlage von Rechtsakten der **Europäischen Union** basieren 15 nachfolgende Finanzsanktionen:

Finanzsanktionen gegen bestimmte Personen, Organisationen und Einrichtungen angesichts der Lage in **Ägypten** (VO (EU) Nr. 270/2011 des Rates v. 21.3.2011 über restriktive Maßnahmen gegen bestimmte Personen, Organisationen und Einrichtungen angesichts der Lage in Ägypten, ABl. 2011 L 76, 4 sowie weiterer dazu ergangener Änderungs- und Durchführungsverordnungen) beinhalten ein Verbot, bestimmten natürlichen oder juristischen Personen, Organisationen und Einrichtungen unmittelbar oder mittelbar Gelder oder wirtschaftliche Ressourcen zur Verfügung zu stellen. Sämtliche Gelder und wirtschaftliche Ressourcen, die im Eigentum oder Besitz dieser Personen, Organisationen und Einrichtungen sind oder von diesen gehalten oder kontrolliert werden, werden eingefroren. Die Bundesbank kann im Rahmen dieser Sanktionen unter engen Voraussetzungen (zB für Grundbedürfnisse gelisteter Personen) Ausnahmegenehmigungen erteilen.

Finanzsanktionen gegen **Weißrussland (Belarus)** (VO (EG) Nr. 765/2006 des Rates v. 18.5.2006 über restriktive Maßnahmen gegen Belarus, ABl. 2006 L 134, 1, sowie weiterer dazu ergangener Änderungs-, Berichtigungs- und Durchführungsverordnungen) beinhalten ein Verbot, bestimmten natürlichen oder juristischen Personen, Organisationen oder Einrichtungen unmittelbar oder mittelbar Gelder oder wirtschaftliche Ressourcen zur Verfügung zu stellen. Sämtliche Gelder und wirtschaftliche Ressourcen, die im Eigentum oder Besitz dieser Personen, Organisationen oder Einrichtungen sind oder ihrer direkten oder indirekten Kontrolle unterliegen, werden eingefroren. Ferner ist die (un-)mittelbare Bereitstellung von Finanzmitteln/-hilfen im Zusammenhang mit den in der Gemeinsamen Militärgüterliste aufgeführten oder bestimmten, zur internen Repression verwendbaren Gütern und Technologien verboten. Die Bundesbank kann im Rahmen dieser Sanktionen unter engen Voraussetzungen (zB für Grundbedürfnisse gelisteter Personen) Ausnahmegenehmigungen erteilen.

Die Finanzsanktionen gegen **Birma/Myanmar** (VO (EU) Nr. 401/2013 des Rates v. 2.5.2013 über restriktive Maßnahmen gegen Myanmar/Birma und zur Aufhebung der VO (EG) Nr. 194/2013, ABl. 2013 L 121, 1) beinhalten ein Verbot, bestimmten natürlichen oder juristischen Personen, Einrichtungen und Organisationen (un-)mittelbar Gelder/wirtschaftliche Ressourcen zur Verfügung zu stellen oder zugute kommen zu lassen. Diese werden eingefroren. Ferner beinhalten die Finanzsanktionen ein Verbot, Finanzmittel/-hilfen für bestimmte Güter (zB Güter im Zusammenhang mit militärischen Aktivitäten oder mit zur internen Repression verwendbaren Ausrüstungen) zur Verfügung zu stellen. Zudem dürfen grundsätzlich keine Finanzmittel/-hilfen für bestimmte Ausrüstungen zur Überwachung der Kommunikation bereitgestellt werden. Die Deutsche Bundesbank kann im Rahmen dieser Sanktionen Ausnahmegenehmigungen (zB für Grundbedürfnisse gelisteter Personen) erteilen.

Finanzsanktionen gegen **Burundi** (VO (EU) 2015/1755 des Rates v. 1.10.2015 über restriktive Maßnahmen angesichts der Lage in Burundi) beinhalten ein Verbot, bestimmten natürlichen und juristischen Personen, Organisationen und Einrichtungen unmittelbar oder mittelbar Gelder oder wirtschaftliche Ressourcen zur Verfügung zu stellen oder zugute kommen zu lassen. Sämtliche Gelder und wirtschaftliche Ressourcen, die im Eigentum oder Besitz dieser Personen, Organisationen oder Einrichtungen sind oder von diesen gehalten oder kontrolliert werden, werden eingefroren. Die Deutsche Bundesbank kann im Rahmen dieser Sanktionen unter engen Voraussetzungen (zB für Grundbedürfnisse gelisteter Personen) Ausnahmegenehmigungen erteilen.

Finanzsanktionen gegen die **Verbreitung und den Einsatz chemischer Waffen** (VO (EU) 2018/1542 des Rates v. 15.10.2018 über restriktive Maßnahmen gegen die Verbreitung und den Einsatz chemischer Waffen, ABl. 2018 L 259, 12) beinhalten ein Verbot, bestimmten natürlichen oder juristischen Personen, Organisationen und Einrichtungen weder unmittelbar noch mittelbar Gelder oder wirtschaftliche Ressourcen zur Verfügung zu stellen oder zugute kommen zu lassen. Sämtliche Gelder und wirtschaftliche Ressourcen, die im Eigentum oder Besitz des vorgenannten Kreises sind oder von diesem gehalten oder kontrolliert werden, werden eingefroren. Die Deutsche Bundesbank kann im Rahmen dieser Sanktionen Ausnahmegenehmigungen (zB für Grundbedürfnisse gelisteter Personen) erteilen.

Finanzsanktionen gegen **Cyberangriffe** (VO (EU) 2019/796 des Rates v. 17.5.2019 über restriktive Maßnahmen gegen Cyberangriffe, die die Union oder ihre Mitgliedstaaten bedrohen, die die Union oder ihre Mitgliedstaaten bedrohen, ABl. 2019 L 129 I, 1), beinhalten ein Verbot, bestimmten natürlichen oder juristischen Personen, Organisationen und Einrichtungen (un-)mittelbar Gelder/wirtschaftliche Ressourcen zur Verfügung zu stellen oder zugute kommen zu lassen. Gelder und wirtschaftliche Ressourcen, die im Eigentum oder Besitz der vorgenannten Gruppe sind oder von diesen gehalten bzw. kontrolliert werden, werden eingefroren. Die Deutsche Bundesbank kann im Rahmen dieser Sanktionen Ausnahmegenehmigungen (zB für Grundbedürfnisse gelisteter Personen) erteilen.

Finanzsanktionen angesichts der Lage in **Nicaragua** (VO (EU) 2019/1716 des Rates v. 14.10.2019 über restriktive Maßnahmen angesichts der Lage in Nicaragua, ABl. 2019 L 262, 1 ff.) beinhalten ein Verbot, bestimmten natürlichen oder juristischen Personen, Organisationen und Einrichtungen (un-)mittelbar Gelder oder wirtschaftliche Ressourcen zur Verfügung zu stellen oder zugute kommen zu lassen. Sämtliche Gelder und wirtschaftliche Ressourcen, die im Eigentum oder Besitz des vorgenannten Kreises stehen oder von diesen gehalten oder kontrolliert werden, werden eingefroren. Die Deutsche Bundesbank kann im Rahmen dieser Sanktionen Ausnahmegenehmigungen (zB für Grundbedürfnisse gelisteter Personen) erteilen.

Finanzsanktionen gegenüber der **Republik Guinea** (Verordnung (EU) Nr. 1284/2009 des Rates v. 22.12.2009 zur Einführung bestimmter restriktiver Maßnahmen gegenüber der Republik Guinea, ABl. 2009 L 346, 26 sowie weiterer dazu ergangener Änderungsverordnungen) beinhalten ein Verbot, bestimmten natürlichen und juristischen Personen, Organisationen und Einrichtungen unmittelbar oder mittelbar Gelder oder wirtschaftliche Ressourcen zur Verfügung zu stellen oder zugute kommen zu lassen. Sämtliche Gelder und wirtschaftliche Ressourcen, die im Eigentum oder Besitz dieser Personen, Organisationen oder Einrichtungen sind oder von diesen gehalten oder kontrolliert werden, werden eingefroren. Die Deutsche Bundesbank kann im Rahmen dieser Sanktionen unter engen Voraussetzungen (zB für Grundbedürfnisse gelisteter Personen) Ausnahmegenehmigungen erteilen.

Finanzsanktionen gegen bestimmte den Frieden, die Sicherheit und die Stabilität in der **Republik Guinea-Bissau** gefährdende Personen, Organisationen und Ein-

Besondere Aufgaben **§ 6a KWG**

richtungen (VO (EU) Nr. 377/2012 des Rates v. 3.5.2012 über restriktive Maßnahmen gegen bestimmte den Frieden, die Sicherheit und die Stabilität in der Republik Guinea-Bissau gefährdende Personen, Organisationen und Einrichtungen, ABl. 2012 L 119, 1 sowie weiterer dazu ergangener Durchführungs- und Berichtigungsverordnungen) beinhalten ein Verbot, bestimmten natürlichen oder juristischen Personen, Organisationen und Einrichtungen direkt oder indirekt Gelder oder wirtschaftliche Ressourcen zur Verfügung zu stellen. Sämtliche Finanzmittel und wirtschaftliche Ressourcen, die im Eigentum dieser Personen, Organisationen und Einrichtungen stehen, werden eingefroren. Die Deutsche Bundesbank kann im Rahmen dieser Sanktionen unter engen Voraussetzungen (zB für Grundbedürfnisse gelisteter Personen) Ausnahmegenehmigungen erteilen.

Finanzsanktionen gegen **Simbabwe** (VO (EG) Nr. 314/2004 des Rates v. 19.2.2004 über bestimmte restriktive Maßnahmen gegenüber Simbabwe, ABl. 2004 L 55, 1, sowie weiterer dazu ergangener Änderungs- und Durchführungsverordnungen) beinhalten ein Verbot, bestimmten Personen Gelder oder wirtschaftliche Ressourcen zur Verfügung zu stellen sowie das Gebot des Einfrierens sämtlicher Gelder und wirtschaftlicher Ressourcen dieser Personen. Zudem dürfen keine Finanzmittel/-zhilfen im Zusammenhang mit militärischen Aktivitäten und mit zur internen Repression verwendbaren Ausrüstungen (un-)mittelbar zur Verfügung gestellt werden. Die Bundesbank kann Ausnahmegenehmigungen (zB für Grundausgaben gelisteter Personen oder für die Bereitstellung von Finanzmitteln und Finanzhilfen im Zusammenhang mit Krisenbewältigungsoperationen) erteilen.

Finanzsanktionen gegen den **Südsudan** (VO (EU) 2015/735 des Rates v. 7.5.2015 über restriktive Maßnahmen angesichts der Lage in Südsudan und zur Aufhebung der VO (EU) Nr. 748/2014 sowie dazu ergangener Berichtigungs- und Durchführungsverordnungen) beinhalten ein Verbot, bestimmten natürlichen oder juristischen Personen, Organisationen oder Einrichtungen weder unmittelbar noch mittelbar Gelder oder wirtschaftliche Ressourcen bereitzustellen sowie sämtliche Gelder und wirtschaftliche Ressourcen, die diesen Personen, Organisationen oder Einrichtungen gehören oder die deren (in-)direkter Kontrolle unterliegen, einzufrieren. Weiter ist verboten, Finanzmittel/-hilfen im Zusammenhang mit militärischen Aktivitäten (un-)mittelbar bereitzustellen. Die Bundesbank kann im Rahmen der Südsudan-Sanktionen Ausnahmegenehmigungen (zB für Grundausgaben gelisteter Personen) erteilen.

Finanzsanktionen gegen bestimmte Personen, Organisationen und Einrichtungen angesichts der Lage in **Syrien** (VO (EU) Nr. 36/2012 des Rates v. 18.1.2012 über restriktive Maßnahmen angesichts der Lage in Syrien und zur Aufhebung der VO (EU) Nr. 442/2011, ABl. 2012 L 16, 1 sowie weiterer dazu ergangener Änderungs- und Durchführungsverordnungen) beinhalten ein Verbot, diesen (un-)mittelbar Gelder oder wirtschaftliche Ressourcen zur Verfügung zu stellen. Sämtliche Gelder und wirtschaftliche Ressourcen, die im Eigentum oder Besitz dieser Personen, Organisationen oder Einrichtungen sind oder von diesen gehalten oder kontrolliert werden, werden eingefroren. Daneben dürfen keine Finanzmittel/-hilfen im Zusammenhang mit den in der Gemeinsamen Militärgüterliste aufgeführten Gütern und Technologien sowie zur internen Repression verwendbaren Ausrüstungen (un-)mittelbar für Personen, Organisationen oder Einrichtungen in Syrien oder zur Verwendung in Syrien bereitgestellt werden. Die Bundesbank kann im Rahmen dieser Sanktionen unter engen Voraussetzungen (zB für Grundausgaben gelisteter Personen) Ausnahmegenehmigungen erteilen.

§ 6a KWG

Finanzsanktionen gegen bestimmte Personen, Organisationen und Einrichtungen angesichts der Lage in **Tunesien** (VO (EU) Nr. 101/2011 des Rates v. 4.2.2011 über restriktive Maßnahmen gegen bestimmte Personen, Organisationen und Einrichtungen angesichts der Lage in Tunesien, ABl. 2011 L 31, 1 sowie weiterer dazu ergangener Änderungs- und Durchführungsverordnungen) beinhalten ein Verbot, bestimmten natürlichen oder juristischen Personen, Organisationen oder Einrichtungen (un-)mittelbar Gelder oder wirtschaftliche Ressourcen zur Verfügung zu stellen sowie sämtliche Gelder und wirtschaftliche Ressourcen, die im Eigentum oder Besitz dieser Personen, Organisationen oder Einrichtungen sind oder von diesen gehalten oder kontrolliert werden, einzufrieren. Die Bundesbank kann im Rahmen dieser Sanktionen unter engen Voraussetzungen (zB für Grundbedürfnisse gelisteter Personen) Ausnahmegenehmigungen erteilen.

Die Finanzsanktionen angesichts der nicht genehmigten Bohrtätigkeiten der **Türkei** im östlichen Mittelmeer (VO (EU) 2019/1890 des Rates v. 11.11.2019 über restriktive Maßnahmen angesichts der nicht genehmigten Bohrtätigkeiten der Türkei im östlichen Mittelmeer, ABl. 2019 L 291, 3 ff.) beinhalten ein Verbot, bestimmten natürlichen oder juristischen Personen, Organisationen und Einrichtungen (un-)mittelbar Gelder oder wirtschaftliche Ressourcen zur Verfügung zu stellen oder zugute kommen zu lassen. Sämtliche Gelder und wirtschaftliche Ressourcen, die im Eigentum oder Besitz des vorgenannten Kreises stehen oder von diesen gehalten oder kontrolliert werden, werden eingefroren. Die Deutsche Bundesbank kann im Rahmen der Sanktionen Ausnahmegenehmigungen (zB für Grundbedürfnisse gelisteter Personen) erteilen.

Die Finanzsanktionen gegen bestimmte Personen, Organisationen und Einrichtungen angesichts der Lage in der Ukraine – **Ukraine/Russland** (vgl. dazu auch *Schwendinger/Trennt* EuZW 2015, 93 ff.; *Niestedt/Krause* CB 5/2015, 152 ff.) – sowie die restriktiven Maßnahmen angesichts von Handlungen, die die territoriale Unversehrtheit, Souveränität und Unabhängigkeit der Ukraine untergraben oder bedrohen (VO (EU) Nr. 833/2014 des Rates v. 31.7.2014 über restriktive Maßnahmen angesichts der Handlungen Russlands, die die Lage in der Ukraine destabilisieren, VO (EU) Nr. 269/2014 des Rates v. 17.3.2014 über restriktive Maßnahmen angesichts von Handlungen, die die territoriale Unversehrtheit, Souveränität und Unabhängigkeit der Ukraine untergraben oder bedrohen, VO (EU) Nr. 692/2014 des Rates v. 23.6.2014 über Beschränkungen für die Einfuhr von Waren mit Ursprung auf der Krim oder in Sewastopol in die Union als Reaktion auf die rechtswidrige Eingliederung der Krim und Sewastopols durch Annexion, VO (EU) Nr. 208/2014 des Rates v. 5.3.2014 über restriktive Maßnahmen gegen bestimmte Personen, Organisationen und Einrichtungen angesichts der Lage in der Ukraine, sowie jeweils dazu ergangener Änderungs- und Durchführungsverordnungen) beinhalten ua ein Verbot, bestimmten natürlichen oder juristischen Personen, Organisationen oder Einrichtungen unmittelbar oder mittelbar Gelder oder wirtschaftliche Ressourcen zur Verfügung zu stellen, die Anordnung sämtliche Gelder und wirtschaftliche Ressourcen, die im Eigentum oder Besitz dieser Personen, Organisationen oder Einrichtungen sind oder von diesen gehalten oder kontrolliert werden, einzufrieren, ein Verbot, der direkten oder indirekten Finanzierung oder finanzielle Unterstützung sowie von Versicherungen und Rückversicherungen im Zusammenhang mit der Einfuhr von Waren mit Ursprung auf der Krim oder in Sewastopol in die Europäische Union und eine Untersagung des Erwerbs von Immobilien auf der Krim oder in Sewastopol, die Gründung von Gemeinschaftsunternehmen, die Beteiligung sowie die Bereitstellung von Finanzierungen an dort ansässige Einrichtungen. Ebenso

Besonde Aufgaben **§ 6a KWG**

verboten ist die Erbringung von damit in Zusammenhang stehenden Wertpapierdienstleistungen. Dies gilt auch für die Bereitstellung von Finanzmitteln und Finanzhilfen an natürliche und juristische Personen, Organisationen oder Einrichtungen in Russland oder zur Verwendung in Russland in Zusammenhang mit Gütern der Gemeinsamen Militärgüterliste sowie mit doppeltem Verwendungszweck. Des Weiteren ist es verboten, unmittelbar oder mittelbar übertragbare Wertpapiere und Geldmarktinstrumente bestimmter Kreditinstitute mit bestimmten Laufzeiten zu kaufen, zu verkaufen, Wertpapierdienstleistungen oder Hilfsdienste bei der Begebung zu erbringen oder anderweitig damit zu handeln. Die Bundesbank kann im Rahmen dieser Sanktionen unter bestimmten Voraussetzungen (zB für Grundbedürfnisse gelisteter Personen) Ausnahmegenehmigungen erteilen.

Die Finanzsanktionen gegen **Venezuela** (VO (EU) 2017/2063 des Rates v. 13.11.2017 über restriktive Maßnahmen angesichts der Lage in Venezuela, ABl. 2017 L 295, 21 samt dazu ergangener Durchführungsverordnung (EU) 2018/88 des Rates v. 22.1.2018, ABl. 2018 L 16, 6) beinhalten ein Verbot, bestimmten natürlichen oder juristischen Personen, Einrichtungen und Organisationen (un-)mittelbar Gelder oder wirtschaftliche Ressourcen zur Verfügung zu stellen. Sämtliche Gelder oder wirtschaftlichen Ressourcen dieser Kreise, die in deren Eigentum oder Besitz oder unter deren (in-)direkter Kontrolle stehen, werden eingefroren. Daneben bestehen Sanktionen für bestimmte Militärgüter und Überwachungstechniken. Die Bundesbank kann unter engen Voraussetzungen (zB Grundbedürfnisse gelisteter Personen) Ausnahmegenehmigungen erteilen.

Die Finanzsanktionen gegen bestimmte Personen, Organisationen und Einrichtungen angesichts der Lage in der **Zentralafrikanischen Republik** (VO (EU) Nr. 224/2014 des Rates v. 10.3.2014 über restriktive Maßnahmen angesichts der Lage in der Zentralafrikanischen Republik sowie dazu ergangener Änderungs- und Durchführungsverordnungen, VO (EU) 2015/734 des Rates v. 7.5.2015 über restriktive Maßnahmen angesichts der Lage in der Zentralafrikanischen Republik) beinhalten ein Verbot, bestimmten natürlichen oder juristischen Personen, Organisationen oder Einrichtungen (un-)mittelbar Gelder oder wirtschaftliche Ressourcen zur Verfügung zu stellen sowie die Anordnung, diese einzufrieren. Ferner dürfen keine Finanzmittel/-hilfen im Zusammenhang mit den in der Gemeinsamen Militärgüterliste aufgeführten Gütern und Technologien sowie für die Bereitstellung von bewaffneten Söldnern in der Zentralafrikanischen Republik (un-)mittelbar zur Verfügung gestellt werden. Die Bundesbank kann im Rahmen dieser Sanktionen unter engen Voraussetzungen (zB für Grundbedürfnisse gelisteter Personen) Ausnahmegenehmigungen erteilen.

Darüber hinaus bestehen Rechtsakte zu Finanzsanktionen, die **sowohl** durch 16 Resolutionen des Weltsicherheitsrates der **Vereinten Nationen als auch** durch die **Europäische Union** beeinflusst werden. Dazu zählen:

Finanzsanktionen gegen die **Demokratische Volksrepublik Korea** (VO (EU) 2017/1509 des Rates v. 30.18.2017 über restriktive Maßnahmen gegen die Demokratische Volksrepublik Korea und zur Aufhebung der VO (EG) Nr. 329/2007, ABl. 2017 L 244, 1, sowie weiterer dazu ergangener Änderungs- und Durchführungsverordnungen) beinhalten ein Verbot, bestimmten natürlichen und juristischen Personen, Organisationen und Einrichtungen unmittelbar oder mittelbar Gelder oder wirtschaftliche Ressourcen zur Verfügung zu stellen oder zugute kommen zu lassen. Sämtliche Gelder und wirtschaftliche Ressourcen, die im Eigentum oder Besitz dieser Personen, Organisationen oder Einrichtungen sind oder von diesen gehalten oder kontrolliert werden, sind eingefroren. Daneben ist es untersagt, Finanzmittel

Achtelik

oder Finanzhilfen im Zusammenhang mit bestimmten Gegenständen, Materialien, Ausrüstungsgegenständen, Gütern und Technologien mittelbar oder unmittelbar bereitzustellen bzw. zu erhalten. Die Finanzsanktionen beinhalten auch ein grundsätzliches Verbot von Geldtransfers nach und von Nordkorea sowie von Geldtransfers zwischen Banken in der EU und nordkoreanischen Kredit- bzw. Finanzinstituten. Sie sehen jedoch zahlreiche Ausnahmetatbestände vor, welche die Durchführung bestimmter Geldtransfers nach vorheriger Genehmigung ermöglichen (zB für Geldtransfers im Zusammenhang mit Nahrungsmitteln, Gesundheitsleistungen, medizinischer Ausrüstung, sowie landwirtschaftlichen oder humanitären Zwecken, für Überweisungen persönlicher Gelder/Heimatüberweisungen oder für Geldtransfers im Zusammenhang mit sanktionskonformen Handelsverträgen). Ab einem Betrag von 15.000,00 EUR – bei privaten Heimatüberweisungen ab einem Betrag von mehr als 5.000,00 EUR –ist für solche Geldtransfers eine vorherige Genehmigung beim Servicezentrum Finanzsanktionen der Deutschen Bundesbank zu beantragen. Die Bundesbank kann im Rahmen dieser Sanktionen (zB für Grundbedürfnisse gelisteter Personen) Ausnahmegenehmigungen erteilen.

Finanzsanktionen gegenüber dem **Iran** (VO (EU) Nr. 359/2011 des Rates v. 12.4.2011 über restriktive Maßnahmen gegen bestimmte Personen, Organisationen und Einrichtungen angesichts der Lage in Iran, ABl. 2011 L 100, 1 sowie weiterer dazu ergangener Änderungs- und Durchführungsverordnungen; ferner VO (EU) Nr. 267/2012 des Rates v. 23.3.2012 über restriktive Maßnahmen gegen Iran und zur Aufhebung der VO (EU) Nr. 961/2010, ABl. 2012 L 88, 1 sowie weiterer dazu ergangener Änderungs-, Berichtigungs- und Durchführungsverordnungen) beinhalten ein Verbot, bestimmten Personen, Organisationen und Einrichtungen weder unmittelbar noch mittelbar Gelder oder wirtschaftliche Ressourcen zur Verfügung zu stellen. Sämtliche Gelder und wirtschaftliche Ressourcen, die im Eigentum oder Besitz dieser Personen, Organisationen und Einrichtungen sind oder von diesen gehalten oder kontrolliert werden, sind eingefroren. Daneben dürfen Personen, Organisationen oder Einrichtungen im Iran oder zur Verwendung im Iran keine Finanzmittel oder Finanzhilfen im Zusammenhang mit bestimmten Gütern und Technologien unmittelbar oder mittelbar bereitgestellt werden. Die Bundesbank kann im Rahmen dieser Sanktionen unter bestimmten Voraussetzungen Ausnahmegenehmigungen erteilen.

17 In der Praxis führen die Sanktionsverordnungen zu erheblichen rechtlichen und tatsächlichen Problemen insbesondere im Hinblick auf die **Definition und Handhabung des Einfrierungsgebots** (*Ehrlich* in Bieneck AußenwirtschaftsR-HdB § 2 Rn. 36), des Bereitstellungsverbots sowie der Ausnahmetatbestände, etwa im Hinblick auf Gutschriften. Probleme werden ferner ausgemacht im Hinblick auf Kontrollen und Erkennungsmöglichkeiten für durchleitende Institute (vgl. *Haug/Häger* in Bieneck AußenwirtschaftsR-HdB § 12 Rn. 92), im Hinblick auf **zivilrechtliche Haftungsrisiken,** zB auf Grund des Auszahlungsanspruchs des Kontoinhabers, der Unmöglichkeitsvorschriften des BGB oder auf Grund von Schadensersatzansprüchen (*Ehrlich* in Bieneck AußenwirtschaftsR-HdB § 2 Rn. 36), Kollisionen unterschiedlicher Sanktionsregime, etwa dem der EU und der USA (vgl. dazu *Hoff* WM 2019, 1336ff.; *Hoffmann* EuzW 2019, 315ff.; *Karpenstein/Sangi* EuZW 2019, 309ff.; *Mayer/Albrecht* WM 2015, 1226ff. sowie OLG Frankfurt a.M. 9.5.2011 – 23 U 30/10, BeckRS 2011, 16032) oder zukünftig auch der EU und des Vereinigten Königreichs (vgl. dazu *Stiller* EuZW 2019, 18ff.), sowie in Anbetracht strafrechtlicher Risiken (*Ganguli* EU-Finanzsanktionen, S. 29). Die Erfolge der Sanktionen scheinen zumindest in Deutschland mit Blick auf einzelne Listen begrenzt zu

Besonderer Aufgaben **§ 6a KWG**

sein (vgl. Antwort der Bundesregierung auf die Kleine Anfrage der Abgeordneten Jelpke, van Aken, Groth, weiterer Abgeordnete und der Fraktion DIE LINKE, BT-Drs. 18/2561). Nach intensiver Abstimmung zwischen der europäischen Kreditwirtschaft und der Europäischen Kommission konnte zumindest eine spürbare Verbesserung der Datenlage zur Identifizierung sanktionierter Personen im Rahmen der so genannten **konsolidierten elektronischen Sanktionsliste** erreicht werden (krit. *Haug/Häge* in Bieneck AußenwirtschaftsR-HdB § 12 Rn. 89). Die Liste wird von der EU-Kommission gepflegt und enthält auf aktualisierter und konsolidierter Basis Namen und weitere Angaben aller sanktionierter Personen und Organisationen, die in den verschiedenen EU-Finanzsanktionsverordnungen aufgeführt werden und in den Amtsblättern veröffentlicht worden sind (vgl. https://eeas.europa.eu/headquarters/headquarters-homepage_en/8442/Consolidated%20of%20sanctions, Stand: 31.7.2020). Zudem besteht die Möglichkeit Einzelpersonen manuell über das Justizportal des Bundes und der Länder abzuprüfen (vgl. http://www.finanz-sanktionsliste.de/fisalis/, Stand: 31.7.2020). Die Wolfsberg Group hat zudem in 2019 mit der Wolfsberg Guidance on Sanctions Screening eine Hilfestellung für (größere) Finanzinstitute zur Bewertung der Effektivität interner Sanktionsüberwachungssysteme und -kontrollen veröffentlicht (vgl. zu Maßnahmen in Instituten ferner *Costanza/Glaab* in Amtage/Baumann/Bdeiwi Geldwäschebekämpfung-HdB Rn. 933 ff.).

Im Zusammenhang mit Finanzsanktionen und der öffentlichen Listung natür- **18** licher und juristischer Personen sowie sonstiger Gruppierungen nahm und nimmt die Diskussion zur Möglichkeit des **Rechtsschutzes der Betroffenen** gegen eine Aufnahme auf die jeweilige Liste breiten Raum ein (s. ferner *Kaleck* KJ Heft 1 2011, 63 ff.)). Die Fragen wurden sowohl im Hinblick auf die Listung durch den Sicherheitsrat der Vereinten Nationen, der damit unmittelbar in Rechte und Freiheiten der gelisteten Personen durchgreift (*Schmalenbach* JZ 2006, 349 (359)), als auch im Rahmen der einschlägigen EU-Sanktionsverordnungen gestellt. Im Hinblick auf die Vereinten Nationen standen zunächst nur sehr begrenzte Möglichkeiten der Beschwerde zur Verfügung, da eine Überprüfung und Änderung der Liste nur in einem vom Sicherheitsrat eingerichteten Sanktionskomitee stattfand (*Meyer* ZEuS 2007, 1 (6, 8); *Schmalenbach* JZ 2006, 349 (359)). Eine Streichung von der Liste **(de-listing)** konnte nur auf Grund einer Anregung des Heimats- oder Aufenthaltsstaates der betroffenen Person erfolgen (*Feinäugle* ZRP 2007, 75 (76)). Im Dezember 2006 hat der Sicherheitsrat der Vereinten Nationen sodann aber zunächst einen so genannten „Focal Point" eingerichtet, an den sich betroffene Privatrechtssubjekte unmittelbar wenden konnten (*Feinäugle* ZRP 2007, 76 ff.). Allerdings brachte diese Einrichtung keinen wirklich entscheidenden Fortschritt im Sinne eines echten Individualrechtsschutzes, da der „Focal Point" nicht selbst über das de-listing entschied, sondern ein Petitum nur entgegennahm und die Heimat- bzw. Aufenthaltsstaaten weiterhin über die Weiterleitung zum Sanktionskomitee entschieden (*Feinäugle* ZRP 2007, 75 (77); zum Rechtsschutzmanko auch *Fassbender* S. 28 ff.). Das **„Focal Point"-Verfahren** wurde sodann durch die Resolution 1904/2009 des VN-Sicherheitsrates vom 17.12.2009 durch ein Ombudsverfahren ersetzt, wobei für die de-Listing daneben auch Verfahren auf Antrag eines Mitgliedstaates oder des designierten Staates in den Guidelines des Al Qaida Sanctions Committee („1267-Ausschuss") in Frage kommen. Der von einem Listing Betroffene kann sich demnach an die Ombudstelle mit einem Antrag wenden, um eine Aufhebung des Listings zu erreichen. Die Ombudstelle prüft den Antrag, leitet diesen an den Heimat- bzw. Aufenthaltsstaat des Antragstellers weiter und verfasst einen umfassenden Bericht. Darüber hinaus kann der Antrag an weitere Staaten und EU-Organe weitergeleitet werden. Die beteiligten Stellen haben sodann zwei Monate Zeit zur Rückäußerung. Zunächst entschied das Sanktionskomitee über eine Streichung des Betroffenen von der Liste im Konsensverfahren. Seit der Resolution 1989/2011 vom 17.6.2011 wurde das Konsensverfahren aber dahingehend geändert, dass die empfohlene Streichung eines Eintrags auf Empfehlung der Ombudsstelle dann wirksam wird, wenn das Sanktionskomitee nicht im Konsens anders entscheidet. Sofern kein Konsens zustande kommt, kann jedes Mitglied des Sanktionskomitees die Befassung des Sicherheitsrates mit der Causa verlangen (vgl. dazu auch Eidgenössisches Department für auswärtige Angelegenheiten EDA, https://www.eda.admin.ch/eda/de/home/aussenpolitik/sicherheitspolitik/neue-sicherheitspolitischeherausforderungen/terrorismusbekaempfung/schutz-der-menschenrechte.html, Stand: 22.4.2020). Die Entscheidung wird dem Betroffenen bzw. dem Staat, in welchem sich dieser aufhält oder dessen Staatsangehörigkeit er besitzt, mitgeteilt. Faktisch hat auch dieses Verfahren lediglich prozessuale Verbesserungen mit sich gebracht. Da materiell weiterhin lediglich der zuständige VN-Ausschuss über eine Listung entscheidet, sind die Voraussetzungen für ein unabhängiges, rechtsstaatliches Verfahren nicht erfüllt (vgl. auch *Kaleck* KJ Heft 1 2011, 63 (69); *Müller-Feyen* in Luz/Neus/Schaber/Schneider/Wagner/Weber § 6a Rn. 11; *Feinäugle* ZRP 2010, 189 (190); vgl. zum de-Listing auch Abschnitt D. der Interpretive Note der FATF zu Empfehlung 6 und 7 der Empfehlungen der FATF v. Februar 2012). Deshalb werden auch von einer Gruppe gleichgesinnter Staaten weitere Verbesserungen eingefordert, zuletzt insbesondere mit einem Schreiben an den VN-Sicherheitsrat vom 7.12.2018 (abrufbar unter: https://www.eda.admin.ch/eda/de/home/aussenpolitik/sicherheitspolitik/neue-sicherheitspolitischeherausforderungen/terrorismusbekaempfung/schutz-der-menschenrechte.html, Stand: 31.7.2020). Zu der Gruppe der gleichgesinnten Staaten zählen Österreich, Belgien, Chile, Costa Rica, Dänemark, Finnland, Deutschland, Lichtenstein, die Niederlande, Norwegen, Schweden und die Schweiz.

19 Werden die von den VN gelisteten Personen im Rahmen einer die Mitgliedstaaten unmittelbar bindenden EU-Verordnung implementiert, ist offenkundig an Rechtsschutz vor den europäischen Gerichten zu denken (erfolgt eine Listung bzw. Finanzsanktion ausschließlich auf Grundlage europäischen Rechts unabhängig von den VN besteht die Rechtsschutzmöglichkeit einschließlich eines geregelten Verwaltungsverfahrens für ein de-Listing ohnehin, vgl. dazu *Müller-Feyen* in Luz/Neus/Schaber/Schneider/Wagner/Weber § 6a Rn. 13f. mwN). Der EuG hatte aber gegen die Listung in den Anhängen zu den EU-Verordnungen bzw. deren Nichtigkeitserklärung gerichtete Klagen zunächst mehrfach abgewiesen (EuG 21.9.2005 – T 306/01 und T 315/01, Rs. Kadi und Yusuf). Zur Begründung hatte der EuG ua angeführt, dass dem VN-Recht Vorrang vor EU-Recht zukomme und daher eine inhaltliche Rechtmäßigkeitskontrolle der EU-Verordnung nicht, allenfalls aber im Hinblick auf universelle Menschenrechte bzw. diesen gleichstehende Gemeinschaftsgrundrechte, möglich sei (vgl. dazu auch *Bieneck* in Müller-Gugenberger WirtschaftsStrafR-HdB § 62 Rn. 96a; *Feinäugle* ZRP 2007, 75 (76); *Meyer* ZEuS 2007, 1 (10ff.); *Nettesheim* S. 7ff., 21ff.; *Schmalenbach* JZ 2006, 349 (351)). Die Urteile des EuG waren zu Recht deutlicher Kritik im Hinblick auf den reduzierten Grundrechtsschutz der Betroffenen ausgesetzt (*Kaleck* KJ Heft 1 2011, 6364ff.; *Meyer* ZEuS 2007, 1 (66f.); *Schmalenbach* JZ 2006, 349 (352f.)). Mittlerweile ist aber eine Abkehr von der ursprünglichen Rechtsprechung erfolgt. So hat der EuGH mit Urt. v. 3.9.2008 (verb. Rs. C-402/05 P und C-415/05 P, BeckRS 2008, 70898) die

Verordnung, mit der Gelder ua von Herrn Kadi und Yusuf eingefroren wurden, für nichtig erklärt und diesbezügliche erstinstanzliche Urteile des EuG aufgehoben (vgl. dazu auch *Rossi* ZJS 2008, 551 ff.). Er hat entschieden, dass Gemeinschaftsgerichte auch für die Prüfung der von der Gemeinschaft erlassenen Maßnahmen, mit denen Resolutionen des VN-Sicherheitsrates umgesetzt werden, zuständig sind. Eine derartige Entscheidung stellt nicht den **völkerrechtlichen Vorrang** der zu Grunde liegenden Resolution in Frage, sondern bezieht sich auf den gemeinschaftsrechtlichen Umsetzungsakt. Insbesondere sind Verteidigungsrechte, wie zB der Anspruch auf rechtliches Gehör sowie das Recht auf effektive gerichtliche Kontrolle zu beachten, aber auch andere Grundrechte, wie etwa das Eigentumsrecht, das durch das Einfrieren von Geldern verletzt sein kann. Diese Rechtsprechung hat der EuGH etwa in der Entscheidung Hassan/Ayadi (3.12.2009 – C-399/06 P und C-403/06 P, BeckRS 2010, 90224) aufrechterhalten. Ein weiterer Versuch Herrn Kadi in die Verordnung aufzunehmen wurde mit Urt. des EuG v. 30.9.2010 (T-85/09) wegen **Missachtung dessen Verteidigungsrechte** durch die EU-Kommission und einer Verletzung seiner Eigentumsrechte durch die Dauer des Einfrierens seiner Vermögenswerte zurückgewiesen. Ferner hatte zuvor bereits wiederholt das EuG, ua mit Urt. v. 12.12.2006 in der Rs. T-228/02 bzw. vom 4.12.2008 in der Rs. T-284/08, einer Klage der iranischen Volksmujahedin auf Streichung von der Sanktionsliste und gegen die Einfrierung ihrer Vermögenswerte stattgegeben, da das Recht der Organisation auf Rechtsschutz und ihre Verteidigerrechte sowie zudem die Begründungspflicht verletzt seien. Diese Grundsätze sind danach insbesondere auch im Rahmen des Erlasses von Sanktionsverordnungen in vollem Umfang zu gewährleisten. Diese Entscheidungen wurden seinerzeit noch einschränkend damit begründet, dass anders als im Fall Kadi und Yusuf der Sicherheitsrat der Vereinten Nationen die konkrete Benennung von Personen und Gruppen in das Ermessen der Mitgliedsstaaten gestellt hat. Zwischenzeitlich wurde die iranische Volksmujahedin mit Beschluss des Rates vom 26.1.2009 (2009/62/EG), ABl. 2009 L 23, S. 25 ff. von der Liste gestrichen. Ein dagegen gerichtetes Rechtsmittel Frankreichs wurde vom EuGH mit Urt. v. 21.12.2011 (C-27/09, BeckRS 2011, 81936) zurückgewiesen. In einem weiteren Urteil hat der EuG hingegen ausgeführt (EuG 2.9.2009 – T 37/07; T-323/07), dass das Einfrieren privaten Geldes Terrorverdächtigter trotz **Unschuldsvermutung** zulässig sei, da es sich dabei nicht um Strafmaßnahmen handele und nicht die Schuld oder Unschuld der Person festgestellt wird. Diese Auffassung ist jedoch im Einzelfall durchaus kritisch zu bewerten, führt diese doch zu einer Aushöhlung der Unschuldsvermutung (vgl. dazu *Achtelik* S. 215 ff.). Ua mit Urt. v. 13.3.2012 (C-380/09 P, BeckEuRS 2012, 678044 – iranische Meli Bank) sowie Urt. v. 29.11.2018 (C-600/16 P, BeckEuRS 2018, 602040 – National Iranian Tanker Company) hat der EuGH zudem in Zusammenhang mit nuklearer **Proliferationsverhinderung** entschieden, dass die fundamentale Bedeutung der Wahrung des Weltfriedens und der internationalen Sicherheit grundsätzlich den Einschränkungen der Freiheit zur Ausübung einer wirtschaftlichen Tätigkeit und des Eigentumsrechts einer Bank durch das Einfrieren von Geldern vorgehen, insbesondere im Einzelfall nicht unverhältnismäßig sind. Diese Rechtsprechung wurde in gleicher Sache noch einmal durch den EuG mit Urt. v. 20.2.2013 (T-492/10) konkretisiert. So richtig die prinzipielle Wertung des EuGH einerseits ist, so sehr muss andererseits darauf geachtet werden, dass entsprechende Entscheidungen sorgfältig, auf Grundlage von objektiven Fakten und nicht politisch motiviert gesteuert ergehen und eine politisch ausgerichtete Güterabwägung nicht zu einem „Totschlagargument" im Rahmen des Sanktionsregimes wird.

20 Darüber hinaus haben EuG und EuGH zwischenzeitlich eine Reihe weiterer Entscheidungen getroffen, die Einzelfragen des Rechtsschutzes gegen oder im Zusammenhang mit der Listung oder dem Einfrieren von Geldern von Personen im Sanktionsregime betreffen. Der EuGH hat mit Entscheidung vom 30.9.2009 (T 341/07 – Sison) unter Bezugnahme auf die Verordnung (EG) Nr. 2580/2001 des Rates vom 27.12.2001 klargestellt, dass nationale Entscheidungen, auf die sich der Rat für das Einfrieren von Geldern bzw. die **erstmalige Listenaufnahme** (EuGH 26.7.2017 – C-599/14 P Rn. 45, BeckEuRS 2017, 519687; EuGH 26.7.2017 – C-79/15 P Rn. 24, BeckEuRS 2017, 519767) Betroffener stützt, die Aufnahme von Ermittlungen oder die Strafverfolgung wegen einer terroristischen Handlung, des Versuchs einer terroristischen Handlung oder um eine Verurteilung wegen derartiger Handlungen erfordern. Nicht erforderlich sind hingegen eine strafrechtliche Verurteilung oder Strafverfahren, so dass auch gerichtliche Verfahren, die mit Strafverfahren bloß zusammenhängen, zB die von einem Strafgericht gebilligte Sicherstellung von Vermögenswerten, ausreichen (EuGH 5.3.2015 – C-220/14 P Rn. 71 ff., BeckRS 2015, 80335). Die Entscheidung für die Aufnahme in eine Sanktionsliste muss aber in jedem Fall auf einer hinreichend gesicherten tatsächlichen Grundlage beruhen, so dass etwa allgemeine und unspezifische Behauptungen, die den Namen einer Person allenfalls mit dem Namen anderer Personen in Verbindung bringen, bei denen entsprechende Tatsachen vorliegen, und seien diese in einem Schreiben der Generalstaatsanwaltschaft des betroffenen Drittstaates enthalten, nicht ausreichen (EuG 28.1.2016 – T-331/14). Erforderlich für eine erstmalige Listenaufnahme einer Person oder Organisation, die auf dem Beschluss einer Behörde eines Drittstaates gestützt ist, ist zudem, dass der Beschluss unter Wahrung der Verteidigungsrechte und des Rechts auf effektiven gerichtlichen Rechtsschutz ergangen ist (EuGH 26.7.2017 – C-599/14 P Rn. 24f. mwN, BeckEuRS 2017, 519687). Im Hinblick auf das **Belassen auf einer Liste,** dh nach der erstmaligen Aufnahme auf eine Liste, ist es ausreichend, dass die Gefahr, etwa der Beteiligung an terroristischen Aktivitäten, fortbesteht, wofür der Rat sich aber auf neue Tatsachen stützen muss, die auch aus anderen Quellen als innerstaatlichen Beschlüssen zuständiger Behörden entnommen werden können (daher zB Nichtigerklärung der Listenbelassung der Liberatio Tigers of Tamil Eelam durch EuGH 26.7.2017 – C-599/14 P, BeckEuRS 2017, 519687, während mit Urteil vom gleichen Tag (C-79/15 P, BeckEuRS 2017, 519767) im Hinblick auf die Hamas die Sache zur weiteren Aufklärung an das EuG zurückverwiesen wurde). Insbesondere steht der Grundsatz des effektiven gerichtlichen Rechtsschutzes der Heranziehung anderer Gründe als denen bei der erstmalige Aufnahme auf eine Liste oder auf derselben, aber auf andere Beweise gestützt, nicht entgegen (EuGH 29.11.2018 – C-600/16 P, BeckEuRS 2018, 602040 sowie auch EuGH 31.1.2019 – C-225/17 P, BeckRS 2019, 637). Mit Urt. v. 29.4.2010 (C-340/08, BeckRS 2010, 90520) hat der EuGH zudem – auch im Hinblick auf Familienangehörige politisch exponierter Person (§ 15 Abs. 3 Nr. 1 lit. a GwG) interessant – befunden, dass das Einfrieren der Gelder von Personen, die verdächtigt werden, mit Bin Laden, der Al-Quaida und den Taliban in Verbindung zu stehen, keine Anwendung auf bestimmte **Sozialleistungen** an den Ehegatten dieser Personen finden, da Verordnungen, die das Einfrieren von Geldern anordnen, nur auf Vermögenswerte angewendet werden können, die zur Unterstützung terroristischer Tätigkeiten eingesetzt werden können. Noch deutlicher wird in diesem Zusammenhang das Urt. des EuGH v. 13.3.2012 (C-376/10 P, BeckRS 2012, 80568), in welchem dieser ausführt, dass Sanktionen, die der Rat gegen ein Drittland erlassen hat, auf natürliche Personen nicht allein

Besondere Aufgaben **§ 6a KWG**

wegen ihrer **familiären Bindung** zu Personen, die mit den Machthabern des entsprechenden Landes verbunden sind, angewandt werden kann. Eine Beurteilung des Familienmitglieds unabhängig von dessen persönlichen Verhalten steht danach im Widerspruch zum Unionsrecht. Eine Regelvermutung, dass Familienangehörige von Führungskräften von Unternehmen, aus den von diesen ausgeübten Funktionen nutzen zögen, besteht demnach nicht. Ferner hat der EuGH mit Urt. v. 29.6.2010 (C-550/09, BeckEuRS 2009, 517209) entschieden, dass eine ungültige Anti-Terror-Liste nicht die strafrechtliche Verfolgung von Mitgliedern einer in die Liste eingetragenen Organisation rechtfertigen kann. Ein Schadensersatzanspruch nach rechtswidrigem Einfrieren von Geldern im Rahmen der Terrorismusbekämpfung besteht nach Auffassung des EuG laut Urt. v. 23.11.2011 (T-341/07) hingegen nicht, da die Rechtsverletzungen nicht schwerwiegend genug seien, um eine Haftung der EU zu begründen, dies auch vor dem Hintergrund der Schwierigkeit der Auslegung der einschlägigen Sanktionsnormen. Mit mehreren Entscheidungen vom 15.11.2012 (C-417/11 P sowie C-539/10 P, C-550/10 P, BeckRS 2012, 82443) sowie vom 5.3.2015 (C-220/14 P, BeckRS 2015, 80335), 7.4.2016 (C-266/15 P, BeckRS 2016, 80570) und 28.3.2017 (C-72/15, BeckRS 2017, 104901) hat der EuGH schließlich die Voraussetzungen der Aufnahme von Organisationen und natürlichen Personen bzw. diese zu Grunde liegende **Begründungspflichten** in Listen für das Einfrieren von Geldern bzw. Vermögenswerten konkretisiert. Im Hinblick auf die Begründungspflicht muss dem Betroffenen danach der Zusammenhang der Sanktionierung bekannt sein und muss diese ihm gestatten, die Tragweite der ihm gegenüber ergangenen Maßnahme zu verstehen. Ferner führt der Wegfall einer nationalen Regelung, die zu einer Sanktionierung eines Betroffenen führte, nicht ohne Weiteres zur Nichtigkeit der Aufnahme in ein Sanktionsregime auf europäischer Ebene. Der EuGH hat zudem festgestellt, dass er im Hinblick auf Rechtsschutz gegen Sanktionseinstufungen natürlicher oder juristischer Personen nicht nur dann zuständig ist, wenn eine Nichtigkeitsklage unmittelbar bei ihm erhoben wird, sondern auch dann, wenn der EuGH im Rahmen eines **Vorabentscheidungsverfahren** von einem nationalen Gericht angerufen wird, zumindest soweit Gegenstand des Vorabentscheidungsverfahrens die Kontrolle der Einhaltung von Art. 40 EUV ist (28.3.2017 – C-72/15, BeckRS 2017, 104901). Insbesondere mit der Frage der Wahrung von **Verteidigungsrechten** im Sanktionsregime befassen sich schließlich die Entscheidungen des EuG vom 29.1.2013 (T-496/10) sowie vom 5.2.2013 (T-494/10). Mit Urteil vom 18.6.2015 (C-535-14 P, BeckEuRS 2015, 478406) hat der EuGH ua zu Fragen der **Prozesskostenhilfe** und der Hemmung von Verjährung in Zusammenhang mit Finanzsanktionen Stellung genommen. Soweit in den Sanktionsverordnungen der Begriff „**Finanzhilf**e" verwendet wird, ist dieser nach Auffassung des EuGH dahingehend auszulegen, dass davon die Abwicklung von Zahlungen durch eine Bank oder ein Finanzinstitut nicht erfasst wird (EuGH 28.3.2017 – C-72/15, BeckRS 2017, 104901). Zur Frage der Zulässigkeit eines „Terrorlisten"-Screenings von Mitarbeitern vgl. *Gleich* Der Betrieb 2013, 1967ff. Derartige Screenings werden offenbar auch außerhalb der Finanzindustrie durchgeführt (vgl. n-tv, http://www.n-tv.de/wirtschaft/Daimler-Angestellte-unter-Generalverdacht-article14253166.html, Stand: 31.7.2020).

§ 24c KWG – Automatisierter Abruf von Kontoinformationen

(1) Ein Kreditinstitut hat ein Dateisystem zu führen, in der unverzüglich folgende Daten zu speichern sind:
1. die Nummer eines Kontos, das der Verpflichtung zur Legitimationsprüfung nach § 154 Absatz 2 Satz 1 der Abgabenordnung unterliegt, eines Depots oder eines Schließfachs sowie der Tag der Eröffnung und der Tag der Beendigung oder Auflösung,
2. der Name, sowie bei natürlichen Personen der Tag der Geburt, des Inhabers und eines Verfügungsberechtigten sowie in den Fällen des § 10 Absatz 1 Nummer 2 des Geldwäschegesetzes der Name und, soweit erhoben, die Anschrift eines abweichend wirtschaftlich Berechtigten im Sinne des § 3 des Geldwäschegesetzes.

Bei jeder Änderung einer Angabe nach Satz 1 ist unverzüglich ein neuer Datensatz anzulegen. Die Daten sind nach Ablauf von zehn Jahren nach der Auflösung des Kontos oder Depots zu löschen. Im Falle des Satzes 2 ist der alte Datensatz nach Ablauf von drei Jahren nach Anlegung des neuen Datensatzes zu löschen. Das Kreditinstitut hat zu gewährleisten, dass die Bundesanstalt jederzeit Daten aus dem Dateisystem nach Satz 1 in einem von ihr bestimmten Verfahren automatisiert abrufen kann. Es hat durch technische und organisatorische Maßnahmen sicherzustellen, dass ihm Abrufe nicht zur Kenntnis gelangen.

(2) Die Bundesanstalt darf einzelne Daten aus dem Dateisystem nach Absatz 1 Satz 1 abrufen, soweit dies zur Erfüllung ihrer aufsichtlichen Aufgaben nach diesem Gesetz oder dem Geldwäschegesetz, insbesondere im Hinblick auf unerlaubte Bankgeschäfte oder Finanzdienstleistungen oder den Missbrauch der Institute durch Geldwäsche, Terrorismusfinanzierung oder sonstige strafbare Handlungen, die zu einer Gefährdung des Vermögens der Institute führen können, erforderlich ist und besondere Eilbedürftigkeit im Einzelfall vorliegt. Die Zentralstelle für Finanztransaktionsuntersuchungen darf zur Erfüllung ihrer Aufgaben nach dem Geldwäschegesetz gleichermaßen einzelne Daten aus dem Dateisystem nach Absatz 1 Satz 1 abrufen.

(3) Die Bundesanstalt erteilt auf Ersuchen Auskunft aus dem Dateisystem nach Absatz 1 Satz 1
1. den Aufsichtsbehörden gemäß § 9 Abs. 1 Satz 4 Nr. 2, soweit dies zur Erfüllung ihrer aufsichtlichen Aufgaben unter den Voraussetzungen des Absatzes 2 erforderlich ist,
2. den für die Leistung der internationalen Rechtshilfe in Strafsachen sowie im Übrigen für die Verfolgung und Ahndung von Straftaten zuständigen Behörden oder Gerichten, soweit dies für die Erfüllung ihrer gesetzlichen Aufgaben erforderlich ist,
3. der für die Beschränkungen des Kapital- und Zahlungsverkehrs nach dem Außenwirtschaftsgesetz zuständigen nationalen Behörde, soweit dies für die Erfüllung ihrer aus dem Außenwirtschaftsgesetz oder Rechtsakten der Europäischen Union im Zusammenhang mit der Einschränkung von Wirtschafts- oder Finanzbeziehungen ergebenden Aufgaben erforderlich ist.

Die Bundesanstalt hat die in den Dateisystemen gespeicherten Daten im automatisierten Verfahren abzurufen und sie an die ersuchende Stelle weiter zu übermitteln. Die Bundesanstalt prüft die Zulässigkeit der Übermittlung nur, soweit hierzu besonderer Anlass besteht. Die Verantwortung für die Zulässigkeit der Übermittlung trägt die ersuchende Stelle. Die Bundesanstalt darf zu den in Satz 1 genannten Zwecken ausländischen Stellen Auskunft aus dem Dateisystem nach Absatz 1 Satz 1 nach Maßgabe der allgemeinen datenschutzrechtlichen Vorschriften erteilen. § 9 Abs. 1 Satz 5, 6 und Abs. 2 gilt entsprechend. Die Regelungen über die internationale Rechtshilfe in Strafsachen bleiben unberührt.

(4) Die Bundesanstalt protokolliert für Zwecke der Datenschutzkontrolle durch die jeweils zuständige Stelle bei jedem Abruf den Zeitpunkt, die bei der Durchführung des Abrufs verwendeten Daten, die abgerufenen Daten, die Person, die den Abruf durchgeführt hat, das Aktenzeichen sowie bei Abrufen auf Ersuchen die ersuchende Stelle und deren Aktenzeichen. Eine Verwendung der Protokolldaten für andere Zwecke ist unzulässig. Die Protokolldaten sind mindestens 18 Monate aufzubewahren und spätestens nach zwei Jahren zu löschen.

(5) Das Kreditinstitut hat in seinem Verantwortungsbereich auf seine Kosten alle Vorkehrungen zu treffen, die für den automatisierten Abruf erforderlich sind. Dazu gehören auch, jeweils nach den Vorgaben der Bundesanstalt, die Anschaffung der zur Sicherstellung der Vertraulichkeit und des Schutzes vor unberechtigten Zugriffen erforderlichen Geräte, die Einrichtung eines geeigneten Telekommunikationsanschlusses und die Teilnahme an dem geschlossenen Benutzersystem sowie die laufende Bereitstellung dieser Vorkehrungen.

(6) Das Kreditinstitut und die Bundesanstalt haben dem jeweiligen Stand der Technik entsprechende Maßnahmen zur Sicherstellung von Datenschutz und Datensicherheit zu treffen, die insbesondere die Vertraulichkeit und Unversehrtheit der abgerufenen und weiter übermittelten Daten gewährleisten. Den Stand der Technik stellt die Bundesanstalt im Benehmen mit dem Bundesamt für Sicherheit in der Informationstechnik in einem von ihr bestimmten Verfahren fest.

(7) Das Bundesministerium der Finanzen kann durch Rechtsverordnung Ausnahmen von der Verpflichtung zur Übermittlung im automatisierten Verfahren zulassen. Es kann die Ermächtigung durch Rechtsverordnung auf die Bundesanstalt übertragen.

(8) Soweit die Deutsche Bundesbank Konten und Depots für Dritte führt, gilt sie als Kreditinstitut nach den Absätzen 1, 5 und 6.

§ 24c KWG

Literatur: *Altenkirch,* Techniken der Geldwäsche und ihre Bekämpfung, 2. Aufl. 2006; BaFin, Auslegungs- und Anwendungshinweise zum Geldwäschegesetz, Stand: Mai 2020 (zitiert: BaFin-AuA); BaFin, Jahresbericht 2018; BaFin, Geldwäsche – Neue Richtlinie tritt in Kürze in Kraft, BaFinJournal Mai 2018; BaFin, Rundschreiben 1/2018 (GW) vom 2.1.2018, Schnittstellenspezifikation Version 3.3; BaFin, Jahresbericht 2017; BaFin, Jahresbericht 2016; BaFin, Jahresbericht 2015; BaFin, Jahresbericht 2014; BaFin, Jahresbericht 2013; BaFin, Jahresbericht 2012; BaFin, Jahresbericht 2011; BaFin, Jahresbericht 2010; BaFin, Jahresbericht 2008; BaFin, Jahresbericht 2007; BaFin, Rundschreiben 5/2012 (GW) vom 27.9.2012, Automatisierter Abruf von Kontoinformationen nach § 24c KWG, GZ: GW 4-GW 3000–2009/0001; BaFin, Rundschreiben 1/2012 (GW) vom 6.3.2012, Verwaltungspraxis zu den gesetzlichen Vorschriften zur Verhinderung von Geldwäsche und Terrorismusfinanzierung im Geldwäschegesetz und Kreditwesengesetz, GZ: GW 1-GW 2001–2008/0003; BaFin, Rundschreiben 9/2010 (GW) vom 16.9.2010, Verfahrensverantwortlicher im automatisierten Kontenabrufverfahren nach § 24c KWG, GZ: GW 4-GW 3000–2009/0001; BaFin, Rundschreiben 20/2009 (GW) vom 5.11.2009, Automatisierter Abruf von Kontoinformationen nach § 24c KWG, GZ: GW 4-GW 3000–2009/0001; BaFin, Rundschreiben 6/2006 vom 12.7.2006, Automatisierter Abruf von Kontoinformationen nach § 24c KWG, GZ: GW 4 – O 1340 KWG 24c-05; BaFin, Schreiben vom 25.9.2003, Automatisierter Abruf von Kontoinformationen nach § 24c KWG; Schwierigkeiten bei der praktischen Umsetzung, GZ: GW4 – O 1340-KWG 24c-01; BaFin, Schreiben vom 16.6.2003, Automatisiertes Kontenabrufverfahren gem. § 24c KWG, (KONAN); BaFin, Rundschreiben 17/2002 vom 26.9.2002, Automatisierter Abruf von Kontoinformationen nach § 24c (neu) des Gesetzes über das Kreditwesen (KWG), GZ: Z 12 – O 1918 – 3002; *Bergmann* (Hrsg.), Geldwäsche, 2019; BfDI, 26. Tätigkeitsbericht zum Datenschutz 2015 – 2016, Mai 2015; BfDI, 24. Tätigkeitsbericht zum Datenschutz für die Jahre 2011 und 2012, April 2013; BMF, Schreiben vom 25.3.2003, Automatisiertes Kontenabrufverfahren nach § 24c KWG; Nacherhebung der Daten von Verfügungsberechtigten/gesetzlichen Vertretern bei Konten von Minderjährigen, Az.: VII B 7 – WK 5023 – 190/03; BMF, Schreiben vom 10.3.2003, Anwendungserlass zur Abgabenordnung (AEAO) – Regelungen zu §§ 92 und 93 AO (Auskunftsersuchen; Kontenabruf), Az.: IV A 4 – S 0062 – 1/05; BMF, Schreiben vom 21.2.2003, Ausnahmen vom automatisierten Kontoabrufverfahren nach § 24c KWG; weitere Konkretisierungen der Verwaltungspraxis, Az.: VII B 7 – WK 5023 – 113/03; BMF, Schreiben vom 15.1.2003, Ausnahmen vom automatisierten Abrufsystem nach § 24c KWG; Umfang der Einbeziehung von Kreditkartenkonten, Az.: VII B 7 – WK 5023 – 26/03; BMF, Schreiben vom 4.11.2002, Ausnahmen vom automatisierten Kontoabrufverfahren nach § 24c KWG, Az.: VII B 7 – WK 5023 – 1031/02; BMF, Schreiben vom 16.2.2002, Umsetzung des § 24c KWG; „Härtefall-Regelung", Az.: VII B 7 – WK 5023 – 1166/02; *Boos/Fischer/Schulte-Mattler,* KWG, 3. Aufl. 2008 und 5. Aufl. 2016; *Brender,* Rechtspolitische Problematik des automatisierten Kontenabrufs, ZRP 2009, 198 ff.; Die Deutsche Kreditwirtschaft, Auslegungs- und Anwendungshinweise, Stand: 16. Dezember 2011; *Engels,* Die 5. Geldwäscherichtlinie im Überblick: Änderungen der Richtlinie (EU) 2015/849 durch Richtlinie (EU) 2018/843, WM 2018, 2071 ff.; *Findeisen,* Bankgeheimnis und Verhinderung der Geldwäsche, Schriftenreihe der Bankrechtlichen Vereinigung, Band 22, 2004, S. 95 ff.; *Findeisen,* Nationale und internationale Maßnahmen gegen die Geldwäsche und die Finanzierung des Terrorismus – ein Instrument zur Sicherstellung der Stabilität der Finanzmärkte, Institute for Law and Finance, Working Paper Series No. 7, 2003; *Fülbier/Aepfelbach/Langweg,* GwG, 5. Aufl. 2006; *Gola/ Schomerus,* BDSG, 12. Aufl. 2015; *Hamacher,* Rasterfahndung in Banken, Die Bank 9/2006, 40 ff.; *Hartmann,* Internationale Finanzströme und Geldwäsche, S. 2 ff.; *Herzog,* Das Bankgeheimnis als Ermittlungsschranke, Schriftenreihe der Bankrechtlichen Vereinigung, Band 22, 2004, S. 47 ff.; *Herzog/Christmann,* Geldwäsche und Bekämpfungsgesetzgebung, WM 2003, 6 ff.; *Herzog/Mühlhausen,* Geldwäschebekämpfung und Gewinnabschöpfung, München 2006; *Höche,* Bekämpfung von Geldwäsche und Terrorfinanzierung, 2003; *Hoffmann,* Die verfassungsrechtliche Problematik der Inpflichtnahme Privater am Beispiel der entschädigungslosen Inanspruchnahme der Kreditinstitute für das Kontenabrufverfahren (§ 24c

Automatisierter Abruf von Kontoinformationen **§ 24c KWG**

KWG, §§ 93, 93b AO), WM 2010, 193ff.; *Huber,* Das Bankgeheimnis der Nachrichtendienste, NJW 2007, 881ff.; IdW, Gutachten der IW Consult GmbH Köln, Bürokratiekosten in der Kreditwirtschaft, Dezember 2006; *Insam* (Hrsg.), Verdacht auf Geldwäsche, 2006; *Jahn,* Verschärfte Finanzkontrollen nach Terroranschlägen, ZRP 2002, 109ff.; *Kokemoor,* Der automatisierte Abruf von Kontoinformationen nach § 24c KWG, BKR 2004, 135ff.; *Luz/ Neus/Schaber/Schneider/Wagner/Weber,* KWG und CRR (Band 1), 3. Aufl. 2015; *Pfisterer,* „Finanzprivatspähre" in Deutschland, JÖR 2017, 393ff.; *Reischauer/Kleinhans,* KWG, Stand: 9/2019; *Saurer,* Die Ausweitung sicherheitsrechtlicher Regelungsansprüche im Kontext der Terrorismusbekämpfung, NVwZ 2005, 275ff.; *Scherp,* Gesetze gegen Geldwäsche und gegen die Finanzierung des Terrorismus – eine stille Verfassungsreform?, WM 2003, 1254ff.; *Schily,* Gesetze gegen Geldwäsche und gegen die Finanzierung des Terrorismus – eine stille Verfassungsreform?, WM 2003, 1249ff.; *Schmidt,* Das neue Kontenabrufverfahren auf dem Prüfstand: Verfassungswidriger Informationszugriff oder verfassungsrechtlich gebotene Durchsetzung der steuerlichen Belastungsgerechtigkeit?, BB 2005, 2155ff.; *Schwennicke/Auerbach,* KWG, 3. Aufl. 2016; *Scherp,* Gesetze gegen Geldwäsche und gegen die Finanzierung des Terrorismus – eine stille Verfassungsreform?, WM 2003, 1254ff.; *Tolani,* Existiert in Deutschland ein Bankgeheimnis?, BKR 2007, 275ff.; ZKA, Pressemitteilung vom 25.8.2004, Keine automatisierte Auskunft über Kontostände; ZKA, Schreiben an die Institute/Verbände der Mitgliedsinstitute vom 25.12.2003, Automatisierter Abruf von Kontoinformationen gemäß § 24c KWG – hier: Weitere Erleichterungen bei der praktischen Umsetzung, Az.: 453/ KWG-24c; ZKA, Schreiben an die Institute/Verbände der Mitgliedsinstitute vom 13.11.2003, Automatisierter Abruf von Kontoinformationen gem. § 24c KWG – hier: Behandlung unbewegter Konten, Az.: 453/KWG-24c; *Zentes/Glaab,* Änderungen durch die GwG-Novelle zur Umsetzung der Fünften EU-Geldwäscherichtlinie und ihre Auswirkungen auf die Verpflichteten, BB 2019, 1667ff.; *Zentes/Glaab* (Hrsg.), GwG, 2018; *Zubrod,* Automatisierter Abruf von Kontoinformationen nach § 24c KWG, WM 2003, 1210ff.

Übersicht

	Rn.
I. Allgemeines	1
II. Verpflichtete zur Vorhaltung der Konto-Abrufdatei	3
III. Inhalt der Konto-Abrufdatei	5
IV. Abrufberechtigte	18
V. Datenschutzaspekte	26
VI. Kostentragung	28
VII. Rechtsverordnungsermächtigung	29
VIII. Sanktionen	30

I. Allgemeines

Der automatisierte Abruf von Kontoinformationen wurde durch das 4. FMFG **1** in § 24c KWG eingefügt und trat mit Wirkung vom 1.4.2003 in Kraft. Geringfügige Änderungen bzw. Ergänzungen erfolgten sodann insbesondere durch das Gesetz zur Umsetzung der neu gefassten Bankenrichtlinie und der neu gefassten Kapitaladäquanzrichtlinie vom 17.11.2006 (BGBl. I S. 2606), das Gesetz zur Ergänzung der Bekämpfung der Geldwäsche und der Terrorismusfinanzierung vom 13.8.2008 (BGBl. I S. 1690) sowie durch das Gesetz zur Umsetzung der Richtlinie 2010/78/ EU vom 24.11.2010 im Hinblick auf die Errichtung des Europäischen Finanzaufsichtssystems vom 4.12.2011 (BGBl. I S. 2427). Im Rahmen des Gesetzes zur Umsetzung der Vierten EU-Geldwäscherichtlinie, zur Ausführung der EU-Geldtransferverordnung und zur Neuorganisation der Zentralstelle für Finanztransaktionsuntersuchungen vom 23.6.2017 (BGBl. I S. 1822) wurden Schließfächer in den Anwendungsbereich der Norm einbezogen. Durch das Gesetz zur Bekämpfung der Steuerumgehung und zur Änderung weiterer steuerlicher Vorschriften (StUmgBG) vom 23.6.2017 (BGBl. I S. 1682) wurde zudem die Vorhaltefrist der Daten nach § 24 Abs. 1 S. 3 KWG von drei auf zehn Jahre verlängert. Redaktionelle Änderungen erfolgten sodann durch das Zweite Datenschutz Anpassungs- und Umsetzungsgesetz EU – 2. DSAnpUG-EU vom 20.11.2019 (BGBl. I S. 1626).

2   Nachdem als Folge der Anschläge vom 11.9.2001 in den USA zunächst die Errichtung einer bei der BaFin angesiedelten Zentraldatei aller in Deutschland bestehenden Konten und Depots diskutiert wurde (*Findeisen* Bankgeheimnis und Verhinderung der Geldwäsche, S. 120; *Stein* in Boos/Fischer/Schulte-Mattler, 3. Aufl. 2008, KWG § 24c Rn. 1; *Teichmann/Achsnich* in Herzog/Mülhausen Geldwäschebekämpfung-HdB § 33 Rn. 8), um Problemen bei der Umsetzung von VN-Embargos durch EU-Verordnungen und dem AWG zum Einfrieren von Geldern zu begegnen (*Jahn* ZRP 2002, 109 (110)), hat sich im Laufe des Gesetzgebungsverfahrens die Lösung über ein **Kontenabrufverfahren** durch die BaFin durchgesetzt (*Jahn* ZRP 2002, 109 (110)). Das Verfahren gestattet der BaFin „lediglich" den Abruf bestimmter Stammdaten der Konten und Depots, hingegen nicht den Abruf von Kontoständen oder -bewegungen (*Becker* in Reischauer/Kleinhans § 24c Rn. 2; *Langweg* in Fülbier/Aepfelbach/Landweg KWG § 24c Rn. 30; *Neureuther* in Bergmann S. 42; *Saurer* NVwZ 2005, 275 (279); ZKA, Pressemitteilung v. 25.8.2004). Die Vorschrift dient der Abrundung der der BaFin bereits im Rahmen von § 44 Abs. 1 KWG zustehenden allgemeinen **Auskunftsrechte** (RegBegr. BT-Drs. 14/8017, 122; *Schily* WM 2003, 1249 (1252)) und erweitert diese faktisch im Hinblick auf Geschäftsbeziehungen mit Kunden der dem Abruf unterliegenden Verpflichteten. Mit Hilfe des Verfahrens kann in einem überschaubaren Zeitrahmen festgestellt werden, ob eine Person bei einem Institut oder einer Kapitalanlagegesellschaft ein Konto oder Depot unterhält (*Kaetzler* in Insam S. 208). Insbesondere überprüft die BaFin auch die sog. „Terrorlisten" auf Grund von VO (EU) 881/2002 vom 27.5.2002, die von der Deutschen Bundesbank den Institute weitergeleitet werden (Schreiben der BaFin vom 16.6.2003). Das Abrufverfahren soll ursprünglich allein der Bekämpfung der Geldwäsche, des illegalen Schattenbankwesens und des unerlaubten Betreibens von Bank- und Finanzdienstleistungen dienen (*Findeisen* Institute for Law and Finance, Working Paper Series No. 7, S. 20; *Findeisen* Bankgeheimnis und Verhinderung der Geldwäsche, S. 118; *Tolani* BKR 2007, 275 (277)). Bereits einige Monate nach Einfügung der Vorschrift in das KWG wurde mit den §§ 93 Abs. 7 und 8, 93b AO der Anwendungsbereich jedoch auf die Finanz- und verschiedene andere Sozialbehörden ausgedehnt (vgl. dazu auch *Pfisterer* JÖR 2017, 393 (408ff.)). In der Folgezeit, wurden weiteren Behörden und Stellen über das Bundeszentralamt für Steuern (BZSt) Zugriff auf die Daten gewährt (zB Gerichtsvollzieher, Bundesamt für Verfassungsschutz, Verfassungsschutzbehörden der Länder, Polizeivollzugsbehörden, für Verwaltungsvollstreckungsverfahren zuständige Behörden). Die Vorschrift ist § 90 TKG aF (TKG idF v. 25.6.2004) nachgebildet (*Höche* S. 39; *Stein* in Boos/Fischer/Schulte-Mattler, 3. Aufl. 2008, KWG § 24c Rn. 9). Die Einhaltung der Voraussetzungen des § 24c KWG ist Gegenstand der Prüfung der Jahresabschlüsse der Kredit- und Finanzdienstleistungsinstitute (§§ 26 Abs. 4, 27 Abs. 7 PrüfbV), der Zahlungsinstitute (§ 16 Abs. 5 ZahlPrüfbV) sowie (externer) Kapitalverwaltungsgesellschaften (§ 13 Abs. 6 KAPrüfbV). Schließlich enthielt auch bereits Art. 32 der 3. EU-Geldwäscherichtlinie, der als Art. 42 der **4. EU-Geldwäscherichtlinie** nahezu unverändert

fortgeführt wurde, eine Regelung, auf Grund der die Mitgliedstaaten vorzuschreiben haben, dass ihre Kredit- und Finanzinstitute Systeme einrichten, die es ihnen ermöglichen, auf Anfragen der zentralen Meldestelle oder anderer Behörden gemäß ihrem nationalen Recht vollständig und rasch darüber Auskunft zu geben, ob sie mit bestimmten natürlichen oder juristischen Personen eine Geschäftsbeziehung unterhalten oder während der letzten fünf Jahre unterhalten haben, sowie über die Art der Geschäftsbeziehung. Im Rahmen der **5. EU-Geldwäscherichtlinie** wurde in Art. 32a nunmehr eine Regelung aufgenommen, die den Mitgliedstaaten ausdrücklich die Errichtung zentraler automatischer Mechanismen, namentlich zentraler Register oder zentraler Datenabrufsysteme, vorschreibt, die die zeitnahe Ermittlung von Personen ermöglicht, die durch IBAN identifizierbare Zahlungs- und Bankkonten sowie Schließfächer verfügen oder diese kontrollieren. Da in Deutschland mit § 24c KWG bereits ein derartiges System besteht, entstand insoweit kein zusätzlicher Umsetzungsaufwand (vgl. auch *Engels* WM 2018, 2071 (2077)). Für die in der 5. EU-Geldwäscherichtlinie getroffene Regelung diente Deutschland als Vorbild (BaFin, BaFin Journal Mai 2018, S. 23).

II. Verpflichtete zur Vorhaltung der Konto-Abrufdatei

Verpflichtet zur Vorhaltung der **Konto-Abrufdatei bzw. des Dateisystems** 3 sind nach § 24c Abs. 1 KWG Kreditinstitute, die Konten oder Depots iSv § 154 AO führen. Nach §§ 28 Abs. 1 S. 4, 51 Abs. 8 KAGB sind auch Kapitalverwaltungsgesellschaften und inländische Zweigniederlassungen von EU-OGAW-Verwaltungsgesellschaft sowie Zahlungsinstitute und E-Geld-Institute nach §§ 27 Abs. 2, 1 Abs. 3 ZAG zur Führung der Datei verpflichtet. Soweit die deutsche Bundesbank Konten oder Depots für Dritte führt, gilt auch diese als Kreditinstitut iSd Abs. 1, 5 und 6 (vgl. § 24c Abs. 8 KWG). Mit dem Gesetz zur Umsetzung der Vierten EU-Geldwäscherichtlinie, zur Ausführung der EU-Geldtransferverordnung und zur Neuorganisation der Zentralstelle für Finanztransaktionsuntersuchungen wurde die neben der Deutschen Bundesbank genannte Bundesrepublik Deutschland Finanzagentur GmbH aufgrund der Streichung des bis dahin geltenden § 2 Abs. 1 Nr. 4a GwG auch in § 24c Abs. 8 KWG gestrichen. Ebenfalls verpflichtet sind gem. § 53b Abs. 3 S. 1 Nr. 6 KWG in Deutschland gelegene Zweigniederlassungen von CRR-Kreditinstituten, einschließlich solcher CRR-Kreditinstitute, die Zahlungsdienste iSd § 1 Abs. 1 S. 2 ZAG erbringen, und Wertpapierhandelsunternehmen mit Sitz im Europäischen Wirtschaftsraum (EWR). In Einzelfällen waren zumindest bisher **Befreiungen** von der Verpflichtung zur Teilnahme am automatischen Kontenabrufverfahren möglich. Mit Schreiben vom 16.12.2002 hat das BMF eine **Härtefallregelung** eingeräumt, nach der Kreditinstitute unter bestimmten Voraussetzungen nicht am Abrufsystem teilnehmen müssen. Ein solcher Härtefall liegt vor, wenn die Teilnahme für das Kreditinstitut vor allem unter wirtschaftlichen Gesichtspunkten eine besondere Härte darstellt und es angesichts der Besonderheiten des Einzelfalls unter Berücksichtigung des Gesetzeszwecks nicht zu einer wesentlichen Beeinträchtigung des Abrufsystems im laufenden Betrieb kommt (*Höche* S. 40). Die Voraussetzungen sind insbesondere dann erfüllt, wenn die Kosten der Teilnahme in keinem Verhältnis zum Gesetzeszweck stehen, zB bei einem Bestand von nur wenigen Konten oder Depots und im Vergleich zum Ertrag und Geschäftsvolumens des Instituts. Die Befreiung ist bei der BaFin zu beantragen, wobei die Zahl und Art der Konten, Kontoinhaber und Geschäftsvolumen anzugeben und die besondere Härte zu begründen sind. Am Abrufverfahren müssen nach einem weiteren Schreiben des BMF vom 4.11.2002 auch **Institute in Abwicklung** nicht teilnehmen. Hierunter sind Kreditinstitute zu verstehen, die nicht mehr werbend tätig sind oder die als aufzunehmendes Institut unmittelbar vor einer Fusion mit einem aufnehmenden Kreditinstitut stehen. Nicht unter die vorgenannten Ausnahmen zu subsumieren ist die Nichtteilnahme einzelner **Förderinstitute** am Kontenabrufverfahren, da diese darin begründet ist, dass diese häufig keine Konten oder Depots iSv § 154 AO führen. Entsprechendes gilt für Bürgschaftsbanken. Ob die bestehenden Ausnahmen und Härtefallregelungen, insbesondere mit Blick auf kontoführende Institute, vor dem Hintergrund von Art. 32a 4. EU-Anti-Geldwäscheregelung weiterhin Bestand haben, bleibt abzuwarten.

4 Die Verpflichteten können die aus § 24c KWG resultierenden Verpflichtungen auslagern, wobei dafür grundsätzlich die Auslagerungsregelungen des § 25b KWG Anwendung finden. Die weitaus überwiegende Mehrheit der Institute hat von der Auslagerungsmöglichkeit auch Gebrauch gemacht und die Pflichten auf so genannte Kopfstellen übertragen. Spezielle Anforderungen zur **Auslagerung** von Pflichten nach § 25b KWG hat die BaFin in einem Schreiben vom 20.12.2002 zusammengefasst. Danach soll die beauftragte Kopfstelle zu bevollmächtigt werden, direkt mit der BaFin zu kommunizieren, der BaFin eine Liste mit den betreuten Instituten zur Verfügung stellen und der BaFin eine Kontaktperson benennen (vgl. zu Einzelheiten *Höche* S. 52f.).

III. Inhalt der Konto-Abrufdatei

5 Welchen Inhalt die von Kreditinstituten zu führenden Dateien bzw. Dateisysteme haben, ergibt sich zunächst aus § 24c Abs. 1 KWG. Dazu gehören die Nummer eines Kontos, eines Depots oder Schließfachs, der Tag der Eröffnung und der Beendigung bzw. Auflösung (§ 24c Abs. 1 S. 1 Nr. 1 KWG), der Name, bei natürlichen Personen auch der Tag der Geburt, des Inhabers und eines Verfügungsberechtigten, sowie bei Vorliegen der Voraussetzungen des § 10 Abs. 1 Nr. 2 GwG der Name und – soweit erhoben – auch die Anschrift aller abweichenden wahren oder ggf. fiktiven (vgl. BaFin-AuA, Abschnitt III, Nr. 5.2.2.2) wirtschaftlich Berechtigten iSv § 3 GwG (tabellarische Überblicke zum Inhalt der Datei finden sich bei *Höche* S. 51 und *Achtelik* in Boos/Fischer/Schulte-Mattler KWG § 24c Rn. 7). Durch das Gesetz zur Bekämpfung der Steuerumgehung und zur Änderung weiterer steuerlicher Vorschriften (StUmgBG) vom 23.6.2017 (BGBl. I S. 1682) wurden zusätzlich zu den in § 24c KWG bezeichneten Daten durch § 93b Abs. 1a AO **weitere Datenspeicherungspflichten** für Kontenabrufersuchen im Sinne von § 93 Abs. 7 und 8 AO festgelegt. Demnach muss das Dateisystem für jeden Verfügungsberechtigten und jeden wirtschaftlich Berechtigten im Sinne des GwG auch die Adressen und die in § 154 Abs. 2a AO bezeichneten Daten enthalten. Zu letzteren Daten zählen die Identifikationsnummer nach § 139b AO sowie die Wirtschafts-Identifikationsnummer nach § 139c AO (bzw. sofern diese noch nicht vergeben wurde und es sich nicht um eine natürliche Person handelt, die für die Einkommensteuer geltende Steuernummer). Die ab dem 1.1.2018 bei Kontoeröffnungen bzw. grundsätzlich bis zum 31.12.2019 bei Bestandskunden nachzupflegende Steuer-ID muss bis zum 1.1.2020 in das Dateisystem nach § 24c KWG aufgenommen worden sein. Allerdings sind die Daten nach § 154 Abs. 2a AO dann nicht von Kreditinstituten zu erheben und aufzuzeichnen, wenn es sich um ein

Automatisierter Abruf von Kontoinformationen **§ 24c KWG**

Kreditkonto handelt, der Kredit der Finanzierung privater Konsumgüter dient und der Kreditrahmen maximal 12.000 EUR beträgt. Da § 154 Abs. 2a AO zudem auf § 154 Abs. 2 AO verweist (*„außerdem folgende Daten"*) und § 154 Abs. 2 Nr. 1 AO auf die Gewissheit über Person und Anschrift abstellt, ist zudem auch zumindest das Geburtsdatum zu erfassen (vgl. Beschlussempfehlung und Bericht des Finanzausschusses, BT-Drs. 18/12127, 51, zu Nr. 4 (§ 93b)). Ausnahmeregelungen in § 154 Abs. 2d AO und Art. 97 § 26 Abs. 5 Nr. 3 EGAO bleiben dabei unberührt. Der Abruf der Daten im Sinne von § 93b Abs. 1a AO durch die BaFin im Rahmen von § 24c KWG ist dabei nicht zulässig. Zudem darf das für Abrufe nach § 93 Abs. 7 und 8 AO zuständige BZSt die Identifikationsnummer nach § 139b AO eines Verfügungsberechtigten oder wirtschaftlich Berechtigten nur Finanzbehörden mitteilen (§ 93b Abs. 2 AO). Ab 2020 sollen die Ausgabe-Datensätze der Kreditinstitute im Kontenabrufverfahren für das BZSt und die BaFin unterschiedslos alle nach § 24c Abs. 1 KWG und § 93b Abs. 1a AO geforderten Daten beinhalten. Hintergrund ist, dass selbst den Rechenzentralen der Kreditwirtschaft verborgen sein soll, welche Behörde den Abruf initiiert und darüber hinaus Programmieraufwand für diese vermieden werden soll (vgl. Beschlussempfehlung und Bericht des Finanzausschusses, BT-Drs. 18/12127, 51, zu Nr. 4 (§ 93b)).

Unter einem **Konto** im Sinne der Vorschrift sind Konten zu verstehen, für die eine Legitimationsprüfung nach § 154 Abs. 2 S. 1 AO durchzuführen ist und die zum Zeitpunkt des Inkrafttretens der Vorschrift am 1.4.2003 bestanden oder ab diesem Zeitpunkt eröffnet wurden (*Achtelik* in Boos/Fischer/Schulte-Mattler KWG § 24c Rn. 4). Unter einem Konto werden *„die für einen Kunden im Rahmen einer laufenden Geschäftsverbindung geführte Rechnung, in der Zu- und Abgänge der Vermögensgegenstände erfasst werden"* verstanden (RFH 24, 203 (205); *Höche* S. 41). Von § 24c KWG werden daher nur externe Konten erfasst, für die eine Verfügungsberechtigung tatsächlich besteht, nicht aber bloß interne Verrechnungskonten der Kreditinstitute (*Langweg* in Fülbier/Aepfelbach/Langweg KWG § 24c Rn. 16; zu internen Konten zählen nach dem Schreiben des BMF vom 4.11.2002 zB Bürgschafts-, Garantie- oder Akkreditivkonten). Gleichfalls nicht zu Konten im vorstehenden Sinne zählen solche, die im Ausland von Niederlassungen und Tochtergesellschaften inländischer Kreditinstitute geführt werden (BMF, Schreiben v. 4.11.2002; *Höche* S. 41). Zu den Konten zählen jedoch Konten für **vermögenswirksame Leistungen** (Schreiben des BMF v. 4.11.2002). 6

Unter den Kontenbegriff fallen neben Einlagenkonten und Depots auch **Kredit- und Darlehenskonten**, sofern diese mit dem Inkrafttreten des § 24c KWG eröffnet oder prolongiert wurden oder eine Novation vorliegt (vgl. Schreiben des BMF v. 4.11.2002; *Höche* S. 42). Kredit- und Darlehenskonten, die von Förderinstituten im Hausbankverfahren geführt werden, unterliegen grundsätzlich nicht dem Kontenabrufverfahren, da diese bereits von der Hausbank in das Dateisystem nach § 24c KWG einzustellen sind und das Förderinstitut kein direktes Vertragsverhältnis mit dem Endkunden besitzt (VÖB-Mitteilung 066/03 v. 19.2.2003). Nicht in das Dateisystem nach § 24c KWG aufzunehmen sind hingegen Bürgen oder diesbezüglich wirtschaftlich Berechtigte. Zwar gelten für diese zukünftig ausdrücklich die geldwäscherechtlichen Sorgfaltspflichten (BaFin-AuA, Abschnitt III, Nr. 5.1.1), hingegen werden insoweit keine Konten nach § 154 AO eröffnet. 7

Kreditkartenkonten besitzen dann keine Konteneigenschaft, wenn darüber lediglich Beträge zur Begleichung von Waren oder Dienstleistungen im Wege des Einzugs von einem Konto des Karteninhabers abgerechnet werden (Charge-Card), nicht aber wenn auf das oder von dem Kreditkartenkonto Überweisungen getätigt 8

Achtelik 949

werden können oder dieses auf Guthabenbasis geführt wird (Schreiben des BMF v. 15.1.2003). Im Hinblick auf die Identifikation und Einstellung von Inhabern sog. Partnerkreditkarten vertritt die Deutsche Kreditwirtschaft (DK bzw. ehemals ZKA) die Auffassung, dass Identifikation und Einstellung in das Dateisystem jedenfalls bei Charge-Cards unterbleiben können, da das insoweit geführte Konto ausschließlich der Erfassung der mit der Kreditkarte getätigten Umsätze und dem Einzug der daraus resultierenden Forderungen per Lastschrift von einem identifizierten Girokonto des Karteninhabers dient; die BaFin hatte sich seinerzeit dieser Auffassung nicht ohne weiteres anschließen können (Ergebnisvermerk des Gesprächs zwischen der BaFin, Gruppe Geldwäscheprävention, und dem Zentralen Kreditausschuss am 17.4.2007 in Bonn v. 29.8.2007, unveröffentlicht).

9   Konten für **Wohnungsbaugenossenschaften mit Spareinrichtungen** unterfallen nach dem Schreiben des BMF vom 4.11.2002 nicht der Regelung in § 24c KWG. Gleichwohl muss sichergestellt werden, dass der BaFin ggf. auf anderem Weg die Dateisysteme aktuell zur Verfügung gestellt werden können.

10 Eine Sonderregelung besteht zudem bei Sammelkonten zur Zusammenführung **unbewegter Kundenkonten,** die vom ZKA mit dem BMF und der BaFin abgestimmt wurde (ZKA, Schreiben v. 13.11.2003, abgedruckt in Fülbier/Aepfelbach/Langweg KWG § 24c Rn. 24). Danach müssen unbewegte Konten, die auf einem Sammelkonto bis zum 31.12.2003 zusammengeführt wurden, dann nicht in das Dateisystem eingestellt werden, wenn das Einzelguthaben 500 EUR nicht übersteigt. Wurde der Betrag hingegen überschritten, waren die Kontodaten bis spätestens 31.3.2004 in die Abrufdatei einzustellen. Gleichfalls wird eine Einstellung erforderlich, wenn ein Kunde oder ein Dritter von einem solchen Konto eine Bewegung veranlasst, es sei denn, es handelt sich um die vollständige Auszahlung an den Kunden oder einen sonst berechtigten Dritten anlässlich der Schließung des Kontos. Bei nach dem 1.1.2004 auf Sammelkonten umgebuchtem Guthaben kann auf eine Einstellung in das Dateisystem verzichtet werden, wenn vom Kunden oder einem Dritten seit mindestens fünf Jahren keine Kontobewegung ausgelöst wurde und das Habensaldo des Kontos sich auf maximal 500 EUR beläuft.

11 In das Dateisystem einzustellen ist die **Kontonummer,** also die Nummer, die im Kreditinstitut für das Kundenkonto vergeben wurde und die dieses zur buchungstechnischen Abwicklung eindeutig identifiziert (*Höche* S. 48; *Langweg* in Fülbier/Aepfelbach/Langweg KWG § 24c Rn. 32), einschließlich der IBAN (BaFin, Jahresbericht 2014, S. 131f.).

12 Ferner sind die Zeitpunkte der **Errichtung und Auflösung des Kontos** in das Dateisystem einzustellen. Sofern diese Daten im Zeitpunkt der Einführung des Kontenabrufverfahrens nicht vorgelegen haben, war es ausreichend, die vorhandenen Daten in das Dateisystem einzustellen. Ab dem 1.4.2003 sind Errichtung und Auflösung der Daten hingegen zu erfassen. Bei Schließfächern gelten Beginn und Ende des Mietverhältnisses als Zeitpunkt der Errichtung bzw. Auflösung (BaFin, RdSchr. 1/2018, S. 32).

13 Zu den personenbezogenen Daten zählt der **Name des Inhabers,** eines **Verfügungsberechtigten** (zum Begriff § 154 Abs. 2 AO iVm Nr. 7 AEAO zu § 154 AO) oder **wirtschaftlichen Berechtigten** einschließlich eines etwaigen fiktiven wirtschaftlich Berechtigten iSv § 3 Abs. 2 S. 5 GwG (vgl. BaFin-AuA, Kap. 5.2.2.2). Dazu gehören bei natürlichen Personen der Nachname und sämtliche im Ausweispapier enthaltenen Vornamen, wobei die Länge durch eine Feldgröße von 50 Zeichen begrenzt wird (RdSchr. 6/2006 der BaFin v. 12.7.2006). Trägt eine Person keinen Nachnamen, sondern ausschließlich Vornamen – dies kann nach ausländi-

schem Namensrecht möglich sein –, sind im Hinblick auf die Erhebung der Kundendaten die Vornamen in das Nachnamensfeld einzutragen (BaFin, RdSchr. 1/2018, S. 33; zuvor bereits BaFin, RdSchr. 5/2012). Bei juristischen Personen ist grundsätzlich der Firmenname, wie er sich zB aus dem Handelsregister ergibt, einzustellen (RdSchr. 6/2006 der BaFin v. 12.7.2006). Bei natürlichen Personen ist zudem der Tag der Geburt zu erfassen. Sofern dieser nicht beim Verpflichteten vorhanden ist, was zum Teil noch für vor dem 1.1.1992 eröffnete Konten zutrifft, wird dies im Hinblick auf Kontoinhaber und Verfügungsberechtigte nicht beanstandet, insbesondere ist eine Nacherfassung dieser Daten nicht erforderlich (BMF, Schreiben v. 21.2.2003). Sofern Ausweispapiere das Geburtsdatum nicht oder nur unvollständig enthalten (vgl. *Langweg* in Fülbier/Aepfelbach/Langweg KWG § 24c Rn. 37), sind keine Nachforschungen durch die Verpflichteten anzustellen. Fehlen zB Geburtstag und -monat, so ist für Zwecke des Dateisystems nach § 24c KWG stets der erste Januar des Jahres anzugeben (Schreiben der BaFin v. 25.9.2003) und zwar in der Schreibweise „JJJJ-01-01" (BaFin, RdSchr. 1/2018, S. 33). Eine Prüfung verschiedener Kreditinstitute hat ergeben, dass die genaue und vollständige Erfassung der Namen von natürlichen und juristischen Personen (zB exakte Angabe der Handelsregistereintragung) Schwachstellen aufweisen (BaFin, Jahresbericht 2012, S. 221). Zu berücksichtigen, soweit im Identifizierungsdokument angegeben, sind auch Adelstitel. Künstlernamen, Ordensnamen und akademische Grade (BaFin, RdSchr. 1/2018, S. 32; *Sonnenberg* in Zentes/Glaab KwG § 24c Rn. 17).

Im Hinblick auf die Angaben zum **wirtschaftlich Berechtigten** wurde § 24c **14** KWG durch das GwBekErgG geändert. Waren bis dahin immer Name und Anschrift der wirtschaftlich Berechtigten in das Dateisystem aufzunehmen, ist seitdem die Anschrift nur noch einzustellen, wenn diese auch erhoben wurde. Eine Einstellungspflicht bestand nur insoweit, wie Daten auch erfasst werden konnten (BaFin, RdSchr. 1/2012 v. 6.3.2012 iVm DK, Auslegungs- und Anwendungshinweise, Nr. 78). Die Einschränkungen fand ihre Ursache ua darin, dass die Anschrift des wirtschaftlich Berechtigten nach dem damals geänderten § 4 Abs. 5 GwG nur bei Vorliegen besonderer risikoerhöhender Umstände aufzunehmen war (vgl. RegBegr. BR-Drs. 168/08, 106). Eine zumindest ähnliche Regelung findet sich nunmehr in § 11 Abs. 5 GwG. Gemäß § 11 Abs. 5 GwG erfasste und überprüfte Daten sind für den jeweilig wirtschaftlich Berechtigten in die Kontoabrufdatei einzustellen (BaFin-AuA, Abschnitt III, Nr. 5.2.3.3). Allerdings ist zu beachten, dass § 93b Abs. 1a AO nunmehr ua fordert, dass für jeden wirtschaftlich Berechtigten im Sinne des GwG auch die Adressen zu speichern sind und zur Durchsetzung auf § 11 Abs. 6 GwG verwiesen wird (vgl. auch Nr. 7.3 AEAO zu § 154, wonach es sich nicht zwingend um die Wohnanschrift handeln muss, sondern die Geschäftsadresse ausreichend sein kann; diese Regelung der AEAO muss aber angepasst werden → Rn. 15). Werden mehrere wirtschaftlich Berechtigte festgestellt, sind diese grundsätzlich allesamt einzustellen (BaFin, RdSchr. 1/2012 v. 6.3.2012 iVm DK, Auslegungs- und Anwendungshinweise, Nr. 78). Bei **Mietkautionskonten** auf den Namen des Vermieters müssen Angaben zu wirtschaftlich berechtigten Mietern nicht in das Dateisystem eingestellt werden (vgl. VÖB-Mitteilung M 387/03 v. 10.11.2003 unter Bezugnahme auf Aussagen des BMF; ferner *Langweg* in Fülbier/Aepfelbach/Langweg § 24c Rn. 40). Auch bei **WEG-Konten** ist keine Einstellung sämtlicher Miteigentümer in das Dateisystem zum automatisierten Kontenabruf erforderlich (BaFin-AuA Abschnitt III, Nr. 5.1.4.1). Bei der Einstellung von Daten zu wirtschaftlich Berechtigten bei **Notaranderkonten** vertritt das BMF folgende Auffassung (vgl. abgestimmtes Schreiben des ZKA mit dem BMF v.

25.11.2003): Bereits bestehende Notaranderkonten mussten nur dann in das Dateisystem nach § 24c KWG eingestellt werden, wenn sich ab dem 1.1.2004 ein Wechsel bei den abweichend wirtschaftlich Berechtigten ergab. Angaben über wirtschaftlich Berechtigte, für Konten die nach dem 1.1.2004 eröffnet werden, sind hingegen ausnahmslos in die Abrufdatei einzustellen. Auskunftsverweigerungsrechte bezüglich Inhabern und Verfügungsberechtigten, etwa bei **Rechtsanwaltsanderkonten,** sind im Hinblick auf den Abruf unbeachtlich (*Reimer* in Luz/ Neus/Schaber/Schneider/Wagner/Weber § 24c Rn. 21). Bei Konten für bestimmte nicht rechtsfähige Personenvereinigungen, die in der Regel nur einen geringen Umsatz aufweisen (zB Schulklassen, Kegelvereine) und als offenes Treuhandkonto auf den Namen eines Treuhänders geführt werden, kann von der Einstellung der Angaben zu den wirtschaftlich Berechtigten abgesehen werden, wenn der kumulierte Haben-Umsatz im Kalenderjahr 2002 nicht größer als 5.000 EUR war. Ab dem 1.4.2003 sind hingegen eröffnete **Treuhandkonten** nicht rechtsfähiger Personenvereinigungen stets in das Dateisystem einzustellen (vgl. Schreiben des ZKA v. 25.11.2003).

15 Im Hinblick auf den Inhalt der in das Dateisystem nach § 24c KWG einzustellenden Daten war ferner Nr. 7 AEAO zu § 154 AO zu beachten. So hatte das BMF mit Schreiben vom 4.11.2002 die Auffassung vertreten, dass der Verzicht auf die **Legitimationsprüfung** nach der seinerzeitigen Nr. 7 AEAO zu § 154 AO auch im Rahmen von § 24c KWG Anwendung findet, um Inkonsistenzen mit der Praxis zur Identifizierung nach dem GwG, das im Rahmen der Verwaltungspraxis ebenfalls auf die Vorschriften der AEAO abstellte, zu vermeiden. Durch eine im Rahmen des Gesetzes zur Umsetzung der Änderungsrichtlinie zur Vierten EU-Geldwäscherichtlinie erfolgende Neufassung von § 154 Abs. 2 S. 2 GwG wird nunmehr aber das Identifizierungsverfahren nach § 154 Abs. 2 AO an die Vorschriften des GwG angeglichen, so dass ein Kreditinstitut mit der Identifizierung des Kontoinhabers, Verfügungsberechtigten und wirtschaftlich Berechtigten nach dem GwG zugleich auch die Identifizierungspflichten nach § 154 Abs. 2 AO erfüllt (Begr. zu § 154 Abs. 2 AO, BT-Drs. 19/13827). Damit soll eine Erleichterung für die Institute geschaffen werden, auch, weil nur noch ein Datensatz für die Kundenidentifizierung vorgehalten werden muss (Begr. zu § 154 Abs. 2 AO, BT-Drs. 19/13827; ferner *Zentes/Glaab* BB 2019, 1667 (1672)).

16 Nach § 24c Abs. 1 S. 1 KWG sind die Kundenstammdaten unverzüglich in das Dateisystem einzustellen (*Langweg* in Fülbier/Aepfelbach/Langweg § 24c Rn. 54; *Zubrod* WM 2003, 1210 (1212)). Bei jeder Änderung einer Angabe nach § 24c Abs. 1 S. 1 KWG ist unverzüglich ein neuer Datensatz anzulegen (§ 24c Abs. 1 S. 2 KWG). Nach Ablauf von zehn Jahren nach der Auflösung des Kontos oder Depots sind die Daten zu löschen (§ 24c Abs. 1 S. 3 KWG). Die **Vorhaltefrist** wurde durch das Gesetz zur Bekämpfung der Steuerumgehung und zur Änderung weiterer steuerlicher Vorschriften (StUmgBG) vom 23.6.2017 (BGBl. I S. 1682) von drei auf zehn Jahre ausgedehnt. Bei Anlegung eines neuen Datensatzes nach § 24c Abs. 1 S. 2 KWG ist der alte Datensatz nach Ablauf von drei Jahren nach Anlegung des neuen Datensatzes zu löschen (§ 24c Abs. 1 S. 4 KWG). Nicht mehr gültige Daten aus dem Zeitraum vom 1.4.2000 bis zum 1.4.2003 waren nach dem Schreiben des BMF vom 21.2.2003 nicht in Dateisysteme nach § 24c KWG aufzunehmen.

17 Nach § 24c Abs. 1 S. 5 KWG hat das Kreditinstitut zu gewährleisten, dass die BaFin jederzeit Daten aus dem Dateisystem nach S. 1 in einem von ihr bestimmten Verfahren automatisiert abrufen kann, wobei es nach § 24c Abs. 1 S. 6 KWG sicherzustellen hat, dass ihm Abrufe durch organisatorische und technische Maßnahmen nicht zur Kenntnis gelangen. Das Verfahren wurde zunächst im Rahmen einer **Schnittstellenspezifikation** (Version 1.5) durch die BaFin im Jahre 2002 festgelegt (RdSchr. 17/2002 der BaFin v. 26.9.2002). In der Schnittstellenspezifikation werden ua die Länge von Datenfeldern, Mengengerüste, Antwortzeiten und die Archivierung der Daten festgelegt. Die Schnittstellenspezifikation wurde zwischenzeitlich mehrfach angepasst (vgl. BaFin-RdSchr. 1/2018 v. 2.1.2018, BaFin, RdSchr. 5/2012 v. 27.9.2012, RdSchr. 20/2009 v. 5.11.2009 sowie RdSchr. 6/2006 v. 12.7.2006). Die Änderungen der Schnittstellenspezifikation wurden ua deshalb notwendig, da mit Wirkung vom 1.4.2005 das BZSt nach §§ 93 Abs. 7 und 8, 93b AO ebenfalls berechtigt wurde, auf die Dateisysteme nach § 24c KWG zuzugreifen und das Verfahren optimiert werden sollte, sowie technische Modifikationen vorgenommen wurden. Nach der Schnittstellenspezifikation ist der BaFin zudem ein sog. **„Verfahrensverantwortlicher"** zu melden, was die BaFin auch noch einmal gesondert eingefordert hat (vgl. dazu BaFin, RdSchr. 9/2010 v. 15.9.2010). Die letzte Anpassung der Schnittstellenspezifikation erfolgte mit BaFin-RdSchr. 1/2018 v. 2.1.2018 (Version 3.3) und enthielt ua Änderungen aufgrund des Gesetzes zur Umsetzung der Vierten EU-Geldwäscherichtlinie, zur Ausführung der EU-Geldtransferverordnung und zur Neuorganisation der Zentralstelle für Finanztransaktionsuntersuchungen sowie des Steuerumgehungsbekämpfungsgesetzes (zB Aufnahme von Schließfächern in das Kontenabrufverfahren).

IV. Abrufberechtigte

§ 24c Abs. 2 KWG ermächtigt zunächst die BaFin zu Abfragen. Die **Abfragebefugnis** setzt voraus, dass die Abfragen zur Erfüllung der aufsichtlichen Aufgaben der BaFin nach dem KWG oder GwG im Hinblick auf unerlaubte Bankgeschäfte oder Finanzdienstleistungen oder den Missbrauch der Institute durch Geldwäsche, Terrorismusfinanzierung oder sonstige strafbare Handlungen, die zu einer Gefährdung des Vermögens der Institute führen können, dienen und eine besondere Eilbedürftigkeit im Einzelfall vorliegt. Nach dem Wortlaut des § 24c Abs. 2 S. 2 KWG steht zudem in Fortführung von § 10 Abs. 3 S. 4 GwG aF (vgl. zur alten Rechtslage diesbezüglich *Hartmann* KJ 2007, 2 (12); *Tolani* BKR 2007, 275 (276)) der Zentralstelle für Finanztransaktionsuntersuchungen nunmehr ein eigenes Abrufrecht zu („abrufen"), während in der Vorgängernorm des § 10 Abs. 3 S. 4 GwG in der Fassung vor Inkrafttreten des Gesetzes zur Umsetzung der Vierten EU-Geldwäscherichtlinie, zur Ausführung der EU-Geldtransferverordnung und zur Neuorganisation der Zentralstelle für Finanztransaktionsuntersuchungen, noch vom einem Ersuchen an die BaFin die Rede war. Die Änderung ist im Kontext der **5. EU-Geldwäscherichtlinie** (Art. 32a Abs. 2) zu sehen, die ein direktes Zugriffsrecht der FIUs auf Kontenabrufsysteme bzw. Kontenregister vorsieht. **18**

Ferner ist die BaFin nach § 24c Abs. 3 Nr. 1 KWG verpflichtet, auf Ersuchen anderen Stellen **Auskunft** aus dem Dateisystem zu erteilen. Dazu zählen zunächst Aufsichtsbehörden nach § 9 Abs. 1 S. 4 Nr. 2 KWG, soweit dies zur Erfüllung ihrer aufsichtlichen Aufgaben unter den Voraussetzungen des § 24c Abs. 2 KWG erforderlich ist. Bei diesen Stellen handelt es sich um die kraft Gesetzes oder im öffentlichen Auftrag mit der Überwachung von Instituten, Kapitalverwaltungsgesellschaften, extern verwalteten Investmentgesellschaften, EU-Verwaltungsgesellschaften oder ausländischen AIF-Verwaltungsgesellschaften, Finanzunternehmen, Versiche- **19** rungsunternehmen der Finanzmärkte, des Zahlungsverkehrs oder mit der Geldwäscheprävention betraute Stellen und von diesen beauftragten Personen (*Lindemann* in Boos/Fischer/Schulte-Mattler § 9 Rn. 14ff.). Zu diesen Stellen zählt insbesondere die **Deutsche Bundesbank** (*Langweg* in Fülbier/Aepfelbach/Langweg KWG § 24c Rn. 59). Im Hinblick auf Versicherungsunternehmen enthält § 305 Abs. 6 VAG eine Sonderregelung, nach der die BaFin zur Erfüllung der ihr nach dem VAG obliegenden Aufgaben, insbesondere im Hinblick auf das Betreiben unerlaubter Versicherungsgeschäfte, einzelne Daten bei Eilbedürftigkeit aus dem Dateisystem nach § 24c KWG abrufen kann.

20   Eine Auskunftspflicht besteht ferner nach § 24c Abs. 3 S. 1 Nr. 2 KWG gegenüber den für die Leistung der **internationalen Rechtshilfe** in Strafsachen sowie für die Verfolgung und Ahndung von Straftaten zuständigen Behörden und Gerichten, soweit dies für die Erfüllung ihrer gesetzlichen Aufgaben erforderlich ist. Damit kam Deutschland den Verpflichtungen nach § 1 des Zusatzprotokolls zum Übereinkommen über die Rechtshilfe in Strafsachen zwischen den Mitgliedstaaten der Europäischen Union nach (RegBegr. BT-Drs. 14/8017, 123). Die Zulässigkeit des Ersuchens von Strafverfolgungsbehörden setzt nach der Regierungsbegründung voraus, dass die Voraussetzungen der §§ 152 Abs. 1, 160 StPO erfüllt sind, dh zureichende tatsächliche Anhaltspunkte für eine Straftat vorliegen, also regelmäßig ein Ermittlungsverfahren eröffnet wurde (RegBegr. BT-Drs. 14/8017, 123; *Langweg* in Fülbier/Aepfelbach/Langweg KWG § 24c Rn. 61).

21   Ein Recht zum Auskunftsersuchen besteht ferner nach § 24 Abs. 3 S. 1 Nr. 3 KWG für die zuständigen nationalen Behörden, die für die Beschränkung des Kapital- und Zahlungsverkehrs nach dem AWG zuständig sind, soweit dies zur Erfüllung ihrer sich aus dem AWG oder Rechtsakten der Europäischen Union in Zusammenhang mit der Einschränkung von Wirtschafts- und Finanzbeziehungen ergebenden Aufgaben erforderlich ist. Dazu zählt insbesondere das **Bundesministerium für Wirtschaft und Energie** (*Langweg* in Fülbier/Aepfelbach/Langweg KWG § 24c Rn. 63).

22   Die BaFin ruft auf Ersuchen der vorgenannten Stellen die in den Dateisystemen gespeicherten Daten ab. Nach § 24c Abs. 3 S. 3 KWG überprüft die BaFin die Zulässigkeit der Datenübermittlung, soweit ein besonderer Anlass besteht. Die Verantwortung für die **Zulässigkeit der Übermittlung** trägt die ersuchende Stelle (§ 24c Abs. 3 S. 4 KWG). Gegenüber ausländischen Stellen erfolgte in der Vergangenheit eine Auskunft nur unter Beachtung von § 4b BDSG in der bis zum 24.5.2018 geltenden Fassung und der Vorschriften des § 9 Abs. 1 S. 5, 6 und Abs. 2 KWG. Danach musste das Land der Daten empfangenden Stelle ein angemessenes Datenschutzniveau aufweisen (bei welchen Ländern davon auszugehen ist vgl. https://ec.europa.eu/info/law/law-topic/data-protection/international-dimension-data-protection/adequacy-decision_en, Stand: 31.7.2020 und durfte das schutzwürdige Interesse des Betroffenen nach § 4b Abs. 2 S. 1 BDSG in der bis zum 24.5.2018 geltenden Fassung eine Übermittlung nicht ausschließen (*Döser* in Schwennicke/Auerbach § 24c Rn. 49). Zudem mussten die ausländische Stelle und ihre beauftragten Personen einer besonderen Verschwiegenheitspflicht unterliegen. Die am 25.5.2018 in Kraft getretene europäische Datenschutz-Grundverordnung sieht hingegen qualifizierte Übermittlungsanforderungen nur noch bei Übermittlungen in Drittländer vor (Art. 44ff.), da innerhalb der Europäischen Union auf Grund der Datenschutz-Grundverordnung ein einheitlicher Rechtsraum und Standard besteht (vgl. Erwägungsgrund (101) VO (EU) 2016/679, ABl. 2016 L 119, 1). Vor diesem Hintergrund wurde der Verweis auf § 4b BDSG in § 24c Abs. 3 S. 5

KWG im Rahmen des 2 DSAnpUG-EU gestrichen und durch den Passus „allgemeine datenschutzrechtliche Vorschriften", mithin insbesondere solche der Datenschutz-Grundverordnung, ersetzt.

Durch das Gesetz zur Förderung der Steuerehrlichkeit vom 23.12.2003 (BGBl. I S. 2928 ff.) wurde das Abrufverfahren auch für **steuerliche und soziale Zwecke** (zB Grundsicherung für Arbeitssuchende, Sozialhilfe, Ausbildungsförderung, Aufstiegsfortbildungsförderung, Wohngeld; vgl. iE § 93 Abs. 8 S. 1 Nr. 1 AO) geöffnet (ausführlich dazu *Jekewitz* in Herzog/Mülhausen Geldwäschebekämpfung-HdB § 10 Rn. 35 ff.). Den Finanzbehörden und anderen zuständigen Behörden wurde damit die Möglichkeit eröffnet, über das Bundeszentralamt für Steuern (BZSt) bei den Adressaten des § 24c KWG Kontostammdaten zu ermitteln (*Tolani* BKR 2007, 275 (277)). Dadurch können Angaben von Steuerpflichtigen und Empfängern von den in Rede stehenden Sozialleistungen effizient und einfach überprüft werden. Die Regelung war und ist vielfacher Kritik ausgesetzt, insbesondere deshalb, da die Regierungsbegründung zum 4. FMFG einen Abruf zu steuerlichen Zwecken noch ausdrücklich ausgeschlossen hatte. Die Vorschrift wurde ua von einem Kreditinstitut vor dem Bundesverfassungsgericht angegriffen. Die Verfassungsbeschwerde blieb jedoch im Wesentlichen erfolglos. Nach Auffassung des BVerfG verstoßen die Normen der §§ 93, 93b AO im Kern nicht gegen das Grundgesetz und das darin zum Ausdruck kommende **Verhältnismäßigkeitsprinzip**. Lediglich der damals geltende § 93 Abs. 8 AO wurde vom BVerfG für unzulässig erachtet, da dieser den Kreis der Behörden, die zu Ersuchen eines Kontenabrufs berechtigt waren, nicht hinreichend genau bestimme. Allerdings hatte der Gesetzgeber im Vorfeld der Entscheidung dem AEAO zu §§ 93, 93b AO ergänzt, um erkannte Schwachstellen des zunächst veröffentlichten Gesetzes auszugleichen (BMF, Schreiben v. 10.3.2005). Dieser hatte ua den Kreis der Behörden, die zum Auskunftsersuchen berechtigt waren, insbesondere auf Kontoabrufe im Rahmen der Sozialhilfe, des Erziehungsgeldes, der Wohnraumförderung und des BAföG festgelegt. Die Vorschriften des AEAO wurden dann im Rahmen des Unternehmenssteuerreformgesetzes 2008 (BGBl. 2007 I S. 1912 ff.) in die §§ 93, 93b AO eingegliedert, präzisiert, mit der gleichzeitig eingeführten Abgeltungssteuer in Einklang gebracht und damit zugleich den Anforderungen des BVerfG entsprechend korrigiert. Insbesondere wurde in diesem Zusammenhang in § 93 Abs. 9 AO eine grundsätzliche Hinweispflicht auf die Möglichkeit des Kontenabrufs eingeführt (*Brender* ZRP 7/2009, 198 (201)).

Das **Bundesamt für Verfassungsschutz** (BfV), der **Bundesnachrichtendienst** (BND) und das **Amt für den Militärischen Abschirmdienst** (MAD) besaßen lange Zeit keinen Zugriff auf die Dateisysteme nach § 24c KWG bzw. §§ 93, 93b AO. Dies wurde aber durch das Gesetz zur Änderung des Bundesverfassungsschutzgesetzes vom 7.12.2011 (BGBl. I S. 2576) geändert. Soweit es zur Sammlung und Auswertung von Informationen erforderlich ist und Tatsachen die Annahme rechtfertigen, dass schwerwiegende Gefahren für die in § 3 Abs. 1 genannten Schutzgüter vorliegen, darf das BfV nunmehr nach § 8a Abs. 2a BVerfSchG im Einzelfall das Bundeszentralamt für Steuern ersuchen, bei den Kreditinstituten die in § 93b Abs. 1 der AO bezeichneten Daten abzurufen. Für den BND findet sich eine vergleichbare Vorschrift in § 3 BNDG. Ferner verweist § 4a MADG auf die Möglichkeiten des § 8a BVerfSchG. Die Behörden können zudem unabhängig vom Abrufverfahren unmittelbar bei den Kreditinstituten Auskünfte einholen, vgl. § 8 Abs. 2 Nr. 2 BVerfSchG, § 2a BNDG (*Mende* in Herzog/Mülhausen Geldwäschebekämpfung-HdB § 36 Rn. 30; *Teichmann/Achsnich* in Herzog/Mülhausen Geld-

§ 24c KWG

wäschebekämpfung-HdB § 33 Rn. 16; vgl. ferner zum Verhältnis des Bankgeheimnisses und der Nachrichtendienste *Huber* NJW 2007, 881 ff.). Darüber hinaus wurde ebenfalls durch das Gesetz zur Umsetzung der Vierten EU-Geldwäscherichtlinie, zur Ausführung der EU-Geldtransferverordnung und zur Neuorganisation der Zentralstelle für Finanztransaktionsuntersuchungen in § 93 Abs. 8 S. 1 Nr. 3 AO den Verfassungsschutzbehörden der Länder, soweit dies zur Erfüllung ihrer Aufgaben erforderlich ist und durch ein Landesgesetz ausdrücklich zugelassen ist, ein Ersuchensrecht gegenüber dem BZSt verankert. Neu eingefügt wurde ebenfalls ein Ersuchensrecht der Polizeivollzugsbehörden von Bund und Ländern, soweit dies zur Abwehr einer erheblichen Gefahr für die öffentliche Sicherheit erforderlich ist (§ 93 Abs. 8 S. 1 Nr. 2 AO). Die Regelung ergänzt § 24c Abs. 3 S. 1 Nr. 2 KWG mit den dort vorgesehenen Auskunftsersuchen zur Strafverfolgung. Nach der Gesetzesbegründung bedeutet die erhebliche Gefahr eine Gefahr für ein bedeutsames Rechtsgut und verweist diesbezüglich auf § 14 Abs. 2 S. 2 BPolG oder § 2 Nr. 1 lit. c Nds. SOG (BT-Drs. 18/11555, 170). Von der Norm miterfasst sollen danach auch die Aufgaben nach § 4a BKAG sein, mithin Finanzermittlungen des BKA zur Abwehr von Gefahren des internationalen Terrorismus.

25 Ferner würde eine Zugriffsberechtigung auf die Dateisysteme nach § 24c KWG durch **Gerichtsvollzieher** durch das Gesetz zur Reform der Sachaufklärung in der Zwangsvollstreckung vom 29.7.2009 (BGBl. 2009 I S. 2258 ff.) in § 802l Abs. 1 Nr. 2 ZPO festgeschrieben. Kommt der Schuldner seiner Pflicht zur Abgabe eines Vermögensverzeichnisses nicht nach oder ist bei einer Vollstreckung in die dort genannten Vermögenswerte eine vollständige Befriedigung des Gläubigers nicht zu erwarten, soll der Gerichtsvollzieher über das Bestehen eines Kontos oder Depots des Schuldners iSd § 24c Abs. 1 KWG beim BZSt Auskunft erlangen können. Durch das Gesetz zur Verbesserung der Sachaufklärung in der **Verwaltungsvollstreckung** vom 30.6.2017 (BGBl. I S. 2094) wurde die Zugriffs- bzw. Ersuchensberechtigung § 93 Abs. 8 AO zudem durch eine derartige Berechtigung für die nach den Verwaltungsvollstreckungsgesetzen des Bundes und der Länder zuständigen Behörden erweitert.

V. Datenschutzaspekte

26 Datenschutzrechtliche Regelungen in Zusammenhang mit dem Kontenabrufverfahren nach § 24c KWG enthalten § 24c Abs. 4–7 KWG. Diese betreffen sowohl datenschutzrechtliche Aspekte im engeren Sinne als auch Fragen der Datensicherheit. Die Regelungen enthalten zunächst Pflichten der BaFin. Diese protokolliert ausschließlich für Zwecke der **Datenschutzkontrolle** durch die jeweils zuständige Stelle bei jedem Abruf den Zeitpunkt, die bei der Durchführung des Abrufs verwendeten Daten, die abgerufenen Daten, die Person, die den Abruf durchgeführt hat, das Aktenzeichen sowie bei auf Ersuchen erfolgenden Abrufen diese Stelle und deren Aktenzeichen. Die Daten werden 18 Monate aufbewahrt und nach zwei Jahren gelöscht. Demgegenüber haben nach § 24c Abs. 5 KWG die Kreditinstitute Geräte zur Sicherstellung der Vertraulichkeit und des Schutzes vor unberechtigten Zugriffen anzuschaffen. Diese Anforderung wird in § 24c Abs. 6 KWG ergänzt und auf die BaFin ausgedehnt. Danach haben Kreditinstitute und die BaFin dem jeweiligen Stand der Technik entsprechende Maßnahmen zur Sicherstellung des Datenschutzes und der **Datensicherheit** zu treffen, die die Vertraulichkeit und Unversehrtheit der abgerufenen und weiter übermittelten Daten gewährleisten. Was unter dem Stand der Technik zu verstehen ist, wird von der BaFin im Benehmen mit dem Bundesamt für Sicherheit in der Informationstechnik festgelegt.

In der Literatur wird der Kontenabruf unter datenschutzrechtlichen Gesichtspunkten im Hinblick auf die Art der abgerufenen Daten zum Teil als zulässig, insbesondere verhältnismäßig, angesehen (*Rüpke* in Herzog/Mülhausen Geldwäschebekämpfung-HdB § 55 Rn. 8 ff.). Die Auffassung wird damit begründet, dass Kontostammdaten den **Persönlichkeitsschutz** nur geringfügig betreffen. Dies soll speziell auch für die Kontonummer bzw. den IBAN gelten (*Kokemoor* BKR 2004, 135 (144)). Andererseits wird in Frage gestellt, ob der Kontenabruf zum Schutz hochrangiger Verfassungsgüter erforderlich ist (dagegen: *Hamacher* Die Bank 9/2006, 40 (41); dafür *Schily* WM 2003, 1249 (1252), unter Hinweis auf die Gefahren des internationalen Terrorismus und der Organisierten Kriminalität sowie den Schutzanspruch der Bürger; zusammenfassend *Reimer* in Luz/Neus/Schaber/Schneider/Wagner/Weber § 24c Rn. 4). Das BVerfG hat in seiner Entscheidung zum automatisierten Kontenabruf weder im Hinblick auf den Persönlichkeitsschutz noch im Hinblick auf das Verhältnismäßigkeitsprinzip gravierende Beanstandungen an den Regelungen der §§ 93, 93b AO und § 24c KWG genommen. Zwar greifen die Regelungen in das **Recht auf informationelle Selbstbestimmung** ein. Der Eingriff steht jedoch mit Grundrechten und Verfassungsprinzipien im Einklang (BVerfG NJW 2007, 2464 f., vgl. dazu auch *Pfisterer* JÖR 2017, 393 (411 ff.)). Bedenken werden ferner im Hinblick auf die Heimlichkeit des Kontenabrufs geltend gemacht (*Hamacher* Die Bank 9/2006, 40 (41); *Herzog* S. 71 f.; *Herzog/Christmann* WM 2003, 6 (10); *Rüpke* in Herzog/Mülhausen Geldwäschebekämpfung-HdB § 55 Rn. 14 ff.; *Tolani* BKR 2007, 275 (277)). Begründet wurde die Auffassung im Wesentlichen damit, dass dem Betroffenen die Möglichkeit des Rechtsschutzes entzogen wird (*Mülhausen* in Herzog/Mülhausen Geldwäschebekämpfung-HdB § 43 Rn. 129; *Rüpke* in Herzog/Mülhausen Geldwäschebekämpfung-HdB § 55 Rn. 15). Dagegen wurde geltend gemacht, dass die §§ 33 Abs. 2 Nr. 4, 19a Abs. 2 Nr. 3 BDSG in ihrer bis zum 24.5.2018 gültigen Fassung gerade dann eine Ausnahme von der Benachrichtigungspflicht zuließen, wenn die Speicherung oder Übermittlung von Daten durch Gesetz ausdrücklich vorgesehen war, also eine Regelung bestand, die gerade vor dem Hintergrund geldwäscherechtlicher Pflichten nach dem GwG in das BDSG eingefügt wurde (vgl. BR-Drs. 461/00, 111), so dass für § 24c KWG nichts anderes gelten konnte. Das BVerfG hatte in seiner Entscheidung vom 13.6.2007 jedenfalls in der Heimlichkeit des Abrufs mangels Persönlichkeitsrelevanz der in Frage stehenden Daten keine Beanstandungen vorgenommen (BVerfG NJW 2007, 2464 (2469 ff.)). Ungeachtet dessen hat der BfDI erhebliche datenschutzrechtliche Bedenken gegen den Kontenabruf angemeldet. Zum einen wird die Ausdehnung des Kreises der Zugriffsberechtigten kritisiert, zum anderen – auch mit Blick auf den Abruf zu steuerlichen Zwecken – eine zunächst anlasslose Speicherung gesehen (vgl. BfDI 26. Tätigkeitsbericht, S. 88; BfDI, 24. Tätigkeitsbericht, S. 127 ff. sowie https://www.bfdi.bund.de/DE/Datenschutz/Themen/Finanzen_Versicherungen/FinanzenArtikel/KontenabrufverfahrenVonPrivatenKonten.html (Stand: 31.7.2020); ferner Kleine Anfrage der Fraktion DIE LINKE BT-Drs. 17/14380).

VI. Kostentragung

28 Nach § 24c Abs. 5 KWG sind die **Kosten** des Abrufverfahrens und der dazu notwendigen Vorkehrungen, soweit der Verantwortungsbereich des Kreditinstituts betroffen ist, vom Kreditinstitut zu tragen. Zu den Vorkehrungen zählen insbesondere die Anschaffungen der zur Sicherstellung der Vertraulichkeit und des Schutzes vor unberechtigten Eingriffen erforderlichen Geräte, die Einrichtung eines geeigneten Telekommunikationsanschlusses und die Teilnahme an einem geschlossenen Benutzersystem sowie die laufende Bereitstellung dieser Vorkehrungen, jeweils nach den Vorgaben der BaFin. § 93b Abs. 4 AO verweist für Zwecke des Abrufs nach §§ 93, 93b AO auf die Regelung zur Kostentragungspflicht im KWG. Nach einem Gutachten des Instituts der deutschen Wirtschaft (IdW) vom Dezember 2006 belaufen sich die jährlichen (Bürokratie)Kosten des Kontenabrufverfahrens auf 49 Mio. EUR (Gutachten der IW Consult GmbH Köln, S. 9). Berechnungen der kreditwirtschaftlichen Verbände weisen Kosten der Implementierung und des laufenden Betriebs von sogar 60,6 Mio. EUR aus (*Langweg* in Fülbier/Aepfelbach/Langweg KWG § 24c Rn. 121, ebenfalls zu Kostenschätzungen *Scherp* WM 2003, 1254 (1258)). Allerdings hängen die Kosten entscheidend von der Zahl der Kontenabrufe ab, die damit von den Auskunftsersuchen beeinflusst werden. Die Regelung in § 24c Abs. 5 KWG zur Kostentragung ist zudem missverständlich. Bei unbefangener Betrachtung obliegen den Kreditinstituten nur die Kosten in ihrem Verantwortungsbereich, nicht hingegen diejenigen Kosten, die bei der BaFin in Form von Sach- oder Personalkosten anfallen. Diese Kosten werden im Ergebnis jedoch ebenfalls von den beaufsichtigten Instituten gem. § 16 FinDAG im Rahmen der Umlage zur Finanzierung der BaFin getragen. Ferner trägt die Kreditwirtschaft auch die auf ihrer Seite anfallenden Kosten der Abrufe durch andere Stellen, wie etwa der Finanzbehörden, in ihrem Verantwortungsbereich. Das BVerfG hat sich in seiner Entscheidung über die Rechtmäßigkeit des automatischen Kontenabrufverfahrens nach § 24c KWG, §§ 93, 93b AO vom 12.7.2007 nicht zur Kostentragungspflicht geäußert (BVerfG NJW 2007, 2464ff.). Der Ausschluss jeder Entschädigung für die Inpflichtnahme wird in der Literatur zum Teil kritisch gesehen (vgl. dazu auch *Langweg* in Fülbier/Aepfelbach/Langweg KWG § 24c Rn. 122; *Achtelik* in Boos/Fischer/Schulte-Mattler KWG § 24c Rn. 17; *Hoffmann* WM 2010, 193 (201); *Reimer* in Luz/Neus/Schaber/Schneider/Wagner/Weber § 24c Rn. 27; *Scherp* WM 2003, 1254 (1258)). Selbst der ehemalige Bundesminister des Innern, Otto Schily, musste einräumen, dass die Errichtung des automatischen Kontenabrufsystems für die Kreditwirtschaft *„zu einer erheblichen finanziellen Belastung"* führt (*Schily* WM 2003, 1249 (1252)). Dies gilt insbesondere vor dem Hintergrund, dass der Großteil der Abfragen bankaufsichtsfremden Zwecken dient. Der **Jahresbericht der BaFin** für das Jahr 2007 führt dazu aus, dass das Abrufverfahren – neben der Bekämpfung der Geldwäsche und der Finanzierung des Terrorismus – sich insbesondere im Kampf gegen Vermögens- und Kapitalverbrechen und organisierte Kriminalität als wirksames Mittel erwiesen hat (BaFin, Jahresbericht 2007, S. 216). Im Jahr 2007 erfolgten danach 93.560 Anfragen (nach 81.156 im Jahr 2006). Davon entfielen 54.111 Anfragen allein auf Polizeibehörden, 18.002 auf die Staatsanwaltschaften, 13.061 auf Finanzbehörden und 7.167 auf Zollbehörden (BaFin, Jahresbericht 2007, S. 216). Nur 472 Anfragen kamen im Jahr 2007 aus der BaFin selbst, vorwiegend zum sog. „Underground Banking". Im Jahr 2008 ging die Zahl der Kontoabfragen hingegen auf 83.938 zurück, was jedoch darauf zurückzuführen ist,

dass das System zeitweise nicht produktiv war (vgl. BaFin, Jahresbericht 2008, S. 209); von diesen Abfragen entfielen nur 277 auf die BaFin selbst. Auch in den Folgejahren bestätigte sich diese Entwicklung. Im Jahr 2009 entfielen von insgesamt 91.876 Abrufen nur 547 auf die BaFin, im Jahr 2010 waren es bei 105.615 Abrufen 1.371, im Jahr 2011 bei insgesamt 116.908 Abrufen 757 (vgl. BaFin, Jahresbericht 2010, S. 254 und Jahresbericht 2011, S. 252, ferner Antwort der Bundesregierung auf die Kleine Anfrage der Abgeordneten Korte, Jelpke, Pau und weiterer Abgeordneter und der Fraktion DIE LINKE v. 22.2.2012, BT-Drs. 17/8715). Für das Jahr 2012 ergibt sich ein leichter Rückgang der Kontoabfragen auf 114.354 (BaFin, Jahresbericht 2012, S. 220), der in den Jahren 2013 und 2014 sogleich wieder mehr als aufgeholt wurde: In 2013 entfielen 1.218 von 122.664 Abrufen auf die BaFin, in 2014 waren es nur 353 von 131.753 Abrufen (BaFin Jahresbericht 2013, S. 113 sowie Jahresbericht 2014, S. 131). Vergleichbare Zahlenverhältnisse ergeben sich auch für die Jahre 2015 bis 2018 (BaFin, Jahresbericht 2015, S. 160; Jahresbericht 2016, S. 63; Jahresbericht 2017, S. 51, Jahresbericht 2018, S. 55). Nicht darin enthalten sind die **über das BZSt enthaltenen Abrufe** für weitere Behörden, etwa Sozialbehörden. Eine Übersicht über die diesbezüglichen Kontenabrufersuchen von 2005 bis 2018 sowie eine Aufgliederung des Abfragevolumens nach Finanzämtern und Sozialbehörden der Bundesländer enthält die Antwort der Bundesregierung (Drs. 19/9177) vom 8.4.2019 auf eine kleine Anfrage der FDP-Fraktion. Von 10.201 Kontoabrufersuchen im Jahr 2005 hat sich demnach die Zahl auf 796.600 Abrufe in 2018 allein in diesem Bereich erhöht. In 2019 soll die Schwelle von 900.000 Abrufen überschritten werden (Welt-Online v. 20.10.2019, Behörden fragen Kontodaten der Deutschen so oft ab wie nie, abrufbar unter: https://www.welt.de/wirtschaft/article202151918/Glaeserne-Buerger-Kontoabfragen-von-Behoerden-auf-Rekordhoch.html?wtrid=onsite.onsitesearch (Stand: 31.7.2020)). Allerdings ist zu berücksichtigen, dass das **BVerfG in seiner Entscheidung über die Ausgestaltung der Vorratsdatenspeicherung** im Bereich der Telekommunikation vom 2.3.2010 (1 BvR 256/08, 1 BvR 263/08, 1 BvR 586/08, BeckRS 2010, 46771) festgestellt hat, dass die dortigen Speicherungspflichten in Bezug auf die finanziellen Lasten, die den Unternehmen durch die Speicherungspflicht und die hieran knüpfenden Folgeverpflichtungen (zB die Gewährleistung von Datensicherheit) entstehen nicht unverhältnismäßig sind. Diesbezüglich hat das BVerfG ausgeführt: *„Der Gesetzgeber verlagert auf diese Weise die mit der Speicherung verbundenen Kosten entsprechend der Privatisierung des Telekommunikationssektors insgesamt in den Markt. So wie die Telekommunikationsunternehmen die neuen Chancen der Telekommunikationstechnik zur Gewinnerzielung nutzen können, müssen sie auch die Kosten für die Einhegung der neuen Sicherheitsrisiken, die mit der Telekommunikation verbunden sind, übernehmen und in ihren Preisen verarbeiten. Die den Unternehmen auferlegten Pflichten stehen in engem Zusammenhang mit den von ihnen erbrachten Dienstleistungen und können als solche nur von ihnen selbst erbracht werden. Auch werden hierbei nicht einzelnen Diensteanbietern einzelfallbezogen Sonderopfer auferlegt, sondern in allgemeiner Form die Rahmenbedingungen für die Erbringung von Telekommunikationsdiensten ausgestaltet. Es ist damit verfassungsrechtlich nicht zu beanstanden, wenn die Unternehmen hierfür dann auch die anfallenden Kosten grundsätzlich zu tragen haben. Allein die gemeinwohlbezogene Zielsetzung gebietet es nicht, hierfür einen Kostenersatz vorzusehen (vgl. BVerfGE 30, 292 <311>). Ein Gesetz, das die Berufsausübung in der Weise regelt, dass es Privaten bei der Ausübung ihres Berufs Pflichten auferlegt und dabei regelmäßig eine Vielzahl von Personen betrifft, ist nicht bereits dann unverhältnismäßig, wenn es einzelne Betroffene unzumutbar belastet, sondern erst dann, wenn es bei einer größeren Betroffenengruppe das Übermaßverbot* *verletzt (vgl. BVerfGE 30, 292 <316>). Dass die Kostenlasten in dieser Weise erdrosselnde Wirkungen haben, ist weder substanziiert vorgebracht noch erkennbar.*". Vor dem Hintergrund dieser Entscheidung dürften einer Kostenerstattung staatlicherseits für Aufwendungen der Kreditwirtschaft im Rahmen des automatischen Kontenabrufs gewisse Grenzen gesetzt sein. Allerdings sah sich der Gesetzgeber im Rahmen des Gesetzes zur Einführung einer Speicherpflicht und einer Höchstspeicherfrist für Verkehrsdaten vom 10.12.2015 (BGBl. I S. 2218), offenbar vor dem Hintergrund der Entscheidung des BVerfG, dazu angehalten, in § 113a Abs. 2 TKG eine Regelung aufzunehmen, nach der den Verpflichteten für die Umsetzung der Vorgaben zum Ausgleich etwaiger unbilliger Härten eine Entschädigung zu zahlen ist. Darüber hinaus kann für die Übermittlung von Verkehrsdaten und Auskunftsersuchen nach § 23 JVEG eine Aufwandsentschädigung geltend gemacht werden. Warum dieser Sachverhalt im Bereich der Telekommunikation grundlegend anders zu bewerten sein soll als beim Kontenabrufverfahren erschließt sich nicht ohne Weiteres. Ohne eine derartige Entschädigungsregelung bleibt zu vermuten, dass die Kreditwirtschaft die Kosten an die Kunden weiterreichen wird (*Kaetzler* in Insam S. 209). Die erhebliche Zahl von Kontoabrufen pro Jahr, insbesondere auch durch Gerichtsvollzieher zur bloßen Verfolgung zivilrechtlicher Ansprüche und ferner Abfragen aus Verwaltungsvollstreckungsverfahren wirft jedenfalls berechtigterweise die Fragen auf, ob die Grenzen, die das Bundesverfassungsgericht in seiner Entscheidung zum Kontenabruf im Hinblick auf die Gefahren von **Routineabrufen** gesetzt hat (BVerfGE 118, 168 (201)), nicht mittlerweile mehr als überschritten wurden (vgl. *Pfisterer* JÖR 2017, 393 (413f.)) bzw. zumindest warum auch die Verfolgung zivilrechtlicher Ansprüche im Rahmen der Kontenabfrage auf Kosten von Instituten zu erfolgen hat.

VII. Rechtsverordnungsermächtigung

29 Nach § 24c Abs. 7 KWG kann das BMF durch Rechtsverordnung Ausnahmen von der Verpflichtung zur Übermittlung von Daten im Kontenabrufverfahren zulassen und die Ermächtigung durch **Rechtsverordnung** auf die BaFin übertragen. Bislang wurde vom BMF von dieser Ermächtigung kein Gebrauch gemacht (*Becker* in Reischauer/Kleinhans KWG § 24c Rn. 10). Lediglich im Rahmen der Implementierung des Abrufverfahrens hat das BMF in verschiedenen Schreiben Ausnahmen zugelassen (vgl. → Rn. 2). Das BMF überlässt Entscheidungen in einzelnen Fällen bisher regelmäßig der BaFin im Rahmen ihrer Verwaltungspraxis (*Achtelik* in Boos/Fischer/Schulte-Mattler KWG § 24c Rn. 18).

VIII. Sanktionen

30 Ein verpflichtetes Kreditinstitut handelt nach § 56 Abs. 2 Nr. 9 und 10 KWG ordnungswidrig, wenn es entgegen § 24c Abs. 1 S. 1 ein Dateisystem vorsätzlich oder fahrlässig nicht, nicht richtig oder nicht vollständig führt oder entgegen § 24c Abs. 1 S. 5 KWG nicht dafür sorgt, dass die BaFin jederzeit Daten automatisch abrufen kann. Nach § 56 Abs. 6 Nr. 3 KWG kann die Geldbuße dabei bis zu 200.000 EUR betragen. Der jederzeitige Abruf von Daten durch die BaFin wird in aktualisierten Schnittstellenspezifikation konkretisiert. Dort wurde ua festgelegt, dass im jährlichen Durchschnitt eine fortlaufende Verfügbarkeit des Betreibers von

Einhaltung der Pflichten im Zahlungsverkehr **§ 25g KWG**

99% vorliegen muss, was einer maximalen Ausfallzeit von 3,65 Tagen pro Jahr entspricht. Ferner ist eine 24stündige Abrufmöglichkeit zu gewährleisten. Die Antwortzeit auf Abfragen darf durchschnittlich 90 Minuten betragen. Die BaFin hat in Einzelfällen bereits **Bußgelder** gegen Verpflichtete verhängt. So hat die BaFin in einem Fall, indem rund 80% der überprüften Konten keine vollständig erfassten Vornamen enthielten, im Jahr 2011 ein Bußgeld von 25.000 EUR verhängt (BaFin, Jahresbericht 2011, S. 252). Darüber hinaus sind in 2013 im Rahmen von Prüfungen mitunter gravierende Feststellungen getroffen worden, so die Einmeldung nicht mehr bestehender Verfügungsberechtigter oder unvollständige bzw. ungenaue Namenserfassungen (BaFin, Jahresbericht 2013, S. 114).

§ 25g KWG – Einhaltung der besonderen organisatorischen Pflichten im bargeldlosen Zahlungsverkehr

(1) **Die Bundesanstalt überwacht die Einhaltung der Pflichten der Kreditinstitute nach**
1. **der Verordnung (EU) 2015/847 des Europäischen Parlaments und des Rates vom 20. Mai 2015 über die Übermittlung von Angaben bei Geldtransfers und zur Aufhebung der Verordnung (EU) Nr. 1781/2006 (ABl. L 141 vom 5.6.2015, S.1),**
2. **der Verordnung (EG) Nr. 924/2009 des Europäischen Parlaments und des Rates vom 16. September 2009 über grenzüberschreitende Zahlungen in der Gemeinschaft und zur Aufhebung der Verordnung (EG) Nr. 2560/2001 (ABl. L 266 vom 9.10.2009, S. 1), die durch die Verordnung (EU) Nr. 260/2012 (ABl. L 94 vom 30.3.2012, S. 22) geändert worden ist,**
3. **der Verordnung (EU) Nr. 260/2012 zur Festlegung der technischen Vorschriften und der Geschäftsanforderungen für Überweisungen und Lastschriften in Euro und zur Änderung der Verordnung (EG) Nr. 924/2009 (ABl. L 94 vom 30.3.2012, S. 22) und**
4. **der Verordnung (EU) 2015/751 des Europäischen Parlaments und des Rates vom 29. April 2015 über Interbankenentgelte für kartengebundene Zahlungsvorgänge (ABl. L 123 vom 19.5.2015, S. 1).**

(2) **Ein Kreditinstitut muss über interne Verfahren und Kontrollsysteme verfügen, die die Einhaltung der Pflichten nach den Verordnungen nach Absatz 1 Nummer 1 bis 4 gewährleisten.**

(3) **Die Bundesanstalt kann gegenüber einem Kreditinstitut und seinen Geschäftsleitern Anordnungen treffen, die geeignet und erforderlich sind, um Verstöße gegen die Pflichten nach den Verordnungen nach Absatz 1 Nummer 1 bis 4 zu verhindern oder zu unterbinden.**

§ 25g KWG

Verordnung (EU) 2015/847 des Europäischen Parlaments und des
Rates vom 20. Mai 2015 über die Übermittlung von Angaben
bei Geldtransfers und zur Aufhebung der Verordnung (EU) Nr. 1781/2006
(ABl. Nr. L 141 vom 5.6.2015, S. 1)
geändert durch Artikel 6 der Verordnung (EU) 2019/2175
des Europäischen Parlaments und des Rates vom 18. Dezember 2019
(ABl. Nr. L 334 vom 27.12.2019, S. 1)

(auf den Abdruck der Erwägungsgründe wurde verzichtet)

KAPITEL I
GEGENSTAND, GELTUNGSBEREICH UND BEGRIFFSBESTIMMUNGEN

Artikel 1 Gegenstand

In dieser Verordnung werden Vorschriften zu den Angaben zu Auftraggebern und Begünstigten festgelegt, die für die Zwecke der Verhinderung, Aufdeckung und Ermittlung von Geldwäsche und Terrorismusfinanzierung bei Geldtransfers gleich welcher Währung zu übermitteln sind, wenn mindestens einer der am Geldtransfer beteiligten Zahlungsdienstleister seinen Sitz in der Union hat.

Artikel 2 Geltungsbereich

(1) Diese Verordnung gilt für Geldtransfers gleich welcher Währung von oder an Zahlungsdienstleister(n) oder zwischengeschaltete(n) Zahlungsdienstleister(n) mit Sitz in der Union.

(2) Vom Geltungsbereich dieser Verordnung ausgenommen sind die in Artikel 3 Buchstaben a bis m und o der Richtlinie 2007/64/EG aufgeführten Dienste.

(3) Diese Verordnung gilt nicht für Geldtransfers, die mit einer Zahlungskarte, einem E-Geld-Instrument oder einem Mobiltelefon oder anderen im Voraus oder im Nachhinein bezahlten digitalen oder IT-Geräten mit ähnlichen Merkmalen durchgeführt werden, sofern die folgenden Bedingungen erfüllt sind:

Die Karte, das Instrument oder das Gerät wird ausschließlich zur Bezahlung von Waren oder Dienstleistungen verwendet; und bei allen im Zuge der Transaktion durchgeführten Transfers wird die Nummer der Karte, des Instruments oder des Geräts übermittelt.

Diese Verordnung findet jedoch Anwendung, wenn eine Zahlungskarte, ein E-Geld-Instrument oder ein Mobiltelefon oder andere im Voraus oder im Nachhinein bezahlte digitale oder IT-Geräte mit ähnlichen Merkmalen verwendet werden, um einen Geldtransfer von Person zu Person durchzuführen.

(4) Diese Verordnung gilt nicht für Personen, die lediglich Papierdokumente in elektronische Daten umwandeln und im Rahmen eines Vertrags mit einem Zahlungsdienstleister tätig sind, oder Personen, die Zahlungsdienstleistern lediglich ein System zur Übermittlung von Nachrichten oder sonstige Systeme zur Unterstützung der Übermittlung von Finanzmitteln oder ein Clearing- und Abwicklungssystem zur Verfügung stellen.

Diese Verordnung gilt nicht für Geldtransfers,
a) bei denen der Auftraggeber Bargeld von seinem eigenen Zahlungskonto abhebt;,
b) die zur Begleichung von Steuern, Bußgeldern oder anderen Abgaben innerhalb eines Mitgliedstaats an Behörden erfolgen;
c) bei denen sowohl der Auftraggeber als auch der Begünstigte in eigenem Namen handelnde Zahlungsdienstleister sind;
d) die mittels eines Austauschs von eingelesenen Schecks, einschließlich beleglosem Scheckeinzug, durchgeführt werden.

(5) Ein Mitgliedstaat kann entscheiden, diese Verordnung nicht auf Inlandsgeldtransfers auf ein Zahlungskonto eines Begünstigten anzuwenden, auf das ausschließlich Zahlungen für die Lieferung von Gütern oder Dienstleistungen vorgenommen werden können, wenn alle folgenden Bedingungen erfüllt sind:
a) Der Zahlungsdienstleister des Begünstigten unterliegt der Richtlinie (EU) 2015/849, der Zahlungsdienstleister des Begünstigten ist in der Lage, anhand einer individuellen Transaktionskennziffer über den Begünstigten den Geldtransfer bis zu der Person zurückzuverfolgen, die mit dem Begünstigten eine Vereinbarung über die Lieferung von Gütern und Dienstleistungen getroffen hat, der überwiesene Betrag beträgt höchstens 1.000 EUR.

Artikel 3 Begriffsbestimmungen
Im Sinne dieser Verordnung bezeichnet der Ausdruck
1. „Terrorismusfinanzierung" die Terrorismusfinanzierung im Sinne des Artikels 1 Absatz 5 der Richtlinie (EU) 2015/849;
2. „Geldwäsche" die in Artikel 1 Absätze 3 und 4 der Richtlinie (EU) 2015/849 genannten Geldwäscheaktivitäten;
3. „Auftraggeber" eine Person, die als Zahlungskontoinhaber den Geldtransfer von diesem Zahlungskonto gestattet, oder, wenn kein Zahlungskonto vorhanden ist, die den Auftrag zu einem Geldtransfer erteilt;
4. „Begünstigter" eine Person, die den Geldtransfer als Empfänger erhalten soll;
5. „Zahlungsdienstleister" die Kategorien von Zahlungsdienstleistern nach Artikel 1 Absatz 1 der Richtlinie 2007/64/EG, natürliche oder juristische Personen, für die eine Ausnahmeregelung gemäß Artikel 26 jener Richtlinie gilt, und juristische Personen, für die eine Ausnahmeregelung gemäß Artikel 9 der Richtlinie 2009/110/EG des Europäischen Parlaments und des Rates (Richtlinie 2009/110/EG des Europäischen Parlaments und des Rates vom 16.9.2009 über die Aufnahme, Ausübung und Beaufsichtigung der Tätigkeit von E-Geld-Instituten, zur Änderung der Richtlinien 2005/60/EG und 2006/48/EG sowie zur Aufhebung der Richtlinie 2000/46/EG/ABl. 2009 L 267, S. 7)) gilt, die Geldtransferdienstleistungen erbringen;
6. „zwischengeschalteter Zahlungsdienstleister" einen Zahlungsdienstleister, der nicht Zahlungsdienstleister des Auftraggebers oder des Begünstigten ist und der im Auftrag des Zahlungsdienstleisters des Auftraggebers oder des Begünstigten oder eines anderen zwischen-

§ 25g KWG

geschalteten Zahlungsdienstleisters einen Geldtransfer entgegennimmt und übermittelt;
7. „Zahlungskonto" ein Zahlungskonto im Sinne des Artikels 4 Nummer 14 der Richtlinie 2007/64/EG;
8. „Geldbetrag" einen Geldbetrag im Sinne des Artikels 4 Nummer 15 der Richtlinie 2007/64/EG;
9. „Geldtransfer": jede Transaktion, die im Auftrag eines Auftraggebers zumindest teilweise auf elektronischem Wege über einen Zahlungsdienstleister mit dem Ziel durchgeführt wird, einem Begünstigten über einen Zahlungsdienstleister einen Geldbetrag zur Verfügung zu stellen, unabhängig davon, ob es sich bei Auftraggeber und Begünstigtem um dieselbe Person handelt, und unabhängig davon, ob es sich beim Zahlungsdienstleister des Auftraggebers und dem Zahlungsdienstleister des Begünstigen um ein und denselben handelt, einschließlich
   a) Überweisungen im Sinne des Artikels 2 Nummer 1 der Verordnung (EU) Nr. 260/2012;
   b) Lastschriften im Sinne des Artikels 2 Nummer 2 der Verordnung (EU) Nr. 260/2012;
   c) nationale oder grenzüberschreitende Finanztransfers im Sinne des Artikels 4 Nummer 13 der Richtlinie 2007/64/EG;
   d) Transfers, die mit einer Zahlungskarte, einem E-Geld-Instrument, einem Mobiltelefon oder einem anderen im Voraus oder im Nachhinein bezahlten digitalen oder IT-Gerät mit ähnlichen Merkmalen durchgeführt werden;
10. „Sammelüberweisung"eine Reihe von Einzelgeldtransfers, die für die Übermittlung gebündelt werden;
11. „individuelle Transaktionskennziffer" eine Buchstaben-, Zahlen- oder Zeichenkombination, die vom Zahlungsdienstleister gemäß den Protokollen des zur Ausführung des Geldtransfers verwendeten Zahlungs- und Abwicklungs- oder Nachrichtensysteme festgelegt wird und die Rückverfolgung der Transaktion bis zum Auftraggeber und zum Begünstigten ermöglicht;
12. „Geldtransfer von Person zu Person" einen Geldtransfer zwischen natürlichen Personen, die als Verbraucher handeln, und zwar zu Zwecken, die nichts mit einem Gewerbe, Geschäft oder Beruf zu tun haben.

KAPITEL II
PFLICHTEN DER ZAHLUNGSDIENSTLEISTER

ABSCHNITT 1
Pflichten des Zahlungsdienstleisters des Auftraggebers

Artikel 4 Bei Geldtransfers zu übermittelnde Angaben

(1) Der Zahlungsdienstleister des Auftraggebers stellt sicher, dass bei Geldtransfers folgende Angaben zum Auftraggeber übermittelt werden:
a) der Name des Auftraggebers, die Nummer des Zahlungskontos des Auftraggebers und die Anschrift des Auftraggebers, die Nummer eines amtlichen persönlichen Dokuments des Auftraggebers, die Kunden-

nummer oder das Geburtsdatum und der Geburtsort des Auftraggebers.

(2) Der Zahlungsdienstleister des Auftraggebers stellt sicher, dass bei Geldtransfers folgende Angaben zum Begünstigten übermittelt werden:
a) der Name des Begünstigten und die Nummer des Zahlungskontos des Begünstigten.

(3) Abweichend von Absatz 1 Buchstabe b und Absatz 2 Buchstabe b stellt der Zahlungsdienstleister des Auftraggebers im Falle, dass ein Geldtransfer nicht von einem Zahlungskonto oder auf ein Zahlungskonto erfolgt sicher, dass anstelle der Nummer(n) des Zahlungskontos bzw. der Zahlungskonten eine individuelle Transaktionskennziffer übermittelt wird.

(4) Vor Durchführung von Geldtransfers überprüft der Zahlungsdienstleister des Auftraggebers die Richtigkeit der in Absatz 1 genannten Angaben anhand von Dokumenten, Daten oder Informationen aus einer verlässlichen und unabhängigen Quelle.

(5) Die in Absatz 4 genannte Überprüfung gilt als ausgeführt, wenn:
a) die Identität des Auftraggebers gemäß Artikel 13 der Richtlinie (EU) 2015/849 überprüft wurde und die bei dieser Überprüfung ermittelten Daten gemäß Artikel 40 der genannten Richtlinie gespeichert wurden oder Artikel 14 Absatz 5 der Richtlinie (EU) 2015/849 auf den Auftraggeber Anwendung findet.

(6) Unbeschadet der in den Artikeln 5 und 6 vorgesehenen Ausnahmen führt der Zahlungsdienstleister des Auftraggebers keine Geldtransfers durch, bevor die uneingeschränkte Einhaltung dieses Artikels sichergestellt wurde.

Artikel 5 Geldtransfers innerhalb der Union

(1) Abweichend von Artikel 4 Absätze 1 und 2 werden bei Geldtransfers, bei denen alle am Zahlungsvorgang beteiligten Zahlungsdienstleister ihren Sitz in der Union haben, zumindest die Nummern der Zahlungskonten des Auftraggebers und des Begünstigten oder, wenn Artikel 4 Absatz 3 zur Anwendung kommt, die individuelle Transaktionskennziffer übermittelt; dies gilt gegebenenfalls unbeschadet der in der Verordnung (EU) Nr. 260/2012 enthaltenen Informationspflichten.

(2) Ungeachtet des Absatzes 1 stellt der Zahlungsdienstleister des Auftraggebers dem Zahlungsdienstleister des Begünstigten oder dem zwischengeschalteten Zahlungsdienstleister auf dessen Antrag auf Übermittlung von Angaben innerhalb von drei Arbeitstagen nach Erhalt des Antrags Folgendes zur Verfügung:
a) bei Geldtransfers von mehr als 1 000 EUR, unabhängig davon, ob diese Transfers in einem einzigen Transfer oder in mehreren Transfers, die verbunden zu sein scheinen, erfolgen, Angaben zum Auftraggeber oder zum Begünstigten gemäß Artikel 4;
b) bei Geldtransfers von bis zu 1 000 EUR, bei denen es keine Anhaltspunkte dafür gibt, dass eine Verbindung zu anderen Geldtransfers besteht, die zusammen mit dem fraglichen Geldtransfer 1 000 EUR übersteigen, zumindest:

§ 25g KWG

i) die Namen des Auftraggebers und des Begünstigten und
ii) die Nummern der Zahlungskonten des Auftraggebers und des Begünstigten oder, wenn Artikel 4 Absatz 3 zur Anwendung kommt, die individuelle Transaktionskennziffer.

(3) Abweichend von Artikel 4 Absatz 4 braucht der Zahlungsdienstleister des Auftraggebers bei Geldtransfers nach Absatz 2 Buchstabe b dieses Artikels die Angaben zum Auftraggeber nicht zu überprüfen, es sei denn, der Zahlungsdienstleister des Auftraggebers hat
a) die zu transferierenden Gelder in Form von Bargeld oder anonymem E-Geld entgegengenommen oder hinreichende Gründe für einen Verdacht auf Geldwäsche oder Terrorismusfinanzierung.

Artikel 6 Geldtransfers nach außerhalb der Union

(1) Bei einer Sammelüberweisung eines einzigen Auftraggebers an Begünstigte, deren Zahlungsdienstleister ihren Sitz außerhalb der Union haben, findet Artikel 4 Absatz 1 keine Anwendung auf die in dieser Sammelüberweisung gebündelten Einzelaufträge, sofern die Sammelüberweisung die in Artikel 4 Absätze 1, 2 und 3 enthaltenen Angaben enthält, diese Angaben gemäß Artikel 4 Absätze 4 und 5 überprüft wurden und die Einzelaufträge mit der Nummer des Zahlungskontos des Auftraggebers oder, wenn Artikel 4 Absatz 3 zur Anwendung kommt, der individuellen Transaktionskennziffer versehen sind.

(2) Abweichend von Artikel 4 Absatz 1 und gegebenenfalls unbeschadet der gemäß der Verordnung (EU) Nr. 260/2012 erforderlichen Angaben, werden in Fällen, in denen der Zahlungsdienstleister des Begünstigten seinen Sitz außerhalb der Union hat, bei Geldtransfers von bis zu 1 000 EUR, bei denen es keine Anhaltspunkte dafür gibt, dass eine Verbindung zu anderen Geldtransfers besteht, die zusammen mit dem fraglichen Geldtransfer 1 000 EUR übersteigen, zumindest folgende Angaben übermittelt:
a) die Namen des Auftraggebers und des Begünstigten und
b) die Nummern der Zahlungskonten des Auftraggebers und des Begünstigten oder, wenn Artikel 4 Absatz 3 zur Anwendung kommt, die individuelle Transaktionskennziffer.

Abweichend von Artikel 4 Absatz 4 braucht der Zahlungsdienstleister des Auftraggebers die in diesem Absatz genannten Angaben zum Auftraggeber nicht auf ihre Richtigkeit zu überprüfen, es sei denn, der Zahlungsdienstleister des Auftraggebers hat
a) die zu transferierenden Gelder in Form von Bargeld oder anonymem E-Geld entgegengenommen oder
b) hinreichende Gründe für einen Verdacht auf Geldwäsche oder Terrorismusfinanzierung.

ABSCHNITT 2
Pflichten des Zahlungsdienstleisters des Begünstigten

Artikel 7 Feststellung fehlender Angaben zum Auftraggeber oder zum Begünstigten

(1) Der Zahlungsdienstleister des Begünstigten richtet wirksame Verfahren ein, mit deren Hilfe er feststellen kann, ob die Felder für Angaben

zum Auftraggeber und zum Begünstigten in dem zur Ausführung des Geldtransfers verwendeten Nachrichten- oder Zahlungs- und Abwicklungssystem unter Verwendung der im Einklang mit den Übereinkünften über das betreffende System zulässigen Buchstaben oder Einträge ausgefüllt wurden.

(2) Der Zahlungsdienstleister des Begünstigten richtet wirksame Verfahren ein, einschließlich – soweit angebracht – einer nachträglichen Überwachung oder einer Echtzeitüberwachung –, mit deren Hilfe er feststellen kann, ob folgende Angaben zum Auftraggeber oder zum Begünstigten fehlen:
a) im Falle von Geldtransfers, bei denen der Zahlungsdienstleister des Auftraggebers seinen Sitz in der Union hat, die in Artikel 5 genannten Angaben;
b) im Falle von Geldtransfers, bei denen der Zahlungsdienstleister des Auftraggebers seinen Sitz außerhalb der Union hat, die in Artikel 4 Absätze 1 und 2 genannten Angaben;
c) im Falle von Sammelüberweisungen, bei denen der Zahlungsdienstleister des Auftraggebers seinen Sitz außerhalb der Union hat, die in Artikel 4 Absätze 1 und 2 genannten Angaben in Bezug auf die Sammelüberweisung.

(3) Im Falle von Geldtransfers von mehr als 1.000 EUR, unabhängig davon, ob diese Transfers in einem einzigen Transfer oder in mehreren Transfers, die verbunden zu sein scheinen, erfolgen, überprüft der Zahlungsdienstleister des Begünstigten vor Ausführung der Gutschrift auf dem Zahlungskonto des Begünstigten oder Bereitstellung des Geldbetrags an den Begünstigten die Richtigkeit der in Absatz 2 dieses Artikels genannten Angaben zum Begünstigten anhand von Dokumenten, Daten oder Informationen aus einer verlässlichen und unabhängigen Quelle, unbeschadet der in den Artikeln 69 und 70 der Richtlinie 2007/64/EG festgelegten Anforderungen.

(4) Im Falle von Geldtransfers von bis zu 1.000 EUR, bei denen es keine Anhaltspunkte dafür gibt, dass eine Verbindung zu anderen Geldtransfers besteht, die zusammen mit dem fraglichen Geldtransfer 1 000 EUR übersteigen, braucht der Zahlungsdienstleister des Begünstigten die Richtigkeit der Angaben zum Begünstigten nicht zu überprüfen, es sei denn, der Zahlungsdienstleister des Begünstigten
a) zahlt den Geldbetrag in Form von Bargeld oder anonymem E-Geld aus oder
b) hat hinreichende Gründe für einen Verdacht auf Geldwäsche oder Terrorismusfinanzierung.

(5) Die in den Absätzen 3 und 4 genannte Überprüfung gilt als ausgeführt, wenn:
a) die Identität des Begünstigten gemäß Artikel 13 der Richtlinie (EU) 2015/849 überprüft wurde und die bei dieser Überprüfung ermittelten Daten gemäß Artikel 40 der genannten Richtlinie gespeichert wurden oder
b) Artikel 14 Absatz 5 der Richtlinie (EU) 2015/849 auf den Begünstigten Anwendung findet.

§ 25g KWG   Kreditwesengesetz – Auszug

Artikel 8   Geldtransfers mit fehlenden oder unvollständigen Angaben zum Auftraggeber oder zum Begünstigten

(1) Der Zahlungsdienstleister des Begünstigten richtet wirksame risikobasierte Verfahren ein, einschließlich Verfahren, die sich auf die in Artikel 13 der Richtlinie (EU) 2015/849 genannte risikoorientierte Grundlage stützen, mit deren Hilfe festgestellt werden kann, ob ein Geldtransfer, bei dem die vorgeschriebenen vollständigen Angaben zum Auftraggeber und zum Begünstigten fehlen, auszuführen, zurückzuweisen oder auszusetzen ist, und welche Folgemaßnahmen angemessenerweise zu treffen sind.

Stellt der Zahlungsdienstleister des Begünstigten bei Erhalt von Geldtransfers fest, dass die in Artikel 4 Absatz 1 oder Absatz 2, Artikel 5 Absatz 1 oder Artikel 6 genannten Angaben fehlen oder unvollständig sind oder nicht, wie in Artikel 7 Absatz 1 vorgegeben, unter Verwendung der im Einklang mit den Übereinkünften über das Nachrichten- oder Zahlungs- und Abwicklungssystem zulässigen Buchstaben oder Einträge ausgefüllt wurden, so weist der Zahlungsdienstleister des Begünstigten auf risikoorientierter Grundlage den Transferauftrag zurück oder fordert die vorgeschriebenen Angaben zum Auftraggeber und zum Begünstigten an, bevor oder nachdem er die Gutschrift zugunsten des Zahlungskontos des Begünstigten ausführt oder dem Begünstigten den Geldbetrag zur Verfügung stellt.

(2) Versäumt es ein Zahlungsdienstleister wiederholt, die vorgeschriebenen Angaben zum Auftraggeber oder zum Begünstigten vorzulegen, so ergreift der Zahlungsdienstleister des Begünstigten Maßnahmen, die anfänglich Verwarnungen und Fristsetzungen umfassen können, bevor er entweder alle künftigen Transferaufträge dieses Zahlungsdienstleisters zurückweist oder die Geschäftsbeziehungen zu diesem Zahlungsdienstleister beschränkt oder beendet.

Der Zahlungsdienstleister des Begünstigten meldet dieses Versäumnis sowie die ergriffenen Maßnahmen der für die Überwachung der Einhaltung der Vorschriften über die Bekämpfung von Geldwäsche und Terrorismusfinanzierung zuständigen Behörde.

Artikel 9   Bewertung und Verdachtsmeldung

Bei der Bewertung, ob ein Geldtransfer oder eine damit verbundene Transaktion verdächtig ist und ob er der zentralen Meldestelle gemäß der Richtlinie (EU) 2015/849 zu melden ist, berücksichtigt der Zahlungsdienstleister des Begünstigten als einen Faktor, ob Angaben zum Auftraggeber oder zum Begünstigten fehlen oder unvollständig sind.

ABSCHNITT 3
Pflichten zwischengeschalteter Zahlungsdienstleister

Artikel 10   Erhaltung der Angaben zum Auftraggeber und zum Begünstigten bei einem Geldtransfer

Zwischengeschaltete Zahlungsdienstleister sorgen dafür, dass alle Angaben, die sie zum Auftraggeber und zum Begünstigten erlangt haben und die zusammen mit einem Geldtransfer übermittelt werden, auch bei der Weiterleitung des Transfers erhalten bleiben.

Artikel 11 Feststellung fehlender Angaben zum Auftraggeber oder zum Begünstigten

(1) Der zwischengeschaltete Zahlungsdienstleister richtet wirksame Verfahren ein, mit deren Hilfe er feststellen kann, ob die Felder für Angaben zum Auftraggeber und zum Begünstigten in dem zur Ausführung des Geldtransfers verwendeten Nachrichten- oder Zahlungs- und Abwicklungssystem unter Verwendung der im Einklang mit den Übereinkünften über das betreffende System zulässigen Buchstaben oder Einträge ausgefüllt wurden.

(2) Der zwischengeschaltete Zahlungsdienstleister richtet wirksame Verfahren ein, einschließlich – soweit angebracht – einer nachträglichen Überwachung oder einer Echtzeitüberwachung, mit deren Hilfe er feststellen kann, ob folgende Angaben zum Auftraggeber oder zum Begünstigten fehlen:

a) im Falle von Geldtransfers, bei denen die Zahlungsdienstleister des Auftraggebers und des Begünstigten ihren Sitz in der Union haben, die in Artikel 5 genannten Angaben;

b) im Falle von Geldtransfers, bei denen der Zahlungsdienstleister des Auftraggebers oder des Begünstigten seinen Sitz außerhalb der Union hat, die in Artikel 4 Absätze 1 und 2 genannten Angaben;

c) im Falle von Sammelüberweisungen, bei denen der Zahlungsdienstleister des Auftraggebers oder des Begünstigten seinen Sitz außerhalb der Union hat, die in Artikel 4 Absätze 1 und 2 genannten Angaben in Bezug auf die Sammelüberweisung.

Artikel 12 Geldtransfers mit fehlenden Angaben zum Auftraggeber oder zum Begünstigten

(1) Der zwischengeschaltete Zahlungsdienstleister richtet wirksame risikobasierte Verfahren ein, mit deren Hilfe festgestellt werden kann, ob ein Geldtransfer, bei dem die vorgeschriebenen Angaben zum Auftraggeber und zum Begünstigten nicht enthalten sind, auszuführen, zurückzuweisen oder auszusetzen ist, und welche Folgemaßnahmen angemessenerweise zu treffen sind.

Stellt der zwischengeschaltete Zahlungsdienstleister bei Erhalt von Geldtransfers fest, dass die in Artikel 4 Absätze 1 oder 2, Artikel 5 Absatz 1 oder Artikel 6 genannten Angaben zum Auftraggeber oder zum Begünstigen fehlen oder nicht, wie in Artikel 7 Absatz 1 vorgegeben, unter Verwendung der im Einklang mit den Übereinkünften über das Nachrichten- oder Zahlungs- und Abwicklungssystem zulässigen Buchstaben oder Einträgen ausgefüllt wurden, so weist er auf risikoorientierter Grundlage den Transferauftrag zurück oder fordert die vorgeschriebenen Angaben zum Auftraggeber und zum Begünstigten an, bevor oder nachdem er den Geldtransfer übermittelt.

(2) Versäumt es ein Zahlungsdienstleister wiederholt, die vorgeschriebenen Angaben zum Auftraggeber oder zum Begünstigten vorzulegen, so ergreift der zwischengeschaltete Zahlungsdienstleister Maßnahmen, die anfänglich Verwarnungen und Fristsetzungen umfassen können, bevor er entweder alle künftigen Transferaufträge dieses Zahlungsdienstleisters zu-

§ 25g KWG

rückweist oder die Geschäftsbeziehungen zu diesem Zahlungsdienstleister beschränkt oder beendet.

Der zwischengeschaltete Zahlungsdienstleister meldet dieses Versäumnis sowie die ergriffenen Maßnahmen der für die Überwachung der Einhaltung der Vorschriften über die Bekämpfung von Geldwäsche und Terrorismusfinanzierung zuständigen Behörde.

Artikel 13 Bewertung und Verdachtsmeldung

Bei der Bewertung, ob ein Geldtransfer oder eine damit verbundene Transaktion verdächtig ist und ob diese(r) der zentralen Meldestelle gemäß der Richtlinie (EU) 2015/849 zu melden ist, berücksichtigt der zwischengeschaltete Zahlungsdienstleister als einen Faktor, ob Angaben zum Auftraggeber oder zum Begünstigten fehlen.

KAPITEL III
INFORMATIONEN, DATENSCHUTZ UND AUFBEWAHRUNG VON AUFZEICHNUNGEN

Artikel 14 Erteilung von Informationen

Zahlungsdienstleister beantworten vollständig und unverzüglich, auch über eine zentrale Kontaktstelle gemäß Artikel 45 Absatz 9 der Richtlinie (EU) 2015/849, falls eine solche Kontaktstelle benannt wurde, und unter Einhaltung der Verfahrensvorschriften des Rechts seines Sitzmitgliedstaats ausschließlich Anfragen der für die Bekämpfung von Geldwäsche oder Terrorismusfinanzierung zuständigen Behörden dieses Mitgliedstaats zu den nach dieser Verordnung vorgeschriebenen Angaben.

Artikel 15 Datenschutz

(1) Für die Verarbeitung personenbezogener Daten im Rahmen dieser Verordnung gilt die Verordnung (EU) 2016/679 des Europäischen Parlaments und des Rates. Für die Verarbeitung personenbezogener Daten im Rahmen dieser Verordnung durch die Kommission oder die EBA gilt die Verordnung (EU) 2018/1725 des europäischen Parlaments und des Rates.

(2) Personenbezogene Daten dürfen von Zahlungsdienstleistern auf der Grundlage dieser Verordnung ausschließlich für die Zwecke der Verhinderung von Geldwäsche und Terrorismusfinanzierung verarbeitet werden und nicht in einer Weise weiterverarbeitet werden, die mit diesen Zwecken unvereinbar ist. Es ist untersagt, personenbezogene Daten auf der Grundlage dieser Verordnung für kommerzielle Zwecke zu verarbeiten.

(3) Zahlungsdienstleister stellen neuen Kunden die nach Artikel 10 der Richtlinie 95/46/EG vorgeschriebenen Informationen zur Verfügung, bevor sie eine Geschäftsbeziehung begründen oder gelegentliche Transaktionen ausführen. Diese Informationen umfassen insbesondere einen allgemeinen Hinweis zu den rechtlichen Pflichten des Zahlungsdienstleister bei der Verarbeitung personenbezogener Daten zu Zwecken der Verhinderung von Geldwäsche und Terrorismusfinanzierung gemäß dieser Verordnung.

(4) Zahlungsdienstleister stellen sicher, dass die Vertraulichkeit der verarbeiteten Daten gewahrt ist.

Artikel 16 Aufbewahrung von Aufzeichnungen

(1) Angaben zum Auftraggeber und zum Begünstigten dürfen nicht länger als unbedingt erforderlich aufbewahrt werden. Die Zahlungsdienstleister des Auftraggebers und des Begünstigten bewahren Aufzeichnungen der in den Artikeln 4 bis 7 genannten Angaben fünf Jahre lang auf.

(2) Nach Ablauf der in Absatz 1 genannten Aufbewahrungsfrist stellen die Zahlungsdienstleister sicher, dass die personenbezogenen Daten gelöscht werden, es sei denn, das nationale Recht enthält andere Bestimmungen, die regeln, unter welchen Umständen die Zahlungsdienstleister die Daten länger aufbewahren dürfen oder müssen. Die Mitgliedstaaten dürfen eine weitere Aufbewahrung nur nach einer eingehenden Prüfung der Erforderlichkeit und Verhältnismäßigkeit einer solchen weiteren Aufbewahrung gestatten oder vorschreiben, wenn sie dies für die Verhinderung, Aufdeckung oder Ermittlung von Geldwäsche oder Terrorismusfinanzierung für erforderlich halten. Die Frist für diese weitere Aufbewahrung darf einen Zeitraum von fünf Jahren nicht überschreiten.

(3) Ist in einem Mitgliedstaat am 25. Juni 2015 ein Gerichtsverfahren betreffend die Verhinderung, Aufdeckung, Ermittlung oder Verfolgung von mutmaßlicher Geldwäsche oder Terrorismusfinanzierung anhängig und besitzt ein Zahlungsdienstleister Informationen oder Unterlagen im Zusammenhang mit diesem anhängigen Verfahren, so darf der Zahlungsdienstleister diese Informationen oder Unterlagen im Einklang mit den nationalen Rechtsvorschriften ab dem 25. Juni 2015 fünf Jahre lang aufbewahren. Die Mitgliedstaaten können unbeschadet ihrer Beweisregelungen im nationalen Strafrecht, die auf laufende strafrechtliche Ermittlungen und Gerichtsverfahren Anwendung finden, die Aufbewahrung dieser Informationen oder Unterlagen für weitere fünf Jahre gestatten oder vorschreiben, sofern die Erforderlichkeit und Verhältnismäßigkeit dieser weiteren Aufbewahrung für die Verhinderung, Aufdeckung, Ermittlung oder Verfolgung mutmaßlicher Geldwäsche oder Terrorismusfinanzierung festgestellt wurde.

KAPITEL VI
SANKTIONEN UND ÜBERWACHUNG

Artikel 17 Verwaltungsrechtliche Sanktionen und Maßnahmen

(1) Unbeschadet ihres Rechts, strafrechtliche Sanktionen vorzusehen und zu verhängen, legen die Mitgliedstaaten die Vorschriften für verwaltungsrechtliche Sanktionen und Maßnahmen für Verstöße gegen die Bestimmungen dieser Verordnung fest und ergreifen alle erforderlichen Maßnahmen, um deren Durchführung zu gewährleisten. Die vorgesehenen Sanktionen und Maßnahmen müssen wirksam, angemessen und abschreckend sein und mit denen des Kapitels VI Abschnitt 4 der Richtlinie (EU) 2015/849 im Einklang stehen.

Mitgliedstaaten können beschließen, für Verstöße gegen die Vorschriften dieser Verordnung, die nach ihrem nationalen Recht strafrechtlichen

Sanktionen unterliegen, keine Vorschriften für verwaltungsrechtliche Sanktionen oder Maßnahmen festzulegen. In diesem Fall teilen sie der Kommission die einschlägigen strafrechtlichen Vorschriften mit.

(2) Die Mitgliedstaaten stellen sicher, dass bei für Zahlungsdienstleister geltenden Verpflichtungen im Falle von Verstößen gegen die Bestimmungen dieser Verordnung nach dem nationalen Recht Sanktionen oder Maßnahmen gegen die Mitglieder des Leitungsorgans und jede andere natürliche Person, die nach nationalem Recht für den Verstoß verantwortlich ist, verhängt werden können.

(3) Die Mitgliedstaaten teilen der Kommission und dem Gemeinsamen Ausschuss der Europäischen Aufsichtsbehörden die Vorschriften gemäß Absatz 1 bis zum 26. Juni 2017 mit. Die Mitgliedstaaten teilen der Kommission und der EBA unverzüglich jegliche Änderung dieser Vorschriften mit.

(4) Die zuständigen Behörden sind gemäß Artikel 58 Absatz 4 der Richtlinie (EU) 2015/849 mit allen für die Wahrnehmung ihrer Aufgaben erforderlichen Aufsichts- und Ermittlungsbefugnissen ausgestattet. Um zu gewährleisten, dass die verwaltungsrechtlichen Sanktionen oder Maßnahmen die gewünschten Ergebnisse erzielen, arbeiten die zuständigen Behörden bei der Wahrnehmung ihrer Befugnis zur Auferlegung von verwaltungsrechtlichen Sanktionen und Maßnahmen eng zusammen und koordinieren ihre Maßnahmen in grenzüberschreitenden Fällen.

(5) Die Mitgliedstaaten stellen sicher, dass juristische Personen für Verstöße im Sinne des Artikels 18 verantwortlich gemacht werden können, die zu ihren Gunsten von einer Person begangen wurden, die allein oder als Teil eines Organs der juristischen Person gehandelt hat und die aufgrund einer der folgenden Befugnisse eine Führungsposition innerhalb der juristischen Person innehat:
a) Befugnis zur Vertretung der juristischen Person;
b) Befugnis, Entscheidungen im Namen der juristischen Person zu treffen; oder
c) Kontrollbefugnis innerhalb der juristischen Person.

(6) Die Mitgliedstaaten stellen ferner sicher, dass juristische Personen verantwortlich gemacht werden können, wenn mangelnde Überwachung oder Kontrolle durch eine Person im Sinne des Absatzes 5 dieses Artikels das Begehen eines der in Artikel 18 genannten Verstöße zugunsten der juristischen Person durch eine ihr unterstellte Person ermöglicht hat.

(7) Die zuständigen Behörden üben ihre Befugnis zum Verhängen von verwaltungsrechtlichen Sanktionen und Maßnahmen gemäß dieser Verordnung wie folgt aus:
a) unmittelbar;
b) in Zusammenarbeit mit anderen Behörden;
c) in eigener Verantwortung durch Übertragung von Aufgaben an solche anderen Behörden;
d) durch Antragstellung bei den zuständigen Justizbehörden.

Um zu gewährleisten, dass die verwaltungsrechtlichen Sanktionen oder Maßnahmen die gewünschten Ergebnisse erzielen, arbeiten die zuständigen Behörden bei der Wahrnehmung ihrer Befugnis zum Verhängen von verwaltungsrechtlichen Sanktionen und Maßnahmen eng zusammen und koordinieren ihre Maßnahmen in grenzüberschreitenden Fällen.

Artikel 18 Besondere Bestimmungen

Die Mitgliedstaaten gewährleisten, dass ihre verwaltungsrechtlichen Sanktionen und Maßnahmen für die im Folgenden genannten Verstöße zumindest die verwaltungsrechtlichen Sanktionen und Maßnahmen nach Artikel 59 Absätze 2 und 3 der Richtlinie (EU) 2015/849 umfassen:
a) wiederholte oder systematische Nichtübermittlung vorgeschriebener Angaben zum Auftraggeber oder zum Begünstigten durch einen Zahlungsdienstleister unter Verstoß gegen die Artikel 4, 5 oder 6;
b) wiederholtes, systematisches oder schweres Versäumnis eines Zahlungsdienstleisters, die Aufbewahrung von Aufzeichnungen gemäß Artikel 16 sicherzustellen;
c) Versäumnis eines Zahlungsdienstleisters, wirksame risikobasierte Verfahren einzuführen, unter Verstoß gegen Artikel 8 oder 12;
d) schwerwiegender Verstoß zwischengeschalteter Zahlungsdienstleister gegen Artikel 11 oder 12.

Artikel 19 Bekanntmachung von Sanktionen und Maßnahmen

Im Einklang mit Artikel 60 Absätze 1, 2 und 3 der Richtlinie (EU) 2015/849 machen die zuständigen Behörden verwaltungsrechtliche Sanktionen und Maßnahmen, die in den Artikel 17 und 18 dieser Verordnung genannten Fällen verhängt werden, unverzüglich unter Nennung der Art und des Wesens des Verstoßes und der Identität der für den Verstoß verantwortlichen Personen öffentlich bekannt, falls dies nach einer Prüfung im Einzelfall erforderlich und verhältnismäßig ist.

Artikel 20 Anwendung von Sanktionen und Maßnahmen durch die zuständigen Behörden

(1) Bei der Festlegung der Art der verwaltungsrechtlichen Sanktionen oder Maßnahmen und der Höhe der Geldbußen berücksichtigen die zuständigen Behörden alle maßgeblichen Umstände, darunter auch die in Artikel 60 Absatz 4 der Richtlinie (EU) 2015/849 genannten.

(2) In Bezug auf gemäß dieser Verordnung verhängte verwaltungsrechtliche Sanktionen und Maßnahmen gilt Artikel 62 der Richtlinie (EU) 2015/849.

Artikel 21 Meldung von Verstößen

(1) Die Mitgliedstaaten richten wirksame Mechanismen ein, um die Meldung von Verstößen gegen diese Verordnung an die zuständigen Behörden zu fördern.

Diese Mechanismen umfassen zumindest die in Artikel 61 Absatz 2 der Richtlinie (EU) 2015/849 genannten.

(2) Die Zahlungsdienstleister richten in Zusammenarbeit mit den zuständigen Behörden angemessene interne Verfahren ein, über die ihre Mitarbeiter oder Personen in einer vergleichbaren Position Verstöße intern

über einen sicheren, unabhängigen, spezifischen und anonymen Weg melden können und der in Bezug auf die Art und die Größe des betreffenden Zahlungsdienstleisters verhältnismäßig ist.

Artikel 22 Überwachung

(1) Die Mitgliedstaaten schreiben vor, dass die zuständigen Behörden eine wirksame Überwachung durchführen und die erforderlichen Maßnahmen treffen, um die Einhaltung dieser Verordnung sicherzustellen, und fördern durch wirksame Mechanismen die Meldung von Verstößen gegen die Bestimmungen dieser Verordnung an die zuständigen Behörden.

(2) Nach einer Mitteilung gemäß Artikel 17 Absatz 3 übermittelt die Kommission dem Europäischen Parlament und dem Rat einen Bericht über die Anwendung des Kapitels IV, insbesondere im Hinblick auf grenzüberschreitende Fälle.

KAPITEL V
DURCHFÜHRUNGSBEFUGNISSE

Artikel 23 Ausschussverfahren

(1) Die Kommission wird vom Ausschuss zur Verhinderung der Geldwäsche und der Terrorismusfinanzierung (im Folgenden „Ausschuss") unterstützt. Der Ausschuss ist ein Ausschuss im Sinne der Verordnung (EU) Nr. 182/2011.

(2) Wird auf diesen Absatz Bezug genommen, so gilt Artikel 5 der Verordnung (EU) Nr. 182/2011.

KAPITEL VI
AUSNAHMEREGELUNGEN

Artikel 24 Vereinbarungen mit Ländern und Gebieten, die nicht Teil des Unionsgebiets sind

(1) Die Kommission kann jedem Mitgliedstaat gestatten, mit einem Land oder Gebiet, das nicht zum räumlichen Geltungsbereich des EUV und des AEUV im Sinne des Artikels 355 AEUV gehört (im Folgenden „betreffendes Land oder Gebiet"), eine Vereinbarung mit Ausnahmeregelungen zu dieser Verordnung zu schließen, um zu ermöglichen, dass Geldtransfers zwischen diesem Land oder Gebiet und dem betreffenden Mitgliedstaat wie Geldtransfers innerhalb dieses Mitgliedstaats behandelt werden.

Solche Vereinbarungen können nur gestattet werden, wenn alle nachfolgenden Bedingungen erfüllt sind:
a) Das betreffende Land oder Gebiet ist mit dem betreffenden Mitgliedstaat in einer Währungsunion verbunden oder Teil seines Währungsgebiets oder hat eine Währungsvereinbarung mit der durch einen Mitgliedstaat vertretenen Union unterzeichnet;
b) Zahlungsdienstleister in dem betreffenden Land oder Gebiet nehmen unmittelbar oder mittelbar an den Zahlungs- und Abwicklungssystemen in dem betreffenden Mitgliedstaat teil; und

c) das betreffende Land oder Gebiet schreibt den in seinen Zuständigkeitsbereich fallenden Zahlungsdienstleistern vor, dieselben Bestimmungen wie nach dieser Verordnung anzuwenden.

(2) Will ein Mitgliedstaat eine Vereinbarung gemäß Absatz 1 schließen, so richtet er einen entsprechenden Antrag an die Kommission und liefert ihr alle Informationen, die für die Beurteilung des Antrags erforderlich sind.

(3) Sobald ein solcher Antrag bei der Kommission eingeht, werden Geldtransfers zwischen diesem Mitgliedstaat und dem betreffenden Land oder Gebiet bis zu einer Entscheidung nach dem Verfahren dieses Artikels vorläufig wie Geldtransfers innerhalb dieses Mitgliedstaats behandelt.

(4) Ist die Kommission innerhalb von zwei Monaten nach Eingang des Antrags der Ansicht, dass sie nicht über alle für die Beurteilung des Antrags erforderlichen Informationen verfügt, so nimmt sie mit dem betreffenden Mitgliedstaat Kontakt auf und teilt ihm mit, welche Informationen sie darüber hinaus benötigt.

(5) Innerhalb von einem Monat, nachdem die Kommission alle Informationen erhalten hat, die sie für eine Beurteilung des Antrags für erforderlich hält, teilt sie dies dem antragstellenden Mitgliedstaat mit und leitet den anderen Mitgliedstaaten Kopien des Antrags weiter.

(6) Innerhalb von drei Monaten nach der Mitteilung nach Absatz 5 dieses Artikels entscheidet die Kommission gemäß Artikel 23 Absatz 2, ob sie dem betreffenden Mitgliedstaat den Abschluss der Vereinbarung, die Gegenstand des Antrags ist, gestattet.

Die Kommission erlässt auf jeden Fall innerhalb von 18 Monaten nach Eingang des Antrags eine Entscheidung nach Unterabsatz 1.

(7) Bis zum 26. März 2017 übermitteln die Mitgliedstaaten, denen gemäß dem Durchführungsbeschluss 2012/43/EU der Kommission (Durchführungsbeschluss 2012/43/EU der Kommission vom 25.1.2012 zur Ermächtigung des Königreichs Dänemark gemäß der Verordnung (EG) Nr. 1781/2006 des Europäischen Parlaments und des Rates, eine Vereinbarung mit Grönland und den Färöern zu schließen, damit Geldtransfers zwischen Dänemark und jedem dieser Gebiete wie innerdänische Geldtransfers behandelt werden können (ABl. 2012 L 24, S. 12)), dem Beschluss 2010/259/EU der Kommission (Beschluss 2010/259/EU der Kommission vom 4.5.2010 zur Ermächtigung der Französischen Republik gemäß der Verordnung (EG) Nr. 1781/2006 des Europäischen Parlaments und des Rates, eine Vereinbarung mit dem Fürstentum Monaco zu schließen, damit Geldtransfers zwischen der Französischen Republik und dem Fürstentum Monaco wie innerfranzösische Geldtransfers behandelt werden können (ABl. 2010 L 112, S. 23)), dem Beschluss 2009/853/EG der Kommission (Entscheidung 2009/853/EG der Kommission vom 26.11.2009 zur Ermächtigung Frankreichs, gemäß der Verordnung (EG) Nr. 1781/2006 des Europäischen Parlaments und des Rates eine Vereinbarung mit St. Pierre und Miquelon, Mayotte, Neukaledonien, Französisch-Polynesien beziehungsweise Wallis und Futuna zu schließen, damit Geldtransfers zwischen Frankreich und diesen Gebieten wie Geldtransfers innerhalb Frankreichs behandelt werden können (ABl. 2009 L 312, S. 71)) oder dem Beschluss

2008/982/EG der Kommission (Entscheidung 2008/982/EG der Kommission vom 8.12.2008 betreffend die Genehmigung für das Vereinigte Königreich zum Abschluss einer Vereinbarung mit der Vogtei Jersey (Bailiwick of Jersey), der Vogtei Guernsey (Bailiwick of Guernsey) und der Isle of Man, der zufolge Geldtransfers zwischen dem Vereinigten Königreich und jedes dieser Gebiete gemäß der Verordnung (EG) Nr. 1781/2006 des Europäischen Parlaments und des Rates als Geldtransfers innerhalb des Vereinigten Königreichs behandelt werden (ABl. 2008 L 352, S. 34)) gestattet wurde, Vereinbarungen mit einem betreffenden Land oder Gebiet zu schließen, der Kommission aktualisierte Informationen, die für eine Beurteilung nach Absatz 1 Unterabsatz 2 Buchstabe c erforderlich sind.

Innerhalb von drei Monaten nach Erhalt dieser Informationen prüft die Kommission die übermittelten Informationen, um sicherzustellen, dass das betreffende Land oder Gebiet den in seinen Zuständigkeitsbereich fallenden Zahlungsdienstleistern vorschreibt, dieselben Bestimmungen anzuwenden wie nach dieser Verordnung. Falls die Kommission nach dieser Prüfung der Auffassung ist, dass die Bedingung nach Absatz 1 Unterabsatz 2 Buchstabe c nicht mehr erfüllt ist, hebt sie den einschlägigen Beschluss oder Durchführungsbeschluss der Kommission auf.

Artikel 25 Leitlinien

Bis zum 26. Juni 2017 geben die Europäischen Aufsichtsbehörden für die zuständigen Behörden und Zahlungsdienstleister gemäß Artikel 16 der Verordnung (EU) Nr. 1093/2010 Leitlinien zu den gemäß der vorliegenden Verordnung zu ergreifenden Maßnahmen heraus, insbesondere hinsichtlich der Anwendung der Artikel 7, 8, 11 und 12. Ab dem 1. Januar 2020 gibt die EBA, soweit angemessen, solche Leitlinien heraus.

KAPITEL VII
SCHLUSSBESTIMMUNGEN

Artikel 26 Aufhebung der Verordnung (EG) Nr. 1781/2006

Die Verordnung (EG) Nr. 1781/2006 wird aufgehoben.

Bezugnahmen auf die aufgehobene Verordnung gelten als Bezugnahmen auf die vorliegende Verordnung und sind nach Maßgabe der Entsprechungstabelle im Anhang zu lesen.

Artikel 27 Inkrafttreten

Diese Verordnung tritt am zwanzigsten Tag nach ihrer Veröffentlichung im Amtsblatt der Europäischen Union in Kraft.

Sie gilt ab dem 26. Juni 2017.

(auf den Abdruck der im Anhang der Verordnung befindlichen Entsprechungstabelle wurde verzichtet)

Literatur: *Achtelik/Amtage/El-Samalouti/Ganguli ua*, Risikoorientierte Geldwäschebekämpfung, 2. Aufl. 2011; *Amtage/Baumann/Bdeiwi u. a.*, Risikoorientierte Geldwäschebekämpfung, 3. Aufl. 2018; BaFin, Hinweise zur Geldtransferverordnung, 20.12.2018 (abrufbar unter: https://www.bafin.de/SharedDocs/Veroeffentlichungen/DE/Auslegungsentscheidung/A/

ae_181220_hinweise_geldtvo_gw.html (Stand: 22.4.2020); BaFin, Geldwäsche und Terrorismusfinanzierung, BaFin Journal Oktober, 2017, 9; BaFin, Jahresbericht 2015; BaFin, Rundschreiben 9/2009 vom 23.4.2009, I. Anwendungshinweise zu den Pflichten, die sich aus der Verordnung (EG) Nr. 1781/2006 über die Ermittlung von Angaben zum Auftraggeber bei Geldtransfers an die Zahlungsverkehrsdienstleister des Begünstigten ergeben, II. Meldepflicht über regelmäßig mit unvollständigen Auftraggeberdaten eingehende Geldtransfers gemäß Art. 9 Abs. 2 der Verordnung (EG) Nr. 1781/2006; BCBS, Due diligence and transparancy regarding cover payment messages related to cross border wires transfers, Mai 2009; *Boos/Fischer/Schulte-Mattler,* KWG, 5. Aufl. 2016; FATF, The FATF Recommendations, Februar 2012 (aktualisiert Juni 2017); FATF, Special Recommendations on Terrorist Financing vom 30.10.2001, zuletzt geändert am 22.10.2004; *Fülbier/Aepfelbach/Langweg,* GwG, 5. Aufl. 2006; *Ganguli,* EU-Finanzsanktionen, 2006; *Herzog/Mülhausen,* Geldwäschebekämpfung und Gewinnabschöpfung, 2006, zitiert: *Herzog/Mühlhausen,* GWHB; *Höche,* Bekämpfung von Geldwäsche und Terrorfinanzierung, 2003; Joint Committee, Gemeinsame Leitlinien nach Artikel 25 der Verordnung (EU) 2015/847 zu den Maßnahmen, mit deren Hilfe Zahlungsdienstleister das Fehlen oder die Unvollständigkeit von Angaben zum Auftraggeber und zum Begünstigten feststellen können, und zu den empfohlenen Verfahren für die Bearbeitung eines Geldtransfers, bei dem die vorgeschriebenen Angaben fehlen (JC/GL/2017/16) v. 16.1.2018 (zitiert JC/GL/2017/16); *Lang/Noll,* Geldwäsche: Vierte europäische Geldwäscherichtlinie und neue Geldtransferverordnung verabschiedet, BaFinJournal Juni 2015, 35 ff.; *Luz/Neus/Schaber/Schneider/Wagner/Weber,* KWG und CRR (Band 1), 3. Aufl. 2015; *Saurer,* Die Ausweitung sicherheitsrechtlicher Regelungsansprüche im Kontext der Terrorismusbekämpfung, NVwZ 2005, 275 ff.; *Schily,* Gesetze gegen die Geldwäsche und gegen die Finanzierung des Terrorismus – eine stille Verfassungsreform? WM 2003, 1249 ff.; *Schwennicke/Auerbach,* Kreditwesengesetz, 3. Aufl. 2016; *Siering,* Neue Anti-Geldwäsche-Richtlinie und Geldtransfer-Verordnung, DB 2015, 1457 f.; *Tusch/Herz,* Die Entwicklung des europäischen Bankenaufsichtsrechts in den Jahren 2015/2016, EuZW 2016, 887 ff.; WKO, Die vierte Geldwäsche-Richtlinie und EU-Verordnungen zur Geldwäsche inklusive Umsetzung im Finanzmarkt-Geldwäschegesetz (FM-GwG), 1.2.2017; *Zentes/Glaab* (Hrsg.), GwG, 2018.

Übersicht

	Rn.
I. Allgemeines	1
II. Geldtransferverordnung (Abs. 1 Nr. 1)	4
1. Gegenstand, Geltungsbereich und Begriffsbestimmungen (Art. 1–3)	5
2. Die Pflichten des Zahlungsdienstleisters des Auftraggebers (Art. 4–6)	8
3. Die Pflichten des Zahlungsdienstleisters des Begünstigten (Art. 7–9)	11
4. Pflichten zwischengeschalteter Zahlungsdienstleister (Art. 10 und 13)	15
5. Informationen, Datenschutz und Aufbewahrung von Aufzeichnungen (Art. 14–16)	16
6. Sanktionen, Überwachung und Ausnahmeregelungen (Art. 17 ff.)	19
III. Verordnung über grenzüberschreitende Zahlungen (Abs. 1 Nr. 2)	22
IV. Verordnung zur Festlegung der technischen Vorschriften und der Geschäftsanforderungen für Überweisungen und Lastschriften in EUR (Abs. 1 Nr. 3)	23
V. Verordnung über Interbankenentgelte für kartengebundene Zahlungsvorgänge (Abs. 1 Nr. 4)	24
VI. Einrichtung von Verfahren und Kontrollsystemen (Abs. 2)	25
VII. Anordnungsbefugnis der BaFin (Abs. 3)	26

§ 25g KWG

I. Allgemeines

1   Die Vorschrift wurde ursprünglich als § 25b KWG im Rahmen des Gesetzes zur Verbesserung der Bekämpfung der Geldwäsche und der Bekämpfung der Finanzierung des Terrorismus vom 8.8.2002 (BGBl. I S. 3105ff.) in das KWG eingefügt und enthielt im Vorgriff auf einheitliche europäische Vorgaben (vgl. *Höche* S. 30) **organisatorische Pflichten** erstbeauftragter und zwischengeschalteter Institute in Zusammenhang mit dem Giro- und Finanztransfergeschäft. Durch das Finanzmarktrichtlinie-Umsetzungsgesetz vom 16.7.2007 (BGBl. I S. 1330ff.) wurde die Vorschrift vor dem Hintergrund der Schaffung einer europäischen Geldtransferverordnung (VO (EG) Nr. 1781/2006, ABl. 2006 L 345, 1) vollständig neu gefasst und trat am 1.11.2007 in Kraft. Durch die Neufassung wurde die BaFin zunächst verpflichtet, die Einhaltung der in dieser „ersten" Geldtransferverordnung enthaltenen Pflichten für die Kreditinstitute und die Finanzdienstleister, die das Finanztransfergeschäft betreiben, zu überwachen (Umsetzung von Art. 15 Abs. 3 der „ersten" Geldtransferverordnung). Durch das Zahlungsdiensteumsetzungsgesetz vom 25.6.2009 (BGBl. I S. 1506ff.) wurde die Verpflichtung in Bezug auf Finanzdienstleistungsinstitute, die das Finanztransfergeschäft betreiben, aus dem damaligen § 25b KWG ausgegliedert und in § 27 Abs. 1 S. 2 Nr. 5 ZAG überführt. Durch das Gesetz zur Umsetzung der Zweiten E-Geld-Richtlinie vom 1.3.2011 (BGBl. I S. 288ff.) wurde § 25b zudem dahingehend erweitert, dass die BaFin auch für die Überwachung der Einhaltung der Pflichten nach der Verordnung (EG) Nr. 924/2009 über grenzüberschreitende Zahlungen in der Gemeinschaft zuständig ist. Eine weitere Anpassung erfolgte durch Artikel 1 SEPA-Begleitgesetz vom 3.4.2013 (BGBl. I S. 610), mit dem der Pflichtenkanon der BaFin mit Blick auf die Überwachung der Vorgaben der Verordnung (EU) Nr. 260/2012 durch die Einfügung einer Nr. 3 in Abs. 1 noch einmal erweitert wurde; zudem wurden Abs. 2 und 3 in die Vorschrift eingefügt. Durch das CRD IV-Umsetzungsgesetz vom 28.8.2013 (BGBl. I S. 3395) wurde die Norm von § 25b in § 25f überführt. Mit Wirkung vom 31.1.2014 wurde die Norm dann durch das Gesetz zur Abschirmung von Risiken und zur Planung der Sanierung und Abwicklung von Kreditinstituten und Finanzgruppen vom 7.8.2013 (BGBl. I S. 3090) zu § 25g. In Abs. 1 wurde sodann durch das Gesetz zur Umsetzung der Transparenzrichtlinie-Änderungsrichtlinie (TranspRLÄndRLUG) vom 20.11.2015 (BGBl. I S. 2029) eine Nr. 4 eingefügt, mit der die BaFin auch die Pflichten der Verordnung (EU) 2015/751 des Europäischen Parlaments und des Rates vom 29.4.2015 über Interbankenentgelte für kartengebundene Zahlungsvorgänge (ABl. 2015 L 123, 1) zu überwachen hat. Durch das Gesetz zur Umsetzung der Vierten EU-Geldwäscherichtlinie, zur Ausführung der EU-**Geldtransferverordnung** und zur Neuorganisation der Zentralstelle für Finanztransaktionsuntersuchungen vom 23.6.2017 (BGBl. I S. 1822) wurde dann der Verweis auf die „erste" Geldtransferverordnung durch den auf die neugefasste, „zweite" Geldtransferverordnung (EU) 2015/847 (ABl. 2015 L 141, 1) ersetzt.

2   Die in § 25g Abs. 1 Nr. 1 KWG genannte Geldtransferverordnung diente ursprünglich insbesondere der Umsetzung der zwischenzeitlich durch die Empfehlungen 16 der FATF aus dem Jahr 2012 abgelösten Sonderempfehlung VII (SR VII) der FATF („wire transfer", Special Recommendations on Terrorist Financing v. 30.10.2001, zuletzt geändert am 22.10.2004) und der Interpretationsnote FATF-INSR VII vom 10.6.2005 (*Ganguli* EU-Finanzsanktionen, S. 38), deren Geltung in Deutschland mit der gesetzlichen Regelung nur noch einmal rein deklara-

torisch zum Ausdruck gebracht wird. Gem. Art. 288 Abs. 3 AEUV kommt Verordnungen eine unmittelbare rechtliche Wirkung in den Mitgliedsstaaten zu, ohne dass ein weiterer Transformations- bzw. Implementierungsakt erforderlich ist (*Ganguli* EU-Finanzsanktionen, S. 38f.). Mit den vorgenannten Empfehlungen der FATF soll im Wesentlichen im bargeldlosen Zahlungsverkehr sichergestellt werden, dass Institute und Finanzdienstleister ausschließlich Datensätze verwenden, die vollständige und zutreffende Angaben über den Auftraggeber bzw. Zahlenden und – neu – den Begünstigten bzw. Zahlungsempfänger enthalten (*Lang/Noll* BaFinJournal Juni 2015, 35 (39); *Siering* DB 2015, 1457 (1458); *Tusch/Herz* EuZW 2016, 887 (892); *Teichmann/Achsnich* in Herzog/Mülhausen Geldwäschebekämpfung-HdB § 33 Rn. 29; *Schily* WM 2003, 1249 (1253)). Die neugefasste Geldtransferverordnung trat nach deren Art. 27 am 26.6.2015 in Kraft und gilt seit dem 26.6.2017. **Wesentliche Neuerungen der neugefassten Geldtransferverordnung** gegenüber der „ersten" Geldtransferverordnung betreffen insbesondere die Ausdehnung des Anwendungsbereichs im Hinblick auf die Zahlungsarten, die nunmehr auch Lastschriften erfassen, die Ausdehnung auf Auftraggeber- und Empfängerdaten (vgl. *Tusch/Herz* EuZW 2016, 887 (892)), neue Pflichten von zwischengeschalteten Zahlungsdienstleistern (BaFin, Jahresbericht 2015, S. 82) sowie die Einführung eines Kontonummer-Namens-Abgleichs bei Nicht-EWR-Zahlungen mit einem Betrag von mehr als 1.000 EUR. Das Joint Committee der ESAs hat eine Leitlinie zur Auslegung einzelner Bestimmungen der neugefassten Geldtransferverordnung, insbesondere deren Art. 7, 8, 11 und 12, veröffentlicht. Die Leitlinien dienen zur Errichtung wirksamer Verfahren bei der Feststellung fehlender Angaben zum Auftraggeber oder Begünstigten einer Zahlung, ohne aber eine weitestmögliche Harmonisierung anzustreben (BaFin, BaFinJournal Oktober 2017, 9). Die Leitlinien sollen sechs Monate nach Veröffentlichung vom zuständigen Behörden und Zahlungsdienstleistern beachtet werden (JC/GL/2017/16, Tz. 65), mithin ab dem 16.7.2018. Geringfügige Änderungen und Ergänzungen der Art. 15 Abs. 1, 17 Abs. 3, 22 Abs. 2 und 25 der zweiten Geldtransferverordnung, die zum 1.1.2020 in Kraft traten, erfolgten durch Art. 6 der Verordnung (EU) 2019/2175 des Europäischen Parlaments und des Rates vom 18.12.2019 (ABl. 2019 L 334, 1), auch ESA-Review-Verordnung genannt. Die Änderungen betreffen neben einer redaktionelleren Aktualisierung datenschutzrechtlicher Referenzverordnungen ferner im Kern Änderungen aufgrund zugunsten der Europäischen Bankenaufsichtsbehörde EBA geänderter Kompetenzen durch die ESA-Review-Verordnung.

Neben der Identifizierungspflichten (Know Your Customer-Prinzip) im Rahmen der Bekämpfung der Geldwäsche soll mit der Norm zusätzlich eine Weiterleitung von Identifizierungsmerkmalen bei der Abwicklung des Zahlungsverkehrs treten und damit die internationale Rechtshilfe durch Legung einer lückenlosen **Papierspur** erleichtert werden (Erwägungsgrund (9) der neugefassten Geldtransferverordnung sowie Erwägungsgrund (4) der „ersten" Geldtransferverordnung 1781/2006; WKO S. 9; *Brandt/Knöfel/Zemke* in Amtage/Baumann/Bdeiwi Geldwäschebekämpfung-HdB Rn. 54; *Höhe* S. 30f.; *Langweg* in Fülbier/Aepfelbach/Langweg KWG § 25b Rn. 1f.; *Brocker* in Schwennicke/Auerbach KWG § 25 Rn. 6; *Schily* WM 2003, 1249 (1253); *Teichmann/Achsnich* in Herzog/Mülhausen Geldwäschebekämpfung-HdB § 33 Rn. 30). Letztlich wird dadurch auch der sog. **„long-arm-jurisdiction"** der USA, etwa im Rahmen des Patriot Act, Rechnung getragen (*Langweg* in Fülbier/Aepfelbach/Langweg KWG § 25b Rn. 2). Die Vorschrift ergänzt die in §§ 25a, 25g KWG genannten organisatorischen Pflichten um spezielle Pflichten im bargeldlosen Zahlungsverkehr (*Langweg* in Fülbier/Aepfelbach/Langweg KWG § 25b Rn. 1; *Saurer* NVwZ 2005, 275 (279)). Die Einhaltung der Vorschriften der Geltransferverordnung ist nach § 26 Abs. 4 PrüfbV bei der Jahresabschlussprüfung der Kreditinstitute und nach § 16 Abs. 1 S. 2 iVm Anlage 2 Nr. 3, Abs. 2 Nr. 24 ZahlPrüfbV bei derjenigen von Zahlungsinstituten zu überprüfen.

II. Geldtransferverordnung (Abs. 1 Nr. 1)

4   Im Folgenden wird der **wesentliche Inhalt der neu gefassten Geldtransferverordnung** unter Berücksichtigung der finalen Leitlinien des Joint Committee (JC/GL/2017/16) dargestellt (zu einem ausführlichen Überblick über den Inhalt der „ersten" Geldtransferverordnung vgl. *Achtelik/Ganguli* in Amtage/Baumann/Bdeiwi u. a. Geldwäschebekämpfung-HdB Rn. 138ff. und zur aktuellen Geldtransferverordnung *Weppner* in Zentes/Glaab GTVO). Inhalte der Leitlinie des Joint Committee der ESAs sind jeweils ausdrücklich kenntlich gemacht.

1. Gegenstand, Geltungsbereich und Begriffsbestimmungen (Art. 1–3)

5   Gegenstand der Geldtransferverordnung sind nach deren Art. 1 sowie Art. 2 Abs. 1 Vorschriften, zu den notwendigen Angaben zu Auftraggebern, auch als Zahler bezeichnet, und zu Begünstigten, auch als Zahlungsempfänger bezeichnet, die für die Zwecke der Verhinderung, Aufdeckung und Ermittlung von Geldwäsche und Terrorismusfinanzierung bei Geldtransfers zu übermitteln sind. Erfasst sind dabei Geldtransfers in allen Währungen. Voraussetzung ist zudem, dass mindestens ein beteiligter Zahlungsdienstleister (vgl. zum Begriff des Zahlungsdienstleisters Art. 3 Nr. 5 und 6 Geldtransferverordnung) seinen Sitz in der EU bzw. dem EWR (Mitgliedstaaten der EU sowie Island, Liechtenstein und Norwegen) hat. Aus dieser Sitzbezogenheit des Zahlungsdienstleisters folgt, dass neben sämtlichen Geldtransfers im EWR auch solche aus dem EWR in Drittstaaten und aus Drittstaaten in den EWR sowie solche zwischen Drittstaaten, die über einen zwischengeschalteten Zahlungsdienstleister im EWR erfolgen, erfasst sind. Beim **Auftraggeber** handelt es sich um eine Person, die als Zahlungskontoinhaber den Geldtransfer von dem Zahlungskonto gestattet, oder, sofern kein Zahlungskonto vorhanden ist, den Auftrag zum Geldtransfer erteilt (Art. 3 Nr. 3 Geldtransferverordnung). Bei kontogebundenen Zahlungen ist Auftraggeber daher der Kontoinhaber, bei kontoungebundenen Zahlungen die den Zahlungsdienstvertrag schließende Person, wobei diese nicht zwingend mit dem Einzahler identisch sein muss. Der **Begünstigte** ist demgegenüber die Person, die den Geldtransfer als Empfänger erhält (Art. 3 Nr. 4 Geldtransferverordnung), bei kontogebundenen Zahlungen also in jedem Fall der Kontoinhaber und bei kontoungebundenen Zahlungen die im Zahlungsauftrag genannte Person.

6   Der **Begriff des Geldtransfers** wird in Art. 3 Nr. 9 Geldtransferverordnung definiert. Es handelt sich dabei um jede Transaktion, die im Auftrag eines Auftraggebers zumindest teilweise auf elektronischem Weg über einen Zahlungsdienstleister mit dem Ziel durchgeführt wird, einen Begünstigten über einen Zahlungsdienstleister einen Geldbetrag zur Verfügung zu stellen, und zwar unabhängig davon, ob es sich bei Auftraggeber und Begünstigtem um dieselbe Person handelt oder ob der Zahlungsdienstleister von beiden derselbe ist. Erfasst werden neben

Überweisungen auch Lastschriften (vgl. dazu JC/GL/2017/16, Tz. 9), nationale und grenzüberschreitende Geldtransfers iSv Art. 4 Nr. 13 der Richtlinie 2007764/ EG sowie Transfers mittels Zahlungskarte, einem E-Geld-Instrument, einem Mobiltelefon oder einem anderen im Voraus oder im Nachhinein bezahlten digitalen oder IT-Gerät mit ähnlichen Merkmalen. Eine **Ausnahme** besteht für letztgenannte Transfers nach Art. 2 Abs. 3 Geldtransferverordnung jedoch dann, sofern die dazu verwendeten Geräte oder Instrumente nur zur Zahlung von Waren oder Dienstleistungen verwendet werden und bei Transfers die Nummer der Zahlungskarte, des E-Geld-Instruments oder des digitalen Geräts (zB sog. Primary Account Number (PAN), JC/GL/2017/16, Tz. 14) übermittelt wird, welche eine Rückverfolgung des Transfers zum Auftraggebers ermöglicht. Zu den Karten zählen ua Debit- und Kreditkarten sowie Geldkarte. Auch Barauszahlungen am Bankautomaten oder im Handel (Cash-back) sind ausgenommen (vgl. Art. 2 Abs. 4 UAbs. 2 lit. a Geldtransferverordnung). Nicht unter die Ausnahme fallen aber derartige Geldtransfers dann, wenn diese von Person zu Person, die als Verbraucher handeln, erfolgen (Art. 2 Abs. 3 S. 2 iVm Art. 3 Nr. 12 Geldtransferverordnung). Sofern Karte, Instrument oder Gerät sowohl für Transfers zwischen Personen als auch für Zahlungen von Waren und Dienstleistungen verwendet werden können, ist die Ausnahme nur anzuwenden, wenn der (zwischengeschaltete) Zahlungsdienstleister feststellen kann, dass es sich bei dem Geldtransfer um eine Zahlung für Waren oder Dienstleistungen handelt (JC/GL/2017/16, Tz. 15). Die Deutsche Kreditwirtschaft (DK) geht bis auf Weiteres davon aus, dass auch das „elektronische Lastschriftverfahren" iSv Art. 16 Abs. 4 Verordnung (EU) 260/2012 von der Ausnahme erfasst ist. Ausgenommen sind ferner ua Geldtransfers an Behörden zur Begleichung von Steuern, Bußgeldern und anderen Abgaben (Art. 2 Abs. 4 UAbs. 2 lit. b Geldtransferverordnung), Geldtransfers zwischen Zahlungsdienstleistern im eigenen Namen (Art. 2 Abs. 4 UAbs. 2 lit. c Geldtransferverordnung) einschließlich Eigengeschäften von Kreditinstituten, zB Interbank-Zahlungen per MT202- oder MT202COV-Nachrichten, Scheckeinzug (Art. 2 Abs. 4 UAbs. 2 lit. d Geldtransferverordnung), insbesondere im BSE- und ISE-Verfahren, sowie folgende in Art. 3 lit. a–m und o der Richtlinie 2007/64/EG genannten Dienste:

a) Zahlungsvorgänge, die ohne zwischengeschaltete Stellen ausschließlich als direkte Bargeldzahlung vom Zahler an den Zahlungsempfänger erfolgen;
b) Zahlungsvorgänge zwischen Zahler und Zahlungsempfänger über einen Handelsagenten, der befugt ist, den Verkauf oder Kauf von Waren oder Dienstleistungen im Namen des Zahlers oder des Zahlungsempfängers auszuhandeln oder abzuschließen;
c) der gewerbsmäßige Transport von Banknoten und Münzen einschließlich Entgegennahme, Bearbeitung und Übergabe;
d) die nicht gewerbsmäßige Entgegennahme und Übergabe von Bargeld im Rahmen einer gemeinnützigen Tätigkeit oder einer Tätigkeit ohne Erwerbszweck;
e) Dienste, bei denen der Zahlungsempfänger dem Zahler Bargeld im Rahmen eines Zahlungsvorgangs aushändigt, nachdem ihn der Zahlungsdienstnutzer kurz vor der Ausführung eines Zahlungsvorgangs zum Erwerb von Waren oder Dienstleistungen ausdrücklich hierum gebeten hat;
f) Geldwechselgeschäfte, dh Bargeschäfte, sofern die betreffenden Beträge nicht auf einem Zahlungskonto liegen;
g) Zahlungsvorgänge, denen eines der folgenden Dokumente zugrunde liegt, das auf den Zahlungsdienstleister gezogen ist und die Bereitstellung eines Geldbetrags an einen Zahlungsempfänger vorsieht:

§ 25g KWG

    i)   ein Papierscheck im Sinne des Genfer Abkommens vom 19.3.1931 über das einheitliche Scheckgesetz;
    ii)   ein dem unter Ziffer i genannten Scheck vergleichbarer Papierscheck nach dem Recht der Mitgliedstaaten, die nicht Vertragspartei des Genfer Abkommens vom 19.3.1931 über das einheitliche Scheckgesetz sind;
    iii) ein Wechsel in Papierform im Sinne des Genfer Abkommens vom 7.6.1930 über das einheitliche Wechselgesetz;
    iv) Wechsel in Papierform, die den in Ziffer iii genannten ähnlich sind und dem Recht von Mitgliedstaaten unterliegen, die nicht Mitglied des Genfer Abkommens vom 7.6.1930 über das einheitliche Wechselgesetz sind;
    v)   ein Gutschein in Papierform;
    vi) ein Reisescheck in Papierform; oder
    vii) eine Postanweisung in Papierform im Sinne der Definition des Weltpostvereins;

h) Zahlungsvorgänge, die innerhalb eines Zahlungs- oder Wertpapierabwicklungssystems zwischen Zahlungsausgleichsagenten, zentralen Gegenparteien, Clearingstellen und/oder Zentralbanken und anderen Teilnehmern des Systems und Zahlungsdienstleistern abgewickelt werden; Artikel 28 bleibt hiervon unberührt;

i) Zahlungsvorgänge im Zusammenhang mit der Bedienung von Wertpapieranlagen, wie zB Dividenden, Erträge oder sonstige Ausschüttungen oder deren Einlösung oder Veräußerung, die von den unter Buchstabe h genannten Personen oder von Wertpapierdienstleistungen erbringenden Wertpapierfirmen, Kreditinstituten, Organismen für gemeinsame Anlagen oder Vermögensverwaltungsgesellschaften und jeder anderen Einrichtung, die für die Verwahrung von Finanzinstrumenten zugelassen ist, durchgeführt werden;

j) Dienste, die von technischen Dienstleistern erbracht werden, die zwar zur Erbringung der Zahlungsdienste beitragen, jedoch zu keiner Zeit in den Besitz der zu transferierenden Geldbeträge gelangen, wie die Verarbeitung und Speicherung von Daten, vertrauensbildende Maßnahmen und Dienste zum Schutz der Privatsphäre, Nachrichten- und Instanzenauthentisierung, Bereitstellung von Informationstechnologie-(IT-) und Kommunikationsnetzen sowie Bereitstellung und Wartung der für Zahlungsdienste genutzten Endgeräte und Einrichtungen;

k) Dienste, die auf Instrumenten beruhen, die für den Erwerb von Waren oder Dienstleistungen nur in den Geschäftsräumen des Ausstellers oder im Rahmen einer Geschäftsvereinbarung mit dem Aussteller entweder für den Erwerb innerhalb eines begrenzten Netzes von Dienstleistern oder für den Erwerb einer begrenzten Auswahl von Waren oder Dienstleistungen verwendet werden können;

l) Zahlungsvorgänge, die über ein Telekommunikations-, ein Digital- oder IT-Gerät ausgeführt werden, wenn die Waren oder Dienstleistungen an ein Telekommunikations-, ein Digital- oder ein IT-Gerät geliefert werden und mittels eines solchen genutzt werden sollen, vorausgesetzt, dass der Betreiber des Telekommunikations-, Digital- oder ITSystems oder -Netzes nicht ausschließlich als zwischengeschaltete Stelle zwischen dem Zahlungsdienstnutzer und dem Lieferanten der Waren und Dienstleistungen fungiert;

m) Zahlungsvorgänge, die von Zahlungsdienstleistern untereinander auf eigene Rechnung oder von ihren Agenten oder Zweigniederlassungen untereinander auf eigene Rechnung ausgeführt werden;

o) Dienste von Dienstleistern, der bzw. die keinen Rahmenvertrag mit dem Geld von einem Zahlungskonto abhebenden Kunden geschlossen hat bzw. haben, bei denen für einen oder mehrere Kartenemittenten an multifunktionalen Bankautomaten Bargeld abgehoben wird, vorausgesetzt, dass diese Dienstleister keine anderen der im Anhang genannten Zahlungsdienste erbringen.

Die **Ausnahme** in Art. 2 Abs. 5 Geldtransferverordnung für Inlandsgeldtransfers 7 auf Zahlungskonten eines Begünstigten, auf welches ausschließlich Zahlungen für die Lieferung von Gütern oder Dienstleistungen vorgenommen werden können, findet in Deutschland keine Anwendung. Eine solche Ausnahme wäre aufgrund der Komplexität der dafür notwendigen weiteren Voraussetzungen vermutlich auch nur eingeschränkt praxistauglich.

2. Die Pflichten des Zahlungsdienstleisters des Auftraggebers (Art. 4–6)

Die Art. 4ff. der Geldtransferverordnung enthalten Pflichten der Zahlungs- 8 dienstleister des Auftraggebers. Art. 4 Geldtransferverordnung enthält die Vorgaben zu den bei Geldtransfers zu übermittelnden Angaben. Art. 4 Abs. 1–3 Geldtransferverordnung geben Auskunft, welche **Daten zum Auftraggeber** und zum Begünstigen übermittelt werden müssen. Der Zahlungsdienstleister des Auftraggebers bzw. Zahlenden hat nach Art. 4 Abs. 1 lit. a Geldtransferverordnung demnach sicherzustellen, dass mit Blick auf den Auftraggeber zunächst der Name des Auftraggebers übermittelt wird. Bei natürlichen Personen handelt es sich dabei die in Ausweis- bzw. zulässigen Legitimationspapieren enthaltenen Namensangaben, bei juristischen Personen die im jeweiligen Register eingetragene Firma. Ferner ist nach Art. 4 Abs. 1 lit. b Geldtransferverordnung die Nummer des Zahlungskontos, also etwa des Girokontos, des Auftraggebers zu übermitteln. Schließlich sind nach Art. 4 Abs. 1 lit. c Geldtransferverordnung Anschrift, Nummer eines amtlichen persönlichen Dokuments, Kundennummer oder Geburtsdatum und Geburtsort des Auftraggebers zu übermitteln. Hierbei kann auf die zum **Identifizierungsprozess** vorhandenen Daten zur Anschrift zurückgegriffen werden. Mit Ausnahme des letztgenannten Inhalts sind für den Begünstigten ebenfalls Name und Nummer des Zahlungskontos bei einem Geldtransfer durch den Zahlungsdienstleister des Auftraggebers zu übermitteln. Erfolgt der Geldtransfer nicht von einem oder auf ein Zahlungskonto, ist nach Art. 4 Abs. 3 Geldtransferverordnung anstelle der Nummer des Zahlungskontos eine individuelle Transaktionskennziffer zu übermitteln (zur Def. vgl. Art. 3 Nr. 11 Geldtransferverordnung).

Art. 4 Abs. 4 Geldtransferverordnung enthält sodann die Prüfungspflichten des 9 Zahlungsdienstleisters des Auftraggebers. Dieser hat vor Durchführung des Geldtransfers die **Richtigkeit** der in Art. 4 Abs. 1 Geldtransferverordnung **gemachten Angaben** anhand von Dokumenten, Daten oder Informationen aus einer verlässlichen und unabhängigen Quelle zu überprüfen. Nach Art. 4 Abs. 5 Geldtransferverordnung gilt diese Überprüfung, einschließlich deren Richtigkeit, jedenfalls bereits dann als ausgeführt, wenn die **geldwäscherechtliche Identifizierung** des Auftraggebers, zB bei Kontoeröffnung, durchgeführt und aufgezeichnet und ggf. aktualisiert wurde. Bei ausgehenden kontogebundenen Überweisungen kann daher ein Rückgriff auf vorhandene Stammdaten des Auftraggebers praktikabel sein, bei kontoungebundenen Überweisungen muss der vollständige geldwäscherechtliche Identifizierungsprozess durchgeführt werden. Bei eingehenden kontogebundenen Lastschriften kann es mit Blick auf die Überprüfung die Angaben zum Auftraggeber ausreichen, wenn der Kontoinhaber bereits geldwäscherechtlich identifiziert wurde.

10 **Ausnahmen von den Vorgaben** für den Zahlungsdienstleister des Auftraggebers nach Art. 4 Geldtransferverordnung enthalten die Art. 5 und 6 Geldtransferverordnung. Art. 5 Geldtransferverordnung regelt dabei Ausnahmen für Geldtransfers innerhalb der EU bzw. des EWR, Art. 6 Geldtransferverordnung hingegen Ausnahmen bei Geldtransfers außerhalb der EU bzw. des EWR. Art. 5 Geldtransferverordnung enthält für Geldtransfers innerhalb der EU bzw. des EWR Erleichterungen im Hinblick auf die zu übermittelnden Daten und Überprüfungspflichten sowie zu sog. **Nachlieferungspflichten.** Gemäß Art. 5 Abs. 1 Geldtransferverordnung sind danach bei reinen EU bzw. EWR-Geldtransfers grundsätzlich nur Kontonummer von Auftraggeber und Begünstigtem bzw. bei kontoungebundenen Transfers die Transaktionskennziffer zu übermitteln. Anhaltspunkte auf einen nicht ausschließlichen EU bzw. EWR-Geldtransfer können zB bei einer Zahlung in US-Dollar gegeben sein. Ungeachtet dessen können Nachlieferungspflichten für den Zahlungsdienstleister des Auftraggebers bezüglich weiterer Daten binnen drei Tagen bestehen, wenn der Zahlungsdienstleister des Begünstigten oder ein zwischengeschalteter Zahlungsdienstleister einen entsprechenden Antrag stellt (Art. 5 Abs. 2 Geldtransferverordnung). Für die Inanspruchnahme der Ausnahme gilt, das der Zahlungsdienstleister des Begünstigten feststellen können muss, dass der Zahlungsdienstleister des Auftraggebers seinen Sitz in der EU bzw. dem EWR hat; ein zwischengeschalteter Zahlungsdienstleister muss dies mit dem Blick auf die Zahlungsdienstleister vom Auftraggeber und Begünstigtem feststellen können (JC/GL/2017/16, Tz. 12). Staaten, die dem einheitlichen Euro-Zahlungsverkehrsraum (SEPA) angehören, jedoch nicht Mitgliedstaaten der EU bzw. des EWR sind, sollen als Drittstaaten behandelt werden (JC/GL/2017/16, Tz. 13). Bei Geldtransfers von mehr als 1.000 EUR, unabhängig davon, ob der Transfer in einer Summe oder durch verbundene Transfers (auch als **„Linking"** oder „Smurfing" bezeichnet) erfolgte, sind alle anderen Angaben nach Art. 4 Geldtransferverordnung erforderlich. Zur Feststellung eines „Linking" müssen entsprechende Richtlinien und Verfahren bestehen (JC/GL/2017/16 Tz. 16f. iVm Tz. 20). Ein „Linking" liegt zumindest aber nicht ausschließlich dann vor, wenn die Zahlungen innerhalb einer relativ kurzen Zeitspanne, die vom Zahlungsdienstleister nach vernünftigem Ermessen unter Berücksichtigung der Risiken aus Geldwäsche und Terrorismusfinanzierung festgelegt werden sollte (zur Risikobewertung vgl. JC/GL/2017/16 Tz. 18f.; zu praktischen Hinweisen bei der Umsetzung im Institut ferner *Brandt/Knöfl/Zemke* in Amtage/Baumann/Bdeiwi Geldwäschebekämpfung-HdB Rn. 78 ff.), vom selben Zahlungskonto oder selben Auftraggeber an denselben Begünstigten erfolgen (JC/GL/2017/16 Tz. 16f.). Bei Geldtransfers bis 1.000 EUR, sofern es sich nicht um mehrere verbundene Transfers mit einem Gesamtbetrag von mehr als 1.000 EUR gehandelt hat, sind zumindest Namen von Auftraggeber und Begünstigtem sowie die Nummern der Zahlungskonten des Auftraggebers und des Begünstigten oder ggf. die individuelle Transaktionskennziffer zur Verfügung zustellen (Art. 5 Abs. 2 lit. b Geldtransferverordnung). Erleichternd wirkt ferner, dass der Zahlungsdienstleister des Auftraggebers nach Art. 5 Abs. 3 Geltransferverordnung bei Geldtransfers von bis zu 1.000 EUR, bei denen keine Anhaltspunkte für eine Verbindung zu anderen Geldtransfers bestehen, die zusammen den Betrag von 1.000 EUR überschreiten, die Angaben zum Auftraggeber nicht überprüfen muss. Die Erleichterung greift nur dann nicht, wenn die zu transferierenden Gelder als Bargeld oder anonymes E-Geld entgegengenommen wurden oder hinreichende Gründe für

den Verdacht auf Geldwäsche und Terrorismusfinanzierung vorliegen. Art. 6 Abs. 1 Geldtransferverordnung enthält sodann Erleichterungen bei Geldtransfers in Form von **Sammelüberweisungen** außerhalb der Union. Bei einer Sammelüberweisung handelt es sich um eine Reihe von Einzelgeldtransfers, die für die Übermittlung gebündelt werden (vgl. Art. 3 Nr. 10 Geldtransferverordnung). Art. 4 Abs. 1 Geldtransferverordnung findet auf die gebündelten Einzelaufträge keine Anwendung, sofern die Sammelüberweisung die in Art. 4 Abs. 1, 2 und 3 Geldtransferverordnung enthaltenen Angaben enthält und diese Angaben iSv Art. 4 Abs. 4 und 5 Geldtransferverordnung überprüft wurden sowie die Einzelaufträge die Nummer des Zahlungskontos des Auftraggebers bzw. die Tranaktionskennziffer bei kontoungebundenen Transfers enthalten. Darüber hinaus gelten nach Art. 6 Abs. 2 Geldtransferverordnung auch in Fällen, in denen der Zahlungsdienstleister des Begünstigten seinen Sitz in einem **Drittstaat** hat, Erleichterungen bei Geldtransfers bis maximal 1.000 EUR, sofern keine Verbindungen zu weiteren Transfers bestehen, die zusammen betrachtet den Betrag übersteigen. So reicht in diesen Fällen die Übermittlung der Namen von Auftraggeber und Begünstigtem sowie die Nummern der Zahlungskonten bzw. bei kontoungebundenen Transfers der Transaktionskennziffer. In diesen Fällen ist auch eine Überprüfung der Richtigkeit durch den Zahlungsdienstleister des Auftraggebers entbehrlich. Die Erleichterung greift nur dann nicht, wenn die zu transferierenden Gelder als Bargeld oder anonymes E-Geld entgegengenommen wurden oder hinreichende Gründe für den Verdacht auf Geldwäsche und Terrorismusfinanzierung vorliegen.

3. Die Pflichten des Zahlungsdienstleisters des Begünstigten (Art. 7–9)

Pflichten des Zahlungsdienstleisters des Begünstigten finden sich in den Art. 7–9 Geldtransferverordnung. Diese Pflichten beziehen sich zum einen auf die **Feststellung fehlender Angaben** zum Auftraggeber oder Begünstigten, notwendige Maßnahmen des Zahlungsdienstleisters des Begünstigten im Falle fehlender oder unvollständiger Angaben beim Geldtransfer sowie Fragen einer geldwäscherechtlichen **(Verdachts-)Meldung.**

Art. 7 Geldtransferverordnung befasst sich mit den Pflichten des Zahlungsdienstleisters des Begünstigten im Hinblick auf die Feststellung etwaig fehlender Angaben zum Auftraggeber oder Begünstigten. Nach dessen Abs. 1 hat der Zahlungsdienstleister des Begünstigten wirksame Verfahren einzurichten, mit denen er feststellen kann, ob die Felder für Angaben zum Auftraggeber oder Begünstigten in dem zur Ausführung des Geldtransfers verwendeten Nachrichten- oder Zahlungs- und Abwicklungssystem unter Verwendung der im Einklang mit den Übereinkünften über das betreffende System zulässigen Buchstaben oder Einträgen ausgefüllt wurden (vgl. auch JC/GL/2017/16, Tz. 24). Im Grundsatz geht es dabei mithin um die Überwachung bzw. Prüfung, ob die jeweils notwendigen Felder über Daten des Auftraggebers und Begünstigten belegt sind. Die Systeme müssen in Echtzeit und/oder ex-post Überwachung je nach Sachverhaltskonstellation unterschiedliche Feststellung machen können, wobei das Joint Committee der ESAs offenbar im Gegensatz zur Regelung in der Geldtransferverordnung grundsätzlich eine Echtzeit-Überwachung zumindest zur Feststellung unzulässiger Feldeinträge für erforderlich hält (JC/GL/2017/16 Tz. 21). Unter einer **Echtzeit-Überwachung** ist dabei eine solche zu verstehen, die vor einer Gutschrift des Geldes auf dem Konto bzw. bei kontoungebundenen Transfers vor Verfügbarmachung des Geldes und beim zwischengeschalteten Zahlungsinstitut vor Weiterleitung bzw. Ausführung erfolgt; eine ex-post-Überwachung erfolgt dagegen immer erst nach den vorgenannten Zeitpunkten bzw. Handlungen (JC/GL/2017/16 Tz. 7g) und h)). Die Systeme müssen in der Lage sein, alle für die Geldtransferverordnung notwendigen Felder zu umfassen, was für SEPA und Transfers innerhalb der EU bzw. des EWR die IBAN sowie bei kontoungebundenen Transfers die Transaktionskennziffer (zB bei Zahlungskarten PAN) beinhaltet, sofern damit eine Zurückverfolgbarkeit zum Auftraggeber. oder Begünstigen möglich ist (JC/GL/2017/16 Tz. 22a)). Ferner muss das System grundsätzlich automatisch den Versand oder Empfang von Zahlungen verhindern, sofern unzulässige Feldbelegungen (Buchstaben oder Einträge) erkannt werden (JC/GL/2017/16 Tz. 22b)) und diese für eine manuelle Nachbearbeitung markieren (JC/GL/2017/16 Tz. 22 Tz. c)). Wenn das System nicht alle vorgenannten Anforderungen erfüllt, sollte der betreffende Zahlungsdienstleister Kontrollen einführen, um diese Mängel zu beheben (JC/GL/2017/16, Tz. 23). Eine **inhaltliche Prüfung** erfolgt nicht, es sei denn die Felder sind offensichtlich mit bloßen Platzhaltern bzw. unsinnigen Angaben (JC/GL/2017/16 Tz. 26 f.) belegt (zB „one of our customers", „An Other", „XXX" oder „ABCDEFG"). Im Falle von Geldtransfers bei denen der Zahlungsdienstleister des Auftraggebers seinen Sitz in der EU bzw. EWR hat, sind die in Art. 5 Geldtransferverordnung erforderlichen Feldbelegungen zu überwachen, mithin die Nummer des Zahlungskontos von Auftraggeber und Begünstigtem bzw. bei kontoungebundenem Transfer die Transaktionskennziffer (Art. 7 Abs. 2 lit. a Geldtransferverordnung). Bei Geldtransfers, bei denen der Zahlungsdienstleister des Auftraggebers seinen **Sitz außerhalb der Union** hat, sind die in Art. 4 Abs. 1 und 2 genannten Daten auf Belegung zu überwachen, also mit Blick auf den Auftraggeber Name, Kontonummer und Anschrift bzw. alternativ Dokumentennummer, Kundennummer oder Geburtsdatum und -ort, sowie beim Begünstigten Name und Kontonummer (Art. 7 Abs. 2 lit. b Geldtransferverordnung). Im Fall von Sammelüberweisungen, bei denen der Zahlungsdienstleister des Auftragsgebers seinen Sitz außerhalb der EU bzw. des EWR hat, sind die in Art. 4 Abs. 1 und 2 Geldtransferverordnung genannten Datenbelegungen im Hinblick auf die Sammelüberweisung zu überwachen (Art. 7 Abs. 2 lit. c Geldtransferverordnung). Das Fehlen vorgeschriebener Angaben zum Auftraggeber oder Begünstigen ist vom (zwischengeschalteten) Zahlungsdienstleister mit wirksamen Verfahren zu kontrollieren (JC/GL/2017/16 Tz. 24). Im Gegensatz zur Prüfung unzulässiger Feldbelegungen soll bei unvollständigen Daten auch eine Kombination von Echtzeit- und **ex-post-Überwachung** erfolgen (JC/GL/2017/16 Tz. 25b)). Zur Wirksamkeit der Verfahren zählen ferner das bereits erwähnte Erkennen unsinniger Angaben (JC/GL/2017/16 Tz. 25a) iVm Tz. 26f) und eine Warnung des (zwischengeschalteten Zahlungsdienstleisters) beim Auftreten von Hochrisikoindikatoren (JC/GL/2017/16 Tz. 25c)). Transfers mit höherem Risiko (zB Geldtransfers die bestimmte, hohe Schwellenwerte überschreiten, Geldtransfers in denen Zahlungsdienstleister von Auftraggeber oder Begünstigte in Staaten mit höherem Risiko ansässig sind, Geldtransfers von Zahlungsdienstleistern, die in der Vergangenheit ohne nachvollziehbare Gründe unvollständige Daten angegeben hatten oder Geldtransfers mit fehlenden Angaben zu Auftraggeber oder Begünstigtens, vgl. im Einzelnen JC/GL/2017/16 Tz. 30) oder zumindest spezifischen Verdachtsfällen legen eine Echtzeitkontrolle nahe (JC/GL/2017/16 Tz. 28). Zusätzlich sollten Kontrollen mit (zufälligen und gezielten) Stichproben aus allen Geldtransfers vorgenommen werden (JC/GL/2017/16 Tz. 29). Handelt es sich um einen Geldtransfer von mehr als 1.000 EUR – in einem Betrag oder mehreren verbundenen

Einhaltung der Pflichten im Zahlungsverkehr **§ 25g KWG**

Beträgen (sog. „Linking" oder auch „Smurfing") – muss der Zahlungsdienstleister des Begünstigten vor Ausführung der Gutschrift auf dem Zahlungskonto bzw. Bereitstellung des Geldbetrages an den Begünstigten bei einem kontoungebundenen Transfer, die Richtigkeit der vorstehenden Angaben zum Begünstigten anhand von verlässlichen und unabhängigen Dokumenten, Daten und oder Informationen zu überprüfen. Nach Art. 7 Abs. 5 Geldtransferverordnung gilt diese Überprüfung, einschließlich deren Richtigkeit, jedenfalls bereits dann als ausgeführt, wenn die geldwäscherechtliche Identifizierung des Begünstigten durchgeführt und aufgezeichnet und ggf. aktualisiert wurde. Zur Feststellung eines „Linking" müssen entsprechende Richtlinien und Verfahren bestehen (JC/GL/2017/16 Tz. 16). Ein **„Linking"** liegt zumindest aber nicht ausschließlich dann vor, wenn die Zahlungen innerhalb einer relativ kurzen Zeitspanne, vom selben Zahlungskonto oder selben Auftraggeber an denselben Begünstigten erfolgen (JC/GL/2017/16 Tz. 16f.). Bei Geldtransfers bis maximal 1.000 EUR braucht der Zahlungsdienstleister des Begünstigten die Richtigkeit der Angaben nicht zu überprüfen. Die Erleichterung greift nur dann nicht, wenn die zu transferierenden Gelder als Bargeld oder anonymes E-Geld entgegengenommen wurden oder hinreichende Gründe für den Verdacht auf Geldwäsche und Terrorismusfinanzierung vorliegen.

Art. 8 Geldtransferverordnung regelt sodann, was der Zahlungsdienstleister des **13** Begünstigten im Fall von fehlenden (vgl. JC/GL/2017/16, Tz. 7 e)), dh Leerfeldern oder unsinnigen Angaben, oder unvollständigen Angaben, zB Abkürzungen des Vornamens oder ein Land ohne Postadresse (vgl. JC/GL/2017/16, Tz. 7f)), zum Auftraggeber oder Begünstigten zu veranlassen hat. Nach dessen Abs. 1 UAbs. 1 hat dieser risikobasierte Verfahren einzurichten (vgl. dazu auch JC/GL/2017/16 Tz. 31), aufgrund derer festgestellt werden kann, ob ein Geldtransfer mit **fehlenden oder unvollständigen Daten** zu Auftraggeber oder Begünstigtem auszuführen, zurückzuweisen oder auszusetzen ist. Zudem ist festzulegen, welche Folgemaßnahmen unter Berücksichtigung des Risikos der Geldwäsche bzw. Terrorismusfinanzierung angemessenerweise zu treffen sind (JC/GL/2017/16, Tz. 32). Für die Entscheidung sollte insbesondere berücksichtigt werden, ob die Art der fehlenden Daten Anhaltspunkte für Risiken der Geldwäsche oder Terrorismusfinanzierung bieten oder einer oder mehrere Hochrisikoindikatoren vorliegen (JC/GL/2017/16 Tz. 32a) und b)). Stellt der (zwischengeschaltete) Zahlungsdienstleister fest, dass Angaben fehlen, so kann dieser den Transferauftrag auf risikobasierter Grundlage ohne Aufforderung zur Vervollständigung zurückgeben bzw. -weisen, sollte dann aber dem (vorangehenden) Zahlungsdienstleister die Gründe mitteilen (vgl. auch JC/GL/2017/16, Tz. 33). Möglich ist auch, dass er die vorgeschriebenen Daten beim Zahlungsdienstleister des Auftraggebers anfordert (Art. 8 Abs. 1 UAbs. 2 Geldtransferverordnung). Dies kann erfolgen, bevor (in diesem Fall spricht man vom „Aussetzen" des Geldtransfers, vgl. dazu JC/GL/2017/16, Tz. 34ff.) oder nachdem (vgl. dazu JC/GL/2017/16, Tz. 39ff.) er die Gutschrift zugunsten des Zahlungskontos des Begünstigten ausführt oder bei kontoungebundenem Transfer den Geldbetrag zur Verfügung stellt, wobei insbesondere im letzteren Fall die Gründe für die Ausführung festzuhalten sind (JC/GL/2017/16 Tz. 38, 40, 43). Unabhängig von Aussetzung oder Ausführung des Transfers wird er den Zahlungsdienstleister des Auftraggebers oder dem zwischengeschalteten Zahlungsdienstleister unter in Arbeitsanweisungen vorgesehener angemessener Fristsetzung, die zumindest im Fall der Aussetzung für inner-EWR-Transfers drei Tage und für Transfers außerhalb des EWR fünf Tage nicht überschreiten sollte, zur Vervollständigung der Angaben auffordern (JC/GL/2017/16 Tz. 35, 39). Sollte eine Vervollständigung nicht erfolgen, sollte eine Erinnerung mit dem Hinweis auf eine zukünftig ggf. erfolgende Einstufung in die Hochrisikoüberwachung durchgeführt werden und bei deren Erfolglosigkeit eine Entscheidung über die zukünftige Behandlung des betroffenen Zahlungsdienstleisters herbeigeführt werden (JC/GL/2017/16, Tz. 36f, 41f.), im Fall der Aussetzung zusätzlich eine Entscheidung über die Ausführung bzw. Zurückweisung und eine Prüfung von Verdachtsmomenten in der Zahlungskette (JC/GL/2017/16 Tz. 37a) und b)). Sollte der Zahlungsdienstleister des Auftraggebers wiederholt die notwendigen Daten zum Auftraggeber oder Begünstigten nicht vorlegen (im Hinblick auf die Frage, wann eine wiederholte Säumnis vorliegt vgl. JC/GL/2017/16 Tz. 47ff.), so hat der Zahlungsdienstleister **abgestufte Maßnahmen** zu ergreifen. Diese können zunächst Fristsetzungen zur Vervollständigung bzw. Verwarnungen mit Ankündigung weiterer Maßnahmen (JC/GL/2017/16 56a)) beinhalten. Ggf. kann eine Echtzeit-Überwachung (vgl. → Rn. 12) aller eingehenden Transaktionen des Zahlungsdienstleisters angezeigt sein (JC/GL/2017/16 Tz. 56b)). Bei Wirkungslosigkeit bzw. fortgesetzter Nichteinhaltung der Pflichten nach der ersten Warnung kann eine zweite Warnung mit dem Hinweis der Zurückweisung zukünftiger Transferaufträge oder – falls ebenfalls wirkungslos – der Beschränkung bzw. Beendigung der Geschäftsbeziehungen erfolgen (Art. 8 Abs. 2 UAbs. 1 Geldtransferverordnung; JC/GL/2017/16 Tz. 56c) und d)). Vor der Beendigung der Geschäftsbeziehung sollte geprüft werden, insbesondere bei Zahlungsdienstleistern des Auftraggebers oder zwischengeschalteten Zahlungsdienstleistern mit Sitz in Drittstaaten, ob die Risiken auch durch Anwendung verstärkter Sorgfaltspflichten iSv Art. 19 der 4. EU-Geldwäscherichtlinie für Korrespondenzbankbeziehungen (vgl. auch § 15 Abs. 6 GwG) gehandhabt werden können (JC/GL/2017/16, Tz. 57).

14 Das Versäumnis und ergriffene Maßnahmen sind zudem in Deutschland der BaFin zu melden (Art. 8 Abs. 2 UAbs. 2 Geldtransferverordnung). Fehlanzeigen sind dabei nicht erforderlich (BaFin, Hinweise zur Geldtransferverordnung v. 20.12.2018) Die entsprechenden **Meldungen** können mittels einer Word- oder Exceldatei per elektronischer Mail an das Postfach der Abteilung Geldwäscheprävention (GW@bafin.de) oder hilfsweise per Post an die BaFin – Abteilung Geldwäscheprävention –, Graurheindorfer Straße 108, 53117 Bonn, zu übersenden. Die jeweiligen Meldungen sind zu Quartalsbeginn für das jeweils abgelaufene Quartal abzugeben, wobei Doppelmeldungen, zB bei Auslagerungen der Pflicht auf ein Drittunternehmen, unbedingt vermieden werden sollen (BaFin, Hinweise zur Geldtransferverordnung vom 20.12.2018). Das Joint Committee der ESAs geht in seinen Leitlinien zur Geldtransferverordnung (JC/GL/2017/16 Tz. 52ff.) auf Modalitäten der Meldung ein. Demnach ist die Meldung spätestens nach drei Monaten, grundsätzlich aber unverzüglich, abzugeben, nachdem ein (zwischengeschalteter) Zahlungsdienstleister wiederholt mit der Übermittlung der notwendigen Angaben säumig war (JC/GL/2017/16, Tz. 54). Die national zuständige Behörde notifiziert anschließend die EBA (JC/GL/2017/16, Tz. 55). Die Meldung hat sodann mindestens den Namen des (zwischengeschalteten) Zahlungsdienstleisters, das Land seiner Zulassung, eine Beschreibung der Art des Verstoßes einschließlich der Häufigkeit fehlender Angaben, des Zeitraums der Verstöße und ggf. dafür angeführte Gründe sowie Einzelheiten die vom meldenden Zahlungsdienstleister ergriffen wurden, zu beinhalten. Die Meldeformulare der BaFin erfüllen die vorstehenden inhaltlichen Anforderungen bzw. die des im Anhang der Leitlinien des Joint Committee vorhandenen Meldeformulars. Ob ein **Fall des wiederholten Versäumnisses** vorliegt, kann durch quantitative und qualitative Kriterien bestimmt werden (JC/GL/2017/16 Tz. 49 ff.) wobei (zwischengeschaltete) Zahlungsdienstleister entsprechende Verfahren und Richtlinien vorhalten müssen und Aufzeichnungen über alle betreffenden Geldtransfers führen (JC/GL/2017/16, Tz. 47 f.). Quantitativ kommt zB ein Vergleich von fehlenden Angaben oder unvollständigen Transfers zu vollständigen Transfers innerhalb eines bestimmten Zeitraums in prozentualen Anteilen oder der Prozentsatz unbeantworteter oder nicht zufriedenstellend beantworteter Rückfragen in Betracht (JC/GL/2017/16 Tz. 50a) und b)). In qualitativer Hinsicht könnte die Korrekturbereitschaft des Zahlungsdienstleistern oder die Art der fehlenden Angaben in die Bewertung einbezogen werden (JC/GL/2017/16 Tz. 51a) und b)). Im Hinblick auf die Begründung eines Verdachts von Geldwäsche und Terrorismusfinanzierung und dadurch bedingter (Verdachts-)Meldungen sind fehlende oder unvollständige Angaben zum Auftraggeber oder Begünstigten vom Zahlungsdienstleister des Begünstigten einzubeziehen (Art. 9 Geldtransferverordnung). Fehlende oder unvollständige Angaben führen für sich genommen allein nicht zu einem Verdacht auf Geldwäsche oder Terrorismusfinanzierung (JC/GL/2017/16 Tz. 45). Vielmehr ist eine holistische bzw. ganzheitliche Betrachtung zur Bewertung notwendig. Dabei sind insbesondere risikoerhöhende Umstände einzubeziehen (JC/GL/2017/16 Tz. 45), wie etwa Transfers aus Staaten mit höherem Risiko (vgl. auch § 15 GwG).

4. Pflichten zwischengeschalteter Zahlungsdienstleister (Art. 10 und 13)

Die Pflichten für zwischengeschaltete Zahlungsdienstleister ergeben sich aus **15** Art. 10–13 Geltransferverordnung. Zwischengeschaltete Zahlungsdienstleister haben zunächst nach Art. 10 Geldtransferverordnung sicherzustellen, dass **alle Angaben,** die sie zum Auftraggeber und Begünstigten erhalten haben und zusammen mit dem Geldtransfer **übermittelt wurden,** auch in vollem Umfang unverändert weitergeleitet werden. Es müssen also Systeme und Kontrollen bestehen, die diese Verpflichtungen sicherstellen. Dazu gehört auch, dass das System des zwischengeschalteten Zahlungsdienstleisters Angaben ohne Fehler oder Auslassungen in ein anderes Format übertragen kann (JC/GL/2017/16 Tz. 58 f.). Darüber hinaus haben zwischengeschaltete Zahlungsdienstleister gemäß Art. 11 Geltransferverordnung die (zulässige) Belegung der Datenfelder zum Auftraggeber und Begünstigen zu prüfen. Insoweit wird auf die Ausführungen in → Rn. 12 zu den Pflichten des Zahlungsdienstleisters des Begünstigten im Rahmen von Art. 7 Abs. 1 und 2 Geldtransferverordnung verwiesen. Fehlen Angaben, so sind vom zwischengeschalteten Zahlungsdienstleister Maßnahmen nach Art. 12 Geldtransferverordnung zu ergreifen, die, einschließlich der Meldepflichten gegenüber der zuständigen Behörde, in Deutschland der BaFin, über Versäumnisse des Zahlungsdienstleisters und ergriffener Maßnahmen, weitestgehend mit denen des Zahlungsdienstleisters des Begünstigten nach Art. 8 Geldtransferverordnung übereinstimmen, so dass auf die Kommentierung unter → Rn. 13 verwiesen wird. Im Hinblick auf die Begründung eines Verdachts von Geldwäsche und Terrorismusfinanzierung und dadurch bedingter Meldungen sind fehlende oder unvollständige Angaben zum Auftraggeber oder Begünstigten auch vom zwischengeschalteten Zahlungsdienstleister einzubeziehen (Art. 13 Geldtransferverordnung). Damit bestehen nicht nur Weiterleitungs- sondern nunmehr auch Verdachtsmeldepflichten (*Tusch/Herz* EuZW 2016, 887 (892)). **Fehlende oder unvollständige Angaben** führen für sich genommen allein aber nicht zu einem Verdacht auf Geldwäsche oder Terrorismusfinanzierung

(JC/GL/2017/16 Tz. 45). Vielmehr ist eine holistische bzw. ganzheitliche Betrachtung zur Bewertung notwendig. Dabei sind insbesondere risikoerhöhende Umstände einzubeziehen (JC/GL/2017/16 Tz. 45), wie etwa Transfers aus Staaten mit höherem Risiko (vgl. auch § 15 GwG).

5. Informationen, Datenschutz und Aufbewahrung von Aufzeichnungen (Art. 14–16)

16 Nach Art. 14 Geldtransferverordnung muss ein Zahlungsverkehrsdienstleister Anfragen der für die Bekämpfung von Geldwäsche oder der Terrorismusfinanzierung zuständigen Behörden im EU-Mitgliedstaat seines Sitzes vollständig und unverzüglich beantworten.

17 Besondere praktische Relevanz besitzen die neuen Regelungen zum Datenschutz in Art. 15 Geldtransferverordnung. So wird in Art. 15 Abs. 2 Geldtransferverordnung ausdrücklich festgelegt, dass personenbezogene Daten von Zahlungsdienstleistern auf Grundlage der Geldtransferverordnung ausschließlich für Zwecke der Verhinderung von Geldwäsche und Terrorismusfinanzierung verarbeitet werden dürfen. Insbesondere ist die Verarbeitung für kommerzielle Zwecke untersagt. Damit besteht eine enge **Zweckbindung der Daten**. Sofern anderweitig ausdrückliche gesetzliche oder auf Einwilligung des Betroffenen basierende Erlaubnistatbestände vorliegen, finden diese allerdings weiter Anwendung. Dies kann zB für die Verarbeitung der personenbezogenen Daten zur Erfüllung des Zahlungsdienstevertrages oder zur Verhinderung sonstigen strafbaren Handlungen, die zu einer Gefährdung des Vermögens des Instituts führen können (§ 25h KWG), gelten. Nach Art. 15 Abs. 3 Geldtransferverordnung ist zudem Neukunden, nicht aber Bestandskunden, eine Information auf Grundlage von Art. 10 der Richtlinie 95/46/EG (ABl. 1995 L 281, 31) zur Verfügung zu stellen, die allgemeine Hinweise zu den rechtlichen Pflichten der Zahlungsdienstleister bei Verarbeitung personenbezogener Daten im Rahmen der Geldtransferverordnung enthält. Die **Information** hat vor Begründung der Geschäftsbeziehung oder Ausführung der gelegentlichen Transaktion zu erfolgen. In Betracht kommt dabei eine Information im Kontoeröffnungsvordruck, im Starterpaket oder im Preis- und Leistungsverzeichnisses. Die Informationspflicht greift dabei nur für Neukunden, die ab dem 26.6.2017 ein Zahlungskonto eröffnen bzw. ein Kundenstammvertrag mit Zahlungskonto abschließen.

18 Art. 16 Geldtransferverordnung enthält schließlich Vorgaben zur Aufbewahrung und Aufzeichnung. Nach Abs. 1 S. 1 gilt der Grundsatz, dass Angaben zum Auftraggeber und Begünstigten nicht länger als unbedingt erforderlich aufbewahrt werden dürfen. Maßstab ist dabei grundsätzlich das Zahlungsdienstrecht, einschließlich zivil- bzw. vertragsrechtlicher Maßstäbe (zB §§ 675d, 675w BGB). Aufzeichnungen nach Art. 4–7 Geldtransferverordnung dürfen nach Art. 15 Abs. 1 S. 2 Geldtransferverordnung aber maximal fünf Jahre aufbewahrt werden. Eine Verlängerung der **Aufbewahrungsfrist** um weitere fünf Jahre ist nach Art. 15 Abs. 2 Geldtransferverordnung möglich, sofern das nationale Recht Bestimmungen enthält, die zur längeren Aufbewahrung verpflichten. Mitgliedstaaten dürfen eine längere Aufbewahrung danach aber nur dann zulassen, wenn die nach eingehender Prüfung erforderlich und verhältnismäßig erscheint, insbesondere dies zur Verhinderung, Aufdeckung oder Ermittlung in Zusammenhang mit Geldwäsche oder Terrorismusfinanzierung erforderlich ist. Im Hinblick auf diese Regelung bleibt abzuwarten, ob der deutsche Gesetzgeber noch bestehende weitere und längere Aufbewahrungspflichten, etwa nach § 257 HGB oder § 146 AO auf einen Bezug zu Geldwäsche und Terrorismusfinanzierung modifiziert.

6. Sanktionen, Überwachung und Ausnahmeregelungen (Art. 17ff.)

Weitaus strikter als zuvor wurden die Sanktionsbestimmungen der Geldtransferverordnung in den Art. 17–20 Geldtransferverordnung ausgestaltet (*Lang/Noll* BaFinJournal Juni 2015, 35 (38f.); *Tusch/Herz* EuZW 2016, 887 (892)). Ausführungsbestimmungen zu Sanktionen, die in nationale Zuständigkeit fallen, finden sich zweigleisig in § 56 KWG. Einzelne **bußgeldbewehrte Verstöße**, bei denen ausdrücklich auf Tatbestände und Artikel der Geldtransferverordnung Bezug genommen wird, sind in § 56 Abs. 4 KWG genannt. Darüber hinaus enthält § 56 Abs. 2 Nr. 3 lit. h KWG gesonderte Ordnungswidrigkeitentatbestände für Zuwiderhandlungen gegen Anordnungen der BaFin gegenüber Kreditinstituten und deren Geschäftsleitern, zur Verhinderung oder Unterbindung von Verstößen gegen die Geldtransferverordnung nach § 25g Abs. 3 KWG. Ferner ist in § 56 Abs. 2 Nr. 3 lit. i KWG auch ein Verstoß gegen vollziehbare Anordnungen nach § 25g Abs. 5 KWG aufgeführt, mithin einer Vorschrift, die nicht existiert. Vermutlich liegt hier ein redaktioneller Fehler vor, da § 25h Abs. 5 KWG gemeint sein dürfte. Schließlich handelt nach § 56 Abs. 2 Nr. 11a KWG ordnungswidrig, wer vorsätzlich oder fahrlässig entgegen § 25g Abs. 2 KWG nicht über interne Verfahren und Kontrollsysteme verfügt, die die Einhaltung der Pflichten nach der Geldtransferverordnung gewährleisten. Die Vorschriften sind mit unterschiedlichen Bußgeldrahmen versehen. Bei Verstößen gegen § 56 Abs. 2 Nr. 3 lit. h KWG kann nach § 56 Abs. 6 Nr. 3 KWG eine Geldbuße von bis zu 200.000 EUR verhängt werden, bei einem Verstoß gegen § 56 Abs. 2 Nr. 11a KWG bis zu 100.000 EUR (§ 56 Abs. 6 Nr. 4 KWG). Bei Verstößen gegen die in § 56 Abs. 4 KWG genannten Einzeltatbestände beträgt der Bußgeldrahmen nach § 56 Abs. 6 Nr. 3 KWG grundsätzlich bis zu 200.000 EUR. Nach § 56 Abs. 6b KWG kann gegenüber einer juristischen Person oder einer Personenvereinigung in den Fällen des Abs. 4 Nr. 1–3, 8, 9 und 11–15, sofern es sich um nachhaltige Verstöße handelt, auch eine darüber hinausgehende Geldbuße verhängt werden, die den höheren Betrag von fünf Millionen EUR oder 10% des Gesamtumsatzes, den die juristische Person oder Personenvereinigung im der Behördenentscheidung vorausgegangenen Geschäftsjahr erzielt hat, nicht übersteigen darf. Über die in § 56 Abs. 6 und 6b KWG genannten Beträge hinaus, kann die Ordnungswidrigkeit in den Fällen des Abs. 4 Nr. 1–3, 8, 9 und 11–15 mit einer Geldbuße bis zum Zweifachen des aus dem Verstoß gezogenen wirtschaftlichen Vorteils geahndet werden, wobei der wirtschaftliche Vorteil erzielte Gewinne und vermiedene Verluste umfasst und geschätzt werden kann. Neben die Bußgeldvorschriften treten ferner **Bekanntmachungspflichten** (Art. 19 Geldtransferverordnung iVm § 60b KWG). Nach § 60b Abs. 1 KWG soll die BaFin jede gegen ein ihrer Aufsicht unterstehendes Institut oder Unternehmen oder gegen einen Geschäftsleiter eines Instituts oder Unternehmens verhängte und bestandskräftig gewordene Maßnahme, die sie ua wegen eines Verstoßes gegen KWG oder die Geldtransferverordnung verhängt hat, und jede unanfechtbar gewordene Bußgeldentscheidung unverzüglich auf ihren Internetseiten öffentlich bekannt machen und dabei auch Informationen zu Art und Charakter des Verstoßes mitteilen. Aus datenschutzrechtlichen oder anderen übergeordneten Gründen können die in § 60b Abs. 2–4 aufgeführten inhaltlichen Einschränkungen oder Ausnahmen von den Veröffentlichungspflichten gelten.

§ 25g KWG Kreditwesengesetz – Auszug

20 Nach Art. 21 Abs. 1 Geldtransferverordnung sind von den Mitgliedstaaten wirksame Verfahren zur Förderung von Meldungen von Verstößen gegen die Geldtransferverordnung an die zuständigen Behörden einzurichten. Für diese Zwecke steht bei der BaFin eine **Hinweisgeberstelle** zur Verfügung. Sofern Art. 21 Abs. 2 Geldtransferverordnung zudem die Zahlungsdienstleister zur Einrichtung interner Verfahren verpflichtet, über die insbesondere Mitarbeiter Verstöße melden können, bestand dazu bereits eine allgemeine, das Aufsichtsrecht in Gänze betreffende Verpflichtung in § 25a Abs. 1 S. 5 Nr. 3 KWG. Art. 22 der Geldtransferverordnung fordert schließlich eine wirksame Überwachung der Pflichten nach der Geldtransferverordnung, die in Deutschland eben durch § 25g Abs. 1 Nr. 1 KWG sowie § 27 Abs. 4 ZAG noch einmal ausdrücklich normiert sind.

21 **Ausnahmen** von der Durchführung der Geldtransferverordnung sind in deren Art. 24 festgelegt. Die Ausnahmen greifen im Wesentlichen bei Vereinbarungen mit Ländern, die nicht Teil des Unionsgebietes sind. Dabei hatte man im wesentliche einzelne französische (und bis zur Wirksamkeit des Brexit auch britische) Gebiete und Territorien im Auge, aber etwa auch Andorra und Monaco. Mit der Vereinbarung wird ermöglicht, dass Geldtransfers zwischen dem Land oder Gebiet und dem betreffenden Mitgliedstaat wie Geldtransfers innerhalb des Mitgliedstaates behandelt werden. Dafür müssen allerdings die Voraussetzungen in Art. 24 Abs. 1 lit. a–c Geldtransferverordnung erfüllt sein. Für Deutschland hat die Vorschrift keine Bedeutung, da keine derartigen Beziehungen bestehen.

III. Verordnung über grenzüberschreitende Zahlungen (Abs. 1 Nr. 2)

22 Durch das Gesetz zur Umsetzung der Zweiten E-Geld-Richtlinie vom 1.3.2011 wurde die Überwachungstätigkeit der BaFin auf die Einhaltung von Art. 8 der VO (EG) Nr. 924/2009 über grenzüberschreitende Zahlungen in der Gemeinschaft und zur Aufhebung der Verordnung (EG) Nr. 2560/2001 einschließlich der Änderungen durch die VO (EU) Nr. 260/2012 (zur Festlegung der technischen Vorschriften und der Geschäftsanforderungen für Überweisungen und Lastschriften in EUR) erweitert (Abs. 1 Nr. 2). Die Verordnung über grenzüberschreitende Zahlungen regelte im Wesentlichen **Rechtsbeziehungen zwischen Zahlungsdienstleistern und -nutzern.** Aufgrund der Änderung der VO (EG) Nr. 924/2009 durch die VO (EG) Nr. 260/2012 wurde der ursprünglich ausdrücklich als Zuständigkeitsnorm der BaFin verankerte Art. 8 der VO (EG) Nr. 924/2009 in die VO (EU) Nr. 260/2012 überführt und bedarf daher im Rahmen von Abs. 1 Nr. 2 keiner ausdrücklichen Erwähnung mehr (BT-Drs. 17/10038, 15). Ordnungswidrig handelt nach § 56 Abs. 4a KWG, wer vorsätzlich oder fahrlässig entgegen Art. 3 Abs. 1 der Verordnung (EG) Nr. 924/2009, die durch die Verordnung (EU) Nr. 260/2012 geändert worden ist, ein anderes als das dort genannte Entgelt erhebt. Nach § 56 Abs. 6 Nr. 4 KWG kann die Ordnungswidrigkeit mit einer Geldbuße bis zu 100.000 EUR geahndet werden. Wegen Verstößen gegen §§ 25g Abs. 3 iVm 56 Abs. 2 Nr. 3 lit. h KWG vgl. → Rn. 19.

IV. Verordnung zur Festlegung der technischen Vorschriften und der Geschäftsanforderungen für Überweisungen und Lastschriften in EUR (Abs. 1 Nr. 3)

Im Rahmen der Änderungen durch Art. 1 SEPA-Begleitgesetz vom 3.4.2013 23 (BGBl. I S. 610) wurde zudem der Verpflichtung aus Artikel 10 der Verordnung (EU) Nr. 260/2012 nachgekommen, nach der die Mitgliedstaaten, für die Gewährleistung der Einhaltung der Verordnung eine zuständige Behörde, hier die BaFin, zu benennen haben. Diese ist nunmehr zuständige Behörde im Sinne von Art. 9 der VO (EG) Nr. 924/2009 (Abs. 1 Nr. 2) und Art. 10 der VO (EU) Nr. 260/2012 (Abs. 1 Nr. 3). Die bisher bestehende partielle Zuständigkeit der Deutschen Bundesbank für die VO (EG) Nr. 924/2009 entfällt damit (BT-Drs. 17/10038, 15). Ordnungswidrig handelt nach § 56 Abs. 4d KWG, wer vorsätzlich oder fahrlässig gegen die dort unter Nr. 1–6 genannten Einzeltatbestände und Vorgaben der Verordnung (EU) Nr. 260/2012 verstößt. Nach § 56 Abs. 6 Nr. 4 KWG kann die Ordnungswidrigkeit mit einer Geldbuße bis zu 100.000 EUR geahndet werden. Wegen Verstößen gegen §§ 25g Abs. 3 iVm 56 Abs. 2 Nr. 3 lit. h KWG vgl. → Rn. 19.

V. Verordnung über Interbankenentgelte für kartengebundene Zahlungsvorgänge (Abs. 1 Nr. 4)

Aufgrund der Änderungen von § 25g KWG durch das Gesetz zur Umset- 24 zung der Transparenzrichtlinie-Änderungsrichtlinie (TranspRLÄndRLUG) vom 20.11.2015 (BGBl. I S. 2029) wurde Abs. 1 durch eine Nr. 4 ergänzt. Durch die Änderung wird die BaFin als die zur Durchsetzung der Verordnung (EU) 2015/751 vom 29.4.2015 über Interbankenentgelte für kartengebundene Zahlungsvorgänge (ABl. 2015 L 123, 1), sog. MIF-VO, ermächtigte Behörde bestimmt. Die bereits im Rahmen von § 25g KWG bestehenden Befugnisse der BaFin zur Überwachung der Einhaltung der besonderen organisatorischen Pflichten im bargeldlosen Zahlungsverkehr werden damit also um die **Durchsetzungskompetenzen** in Bezug auf die Begrenzung von Interbankentgelten erweitert (BT-Drs. 18/6220, 88). Nach § 56 Abs. 5a KWG handelt ordnungswidrig, wer vorsätzlich oder fahrlässig ein höheres als in Art. 3 Abs. 1 oder in Art. 4 S. 1 der Verordnung (EU) 2015/751 genanntes Interbankenentgelt erhebt. Die Geldbuße kann nach § 56 Abs. 6 Nr. 2 KWG bis zu 500.000 EUR betragen. Wegen Verstößen gegen §§ 25g Abs. 3 iVm 56 Abs. 2 Nr. 3 lit. h KWG vgl. → Rn. 19.

VI. Einrichtung von Verfahren und Kontrollsystemen (Abs. 2)

Nach Abs. 2 müssen Kreditinstitute über interne Verfahren und Kontrollsysteme 25 verfügen, die die Einhaltung der Pflichten nach den in Abs. 1 genannten Verordnungen sicherstellt. Diese Regelung bezieht sich nach der Gesetzesbegründung (BT-Drs. 17/10038, 15) auf die zu beaufsichtigenden Kreditinstitute iSd Art. 4 Nr. 1 der Richtlinie (EG) 2006/48 bzw. der Nachfolgeregelung in Art. 4 Nr. 1 der Verordnung (EU) Nr. 575/2013, sprich CRR-Kreditinstituten gemäß § 1 Abs. 3d S. 1. Verstöße gegen § 25g Abs. 2 KWG stellen nur dann nach § 56 Abs. 2 Nr. 11a

§ 25h KWG Kreditwesengesetz – Auszug

KWG eine Ordnungswidrigkeit dar, wenn ein Fall von § 25g Abs. 1 Nr. 1 KWG vorliegt, dh nur im Hinblick auf die Geldtransferverordnung keine internen Verfahren und Kontrollsysteme bestehen, die die Einhaltung der diesbezüglichen Pflichten gewährleisten.

VII. Anordnungsbefugnis der BaFin (Abs. 3)

26   Abs. 3 gewährt der BaFin die Anordnungsbefugnis gegenüber Kreditinstituten und Geschäftsleitern, um Verstöße gegen die Pflichten aus den in Abs. 1 genannten Verordnungen zu verhindern bzw. zu unterbinden. Inhaltlich korreliert die Vorschrift damit mit § 25h Abs. 6 KWG und soll der BaFin die Möglichkeit einer wirksamen Überwachung verschaffen (BT-Drs. 17/10038, 15). Verstöße gegen vollziehbare Anordnungen nach § 25g Abs. 3 KWG sind gemäß § 56 Abs. 2 Nr. 3 lit. h KWG bußgeldbewehrt.

§ 25h KWG – Interne Sicherungsmaßnahmen

(1) Institute sowie Finanzholding-Gesellschaften und gemischte Finanzholding-Gesellschaften nach § 25l müssen unbeschadet der in § 25a Absatz 1 dieses Gesetzes, und der in den §§ 4 bis 6 des Geldwäschegesetzes aufgeführten Pflichten über ein angemessenes Risikomanagement sowie über interne Sicherungsmaßnahmen verfügen, die der Verhinderung von strafbaren Handlungen, die zu einer Gefährdung des Vermögens des Instituts führen können, dienen. Sie haben dafür angemessene geschäfts- und kundenbezogene Sicherungssysteme zu schaffen und zu aktualisieren sowie Kontrollen durchzuführen. Hierzu gehört auch die fortlaufende Entwicklung geeigneter Strategien und Sicherungsmaßnahmen zur Verhinderung des Missbrauchs von neuen Finanzprodukten und Technologien für Zwecke der Geldwäsche und der Terrorismusfinanzierung oder der Begünstigung der Anonymität von Geschäftsbeziehungen und Transaktionen.

(2) Kreditinstitute haben unbeschadet des § 10 Absatz 1 Nummer 5 des Geldwäschegesetzes Datenverarbeitungssysteme zu betreiben und zu aktualisieren, mittels derer sie in der Lage sind, Geschäftsbeziehungen und einzelne Transaktionen im Zahlungsverkehr zu erkennen, die auf Grund des öffentlich und im Kreditinstitut verfügbaren Erfahrungswissens über die Methoden der Geldwäsche, der Terrorismusfinanzierung und über die sonstigen strafbaren Handlungen im Sinne von Absatz 1 im Verhältnis zu vergleichbaren Fällen besonders komplex oder groß sind, ungewöhnlich ablaufen oder ohne offensichtlichen wirtschaftlichen oder rechtmäßigen Zweck erfolgen. Die Kreditinstitute dürfen personenbezogene Daten verarbeiten, soweit dies zur Erfüllung dieser Pflicht erforderlich ist. Die Bundesanstalt kann Kriterien bestimmen, bei deren Vorliegen Kreditinstitute vom Einsatz von Systemen nach Satz 1 absehen können.

(3) Jede Transaktion, die im Verhältnis zu vergleichbaren Fällen besonders komplex oder groß ist, ungewöhnlich abläuft oder ohne offensichtlichen wirtschaftlichen oder rechtmäßigen Zweck erfolgt, ist von Instituten im Sinne von Absatz 1 unbeschadet des § 15 des Geldwäschegesetzes mit angemessenen Maßnahmen zu untersuchen, um das Risiko der Trans-

aktion im Hinblick auf strafbare Handlungen im Sinne von Absatz 1 Satz 1 überwachen, einschätzen und gegebenenfalls die Erstattung einer Strafanzeige gemäß § 158 der Strafprozessordnung prüfen zu können. Die Institute haben diese Transaktionen, die durchgeführten Untersuchungen und deren Ergebnisse nach Maßgabe des § 8 des Geldwäschegesetzes angemessen zu dokumentieren, um gegenüber der Bundesanstalt darlegen zu können, dass diese Sachverhalte nicht darauf schließen lassen, dass eine strafbare Handlung im Sinne von Absatz 1 Satz 1 begangen oder versucht wurde oder wird. Absatz 2 Satz 2 gilt entsprechend. Auf Institute ist § 47 Absatz 5 des Geldwäschegesetzes entsprechend anzuwenden für Informationen über konkrete Sachverhalte, die Auffälligkeiten oder Ungewöhnlichkeiten enthalten, die auf andere strafbare Handlungen als auf Geldwäsche, auf eine ihrer Vortaten oder auf Terrorismusfinanzierung hindeuten.

(4) Institute dürfen interne Sicherungsmaßnahmen nach Absatz 1 Satz 1 nach vorheriger Anzeige bei der Bundesanstalt im Rahmen von vertraglichen Vereinbarungen durch einen Dritten durchführen lassen. Die Bundesanstalt kann die Rückübertragung auf das Institut dann verlangen, wenn der Dritte nicht die Gewähr dafür bietet, dass die Sicherungsmaßnahmen ordnungsgemäß durchgeführt werden oder die Steuerungsmöglichkeiten der Institute und die Kontrollmöglichkeiten der Bundesanstalt beeinträchtigt werden könnten. Die Verantwortung für die Sicherungsmaßnahmen verbleibt bei den Instituten.

(5) Die Bundesanstalt kann gegenüber einem Institut im Einzelfall Anordnungen treffen, die geeignet und erforderlich sind, die in Absätzen 1 bis 3 genannten Vorkehrungen zu treffen.

(6) Die Deutsche Bundesbank gilt als Institut im Sinne der Absätze 1 bis 4.

(7) Die Funktion des Geldwäschebeauftragten im Sinne des § 7 des Geldwäschegesetzes und die Pflichten zur Verhinderung strafbarer Handlungen im Sinne des Absatzes 1 Satz 1 werden im Institut von einer Stelle wahrgenommen. Die Bundesanstalt kann auf Antrag des Instituts zulassen, dass eine andere Stelle im Institut für die Verhinderung der strafbaren Handlungen zuständig ist, soweit hierfür ein wichtiger Grund vorliegt.

Literatur: *Achtelik,* Rechtsrisiken im Blick. Die neuen Compliance-Regelungen in den MaRisk, BI 12/2012, 30ff.; *Achtelik,* Betrugsbekämpfung, Leitfaden zur Erstellung der Gefährdungsanalyse zur Verhinderung betrügerischer Handlungen zu Lasten des Instituts nach § 25c KWG-E, 2008; *Achtelik/Amtage/El-Samalouti/Ganguli u. a.,* Risikoorientierte Geldwäschebekämpfung, 2. Aufl. 2011; *Achtelik/Ganguli,* Das neue Anti-Geldwäsche-Regime, Sonderbeilage zum Bankpraktiker 11/2008, 4ff.; *Ackmann/Reder,* Geldwäscheprävention in den Kreditinstituten nach Umsetzung der Dritten EU-Geldwäscherichtlinie (Teil I), WM 2009, 158ff. und (Teil II) WM 2009, 200ff.; *Amtage/Baumann/Bdeiwi u. a.,* Risikoorientierte Geldwäschebekämpfung, 3. Aufl. 2018; BaFin, BaFin, Auslegungs- und Anwendungshinweise zum Geldwäschegesetz, Mai 2020 (zitiert: BaFin-AuA); BaFin, Konsultation 17/2018 vom 18.10.2018 für ein Rundschreiben „Sorgfaltspflichten im Zusammenhang mit virtuellen Währungen – Hinweise für ein angemessenes risikoorientiertes Vorgehen", GZ: GW-1GW 2000–2018/0002; BaFin, Digitalisierungsstrategie der BaFin, August 2018; BaFin, BaFin Perspektiven, Ausgabe 1/2018; BaFin, Rundschreiben 5/2017 (GW) vom 24.5.2017; Angemessene geschäftsbezogene Sicherungssysteme im Sinne des § 25h Abs. 1 Satz 1 KWG, BaFin, Jahresbericht 2016; BaFin, Rundschreiben 4/2015 (BA) vom 5.5.2015, Mindestanforderungen an die Sicherheit von Internetzahlungen, GZ: BA 57-K 3142–2013/0017; BaFin, Konsultation 04/2014: Entwurf eines Rundschreibens – Hinweise zum Umfang bzw. zur Ausgestaltung diverser geldwäscherechtlicher Pflichten, 2.6.2014; BaFin, Rundschreiben 1/2014 (GW) vom 5.3.2014, I. Verwaltungspraxis zu § 11 GwG sowie Adressen der zuständigen Behörden für eine Verdachtsmeldung nach §§ 11, 14 GwG; II. Erfordernis einer Verdachtsmeldung auch bei Kenntnis von einer steuerlichen Selbstanzeige durch den Vertragspartner; III. Auslegung des § 6 Abs. 2 Nr. 2 GwG („nicht persönlich anwesend"); IV. Verwaltungspraxis zu den gesetzlichen Vorschriften zur Verhinderung von Geldwäsche und Terrorismusfinanzierung im Geldwäschegesetz und Kreditwesengesetz, GW 1-GW 2001–2008/0003; BaFin, Geldwäscheprävention – Sonderprüfungen bei Sparkassen und Genossenschaftsbanken, BaFinJournal Februar 2014, 10f.; BaFin, Jahresbericht 2013; BaFin, Rundschreiben 10/2012 (BA) vom 14.12.2012, Mindestanforderungen an das Risikomanagement – MaRisk, GZ: BA 54-FR 2210–2012/0002; BaFin, Rundschreiben 1/2012 (GW) vom 6.6.2012, Verwaltungspraxis zu den gesetzlichen Vorschriften zur Verhinderung von Geldwäsche und Terrorismusfinanzierung im Geldwäschegesetz und Kreditwesengesetz, GZ: GW 1-GW 2001–2008/0003; BaFin, Schreiben an das IDW vom 13.9.2011, Klarstellung hinsichtlich der aufsichtsrechtlichen Erwartungen in Zusammenhang mit der Anlage 6 zu § 21 PrüfBV, GZ: GW-AZB 2330–2011/0004; BaFin, Rundschreiben 7/2011 (GW) vom 16.6.2011, Verwaltungspraxis zu § 25c Absätze 1 und 9 KWG (sonstige strafbare Handlungen), GZ: GW-1-AZB 2330–2008/0002; BaFin, Erstmals detaillierte Regelungen für Prävention „sonstiger strafbarer Handlungen" im Sinne von § 25c KWG, BaFinJournal 06/11, 4ff.; BaFin, Rundschreiben 4/2010 (WA) vom 7.6.2010, Mindestanforderungen an die Compliance-Funktion und die weiteren Verhaltens- Organisations- und Transparenzpflichten nach §§ 31ff. WpHG für Wertpapierdienstleistungsunternehmen (MaComp), GZ: WA 31-WP 2002–2009/0010; BaFin, Entwurf eines Rundschreibens zur Verhinderung betrügerischer Handlungen zu Lasten der Institute gemäß § 25c Abs. 1 des Kreditwesengesetzes vom 27.4.2010, GZ: GW 1-FR 1903–2010/0001; BaFin, Rundschreiben 17/2009 vom 23.9.2009, Gruppenweite Umsetzung von Präventionsmaßnahmen gemäß § 25g KWG, GZ: GW 1-GW 2001/2008/0003; BaFin, Schreiben vom 8.11.2005, Implementierung von Geldwäschepräventionssystemen i. S. d. § 25a Abs. 1 Nr. 6 KWG; BaFin, Verzichtbarkeit auf ein EDV-Researchsystem bei kleineren Instituten, GZ: GW 1 – B 590; BaFin, Rundschreiben 8/2005 vom 24.3.2005, Institutsinterne Implementierung angemessener Risikomanagementsysteme zur Verhinderung der Geldwäsche, Terrorismusfinanzierung und Betrug zu Lasten der Institute gemäß §§ 25a Abs. 1 Satz 3 Nr. 6, Abs. 1a KWG, 14 Abs. 2 Nr. 2 GwG, GZ: GW 1 – E 100; BaFin, Schreiben vom 25.3.2004, EDV-Research von Förderinstituten, GZ: GW 1 – F 405; BaFin, Jahresbericht 2002; BAKred, Schreiben vom 21.5.1999, GZ: Z 5 – B 590; BAKred, Verlautbarung des Bundesaufsichtsamtes für das Kreditwesen über Maßnahmen der Kreditinstitute zur Bekämpfung und Verhinderung der Geldwäsche vom 30.3.1998 inklusive der Änderung der Ziff. 41ff. der Verlautbarung vom 8.11.1999, GZ: Z 5 – E 100; BAKred, Schreiben vom 3.6.1994, Bestellung von Geschäftsleitern eines Kreditinstituts zu „leitenden Personen" i. S. d. § 14 Abs. 2 Nr. 1 GwG, GZ: I5 – B210; BAKred, Schreiben vom 9.2.1994, Bestellung von Geschäftsleitern eines Kreditinstituts zu „leitenden Personen" i. S. d. § 14 Abs. 2 Nr. 1 GwG, GZ: I5 – B210; BCBS, Sound Management of risks related to money laundering and financing of terrorism, Juli 2020; BCBS, Grundsätze für eine wirksame Bankenaufsicht, September 2012; BCBS, Grundsätze für eine wirksame Bankenaufsicht, Oktober 2006; BCBS, Methodik der Grundsätze für eine wirksame Bankenaufsicht, Oktober 2006; BCBS, Sorgfaltspflicht der Banken bei Feststellung der Kundenidentität, Oktober 2001; BCBS, Grundsätze für eine wirksame Bankenaufsicht, September 1997; *Bauer/Bergmann*, Zur Reichweite der „betrügerischen Handlungen" nach § 25a Abs. 1 Satz 3 Nr. 6 KWG, ZBB 2007, 113ff.; *Bergmann*, Geldwäsche, 2019; Berliner Beauftragter für Datenschutz und Informationsfreiheit, Jahresbericht 2005; *Braun*, Neuorientierung bei der Prävention oder Bekämpfung von betrügerischen Handlungen (§ 25c KWG) – Notwendigkeit oder regulatorisches

Steckenpferd, Banken-Times Spezial, Januar & Februar 2011, 2f.; *Bundeskriminalamt* (FIU), Jahresbericht 2016; Bundeskriminalamt (FIU), Newsletter Juni 2016; Bundeskriminalamt (FIU), Sonder-Newsletter, Februar 2016; Bundeskriminalamt (FIU), Jahresbericht 2015; Bundeskriminalamt (FIU), Newsletter September 2015; Bundeskriminalamt (FIU), Jahresbericht 2014; Bundeskriminalamt (FIU), Newsletter – Anhaltspunktepapier, Ausgabe Nr. 11, August 2014; Bundeskriminalamt (FIU) Deutschland, Newsletter Dezember 2008; Bundeskriminalamt (FIU) Deutschland, Jahresbericht 2007; Bundeskriminalamt, Wirtschaftskriminalität – Bundeslagebild 2018;; Düsseldorfer Kreis, Arbeitspapier „Datenschutzrechtliche Anforderungen für Research-Systeme zur Aufdeckung von Geldwäsche", 17.9.2007; Düsseldorfer Kreis, Whistleblowing-Hotlines: Firmeninterne Warnsysteme und Beschäftigtendatenschutz, 2007; EBA, Report on Big Data and Adavanced Analytics, Januar 2020 (EBa/REP/2020/01); EBA, Updated Guidelines on fraud reporting under PSD 2 vom 22.1.2020; EBA, Guidelines on fraud reporting under the Payment Services Directive 2 (PSD2), 18.7.2018; EBA, Consultation Paper on the implementation of draft EBA guidelines on the security of internet payments prior to the transposition of the revised Payment Services Directive (PSD2), 20.10.2014; Ernst & Young, Overcoming compliance fatigue (13th Global Fraud Survey), Mai 2014; FATF, Consolidated FATF Standards on information sharing, November 2017; FATF, Guidance for a risk-based approach – Virtual Currencies, Juni 2015; FATF, Guidance for a risk-based approach – The Banking Sector, Oktober 2014; FATF, National money laundering and terrorist financing risk assessment, März 2013; FATF, The FATF Recommendations, Februar 2012 (aktualisiert: Juni 2019); FATF, Mutual Evaluation Report Germany, 19.2.2010; FATF, Leitfaden zum risikobasierten Ansatz zur Bekämpfung von Geldwäsche und Terrorismusfinanzierung, Juni 2007; *Findeisen*, Bankgeheimnis und Verhinderung der Geldwäsche, Schriftenreihe der Bankrechtlichen Vereinigung, Band 22, 2004, S. 95 ff.; *Findeisen*, Outsourcing der Funktion des Geldwäschebeauftragten und andere wesentliche Pflichten des Geldwäschegesetzes, WM 2000, 1234 ff.; *Fischer*, Fraud-Fälle: Angemessene und zeitnahe Reaktion, BP 2017, 276 ff.; *Fischer*, StGB, 64. Aufl. 2017; FIU, Jahresbericht 2018; *Friederich/Gebhard*, Betrugsprävention (auch) in Regionalbanken, BankPraktiker 2010, 116 ff.; *Fromberger/Haffke/Zimmermann*, Kryptowerte und Geldwäsche, BKR 2019, 377 ff.FSI, Regulatory approaches to enhance banks' cyber-security frameworks, August 2017; *Fülbier/Aepfelbach/Langweg*, GwG, 5. Aufl. 2006; *Gandhi*, Financial frauds – prevention: a question of knowing somebody, Speech, New Delhi am 26.6.2016, http://www.bis.org/review/r150721c.htm (Stand: 30.9.2017); *Ganguli/Hetzler/Quedenfeld/Rühle/Schanz*, Prävention und Bekämpfung von betrügerischen Handlungen/Wirtschaftskriminalität, Berlin 2010; *Glining/Glining*, Der internationale Finanzbetrug, 4. Aufl. 2003; *Glowasz/Ndokaj*, Finanzkriminalität – große Herausforderungen für die Banken-IT, ZfgK 2017, 393 ff.; *Hallermann*, Trennung von Geldwäsche- und Betrugsbekämpfung aufgrund des neugefassten § 25c KWG?, BankPraktiker 2012, 172 ff.; *Hamacher*, Kontenzugriff der Finanzbehörden – Rasterfahndung in Banken, Die Bank 9/2006, 40 ff.; *Hartmann*, Internationale Finanzströme und Geldwäsche, KJ 2007, 2 ff.; *Heim*, Neuer § 25c KWG: Betrugsgefährdungsanalyse bei Banken, Banken-Times 2009, 34 f.; *Helm*, Betrugsbekämpfung – Regulatorische Pflicht oder ökonomische Vorteilhaftigkeit, Banken-Times Spezial November & Dezember 2013, 2 f.; *Hofer*, Neue MaRisk, BaFinJournal, März 2013, 15 ff.; *Herzog*, Geldwäschegesetz, 2. Aufl. München 2014; *Herzog*, Das Bankgeheimnis – eine Schranke staatlicher und staatlich veranlasster Ermittlungen?, Schriftenreihe der Bankrechtlichen Vereinigung, Band 22, 2004, S. 47 ff.; *Herzog*, Geldwäschebekämpfung – quo vadis? – Rechtsstaatliche Grenzen der Geldwäschebekämpfung durch Aufsichtshandlungen des Bundesaufsichtsamtes für das Kreditwesen, WM 1999, 1905 ff.; *Herzog*, Der Banker als Fahnder? – Von der Verdachtsanzeige zur systematischen Verdachtsgewinnung, WM 1996, 1753 ff.; *Herzog/Christmann*, Geldwäsche und Bekämpfungsgesetzgebung – Ein Plädoyer für rechtsstaatliche Sensibilität, WM 2003, 6 ff.; *Herzog/Mülhausen*, Geldwäschebekämpfung und Gewinnabschöpfung, 2006, zitiert: *Bearbeiter* in Herzog/Mülhausen; *Höche*, Bekämpfung von Geldwäsche und Terrorismusfinanzierung, 2003; *Jahn*, Verschärfte Finanzkontrollen nach Terroranschlägen, ZRP 2002, 109 ff.; Joint Committee, Consultation: Draft Guidelines under Articles 17 and 18(4) of Directive (EU)

§ 25h KWG

2015/849 on customer due diligence and ML/TF risk factors vom 5.2.2020, JC 2019 87 (zitiert: JC 2019 87); Joint Committee, Opinion on the use of innovative solutions by credit and financial institutions in the customer due dilligence process, JC 2017 81, 23.1.2018 (zitiert: JC 2017 81); Joint Committee, Gemeinsame Leitlinien zu den Merkmalen eines risikobasierten Aufsichtsansatzes bei der Bekämpfung der Geldwäsche und der Terrorismusfinanzierung und zu den Maßnahmen, die im Rahmen einer risikosensiblen Aufsicht zu ergreifen sind, ESAs 2016 72 vom 7.4.2017; Joint Committee, Joint opinion on the risks of money laundering and terrorist financing affecting the Union's financial sector, JC/2017/07 vom 22.2.2017 (zitiert: JC/2017/07); *Kelzenberg/Mayer*, Fraud – Wohin damit?, BankPraktiker 3/2014, 70ff.; KPMG, e-Crime in der deutschen Wirtschaft 2017; KPMG, Wirtschaftskriminalität in Deutschland 2018;; *Klebeck/Dobrauz-Saldapenna*, Rechtshandbuch Digitale Finanzdienstleistungen, 2017; *Kraus*, Straf- und ordnungswidrigkeitenrechtliches Haftungsrisiko bei Korruption für Unternehmen und Geschäftsleitungsmitglieder, Banken-Times Spezial Haftungsfragen, März & April 2012; *Kruse*, Wachsender Wettbewerbsdruck in der Finanzbranche schafft Nährboden für Wirtschaftskriminalität, Banken-Times Spezial Geschäftsleitung, Februar & März 2013, 7 f.; *Kruse*, Die Anforderungen des § 25c KWG aus der Sicht des Prüfers, BankPraktiker 2012, 303 ff.; Landeskriminalamt Baden-Württemberg, Lagebild Finanzermittlungen 2005; *Lauer*, Der unbekannte Betrüger, Banken-Times April 2011, 20 f.; *Luz/Neus/Schaber/Scharpf/Schneider/Weber*, KWG und CRR (Band 1), 3. Aufl. 2015; Martin-Luther-Universität Halle/Wittenberg/PricewaterhouseCoopers, Wirtschaftskriminalität 2018 Mehrwert von Compliance – forensische Erfahrungen; *Möslein/Omlor*, FinTech-Handbuch, 2019; *Naumann*, Wirkungsvolle Korruptions-/Betrugsbekämpfung ist auch nach dem neuen Datenschutzgesetz möglich, Banken-Times Spezial, Dezember 2009 & Januar 2010, 1 ff.; *Nouvertné/Yorick*, Die leichtfertige Unterlassung von Geldwäscheverdachtsmeldungen beim Onlinebanking, WM 2017, 1544 ff.; *Peters*, Kriminalität – Bekämpfung mit Know-how und innovativer Technologie, BI 05/17, 74 ff.; *Richter/Zawilla*, Missbrauchspraktiken bei der Betreuung vermögender Kunden, BankPraktiker 2010, 334 ff.; *Roßnagel*, Handbuch Datenschutzrecht, 2003; *Rößler*, Bekämpfung von Geldwäsche und Betrug, diebank 5.2011, 62 ff.; *Salvenmoser/Hauschka*, Korruption, Datenschutz und Compliance, NJW 2010, 331 ff.; *Saurer*, Die Ausweitung sicherheitsrechtlicher Regelungsansprüche im Kontext der Terrorismusbekämpfung, NVwZ 2005, 275 ff.; *Schäfer-Band/Zawilla*, Geldwäsche und betrügerische Handlungen im Fokus der Bankenaufsicht: Pflicht zur Erstellung institutsinterner Gefährdungsanalysen, BankPraktiker 2006, 306 ff.; *Scherp*, Gesetze gegen die Geldwäsche und gegen die Finanzierung des Terrorismus – eine stille Verfassungsreform?, WM 2003, 1254 ff.; *Schily*, Gesetze gegen die Geldwäsche und gegen die Finanzierung des Terrorismus – eine stille Verfassungsreform?, WM 2003, 1249 ff.; *Schmidt*, Der Weg zur Gesamtbank-Compliance, BankPraktiker WiKi MaRisk 2013, 25 ff.; *Scholz*, Geldwäschebekämpfung 4.0, BP 03/2019, 47 ff.; *Scholz*, Von der Zentralen Stelle zur unternehmensweiten Compliance(-Funktion, Banken-Times April 2013, 21 f.; *Scholz*, § 25c KWG – Auswirkungen auf die Gefährdungsanalyse, BP 2012, 381 ff.; *Schröder*, Geldwäscheprävention und Compliance: Neue Aufgaben für Kreditinstitute infolge neuen Strafrechts, ZBB/JBB 2013, 312 ff.; *Schröder/Bergmann*, „Strafbare Handlungen" in Abgrenzung zu „betrügerischen Handlungen": Begriffswandel in § 25c Abs. 1 KWG, ZBB 2011, 255 ff.; *Schwennicke/Auerbach*, KWG, 3. Aufl. 2016; *Sell/Zawilla*, Auslagerung der § 25c KWG-Pflichten zur Verhinderung „sonstiger strafbarer Handlungen" – Möglichkeiten und Grenzen, Banken-Times Dezember 2011/Januar 2012, 1 f.; *Sell*, § 25c Kreditwesengesetz (KWG) – interne Maßnahmen und zentrale Stelle, BP 20111, 449 ff.; *Sell*, § 25c KWG: Kernaussagen der neuen Vorschrift im Bereich strafbarer Handlungen, Banken-Times November 2011, 55 f.; *Simitis*, Die Vorratsspeicherung – ein unverändert zweifelhaftes Privileg, NJW 2014, 2158 ff.; *Scholz*, Die Umsetzung der Vierten Geldwäscherichtlinie: Totale Transparenz, Geldwäschebekämpfung auf Abwegen?, WM 2017, 1142 ff.; *Struwe/Rösler*, Auslagerung der Funktion des Geldwäschebeauftragten – Effizienz heben, regulatorische Anforderungen beachten, Banken-Times Spezial Geschäftsleitung, Dezember 2012 & Januar 2013, 2 ff.; *Tinnefeld/Ehmann/Gerling*, Einführung in das Datenschutzrecht, 4. Aufl. 2005; *Ullrich*, Die Bankenaufsicht verlautbart ihre Verwaltungspraxis zu den neuen Anforderungen aus § 25c Absätze 1 und 9 KWG (sonstige strafbare Handlungen)!, Banken-Times Spezial Juli & August 2011, 2f.; *Ullrich,* Die politische Jahresenduberraschung für die Kreditwirtschaft: Neue Anforderungen aus § 25c KWG verabschiedet!, Banken-Times Spezial März & April 2011, 1ff; *Zawilla,* Präventionsansätze gegen Manipulationspraktiken im Privatkundengeschäft, BP 2010, 421ff.; Verband der Privaten Bausparkassen, Auslegungs- und Anwendungshinweise der Bausparkassen zur Verhinderung von Geldwäsche, Terrorismusfinanzierung und sonstigen strafbaren Handlungen vom 3.3.2015 (zitiert: Bausparkassen AuAs); *Wildenauer,* MaSI: Anforderungen und Umsetzung, BP 2016, 22ff.; *Zahrte,* Angriffe auf das Onlinebanking im Jahr 2016 – Zugleich eine Besprechung von LG Köln (Az. 30 O 330/14) und OLG Köln (Az. 13 U 223/15), BKR 8/2016, 315ff.; ZKA, *Zentes/Glaab* (Hrsg.), GwG, 2018; Stellungnahme zum Gesetzentwurf zur Fortentwicklung der Bekämpfung der Geldwäsche und der Bekämpfung der Terrorismusfinanzierung (Geldwäschebekämpfungsergänzungsgesetz – GwBekErgG, Stand: 11.10.2007), 19.11.2007; ZKA, Ergebnisvermerk über die Ergebnisse des Gesprächs zwischen der BaFin, Gruppe Geldwäscheprävention, und dem ZKA am 17.4.2007 in Bonn, vom 29.8.2007; ZKA, Ergebnisvermerk – Ergebnisse des Gesprächs zwischen der BaFin, Gruppe Geldwäscheprävention, und dem ZKA am 18.11.2005, vom 10.2.2006; ZKA, Leitfaden zur Bekämpfung der Geldwäsche, 3. Aufl. 2001.

Übersicht

	Rn.
I. Allgemeines	1
II. Anforderungen an ein angemessenes Risikomanagement und Sicherungsmaßnahmen (Abs. 1)	6
III. Datenverarbeitungssysteme (Abs. 2)	11
IV. Untersuchung, Dokumentation, Informationsaustausch (Abs. 3)	19
V. Auslagerung interner Sicherungsmaßnahmen (Abs. 4)	23
VI. Anordnungsbefugnis der BaFin (Abs. 5)	25
VII. Einrichtung einer zentralen Stelle (Abs. 7)	26

I. Allgemeines

§ 25h wurde ursprünglich als § 25c durch das Geldwäschebekämpfungsergänzungsgesetz (GwBekErgG) vom 13.8.2008 (BGBl. I S. 1690) in das KWG eingeführt und ging auf Art. 8 Abs. 1 lit. d und Art. 34 Abs. 1 der 3. EU-Geldwäscherichtlinie zurück. Durch das Gesetz zur Umsetzung der Zweiten E-Geld-Richtlinie vom 1.3.2011 (BGBl. I S. 288) wurde die Regelung sodann vollständig überarbeitet, dies ua vor dem Hintergrund diverser Monita im Deutschland-Prüfungsbericht der FATF vom Februar 2010. Die Vorschrift ergänzt die für alle Verpflichteten iSd GwG geltenden Regelungen, insbesondere in den §§ 4ff. GwG, zum Teil für alle Institute (Abs. 1, Abs. 3–5 und 7), zum Teil nur für Kreditinstitute (Abs. 2) und für übergeordnete Finanzholding-Gesellschaften und gemischte Finanzholding-Gesellschaften nach § 25l KWG (Abs. 1). Als Institut iSd Abs. 1–4 gilt dabei auch die Deutsche Bundesbank (Abs. 6). Hatte § 25c KWG in der Fassung des GwBekErgG vornehmlich allgemein gehaltene Pflichten im Hinblick auf die Verhinderung von **Geldwäsche, Terrorismusfinanzierung und betrügerischen Handlungen** zu Lasten von Instituten zum Gegenstand, die insbesondere an eine ordnungsgemäße Geschäftsorganisation und ein angemessenes Risikomanagement anknüpften, wurde der Regelungsgegenstand durch die Änderungen des Gesetzes zur Umsetzung der Zweiten E-Geld-Richtlinie deutlich erweitert und konkretisiert. Dabei wurde insbesondere der Begriff der betrügerischen Handlung zu Lasten von

Instituten in Abs. 1 durch den der Verhinderung sonstiger strafbarer Handlungen, die zu einer Vermögensgefährdung des Instituts führen können, ersetzt. Mit dieser Änderung wurde die gestiegene Bedeutung der Wirtschaftskriminalität (vgl. zu Inhalt und Umfang der Wirtschaftskriminalität zB jährlich vom Bundeskriminalamt herausgegebenes Bundeslagebild **Wirtschaftskriminalität,** zuletzt von 2018; KPMG, Wirtschaftskriminalität in Deutschland; PwC/Martin-Luther-Universität Halle-Wittenberg, Wirtschaftskriminalität) unterstrichen. Vor dem Hintergrund modifizierter Begrifflichkeiten im GwG, insbesondere der Ersetzung der „Verdachtsanzeige" durch den Begriff der „Verdachtsmeldung" wurden durch das Gesetz zur Optimierung der Geldwäscheprävention vom 22.12.2011 (BGBl. I S. 2959) in Abs. 3 und 4 der Vorschrift diese Änderungen nachvollzogen. Durch das CRD IV-Umsetzungsgesetz vom 28.8.2013 (BGBl. I S. 3395) wurde die Norm von § 25c in § 25g überführt. Mit Wirkung vom 31.1.2014 wurde die Norm dann durch das Gesetz zur Abschirmung von Risiken und zur Planung der Sanierung und Abwicklung von Kreditinstituten und Finanzgruppen vom 7.8.2013 (BGBl. I S. 3090) zu § 25h. Durch das Gesetz zur Umsetzung der Vierten EU-Geldwäscherichtlinie, zur Ausführung der EU-Geldtransferverordnung und zur Neuorganisation der Zentralstelle für Finanztransaktionsuntersuchungen vom 23.6.2017 (BGBl. I S. 1822) wurde insbesondere die bis dahin in Abs. 4 der Norm festgelegte Pflicht für Institute zur Bestellung eines Geldwäschebeauftragten und dessen Pflichten und Rechte vor dem Hintergrund der für alle Verpflichteten geltenden Regelung in § 7 GwG aufgehoben (RegBegr. BT-Drs. 18/11555, 176). Durch das Gesetz zur Umsetzung der Änderungsrichtlinie zur Vierten EU-Geldwäscherichtlinie vom 12.12.2019 (BGBl. I S. 2602) kam es nur zu geringfügigen redaktionellen Änderungen.

2   Weite Teile der Regelungen in § 25h Abs. 1–3 KWG finden dabei sowohl auf nationaler wie internationaler Ebene ihren Ursprung (vgl. zur Historie auch *Auerbach/Hentschel* in Schwennicke/Auerbach KWG § 25h Rn. 2 ff.). Durch das 4. Finanzmarktförderungsgesetz vom 26.6.2002 (BGBl. 2002 I S. 2010 ff.) wurde mit § 25a Abs. 1 S. 1 Nr. 4 KWG aF erstmals, dies in Folge der Terroranschläge in den USA vom 11.9.2001, eine vergleichbare Regelung in das Kreditwesengesetz aufgenommen, die dann in § 25a Abs. 1 S. 3 Nr. 6 KWG aF durch das Finanzkonglomeraterichtlinie-Umsetzungsgesetz vom 27.12.2004 (BGBl. I S. 3610 ff.) und in § 25a Abs. 1 S. 6 Nr. 3 KWG aF durch das Finanzmarktrichtlinie-Umsetzungsgesetz vom 16.7.2007 (BGBl. I S. 1330 ff.) fortentwickelt wurde (*Ackmann/Reder* WM 2009, 158 (164)). Zwar waren die **terroristischen Anschläge** vom 11.9.2001 in den USA der konkrete Aufhänger der Einführung entsprechender Regelungen in das KWG. Antizipiert wurde die Regelung hingegen bereits in § 14 Abs. 2 Nr. 2 GwG idF vom 25.12.1993 (BGBl. 1993 I S. 1770 ff.). Diese Vorschrift forderte von Kreditinstituten die Entwicklung interner Grundsätze, angemessener geschäfts- und kundenbezogener Sicherungssysteme und Kontrollen zur Verhinderung der Geldwäsche und korrespondierte daher mit den später im KWG eingeführten Regelungen (*Schily* WM 2003, 1249 (1252); *Teichmann/Achsnich* in Herzog/Mülhausen Geldwäschebekämpfung-HdB § 33 Rn. 28), wobei es seinerzeit weniger die Einführung von Datenverarbeitungssystemen als die Sensibilisierung der Mitarbeiter im Vordergrund stand. Auch die Vorgängerbehörde der BaFin, das BAKred, hatte in der „Verlautbarung über Maßnahmen der Kreditinstitute zur Bekämpfung und Verhinderung der Geldwäsche" vom März 1998 in Abschnitt 34 d) diesbezügliche weitere Konkretisierungen vorgenommen. So waren interne Organisationsanweisungen zu schaffen, die – unter Berücksichtigung der Größe, Organisation

§ 25h KWG

und Geschäftssituation des einzelnen Kreditinstituts, sowie dessen Geschäfts- und Kundenstruktur – gewährleisten, dass die Transaktionen mit besonderer Aufmerksamkeit behandelt werden, die bereits in der Vergangenheit unter Geldwäschegesichtspunkten auffällig geworden sind. Auf internationaler Ebene war es zunächst allen voran der BCBS, der die Schaffung laufender Überwachungspflichten einforderte. Im September 1997 veröffentlichte der BCBS erstmals „Grundsätze für eine wirksame Bankenaufsicht", nach deren Grundsatz 15 sich die Bankaufsichtsbehörden davon überzeugen mussten, dass die Banken über angemessene Geschäftsgrundsätze, Geschäftspraktiken und Verfahrensweisen einschließlich strenger Vorschriften über die Kenntnis der Kundenidentität (KYC) verfügen. Dieser Grundsatz ging später nahezu unverändert in Grundsatz 18 der „Grundsätze für eine wirksame Bankenaufsicht" vom Oktober 2006 auf. Vom BCBS wurde zudem im Rahmen des Papiers „Sorgfaltspflicht der Banken bei der Feststellung der Kundenidentität", vom Oktober 2001 der Gedanke der laufenden Überwachung von Geschäftsbeziehungen erneut aufgegriffen (vgl. dort Tz. 53) und sodann auch im Papier „Sound management of risks related to money laundering and financing of terrorism" zuletzt aus Juli 2020 (vgl. dort insbes. Tz. 28 ff. mit Blick auf ein angemessenes Transaktionsmonitoringsystem und Tz. 45 ff. zu einem laufenden Monitoringsystem). Auch die FATF hat sich wiederholt umfassend mit entsprechenden Vorgaben befasst, ua zuletzt in den Empfehlungen der FATF vom Februar 2012 (aktualisiert im Juni 2019) oder der „Guidance for a risk-based approach" im Bankensektor vom Oktober 2014. So fordert etwa Empfehlung 1 der Empfehlungen der FATF, dass die Staaten ua ihre Finanzinstitute zur Identifizierung, Bewertung und **Ergreifung effektiver Maßnahmen** zur Verhinderung von Geldwäsche und Terrorismusfinanzierung verpflichten und Empfehlung 18, dass Programme gegen Geldwäsche und Terrorismusfinanzierung implementiert werden. Tz. 54 ff. der „Guidance for a risk-based approach" im Bankensektor der FATF geben Banken ferner detaillierte Hinweise einer Risikobewertung sowie in Tz. 73 ff. für interne Kontrollen und Monitoring.

Im Hinblick auf einen europarechtlichen Anknüpfungspunkt gab es mit Art. 34 **3** Abs. 1 der 3. EU-Geldwäscherichtlinie zunächst nur einen noch recht verhaltenen Ansatz, der sehr allgemein gehaltene Vorgaben für Strategien und Verfahren für die Sorgfaltspflichten gegenüber Kunden, Verdachtsmeldungen, die Aufbewahrung von Aufzeichnungen, die interne Kontrolle, die Risikobewertung, das Risikomanagement und die Gewährleistung der Einhaltung der einschlägigen Vorschriften enthielt. Im Rahmen der **4. EU-Geldwäscherichtlinie** enthält nunmehr zB Art. 8 umfangreiche Vorgaben für von Instituten anzufertigende Risikoanalysen, die durch die 5. EU-Geldwäscherichtlinie unangetastet bleiben.

Die zwischenzeitlich sehr umfangreiche und **komplexe Regelung in § 25h** **4** **KWG** hat folgende Struktur: Abs. 1 der Vorschrift richtet sich an Institute und übergeordnete (gemischte) Finanzholding-Gesellschaften nach § 25l KWG. Diese werden ua zu einem angemessenen Risikomanagement und internen Sicherungsmaßnahmen zur Verhinderung von strafbaren Handlungen verpflichtet. Nicht mehr Gegenstand sind zumindest insoweit Geldwäsche und Terrorismusfinanzierung, da sich diese Regelungen nunmehr in den §§ 4 ff. GwG wiederfinden. Nach Abs. 2 haben Kreditinstitute grundsätzlich Datenverarbeitungssysteme zu betreiben, um auffällige Geschäftsbeziehungen und Transaktionen vor dem Hintergrund des Erfahrungswissens über die Methoden der Geldwäsche, der Terrorismusfinanzierung und über die (sonstigen) strafbaren Handlungen zu erkennen. In Abs. 3 werden Überwachungs- und Dokumentationspflichten für auffällige Transaktionen bzw. Sachverhalte vorgeschrieben. Abs. 4 enthält Anforderungen an Auslagerungen für interne Sicherungsmaßnahmen. Abs. 5 gewährt der BaFin eine Anordnungsbefugnis zur Durchsetzung der Anforderungen nach Abs. 1–3. Nach Abs. 6 gilt die Deutsche Bundesbank als Institut iSd Abs. 1–4. Letztlich enthält Abs. 7 die grundsätzliche Zuweisung der Zuständigkeit für die Funktion des Geldwäschebeauftragten und der Funktionseinheit zur Verhinderung strafbarer Handlungen an eine einheitliche Stelle im Institut (sog. zentrale Stelle).

5   Erfahrungen der **Prüfungspraxis** haben eine Reihe von typischen Umsetzungsproblemen ergeben, zB im Hinblick auf die Ableitung von Sicherungsmaßnahmen aus der Gefährdungsanalyse bzw. Risikoanalyse nach § 4 GwG (§ 25h Abs. 1 KWG), die Einbindung der zentralen Stelle (§ 25h Abs. 7 KWG) oder Kontrollhandlungen (vgl. iE *Kruse* BankPraktiker 2012, 303 (307f.)). Im Rahmen von Sonderprüfungen der BaFin bei Sparkassen und Genossenschaftsbanken gab es ua bei Gefährdungs- bzw. Risikoanalyse, Monitoring und laufender Überwachung noch Verbesserungspotenzial (BaFin, BaFinJournal Februar 2014, S. 10f.), ferner bei Leasing- und Factoringinstituten unvollständige Gefährdungs- bzw. Risikoanalysen (BaFin, Jahresbericht 2016, S. 62).

II. Anforderungen an ein angemessenes Risikomanagement und Sicherungsmaßnahmen (Abs. 1)

6   Nach § 25h Abs. 1 S. 1 KWG müssen Institute und bestimmte übergeordnete (gemischte) Finanzholding-Gesellschaften iSv § 25l KWG ungeachtet der besonderen organisatorischen Pflichten nach § 25a Abs. 1 KWG sowie der Pflichten der §§ 4–6 GwG über das Risikomanagement, die Risikoanalyse und interner Sicherungsmaßnahmen, über ein **angemessenes Risikomanagement** sowie über **interne Sicherungsmaßnahmen** verfügen, die der Verhinderung von strafbaren Handlungen, die zu einer Gefährdung des Vermögens des Instituts führen können, dienen. Zu diesem Zweck sind angemessene geschäfts- und kundenbezogene Sicherungssysteme zu schaffen und zu aktualisieren sowie diesbezügliche Kontrollen durchzuführen (§ 25h Abs. 1 S. 2 KWG). Durch das Gesetz zur Umsetzung der Änderungsrichtlinie zur Vierten EU-Geldwäscherichtlinie vom 12.12.2019 (BGBl. I S. 2602) wurde nunmehr ausdrücklich und unmissverständlich die Beschränkung in § 25h Abs. 1 S. 1 KWG auf (früher sonstige) strafbare Handlungen vorgenommen, wo zuvor von Geldwäsche, Terrorismusfinanzierung und sonstigen strafbaren Handlungen die Rede war. Ausweislich der Gesetzesbegründung zu dieser Änderung in § 25h KWG (BT-Drs. 19/13827) handelt es sich dabei um eine bloße redaktionelle Änderung. Hintergrund ist, dass bereits mit dem Gesetz zur Umsetzung der Vierten EU-Geldwäscherichtlinie, zur Ausführung der EU-Geldtransferverordnung und zur Neuorganisation der Zentralstelle für Finanztransaktionsuntersuchungen vom 23.6.2017 eine Verlagerung der Pflichten zu Risikomanagement und Risikoanalyse im Bereich der Verhinderung von Geldwäsche und Terrorismusfinanzierung in die §§ 4ff. GwG vorgenommen wurde und deshalb insoweit kein eigener Anwendungsbereich mehr in § 25h Abs. 1 S. 1 KWG bestand (insoweit findet eine diesbezügliche Kommentierung auch nur noch im GwG statt). Ungeachtet dessen enthalten die speziellen Vorgaben in § 25h Abs. 1 S. 3, Abs. 2 KWG (auch) Aspekte der Verhinderung von Geldwäsche und Terrorismusfinanzierung. § 25 Abs. 1 S. 3 beinhaltet die fortlaufende Entwicklung geeigneter Strategien und Si-

Interne Sicherungsmaßnahmen **§ 25h KWG**

cherungsmaßnahmen zur Verhinderung des Missbrauchs von neuen Finanzprodukten und Technologien beispielhaft etwa **virtuelle Währungen** bzw. **Kryptowährungen** und -assets, **Blockchain** und **Distributed-Ledger-Technologie** (vgl. FATF, Guidance for a risk based approach: Virtual Assets and Virtual Assets Providers; FATF, Guidance for a risk-based approach: Virtual Currencies; Antwort der Bundesregierung auf eine kleine Anfrage der Fraktion der FDP, BT-Drs. 19/12466 sowie der Fraktion DIE LINKE, BT-Drs. 19/10240; *Fromberger/Haffke/Zimmermann* BKR 2019, 377 ff.; die BaFin hatte dazu im Oktober 2018 ebenfalls ein Rundschreiben „Sorgfaltspflichten im Zusammenhang mit virtuellen Währungen – Hinweis für ein angemessenes risikoorientiertes Vorgehen" konsultiert (Konsultation 17/2018), welches dann aber zurückgestellt wurde) – jetzt aber im Gegensatz zu § 25h Abs. 1 S. 1 KWG – für Zwecke der Geldwäsche und Terrorismusfinanzierung oder der Begünstigung der **Anonymität** von Geschäftsbeziehungen und Transaktionen. Dabei wurde die Bezugnahme auf die Anonymität als Einfallstor für Geldwäsche erstmals vor dem Hintergrund diesbezüglicher Kritik der FATF (FATF, Mutual Evaluation Report Germany, Tz. 615 f.; zur Anonymität ferner *Mülhausen* in Herzog/Mülhausen Geldwäschebekämpfung-HdB § 43 Rn. 42; *Rott/Schnitt* S. 22 f. sowie zur Anonymität beim Onlinebanking *Nouvertné/Yorick* WM 2017, 1544 ff.) ausdrücklich in eine gesetzliche Regelung aufgenommen, basierte aber bereits auf Art. 13 Abs. 6 der 3. EU-Geldwäscherichtlinie. Im Rahmen der 4. EU-Geldwäscherichtlinie findet sich das Kriterium der Anonymität ua als potenzieller Faktor oder Anzeichen eines höheren Risikos eines Produkts oder einer Transaktion (vgl. dort Anh. III Abs. 2 lit. b sowie Anlage 2 Nr. 2 lit. b zum GwG) Mit der Regelung in § 25h KWG wird eindeutig klargestellt, dass die geforderten Sicherungsmaßnahmen für Institute und die relevanten Finanzholding-Gesellschaften gleichzeitig als Teil des Risikomanagements nach § 25a Abs. 1 KWG anzusehen sind (vgl. RegBegr. zum Gesetz zur Umsetzung der Zweiten E-Geld-Richtlinie, BT-Drs. 17/3023, 59 f.).

Risikomanagement und interne Sicherungsmaßnahmen müssen der Verhinderung (sonstiger) strafbarer Handlungen, die zu einer Gefährdung des Vermögens des Instituts führen können, dienen. Allerdings findet sich im KWG keine gesetzliche **Definition der (sonstigen) strafbaren Handlungen,** die zu einer Vermögensgefährdung des Instituts führen können. Ursprünglich wurde in der Vorgängernorm von § 25h Abs. 1 KWG (vgl. § 25c Abs. 1 KWG idF des GwBekErgG v. 13.8.2008) noch von betrügerischen Handlungen zu Lasten von Instituten gesprochen (vgl. zu einer begrifflichen Eingrenzung *Zentes* in Zentes/Glaab KWG § 25h Rn. 11 ff.; *Bauer/Bergmann* ZBB 2007, 113 ff. sowie allgemein zum Finanzbetrug *Gandhi* Tz. 1 ff.). Erst im Rahmen des Gesetzes zur Umsetzung der Zweiten E-Geld-Richtlinie vom 1.3.2011 wurde dann der Tatbestand durch den weiter gefassten Begriff der „*sonstigen strafbaren Handlungen, die zu einer Gefährdung des Vermögens des Instituts führen können"*, ersetzt (vgl. auch *Auerbach/Hentschel* in Schwennicke/Auerbach KWG § 25h Rn. 15 ff.; zur begrifflichen Differenzierung *Schröder/Bergmann* ZBB 2011, 255 ff.). Bereits der Entwurf eines Rundschreibens der BaFin zur Verhinderung betrügerischer Handlungen zu Lasten der Institute gemäß des damaligen § 25c Abs. 1 KWG vom 27.4.2010 nahm eine Erweiterung eines engen Verständnisses des Betrugsbegriffs vor, der schließlich in der begrifflichen Neuausrichtung der Norm durch das Gesetz zur Umsetzung der Zweiten E-Geld-Richtlinie und den weiteren Erläuterungen im Rundschreiben 7/2011 sowie 1/2012 mündeten. Der Begriff der (sonstigen) strafbaren Handlungen wurde dabei, wie der Gesetzesbegründung zu entnehmen war, bewusst nicht weiter konkretisiert. Erfasst sein soll- 7 ten aber alle vorsätzlichen (versuchten oder vollendeten) strafbaren Handlungen im Inland oder einem anderen Rechtskreis, in dem das Kreditinstitut durch Tochtergesellschaften, Filialen oder Niederlassungen vertreten ist oder in sonstiger Weise seine Dienstleistungen aktiv erbringt (RegBegr. zum Gesetz zur Umsetzung der Zweiten E-Geld-Richtlinie, BT-Drs. 17/3023; BaFin, RdSchr. 7/2011 (GW)) und die zu einer wesentlichen Gefährdung des Vermögens des Instituts führen können. Zu den strafbaren Handlungen können insbesondere Betrugs- und Untreuetatbestände nach §§ 263 ff. StGB, Diebstahl (§ 242 StGB), Unterschlagung (§ 246 StGB), Raub und räuberische Erpressung (§§ 249 ff. StGB), bestimmte Delikte des Wirtschaftsstrafrechts, die Allgemeininteressen in Wirtschaft und Verwaltung schützen (zB §§ 264a, 266b StGB), Korruptionsstraftaten (§§ 331 ff. StGB), Steuerstraftaten (§§ 269 ff. AO), Begünstigung (§ 257 StGB), Straftaten gegen den Wettbewerb (§§ 298 ff. StGB) sowie das Ausspähen von Daten, Identitätsdiebstahl etc (§§ 202 a ff. StGB) gehören (BaFin, RdSchr. 1/2014 (GW) iVm DK, AuAs Nr. 88; vgl. detaillierter und mit vielen konkreten Beispielen *Olbrich/Scheld* in Amtage/Baumann/Bdeiwi u. a. Geldwäschebekämpfung-HdB Rn. 556 ff.). Zunehmend an Bedeutung gewinnen dabei in jüngster Zeit vor dem Hintergrund einschlägiger Delikte (stellvertretend für zahlreiche Presseartikel nur welt.de v. 28.8.2019, Hacker ziehen ganz simpel 1,5 Millionen Euro von deutschen Konten ab, https://www.welt.de/wirtschaft/article199272408/Cyberkriminelle-aus-Brasilien-raeumen-1-5-Millionen-Euro-von-Konten-ab.html (Stand: 31.7.2020); Handelsblatt v. 25.6.2019, Betrugsgefahr bei Onlinebanken?, S. 26; Süddeutsche.de v. 28.5.2017, Kriminelle Hacker – Wie angreifbar Banken sind, http://www.sueddeutsche.de/digital/kriminelle-hacker-wie-angreifbar-banken-sind-1.3522292 (Stand: 31.7.2020), Handelsblatt v. 13.5.2016, S. 28, Meldepflicht für Cyberattacken; Berliner Zeitung v. 10.2.2016, S. 9, Intern: Kriminelle stehlen zehntausende Kartendaten; KPMG, e-Crime in der deutschen Wirtschaft 2017; sowie *Zahrte* BKR 2016, 315 ff.), die Themen **IT-Sicherheit, Sicherheit von Internet-Zahlungen, Online-Banking, Cyberkriminalität**, Finanztransferbetrug, Phishing oder der sog. „Nigeria Fraud" (vgl. *Auerbach/Hentschel* in Schwennicke/Auerbach KWG § 25h Rn. 17; *Quaschning* in Amtage/Baumann/Bdeiwi Geldwäschebekämpfung-HdB Rn. 652 ff.; sowie Vorgaben der Bankenaufsicht zur Eindämmung: BaFin, RdSchr. 4/2015, Mindestanforderungen an die Sicherheit von Internetzahlungen; dazu *Wildenauer* BP 2016, 22 ff.; EZB, Supervision Newsletter Spring 2017, IT risk – ECB to roll out cyber incident reporting framework; EBA Guidelines on fraud report under the Payment services Directive 2 (PSD2), zuletzt in der aktualisierten Version v. 22.1.2020; FSI, Regulatory approaches to enhance banks' cyber-security frameworks). Zur Vermeidung von Abgrenzungsschwierigkeiten sind hingegen Geldwäsche und Terrorismusfinanzierung sowie Insiderhandel und Marktmanipulation insoweit nicht erfasst (BaFin, RdSchr. 1/2014 (GW) iVm DK, AuAs Nr. 88). Dessen ungeachtet besteht für Insiderhandel und Marktmanipulation eine Teilkompetenz auch des Geldwäschebeauftragten, da diese Delikte seit dem Inkrafttreten des Schwarzgeldbekämpfungsgesetzes vom 28.4.2011 (BGBl. I S. 676) auch Vortaten nach § 261 StGB darstellen, so dass verfahrenstechnische Abstimmungen der verschiedenen Stellen erforderlich sind (BaFin, RdSchr. 1/2014 (GW) iVm DK, AuAs Nr. 84) und Abgrenzungsschwierigkeiten zwischen der kapitalmarktrechtlichen Compliance und der Geldwäscheverhinderung entstehen können (dazu ausführlich *Schröder* ZBB 2013, 312 ff.; *Scholz* BP 2012, 381 (382 f.)). Erfasst werden nach allem vorsätzliche strafbare Handlungen, die für das Institut ein operationelles Risiko nach Art. 4 Nr. 53 CRR (VO (EU) Nr. 575/2013 des Europäischen Parlaments und des Rates vom

Interne Sicherungsmaßnahmen **§ 25h KWG**

26.6.2013 über Aufsichtsanforderungen an Kreditinstitute und Wertpapierfirmen und zur Änderung der VO (EU) Nr. 646/2012, ABl. 2013 L 176, 1) darstellen können, einschließlich von Reputationsrisiken (RegBegr zum Gesetz zur Umsetzung der Zweiten E-Geld-Richtlinie, BT-Drs. 17/3023; *Sell* Banken-Times 2011, 55). Art. 4 Nr. 53 CRR versteht unter **operationellem Risiko** das Risiko von Verlusten, die durch die Unangemessenheit oder das Versagen von internen Verfahren, Menschen und Systemen oder durch externe Ereignisse verursacht werden, einschließlich Rechtsrisiken. Insbesondere durch den Verweis auf Reputationsrisiken wird deutlich, dass grundsätzlich auch mittelbare Vermögensgefährdungen ausreichen könnten. Die Vermögensgefährdung ist dabei nicht mit der von der Rechtsprechung des Bundesgerichtshofes (BGH) entwickelten Dogmatik im Rahmen des Betrugstatbestands in § 263 StGB identisch; die Vermögensgefährdung iSv Abs. 1 muss daher nicht einem Vermögensschaden gleichstehen (BaFin, RdSchr. 1/2014 (GW) iVm DK, AuAs, Nr. 84). Nicht erforderlich ist, dass die strafbaren Handlungen, die zu einer Vermögensgefährdung führen, in Zusammenhang mit dem vom Institut erbrachten Dienstleistungen stehen, so das zB auch außerhalb des Bankgeschäfts stehende Handlungen, etwa im Einkauf, in die Betrachtung einzubeziehen sind. Vor dem Hintergrund der weiten Definition der (sonstigen) strafbaren Handlung in § 25h Abs. 1 S. 1 KWG können ferner externe strafbare Handlungen, durch die ein Institut Opfer einer strafbaren Handlung werden kann, von internen strafbaren Handlungen unterschieden werden (BaFin, RdSchr. 1/2014 (GW) iVm DK, AuAs, Nr. 88; ferner mit weiteren Beispielen *Auerbach/Hentschel* in Schwennicke/Auerbach KWG § 25h Rn. 17 ff. sowie *Ullrich* Banken-Times Spezial März & April 2011, 1 (2)). (Drohende) Vermögensgefährdungen des Instituts können daher sowohl auf Handlungen Dritter (Kunde oder Nicht-Kunde) als auch auf Mitwirkungshandlungen mindestens einer institutsinternen Partei (Mitarbeiter oder Mitglieder der Organe) beruhen (BaFin, RdSchr. 1/2014 (GW) iVm DK, AuAs, Nr. 88). Als Beispiel wird in diesem Zusammenhang etwa die Beihilfe zur Steuerhinterziehung von Kunden genannt (BaFin BaFinJournal 06/11, S. 4, 5).

Was den Bereich der Verhinderung (sonstiger) strafbarer Handlungen anbelangt, 8 lagen Hilfestellungen für die Praxis, insbesondere auch im Hinblick auf die Erstellung der Risikoanalyse, erst später als solche zur Geldwäscheverhinderung vor (vgl. zB *Achtelik* Betrugsbekämpfung, Leitfaden zur Erstellung der Gefährdungsanalyse zur Verhinderung betrügerischer Handlungen zu Lasten des Instituts nach § 25c KWG-E; *Schöning* in Amtage/Baumann/Bdeiwi Geldwäschebekämpfung-HdB Rn. 232 ff.; *Braun* Banken-Times Spezial Januar & Februar 2011, 2 f.; *Zawilla* BP 2010, 421 ff.; *Richter/Zawilla* BP 2010, 334 ff.; *Friedrich/Gebhard* BankPraktiker 2010, 116 ff.; *Heim* Banken-Times 2009, 34 f., vgl. dazu → GwG § 5 Rn. 1 ff.). Der Aufbau der Risikoanalyse, sowie die damit zusammenhängenden Prozesse und Fragen entsprechen zumindest im Grundsatz denjenigen zur Ermittlung der aus Geldwäsche und Terrorismusfinanzierung resultierenden Risiken (BaFin, RdSchr. 1/2014 (GW) iVm DK, AuAs Nr. 89). Zu den zu betrachtenden Risiken zählen insbesondere Produktrisiken, Transaktionsrisiken, Länderrisiken, Kundenrisiken, Vertriebsrisiken und sonstige Risiken (BaFin, RdSchr. 1/2014 (GW) iVm DK, AuAs Nr. 89). Besonderheiten können sich dabei ua dadurch ergeben, dass die Risiken der Geldwäsche und **(sonstiger) strafbarer Handlungen** nicht immer identisch sein müssen (vgl. auch *Hallermann* BP 2012, 172 ff.). So können Bereiche, in denen ein geringes Geldwäscherisiko besteht, wie zB der Personalbereich oder das Facility-Management, überdurchschnittlich hohe Risiken im Hinblick auf (sonstige) strafbare Handlungen aufweisen. Darüber hinaus soll sich die Kategorisierung und Ge-

§ 25h KWG   Kreditwesengesetz – Auszug

wichtung von Risiken an der Wahrscheinlichkeit der Vermögensgefährdung durch eine strafbare Handlung und ferner am Risiko, dass die Vermögensgefährdung in einen Schaden beim Institut umschlägt und die Höhe des Schadens orientieren (BaFin, RdSchr. 1/2014 (GW) iVm DK, AuAs, Nr. 89). Eine Einbeziehung der Einträge in die Schadensdatenbank für operationelle Risiken erscheint sachgerecht (*Helm* Banken-Times Spezial November & Dezember 2013, 2 (3)). Damit ergeben sich gegenüber der Analyse im Kontext von Geldwäsche und Terrorismusfinanzierung dahingehend Unterschiede, dass bei der Risikoanalyse mit Blick auf (sonstige) strafbare Handlungen nicht allein die Höhe des Risikos, sondern Eintrittswahrscheinlichkeit und Schadenshöhe im Vordergrund stehen (*Scholz* BankPraktiker 2012, 381 (383)).

9   Der Bundesverband Öffentlicher Banken eV (VÖB) hatte im April 2010 erstmals eine umfassende Ausarbeitung zur Risikoanalyse und Maßnahmen zur Bekämpfung betrügerischer Handlungen und Wirtschaftskriminalität vorgelegt, die, obgleich an § 25c KWG idF des GwBekErgG ausgerichtet, auch für die heute anwendbare Fassung von § 25h KWG weiter Bedeutung besitzt (*Ganguli/Hetzler/Quedenfeld/Rühle/Schanz* Prävention und Bekämpfung von betrügerischen Handlungen/Wirtschaftskriminalität). Die von BaFin bzw. DK identifizierten Risikokategorien (BaFin, RdSchr. 1/2014 (GW) iVm DK, AuAs Nr. 89), insbesondere Kunden-, Produkt-, Transaktions-, Vertriebs-, Länder- und sonstige Risiken werden im Leitfaden aufgegriffen und in verschiedenen Risikomatrizen dargestellt. Empfohlen wird die Verwendung von zumindest vier Risikomatrizen, auf deren Basis die Risikoanalyse erstellt wird und sodann ggf. erforderliche weitere **Sicherungsmaßnahmen** abgeleitet werden. Einerseits werden, unterteilt nach externen und internen betrügerischen bzw. strafbaren Handlungen, dort in zwei Matrizen die einzelnen Bereiche des Instituts aufgeschlüsselt und Betrugs- bzw. Strafbarkeitstypologien gegenübergestellt sowie die jeweiligen Risiken nach einem Ampelsystem bewertet. In zwei weiteren extern und intern unterschiedenen Matrizen werden andererseits bestehende bzw. nicht-bestehende **Präventionsmaßnahmen** aufgeschlüsselt nach Bereichen und Typologien analysiert. Mithilfe einer solchen Risikoanalyse und insbesondere der Risikomatrizen können sodann weitere erforderliche interne Sicherungsmaßnahmen ermittelt werden (vgl. insgesamt zu denkbaren Sicherungsmaßnahmen BaFin, RdSchr. 1/2014 (GW) iVm DK, AuAs Nr. 89; *Ganguli/Hetzler/Quedenfeld/Rühle/Schanz* Prävention und Bekämpfung von betrügerischen Handlungen/Wirtschaftskriminalität, S. 65 ff.; *Achtelik* in Boos/Fischer/Schulte-Mattler KWG § 25c Rn. 13: *Auerbach/Hentschel* in Schwennicke/Auerbach KWG § 25h Rn. 37 ff.; *Rößler* DieBank 5/2011, 62 (65); *Zawilla* BP 11/2010, 421 (422 ff.); *Friedrich/Gebhard* BP 4/2010, 116 (119 ff.)). Inhalt eines Risikomanagements bzw. interner, geschäfts- und kundenbezogener Sicherungsmaßnahmen und -systeme gegen sonstige strafbare Handlungen können – neben der Erstellung der Risikoanalyse selbst – einschlägige Informationssammlungen (Erfahrungswissen eigener Mitarbeiter, Analyse aufgedeckter Fälle, öffentlich zugängliche Informationen wie Medienberichte, Typologie- und Anhaltspunktepapiere, Informationsdatenbanken), die Schulung der Mitarbeiter, die Einbindung der intern zur Betrugsbekämpfung zuständigen Stelle in das operative Geschäft, klare Berichtspflichten, klare interne Verantwortlichkeiten, eine konsequente Untersuchung unter Einbindung der Internen Revision sowie Verfolgung aufgetretener Betrugsfälle und strukturierte Abläufe zum Umgang mit aufgedeckten Fällen sein (zur Reaktion auf Betrugsfälle vgl. *Fischer* BP 2017, 276 ff.). Zu den kundenbezogenen Sicherungsmaßnahmen zählen eine konsequente Anwendung des KYC-Prin-

Interne Sicherungsmaßnahmen **§ 25h KWG**

zips (zu den Facetten des KYC im Rahmen der Bekämpfung des Finanzbetrugs vgl. *Gandhi* Tz. 11 ff.), der Einsatz von (EDV-gestützten) Konten-Monitoring-, -Research- und Screening-Systemen, die Klassifizierung von Kunden in spezifische Risikogruppen sowie die Einholung von Auskünften bei Auskunfteien und aus Warndateien. Mitarbeiterbezogene Maßnahmen können, entsprechend dem KYC-Prinzip, die Einrichtung eines „Know Your Employee" oder „Know Your Colleague"-Systems, die strikte Einhaltung des „Vier-Augen-Prinzips", die Schaffung von Betrugs-, Ethik- und Verhaltenskodices (einschließlich Vorgaben für die Annahme von Geschenken und Einladungen), Einholung von Führungszeugnis, Zeugnissen und Referenzen bei Einstellung und spätere Aktualisierungen der Zuverlässigkeit, interne Prüfungen sowie die Einführung eines Hinweisgebersystems (Whistleblowing) sein. Ein Hinweisgebersystem ganz allgemein für strafbare Handlungen wurde durch das CRD IV-Umsetzungsgesetz vom 28.8.2013 in § 25a Abs. 1 S. 6 Nr. 3 KWG aufgenommen. Gerade im Hinblick auf die sonstigen strafbaren Handlungen und diesbezüglichen geschäftsbezogenen Sicherungssystemen hat die BaFin ausgeführt, dass dazu auch die Dokumentation und Speicherung der auf Handelsplattformen (Bloomberg, Reuters etc) über Chat-Funktionen angebotenen Kommunikationsprogramme erfolgten und vorhandenen Korrespondenzen (zB Nachrichten, Chats) der Mitarbeiter des Instituts mit Bezug zur **Transaktion auf der Handelsplattform** respektive Geschäftsbeziehungen mit an solchen Transaktionen beteiligten Parteien zählen (BaFin, RdSchr. 5/2017 (GW)). Die Aufbewahrungsfrist für den vollständigen Korrespondenzablauf beträgt zehn Jahre. Hintergrund der Anforderung waren Erkenntnisse aus staatsanwaltschaftlichen Ermittlungsverfahren im Zusammenhang mit den sog. cum/ex-Geschäften. Bei allen Maßnahmen sind arbeitsrechtliche und datenschutzrechtliche Fragen zu beachten. In weitaus größerem Ausmaß als bei den aus der Geldwäsche resultierenden Risiken wirken Mitarbeiter eines Instituts bei der Begehung sonstiger strafbarer Handlungen entweder mit Kunden oder Dritten zum Schaden des Instituts kollusiv bei der Begehung von Taten zusammen oder sind ein oder mehrere Mitarbeiter Alleintäter oder gemeinschaftliche Täter (Martin-Luther-Universität/PwC, Wirtschaftskriminalität bei Banken und Versicherungen – Tatort Deutschland 2006, S. 31; Martin-Luther-Universität/PwC, Wirtschaftskriminalität 2007, S. 40; Martin-Luther-Universität/PwC, Wirtschaftskriminalität 2011, S. 62; *Schäfer-Band/Zawilla* BankPraktiker 2006, 306 (308)). Diesem Umstand ist bei Kontroll- und Präventionsmaßnahmen besonders Rechnung zu tragen. Anders als bei der Verhinderung von Geldwäsche und Terrorismusfinanzierung muss bei (sonstigen) strafbaren Handlungen kein hundertprozentiger **Ausschluss der Risiken** angestrebt werden. Man kann bei der Prävention (sonstiger) strafbarer Handlungen – soweit vor institutsindividuellem Hintergrund angemessen – auch (Bagatell-)Risiken akzeptieren, Risiken versichern oder diese nur reduzieren (BaFin, RdSchr. 1/2014 (GW) iVm DK, AuAs Nr. 89; *Daumann/Zapp* BI 8/2011, 74 (76); *Sell* BankPraktiker 2011, 440). Zur Methodik der Erstellung der Risikoanalyse für den Bereich (sonstiger) strafbarer Handlungen vgl. auch die detaillierten Ausführungen von *Schöning* in Amtage/Baumann/Bdeiwi u. a. Geldwäschebekämpfung-HdB Rn. 257 ff. sowie *Olbrich/Scheld* in Amtage/Baumann/Bdeiwi u. a. Geldwäschebekämpfung-HdB Rn. 620 ff.

Die BaFin hatte im Rundschreiben 8/2005 ausgeführt, dass aus ihrer Sicht getrennte Risikoanalysen für Geldwäsche-, Terrorismusfinanzierungs- und Betrugsrisiken bzw. (sonstige) strafbare Handlungen nicht notwendig sind. Der für Datenschutzfragen zuständige „Düsseldorfer Kreis" der Datenschutzaufsichtsbehörden hatte sich ebenfalls dahingehend eingelassen, dass einer **gemeinsamen Gefähr-** 10 dungs- bzw. nunmehr **Risikoanalyse** keine datenschutzrechtlichen Bedenken entgegenstehen (Düsseldorfer Kreis, Arbeitspapier „Datenschutzrechtliche Anforderungen für Research-Systeme zur Aufdeckung von Geldwäsche", 17.9.2007). In der Praxis bestanden vor diesem Hintergrund unterschiedliche Verfahren zur Erstellung der Risikoanalysen zur Verhinderung von Geldwäsche und Terrorismusfinanzierung einerseits und Verhinderung (sonstiger) strafbarer Handlungen andererseits. Neben gemeinsamen Risikoanalysen wurden zum Teil getrennte Analysen erstellt oder diese dergestalt verbunden, dass der Analyse ein allgemeiner, für alle Teilbereiche geltender Abschnitt vorangestellt wird (zB über die institutsspezifische Risikosituation) und sodann Risiken aus Geldwäsche-, Terrorismus- aus (sonstigen) strafbaren Handlungen in getrennten Abschnitten dargestellt wurden. § 25 h Abs. 7 KWG legt aber aufgrund der geforderten „zentralen Stelle" auch die Erstellung einer einheitlichen Risikoanalyse nahe, zumindest in der – wie auch von einigen Verbänden empfohlenen – Form, in welcher, nach einem für alle der drei relevanten Risiken geltenden allgemeinen Teil (zB in Form einer Bestandsaufnahme der institutsspezifischen Situation), eine **getrennte Darstellung** von Geldwäsche- und Terrorismusrisiken einerseits und Risiken aus (sonstigen) strafbaren Handlungen andererseits, erfolgt (*Hallermann* BankPraktiker 2012, 172 (176)). Auch die BaFin selbst hatte den Instituten die Möglichkeit überlassen, eine einheitliche oder gesonderte Risikoanalyse zu erstellen (BaFin BaFinJournal 06/11, S. 4, 6).

III. Datenverarbeitungssysteme (Abs. 2)

11 Die Regelung über den Einsatz von Datenverarbeitungssystemen in Abs. 2 richtet sich – anders als Abs. 1 – nur an Kreditinstitute. Kreditinstitute haben, so wird die Auffassung vertreten, zB aus Reputationsgründen und zur Erfüllung von Sorgfaltspflichten nach § 10 Abs. 1 Nr. 5 GwG, auch ein Eigeninteresse an der Verhinderung von Geldwäsche, Terrorismusfinanzierung oder (sonstigen) strafbaren Handlungen und damit dazu notwendigen Einsatz von Datenverarbeitungssystemen (BaFin, RdSchr. 1/2014 iVmDK, AuAs, Nr. 86d), gleichwohl ihnen die Verpflichtung durch Gesetz auferlegt wurde. Auch international haben sich entsprechende IT-gestützte Systeme etabliert (vgl. nur BCBS, Sound Management of risks related to money laundering and financing of terrorism, Tz. 28 oder FATF, Guidance for a risk-based approach – The Banking Sector, Tz. 67). Kreditinstitute haben – unbeschadet des § 10 Abs. 1 Nr. 5 GwG – **Datenverarbeitungssysteme** zu betreiben und zu aktualisieren, mittels derer sie in der Lage sind, Geschäftsbeziehungen und einzelne Transaktionen im Zahlungsverkehr zu erkennen, die auf Grund des öffentlich und im Kreditinstitut verfügbaren Erfahrungswissens über die Methoden der Geldwäsche, der Terrorismusfinanzierung und (sonstiger) strafbarer Handlungen iSv Abs. 1 im Verhältnis zu vergleichbaren Fällen besonders komplex oder groß sind, ungewöhnlich ablaufen oder ohne offensichtlichen wirtschaftlichen oder rechtmäßigen Zweck erfolgen (vgl. im Hinblick auf den weitestgehend gleichen Wortlaut auch § 15 Abs. 3 Nr. 3 GwG). Die Anforderung unterscheidet sich in zweierlei Hinsicht von § 25 h Abs. 2 KWG in der Fassung vor Inkrafttreten des Gesetzes zur Umsetzung der Vierten EU-Geldwäscherichtlinie, zur Ausführung der EU-Geldtransferverordnung und zur Neuorganisation der Zentralstelle für Finanztransaktionsuntersuchungen vom 23.6.2017. Zum einen wurde der bis dahin geltende Bezugspunkt der als *„zweifelhaft oder ungewöhnlich"* anzusehenden Geschäftsbeziehungen und Transaktionen durch im Verhältnis zu vergleichbaren Fällen

besonders komplexen oder großen, ungewöhnlich ablaufenden oder ohne offensichtlichen wirtschaftlichen oder rechtmäßigen Zweck erfolgenden Geschäftsbeziehungen und Transaktionen ersetzt. Die Anpassung basierte auf Art. 18 Abs. 2 der 4. EU-Geldwäscherichtlinie (RegBegr. BT-Drs. 18/11555, 176) und nahm insoweit eine **Präzisierung der bisherigen Begrifflichkeiten** dergestalt vor, dass klarer wurde, wann faktisch ein zweifelhafter oder ungewöhnlicher Fall vorliegt. Zum anderen ergänzte die Regelung nicht nur ausdrücklich die Vorgaben der allgemeinen Sorgfaltspflichten nach § 10 Abs. 1 Nr. 5 GwG, nach der eine kontinuierliche Überwachung der Geschäftsbeziehung einschließlich durchgeführter Transaktionen, erfolgen soll, um deren Übereinstimmung mit vorhandenen Dokumenten und Informationen sicherzustellen, sondern knüpft jedenfalls vom Wortlaut her an Fälle eines erhöhten Risikos in § 15 Abs. 3 Nr. 3 an. § 25h Abs. 2 KWG flankiert damit zumindest die im GwG festgelegtenSorgfaltspflichten durch „verstärkte" interne Sicherungsmaßnahmen und ist somit besondere fachgesetzliche Ausprägung einer internen Sicherungsmaßnahme iSv § 6 GwG (BaFin-AuA Abschnitt II, Nr. 3).

Letztlich sollen diese besonders komplexen oder großen, ungewöhnlich ablaufenden oder ohne offensichtlichen wirtschaftlichen oder rechtmäßigen Zweck erfolgenden Geschäftsbeziehungen und Transaktionen von nicht relevanten Fällen separiert werden, um dann ggf. nach § 25h Abs. 3 KWG im Hinblick auf das Risiko (sonstiger) strafbarer Handlungen einschließlich der Erstattung einer Strafanzeige (aber mit Blick auf § 25h Abs. 2 KWG iVm § 6 GwG zugleich auch im Hinblick auf eine (Verdachts-)Meldung nach § 43 GwG) untersucht zu werden (zur bisherigen Rechtslage: BaFin, RdSchr. 1/2014 (GW) iVm DK, AuAs, Nr. 86d; vgl. ferner BCBS, Sound Management of risks related to money laundering and financing of terrorism, Tz. 28 ff.; vgl. ferner *Neureuther* in Bergmann S. 43). Als auffällige Geschäftsbeziehungen und Transaktionen im Sinne von § 25h Abs. 2 S. 1 KWG gelten weiterhin ua solche, bei denen für den zuständigen Mitarbeiter eines Instituts aufgrund seines bankgeschäftlichen Verständnisses oder seines Erfahrungswissens ohne weiteres, dh ohne weitere Aufbereitung, Abklärung oder Anreicherung des Sachverhalts erkennbar ist, dass Abweichungen von üblichen Geschäftsmuster oder Verhalten der am Vorgang Beteiligten (Kunden oder Dritte) vorliegen, ohne dass bereits ein strafprozessualen Anfangsverdacht vorliegen muss (so bisher: BaFin, RdSchr. 1/2014 (GW) iVm DK, AuAs, Nr. 86d). **Konkrete Anhaltspunkte** für einschlägige Sachverhalte in Form besonders komplexer oder großer, ungewöhnlich ablaufender oder ohne offensichtlichen wirtschaftlichen oder rechtmäßigen Zweck erfolgender Geschäftsbeziehungen und Transaktionen können sich dabei insbesondere aus dem eigenen Erfahrungswissen des Kreditinstituts und einschlägigen Veröffentlichungen nationaler und internationaler Behörden und Standardsetzer ergeben (BCBS, Sound Management of risks related to money laundering and financing of terrorism, Tz. 29). Dazu gehören ua die Bundeslagebilder Wirtschaftskriminalität und Korruption des BKA, Jahresberichte, Newsletter und Anhaltspunktepapiere der FIU (vgl. etwa FIU: Jahresbericht 2018, 23 ff.; Newsletter Juni 2016, S. 3 ff.; Sonder-Newsletter, Februar 2016, S. 3 ff.; Jahresbericht 2015, S. 23 ff., 34 f.; Newsletter, Ausgabe 12/September 2015, S. 3 ff.; Jahresbericht 2014, S. 24 ff., 37 ff.; Newsletter – Anhaltspunktepapier, Ausgabe 11/August 2014, S. 1 ff.), Lagebilder zur Finanzkriminalität und Geldwäsche der Landeskriminalämter oder Typologiepapiere der FATF und der BaFin (*Achtelik* Leitfaden zur Erstellung der Gefährdungsanalyse nach § 25a Absatz 1 Satz 3 Nr. 6 KWG, S. 15 f.; *Höche* S. 55; *Schäfer-Band/Zawilla* BankPraktiker 2006, 306 (312)). Im Rahmen von Datenverarbeitungssystemen können derartige Anhaltspunkte auch unmittelbar mit einem „**In-**

ternet-Screening" oder Medienauswertungen zur Beschaffung weiterer Informationen verbunden werden (*Glowasz/Ndokaj* ZfgK 2017, 393 (395); *Peters* BI 05/17, 74 (76)). Nicht erforderlich ist, dass das Datenverarbeitungssystem auch dem jeweiligen Stand der Technik entspricht. Auf dieses zunächst noch im Referentenentwurf des Geldwäschebekämpfungsergänzungsgesetzes von 2008 enthaltene, zusätzliche Merkmal, wurde in der finalen Gesetzesfassung seinerzeit verzichtet. Die Kreditwirtschaft hatte in einer derartigen Voraussetzung die Gefahr gesehen, dass technischen Neuerungen kommerzieller Anbieter von Datenverarbeitungssystemen selbst dann gefolgt werden müssen, wenn diese keinen nennenswerten Mehrwert für die Geldwäschebekämpfung leisten, sich mithin die Anforderungen an den Herstellern der Datenverarbeitungssysteme und ihren geschäftlichen Interessen orientieren würden (ZKA, Stellungnahme v. 19.11.2007). Nicht ausreichend soll es aber sein, wenn Anpassungen des Datenverarbeitungssystems aufgrund neuer Erkenntnisse und Gefährdungslagen erst infolge umfangreicher Programmierungen oder vollständiger Neufigurierungen ermöglicht werden könnten (*Frey/Mellange* in Luz/Neus/Schaber/Schneider/Wagner/Weber KWG § 25 h Rn. 37; zu Problemen im Hinblick auf ältere IT-Infrastrukturen s. *Glowasz/Ndokaj* ZfgK 2017, 393 (394) sowie *Peters* BI 05/17, 74 (75f.)). Die Voraussetzung der **Aktualisierung der Datenverarbeitungssysteme** ist so auszulegen, dass diese laufend aufgrund von neuen Erkenntnissen und Gefährdungslagen, die auch die Ergebnisse der vom Kreditinstitut erstellten Risikoanalyse beinhalten, anzupassen sind, um damit empirische Erkenntnisse zu berücksichtigen (BR-Drs. 936/01, 353; *Höche* S. 56; BaFin, RdSchr. 1/2014 (GW) iVm DK, AuAs, Nr. 86 d; *Teichmann/Achsnich* in Herzog/Mülhausen Geldwäschebekämpfung-HdB § 33 Rn. 28). Der Gesetzgeber ging bei der Norm ursprünglich davon aus, dass im alltäglichen Massengeschäft des Zahlungsverkehrs Kreditinstitute die geldwäscherechtlichen Verpflichtungen und der Begegnung daraus resultierender Risiken des Missbrauchs grundsätzlich nur erfüllen können, wenn diese angemessene technische Datenverarbeitungssysteme vorhalten (RegBegr. zum Geldwäschebekämpfungsergänzungsgesetz, BR-Drs. 168/08; BaFin, RdSchr. 1/2014 (GW) iVm DK, AuAs Nr. 86 d; *Mülhausen* in Herzog/Mülhausen Geldwäschebekämpfung-HdB § 43 Rn. 50; vgl. zur Frage der Effektivität eines Monitorings und eines automatisierten vs. manuellen Systems auch JC 2019 87, Tz. 4.72 ff.). § 25 Abs. 2 KWG enthält das Tatbestandsmerkmal der „Angemessenheit" der Datenverarbeitungssysteme nicht mehr, so dass bedauerlicherweise die Begrenztheit und auch Unvollkommenheit jedweder Systeme (vgl. *Nouvertné/Yorick* WM 2017, 1544 (1546)) nicht mehr unmittelbar im Gesetz zum Ausdruck kommt, sondern nur noch als Ausdruck des allgemeinen Verhältnismäßigkeitsprinzips fortbesteht. Die Begründung zum Geldwäschebekämpfungsergänzungsgesetz (BR-Drs. 168/08) zählte nach allem folgerichtig insbesondere den Auslandszahlungsverkehr und damit auch das Girogeschäft zu risikoträchtigen Geschäften.

13   Die Datenverarbeitungssysteme arbeiten regelmäßig dergestalt (*Langweg* in Fülbier/Aepfelbach/Langweg GwG § 14 Rn. 105), dass auf einer ersten Stufe mittels individuell festlegbarer Risikoparameter (BaFin-AuA, Abschnitt III, Nr. 5.5.1; BaFin, Schreiben v. 3.1.2005; *Mülhausen* in Herzog/Mülhausen Geldwäschebekämpfung-HdB § 43 Rn. 56), die etwa aus Typologien oder eigenen Erfahrungen des Verpflichteten, abgeleitet werden und – aufgrund der neu gefassten gesetzlichen Vorgaben *(„im Verhältnis zu vergleichbaren Fällen")* – auch das Verhalten zu Vergleichsgruppen erfassen müssen (zB im Hinblick auf Zahlungsvorgänge gleichartiger Kunden oder Kundensegmente), der Kundenbestand auf geldwäsche-, terroris-

musfinanzierungs- oder (sonstige) strafbarkeitsrelevante Auffälligkeiten „durchleuchtet" wird (vgl. dazu *Frey/Mellage* in Luz/Neus/Schaber/Schneider/Wagner/Weber KWG § 25h Rn. 38; *Höche* S. 56). Dabei können sowohl statische (zB Alter, Nationalität, Anschrift, Branche) und dynamische (zB Definition eines Gruppenverhaltens mit Untersuchung von Abweichungen) **Parameter** Verwendung finden (*Frey/Mellage* in Luz/Neus/Schaber/Schneider/Wagner/Weber KWG § 25h Rn. 38). Insbesondere ist – aufgrund der gesetzlichen Vorgabe – der Zahlungsverkehr ins Auge zu fassen. Sämtliche relevanten Zahlungsvorgänge sollten von dem Datenverarbeitungssystem anhand der festgelegten Parameter untersucht werden, einschließlich eines Vergleich zu den vorherigen von bzw. für den Kunden durchgeführten Transaktionen als auch vor dem Hintergrund der gesamten Geschäftsbeziehung zu diesem Kunden (so bisher BaFin, RdSchr. 1/2014 (GW) iVm DK, AuAs, Nr. 86d). Besondere Probleme können dabei beim Onlinebanking bzw. beim Bekanntwerden verdächtiger Onlinebankingumsätze entstehen (*Nouvertné/Yorick* WM 2017, 1544 (1545)). Neben dieser **flächendeckenden Überwachung** sämtlicher Kundenkonten und Zahlungsvorgänge kann das System auch für die konkrete, anlassbezogene Suche und Rasterung von Geschäftsbeziehungen und Transaktionen eingesetzt werden (so bisher BaFin, RdSchr. 1/2014 (GW) iVm DK, AuAs Nr. 86d; zu denken ist etwa an politisch exponierten Personen oder Sanktionslisten, vgl. BCBS, Sound Management of risks related to money laundering and financing of terrorism, Tz. 50 oder FATF, Guidance for a risk-based approach – The Banking Sector, Tz. 62). Die anhand der institutsindividuell definierten Parameter generierten Auffälligkeiten werden mittels Scoringpunkten bewertet, je nach erreichtem Wert als verdächtig herausgefiltert und anschließend untersucht (BaFin-AuA, Abschnitt III, Nr. 5.5.1; *Mülhausen* in Herzog/Mülhausen Geldwäschebekämpfung-HdB § 43 Rn. 50). Welche Parameter konkret heranzuziehen sind, wird aufsichtlich nicht vorgegeben, was mitunter zu Unklarheiten und zu einer Orientierung an Mutmaßungen führen kann (*Herzog* Das Bankgeheimnis als Ermittlungsschranke, S. 47, 72; ZKA, Ergebnisvermerk v. 29.8.2007). Grundsätzlich sind die Parameter aus der Risikoanalyse abzuleiten (BaFin-AuA, Abschnitt III, Nr. 5.5.1; *Höche* S. 56). Mitunter wird jedoch auch die Auffassung vertreten, dass den Ermittlungsbehörden die Verpflichtung obliegen soll, den Verpflichteten mitzuteilen, welche Parameter für einen „Verdacht" geeignet sind (*Scherp* WM 2003, 1254 (1257)). Diesen Pflichten kommen die Aufsichts- und Ermittlungsbehörden sowie internationale Standardsetzer durch die bereits oben erwähnten Veröffentlichungen, insbesondere den **Anhaltspunktepapieren** der beim Zoll angesiedelten FIU, nicht zum Teil nach. Mitunter sind die dort beschriebenen Fälle den Verpflichteten jedoch bereits bekannt oder im Zeitpunkt der Veröffentlichung bereits veraltet. Sofern extern angebotene Datenverarbeitungssysteme, zB von sog. Reg-Techs (vgl. dazu *Spillmann* in Klebeck/Dobrauz-Saldapenna Dig. Finanzdienstleistungen-HdB 7. Kapitel Rn. 21, *Bertschinger* in Möslein/Omlor FinTech-HdB § 25 Rn. 81f.) genutzt werden, sind diese an die individuelle Risikosituation des Kreditinstituts anzupassen und mit Daten aus den Systemen dieses Instituts zu speisen (BaFin-AuA, Abschnitt III, Nr. 5.5.1; vgl. ferner BCBS, Sound Management of risks related to money laundering and financing of terrorism, Tz. 28). Die Datenverarbeitungssysteme sollten im Übrigen so ausgestaltet werden, dass die Kreditinstitute Transaktionen von Kundengruppen, die sie selbst definieren, gesondert auswerten können (so bisher BaFin, RdSchr. 1/2014 (GW) iVm DK, AuAs Nr. 86d). Das Institut hat dabei schriftlich festzulegen, welche Systemtreffer in welcher Weise bearbeitet werden sollen (so bisher BaFin, RdSchr. 1/2014 (GW) iVm

DK, AuAs Nr. 86d). Bei **Gewichtung der Indizien** mittels des Datenverarbeitungssystems, muss das Kreditinstitut eine adäquate Relevanzschwelle festzulegen, ab der sämtliche Transaktionen als auffällig gelten und vom System angezeigt sowie individuell untersucht werden (so bisher BaFin, RdSchr. 1/2014 (GW) iVm DK, AuAs Nr. 86d). Durch die Indiziengewichtung soll der Grad der Auffälligkeit abgebildet und zugleich die Rangordnung der Treffer festgelegt werden (so bisher BaFin, RdSchr. 1/2014 (GW) iVm DK, AuAs Nr. 86d). Reine Systemtreffer unterhalb der vom Kreditinstitut festgelegten Relevanzschwelle gelten ohne weitere Abklärung nicht per se als ungewöhnlich oder zweifelhaft (so bisher BaFin, RdSchr. 1/2014 (GW) iVm DK, AuAs Nr. 86d). Vorstehende Einschränkung soll allerdings ausdrücklich nicht für Indizien gelten, die bereits als sog. Einzel- oder Kombinationsindiz (auch als „unbedingt-Indizien" bezeichnet) eine mögliche Geldwäsche-Typologie oder ein mögliches Geldwäsche-Szenario abbilden (BaFin, RdSchr. 1/2014 (GW) iVm DK, AuAs Nr. 86d). Bei diesen ist die Relevanzschwelle für eine Auffälligkeit hingegen bereits als erfüllt anzusehen, wenn die entsprechenden Indizien vorliegen; zugrundeliegenden Transaktionen sind dann immer einer Überprüfung zu unterziehen (so bisher BaFin, RdSchr. 1/2014 (GW) iVm DK, AuAs Nr. 86d). Eine **risikoorientierte Bearbeitung** wird in diesen Fällen insofern vorgenommen, dass Treffer mit der höchsten Gewichtung auch an erster Stelle zu untersuchen sind. Bei Bestehen eines Punktesystems mit welchem Auffälligkeiten durch Punkte bzw. Scores gewichtet werden, müssen die verwendeten Werte sowie die verwendeten Schwellenwerte mit der Gefährdungsanalyse korrespondieren (so bisher BaFin, RdSchr. 1/2014 (GW) iVm DK, AuAs Nr. 86d). Dabei dürfen Werte allerdings nicht ausschließlich mit Blick auf ihre Auswirkungen auf die Gesamtzahl der Treffer angepasst werden (so bisher BaFin, RdSchr. 1/2014 (GW) iVm DK, AuAs Nr. 86d). Die Bearbeitung der Treffer hat zeitnah zu erfolgen und ist zu dokumentieren. Dabei steigt die Bedeutung selbst lernender Systeme, die etwa auch in der Lage sind bestehende Regeln zur Identifizierung von Auffälligkeiten selbst zu modifizieren und manuelle Tätigkeiten zu reduzieren (*Glowasz/Ndokaj* ZfgK 2017, 393 (395); *Peters* BI 05/17, 74 (77) oder „**künstlicher Intelligenz**" (Artificial Intelligence/AI oder auch Big Data & Artifical Intelligence/BDAI), unter Einbeziehung von Algorithmen, die sich vom traditionellen regel- und schwellenwertbasierten Monitoring wegbewegt (vgl. dazu JC 2017, 81, Tz. 14 und BaFin, Digitalisierungsstrategie der BaFin, S. 28 f.). Bei entsprechenden Algorithmen im Bereich der Geldwäscheprävention muss der Aufsicht aber zu Prüfungszwecken nachgewiesen werden können, dass diese effektiv sind und begründete Verdachtsfälle von unbegründeten Sachverhalten selektieren (BaFin, Digitalisierungsstrategie der BaFin, S. 13 f.; BaFin, BaFin Perspektiven 1/2018, S. 28). Auch im Hinblick auf (sonstige) strafbare Handlungen, die zu einer Vermögensgefährdung von Instituten führen können, ist auf die EDV-Systeme zur Verhinderung von Geldwäsche und Terrorismusfinanzierung zurückzugreifen, wobei die Parameter bzw. Trigger zu modifizieren oder völlig neue **Algorithmen** (vgl. Handelsblatt v. 5.10.2015, S. 28, Algorithmen gegen Betrügereien; zur Bedeutung derartiger Algorithmen sowie Big Data in der Betrugserkennung, vgl. auch EBA, EBA/REP/2020/01, S. 19) zu definieren sind. Da diese jedoch nur einen Teil der einschlägigen Delikte erfassen, können sie nicht allein Maßstab der Erkennung (sonstiger) strafbarer Handlungen sein (so bisher BaFin, RdSchr. 1/2014 (GW) iVm DK, AuAs Nr. 86d). Besonders wichtig ist ein eindeutiges und zeitnahes Feedback der Strafverfolgungsbehörden auf konkret erstattete Verdachtsmeldungen, dessen Durchführung durch § 41 GwG gestärkt wurde (vgl. auch BaFin, Digitalisierungsstrategie

Interne Sicherungsmaßnahmen **§ 25h KWG**

der BaFin, S. 29). Als Datenbasis der Datenverarbeitungssysteme, die sämtliche relevanten Zahlungsvorgänge, Kundenkonten und Transaktionen in die Überprüfung einbeziehen, sind die jeweils relevanten kunden-, produkt- und transaktionsbezogenen Daten des jeweiligen Instituts, die zur Erfüllung der geldwäscherechtlichen Pflichten aufgezeichnet wurden, heranzuziehen (so bisher BaFin, RdSchr. 1/2014 (GW) iVm DK, AuAs Nr. 86d). Die Datenbasis soll nach der Verwaltungspraxis der BaFin auch die Konten eigener Mitarbeiter enthalten, da insoweit nicht die Eigenschaft als Mitarbeiter, sondern die Eigenschaft als Kunde des Instituts und die allgemeine Risikohaftigkeit von Zahlungsvorgängen im Mittelpunkt stehen soll (so bisher BaFin, RdSchr. 1/2014 (GW) iVm DK, AuAs Nr. 86d). Ob bei den Überlegungen von BaFin bzw. Deutscher Kreditwirtschaft explizit auch **arbeits- und betriebsverfassungsrechtliche Aspekte** einbezogen wurden, ist fraglich, so dass vor einer Implementierung eine entsprechende Prüfung durchgeführt werden sollte (zB mit Blick auf § 87 Abs. 1 Nr. 8 BetrVG). Gerade im Hinblick auf **BDAI-Anwendungen** kann auch das Pooling von Daten und die Nutzung von Utilities, mithin Strukturen, in denen sich mehrere Unternehmen zusammenschließen, sinnvoll sein (BaFin, Digitalisierungsstrategie der BaFin, S. 16 und 29). Im Hinblick auf die zeitliche Dimension des betroffenen Datenbestandes soll das „Erforderlichkeitsprinzip" (§ 25h Abs. 2 S. 2 KWG) und der Grundsatz frühestmöglicher Datenlöschung (Art. 17 Datenschutz-Grundverordnung – VO (EU) 2016/679, ABl. 2016 L 119, 1) Anwendung finden (so bisher BaFin, RdSchr. 1/2014 (GW) iVm DK, AuAs Nr. 86d). Während der Grundsatz frühstmöglicher Datenlöschung eine ohnehin gesetzlich zu beachtende Verpflichtung darstellt, ist das alleinige Abstellen auf ein „Erforderlichkeitsprinzip" durchaus kritisch zu bewerten, da damit eine Prüfung der Verhältnismäßigkeit im engeren Sinne unterbleiben würde. Im Hinblick auf die Komplexität des Zahlungsverkehrs und daraus resultierende Risiken für „anlassfreie Auswertungen" in der Risikoanalyse soll ein angemessener Beobachtungszeitraum von drei Monaten festzulegen sein, um Vergleiche und die Verwendung aggregierte Daten zu ermöglichen (so bisher BaFin, RdSchr. 1/2014 (GW) iVm DK, AuAs Nr. 86d).

Die Verwaltungspraxis der BaFin iVm den DK-Auslegungs- und Anwendungshinweisen enthält zurzeit auch noch ausdrückliche **Vorgaben zu Administrationsrechten** bei Einsatz der Datenverarbeitungssysteme gemäß § 25h Abs. 2 S. 1 KWG (so bisher BaFin, RdSchr. 1/2014 (GW) iVm DK, AuAs, Nr. 86d). Bisher jedenfalls gilt: Zur transparenten Gestaltung von Systemanpassungen, muss in den relevanten Arbeitsanweisungen bzw. systemseitig dokumentiert werden, wer Administratorrechte sowie die Berechtigungen zur Festlegung und Änderung von Indizien und deren Gewichtung etc besitzt. Dabei sind der Internen Revision und dem Datenschutzbeauftragten, der zudem über datenschutzrechtliche Kontrollrechte verfügt, zur Erfüllung ihrer Aufgaben Leserechte einzuräumen. Grundsätzlich muss der Geldwäschebeauftragte eigenständig in der Lage sein, Änderungen am Datenverarbeitungssystem vorzunehmen, zumindest muss er diese jedoch anordnen können. Systemeinstellungen und -anpassungen müssen revisionssicher und nachvollziehbar dokumentiert werden. Sofern Änderungen dabei nur seitens der Entwicklungsfirma vorgenommen werden können, ist vom Kreditinstitut eine zeitnahe Umsetzung der Änderungen sicherzustellen. 14

§ 25h Abs. 2 S. 2 GwG enthält eine gesetzliche Grundlage zur Erhebung von Daten im Rahmen der Anwendung der Datenverarbeitungssysteme. Die verpflichteten Kreditinstitute dürfen danach **personenbezogene Daten** verarbeiten, soweit dies zur Erfüllung der Pflicht nach Abs. 2 S. 1 erforderlich ist. Unklar ist, warum der 15

Achtelik 1013

Gesetzgeber anders als in § 25h Abs. 2 S. 2 KWG aF nicht mehr von „*Daten erheben, verarbeiten und nutzen*" spricht, sondern nur noch von „*Daten verarbeiten*". Nach § 3 Abs. 2 und 5 BDSG in der bis zum 24.5.2018 geltenden Fassung waren nämlich Erhebung und Nutzung gerade nicht vom Verarbeitungsbegriff erfasst. Einerseits ließe sich vermuten, dass der Gesetzgeber als Grundlage der Erhebung der Daten die Normen des GwG als ausreichend ansieht und eine Nutzung neben der Verarbeitung nicht als notwendig erachtet. Zudem könnte möglicherweise seinerzeit bereits eine Rechtslage nach Inkrafttreten der Datenschutz-Grundverordnung (VO (EU) 2016/679, ABl. 2016 L 119, 1) zum 25.5.2018 vorweggenommen worden sein, in welcher der Verarbeitungsbegriff auch die Erhebung sowie weitere Nutzungsformen beinhaltet (vgl. Art. 4 Nr. 2 Datenschutz-Grundverordnung). Auszuschließen ist allerdings auch ein redaktionelles Versehen des Gesetzgebers nicht. Nach § 25h Abs. 3 S. 3 KWG findet nämlich § 25h Abs. 2 S. 2 KWG entsprechende Anwendung, wozu die Gesetzesbegründung ausführt: „*... und dürfen im Rahmen ihrer Überwachung auch personenbezogene Daten erheben, verarbeiten und nutzen.*" (RegBegr. 18/11555 S. 176). Der Gesetzgeber sollte überdenken, zur alten Formulierung zurückzukehren, um jegliche Zweifel über die datenschutzrechtliche Legitimation zur Erhebung und Nutzung der Daten zu den Zwecken in § 25h Abs. 2 und 3 KWG zu vermeiden.

16 Mit der gesetzlichen Regelung sollte sichergestellt werden, dass die Erfüllung der geforderten Pflichten **datenschutzrechtlichen Anforderungen** nicht zuwiderläuft und die Grundsätze der Datenvermeidung und Datensparsamkeit nach Art. 5 Abs. 1 lit. c Datenschutz-Grundverordnung (VO (EU) 2016/679, ABl. 2016 L 119, 1) beachtet sowie den Löschungspflichten nach Art. 17 Datenschutz-Grundverordnung iVm § 35 BDSG) genügt wird (RegBegr. BR-Drs. 168/08, 109). Ferner soll die Regelung danach Ausdruck einer gesetzesimmanenten Interessenabwägung zwischen den Allgemeininteressen an der Stabilität und Integrität des Finanzplatzes Deutschland einschließlich den Interessen einzelner Institute, sich vor ungewollten Beteiligungen an Straftaten und damit verbundenen Risiken und Schäden zu schützen, und den Interessen des Kunden sein, keiner Überwachung seiner Transaktionen und der damit verbundenen Daten unterzogen zu werden. Es ist jedoch zweifelhaft, ob diese Aussage nicht einen bloßen Programmsatz darstellt, ändert der Wortlaut des § 25h Abs. 2 S. 2 KWG im Ergebnis doch nichts an der Masse der zu durchleuchtenden Daten und der Einbeziehung von Kunden, die keine ungewöhnlichen oder verdächtigen Transaktionen tätigen (*Hamacher* Die Bank 9/2006, 40 (41)). Der Streit um die datenschutzrechtliche Grundlage für derartige Datenverarbeitungssysteme und eine etwaig durchzuführende Interessenabwägung hat sich im Ergebnis jedoch durch die Aufnahme des datenschutzrechtlichen Ermächtigungstatbestands entschärft (vgl. auch *Auerbach/Hentschel* in Schwennicke/Auerbach KWG § 25h Rn. 75), wurde dieser doch insbesondere vor dem Hintergrund einer fehlenden oder unklaren datenschutzrechtlichen Grundlage geführt (*Achtelik/Ganguli* Sonderbeilage zum Bankpraktiker 11/2008, 4 (8); *Ackmann/Reder* WM 2009, 158 (164f.); *Herzog* WM 1996, 1753ff.; *Eul* in Roßnagel S. 1099ff.; *Tinnefeld/Ehmann/Gerling* S. 374ff.). Insbesondere der Berliner Datenschutzbeauftragte hatte noch in seinem Jahresbericht 2005 seine Vorstellungen zur Zulässigkeit des EDV-Monitoring im Rahmen von § 25a Abs. 1 S. 3 Nr. 6 KWG aF, der Vorgängernorm des § 25h KWG, dargelegt und ausgeführt, dass sich die datenschutzrechtliche Zulässigkeit mangels klarer Regelung in § 25a Abs. 1 S. 3 Nr. 6 KWG an § 28 Abs. 1 S. 1 Nr. 2 BDSG idF bis zum 24.5.2018 (zum 25.5.2018 trat die europäische Datenschutz-Grundverordnung in Kraft – VO (EU) 2016/679,

ABl. 2016 L 119, 1) zu orientieren habe (Berliner Beauftragter für Datenschutz und Informationsfreiheit, Jahresbericht 2005, Abschn. 3.3). Eine nach diesen Normen noch erforderliche Interessenabwägung im Hinblick auf die von der Regelung betroffenen Personen ist durch die gesetzliche Regelung in § 25h Abs. 2 S. 2 KWG nunmehr jedoch obsolet geworden, ebenso wie ein datenschutzrechtlicher Hinweis an den Kunden (BaFin, RdSchr. 1/2014 (GW) iVm DK, AuAs Nr. 86d). Die Einhaltung anderer datenschutzrechtlicher Vorschriften bleibt davon unberührt (zB Art. 5 ff. Datenschutz-Grundverordnung).

Gemäß § 25h Abs. 2 S. 3 KWG ist die BaFin ermächtigt, Kriterien zu bestimmen, bei deren Vorliegen Kreditinstitute vom Einsatz von Datenverarbeitungssystemen nach Abs. 1 S. 1 absehen können. Nach der Regierungsbegründung zum GwBekErgG kann bei kleineren Instituten oder Spezialinstituten ohne Retailgeschäft davon ausgegangen werden, dass eine hinreichende Überwachung im Sinne von Abs. 2 S. 1 auch ohne den Einsatz eines EDV-gestützten Datenverarbeitungssystems nachgekommen werden kann (RegBegr. BR-Drs. 168/08, 109). Durch die Regelung wird die bereits zuvor bestehende Verwaltungspraxis der BaFin zu den Vorgängernormen des § 25h Abs. 2 KWG aufgegriffen, in deren Rahmen diese Kriterien formuliert hatte, bei deren Vorliegen Institute mit einer limitierten Bilanzsumme oder Spezialinstitute, die nur in geringem Umfang am Zahlungsverkehr teilnehmen, **vom Vorhalten von Datenverarbeitungssystemen unter Risikogesichtspunkten befreit** wurden. So hatte die BaFin gegenüber dem Institut der Wirtschaftsprüfer (IdW) zur Möglichkeit eines Verzichts auf Datenverarbeitungssysteme im Hinblick auf § 25a Abs. 1 S. 3 Nr. 6 KWG aF Stellung genommen. Danach konnten kleinere Institute, in der Regel mit einer Bilanzsumme von unter 250 Mio. EUR, auf die Implementierung eines EDV-Monitoring- oder Researchsystems verzichten, wenn diese über eine so geringe Anzahl von Vertragsparteien und wirtschaftlich Berechtigten oder Transaktionen verfügen, dass sie diese im Hinblick auf die darin liegenden Risiken auch wirksam händisch überwachen können. Der Jahresabschlussprüfer des Instituts war dann jedoch dazu angehalten, über die Erfüllung der vorgenannten Voraussetzungen zu berichten (BaFin, Schreiben v. 8.11.2005; *Mülhausen* in Herzog/Mülhausen Geldwäschebekämpfung-HdB § 43 Rn. 59). Der Regelung kam im Hinblick auf die **Bilanzsumme nur Indizwirkung** zu. Der Einsatz von Datenverarbeitungssystemen hat sich nämlich zunächst an den Ergebnissen der Risikoanalyse und dem Geschäftsmodell des Kreditinstituts zu orientieren. In einem unveröffentlichter Ergebnisvermerk über ein Gespräch zwischen BaFin und ZKA vom 10.2.2006 heißt es dazu: „*Der in dem Schreiben genannte Grenzwert stelle in diesem Zusammenhang lediglich einen Richtwert dar. Entscheidend sei, ob die Risiken auch mit einem „manuellen" Research beherrschbar seien. Umgekehrt konnten Spezialkreditinstitute, deren Bilanzsummen über dem Grenzwert liegen, auf Grundlage einer entsprechenden Gefährdungsanalyse unter Umständen dennoch auf ein EDV-Researchsystem verzichten, wenn die Risikolage und/oder die anderen Geldwäschepräventionsmaßnahmen der Institute dies zulassen.*". Ferner hatte die BaFin bereits mit Schreiben vom 25.3.2004 Förderinstitute grundsätzlich vom Vorhalten von EDV-Lösungen befreit (*Mülhausen* in Herzog/Mülhausen Geldwäschebekämpfung-HdB § 43 Rn. 59). Ähnliches galt für Hypothekenbanken und Bausparkassen (BAKred, Schreiben v. 21.5.1999; *Langweg* in Fülbier/Aepfelbach/Langweg GwG § 14 Rn. 104; vgl. ferner AuAs der Bausparkassen Nr. 6). Auch Bürgschaftsbanken mussten daher aufgrund von Bilanzsummen und Geschäftsstruktur von einer Privilegierung profitieren. Diese Verwaltungspraxis wurde mit der letzten Abstimmung der DK-Auslegungs- und Anwendungshinweise bislang auch fortgeführt (so bisher

BaFin, RdSchr. 1/2014 (GW) iVm DK, AuAs Nr. 86f.). So konnten **kleinere Institute** danach weiterhin vom Einsatz eines Datenverarbeitungssystems im Sinne von § 25h Abs. 2 S. 1 KWG absehen, wenn sie über eine so geringe Anzahl von Vertragspartnern/wirtschaftlich Berechtigten oder Transaktionen verfügen, dass sie diese im Hinblick auf die darin liegenden Risiken auch ohne ein solches Datenverarbeitungssystem wirksam mit Hand überwachen können. Dabei konnte eine Bilanzsumme von unter 250 Mio. EUR grundsätzlich als Richtwert für eine Befreiung vom Vorhalten der Systeme angesehen werden. Darüber hinaus konnten Spezialinstitute (insbes. Hypotheken- und Pfandbriefbanken, Bausparkassen, Bürgschaftsbanken und Förderinstitute) vom Einsatz derartiger Datenverarbeitungssysteme – unabhängig von der Bilanzsumme – absehen, wenn die bei ihnen vorhandenen **Geschäftsbeziehungen überwiegend gleicher Natur** sind und die sich in diesem Rahmen anfallenden Transaktionen sich im Transfer regelmäßiger und gleichförmiger Zahlungen erschöpfen oder im Rahmen des Hausbankprinzips ausgereichte Darlehen entstehen. Bei der Inanspruchnahme der Ausnahmen musste aber in jedem Fall sichergestellt werden können, dass die ansonsten EDV-technisch zu überwachenden Risiken auch mit einer manuellen Überwachung wirksam beherrscht werden können. In- und externe Prüfer haben die Wirksamkeit der Überwachung sowie die Erfüllung der sonstigen Pflichten des § 25h KWG zu beurteilen und darüber zu berichten. Die vorstehenden Befreiungs- und Ausnahmetatbestände galten im Übrigen für EDV-Systeme für (sonstige) strafbare Handlungen entsprechend (so bisher BaFin, RdSchr. 1/2014 (GW)2 iVm DK, AuAs Nr. 89; BaFin, RdSchr. 7/2011 (GW) v. 16.6.2011). Es bleibt zu hoffen, dass die vorgenannten Erleichterungen auch in dem von der BaFin angekündigten „Besonderen Teil" der BaFin-AuA für die KWG-rechtlichen Vorschriften weiterhin Bestand haben werden.

18 Nach Auffassung insbesondere von FIU und verschiedener Landeskriminalämter hat der Einsatz von Datenverarbeitungssystemen nach anfänglichen Schwierigkeiten zu einer **qualitativen Verbesserung der Verdacht**smeldungen geführt (LKA Baden-Württemberg, S. 19; FIU, Jahresbericht 2006, S. 48). Allerdings wurde auch erneut eine hinreichende Qualität der Verdachtsmeldungen durch die FIU angemahnt (BKA (FIU), Jahresbericht 2014, S. 42). Die BaFin hatte vor dem Hintergrund der anfänglicher Schwierigkeiten und einer nicht ausreichenden Berichterstattung der Jahresabschlussprüfer über die Datenverarbeitungssysteme in einem Schreiben an das Institut der Wirtschaftsprüfer (IdW) vom 3.1.2005 Anforderungen an die Berichterstattung und Prüfung von EDV-Researchsystemen im Rahmen der Jahresabschlussprüfung aufgestellt. Speziell bei Großbanken und größeren Instituten sollten daher Angaben zur Datenbasis, auf der die Recherche nach auffälligen Kunden- bzw. Geschäftsbeziehungen oder Transaktionen stattfindet (zB Gesamtdatenbestand oder Vorselektion, Datenhistorie), Angaben über Kriterien, nach welchen die auffälligen Vorgänge aus dem für die Recherche ermittelten Datenbestand identifiziert und gewichtet werden (zB Beschreibung der Indizienmodelle, Ableitung der Indizien aus der Gefährdungsanalyse, Ausgestaltung von Vergleichsgruppen, Turnus der Researchabläufe) und Angaben über die Praxisergebnisse (zB insgesamt erzielte Treffer und den Treffern zu Grunde liegende tatsächliche Indizien, Ausgestaltung der Listen, revisionstechnische Nachvollziehbarkeit) gemacht werden. In einem Fall vom Oktober 2019, wurde eine Bank auf Grundlage von § 51 Abs. 2 S. 1 GwG von der BaFin aufgefordert, einen entstandenen Rückstand bei der Bearbeitung auffälliger Transaktionen im Datenverarbeitungssystem nach § 25h Abs. 2 KWG aufzuarbeiten.

IV. Untersuchung, Dokumentation, Informationsaustausch (Abs. 3)

§ 25h Abs. 3 KWG regelt drei unterschiedliche Themenkomplexe. Zunächst wird in Abs. 3 S. 1 eine **Untersuchungspflicht** der Transaktionen im Hinblick auf Risiken strafbarer Handlungen nach § 25h Abs. 1 S. 1 KWG und eine daraus folgende Prüfpflicht zur Erstattung einer Strafanzeige normiert. Abs. 3 S. 2 fordert darüber hinaus eine **Dokumentationspflicht** für relevante Transaktionen, Untersuchungen und Ergebnisse. In Abs. 3 S. 3 wird schließlich die entsprechende Anwendung von § 47 Abs. 5 GwG festgelegt und zwar für andere strafbare Handlungen als Geldwäsche, deren Vortaten oder Terrorismusfinanzierung. Während damit im Vergleich zu § 25h Abs. 3 KWG in der Fassung des Gesetzes zur Umsetzung der Vierten EU-Geldwäscherichtlinie, zur Ausführung der EU-Geldtransferverordnung und zur Neuorganisation der Zentralstelle für Finanztransaktionsuntersuchungen vom 23.6.2017 das Grundtrias „Untersuchung, Dokumentation, **Informationsaustausch**" gleich geblieben ist, haben sich in deren Inhalt eine Reihe kleinerer Änderungen ergeben. 19

§ 25h Abs. 3 S. 1 KWG normiert, dass 20
- jede Transaktion (in der Vorgängerfassung von § 25h Abs. 3 S. 1 KWG aF: *„Sachverhalt"*),
- die im Verhältnis zu vergleichbaren Fällen besonders komplex oder groß ist, ungewöhnlich abläuft oder ohne offensichtlichen wirtschaftlichen oder rechtmäßigen Zweck erfolgt, mithin Qualität höherer Risiken nach § 15 Abs. 3 Nr. 2 GwG hat (in der Vorgängerfassung von § 25h Abs. 3 S. 1 KWG aF: *„zweifelhaft oder ungewöhnlich"*),
- ist von Instituten iSv § 25h Abs. 1 KWG unbeschadet der in § 15 GwG angeordneten verstärkten Sorgfaltspflichten
- mit angemessenen Maßnahmen zu untersuchen (in der Vorgängerfassung von § 25h Abs. 3 S. 1 KWG aF nur: *„zu untersuchen"*),
- um das Risiko der Transaktion im Hinblick auf strafbare Handlungen im Sinne von § 25h Abs. 1 S. 1 KWG überwachen, einschätzen und ggf. die Erstattung einer Strafanzeige gem. § 158 StPO prüfen zu können. (in der Vorgängerfassung von § 25h Abs. 3 S. 1 KWG aF: *„um das Risiko der jeweiligen Geschäftsbeziehung oder Transaktion überwachen, einschätzen und gegebenenfalls das Vorliegen eines nach § 11 Absatz 1 des Geldwäschegesetzes meldepflichtigen Sachverhalts oder die Erstattung einer Strafanzeige gemäß § 158 der Strafprozessordnung prüfen zu können."*).

§ 25h Abs. 3 S. 1 KWG stellt damit auf **„auffällige"** Transaktionen statt „Sachverhalte" ab, die zu untersuchen sind und deren Risiken zu überwachen und einzuschätzen sind. Dabei wird klargestellt, dass diese Pflichten nicht besonders in Zusammenhang mit etwaigen verstärkten Sorgfaltspflichten nach § 15 GwG zu beachten sind. § 25h Abs. 3 S. 1 KWG erwähnt konsequenterweise lediglich noch eine **Strafanzeige nach § 158 StPO** und nicht mehr eine (Verdachts-)Meldung nach dem GwG. Eine Strafanzeige ist in § 158 Abs. 1 StPO geregelt. Sie hat den Zweck, Strafverfolgungsbehörden über mögliche strafbare Handlungen in Kenntnis zu setzen. Nach § 160 Abs. 1 StPO hat sodann die Staatsanwaltschaft den Sachverhalt zu erforschen. Ob tatsächlich der Verdacht einer strafbaren Handlung vorliegt, ist dann zu ermitteln. Die Feststellung obliegt damit gerade nicht den die Strafanzeige erstattenden Instituten. Unabhängig von der Strafanzeige nach § 158

§ 25h KWG

StPO besteht die Verpflichtung zur (Verdachts-)Meldung nach § 43 GwG weiter fort. Im Hinblick auf die Frage, wann es sich um eine auffällige, dh im Verhältnis zu vergleichbaren Fällen besonders komplexe oder große, ungewöhnlich ablaufende oder ohne offensichtlichen wirtschaftlichen oder rechtmäßigen Zweck erfolgende, Transaktion handelt vgl. → Rn. 16 sowie → GwG § 15 Rn. 33 f. Auffälligkeiten in diesem Sinne liegen jedenfalls dann vor, wenn für den Mitarbeiter eines Instituts aufgrund seines bankgeschäftlichen Verständnisses oder seines Erfahrungswissens ohne weiteres, dh ohne weitere Aufbereitung, Abklärung oder Anreicherung erkennbar ist, dass unter Beachtung der nunmehr detaillierter als bisher vorgegebenen Tatbestandsmerkmale Abweichungen vom üblichen Transaktionsmustern vorliegen (RegBegr. BT-Drs. 17/3023, 60 f.). Hingegen sind bloße durch Datenverarbeitungssysteme nach Abs. 2 generierte Warnmeldungen nicht ohne weiteres als in diesem Sinne auffällig anzusehen. Vor dem Hintergrund der Breite und Fehleranfälligkeit der verwendeten Parameter ist in diesen Fällen in der Regel zunächst eine weitere „händische" Abklärung durch geschulte Mitarbeiter des Instituts erforderlich. Dabei sind allerdings solche Systemhinweise als auffällig iSv § 25 h Abs. 3 S. 1 KWG anzusehen, die zB vom Institut festgelegte Relevanzschwelle überschreiten oder eine bekannte Typologie erfüllen (so jedenfalls bisher BaFin, RdSchr. 1/2014 (GW) iVm DK, AuAs Nr. 86 g). Im Rahmen der Vorschrift werden damit aktiv und systematisch Kunden und deren Konten auf mögliche Strafbarkeitsfälle und Verdachtsmomente durchforscht (*Hamacher* Die Bank 9/2006, 40 (41); *Jahn* ZRP 2002, 109 (110); *Saurer* NVwZ 2005, 275 (279)). Die Regelung zum Datenschutz gemäß § 25 h Abs. 2 S. 2 KWG gelten hier nach § 25 h Abs. 3 S. 3 KWG – einschließlich ihrer Unklarheiten nach der Neufassung – entsprechend (vgl. Kommentierung → Rn. 19).

21 Gemäß § 25 h Abs. 3 S. 2 KWG haben Institute die relevanten Transaktionen iSv § 25 h Abs. 3 S. 1 KWG, sowie die durchgeführten Untersuchungen und die daraus gewonnenen Ergebnisse nach Maßgabe von § 8 GwG angemessen zu dokumentieren. Diese **Dokumentationspflichten** zielen darauf ab, ggf. gegenüber der BaFin – oder auch notfalls gegenüber in § 25 h Abs. 3 S. 3 KwG nicht genannten Strafverfolgungsbehörden – darlegen bzw. nachweisen zu können, dass diese Sachverhalte nicht darauf schließen lassen, dass eine strafbare Handlung iSv § 25 h Abs. 1 S. 1 KWG begangen oder versucht wurde oder wird. Nach § 8 Abs. 4 GwG sind entsprechende Informationen grundsätzlich fünf Jahre aufzubewahren, beginnend mit dem Schluss des Kalenderjahres, in dem die hier in Rede stehende Auffälligkeit aufgetreten ist.

22 § 25 h Abs. 3 S. 4 KWG erlaubt schließlich einen **Informationsaustausch zwischen Instituten** entsprechend § 47 Abs. 5 GwG vgl. auch FATF (Consolidated FATF Standard on information sharing, S. 12 ff.) auch in den Fällen, in denen es sich nicht um strafbare Handlungen mit Blick auf Geldwäsche, deren Vortaten oder eine Terrorismusfinanzierung handelt, mithin (sonstigen) strafbaren Handlungen, die zur Gefährdung des Vermögens eines Instituts führen können. Mit der Bezugnahme auf § 47 Abs. 5 GwG wollte der Gesetzgeber eine klare Regelung schaffen, die auch datenschutzrechtliche Zweifelsfragen ausreichend beantwortet (Beschlussempfehlung und Bericht des Finanzausschusses, BT-Drs. 18/12405, 189 f.). Die bis zur Änderung durch das Gesetz zur Umsetzung der Vierten EU-Geldwäscherichtlinie, zur Ausführung der EU-Geldtransferverordnung und zur Neuorganisation der Zentralstelle für Finanztransaktionsuntersuchungen vom 23.6.2017 und auch noch im Regierungsentwurf dieses Gesetzes enthaltene Regelung in § 25 h Abs. 3 S. 4 KWG stellte allein auf „Einzelfälle" ab und war nach Auf-

Interne Sicherungsmaßnahmen **§ 25h KWG**

fassung des Bundesdatenschutzbeauftragten und einzelner Landesdatenschutzbehörden zB nicht geeignet, als Rechtfertigung für den Austausch im Rahmen sog. **„Fraud Pools"** zu dienen (Beschlussempfehlung und Bericht des Finanzausschusses, BT-Drs. 18/12405, 190). In entsprechender Anwendung von § 47 Abs. 5 GwG dürfen Institute daher nunmehr auf gesicherter rechtlicher Grundlage einander Informationen über konkrete Sachverhalte, die Auffälligkeiten oder Ungewöhnlichkeiten enthalten und andere strafbare Handlungen als Geldwäsche, einschließlich der Vortaten, sowie Terrorismusfinanzierung betreffen, zur Kenntnis geben, wenn sie davon ausgehen können, dass andere Institute diese Informationen für die Risikobeurteilung oder die Beurteilung einer Meldung nach § 43 GwG oder Strafanzeige nach § 158 StPO benötigen. Dabei dürfen die Informationen auch unter Verwendung eigener oder von Dritten betriebener Datenbanken zur Kenntnis gegeben werden (entsprechende Anwendung von § 47 Abs. 5 S. 2 GwG). Die Informationen dürfen aber nur unter den Bedingungen des übermittelten Instituts und zum Zweck der Verhinderung von Geldwäsche, Terrorismusfinanzierung und sonstigen strafbaren Handlungen verwendet werden (entsprechende Anwendung von § 47 Abs. 5 S. 3 GwG).

V. Auslagerung interner Sicherungsmaßnahmen (Abs. 4)

Nach § 25h Abs. 4 KWG dürfen Institute sämtliche interne Sicherungsmaßnah- 23 men iSv § 25h Abs. 1 S. 1 KWG nach vorheriger **Anzeige gegenüber der BaFin** im Rahmen von vertraglichen Vereinbarungen durch Dritte durchführen lassen (speziell zur **Auslagerung** von Pflichten im Hinblick auf die Verhinderung (sonstiger) strafbarer Handlungen vgl. *Sell/Zawilla* Banken-Times Dezember 2011/Januar 2012, 1f.). Daneben ist, wie im übrigen sämtliche internen Sicherungsmaßnahmen, auch das EDV-Monitoring nach § 25h Abs. 2 KWG auslagerungsfähig (BaFin-AuA, Abschnitt III, Nr. 3.10). Damit wurde durch das Gesetz zur Umsetzung der Vierten EU-Geldwäscherichtlinie, zur Ausführung der EU-Geldtransferverordnung und zur Neuorganisation der Zentralstelle für Finanztransaktionsuntersuchungen vom 23.6.2017 (BGBl. I S. 1822) eine Abkehr von der zuvor in § 25h KWG enthaltenen Regelung durchgeführt, nach der eine vorherige Zustimmung der BaFin erforderlich war (RegBegr. BT-Drs. 18/11555, 176). Die Änderung kann sicherlich zu einer Straffung und Entbürokratisierung sowie Entlastung der Aufsichtsbehörden beitragen (RegBegr. BT-Drs. 18/11555, 112 mit Blick auf den weitgehend gleichlautenden § 6 Abs. 7 GwG). Als Ausgleich für die nicht mehr erforderliche Zustimmung steht der BaFin allerdings nunmehr das Recht zur Anordnung einer Rückübertragung auf das Institut zu. Die **Rückübertragung** ist dabei an spiegelbildliche Voraussetzungen geknüpft wie bisher die Erteilung der Zustimmung. Für eine Übertragung ist zunächst eine vertragliche Vereinbarung mit dem Dritten erforderlich. Der Dritte muss – wie bisher auch – die Gewähr dafür bieten, dass die Sicherungsmaßnahmen ordnungsgemäß durchgeführt werden und die Steuerungsmöglichkeiten der Institute und die Kontrollmöglichkeiten der BaFin nicht beeinträchtigt werden. Ansonsten lägen nämlich die Voraussetzungen vor, unter denen die BaFin die Rückübertragung auf das Institut verlangen könnte. Im Rahmen der Anzeige dürfte entsprechend den Anforderungen im Hinblick auf § 6 Abs. 7 S. 3 GwG eine Darlegungspflicht bestehen, dass die vorgenannten Voraussetzungen vorliegen (vgl. BaFin-AuA Abschnitt III, Nr. 3.10). Eine Anzeige muss, unter Heranziehung der Grundsätze der BaFin zu § 6 Abs. 7 GwG, mindestens zwei Wochen vor Beginn der geplanten Auslagerung erfolgen und neben dem Datum der Auslagerung auch die vollständige Bezeichnung des Auslagerungsunternehmens enthalten (BaFin-AuA, Abschnitt III, Nr. 3.10). Die Vorschrift wurde ursprünglich durch das Gesetz zur Umsetzung der Zweiten E-Geld-Richtlinie vom 1.3.2011 in das KWG eingeführt und spiegelt nunmehr zumindest die weitgehend inhaltsgleichen Voraussetzungen in § 6 Abs. 7 GwG zur Auslagerung von internen Sicherungsmaßnahmen bzw. deren Durchführung durch Dritte im Kontext der Verhinderung von Geldwäsche und Terrorismusfinanzierung. Relevant ist die Eröffnung der Auslagerung interner Sicherungsmaßnahmen insbesondere für kleinere und mittlere Institute im Hinblick auf **Wirtschaftlichkeitserwägungen,** Kapazitätsbedarf und Notwendigkeit einer regelmäßigen Präsenz vor Ort (vgl. *Sell/Zawilla* Banken-Times November 2011/Januar 2012, 1 (2)). So haben sich insbesondere im Sparkassen- und Genossenschaftssektor verschiedene Institutionen als zentrale Anbieter von Auslagerungslösungen im Geldwäschebereich etabliert, ua im Rahmen des Informatikzentrums der Sparkassenorganisation oder der DZ CompliancePartner GmbH (vormals Geno-TEC GmbH). Auch die BaFin steht einer Auslagerungslösung – bei entsprechender Qualitätssicherung – seit geraumer Zeit positiv gegenüber (*Sell* Banken-Times November 2011, 55 (56); BaFin, Jahresbericht 2003, S. 69). Bei der Auslagerung ist insbesondere das Auslagerungsunternehmen mit der erforderlichen Sorgfalt auszuwählen und im auslagernden Institut ein **Auslagerungsbeauftragter** zu bestellen (*Sell* Banken-Times November 2011, 55 (56); *Findeisen* WM 2000, 1234 (1240)). Bei einer Auslagerung ist genau zu klären, wie das Auslagerungsunternehmen in die Arbeitsabläufe des auslagernden Unternehmens eingebunden werden soll (*Struwe/Rösler* Banken-Times Spezial Dezember 2012 & Januar 2013, 2 (3)). Bei einer aufgespalteten Auslagerung im Hinblick auf Pflichten zur Verhinderung sonstiger strafbarer Handlungen ohne Auslagerung im Hinblick auf Verhinderung von Geldwäsche und Terrorismusfinanzierung können sich zudem Folgeprobleme im Hinblick auf die Errichtung der „zentralen Stelle" nach § 25h Abs. 7 KWG ergeben. Da es sich bei § 25h Abs. 4 KWG um eine bankaufsichtsrechtlich relevante, zumeist wesentliche Auslagerung handelt (vgl. *Sell/Zawilla* Banken-Times November 2011/Januar 2012, 1), läge es zudem nahe, die **Anforderungen von § 25b KWG iVm AT 9 MaRisk** auf die Fallkonstellationen in § 25h Abs. 4 KWG zumindest entsprechend heranzuziehen (vgl. zu diesen Anforderungen BaFin, RdSchr. 9/2017 (BA) v. 27.10.2017; ferner *Struwe/Rösler* Banken-Times Spezial Dezember 2012 & Januar 2013, 2). Allerdings hatte die BaFin in einem in 2015 zur Konsultation gestellten Entwurf eines Rundschreibens (BaFin, Konsultation 04/2014, Abschn. V.), welcher allerdings in der Folge nicht zu einem finalen Rundschreiben führte, in Bezug auf die Vorgängervorschrift in § 25h Abs. 5 KWG in der Fassung vor dem Inkrafttreten des Gesetzes zur Umsetzung der Vierten EU-Geldwäscherichtlinie, zur Ausführung der EU-Geldtransferverordnung und zur Neuorganisation der Zentralstelle für Finanztransaktionsuntersuchungen vom 23.6.2017, ausgeführt, dass für Auslagerungen von internen Sicherungsmaßnahmen, § 25h Abs. 5 KWG aF „*grds. die allein maßgebliche Vorschrift*" sei und sich die Auslagerungsanforderungen in § 25b KWG auf die Vorschrift des § 25a KWG und nicht auf § 25h KWG beziehe. Selbst wenn man die damalige Auffassung der BaFin teilen wollte, liegt es – angesichts der auch von der BaFin angeführten Bedeutung der Verhinderung (sonstiger) strafbarer Handlungen, die zu einer Gefährdung des Vermögens des Instituts führen können, doch sehr nahe, zumindest die Vorgaben an die vertragliche Ausgestaltung der Auslagerung aus AT 9 Tz. 6 MaRisk entsprechend heranzuziehen. Ansonsten würden Beliebigkeit und Wildwuchs bei der Auslagerung derartiger Maßnahmen bzw. deren Durchführung durch Dritte auf vertraglicher Basis an einer Stelle gefördert, an der es sicherlich nicht erwünscht sein kann.

Spezielle Regelungen zu Auslagerungen interner Sicherungsmaßnahmen existierten bislang in der Verwaltungspraxis der BaFin iVm den DK-Auslegungs- und Anwendungshinweisen für **Auslagerungen des Betriebs des Datenverarbeitungssystems** auf einen Dritten (so bisher BaFin, RdSchr. 1/2014 (GW) iVm DK, AuAs, Nr. 86d). Unter Dritten sind dabei auch selbstständige Niederlassung oder das Mutterunternehmen des betroffenen Kreditinstituts anzusehen. Werden die Datenverarbeitungssysteme außerhalb des Kreditinstituts technisch betrieben, stellt dies zumindest dann keine Auslagerung dar, wenn das Kreditinstitut Indizien, Schwellenwerte etc weiterhin eigenständig festlegt, Transaktionskontrollen beim pflichtigen Kreditinstitut durchgeführt werden und bei einer Ansiedlung im Ausland die Übermittlung der Systemtreffer keinen Restriktionen seitens der Jurisdiktion des jeweiligen Staates unterliegen. Sind die Voraussetzungen nicht erfüllt, liegt hingegen grundsätzlich eine Auslagerung vor. Dies gilt insbesondere, sofern Transaktionskontrollen nicht im Institut durchgeführt werden (dann sind insbes. Schnittstellen und Ansprechpartner klar zu definieren). Bei Nutzung von Datenverarbeitungssystemen übergeordneter Institute oder von Muttergesellschaften ist ferner zu gewährleisten, dass die verwandten Indizien auch Bezug auf das Geschäft der Tochtergesellschaften bzw. – soweit einschlägig – auf das der EU-Zweigniederlassung aufweisen. 24

VI. Anordnungsbefugnis der BaFin (Abs. 5)

§ 25h Abs. 5 KWG enthält eine Anordnungsbefugnis der BaFin, die es ihr ermöglicht, die in Abs. 1–3 der Vorschrift genannten internen Sicherungsmaßnahmen und organisatorischen Pflichten gegenüber einem Institut im Einzelfall und ggf. auch mit Mitteln des **Verwaltungszwangs** anzuordnen, soweit das Institut die Vorgaben nicht oder nur unzureichend umsetzt. Aufgrund eines offenbar redaktionellen Versehens des Gesetzgebers im Gesetz zur Umsetzung der Vierten EU-Geldwäscherichtlinie, zur Ausführung der EU-Geldtransferverordnung und zur Neuorganisation der Zentralstelle für Finanztransaktionsuntersuchungen vom 23.6.2017 (BGBl. I S. 1822) ist der Verstoß gegen derartige Anordnungen zurzeit nicht bußgeldbewehrt. § 56 Abs. 2 Nr. 3 lit. i KWG bezieht sich nämlich auf die Zuwiderhandlung gegen eine vollziehbare Anordnung nach § 25g Abs. 5 KWG, mithin einer nicht existenten Norm. Gemeint sein dürfte jedoch § 25h Abs. 5 KWG. Aufgrund des Analogieverbots bzw. des Grundsatzes „nulla poena sine lege" (keine Strafe ohne Gesetz) im Straf- und Ordnungswidrigkeitenrecht (vgl. § 3 OWiG), dürfte bis zu einer Änderung der Gesetzeslage jedoch die Verhängung eines Bußgelds bei Verstößen nicht in Betracht kommen. 25

VII. Einrichtung einer zentralen Stelle (Abs. 7)

Abs. 7 S. 1 legt grundsätzlich fest, dass die Funktion des Geldwäschebeauftragten iSv § 7 GwG und die Pflichten zur Verhinderung (sonstiger) strafbarer Handlungen nach § 25h Abs. 1 S. 1 im Institut von einer **zentralen Stelle** wahrzunehmen sind und greift damit in die Organisationsbefugnis des Instituts ein (*Scholz* BankPraktiker 26

2012, 381). Praktisch werden damit die Aufgaben des Geldwäschebeauftragten und der für die Verhinderung von (sonstigen) strafbaren Handlungen zuständigen Stelle unter einem einheitlichen Risikomanagement zusammengefasst, um damit Synergien zu heben und einen risikoorientierten Präventionsansatz einschließlich (einheitlicher) Risikoanalyse, (einheitlichen) Berichtswegen, vollständiger Bestandsaufnahme aller durch strafbare Handlungen verursachten operationellen Risiken sowie einheitliche Monitoring- und Kontrollmaßnahmen effektiv umzusetzen (RegBegr. BT-Drs. 17/3023, 62; BaFin-AuA Abschnitt II, Nr. 3.2, Stichwort: Anforderungen an die Tätigkeit des GWB; *Rößler* diebank 5/2011, 62 (63f.)). Die „zentrale Stelle" kann auch als Organisationseinheit ausgestaltet sein, bei der die Aufgaben in unterschiedlichen Teileinheiten wahrgenommen werden, soweit die Verantwortung vom Leiter der übergeordneten Einheit (zB Chief Compliance Officer), der zugleich als Geldwäschebeauftragter fungiert, übernommen wird (so bisher BaFin, RdSchr. 1/2014 (GW) iVm DK, AuAs Nr. 89). Bereits vor der jetzigen gesetzlichen Regelung und dem Entwurf eines Rundschreibens der BaFin zum damaligen § 25c Abs. 1 KWG vom April 2010 hatte die BaFin wiederholt angedeutet, dass eine Zusammenführung der Aufgabenkreise sinnvoll sein kann (*Achtelik* Leitfaden zur Erstellung der Gefährdungsanalyse zur Verhinderung betrügerischer Handlungen zu Lasten des Instituts nach § 25c KWG-E, S. 11). Auch im Rundschreiben 8/2005 wurde auf eine Trennung der Gefährdungsanalysen für Zwecke der Verhinderung von Geldwäsche und Terrorismusfinanzierung einerseits und Bekämpfung betrügerischer Handlungen andererseits ausdrücklich verzichtet, was als Nukleus einer zentralen Stelle angesehen werden kann. **Nicht von der zentralen Stelle erfasst** sind hingegen das allgemeine Risikomanagement nach den MaRisk, welches unberührt bleibt, sofern sich aus § 25h keine vorrangigen Pflichten ergeben, sowie das Risikomanagement gegen (operationelle) Risiken, soweit diese nicht durch Geldwäsche, Terrorismusfinanzierung oder (sonstige) strafbare Handlungen verursacht werden, ferner die Verhinderung von Insiderhandel und Marktmanipulation (so bisher BaFin, RdSchr. 1/2014 (GW) iVm DK, AuAs Nr. 89). Insbesondere letztere Aufgaben werden bereits durch gesonderte aufsichtliche Präventionsregelungen erfasst und setzten ein eigenes organisatorisches Umfeld voraus. Trotz der Regelung in § 25h Abs. 7 KWG bleiben zusätzliche prozessimmanente Systeme zur Minimierung von Vermögensgefährdungen und von Schäden durch Betrug, zB im Rahmen der Kreditvergabe, möglich. Nach dem eindeutigen Gesetzeswortlaut von § 25h Abs. 7 S. 1 KWG umfassen die Aufgaben der zentralen Stelle im Hinblick auf (sonstige) strafbare Handlungen die in Abs. 1 S. 1 genannten Aufgaben. Kern der Aufgaben ist damit insbesondere auch die **Erstellung der Risikoanalyse,** der daraus abzuleitenden Sicherungsmaßnahmen bzw. -systeme, das Berichtswesen und die Kommunikation gegenüber der Geschäftsführung und betroffenen Bereichen, die Definition und Aktualisierung interner Grundsätze, die fortlaufende Entwicklung von Präventionsstrategien zur Verhinderung des Missbrauchs bei neuen Produkten und Technologien (insbesondere im Hinblick auf die Begünstigung der Anonymität), die Abstimmung der ggf. verschiedenen Risikoanalysen (Geldwäsche, Terrorismusfinanzierung, (sonstige) strafbare Handlungen), die gefährdungsbasierte Überprüfung der Wirksamkeit vorhandener Maßnahmen und Kontrollen, die Durchführung von Monitoring- und Kontrollmaßnahmen sowie der Kontakt zu Strafverfolgungsbehörden (so bisher BaFin, RdSchr. 1/2014 (GW) iVm DK, AuAs Nr. 89; *Auerbach/Hentschel* in Schwennicke/Auerbach § 25h Rn. 113). Im Übrigen kommt der zentralen Stelle auch weiterhin eine **Koordinierungsfunktion** zu, da es sich nicht vermeiden lassen wird und es sogar sinnvoll ist, Subverantwortlichkeiten an Leiter von Geschäftssparten, Bereichen und Abteilungen sowie die einzelnen Mitarbeiter zu delegieren, um damit eine Prävention (sonstiger) strafbarer Handlungen überhaupt erst mit Leben zu erfüllen (dazu *Kelzenberg/Mayer* BankPraktiker 2014, 70). Wichtig sind in diesem Kontext klare Berichtswege (insbesondere an Vorstand/Geschäftsleitung, andere Geschäftsbereiche BaFin und Strafverfolgungsbehörden) und Regelung zu internen (Sub-)Zuständigkeiten (so bisher BaFin, RdSchr. 1/2014 (GW) iVm DK, AuAs Nr. 89; BaFin, Entwurf eines Rundschreibens zur Verhinderung betrügerischer Handlungen zu Lasten der Institute gemäß § 25c Abs. 1 KWG v. 27.4.2010). Insbesondere im Rahmen ihrer Kontrollaufgaben kann sich die zentrale Stelle auch anderer Bereiche bedienen (so bisher BaFin, RdSchr. 1/2014 (GW) iVm DK, AuAs, Nr. 89).

Die Gesetzesbegründung zum Gesetz zur Umsetzung der Zweiten E-Geld- 27 Richtlinie, der Finanzausschuss des Bundestages und auch bereits die BaFin im Entwurf eines Rundschreibens zur Verhinderung betrügerischer Handlungen von April 2010 gehen davon aus, dass nur eine zentrale Stelle, mithin eine organisatorische Zusammenführung der Aufgaben der Verhinderung von Geldwäsche und der Verhinderung sonstiger Straftaten, in der Lage ist, ein angemessenes sowie **kostengünstiges Sicherungssystem** zu etablieren (RegBegr. BT-Drs. 17/3023, 62; Bericht des Finanzausschusses BT-Drs. 17/4047, 5; so bisher BaFin, RdSchr. 1/2014 (GW) iVm DK, AuAs Nr. 89; BaFin, Entwurf eines Rundschreibens zur Verhinderung betrügerischer Handlungen zu Lasten der Institute gemäß § 25c Abs. 1 KWG v. 27.4.2010). Dies soll grundsätzlich auch dann gelten, wenn bisher in Instituten nicht einheitliche Organisationsformen (zB Aufspaltung der Zuständigkeiten auf Rechtsabteilung, Interne Revision, Controlling, IT-Security oder Aufspaltung der Zuständigkeiten für internen und externen Betrug) bestehen (RegBegr. BT-Drs. 17/3023, 62). Diese Einschätzung beruht insbesondere auch auf Feststellungen der BaFin aus der laufenden Aufsicht, nach denen eine organisatorische Trennung oft zu Defiziten bei der Risikoanalyse führt (Bericht des Finanzausschusses BT-Drs. 17/4047, 5; BaFin, Jahresbericht 2009, S. 237).

Nur sofern wichtige Gründe vorliegen, kann ein Institut nach § 25h Abs. 7 S. 2 28 KWG bei der BaFin einen Antrag stellen, auf Grund dessen die BaFin durch Verwaltungsakt bestimmen kann, dass für die Verhinderung (sonstiger) strafbarer Handlungen eine andere Stelle im Institut zuständig sein soll. Ein derart wichtiger Grund soll insbesondere dann vorliegen, wenn unter Berücksichtigung aller Umstände des Einzelfalls und unter Abwägung der darzulegenden Interessen des Instituts eine organisatorische Zentralisierung untunlich ist und die Einhaltung der Pflichten auch ohne eine organisatorische Vereinheitlichung bzw. Zentralisierung vergleichbar effektiv sichergestellt wird (RegBegr. BT-Drs. 17/3023, 62; so bisher BaFin, Rundschreiben 1/2014 (GW) iVm DK, Auslegungs- und Anwendungshinweise, Nr. 89). Das Vorliegen der Voraussetzungen ist der BaFin schlüssig und nachvollziehbar darzulegen. Das Vorliegen eines wichtigen Grundes im Sinne von § 25h Abs. 7 S. 2 KWG kann bejaht werden, wenn eine Auslagerung einer oder mehrerer der in § 25h KWG genannten geldwäscherechtlichen Sicherungsmaßnahmen und bzw. oder des Bereichs zur Verhinderung der (sonstiger) strafbaren Handlungen erfolgt (so bisher BaFin, Rundschreiben 1/2014 (GW) iVm DK, Auslegungs- und Anwendungshinweise, Nr. 89). Ferner ist eine gleichzeitige Auslagerung beider Bereiche, also Verhinderung von Geldwäsche und Terrorismusfinanzierung einerseits und der Verhinderung (sonstiger) strafbarer Handlungen andererseits, möglich (so bisher BaFin, Rundschreiben 1/2014 (GW) iVm DK, Auslegungs- und Anwendungshinweise, Nr. 89). Die gewährte **Öffnungsklausel** erscheint aus Sicht der

Praxis jedoch zu eng angelegt. Vertretbar wäre es wohl auch gewesen, eine bloße Anzeigepflicht zu statuieren, wenn von der Vorgabe nach einer „zentralen Stelle" in § 25h Abs. 7 KWG abgewichen würde. Der Finanzausschuss des Deutschen Bundestages hatte die BaFin aber zumindest bei Einführung der Norm dazu aufgefordert, **Anträge zur Befreiung** von der Einrichtung einer zentralen Stelle iSv § 25h Abs. 7 KWG zügig zu bearbeiten, um den Instituten Rechts- und Planungssicherheit zu verschaffen (BT-Drs. 17/4047, 5).

29 Diskutiert wurde die Frage, wie sich die im Dezember 2012 erstmals in den MaRisk enthaltenen Regelungen für eine zusätzliche **Compliance nach den MaRisk** (BaFin, RdSchr. 10/2012 (BA) v. 14.12.2012) zu den Vorgaben von § 7 GwG und § 25h Abs. 7 KWG verhalten (vgl. dazu auch *Schmidt* BankPraktiker Wiki MaRisk 2013, 25 ff.; zum Verhältnis zwischen zentraler Stelle und dem Wertpapier-Compliance vgl. *Schröder* ZBB/JBB 2013, 312 ff.). Nach AT 4.4.2 MaRisk muss jedes Institut über eine Compliance-Funktion verfügen, um den Risiken, die sich aus der Nichteinhaltung rechtlicher Regelungen und Vorgaben ergeben können, entgegenzuwirken. Die Compliance-Funktion hat auf die Implementierung wirksamer Verfahren zur Einhaltung der für das Institut wesentlichen rechtlichen Regelungen und Vorgaben und entsprechender Kontrollen hinzuwirken; ferner hat die Compliance-Funktion die Geschäftsleitung hinsichtlich der Einhaltung dieser rechtlichen Regelungen und Vorgaben zu unterstützen und zu beraten. Auch diese Compliance-Funktion ist der Geschäftsleitung unmittelbar berichtspflichtig und ihr ist Zugang zu allen Informationen einzuräumen, die für die Erfüllung ihrer Aufgaben erforderlich sind. Die MaRisk-Compliance-Funktion kann dabei an die Funktion des Geldwäschebeauftragten angebunden werden (dies befürwortend *Scholz* Banken-Times April 2013, 21 (22)). Neben einer denkbaren „Einfügung" der Funktion in die „zentrale Stelle" drängt sich zudem die Frage auf, ob die der MaRisk-Compliance zugeordneten Aufgaben im Bereich der Verhinderung von Geldwäsche, Terrorismusfinanzierung und (sonstigen) strafbaren Handlungen nicht bereits ohnehin erfüllt werden und damit eine Einbeziehung dieser Funktion in das MaRisk-Compliance überflüssig ist (vgl. dazu *Achtelik* BI 12/2012, 30 (31 f.); *Hofer* BaFinJournal März 2013, 15 (17 f.)). Die BaFin hatte sich in einer Sondersitzung der FG MaRisk im April 2013 dahingehend positioniert, dass für die Institute grundsätzlich Organisationsfreiheit im Hinblick auf die Einrichtung der MaRisk-Compliance besteht, dh es sind zentrale Lösungen (eine Person vereinigt Beauftragtenfunktion nach WpHG, GwG, MaRisk in sich) oder dezentrale Lösungen (verschiedene Beauftragte bzw. Funktionen unabhängig voneinander) denkbar, wobei die BaFin eine zentrale Lösung als sinnvoll ansieht Das MaRisk-Compliance ist dabei nicht als den anderen Compliance-Funktionen, insbesondere auch dem Geldwäschebeauftragten oder der „zentralen Stelle", übergeordnetes Compliance zu verstehen. Die Aufgabe des MaRisk-Compliance-Beauftragten besteht im Verhältnis zu anderen Compliance-Funktionen vielmehr laut BaFin in einer **„sinnvollen Koordinierung"**, nicht in einer Superkontrollinstanz. Das Prinzip des uneingeschränkten Vorrangs der geldwäscherechtlichen Vorschriften des KWG vor den allgemeinen organisatorischen Vorschriften des § 25a KWG iVm der MaRisk (vgl. noch BaFin BaFinJournal 06/11, S. 4, 5), die doch offensichtlich zu einer lex-specialis-Funktion des § 25h KWG führen sollte, scheint jedenfalls durch die Einfügung der Compliance-Funktion in § 25a KWG und die MaRisk nicht mehr uneingeschränkt zutreffend.

30 Schließlich wird in der Literatur stellenweise die Abgrenzung von „zentraler Stelle" und Aufgaben der Instituts- oder **Konzernsicherheit** diskutiert. Hier ist allerdings bereits durch die Formulierung in § 25h Abs. 1 S. 1 KWG eine hinrei-

chende Abgrenzung vom Gesetzgeber selbst vorgenommen worden, da die (sonstigen) strafbaren Handlungen zu einer Gefährdung des Vermögens des Instituts führen müssen und den Funktionen des § 25h KWG unterliegen, während zB beim Objekt- und Personenschutz vornehmlich Fragen der körperlichen Integrität im Vordergrund stehen (vgl. dazu *Sell* Banken-Times November 2011, 55 (56)).

§ 25i KWG – Allgemeine Sorgfaltspflichten in Bezug auf E-Geld

(1) Kreditinstitute haben bei der Ausgabe von E-Geld die Pflichten nach § 10 Absatz 1 des Geldwäschegesetzes zu erfüllen, auch wenn die Schwellenwerte nach § 10 Absatz 3 Nummer 2 des Geldwäschegesetzes nicht erreicht werden.

(2) In den Fällen des Absatzes 1 können die Kreditinstitute unbeschadet des § 14 des Geldwäschegesetzes von den Pflichten nach § 10 Absatz 1 Nummer 1 bis 4 des Geldwäschegesetzes absehen, wenn
1. das Zahlungsinstrument nicht wieder aufgeladen werden kann oder wenn ein wiederaufladbares Zahlungsinstrument nur im Inland genutzt werden kann und die Zahlungsvorgänge, die mit ihm ausgeführt werden können, auf monatlich 150 Euro begrenzt sind,
2. der elektronisch gespeicherte Betrag 150 Euro nicht übersteigt,
3. das Zahlungsinstrument ausschließlich für den Kauf von Waren und Dienstleistungen genutzt wird,
4. das Zahlungsinstrument nicht mit anonymem E-Geld erworben oder aufgeladen werden kann,
5. das Kreditinstitut die Transaktionen oder die Geschäftsbeziehung in ausreichendem Umfang überwacht, um die Aufdeckung ungewöhnlicher oder verdächtiger Transaktionen zu ermöglichen, und
6. ein Rücktausch des E-Gelds durch Barauszahlung, sofern es sich um mehr als 50 Euro handelt, ausgeschlossen ist oder bei Fernzahlungsvorgängen im Sinne des § 1 Absatz 19 des Zahlungsdiensteaufsichtsgesetzes der gezahlte Betrag 50 Euro pro Transaktion nicht übersteigt.

Beim Schwellenwert nach Satz 1 Nummer 1 ist es unerheblich, ob der E-Geld-Inhaber das E-Geld über einen Vorgang oder über verschiedene Vorgänge erwirbt, sofern Anhaltspunkte dafür vorliegen, dass zwischen den verschiedenen Vorgängen eine Verbindung besteht.

(3) Soweit E-Geld über einen wiederaufladbaren E-Geld-Träger ausgegeben wird, hat das ausgebende Kreditinstitut Dateisysteme zu führen, in denen alle an identifizierte E-Geld-Inhaber ausgegebenen und zurückgetauschten E-Geld-Beträge mit Zeitpunkt und ausgebender oder rücktauschender Stelle aufgezeichnet werden. § 8 des Geldwäschegesetzes ist entsprechend anzuwenden.

(3a) Kreditinstitute dürfen Zahlungen mit in Drittstaaten ausgestellten anonymen Guthabenkarten nur akzeptieren, wenn diese Karten die Anforderungen erfüllen, die den in Absatz 2 genannten gleichwertig sind.

(4) Liegen Tatsachen vor, die die Annahme rechtfertigen, dass bei der Verwendung eines E-Geld-Trägers
1. die Voraussetzungen nach Absatz 2 nicht eingehalten werden oder
2. im Zusammenhang mit technischen Verwendungsmöglichkeiten des E-Geld-Trägers, dessen Vertrieb, Verkauf und der Einschaltung von be-

stimmten Akzeptanzstellen ein erhöhtes Risiko der Geldwäsche oder der Terrorismusfinanzierung nach § 1 Absatz 1 Nummer 1 und 2 des Geldwäschegesetzes oder ein erhöhtes Risiko sonstiger strafbarer Handlungen nach § 25h Absatz 1 besteht,
so kann die Bundesanstalt dem Kreditinstitut, dass das E-Geld ausgibt, Anordnungen erteilen. Insbesondere kann sie
1. die Ausgabe, den Verkauf und die Verwendung eines solchen E-Geld-Trägers untersagen,
2. sonstige geeignete und erforderliche technische Änderungen dieses E-Geld-Trägers verlangen oder
3. das E-Geld ausgebende Institut dazu verpflichten, dass es dem Risiko angemessene interne Sicherungsmaßnahmen ergreift.

Literatur: BaFin, Auslegungs- und Anwendungshinweise zum Geldwäschegesetz, Stand Mai 2020 (zitiert: BaFin-AuA); BaFin, Geldwäsche, BaFinJournal Juni 2015, 35 ff.; BaFin, Merkblatt zur Einführung des § 25i Kreditwesengesetz (KWG) durch das Gesetz zur Optimierung der Geldwäscheprävention vom 20.4.2012; *Bentele/Schirmer,* Im Geldwäscherecht viel Neues – Das Gesetz zur Optimierung der Geldwäscheprävention, ZBB 2012, 303 ff.; *Engels,* Die 5. Geldwäscherichtlinie im Überblick: Änderungen der Richtlinie (EU) 2015/849 durch Richtlinie (EU) 2018/843, WM 2018, 2071 ff.; FATF, Guidance for a Risk-Based Approach to Prepaid Cards, Mobile Payments and Internet-Based Payment Services, Juni 2013; FATF, Money Laundering using new payment methods, Oktober 2010; FATF, Money Laundering & Terrorist Financing vulnerabilities of commercial websites and internet payment systems, 18.6.2008; FATF, Report on new payment methods, 13.10.2006; FATF, Money Laundering & Terrorist Financing Typologies 2004–2005, 10.6.2005; *Höche/Rößler,* Das Gesetz zur Optimierung der Geldwäscheprävention und die Kreditwirtschaft, WM 2012, 1505 ff.; Joint Committee, Consultation: Draft Guidelines under Articles 17 and 18(4) of Directive (EU) 2015/849 on customer due diligence and ML/TF risk factors, 5.2.2020, JC 2019 87 (zitiert: JC 2019 87); Joint Committee, Final Guidelines, Joint Guidelines under Articles 17 and 18(4) of Directive 2015/849 on simplified and enhanced customer due diligence and the factors credit and financial institutions should consider when assessing the money laundering and terrorist financing risk associated with individual business relationships and occasional transactions, 26.6.2017, JC 2017 37 (zitiert: JC 2017 37); Joint Committee of the European Supervisory Authorities, Report on the application of AML/CTF obligations to, and the AML/CTF supervision of e-money-issuers, agents and distributors in Europe, Dezember 2012, JC 2012 086 (zitiert: JC 2012 086); *Kunz/Schirmer,* 4. EU-Geldwäsche-RL: Auswirkungen auf Unternehmen, Banken und Berater, BB 2015, 2435 ff.; *Müller/Starre,* Der E-Geld-Agent – Zwischen Legaldefinition, gesetzgeberischer Vorstellung und Wirklichkeit, BKR 2013, 149 ff.; *Noll,* Merkblatt zu Geldwäscheaufsicht über E-Geld-Produkte, BaFinJournal 06/12, 8 ff.; *Sell,* § 25i KWG – Konkretisierung der Geldwäscheprävention beim E-Geld, Banken-Times 2012, 25 f.; *Reischauer/Kleinhans,* KWG, Stand: 9/2019; *Scherp,* Fünfte EU-Geldwäscherichtlinie – Umsetzung und Konsequenzen für die deutsche Wirtschaft, DB 2018, 2681; *Schwennicke/Auerbach,* KWG, 3. Aufl. 2016; *Siering,* Neue Anti-Geldwäsche-Richtlinie und Geldtransfer-Verordnung, DB 2015, 1457 f.; The Wolfsberg Group, Wolfsberg Guidance on Prepaid and Stored Value Cards, 14. Oktober 2011.

Übersicht

	Rn.
I. Allgemeines	1
II. Adressaten der Regelung	4
III. Sorgfaltspflichten bei der Ausgabe von E-Geld (Abs. 1)	5
IV. Absehen von Sorgfaltspflichten (Abs. 2)	6

	Rn.
V. Verpflichtung zur Führung von E-Geld-Inhaber-Dateisystem (Abs. 3)	7
VI. Zahlungen mit in Drittstaaten ausgestellten anonymen Guthabenkarten (Abs. 3a)	8
VII. Anordnungskompetenz der BaFin (Abs. 4)	9

I. Allgemeines

§ 25i KWG idF des Gesetzes zur Umsetzung der Vierten EU-Geldwäscherichtlinie, zur Ausführung der EU-Geldtransferverordnung und zur Neuorganisation der Zentralstelle für Finanztransaktionsuntersuchungen vom 23.6.2017 (BGBl. I S. 1822) geht zurück auf mit im Kern vergleichbare Regelungen zu Sorgfalts- und Organisationspflichten im E-Geld-Geschäft in § 25n KWG aF. Besondere Regelungen zum **E-Geld-Geschäft** mit Bezug zur Verhinderung der Geldwäsche wurden durch das Gesetz zur Optimierung der Geldwäscheprävention vom 22.12.2011 (BGBl. I S. 2959ff.) in das KWG eingefügt. Zugleich wurden bis dahin bestehende Regelungen in § 25h Abs. 1 Nr. 1 KWG zu vereinfachten Sorgfaltspflichten bei der Ausgabe und Verwaltung von E-Geld aufgehoben. Durch das CRD IV-Umsetzungsgesetz vom 28.8.2013 (BGBl. I S. 3395) wurde die Norm von § 25i KWG in § 25m KWG überführt. Mit Wirkung vom 31.1.2014 wurde die Norm durch das Gesetz zur Abschirmung von Risiken und der Planung der Sanierung und Abwicklung von Kreditinstituten und Finanzgruppen vom 7.8.2013 (BGBl. I S. 3090) zu § 25n, bevor sie nunmehr wieder in § 25i KWG angesiedelt wurde. Im Rahmen des Gesetzes zur Umsetzung der Änderungsrichtlinie zur Vierten EU-Geldwäscherichtlinie vom 12.12.2019 (BGBl. I S. 2602) wurden die durch die 5. EU-Geldwäscherichtlinie bedingten Änderungen in der Vorschrift abgebildet. Mit der Norm werden besondere Organisations- und Sorgfaltspflichten festgelegt, die die speziellen Geldwäscherisiken des E-Geld-Geschäfts betreffen (*Höche/Rößler* WM 2012, 1505 (1511)) und partiell am spezifischen Risiko des jeweiligen E-Geld-Produkts ausgerichtet sind. Zugleich werden der BaFin diesbezügliche spezifische Anordnungskompetenzen zugewiesen. Verstöße gegen die Vorschrift des § 25i KWG sind nach § 56 Abs. 2 Nr. 11 lit. d und e KWG bußgeldbewehrt. 1

E-Geld-Produkte werden als **Ersatz für Bankkonten** betrachtet (Erwägungsgrund (7) der 4. EU-Geldwäscherichtlinie). Bei E-Geld-Produkten kann es sich zB um einmalige bzw. wiederaufladbare Kreditkarten oder auch durch an Tankstellen, Kiosken etc vertriebene Gutscheine für Online-Geschäfte handeln, insbesondere sofern diese im Rahmen eines sog. open-loop-Systems, dh ohne Beschränkung auf zuvor festgelegte Warenverkäufer oder auch Dienstleister nutzbar sind (*Sell* Banken Times, S. 25f.). In Betracht kommen ferner aber auch bloße Codes auf Gutscheinen (*Auerbach/Spieß* in Schwennicke/Auerbach KWG § 25n Rn. 6). Geldwäscherisiken bestehen jedenfalls dann regelmäßig, wenn E-Geld gegen von Zentralbanken geschaffenes Geld emittiert oder vertrieben wird, wobei der Vetrieb anonym, dh ohne Identifizierung des E-Geld-Inhabers, und nicht kontengestützt über ein identifiziertes Giro- oder Zahlungskonto erfolgt (Bericht des BT-Finanzausschusses, Begr. zu § 25i KWG, BT-Drs. 17/8043; vgl. auch *Becker* in Reischauer/Kleinhans § 25i Rn. 2; *Noll* BaFinJournal 06/2012, 8 (9)). Allerdings ist darauf hinzuweisen, dass E-Geld-Produkte auch so ausgestaltet sein können, dass sich daraus gerade Faktoren für ein geringeres Risiko im Hinblick auf Geldwäsche und Terrorismusfinanzierung ergeben. So wird unter Nr. 2 lit. e Anlage 1 zum GwG ausgeführt, dass es 2 sich um Faktoren oder Anzeichen für ein potenziell geringeres Risiko handeln kann, wenn einem Produkt Beschränkungen auferlegt sind, wie bei der elektronischen Geldbörse, oder die Transparenz der Eigentumsverhältnisse gesteuert werden kann, wie zB bei bestimmten Arten von E-Geld. Die Frage des konkreten **Risikos eines E-Geld-Instruments** ist abhängig von dessen konkreter Ausgestaltung und der Einbeziehung von etwa in den Vertrieb eingeschalteter Personen (JC Guidelines 2017 37 Tz. 113 sowie zur Ausgestaltung der konkreten Risikobewertung und der Risikofaktoren Tz. 115 ff.; die Leitlinien werden zurzeit überarbeitet, stehen bis Mai 2020 zur Konsultation und enthalten auch Ergänzungen im Hinblick auf kunden-/händlerbezogene Risikofaktoren, vgl. JC 2019 87 Tz. 10.9, 10.11).

3 Hintergrund der Regelung sind insbesondere diverse **Analysen nationaler und internationaler Standardsetzer,** allen voran der FATF, die sich bereits seit einigen Jahren in verschiedenen Veröffentlichungen mit dem Thema auseinandergesetzt hat (FATF, Guidance for a Risk-Based Approach to Prepaid Cards, Mobile Payments and Internet-Based Payment Services, Juni 2013; FATF, Money Laundering using new payment methods, Oktober 2010; FATF, Money Laundering & Terrorist Financing vulnerabilities of commercial websites and internet payment systems, 18.6.2008; FATF, Report on new payment methods, 13.10.2006; FATF, Money Laundering & Terrorist Financing Typologies 2004–2005, 10.6.2005). Im Bericht der FATF über neue Zahlungsarten aus dem Jahr 2010 wurden dazu insbesondere 33 Fallstudien unternommen, deren Hauptgegenstand Prepaid- bzw. Guthabenkarten und Internetzahlungssysteme waren. Die Analyse der Fallstudien kam zu dem Ergebnis, dass die neuen Zahlungsarten grundsätzlich bis zu einem bestimmten Grad anfällig für Geldwäsche und Terrorismusfinanzierung sein können, auch wenn die genaue Dimension nur schwierig zu bestimmen sei (FATF, Money Laundering using new payment methods, Oktober 2010, S. 7). Neue Zahlungsarten sind nach dem Bericht der FATF vom Oktober 2010 gerade aufgrund ihrer Anonymität und hohen Übertragungsfähigkeit für Geldwäsche attraktiv. Neben der FATF hat sich insbesondere auch die Wolfsberg Gruppe, ein Zusammenschluss mehrerer international tätiger Großbanken, die sich zur Einhaltung bestimmter Standards im Bereich der Anti-Geldwäsche-Prävention verpflichten, mit einzelnen Aspekten der E-Geld-Problematik, insbesondere der Prepaid- und Geldkarten, befasst (The Wolfsberg Group, Wolfsberg Guidance on Prepaid and Stored Value Cards, 14.10.2011, S. 14). Einen Bericht über die rechtlichen Regelungen und die Beaufsichtigung von E-Geld-Emittenten in den EU-Mitgliedstaaten im Hinblick auf die Verhinderung von Geldwäsche und Terrorismusfinanzierung hat im Dezember 2012 der gemeinsame Ausschuss der europäischen Aufsichtsbehörden (EBA, ESMA und EIOPA) veröffentlicht. Dieser hat gravierende Unterschiede in den einzelnen Mitgliedstaaten sichtbar werden lassen und daher im Rahmen der Überarbeitung der 3. EU-Geldwäscherichtlinie und der E-Geld-Richtlinie empfohlen, die Vorgaben zu vereinheitlichen. Spezielle Regelungen zum E-Geld-Geschäft wurden dann in Art. 12 der 4. EU-Geldwäscherichtlinie aufgenommen, auf denen § 25i KWG ausweislich der Gesetzesbegründung ausdrücklich fußt (vgl. BT-Drs. 18/11555, 176). Diese Regelungen wurden durch die **5. EU-Geldwäscherichtlinie** noch einmal verschärft. So wurden Betragsgrenzen von 250 EUR auf 150 EUR bzw. von 100 EUR auf 50 EUR herabgesetzt (Art. 12 Abs. 1 und 2 der 5. EU-Geldwäscherichtlinie). Ferner dürfen Acquirer Zahlungen danach mittels E-Geld zukünftig nur noch abwickeln, wenn das E-Geld in einem Drittstaat ausgegeben wurde, der über einen vergleichbaren Geldwäschepräventionsstandard verfügt (Art. 12 Abs. 3 der 5. EU-Geldwäscherichtlinie).

II. Adressaten der Regelung

Die Vorschrift des § 25i KWG richtet sich, anders als die Vorgängernorm in 4
§ 25n KWG aF, ausdrücklich nur noch an Kreditinstitute (vgl. § 1 Abs. 1 KWG) und nicht mehr an Institute im Sinne des KWG. Der bisherige Verweis auf den Institutsbegriff des KWG, der Kredit- und Finanzdienstleistungsinstitute erfasste, war jedoch ohnehin nur theoretischer Natur, da allenfalls Einlagenkreditinstitute zum Betrieb des E-Geld-Geschäfts berechtigt sein konnten (BaFin, Merkblatt zu § 25i KWG, dort unter I., Stichwort **"Adressatenkreis";** *Bentele/Schirmer* ZBB 2012, 303 (311)). Die Vorschrift ist zudem im Kontext der Regelungen des ZAG und GwG zu betrachten. Nach § 27 Abs. 2 ZAG gilt § 25i KWG zunächst auch für Institute im Sinne des ZAG. Auch diese Formulierung ist jedoch ungenau. Institute im Sinne des ZAG sind nämlich nach § 1 Abs. 3 ZAG Zahlungsinstitute im Sinne von § 1 Abs. 1 S. 1 Nr. 1 ZAG und E-Geld-Institute im Sinne von § 1 Abs. 2 Nr. 1 ZAG. Tatsächlich ist aber nur E-Geld-Instituten, nicht aber Zahlungsinstituten der Betrieb des E-Geld-Geschäfts erlaubt (vgl. § 11 Abs. 1 ZAG; BaFin, Merkblatt zur Einführung des § 25i KWG, dort unter I., Stichwort „Adressatenkreis"; *Bentele/ Schirmer* ZBB 2012, 303 (311); insoweit ebenfalls „schief" die Begr. zu § 25i Abs. 3a KWG im Gesetzentwurf der Bundesregierung für ein Gesetz zur Umsetzung der Änderungsrichtlinie zur Vierten EU-Geldwäscherichtlinie (BT-Drs. 19/13827), in der ebenfalls pauschal von Instituten nach dem ZAG gesprochen wird). Ferner gilt gemäß § 10 Abs. 7 GwG der § 25i Abs. 1 KWG für Verpflichtete nach § 2 Abs. 1 Nr. 4 und 5 GwG (Agenten nach § 1 Abs. 9 ZAG und E-Geld-Agenten nach § 1 Abs. 10 ZAG einschließlich Zahlungsinstituten und E-Geld-Instituten mit Sitz in einem anderen EWR-Staat, die aber in Deutschland über solche Agenten niedergelassen sind sowie bestimmte selbständige Gewerbetreibende mit diesen vergleichbaren Tätigkeiten), die bei der Ausgabe von E-Geld tätig sind, mit der Maßgabe, dass lediglich die Pflichten in § 10 Abs. 1 Nr. 1 und 4 GwG zu erfüllen sind, wobei § 25i Abs. 2 und 4 KWG entsprechende Anwendung finden. Nach der Gesetzesbegründung zu § 10 Abs. 7 GwG lösen lediglich Vertriebsaktivitäten welche unmittelbar zum Ausgabeprozess des E-Geld-Produktes zählen, wie etwa die Übergabe des E-Geld-Trägers oder Codes sowie (un)bare Annahme des Ausgabebetrags für den E-Geld-Emittenten, Kundensorgfaltspflichten aus (BT-Drs. 18/11555, 117; BaFin-AuA, Kap. 4.2.4). § 25i KWG ist hingegen – zumindest nach früherem Verständnis – nicht anwendbar auf die Annahme und Abrechnung von E-Geld-Umsätzen von Akzeptanzstellen (BaFin, Merkblatt zur Einführung des § 25i KWG Abschn. II. 2. b.).

III. Sorgfaltspflichten bei der Ausgabe von E-Geld (Abs. 1)

Nach § 25i Abs. 1 KWG haben Kreditinstitute bei der Ausgabe von E-Geld (vgl. 5
zum Begriff des E-Geldes und der Ausgabe § 1 Abs. 18 GwG iVm §§ 1 Abs. 2 S. 3 und 4, 17 Abs. 1 ZAG) die Pflichten nach § 10 Abs. 1 GwG zu erfüllen. Zu diesen allgemeinen Sorgfaltspflichten zählen damit – verkürzend zusammengefasst – die Identifizierung des Vertragspartners und der für diesen auftretenden Personen (§ 10 Abs. 1 Nr. 1 GwG), Abklärung und Identifizierung wirtschaftlich Berechtigter (§ 10 Abs. 1 Nr. 2 GwG), Einholung und Bewertung von Informationen über Zweck und Art der angestrebten Geschäftsbeziehung (§ 10 Abs. 1 Nr. 3 GwG), Feststellung

der Eigenschaft einer politisch exponierten Person sowie mit dieser verbundener Personen (§ 10 Abs. 1 Nr. 4 GwG) sowie die kontinuierliche Überwachung der Geschäftsbeziehung (§ 10 Abs. 1 Nr. 5 GwG). Dabei sind diese Sorgfaltspflichten im Zusammenhang mit der Ausgabe von E-Geld auch dann zu erfüllen, wenn die **Schwellenwerte** gemäß § 10 Abs. 3 Nr. 2 GwG von 1.000 EUR für Geldtransfers und 15.000 EUR bei Durchführung sonstiger Transaktionen nicht erreicht werden (zu Sorgfaltspflichten vgl. auch die bis Mai 2020 zur Konsultation stehende Überarbeitung der JC-Leitlinien zu Risikofaktoren, JC 2019 87, Tz. 10, 11 ff.). Zuwiderhandlungen gegen die Erfüllung der Sorgfaltspflichten stellen nach § 56 Abs. 2 Nr. 11d KWG eine Ordnungswidrigkeit dar und können mit einer **Geldbuße** bis zu 100.000 EUR geahndet werden (§ 56 Abs. 6 Nr. 4 KWG). Darüber hinaus kann nach § 56 Abs. 6b KWG gegenüber einer juristischen Person oder einer Personenvereinigung bei nachhaltigen Verstößen eine Geldbuße verhängt werden, die den höheren Betrag von 5 Mio. EUR oder 10% des Gesamtumsatzes, den die Entität im der Behördenentscheidung vorausgegangenen Geschäftsjahr erzielt hat, nicht übersteigen darf. Nach § 56 Abs. 6c KWG kann über diesen Betrag hinaus, die Geldbuße auch bis zum Zweifachen des aus dem Verstoß gezogenen wirtschaftlichen Vorteils geahndet werden, der erzielte Gewinne und vermiedene Verluste erfasst.

IV. Absehen von Sorgfaltspflichten (Abs. 2)

6   Gemäß § 25i Abs. 2 KWG kann in bestimmten, eng umgrenzten, Fällen und unbeschadet der Vorschrift zur Erfüllung vereinfachter Sorgfaltspflichten nach § 14 GwG, zumindest von der Erfüllung der Pflichten nach § 10 Abs. 1 Nr. 1–4 GwG abgesehen werden. Der Hinweis auf die vereinfachten Sorgfaltspflichten nach § 14 GwG soll dabei deutlich machen, dass neben der Anwendung von § 25i KWG auch die Möglichkeit besteht, bei Vorliegen der Voraussetzungen nach § 14 GwG vereinfachte Sorgfaltspflichten zur Anwendung kommen zu lassen (BT-Drs. 18/11555, 176). Die Vorgaben für ein **Absehen von den Sorgfaltspflichten** enthalten dabei nachfolgende sich auf das Zahlungsinstrument bzw. nach bisherigen Begrifflichkeiten den „E-Geld-Träger" beziehende und im wesentlichen produktbezogene Voraussetzungen (vgl. zu vereinfachten Sorgfaltspflichten im E-Geld-Bereich auch JC Guidelines 2017 37 Tz. 126 f. bzw. in der bis Mai 2020 zur Konsultation stehenden Überarbeitung der Leitlinien JC 2019 87, Tz. 10.18; BaFin, BaFinJournal, Juni 2015, S. 35, 37; *Siering* DB 2015, 1457 (1458)). Voraussetzung ist nach § 25i Abs. 2 S. 1 Nr. 1 KWG zunächst, dass das Zahlungsinstrument nicht wieder aufgeladen werden kann; handelt es sich um ein wieder aufladbares Zahlungsinstrument, welches zudem nur im Inland benutzt werden darf, müssen mögliche auszuführende Zahlungsvorgänge auf 150 EUR monatlich begrenzt sein. Die Einschränkung auf die Nutzung im Inland wurde im Schrifttum im Hinblick auf den gemeinsamen Binnenmarkt kritisch gesehen (vgl. *Kunz/Schirmer* BB 2015, 2435 (2440)). Dabei ist zu klären, ob zwischen mehreren Erwerbsvorgängen eine Verbindung existiert und dadurch von einem E-Geld-Inhaber faktisch E-Geld im Gegenwert von mehr als 150 EUR pro Kalendermonat erworben wird (BaFin, Merkblatt zur Einführung des § 25i KWG, Abschn. II. 2. c.). Für den Schwellenwert von 150 EUR in § 25i Abs. 2 S. 1 Nr. 1 KWG ist es nach § 25i Abs. 2 S. 2 KWG nämlich unerheblich, ob der E-Geld-Inhaber das E-Geld über einen Vorgang oder verschiedene Vorgänge erwirbt, sofern Anhaltspunkte dafür vorliegen, dass zwischen ihnen eine Verbin-

Allgemeine Sorgfaltspflichten in Bezug auf E-Geld **§ 25i KWG**

dung besteht. Mit der Regelung soll eine Umgehung dieses Bagatellschwellenwertes durch künstliche Aufsplittung (sog. **Smurfing**) verhindert werden (*Auerbach/Spieß* in Schwennicke/Auerbach KWG § 25n Rn. 18). Eine Verbindung besteht, wenn diese sich dem mit dem E-Geld-Betrieb am Point of Sale betrauten Mitarbeiter offenkundig aufdrängen muss (Bericht des BT-Finanzausschusses, Begr. zu § 25i KWG, BT-Drs. 17/8043). Gemäß § 25i Abs. 2 S. 1 Nr. 2 KWG darf der elektronisch gespeicherte Betrag 150 EUR nicht übersteigen. Das Zahlungsinstrument darf ferner nur für den Erwerb von Waren und Dienstleistungen genutzt werden (§ 25i Abs. 2 S. 1 Nr. 3 KWG). Es muss gewährleistet sein, dass das Zahlungsinstrument nicht mit anonymem E-Geld erworben oder aufgeladen werden kann (§ 25i Abs. 2 S. 1 Nr. 4 KWG). Darüber hinaus muss das ausgebende Kreditinstitut die Transaktionen oder die Geschäftsbeziehung zum Zweck der Aufdeckung ungewöhnlicher oder verdächtiger Transaktionen, in ausreichendem Umfang überwachen (§ 25i Abs. 2 S. 1 Nr. 5 KWG). Schließlich muss nach § 25i Abs. 2 S. 1 Nr. 6 ein Rücktausch des E-Gelds durch Barauszahlung, sofern diese den Betrag von 50 EUR überschreitet, ausgeschlossen sein. Besteht zwischen mehreren Rücktauschvorgängen bei Bargeld ein wirtschaftlicher oder zeitlicher Zusammenhang, sind diese als Einheit zu betrachten (BaFin, Merkblatt zur Einführung des § 25i KWG, Abschn. II. 2. c.). Im Gleichlauf mit der vorstehenden Regelung und unter Heranziehung einer vergleichbaren Risikobewertung (Begr. zu § 25i KWG, BT-Drs. 19/13827) gilt der maximale Wert von 50 EUR pro Transaktion zudem nach § 25i Abs. 2 S. 1 Nr. 6 nunmehr bei Fernzahlungsvorgängen gem. § 1 Abs. 19 ZAG. Die **Voraussetzungskaskade** lehnt sich dabei an die Regelung der 4. EU-Geldwäscherichtlinie an, hielt dabei aber im Entwurf des Gesetzes zur Umsetzung der Änderungsrichtlinie zur Vierten EU-Geldwäscherichtlinie zunächst an den strengeren Schwellenwerten aus § 25n KWG aF fest (100 bzw. 50 EUR). Im Laufe des Gesetzgebungsverfahrens wurde dann aber von einem Goldplating der **5. EU-Geldwäscherichtlinie** abgesehen und die dort vorgesehenen höheren Beträge von 150 bzw. 50 EUR übernommen (vgl. BT-Drs. 19/15163 sowie BT-Drs. 19/15196; vgl. auch *Engels* WM 2018, 2071 (2074); *Kunz/Schirmer* BB 2015, 2435 (2440); *Scherp* DB 2018, 2681 (2683)). Der Schwellenwert von 150 EUR stellt dabei eine Bagatellregelung dar und soll das Fortbestehen des vorhandenen Angebots von E-Geld-Produkten, insbesondere auch im Hinblick auf E-Geld-Vertriebsstellen in Form von Tankstellen, Kiosken und Supermärkten dienen (Bericht des BT-Finanzausschusses, Ausschussberatungen, BT-Drs. 17/8043; *Bentele/Schirmer* ZBB 2012, 303 (310); vgl. auch *Auerbach/Spieß* in Schwennicke/Auerbach KWG § 25n Rn. 15).

V. Verpflichtung zur Führung von E-Geld-Inhaber-Dateisystem (Abs. 3)

§ 25i Abs. 3 KWG begründet die Pflicht für ein E-Geld ausgebendes Kreditinstitut eine sog. „**E-Geld-Inhaber-Dateisystem**" zu führen. Soweit danach E-Geld über einen wiederaufladbaren E-Geld-Träger ausgegeben wird, hat das ausgebende Kreditinstitut Dateiesysteme zu führen, in denen alle an identifizierte E-Geld-Inhaber ausgegebenen und zurückgetauschten E-Geld-Beträge mit Zeitpunkt und ausgebender oder rücktauschender Akzeptanzstelle aufgezeichnet werden, wobei die Aufzeichnungs- und Aufbewahrungsvorschriften nach § 8 GwG entsprechend anzuwenden sind. Zuwiderhandlungen gegen die Verpflichtung zur Führung der

Dateiesysteme stellen nach § 56 Abs. 2 Nr. 9 KWG eine Ordnungswidrigkeit dar und können mit einer **Geldbuße** bis zu 200.000 EUR geahndet werden (§ 56 Abs. 6 Nr. 3 KWG). Ob die bisherige diesbezügliche Erleichterungsregelung fortgilt, nach der ein diesbezügliches Dateisystem nicht zu führen ist, wenn ein Kreditinstitut, zB durch technische Systemsperren, gewährleisten kann, dass ein Zahlungsinstrument bzw. Geld-Träger nur bis zu einem Betrag bis 100 EUR je Kalendermonat genutzt werden kann, (vgl. BaFin, Merkblatt zur Einführung des § 25i KWG, Abschn. III.), ist bislang nicht geklärt. Sollte die Erleichterungsregelung nicht fortgelten, ist dafür aber eine eindeutige Klarstellung der BaFin zu erwarten.

VI. Zahlungen mit in Drittstaaten ausgestellten anonymen Guthabenkarten (Abs. 3a)

8   Durch den mit dem Gesetz zur Umsetzung der Änderungsrichtlinie zur Vierten EU-Geldwäscherichtlinie neu eingefügten § 25i Abs. 3a KWG wird geregelt, welche Anforderungen an die Akzeptanz von in Drittstaaten ausgestellten anonymen Guthabenkarten gestellt werden. Danach dürfen Kreditinstitute Zahlungen mit in Drittstaaten ausgestellten anonymen Guthabenkarten nur akzeptieren, wenn diese Karten die Anforderungen erfüllen, die den in § 25i Abs. 2 KWG genannten gleichwertig sind, also ein vergleichbares Niveau der Geldwäscheprävention besteht. Dies erfordert faktisch eine individuelle Prüfung und könnte zu einem Rückgang der Akzeptanz von derartigen Zahlungsinstrumenten aus Drittstaaten führen (*Scherp* DB 2018, 2681 (2683)). Von der in Art. 12 Abs. 3 der 5. EU-Geldwäscherichtlinie vorgesehenen Möglichkeit des Totalverbotes von Zahlungen mittels anonymisierter Guthabenkarten in Deutschland hat der Gesetzgeber hingegen keinen Gebrauch gemacht.

VII. Anordnungskompetenz der BaFin (Abs. 4)

9   § 25i Abs. 4 KWG eröffnet der BaFin spezifische Anordnungskompetenzen im Hinblick auf geldwäscherechtliche Pflichten aus dem E-Geld-Geschäft. Bei Vorliegen von Tatsachen, die die Annahme rechtfertigen, dass bei der Verwendung eines E-Geld-Trägers bzw. Zahlungsinstrumentes die Voraussetzungen nach § 25i Abs. 2 nicht eingehalten werden oder im Zusammenhang mit technischen Verwendungsmöglichkeiten des E-Geld-Trägers, dessen Vertrieb, Verkauf und der Einschaltung von bestimmten Akzeptanzstellen ein **erhöhtes Risiko** der Geldwäsche oder der Terrorismusfinanzierung oder ein erhöhtes Risiko sonstiger strafbarer Handlungen nach § 25h Abs. 1 KWG besteht, kann die BaFin zur Eindämmung bzw. Beseitigung damit verbundener Risiken verschiedene Anordnungen erteilen. So kann die BaFin insbesondere die Ausgabe, den Verkauf und die Verwendung des E-Geld-Trägers untersagen, sonstige geeignete und erforderliche technische Änderungen des E-Geld-Trägers verlangen oder das E-Geld ausgebende Institut dazu verpflichten, dass es dem Risiko angemessene interne Sicherungsmaßnahmen ergreift (vgl. § 25i Abs. 4 S. 2 Nr. 1–3 KWG). Zur Überprüfung der Einhaltung der Verpflichtungen kann die BaFin dabei Vor-Ort-Prüfungen vornehmen (BaFin, Merkblatt zur Einführung des § 25i KWG, Abschn. IV.). Über die §§ 27 Abs. 2 ZAG, 10 Abs. 7 GwG erstreckt sich eine Prüfungskompetenz der BaFin auch auf E-Geld-Institute sowie § 2 Abs. 1 Nr. 4 und 5 GwG genannte Verpflichtete. Im Hinblick auf

das in § 25i Abs. 4 S. 1 Nr. 2 GwG genannte Risiko der Geldwäsche und Terrorismusfinanzierung und der Verweise auf deren vermeintliche begriffliche Definition in § 1 Abs. 1 Nr. 1 und 2 GwG ist anzumerken, dass vermutlich auf § 1 Abs. 1 und 2 GwG verwiesen werden sollte.

§ 25j KWG – Zeitpunkt der Identitätsüberprüfung

Abweichend von § 11 Abs. 1 des Geldwäschegesetzes kann die Überprüfung der Identität des Vertragspartners, einer für diesen auftretenden Person und des wirtschaftlich Berechtigten auch unverzüglich nach der Eröffnung eines Kontos oder Depots abgeschlossen werden. In diesem Fall muss sichergestellt sein, dass vor Abschluss der Überprüfung der Identität keine Gelder von dem Konto oder dem Depot abverfügt werden können. Für den Fall einer Rückzahlung eingegangener Gelder dürfen diese nur an den Einzahler ausgezahlt werden.

Literatur: *Achtelik/Amtage/El-Samalouti/Ganguli*, Risikoorientierte Geldwäschebekämpfung, 2. Aufl. 2011; *Ackmann/Reder*, Geldwäscheprävention in Kreditinstituten nach Umsetzung der Dritten EG-Geldwäscherichtlinie (Teil I), WM 2009, 158 ff.; *Amtage/Baumann/Bdeiwi*, Risikoorientierte Geldwäschebekämpfung, 3. Aufl. 2018; BaFin, Auslegungs- und Anwendungshinweise zum Geldwäschegesetz (zitiert: BaFin-AuA), Stand: Mai 2020; BaFin, Rundschreiben 1/2014 (GW) vom 5.3.2014, I. Verwaltungspraxis zu § 11 GwG sowie Adressen der zuständigen Behörden für eine Verdachtsmeldung nach §§ 11, 14 GwG; II. Erfordernis einer Verdachtsmeldung auch bei Kenntnis von einer steuerlichen Selbstanzeige durch den Vertragspartner; III. Auslegung des § 6 Abs. 2 Nr. 2 GwG („nicht persönlich anwesend"); IV. Verwaltungspraxis zu den gesetzlichen Vorschriften zur Verhinderung von Geldwäsche und Terrorismusfinanzierung im Geldwäschegesetz und Kreditwesengesetz, GZ: GW 1-GW 2001–2008/0003; BCBS, Guidelines: Sound management of risks related to money laundering and financing of terrorism, Juli 2020; BCBS, Sorgfaltspflicht der Banken bei der Feststellung der Kundenidentität, Oktober 2001; *Boos/Fischer/Schulte-Mattler*, KWG, 5. Aufl. 2016; FATF, The FATF Recommendations, Februar 2012 (aktualisiert Juni 2019); FATF, Mutual Evaluation Report Germany, Februar 2010; *Luz/Neus/Schaber/Schneider/Wagner/Weber*, KWG und CRR (Band 1), 3. Aufl. 2015; *Reischauer/Kleinhans*, KWG, Stand: 9/2019; *Schwennicke/Auerbach*, KWG, 3. Aufl. 2016.

Übersicht

	Rn.
I. Allgemeines	1
II. Vereinfachung der Identifizierung	2

I. Allgemeines

§ 25j KWG wurde im Rahmen des Geldwäschebekämpfungsergänzungsgesetzes **1** (GwBekErgG) vom 13.8.2008 (BGBl. I S. 1690 ff.) in das KWG eingefügt und basiert auf Art. 9 der 3. EU-Anti-Geldwäsche-Richtlinie, der in Art. 14 Abs. 3 der 4. EU-Geldwäscherichtlinie nahezu unverändert fortgeführt wurde. Mit dem Gesetz zur Umsetzung der Zweiten E-Geld-Richtlinie vom 1.3.2011 (BGBl. I S. 288) wurde die Vorschrift durch S. 3 ergänzt. Im Rahmen des zum 1.1.2014 in Kraft getretenen CRD IV-Umsetzungsgesetzes vom 28.8.2013 (BGBl. I S. 3395) wurde die zunächst in § 25e KWG angesiedelte Vorschrift in § 25i KWG überführt, anschließend durch das Gesetz zur Abschirmung von Risiken und zur Planung der Sanierung und Abwicklung von Kreditinstituten und Finanzgruppen vom 7.8.2013 (BGBl. I S. 3090) zu § 25j KWG. Die Änderung durch das Gesetz zur Umsetzung der Vierten EU-Geldwäscherichtlinie, zur Ausführung der EU-Geldtransferverordnung und zur Neuorganisation der Zentralstelle für Finanztransaktionsuntersuchungen vom 23.6.2017 (BGBl. I S. 1822) führte zur Einbeziehung von für den Vertragspartner auftretenden Personen in den Anwendungsbereich der Norm.

II. Vereinfachung der Identifizierung

2 Nach § 11 Abs. 1 GwG haben Verpflichtete ihre Vertragspartner, ggf. für diese auftretende Personen und wirtschaftlich Berechtigte bereits vor Begründung der Geschäftsbeziehung oder Durchführung der Transaktionen zu identifizieren. Zumindest muss die **Identifizierung** aber noch während der Begründung der Geschäftsbeziehung unverzüglich abgeschlossen werden (wegen Einzelheiten vgl. Kommentierung zu § 11 GwG). Die vorliegende Vorschrift macht davon auf Grundlage von Art. 14 Abs. 3 der 4. EU-Geldwäscherichtlinie für die Überprüfung der festgestellten Identität (vgl. dazu *Amtage* in Amtage/Baumann/Bdeiwi Geldwäschebekämpfung-HdB Rn. 345) eine Ausnahme. Institute können die Überprüfung der Identität des Vertragspartners, einer für diesen auftretenden Person und eines etwaig vorhandenen wirtschaftlich Berechtigten gemäß § 25j S. 1 KWG auch erst unverzüglich nach der Eröffnung eines Kontos oder Depots abschließen, was zu einer größeren Flexibilität bei der Begründung der Geschäftsbeziehung führt (BaFin-AuA, Kap. 5.7; *Auerbach/Spies* in Schwennicke/Auerbach § 25j Rn. 2). Im Hinblick auf den Begriff „unverzüglich" kann dabei auf die Legaldefinition in § 121 Abs. 1 S. 1 BGB zurückgegriffen werden, wonach kein schuldhaftes Zögern vorliegen darf (*Frey/Mellage* in Luz/Neus/Schaber/Schneider/Wagner/Weber § 25j Rn. 1). Die Vereinfachung der Identifizierung nach § 25j S. 1 KWG setzt allerdings nach § 25j S. 2 KWG voraus, dass vor Abschluss einer Überprüfung der Identität keinerlei Gelder von dem Konto oder Depot abverfügt werden können. Eingänge bleiben jedoch möglich. Bei **Abverfügungen** kann es sich zB um Barabhebungen, Überweisungen an Dritte sowie an eigene Konten bei anderen Instituten handeln. Innerhalb einer Geschäftsbeziehung bei einem Institut erfolgende Verlagerungen (zB von einem Girokonto auf ein Festgeldkonto) stellen hingegen zumindest nach bisherigem Verständnis vor BaFin-AuA und ggf. noch ergänzenden Hinweisen der BaFin zu den KWG-Vorschriften keine Abverfügung dar (BaFin, RdSchr. 1/2014 v. 5.3.2014 iVm DK, Auslegungs- und Anwendungshinweise, Nr. 13; der Inhalt der DK-AuA gilt bis zur Veröffentlichung eines Besonderen Teils der BaFin-AuA für Kreditinstitute und KWG-Vorschriften bei vergleichbarer Rechtslage fort). Fälle sind zB im Bereich der Kontoeröffnung beim Online-Banking oder im Konsortialgeschäft denkbar (*Achtelik/Ganguli* in Achtelik/Amtage/El-Samalouti Rn. 115) sowie allgemein bei nicht persönlicher Anwesenheit des Vertragspartners, ferner bei bestimmten schnell, auszuführenden Wertpapiergeschäften (FATF, The FATF Recommendations, Interpretive note to recommendation 10, Nr. 11). Auch wenn § 25j S. 2 KWG im Hinblick auf das Depot nur von der Abverfügung von Geldern spricht, sind damit jedoch auch andere Vermögensgegenstände, insbesondere Wertpapiere, gemeint, so auch der gegenüber Art. 9 Abs. 4 der 3. EU-Geldwäscherichtlinie geänderte Wortlaut von Art. 14 Abs. 3 der 4. EU-Geldwäscherichtlinie durch den Einschub „*einschließlich Konten über die Wertpapiertransaktionen vorgenommen werden kön-*

nen". Durch die Regelung in § 25j S. 2 KWG wird nach der Regierungsbegründung zum GwBekErgG (BR-Drs. 168/08, 114) hinreichend gewährleistet, dass intransparente Konto- oder Depotverfügungen ausgeschlossen sind. Damit sind europäischer und nationaler Gesetzgeber den Empfehlungen der FATF vom Februar 2012 gefolgt, die von der etwas strikter formulierten Vorgabe des BCBS abweicht, nach der eine Geschäftsbeziehung erst dann eingegangen werden sollte, wenn die Identität des Kunden befriedigend geklärt wurde (BCBS, Sorgfaltspflicht der Banken bei der Feststellung der Kundenidentität, Tz. 22). Allerdings hat der BCBS seine ursprünglich etwas striktere Haltung dahingehend abgeändert, dass Umstände bestehen können, in denen Identifizierungsmaßnahmen auch erst nach Einrichtung einer Geschäftsbeziehung abgeschlossen werden können (BCBS, Guidelines: Sound management of risks related to money laundering and financing of terrorism, Tz. 41). Mit der Ergänzung der Vorschrift durch S. 3 im Rahmen des Gesetzes zur Umsetzung der Zweiten E-Geld-Richtlinie, wurde vor dem Hintergrund der Kritik der FATF in ihrem Deutschland-Prüfungsbericht vom Februar 2010 (FATF, Mutual Evaluation Report Germany, Rn. 597; ferner *Becker* in Reischauer/Kleinhans § 25j Rn. 2) damit ausdrücklich klargestellt, dass im Fall der **Rückzahlung eingegangener Gelder** diese nur an den Einzahler ausgezahlt werden dürfen. Allerdings war bereits vor der gesetzlichen Klarstellung anerkannt, dass, sofern eine Identitätsprüfung nicht erfolgen kann und Gelder bereits eingegangen sind, die Vertragsbeziehung zum Kunden wieder zu beenden ist und eingegangene Gelder ausschließlich an das Absenderinstitut zurück zu transferieren sind (*Achtelik* in Boos/Fische/Schulte-Mattler § 25j Rn. 2; *Ackmann/Reder* WM 2009, 158 (166)).

Im Hinblick auf § 154 Abs. 2 AO, der prinzipiell eine Legitimation der Person **3** vor Führung eines Kontos verlangt, ist § 25j **lex specialis** (*Auerbach/Spies* in Schwennicke/Auerbach § 25j Rn. 6).

§ 25k KWG – Verstärkte Sorgfaltspflichten

(1) **Abweichend von § 10 Absatz 3 Satz 1 Nummer 2 Buchstabe b des Geldwäschegesetzes bestehen die Sorgfaltspflichten nach § 10 Absatz 1 Nummer 1, 2 und 4 des Geldwäschegesetzes für Institute bei der Annahme von Bargeld ungeachtet etwaiger im Geldwäschegesetz oder in diesem Gesetz genannter Schwellenbeträge, soweit ein Sortengeschäft im Sinne des § 1 Absatz 1a Satz 2 Nummer 7 nicht über ein bei dem Institut eröffnetes Konto des Kunden abgewickelt wird und die Transaktion einen Wert von 2500 Euro oder mehr aufweist.**

(2) **Institute, die Factoring nach § 1 Absatz 1a Satz 2 Nummer 9 betreiben, haben angemessene Maßnahmen zu ergreifen, um einem erkennbar erhöhten Geldwäscherisiko bei der Annahme von Zahlungen von Debitoren zu begegnen, die bei Abschluss des Rahmenvertrags unbekannt waren.**

Literatur: *Achtelik*, Leitfaden zur Erstellung der Gefährdungsanalyse nach § 25a Absatz 1 Satz 3 Nr. 6 KWG, 2005; *Ackmann/Reder*, Geldwäscheprävention in Kreditinstituten nach Umsetzung der Dritten EG-Geldwäscherichtlinie (Teil II), WM 2009, 200 ff.; *Amtage/Baumann/Bdeiwi*, Risikoorientierte Geldwäschebekämpfung, 3. Aufl. 2018; BaFin, Auslegungs- und Anwendungshinweise zum Geldwäschegesetz, Stand: Mai 2020, zitiert: BaFin-AuA; BaFin, Rundschreiben 1/2014 (GW) vom 5.3.2014, Verwaltungspraxis zu § 11 GwG sowie Adressen der zuständigen Behörden für die Verdachtsmeldung nach §§ 11, 14 GwG; II. Erfordernis einer Verdachtsmeldung auch bei Kenntnis von einer steuerlichen Selbstanzeige durch den Vertragspartner; III. Auslegung des § 6 Abs. 2 Nr. 2 GwG („nicht persönlich anwesend"); IV. Verwaltungspraxis zu den gesetzlichen Vorschriften zur Verhinderung von Geldwäsche und Terrorismusfinanzierung im Geldwäschegesetz und Kreditwesengesetz, GZ: GW 1-GW 2001–2008/0003; BAKred, Verlautbarung des Bundesaufsichtsamtes für das Kreditwesen über Maßnahmen der Kreditinstitute zur Bekämpfung und Verhinderung der Geldwäsche vom 30.3.1998 inklusive der Änderung der Ziff. 41 ff. der Verlautbarung vom 8.11.1999, GZ: Z 5 – E 100; DFV/BFM, Gemeinsame Auslegungs- und Anwendungshinweise des DFV und BFM für Factoringunternehmen zur Prävention von Geldwäsche, Terrorismusfinanzierung und sonstiger institutsvermögensgefährdender strafbarer Handlungen, Stand: Oktober 2012; *Fülbier/Aepfelbach/Langweg,* GwG, 5. Aufl. 2006; *Glaab/Schaub,* Geldwäsche-Präventionsmaßnahmen im Factoring-Geschäft, Banken-Times Februar 2014, S. 10 f.; *Herzog/Mülhausen,* Geldwäschebekämpfung und Gewinnabschöpfung, 2006, zitiert: *Herzog/Mülhausen,* GWHB; *Schwennicke/Auerbach,* KWG, 3. Aufl. 2016; ZKA, Leitfaden zur Bekämpfung der Geldwäsche, 3. Aufl. 2001.

Übersicht

	Rn.
I. Allgemeines	1
II. Sortengeschäft (Abs. 1)	3
III. Sorgfaltspflichten für Institute, die Factoring betreiben (Abs. 2)	6

I. Allgemeines

1 Die Vorschrift wurde durch das GwBekErgG vom 13.8.2008 (BGBl. I S. 1690 ff.) in das KWG eingefügt und sodann durch das Zahlungsdiensteumsetzungsgesetz vom 25.6.2009 (BGBl. I S. 1506 ff.) und das Gesetz zur Umsetzung der Zweiten E-Geld-Richtlinie vom 1.3.2011 (BGBl. I S. 288 ff.) geändert. Durch das CRD IV-Umsetzungsgesetz vom 28.8.2013 (BGBl. I S. 3395) wurde die Vorschrift von § 25f KWG in § 25j KWG überführt, bevor sie durch das Gesetz zur Abschirmung von Risiken und zur Planung der Sanierung und Abwicklung von Kreditinstituten und Finanzgruppen vom 7.8.2013 zu § 25k KWG wurde (BGBl. I S. 3090). Ursprünglich zielten die in § 25k KWG enthaltenen Vorgaben zu **verstärkten Sorgfaltspflichten** auf Risiken aus Korrespondenzbankbeziehungen und auf gesonderte Anordnungsbefugnisse der BaFin bei erhöhten Risiken ab. Mit dem Gesetz zur Umsetzung der Vierten EU-Geldwäscherichtlinie, zur Ausführung der EU-Geldtransferverordnung und zur Neuorganisation der Zentralstelle für Finanztransaktionsuntersuchungen vom 23.6.2017 (BGBl. I S. 1822) wurden die Regelungen zu Korrespondenzbankbeziehungen und zu gesonderten Anordnungsbefugnissen der BaFin zwecks Ausdehnung auf einen größeren Kreis von Verpflichteten (RegBegr. zu § 25k KWG, BT-Drs. 18/11555, 177) in das GwG überführt. Die Regelungen zu Korrespondenzbankbeziehungen finden sich nunmehr in § 15 Abs. 3 Nr. 4 und Abs. 7 GwG, die zu besonderen Anordnungsbefugnissen durch die Aufsichtsbehörden in § 15 Abs. 8 GwG.

2 Die Vorschrift enthält damit in Abs. 1 nur noch Regelungen zu Sorgfaltspflichten bei **Sortengeschäften,** die nicht über ein beim Institut eröffnetes Konto des Kunden abgewickelt werden, sowie in Abs. 2 spezielle Sorgfaltspflichten für Institute, die das Factoring betreiben.

II. Sortengeschäft (Abs. 1)

§ 25k Abs. 1 KWG enthielt zunächst Regelungen zum Finanztransfer- und Sortengeschäft. Im Rahmen des Zahlungsdiensteumsetzungsgesetzes vom 25.6.2009 (BGBl. 2009 I S. 1560 ff.) wurde das Finanztransfergeschäft als Finanzdienstleistung aus § 1 Abs. 1a S. 2 Nr. 6 KWG ausgegliedert und wird seitdem als Zahlungsdienstleistung qualifiziert (§ 1 Abs. 1 S. 2 Nr. 6 ZAG). Daher wurde in diesem Zuge auch der damalige § 25j Abs. 3 KWG auf das Sortengeschäft beschränkt. Bei der **Annahme von Bargeld im Rahmen des Sortengeschäftes** wird ein erhöhtes Geldwäscherisiko angenommen (RegBegr. BR-Drs. 168/08, dort S. 115; *Achtelik* Leitfaden zur Erstellung der Gefährdungsanalyse nach § 25a Absatz 1 Satz 3 Nr. 6 KWG, S. 16), das aus der Bargeldnähe und dem Kontakt mit Gelegenheitskunden begründet wird. Die Annahme eines **erhöhten Risikos** war auch der Grund dafür, dass bereits die Verlautbarung des BAKred zur Bekämpfung und Verhinderung der Geldwäsche vom 30.3.1998 am 8.11.1999 ua für das Sortengeschäft seinerzeit speziell durch die Tz. 41 ff. ergänzt wurde. Regelungen zu diesen Geschäften sind daher nicht neu. Insbesondere enthielt Tz. 41 der Geldwäscheverlautbarung der BaFin auch bereits einen eigenen Schwellenwert von 5.000 DM bzw. 2.500 EUR für die Identifizierung der bei Sortengeschäften auftretenden Kunden und die Ausdehnung der seinerzeitigen Vorgaben auf wirtschaftlich Berechtigte (zu Einzelheiten ZKA Leitfaden zur Bekämpfung der Geldwäsche, Rn. 38a ff.; *Fülbier* in Fülbier/Aepfelbach/Langweg GwG § 1 Rn. 48 ff. und *Langweg* in Fülbier/Aepfelbach/Langweg GwG § 2 Rn. 89 ff.; *Teichmann/Achsnich* in Herzog/Mülhausen Geldwäschebekämpfung-HdB § 31 Rn. 18 sowie *Mülhausen* in Herzog/Mülhausen Geldwäschebekämpfung-HdB § 43 Rn. 74 ff.).

Sorgfaltspflichten nach § 10 Abs. 1 Nr. 1, 2 und 4 GwG, mithin **Identifizierungspflichten** des Vertragspartners, der ggf. für ihn auftretenden Person, Abklärung und ggf. Identifizierung eines wirtschaftlich Berechtigten sowie Feststellung einer Eigenschaft als politisch exponierte Person einschließlich Familienangehörigen und nahe stehenden Personen, bestehen nach § 25k Abs. 1 KWG bei der Annahme von Bargeld im Rahmen von Sortengeschäften unabhängig von dem in § 10 Abs. 3 S. 1 Nr. 2 lit. b GwG genannten Schwellenwert iHv 15.000 EUR (vgl. zur Vorgängervorschrift in § 25k Abs. 3 KWG, § 3 GwG BaFin, RdSchr. 1/2014 v. 5.3.2014 iVm DK-AuAs, Nr. 9; der Inhalt der DK-AuA gilt bis zur Veröffentlichung eines Besonderen Teils der BaFin-AuA für Kreditinstitute und KWG-Vorschriften bei vergleichbarer Rechtslage fort). Voraussetzung ist allerdings, dass der Wert der Transaktion 2.500 EUR oder mehr beträgt (BaFin-AuA, Kap. 4.2.4). Obwohl die Regelung unter der KWG-Vorschrift zu verstärkten Sorgfaltspflichten angesiedelt ist, handelt es sich doch eigentlich nur um eine Anwendung der allgemeinen Sorgfaltspflichten nach § 10 GwG (*Amtage* in Amtage/Baumann/Bdeiwi Geldwäschebekämpfung-HdB Rn. 412).

Die vorstehenden Pflichten gelten nach dem ausdrücklichen Wortlaut von § 25k Abs. 1 KWG – wie bereits bisher (vgl. Vorgängerregelungen von § 25k Abs. 1 KWG sowie für die weiter zurückliegende Vergangenheit BAKred, Verlautbarung zur Bekämpfung und Verhinderung der Geldwäsche v. 30.3.1998 inklusive der Änderung der Ziff. 41 ff. der Verlautbarung v. 8.11.1999, Tz. 41) – allerdings nicht, sofern die Transaktion (zum Transaktionsbegriff vgl. § 1 Abs. 5 GwG) im Rahmen des Sortengeschäfts über ein bei dem Verpflichteten eröffnetes Konto des Kunden abgewickelt wird (*Ackmann/Reder* WM 2009, 200 (205)).

III. Sorgfaltspflichten für Institute, die Factoring betreiben (Abs. 2)

6   Abs. 2 enthält eine spezielle Regelungen hinsichtlich verstärkter Sorgfaltspflichten für Institute, die Factoring betreiben. Als Institute, die Factoring betreiben, gelten aufgrund der Definition in § 1 Abs. 1a S. 2 Nr. 9 KWG Finanzdienstleistungsinstitute, deren gewerbsmäßiger Geschäftsgegenstand der laufende Ankauf von Forderungen auf der Grundlage von Rahmenverträgen mit oder ohne Rückgriff ist. Derartige Institute, die das Factoring betreiben, haben angemessene Maßnahmen zu ergreifen, um einem erkennbar erhöhten Geldwäscherisiko bei der Annahme von Zahlungen von Debitoren zu begegnen, die bei Abschluss des Rahmenvertrages unbekannt waren. Damit sollte seinerzeit eine Lücke in der Geldwäscheprävention geschlossen werden (RegBegr. zum Gesetz zur Umsetzung der Zweiten E-Geld-Richtlinie, BT-Drs. 17/3023, 63). Anders als bei den ansonsten häufig bestehenden Zwei-Personen-Vertragsverhältnissen, liegt beim Factoring ein **Drei-Personen-Verhältnis** vor. In der Vertragsbeziehung mit dem Forderungskäufer sind vom Factoring betreibenden Institut ohnehin Sorgfaltspflichten zu erfüllen. Nicht ausdrücklich geregelt war hingegen vor dem Inkrafttreten der nunmehr in § 25k Abs. 2 KWG enthaltenen Vorschrift, die Anwendung von Sorgfaltspflichten gegenüber den Debitoren, die die eigentliche Zahlung erbringen. Dabei sind Debitoren, die zum Zeitpunkt des Abschlusses des Rahmenvertrages bekannt sind, von denen zu unterscheiden, die zu diesem Zeitpunkt noch unbekannt sind. Hinsichtlich der im Zeitpunkt des Vertragsabschlusses bekannten **Debitoren** wird das Factoring betreibende Institut diese bereits aus eigenem wirtschaftlichen Interesse insbesondere auf deren Bonität überprüfen und somit zumindest auch ansatzweise Erkenntnisse im Hinblick auf die Verhinderung von Geldwäsche gewinnen, auch wenn die Abklärung der Herkunft der Gelder in der Bonitätsprüfung allein keine verlässliche Aussage treffen kann (RegBegr. zum Gesetz zur Umsetzung der Zweiten E-Geld-Richtlinie, BT-Drs. 17/3023, 63). Sind die späteren Debitoren hingegen im Zeitpunkt des Abschlusses des Rahmenvertrages unbekannt, liegen keine oder nur begrenzte Informationen vor. Das Factoring betreibende Institut hat regelmäßig kein oder nur ein geringes Interesse, aussagekräftige Informationen über die Bonität von Einzeldebitoren bzw. vertragsgegenständlichen Debitorengruppen zu erhalten (RegBegr. zum Gesetz zur Umsetzung der Zweiten E-Geld-Richtlinie, BT-Drs. 17/3023, 63). Sofern in derartigen Konstellation dennoch ein erhöhtes Geldwäscherisiko erkennbar ist, ist das Factoring betreibende Institut verpflichtet, diesen erhöhten Risiken durch angemessene Maßnahmen gegenzusteuern und insbesondere eine **Papierspur** des Geldes sicherzustellen. Durch die erst im späten Gesetzgebungsverfahren aufgenommenen Einschränkung der Erkennbarkeit eines erhöhten Geldwäscherisikos im Gesetzestext selbst (Beschlussempfehlung des Finanzausschusses, BT-Drs. 17/4047), wird ausdrücklich klargestellt, dass nicht jede Situation eines bei Rahmenvertragsabschlusses unbekannten Debitoren zwingend ein erhöhtes Risiko darstellt und verstärkte Sorgfaltspflichten nach sich ziehen muss. Vielmehr ist die Risikosituation bei Anfangs unbekannten Debitoren im Einzelfall zu bewerten. Als risikoerhöhende Indikatoren werden zB Debitoren aus sanktionierten Staaten ohne gleichwertige Geldwäschepräventionsstandards, eine Geschäftstätigkeit des Kunden mit erhöhtem Risiko oder bekannte Pflichtverletzungen des Kunden in der Geldwäscheprävention angesehen (*Glaab/Schaub* Banken-Times Februar 2014, 10

(11); zur Risikoeinstufung der Debitoren anhand verschiedener Merkmale wie Auslandsbezug, kleinteiliges Massengeschäft Industriezugehörigkeit ua vgl. *Auerbach/ Spies* in Schwennicke/Auerbach KWG § 25k Rn. 29 sowie allgemein zu Geldwäscherisikofaktoren im Factoringgeschäft DFV/BFM, Abschn. 1.3.1).

§ 25l KWG – Geldwäscherechtliche Pflichten für Finanzholding-Gesellschaften

Finanzholding-Gesellschaften oder gemischte Finanzholding-Gesellschaften, die nach § 10a als übergeordnetes Unternehmen gelten oder von der Bundesanstalt als solches bestimmt wurden, sind Verpflichtete nach § 2 Absatz 1 Nummer 1 des Geldwäschegesetzes. Sie unterliegen insoweit auch der Aufsicht der Bundesanstalt nach § 50 Nummer 1 in Verbindung mit § 41 Absatz 1 des Geldwäschegesetzes.

Literatur: BaFin, Auslegungs- und Anwendungshinweise zum Geldwäschegesetz (zitiert: BaFin-AuA), Stand: Mai 2020; BaFin, Rundschreiben 1/2014 (GW) vom 5.3.2014, Verwaltungspraxis zu § 11 GwG sowie Adressen der zuständigen Behörden für die Verdachtsmeldung nach §§ 11, 14 GwG; II. Erfordernis einer Verdachtsmeldung auch bei Kenntnis von einer steuerlichen Selbstanzeige durch den Vertragspartner; III. Auslegung des § 6 Abs. 2 Nr. 2 GwG ("nicht persönlich anwesend"); IV. Verwaltungspraxis zu den gesetzlichen Vorschriften zur Verhinderung von Geldwäsche und Terrorismusfinanzierung im Geldwäschegesetz und Kreditwesengesetz, GZ: GW 1-GW 2001–2008/0003.

Übersicht

	Rn.
I. Allgemeines	1
II. Pflichten für Finanzholdinggesellschaften	2

I. Allgemeines

Die Vorschrift – ursprünglich in das KWG als zentrale Vorschrift für die gruppenweite Einhaltung von Sorgfaltspflichten durch das GwBekErg vom 13.8.2008 (BGBl. I S. 1690 ff.) eingeführt – wurde durch das Gesetz zur Fortentwicklung des Pfandbriefrechts vom 20.3.2009 (BGBl. 2009 I S. 607 ff.) das Gesetzes zur Umsetzung der Zweiten E-Geld-Richtlinie und das Gesetz zur Optimierung der Geldwäscheprävention vom 22.12.2011 (BGBl. I S. 2959 ff.) wiederholt geändert. Durch das CRD IV-Umsetzungsgesetz vom 28.8.2013 (BGBl. I S. 3395) wurde die ursprünglich in § 25g KWG verortete Regelung sodann zwischenzeitlich in § 25k KWG verschoben. Mit Wirkung vom 31.1.2014 wurde die Norm dann durch das Gesetz zur Abschirmung von Risiken und zur Planung der Sanierung und Abwicklung von Kreditinstituten und Finanzgruppen vom 7.8.2013 (BGBl. I S. 3090) zu § 25l KWG. Mit dem Gesetz zur Umsetzung der Vierten EU-Geldwäscherichtlinie, zur Ausführung der EU-Geldtransferverordnung und zur Neuorganisation der Zentralstelle für Finanztransaktionsuntersuchungen vom 23.6.2017 (BGBl. I S. 1822) wurden die Regelungen über die gruppenweite Einhaltung der Sorgfaltspflichten, mithin § 25l Abs. 1 in der zuvor geltenden Fassung, in § 9 GwG verlagert, womit § 25l nur noch einen sehr eingeschränkten Regelungsbereich bezüglich der Behandlung von Finanzholdinggesellschaften besitzt. 1

II. Pflichten für Finanzholdinggesellschaften

2 In § 25l KWG wird – rechtssystematisch zweifelhaft, da naheliegender im GwG zu regeln – lediglich ausdrücklich klargestellt, dass Finanzholding-Gesellschaften und gemischte Finanzholding-Gesellschaften, die nach § 10a KWG als übergeordnetes Unternehmen gelten oder von der BaFin als solches bestimmt wurden, **Verpflichtete iSd § 2 Abs. 1 Nr. 1 GwG** sind, mithin den dort genannten Kreditinstituten gleichgestellt werden, und insoweit auch der Aufsicht der BaFin nach § 50 Nr. 1 iVm § 41 Abs. 1 GwG unterliegen (BaFin-AuA, Kap. 1.8). Dies wurde damit begründet, dass die Aufnahme der bezeichneten Gesellschaften als übergeordnete Unternehmen in § 25l KWG nur dann sinnvoll erscheint, wenn diese selbst Verpflichtungen des GwG unterliegen (vgl. BT-Drs. 16/11929, 8). Damit sollte eine Gleichbehandlung sämtlicher übergeordneter Unternehmen angestrebt werden (BaFin, RdSchr. 1/2014 v. 5.3.2014 iVm DK, AuAs Nr. 100; der Inhalt der DK-AuA gilt bis zur Veröffentlichung eines Besonderen Teils der BaFin-AuA für Kreditinstitute und KWG-Vorschriften bei vergleichbarer Rechtslage fort).

§ 25m KWG – Verbotene Geschäfte

Verboten sind:
1. **die Aufnahme oder Fortführung einer Korrespondenz- oder sonstigen Geschäftsbeziehung mit einer Bank-Mantelgesellschaft nach § 1 Absatz 22 des Geldwäschegesetzes und**
2. **die Errichtung und Führung von solchen Konten auf den Namen des Instituts oder für dritte Institute, über die die Kunden des Instituts oder dritten Instituts zur Durchführung von eigenen Transaktionen eigenständig verfügen können; § 154 Absatz 1 der Abgabenordnung bleibt unberührt.**

Literatur: BaFin, Rundschreiben 1/2014 (GW) vom 5.3.2014, Verwaltungspraxis zu § 11 GwG sowie Adressen der zuständigen Behörden für die Verdachtsmeldung nach §§ 11, 14 GwG; II. Erfordernis einer Verdachtsmeldung auch bei Kenntnis von einer steuerlichen Selbstanzeige durch den Vertragspartner; III. Auslegung des § 6 Abs. 2 Nr. 2 GwG ("nicht persönlich anwesend"); IV. Verwaltungspraxis zu den gesetzlichen Vorschriften zur Verhinderung von Geldwäsche und Terrorismusfinanzierung im Geldwäschegesetz und Kreditwesengesetz, GZ: GW 1-GW 2001–2008/0003; BCBS, Guidelines: Sound management of risks related to money laundering and financing of terrorism, Juli 2020; BCBS, Grundsätze für eine wirksame Bankenaufsicht, September 2012; BCBS, Sorgfaltspflicht der Banken bei der Feststellung der Kundenidentität, Oktober 2001; *Boos/Fischer/Schulte-Mattler,* KWG, 5. Aufl. 2016; CPMI, Correspondent Banking, July 2016; FATF-Leitfaden, Korrespondenzbank-Dienstleistungen, Oktober 2016; FATF, The FATF Recommendations, Februar 2012 (aktualisiert Juni 2019); *Herzog/Mülhausen,* Geldwäschebekämpfung und Gewinnabschöpfung, München 2006, zitiert: GWHB; *Luz/Neus/Schaber//Schneider/Wagner/Weber,* KWG und CRR (Band 1), 3. Aufl. 2015; *Reischauer/Kleinhans,* KWG, Stand: 9/2019; *Schwennicke/Auerbach,* KWG, 3. Aufl. 2016.

Verbotene Geschäfte **§ 25m KWG**

Übersicht

	Rn.
I. Allgemeines	1
II. Verbot von Geschäftsbeziehungen mit Bank-Mantelgesellschaften (Nr. 1)	2
III. Verbot von Durchlaufkonten (Nr. 2)	3

I. Allgemeines

Die Vorschrift des § 25m KWG wurde durch das Geldwäschebekämpfungs- 1
ergänzungsgesetz vom 13.8.2008 (BGBl. I S. 1690ff.) ursprünglich als § 25h in das
KWG eingefügt und basiert auf Vorgaben der 3. EU-Anti-Geldwäsche-Richtlinie.
Durch das zum 1.1.2014 in Kraft tretende CRD IV-Umsetzungsgesetz vom
28.8.2013 (BGBl. I S. 3395) wurde die Vorschrift in § 25l KWG überführt. Mit Inkrafttreten des Gesetzes zur Abschirmung von Risiken und zur Planung der Sanierung und Abwicklung von Kreditinstituten vom 7.8.2013 (BGBl. I S. 3090) wurde
die Regelung in § 25m KWG verortet. Das Gesetz zur Umsetzung der Vierten
EU-Geldwäscherichtlinie, zur Ausführung der EU-Geldtransferverordnung und
zur Neuorganisation der Zentralstelle für Finanztransaktionsuntersuchungen vom
23.6.2017 (BGBl. I S. 1822) führte lediglich zu redaktionellen Änderungen, ohne
das die Verbote inhaltlich geändert wurden (vgl. BT-Drs. 18/11555, 177). Die Vorschrift ist nach § 56 Abs. 2 Nr. 12 und 13 KWG bußgeldbewehrt.

II. Verbot von Geschäftsbeziehungen mit Bank-Mantelgesellschaften (Nr. 1)

Die Vorschrift verbietet zunächst gemäß Nr. 1 die Aufnahme oder Fortführung 2
von Korrespondenzbank- oder sonstigen Geschäftsbeziehungen mit einer **Bank-Mantelgesellschaft** (shell bank) iSv § 1 Abs. 22 GwG. Unter einer Bank-Mantelgesellschaft, auch als „Briefkastenbank" bezeichnet, ist danach ein CRR-Kreditinstitut
(vgl. § 1 Abs. 3d KWG) oder ein Finanzinstitut iSd der 4. EU-Geldwäscherichtlinie
(Art. 3 Nr. 2) oder ein Unternehmen, welches Tätigkeiten ausübt, die denen der
vorgenannten Institute gleichwertig sind, und das in einem Land in ein Handelsregister oder ein vergleichbares Register eingetragen ist, in dem die tatsächliche Leitung
und Verwaltung nicht erfolgt, und das keiner regulierten Gruppe von Kredit- oder
Finanzinstituten angeschlossen ist, zu verstehen (zu Einzelheiten vgl. Kommentierung zu § 1 GwG; zum früheren, inhaltlich weitgehend identischen Verständnis ferner *Mülhausen* in Herzog/Mülhausen Geldwäschebekämpfung-HdB § 41 Rn. 251
und BaFin, RdSchr. 1/2014 v. 5.3.2014 iVm DK-AuAs, Nr. 73, der Inhalt der DK-AuA gilt bis zur Veröffentlichung eines Besonderen Teils der BaFin-AuA für Kreditinstitute und KWG-Vorschriften bei vergleichbarer Rechtslage fort). Geschäftsbeziehungen mit derartigen Bank-Mantelgesellschaften werden aufgrund fehlender
physischer Präsenz und den damit verbundenen Schwierigkeiten einer angemessenen Beaufsichtigung als besonders risikosensitiv angesehen (*Auerbach/Spieß* in
Schwennicke/Auerbach KWG § 25m Rn. 4a). Besonders hervorzuheben ist auch,
dass nicht nur Korrespondenzbankbeziehungen, sondern jede Art von Geschäftsbeziehungen mit Bank-Mantelgesellschaften untersagt ist (*Weber/von Drathen* in
Luz/Neus/Schaber/Schneider/Wagner/Weber KWG § 25m Rn. 2). In diesem Zu-

sammenhang ist auch § 15 Abs. 3 Nr. 4 GwG zu beachten. Nach dieser Vorschrift haben Verpflichtete iSv § 2 Abs. 1 Nr. 1–3 und 6–8 GwG bei grenzüberschreitenden **Korrespondenzbeziehungen** (zum Begriff der Korrespondenzbeziehung vgl. § 1 Abs. 21 GwG) mit Respondenten mit Sitz in einem Drittstaat oder, vorbehaltlich einer Beurteilung durch den Verpflichteten als erhöhtes Risiko, in einem Staat des EWR, aufgrund eines erhöhten Risikos verstärkte Sorgfaltspflichten nach § 15 Abs. 7 GwG zu beachten. Zu den verstärkten Sorgfaltspflichten gehört nach § 15 Abs. 7 Nr. 4 GwG auch, im Rahmen von Korrespondenzbeziehungen Maßnahmen zu ergreifen, die sicherstellen, dass auch die Korrespondenzbank keine Geschäftsbeziehung mit einem Respondenten begründet oder fortsetzt, von dem bekannt ist, dass seine Konten von einer Bank-Mantelgesellschaft genutzt werden. Die vorliegende Regelung setzt damit Art. 24 der 4. EU-Anti-Geldwäsche-Richtlinie um und trägt zudem auch den Vorgaben des BCBS (Guidelines: Sound management of risks related to money laundering and financing of terrorism, Annex 2, Tz. 26; Grundsätze für eine wirksame Bankenaufsicht, Zentrale Kriterien Nr. 6b) zu Grundsatz 29 sowie Sorgfaltspflicht der Banken bei der Feststellung der Kundenidentität, Tz. 49 ff.) und Empfehlung 13 der Empfehlungen der FATF Rechnung. Ein vorsätzlicher oder fahrlässiger Verstoß gegen das Verbot kann gemäß § 56 Abs. 2 Nr. 12 KWG als **Ordnungswidrigkeit** mit einer Geldbuße von bis zu 5 Mio. EUR geahndet werden. In den Jahren 2009 bis 2018 sind der BaFin im Rahmen ihrer Aufsichtstätigkeit keine verbotenen Geschäfte mit Bank-Mantelgesellschaften über die ihrer Aufsicht unterliegenden Verpflichteten bekannt geworden (Antwort der Bundesregierung auf die Kleine Anfrage des Abgeordneten Fabio De Masi, Jörg Cezanne, Klaus Ernst, weiterer Abgeordneter und der Fraktion die Linke, BT-Drs. 19/12691, Antwort zu Frage 4.).

III. Verbot von Durchlaufkonten (Nr. 2)

3   Verboten ist nach § 25m Nr. 2 KWG ferner die Errichtung und Fortführung solcher Konten auf den Namen des Instituts oder für dritte Institute, über die die Kunden des Instituts oder dritten Instituts zur Durchführung von eigenen Transaktionen eigenständig verfügen können (sog. **payable through accounts** bzw. **Durchlaufkonten,** vgl. auch BaFin, RdSchr. 1/2014 v. 6.3.2012 iVm DK-AuAs, Nr. 75 f.; FATF, The FATF Recommendations, Interpretive note to recommendation 13). Mit der Regelung wird ua Empfehlung 13 der Empfehlungen der FATF vom Februar 2012 umgesetzt sowie die einschlägigen Vorgaben des BCBS aufgegriffen (BCBS, Sorgfaltspflicht der Banken bei der Feststellung der Kundenidentität, Oktober 2001, Tz. 52, aber für Zulässigkeit BCBS, Sound management of risks related to money laundering and financing of terrorism, Annex 2, Tz. 29; vgl. dazu auch *Mülhausen* in Herzog/Mülhausen Geldwäschebekämpfung-HdB § 41 Rn. 252). Das besondere Risiko derartiger Konten wird daran festgemacht, dass der Kunde über diese Konten faktisch wie über ein eigenes Konto verfügen kann, aber dennoch **anonym** bleibt und von den an einer Zahlungskette Beteiligten nicht zugeordnet werden kann (vgl. RegBegr. BR-Drs. 168/08, 117). Auch insoweit haben Verpflichtete iSv 2 Abs. 1 Nr. 1–3 und 6–8 GwG im Rahmen von Korrespondenzbankbeziehungen Maßnahmen zu ergreifen, die gewährleisten, dass ein Respondent keine Transaktionen über Durchlaufkonten zulässt (§ 15 Abs. 7 Nr. 5 GwG). Aufgrund des generellen Verbots von Durchlaufkonten geht die Rechtslage in Deutschland damit sogar über die risikobasierten verstärkten Sorgfaltspflichtan-

Verbotene Geschäfte **§ 25m KWG**

forderungen aus Art. 19 lit. e 4. EU-Anti-Geldwäsche-Richtlinie (vgl. BT-Drs. RegBegr. zu § 15 Abs. 6 GwG) und die Vorgaben der FATF aus Empfehlung 13 lit. e aus dem FATF-Leitfaden vom Oktober 2016 (vgl. dort Tz. 21 am Ende) und die Standards des BCBS hinaus (vgl. BCBS, wie zuvor 27 und Guidelines: Sound management of risks related to money laundering and financing of terrorism, Annex 2, Tz. 16; CPMI, S. 11). Der Hinweis in § 25m Nr. 2 KWG auf § 154 Abs. 1 AO macht deutlich, dass die Führung solcher Konten mit den Pflichten der AO, dh dem Prinzip der Kontenwahrheit, nicht in Einklang steht (*Achtelik* in Boos/Fische/Schulte-Mattler § 25m Rn. 3; *Becker* in Reischauer/Kleinhans § 25m Rn. 2). Ebenso wie § 25m Nr. 1 KWG werden vorsätzliche oder fahrlässige Verstöße gegen die Vorschrift nach § 56 Abs. 2 Nr. 13 KWG als **Ordnungswidrigkeit** geahndet, wobei das Bußgeld gemäß § 56 Abs. 6 Nr. 3 KWG bis zu 200.000 EUR betragen kann.

Geldwäscherechtliche Pflichten
im Zahlungsdiensteaufsichtsgesetz (ZAG)

Literatur: *Achtelik*, Anmerkung zu BGH, Beschl. v. 28.10.2015 – 5 StR 189/15, StV 2017, 115 ff.; BaFin, Jahresbericht 2019; BaFin, BaFinJournal Juli 2017, 10 f.; BaFin, Jahresbericht 2015; BaFin, Hinweise für Agenten Stand 02/2016, GZ: GW 3-FR 2804–2016/0001; BaFin, Merkblatt – Hinweise zu dem Gesetz über die Beaufsichtigung von Zahlungsdiensten (Zahlungsdiensteaufsichtsgesetz – ZAG), 22.12.2011; *Bentele/Schirmer*, Im Geldwäscherecht viel Neues – Das Gesetz zur Optimierung der Geldwäscheprävention, ZBB 2012, 303 ff.; *Bergles/Bödeker*, Auswirkungen des neuen Zahlungsdienstegesetzes auf Finanztransfergeschäfte, BankPraktiker 2010, 436 ff.; BMF, Schreiben vom 15. Januar 2003, Ausnahmen vom automatisierten Abrufsystem nach § 24c KWG; Umfang der Einbeziehung von Kreditkartenkonten, Az.: VII B 7 – Wk 5023 – 26/03; *Boos/Fischer/Schulte-Mattler*, KWG, 5. Aufl., 2016; *Brogl*, Das neue Zahlungsdiensteaufsichtsgesetz (ZAG) – Aktueller Entscheidungs- und Handlungsbedarf mit Blick auf den zukünftigen aufsichtsrechtlichen Rahmen für Zahlungsdienste, jurisPR-BKR 7/2009 Anm. 4; *Casper/Terlau*, ZAG, 2014; CMS Hasche Sigle, Das Zahlungsdiensteaufsichtsgesetz (ZAG) – Rechtliche Aspekte und Erläuterungen, März 2009; *Danwerth*, Überraschende Änderungen beim Finanztransfergeschäft: Endlich Klarheit?, ZBB 2017, 14 ff.; FATF, Guidance for a risk-based approach: Money or value transfer services, Februar 2016; FATF, Leitfaden zum risikoorientierten Ansatz zur Bekämpfung von Geldwäsche und Terrorismusfinanzierung, 2007; *Findeisen*, Grundzüge des Zahlungsdiensteumsetzungsgesetzes, BankPraktiker 07–08/2009, 322 ff.; *Fülbier/Aepfelbach/Langweg*, GwG, 5. Aufl., 2006; Joint Committee, Final Report on Joint draft regulatory technical standards on the criteria for determining the circumstances in which the appointment of a central contact point pursuant to Article 45(9) of Directive (EU) 2015/849 is appropriate and the functions of the central contact point, JC 2017 08 vom 26.6.2017 (zitiert: JC 2017 08); Joint Committee, Joint opinion on the risks of money laundering and terrorist financing affecting the Union's financial sector, JC/2017/07 vom 20.2.2017 (zitiert: JC/2017/07); *Karasu*, Die neue Konkurrenz, Die Bank 11/2008, E.B.I.F.-Sonderausgabe S. 4 ff.; *Koch/Reinicke*, Zahlungsdiensteaufsichtsgesetz – ZAG, 3. Aufl., 2013; *Luz/Neus/Schaber/Schneider/Wagner/Weber*, KWG und CRR (Band 1) 3. Aufl., 2015; *Müller/Starre*, Der E-Geld-Agent – Zwischen Legaldefinition, gesetzgeberischer Vorstellung und Wirklichkeit, BKR 2013, 149 ff.; *Schäfer/Lang*, Die aufsichtsrechtliche Umsetzung der Zahlungsdiensterichtlinie und die Einführung des Zahlungsinstituts, BKR 1/2010, 11 ff.; *Schwennicke/Auerbach*, KWG, 3. Aufl. 2016; *Warius*, Das Hawala-Finanzsystem in Deutschland – ein Fall für die Bekämpfung von Geldwäsche und Terrorismusfinanzierung? 2009; *Weiß*, Strafrechtliche Risiken des unerlaubten Erbringens von Zahlungsdiensten, WM 2016, 1774 ff.; ZKA, Stellungnahme zum Referentenentwurf des Bundesministeriums der Finanzen für ein Gesetz zur Umsetzung der aufsichtsrechtlichen Vorschriften der Zahlungsdiensterichtlinie vom 25.7.2008.

Übersicht

	Rn.
I. Allgemeines	1
II. Geldwäscherechtlich bedeutsame Regelungen im ZAG	4
1. Erlaubniserteilung	5
2. Versagung der Erlaubnis	6
3. Anteilseignerkontrolle	7
4. Abberufung des Geschäftsleiters	8
5. Prüfung durch Abschlussprüfer	9
6. Geldwäscherechtliche Pflichten für Agenten	10

	Rn.
7. Besondere organisatorische Pflichten sowie Sicherungsmaßnahmen gegen Geldwäsche und Terrorismusfinanzierung	12
8. Zweigniederlassungen aus dem EWR	16
9. Zugang zu Zahlungskontodiensten	18
10. Bußgeldvorschriften	19

I. Allgemeines

1   Das Zahlungsdiensteaufsichtsgesetz (ZAG) trat ursprünglich als Teil des Artikelgesetzes zur Umsetzung der aufsichtsrechtlichen Vorschriften der Zahlungsdiensterichtlinie (RL 2007/64/EG, ABl. 2007 L 319, 1 ff.) vom 25.6.2009 (BGBl. I S. 1506 ff.) in seinen wesentlichen Teilen am 31.10.2009 in Kraft. Änderungen, ua auch im Hinblick auf Vorschriften zur Prävention der Geldwäsche, wurden sodann durch das Gesetz zur Umsetzung der Zweiten E-Geld-Richtlinie vom 1.3.2011 (BGBl. I S. 288 f.), das Gesetz zur Optimierung der Geldwäscheprävention (GWPräOptG) vom 22.12.2011 (BGBl. I S. 2959 ff.) mit Einschränkungen durch das Gesetz zur Begleitung der Verordnung (EU) Nr. 260/2012 zur Festlegung der technischen Vorschriften und der Geschäftsanforderungen für Überweisungen und Lastschriften in EUR und zur Änderung der Verordnung (EG) Nr. 924/2009 (SEPA-Begleitgesetz – SEPA-BG) vom 3.4.2013 (BGBl. I S. 610 ff.) sowie durch das Gesetz zur Umsetzung der Vierten EU-Geldwäscherichtlinie zur Ausführung der EU-Geldtransferverordnung und zur Neuorganisation der Zentralstelle für Finanztransaktionsuntersuchungen vom 23.6.2017 (BGBl. I S. 1882 ff.) vorgenommen. Durch das Gesetz zur Umsetzung der zweiten Zahlungsdiensterichtlinie (PSD II) wurde das ZAG aus dem Jahr 2009 aufgehoben und als **neu gefasstes ZAG** vom 17.7.2017 veröffentlicht (BGBl. I S. 2446). Das ZAG enthält im wesentlichen aufsichtliche Vorschriften für Zahlungsdienstleister (§ 1 Abs. 1 ZAG), insbesondere Zahlungsinstitute (§ 1 Abs. 1 Nr. 1 ZAG), sowie E-Geld-Emittenten (§ 1 Abs. 2 ZAG), insbesondere E-Geld-Institute (§ 1 Abs. 2 Nr. 1 ZAG). Zahlungsinstitute und E-Geld-Institute gelten bereits seit den Änderungen durch das Gesetz zur Umsetzung der Zweiten E-Geld-Richtlinie vom 1.3.2011 als Institute im Sinne des ZAG, was auch im neu gefassten ZAG fortgeführt wird (§ 1 Abs. 3 ZAG, wegen Grund und Auswirkungen vgl. auch RegBegr. BT-Drs. 17/3023, 32 ff.). Im Rahmen des neu gefassten ZAG erfolgte zudem eine Erweiterung des Kreises der Zahlungsdienste um Zahlungsauslöse- und Kontoinformationsdienste (§ 1 Abs. 1 S. 2 Nr. 7 bzw. 8 ZAG).

2   Zahlungsdienstleister und Zahlungsinstitute bzw. E-Geld-Emittenten und E-Geld-Institute müssen unterschieden werden, da es sich bei den jeweils ersteren um einen Oberbegriff handelt. Zu **Zahlungsdienstleistern** gehören nach § 1 Abs. 1 S. 1 ZAG neben den Zahlungsinstituten auch E-Geld-Institute, CRR-Kreditinstitute iSv § 1 Abs. 3d S. 1 KWG sowie die KfW, die Europäische Zentralbank, die Deutsche Bundesbank sowie andere Zentralbanken in der EU und dem EWR, soweit sie nicht in ihrer Eigenschaft als (Währungs-)Behörde Zahlungsdienste erbringen sowie Bund, Länder und bestimmte andere öffentliche Stellen, soweit sie nicht hoheitlich Zahlungsdienste erbringen. Zahlungsinstitute, als Unterfall des Zahlungsdienstleisters, sind Unternehmen, die gewerbsmäßig oder in einem Umfang, der einen in kaufmännischer Weise eingerichteten Geschäftsbetrieb erfordert, Zahlungsdienste erbringen, ohne zu den anderen Gruppen von Zahlungsdienstleis-

Zahlungsdiensteaufsichtsgesetz **ZAG**

tern zu gehören. Was konkret unter Zahlungsdiensten zu verstehen ist, ergibt sich aus § 1 Abs. 1 S. 2 ZAG. Zu den Zahlungsdiensten zählen insbesondere das Ein- oder Auszahlungsgeschäft, bestimmte Formen des Zahlungsgeschäfts ohne Kreditgewährung im Rahmen des Lastschrift-, Überweisungs- und Zahlungskartengeschäfts, Zahlungsgeschäfte mit Kreditgewährung, Akquisitionsgeschäfte, das früher im KWG als Finanzdienstleistung enthaltene Finanztransfergeschäft (vgl. zu konkreten Bsp. *Karasu* Die Bank 11/2008, E.B.I.F-Sonderausgabe, S. 5) sowie Zahlungsauslöse- und Kontoinformationsdienste. Zu **E-Geld-Emittenten** zählt § 1 Abs. 2 ZAG neben E-Geld-Instituten, CRR-Kreditinstitute im Sinne von § 1 Abs. 3d S. 1 KWG sowie die KfW, die Europäische Zentralbank, die Deutsche Bundesbank sowie andere Zentralbanken in der EU oder im EWR, wenn sie nicht in ihrer Eigenschaft als Währungsbehörde oder andere Behörde das E-Geld-Geschäft betreiben und Bund, Länder, Gemeinden und Gemeindeverbände sowie die Träger bundes- oder landesmittelbarer Verwaltung, soweit diese außerhalb hoheitlichen Handelns das E-Geld-Geschäft betreiben. Bei E-Geld-Instituten handelt es sich um Unternehmen, die das E-Geld-Geschäft (zum Begriff vgl. § 1 Abs. 2 S. 2 ZAG) betreiben, ohne dass es sich dabei um die anderen vorgenannten Unternehmen und Stellen handelt.

Im Hinblick auf die **Anwendung des ZAG für Kredit- und Finanzdienstleistungsinstitute** ergibt sich – wie bereits in der Vergangenheit (vgl. *Brogl* jurisPR-BKR 7/2009 Anm. 4; *Findeisen* BankPraktiker 07–08/2009, 322 (325 ff.)) – ein differenziertes Bild. Auf CRR-Kreditinstitute nach § 1 Abs. 1 Nr. 3 bzw. § 1 Abs. 2 Nr. 2 ZAG, mithin nach § 1 Abs. 3d S. 1 KWG sind die Vorschriften des ZAG im Wesentlichen nicht anzuwenden. Unter Erlaubnisvorbehalt und laufende Institutsaufsicht stellt das ZAG nämlich, wie bereits in seiner Fassung aus dem Jahr 2009, nur Zahlungsinstitute (§ 1 Abs. 1 S. 1 Nr. 1 ZAG) und E-Geld-Institute (§ 1 Abs. 1 S. 1 Nr. 2 ZAG). CRR-Kreditinstitute (§ 1 Abs. 1 S. 1 Nr. 3 ZAG) unterfallen damit den sog. privilegierten Zahlungsdienstleistern nach § 1 Abs. 1 S. 1 Nr. 3–5 ZAG. Sie benötigen damit keine Erlaubnis nach dem ZAG (BT-Drs. 18/11495, 102). Allerdings müssen sie bei der Erbringung von kontobezogenen Zahlungsdiensten die Bestimmungen des Gesetzes beachten, die sich auch an kontoführende Zahlungsdienstleister richten (vgl. zB §§ 45 ff. ZAG). Kreditinstitute, die keine CRR-Kreditinstitute sind, und Finanzdienstleistungsinstitute, die über eine Erlaubnis nach § 32 Abs. 1 KWG verfügen, bedürfen hingegen einer Erlaubnis nach § 10 Abs. 1 bzw. 11 Abs. 1 ZAG, sofern sie Zahlungsdienste oder das E-Geld-Geschäft erbringen. Ein Unternehmen, das zwar eine Erlaubnis für das Kreditgeschäft hat, nicht aber für das Einlagengeschäft besitzt, fällt nicht unter § 1 Abs. 1 S. 1 Nr. 3 ZAG, auch wenn es wegen der Ausgabe von Inhaber- oder Orderschuldverschreibungen materiell als CRR-Kreditinstitut einzustufen wäre und bedarf daher einer Erlaubnis nach dem ZAG (BT-Drs. 18/11495, 103).

II. Geldwäscherechtlich bedeutsame Regelungen im ZAG

Im Folgenden sollen lediglich geldwäscherelevante Regelungen für Zahlungsdienstleister Gegenstand der Ausführungen sein.
Bereits in Erwägungsgrund (11) der Richtlinie 2007/64/EG über Zahlungsdienste im Binnenmarkt, die der ursprünglichen Fassung des ZAG aus dem Jahre 2009 zu Grunde lag, wurde festgestellt, dass die Vorschriften für Zahlungsinstitute der Tatsache Rechnung tragen sollen, dass diese über ein im Vergleich zu Kredit-

instituten spezialisiertes Geschäftsfeld verfügen und daraus resultierende Risiken deshalb grundsätzlich enger sind und leichter überwacht werden können. Allerdings wurde sodann einschränkend hervorgehoben, dass auch Zahlungsinstitute wirksamen Bestimmungen zur **Verhinderung der Geldwäsche und Terrorismusfinanzierung** unterworfen werden sollen (vgl. dazu auch CMS Hasche Sigle, S. 2). Diese Einschätzung wurde in Erwägungsgrund (37) der Richtlinie (EU) 2015/2366 (ABl. 2015 L 337, 35 ff.) über Zahlungsdienste, auch PSD II genannt, die die Richtlinie 2007/64/EG ablöste, fortgeführt. Diese grundsätzliche Haltung wird in einer Reihe von Einzelvorschriften der Richtlinie (EU) 2015/2366 konkretisiert (vgl. zB Art. 5 Abs. 1 lit. k, Art. 19 Abs. 1 lit. b, Art. 26 Abs. 2 lit. c, Art. 28 Abs. 2 UAbs. 2 und Abs. (4)). Die Hervorhebung der Bedeutung der Geldwäsche und Terrorismusfinanzierungsbekämpfung findet insbesondere darin ihren Grund, dass sich gerade im Hinblick auf das Finanztransfergeschäft ein unreguliertes **Schattenbankwesen**, auch schlagwortartig als „Underground Banking" oder „Hawala" bezeichnet, entwickelt hatte, dass nach Ansicht des Gesetzgebers für kriminelle und terroristische Zwecke leicht zu missbrauchen ist und daher einer besonderen Aufsicht bedarf (CMS Hasche Sigle, S. 4; zu Risiken und Handlungsempfehlungen mit Bezug zum Finanz- und Vermögenstransfergeschäft: FATF, Money or value transfer services, 14 ff.; speziell zum Hawala-Banking auch BaFin, Jahresbericht 2019, S. 129 sowie Antwort der Bundesregierung auf die Kleine Anfrage der Abgeordneten Schäffler, Christian Dürr, Dr. Florian Toncar, weiterer Abgeordneter und der Fraktion der FDP, BT-Drs. 19/16621, ferner BGH StV 2017, 114 f. und Anmerkungen dazu von *Achtelik* StV 2017, 115 ff. sowie *Weiß* WM 2016, 1774 (1775 f.); allgemein zur rechtlichen Regelung des Finanztransfergeschäfts im ZAG zudem *Danwerth* ZBB 2017, 14 ff.). Ob diesem Schattenbankwesen mit den nunmehrigen Aufsichtsinstrumenten tatsächlich wirksam entgegengetreten werden kann, erscheint zumindest im Hinblick auf das „Hawala"-Banking, das auf persönlichen Vertrauensbeziehungen jenseits des Überweisungsverkehrs beruht, zumindest zweifelhaft (Einzelheiten dazu bei *Warius* Das Hawala-Finanzsystem in Deutschland – ein Fall für die Bekämpfung von Geldwäsche und Terrorismusfinanzierung?). Im Jahr 2018 erfolgten 11 Verdachtsmeldungen mit einem Bezug zum Hawala bei der FIU (vgl. Antwort der Bundesregierung auf die Kleine Anfrage der Abgeordneten Schäffler, Christian Dürr, Dr. Florian Toncar, weiterer Abgeordneter und der Fraktion der FDP, BT-Drs. 19/16621, dort Antwort zu Frage 4a). Allerdings ist zu beachten, dass mit der Überführung des Tatbestandes des **Finanztransfergeschäfts** von § 1 Abs. 1a S. 2 Nr. 6 KWG in das ZAG (nunmehr § 1 S. 2 Nr. 6 ZAG) die bisher im Wesentlichen allein auf Zwecke der Geldwäscheprävention gestützte Aufsicht des Finanztransfergeschäfts auf andere Aspekte im Lichte eines vereinheitlichten Binnenmarktes für Zahlungsgeschäfte ausgedehnt wurde (RegBegr. BT-Drs. 16/11613, 35; BaFin, Merkblatt – Hinweise zu dem Gesetz über die Beaufsichtigung von Zahlungsdiensten, Abschn. 1.f). Damit ist seit dem Inkrafttreten des Zahlungsdiensteumsetzungsgesetzes eine Einschränkung des Tatbestands des Finanztransfergeschäfts unter dem Gesichtspunkt einer nicht bestehenden Geldwäschegefahr, wie sie bis dahin Verwaltungspraxis war, nicht mehr möglich (BaFin, Merkblatt – Hinweise zu dem Gesetz über die Beaufsichtigung von Zahlungsdiensten, Abschnitt 1.f). Anders als für das Erlaubnisverfahren für Institute nach dem ZAG war zumindest bis zum Inkrafttreten des Gesetzes zur Umsetzung der Zweiten Zahlungsdiensterichtlinie für die Prüfung des Finanztransfergeschäfts die Abteilung Geldwäscheprävention der BaFin zuständig (BaFin, Merkblatt – Hinweise zu dem Gesetz über die Beaufsichtigung von Zahlungsdiensten, Abschn. 7). Die durch das

Gesetz zur Umsetzung der Zweiten E-Geld-Richtlinie vom 1.3.2011 eingefügten Änderungen für E-Geld-Institute beruhen dagegen im Wesentlichen auf der Richtlinie 2009/110/EG über die Aufnahme, Ausübung und Beaufsichtigung der Tätigkeit von E-Geld-Instituten (ABl. 2009 L 267, 7 ff.). Nach deren Erwägungsgrund (11) sollen E-Geld-Institute wirksamen Vorschriften gegen Geldwäsche und Terrorismusfinanzierung unterliegen. Im Einzelnen enthält das ZAG die nachfolgenden geldwäscherechtlich relevanten Vorschriften:

1. Erlaubniserteilung

§ 10 ZAG regelt die Anforderungen für eine Erlaubnis zur Erbringung von Zahlungsdiensten. Nach § 10 Abs. 2 S. 1 Nr. 11 ZAG muss der Erlaubnisantrag eine Beschreibung der internen **Kontrollmechanismen** enthalten, die der um eine Erlaubnis nachsuchende Antragsteller eingeführt hat, um die Anforderungen der §§ 27 und 53 ZAG zu erfüllen (zu § 8 Abs. 3 Nr. 6 ZAG aF vgl. *Walter* in Casper/Terlau § 8 Rn. 31). § 27 Abs. 1 S. 2 Nr. 5, Abs. 2 und Abs. 4 ZAG enthalten eine Reihe im Hinblick auf die Verhinderung von Geldwäsche und Terrorismusfinanzierung relevante Pflichten, auf welche später noch eingegangen wird. Die Vorschrift greift die Erlaubnisvoraussetzung nach § 32 Abs. 1 S. 2 Nr. 5 KWG auf. Nach der Begründung zur Vorgängernorm von § 10 ZAG, mithin § 8 Abs. 3 Nr. 6 ZAG aF (RegBegr. BT-Drs. 16/11613, dort S. 47) kommt dieser Erlaubnisanforderung eine besondere Bedeutung zu, die sich in der Prüfung des Antrages durch die BaFin auch widerspiegeln soll. Diese hervorgehobene Bedeutung basiert nach der Gesetzesbegründung darauf, dass alle Varianten und Produktformen des nationalen und grenzüberschreitenden Zahlungsverkehrs nach den internationalen Erfahrungen in besonderem Maße zu Geldwäschezwecken missbraucht werden können (vgl. dazu zB FATF, Leitfaden zum risikoorientierten Ansatz zur Bekämpfung von Geldwäsche und Terrorismusfinanzierung, dort Rn. 3.6, in denen für Finanztransferdienstleister, Zahlungsverkehrsdienstleister und andere Unternehmen, die Geldtransfereinrichtungen anbieten, ein grundsätzlich höheres Risiko angenommen wird). Ferner fordert § 10 Abs. 2 S. 1 Nr. 13 ZAG die Angabe der Namen der Inhaber einer bedeutenden Beteiligung, die Höhe der Beteiligung sowie den Nachweis, dass sie den im Interesse der Gewährleistung einer soliden und umsichtigen Führung des Antragstellers zu stellenden Ansprüchen genügen, wobei § 2c Abs. 1 S. 4 KWG entsprechende Anwendung findet (vgl. dazu im Hinblick auf § 14 ZAG auch → Rn. 7). Entsprechende Verweise auf § 10 Abs. 2 S. 1 Nr. 11 und 13 ZAG finden sich im Hinblick auf den Erlaubnisantrag für E-Geld-Institute in § 11 Abs. 2 S. 1 ZAG.

2. Versagung der Erlaubnis

Nach § 12 Nr. 6 ZAG ist die Erlaubnis von Zahlungsdiensten ua dann zu versagen, wenn das Zahlungsinstitut über keine angemessenen internen Kontrollverfahren verfügt. Zwar nahm die Gesetzesbegründung zum Zahlungsdiensteumsetzungsgesetz vom 25.6.2009 (BGBl. I S. 1506 ff.) insoweit keinen ausdrücklichen Bezug zur Verhinderung von Geldwäsche und Terrorismusfinanzierung, sondern sprach lediglich von – nunmehr auch im Gesetz selbst genannten – nicht ausreichenden Risikomess- und -steuerungsverfahren sowie angemessenen internen Kontrollverfahren (RegBegr. BT-Drs. 16/11613). Da aber insbesondere § 27 Abs. 1 S. 2 Nr. 1 ZAG „*Kontrollmechanismen*" fordert, „*die gewährleisten, dass das Insti-*

tut seine Verpflichtungen erfüllt" und § 27 Abs. 1 S. 2 Nr. 5 sowie Abs. 2 ZAG sodann eine Reihe von Pflichten im Hinblick auf die Verhinderung von Geldwäsche und Terrorismusfinanzierung benennen, erfasst der Versagungstatbestand des § 12 Nr. 6 ZAG damit bereits aus diesem Grund nicht nur das allgemeine Risikomanagement oder das allgemeine interne Kontrollsystem, sondern auch besondere auf die **Verhinderung von Geldwäsche und Terrorismusfinanzierung** abzielende Kontrollen. Die Erlaubnis kann zudem, auch dies spricht für eine Berücksichtigung geldwäscherechtlicher Pflichten in § 12 Nr. 6 ZAG, nach § 13 Abs. 2 Nr. 5 ZAG aufgehoben werden, wenn schwerwiegend, wiederholt oder systematisch gegen § 27 ZAG, gegen das Geldwäschegesetz, gegen die Verordnung (EU) 2015/847 des Europäischen Parlaments und des Rates vom 20.5.2015 über die Übermittlung von Angaben bei Geldtransfers und zur Aufhebung der Verordnung (EU) Nr. 1781/2006 (ABl. 2015 L 141, 1) oder gegen die zur Durchführung dieser Vorschriften erlassenen Verordnungen oder vollziehbaren Anordnungen verstoßen wurde.

3. Anteilseignerkontrolle

7   § 14 ZAG regelt die Anteilseignerkontrolle im Hinblick auf bedeutende Beteiligungen und verweist inhaltlich in wesentlichen Zügen auf § 2c KWG, speziell auf § 2c Abs. 1 S. 1–7 und Abs. 1a KWG im Hinblick auf die Anzeige, das Anzeigeverfahren sowie die Bearbeitung der Anzeige durch die BaFin, § 2c Abs. 1b KWG im Hinblick auf Untersagungsgründe und das Untersagungsverfahren, § 2c Abs. 2 KWG mit Blick auf die Untersagung der Stimmrechtsausübung und die Verfügung über die Anteile sowie § 2c Abs. 3 KWG für die Aufgabe einer bedeutenden Beteiligung. Nach § 14 Abs. 1 S. 1 ZAG muss der Inhaber einer bedeutenden Beteiligung an einem Institut iSd ZAG den im Interesse einer soliden und umsichtigen Führung des Instituts zu stellenden Ansprüchen genügen. Der Wortlaut entspricht damit der Anforderung des § 2c Abs. 1b Nr. 1 KWG für eine Untersagung der Übernahme einer **bedeutenden Beteiligung.** Neben anderen Zielen bezweckt diese Regelung, der BaFin die Möglichkeit zu verschaffen, der Übernahme von bedeutenden Beteiligungen entgegenzutreten, die von Personen übernommen werden sollen, die mit der organisierten Kriminalität sowie der Geldwäsche und Terrorismusfinanzierung in Zusammenhang gebracht werden (vgl. dazu *Schäfer* in Boos/Fischer/Schulte-Mattler KWG § 2c Rn. 2). § 28 Abs. 1 Nr. 4 ZAG enthält zudem eine unverzügliche Anzeigepflicht für Institute gegenüber BaFin und Deutscher Bundesbank mit Blick auf den Erwerb oder die Aufgabe einer bedeutenden Beteiligung an dem eigenen Institut, das Erreichen, Über- oder Unterschreiten bestimmter Beteiligungsschwellen der Stimmrechte oder des Kapitals sowie der Tatsache, dass das Institut (nicht mehr) Tochterunternehmen eines anderen Unternehmens wird bzw. ist.

4. Abberufung des Geschäftsleiters

8   Zunächst kann die BaFin statt der **Aufhebung der Erlaubnis des Instituts** auch die Abberufung der verantwortlichen Geschäftsleiter verlangen und diesen die (vorübergehende) Ausübung ihrer Tätigkeit bei anderen Instituten im Sinne des ZAG und sogar anderen Verpflichteten nach § 2 Abs. 1 GwG untersagen, sofern ein Fall des § 13 Abs. 2 Nr. 5 ZAG vorliegt (§ 20 Abs. 1 S. 1 und 2 ZAG). § 13 Abs. 2 Nr. 5 ZAG erfasst schwerwiegende, wiederholte oder systematische Verstöße gegen § 27 ZAG, gegen das Geldwäschegesetz, gegen die Verordnung (EU) 2015/847 des Europäischen Parlaments und des Rates vom 20.5.2015 über die Übermittlung von

Angaben bei Geldtransfers und zur Aufhebung der Verordnung (EU) Nr. 1781/ 2006 (ABl. 2015 L 141, 1) oder gegen die zur Durchführung dieser Vorschriften erlassenen Verordnungen oder vollziehbaren Anordnungen. Die Anordnungskompetenz zur (vorübergehenden) **Untersagung der Tätigkeiten** besteht im Übrigen nicht nur gegenüber den verantwortlichen Geschäftsleitern, sondern nach § 20 Abs. 1 S. 3 ZAG auch gegenüber jeder anderen Person, die für den Verstoß verantwortlich ist. Nach § 20 Abs. 3 ZAG kann die BaFin zudem für die Abberufung eines Geschäftsleiters dann verlangen und die Ausübung seiner Tätigkeit bei anderen Instituten iSd ZAG untersagen, wenn dieser vorsätzlich oder leichtfertig ua gegen die Bestimmungen des Geldwäschegesetzes verstoßen hat und trotz Verwarnung durch die BaFin dieses Verhalten fortsetzt. In einem solchen Fall erweist sich der Geschäftsleiter nämlich regelmäßig als ungeeignet. Der Hintergrund der Aufnahme des Tatbestandsmerkmals der **Leichtfertigkeit** des Verstoßes dürfte insbesondere in der Strafandrohung des § 261 Abs. 5 StGB zu sehen sein, die es für eine Strafbarkeit wegen Geldwäsche genügen lässt, dass der Täter leichtfertig nicht erkennt, dass ein Gegenstand aus einer geldwäscherechtlichen Vortat nach § 261 Abs. 1 StGB stammt. Leichtfertigkeit muss sich insbesondere vorwerfen lassen, wer sich grob fahrlässig, also aus Leichtsinn oder Gleichgültigkeit, über die bestehenden Pflichten hinwegsetzt (vgl. zum Begriff der Leichtfertigkeit in § 261 Abs. 5 StGB die dortige Kommentierung und ferner BGHSt 33, 66 (67); 43, 158 (168); BGH wistra 2006, 181 (183); *Schröder/Textor* in Fülbier/Aepfelbach/Langweg StGB § 261 Rn. 89). Zum Verfahren des Abberufungsverlangens bzw. der Untersagung der Ausübung von Tätigkeiten vgl. *Terlau* in Casper/Terlau § 15 Rn. 4 ff.

5. Prüfung durch Abschlussprüfer

§ 24 ZAG enthält besondere Pflichten des Prüfers bei der Prüfung des Jahresabschlusses sowie eines Zwischenabschlusses. Neben den wirtschaftlichen Verhältnissen und der Erfüllung der Anzeigepflichten hat der Prüfer nach § 24 Abs. 1 S. 3 Nr. 1 und 2 ZAG auch zu prüfen, ob das Institut seinen **Verpflichtungen nach dem Geldwäschegesetz** und der Verordnung (EU) Nr. 2015/847 (vgl. dazu Kommentierung zur sog. Geldtransferverordnung in → KWG § 25g Rn. 4 ff.) sowie ua nach § 27 ZAG nachgekommen ist. Wegen Einzelheiten der Prüfung, insbesondere des Zeitpunkts der Prüfung, des Berichtszeitraums sowie der Darstellung und Beurteilung der getroffenen Vorkehrungen zur Verhinderung von Geldwäsche und Terrorismusfinanzierung vgl. insbesondere §§ 15 f. ZahlPrüfbV. Die Vorschrift des § 24 ZAG entspricht somit weitgehend derjenigen in § 29 Abs. 2 S. 1 KWG für Kredit- und Finanzdienstleistungsinstitute.

6. Geldwäscherechtliche Pflichten für Agenten

Nach § 25 ZAG können Institute Zahlungsdienste auch über sog. Agenten erbringen. Bei diesen Agenten handelt es sich um natürliche oder juristische Personen, die als selbstständige Gewerbetreibende im Namen eines Instituts Zahlungsdienste ausführen und deren Handlungen dem Institut zugerechnet werden (vgl. § 1 Abs. 9 ZAG). Sowohl international wie auch national verdrängt der Begriff des Agenten dabei den des Vermittlers oder Handelsvertreters. Das Institut hat im Fall der Beabsichtigung der Erbringung von Zahlungsdiensten über einen Agenten der BaFin bestimmte Angaben zu übermitteln. Zu diesen zählen nach § 25 Abs. 1 S. 1 Nr. 2 und 3 ZAG die **Beschreibung der internen Kontrollmechanismen,** die der Agent zur Erfüllung der Anforderungen des Geldwäschegesetzes anwendet und die bei sachlichen Änderungen unverzüglich zu aktualisieren sind, sowie bei Agenten, die keine Zahlungsdienstleister sind, den Nachweis der Zuverlässigkeit. Wählt ein Institut einen Agenten nicht ordnungsgemäß aus oder überwacht diese nicht ordnungsgemäß, kann dem Institut die Einbindung von Agenten zudem untersagt werden (§ 25 Abs. 3 ZAG). Es ist denkbar, dass auch in einer solchen **Untersagungsverfügung** Unzulänglichkeiten in der Beachtung geldwäscherechtlicher Normen zum Ausdruck kommen. Für inländische Agenten von Instituten mit Sitz im EWR hat die BaFin in Hinweisen zudem noch einmal unterstrichen, dass diese als Verpflichtete nach § 2 Abs. 1 Nr. 4 GwG selbst für die Einhaltung geldwäscherechtlicher Pflichten zu sorgen haben und die Vorgaben des Instituts sie nicht entlasten können (BaFin, Hinweise für Agenten, II. 3.). Im Jahresbericht der BaFin für 2015 (dort. S. 128 f.) wird die häufig ungenügende Erfüllung geldwäscherechtlicher Pflichten durch (Zahlungs-)Agenten moniert (so im Übrigen auch JC/2017/07, Tz. 18). Zur Bedeutung sog. „zentraler Kontaktstellen" ua auch für (E-Geld-) Agenten vgl. → Rn. 17.

11 Im Hinblick auf den Vertrieb und Rücktausch von E-Geld- durch E-Geld-Agenten (allgemein zum E-Geld-Agenten auch *Müller/Starre* BKR 2013, 149 ff.) verweist § 32 Abs. 1 S. 2 ZAG auf § 25 Abs. 1 ZAG und damit insbesondere auf das Erfordernis der Beschreibung der internen Kontrollmechanismen, die der Agent anwendet, um die Anforderungen des Geldwäschegesetzes zu erfüllen. § 22 Abs. 2 ZAG spiegelt zudem die Untersagungsmöglichkeit nach § 25 Abs. 3 ZAG (vgl. → Rn. 10).

7. Besondere organisatorische Pflichten sowie Sicherungsmaßnahmen gegen Geldwäsche und Terrorismusfinanzierung

12 Die Vorschrift des § 27 ZAG zu Organisationspflichten enthält – neben besonderen organisatorischen Pflichten – auch die zentralen geldwäscherechtlichen Verpflichtungen von Instituten im Sinne des ZAG.

13 Nach § 27 Abs. 1 S. 2 Nr. 5 ZAG umfasst eine ordnungsgemäße Geschäftsorganisation eines Instituts im Sinne des ZAG unbeschadet der Pflichten aus §§ 4–7 GwG (zu diesen Pflichten zählen das Vorhandensein eines **wirksamen Risikomanagements**, der Erstellung einer Risikoanalyse, der Schaffung geschäfts- und kundenbezogener interner Sicherungsmaßnahmen sowie der Bestellung eines Geldwäschebeauftragten, vgl. Kommentierung zu §§ 4–7 GwG) angemessene Maßnahmen, einschließlich Datenverarbeitungssysteme, die die Einhaltung der Anforderungen des GwG und der Verordnung (EU) Nr. 2015/847 (vgl. dazu Kommentierung zu § 25 g KWG) gewährleisten. Nach § 27 Abs. 3 S. 2 ZAG kann die BaFin Kriterien bestimmen, bei deren Vorliegen Institute nach dem ZAG vom Einsatz von Datenverarbeitungssystemen nach § 27 Abs. 1 S. 2 Nr. 5 ZAG absehen können. Mitunter kann sich demnach auch für Institute iSd ZAG im alltäglichen Massengeschäft die Notwendigkeit ergeben, die Pflichten durch den Einsatz angemessener technischer bzw. EDV-gestützter Systeme zu erfüllen (BT-Drs. 16/11613, dort S. 53; *Koch/Reinicke* S. 199 f.; zu **Datenverarbeitungssystemen** allgemein *Reinicke* in Casper/Terlau § 22 Rn. 39 ff.). Der Einsatz derartiger technischer Systeme soll die Überprüfung von Geschäftsbeziehungen nach Risikogruppen und Auffälligkeiten ermöglichen, wobei (inter-)national vorhandenes Erfahrungswissen über die Geldwäsche und Terrorismusfinanzierung zu berücksichtigen ist. Zu den risikoträchtigen Geschäften gehört nach der Gesetzesbegründung ins-

besondere das grenzüberschreitende Zahlungsgeschäft (BT-Drs. 16/11613, dort S. 53; *Koch/Reinicke* S. 200). Für welches System sich das Institut im Sinne des ZAG entscheidet und welche Transaktionen und Geschäftssparten in die Überwachung einbezogen werden, muss aus dem Ergebnis der nach § 5 GwG vorzunehmenden Risikoanalyse abgeleitet werden, der Risikosituation des Instituts entsprechen und das Institut in die Lage versetzen, Geschäftsbeziehungen und Transaktionen zu erkennen, die als zweifelhaft oder ungewöhnlich anzusehen sind (RegBegr. zu § 64 ZAG in BT-Drs. 19/13827). Zur Erfüllung der Anforderungen nach § 27 Abs. 1 S. 2 Nr. 5 ZAG darf ein Institut iSd des ZAG personenbezogene Daten erheben und verwenden, soweit dies zur Erfüllung dieser Pflichten erforderlich ist. In der Gesetzesbegründung zur Vorgängernorm von § 27 Abs. 1 S. 2 Nr. 5 ZAG, mithin § 22 Abs. 1 S. 3 Nr. 4 ZAG aF wurde dazu klargestellt, dass die Erfüllung der Anforderungen dem Datenschutz nicht zuwiderlaufen soll. Dafür müssen die Systeme den Grundsätzen der Datenvermeidung, Datensparsamkeit und der frühestmöglichen Löschung genügen (BT-Drs. 16/11613, dort S. 53). Nach der seinerzeitigen Gesetzesbegründung soll das Allgemeininteresse an einer Stabilität und Integrität des Finanzplatzes Deutschland sowie das Interesse von Instituten nach dem ZAG an der Vermeidung von Reputationsschäden mit dem Interesse des Kunden, keiner permanenten Überwachung seiner Transaktionen zu unterliegen, in ein ausgewogenes Verhältnis gebracht werden. Im Hinblick auf die Anforderung der „Angemessenheit der Maßnahmen", sollen einerseits bloße Alibi-Maßnahmen verhindert werden (*Auerbach/Hentschel* in Schwennicke/Auerbach ZAG § 22 Rn. 19), andererseits wird damit auch das Verhältnismäßigkeitsprinzip zum Ausdruck gebracht.

§ 27 Abs. 1 S. 2 Nr. 5 ZAG entspricht damit – neben den für alle Verpflichteten **14** nach dem GwG geltenden Anforderungen – in einzelnen Facetten § 25h Abs. 1 S. 1, Abs. 2 S. 1 und 2 KWG. Abgesehen von einer Reihe von sprachlichen bzw. inhaltlichen Vereinfachungen und gegenüber den vorstehend genannten Einzelregelungen des § 25h KWG **abgestuften bzw. reduzierten Verpflichtungen,** wurde beim diesbezüglichen Normengleichklang zwischen ZAG und KWG aber die ausdrückliche Nennung der Verhinderung sonstiger strafbarer Handlungen, die zu einer Gefährdung des Vermögens des Instituts führen können, ausgenommen, was vor dem Hintergrund der Geschäftsfelder dieser Institute und den dabei möglichen Risiken durchaus nicht als stringent erscheint (vgl. dazu auch Stellungnahme des ZKA v. 25.7.2008, Nr. 23).

§ 27 Abs. 2 ZAG erklärt ferner eine Reihe von Normen des KWG und der AO **15** für entsprechend auf Institute nach dem ZAG anwendbar. Dazu zählt zunächst § 6a KWG, der der BaFin eine Rechtsgrundlage zur Anordnung bestimmter Maßnahmen, ua im Hinblick auf eine **Kontensperrung,** bei Vorliegen von Tatsachen die auf eine Terrorismusfinanzierung nach § 89c StGB oder der Finanzierung einer terroristischen Vereinigung nach §§ 129a, 129b StGB hinweisen, gibt. Ferner sind die § 24c KWG iVm §§ 93 Abs. 7 und 8, 93b AO zum automatisierten Abruf von Kontoinformationen **(Kontenabrufverfahren)** auf Institute im Sinne des ZAG anzuwenden, wobei diese Zahlungskonten (vgl. für E-Geld-Institute insbes. RegBegr. BT-Drs. 17/3023, 49) führen (zum Begriff des Zahlungskontos vgl. § 1 Abs. 17 ZAG und ferner *Findeisen* BankPraktiker 07–08/2009, 322 (327); *Schäfer/Lang* BKR 1/2009, 11 (16)). Nach der ursprünglichen Gesetzesbegründung zum Zahlungsdiensteumsetzungsgesetz handelt es sich bei diesen Zahlungskonten (damals § 1 Abs. 3 ZAG aF) um Konten, die dem weit auszulegenden Kontobegriff des § 154 Abs. 2 S. 1 AO unterfallen, so dass es keiner Erweiterung des Kontenbegriffs bedarf (RegBegr. BT-Drs. 16/11613, 54). Nicht zu Konten iSd § 24c KWG sollen

Treuhandsammelkonten, bei denen das ZAG-Institut und nicht etwa ein Zahlungsdienstenutzer Kontoinhaber ist, sowie offene Treuhandkonten, für die Zahlungsdienstenutzer keinen Anspruch auf Ausführung des Zahlungsauftrags haben, gehören (*Reimer* in Luz/Neus/Schaber/Schneider/Wagner/Weber KWG § 24c Rn. 6). Für reine Finanztransferunternehmen ohne Kontenführung besteht keine Pflicht zur Führung einer Kontendaten-Abrufdatei (*Bergles/Bödeker* BankPraktiker 2010, 436 (441)). Auch im Rahmen des ZAG besteht die Möglichkeit, Institute von dieser Vorschrift zu befreien, wenn diese nur Zahlungskonten führen, die für die Bedürfnisse der Abrufberechtigten (vgl. dazu Kommentierung zu § 24c KWG sowie *Koch/Reinicke* S. 201f.) nicht von Bedeutung sind. Die Freistellung kann im Einzelfall durch Bescheid der BaFin oder für eine Gruppe von Zahlungsinstituten durch Erlass einer Rechtsverordnung erfolgen. Konsequenterweise müssen dann auch etwaige vom BMF bzw. der BaFin gewährte Anwendungserleichterungen zu § 24c KWG, zB im Hinblick auf Kreditkartenkonten, für Zahlungsinstitute entsprechende Anwendung finden, soweit der Sinn und Zweck des Zahlungskontos vergleichbar ist (vgl. zB Schreiben des BMF v. 15.1.2003, wonach Kreditkartenkonten von der Pflicht zur Einstellung in die Abrufdatei ausgenommen sind, soweit diese ausschließlich zur Zahlung der Kreditkartenumsätze und Belastung der Forderung von einem Girokonto des Karteninhabers, das der Pflicht zur Identifizierung unterliegt, vorgenommen werden und dabei auch Informationen zu Art und Charakter des Verstoßes mitzuteilen. Mit der entsprechenden Anwendung der Vorschriften soll insbesondere den Empfehlungen der FATF auch im Hinblick auf Institute nach dem ZAG ausreichend Rechnung getragen werden (RegBegr. BT-Drs. 17/3023, 49).

8. Zweigniederlassungen aus dem EWR

16 § 39 Abs. 1 ZAG regelt zunächst die Rechte der BaFin gegenüber Zweigniederlassungen von Unternehmen mit Sitz in einem anderen Mitgliedstaat der EU bzw. des EWR, wenn diese in Deutschland errichtet werden oder Zahlungsdienste im Wege des grenzüberschreitenden Dienstleistungsverkehrs oder über Agenten im Inland erbringen oder das E-Geld-Geschäft betreiben oder über E-Geld-Agenten E-Geld vertreiben oder rücktauschen. Nach § 39 Abs. 2 S. 1 ZAG hat die BaFin vor dem Hintergrund der Zielsetzung einer wirksamen Verhinderung der Geldwäsche und Terrorismusfinanzierung bei Vorliegen tatsächlicher Anhaltspunkte, dass im Zusammenhang mit der geplanten Beauftragung eines Agenten oder E-Geld-Agenten oder der Gründung einer Zweigniederlassung Geldwäsche nach § 261 oder Terrorismusfinanzierung stattfindet, stattgefunden hat oder versucht wurde, oder dass die Beauftragung des Agenten oder die Gründung der Zweigniederlassung das **Risiko erhöht, dass Geldwäsche oder Terrorismusfinanzierung stattfinden,** die zuständige Behörde des Herkunftsmitgliedstaates darüber zu unterrichten. Tatsächliche Anhaltspunkte erfordern einen begründeten Verdacht bzw. die Feststellung von Tatsachen (REgBegr. BT-Drs. 16/11613, 54). § 39 Abs. 2 S. 2 ZAG soll die BaFin dabei von der Klärung der jeweiligen Zuständigkeiten im Herkunftsland befreien. Die Unterrichtung hat gegenüber der Behörde zu erfolgen, die die Eintragung des Agenten oder der Zweigniederlassung in das dortige Zahlungsinstituts-Register oder E-Geld-Instituts-Register ablehnen oder, falls bereits eine Eintragung erfolgt ist, löschen kann. Hier wäre es wünschenswert gewesen, wenn bereits der Richtliniengeber in der dem § 39 Abs. 2 ZAG zu Grunde liegenden Vorschrift des Art. 29 Richtlinie (EU) 2015/2366 es nicht bei einer einseitigen **Unterrichtungspflicht** belassen hätte, sondern – im Interesse einer effektiven Bekämpfung der Geldwäsche und Finanzierung des Terrorismus – zugleich eine Feed-Back-Verpflichtung gegenüber der unterrichtenden nationalen Behörde normiert hätte. Mit einer bloßen Unterrichtung der zuständigen Stellen im jeweiligen Herkunftsstaat ist der Bekämpfung der Geldwäsche und Terrorismusfinanzierung nämlich offenkundig noch nicht hinreichend genüge getan.

§ 41 ZAG enthält zudem die – insbesondere auch mit Blick auf geldwäsche- **17** rechtliche Pflichten – neu eingeführte Norm der Einrichtung einer **zentralen Kontaktperson** bzw. gemäß dem Wortlaut von Art. 45 Abs. 9 der 4. EU-Anti-Geldwäscherichtlinie iVm Art. 29 Abs. 4 der Richtlinie (EU) 2015/2366 über Zahlungsdienste im Binnenmarkt (ABl. 2015 L 337, 35) einer „zentralen Kontaktstelle". Nach § 41 Abs. 1 ZAG hat demnach ein Institut iSd ZAG mit Sitz in einem anderen Mitgliedstaat, das im Inland anders als mittels Zweigniederlassung, also etwa über ein Netzwerk von mindestens zehn Agenten bzw. E-Geld-Agenten, tätig ist, der BaFin auf Anforderung eine zentrale Kontaktperson zu benennen (BaFin, Jahresbericht 2019, S. 124). Die zentrale Kontaktperson dient den Behörden im Gastland als Ansprechpartner und hat neben zahlungsdienstrechtlichen Zuständigkeiten die Aufgabe, dass das grenzüberschreitend tätige Institut geldwäscherechtliche Verpflichtungen bzw. die dort geltenden Vorgaben zur Verhinderung von Geldwäsche und Terrorismusfinanzierung einhält und die Gastlandaufsicht, etwa durch das zur Verfügung stellen von Dokumenten und Informationen, unterstützt (BaFin, BaFinJournal Juli 2017, S. 10, 11). Das Joint Committee der ESAs hat zur zentralen Kontaktstelle am 26.6.2017 den finalen Bericht über einen gemeinsamen regulatorisch-technischen Standard vorgelegt (JC 2017 08). Der Standard gibt ua Aufschluss darüber, wann die Einrichtung einer zentralen Kontaktstelle – abhängig von definierten Schwellenwerten – verlangt werden kann und welche Aufgaben dieser Stelle zugewiesen sind. Darauf baut die Delegierte Verordnung (EU) Nr. 2018/1108 (ABl. 2018 L 203, 2) der EU-Kommission vom 7.5.2018 auf, basierend auf Art. 45 der 4. EU-Anti-Geldwäscherichtlinie. Art. 3 der Delegierten Verordnung nennt Kriterien für die Benennung einer zentralen Kontaktstelle und Art. 4, 6 der Delegierten Verordnung benennen die Aufgaben der zentralen Kontaktstelle zur Sicherstellung der Einhaltung der Vorschriften zur Bekämpfung von Geldwäsche und Terrorismusfinanzierung sowie zusätzlicher, damit aber in Zusammenhang stehender, Aufgaben. Die BaFin hat in 2019 die Benennung der zentralen Kontaktstellen von Unternehmen, die im Inland ein Netz von Agenten und E-Geld-Agenten unterhalten und die relevanten Kriterien erfüllen, abgeschlossen (BaFin, Jahresbericht 2019, S.124; vgl. auch zB Anordnung der BaFin vom 22.6.2020 zu Western Union). Die zentrale Kontaktastelle ist sodann Ansprechpartnerin für BaFin, FIU und Strafverfolgungsbehörden.

9. Zugang zu Zahlungskontodiensten

18 Nach § 56 Abs. 1 ZAG haben CRR-Kreditinstitute (§ 1 Abs. 3d S. 1 KWG) den Instituten im Sinne des ZAG, die im Inland aufgrund einer entsprechenden Erlaubnis tätig werden, auf objektiver, nicht diskriminierender und verhältnismäßiger Grundlage den Zugang zu Zahlungskontodiensten zu gewähren. Damit wird **Fintech-Unternehmen** mit ihren teilweise innovativen Finanzdienstleistungen der potenzielle Zugang zu Bankdaten gewährleistet. Allerdings bleiben nach § 56 Abs. 2 ZAG die Vorschriften zur Bekämpfung der Geldwäsche und Terrorismusfinanzierung unberührt, dh insbesondere die CRR-Kreditinstitute müssen ihren geldwäscherechtlichen Verpflichtungen weiterhin erfüllen können (BT-Drs. 18/11495, 141). Insbesondere darf es zu keiner Beschränkung der **Papierspur** (vgl. dazu zB → KWG § 25g Rn. 3) für von Instituten iSd ZAG geführten Sammelzahlungskonten kommen (BT-Drs. 18/11495, 141). Dies bedeutet beispielsweise, dass ein CRR-Kreditinstitut berechtigt sein muss, vom Institut iSd ZAG Auskünfte über die am Ende eines Zahlungsvorgangs stehenden Nutzer des Zahlungsdienstes unabhängig von Sitz oder Aufenthalt zu erhalten, da nur so eine dem Zahlungsfluss über eigene Zahlungskonten der Zahlungsdienstnutzer entsprechende Geldwäscheprävention sichergestellt werden kann (BT-Drs. 18/11495, 141). Unabhängig von diesem Aspekt stellt § 56 Abs. 2 ZAG aber nach hier vertretener Auffassung auch noch einmal klar, dass bei der Bewertung eines objektiven, nicht diskriminierenden und verhältnismäßigen Zugangs zu Zahlungskontodiensten auch Risiken der Geldwäsche und Terrorismusfinanzierung auf Seiten des Instituts zu berücksichtigen sind.

10. Bußgeldvorschriften

19 Durch das Gesetz zur Umsetzung der Zweiten E-Geld-Richtlinie vom 1.3.2011 und das Gesetz zur Optimierung der Geldwäscheprävention vom 22.12.2011 wurden eine Reihe von Ordnungswidrigkeiten mit Bezug zur Verletzung geldwäscherechtlicher Pflichten in § 32 Abs. 3 Nr. 8–13 ZAG aF aufgenommen, die der **Angleichung der Vorschriften des ZAG mit denen von KWG und GwG** dienten (RegBegr. BT-Drs. 17/3023, 56). Diese Ordnungswidrigkeiten werden weitestgehend auch in § 64 Abs. 3 Nr. 5a–13 ZAG in der Fassung des Gesetzes zur Umsetzung der Zweiten Zahlungsdiensterichtlinie fortgeführt und auch ergänzt. Ordnungswidrig handelt danach, wer vorsätzlich oder fahrlässig
– entgegen § 27 Abs. 1 S. 1 und S. 2 Nr. 5 ZAG keine angemessenen Maßnahmen, einschließlich Datenverarbeitungssysteme, zur Gewährleistung der Einhaltung der Anforderungen des Geldwäschegesetzes und der Verordnung (EU) 2015/847, verfügt;
– einer vollziehbaren Anordnung nach § 27 Abs. 2 S. 1 ZAG iVm § 6a Abs. 1 oder § 25i Abs. 4 KWG zuwiderhandelt (Anordnungsbefugnisse der BaFin in Zusammenhang damit, dass dem Institut anvertraute Vermögenswerte oder eine Finanztransaktion, staatsgefährdenden Gewalttaten oder der Terrorismusfinanzierung dienen);
– entgegen § 27 Abs. 2 S. 1 ZAG iVm § 24c Abs. 1 S. 1 KWG, eine Datei für den automatisierten Abruf von Kontoinformationen nicht, nicht rechtzeitig oder nicht vollständig führt;
– entgegen § 27 Abs. 2 S. 1 ZAG iVm § 24c Abs. 1 S. 5 KWG nicht gewährleistet, dass die BaFin im Rahmen des automatisierten Abrufs von Kontoinformationen die Daten jederzeit automatisch abrufen kann;

Zahlungsdiensteaufsichtsgesetz **ZAG**

– entgegen § 27 Abs. 2 S. 1 ZAG iVm § 25i Abs. 1 KWG die Sorgfaltspflichten nach § 10 Abs. 1 GwG nicht erfüllt;
– entgegen § 27 Abs. 2 S. 1 ZAG iVm § 25i Abs. 3 KWG als Emittent von E-Geld keine Dateien führt;
– einer vollziehbaren Anordnung nach § 27 Abs. 2 S. 1 ZAG iVm § 25i Abs. 4 KWG zuwiderhandelt;
– entgegen § 27 Abs. 2 S. 1 ZAG iVm § 8 Abs. 1 GwG erhobene Angaben oder eingeholte Informationen nicht, nicht richtig oder nicht vollständig aufzeichnet;
– einer vollziehbaren Anordnung nach § 27 Abs. 3 ZAG zur Verhinderung und Unterbindung von Verstößen gegen die Verordnung (EU) 2015/847 (Geldtransferverordnung) zuwider handelt.

Nach § 64 Abs. 4 ZAG kann die Geldbuße in den hier relevanten Fällen des Abs. 3 Nr. 6–13 mit einer Geldbuße bis zu 100.000 EUR statt bisher 50.000 EUR geahndet werden. Eine Geldbuße bis zu 1 Mio. EUR ist nach § 64 Abs. 4 iVm Abs. 1 ZAG möglich, wer ua einer vollziehbaren Anordnung nach § 20 Abs. 1 oder 3 ZAG zuwiderhandelt (Abberufung von Geschäftsleitern im Kontext bei Verstößen geldwäscherechtlicher Pflichten, vgl. iE → Rn. 8).

Strafgesetzbuch

§ 89c Terrorismusfinanzierung

(1) Wer Vermögenswerte sammelt, entgegennimmt oder zur Verfügung stellt mit dem Wissen oder in der Absicht, dass diese von einer anderen Person zur Begehung
1. eines Mordes (§ 211), eines Totschlags (§ 212), eines Völkermordes (§ 6 des Völkerstrafgesetzbuches), eines Verbrechens gegen die Menschlichkeit (§ 7 des Völkerstrafgesetzbuches), eines Kriegsverbrechens (§§ 8, 9, 10, 11 oder 12 des Völkerstrafgesetzbuches), einer Körperverletzung nach § 224 oder einer Körperverletzung, die einem anderen Menschen schwere körperliche oder seelische Schäden, insbesondere der in § 226 bezeichneten Art, zufügt,
2. eines erpresserischen Menschenraubes (§ 239a) oder einer Geiselnahme (§ 239b),
3. von Straftaten nach den §§ 303b, 305, 305a oder gemeingefährlicher Straftaten in den Fällen der §§ 306 bis 306c oder 307 Absatz 1 bis 3, des § 308 Absatz 1 bis 4, des § 309 Absatz 1 bis 5, der §§ 313, 314 oder 315 Absatz 1, 3 oder 4, des § 316b Absatz 1 oder 3 oder des § 316c Absatz 1 bis 3 oder des § 317 Absatz 1,
4. von Straftaten gegen die Umwelt in den Fällen des § 330a Absatz 1 bis 3,
5. von Straftaten nach § 19 Absatz 1 bis 3, § 20 Absatz 1 oder 2, § 20a Absatz 1 bis 3, § 19 Absatz 2 Nummer 2 oder Absatz 3 Nummer 2, § 20 Absatz 1 oder 2 oder § 20a Absatz 1 bis 3, jeweils auch in Verbindung mit § 21, oder nach § 22a Absatz 1 bis 3 des Gesetzes über die Kontrolle von Kriegswaffen,
6. von Straftaten nach § 51 Absatz 1 bis 3 des Waffengesetzes,
7. einer Straftat nach § 328 Absatz 1 oder 2 oder § 310 Absatz 1 oder 2,
8. einer Straftat nach § 89a Absatz 2a

verwendet werden sollen, wird mit Freiheitsstrafe von sechs Monaten bis zu zehn Jahren bestraft. Satz 1 ist in den Fällen der Nummern 1 bis 7 nur anzuwenden, wenn die dort bezeichnete Tat dazu bestimmt ist, die Bevölkerung auf erhebliche Weise einzuschüchtern, eine Behörde oder eine internationale Organisation rechtswidrig mit Gewalt oder durch Drohung mit Gewalt zu nötigen oder die politischen, verfassungsrechtlichen, wirtschaftlichen oder sozialen Grundstrukturen eines Staates oder einer internationalen Organisation zu beseitigen oder erheblich zu beeinträchtigen, und durch die Art ihrer Begehung oder ihre Auswirkungen einen Staat oder eine internationale Organisation erheblich schädigen kann.

(2) Ebenso wird bestraft, wer unter der Voraussetzung des Absatzes 1 Satz 2 Vermögenswerte sammelt, entgegennimmt oder zur Verfügung stellt, um selbst eine der in Absatz 1 Satz 1 genannten Straftaten zu begehen.

(3) Die Absätze 1 und 2 gelten auch, wenn die Tat im Ausland begangen wird. Wird sie außerhalb der Mitgliedstaaten der Europäischen Union be-

gangen, gilt dies nur, wenn sie durch einen Deutschen oder einen Ausländer mit Lebensgrundlage im Inland begangen wird oder die finanzierte Straftat im Inland oder durch oder gegen einen Deutschen begangen werden soll.

(4) In den Fällen des Absatzes 3 Satz 2 bedarf die Verfolgung der Ermächtigung durch das Bundesministerium der Justiz und für Verbraucherschutz. Wird die Tat in einem anderen Mitgliedstaat der Europäischen Union begangen, bedarf die Verfolgung der Ermächtigung durch das Bundesministerium der Justiz und für Verbraucherschutz, wenn die Tat weder durch einen Deutschen begangen wird noch die finanzierte Straftat im Inland noch durch oder gegen einen Deutschen begangen werden soll.

(5) Sind die Vermögenswerte bei einer Tat nach Absatz 1 oder 2 geringwertig, so ist auf Freiheitsstrafe von drei Monaten bis zu fünf Jahren zu erkennen.

(6) Das Gericht mildert die Strafe (§ 49 Absatz 1) oder kann von Strafe absehen, wenn die Schuld des Täters gering ist.

(7) Das Gericht kann die Strafe nach seinem Ermessen mildern (§ 49 Absatz 2) oder von einer Bestrafung nach dieser Vorschrift absehen, wenn der Täter freiwillig die weitere Vorbereitung der Tat aufgibt und eine von ihm verursachte und erkannte Gefahr, dass andere diese Tat weiter vorbereiten oder sie ausführen, abwendet oder wesentlich mindert oder wenn er freiwillig die Vollendung dieser Tat verhindert. Wird ohne Zutun des Täters die bezeichnete Gefahr abgewendet oder wesentlich gemindert oder die Vollendung der Tat verhindert, genügt sein freiwilliges und ernsthaftes Bemühen, dieses Ziel zu erreichen.

Literatur: *Altvater*, Das 34. Strafrechtsänderungsgesetz – § 129b StGB, NStZ 2003, 179; *Bader*, Das Gesetz zur Verfolgung der Vorbereitung von schweren staatsgefährdenden Gewalttaten, NJW 2009, 2853; *Becker*, Die Grenzen des Strafrechts bei der Terrorismusbekämpfung, Kriminalistik 2010, 658; *Biehl*, Erweiterung des strafrechtlichen Instrumentariums zur Terrorismusbekämpfung, JR 2015, 561; *Bloy*, Grund und Grenzen der Strafbarkeit der misslungenen Anstiftung, JR 1992, 493; *Cancio Meliá*, Zum strafrechtlichen Begriff des Terrorismus, GA 2012, 1; *Gazeas/Grosse-Wilde/Kießling*, Die neuen Tatbestände im Staatsschutzstrafrecht – Versuch einer ersten Auslegung der §§ 89a, 89b und 91 StGB, NStZ 2009, 593; *Geppert*, Die versuchte Anstiftung (§ 30 I StGB), JURA 1997, 546; *Gierhake*, Zur geplanten Einführung neuer Straftatbestände wegen der Vorbereitung terroristischer Straftaten, ZIS 2008, 397; *Griesbaum/Walenta*, Strafverfolgung zur Verhinderung terroristischer Anschläge – Eine Bestandsaufnahme, NStZ 2013, 369; *Haverkamp*, Staatsschutzstrafrecht im Vorfeld – Probleme strafrechtlicher Prävention bei mutmaßlichen terroristischen Einzeltätern, in Festschrift für Schöch, 2010; *Hawickhorst*, § 129a – Ein feindstrafrechtlicher Irrweg zur Terrorismusbekämpfung, 2011; *Hellfeld*, Vorbereitung einer schweren staatsgefährdenden Gewalttat: § 89a StGB, 2011; *Helm*, Die Bildung terroristischer Vereinigungen – Auslegungsprobleme beim neuen § 129a StGB, StV 2006, 719; *Hungerhoff*, Vorfeldstrafbarkeit und Verfassung – Eine Untersuchung von § 89a StGB unter verfassungsrechtlichen Gesichtspunkten, 2013; *Jahn*, Verbrechensverabredung und versuchter Betrug zum Nachteil des „IS", JuS 2018, 719; *Jeßberger*, Der transnationale Anwendungsbereich des deutschen Strafrechts. Grundlagen und Grenzen der Geltung des deutschen Strafrechts für Taten mit Auslandsberührung, 2011; *Kauffmann*, Terrorismus im Wandel – Auslegung des Begriffs Terrorismus im Lichte des Gesetzes zur Verfolgung der Vorbereitung von schweren staatsgefährdenden Gewalttaten (GVVG), JURA 2011, 257; *ders.*, Das Gesetz zur Verfolgung der Vorbereitung schwerer staatsgefährdender Gewalttaten: Strafrechtsdogmatische und verfassungsrechtliche Grenzen der §§ 89a, 89b und 91 StGB, 2011; *Kubiciel,* Die Wissenschaft vom Besonderen Teil des Strafrechts, 2013; *Li,* Der „wirtschaftliche" Vermögensbegriff in der höchstrichterlichen Rechtsprechung. Eine Untersuchung anlässlich BGH Urt. v. 11.4.2018 – 5 StR 595/17 (Versuchter Betrug zum Nachteil des sog. Islamischen Staats), NZWiSt 2019, 405; *Mertens,* Das Gesetz zur Verfolgung der Vorbereitung von schweren staatsgefährdenden Gewalttaten (GVVG) vom 30. Juli 2009: Über (Vor- und) Nachteile des § 89a StGB, 2012; *Mitsch,* Vorbeugende Strafbarkeit zur Abwehr terroristischer Gewalttaten, NJW 2015, 209; *ders.,* Vorbereitung und Strafrecht, JURA 2013, 696; *Pawlik,* Der Terrorist und sein Recht: Zur rechtstheoretischen Einordnung des modernen Terrorismus, 2008; *Petzsche,* Zur Verfassungsmäßigkeit von Vorfelddelikten bei der Terrorbekämpfung – Anmerkung zu BGH 3 StR 243/13, HRRS 2015, 33; *ders.,* Strafrecht und Terrorismusbekämpfung, 2013; *Puschke,* Der Ausbau des Terrorismusstrafrechts und die Rechtsprechung des Bundesgerichtshofs, StV 2015, 475; *Radtke/Steinsiek,* Bekämpfung des internationalen Terrorismus durch Kriminalisierung von Vorbereitungshandlungen? Zum Entwurf eines Gesetzes zur Verfolgung der Vorbereitung von schweren Gewalttaten (Referentenentwurf des BMJ vom 21.4.2008), ZIS 2008, 383; *Radtke/Steinsiek,* Terrorismusbekämpfung durch Vorfeldkriminalisierung? Das Gesetz zur Verfolgung der Vorbereitung schwerer staatsgefährdender Gewalttaten, JR 2010, 107; *Rönnau,* Grundwissen Strafrecht – Erfolgs- und Tätigkeitsdelikte, JuS 2010, 961; *Sieber,* Legitimation und Grenzen von Gefährdungsdelikten im Vorfeld von terroristischer Gewalt – Eine Analyse der Vorfeldtatbestände im „Entwurf eines Gesetzes zur Verfolgung der Vorbereitung von schweren staatsgefährdenden Gewalttaten", NStZ 2009, 353; *Sieber/Vogel,* Terrorismusfinanzierung: Prävention im Spannungsfeld von internationalen Vorgaben und nationalem Tatstrafrecht, 2015; *Valerius,* Internationaler Terrorismus und nationales Strafanwendungsrecht, GA 2011, 696; *von Lampe,* Der neue Tatbestand der Geldwäsche (§ 261), JZ 1994, 123; *Voß,* Die Tatobjekte der Geldwäsche, 2007; *Wasser/Piaszek,* Staatsschutzstrafrecht in Bewegung?, DRiZ 2008, 315; *Zaczyk,* Die Notwendigkeit systematischen Strafrechts – Zugleich zum Begriff „fragmentarisches Strafrecht", ZStW 2011, 691; *Zöller,* Terrorismusstrafrecht, 2009; *ders.,* Willkommen in Absurdistan – Neue Straftatbestände zur Bekämpfung des Terrorismus, GA 2010, 607; *ders.,* Der Terrorist und sein (Straf-)Recht – Wege und Irrwege der neuen Gesetzgebung zur Terrorismusbekämpfung, GA 2016, 90.

Übersicht

	Rn.
I. Zweck und Normgenese	1
II. Rechtsgut und Deliktsnatur	9
III. Verfassungsrechtliche und strafrechtstheoretische Bedenken	11
IV. Tatbestände, Abs. 1 und 2	15
1. Objektiver Tatbestand, Abs. 1 und 2	17
a) Vermögenswerte	18
b) Sammeln	20
c) Entgegennehmen	23
d) Zur Verfügung stellen	24
2. Subjektiver Tatbestand, Abs. 1 und Abs. 2	28
a) Vorsatz bezüglich der eigenen Tathandlung	29
b) Dolus directus hinsichtlich einer Katalogtat nach Abs. 1 Nr. 1–8	30
c) Vorsatz bezüglich der *Verwendung* zur Begehung einer Katalogtat	34
d) Terrorismusbezug der vorgestellten Katalogtat, Abs. 1 S. 2	38
V. Geltung für Auslandstaten, Abs. 3	44
1. Allgemeines	44
2. Europäisches Territorialitätsprinzip, Abs. 3 S. 1	46
3. Einschränkung für Taten außerhalb der EU, Abs. 3 S. 2	47
VI. Verfolgungsermächtigung, Abs. 4	49

	Rn.
VII. Rechtsfolgen	52
1. Regelstrafrahmen, Milderung und Absehen von Strafe nach Abs. 5	52
2. Minder schwerer Fall, Abs. 5	53
3. Tätige Reue	55
VIII. Konkurrenz	58

I. Zweck und Normgenese

1 Der am 20.6.2015 in Kraft getretene Tatbestand der Terrorismusfinanzierung geht auf das Gesetz zur Änderung der Verfolgung der Vorbereitung von schweren staatsgefährdenden Gewalttaten (**GVVG-Änderungsgesetz** – GVVG-ÄndG) zurück (BGBl. I S. 926; Überblick zu den vorgenommenen Änderungen bei *Puschke* StV 2015, 457 ff.). Seinen Vorläufer findet der Tatbestand in **§ 89a Abs. 2 Nr. 4 StGB aF,** welcher erst im Jahre 2009 durch das Gesetz zur Verfolgung der Vorbereitung von schweren staatsgefährdenden Gewalttaten vom 30.7.2009 (BGBl. I S. 2437) in das Strafgesetzbuch eingefügt worden ist.

2 Die immer weiter voranschreitende Kriminalisierung der Terrorismusfinanzierung dient dabei vor allem der Umsetzung des von Deutschland ratifizierten Internationalen Übereinkommens der Vereinten Nationen vom 9.12.1999 zur Bekämpfung der Finanzierung des Terrorismus (BGBl. 2003 II S. 1923 (1924); vgl. BT-Drs. 18/4087, 1). Außerdem wird Deutschland dadurch, insbesondere durch § 89c Abs. 1 Nr. 8 StGB, auch den Resolution 2178 (2014) des Sicherheitsrates der Vereinten Nationen vom 24.9.2014 gerecht (vgl. *Zöller* in SK-StGB § 89a Rn. 4, die ua fordert, dass die Finanzierung von Reisen zu terroristischen Zwecken strafrechtlich erfasst wird; vgl. dazu auch *Schäfer* in MüKoStGB § 89c Rn. 5). Vor der Einführung der Strafbarkeit der Terrorismusfinanzierung konnten vergleichbare Handlungen lediglich unter engen Voraussetzungen durch andere Tatbestände erfasst werde (§§ 129 ff. StGB, § 18 AWG, Beihilfe zur mindestens versuchten Haupttat; *Schäfer* in MüKoStGB § 89c Rn. 5).

3 Das strafrechtliche Aufgreifen der Finanzierung bezweckt **die Bekämpfung des „wirtschaftlichen Nährboden[s] für zum Teil hochgradig organisierte terroristische Aktivitäten"** (so BT-Drs. 18/4087, 1). Die in § 89c StGB aufgegriffenen Tathandlungen bergen zumindest die abstrakte Gefahr, dass eine terroristische Katalogtat im Sinne der Nr. 1–8 verwirklicht wird (vgl. *Gazeas* in AnwK-StGB § 89c Rn. 8). Außerdem könne der **„Pfad des Geldes"** von den Strafverfolgungsbehörden dafür genutzt werden, um auf diese Weise weitere Personen, die an Anschlagsplanungen beteiligt sind, ausfindig zu machen (so *Kubiciel* S. 235; krit. dazu *Paeffgen* in NK-StGB § 89c Rn. 5). § 89c StGB (und § 261 Abs. 1 S. 2 Nr. 5 StGB) ist dabei der **„Türöffner"** zu den strafprozessualen Ermittlungsmaßnahmen (zB TKÜ bzw. Quellen-TKÜ, § 100a Abs. 2 Nr. 1a StPO).

4 § 89c StGB ist damit eine weitere Maßnahme im Repertoire im Kampf gegen den islamistischen Terror, der insbesondere nach den Anschlägen vom 11.9.2001 immer weiter fokussiert wurde. Des Weiteren ist § 89c StGB ein weiteres Exempel dafür, wie das Strafrecht immer mehr „in den Dienst der Prävention gestellt [wird], da es mit seinen strafprozessualen Befugnissen und seinen materiellrechtlichen Sanktionen eingriffsintensive und für die Verhinderung terroristischer Straftaten unverzichtbare Rechtsfolgen zur Verfügung stellt" (so *Sieber/Vogel* S. 1).

Auch wenn sich immer weiter bewahrheitet, dass die „Effektivität" einzelner 5
terroristischer Aktionen nicht vom finanziellen Mitteleinsatz abhängig ist, weil
große Schäden sowie Angst und Schrecken auch unter Einsatz marginalster Mittel
erzeugt werden können (sog. „low profile-Anschläge"), ist der Finanzbedarf der
hinter den Anschlägen stehenden Terrororganisationen (Islamischer Staat, Al-
Qaida, Al Nusra etc) relativ hoch. Die Ideologisierung potenzieller Attentäter, ihre
Ausbildung, die Aufrechterhaltung und Unterhaltung der Organisation, die Vernetzung usw können sehr kostenintensiv sein (näher dazu *Sieber/Vogel* S. 9). Terror-
organisationen sind daher erheblich auf die Generierung von Finanzmitteln angewiesen (*Paeffgen* in NK-StGB § 89 c Rn. 5). Diese generieren sie zum Teil aus
Spenden, überwiegend jedoch aus kriminellen Aktivitäten (Eigentums- und Er-
pressungsdelikte, Schmuggel), Wirtschaftstätigkeiten und Steuereinnahmen in den
besetzten Territorien (vgl. dazu *Sieber/Vogel* S. 10 ff.). Der Anteil von Spenden an
den Gesamteinnahmen dürfte zwar noch eher gering sein, es gibt aber Anhaltspunkte dafür, dass er in Zukunft stärker werden könnte (vgl. FATF Report „Financing of the Terrorist Organisation Islamic State in Iraq and the Levant", Februar
2015, S. 18). Vor diesem Hintergrund ist der Einsatz des Strafrechts zur Bekämpfung der Terrorismusfinanzierung durchaus plausibel und sinnvoll. § 89 c StGB richtet sich gegen die **finanzielle und personelle Ressourcenbeschaffung** durch
terroristische Gruppierungen. Dies kann ein wichtiges Element zur Verhinderung
terroristischer Straftaten darstellen (*Sieber/Vogel* S. 155). Diese Einschätzung befreit
den Gesetzgeber mitnichten davon, bei der Implementierung neuer Sanktionsnormen die rechtsstaatlichen Gewährleistungen und Errungenschaften zu beachten
(dazu → Rn. 11 ff.).

Mit der Herauslösung des Tatbestandes aus § 89 a StGB und seiner Implementie- 6
rung in § 89 c StGB ist eine deutliche **Expansion der Strafbarkeit verbunden**
(*Paeffgen* in NK-StGB § 89 c Rn. 1). § 89 a Abs. 2 Nr. 4 StGB aF bezog sich nur auf
die Finanzierung von den in § 89 a Abs. 1 S. 2 StGB genannten Straftaten (§§ 211,
212, 239 a, 239 b StGB). § 89 c StGB enthält nunmehr einen breiten und vielfältig
gestreuten Straftatenkatalog, der nicht nur Verbrechen, sondern auch bestimmte
Vergehen in Bezug nimmt (vgl. zB §§ 224, 303 b, 305 StGB). Außerdem erfasste der
ursprüngliche Tatbestand der Terrorismusfinanzierung lediglich das Sammeln,
Entgegennehmen und die Zurverfügungstellung von nicht *unerheblichen* Vermögenswerten (vgl. dazu *Gazeas/Grosse-Wilde/Kießling* NStZ 2009, 593 (599)). Die
Erheblichkeitsschwelle ist nunmehr entfallen. Damit wollte der Gesetzgeber
einer Forderung der Financial Action Task Force (FATF) nachkommen (BT-Drs.
18/4087, 1, 7). Diese hatte im Rahmen der Evaluierung der Effektivität der Bekämpfung der Terrorismusfinanzierung durch die Bundesrepublik Deutschland (ua)
nicht nur eine Ausweitung des Straftatenkatalogs und eine Erhöhung der Mindeststrafbarkeit für bestimmte Bereiche der Terrorismusfinanzierung, sondern auch
einen Verzicht auf die Erheblichkeitsschwelle gefordert (3RD FOLLOW-UP
REPORT, Mutual Evaluation of Germany, Juni 2014, S. 14 f., abrufbar unter:
http://www.fatf-gafi.org/media/fatf/documents/reports/mer/FUR-Germany-
2014.pdf, zuletzt abgerufen am 24. 9. 2017). Im Gegenzug zum Wegfall der Erheblichkeitsschwelle sieht § 89 c Abs. 5 StGB (minder schwerer Fall) nunmehr eine Straf-
rahmenprivilegierung vor, wonach der reguläre Strafrahmen für Straftaten nach
Abs. 1 und 2 (sechs Monate bis zehn Jahre) sich auf drei Monate bis fünf Jahre verschiebt, wenn die Vermögenswerte geringwertig sind. Dieser minder schwere Fall
dient der Wahrung des Verhältnismäßigkeitsgrundsatzes (BGH 7. 3. 2019 − AK
5/19, BeckRS 2019, 5425).

7 Mit der Tatbestandsverselbstständigung sind aber auch Restriktionen im Vergleich zur alten Rechtslage verbunden. Diese Restriktionen, die im Vergleich zum alten § 89a Abs. 2 Nr. 4 StGB vorgenommen wurden, betreffen den subjektiven Tatbestand. Zumindest nach dem Gesetzeswortlaut des inzwischen überholten § 89a Abs. 2 Nr. 4 StGB genügte stets und in jeder Hinsicht dolus eventualis bezüglich der Merkmale des objektiven Tatbestandes (zur verfassungskonformen Reduktion des subjektiven Tatbestandes des § 89a StGB vgl. BGHSt 59, 218 ff.). Auch um verfassungsrechtliche Unsicherheiten zu vermeiden, hat der Gesetzgeber bei der Implementierung des § 89c StGB Einschränkungen im Bereich des subjektiven Tatbestandes festgeschrieben (BT-Drs. 18/4087, 12); der Gesetzgeber ist damit Vorschlägen aus der Literatur gefolgt (vgl. *Paeffgen* in NK-StGB § 89c Rn. 11).

8 Die (vorverlagerte) Kriminalisierung der Terrorfinanzierung hat auch erhebliche **Konsequenzen für die Geldwäschestrafbarkeit.** Ihre eigenständige tatbestandliche Erfassung ermöglicht es, die dadurch hervorgebrachten Vermögenswerte zum Anknüpfungsgegenstand der Geldwäsche zu erheben. In Konsequenz dessen ist § 89c StGB in den Katalog der für die Geldwäsche tauglichen Vortaten aufgenommen worden (BGBl. 2015 I S. 926). Durch die Tathandlungen des § 89c Abs. 1 StGB werden legale Vermögenswerte schon relativ früh kontaminiert. Schon das Sammeln und Entgegennehmen von Vermögenswerten mit der Intention, dass diese für eine in § 89c Abs. 1 Nr. 1–8 StGB genannte Katalogtat verwendet werden, führt zur Inkriminierung im Sinne des Geldwäschetatbestandes (zum Herrühren aus der Vortat vgl. *El-Ghazi* → StGB § 261 Rn. 52 ff.). Die **strafrechtlichen Vorverlagerungstendenzen** im Bereich der Terrorismusbekämpfung (vgl. dazu *Zöller* GA 2016, 90 ff.) haben mithin gravierende Auswirkungen auf andere Tatbestände und führen auch dort zu einer mittelbaren Vorverlagerung der Strafbarkeit.

II. Rechtsgut und Deliktsnatur

9 § 89c StGB schützt – ebenso wie die §§ 89a und 89b StGB – den **Bestand und die Sicherheit des Staates (bzw. von internationalen Organisationen)** (*Schäfer* in MüKoStGB § 89c Rn. 2; OLG München 15.7.2015 – 7 St 7/14 (Rn. 604 juris), BeckRS 2015, 13419, zu § 89a StGB; aA wohl hM, die auch die Individualrechtsgüter als geschützt ansieht: vgl. *Gazeas* in AnwK-StGB § 89a Rn. 4; *von Heintschel-Heinegg* in BeckOK StGB § 89a Rn. 11; *Sternberg-Lieben* in Schönke/Schröder § 89a Rn. 1g; *Zöller* in SK-StGB § 89a Rn. 11; *Sieber* NStZ 2009, 353 (361); *Radtke/Steinsieck* ZIS 2008, 383 (387)). Dabei ist der Schutzauftrag nicht auf die Bundesrepublik Deutschland beschränkt. Zumindest grundsätzlich dient § 89c StGB dem Schutz sämtlicher (völkerrechtlich anerkannter) Staaten auf der Welt (BGHSt 62, 102 ff.; *Sternberg-Lieben* in Schönke/Schröder § 89a Rn. 5; zur Einbeziehung von Unrechtsregimen vgl. → Rn. 43a.). Aufgrund der terroristischen Zielrichtung der Tathandlung können Bestand und Sicherheit eines Staates durch Straftaten, die sich unmittelbar nur gegen Individualrechtsgüter richten, zusätzlich betroffen sein. Der Angriff auf Institutionen ist dabei auch die Zielrichtung von Terrorismus. Straftaten gegen Individualrechtsgüter sind dabei lediglich das Mittel zur Erreichung dieses Zwecks. Der Terrorismusbezug wird dabei durch Abs. 1 S. 2 hergestellt. Demnach ist notwendige Bedingung für die Anwendbarkeit des § 89c StGB, dass die in den Nr. 1–7 genannten Straftaten dazu bestimmt sind, „einen Staat oder eine internationale Organisation" erheblich zu schädigen. Bei Straftaten nach Abs. 1 S. 1 Nr. 8 folgt der Terrorismusbezug unmittelbar aus der in § 89a StGB enthaltenen „**Staatsschutzklausel**". Ohne eine (intendierte) Beeinträchtigung des Staates (bzw. von internationalen Organisationen) kann der Straftatbestand nicht einschlägig sein; dies spricht eindeutig dafür, dass es dem Gesetzgeber gerade um den Schutz des Bestandes und der Sicherheit des Staates ging. Zugunsten einer Rechtsgutsdetermination im Bereich der genannten Gemeinschaftsgüter spricht auch die systematische Stellung im Gesetz (Dritter Titel im Ersten Abschnitt des Besonderen Teils: „Gefährdung des demokratischen Rechtsstaates").

Bei § 89c Abs. 1 und 2 StGB handelt es sich um **Vorbereitungstatbestände** (vgl. 10 allgemein dazu *Mitsch* JURA 2013, 696ff.; zur Legitimation von Vorfelddelikten im Kontext der §§ 89a ff. StGB vgl. *Sieber* NStZ 2009, 353 (357f.)). Der objektive Tatbestand wird bereits durch Sammeln, Entgegennehmen oder Zurverfügungstellen von Vermögenswerten verwirklicht. Der Einsatz dieser Finanzmittel zur Begehung einer in den Nr. 1–8 genannten Straftat muss hingegen nur intendiert sein. In Bezug auf das geschützte Rechtsgut bedarf es damit **weder einer (konkreten) Gefährdung noch einer Verletzung**. Somit handelt es sich sowohl bei dem in Abs. 1 als auch bei dem in Abs. 2 niedergelegten Tatbestand um ein **abstraktes Gefährdungsdelikt** (*Schäfer* in MüKoStGB § 89c Rn. 3). Da des Weiteren neben den eigentlichen Tathandlungen kein eigenständiger, von der Tathandlung abgrenzbarer tatbestandlicher Erfolg vorausgesetzt wird, werden in § 89c StGB **reine Tätigkeitsdelikte** formuliert (zur Def. des Tätigkeitsdelikts *Rönnau* JuS 2010, 961 (962)).

III. Verfassungsrechtliche und strafrechtstheoretische Bedenken

§ 89c StGB ist im Grundsatz den gleichen Einwendungen ausgesetzt wie § 89a 11 StGB (*Paeffgen* in NK-StGB § 89c Rn. 1f.; zur Kritik an § 89a StGB vgl. *Pawlik* S. 34f.; *Gierhake* ZIS 2008, 397 (400ff.); *Becker* Kriminalistik 2010, 568f.; *Cancio Meliá* GA 2012, 1ff.; *Zaczyk* ZStW 2011, 691 (700); *Gazeas/Grosse-Wilde/Kießlin* NStZ 2009, 593ff.; *Hellfeld* S. 285ff.; *Kauffmann* JURA 2011, 257ff.; *Mertens* S. 208ff.; *Petzsche* S. 447ff.; *Radtke/Steinsiek* JR 2010, 107ff.; *Valerius* GA 2011, 696ff.; *Zöller* S. 562ff.; *Zöller* GA 2010, 607 (614ff.)). In Bezug auf § 89a StGB werden Einwände insbesondere mit Blick auf die Vereinbarkeit mit dem **Tatstrafrecht**, dem **Schuldgrundsatz** und dem Grundsatz der **Verhältnismäßigkeit** erhoben. Der 3. Strafsenat am Bundesgerichtshof hat bei § 89a Abs. 1 StGB zum Teil eine **verfassungskonforme Reduktion** des subjektiven Tatbestandes für notwendig erachtet, im Übrigen aber die Bedenken aus der Literatur im Ergebnis zurückgewiesen (BGHSt 59, 218 = NJW 2014, 3459; dazu *Petzschke* HRRS 2015, 33ff.; krit. *Mitsch* NJW 2015, 209ff.; für Verfassungskonformität vgl. auch OLG Karlsruhe StV 2012, 348 (349); *Griesbaum/Walenta* NStZ 2013, 369 (372); *Bader* NJW 2009, 2853 (2854ff.); *Wasser/Piaszek* DRiZ 2008, 315 (319); *Hungerhoff* S. 37ff.; *Kauffmann* S. 147ff.). Auch er musste aber konzedieren, „dass § 89a StGB auch Verhaltensweisen unter Strafe stellt, die von einer Verletzung oder auch nur konkreten Gefährdung der vom Gesetzgeber durch die Norm unter Schutz gestellten Rechtsgüter derart weit entfernt sind, dass ihre Pönalisierung – auch unter Berücksichtigung des Gewichts der Schutzgüter – die Grenze dessen erreicht, was unter verfassungsrechtlichen Aspekten noch als verhältnismäßig anzusehen ist" (so BGH NJW 2014, 3459 (3465)). Außerdem erfasse § 89a StGB in Teilen auch „neutrale objektive Verhaltensweisen, die für sich genommen unverdächtig sowie sozialadäquat sind". Die Strafbarkeit werde in diesen Fällen vor allem durch die „auf irgendeine Weise manifest gewordenen Intention des Täters" konstituiert (so BGH NJW 2014, 3459 (3465)). Der Grundsatz der Verhältnismäßigkeit gebiete es daher, „die Vorschrift dahin einschränkend auszulegen, dass der Täter bei der Vornahme der in § 89a Abs. 2 StGB normierten Vorbereitungshandlungen zur Begehung der schweren staatsgefährdenden Gewalttat bereits fest entschlossen sein" müsse (BGH NJW 2014, 3459 Ls.). Der **3. Strafsenat hat im Jahr 2017** auch den durch das GVVG-ÄndG 2015 in Kraft getretenen § 89a Abs. 2a StGB (Ausreisetatbestand) als verfassungskonform angesehen (BGHSt 62, 102ff.), obwohl dieser Tatbestand faktisch den „**Versuch der Vorbereitung zur Vorbereitung** einer in § 89a Abs. 1 StGB" genannten Straftat unter Strafe stellt. Dennoch vermochte der Senat keinen Verstoß gegen das Übermaßverbot, gegen den Schuldgrundsatz oder das Tatstrafrechtspostulat zu erblicken (BGH 6.4.2017 – 3 StR 326/16 Rn. 33 (juris), BeckRS 2017, 119851). Den Bedenken aus der Literatur (vgl. *Puschke* StV 2015, 457 (459ff., 462); *Biehl* JR 2015, 561 (569)) habe der Gesetzgeber durch das Erfordernis der **doppelten Absicht** nach § 89a Abs. 2a StGB Rechnung getragen (BGH 6.4.2017 – 3 StR 326/16 Rn. 35 (juris), BeckRS 2017, 119851).

12 Mit Blick auf die Rechtsprechung des 3. Senats zu § 89a StGB steht nicht zu erwarten, dass der Bundesgerichtshof die Bedenken aus der Literatur bei § 89c StGB für durchgreifend erachten wird. Dies gilt gerade mit Blick darauf, dass der Gesetzgeber bei der Schaffung des Tatbestandes die Erwägungen aus BGHSt 59, 218ff., insofern aufgegriffen hat, als dass der Täter des § 89c StGB hinsichtlich der Verwendung der betreffenden Vermögenswerte für die in den Nr. 1–8 genannten Katalogtaten mit mindestens dolus directus 2. Grades handeln muss. Hiermit wollte der Gesetzgeber den Unsicherheiten begegnen, die sich durch die im Ansatz kritische Rechtsprechung des 3. Senats ergeben hatten (vgl. BT-Drs. 18/4087, 12; zum Entwurf vgl. bereits *Sieber/Vogel* S. 154f.).

13 Dennoch darf nicht übersehen werden, dass sich die „**Vorverlagerungsproblematik**" mit der Schaffung des neuen § 89c StGB zum Teil **noch weiter verschärft** hat. Dadurch, dass auch § 89a Abs. 2a StGB selbst in den Katalog des § 89c StGB aufgenommen worden ist (vgl. Nr. 8), kann es nunmehr zu einer Strafbarkeit der „**versuchten Beihilfe zum Versuch der Vorbereitung zur Vorbereitung**" kommen. Durch die Inbezugnahme des § 89a Abs. 2a StGB wurde die Strafbarkeit des Gehilfen deutlich weiter vorverlagert. Dass das Gesetz diese Form der versuchten Beihilfe zu einer vollendeten Täterschaft „verselbständigt" hat, ändert nichts an der Kollision mit dem Grundsatz der Verhältnismäßigkeit und dem (noch) geltenden Postulat eines Tatstrafrechts.

14 Es bleibt abzuwarten, wie sich das Bundesverfassungsgericht zu der Frage der Verfassungsmäßigkeit des § 89a StGB bzw. des § 89c StGB und den **Wechselbeziehungen zwischen diesen beiden Tatbeständen** verhalten wird. Zweifelhaft bleibt insbesondere, ob es tatsächlich genügen kann, den Einwänden in Bezug auf das Tatstrafrechtspostulat auf der Ebene des subjektiven Tatbestandes zu genügen. Das Verlangen nach einer stärkeren Gesinnung dürfte nicht geeignet sein, ein Fehlen auf der objektiven Unrechtsseite zu kompensieren. Unabhängig vom Diskurs um die Verfassungsmäßigkeit der §§ 89a ff. StGB sollte den – zumindest verfassungsrechtlich bedenklichen – Vorverlagerungstendenzen des Gesetzgebers durch **restriktive Auslegung** der einzelnen Tatbestandsmerkmale Rechnung getragen werden. Denn die Extension der einzelnen Merkmale entscheidet über die Reichweite der Vorverlagerung – diese muss, soweit möglich, gering gehalten werden.

IV. Tatbestände, Abs. 1 und 2

§ 89 c StGB enthält zwei Straftatbestände. Zu unterscheiden sind die **Fremdbe-** 15
gehungs- und die Selbstbegehungsalternative. Die Fremdbegehungsalternative nach § 89 c Abs. 1 StGB erfüllt, wer Vermögenswerte sammelt, entgegennimmt oder zur Verfügung stellt mit dem Wissen oder in der Absicht, dass diese von einer anderen Person zur Begehung einer in den Nr. 1–8 genannten Straftat verwendet werden sollen. In objektiver Hinsicht wollte sich der Gesetzgeber mit dieser Regelung an die im Jahre 2003 in das Schweizer Strafrecht eingeführte Regelung Art. 260^{quinquies} des Schweizerischen Strafgesetzbuches zur Finanzierung des Terrorismus orientieren (BT-Drs. 16/12428, 15). Die Übereinstimmungen sind aber bei weitem nicht so groß, wie der Hinweis in den Gesetzgebungsmaterialien dies vermittelt (dazu *Petzsche* S. 159). In der **Selbstbegehungsalternative** nach Abs. 2 hingegen nimmt der Täter eine der vorgenannten Tathandlungen vor, um selbst eine Katalogtat zu begehen. Beide Tatbestände stehen unter dem Vorbehalt der in Abs. 1 S. 2 formulierten **„Terrorismusbezugsklausel".** Die ist an § 129a Abs. 2 StGB angelehnt (vgl. dazu *Schäfer* in MüKoStGB § 89c Rn. 17). Eine Ausnahme gilt diesbezüglich, wenn die intendierte Straftat eine solche nach Nr. 8 ist.

In objektiver Hinsicht formulieren Abs. 1 und Abs. 2 damit aber weitgehend **ru-** 16
dimentäre Unrechtstatbestände. Der Schwerpunkt des Unrechtsvorwurfs wird erst durch den subjektiven Tatbestand generiert. Es handelt sich um ein Delikt mit (deutlich) überschießender Innentendenz.

1. Objektiver Tatbestand, Abs. 1 und 2

Als Tathandlungen für Abs. 1 und Abs. 2 kommen das **Sammeln,** das **Ent-** 17
gegennehmen und das **Zurverfügungstellen** von **Vermögenswerten** in Betracht. Damit unterscheiden sich die Fremdbegehungs- und die Selbstbegehungsalternative nur in subjektiver Hinsicht. Was den objektiven Tatbestand anbelangt, sind die beiden eigenständigen Tatbestände hingegen identisch.

a) Vermögenswerte. Die Tathandlung muss sich jeweils auf **Vermögens-** 18
werte beziehen. Ob diese Vermögenswerte (vom Ausmaß her) erheblich oder unerheblich sind, ist mit in Kraft treten des § 89c StGB nunmehr tatbestandlich ohne Belang, vgl. aber Abs. 6, der eine Milderung oder ein Absehen von Strafe zulässt. Als Vermögenswerte werden – in Anlehnung an die Gesetzesbegründung (BT-Drs. 16/12428, 15) – **neben Geld auch alle sonstigen beweglichen und unbeweglichen Sachen sowie Rechte** (zB Forderungen) angesehen, die einen wirtschaftlichen Wert aufweisen (vgl. dazu auch *Schäfer* in MüKoStGB § 89c Rn. 12; *Fischer* § 89c Rn. 3; *von Heintschel-Heinegg* in BeckOK StGB § 89c Rn. 8; *Sieber/Vogel* S. 79). Der Gesetzgeber wollte mit dem Begriff „Vermögenswerte" (wohl) alle Gegenstände erfasst wissen, die unter den in **§ 261 Abs. 1 S. 1 StGB verwendeten Begriff „Gegenstand"** subsumiert werden. Nicht ohne Grund verweist die Gesetzesbegründung auf die amtliche Überschrift von § 261 StGB, in der auch der Begriff „Vermögenswerte" Verwendung findet (BT-Drs. 16/12428, 15, vgl. auch § 263 Abs. 3 Nr. 2 StGB). Mithin kann hier im Wesentlichen auf die Ausführungen zu § 261 StGB verwiesen werden (vgl. dazu *El-Ghazi* → StGB § 261 Rn. 34). Hingewiesen sei hier jedoch darauf, dass es bei § 89c StGB auf keinen Fall darauf ankommen kann, ob der jeweilige Vermögenswert **rechtlich geschützt ist oder**

nicht (zu § 261 StGB vgl. *Voß* S. 18 f.; *Altenhain* in NK-StGB § 261 Rn. 27; vgl. aber auch *von Lampe* JZ 1994, 123 (126 f.)). Hierauf kann es schon deshalb nicht ankommen, weil § 89 c StGB **kein Vermögensschutzdelikt** darstellt und die Vermögenswerte materiell betrachtet nicht das Tatobjekt, sondern das Tatmittel sind; auf die rechtliche Schutzwürdigkeit des „Tatmittels" kommt es nicht an. Aufbauend auf der Rechtsprechung zum wirtschaftlichen Vermögensbegriff partizipieren Vermögenswerte im Sinne von § 89 c StGB sogar am Schutz durch die Vermögensdelikte wie §§ 263, 253, 255, 266 StGB (vgl. so BGH NStZ-RR 2018, 221 (223), für § 263 StGB; zustimmend *Li* NZWiSt 2019, 405 (410); krit. *Wachter* StV 2019, 87 f.; *Jahn* JuS 2018, 719 (721)).

19   Neben Geld (Bargeld, Buchgeld) kann so gut wie jeder Gegenstand als Vermögenswert iSd § 89 c StGB angesehen werden (**Scheck, Schmuck, Kunstgegenstände, Antiquitäten, Kraftfahrzeuge, Sprengstoff, Waffen, Mobiltelefone, Kleidung,** etc, vgl. *Schäfer* in MüKoStGB § 89 c Rn. 12; *Fischer* § 89 c Rn. 3, vgl. auch BGH 7.3.2019 − AK 5/19, BeckRS 2019, 5425). Ein Gegenstand, der den präsumtiven Täter der Katalogtat in vermögenswerter Hinsicht besserstellt, sei es auch nur dadurch, dass sich dieser **Ausgaben erspart,** erfüllt die vorgenannten Voraussetzungen.

20   **b) Sammeln.** Vermögenswerte sammelt, wer **zielgerichtet auf Dritte einwirkt, um die Überlassung von Vermögenswerten zu erreichen.** Zur Tätigkeit des Sammelns zählen auch die Erhaltung und das vorübergehende Aufbewahren der erlangten Vermögenswerte (*Kauffmann* S. 91). In der Literatur finden sich eine Vielzahl an Definitionen, die sich zwar in der Formulierung, aber inhaltlich wenig unterscheiden (vgl. zB *Sternberg-Lieben* in Schönke/Schröder § 89 c Rn. 3; *Gazeas* in AnwK-StGB § 89 a Rn. 55; *Schäfer* in MüKoStGB § 89 c Rn. 5; *Zöller* S. 574; *Kauffmann* S. 91). Prägend für ein solches Einsammeln ist eben, dass die Initiative vom präsumtiven Täter und eben nicht von dem Dritten ausgeht.

21   Die hier verwendete Definition berücksichtigt bereits, dass ein Sammeln iSd § 89 c StGB lediglich das Einsammeln und eben **nicht das bloße Ansammeln (Ansparen)** von Vermögenswerten meinen kann (so aber die hM *Sieber* NStZ 2009, 353 (360); *Gazeas/Grosse-Wilde/Kießling* NStZ 2009, 593 (599); *Paeffgen* in NK-StGB § 89 c Rn. 7; *Gazeas* in AnwK-StGB § 89 c Rn. 5; *Sternberg-Lieben* in Schönke/Schröder § 89 c Rn. 3; *Sieber/Vogel* S. 77; *Petzsche* S. 160; aA *Schäfer* in MüKoStGB § 89 c Rn. 8; *von Heintschel-Heinegg* in BeckOK-StGB § 89 c Rn. 5; *Kubiciel* S. 254). Die Herausnahme des Ansammelns aus dem Tatbestand ist das Resultat einer teleologischen bzw. verfassungskonformen Auslegung (vgl. *Gazeas* in AnwK-StGB § 89 c Rn. 5; *Sieber* NStZ 2009, 353 (360), die ergänzend auf die englischsprachige Fassung der UN-Resolution verweist; *Paeffgen* in NK-StGB § 89 c Rn. 7). Andernfalls könnte bereits die bloße (Um-)Widmung von zuvor angespartem Geld zur Verwendung für eine Katalogtat und somit zur Verwirklichung des Tatbestandes führen, was eine noch weitere Annäherung an ein Gesinnungsstrafrecht zur Folge hätte (*Paeffgen* in NK-StGB § 89 c Rn. 7). Ein restriktives Verständnis dient damit der Verwirklichung der oben formulierten Forderung nach einer engen Interpretation jedes einzelnen Tatbestandsmerkmals, um verfassungsrechtliche Konflikte zu vermeiden. Aber auch aus teleologischen Gründen ist eine eingeschränkte Interpretation sinnvoll und geboten. Aufgrund der Interaktion mit Dritten sind die von einem Einsammeln ausgehenden abstrakten Gefahren für das Rechtsgut deutlich größer als die, die von einem Ansammeln ausgehen. Die **Interaktion mit einem Dritten steigert das Gefährdungspotenzial** (zur Rechtfer-

tigung des § 30 StGB vgl. *Hoyer* in SK-StGB § 30 Rn. 11; *Murmann* in SSW StGB § 30 Rn. 1; *Bloy* JR 1992, 493 (495); *Geppert* JURA 1997, 546 (547)). Wer an einen Dritten herantritt und um Spenden nachsucht, könnte sich verpflichtet sehen, mit dem Geld im Sinne des Spenders zu verfahren. Andernfalls könnte er als wortbrüchig dastehen (zu § 30 StGB *Hoyer* in SK-StGB § 30 Rn. 11). Das kommunikative Zusammenwirken kann mithin zu einer vom Sammelnden empfundenen Bindung an die getroffene Abmachung führen (zu § 30 StGB vgl. *Heine/Weißer* in Schönke/Schröder § 30 Rn. 1). Die Wahrscheinlichkeit, dass die zu einem bestimmten Zweck von einem Dritten eingesammelten Vermögenswerte ihr Ziel finden, wird dadurch erhöht. **Im Falle des Ansammelns fehlt es an einer solchen Interaktion mit einem Dritten,** die den Sammelnden zu einem Festhalten an seiner Entscheidung bewegen könnte, obwohl er Zweifel an dieser hegt. Der Ansammelnde muss sich gegenüber niemandem rechtfertigen, wenn er das selbst angesparte Geld von einer kriminellen Zwecksetzung entwidmet. Insofern lässt sich eine unterschiedliche Behandlung von Ein- und Ansammeln mit Blick auf das Gefährdungspotenzial der jeweiligen Tathandlung rechtfertigen.

Aus den vorgenannten Gründen ist auch das **erfolglose Einfordern** von Vermögenswerten aus dem Tatbestand auszuschließen (vgl. *Zöller* in SK-StGB § 89c Rn. 14; *Gazeas* in AnwK-StGB § 89c Rn. 5 *Sternberg-Lieben* in Schönke/Schröder § 89c Rn. 3 *Haverkamp* S. 381, 394, Rn. 87; *Sieber/Vogel* S. 77; aA *Schäfer* in MüKoStGB § 89c Rn. 8), obwohl der Wortlaut die Einbeziehung (wohl) zuließe (aA *Sieber/Vogel* S. 77). Ohne den Tatererfolg des Einsammelns ginge die abstrakte Gefahr für das Schutzgut allein von der Intention des Täters aus. Es fehlt an einem objektiven Anknüpfungspunkt für die Begründung einer **objektiven abstrakten Gefahr.** Außerdem würde ein extensives Verständnis zu einer deutlichen Vorverlagerung führen, die in Anbetracht der ohnehin schon bedenklichen Reichweite des Tatbestandes vermieden werden muss (*Sieber/Vogel* S. 77). 22

c) Entgegennehmen. In Abgrenzung zum Sammeln nimmt Vermögenswerte entgegen, wer diese in **Empfang nimmt, ohne zuvor einen Dritten zu einer Vermögensspende aufgefordert zu haben** (so *Schäfer* in MüKoStGB § 89c Rn. 9). Die Initiative geht hier mithin nicht von dem präsumtiven Täter des § 89c StGB aus, sondern von dem Spender oder von einer anderen Person. Für die Entgegennahme muss es zu einer tatsächlichen Inobhutnahme der Vermögenswerte kommen (*Güntge* in SSW StGB § 89c Rn. 2). Der Täter hat mithin **Besitz über die Vermögenswerte** erlangt (*Schäfer* in MüKoStGB § 89c Rn. 9). Von dieser Tathandlungsalternative werden vor allem Bargeld-Kuriere (einschränkend aber *Paeffgen* in NK-StGB § 89c Rn. 8) und andere Mittelspersonen umfasst (*Gazeas* in AnwK-StGB § 89c Rn. 6; *Sieber/Vogel* S. 78), wobei der Bote aber eben nicht bloß Besitzdiener bzw. Mittelsmann eines anderen sein darf; hier liegt nur Teilnahme an der Terrorismusfinanzierung eines Dritten vor. Für eine Entgegennahme reicht der Eingang von Buchgeld auf dem Bankkonto (*Zöller* S. 574; *Gazeas* in AnwK-StGB § 89c Rn. 6). 23

d) Zur Verfügung stellen. Von einem Zurverfügungstellen ist auszugehen, wenn die **Vermögenswerte an einen Dritten (ohne angemessene Gegenleistung) überlassen werden,** so dass dieser die Verfügungsmacht über diese erlangt (ohne Einschränkung auf Gegenleistungsfreiheit: *Schäfer* in MüKoStGB § 89c Rn. 10; *Zöller* in SK-StGB § 89c Rn. 16 *Gazeas* in AnwK-StGB § 89c Rn. 7). Von dieser Tathandlungsvariante wird damit derjenige erfasst, der dem Sammler oder dem Entgegennehmenden die **Vermögenswerte überlässt.** Eine solche Tathand- 24

§ 89c StGB

lung liegt zB vor, wenn Geld oder andere werthaltige Gegenstände (mittelbar) dem präsumtiven Täter der Katalogtat überlassen bzw. überwiesen werden. Die Zurverfügungstellung kann dabei auch an einen Mittelsmann erfolgen (*Sieber/Vogel* S. 79). Zum Teil wird aber verlangt, dass die Vermögenswerte den Endadressaten tatsächlich erreichen (*Sieber/Vogel* S. 79); diese Einschränkung findet im Wortlaut keine Stütze und widerspricht auch der Systematik (im Vergleich zum Sammeln und Entgegennehmen). Die Einschränkung müsste dann für alle Tathandlungsvarianten gefordert werden.

25 Zwar wird die Tathandlung **„zur Verfügung stellen"** auch im Selbstbegehungstatbestand des § 89c Abs. 2 StGB gebraucht; es ist aber bereits **terminologisch ausgeschlossen, dass sich jemand selbst Vermögenswerte zur Verfügung stellt,** um damit eine Katalogtat im Sinne der Nr. 1–8 zu begehen. Die Verwendung eigener Vermögenswerte für eine Katalogtat ist vielmehr ein Fall der bloßen Umwidmung eines bereits vorhandenen Vermögenswertes zu kriminellen Zwecken. Die Erfassung einer solchen Umwidmung würde an die Grenzen des Tatstrafrechts stoßen. Eine Zurverfügungstellung setzt mithin voraus, dass der Besitz an der Sache wechselt.

26 Von einem Zurverfügungstellen kann nur ausgegangen werden, wenn die **Überlassung (teilweise) unentgeltlich, also ohne angemessene Gegenleistung,** erfolgt. Wer dem späteren Katalogtäter eine Waffe, Sprengstoffe oder andere Tatmittel verkauft, der unterstützt zwar die spätere Katalogtat, aber eben nicht in der Art und Weise, wie sie phänomenologisch von § 89c StGB (Terrorismus**finanzierung**) erfasst sein sollte. Es handelt sich gerade nicht um eine **Unterstützung durch Finanzierung,** sondern um eine andere Art der Unterstützung. § 89c StGB möchte den Terrororganisationen jedoch den „wirtschaftlichen Nährboden" entziehen (BT-Drs. 18/4087, 1). Der Verkauf vermögenswerter Gegenstände an potenzielle Katalogtäter verbessert aber mitnichten deren wirtschaftliche Situation, solange dieser eine marktangemessene Gegenleistung dafür zu erbringen hat. Durch Verkauf von bestimmten Gegenständen wird eine terroristische Gruppierung gerade nicht in vermögenswerter Hinsicht gefördert. Die überlassenen Vermögenswerte werden dem potenziell terroristischen Täter in Form des Kaufpreises wieder entzogen. Die entgeltliche Überlassung von (bestimmten) Vermögenswerten wird dem Grunde nach von **§ 89a Abs. 2 Nr. 2 StGB** erfasst. Die dort genannten Voraussetzungen würden unterlaufen, wenn man den Verkauf irgendeines Vermögenswertes an einen Terroristen (bzw. Mittelsmann) für die Verwirklichung von § 89c StGB genügen ließe. Für ein enges Verständnis sprechen neben der amtlichen Überschrift des § 89c StGB auch die Gesetzesbegründung und die Systematik. Der Begriff „Zurverfügungstellen" impliziert, wenn man vergleichend den in § 89a Abs. 2 Nr. 2 StGB verwendeten Begriff des Überlassens heranzieht, die Unentgeltlichkeit der Besitzübertragung. Es muss einen Grund dafür geben, dass der Gesetzgeber bei § 89a Abs. 2 Nr. 2 StGB und § 89c StGB unterschiedliche Begriffe gebraucht. **Der Verkauf ist kein Unterfall, sondern etwas anderes als die Zurverfügungstellung.**

27 Durch die Reduktion erledigt sich auch weitgehend die Problematik um sog. **Alltagsgeschäfte,** die bereits nach dem Willen des Gesetzgebers aus dem Tatbestand auszuschließen sind (vgl. dazu *Schäfer* in MüKoStGB § 89c Rn. 11; *Zöller* in SK-StGB § 89c Rn. 15). Schon nach der Gesetzesbegründung sollten „alltägliche Vermögenszuflüsse, die einer Rechtspflicht entsprechen, wie etwa laufende Gehaltszahlungen" nicht von § 89c StGB erfasst sein (BT-Drs. 18/4087, 11). Hier sei „bereits beim Zuwendenden auf Tatbestandsebene ein „Zurverfügungstellen"

nicht gegeben [...], da die auf einer Rechtspflicht beruhende Zahlung nicht freiwillig erfolgt, sondern rechtlich geschuldet ist" (BT-Drs. 18/4087, 11). In solchen Fällen sei auch eine Entgegennahme zu verneinen, da hier ein Anspruch besteht, der unabhängig von einer Verwendungsabsicht des Empfängers sei (BT-Drs. 18/4087, 11). Aufgrund des weiten Wortlautes plädiert die Literatur für eine teleologische Reduktion (*Zöller* in SK-StGB § 89c Rn. 15).

2. Subjektiver Tatbestand, Abs. 1 und Abs. 2

Der Unrechtsgehalt des § 89c StGB schöpft sich integral aus dem subjektiven Tatbestand. Neben dem **allgemeinen Vorsatz** hinsichtlich des (unterminierten) objektiven Tatbestandes verlangt der subjektive Tatbestand mehrere, den objektiven Tatbestand **übersteigende subjektive Voraussetzungen**. 28

a) Vorsatz bezüglich der eigenen Tathandlung. Bezüglich des objektiven Tatbestandes muss der Täter mit bedingtem Vorsatz handeln (vgl. *Paeffgen* in NK-StGB § 89c Rn. 11). **Demnach genügt dolus eventualis** hinsichtlich der eigenen Tathandlung, die im Sammeln, Entgegennehmen oder Zurverfügungstellen von Vermögenswerten besteht. Im Falle des Sammelns spielt der bedingte Vorsatz keine Rolle, da ein solches Sammeln ein zweckgerichtetes Verhalten erfordert (so *Sieber/Vogel* S. 80; *Gazeas* in AnwK-StGB § 89c Rn. 11). 29

b) Dolus directus hinsichtlich einer Katalogtat nach Abs. 1 Nr. 1–8. Der Täter muss daneben **die Verwendung der Vermögenswerte für eine bestimmte terroristische Tat im Sinne der Nr. 1–8 intendieren**. Mit Blick auf die Kritik aus der Literatur (vgl. → Rn. 11) und der Rechtsprechung (insbes. BGHSt 59, 218ff.) hat sich der Gesetzgeber dazu entschlossen (BT-Drs. 18/4087, 11f.), für die Verwirklichung der Fremdbegehungsalternative des Abs. 1 vorauszusetzen, dass der Täter bezüglich der Verwendung der Vermögenswerte für eine Katalogtat **mit Wissen oder mit Absicht** handelt. Es genügt mithin nicht, wenn der Spender es nur für möglich hält oder gar hofft, dass die Vermögenswerte für eine terroristische Tat verwendet werden könnten. Er muss dies mindestens wissen; dies setzt aber voraus, dass der finanzielle „Unterstützer" von einem festen Entschluss des präsumtiven Täters der Katalogtat ausgeht. 30

Für die Selbstbegehungsalternative **verlangt Abs. 2 sogar die Absicht,** dass die entsprechenden Vermögenswerte zur Begehung der eigenen Tat verwendet werden sollen (so BT-Drs. 18/4087, 12). Mit der Herauslösung des Finanzierungstatbestandes aus § 89a Abs. 2 Nr. 4 StGB aF hat sich damit auch die Diskussion darüber erledigt, ob die in der Rechtsprechung geforderten Einschränkungen auch für Nr. 4 Geltung beanspruchten (*Schäfer* in MüKoStGB § 89c Rn. 15). 31

Die vom dolus directus getragene Katalogtat muss dabei **weder vollendet noch versucht** sein; sie muss noch nicht einmal das Stadium der Vorbereitung erreicht haben. Es genügt, dass der Katalogtäter die Verwendung der Vermögenswerte für eine solche Tat plant und die Planung soweit vorgeschritten ist, dass das Vorhaben unter eine der Nr. 1–8 subsumiert werden kann. 32

Der Katalog des § 89c Abs. 1 StGB ist angelehnt an § 129a Abs. 1 und 2 StGB (*Schäfer* in MüKoStGB § 89c Rn. 16), geht aber über die dort formulierten Kataloge hinaus. So nennt § 89c Abs. 1 S. 1 Nr. 1 auch die gefährliche Körperverletzung nach § 224 StGB und die einfache Körperverletzung, die einem anderen Menschen schwere körperliche oder seelische Schäden, insbesondere der in § 226 StGB bezeichneten Art, zufügt (so aber auch § 129a Abs. 2 S. 1 Nr. 1 StGB). Dane- 33 ben greift Nr. 7 den unerlaubten Umgang mit radioaktiven Stoffen und anderen gefährlichen Stoffen und Gütern nach § 328 Abs. 1 oder 2 StGB sowie die Vorbereitung eines Explosions- oder Strahlungsverbrechens nach § 310 Abs. 1 oder 2 StGB auf. Mit der Aufnahme der in Nr. 7 aufgeführten Taten wollte der Gesetzgeber auch die Finanzierung von Straftaten nach dem durch Art. 2 Abs. 1 des Terrorismusfinanzierungsübereinkommens in Bezug genommenen Übereinkommen über den physischen Schutz von Kernmaterial vom 26.10.1979 (BGBl. 1990 II S. 326) erfasst wissen. Nr. 8 greift § 89a Abs. 2a StGB auf und dient der Umsetzung von Nr. 6 Buchst. b der Resolution 2178 (2014) des Sicherheitsrates der Vereinten Nationen vom 24.9.2014 (so BT-Drs. 18/4087, 11). Wie bereits ausgeführt, bedeutet die Aufnahme des § 89a Abs. 2a StGB in den Katalog des § 89c StGB eine sehr weitreichende Vorverlagerung der Strafbarkeit. Bereits der Versuch der finanziellen Unterstützung einer Ausreise, mithin die versuchte Beihilfe zur versuchten Vorbereitung einer Vorbereitung, wird kriminalisiert.

34 c) **Vorsatz bezüglich der** *Verwendung* **zur Begehung einer Katalogtat.** Darüber hinaus ist notwendig, dass sich das Wissen oder die Absicht des Spenders auch auf die Verwendung der Vermögenswerte **für die Katalogtat** bezieht. Der Verwendungszusammenhang ist damit **rein subjektiver Natur** und allein aus Sicht des Spenders zu betrachten. Ob der (potenzielle) Empfänger der Vermögenswerte tatsächlich eine Verwendung der Mittel für eine Katalogtat beabsichtigt, ist hingegen unerheblich. Insofern wird auch der untaugliche Versuch der finanziellen Unterstützung einer terroristischen Tat von Abs. 1 als vollendete Tat erfasst.

35 Der **Verwendungszusammenhang** besteht, wenn der Spender weiß oder bezweckt, dass die von ihm gesammelten, entgegengenommenen oder zur Verfügung gestellten Vermögenswerte **zur Begehung einer Straftat** nach den Nr. 1–8 **eingesetzt** werden sollen. Ob der Vermögensgegenstand unmittelbar bei der Katalogtat eingesetzt werden muss, um den Verwendungszusammenhang zu begründen, ist noch näher zu beleuchten. Der Wortlaut spricht dagegen (**zur** Begehung einer Tat verwendet; nicht **bei** der Tat verwendet). Würde man auf Grund der verfassungsrechtlich bedenklichen Vorverlagerung der Strafbarkeit auf einen strengen Unmittelbarkeitszusammenhang insistieren, so würde der Wille des Gesetzgebers wohl weitestgehend unterlaufen werden. Nicht einmal der „Paradefall", in dem jemand dem späteren Katalogtäter Bargeld überlässt, damit dieser die spätere Tatwaffe erwerben kann, würde vom Tatbestand des § 89c StGB erfasst. In diesem Fall wäre das Bargeld **nicht unmittelbar, sondern eben nur mittelbar** bei der Tat verwendet worden. Auch wenn man eine mittelbare Verwendung genügen lassen möchte, wäre doch zu verlangen, dass der jeweilige Vermögenswert (nach der Intention des Spenders) letztlich der eigentlichen Tat zugutekommen soll, in dem diese in der Planungs-, Vorbereitungs-, Versuchs- oder Vollendungsphase durch Zurverfügungstellung eines bestimmten Vermögenswertes unterstützt wird und diese Unterstützung in die eigentliche Tat fortwirkt. **Der Vermögenswert muss damit unmittelbar oder mittelbar (als Surrogat) bei der Tat (Versuch und Vollendung) zur Verwendung gelangen.**

36 Dies ist **ohne Weiteres anzunehmen,** wenn der Spender die Tatwaffe zur Verfügung stellt, aber auch dann, wenn er Vermögenswerte übergibt, mit denen Tatmittel oder -werkzeuge, wie beispielsweise Schusswaffen, Sprengstoff oder sonstige zur Begehung der Straftat erforderliche Hilfsmittel, beschafft werden sollen. Die Vermögenswerte kommen mittelbar in Form der Tatmittel zur Verwendung. Dies ist auch anzunehmen, wenn die Vermögenswerte zB für die Finanzierung einer

Kampfausbildung des Katalogtäters eingesetzt werden sollen. In Form der verbesserten Kampffähigkeiten kommen die Vermögenswerte der eigentlichen Tat (mittelbar) zugute.

Der (vorgestellte) Verwendungszusammenhang **fehlt hingegen,** wenn der 37 Spender durch seine Unterstützung lediglich den Lebensunterhalt sichern möchte (*Sternberg-Lieben* in Schönke/Schröder § 89a Rn. 16). Solche Vermögenswerte, die die anschlagsbereite Person für ihren Lebensunterhalt verbraucht, finden auch keine mittelbare Verwendung bei der Tat. Außerdem wird auch die allgemeine finanzielle Unterstützung von terroristischen Organisationen nicht von § 89 c StGB erfasst. Durch die Formulierung „zur Begehung" wollte der Gesetzgeber „**allgemeine finanzielle Aktivitäten,** die noch keinen konkreten Bezug zur Begehung einer schweren staatsgefährdenden Gewalttat aufweisen", aus dem Tatbestand ausschließen (so BT-Drs. 16/12428, 15). Allein die finanzielle Unterstützung einer als terroristisch eingestuften Organisation bedeutet noch keine Unterstützung einer konkreten Katalogtat, auch wenn die Mitglieder dieser Organisation Anschläge begehen. Die allgemeine Unterstützung terroristischer Organisationen kann hingegen von §§ 129a (Abs. 5), 129b StGB erfasst sein.

d) Terrorismusbezug der vorgestellten Katalogtat, Abs. 1 S. 2. Es genügt 38 nicht, dass die Vermögenswerte zur Begehung einer im Katalog aufgeführten Straftat verwendet werden sollen. Abs. 1 S. 2 verlangt für die Nr. 1–7 darüber hinaus, dass die intendierten Straftaten eine **besondere Bestimmung** und **Eignung** aufweisen müssen (ausführlich *Hawickhorst* S. 110 ff.; *Zöller* S. 136 ff., beide zu § 129a StGB). Eine vergleichbare Einschränkung folgt bei Nr. 8 bereits aus dem dort aufgegriffenen §§ 89a Abs. 2a iVm 89a Abs. 1 S. 2 StGB (vgl. BT-Drs. 18/4087, 11; *Biehl* JR 2015, 561 (564)). Durch Abs. 1 S. 2 wird damit ein bestimmter **Terrorismusbezug** vorausgesetzt. Dieser Bezug ist zweiaktig zu prüfen und liegt vor, wenn eine der in den Nr. 1–7 genannten Straftaten **(erstens)** dazu bestimmt ist, „die Bevölkerung auf erhebliche Weise einzuschüchtern, eine Behörde oder eine internationale Organisation rechtswidrig mit Gewalt oder durch Drohung mit Gewalt zu nötigen oder die politischen, verfassungsrechtlichen, wirtschaftlichen oder sozialen Grundstrukturen eines Staates oder einer internationalen Organisation zu beseitigen oder erheblich zu beeinträchtigen, und **(zweitens)** durch die Art ihrer Begehung oder ihre Auswirkungen einen Staat oder eine internationale Organisation erheblich schädigen kann." Die Terrorismusbezugsklausel entspricht damit § 129a Abs. 2 StGB. Diese (und damit auch § 89c Abs. 1 S. 2 StGB) ist angelehnt an **Art. 3 Abs. 2 der Richtlinie 2017/541 des Europäischen Parlaments und des Rates vom 15.3.2017,** die den Rahmenbeschluss 2002/475/JI ersetzt.

Bei der Konkretisierung der Terrorismusklausel kann damit auf die **Erkenntnisse zu § 129a Abs. 2 StGB** zurückgegriffen werden: Ob die Tat einem bestimmten Zweck gewidmet ist, muss **aus Sicht des Täters** ermittelt werden (*Sternberg-Lieben* in Schönke/Schröder § 129a Rn. 2a). Ob bei dieser subjektiven Betrachtung auf „Spender" oder den möglichen Täter der Katalogtat abzustellen ist, verrät das Gesetz nicht. Da die Terrorismusklausel einen eindeutigen Unrechtsbezug aufweist, schließlich begründet erst die spezielle Zwecksetzung die Gefahr für das von § 89c StGB geschützte Rechtsgut, dürfte es – in Anlehnung an die Grundsätze zur Akzessorietät der Teilnahme – auf das **Vorhandensein des Merkmals auf Seiten des „Haupttäters"** ankommen. Dem Unterstützer ist dieses Unrechtsmerkmal vollakzessorisch zuzurechnen, wenn er denn um das Vorhandensein dieses Merkmals auf Seiten des Vordermannes weiß. Bei Abs. 2 stellt sich dieses

Problem nicht, da der Täter des § 89c StGB die Katalogtat in eigener Person begehen möchte. Er ist mithin zugleich der mögliche spätere Haupttäter.

40 Was die besondere Bestimmung der Tat anbelangt, nennt Abs. 1 S. 2 **drei mögliche Alternativen** terroristischer Zwecksetzungen (vgl. auch *Schäfer* in MüKo-StGB § 129a Rn. 44). Bei allen drei Alternativen kommt es nicht darauf an, ob der terroristische Schaden im In- oder Ausland verwirklicht werden soll (vgl. nur BGH 7.3.2019 – AK 5/19, BeckRS 2019, 5425; BGHSt 62, 102). Die Tat kann zum einen dem Zweck dienen, die **Bevölkerung auf erhebliche Weise einzuschüchtern**. Notwendig hierfür ist, dass das Vertrauen nennenswerter Teile der Bevölkerung (BGH NJW 2006, 1603; *Fischer* § 129a Rn. 15) in die öffentliche Rechtssicherheit und in ein friedliches Zusammenleben massiv beeinträchtigt wird (*Sternberg-Lieben* in Schönke/Schröder § 129a Rn. 2a). Aufgrund der Reichweite des Tatbestandes des § 89c StGB ist hier ein restriktives Verständnis geboten. Zum zweiten kann die Tat auf die **rechtswidrige Nötigung einer Behörde oder internationalen Organisation** gerichtet sein. Das heißt, mit der Tat wird beabsichtigt, eine Behörde (öffentliche Stelle: vgl. Art. 3 Abs. 2b) RL 2017/541) oder internationale Organisation mit Gewalt oder durch Drohung mit Gewalt zu einem bestimmten Tun, Dulden oder Unterlassen zu veranlassen. Ausreichen kann auch die Nötigung eines einzelnen Mitarbeiters, wenn dieser rechtlich oder faktisch in der Lage ist, das geforderte Verhalten zu leisten (so *Zöller* S. 137). Der Begriff internationale Organisation bezeichnet hier eine auf Dauer bestehende öffentliche (nicht private) Organisationseinheit zwischen verschiedenen Staaten oder anderen Völkerrechtssubjekten (so *Hawickhorst* S. 111). Insgesamt kann zur konkreten Alternative auf die Grundsätze zu §§ 105, 106, 240 StGB zurückgriffen werden (vgl. *Helm* StV 2006, 719 (721)). In der **dritten Alternative** richtet sich die Tat gegen die **politischen, verfassungsrechtlichen, wirtschaftlichen oder sozialen Grundstrukturen** eines Staates oder einer internationalen Organisation. Diese sollen beseitigt oder erheblich beeinträchtigt werden. Bezüglich dieser Alternative werden mit Blick auf den Bestimmtheitsgrundsatz erhebliche Bedenken erhoben (*Sternberg-Lieben* in Schönke/Schröder § 129a Rn. 2a). Bei gebotener enger Auslegung können mit diesen „Grundstrukturen" nur **fundamentale Strukturen eines Staates und die Gewährleistung grundlegender rechtsstaatlicher Prinzipien** gemeint sein, die durch die Straftat wesentlich tangiert oder beseitigt werden sollen (auch *Schäfer* in MüKoStGB § 129a Rn. 49; *Krauß* in LK-StGB § 129a Rn. 60). In der Literatur werden hierfür Beispiele angeführt, wie Angriffe auf zentrale Infrastruktur- und Versorgungseinrichtungen, Regierungsstellen oder auch Finanzzentren, durch die das Funktionieren der Wirtschaft überhaupt, Leben und Gesundheit der Bevölkerung und die Handlungsfähigkeit des Staates erheblich beeinträchtigt würden (so *Sternberg-Lieben* in Schönke/Schröder § 129a Rn. 2a).

40a Voraussetzung für ein Bestimmen iSd § 89c StGB, dass der Täter die möglichen Folgen der in Aussicht genommenen Vortaten in **seinen Willen aufgenommen** hat (BGH 7.3.2019 – AK 5/19, BeckRS 2019, 5425). Nach Ansicht des BGH reicht es aus, dass der Handelnde die tatsächlichen Umstände, welche die Eignung zur Beeinträchtigung des Schutzguts ergeben, erkannt und in seinen Willen einbezogen hat. Eine Absicht im Sinne eines zielgerichteten Handelns zur Beeinträchtigung der inneren Sicherheit ist dagegen nicht erforderlich (BGH 7.3.2019 – AK 5/19, BeckRS 2019, 5425).

41 Neben der subjektiven Bestimmung muss auch die objektive Eignung hinzukommen, durch die Katalogtat einen Staat oder eine internationale Organisation erheblich zu schädigen. Diese Gefahr der Straftat für den Staat oder die Organisation muss von der **Art ihrer Begehung** oder von **ihren Auswirkungen** ausgehen. Die Schadenseignung wird dabei subjektiv-objektiv bestimmt. Auf Basis der vom Täter vorgestellten Tat ist deren objektive Eignung zu bemessen (vgl. *Hawickhorst* S. 112).

Einigkeit besteht darüber, dass – aufgrund der gesetzlichen Formulierung – der Eintritt einer konkreten Schädigung nicht verlangt werden kann (BGH NStZ-RR 2006, 267 (268); *Zöller* S. 141; *Schäfer* in MüKoStGB § 129 a Rn. 50; *Helm* StV 2006, 719 (721 f.)). Es genügt, wenn die (vorgestellte) Tat im Fall ihrer Ausführung **die realistische Gefahr** hervorrufen würde, dass es zu einer Schädigung kommt (*Schäfer* in MüKoStGB § 129 a Rn. 50; BGH NJW 2008, 86 (88)). Diese Schädigung muss einem Staat oder einer internationalen Organisation drohen und des Weiteren **als erheblich** qualifiziert werden können. In der Literatur wird dafür zum Teil verlangt, dass der (drohende) Schaden zu einer vollständigen oder teilweisen Unfähigkeit des Staates oder eben der Organisation führen muss, die ihm oder ihr obliegenden Aufgaben zu erfüllen (so *Helm* StV 2006, 719 (722); *Zöller* S. 142). Es muss sich dabei aber um wesentliche Aufgaben handeln. Als Beispiele werden die Aufgaben des Staates bei der Gewährleistung von Sicherheit und Ordnung oder die Bereitstellung von Infrastruktur- und Versorgungseinrichtungen genannt (vgl. *Helm* StV 2006, 719 (722)). 42

Ebenso hat der BGH versucht, die Eignungsklausel hinsichtlich ihres Schädigungselements („einen Staat schädigen") zu konkretisieren und sie in diesem Zusammenhang als **konturenlos und wenig aussagekräftig** kritisiert (vgl. BGH NJW 2008, 86 (88)). Zu ihrer Konkretisierung hat der BGH letztlich auf die näher ausdifferenzierte Bestimmungsklausel rekurriert und **deren Voraussetzungen in die Eignungsklausel hineingelesen**. Denn, so der BGH, nahe liegt „ein Verständnis dahin, dass das an den Anfang gestellte subjektive Merkmal [...] in der nachfolgenden objektiven Voraussetzung wieder aufgenommen wird" (so BGH NJW 2008, 86 (88)). Dies bedeutet, dass die Eignungsklausel dann erfüllt ist, „wenn die Straftaten [auch objektiv] geeignet sind, die Bevölkerung in erheblicher Weise einzuschüchtern, eine Behörde rechtswidrig mit Gewalt oder Drohung mit Gewalt zu nötigen oder die politischen, verfassungsrechtlichen, wirtschaftlichen oder sozialen Grundstrukturen des Staates erheblich zu beeinträchtigen" (so BGH NJW 2008, 86 (88)). Mit Blick hierauf hat der BGH daher auch betont, dass Straftaten, „die ausschließlich gegen Sachen gerichtet sind und die über ihre Signalwirkung auf Gesinnungsgenossen hinaus **keine ernsthafte Behinderung der staatlichen Tätigkeit** bezwecken, [...] zur Schädigung des Staates nicht geeignet und deshalb nicht terroristisch [iSd § 129a StGB] seien" (so BGH NStZ 2008, 146, zu reinen Vermögensschäden auch *Hawickhorst* S. 114). 43

Die Staatsschutzklausel soll nach Ansicht der Rechtsprechung auch dann erfüllt sein, wenn die unterstützte Katalogtat letztlich im Kampf gegen ein **Unrechtsregime** eingesetzt werden soll (ausführlich zu § 89a StGB: BGHSt 62, 102 ff.; 61, 36 (41 f.); *Ambos* JR 2017, 655 ff.; *Gazeas/Grosse-Wilde* StV 2018, 84 ff.). § 89c wäre mithin auch dann einschlägig, wenn die intendierte Tat dazu dient (und geeignet ist), den Bestand oder die Sicherheit eines diktatorischen oder sonst einem Unrechtsregime regierten Staates zu beeinträchtigen. Der BGH sieht erst dort eine Grenze, wo die Bekämpfung des Unrechtsregimes nach völkervertrags- oder völkergewohnheitsrechtlichen Prinzipien gerechtfertigt wäre (BGHSt 62, 102 (106)). In der Literatur wird ein solch weites Verständnis der Staatsschutzklausel und die damit verbundene Einbeziehung von Unrechtsregimen und Diktaturen kritisch betrachtet bzw. abgelehnt. Die §§ 89a ff. StGB dürften nicht mittelbar zum Schutz 43a von Unrechtsregimen eingesetzt werden (*Ambos* JR 2017, 654 (656f.); *Zöller* StV 2016, 497; *Gazeas* in AnwK-StGB §89a Rn. 33; *Sternberg-Lieben* in Schönke/Schröder §89a Rn. 5). Dieser Kritik ist im Grundsatz zuzustimmen. Der Rechtsprechung muss jedoch zugutegehalten werden, dass sie das Problem vermeidet, darüber befinden zu müssen, welcher Staat einen Schutz verdient und welcher eben nicht, weil er als (vermeintlicher) Unrechtsstaats zu bewerten sei (zB Iran, Saudi-Arabien, Ägypten). Hinzu kommt, dass man meines Erachtens solche Bestrebungen, die auf „die Herstellung oder Wiederherstellung demokratischer und rechtsstaatlicher Verhältnisse oder die Ausübung oder Wahrung von Menschenrechten gerichtet" sind (so Art. 260^{quinquies} des schweizerischen StGB), bei normativer Betrachtung schon nicht als schädigend für den jeweiligen Staat ansehen darf.

V. Geltung für Auslandstaten, Abs. 3

1. Allgemeines

44 Abs. 3 betrifft das Strafanwendungsrecht (grundlegend *Valerius* GA 2011, 696ff.) und enthält eine **Spezialregelung** gegenüber den allgemeinen Strafanwendungsbestimmungen der §§3ff. StGB (vgl. OLG München StV 2016, 505 (506); *von Heintschel-Heinegg* in BeckOK StGB §89a Rn. 36 *Schäfer* in MüKoStGB §89a Rn. 69; *Zöller* S. 578; *Gazeas/Grosse-Wilde/Kießling* NStZ 2009, 593 (599f.)). Abs. 3 S. 1 formuliert den Grundsatz, dass §89c StGB auch für Taten gilt, die im Ausland begangen werden, und schränkt das dadurch statuierte **Weltrechtsprinzip** (*Ambos* in MüKoStGB Vorb. zu §3 Rn. 45ff.) durch S. 2 für Taten, die außerhalb der Mitgliedstaaten der Europäischen Union begangen werden, wieder ein. Abs. 3 entspricht damit §89a Abs. 3 StGB.

45 Der Gesetzgeber wollte mit Abs. 3 die Möglichkeit eröffnen, Finanzierungshandlungen auch dann zu verfolgen, wenn die engen Voraussetzungen von **§7 StGB** nicht vorliegen (BT-Drs. 16/12428, 15f.). Die Vorschrift wird in der Literatur zum Teil als **völkerrechtswidrig kritisiert**, weil sie den völkerrechtlichen Nichteinmischungsgrundsatz, der eine willkürliche Ausdehnung der eigenen Strafgewalt über die nationalen Grenzen hinaus verbietet (BVerfG NStZ 2001, 240 (243); BGHSt 45, 64 (66)), missachte (insbes. *Zöller* in SK-StGB §89a Rn. 42; *Valerius* GA 2011, 696 (703f.); *Gazeas* in AnwK-StGB §89a Rn. 78; dazu *Paeffgen* in NK-StGB §89a Rn. 68, aA *Hungerhoff* S. 172ff.; alle zu §89a Abs. 3 StGB). **Diese Kritik ist,** zumindest in Bezug auf Abs. 3 S. 1 (uneingeschränkte Geltung des deutschen Strafrechts innerhalb der EU), **zum Teil überholt.** Die Richtlinie 2017/541 des Europäischen Parlaments und des Rates vom 15.3.2017 verpflichtet in ihrem Art. 11 nicht nur zur Kriminalisierung der Terrorismusfinanzierung; Art. 19 Abs. 1 S. 2 RL gestattet die Ausdehnung der Strafgewalt auf die gesamte EU, wenn eine terroristische Straftat im Hoheitsgebiet eines anderen Mitgliedstaats begangen wurde. Diese Ermächtigung gilt **nunmehr** auch für den Tatbestand der Terrorismusfinanzierung und viele weitere (Vorverlagerungs-)Tatbestände. Die Richtlinie geht damit weit über den Rahmenbeschluss 2002/475/JI, den sie ersetzt, hinaus.

2. Europäisches Territorialitätsprinzip, Abs. 3 S. 1

46 §89c StGB findet für Straftaten, die in einem Mitgliedstaat der EU begangen werden, **uneingeschränkt** Anwendung. Es kommt mithin nicht darauf an, ob die

Voraussetzungen des § 7 StGB vorliegen. Sammelt bspw. ein Libanese in Italien für eine Katalogtat, die ein Algerier in Syrien begehen will, Vermögenswerte, so unterliegt der Libanese über § 89c Abs. 3 S. 1 StGB der deutschen Strafgewalt. Der deutsche Gesetzgeber hat hierdurch von **der Befugnis des Art. 19 Abs. 1 S. 2 RL 2017/541** Gebrauch gemacht und seine Strafgewalt auf das Territorium der Mitgliedstaaten der EU erstreckt.

3. Einschränkung für Taten außerhalb der EU, Abs. 3 S. 2

Um einen Konflikt mit dem Nichteinmischungsgrundsatz zu vermeiden, verlangt Abs. 3 S. 2 für Straftaten nach § 89c StGB einen gewissen Anknüpfungspunkt zur Bundesrepublik Deutschland (BT-Drs. 16/12428, 16). Das Gesetz bietet hier fünf mögliche Anknüpfungsgrundlagen für die Begründung deutschen Strafanwendungsrechts, wobei teilweise an das **Schutzprinzip, das Personalitätsprinzip und das Domizilprinzip** angeknüpft wird. 47

§ 89c StGB findet Anwendung, wenn der Finanzierungstatbestand durch einen Deutschen verwirklicht wird oder die (in Aussicht genommene) Katalogtat durch oder gegen einen Deutschen verübt werden soll. Diese drei Fälle greifen das aktive und passive Personalitätsprinzip auf und verzichten dabei auf das Erfordernis der Tatortstrafbarkeit bzw. des Fehlens einer Strafgewalt (*Gazeas* in AnwK-StGB § 89a Rn. 86). Auch gegen diese Erweiterung werden daher völkerrechtliche Bedenken erhoben (insbes. *Zöller* S. 578f.; *Gazeas* in AnwK-StGB § 89a Rn. 86). Daneben soll § 89c StGB zur Anwendung kommen, wenn der Täter der Finanzierungstat zwar Ausländer ist, er aber seine Lebensgrundlage im Inland hat (Domizilprinzip, vgl. *Werle/Jeßberger* in LK-StGB Vorb. zu § 3 Rn. 243). Der Gesetzgeber hat diesbezüglich auf § 5 Nr. 8a StGB aF (vgl. aber auch § 5 Nr. 3a und Nr. 5b StGB) verwiesen. Eine **inländische Lebensgrundlage** soll im Inland bestehen, wenn Gegebenheiten, die den persönlichen und wirtschaftlichen **Schwerpunkt im Verhältnis des Menschen zu seiner Umwelt ausmachen**, in der Bundesrepublik liegen (BT-Drs. 16/12428, 16). Auch diese Vorschrift weicht von § 7 Abs. 2 Nr. 2 StGB ab und wird zum Teil als völkerrechtswidrig zurückgewiesen (vgl. nur *Zöller* in SK-StGB § 89a Rn. 43, für eine völkerrechtliche Anerkennung des Domizilprinzips vgl. *Jeßberger* S. 251). Daneben gelangt § 89c StGB zur Anwendung, wenn die durch den „Spender" unterstützte Katalogtat im Inland begangen werden soll. Dass hier an eine noch nicht begangene Tat angeknüpft wird, ist mit Blick auf § 9 Abs. 1 StGB unproblematisch (anders *Zöller* S. 579). Hierin liegt keine bemerkenswerte Abweichung vom „Grundkonzept" der §§ 3 ff. StGB (so *Zöller* S. 579). Bedenken bestehen dann, wenn noch nicht feststeht, wo die Katalogtat begangen werden soll, die Bundesrepublik aber als möglicher Anschlagsort in Betracht gezogen wird (*Gazeas* in AnwK-StGB § 89a Rn. 84; *Schäfer* in MüKoStGB § 89a Rn. 65). In einem solchen Fall dürfte § 89c StGB, falls kein anderer Fall des Abs. 3 eingreift, unanwendbar sein. Bei der Anwendbarkeit des deutschen Strafrechts handelt es sich um eine Verfahrensvoraussetzung, deren Vorliegen sicher feststehen muss (vgl. nur BGH NStZ 2010, 160). 48

VI. Verfolgungsermächtigung, Abs. 4

Die Verfolgung von Auslandstaten steht durch § 89c Abs. 4 StGB zum Teil unter dem Vorbehalt einer Verfolgungsermächtigung. Für diese gelten, solange in Abs. 4 49 keine besondere Bestimmung getroffen ist, die §§ 77e, 77 und 77d StGB. Zuständig für die Erteilung dieser Ermächtigung ist das **Bundesministerium der Justiz und Verbraucherschutz.** Die Vorschrift entspricht § 89a Abs. 4 StGB.

50 Einer Ermächtigung bedarf es immer, wenn die Eröffnung der deutschen Strafgewalt aus § 89c Abs. 3 S. 2 folgt, mithin eine Tat betroffen ist, die außerhalb der Mitgliedstaaten der EU begangen worden ist, vgl. § 89c Abs. 4 S. 1. Für Taten, die in einem anderen Mitgliedstaat der EU als Deutschland begangen wurden, greift der Ermächtigungsvorbehalt nur, wenn diese keinen bestimmten Inlandsbezug aufweist, Abs. 4 S. 2: Ein solcher Inlandsbezug fehlt, wenn die Tat (nach § 89c StGB) weder durch einen Deutschen begangen wird noch die finanzierte Straftat im Inland durch oder gegen einen Deutschen begangen werden soll (vgl. dazu die Ausführungen in → Rn. 48).

51 Anders als § 129b StGB, der eine vergleichbare Regelung trifft, wird das Ermessen des Bundesministeriums der Justiz und Verbraucherschutz in § 89c Abs. 4 nicht konkretisiert. Die Entscheidung wird nach **pflichtgemäßem Ermessen** getroffen (*Schäfer* in MüKoStGB § 89a Rn. 70), wobei eine Abwägung aller in Betracht kommenden Umstände, zu denen auch politische Gegebenheiten und Interessen gehören, vorzunehmen ist (*Gazeas* in AnwK-StGB § 89a Rn. 88). Der Ermächtigungsvorbehalt dient eben auch dazu, der Regierung die Möglichkeit zu eröffnen, **aus außenpolitischen Gründen** auf die Durchführung eines Strafverfahrens **zu verzichten.** Außerdem kann die Entscheidung von dem Interesse geleitet sein, die Strafverfolgung auf bestimmte, besonders schwerwiegende Sachverhalte zu konzentrieren, um Ressourcen zu schonen (BT-Drs. 16/12428, 16; vgl. auch *von Heintschel-Heinegg* in BeckOK StGB § 89a Rn. 39; krit. *Zöller* S. 580; *Schäfer* in MüKoStGB § 89a Rn. 71). Die Entscheidung des Bundesministeriums ist nicht (vollends) justiziabel; auch eine Begründung wird nicht für notwendig erachtet (vgl. *Altvater* NStZ 2003, 179 (182); *Zöller* in SK-StGB § 89a Rn. 46; *Gazeas* in AnwK-StGB § 89a Rn. 88; **für eine inzidente Willkürprüfung bzgl. § 129b StGB:** OLG München 2.9.2016 – 7 St 1/16, BeckRS 2016, 16828).

VII. Rechtsfolgen

1. Regelstrafrahmen, Milderung und Absehen von Strafe nach Abs. 5

52 Die Regelstrafe für Taten nach Abs. 1 und Abs. 2 beträgt Freiheitsstrafe von **sechs Monaten bis zehn Jahre.** In Anbetracht der verfassungsrechtlich bedenklichen Vorverlagerung der Strafbarkeit und der im Tatbestand angelegten Verselbstständigung einer materiellen Beihilfe zur formellen Täterschaft scheint dieser **Strafrahmen überzogen** (*Schäfer* in MüKoStGB § 89c Rn. 25; zu § 89a: *Sternberg-Lieben* in Schönke/Schröder § 89a Rn. 1c; *Gazeas* in AnwK-StGB § 89a Rn. 89). Dieser hohe Strafrahmen dürfte Ziffer 2(e) der Sicherheitsrats-Resolution 1373 (2001) geschuldet sein: Diese verpflichtet die Staaten der Weltgemeinschaft dazu, die Terrorismusfinanzierung nach ihrem innerstaatlichen Recht als schwere Straftat zu qualifizieren (dazu *Sieber/B. Vogel* S. 29). Um Konflikte mit dem Übermaßverbot und dem Schuldadäquanzsatz zu vermeiden, hat der Gesetzgeber in **Abs. 6** die Möglichkeit für das Gericht vorgesehen, bei **geringer Schuld** die Strafe nach § 49 Abs. 1 **zu mildern** oder von **Strafe abzusehen.** Hierbei hat das Gericht sämtliche Umstände zu berücksichtigen, aus denen sich die Strafzumessungsschuld iSd § 46 StGB generiert. Kommt es dabei zu der Bewertung, dass die Schuld als gering anzusehen ist, findet die Rechtsfolge des Abs. 6 **zwingend** Anwendung. Ob das Gericht die Strafe mildert oder von der Bestrafung absieht, liegt in seinem pflichtgemäßen Ermessen.

2. Minder schwerer Fall, Abs. 5

Darüber hinaus formuliert Abs. 5 einen benannten minder schweren Fall, der 53 ebenfalls der Wahrung des Grundsatzes der Verhältnismäßigkeit dient (BT-Drs. 18/4087, 12; BGH 7.3.2019 – AK 5/19, BeckRS 2019, 5425). Anders als bei Abs. 6 kommt es hier nur auf den Wert der gesammelten, entgegengenommenen oder zur Verfügung gestellten Vermögenswerte an. Sind die Vermögenswerte bei einer Tat nach Abs. 1 oder 2 **geringwertig,** so ist auf Freiheitsstrafe von drei Monaten bis zu fünf Jahren zu erkennen. Die Gesetzesbegründung enthält keine Anhaltspunkte dafür, bis zu welcher Höhe ein Vermögenswert noch als geringwertig angesehen werden kann. Da das Gesetz von „geringwertig" spricht, wird zu Recht angenommen, dass es hierbei nur um die Quantität und nicht um die Qualität der Vermögenswerte gehen darf (iErg *Schäfer* in MüKoStGB § 89c Rn. 26). Mithin kann auch das Zurverfügungstellen der Tatwaffe (Messer) dem Abs. 5 unterfallen, wenn dieser Gegenstand einen geringfügigen Wert hat.

Bei der Bestimmung der Geringwertigkeit **verbietet sich ein schlichter** 54 **Rückgriff** auf die Erkenntnisse zu § 248a StGB (so aber *Fischer* § 89c Rn. 3; *Schäfer* in MüKoStGB § 89c Rn. 26, die die Wertgrenze bei 50 EUR ansetzen wollen). Die Geringwertigkeit ist jeweils tatbestandsspezifisch zu bestimmen. Der Regelstrafrahmen ist – mit Blick auf die Reichweite der Vorverlagerung – sehr hoch. Konflikte mit dem Übermaßverbot und dem Schuldadäquanzsatz müssen daher auch durch eine **extensive Anwendung von § 89c Abs. 5 StGB** vermieden werden. Der dadurch eröffnete Strafrahmen beträgt immer noch Freiheitsstrafe von drei Monaten bis fünf Jahren. In Anbetracht dessen scheint die Annahme einer großzügigen Geringwertigkeitsschwelle angemessen. Bezüglich des außer Kraft getretenen § 89a Abs. 2 Nr. 4 StGB aF, der noch eine Beschränkung des Tatbestandes der Terrorismusfinanzierung auf „nicht unerhebliche Vermögenswerte" vorsah, wurde in der Literatur zum Teil eine **Orientierung am durchschnittlichen Netto-Monatsgehalt** befürwortet (ca. 2.000 EUR, vgl. *Gazeas/Grosse-Wilde/Kießling* NStZ 2009, 593 (599)). Eine solche Anlehnung am durchschnittlichen Nettolohn ermöglicht es, den unterschiedlichen in- und ausländischen Gegebenheiten Rechnung zu tragen. Wird die Tat im Ausland begangen, sollte der dortige Durchschnittslohn zugrunde gelegt werden. Um eine „Eindämmung" des bedenklichen Regelstrafrahmens zu erreichen, wird hier eine Geringfügigkeitsschwelle präferiert, die mindestens bei **10% des durchschnittlichen Netto-Monatsgehalts** liegt. Alles, was unterhalb dieser Grenze liegt, wird der Einzelne nicht als merklichen Verlust empfinden. Es bleibt abzuwarten, wo die Rechtsprechung die Grenze der Geringwertigkeit festlegen wird.

3. Tätige Reue

Aufgrund der weiten Vorverlagerung der Vollendungsstrafbarkeit, der Versuch 55 ist nicht strafbar, ist es sinnvoll, dass Abs. 7 die Möglichkeit der **tätigen Reue** vorsieht. Der Spender, der bereits Vermögenswerte gesammelt hat, diese aber noch nicht an den späteren Katalogtäter weitergeleitet hat, würde, sollte er sich über die

Rechtslage informieren, kaum eine Veranlassung sehen, die Weitergabe der Vermögenswerte zu unterlassen, da die Rücktrittsregelungen keine Anwendung finden (vgl. dazu *Sieber/B. Vogel* S. 183f.). Abs. 7 S. 1 eröffnet dem Gericht die Möglichkeit („kann"), die Strafe nach seinem **Ermessen zu mildern (§ 49 Abs. 2 StGB) oder von Strafe abzusehen**, wenn der Täter („Spender") „die weitere Vorbereitung der Tat aufgibt und eine von ihm verursachte und erkannte Gefahr, dass andere diese Tat weiter vorbereiten oder sie ausführen, abwendet oder wesentlich mindert oder wenn er freiwillig die Vollendung dieser Tat verhindert". Es genügt das freiwillige und ernsthafte Bemühen des Täters, wenn ohne sein Zutun die bezeichnete Gefahr abgewendet oder wesentlich gemindert oder die Vollendung der Tat verhindert wird, Abs. 7 S. 2.

56 Der Gesetzgeber hat damit wörtlich die Vorschrift zur tätigen Reue aus § 89a Abs. 7 StGB übernommen, **ohne sie an die spezifischen Bedingungen des § 89c StGB anzupassen**. Dass die Vorschrift hier von „Aufgeben der Vorbereitung" spricht, obwohl im gesamten Tatbestand der Begriff Vorbereitung nicht auftaucht, ist zumindest unglücklich. Letztlich wird davon auszugehen sein, dass mit dieser Formulierung die Finanzierungshandlungen (Sammeln, Entgegennehmen, Zurverfügungstellen) als Vorbereitungshandlungen der Katalogtaten angesprochen sind (zum entsprechenden Streit bei § 89a Abs. 7 StGB einerseits *Sternberg-Lieben* in Schönke/Schröder § 89a Rn. 25; andererseits *Zöller* in SK-StGB § 89a Rn. 50f.). Abs. 7 kann nur dann einschlägig sein, wenn Abs. 1 oder 2 bereits vollendet worden ist, mithin die Vermögenswerte bereits gesammelt, entgegengenommen oder gar zur Verfügung gestellt worden sind. In „Vorbereitung" kann sich damit nur noch die Katalogtat befinden. Der Täter muss diese **Vorbereitung aufgeben**. Dafür genügt, wenn er die Weitergabe gesammelter oder entgegengenommener Vermögenswerte freiwillig (zur Freiwilligkeit vgl. *El-Ghazi* → StGB § 261 Rn. 154) unterlässt und dadurch verhindert, dass diese für die Katalogtat verwendet werden. Hat der Spender durch sein Verhalten die Gefahr verursacht, dass die Katalogtat weiter vorbereitet oder begangen wird, und hat er dies positiv (*Schäfer* in MüKoStGB § 89a Rn. 81) erkannt, wird ihm abverlangt, dass er diese **Gefahr abwendet oder mildert oder die Vollendung ganz verhindert.** Eine Abwendung der Gefahr ist anzunehmen, wenn er einen (mit-)kausalen Beitrag dafür leistet, dass die Tat nicht begangen wird. Wann von einer Minderung auszugehen ist, bleibt unklar. Streng am Wortlaut orientiert dürfte es genügen, wenn die Gefahr der Begehung durch den Täter (spürbar) verringert wird. Man wird nicht verlangen können, dass die Tatbegehung dadurch unwahrscheinlich geworden ist.

57 Abs. 7 S. 2 ist vergleichbar mit § 24 Abs. 1 S. 2 und § 83 Abs. 3 StGB. Leistet der Täter keinen (mit-)kausalen Beitrag zur Abwendung oder Milderung der Gefahr oder zur Verhinderung der Tat, dann kann er dennoch von der Rechtsfolge des Abs. 7 profitieren, wenn er sich freiwillig und ernsthaft bemüht hat, die vorgenannten Ziele zu erreichen. Hinsichtlich der Ernsthaftigkeit kann auf die Grundsätze zu § 24 StGB verwiesen werden (vgl. zB *Hoffmann-Holland* in MüKoStGB § 24 Rn. 142 ff.).

VIII. Konkurrenz

58 Sammelt der Täter mehrere Vermögenswerte von unterschiedlichen Personen mit der Intention, dass diese für eine einzige Katalogtat verwendet werden, liegt lediglich **eine einheitliche Tat** vor (*Zöller* in SK-StGB § 89a Rn. 52). Entsprechendes gilt für die Entgegennahme und das Zurverfügungstellen. Ist der Täter auch an der (späteren) terroristischen Tat beteiligt, tritt die Strafbarkeit nach § 89c StGB auf der Ebene der Gesetzeskonkurrenz nur dann als **mitbestrafte Vortat (materielle Subsidiarität)** zurück, wenn auch in der Beteiligung zu dieser Tat der terroristische Bezug hinreichend zum Ausdruck kommt (so *Sternberg-Lieben* in Schönke/Schröder § 89c Rn. 17; aA die hM: vgl. *Zöller* in SK-StGB § 89c Rn. 24; *Gazeas* in AnwK-StGB § 89c Rn. 14; *Schäfer* in MüKoStGB § 89c Rn. 14; iErg auch BT-Drs. 18/4087, 11). Unter dieser Bedingung verdrängen Mittäterschaft, Anstiftung und Beihilfe an der späteren Tat den § 89c StGB.

§ 261 StGB – Geldwäsche; Verschleierung unrechtsmäßig erlangter Vermögenswerte

(1) **Wer einen Gegenstand, der aus einer in Satz 2 genannten rechtswidrigen Tat herrührt, verbirgt, dessen Herkunft verschleiert oder die Ermittlung der Herkunft, das Auffinden, die Einziehung oder die Sicherstellung eines solchen Gegenstandes vereitelt oder gefährdet, wird mit Freiheitsstrafe von drei Monaten bis zu fünf Jahren bestraft. Rechtswidrige Taten im Sinne des Satzes 1 sind**
1. **Verbrechen,**
2. **Vergehen nach**
   a) **den §§ 108e, 332 Absatz 1 und 3 sowie § 334, jeweils auch in Verbindung mit § 335a,**
   b) **§ 29 Abs. 1 Satz 1 Nr. 1 des Betäubungsmittelgesetzes und § 19 Abs. 1 Nr. 1 des Grundstoffüberwachungsgesetzes,**
3. **Vergehen nach § 373 und nach § 374 Abs. 2 der Abgabenordnung, jeweils auch in Verbindung mit § 12 Abs. 1 des Gesetzes zur Durchführung der Gemeinsamen Marktorganisationen und der Direktzahlungen,**
4. **Vergehen**
   a) **nach den §§ 152a, 181a, 232 Absatz 1 bis 3 Satz 1 und Absatz 4, § 232a Absatz 1 und 2, § 232b Absatz 1 und 2, § 233 Absatz 1 bis 3, § 233a Absatz 1 und 2, den §§ 242, 246, 253, 259, 263 bis 264, 265c, 266, 267, 269, 271, 284, 299, 326 Abs. 1, 2 und 4, § 328 Abs. 1, 2 und 4 sowie § 348,**
   b) **nach § 96 des Aufenthaltsgesetzes, § 84 des Asylgesetzes, nach § 370 der Abgabenordnung, nach § 119 Absatz 1 bis 4 des Wertpapierhandelsgesetzes sowie nach den §§ 143, 143a und 144 des Markengesetzes, den §§ 106 bis 108b des Urheberrechtsgesetzes, § 25 des Gebrauchsmustergesetzes, den §§ 51 und 65 des Designgesetzes, § 142 des Patentgesetzes, § 10 des Halbleiterschutzgesetzes und § 39 des Sortenschutzgesetzes,**
   die gewerbsmäßig oder von einem Mitglied einer Bande, die sich zur fortgesetzten Begehung solcher Taten verbunden hat, begangen worden sind, und
5. **Vergehen nach §§ 89a und 89c und nach den §§ 129 und 129a Abs. 3 und 5, jeweils auch in Verbindung mit § 129b Abs. 1, sowie von einem Mitglied einer kriminellen oder terroristischen Vereinigung (§§ 129, 129a, jeweils auch in Verbindung mit § 129b Abs. 1) begangene Vergehen.**

Satz 1 gilt in den Fällen der gewerbsmäßigen oder bandenmäßigen Steuerhinterziehung nach § 370 der Abgabenordnung für die durch die Steuerhin-

§ 261 StGB

terziehung ersparten Aufwendungen und unrechtmäßig erlangten Steuererstattungen und -vergütungen sowie in den Fällen des Satzes 2 Nr. 3 auch für einen Gegenstand, hinsichtlich dessen Abgaben hinterzogen worden sind.

(2) Ebenso wird bestraft, wer einen in Absatz 1 bezeichneten Gegenstand
1. sich oder einem Dritten verschafft oder
2. verwahrt oder für sich oder einen Dritten verwendet, wenn er die Herkunft des Gegenstandes zu dem Zeitpunkt gekannt hat, zu dem er ihn erlangt hat.

(3) Der Versuch ist strafbar.

(4) In besonders schweren Fällen ist die Strafe Freiheitsstrafe von sechs Monaten bis zu zehn Jahren. Ein besonders schwerer Fall liegt in der Regel vor, wenn der Täter gewerbsmäßig oder als Mitglied einer Bande handelt, die sich zur fortgesetzten Begehung einer Geldwäsche verbunden hat.

(5) Wer in den Fällen des Absatzes 1 oder 2 leichtfertig nicht erkennt, daß der Gegenstand aus einer in Absatz 1 genannten rechtswidrigen Tat herrührt, wird mit Freiheitsstrafe bis zu zwei Jahren oder mit Geldstrafe bestraft.

(6) Die Tat ist nicht nach Absatz 2 strafbar, wenn zuvor ein Dritter den Gegenstand erlangt hat, ohne hierdurch eine Straftat zu begehen.

(7) Gegenstände, auf die sich die Straftat bezieht, können eingezogen werden. § 74a ist anzuwenden.

(8) Den in den Absätzen 1, 2 und 5 bezeichneten Gegenständen stehen solche gleich, die aus einer im Ausland begangenen Tat der in Absatz 1 bezeichneten Art herrühren, wenn die Tat auch am Tatort mit Strafe bedroht ist.

(9) Nach den Absätzen 1 bis 5 wird nicht bestraft,
1. wer die Tat freiwillig bei der zuständigen Behörde anzeigt oder freiwillig eine solche Anzeige veranlasst, wenn nicht die Tat in diesem Zeitpunkt ganz oder zum Teil bereits entdeckt war und der Täter dies wusste oder bei verständiger Würdigung der Sachlage damit rechnen musste, und
2. in den Fällen des Absatzes 1 oder 2 unter den in Nummer 1 genannten Voraussetzungen die Sicherstellung des Gegenstandes bewirkt, auf den sich die Straftat bezieht.

Nach den Absätzen 1 bis 5 wird außerdem nicht bestraft, wer wegen Beteiligung an der Vortat strafbar ist. Eine Straflosigkeit nach Satz 2 ist ausgeschlossen, wenn der Täter oder Teilnehmer einen Gegenstand, der aus einer in Absatz 1 Satz 2 genannten rechtswidrigen Tat herrührt, in den Verkehr bringt und dabei die rechtswidrige Herkunft des Gegenstandes verschleiert.

Literatur: *Altenhain,* Das Anschlußdelikt: Grund, Grenzen und Schutz des staatlichen Strafanspruchs und Verfallrechts nach einer individualistischen Strafrechtsauffassung, 2002; *Ambos,* Annahme „bemakelten" Verteidigerhonorars als Geldwäsche? Einschränkungsversuche im Lichte des Völker- und ausländischen Rechts, JZ 2002, 70; *ders.,* Internationalisierung des Strafrechts: das Beispiel „Geldwäsche", ZStW (114) 2002, 236; *Arzt,* Geldwäscherei – Eine neue

§ 261 StGB

Masche zwischen Hehlerei, Strafvereitelung und Begünstigung, NStZ 1990, 1; *ders.*, Geldwäsche und rechtsstaatlicher Verfall, JZ 1993, 913; *ders.*, Das missglückte Strafgesetz – am Beispiel der Geldwäschegesetzgebung in Diederichsen/Dreier (Hrsg.), Das missglückte Gesetz, 1997 S. 17ff.; *ders.*, Dolus eventualis und Verzicht, FS Rudolphi, 2004, 3ff.; *Barreto da Rosa*, Staatliche Einziehung vs Opferschutz – Bereicherung des Staates auf Kosten Verletzter?, NStZ 2012, 419; *Barton*, Das Tatobjekt der Geldwäsche – Wann rührt ein Gegenstand aus einer der im Katalog des § 261 I Nr. 1–3 StGB bezeichneten Straftaten her?, NStZ 1993, 159; *ders.*, Sozial übliche Geschäftstätigkeit und Geldwäsche, StV 1993, 156; *Bauer*, Der Geldwäschetatbestand des § 261 StGB einschließlich der Probleme seiner Anwendung, FS Maiwald, 2003, 127ff.; *Bergmann*, Materiell-rechtliche und verfahrensrechtliche Überlegungen zur Strafbarkeit der Selbstgeldwäsche, NZWiSt 2014, 448; *Bergmann/Pfaff* in Schröder/Bergmann/Pfaff (Hrsg.), Lösungsvorschläge für das Geldwäschestrafrecht, 2020; 9; *Bernsmann*, Geldwäsche (§ 261 StGB) und Vortatkonkretisierung, StV 1998, 46; *ders.*, Das Grundrecht auf Strafverteidigung und die Geldwäsche – Vorüberlegungen zu einem besonderen Rechtfertigungsgrund, StV 2000, 40; *ders.*, Zur Stellung des Strafverteidigers im deutschen Strafverfahren, StraFo 1999, 226; *ders.*, Der Rechtsstaat wehrt sich gegen seine Verteidiger – Geldwäsche durch Verteidiger?, FS Lüderssen 2002, S. 683ff.; *ders.*, Im Zweifel: Geldwäsche? Überlegungen zum Verhältnis von materiellem und Prozess-Recht bei der Geldwäsche (§ 261 StGB), FS Amelung, 2009, S. 381ff.; *Beulke/Ruhmannseder*, Die Strafbarkeit des Strafverteidigers, 2. Auflage, 2010; *Bischofberger*, Zur Auslegung des Tatbestandsmerkmals „Herrühren" im Rahmen des Straftatbestandes § 261 StGB, 2010; *Bittmann*, Die gewerbs- oder bandenmäßige Steuerhinterziehung und die Erfindung des gegenständlichen Nichts als geldwäscherelevante Infektionsquelle, wistra 2003, 161; *ders.*, Telefonüberwachung im Steuerstrafrecht und Steuerhinterziehung als Vortat der Geldwäsche, wistra 2010, 125; *Böse/Jansen*, Die Vortat der Geldwäsche – unionsrechtliche Vorgaben und ihre Konsequenzen für das deutsche Strafrecht, JZ 2019, 591; *Bottermann*, Untersuchungen zu den grundlegenden Problematiken des Geldwäschetatbestandes auch in seinen Bezügen zum Geldwäschegesetz, 1995; *Bottke*, Teleologie und Effektivität der Normen gegen Geldwäsche, wistra 1995, 87 und 121; *ders.*, Leichtfertige Geldwäsche nach § 261 Abs. 5 StGB, FS W. Jakob, 2001, 45; *Brüning*, Die Strafbarkeit des Insolvenzverwalters wegen Geldwäsche gem. § 261 StGB, wistra 2006, 241; Bundeskriminalamt, Financial Intelligence Unit Deutschland Jahresberichte 2018, 2017, 2016, 2009, 2008; *Bülte*, Der strafbefreiende Rücktritt vom vollendeten Delikt: Partielle Entwertung der strafbefreienden Selbstanzeige gemäß § 371 AO durch § 261 StGB, ZStW 122 (2010), 551; *Burger*, Die Einführung der gewerbs- und bandenmäßigen Steuerhinterziehung sowie aktuelle Änderungen im Bereich der Geldwäsche, Eine Darstellung und Bewertung der neuesten Entwicklung, wistra 2002, 1; *Burr*, Geldwäsche – Eine Untersuchung zu § 261 StGB, 1995; *Busch/Teichmann*, Das neue Geldwäscherecht, 2003; *Bussenius*, Geldwäsche und Strafverteidigerhonorar, 2004; *dies.*, Geldwäsche nach gutgläubigem Erwerb? in donna scripta Klaus Dieter Becker gewidmet, 2008, S. 995ff.; *Carl/Klos*, Verdachtsmeldepflicht und Strafaufhebung in Geldwäschefällen, Zur Konkurrenz des § 11 GwG zu § 261 IX StGB, wistra 1994, 161; *Cebulla*, Gegenstand der Geldwäsche, wistra 1999, 281; *Dierlamm*, Geldwäsche und Steuerhinterziehung als Vortat – die Quadratur des Kreises, FS Mehle, 2011, S. 177ff.; *Dionyssopoulou*, Der Tatbestand der Geldwäsche. Eine Analyse der dogmatischen Grundlagen des § 261 StGB, 1999; *El-Ghazi*, Revision der Konkurrenzlehre, 2021; *Fabel*, Geldwäsche und Tätige Reue: eine Untersuchung zu Auslegung und Anwendung der besonderen Rücktrittsregelungen in § 261 Abs. 9 und 10 StGB, 1997; *Fahl*, Grundprobleme der Geldwäsche (§ 261 StGB), Jura 2004, 160; *Fischer*, Ersatzhehlerei als Beruf und rechtsstaatliche Verteidigung, NStZ 2004, 473; *Findeisen*, Der Präventionsgedanke im Geldwäscherecht, Anforderungen der Bankenaufsicht an die internen Sicherungsmaßnahmen der Kreditinstitute gem. § 14 Abs. 2 GwG zur Bekämpfung der Geldwäsche, wistra 1997, 121; *Fischer, Eva*, Die Strafbarkeit von Mitarbeitern der Kreditinstitute wegen Geldwäsche, 2010; *Flatten*, Zur Strafbarkeit von Bankangestellten bei der Geldwäsche, 1996; *Frank*, Die Bekämpfung der Geldwäsche in den USA, 2002; *Fülbier/Aepfelbach*, GwG – Kommentar zum Geldwäschegesetz, 5. Auflage, 2006; *Gentzik*, Die Europäisierung des Deutschen und Englischen Geldwäschestrafrechts, 2002; *Gräfin von Galen,* Der Verteidiger. Garant eines rechtstaatlichen Verfahrens oder Mittel zur Inquisition? Der Beschuldigte: verteidigt oder verkauft? Überlegungen zur verfassungskonformen Auslegung von § 261 Abs. 2 Ziff. 1 und Abs. 5 StGB unter Berücksichtigung der Absätze 9 und 10 der Vorschrift, StV 2000, 575; *Glaser,* Geldwäsche (§ 261) durch Rechtsanwälte und Steuerberater bei der Honorarannahme, 2009; *Goeckenjahn,* Phishing von Zugangsdaten für Online-Bankendienste und deren Verwertung, wistra 2008, 128; *Gotzens/Schneider,* Geldwäsche durch Annahme von Strafverteidigerhonoraren?, wistra 2002, 121; *Großwieser,* Der Geldwäschestraftatbestand § 261 StGB, 1998; *Grüner/Wasserburg,* Geldwäsche durch die Annahme des Verteidigerhonorars?, GA 2000, 430; *Grzywotz,* Virtuelle Kryptowährungen und Geldwäsche, 2019; *Hamm,* Geldwäsche durch die Annahme von Strafverteidigerhonorar?, NJW 2000, 636; *Hassemer,* Darf es Straftaten geben, die ein strafrechtliches Rechtsgut nicht in Mitleidenschaft ziehen? in Hefendehl (Hrsg.), Die Rechtsguttheorie, 2003, 57; *ders.,* Vermögen im Strafrecht, Zu neuen Tendenzen der Kriminalpolitik, WM-Sonderbeilage 3/1995, 3; *Hecker,* Tatbestandsrelevanz von Auslandsvortaten im Anwendungsbereich der Anschlussdelikte (§§ 257–261 StGB), FS Heinz, 2012, 714; *ders.,* Die gemeinschaftsrechtlichen Strukturen der Geldwäschestrafbarkeit, FS Kreuzer, 2009, 256; *Hefendehl,* Kann oder soll der Allgemeine Teil bzw. das Verfassungsrecht missglückte Regelungen des Besonderen Teils retten? Die „Geldwäsche" durch den Strafverteidiger, FS Roxin, 2001, 145; *ders.,* Organisierte Kriminalität als Begründung für ein Feind- oder Täterschaftsrecht?, StV 2005, 156; *Hennecke,* „Darf ich in Bitcoin zahlen?" – Geldwäscherisiken für Industrie- und Handelsunternehmen bei Bitcoin-Transaktionen, CCZ 2018, 120; *Herzog/Hoch/Warius,* Die Sicherheitsleistung als Vehikel der Rückgewinnungshilfe – Rückgewinnungshilfe contra konkrete und wirkliche Strafverteidigung?, StV 2007, 542; *Herzog/Mülhausen* (Hrsg.), Geldwäschebekämpfung und Gewinnabschöpfung, Handbuch der straf- und wirtschaftsrechtlichen Regelungen, 2006, zitiert: *Bearbeiter* in Herzog/Mülhausen; *Hetzer,* Geldwäsche und Steuerhinterziehung, WM 1999, 1306; *ders.,* Systemgrenzen der Geldwäschebekämpfung, ZRP 1999, 245; *ders.,* Gewinnabschöpfung durch Beweislastumkehr? wistra 2000, 368; *Hillmann-Stadtfeld,* Die strafrechtlichen Neuerungen nach dem Steuerverkürzungsbekämpfungsgesetz (StVBG), NStZ 2002, 242; *Hoyer/Klos,* Regelungen zur Bekämpfung der Geldwäsche und ihre Anwendung in der Praxis, 2. Aufl., 1998; *Hund,* Der Entwurf der Bundesregierung für ein Gesetz zur Verbesserung der Geldwäschebekämpfung, ZRP 1997, 180; *Hütwohl,* Die Zentralstelle für Finanztransaktionsuntersuchungen (FIU) – Bekämpfung der Geldwäsche und Terrorismusfinanzierung nach dem neu gefassten Geldwäschegesetz, ZIS 2017, 680; *Joerden,* Fremd- und Eigenreferenz bei den Anschlussdelikten Begünstigung, Strafvereitelung, Hehlerei und Geldwäsche, FS Lampe, 2003, 771; *Kaetzler,* Geldwäschebekämpfung in Deutschland, in Hypo Investment Bank (Lichtenstein) AG (Hrsg.), Verdacht auf Geldwäsche, 2006; *Kaiser,* Möglichkeiten zur Verbesserung des Instrumentariums zur Bekämpfung von Geldwäsche und zur Gewinnabschöpfung, wistra 2000, 121; *Kargl,* Probleme des Tatbestands der Geldwäsche (§ 261 StGB), NJ 2001, 57; *Kaufmann,* Die Bedeutung zur Einbeziehung von Bankmitarbeitern in die strafrechtliche Bekämpfung der Geldwäsche, 2. Auflage, 2003; *Keidel,* Finanzermittlungen, Zur Strafbarkeit von Bankangestellten bei der Geldwäsche, Kriminalistik 1996, 406; *Kilchling,* Die Praxis der Gewinnabschöpfung in Europa, 2002; *ders.,* Die vermögensbezogene Bekämpfung der organisierten Kriminalität, Recht und Praxis der Geldwäschebekämpfung und Gewinnabschöpfung zwischen Anspruch und Wirklichkeit, wistra 2000, 241; *Kinzig,* Die rechtliche Bewältigung von Erscheinungsformen der Organisierten Kriminalität, 2004; *Klugmann,* Das neue Geldwäschegesetz – was ändert sich für Rechtsanwälte?, NJW 2017, 2888; *Knorz,* Der Unrechtsgehalt des § 261 StGB, 1996; *Kögel,* Die Strafbarkeit des „Finanzagenten" bei vorangegangenem Computerbetrug durch „Phishing" – zugleich Besprechung des Urteils des LG Darmstadt, wistra 2006, 468; *Körner,* Rechtsprechungsübersicht zu Geldwäschedelikten in Deutschland und in der Schweiz; NStZ 1996, 64; *Körner/Dach,* Geldwäsche – ein Leitfaden zum geltenden Recht, 1994; *Kraatz,* Geldwäscherisiken für Anwälte, NJ 2015, 149; *Kraushaar,* Die „kontrollierte Weiterleitung" inkriminierter Gelder. Zur Frage der Strafbarkeit nach § 261 StGB beim Handeln für Strafverfolgungsbehörden, wistra 1996, 168; *Kreß,* Das neue Recht der Geldwäschebekämpfung, wistra 1998, 121; *Krey/Dierlamm,* Gewinnabschöpfung und Geldwäsche, Kritische Stellungnahme zu den materiell-rechtlichen Vorschriften des Entwurfs eines Gesetzes zur Bekämpfung des illegalen Rauschgifthandels und anderer Erscheinungsformen der organisierten Kriminalität (OrgKG), JR 1992, 353; *Krug,* Strafsenat des BGH bejaht Totalkontamination bei der Geldwäsche, NZWiSt 2016, 159; *Lampe,* Der neue Tatbestand der Geldwäsche (§ 261 StGB), JZ 1994, 123; *Leip,* Der Straftatbestand der Geldwäsche, 1999; *ders./Hardtke,* Der Zusammenhang von Vortat und Gegenstand der Geldwäsche unter besonderer Berücksichtigung der Vermengung von Giralgeld, wistra 1997, 281; *Leitner,* Eine Dekade der Geldwäschegesetzgebung, Eine Zwischenbilanz, Anwbl. 2003, 675; *Leitner/Rosenau* (Hrsg.), Wirtschafts- und Steuerstrafrecht, 2017, zitiert: *Bearbeiter* in NK-WirtschaftsSteuerStrafR; *Löwe-Krahl,* Die Strafbarkeit von Bankangestellten nach § 261 StGB, wistra 1993, 123.; *ders.,* Das Geldwäschegesetz – ein taugliches Instrumentarium zur Verhinderung der Geldwäsche?, wistra 1993, 121; *Lütke,* Geldwäsche bei Auslandsvortat und nachträgliche Gewährung rechtlichen Gehörs, wistra 2001, 85; *Jahn/Ebner,* Die Anschlussdelikte – Geldwäsche (§§ 261–262 StGB), JuS 2009, 598; *Maiwald,* Auslegungsproblem im Tatbestand der Geldwäsche, FS Hirsch, 1999, S. 631; *Mansdörfer,* Der internationalstrafrechtliche Geltungsbereich des Geldwäschetatbestandes, HRRS 2009, 252; *Matt,* Geldwäsche durch Honorarannahme eines Strafverteidigers, GA 2002, 137; *Mehlhorn,* Der Strafverteidiger als Geldwäscher, 2004; *Michalke,* Die „Infizierungs"-Theorie bei der Geldwäsche – ein untauglicher Versuch am untauglichen „Gegenstand", in Arbeitsgemeinschaft Strafrecht des Deutschen Anwaltvereins (Hrsg.), Strafverteidigung im Rechtsstaat, 2009, S. 346; zitiert: FS DAV; *Mitsch,* „Verschaffen" als Merkmal des Straftatbestandes, JA 2020, 32; *Melzer,* Die Bank, 1996; *Mühlbauer,* Strafrechtliche Überprüfung der Angemessenheit von Anwaltshonoraren, HRRS 2004, 132; *Müssig,* Strafverteidiger als „Organ der Rechtspflege" und die Strafbarkeit wegen Geldwäsche, wistra 2005, 201; *Müther,* Verteidigerhonorar und Geldwäsche, Jura 2001, 318; *Nestler,* Der Bundesgerichtshof und die Strafbarkeit des Verteidigers wegen Geldwäsche, StV 2001, 641; *ders.,* Ökonomische Folgen verfehlter Kriminalisierung in Lüderssen (Hrsg.), Economy, Criminal Law, Ethics, 2009; *Neuheuser,* Die Strafbarkeit des Bereithaltens und Weiterleitens des durch „Phishing" erlangten Geldes, NStZ 2008, 492; *ders.,* Die Strafbarkeit des Geldwäschebeauftragten wegen Geldwäsche durch Unterlassen bei Nichtmelden eines Verdachtsfalles gemäß § 11 Abs. 1 GwG, NZWiSt 2015, 241; *ders.,* Die begrenzte Straflosigkeit der Geldwäsche (§ 261 Abs. 9 S. 2 und 3 StGB), NZWiSt 2016, 265; *Oswald,* Die Implementation gesetzlicher Maßnahmen zur Bekämpfung der Geldwäsche in der Bundesrepublik Deutschland, 1997; *Otto,* Das strafrechtliche Risiko der gesetzlichen Vertreter und Geldwäschebeauftragten der Kreditinstitute nach dem Geldwäschegesetz, wistra 1995, 323; *Petropoulos,* Der Zusammenhang von Vortat und Gegenstand in § 261 StGB – die Problematik der sog. Teilkontamination des Gegenstands, wistra 2007, 241; *Pieth,* Korruptionsgeldwäsche, in FS N. Schmid, 2001, 437; *Raschke,* Strafverteidigung als „privilegiertes" Berufsbild – „privilegium" oder „a minore ad maius"?, NStZ 2012, 606; *Rönnau/Begemeier,* Die neue erweiterte Einziehung gem. § 73a Abs. 1 StGB-E: mit Kanonen auch auf Spatzen?, NZWiSt 2016, 260; *Rübenstahl/Stapelberg,* Anwaltliche Forderungsbeitreibung in bemakeltes Vermögen – grundsätzlich keine Geldwäsche, NJW 2010, 3692; *Salditt,* Der Tatbestand der Geldwäsche, StraFo 1992, 121; *Samson,* Geldwäsche nach Steuerhinterziehung? Gedanken zur Halbwertzeit von Strafgesetzen, in FS Kohlmann, 2003; *Schittenhelm,* Alte und neue Probleme der Anschlussdelikte im Lichte der Geldwäsche, FS Lenckner, 1998, 519; *Schrader,* Die Strafbarkeit des Verteidigers wegen Geldwäsche (§ 261) durch Annahme bemakelter Honorarmittel, 2008; *Schramm,* Zum Verhältnis von (gewerbsmäßigen) Hehlerei (§§ 259, 260 StGB) und Geldwäsche (§ 261 StGB), wistra 2008, 245; *Schröder,* Erweiterung des Vortatenkatalogs der Geldwäsche um Marktmanipulation und Insiderhandel – Risiken für die Kreditwirtschaft und die Kapitalmärkte, WM 2011, 769; *Schröder/Bergmann,* Warum die Selbstgeldwäsche straffrei bleiben muss, 2013; *Schröder/Blaue,* Die erste Richtlinie über die strafrechtliche Bekämpfung der Geldwäsche – Auswirkungen in Deutschland, NZWiSt 2019, 161; *Schröder/Pfaff/Bergmann* in Schröder/Bergmann/Pfaff (Hrsg.), Lösungsvorschläge für das Geldwäschestrafrecht, 2020; 43.; *Schubarth,* Geldwäscherei – Neuland für das traditionelle kontinentale Strafrechtsdenken,

§ 261 StGB

FS Bemmann, 1997, 430; *Seidl/Fuchs,* Die Strafbarkeit des Phishing nach Inkrafttreten des 41. Strafrechtsänderungsgesetzes, HRRS 2010, 85; *Spatscheck/Wulf,* „Schwere Steuerhinterziehung" gemäß § 370a AO – Zwischenbilanz zur Diskussion über eine missglückte Strafvorschrift, NJW 2002, 2983; *dies.,* „Schwere Steuerhinterziehung" und Geldwäsche, DB 2002, 392, 396; *Spiske,* Pecunia olet?, 1998; *Stam,* Das Konkurrenzverhältnis zwischen Geldwäsche und Hehlerei, wistra 2016, 143; *Stuckenberg,* Zur Strafbarkeit von „Phishing", ZStW 118 (2006), 878; *Suendorf,* Geldwäsche – eine kriminologische Untersuchung, 2001; *Teixeira,* Die Strafbarkeit der Selbstgeldwäsche, NStZ 2018, 634; *Vest,* Probleme des Herkunftsprinzips bei der Geldwäscherei, FS N. Schmid, 2001, 417 ff.; *Vogel,* Geldwäsche – Ein europaweit harmonisierter Straftatbestand?, ZStW 109 (1997), 335; *Voß,* Die Tatobjekte der Geldwäsche, 2007; *Werner,* Die Bekämpfung der Geldwäsche in der Kreditwirtschaft, 1996; *Winkler,* Die Strafbarkeit des Verteidigers jenseits der Strafvereitelung – Zugleich ein Beitrag zur Auslegung des § 261 StGB, 2005; *Wohlers,* Strafverteidigung vor den Schranken der Strafgerichtsbarkeit, StV 2001, 420; *Wulf,* Telefonüberwachung und Geldwäsche im Steuerstrafrecht, wistra 2008, 321; *Zöller,* Beteiligung an kriminellen und terroristischen Vereinigungen als Vortat der Geldwäsche, FS Roxin, 2011, 1033 ff.

Übersicht

	Rn.
I. Entstehungsgeschichte	1
II. Rechtsnatur und Struktur des § 261 StGB – Überblick über die Regelung	5
III. Kriminalpolitische Ziele und Rechtsgut	11
1. Kriminalpolitische Ziele	11
2. Kriminalpolitischer Erfolg	15
3. Scheitern des kriminalpolitischen Programms	17
4. Konsequenzen für die Auslegung	19
5. Rechtsgut	21
a) Staatliche Rechtspflege und Ermittlungsinteresse der Strafverfolgungsbehörden	23
b) Rechtsgüter der Vortaten	24
c) Legaler Wirtschafts- und Finanzkreislauf und Volkswirtschaft	25
d) Innere Sicherheit	26
e) Pluralistische Rechtsgutsbestimmungen	27
f) Rechtsprechung, Auslegung und Ergebnis	28
IV. Die tatbestandlichen Voraussetzungen des § 261 StGB im Einzelnen	34
1. Gegenstand	34
2. Vortaten	35
a) Generelle Anforderungen an die Vortat	36
b) Vortatenkatalog im Einzelnen	40
c) Auslandstaten	51
3. „Herrühren" aus der Vortat	52
a) Unmittelbar aus der Tat herrührende Gegenstände	62
b) Tatmittel	64
c) Mittelbar auf die Tat zurückzuführende Gegenstände	66
d) Auswirkungen der Vermischung sauberer und schmutziger Vermögenswerte	73
e) Spezialregelung des § 261 Abs. 1 S. 3 StGB: Geldwäscheobjekte aus Steuerstraftaten	79
f) Nachweis des „Herrührens" aus einer Katalogtat	88
4. Tathandlungen	90
a) Verschleierungstatbestand, Abs. 1 S. 1 Alt. 1	91
b) Vereitelungstatbestand, Abs. 1 S. 1 Alt. 2	92

	Rn.
c) Isolierungstatbestand, Abs. 2	97
d) Kontrollierte Transaktionen	115
e) Geldwäsche durch Unterlassen	116
5. Strafloser Vorerwerb	120
6. Subjektiver Tatbestand	125
a) Vorsatz gem. Abs. 1 und Abs. 2	126
b) Leichtfertigkeit, Abs. 5	128
c) Auswirkungen auf gefährdete Berufsgruppen	132
7. Versuch, Abs. 3	141
V. Rechtsfolgen	143
1. Strafrahmen und Strafzumessung	143
2. Einziehung von Tatobjekten (Beziehungsgegenstände), Abs. 7	145
VI. Strafausschließungsgrund bei Vortatbeteiligung, Abs. 9 S. 2 und 3	146
1. Grundgedanke und Entwicklung	146
2. Tatidentität von Geldwäsche und Vortaten (insbes. bei BtMG-Delikten und der Steuerhinterziehung)	147
3. Alleinige Strafbarkeit der Vortat im Ausland	148
4. Erwiesensein der Vortat	149
5. Einschränkung durch Abs. 9 S. 3	150
VII. Selbstanzeige	152
VIII. Konkurrenzen	158
IX. § 262 StGB, Führungsaufsicht	160

I. Entstehungsgeschichte

Als Gegenstand des Strafrechts wird Geldwäsche als ein Vorgang definiert, „mit dem man die Existenz, die illegale Quelle oder die illegale Verwendung von Einkommen verbirgt und dann dieses Einkommen so bemäntelt, dass es aus einer legalen Quelle zu kommen scheint" (so die Übersetzung der grundlegenden Definition der President's Commission on Organized Crime, The Cash Connection: Organized Crime, Financial Institutions and Money Laundering, Washington D.C. 1985 p. VII. von *Leip* S. 4; zu weiteren Definitionen *Herzog/Achtelik* → Einl. Rn. 1 ff.). **Ziel einer Geldwäschehandlung ist es danach, Vermögenswerte, die aus illegalen Aktivitäten stammen oder mit ihnen in Verbindung stehen, legal erscheinen zu lassen, sie zu „waschen", um sie dann ungestört weiter nutzen zu können** und insbes. auch dem Zugriff der Strafverfolgungsbehörden zu entziehen (*Hoyer/Klos* S. 9; *Oswald* S. 281). Soweit Geldwäsche professionalisiert abläuft, werden bei ihr drei Phasen unterschieden (vgl. dazu *Trechsel/Affolter-Eijstein* in Trechsel/Pieth StGB Art. 305 Rn. 4): In der sog. placement-Phase werden die inkriminierten Gegenstände in der Regel unter Verletzung gesetzlicher Bestimmungen (Transparenz-, Dokumentation-, Informationsbestimmungen) in das legale Finanzsystem eingespeist; im Anschluss wird in der layering-Phase (Verwirrung) versucht, die Papierspur durch eine Vielzahl komplizierter Transaktionen zu verwischen. In der dritten Phase wird der Gegenstand, dessen inkriminierter Hintergrund nunmehr verschleiert sein sollte, wieder in den legalen Wirtschafts- und Finanzmarkt zurückgeführt (Integration) (vgl. Report of the US-Customs to the Subgroup, Statistics and Methods, of the FATF, Paris, 1989). 1

§ 261 geht zurück auf **Art. 1 Nr. 19 OrgKG** v. 15. 7. 1992 (BGBl. I S. 1304). Der Straftatbestand der Geldwäsche ist seitdem 28 Mal modifiziert worden. Die 2 meisten Änderungen bezogen sich dabei auf den Katalog der geldwäschefähigen Vortaten. Dieser wurde in den letzten 25 Jahren erheblich ausgeweitet. Eine Vorgängerregelung, die speziell das Phänomen der Geldwäsche erfasste, existierte bis 1992 nicht. Eine Kriminalisierung desjenigen, der einen inkriminierten Gegenstand aus einer rechtswidrigen Vortat verbarg (usw), war nur über sukzessive Teilnahme und über die Anschlussdelikte, insbes. über Begünstigung und Strafvereitelung, eingeschränkt möglich (zur Rechtslage vor Einführung des § 261 vgl. *Spiske* S. 47 ff.). Straftatbestände, die speziell auf die Geldwäschebekämpfung zugeschnitten sind, wurden weltweit erst in den letzten drei Jahrzehnten eingeführt. Den Anfang machten hierbei die USA mit dem „Money Laundering Control Act" als einem Bestandteil des „Anti Drug Abuse Act" aus dem Jahr 1986 (vgl. dazu *Frank* S. 99 ff.). Ein spezieller Straftatbestand der Geldwäsche soll eine effektive Bekämpfung von lukrativen Straftaten wie etwa von Betäubungsmitteldelikten gewährleisten, indem die wirtschaftliche Verwertung der Tatgewinne in weitgehenderem Maße sanktioniert wird, als dies mit den zuvor existierenden Strafvorschriften (nach deutschem Recht: Die Anschlussdelikte der §§ 257–259 StGB) möglich war. Geldwäschebekämpfung hat sich vor allem auch deswegen in rasanter Entwicklung als ein internationales Konzept etabliert (Übersicht bei *Ambos* ZStW 2002, 236 (249 ff.)), um ein Ausweichen der Geldwäsche in andere Staaten und Standortvorteile auf dem Finanzmarkt zu verhindern (vgl. *Pieth* in Herzog/Mülhausen Geldwäschebekämpfung-HdB § 3 Rn. 2 ff.). Die Entwicklung setzt ein mit der Wiener Drogenkonvention der UNO von 1988, die alle Unterzeichnerstaaten verpflichtete, einen Straftatbestand zur Bekämpfung der Wäsche von Drogengeldern zu schaffen (deutsche Fassung in BGBl. 1993 II S. 1136; vgl. dazu *Pieth* in Herzog/Mülhausen Geldwäschebekämpfung-HdB Rn. 3, 7 ff.; *Jekewitz* in Herzog/Mülhausen Geldwäschebekämpfung-HdB § 8 Rn. 7 f.). Als politische Akteure werden die Financial Action Task Force on Money Laundering (FATF) und der Baseler Ausschuss für Bankenaufsicht installiert (*Herzog/Achtelik* → Einl. Rn. 63 ff., 75), und schon die Konvention des Europarats von 1990 (*Herzog/Achtelik* → Einl. Rn. 76 ff.) und die 1. Geldwäscherichtlinie (RL 91/308/EWG) der EU (EG) von 1991 (*Herzog/Achtelik* → Einl. Rn. 81 ff.) geben den engen Ansatz der Drogenbekämpfung bei der Verpflichtung zur strafrechtlichen Ahndung der Geldwäsche auf, sondern zielen allgemeiner auf eine möglichst weit reichende internationale Verfolgung und Ahndung der Geldwäsche im Kontext aller Formen schwerer Kriminalität ab, bei der Vermögenszuwächse auf Seiten der Täter erfolgen (zu den unterschiedlichen Schwerpunkten der jeweiligen Akteure *Herzog/Achtelik* → Einl. Rn. 147 ff.). Dieser Trend hielt auch mit der 2. (RL 2001/97/EG), der 3. (RL 2005/60/EG), der 4. (RL (EU) 2015/849) und der 5. Geldwäscherichtlinie der EU (RL (EU) 2018/843) an. Das Kernanliegen der europäischen Geldwäschegesetzgebung beschränkt sich heute weitestgehend auf die Implementierung der Empfehlungen der FATF in das Recht der Mitgliedstaaten der EU über das Mittel der Richtlinie. Die FATF wird als das führende internationale Gremium auf dem Gebiet der Geldwäschebekämpfung angesehen (vgl. RL 2001/97/EG, Erwägungsgrund 7).

2a Die Gesetzgebungsmaßnahmen der EU hatten zuletzt nur mittelbaren Einfluss auf den Straftatbestand der Geldwäsche in § 261 StGB. Vorrangig formulieren die Geldwäscherichtlinien Direktive an die Mitgliedstaaten zur Implementierung von Maßnahmen zur Verhinderung von Geldwäsche (Geldwäscheaufsicht, vgl. → Rn. 5). Unmittelbare Vorgaben an die Ausgestaltung einer Straftatbestimmung der Geldwäsche waren in den Geldwäscherichtlinien nicht enthalten, auch wenn der deutsche Gesetzgeber die Ausweitungen des europarechtlichen Geldwäschebegriffs durch die Geldwäscherichtlinien weitgehend auch strafrechtlich nachvollzogen hat (vgl. zuvor Rn. 2). Zwingende Instruktionen an den Straftatbestand der Geldwäsche enthielt hingegen der Rahmenbeschluss des Rates vom 26.6.2001 über Geldwäsche sowie Ermittlung, Einfrieren, Beschlagnahme und Einziehung von Tatwerkzeugen und Erträgen aus Straftaten (2001/500/JI), der ua auf Art. 6 des Übereinkommens des Europarats von 1990 über Geldwäsche sowie Ermittlung, Beschlagnahme und Einziehung von Erträgen aus Straftaten (SEV 141) verweist. Mit der **Richtlinie über die strafrechtliche Bekämpfung der Geldwäsche (RL (EU) 2018/1673)** wurde dieser Rahmenbeschluss (zum Teil) ersetzt (vgl. Art. 12 der RL). Diese Richtlinie ist am 2.12.2018 in Kraft getreten und ist bis zum 3.12.2020 in nationales Recht umzusetzen (Überblick *Schröder/Blaue* NZWiSt 2019, 161 ff.). Die Richtlinie formuliert nun noch detailliertere Vorgaben an die Strafbarkeit wegen Geldwäsche in den Mitgliedstaaten. Vor dem Hintergrund der primär strafrechtlichen Zielrichtung der Richtlinie wird in der Literatur in Bezug auf die RL (EU) 2018/1673 nicht von einer 6. Geldwäscherichtlinie (vgl. *Böse/Jansen* JZ 2019, 591), sondern von Geldwäschestrafrechtsrichtlinie (*Bergmann/Pfaff* in Schröder/Bergmann/Pfaff S. 1) oder von erster Richtlinie über die strafrechtliche Bekämpfung der Geldwäsche (*Schröder/Blaue* NZWiSt 2019, 161) gesprochen.

Die **Geldwäschestrafrechtsrichtlinie** schreibt ua vor, dass in den Mitgliedstaaten für den Straftatbestand der (vorsätzlichen) Geldwäsche eine **Höchststrafe von mindestens vier Jahren** Freiheitsstrafe vorzusehen ist. (vgl. aber schon Art. 2 Rahmenbeschluss 2001/500/JI). Diese Vorgabe an die Rechtsfolgenseite erfüllt der deutsche Straftatbestand schon seit seinem Inkrafttreten im Jahre 1992. Auf Tatbestandsseite legt die Richtlinie nun verbindlich fest, welche Straftaten zum Kreis der Vortaten des Straftatbestandes der Geldwäsche zählen müssen. Dafür wählt die Richtlinie einen (verbindlichen) zweiteiligen Definitionsansatz für kriminelle Tätigkeiten (Vortaten) im Sinne der Geldwäsche (zum Unterschied zu den Vorgaben der bisherigen Geldwäscherichtlinie vgl. *Bergmann/Pfaff* in Schröder/Bergmann/Pfaff S. 1, 19). Entweder die Straftaten sind bereits über den sog. Schwellenansatz erfasst oder sie werden bereits – unabhängig vom Schwellenansatz – im Katalog des Art. 2 Ziff. 1 S. 1 Buchst. a–v genannt.

2b

Vom Schwellenansatz erfasst ist jede Form der kriminellen Beteiligung an Straftaten, die gemäß dem nationalen Recht mit einer Freiheitsstrafe oder mit Freiheitsentzug **im Höchstmaß von mehr als einem Jahr** oder – in Mitgliedstaaten, deren Rechtssystem ein Mindeststrafmaß für Straftaten vorsieht – mit einer Freiheitsstrafe oder einer der Freiheit beschränkenden Maßnahme **im Mindestmaß von mehr als sechs Monaten** geahndet werden können. Ein entsprechender Schwellenansatz war bereits im Rahmenbeschluss 2001/500/JI (Art. 1 Buchst. b) und in der 3. Geldwäscherichtlinie (Art. 3 Nr. 5 RL 2005/60/EG) enthalten; wurde vom deutschen Gesetzgeber aber bisher ignoriert (vgl. *Bergmann/Pfaff* in Schröder/Bergmann/Pfaff S. 1, 14). Eine Erklärung hierfür könnte darin zu erblicken sein, dass die Geldwäscherichtlinien eben nicht als unmittelbar verbindlich für die Konstituierung eines nationalen **Geldwäschestraftatbestandes** angesehen worden sind (vgl. Nachweis zuvor). Mit Inkrafttreten der Geldwäschestrafrechtsrichtlinie sind jedoch alle (vermeintlichen) Zweifel über die Vorgaben des EU-Rechts an den Vortatenkatalog des Geldwäschestraftatbestands gänzlich beseitigt. Das Verhältnis zwischen den beiden genannten „Alternativen" von Mindesthöchststrafe und Mindeststrafe ist zumindest prima facie undurchsichtig. Der alternative Schwellenansatz soll wohl den unterschiedlichen Rechtsfolgenmodellen in der EU gerecht

2c

§ 261 StGB

werden. Da das deutsche Strafrechtssystem eben auch mit Mindeststrafen „arbeitet", gilt für die Bundesrepublik die zweite Alternative, die wohl als Spezialfall zur ersten Alternative vorgesehen ist (zur Geldwäscherichtlinie: *Schröder/Textor* in Fülbier/Aepfelbach/Langweg GwG StGB Vor § 261 Rn. 31f.; *Hecker* FS Kreuzer, 2009, 256 (263); aA *Bergmann/Pfaff* in Schröder/Bergmann/Pfaff S. 1, 22ff., die von einem Ergänzungsverhältnis zwischen dem Höchst- und Mindestmaß-Kriterium ausgehen).

Gilt für die Bundesrepublik Deutschland damit aber der Mindestmaß-Schwellenansatz von Freiheitsstrafen von mehr als sechs Monaten, wird hierdurch praktisch kein Änderungsbedarf ausgelöst, solange nur alle Verbrechen im Vortatenkatalog enthalten sind (vgl. *Hecker* FS Kreuzer, 2009, 256 (263f.)). Unterhalb der Verbrechen existieren in der deutschen Strafrechtsordnung keine Straftatbestände, die auf Rechtsfolgenseite verlangen würden, dass die Tat mit Freiheitsstrafe **von mehr als sechs** Monaten zu ahnden wäre. Die dem deutschen Strafrecht bekannte Schwerekategorie unterhalb des Verbrechens verlangt konsistent Freiheitsstrafen **von** (aber eben nicht mehr als) sechs Monaten bis x Jahren (vgl. zB: §§ 177 Abs. 1 und 2, 216, 224, 237, 244 StGB).

2d Darüber hinaus enthält auch der Katalog in Art. 2 Nr. 1 S. 2 Buchst. a–v der RL zahlreiche Straftatbestände, die bisher nicht im Katalog des § 261 Abs. 1 S. 2 StGB enthalten waren. Dazu gehören mindestens: die einfache Erpressung (§ 253 StGB), die Hehlerei (§ 259 StGB), der einfache Betrug (§ 263 StGB), wohl der Diebstahl (§ 242 StGB, vgl. aber Wortlaut der RL: Raub oder Diebstahl); Freiheitsberaubung (§ 239 StGB), sexueller Missbrauch von Kindern (§ 176 StGB), Straftaten nach den §§ 184b ff. StGB, die Vorteilsannahme und die -gewährung (§§ 331 und 333 StGB), Bestechlichkeit und Bestechung im geschäftlichen Verkehr (§ 299 StGB) und noch viele weitere Delikte (vgl. *Böse/Jansen* JZ 2019, 591 (592)). Diese Tatbestände musste der deutsche Gesetzgeber bei der Umsetzung in den Vortatenkatalog implementieren.

2e Hervorhebung verdienen zwei weitere Vorgaben aus der **Geldwäschestrafrechtsrichtlinie.** Die Richtlinie gestattet es den Mitgliedstaaten, bei der Bestrafung wegen Geldwäsche an Auslandsvortaten anzuknüpfen, und zwar auch dann, wenn diese im Ausland nicht strafbar sind. Notwendig ist nur, dass die Handlung eine kriminelle Tätigkeit darstellen würde, wenn sie im Inland des Staates, der wegen Geldwäsche bestrafen will, begangen worden wäre, vgl. Art. 3 Abs. 3 Buchst. c der RL. Eine Verpflichtung der Mitgliedstaaten, auf die Notwendigkeit **beiderseitiger Strafbarkeit** zu verzichten, schreibt die RL aber nur für bestimmte Straftaten vor (zB: Beteiligung an kriminellen und terroristischen Vereinigungen und sonstige Terrordelikte, Menschenhandel, BtM-Handel, Korruption). Dies gilt auch für solche Vortaten, die außerhalb der Europäischen Union, in sog. Drittstaaten, begangen wurden (zur Kritik am Verzicht auf die beiderseitige Strafbarkeit: *Böse/Jansen* JZ 2019, 591 (595ff.); vgl. auch Tschechische Republik/Bundesrepublik Deutschland/Hellenische Republik/Republik Slowenien (Hrsg.), Erklärung v. 5.10.2018, 2016/0414(COD)). Erwähnung verdient auch Art. 3 Abs. 5 der RL, der den Mitgliedstaaten Vorgaben zur Strafbarkeit der **Selbstgeldwäsche** macht. Die RL schreibt den Mitgliedstaaten vor, dass bestimmte Handlungen auch dann als (Selbst-)Geldwäsche strafbar sein müssen, wenn der Betroffene an der Vortat beteiligt war. Dies gilt nach der RL aber eben nicht für jede Form des Umgangs mit dem inkriminierten Gegenstand, sondern nur für den Umtausch, den Transfer, die Verheimlichung oder die Verschleierung. Ob § 261 Abs. 9 S. 3 StGB diesen Vorgaben genügt, ist aber dennoch zweifelhaft. § 261 Abs. 9 S. 3 StGB macht die Rückausnahme von der Strafausschließung der Selbstgeldwäsche davon abhängig, dass der inkriminierte Gegenstand in den Verkehr gebracht wird Diese Einschränkung macht die RL zumindest nicht ausdrücklich. Zutreffend ist aber (vgl. *Schröder/Blaue* NZWiSt 2019, 161 (165)), dass in Erwägungsgrund 11 der RL darauf hingewiesen wird, dass die Selbstgeldwäsche dann strafbar sein soll, wenn durch sie ein weiterer Schaden im Vergleich zur Vortat verursacht wird; dies sei zB der Fall, wenn der Gegenstand in den Verkehr gebracht werde, wie der Gesetzgeber die einzelnen Vorgaben der Geldwäschestrafrechtsrichtlinie umsetzen wird, bleibt abzuwarten.

In der deutschen Diskussion im Vorfeld der Einführung des § 261 StGB wurde 3 die Geldwäschebekämpfung vor allem in den Zusammenhang mit der **„Organisierten Kriminalität"** mit einem Schwerpunkt auf der Bekämpfung des illegalen Drogenmarktes gestellt. Die Verknüpfung zwischen Geldwäsche und Organisierter Kriminalität ergab sich aus der speziellen Ausrichtung Organisierter Kriminalität auf möglichst hohen finanziellen Gewinn (vgl. *Hoyer/Klos* S. 9; umfassend *Kinzig*, 2004). Da diese Gewinne dem Zugriff der Strafverfolgungsbehörden entzogen, ihre Herkunft verborgen und genutzt werden sollen, wurde die Geldwäsche vor allem als ein Folgeproblem der Organisierten Kriminalität und die Geldwäschebekämpfung als ein Ansatz zur Eindämmung der Organisierten Kriminalität betrachtet (vgl. *Vogt* in Herzog/Mülhausen Geldwäschebekämpfung-HdB § 1 Rn. 13f. und *Jekewitz* in Herzog/Mülhausen Geldwäschebekämpfung-HdB § 9 Rn. 10). In einer Zeit, in der das Phänomen der Organisierten Kriminalität und die Meldungen über ihre steigenden Gewinne zunehmend in den Blickpunkt des öffentlichen Interesses gerieten und in Umsetzung der Vorgaben der UNO-Drogenkonvention (BT-Drs. 12/3533, 10) hat der Gesetzgeber im Jahr 1992 den Straftatbestand der Geldwäsche mit dem „Gesetz zur Bekämpfung des illegalen Rauschgifthandels und anderer Erscheinungsformen der Organisierten Kriminalität" geschaffen (OrgKG, BGBl. 1992 I S. 1302; zur Entwicklung ausführlich *Sotiriadis*, 2009, S. 204 ff.; vgl. auch *Jekewitz* in Herzog/Mülhausen Geldwäschebekämpfung-HdB § 9 Rn. 10). Dabei bildete der § 261 StGB nur einen der Bestandteile eines ganzen Maßnahmenpakets, das darauf abzielte, die finanzielle Basis der Organisierten Kriminalität zu erschüttern (neu eingeführt wurden ua die inzwischen für verfassungswidrig erklärten §§ 43a, 73d StGB, §§ 111b ff. StPO). Im Laufe der Zeit geriet dann immer mehr der Terrorismus und seine Finanzierung in das Blickfeld der internationalen und nationalen Bemühungen zur Bekämpfung Organisierter Kriminalität (BT-Drs. 14/8739, 10). Diese Bestrebungen mündeten im Jahre 1999 in der UNO-Konvention zur Bekämpfung der Finanzierung des Terrorismus (Resolution 54/109). Nach dem 11.9.2001 wurden die Bemühungen immer weiter verstärkt. Orientiert an den bekannten Modellen zur Bekämpfung der organisierten Drogenkriminalität führte die Weltgemeinschaft einschneidende Maßnahmen ein, um die Nutzung des Finanzsystems zur Vorbereitung und Finanzierung von Terrorakten zu verhindern (näher *Stiglitz/Pieth* Overcoming the Shadow Economy, S. 11). Auf diese internationalen Entwicklungen ist ua der neue Tatbestand der Terrorismusfinanzierung in § 89c (BGBl. 2015 I S. 926) zurückzuführen, der der Umsetzung der Forderungen der FATF dient (vgl. BT-Drs. 14/4279; zu den Forderungen der FATF vgl. Report, Financing of the Terrorist Organisation Islamic State in Iraq and the Levant (ISIL), 2015). Die Fokussierung auf den Terrorismus und dessen Finanzierung ist nicht ohne Auswirkungen auf den Geldwäschetatbestand geblieben. Nicht nur § 89c, sondern auch der § 89a hat Eingang in den Vortatenkatalog des Abs. 1 S. 2 gefunden.

Indes hat sich der Gesetzgeber bei der Einführung des § 261 StGB nicht auf die 4 Bekämpfung der Organisierten Kriminalität beschränkt, sondern eine Regelung

§ 261 StGB

geschaffen, die auf die **umfassende Isolierung auch anderer Straftäter** mit ihren kriminellen Gewinnen gerichtet ist, wie insbes. anhand der Ausgestaltung der Tathandlungen und des Vortatenkatalogs des § 261 Abs. 1 StGB deutlich wird: Anders als die eingangs zitierte Definition der Geldwäsche es nahe legt, kriminalisiert § 261 StGB nicht nur gezielte Verschleierungshandlungen, sondern stellt in Abs. 2 bereits den schlichten Umgang mit Gegenständen, die aus einer Straftat aus dem Katalog des § 261 StGB herrühren, unter Strafe. Und schon die erste Fassung des Geldwäschestraftatbestands erklärte alle Gegenstände, die aus Verbrechen herrühren, zu möglichen Objekten einer Geldwäsche, obwohl nur wenige Verbrechenstatbestände zu den typischen Betätigungsfeldern der Organisierten Kriminalität gehören. In der Folgezeit wurde der **Vortatenkatalog** des § 261 StGB **immer stärker ausgeweitet.** Schon 1994 wurden durch das Verbrechensbekämpfungsgesetz (BGBl. I S. 1836) auch Vergehen nach § 29 Abs. 1 Nr. 1 BtMG sowie die §§ 246, 263, 266, 267, 332 Abs. 1 und 334 StGB, sofern von einem Mitglied einer Bande oder gewerbsmäßig begangen, aufgenommen. Mit dem Gesetz zur Verbesserung der Bekämpfung der Organisierten Kriminalität von 1998 (BGBl. I S. 845), dem Steuerverkürzungsbekämpfungsgesetz von 2002 (BGBl. I S. 3922), dem Gesetz zur Neuregelung der Telekommunikationsüberwachung von 2008 (BGBl. I S. 3198), dem Gesetz zur Ergänzung der Bekämpfung der Geldwäsche und der Terrorismusfinanzierung von 2008 (BGBl. I S. 1690; BT-Drs. 16/9038, 29: Erweiterung des Abs. 1 Nr. 4a um die §§ 271, 348 StGB) sowie dem Gesetz zur Verbesserung der Bekämpfung der Geldwäsche und Steuerhinterziehung von 2011 (BGBl. I S. 676; BT-Drs. 17/4182: Erweiterung des Abs. 1 Nr. 4b um die Straftatbestände der Marktmanipulation, des Insiderhandels und der Produktpiraterie) wurde der Vortatenkatalog jeweils mit der Folge erweitert, dass nunmehr auch eine Vielzahl von Vergehen sowie ausgewählte Steuerstraftaten zu den möglichen Vortaten einer Geldwäsche gehören, ohne dass irgendein Zusammenhang mit der Organisierten Kriminalität bestehen muss (zu der älteren an das OrgKG anschließenden Gesetzgebung vgl. im Einzelnen *Jekewitz* in Herzog/Mülhausen Geldwäschebekämpfung-HdB § 10 Rn. 41 ff.). Der Tatbestand des § 261 StGB hat damit in weiten Teilen jeglichen Bezug zur Bekämpfung der Organisierten Kriminalität verloren.

Mit der Einführung der §§ 89a ff. im Jahre 2009 wurde der Katalog in Nr. 5 auf die Vorbereitung schwerer staatsgefährdender Straftaten (BGBl. I S. 2437) und später (2015) auf die Terrorismusfinanzierung (§ 89c) ausgedehnt (BGBl. I S. 926). Schon im Jahr 2014 wurde der Vortatenkatalog auch auf § 108e erstreckt (BGBl. I S. 410); 2017 erfolgte die Aufnahme des Sportwettbetruges in Abs. 1 Nr. 4a (BGBl. I S. 815).

Die Strafrechtsnorm des § 261 StGB ist älter als die „dritte Säule" der Geldwäschebekämpfung, das 1993 geschaffene Geldwäschegesetz (GwG), das Private, insbes. die Kredit- und Finanzdienstleistungswirtschaft, durch umfangreiche Verpflichtungen in die Geldwäschebekämpfung einbezog und damit auch die Wirksamkeit des § 261 StGB erhöhen sollte (BT-Drs. 12/2704). Mittlerweile verfolgt Geldwäschebekämpfung auf der Grundlage des GwG vielerlei andere und weiterreichende Ziele (die Darstellung der verschiedenen Entwicklungslinien bei Herzog/Achtelik → Einl. Rn. 106 ff.). Das GwG hat nicht nur eine praktische Bedeutung für die strafrechtliche Geldwäschebekämpfung, weil Anzeigen gem. § 43 GwG zu einem wesentlichen Anteil den Anfangsverdacht einer Straftat gem. § 261 StGB begründen und weil die Regelungen des GwG Zuständigkeiten für die Verantwortlichkeit der Geldwäschebekämpfung begründen, die auch über die strafrechtliche Verantwortlichkeit insbes. im Bereich der Leichtfertigkeit entscheiden

(→ Rn. 128 ff.). Das insbes. mit dem GwG verfolgte präventive Bekämpfungskonzept bei der Geldwäsche wirkt sich auch auf die Auslegung des § 261 StGB aus (→ Rn. 19 f.).

II. Rechtsnatur und Struktur des § 261 StGB – Überblick über die Regelung

Bei § 261 handelt es sich um ein **Allgemeindelikt,** nicht um ein Sonderdelikt (*Neuheuser* in MüKoStGB § 261 Rn. 14). Der Tatbestand kann damit grundsätzlich von Jedermann verwirklicht werden. Die Deliktsnatur ist problematisch. Schon die unterschiedlichen Tatvarianten des Abs. 1 weisen keine einheitliche Deliktsnatur auf. Die Tatvarianten des **Verbergens** und des **Verschleierns** (Verschleierungstatbestand) beschreiben (erfolgsverbundene) **Tätigkeitsdelikte** (zur Definition des Tätigkeitsdelikts vgl. *Rönnau* JuS 2010, 961 (962)), da sie keinen von der Tathandlung unabhängigen und emanzipierten Tätererfolg fordern. Soweit es um die „**Vereitelung**" oder „**Gefährdung**" (Vereitelungs- und Gefährdungstatbestand) der Ermittlung der Herkunft, des Auffindens, der Einziehung oder der Sicherstellung geht, dürfte hingegen von **Erfolgsdelikten** auszugehen sein (so jetzt auch BGH StV 2019, 678). Das Gesetz beschreibt hier den Unrechtserfolg (vereiteln oder gefährden), ohne dass die Tathandlung gesondert umschrieben wird. In diesen Fällen genügt jede Handlung, die zur Vereitelung oder Gefährdung der genannten Maßnahmen führt. Die Vereitelungsvariante ist ein Verletzungsdelikt; die Gefährdungsvariante ein (konkretes) Gefährdungsdelikt. Die rechtsgutsbezogene Einordnung des Verbergens- und Verschleierungstatbestandes hängt hingegen davon ab, ob man auch für diese beiden Alternativen einen der Tathandlung immanenten Erfolg voraussetzt, der zumindest in der konkreten Gefährdung des geschützten Rechtsgutes besteht. Bejaht man dies mit der hM, wären auch diese Tatbestände als konkrete Gefährdungsdelikte zu qualifizieren.

Bei **Abs. 2** (Verschaffen, Verwahren, Verwenden eines inkriminierten Gegenstandes = sog. Isolierungstatbestand) handelt es sich hingegen um ein **Tätigkeitsdelikt.** Es wird hier ein abstraktes Gefährdungsdelikt formuliert (*Neuheuser* in MüKoStGB § 261 Rn. 12). Abs. 2 kann unabhängig von einer konkreten Gefährdung oder Verletzung des durch den Tatbestand geschützten Rechtsgutes verwirklicht sein.

§ 261 StGB ist als **Anschlussdelikt** ausgestaltet, knüpft also an eine andere rechtswidrige Tat an, aus der die Gegenstände der Geldwäsche stammen müssen. Der **Vortatenkatalog** des Abs. 1 S. 2 ist extrem weit, denn er erfasst nicht nur die dort genannten ausgewählten Vergehen, sondern auch alle Verbrechenstatbestände, dh alle mit einer Mindeststrafe von einem Jahr bedrohten Delikte. Nach Abs. 8 stellen auch **Auslandstaten,** die den in Abs. 2 S. 1 genannten Taten entsprechen und im Ausland mit Strafe bedroht sind, taugliche Vortaten einer Geldwäsche dar. Als taugliche **Tatobjekte** einer Geldwäsche sind gemäß Abs. 1 S. 1 alle Gegenstände definiert, die aus einer in Abs. 1 S. 2 aufgeführten, rechtswidrigen Tat **herrühren;** erweitert wird der Begriff der Tatobjekte bei **Steuerstraftaten** durch die Spezialregelung des Abs. 1 S. 3.

Die **Tathandlungen** sind in Abs. 1 S. 1. und Abs. 2 definiert. Abs. 1 S. 1 erfasst mit dem „**Verschleierungstatbestand**" und dem „**Vereitelungs- und Gefährdungstatbestand**" Verhaltensweisen, die gerade darauf abzielen, den behördlichen Zugriff auf die Sache zu erschweren oder die staatlichen Maßnahmen tatsächlich zu vereiteln oder gefährden. Außer diesen „typischen" Geldwäschehandlungen hat der Gesetzgeber in Abs. 2 durch den **Isolierungstatbestand** auch das bloße **Verschaffen, Verwahren** oder **Verwenden** geldwäschetauglicher Gegenstände sanktioniert und die Strafbarkeit damit auch auf Handlungen des täglichen Lebens ausgedehnt. Um aber zu vermeiden, dass der allgemeine Wirtschaftsverkehr durch diesen extrem weit gefassten Tatbestand zu sehr beeinträchtigt wird, sieht Abs. 6 **Straffreiheit** einer Tat iSd Abs. 2 vor, wenn ein Dritter das Geldwäscheobjekt zuvor erlangt hat, ohne hierdurch eine Straftat zu begehen.

8 In **subjektiver** Hinsicht verlangt Abs. 5 hinsichtlich der Herkunft des Tatobjekts aus einer tauglichen Vortat lediglich **Leichtfertigkeit**, wohingegen die Tathandlung nach Abs. 1 oder Abs. 2 – der Grundregel des § 15 StGB entsprechend – immer **Vorsatz** erfordert. Die Strafbarkeit der **versuchten Geldwäsche** gem. Abs. 1 und 2 ergibt sich aus Abs. 3.

9 Die **Rechtsfolgen** einer Geldwäsche sind zunächst Abs. 1 S. 1 (Strafandrohung für die vorsätzliche Geldwäsche) und Abs. 5 (Strafandrohung für die leichtfertige Geldwäsche) zu entnehmen. Darüber hinaus sieht Abs. 4 für **besonders schwere Fälle** einen erhöhten Strafrahmen vor und nennt als Regelbeispiele die gewerbs- oder bandenmäßige Begehung. Als weitere Rechtsfolge einer Geldwäsche kommt gemäß § 261 Abs. 7 S. 1 StGB die **Einziehung** der Gegenstände, auf die sich die Geldwäsche bezieht, in Betracht; nach Abs. 7 S. 2 findet außerdem die Regelung des § 74a StGB Anwendung, wonach unter Umständen auch solche Gegenstände eingezogen werden können, die einem Tatunbeteiligten gehören oder zustehen.

10 Zwei unterschiedliche **Strafaufhebungsgründe** formuliert Abs. 9: Gemäß S. 1 ist der Täter straflos, wenn er die Geldwäsche vor ihrer Entdeckung **freiwillig anzeigt** und bei vorsätzlicher Geldwäsche zusätzlich die Sicherstellung des Tatobjektes bewirkt. Nach S. 2 entfällt die Geldwäschestrafbarkeit, wenn der Täter bereits wegen **Beteiligung an der Vortat** strafbar ist. Dieser Strafausschließungsgrund wurde mit dem Gesetz zur Bekämpfung der Korruption vom 20.11.2015 (BGBl. I S. 2025) durch den neuen Abs. 9 S. 3 eingeschränkt (vgl. dazu auch *Neuheuser* NZWiSt 2016, 265 ff.). Auch diese Gesetzesänderung diente dazu, den Empfehlungen der FATF nachzukommen (BT-Drs. 18/6389, 12).

III. Kriminalpolitische Ziele und Rechtsgut

1. Kriminalpolitische Ziele

11 Obgleich der Bezug des aktuellen § 261 StGB zur Organisierten Kriminalität wegen des erheblich ausgeweiteten Vortatenkatalogs tatsächlich weitgehend aufgegeben wurde, steht die Bekämpfung der Organisierten Kriminalität bei den kriminalpolitischen Absichten, die der Gesetzgeber mit der Vorschrift verfolgt, im Vordergrund (vgl. BT-Drs. 12/989, 1 ff., 26; vgl. aber auch BT-Drs. 18/6389, 11). Positive Effekte auf die Kriminalitätsbekämpfung werden in mehrfacher Hinsicht erhofft: § 261 StGB soll nach der gesetzgeberischen Konzeption gleich zweispurig, sowohl auf materiellrechtlicher als auch auf strafprozessualer Ebene auf die Organisierte Kriminalität einwirken.

12 Mit der materiellrechtlichen Seite des § 261 StGB, der Drohung der Strafbarkeit der in Abs. 1 und 2 definierten Verhaltensweisen, sollen die Bürger dazu angehalten werden, sich von den illegalen Profiten fernzuhalten. Dies soll die Vortäter daran

hindern, einen wirtschaftlichen Nutzen aus ihren Taten ziehen zu können (vgl. BT-Drs. 12/989, 26; BR-Drs. 507/92, 23). Das Verbot der Geldwäschehandlungen soll so die Vortäter mit ihren rechtswidrig erlangten Gewinnen **isolieren.** Mittelbar soll damit **präventiv** auf die **Vortäter** eingewirkt werden, denen vor Augen geführt wird, dass sich Verbrechen nicht lohnen, so dass sie von der Begehung von Straftaten abgehalten werden (BT-Drs. 12/989, 27).

Weiterhin zielt der Gesetzgeber darauf ab, die Effektivität der Ermittlungen zur 13 Aufklärung der Vortaten zu steigern. Ein erwünschter **prozessualer** Nebeneffekt der selbstständigen Kriminalisierung von Geldwäschehandlungen besteht in der Schaffung neuer Ermittlungsansätze für die Strafverfolgungsbehörden: Gestützt auf den Verdacht einer geldwäscheverdächtigen Transaktion iSd § 261 StGB könnten strafprozessuale Maßnahmen eingeleitet werden, die zur Aufklärung der Vortat führen. So sollen die auf den Geldwäscheverdacht gestützten Ermittlungen ermöglichen, die **finanziellen Abläufe zurückzuverfolgen** und der „Papierspur" nachzugehen, die nach der gesetzgeberischen Intention letztlich zu den Vortätern und im günstigsten Fall auch in die Zentren Organisierter Kriminalität führen soll (BT-Drs. 12/989, 26; BT-Drs. 12/3533, 11).

Daneben sollen die neu geschaffenen Ermittlungsansätze auch die **Abschöp-** 14 **fung illegaler Gewinne** erleichtern, damit der Organisierten Kriminalität ihre wirtschaftliche Basis entziehen und auch auf diesem Weg die finanziellen Anreize zur Begehung von Straftaten verringern (BT-Drs. 12/989, 1, 20, 22).

2. Kriminalpolitischer Erfolg

Entgegen diesen mit der Strafbarkeit der Geldwäsche verbundenen hohen kri- 15 minalpolitischen Erwartungen und der vielfach behaupteten hohen kriminalpolitischen Bedeutung (exemplarisch *Meyer/Hetzer* NJW 1998, 1017; weitere Nachweise bei *Fischer* § 261 Rn. 4b) ist ein **sichtbarer Erfolg** dieser Strategie auf allen Ebenen **ausgeblieben.** Die erhoffte **präventive Verhinderung von Straftaten** durch Einwirkung auf potenzielle Straftäter mittels der Inkriminierung illegaler Vermögenswerte ist nicht erkennbar. So war das Konzept der Geldwäschebekämpfung in seinen Ursprüngen vor allem durch die Profite der internationalen Drogenkriminalität inspiriert (→ Rn. 3). Es gibt aber keinerlei Anzeichen dafür, dass die Drogenkriminalität oder andere Bereiche der Organisierten Kriminalität durch die Einführung des Geldwäschetatbestandes zurückgegangen sind (ebenso *Fischer* § 261 Rn. 4c). Die großen Mengen an Geld, die gerade im Drogenhandel anfallen, werden also doch irgendwo gewaschen, aber die **Verurteilungszahlen** im Bereich von 250 bis 400 Fällen pro Jahr in Deutschland sind vergleichsweise kümmerlich und obendrein tendenziell eher rückläufig (der Jahresbericht der Financial Intelligence Unit (FIU) Deutschland beim BKA 2015 kommt für das Jahr 2015 auf nur noch 37 Urteile und 213 Strafbefehle, für 2014 auf 50 Urteile und 254 Strafbefehle, für 2013 auf 62 Urteile und 228 Strafbefehle), wobei insgesamt festzustellen ist, dass die Gesamtzahl der Rückmeldungen zwar kontinuierlich ansteigt, jedoch die Anzahl der Urteile, Strafbefehle und Anklageschriften seit 2011 einen deutlichen Abwärtstrend aufweist (FIU 2015, S. 29). Laut dem Jahresbericht der FIU aus dem Jahr 2015 stammen 63% der Vortaten der Geldwäsche aus dem Bereich Betrug oder Computerbetrug. Lediglich 1,3% der Vortaten sind solche, die aus dem Bereich des Betäubungsmittelstrafrechts herrühren (FIU 2015, S. 40). Die großen Mengen Geldes, die gerade im Drogenhandel anfallen, werden also doch irgendwo gewaschen, aber die **Verurteilungszahlen** im Bereich von 250 bis 400 Fällen pro

El-Ghazi

§ 261 StGB

Jahr in Deutschland sind vergleichsweise kümmerlich. Anlass zu dieser Annahme liefern die Rückmeldungen der Staatsanwaltschaften zu den Erledigungen solcher Strafverfahren, in denen die Financial Intelligence Unit (FIU) zuvor Informationen an die Staatsanwaltschaften weitergeleitet hatte (vgl. § 42 Abs. 1 GwG). Der Jahresbericht der FIU führt für das Jahr 2018 nur 72 Urteile und 130 Strafbefehle bei 14.065 Rückmeldungen an (für 2017: 127 Urteile, 257 Strafbefehle; für 2016: 69 Urteile, 284 Strafbefehle; für Jahr 2015 37 Urteile, 213 Strafbefehle, für 2014: 50 Urteile, 254 Strafbefehle). Insgesamt ist festzustellen, dass die Gesamtzahl der Rückmeldungen zwar kontinuierlich ansteigt, jedoch die Anzahl der Urteile, Strafbefehle und Anklageschriften im Wesentlichen stagniert bzw. sogar rückläufig ist (krit. zu solchen Schlussfolgerungen aus den Rückmeldungen der Staatsanwaltschaften an die FIU *Barreto da Rosa* → Rn. 7 ff., Vor Abschnitt 6 GwG).

16 Das Konzept der vom Geldwäscheverdacht ausgehenden **Rückermittlung der Vortaten** ist ebenfalls wenig erfolgreich. So nennt etwa der Jahresbericht 2007 der FIU des BKA für das Jahr 2007 118 Fälle, der Jahresbericht von 2009 für die Jahre 2008 bis 2009 jeweils 99 und 161 Fälle, in denen Geldwäscheverfahren zu einem Ermittlungsverfahren wegen anderer Delikte geführt haben (seitdem enthalten die Berichte darüber keine Auskünfte mehr). Regelmäßig haben die Verurteilungen wegen Geldwäsche ihren Ursprung in Ermittlungsverfahren wegen des Verstoßes gegen andere Vorschriften, früher vor allem wegen Verstoßes gegen das BtMG (*Keidel* Kriminalistik 1996, 406 (410)), in den letzten Jahren zunehmend in Ermittlungsverfahren wegen (Computer-)Betruges (FIU des BKA 2011, S. 21; FIU des BKA 2010, S. 21), so dass der Geldwäscheverdacht entgegen der gesetzgeberischen Konzeption gerade nicht den Einstieg in Ermittlungen von anderen schweren Straftaten geliefert hat, sondern umgekehrt als bloßes Nebenprodukt eines bereits laufenden Ermittlungsverfahrens wegen der möglichen Vortat entstanden ist. Und auch das Ziel, über § 261 StGB zu einer **Abschöpfung** kriminell erwirtschafteter Gewinne zu gelangen, konnte bislang nur in ganz wenigen Fällen erreicht werden (*Kaiser* wistra 2000, 121 ff.; *Kilchling* wistra 2000, 245 ff.; *Kilching* S. 36).

3. Scheitern des kriminalpolitischen Programms

17 *Fischer* sieht das Konzept der Geldwäschebekämpfung daher als **gescheitert** an. Die geschätzten bis zu 100 Milliarden an Vermögenswerten, die aller Wahrscheinlichkeit nach jährlich gewaschen werden, zeigten, dass Geldwäsche ein „für alle Bürger unvermeidliches und alltägliches Verhalten" sei. „Verkehrsunfähigkeit" von kriminell kontaminiertem Vermögen „müsste entweder zum Ende der Kriminalität oder zur Abschaffung des Geldes führen" (*Fischer* § 261 Rn. 4 c), die Legitimierung des Konzepts weise Züge von Irrationalität auf (*Fischer* § 261 Rn. 4 d). „Die Gefahren, die es [das rechtsstaatliche Strafrechtssystem] bekämpft, sind aber den Freiheitsgarantien und Legitimationsgründen der Gesellschaft immanent" (*Fischer* § 261 Rn. 4 d).

18 Diese Analyse ist zutreffend. Das kriminalpolitische Programm hat einen Straftatbestand hervorgebracht, der die Verantwortung für schadensträchtiges Potenzial globalisiert. Der Bürger wird zum Gehilfen und wichtigsten Akteur der Geldwäschekontrolle, indem er zur Prüfung seiner Geschäftspartner gezwungen wird. „Woher haben die Leute ihr Geld? (...) Stammen die Diamanten im Schmuckstück, das ich kaufen möchte, womöglich aus einem Bergwerk, das Steuern an eine Regierung bezahlt, die sich über Menschenrechte hinwegsetzt?" (*Arzt* FS Rudolphi, 2004, 3 (12)). Diese Analyse betrifft aber zunächst und primär den fortwährenden Ausbau des präventiven Geldwäschekontrollsystems, die „expandierende Sicherheitskultur", die **im Vorfeld** der Geldwäschestrafbarkeit insbes. durch das GwG und KWG und durch die Selbstverpflichtungen der Finanzinstitute stattfindet, mit ihren Gefahren für die Freiheit der Gesellschaft und ihren immensen Kosten für die Wirtschaft (*Herzog/Achtelik* → Einl. Rn. 160ff.).

4. Konsequenzen für die Auslegung

Diese Analyse delegitimiert aber nicht nur das Gesamtkonzept der Geldwäsche- 19 bekämpfung, sondern muss auch **Auswirkungen auf die Auslegung des § 261 StGB** haben. Ganz offensichtlich kann Geldwäscheprävention realistisch kaum von der Strafrechtsnorm erwartet werden, und deswegen findet im Vorfeld des Strafrechts der Ausbau des immer weiter expandierenden Geldwäschekontrollsystems statt. Auch die 4. Geldwäscherichtlinie verfolgt primär diesen Ansatz weiter, wenn sie insbes. eine Verbesserung des Risikomanagements und die Einrichtung eines elektronischen Transparenzregisters proklamiert (vgl. §§ 4ff. und §§ 18ff. GwG). Wird Geldwäscheprävention aber primär im Vorfeld des Geldwäschetatbestandes und gerade nicht mehr von der Strafnorm selbst erwartet, darf sich die Auslegung des Straftatbestandes auch nicht mehr vorrangig und damit bedingungslos an den präventiven Zielen orientieren, mit denen die Einführung der Strafnorm zwar vom Gesetzgeber legitimiert wurde, die aber mittlerweile ganz überwiegend auf andere Weise erreicht werden sollen.

Die kriminalpolitische Analyse der Geldwäschebekämpfung hat somit zwei Er- 20 gebnisse zum Vorschein gebracht: Präventive Erwägungen können bei der Auslegung des § 261 StGB keinen prinzipiellen Vorrang vor anderen Interessen, insbes. dem Schutz des freien Umgangs mit Vermögenswerten und dem Schutz vor einer nicht erforderlichen und übermäßigen Strafbarkeit haben (so auch *Sommer* in AnwK-StGB § 261 Rn. 3). Und die extreme Selektivität strafrechtlicher Geldwäschebekämpfung, die sich aus den Daten zur Geldwäschestrafverfolgung ergibt, gebietet aus Gerechtigkeitsgründen ebenfalls eine tendenziell **restriktive Auslegung** des Straftatbestandes (zur Umsetzung → Rn. 77f., 101f., 124, 137ff.).

5. Rechtsgut

Weiterhin ungeklärt ist, welches Rechtsgut durch § 261 StGB geschützt werden 21 soll. Die Frage, welches „Rechtsgut" eine Strafnorm schützt, ist nicht nur theoretischer Natur, sondern soll generell auch **Bedeutung für die Rechtsanwendung** erlangen (am Bsp. des Geldwäschetatbestandes *Hefendehl* FS Roxin, 2001, 145ff.; eingehend zu den Argumenten für und gegen die Lehre vom Rechtsgüterschutz *Hassemer* in NK-StGB Vor § 1 Rn. 104ff.), weil der Staat nur solche Verhaltensweisen mit Strafe bedrohen darf, die Rechtsgüter verletzen oder zumindest gefährden (*Hassemer* in Hefendehl S. 57, 64; vgl. aber auch BVerfGE 120, 224 (241ff.), wonach Strafnormen von Verfassungs wegen keinen strengeren Anforderungen hinsichtlich des durch sie verfolgten Zweckes unterliegen als nichtstrafrechtliche Vorschriften; zur Entscheidung des BVerfG mit Blick auf die Rechtsgutslehre vgl. auch *Greco* ZIS 2008, 234ff.).

Laut BT-Drs. 12/3533 dient Abs. 1 dem Schutz der **„Aufgabe der inländi-** 22 **schen staatlichen Rechtspflege, die Wirkungen von Straftaten zu beseitigen"** (BT-Drs. 12/3533, 11). Zu Abs. 2 heißt es: „Ähnlich wie bei der Begünstigung wird davon auszugehen sein, dass Rechtsgut sowohl das durch die Vortat

§ 261 StGB

verletzte als auch die Rechtspflege ist" (BT-Drs. 12/3533, 13). In der BT-Drs. 18/6389, 11 heißt es (zu § 261 Abs. 1 und 2) weiter: „**Der Straftatbestand [...] dient insbesondere dem Schutz der Rechtspflege und der Integrität des Wirtschaftskreislaufs**". Die Gesetzesbegründungen verstricken sich dabei aber immer wieder selbst in Widersprüche. Bei der Begründung des neuen § 261 Abs. 9 S. 3 heißt es nämlich: „Geldwäschehandlungen von Vortatbeteiligten können ein typisches Nachtatverhalten darstellen, wie beispielsweise das Verbergen der Tatbeute, dessen Unrechtsgehalt bereits von einer Verurteilung wegen der Vortat erfasst ist" (BT-Drs. 18/6389, 13). Der Unrechtsgehalt der Geldwäschehandlung gehe aber über den Unrechtsgehalt der Vortat hinaus, wenn der Vortäter den Gegenstand in den Verkehr bringe und dadurch „inkriminiertes Vermögen in den legalen Wirtschaftskreislauf gelangt und dort unter anderem zu Wettbewerbsverzerrungen" führe. „Die Solidität, Integrität und Stabilität der Kredit- und Finanzinstitute sowie das Vertrauen in das Finanzsystem insgesamt könn[t]en hierdurch ernsthaften Schaden nehmen" (so BT-Drs. 18/6389, 13).

Diese Ausführungen sind zum Teil nicht nur **widersprüchlich,** sondern gerade auch im Verhältnis zu der Beschreibung der kriminalpolitischen Ziele (Zugriff auf Strukturen der OK, Isolation der Vortäter, Gewinnabschöpfung, → Rn. 11 ff.) **unpräzise** (krit. auch *Pieth* in Herzog/Mülhausen Geldwäschebekämpfung-HdB § 4 Rn. 3; *Sommer* in AnwK-StGB § 261 Rn. 2 f.). Wohl vor diesem Hintergrund ist es auch der Literatur noch nicht hinreichend gelungen, die unterschiedlichen kriminalpolitischen Intentionen, die in den verschiedenen Tatbeständen des § 261 StGB Ausdruck gefunden haben, so auf ein Rechtsgut zurückzuführen, dass das Rechtsgut seiner Funktion, den Umfang der Strafbarkeit zu konturieren, gerecht werden kann (außerordentlich transparente Darstellung der Rechtsgutsdiskussion zu § 261 StGB bei *Schröder/Bergmann* S. 35 ff.).

23 **a) Staatliche Rechtspflege und Ermittlungsinteresse der Strafverfolgungsbehörden.** Den Gesetzesbegründungen folgend wird in der Literatur oftmals vertreten, dass § 261 StGB die **Rechtspflege** schütze (Überblick und Einzelheiten bei *Voß* S. 10 ff.). Was unter den Schutz der Rechtspflege zu verstehen ist, wird im Kontext des § 261 aber unterschiedlich beurteilt. Zum Teil wird vorgebracht, der Tatbestand komme der materiellrechtlichen Aufgabe der Strafverfolgungsorgane, die in der Beseitigung der Wirkungen von Straftaten bestehe, zugute und diene im Ergebnis der Durchsetzung der Vermögensabschöpfung (*Arzt* JZ 1993, 913 f. (917); ähnlich *Kilchling* S. 26; ablehnend *Hefendehl* FS Roxin, 2001, 145 (151)). Andere Autoren interpretieren das Rechtsgut der Rechtspflege breiter: § 261 StGB diene der Rechtspflege durch die Effektivierung der Strafverfolgung (*Kargl* NJ 2001, 57 (61); *Bauer* FS Maiwald, 2003, 129). So solle § 261 StGB Beweisverschleierungen und die Erschwerung der Strafverfolgungstätigkeit verhindern (*Hetzer* wistra 2000, 368 ff.; *Kraushaar* wistra 1996, 168) und materiellrechtliche Ansatzpunkte für strafprozessuale Maßnahmen schaffen, die dann letzten Endes auch die Ergreifung der Vortäter ermöglichen sollen (*Neuhéuser* in MüKo-StGB § 261 Rn. 7; *Leip* S. 52; *Dionyssopoulou* S. 77; *Kargl* NJ 2001, 57 (61); zusammenfassend ebenso *Schröder/Bergmann* S. 46 f.). Die „Papierspur", die die Ermittlungsbehörden zum inkriminierten Gegenstand und damit auch zum Vortäter führen könne, müsse erhalten bleiben; die Erhaltung dieser Papierspur stehe bei § 261 im Vordergrund (*Kargl* NJ 2001, 57 (61); *Neumann* Reform der Anschlussdelikte, 2007, S. 387). Diese Rechtsgutsbestimmungen sind zum Teil äußerst vage („allgemeines Sicherheitsinteresse der Strafverfolgungsbehörden als primäres

Rechtsgut", so etwa *Bischofberger* S. 57), sie können auch den Isolierungstatbestand des Abs. 2 nur mit dem allgemeinen Gesichtspunkt der Prävention durch Verhinderung der Vortaten sowie einer generellen Beeinträchtigung von der Strafrechtspflege am Verschieben von Erlösen aus Vortaten erklären (vgl. *Schröder/Bergmann* S. 46 f.; krit. im Hinblick auf Abs. 2 aber *Voß* S. 12).

b) Rechtsgüter der Vortaten. Soweit die Kernaufgabe des § 261 StGB im 24 Schutz der Rechtsgüter der Vortaten erblickt wird, wird dies einerseits in dem Schutz der bereits durch die Vortat verletzten Rechtsgüter durch Sicherung der durch die Vortat begründeten materiell-rechtlichen Ansprüche gesehen (so *Hoyer* in SK-StGB § 261 Rn. 1; damit bestimmt *Hoyer* das Rechtsgut unter demselben Aspekt, der von anderen Autoren dem Schutz der Rechtspflege zugeordnet wird, → Rn. 23). Der staatlichen Rechtspflege komme nur insoweit die Funktion zu, die Wirkungen von staatlichen Straftaten zu beseitigen, als aus diesen materiell-rechtliche Ansprüche erwachsen sind (so *Hoyer* in SK-StGB § 261 Rn. 1).

Andererseits werde der Schutz der Rechtsgüter der Vortaten aber auch darin gesehen, dass § 261 StGB eine präventive Schutzfunktion habe, indem Abs. 2, der vor allem darauf abziele, Straftätern die finanziellen Mittel zu entziehen, die sie für weitere Straftaten einsetzen könnten (*Salditt* StraFo 1992, 121 (122); *Burr* S. 25: „Intensivierung des durch die Katalogtatbestände angestrebten Rechtsgüterschutzes"; *Neuheuser* in MüKoStGB § 261 Rn. 13; „allenfalls" für Schutz der Rechtsgüter der Vortaten *Sommer* in AnwK-StGB § 261 Rn. 2, der aber offenlässt, auf welche Weise dieser Schutz bewirkt werden soll), und weiterhin darin, dass potenziellen Straftätern verdeutlicht werde, dass sich „Verbrechen nicht lohnt" (so *Leip* S. 54 f.; *Dionyssopoulou* S. 78; *Hefendehl* FS Roxin, 2001, 145 (153)). Auch diese Auffassung, obwohl für sie einiges ins Feld geführt werden kann, erweist sich nicht in jeder Hinsicht als befriedigend. Zum Beispiel ignoriert sie die eindeutige Aussage, die die Gesetzesbegründung hinsichtlich des geschützten Rechtsgutes (BT-Drs. 12/3533, 13, vgl. → Rn. 22) trifft.

c) Legaler Wirtschafts- und Finanzkreislauf und Volkswirtschaft. Ein 25 noch weiterer und konturloserer Rechtsgüterschutz ergibt sich dann, wenn § 261 StGB vor allem den Zweck verfolgen soll, die „legale Wirtschaft" (*Findeisen* wistra 1997, 121) vor der Durchmischung mit illegalen Vermögenswerten zu bewahren, und daher vor allem das Vertrauen in die Solidität des legalen Finanz- und Wirtschaftskreislaufs schützen soll (*Lampe* JZ 1994, 123 (125 f.); *Vogel* ZStW 109 (1997), 331 (351); vgl. auch *Hassemer* WM-Sonderbeilage 3/1995, 14; *Bottke* wistra 1995, 121 (124) stellt dabei auch auf den Schutz vor Wettbewerbsverzerrungen ab). In diese Rechtsgutsbestimmung lassen sich zwar viele der Interessen integrieren, die mit dem Gesamtkonzept der Geldwäschebekämpfung insbes. durch das GwG verbunden sind (dazu den Überblick *Herzog/Achtelik* → Einl. Rn. 60 ff.), ein derart vages Universalrechtsgut liefert aber nur schwer inhaltliche Kriterien für den legitimen Umfang strafbarer Geldwäsche (ebenso *Jahn* in Satzger/Schluckebier/Widmaier StGB § 261 Rn. 12).

d) Innere Sicherheit. Dem gleichen Einwand ist die Auffassung ausgesetzt, das 26 Rechtsgut sei die Innere Sicherheit (*Barton* StV 1993, 156 (160); *Knorz* S. 132; zur Kritik vgl. *Voß* S. 13). Vermeiden kann diesen Einwand nur eine Eingrenzung des Rechtsguts, nach der es nicht um jede Beeinträchtigung der inneren Sicherheit geht, sondern um den Schutz vor den Auswirkungen Organisierter Kriminalität auf die Gesellschaft (so *Barton* StV 1993, 156 (160)). Nach dieser Rechtsgutsbestim-

§ 261 StGB

mung fallen dann alle Tathandlungen, die keinen Bezug zur Organisierten Kriminalität aufweisen, tendenziell aus dem Rechtsgüterschutz des § 261 StGB heraus (dafür plädiert *Sommer* in AnwK-StGB § 261 Rn. 3), was aber mit der Tatbestandsfassung, die diese Limitierung der Anwendung des § 261 StGB gerade nicht vorsieht, unvereinbar ist.

27 **e) Pluralistische Rechtsgutsbestimmungen.** Den monistischen Rechtsgutsbestimmungen gelingt es somit entweder nicht, den gesamten Tatbestand des § 261 StGB zu erklären, oder sie sind so weit gefasst, dass die Rechtsgutsbestimmung konturenlos bleibt. Die Lösung, durch die Rechtsgutsbestimmung den verschiedenen Tatbeständen des § 261 gerecht zu werden, wird darin gefunden, dem § 261 StGB eine **dreifache „Schutzrichtung"** zu geben, die den Tatbestand insgesamt abbildet: Sicherung der Vermögensabschöpfung, Förderung der Ermittlungstätigkeit, präventiver Schutz der Rechtsgüter der Vortaten (vgl. zusammenfassend *Voß* S. 13ff., 16; präzisierend, aber mit dem gleichen Ergebnis *Altenhain* in NK-StGB § 261 Rn. 12f.). Dieser Zugang liefert aber nicht mehr als eine zutreffende Analyse der verschiedenen kriminalpolitischen Intentionen des Gesetzgebers. Zutreffend ist jedoch, dass die monistischen Ansätze nicht zu überzeugen vermögen.

28 **f) Rechtsprechung, Auslegung und Ergebnis.** Durchaus konsequent angesichts eines Tatbestandes, der ein kriminalpolitisches Konzept umsetzt und sich dabei einer Rechtsgutsbestimmung versperrt, die tradierten Methoden folgt, hat die **Rechtsprechung** lange Zeit die Bestimmung des Rechtsguts des § 261 StGB vollkommen offengelassen oder sich zumindest uneindeutig verhalten. In diesem Sinne hat der BGH konstatiert, dass er die Geldwäsche als Tat mit „eigenständigem Unrechtsgehalt" gegenüber den Vortaten bewertet, dieses Unrechtsgehalt hat er zunächst jedoch nicht näher konkretisiert (BGH NJW 1997, 3323 (3325); BGHSt 50, 347 (357)). Und wenn der BGH, orientiert an den Gesetzesmaterialien, eine Konkretisierung darin sucht, dass die Schutzrichtung die Gewährleistung des staatlichen Zugriffs auf Vermögensgegenstände aus besonders gefährlichen Straftaten und damit die Abwendung besonderer Gefahren für die Volkswirtschaft und den Staat sei (BGH NJW 2010, 3730 (3734); 2009, 1617 (1618); BGHSt 50, 347 (357)), gelingt damit in der Sache auch keine weitere Konkretisierung. Ganz auf dieser undurchsichtigen Linie liegt es, wenn die neuere Zivilrechtsprechung auch § 261 Abs. 1 StGB als **Schutzgesetz iSd § 823 Abs. 2 BGB** behandelt, wenn auch die Vortat Individualschutzcharakter aufweise und damit die ältere Rechtsprechung aufgibt, wonach nur § 261 Abs. 2 StGB dem Individualschutz des durch die Vortat konkret Geschädigten diene und deswegen als Schutzgesetz iSd § 823 Abs. 2 StGB in Betracht komme (BGH NJW 2018, 1602 (1603); 2013, 1158 mwN; vgl. auch OLG Brandenburg NJW-RR 2018, 733 (736); LG Berlin WM 2016, 2262).

Zuletzt hat sich die Rechtsprechung weniger nebulös bezüglich der von § 261 StGB geschützten Rechtsgüter geäußert. Ihre Aussagen lassen sich aber weiterhin nicht auf den gesamten Tatbestand der Geldwäsche generalisieren. So umfasst der Schutzbereich der Geldwäsche nach Ansicht des 2. Strafsenats jedenfalls im Rahmen des § 261 Abs. 2 StGB sowohl das durch die Vortat verletzte Rechtsgut wie auch die Rechtspflege (so BGHSt 63, 228 (241)). Der Senat ergänzt aber sogleich: Der Tatbestand „zielt damit auch auf die Gewährleistung des staatlichen Zugriffs auf Vermögensgegenstände aus besonders gefährlichen Straftaten [ab], mithin auf die Abwendung besonderer Gefahren für die Volkswirtschaft und damit den Staat" (BGHSt 63, 228 (241f.)).

Dass kaum ein Ansatz zur Bestimmung des von § 261 geschützten Rechtsgutes 29
vollständig zu befriedigen vermag, findet sicherlich seine Gründe in der Entstehungsgeschichte des Tatbestandes und seiner völker- und europarechtlichen Implikationen. Das Bundesverfassungsgericht beschreibt die Komplikationen, dem Tatbestand des § 261 StGB ein konturiertes Rechtsgut zuzuordnen, treffend mit der nicht erkennbar in kritischer Absicht benutzten Wendung von der „Weite und Vagheit der durch diese Strafvorschrift *möglicherweise* geschützten Rechtsgüter" (BVerfG NJW 2004, 1305 (1307); Hervorhebung nicht im Original).

Keiner der vorgenannten Ansätze hat sich in jeder Hinsicht als kohärent und zugleich als zufriedenstellend erwiesen. Vor allem gelingt es den monistischen Rechtsgutsbestimmungen nicht, den gesamten Tatbestand des § 261 StGB zu erklären. § 261 StGB dient dem Schutz mehrerer Rechtsgüter. In dieser Hinsicht ist der Rechtsprechung zuzustimmen. Fraglich ist nur, welche das sind und in welchem Verhältnis diese zueinanderstehen:

Die Rechtsgutsbestimmung muss in einem ersten Schritt an Wortlaut und Syste- 30
matik der Vorschrift ansetzen. Der Geldwäschetatbestand dient **in jedem Fall** (auch) dem **Schutz der Rechtsgüter der geldwäschetauglichen Vortaten** iSd Abs. 1 S. 2. Nur diese Zuschreibung lässt sich mit dem in § 261 Abs. 9 S. 2 geregelten Strafausschließungsgrund für den Vortatbeteiligten (dazu → Rn. 146 ff.) widerspruchsfrei in Einklang bringen. Uneingeschränkt galt dies bis zur Ergänzung des Abs. 9 um einen neuen S. 3, welcher zu einer Einschränkung des Strafausschließungsgrundes der sog. „Selbstgeldwäsche" geführt hat (vgl. Gesetz zur Bekämpfung der Korruption v. 20.11.2015; BGBl. I S. 2025). Der Strafausschließungsgrund des Abs. 9 S. 2 und die nunmehr in Abs. 9 S. 3 kodifizierte Ausnahme lassen sich ohne Weiteres für die Rechtsgutsdebatte fruchtbar machen. Im Zusammenhang mit der Einfügung des neuen Abs. 9 S. 3 hat der Gesetzgeber seine Erwägungen zur Rechtfertigung des Strafausschließungsgrundes der Selbstgeldwäsche nochmals bekräftigt: Geldwäschehandlungen von Vortatbeteiligten können sich als ein typisches Nachtatverhalten darstellen, „dessen Unrechtsgehalt bereits von einer Verurteilung wegen der Vortat" erfasst sei (BT-Drs. 18/6389, 11). Nur soweit „Selbstgeldwäschehandlungen einen eigenen spezifischen Unrechtsgehalt aufweisen, sollen sie deshalb auch neben der Vortat bestraft werden können" (BT-Drs. 18/6389, 11). Legt man diese Prämissen zugrunde, so scheint sich die Annahme zu bestätigen, dass § 261 zuvörderst zum Schutze der Rechtsgüter der Vortaten iSd Abs. 1 S. 2 konstituiert wurde. In einem dem Rechtsgüterschutz gewidmeten Strafrechtsparadigma schöpft sich das Unrecht einer Tat aus der objektiv realisierten und subjektiv intendierten Beeinträchtigung des jeweiligen Rechtsgutes (vgl. *Hoyer* GA 2012, 123 (125); *Altenhain* ZStW 107, 382 (388); *M. Walter* GA 1985, 196 (207)). Wenn nach Meinung des Gesetzgebers das **Unrecht der Geldwäschehandlungen typischerweise vom Unrechtsgehalt der Vortat bereits „abgedeckt"** wird, dann muss, solange man das Unrecht einer Tat aus der Rechtsgutsverletzung und ihrem Ausmaß generiert, der Geldwäschetatbestand in jedem Fall auch und vordergründig die Rechtsgüter der Vortaten schützen. Unrechtskongruenz setzt Rechtsgutskongruenz voraus. Der Gesetzgeber muss (bisher) davon ausgegangen sein, dass der Vortäter, die eine Geldwäschehandlung begeht, kein neues oder zumindest kein für den Tatbestand des § 261 essenziell wichtiges Rechtsgut beeinträchtigt. Mangels Beeinträchtigung eines weiteren (für § 261 essenziellen) Rechtsgutes hielt er eine (erneute) Bestrafung für nicht angebracht. Da der persönliche Strafausschließungsgrund der Selbstgeldwäsche dabei sowohl für Abs. 2 als auch für Abs. 1 gilt, sind die vorgehenden Schlussfolgerungen nicht auf den Isolierungstatbestand beschränkt.

§ 261 StGB

31 Das Eingreifen des Strafausschließungsgrundes war bis in das Jahr 2015 vorbehaltlos, insbes. war seine Annahme nicht davon abhängig, ob andere, möglicherweise ebenfalls von § 261 geschützte Rechtsgüter (zB die Rechtspflege etc) von der Geldwäschehandlung des Vortatbeteiligten tangiert wurden. Insofern konnte man mit Blick auf Abs. 9 S. 2 vertretbar zu der Annahme gelangen, der Geldwäschetatbestand diene insgesamt oder vorrangig dem Schutz der Rechtsgüter der Vortaten. Diese Begründung bedarf nach der Einführung des Abs. 9 S. 3 zumindest einer Nivellierung. Die Gesetzesbegründung verhält sich recht eindeutig dazu, warum zukünftig der Strafausschließungsgrund der Selbstgeldwäsche nicht mehr eingreifen soll, wenn der Täter oder Teilnehmer einen inkriminierten Gegenstand *in den Verkehr* bringt und dabei die rechtswidrige Herkunft des Gegenstandes verschleiert. Unter diesen Voraussetzungen, so die Gesetzesbegründung, hat die Geldwäschehandlung „zusätzliche Auswirkungen auf die Marktteilnehmer und das allgemeine Vertrauen in den legalen Finanz- und Wirtschaftsverkehr". Solche Handlungen gefährdeten „**die Integrität des Wirtschafts- und Finanzkreislaufs** und damit ein gegenüber der Vortat zusätzliches Rechtsgut, auf dessen Schutz auch Vortatbeteiligte verpflichtet werden können" (BT-Drs. 18/6389, 13; vgl. auch BGHSt 63, 268 = JR 2019, 585 (587)). Oder anders ausgedrückt: Unter den in Abs. 9 S. 3 genannten Bedingungen verletzt auch die Selbstgeldwäsche ein weiteres Rechtsgut, so dass aufgrund fehlender (vollständiger oder hinreichender) Unrechtskongruenz zwischen Vor- und Geldwäschetat das Eingreifen einer Straffreistellung für unangebracht gehalten wird. Erblickt der Gesetzgeber in der Beeinträchtigung des Vertrauens in den legalen Finanz- und Wirtschaftsverkehr einen weiteren (wesentlichen) Rechtsgutsangriff gegenüber den Vortaten, kommt man nicht umhin, auch diesen Gesichtspunkt zum geschützten Rechtsgut innerhalb des Geldwäschetatbestandes zu erheben. Diese Rechtsgutsdetermination folgt dem (aktualisierten) Willen des Gesetzgebers, der – solange er durch das Gesetz nicht vollkommen desavouiert wird – gerade bei der Bestimmung des geschützten Rechtsgutes nicht übergangen werden kann. Aus diesem Grund darf aber auch nicht ignoriert werden, dass sich in den Gesetzesbegründungen mehrfach die deutliche Aussage findet, § 261 StGB diene dem **Schutz der Rechtspflege** (vgl. dazu → Rn. 22). Um den komplexen Tatbestand des § 261 – unter Berücksichtigung der zum Teil widersprüchlichen Aussagen des Gesetzgebers – richtig abzubilden, ist es daher in der Gesamtbetrachtung notwendig, dem Geldwäschetatbestand eine **dreifache „Schutzrichtung"** zuzusprechen (vgl. zusammenfassend *Voß* S. 13ff., 16; präzisierend, aber mit dem gleichen Ergebnis *Altenhain* in NK-StGB § 261 Rn. 12f.).

32 Erkennt man an, dass der Geldwäschetatbestand vor allem die Rechtsgüter der Vortaten, aber eben auch das (sehr vage Rechtsgut) „Vertrauen in den Finanz- und Wirtschaftsverkehr" und die „Rechtspflege" schützt, stellt sich die Frage nach dem **Verhältnis dieser Rechtsgüter** zueinander. Eindeutig ist, dass eine Strafbarkeit wegen Geldwäsche keine kumulative Beeinträchtigung aller drei Rechtsgüter voraussetzen kann. Andernfalls machte die Existenz des Strafausschließungsgrundes in Abs. 9 S. 2 keinen Sinn, weil der Fall einer straflosen Selbstgeldwäsche, die Abs. 1 oder 2 erfüllt, den Finanz- und Wirtschaftsverkehr tangiert, nicht vorkommen könnte. Außerdem ist das in Abs. 9 S. 3 verwendete Einschränkungskriterium „in den Verkehr bringen" weder Tatbestandsmerkmal von Abs. 1 noch von Abs. 2. Insofern kann eine Beeinträchtigung des legalen Finanz- und Wirtschaftsverkehrs nicht zur notwendigen Bedingung für die Verwirklichung der Geldwäschetatbestände erhoben werden. Wenn jede Geldwäschetat auch dieses Rechtsgut beeinträchtigen müsste, hätte man den Strafausschließungsgrund des Abs. 9 S. 2

gleich ganz aus dem Gesetz tilgen können, anstelle in Abs. 9 S. 3 eine Einschränkung für den Strafausschließungsgrund zu formulieren. Der Umstand, dass dieser Strafausschließungsgrund nicht unter dem Vorbehalt einer (zusätzlichen) Beeinträchtigung der Rechtspflege steht, mithin auch dann eingreift, wenn durch die Selbstgeldwäsche nicht nur die Rechtsgüter der Vortat, sondern auch die Rechtspflege tangiert wird, macht hingegen deutlich, dass der Rechtspflege als Schutzgut keine tragende Bedeutung innerhalb des Rechtsgutkanons zukommen kann. Hieraus folgt aber: Obwohl der Gesetzgeber neben den Rechtsgütern der Vortat auch das Vertrauen in den legalen Finanz- und Wirtschaftsverkehr und die Rechtspflege zu den geschützten Rechtsgütern des Geldwäschetatbestandes bestimmt hat, muss sich der (Gesamt-)Unwert einer Geldwäschetat nicht zwingend aus allen drei Unrechtselementen zusammenfügen. In jedem Fall genügt ein Angriff auf das Rechtsgut der Vortat. Ein solcher Rechtsgutsangriff ist damit zumindest hinreichend, aber auch notwendig, um die Strafbarkeit wegen Geldwäsche zu begründen.

Nach dem oben entwickelten **Prinzip der restriktiven Auslegung** 33 (→ Rn. 19f.) muss aber immer dann, wenn nach den verschiedenen Schutzrichtungen eine Strafbarkeit wegen Geldwäsche umstritten ist, die Frage, ob eine Anwendung des § 261 StGB vor dem Hintergrund der dem Delikt zukommenden Schutzrichtung geboten ist, besonders sorgfältig geprüft werden.

IV. Die tatbestandlichen Voraussetzungen des § 261 StGB im Einzelnen

1. Gegenstand

Objekt einer Geldwäsche kann nach Abs. 1 jeder „Gegenstand" mit **Vermö-** 34 **genswert** sein, der aus einer der im Katalog des Abs. 1 S. 2 genannten Taten herrührt (zu den weiteren Tatobjekten, die aus Steuerdelikten gem. Abs. 1 S. 3 stammen, → Rn. 79 ff.). Gegenstände in diesem Sinne sind nicht nur unbewegliche und bewegliche **Sachen** (anders als beim Hehlereitatbestand des § 259 StGB, der sich ua deshalb als zu eng zur Erfassung von Geldwäschehandlungen erwiesen hat (BT-Drs. 12/989, 27), dazu grundlegend schon *Arzt* NStZ 1990, 1 ff.), sondern auch **Forderungen und Rechte.** Dem Begriff unterfällt alles das, was Bezugspunkt von Rechten sein kann (*Hoyer* in SK-StGB § 261 Rn. 5; *Altenhain* in NK-StGB § 261 Rn. 26; *Voß* S. 16). Dazu zählen bewegliche und unbewegliche Sachen (wie Edelmetalle, Bargeld, Grundstücke etc), Rechte (an körperlichen und nichtkörperlichen Sachen wie zB Patente), Forderungen (insbes. Kontoguthaben) und Wertpapiere (vgl. schon BT-Drs. 12/3533, 12; *Hecker* in Schönke/Schröder § 261 Rn. 4; *Altenhain* in NK-StGB § 261 Rn. 26; ausführlich *Leip/Hardtke* wistra 1997, 281). Ohne Weiteres erfasst sind auch Kryptowährungen oder vergleichbare digitale Zahlungsmittel (*Hennecke* CCZ 2018, 120 (121f.); *Schröder/Blaue* NZWiSt 2019, 161 (164); ausführlich *Grzywotz* Virtuelle Kryptowährungen und Geldwäsche, 2019, S. 203 ff.; EuGH DStR 2015, 2433 (2436); BGH NStZ-RR 2019, 112 (Paysafe-Codes)).

Dass der Gegenstand einen Vermögenswert aufweisen muss, schlussfolgert die heute hM (*Hecker* in Schönke/Schröder § 261 Rn. 4; *Kühl* in Lackner/Kühl § 261 Rn. 3; näher *Leip* S. 66; *Spiske* S. 100f.) aus der Gesetzgebungsgeschichte und der amtlichen Überschrift des § 261. Der im Gesetzgebungsverfahren zwischenzeitlich aufgenommene Begriff des Vermögensgegenstandes (vgl. BT-Drs. 989, 7) wurde durch den Begriff des Gegenstandes ersetzt, um ihn an den Sprachgebrauch des StGB und der StPO anzugleichen; inhaltliche Modifikationen sollten mit der Begriffsanpassung aber nicht verbunden sein (BT-Drs. 12/989, 53). Ob die konkreten Gegenstände rechtlich geschützt sind, kann mit Blick auf die Erkenntnisse aus der Rechtsgutsdebatte nicht von Bedeutung sein, so dass etwa auch Betäubungsmittel in illegalem Besitz (vgl. dazu *Voß* S. 18f.; *Altenhain* in NK-StGB § 261 Rn. 27; aA *Lampe* JZ 1994, 126f., der bei der Begründung vordergründig auf den legalen Finanz- und Wirtschaftskreislauf abstellt) oder Falschgeld Gegenstände iSd § 261 StGB darstellen (*Jahn* in Satzger/Schluckebier/Widmaier StGB § 261 Rn. 20; *Hombrecher* JA 2005, 68), allerdings nicht solche Forderungen, die rechtlich nicht anerkannt sind (vgl. *Voß* S. 19f.; aA *Kühl* in Lackner/Kühl § 261 Rn. 3; *Hecker* in Schönke/Schröder § 261 Rn. 4), und auch nicht Software (ohne Verkörperung auf einem Datenträger) oder Know-how (*Voß* S. 20; *Neuheuser* in MüKoStGB § 261 Rn. 30; dagegen *Cebulla* wistra 1999, 281 (285), der einen funktionalen Gegenstandsbegriff vertritt).

2. Vortaten

35 Der Gegenstand muss aus einer **rechtswidrigen Tat** herrühren, die einem der in Abs. 1 S. 2 genannten Straftatbestände unterfällt (zu Auslandstaten → Rn. 51). Ob die Vortat im konkreten Fall der Organisierten Kriminalität zuzurechnen ist, ist unerheblich (so *Hoyer* in SK-StGB § 261 Rn. 7); auch auf die Person des Vortäters kommt es grundsätzlich nicht an. Tatbestandlich ist es irrelevant, ob es sich bei der Vortat um die des Geldwäschetäters oder eines Dritten handelt (zum Strafausschließungsgrund des Abs. 9 S. 2 vgl. → Rn. 146ff.).

36 **a) Generelle Anforderungen an die Vortat.** Als Vortat kommt prinzipiell auch ein strafbarer **Versuch** in Betracht (zur häufig sehr undifferenzierten hM *Neuheuser* in MüKoStGB § 261 Rn. 32; *Jahn/Ebner* JuS 2009, 597 (598); *Neuheuser* NStZ 2009, 327 (328); *Leip* S. 57; überzeugend hingegen *Altenhain* in NK-StGB § 261 Rn. 30), sofern es sich bei der versuchten Tat um ein Verbrechen handelt; der Versuch eines Vergehens kann hingegen nur Vortat sein, wenn die Norm, welche die Versuchsstrafbarkeit anordnet, im Katalog des § 261 Abs. 1 S. 2 StGB enthalten ist. Wenn der Gesetzgeber immer auch den Versuch hätte mit einbeziehen wollen, hätte es keinen Sinn gemacht, für bestimmte Vergehen auch die versuchsstrafbarkeitsbegründende Vorschrift in Bezug zu nehmen (zB § 233 Abs. 3 in Abs. 1 S. 2 Nr. 4a). Allerdings wird aus einer Versuchshandlung nur selten ein Gegenstand herrühren (vgl. *Altenhain* in NK-StGB § 261 Rn. 30 mit Bsp.: vorab gezahlte Bestechungssumme).

37 Die rechtswidrige Tat muss **nicht** notwendigerweise **schuldhaft** und **strafbar** sein, so dass die Entschuldigung der Vortat oder das Eingreifen von Strafausschließungs- oder Strafaufhebungsgründen hinsichtlich der Vortat für die Strafbarkeit der Geldwäsche ohne Bedeutung sind (*Hoyer* in SK-StGB § 261 Rn. 10; *Oswald* S. 67). Das ergibt sich schon aus dem Gesetzeswortlaut, der lediglich eine rechtswidrige Vortat verlangt, aber auch aus der Gesetzgebungsgeschichte (zu der Klarstellung durch das Verbrechensbekämpfungsgesetz von 1994 vgl. *Altenhain* in NK-StGB § 261 Rn. 3; zur teleologischen Begründung vgl. *Altenhain* in NK-StGB § 261 Rn. 31f.). Dass die Vortat selbst nicht der deutschen Strafgewalt unterstehen muss, folgt bereits aus Abs. 8 (vgl. *Hoyer* in SK-StGB § 261 Rn. 10; dazu auch → Rn. 51). Eine im Ausland begangene Tat muss nach dem Vorbehalt des

Abs. 8 auch am Tatort strafbar sein (zur partiellen Gleichstellung von In- und Auslandsvortaten insbes. *Löwe-Krahl* wistra 1993, 123 (124)).

Wird die Geldwäschehandlung erst nach **Verjährung der Vortat** begangen, so 38 scheidet die Anwendung des § 261 StGB nicht grundsätzlich aus. Da auch nach Verjährung einer Vortat eine Einziehung von Vermögenswerten in Betracht kommt (vgl. § 76a Abs. 2), kann der Vereitelungstatbestand weiterhin verwirklicht werden. Die Einziehung unterliegt nunmehr einer eigenen Verjährungsfrist (vgl. § 76b StGB). Erst nach Ablauf dieser Frist können staatliche Maßnahmen nicht mehr vereitelt oder gefährdet werden, so dass die Verwirklichung des Vereitelungstatbestandes ausgeschlossen ist.

Aus der Perspektive des Verschleierungs- und des Isolierungstatbestandes gem. Abs. 2 entfällt der legitime Anknüpfungspunkt für die Geldwäschestrafbarkeit aber nicht allein aufgrund der Verjährung der Vortat (vgl. *Burr* S. 66; *Spieske* S. 108; *Leip* S. 90 f.; *Voß* S. 29; *Bischofberger* S. 107 f.; *Hecker* in Schönke/Schröder § 261 Rn. 11; *Schmidt/Krause* in LK-StGB § 261 Rn. 9; *Jahn* in Satzger/Schluckebier/Widmaier StGB § 261 Rn. 41; diff. *Neuheuser* in MüKoStGB § 261 Rn. 61, 65 ff.; aA *Altenhain* in NK-StGB § 261 Rn. 33, 66; *Barton* NStZ 1993, 159 (164 f.); *Hoyer* in SK-StGB § 261 Rn. 6; *Geurts* ZRP 1997, 250 (253); *Lütke* wistra 2001, 87). Dies gilt zumindest dann, wenn man anerkennt, dass § 261 vorrangig dem Schutz der Rechtsgüter der Vortat gewidmet ist (vgl. → Rn. 28 ff.). Der Verletzte der Vortat, wenn es denn einen solchen gibt, verliert seine Rechtsgüter und seine Restitutionsansprüche nicht schon aufgrund des Eintritts der strafrechtlichen Verfolgungsverjährung. Erst wenn seine Ansprüche zivilrechtlich verjährt sind, scheidet die Anwendbarkeit des § 261 aus, weil das hinter der Norm stehende Kernrechtsgut nicht mehr tangiert sein kann (in diesem Sinne auch *Hoyer* in SK-StGB § 261 Rn. 6; vgl. auch *Leip* S. 123). Anders ist dies aber, wenn die Vortat keine Individualrechtsgüter schützt und durch die Vortat keine zivilrechtlichen Ansprüche ausgelöst werden (zB § 29 Abs. 1 S. Nr. 1 BtMG; § 89a StGB). Mit der Verjährung solcher Straftaten geht in der Tat der legitime Anknüpfungspunkt der Geldwäschestrafbarkeit verloren, wenn der Staat und auch kein anderer mehr auf den Gegenstand der Geldwäsche zugreifen kann. Dies gilt auch dann, wenn § 261 – neben den Rechtsgütern der Vortat – die Rechtspflege schützen sollte. Ist die Vortat verjährt, existiert kein staatlicher Strafanspruch, den es zu schützen gilt.

Keine taugliche Vortat liegt in der Teilnahme (Anstiftung und Beihilfe) an 39 einer Katalogtat (BGH NJW 2008, 2516; *Fischer* § 261 Rn. 20; aA *Altenhain* in NK-StGB § 261 Rn. 30; *Jahn* in Satzger/Schluckebier/Widmaier StGB § 261 Rn. 22; *Burger* wistra 2002, 1 (7)). Diese Frage wird dann relevant, wenn die Vortat keine Katalogtat darstellt, die Teilnahme daran aber die Merkmale einer Katalogtat erfüllt, gerade weil für sie das qualifizierende Merkmal gewerbs- oder bandenmäßiger Begehung (Abs. 1 S. 2 Nr. 4) vorliegt. Der Tatbeitrag eines Teilnehmers ist aber nicht vom Katalog des Abs. 1 S. 2 erfasst (BGH NJW 2008, 2516). Das ergibt sich aus dem Wortlaut, denn Abs. 1 S. 2 stellt auf „Taten" ab, während die Einbeziehung eines Teilnehmers im Wortlaut der Vorschrift gänzlich fehlt. Eine erweiternde Auslegung wäre mit dem Bestimmtheitsgrundsatz nach Art. 103 Abs. 2 GG unvereinbar (BGH NJW 2008, 2516. (2517); krit., aber iErg zust. *Ransiek* JR 2008, 480 und *Neuheuser* NStZ 2009, 327 (328)), sie wäre auch durch das kriminalpolitische Ziel der Bekämpfung der Organisierten Kriminalität (BT-Drs. 13/8651, 12) nicht legitimiert, wenn der Haupttäter gerade keine Katalogtat begeht (BGH NJW 2008, 2516), und die zwischen Vermögensgegenstand und Vortat erforderliche Konnexität des „Herrührens" besteht nur zwischen der Haupttat, aber nicht zwischen der Beihilfehandlung und dem Vermögensgegenstand (*Ransiek* JR 2008, 480; BGH NStZ 2009, 327 (328)).

40 **b) Vortatenkatalog im Einzelnen.** Die Taten, die als Vortaten einer Geldwäsche in Betracht kommen, sind **abschließend** enumerativ in Abs. 1 aufgezählt.

41 Zu den tauglichen Vortaten einer Geldwäsche gehören nach dem Katalog des Abs. 1 S. 2 gem. **Nr. 1** zunächst **alle Verbrechen des Kern- und Nebenstrafrechts**, dh gemäß der Begriffsbestimmung des § 12 Abs. 1 StGB alle rechtswidrigen Taten, die mit einer Freiheitsstrafe von mindestens einem Jahr bedroht sind. Damit kommen alle Delikte der schwereren Kriminalität als Vortaten einer Geldwäsche in Betracht. Da ein tatsächlicher Bezug des Verbrechens zur Organisierten Kriminalität nicht erforderlich ist, hat der Gesetzgeber mit der Aufnahme aller Verbrechen in den Vortatenkatalog schon bei der Einführung des § 261 StGB im Jahr 1992 den Konnex der Vorschrift zur Bekämpfung Organisierter Kriminalität partiell aufgegeben (zur Kritik vgl. auch *Kreß* wistra 1998, 121 (123)).

42 Außerdem umfasst der Vortatenkatalog des Abs. 1 S. 2 nach den erheblichen Ausweitungen der letzten Jahre (vgl. → Rn. 3) mittlerweile auch eine **Vielzahl von Vergehen**. Dabei hat sich der Gesetzgeber im Laufe der Zeit immer weiter von der ursprünglichen Zielsetzung, der Bekämpfung der Organisierten Kriminalität, gelöst und nach und nach auch Vergehen aufgenommen, die in keinem erkennbaren Zusammenhang zur Organisierten Kriminalität stehen (eingehend zur Chronologie der Entwicklung des Tatbestandes *Jekewitz* in Herzog/Mülhausen Geldwäschebekämpfung-HdB § 9 Rn. 16 ff. und § 10 Rn. 13 ff. sowie *Fischer* § 261 mit umfangreichen Nachweisen in Rn. 1).

43 **Nr. 2a)** erfasst Delikte aus dem Bereich des **Korruptionsstrafrechts;** keinesfalls werden aber alle Korruptionsdelikte als Vortaten der Geldwäsche qualifiziert (§§ 299 ff. StGB, vgl. aber Nr. 4 für § 299). Erfasst sind die Bestechlichkeit (§ 332 StGB) und die Bestechung (§ 334 StGB), auch soweit sich diese Straftaten auf ausländische oder internationale Amtsträger beziehen (§ 335 a StGB). Eine Beschränkung auf besonders schwere Fälle des § 335 StGB hätte nahe gelegen, um den Bezug zur Organisierten Kriminalität zu gewährleisten (anders aber die europarechtlichen Vorgaben, vgl. *Kreß* wistra 1998, 121 (123)). Zumindest konsequent ist, dass der Gesetzgeber auch die im Jahre 2014 in § 108 e StGB (BGBl. I S. 410) eingeführte Mandatsträgerbestechung und -bestechlichkeit in Nr. 2 a) aufgenommen hat.

44 Die in **Nr. 2b)** in Umsetzung der UNO-Drogenkonvention erfassten (BT-Drs. 12/989, 26, zur UNO-Konvention → Rn. 2) Vergehen gem. § 29 Abs. 1 Nr. 1 BtMG betreffen nahezu den gesamten Verkehr mit illegalen **Betäubungsmitteln** auf der Ebene von Konsumenten und Kleindealern (lediglich der Besitz nach § 29 Abs. 1 Nr. 3 BtMG ist nicht erfasst), während der „organisierte" Handel mit Betäubungsmitteln schon durch die Verbrechenstatbestände der §§ 29 a ff. BtMG und damit von § 261 Abs. 1 Nr. 1 StGB erfasst ist. Nur über die Konkurrenzregeln wird das absurde Ergebnis vermieden, dass jeder Erwerb von Betäubungsmitteln gleichzeitig eine Geldwäschestrafbarkeit begründet (→ Rn. 147). Ein Zusammenhang zur Organisierten Kriminalität ist allenfalls bei Verstößen gegen § 19 Abs. 1 Nr. 1 Grundstoffüberwachungsgesetz erkennbar (so für den Verkehr mit Stoffen, die zur unerlaubten Herstellung von Betäubungsmitteln verwendet werden sollen, *Hoyer/ Klos* S. 5).

45 Die **Nr. 3** erfasst die Vergehen schwerwiegender **Fiskaldelikte,** den gewerbsmäßigen, gewaltsamen und bandenmäßigen Schmuggel gem. § 373 AO und die

gewerbsmäßige und bandenmäßige Steuerhehlerei gem. § 374 Abs. 2 AO. Weiterhin ist durch den Verweis auf § 12 Abs. 1 des Gesetzes zur Durchführung der Gemeinsamen Marktorganisation (MOG), der auf die Vorschriften der AO verweist, auch die Hinterziehung von Marktordnungsabgaben sowie die Erlangung von Direktzahlungen gem. § 1 Abs. 1a MOG einbezogen worden. Diese Vortaten werfen wegen Abs. 1 S. 3 spezielle Probleme bei der Frage auf, was die Tatobjekte einer nachfolgenden Geldwäsche sein können (→ Rn. 79 ff.).

Die **Nr. 4a)** erfasst Vergehen der klassischen Vermögens- und Eigentumsdelikte 46 wie §§ 242, 246, 253, 263, 266 StGB, aber auch Vergehen aus vielfältigen anderen Kriminalitätsbereichen (§§ 152a, 181a, 232 Abs. 1–3 S. 1 und Abs. 4, § 232a Abs. 1, 2, § 232b Abs. 1, 2, § 233 Abs. 1–3, § 233a Abs. 1, 2, 259, 263a, 264, 265c, 267, 269, 271, 284, 299, 326 Abs. 1, 2, 4; § 328 Abs. 1, 2, 4; § 348) im Fall **gewerbsmäßiger** oder **bandenmäßiger** Begehung (zum alleinigen Vorliegen der Voraussetzungen beim Teilnehmer → Rn. 39). Dieser aktuellen Regelung hat sich der Gesetzgeber in zwei Schritten angenähert. Das Verbrechensbekämpfungsgesetz von 1994 (BGBl. I S. 3186) führte §§ 246, 263, 264, 266, 267, 332 Abs. 1, 3, 334 StGB in den Katalog ein, verlangte aber, dass die Taten gewerbsmäßig von einem Bandenmitglied begangen worden sind. Mit dem Gesetz zur Verbesserung der Bekämpfung der Organisierten Kriminalität von 1998 (BGBl. I S. 845) wurde dann der Kreis der Delikte erheblich erweitert und zudem auf das kumulative Vorliegen von Gewerbs- und Bandenmäßigkeit verzichtet (vgl. dazu *Kreß* wistra 1998, 121 (123)). Der Gesetzgeber wollte so wesentliche Erscheinungsformen der Organisierten Kriminalität erfassen (BT-Drs. 13/8651, 12), hat aber eine Regelung gewählt, mit der der „OK-Bezug" als kriminalpolitisches Kriterium der Sache nach praktisch aufgegeben wurde. So erfordert Gewerbsmäßigkeit allein die Absicht, durch wiederholte Tatbegehung eine fortlaufende Einnahmequelle von einiger Dauer und einigem Umfang zu schaffen, wofür bereits die erste von einem derartigen Gewinnstreben motivierte Straftat ausreicht (stRspr BGH NStZ 1995, 85; NJW 1996, 1069). Und weil bandenmäßige Begehung (vgl. *Fischer* § 244 Rn. 33 ff.) gerade kein „Mindestmaß konkreter Organisation oder festgelegter Strukturen" voraussetzt (insbes. BGHSt 46, 321 (329)), fehlt es auch hier häufig an einem OK-Bezug. Da der Wortlaut sogar nur verlangt, dass die Tat von dem „Mitglied einer Bande", aber nicht als Bandenmitglied begangen wird, soll selbst die Tat eines Bandenmitgliedes, das die Tat „auf eigene Rechnung" begangen hat, als Vortat erfasst sein (vgl. *Altenhain* in NK-StGB § 261 Rn. 43; aA richtig *Lampe* JZ 1994, 123 (127)). Das gleiche Problem stellt sich hier die im Eigeninteresse begangenen Tat eines Mitgliedes einer Vereinigung gem. §§ 129, 129a, 129b Abs. 1 StGB (dazu *Zöller* FS Roxin, 2011, 1033 (1036)). Diese Konstellationen werden in der Praxis keine Bedeutung haben, sind aber symptomatisch für die vom Gesetzgeber gewollte Weite des Tatbestandes (hier: Niedrighalten der Beweisanforderungen für die Vortat, vgl. *Hecker* in Schönke/Schröder § 261 Rn. 5).

Die **Nr. 4b** erfasst ebenfalls seit 1998 jeweils unter der Voraussetzung **gewerbs-** 47 **oder bandenmäßiger** Begehung das Einschleusen von Ausländern gem. § 96 **AufenthaltsG**, das Verleiten zur missbräuchlichen Asylantragsstellung gem. § 84 **AsylG** und seit 2008 auch alle einfachen Tatbestände der **Steuerhinterziehung gem. § 370 AO**. Die Regelung zur Steuerhinterziehung als Vortat ersetzt die zuvor als Verbrechen von der Nr. 1 erfasste Qualifikationsvariante gem. § 370a AO (Gesetz zur Neuregelung der Telekommunikationsüberwachung, BGBl. I S. 3198) unter Beibehaltung der mit dem Bestimmtheitsgrundsatz schwerlich zu vereinbarenden Definitionen (vgl. zur Verfassungswidrigkeit des § 370a wegen mangelnder

El-Ghazi

§ 261 StGB

Bestimmtheit BGH NJW 2004, 2990 und NJW 2005, 374; *Hild/Albrecht* NJW 2005, 336 ff.). Wird eine Steuerhinterziehung als gewerbsmäßige Erzielung von Einnahmen verstanden, dann ist jede auf wiederholte Gewinne abzielende Form wiederholter Steuerhinterziehung schon eine Vortat (vgl. *Wulf* wistra 2008, 321 (327); diff. dazu *Bittmann* wistra 2010, 125 (128 ff.); zur grundsätzlichen Kritik an der Erfassung von Steuerhinterziehung als Vortat iSd § 261 vgl. zu Abs. 1 S. 3 → Rn. 79 ff.). Weiterhin wurden 2011 durch das Gesetz zur Verbesserung der Bekämpfung der Geldwäsche und Steuerhinterziehung (Schwarzgeldbekämpfungsgesetz, BGBl. I S. 676) neben **Marktmanipulation** und **Insiderhandel** nach § 38 Abs. 1–4 WpHG (vgl. hierzu die krit. Analyse von *Schröder* WM 2011, 769) auch die in den §§ 143, 143 a, 144 MarkenG, §§ 106–108 b UrhG, § 25 GebrMG, §§ 51, 65 GeschmMG, § 142 PatG, § 10 HalblSchG sowie § 39 SortSchG geregelten Straftaten (sog. **„Produktpiraterie"**, vgl. BT-Drs. 17/4182, 5) in den Vortatenkatalog der Nr. 4 b aufgenommen (BT-Drs. 17/4182, 1, 4 ff.; krit. hierzu *Schröder* WM 2011, 769 (773)).

48 Die **Nr. 5** erfasst einerseits die Vergehen der Organisationsdelikte aus dem Bereich der **§§ 129 f. StGB,** die nicht bereits als Verbrechen über Nr. 1 (§ 129 a Abs. 1, Abs. 2, Abs. 4) erfasst sind. Dazu zählen der gesamte Tatbestand des § 129 StGB (Bildung einer kriminellen Vereinigung) und die Tatbestände in § 129 a Abs. 3 (Vereinigung, deren Zweck auf Androhung bestimmter Straftaten gerichtet ist) und Abs. 5 StGB (Unterstützung oder Werbung für eine terroristische Vereinigung). Umfasst sind jeweils auch Taten von Vereinigungen im Ausland gem. § 129 b StGB (der Verweis auf § 129 b StGB wurde im Jahr 2002 in den Tatbestand aufgenommen, um die Finanzierung des internationalen Terrorismus zu bekämpfen (*Herzog/Achtelik* → Einl. Rn. 129 ff.).

49 Andererseits bezieht Nr. 5 auch **jedes Vergehen** ein, **das von einem Mitglied einer kriminellen oder terroristischen Vereinigung begangen worden** ist (dazu BGHSt 43, 149). Diese Regelungen der Nr. 5 waren bereits in der ersten Fassung des § 261 StGB von 1992 enthalten (vgl. BGBl. I S. 1304) und zwar auch noch bevor die Vergehen nach §§ 129 ff. erfasst waren. Für eine solche Straftat eines Mitglieds einer kriminellen oder terroristischen Vereinigung **soll es nicht notwendig** sein, dass der Täter dabei als **Mitglied der Vereinigung** gehandelt bzw. die Straftat für die Vereinigung begangen hat (*Jahn* in Satzger/Schluckbier/Widmaier StGB § 261 Rn. 34; *Neuheuser* in MüKoStGB § 261 Rn. 39; *Altenhain* in NK-StGB § 261 Rn. 44; *Hoyer* in SK-StGB § 261 Rn. 9). Die hM schließt dies aus einem Umkehrschluss aus § 260 Abs. 1 Nr. 2 StGB („als Mitglied einer Bande") (*Jahn* in Satzger/Schluckbier/Widmaier StGB § 261 Rn. 34). Der Wortlaut der Nr. 5 lässt zwar in der Tat eine solche Auslegung zu, Teleologie und die Gesetzesmaterialien streiten jedoch für eine **enge Auslegung** (krit. auch *Sommer* in AnwK-StGB § 261 Rn. 18, vgl. auch *Burr* S. 45, aus Gründen der Verhältnismäßigkeit für eine verfassungskonforme Reduktion plädiert *Zöller* FS Roxin, 2011, 1033 (1036 f.)). Es macht vom Schutzzweck des Geldwäschetatbestandes, und zwar unabhängig davon, welches der oben genannten Rechtsgüter man als geschützt ansehen möchte, keinen Unterschied, ob ein bestimmtes Vergehen von einem Mitglied einer kriminellen Vereinigung begangen wird oder nicht, wenn kein Konnex der Tat zur Vereinigung besteht. Die hinter § 261 stehenden Rechtsgüter sind nicht mehr oder weniger tangiert, weil in der Person des Vortäters eine bestimmte Eigenschaft (Mitgliedschaft in einer Vereinigung) verwirklicht wird. Weder ist das Rechtsgut der Vortat, die Rechtspflege noch der legale Finanz- oder Wirtschaftsverkehr stärker beeinträchtigt, als wenn die Vortat durch ein Nichtmitglied begangen wird. Das Unrecht eines

Ladendiebstahls beispielsweise kann nicht davon abhängen, ob dieser von einem Mitglied einer kriminellen Vereinigung begangen wird, solange die Tat keinen Zusammenhang zur kriminellen Vereinigung aufweist. Das größere Unrecht der Vortat eines Mitglieds einer kriminellen Vereinigung, die die Einbeziehung der Tat in den Vortatenkatalog rechtfertigt, muss sich daraus ableiten, dass die Straftat gerade „als" Mitglied der Vereinigung begangenen worden ist. Dies findet Bestätigung in der Gesetzesbegründung. Zur Rechtfertigung der Einbeziehung von Straftaten von Mitgliedern von kriminellen Vereinigungen heißt es dort: „Werden solche Vergehen von einer kriminellen Vereinigung begangen, erhalten sie einen besonderen Unrechtsgehalt, der die Aufnahme in den Katalog der Vortaten einer Geldwäsche rechtfertigt" (BT-Drs. 12/3533, 12). Damit aber in diesem Sinne von einem Vergehen einer kriminellen Vereinigung gesprochen werden kann, muss die Vortat doch einen Bezug zu den Zielen der Vereinigung aufweisen (iErg auch *Sommer* in AnwK-StGB § 261 Rn. 18). Das tut sie nur, wenn der Vortäter die Tat auch in seiner Eigenschaft und für die Zwecke der Vereinigung begeht. Bezüglich der näheren Einzelheiten kann dann auf die Grundsätze zu § 260 Abs. 1 Nr. 2 StGB verwiesen werden (vgl. zB *Hoyer* in SK-StGB § 260 Rn. 5).

Im Jahr 2009 ist auch die Vorbereitung einer schweren staatsgefährdenden Gewalttat nach § 89a StGB in den Katalog eingefügt worden (BGBl. I S. 2437). Auch der neue Tatbestand der Terrorismusfinanzierung (§ 89c) wurde ebenfalls mit seiner Einführung als Geldwäschevortat in den Katalog aufgenommen (BGBl. 2015 I S. 926). **50**

c) Auslandstaten. Um den internationalen Verflechtungen der Finanzmärkte Rechnung zu tragen, hat der Gesetzgeber weiterhin mit § 261 Abs. 8 StGB sichergestellt, dass auch im **Ausland** begangene Taten selbst dann, wenn sie nicht der deutschen Strafgewalt unterliegen, taugliche Vortaten einer Geldwäsche sein können (BT-Drs. 13/8651, 12; vgl. *Hecker* FS Heinz, 2012, 714 (717ff.)). Voraussetzung ist erstens, dass es sich um eine „der in Absatz 1 bezeichneten Taten" handelt. Danach muss die Auslandstat den **Vortaten des deutschen Geldwäschetatbestandes** entsprechen, müsste also die Voraussetzungen einer rechtswidrigen Tat iSd Abs. 1 S. 2 erfüllen, wenn sie im Inland begangen worden wäre (*Altenhain* in NK-StGB § 261 Rn. 45; *Lütke* wistra 2001, 85 (87); hinfällig ist damit die ältere Rspr., die auf diese Voraussetzung verzichtet hatte, LG Stuttgart NJW 1995, 671; AG Essen wistra 1995, 31). Zur Anwendung des Abs. 9 S. 2 auf Fälle, in denen die Tat nur im Ausland mit Strafe bedroht ist, → Rn. 148. Zweitens muss die Tat grundsätzlich nach dem **Recht des Tatorts** mit Strafe bedroht sein (zur Bestimmung des Tatortes bei Bestechungsdelikten: BGH BeckRS 2018, 38756). Damit ist nicht verlangt, dass die Tat auch nach dem ausländischen Recht Vortat einer strafbaren Geldwäsche ist (vgl. *Altenhain* in NK-StGB § 261 Rn. 45). Es müssen aber die Voraussetzungen der Strafbarkeit nach dem Recht des Auslands gegeben sein (vgl. *Lütke* wistra 2001, 85 (87); *Löwe-Krahl* wistra 1993, 123 (124)). Schuldhaftes Handeln ist aber nicht notwendig (*Bottermann* Untersuchung zu den grundlegenden Problematiken des Geldwäschetatbestandes, auch in seinen Bezügen zum Geldwäschegesetz, 1995, S. 43). **51**

3. „Herrühren" aus der Vortat

Der Gegenstand muss aus einer der Vortaten „herrühren". Der Terminus des „Herrührens" ist neu und wurde vom Gesetzgeber verwandt, um § 261 StGB insbes. über den Anwendungsbereich des Straftatbestands der Hehlerei gem. § 259 **52**

§ 261 StGB

StGB hinaus zu erstrecken, da mit den Anschlussdelikten der §§ 257–259 StGB „das Geldwaschen nicht effektiv bekämpft werden" könne (BT-Drs. 12/989, 26). Der Hehlereitatbestand ist dem der Geldwäsche zwar strukturell vergleichbar, da er ebenfalls Handlungen sanktioniert, die an eine andere rechtswidrige Tat anknüpfen, und ebenfalls verhindern soll, dass die durch die Vortat geschaffene rechtswidrige Vermögenslage aufrechterhalten wird (vgl. ie *Wessels/Hillenkamp* StrafR BT II Rn. 823 mwN). § 259 StGB beschränkt aber den Kreis der tauglichen Vortaten allein auf Vermögensdelikte, erfasst also insbes. nicht die für das Anliegen der Bekämpfung der Organisierten Kriminalität zentrale Betäubungsmittelkriminalität. Weiterhin kommen gem. § 259 StGB nur Sachen, also insbes. auch keine Rechte, als Tatobjekt in Betracht, und das Tatobjekt des § 259 muss wie auch die „Vorteile der Tat" gem. § 257 StGB *unmittelbar* durch die Vortat erlangt worden sein (*Wessels/Hillenkamp* StrafR BT II Rn. 835; detailliert auch *Bischofberger* S. 25 ff.).

53 Damit stellt der **Hehlereitatbestand kein geeignetes Instrument** dar, um dem Phänomen der Geldwäsche beizukommen (grundlegend *Arzt* NStZ 1990, 1 ff.). Werden die unmittelbar aus einer Vortat erlangten Sachen umgetauscht oder in andere Vermögenswerte umgewandelt (also etwa das Diebesgut durch Verkauf in Bargeld), ist die Hehlerei an diesen „Ersatzgegenständen", die an die Stelle der unmittelbar erlangten Sachen getreten sind, nach dem Grundsatz der Straflosigkeit der Ersatzhehlerei nicht mehr möglich, so dass Dritte, die sich die „Ersatzgegenstände" verschaffen, nicht gemäß § 259 StGB bestraft werden können.

54 Bei der Formulierung des Geldwäschetatbestands hat der Gesetzgeber mit der Verwendung des Begriffs des „Herrührens" darauf abgezielt, diese Strafbarkeitslücke der klassischen Anschlussdelikte zu schließen und daher in den Gesetzesbegründungen deutlich gemacht, dass der **Konnex zwischen der Vortat und dem Gegenstand bei der Geldwäsche** nicht allzu eng sein soll. Hervorgehoben wird insbes., dass in den Fällen, in denen der ursprüngliche Gegenstand eine Kette von Verwertungshandlungen durchlaufen hat, auch die Gegenstände, die unter **Beibehaltung des wirtschaftlichen Wertes** an die Stelle des ursprünglichen Objekts getreten sind, noch geldwäschetauglich sein sollen (BT-Drs. 12/989, 27). Der eigentliche Grund für die Einführung des § 261 StGB ist daher der Zugriff auf die **Surrogate**, die sich nicht beim Vortatbeteiligten befinden (so auch *Altenhain* in NK-StGB § 261 Rn. 54).

55 Von einer gesetzlichen Definition des Merkmals „Herrühren" hat der Gesetzgeber jedoch (bewusst) abgesehen (BGH NJW 2009, 1617 (1618)) und auch in der Gesetzesbegründung nicht erläutert, unter welchen Umständen das Merkmal erfüllt sein soll (vgl. für viele die Kritik bei *Barton* NStZ 1993, 159 ff.). So wird in der **Gesetzesbegründung** als einziges Beispiel zur Einschränkung des Tatbestandsmerkmals hervorgehoben, dass Gegenstände, die auf einer Verwertung des Ursprungsobjektes beruhen, nicht mehr geldwäschetauglich sein sollen, wenn die Gegenstände infolge einer Weiterverarbeitung im Wesentlichen auf eine spätere selbstständige Leistung Dritter zurückzuführen sind (BT-Drs. 12/989, 27). Mit diesem Beispiel, von dem etwa das Ausschlachten wertvoller Einzelteile aus gewerbsmäßig gestohlenen Kraftfahrzeugen erfasst wird, ist für die Auslegung des zentralen Anliegens des Tatbestandes, des Waschens von Geld, „wenig anzufangen" (*Michalke* FS DAV, 2009, 346 (349)); das gilt ebenso für die in BT-Drs. 12/3533, 12 genannten Beispiele). Im Übrigen teilt die Gesetzesbegründung nur mit, dass „ein Interesse besteht, den Zugriff nicht schon nach einem ‚Waschvorgang' zu verlieren", dass die Auslegung des Herrührens aber auch nicht dazu führen soll, „dass der legale Wirtschaftsverkehr in kürzester Zeit mit einer Vielzahl inkriminierter Gegenstände belastet wird" (BT-Drs. 12/989, 27 und identisch BT-Drs. 12/3533, 12). Mit diesen Vorgaben, dass die Auslegung einerseits nicht zu einer grenzenlosen Anwendung führen, andererseits aber auch „jeder denkbaren wirtschaftlichen Transaktion", wie sie für die Geldwäsche typisch sei (BT-Drs. 12/3533, 12), gerecht werden soll, wird die Frage, wie weit die „gewaschenen" Vermögenswerte noch aus der Vortat „herrühren", praktisch nicht beantwortet (ebenso *Altenhain* in NK-StGB § 261 Rn. 55). Dass vor diesem Hintergrund teils verfassungsrechtliche Bedenken im Hinblick auf die Bestimmtheit des Gesetzes geäußert werden (zum Ganzen *Leip* S. 67 ff.; vgl. auch *Jahn* in Satzger/Schluckebier/Widmaier StGB § 261 Rn. 35), ist verständlich. Da das Bundesverfassungsgericht es hinsichtlich des verfassungsrechtlich abgesteckten Bestimmtheitsgrundsatzes aus Art. 103 Abs. 2 GG als ausreichend erachtet, wenn die Rechtsprechung einen bestimmbaren, aber unbestimmten Begriff präzisiert und konkretisiert (insbes. BVerfGE 126, 170 ff.), ist nicht mehr damit zu rechnen, dass der Begriff des „Herrührens" dem Bestimmtheitspostulat „zum Opfer" fallen könnte.

Keiner der Versuche in der Literatur, anhand allgemeingültiger Kriterien den Begriff des „Herrührens" zu konkretisieren (Überblick bei *Voß* S. 33 ff.), hat sich durchgesetzt, denn die üblichen Methoden der Auslegung (ausführliche Anwendung auf § 261 StGB bei *Bischofberger* S. 21 ff.) geben praktisch keine Anhaltspunkte. So gibt der **Gesetzgeber** als Leitlinie alleine die weit reichende Kriminalisierung vor (krit. zur subjektiv historischen, dh vom gesetzgeberischen Willen ausgehenden Auslegung daher gerade am Bsp. des § 261 StGB *Wohlers* StV 2001, 420 (425); vgl. auch *Hefendehl* FS Roxin, 2001, 145 (163)). Eine **teleologische** Auslegung (dazu *Altenhain* in NK-StGB § 261 Rn. 56 f.) ist ähnlich grenzenlos (so auch *Vest* FS Schmid, 2001, 417 (423)), weil nach dem Gesetzeszweck jedes Surrogat ein Ansatzpunkt ist, um die Geldflüsse bis zurück zur Vortat nachzuvollziehen (→ Rn. 13), und weil das Ziel, den Vortäter zu isolieren (→ Rn. 12), auch das Verbot des Umgangs mit Surrogaten erfordert (vgl. *Leip* S. 101). Das vage und multiple Rechtsgut (→ Rn. 28) kann diese gesetzgeberischen Vorgaben einer extensiven Auslegung nicht konturieren und der Wortlaut setzt wenig Grenzen. 56

So ist allein anerkannt, dass das „Herrühren" **Kausalität** erfordert (BGHSt 53, 205 (209) = NJW 2009, 1617 (1618), 1. Senat, mAnm *Kuhlen* JR 2010, 271; ebenso der 5. Senat, BGH NStZ-RR 2010, 109 (110); *Altenhain* in NK-StGB § 261 Rn. 52; *Hecker* in Schönke/Schröder § 261 Rn. 10; *Fischer* § 261 Rn. 7; *Neuheuser* in MüKoStGB § 261 Rn. 45; *Barton* NStZ 1993, 159 (161); *Bottke* wistra 1995, 87 (91); zutr. Kritik an diesem Sprachgebrauch bei *Kuhlen* JR 2010, 271 (272): „Verursacht" iSv „erzeugt, hervorgebracht" durch die Tat werden nur die producta sceleris, → Rn. 62), so dass die Existenz des Gegenstands bei wirtschaftlicher Betrachtungsweise in der Vermögenssphäre des Vortäters oder eines Dritten ihre Ursache in der Vortat haben muss (zuletzt BGHSt 63, 228 (240); so auch BT-Drs. 12/3533, 12). Gleichfalls anerkannt ist aber, dass die Konkretisierung des Merkmals „Herrühren" allein anhand des Kausalitätskriteriums wenig geeignet ist, um die Reichweite des Geldwäschetatbestands klar zu umgrenzen (*Hecker* in Schönke/Schröder § 261 Rn. 10; *Leip* S. 71 f.; *Altenhain* in NK-StGB § 261 Rn. 52), denn Kausalketten können sich prinzipiell unendlich lange fortsetzen, so dass mit dem Erfordernis der Kausalität allein nicht einmal die Kontamination des gesamten legalen Wirtschaftsverkehrs durch inkriminierte Gegenstände verhindert werden könnte. 57

Die Bemühungen um die Auslegung des Merkmals „Herrühren" haben daher zum Ziel, das Kausalitätskriterium um **weitere Merkmale** zu ergänzen, welche 58 den Kreis der geldwäschetauglichen Gegenstände klarer umgrenzen. Überzeugende allgemeingültige Auslegungskriterien sind nicht ersichtlich (beispielhaft *Sommer* in AnwK-StGB § 261 Rn. 20: „in erster Linie eine Wertung der nachfolgenden wirtschaftlichen Vorgänge").

59 Eine Konkretisierung des Herrührens anhand der Regelungen zu Vermögensabschöpfung, so dass nur solche Gegenstände von § 261 StGB erfasst werden, die in einem die Einziehung rechtfertigenden Zusammenhang zu der Vortat stehen (so *Arzt* JZ 1993, 914; modifizierend *Hoyer* in SK-StGB § 261 Rn. 12, der darauf abstellt, ob in Bezug auf den jeweiligen Gegenstand noch ein Anspruch des Verletzten oder des Staates besteht), passt nicht für die Geldwäsche, weil die Einziehungsvorschriften auf Tatbeteiligte oder Drittempfänger abstellen, während die Surrogate bei der Geldwäsche regelmäßig gerade bei anderen Personen anfallen (vgl. *Altenhain* in NK-StGB § 261 Rn. 58; *Vest* FS Schmid, 2001, 417 (424f.); *Leip* S. 76; *Voß* S. 40).

60 Der Versuch einer Konkretisierung durch allgemeine **normative Erwägungen** bleibt extrem vage, wenn für das „Herrühren" verlangt wird, dass die Vortat für die Existenz oder wirtschaftliche Zuordnung des Tatobjekts „adäquat kausal" und der ursächliche Zusammenhang zur Vortat auch bei wertender Betrachtung nicht durch fehlende „rechtliche Signifikanz" der Vortat unterbrochen ist (so *Barton* NStZ 1993, 159 (165); zur Kritik vgl. *Leip* S. 81 ff., *Altenhain* in NK-StGB § 261 Rn. 59; *Vest* FS Schmid, 2001, 417 (427); *Voß* S. 38).

61 Somit bleibt allein eine **„wirtschaftliche Zuordnung"** (so *Vest* FS Schmid, 2001, 417 (428ff.)); ähnlich *Hecker* in Schönke/Schröder StGB § 261 Rn. 9, der eine „am Phänomen des Geldwaschens" orientierte Einschränkung vornehmen will und nur solche Gegenstände als taugliche Tatobjekte einer Geldwäsche betrachtet, die wirtschaftlich gesehen die gewaschenen Werte ersetzen), die unter Beachtung des Prinzips der restriktiven Auslegung des Tatbestandes (→ Rn. 19f.) das Merkmal „Herrühren" nach **Fallgruppen** konkretisiert.

62 **a) Unmittelbar aus der Tat herrührende Gegenstände.** Unproblematisch geldwäschetauglich sind zunächst solche Gegenstände, die unmittelbar **aus** der Vortat erlangt werden, zB das erpresste Geld, die Diebesbeute, der Erlös aus dem Verkauf von Betäubungsmitteln, die Zuwendung, die der Bestochene als Gegenleistung erbringt (vgl. BGH NJW 2008, 2516 (2517)), weiterhin die unmittelbar **für** die Vortat erlangten Vermögenswerte, so der Tatlohn, sog. *scelere quaesita* (*Bischofberger* S. 94 ff.; *Jahn/Ebner* JuS 2009, 598 (599)), und auch die durch die Tat hervorgebrachten Tatprodukte, zB das Falschgeld oder die produzierten Betäubungsmittel (sog. *producta sceleris*, vgl. *Burr* S. 68; *Altenhain* in NK-StGB § 261 Rn. 61 und 62 mN; die Kritik von *Leip* S. 95 f., das Inverkehrbringen solcher Gegenstände werde bereits von spezielleren Tatbeständen erfasst und habe phänomenologisch mit der Geldwäsche wenig gemein, wird durch die Konkurrenzregeln, wonach die Geldwäsche in solchen Fällen zurücktritt, abgemildert, → Rn. 147). Wenn aber der Geldwäschetatbestand insbes. die Rechtsgüter der Vortaten schützt, muss auch das producta sceleris (zB die unechte Urkunde bei der Urkundenfälschung) als aus der Vortat herrührender Gegenstand angesehen werden können. Der Verbleib solcher Gegenstände im Markt kann das Rechtsgut der Vortat (bei der Urkundenfälschung die Sicherheit und Zuverlässigkeit des Rechtsverkehrs, vgl. BGHSt 2, 50 (52); *Erb* in MüKoStGB § 267 Rn. 1 mwN) weiterhin tangieren.

63 In diesen Fallgruppen ist der **Bemakelungszusammenhang** zwischen der Vortat und den Gegenständen offensichtlich, da die Objekte erst aufgrund der Vortat existieren oder in die Vermögenssphäre des Täters gelangt sind. Auch ist der Konnex zu der Vortat so eng, dass in diesen Konstellationen kein Anlass besteht, das Kausalitätserfordernis um weitere, engere Kriterien zur Einschränkung des Merkmals „Herrühren" zu ergänzen.

Die Bemakelung an einem unmittelbar aus der Tat herrührenden Gegenstand 63a endet grundsätzlich nicht dadurch, dass dieser Gegenstand an einen Dritten weitergegeben wird. Der unmittelbar aus der Tat herrührende Gegenstand verliert seine Qualität als Geldwäscheobjekt auch dann nicht, wenn er durch einen anderen ersetzt wird, er gilt als **dauerkontaminiert** (instruktiv am abgewandelten Märchen vom „Hans im Glück" und seines Goldklumpens, der auch nach dem Umtausch in ein Pferd „dauer"-kontaminiert bleibt, *Leip* S. 119). Die durch einen Raub erlangte fremde Sache bleibt daher grundsätzlich auch dann kontaminiert, wenn sie der Vortäter gegen Entgelt veräußert oder sie gegen eine andere Sache tauscht. Zwar gilt hier das vom Vortäter Erlangte ebenfalls als kontaminiert und als geldwäschetauglicher Gegenstand (vgl. dazu → Rn. 67), dies hebt die Bemakelung des unmittelbar aus der Vortat erlangten Gegenstandes aber nicht auf (OLG Karlsruhe NJW 2005, 767 (769)). Dies ergibt sich bereits aus dem Regelungsgehalt von Abs. 6. Aus dem Umkehrschluss der dort vorzufindenden Regelung folgt, dass allein eine Weitergabe oder Transformation eines Gegenstandes nicht zur Negation des Herrührens führen kann (ausführlich *Leip* S. 73 f.).

Eine Ausnahme von dem Grundsatz der Dauerkontamination des unmittelbar 63b aus der Tat herrührenden Gegenstandes ist dann zuzulassen, wenn der bemakelte Gegenstand in einem staatlich geregelten Verfahren, zB durch Zwangsversteigerung, verwertet wird (so LG Aachen StV 2019, 57 = BeckRS 2018, 37955). Das LG Aachen rechtfertigt dies vor allem unter Verweis auf die andernfalls drohende Beeinträchtigung des Wirtschaftsverkehrs. Meines Erachtens folgt die **Dekontamination** im Rahmen der Zwangsversteigerung durch den Zuschlag und dessen Wirkungen. Durch den Zuschlag bei der Versteigerung (§ 817 ZPO; § 92 ZVG) erlöschen alle bisherigen Rechte und Belastungen an dem verwerteten Gegenstand; kraft Surrogation setzen sich die Rechte und Belastungen an dem Erlös fort (zum Grundgedanken vgl. § 92 Abs. 1 ZVG, RGZ 156, 395 (399); *Becker* in Musielak/ Voit ZPO § 819 Rn. 3). Von dieser Surrogation betroffen ist auch die strafrechtliche Kontamination. Die Ersteigerung von im Strafverfahren eingezogenen Gegenständen ist daher mit keinem Strafbarkeitsrisiko verbunden, obwohl es nahe liegt, dass solche Gegenstände aus Straftaten herrühren könnten.

b) Tatmittel. Die **instrumenta sceleris** sind hingegen schon nach dem Wort- 64 laut (ebenso *Leip* S. 94) keine tauglichen Gegenstände, da sie nicht aus der Vortat herrühren, sondern deren Begehung ermöglichen (*Vest* FS Schmid, 2001, 417 (428); *Jahn* in Satzger/Schluckebier/Widmaier StGB § 261 Rn. 37; *Altenhain* in NK-StGB § 261 Rn. 63; *Neuheuser* in MüKoStGB § 261 Rn. 46; *Hecker* in Schönke/Schröder § 261 Rn. 9; *Ruhmannseder* in BeckOK StGB § 261 Rn. 16 f.; aA *Hoyer* in SK-StGB § 261 Rn. 13). Die Vortat ist deswegen **entgegen BGH NJW 2009, 1617** (mAnm *Rettenmaier* (1619); *Fahl* JZ 2009, 747 (748); *Kuhlen* JR 2010, 271) nicht ursächlich für einen zur Tatbegehung genutzten Gegenstand, der auch regelmäßig schon vor der Vortat zum Vermögen des Täters zählt. Der 1. Senat nimmt in dieser Entscheidung dennoch an, dass der gezahlte Bestechungslohn schon für den Vorteilsgeber kausal auf einer Bestechung beruhe (BGH NJW 2009, 1618), obwohl die Zahlung der Bestechungssumme die Erfüllung der Unrechtsvereinbarung gem. § 334 StGB darstellt. Diese Auslegung ist mit dem Bestimmtheitsgebot gem. Art. 103 Abs. 2 GG schwerlich vereinbar, jedenfalls einfachgesetzlich abzulehnen. Das wiederholte Argument des 1. Senats (vgl. schon BGHSt 50, 347 (353); weiterhin BGHSt 55, 36 (53), → Rn. 97), § 261 StGB lasse als Auffangtatbestand eine weite Auslegung zu, unterminiert jegliche tatbestandliche Bestimmtheit und liegt quer zu der zutreffenden Äußerung des 5. Senats, wonach § 261 gerade **wegen seiner Unbestimmtheit** – „an der Grenze der Verständlichkeit" (NJW 2008, 2516 (2517)) – restriktiv auszulegen ist. Auch der Rekurs auf die kriminalpolitische Intention des Gesetzgebers, den Zugriff auf illegale Vermögenswerte zu gewährleisten und deren Einschleusen in den legalen Finanz- und Wirtschaftskreislauf zu verhindern (vgl. BGH NJW 2009, 1617 (1618)), trägt nicht. Der Vermögenswert, der als Bestechungssumme benutzt wird, hat seine Ursache gerade nicht in der rechtswidrigen Tat der Bestechung, sondern war schon vorher vorhanden, und die Illegalität des Vermögenswertes entsteht erst mit der deliktischen Verwendung (dementsprechend ist der Bestechungslohn für den Bestochenen dann unstreitig ein illegaler Vermögenswert). Mit der Begründung des 1. Senats wären nicht nur alle Tatmittel mit einem Vermögenswert schon Gegenstände einer tauglichen Geldwäsche, wenn sie die Sphäre des Vortäters verlassen, sondern selbst ihre Verwendung durch den Vortäter wäre strafbare Geldwäsche (vgl. *Fahl* JZ 2009, 747 (748): Holzhacken mit der zuvor als Tatwaffe genutzten Axt als Geldwäschetat). Die Auslegung des 1. Senats verlässt die Grundstruktur der Geldwäschestrafbarkeit, Vorteilssicherung (Abs. 1) und Vorteilsverlagerung (Abs. 2) unter Strafe zu stellen (so auch *Rettenmaier* NJW 2009, 1619; *Fahl* JZ 2009, 747 (748) und speziell für das Verhältnis von Bestechung zu Geldwäsche schon *Pieth* FS Schmid, 2001, 437 (449 ff.)).

65 Ebenso scheiden auch die **Beziehungsgegenstände,** dh die Gegenstände, welche notwendiges Objekt der Vortat waren (so etwa Betäubungsmittel beim Handeltreiben) aus, da auch sie nicht aus der Vortat herrühren (ebenso *Altenhain* in NK-StGB § 261 Rn. 64 mwN; *Bischofberger* S. 99 f.; anders etwa *Fischer* § 261 Rn. 7; *Kühl* in Lackner/Kühl § 261 Rn. 5; *Leip* S. 98). Das ergibt sich auch aus der Gesetzesbegründung zu Abs. 1 S. 3 Hs. 2, die darauf abstellt, dass Schmuggelgut nicht aus einer Straftat nach der Abgabenordnung herrührt, aber wegen des Zusammenhangs mit dieser durch die Spezialregelung des Abs. 1 S. 3 als Tatobjekt erfasst werden müsse (vgl. *Voß* S. 67 zu BT-Drs. 13/6620, 7; BT-Drs. 13/8651, 15 und BT-Drs. 14/7471, 9).

66 **c) Mittelbar auf die Tat zurückzuführende Gegenstände.** Prinzipiell können neben den Objekten, die in einem unmittelbaren Zusammenhang mit der Tat stehen, auch solche Gegenstände aus der Vortat herrühren, die erst durch einfache oder mehrfache Transformationen des Ursprungsobjektes oder seinen Einsatz im Wirtschaftsverkehr entstanden oder in den Besitz des Geldwäschers geraten sind und die daher nur mittelbar in einem ursächlichen Zusammenhang zu der Vortat stehen (zu diesem vom Gesetzgeber beabsichtigten weiten Verständnis des „Herrührens" → Rn. 55, so auch OLG Karlsruhe NJW 2005, 767 (768)). Ausgehend von dieser grundsätzlichen Erkenntnis, dass auch mittelbar auf die Tat zurückzuführende Gegenstände geldwäschetauglich sein können, ergibt sich gleichzeitig die Möglichkeit einer **Vervielfältigung** der Tatobjekte. Der unmittelbar aus der Tat herrührende Gegenstand bleibt auch dann kontaminiert (Dauerkontamination), wenn er an einen Dritten weitergegeben wird und der Täter im Gegenzug dafür einen Ersatzgegenstand erlangt. Nunmehr sind mehrere Objekte kontaminiert. Darüber hinaus können sich Geldwäscheobjekte **„vermehren",** wenn aus dem ursprünglichen Gegenstand mehrere Objekte entstehen (kritisch *Salditt* StraFo 1992,

121 (123); *Barton* NStZ 1993, 159 (165); restriktiv *Leip* S. 98ff.); zB treten bei Einzahlung von illegalem Bargeld auf mehrere Konten neben das Bargeld die erlangten Forderungen gegen die Bank (→ Rn. 73 ff. zu den Problemen, die sich ergeben, wenn die Konten bereits ein sauberes Habensaldo aufweisen, und → Rn. 122 zu der einschränkenden Regelung des straflosen Vorerwerbs gem. Abs. 6).

aa) Surrogate: Grundsatz. Surrogate, dh Gegenstände, die im Wege eines **Austauschs** wirtschaftlich an die Stelle des ursprünglichen Geldwäscheobjekts getreten sind, gelten als prinzipiell kontaminiert (zuletzt BGH NZWiSt 2019, 148 (150); NStZ 2017, 28: Miteigentumsanteil an Hausgrundstück). Das Surrogat muss ebenfalls die Qualität eines Gegenstandes iSd Geldwäschetatbestandes (→ Rn. 34) besitzen (*Altenhain* in NK-StGB § 261 Rn. 68). Beispiele: Der Unternehmensanteil, der mit rechtswidrig erlangtem Geld erworben wurde; die Forderung gegen die Bank, die durch die Einzahlung von schmutzigem Bargeld auf ein Konto entsteht (BR-Drs. 507/92, 28; BT-Drs. 11/7663, 26). Die Geldwäschetauglichkeit derartiger Ersatzgegenstände folgt aus dem Grundsatz, dass Gegenstände, deren wirtschaftliche Zuordnung in kausalem Zusammenhang mit der Vortat steht (Bemakelungszusammenhang, vgl. BGH NStZ 2017, 28 (29); *Eschelbach* in Graf/Jäger/Wittig § 261 Rn. 35), kontaminiert sind (→ Rn. 57; exemplarisch BGH NStZ-RR 2010, 109 (111) zu Bargeldeinzahlungen: Das Surrogat entstammt einer „unmittelbaren Beziehung zum Vortäter"). Erlangt eine Person einen Gegenstand im Austausch für ein Objekt, das aus einer Straftat herrührt, so ist in diesem Objekt der wirtschaftliche Wert des unmittelbar aus der Straftat erlangten Objektes aufrechterhalten (vgl. nur *Altenhain* in NK-StGB § 261 Rn. 67; *Arzt/Weber/Heinrich/Hilgendorf* StrafR BT § 29 Rn. 8).

Anders als beim Ursprungsobjekt scheidet aber eine **Dauerkontamination bei Surrogaten** aus. Denn wird das Surrogat durch ein weiteres Surrogat ersetzt, tritt dieses bei wirtschaftlicher Betrachtung an die Stelle des Ursprungsobjekts, so dass das ersetzte (vorherige) Surrogat, das aus dem Vermögen der Vortatbeteiligten ausscheidet, nicht mehr aus der Vortat herrührt und damit als **dekontaminiert** gilt (*Leip* S. 114 ff.; zu Bsp. vgl. *Salditt* StraFo 1992, 121 (124); *Vest* FS Schmid, 2001, 417 (429 ff.)). Auch eine teleologische Auslegung trägt dieses Ergebnis, denn der Zweck der Gewinnabschöpfung verlangt nur einen Zugriff auf das wertmäßig an die Stelle des Ursprungsobjektes getretene Surrogat, und Gegenstand der Rekonstruktion der Papierspur ist nur der Erlös aus der Vortat, aber nicht der durch das ersetzte Surrogat verkörperte Gegenstand der Geldwäschehandlung (*Leip* S. 115; *Altenhain* in NK-StGB § 261 Rn. 79 f.; offen gelassen von OLG Karlsruhe NJW 2005, 767 (769)).

Erkennt man eine solche Dekontamination des Surrogates durch erneuten Austausch an, führt dies zu einer sinnvollen Einschränkung der (leichtfertigen) Geldwäschestrafbarkeit. Zu Recht wird inzwischen auch in der Rechtsprechung erkannt, dass der Tatbestand der Geldwäsche nicht so weit reichen darf, dass bestimmte Bereiche des Wirtschaftslebens darunter leiden könnten (LG Aachen StV 2019, 57 = BeckRS 2018, 37955, für die Zwangsversteigerung eines durch kontaminiertes Geld erworbenen Grundstückes). Dies könnte aber der Fall sein, wenn die stetige Surrogation dazu führen würde, dass sich die Kontamination potenziert.

bb) Wertsteigerungen oder -verluste. Bei Wertsteigerungen oder -verlusten im Wege der Surrogation (Bsp.: Der Täter erlangt bei dem Verkauf der Tatbeute einen unangemessen hohen oder niedrigen Erlös) wird unter Hinweis auf die Gesetzesmaterialien, wonach ein Ersatzgegenstand „unter Beibehaltung des Wertes" an die Stelle des ursprünglichen Tatvorteils treten muss, um geldwäschetauglich zu sein (BT-Drs. 12/989, 27), die Geldwäschetauglichkeit von Surrogaten mit „wesentlicher" Wertveränderung zT abgelehnt (*Kühl* in Lackner/Kühl § 261 Rn. 5). Ersichtlich meinte der Gesetzgeber mit dieser Formulierung aber nicht eine Identität des Wertumfanges von Ursprungsobjekt und Surrogat, die vor allem bei der „Wäsche" von erkennbar kontaminierten Gegenständen nicht gegeben sein wird, weil diese regelmäßig mit Wertverlusten einhergehen, die durch die Aufwendungen, insbes. den Lohn für die Geldwäsche entstehen (so auch *Altenhain* in NK-StGB § 261 Rn. 69; *Hecker* in Schönke/Schröder § 261 Rn. 9; BGH NZWiSt 2019, 182 (184)). Es spielt grundsätzlich keine Rolle, ob die Surrogate einen höheren oder einen niedrigeren Wert haben als der Ursprungsgegenstand (OLG Celle BeckRS 2017, 108331). Mit der „Beibehaltung des Wertes" kann somit nur gemeint sein, dass der Wert des Ursprungsgegenstandes in dem Surrogat bei wirtschaftlicher Betrachtungsweise noch enthalten ist. Die Frage der Wertveränderung bei Surrogaten stellt sich damit praktisch nur im Kontext der Vermischung „schmutziger" mit sauberen Vermögenswerten (zur Kontamination bei Vermischung, → Rn. 73 ff.).

70   **cc) Sicherheitsleistung mit kontaminierten Gegenständen.** Geldwäschetauglich sind weiterhin Gegenstände, die der Täter aus einem Geschäft erlangt, bei dem der unmittelbar erlangte Gegenstand oder sein geldwäschetaugliches Surrogat als Sicherheit gedient hat; zB werden mit Gewinnen aus Betäubungsmittelgeschäften Wertpapiere finanziert, die der Bank als Sicherheit für ein Darlehen gegeben werden (nach BT-Drs. 12/3533, 12). Zwar erhält der Vortäter das Darlehen bei genauer Betrachtung nicht als Gegenleistung für die Sicherheit, sondern für den von ihm vertraglich versprochenen Zins (*Leip* S. 103); dennoch kann auch das ausgekehrte Darlehen selbst als Surrogat angesehen werden. Über den ersichtlichen Kausalzusammenhang zwischen der Vortat, der Sicherheitsleistung und der Erlangung des Vermögensgegenstandes hinaus tritt bei diesem Beispiel der ausgezahlte Darlehensbetrag wirtschaftlich an die Stelle des zur Sicherheit hingegebenen Surrogats der Gewinne aus der Vortat und ist daher wie ein (weiteres) Surrogat des Ursprungsgegenstandes zu behandeln (*Altenhain* in NK-StGB § 261 Rn. 71; *Dionyssopoulou* S. 108; *Leip* S. 103 f.).

71   **dd) Nutzungen und Früchte.** Ebenfalls prinzipiell anerkannt ist die Geldwäschetauglichkeit von (Rechts-)Früchten (§ 99 BGB) oder Nutzungen (§ 100 BGB), die aus einem kontaminierten Gegenstand gezogen werden, zB Zinsen, Mieteinnahmen, Aktiendividenden. Das ergibt sich unter dem Vorbehalt, dass es sich nicht um eine Teilkontamination mit inkriminierten Mitteln handelt (→ Rn. 72 ff.), wiederum aus dem Kausalitätskriterium und daraus, dass die Nutzungen wirtschaftlich dem kontaminierten Ursprungsgegenstand oder seinem Surrogat zugeordnet werden können (vgl. *Dionyssopoulou* S. 108; *Altenhain* in NK-StGB § 261 Rn. 72).

72   **ee) Nicht erfasste mittelbare Vorteile.** Für eine Reihe von Einzelfällen wird ein normativer Zusammenhang zwischen der Verwendung eines geldwäschetauglichen Objektes und daraus entstehender Vorteile abgelehnt, wenn sie keine Nutzungen sind (*Altenhain* in NK-StGB § 261 Rn. 73). Der Vorteil darf zB nicht wesentlich auf der Leistung Dritter beruhen (BGH NZWiSt 2019, 148 (150)). Auch **Gewinne aus Wetten oder Glücksspielen,** bei denen geldwäschetaugliche Gegenstände eingesetzt wurden, sollen in aller Regel nicht mehr aus der Vortat herrühren, denn die Gewinnchance, welche der Täter durch den Einsatz des bemakelten Gegenstands erlangt hat, sei so gering, dass ein adäquater Zusammenhang

zwischen der Gewinnrealisierung und der Vortat nicht mehr erkennbar sei (vgl. *Barton* NStZ 1993, 159 (162); *Hombrecher* JA 2005, 67 (68); *Otto* JURA 1993, 329 (331); *Leip* S. 104 f.; *Neuheuser* in MüKoStGB § 261 Rn. 51: wertbildend sei der Zufall; *Hecker* in Schönke/Schröder § 261 Rn. 10 verneint in diesem Fall eine gezielte Umwandlung illegaler Vermögensgegenstände in legale Werte). Nicht mehr geldwäschetauglich sollen nach der Gesetzesbegründung auch die **Erzeugnisse eines Unternehmens** sein, an dem der Täter mit schmutzigen Vermögenswerten Anteile erworben hat (begründungslos BT-Drs. 12/3533, 12; zustimmend mit unterschiedlichen Begründungen *Hoyer* in SK-StGB § 261 Rn. 16; *Hecker* in Schönke/Schröder § 261 Rn. 11; *Neuheuser* in MüKoStGB § 261 Rn. 51; aA *Leip* S. 114).

d) Auswirkungen der Vermischung sauberer und schmutziger Vermögenswerte. Die Auswirkungen einer Vermischung von sauberen Gegenständen mit solchen, die aus einer Straftat herrühren, sind heillos umstritten und daher vollkommen **unklar**. Entsteht durch die Vermischung ein neuer Gegenstand (Bsp. Guthaben auf einem Konto, das sowohl durch die Einzahlung von legalem als auch illegalem Geld entstanden ist; ein Gegenstand wurde teils mit sauberem, teils mit schmutzigem Geld erworben), so führt eine ausschließlich an Kausalitätskriterien orientierte Betrachtung dazu, den entstandenen Gegenstand insgesamt als kontaminiert zu behandeln, da er ohne die kontaminierten Anteile gar nicht oder nicht in der vorliegenden Form existieren würde. 73

So geht die Lehre von der **Totalkontamination** davon aus, dass der „neue" teilkontaminierte Gegenstand vollständig aus der Vortat herrührt (BGH NStZ 2017, 167 (169); 2015, 703 (704); OLG Karlsruhe NJW 2005, 767 (769); OLG Frankfurt a. M. NJW 2005, 1727 (1732); *Barton* NStZ 1993, 159 (163); *Leip* S. 110 ff.; *Schmidt/Krause* in LK-StGB § 261 Rn. 12; *Altenhain* in NK-StGB § 261 Rn. 74 ff.; *Neuheuser* in MüKoStGB § 261 Rn. 52). Diese Auffassung hat zur Folge, dass jeder Teil dieses neuen Gegenstandes sowie auch jedes Surrogat, das an die Stelle eines Teiles tritt, wiederum aus der Vortat herrührt (die Vervielfältigung des inkriminierten Vermögens kann dabei erheblich sein, vgl. *Michalke* FS DAV, 2009, 346 (348) mit einem instruktiven Bsp.; krit. auch *Krug* NZWiSt 2016, 159). 74

Extrem weit ist die Ansicht, die auch jeglichen Schwellenwert für den illegalen Vermögenswert ablehnt, der zur Totalkontamination des Gesamtgegenstandes durch „Infizierung" führen kann (so *Altenhain* in NK-StGB § 261 Rn. 78; *Neuheuser* in MüKoStGB § 261 Rn. 53), so dass überwiegend dann eine Kontamination verneint wird, solange der in den Gesamtgegenstand eingegangene illegale Anteil unterhalb einer bestimmten Mindestgrenze oder „Makelquote" liegt. Für die **Rechtsprechung** ist diese Grenze aber schon dann überschritten, wenn der illegale Anteil **„aus wirtschaftlicher Sicht nicht völlig unerheblich"** ist (BGH NZWiSt 2019, 148 (150); wistra 2019, 29 f.; NStZ 2017, 167 (169); OLG Karlsruhe NJW 2005, 767 (769)). Unter der Geltung dieser Lehre wäre beispielsweise das gesamte Kontoguthaben als infiziert anzusehen, auch wenn nur ein geringer Teil aus illegaler Quelle stammt (so BGH NStZ 2017, 167 (169); *Barton* NStZ 1993, 159 (164); zu diesem Bsp. genauer *Michalke* FS DAV, 2009, 348 (351 f.); zur Totalkontamination einer Wallet: *Hennecke* CCZ 2018, 120 (124 f.)). Der 1. Strafsenat am BGH hat eine Totalkontamination bei einem deliktischen Anteil von 5,9 % ohne Weiteres angenommen (BGH NStZ 2017, 167 (169)). In der Literatur werden bei Mischfinanzierungen eines Gesamtgegenstandes als **Mindestgrenze** 1 % (*Wessels/Hillenkamp* StrafR BT II Rn. 901), 5 % (*Barton* NStZ 1993, 159 (163)), 75

25% (*Leip* S. 109; *Leip/Hardtke* wistra 1997, 281 (283)), 30% (*E. Fischer* S. 84) und 37,5% (*Bischofberger* S. 118) oder eine wertende Sicht (inkriminierte Mittel fallen gegenüber den legalen „nicht ins Gewicht": *Hecker* in Schönke/Schröder § 261 Rn. 10; ähnlich *Burr* S. 78; ausführliche Darstellung bei *Bischofberger* S. 140 ff.) vorgeschlagen. Andere kehren das Verhältnis zwischen kontaminiertem und nicht kontaminiertem Anteil um und gelangen (zumindest für bestimmte Fälle) nur dann zu einer Gesamtkontamination, wenn der Wert des Bemakelten den Wert des legalen Anteils übersteigt, mithin der illegale Anteil mehr als 50% beträgt (insbes. *Salditt* StraFo 1992, 121 (124); *Spiske* S. 121).

76 Einen **grundsätzlich anderen Weg** verfolgen die Vertreter der Lehre von der Teilkontamination (*Burr* S. 76; *Bischofberger* S. 143; *Bülte* S. 187; *Geurts* ZRP 1997, 250 (252); *Ambos* JZ 2002, 70 (71); *Jahn/Ebner* JuS 2009, 597 (599 f.); *Hombrecher* JA 2005, 67 (68); (wohl auch) *Hoyer* in SK-StGB § 261 Rn. 17). Der durch Vermischung, Vermengung, Verarbeitung oder Verbindung hervorgetretene (neue) Gegenstand könne nur **teilweise als aus der Vortat herrührend** angesehen werden, wenn zu seiner Schaffung sowohl illegale als legale Mittel verwendet wurden. Der illegale Anteil schlage sich damit nur als **Teilkontamination** auf das Surrogat nieder. Das Ausmaß der Kontamination bestimme sich aus dem Verhältnis zwischen kontaminiertem und sauberem Anteil. Zur Begründung dieser Quotenlösung wird auf die den §§ 947, 948 BGB zugrunde liegende Wertung verwiesen (*Hoyer* in SK-StGB § 261 Rn. 17; *Ambos* JZ 2002, 70 (71); *Jahn/Ebner* JuS 2009, 597 (599). Wer mithin den Kaufpreis für ein Kraftfahrzeug auch mit 25% kontaminierten Mitteln bezahlt, kontaminiert damit das Fahrzeug zu diesem Teil (zu diesem Bsp. auch BT-Drs. 12/3533, 12; *Ruhmannseder* in BeckOK StGB § 261 Rn. 18). An der generellen Geldwäschetauglichkeit ändert diese Teilkontamination im Grundsatz nichts im Verhältnis zur Lehre von der Totalkontamination. Derjenige, der sich dieses Fahrzeug verschafft (§ 261 Abs. 2 Nr. 1), macht sich ebenso wegen Geldwäsche strafbar. Relevant werden die Unterschiede aber insbes. bei einer weiteren Transformation. Veräußert der Vortäter das (teilkontaminierte) Fahrzeug wieder, so setzte sich die Kontamination eben nicht in dem gesamten (so wohl nach der Totalkontaminationslehre), sondern nur in dem quotenmäßigen Teil des erlangten Kaufpreises fort. Entsprechendes würde für das Kontoguthaben gelten, was sich aus inkriminierten und nicht inkriminierten Anteilen zusammensetzt, weil der Vortäter sowohl legales als auch sauberes Geld auf sein Bankkonto eingezahlt (bzw. überwiesen) hat. Nur ein Teil des Kontoguthabens (Forderung gegen die Bank), nämlich in Höhe des illegalen Anteils, wäre kontaminiert. Diese **Wertsummenlösung** kann sich für die Vermischung von Bargeld auf die Gesetzesbegründung stützen. Dort wird zwar eine Kontamination von Gegenständen auch dann für möglich gehalten, wenn der zum Erwerb aufgewandte Anteil illegaler Herkunft niedriger ist als der legale Anteil (ohne dass hier aber eine Aussage zur Kontaminationsquote getroffen wird), aber für die Vermischung von Geld wird auf die vom BGH für die Hehlerei aufgestellten Grundsätze verwiesen (BGH NJW 1958, 1244; vgl. BT-Drs. 12/3533, 12). Nach BGH NJW 1958, 1244, ist das Merkmal „der Nämlichkeit der Sache" auch dann erfüllt, wenn fremdes Geld mit eigenem des Vortäters ununterscheidbar vermengt und dadurch Miteigentum nach §§ 947 f. BGB am Gesamtbestand begründet wäre; eine Hehlerei komme jedoch in einem solchen Falle nur insoweit in Betracht, als der ausgekehrte Teil den Miteigentumsanteil des Vortäters (am Gesamtbestand) überschreitet (so BGH NJW 1958, 1244 (1245)). Dieser Entscheidung, auf die die Gesetzesbegründung explizit hinsichtlich der Fälle der Vermischung verweist, scheint damit implizit die These zugrunde zu liegen, dass sich nur im illegalen Teil die „Nämlichkeit der Sache" (iSd Hehlereitatbestandes) fortsetze. Diese Entscheidung wird daher zu Recht zugunsten der Teilkontaminationslehre ins Feld geführt (vgl. zB *Altenhain* in NK-StGB § 261 Rn. 75; *Hoyer* in SK-StGB § 261 Rn. 17).

Gegen die Lehre von der Teilkontamination wird vor allem eingewandt, bei einem teilkontaminierten Bankguthaben könne sukzessive das gesamte Guthaben straflos weitergeleitet werden, wenn die Teilbeträge immer niedriger sind als der bemakelte Anteil, ohne dass auch nur einmal ein geldwäschetauglicher Gegenstand dabei sei (*Bauer* FS Maiwald, 2003, 127 (135): „Gefahr strafbarkeitsvermeidender Manipulation"; ebenso OLG Karlsruhe NJW 2005, 767 (770); *Fischer* § 261 Rn. 9; *Altenhain* in NK-StGB § 261 Rn. 75 mwN; dagegen *Jahn/Ebner* JuS 2009, 597 (600), die von einer „systembedingten Strafbarkeitslücke" ausgehen).

Die Lehre von der **Totalkontamination ist abzulehnen.** Sie führt praktisch zu einer vollkommenen Sperre für das Vermögen desjenigen, der irgendeinen Vermögenswert aus einer Vortat erworben hat, und dieser Makel würde sich bis ins „Unendliche" fortsetzen (*Bauer* FS Maiwald, 2003, 127 (134); weitere Einwände: *Krug* NZWiSt 2016, 159 (160) [Gesetzlichkeitsprinzip, Verhältnismäßigkeit]). Gerade diese Auswirkungen einer Auslegung des Herrührens wollte der Gesetzgeber ausdrücklich vermeiden (BT-Drs. 12/3533, 12). Und auch der Hinweis des Gesetzgebers, dass Objekte, die infolge der **Weiterverarbeitung** eines kontaminierten Gegenstandes durch Dritte geschaffen wurden und daher im Wesentlichen auf die selbstständige Leistung des Verarbeitenden zurückzuführen sind, nicht mehr geldwäschetauglich sein sollen (Bsp.: Bemakeltes Gold wird zu Schmuck verarbeitet; ebenso auch die Konstellation der Erzeugnisse eines Unternehmens, an dem mit inkriminierten Mitteln Anteile erworben wurden, → Rn. 72), weist in diese Richtung: Die Weiterverarbeitung gleicht strukturell der Vermischung, weil die Arbeitsleistung Teilwert des Endproduktes ist, und wird dementsprechend gerade auch von der Lehre der Totalkontamination entgegen der Gesetzesbegründung nach den gleichen Grundsätzen wie die Vermischung bewertet (vgl. *Altenhain* in NK-StGB § 261 Rn. 78 mwN). 77

Alle Ansätze, die zumindest auf **Mindestgrenzen** abstellen, sind willkürlich und mit dem **Grundsatz der Bestimmtheit** des Tatbestandes unvereinbar (*Raschke* NZWiSt 2019, 148 (154); *Voß* S. 52; *Michalke* FS DAV, 2009, 348 (354 ff.)). Besonders deutlich wird dies bei den Anforderungen an den subjektiven Tatbestand: Der potenzielle Geldwäscher müsste nicht nur die Höhe des Vortatenerlöses kennen, sondern auch noch die Makelquote, mit der der Vortatenerlös im Surrogat enthalten ist (*Michalke* FS DAV, 2009, 356). Nimmt man daher insgesamt einen Verstoß der „Infizierungstheorie" gegen das Bestimmtheitsgebot an (so *Michalke* FS DAV, 2009, 354 ff.; *Voß* S. 52; *Krug* NZWiSt 2016, 159 (160)), zumal die Infizierungstheorie mit den Wertungen des Zivilrechts in § 935 Abs. 1 und §§ 946 ff. BGB unvereinbar ist (vgl. *Michalke* FS DAV, 2009, 355 f.; ebenso *Hoyer* in SK-StGB § 261 Rn. 16 f.), dann ist es allenfalls noch verfassungskonform, ein Herrühren nur dann zu bejahen, wenn der konkrete (Teil-)Gegenstand in seinem überwiegenden Wert kontaminiert ist (→ Rn. 76): Ein legaler Gegenstand „rührt" nicht aus einer Straftat her, weil er irgendwie bemakelt ist, sondern nur dann, wenn bei wirtschaftlicher Betrachtungsweise die Bemakelung wertmäßig größer ist als der legale Anteil. Allenfalls dann wird der „ursprüngliche Gegenstand unter Beibehaltung seines Wertes durch einen anderen ersetzt" (BT-Drs. 12/3533, 12). Aber auch unter diesen Voraussetzungen kann nur von einer Teilkontamination des Ersatzgegenstandes ausgegangen werden (vgl. → Rn. 77). Die Frage der Total- oder Teilkontamination ist für die Geldwäschetauglichkeit eines solchen Surrogats, welches überwiegend 78 aus illegalen Mittel finanziert wurde, irrelevant; nicht einmal im Bereich der Strafzumessung sollte dieser Streitfrage Bedeutung beizumessen sein. Das Ausmaß der Strafzumessungsschuld hängt nicht davon ab, ob die Jurisprudenz einen gemischt finanzierten Gegenstand als teil- oder totalkontaminiert betrachtet.

79 **e) Spezialregelung des § 261 Abs. 1 S. 3 StGB: Geldwäscheobjekte aus Steuerstraftaten.** § 261 Abs. 1 S. 3 StGB sieht bei Steuerstraftaten spezielle Regelungen zu den Geldwäscheobjekten vor. Bezüglich dieser Tatbestände wird durch S. 3 (teilweise) vom Erfordernis des „Herrührens aus der Vortat" abgewichen. Diese Modifikation sollte wohl dem Umstand Rechnung tragen, dass bei Steuerstraftaten der Vorteil für den Täter typischerweise darin besteht, keine Abgaben aus dem vorhandenen Vermögen entrichten zu müssen. Der Täter erlangt damit typischerweise „nur" eine Ersparnis (vgl. BT-Drs. 14/7471, 9). Bei einer als Vortat in S. 2 Nr. 4 b) erfassten (→ Rn. 47) gewerbsmäßigen oder bandenmäßigen Steuerhinterziehung gem. § 370 AO sollen daher nach § 261 Abs. 1 S. 3 Hs. 1 auch die „durch die Steuerhinterziehung **ersparten Aufwendungen** und die unrechtmäßig erlangten **Steuererstattungen und -vergütungen**" Tatobjekte sein. Bei den von S. 2 Nr. 3 erfassten Vortaten gem. § 373 AO und § 374 Abs. 2 (→ Rn. 45) wird auch ein **„Gegenstand, hinsichtlich dessen Abgaben hinterzogen worden"** sind, als Tatobjekt definiert. Der Wortlaut des S. 3 nimmt mit der Formulierung „Satz 1 gilt ..." nur auf die in Abs. 1 S. 1 genannten Tathandlungen Bezug, so dass es auf den ersten Blick nahe liegt, anzunehmen, dass die Tatobjekte des Abs. 1 S. 3 nur von den Tathandlungen des Abs. 1 S. 1 und nicht von den Tathandlungen des Abs. 2 erfasst sind (*Wulf* wistra 2008, 321 (327); *Spatschek/Wulf* DB 2002, 392 (396)). Die hM geht hingegen ganz selbstverständlich und der eindeutigen Intention des Gesetzgebers entsprechend davon aus, dass von den nach Abs. 2 „in Abs. 1 bezeichneten" Gegenständen auch die Tatobjekte des Abs. 1 S. 3 erfasst sind (so ausdrücklich auch *Altenhain* in NK-StGB § 261 Rn. 83). Abs. 2 verweist auf alle in Abs. 1 genannten Gegenstände, mithin auch auf die, die durch Abs. 1 S. 3 als geldwäschetauglich qualifiziert werden.

80 Die Vorschrift beruht des Weiteren auf der Erwägung, dass Gewinne aus organisierter krimineller Aktivität in der Regel nicht versteuert werden. Steuerhinterziehungen würden die Finanzmacht der Organisierten Kriminalität erhöhen und so ihre außerordentliche Gefährlichkeit vergrößern (BT-Drs. 14/7471, 18; so schon *Hetzer* WM 1999, 1306 (1316f.)). Der Gesetzgeber wollte daher sicherstellen, „dass auch die Vermögensbestandteile erfasst sind, die zwar nicht aus der Steuerstraftat selbst hervorgegangen sind," die also gerade **nicht** aus der Vortat herrühren, die „jedoch in einem klaren Zusammenhang mit der Vortat stehen" (BT-Drs. 14/7471, 9; vgl. zur Gesetzgebungsgeschichte *Spatschek/Wulf* NJW 2002, 2983ff.; *Hillmann-Stadtfeld* NStZ 2002, 242ff.; zu den kriminologischen Schnittmengen von Geldwäsche und Steuerhinterziehung *Herzog/Achtelik* → Einl. Rn. 43f.). Diese Begründung der weiten Fassung des Abs. 1 S. 3 mit den Notwendigkeiten der Bekämpfung der Organisierten Kriminalität greift aber schon deswegen zu kurz, weil sich die Norm nicht nur gegen die Hinterziehung von Steuern durch Angehörige der Organisierten Kriminalität, sondern gerade im Bereich des § 370 AO gegen die Steuerhinterziehung schlechthin richtet und damit weite Bereiche der Steuerhinterziehung ohne jeglichen Bezug zur Organisierten Kriminalität erfasst (Bsp. bei *Wulf* wistra 2008, 321 ff. (327)). Vor allem aber knüpft die Regelung an das Nichtzahlen von Steuern auf **legale Einkünfte** an. Damit wird der kriminalpolitische Ansatz des § 261 „auf den Kopf gestellt": Während die Tathandlungen der Geld-

wäsche an **illegales,** weil aus Vortaten herrührendes **Vermögen** anknüpfen, definiert Abs. 1 S. 3 **legales Vermögen** allein deswegen zum Tatobjekt, weil darauf keine Steuern gezahlt wurden (vgl. *Fischer* § 261 Rn. 10f., 23; vernichtend die Analyse von *Samson* FS Kohlmann, 2003, 263 (268ff.); *Leitner* AnwBl 2003, 675 (677); *Dierlamm* FS Mehle, 2001, 177 (178ff.)). Die durch Einführung des S. 3 hervorgerufenen Friktionen haben sich als so gravierend erwiesen, dass die Vorschrift (bislang) insgesamt weitestgehend unangewendet geblieben ist (zu den Nachweisschwierigkeiten *Sotiriadis* S. 370ff.). Verurteilungen unter Heranziehung von Abs. 1 S. 3 sind – soweit ersichtlich – nicht bekannt geworden. Zum Teil (insbes. S. 3 Hs. 1 Var. 1) bestehen – neben den praktischen – auch erhebliche verfassungsrechtliche Bedenken (dazu *Voß* S. 131ff.).

Die von **S. 3 Hs. 1 Var. 2** erfassten unrechtmäßig erlangten **Steuererstattungen und -vergütungen** (zB Vorsteuererstattungen aus Umsatzsteuer-Warenkarussellen) sind zwar unstrittig Tatobjekte, die unmittelbar aus einer der Steuerstraftaten herrühren (*Voß* S. 86ff., 95ff.; *Altenhain* in NK-StGB § 261 Rn. 82; *Spatscheck/Wulf* NJW 2002, 2983 (2987)), so dass Abs. 1 S. 3 bezüglich dieser Gegenstände maximal eine klarstellende Funktion zukommt. Dieser Klarstellung hätte es letztendlich aber nicht bedurft (*Voß* S. 97). Bezüglich der Konkretisierbarkeit dieser Steuererstattungen und -vergütungen bestehen im Übrigen keine Bedenken. Sie können, wenn sie denn mit dem legal erworbenen Vermögen des Täters vermengt werden, nach den oben genannten Grundsätzen behandelt werden (vgl. → Rn. 73ff.). 81

Hingegen können **ersparte Aufwendungen** iSd S. 3 Hs. 1 Var. 1 entgegen der Intention des Gesetzgebers grundsätzlich keine Tatobjekte sein. Eine Konkretisierung des inkriminierten Gegenstandes innerhalb des Gesamtvermögens des Steuerstraftäters ist nicht durchführbar, zumindest nicht unter Wahrung des Verhältnismäßigkeits- und Schuldprinzips. So hat der Gesetzgeber die Einführung der Regelungen des S. 3 zwar gerade damit begründet, dass die „ersparten Aufwendungen" keine Vermögensteile sind, die im Vermögen des Täters abtrennbar vorhanden sind, und wollte mit der Regelung des S. 3 daher erreichen, „dass auch die Vermögensbestandteile erfasst werden, (...) in einem klaren Zusammenhang" mit der Steuerstraftat stehen (BT-Drs. 14/7471, 9). Diese „Erfindung des gegenständlichen Nichts" (so treffend *Bittmann* wistra 2003, 161 (167); ebenso *Samson* FS Kohlmann, 2003, 263 (270)) scheitert aber daran, dass eine Trennung zwischen der steuerlichen Ersparnis und dem Vermögen des Steuerhinterziehers vielfach nicht möglich ist, so dass das Tatobjekt **nicht konkretisiert** werden kann. **Willkürlich, unverhältnismäßig und mit dem Schuldgrundsatz** unvereinbar wäre es, bei jeder der Vortaten einer Steuerhinterziehung deswegen immer auch eine Kontamination des Gesamtvermögens anzunehmen (*Burger* wistra 2002, 1 (5); *Spatschek/Wulf* NJW 2002, 2983 (2987); *Bittmann* wistra 2002, 161 (168); *Wulf* wistra 2008, 321 (328); *Dierlamm* FS Mehle, 2001, 177 (178ff.); *Fischer* § 261 Rn. 12). Willkürlich wäre es ebenso, einzelne Gegenstände oder Teile des Vermögens, die wertmäßig der Ersparnis entsprechen, als gerade diejenigen anzusehen, die kontaminiert sind (vgl. *Altenhain* in NK-StGB § 261 Rn. 83; *Samson* FS Kohlmann, 2003, 263 (275ff.); *Voß* S. 124ff.; diff. *Bittmann* wistra 2010, 125 (128f.); praktisch nicht durchführbar *Jahn* in Satzger/Schluckebier/Widmaier StGB § 257 Rn. 31). 82

Hinzu kommt, dass nicht erkennbar ist, wie an den ersparten Aufwendungen eine Tathandlung begangen werden könnte (vgl. *Samson* FS Kohlmann, 2003, 263 (268ff.)) – ein „Nichts" lässt sich nicht „verbergen", etc (weitere ganz ungeklärte Auslegungsprobleme ergeben sich für die hypothetische Kausalität von Steuerdelikt und ersparten Aufwendungen sowie für die Bestimmbarkeit des Zeitpunktes der 83

Kontamination des Vermögens durch die Steuerstraftat, vgl. *Samson* FS Kohlemann, 2003, 263 (271 ff.); *Voß* S. 119 ff.).

84 Mit dem von Abs. 1 S. 3 Hs. 2 erfassten „**Gegenstand, hinsichtlich dessen**" (in den Fällen der in S. 2 Nr. 3 genannten §§ 373, 374 AO) **Abgaben hinterzogen worden sind**", hat der Gesetzgeber „auch" bestimmte Beziehungsgegenstände in den Kreis der Tatobjekte einbezogen (vgl. *Voß* S. 59 ff. mwN, S. 67; *Altenhain* in NK-StGB § 261 Rn. 84; BGH NJW 2000, 3725).

85 Nach dem eindeutigen Wortlaut des S. 3 werden „**ersparte Aufwendungen**" hingegen nur erfasst, soweit sie bei Taten nach § 370 AO angefallen sind (*Samson* FS Kohlmann, 2003, 263 (268); *Altenhain* in NK-StGB § 261 Rn. 83), so dass sie bei den schwereren Delikten der §§ 373, 374 AO nicht als Tatobjekte in Betracht kommen (ähnlich *Fischer* § 261 Rn. 19, der aus dem „auch" in Hs. 2 schließt, nach S. 2 Nr. 3 müssten für die dort genannten Taten des § 373 AO andere Tatobjekte in Betracht kommen, was nur die „ersparten Aufwendungen," also die nicht abgeführten Abgaben, also doch die „ersparten Aufwendungen" sein könnten), was zu einem Wertungswiderspruch führt (*Voß* 2007, S. 166; *Altenhain* in NK-StGB § 261 Rn. 83), der nach der hier vertretenen Lösung, wonach ersparte Aufwendungen grundsätzlich keine Tatobjekte sein können (→ Rn. 85 f.; ebenso *Fischer* § 261 Rn. 12), aber ohne Bedeutung ist.

86 Durch **S. 3 Hs. 2** wird auch legal erworbenes Vermögen zum Tatobjekt der Geldwäsche erhoben, wenn hinsichtlich dieser Vermögensgegenstände Abgaben hinterzogen worden sind und dadurch Steuerstraftaten nach § 373 AO oder § 374 Abs. 2 AO verwirklicht wurden. Da hier aber nicht die ersparten Aufwendungen, sondern – wohl aufgrund der Gegenständlichkeit der Besteuerungsposition (Hinterziehung von Einfuhr- oder Ausfuhrabgaben für Waren und Erzeugnisse: Schmuggelware) – der Gegenstand selbst, hinsichtlich dessen Abgaben hinterzogen worden sind, für geldwäschetauglich erklärt wird, bestehen zumindest keine spezifischen Probleme bei der Konkretisierung des Geldwäschegegenstandes. Die Waren und Erzeugnisse, die versteuert werden müssen, lassen sich aus dem Gesamtvermögen des Täters herausisolieren. Es handelt sich dabei um die Beziehungsgegenstände der Steuerstraftaten (BGH wistra 1995, 30). Die bisherige Bedeutungslosigkeit dieser Extension beruht bisher auch auf Abs. 9 S. 2. Aufgrund der im Jahr 2015 in Kraft getretenen Einschränkung des Strafausschließungsgrundes der Selbstgeldwäsche durch Abs. 9 S. 3 (BGBl. I S. 2025) könnte die Bedeutung des Abs. 1 S. 3 Hs. 2 deutlich zunehmen.

87 Die genannten vielfältigen Auslegungsprobleme (vor allem Abs. 1 S. 3 Hs. 1 Var. 1) lassen (noch) nicht abschließend erkennen, welche Bedeutung die Vorschrift in der Praxis hat. Die Regelung des Abs. 1 S. 3 führt aber nach den vom Gesetzgeber verfolgten Zielen zu einer **grundlegend neuen Konzeption** der Geldwäschebekämpfung. Sie eröffnet die Möglichkeit einer fast grenzenlosen ermittlungstechnischen Verknüpfung von Steuererhebungen und „Verbrechensbekämpfung" durch Geldwäscheermittlungen (*Fischer* § 261 Rn. 10). Da eine auf Gewinne abzielende Steuerhinterziehung regelmäßig das Merkmal der Gewerbsmäßigkeit erfüllt (vgl. *Wulf* wistra 2008, 321 (327); *Harms* FS Kohlmann, 2003, 413 (421 ff.)), wird dann, wenn man die Intention des Gesetzgebers folgend gerade auch die ersparten Aufwendungen in den Anwendungsbereich einbezieht, aus jeder Beihilfe zur Steuerhinterziehung durch Annahme und Anlage von Schwarzgeld gleichzeitig eine Geldwäsche (*Hillmann-Stadtfeld* NStZ 2002, 242 (244); *Fischer* § 261 Rn. 24 mN). Der Geldwäschetatbestand löst sich damit vollends ab von seiner ursprünglichen Legitimation der Bekämpfung Organisierter Kriminalität (→ Rn. 3). Es geht nicht mehr um das schmutzige Geld, sondern um das **schwarze Geld der Steuerhin-**

terziehung (so schon 1997 für die Geldwäschebekämpfung in den USA *Arzt* in Diederichsen/Dreier S. 17, 37).

f) Nachweis des „Herrührens" aus einer Katalogtat. Für den Nachweis, 88 dass ein Gegenstand aus der Vortat herrührt, soll es nicht erforderlich sein, das Objekt einer bestimmten Vortat zuzuordnen. Es reiche schon aus, wenn das Gericht zu der Überzeugung gelange, dass der Gegenstand aus (irgend)einer Katalogtat herrühre. Dazu reiche es aus, wenn sich aus den festgestellten Umständen jedenfalls in groben Zügen bei rechtlich zutreffender Bewertung eine Katalogtat nach § 261 Abs. 1 StGB als Vortat ergebe (so BGH NZWiSt 2019, 148 (149); BGHSt 43, 158 (165)). Es muss nur ohne vernünftige Zweifel ausgeschlossen werden können, dass der Gegenstand legal erlangt wurde oder dass er aus einer Nichtkatalogtat stammt (BGH wistra 2000, 67). Die Tatgerichte seien daher von der Verpflichtung entbunden, die Vortat im Einzelnen aufzuklären, den Vortäter zu ermitteln und die Tat einem bestimmten Tatbestand aus dem Katalog zuzuordnen, um zu einer Verurteilung wegen Geldwäsche zu gelangen (so deutlich OLG Karlsruhe NJW 2005, 767 (770); *Altenhain* in NK-StGB § 261 Rn. 49; *Hoyer* in SK-StGB § 261 Rn. 11; *Schröder/Blaue* NZWiSt 2019, 161; *Kreß* wistra 1998, 121 (125); für den Fall der Wahlfeststellung BGH NStZ 2017, 93, vgl. auch BGH 2.11.2016 – 2 StR 495/12, BeckRS 2016, 113380). Diese Vorgehensweise widerspricht indes dem Schuldprinzip und ist mit dem Wortlaut des § 261 StGB nicht zu vereinbaren, sie führt zu „prozessualer Willkür" (*Sommer* in AnwK-StGB § 261 Rn. 11; eingehend dazu auch *Bernsmann* StV 1998, 46 ff.; *Zöller* FS Roxin, 2011, 1033 (1047 ff.)). Sie ist auch mit dem Grundsatz in dubio pro reo unvereinbar, wenn die (beliebige) Vortat nicht mit der für eine Verurteilung notwendigen Sicherheit (dazu *Ott* in KK-StPO § 261 Rn. 2 ff.) festgestellt würde. Für die nach dem Gesetzestext erforderliche Feststellung, dass das Tatobjekt nicht aus irgendeiner beliebigen, sondern gerade aus einer rechtswidrigen im Katalog des § 261 Abs. 1 StGB genannten Tat herrührt, ist daher die **Aufklärung der konkreten Umstände der Tat,** insbes. der Art und Weise der Tatbegehung, unerlässlich (zu den notwendigen Feststellungen bei Beteiligung an einer Vereinigung gem. §§ 129 ff. StGB *Zöller* FS Roxin, 2011, 1033 (1040 ff.)). Denn die Überzeugung des Gerichts muss auf mehr beruhen als einer Vermutung. Auch wenn keine legale Erlangung des Geldes ausgeschlossen werden kann, muss ohne vernünftige Zweifel ausgeschlossen werden können, dass der Vermögensgegenstand (meist: der Geldbetrag) aus einer Nichtkatalogtat stammt, die keine taugliche Vortat für die Geldwäsche darstellt (BGH NZWiSt 2019, 148 (149); StV 2000, 67, krit. dazu *Raschke* NZWiSt 2019, 148 (152 f.); *Zöller* FS Roxin, 2011, 1033 (1048 f.); OLG Karlsruhe NZWiSt 2016, 395 mAnm *Floeth* NZWiSt 2016, 397; OLG Hamburg NStZ 2011, 523; speziell zu fehlenden Feststellungen gem. Abs. 1 Nr. 4 BGH NStZ 2012, 321 (322) sowie KG Berlin Beschl. v. 13.6.2012, BeckRS 2012, 20283; *Lütke* wistra 2001, 85 (86)).

Auch ein solches Verständnis ist mit den Vorgaben aus Art. 3 Abs. 3 Buchst. b der Richtlinie (EU) 2018/1673 vereinbar. Nach dieser Richtlinienbestimmung müssen die Mitgliedstaaten eine Verurteilung wegen Geldwäsche auch dann gewährleisten, wenn nicht **alle Sachverhaltselemente** bzw. alle Umstände im Zusammenhang mit dieser Tätigkeit, darunter auch die Identität des Täters, festgestellt werden können.

Der **Tatverdacht der Geldwäsche** als Grundlage von Ermittlungseingriffen 89 erfordert sowohl die Umschreibung einer konkreten Tathandlung als auch die Benennung der konkreten Umstände einer Vortat, aus der der Vermögenswert herrühren soll (BVerfG wistra 2006, 418 (419); LG Ulm StV 2011, 722; *Reichling* in

NK-WirtschaftsSteuerStrafR StGB § 261 Rn. 97; ebenfalls *Carl/Klos* Anm. zu LG Stuttgart wistra 1995, 32 ff.; *Klos* Anm. zu LG Saarbrücken wistra 1997, 235 (236); *Altenhain* in NK-StGB § 261 Rn. 47; ausführlich *Kis* wistra 1997, 236 ff.).

4. Tathandlungen

90 Die Tathandlungen des § 261 StGB sind in Abs. 1 und 2 StGB definiert. In dem Bestreben, eine möglichst **umfassende Pönalisierung** von Handlungen zu erreichen, mit denen inkriminierte Vermögenswerte in den legalen Finanzkreislauf eingeschleust werden, hat der Gesetzgeber Verhaltensweisen unter Strafe gestellt, die sich nicht trennscharf voneinander abgrenzen lassen und in vielfacher Weise überschneiden (krit. schon *Kargl* NJ 2001, 57 ff.; *Lampe* JZ 1994, 123 (128), *Bottke* wistra 1995, 121 ff.). Auch aufgrund der Vielfalt der im Tatbestand genannten Tathandlungen, die nahezu jeglichen Umgang mit inkriminierten Gegenständen strafrechtlich erfassen, bestehen **Bedenken im Hinblick auf den Bestimmtheitsgrundsatz** (Art. 103 Abs. 2 GG) (vgl. BGH NJW 2008, 2516 (2517): „dieser Straftatbestand [bewegt] sich an der Grenze der Verständlichkeit"; *Kargl* NJ 2001, 57 ff.;). Der BGH hat daher zu Recht gefordert: „Um eine noch ausreichende Bestimmtheit und Übersichtlichkeit dieser Strafvorschrift sicherzustellen, ist eine restriktive Auslegung der Tatbestandsmerkmale geboten. Dies bedeutet, dass nur solche Handlungen als tatbestandsmäßig angesehen werden können, die sich ohne weiteres und sicher dem Wortlaut der Bestimmung unterordnen lassen" (BGH NJW 2008, 2516 (2517)). Ob hierin mehr als ein bloßes Lippenbekenntnis liegt, muss die Analyse der Rechtsprechung zu jeder einzelnen Tathandlungsalternative zeigen.

Mit dem Verschleierungs- und Vereitelungstatbestand des Abs. 1 hat der Gesetzgeber die Vorstellung verbunden, über die „Nahtstelle zwischen illegalem und legalem Wirtschaftskreislauf" den Zugriff auf die Organisierte Kriminalität zu ermöglichen (BT-Drs. 12/3533, 11), während der Isolierungstatbestand des Abs. 2 den Vortäter gegenüber der Umwelt isolieren und den inkriminierten Gegenstand praktisch verkehrsunfähig machen soll (BT-Drs. 12/989, 27; zu beiden kriminalpolitischen Zielen → Rn. 12 f.). Die Tatgerichte müssen auch (vgl. schon zum Nachweis des Herrührens → Rn. 88) ausreichende **Feststellungen** dazu treffen, welcher Tatbestand des § 261 und welche der einzelnen Tatbestandsalternativen des § 261 Abs. 1 S. 1 StGB vorliegen (vgl. BGH NStZ 2012, 321 (322); OLG Hamburg NStZ 2011, 523 (524)).

91 **a) Verschleierungstatbestand, Abs. 1 S. 1 Alt. 1.** § 261 Abs. 1 StGB erfasst in seiner 1. Alternative „typische" Geldwäschehandlungen, nämlich das Verbergen des inkriminierten Gegenstands und die Verschleierung seiner Herkunft. Diese Tathandlungen hat der Gesetzgeber nach den Vorgaben der Drogenkonvention der UNO (dazu → Rn. 2) übernommen (detailliert *Altenhain* in NK-StGB § 261 Rn. 98 ff.) und sich bei ihrer Implementierung am schweizerischen Geldwäschetatbestand (Art. 305bis Abs. 1 SchwStGB), der bereits im Jahr 1990 in Kraft getreten war, orientiert (*Saldit* StraFo 1992, 121 (126); zum Verschleierungstatbestand nach Art. 305bis Abs. 1 SchwStGB vgl. *Trechsel/Affolter-Eijstein* in Trechsel/Pieth Art. 305bis Rn. 16 ff.).

Unter **Verbergen** versteht man die Abschirmung vor Entdeckung durch eine Ortsveränderung oder dadurch, dass der Gegenstand an dem Ort, an dem er sich befindet, durch besondere Vorkehrungen vor seiner sofortigen Wahrnehmung geschützt wird *(Jahn* in Satzger/Schluckebier/Widmaier StGB § 261 Rn. 44; *Ruh-*

§ 261 StGB

mannseder in BeckOK StGB § 261 Rn. 24; *Hecker* in Schönke/Schröder § 261 Rn. 14; *Bottke* wistra 1995, 121; *Otto* wistra 1995, 323 (326); BGH NStZ-RR 1997, 359 nimmt das schon bei Verwahren in einer Geldbörse an; zu anderen Verstecken *Altenhain* in NK-StGB § 261 Rn. 102). **Verschleiern** ist das Erschweren der Entdeckung der Herkunft durch täuschende oder sonstige Maßnahmen, zB „Waschen" schmutziger Gelder durch Einbringen in Unternehmen mit hohem Bargeldaufkommen (*Bottke* FS Jakob, 2001, 45 (55)) oder Barüberweisungen ins Ausland unter Verwendung von Fremdpersonalien (LG Mönchengladbach wistra 1995, 157). Der BGH fasst zum Teil die beiden Varianten des Verschleierungstatbestandes unter einen gemeinsamen Obersatz zusammen: Nach BGH NStZ 2017, 28 (29), bezeichnet das Verbergen und Verschleiern „ein zielgerichtetes, konkret geeignetes Handeln, den Herkunftsnachweis zu erschweren, ohne dass diese Bemühungen aus der Sicht der Strafverfolgungsbehörden zum Erfolg geführt haben müssen" (vgl. auch *Leip* S. 128; *Neuheuser* in MüKoStGB § 261 Rn. 64; *Hecker* in Schönke/Schröder § 261 Rn. 14). Eine Zusammenfassung von Verbergen und Verschleiern unter eine gemeinsame Definition nivelliert zu Unrecht die im Tatbestand eindeutig angelegten Unterschiede zwischen diesen beiden Tathandlungen: Das Verbergen bezieht sich auf den inkriminierten Gegenstand selbst. Durch diese Tathandlung erscheint er den Strafverfolgungsbehörden (oder sonstigen Restitutionsbefugten) als nicht existent (so *Leip* S. 128). Das Verschleiern bezieht sich hingegen ausdrücklich auf die (inkriminierte) Herkunft des Gegenstandes. Nicht der Gegenstand wird verschleiert, sondern lediglich der Umstand, dass er aus einer Vortat herrührt (vgl. auch BT-Drs. 12/3533, 11).

Die Definition von Verbergen oder Verschleiern als „zielgerichtetes" Erschweren des behördlichen Zugriffs oder als „irreführende Machenschaften" oder „gezielte Vorkehrungen", die auf einen bestimmten Erfolg „abzielen" oder sich „richten" (vgl. jeweils *Fischer* § 261 Rn. 34 f.; *Kühl* in Lackner/Kühl § 261 Rn. 7; *Hecker* in Schönke/Schröder § 261 Rn. 14; *Neuheuser* in MüKoStGB § 261 Rn. 64; *Hoyer* in SK-StGB § 261 Rn. 21 f.), impliziert direkten Vorsatz (*Leip* S. 127 f.; *Müther* JURA 2001, 318 (322)). Die viel vertretene Ansicht, für alle Tathandlungen des § 261 StGB reiche bedingter Vorsatz aus (*Hecker* in Schönke/Schröder § 261 Rn. 26; *Kühl* in Lackner/Kühl § 261 Rn. 9; *Hoyer* in SK-StGB § 261 Rn. 40; *Neuheuser* in MüKoStGB § 261 Rn. 84), übersieht dies und verkennt, dass nur so der eigenständige Unrechtsgehalt des Verschleierungstatbestandes gegenüber dem Vereitelungstatbestand begründbar ist (*Müther* JURA 2001, 318 (323 f.); *Goeckenjan* wistra 2008, 128 (134)). Das Bundesverfassungsgericht hat diese enge Interpretation des Verschleierungstatbestandes – im Zusammenhang mit seiner Rechtsprechung zur Notwendigkeit einer verfassungskonformen Restriktion des Geldwäschetatbestandes bei Strafverteidigern (vgl. → Rn. 106) – mittelbar bestätigt: Angesichts der im Gesetzeswortlaut verwendeten „finalen Tätigkeitsworte" sei für den Verschleierungstatbestand eine **„manipulative Tendenz"** des Täters (ohnehin) erforderlich (so BVerfG NJW 2015, 2949 (2953)).

Bei beiden Varianten muss der Täter mithin **zielgerichtete Vorkehrungen treffen,** die den behördlichen Zugriff auf die Sache tatsächlich erschweren. Es muss also zumindest ein **Gefährdungserfolg** eingetreten sein (vgl. *Altenhain* in NK-StGB § 261 Rn. 100, 102; *Schmidt/Krause* in LK-StGB § 261 Rn. 16, 19; *Hoyer* in SK-StGB § 261 Rn. 20; *Jahn* in Satzger/Schluckebier/Widmaier StGB § 261 Rn. 47; aA *Leip* S. 128; *Hecker* in Schönke/Schröder § 261 Rn. 15; *Eschelbach* in NK-WirtschaftsSteuerStrafR § 261 Rn. 44; *Ruhmannseder* in BeckOK StGB § 261 Rn. 25). Das **Auffinden des inkriminierten Gegenstandes** oder die **Auf-**

deckung seiner inkriminierten Herkunft muss im Vergleich zum Zustand vor der Tathandlung **erschwert worden sein**. Der Taterfolg muss aber nicht endgültig eingetreten sein. Auf einen Gefährdungserfolg kann aufgrund des Wortlauts (Verbergen und Verschleiern) und mit Blick auf Abs. 3 nicht verzichtet werden. Man kann weder von einem Verbergen noch von einem Verschleiern sprechen, solange die Gefahr der Nichtauffindung (bzw. -aufdeckung) nicht erhöht worden ist. Beiden Begriffen ist damit ein gewisser Erfolg (sog. Tathandlungserfolg, grundlegend zu diesem Begriff: *Sieber* NJW 1999, 2068 (2071)) inhärent. Eine Handlung, die der präsumtive Geldwäschetäter mit der bloßen Intention der Erschwerung des Auffindens (bzw. Aufdeckens) vornimmt, stellt lediglich eine versuchte Verbergungshandlung (bzw. Verschleierungshandlung) dar, wenn sich die Chance auf Auffindung nicht einmal minimal verringert hat. Durch diese Forderung nach einem Gefährdungserfolg ist zusätzlich **Konkordanz** zu den weiteren in Abs. 1 genannten Tathandlungen (Vereitelungs- und Gefährdungstatbestand) **hergestellt** (vgl. *Hoyer* in SK-StGB § 261 Rn. 20).

Von dem Vereitelungstatbestand, der eine konkrete Gefährdung des behördlichen Zugriffs auf den Gegenstand voraussetzt (vgl. → Rn. 92), unterscheidet sich der Verschleierungstatbestand im objektiven Tatbestand allein darin, dass beim Vereitelungstatbestand der Gegenstand bereits gesucht wird (*Fischer* § 261 Rn. 35a; *Arzt* JZ 1993, 913; *Müther* JURA 2001, 318 (324)).

Ob der BGH auf einen solchen Gefährdungserfolg tatsächlich verzichtet, ist hingegen noch nicht geklärt, obwohl er – wie gesagt – postuliert, dass das konkret geeignete Bemühen aus Sicht der Strafverfolgungsbehörden nicht zum Erfolg geführt haben muss (BGH NStZ 2017, 28 (29)). Dass mit dieser Aussage auch ein Verzicht auf jeglichen Gefahrenerfolg ausgedrückt sein soll, ist nicht zwingend.

Die **Beispiele für ein Verbergen iSd Vereitelungstatbestandes** können vielfältig sein. Häufig genannt wird das Verstecken eines kontaminierten Gegenstandes in einem ausgehöhlten Buch (BGH NJW 1999, 436; *Altenhain* in NK-StGB § 261 Rn. 102; *Jahn* in Satzger/Schluckebier/Widmaier StGB § 261 Rn. 44); das Ablegen in einem verborgenen Safe (*Altenhain* in NK-StGB § 261 Rn. 102); das Vergraben im Erdboden; das Ablegen an ungewöhnlichen Stellen (*Ruhmannseder* in BeckOK StGB § 261 Rn. 24.1), die Verbringung ins Ausland (*Jahn* in Satzger/Schluckebier/Widmaier StGB § 261 Rn. 44), usw. Nicht als ausreichend dürfte hingegen das bloße Einbringen in die Handtasche (anders BGH NStZ-RR 1997, 359) anzusehen sein, solange die Handtasche selbst nicht verborgen wird. Das Verwahren (beispielsweise von Geld) in der Handtasche ist nicht einmal konkret geeignet, das Auffinden des Gegenstandes zu erschweren, da typischerweise dort als erstes nach Vermögenswerten gesucht werden wird.

Ein Verschleiern der inkriminierten Herkunft eines geldwäschetauglichen Gegenstandes wird hingegen angenommen, wenn zB Unterlagen, aus denen die inkriminierte Herkunft ableitbar wäre, manipuliert werden (falsche Rechnungen); registriertes Lösegeld bei einer Bank in nicht registrierte Scheine getauscht werden (BGH NStZ 1995, 500; *Sommer* in AnwK-StGB § 261 Rn. 32); schmutzige Gelder in ein Unternehmen eingebracht und dort mit sauberem Geld vermischt werden (*Jahn* in Satzger/Schluckebier/Widmaier StGB § 261 Rn. 46; *Körner* NStZ 1996, 64 (65)), Konten unter falschen Namen geführt werden (*Ruhmannseder* in BeckOK StGB § 261 Rn. 24.2); die Fahrgestellnummer an einem Kraftfahrzeug entfernt oder das Tatobjekt umlackiert oder anderweitig verfremdet wird, usw.

Eine „Manipulation" iSd Vereitelungstatbestandes wird im Bankenbereich immer dann anzunehmen sein, wenn die im Geschäftsverkehr üblichen Gepflogenheiten zur Gewährleistung der Transparenz von Finanzgeschäften ohne zulässigen Grund unterschritten werden (*Werner* S. 227) und dadurch das Aufdecken der illegalen Herkunft verschleiert wird. Da die gesetzlichen Buchführungs- und Identifizierungspflichten des GwG den Transparenzstandard vorgeben, bewegen sich Bankangestellte, die diese Vorgaben bei Kenntnis des Herrührens des Tatobjekts aus einer Vortat bewusst missachten, im Bereich der Strafbarkeit nach § 261 Abs. 1 Alt. 1 (zu Einschränkungen → Rn. 137 ff.).

b) Vereitelungstatbestand, Abs. 1 S. 1 Alt. 2. Der Vereitelungs- und Gefährdungstatbestand gem. § 261 Abs. 1 S. 1 Alt. 2 stellt die Gefährdung oder Vereitelung der Ermittlung der Herkunft eines Geldwäscheobjektes (das „Herrühren", → Rn. 52 ff.), des Auffindens, der Einziehung oder der Sicherstellung unter Strafe. Aufgrund der umfangreichen Reform der strafrechtlichen Vermögensabschöpfung, die zum 1.1.2017 in Kraft getreten ist (BGBl. I S. 872), konnte die Verfallsvariante entfallen, da der Verfall nunmehr als Unterfall der Einziehung (nämlich Einziehung von Taterträgen) gilt (vgl. § 73 StGB). 92

Im Unterschied zu den Verschleierungsalternativen ist ein **klandestines Verhalten beim Vereitelungstatbestand nicht erforderlich** (*Eschelbach* in NK-WirtschaftsSteuerStrafR § 261 Rn. 45). Es genügt die kausale Verursachung des tatbestandlichen Erfolges (Vereitelung oder Gefährdung) durch jegliches, eben auch unverfängliches Handeln, so dass auch berufstypische Verhaltensweisen dem Tatbestand unterfallen können (→ Rn. 94). Bewusste Offenlegung des Verhaltens gegenüber den Strafverfolgungsbehörden kann aber umgekehrt dazu führen, dass eine (konkrete) Gefährdung staatlicher Zugriffsmaßnahmen nicht eintritt (→ Rn. 95). Abzulehnen ist die Aufwertung jeglicher Beihilfehandlungen als täterschaftliche Aktivitäten, die den Zugriff der Strafverfolgungsbehörden „zu verhindern trachten" (BGH NStZ 1999, 83 (84); krit. *Jahn* JA 1999, 186 (187)). Im Fall der nur versuchten Haupttat wird dadurch eine Vorbereitungshandlung oder eine nur versuchte, nach allgemeinen Regeln straflose Beihilfe zum strafbaren Versuch aufgewertet (so BGH NStZ 1999, 83 (84); vgl. dagegen BGH NJW 2008, 1460 f. im Kontext der Beihilfe beim Handeltreiben gem. § 29 Abs. 1 BtMG).

Der Taterfolg der **Vereitelung** besteht in der Desavouierung des staatlichen (aber auch privaten) Zugriffs auf den Geldwäschegegenstand. Aufgrund der Täterhandlung wird das Tatobjekt nicht gefunden; scheitern die Ermittlungen bezüglich der inkriminierten Herkunft; misslingen Einziehung oder Sicherstellung des Tatobjekts. 93

Ob unter den Begriff des „Vereitelns" schon eine **Verzögerung des Zugriffs für geraume Zeit fällt** (so etwa *Salditt* StraFo 1992, 121 (125) unter Hinweis auf die Parallele zu § 258 StGB; *Eschelbach* in NK-WirtschaftsSteuerStrafR § 261 Rn. 47; *Jahn* in Satzger/Schluckebier/Widmaier StGB § 261 Rn. 48; *Müther* JURA 2001, 318 (324); aA *Altenhain* in NK-StGB § 261 Rn. 110; *Schmidt/Krause* in LK-StGB § 261 Rn. 16), oder ob es tatsächlich zu einem endgültigen Scheitern des Zugriffs kommen muss, kann dahinstehen, weil im ersteren Fall jedenfalls eine konkrete Gefährdung gegeben ist (*Hecker* in Schönke/Schröder § 261 Rn. 15; *Müther* JURA 2001, 318 (324); *Altenhain* in NK-StGB § 261 Rn. 110). Da schon die konkrete Gefährdung ausreicht, hätte auf die Vereitelungsvariante verzichtet werden können (*Altenhain* in NK-StGB § 261 Rn. 106).

Die Ermittlungen etc sind „gefährdet", wenn eine **konkrete Gefahr** des Scheiterns der jeweiligen staatlichen Maßnahme herbeigeführt wird (BT-Drs. 12/3533, 11; BGH NStZ 1999, 83 f.; *Fischer* § 261 Rn. 36 – konkretes Gefährdungsdelikt). Da schon die bloße Weitergabe oder Transformation eines kontaminierten Gegen- 94 stands dessen Auffindung und die Herkunftsermittlung etc verzögern kann, erfasst schon der Vereitelungstatbestand eine Vielzahl alltäglicher Handlungen gerade auch bei Finanzinstituten, etwa die Ausführung einer Auslandsüberweisung, so dass letztlich kaum Bankgeschäfte denkbar sind, die nicht unter diesen Tatbestand fallen (*Werner* S. 228; *Flatten* S. 84 ff. und zur Differenzierung zwischen Tathandlungen nach Abs. 1 Alt. 2 und Abs. 2 im Bankengeschäft, S. 88 f.).

95 Da eine „konkrete Gefährdung" eintreten muss, ist der objektive Tatbestand nicht gegeben, wenn die Handlung **untauglich ist, den Zugriff der Strafverfolgungsbehörden zu gefährden;** sie kann dann nicht als vollendete, sondern allenfalls als versuchte Geldwäsche nach Abs. 1 Alt. 2, Abs. 3 bestraft werden (BGH NStZ 1999, 83 (84) mAnm *Krack* JR 1999, 472 und *Jahn* JA 1999, 186; OLG Karlsruhe NStZ 2009, 269 (270); nach *Fischer* § 261 Rn. 36 soll schon eine konkrete „Eignung", den Vereitelungserfolg herbeizuführen, ausreichen; der BGH stellt letztlich auf die „konkrete Gefährdung" ab (so auch *Altenhain* in NK-StGB § 261 Rn. 95)). So hat der BGH den Eintritt eines Gefährdungserfolgs verneint, wenn der Geldwäschegegenstand einem verdeckten Ermittler der Polizei übergeben werden sollte (BGH NStZ 1999, 83 (84)). Auch die **Auszahlung von als Kaution** hinterlegten bemakelten Geldern an den Verteidiger begründet daher keine konkrete Gefährdung der Sicherstellung (anders BGHSt 47, 68 (79 ff.)). Denn die Auszahlung wird nach der Hinterlegungsordnung dokumentiert und begründet deswegen keine konkrete Gefährdung der Sicherstellung, solange der Verteidiger das Geld nicht beiseiteschafft oder nicht verausgabt, so dass jederzeit eine Sicherstellung möglich ist (*Nestler* StV 2001, 641 (648)). Dies gilt umso mehr für den vom Verteidiger, wenn auch in eigenem Namen, auf Konten der Staatskasse eingezahlten Kautionsbetrag (vgl. *Herzog/Hoch/Warius* StV 2007, 542 (548) zu OLG Frankfurt a. M. NJW 2005, 1727 (1733)). Es gibt keinen Grund, diese Fälle anders zu bewerten als die tatbestandslosen Fälle der kontrollierten Weiterleitung von Vermögenswerten aus Vortaten (zu kontrollierten Transaktionen → Rn. 115) oder der Entgegennahme eines Gegenstandes, die im unmittelbaren Anschluss den Strafverfolgungsbehörden gem. § 43 GwG angezeigt wird (*Altenhain* in NK-StGB § 261 Rn. 96).

96 In den Fällen des sog. **Phishing** (zur Begriffsentwicklung vgl. *Stuckenberg* ZStW 118 (2006), 878 f.) ist noch keine Strafbarkeit wegen einer Gefährdungshandlung gegeben, wenn der Finanzagent sein Konto als Anlaufstelle für durch Phishing herbeigeführte Überweisungen zur Verfügung stellt und verspricht, die Gelder weiter zu transferieren. Dies sind nur vorbereitende Handlungen, denn vor der Überweisung existiert noch kein aus einer Katalogtat herrührender Vermögensgegenstand, auf den der staatliche Zugriff gefährdet sein könnte (OLG Karlsruhe NStZ 2009, 269 (270); KG ZInsO 2012, 1943 (1945); *Kögel* wistra 2007, 206 (208); *Neuheuser* NStZ 2008, 492 (495); *Valerius* NZWiSt 2012, 189 (190); *Goeckenjahn* wistra 2008, 128 (134); *Altenhain* in NK-StGB § 261 Rn. 130b; aA *Jahn* in Satzger/Schluckebier/Widmaier StGB § 261 Rn. 49; KG StV 2013, 515; LG Darmstadt wistra 2006, 468 (470) sowie Anm. von *Biallaß* ZUM 2006, 879 und *Schenk* Kriminalistik 2007, 610 (611)). Da der bloßen Kontogutschrift keine rechtlich relevante Handlung des Finanzagenten zu Grunde liegt (*Goeckenjahn* wistra 2008, 128 (134)), kommt es auch nicht darauf an, ob das Konto von der kontoführenden Bank bereits überwacht wird (für diese Konstellation jedenfalls eine konkrete Gefährdung und mangels tatsächlicher Verfügungsgewalt auch eine Strafbarkeit nach Abs. 2 ausschließend OLG Karlsruhe NStZ 2009, 269). Wenn der **Finanzagent** sich das **überwiesene Geld auszahlen** lässt, liegt allerdings ein Sich Verschaffen (→ Rn. 98) vor und die Vornahme weiterer Transaktionen erfüllt den

Tatbestand des Abs. 1 (vgl. LG Köln NZWiSt 2012, 188 mAnm *Valerius; Seidl/Fuchs* HRRS 2010, 85 (90)). Eine Strafbarkeit des Finanzagenten wegen Geldwäsche ist aber ohnehin gemäß Abs. 9 S. 2 StGB ausgeschlossen, wenn sich der Finanzagent, der seine Kontoverbindung für unredliche Transaktionen zur Verfügung stellt, hierdurch bereits wegen Teilnahme an der Vortat strafbar gemacht hat (hierzu BGH NZWiSt 2015, 272 mAnm *Floeth*).

c) Isolierungstatbestand, Abs. 2. § 261 Abs. 1 StGB wird in seiner Weite 97 noch übertroffen von dem Isolierungstatbestand des Abs. 2. Dieser hat im Verhältnis zu Abs. 1 die **Funktion eines Auffangtatbestandes** (BT-Drs. 12/3533, 13), weil er weder, wie das Verschleiern und Verbergen gem. Abs. 1 Alt. 1, auf klandestine Handlungen zugeschnitten ist noch einen Tätererfolg verlangt, wie ihn Abs. 1 Alt. 2 voraussetzt. Er setzt aber auch einen ganz eigenständigen Akzent, weil er auf sozial übliche Verhaltensweisen zugeschnitten ist (*Bottke* wistra 1995, 121). Ziel dieses Tatbestandes ist es, den Vortäter mit seinem wirtschaftlichen Taterfolg zu **isolieren** (so *Leip* S. 140). Der Isolierungstatbestand kriminalisiert drei weitere Tathandlungen. Erfasst werden das (sich oder einem Dritten) Verschaffen, das Verwahren und das Verwenden eines inkriminierten Gegenstandes aus einer in Abs. 1 S. 2 genannten Straftat. Strafbar sind hiernach gerade auch die „vielfältigen Geldgeschäfte" des täglichen Lebens (BT-Drs. 12/989, 27 zu Abs. 2 Nr. 2), die sich auf kontaminierte Gegenstände beziehen. Durch diese Kriminalisierung der Verhaltensweisen, bei denen eine weitere Person über inkriminierte Gegenstände verfügt, soll der Vortäter gegenüber der Umwelt isoliert und der inkriminierte Gegenstand praktisch verkehrsunfähig gemacht werden (BT-Drs. 12/989, 27).

aa) Sich oder einem Dritten Verschaffen, Abs. 2 Nr. 1. Nach § 261 Abs. 2 98 Nr. 1 StGB macht sich strafbar, wer sich oder einem Dritten einen geldwäschetauglichen Gegenstand verschafft, so dass er oder der Dritte zu eigenen Zwecken die **tatsächliche Verfügungsgewalt** über den Gegenstand erlangt (BGHSt 43, 149 (150); *Neuheuser* in MüKoStGB § 261 Rn. 68; *Jahn* in Satzger/Schluckebier/Widmaier StGB § 261 Rn. 53) und **unabhängig vom Vortäter** über den Gegenstand verfügen kann. Diese Definition entspricht der für den Hehlereitatbestand entwickelten Grundsätzen (BT-Drs. 12/3553, 13; *Körner/Dach* Rn. 33; *Leip* S. 140; zu § 259 vgl. BGHSt 15, 53 (56)).

Der Täter muss die Verfügungsgewalt über den inkriminierten Gegenstand da- 98a bei auf abgeleitetem Wege, sprich **im Einvernehmen mit dem Vortäter,** erlangt haben (hM und stRspr, BVerfGE 110, 226 = NJW 2004, 1305 (1306); BGHSt 55, 36 (53) = NJW 2010, 3730 (3733); *Schmidt/Krause* in LK-StGB § 261 Rn. 21; *Kaspar* JuS 2012, 628 (635); *Fischer* § 261 Rn. 38; *Neuheuser* in MüKoStGB § 261 Rn. 68; *Hecker* in Schönke/Schröder § 261 Rn. 18; aA *Altenhain* in NK-StGB § 261 Rn. 114; *Spiske* S. 133; *Fahl* JURA 2004, 160 (162); grundsätzlich zum Einvernehmen beim Verschaffen: *Mitsch* JA 2020, 32 ff.). Anstelle bzw. ergänzend zum Einvernehmen wird von anderer Seite einschränkend verlangt, dass sich der präsumtive Geldwäscher mit seiner Handlung mit dem Vortäter solidarisiere. Das tue er, wenn er ihm durch seine Handlung die Nutzungsmöglichkeit des inkriminierten Gegenstandes erhalte (*Bergmann/Pfaff* in Schröder/Bergmann/Pfaff S. 43, 56 ff.). Prima facie ist aber nicht ersichtlich, inwieweit diese Tatbestandsrestriktion, auch wenn sie für sämtliche Tathandlungen des Geldwäschetatbestandes gelten soll, bezüglich der hier interessierenden Fälle gewinnbringend sein kann. Entsprechende Einschränkungen erzielt die hM, natürlich abhängig vom Verständnis, über das Merkmal des Einvernehmens.

§ 261 StGB

98b Nach fast einhelliger Auffassung fehlt es am Einvernehmen, wenn der Gegenstand dem Vortäter oder einem Dritten gestohlen oder geraubt wird. (vgl. Nachweise zuvor → Rn. 98a). Nach Ansicht der hM soll das Einvernehmen aber nicht im Sinne **eines kollusiven Zusammenwirkens** zu verstehen sein. Deshalb seien Willensmängel auf Seiten des bisherigen Verfügungsgewalthabers grundsätzlich unschädlich, solange der Übergang der Verfügungsgewalt nur mit seinem Willen stattfinde (so BGHSt 55, 36 (53) = NJW 2010, 3730 (3733)). Ein solches Einvernehmen soll daher auch dann vorliegen, wenn der Vortäter in Folge von Täuschung oder Nötigung in die Übertragung der Verfügungsgewalt „einwilligt" (BGHSt 55, 36 (53) = NJW 2010, 3730 (3733); *Fischer* § 261 Rn. 38; *Neuheuser* in MüKoStGB § 261 Rn. 68; aA *Hoyer* in SK-StGB § 261 Rn. 15; *Hecker* in Schönke/Schröder § 261 Rn. 18; *Sommer* in AnwK-StGB § 261 Rn. 38 f.; *Jahn* in Satzger/Schluckebier/Widmaier StGB § 261 Rn. 51; *Putzke* StV 2011, 176 (179 ff.); *Gentzik* S. 166).

Diese weite und von der engeren Auslegung des „Sich Verschaffens" in § 259 StGB teilweise abweichende Auslegung (hier schließen Wegnahme und Nötigung ein Sich-Verschaffen aus (BGHSt 42, 196 (197)), nach neuerer Rspr. die Täuschung aber nicht: vgl. BGHSt 63, 274 = NJW 2019, 1540 (1541 f.)) wird mit dem weiten Rechtsgüterschutzkonzept des Geldwäschetatbestandes (tatbestandsspezifische Auslegung des „Sich-Verschaffens" vgl. BGHSt 55, 36 (53) = NJW 2010, 3730 (3734); exemplarisch auch *Mitsch* JA 2020, 32 (36)) und der Entstehungsgeschichte der Vorschrift begründet. Sie ist ein weiteres Beispiel für die permanente Ausweitung des Tatbestandes durch die Rechtsprechung (Abs. 2 ist als Auffangtatbestand konzipiert, → Rn. 97, und der historische Gesetzgeber hatte auf eine parallele Auslegung zu § 259 StGB abgestellt, BT-Drs. 12/3533, 13, vgl. zur generellen Kritik an der Methode der Rspr. → Rn. 19 f., 28). Die mit dieser Ausweitung entstehenden strafrechtlichen Risiken für sozialadäquate Verhaltensweisen sind erheblich, insbes. für die anwaltliche Beitreibung nicht bemakelter Forderungen aus potenziell bemakeltem Vermögen (vgl. *Rübenstahl/Stapelberg* NJW 2010, 3692 (3694)).

99 Ob der Täter den Gegenstand aufgrund eines **rechtmäßigen Anspruchs** erlangt, soll unerheblich sein (*Altenhain* in NK-StGB § 261 Rn. 113; zu den Konsequenzen für das Zwangsvollstreckungsverfahren vgl. *Putzke* StV 2011, 176 (179)). Damit erfasst diese Tatbestandsalternative im Prinzip **jedes Geschäft des täglichen Lebens,** das mit kontaminierten Vermögenswerten getätigt wird, und ist insbes. auch für Bankgeschäfte einschlägig. Denn nahezu jede Finanztransaktion verschafft der Bank oder einem Dritten einen Vermögenswert (Bsp.: Annahme von Geldern im Rahmen von Einzahlungen; Gutschriften aufgrund von Überweisungsaufträgen; Transaktionen zur Vermögensanlage; nicht tatbestandsmäßig ist dagegen die bloße Kontoführung, da sie niemandem einen Vermögenswert verschafft, *Werner* S. 229), und in aller Regel wird auch das nach der hM erforderliche Einverständnis des Vortäters oder sonstigen Inhabers des Gegenstands, der von der Einschleusung der schmutzigen Vermögenswerte in den legalen Finanzkreislauf profitiert, vorliegen.

Weitere **Beispiele** für ein Sich Verschaffen iSv Abs. 2 Nr. 1 sind das Ankaufen eines inkriminierten Gegenstandes oder das Annehmen von Bargeld, welches aus einer Straftat iSd Abs. 1 erlangt worden ist. Aufgrund der Forderung nach einer vom Vortäter unabhängigen Verfügungsgewalt (vgl. → Rn. 98) ist die Mitbenutzung eines inkriminierten Gegenstandes (Mitfahren im Kraftfahrzeug, Mitbenutzung eines Gegenstandes im gemeinsamen Haushalt) nicht erfasst.

Tatort einer Geldwäsche durch Sich Verschaffen eines Gegenstandes ist nur der Ort, an dem der Geldwäschetäter gehandelt hat (LG Köln NZWiSt 2012, 188 mAnm *Valerius*). § 261 Abs. 2 StGB ist insgesamt ein abstraktes Gefährdungsdelikt (vgl. → Rn. 5), daher besitzt dieser Tatbestand keinen Erfolgsort im Sinne von § 9 Abs. 1 Alt. 2 StGB (BGH wistra 2019, 336; BeckRS 2017, 131398).

bb) Verwahren und Verwenden, Abs. 2 Nr. 2. Die beiden Alternativen des **100** Abs. 2 Nr. 2 StGB erfassen Fälle, in denen der Täter das Geldwäscheobjekt erlangt, ohne dass eigene Verfügungsgewalt vorliegt. **Verwahren** bedeutet, eine Sache in Gewahrsam zu nehmen oder zu halten, um sie für einen Dritten oder für eigene spätere Verwendung zu erhalten (so BGH NStZ 2017, 167 (169); *Eschelbach* in NK-WirtschaftsSteuerStrafR § 261 Rn. 53; *Kühl* in Lackner/Kühl § 261 Rn. 8; der Gesetzgeber wollte mit der Einbeziehung des Verwahrens Strafbarkeitslücken für die Fälle schließen, in denen der Täter das Tatobjekt im Gewahrsam hat, aber die Voraussetzungen des Abs. 1 oder der anderen Tathandlungen des Abs. 2 nicht vorliegen, vgl. BT-Drs. 12/3533, 13).

Für ein Verwahren ist bei inkriminierten Sachen **die bewusste Ausübung der tatsächlichen Sachherrschaft** notwendig (vgl. BGH NStZ 2017, 167 (169); 2012, 321). Für das Verwahren von Forderungen (zB Buchgeld) soll entscheidend sein, ob der Täter eine der **unmittelbaren Sachherrschaft entsprechende tatsächliche Verfügungsgewalt** über die Forderung hat (so BGH NStZ 2017, 167 (169); NJW 2013, 1158). In Bezug auf Konten genügt das alleinige Recht des Kontoinhabers, über das Geld zu verfügen (vgl. *Neuheuser* NStZ 2008, 492 (496); BGH NStZ 2017, 167 (169)).

Weiter ist die Auffassung, wonach es für ein Verwahren reicht, dass der Täter den Gewahrsam bewusst ausübt (*Hecker* in Schönke/Schröder § 261 Rn. 19; so auch *Altenhain* in NK-StGB § 261 Rn. 115 mit Bsp.). Aber auch dann ist das bloße Vorhandensein des inkriminierten Gegenstandes im Zugriffsbereich des Täters nicht erfasst. Vielmehr bedarf es einer Übernahmehandlung, durch welche der **Wille zur Sachherrschaft** zum Ausdruck kommt (BGH NStZ 2012, 321 (322)).

Verwenden des Geldwäscheobjekts liegt vor, wenn der Täter den Gegenstand für eigene Zwecke oder für einen Dritten gebraucht (*Hecker* in Schönke/Schröder § 261 Rn. 20; *Altenhain* in NK-StGB § 261 Rn. 116;). Ein Übergang der Verfügungsgewalt vom Vortäter auf den Geldwäschetäter ist hierfür nicht notwendig (*Leip* S. 142). Die Beschränkung auf einen bestimmungsgemäßen Gebrauch, um von einem Verwenden ausgehen zu können (vgl. auch BGH NZWiSt 2016, 157 (158); ebenso *Neuheuser* in MüKoStGB § 261 Rn. 69; *Jahn* in Satzger/Schluckebier/Widmaier StGB § 261 Rn. 55; *Ruhmannseder* in BeckOK StGB § 261 Rn. 33), findet keine Rechtfertigung. Vom Unrechtsgehalt macht es keinen Unterschied, ob der präsumtive Geldwäschetäter den inkriminierten Gegenstand zweckgemäß einsetzt oder ihn pervertiert.

Damit wird **jede wirtschaftliche Verfügung** über den Gegenstand erfasst (BT-Drs. 12/3533, 13; *Altenhain* in NK-StGB § 261 Rn. 116 mit Bsp.). Auch hier (→ Rn. 98) muss Einvernehmen mit dem Vorbesitzer vorliegen (anders *Altenhain* in NK-StGB § 261 Rn. 117).

Ein Verwenden liegt beispielsweise vor, wenn ein inkriminierter Gegenstand vorübergehend vom Vortäter an einen Dritten **ausgeliehen** und von diesem genutzt wird. Bei Bargeld oder Buchgeld sind Geldgeschäfte aller Art erfasst (vgl. BT-Drs. 12/989, 27; *Eschelbach* in NK-WirtschaftsSteuerStrafR § 261 Rn. 53), bei Konten zB auch Verfügungen über das jeweilige Guthaben auf dem Konto in Gestalt des Tätigens von Überweisungen (BGH NStZ 2017, 167 (169)).

Nach dem Wortlaut des Abs. 2 Nr. 2 setzt die Strafbarkeit nicht nur voraus, dass **101** der Täter wie bei der Verschaffensvariante der Nr. 1 nach allgemeinen Regeln (§ 15

§ 261 StGB

StGB) vorsätzlich handelt, wofür es ausreicht, dass er es für möglich hält, dass der Vermögensgegenstand aus einer der Vortaten stammt und sich damit abfindet (→ Rn. 127), sondern der Täter muss die „Herkunft des Gegenstands zu dem Zeitpunkt **gekannt**" haben, „zu dem er ihn erlangt hat." Trotz der Verwendung des Begriffs **Kennen in Abs. 2 Nr. 2** reicht für die Vorstellung, dass der Gegenstand aus einer Vortat stammt, wie bei Abs. 2 Nr. 1 schon bedingter Vorsatz aus (so auch BT-Drs. 12/3533, 13; *Altenhain* in NK-StGB § 261 Rn. 18; *Neuheuser* in MüKo-StGB § 261 Rn. 70; *Hecker* in Schönke/Schröder § 261 Rn. 20; aA *Bottke* wistra 1995, 121 (123); zustimmend *Ambos* JZ 2002, 70 (72); *Ambos* ZStW 2002, 236 (245)). Eine andere Auslegung ist systematisch sinnlos, da Abs. 5 in Bezug auf die Herkunft der Geldwäscheobjekte sowohl für die Tathandlungen nach Abs. 1 als auch für die nach Abs. 2 eine Strafbarkeit schon bei Leichtfertigkeit vorsieht (*Fischer* § 261 Rn. 42; *Altenhain* in NK-StGB § 261 Rn. 118). Bei Anwendung des Abs. 5 auf Abs. 2 Nr. 2 verliert die Kenntnisklausel aber nicht ihre Bedeutung. Der Täter, der einen inkriminierten Gegenstand verwahrt oder verwendet, muss im Zeitpunkt der Tathandlung leichtfertig handeln.

102 Wird derjenige, der Besitz an dem Gegenstand erlangt hat, erst **nach Erlangen** des Gegenstandes bösgläubig, so ist die weitere Verwahrung oder Verwendung nach Abs. 2 Nr. 2 straflos (*Hecker* in Schönke/Schröder § 261 Rn. 20; *Altenhain* in NK-StGB § 261 Rn. 118). Allerdings ist eine nach der Kenntnis von der Inkriminierung des Gegenstandes vorgenommene wirtschaftliche **Verwendung** etwa durch Verkauf immer auch von den Tathandlungen des Abs. 1 und der Dritt-Verschaffung nach Abs. 2 Nr. 1 erfasst, die im Gegensatz zu Abs. 2 Nr. 2 gerade nicht voraussetzen, dass der Erwerber die Herkunft des Gegenstandes bereits bei seiner Erlangung kannte, also gerade keinen Vertrauensschutz gewähren (ein derartiger Sachverhalt liegt der Entscheidung OLG Karlsruhe NJW 2005, 767 – Flowtex – zu Grunde). Die eindeutige Wertung des Gesetzgebers, nicht auch noch den sozialüblichen Umgang mit Gegenständen zu kriminalisieren, deren Bemakelung der Inhaber zur Zeit des Erwerbs nicht kannte (BT-Drs. 12/989, 27; ebenso zum gutgläubigen Zwischenerwerb gem. Abs. 6, → Rn. 120), wird dadurch in der Sache unterlaufen. Der Vertrauensschutz des Erwerbers gebietet daher eine Sperrwirkung des Abs. 2 Nr. 2 gegenüber der Anwendung des Abs. 1 (*Bussenius* dona scripta 2008, 995 ff.).

103 **cc) Tatbestandseinschränkungen bei sozial- oder berufsadäquatem Verhalten?** Angesichts der extremen Weite der Tatbestandsalternativen sind in der strafrechtlichen Literatur immer wieder Vorschläge zu einer Einschränkung des § 261 Abs. 2 StGB diskutiert worden.

104 **(1) Alltagsgeschäfte.** Restriktionen des Tatbestands haben Teile der Literatur zunächst für **Alltagsgeschäfte** des täglichen Lebens gefordert. So sollen Erwerbsgeschäfte zur Deckung des existenziellen Lebensbedarfs des Vortäters aus dem Tatbestand ausgeschieden werden, um zu verhindern, dass die Isolierungsfunktion des Abs. 2 die Befriedigung von Grundbedürfnissen des Vortäters verkürzt (*Wessels/Hillenkamp* StrafR BT II Rn. 900; *Barton* StV 1993, 156 (159ff.); *Kargl* NJ 2001, 57 (63); *Arzt/Weber* StrafR BT § 29 Rn. 39ff.; dagegen BGHSt 47, 68 (74); *Schmidt/Krause* in LK-StGB § 261 Rn. 25; *Dietmeier* in Matt/Renzikowski § 261 Rn. 21; *Eschelbach* in NK-WirtschaftsSteuerStrafR § 261 Rn. 51, 60; *Hecker* in Schönke/Schröder § 261 Rn. 23; *Jahn* in Satzger/Schluckebier/Widmaier StGB § 261 Rn. 62; *Fahl* JURA 2004, 161 (162); *Hombrecher* JA 2005, 67 (71); ausführlich *Altenhain* in NK-StGB § 261 Rn. 120 ff. mit ausführlicher Darstellung der eindeutigen Intention des Gesetzgebers). Für die **Praxis der Strafverfolgung** ist die Diskus-

sion um die Strafbarkeit von Handlungen zur Deckung des Lebensbedarfs (Schulbeispiel: der Erwerb von Brötchen mit schmutzigem Geld) allerdings bedeutungslos, weil derjenige, der sich bei Alltagsgeschäften den Vermögenswert verschafft (im Beispiel der Bäcker das Geld für die Brötchen) entweder keine Kenntnis davon hat, dass das Geld aus einer Vortat stammt, oder diese Kenntnis ihm jedenfalls nicht nachweisbar ist und ohnehin keine Strafverfolgung stattfindet (so auch *Hecker* in Schönke/Schröder § 261 Rn. 23).

Von ganz erheblichem praktischem Interesse ist dagegen die Überlegung, Einschränkungen des Tatbestands für bestimmte Berufsgruppen vorzunehmen, die durch Abs. 2 einem erhöhten Strafbarkeitsrisiko ausgesetzt sind, weil sie aufgrund ihres Berufsbildes dazu prädestiniert sind, regelmäßig auch mit kontaminierten Vermögenswerten in Kontakt zu geraten. So wurde etwa bezweifelt, dass es die Zwecke des § 261 StGB tatsächlich fördert und mit dem Übermaßverbot vereinbar ist, Handlungen von **Bankangestellten** zu bestrafen, die sich äußerlich streng im Rahmen der üblichen Berufsausübung bewegen (*Löwe-Krahl* wistra 1993, 123 (125)). In ähnlicher Weise stellt sich die Frage, ob **Angehörige rechts- und steuerberatender Berufe,** die durch Abs. 2 StGB ebenfalls einem erhöhten Strafbarkeitsrisiko ausgesetzt sind, aus dem Tatbestand herausgenommen werden sollten, solange sie sich im Rahmen der üblichen Berufsausübung bewegen. Das Risiko, in den Verdacht der Geldwäsche zu geraten, ist insbes. für Strafverteidiger besonders hoch; gerade dann, wenn sie die Verteidigung eines Mandanten wegen einer tauglichen Vortat iSd § 261 Abs. 1 S. 2 übernehmen (so *Ruhmannseder* in BeckOK StGB § 261 Rn. 41; ausführlich *Beulke/Ruhmannseder* Rn. 187 ff.). **105**

(2) Strafverteidigerhonorar. Besonders vehement kritisiert wurden daher die Auswirkungen des § 261 StGB auf die **Strafverteidigung** (vgl. nur *Bernsmann* StV 2000, 45 ff.; *Gräfin von Galen* StV 2000, 575 ff.; *Grüner/Wasserburg* GA 2000, 430 ff.; *Hefendehl* FS Roxin, 2001, 145 ff.; *Müther* JURA 2000, 318 ff.; *Salditt* StraFo 1992, 121 ff.; *Wohlers* StV 2001, 420 ff.). Mit unterschiedlichen dogmatischen Ansätzen wurde versucht, die Strafbarkeit des Strafverteidigers wegen Honorarannahme auszuschließen (ausführlich zu diesen Ansätzen *Glaser* S. 103 ff.; *Schrader* S. 113 ff., 215 ff.; *Winkler* S. 255 ff.). Vertreten wurde eine teleologische Reduktion des Tatbestandes (*Hartung* AnwBl 1994, 440 (443 f.); *Vogel* ZStW (109) 1997, 335 (356); *Müssig* wistra 2005, 201 (206)), die Begrenzung auf (direkten) Vorsatz hinsichtlich der Herkunft des Honorars aus einer Vortat (*Grüner/Wasserburg* GA 2000, 430 (431, 439); *Matt* GA 2002, 137 ff.; *Schmidt* StraFo 2003, 2) oder eine Rechtfertigung insbes. im Hinblick auf die Garantie der Unschuldsvermutung (so insbes. *Bernsmann* StV 2000, 45 ff.; vgl. insgesamt den Überblick bei *Fischer* § 261 Rn. 50 und *Bussenius* S. 160 ff., dem Vorschlag einer Strafausschlusslösung jenseits von Tatbestand und Rechtswidrigkeit). **106**

Die ersten Entscheidungen der Gerichte gingen diametral entgegengesetzte Wege. So hatte das **OLG Hamburg** den objektiven Tatbestand des Abs. 2 Nr. 1 StGB im Jahre 2000 noch im Wege einer verfassungskonformen Auslegung zugunsten der Straflosigkeit der Entgegennahme eines (angemessenen) Verteidigerhonorars eingeschränkt (OLG Hamburg NJW 2000, 673 ff. mAnm *Lüderssen* StV 2000, 205 ff.; *Burger/Peglau* wistra 2000, 161 ff.; *Reichert* NStZ 2000, 316 ff.). Die Wahrscheinlichkeit, mit kontaminierten Vermögenswerten in Kontakt zu geraten, ist für Strafverteidiger, die berufsbedingt regelmäßig Umgang mit potenziellen Vortätern haben und von diesen auch honoriert werden, signifikant höher als für die übrige Bevölkerung. Dieses Strafbarkeitsrisiko bewertete das OLG Hamburg als **107**

Eingriff in die grundrechtlich geschützte **Berufsausübung der Strafverteidiger** (Art. 12 GG) und mittelbar auch in das **Recht des Beschuldigten auf freie Verteidigerwahl** (§ 137 StPO iVm Art. 2 Abs. 1 GG, Art. 20 Abs. 3 GG, Art. 6 Abs. 3 lit. c EMRK): Bei Anwendung des Abs. 2 Nr. 1 StGB auf die Honorarannahme von Verteidigern können Ermittlungsverfahren gegen Strafverteidiger eingeleitet, ihre Kanzleien durchsucht, ihre Telefone abgehört und ihre Verteidigungsunterlagen beschlagnahmt werden. Zudem besteht die Gefahr, dass alle Personen, die einer geldwäschetauglichen Vortat verdächtigt werden, keinen oder nicht den gewünschten Verteidiger gewinnen könnten, da dieser fürchten muss, wegen der Annahme seines Honorars strafrechtlich verfolgt zu werden. Im Übrigen ist die Honorarannahme des Strafverteidigers kein Vorgang, dessen Bestrafung die kriminalpolitischen Ziele der Geldwäschebekämpfung fördern würde (so OLG Hamburg NJW 2000, 673 (677 f.)).

108 Der **BGH** kam dagegen im Jahr 2001 zu dem Ergebnis, dass weder die Berufsfreiheit des Verteidigers noch die Rechte des Beschuldigten und insbes. sein Recht auf freie Wahl seines Verteidigers nach einer Restriktion des Anwendungsbereiches von § 261 StGB verlangten, und erklärte Abs. 2 Nr. 1 in einem Fall direkt vorsätzlicher Honorarannahme des Strafverteidigers für uneingeschränkt anwendbar (BGHSt 47, 68 ff. m. Besprechungen von *Bernsmann* StraFo 2001, 344 ff.; *Bernsmann* FS Lüderssen, 2002, 683 ff.; *Matt* GA 2002, 137 ff.; *Nestler* StV 2001, 641 ff.; *Neuheuser* NStZ 2001, 647 ff.; *Schmidt* StraFo 2003, 2 ff.; zur Kritik des BGH durch das BVerfG vgl. NJW 2004, 1305 (1312 f.)).

109 Im Jahr 2004 hat das **Bundesverfassungsgericht** der Verfassungsbeschwerde gegen die vorgenannte Entscheidung des BGH zwar nicht stattgegeben, es hat aber den Rechten des Strafverteidigers auf **ungestörte Ausübung seines Berufs** und der **Garantie der Strafverteidigung** durch Wahlverteidigung wesentlich größeres Gewicht beigemessen als der BGH und sich für eine verfassungskonforme Restriktion auf der Ebene des subjektiven Tatbestandes ausgesprochen (BVerfG 110, 226 = NJW 2004, 1305 (1306 ff., 1310 ff.) mAnm *Wohlers* JZ 2004, 678 ff.; *Barton* JuS 2004, 1033 ff.; *Ranft* JURA 2004, 759 ff.; *Fischer* NStZ 2004, 473 ff.; *von Galen* NJW 2004, 3304 ff.; *Matt* JR 2004, 321 ff.; *Bussenius* S. 188 ff.). Der mit Abs. 2 Nr. 1 StGB verbundene Eingriff in die Berufsausübungsfreiheit der Strafverteidiger und in die Institution der Wahlverteidigung seien nur dann verfassungsrechtlich gerechtfertigt, „wenn der Strafverteidiger im Zeitpunkt der Entgegennahme des Honorars (oder des Honorarvorschusses) sicher weiß, dass dieses aus einer Katalogtat herrührt" (so BVerfG NJW 2004, 1305 (1311)). Damit lehnt das Bundesverfassungsgericht zugleich die Anwendung des § 261 Abs. 5, der in subjektiver Hinsicht Leichtfertigkeit genügen lässt, auf die Honorarannahme durch Strafverteidiger ab (so BVerfG NJW 2004, 1305 (1312)). Somit schließt sich das Gericht der in der Literatur vertretenen Vorsatzlösung (*Kempf* Gutachten für den Strafrechtsausschuss des DAV, 1999, unveröffentlicht; vgl. auch *Grüner/Wasserburg* GA 2000, 430 (431, 439); *Matt* GA 2002, 137 ff.; *Schmidt* StraFo 2003, 2 (5)) an. **Bei uneingeschränkter Auslegung verletze die Norm bei einer Anwendung auf die Honorarentgegennahme des Strafverteidigers das Übermaßverbot** (BVerfG NJW 2004, 1305 (1310)). Das Bundesverfassungsgericht begründet dies neben den schon vom OLG Hamburg genannten Gesichtspunkten (→ Rn. 107) vor allem mit der Gefährdung des Rechts des Verteidigers, seine berufliche Tätigkeit in angemessener Weise wirtschaftlich zu verwerten (S. 1307 f.), der Beeinträchtigung des Vertrauensverhältnisses zwischen Verteidiger und Mandant (S. 1308) und der Gefahr von Interessenskollisionen, die den Verteidiger daran hindern könnten, die Interessen sei-

nes Mandanten wirksam zu vertreten (S. 1309). Der durch die Garantie des Art. 6 Abs. 3, lit. c EMRK verbürgte Anspruch auf effektive Verteidigung des Beschuldigten wird durch diese Fokussierung auf die Freiheit der Berufsausübung gem. Art. 12 GG nur mittelbar angesprochen (zutreffend *Wohlers* JZ 2004, 678 (679)). Die Einschränkung des Anwendungsbereichs auf der Ebene des objektiven Tatbestands lehnt das BVerfG aber mit dem Argument ab, eine derartige Privilegierung der Strafverteidiger widerspreche dem gesetzgeberischen Willen und dem Wortlaut des § 261 StGB und sei zur Wahrung der Verteidiger- und Beschuldigtenrechte auch nicht erforderlich (S. 1306f., 1311). Das Bundesverfassungsgericht hat bereits in dieser Entscheidung darauf hingewiesen, dass der Verteidiger vor der Annahme eines Honorars nicht verpflichtet ist, Nachforschungen über dessen Hintergrund anzustellen (BVerfG NJW 2004, 1305 (1311); vgl. auch LG Gießen NJW 2004, 1966; *Sauer* wistra 2004, 89 (93f.)). Auch eine später erlangte Kenntnis über die Herkunft des Honorars aus einer Katalogtat begründet keine Strafbarkeit und lässt auch keine Garantenstellung mit der Pflicht zur Rückzahlung des erworbenen Geldbetrages erwachsen (*Beulke/Ruhmannseder* Rn. 194).

Im **Jahr 2015 hat das Bundesverfassungsgericht** bestätigt, dass die eben angesprochenen Restriktionen **ebenso für den Vereitelung- und Gefährdungstatbestand** eingreifen (BVerfG NJW 2015, 2949ff., dazu *Deutscher* StRR 2015, 389). Auch dieser Tatbestand ist aus verfassungsrechtlichen Gründen dahingehend auszulegen, dass er nur dann eingreift, wenn der Strafverteidiger im Zeitpunkt der Entgegennahme des Honorars oder eines Vorschusses sicher weiß, dass das Geld aus einer von § 261 StGB umfassten Vortat herrührt (BVerfG NJW 2015, 2949 (2953f.)). Die im Jahr 2004 für erforderlich erachteten Restriktionen liefen nach Ansicht des Bundesverfassungsgerichts weitgehend leer, wenn im Hinblick auf die Tatbestandsvariante des Gefährdens oder Vereitelns einschränkungslos bedingter Vorsatz bezüglich der Herkunft des Vermögens oder gar Leichtfertigkeit genügten (so BVerfG NJW 2015, 2949 (2953); vgl. auch *Glaser* S. 191f.; *Hombrecher* S. 161). Bezüglich des Verschleierungstatbestandes hält das Bundesverfassungsgericht die Anwendung der Vorsatzlösung hingegen für nicht erforderlich: Hier konstatiert das Gericht, dass für den Verschleierungstatbestand die überwiegende Auffassung im Schrifttum ohnehin davon ausgeht, dass angesichts der im Gesetzeswortlaut verwendeten „finalen Tätigkeitsworte" eine „manipulative Tendenz" des Täters erforderlich sei (BVerfG NJW 2015, 2949 (2953)). Daher bestehe unter Zugrundelegung eines solchen Tatbestandsverständnisses von Verfassungs wegen kein Bedürfnis, zum Schutze des redlichen Strafverteidigers weitere Einschränkungen vorzusehen (so BVerfG NJW 2015, 2949 (2953) unter Verweis auf *Hombrecher* S. 160; *Glaser* S. 61, 75, 191; *Müther* JURA 2001, 318 (324)).

Die Rechtsprechung des Bundesverfassungsgerichts ist der **Kritik** aus zwei Richtungen ausgesetzt (zur methodischen Kritik, insbes. an der Ablehnung einer Lösung über den objektiven Tatbestand, die zur Verfassungswidrigkeit des Abs. 2 geführt hätte, vgl. *Altenhain* in NK-StGB § 261 Rn. 128; *Bussenius*, 2004, S. 188ff.; *Müssig* wistra 2005, 201 (204ff.)). Grundsätzlich ablehnend ist die Auffassung, die **jede Privilegierung der Strafverteidiger** für **falsch** hält – pointiert: „Ersatzhehlerei als Beruf" (*Fischer* NStZ 2004, 473; *Fischer* § 261 Rn. 53ff.). Diese Auffassung ignoriert das grundlegende Problem: Eine Anwendung leichtfertiger und bedingt vorsätzlicher Geldwäschestrafbarkeit auf die Honorarannahme der Verteidiger von Beschuldigten einer Vortat hebt das Institut der (Wahl-)Verteidigung faktisch auf (vgl. *Lüderssen/Jahn* in Löwe/Rosenberg StPO Vorb. § 137 Rn. 116c ff.), beeinträchtigt damit ein grundlegendes Recht des einer Vortat Beschuldigten, und

§ 261 StGB

der Eingriff ist bei Strafverteidigern typischerweise (BVerfG NJW 2004, 1305 (1308)) intensiver als bei jedem anderen Adressatenkreis (*Sommer* in AnwK-StGB § 261 Rn. 46 ff.; Indiz dafür ist die parallele Diskussion in anderen Rechtsordnungen, die eine den Abs. 2 und 5 vergleichbare Geldwäschestrafbarkeit kennen, vgl. dazu *Ambos* JZ 2002, 70 ff.). Die Berücksichtigung dieser Interessen durch eine einschränkende Auslegung des § 261 war zwingend geboten (insbes. bei einer Strafvorschrift, deren Legitimation ohnehin fragwürdig ist, so ja auch *Fischer* selbst, NStZ 2004, 473 (478)).

112 Die Berechtigung der weiteren Kritik, die **Vorsatzlösung** biete keinen ausreichenden Schutz für den Verteidiger und die Wahlverteidigung (so auch *Altenhain* in NK-StGB § 261 Rn. 128; *Hoyer* in SK-StGB § 261 Rn. 27; krit. insbes. im Hinblick auf den Hinweis des BVerfG, außergewöhnlich hohe Honorare seien ein Indiz für Vorsatz, *Mühlbauer* HRRS 2004, 132 (140); *Wohlers* JZ 2004, 678 (680)), kann an der weiteren Entwicklung seit der Entscheidung des BVerfG und daran gemessen werden, ob die Anweisungen des BVerfG für die Anwendung der Norm auf den Strafverteidiger im Strafverfahren eingehalten werden. Nach den Vorgaben des BVerfG darf ein **Anfangsverdacht** nicht allein auf die Übernahme eines Wahlmandates wegen einer Katalogtat gestützt werden, sondern setzt „auf Tatsachen beruhende, greifbare Anhaltspunkte für die Annahme voraus, dass der Strafverteidiger zum Zeitpunkt der Honorarannahme bösgläubig war" (NJW 2004, 1305 (1312)). Von den **Eingriffsbefugnissen** im Ermittlungsverfahren soll insbes. auch im Hinblick auf die Verteidigungsrechte des Mandanten „nur schonend" Gebrauch gemacht werden (NJW 2004, 1305 (1312)). Bei der **gerichtlichen Beweiswürdigung** zum Wissen des Strafverteidigers gelten besonders hohe Anforderungen (NJW 2004, 1305 (1312), mit Verweis auf die Rspr. des BGH zum Vorsatz des Strafverteidigers bei Strafvereitelung, BGHSt 38, 345; 46, 53, und zur Verfolgung verteidigungsfremder Zwecke, BGHSt 46, 36).

113 Legt man die veröffentlichte Rechtsprechung zu Grunde, dann hat die Entscheidung des BVerfG eine Situation herbeigeführt, in der das verfassungsrechtlich verbürgte Institut der Wahlverteidigung nicht bedroht zu sein scheint, weil es nur bei evidentem Verdacht zu Ermittlungen gegen Strafverteidiger kommt (so schon die Erwartung von *von Galen* NJW 2004, 3304 (3307); ebenso *Altenhain* in NK-StGB § 261 Rn. 128). So hat das BVerfG für Ermittlungseingriffe seine Vorgaben bestätigt (zu einem Durchsuchungsbeschluss gegen den Verteidiger, nachdem der Mandant die Vortat gestanden hatte, trotz Barzahlung eines Honorars in erheblicher Höhe durch die Schwester, vgl. BVerfG StV 2005, 195; Bestätigung, dass für Ermittlungseingriffe gegenüber dem Verteidiger „besondere Sorgfaltsanforderungen" einzuhalten sind, in BVerfG wistra 2006, 418 (419), vgl. zu dieser Entscheidung auch → Rn. 89; ebenso BVerfG StV 2007, 399 (400), obwohl in dem im StV nicht mit abgedruckten Teil der Entscheidung v. 18.4.2007 nachvollziehbar der Anfangsverdacht einer Geldwäschehandlung des Verteidigers bejaht wird). Falsch ist die Entscheidung des OLG Frankfurt a. M. NJW 2005, 1727 (1733), da die verfassungskonforme Auslegung des Abs. 2 auch den Fall erfasst, dass der Verteidiger im Rahmen der Verteidigung zu Zwecken der **Hinterlegung einer Kaution** mit Geldern des Mandanten umgehen muss (*Herzog/Hoch/Warius* StV 2007, 542 (547 f.); ebenso *Altenhain* in NK-StGB § 261 Rn. 127).

114 **(3) Andere Rechtsberater.** Zumindest auf der Grundlage der Entscheidungen des Bundesverfassungsgerichts ist eine Einschränkung des Abs. 2 (und des Abs. 1) für **andere berufstypische Verhaltensweisen** (wohl) weitgehend ausgeschlossen

(*Altenhain* in NK-StGB § 261 Rn. 127f.; *Brüning* wistra 2006, 243; *Kraatz* NJ 2015, 149; *Raschke* NStZ 2012, 606; *Wohlers* JZ 2004, 678 (679f.); zu den Sorgfaltspflichten für die Berufsgruppe der Rechtsanwälte insgesamt nach dem GwG vgl. *Klugmann* NJW 2017, 2888ff.). Denn einerseits lehnt das BVerfG eine Restriktion des objektiven Tatbestandes des § 261 Abs. 2 StGB selbst zugunsten des Verteidigers gerade auch deswegen ab, weil der Gesetzgeber bewusst von Ausnahmeregelungen für besondere Fallkonstellationen abgesehen habe, um das mit § 261 StGB verfolgte Ziel einer wirkungsvollen Bekämpfung der Organisierten Kriminalität durch die wirtschaftliche Isolierung von Straftätern nicht zu schwächen (BVerfG NJW 2004, 1305 (1307)). Und andererseits beruht die vom BVerfG vorgenommene Restriktion der Strafbarkeit von Strafverteidigern gerade auf der spezifischen Aufgabe der Strafverteidigung, gegen den bestehenden Verdacht einer der Vortaten des § 261 in vertrauensvollem Zusammenwirken mit dem Beschuldigten zu verteidigen, also gerade auch auf dem gem. Art. 6 Abs. 3, lit. c EMRK verbürgten Anspruch auf effektive Verteidigung. Für die Differenzierung zwischen Tätigkeiten, die im Zusammenhang mit der Verteidigung stehen, und anderen anwaltlichen und beratenden Aufgaben spricht auch, dass Anwälte und Steuerberater zu den Personen zählen, die nach § 2 Abs. 1 Nr. 10 und 12 GwG mehrfachen Verpflichtungen aus dem GwG unterliegen (*Figura* → GwG § 2 Rn. 144ff. und 162ff.), denen Strafverteidiger bei ihrer Tätigkeit aber gerade nicht unterworfen sind. Damit greift die vom BVerfG begründete Restriktion des Abs. 2 auch für den **Steuerberater** trotz des erheblichen Prozentsatzes von Mandanten, bei denen die Gefahr einer Strafbarkeit wegen Steuerhinterziehung besteht, nur dann, wenn der Steuerberater gleichzeitig als Verteidiger tätig ist (*Schauf* in Kohlmann AO § 370 Rn. 1191.5). Hält man eine Kontamination des Gesamtvermögens durch „ersparte Aufwendungen" oder durch Steuererstattungen und -vergütungen iSd Abs. 1 S. 3 für möglich (dagegen → Rn. 81ff.), ist es allerdings nicht fern liegend, dass eine Honorierung von Steuerberatung überhaupt nicht mehr straffrei möglich ist (*Fischer* § 261 Rn. 58). Für **Berufsgruppen außerhalb der Strafverteidigung** bleibt damit nur die Möglichkeit einer teleologischen Reduktion des Tatbestandes, etwa im Hinblick auf vorrangige Pflichten eines **Insolvenzverwalters** (vgl. dazu *Brüning* wistra 2006, 241 (244ff.); dagegen *Altenhain* in NK-StGB § 261 Rn. 130a).

d) Kontrollierte Transaktionen. In Einzelfällen kommt es vor, dass Bankangestellte, die einen geldwäscheverdächtigen Vorgang gemäß § 43 GwG über den Geldwäschebeauftragten zur Anzeige bringen, von den zuständigen Strafverfolgungsbehörden angewiesen werden, die Transaktion durchzuführen, obgleich die Behörden die Einschätzung der Bankmitarbeiter teilen, dass die Transaktion den Tatbestand der Geldwäsche erfüllen kann (*Barreto da Rosa* → GwG § 46 Rn. 8). Für die Ermittlungen kann es von Vorteil sein, die Transaktion zunächst vorzunehmen und die Geschäftsbeziehungen zu dem Kunden aufrechtzuerhalten, um den Kunden in dem Glauben zu lassen, unentdeckt geblieben zu sein. Der Wortlaut des § 261 Abs. 2 StGB würde es nun prinzipiell zulassen, den handelnden Bankmitarbeiter wegen Geldwäsche zu bestrafen, weshalb in der Vergangenheit zunächst noch vertreten wurde, dass der ausführende Bankangestellte lediglich unter den Voraussetzungen des Abs. 9 (und Abs. 10, aF) durch eine Selbstanzeige Straffreiheit erlange (*Löwe-Krahl* wistra 1994, 121 (126); *Melzer* S. 494, 496; *Werner* S. 230). Die Gefahr für Bankmitarbeiter, sich wegen derartiger **Kooperationen mit den Strafverfolgungsbehörden** strafbar zu machen (vgl. zu entsprechenden Befürchtungen aus dem Bankenbereich *Oswald* S. 142), besteht nicht (BT-Drs. 13/6620, 6;

115

§ 261 StGB

StGB – Geldwäsche

13/8651, 9f.; *Burr* S. 98; *Kreß* wistra 1998, 121 (126); *Hund* ZRP 1997, 180 (181); *Altenhain* in NK-StGB § 261 Rn. 130 mwN). Schon in der Begründung zum Entwurf eines Gesetzes zur Verbesserung der Geldwäschebekämpfung von 1998 wurde ausgeführt, dass „Bankangestellte, die im Einvernehmen mit den Strafverfolgungsbehörden an verdächtigen Transaktionen beteiligt sind", im Wege einer teleologischen Auslegung aus dem Tatbestand des § 261 StGB auszunehmen sind. Der Tatbestand sei eingeführt worden, um die „Möglichkeiten der Strafverfolgungsbehörden zu erweitern, nicht um sie zu beschränken", und das Schutzgut des Tatbestandes, die Rechtspflege, werde durch Handlungen, die der Strafverfolgung dienen, nicht tangiert (BT-Drs. 13/6620, 6; ebenso BT-Drs. 13/8651, 9). § 46 Abs. 2 GwG gibt sogar die ausdrückliche Erlaubnis zur Durchführung einer Transaktion zum Zweck der „Verfolgung der Nutznießer" einer mutmaßlichen Geldwäsche. Wer eine kontrollierte Transaktion trotz der vorgenannten Erwägungen dennoch als tatbestandsmäßig ansehen will, muss darüber nachdenken, § 46 Abs. 2 GwG als rechtfertigende Erlaubnisnorm heranzuziehen.

116 e) **Geldwäsche durch Unterlassen.** Prinzipiell ist anerkannt, dass eine Geldwäsche auch durch ein Unterlassen begangen werden kann (*Altenhain* in NK-StGB § 261 Rn. 93; *Kühl* in Lackner/Kühl § 261 Rn. 7; *Ruhmannseder* in BeckOK StGB § 261 Rn. 50; *Werner* S. 232; *Leip* S. 138f.; ausführlich *Neuheuser* NZWiSt 2015, 241ff.). Wer beispielsweise durch Unterlassen bewirkt, dass die Einziehung eines inkriminierten Gegenstandes vereitelt wird, ist unter den weiteren Voraussetzungen des § 13 StGB wegen Geldwäsche durch Unterlassen strafbar. Die dafür erforderliche Garantenpflicht iSv § 13 StGB ist etwa bei Angehörigen von Strafverfolgungsorganen oder der Zoll- und Steuerfahndung unzweifelhaft gegeben (*Leip* S. 138)

117 Umstritten ist hingegen, ob (und wenn ja, inwieweit) das **Geldwäschegesetz auch für Private Garantenpflichten** hinsichtlich der Verhinderung von Geldwäschestraftaten begründet (vgl. zum Ganzen *Jahn* in Satzger/Schluckebier/Widmaier StGB § 261 Rn. 99ff.; *Neuheuser* in MüKoStGB § 261 Rn. 92ff.). Ein Teil der Lehre lehnt eine Herleitung von Garantenstellungen aufgrund der Verpflichtungen aus dem GwG grundsätzlich ab (*Altenhain* in NK-StGB § 261 Rn. 93; *Schmidt/Krause* in LK-StGB § 261 Rn. 15; *Jahn* in Satzger/Schluckebier/Widmaier StGB § 261 Rn. 100; *Hecker* in Schönke/Schröder § 261 Rn. 13; *Eschelbach* in NK-Wirtschafts-SteuerStrafR § 261 Rn. 58; *Schröder/Textor* in Fülbier/Aepfelbach/Langweg StGB § 261 Rn. 66; *Leip* S. 138f.; *Otto* wistra 1995, 323 (325); vgl. auch die 2. Aufl. dieses Werkes *Nestler* → 2. Aufl. 2014, § 261 Rn. 109; *Nestler* in Herzog/Mülhausen Geldwäschebekämpfung-HdB § 17 Rn. 49f.). Zur Begründung wird hier vorwiegend darauf verwiesen, dass die den staatlichen Organen zukommende Aufgabe des Rechtsgüterschutzes (im Bereich der Geldwäsche) nicht einfach auf Private übertragen werden könne. Außerdem sei das GwG primär präventiv auf die Bekämpfung der Geldwäsche ausgerichtet (*Findeisen* wistra 1997, 121 (125)); auch dies stehe einer Heranziehung der durch das GwG Verpflichteten zu Aufgaben der Strafverfolgung entgegen. Als überzeugender erweist sich die Gegenauffassung, die zumindest für gewisse Personen, denen nach dem GwG eine herausragende Position zukommt, eine Garantenstellung bejaht (vgl. *Neuheuser* in MüKoStGB § 261 Rn. 93; *Neuheuser* NZWiSt 2015, 241ff.; *Ruhmannseder* in BeckOK StGB § 261 Rn. 50; *E. Fischer* S. 126; 133ff.; *Körner/Dach* Rn. 59; *Burr* S. 86ff.; *Werner* S. 235f.; *Hombrecher* JA 2005, 67 (71)). Der Diskurs um die Ausrichtung des GwG (ausführlich zum Streit *E. Fischer* S. 121) ist für diese Frage der Garantenstellung, wenn überhaupt, in umgekehrter Hinsicht ergiebig. Dass eine einer Privatperson auferlegte Verpflichtung eher (oder sogar primär) der Verhinderung von Geldwäschestraftaten und nicht der Aufklärung solcher Taten durch die Ermittlungsbehörden dient, steht der Annahme einer Garantenstellung auf keinen Fall entgegen. Die Inanspruchnahme garantenpflichtiger Personen soll ja gerade den Eintritt von Rechtsgutsverletzungen verhindern; sie dient nicht der Aufklärung von Straftaten. Insofern widerstreitet der Zweck des GwG nicht dem Grundgedanken der echten Unterlassungsstrafbarkeit.

Die Pflichten aus dem Geldwäschegesetz richten sich zwar zunächst an die in § 2 GwG genannten Institutionen bzw. Personen und nicht an die Mitarbeiter. Soweit dadurch keine natürlichen Personen angesprochen sind, bestehen aber keine Bedenken, mindestens über die Anwendung von § 14 Abs. 1 StGB diese Pflichten den vertretungsberechtigten Organen oder den gesetzlichen Vertretern aufzuerlegen (*E. Fischer* S. 126; *Neuheuser* NZWiSt 2015, 241 (244)). Zwar wird die Anwendbarkeit des § 14 Abs. 1 StGB auf unechte Unterlassungsdelikte von der vorwiegenden Meinung in der Literatur bestritten (vgl. nur *Radtke* in MüKoStGB § 14 Rn. 41 mwN), der Grund hierfür liegt aber darin, dass eine Überleitung von besonderen persönlichen Merkmalen über diese Vorschrift für obsolet gehalten wird, weil die Pflichten des Vertretenen den Vertreter bereits unmittelbar treffen würden (vgl. *Böse* in NK-StGB § 14 Rn. 15). Kommt aber den Organen und gesetzlichen Vertretern der nach § 2 GwG Verpflichteten eine (abgeleitete) Garantenstellung zu, weil die ihnen auferlegten Pflichten vor allem dazu dienen zu verhindern, dass die Papierspur nicht mehr verfolgt werden kann, **muss auch eine Überleitung dieser Garantenpflicht auf Mitarbeiter durch (vertragliche) Delegation in Betracht kommen.** Kraft Gesetzes existierende Garantenpflichten können grundsätzlich auf Dritte übertragen bzw. von diesen übernommen werden. Von einer solchen Überleitung der Pflichtenstellung wird man bezüglich solcher Personen ausgehen können, die im Betrieb eines Verpflichteten die Aufgabe des **Geldwäschebeauftragten** iSd § 7 GwG übernehmen (ausführlich *Neuheuser* NZWiSt 2015, 241 (244); näher zu den Pflichten des Geldwäschebeauftragten OLG Frankfurt a. M. NStZ 2020, 173, mAnm *Barreto da Rosa/Diergarten*). Der Geldwäschebeauftragte nimmt seine Tätigkeit mit gewisser Selbständigkeit wahr; schon § 7 Abs. 5 S. 3 GwG schreibt vor, dass ihm ausreichende Befugnisse und die für eine ordnungsgemäße Durchführung seiner Funktion notwendigen Mittel einzuräumen sind. Außerdem ist der Geldwäschebeauftragte bei der Erfüllung seiner Aufgaben zum Teil vom Direktionsrecht der Geschäftsleitung befreit (vgl. § 7 Abs. 5 S. 6 GwG).

Einfachen Mitarbeitern von den in § 2 GwG genannten Verpflichteten kommt hingegen in der Regel **keine Garantenstellung** zu (vgl. nur *Neuheuser* in MüKoStGB § 261 Rn. 94; vgl. auch *Schröder/Textor* in Fülbier/Aepfelbach/Langweg StGB § 261 Rn. 63; *Leip* S. 139; *E. Fischer* S. 119). Bei ihnen fehlt es an der selbständigen Aufgabenwahrnehmung im Bereich der Geldwäschevorsorge. Sie werden nur auf Direktion des Verpflichteten tätig.

Durch die teilweise Anerkennung unechter Unterlassungsstrafbarkeit droht insgesamt keine Umgehung des § 56 GwG (so bis zur 2. Aufl. dieses Werkes: *Nestler* → 2. Aufl. 2014, § 261 Rn. 109; *Schröder/Textor* in Fülbier/Aepfelbach/Langweg StGB § 261 Rn. 65), der die Mehrheit der im GwG formulierten Pflichten bußgeldbewehrt. Die unechte Unterlassungsstrafbarkeit geht von ihrem Unwertgehalt deutlich über den des Ordnungswidrigkeitstatbestandes hinaus, da für die Strafbarkeit (weiter) vorausgesetzt wird, dass die Nichtvornahme der gebotenen Maßnahme quasi-kausal für die Verwirklichung des Geldwäschetatbestandes war. Bei der Strafbarkeit wegen Geldwäsche durch Unterlassen sind die Grundsätze zur Ab- **118** grenzung von Täterschaft und Teilnahme beim unechten Unterlassungsdelikt (vgl. nur *Freund* in MüKoStGB § 13 Rn. 266 ff.) zu beachten.

119 Im Übrigen ist die **praktische Bedeutung** einer etwaigen **Strafbarkeit wegen Unterlassen** nach § 261 StGB allenfalls **gering**. Wegen der Weite des Tatbestandes wird praktisch immer dann, wenn eine Unterlassensstrafbarkeit relevant werden könnte, gleichzeitig schon ein positives Tun gegeben sein (*E. Fischer* S. 116; Bsp. bei *Nestler* in Herzog/Mülhausen Geldwäschebekämpfung-HdB § 17 Rn. 51).

5. Strafloser Vorerwerb

120 Als zusätzliche, negativ formulierte Tatbestandsvoraussetzung für die Strafbarkeit der Tathandlungen nach Abs. 2 verlangt Abs. 6, dass vor der Handlung kein Dritter den Gegenstand straflos erlangt hat. Dritter iSd **Abs. 6** kann dabei jedes **personelle Zwischenglied zwischen dem Täter der Vortat und dem präsumtiven Geldwäschetäter** nach Abs. 2 sein (*Hoyer* in SK-StGB § 261 Rn. 36). Zweck der Regelung ist es nach den Gesetzesbegründungen, zur Vermeidung einer Blockade des Wirtschaftsverkehrs, die Entstehung unangemessen langer Ketten von Straftaten zu verhindern (BT-Drs. 12/989, 28). Dem gutgläubigen Erwerber eines kontaminierten Gegenstands soll daher ermöglicht werden, den Gegenstand unbeeinträchtigt durch Abs. 2 weiter zu veräußern (BT-Drs. 12/3533, 14), was ihm ohne die Regelung des Abs. 6 nicht möglich wäre. Denn wenn der spätere Erwerber zufällig Kenntnis von der Herkunft des Geldwäscheobjektes hat, wäre er ohne die Regelung des Abs. 6 trotz der Gutgläubigkeit des Ersterwerbers nach Abs. 2 Nr. 1 strafbar. Zudem liefe der gutgläubige Ersterwerber Gefahr, im Falle der Veräußerung selbst zum Anstifter oder Gehilfen der Geldwäsche durch den späteren Erwerber zu werden, wenn er nach dem Erwerb des Gegenstandes selbst von der Kontamination erfährt (BT-Drs. 12/3533, 14 f.). Bei Abs. 6 handelt es sich um ein negatives Tatbestandsmerkmal in Bezug auf Abs. 2 (BGHSt 55, 35 (56); *Jahn* in Satzger/Schluckebier/Widmaier StGB § 261 Rn. 58; *Hoyer* in SK-StGB § 261 Rn. 36; *Altenhain* in NK-StGB § 261 Rn. 85; nach aA handelt es sich bei Abs. 6 um einen Strafausschließungsgrund vgl. *Leip* S. 99).

121 Praktisch relevant ist die Regelung des Abs. 6 nur für unmittelbar aus der Vortat herrührende Gegenstände, da ein Surrogat mit seiner Ersetzung ohnehin schon kein taugliches Tatobjekt mehr darstellt (→ Rn. 68). Die Voraussetzung, dass der Gegenstand erlangt wurde, „ohne hierdurch eine Straftat zu begehen", bezieht sich allein auf die **Straflosigkeit wegen Geldwäsche** beim Erlangen des Gegenstandes (*Maiwald* FS Hirsch, 1999, 631 (646); *Kühl* in Lackner/Kühl § 261 Rn. 6; *Hecker* in Schönke/Schröder § 261 Rn. 21; *Neuheuser* in MüKoStGB § 261 Rn. 72; *Hoyer/Klos* S. 296; aA *Fischer* § 261 Rn. 43; *Eisele* StrafR II Rn. 1189; *Maurach/Schroeder/Maiwald* StrafR BT § 101 Rn. 38; *Jahn* in Satzger/Schluckebier/Widmaier StGB § 261 Rn. 58; diff. *Hoyer* in SK-StGB § 261 Rn. 37, der – trotz fehlender Verwirklichung des Geldwäschetatbestandes – nach „kollusivem Zusammenwirken" des Dritten mit dem Vortäter fragt), so dass eine Erlangung durch eine andere Straftat, etwa durch einen Diebstahl, die Anwendung des Abs. 6 nicht hindert. Das ergibt sich aus dem Zweck der Regelung. Da es dem Gesetzgeber um die Unterbrechung von Ketten der Strafbarkeit nach § 261 StGB ging, kann auch für die Frage des „Zwischenerwerbs" nur auf einen **Zwischenerwerb im Wege der Geldwäsche** abgestellt werden, zumal der Ausschluss des Abs. 6 bei Erlangung des Gegenstandes durch andere Vortaten als denen der Geldwäsche dazu führen kann, dass in Abs. 1 S. 2 nicht genannte Vortaten eine Geldwäsche nach sich ziehen (vgl. *Altenhain* in

NK-StGB § 261 Rn. 88 mit weiteren Differenzierungen; aA *Fischer* § 261 Rn. 43). Eine strafprozessuale Beschlagnahme oder Sicherstellung ist zwar vom Wortlaut, aber nicht vom Zweck der Regelung erfasst (*Altenhain* in NK-StGB § 261 Rn. 88), so dass eine solche nicht als strafloser Zwischenerwerb iSd Abs. 6 zu behandeln ist.

Die praktische Bedeutung dieser Eingrenzung des Abs. 6 auf den Zwischen- **122** erwerb durch Geldwäschetaten ist gering. Von größerer praktischer Bedeutung dürfte die Frage sein, ob die Regelung des § 261 Abs. 6 StGB auch dann eingreift, wenn der Vortäter **bemakeltes Geld auf sein Konto einzahlt,** es hierfür einem regelmäßig gutgläubigen Bankmitarbeiter aushändigt und anschließend Überweisungen an Personen vornimmt, die von der Herkunft der Vermögenswerte Kenntnis haben. Hierzu wurde zunächst vertreten, dass die Annahme des Geldes durch den gutgläubigen Bankangestellten den Rechtswidrigkeitszusammenhang unterbricht, so dass bösgläubige Überweisungsempfänger gemäß Abs. 6 von der Strafbarkeit nach Abs. 2 StGB befreit werden (*Maiwald* FS Hirsch, 1999, 631 (640); *Hamm* NJW 2000, 636 (638), *Bernsmann* StV 2000, 40 (43)). Der **Gutglaubenserwerb der Bank** betrifft aber nur das Bargeld in ihrem Kassenbestand. Denn der Vortäter erhält für das eingezahlte Geld den Forderungsanspruch gegen die Bank, der (als Surrogat) aus dem Gegenstand der Vortat herrührt. Diesen Anspruch überträgt er auf den Überweisungsempfänger, der daher nicht von der Ausschlussregelung des Abs. 6 profitiert, weil diese Forderung gegen die Bank nicht zuvor von einem Dritten erlangt wurde (eingehend dazu *Bussenius* S. 28f.; weiterhin *Jahn/Ebner* ZWH 2013, 19 (20); *Hecker* in Schönke/Schröder § 261 Rn. 21; *Fischer* § 261 Rn. 45; *Altenhain* in NK-StGB § 261 Rn. 89; *Neuheuser* in MüKoStGB § 261 Rn. 73). Dass es sich bei der Überweisung nicht um eine Forderungsabtretung handelt, ändert an diesem Befund nichts (aA *Jahn* in Satzger/Schluckebier/Widmaier StGB § 261 Rn. 60, der aufgrund des vermeintlichen Eingreifens der Tatbestandseinschränkung des Abs. 6 für diese Fälle von einem kriminalpolitisch bedenklichen Befund spricht). Auf Grundlage der die Zahlung vermittelnden Zahlungsdienstverträge (§ 675f ff. BGB) erlangt der Zahlungsempfänger – ausgelöst durch den Zahlungsauftrag des Zahlenden iSd § 675f Abs. 3 S. 2 – eine Gutschrift auf sein Konto, mithin einen Anspruch gegen seine Bank (vgl. nur BGH WM 1999, 11). Da diese Forderung (bzw. erhöhte Forderung) erst durch die Überweisung neu erschaffen wurde, stellt sich bezüglich dieses Surrogates gar nicht die Frage nach einem straflosen Zwischenerwerb eines Dritten (insbes. der Bank).

Die praktische Bedeutung des Abs. 6 wird weiterhin dadurch verringert, dass nur **123** die Strafbarkeit nach Abs. 2, **nicht dagegen die Strafbarkeit nach Abs. 1** ausgeschlossen wird (BGH NStZ 2017, 28 (29); vgl. auch *Knorz* S. 143f.; *Mehlhorn* S. 86). Denn eine Vielzahl der Handlungen, die unter Abs. 2 fallen, werden bereits durch den vorrangigen Abs. 1 in der 2. Alt. des Vereitelungstatbestandes erfasst (so gefährdet das Sich-Verschaffen regelmäßig auch das Auffinden des Gegenstandes; für die Auszahlung kontaminierter Kautionsgelder durch die gutgläubige Hinterlegungsstelle hat BGHSt 47, 68 (79ff.) daher wegen Gefährdung der Sicherstellung gem. Abs. 1 eine Anwendung des Abs. 6 abgelehnt, dazu → Rn. 95). Um die mit der Regelung des Abs. 6 angestrebte Verkürzung unangemessen langer Ketten von Geldwäschehandlungen dennoch erzielen zu können (*Gotzens/Schneider* wistra 2002, 121 (123)), wird daher vorgeschlagen, die Ausschlusswirkung des § 261 Abs. 6 auch auf die **Tathandlungen nach Abs. 1 zu erstrecken** (*Kühl* in Lackner/Kühl § 261 Rn. 5; *Wessels/Hillenkamp* StrafR BT II Rn. 901; *Bauer* FS Maiwald, 2003, 127 (138); *Maiwald* FS Hirsch, 1999, 631 (645) für das Gefährden und Vereiteln des Auffindens mangels eigenständigen Unrechtsgehalts).

§ 261 StGB

124 Gegen diese Lösung wird eingewandt, sie widerspreche der Zielsetzung des Gesetzgebers, denn gutgläubiger Zwischenerwerb vereitele zwar endgültig den Isolierungszweck (*Leip* S. 99), aber schließe nicht aus, dass spätere Handlungen die (Rück-) Verfolgung der Papierspur und damit auch die Gewinnabschöpfung vereiteln (so *Altenhain* in NK-StGB § 261 Rn. 86; *Jahn/Ebner* JuS 2009, 597 (601)). Da aber ohne eine Erstreckung des Abs. 6 auch auf Tathandlungen gem. Abs. 1 das Ziel des Gesetzgebers, den Wirtschaftsverkehr nicht durch endlose Ketten von Straftaten gem. § 261 StGB zu blockieren, praktisch gar nicht umgesetzt werden kann, geraten zwei gesetzgeberische Ziele in Widerspruch zueinander. Dabei ist nicht erkennbar, dass durch eine Nichtanwendung des Abs. 6 auch auf gleichzeitig gegebene Tathandlungen des Abs. 1 in der Realität der Geldwäschebekämpfung eine Vereitelung von Rück-Ermittlungen und Maßnahmen der Gewinnabschöpfung droht (→ Rn. 16). Daher ist nach dem Prinzip der gebotenen restriktiven Auslegung des Geldwäschetatbestandes (→ Rn. 19 f.) eine Sperrwirkung des Abs. 6 auch auf Tathandlungen nach Abs. 1 anzunehmen.

6. Subjektiver Tatbestand

125 Für die Anforderungen an den subjektiven Tatbestand einer Geldwäsche hat der Gesetzgeber eine differenzierende Regelung getroffen. **Vorsatz** ist für alle Tathandlungen gem. Abs. 1 und Abs. 2 erforderlich. Nach Abs. 5 reicht es für eine Strafbarkeit sowohl nach Abs. 1 als auch nach Abs. 2 aus, wenn der Täter **leichtfertig** nicht erkennt, dass der Gegenstand aus einer der Vortaten des Abs. 1 herrührt. Die Leichtfertigkeitsanordnung gilt mithin nur bezüglich des Herrührens, also der Herkunft des inkriminierten Gegenstandes (*Ruhmannseder* in BeckOK StGB § 261 Rn. 53). Ob der Geldwäscher mit Vorsatz oder leichtfertig in Bezug auf die Herkunft des Tatobjektes gehandelt hat, ist nicht nur für die Strafzumessung, sondern auch für die Strafbarkeit von Bedeutung. So wird dem Geldwäscher, der seine Tat selbst gegenüber den Strafverfolgungsbehörden **anzeigt,** unter den Voraussetzungen des Abs. 9 S. 1 Straffreiheit gewährt. Hierbei hat der Gesetzgeber zwischen der vorsätzlichen und der leichtfertigen Geldwäsche differenziert und die leichtfertige Geldwäsche unter erleichterten Bedingungen von der Strafbarkeit ausgenommen (→ Rn. 153).

126 a) **Vorsatz gem. Abs. 1 und Abs. 2.** Bedingter Vorsatz reicht für die Tathandlungen des Vereitelungstatbestandes gem. Abs. 1 sowie die Tathandlungen des Abs. 2 grundsätzlich aus (*Hoyer* in SK-StGB § 261 Rn. 40; *Hecker* in Schönke/Schröder § 261 Rn. 26). Für den **Verschleierungstatbestand** ergibt sich aber schon aus der Definition des Verschleierns als zielgerichtetes Handeln, dass **direkter Vorsatz** erforderlich ist (→ Rn. 91). Hinsichtlich der Herkunft des Tatobjekts aus einer der Vortaten des Abs. 1 S. 2 reicht **bedingter Vorsatz** aus. Nur bei der Honorarannahme des **Strafverteidigers** wird nach der einschränkenden Auslegung des BVerfG direkter Vorsatz verlangt, aber nicht bei anderen Berufsgruppen, auch wenn sie beratend in den Bereichen Recht, Steuern und Finanzen tätig sind, solange ihre Tätigkeit nicht gleichzeitig auch auf Strafverteidigung gerichtet ist (→ Rn. 108 ff.).

127 Die Vorstellung, das Geld stamme aus illegalen Geschäften, begründet noch keinen bedingten Vorsatz bzgl. einer Vortat, sondern der Angeklagte **muss konkrete Umstände** kennen, aus denen sich bei rechtlich richtiger, wenn auch nur laienhafter Bewertung durch ihn eine Katalogtat ergibt (BGH NStZ-RR 2019, 146; BGHSt 43, 158 (165); BGH wistra 2003, 260 f.; zu den erforderlichen Feststellun-

gen BGH ZWH 2013, 19 mAnm *Jahn/Ebner* ZWH 2013, 19 ff.). Dafür reicht es aus, wenn er die Herkunft aus einer Katalogtat als eine von verschiedenen Möglichkeiten einkalkuliert (ernsthaft für möglich hält) und sich damit abfindet (BGH NStZ-RR 2020, 80; *Hecker* in Schönke/Schröder § 261 Rn. 26). Einzelheiten der Vortat (wie zB Täter, Zeit, Ort, Begehungsweise oder genauen Tatbestand) muss der Geldwäschetäter hingegen nicht kennen (BGHSt 43, 158 (165)). Es genügt, wenn er die Vortat „in groben Zügen" erfasst (so *Altenhain* in NK-StGB § 261 Rn. 132).

Dem Vorsatz steht es nach der Rechtsprechung nicht entgegen, wenn sich der Täter Umstände iS einer anderen Katalogtat als der wirklich begangenen vorstellt (BGH NStZ-RR 2020, 80; 2019, 146; BeckRS 2018, 38747). Ein Irrtum sei nur dann vorsatzausschließend, wenn sich der Täter einen Sachverhalt vorstellt, der keine Katalogtat erfüllt (so BGH NStZ-RR 2019, 146). Dies kann meines Erachtens dann nicht gelten, wenn die Vortat ein ganz anderes (höheres) Unrechtsgepräge aufweist als die vorgestellte Tat und damit auch die Geldwäschetat **eine andere Bewertung** verdient. In diesem Fall steht die versuchte Geldwäsche in Tateinheit mit einer eventuell verwirklichten leichtfertigen Geldwäsche nach Abs. 5.

b) Leichtfertigkeit, Abs. 5. Hinsichtlich der Geldwäschetauglichkeit des Gegenstandes, also seines „Herrührens" aus einer rechtswidrigen Katalogtat, reicht gemäß Abs. 5 schon Leichtfertigkeit aus. Auch für die Leichtfertigkeit reicht es nicht aus, dass der Täter von einer deliktischen Herkunft der Vermögensgegenstände ausgeht, sondern es muss Leichtfertigkeit hinsichtlich der Herkunft aus einer Katalogtat gegeben sein (OLG Hamburg NStZ 2011, 523; KG StV 2013, 89 (92f.)). Hinsichtlich der übrigen Tatbestandsmerkmale ist auch für die leichtfertige Geldwäsche Vorsatz erforderlich (BGH NJW 2008, 2516 (2517)). Eine Kombination von Abs. 5 mit einer der Tathandlungen des Abs. 1 ist aber praktisch ausgeschlossen (vgl. auch *Jahn* in Satzger/Schluckebier/Widmaier StGB § 261 Rn. 81). Einer Verschleierungshandlung wie auch einer Vereitelungshandlung ist mit zumindest bedingtem Vorsatz die Annahme immanent, dass der Gegenstand, auf den sich die Handlung bezieht, kontaminiert ist (*Leip* S. 151; *Altenhain* in NK-StGB § 261 Rn. 138). Abs. 5 ist auch auf die Tathandlungen des Abs. 2 Nr. 2 anwendbar (→ Rn. 101; vgl. *Altenhain* in NK-StGB § 261 Rn. 138; *Leip* S. 152; aA vgl. Vorauflage dieses Werkes *Nestler* → 3. Aufl. 2018, § 261 Rn. 119; *Bottke* wistra 1995, 121 (123)). Der Täter, der einen Gegenstand nach Abs. 1 verwahrt oder verwendet, muss im Zeitpunkt der Tathandlung leichtfertig in Bezug auf die inkriminierte Herkunft des Gegenstandes gewesen sein.

Mit § 261 Abs. 5 StGB hat der Gesetzgeber erstmalig bei einem Wirtschaftsdelikt auf das Vorsatzerfordernis verzichtet, wozu er nach den internationalrechtlichen Vorgaben nicht verpflichtet war (*Vogel* ZStW 1997, 335 (347); affirmativ aber BGHSt 50, 347 (354ff.)). Dennoch wurde die Regelung im Gesetzgebungsverfahren zur **Vermeidung von Beweisschwierigkeiten** für unabdingbar gehalten (BT-Drs. 12/989, 27). Die Regelung durchbricht damit den Grundsatz, fahrlässiges Verhalten im Bereich der Vermögensdelikte im Interesse eines freien Wirtschaftsverkehrs nicht mit Strafe zu bedrohen (*Fischer* § 261 Rn. 65 mN zur Kritik; grundsätzlich *Arzt* FS Rudolphi, 2004, 3 ff.). Der als Auffangtatbestand besonders weit gefasste Abs. 2 ermöglicht in Verbindung mit Abs. 5 gerade auch die Bestrafung von Alltags- und berufstypischen Handlungen (→ Rn. 104f.), deren Relevanz für die Geldwäschebekämpfung allenfalls gering ist und die auch subjektiv nicht in einem solchen Maße vorwerfbar sind, dass sie zwingend mit Strafe belegt werden

§ 261 StGB

müssten. Der BGH hat die Vorschrift 1997 dennoch entgegen dem Vorwurf, sie sei mit dem Schuldprinzip und dem Bestimmtheitsgrundsatz unvereinbar, für verfassungsgemäß erklärt (BGHSt 43, 158 (166ff.) = NJW 1997, 3233 mAnm *Arzt* JR 1999, 79; vgl. auch BGHSt 50, 347 (353 ff.); einschränkend aber BGH NJW 2016, 2517 f.).

130 Die Anwendbarkeit des Abs. 5 auf **Tatobjekte aus Steuerstraftaten** gem. Abs. 1 S. 3 (→ Rn. 79 ff.) wirft besondere Probleme auf. Da Abs. 5 ausdrücklich den Begriff des „Herrührens" verwendet, verbietet der Wortlaut eine Anwendung auf einen „Gegenstand, hinsichtlich dessen Abgaben hinterzogen worden sind", Abs. 1 S. 3 Hs. 2., denn dieser rührt nicht aus der Tat her. Ob eine Anwendung des Abs. 5 nach dem Wortlaut auch auf die sonstigen Gegenstände iSd Abs. 1 S. 3 Hs. 1 (→ Rn. 81 ff.) ausgeschlossen ist, ist unklar (ablehnend *Altenhain* in NK-StGB § 261 Rn. 138). Zweifellos wollte der Gesetzgeber aber, als er die Sonderregelung des Abs. 1 S. 3 für Steuerstraftaten nachträglich in das Gesetz eingefügt hat, um die Geldwäschebekämpfung gerade auch auf Gewinne aus Steuerstraftaten zu erstrecken, vom Wortlaut des Abs. 5 auch Abs. 1 S. 3 erfasst sehen. Mit einer derartigen Ausweitung der Tatobjekte auf legales Vermögen, hinsichtlich dessen Steuern hinterzogen werden, würden sich die Probleme der Strafbarkeit wegen Leichtfertigkeit aber noch mehr verschärfen (zur auch daher gebotenen restriktiven Auslegung der Tatobjekte des Abs. 1 S. 3 → Rn. 81 ff.).

131 Die Rechtsprechung versucht, dem Begriff der **Leichtfertigkeit** dadurch genauere Konturen zu geben, dass sie ihn als vorsatznahe Schuldform auslegt (vgl. nur BGH NStZ-RR 2019, 145) und an die Rechtsprechung zur Leichtfertigkeit bei Erfolgsqualifikationen und an die grobe Fahrlässigkeit im Zivilrecht anknüpft. Leichtfertigkeit im Sinne des Abs. 5 liegt danach vor „wenn sich die Herkunft des Gegenstands aus einer Katalogtat nach der Sachlage **geradezu aufdrängt** und der Täter gleichwohl handelt, weil er dies aus **besonderer Gleichgültigkeit** oder **grober Unachtsamkeit** außer Acht lässt (...). Bezugspunkt der Leichtfertigkeit sind dabei auch die Umstände, auf die sich sonst der Vorsatz zur Vornahme der Tathandlung bezüglich des aus einer Katalogtat herrührenden Gegenstands richten muss" (BGHSt 43, 158 (168); und BGH NJW 2008, 2516 (2517); NStZ-RR 2015, 13 (14); 2019, 145; zu einem Katalog von Umständen, bei denen diese Voraussetzungen anzunehmen seien, vgl. *Neuheuser* NStZ 1998, 492 (497)). Grobe Unachtsamkeit wird auch dann bejaht, wenn der Täter praktisch keine Möglichkeit hatte, sich Gewissheit über die Herkunft des Gegenstandes zu verschaffen (BGHSt 43, 158 (169); BGH NJW 2008, 2516 (2517)).

Der Leichtfertigkeitsbegriff entspricht mit dieser Definition in objektiver Hinsicht demjenigen der groben Fahrlässigkeit im Zivilrecht (*Jahn* in Satzger/Schluckebier/Widmaier StGB § 261 Rn. 81); er unterscheidet sich von der zivilrechtlichen Definition allerdings insoweit, als auch die individuellen Kenntnisse und Fähigkeiten des Täters berücksichtigt werden müssen (BT-Drs. 12/989, 28; BGH NJW 2008, 2516 (2517); OLG Karlsruhe NZWiSt 2016, 395 (396); *Neuheuser* NStZ 2008, 492 (496)).

132 **c) Auswirkungen auf gefährdete Berufsgruppen.** Besondere Probleme schafft Abs. 5 StGB für Mitarbeiter von Unternehmen aus dem Bereich der **Finanz- und Versicherungswirtschaft** etc, die geschäftsmäßig in Kontakt mit unter Umständen auch kontaminierten Vermögenswerten kommen und im Zusammenhang mit ihrer beruflichen Tätigkeit Handlungen vornehmen, die bei Geldwäschetauglichkeit des Handlungsobjektes den objektiven Tatbestand der Geldwäsche erfüllen.

aa) Vorsatzrisiko.

Dass § 261 StGB stets die bedingt vorsätzliche Ausführung der Tathandlung voraussetzt, verringert das Strafbarkeitsrisiko dieser Personengruppe nur geringfügig, da sie die Handlungen im Rahmen ihrer Berufsausübung in aller Regel bewusst und gewollt ausführen. In Anbetracht der weitgehenden Überschneidungen zwischen den Tathandlungen des Abs. 2 mit denen des Abs. 1 kommt es den Angehörigen der gefährdeten Berufsgruppen auch kaum zugute, dass für die Strafbarkeit gemäß Abs. 1 Alt. 2 zusätzlich Vorsatz bezüglich der Vereitelung oder konkreten Gefährdung des staatlichen Zugriffs auf den Gegenstand erforderlich ist. Zwar wird man etwa einem Bankangestellten, der eine **geldwäscheverdächtige Transaktion** vorgenommen hat, regelmäßig zugutehalten können, dass er den Eintritt eines solchen Gefährdungserfolges für unwahrscheinlich gehalten und nicht gewünscht hat (ausführlich dazu *Werner* S. 242 ff.), zumal die „Trefferquoten" der Verdachtsanzeigen nach § 43 GwG zwar in den letzten Jahren stark zugenommen haben, was aber vor allem auf Verdachtsmeldungen im Zusammenhang mit dem Phänomen der im Internet agierenden Finanzagenten (zum sog. Phishing → Rn. 96) und darauf zurückzuführen ist, dass mit dem GwOptG bereits auch bei nur geringfügigen Verdachtsgraden Meldungen erfolgen (*Figura* → GwG § 10 Rn. 92 ff., *Barreto da Rosa* → GwG § 43 Rn. 32 ff., mit einer detaillierten Darstellung zu dieser Entwicklung). Denn angesichts der objektiv geringen Wahrscheinlichkeit, dass die Ausführung eines verdächtig erscheinenden Vorgangs tatsächlich zu einer Vereitelung oder konkreten Gefährdung im Sinne des Abs. 1 Alt. 2 führt, kann einem Bankmitarbeiter, der eine verdächtige Transaktion vorgenommen hat, nicht pauschal unterstellt werden, dass er einen solchen Erfolg billigend in Kauf genommen und nicht auf einen glücklichen Ausgang vertraut hat (*Werner* S. 243). Selbst wenn eine Strafbarkeit nach Abs. 1 aus diesen Gründen eher selten vorliegen wird, kommt aber regelmäßig eine Strafbarkeit nach den weit gefassten Tatbestandsalternativen des Abs. 2 in Betracht, der keinen besonderen Taterfolg und damit auch keinen auf die Vereitelung oder konkrete Gefährdung gerichteten Vorsatz voraussetzt.

bb) Leichtfertigkeitsrisiko.

Daher ist für die Strafbarkeit von Bankmitarbeitern letztlich entscheidend, ob gem. Abs. 2 iVm Abs. 5 die bemakelte Herkunft des Handlungsobjektes **leichtfertig verkannt** wurde.

(1) Allgemeine Pflichten nach dem GwG.

Obwohl das GwG die Pflichten von Finanzinstituten und weiteren nach § 2 GwG Verpflichteten im Umgang mit potenziell verdächtigen Finanztransaktionen festlegt, enthält es (auch weiterhin) **keinen generellen Sorgfaltsmaßstab für die strafrechtliche Leichtfertigkeit** (*Werner* S. 251; vgl. auch *Otto* ZKredW 1994, 33 (66); *Lampe* JZ 1994, 123 (130 f.)) Denn das GwG lässt die für die Beurteilung der Leichtfertigkeit entscheidende Frage, unter welchen Umständen ein Bankmitarbeiter die Möglichkeit, es mit kontaminierten Vermögenswerten zu tun zu haben, erkennen muss, weil sie im Sinne der Leichtfertigkeitsdefinition offensichtlich ist, vollkommen offen, zumal die Verdachtsschwelle für die Einhaltung allgemeiner Sorgfaltspflichten bei Vorliegen eines meldepflichtigen Sachverhalts durch das GwOptG dahingehend konkretisiert wurde, dass kein Anfangsverdacht im Sinne der StPO erforderlich sei (*Figura* → GwG § 10 Rn. 98). Geregelt sind in § 10 GwG zunächst solche Sorgfaltspflichten, die zum Zweck der Erfassung von möglicherweise geldwäscherelevanten Informationen geschaffen wurden und die ggf. für eine strafrechtliche Verfolgung benötigt werden. Auch die verstärkten Sorgfaltspflichten des § 15 GwG entstehen zwar bei abstrakt erhöhtem Risiko einer Geldwäsche, stellen aber gerade nicht auf

§ 261 StGB

eine Situation ab, in der schon „offensichtlich" der Verdacht einer Geldwäsche gegeben ist (*Achtelik* → GwG § 15 Rn. 2). Ist ein Geldwäscheverdacht gegeben, ordnet § 43 GwG allgemein an, dass den Verpflichteten dann, wenn Tatsachen vorliegen, die auf geldwäscherelevante Vermögensgegenstände „hindeuten", eine Anzeigepflicht trifft. Das GwG legt somit gerade nicht die Indikatoren fest, die den Schluss zulassen, dass eine Finanztransaktion einer Geldwäsche dienen soll (ebenso *E. Fischer* S. 98).

136 Angesichts dieser Gesetzeslage wird überwiegend vertreten, dass ein Bankangestellter keinesfalls sicher sein kann, sich durch die bloße **Einhaltung der Pflichten aus dem GwG** vor dem Leichtfertigkeitsvorwurf und damit der Geldwäschestrafbarkeit zu schützen (*Werner* S. 251; *Otto* ZKredW 1994, 33 (66); *Lampe* JZ 1994, 123 (130f.)) Auch ist nicht zu erwarten, dass die Zentralstelle für Finanztransaktionsuntersuchungen von der Ermächtigung in § 43 Abs. 5 GwG Gebrauch machen und feste Kriterien dafür festlegen wird, wann von einem Geldwäscheverdacht auszugehen ist (*Barreto da Rosa* → GwG § 43 Rn. 82).

137 **(2) Zuständigkeitsverteilung.** Leichtfertigkeit wird aber dadurch ausgeschlossen, dass der Mitarbeiter den **Geldwäschebeauftragten,** zu dessen Bestellung der Verpflichtete gem. § 7 Abs. 1 GwG verpflichtet ist, umfassend über die Umstände informiert, die seinen Geldwäscheverdacht begründen. Dieser hat nach der institutionellen Rollenverteilung innerhalb des Verantwortungsbereichs des Verpflichteten darüber zu entscheiden, ob eine Anzeige gem. § 43 GwG zu erfolgen hat und die Anzeige zu erstatten (*Herzog* → § 7 Rn. 13ff.). Der Mitarbeiter ist durch die Einschaltung des Geldwäschebeauftragten nicht nur betriebsintern entlastet. Denn selbst dann, wenn der Geldwäschebeauftragte den Vorgang aufgrund einer fehlerhaften Einschätzung für unbedenklich erklärt hat, ist dem Mitarbeiter, der betriebsintern auf die Bewertung des dafür institutionell zuständigen „Fachmanns" verwiesen wird, keine Leichtfertigkeit (und erst Recht kein bedingter Vorsatz) vorzuwerfen, weil ihm wegen der betriebsinternen Zuständigkeitsverteilung der Vorwurf der Sorglosigkeit und damit auch der subjektiven Leichtfertigkeit nicht gemacht werden kann (ausführlich *Bottke* FS Jakob, 2001, 45 (63ff.); ebenso iErg *Carl/Klos* wistra 1994, 161 (166); *Schröder/Textor* in Fülbier/Aepfelbach/Langweg StGB § 261 Rn. 78; *Altenhain* in NK-StGB § 261 Rn. 139). Eine Entlastung tritt nur dann nicht ein, wenn für den einzelnen Mitarbeiter offenkundig ist, dass der Geldwäschebeauftragte seinen Pflichten nicht nachkommt.

138 Problematisch kann aber ein in einer Vielzahl der Fälle (*Barreto da Rosa* → GWG § 46 Rn. 13ff.) vorgenommenes **Eilgeschäft** gem. § 46 Abs. 2 S. 1 GwG werden, wenn es der Mitarbeiter ohne vorherige Abstimmung mit dem Geldwäschebeauftragten vornimmt oder wenn es der Geldwäschebeauftragte autorisiert (zur Entlastung des Mitarbeiters in diesem Fall → Rn. 137). Da § 46 Abs. 2 S. 1 GwG keine strafaufhebende Wirkung hat (*Schröder/Textor* in Fülbier/Aepfelbach/Langweg StGB § 261 Rn. 127 unter Verweis auf BT-Drs. 12/4795, 18f.; *Löwe-Krahl* wistra 1994, 121 (126); *Werner* S. 153; *Hoyer/Klos* S. 219 – alle zur Vorgängervorschrift des § 11 Abs. 1 S. 3 GwG), handelt derjenige, der eine Geldwäschetransaktion als Eilgeschäft ausführt oder autorisiert, obgleich er die Bemakelung der Finanzmittel aufgrund tatsächlicher Umstände hätte erkennen müssen, leichtfertig und kann allenfalls unter der Voraussetzung des Abs. 9 S. 1 (→ Rn. 156f.) durch eine nachträgliche Anzeige Strafbarkeit vermeiden (*Melzer* S. 494, 496).

139 Wenn dagegen **vor Ausführung der Transaktion Anzeige** erstattet wird, kann sich für den **Geldwäschebeauftragten** die Frage stellen, wie er zu verfahren

hat, wenn er nach Ablauf der vorgeschriebenen Wartefrist von drei Tagen gem. § 46 Abs. 1 S. 1 Nr. 2 GwG keine Rückmeldung von der Zentralstelle für Finanztransaktionsuntersuchungen oder der Staatsanwaltschaft erhält. Denn mit der Anzeige hat er erstens zum Ausdruck gebracht, dass er den Vorgang für geldwäscheverdächtig hält, und die mitgeteilten Umstände können bis in den Bereich des bedingten Vorsatzes belegen, dass er von einem inkriminierten Gegenstand ausgeht. Lässt er dennoch die Transaktion zu, hätte dies zur Folge, dass eine Selbstanzeige nur unter den strengeren Anforderungen des Abs. 9 Nr. 1 StGB, dh nur dann, wenn auch eine Sicherstellung der Geldwäscheobjekte gelingt (→ Rn. 153, 157), zur Straflosigkeit führen würde. Da das GwG die Ausführung dieser Transaktion nach Ablauf der 3-Tages-Frist ausdrücklich zulässt, wäre es aber ein **Wertungswiderspruch,** den Vorgang gleichzeitig als Geldwäsche zu bestrafen. Denn anders als bei den Eilgeschäften, bei denen die Zulässigkeit der Transaktion nach § 46 Abs. 2 S. 1 GwG die mögliche Strafbarkeit nach § 261 StGB nicht verhindern soll (→ Rn. 138), wird hier durch die Anzeige die Verantwortung für die Beurteilung des strafrechtlichen Tatverdachts auf die dafür zuständige Strafverfolgungsbehörde verlagert. Dieser wird nach der **gesetzlichen Wertung** des § 46 Abs. 1 GwG ausreichend Gelegenheit gegeben, den Tatverdacht zu prüfen und ggf. die Transaktion zu verhindern. Eine andere Lösung würde auch kaum zumutbare **Interessenskonflikte** für den Geldwäschebeauftragten hervorrufen. So schließt die Freistellungsregelung des § 48 GwG zwar eine Schadensersatzpflicht der Banken wegen Verzögerungen von Transaktionen in Zusammenhang mit Geldwäscheanzeigen aus (*Barreto da Rosa* → GwG § 48 Rn. 5 ff.), aber der Ausschluss von Ersatzansprüchen bei einer in eigener Verantwortung verzögerten Durchführung einer Transaktion ist nicht geregelt. Eine auch nach Ablauf der Wartefrist drohende Strafbarkeit wegen Geldwäsche würde den Geldwäschebeauftragten daher dazu zwingen, das Risiko von Regressansprüchen in Kauf zu nehmen.

Dass sich die strafrechtliche Verantwortlichkeit nach den Zuständigkeitsverteilungen des GwG zu richten hat (→ Rn. 137–139), ergibt sich auch aus dem **präventionspolitischen Vorrang des GwG** vor der Prävention durch den Straftatbestand der Geldwäsche. Nach dem Präventionskonzept der Geldwäschebekämpfung werden durch das GwG die Einrichtung und der Vollzug institutsinterner Sicherungsmaßnahmen und die Kooperation mit den Strafverfolgungsbehörden favorisiert. Das GwG will damit das Organisationsvermögen der nach dem GwG zur Geldwäschebekämpfung verpflichteten Institute für die Prävention nutzen. **Dysfunktional** wäre daher jede nicht-restriktive Auslegung des Geldwäschestraftatbestandes, welche die vom GwG favorisierte unternehmensinterne Zuständigkeitsverteilung und Kooperation mit den Strafverfolgungsbehörden behindert (so auch *Bottke* FS Jakob, 2001, 45 (63 ff.)).

7. Versuch, Abs. 3

Sowohl bei Tathandlungen nach Abs. 1 als auch nach Abs. 2 ist der Versuch des Vergehens strafbar, Abs. 3. Eine **versuchte Geldwäsche** kommt vor allem dann in Betracht (zur objektiv unmöglichen Vereitelungshandlung und zu BGH NStZ 1999, 83; → Rn. 92), wenn der Täter objektiv keine Geldwäschehandlung vorgenommen hat, sich aber irrig Umstände vorgestellt hat, bei deren Vorliegen seine Handlung den Tatbestand des § 261 StGB erfüllt hätte. Diese Konstellation ist insbes. dann gegeben, wenn der Täter glaubt, das Objekt seiner Handlung rühre aus einer Vortat iSd Abs. 1 S. 2 her, obgleich dieser Zusammenhang tatsächlich nicht besteht bzw. nicht nachweisbar ist (BGH NStZ 1999, 83 (84); *Kühl* in Lackner/ Kühl § 261 Rn. 11; *Fischer* § 261 Rn. 69; *Hecker* in Schönke/Schröder § 261 Rn. 29). Ein strafbarer (untauglicher) Versuch liegt auch vor, wenn der Täter einen straflosen Zwischenerwerb iSd Abs. 6 nicht kennt (*Jahn* in Satzger/Schluckebier/ Widmaier StGB § 261 Rn. 84; zu weiteren Irrtumskonstellationen vgl. *Bittmann* wistra 2010, 125 ff.). Ein strafloses Wahndelikt liegt dagegen vor, wenn der präsumtive Täter nur rechtsirrig annimmt, eine bestimmte Vortat falle unter den Katalog des Abs. 1 S. 2 (*Altenhain* in NK-StGB § 261 Rn. 136; *Hoyer* in SK-StGB § 261 Rn. 42). Dies ist nicht nur der Fall, wenn die fehlerhafte Einordnung auf einem Irrtum über die Reichweite des Katalogs, sondern auch wenn er auf einer fehlerhaften Subsumtion beruht.

142 Die Anforderungen an die **Konkretheit der Vorstellung von der Vortat und dem Tatobjekt** sind beim Versuch nicht herabgesenkt, so dass auch beim Versuch die Vorstellung, es handele sich um irgendwie inkriminierte Tatobjekte, nicht ausreicht (→ Rn. 127).

V. Rechtsfolgen

1. Strafrahmen und Strafzumessung

143 Bei leichtfertiger Geldwäsche gem. Abs. 5 beträgt die Obergrenze der Strafandrohung 2 Jahre, für die vorsätzliche Geldwäsche sieht Abs. 1 S. 1 einen Strafrahmen von 3 Monaten bis 5 Jahren vor, der sich in den besonders schweren Fällen des Abs. 4 auf 6 Monate bis 10 Jahre erhöht. Damit wird die Rechtsfolgenandrohung für die vorsätzliche Geldwäsche den Vorgaben aus Art. 5 Abs. 3 der Richtlinie (EU) 2018/1673 gerecht (*Schröder/Blaue* NZWiSt 2019, 161 (165)).

Nach der Rechtsprechung wird die Höhe der Strafe durch die Höchststrafe, die wegen der Vortat verhängt werden darf, in Anlehnung an die Regelung in § 257 Abs. 2 StGB begrenzt (BGH NJW 2000, 3725 (3726); BGHSt 48, 240 (246) [Übertragung des Gedankens auf strafprozessuale Eingriffsbefugnisse]; OLG Hamburg StV 2002, 590 (591); vgl. auch *Joerden* FS Lampe, 2003, 771 (777); aA *Altenhain* in NK-StGB § 261 Rn. 140; *Hecker* in Schönke/Schröder § 261 Rn. 31). Diese Einschränkung ist mit Blick auf den Strafausschließungsgrund des Abs. 9 S. 2 (vgl. → Rn. 146 ff.) nur konsequent. Der Gesetzgeber muss der Überzeugung gewesen sein, dass das Unrecht einer Geldwäschetat im Normalfall nicht über das der konkreten Vortat hinausreicht (vgl. insbes. BT-Drs. 18/6389, 11).

144 Bei Vortaten des Abs. 1 S. 2 Nr. 4 soll regelmäßig ein **unbenannter besonders schwerer Fall** gem. Abs. 4 vorliegen, wenn der Schaden groß ist, wobei eine Begrenzung auf Formen organisierter Kriminalität abgelehnt wird (BGH NStZ 1988, 622). **Gewerbsmäßigkeit** gem. Abs. 4 S. 2 soll schon dann vorliegen, wenn der Vorteil aus der Geldwäschehandlung nicht unmittelbar eintritt, sondern mit den Tatobjekten erst Gewinne erwirtschaftet werden sollen (BGH NStZ 1988, 622; wistra 1999, 25). **Bandenmäßige Begehung** gem. Abs. 4 S. 2 setzt keine Mitwirkung eines anderen Bandenmitgliedes bei der Geldwäsche voraus (BGHSt 43, 149 (164 f.) = NJW 1997, 3323 (3325 f.)). Bandenmitglied bei der Geldwäsche kann auch derjenige Beteiligte sein, der wegen seiner **Beteiligung an der Vortat** gem. Abs. 9 S. 2 selbst wegen Geldwäsche nicht strafbar ist, so dass im Extremfall der allein wegen Geldwäsche Verurteilte zugleich auch wegen bandenmäßiger Begehung verurteilt werden kann (BGHSt 50, 225 (229 ff.) = NJW 2005, 3507 (3508); zust.

Fischer § 261 Rn. 72; insbes. zum Vorliegen einer Bandenabrede im konkreten Fall krit. *Krack* JR 2006, 435 ff.).

2. Einziehung von Tatobjekten (Beziehungsgegenstände), Abs. 7

Abs. 7 ermöglicht die Einziehung der Tatobjekte, auf die sich die Geldwäschehandlung bezieht (Beziehungsgegenstände). Solche Gegenstände werden seit dem Inkrafttreten des **Gesetzes zur Reform der strafrechtlichen Vermögensabschöpfung** vom 13.4.2017 (BGBl. 2017 I S. 872, zu den wesentlichen Änderungen vgl. *Trüg* NJW 2017, 1913 ff.) in § 74 Abs. 2 als sog. „Tatobjekte" bezeichnet. Nach der letztgenannten Bestimmung unterliegt ihre Einziehung der „Maßgabe besonderer Vorschriften". Eine solche besondere Vorschrift ist Abs. 7 S. 1. Insofern hat diese Bestimmung nicht nur eine rein klarstellende (so *Ruhmannseder* in BeckOK StGB § 261 Rn. 64), sondern **weiterhin eine konstitutive Funktion.** Unter den Voraussetzungen des § 74a StGB kommt eine Einziehung auch dann in Betracht, wenn solche Gegenstände dem Täter nicht gehören oder zustehen, vgl. Abs. 7 S. 2. Für die Tatobjekte aus Vortaten der Steuerhinterziehung gem. § 1 S. 3 können damit Teile des legal erworbenen Vermögens eines Steuerhinterziehers zum Einziehungsgegenstand werden, wenn sie ein Dritter leichtfertig erwirbt (*Fischer* § 261 Rn. 73). Diese Konsequenz kann nur durch eine einengende Auslegung des Abs. 1 S. 3 vermieden werden (→ Rn. 130). Abs. 7 S. 3 aF (Verweis auf die Vorschrift zum erweiterten Verfall) ist aufgrund der Reform der strafrechtlichen Vermögensabschöpfung mit Wirkung zum 1.7.2017 entfallen. Ein Bedürfnis für die Aufrechterhaltung einer Bestimmung zum „erweiterten Verfall" (§ 73 d StGB aF) existierte nicht mehr, nachdem der neue Mechanismus der „erweiterten Einziehung" (vgl. jetzt § 73a StGB) nunmehr bei jeder Straftat zur Anwendung kommen kann (zu den weiteren Modifikationen durch den neuen § 73a StGB vgl. *Rönnau / Begemeier* NZWiSt 2016, 260 ff.).

VI. Strafausschließungsgrund bei Vortatbeteiligung, Abs. 9 S. 2 und 3

1. Grundgedanke und Entwicklung

Nach Abs. 9 S. 2 wird derjenige nicht wegen Geldwäsche bestraft, **der wegen Beteiligung an der Vortat strafbar ist.** Die Vorschrift wurde eingefügt durch das Gesetz zur Verbesserung der Bekämpfung der organisierten Kriminalität v. 4.5.1998 (BGBl. I S. 845), durch das Gesetz zur Bekämpfung der Korruption vom 20.11.2015 (BGBl. I S. 2025) modifiziert und durch die Einfügung eines neuen Abs. 9 S. 3 eingeschränkt (zur Gesetzgebungsgeschichte der Selbstgeldwäsche *Teixeira* NStZ 2018, 634 f.; vgl. auch *Neuheuser* NZWiSt 2016, 265 ff.). Mit dieser Gesetzesänderung wollte der Gesetzgeber damals den Empfehlungen der FATF nachkommen (BT-Drs. 18/6389, 12). Mit der Einfügung des Abs. 9 S. 2 wurde in Abs. 1 und Abs. 5 der Bezug auf die Tat „eines anderen" gestrichen, so dass seitdem auch der Vortäter an den durch die Vortat erlangten Vermögensgegenständen tatbestandlich Geldwäsche begehen kann, sog. „Selbstwäsche" (grundsätzliche Analyse der Vorschrift durch *Schröder/Bergmann,* 2013). Ausgeschlossen werden sollte durch diese Änderung die Möglichkeit, dass derjenige, der nicht erweislich, aber auch nicht ausschließbar Alleintäter der Vortat war, nach dem Grundsatz in dubio pro reo insgesamt freizusprechen ist (vgl. *Kreß* wistra 1998, 121 (125)). Die neue Regelung des Abs. 9 S. 2. sieht daher aus **ermittlungstaktischen Gründen** (*Kilchling* wistra 2000, 241 (242)) für Täter und Teilnehmer der Vortat nur einen **Strafausschließungsgrund** hinsichtlich der Geldwäschestrafbarkeit vor. So soll weiterhin gewährleistet sein, dass Handlungen des wegen der Vortat strafbaren Täters, die sich auf das mit der Vortat erlangte Objekt beziehen, nicht als Geldwäsche bestraft werden können. Diese Regelung entspricht dem Grundsatz der Straflosigkeit von Selbstbegünstigungshandlungen und soll (materielle) Doppelbestrafungen (vgl. dazu auch → Rn. 151) verhindern (BT-Drs. 13/9651, 11; BGH NJW 2019, 533 (534); näher zum Gedanken der Straflosigkeit der Selbstgeldwäsche: *Teixeira* NStZ 2018, 634 (636ff.)). Geldwäschehandlungen von Vortatbeteiligten stellen sich als typisches Nachtatverhalten dar, „dessen Unrechtsgehalt bereits von einer Verurteilung wegen der Vortat" erfasst sei (so zuletzt BT-Drs. 18/6389, 11). Nur soweit „Selbstgeldwäschehandlungen einen eigenen spezifischen Unrechtsgehalt aufweisen, sollen sie deshalb auch neben der Vortat bestraft werden können" (BT-Drs. 18/6389, 11; so auch *Teixeira* NStZ 2018, 634 (638f.), der aber für eine enge Auslegung des S. 3 plädiert). Letzteres ist die Rechtfertigung für die Einschränkung des Strafausschließungsgrundes durch Abs. 9 S. 3. Konsequenz der Straflosigkeit allein wegen eines Strafausschließungsgrundes ist die Möglichkeit der strafbaren Beteiligung auch in Form der Teilnahme (*Altenhain* in NK-StGB § 261 Rn. 19) an einer straflosen Haupttat der Geldwäsche (zur Zurechnung bei bandenmäßiger Begehung → Rn. 144).

2. Tatidentität von Geldwäsche und Vortaten (insbes. bei BtMG-Delikten und der Steuerhinterziehung)

147 Auch dann, wenn Vortat und Geldwäschehandlung zusammenfallen, ist Abs. 9 S. 2 anwendbar (BGH NJW 2000, 3725). Abs. 2 S. 2 stellt damit nicht nur einen persönlichen Strafausschließungsgrund, sondern auch eine **Konkurrenzregel** („vergleichbar der mitbestraften Nachtat," *Schröder/Bergmann,* 2013, S. 62ff.) dar, die eine Geldwäschestrafbarkeit immer dann ausschließt, wenn der Täter bereits wegen Beteiligung an der Vortat strafbar ist (BGH NJW 2009, 1617 (1618); 2000, 3725 (3726); *Kreß* wistra 1998, 121 (128); *Altenhain* in NK-StGB § 261 Rn. 21). Dies gilt unabhängig davon, ob die Vortat mit höherer (zur Strafzumessung in einem solchen Fall → Rn. 144) oder niedrigerer Strafe bedroht ist, als sie § 261 StGB vorsieht (BGH NJW 2000, 3725 (3726)). Besondere praktische Bedeutung hat dieser Ausschluss der Geldwäschestrafbarkeit für **Straftaten nach dem BtMG** (so schon BGHSt 43, 158 (164) = NJW 1997, 3323 (3324) für die alte Gesetzeslage), denn jeder nach § 29 Abs. 1 Nr. 1 BtMG strafbare Erwerb von BtM ist tatbestandlich gleichzeitig auch eine Geldwäschehandlung, da alle Betäubungsmittel gem. § 261 Abs. 1 S. 2 Nr. 2b) iVm § 29 Abs. 1 Nr. 1 Alt. 1 BtMG zugleich geldwäschetaugliche Objekte sind. Eine parallele Konstellation ergibt sich bei Steuerstraftaten gem. §§ 373, 374 AO und führt ebenfalls zur Strafbarkeit der Geldwäschehandlung (BGH NJW 2000, 3725 f.). Denn die Gegenstände, hinsichtlich derer Abgaben hinterzogen werden, sind zugleich schon Tatobjekte einer Geldwäsche, weil Gegenstände, hinsichtlich derer Abgaben hinterzogen worden sind, gemäß § 261 Abs. 1 S. 3 Hs. 2 StGB geldwäschetauglich sind (→ Rn. 84). Die Straflosigkeit der Geldwäsche tritt hier nicht nur dann ein, wenn sie sich wie bei den Tathandlungen des Abs. 1 und Abs. 2 Nr. 2 auf einen schon erlangten Gegenstand bezieht, sondern auch dann, wenn der Erwerbsvorgang selbst wie im Fall des Abs. 2 Nr. 1 den

Gegenstand betrifft (BGH NJW 2000, 3725f.). Da praktisch jede Beihilfe zur Steuerhinterziehung gem. § 370 durch Annahme und Anlage von Schwarzgeld gleichzeitig eine Geldwäsche gem. Abs. 1 S. 3 iVm Abs. 1 S. 2 Nr. 4 darstellt (→ Rn. 80), kann die konsequente Anwendung des Abs. 9 S. 2 dazu führen, dass im Ergebnis die weite Strafbarkeit über Abs. 1 S. 3 aufgehoben wird.

3. Alleinige Strafbarkeit der Vortat im Ausland

Ist eine strafbare Beteiligung an der Vortat im Ausland, aber – mangels Anwendbarkeit deutschen Strafrechts – nicht nach deutschem Strafrecht gegeben, soll „anhand einer konkreten Betrachtungsweise nach deutschem Recht" (BGH NJW 2009, 1617 (1618)); zust. *Kuhlen* JR 2010, 271) die Anwendung des Abs. 9 S. 2 ausscheiden, wenn mangels bi- oder multilateraler Abkommen das **Verbot der Doppelbestrafung nach Art. 103 Abs. 3 GG** nicht greift. Der BGH (NJW 2009, 1617 (1618)) konstruiert das Verbot der Doppelbestrafung gem. Abs. 9 S. 2 damit akzessorisch zu den Voraussetzungen des prozessualen ne bis in idem. Das Doppelbestrafungsverbot aus Art. 103 Abs. 3 GG betreffe grundsätzlich nur inländische Verurteilungen, daher greife der Strafausschließungsgrund des Abs. 9 S. 2, der eben genau solche Doppelverurteilungen vermeiden möchte, nur ein, wenn eine Doppelbestrafung (durch rein nationales Recht oder bi- oder multilateraler Abkommen) auch im konkreten Fall ausgeschlossen sei. **148**

Diese Auslegung ist konstruktiv verfehlt, weil das prozessuale Verbot der Doppelbestrafung nichts mit der Konkurrenzregel des Abs. 9 S. 2 zu tun hat (so auch *Rettenmaier* NJW 2009, 1619 und *Mansdörfer* HRRS 2009, 252 (254): aA *Fahl* JZ 2009, 747), deren Grundlage in Anlehnung a § 257 Abs. 3 StGB das Prinzip der mitbestraften Nachtat ist (BT-Drs. 13/8651, 11; BT-Drs. 18/6389, 13; BGH NJW 2000, 3725 (3726)). Gerade deswegen, weil die Strafbarkeit wegen Geldwäsche die Bestrafung im Ausland wegen Beteiligung an der Vortat nicht sperrt, ist Abs. 9 S. 2 auch dann anzuwenden, wenn die Vortat nur im Ausland strafbar ist. Daneben lässt es Abs. 8 ausreichen, dass Vortaten, aus denen die Gegenstände herrühren, im Ausland, aber nicht in Deutschland mit Strafe bedroht sind (→ Rn. 51); somit widerspricht die Systematik des Gesetzes der vom BGH praktizierten „konkreten Betrachtungsweise nach deutschem Recht". Auch der Regelungsgehalt von Abs. 8 streitet damit für ein weites Verständnis des Abs. 9 S. 2 (so auch *Rettenmaier* NJW 2009, 1619). Allein die Tatsache, dass Abs. 9 S. 2 eine Bestrafung in Deutschland hindert, soll eine **Auslieferung** wegen der Geldwäschetat nicht ausschließen (OLG Köln NStZ 2011, 471).

4. Erwiesensein der Vortat

Wegen der Einbeziehung des Vortäters in den Tatbestand der Geldwäsche soll die Regel des Abs. 9 S. 2 nur dann Anwendung finden, wenn die Voraussetzungen der Strafbarkeit wegen Beteiligung an der Vortat zur Überzeugung des Gerichts feststehen (vgl. BGH NStZ 2017, 167 (170); *Altenhain* in NK-StGB § 261 Rn. 23; Hoyer in SK-StGB § 261 Rn. 48), während bei unklarer Beteiligung an der Vortat im Wege der **Postpendenzfeststellung** eine Strafbarkeit wegen Geldwäsche möglich sein soll (BGH 22.4.2009 – 5 StR 48/09, BeckRS 2009, 11987; BGH NJW 2000, 3275 (3276); überholt, weil zur aF des Abs. 9, BGH NStZ 1995, 500 mAnm *Körner* wistra 1995, 311). Der Strafausschließungsgrund soll nach Ansicht des BGH aber auch dann eingreifen, wenn der Nachweis der Vortatbeteiligung auf Grund- **149** lage von Wahlfeststellung beruht (vgl. BGHSt 61, 245 ff.). Eine gesetzesalternative Verurteilung wegen der Katalogtat schließt einen Schuldspruch wegen Geldwäsche aus. Auch in dieser Konstellation stehe die Vortatbeteiligung des Täters fest (BGHSt 61, 245 (248)). Für die **Praxis** haben derartige Fälle, in denen die Beteiligung der meist nicht mitangeklagten Vortat zweifelhaft ist, **große Relevanz,** weil die hM keine Konkretisierung der Vortaten verlangt (→ Rn. 88) und daher im Verfahren keine Aufklärung der (nicht angeklagten) Vortaten stattfindet, aber nach den Umständen eine Beteiligung des der Geldwäsche Beschuldigten an der Vortat nicht auszuschließen ist (vgl. zu verschiedenen Fall-Konstellationen *Bernsmann* FS Amelung, 2009, 381 (384 ff.)). Diese Nichtanwendung des in dubio pro reo-Grundsatzes auf die Beteiligung an der Vortat entspricht zwar der ausdrücklichen Intention des Gesetzgebers, der durch die Neuregelung des Abs. 9 S. 2 der Rechtsprechung die Postpendenzfeststellung ermöglichen wollte, wenn die Beteiligung an der Vortat zweifelhaft war (BT-Drs. 13/8651, 11; vgl. *Altenhain* in NK-StGB § 261 Rn. 20; → Rn. 146). Sie ist aber mit der gesetzlichen Fassung des Abs. 9 S. 2 als persönlichem Strafausschließungsgrund unvereinbar. Ist eine Beteiligung an der Vortat gegeben, führt die Regel des Abs. 9 S. 2 zur Straflosigkeit. War der Angeklagte der Geldwäsche „nicht ausschließbar an der Vortat beteiligt, ist er aus der Perspektive des Abs. 9 S. 2 im Zweifel wegen der Vortatbeteiligung strafbar und wird daher (im Zweifel) von dem Strafausschließungsgrund erfasst" (*Bernsmann* FS Amelung, 2009, 381 ff. mit ausführlicher Begründung auf S. 386; anders dann, wenn man in der Regelung eine reine Konkurrenzregel sieht, so *Altenhain* in NK-StGB § 261 Rn. 23).

5. Einschränkung durch Abs. 9 S. 3

150 Durch die **Einfügung des Abs. 9 S. 3 im Jahre 2015** wird der umfassende persönliche Strafausschließungsgrund des Abs. 9 S. 2 StGB deutlich **eingeschränkt** (zu den Vorgaben der RL (EU) 2018/1673 vgl. bereits → Rn. 2d). Die Regelung differenziert dabei hinsichtlich der Tathandlungen und des damit verbundenen Unrechtsgehalts (vgl. BT-Drs. 18/6389, 13). Seit 2015 gilt der Strafausschließungsgrund nicht mehr für Fälle, in denen der Vortatbeteiligte einen aus seiner Straftat herrührenden Gegenstand in den Verkehr bringt und dabei dessen rechtswidrige Herkunft verschleiert. Die Freistellung der Selbstgeldwäsche von § 261 StGB sei in diesen Fällen nicht gerechtfertigt, weil es hier an der **typischen Situation der „mitbestraften Nachtat"** fehle (vgl. *Teixeira* NStZ 2018, 634 (636 ff.); *Altenhain* in NK-StGB § 261 Rn. 23a; *Bergmann* NZWiSt 2014, 448 (450)). Nach Meinung des Gesetzgebers habe das „im Verschleiern angelegte Täuschungselement [...] zusätzliche Auswirkungen auf die Marktteilnehmer und das allgemeine Vertrauen in den legalen Finanz- und Wirtschaftsverkehr". Solche Handlungen gefährdeten **die Integrität des Wirtschafts- und Finanzkreislaufs** und damit ein gegenüber der Vortat zusätzliches Rechtsgut, auf dessen Schutz auch Vortatbeteiligte verpflichtet werden können (so BT-Drs. 18/6389, 13). Das Inverkehrbringen der aus Straftaten erlangten Vermögensgegenstände in den legalen Wirtschaftskreislauf könne außerdem zu **Wettbewerbsverzerrungen** führen. Der Vortäter könne sich dadurch Wettbewerbsvorteile im Geschäftsleben sichern (vgl. BT-Drs. 18/6389, 13).

151 Zumindest der BGH hat gerade deshalb gegen die Ausnahme von der Straffreiheit der Selbstgeldwäsche keine verfassungsrechtlichen Bedenken, insbesondere nicht mit Blick auf Art. 103 Abs. 3 GG (BGHSt 63, 268 = JR 2019, 585 = NJW 2019, 533, mAnm *Jahn*; vgl. auch *Jahn* in Satzger/Schluckebier/Widmaier StGB § 261 Rn. 97, der zumindest verfassungsrechtliche Bedenken gegen die Vorschrift

hat). Der 5. Strafsenat hält das Doppelbestrafungsverbot des Art. 103 Abs. 3 GG schon deshalb nicht für anwendbar, weil (Beteiligung an der) Vortat und Geldwäschehandlung, zumindest unter den in Abs. 9 S. 3 genannten Bedingungen, nicht zur selben prozessualen Tat zählten. Dem 5. Senat ist hierin zuzustimmen. Dies heißt aber nicht, dass damit alle verfassungsrechtlichen Bedenken, die sich auf eine (drohende) Doppelbestrafung stützen, unberechtigt wären. Natürlich verbietet auch der Schuldgrundsatz eine doppelte Bestrafung ein und desselben Unrechts (bezogen auf die Selbstgeldwäsche vgl. auch *Schröder/Bergmann* S. 70). Die Bestrafung ist nicht schuldangemessen, wenn der Täter für das Unrecht seines Handelns mehrfach sanktioniert wird (ausführlich *El-Ghazi* Revision der Konkurrenzlehre, 2020, S. 80 ff.). Über eine restriktive Auslegung der Voraussetzungen des Abs. 9 S. 3 (*Teixeira* NStZ 2018, 634 (639)) lässt sich eine Kollision mit dem Schuldgrundsatz jedoch vermeiden.

Das Eingreifen des Strafausschließungsvorbehalts des S. 3 steht im Wesentlichen unter **zwei Bedingungen:** Der Vortatbeteiligte bringt durch seine Tathandlung den inkriminierten Gegenstand in den Verkehr und verschleiert dadurch dessen rechtswidrige Herkunft. Eine Handlung soll sich – in Anlehnung an § 146 StGB – dann als **„Inverkehrbringen"** darstellen, wenn sie dazu führt, „dass der Täter den inkriminierten Gegenstand **aus seiner tatsächlichen Verfügungsgewalt entlässt und ein Dritter die tatsächliche Verfügungsgewalt über den Gegenstand erlangt**" (so BT-Drs. 18/6389, 14). Die Gesetzesbegründung nennt hierfür Beispiele wie das Einzahlen von illegal erlangtem Bargeld auf ein Bankkonto oder das Veräußern von Wertgegenständen (*Altenhain* in NK-StGB § 261 Rn. 23b ergänzt diese um die Überweisung). Auch der 5. Strafsenat hat **das Einzahlen oder das Überweisen von bemakeltem Geld** (Buchgeld) auf das Girokonto als Inverkehrbringen iSd § 261 Abs. 9 S. 3 StGB gewertet (BGH NJW 2019, 533 (535); so dann auch der 2. Senat: BGH NJW 2019, 2182 (2183); wohl auch *Raschke* NZWiSt 2019, 186 (187); uneindeutig hingegen der 1. Strafsenat: BGH BeckRS 2019, 38294; aA *Barreto da Rosa* JR 2019, 585 (591); *Teixeira* NStZ 2018, 634 (639)). Auch wenn hierbei die Verwahrung im überwiegenden Interesse des Kunden auf der Grundlage eines Zahlungsdienstevertrags (§§ 675 ff. BGB) stattfinde und auf jederzeitige Verfügbarkeit gerichtet sei, erlange die Bank mit der Einspeisung von bemakelten Geldbeträgen auf ein Bankkonto Zugriff auf diese (so BGH NJW 2019, 533 (535)). Diese Sichtweise wird in der Literatur als zu formal kritisiert. Schließlich habe der Kunde seine Verfügungsbefugnis eben gerade nicht vollständig verloren (so *Barreto da Rosa* JR 2019, 585 (591)). In der Tat ist es richtig, bei Buchgeld auf die Wertsumme abzustellen; über diese behalte der Kunde tatsächlich ständig die uneingeschränkte Verfügungsbefugnis, solange er nichts anderes mit seiner Bank vereinbare.

Die **zweite Bedingung** nimmt auf den Verschleierungstatbestand des Abs. 1 Bezug. Der Vortatbeteiligte muss durch das „Inverkehrbringen" die Strafbarkeitsalternative des Verschleierns der Herkunft verwirklicht haben (vgl. dazu → Rn. 91). Hat der Vortäter lediglich andere Strafbarkeitsalternativen verwirklicht, bleibt es bei der Strafausschließung nach Abs. 9 S. 2 für den Vortäter (zur Abgrenzung zum Vergehen vgl. *Raschke* NZWiSt 2019, 186 (187 f.)). Die Beschränkung des Vorbehalts auf das Verschleiern der Herkunft beruht auf der gesetzgeberischen Erwägung, dass die anderen Strafbarkeitsalternativen zu keiner (wesentlichen) Beeinträchtigung des Wirtschafts- und Finanzkreislaufs führten (vgl. BT-Drs. 18/6389, 14). Zwischen der ersten und zweiten Bedingung muss daneben ein gewisser Zusammenhang bestehen. Dies folgt aus der Formulierung in S. 3. Der Täter muss die Herkunft des inkriminierten Gegenstandes gerade durch das Inverkehrbringen verschleiern (so *Neuheuser* NZWiSt 2016, 265 (267)). Die Tathandlung des Vortäters muss mithin gleichzeitig beide Attribute erfüllen, damit die Rückausnahme des Strafausschließungsgrundes eingreift (*Barreto da Rosa* JR 2019, 585 (592), warnt vor Verschleifung des Verschleierns).

VII. Selbstanzeige

152   Eine Strafbefreiung in Gestalt eines persönlichen Strafaufhebungsgrundes (*Altenhain* in NK-StGB § 261 Rn. 149; *Jahn* in Satzger/Schluckebier/Widmaier StGB § 261 Rn. 86) normiert Abs. 9 S. 1 für den Fall der rechtzeitigen Anzeige einer Geldwäsche. Ist die Tat bereits entdeckt, kommt für die Aufklärungshilfe zu Taten „über den eigenen Tatbeitrag" hinaus eine Strafbefreiung oder Strafmilderung unter den Voraussetzungen des am 1.9.2009 **neu eingeführten** (und im Jahr 2013 reformierten) **§ 46b StGB** in Betracht, der den aufgehobenen Abs. 10 aF ersetzt (Gesetz über die Hilfe zur Aufklärung oder Verhinderung von schweren Straftaten, BGBl. I S. 2288). Abs. 9 S. 1 hat als die günstigere Regel Vorrang vor § 46b StGB, wenn die Voraussetzungen beider Vorschriften vorliegen. Abs. 9 S. 1 soll einen Anreiz für die Anzeige strafbarer Geldwäschevorgänge vermitteln und zur Aufklärung der Vortaten sowie zur Sicherstellung der inkriminierten Gegenstände beitragen (BT-Drs. 12/989, 28). Ob diese Ziele in nennenswertem Umfang erreicht werden, ist nicht bekannt (*Fischer* § 261 Rn. 74). **Große praktische Bedeutung** hat Abs. 9 S. 1 aber für die Folgen einer Anzeige nach § 43 GwG.

153   Der Strafaufhebungsgrund des Abs. 9 S. 1 ist den steuerstrafrechtlichen Vorschriften des § 371 Abs. 1, Abs. 2 Nr. 2 AO nachgebildet (*Hecker* in Schönke/Schröder § 261 Rn. 34; zum Verhältnis von Selbstanzeige gem. Abs. 9 S. 1 und der strafbefreienden Selbstanzeige gemäß § 371 AO s. *Bülte* ZStW 122 (2010), 551 ff.; aus Praktikersicht *Modlinger* PStR 2011, 316). Die Regelung des Abs. 9 S. 1 differenziert zwischen einer vollendeten vorsätzlichen Geldwäsche (Abs. 1, Abs. 2) und einer versuchten oder leichtfertigen Geldwäsche (Abs. 3, Abs. 5). Der Täter einer leichtfertigen oder versuchten Geldwäsche erlangt allein durch die rechtzeitige Selbstanzeige Straffreiheit (vgl. Abs. 9 S. 1 Nr. 1), während bei einer **vorsätzlichen** vollendeten Geldwäsche **zusätzlich die Sicherstellung** des Geldwäscheobjektes bewirkt werden muss (vgl. Abs. 9 S. 1 Nr. 2). Mit dem Verzicht auf dieses zusätzliche Erfordernis im Falle der **leichtfertigen Geldwäsche** wollte der Gesetzgeber den Fällen gerecht werden, in denen sich der Verdacht der Geldwäsche im Laufe einer längeren Geschäftsbeziehung erst allmählich herausstellt und die bereits leichtfertig gewaschenen Gegenstände nicht mehr sichergestellt werden können (BT-Drs. 12/989, 28; *Fabel* S. 69f., 145f.). Die Privilegierung auch des Versuchstäters beruht auf der Überlegung, dass es bei der **versuchten Geldwäsche** unter Umständen von Anfang an keinen sicherzustellenden Gegenstand gibt (BT-Drs. 12/989, 28; *Hoyer* in SK-StGB § 261 Rn. 46). Abs. 9 S. 1 schließt die Anwendung der allgemeinen Rücktrittsregelung des § 24 StGB nicht aus (*Maiwald* FS Hirsch, 1999, 631 (648)).

154   Um die Strafbefreiung durch Selbstanzeige zu erlangen, ist es notwendig, dass eine **vollständige Mitteilung** aller dem Täter oder Teilnehmer bekannten Umstände zur Geldwäschestraftat erfolgt. Die Geldwäschetat muss dafür in ihrem gesamten Umfang mitgeteilt werden (*Altenhain* in NK-StGB § 261 Rn. 151; *Hecker* in Schönke/Schröder § 261 Rn. 34). Anzuzeigen ist dabei ausschließlich der historische Lebenssachverhalt, der dem Tatbestand des § 261 StGB unterfällt, weil sich

die strafbefreiende Wirkung des Abs. 9 S. 1 nicht auf andere Taten erstreckt. Die Anzeige muss daher keine Angaben zu weiteren Straftaten enthalten, auch nicht solchen, die tateinheitlich konkurrieren.

Die Anzeige muss **freiwillig** erfolgen. Das Merkmal der Freiwilligkeit wird dabei wie beim Rücktritt gemäß § 24 StGB verstanden (vgl. BT-Drs. 12/989, 28; *Schmidt/Krause* in LK-StGB § 261 Rn. 24; *Altenhain* in NK-StGB § 261 Rn. 153; für eine geldwäschespezifische Modifizierung *Fabel* S. 113 ff.). Zumindest die Rechtsprechung orientiert sich dabei an „psychologischen Gesichtspunkten" (vgl. nur BGHSt 35, 184 (187); ausführlich dazu *Hoffmann-Holland* in MüKoStGB § 24 Rn. 103 ff.). Solange der Täter noch „Herr seiner Entschlüsse bleibt und die Ausführung seines Verbrechensplans noch für möglich hält" (so BGH NStZ-RR 2014, 9 (10); NStZ 2007, 91), handelt er freiwillig. Im Rahmen des Abs. 9 S. 1 bleibt in jedem Fall zu beachten, dass die irrige Annahme oder die Kenntnis der Entdeckung der Freiwilligkeit nicht im Wege steht (*Jahn* in Satzger/Schluckebier/Widmaier StGB § 261 Rn. 92). § 43 Abs. 4 S. 2 GwG stellt außerdem klar, dass die Anzeigepflicht iSd § 43 Abs. 1 GwG die Freiwilligkeit nicht ausschließt (vgl. *Altenhain* in NK-StGB § 261 Rn. 153). Die Anzeige ist nach dem Gesetz gegenüber der „zuständigen Behörde" zu erstatten. Damit angesprochen ist aber mitnichten die eine zuständige Stelle. Zuständig sind alle Behörden, von denen der Anzeigende eine sachgerechte Reaktion erwarten kann, dh neben Polizeidienststellen, Staatsanwaltschaften und Amtsgerichten (§ 158 StPO, vgl. *Hoyer* in SK-StGB § 261 Rn. 47) auch Zoll- und Steuerfahndungsbehörden (*Altenhain* in NK-StGB § 261 Rn. 151); dazu zählt aber auch die Zentralstelle für Finanztransaktionsuntersuchungen. Dies folgt letztlich aus § 43 Abs. 4 S. 1 GwG, wonach die Meldung an diese Stelle, soweit sie die Voraussetzungen des Abs. 9 erfüllt, zugleich als Anzeige zu behandeln ist (zu den Aufgaben dieser Stelle: *Hütwohl* ZIS 2017, 680 ff.; zu den auf der Behördenebene geschaffenen Zuständigkeiten nach GwG *Barreto da Rosa* → GwG § 43 Rn. 57 ff.).

Die Anzeige kann auch durch einen **Dritten** erfolgen, sofern der Täter ihn zur 155 Erstattung der Anzeige **veranlasst** hat. Hierfür ist erforderlich, dass der Täter den Dritten bewusst dazu aufgefordert hat, Anzeige zu erstatten (*Altenhain* in NK-StGB § 261 Rn. 152). Erstattet der Dritte aber dennoch keine Anzeige, so greift Abs. 9 S. 1 nach seinem eindeutigen Wortlaut nicht (*Ruhmannseder* in BeckOK StGB § 261 Rn. 67; *Altenhain* in NK-StGB § 261 Rn. 152; *Carl/Klos* wistra 1994, 161 (165); aA *Barreto da Rosa* → GwG § 43 Rn. 80; *Burr* S. 100). § 48 Abs. 2 GwG erlaubt meines Erachtens keine gegenteiligen Schlussfolgerungen. Die Vorschrift soll die Verdachtsmeldenden von dem (strafrechtlichen und haftungsrechtlichen) Risiko befreien, Dritte durch die Meldung zu Unrecht zu belasten (vgl. auch Art. 37 RL (EU) 2015/849); die Vorschrift dient mitnichten der Absenkung der Voraussetzungen der strafbefreienden Selbstanzeige.

Für den **Bankenbereich** ist diese Regelung problematisch, weil die Anzeige von geldwäscheverdächtigen Fällen gemäß §§ 43, 7 GwG durch die dafür bestellte Person im Unternehmen, in der Regel der Geldwäschebeauftragte, erfolgen soll (*Herzog* → GwG § 7 Rn. 13 ff.; ebenso *Mülhausen* in Herzog/Mülhausen Geldwäschebekämpfung-HdB § 42 Rn. 45). Dann hängt es von der Entscheidung eines Dritten ab, ob die Rechtsfolge des Abs. 9 S. 1 für den Mitarbeiter eintritt. Mit der betriebsinternen Anzeige gegenüber demjenigen, der für die Anzeige gegenüber den Strafverfolgungsbehörden zuständig ist, entfällt die Strafbarkeit des Mitarbeiters aber schon deswegen, weil dann der Vorwurf leichtfertigen (und erst recht: bedingt vorsätzlichen) Handelns nicht mehr erhoben werden kann (→ Rn. 137).

156 Führt ein Mitarbeiter aber vor der Anzeige in eigener Entscheidung ein **Eilgeschäft gem. § 46 Abs. 2 GwG** durch oder wird ein Eilgeschäft vom Geldwäschebeauftragten autorisiert (→ Rn. 138), dann setzt die Straflosigkeit voraus, dass unverzüglich im Anschluss an die Transaktion eine Anzeige gem. Abs. 9 S. 1 vorgenommen wird. Realisiert der Mitarbeiter erst **nach der Durchführung der Transaktion,** dass die ihm bekannten Tatsachen auf die Kontamination der Gegenstände hindeuten und erkennt somit, dass ihm möglicherweise der Vorwurf einer leichtfertigen Geldwäsche gemacht werden kann, ergibt sich ein Dilemma: Nach den internen Zuständigkeitsverteilungen hat er seinen Verdacht dem Geldwäschebeauftragten zu melden und dieser entscheidet darüber, ob eine Anzeige erstattet wird. Unterlässt der Geldwäschebeauftragte die Anzeige, weil er den Vorgang falsch beurteilt, entlastet dies nicht den Mitarbeiter, der die Handlung ja schon begangen hat. Außerdem besteht das Risiko, dass die Anzeige erst nach Entdeckung der Tat erfolgt, was die Anwendung des Abs. 9 S. 1 ausschließt (*Altenhain* in NK-StGB § 261 Rn. 154; *Hecker* in Schönke/Schröder § 261 Rn. 34). Wenn der Geldwäschebeauftragte den Verdacht des Mitarbeiters nicht unverzüglich anzeigt, kann der Mitarbeiter das Strafbarkeitsrisiko daher nur vermeiden, wenn er selbst eine Anzeige erstattet.

157 Das bei der vorsätzlichen Geldwäsche (Abs. 1, 2) notwendige **Bewirken der Sicherstellung** des Tatobjektes gem. § 111b StPO setzt außer der Anzeige keine weitere Handlung des Täters voraus (*Fabel* S. 90). Erforderlich ist aber, dass die Gegenstände tatsächlich sichergestellt werden und die Anzeige für die Sicherstellung mitursächlich geworden ist (*Altenhain* in NK-StGB § 261 Rn. 155). Erfolgt trotz Anzeige keine Sicherstellung, sind die Gründe dafür unerheblich. Abs. 9 S. 1 ist nach seinem Wortlaut selbst dann nicht anwendbar, wenn die Strafverfolgungsbehörden die Sicherstellung unterlassen haben, obgleich sie ihnen aufgrund der Anzeige des Täters möglich gewesen wäre (*Altenhain* in NK-StGB § 261 Rn. 155). Die Strafaufhebung wird somit an Voraussetzungen geknüpft, die außerhalb des Machtbereichs des Anzeigenden liegen. In einem solchen Fall wird aber regelmäßig § 46b StGB anwendbar sein.

VIII. Konkurrenzen

158 Werden durch dieselbe Handlung mehrere Alternativen des § 261 verwirklicht, oder erfasst die Tat mehrere Gegenstände aus verschiedenen Vortaten, liegt nur **eine Tat** (im Sinne einer singulären Tatbestandsverwirklichung) vor (*Ruhmannseder* in BeckOK StGB § 261 Rn. 73; *Hecker* in Schönke/Schröder § 261 Rn. 36). Bei gleichzeitiger Erfüllung von Abs. 1 und Abs. 2 erfolgt die Bestrafung allein nach **Abs. 1** (BGH NStZ 2017, 167 (170); *Jahn* in Satzger/Schluckebier/Widmaier StGB § 261 Rn. 102; *Dietmeier* in Matt/Renzikowski § 261 Rn. 35; *Bauer* FS Maiwald, 2003, 127 (142)). Als Auffangtatbestand (BGHSt 47, 68 (80)) verhält sich Abs. 2 gegenüber Abs. 1 materiell subsidiär, soweit derselbe Gegenstand betroffen ist. **Tateinheit** ist bei verschiedenen Tatbegehungen jeweils innerhalb eines der Tatbestände des Abs. 1 und Abs. 2 möglich (vgl. *Fischer* § 261 Rn. 80). Verschafft sich der Täter bei verschiedenen Gelegenheiten inkriminierte Gegenstände, liegt auch dann **Tatmehrheit** vor, wenn die Gegenstände aus einer Vortat herrühren und die Taten einem einheitlichen Ziel dienen (BGHSt 43, 149 (151) = NJW 1997, 3322 (3323) mAnm *Arzt* JR 1999, 79; BGHSt 43, 158 (165) = NJW 1997, 3323 (3325) mAnm *Arzt* JR 1999, 80; aA *Krack* JR 2006, 435 (436) zu BGHSt 50, 224 (229 f.) = NJW

2005, 3507 (3508)). Etwas anderes gilt dann, wenn aufgrund eines hinzukommenden engen räumlichen und zeitlichen Zusammenhangs die Annahme natürlicher Handlungseinheit gerechtfertigt ist (BGHSt 63, 268 = NJW 2019, 533 (535); zustimmend *Raschke* NZWiSt 2019, 148 (155); vgl. auch BGH NStZ 2017, 167).

Sind die **Beihilfe zur Vortat und die Geldwäschehandlung identisch**, tritt 159
§ 261 zurück (BGHSt 43, 158 (164), mAnm *Arzt* JR 1999, 80f.; BGH NStZ-RR 1998, 25 (26); → Rn. 147). Schon dann, wenn der Täter der Geldwäsche **nicht ausschließbar an der Vortat beteiligt** war, tritt nach Abs. 9 S. 2 Straflosigkeit ein (→ Rn. 140; aA die hM, vgl. *Fischer* § 261 Rn. 81; *Altenhain* in NK-StGB § 261 Rn. 158). Soweit spezialgesetzliche Regelungen (zB § 29 Abs. 1 BtMG) für einzelne Tathandlungen bestehen, gehen diese vor (*Fischer* § 261 Rn. 81; vgl. auch BGH NJW 2000, 3725 ff. gegenüber der mitverwirklichten Steuerhehlerei). Greift der Strafausschließungsgrund nach Abs. 9 S. 2 aufgrund der neu eingefügten Ausnahme nach Abs. 9 S. 3 nicht ein, hängt die echte Konkurrenzbeziehung (Tateinheit oder Tatmehrheit) bei nicht identischen Tathandlungen von den Umständen des konkreten Falles ab. Die Geldwäsche wird in dieser Konstellation aufgrund des „Unrechtsüberschusses" gegenüber der Vortat nicht im Wege der Gesetzeskonkurrenz verdrängt.

Tateinheit soll möglich sein mit §§ 257–260a, 263, 266, 267 StGB (*Hecker* in Schönke/Schröder § 261 Rn. 36; BGHSt 63, 228 (237 ff.) (Verhältnis zur Hehlerei); BGH NStZ-RR 1997, 359; LG Mönchengladbach wistra 1995, 157), wenn dieselbe Handlung (nicht die Vortat) sowohl eines dieser Delikte, aber auch den Geldwäschetatbestand verwirklicht. Dies gilt auch im Falle gewerbsmäßiger Hehlerei (BGHSt 63, 228 (237); aA BGHSt 50, 347 (358))). Für dann soll die Geldwäsche nicht von § 260 StGB verdrängt werden. Der 2. Strafsenat begründet dies vor allem unter Berufung auf die Gesetzgebungsmaterialien und die inkongruenten Schutzgüter von Hehlerei und Geldwäsche. Legt man die unter → Rn. 30 ff. dargelegten Annahmen zum Schutzgut der Geldwäsche zugrunde, erweist sich die Ansicht des BGH grundsätzlich als zutreffend. § 261 StGB dient dem Schutz mehrerer Rechtsgüter, wobei aber nicht notwendig ist, dass außer dem Rechtsgut der Vortat noch weitere Rechtsgüter betroffen sein müssen (vgl. → Rn. 32). Daher gilt einschränkend: § 261 muss immer dann (als subsidiär) gegenüber Straftaten mit schwereren (oder gleich schweren) Strafandrohungen zurücktreten, wenn auf dieselbe Handlung schon die §§ 257 ff. StGB anwendbar sind und die Geldwäschehandlung keine weitergehenden Rechtsgüter als die der vorgenannten Tatbestände tangiert (→ Rn. 19 f., 33). In diesen Fällen besteht kein Unrechtsüberschuss, der durch eine tateinheitliche Verurteilung wegen Geldwäsche abgebildet werden müsste.

Unter denselben Bedingungen begründet die Straflosigkeit der fahrlässigen Hehlerei (objektiver Tatbestand des § 259 StGB verwirklicht, Vorsatz fehlt) eine Sperrwirkung gegenüber der leichtfertigen Geldwäsche (so insbes. *Schittenhelm* FS Lenckner, 1998, 519 (528f.); aA BGHSt 50, 347 (352) = StV 2008, 521 (523f.); *Ruhmannseder* in BeckOK StGB § 261 Rn. 74). Die Berufung des BGH auf europarechtliche Vorgaben, insbes. auf die 3. Geldwäscherichtlinie (2005/60/EG), überzeugt nicht, weil diese Vorgaben sich auf vorsätzliches Verhalten beziehen (*Stam* wistra 2016, 143; *Schramm* wistra 2008, 243 (247); *Herzog/Hoch* StV 2008, 524 (525)). Mit der Strafbarkeit der leichtfertigen Geldwäsche werden die mit § 261 intendierten Ziele gerade nicht direkt verfolgt, sondern Abs. 5 ist vor allem zur Vermeidung von Beweisschwierigkeiten geschaffen worden (→ Rn. 129). Die Auslegung des BGH führt daher ohne Not zu einem Eingriff in das systematische Gefüge des klassischen Strafrechts (*Herzog/Hoch* StV 2008, 524 (526)).

IX. § 262 StGB, Führungsaufsicht

160 § 262 StGB sieht vor, dass unter den Voraussetzungen des § 68 StGB Führungsaufsicht verhängt werden kann.

Sachregister

Fette Ziffern verweisen auf Paragraphen,
magere Ziffern auf Randnummern

1. **EG-Anti-Geldwäscherichtlinie**
 Einl 78
2. **EG-Anti-Geldwäscherichtlinie**
 Einl 79
3. **EU-Anti-Geldwäscherichtlinie**
 Einl 81
4. **EU-Anti-Geldwäscherichtlinie**
 Einl 90

Abgabenordnung (AO) 1 34; **17** 25; **25 m KWG** 3
Abhilfezuständigkeit 51 9
Abschlussprüfung ZAG 9
Abschöpfung 261 StGB 16, 22, 61, 86, 115, 136; **56** 91, 109, 119
Abverfügung 25j KWG 2
Administrationsrechte 25 h KWG 14
Adressatenkreis Einl 84
Agenten 2 94 ff.; **10** 114 f.; **25 i KWG** 4; **ZAG** 10
Aktualisierung der Risikoanalyse 5 19
Aktualisierungspflicht 6 20
Allgemeine Sorgfaltspflichten 1 39, 72; **2** 127; **10** 5 ff.
Alltagsgeschäfte 89 c StGB 27
AML-Industrie Einl 105
Analyse, operative/strategische sh. Zentralstelle für Finanztransaktionsuntersuchungen
Anderkonten 2 144; **10** 22; **11** 32
Änderungsrichtlinie 2001/97/EG Einl 79
Anfälligkeit 5 9
Anfangsverdacht 261 StGB 104, **28** 29, **30** 14 f., **32** 10 f., **43** 16 f.
Anfechtungsklage 51 4
angemessenes Risikomanagement 4 4, 9
Anhaltspunkte Einl 48, 51; **55**; **6** 14; **10** 94 f.; für Geldwäsche **43** 21, 39; für Terrorismusfinanzierung **43** 45
Anhaltspunktepapier 6 14
Anlageberatung 2 25, 29; **2** 33 ff.
Anlagevermittlung 2 32
Anlageverwaltung 2 59
anonyme Meldungen 30 9, **49** 31, **53** 4
Anonymisierung von Daten 29 15, 23

Anonymität 25 h KWG 6; **25 m KWG** 3
 Mitarbeiter **6** 21; Geschäftsbeziehungen **4** 6; Transaktionen **4** 6
Anordnungsbefugnis 6 32; **25 h KWG** 25
Anschlagsplanung 89 c StGB 3
Anschlussdelikt 261 StGB 2, 6
Anteilseigner 3 16; **10** 19; **19** 8; **20** 7
Ant Financial Crime Alliance 51 3
Art der Aufbewahrung 8 15
Art der Aufzeichnung von Identitätsnachweisen 8 9 f.
Art einer Geschäftstätigkeit 4 9
Artificial Intelligence (AI), vgl. künstliche Intelligenz
Aufbau der Risikoanalyse 5 14
Aufbewahrungsfrist 8 18
Aufbewahrungspflicht 8 18, Ordnungswidrigkeit iZm ~ **56** 25 f.
auffällige Transaktionen 15 33 ff., **43** 19, 29, 51; **25 h KWG** 11 ff., 20; Datenverarbeitungssystem **15** 33
Aufklärungsmöglichkeiten 18 6
Aufsicht 51 1 ff.; Anfechtungsklage **51** 4; Auskunftsmöglichkeit **51** 10; Auslegungs- und Anwendungshinweise **51** 11; Dokumentationspflichten **51** 12 f.; Kostenerhebung **51** 7; Maßnahmen **51** 4; Prüfungen **51** 5; Statistiken **51** 12 f.; Untersagungsbefugnisse **51** 8; Untersagung der Berufs- und Geschäftsausübung **51** 8; Widerruf der Zulassung **51** 8; Widerspruch **51** 4
Aufsichtsbehörden 1 73; **6** 27 ff.; **10** 55; **17** 18; **17** 30; **50** 1 ff.; **51** 1 ff; **51a** 1 ff.; Auffangregelung **50**, 12; BaFin **50**, 4 f.; Datenübermittlung aus dem Gewerberegister **55** 5 ff.; Datenübermittlung aus FinVermV und VersVermV **55** 8 ff.; Datenübermittlung an Europäische Aufsichtsbehörden über Finanzinstitute **55** 14 ff.; Glücksspiel **50**, 11; **56** 93; Nichtfinanzbereich **28** 8; **56** 16; Notare **50**, 8; Ordnungswidrigkeit bei Verstoß gegen Anordnungen und Maßnahmen **56** 94; Ordnungswidrigkeit bei Verstoß gegen Duldungspflicht **56** 95; Patentanwaltskammer **50**, 7; Rechtsanwalts-

1159

Sachregister

kammer 50, 6; Rückmeldung an die FIU 42 18; sonstige Zuständigkeit 50, 12; Steuerberaterkammer 50, 10; Verdachtsmeldepflicht der ~ 44; Wirtschaftsprüferkammer 50, 9; Zusammenarbeit mit anderen Aufsichtsbehörden 55 1 ff.; Zusammenarbeit mit der FIU 28 7 ff.; 32 24.
Aufzeichnung 11 36; 12 20
Aufzeichnungspflicht 8 3, Ordnungswidrigkeit iZm ~ 56 25 f.
Ausdruck von Daten 18 7 f., 30 23
Auskunft über Geschäftsbeziehungen 6 22
Auskunftsersuchen, staatsanwaltschaftliches/polizeiliches 28 7, 30 18, 33 11; Auslöser für interne Meldefälle 43 28; Verdachtsmeldepflicht bei ~ 43 15
Auskunftspflicht 52 4
Auskunftsverlangen der FIU 30 17 ff., 25
Auskunftsverweigerungsrechte 30 21, 43 63, 49 11, 52 4 f.
Auslagerung 24 c KWG 4; 25 h KWG 23; Anzeige 25 h KWG 23; Betrieb von Datenverarbeitungssystemen 25 h KWG 24; Durchführung durch Dritte 25 h KWG 23; Rückübertragung 25 h KWG 23; vertragliche Anforderungen 25 h KWG 23; Wirtschaftlichkeit 25 h KWG 23
Auslagerung interner Sicherungsmaßnahmen 6 23, 45 18
Auslandstaten 261 StGB 6
Auslegungs- und Anwendungshinweise 51 13; ~ der BaFin zum Verdachtsmeldewesen u. a. 30 18, 43 13; zum Online-Glücksspiel 16 113 ff., 19, 51, 54, 45 2, 6 ff.
Auslieferung 261 StGB 139
Ausnahmeermächtigungen 6 2
Außenhandelskammer 17 26 f.
Außenwirtschaftsgesetz 6 a KWG 1 ff., 8
Ausstellen von Rechnungen – zu hoch – zu niedrig Einl 17
Ausweisdokument 12 1; 12 6
Auswirkungen politischer Korruption Einl 113

BaFin 50 4; Bußgeldverfahren 56 14 f.
Bankangestellte 261 StGB 98, 43 19 f., 54, 56, 80 ff., 48 9
Bankgeheimnis Verhältnis zur Verdachtsmeldepflicht **Vor Abschnitt** 6 5
Bank-Mantelgesellschaft 1 78; 2 78; 15 35, 43; 25 m KWG 2
Bargeld 1 35 f.; 1 43 f.; 1 67 f.; 2 16; 2 147; 2 180; 10 57; **10** 69; **10** 79; **10** 89; **10** 103; 10 111 f., **43** 30, 33, 40; Barmittelanmeldungen 30 7; Barmittelkontrollmitteilungen 30 8
bargeldloser Zahlungsverkehr 25 g KWG 1 ff.; organisatorische Pflichten 25 g KWG 1, 3
Bartransaktionen 1 35; 1 39; 2 182; 10 3; 10 58; 10 74; 10 112
bedeutende Beteiligung ZAG 7
Beeinträchtigungen 17 23
Beendigungsverpflichtung 15 5, 43 15 b, 50
Befreiung von der Dokumentationspflicht 5 20
Bekämpfung der Terrorismusfinanzierung Einl 123 f.
Bekanntermaßen nahestehende Person 1 61 f.; 2 129; 10 26 f.
Beleihung 18 4; 25 1 ff.
Beleihungsverordnung 25 1
Benachrichtigung 42; des Betroffenen einer Verdachtsmeldung **49**; des Verpflichteten vom Ausgang des Verfahrens 41 8 ff.
Benachteiligungsverbot 49 25 ff
Beschlagnahmefreiheit 8 16
Bestechungssumme 261 StGB 57
Bestellung eines Geldwäschebeauftragten 6 6
Bestellung und Entpflichtung 7 10
Bestellungsverfahren; Informationen der FIU an die für das ~ zuständigen Behörden 28 27 ff.; 32 14, 21 ff., 37
Bestimmtheitsgrundsatz 261 StGB 71
Bestimmung der Vermögensherkunft 15 21 ff., 30 7 f., 40 22, 41 9 c, 43 19 a/b, 38 ff., 74
Betäubungsmittel 261 StGB 39
Beteiligung von Anwälten/Wirtschaftsprüfern Einl 21
Betreuer 11 34; 12 9
betriebsspezifische Risiken 5 5
betrügerische Handlungen 25 h KWG 1
Beweisverschleierung 261 StGB 23
Beweiswürdigung 261 StGB 104
Bewertung von Risiken 5 6 ff.
Beziehungsgenstände 261 StGB 58
black box Einl 5
Black Market Peso Exchange (BMPE) Einl 34
Botschaft 17 26 f.
Börsenaufsichtsbehörden, Meldepflicht der ~ 44 8 f.
Börsennotierte Gesellschaft 3 12
Briefkastenfirmen Einl 12

Sachregister

Buchprüfer, vereidigte 2 2; 2 141; 2 160 ff.; 17 7; Auskunftspflicht gegenüber der FIU 30 24; Ausnahmen vom Verbot der Informationsweitergabe 47 20 ff., 29; Verdachtsmeldepflicht 43 62 ff.
Bundesamt für Verfassungsschutz 32 5 ff., 16, 18 ff.
Bundeskriminalamt Vor Abschnitt 5 2, 4, 7, 11, 20
Bundesministerium der Finanzen 1 1; Berichtspflichten der FIU gegenüber dem ~ 28 16 f.; Rechtsaufsicht über die FIU 27 6; 28 1, 23; Rechtsverordnungsermächtigung 45 19; 47 36; Zustimmungserfordernisse 31 19; 39 4, 7; Zuweisung von Aufgaben an die FIU 28 22;
Bundesnachrichtendienst 32 9, 15, 18 ff.
Bundesnotarkammer 2 148 ff.; Verdachtsmeldepflicht 44 4; Wegfall der Sonderregelung iZm Verdachtsmeldungen 43 59
Bundesrechtsanwaltskammer 2 142; Verdachtsmeldepflicht 44 4; Wegfall der Sonderregelung iZm Verdachtsmeldungen 43 59
Bundesrepublik Deutschland – Finanzagentur GmbH 2 2
Bundessiegel 25 8
Bundessteuerkammer 2 165; 6 26; Verdachtsmeldepflicht 44 4; Wegfall der Sonderregelung iZm Verdachtsmeldungen 43 59
Bürgschaftsbank 24 c KWG 3, 25 h KWG 21
Bußgeldvorschriften 9 16; 16 13; 51 18; 52 7; 25 g KWG 19; 25 i KWG 5, 7; 25 m KWG 2, 3; 56; ZAG 19; Bemessung der Geldbuße 56 114 ff.; Bußgeldrahmen 56 1, 105 ff.; europäische Vorgaben 56 1; Gewinnabschöpfung 56 91, 109, 119; Normadressaten 56 5 f.; sachliche Zuständigkeit 56 123 ff.; Vorsatz/Leichtfertigkeit/Fahrlässigkeit 56 8 ff., 96

Clearingverfahren Vor Abschnitt 5 9; 30 14
company formation agents Einl 15
Customer Due Diligence-Pflichten 5 6

data overkill 4 2
Datenschutz 15 16; 18 1; 18 9; 22 4 f.; 22 8; 25 g KWG 17; 51a 1 ff.; Aufsichtsbehörden 51a 1 ff.; **Vor Abschnitt 5** 19; 32 5; 33 19; 35 5; Berichtigung, Einschränkung der Verarbeitung und Löschung personenbezogener Daten 37; Datenschutzgrundverordnung 29 1 ff.; hypothetische Datenneuerhebung 31 13b; Informationszugang 49; „kritische Dateien" 31 16 ff.; personenbezogene Daten 29 7; Recht auf informationelle Selbstbestimmung 37 1; **Vor Abschnitt 6** 5; überwiegende schutzwürdige Interessen des Betroffenen 33 19; 37 13
Datenschutzkontrolle 24 c KWG 26
Datensicherheit 8 13, 24 c KWG 26
Datenübermittlung 18 9; 22 4 f.; 22 8; 22 10; 29 13, 17; an die FIU 30 4; 31 6 ff.; 41; 45; durch die FIU 32 bis 37; Verbot der Informationsweitergabe 47
Datenverarbeitungssystem 5 7, 15 25, 33; 43 26 ff.; 25 h KWG 11 ff.; ZAG 13; Administrationsrechte 25 h KWG 14; Aktualisierung 25 h KWG 12; Algorithmen 25 h KWG 13; Anhaltspunkte 25 h KWG 12 f.; auffällige Transaktionen 25 h KWG 11 ff., 20; Auslagerung 25 h KWG 24; Befreiung vom Vorhalten von Datenverarbeitungssystemen 25 h KWG 17; Datenschutz 25 h KWG 15 f; Internet-Screening 25 h KWG 12; Gewichtung von Indizien 25 h KWG 13; Mitarbeiterkonten 25 h KWG 13; Parameter 25 h KWG 13
Dauerkontamination 261 StGB 59, 61
Debitoren 25 k KWG 6
de-listing 6 a KWG 18
Depoteröffnung 1 31; 10 58; 11 6
Depotgeschäft 2 13; 2 19; 2 67
de-risking 15 27, 37
Diamantenmarkt Einl 51; 43 33
Dienstleister 2 1 f.; 2 34 f.; 2 84; 2 85; 2 166 ff.; 25 13
Dienstleistungsrisiko 5 3, 10 f.
digitale Speicherung 8 12 ff.
Diskontgeschäft 2 13
Dokumentationspflicht 2 127; 5 16 f., 11 12, 25 h KWG 19, 21; 43 27; 45 5, 9; 51 14; der FIU 31 11; 35 33; 38 3; 40 2, 4;
Domizilprinzip 89 c StGB 47, 48
dreigliedriges Phasenmodell Einl 6, 7
Dritte 1 55; 2 5; 2 20; 2 89; 2 147; 2 167; 10 8; 11 35; 17 1 ff.
Drittländer 1 2; 10 44 f.
Drittstaat 1 65; 2 25; 12 16; 15 31 ff., 17 6 f.; 17 9; 34 1; Informationsübermittlung an Gruppenunternehmen in ~ 47 18 f., 37
Drittstaateneinlagenvermittlung 2 18; 2 28; 2 32; 2 41
Durchführung durch Dritte 25 h KWG 23; 45 18
Durchlaufkonten 15 44; 25 m KWG 3
Dysfunktionalität 261 StGB 131

1161

Sachregister

Edelmetalle 1 43; 1 52; 2 182; 10 72; 10 112f.; 43 33
Edelsteine 1 43; 1 52; 2 182; 10 112f.; 43 33
Effektivierung 7 2
E-Geld 1 5; 1 66ff.; 1 72; 2 93; 2 98; 2 100ff.; 25i KWG 1ff.; Absehen von Sorgfaltspflichten 25i KWG 6; Adressaten 25i KWG 4; E-Geld-Agenten 2 94ff., 2 98; 10 104; 10 114f.; 13 3; 25i KWG 4; ZAG 11, 16; E-Geld-Emittent 2 98; 25i KWG 4; ZAG 2; E-Geld-Geschäft 1 71; 2 69; 2 92f.; E-Geld-Inhaber-Dateisystem 25i KWG 7; E-Geld-Institute 2 94; 24c KWG 3; 25i KWG 4; ZAG 2, 16; Geldbuße 25i KWG 5, 7; Risiko 25i KWG 2, 8; Schwellenwerte 25i KWG 6; Smurfing 25i KWG 6; Sorgfaltspflichten 25i KWG 5f.
Egmont Group 27 4; 28 21
Eigengeschäft 2 29; 2 40; 2 95; 10 10
Eigenhandel 1 50; 2 18; 2 25; 2 28; 2 40
Eigenständigkeit des Geldwäschebeauftragten 7 19
Eigentümerwechsel 10 70
Eignungsklausel 89c StGB 43
Eignung 17 20
Eilfall 45 8; 46 6, 13ff.
Eilgeschäft 261 StGB 145
Ein- und Auszahlungsgeschäft 2 69; 2 71ff.; 2 99
Einbeziehung 261 StGB 52
Eingriffsbefugnisse 261 StGB 104
Einlagengeschäft 2 13f.; 2 105
Einlagenkreditinstitut 2 25; 2 98
Einmalgeschäft 1 30
Einschleusung in den legalen Finanzkreislauf Einl 11
Einsichtnahme 10 84; 12 17f.; 18 3; 23 1ff.; 24 2; 24 11; 26 1
Einziehung Einl 99; 30 15; 46 1; 56 109f, 119
elektronische Identitätsnachweise 8 10
Elektronisches Geld 1 35; 2 9; 10 70
elektronisches Lastschriftverfahren 25g KWG 6
Emissionsgeschäft 2 4; 2 13; 2 23
Entgegennahme von rückzahlbaren Geldern 56 64
Entschädigung für Bearbeitung von Auskunftsverlangen der FIU 30 23
Entwicklung der Terrorismusfinanzierung Einl 123
Entziehung krimineller Gewinne Einl 4
Erbengemeinschaft 2 2; 11 34
Erfüllungsgehilfe 17 19, 21
Erheblichkeitsschwelle 89c StGB 6

erhöhter Strafrahmen Einl 98
Ermächtigung 6 27ff.
Ermittlung von Risiken 5 6ff.
Ermittlungsverfahren Einl 104; Benachrichtigung des Betroffenen 49; Clearingverfahren sh. dort; Einstellungsverfügung 42 2, 11, Vor Abschnitt 6 9; Offenbarung/Gefährdung des ~ 31 17; 32 29; 33 11; 33 20; 40 13; 47 1ff., 9, 12; 49 8, 21, 24; Teil des Strafverfahrens 30 14ff.; Statistik Vor Abschnitt 6 10 f
Erweiterung des Verpflichtetenkreises 4 3
Europol Vor Abschnitt 5 6f.; 36 1f.; 43 30

Fach- und Rechtsaufsicht 25 13f.
Factoring 2 28; 2 30; 2 45ff.; 2 108; 25k KWG 6; Debitoren 25k KWG 6; Drei-Personen-Verhältnis 25k KWG 6; Risiko 25k KWG 6; Sorgfaltspflichten 25k KWG 6
Fahrlässigkeit 43 11; 46 12; 48 4ff., 10; 56 8ff., 96
Familienangehörige 15 10
Familienmitglied 1 5; 1 59f.; 10 26f.
FATF (Financial Task Force on Money Laundering) Einl 60ff.; Deutschland-Evaluationsbericht 43 23, 29; 56 1, 8; Empfehlungen 27 1; 33 2; 43 1, 23; 48 1
FATF-Länderliste 15 31; 43 39, 76
Fernidentifizierung 12 12; 13 3
Financial Intelligence Unit (FIU) sh. Zentralstelle für Finanztransaktionsuntersuchungen
Finanzagenten 40 8f.
Finanzanlagenvermittler 55; Maklergeschäft 43 36; Datenübermittlung zu ~ an inländische Aufsichtsbehörden 55 8ff.; Datenübermittlung zu ~ an europäische Aufsichtsbehörden 55 14f.
Finanzbehörden Auskunftspflicht gegenüber der FIU 31 21ff.; BuStra/StraBu 32 14; 42 16; Mitteilung an ~ 28 27f.; Mitteilung der Strafverfolgungsbehörde bei Einleitung eines Strafverfahrens 32 33ff.; Rückmeldung an die FIU 42 24; Verdachtsmeldung nach 31b AO 30 4ff.; 43 25; 45 13; Verwendung von Informationen aus Verdachtsmeldungen 32 36ff.
Finanzdienstleister 2 36; 2 89f.; 10 79
Finanzdienstleistungsinstitute 1 76; 2 2; 2 9; 2 25ff.; 10 109; 13 3; 17 7; 17 24; Meldepflicht an die BaFin 43 59
Finanzholdinggesellschaft (gemischte) 25l KWG 1f.

Sachregister

Finanzierungsfunktion 2 45; 2 49 ff.
Finanzierungsleasing 2 25; 2 28 f.; 2 53; 2 57; 2 110
Finanzinstrument 2 34 f.
Finanzkommissionsgeschäft 2 4; 2 7; 2 13; 2 18; 2 23; 2 40; 2 59
Finanzmittel 89 c StGB 5
Finanzsanktionen 6 a KWG 2, 9 ff.; Begriff 6 a KWG 9 f.; Begründungspflichten 6 a KWG 20; Focal-Point-Verfahren 6 a KWG 18; Gegenstand 6 a KWG 11; Haftungsrisiken 6 a KWG 17; Rechtsschutz 6 a KWG 18 ff.; Sanktionen auf Grundlage von EU-Rechtsakten 6 a KWG 15; Sanktionen auf Grundlage von VN-Resolutionen 6 a KWG 14; Sanktionsliste 6 a KWG 17; smarte Sanktionen 6 a KWG 10; Unschuldsvermutung 6 a KWG 19; Verteidigungsrechte 6 a KWG 19
Finanztransaktion 1 2; 1 53; 11 20; sh. auch Transaktionen
Finanztransfergeschäft 2 42; 2 69; 2 71; 2 73; 2 87 ff.; 10 78; 10 104 f., 25 g KWG 1; ZAG 4 f.
Finanzunternehmen 2 16; 2 57; 2 107 ff.; 2 140; 2 156; 10 109
fingierte Firmen und Geschäfte Einl 12
FinTech-Unternehmen ZAG 18
Fiskaldelikt 261 StGB 40
FIU sh. Zentralstelle für Finanztransaktionsuntersuchungen
FIU.net 33 14b; 34 5; 36 1 f.
Flüchtlinge 15 32
Förderinstitute 24 c KWG 3
Fraud Pool 25 h KWG 26
Freistellung von der Verantwortlichkeit 48; Ausnahmen 48 10; bei Auskunftsverlangen der FIU 48 12; bei Verdachtsmeldung oder Strafanzeige 48 6; erfasster Personenkreis 48 6, 9, 11; Schadensersatzansprüche aufgrund Anhaltung einer Transaktion 46 12; Umfang der Haftungsfreistellung 48 8
Freiwilligkeit 261 StGB 143; 43 79b
Fremdbegehungsalternative 89 c StGB 15
Fristfall Vor Abschnitt 12, 16, 18; 45 8; 46 1 f.

Garantiegeschäft 2 13; 2 21; 2 80
gatekeeper Einl 19; **Vor Abschnitt** 6 3
Gebühren 1 37; 10 75; 18 3; 23 10; 24 1 ff.; 25 5; 25 10 ff.
Gebührenerhebung 24 1 ff.; 25 10 ff.
geeignete Personen 17 18

Gefahr eines Informationsverlustes 7 7
Gefährdungspotenzial 5 4
Gefährdungssituation 4 7; 49 1 ff.
Gefährdungstatbestand 261 StGB 5, 7
Geldbußen sh. Bußgeldvorschriften
Geldkarte 1 47; 1 68; 2 101 f.
Geldmaklergeschäft 2 16; 2 108; 2 112
Geldtransfer 25 g KWG 6
Geldtransferverordnung 1 23; 10 4; 10 63 ff.; 14 13 ff; 25 g KWG 1 ff.; Aufbewahrungsfristen 25 g KWG 18; Auftraggeber 25 g KWG 5 ff.; Ausnahmen 25 g KWG 6 f., 9, 21; Begünstigter 25 g KWG 5 ff.; Bekanntmachungspflichten 25 g KWG 19; Bußgeld 25 g KWG 19; Datenschutz 25 g KWG 17; Echtzeit-Überwachung 25 g KWG 12; elektronisches Lastschriftverfahren 25 g KWG 6; EWR 25 g KWG 5; ex-post-Überwachung 25 g KWG 12; fehlende Daten 25 g KWG 13, 15; Geldtransfer 25 g KWG 6; Hinweisgeberstelle 25 g KWG 20; Identifizierung 25 g KWG 8 f.; Informationspflicht 25 g KWG 17; Lastschriften 25 g KWG 2; **Linking** 25 g KWG 10, 12; Maßnahmen 25 g KWG 13; Meldungen 25 g KWG 14; Nachlieferungspflichten 25 g KWG 10; Pflichten des Zahlungsdienstleisters des Auftraggebers 25 g KWG 8 ff.; Pflichten des Zahlungsdienstleisters des Begünstigten 25 g KWG 11 f.; Pflichten zwischengeschalteter Zahlungsdienstleister 25 g KWG 15; Sammelüberweisung 25 g KWG 10; Stammdaten 25 g KWG 8; Smurfing 25 g KWG 10, 12; Überwachung 25 g KWG 12; unvollständige Daten 25 g KWG 13, 15; wesentlicher Inhalt 25 g KWG 4 ff.; (wiederholte Versäumnisse 25 g KWG 14; (zwischengeschaltete) Zahlungsdienstleister 25 g KWG 5 ff.; ZAG 6, 15
Geldwäsche Einl 1; Gegenstand der ~ 43 33; Meldepflicht bei Verdacht auf ~ 43 32 ff.; Statistik zur ~ **Vor Abschnitt** 6 11; durch Unterlassen durch FIU-Mitarbeiter 30 15b; Vortat 33 5; 43 38
Geldwäsche in der Kriminologie Einl 3
Geldwäsche mit handelsbasiertem Ansatz Einl 16
Geldwäschebeauftragter 7 1 ff., 25 h KWG 1 als Arbeitnehmer 7 21 ff.; Erreichbarkeit 40 5a; Gefährdung bei Erstellung einer Verdachtsmeldung 49 1 ff.; Gruppe 9 8; Meldepflicht 43 32, 54,

1163

Sachregister

46 15, 48 11; Ordnungswidrigkeit durch ~ 56 5f., 89; Ordnungswidrigkeit iZm Bestellung ~ 56 99ff.; Registrierung 29 9, 45 11; Schutz des ~ 49 26ff.; Strafbarkeit wegen Geldwäsche 30 15b, 56 18; Strafbefreiung 43 80; Weisungsfreiheit bei Verdachtsfällen 49 26

Geldwäschebekämpfung Einbeziehung Privater **Vor Abschnitt 6** 3

Geldwäschebekämpfung im Europarat Einl 73 ff.

Geldwäschebekämpfung in der EG Einl 77 ff.

Geldwäschegesetz Einl 148

Geldwäscheprävention 4 8

Geldwäscheprozess Einl 6

Geldwäscherecht Einl 145

Geldwäscherisiko 4 2

Geldwäschetatbestand Einl 93 ff.

Geldwäscheverlautbarung 25k KWG 3, 5

Gelegenheitskunde 25k KWG 3

Gemeinsame Finanzermittlungsgruppe (GFG) Vor Abschnitt 5 2, 11, 20, 27; **32** 14

Generalzolldirektion Vor Abschnitt 5 4, 7; **27** 5, 8; **39** 7

Genossenschaftsregister12 17; **18** 5; **18** 8; **20** 9; **20** 17f.; **20** 21; **22** 1; **22** 4; **22** 6; **23** 11

geografisches Risiko 5 3, 12

Gerichtsvollzieher 24c KWG 25

Gesamtumsatz 56 120 ff.

Geschäftsbeziehung 1 27 ff.; Beendigungsverpflichtung **43** 15b, 50; Definition **43** 35; Ordnungswidrigkeit bei Verstoß gegen Pflicht zur Beendigung ~ **56** 46, 102

Gesellschaft bürgerlichen Rechts (GbR) 3 3; **11** 29

gewerbeaufsichtsrechtliche Maßnahmen Einl 150

Gewerberegister 55; Datenübermittlung an Aufsichtsbehörden **55** 5 ff.

Gewerbetreibende 2 2; **2** 96; **2** 98 ff.; **2** 126; **10** 104; **10** 109; **10** 114; **56** 16, 44a

Gewinnabschöpfung 56 91, 109, 119

GFG sh. Gemeinsame Finanzermittlungsgruppe

Girogeschäft 2 22

Glücksspiel 1 4; **1** 44ff.; **2** 2; **2** 175; **2** 178; **10** 106f.; **16** 1ff.; **51** 12; Bußgelder **16** 13; Gefahren **16** 2; Identifizierung **16** 3, 12; Informationspflichten **16** 9; monetärer Wert **16** 10; Ordnungswidrigkeit iZm ~ **56** 23, 62ff., 93 (für Verfolgung ~ zuständige Verwaltungsbehörde **56** 124); Risiken **16** 3f.; Sicherungsmaßnahmen **16** 6ff.; Spielerkonto **16** 7; Spielgewinne **16** 11; Verpflichtete **16** 6; vorläufige Identifizierung **16** 12; Zahlungskonto **16** 7, 9, 11; Zahlungsvorgang **16** 8

Glücksspielbetriebe 6 19

goAML Vor Abschnitt 5 14; **29** 9; **32** 4; **41** 5, 9ff.; **43** 15a; **45** 1ff.

grenzüberschreitende Zahlung 25g KWG 22

grunderwerbssteuerrechtliche Vorgänge, Meldepflichtigkeit **43** 77a, 83ff.

Grundrechte 15 27

Grundrechtsbeeinträchtigungen Einl 140

Grundsatz der Funktionstrennung 7 12

Gruppe 1 5; **1** 63f.; **2** 143; **2** 155; **17** 16f.; **19** 5; **19** 9; **21** 5; zulässige Informationsweitergabe innerhalb **47** 16 ff.

Gruppenweite Pflichten 9 1 ff; Anordnungsbefugnis **25i KWG** 8; Bagatellregelung **25i KWG** 6; Bußgelder **9** 15; E-Geld-Inhaber-Datei **25i KWG** 7; Geldwäschebeauftragter **9** 7f; Gruppenbegriff **9** 4; Informationsaustausch **9** 9; internationale Vorgaben **9** 2; interne Sicherungsmaßnahmen **9** 7; Ordnungswidrigkeiten iZm ~ **56** 27ff., 34; Risikoanalyse **9** 5; Unternehmen in anderen EU-Staaten **9** 11; Unternehmen in Drittstaaten **9** 12; Verpflichtetenkreis **9** 1, 4

Gruppenweite Verfahren 6 8

Güter, hochwertige 1 52f.; **43** 33

Güterhändler, gewerbliche sh. Gewerbetreibende

GWPräOptG Einl 117

Haftung Haftungsausschluss sh. Freistellung von der Verantwortlichkeit

Handel mit hochwertigen Gütern 7 9

Handelsregister 2 78; **18** 1; **18** 5; **18** 8; **20** 8f.; **20** 13ff.; **22** 1; **23** 11; **25** 3; Eintragung in ausländischem ~ **33** 15

Hawala-Banking Einl 27 ff., **2** 89; **2** 91; **43** 40

HGB 4 9

hierarchische Stellung des Geldwäschebeauftragten 7 4

Hinweisgeberstelle 25g KWG 20

Hinweisgebersystem 43 80; **53** 3

Hochrisiko-Drittstaaten 15 31 ff.; FATF-Länderliste **15** 31; Feststellung durch Kommission **15** 31; Flüchtlinge **15** 32; verstärkte Sorgfaltspflichten **15** 32

Hochrisiko-Transaktion 15 2; **15** 33f.

Sachregister

Identifikationsproblem Einl 119
Identifizierung 1 22ff.; **11** 3; **11** 18; **16** 12; **25g KWG** 8f.; **25j KWG** 2; **25k KWG** 4; Ordnungswidrigkeit iZm ~ **56** 25f., 35ff., 44, 47ff.; Verdachtsmeldung bei unmöglicher ~ **43** 48ff.
Identifizierungspflicht 1 9; **1** 22; **1** 31; **2** 165; **2** 169; **3** 1; **10** 58; **10** 69; **10** 106; **11** 30; **13** 3; **19** 4
Identitätsangaben 10 100ff.
Identitätsfeststellung 10 5; **10** 13; **10** 101; **11** 19
Identitätsnachweis 11 26; **11** 34
Identitätsschutz 6 21
Identitätsüberprüfung 12 1ff.; **13** 1; **14** 9; **17** 10, **25j KWG** 1f.
Immobilien 1 8; **1** 54; **2** 18; **2** 32; **2** 140; **2** 144; **2** 149; **2** 154; **2** 170f.; ~register **31** 28; **43** 83
Immobilienmakler 1 5; **1** 54ff.; **2** 1f.; **2** 141; **2** 169ff.; **10** 101; **11** 8; **17** 7; Maklergeschäft **43** 36, 84; Ordnungswidrigkeit iZm Identifizierung **56** 44, 49
Immobilientransaktionen Einl 45ff., **43** 83
Indexdaten 18 2; **20** 22; **22** 4; **22** 6; **23** 11; **24** 12; **26** 2
Indexdatenübermittlungsverordnung **18** 9; **22** 4; **22** 6; **23** 12
Individualrechtsgüter 89c **StGB** 9
Informationsaustausch 9 9; **51** 3; **25h KWG** 19, 22; Fraud Pools **25h KWG** 22
Informationsfreiheitsgesetz 49 3; **53** 6
Informationspflichten 16 9
Informationssicherheitskonzept 18 9
Informationsverbund, polizeilicher **31** 13ff.
Informationsweitergabeverbot 47; Ausnahmen **47** 6, 12ff.; Folgen unzulässiger Informationsweitergabe **47** 3; Ordnungswidrigkeit iZm ~ **56** 104
Informationszugang 49
Inkassogeschäft 2 156
Inkassostelle 2 76
Inkriminierung 261 **StGB** 15, **89c StGB** 8
Insiderhandel 43 14; 261 **StGB** 42
Insolvenzverwalter 261 **StGB** 106
Insolvenzverwalterkonten 11 37
Inszenierung eines Firmengeschehens Einl 12
Integration Einl 11
Intelligenzstraftäter 4 5
Interbankenentgelte 25g **KWG** 24
Interessenkonflikt 261 **StGB** 130

Internationaler Währungsfonds (IWF) **56** 14
interne Grundsätze 6 4
interne Kontrollen 6 4
interne Sicherungsmaßnahmen 6 3, 9 7, **25h KWG** 1ff., 6f.; Anonymität **25h KWG** 6; Anordnungsbefugnis **25h KWG** 25; Auslagerung **25h KWG** 23f.; Bestellung Gruppen-Geldwäschebeauftragter **9** 7; Datenverarbeitungssysteme **25h KWG** 11ff.; Dokumentationspflicht **25h KWG** 19, 21; gruppenweite Grundsätze **9** 7; gruppenweite Verfahren **9** 7; Informationsaustausch **25h KWG** 19, 22; Ordnungswidrigkeit iZm ~ **56** 22, 33; Prüfungspraxis **25h KWG** 5; Risikoanalyse **25h KWG** 8ff.; Risikomanagement **25h KWG** 6f.; sonstige strafbare Handlungen **25h KWG** 7ff.; Untersuchungspflicht **25h KWG** 19f.; Wirtschaftskriminalität **25h KWG** 1; Zahlungsdienstleister **ZAG** 12ff., Ordnungswidrigkeiten bei Verstößen gegen ~ **56** 22ff.
interne Verfahren 6 4
Internes Meldeverfahren sh. Verdachtsmeldung
Internet 1 46; **1** 67; **2** 2; **2** 101; **2** 173; **2** 177f.; **10** 106f.; **11** 10; **22** 1; **23** 1
Internet-Casinos Einl 54
Internet-Glücksspiel, vgl. Glücksspiel
Internet-Screening 25h **KWG** 12
Investitionsverhalten profitorientierter Kriminalität Einl 103
IS Einl 132
Isolierungstatbestand 261 **StGB** 5, 7, 23, 91

Joint Committee 9 1; **15** 2; **50** 4; **25g KWG** 3, 4ff.; **ZAG** 17
Juristische Person 1 71; **2** 124; **2** 167; **10** 8; **10** 13; **10** 24; **11** 17; **18** 4; **20** 14; **20** 25; **21** 6; **25** 1; **25** 4

Kammerrechtsbeistände 2 2, 140; **10** 60; **17** 7; Ausnahmen vom Verbot der Informationsweitergabe **47** 20ff., 29ff.; Verdachtsmeldepflicht **43** 62ff.
Kapitalanlagegesellschaft 3 9
Kapitalverwaltungsgesellschaften 2 ; **2** 137; **2** 137; **13** 3; **15** 1; **17** 7; **24c KWG** 2f.
Kettenweitergabe 17 14
Kleptokratie Einl 106ff.
Know your customer 10 1; **10** 58; **17** 2
Know-Your-Customer-Regeln Einl 118
Konkurrenzen 261 **StGB** 138

1165

Sachregister

Konten zugunsten Dritter 11 35
Kontenwahrheit 10 56, 25m KWG 3
Konto 1 22; 1 25; 1 31 ff.; 2 43; 2 72; 10 8 ff.; 10 77; 10 81; 11 5; 11 23; 11 34 f.; 12 16
Kontoabrufverfahren 24 c KWG 1 ff.; Abfragebefugnis 24 c KWG 18; Abrufberechtigte 24 c KWG 18 ff.; Auslagerung 24 c KWG 4; Auflösung des Kontos 24 c KWG 12; Befreiungen 24 c KWG 3; Darlehnskonten 24 c KWG 7; Datenschutzkontrolle 24 c KWG 26; Datensicherheit 24 c KWG 26; durch die FIU 31 KWG 24 ff.; Errichtung des Kontos 24 c KWG 12; Förderinstitute 24 c KWG 3; Gerichtsvollzieher 24 c KWG 25; Härtefallregelung 24 c KWG 3; Inhalt 24 c KWG 5, 10 ff.; Institut in Abwicklung 24 c KWG 3; Internationale Rechtshilfe 24 c KWG 20; Konto 24 c KWG 6; Kontoabrufdatei 24 c KWG 3, 5; Kontonummer 24 c KWG 11; Kosten 24 c KWG 28; Kreditkartenkonten 24 c KWG 8; Kreditkonten 24 c KWG 7; Legitimationsprüfung 24 c KWG 15; Mietkautionskonten 24 c KWG 14; Notaranderkonten 24 c KWG 14; Persönlichkeitsschutz 24 c KWG 27; Recht auf informationelle Selbstbestimmung 24 c KWG 27; Rechtsanwaltsanderkonten 24 c KWG 14; Rechtsverordnung 24 c KWG 29; Sanktionen 24 c KWG 30; Schnittstellenspezifikation 24 c KWG 17; soziale Zwecke 24 c KWG 23; steuerliche Zwecke 24 c KWG 23; Treuhandkonten 24 c KWG 14; Unbewegte Konten 24 c KWG 10; Verfahrensverantwortlicher 24 c KWG 23; Verhältnismäßigkeitsprinzip 24 c KWG 23; Verpflichtete 24 c KWG 3 f.; Verwaltungsvollstreckung 24 c KWG 25; wirtschaftlich Berechtigte 24 c KWG 14; Zulässigkeit der Übermittlung 24 c KWG 22; ZAG 15; Abfrage durch die FIU 30 19; 31 24 ff.
Kontoeröffnung 1 32; 10 24; 11 34; 12 5
Konzepte der Geldwäschebekämpfung Einl 57 ff.
Konzerngeldwäschebeauftragter 6, 7 25, 6
Kooperationsvereinbarungen mit Aufsichtsbehörden aus Drittstaaten 55 25 ff.
Korrespondent 15 38 ff.
Korrespondenzbankbeziehung 1 5, 15 35 ff.; vgl. auch Korrespondenzbeziehung; 25m KWG 2, 3

Korrespondenzbankgeschäfte 32 10
Korrespondenzbeziehung 1 76 f., 15 35 ff.; Bank-Mantelgesellschaft 15 43; Begriff 15 28; de-risking 15 37; Durchlaufkonten 15 44; Informationseinholung 15 40; Korrespondent 15 38 ff; KYCC-Prinzip 15 40; Respondent 15 38 ff.; verstärkte Sorgfaltspflichten 15 39 ff.; Zustimmung zur Begründung Geschäftsbeziehung 15 41
Korruption Einl 109 ff., 10 42; 14 5; 15 9, 12, 28 f., 23 4, 261 StGB 38
Kosten terroristischer Aktivitäten Einl 134
Kreditgeschäft 2 46
Kreditinstitute 1 29 f.; 1 77 f.; 2 78; 2 5 ff; 2 41; 10 8 f.; 10 22; 10 89; 10 116; 12 16; Bußgeldrahmen für ~ 56, 111 ff.; Gesamtumsatz bei ~ 56 120 ff.
Kreditkartengeschäft 2 44; 2 69
Kreditkartenkonto 24 c KWG 8
Kreditvermittlung 2 112
Kreislaufmodell Einl 6
Kundenrisiko 5 3, 8 f.
Kundensorgfaltspflichten 1 35; 3 4; 10 1 ff.; 10 26; 10 43; 10 86; 10 114 ff.; 11 1; 11 15 f.; 13 1; 14 3; 17 1; 23 3
Kündigung 2 124; 2 152; 2 158; 10 123; 10 127 f.; 11 47; 14 11
Kunst- und Antiquitätenmarkt Einl 49
künstliche Intelligenz 15 15 f.; 16 3; 25h KWG 17

Länderrisiko 10 43; 10 48
Layering Einl 10
Leasing-Objektgesellschaften 2 57; 2 108; 2 110
Lebensversicherung 2 119 ff.
Legalitätsprinzip 30 15
Legitimationsprüfung 24 c KWG 15; 25g KWG 8
Leichtfertigkeit Einl 97, **ZAG** 8; bei Zuwiderhandlungen gegen GwG-Vorschriften 56 8 ff., 96 f., 106 a, 116; bei Geldwäsche **Vor zu Abschnitt** 6 11; 43 79b
Lesbarmachung 8 14
Listen der Gesellschafter 18 5; 18 8; 22 1; 23 11
Listings Einl 136 ff.
long-arm-jurisdiction 25g KWG 3

Mafia Einl 100 f.
Manipulation 261 StGB 85
Marktmanipulation 43 14 a ff., 79; 261 StGB 42
Maßnahmen 7 19

Sachregister

mehrfaches Abrechnen – von Gütern Einl 18
Meldemechanismen 53 1
Meldepflicht, Meldeverfahren sh. Verdachtsmeldung
Meldestelle 53 2
Methode fingierter Geschäfte Einl 14
Mietkautionskonto 24c KWG 14
Militärischer Abschirmdienst 32 18ff.
Mindestangaben 22 10; 23 10
Mindestgrenze 261 StGB 68, 71
Mischfinanzierung 261 StGB 68
Missbrauch neuer Technologien 6 9f.
Mitglied der Führungsebene 1 5; 1 60; 1 62; 2 129
Mitwirkungspflichten 10 129; 11 43; 11 45, 52 1ff.; Aufsichtsbehörden 52 1ff.; Auskünfte 52 3; Besichtigungsrechte 52 3; Verpflichtete 52 1ff.; Vorlagepflichten 52 3
Mitwirkungspflichten des Vertragspartners 43 48ff.
monetärer Wert 16 10
money laundering Einl 2; sh. Geldwäsche
Monitoring der FIU Vor Abschnitt 5 22; 32 5; 37 19
Monitoringprogramme (Transaktionsmonitoring) 43 26ff., 54a; 45 18
Mutterunternehmen 9 4; 47 17f.

Nachtatverhalten 261 StGB 22
nationale Risikoanalyse 5 2, 13
negative Medienpräsenz 15 15
Netzgeld 1 67f.; 2 101f.
Nichteinmischungsgrundsatz 89c StGB 45ff.
Nichtfinanzbereich Aufsichtsbehörden 28 9, 16; 45 10; Bußgeldverfahren 56 16, 36, 91
Notaranderkonto 24c KWG 14
Notare 2 1f.; 2 141; 2 144; 2 154; 2 158; 2 160; 10 60; 10 101; 17 7; Vor Abschnitt 6 2; Ausnahmen vom Verbot der Informationsweitergabe 47 20ff., 29ff.; Haftungsfreistellung 48 8; Verdachtsmeldepflicht 43 62ff., 83ff.; 44 4; 55 5

Offenbaren dienstlich erlangter Tatsachen 54 3
Offenlegungspflicht 3 23; 10 128; 11 2; 11 43; 11 45; Meldepflicht bei Verstoß gegen die ~ 43 48ff.
Offshore-Finanzplätze Einl 24, 25, 26
Offshore-Gesellschaften 43 30
Online-Banking Einl 54

Optimierung des Meldeverhaltens 6 15; 41 1, 8ff.
ordnungsgemäße Geschäftsorganisation 25h KWG 1
Ordnungswidrigkeiten 56 sh. auch Bußgeldvorschriften; Rechtsnatur 56 2f.; Verjährung 56 12ff.
Organisationseinheit 89c StGB 40
Organisationspflichten 6 1
Organisierte Kriminalität 30 13; 32 7, 37; Vor Abschnitt 6 4
Originaldaten 18 2; 22 4f.; 26 2
Outsourcing 6 23; 45 18
overshipment Einl 18

Paper-trail/Papierspur Einl 10; 30 15b, 19; 56 18, 47; 25g KWG 3; 25k KWG 6; ZAG 18
Partnerschaftsregister 12 17; 18 5; 20 9; 20 16; 20 21f.; 22 1; 23 11
Patentanwälte 2 1; 2 141ff.; 2 154; 10 60; 17 7; Ausnahmen vom Verbot der Informationsweitergabe 47 20ff., 29ff.; Verdachtsmeldepflicht 43 62ff.; 44 4; 55 5
Patentanwaltskammer 50 7; Verdachtsmeldepflicht 44 4; 55 5, 16
payable through accounts 25m KWG 3
PEP, vgl. politisch exponierte Personen
Personalitätsprinzip 89c StGB 47, 48
Personalkontrolle und Beurteilungssysteme 6 12
personen- und kundenbezogene Daten 7 20; 9 10
Personenvereinigungen, nicht rechtsfähige 40 26
Pflichten des Geldwäschebeauftragten 7 13
Phishing 40 8; 43 9, 30; 261 StGB 90
Placement/Platzierung des Geldes Einl 8
politisch exponierte Personen Einl 86, 15 7ff.; Aktualisierung von Dokumenten 15 26; Ansässigkeit 15 7; Ausscheiden aus öffentlichem Amt 15 12; Bestimmung der Vermögensherkunft 15 21ff.; Bewertung der PEP-Regelungen 15 27ff.; Datenverarbeitungssysteme 15 25; de-risking 15 27; empirische Verdachtsmomente 15 28; erfasster Personenkreis 15 9; Familienangehörige 15 10; Feststellung der Eigenschaft 15 13ff.; Fortführung der Geschäftsbeziehung 15 19; Fragebogen 15 14; Grundrechte 15 27; Hintergründe 15 8; Korruption 15 8, 12, 28f.; Medienrecherche 15 15; nahe stehende Personen 15 11; PEP-Listen 15 15f.; PEP-Risiko-

1167

Sachregister

Rating **15** 20, 25; Stigmatisierung **15** 16, 27; Verdachtsmeldungen **15** 28; verstärkte Überwachung der Geschäftsbeziehung **15** 24ff.; wichtiges öffentliches Amt **15** 9; Zustimmung zur Begründung der Geschäftsbeziehung **15** 18ff.
politische Bindungswirkung Einl 59
Postident 17 2; **17** 22
Postpendenzfeststellung 261 StGB 140
Präventionsmaßnahmen Einl 65; **Vor zu Abschnitt 6** 14
präventive Gefahrenkontrolle Einl 157
Produktpiraterie 261 StGB 42
Produktrisiko 5 3, 10f.
Proliferation Einl 54, **6a KWG** 9, 19; Sofortmaßnahmen bei ~ **40** 8a
Protokollierung 23 9f.; durch die FIU **39** 5
Prozessvertretung 2 152; **2** 162; **10** 124; **11** 47; **14** 11; **30** 24; **43** 62ff., 70; **44** 4; **47** 6
Prüfbericht 9 7f.
Prüfungen 51 5

Quellen der Finanzierung Einl 130

Recht auf informationelle Selbstbestimmung Einl 120; **29** 22; **37** 1; **Vor Abschnitt 6** 5
Rechtsanwälte 2 1f.; **2** 141ff.; **2** 154ff.; **2** 160; **10** 101; **11** 30; **17** 7; Auskunftspflicht gegenüber der FIU **30** 24; Ausnahmen vom Verbot der Informationsweitergabe **47** 20ff., 29ff.; Kammer als Aufsichtsbehörde **50** 6; Verdachtsmeldepflicht **43** 62ff.
Rechtsbeistände, nicht verkammerte 2 154; Verdachtsmeldepflicht **43** 68
Rechtsberatung 30 24; **43** 62ff., 70ff.; **44** 4; **47** 6
Rechtsfolgen für den Hinweisgeber 53 7
Rechtspflege 261 StGB 23
Regelungslücken Einl 88
Registervernetzung 26 1; **26** 3
Registrierung 2 2; **2** 143; **2** 155; **2** 156; **22** 10; **23** 9; ~spflicht bei der FIU **29** 9, **45** 10f.
Respondent 15 38ff.; **25m KWG** 2
Ressourcenbeschaffung 89c StGB 5
Richtlinie 2006/24/EG Einl 159
Richtlinie 91/308/EWG Einl 78
Risikoanalyse Einl 92; **2** 1; **4** 1; **5** 1ff., **9** 5, **15** 4, **25h KWG** 8ff.; gemeinsame Risikoanalyse **25h KWG** 10; Inhalt **25h KWG** 8f.; Ordnungswidrigkeit iZm ~ **56** 13, 20ff.; sonstige strafbare Handlungen **25h KWG** 8f.; zentrale Stelle **25h KWG** 26; **Einl** 92; **2** 1; **4** 1

Risikomanagement 25h KWG 6f.
Rückmeldung der FIU 41; an Verpflichtete **28** 14; **41**; an Aufsichtsbehörden **28** 9; **41** 14

Sammelüberweisung 25g KWG 10ff.
Sanktionen vgl. Finanzsanktionen; **43** 24; gegen Mitglieder des Leitungsorgans/ juristische Personen **56** 6; Grundsatz von Wirksamkeit, Verhältnismäßigkeit und Abschreckung **56** 1, 14ff., 96, 106, 118; zu berücksichtigende Kriterien **56** 115ff.
Sanktionsliste 6a KWG 17; de-listing **6a KWG** 18; **43** 46, 54; **46** 16
Säulen einer bürgerlichen Verfassung Einl 154
Schadenseignung 89c StGB 41
Schattenbanken ZAG 4
Schatteninstitutionen Einl 116
Schnittstellenspezifikation 24c KWG 17
Schuldgrundsatz 89c StGB 10f.; **56** 11
Schutz der meldenden Beschäftigten 49 1ff., 25ff.
Schutz der sozialen Sicherungssysteme 28 29; Information an die zuständigen Behörden **28** 29; **32** 23; Rückmeldung der zuständigen Behörden an die FIU **42** 17
Schutzprinzip 89c StGB 47
Schutzrichtung 261 StGB 27
schwarze Liste Einl 69
Schwarzgeld Einl 1
Schwellenwert 2 43; **2** 178; **3** 3; **3** 8; **9** 5; **10** 3f.; **10** 57; **10** 75; **10** 77f.; **10** 82; **10** 103ff.; **10** 114; **11** 29; **11** 31; **19** 3; **23** 2; **Vor zu Abschnitt 6** 1; **43** 54a; **46** 2c
Selbstanzeige 43 79a; steuerliche ~ sh. dort
Selbstbegehungsalternative 89c StGB 15
Selbstgeldwäsche Vor Abschnitt 6 11; **261 StGB** 2f, 30ff., 146, 150
shell bank 15 43; **25m KWG** 2
Sicherstellung 261 StGB 146; **Vor Abschnitt 5** 27; **30** 8; **43** 79a; **46** 1ff., 7
Sicherungs- und Frühwarnsystem 6 4
Sicherungssysteme 25h KWG 2
smarte Sanktionen 6a KWG 10
Smurfing Einl 8; **25g KWG** 10, 12; **25i KWG** 6; **43** 40
Sofortmaßnahmen 40; sh. auch bei Zentralstelle für Finanztransaktionsuntersuchungen
Soll-Umsatzsperre 46 5ff.
Sonderfälle der Geldwäsche Einl 54
sonstige Gesellschaften 3 4ff.

Sachregister

sonstige strafbare Handlungen 25h KWG 7ff.; Begriff **25h KWG** 7; Cyberkriminalität **25h KWG** 7; IT-Sicherheit **25h KWG** 7; operationelles Risiko **25h KWG** 7; Präventionsmaßnahmen **25h KWG** 9; Risikoanalyse **25h KWG** 8ff.; Sicherungsmaßnahmen **25h KWG** 9; Wirtschaftskriminalität **25h KWG** 1
Sorgfaltspflichten Einl 85; **25i KWG** 5f.; Ordnungswidrigkeiten iZm ~ **56** 7, 16, 25, 35, 44, 53ff., 60, 70
Sortengeschäft 1 38; **2** 28; **2** 43; **10** 68; **10** 77; **10** 82; **10** 104; **25k KWG** 2ff.; Risiko **25k KWG** 3; Identifizierungspflichten **25k KWG** 4; Sorgfaltspflichten **25k KWG** 3
Spielbanken 1 8; **1** 44f.; **2** 1; **2** 173; **10** 101; **10** 106; **10** 108f.; Verdachtsfälle **46** 15
Spielerkonto 16 7
staatliche Informationszugriffe Einl 160
Staatsanwaltschaft Vor Abschnitt 5 22; **28** 29; **30** 18; **32** 7; **41** 4, 11, 8; sh. auch Strafverfolgungsbehörden; als zuständige Strafverfolgungsbehörde **32** 14, 34; Auskunft der FIU an Betroffenen nach Verfahrensabschluss der ~ **49**; 23ff.; Auskunftsersuchen der ~ **30** 18, **33** 11, **43** 15; BaFin, Meldung an ~ **43** 14aff.; Benachrichtigungen an die FIU **42**; Freigabe angehaltener Transaktionen **46** 3ff., 7ff.; Rückmeldung an Verpflichtete **42** 9; Statistik zu Einstellungen **Vor Abschnitt 5** 9, **Vor Abschnitt 6** 9; Zentrales Staatsanwaltschaftliches Verfahrensregister **11** 20ff., **34** 14
Steuerberater 2 1f.; **2** 141; **2** 158; **2** 160; **2** 162f.; **10** 102; **17** 7; Auskunftspflicht gegenüber der FIU **30** 24; Ausnahmen vom Verbot der Informationsweitergabe **47** 20ff., 29ff.; Verdachtsmeldepflicht **43** 62ff.; **44** 4; **55** 5, 16
Steuerbevollmächtigte 2 2, 141, 160ff.; Ausnahmen vom Verbot der Informationsweitergabe **47** 20ff., 29ff.; Verdachtsmeldepflicht **43** 62ff.
Steuererstattung 261 StGB 72, 74
Steuergeheimnis 30 4; **31** 21, 23; **42** 16b
Steuerhinterziehung 261 StGB 42, 73, 80; **28** 28; **32** 10; **42** 16a; **48** 8
Steuerkarusselle Einl 44
Steuerkriminalität Einl 43
steuerliche Selbstanzeige, Meldepflicht bei Hinweisen auf ~ **43** 22, 30
Steuerstraftaten/Steuerstrafverfahren Einl 149; **25h KWG** 1; § **261 StGB** 6, 72, 79, 121, 138; Informationsaustausch der Aufsichtsbehörden iZm ~ **55** 20a; Datenübermittlung der FIU zur Verfolgung von ~ **28** 12, 28, 30, **32** 15, 22, 32, 37; nationale Definition von ~ **33** 4ff., 7, 23; Rückmeldung an FIU in Verfahren wegen ~ **42** 16f.;
Steuervergütung 261 StGB 72, 74
Stiftung 1 41; **3** 13ff.; **10** 13; **11** 39; **11** 41; **19** 5; **19** 9; **21** 5; **21** 6f.
Stimmrechtsmitteilungen 18 5; **18** 8; **20** 4; **20** 9; **22** 1f.; **23** 11; **23** 11
Strafanwendungsrecht 89c StGB 1
Strafanzeige 25h KWG 20; Haftungsfreistellung bei Erstattung einer ~ wegen Geldwäsche **43** 11; **48** 2, 7; Pflicht zur Strafanzeige **43** 10; (Verdachts-)Meldung **25h KWG** 20; Verhältnis zur Verdachtsmeldung **43** 9ff.
Strafaufhebungsgründe 261 StGB 10
Strafausschließungsgrund 261 StGB 10, 137f.
Strafbefehl Vor Abschnitt 5 28; **41** 15; **42** 2, 12; **Vor Abschnitt 6** 13; **49** 24
Straffreiheit Einl 96
Strafvereitelung durch FIU-Mitarbeiter **Vor Abschnitt 5** 18, 23f., 28; **30** 15a; **32** 3; **40** 25; durch Verpflichtete **47** 3, 9; **56** 18, 88, 104
Strafverfahren sh. unter Ermittlungsverfahren
Strafverfolgungsbehörden; Auskunft an den Betroffenen nach Weiterleitung der Meldung an die ~ **49** 17ff.; Begriff im GwG **32** 12ff., 34; Berichte der FIU an die ~ **28** 16f.; Datenübermittlung der BaFin an die ~ **31** 25; Datenübermittlung der Zollbehörden an die ~ **30** 8; Rückmeldepflicht an die FIU **42**; Sicherungsmaßnahmen durch die ~ **46** 1, 7f.; Weiterleitung von Meldungen durch die FIU an die ~ **Vor Abschnitt 5** 6; **27** 2; **28** 12, 26, 29; **32** 8ff.; **40** 3, 8, 18ff.
Strafverfolgungsstatistik 42 3; **Vor Abschnitt 6** 11
Strafverteidiger 261 StGB 99ff.; sh. auch Rechtsanwälte); Akteneinsichtsrecht **49** 16; Strafbarkeit wegen Geldwäsche **43** 74; Verdachtsmeldepflicht **43** 63, 72, 74
Strohmanngeschäfte Einl 20; **43** 30
Structuring 43 40
Strukturen profitorientierter Kriminalität Einl 100f.
Sub-Auslagerung 17 19
Suchfunktion 23 11ff.

1169

Sachregister

Tatort 261 StGB 92a
Tatstrafrechtspostulat 89c StGB 11, 14
Teilkontamination 261 StGB 64, 69f.
Teilnahme 261 StGB 34
Terrorismus Einl 127f.; 25h KWG 2
Terrorismusbezugsklausel 89c StGB 15, 38
Terrorismusfinanzierung Einl 64; 6a KWG 1ff.; 89c StGB 2; Anhaltspunkte 43 45f.; Definition 43 42; Meldepflicht bei Verdacht auf ~ 43 40ff.
Terrorismusfinanzierungsrisiko 4 2
Terrorlisten 43 46
Tipping-off sh. Informationsweitergabeverbot
Totalkontamination 261 StGB 67, 69f.
Tracfin Vor Abschnitt 5 9
Transaktionen 1 35ff.; 15 33ff.; 261 StGB 145; vgl. auch auffällige Transaktionen; Ablehnung der ~ bei Geldwäscheverdacht 46 6, 16; Definition 43 37; kontrollierte ~ 46 8, 17; Untersagung von ~en (sh. auch Sofortmaßnahmen) 28 11; 34 2; 40; zusammenhängende ~ (sh. auch Structuring) 43 54; Zustimmung zur Durchführung 28 11; 40 6f.; 46 3, 7f.
Transaktionsrisiko 5 3, 10f.
Transparenz- und Integritätsstandards Einl 87
Transparenzregister 18 1ff.; Verdachtsmeldung bei Unstimmigkeitsmeldung 43 49; Ordnungswidrigkeit iZm ~ 56 71ff., 117, 125
Treibhausgasemissionszertifikat 51 11
Treugeber 3 13ff.; 11 22; 11 33; 11 40; 19 5; 19 9; 20 14; 20 24; 21 5
Treuhand 2 144
Treuhänder 1 2; 1 41; 2 2; 2 41; 2 106ff.; 3 21; 10 13; 10 60; 11 2; 11 22; 11 33; 11 40; 19 2; 21 1; 21 6ff.; Verstoß gegen die Offenlegungspflicht 43 48; 56 37, 79
Treuhänderschaft 2 146; 3 22
Treuhandvermögen 2 1f.; 2 166f.; 10 48; 10 60
Trust Einl 39; 1 5; 1 40f.; 2 18; 11 40; 18 1; 19 2; 21 1ff.
Typologien verdächtiger Transaktionen Einl 55f.
Typologiepapiere Einl 41, 28 18; 43 31, 39, 43, 64f.

Überprüfung der Risikoanalyse 5 19
Überwachung der Geschäftsbeziehung Einl 120; 8 4; 10 29f.; 15 24ff.; Ordnungswidrigkeit iZm ~ 56 41, 53, 56ff.
Umfang der Aufzeichnungspflicht 8 4ff.

Umfang der Risikoanalyse 5 14
Umfang einer Geschäftstätigkeit 4 9
unabhängige Prüfung 6 18
undershipment Einl 18
ungehinderter Zugang 7 15
United Nations Office on Drugs and Crime (UNODC) 45 5
UN-Sicherheitsratsresolutionen Einl 124
Unterlassungsstrafbarkeit 261 StGB 108; Vor Abschnitt 5 23f.; 30 15b; 32 3; 40 25
Unternehmenserzeugnis 261 StGB 65
Unternehmensregister 18 1; 18 9; 19 1; 20 9; 20 21f.; 22 4; 22 8; 26 2; 26 3
Unterrichtungspflicht 6 13f.; 51 17; 25h KWG 23f.
Untersagungsbefugnisse 51 8; 51 10
Untersuchungspflicht 25h KWG 19f.
Unverzüglichkeitsgebot, Beantwortung von Anfragen der FIU durch Behörden 31 5; Datenlöschung durch FIU 37 1f; ~ im internen Meldeverfahren 43 27, 29, 56; Kontaktaufnahme Datenbesitzer mit FIU 31 17ff; Meldung von Aufsichtsbehörden an Strafverfolgungsbehörden 55 4c; Meldungen von Finanzbehörden 30 4f.; Meldung nach WpHG/MAR 43 14aff.; iZm der Erstellung von Verdachtsmeldungen 43 9, 54ff., 44 6f., 45 7ff., 46 14; Ordnungswidrigkeit bei Verstoß gegen ~e 56 13, 48, 66, 69, 73ff., 84, 89f.; Weiterleitung von FIU an Behörden 32 3, 6, 13, 22; Datenaustausch FIU mit EU-Mitgliedsstaaten 33 12

Verantwortlichkeit sh. Freistellung von der ~
Verantwortlichkeit der Leitungsebene 4 10
Verarbeitung personenbezogener Daten 53 5
Verbergen 261 StGB 84, 85, 91
Verbindungsperson 7 5
verbotene Geschäfte 25m KWG 1ff.
Verdachtsanzeige sh. Verdachtsmeldung
Verdachtsgewinnung/Verdachtsschöpfung Einl 121; 43 16ff., 26ff.
Verdachtsmeldung 25h KWG 20; Adressat der ~ 43 57ff.; Anzeige iSv 261 StGB Abs. 9 StGB 43 79ff.; 48 3; Aufsichtsbehörden, Pflicht zur ~ 44; Begriff (SAR, STR, CTR, UTR) Vor Abschnitt 6 1; bei Hinweisen auf eine steuerliche Selbstanzeige 43 22, 30; bei Verdacht auf Geldwäsche 43 32ff.; bei Verdacht auf Terrorismusfinanzierung 43 40ff.; bei Verstoß

Sachregister

des Vertragspartners gegen Offenlegungspflichten **43** 48ff.; Dokumentation iZm ~ **43** 27; Eilfallregelung **45** 8, **46** 13ff.; Eingangsbestätigung nach Erstattung **41** 5ff.; Form **45;** Formular **45** 2f., 11; Freistellung von Verantwortlichkeit **43** 11; **48;** Fristfallregelung **45** 8; **46** 1ff; ~ zu verdächtiger Geschäftsbeziehung **43** 35; Gefährdung des Meldenden **49** 1f.; Haftungsfreistellung bei ~ **43** 11; **48;** in Fällen des Versuchs **43** 37; Informationsweitergabeverbot **47;** ~ zu verdächtigem Maklergeschäft **43** 36; Meldeverfahren, internes **43** 27ff., 55, 80; **48;** Nachmeldung **Vor Abschnitt 5** 12, 28 20, 40 20, **43** 15a, **45** 2, **46** 5f.; Ordnungswidrigkeit iZm der Erstellung von ~ **43** 13; **56** 1, 13, 86ff., 89f., 103; Rechtsnatur **43** 5ff.; Sonderregelungen bei Rechtsberatung oder Prozessvertretung **43** 62ff.; Statistiken zu ~ **42** 2ff.; **Vor Abschnitt 6** 7ff.; **43** 27ff.; ~ zu verdächtiger Transaktion **43** 37; Übermittlungsweg **45;** Unabhängigkeit von Schwellenwerten **43** 53; Unverzüglichkeitsgebot **43** 9, 54ff., **44** 6f., **45** 7ff., **46** 14; unwahre, grob fahrlässige **43** 11; **46** 12; **48** 5ff., 10; Verdachtsgrad **43** 26ff.; Verdachtsschöpfung **43** 16ff.; Verhältnis zur Strafanzeige **43** 9ff.; bei versuchter, angetragener, bevorstehender Transaktion **43** 1, 15, 37
Vereinfachte Sorgfaltspflichten 1 26; **2** 127f.; **10** 116; **11** 32; **14** 2; **14** 5ff.
Vereinsregister 12 17; **18** 2; **18** 4f.; **18** 8; **20** 9; **20** 19ff.; **22** 1ff.; **23** 11f.
Vereitelungs- und Gefährdungstatbestand Einl 96
Vereitelungtatbestand 261 StGB 5, 7, 86ff.
Verfahrensausgang 41 4; Auskunft an den Betroffenen **49;** Mitteilung durch die FIU **28** 8, 14; **41** 8ff, 13ff.; Mitteilung durch Staatsanwaltschaft **42**
Verfahrensrecht 53 9
Verfall 261 StGB 52
Verfügbarkeit der Unterlagen 8 15
Verfügungsmacht 89c StGB 24
Verhältnismäßigkeit 89c StGB 10, Rn. 13f.; **6a KWG** 6; **24c KWG** 23; ~ des Aufwands bei der Berechnung des wirtschaftlichen Vorteils **56** 110; ~ bei der Bußgeldzumessung **56** 116; ~ von Sanktionen **56** 1
Verhältnismäßigkeitsprinzip 15 17; **51a** 3; **52** 3; **6a KWG** 6; **24c KWG** 23

Verjährung 261 StGB 33a
Vermögensgegenstand 1 5; **1** 10; **1** 42f.; **1** 55; **2** 172; **11** 9; **43** 33; Freigabe von ~ nach Sofortmaßnahme **40** 25ff.; Herkunft/Verwendung bei Terrorismusfinanzierung **43** 43; Unabhängigkeit vom Wert für Meldung **43** 53
Vermögensschutzdelikt 89c StGB 18
Vermögenswert 261 StGB 30
Verpflichtete Einl 148; **2** 1ff.; Gruppe **9** 4; **9** 15
Verpflichtetenkreis 4 3
Verschleierungshandlung 261 StGB 4, 7, 84, 85, 91
Verschleierungstatbestand Einl 96
Verschwiegenheitspflicht 43 63, 74; **47** 6; **48** 8; **54** 1f.; für Behörden **47** 26; für Behörden in Drittstaaten bei Kooperationsvereinbarungen **55** 26
Versicherungsmakler 2 130ff.; **10** 118f.; **43** 36
Versicherungspolicen Einl 52
Versicherungsunternehmen 2 116ff.; **10** 109; **10** 117ff.; **11** 7; **12** 20; **13** 3; **14** 1; **17** 7; **50** 5; Gesamtumsatz bei ~ **56** 120; Informationsweitergabe zwischen ~ **47** 16ff.
Versicherungsvermittler 2 2; **2** 116; **2** 124; **2** 126; **2** 130ff.; **10** 3; **10** 117ff.; **17** 7; Maklergeschäft **43** 36; Ordnungswidrigkeit bei Sorgfaltspflichtverletzung **56** 45; Datenübermittlung zu ~ an inländische Aufsichtsbehörden **55** 8ff., 11; Datenübermittlung zu ~ an europäische Aufsichtsbehörden **55** 14ff.
verstärkte Sorgfaltspflichten 15 1ff.; auffällige Transaktionen **15** 33ff.; Beendigungsverpflichtung **15** 5; Glücksspiel **16** 8; Hochrisiko-Drittstaaten **15** 31ff.; Korrespondenzbeziehungen **15** 39ff.; Ordnungswidrigkeiten bei Verstoß gegen ~ **56** 54ff.; politisch exponierte Personen **15** 7ff.; Rechtsverordnungen **15** 6; sonstige Fälle **15** 45f.; Undurchführbarkeit **15** 5; **25k KWG** 1ff.; **25m KWG** 3; Videoidentifizierungsverfahren **15** 47
verstärkte Überwachung der Geschäftsbeziehung 15 24ff.; Ordnungswidrigkeit bei Verstoß gegen ~ **56** 41, 53, 56ff.
Versuch 261 StGB 32; Meldepflicht bei ~ einer Transaktion **43** 1, 15, 37
Vertriebskanalrisiko 5 3, 10f.
Verwahren 261 StGB 85, 93
Verwaltungsvollstreckung 24c KWG 25
Verwenden 261 StGB 93, 95

Sachregister

Verwendungszusammenhang 89 c
StGB 34, 35, 37
Verwertungsbeschränkungen; für Verdachtsmeldungen **Vor Abschnitt 6** 9 f.; **43** 3 f.; im Rahmen des internationalen Informationsaustauschs der FIU **33** 23; **34** 6; **35** 20, 33; **37** 23; für Verpflichtete **41** 15
Videoidentifizierungsverfahren **15** 47
VN-Sicherheitsrat **6a KWG** 11, 14, 18
volkswirtschaftliche Auswirkungen **Einl** 104
Vorbereitungstatbestand **89 c StGB** 9
Vormundschaften **11** 34
Vor-Ort-Prüfung **51** 5; **52** 3
Vorratsdatenspeicherung **7** 20
Vorsatzlösung **261 StGB** 104
Vorverlagerungstendenzen **89 c StGB** 8

Warnindikatoren **Einl** 18
Weisungen **7** 3, 18
Weisungsfreiheit des Geldwäschebeauftragten **43** 27, **49** 26
Weitergabe von Tatsachen **54** 4
Weiterverarbeitung **261 StGB** 70
Weltrechtsprinzip **89 c StGB** 44
Wertpapiere **Einl** 53
Wertpapierhandelsgesetz **1** 3; **2** 29; **3** 12; Verdachtsanzeige nach dem ~ **43** 14 ff.
Wertungswiderspruch **261 StGB** 130
Wesentliche Beteiligung **10** 15
Whistleblower-Kultur **53** 1
Widerspruch **51** 4; gegen Sofortmaßnahmen **40** 25, 30
Wiener Drogenkonvention **Einl** 58
Willkürprüfung **89 c StGB** 51
Wirksamkeit des Risikomanagements **4** 5
wirtschaftlich Berechtigte **3** 1 f.; **24 c KWG** 13 f.; Angabe im Rahmen von Barmittelkontrollmitteilungen **30** 8; beim Kontoabrufverfahren **31** 24a; Meldepflicht bei Verstoß gegen die Offenlegungspflicht des ~ **43** 48 ff.; Ordnungswidrigkeit iZm Abklärung des ~ **56** 25, 37 ff., **47** ff., 73 ff., 77, 84; Verbot der Informationsweitergabe an ~ **47** 27
Wirtschaftlicher Eigentümer **1** 3
Wirtschaftskriminalität **25 h KWG** 1
Wirtschaftsprüfer **2** 1 f.; **2** 141; **2** 158; **2** 160 f.; **10** 102; Auskunftspflicht gegenüber der FIU **30** 24; Ausnahmen vom Verbot der Informationsweitergabe **47** 23 ff.; Verdachtsmeldepflicht **43** 62 ff.
Wirtschaftsprüferkammer **2** 163 f.; **3** 21; Verdachtsmeldepflicht **44** 4; Wegfall der Sonderregelung iZm Verdachtsmeldungen **43** 59
Wohnungsbaugenossenschaft **24 c KWG** 9
Wohnungseigentümergemeinschaft **11** 30

Zahlungsdiensteaufsichtsgesetz **ZAG** 1 ff.
Zahlungsdiensterichtlinie **ZAG** 1 ff.
Zahlungsdienstleister **25 g KWG** 5 ff.; **ZAG** 2; Abberufung des Geschäftsleiters **ZAG** 8; Abschlussprüfung **ZAG** 9; Agenten **ZAG** 10; Anteilseignerkontrolle **ZAG** 7; E-Geld-Agenten **ZAG** 11, 16; Erlaubniserteilung **ZAG** 5; Kontoabruf **ZAG** 15; Sicherungsmaßnahmen **ZAG** 12 ff.; Versagung der Erlaubnis **ZAG** 6; Zweigniederlassung **ZAG** 16
Zahlungsdienstleistung **2** 75; **2** 86
Zahlungsgeschäft (auch digitales) **2** 69; **2** 71; **2** 74; **2** 80; **2** 85; **2** 99; **10** 104
Zahlungsinstitut **2** 68 ff.; **10** 104; **13** 3; **24c** 2 f.; **25i** 4; **ZAG** 2; Gesamtumsatz bei ~ **56** 120; Informationsweitergabe zwischen ~ **47** 18, 23; Meldepflichten, Hinweise zu **43** 61; Sofortmaßnahmen gegenüber ~ **40** 10
Zahlungskonto **16** 7, 9, 11
zentrale Kontaktperson **ZAG** 10, 17
zentrale Kontaktstelle **ZAG** 10, 17; **33** 27
Zentrale Meldestelle sh. Zentrale für Finanztransaktionsuntersuchungen
zentrale Stelle **25 h KWG** 326 f.; Aufgaben **25 h KWG** 26; Ausnahmen **25 h KWG** 28; Konzernsicherheit **25 h KWG** 30; MaRisk-Compliance **25 h KWG** 29; Risikoanalyse **25 h KWG** 26
zentraler Kontrahent **2** 13; **2** 24; **2** 36
Zentrales Staatsanwaltschaftliches Verfahrensregister **31** 20 ff.
Zentralstelle für Finanztransaktionsuntersuchungen **Vor Abschnitt 5** 1 ff.; **27** ff.; Abstandnahme **Vor Abschnitt 5** 22; Aufgaben **27** 1; **28**; **31** 2; Aufsicht über die ~ **27** 7, 23; Auskunftsverlangen ggü. Verpflichteten **30** 17 f.; **47** 10; **56** 13, 87; Dateizugriffe **Vor Abschnitt 5** 19; **30** 16; **31**; Datenübermittlung an ausländische FIUs **28** 10; **33, 35, 36**; Datenübermittlung an inländische öffentliche Stellen **28** 12; **32**; Datenübermittlung von ausländischen FIUs **34**; Datenübermittlung von inländischen öffentlichen Stellen **31, 42**; Datenübermittlung zur Gefahrenabwehr **32** 20; Datenverarbeitung **29**;

Sachregister

Berichtigung unrichtiger Daten **37, 38**; Errichtungsanordnung für Dateien **39**; Einschränkung der Verarbeitung **37** 2, 11 ff.; **38**; **37** 3 ff., 8 ff.; Unkenntlichmachen von Daten **29** 18; **49** 16 f.; Entgegennahme von Meldungen **28** 3; **30** 1 ff.; Filterfunktion **Vor Abschnitt 5** 22; Informationsaustausch mit Verpflichteten und Behörden **28** 18; **41**; internationaler Vergleich **Vor Abschnitt 5** 9; Jahresbericht **28** 20 f.; operative Analyse **Vor Abschnitt 5** 19, 25; **28** 5; **30** 10 ff.; **49** 12 ff., 18 ff., 23 ff.; Recht zur Bestimmung typisierter Transaktionen **43** 82; Rückmeldepflicht **28** 8, 14; **41**; Sofortmaßnahmen **28** 11; **34** 2; **40**; **47** 11; **56** 88; Widerspruch gegen ~ **40** 25, 30; Statistiken, Erstellung von **28** 19; strategische Analysen **28** 15 f.; Verwertungsbeschränkungen **Vor Abschnitt 6** 9 f., **43** 3 f., **33** 23, **34** 6, **35** 20, 33, **37** 23; Zusammenarbeit mit ausländischen zentralen Meldestellen **28** 10, 21; **33–36**; Zusammenarbeit mit inländischen öffentlichen Stellen **28** 7 ff., 24; **31, 32**

Zielmodell Einl 6
Zielsubjekte 6 a KWG 2
zivilrechtliche Haftungsrisiken 7 10
Zollfahndungsämter 30 8; sh. auch GFGen; **31** 23; **32** 7
Zollkriminalamt Vor Abschnitt 5 2, 7 f.; **27** 8
zusätzliche Maßnahmen 9 14
zuständige Aufsichtsbehörde, vgl. Aufsichtsbehörde
zuständige Behörde 6 31
Zustimmung zur Begründung der Geschäftsbeziehung 15 18 ff.; Eskalationsverfahren **15** 18, 20, 41
Zuverlässigkeit 1 5; **1** 74; **17** 4; **17** 6; **17** 19; **17** 20; **17** 24 f.; **25** 5
Zuverlässigkeitsprüfung 6 11 ff.
Zwangsverwalterkonten 11 37
Zweigstellen 1 63 f.; **2** 3; **2** 6; **2** 25 f.; **2** 68 f.; **2** 107; **2** 114; **10** 104
zwischengeschalteter Zahlungsdienstleiter 25 g KWG 5 ff., 15
Zyklusmodell Einl 6